4th Edition

경제법 I

독점 규제법

신동권

Antitrust Law
Shin, Dong kweon

박영사

제 4 판(전면개정판) 머리말

지난 2010년 독점규제법을 출간한 이래로 3번의 개정이 있었다. 매 개정 때마다 변함없는 성원을 보내준 독자들에게 지면을 빌려 감사드린다. 특히 2020년에는 경제법 시리즈 3권 중의 하나로 독점규제법을 출간하였고 그로부터 어언 3년이란 세월이 흘렀다. 그간 독점규제법에는 큰 변화가 있었다. 2020년 12월 29일 숙원사업이었던 독점규제법의 전부개정이 이루어졌고, 조문 순서부터 내용까지 대폭 변화가 된 것이다.

이에 이번 독점규제법 개정은 다음 몇 가지에 주안점을 두고 작업을 하였다. 첫째, 독점규제법 전부개정의 내용에 맞게 조문 순서 등을 전면적으로 개편하였다. 둘째, 독점규제법의 개정에 따라 시행령, 고시 등 하위 규정들이 연쇄적으로 개정되었는바, 이번에 그 변화된 내용들을 모두 반영하였다. 셋째, 그동안의 새로운 법원판결이나 공정거래위원회의 심결, 새로 도입된 제도의 내용들을 빠짐없이 반영하도록 노력하였다. 넷째, 기존에는 조문이 바뀌는 경우 항상 새로운 페이지로 배치를 하다보니 불필요하게 여백이 많이 발생하였다. 이에 굳이 해설의 필요성이 없는 조문의 경우 한 페이지에 두 조문 내지 세 조문까지도 배치하여 가급적 페이지수를 줄이려 노력하였다. 그러나 새로운 내용이 많이 추가되다 보니 전체적인 분량을 줄이기에 한계가 있었다.

얼마전 「경쟁정책과 공정거래법」이란 저서를 출간하였는데, 본서와는 상호 보완적인 관계에 있으므로 참고로 하면 좋을 것 같다. 개정판을 낼 때마다 독자 등에게 얼마나 도움이 될까 걱정이 앞선다. 이번 개정판 역시 그런 염려가 되지만 전면 개정에 가까운 내용이어서 업무에 그리고 공부에 조금이나마 도움이 되기를 바란다. 어려운 환경에도 불구하고 개정판을 낼 수 있도록 허락해 주신 박영사 조성호 이사, 교정작업을 충실히 수행해 주신 이승현 차장께 지면을 빌려 감사를 드린다. 끝으로 저자의 지도교수이신 Meinrad Dreher 교수께서 지난주「Wettbewerbs– und Kartellrecht」개정판을 보내주셨다. 세월이 가도 변함없는 관심이 저자의 저술활동의 원동력이 된 것 같아 깊이 감사드리고 싶다.

2023. 5
잠실 석촌호수를 바라보며
저자 씀

경제법 시리즈 출간에 즈음하여

2011년에 공정거래 분야에서는 처음으로 주석서 형식의 독점규제법을 출간하였는데, 많은 부족함에도 불구하고 독자들로부터 호응을 받았다. 그 후 2016년에 한 차례 개정을 하였고 2019년에는 공정거래법 전면개정이 추진되었으나 국회통과가 무산되면서 개정을 더 미룰 수 없어 이번에 다시 개정을 하게 되었다. 이번에는 독점규제법 개정작업과 함께 나머지 공정거래관련 법령까지도 추가로 작업을 진행하였고, 전체 12개 법령을 경제법 Ⅰ 독점규제법, 경제법 Ⅱ 중소기업보호법, 경제법 Ⅲ 소비자보호법으로 구분하여 3권의 책으로 출간하게 되었는데, 본 서는 그 첫 번째 부분에 해당하는 것이다.

내년 독점규제법 시행 40주년을 눈앞에 두고 그간의 실무를 총정리한 셈이 되었다.

2018년 1월 정들었던 공정위를 떠나게 되었다. 그 해 3월에는 한국공정거래조정원장으로 부임하면서 공정거래제도의 하나로서 조정업무와 기관의 발전을 위해 나름 노력해 오고 있다. 시장경제에서 공정거래제도의 중요성을 말할 필요도 없는 것이다. 공정거래의 내용뿐만 아니라 시스템 그 자체도 큰 자산이기 때문에 이를 잘 발전시키고 체계화하는 것이 중요하다. 공정거래 관련 법령을 편의상 세 분야로 분류하여 출간을 하게 되었지만, 실제로도 경쟁법으로서의 독점규제법과 중소기업 보호를 위한 특별법 그리고 소비자보호를 위한 법으로 구분하여 정비해 보는 것도 의미가 있으리라 생각된다.

이번 경제법 Ⅰ 독점규제법에서는 기업집단제도 변경내용 등을 포함하였고, 그 간의 중요한 공정위 심결이나 법원판결 내용도 모두 반영하였다. 그리고 중요한 판결이나 고시 내용 등을 박스처리하여 가독성을 높이는 방향으로 편집도 다소 개선을 하였다. 앞으로도 본 서가 공정거래 관련 실무에 자그마한 플랫폼 역할이라도 할 수 있도록 노력해 나갈 계획이다. 이번에 경제법 Ⅰ, Ⅱ, Ⅲ을 출간하면서 흩어진 정보들을 일목요연하게 정리하는 성과가 있었고, 공직생활을 하며 쌓은 지식이므로 사회와 공유한다는 나름의 의미도 부여해 보았다. 최근 플랫폼중심 경제가 일상화하면서 경제법의 집행에도 큰 도전이 예상된다. 앞으로 관심을 가져야 할 분야라고 생각된다.

요즘 같은 어려운 환경에도 불구하고 출판을 허락해 준 박영사와 조성호 이사, 그리고 방대한 교정작업을 충실히 수행해 주신 이승현 과장께 지면을 빌려 감사를 드린다. 공직생활을 묵묵히 지켜준 아내에게 이 기회에 특별한 고마움을 전하고 싶고, 아이들이 사회가 꼭 필요로 하는 훌륭한 인재로 성장하기를 빌어본다.

2020년 1월

겨울비가 내리는 남산타워를 바라보며

저자 씀

제 2 판 머리말

본서의 초판을 발간한 지도 벌써 5년이 경과하였다. 그간 수많은 공정거래위원회의 심결과 법원판결이 쏟아져 나오고 상당한 법집행의 변화도 있었다. 개정판을 내야겠다는 생각을 항상 하고 있었으나, 서울과 세종을 오가며 시간을 내기가 쉽지 않았고 당장에 처리해야 할 일들이 산적한 상황에서 개정은 엄두를 내지 못하였다. 더구나 수시로 바뀌는 법령 규정도 개정 시점을 정하지 못하는 하나의 원인으로 작용하였다. 지금도 법 개정이 진행중인 것이 있지만 이미 초판 발간 후 상당 기간이 지나 더 이상 미루기가 어렵다고 생각되어 올 초부터 일과가 끝난 저녁시간이나 주말을 이용하여 개정작업에 박차를 가하였고 부족하지만 이번에 개정판을 내놓게 되었다.

초판을 발간한 이후 개인적으로도 여러 가지 변화가 있었다. 서울사무소장 근무를 마치고 2012년 초 카르텔조사국장을 맡아 사회적으로 이슈가 된 많은 사건들을 다룰 기회가 있었고, 2015년 초부터는 상임위원으로 부임하여 각종 사건 심의와 의결을 해오면서 다양한 법률적·경제적 쟁점들을 경험해 오고 있다. 그리고 2015년 10월부터는 경제협력개발기구(OECD) 경쟁위원회 부의장으로 활동하면서 경쟁법의 국제적 동향을 체득할 수 있는 좋은 기회도 생겼다. 이러한 다양한 경험들을 본서에 반영하려고 노력을 하였다.

개정판에서는 기본적으로 초판의 틀을 그대로 유지하면서 그동안의 법령 개정사항들을 모두 반영하였고 일부 내용의 오류나 매끄럽지 못한 부분도 수정을 하였다. 그리고 새롭게 나온 중요한 공정거래위원회의 심결이나 법원판결들을 가능하면 빠짐없이 업데이트하기 위해 노력하였고 그 외에 학술논문, 공정거래위원회 자료 등에서도 중요한 내용을 발췌·인용하여 결국 상당히 증보된 형태로 출간을 하게 되었다. 여전히 부족한 부분이 많지만 독자들에게 조금이나마 도움이 되었으면 하는 바람이다.

이번에도 박영사의 조성호 이사님과 문선미 과장님의 도움으로 출간을 하게 되었다. 특히 바쁜 와중에 다른 책보다 손이 많이 가는 교정작업을 성심성의껏 해준 문선미 과장님께 이 기회에 감사의 마음을 전하고 싶다.

2016. 11월
세종청사 사무실에서
저자 씀

머 리 말

이 책은 독점규제법(공정거래법)을 조문별로 상세히 해설한 주석서 형식으로 집필되었다. 올해는 우리나라에 독점규제법이 도입된 지 꼭 30년이 되는 뜻깊은 해이다. 그동안 독점규제법 집행은 경쟁당국인 공정거래위원회를 중심으로 눈부신 발전을 거듭해 왔고, 한편으로는 학계와 법조계에서도 그 저변이 크게 늘어나 이제 시장경제를 유지시키고 발전시키는 법으로서 확고히 자리를 잡아가고 있다.

저자가 일천한 실무경험과 학식에도 불구하고 감히 책을 출간하는 것은 몇 해 전에 그간의 판례와 학술적 성과를 정리한 책을 만들어 보자는 소박한 생각을 하게 되었고 그것을 실천에 옮긴 결과이다. 그 모델은 교과서가 아닌 주석서 형식을 택하였는데 구체적으로는 독일의 주석서(Kommentar)를 벤치마킹하였다. 초고는 과천의 중앙공무원교육원에서 연수를 받던 2008년에서 2009년까지의 2년간에 거의 완성이 되었고 그 이후 보완과 업데이트를 거듭하였다. 법령의 개정과 새로운 판례에 따라 그때그때 수정하는 작업을 계속하였다. 그러던 중 2010년에 「공정거래위원회 30년사」 집필 작업의 책임을 맡아 한동안 이 책 집필 작업은 중단되었고 2011년 4월부터 다시 보완작업을 하여 이제 출간에 이르게 되었다.

이 책의 주요 특징을 소개하면 다음과 같다. 첫째, 독점규제법 판례가 등장하기 시작한 1989년부터 2011년 7월까지 약 20여 년간의 대법원 및 고등법원 판결의 대부분을 읽고 그 핵심 내용을 발췌하였다. 다만 공정거래위원회 심결은 너무 방대하여 법원판결까지 진행된 사건의 범위에서만 제한적으로 다룰 수밖에 없었다. 둘째, 각 조문별로 시행령, 고시, 지침의 주요 내용 및 판례를 연계하여 설명함으로써 법령집, 판례집 및 이론서의 기능을 동시에 할 수 있도록 의도하였다. 셋째, 중요한 판결들과 외국의 규정들은 가능하면 원문을 각주에 그대로 실어 독자들이 참고할 수 있도록 배려하였다. 넷째, 참고한 사례는 공정거래위원회가 발간한 「공정거래사건 판례집」(1990~2008)을 기준으로 제목을 붙였으며 2009년 판결부터는 공정거래위원회 의결서 제목을 그대로 사용하였다. 끝으로 이 책은 실무에 필요한 참고서로 활용하도록 구상을 하였으나 대학에서 경제법을 공부하는 학생이나 이 분야에 관심이 있는 연구자들에게도 도움이 되리라 생각한다.

책을 읽는 독자들에게 한두 가지 당부 말씀을 드리고 싶다. 우선, 이 책은 수백 편의 판례와 문헌들을 한권의 책으로 정리한 것으로서 지나치게 압축되어 내용파악이 어려울 경우가 있다. 따라서 의심스런 부분은 판례나 문헌들의 원문을 보고 내용을 확인할 것을 권한다. 각 조문별로 문헌과 참고 사례를 상세히 밝힌 것도 이러한 연유에서이다. 그리고 현재 법 집행 실무를 담당하는 사람으로서 책 내용에 대하여 다소 조심스런 측면이 있는 것도 사실이다. 가능하면 객관적인 내용만 소개하도록 노력하였지만 혹 주관적 의견을 피력한 부분이 있더라도 이는 공정거래위원회의 공식 입장과는 무관한 개인적인 의견임을 밝혀 둔다.

오늘 이렇게 책의 머리말을 쓰게 되는 것은 그동안에 많은 분들의 도움이 있었기 때문에 가능한 일이라고 생각한다. 우선 10여 년 전 독일에서 공부할 수 있도록 다리를 놓아 주신 권오승 교수님과 지도교수이신 Meinrad Dreher 교수님께 감사를 드린다. 그리고 이 책을 출간하는데 지원을 해 준 고려대 혁신·경쟁·규제법 센터와 이황 교수께 특별히 감사를 드린다. 출판을 허락해 준 박영사 조성호 부장과 무더운 여름 몇 달 동안의 교정 작업에 녹초가 되었을 강상희 대리, 바쁜 일과 중에도 「공정거래위원회 30년사」 작업을 함께 한 인연으로 자청해서 교정 작업을 도와준 김현수 사무관과 신규원 조사관에게도 고마운 마음을 표한다.

외국에서도 반독점법은 어렵기로 정평이 나 있다. 법과 경제가 교차하는 독특한 영역이기 때문이다. 실무경험이 부족하고 능력도 없는 저자에게 매일 많은 사건들을 처리해야 하는 서울사무소장이라는 중요한 직책을 맡겨주신 김동수위원장님께 이 기회에 감사를 드린다. 그리고 어려운 환경에서도 묵묵히 일하는 서울사무소 직원들에게도 고마움을 전하고 싶다.

이 책의 출간을 가장 기뻐하실 분은 돌아가신 아버지일 것이다. 고향의 들판에서 태산처럼 존재하셨던 아버지께서 홀연히 세상을 떠나시면서 한동안 허전한 마음을 가눌 길이 없었으나 올바른 공직자가 되라고 항상 격려하시던 말씀에 따라 매사에 성의를 다하려고 노력하고 있다. 그리고 직장생활을 하는 것도 공부를 하는 것도 모두가 가족의 힘이라고 생각한다. 못난 자식이지만 늘 잘되라고 기도하시는 어머니, 장인·장모님, 이 책을 출간하는 데 숨은 일등공신인 아내에게 이 책의 말미에서나마 감사의 마음을 전한다. 그리고 사랑하는 지민, 소민, 지우와도 출간의 기쁨을 함께 나누고자 한다.

이제 책을 세상에 내놓으려고 하니 너무도 부족하고 두려운 마음이 앞선다. 아무쪼록 이 책이 공정거래위원회의 실무와 경쟁법의 발전에 조그마한 초석이나마 되었으면 하는 바람이다. 앞으로도 계속 내용을 혁신하여 보다 나은 책으로 만날 것을 독자들께 약속드린다.

2011. 8. 19. 반포사무실에서

저자 신동권 씀

차 례

제 1 장 총 칙

제1조(목적) — 3
제2조(정의) — 26
제3조(국외행위에 대한 적용) — 123

제 2 장 시장지배적지위의 남용금지

제4조(독과점적 시장구조의 개선등) — 137
제5조(시장지배적지위의 남용금지) — 141
제6조(시장지배적사업자의 추정) — 238
제7조(시정조치) — 243
제8조(과징금) — 258

제 3 장 기업결합의 제한

제9조(기업결합의 제한) — 265
제10조(주식의 취득 또는 소유의 기준) — 327
제11조(기업결합의 신고) — 328
제12조(기업결합 신고절차 등의 특례) — 344
제13조(탈법행위의 금지) — 345
제14조(시정조치 등) — 346
제15조(시정조치의 이행확보) — 371

제16조(이행강제금) 372

제 4 장 경제력 집중의 억제

제17조(지주회사 설립 · 전환의 신고) 379
제18조(지주회사 등의 행위제한 등) 380
제19조(상호출자제한기업집단의 지주회사 설립제한) 403
제20조(일반지주회사의 금융회사 주식 소유 제한에 관한 특례) 404
제21조(상호출자의 금지등) 409
제22조(순환출자의 금지) 414
제23조(순환출자에 대한 의결권 제한) 420
제24조(계열회사에 대한 채무보증의 금지) 421
제25조(금융회사 · 보험회사 및 공익법인의 의결권 제한) 426
제26조(대규모내부거래의 이사회 의결 및 공시) 434
제27조(비상장회사 등의 중요사항 공시) 440
제28조(기업집단현황 등에 관한 공시) 444
제29조(특수관계인인 공익법인의 이사회 의결 및 공시) 450
제30조(주식소유현황등의 신고) 452
제31조(상호출자제한기업집단등의 지정 등) 454
제32조(계열회사의 편입 및 제외등) 464
제33조(계열회사의 편입 · 통지일의 의제) 467
제34조(관계기관에 대한 자료의 확인요구등) 468
제35조(상호출자제한기업집단의 현황 등에 관한 정보공개) 469
제36조(탈법행위의 금지) 471
제37조(시정조치 등) 472
제38조(과징금) 479
제39조(시정조치의 이행확보) 486

제 5 장 부당한 공동행위의 제한

제40조(부당한 공동행위의 금지) — 489
제41조(공공부문 입찰 관련 공동행위를 방지하기 위한 조치) — 638
제42조(시정조치) — 640
제43조(과징금) — 652
제44조(자진신고자 등에 대한 감면 등) — 700

제 6 장 불공정거래행위의 금지

제45조(불공정거래행위의 금지) — 733
제46조(재판매가격유지행위의 제한) — 972
제47조(특수관계인에 대한 부당한 이익제공 등 금지) — 987
제48조(보복조치의 금지) — 1010
제49조(시정조치) — 1011
제50조(과징금) — 1026

제 7 장 사업자단체

제51조(사업자단체의 금지행위) — 1045
제52조(시정조치) — 1081
제53조(과징금) — 1089

제 8 장 전담기구

제54조(공정거래위원회의 설치) — 1097
제55조(공정거래위원회의 소관사무) — 1102
제56조(공정거래위원회의 국제협력) — 1103
제57조(공정거래위원회의 구성등) — 1104
제58조(회의의 구분) — 1107

第59조(전원회의 및 소회의 관장사항) 1107
第60조(위원장) 1108
第61조(위원의 임기) 1109
第62조(위원의 신분보장) 1110
第63조(위원의 정치운동 금지) 1110
第64조(회의의사 및 의결정족수) 1110
第65조(심리 · 의결의 공개 및 합의의 비공개) 1111
第66조(심판정의 질서유지) 1113
第67조(위원의 제척 · 기피 · 회피) 1113
第68조(의결서 작성 및 경정) 1114
第69조(법 위반 행위의 판단시점) 1115
第70조(사무처의 설치) 1115
第71조(조직에 관한 규정) 1115

제 9 장 한국공정거래조정원의 설립 및 분쟁조정

第72조(한국공정거래조정원의 설립 등) 1119
第73조(공정거래분쟁조정협의회의 설치 및 구성) 1122
第74조(협의회의 회의) 1125
第75조(협의회 위원의 제척 · 기피 · 회피) 1126
第76조(조정의 신청 등) 1127
第77조(조정 등) 1129
第78조(조정조서의 작성과 그 효력) 1133
第79조(협의회의 조직 · 운영 등) 1134

제10장 조사등의 절차

第80조(위반행위의 인지 · 신고 등) 1137
第81조(위반행위의 조사 등) 1150
第82조(조사시간 및 조사기간) 1157

제83조(위반행위 조사 및 심의 시 조력을 받을 권리) 1157
제84조(조사권의 남용금지) 1158
제85조(조사 등의 연기신청) 1159
제86조(이행강제금 등) 1160
제87조(서면실태조사) 1161
제88조(위반행위의 시정권고) 1162
제89조(동의의결) 1164
제90조(동의의결의 절차) 1170
제91조(동의의결의 취소) 1175
제92조(이행강제금 등) 1175
제93조(의견진술기회의 부여) 1176
제94조(심의절차에서의 증거조사) 1179
제95조(자료열람요구 등) 1180
제96조(이의신청) 1185
제97조(시정조치명령의 집행정지) 1191
제98조(문서의 송달) 1197
제99조(소의 제기) 1200
제100조(불복의 소의 전속관할) 1216
제101조(사건처리절차등) 1218

제11장 과징금 부과 및 징수등

제102조(과징금 부과) 1221
제103조(과징금 납부기한의 연장 및 분할납부) 1246
제104조(과징금의 연대납부의무) 1248
제105조(과징금 징수 및 체납처분) 1249
제106조(과징금 환급가산금) 1252
제107조(결손처분) 1252

제12장 금지청구 및 손해배상

제108조(금지청구 등) 1257
제109조(손해배상책임) 1260
제110조(기록의 송부등) 1284
제111조(자료의 제출) 1286
제112조(비밀유지명령) 1288
제113조(비밀유지명령의 취소) 1291
제114조(소송기록 열람 등의 청구 통지 등) 1293
제115조(손해액의 인정) 1295

제13장 적용제외

제116조(법령에 따른 정당한 행위) 1299
제117조(무체재산권의 행사행위) 1312
제118조(일정한 조합의 행위) 1335

제14장 보 칙

제119조(비밀엄수의 의무) 1341
제120조(경쟁제한적인 법령 제정의 협의등) 1343
제121조(관계기관등의 장의 협조) 1349
제122조(권한의 위임 · 위탁) 1349
제123조(벌칙 적용에서의 공무원 의제) 1349

제15장 벌 칙

제124조(벌칙) 1353
제125조(벌칙) 1358
제126조(벌칙) 1360

제127조(벌칙) 1360
제128조(양벌규정) 1360
제129조(고발) 1361
제130조(과태료) 1374

찾아보기 1379

• [사례 약칭] 이 책에서는 사례 정보를 다음과 같이 간략하게 표기했습니다.

• 공정거래위원회 의결: 공정의 • 공정거래위원회 결정: 공정결 • ○○지방법원 판결: ○○지판
• 서울고등법원 판결: 서고판 • 대법원 판결: 대판 • 헌법재판소 결정: 헌재결

제 1 장

•

총　　칙

제 1 조(목적)
제 2 조(정의)
제 3 조(국외행위에 대한 적용)

제 1 조(목적)

이 법은 사업자의 시장지배적지위의 남용과 과도한 경제력의 집중을 방지하고, 부당한 공동행위 및 불공정거래행위를 규제하여 공정하고 자유로운 경쟁을 촉진함으로써 창의적인 기업활동을 조장하고 소비자를 보호함과 아울러 국민경제의 균형있는 발전을 도모함을 목적으로 한다.

목 차

Ⅰ. 개 요
Ⅱ. 헌법적 의의
1. 헌법재판소 및 대법원의 태도
2. 판결의 의미
3. 경제질서의 기본법
Ⅲ. 수 단
1. 시장지배적지위의 남용금지
2. 경제력집중의 방지
3. 부당한 공동행위 및 불공정거래행위의 규제
Ⅳ. 직접적 목적
Ⅴ. 궁극적 목적
1. 창의적 기업활동의 조장
2. 소비자보호
3. 국민경제의 균형있는 발전
Ⅵ. 입 법 론

[참고문헌]

단행본: 공정거래위원회/한국개발연구원, 공정거래10년－경쟁정책의 운용성과와 과제－, 1991; 공정거래위원회, －공정거래위원회 20년사－시장경제 창달의 발자취, 2001; 공정거래위원회, 공정거래위원회 30년사, 2010; 신동권, 경쟁정책과 공정거래법, 박영사, 2023; 이승철, 공정거래경제학, 한국경제연구원, 1999; 연강흠/이호영/손성규, 기업지배구조의 모든 것, 클라우드나인, 2018; 정순훈, 경제헌법, 법문사, 1993; 한복연, 산업구조와 경쟁, 한국방송통신대학교출판부, 2004; 홍명수, 재벌의 경제력집중 규제, 경인문화사, 2006; 조지프 E. 스티글리츠(강신욱 역), 시장으로 가는 길, 한울아카데미, 2003; Gellhorn, Ernest/ Kovacic, William E., Antitrust Law and Economics(4th Edition), West Group, 1994; Dreher/ Kulka, Wettbewerbs－ und Kartellrecht, 10. Auflage, C.F. Müller, 2018; Rittner/ Dreher, Europäisches und deutsches Wirtschaftsrecht, 3. Auflage, C.F. Müller, 2007

논 문: 권오승, “독점규제법의 개요와 쟁점”, 공정거래와 법치(권오승 편), 법문사, 2004; 김성훈, “독점규제법의 목적에 관한 고찰”, 남천 권오승교수 정년기념논문집(시

장경제와 사회조화), 법문사, 2015; 박정훈, "공정거래법의 공적 집행", 공정거래와 법치(권오승 편), 법문사, 2004; 이봉의, "공정거래법의 목적과 경쟁제한행위의 위법성", 경제법판례연구 제 1 권, 경제법판례연구회, 법문사, 2004; 이인호, "경제학적 경쟁정책 입문", 경쟁저널 제153호, 한국공정경쟁연합회, 2010. 11; 조혜신, "독점규제법상 시장지배적지위 남용규제의 목적", 남천 권오승교수 정년기념논문집(시장경제와 사회조화), 법문사, 2015; 주순식, "경쟁정책의 목적과 소비자", 공정거래와 법치(권오승 편), 법문사, 2004; 차성민 역 Fritz Rittner 저, "경쟁의 세 가지 기본문제", 공정거래법의 쟁점과 과제, 서울대학교 경쟁법센터 연구총서 1, 법문사, 2010; 홍대식, "우월적 지위의 남용행위의 위법성 판단기준－대상판결: 대법원 2000. 6. 9. 선고 97누19427 판결", 경쟁법연구 제 7 권, 한국경쟁법학회, 2001. 4; 홍대식, "사법적 관점에서 본 불공정거래행위", 경쟁법연구 제18권, 한국경쟁법학회, 법문사, 2008; 홍대식, "경쟁시장의 창출과 경쟁법: 유비쿼터스도시서비스 시장의 경우", 경쟁법연구 제19권, 한국경쟁법학회, 법문사, 2009; 홍대식, "유럽연합의 「불공정한 상관행지침」", 공정거래법의 쟁점과 과제, 서울대학교 경쟁법센터 연구총서 1, 법문사, 2010; 홍명수, "재벌의 의의 및 특징", 경쟁법연구 제 9 권, 한국경쟁법학회, 2003. 4; 홍명수, "대규모기업집단정책의 현황과 과제", 공정거래법의 쟁점과 과제", 서울대학교 경쟁법센터 연구총서 1, 법문사, 2010; Clark, John Maurice. "Zum Begriff eines wirksamen Wettbewerbs", Wettbewerb und Monopol, wissenschaftliche Buchgesellschaft Darmstadt, 1968

[참고사례]

(사)대한약사회 및 (사)대한약사회 서울특별시지부의 경쟁제한행위 건(공정거래위원회 1993. 9. 25. 의결 제93.320호, 1993. 10. 25. 재결 제93－5호; 서울고등법원 1994. 9. 28. 선고 93구34369 판결; 대법원 1995. 5. 12. 선고 94누13794 판결); 주세법 제38조의 7 등에 대한 위헌제청 건(헌법재판소 1996. 12. 26. 선고 96헌가18 결정); 대한법무사협회의 구성사업자에 대한 사업활동제한행위 건(공정거래위원회 1994. 8. 17. 의결 제94－263호, 1994. 10. 5. 재결 제94－8호; 서울고등법원 1995. 11. 23. 선고 94구32186 판결; 대법원 1997. 5. 16. 선고 96누150 판결); (주)조흥은행의 거래상지위 남용행위 관련 건(민사소송)(부산고등법원 1998. 8. 21. 선고 97나1501 판결; 대법원 1999. 12. 10. 선고 98다46587 판결); 서울특별시전세버스운송사업조합 외 9개조합의 경쟁제한행위 건(공정거래위원회 1999. 11. 10. 의결 제99－253~262호; 서울고등법원 2000. 10. 10. 선고 2000누1180 판결; 대법원 2002. 6. 14. 선고 2000두8905 판결); 김구부외 1의 신문업에 있어서의 불공정거래행위 및 시장지배적지위 남용행위의 유형 및 기준 제 3 조 제 1 항 등 위헌확

인 건(헌법재판소 2002. 7. 18. 선고 2001헌마605 결정); (사)**제주도관광협회의 경쟁제한행위 건**(공정거래위원회 2002. 4. 11. 의결 제2002-082호, 2002. 9. 5. 재결 제2002-027호; 서울고등법원 2003. 8. 28. 선고 2002누14852 판결; 대법원 2005. 9. 9. 선고 2003두11841 판결); **한국여신전문금융업협회 외 7의 사업자단체금지행위에 대한 건**(공정거래위원회 2001. 3. 28. 의결 제2001-039호, 2001. 8. 24. 재결 제2001-039호; 서울고등법원 2003. 4. 17. 선고 2001누5851 판결; 대법원 2005. 8. 19. 선고 2003두5709 판결); **비씨카드**(주) **외 14의 시장지배적지위 남용행위 건**(공정거래위원회 2001. 3. 28. 의결 제2001-040호, 2001. 8. 24. 재결 제2001-038호; 서울고등법원 2003. 5. 27. 선고 2001누15193 판결; 대법원 2005. 12. 9. 선고 2003두6283 판결); (주)**포스코의 시장지배적지위 남용행위 건**(공정거래위원회 1999. 5. 27. 의결 제99-80호; 서울고등법원 2002. 8. 27. 선고 2001누5370 판결; 대법원 2007. 11. 22. 선고 2002두8626 판결); **현대자동차**(주)**의 채무보증금지규정 위반행위 건**(공정거래위원회 2003. 10. 6. 의결 제2003.155호; 서울고등법원 2005. 1. 19. 선고 2004누4149 판결); (주)**케이티의 공동행위 건**(시외전화)(공정거래위원회 2005. 12. 15. 의결 제2005-331호; 서울고등법원 2007. 8. 22. 선고 2006누1960 판결; 대법원 2008. 12. 24. 선고 2007두19584 판결); **한국제유공업협동조합의 부당공동행위건**(공정거래위원회 2006. 12. 26. 의결 제2006-272호; 서울고등법원 2007. 7. 25. 선고 2007누2946 판결; 대법원 2007. 11. 15. 선고 2007두18079 판결)

Ⅰ. 개 요

독점규제법은 시장지배적지위의 남용과 경제력 집중, 부당 공동행위 및 불공정거래행위 등을 규제[1)]함으로써 자유롭고 공정한 경쟁질서를 유지하기 위한 법규범으로 정의된다. 우리나라에서는 이를 위해 「독점규제 및 공정거래에 관한

1) 규제는 정부가 경제주체의 행위를 금지·중재·조장하기 위해 특정활동에 제한을 가하거나 혹은 권장함으로써 시장기구에 의한 자연적인 행위 및 결과를 변형시키는 과정이라 할 수 있다. 공정거래10년(1991), 197면; 정부규제는 일반적으로 정부가 기업이나 일반국민에게 의무를 부과하는 다양한 형태의 수단을 의미하는데 그 중 경제적 규제는 시장성과의 변수들, 즉 특정산업에 존재하는 기업의 수, 상품가격, 상품의 종류와 품질, 생산기술 같이 통상적으로 시장기능에 의해 결정되는 변수를 정부가 직접 개입하여 규제하는 행위를 말한다. 그러나 독점규제(공정거래)정책은 시장의 구조와 행태에 영향을 미쳐 경쟁을 촉진하고 기업의 행태를 조정함으로써 바람직한 시장성과를 유도하고자 하는 간접적 치유방식으로 경제적 규제와는 구별된다. 경제규제는 원인에 불구하고 나타난 결과만을 따지는 직접적 치유방식의 대증요법이며, 독점규제(공정거래)정책은 경쟁촉진을 통해 시장의 불완전성을 극복하고자 하는 원인요법이라 할 수 있다. 이상 공정거래위원회 20년사(2001), 531면.

법률」(이하 "독점규제법" 또는 "법")[2]을 제정·운영하고 있다.[3] 동법 제 1 조에서는 법의 목적을 명확히 규정하고 있는바, 대부분의 학자들은 크게 직접적 목적과 궁극적 목적으로 구분하고 있다. 그리고 이러한 구분은 판례에서도 수용되고 있다.[4] 한편 직접적/궁극적 목적의 이분법과 관련하여, 직접적 목적은 공정하고 자유로운 경쟁의 촉진이며, 궁극적 목적은 창의적인 기업활동을 조장하고 소비자를 보호함과 아울러 국민경제의 균형있는 발전을 도모하는 것으로 설명하는 것이 통설이다.[5] 그리고 공정하고 자유로운 경쟁을 촉진하기 위한 수단으로 사

2) 「독점규제 및 공정거래에 관한 법률」(1980. 12. 31. 제정)은 '공정거래법'으로 약칭하는 경우와 '독점규제법'으로 약칭하는 경우가 있다. 동법과 같은 내용의 법을 미국에서는 독점금지법(Antitrust Law), EU에서는 경쟁법(Competition Law), 독일에서는 「경쟁제한방지법(Gesetz gegen Wettbewerbsbeschränkungen: GWB)」 일본에서는 「사적독점의 금지 및 공정거래의 확보에 관한 법률」(이하 "사적독점금지법")로 불리는 것을 보더라도 공정거래법보다는 독점규제법이라고 약칭하는 것이 보다 보편성이 있다고 생각된다. 다만 실무적으로 공정거래위원회 심결이나 법원판례에서는 대부분 공정거래법으로 칭하고 있지만[그러나 판례에서도 독점규제법(대판 1997. 5. 16. 96누150, 대판 1999. 12. 10. 98다46587)으로 약칭하기도 하고, 기타 공정법(서고판 2003. 5. 27. 2001누15193)으로 약칭하는 경우도 있다], 본서에서는 편의상 독점규제법으로 통일시켜 사용하기로 한다.

3) 우리나라에서 독점규제법의 제정이 추진된 시기는 1963년으로 이른바 '삼분사건'이 계기가 되어 1964년 초안을 발표하였으나 각의(閣議)에 상정조차 못하고 무산되었으며, 1964년부터 나타난 '개발인플레이션'조짐으로 1966년 법안을 국회에 제출하였으나 업계의 반대로 좌절되었다. 신진자동차(주)의 폭리문제 등 독과점문제가 제기되어 1969년 다시 법안을 국회에 상정하였으나 시기상조론에 밀려 회기종료로 자동폐기되었다. 1970년대 들어 세계경제의 스태그플레이션 현상이 지속되고 1971년 들어 물가불안의 조짐이 보여 물가안정책의 일환으로 법안을 국회에 제출하였으나 폐기되고 1975년 들어 독과점 폐해가 지속되자 「물가안정및공정거래에관한법률」이 제정되고 1976. 3. 15.부터 시행되었다. 그러나 이는 물가안정에 역점을 둔 법으로서 물가통제와 경쟁촉진이라는 다소 상반된 목적을 가지고 있었다. 1980년 제 5 공화국의 헌법개정작업이 착수되면서 기업의 독점금지조항을 삽입하기로 방침이 정해지고 정부는 그해 9월 「독점규제및공정거래에관한법률」 제정방침을 천명하였으며 '국가보위입법회의'에서 12월 23일 의결되고 12월 31일 법률 제3320호로 공포되었다. 이는 우리경제를 시장경제체제로 전환시키기 위하여 만든 법으로서 새로운 경제질서의 형성을 의미하는 것이었다. 우리나라 독점규제법 도입의 역사적 배경에 대한 자세한 내용은, 공정거래10년(1991), 17~46면 참조. 독점규제법의 제정이유는 "경제운용의 기본방향을 정부주도에서 민간주도로 점차 전환하되, 민간기업의 공정하고 자유로운 경쟁체제를 통하여 창의적 활동을 조장하고, 소비자 권익도 보호하는 건전한 경제질서의 확립을 위하여 '독과점의 폐단은 적절히 규제'한다는 헌법 정신에 따라 이 법을 제정"하는데 있다.

4) 대판 2005. 8. 19. 2003두5709; 대판 2005. 9. 9. 2003두11841; 서고판 1996. 12. 6. 96나2240.

5) 그러나 이러한 견해들도 궁극적 목적으로 규정하고 있는 내용에 대하여는 회의적인 시각을 갖고 있다. 즉 "우선 창의적인 기업활동의 조장은 독점규제법의 궁극적인 목적이 될 수 없고, 소비자보호도 소비자피해의 예방이나 구제라는 의미로 이해하게 될 경우에는 독점규제법의 궁극적 목적이 될 수는 없으며, 국민경제의 균형있는 발전의 도모는 독점규제법의 궁극적 목적이라기보다는 오히려 경제정책의 궁극적 목표로서 독점규제법의 집행이 머물러야 할 한계"라고 하고(권오승), "그 실체가 모호할 뿐 아니라 관점에 따라 얼마든지 상이한 내용을 함축할 수 있는 폭넓은 개념들로서 구체적인 문제의 해결을 위한 법 개념으로 기능하기 곤란하고 주로 선언적·이념적 의미를 가질 뿐이고, 실제 구체적인 법집행상 일정한 행위의 위법여부를 판단

업자의 시장지배적지위의 남용과 과도한 경제력집중의 방지, 부당한 공동행위 및 불공정거래행위의 규제를 규정하고 있다고 한다.

독점규제법의 수단과 목적

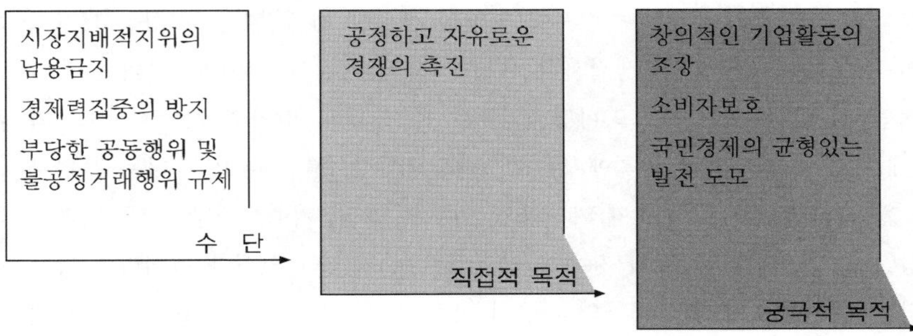

Ⅱ. 헌법적 의의

1. 헌법재판소 및 대법원의 태도

독점규제법은 우리 헌법질서라는 틀 속에서 이해하여야 한다. 이와 관련하여 헌법재판소 및 대법원은 다음과 같이 판시하고 있다.

> "헌법 제23조 제 1 항 전문은 '모든 국민의 재산권은 보장된다'라고 규정하고, 헌법 제119조 제 1 항은 '대한민국의 경제질서는 개인과 기업의 경제상의 자유와 창의를 존중함을 기본으로 한다'고 규정함으로써, 우리 헌법이 사유재산제도와 경제활동에 관한 사적자치의 원칙을 기초로 하는 자본주의 시장경제질서를 기본으로 하고 있음을 선언하고 있음. 이는 국민 개개인에게 자유로운 경제활동을 통하여 생활의 기본적 수요를 스스로 충족시킬 수 있도록 하고 사유재산의 자유로운 이용·수익과 그 처분을 보장해 주는 것이 인간의 자유와 창의를 보전하는 지름길이고 궁극에는 인간의 존엄과 가치를 증대시키는 최선의 방법이라는 이상을 배경으로 하고 있는 것임. 그러나 한편, 헌법 제119조 제 2 항은 '국가는 … 시장의 지배와 경제력의 남용을

하기 위한 기준으로 사용할 수 없다"고 하거나(이호영), "'공정하고 자유로운 경쟁촉진'과 함께 병렬적인 법목적으로 이해하거나, 보다 상위의 법목적으로 이해하는 것은 찬성하기 어렵다"고 한다(임영철).

방지하기 위하여 … 경제에 관한 규제와 조정을 할 수 있다'고 규정함으로써, '독점규제와 공정거래유지'라는 경제정책적 목표를 개인의 경제적 자유를 제한할 수 있는 정당한 공익의 하나로 하고 있음. 이는 경제를 자유방임 상태에 둘 경우 경제적 자유에 내재하는 경제력집중적 또는 시장지배적 경향으로 말미암아 반드시 시장의 자유가 제한받게 되므로 국가의 법질서에 의하여 공정한 경쟁질서를 형성하고 확보하는 것이 필요하고, 공정한 경쟁질서의 유지가 자연적인 사회현상이 아니라 국가의 지속적인 과제라는 인식에 그 바탕을 두고 있음. 다시 말하면 사유재산제도와 경제활동에 관한 사적자치의 원칙에 입각한 시장경제질서를 기본으로 하는 우리나라에서는 원칙적으로 사업자들에게 계약체결 여부의 결정, 거래상대방 선택, 거래내용의 결정 등을 포괄하는 계약의 자유가 인정되지만, 시장의 지배와 경제력의 남용이 우려되는 경우에는 그러한 계약의 자유가 제한될 수 있다 할 것이고, 이러한 제한 내지 규제는 계약자유의 원칙이라는 시민법 원리를 수정한 것이기는 하나 시민법 원리 그 자체를 부정하는 것은 아니며, 시민법 원리의 결함을 교정함으로써 그것이 가지고 있던 본래의 기능을 회복시키기 위한 것으로 이해할 수 있음. 독점규제법은 모두 위와 같은 헌법상의 원리를 반영하여 그 제 1 조에서 이 법은 공정하고 자유로운 경쟁을 촉진함으로써 창의적인 기업활동을 조장하고 소비자를 보호함과 아울러 국민경제의 균형있는 발전을 도모함을 목적으로 하고 있다고 그 입법목적을 천명하고 있고, 위와 같은 법의 입법목적을 달성하기 위한 규제의 하나로서 독점규제법 제 5 조는 시장지배적사업자의 지위남용행위를 규제하고 있음. 과거 개발경제시대의 영향 등으로 독과점의 폐해에 대한 우려가 큰 우리나라 경제현실 등에 비추어 볼 때 시장경제원리가 제대로 작동하기 위한 전제조건으로서의 경쟁 기능의 유지를 위하여 시장지배적지위 남용행위에 대한 규제가 매우 중요하다 할 것임. 그러나 다른 한편으로 최근의 이른바 경제의 첨단화 및 세계화 등의 추세를 감안하면 위 규제가, 기업이 창의력을 바탕으로 세계적 경쟁력을 키우고 궁극적으로는 소비자후생 증대와 경제발전에 기여할 수 있는 방향으로 운용되도록 배려할 필요 역시 그에 못지않다 할 것이고, 위 규제가 불합리하거나 과도하여 기업이 자신의 능력을 충분히 발휘하는 데 장애가 되어서는 곤란할 것임. 즉, 오늘날 기업들은 매우 다양한 방법으로 전략적 사업활동을 영위하고 있고, 그 과정에서 다른 사업자들과 계약을 체결하고 거래를 하기도 하지만, 매우 다양한 이유에서 계약의 체결을 거절하거나 계약상대방을 결정하고, 계약조건을 흥정하기도 한다. 그런 과정에서 경쟁을 해치는 거래거절에 대하여는 이를 위법한 것으로 보아 시정조치함으로써 경쟁을 회복시켜야겠지만, 경쟁제한적인 의도나 목적이 전혀 없거나 불분명한 전략적 사업활동에 관하여도 다른 사업자를 다소 불리하게 한다는 이유만으로 경쟁제한을 규제 대상으로 삼는 법률에 위반된 것으로 처분한다면 이는 그 규제를 경쟁의 보호가 아닌 경쟁자의 보호를 위한 규제로 만들 우려가 있을 뿐 아니라, 기업의 사업활동을 부당하게 위축시켜 결과적으로는 경쟁력 있는 사업자 위주로 시장이 재편되는 시장경제의 본래적 효율성을 저해하게 될 위험성이 있음."[6)]

2. 판결의 의미

상기 판결은 우선 우리나라 헌법질서에서 독점규제법의 위치와 성격을 가장 잘 표현해 주고 있는 것으로 생각된다. 첫째, 대한민국 경제질서의 근본을 사적자치에 두고 그 내재적 한계를 극복하기 위한 '독점규제와 공정거래유지'라는 경제정책적 목표를 개인의 경제적 자유를 제한할 수 있는 정당한 공익의 하나로 자리매김하지만, 그것은 그 자체가 목적이 아니라 결국 사적 자치라는 시민법원리 본래의 기능을 회복하는 수단으로 인식하고 있다.[7)]

6) 헌재결 1996. 12. 26. 96헌가18; 헌재결 2002. 7. 18. 2001헌마605; 대판 2007. 11. 22. 2002두8626.

7) '시장의 지배와 경제력의 남용을 방지하기 위한' 규제 하나만 놓고 보면 우리나라의 경제질서는 자유시장경제라고 부르는 것이 옳다고 생각한다. 왜냐하면 '시장의 지배와 경제력의 남용을 방지하기 위한' 규제는 자유시장경제에 내재하는 규제이며 적극적 의미를 가지고 있지 않기 때문이다. 그러나 우리나라 헌법하에서는 '균형있는 국민경제의 성장 및 안정과 적정한 소득분배의 유지' 및 '경제주체간의 조화를 통한 경제민주화의 실현'을 위하여 경제에 관한 규제와 조정까지 할 수 있기 때문에, 우리나라 헌법상의 경제질서가 자유시장경제라고 볼 수 있느냐가 문제된다. 우리나라 헌법상의 경제질서 관련해서는 다양한 견해가 존재한다. 우선, 헌법학자들은 사회적 시장경제질서라고 보는 것이 대세이다(허영, 김철수, 한태연, 권영성 등). 우리나라 헌법재판소도 "우리 헌법은 전문 및 제119조 이하의 경제에 관한 장에서 균형있는 국민경제의 성장과 안정, 적정한 소득의 분배, 시장의 지배와 경제력남용의 방지, 경제주체간의 조화를 통한 경제의 민주화, 균형있는 지역경제의 육성, 중소기업의 보호육성, 소비자보호 등 경제영역에서의 국가목표를 명시적으로 규정함으로써, 우리 헌법의 경제질서는 사유재산제를 바탕으로 하고 자유경쟁을 존중하는 자유시장 경제질서를 기본으로 하면서도 이에 수반되는 갖가지 모순을 제거하고 사회복지·사회정의를 실현하기 위하여 국가적 규제와 조정을 용인하는 사회적 시장경제질서로서의 성격을 띠고 있다"(헌재결 2001. 6. 28. 2001헌마132)고 판시하였다. 이에 대하여 독일의 사회적 시장경제(soziale Marktwirtschaft)는 자유를 모든 가치의 전제조건이자 최우선적인 가치로 보고 경제를 경제질서와 경제과정으로 구분하여 경제질서에 대한 간섭만을 인정하는 질서를 의미하므로 경제과정에 대한 간섭을 용인하는 우리나라 경제질서를 사회적 시장경제질서라고 보기 어렵다는 비판(정순훈, 229~230면)이 있다. 이 문제에 대해서는 경제법 학자를 중심으로도 논의가 있다. 큰 틀에서 보면 사회적 시장경제에 입각하여 자유방임적

둘째, 국가의 법질서에 의하여 공정한 경쟁질서를 형성하고 확보하는 것이 필요하고, 공정한 경쟁질서의 유지가 자연적인 사회현상이 아니라 국가의 지속적인 과제라고 인식하고 있다. 이는 독점규제법을 질서정책의 하나로 파악하는 태도이며, 경쟁질서 형성을 위한 국가의 적극적 역할을 강조하는 대목이다. 그리고 이는 일시적이 아닌 지속적인 과제라는 점을 강조함으로써 사적자치를 기본으로 하는 경제에서는 없어질 수 없는 필수적인 국가기능임을 밝히고 있다. 이는 상기 판결이 독일 프라이부르그학파를 중심으로 한 질서자유주의(ordolib-eralism)의 영향을 강하게 받았음을 짐작케 하는 것이다. Franz Böhm, Leonhard Miksch 그리고 Walter Eucken 등의 질서자유주의 그룹은 "경쟁은 사적자치의 제한 특히 시장력에 대항하여 보호되어야 하며 그와 함께 '국가적으로 제도화(staatlichen Veranstaltung)'되어야 한다. 그리고 경쟁의 조건이 결여될 때는 국가 스스로 나서서 국가적 제도의 올바른 결과를 위해 노력하여야 한다"[8]고 주장하였는데, 우리나라 헌법재판소 및 대법원의 논리와 매우 유사하다는 점을 알 수 있다.

셋째, 독점규제법의 목적은 '경쟁자보호'가 아닌 '경쟁보호'라는 점을 분명히

시장경제를 지향하지 않고, 전체주의 국가의 통제경제를 지양하면서 국민 모두가 호혜공영하는 실질적인 사회정의가 보장되는 국가를 지향하고 있다는 견해(신현윤)가 있는 반면, 사회정의의 실현, 균형있는 국민경제의 성장과 발전, 경제민주화를 포괄하는 개념으로 '사회조화적 시장경제'라는 주장(권오승), 사회적 시장경제를 논하는 헌법학의 다수설은 피상적일 뿐만 아니라, 독일의 논의를 한국의 국민경제의 발전 과정이나 시장기능의 실제에 대한 성찰없이 그대로 차용하는 것은 근본적 문제가 있다는 견해(정호열) 등이 있다. 생각건대 사회적 시장경제라고 할 때 무엇이 '사회적(sozial)'인가에 대한 논의가 중요하다고 본다. 일반적으로 '사회적(sozial)'이라는 개념은 경쟁질서유지 보다는 광의로 경제전체질서의 민주화와 사회적 형평성, 사회정의 등을 포괄하는 적극적인 개념이다. 결국 우리 헌법의 경제질서는 사회적 시장경제라고 부를 수 있을 것이다. 물론 독일에서의 사회적 시장경제(soziale Marktwirtschaft)와 동일한 의미인지에 대해서는 여전히 논란이 있다. 독일 프리아부르크 학파의 질서자유주의에서는 경쟁질서 유지를 위한 규제는 시장경제의 영역에 존재하는 것으로 파악하였다. 그러나 그 후 Müller Armack, Ludwig Erhard 등이 사회적 시장경제질서(soziale Marktwirtschaft)를 '사회적 형평성을 고려한 시장의 자유원칙(das Prinzip der Freiheit des Marktes mit einer Politik des sozialen Ausgleichs)'으로 파악하면서 사회적이라는 의미가 강조되었다. 실제 독일 헌법(Grundgesetz)에서는 사회적 시장경제뿐만이 아니라 우리헌법의 경제조항과 같은 것이 없으며, 이에 대하여 사회적 시장경제를 보장하고 있다는 견해(H. C. Nipperdey)와 경제질서에 대해 중립적이라는 견해(H. Krüger), 혼합경제(gemischte Wirtschaftsverfassung)라는 견해(E. R. Huber) 등 논의가 있다. 독일헌법재판소에서는 독일헌법이 기본적으로 자유시장경제에 입각해 있다고 보고 있으며, 사회적 시장경제라는 의미는 법적인 표현이라기보다는 현실경제의 프로그램적이고 이상적인 성격을 규정한 것이라고 본다.

8) Rittner/Dreher, S. 342 Rn. 17. 독일의 질서자유주의와 사회적 시장경제에 대하여, 김호균, 77~108면 참조.

하였다. 독점규제법이 '경쟁자보호'을 목적으로 하는지, '경쟁보호'를 목적으로 하는지에 대하여는 오랜 논쟁의 대상이 되어왔으나 독점규제법이 '경쟁보호'의 메카니즘이라는 것은 어느 정도 공감대가 이루진 것이 사실이다. 미국의 1962년 〈Brown Shoe 사건〉[9] 등 판결에서도 이러한 점을 강조하고 있다.

양자의 구별과 관련하여 판결은 경쟁제한적인 의도나 목적이 전혀 없거나 불분명한 전략적 사업활동에 관하여도 다른 사업자를 다소 불리하게 한다는 이유만으로 규제하는 것을 경쟁자의 보호이고 그렇지 않은 것은 경쟁보호라고 인식하고 있다. 경쟁자보호와 경쟁보호의 객관적이고 투명한 기준을 설정하기는 매우 어렵다. 결국 개별사건에서 이러한 점을 고려할 수밖에 없을 것이다.

한편, 경쟁제한성이 없는 행위를 규제하면 '경쟁'은 보호되지 않고 '경쟁자' 보호가 될 수 있다는 논리는 타당하지만 경쟁제한성이 있는 행위를 규제하는 경우에는 '경쟁'만 보호되고 '경쟁자'는 보호되지 않는가? 생각건대 경쟁을 보호한다고 하지만 결국 그 혜택은 시장에서 경쟁을 하는 주체인 경쟁자가 받게 되므로 양측면이 공존하는 것이다. 예를 들어 시장지배적지위 남용행위 규제는 잔존경쟁을 보호하기 위한 것인데, 결국 시장지배적지위를 갖지 못한 군소사업자가 보호를 받는 것이다. 기업결합을 규제하면 다른 사업자들이 독과점의 위험에서 벗어날 수 있고 시장은 경쟁질서가 유지되는 것이다. 반대로 경쟁제한성이 있는 행위에 대하여 국가가 개입하지 않는다면 어떤 결과가 될까? 마찬가지로 이때는 경쟁도 보호되지 않고 경쟁자도 보호되지 않을 것이다.

생각건대 경쟁보호와 경쟁자보호를 개념적으로 엄격하게 구분하는 것은 어렵다. '경쟁'만 보호되고 '경쟁자'는 보호되지 않는다는 것은 매우 이해하기 어려운 논리이기 때문이다. 따라서 양자의 구분은 경쟁제한성이 없는 행위에 국가가 개입하면 전체 시장에서의 경쟁은 보호되지 않고 개별 경쟁자만 보호하게 되는

---

9) Brown Shoe Co., Inc. v. United States, 370 US 294, 82 S.Ct. 1502(1962). 동 판결에서 연방대법원이 「클레이튼법」의 기업결합규정을 자산취득까지 확대하였던 1950년 「Celler－Kefauver Amendment」를 해석하면서, 주심대법관이었던 Earl Warren은 "taken as a whole, the legislative history[of the 2950 Amendment] illuminates congressional concern with the protection of competition, not competitors, and its desire to restrain mergers only to the extent that such combinations may tend to lessen competition"이라고 하였다. 이는 15년 뒤 Brunswick Corp. v. Pueblo Bowl－O－Mat, Inc.(1977)로 이어지는데, Marshall 대법관은 "the antitrust laws … were enacted for 'the protection of competition, not competitors' "라고 하였다. Brunswick 판결 이후 법원은 Warren 시대보다 더 빈번히 효율성(efficiency)개념을 수용하였고, 많은 판결들이 「셔먼법」을 '소비자보호규정(consumer welfare prescription)'으로 보는 Bork 판사를 인용하게 되었다. 이상 Gellhorn/Kovacic, 33~35면 참조.

경우가 있다는 소극적 의미를 가지는 것으로 보아야 한다.[10)]

3. 경제질서의 기본법

한편 자유롭고 공정한 경제질서는 헌법 제37조 제 2 항에서 말하는 "공공복리"에 해당하는데, 그럼에도 불구하고 헌법 제119조 제 2 항에서 "시장의 지배와 경제력의 남용을 방지"하기 위한 경제규제의 가능성을 규정한 것은 한편으로는 그 중요성에 비추어 의문의 여지없이 이를 명시한다는 선언적 의미를 가짐과 동시에, 일반적인 공공복리보다 더 강한 정도의 기본권제한이 가능하다는 적극적 의미를 갖는다.[11)] 그리고 그 정당성은 그러한 독과점의 규제가 헌법상 경제질서의 기본인 자유시장경제의 제한이 아니라 바로 동 원칙을 제대로 실현하기 위한 것이라는 데 있다.[12)] 이러한 의미에서 독점규제법은 경제질서의 기본법[13)] 또는 경제헌법[14)]으로 일컬어지고 있으며 기업활동의 마그나카르타(Magna Carta)[15)] 라고 할 수 있는 것이다. 〈(주)포스코의 시장지배적 지위 남용행위 건〉 관련 행정소송에서 대법원은 독점규제법이 제 1 조에서 입법목적을 밝힌 것은 헌법상의 사회적 시장경제질서의 경제정책적 목표를 달성하기 위함에 있다고 판시하였다.[16)]

---

10) 홍대식도 경쟁의 보호와 경쟁자의 보호는 상호보완적인 가치로서 양립이 가능하지만 예외적으로 경쟁의 보호라는 가치와 경쟁자의 보호라는 가치가 상충하는 경우에 경쟁의 보호를 우선하여야 한다는 의미로 이해한다. 홍대식, 경쟁법연구 제19권(2009), 46면.

11) 박정훈, 공정거래와 법치(2004), 1001면; 이는 시장경제 그 자체의 기능을 유지하기 위한 규제로서 시장경제를 경제질서의 기본으로 하고 있는 나라에서는 없어서는 안 될 필수적인 규제이다. 권오승, 55면.

12) 박정훈, 공정거래와 법치(2004), 1001면.

13) 권오승, 공정거래와 법치(2004), 4면; 공정거래10년(1991), 53면.

14) 공정거래10년(1991), 37면.

15) U.S. v. Topco Assocs., 405 U.S. 596, 610(1972): "Antitrust laws in general, and the Sherman Act in particular the Magna Carta of free enterprise. They are important to the preservation of economic freedom and our free enterprise system as the Bill of Rights is to the protection of our fundamental personal freedoms".

16) 대판 2007. 11. 12. 2002두8626.

Ⅲ. 수 단

1. 시장지배적지위의 남용금지

헌법 제119조 제 2 항에서 "시장의 지배와 경제력의 남용을 방지하기 위하여 경제에 관한 규제와 조정을 할 수 있다"고 규정하고 있고, 이를 구현하기 위하여 독점규제법 제 1 조에서는 사업자의 시장지배적지위의 남용방지를 법 목적 달성수단의 하나로 규정하고 있다. 우리나라나 미국, EU, 독일 등 대부분의 국가에서는 제도상의 차이가 있을지언정 독과점에 대해서는 엄격히 규제하고 있다. 독점규제법 제 5 조에서 시장지배적지위의 남용금지를 규정하고, 법 시행령 제 9 조에서는 남용행위의 유형과 기준을 세부적으로 정하고 있다.

2. 경제력집중의 방지

우리나라의 경제력집중은 단기간의 압축성장의 결과로 나타나게 되었다. 경제력은 한 경제주체가 다른 경제주체의 자유의사에 따른 행동에 영향을 줄 수 있는 힘으로 정의될 수 있는데, 현대자본주의경제에 있어서 가장 중요한 경제조직은 기업이므로 일차적으로 경제력집중은 일정한 경제영역에서 소수의 기업이 경제적 자원 및 수단의 상당부분을 소유·지배하는 기업집중의 형태로 나타난다.[17)]

경제력집중은 경제적 자원과 수단을 소유·지배할 수 있는 힘이 소수의 경제주체에게 집중되어 있는 현상을 말하는데, 독점규제법에서 규제하는 경제력집중에 대하여 공정거래위원회는 '여러 시장에 걸친 다수의 대규모 독과점적 기업들이 1인 또는 그 가족에 의해 실질적으로 소유·지배되는 기업집단인 이른바 재벌에 의한 경제자원 및 활동의 지배력 집중현상'으로 정의하고 있다.[18)] 즉 우

17) 공정거래10년(1991), 52면.

18) 공정거래위원회 20년사(2001), 300면; 흔히 재벌, 대규모기업집단, 콘체른 등이 유사한 개념으로 사용되는데, 홍명수에 의하면 재벌은 '총수 및 그 가족에 의하여 소유 및 지배되고 전체가 통일적으로 운영되고 있는 일정규모 이상의 기업집단'으로 정의된다. 그러나 독점규제법상 대규모기업집단은 개념적으로 재벌의 실체와는 거리가 있으며 오히려 사실상 지배관계를 기업집단의 핵심적 요소로 제시하고 있다는 점에서 '단일한 지도(einheitliche Leitung)'에 기초하고 있는 독일 주식회사법상의 콘체른과 유사하다고 한다. 홍명수, 경쟁법연구 제 9 권(2003), 194

리나라의 경제력집중 문제의 핵은 특정 개인 또는 그의 혈족 및 그의 직접적 통제하에 있는 소수인들이 실질적으로 소유·지배하는 다수의 독과점적 기업들이 여러 시장 내지 산업분야에 걸쳐 다변화되어 있으면서 다른 독립기업에 비하여 우월한 총체적 시장력을 갖는 복합적 기업집단에 있다.[19] 이러한 개념정의로부터 '경제력집중'은 소수의 기업이 경제전체 혹은 경제 일부분의 상당부분을 지배하는 일반집중(혹은 기업집중),[20] 소수의 기업이 특정산업 또는 시장에서의 생산과 자원의 상당부분을 차지하는 산업집중(혹은 시장집중),[21] 그리고 이러한 기업의 소유권이 소수의 자연인에 집중되어 있는 소유집중을 포괄하는 개념으로 사용하고 있다. 독점규제법상 경제력집중 억제시책은 일반집중으로서의 경제력집중을 규제대상으로 한다.

경제력집중 억제시책의 가장 중요한 변화는 1986. 12. 31. 제 1 차 법개정이라 할 수 있는데, 지주회사 설립금지, 대규모기업집단 지정제도, 상호출자금지, 출자총액제한제도 등 경제력집중 억제시책의 기본적인 틀이 형성되었다. 1980년대 들어 기업집단의 팽창이 더욱 현저해지면서 경제력이 이들 기업집단에 과도하게 집중되는데 대한 우려의 목소리가 각계에서 터져 나왔고, 정부는 경제력집중 억제의 필요성에 대한 국민적 여론에 부합하기 위하여 1986년 독점규제법

면, 199면; 그리고 재벌은 통일적인 지배권이 총수나 그의 가족에게 전적으로 귀속된다는 점, 재벌을 구성하는 계열회사가 상호간에 관련성이 높지 않은 다양한 산업에 진출하고 있는 점이 콘체른과 다른 점이라고 한다. 홍명수, 경쟁법연구 제 9 권(2003), 187면; 우리나라 재벌형성의 시초는 1945년 이후 미 군정기와 정부수립 후에 있었던 일본정부와 기업들이 소유했던 귀속재산을 정부고위관료와의 친분관계에 의하여 장부가치로 매각하고 무이자 장기분할하도록 하는 특혜적 불하가 계기가 되었고 이후 원조물자의 특권적 배정과 은행의 특혜적 융자 그리고 독점적 수입허가와 외환할당도 이들의 부를 축적하는 데 기여하였다. 이때 형성된 재벌들은 1960~1970년대 경제개발을 위한 정부의 경제적 개입과 지원하에 경제적 지배력을 형성할 수 있었다. 이상 연강흠/이호영/손성규, 16면.

19) 공정거래10년(1991), 53면.

20) 전체 산업에서 대규모기업집단이(65개 기업집단, '16. 4월 지정 기준) 차지하는 비중은 출하액(매출액) 기준으로 광업·제조업의 경우 46.5%, 서비스업의 경우 21.6%이었다. 출하액(매출액) 기준으로 '10년 25.7%에서 '15년 27.3%로 1.6%p 증가되었으며, 종사자 수 기준으로도 '10년 6.9%에서 '15년 7.7%로 0.8%p 증가된 것으로 나타났다. 공정거래위원회 보도자료(2018. 4. 26.).

21) CR3기준 '15년 기준 산업집중도는 광업·제조업의 경우 단순평균 기준으로 CR3는 44.1%, HHI는 1,464이었으며, 가중평균(출하액 등을 가중치로 산정한 평균값) 기준으로 CR3는 50.0%, HHI는 1,722로 나타났다. 대규모 산업(총 출하액 10조원 이상) 중에는 선박(93.0%), 휴대폰(92.0%), 승용차(91.6%), 반도체(91.6%), LCD(84.5%), 정유(75.2%) 등의 집중도가 특히 높은 것으로 나타났다. 서비스업의 경우 단순평균 23.8%, 가중평균 26.3%로 나타났고, 대규모 산업(총 출하액 10조원 이상) 중에 무선통신(96.5%), 재보험(95.3%), 유선통신(92.3%), 교량·터널·철도건설(79.5%), 정기항공운송(78.2%), 백화점(74.7%) 등의 집중도가 특히 높은 것으로 나타났다. 공정거래위원회 보도자료(2018. 4. 26).

개정을 통하여 경제력집중 억제시책을 도입하게 된 것이다.[22] 그 후 1992. 12. 8. 제 3 차 법개정시 계열사간 채무보증제한제도를 두는 등 수차례에 걸친 법개정을 통하여 경제력집중 억제시책은 적지 않은 변화를 거쳐 지금에 이르고 있다.

1997년 12월 우리나라는 극심한 외환유동성 부족으로 인한 외환위기로 국제통화기금의 구제금융을 받았으며, 한국경제는 격변기에 접어들었다. 1997년 한보(당시 재계순위 14위)사태를 시작으로 진로(19위), 기아(8위)의 부도는 외환위기를 촉발하였고 그 후 한라(12위), 동아(13위), 해태(24위), 뉴코아(925위), 거평(928위), 신호(30위)의 연이은 부도로 인한 불황속에서 대우(3위)의 부도는 한국경제를 강타하였다.[23] 정부는 정경유착과 재벌의 무분별한 투자가 외환위기를 불러 왔다고 보고 경영투명성 제고, 상호채무보증 해소, 재무구조 개선, 핵심역량 강화, 책임경영 제고라는 5대 원칙에, 제 2 금융권 경영지배구조 개선, 순환출자 억제 및 부당내부거래 차단, 변칙상속 및 증여 방지라는 후속보완 대책을 더해 소위 '5+3 재벌개혁'이라는 틀을 마련하였다.[24]

1998년부터 부당내부거래에 대한 대대적인 조사가 진행되었다. 2002년에는 상호출자제한기업집단, 채무보증제한기업집단, 출자총액제한기업집단으로 각각 구분하여 지정을 하였다. 특히 2009. 3. 25. 제16차 법 개정시에는 그동안 많은 논란과 제도의 변화가 있어 왔던 출자총액제한제도가 폐지되고 그 대안으로 기업집단 공시제도가 도입되었으며, 2014. 1. 17. 제21차 법 개정시에는 신규순환출자를 금지하는 제도를 도입하였다. 2017년에는 상호출자제한기업집단과 공시대상기업집단으로 구분하였고 지정기준을 달리하였다. 2020. 12. 29. 법전부개정시 상호출자제한기업집단의 지정기준이 자산총액 10조원에서 국내총생산액의 1천분의 5로 변경되었다.

그러나 통설에서와 같이 시장지배력 남용과 부당한 공동행위 및 불공정거래행위 규제를 통하여 공정하고 자유로운 경쟁촉진을 목적으로 하고 있는 것에 대하여는 별다른 이견이 없으나, 경제력집중의 방지를 경쟁촉진의 수단의 하나로 파악하는 것이 법취지에 적합한 것인가 하는 문제가 제기된다.

생각건대 경제력집중 억제에 관한 규정을 내용적인 면에서 단순히 경쟁촉진의 수단으로 보기에는 무리가 있다고 생각되지만 법문의 구조상 불가피한 해

22) 공정거래10년(1991), 53면.
23) 공정거래위원회 30년사(2010), 279면.
24) 연강흠/이호영/손성규, 21면.

석이라고 생각되며, 내용적인 면에서도 경제력집중 억제시책이 시장지배력의 사후적 폐해규제주의인 현행법의 구조와 일치하지 않는 점이 있지만, 시장에서의 경쟁여건이나 경쟁기반조성을 위한 것으로 보면 경쟁법의 영역에서 완전히 벗어나는 내용이라고는 보기 어렵다.[25)]

3. 부당한 공동행위 및 불공정거래행위의 규제

일반적으로 카르텔 또는 기업연합으로 불리는 공동행위는 시장에서 경쟁을 통하여 결정되어야 할 가격, 수량 등 경쟁조건을 제약하는 것이므로 경쟁제한행위 중에서도 경쟁저해성이 가장 명백한 것이다. 개별사업자별로 자신의 경쟁관계 등을 고려하여 각자 결정해야 할 가격 등을 공동으로 결정하는 것은 시장에서의 자유로운 경쟁을 방해함으로써 시장경쟁원리의 원활한 작동에 저해요인이 될 뿐 아니라 경제·사회적으로 비용을 발생하게 한다.

즉 단기적으로 공동행위에 의한 산출량의 제한과 가격의 결정이 가능해지고 장기적으로 볼 때 한계사업자의 퇴출을 막음으로써 당해 분야에서의 자원배분의 비효율을 초래하게 된다. 또한 공동행위 참가사업자간에 협정을 통해 높은 가격을 형성·유지하여 소비자가 누려야 할 이익을 생산자로 이전시킨다는 측면에서 비난가능성이 높다. 이러한 측면에서 대부분의 나라가 부당한 공동행위에 대해서는 엄격하게 규제하고 있으며 우리나라 독점규제법 운용에 있어서도 중요한 과제로 삼고 있는 것이다. 따라서 독점규제법 제40조에서는 부당한 공동행위의 금지, 제51조에서는 사업자단체의 금지행위를 규정하고 있다.

또 독점규제법 제45조에서는 개별 사업자들간의 거래에 있어서 공정한 거래를 저해할 우려가 있는 행위로서 부당한 거래거절, 차별적 취급행위, 고객유인 등의 행위를 금지행위로 규정하고 있는데, 이를 효율적으로 규제하기 위하여 시행령 별표에서 불공정거래행위의 유형과 기준을 세부적으로 정하고 있다. 그리고 법 제46조에서는 생산자가 유통단계별 판매가격을 미리 지정하고 그 가격대로 판매하도록 강제하는 이른바 재판매가격유지행위를 하지 못하도록 제한함으로써 도·소매 단계에서의 가격경쟁을 저해하는 행위를 원칙적으로 금지하고 있다.[26)]

25) 동지: 홍대식, 경쟁법연구 제 7 권(2001), 300면; 법원도 마찬가지로 인식하고 있는 듯하다. 서고판 2005. 1. 19. 2004누4149.

26) 이상 내용은 공정거래위원회 20년사(2001), 370~371면 내용에서 발췌.

Ⅳ. 직접적 목적

법 제 1 조에서 밝힌 독점규제법의 직접적 목적은 공정하고 자유로운 경쟁의 촉진이다. 경쟁정책에서 촉진하고자 하는 경쟁이란, 경쟁주체들의 행위로서 다른 사람이나 기업보다 더 효율적이고자 하는 행위를 의미하고, 따라서 경쟁정책은 경쟁이 시장에서 효율적 자원배분을 가져오지 않을 가능성이 있는 경우에 그를 규제하는 정책이다.[27] 여기에서 공정하고 자유로운 경쟁의 의미가 무엇인지가 문제된다. 일반적으로 공정한 경쟁이 이루어지기 위해서는 경쟁이 상품이나 서비스의 품질과 가격을 중심으로 이루어지는 것을 의미한다.[28] 그리고 자유로운 경쟁은 경쟁제한이 없는 상태, 즉 누구나 시장에 자유롭게 참가할 수 있는 것을 의미한다. 여기에서 '자유'와 '공정'의 개념적 연관성이 문제된다. 독점규제법의 규정상 자유는 독점규제, 공정은 불공정거래행위규제에 관련되는 것으로 본다면 자유는 경쟁을 촉진하는 것이고 공정은 경쟁을 위축시키는 것이므로 독점규제와 불공정거래행위규제 양자간에는 상호모순이 존재하는 것처럼 보인다.

그러나 경쟁질서를 이루는 두 축으로서 독점규제와 불공정거래행위규제는 상호보완적인 관계에 있다고 해석되어야 한다. 즉 '공정'은 경쟁수단과 거래내용의 불공정성을 제거함으로써 경쟁의 '자유'를 보완해 주는 것이다. 이렇게 본다면 자유롭고 공정한 경쟁이란 개념은 동일한 목표를 향하고 있는 것이다. 한편 공정경쟁은 국민적 합의에 바탕을 두고 공정하게 설정된 규범을 모든 경제주체가 준수하며 이를 위반할 경우 공정하게 제재를 부과한다는 경제활동의 도덕성을 강조하는 개념이고, 자유경쟁은 재산권·계약자유 등 자본주의의 기본적인 원칙아래에서 각자가 다른 경제주체의 간섭 없이 자유의사에 따라 경쟁하는 것으로 정의하면서, 정부개입을 배제하고 각자가 경쟁의 자유를 향유하면서도 사회전체의 이익에 기여하기 위하여 그 경쟁이 공정해야 하고 이런 면에서 공정경쟁과 자유경쟁은 서로 분리할 수 없는 개념이고 독점규제법이 이를 현실화하는 법제라고 하는 설명[29]도 같은 맥락으로 볼 수 있다.

경쟁의 개념은 경쟁이론적 측면에서 논란이 되고 있다. 알려진 바와 같이

27) 이인호, 경쟁저널(2010. 11), 2면.
28) 권오승, 공정거래와 법치(2004), 4면.
29) 공정거래10년(1991), 37~38면.

경쟁의 개념에 대해서는 완전경쟁, 유효경쟁 및 자유경쟁과 같은 다양한 개념들이 등장한다. 일찍이 아담스미스는 사적인 이익을 추구하는 개별기업과 개인들이 실제로 공익을 증진시키도록 해주는 것이 경쟁이라고 주장하였다. 그러나 여기서의 경쟁은 완전경쟁시장을 의미하는 것이며 시장이 경쟁적이지 못하게 되면 시장의 실패가 존재하고 여기에 정부개입의 근거가 존재한다고 하였다.[30] 그러나 완전경쟁시장은 존재하지도 않고, 존재할 수도 없고, 존재한 적도 없는[31] 하나의 이론적인 모델에 불과하다고 보아 오늘날 대부분의 국가는 완전경쟁이 아닌 유효경쟁(workable competition)을 목표로 하고 있다. 우리나라의 경우에도 대부분의 문헌에서 유효경쟁을 독점규제법의 목표라고 하고 있고 판례에서도 이러한 개념을 수용하고 있다.[32] 유효경쟁개념은 John M. Clark의 유효경쟁이론에서 출발하였는데, 이는 EU 경쟁법에서도 수용되고 있으며,[33] 독일에서 '기능적 경쟁(funktionsfähiger Wettbewerb)' 개념을 사용하고 있다.[34]

중요한 것은 유효경쟁도 경쟁정책적으로 바람직한 상태를 상정한다는 점에서 완전경쟁이론과 같은 범주의 규범적 이론으로 이해할 수 있다는 점이다. 즉 '과정으로서의 경쟁(competitive)'에 함축된 경쟁적 각축(rivalry)이나 투쟁(struggle) 과정은 생략되고 그러한 과정에서 이긴 기업들만이 존재하는 경쟁의 균형상태만을 설명할 뿐이다.[35] 시장이 유효경쟁상태에 있는지를 판단하려면 우선 관련시장이 획정되어야 하고, 둘째, 그 시장의 특성을 조사하여야 하는데, 여기에서는 기업의 시장행동, 시장구조 및 시장성과를 판단하여야 한다. 이러한 요소들에 대해서는 시장에서 경쟁이 필요한 정도로 존재하게 할 때 바람직한 결과를 가져오기 위해서 충족되어야 하는 기준을 정해야 한다.[36]

---

30) 스티글리츠(강신욱 역), 182~183면.

31) Clark, Wettbewerb und Monopol(1968), 148면.

32) 대판 1995. 5. 12. 94누13794: "'경쟁을 실질적으로 제한'한다는 것은 시장에서의 유효한 경쟁을 기대하기 어려운 상태를 초래하는 행위"; 서고판 2000. 10. 10. 2000누1180: "전세버스 운송시장에서의 유효한 경쟁을 기대하기 어려운 상태를 초래할 수밖에 없고".

33) Commercial Solvents, EuGH Urt. v. 6. 3. 1974; Hoffmann-La Roche, EuGH, Urt. v. 13. 2. 1979.

34) Kloeckner Bekroit, WuW/E, BGH, 754; Mannesmann Bruenighaus, WuW/E, BGH 1716; Kfz Kupplungen, WuW/E, BGH 1504; Valium II, WuW/E, BGH 1682; RWE/VEW, WuW/E, DE-V, 301.

35) 공정거래10년(1991), 356면.

36) S. Sosnick은 유효경쟁기준을 다음과 같이 제시한다. 첫째, 구조기준으로 거래자는 규모의 경제가 허용하는 범위내에서 가능한 한 많아야 하고, 시장진입에 인위적 장벽이 없어야 하며, 품질은 가격에 따라 차별화될 수 있다. 둘째, 행동기준에는 기업간에 담합이 존재하지 않아야 하고 불공정하거나 배타적·약탈적 행동이 없어야 하며, 지속적이고 유해한 가격차별이 없어야

한편 독점규제법이 유효경쟁을 추구한다고 할 때 특정한 시장형태를 상정하고 이를 촉진하는 구조로 되어 있는가 하는 점이다. 유효경쟁을 포지티브한 규범적 개념으로 상정할 때 그러한 의문은 당연히 제기될 수 있는 것이다. 반대로 우리 법상의 '자유로운 경쟁'의 개념을 과정으로서의 경쟁을 중시하고 규범적 이론으로서의 유효경쟁이론으로부터 결별한 F. A. Hayek나 E. Hoppmann의 자유경쟁(Wettbewerbfreiheit)개념으로 이해해야 하느냐는 문제도 동시에 제기된다. F. A. Hayek는 경쟁을 '발견의 절차(Entdeckungsverfahren)'로 정의하고 그 결과는 누구도 미리 전제할 수 없다고 주장한다.

어쨌든 현행법이 유효경쟁을 추구한다고는 하지만 사전(事前)적인 기준을 가지고 특정한 시장상태를 추구하는 것으로 볼 수 있는 근거는 없다. 예컨대 법 제 1 조가 경쟁을 촉진한다고 할 때 촉진의 의미를 특정한 시장형태를 목표로 인위적인 정책을 구사하는 것으로 해석할 수는 없다는 것이다. 결과적으로 유효경쟁시장의 판단기준 중 구조측면에서 진입을 자유롭게 하고, 기업행동측면에서 경쟁제한행위를 규제함으로써 결과적으로 (유효)경쟁이 촉진된다는 소극적 의미로 해석하여야 한다. 결국 독점규제법이 추구하는 경쟁은 적극적으로 정의할 수 없는 질서원리이며 주로 유효경쟁의 행태적 측면을 나타내는 개념이다. 경쟁이 아닌 경쟁제한만이 정의될 수 있는 것이다("Nicht der Wettbewerb lässt sich definieren, sondern nur die einzelne Wettbewerbsbeschränkung").[37)]

V. 궁극적 목적

법 제 1 조에 나타난 독점규제법의 궁극적 목적은 창의적인 기업활동의 조장, 소비자보호 및 국민경제의 균형있는 발전이다.

한다는 등의 조건이 포함되어 있다. 셋째, 성과기준으로는 기업의 생산과 판매가 효율적으로 이루어져야 하고, 생산량과 품질이 소비자의 수요에 따라 결정되어야 하며, 이윤은 투자·효율성·기술혁신을 보상할 수 있는 수준만 확보해야 하고, 소비자의 욕구를 가장 만족시키는 기업이 성공해야 한다 등을 제시한다. 이상 한복연, 58면.

37) Rittner/Dreher, S. 351 Rn. 42.

1. 창의적 기업활동의 조장

헌법 제119조 제 1 항에서는 "대한민국의 경제질서는 개인과 기업의 경제상의 자유와 창의를 존중함을 기본으로 한다"고 규정하고 있다. 한편 동조 제 2 항에서 "국가는 균형있는 국민경제의 성장 및 안정과 적정한 소득의 분배를 유지하고 시장의 지배와 경제력의 남용를 방지하며, 경제주체간 조화를 통한 경제의 민주화를 위하여 경제에 관한 규제와 조정을 할 수 있다"고 규정하고 있다. 일반적으로 헌법 제119조 제 2 항, 그 중에서도 "시장의 지배와 경제력의 남용을 방지하며"가 독점규제법의 직접적인 근거규정이라 할 수 있으며, 독점규제법 제 1 조는 헌법 제119조 제 2 항이 제 1 항을 전제로 하고 있으므로 간접적으로 헌법 제119조 제 1 항의 시장경제질서를 전제하고 있는 것으로 볼 수 있다. 따라서 독점규제법 제 1 조가 법의 궁극적 목적의 하나로 규정한 창의적 기업활동의 조장은 대한민국 경제질서의 기본적 가치인 시장경제를 추구한다는 것을 의미한다. 독점규제법 제 1 조가 규정하고 있는 "창의적인 기업활동의 조장"과 헌법 제119조 제 1 항의 "개인과 기업의 경제상의 자유와 창의"는 동전의 양면과 같은 관계에 있다. 즉 후자는 시장경제질서의 원칙을 규정한 것인데 반해, 전자는 모든 기업이 부당한 제한을 받지 않고 사업을 영위하게 한다는 것을 의미한다.

다만 입법론적으로 "창의적인 기업활동의 조장"이 독점규제법의 목적이 될 수 있는가 하는 것이 문제된다. 언급한 바와 같이 창의적 기업활동의 조장을 '기업이 부당한 제한을 받지 않고 사업을 영위하는 것'으로 보는 경우 독점규제법의 목적으로 볼 수도 있으나, 일반적으로 창의적 기업활동의 조장을 독점규제법의 목적으로 설정하는 것은 문제가 있다. 독점규제법은 기업활동에 대해 규제를 하는 법이지 조장하는 법이 아니며 결과적으로 모든 기업이 자유롭게 활동할 수 있게 되는 것은 독점규제법의 목적이라기보다는 시장경제의 기본원칙을 선언한 것이기 때문이다.

2. 소비자보호

소비자보호와 경쟁은 동전의 양면과 같은 관계이다. 경쟁이 존재하면 사업자는 소비자들로부터 그들의 상품을 선택받기 위해 노력하게 될 것이고 그 과정에서 소비자보호가 이루어진다. 즉 독점규제법은 경쟁을 제한하는 행위에 대해 규제를 하고 그 결과 경쟁이 존재함으로써 궁극적으로 소비자보호법의 역할도 하게 되는 것이다.[38] 헌법재판소도 이러한 점을 강조하고 있다. 즉 "소비자는 물품 및 용역의 구입·사용에 있어서 거래의 상대방, 구입장소, 가격, 거래조건 등을 자유로이 선택할 권리를 가진다. 소비자가 시장기능을 통하여 생산의 종류, 양과 방향을 결정하는 소비자주권의 사고가 바탕을 이루는 자유시장경제에서는 경쟁이 강화되면 될수록 소비자는 그의 욕구를 보다 유리하게 시장에서 충족시킬 수 있고, 자신의 구매결정을 통하여 경쟁과정에 영향을 미칠 수 있기 때문에 경쟁은 또한 소비자보호의 포기할 수 없는 중요 구성부분이다"라고 판시하고 있다.[39]

한편 독점규제법과 소비자후생증진의 관계에 대해서는 많은 논란이 있다. 시카고학파는 경제적 효율성에 중점을 두어 경쟁과정에서의 경쟁에 더 많은 관심을 가지고 그 결과 나타나는 현상인 소비자후생을 중시하는 입장을 취하는 반면, 하버드학파는 경쟁과정에서의 경쟁보다는 나타난 결과의 경쟁정도에 더 큰 관심을 가진다.[40] 따라서 하버드학파에서는 경쟁과정에서부터 국가개입이 불가피하다고 주장한다. 시카고학파의 논리에 의하면 소비자후생이 독점규제법 해석의 유일한 기준이 되지만, 하버드학파의 논리에 의하면 소비자보호는 독점규제법의 유일한 목적은 될 수 없다.

소비자보호가 유일한 목적이건 여러 다른 목적 중의 하나이건 간에 소비자보호가 독점규제법의 궁극적 목적이 될 수 있는데 대해서는 대부분의 의견이 일치한다.[41] 다만 법문에서의 소비자보호의 의미를 어떻게 해석할 것인가가 문제인데, 소비자보호는 소비자피해의 예방이나 구제같은 좁은 의미가 아니라 소비자후생(consumer welfare) 증대의 의미를 갖는다.

한편 헌법 제124조에서 소비자보호를 규정하고 있으나 이는 소비자보호운동을 헌법차원에서 보장한다는 규정으로써 독점규제법이 추구하는 소비자보호와는 그 내용이 다른 것이다. 그러나 소비자보호를 헌법차원에서 규정한 것은

38) 독점규제법의 목적으로 논의되고 있는 소비자보호 또는 소비자후생극대화의 개념은 경쟁촉진의 방법을 통해서 획득할 수 있는 효과를 의미하는 것으로 해석한다. 임영철/조성국, 19면. 그러나 경쟁법과 소비자법을 동일한 내용의 법으로 볼 수는 없다.

39) 헌재결 1996. 12. 26. 96헌가18.

40) 이승철, 75~76면; 주순식, 공정거래와 법치(2004), 909~912면 참조.

41) 주순식, 공정거래와 법치(2004), 913면 참조.

우리사회의 법질서에 미치는 영향이 매우 크다고 생각되며 그런 의미에서 독점규제법도 소비자보호를 위한 제도적 장치의 하나로 볼 수 있다.

3. 국민경제의 균형있는 발전

헌법 제119조 제2항에서 경제에 관한 규제와 조정을 할 수 있는 경우로 균형있는 국민경제의 성장 및 안정과 적정한 소득 분배의 유지, 시장의 지배와 경제력의 남용 방지, 경제주체간 조화를 통한 경제의 민주화를 들고 있다. 이는 독점규제법이 단지 경쟁을 촉진하여 경제적 효율성을 증진시킨다는 차원을 넘어 경제적 효율성과 사회적 형평성이 조화된 사회적 효율성을 달성하는 효과를 가지며 이를 통하여 국가체제의 민주적인 균형발전이 보장된다는 취지로 볼 수 있다.[42)]

독점규제법이 규정하고 있는 "국민경제의 균형있는 발전"을 동 헌법조항과 관련하여 어떻게 해석할지가 문제된다. 우선, 헌법이 규정하고 있는 "국민경제의 성장 및 안정과 적정한 소득 분배의 유지"는 독점규제법상의 "국민경제의 균형있는 발전"과는 서로 다른 의미로 해석된다. 즉 "국민경제의 성장 및 안정과 적정한 소득의 분배의 유지"는 경제정의를 구현하기 위한 산업정책이나 중소기업 보호시책 등 정책을 말하는 것이며, 독점규제법상의 "국민경제의 균형있는 발전"은 경쟁정책을 통한 국민경제의 균형있는 발전을 의미한다고 보아야 하기 때문이다. 즉 독점규제법상의 "국민경제의 균형있는 발전"은 두 번째 요소인 "시장의 지배와 경제력의 남용 방지"와 직접 관련되는 것이다. 그러나 "국민경제의 균형있는 발전"을 일반적 의미로 해석하여 산업정책 등을 포함시킴으로써 해석상의 혼란을 초래하는 것은 현행 헌법구조와 맞지 않고 독점규제법의 규정과도 모순된다. 따라서 "국민경제의 균형있는 발전"을 독점규제법의 궁극적 목적의 하나로 보더라도 그 내용을 일반적인 의미가 아니라 "시장의 지배와 경제력남용금지"차원에서, 즉 경쟁정책의 틀에서 제한적으로 해석하는 것이 합리적인 해석이 아닌가 생각된다.

예를 들어 국민경제의 균형있는 발전을 위한 중소기업보호도 경쟁질서를 통한 보호가 이루어져야 한다. 소주(燒酒)구입명령제와 관련하여 헌법재판소는 다음과 같이 판시하였다.

---

42) 공정거래10년(1991), 38면.

"우리 헌법은 제123조 제 3 항에서 중소기업이 국민경제에서 차지하는 중요성 때문에 '중소기업의 보호'를 국가경제정책적 목표로 명문화하고, 대기업과의 경쟁에서 불리한 위치에 있는 중소기업의 지원을 통하여 경쟁에서의 불리함을 조정하고, 가능하면 균등한 경쟁조건을 형성함으로써 대기업과의 경쟁을 가능하게 해야 할 국가의 과제를 담고 있음. 중소기업의 보호는 넓은 의미의 경쟁정책의 한 측면을 의미하므로 중소기업의 보호는 원칙적으로 경쟁질서의 범주내에서 경쟁질서의 확립을 통하여 이루어져야 함. 중소기업의 보호란 공익이 자유경쟁질서 안에서 발생하는 불리함을 국가의 지원으로 보완하여 경쟁을 유지하고 촉진시키려는 데 그 목적이 있으므로, 구입명령제도는 이러한 공익을 실현하기에 적합한 수단으로 보기 어려움. 경쟁의 회복이라는 독과점규제의 목적을 달성할 수 있는 방법은 되도록 균등한 경쟁의 출발선을 형성함으로써 경쟁을 가능하게 하고 활성화하는 방법이어야 함. 비록 소주시장에서 이미 시장지배적 지위가 형성되었거나 또는 형성될 우려가 있다고 하더라도, 자도(自道)구입명령제도는 독점화되어 있는 시장구조를 경쟁적인 시장구조로 전환시키기 위하여 적정한 수단으로 볼 수 없으므로 위 법률조항은 비례의 원칙에 위반됨."[43)]

다만 입법론적으로 "국민경제의 균형있는 발전"을 독점규제법의 목적으로 삼는 것은 논란의 여지가 있다고 본다. 일반적으로 국민경제의 균형있는 발전이라는 것은 헌법상의 경제질서를 포괄하는 상위개념으로 헌법질서의 일부인 독점규제법의 목적으로 하기에는 적절하지 않은 개념이다. 위에서 언급한 해석상의 논란이 생기는 것도 바로 그런 점에서 출발한다.

요약하자면 헌법상 경제에 관한 규제와 조정을 할 수 있는 경우로 성장정책, 산업정책, 소득정책 등 다양한 정책이 있을 수 있고 경쟁정책도 그러한 정책 중의 하나라고 본다. 헌법재판소도 제119조 제 2 항에서는 "시장의 지배와 경제력남용방지를 규정함으로써 독과점규제라는 경제정책적 목표를 개인의 경제적 자유를 제한 할 수 있는 정당한 공익의 하나로 명문화하고 있다"고 함으로

43) 헌재결 1996. 12. 26. 96헌가18; 중소기업보호도 국민경제의 균형있는 발전의 요소가 될 수 있는데, 독점규제법의 집행을 통하여 추구하는 중소기업보호란 중소기업의 불리한 경쟁여건을 보완해 줌으로써 국가전체의 경쟁질서를 구축하겠다는 의미이지, 중소기업이라는 이유만으로 경쟁의 부담에서 면제해 주겠다는 혜택을 부여하겠다는 의미가 아니라는 견해(임영철/조성국, 18면)도 동일한 취지이다.

써[44] 이러한 입장을 취하고 있다. 이러한 헌법구조하에서는 경쟁정책을 모든 정책에 우선하는 가치로 보기는 어렵고 다른 정책수단과 경쟁정책을 조화하는 문제가 남는 것이다. 경제법(Wirtschaftsrecht)을 국민경제질서를 구현하는 법규범과 제도를 포괄하는 개념으로 보고,[45] 경제법의 이념을 '경제생활의 정당한 질서를 가능하게 하는 국민경제적인 정당성(gesamtwirtschaftliche Richtigkeit)'[46]에 둔다면, 여기에서 경제법은 헌법 제119조 제 2 항 전체를 포괄하는 광의의 경제규제 및 조정법을 포함하는 것이며 독점규제법은 그 중의 하나이다. 다만 '시장경제질서'를 유지시키는 메카니즘이란 측면에서 경쟁정책은 시장경제를 근본가치로 하는 우리 경제헌법의 핵심을 이루는 것이다. 그러므로 시장경제질서를 수정하는 다른 경제정책을 추진함에 있어서도 사적자치 우선의 원칙은 유지되어야 하며 '경쟁의 원리'가 존중되어야 한다. 그러한 측면에서 본다면 독점규제정책, 즉 경쟁질서는 모든 국가경제정책의 기반을 형성하는 것이라 할 수 있다.

Ⅵ. 입 법 론

위에서 살펴본 바와 같이 독점규제법 제 1 조에는 두 단계와 다양한 종류의 목적이 규정되어 있어 구체적인 판단에 들어가면 법 목적간에 상호 충돌이 생기는 경우가 있을 수 있다. 이때 어느 것을 기준으로 하여야 하는가에 대해 논란이 있는데 이에 대하여는 법의 궁극적인 목적이 최종적인 판단기준이 된다는 것이 대법원의 입장이다.[47] 그러나 그러한 판단기준이 항상 명확하지는 않고,

44) 헌재결 1996. 12. 16. 96헌가18.

45) Rittner/Dreher, S. 17 Rn. 51.

46) Rittner/Dreher, S. 18 Rn. 43.

47) 대판 2005. 8. 19. 2003두5709 및 대판 2005. 9. 9. 2003두11841: "사업자단체에 의한 가격결정행위가 일정한 거래분야의 경쟁이 감소하여 사업자단체의 의사에 따라 어느 정도 자유로이 가격의 결정에 영향을 미치거나 미칠 우려가 있는 상태를 초래하는 행위에 해당하는 이상, 이로 인하여 경쟁이 제한되는 정도에 비하여 법 제19조 제 2 항 각 호에 정해진 목적 등에 이바지하는 효과가 상당히 커서 소비자를 보호함과 아울러 국민경제의 균형 있는 발전을 도모한다는 법의 궁극적인 목적에 실질적으로 반하지 않는다고 인정되는 예외적인 경우에 해당하지 않는 한, 위와 같은 가격결정행위는 부당하다고 볼 수밖에 없다"; 서고판 1996. 12. 6. 96나2240: "사업자 또는 사업자단체의 경쟁제한적 행위가 형식적으로 독점규제법의 직접적인 보호법익인 공정하고 자유로운 경쟁을 제한하는 행위에 해당하는 경우에도 사업자 또는 사업자단체의 경쟁제한적 행위로 인하여 지켜지는 이익과 그로 인하여 침해되는 자유경쟁질서의 유지라는 독점규제법의 직접적인 보호법익을 비교하여 볼 때 사업자 또는 사업자단체의 그와 같은 경쟁제한

자칫 경쟁법으로서의 성격을 후퇴시킬 우려도 존재한다.[48] 이에 독점규제법의 궁극적 목적으로 되어 있는 내용은 경쟁촉진이라는 목적이 실현된 경우에 기대되는 '경쟁정책의 의의나 가치' 또는 독점규제법의 '국민경제적 의의' 정도로 이해하는 것이 타당하다는 주장,[49] 구체적 사안에서 1차적 목적인 공정하고 자유로운 경쟁의 의미를 해석할 때 창의적인 기업활동조장, 소비자보호, 국민경제의 균형있는 발전의 측면을 고려해야 한다고 보는 견해,[50]도 있는바 이론적으로 경쟁제한행위를 방지하는 소극적 임무를 갖는 독점규제법의 성격상 포지티브한 법목적을 내세우는 것이 타당한가의 문제제기가 있을 수 있다. 미국, EU, 독일 등 주요선진국에서는 우리나라 독점규제법과 같은 내용의 목적규정은 갖고 있지 않으며, 일본의 경우[51]는 우리나라와 같이 자세한 법목적을 규정하고 있다.

적 행위가 소비자를 보호함과 아울러 국민경제의 균형있는 발전을 도모한다는 독점규제법의 궁극적 목적에 실질적으로 반하지 아니한다고 인정되는 경우에는 그와 같은 행위는 적법한 행위로서 실질적으로 독점규제법에 위반되는 위법한 행위가 아니라 할 것이다".

48) 법 제19조 제 2 항 공동행위 인가, 법 제58조의 적용제외 규정 이외에 국민경제의 균형발전이라는 사실상 또 하나의 포괄적인 예외사유를 인정하는 방법으로 해결하고자 하는 것은 법 제 1 조의 합목적적 해석에 부합하지 않고, 법치국가의 원리에 반할 뿐만 아니라, 경쟁질서의 존립을 위태롭게 함으로써 결국 독점규제법이 갖는 기업의 권리헌장적 성격으로서의 의미를 몰각한 것으로 부당하다는 지적이 있다. 이봉의, 경제법판례연구 제 1 권(2004), 12~23면 참조.

49) 이봉의, 경제법판례연구 제 1 권(2004), 10면.

50) 김성훈, 권오승 교수 정년기념 논문집(2015), 69면.

51) 「사적독점금지법」 제 1 조: "이 법률은 사적독점, 부당한 거래제한 및 불공정한 거래방법을 금지하고 사업지배력의 과도한 집중을 방지하여, 결합, 협정 등의 방법에 의한 생산, 판매, 가격, 기술 등의 부당한 제한 기타 일체의 사업활동의 부당한 구속을 배제하는 것에 의하여, 공정하고 자유로운 경쟁을 촉진하고, 사업자의 창의를 발휘시키고, 사업활동을 왕성하게 하고, 고용 및 국민실소득의 수준을 높이고, 그것에 의하여, 일반소비자의 이익을 확보하는 것과 함께, 국민경제의 민주적이고 건전한 발달을 촉진하는 것을 목적으로 한다".

제 2 조(정의)

이 법에서 사용하는 용어의 뜻은 다음과 같다.

1. "사업자"란 제조업, 서비스업 또는 그 밖의 사업을 하는 자를 말한다. 이 경우 사업자의 이익을 위한 행위를 하는 임원, 종업원(계속하여 회사의 업무에 종사하는 사람으로서 임원 외의 사람을 말한다. 이하 같다), 대리인 및 그 밖의 자는 사업자단체에 관한 규정을 적용할 때에는 사업자로 본다.
2. "사업자단체"란 그 형태가 무엇이든 상관없이 둘 이상의 사업자가 공동의 이익을 증진할 목적으로 조직한 결합체 또는 그 연합체를 말한다.
3. "시장지배적사업자"란 일정한 거래분야의 공급자나 수요자로서 단독으로 또는 다른 사업자와 함께 상품이나 용역의 가격, 수량, 품질, 그 밖의 거래조건을 결정 · 유지 또는 변경할 수 있는 시장지위를 가진 사업자를 말한다. 이 경우 시장지배적사업자를 판단할 때에는 시장점유율, 진입장벽의 존재 및 정도, 경쟁사업자의 상대적 규모 등을 종합적으로 고려한다.
4. "일정한 거래분야"란 거래의 객체별 · 단계별 또는 지역별로 경쟁관계에 있거나 경쟁관계가 성립될 수 있는 분야를 말한다.
5. "경쟁을 실질적으로 제한하는 행위"란 일정한 거래분야의 경쟁이 감소하여 특정 사업자 또는 사업자단체의 의사에 따라 어느 정도 자유로이 가격, 수량, 품질, 그 밖의 거래조건 등의 결정에 영향을 미치거나 미칠 우려가 있는 상태를 초래하는 행위를 말한다.
6. "임원"이란 다음 각 목의 어느 하나에 해당하는 사람을 말한다.
   가. 이사
   나. 대표이사
   다. 업무집행을 하는 무한책임사원
   라. 감사
   마. 가목부터 라목까지의 규정 중 어느 하나에 준하는 사람
   바. 지배인 등 본점이나 지점의 영업 전반을 총괄적으로 처리할 수 있는 상업사용인
7. "지주회사"란 주식(지분을 포함한다. 이하 같다)의 소유를 통하여 국내 회사의 사업내용을 지배하는 것을 주된 사업으로 하는 회사로서 자산총액이 대통령령으로 정하는 금액 이상인 회사를 말한다. 이 경우 주된 사업의 기준은 대통령령으로 정한다.

8. “자회사”란 지주회사로부터 대통령령으로 정하는 기준에 따라 그 사업내용을 지배받는 국내 회사를 말한다.
9. “손자회사”란 자회사로부터 대통령령으로 정하는 기준에 따라 그 사업내용을 지배받는 국내 회사를 말한다.
10. “금융업 또는 보험업”이란 「통계법」 제22조제1항에 따라 통계청장이 고시하는 한국표준산업분류상 금융 및 보험업을 말한다. 다만, 제18조제2항제5호에 따른 일반지주회사는 금융업 또는 보험업을 영위하는 회사로 보지 아니한다.
11. “기업집단”이란 동일인이 다음 각 목의 구분에 따라 대통령령으로 정하는 기준에 따라 사실상 그 사업내용을 지배하는 회사의 집단을 말한다.
    가. 동일인이 회사인 경우: 그 동일인과 그 동일인이 지배하는 하나 이상의 회사의 집단
    나. 동일인이 회사가 아닌 경우: 그 동일인이 지배하는 둘 이상의 회사의 집단
12. “계열회사”란 둘 이상의 회사가 동일한 기업집단에 속하는 경우에 이들 각각의 회사를 서로 상대방의 계열회사라 한다.
13. “계열출자”란 기업집단 소속 회사가 계열회사의 주식을 취득 또는 소유하는 행위를 말한다.
14. “계열출자회사”란 계열출자를 통하여 다른 계열회사의 주식을 취득 또는 소유하는 계열회사를 말한다.
15. “계열출자대상회사”란 계열출자를 통하여 계열출자회사가 취득 또는 소유하는 계열회사 주식을 발행한 계열회사를 말한다.
16. “순환출자”란 세 개 이상의 계열출자로 연결된 계열회사 모두가 계열출자회사 및 계열출자대상회사가 되는 계열출자 관계를 말한다.
17. “순환출자회사집단”이란 기업집단 소속 회사 중 순환출자 관계에 있는 계열회사의 집단을 말한다.
18. “채무보증”이란 기업집단에 속하는 회사가 다음 각 목의 어느 하나에 해당하는 국내 금융기관의 여신과 관련하여 국내 계열회사에 대하여 하는 보증을 말한다.
    가. 「은행법」에 따른 은행
    나. 「한국산업은행법」에 따른 한국산업은행
    다. 「한국수출입은행법」에 따른 한국수출입은행
    라. 「중소기업은행법」에 따른 중소기업은행
    마. 「보험업법」에 따른 보험회사

바. 「자본시장과 금융투자업에 관한 법률」에 따른 투자매매업자·투자중개업자 및 종합금융회사

사. 그 밖에 대통령령으로 정하는 금융기관

19. "여신"이란 국내 금융기관이 하는 대출 및 회사채무의 보증 또는 인수를 말한다.

20. "재판매가격유지행위"란 사업자가 상품 또는 용역을 거래할 때 거래상대방인 사업자 또는 그 다음 거래단계별 사업자에 대하여 거래가격을 정하여 그 가격대로 판매 또는 제공할 것을 강제하거나 그 가격대로 판매 또는 제공하도록 그 밖의 구속조건을 붙여 거래하는 행위를 말한다.

목 차

Ⅰ. 사 업 자
  1. 의 의
  2. 쟁 점
  3. 사업자로의 의제
Ⅱ. 사업자단체
  1. 의 의
  2. 성립요건
  3. 쟁 점
Ⅲ. 시장지배적사업자
  1. 개 념
  2. 연 혁
  3. 성립요건
  4. 판단기준
Ⅳ. 일정한 거래분야
  1. 의 의
  2. 관련시장의 획정
Ⅴ. 경쟁을 실질적으로 제한하는 행위
  1. 의 의
  2. 성립요건
Ⅵ. 임 원
Ⅶ. 지주회사
  1. 의 의
  2. 종 류
Ⅷ. 자 회 사
  1. 의 의
  2. 상법상 자회사와의 비교
Ⅸ. 손자회사
Ⅹ. 금융업 또는 보험업
XⅠ. 기업집단
  1. 의 의
  2. 기업집단으로부터의 제외
  3. 동일인 관련자로부터의 제외
XⅡ. 계열회사
XⅢ. 계열출자 등
XⅣ. 순환출자 등
XⅤ. 채무보증
XⅥ. 여 신
XⅦ. 재판매가격유지행위
  1. 의 의
  2. 연 혁
  3. 성립요건

[참고문헌]

단행본: 공정거래위원회, －공정거래위원회 20년사－ 시장경제 창달의 발자취, 2001; 공정거래위원회(경제분석과), 경제분석 매뉴얼, 2009. 12; 신광식, 공정거래정책 혁신론, 나남출판, 2006; 홍명수, 재벌의 경제력집중 규제, 경인문화사, 2006; 홍명수, 경제법 Ⅱ, 경인문화사, 2010; Gellhorn, Ernest/Kovacic, William E., Antitrust Law and Economics(4th Edition), West Group, 1994; Sullivan, E. Thomas/Harrison, Jefferey L., Understanding Antitrust and Its Economic Implication, Third Edition, LexisNexis, 1998; Hovenkamp, Herbert, Antitrust(Third Edition), West Group, 1999; Löffler, Heinz F., Kommentar zur europräischen Fusionskontrollverordnung, Lutherhand, 2001; Rittner, Fritz, Wettbewerbs－und Kartellrecht, C.F. Müller, 1999; Rittner/Dreher, Europäisches und deutsches Wirtschaftsrecht, 3. Auflage, C.F. Müller, 2007

논 문: 권오승, “공정거래법의 개요와 쟁점”, 공정거래와 법치(권오승 편), 법문사, 2004; 김성훈, “독점규제법의 목적에 관한 고찰”, 남천 권오승교수 정년기념논문집(시장경제와 사회조화), 법문사, 2015; 김성탁, “재판매가격유지행위의 구속성 요건”, 상사법연구 제23권 제 1 호, 2004; 김영호, “공정거래법상 부당공동행위의 성립에 있어서 공모의 법리”, 경쟁저널 제109호, 한국공정경쟁연합회, 2004; 도건철, “공정거래법상 지주회사 규제의 쟁점과 개선방안”, 지주회사와 법(김건식 · 노혁준 편저), 소화, 2007; 변정욱/김정현, “온라인 양면 거래플랫폼의 시장획정 및 시장지배력 판단”, 경쟁법연구 제37권, 한국경쟁법학회, 2018. 5; 서동원, “마이크로소프트사의 시장지배력 남용행위 사건의 내용분석”, 공정거래법과 규제산업(권오승/이원우 공편), 법문사, 2007; 신동권, “독일 경쟁제한방지법(GWB)상의 시장지배개념”, 경쟁저널 제111호, 2004; 신동권, “기업결합에 있어서의 지리적시장획정문제”, 경쟁저널 제124호, 2005; 신영수, “시장지배적사업자에 의한 사업활동방해행위의 성립요건－유료방송시장을 중심으로－”, 경제법판례연구 제 6 권, 경제법판례연구회, 법문사, 2010; 이동규, “대규모 기업집단규제의 현황과 과제”, 공정거래법과 규제산업(권오승/이원우 공편), 법문사, 2007; 이봉의, “독점규제법상 재판매가격유지행위의 성격과 규제체계에 관한 소고”, 서울대학교 법학 제48권 제 4 호, 2007; 이봉의/전종익, “독점규제법상 재판매가격유지행위 금지의 헌법적합성 판단”, 서울대학교 법학 제51권 제 3 호, 2010. 9; 이석준, “경제적 동일체 관계에 있는 기업들에 대한 리니언시 지위 인정”, 경쟁저널 제143호, 한국공정경쟁연합회, 2009; 이석준/이승재, “온라인 유통업체 기업결합에 있어서 경쟁법적 이슈 검토－eBay의 G마켓 주식인수 건의 시장획정을 중심으로”, 경쟁저널 제145호, 한국공정경쟁연합회, 2009; 이영대, “수요독점(monopsony)의 법적규제”, 공정거래법의 쟁점과 과제, 서

울대학교 경쟁법센터 연구총서 1, 법문사, 2010; 이효석, "공동의 시장지배와 과점규제－EU경쟁법상의 논의와 시사점", 부산대학교 법학연구 제52권 제 1 호, 통권 제67호, 2011. 2; 정성무, "자회사의 공정거래법 위반행위에 대한 모회사의 책임", 경쟁과 법 제 2 호, 서울대학교 경쟁법센터, 2014; 차성민, "독점규제법의 인적 적용범위", 공정거래법강의Ⅱ(권오승 편), 법문사, 2000; 차성민, "독점규제법의 적용범위", 경제법판례연구 제 1 권, 경제법판례연구회, 법문사, 2004; 최승재, "티브로드 사건과 양면시장이론의 적용가능성", 경쟁저널 제143호, 한국공정경쟁연합회, 2009; 한상곤, 사업자단체의 규제에 관한 판례평석, 자유경쟁과 공정거래(권오승 편), 법문사, 2002; 홍대식, "관련시장 획정에 있어서의 주요쟁점 검토－행위 유형별 관련 시장 획정의 필요성 및 기준을 중심으로－", 경쟁법연구 제23호, 한국경쟁법학회, 법문사, 2011. 5; 홍명수, "독일에서의 정당한 경제질서의 형성과 콘체른 문제", 경쟁법연구 제 8 권, 한국경쟁법학회, 2002. 2; 홍명수, "재벌의 의의 및 특징", 경쟁법연구 제 9 권, 한국경쟁법학회, 2003. 4; 홍명수, "부당한 거래거절", 경쟁법판례연구 제 1 권, 경쟁법판례연구회, 법문사, 2004; 홍명수, "비씨카드 사건에서 시장지배력과 가격남용 판단의 타당성 고찰", 경제법판례연구 제 4 권, 경제법판례연구회, 법문사, 2007; Baker/Baltor, Foreign Competition and the market Power Inquiry, 60 Antitrust L.J. 945, 1991/1992; Dreher, Meinrad, "Der heutige Stand und die zukunftigen Entwicklung im europäischen Wettbewerbsrecht, 경쟁법연구 제 8 권, Korean Competition Law Association, 2002; Keyte, James A, Market definition and differentiated Product, 63 Antitrust L.J. 697, 1995

Ⅰ. 사 업 자

[참고사례]

서울지하철공사의 거래상지위 남용행위 건(민사소송)(서울고등법원 1989. 12. 19. 선고 88나18295 판결; 대법원 1990. 11. 23. 선고 90다카3659 판결); **(주)신동방의 시장지배적지위 남용행위 건**(공정거래위원회 1998. 11. 4. 의결 제98－252호, 1999. 3. 8. 재결 제99－11호; 서울고등법원 1999. 10. 6. 선고 99누3524 판결; 대법원 2000. 2. 25. 선고 99두10964 판결); **한국가스공사의 부당지원행위 건**(공정거래위원회 1999. 5. 27. 의결 제1999－83호; 서울고등법원 2001. 6. 21. 선고 99누7236 판결); **한국전기통신공사 및 한국공중전화(주)의 자회사에 대한 부당지원행위 등 건**(공정거래위원회 1999. 5. 27. 의결 제1999－80호; 서울고등법원 2001. 7. 5. 선고 99누15312, 2001. 4. 3. 선고 99누6622 판결); **대한주택공사의 거래상지위 남용행위 등 건**(공정거래위원회 1998. 9. 9. 의결 제1998-210호; 서울고등법원 1999. 12. 15. 선고 99누1177 판결; 대법원 2001. 12. 11. 선고 2000두833 판결); (주)**서울신문사의 부당지원행위 건**(공정거래위원회 2001. 7. 11. 의결 제2001.101호, 2001. 12. 15. 재결 제2001-062호; 서울고등법원 2004. 7. 15. 선고 2002누1092 판결; 대법원 2004. 11. 12. 선고 2004두9630 판결); **현대자동차**(주) **외 11**(현대 2차)**의 부당지원행위 건**(공정거래위원회 1998. 11. 19. 의결 제1998-261호, 1999. 2. 26. 재결 제1999-005호, 2005. 9. 28. 의결 제2005-142호; 서울고등법원 2001. 6. 14. 선고 99누3760 판결; 대법원 2004. 4. 9. 선고 2001두6203 판결; 서울고등법원 2006. 8. 9. 선고 2004누8431 판결); **엘지반도체**(주) **외 18**(엘지 1차)**의 부당지원행위 건**(공정거래위원회 1998. 8. 5. 의결 제1998- 174호, 1998. 10. 19. 재결 제1998-35호; 서울고등법원 2001. 1. 30. 선고 98누13272 판결; 대법원 2004. 11. 12. 선고 2001두2034 판결); **현대중공업**(주)(현대 4차)**의 부당지원행위 건**(공정거래위원회 2001. 1. 19. 의결 제2001-009호, 2001. 6. 9. 재결 제2001-023호; 서울고등법원 2004. 2. 10. 선고 2001누10464 판결; 대법원 2006. 4. 14. 선고 2004두3298 판결); **푸르덴셜자산운용**(주)(현대 4차)**의 부당지원행위 건**(공정거래위원회 2001. 1. 19. 의결 제2001-009호, 2001. 6. 9. 재결 제2001-023호; 서울고등법원 2004. 8. 19. 선고 2001누10488 판결; 대법원 2006. 12. 7. 선고 2004두11268 판결); **삼성에스디아이**(주) **외 6**(삼성 1차)**의 부당지원행위 건**(공정거래위원회 1998. 8. 5. 의결 제1998-172호, 1998. 10. 19. 재결 제1998-033호; 서울고등법원 2003. 12. 23. 선고 98누13081, 2007. 4. 5. 선고 2007누315 판결; 대법원 2006. 12. 22. 선고 2004두1483 판결); **비씨카드**(주) **외 14의 시장지배적지위 남용행위 건**(공정거래위원회 2001. 3. 28. 의결 제2001-040호, 2001. 8. 24. 재결 제2001-038호; 서울고등법원 2003. 5. 27. 선고 2001누15193 판결; 대법원 2005. 12. 9. 선고 2003두6283 판결); **한국제유공업협동조합의 공동행위 건**[공정거래위원회 2006. 12. 26. 의결 제2006-272호; 서울고등법원 2007. 7. 25. 선고 2007누2946 판결; 대법원 2007. 11. 15. 선고 2007두18079 판결(심리불속행 기각); **퀄컴 인코퍼레이티드, 한국퀄컴**(주), **퀄컴시디엠에에테크놀로지코리아의 시장지배적 지위 남용행위 건**(공정거래위원회 2009. 12. 30. 의결 제2009-281호; 서울고등법원 2013. 6. 19. 선고 2010누3932 판결; 대법원 2019. 1. 31. 선고 2013두14726 판결); **대전·세종·충남지역 아스콘 사업협동조합의 관수아스콘 구매입찰 부당공동행위 건**[공정거래위원회 2017. 11. 23. 의결 제2017-351호; 서울고등법원 2018. 8. 23. 선고 2017누90188 판결; 대법원 2018. 12. 27. 선고 2018두57070(심리불속행 기각)판결]

1. 의 의

1) 연 혁

1980. 12. 31. 독점규제법 제정 당시에는 "제조업, 도·소매업, 운수·창고업, 건설업, 기타 대통령령이 정하는 사업을 영위하는 자"라고 규정하였고, 1990. 1. 13. 제2차 법개정시 법적용대상이 되는 사업자를 열거(제조업, 전기·가스 및 수도사업, 건설업, 도·소매업 및 음식·숙박업, 운수·창고 및 통신업, 금융, 보험, 부동산 및 사회서비스업, 회사 및 개인서비스업, 기타 대통령령이 정하는 사업)하여, 그에 해당하지 않는 것은 독점규제법의 적용대상이 되지 않았다. 그 이후에도 1992. 12. 8. 제3차 법개정 및 1996. 12. 30. 제5차 법개정시 적용대상사업자가 일부 개정되었다. 그러나 무한경쟁시대를 맞이하여 독점규제법이 시장경제창달의 역할을 수행하고 경쟁질서가 모든 경제활동영역에 확산될 수 있도록 법적용이 배제되는 사업자의 범위와 행위유형을 축소하기 위하여[1) 1999. 2. 5. 제7차 법개정시 "사업자라 함은 제조업, 서비스업, 기타 사업을 행하는 자를 말한다"로 개정하여, 이제는 모든 사업자가 법적용 대상이 되게 되었다.

2) 개 념

독점규제법은 모든 사람에게 적용되는 법이 아니고 사업자를 대상으로 하는 법이다. 그러나 법 제2조 제1호에서 "사업자라 함은 제조업, 서비스업, 기타의 사업을 행하는 자를 말한다. 사업자의 이익을 위해 행위를 하는 임원·종업원(계속하여 회사의 업무에 종사하는 사람으로서 임원 외의 사람)·대리인 기타의 자는 사업자단체에 관한 규정의 적용에 있어서는 이를 사업자로 본다"고 하여 독점규제법이 모든 사업자에게 적용된다는 점만 밝히고 있을 뿐 사업자의 개념에 대해서는 구체적으로 규정하고 있지 않다. 따라서 법상 사업자를 어떻게 개념지을까 하는 문제는 여전히 남는다.

우리나라에서는 독점규제법이 시행된 이래로 사업자개념에 대해 직접적으로 다룬 심결이나 판례는 불과 몇 개에 지나지 않는다. 학설에서는 대체적으로 사업자를 "타인에게 일정한 경제적 이익을 제공하고 이에 상응하는 반대급부를 받는 행위, 즉 경제활동을 계속적 또는 반복적으로 하는 것"으로 본다. 서울고

1) 1999. 2. 5. 법률 제5813호 개정이유 중 일부.

등법원도 "사업자라 함은 타인에게 일정한 경제적 이익, 즉 재화나 용역을 공급하고 이에 상응한 반대급부를 제공받는 경제활동을 하고 그 결과로 발생하는 손해나 이익의 귀속주체가 되는 자를 의미하고, 독점규제법의 목적이 사업자의 시장지배적지위의 남용이나 과도한 경제력집중의 방지, 부당한 공동행위나 불공정한 거래행위를 규제함으로써 시장에서 공정하고 자유로운 경쟁을 촉진하고자 하는데 있는 점에 비추어 보면, 독점규제법에서 사업자라 함은 위와 같은 경제활동에 참가하는 사업자 중에서도 경제활동과 관련된 각종 결정을 자신의 의사에 기하여 독자적으로 할 수 있는 자를 의미한다"고 한다.[2] 이때 사업은 반드시 영리를 목적으로 하지 않아도 되는 것으로 본다.[3] 그리고 사업을 행한다는 것은 자기의 계산하에 사업을 경영해야 한다는 것으로서, 사업자가 경제적 독립성이 있어야 한다는 것을 의미한다.[4]

한편 독점규제법에 있어서 민법상의 인(人)이나 상법상의 상인(商人)의 개념을 사용하지 않고 사업자라는 개념을 사용하는 것은 독일 「경쟁제한방지법(GWB)」이 그 수범자를 인(人)이나 상인(商人)이 아닌 사업자(Unternehmen)로 규정한 것이 일정한 범주의 행위주체를 동법의 인적 적용범위에서 제외하려는 의도가 있었다는 점에서 그 유래를 찾고 있다.[5] 독일경쟁법에서 사업자개념은 국민경제학에서 나왔고 거기에서 '생산단위'로서 '가계(소비단위)'와 대비시켰는데, 현대 카르텔법에서 그것을 경쟁정책의 기본사고로 수용한 것이다.[6] 그래서 좁은 의미의 소비자 －즉 자연인(경제적으로 수요자로 나타나는 한)－ 와 소비자단체는 포함되지 아니한다. 또한 국가나 지방자치단체 및 노동자(노동조합)도 사업자 개념에 포함되지 아니한다.[7] 한편 사업자는 절대적 사업자와 상대적 사업자로 나눌 수 있는데,[8] 상대적 사업자는 어느 특정한 영역에서만 사업자로 취급되는

---

2) 서고판 1989. 12. 29. 88나18295(대판 1990. 11. 23. 90다카3659).

3) 현행 독점규제법에서 사업자를 "사업을 영위하는 자"에서 "사업을 행하는 자"로 개정한 것이 사업이 반드시 영리목적일 필요가 없다는 것을 분명하게 한 것이라고 한다. 차성민, 공정거래법강의Ⅱ(2000), 71면.

4) 차성민, 공정거래법강의Ⅱ(2000), 71면.

5) 차성민, 공정거래법강의Ⅱ(2000), 76면.

6) Rittner/Dreher, S. 381 Rn. 6.

7) 미국의 경우에도 「클레이튼법」이 노동조합을 독점금지법에서 제외하였고, 이러한 입장은 1932년 「Norris－Laguardia」법에 의해 강화되었다. 1941년의 〈United States v. Hutcheson 사건〉에서 노동조합의 행위는 그 조합이 목적달성을 위해 "act in interest and does not com－bine with non－labor group"하는 한 적용제외된다고 판시하였다. Gellhorn/Kovacic, 485면.

8) Rittner/Dreher, S. 382 Rn. 8.

개인이나 단체를 의미한다.

2. 쟁 점

1) 자 유 업

의사, 변호사 같은 자유직업자도 사업자가 될 수 있느냐가 문제된다. 실무에서는 의사, 건축사, 변리사 등 자유직업자도 사업자에 해당한다고 본다. 예술가의 창작활동, 발명가의 연구활동 및 학자의 연구·저술활동 등은 경제활동이 아니므로 원칙적으로 독점규제법의 적용영역이 아니지만 그들의 능력을 경제적으로 이용하거나 또는 예술품, 발명품 그리고 저작물들이 시장에서 거래의 대상이 되는 경우에는 독점규제법상 사업자가 된다.[9] 독일의 경쟁당국과 법원도 학문적, 예술적 그리고 스포츠활동도 그 안에 경제활동이 있으면 사업자로 보고 있다.[10]

2) 국가의 경제적 활동

국가의 활동이 사업자성을 갖는지가 문제된다. 이와 관련 공정거래위원회는 〈대한건축사협회의 이의신청 건〉[11]에서 "공정거래법상 '사업자'라 함은 제조업, 도·소매업, 운수·창고업, 건축업, 부동산업 및 사업서비스업, 사회 및 개인서비스업 등의 사업을 영위하는 자를 말하는데 '사업'이라 함은 통계법에 의하여 경제기획원장관이 고시하는 한국표준산업분류중 위의 업에 해당하는 경제행위를 계속하여 반복적으로 행하는 것을 의미하며 이는 어떤 경제적이익의 공급에 대하여 그것에 대응하는 경제적 이익의 반대급부를 받는 행위를 말하고, 반드시 영리를 목적으로 하지 않아도 되며, '영위'한다는 것은 자기 계산하에 사업을 경영한다는 의미이고, 사업자의 업무가 법령에 의하여 규정되어 있는지의 여부 및 그 목적의 공익성 여부는 사업자성 판단과는 관계없다"고 한다.

그리고 〈서울지하철공사의 거래상지위 남용행위 건〉관련 민사소송에서 서울고등법원은 서울시와 전동차제작회사(현대차량 주식회사)간의 전동차 납품계약에 있어서 서울시(지방자치단체)의 사업자성을 부인하였으나,[12] 대법원은 "국가

9) 차성민, 공정거래법강의 II (2000), 83면.
10) Rittner/Dreher, S. 385 Rn. 18.
11) 공정의 1987. 3. 25. 87-1.
12) 서고판 1989. 12. 19. 88나18295.

나 지방자치단체도 사경제의 주체로서 타인과 거래행위를 하는 경우에는 그 범위 내에서 위 법률 소정의 사업자에 포함된다"고 보았다.[13] 국가활동의 사업자성을 판단하는 데 있어서 학설과 공정거래위원회는 '대가성 · 계속성 · 반복성'을 강조하며, 대법원은 '사경제성'여부에 중점을 두고 있다.

대법원의 태도는 EU사법재판소의 판결[14]과 유사한 형식을 취하고 있다. 여기서 문제는 학설이나 공정거래위원회에서 정의하는 사업자의 개념과 대법원의 태도 사이에 어떤 차이가 있느냐 하는 점이다. 즉 일회성거래에 대해서도 사업자성을 인정할 수 있는가 하는 점이 문제될 수 있는데, 대법원은 학설이나 공정거래위원회에서 강조하는 대가성이나, 계속성 및 반복성을 요구하지 않음으로써 사업자성을 더 넓게 보는 것으로 해석할 수 있다. 그러나 '사경제성'의 의미는 대부분은 대가성이나 계속성 및 반복성도 어느 정도 포함된 개념으로 본다면 개념상 큰 차이가 있다고 보기 어렵다. 중요한 것은 사업자개념의 기능적 해석을 통하여 어떤 행위가 경쟁에 미치는 효과에 착안함으로써 경쟁의 효율적 보호가 담보될 수 있게 하는 점이다.[15] 이를 기능적 사업자개념이라 한다.

독점규제법상 국가나 지방자치단체의 사업자성이 인정된다면 원칙적으로 시정조치도 가능하다. 이와 관련 1997. 3. 3. 공정거래위원회가 시흥시 공영개발사업소의 우월적지위 남용행위에 대하여 시흥시장을 피심인으로 하여 시정권고한 예가 있다.

3) 공 기 업

공기업이란 행정주체가 행정목적을 달성하기 위한 물적 수단의 하나로써 기업의 형식으로 이루어진 것을 말하는데 국가 · 지방자치단체와 이들이 직 · 간접적으로 자본참여를 한 정부투자기관, 정부출자기관 및 재출자기관(자회사)은 물론 관리공단 등 자본참여 없이 사업비 · 운영비를 예산형태로 지원하는 법인 등을 포함한다.[16] 공기업은 태생적으로 공공적 성격(공공성)과 기업적 성격(기업성)의 양면성을 추구하고 있으며,[17] 독점규제법상의 사업자에 해당한다. 한국가

13) 대판 1990. 11. 23. 90다카3659.

14) INAIL, EuGH Urt. v. 22. 1. 2002, Rs. C－218/00, WuW/E, EU－R 551, Tz. 22; Kommission/Italien, EuGH, Urt. v. 18. 6. 1998, Rs. C－35/96, Slg. 1998, I－3895.

15) Dreher, 경쟁법연구(2002), S. 33.

16) 공정거래위원회 20년사(2001), 282면.

17) 공정의 1999. 5. 27. 99－83(서고판 2001. 6. 21. 99누7236).

스공사,[18] 한국토지주택공사,[19] 한국도로공사[20] 등을 예로 들 수 있다.

4) 경제적 동일체

① 판례의 입장

형식적으로 서로 다른 사업자이지만 경제적 동일체로 인식되는 경우 이를 동일한 사업자로 보는 경우가 있다. 예를 들어 〈(주)신동방의 시장지배적지위 남용행위 건〉 관련 행정소송에서 서울고등법원은 대두유제품의 제조·판매업을 영위하는 사업자인 (주)신동방이 100% 출자한 회사로서 사실상 (주)신동방의 판매부서의 역할을 수행하고 있는 (주)해표의 출고조절행위를 (주)신동방의 남용행위로 보았다.[21] 또한 〈인텔코퍼레이션, 인텔세미콘덕터리미티드 및 (주)인텔코리아의 시장지배적지위 남용행위 건〉에서 공정거래위원회는 인텔코퍼레이션, 인텔세미콘덕터리미티드 및 (주)인텔코리아 3개회사를 법적으로 각각 독립법인이지만 국내 CPU(Central Processing Unit) 판매행위 관련하여 인텔코퍼레이션의 지시감독을 받는 경제적으로 동일한 실체로서 하나의 사업자로 보았다.[22]

그러나 〈(주)서울신문사의 부당지원행위 건〉 관련 행정소송에서 서울고등법원은 "발행주식 총수 중 53.44%를 보유하고 있는 지배주주라 하더라도 법률적으로는 별개의 독립한 거래주체에 해당하므로, 이러한 사업자들 사이의 지원행위를 경제적 동일체 내에서 이루어 질 수 있는 협조행위에 불과한 것으로 보아 법 제45조의 부당지원행위가 성립하지 않는다고 볼 수 없다"고 한다.[23] 나아가 〈엘지반도체(주) 외 18(엘지 1 차)의 부당지원행위 건 등〉 관련 행정소송에서 대법원은 "모회사가 주식의 100%를 소유하고 있는 자회사('완전자회사')라 하더라도 양자는 법률적으로는 별개의 독립한 거래주체라 할 것이고, 부당지원행위의 객체를 정하고 있는 법 제45조 제 1 항 제 9 호의 '다른 회사'의 개념에서 완전자회사를 지원객체에서 배제하는 명문의 규정이 없으므로 모회사와 완전자회사 사이의 지원행위도 법 제45조 제 1 항 제 9 호의 규율대상이 된다 할 것이다"[24]

18) 공정의 1999. 5. 27. 99－83(서고판 2001. 6. 21. 99누7236); 공정의 2015. 3. 30. 2015－090.

19) 대판 2001. 12. 11. 2000두833; 공정의 2015. 5. 6. 2015－146.

20) 공정의 2015. 2. 23. 2015－051.

21) 서고판 1999. 10. 6. 99누3524(대판 2000. 2. 25. 99두10964).

22) 공정의 2008. 11. 5. 2008－295. 인텔세미콘덕터리미티드는 인텔코퍼레이션이 100%출자한 인텔인터내셔널이 다시 100% 출자한 회사이고, 인텔코리아는 인텔코퍼레이션이 100%출자한 인텔미이크로프러세서코퍼레이션이 다시 100% 출자한 회사이다.

23) 서고판 2004. 7. 15. 2002누1092(대판 2004. 11. 12. 2004두9630).

24) 대판 2004. 11. 12. 2001두2034; 대판 2006. 4. 14. 2004두3298; 대판 2006. 12. 7. 2004두11268;

라고 함으로써 모자회사도 하나의 사업자로 인정하지 않았다.

이를 종합해 보면 수개의 사업자가 각자 자기 책임과 계산하에 독립적으로 사업을 하는 경우에는 원칙적으로 하나의 사업자로 보기는 어렵다고 판단된다. 예외적으로 100% 모자관계와 같은 실질적 지배종속관계가 존재하는 경우 하나의 사업자로 볼 수 있는 여지가 있다. 그러나 100% 모자관계가 유력한 추정이 되는 것은 사실이지만 그 자체만으로 하나의 사업자로 볼 수는 없으며, 동시에 모회사가 '자회사의 판매와 마케팅활동을 조종한 것'과 같은 행태적 측면이 고려되어야 한다.[25)]

② 경제적 행위 동일체

한편 공정거래위원회가 통상의 '경제적 동일체'가 아닌 '경제적 행위 동일체'라는 개념을 사용한 사례가 있다. 〈비씨카드(주) 외 14의 시장지배적지위 남용행위 건〉에서 시장지배적지위의 남용금지 규정에서의 사업자개념의 해석이 쟁점이 되었다. 동 건에서 공정거래위원회는 비씨카드(주) 및 12개 회원은행이 수수료율의 결정·유지 등에 있어 신용카드업 시장에서 하나의 경제적 행위 동일체로서의 영향력을 가지고 행동하고 있으므로 시장지배적사업자를 판단함에 있어서는 비씨카드(주) 및 12개 회원은행을 사실상 하나의 사업자로 보았다.[26)]

그러나 서울고등법원은 "하나의 사업자라 함은 '자기의 계산으로 재화나 용역을 공급하는 경제활동을 하면서 그 활동과 관련된 각종 결정을 독자적으로 할 수 있는 자'를 의미한다고 할 것이므로 독점규제법 시행령 제11조 제 3 항에 규정된 당해 사업자와 그 계열회사와 같이 별도의 독립된 사업자로서 각자가 자기의 계산으로 사업을 하고 있더라도 실질적으로 단일한 지휘하에 종속적으로 경제활동에 참가하고 있어 독자성을 갖추지 못하는 경우에는 이를 하나의 사업자로 해석할 여지도 있다 할 것이나, 더 나아가 독자적으로 경제활동을 하는 개별사업자들이 시장에서 그 활동과 관련한 각종 결정을 사실상 동일 또는 유사하게 함으로써 영향력을 행사하는 경우까지 하나의 사업자에 해당한다고 볼 근거는 없으므로, 독자성을 갖춘 사업자들이 연합하거나 단체를 구성하여 시장에서 사업과 관련한 각종 결정을 사실상 동일 또는 유사하게 하였다 하더라도 이러한 행위가 부당한 공동행위 또는 사업자단체의 금지행위 위반에 해당할

대판 2006. 12. 22. 2004두1483.

25) Rittner/Dreher, S. 392 Rn. 35 참조.

26) 공정의 2001. 3. 28. 2001－040.

수 있음은 별론으로 하고 위 사업자들을 통틀어 하나의 사업자라고 볼 수는 없다"고 하였다.[27] 그리고 대법원도 "별도의 독립된 사업자들이 각기 자기의 책임과 계산하에 독립적으로 사업을 하고 있을 뿐 손익분배 등을 함께 하고 있지 않다면 그 사업자들이 다른 사업자들과 함께 시장지배적사업자에 해당하는 것은 별론으로 하고, 그 사업자들을 통틀어 시장지배적지위의 남용을 금지한 법 제 5 조, 제 2 조 제 3 호에서 규정하고 있는 하나의 사업자에 해당한다고 볼 수는 없다"고 판시하였다.[28] 법원은 공정거래위원회가 주장한 사실상 하나의 사업자로서의 경제적 행위 동일체의 성립을 인정하지 않았다.

공정거래위원회는 경제적 동일체의 개념을 경제적 행위 동일체까지 확장하였고, 법원은 그러한 행위까지 하나의 사업자로 볼 수 없다고 함으로써 이를 부정한 것이다. 생각건대 '경제적 동일체'이건 '경제적 행위 동일체'이건 '실질적 단일한 지휘'라는 요소가 결여된 경우에는 이를 하나의 사업자로 보기에는 무리가 있다고 생각된다.

위와 같이 '단일한 지휘'라는 요소가 결여된 '경제적 행위 동일체'의 경우 하나의 사업자로 보기는 어려운 반면, 공동의 시장지배 여부가 문제될 것이다.

③ 계열회사

독점규제법 시행령에서는 시장지배적사업자 판단 및 시장지배적사업자의 추정에 있어서 "당해 사업자와 그 계열회사는 이를 하나의 사업자로 본다"고 규정하고 있다(영 제11조 제 3 항). 이 규정은 당해 사업자와 계열사간에는 실질적으로 단일한 지휘관계가 있는 것으로 간주한다는 취지로 보인다. 한편 기업집단의 범위를 정함에 있에서 "통상적인 범위를 초과하여 동일인 또는 동일인 관련자와 자금 · 자산 · 상품 · 용역 등의 거래를 하고 있거나 채무보증을 하거나 채무보증을 받고 있는 회사, 기타 당해 회사가 동일인의 기업집단의 계열회사로 인정될 수 있는 영업상의 표시행위를 하는 등 사회통념상 경제적 동일체로 인정되는 회사로서 당해 회사의 경영에 대하여 지배적인 영향력을 행사하고 있다고 인정되는 회사"도 포함되는바(영 제 4 조 제 2 호 마), 경제적 동일체로 인정되는 회사로 지배적인 영향력을 행사하면 독점규제법상의 계열회사 관계가 성립한다.

그리고 대법원에서 "부당지원행위 자체가 경제적 동일체인 대규모기업집단

27) 서고판 2003. 5. 27. 2001누15193(대판 2005. 12. 9. 2003두6283); 서고판 2004. 7. 15. 2002누1092(대판 2004. 11. 12. 2004두9630).

28) 대판 2005. 12. 9. 2003두6283.

소속의 계열회사 상호간에 일사분란하게 이루어질 뿐만 아니라"라고 판시한 사례(〈현대자동차(주) 외 11(현대 2 차)의 부당지원행위 건〉)가 있다.[29] 학설에서도 콘체른과 유사한 '단일한 지휘'하에 있는 우리나라 대규모기업집단 자체를 하나의 사업자로 볼 수 있다는 견해[30]가 있다.

그러나 명문의 규정이 있는 시장지배적사업자 판단 및 시장지배적사업자의 추정 이외에는 계열회사라고 해서 바로 하나의 사업자로 보는 것은 무리이며, 경제적 동일체에 해당할 수 있는 요건을 갖추어야 한다고 생각된다. 그리고 계열회사가 하나의 사업자로 인정될 경우에도 다른 계열사에게 시정조치나 과징금 등 조치를 하기는 어렵다고 본다.

5) 사업자단체

독점규제법상 사업자단체라 하더라도 정부조달계약이나 단체수의계약과 같은 일정한 거래에 관하여 사업자단체가 직접 거래의 당사자로 거래에 참여한 경우에, 사업자단체는 사업자로서의 성격을 가지게 된다 할 것이고, 이러한 경우 그 사업자단체의 그 거래와 관련된 행위에 대하여는 사업자를 규제대상으로 하는 법을 적용하여야 한다.[31]

3. 사업자로의 의제

사업자의 이익을 위해 행위를 하는 임원·종업원(계속하여 회사의 업무에 종사하는 사람으로서 임원 외의 사람)·대리인 기타의 자는 사업자단체에 관한 규정의 적용에 있어 이를 사업자로 본다(법 제 2 조 제 1 호 후단). 주의할 점은 임원·종업원·대리인 기타의 자의 사업자의제는 사업자단체에 관한 규정에만 한정된다는 점이다.

---

29) 대판 2004. 4. 9. 2001두6203.

30) 차성민, 공정거래법강의Ⅱ(2000), 90면; 이석준, 경쟁저널(2009. 3), 13면.

31) 서고판 2007. 7. 25. 2007누2946(대판 2007. 11. 15. 2007두18079); 서고판 2018. 8. 23. 2017누90188(대판 2018. 12. 27. 2018두57070).

Ⅱ. 사업자단체

[참고사례]

전북사진앨범인쇄협동조합의 경쟁제한행위 건(공정거래위원회 1989. 2. 1. 의결 제89-7호, 1989. 7. 5. 재결 제89-3호; 서울고등법원 1990. 6. 21. 선고 88구9519 판결; 대법원 1990. 2. 12. 선고 89누8200 판결); **서울연식품공업협동조합에 대한 손해배상 청구** 건(공정거래위원회 1990. 7. 25. 의결 제90-41호; 서울지방법원서부지원 1990. 5. 11. 선고 89가합2738 판결); **한국비철금속공업협동조합연합회의 불공정거래행위** 건(공정거래위원회 1990. 11. 15. 의결 제90-70호, 1991. 1. 23. 재결 제91.4호; 서울고등법원 1992. 1. 29. 선고 91구2030 판결); (사)**대한약사회 및 서울특별시지부의 경쟁제한행위** 건(공정거래위원회 1993. 9. 25. 의결 제93.320호, 1993. 10. 25. 재결 제93-5호; 서울고등법원 1994. 9. 28. 선고 93구34369 판결; 대법원 1995. 5. 12. 선고 94누13794 판결); (사)**대한약사회 대구직할시지부의 경쟁제한행위** 건(공정거래위원회 1993. 10. 8. 의결 제93- 221호, 1993. 11. 25. 재결 제93.4호; 서울고등법원 1994. 9. 28. 선고 93구28166 판결; 대법원 1995. 5. 12 선고 94누13909 판결); (사)**서울마주협회의 경쟁제한행위** 건(공정거래위원회 1995. 7. 5. 의결 제95-126호, 1995. 9. 29. 재결 제95-16호; 서울고등법원 1996. 7. 9. 선고 95구321699 판결; 대법원 1996. 7. 9. 선고 96누11839 판결); **한국관세사회의 경쟁제한행위 및 구성사업자의 사업활동제한행위** 건(공정거래위원회 1995. 11. 24. 의결 제95-280호, 1996. 1. 29. 재결 제96-1호; 서울고등법원 1997. 1. 9. 선고 96구7030 판결); **대한법무사협회의 구성사업자에 대한 사업활동제한행위** 건(공정거래위원회 1994. 8. 17. 의결 제94-263호, 1994. 10. 5. 재결 제94-8호; 서울고등법원 1995. 11. 23. 선고 94구32186 판결; 대법원 1997. 5. 16. 선고 96누150 판결); (사)**대한출판문화협회의 재판매가격유지행위** 건(공정거래위원회 1995. 3. 2. 의결 제95-18호, 1995. 7. 27. 재결 제95-5호; 서울고등법원 1996. 3. 19. 선고 95구24779 판결; 대법원 1997. 6. 13. 선고 96누5834 판결); (사)**대전광역시자동차매매조합의 경쟁제한행위** 건(공정거래위원회 1998. 8. 1. 의결 제98-165호, 1998. 11. 6. 재결 제98-40호; 서울고등법원 1999. 7. 22. 선고 98누14084 판결); (사)**한국철스크랩공업협회의 경쟁제한행위에 대한** 건(공정거래위원회 1998. 11. 19. 의결 제98-268호, 1999. 5. 4. 재결 제99-22호; 서울고등법원 1999. 10. 29. 선고 99누6332 판결; 대법원 2000. 3. 15. 선고 99두11639 판결); (사)**한국결혼상담소협회부산지부의 부당한 표시·광고행위 등** 건(공정거래위원회 1998. 9. 9. 의결 제98-199호, 1998. 10. 2. 재결 제98-58호; 서울고등법원 1999. 7. 9. 선고 99누1313 판결; 대법원 1999. 12. 13. 선고 99두8626 판결); **한국자동차매매사업조합연합회 등 4개 사업자단체의 경쟁제한행위** 건(공정거래위원회 1999. 11. 22. 의결 제99-234호; 서울고등법원 2001. 5. 10. 선고 2000누8662 판결); **경기도자동차매매사업조합 등 4개 사업자단체의 경쟁제한행위 및 경기도자동차매매사업조합의 구성사업자 사업활동제한행위** 건(공정거래위원회 1999. 11. 22. 의결 제99-234호; 서울고등법원 2001. 8. 21. 선고 2000누8617 판결; 대법원 2001. 11. 4. 선고 2001두7428 판결); **11개 고철수요업체와 한국철강협회의 고철구매가격공동행위 등** 건(공정거래위원회 1998. 11. 25. 의결 제1998-273호; 서울고등법원 2000. 11. 16. 선고 99구5919 판결; 대법원 2002. 7. 12. 선고 2000두10311 판결); **부산광역시가스판매협동조합의 경쟁제한행위** 건(공정거래위원회 2000. 10. 26. 의결 제2000-160호; 서울고등법원 2001. 12. 4. 선고 2001누6793 판결; 대법원 2002. 5. 31. 선고 2002두264 판결); **서울특별시전세버스운송사업조합 외 9개조합의 경쟁제한행위** 건(공정거래위원회 1999. 11. 10 의결 제99-253~262호; 서울고등법원 2000. 10. 10. 선고 2000누1180 판결; 대법원 2002. 6. 14. 선고 2000두8905 판결); **한국관세사회의 구성사업자에 대한 사업활동제한행위** 건(공정거래위원회 1999. 9. 22. 의결 제99-137호; 서울고등법원 2000. 12. 5. 선고 99누13538 판결; 대법원 2001. 6. 15. 선고 2001두175 판결); **12개 시·도 건축사회 및 2개 건축사복지회의 경쟁제한행위 및 구성사업자에 대한 사업활동제한행위** 건(공정거래위원회 1998. 6. 25. 의결 제98-123호; 서울고등법원 2000. 1. 27. 선고 98누12620 판결; 대법원 2002. 9. 24. 선고 2000두1713 판결); **한국재생유지공업협동조합의 사업자단체금지행위** 건(공정거래위원회 2001. 1. 2. 의결 제2001.1호; 서울고등법원 2002. 6. 4 2001누12084; 대법원 2002. 9. 24. 2002두5672); (사)**한국출판인회의 외 1의 사업자단체금지행위** 건(공정거래위원회 2001. 2. 27. 의결 제2001.27호, 2001. 10. 16. 의결 제2001.140호; 서울고등법원 2002. 9. 3. 선고 2001누14046 판결); (사)**대한의사협회의 구성사업자의 사업활동제한행위** 건(공정거래위원회 2000. 2. 24. 의결 제2000-44호; 서울고등법원 2001. 5. 17. 선고 2000누3278 판결; 대법원 2003. 2. 20. 선고 2001두5347 판결); (사)**대한병원협회의 구성사업자의 사업활동제한행위** 건(공정거래위원회 2000. 2. 24. 의결 제2000-44호; 서울고등법원 2001. 5. 17. 선고 2000누33608 판결; 대법원 2003. 2. 20. 선고 2001두5057 판결); **한국건설감리협회의 경쟁제한행위** 건(공정거래위원회 2001. 7. 2. 의결 제2001-091호; 서울고등법원 2002. 11. 19. 선고 2002누1313 판결; 대법원 2003. 4. 8. 선고 2002두12779 판결); **서울특별시자동차검사정비조합 외 1의 사업자단체금지행위** 건(공정거래위원회 2002. 10. 9. 의결 제2002.211호, 2003. 1. 21. 재결 제2003-007호; 서울고등법원 2004. 2. 3. 선고 2003누3293, 2004. 4. 1. 선고 2003누2948 판결); **한국상업용조리기계공업협동조합의 사업자단체금지행위** 건(공정거래위원회 2003. 4.

3. 의결 제2003－088호, 2003. 7. 11. 재결 제2003－026호; 서울고등법원 2004. 7. 21. 선고 2003누14071 판결; 대법원 2004. 11. 12. 선고 2004두9098 판결); 울산광역시전세버스운송사업조합의 사업자단체금지행위 건(공정거래위원회 2003. 9. 15. 의결 제2003.151호, 2003. 12. 10. 재결 제2003－035호; 서울고등법원 2005. 1. 13. 선고 2004누604 판결); 동양시멘트레미콘개인사업자협의회의 사업자단체금지행위에 대한 건(부산고등법원 2002. 6. 21. 선고 2001나6015 판결; 대법원 2005. 1. 27. 선고 2002다42605 판결); 대한건설기계협회의 사업자단체금지행위 건(공정거래위원회 2003. 4. 21. 의결 제2003－094호; 서울고등법원 2004. 7. 14. 선고 2003누7806 판결; 대법원 2005. 6. 24. 선고 2004두8569 판결); 대한건축사협회 부산광역시건축사회 외 8의 사업자단체금지행위 건(공정거래위원회 2004. 3. 19. 의결 2004－105~113, 2004. 8. 27. 재결 2004－242~250; 서울고등법원 2005. 8. 10. 선고 2004누18889 판결); 부산광역시치과의사회의 사업자단체금지행위 건(공정거래위원회 2000. 12. 16. 의결 제2000－168호, 2001. 7. 24. 재결 제2001－031호; 서울고등법원 2003. 6. 26. 선고 2001누12378 판결; 대법원 2005. 8. 19. 선고 2003두9251 판결); (사)제주도관광협회의 사업자단체금지행위 건(공정거래위원회 2002. 4. 11. 의결 제2002－082호, 2002. 9. 5. 재결 제2002－027호; 서울고등법원 2003. 8. 28. 선고 2002누14852 판결; 대법원 2005. 9. 9. 선고 2003두11841 판결); (사)한국여신전문금융업협회 외 7의 사업자단체금지행위 건(공정거래위원회 2001. 3. 28. 의결 제2001－039호, 2001. 8. 24. 재결 제2001－039호; 서울고등법원 2003. 4. 17. 선고 2001누5851 판결; 대법원 2005. 8. 19. 선고 2003두5709 판결); 전국학생복발전협의회 외 20의 사업자단체금지행위 건(공정거래위원회 2001. 6. 7. 의결 제2001－083호, 2001. 10. 16. 재결 2001－ 053호; 서울고등법원 2004. 8. 18. 선고 2001누17717 판결; 대법원 2006. 11. 24. 선고 2004두10319 판결); 전국전력기술인협회의 사업자단체금지행위 건(공정거래위원회 2003. 4. 21. 의결 제2003－093호, 2003. 8. 30. 제결 제2003－029호; 서울고등법원 2004. 9. 23. 선고 2003누17001 판결; 대법원 2006. 9. 22. 선고 2004두14588 판결); 부산주류도매협의회 외 1의 사업자단체금지행위 건(공정거래위원회 2004. 7. 31. 의결 제2004－238호, 2004. 12. 31. 재결 제2004－028호; 서울고등법원 2006. 1. 25. 선고 2005누2737 판결; 대법원 2006. 6. 29. 선고 2006두3414 판결); 부산청지방종합주류도매업협회 경남울산지회의 사업자단체금지행위 건(공정거래위원회 2004. 7. 31. 의결 제2004－238호; 서울고등법원 2005. 8. 25. 선고 2004누17657 판결; 대법원 2006. 6. 27. 선고 2005두11531 판결); 서울동북부지역정보운영위원회 외 1의 사업자단체금지행위 등 건(공정거래위원회 2001. 8. 22. 의결 제2001.120호; 서울고등법원 2004. 6. 24. 선고 2001누15209 판결; 대법원 2007. 3. 30. 선고 2004두8514 판결); 한국아스콘공업협동조합연합회의 사업자단체금지행위 건(공

정거래위원회 2006. 2. 22. 의결 제2006-040호, 2006. 8. 16. 재결 제2006-043호; 서울고등법원 2007. 4. 25. 선고 2006누21650 판결); **대구유치원연합회의 사업자단체금지행위 건**(공정거래위원회 2005. 11. 30. 의결 제2005-239호; 서울고등법원 2007. 1. 11. 선고 2006누653 판결); **군포회의 사업자단체금지행위 건**(공정거래위원회 2006. 8. 29. 의결 제2006-185호; 서울고등법원 2007. 5. 16. 선고 2006누22998 판결); **평촌신도시부동산중개업친목회의 사업자단체금지행위 건**(공정거래위원회 2007. 6. 22. 의결 제2007-329호; 서울고등법원 2007. 12. 5. 선고 2007누19579 판결); **(주)텐커뮤니티 외 13의 사업자단체금지행위 건**(공정거래위원회 2004. 9. 24. 의결 제2004-271호; 서울고등법원 2004. 10. 21. 선고 2003누12693 판결; 대법원 2008. 2. 14. 선고 2005두1879 판결; 서울고등법원 2008. 5. 28. 선고 2008누6051 판결); **아세아시멘트공업(주) 외 2**(쌍용양회공업(주), 한국양회공업협회)**의 공동행위 건**(공정거래위원회 2003. 9. 8. 의결 제2003.147호, 2004. 2. 9. 재결 제2004-005호; 서울고등법원 2006. 5. 24. 선고 2004누4903 판결; 대법원 2008. 2. 29. 선고 2006두10443 판결); **하림(주)외 15의 공동행위 건**(공정거래위원회 2006. 9. 28. 의결 제2006-217호; 서울고등법원 2008. 7. 24. 선고 2006누26563 판결); **서울시자동차부분정비사업조합 도봉구지회의 사업자단체금지행위 건**(공정거래위원회 2009. 12. 16. 의결 제2009-276호; 서울고등법원 2010. 6. 24. 선고 2010누1202 판결; 대법원 2010. 10. 28. 선고 2010두14084 판결); **군포회의 사업자단체금지행위 건**(공정거래위원회 2009. 8. 7. 의결 제2009-170호; 서울고등법원 2010. 10. 13. 선고 2009누26755 판결); (사)**대한한의사협회의 사업자단체금지행위 건**[공정거래위원회 2015. 3. 30. 의결 제2015- 091호; 서울고등법원 2015. 10. 8. 선고 2015누1115 판결; 대법원 2016. 2. 18. 선고 2015두55257(심리불속행) 판결]; **한국공인회계사회의 사업자단체금지행위 건**[공정거래위원회 2018. 8. 17. 의결 제2018-257호; 서울고등법원 2019. 8. 22. 선고 2018누63855 판결; 대법원 2020. 1. 16. 선고 2019누52058(심리불속행 기각) 판결]; **대한의사협회의 사업자단체금지행위 건**(공정거래위원회 2014. 1. 10. 의결 제2017-010호; 서울고등법원 2016. 3. 17. 선고 2014누58824 판결; 대법원 2021. 9. 9. 선고 2016두36345 판결)

1. 의　　의

사업자단체란 그 형태여하를 불문하고 2이상의 사업자가 공동의 이익을 증진할 목적으로 조직한 결합체 또는 그 연합체를 말한다(법 제2조 제2호).

2. 성립요건

1) 형태여하를 불문

사업자단체는 사업의 종류를 불문하고 법 제2조 제1호 규정의 "사업자"들이 조직한 모든 단체를 포함하며 단체를 조직한 자들이 사업자이기만 하면 그 조직구성원은 법인이든 조합이든 회사이든 법적 형태에 상관하지 아니한다(「사업자단체 활동지침」[32] 2. 가). 즉 사단, 조합, 민법 또는 상법상의 회사를 불문한다. 앞서 본 바와 같이 의사, 변호사, 건축사, 공인회계사 등 자유직업자도 독점규제법상의 사업자에 해당하므로 의사회, 변호사회, 건축사협회, 공인회계사회 등 단체도 사업자단체로서 독점규제법이 적용된다. 사업자단체에 참가하는 개별 구성사업자는 독립된 사업자이어야 하므로, 개별 사업자가 그 단체에 흡수되어 독자적인 활동을 하지 않는 경우에는 사업자단체라고 할 수 없고, 사업자단체로 되기 위해서는 개별 구성사업자와는 구별되는 단체성, 조직성을 갖추어야 할 것이다.[33]

법원 등이 사업자단체로 인정한 사례는 다음과 같다.

> 전북사진앨범인쇄협동조합,[34] 서울연식품공업협동조합,[35] (사)대한약사회 및 (사)대한약사회 서울특별시지부,[36] (사)대한약사회 대구직할시지부,[37] (사)서울마주협회,[38] 한국관세사회,[39] 대한법무사협회,[40] (사)대한출판문화협회,[41] (사)대전광역시자동차매매조합,[42] 한국철스크랩공업협회,[43] 경기도자동차매매사업조합,[44] 한국철강

32) 공정거래위원회고시 제2021－45호(2021. 12. 28).
33) 대판 2008. 2. 14. 2005두1879.
34) 대판 1990. 2. 12. 89누8200.
35) 서울서부지원판 1990. 5. 11. 89가합2738[손해배상(기)].
36) 서고판 1994. 9. 28. 93구34369(대판 1995. 5. 12. 94누13794).
37) 서고판 1994. 9. 28. 93구28166(대판 1995. 5. 12 94누13909).
38) 서고판 1996. 7. 9. 95구 321699(대판 1996. 7. 9. 96누11839).
39) 서고판 1997. 1. 9. 96구7030.
40) 서고판 1995. 11. 23. 94구32186(대판 1997. 5. 16. 96누150).
41) 서고판 1996. 3. 19. 95구24779(대판 1997. 6. 13. 96누5834).
42) 서고판 1999. 7. 22. 98누14084.
43) 서고판 1999. 10. 29. 99누6332(대판 2000. 3. 15. 99두11639).
44) 서고판 2001. 8. 21. 2000누8617(대판 2001. 11. 4. 2001두7428).

협회,[45] 부산광역시가스판매협동조합,[46] 서울특별시전세버스운송사업조합,[47] 한국관세사회,[48] 시도건축사회 및 건축사복지회,[49] 한국재생유지공업협동조합,[50] (사)한국출판인회의 및 종합서적상조합,[51] (사)대한의사협회,[52] (사)대한병원협회,[53] 한국건설감리협회,[54] 자동차검사정비사업조합,[55] 한국상업용조리기계공업협동조합,[56] 울산광역시전세버스운송사업조합,[57] 대한건설기계협회,[58] 대한건축사협회 부산광역시건축사회 등,[59] 부산광역시치과기공사회 및 부산광역시치과의사회,[60] (사)제주도관광협회,[61] 한국여신전문금융업협회,[62] 전국학생복발전협의회,[63] 전국건설기술인협회,[64] 대한양돈협회,[65] 부산주류도매협의회,[66] 부산청지방종합주류도매업협회 경남울산지회,[67] 군포회,[68] 분당지역부동산중개업자단체,[69] 한국양회공업협회,[70] 계육협회,[71] 서울시자동차부분정비사업조합 도봉구지회,[72] (사)대한한의사협회,[73] 한국공인회계사회[74]

---

45) 대판 2002. 7. 12. 2000두10311.
46) 서고판 2001. 12. 4. 2001누6793(대판 2002. 5. 31. 2002두264).
47) 대판 2002. 6. 14. 2000두8905.
48) 서고판 2000. 12. 5. 99누13538.
49) 서고판 2000. 1. 27. 98누12620(대판 2002. 9. 24. 2000두1713).
50) 서고판 2002. 6. 4 2001누12084(대판 2002. 9. 24. 2002두5672).
51) 서고판 2002. 9. 3. 2001누14046.
52) 대판 2003. 2. 20. 2001두5347; 대판 2021. 9. 9. 2016두36345.
53) 대판 2003. 2. 20. 2001두5057.
54) 서고판 2002. 11. 19. 2002누1313(대판 2003. 4. 8. 2002두12779).
55) 서고판 2004. 2. 3. 2003누3293; 서고판 2004. 4. 1. 선고 2003누2948.
56) 서고판 2004. 7. 21. 2003누14071(대판 2004. 11. 12. 2004두9098).
57) 서고판 2005. 1. 13. 2004누604.
58) 서고판 2004. 7. 14. 2003누7806(대판 2005. 6. 24. 2004두8569).
59) 서고판 2005. 8. 10. 2004누18889.
60) 서고판 2003. 6. 26. 2001누12378(대판 2005. 8. 19. 2003두9251).
61) 서고판 2003. 8. 28. 2002누14852(대판 2005. 9. 9. 2003두11841).
62) 서고판 2003. 4. 17. 2001누5851(대판 2005. 8. 19. 2003두5709).
63) 서고판 2004. 8. 18. 2001누17717(대판 2006. 11. 24. 2004두10319).
64) 서고판 2004. 9. 23. 2003누17001(대판 2006. 9. 22. 2004두14588).
65) 서고판 2006. 10. 12. 2005누27668.
66) 서고판 2006. 1. 25. 2005누2737(대판 2006. 6. 29. 2006두3414).
67) 서고판 2005. 8. 25. 2004누17657(대판 2006. 6. 27. 2005두11531).
68) 서고판 2007. 5. 16. 2006누22998; 서고판 2010. 10. 13. 2009누26755.
69) 대판 2008. 2. 14. 2005두1879.
70) 대판 2008. 2. 29. 2006두10443.
71) 서고판 2008. 7. 24. 2006누26563.
72) 대판 2010. 10. 28. 2010두14084.

〈(사)제주도관광협회의 사업자단체금지행위 건〉 관련 행정소송에서 서울고등법원은 회원 중 지방자치단체가 모두 포함되어 있고 그 업무 내용이 지역산업의 건전한 발전 등 일부 공익성을 가지고 있으며 예산의 상당부분이 지방자치단체의 보조금으로 운영되는 등 공익 성격이 강한 비영리 사단법인도 사업자단체라고 인정하였다.[75] 그리고 〈대구유치원연합회의 사업자단체금지행위 건〉 관련 행정소송에서는 유치원연합회같이 관할 교육장 등의 지도·감독을 받고 있다거나 구성원들의 유아교육이라는 공익적 임무를 수행하고, 그 기본적 속성에 비영리적인 점이 있다고 하더라도 입학금 등을 받고 그 대가로 교육에 임하는 기능 및 행위와 관련해서는 '사업자' 및 '사업자단체'로서의 특성 및 측면이 있다고 인정하였다.[76]

공정거래위원회는 사단법인 한국야구위원회도 법상 사업자단체에 포함된다고 보았다.[77] 그리고 노동조합이라 하더라도 구성원들이 사업자로서의 행위를 하는 경우 사업자단체로 보았다.[78]

2) 2이상의 사업자

사업자단체는 2이상의 사업자가 조직한 단체를 의미한다. 따라서 1개의 사업자는 사업자단체를 구성할 수 없고 구성원이 사업자가 아닌 학술단체나 친목단체의 경우 사업자단체가 아니다. 여기서 2이상의 사업자의 의미는 2인 이상의 복수의 사업자를 의미하는 것이며, 여기에 비사업자가 가입되어도 관계없다고 본다.[79]

3) 공동의 이익증진 목적

여기서 '공동의 이익'이라 함은 구성사업자의 경제활동상의 이익을 말하고, 단지 친목, 종교, 학술, 조사, 연구, 사회활동만을 목적으로 하는 단체는 이에 해당되지 않는다.[80] 공동의 이익을 증진할 목적이 있었는지 여부에 관하여는 단체의 정관이나 활동내용 등을 종합적으로 판단하여야 한다.[81]

---

73) 서고판 2015. 10. 8. 2015누1115(대판 2016. 2. 18. 2015두55257).
74) 서고판 2019. 8. 22. 2018누63855(대판 2020. 1. 16. 2019누52058).
75) 서고판 2003. 8. 28. 2002누14852(대판 2005. 9. 9. 2003두11841).
76) 서고판 2007. 1. 11. 2006누653.
77) 공정의 2008. 9. 17. 2008－266.
78) 공정의 2023. 2. 28. 2023－042.
79) 한상곤, 자유경쟁과 공정거래(2002), 462면; 차성민, 경제법판례연구 제 1 권(2004), 38~39면.
80) 대판 2008. 2. 14. 2005두1879.
81) 대판 2003. 2. 20. 2001두5347; 서고판 2004. 4. 1. 2003누2948.

4) 결합체 또는 연합체

한편 2이상의 사업자가 조직한 결합체(○○조합, ○○협회, ○○협의회, ○○회의소, ○○지부, ○○지회 등)들의 연합체(○○연합회, ○○중앙회)도 사업자단체에 해당된다(「사업자단체 활동지침」 2. 다). 연합체는 2인 이상의 사업자의 결합체가 연합한 단체를 의미하나, 사업자의 결합체와 사업자의 양자를 구성원으로 하는 단체도 포함된다.[82]

이와 관련 법원이 사업자단체로 인정한 것으로 한국비철금속공업협동조합연합회,[83] 한국자동차매매사업조합연합회,[84] 한국아스콘공업협동조합연합회,[85] 대구유치원연합회[86] 등을 예로 들 수 있다.

3. 쟁　　점

1) 지　　회

사업자단체의 분회나 지소, 지부 등이 그 자체 독자적인 사업자단체가 될 것인가 혹은 대규모 혹은 전국적 사업자단체의 구성부분에 그칠 것인가의 문제가 있는데 독자적인 활동의 주체라면 분회나 지회 등도 사업자단체로 보는 것이 합리적이다.[87] 법원도 (사)대한약사회 서울특별시지부,[88] (사)대한약사회 대구직할시지부,[89] 서울시자동차부분정비사업조합 도봉구지회[90] 등을 사업자단체로 본 바 있다.

2) 임원 등 협의체

사업자의 이익을 위한 행위를 하는 임원·종업원(계속하여 회사의 업무에 종사하는 사람으로서 임원 외의 사람)·대리인 기타의 자는 사업자단체에 관한 규정의 적용에 있어서 사업자로 본다(법 제 2 조 제 1 호 후단). 이 규정은 실제로 임·직원들이 협의체를 만들어 활동하는 경우 사업자단체로 볼 수밖에 없는 현실적 필요성을 감안하여 규정한 것이라 생각된다. 공정거래위원회는 건설회사들의 자

82) 한상곤, 자유경쟁과 공정거래(2002), 462~463면.
83) 서고판 1992. 1. 29. 91구2030.
84) 서고판 2001. 5. 10. 2000누8662.
85) 서고판 2007. 4. 25. 2006누21650.
86) 서고판 2007. 1. 11. 2006누653.
87) 공정의 2023. 2. 28. 2023－042.
88) 서고판 1994. 9. 28. 93구34369(대판 1995. 5. 12. 94누13794).
89) 서고판 1994. 9. 28. 93구28166(대판 1995. 5. 12. 94누13909).
90) 대판 2010. 10. 28. 2010두14084.

재구매 담당 과장급 이상 종업원들이 조직한 단체인 '건설회사자재직협의회'를 독점규제법상의 사업자단체로 본 바가 있다.[91]

Ⅲ. 시장지배적사업자

[참고사례]

비씨카드(주) 외 14의 시장지배적지위 남용행위 건(공정거래위원회 2001. 3. 28. 의결 제2001-040호, 2001. 8. 24. 재결 제2001-038호; 서울고등법원 2003. 5. 27. 선고 2001누15193 판결; 대법원 2005. 12. 9. 선고 2003두6283 판결); **(주)포스코의 시장지배적지위 남용행위 건**(공정거래위원회 2001. 4. 12. 의결 제2001-068호, 2001. 9. 28. 재결 제2001-051호; 서울고등법원 2002. 8. 27. 선고 2001누5370 판결; 대법원 2007. 11. 22. 선고 2002두8626 판결); **(주)티브로드 강서방송의 시장지배적지위 남용행위 건**(공정거래위원회 2007. 3. 28. 의결 제2007-153호; 서울고등법원 2007. 11. 8. 선고 2007누10451 판결; 대법원 2008. 12. 11. 선고 2007두25183 판결)

1. 개 념

시장지배적사업자라 함은 일정한 거래분야의 공급자나 수요자로서 단독으로 또는 다른 사업자와 함께 상품이나 용역의 가격·수량·품질 기타의 거래조건을 결정·유지·변경할 수 있는 시장지위를 가진 사업자를 말한다(법 제2조 제3호). 이는 경제학적으로, 상당기간 동안 경쟁 수준보다 높은 가격을 부과해 초과이윤을 얻을 수 있는 힘 내지 능력을 의미하는 시장지배력(market power)을 가진 기업을 의미한다.[92] EU사법재판소는 〈Hoffmann-La Roche 사건〉에서 "시장지배적지위는 경쟁자와 그의 고객, 궁극적으로는 소비자에 대하여 감지가능한(appreciable) 정도로 독립적으로 행동할 수 있는 힘을 제공함으로써 관련시장에서 유효경쟁이 유지되는 것을 방해하는 것을 가능하게 할 수 있는 사업자에 의하여 향유되는 경제력 지위"이라고 정의하였다.[93]

91) 공정의 1995. 6. 5. 95-99.

92) 신광식, 84면.

93) Hoffmann-La Roche & Co. v. Commission, Case 85/76(1979): "the dominant position referred to in Article 86 of the treaty relates to a position of economic strength enjoyed by

미국 「셔먼법(Sherman Act)」의 해석에서는 이를 독점력(monopoly power)이라고 하는데, 〈Dupont 사건〉에서 연방대법원은 독점력을 "가격을 통제하거나 경쟁을 배제할 수 있는 힘(the power to control prices or exclude competition)"으로 정의하였다.[94] 시장력(market power)이라는 용어도 자주 등장하는데, 단순하게 말하면 시장력이 큰 것을 독점력이라 할 수 있다. 독일 「경쟁제한방지법(GWB)」 제18조 제 1 항에서는 시장지배적사업자에 대하여 구체적으로 규정하고 있다. 즉 경쟁자가 없거나 실질적 경쟁에 처해져 있지 않은 경우 또는 경쟁자와의 관계에서 우월적 시장지위를 갖는 경우를 시장지배적사업자로 정의한다. 한편 동 법 제 9 차 개정(2017) 및 제10차 개정(2021)에서는 디지털 경제에 대응한 규정이 삽입되었다.

2. 연 혁

1980. 12. 31. 독점규제법 제정 당시에는 법에서 개략적인 기준만 정하고 법 시행령에서 최근 1년간의 국내총공급액이 300억원 이상인 사업자로서 1사업자의 시장점유율이 50% 이상 또는 3이하의 사업자의 시장점유율 합계가 70% 이상(5% 미만인 사업자 제외)인 사업자라고 규정하고, 경제기획원장관이 매년 위 기준에 해당하는 시장지배적사업자를 지정 · 고시하도록 하였다. 1990. 1. 13. 제 2 차 법개정을 통하여 현행법 제 6 조의 시장지배적사업자의 추정요건에 해당하는 시장점유율을 가진 사업자를 시장지배적사업자로 하되 시장지배적사업자를 사전에 지정 · 고시하도록 하였다. 1999. 2. 5. 제 7 차 법개정 이전까지 공정거래위원회가 시장지배적사업자를 사전적으로 지정 · 고시 하였으나, 제 7 차 법개정시 사전지정 · 고시제도가 폐지되었으며, 금융업자나 보험업자도 여기서의 사업자에 해당되게 되었다. 또한 시장지배적사업자의 정의를 종전의 공급자뿐만 아니라 수요자까지 확대하였다.

---

an undertaking which enables it to prevent effective competition being maintained on the relevant market by affording it the power to behave to an appreciable extent independently of its competitors, its customers and ultimately of the consumers".

94) U.S. v. E.I. du Pont de Nemours & Co., 351 U.S. 377, 76 S.Ct.994(1956).

3. 성립요건

1) 일정한 거래분야[95)]

특정 사업자가 시장지배적지위에 있는지 여부를 판단하기 위해서는, 우선 경쟁관계가 문제될 수 있는 일정한 거래 분야에 관하여 관련 상품시장과 관련 지역시장이 구체적으로 정하여져야 하고, 그 다음에 그 시장에서 지배가능성이 인정되어야 한다.

관련 상품시장은 일반적으로 시장지배적사업자가 시장지배력을 행사하는 것을 억제하여 줄 경쟁관계에 있는 상품들의 범위를 말하는 것으로서, 구체적으로는 거래되는 상품의 가격이 상당기간 어느 정도 의미 있는 수준으로 인상 또는 인하될 경우 그 상품의 대표적 구매자 또는 판매자가 이에 대응하여 구매 또는 판매를 전환할 수 있는 상품의 집합을 의미하고, 그 시장의 범위는 거래에 관련된 상품의 가격, 기능 및 효용의 유사성, 구매자들의 대체가능성에 대한 인식 및 그와 관련한 구매행태는 물론, 판매자들의 대체가능성에 대한 인식 및 그와 관련한 경영의사의 결정행태, 사회적·경제적으로 인정되는 업종의 동질성 및 유사성 등을 종합적으로 고려하여 판단하여야 할 것이며, 그 외에도 기술발전의 속도, 그 상품의 생산을 위하여 필요한 다른 상품 및 그 상품을 기초로 생산되는 다른 상품에 관한 시장의 상황, 시간적·경제적·법적 측면에서의 대체의 용이성 등도 함께 고려하여야 한다.[96)]

또한, 관련 지역시장은 일반적으로 서로 경쟁관계에 있는 사업자들이 위치한 지리적 범위를 말하는 것으로서, 구체적으로는 다른 모든 지역에서의 가격은 일정하나 특정 지역에서만 상당기간 어느 정도 의미 있는 가격인상 또는 가격인하가 이루어질 경우 당해 지역의 대표적 구매자 또는 판매자가 이에 대응하여 구매 또는 판매를 전환할 수 있는 지역 전체를 의미하고, 그 시장의 범위는 거래에 관련된 상품의 가격과 특성 및 판매자의 생산량, 사업능력, 운송비용, 구매자의 구매지역 전환가능성에 대한 인식 및 그와 관련한 구매자들의 구매지역 전환행태, 판매자의 구매지역 전환가능성에 대한 인식 및 그와 관련한 경영의사의 결정행태, 시간적·경제적·법적 측면에서의 구매지역 전환의 용이성 등을

95) 일정한 거래분야에 관한 자세한 내용은 제2조 제4호 참조.

96) 대판 2008. 12. 11. 2007두25183; 대판 2007. 11. 22. 2002두8626.

종합적으로 고려하여 판단하여야 할 것이며, 그 외에 기술발전의 속도, 관련 상품의 생산을 위하여 필요한 다른 상품 및 관련 상품을 기초로 생산되는 다른 상품에 관한 시장의 상황 등도 함께 고려하여야 할 것이다.[97)]

2) 공급자나 수요자

시장지배적사업자는 시장지배적공급자일 수도 있고, 시장지배적수요자일 수도 있다. 즉 시장수요경쟁 제한의 원인은 기본적으로 공급경쟁의 제한과 다르지 않다(거울이론: Spiegeltheorie). 따라서 독점규제법에서도 수요자에 의한 시장지배를 공급자에 의한 시장지배와 구별하지 않는다. 최근에는 대규모소매점의 등장 등으로 수요독점이 문제되는 경우가 많아졌다. 독일 「경쟁제한방지법(GWB)」은 제18조 제 3 항 제 7 호 및 제 8 호에서 시장지배의 판단기준의 하나로 "자신의 공급과 수요를 다른 상품이나 용역으로 전환할 수 있는 능력" 및 "거래상대방이 타 사업자로 거래처를 전환할 수 있는 가능성"을 고려하도록 하고 있는 바, 이러한 전환가능성 및 회피가능성은 특히 수요시장에서의 시장지배를 고려하여 동법 제 5 차 개정시 규정한 것이다. 즉 공급시장에서의 수요자와는 달리 수요시장에서의 공급자는 특별히 생산시설의 전환탄력성이 적고 상대적으로 적은 수요자와 판매관계 그리고 특정 수요자에 대한 상대적으로 높은 판매량의 특징을 나타낸다. 또한 유통업자의 규모가 커지면서 공급자의 회피가능성도 줄어드는 것이다. 이러한 특성을 감안하여 수요지배에 특히 문제가 되는 전환 및 회피가능성을 삽입하였다.

3) 단독 또는 공동의 시장지배

① 의　　의

시장지배적사업자는 단독으로 뿐만이 아니라 공동으로 될 수도 있다. 「EU 기능조약」[98)] 제102조나 독일 「경쟁제한방지법(GWB)」 제18조 제 5 항에서도 마찬가지로 다수사업자를 통한 시장지배를 규정하고 있다. 시장에 오직 하나의 공급자나 수요자가 존재하는 경우를 독점(monopol)이라 하는데 비해, 소수의 공급자나 수요자가 존재하는 경우를 과점(oligopol)이라 한다. 과점은 소수의 시장참여자가 동일한 시장력을 행사할 때 존재하는 시장구조이다. 즉 과점시장에서는

---

97) 대판 2008. 12. 11. 2007두25183; 대판 2007. 11. 22. 2002두8626.

98) Consolidated version of the Treaty on the Functioning of the Europea Union, OJ C 83/1(2010. 3. 30).

여러 사업자들이 투명한 시장에서 동일한 전제조건하에서 활동하고 그들 중 어느 누구도 다른 경쟁자와의 관계에서 우월한 지위를 갖지 못하는 특징을 지닌다. 독점과 과점의 구분은 경쟁의 결여가 시장선도자의 힘에 의하여 생기는지 혹은 시장행동의 자발적 일치성에 관련이 있는지 여부에 달려 있다. 이러한 의미에서 과점적 시장지배는 집단적 독점이라 할 수 있다.

② 법원의 태도

시장지배적사업자의 정의에서 "다른 사업자와 함께"의 의미는 공동의 시장지배, 즉 과점적 시장지배를 의미한다. 한편 〈비씨카드(주) 외 14의 시장지배적지위 남용행위 건〉 관련 행정소송에서 대법원은 "별도의 독립된 사업자들이 각기 자기의 책임과 계산하에 독립적으로 사업을 하고 있을 뿐 손익분배 등을 함께 하고 있지 않다면 그 사업자들이 다른 사업자들과 함께 시장지배적사업자에 해당하는 것은 별론으로 하고, 그 사업자들을 통틀어 시장지배적지위의 남용을 금지한 법 제5조, 제2조 제1호에서 규정하고 있는 하나의 사업자에 해당한다고 볼 수는 없다"고 한 것으로 보아 공동의 시장지배를 인정하였다.

③ 공동의 시장지배 이외의 집단적 지배의 인정 문제

한편 공동의 시장지배를 인정하는데 있어서 반드시 시장지배적사업자추정규정에 한정해야 하는지, 아니면 그 이상의 복수의 사업자의 공동의 지배가 인정되는지의 문제가 있을 수 있다. 상기 〈비씨카드(주) 외 14의 시장지배적지위 남용행위 건〉에서 공정거래위원회는 "시장지배적사업자 여부는 반드시 1~3개의 사업자일 필요는 없고 해당품목의 시장에서 가격 또는 거래조건의 결정·유지에 관한 실질적 지배력이 어떠한 형태로 행사되고 있는가, 즉 그 지배력의 행사주체의 실질적 성격에 따라 판단되어야 할 것으로 피심인이 각각의 법인격을 가지고 있다 하더라도 신용카드업 시장에서는 하나의 경제적 행위 동일체로서의 성격을 갖고 있으므로 마치 하나의 사업자처럼 신용카드업 시장에서 영향력을 행사하고 있다고 볼 것이다"라고 하였으나,[99] 서울고등법원은 "시장지배적사업자의 추정규정 이외에 복수의 사업자들이 통모한 경우 시장지배적사업자로 인정할 수 있는 규정이 없으므로, 시장을 독점의 형태로 지배하고 있거나 과점의 형태로 지배하고 있는 개별사업자를 의미하는 것이지, 개별적으로 그러한 지위를 갖고 있지 않은 여러 사업자들이 집단적으로 통모하여 독점적 지위를 형성

99) 공정의 2001. 3. 28. 2001-040.

한 경우를 의미하는 것은 아니다"라고 판시하였다.[100)]

이 문제는 시장지배를 적어도 법 제 6 조의 추정요건에 해당되는 공동의 시장지배로 한정할 것인지, 아니면 추정요건에는 해당하지 아니하는 다수의 사업자의 집단적 지배를 인정할 것인지가 그 쟁점이라 할 수 있다.

생각건대 시장지배적사업자를 판단함에 있어서 시장지배적사업자의 추정규정으로 한정하는 서울고등법원의 태도보다는 공정거래위원회 심결내용처럼 시장지배적사업자 여부는 반드시 1~3개의 사업자일 필요는 없고 해당품목의 시장에서 가격 또는 거래조건의 결정·유지에 관한 실질적 지배력이 어떠한 형태로 행사되고 있는가, 즉 그 지배력의 행사주체의 실질적 성격에 따라 판단되어야 한다는 논리가 타당하다고 본다. 따라서 추정규정에 해당하지 않는 다수사업자의 시장지배도 인정될 수 있다고 본다. 그러나 여기에는 전제조건이 있는데, 다수 사업자들 사이에는 경쟁이 결여되어 외관상으로는 하나의 사업자처럼 행동해야 한다는 것이다.

이와 관련하여서는 공동의 시장지배에 관한 규정을 별도로 두고 있는 독일 「경쟁제한방지법(GWB)」의 해석이 참고가 될 수 있다. 즉 동법 제18조 제 5 항 제 2 문에서 "둘 또는 다수의 사업자는 그들 사업자 사이에 특정 종류의 상품이나 용역에 대하여 실질적 경쟁이 결여되고 전체적으로 제 1 항의 조건을 충족하는 경우 시장지배적이다"라고 규정하고 있다. 한편 동 조항은 과점적 시장지배를 의미하는 것으로 해석하는 것이 일반적이다. 내부관계에서 둘 혹은 다수 사업자 사이에는 특정한 방법의 상품이나 용역제공에 있어서 실질적 경쟁이 존재하지 않아야 하고, 외부관계는 전체적으로 동법 제18조 제 1 항의 단독의 시장지배적사업자의 요건을 충족하여야 한다는 것은 과점적 시장상황하에서 상호의존성이 존재할 때 인정되기 때문이다.

EU의 실무에서도 공동의 시장지배를 과점적 시장지배와 동일시하고 있다.[101)] 그러나 여기에서의 과점적 시장지배는 독일의 경우 굳이 추정규정에 한정하여 해석할 필요가 없고, EU의 경우에는 추정규정이 존재하지도 않는다. 따라서 추정요건에 해당하지 않는 다수 사업자의 시장지배가 인정되는 것으로 보아야 한다. 사업자들 간에 실질적 경쟁이 존재하는지 여부를 판단함에 있어서는 엄격한 법적 구속력이 아니라 경제적 관련성으로 충분하다고 보는데, 이는 우리

100) 서고판 2003. 5. 27. 2001누15193(대판 2005. 12. 9. 2003두6283).

101) Airtours, EuG, WuW/E, EU-R 559, Leitsätze Nr. 1.

법해석에도 참고가 될 수 있을 것이다.

④ 부당한 공동행위와의 관계

사업자들이 시장에서 사업과 관련한 각종 결정을 사실상 동일 또는 유사하게 하는 경우 실무적으로 공동의 시장지배와 카르텔의 한계가 문제될 수 있다. 이 경우 사안의 중점에 따라 법적용을 하는 것이 타당하다고 본다.

4) 상품이나 용역의 가격·수량·품질 기타의 거래조건을 결정·유지·변경할 수 있는 시장지위를 가진 사업자

이를 판단함에 있어서 당해 사업자와 그 계열회사는 하나의 사업자로 본다.[102] 그리고 이 규정은 시장지배적지위의 추정규정(법 제6조)에도 적용된다.

4. 판단기준

시장지배적사업자 여부는 시장점유율,[103] 진입장벽의 존재 및 정도, 경쟁사업자의 상대적규모 등을 종합적으로 고려한다(법 제2조 제3호 후단).

시장지배적사업자 여부의 판단기준은 「시장지배적지위 남용행위 심사기준」[104]에 상세히 규정하고 있다. 동 기준에 의하면 사업자가 시장지배적사업자인지 여부는 시장점유율, 진입장벽의 존재여부 및 정도, 경쟁사업자의 상대적규모, 경쟁사업자간의 공동행위의 가능성, 유사품 및 인접시장의 존재, 시장봉쇄력, 자금력 등을 종합적으로 고려하여 판단한다.

1) 시장점유율

일정한 거래분야에서 당해 사업자의 시장점유율이 ① 1사업자의 시장점유율이 100분의 50 이상, ② 3이하의 사업자의 시장점유율의 합계가 100분의 75이상(다만, 이

102) 영 제2조(시장지배적사업자의 기준) ② 법 제2조 제3호에 따라 시장지배적사업자를 판단하는 경우에는 해당 사업자와 그 계열회사를 하나의 사업자로 본다.

103) 영 제2조(시장지배적사업자의 기준) ①「독점규제 및 공정거래에 관한 법률」(이하 "법"이라 한다) 제2조 제3호 후단에 따른 시장점유율은 법 제5조를 위반한 혐의가 있는 행위의 종료일이 속하는 사업연도의 직전 1년 동안에 국내에서 공급되거나 구매된 상품이나 용역의 금액 중 해당 사업자가 같은 기간 동안 국내에서 공급하거나 구매한 상품이나 용역의 금액의 비율로 한다. 다만, 시장점유율을 금액기준으로 산정하기 어려운 경우에는 물량기준 또는 생산능력기준으로 산정할 수 있다.

104) 공정거래위원회 고시 제2021-18호(2021. 12. 30).

경우에 시장점유율이 100분의 10 미만인 사업자는 제외) 중 어느 하나에 해당하는 사업자는 시장지배적사업자로 추정할 수 있다(법 제6조, 「시장지배적지위 남용행위 심사기준」 Ⅲ. 1).

이론적으로 시장지배력(독점력)을 '생산량을 줄이고 가격을 한계비용(marginal cost) 이상으로 올릴 수 있는 힘'으로 정의한다면, 기업의 시장지배력(독점력)은 이윤극대화 가격과 한계이윤극대화 생산량에서의 한계비용과의 차이를 계산하는 것이 합리적이다.[105] 그러나 경쟁당국이나 법원이 실제 이를 계산한다는 것은 매우 어려운 일이기 때문에 그 대안으로 시장점유율을 사용하는 것이 일반적이다. 그러나 시장점유율 기준도 한계가 있는바 높은 시장점유율이 항상 시장지배를 의미하지는 않으며 낮은 시장점유율에도 불구하고 시장지배적사업자가 될 수 있다. 그리고 사업자의 시장점유율이 경쟁자의 시장점유율의 합계보다 크다는 점도 요구되지 않는다. 따라서 시장점유율 외에 여러 가지 보완적인 기준을 활용하고 있다.

EU사법재판소는 〈Hoffmann-La Roche 사건〉에서 "매우 큰 시장점유율은 지배적 지위 존재의 중요한 증거이다. 다른 관련요소로는 관련기업과 경쟁자, 특히 차순위기업의 시장점유율 상호간의 관계, 경쟁자에 대한 기술적인 우위, 고도로 발달된 유통망 그리고 잠재적 경쟁의 존재도 중요하다"고 한다.[106] 시장점유율의 기준은 나라마다 조금씩 다르다.[107] EU의 경우 50% 또는 40~50% 이상 점유율을 시장지배적지위로 보고 있으며, 미국의 경우 독점력(monopoly power)의 기준 관련 〈Alcoa 사건〉에서 점유율 90%는 독점을 성립시키기에 충분하다(enough)고 하였고, 60% 또는 64%로 충분하다는 것은 의심스럽다(doubtful), 그리고 33%는 불충분하다고 판시하였다.[108] 그리고 〈Grinnell 사건〉에서는 87% 점유율에 대하여 의심 없이 독점력을 가진다고 판단하였다.[109] 미국에서는 판례의

105) Hovenkamp, 100면.

106) Hoffmann-La Roche & Co. v. Commission(Vitamins), Case 85/76(1979).

107) EU에서는 〈Hoffmann-La Roche 사건〉(Hoffmann-La Roche & Co. v. Commission, Case 85/76(1979)) 및 〈AKZO 사건〉(AKZO Chemie BV v. Commission, Case 62/86(1991))에서는 50% 이상 점유율, 〈United Brands 사건〉(United Brands Co. v. Commission, Case 27/76 (1978))에서는 40~50%의 기준을 적용하였다. 이재형, 49면.

108) U.S. v. Aluminium Co. of America 148 F. 2d 416(2nd Cir.1945).

109) United States v. Grinnell Corp., 384 U.S. 563, 86 S.Ct. 1698(1966): "The existence of monopoly power may be inferred from the predominant share of the market, and where

입장을 종합해 보면 80~90%는 독점력을 가지고, 70% 미만은 독점력의 존재가 의심되는 수준이며, 50% 미만은 불충분하다고 한다.[110)]

2) 진입장벽의 존재 및 정도

당해 시장에 대한 신규진입이 가까운 시일내에 용이하게 이루어질 수 있는 경우에는 시장지배적사업자일 가능성이 낮아질 수 있다.

> 신규진입의 가능성을 평가함에 있어서는 ① 법적·제도적인 진입장벽의 유무, ② 필요 최소한의 자금규모, ③ 특허권 기타 지식재산권을 포함한 생산기술조건, ④ 입지조건, ⑤ 원재료조달조건, ⑥ 유통계열화의 정도 및 판매망 구축비용, ⑦ 제품차별화의 정도, ⑧ 수입의 비중 및 변화추이, ⑨ 관세율 및 각종 비관세장벽을 고려한다. 이때 ① 최근 3년간 당해 시장에 신규진입한 사업자, ② 당해 시장에 참여할 의사와 투자계획 등을 공표한 사업자, ③ 현재의 생산시설에 중요한 변경을 가하지 아니하더라도 당해 시장에 참여할 수 있는 등 당해 시장에서 상당기간 어느 정도 의미있는 가격인상이 이루어지면 중대한 진입비용 또는 퇴출비용의 부담없이 가까운 시일내에 당해 시장에 참여할 것으로 판단되는 사업자가 있는 경우에는 신규진입이 용이한 것으로 볼 수 있다(「시장지배적지위 남용행위 심사기준」 Ⅲ. 2).

3) 경쟁사업자의 상대적 규모

당해 사업자에 비해 경쟁사업자의 규모가 상대적으로 큰 경우에는 시장지배적사업자일 가능성이 낮아질 수 있다.

> 경쟁사업자의 상대적 규모를 평가함에 있어서는 ① 경쟁사업자의 시장점유율, ② 경쟁사업자의 생산능력, ③ 경쟁사업자의 원재료구매비중 또는 공급비중, ④ 경쟁사업자의 자금력을 고려한다. 당해 시장에 대량구매사업자나 대량공급사업자가 존재하는 경우(대량구매사업자나 대량공급사업자가 당해 사업자의 계열회사인 경우 제외)에는 시장지배적사업자일 가능성이 낮아질 수 있다. 여기서 "대량구매사업자"나 "대량공급사업자"라 함은 당해 사업자의 구매액이나 공급액이 당해 시장의 국내

Grinnell and its affiliates have 87% of the accredited central station service business, there is no doubt they have monopoly power, which they achieved in part by unlawful and exclusionary practices".

110) Hovenkamp, 107면.

총공급액에서 차지하는 비율이 법 제 6 조(시장지배적사업자의 추정)에 규정된 시장 점유율 요건에 해당되는 자를 말한다(「시장지배적지위 남용행위 심사기준」 Ⅲ. 3).

4) 경쟁사업자간의 공동행위의 가능성

사업자간의 가격·수량 기타의 거래조건에 관한 명시적·묵시적 공동행위가 이루어지기 용이한 경우에는 시장지배적사업자일 가능성이 높아질 수 있다.

사업자간의 공동행위 가능성을 평가함에 있어서는 ① 최근 수년간 당해 거래분야에서 거래되는 가격이 동일한 거래분야에 속하지 않는 유사한 상품이나 용역의 평균가격에 비해 현저히 높았는지 여부, ② 국내에서 거래되는 가격이 수출가격이나 수입가격(관세, 운송비 등을 감안한다)에 비해 현저히 높은지 여부, ③ 당해 거래분야에서 거래되는 상품이나 용역에 대한 수요의 변동이 작은 경우로서 경쟁관계에 있는 사업자가 수년간 안정적인 시장점유율을 차지하고 있는지 여부, ④ 경쟁관계에 있는 사업자가 공급하는 상품의 동질성이 높고, 경쟁관계에 있는 사업자간의 생산, 판매 및 구매조건이 유사한지 여부, ⑤ 경쟁관계에 있는 사업자의 사업활동에 관한 정보수집이 용이한지 여부, ⑥ 과거 부당한 공동행위가 이루어진 사실이 있었는지 여부 중 어느 하나에 해당하는지를 고려한다(「시장지배적지위 남용행위 심사기준」 Ⅲ. 4).

5) 유사품 및 인접시장의 존재

유사품 및 인접시장이 존재하여 당해 시장에 영향을 미치는 경우에는 시장지배적사업자일 가능성이 낮아질 수 있다.

유사물 및 인접시장의 존재를 판단함에 있어서는 ① 기능 및 효용측면에서 유사하나 가격 또는 기타의 이유로 별도의 시장을 구성하고 있다고 보는 경우에는 생산기술의 발달가능성, 판매경로의 유사성 등 그 유사상품이나 용역이 당해 시장에 미치는 영향, ② 거래지역별로 별도의 시장을 구성하고 있다고 보는 경우에는 시장간의 지리적 근접도, 운송수단의 존재여부, 수송기술의 발전가능성, 인접시장에 있는 사업자의 규모 등 인근 지역시장이 당해 시장에 미치는 영향 중 어느 하나를 고려한다(「시장지배적지위 남용행위 심사기준」 Ⅲ. 5).

유사품 및 인접시장의 존재는 다른 말로 하면 잠재적 경쟁을 말하는 것이다. 〈(주)포스코의 시장지배적지위 남용행위 건〉 관련 행정소송에서 대법원도 "무역자유화 및 세계화 추세 등에 따라 자유로운 수출입이 이루어지고 있어 국내 시장에서 유통되는 관련 상품에는 국내 생산품 외에 외국 수입품도 포함되어 있을 뿐 아니라 또한 외국으로부터의 관련 상품 수입이 그다지 큰 어려움 없이 이루어질 수 있는 경우에는 관련 상품의 수입 가능성도 고려하여 사업자의 시장지배 가능성을 판단하여야 한다. 현재 및 장래의 수입 가능성이 미치는 범위 내에서는 국외에 소재하는 사업자들도 경쟁관계에 있는 것으로 보아 그들을 포함시켜 시장지배 여부를 정함이 상당한 바, 이러한 경우에는 위에서 본 관련지역시장 판단에 관한 여러 고려 요소들을 비롯하여 특히 관련상품시장의 국내외 사업자 구성, 국외 사업자가 자신의 생산량 중 국내로 공급하거나 국내 사업자가 국외로 공급하는 물량의 비율, 수출입의 용이성 · 안정성 · 지속성 여부, 유 · 무형의 수출입장벽, 국내외 가격의 차이 및 연동성 여부 등을 감안하여야 할 것이다"라고 판시하고 있다.[111)]

6) 시장봉쇄력

당해 사업자(계열회사를 포함)의 원재료 구매비율이나 공급비율(원재료 구매액이나 공급액 / 원재료의 국내 총공급액)이 법 제4조(시장지배적사업자의 추정)에 규정된 시장점유율 요건에 해당되면 시장지배적사업자일 가능성이 높아질 수 있다(「시장지배적지위 남용행위 심사기준」 Ⅲ. 6).

7) 자 금 력

당해 사업자의 자금력이 다른 사업자에 비해 현저히 크다면 시장지배적사업자일 가능성이 높아질 수 있다.

자금력을 평가함에 있어서는 자본 또는 부채의 동원능력, 매출액, 이윤, 순이익률, 현금흐름, 자본시장에의 접근가능성, 계열회사의 자금력 등을 고려한다(「시장지배적지위 남용행위 심사기준」 Ⅲ. 7).

111) 대판 2007. 11. 22. 2002두8626.

8) 기타 고려요인

> 사업자가 거래선을 당해 사업자로부터 다른 사업자에게로 변경할 수 있는 가능성, 시장경쟁에 영향을 미치는 당해 사업자의 신기술 개발 및 산업재산권 보유여부 등을 고려할 수 있다(「시장지배적지위 남용행위 심사기준」 Ⅲ. 8).

〈현대모비스(주)의 시장지배적지위 남용행위 건〉 관련 행정소송에서 대법원은 원고의 시장점유율 50% 이상, 원고 작성 문건상의 기재내용, 연구기관 등의 조사결과, 완성차 시장에서 현대·기아차의 시장점유율, 경쟁부품업체의 상대적 규모, 정비용 부품시장의 진입장벽 등을 종합적으로 고려하여 시장지배적사업자로 판단한 바 있다.[112]

최근 문제되는 온라인 플랫폼 사업자에 대해서는 「온라인 플랫폼 사업자의 시장지배적지위 남용행위에 대한 심사지침」[113](이하 "온라인 플랫폼 시장지배적지위 남용행위 심사지침")에서 다음과 같이 별도로 규정하고 있다.

> (1) "온라인 플랫폼"이란 서로 다른 집단의 이용자들 간의 거래·정보교환 등 상호작용을 위하여 정보통신설비를 이용하여 설정된 전자적 시스템을 말한다.
>
> (2) "온라인 플랫폼 서비스"란 온라인 플랫폼을 통해 서로 다른 집단의 이용자들 간의 거래·정보교환 등 상호작용을 촉진하는 다음과 같은 서비스를 말한다.
>
> (가) 온라인 플랫폼 중개서비스(온라인 플랫폼을 통해 서로 다른 집단의 이용자들 간 거래 개시를 중개하는 서비스를 말한다)
>
> (나) 온라인 검색 엔진
>
> (다) 온라인 사회 관계망 서비스(SNS: Social Network Service)
>
> (라) 동영상 등 디지털 콘텐츠 서비스
>
> (마) 운영체제(OS: Operating System)
>
> (바) 온라인 광고 서비스
>
> (사) 그 밖에 서로 다른 집단의 이용자들 간 거래, 정보교환 등 상호작용을 촉진하는 (가)부터 (바)에 준하는 서비스

112) 대판 2014. 4. 10. 2012두6308.

113) 공정거래위원회 예규 제418호(2023. 1. 12.).

(3) "온라인 플랫폼 사업자"란 온라인 플랫폼 서비스 제공을 업으로 하는 자를 말한다.

(4) "온라인 플랫폼 이용자"란 온라인 플랫폼 서비스를 이용하는 자로서 해당 서비스를 최종적으로 소비하기 위해 이용하는 자와 해당 서비스를 이용하여 사업을 영위하는 자를 포함한다.

(5) "온라인 플랫폼 이용사업자"란 온라인 플랫폼 이용자 중에서 온라인 플랫폼 서비스를 이용하여 사업을 영위하는 자를 말한다.

(6) "온라인 플랫폼 소비자"란 온라인 플랫폼 이용자 중에서 해당 서비스를 최종적으로 소비하기 위해 이용하는 자를 말한다.

(7) "교차 네트워크 효과"란 온라인 플랫폼을 이용하는 한 집단에 속한 이용자의 수 및 이용행태가 동일한 온라인 플랫폼을 이용하는 다른 집단 이용자들의 편익에 영향을 미치는 효과를 말한다.

(8) "싱글호밍"이란 온라인 플랫폼 이용자가 특정 온라인 플랫폼 서비스를 하나의 온라인 플랫폼을 통해 주로 이용하는 것을 말하고, "멀티호밍"이란 온라인 플랫폼 이용자가 특정 온라인 플랫폼 서비스를 둘 이상의 온라인 플랫폼을 통해 주로 이용하는 것을 말한다(이상 「온라인 플랫폼 사업자의 시장지배적지위 남용행위에 대한 심사지침」 Ⅰ. 3. 가).

그리고 온라인 플랫폼 사업자의 시장지배적 지위 판단에 대해서는 다음과 같이 규정하고 있다.

(1) 기본원칙

온라인 플랫폼 사업자가 시장지배적지위에 있는지를 판단할 때에는 「시장지배적지위 남용행위 심사기준」의 "시장지배적 사업자 여부 판단기준"을 적용하되, 다음과 같이 온라인 플랫폼의 특성을 고려할 수 있다. 단, 실제 시장지배력 등 판단은 각 사안별 행위사실, 시장 상황 등에 따라 구체적·개별적으로 달리 판단할 수 있다.

(2) 교차 네트워크 효과 등에 따른 시장의 진입장벽

교차 네트워크 효과, 규모의 경제, 범위의 경제로 인해 온라인 플랫폼 사업자가 신규 사업자 대비 경쟁 우위에 있는 등 다음과 같이 시장의 진입장벽이 존재하는 경우에는 이를 시장지배력 등 평가 시 고려할 수 있다.

(가) 양(+)의 교차 네트워크 효과를 통해 이용자가 지속 증가하는 선순환 구조를

형성함으로써 신규 사업자 대비 경쟁 우위에 있는 경우

(나) 이용자 수 증가에 따른 평균비용의 하락으로 규모의 경제가 발생하여 신규 사업자 대비 경쟁 우위에 있는 경우

(다) 특정 온라인 플랫폼 서비스와 연계된 상품·서비스를 통합적으로 공급함에 따라 개별 상품·서비스만을 제공하는 사업자 대비 경쟁 우위에 있는 경우

(3) 문지기(gatekeeper)로서의 영향력

온라인 플랫폼 사업자는 다수의 사업자와 소비자를 연결하는 중개자 역할을 수행하면서 주요 이용자 집단에 대한 접근성을 통제하는 문지기(gatekeeper)로서 영향력을 행사할 수 있다. 이 경우 주요 이용자 집단에 접근하고자 하는 사업자(또는 소비자)에게는 해당 플랫폼을 통해 접근성을 확보하는 것이 이윤(또는 효용) 극대화에 중요한 요인이 될 수 있다. 즉, 해당 온라인 플랫폼을 이용하는지 여부, 해당 온라인 플랫폼 상에서의 노출순서가 사업자(또는 소비자)의 이윤(또는 효용)에 크게 영향을 미칠 수 있다. 이처럼 주요 이용자 집단에 접근하기 위해 특정 온라인 플랫폼 이용이 필요한 경우에는 유사한 서비스를 제공하는 타 온라인 플랫폼 사업자가 존재하더라도 실제 이용자들이 인식하는 대체가능성이 제한될 수 있다. 따라서, 온라인 플랫폼 사업자의 시장지배력 평가 시에는 해당 온라인 플랫폼 이용자의 범위, 해당 이용자 집단의 플랫폼 의존도, 이용자들의 싱글호밍·멀티호밍 경향 및 플랫폼 이용 용도·양태 등 문지기로서 발휘할 수 있는 온라인 플랫폼 사업자의 영향력을 고려할 수 있다.

(4) 데이터 수집·보유·활용 능력

(가) 온라인 플랫폼 사업자의 시장지배력 등 평가 시에는 관련 사업자들의 데이터 수집·보유·활용 능력 및 그 격차를 고려할 수 있다. 특히 데이터의 이동성·상호운용성의 정도, 이로 인해 온라인 플랫폼 이용자에게 발생하는 고착효과, 경쟁사업자가 해당 데이터에 접근할 수 있는 가능성 등을 고려할 수 있다.

(나) 일반적으로 데이터의 이동성, 상호운용성이 낮은 경우 시장을 선점한 온라인 플랫폼 사업자에게 데이터가 집중되고 이용자가 해당 온라인 플랫폼으로 고착화되는 효과가 증가할 수 있다. 반면, 데이터의 이동성, 상호운용성이 높아 신규 진입 사업자가 기존 이용자 데이터에 접근하는 것이 용이한 경우에는 데이터 집중으로 인한 고착효과는 크지 않을 수 있다.

(5) 새로운 상품·서비스 출현 가능성

온라인 플랫폼 분야의 동태적 특성을 반영하여, 새로운 상품·서비스의 출현 가

능성, 주요 사업자들의 연구개발 진행 현황, 향후의 기술 발전 가능성 등을 시장지배력 등 평가 시 고려할 수 있다.

(6) 매출액 이외의 시장점유율 산정 기준

(가) 시장지배적지위 추정의 기준이 되는 시장점유율은 일반적으로 관련 시장에서 경쟁하는 사업자들의 매출액 합계 대비 해당 사업자의 매출액이 차지하는 비중으로 산정할 수 있다. 단, 시장점유율을 금액 기준으로 산정하기 어려운 경우에는 물량 기준 등 대체 변수를 활용할 수 있다.

(나) 명목상 무료로 온라인 플랫폼 서비스를 제공하는 경우 매출액을 기준으로 시장점유율을 산정하는 것이 불가능하거나 온라인 플랫폼 사업자의 지배력을 평가하는데 적합하지 않을 수 있다. 이 경우, 온라인 플랫폼 서비스 이용자 수, 이용빈도 등 대체 변수를 활용하여 시장점유율을 산정할 수 있다.

(예시7) 매출액 이외의 기준으로 시장점유율을 산정하는 경우

(1) 명목상 무료로 제공되는 온라인 검색서비스의 시장점유율을 산정하기 위해서는 해당 사업자의 매출액 이외에 특정 기간 이용자 수, 방문자 수, 검색횟수, 체류시간, 페이지뷰 등 다른 수량 기준으로 시장점유율을 산정할 수 있다.

(2) 직접 관련된 매출액이 존재하지 않는 모바일 운영체제(OS)의 경우, 해당 운영체제를 탑재한 기기 수를 기준으로 시장점유율을 산정할 수 있다.

(이상 「온라인 플랫폼 시장지배적지위 남용행위 심사지침」 Ⅱ. 3. 나)

Ⅳ. 일정한 거래분야

[참고사례]

서울특별시지하철공사의 우월적지위남용행위 건(공정거래위원회 1992. 4. 29. 의결 제92.47호, 1992. 7. 1. 재결 제92.4호; 서울고등법원 1993. 1. 20. 선고 92구19301 판결; 대법원 1993. 7. 27. 선고 93누4984 판결); (사)대한약사회 및 (사)대한약사회 서울특별시지부의 경쟁제한행위 건(공정거래위원회 1993. 9. 25. 의결 제93.320호, 1993. 10. 25. 재결 제93－5호; 서울고등법원 1994. 9. 28. 선고 93구34369 판결; 대법원 1995. 5. 12. 선고 94누13794 판결); 5개 PC제조업체의 부당공동행위 건(공정거래위원회 1994. 8. 31. 의결

제94－282호, 의결 제94－283~287호, 1994. 11. 2. 재결 제94－10호; 서울고등법원 1996. 2. 13. 선고 94구36751 판결); (주)캐드랜드의 경쟁사업자배제행위 건(공정거래위원회 1996. 2. 23. 의결 제96－18호, 1996. 3. 28. 재결 제96－11호; 서울고등법원 1997. 7. 31. 선고 96구21388 판결); 신선대컨테이너터미널 외 3사의 가격공동행위 건(공정거래위원회 2002. 2. 15. 의결 제2002－043호; 서울고등법원 2003. 10. 2. 선고 2002누12757 판결); (주)무학 외 1의 기업결합제한규정 위반행위 건(공정거래위원회 2003. 1. 28. 의결 제2003－027호; 서울고등법원 2004. 10. 27. 선고 2003누2252 판결); 삼성카드(주)외 2사의 부당공동행위 건(공정거래위원회 의결 2000. 8. 16. 의결 제2000－131호, 2001. 1. 17. 재결 제2001.4호; 서울고등법원 2002. 6. 27. 선고 2001누2579 판결; 대법원 2004. 10. 28. 선고 2002두7456 판결); 가나감정평가법인 외 17의 부당공동행위 건(공정거래위원회 2003. 6. 19. 의결 제2003.101호, 2003. 11. 7. 재결 제2003－033호; 서울고등법원 2005. 1. 26. 선고 2003누21642 판결); 포스코의 시장지배적지위 남용행위 건(공정거래위원회 1999. 5. 27 의결 제99－80호; 서울고등법원 2002. 8. 27. 선고 2001누5370 판결; 대법원 2007. 11. 22. 선고 2002두8626 판결; (주)삼익악기의 기업결합제한규정 위반행위 건(공정거래위원회 2004. 9. 24 의결 제2004－271호; 서울고등법원 2006. 3. 15. 선고 2005누3174 판결; 대법원 2008. 5. 29. 선고 2006두6659 판결); 제일모직(주)의 부당공동행위 건(공정거래위원회 2001. 5. 31. 의결 제2001－082호, 재결 제2001－052호; 서울고등법원 2004. 9. 2. 선고 2001누16998 판결; 대법원 2006. 11. 9. 선고 2004두14564 판결); 에스케이네트웍스(주)의 부당공동행위 건(공정거래위원회 2001. 5. 31. 의결 제2001－082호, 2001. 10. 16. 재결 제2001－052호; 서울고등법원 2004. 8. 18. 선고 2001누17403 판결; 대법원 2004. 11. 23. 선고 2004두10586 판결); (주)새한의 부당공동행위 건(공정거래위원회 2001. 5. 31. 의결 제2001－082호, 재결 제2001－052호; 서울고등법원 2004. 9. 2. 선고 2001누17700 판결; 대법원 2006. 11. 24. 선고 2004두12346 판결); (사)한국유가공협회 외 10의 무혐의 처분에 대한 헌법소원 건(헌법재판소 2007. 12. 27. 선고 2005헌마1259 결정); (주)신세계의 기업결합제한규정 위반행위 건(공정거래위원회 2006. 11. 14. 의결 제2006－264호; 서울고등법원 2008. 9. 3. 선고 2006누30036 판결); (주)포스코의 시장지배적지위 남용행위 건(공정거래위원회 2001. 4. 12. 의결 제2001－068호, 2001. 9. 28. 재결 제2001－051호; 서울고등법원 2002. 8. 27. 선고 2001누5370 판결; 대법원 2007. 11. 22. 선고 2002두8626 판결); (주)티브로드 강서방송의 시장지배적지위 남용행위 건(공정거래위원회 2007. 3. 28. 의결 제2007－153호; 서울고등법원 2007. 11. 8. 선고 2007누10451 판결; 대법원 2008. 11. 8. 선고 2007두25183 판결); 인터파크지마켓의 시장지배적지위 남용행위 건(공정거래위원회 2007. 12. 18 의결 제2007－555호; 서울고등법원

2008. 8. 20. 선고 2008누2851; 대법원 2011. 6. 10. 선고 2008두16322 판결); 용인시 죽전택지개발지구내 공동주택 분양 6개 건설사업자의 부당공동행위 건(공정거래위원회 2004. 7. 31. 의결 제2004-237호; 대법원 2009. 4. 9. 선고 2007두6793 판결); 마이크로소프트 코퍼레이션 및 한국마이크로소프트 유한회사의 시장지배적지위 남용행위 등 건(공정거래위원회 2006. 2. 24. 의결 제2006-42호; 서울중앙지방법원 2009. 6. 11. 선고 2007가합90505 판결[손해배상(기)]; 동양제철화학(주)의 기업결합제한규정 위반행위 건(공정거래위원회 의결 제2006-173호; 서울고등법원 2008. 5. 28. 선고 2006누21148 판결; 대법원 2009. 9. 10. 선고 2008두9744 판결); 농업협동조합중앙회의 시장지배적지위 남용행위 건(공정거래위원회 2007. 1. 25. 의결 제2007-013호; 서울고등법원 2007. 9. 19. 선고 2007누7149 판결; 대법원 2009. 7. 9. 선고 2007두22078 판결); 에스케이텔레콤(주)의 시장지배적 지위남용행위 건(공정거래위원회 2007. 2. 6. 의결 제2007-044호; 서울고등법원 2007. 12. 27. 선고 2007누8623 판결); 인텔코퍼레이션, 인텔세미콘덕터리미티드 및 (주)인텔코리아의 시장지배적지위 남용행위 건(공정거래위원회 2008. 11. 5. 의결 제2008-295호; 서울고등법원 2013. 6. 19. 선고 2009누35462 판결); 현대모비스(주)의 시장지배적지위 남용행위 건(공정거래위원회 2009. 6. 5. 의결 제2009-133호; 서울고등법원 2012. 2. 1. 선고 2009누19269 판결; 대법원 2014. 4. 10. 선고 2012두6308 판결); 7개 BMW자동차딜러의 부당공동행위 건[공정거래위원회 2008. 12. 15. 의결 제2008-323호; 서울고등법원 2010. 7. 22. 선고 2009누9873; 대법원 2010. 4. 26. 선고 2010두18703 판결(파기환송); 서울고등법원 2014. 4. 18. 선고 2012누15380(파기환송심) 판결; 대법원 2014. 8. 26. 선고 2014두7237 판결]; 5개음료 제조·판매사업자의 부당공동행위 건[공정거래위원회 2009. 11. 9. 의결 제2009-249호; 서울고등법원 2010. 11. 25. 선고 2009누384069, 2009누38390 판결, 2012. 4. 25. 선고 2009누38383 판결; 대법원 2013. 2. 14. 선고 2010두204(파기환송), 2010두28939(파기환송) 판결, 2013. 4. 11. 선고 2012두11829(파기환송) 판결]; 12개 유제품사업자의 시유 및 발효유 가격인상 관련 부당공동행위 건[공정거래위원회 2011. 5. 2. 의결 제2011-051호; 서울고등법원 2012. 1. 12. 선고 2011누18467, 2012. 3. 21. 선고 2011누18719, 2012. 4. 12. 선고 2011누27584 판결; 대법원 2012. 8. 30. 선고 2012두10093(심리불속행 기각) 판결]; 12개 벽지 제조·판매 사업자의 부당공동행위 건(공정거래위원회 2011. 8. 18. 의결 제2011.148호; 서울고등법원 2012. 8. 16. 선고 2011누32517, 2011누32494, 2011누45650 판결; 대법원 2014. 6. 26. 선고 2012두19687 판결); 13개 비료제조·판매사업자의 부당한 공동행위 건(공정거래위원회 2012. 4. 30. 의결 제2012-058호; 서울고등법원 2013. 10. 18. 선고 2012누15632, 2012누25905, 2013. 12. 19. 선고 2012누21936, 2012누25909, 2012누25912, 2012누15625 판

결, 2014. 3. 27. 선고 2012누15434 판결; 대법원 2014. 11. 27. 선고 2014두1248, 2014두1888, 2014두6654, 2014두24471, 2012. 12. 11. 선고 2014두2324, 2012. 12. 24. 2014두1871 판결); 2개 유제품사업자의 컵커피 관련 부당공동행위 건(공정거래위원회 2011. 10. 14. 의결 제2011.180호; 대법원 2015. 4. 9. 선고 2014두762 판결); (주)한국존슨앤드존슨의 재판매가격유지행위 및 구속조건부거래행위 건(공정거래위원회 2014. 5. 26. 의결 제2014-113호; 서울고등법원 2015. 5. 14. 선고 2014누5141 판결; 대법원 2015. 11. 12 선고 2015두44066 판결); 머스크 라인 에이에스 및 함부르크 슈드아메리카니쉐 담프쉬프파르츠-게젤샤프트 카게의 기업결합 제한규정 위반행위에 대한 건(공정거래위원회 2017. 11. 28. 의결 제2017-358호); (주)씨제이헬로비전 및 하나방송(주)의 기업결합 제한규정 위반행위 건(공정거래위원회 2018. 1. 22. 의결 제2018-055호); 퀄컴 인코포레이티드, 퀄컴 리버 홀딩스 비 브이, 엔엑스피 세미컨덕터 엔 브이의 기업결합 제한규정 위반행위 건(공정거래위원회 2018. 1. 29. 의결 제2018-056호); (주)지멘스의 시장지배적지위 남용행위 등 건(공정거래위원회 2018. 3. 13. 의결 제2018-094호); NHN(주)의 시장지배적 지위 남용행위 등 건(공정거래위원회 2008. 8. 28. 의결 제2008-252호; 서울고등법원 2009. 10. 8. 선고 2008누27102 판결; 대법원 2014. 11. 13. 선고 200920366 판결); 7개 컵원지 제조·판매사업자의 부당공동행위 건(공정거래위원회 2014. 12. 1. 의결 제2014-268호; 서울고등법원 2016. 11. 25. 선고 2015누30076 판결, 2016. 11. 17. 선고 2015누37886 판결; 대법원 2017. 3. 16. 선고 2016두63743(심리불속행 기각) 판결; 해태음료, 웅진식품 및 롯데칠성음료 등 5개 음료 제조·판매 사업자의 부당공동행위 건[공정거래위원회 2015. 1. 15. 의결 제2015-011; 서울고등법원 2016. 11. 23. 선고 2013누8020, 2013누8037 판결, 2017. 2. 15. 선고 2013누11910 판결; 대법원 2017. 3. 30. 선고 2016두1226, 2016두1202(심리불속행 기각), 2017. 6. 9. 선고 2017두190(심리불속행 기각) 판결]; 태양, 세안산업 등 6개 휴대용 부탄가스 제조판매사업자의 부당공동행위 건[공정거래위원회 2015. 8. 21. 의결 제2015-314 ; 서울고등법원 2017. 2. 3. 선고 2015누50179 판결; 대법원 2017. 1. 12. 선고 2016두53234(심리불속행 기각) 판결]; 중앙모터스(주) 외2의 메르세데스벤츠 딜러사들의 부당공동행위 건(공정거래위원회 2017. 10. 13. 의결 제2017-317; 서울고등법원 2018. 9. 28. 선고 2017누81818 판결); 퀄컴 인코포레이티드, 퀄컴 테크놀로지 인코포레이티드 및 퀄컴 씨디엠에이 테크놀로지 아시아-퍼시픽 피티이 리미티드의 시장지배적 지위 남용행위 등 건(공정거래위원회 2017. 1. 25. 의결 제2017-025호; 서울고등법원 2019. 12. 4. 선고 2017누48 판결; 대법원 2023. 4. 13. 선고 2020두31897 판결)

1. 의 의

일정한 거래분야라 함은 거래의 객체별·단계별 또는 지역별로 경쟁관계에 있거나 경쟁관계가 성립될 수 있는 분야를 말한다(법 제2조 제4호).[114] 이론적으로 이를 '관련시장(relevant market)'으로 부른다. 일정한 거래분야는 서로 경쟁관계에 있는 사업자에 의하여 구성되어지는 현재 또는 잠재적으로 가능한 거래의 총체를 가리키고, 이는 다른 거래와 구별되는 경쟁조건하에서 어느 정도 독립적으로 수요와 공급이 결합하여 독자적인 가격을 성립시키는 거래의 범위라는 점에서 하나의 경쟁권 내지는 시장이라고 표현할 수 있다.[115]

독점규제법에서 일정한 거래분야를 규정하고 있는 경우는 ① 시장지배적사업자의 의의(법 제2조 제3호), ② 경쟁을 실질적으로 제한하는 행위(법 제2조 제5호), ③ 시장지배적사업자의 추정(법 제6조), ④ 경쟁제한적 기업결합의 금지(법 제9조 제1항), ⑤ 기업결합의 경쟁제한성 추정(법 제9조 제3항), ⑥ 부당한 공동행위의 금지(법 제40조 제1항 제9호), ⑦ 부당한 공동행위의 합의의 추정(법 제40조 제5항)이다.

2. 관련시장의 획정

1) 의 의

경쟁제한성(또는 시장지배)를 판단하기 위해서는 우선 시장(market)의 개념과 시장의 획정문제가 전제되어야 한다. 시장획정이 없이는 시장이 경쟁적 구조를 가지고 있는지 혹은 실질적 경쟁이 이루어지고 있는지 등을 판단하기가 불가능하기 때문이다. 즉 특정 사업자가 시장지배적지위에 있는지 여부를 판단하기 위해서는 경쟁관계가 문제될 수 있는 일정한 거래 분야에 관하여 거래의 객체인 관련상품에 따른 시장("관련상품시장")과 거래의 지리적 범위인 관련지역에 따른 시장("관련지역시장") 등을 구체적으로 정하고 그 시장에서 지배가능성이 인정되어야 한다.[116] 기업결합에 있어서도 기업결합 후에 시장이 경쟁적 구조를

114) 대판 1995. 5. 12. 94누13794.

115) 서고판 1996. 2. 13. 94구36751; 서고판 2004. 9. 2. 2001누6998(대판 2006. 11. 9. 2004두14564).

116) 대판 2007. 11. 22. 2002두8626.

가질지 아니면 독점적 구조가 될지 여부를 판단하기 위해서는 우선 시장의 획정이 이루어져야 한다.

관련시장 획정이 필요한 경우에 독점규제법은 “일정한 거래분야에서”라는 전제를 명시하고 있다. 예를 들어 법 제 9 조(기업결합의 제한)에서는 일정한 거래분야에서의 실질적 경쟁을 제한하는 행위를 제한함으로써 시장획정을 전제로 하고 있다. 시장획정의 방법에는 그 기준을 어디에 두느냐에 따라 여러가지가 있을 수 있다. 법 제 2 조(정의) 제 4 호에서는 “거래의 객체별, 단계별 또는 지역별로 경쟁관계에 있거나 경쟁관계가 성립될 수 있는 분야”라고 규정함으로써 원칙적으로 대상적, 단계적 또는 지리적 시장획정방법을 채택하고 있다. 한편 「시장지배적지위 남용행위 심사기준」에서는 거래대상(상품시장), 거래지역(지역시장), 거래단계 외에 거래상대방별로 시장을 획정하고 있다. 독일 등 EU에서는 대상적, 지리적 외에 시간적 시장획정방법도 사용하고 있다.[117)]

그러나 우리나라나 미국, EU 등 외국에서의 실무는 대부분 대상적, 지리적 시장획정에 집중되고 있는 실정이다. 나머지 기준은 예외적으로 적용될 따름이며 실무적으로 큰 의미가 없다고 볼 수 있다. 그리고 시장의 획정은 시장지배적 지위 남용행위나 기업결합의 경우에 특히 중요하지만 일반 불공정거래행위의 경우에도 시장획정이 쟁점이 된 사례가 있다.[118)]

기술발전에 따라 시장의 변화도 변화무쌍하게 일어나고 있다. 예를 들어 디지털경제시대의 도래에 따라 온라인 플랫폼을 통한 거래가 일상화되고 있다. 이러한 변화속에서는 시장의 획정도 새로운 시각과 접근방식이 필요함은 물론이다.

2) 대상적 관련시장

① 원　　칙

대상적 관련시장획정에 있어서는 독일, EU 등 대부분의 국가에서 미국법에 그 뿌리를 두고 있는 수요시장개념(Bedarfsmarktkonzept)이 일반적으로 인정되고 있다.[119)] 수요시장 개념에서는 대상적 관련시장을 수요자, 제품의 성질, 사용목

---

117) Rittner/Dreher, S. 403 Rn. 66.

118) <(주)캐드랜드의 경쟁사업자배제행위 건> 서고판 1997. 7. 31. 96구21388: “지리정보시스템 구축사업은 반드시 시스템 통합사업의 방식으로만 수행되는 것이 아니라 그 단독사업으로도 수행되고 이러한 경우에는 지리정보시스템 사업자들이 그에 참여하며, 이와 함께 지리정보시스템용 소프트웨어 시장도 그 전체가 시스템통합사업의 시장에 편입되어 있는 것이 아니라 그 자체가 독립한 시장을 형성하고 있는데”.

119) Pay－TV－Durchleitung, WuW/E BGH 3062; Raiffeisen, WuW/E BGH 3043; Backofen-

적이나 가격수준[120] 등의 관점에서 특정한 수요를 충족하기에 적합한 교환가능성여부에 중점을 두고 판단한다.[121] 한편 교환가능성에 있어서는 기술적이거나 물리적 측면에서의 동질성보다는 기능적인 교환가능성이 중요한 판단기준이 된다.[122] 그래서 교환가능성은 개별시장 단계나 동일한 상품에 대한 서로 다른 사용가능성 혹은 동일한 상품에 독립된 시장을 형성할 수 있는 부분이 있는지 등의 관점에서 여러 가지로 다르게 나타날 수 있다. 제조업자와 판매업자에 의해 동시에 취급되는 같은 종류의 제품은 같은 시장에 속하는 것으로 간주될 수도 있으며[123] 이는 수요자의 관점에서 동일한 사용목적을 갖고 있기 때문이다.

한편 교환가능성은 수요경쟁제한의 경우에는 대체상품을 공급하기 위하여 시설이나 설비를 전환할 수 있는지 여부로 나타난다. 공급시장에서의 수요자와 달리 수요시장에서의 공급자는 특별히 생산시설의 전환탄력성이 적고 상대적으로 적은 수요자와 판매관계 그리고 이와 관련 특정수요자에 대해 상대적으로 높은 판매량을 나타낸다. 또한 유통업자의 규모가 커지면서 제조사의 회피가능성이 줄어든다. 따라서 수요시장에서의 거래상대방의 전환가능성 및 회피가능성의 의미는 공급시장에서보다 크다고 할 수 있다. 그러나 공급시장의 경우에도 교환가능성(공급탄력성)은 관련시장 획정의 한 요소가 되며, 경쟁자나 잠재적 경쟁자의 진입시간, 경쟁자의 생산능력 등이 주요한 판단요소이다.[124]

② 구체적 판단기준

우리나라의 실무도 미국법상의 수요시장개념을 수용하고 있으며, 이러한 취지에서 대상적 시장을 「시장지배적지위 남용행위 심사기준」 및 「기업결합 심사기준」[125]에서는 구체적으로 다음과 같이 규정하고 있다.

---

markt, WuW/E BGH 3028; Edelsteinbestecke, WuW/E BGH 2153.

120) 다만 차이가 중요하고 본질적이고 감지가 가능해야 한다. Richemont/LMH, WuW/E DE－V 386.

121) Backofenmarkt, WuW/E BGH 3028; Pay－TV－Durchleitung, WuW/E BGH 3060; Henkel KGaA/Luhns GmbH, WuW/E DE－V 178. EU집행위원회에서도 대상적인 관련시장을 독일법과 유사하게 획정한다. Vgl. Commission Notice on the definition of relevant market for the purpose of community competition, OJ C372/03(1997), Ⅱ. 7.

122) Vitamin－B－12, WuW/E BGH 1440; Valium, WuW BGH 1447; Melitta, WuW/E DE－V 276; Chipkarten, WuW/E DE－V 268.

123) Henkel KGaA/Luhns GmbH, WuW/E DE－V 177.

124) Hovenkamp, 104~105면.

125) 공정거래위원회 고시 제2023－20호(2023. 2. 7).

거래대상(상품 또는 용역시장)에 따른 일정한 거래분야는 거래되는 특정 상품의 가격이나 용역의 대가("가격")가 상당기간 어느 정도 의미있는 수준으로 인상(인하)될 경우 동 상품이나 용역의 대표적 구매자(판매자)가 이에 대응하여 구매(판매)를 전환할 수 있는 상품이나 용역의 집합을 말한다(「시장지배적지위 남용행위 심사기준」 Ⅱ. 1. 가).
거래대상(상품시장)별 일정한 거래분야는 거래되는 특정 상품의 가격이 상당기간 어느 정도 의미있는 수준으로 인상될 경우 동 상품의 구매자 상당수가 이에 대응하여 구매를 전환할 수 있는 상품의 집합을 말한다(「기업결합 심사기준」 Ⅴ. 1).

이는 미국의 1992년 「수평적 기업결합 심사지침(Horizontal Merger Guidelines)」[126] 상의 소위 'SSNIP test'에서 유래한다. 동 지침은 2010년 8월 개정되었는데,[127] 동 지침에 의하면 가상의 독점사업자는 한 상품에 대하여 '작지만 의미있고 일시적이지 않은 가격인상(small but significant and nontransitory increase in price: SSNIP)'을 할 수 있는지 여부로 판단한다.[128] 여기에서 '작지만 의미있고 일시적이지 않은 가격인상'으로 구매가 다른 상품으로 전환된다면, 그 상품을 관련시장으로 보는 것이다. 우리나라 대법원도 동 지침상의 'SSNIP test'를 수용하고 있는데, "관련상품시장은 일반적으로 시장지배적사업자가 시장지배력을 행사하는 것을 억제하여 줄 경쟁관계에 있는 상품들의 범위를 말하는 것으로서, 구체적으로는 거래되는 상품의 가격이 상당기간 어느 정도 의미 있는 수준으로 인상 또는 인하될 경우 그 상품의 대표적 구매자 또는 판매자가 이에 대응하여 구매 또는 판매를 전환할 수 있는 상품의 집합을 의미한다"고 한다.[129]

SSNIP 테스트의 방법론 중의 하나로 예를 들어 총전환율 분석(Aggregate

126) 「Horizontal Merger Guidelines」, U.S. Department of Justice and the Federal Trade Commission, Issued: April 2, 1992(Revised: April 8, 1997).

127) 「Horizontal Merger Guidelines」, U.S. Department of Justice and the Federal Trade Commission, Issued: August 19, 2010[이하 「Horizontal Merger Guidelines」(2010)].

128) EU에서는 "small(in the range of 5% to 10%) but permanent relative price increase"라고 표현한다. Commission Notice on the definition of relavant market OJ C372/03(1997). 그러나 SSNIP test는 절대적 기준이 아니다. 실례로 질(Quality)의 저하를 기준으로 하는 SSNDQ(small but significant, non transitory decrease in quality) test에 대한 논의가 있다. The Role and Measurement of Quality in competition Analysis, DAF/COMP(2013)17 참조.

129) 대판 2007. 11. 22. 2002두8626; 대판 2008. 5. 29. 2006두6659.

Diversion Ratio Analysis)을 사용하기도 한다.[130] 총전환율 분석이란, 일정 수준의 가격인상으로 인한 총전환율(Aggregate Diversion Ratio)의 크기와 임계전환율(Critical Diversion Ratio)의 크기를 비교하여 시장을 획정하는 분석방법이다. 이때 총전환율은 일정한 가격인상시 전체 구매전환 중에서 후보시장 내부의 점포로 구매가 전환된 비율을, 임계전환율은 일정한 가격인상시 이윤 증가를 담보해주는 총전환율 중 최소치를 의미한다. 만약 총전환율이 임계전환율보다 작다면, 후보시장과 외부 시장 간의 소비대체성이 상당히 커서 후보시장 외부의 시장으로부터의 경쟁압력이 큰 것을 의미하므로 관련 시장이 후보시장 이상으로 확대되어야 하며, 반대로 총전환율이 임계전환율보다 크다면, 관련 시장은 후보시장으로 획정된다.

이는 공급시장뿐만 아니라 수요시장에도 그대로 적용된다. 즉 가상적 수요독점사업자(hypothetical monopsonist)는 '작지만 의미 있고 일시적이지 않은 가격인하'를 할 수 있는지 여부로 판단한다. 즉 '작지만 의미있고 일시적이지 않은 가격인하'로 공급이 다른 상품으로 전환된다면 그 상품을 관련시장으로 보는 것이다.

한편 동일한 거래분야에 속하는지 여부를 판단함에 있어 「시장지배적지위 남용행위 심사기준」에서는 다음과 같이 규정하고 있다.

> 즉 특정 상품이나 용역이 동일한 거래분야에 속하는지 여부는 ① 상품이나 용역의 기능 및 효용의 유사성, ② 구매자들의 대체가능성에 대한 인식 및 그와 관련한 구매행태, ③ 판매자들의 대체가능성에 대한 인식 및 그와 관련한 경영의사결정, ④ 통계법 제17조(통계자료의 분류) 제 1 항의 규정에 의하여 통계청장이 고시하는 한국표준산업분류를 고려하여 판단한다(「시장지배적지위 남용행위 심사기준」 Ⅱ. 1. 나).

〈NHN(주)의 시장지배적 지위 남용행위 등 건(네이버 I 사건)〉 관련 행정소송에서 대법원은 "공정거래위원회가 이 사건 처분의 전제가 되는 관련상품시장에 관하여 인터넷 포털이 대부분 검색(Search) 서비스, 이메일·메신저 등 커뮤니케이션(Communication) 서비스, 홈페이지·온라인카페 등 커뮤니티(Community) 서비스, 스포츠·금융·뉴스·게임 등 각종 콘텐츠(Contents) 서비스, 온라인 쇼핑 등 전자상거래(Commerce) 서비스(이하 '1S-4C 서비스')를 기반으로 유사한 서비스를 제공하고 있는 점 등에 근거하여 이 사건 관련시장을 '인터넷 포털서비스

130) 〈롯데인천개발(주)의 기업결합제한규정 위반행위 건〉 공정의 2013. 4. 29, 2013-078.

이용자시장'으로 획정한 것에 대하여, ① 이 사건 광고제한행위는 동영상 콘텐츠 공급업체(contents provider)의 동영상 콘텐츠에 대한 색인 데이터베이스 제공계약을 체결하면서 원고의 검색결과로 보이는 동영상 플레이어 내 동영상 시청에 방해가 되는 선광고(선광고)만을 원고와 협의 없이 게재할 수 없도록 한 것으로 원고의 검색서비스를 통하여 동영상 콘텐츠 공급업체와 이용자를 중개해 주는 과정에서 이루어진 점, ② 원고가 관련상품시장에서 시장지배력을 가지고 이를 남용하는 행위를 하였는지 여부를 판단함에 있어서는 원고가 동영상 콘텐츠 공급업체와 자신의 이용자들을 중개하는 시장에서 시장지배력을 가지는지 여부와 그 지위를 남용하는 행위를 하였는지 여부를 판단하여야 할 것이고, 이는 동영상 콘텐츠 공급업체들이 이용자들을 자신의 사이트로 유인함에 있어 원고와 같은 인터넷 포털사업자에게 얼마나 의존하고 있는지 여부와 직결되는 문제인 점, ③ 동영상 콘텐츠의 이용은 원고와 같이 1S−4C 서비스를 모두 제공하는 인터넷 포털사업자뿐만 아니라 그중 검색서비스만을 제공하는 인터넷 사업자의 인터넷 검색서비스를 통해서도 충분히 가능하고, 그 서비스의 효용이나 성능, 소요되는 비용은 1S−4C 서비스를 제공하는 인터넷 포털사업자와 별다른 차이가 있을 수 없는 점 등을 종합하여 보면, 결국 피고가 이 사건 관련시장을 인터넷 포털서비스 이용자시장으로 획정한 것은 부당하다"고 판단하였다.[131]

또한 「기업결합 심사기준」에서는 다음과 같이 규정하고 있다.

> 특정 상품이 동일한 거래분야 속하는지 여부는 ① 상품의 기능 및 효용의 유사성, ② 상품의 가격의 유사성, ③ 구매자들의 대체가능성에 대한 인식 및 그와 관련한 구매행태, ④ 판매자들의 대체가능성에 대한 인식 및 그와 관련한 경영의사결정 행태, ⑤ 통계법 제17조(통계자료의 분류) 제 1 항의 규정에 의하여 통계청장이 고시하는 한국표준산업분류, ⑥ 거래단계(제조, 도매, 소매), ⑦ 거래상대방을 고려하여 판단한다(「기업결합 심사기준」 V. 1).

대법원도 "그 시장의 범위는 거래에 관련된 상품의 가격, 기능 및 효용의 유사성, 구매자들의 대체가능성에 대한 인식 및 그와 관련한 구매행태는 물론 판매자들의 대체가능성에 대한 인식 및 그와 관련한 경영의사결정 형태, 사회

131) 대판 2014. 11. 13. 2009두20366.

적·경제적으로 인정되는 업종의 동질성 및 유사성 등을 종합적으로 고려하여 판단하여야 할 것이며, 그 외에도 기술발전의 속도, 그 상품의 생산을 위하여 필요한 다른 상품 및 그 상품을 기초로 생산되는 다른 상품에 관한 시장의 상황, 시간적·경제적·법적 측면에서의 대체의 용이성 등도 함께 고려하여야 할 것이다"라고 판시하고 있다.[132] 종합적으로 보면 대상적 관련시장획정에 있어서는 상품이나 용역의 기능 및 효용의 유사성 등을 고려하여 결정한다.

미국의 「수평적 기업결합 심사지침(Horizontal Merger Guldelines)」에서는 과거 소비자의 구매전환행태, 가격변화에의 대응 관련한 조사자료 등 고객으로부터의 정보 등을 고려하여 결정한다. 구체적인 시장획정을 위하여 잠재적 경쟁도 고려하여야 한다고 본다. 미국의 「수평적 기업결합 심사지침(Horizontal Merger Guidelines)」에서는 현재 시장에서 수익을 얻고 있지는 않으나 가까운 장래에 시장에 참여하려고 노력하는 기업을 시장참가자에 포함시킨다. 즉 관련시장에서 현재의 공급자가 아닌 기업도 SSNIP에 대응하여 중대한 매몰비용(sunk cost)을 발생시키지 않고 즉각 공급을 할 수 있는 경우 시장참가자로 고려된다. 이러한 사업자를 '즉각적 진입자(rapid entrants)'라고 한다.

독일의 경우에도 실무상으로 많은 사례에서 잠재적 경쟁을 고려하고 있다.[133] 그리고 이의 중요한 판단기준은 "예측기간내에 다른 경쟁자가 시장에 진입할 수 있는 고도의 개연성(die hohe Wahrscheinlichkeit des Eintritts eines Wettbewerbers in den Markt innerhalb des Prognosezeitraums)"에 두고 있다.[134] 독일 「경쟁제한방지법(GWB)」 제 9 차 개정시 제18조 제2a항에서 하나의 시장으로 인정되기 위한 전제가 급부가 무상으로 제공된다는 점 때문에 무효화되지 않는다고 규정함으로써 이른바 무상서비스(unendgeltliche Leistungsbeziehung) 역시 동법상 하나의 시장으로 획정될 수 있음을 인정하였다.[135]

대상적 관련시장의 획정은 획일적인 기준을 설정하기 매우 어려우며 개별 사례별로 구체적으로 판단된다. 관련 사례를 소개한다.

---

132) 대판 2007. 11. 22. 2002두8626; 대판 2008. 5. 29. 2006두6659; 대판 2011. 6. 10. 2008두16322.

133) Melitta, WuW/E DE－V 278. Chipkarten, WuW/E DE－V 268.

134) Melitta, WuW/E DE－V 279.

135) 유영국, "독일경쟁제한방지법(GWB) 제 9 차 개정의 취지와 주요내용", 경쟁과 법 제 8 호 (2017. 4), 128면.

Ⓐ 별개의 시장으로 획정한 사례

ⅰ) 승용차시장/버스시장/트럭시장 〈현대자동차(주)의 기업결합제한규정 위반행위 건〉에서 공정거래위원회는 자동차 시장을 동종 상품을 취급하는 경쟁사업자간에 상호 경쟁관계가 성립될 수 있는 승용차, 버스, 트럭 등 3개의 구분된 시장으로 구분하였다.[136)]

ⅱ) 소주시장/맥주시장 〈하이트맥주(주)의 기업결합제한규정 위반행위 건〉에서 공정거래위원회는 상품특성 측면에서 소주는 주정을 원료로 하여 알코올 도수가 21~25도인 비교적 고도주인 반면, 맥주는 맥아, 홉 등을 원료로 하여 알코올 도수가 4~5도인 저도주로 원료, 맛, 도수 등에서 상당한 차이가 존재한다고 보았고, 계량적 시장획정 도구인 임계매출감소분석(Critical Loss Analysis) 결과를 통해 소주와 맥주는 별개의 상품시장으로 획정하였다.[137)]

ⅲ) 경쟁입찰시장/수의계약시장 〈가나감정평가법인 외 17의 부당공동행위 건〉 관련 행정소송에서 서울고등법원은 경쟁입찰시장과 수의계약시장에 대하여 "경쟁입찰방식과 수의계약방식은 그 대상이나 절차, 요건 등에 있어서 현저한 차이가 있고, 감정평가용역과 관련한 시장에서의 수요자들도 감정평가용역의 규모와 성격, 소요시간 등을 고려하여 어떠한 방식에 의할 것인가를 결정하는 것이 일반적이므로 가격의 변동에 의하여 경쟁입찰시장에서 수의계약시장으로 쉽게 변경하거나 대체하는 것이 어렵고, 이 사건에서와 같이 유찰로 인하여 더 이상 경쟁입찰 방식으로는 거래상대방을 선택하지 못하게 되면 수의계약방식으로 전환하게 되는 등 그 교환가능성이나 수요의 교차탄력성이 크다고 할 수 없다"고 함으로써 양자를 별개의 시장으로 보았다.[138)]

ⅳ) 할부금융시장/신용카드시장 〈삼성카드(주) 외 2사의 부당공동행위 건〉 관련 행정소송에서 대법원은 "할부금융사와 신용카드사가 서로 대체적인 경쟁관계에 있다고 볼 수 없다는 전제하에 중고자동차 금융시장에서는 신용카드사를 포함하여 중고자동차 금융시장을 획정해서는 아니 된다"고 판시하였다.[139)]

ⅴ) 유선통신시장/무선통신시장 〈에스케이텔레콤(주)의 기업결합제한규정 위반행위 건〉에서 공정거래위원회는 디지털기술과 통신서비스의 발달로 매

136) 공정의 1999. 4. 7. 99-43.
137) 공정의 2006. 1. 24. 2006-9.
138) 서고판 2005. 1. 26. 2003누21642.
139) 대판 2004. 10. 28. 2002두7456.

체간 대체 또는 융합이 일어나는 시장환경을 고려하여 유무선 통신시장의 통합 여부를 검토하였으나, 현재 유무선 전화 대체현상 추이 및 수요대체현황, 유무선 전화의 기능 및 효용, 유무선 통합 또는 대체서비스 출시현황, 결합상품 출시 및 이용현황, 임계매출감소분석 결과 등을 고려할 때 현 시점에서 유선시장과 무선시장을 하나의 경쟁시장으로 보기는 어렵다고 판단하였다.140)

vi) 대형할인점/백화점/슈퍼마켓 〈(주)신세계의 기업결합제한규정 위반행위 건〉에서는 유통업태에서의 시장획정이 문제되었는 바, 공정거래위원회는 관련 상품시장을 3,000㎡ 이상의 매장면적을 갖추고 식품·의류·생활용품 등 원스톱쇼핑이 가능한 다양한 구색의 일상소비용품을 통상의 소매가격보다 저렴하게 판매하는 유통업태인 '대형할인점 시장'으로 획정하였다. 이에 대하여 원고인 신세계는 기업결합의 대상이 되는 할인점은 백화점, 슈퍼마켓 등과 많은 부분에서 경쟁하고 있으므로 이들을 포함한 포괄적인 유통채널이 상품시장이 되어야 한다고 주장하였다. 이에 대해 서울고등법원은 "유통업의 경우 ① 할인점은 유통구조 합리화를 통해 백화점 등 기존 소매업태와는 차별화된 가격할인정책을 구사하는 업태이고, ② 통계법, 유통산업발전법 등 법·제도적인 측면에서 독자적인 위치를 차지하고, ③ 할인점은 다른 유통업체와 판매상품이 어느 정도 중복되는 측면이 있으나, 상품가격, 서비스, 매장규모, 소비자 접근도(입지), 이용편의성 등에서 뚜렷이 구별되며, ④ 미국, 유럽연합의 경우에도 하이퍼마켓, 슈퍼마켓, 디스카운트 스토어 등 우리나라의 할인점과 유사한 유통업체들을 유의미한 경쟁이 있는 동일 시장으로 보고 있고, 전문점, 백화점, 소형가게, 재래시장, 도매업과는 별개의 시장으로 획정하는 점 등을 고려하여 공정거래위원회의 판단이 옳다"고 판시하였다.141) 대법원이 제조업 분야에서 '집합상품시장(군집시장)'을 이용하여 관련상품시장을 획정한 최초의 사례가 〈현대모비스(주)의 시장지배적지위 남용행위 건〉이다.142) 동 판결은 실질적으로 집합상품이론을 적용하여 관련상품시장을 전체 자동차 정비용 부품시장으로 획정하였다.

vii) 신품 피아노시장/중고 피아노시장 〈(주)삼익악기 외 1의 기업결합제한규정 위반행위 건〉 관련 행정소송에서 대법원은 "공급측면의 경우 중고 피아노는 신품 피아노와 달리 가격이 상승하더라도 공급량이 크게 증가될 수 없

140) 공정의 2008. 3. 13. 2008-105.
141) 서고판 2008. 9. 3. 2006누30036.
142) 대판 2014. 4. 10. 2012두6308.

다고 보이는 점, 수요측면의 경우에도 가격과 구매수량에 더 민감한 수요층(중고 피아노)과 제품 이미지, 품질, 사용기간 등에 더 민감한 수요층(신품 피아노)으로 그 대표적 수요층이 구분되어 신품 피아노의 가격이 상승하더라도 신품 피아노를 구입하려는 소비자들이 그 의사결정을 바꿔 중고 피아노로 수요를 전환할 가능성은 크지 않다고 보이는 점, 원고들이 그 동안 신품 피아노의 가격결정, 마케팅 등과 같은 영업전략을 수립함에 있어 중고 피아노의 시장규모 등을 고려했다는 자료가 없는 점 등에 비추어 중고 피아노는 신품 피아노와 상품용도, 가격, 판매자와 구매자층, 거래행태, 영업전략 등에서 차이가 있고 상호간 대체가능성을 인정하기 어렵다는 이유로, 피고가 이 사건 기업결합의 관련 시장을 국내의 업라이트 피아노, 그랜드 피아노, 디지털 피아노의 각 신품 피아노 시장으로 획정한 것은 정당하다"고 판단하였다.[143)]

viii) **프로그램 송출시장/프로그램 송출서비스시장** 〈(주)티브로드 강서방송의 시장지배적지위 남용행위 건〉 관련 행정소송에서 대법원은 "유료 방송시장의 거래구조는 종합유선방송사업자 등과 같은 플랫폼사업자와 TV홈쇼핑사업자 등 사이에 형성되는 프로그램 송출서비스시장 및 플랫폼사업자와 그 플랫폼사업자에 유료 가입하여 프로그램을 시청하는 가입자 사이에 형성되는 프로그램 송출시장으로 구분되는데, 원고와 같은 플랫폼사업자와 주식회사 우리홈쇼핑 등 사이에는 후자인 프로그램 송출시장과는 별개의 시장인 프로그램 송출서비스시장이 형성되고, 이 시장은 관할 지역을 할당받은 전국의 많은 플랫폼사업자들이 TV홈쇼핑사업자 등에게 송출채널을 제공하고 그 수수료를 지급받는 것 등을 주요 거래내용으로 하는 시장으로서 전국적 범위에 이른다"고 한 고등법원의 판단을 정당하다고 판시하였다.[144)] 이와 같이 네트워크를 통하여 두 개(이상)의 구분되는 집단(end-user)을 상호 연결될 수 있도록 하는 시장을 양면시장(two-sided markets 또는 two-sided platforms)이라 한다.[145)] 이에 대해서는 많은

143) 대판 2008. 5. 29. 2006두6659.

144) 대판 2008. 12. 11. 2007두25183.

145) 양면시장(two-sided markets 또는 two-sided platforms)이란 네트워크를 통하여 두 개(이상)의 구분되는 집단(end-user)을 상호 연결될 수 있도록 하는 시장을 의미한다. 플랫폼은 정의상 다수의 집단이 모여드는 곳으로 다면(multi-sidedness)이 본질적인 특성이나, 일반적으로 양면 플랫폼(two-sided platform, 이하 "2SP")이라 부르기도 하는데, 2SP 사업자의 역할은 서로를 필요로 하는 고객 집단에게 거래가 성사되도록 기회를 제공하는 것이며, 2SP 사업자가 수익모델을 가지고 활동하는 공간이 양면시장(two-sided markets)이라고 할 수 있다. 일반적으로 양면시장이 성립하기 위해서는 다음과 같은 요건들이 충족되어야 한다. 첫째, 양면성으로 상호 연결을 필요로 하는 둘 이상의 구분되는 고객군(two distinct groups)이 존재해야 한다. 둘째,

논란이 있다. 미국 연방대법원은 2018년 6월 선고한 〈AMEX 카드 사건〉에서 신용카드시장은 이른바 '양면거래시장(two-sided transaction market)'으로 카드소지자측와 가맹점측을 하나의 단일시장으로 보아 시장지배력 및 경쟁제한성을 분석해야 한다고 판단하였다.[146)]

ⅸ) **오픈마켓/일반(종합)쇼핑몰** 온라인 유통업에서의 시장획정과 관련, 〈인터파크지마켓의 시장지배적지위 남용행위 건〉 관련 행정소송에서 대법원은 오픈마켓과 종합쇼핑몰 또는 포털사이트 등 광고시장을 별개의 시장으로 획정하였다.[147)] 〈이베이 케이티에이이(유케이) 리미티드 등의 기업결합제한규정 위반행위 건〉에서 공정거래위원회는 소비자측면에서는 일반쇼핑몰과 오픈마켓을 합쳐 하나의 인터넷 쇼핑시장으로 획정하였으나 판매자측면에서는 일반쇼핑몰과 오

적어도 한 면(side)의 고객군은 다른 면(the other side)의 고객군 규모가 클수록 더욱 높은 효용을 얻을 수 있어야 한다. 이를 '교차 네트워크 효과(cross network effect)' 또는 '간접 네트워크 효과(indirect network effect)'라고 한다. 하지만, 자신이 속해 있는 면의 네트워크의 크기에 의해 효용이 증가되는, 즉 '직접 네트워크 효과(direct network effect)' 또는 '동일면 네트워크 효과(same-side effect)'가 반드시 존재할 필요는 없다. 셋째, 높은 거래비용 등으로 서로 다른 고객군들이 자체적인 노력(직접 거래)으로 교차 네트워크 외부성을 내면화하기 어렵고 이를 용이하게 하기 위해 플랫폼을 이용하여야 한다. 이와 같은 특성을 감안할 때, 인터넷 포털은 최종 소비자인 이용자와 광고주, 이용자와 CP 또는 이용자와 e-쇼핑몰 등을 연결해주는 전형적인 양면시장에 해당된다. 〈엔에치엔주식회사의 시장지배적지위 남용행위 건〉 공정의 2008. 8. 28. 2008-251; 또한 신용카드 산업도 대표적인 양면시장으로 가맹점이 많아질수록 카드를 보유한 소비자의 효용이 증가하고, 더 많은 소비자들이 신용카드를 보유할수록 소매점에서 신용카드를 수납할 유인이 커지게 된다. 공정거래위원회, 신용카드 시장분석, Market Briefing 제 1 호(2011. 2); 양면시장은 통상적인 전·후방 시장과는 다르다고 한다. 즉 예를 들어 케이블TV시장에서 프로그램을 판매하고 구매하는 컨텐츠와 관련된 시장이 하나 존재하고(전방시장), 이 시장에서 컨텐츠를 구매한 종합유선방송사업자는 구매한 컨텐츠를 방송하여 시청자들에게 방송서비스를 제공하는 시장(후방시장)이 존재한다. 그러나 홈쇼핑채널의 경우에는 홈쇼핑사업자들이 채널사용료를 지불하고 채널을 사용하며, 채널사용료는 채널이 시청자에게 노출되는 노출빈도의 과다에 따라 결정된다. 종합유선방송사는 케이블 TV 스테이션이라는 플랫폼을 보유하면서 양면에서 수익을 발생시키며, 이때 수익의 크기는 상호의존성을 가지고 있다. 최승재, 경쟁저널(2009. 3), 83면; 양면시장은 양면 비거래 플랫폼과 양면 거래 플랫폼으로 나눌 수 있는데, 전자는 양면시장 이용자들 간의 간접적 망외부성은 존재하나 플랫폼을 통한 직접적인 거래는 없으며 거래가 있다 하더라도 관찰이 어려워 거래당 가격의 부과가 어려운 플랫폼으로서 대부분의 (독자, 청취자, 시정자와 광고주를 양면에 둔) 미디어 플랫폼이 이에 해당된다. 후자는 이용자들 간의 간접적 망외부성은 존재하며 플랫폼을 통한 직접적인 거래는 있어 플랫폼 이용에 따른 혜택이 다른 면 이용자의 플랫폼 이용량에 직접적으로 의존하는 플랫폼으로 신용카드, 온라인(도서, 음식배달, 택시호출, 경매, 여행 관련 상품 등) 거래중개 플랫폼이 이에 해당한다. 변정욱/김정현, 경쟁법연구 제37권(2018. 5), 125~126면.

146) Ohio v. American Express Co., 138 S. Ct. at 2248. Amex사가 가맹점과 계약시 가맹점이 신용카드이용자에게 경쟁사의 카드사용 권유행위를 금지하는 조항(Anti-steering provision)의 경쟁제한성을 인정하지 않았다.

147) 대판 2011. 6. 10. 2008두16322.

폰마켓을 별개의 시장으로 획정하였다.[148] 이는 오픈마켓의 양면시장적 성격을 최대한 고려하여 판단한 것이다.

x) 신규분양 아파트시장/기존아파트 또는 분양후 입주전 아파트시장 〈용인시 죽전택지개발지구내 공동주택 분양 6개 건설사업자의 부당공동행위 건〉 관련 행정소송에서 대법원은 "신규분양 아파트는 그 입주시기가 늦고 투자재로서 위험을 감수하여야 한다는 상품의 특성, 자격이 제한된 수요자의 범위, 기존아파트나 분양 후 입주전 아파트의 분양권에 대한 수요의 비대체성, 대규모 택지개발예정지구 내 신규분양 아파트 공급의 비탄력성 등을 종합적으로 고려하면 신규분양아파트는 기존아파트나 분양 후 입주전 아파트의 분양권과 대체성이 크다고 할 수 없다"는 서울고등법원의 판단을 정당하다고 보았다.[149]

xi) 식량작물용 화학비료시장/원예용 화학비료시장 〈농업협동조합중앙회의 시장지배적지위 남용행위 건〉 관련 행정소송에서 대법원은 "식량작물용 화학비료가 벼 등 농작물에 시비되는 것에 비하여 원예용 화학비료는 주로 과수 및 원예작물에 시비되므로 그 각 성분 및 효용이 달라 두 상품이 동일한 시장 내에 있다고 보기 어렵다"고 한 서울고등법원의 판단을 정당하다고 보았다.[150]

xii) 수신시장/여신시장/외환시장 은행합병과 관련하여 공정거래위원회는 2008년 〈HSBS와 외환은행 기업결합 건〉에서 상품시장을 수신시장, 여신시장, 외환시장으로 구분하였으며, 2011년 〈하나금융지주와 외환은행 기업결합 건〉에서는 여수신시장을 보다 세분화하여 원화요구불예금, 원화저축성예금, 원화시장성예금 등 13개 시장으로 획정한 바 있다.[151]

xiii) MP3폰을 디바이스로 하는 이동통신서비스시장/MP3파일 다운로드서비스 시장 〈에스케이텔레콤의 시장지배적지위 남용행위 건〉 관련 행정소송에서 서울고등법원은 오늘날 휴대폰에 통신기능 이외에 카메라, PC, DMB, MP3 등의 부가기능이 결합됨에 따라 이러한 부가기능이 관련된 시장에서 경쟁을 제한할 가능성이 충분히 생기게 되었으므로 각 기능별 디바이스로 시장을 구분하는 것이 시장상황을 정확히 반영한다고 하고 이동통신서비스시장 중에서도 MP3폰을 디바이스로 하는 시장을 독자적 시장으로 획정하고 동시에 MP3 다운로드서비

148) 공정의 2009. 6. 25. 2009－146.

149) 대판 2009. 4. 9. 2007두6793.

150) 대판 2009. 7. 9. 2007두22078.

151) 은행합병과 관련한 시장획정에 관하여는 공정거래위원회, 은행합병 관련 경쟁법적 이슈, 반독점 경제분석 동향보고서 2011－제 2 호 참조.

스 시장을 이와 별도의 시장으로 획정하였다.[152]

xiv) **과실음료시장/탄산음료시장/기타음료시장** 〈5개음료 제조·판매사업자의 부당공동행위 건〉 관련 행정소송에서 대법원은 원심이 동일한 관련시장에 속한다고 본 음료상품(과실음료/탄산음료/기타음료)들은 기능과 효용 및 구매자들의 대체가능성에 대한 인식의 면에서 동일한 관련 상품시장에 포함된다고 단정할 수 없다고 판시하였다.[153] 한편 동 판결에서 대법원은 관련상품 시장을 획정함에 있어 원심이 기준으로 삼는 합의의 대상·목적·효과 등은 주로 관련상품 시장 획정 그 자체를 위한 고려요소라기보다는 관련상품 시장 획정을 전제로 한 부당공동행위의 경쟁제한성을 평가하는 요소에 해당하여 원심과 같은 방식으로 관련상품 시장을 획정하게 되면 관련상품 시장을 획정한 다음 경쟁제한성을 평가하는 것이 아니라 반대로 경쟁제한의 효과가 미치는 범위를 관련상품 시장으로 보게 되는 결과가 되어 부당하다고 한다.[154]

xv) **x86계열 CPU시장/비x86계열 CPU 및 PC용 CPU시장/서버용 CPU시장** 〈인텔코퍼레이션, 인텔 세미콘덕터리미티드 및 (주)인텔코리아의 시장지배적지위 남용행위 건〉 관련 행정소송에서 서울고등법원은 x86계열 CPU와 비x86계열 CPU는 작동명령어, 구동운영체계, 사용컴퓨터, 가격대가 다르고 CPU변경시 컴퓨터 설계방식, 제조공정 및 작동프로그램과 주변기기 등을 모두 바꾸어야 하므로 수요 및 공급대체성이 없으며, PC용 CPU와 서버용 CPU는 속도, 메모리 용량, 안정성, 설계방식, 가격대 및 성능이 다르므로 수요 및 공급대체성이 없거나 매우 낮다고 판시하였다.[155]

xvi) **현대·기아차 정비용부품시장/전체 완성차업체 정비용부품시장** 〈현대모비스(주)의 시장지배적지위 남용행위 건〉관련 행정소송에서 대법원은 "① 원고와 그 경쟁부품업체들은 각 대리점과 비대리점을 구분하여 다품종 거래관계를 계속적으로 유지하면서 차량 정비용 부품을 공급하는데, 원고 대리점이 아닌 경우 원고로부터의 순정품 구매가 사실상 어렵고, 원고 대리점의 경우도 개별 품목별로 정비용 부품을 공급받는 것이 아니라 일련의 정비용 부품 전체에

152) 서고판 2007. 12. 27. 2007누8623(대판 2011. 10. 13. 2008두1832).

153) 대판 2013. 2. 14. 2020두204, 2010두28939; 같은 취지의 판결로 서고판 2016. 11. 23. 2013누8020, 2013누8037, 2017. 2. 15. 2013누11910(대판 2017. 3. 30. 2016두1226, 2016두1202, 2017. 6. 9. 선고 2017두190)

154) 대판 2013. 2. 14. 2010두204, 2010두28939, 2013. 4. 11. 2012두11829.

155) 서고판 2013. 6. 19. 2009누35462.

관한 수급권을 부여받는 형태로 원고와 거래하는 점, ② 부품도매상들이 정비용 부품 수요자인 차량정비업체에 정비용 부품을 판매할 때는 그들 사이에 개별 품목별로 경쟁관계가 성립할 수 있지만, 원고 등 정비용 부품업체들 사이의 경쟁은 부품도매상들을 놓고서 '원고로부터 현대·기아차 전체 부품의 수급권을 가지는 대리점이 되는 방법'과 '개별 부품별로 경쟁부품업체들로부터 구매하는 업체가 되는 방법'을 각 제시하여 도매상들로부터 선택받는 형태로 이루어진다고 볼 수 있는 점, ③ 현대·기아차용 정비용 부품이 100만 종이 넘어 원고 등과 그 부품도매상 사이에서 각 부품별로 개별적인 거래가 이루어진다고 보기 어려운 점 등으로 보아 이 사건 관련상품시장을 전체 차량 정비용 부품시장 또는 현대·기아차용 전체 정비용 부품 시장으로 정할 수 있다고 할 것이다."고 판시하였다.[156)]

xvii) **컵커피시장/기타 커피시장** 〈2개 유제품사업자의 컵커피 관련 부당공동행위 건〉 관련 행정소송에서 대법원은 컵커피 시장을 전체 커피음료 시장에서 분리하여 별도의 시장으로 획정하였다.[157)]

xviii) **콘택트렌즈시장/안경렌즈 및 안경테시장** 〈(주)한국존슨앤드존슨의 재판매가격유지행위 및 구속조건부거래행위 건〉 관련 행정소송에서 대법원은 국내에서 판매되는 콘택트렌즈의 약 40% 정도는 미용렌즈로서 단지 시력교정의 목적을 가지고 있는 안경렌즈 및 안경테와는 기능 및 효용상의 차이가 존재한다고 하였다.[158)]

xix) **유료방송시장/이동통신소매시장/이동통신도매시장 등** 〈3개 방송통신사업자의 기업결합제한규정 위반행위 건〉에서 공정거래위원회는 관련 상품시장을 유료방송시장, 방송채널전송권 거래시장, 방송광고시장, 이동통신 소매시장, 이동통신 도매시장, 초고속인터넷 시장, 유선전화시장, 국제전화시장 등으로 구분획정하였다.[159)]

xx) **CT 및 MRI 시장/CT 및 MRI 유지보수시장** 차별화된 주상품(Primary Product)과 이를 보완하는 부상품(Secondary Product)이 존재하는 시장의 경우 주상품과 부상품을 결합하여 하나의 시장으로 획정할지 브랜드 특정성(brand-specific)

156) 대판 2014. 4. 10. 2012두6308; 이를 군집시장이라 한다.
157) 대판 2015. 4. 9. 2014두762.
158) 대판 2015. 11. 12. 2015두44066.
159) 공정의 2016. 7. 18. 2016-213.

이 있는 별도의 후속시장(Aftermarket)인 부상품 시장만을 관련 상품시장으로 획정할지 여부가 핵심 쟁점이 되는데, 특정 사업자가 부상품의 가격을 경쟁가격 이상으로 인상할 경우 부상품 자체의 판매 감소는 물론 주상품의 구매전환과 이로 인해 파생되는 부상품의 매출 감소의 영향으로 추가 이윤을 확보하는 것이 어렵다면 주상품과 부상품이 결합하여 하나의 시스템 시장으로 작동한다고 볼 수 있다.

그러나 〈(주)지멘스의 시장지배적지위 남용행위 등 건〉에서 공정거래위원회는 "① CT 및 MRI의 높은 전환비용(switching cost) 및 고착효과(lock-in effect), ② 총 소유비용(Total Cost of Ownership) 산정의 한계, ③ 주상품 시장의 제한적인 경쟁상황, ④ 실제 시장에서 활동 중인 ISO의 존재, ⑤ 관련자들의 시장인식 및 거래현황 등의 특성을 고려할 때, 주상품인 CT 및 MRI 장비시장과 구분되는 부상품 시장인 피심인의 CT 및 MRI 유지보수서비스 시장을 관련 상품시장으로 획정하는 것이 타당하다"고 판단하였다.[160)]

xxi) 베이스밴드 칩셋/NFC 칩/보안요소 칩/보안요소 운영체제 시장 〈퀄컴 인코포레이티드, 퀄컴 리버 홀딩스 비 브이, 엔엑스피 세미컨덕터 엔 브이의 기업결합 제한규정 위반행위 건〉에서 공정거래위원회는 관련상품시장을 베이스밴드 칩셋, NFC 칩, 보안요소 칩, 보안요소 운영체제 시장으로 구분하였다.[161)]

xxii) 배달앱시장/음식배달대행시장/공유주방 시장 〈딜리버리히어로에스이 등 4개 배달앱 사업자의 기업결합제한규정 위반행위 건〉에서 공정거래위원회는 상품시장을 배달앱시장, 음식배달대행시장, 공유주방 시장으로 획정하였는바, 배달앱시장은 양면시장으로 규정하였다.[162)]

Ⓑ 동일한 시장으로 획정한 사례

ⅰ) 일반 열연코일시장/자동차냉연강판용 열연코일시장 〈(주)포스코의 시장지배적지위 남용행위 건〉 관련 행정소송에서 대법원은 "열연코일 중 자동차냉연강판용 열연코일을 구분하여 이를 거래대상이 아닌 공정 중에 있는 물품이라고 할 수 없다"고 하고, 나아가 "열연코일의 기능 및 효용의 측면, 수요대체성의 측면, 공급대체성의 측면 및 한국산업표준산업분류 등을 참작하여 열연코일 전체를 거래대상으로 삼는 이외에 이를 세분하여 그중 자동차냉연강판용 열연코일만을 거래대상으로 삼는 별도의 시장을 상정할 수는 없다"고 판시한 바

160) 공정의 2018. 3. 13. 2018-094.
161) 공정의 2018. 1. 29. 2018-056.
162) 공정의 2021. 2. 2. 2021-032.

있다.[163] 동 사건은 수요대체성 외에 공급대체성을 고려한 점이 특징이다. 즉 (주)포스코는 자동차용 열연코일을 생산하려면 일반 열연코일과는 다른 설비, 기술수준, 품질관리 등이 필요하며 일반용 열연코일 생산업체의 자동차용 열연코일 생산으로의 단기전환이 용이하지 않다고 주장하였으나 대법원은 이런 주장을 받아들이지 않았다.

ⅱ) **군납우유시장/일반우유시장** 군납 우유시장과 일반 우유시장이 별개의 시장인지에 대하여 헌법재판소는 "첫째, 거래객체측면에서 흰 우유로서 동일하고 효용이나 특성에서 차이가 없고, 둘째, 거래지역 측면에서 대체가능성을 염두에 두면, 수요자인 국방부가 거래거절을 한 경우 일반 우유제조업체가 이에 대응하여 판매를 전환할 수 있는 지역은 전국적인 지역시장이며, 셋째, 거래단계측면에서 소비단계의 시장으로서 동일하며, 넷째, 거래상대방의 측면에서 보면 군납우유시장에서의 공급업체들은 일반적인 우유제조업체들로서 일반우유시장에서의 공급자들과 그 특성이 구분되는 공급자들이 아니므로 별개의 시장이 아니다"고 판시하였다.[164]

ⅲ) **타이어용 카본블랙시장/산업고무용 카본블랙시장** 〈동양제철화학(주)의 기업결합제한규정 위반행위 건〉 관련 행정소송에서 대법원은 "타이어용 카본블랙과 산업고무용 카본블랙은 제품의 상당 부분이 중복되고 산업고무용 카본블랙의 70% 이상이 타이어용으로도 사용 가능한 점, 두 제품 사이의 가격 차이가 크지 아니한 점, 공급 측면에서도 생산설비 및 제품 공정의 상당 부분을 공유하고 있는 점 등에 비추어 볼 때, 산업고무용 카본블랙의 가격이 상당한 기간 의미 있는 수준으로 인상될 경우에 구매자는 이에 대응하여 타이어용 카본블랙으로 구매를 전환할 수 있고, 반대로 타이어용 카본블랙의 가격이 인상될 경우에도 구매자는 동일하게 산업고무용 카본블랙으로 구매를 전환할 수 있으므로, 비록 타이어용 카본블랙과 산업고무용 카본블랙 사이에 용도, 수요자, 운송 및 포장방법에 다소 차이가 있다고 하더라도, 타이어용 카본블랙과 산업고무용 카본블랙을 함께 하나의 관련시장으로 획정하는 것이 타당하다"고 판시하였다.[165]

ⅳ) **농협에 의한 비료유통시장/일반 비료유통시장** 〈농업협동조합중앙회의 시장지배적지위 남용행위 건〉 관련 행정소송에서 대법원은 "농협이 비영리

163) 대판 2007. 11. 22. 2002두8626.
164) 헌재결 2007. 12. 27. 2005헌마1259.
165) 대판 2009. 9. 10. 2008두9744.

법인이라는 이유만으로 원고에 의한 비료 유통시장과 일반 시판상에 의한 비료 유통시장을 별개의 다른 시장으로 분류할 수는 없다"고 판단한 서울고등법원의 판단을 정당하다고 보았다.166)

v) **시중판매방식 우유시장/방문판매방식 우유시장** 〈12개 유제품사업자의 시유 및 발효유 가격인상 관련 부당공동행위 건〉 관련 행정소송에서 서울고등법원은 유제품 시장은 각종 판매방식과 상관없이 시유시장과 발효유시장으로 구별될 뿐이어서 시판과 방문판매 사이에 경쟁관계가 성립한다고 판시하였다.167)

vi) **호상발효유시장/액상발효유시장/드링크발효유시장** 〈12개 유제품사업자의 시유 및 발효유 가격인상 관련 부당공동행위 건〉에서 서울고등법원은 발효유의 경우 호상, 액상, 드링크 발효유 사이에 가공방법, 특허받은 시료 사용여부 등에 차이가 있기는 하지만, 상호간에 수요대체성이 있고, 경쟁사업자가 이들 제품에 관하여 경쟁관계에 있다고 보았다.168)

vii) **실크벽지시장/합지벽지시장** 〈12개 벽지 제조·판매 사업자의 부당공동행위 건〉 관련 행정소송에서 대법원은 "실크벽지나 합지벽지는 모두 건축물의 실내마감제로서 벽면의 보호 및 장식이라는 동일한 기능과 용도를 갖는 상품인 점" 등을 이유로 모두 단일시장에 속한다고 보았다.169)

viii) **화학비료시장** 〈13개 비료제조·판매사업자의 부당한 공동행위 건〉 관련 행정소송에서 대법원은 "일반화학비료는 농협중앙회의 '계통구매'에 따라 유통되며 독점적인 수요자 지위에 있는 농협중앙회의 시장점유율이 99%에 이르고 농협중앙회가 발주하는 화학비료 입찰시장에서 이 사건 담합에 가담한 13개 비료제조·판매 사업자들의 시장점유율이 100%인 점, 합의대상이 된 전체 8종의 비료는 그 성분이나 효용 및 용도에 있어 상호 보완적인 기능을 가진다는 점 등"을 이유로 화학비료 전체를 관련상품 시장으로 획정하였다.170)

한편 수요대체성뿐만 아니라 공급대체성도 중요한 기준으로 삼고 있다.

ix) **종합유선방송/위성방송/IPTV** 〈(주)씨제이헬로비전 및 하나방송(주)의 기업결합 제한규정 위반행위 건〉에서 공정거래위원회는 종합유선방송, 위성방송 및 IPTV는 기술적 방식은 다르지만 모두 일정한 대가를 받고 다채널 방송

166) 대판 2009. 7. 9. 2007두22078.
167) 서고판 2012. 3. 21. 2011누18719.
168) 서고판 2012. 3. 21. 2011누18719.
169) 대판 2014. 6. 26. 2012두19687.
170) 대판 2014. 11. 27. 2014두24471 등.

프로그램을 소비자들에게 제공하는 일종의 방송플랫폼으로서 그 기능이나 묶음 상품의 구성 및 가격수준, 소비자들의 대체가능성에 대한 인식 및 행태 등을 고려할 때 관련 시장에서 상호 경쟁관계에 있다고 판단하였다.171)

x) **저평량 컵원지 시장/고평량 컵원지 시장** 〈7개 컵원지 제조·판매사업자의 부당공동행위 건〉 관련 행정소송에서 법원은 "① 저평량컵원지와 고평량 컵원지를 분리하는 객관적인 기준이 존재하지 않는 점, ② 실제 대리점과 실수요처 모두에 전 평량의 컵원지를 공급하고 있어 유통구조가 뚜렷하게 구분된다고 보기 어려운 점, ③ 공동행위에 가담한 사업자들 모두 저평량 컵원지와고평량 컵원지를 함께 생산하고 있으므로, 공급자 사이의 대체성도 인정되는 점, ④ 공동행위에 가담한 사업자들 역시 공동행위를 함에 잇어 컵원지를 저평량 컵원지와 고평량 컵원지로 분리하여 가격합의를 한 사실이 없고 컵원지 전부에 대한 톤당 가격인상폭에 관하여만 합의한 점 등 저평량과 고평량을 포함한 하나의 컵원지시장이라고 봄이 타당하다"고 판시하였다.172)

xi) **고가 휴대용 부탄가스 시장/저가 휴대용 부탄가스 시장** 〈태양, 세안산업 등 6개 휴대용 부탄가스 제조판매사업자의 부당공동행위 건〉 관련 행정소송에서 법원은 "고가제품은 저가제품의 가격에 다라 판매자인 원고들이나 소비자들이 이에 대응하여 판매 또는 구매를 전환할 수 있고 기능 및 효용의 유사성, 대체가능성 측면에서 제품군 사이의 동질성 및 유사성을 인정하기에 충분하다"고 보았다.173)

3) 지리적 관련시장

① 원 칙

지리적 관련시장도 대상적(상품) 관련시장과 마찬가지로 수요시장개념에 근거하여 판단한다. 즉 수요자인 고객이 가격상승에 대응해서 구매를 다른 지역으로 전환하는지 여부가 판단 기준이 되는 것이다. 그러나 대상적 상품시장획정과 마찬가지로 공급측면에서의 교환가능성(공급탄력성)도 관련시장획정의 한 요소가 된다. 즉 가격상승에 대응하여 다른 지역의 공급자가 대체품을 신속하게 공급하는지 여부가 기준이 되는 것이다. 지리적 관련시장 획정에서 공급측면에서

171) 공정의 2018. 1. 22. 2018－055.
172) 서고판 2016. 11. 25. 2015누30076(대판 2017. 3. 16. 2016두63743).
173) 서고판 2017. 2. 3. 2015누50179(대판 2017. 1. 12. 2016두53234).

의 탄력성을 다룬 대표적인 사례가 미국의 〈Grinnell 사건〉이다.174) 동 사건에서 연방대법원은 중앙경보서비스(accredited central station service business)시장이 지역적으로 수요측면에서는 St. Louis에 한정되지만 공급측면에서는 전국적이라고 판결하였다.175)

② 외국의 입법례

A. 독 일 「경쟁제한방지법(GWB)」에는 우리나라 독점규제법 제 2 조 제 4 호와 같이 "일정한 거래분야", 즉 시장획정에 관한 명시적 규정이 없다. 다만 2005. 7. 15. 제 7 차 법개정을 통하여 시장지배의 판단에 있어서 "이 법에 있어서의 지리적 관련시장은 이 법의 적용범위보다 넓을 수 있다"는 규정을 신설하였다(제18조 제 2 항). 연방카르텔청의 심결에 의하면 지리적 시장획정은 기업결합에 참가하는 기업이 관련상품의 판매에 있어서 실제적 경쟁자와의 유효경쟁상태에 놓여있고 경쟁조건이 충분히 동질적이며 그리고 인근지역과 감지가능할 정도로 경쟁조건이 구분되는 지역을 포괄한다고 한다.176) 이러한 판단에 있어서 연방카르텔청은 EU의 「합병규칙(Merger Regulation)」177) 제 9 조 제 7 항의 기준과 같이 특히 상품의 종류와 특징, 진입장벽, 소비자의 습관 그리고 현저한 시장점유율차이 등에 주안을 두고 있으며,178) 기타 인근 및 외국시장으로부터의 잠재적 경쟁도 고려한다.179)

B. EU EU의 「합병규칙」 제 9 조 제 7 항에 의하면 지리적 관련시장은 "당해 사업자가 상품이나 용역의 공급자 또는 수요자로서 등장하는, 경쟁조건이 충분히 동질적이고 인접지역과 구별되는 지역"을 의미하며 이를 판단할 경우 당해 상품 및 용역의 종류나 특성, 진입장벽, 소비자습관, 인접지역간에 시장점유율의 현저한 차이나 두드러진 가격차이 등을 고려한다.180) 한편 「관련시장의

174) United States v. Grinnell Corp., 384 U.S. 563, 86 S.Ct. 1698(1966).

175) "The geographic market for the accredited central station service, as the District Court found, is a national one. While the main activities of an individual central station may be local, the business of providing such service is operated on a national level, with national planning and agreements covering activities in many States.".

176) Flowserve/Ingersoll-Dresser, WuW/E DE-V 332; Dürr/Alstom, WuW/E DE-V 237; Krautkrämer/Nutronik, WuW/E DE-V 207; RWE/VEW, WuW/E DE-V 305.

177) Council Regulation (EC) No 139/2004 of 20 January 2004 on the control of concentrations between undertakings (the EC Merger Regulation).

178) RWE/VEW, WuW/E DE-V 305.

179) Chipkarten, WuW/E DE-V 268.

180) Article 9 "7. The geographical reference market shall consist of the area in which the

정의 고시」[181]에서 지리적 관련시장에 대한 자세한 규정을 하고 있다. 동 고시에 의하면 시장은 사업자들이 서로 경쟁상태에 놓이게 하는 영역을 획정하는 기준이다. 시장을 획정하는데 있어서는 경쟁사업자가 타사업자의 유효경쟁압력을 제거하기 위해 장벽을 설정하고 방해를 하는 위치에 있는지를 판단한다.[182] 한편 지리적 관련시장을 「합병규칙(Merger Regulation)」과 유사하게 "사업자들이 관련 상품이나 용역을 제공하는, 경쟁조건이 동질적이고 감지가능한 경쟁조건의 차이를 통해 인접시장과 구별되는 지역"라고 규정한다.[183]

이와 같은 내용들은 EU집행위원회의 심결 및 EU법원의 판결을 통해서도 확인되고 있다. EU사법재판소는 「합병규칙(Merger Regulation)」과 관련하여 지리적 관련시장을 "신고된 기업결합의 경쟁에 미치는 영향에 대한 합리적 평가를 가능하게 하기 위하여, 관련 상품이 유통이 되고 그 안에서 경쟁조건이 충분히 동질적인 지역"을 의미한다고 한다.[184] EU집행위원회가 구체적으로 지리적 시장을 획정함에 있어 고려하는 요소로는 상품의 성격(수송용이성, 수송비용, 법률적 규정 등), 진입장벽(허가조건, 감독 및 책임규정, 소비자의 선호도 같은 무형적 진입장벽 등), 기술적 규범, 표준화, 기술, 특허, 라이센스, 소비자의 습관, 유통과 상표정책, 시장점유율, 가격차이 등을 들 수 있다.

C. 미 국 미국의 2010년 「수평적 기업결합 심사지침(Horizontal Merger Guidelines)」[185] 에서는 공급자의 위치에 기초한 시장획정과[186] 구매자의 위치에 기초한 시장획정을 구분하여 기술하고 있는데,[187] 공급자의 위치에 기초한 시장획정시, 당국이 고려하는 요소로 과거 소비자의 구매전환행태, 수송비용

undertakings concerned are involved in the supply and demand of products or services, in which the conditions of competition are sufficiently homogeneous and which can be distinguished from neighbouring areas because, in particular, conditions of competition are appreciably different in those areas. This assessment should take account in particular of the nature and characteristics of the products or services concerned, of the existence of entry barriers or of consumer preferences, of appreciable differences of the undertakings' market shares between the area concerned and neighbouring areas or of substantial price differences".

181) Commission Notice on the definition of relevant market OJ C372/03(1997).

182) Commission Notice on the definition of relevant market OJ C372/03(1997) Ⅰ. 2.

183) Commission Notice on the definition of relevant market OJ C372/03(1997) Ⅱ. 8.

184) Frankreich u.a./Kommission, EuGH, Slg. 1998 Ⅰ. 1375.

185) 「Horizontal Merger Guidelines」(Aug. 19, 2010).

186) Section 4.2.1. 이 유형은 구매자가 공급자의 지역에서 상품이나 용역을 받는 경우에 적용된다.

187) 이 유형은 공급자가 구매자의 지역으로 상품이나 용역을 공급해 주는 경우에 적용된다.

과 어려움 등 6가지를 예시하고 있다.188)

실무에서도 시장력(market power)을 조사하기 위해서는 우선 시장획정을 우선적으로 실시한다. 판례에 의하면 지리적 관련시장은 "효과적 경쟁영역(the area of effective competition), 즉 판매자가 활동하고, 구매자가 손쉽게 구매를 전환할 수 있는 지역"을 의미한다.189) 수요탄력성 등 대상적 관련시장의 분석에서 적용되는 방법론이 지리적 관련시장의 경우에도 적용된다. 수요측면에서는 수요자가 공급자의 가격인상에 대하여 더 멀리 떨어진 지역에서 물건을 구입하는지 여부에 달려 있는데 만약 그렇다면 그 지역의 공급자도 동일한 시장으로 취급된다.190) 반대로 공급측면에서는 지리적으로 떨어진 곳의 공급자가 공급준비가 되어 있고 쉽게 그들의 판매를 수요자에 확장할 수 있다면 그 공급자도 공급시장에 포함되는 것이다. 지리적 관련시장에 영향을 주는 가장 중요한 요소는 수송비용이라고 한다.191)

③ 판단기준

지리적 시장도 미국의 「수평적 기업결합 심사지침(Horizontal Merger Guide-lines)」상의 소위 SSNIP 테스트를 수용하여, 「시장지배적지위 남용행위 심사기준」에서 다음과 같이 규정하고 있다. 우리나라 경쟁당국 및 법원에서도 이러한 방식이 채택되고 있다.192)

> 다른 모든 지역에서의 당해 상품가격은 일정하나 특정지역에서만 상당기간 어느 정도 의미있는 가격인상이 이루어지는 경우 당해지역의 대표적 구매자(판매자)가 이

188) Section 4.2.1 "① how customers have shifted purchases in the past between different geogrphic locations in response to relative changes in price or other terms and conditions; ② the cost and difficulty of transporting the product (or the cost and difficulty of a customer traveling to a seller's location), in relation to its price; ③ whether suppliers need a presence near cus-tomers to provide service or support; ④ evidence on whether sellers base business decisions on the prospect of customers switching between geographic locations in response to relative changes in price or other competitive variables; ⑤ the costs and delays of switching from suppliers in the candidate geographic market to suppliers outside the candidate geographic market; and ⑥ the influence of downstream competition faced by customers in their output markets".

189) Hecht v. Pro-football, 570 F.2d 988(D.C. Cir. 1977).

190) Sullivan/Harrison, S. 33.

191) Sullivan/Harrison, S. 34.

192) 서고판 2004. 10. 27. 2003누2252; 서고판 2008. 9. 3. 2006누30036.

에 대응하여 구매(판매)를 전환할 수 있는 지역전체를 말한다. 특정지역이 동일한 거래분야에 속하는지 여부는 ① 상품이나 용역의 특성(상품의 부패성, 변질성, 파손성) 및 판매자의 사업능력(생산능력, 판매망의 범위 등), ② 운송비용, ③ 구매자의 구매지역 전환가능성에 대한 인식 및 그와 관련한 구매자들의 구매지역 전환행태, ④ 판매자의 구매지역 전환가능성에 대한 인식 및 그와 관련한 경영의사 결정행태, ⑤ 시간적, 경제적, 법제적 측면에서의 구매지역 전환의 용이성을 고려하여 판단한다(이상 「시장지배적지위 남용행위 심사기준」 Ⅱ. 2).

「기업결합 심사기준」에서도 다음과 같이 규정하고 있다.

일정한 거래분야는 다른 모든 지역에서의 당해 상품의 가격은 일정하나 특정지역에서만 상당기간 어느 정도 의미있는 가격인상이 이루어질 경우 당해 지역의 구매자 상당수가 이에 대응하여 구매를 전환할 수 있는 지역전체를 말한다. 특정지역이 동일한 거래분야에 속하는지 여부는 ① 상품의 특성(상품의 부패성, 변질성, 파손성 등) 및 판매자의 사업능력(생산능력, 판매망의 범위 등), ② 구매자의 구매지역 전환가능성에 대한 인식 및 그와 관련한 구매자들의 구매지역 전환행태, ③ 판매자의 구매지역 전환가능성에 대한 인식 및 그와 관련한 경영의사결정 행태, ④ 시간적, 경제적, 법제적 측면에서의 구매지역 전환의 용이성을 고려하여 판단한다(「기업결합 심사기준」 Ⅴ. 2).

대법원도 "관련지역시장은 일반적으로 서로 경쟁관계에 있는 사업자들이 위치한 지리적 범위를 말하는 것으로서, 구체적으로는 다른 모든 지역에서의 가격은 일정하나 특정 지역에서만 상당기간 어느 정도 의미 있는 가격인상 또는 가격인하가 이루어질 경우 당해 지역의 대표적 구매자 또는 판매자가 이에 대응하여 구매 또는 판매를 전환할 수 있는 지역 전체를 의미하고, 그 시장의 범위는 거래에 관련된 상품의 가격과 특성 및 판매자의 생산량, 사업능력, 운송비용, 구매자의 구매지역 전환가능성에 대한 인식 및 그와 관련한 구매자들의 구매지역 전환행태, 판매자의 구매지역 전환가능성에 대한 인식 및 그와 관련한 경영의사결정행태, 시간적·경제적·법적 측면에서의 구매지역 전환의 용이성 등을 종합적으로 고려하여 판단하여야 할 것이며, 그 외에 기술발전의 속도, 관련 상품의 생산을 위하여 필요한 다른 상품 및 관련 상품을 기초로 생산되는

다른 상품에 관한 시장의 상황 등도 함께 고려하여야 한다"고 한다.[193]

SSNIP 테스트를 적용하는 방법으로 소위 '임계매출감소분석(critical loss analysis)'이 활용된다.[194] '임계매출감소분석'은 가상적인 독점사업자가 해당지역에서 '작지만 의미 있고 일시적이지 않은 가격인상(SSNIP)'을 하였으나, 갤럽설문조사 등을 통한 실제 매출감소율이 그러한 가격인상에 상응하는 임계매출감소율보다 적을 경우 가격인상을 통하여 이윤증대를 도모하는 등 독점력을 행사할 수 있는 것으로 보아 그 해당지역을 지역시장으로 획정하는 경제분석 방법인데, 이는 해당지역에서 가상적인 독점사업자가 가격을 X% 인상하였을 경우 매출이 얼마나 감소하면 이윤이 감소하는가를 따져보는 분석도구로서, 'X% 가격인상에 상응하는 임계매출감소율'이란 바로 X% 가격인상시에 이윤감소를 야기하지 아니하는 매출감소율 중 최대치로 정의된다.[195] 미국의 「수평적 기업결합 심사지침(Horizontal Merger Guidelines)」에서도 임계매출분석은 기업결합당사자로부터 자주 사용되는 방법이라 하고, '작지만 의미있고 일시적이지 않은 가격인상(SSNIP)'을 통하여 가상의 독점사업자가 이윤을 증가시키는지 감소시키는지를 분석하는 방법이라고 한다.[196]

〈7개 BMW자동차딜러의 부당공동행위 건〉 관련 행정소송에서 서울고등법원(파기환송심)은 ① 공정거래위원회의 '설문조사'방식을 활용한 임계 매출손실 분석 결과 BMW자동차의 경우 가격인상률을 1%, 2%, 5%로 상정할 때 모두 실제 매출감소율이 임계 매출감소율보다 낮게 나온 점, ② 또한, BMW, 벤츠, 아

193) 대판 2007. 11. 22. 2002두8626.

194) 임계매출분석은 1989년 경 미국의 Harris-Simons에 의하여 'SSNIP 방법론'을 실제 사건에 적용하는 방법으로 처음 소개된 이래 미국경쟁당국이나 기업결합을 대변하는 전문가들에 의하여 활발하게 이용되어 온 이론이고, 주로 시장범위가 경쟁당국이 주장하는 것보다 확장되어야 한다고 주장하는 기업결합측에서 보다 적극적으로 활용한 이론이며, 미국 법원에서 실제 소송에서 적용되기도 하였다(U.S. v. Sun Guard Data Sys., Inc. 사례 등). 서고판 2004. 10. 27. 2003누2252; 임계매출분석은 X% 가격인상시에 임계매출감소율(가상의 독점기업이 X% 가격인상시에도 이윤의 감소를 야기시키지 않는 매출감소율의 최대치: 임계치)과 실제매출감소율(가격인상시 실제 발생할 것으로 추정되는 매출감소율을 비교하여 임계매출감소율〉실제매출감소율인 경우 해당시장에서 가상의 독점기업이 SSNIP를 통해 이윤을 높일 수 있으므로 당해시장이 관련시장이 되며, 임계매출감소율〈실제매출감소율인 경우 해당시장에서 가상의 독점기업이 SSNIP를 통해 이윤을 높일 수 없으므로 수요가 전환되는 다른 대체제로 관련시장을 확대한다. 공정거래위원회, 경제분석 매뉴얼(2009), 7면.

195) 서고판 2004. 10. 27. 2003누2252.

196) Section 4.1.3 "Critical loss analysis asks whether imposing at least a SSNIP on one or more products in a candidate market would raise or lower the hypothetical monopolist's profits".

우디, 렉서스, 인피니티 및 볼보 자동차를 포함한 6개 고급 수입차 판매시장을 하나의 시장으로 상정하고 그 시장에서의 가격인상률을 1%, 2%, 5%, 10%로 한 경우에도 마찬가지로 실제 매출감소율이 임계 매출감소율보다 낮게 나오는 점 등을 근거로 공동행위의 관련 시장은 국내에서 판매되는 BMW자동차의 신차종 판매시장으로 봄이 상당하다고 판시하였다.[197)]

한편 지리적 시장획정을 위한 도구로 Elzinga－Hogarty(이하 "E－H") 테스트를 사용하기도 한다. E－H 테스트란, 관련상품이 동질적인 경우에 특정지역의 LIFO(Little In Form Outside: 지역내 생산/지역내 총소비)와 LOFI(Little Out From Inside: 지역내 소비/지역내 총생산)가 모두 75% 이상인 경우 즉, 지역내에서 소비되는 제품의 대부분이 지역내에서 생산되고 지역내에서 생산된 제품의 대부분이 지역내에서 소비되는 경우 당해 지역은 독립된 지역적 시장을 확정될 수 있다는 이론이다.[198)] 〈(주)포스코의 시장지배적지위 남용행위 건〉에서 포스코는 E－H 테스트에 따른 LIFO 및 LOFI 지수 및 SSNIP 테스트의 적용방법인 임계매출분석 결과를 제시하면서 지리적 시장을 국내로 한정할 수 없다고 주장하였으나 법원에 의하여 받아들여지지 않았다.[199)]

우리나라의 경우 관련시장을 전국으로 획정한 경우가 대부분이나, 5개 지역을 제외한 전국시장으로 획정한 경우,[200)] 지역으로 획정한 경우도 있다.[201)] 특성상 지역시장이지만 여러 상황을 고려하여 전국시장으로 판단한 사례도 있

---

197) 서고판 2014. 4. 18. 2012누15380.

198) 공정의 2006. 1. 24. 2006－009.

199) 대판 2007. 11. 22. 2002두8626.

200) 공정의 2006. 1. 24. 2006－9.

201) 예를 들어 부산·경남지역으로 획정한 〈(주)무학 외 1의 기업결합제한규정 위반행위 건〉 서고판 2004. 10. 27. 2003누2252: "임계매출분석방법에 의하면 가상의 독점사업자인 무학/대선이 부산 및 경남지역 소주시장에서 가격에 민감한 일부 소비자집단과 지역제품에 충성도가 강한 다수의 소비자집단으로 구분되어 있는 것을 이용하여 충성도가 강한 다수의 집단을 상대로 작지만 의미있고 비일시적인 가격인상률을 10－30%로 잡아 그러한 가격인상을 시도하여 이윤증대를 도모할 수 있는 등 독점력을 행사할 수 있다는 점 외에, 이 사건 기업결합 관련 당사 회사들의 시장점유율, 소비자의 구매지역 전환가능성, 공급자의 진입장벽, 원고들의 내심의 의사 등을 종합하면 관련지역시장을 부산 및 경남지역시장으로 획정한 것은 타당하다"; 죽전지구로 획정한 〈용인시 죽전택지개발지구내 공동주택분양 6개 건설사업자의 부당공동행위 건〉 대판 2009. 4. 9. 2007두6793: "대규모 택지개발지구사업에 의하여 분양되는 아파트의 경우 택지개발지구 그 자체로 각종 행정·교육·편의시설을 갖춘 소도시 형태로 개발되므로 주거용 필수재와 투자재의 성격을 갖는 아파트의 성격을 고려하면 아파트가 위치한 지구별로 시장을 나누어 볼 수 있는 점, 이 사건 아파트 분양당시에는 죽전지구 이외에 인접지역에서 다른 대규모 분양이 없었던 점 등을 종합하면, 이 사건 지리적 시장은 '죽전지구'로 획정된다".

다.[202] 특히 〈(주)신세계의 기업결합제한규정 위반행위 건〉에서 공정거래위원회는 SSNIP 방법론을 적용하기 어려운 유통시장의 특성을 감안하여 관련 지역시장을 "피취득회사의 지점을 중심으로 일정거리(반경 5㎞ 또는 10㎞)의 원에 포함된 모든 할인점을 기준으로 다시 동일한 거리의 원을 중첩시켜 이 중첩원에 포함된 지역"으로 획정하였다.[203] 동 사건 행정소송에서 서울고등법원은 지리적 시장과 관련해서는 구매행위의 지역적 특성(geographic pattern of purchase)이 시장획정의 출발점으로 중요하고, 소비자들의 구매행위에 대한 분석자료, 사업자들의 판매전략에 대한 자료, 다른 사업자로 구매를 전환하는 경우 지불해야 하는 전환비용 혹은 이동비용, 상품고유의 특성, 유통의 형태 등을 통하여 구매행위의 지역적 특성을 파악할 수 있으며, 미국의 경우에도 유통산업에 대하여 지역성을 인정하여 행정구역(city 또는 county) 중심으로 지역시장을 획정한 사례가 있고, 유럽에서는 '중첩원의 합집합(a union of overlapping circles)'의 개념을 사용하여 지역시장을 획정한 사례가 있다고 판시하였다.

온라인유통업의 경우 지리적 관련시장을 어디로 획정해야 하는가도 문제가 된다. 〈이베이 케이티에이이(유케이) 리미티드 등의 기업결합제한규정 위반행위 건〉에서 공정거래위원회는 "소비자 측면의 인터넷쇼핑시장의 경우 등록상품의 구색 및 종류, 판매가격 등이 지역적으로 차별화됨이 없이 웹사이트를 통하여 전국적으로 동일하게 운영되고 있으며 인터넷 쇼핑시 언어적 한계가 존재하는

202) 예를 들어 〈제일모직(주)의 부당공동행위 건〉 서고판 2004. 9. 2. 2001누16998(대판 2006. 11. 9. 2004두14564): "특성상 전국적으로 단일한 시장이 형성되는 것이 아니라 지역별로 구분되며, 유통구조상 도매시장과 소매시장 등으로 구분될 수 있으나, 전국적으로 일정한 시기에 집중적으로 형성이 되며, … 각 지역별, 학교별, 시기별로 제품의 수요를 파악하고 예측하여 지역별 총판·대리점등을 통하여 전국적으로 공급함으로써 전국적인 규모와 범위의 시장을 이루고 있으므로, 그 특성상 타 지역과의 경쟁관계가 전국적인 범위로 형성되고 … 3사의 공동행위가 각 지역별 판매시장에서의 실질적인 경쟁관계를 제한함으로써 전국적으로 경쟁제한의 결과를 일으키는 이상"; 서고판 2004. 8. 18. 2001누17403(대판 2004. 11. 23. 2004두10586); 서고판 2004. 9. 2. 2001누17700(대판 2006. 11. 24. 2004두12346).

203) 서고판 2008. 9. 3. 2006누30036; EU의 「관련시장의 정의 고시」에서는 '연쇄적 대체관계(chains of substitution)'라는 개념을 인정하고 있는데 "연쇄적 대체관계가 존재하는 경우에는 시장의 양극단에 있는 상품이나 지역이 직접적으로 대체가능하지 않아도 관련시장에 포함되는 것으로 획정될 수 있다."고 규정하고 있다. Commission Notice on the definition of relevant market, OJ C372/03(1997) II. 57.; 우리나라에서도 〈중앙모터스(주) 외2의 메르세데스벤츠 딜러사들의 부당공동행위 건〉(서고판 2018. 9. 28. 2017누81818) 관련 행정소송에서 법원이 "연접한 A지역과 B지역을 동일 지역시장으로 판단하였는데 B지역과 C지역 또한 동일 지역시장으로 고려할 수 있다면 A지역과 C지역 사이에 직접적으로 대체관계가 존재하지 않는 것처럼 보여도 B지역의 존재로 인하여 관련 지역시장은 연쇄적으로 확대될 여지가 크다"고 판단한 바 있다.

점 등을 고려하여 지리적 시장을 국내 시장으로 획정한다. 또한 판매자 측면의 오픈마켓시장의 경우, 현재 G마켓, 옥션, 11번가, 인터파크 등 오픈마켓은 국내 판매자를 대상으로 오픈마켓 서비스를 제공하고 있으며 모든 판매자들은 전자상거래법에 따른 통신판매업자 신고를 해야 한다는 점, 모든 판매자들은 국내 운송업체를 이용해 판매한다는 점 등에 비추어 지리적 시장을 역시 국내시장으로 획정한다"고 함으로써 국내시장으로 획정한 바 있다. 은행합병과 관련하여 공정거래위원회는 2008년 〈HSBC와 외환은행 기업결합 건〉에서는 HSBC의 지방영업비중(약 5%)이 낮아 전국시장으로 획정하였으나, 2011년 〈하나금융지주와 외환은행 기업결합 건〉에서는 무역거래 분야를 제외한 모든 상품시장을 전국시장 기준으로 검토하되, 무역거래에 대하여는 지역별로 획정한 사례가 있다.[204]

〈퀄컴 인코포레이티드, 한국퀄컴(주), 퀄컴 씨디에이테크놀로지코리아의 시장지배적 지위 남용행위 등 건(퀄컴 I 사건)〉 관련 행정소송에서 대법원은 "원고 퀄컴의 조건부 리베이트 제공행위의 관련지역시장을 CDMA2000 방식 모뎀칩의 국내 공급시장 및 RF칩의 국내 공급시장으로 획정한 피고의 조치에 위법이 없다고 보면서, 설령 관련지역시장을 세계시장으로 획정하더라도 그 시장에서 원고 퀄컴의 시장지배적 지위를 인정하는 데에 아무런 문제가 없고, 그 지위 남용행위를 통해 봉쇄하려는 표적인 시장이 모뎀칩 및 RF칩에 관한 국내 공급시장인 이상 그 시장을 기준으로 경쟁제한성 유무를 평가하면 족하다"고 판단하였다.[205]

④ 세계시장의 성립가능성

A. 실무의 경향 대법원은 일찍이 세계시장의 성립가능성을 언급한 바 있다.[206] 그리고 "무역자유화 및 세계화 추세 등에 따라 자유로운 수출입이 이루어지고 있어 국내 시장에서 유통되는 관련 상품에는 국내 생산품 외에 외국 수입품도 포함되어 있을 뿐 아니라 또한 외국으로부터의 관련 상품 수입이 그다지 큰 어려움 없이 이루어질 수 있는 경우에는 관련 상품의 수입 가능성도 고려하여 사업자의 시장지배가능성을 판단하여야 한다"고 한다.[207] 기업활동의

204) 은행합병과 관련한 시장획정에 관하여는 공정거래위원회, 은행합병 관련 경쟁법적 이슈, 반독점 경제분석 동향보고서 2011－제 2 호 참조.

205) 대판 2019. 1. 31. 2013두14726.

206) 대판 1993. 7. 27. 93누4984: "소외회사의 기업규모를 고려할 때 전동차의 판매시장이 반드시 국내에 한정된다고 할 수 없고, 원고가 독점적 수요자의 지위에 있었다고 할 수 없으며".

207) 대판 2007. 11. 22. 2002두8626.

범위가 세계시장으로 확대되어 감에 따라 시장지배적지위의 판단에 있어서도 지리적 범위가 세계시장으로 획정되는 사례가 나타나고 있다. 지금까지의 실무의 경향을 살펴보면 다음과 같다.

첫째, 시장지배적지위 남용행위에 있어서 시장지배적지위의 판단이 국내시장에 한정되지 않는다. 〈마이크로소프트 코퍼레이션 및 한국마이크로소프트 유한회사의 시장지배적지위 남용행위 등 건〉에서 공정거래위원회는 동 회사가 ① 윈도우 서버 운영체제와 자사의 미디어 서버 프로그램인 Windows Media Service를 결합하여 판매한 행위에 대해서는 클라이언트용 PC 운영체제 및 중대형 서버운영체제와 구별되는 'PC서버 운영체제'를 주된 관련상품시장으로, 웹서버 프로그램 및 메일서버 프로그램과 구별되는 '미디어 서버 프로그램'을 종된 관련상품시장으로 획정하고, 전자의 관련 지역시장은 '세계시장'으로, 후자는 '국내시장'으로 획정하였고, ② 윈도우 PC 운영체제(Window XP 등)와 자사의 미디어 플레이어 프로그램인 Window Media Player를 결합하여 판매한 행위에 대해서는 PC 운영체제 중에서도 '인텔호환 PC 운영체제'를 별도의 주된 관련상품시장으로, CD나 DVD 재생기와 같은 전통적인 기기들과 오디오 전용 미디어 플레이어 및 다운로드용 미디어 플레이어와는 구별되는 '스트리밍 미디어 플레이어'를 종된 관련상품시장으로 획정하고, 전자의 관련지역시장은 '세계시장'으로, 후자는 '국내시장'으로 획정하였으며, ③ 윈도우 PC 운영체제와 자사의 메신저 프로그램인 MSN 메신저 및 윈도우 메신저를 결합하여 판매한 행위에 대해서는 역시 '인텔호환 PC 운영체제'를 주된 관련상품시장으로, 기업용 메신저와 구별되는 '일반용 메신저'를 종된 관련상품시장으로 획정하고, 전자의 관련시장은 '세계시장'으로 후자는 '국내시장'으로 획정하였다.[208)]

한편 〈(주)포스코의 시장지배적지위 남용행위 건〉 관련 행정소송에서는 열연코일시장의 지역적 범위가 아시아지역이라는 포스코의 주장에 대하여 대법원은 "국내 구매자들이 동북아시아 지역으로 열연코일의 구매를 전환할 가능성은 없다"는 이유로 열연코일에 관한 동북아시아시장을 관련지역시장에 포함시킬 수 없다고 판시하였다.[209)] 〈인텔코퍼레이션, 인텔 세미콘덕터리미티드 및 (주)인텔코리아의 시장지배적지위 남용행위 건〉 관련 행정소송에서 서울고등법원은 지리

208) 공정의 2006. 2. 24. 2006-42; 서울중앙지판 2009. 6. 11. 2007가합90505[손해배상(기)]; 자세한 내용은 서동원, 공정거래법과 규제산업(2007), 125~127면 참조.

209) 대판 2007. 11. 22. 2002두8626; 이에 대한 비판으로 홍명수, 경제법판례연구 제 1 권(2004), 140~141면 참조.

적 시장이 전 세계 시장이라는 원고의 주장에 대하여 국가별 경쟁상황에 따른 가격차별화, 현지 지사를 통한 판매정책 및 CPU사업자의 신속하고 지속적인 기술지원을 이유로 국내에서 판매되는 CPU 가격이 상당기간 동안 어느 정도 의미있는 수준으로 인상되더라도 국내 PC제조사가 이에 대응하여 국외의 다른 시장에서 CPU를 구매하는 것이 사실상 불가능하므로 관련 지리적 시장은 국내시장이라고 판시하였다.[210)]

둘째, 기업결합에 있어서 특히, 지리적 관련시장이 단지 국내시장에 한정되는지 아니면 세계시장의 성립이 가능한지가 문제된다. 구체적 사건에서 지리적 시장획정결과에 따라 시장지배력이 형성된다고 볼 수도 있고, 반대의 결과가 도출될 수도 있기 때문에 기업결합을 하는 당사자입장에서는 초미의 관심사가 아닐 수 없는 것이다. 특히 오늘날 통신, IT, 인터넷 등의 발전에 힘입어 국경이 없이 상품과 용역이 유통되는 현실에서 지리적 관련시장을 어디까지 볼 것인가는 경쟁법집행에 있어서 매우 어려운 과제가 되고 있다. 경쟁법집행에 있어서 시장획정보다 더 어려운 문제는 없다[211)]고 까지 일컬어지는 현실이다.

우리나라의 기업결합 사건 중 세계시장의 성립여부가 문제되었던 것은 〈(주)삼익악기의 기업결합제한규정 위반행위 건〉이었다.[212)] 공정거래위원회의 시정조치에 대하여 "시장점유율에 집착한 무리한 결정이라는 주장, 시장획정과 관련하여 세계시장을 기준으로 해야 한다는 주장 및 중고피아노 시장을 포함해야 한다는 주장, 피아노업체의 회생과 해외경쟁력을 위해 인수합병이 필요하다는 주장" 등 언론으로부터 비판의 십자포화가 쏟아졌으며, 정부내에서도 부도직전의 망하는 회사의 기업결합을 금지하는 것은 지나친 처사라는 비판이 제기되는 등 큰 파문이 일어난 바 있다. 말하자면 관련시장을 세계시장으로 보아야 한다는 주장이다.

관련 행정소송에서 서울고등법원은 "지리적 시장획정은 국내 피아노가격이 인상될 경우 국내의 대표적 구매자가 이에 대응하여 구매를 외국으로 전환할 수 있는지를 기준으로 판단하여야 하는데, 법으로 보호해야 할 경쟁은 어디까지나 국내에서의 경쟁이므로 국내 거래처의 사업활동 범위를 중심으로 판단하고 통상 수출국을 포함하지 않으므로 '국내의 전국'을 시장으로 획정하는 것이 원칙이라

210) 서고판 2013. 6. 19. 2009누35462.
211) Keyte, 63 Antitrust L.J.(1995), 700.
212) 대판 2008. 5. 29. 2006두6659.

하겠다. 그리고 현재 국내의 소비자가 외국제품을 비교적 용이하게 구매할 수 있는 경우는 야마하, 가와이 등 일본 제품에 한정되는데 아직 그 시장점유율이 낮고, 기타 미국, 유럽, 중국 등 외국에서의 수입실적은 미미한 점, 피아노가 특별히 국제적으로 거래가 행해질 수밖에 없는 성격을 가진 상품도 아니고, 외국 사업자가 피아노 완제품을 국내에 대량 공급하는데 소요되는 운송비, 유통망 구축비, 관세 등 제반비용도 적지 않을 것이고, 국가별 소비자의 브랜드 선호도나 선호양식의 차이, 제품가격의 차이 등 무형적인 장벽을 무시할 수 없는 점 등을 종합하면, 시장획정에 있어 국제적 시장까지 포함할 수는 없다고 할 것이다"고 판시하였다.[213)]

공정거래위원회 실무에서는 세계시장을 고려하는 사례가 나타나고 있다. 예를 들어 소형건설장비인 스키드로더 시장에서 1위, 4위 사업자인 두산 인프라코어와 Ingersoll Rand간 기업결합을 심사하면서 수출입비중, 해외사업자의 진입가능성 등을 고려하였고, 담배필터 원료시장에서의 국내 1위, 2위 사업자인 Eastern Chemical과 에스케이 케미칼간 기업결합은 지리적 시장을 세계시장으로 획정하여 분석하였다.[214)] 세계 2, 3위의 호주 철광석 업체 BHP빌리턴과 리오틴토는 생산 조인트벤처(JV) 설립계약을 체결하고 공정거래위원회에 기업결합 신고서 제출하였는데, 양 사간 50 : 50의 지분비율로 조인트벤처를 설립하여 호주 서부 필바라(Pilbara) 지역의 철광석 광산 및 철도·항만 등 생산 기반시설을 결합한다는 내용이었다.[215)] 동 건에서 공정거래위원회는 철광석 가격협상이 전 세계적으로 이루어지고 있고, 세계 각지(서유럽, 동아시아 등)의 철광석 가격변화가 유사하다는 점을 이유로 지리적 시장을 세계시장으로 획정하였다.[216)]

또한 공정거래위원회는 〈웨스턴디지털의 기업결합제한규정 위반행위 건〉에서 세계 2, 3위 컴퓨터 보조기억장치(HDD)업체인 웨스턴디지털코퍼레이션(Western Digital Corporation)과 비비티테크놀로지엘티디(Viviti Technology Ltd.) 기업결합 건에 대해 기업결합은 허용하되 3.5인치 부문 주요자산의 매각을 명하는 구조적 시정조치를 부과하였는데, HDD의 지리적 시장을 세계시장으로 획정한 바 있다.[217)]

〈퀄컴 인코포레이티드, 퀄컴 리버 홀딩스 비 브이, 엔엑스피 세미컨덕터 엔

---

213) 서고판 2006. 3. 15. 2005누3174(대판 2008. 5. 29. 2006두6659).

214) 공정거래백서(2009), 120면.

215) 공정거래위원회 보도자료(2010. 10. 19).

216) 공정거래위원회 보도자료(2010. 10. 19). 동 건은 경쟁제한성이 있는 방향으로 검토되었으나, BHP 빌리턴과 리오틴토가 기업결합 신고를 철회함에 따라 그동안 진행해온 심의절차를 종료하였다.

217) 공정의 2012. 2. 3. 2012－017.

브이의 기업결합 제한규정 위반행위 건〉에서 공정거래위원회는 지리적 시장을 베이스밴드 칩셋, NFC 칩 및 보안요소 칩 등 반도체 제품은 부패나 변질의 우려가 거의 없는 점, 최종 반도체 가격에서 운송비가 차지하는 비중이 낮다는 점, 해당 상품들의 공급업체 및 수요업체들은 전 세계적인 차원에서 경쟁하고 있다는 점, 국가별 운송을 제한하는 장벽이 존재하지 않는다는 점 등을 고려하여 베이스밴드 칩셋, NFC 칩 및 보안요소 칩의 지역시장은 세계시장으로 획정하였고, 보안요소 운영체제는 소프트웨어로서 전 세계적으로 업로드 및 다운로드가 가능하여 운송비가 없다는 점, 주요 공급업체 및 수요업체들이 전 세계적인 차원에서 경쟁하고 있다는 점, 국가별 운송을 제한하는 장벽이 존재하지 않는다는 점 등을 고려하여 보안요소 운영체제의 지역시장 역시 세계시장으로 획정하였다.[218)]

〈머스크 라인 에이에스 및 함부르크 슈드아메리카니쉐 담프쉬프파르츠-게젤샤프트 카게의 기업결합 제한규정 위반행위에 대한 건〉에서 공정거래위원회는 세계시장, 몇 개 국가의 지역시장 등 다양한 시장획정을 하였다.[219)] 〈다나허코퍼레이션의 GE 영업양수 건〉에서도 지리적 시장을 세계시장으로 획정하였다.[220)] 〈퀄컴 인코포레이티드, 퀄컴 테크놀로지 인코포레이티드 및 퀄컴 씨디엠에이 테크놀로지 아시아-퍼시픽 피티이 리미티드의 시장지배적 지위 남용행위 등 건(퀄컴Ⅱ 사건)〉 관련 행정소송에서 대법원은 이동통신 표준필수특허 라이선스(실시허락) 분야의 관련상품시장을 'CDMA, WCDMA, LTE 등 각 통신표준에 포함된 특허 중 원고들이 보유한 전체 표준필수특허 라이선스 시장'으로, 모뎀칩셋 분야의 관련지역시장을 'CDMA, WCDMA, LTE 등 각 표준별 모뎀칩셋의 세계 공급시장'으로 각 획정하였다.[221)]

B. 외국의 사례 독일의 경우 기업결합에 있어서 지리적 시장이 국내시장에 한정되는가 하는 문제와 관련하여 사안에 따라 차이가 있으나 그동안 보수적인 입장을 견지하였다. 즉 1995. 10. 24.의 〈Backofenmarkt 사건〉[222)] 판결을 통하여 연방대법원은 기업결합규제에 있어서 지리적 시장은 항상 독일지역에 한정된다고 판시하였다. 이에 대한 논거로 구 「경쟁제한방지법(GWB)」 제98조

218) 공정의 2018. 1. 29. 2018-056.
219) 공정의 2017. 11. 28. 2017-358.
220) 공정의 2020. 2. 24.
221) 대판 2023. 4. 13. 2020두31897.
222) Backofenmarkt, WuW/E BGH 3026.

제 2 항 제 1 문[223]의 일반적인 법목적이 기업결합규제의 보호목적을 결정한다는 점을 들었고 또한 사건의 조사권한이 국내에 제한된다는 점을 들고 있다. 그동안 연방카르텔청 실무도 기본적으로 "시장은 경제적인 관점에서는 독일지역을 벗어날 수 있으나,[224] 공식적인 실체법적인 법적용에 있어서의 시장의 범위는 독일지역과 동일하다"는 입장을 유지하고 있다.[225] 물류시장의 기업결합사건에서 지리적 시장을 독일국내로 한정한 바가 있다.[226]

그러나 위 〈Backofenmarkt 사건〉 판결은 여러 가지 이유에서 학계의 비판을 받아왔다.[227] 특히 공급자가 유럽 또는 전세계에서 활동하는 외국기업의 경우 지리적인 수요시장의 범위를 독일 국내에 한정하기 어려운 점이 있고, 시장에서의 우월적 지위를 판단하는데 있어서도 법의 효력범위 외에 소재하는 사업자를 통한 잠재적 경쟁을 고려하고 있다. 후자 관련 조항은 1998년 「경쟁제한방지법(GWB)」 제 6 차 법개정시 삽입되었는데 입법자는 동 조항을 통해 기업결합에 있어서의 지리적 시장을 독일 국내로 한정했던 〈Backofenmarkt 사건〉 판결을 수정하려고 의도하였다고 해석한다.[228] 경제적으로도 교통, 정보 및 통신수단의 발달로 시장의 범위가 확대되는 추세와도 맞지 않는다고 주장한다. 이러한 점을 반영하여 2005. 7. 15. 「경쟁제한방지법(GWB)」 제 7 차 개정시 지리적 관련시장이 독일을 벗어날 수 있는 근거규정을 신설하였으며, 이는 위 〈Backofenmarkt 사건〉 판결의 입장을 입법적으로 수정한 것으로 해석된다. 따라서 지리적 시장획정에 있어서 다소 전향적으로 판단할 수 있는 근거가 마련되었다.

---

223) (구법): "이 법은 비록 이 법의 효력범위 밖에서 야기되었다 하더라도 이 법의 효력범위내에서 영향을 미치는 모든 경쟁제한행위에 대해서 적용된다".

224) 다만 이 경우에도 유럽지역을 초과해서는 안 된다는 심결이 있다. Krautkrämer/Nutronik, WuW/E DE－V 207.

225) Umweltschutz Nord, WuW/E DE－V 384: "전체 독일영역"; Melitta, WuW/E DE－V 279: "경제적인 의미에서는 서유럽국가(EU 그리고 EFTA국가), 법적인 의미에서는 독일영역"; Chipkarten, WuW/E DE－V 268: "국내"; Holstein/König, WuW/E DE－V 287: "법의 효력범위내"; Dürr/Alstom, WuW/E DE－V 237: "경제적인 의미로는 독일영역보다 크나 법적인 의미에서는 독일영역".

226) Railion AG/RAT Bahn und Hafen GmbH, BkartA, 2005. 11. 7, B9－50/05: "수송서비스의 수요자는 통상 국내에 소재한 수송사업자에 의존한다. 외국 물류기업이나 수송사업자가 임무를 맡은 경우에도 통상 국내시장의 지사를 통해서 이루어진다. 그리고 EU집행위원회의 실무도 수송시장은 국내시장으로 획정하고 있다".

227) 자세한 비판내용에 대해서는 신동권, 경쟁저널(2004. 11), 21~22면 참조.

228) Rittner, S. 279.

EU의 경우 「합병규칙(Merger Regulation)」 제 2 조 제 1 항 a)에서는 기업결합의 위법성 판단시 고려해야 하는 요소의 하나로 공동체의 내·외에 소재하는 사업자의 실제적·잠재적 경쟁을 규정하고 있다. 이것은 지리적 관련시장이 공동체의 영역에 한정되지 않고 세계시장이 될 수도 있다는 점을 말해주는 것이다.[229] 다른 특별한 사유가 없는 한 주로 EU시장을 지리적 관련시장으로 획정하지만 EU 집행위원회는 많은 사례에서 지리적 관련시장을 세계시장으로 획정한 바 있다.[230] 그러나 지리적 시장을 세계로 했다고 해서 항상 전세계의 모든 지역을 포괄하는 것으로 보지는 않는다. 예컨대 〈Aerospatiale－Alenia/de Havilland 사건〉에서 EU집행위원회는 중국과 동유럽을 제외한 세계시장으로 획정하였다.[231]

지리적 관련시장 획정에 있어 외국사업자의 영향을 분석하는 데는 3가지 즉 i) 진정한 국제시장, ii) 실질적인 수입이 이루어지는 국내시장 그리고 iii) 외국기업이 주변경쟁자인 경우를 생각해 볼 수 있다.[232] 진정한 국제시장은 거대 규모의 경제[233]와 전문성으로 인해 몇 개의 공급자만 존재하는 경우가 보통이다. 이러한 시장으로는 엔진, 컴퓨터 칩, 볼베어링, 엔지니어링 서비스, 재보험, 밀농업, 천연오일생산 등 분야를 들 수 있다. 이러한 시장에서 국내시장은 의미가 없다. 둘째로 실질적인 수입이 존재하는 국내시장의 경우에도 외국으로부터의 지속적이고 실질적인 경쟁압력을 받는다. 이러한 시장에서도 국내시장에

---

229) Löffler, S. 70.

230) 예를 들어 〈Aerospatiale－Alenia/de Havilland 사건〉(1991. 10. 2, 지역항공기), 〈Gencor/Lonrho 사건〉(1996. 4. 24, 백금 등) 등.

231) Aerospatiale/de Havilland, Case No. Ⅳ/M053, No. 20: "단거리 소형항공기 시장은 경제적 측면에서 세계시장으로 인정된다. 항공기를 EC로 수입하는데 명백한 장벽이 없고, 수송비용이 미미하다. 북미시장과 유럽간에 제품의 상호침투가 있다. 유럽의 제조자는 북미의 제조자와 성공적으로 경쟁하고 있으며, 북미제조자인 de Havilland는 EC내에서의 강력한 시장위치를 점하고 있다. 예를 들면 ATR은 39%의 ATR42항공기를 북미에서 팔고 있으며, de Havilland는 58%의 Dash 8－300항공기를 유럽에서 판매하고 있다. 나머지 중요한 지역은 아시아 태평양 지역이다. 대부분의 제조자, 특히 Casa, Fokker, ATR 그리고 de Havilland가 이 지역에 위치하고 있다. 중국과 동유럽은 세계시장에서 제외한다. 중국시장 및 동유럽시장과 세계시장간에는 상품의 상호침투가 없고 가까운 장래에 그 가능성도 희박하다. 일반적으로 이들 국가, 특히 러시아나 중국은 고유의 항공기산업을 갖고 있고 국내수요를 충족한다. 제조되는 항공기는 세계의 증명표준을 충족하지 못한다. 비슷하게, 서방에서 생산되는 항공기는 너무 특화되어 있고 중국이나 동유럽의 항공기에 비해 비싸다. 그럼에도 불구하고 그러한 상품에 대한 서방의 요구가 장기적으로 일어날 수 있다는 것은 배제할 수 없다. 이는 향후 이들 국가의 경제발전에 달려 있다. 따라서 지리적 시장은 중국과 동유럽을 제외한 세계시장이다".

232) Baker/Baltor, 60 Antitrust L.J.(1991/1992), 954.

233) 규모의 경제(economies of scale)는 생산량이 증가할수록 단위당 생산비가 줄어드는 것을 의미한다. Hovenkamp, 64면.

서의 가격상승이 수입의 증가를 가져오는 경우 시장획정은 국내로 한정되지 아니한다. 〈Gencor/Lonrho 사건〉에서는 세계시장 획정의 근거로 미국달러로 표시되는 글로벌한 가격시스템을 들고 있다.[234]

C. 전 망 경쟁제한성을 판단하는데 있어 지리적 시장의 범위를 획정하는 것은 매우 어려운 문제이다. 지리적 관련시장을 세계시장으로 획정하는 경우 국제시장의 정치, 경제적 복잡성을 무시하는 결과가 될 뿐 아니라 반 경쟁적 행위를 허용하게 되는 위험이 있다는 지적[235]도 부정할 수 없다. 그러나 오늘날 국제화가 진전되고 특히 IT기술 등의 발전에 힘입어 지리적 관련시장이 확대되는 추세에 있는 점은 부인하지 못할 것이다. 우리나라에서도 지난 2004. 12. 31. 제11차 법개정시 역외적용에 대한 근거규정을 신설하였고, 독일의 경우 지리적 시장범위가 독일국내를 벗어날 수 있는 근거규정을 아예 입법화한 것도 이러한 추세를 반영한 결과의 하나가 아닌가 생각된다. 우리 독점규제법은 시장을 국내로 한정하는 규정이 없고 공정거래위원회와 법원도 동일한 입장이다. 다만 구체적 사안에 따라 판단해야 할 것이다.

한편 독점규제법상 시장지배적사업자 여부는 시장점유율, 진입장벽의 존재 및 정도, 경쟁사업자의 상대적규모 등을 종합적으로 고려하는데(법 제 2 조 제 3 호 후단). 여기에서 시장점유율은 "법 제 5 조(시장지배적지위의 남용금지)의 규정에 위반한 혐의가 있는 행위의 종료일이 속하는 사업연도의 직전 사업연도 1년 동안에 국내에서 공급 또는 구매된 상품 또는 용역의 금액 중에서 당해 사업자가 국내에서 공급 또는 구매한 상품 또는 용역의 금액이 점하는 비율을 말한다"(영 제 2 조 제 1 항)고 규정함으로써, 국내시장을 기준으로 하고 있다. 지리적 관련시장을 국외로 확대한다면 관련 법 규정도 보완하는 것이 필요하다.

4) 거래단계별 관련시장

> 일정한 거래분야는 제조, 도매, 소매 등 거래단계별로 획정될 수 있다(「시장지배적 지위 남용행위 심사기준」 Ⅱ. 3).

예를 들어 〈신선대컨테이너터미널 외 3사의 가격공동행위 건〉 관련 행정소

234) Gencor/Lonrho, Case No. IV/M.619 No. 73.

235) Baker/Baltor, 60 Antitrust L.J.(1991/1992), 959.

송에서 서울고등법원은 환적화물에 대한 하역용역시장에 대하여 단계별(화물에 대한 전체 하역용역 중에서 환적 용역 부분)로 시장을 획정한 바 있다.[236] 한편 〈인텔코퍼레이션, 인텔 세미콘덕터리미티드 및 (주)인텔코리아의 시장지배적지위 남용행위 건〉 관련 행정소송에서 서울고등법원은 직판 및 대리점을 통한 시장이 하나의 시장이라는 원고의 주장을 배척하고 관련 거래단계 및 상대방에 따른 시장은 직판채널시장으로 한정하였다.[237]

5) 거래상대방별 관련시장

구매자(판매자)의 특성 또는 상품이나 용역의 특수성에 의하여 상품이나 용역, 지역 또는 거래단계별로 특정한 구매자군(판매자군)이 존재하는 경우에는 이러한 구매자군(판매자군)별로 일정한 거래분야가 획정될 수 있다(「시장지배적지위 남용행위 심사기준」 Ⅱ. 4).

6) 시간적 관련시장

우리 독점규제법에서 명문화되어 있지는 않으나 시간적 거래분야도 고려될 수 있다고 본다. 그러나 시간적 관련시장 개념은 예외적인 경우에만 기능을 하는 것으로서 그 의미가 크지는 않다.[238] 대표적인 적용사례로는 박람회나 대규모 행사같은 예를 들 수 있다. 이 경우에는 시장지배적지위가 박람회나 행사기간에 한정되게 된다. 뮌헨올림픽 당시 독일의 시광고회사(Deutsche Städtereklame GmbH)가 올림픽기간중에 플랑카드가격을 200% 인상하려고 한 사건에서 연방카르텔청은 동 기간동안에만 시장지배적지위가 인정된다는 점을 인정하였다. 〈Sportartikelmesse Ⅱ 사건〉에서도 독일연방대법원은 스포츠용품박람회시장에 대한 시간적 관련시장을 인정한 바 있다.[239]

최근 문제되는 온라인 플랫폼 시장의 시장획정에 대해서는 「온라인 플랫폼 시장지배적지위 남용행위 심사지침」에서 다음과 같이 별도로 규정하고 있다.

236) 서고판 2003. 10. 2. 2002누12757.
237) 서고판 2013. 6. 19. 2009누35462.
238) Rittner/Dreher, S. 401 Rn. 61.
239) Sportatrikelmesse Ⅱ, WuW/E BGH 1031.

(1) 기본원칙

(가) 일정한 거래분야는 "거래의 객체별 단계별 또는 지역별로 경쟁관계에 있거나 경쟁관계가 성립될 수 있는 분야"(법 제2조 제4호)를 의미한다. 구체적인 판단기준은 「시장지배적지위 남용행위 심사기준」, 「기업결합심사기준」의 "일정한 거래분야 판단기준"을 적용하되, 이하 (2)부터 (4)와 같이 온라인 플랫폼의 특성을 반영할 수 있다. 단, 실제 시장획정 방식은 각 사안별 행위사실, 시장상황 등에 따라 구체적·개별적으로 달리 판단할 수 있다.

(나) 일정한 거래분야는 가격이 상당 기간 어느 정도 의미 있는 수준으로 인상(또는 인하)될 경우 온라인 플랫폼 이용자(온라인 플랫폼 사업자)가 이에 대응하여 구매(판매)를 전환할 수 있는 상품이나 서비스의 집합으로 판단한다.

(다) 특정 온라인 플랫폼 서비스가 동일한 거래분야에 속하는지 여부는 다음 사항을 고려하여 판단한다.

① 상품이나 서비스의 기능 및 효용의 유사성

② 상품이나 서비스의 가격의 유사성

③ 이용자들의 대체가능성에 대한 인식 및 관련 구매행태

④ 온라인 플랫폼사업자의 대체가능성에 대한 인식 및 그와 관련한 경영의사결정 형태

⑤ 시간적, 경제적, 법적 측면에서의 대체가능성

⑥ 통계법 제17조(통계자료의 분류) 제1항의 규정에 의하여 통계청장이 고시하는 한국표준산업분류

⑦ 거래단계(제조, 도매, 소매 등)

⑧ 거래상대방

(2) 다면시장의 획정

(가) 온라인 플랫폼 분야의 다면적 특성상, 온라인 플랫폼 사업자와 서로 다른 이용자 집단 간의 거래를 각 이용자 집단별로 여러 개의 시장으로 구분하여 획정하는 방안 또는 각 이용자 집단과의 거래를 포괄하여 하나의 시장으로 획정하는 방안을 검토할 수 있다.

(나) 일반적으로 온라인 플랫폼 서비스를 통해 각 이용자 집단이 얻게 되는 기능 및 효용이 다를 수 있고, 온라인 플랫폼 사업자는 각 이용자 집단별로 차별화된 가격 정책을 운영할 수 있다. 이에 따라 온라인 플랫폼 사업자 및 이용자의 대체가능

성에 대한 인식도 다를 수 있으므로 각 이용자 집단별로 구분하여 시장을 획정하는 방식을 우선적으로 검토할 수 있다.

(예시5) 각 이용자 집단별로 시장을 획정할 수 있는 경우

온라인 플랫폼 사업자가 온라인 사회 관계망 서비스(Social Network Service)를 제공하면서 온라인 플랫폼 소비자의 데이터를 수집·분석하여 온라인 플랫폼 이용사업자들에게는 온라인 맞춤형 광고 서비스를 제공하는 경우, 해당 온라인 플랫폼 사업자는 소비자 및 이용사업자라는 서로 다른 이용자 집단과 양면에서 거래관계를 형성하게 된다. 이 경우 광고 서비스를 이용하는 사업자가 증가하면 소비자를 대상으로 한 데이터 수집, 광고 노출이 증가할 수 있고 결과적으로 소비자의 편익이 감소하는 음(−)의 교차 네트워크 효과가 발생할 수 있다. 또한 해당 온라인 플랫폼 사업자는 소비자와 사업자의 거래를 직접적으로 중개한다고 보기 어렵다. 아울러 소비자는 온라인 사회 관계망 서비스라는 특정 유형의 서비스를 상호 대체 가능한 서비스 범위로 인식하는 반면, 사업자가 인식하는 상호 대체가능한 서비스의 범위는 이와 다를 수 있다. 즉 소비자와 사업자의 대체가능성에 대한 인식, 실제 각 측면의 경쟁 양상도 달라질 수 있는 상황이다. 이러한 경우에는 양 측면을 포괄하여 하나의 시장으로 획정하지 않고 각 이용자 집단 별로 구분하여 시장을 획정하는 방안을 검토할 수 있다.

(다) 다음 사항을 추가적으로 고려하여 사안별로 구체적 타당성이 인정되는 경우에는 온라인 플랫폼 사업자와 각 이용자 집단의 거래를 포괄하여 하나의 거래분야로 판단할 수 있다.

① 온라인 플랫폼을 이용하는 서로 다른 이용자 집단 간의 교차 네트워크 효과의 존재 여부, 방향성 및 강도

② 온라인 플랫폼 사업자가 서로 다른 집단의 이용자 간 거래를 직접 중개하는지 여부

③ 온라인 플랫폼을 이용하는 서로 다른 이용자 집단 간 대체가능성에 대한 인식의 차이

단, 서로 다른 집단의 이용자 측면별로 경쟁 양상에 상당한 차이가 존재하는 등 이를 포괄하여 하나의 시장으로 획정하는 것이 타당하지 않은 경우에는 그러하지 아니한다.

(라) 각 이용자 집단의 거래를 포괄하여 하나의 시장으로 획정하는 경우에는, 각 측면의 가격변화를 종합적으로 고려하여 구매(판매)를 전환할 수 있는 상품 또는 서비스의 범위를 판단할 수 있다. 예를 들어 다른 이용자 집단에 대한 이용료를 고정시킨 후 각 이용자 집단의 이용료를 인상(또는 인하)하는 방식으로 전환 가능한 범위를 분석하는 방안을 검토할 수 있다.

(3) 명목상 무료로 제공되는 서비스

(가) 명목상 무료로 온라인 플랫폼 서비스를 제공하는 경우에도 온라인 플랫폼 사업자와 이용자 간 가치의 교환(거래)이 발생하는 경우에는 이와 관련된 일정한 거래분야를 획정할 수 있다. 온라인 플랫폼 사업자가 이용자들로부터 주의·관심, 개인정보를 포함한 데이터 등을 제공받아 이를 토대로 광고수익을 창출하는 경우 등이 이에 해당한다.

(나) 명목상 무료로 온라인 플랫폼 서비스를 제공하는 경우에는 품질, 비용 등 비가격적 요소도 변수로 고려할 수 있다. 즉 온라인 플랫폼 서비스의 품질이 저하(개선)되거나 서비스 이용에 따른 비용이 증가(감소)함에 따라 이에 대응하여 온라인 플랫폼 이용자(온라인 플랫폼 사업자)가 구매(판매)를 전환할 수 있는 서비스의 집합으로 일정한 거래분야를 판단할 수 있다. 이 때, 온라인 플랫폼 서비스의 품질, 비용 등은 온라인 플랫폼 이용자에게 노출되는 광고의 양, 개인정보 등 데이터 수집 범위 등을 고려하여 판단할 수 있다.

(4) 정태적 시장획정 방식의 보완

온라인 플랫폼 분야는 상품 및 서비스의 융합 추세, 급격한 시장의 변화 속도 등으로 인해 시장 간의 경계가 불분명해지는 경우도 발생할 수 있다. 일정한 거래분야는 이미 경쟁관계에 있는 분야뿐만 아니라 향후 경쟁관계가 성립될 수 있는 분야까지 포함하여 획정할 수 있으므로 시장획정시 기술발전의 속도, 새로운 상품 및 서비스의 연구·개발 상황 및 시장 출시 가능성 등 동태적 특성도 충분히 감안해야 한다.

(예시6) 스마트 기기용 운영체제(OS)의 경우 스마트폰, 태블릿PC와 같은 '모바일' 기기용 운영체제와 로봇, 드론 등 '비(非)모바일' 기기용 운영체제로 구분하여 시장획정을 검토할 수 있다. 모바일 운영체제 시장은 이미 예전부터 형성되어 있는 시장으로서, 상품 자체를 새로 개발하기 위한 경쟁보다는 현존하는 상품에 일부 기능을 더해 수정·보완하는 품질 위주의 경쟁(com–

petition in a market)이 전개되고 있는 특성을 고려하여 기존 정태적 방식으로 시장을 획정할 수 있다.

반면, 비모바일 운영체제의 경우 아직 다양한 연구개발 및 상품화 시도 단계에 있으므로 동태적 특성을 감안한 시장획정을 검토할 수 있다. 향후 어떤 유형의 기기에서 어떤 혁신 서비스를 중심으로 운영체제 시장이 형성될지 불분명하기 때문에, 혁신 역량을 갖춘 사업자들은 현존하는 상품시장 내 경쟁보다는 새로운 시장 형성을 주도하려는 경쟁(competition for a market)을 전개한다. 이처럼 혁신경쟁이 주로 이루어지는 분야의 경우 기존의 정태적 시장획정 방식은 적절하지 않을 수 있으므로 관련 시장을 획정할 때 개발시장을 포함하는 등 동태적 시장상황도 감안할 수 있다.

(이상「온라인 플랫폼 시장지배적지위 남용행위 심사지침」Ⅱ. 3. 가)

Ⅴ. 경쟁을 실질적으로 제한하는 행위

[참고사례]

동아출판사 등 6개 출판사의 부당공동행위 건(공정거래위원회 1990. 10. 24. 의결 제90-62호, 1991. 1. 23. 재결 제91.4호; 서울고등법원 1992. 4. 22. 선고 91구 3248 판결; 대법원 1992. 11. 13. 선고 92누8040 판결); (사)**대한약사회 및** (사)**대한약사회 서울특별시지부의 경쟁제한행위 건**(공정거래위원회 1993. 9. 25. 의결 제93.320호, 1993. 10. 25. 재결 제93-5호; 서울고등법원 1994. 9. 28. 선고 93구34369 판결; 대법원 1995. 5. 12. 선고 94누13794 판결)

1. 의 의

경쟁을 실질적으로 제한하는 행위라 함은 일정한 거래분야의 경쟁이 감소하여 특정사업자 또는 사업자단체의 의사에 따라 어느 정도 자유로이 가격·수량·품질 기타 거래조건 등의 결정에 영향을 미치거나 미칠 우려가 있는 상태를 초래하는 행위를 말한다(법 제 2 조 제 5 호).

"경쟁의 실질적 제한"은 미국「클레이튼법(Clayton Act)」상의 "경쟁의 실질적 감소(substantial lessening of competition)"(제 3 조 및 제 7 조), 일본 「사적독점금지법」의 "경쟁을 실질적으로 제한하는 것"(제 2 조 제 5 항 및 제 6 항)과 유사한 개념이다.

2. 성립요건

1) 일정한 거래분야

상기 Ⅳ. 참조

2) 경쟁의 감소

제 1 조에서 설명한 바와 같이 경쟁개념을 적극적으로 규정하지 않기 때문에 경쟁이 감소한다는 것도 구체적으로 정의하기는 불가능하다. 이는 경쟁이 줄어드는 상태를 의미하는 것으로, 즉 시장이 독점화되어 가는 것으로 볼 수 있다.

3) 시장지배적지위의 초래

경쟁을 실질적으로 제한하는 행위는 특정사업자 또는 사업자단체가 어느 정도 자유로이 가격·수량·품질 기타 거래조건 등의 결정에 영향을 미치거나 미칠 우려가 있는 상태를 초래하는 행위를 의미한다. 이는 시장지배적사업자의 개념규정(법 제 2 조 제 3 호)과 유사하다. 즉 어느 정도 자유로이 가격·수량·품질 기타 거래조건 등의 결정에 영향을 미치거나 미칠 우려가 있는 상태를 초래한다고 하는 것은 시장지배적지위를 갖게 되는 것을 의미한다.

서울고등법원도 "경쟁의 실질적 제한이라 함은 일정한 거래분야에서 유효한 경쟁을 기대하기 어려운 상태, 즉 경쟁자체가 감소하여 특정사업자 집단이 그들의 의사에 따라 자유롭게 가격·수량·품질 기타 거래조건을 결정함으로써 시장을 지배할 수 있는 상태가 되는 것을 뜻한다"고 하고,[240] 대법원은 "시장에서 실질적으로 시장지배력이 형성되었는지 여부는 해당업종의 생산구조, 시장구조, 경쟁상태 등을 고려하여 개별적으로 판단하여야 한다"고 한다.[241]

240) 서고판 1992. 4. 22. 91구3248(대판 1995. 5. 12. 94누13794).
241) 대판 1995. 5. 12. 94누13794.

Ⅵ. 임 원

임원이라 함은 이사·대표이사·업무집행을 하는 무한책임사원·감사나 이에 준하는 자 또는 지배인 등 본점이나 지점의 영업전반으로 총괄적으로 처리할 수 있는 상업사용인을 말한다(법 제2조 제6호). 독점규제법에 규정된 이사의 개념을 상법상의 이사개념과 달리 보기 어렵다는 점에서, 본 조의 이사도 상법상의 이사로서 법인등기부상에 이사로 등기된 자를 의미한다고 본다.[242]

Ⅶ. 지주회사

1. 의 의

지주회사(holding company)라 함은 주식(지분을 포함)의 소유를 통하여 국내회사의 사업내용을 지배하는 것을 주된 사업[243]으로 하는 회사로서 *대통령령*[244]이 정하는 금액 이상인 회사를 말한다.

자회사의 주식가액은 ①「상법」 제344조의3(의결권 없는 주식)의 규정에 의한 의결권없는 주식을 포함하여 산정하며, ② 해당 회사가 「주식회사의 외부감사에 관한 법률」 제5조에 따라 금융위원회가 정한 기업회계기준에 따라 작성

242) 대판 2008. 10. 23. 2008두10621.

243) 제3조(지주회사의 기준) ② 법 제2조 제7호 후단에 따른 주된 사업의 기준은 회사가 소유하고 있는 자회사의 주식(지분을 포함한다. 이하 같다)가액의 합계액(제1항 각 호에 따른 자산총액 산정 기준일 현재의 대차대조표에 표시된 가액을 합계한 금액을 말한다)이 해당 회사 자산총액의 100분의 50 이상인 것으로 한다.

244) 제3조(지주회사의 기준) ① 법 제2조 제7호 전단에서 "자산총액이 대통령령으로 정하는 금액 이상인 회사"란 다음 각 호의 구분에 따른 회사를 말한다. 1. 해당 사업연도에 설립되었거나 합병 또는 분할·분할합병·물적분할(이하 "분할"이라 한다)을 한 경우: 설립등기일·합병등기일 또는 분할등기일 현재의 대차대조표상 자산총액이 5천억원(법 제18조 제1항 제2호에 따른 벤처지주회사의 경우에는 300억원) 이상인 회사 2. 제1호 외의 경우: 직전 사업연도 종료일(사업연도 종료일 전의 자산총액을 기준으로 지주회사 전환신고를 하는 경우에는 해당 전환신고 사유의 발생일) 현재의 대차대조표상 자산총액이 5천억원(법 제18조 제1항 제2호에 따른 벤처지주회사의 경우에는 300억원) 이상인 회사; 1999년 100억원 이상인 회사로 하였다가, 다시 2001년 300억원 이상, 2002년에 1,000억원, 2016년에는 5,000억원(2017년 7월 1일 시행)으로 상향되었다. 2016년 개정시에는 기존 지주회사의 경우 상향된 자산요건을 충족하지 않더라도 10년간 자산요건을 충족한 것으로 보는 경과규정을 두었다.

한 대차대조표상의 가액으로 한다[「지주회사 관련규정에 관한 해석지침」[245](이하 "지주회사 해석지침") Ⅱ. 2].

지주회사는 '국내회사'의 사업내용을 지배하는 것을 주된 사업으로 하는 회사이므로 외국회사의 사업내용을 지배하는 것을 주된 사업으로 하는 경우 독점규제법상 지주회사가 아니다.[246]

2. 종 류

지주회사는 이론적으로 자회사 주식소유 외에 고유한 사업을 영위하는지 여부에 따라 순수지주회사(pure holding company)와 사업지주회사(operating holding company)로 분류한다. 종래 독점규제법은 순수지주회사를 금지하고 있었으나, 1999. 2. 5. 제 7 차 법개정시 순수지주회사 설립까지 제한적으로 허용함으로써 현행법상으로는 순수지주회사와 사업지주회사를 구분하고 있지 않다. 그리고 자회사의 사업내용에 따라 금융지주회사(financial holding company)와 비금융지주회사(non financial holding company)로 구분할 수 있다.

지주회사의 장점으로는 출자구조의 단순·투명화, 거시적 전략수립(지주회사가 담당)과 사업경영(자회사가 담당)의 효율적 분담, 유연한 기업구조조정, 지주회사의 자회사 경영성과 감시 및 독려에 의한 성과극대화, 사업부서제에 비해 위험차단(firewall) 기능이 우월하다는 점 등이 있다.[247]

한편 지주회사의 단점으로는 경제력의 과도한 집중, 지주회사내 부당한 내부거래로 인한 경쟁제한과 자원배분의 왜곡의 발생가능성, 소액주주의 권익 침해 가능성, 지주회사와 자회사간 또는 자회사간 분식결산 등을 통한 채권자의 이익침해 가능성 등이 거론된다.[248]

주요 국가의 지주회사는 출현 배경, 변화 양상 등이 다름에도, 대부분 100% 완전 자회사 형태로 운영되고 있는데, 이는 회사법, 소송법, 세법 등 일반 규범이 실효적으로 작동되어 지주회사 체제의 경제력 집중과 사익편취, 소수주주권

245) 공정거래위원회 예규 제410호(2022. 11. 10).

246) 입법정책상 의문을 제기하는 견해가 있다. 즉 예컨대 내수 제품을 생산하던 기업이 해외에 자회사를 설립하여 현물출자나 자산양도 등의 방식으로 생산설비를 그 자회사에게 이전하고, 해당국가에서 원재료 조달 등을 위한 손자회사를 설립한 다음 자회사에서 생산된 제품을 국내에 수입하는 경우에는 규제방법이 없다는 점을 든다. 도건철, 지주회사와 법(2007), 107면.

247) 이동규, 공정거래법과 규제산업(2007), 224~225면.

248) 이동규, 공정거래법과 규제산업(2007), 225면.

침해 등 부정적 외부효과를 규율하기 때문인 것으로 나타났다.[249]

Ⅷ. 자 회 사

1. 의 의

자회사는 지주회사에 의하여 *대통령령*[250]이 정하는 기준에 따라 그 사업내용을 지배받는 국내회사를 말한다(법 제 2 조 제 8 호).

구체적으로 예시하면, 우선 자회사에 해당되는 경우는 ① 지주회사가 단독으로 50%이상 출자한 경우, ② 지주회사가 단독으로 50%미만을 출자(예: 25%)하였으나 최다출자자이고 피출자회사가 계열회사인 경우, ③ 피출자회사가 지주회사의 계열회사이고 피출자회사에 대하여 지주회사가 보유하는 주식이 각 특수관계인이 보유하는 주식보다 많거나 같은 경우(지주회사 30%, 특수관계인A 30%, 특수관계인B 10%)를 들 수 있고, 자회사에 해당되지 않는 경우는 ① 피출자회사가 지주회사의 계열회사가 아닌 경우, ② 피출자회사가 지주회사의 계열회사에 해당되지만 지주회사의 특수관계인 1인이 지주회사보다 피출자회사의 주식을 많이 보유한 경우(지주회사 20%, 특수관계인A 25%)를 들 수 있다(「지주회사 해석지침」 Ⅱ. 1).

2. 상법상 자회사와의 비교

상법상으로는 다른 회사 주식총수의 100분의 50을 초과하는 주식을 가진 회사를 모회사, 그 다른 회사를 자회사라고 하여 모회사의 상대개념으로 자회사를 사용하는 데 반해, 독점규제법에서는 사업내용을 지배하는 지배회사의 상대개념으로 자회사를 사용하고 있다.

---

249) 공정거래위원회 보도자료(2019. 1. 23). 美·獨·日 등의 지주회사 관련 규제/지주회사 운영 현황(신영수).

250) 제 3 조(지주회사의 기준) ③ 법 제 2 조 제 8 호에서 "대통령령으로 정하는 기준"이란 다음 각 호의 기준을 말한다. 1. 지주회사의 계열회사일 것. 다만, 「벤처투자 촉진에 관한 법률」에 따른 중소기업창업투자회사 또는 「여신전문금융업법」에 따른 신기술사업금융업자가 창업투자 목적 또는 신기술사업자 지원 목적으로 다른 국내 회사의 주식을 취득하여 계열회사가 된 경우 그 계열회사는 제외한다. 2. 지주회사가 소유하는 주식수가 제14조 제 1 항 제 1 호 또는 제 2 호의 자 중 최다출자자가 소유하는 주식수와 같거나 그 보다 많을 것

Ⅸ. 손자회사

손자회사는 *대통령령*[251]으로 정하는 기준에 따라 사업내용을 지배받는 국내회사를 말한다(법 제 2 조 제 9 호). 종래에는 사업관련 손자회사로서 사업내용이 자회사의 '사업내용과 밀접한 관계'가 있어야 했으나 2007. 8. 3. 제14차 법개정시 삭제되었다.

Ⅹ. 금융업 또는 보험업

「통계법」 제22조(표준분류) 제 1 항의 규정에 의하여 통계청장이 고시하는 한국표준산업분류상 금융 및 보험업을 말한다(법 제 2 조 제10호 전단). 다만, 제18조 제 2 항 제 5 호에 따른 일반지주회사는 금융업 또는 보험업을 영위하는 회사로 보지 아니한다(법 제 2 조 제10호 후단).[252]

Ⅺ. 기업집단

1. 의 의

기업집단이라 함은 동일인[253]이 *대통령령*[254]이 정하는 기준에 의하여 사실

251) 제 3 조(지주회사의 기준)④ 법 제 2 조 제 9 호에서 "대통령령으로 정하는 기준"이란 다음 각 호의 기준을 말한다. 1. 자회사의 계열회사일 것 2. 자회사가 소유하는 주식수가 제14조 제 1 항 제 1 호 또는 제 2 호의 자 중 최다출자자가 소유하는 주식수와 같거나 그 보다 많을 것. 다만, 자회사가 소유하는 주식수가 다음 각 목의 자가 소유하는 주식수와 같은 경우는 제외한다. 가. 자회사의 지주회사 나. 지주회사의 다른 자회사

252) 단서조항은 한국표준산업분류(통계청고시) 개정(2017. 1. 13)으로 일반지주회사가 금융·보험업(KL64922)으로 분류됨으로써 독점규제법상 금융·보험사에 대한 규제를 적용받게 되는 문제를 해결하기 위하여 2017년 9월 28일 삽입되었다. 그리고 일반지주회사가 금융·보험사에 대한 규제를 적용받음으로써 발생한 법 위반에 대해 독점규제법상 제재가 면제되도록 2017. 7. 1.자로 소급하여 적용하도록 하였다(부칙 제 2 조).

253) 언론 등에서 '총수'라 지칭한다; 「금융회사의 지배구조에 관한 법률」상의 '사실상 지배하는 자'와 독점규제법상의 '동일인'은 다소 차이가 있다. 전자는 기업의 의사결정에 대한 실제 영향력과 관련되는 반면, 후자는 기업집단의 범위와 사익편취 등의 규제대상 범위를 정하기 위한 도구적

상 사업내용을 지배하는 회사의 집단을 말하는데, 동일인이 회사인 경우 그 동일인과 그 동일인이 지배하는 하나이상의 회사의 집단, 동일인이 회사가 아닌 경우 그 동일인이 지배하는 2 이상의 회사의 집단을 말한다(법 제 2 조 제11호).

공정거래위원회가 기업집단에 대한 규제를 두고 있는 이유는 소수의 재벌이 국민경제에서 차지하는 비중이 매우 높기 때문에 그 자체가 사적인 권력으로 작용할 우려가 있기 때문이다(일반집중).[255] 이를 경제력 집중 억제제도라 한다.

개념으로 볼 수 있다. 즉 롯데그룹의 지주회사체제 전환에 따라 롯데지주의 최대주주를 신동빈으로 보더라도 롯데그룹의 동일인은 신격호로 볼 수 있다[공정거래위원회 보도자료(2018. 4. 30)].

254) 제 4 조(기업집단의 범위) ① 법 제 2 조 제11호 각 목 외의 부분에서 "대통령령으로 정하는 기준에 따라 사실상 그 사업내용을 지배하는 회사"란 다음 각 호의 회사를 말한다. 1. 동일인이 단독으로 또는 다음 각 목의 자(이하 "동일인관련자"라 한다)와 합하여 해당 회사의 발행주식(「상법」 제344조의 3 제 1 항에 따른 의결권 없는 주식은 제외한다. 이하 이 조, 제 5 조, 제33조 제 2 항 및 제34조 제 2 항에서 같다)총수의 100분의 30 이상을 소유하는 경우로서 최다출자자인 회사 가. 동일인과 다음의 관계에 있는 사람(이하 "친족"이라 한다) 1) 배우자 2) 4촌 이내의 혈족 3) 3촌 이내의 인척 4) 동일인이 지배하는 국내 회사 발행주식총수의 100분의 1 이상을 소유하고 있는 5촌·6촌인 혈족이나 4촌인 인척 5) 동일인이 「민법」에 따라 인지한 혼인 외 출생자의 생부나 생모 나. 동일인이 단독으로 또는 동일인관련자와 합하여 총출연금액의 100분의 30 이상을 출연한 경우로서 최다출연자이거나 동일인 및 동일인관련자 중 1인이 설립자인 비영리법인 또는 단체(법인격이 없는 사단 또는 재단으로 한정한다. 이하 같다) 다. 동일인이 직접 또는 동일인관련자를 통해 임원의 구성이나 사업운용 등에 지배적인 영향력을 행사하고 있는 비영리법인 또는 단체 라. 동일인이 이 호 또는 제 2 호에 따라 사실상 사업내용을 지배하는 회사 마. 동일인 및 동일인과 나목부터 라목까지의 관계에 있는 자의 사용인(법인인 경우에는 임원, 개인인 경우에는 상업사용인 및 고용계약에 따른 피고용인을 말한다) 2. 다음 각 목의 회사로서 동일인이 해당 회사의 경영에 대해 지배적인 영향력을 행사하고 있다고 인정되는 회사 가. 동일인이 다른 주요 주주와의 계약 또는 합의에 따라 대표이사를 임면한 회사 또는 임원의 100분의 50 이상을 선임하거나 선임할 수 있는 회사 나. 동일인이 직접 또는 동일인관련자를 통해 해당 회사의 조직변경 또는 신규사업에 대한 투자 등 주요 의사결정이나 업무집행에 지배적인 영향력을 행사하고 있는 회사 다. 동일인이 지배하는 회사(동일인이 회사인 경우에는 동일인을 포함한다. 이하 이 목에서 같다)와 해당 회사 간에 다음의 경우에 해당하는 인사교류가 있는 회사 1) 동일인이 지배하는 회사와 해당 회사 간에 임원의 겸임이 있는 경우 2) 동일인이 지배하는 회사의 임직원이 해당 회사의 임원으로 임명되었다가 동일인이 지배하는 회사로 복직하는 경우(동일인이 지배하는 회사 중 당초의 회사가 아닌 다른 회사로 복직하는 경우를 포함한다) 3) 해당 회사의 임원이 동일인이 지배하는 회사의 임직원으로 임명되었다가 해당 회사 또는 해당 회사의 계열회사로 복직하는 경우 라. 동일인 또는 동일인관련자와 해당 회사 간에 통상적인 범위를 초과하여 자금·자산·상품·용역 등의 거래 또는 채무보증이 있는 회사 마. 그 밖에 해당 회사가 동일인의 기업집단의 계열회사로 인정될 수 있는 영업상의 표시행위를 하는 등 사회통념상 경제적 동일체로 인정되는 회사 ② 제 1 항 제 1 호 라목에도 불구하고 동일인과 같은 호 마목의 관계에 있는 자 중 「상법」 제382조 제 3 항에 따른 사외이사가 경영하고 있는 회사로서 제 5 조 제 1 항 제 3 호 각 목의 요건을 모두 갖춘 회사는 동일인이 지배하는 기업집단의 범위에서 제외한다.

255) 권오승, 공정거래와 법치(2004), 17면.

독점규제법상의 대규모기업집단 규제현황

구 분	제 도	적용대상
출자규제	지주회사 제도(제18조)	지주·자·손자회사
	상호출자금지 제도(제21조)	상호출자제한기업집단 소속회사
	신규순환출자금지 제도(제22조)	상호출자제한기업집단 소속회사
	채무보증제한제도(제24조)	상호출자제한기업집단 소속회사
	금융보험사 및 공익법인 의결권 제한제도(제25조)	상호출자제한기업집단 소속 금융보험사 및 공익법인
시장감시(공시)	대규모내부거래 의결·공시제도(제26조)	공시대상기업집단 소속회사
	비상장회사 중요사항 공시제도(제27조)	공시대상기업집단 소속 비상장회사
	기업집단현황 공시제도(제28조)	공시대상기업집단 소속회사
행태규제	특수관계인에 부당이익제공 금지(제47조)	공시대상기업집단 소속회사

기업집단의 개념

지분율 요건

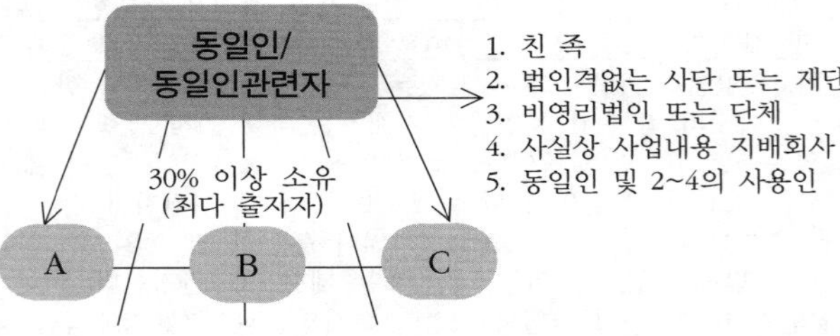

지배력 요건

· 동일인이 다른 주요주주와 함께 대표이사를 임면, 임원의 100분의 50 이상을 선임 가능
· 동일인 또는 동일인 관련자를 통하여 주요의사결정이나 업무집행에 지배력행사
· 동일인(회사의 경우)과 당해회사간 임원겸임, 복직 등 인사교류
· 동일인 또는 동일인 관련자와 통상범위를 초과한 자금, 자산, 상품, 용역거래, 채무보증, 기타 경제적 동일체로 인정

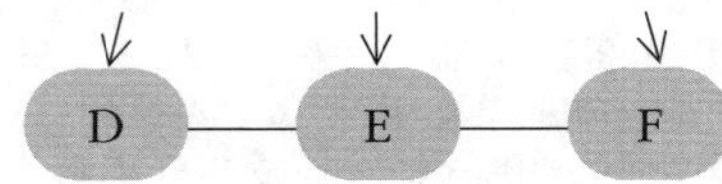

· 동일인지배회사와 당해회사간 임원겸임, 복직 등 인사교류

"*대통령령*이 정하는 기준에 의하여 사실상 사업내용을 지배하는 회사"라 함은 지분율을 기준으로 하는 경우와 지배력을 기준으로 하는 경우가 있다.

2. 기업집단으로부터의 제외

기업집단으로부터 제외되는 경우는 *대통령령*[256]에서 규정하고 있다.

256) 제 5 조(기업집단으로부터의 제외) ① 공정거래위원회는 제 4 조 제 1 항에도 불구하고 다음 각

호의 회사로서 동일인이 그 사업내용을 지배하지 않는다고 인정되는 회사를 이해관계자의 요청에 따라 동일인이 지배하는 기업집단의 범위에서 제외할 수 있다. 1. 출자자 간의 합의·계약 등에 따라 다음 각 목의 자 외의 자가 사실상 경영을 하고 있다고 인정되는 회사 가. 동일인이 임명한 자 나. 동일인과 제 4 조 제 1 항 제 1 호 가목 또는 마목의 관계에 있는 자 2. 다음 각 목의 요건을 모두 갖춘 회사로서 동일인의 친족이 해당 회사를 독립적으로 경영하고 있다고 인정되는 회사 가. 동일인의 친족이 사실상 사업내용을 지배하고 있는 회사 중 기업집단으로부터의 제외를 요청한 각 회사(이하 "친족측계열회사"라 한다)에 대해 동일인 및 동일인관련자 중 다음의 자를 제외한 자가 소유하고 있는 주식의 합계가 각 회사의 발행주식총수의 100분의 3[「자본시장과 금융투자업에 관한 법률」 제 9 조 제15항 제 3 호에 따른 주권상장법인(이하 "상장법인"이라 한다)이 아닌 회사의 경우에는 100분의 10] 미만일 것 1) 친족측계열회사를 독립적으로 경영하는 자(이하 "독립경영친족"이라 한다) 2) 독립경영친족과 제 4 조 제 1 항 제 1 호 각 목의 어느 하나에 해당하는 관계에 있는 자 중 독립경영친족의 요청에 따라 공정거래위원회가 동일인관련자의 범위로부터 분리를 인정하는 자(이하 "독립경영친족관련자"라 한다) 나. 기업집단에서 친족측계열회사를 제외한 각 회사(이하 "비친족측계열회사"라 한다)에 대해 독립경영친족 및 독립경영친족관련자가 소유하고 있는 주식의 합계가 각 회사의 발행주식총수의 100분의 3(상장법인이 아닌 회사의 경우에는 100분의 15) 미만일 것 다. 비친족측계열회사와 친족측계열회사 간에 임원의 상호 겸임이 없을 것 라. 비친족측계열회사와 친족측계열회사 간에 채무보증이나 자금대차가 없을 것. 다만, 다음의 채무보증이나 자금대차는 제외한다. 1) 법 제24조 제 1 호에 따른 채무보증 2) 거래에 수반하여 정상적으로 발생한 것으로 인정되는 채무보증이나 자금대차 마. 다음의 어느 하나에 해당하는 거래(기업집단의 범위에서 제외된 날의 직전 3년 및 직후 3년간의 거래로 한정한다)와 관련하여 법 제45조 제 1 항 제 9 호, 같은 조 제 2 항 또는 법 제47조 위반으로 비친족측계열회사, 친족측계열회사, 동일인 또는 친족이 공정거래위원회로부터 시정조치(시정권고 또는 경고를 포함한다)를 받거나 과징금을 부과받은 사실이 없을 것 1) 비친족측계열회사와 친족측계열회사 간의 거래 2) 비친족측계열회사와 독립경영친족(독립경영친족관련자를 포함한다) 간의 거래 3) 친족측계열회사와 동일인(동일인의 친족 중 독립경영친족관련자를 제외한 나머지 자를 포함한다) 간의 거래 3. 다음 각 목의 요건을 모두 갖춘 회사로서 동일인과 제 4 조 제 1 항 제 1 호 마목의 관계에 있는 자가 해당 회사를 독립적으로 경영하고 있다고 인정되는 회사 가. 동일인과 제 4 조 제 1 항 제 1 호 마목의 관계에 있는 자가 사실상 사업내용을 지배하고 있는 회사 중 기업집단으로부터의 제외를 요청한 각 회사(이하 "임원측계열회사"라 한다)를 독립적으로 경영하는 자(이하 "독립경영임원"이라 한다)가 동일인과 같은 목의 관계에 있기 전부터 사실상 사업내용을 지배하는 회사(해당 회사가 사업내용을 지배하는 회사를 포함한다)일 것 나. 임원측계열회사에 대해 동일인 및 동일인관련자 중 다음의 자를 제외한 자가 출자하고 있지 않을 것 1) 독립경영임원 2) 독립경영임원과 제 4 조 제 1 항 제 1 호 각 목의 어느 하나에 해당하는 관계에 있는 자 중 독립경영임원의 요청에 따라 공정거래위원회가 동일인관련자의 범위로부터 분리를 인정하는 자(이하 "독립경영임원관련자"라 한다) 다. 기업집단에서 임원측계열회사를 제외한 각 회사(동일인이 법인인 경우에는 동일인을 포함한다. 이하 "비임원측계열회사"라 한다)에 대해 독립경영임원 및 독립경영임원관련자가 출자하고 있지 않을 것. 다만, 독립경영임원 및 독립경영임원관련자가 다음 요건을 모두 충족하여 출자하고 있는 경우는 제외한다. 1) 독립경영임원이 「상법」 제382조 제 3 항에 따른 사외이사나 그 밖의 상시적인 업무에 종사하지 않는 이사에 해당할 것 2) 독립경영임원이 동일인과 제 4 조 제 1 항 제 1 호 마목의 관계에 있기 전부터 독립경영임원 및 독립경영임원관련자가 비임원측계열회사에 대해 소유하고 있는 주식의 합계가 각 회사의 발행주식총수의 100분의 3(상장법인이 아닌 회사의 경우에는 100분의 15) 미만일 것 라. 비임원측계열회사와 임원측계열회사 간에 독립경영임원 외에 임원의 상호 겸임이 없을 것 마. 비임원측계열회사와 임원측계열회사 간에 채무보증이나 자금대차가 없을 것 바. 기업집단으로부터의 제외를 요청한 날이 속하는 사업연도의 직전 사업연도 동안 다음의 비율이 모두 100분의 50 미만일 것 1) 각 비임원측계열회사의 총매출 및 총매입 거래액 중에서 전체 임원측계열회사에 대한 매출 및 매입 거래액이 차지하는 비율 2) 각 임원측계열회사의 총매출 및 총매입 거래액 중에서 전체 비임원측계열회사에 대한 매출 및 매입 거래액이 차지하는 비율 4. 「채무자 회생 및 파산에 관한 법률」에 따른 파산선고를 받아 파산절차가 진행 중인 회사 5. 「기업구조조정투자회사법」에 따른 약정체결기업에 해당하는 회사로서 다음 각 목의 요건을 모두 갖춘 회사 가. 동일인 및 동일인관련자가 소유하고 있는 주식 중 해당 회사 발행주식총수의 100분의 3(상장법인이 아닌 회사의 경우에는 100분의 10)을 초과하여 소유하고 있는 주식에 대한 처분 및 의결권행사에 관한 권한을 「기업구조조정투자회사법」에 따른 채권금융기관에 위임할 것 나. 동일인 및 동일인관련자가 가목에 따른 위임계약의 해지권을 포기하는 내용의 특약을 할 것 6. 「채무자 회생 및 파산에 관한 법률」에 따른 회생절차개시결정을 받아 회생절차가 진행 중인 회사로서 다음 각 목의 요건을 모두 갖춘 회사 가. 동일인 및 동일인관련자가 소유하고 있는 주식 중 해당 회사 발행주식총수의 100분의 3(상장법인이 아닌 회사의 경우에는 100분의 10)을 초과하여 소유하고 있는 주식에 대한 처분 및 의결권행사에 관한 권한을 「채무자 회생 및 파산에 관한 법률」 제74조에 따른 관리인에게 위임하되, 정리절차가 종료된 후에는 해당 권한을 회사가 승계하게 할 것 나. 동일인 및 동일인관련자가 가목에 따른 위임계약의 해지권을 포기하는 내용의 특약을 할 것 ② 공정거래위원회는 제4조 제1항에도 불구하고 다음 각 호의 어느 하나에 해당하는 회사에 대해서는 이해관계자의 요청에 따라 동일인이 지배하는 기업집단의 범위에서 제외할 수 있다. 다만, 제3호 또는 제5호의 회사에 대해 법 제47조를 적용하는 경우와 제5호의 회사 중 벤처지주회사가 주식을 소유한 「중소기업기본법」 제2조에 따른 중소기업 또는 「벤처기업육성에 관한 특별조치법」에 따른 벤처기업에 대해 제3조 제3항을 적용하는 경우에는 기업집단의 범위에 속하는 것으로 본다. 1. 다음 각 목의 자가 「사회기반시설에 대한 민간투자법」에 따라 설립된 민간투자사업법인(이하 이 항에서 "민간투자사업법인"이라 한다)의 발행주식총수의 100분의 20 이상을 소유하고 있는 경우 그 민간투자사업법인. 이 경우 해당 민간투자사업법인은 다른 회사와의 상호출자와 출자자 외의 자로부터의 채무보증이 모두 없어야 한다. 가. 국가 또는 지방자치단체 나. 「공공기관의 운영에 관한 법률」 제5조에 따른 공기업 다. 특별법에 따라 설립된 공사·공단 또는 그 밖의 법인 2. 다음 각 목의 회사 중 최다출자자가 2인 이상으로서 해당 최다출자자가 임원의 구성이나 사업운용 등에 지배적인 영향력을 행사하지 않는다고 인정되는 회사. 이 경우 최다출자자가 소유한 주식을 산정하는 때에는 동일인 또는 동일인관련자가 소유한 해당 회사의 주식을 포함한다. 가. 동일한 업종을 경영하는 둘 이상의 회사가 사업구조조정을 위해 그 회사의 자산을 현물출자하거나 합병, 그 밖에 이에 준하는 방법으로 설립한 회사 나. 민간투자사업법인으로서 「사회기반시설에 대한 민간투자법」 제4조 제1항 제1호부터 제4호까지의 방식으로 민간투자사업을 추진하는 회사 3. 제2호 나목에 해당하는 회사로서 다음 각 목의 요건을 모두 갖춘 회사. 다만, 해당 회사는 「사회기반시설에 대한 민간투자법」 제13조에 따라 사업시행자로 지정된 날부터 같은 법 제15조 제1항에 따라 주무관청의 승인을 받아 같은 조 제2항에 따라 고시된 실시계획에 따른 사업(같은 법 제21조 제7항에 따라 고시된 부대사업은 제외한다)을 완료하여 같은 법 제22조 제1항에 따른 준공확인을 받기 전까지의 기간까지만 기업집단 범위에서 제외할 수 있다. 가. 해당 회사의 최다출자자가 임원의 구성이나 사업운용 등에 지배적인 영향력을 행사하지 않는다고 인정될 것. 이 경우 최다출자자가 소유한 주식을 산정하는 때에는 동일인 또는 동일인관련자가 소유한 해당 회사의 주식을 포함한다. 나. 해당 회사(해당 회사가 그 사업내용을 지배하는 회사를 포함한다)가 동일인이 지배하는 회사(동일인이 회사인 경우에는 동일인을 포함한다. 이하 이 호에서 같다)에 출자하고 있지 않을 것 다. 해당 회사(해당 회사가 그 사업내용을 지배하는 회사를 포함한다)와 동일인이 지배하는 회사 간에 채무보증 관계가 없을 것. 다만, 해당 회사(해당 회사가 그 사업내용을 지배하는 회사는 제외한다. 이하 이 목에서 같다)에 출자한 동일인이 지배하는 회사가 해당 회사에 대해 채무보증을 제공하는 경우는 제외한다. 라. 동일인 또는 동일인관련자가 해당 회사의 주식을 취득하거나 소유하여 제4조 제1항의 요건에 해당하게 된 날 이후 해당 회사(해당 회사가 그 사업내용을 지배하는 회사를 포함한다. 이하 이 목에서 같다)와 동일인

(그 친족을 포함한다) 간 또는 해당 회사와 동일인이 지배하는 회사 간에 법 제45조 제 1 항 제 9 호, 같은 조 제 2 항 또는 법 제47조를 위반하여 해당 회사, 동일인(그 친족을 포함한다) 또는 동일인이 지배하는 회사가 공정거래위원회로부터 시정조치(시정권고 또는 경고를 포함한다)를 받거나 과징금을 부과받은 사실이 없을 것 4. 다음 각 목의 어느 하나에 해당하는 회사로서 회사설립등기일부터 10년 이내이고 동일인이 지배하는 회사(동일인이 회사인 경우 동일인을 포함한다)와 출자 또는 채무보증 관계가 없는 회사 가. 「산업교육진흥 및 산학연협력촉진에 관한 법률」에 따른 산학연협력기술지주회사 및 자회사 나. 「벤처기업육성에 관한 특별조치법」에 따른 신기술창업전문회사 및 같은 법 제11조의2 제 4 항 제 2 호에 따른 자회사 5. 다음 각 목의 요건을 모두 갖춘 회사(해당 회사가 그 사업내용을 지배하는 회사를 포함한다) 가. 해당 회사가 제 4 조 제 1 항의 요건에 해당하게 된 날의 전날을 기준으로 다음의 어느 하나에 해당하는 회사일 것 1) 「중소기업기본법」 제 2 조에 따른 중소기업 중 공정거래위원회가 정하여 고시하는 바에 따라 산정한 연간 매출액에 대한 연간 연구개발비의 비율이 100분의 3 이상인 중소기업 2) 「벤처기업육성에 관한 특별조치법」에 따른 벤처기업 나. 동일인 또는 동일인관련자가 해당회사의 사업내용을 지배하는 자와 합의하여 그 회사의 주식을 취득 또는 소유하여 제 4 조 제 1 항의 요건에 해당하게 된 알부터 7년[해당 회사가 벤처지주회사의 자회사인 경우나 일반지주회사의 자회사인 「벤처투자 촉진에 관한 법률」에 따른 중소기업창업투자회사 또는 「여신전문금융업법」에 따른 신기술사업금융전문회사가 투자한 회사(투자조합의 업무집행을 통한 투자를 포함한다)인 경우에는 10년] 이내일 것 다. 해당 회사(해당 회사가 그 사업내용을 지배하는 회사를 포함한다. 이하 라목 및 마목에서 같다)가 동일인이 지배하는 회사(동일인이 회사인 경우 동일인을 포함한다)에 출자하고 있지 않을 것 라. 해당회사와 동일인이 지배하는 회사(동일인이 회사인 경우 동일인을 포함한다) 간에 채무보증 관계가 없을 것 마. 나목에 따른 요건해당일 이후 해당 회사와 동일인(그 친족을 포함한다) 간 또는 해당 회사와 동일인이 지배하는 회사 간에 법 제45조 제 1 항 제 9 호, 같은 조 제 2 항 또는 제47조를 위반하여 해당 회사, 동일인(그 친족을 포함한다) 또는 동일인이 지배하는 회사가 공정거래위원회로부터 시정조치(시정권고 또는 경고를 포함한다)를 받거나 과징금을 부과받은 사실이 없을 것 ③ 공정거래위원회는 제 1 항 또는 제 2 항에 따라 동일인이 지배하는 기업집단의 범위에서 제외된 회사가 그 제외 요건에 해당하지 않게 된 경우 직권 또는 이해관계자의 요청에 따라 그 제외 결정을 취소할 수 있다. 다만, 제 1 항 제 2 호에 따라 동일인이 지배하는 기업집단의 범위에서 제외된 회사의 경우에는 그 제외된 날부터 3년(같은 호 마목의 경우에는 5년) 이내에 제외 요건에 해당하지 않게 된 경우에만 그 제외 결정을 취소할 수 있다. ④ 제 1 항 제 2 호 또는 제 3 호에 따라 동일인이 지배하는 기업집단으로부터의 제외를 요청하려는 자는 다음 각 호의 구분에 따른 서류를 공정거래위원회에 제출해야 한다. 이 경우 공정거래위원회는 「전자정부법」 제36조 제 1 항에 따른 행정정보의 공동이용을 통해 비친족측계열회사·친족측계열회사 또는 비임원측계열회사·임원측계열회사의 법인 등기사항증명서를 확인해야 한다. 1. 제 1 항 제 2 호 가목·나목 및 같은 항 제 3 호 가목부터 다목까지의 경우: 주주명부. 이 경우 「자본시장과 금융투자업에 관한 법률 시행령」 제176조의9 제 1 항에 따른 유가증권시장에 주권을 상장한 법인의 경우에는 명의개서대행기관의 확인서를 첨부해야 한다. 2. 제 1 항 제 2 호 라목 및 같은 항 제 3 호 마목의 경우: 공인회계사의 확인을 받은 채무보증 및 자금대차 현황에 관한 서류 3. 제 1 항 제 2 호 마목의 경우: 동일인이 지배하는 기업집단으로부터의 제외를 요청한 날을 기준으로 직전 3년간 비친족측계열회사와 친족측계열회사 간의 자금, 유가증권, 자산, 상품 및 용역에 관한 세부 거래내역에 관한 서류 4. 제 1 항 제 3 호 바목의 경우: 공인회계사의 확인을 받은 비임원측계열회사와 임원측계열회사 간의 거래내역에 관한 서류 ⑤ 제 2 항 각 호 외의 부분 본문에 따라 같은 항 제 5 호 가목1)에 따른 중소기업에 대해 동일인이 지배하는 기업집단으로부터의 제외를 요청하려는 이해관계자는 같은 목 1)에 따른 중소기업은 같은 호 각 목 외의 부분에 따른 연간 매출액에 대한 연간 연구개발비의 비율 현황에 대해 공인회계사의 확인을 받은 서류를 공정거래위원회에 제출해야 한다. ⑥ 제 1 항 제 2 호에 따라 동일인이 지배하는 기업집단으로부터 제외된 각 회사(제 6 조 제 1 항에 따라 독립경영친족이 동일

인관련자로부터 제외된 이후 독립경영친족이 단독으로 또는 독립경영친족관련자와 합하여 해당 회사의 발행주식총수의 100분의 30 이상을 소유하게 된 경우로서 최다출자자인 회사를 포함한다)는 비친족측계열회사와의 자금, 유가증권, 자산, 상품 및 용역에 관한 세부 거래내역을 동일인이 지배하는 기업집단으로부터 제외된 날부터 3년간 매년 공정거래위원회에 제출해야 한다. ⑦ 공정거래위원회는 제 6 항에 따른 자료를 제출해야 하는 회사가 자료를 제출하지 않거나 거짓의 자료를 제출하는 경우 그 제외 결정을 취소할 수 있다; 임원독립경영회사 관련 2017. 9. 1. 「네이버」(71개사, 6.6조원)가 공시대상기업집단으로 지정되면서, 「휴맥스」의 소속회사(18개사, 약 1.2조원)가 계열회사로 편입되었는데, 「휴맥스」의 회장 ○○○가 네이버(주)의 임원(기타비상무이사) 선임('17. 3)으로 선임되면서 「네이버」의 동일인 관련자가 되었기 때문이었다. 「휴맥스」의 소속회사를 「네이버」의 계열사로 편입한 것은 동일인 관련자 ○○○가 지주회사 (주)휴맥스홀딩스 지분 35.68%를 소유한 최다출자자인바, 지분율 요건을 충족하기 때문이었다. 한편 임원이 일정 지분(임원이 30% 이상 최다출자자인 회사) 이상을 보유한 회사는 동일인의 지배가 미치지 않는 경우[특정 기업을 소유·경영하던 자가 해당 분야에 대한 전문성이나 경영 능력을 인정받아 대기업집단 소속회사의 임원(예: 비상근이사)으로 선임된 경우 등]에도 기계적으로 해당 집단에 편입되는 등 대기업집단 규제가 현실과 괴리될 소지가 있어서 공정거래위원회는 임원이 독립 경영하는 회사가 일정한 요건을 갖춘 경우 계열 분리를 인정하는 임원독립경영인정제도 도입을 추진하였다[공정거래위원회 보도자료(2017. 10. 10)]. 이에 공정거래위원회는 2018. 4. 17. 시행령 개정을 통하여 동 제도를 도입하게 되었다. 이후 '네이버' 측에서 최초로 휴맥스계 계열회사에 대한 독립 경영을 신청하였는바, 요건 충족 여부에 대한 심사를 거쳐 계열 분리를 인정했다. 공정거래위원회 보도자료(2018. 4. 30); "약정체결기업"이라 함은 재무상태가 악화되었으나 회생가능성이 있는 기업으로서 채권금융기관과의 협상과 조정의 과정을 통하여 기업개선계획을 마련하고 기업개선을 위한 약정을 체결하여 경영정상화를 도모하는 기업(「조세특례제한법」 제45조 제 1 항의 규정에 의한 내국법인을 포함)을 말한다. 보통 workout 기업이라 한다; 친족독립경영회사 관련 "법 제45조 제 1 항 제 9 호, 같은 조 제 2 항 또는 법 제47조 위반으로 비친족측계열회사, 친족측계열회사, 동일인 또는 친족이 공정거래위원회로부터 시정조치(시정권고 또는 경고를 포함한다)를 받거나 과징금을 부과받은 사실이 없을 것"의 요건과 관련하여서는 그간 거래의존도요건으로서 동일인측 및 친족측 상호간 거래비중이 50% 미만인 경우에만 친족독립경영을 인정하는 요건이 있었으나 1999. 3. 31. 삭제되었고, 법 제23조의 2 사익편취규정의 도입과 관련하여 거래의존도요건을 부활해야 한다는 주장이 제기되어 왔다. 이에 공정거래위원회는 2018. 4. 17. 시행령 개정을 통하여 동일인의 친족이 경영하는 회사가 동일인과의 거래 등에서 일정 기간 부당한 이익제공 등으로 공정거래위원회로부터 시정조치를 받거나 과징금을 부과받은 사실이 없을 것을 해당 기업에 대한 기업집단 범위의 제외요건으로 추가한 것이다. 공정거래위원회에서는 친족 독립경영의 인정 및 취소 등을 위한 구체적인 업무처리 절차 및 기준을 제시함으로써 사업자의 예측가능성과 편의성을 제고하는 한편, 공정거래위원회 업무의 효율성 및 일관성을 확보하는 것을 목적으로 「친족 독립경영 인정제도 운영지침」(공정거래위원회예규 제398호(2021. 12. 30)을 제정·운영하고 있다. 공정거래위원회 보도자료(2010. 5. 4); 「기업집단에서 제외되는 중소기업의 연간 연구개발비 비중 산정기준」[공정거래위원회고시 제2021－47호(2021. 12. 28.)]은 운영하고 있다. 2022. 12. 27. 시행령 개정시 다음과 같이 개정되었다. 즉 동일인의 친족 범위를 혈족 6촌·인척 4촌 이내에서 혈족 4촌·인척 3촌 이내로 축소하고(단, 혈족 5~6촌 및 인척 4촌이 동일인이 지배하는 회사의 주식을 1% 이상 소유하는 경우 예외적으로 친족에 포함), 동일인이 인지한 혼인 외 출생자의 생부나 생모를 친족 범위에 포함하도록 규정하였다. 또한, 사외이사가 동일인 측과 별도로 지배하는 회사는 원칙적으로 계열회사의 범위에서 제외하고, 중소기업의 대기업집단 계열편입 유예 요건을 완화(매출 대비 기술개발＜R&D＞ 비중 5% → 3%)하였다.

3. 동일인 관련자로부터의 제외

동일인 관련자로부터 제외되는 경우를 *대통령령*[257]에서 규정하고 있다.

XII. 계열회사

2이상의 회사가 동일한 기업집단에 속하는 경우에 이들 회사는 서로 상대방의 계열회사가 된다(법 제 2 조 제12호).

XIII. 계열출자 등

계열출자란 기업집단 소속 회사가 계열회사의 주식을 취득 또는 소유하는 행위를 말한다(법 제 2 조 제13호). 계열출자회사란 계열출자를 통하여 다른 계열회사의 주식을 취득 또는 소유하는 계열회사를 말한다(법 제 2 조 제14호). 계열출자대상회사란 계열출자를 통하여 계열출자회사가 취득 또는 소유하는 계열회사 주식을 발행한 계열회사를 말한다(법 제 2 조 제15호).

257) 제 6 조(동일인관련자로부터의 제외) ① 공정거래위원회는 제 4 조 제 1 항 제 1 호 가목에도 불구하고 제 5 조 제 1 항 제 2 호에 따라 동일인의 친족이 독립적으로 경영하고 있는 회사가 동일인이 지배하는 기업집단의 범위에서 제외된 경우 해당 독립경영친족 및 독립경영친족관련자를 동일인관련자에서 제외할 수 있다. ② 공정거래위원회는 제 4 조 제 1 항 제 1 호 나목에도 불구하고 동일인 및 동일인관련자가 임원의 구성이나 사업운용 등에 지배적인 영향력을 행사하지 않는다고 인정되는 경우 이해관계자의 요청에 따라 같은 목에 따른 비영리법인 또는 단체를 동일인관련자에서 제외할 수 있다. ③ 공정거래위원회는 다음 각 호의 어느 하나에 해당하는 경우 직권 또는 이해관계자의 요청으로 제 1 항 및 제 2 항에 따른 제외 결정을 취소할 수 있다. 1. 제 1 항 또는 제 2 항에 따른 동일인관련자의 제외 요건에 해당하지 않게 된 경우 2. 제 1 항에 따른 회사의 청산 또는 소유지분의 매각 등의 사유로 해당 독립경영친족이 사실상 그 사업내용을 지배하고 있는 회사가 존재하지 않게 된 경우 ④ 공정거래위원회는 제 3 항 제 2 호에 따른 동일인관련자의 제외 결정 취소를 위해 필요하다고 인정하는 경우 독립경영친족 및 독립경영친족관련자에게 필요한 자료의 제출을 요청할 수 있다

XIV. 순환출자 등

순환출자란 3개 이상의 계열출자로 연결된 계열회사 모두가 계열출자회사 및 계열출자대상회사가 되는 계열출자 관계를 말한다(법 제 2 조 제16호). 순환출자회사집단이란 기업집단 소속 회사 중 순환출자 관계에 있는 계열회사의 집단을 말한다(법 제 2 조 제17호).

XV. 채무보증

채무보증이란 기업집단에 속하는 회사가 ①「은행법」에 따른 은행, ②「한국산업은행법」에 따른 한국산업은행, ③「한국수출입은행법」에 따른 한국수출입은행, ④「중소기업은행법」에 따른 중소기업은행, ⑤「보험업법」에 따른 보험회사, ⑥「자본시장과 금융투자업에 관한 법률」에 따른 투자매매업자·투자중개업자 및 종합금융회사, ⑦ 그 밖에 *대통령령*[258]으로 정하는 금융기관의 어느 하나에 해당하는 국내금융기관의 여신과 관련하여 국내계열회사에 대하여 행하는 보증을 말한다(법 제 2 조 제18호).

XVI. 여 신

국내금융기관이 행하는 대출 및 회사채무의 보증 또는 인수를 말한다(법 제 2 조 제19호). 「은행법」에 의하면 '신용공여'는 대출, 지급보증 및 유가증권의 매입(자금지원의 성격의 것에 한함), 기타 금융거래상의 신용위험을 수반하는 금융기관의 직접·간접적거래를 말한다(「은행법」 제 2 조 제 7 호).

---

258) 제 7 조(국내금융기관의 범위) 법 제 2 조 제18호 사목에서 "대통령령으로 정하는 금융기관"이란 직전 사업연도 종료일 현재 대차대조표상의 자산총액(새로 설립된 회사로서 직전 사업연도의 대차대조표가 없는 경우에는 설립일 현재 납입자본금)이 3천억원 이상인 금융기관으로서 다음 각 호의 금융기관을 말한다. <u>1.「여신전문금융업법」에 따른 여신전문금융회사, 2.「상호저축은행법」에 따른 상호저축은행</u>.

XVII. 재판매가격유지행위

[참고사례]

남양유업(주)의 시장지배적지위 남용행위 및 재판매가격유지행위 건(공정거래위원회 1998. 6. 9. 의결 제98-112호; 서울고등법원 1999. 10. 7. 선고 99누13 판결; 대법원 2001. 12. 24. 선고 99두11141 판결); **매일유업(주)의 재판매가격유지행위 건**(공정거래위원회 1998. 6. 9. 의결 제98-111호; 서울고등법원 2000. 1. 28. 선고 98누14947 판결; 대법원 2002. 5. 31. 선고 2000두1829 판결); **(주)세라젬의료기의 재판매가격유지행위 건**(공정거래위원회 2002. 12. 21. 의결 제2002.354호, 2003. 4. 21. 재결 제2003-019호; 서울고등법원 2004. 3. 31. 선고 2003누7455 판결); **(주)글락소스미스 클라인의 재판매가격유지행위 건**(공정거래위원회 2009. 5. 12. 의결 제2009-116호; 서울고등법원 2010. 11. 4. 선고 2009누33777 판결; 대법원 2011. 5. 13. 선고 2010두28120 판결); **롯데칠성음료(주)의 재판매가격유지행위 등 건**(공정거래위원회 2010. 1. 13. 의결 제2010-006호; 서울고등법원 2010. 12. 2. 선고 2010누5419 판결)

1. 의 의

재판매가격유지행위(Resale Price Maintenance: RPM)란 사업자가 상품 또는 용역을 거래함에 있어서 거래상대방인 사업자 또는 그 다음 거래단계별 사업자에 대하여 거래가격을 정하여 그 가격대로 판매 또는 제공할 것을 강제하거나, 이를 위하여 규약 기타 구속조건을 붙여 거래하는 행위를 말한다(법 제 2 조 제20호). 재판매가격유지행위가 일어나는 이유는 제조업자 담합, 유통업자 담합 및 무임승차문제의 해결(특히 매장판매가 필수적인 경우) 등에 있다.[259] 그러나 유통업자 담합은 모든 공급자가 참여하는 경우 또는 공급자가 독점공급자인 경우에 일어날 수 있다.[260]

사업자의 재판매가격유지행위는 제조업자에게 제품의 유인염매(誘引廉賣, loss leader)로 인한 제품이미지의 손상을 막고, 판매업자에게 가격경쟁의 제한으로 도산을 방지하며, 소비자에게도 과다한 경쟁으로 인한 품질의 저하 방지 및 품질, 서비스를 통한 경쟁을 촉진하는 효과가 있을 것이나, 반면 재판매하는 사

259) Hovenkamp, 176~181면.

260) Hovenkamp, 178.

업자들간의 가격경쟁을 제한함으로써 자유로운 경쟁이 이루어지지 않는 경우 사실상의 독점가격이 형성되거나 가격경직화의 요인이 되고, 판매업자의 이윤보장 및 가격결정권의 상실로 유통효율의 저해와 원가, 경비의 절감노력을 방해하게 되며, 생산원가 등 비용절감의 이익이 소비자에게 환원되지 않을 수 있을 뿐 아니라 제조업자 등에 의한 판매망의 장악으로 유통계열화가 이루어져 다른 기업의 신규시장진입이 어려워지는 등 경쟁을 제한하는 부정적인 효과가 있기 때문에 법 제46조에서는 사업자의 재판매가격유지행위를 원칙적으로 금지하고, 다만 정당한 이유가 있는 최고가격유지행위나 일정한 저작물과 공정거래위원회부터 지정을 받은 일정한 상품에 한하여 이를 허용하고 있다.[261]

2. 연 혁

1980. 12. 31. 법제정 당시에는 "상품을 생산 또는 판매하는 사업자가 그 상품을 판매함에 있어 재판매하는 사업자에게 거래단계별 가격을 미리 정하여 그 가격대로 판매할 것을 강제하는 규약 기타 제한 조건을 붙여 거래하도록 하는 행위"라고 규정하였으나, 1986. 12. 31. 제1차 법개정을 통하여 "판매할 것을 강제하거나 이를 위하여 규약 기타 구속조건을 붙여 거래하는 행위"로만 규정하였다. 종전 규정은 재판매가격유지행위의 정의가 "'그' 상품을 판매함에 있어서" 라고 되어 있어 사업자가 판매하는 당해 상품의 다음 단계의 판매가격을 구속하는 행위만 해당하는 것으로 해석될 소지가 있었다. 따라서 2001. 1. 16. 제9차 법개정시 "사업자가 상품 또는 용역을 거래함에 있어서 거래상대방인 사업자 또는 그 다음 거래단계별 사업자에 대하여 거래가격을 정하여 그 가격대로 판매 또는 제공할 것을 강제하거나, 이를 위하여 규약 기타 구속조건을 붙여 거래하는 행위"로 개정하였다. 그리고 종전에는 상품만을 대상으로 하였으나, 용역도 대상에 포함시켰다.

3. 성립요건

1) 주 체

재판매가격유지행위의 주체는 사업자이다. 상품을 생산하는 사업자뿐만 아

261) 서고판 2004. 3. 31. 2003누7455.

니라 판매하는 도매업자 등도 주체가 된다.

2) 상 대 방

재판매가격유지행위의 거래상대방도 사업자이다.

> "거래상대방인 사업자"라 함은 사업자로부터 상품 또는 용역을 직접 구입하는 다른 사업자를 말하며, 그리고 "그 다음 거래단계별 사업자"라 함은 일련의 거래과정에서 사업자로부터 상품 또는 용역을 구입한 "거래상대방인 사업자"로부터 해당 상품 또는 용역을 구입하는 다른 사업자를 말한다(「재판매가격유지행위 심사지침」[262] 2. 가).

이때 중요한 점은 상대방이 독립된 사업자여서 가격결정의 자유가 있어야 한다는 것이다. 따라서 위탁판매인은 재판매가격유지행위의 상대방이 될 수 없다.

> 위탁판매라 함은 수탁자가 위탁자의 계산으로 자기 명의로써 상품 또는 용역을 판매하고 그 법적 효과는 위탁자에게 귀속하는 법률행위를 의미한다. 위탁자는 위탁판매시 자기 소유의 상품 또는 용역의 거래가격을 수탁자에게 당연히 지정할 수 있다는 점에서 수탁자에게 판매가격을 지정하더라도 재판매가격유지행위에 해당되지 아니한다. 위탁판매 해당 여부 판단기준은 ① 수탁자는 자신의 명의로 판매할 것, ② 판매로 인한 손익은 상품·용역 소유자인 위탁자에게 귀속될 것, ③ 상품을 판매하는 자는 수수료만 수령하는 등 주선행위를 업으로 하는 자일 것 등을 들 수 있다. 예를 들어 수탁자(판매대리점 등)가 위탁자(제조업체)를 대신하여 위탁자의 상품을 판매하고 그 대가로 수수료를 받는데 불과한 경우 위탁판매로 본다.
>
> 위탁판매 해당 여부는 당해 상품 또는 용역의 '실질적인 소유권의 귀속주체'와 당해 상품 또는 용역의 판매·취급에 따르는 '실질적인 위험의 부담주체'가 위탁자인지 또는 수탁자인지 여부에 따라 결정된다. 즉 ① 위탁계약이 상품 또는 용역의 대량 유통방식에 적용되고 상품의 실질적인 소유권이 수탁자에게 있는 경우에는 위탁판매 형식을 취하고 있다고 하더라도 위탁판매가 아닐 가능성이 크다. 이에 해당될 수 있는 경우는 i) 폐기상품비용을 가맹점이 부담하는 경우, ii) 상품소유권이 대리점에 있음을 계약서에 명시하는 경우, iii) 본사가 대리점에 대한 상품 공급시 외상매출로 처리하고, 가맹대리점에 대한 매출시 가맹점계정에 매출 처리하는 경우, iv) 대리점에

262) 공정거래위원회 예규 제386호(2021. 12. 30).

서 판매되지 않은 재고품에 대한 반품이 자유롭지 않은 경우 등이다. ② 수탁자가 당해 상품 또는 용역의 보유·취급 등에 따른 멸실·훼손의 책임을 지거나 보험료를 부담할 경우에는 위탁판매가 아닐 가능성이 크다. 이에 해당될 수 있는 경우를 예시하면 i) 대리점 계약서에 출고된 상품의 판매에 관한 일체의 비용 및 손실을 대리점의 부담으로 규정한 경우, ii) 계약서에 매장상품의 화재 및 도난에 대비하여 대리점이 일정액 이상의 보험에 가입하도록 규정함으로써 상품의 보관·관리책임 및 소유권을 전적으로 대리점에게 맡기는 경우 등이다(「재판매가격유지행위 심사지침」 2. 라).

미국연방대법원은 〈General Electric 사건〉에서 재판매가격유지행위금지는 위탁계약(consignment agreement)에는 적용되지 않는다고 하였는데, 그 이유는 공급자명칭을 계속 유지하였고, 위탁인이 가격을 결정한 권한을 가진다는데 있었다.[263] 그러나 위탁계약은 재판매가격유지를 위한 가장행위로 악용될 소지가 있으며, 〈Simpson v. Union Oil 사건〉에서 연방대법원은 정유회사와 소매점간의 가솔린공급계약에서 가솔린이 정유사의 이름으로 판매되고 정유사가 제 세금을 납부하였으나 위험부담을 소매점이 지고 있었으므로 재판매가격유지행위 규제의 예외가 될 수 없다고 판시하였다.[264]

3) 행위대상

재판매가격유지행위의 대상은 상품 또는 용역이다. 종래 상품만을 대상으로 하고 있었으나 2001. 1. 16. 제9차 법개정시 용역도 대상으로 포함하였다.

4) 거래단계별 가격 지정

재판매가격유지행위에 해당하기 위해서는 사업자가 거래단계별로 가격을 미리 정해야 한다.

"거래가격"이라 함은 사업자가 지정하는 재판매(공급)가격 뿐만 아니라 최고가격, 최저가격, 기준가격을 포함한다. 또한 사업자가 재판매(공급)가격의 범위를 지정하면서 거래상대방인 사업자 또는 그 다음 거래단계별 사업자에게 그 범위 내에서 구

263) U.S. v. General Electric Co., 272 U.S. 476, 47 S.Ct. 192(1926): "The owner of an article, patented or otherwise, is not violating the common law or the Anti-Trust Act by seeking to dispose of his articles directly to the consumer and fixing the price by which his agents transfer the title from him directly to such consumer".

264) Simpson v. Union Oil Co., 377 U.S. 13, 84 S.Ct. 1051(1964).

체적인 판매가격을 지정할 수 있게 하는 경우도 포함한다(「재판매가격유지행위 심사지침」 2. 나).

최저가격이란 일정가격 이상으로만 팔도록 하는 경우인데 이를 통해 가유로운 가격경쟁이 제한되는 것은 쉽게 인정될 수 있다. 그에 반해 최고가격이란 일정가격 이하로만 팔도록 하는 경우인데 공정거래위원회는 최고가격 역시 경쟁을 제한한다는 입장이었다.[265] 그러나 최고가격지정의 위법성에 대해서는 그동안 의문이 제기되어 왔다. 즉 최고가격제는 소비자이익에 부합할 수 있기 때문이다. 미국에서도 〈Kahn 사건〉에서 주유소의 최고가격제에 대해 합리의 원칙을 적용하여 위법성을 부인한 바 있다.[266]

이에 2001. 1. 16. 제 9 차 법개정시 정당한 이유가 있는 경우 최고가격제를 인정한다고 규정함으로써 최고가격유지행위가 허용될 수 있는 가능성이 인정되었다. 이에 따라 최근 「재판매가격유지행위 심사지침」을 폐지·제정하여 소비자후생증대 효과가 경쟁제한효과를 상회하는 등 정당한 이유가 있는 경우에는 위법하지 않음을 명시하였고, 한편 최저가격지정에 대해서도 그간의 대법원 판결을 반영하여, 원칙적으로 위법으로 보지만 소비자후생증대 등 정당한 이유가 있는 경우에는 예외적으로 허용될 수 있음을 규정하고, 소비자후생증대 등 정당한 이유가 있는지 여부에 대한 입증책임은 사업자가 부담하도록 하였다.

5) 강 제 성

재판매가격유지행위가 성립하려면 권고나 희망정도로는 부족하다.

사업자가 거래상대방인 사업자 또는 그 다음 거래단계별 사업자에 대하여 거래가격을 지정하였다는 사실과 이를 준수하도록 강제하는 행위가 있어야 한다. 강제성 유무는 거래상대방인 사업자 또는 그 다음 거래단계별 사업자의 자유로운 의사에 반하여 지정된 거래가격을 준수하도록 하고 그 위반에 대해 거래상대방인 사업자 또는 그 다음 거래단계별 사업자에게 불이익을 주었는지 여부를 기준으로 판단하되, 강제행위에 해당될 수 있는 유형을 예시하면 다음과 같다. 즉 ① 거래단계별 가격표를 통보하면서 할인판매를 하는 대리점에 대해 출고정지·해약 등 조치를 하는

265) 공정의 1992. 5. 12. 92.56.
266) State Oil Co. v. Kahn 522 U.S. 3, 1185 S.Ct. 275(1997).

경우, ② 지정한 가격을 준수하지 않는 대리점에 대해 배상에 관한 서약을 강제하는 경우, ③ 유통업체들의 가격준수를 담보하기 위해 지급보증증권을 제출하게 하거나 기타 담보물을 제공하게 하는 경우, ④ 유통업체들이 지정된 가격을 준수하지 않을 경우 판촉활동비, 인테리어 설치비용 등 통상적인 지원을 중단하는 경우 ⑤ 가격을 준수하지 않는 대리점에 대해 연간 사업계획 및 영업전략 등에서 제재조치 방침을 정한 후 직접 제재조치를 실행한 경우 ⑥ (준)정찰제를 시행하면서 미준수시 출고정지 등 불이익을 부과하는 경우를 들 수 있다.

직접적인 강제행위가 없더라도 재판매가격유지를 위해 다음과 같은 내용이 약정서 또는 계약서에 규정되어 있을 경우에는 강제성이 있는 것으로 본다. 즉 ① 희망가격을 준수하도록 하고 위반시 계약 해지조항을 규정한 경우, ② 제시된 가격을 준수하지 않을 경우 제재조치를 취할 수 있는 조항을 규정한 경우 강제성이 있는 것으로 본다. 한편 제품 등에 표시된 권장소비자가격이 거래상대방인 사업자 또는 그 다음 거래단계별 사업자에게 단순 참고사항에 불과하여 강제성이 없을 경우에는 재판매가격유지행위에 해당되지 않는다. 그러나 권장소비자가격을 준수하지 아니함을 이유로 불이익 등 제재조치를 취하거나 권장소비자가격을 준수하도록 하는 규약이나 의무가 부과된 경우에는 재판매가격유지행위에 해당된다(「재판매가격유지행위 심사지침」 2. 다).

대법원도 "사업자가 재판매업자에게 상품을 판매함에 있어 일방적으로 재판매가격을 지정하여 그 가격대로 판매할 것을 지시·통지하는 행위는, 그것이 단지 참고가격 내지 희망가격으로 제시되어 있는 것에 그치는 정도인 경우에는 이를 위법하다 할 수 없고, 거기에서 그치지 아니하고 재판매업자로 하여금 그 지시·통지에 따르도록 하는 것에 대하여 현실로 그 실효성을 확보할 수 있는 수단이 부수되어 있는 경우에만, 법 제2조 제6호에서 규정하는 '그 가격대로 판매할 것을 강제하거나 이를 위하여 규약 기타 구속조건을 붙여 거래하는 행위'로서 법 제46조에 의하여 금지되는 '재판매가격유지행위'에 해당하므로 위법하다"고 한다.[267] 이러한 실효성 확보수단에는 실제로 거래를 중단하거나 또는 공급량을 줄이거나 공급조건을 불리하게 하는 등의 물리적 강요뿐만 아니라, 단지 사업자가 거래중단을 시사하는 경우 등도 포함된다.[268]

267) 대판 2001. 12. 24. 99두11141; 대판 2002. 5. 31. 2000두1829; 대판 2010. 12. 9. 2009두3507; 대판 2011. 5. 13. 2010두28120.

268) 대판 2002. 5. 31. 2000두1829.

제 3 조(국외행위에 대한 적용)

이 법은 국외에서 이루어진 행위라도 국내시장에 영향을 미치는 경우에는 적용한다.

[본조신설 2004. 12. 31]

목 차

Ⅰ. 의 의

Ⅱ. 역외적용의 근거

1. 미 국

2. EU 및 독일

3. 우리나라

[참고문헌]

단행본: Calliess/Ruffert(Hrsg.), Kommentar zu EU-Vertrag und EG-Vertrag, 2001; Groeben/Thiesing/Ehlermann(Hrsg.), Kommentar zum EU-/EG-Vertrag, 1999; Rittner/Dreher, Europäisches und deutsches Wirtschaftsrecht, 3. Auflage, C.F. Müller, 2007

논 문: 고영한, "독점규제법의 역외적용", 공정거래법강의Ⅱ(권오승 편), 법문사 2000; 권오승, "한국독점규제법의 역외적용-항공화물 국제카르텔사건을 중심으로-", 경쟁법연구 제24권, 한국경쟁법학회, 법문사, 2011. 11; 권진홍, "독점규제법의 역외적용 인정기준-영향(effect)의 개념과 '이익형량'을 중심으로", 경제법판례연구 제 4 권, 경제법판례연구회, 법문사, 2007; 신현윤, "경쟁법 역외적용의 최근동향", 경쟁법연구 제20권, 한국경쟁법학회 편, 법문사, 2009; 정세훈/최인선, "유럽경쟁법의 적용: 유럽사법재판소의 LCD사건 판결과 시사점", 경쟁저널 제182호, 공정경쟁연합회, 2015. 9.

[참고사례]

에프 호프만 라 로슈(주) 부당공동행위 건(공정거래위원회 2003. 4. 29. 의결 제2003-098호; 서울고등법원 2004. 11. 24. 선고 2003누9000 판결); 6개 흑연전극봉 생산업체들의 부당공동행위 건(공정거래위원회 2002. 4. 4. 의결 제2002-077호, 2002. 8. 23. 재결 제2002-026호; 서울고등법원 2003. 8. 26. 선고 2002누6127, 2002누15015, 2002누14647, 2004. 8. 19. 선고 2002누6110 판결; 대법원 2006. 3. 23. 선고 2003두11124, 2003두11155, 2003두11148, 2004두11275 판결); 쇼와덴코케이케이의 부당공동행위 건(재산정)(공정거래위원회 2002. 4. 4. 의결 제2002-077호, 2002. 8. 23. 재결 제2002-026호; 서울고등법원 2007. 9. 19. 선고 2006누29692 판결; 대법원 2008. 4. 10. 선고 2007두

22054 판결); **4개 복사용지 제조 · 판매업체의 부당공동행위건**(공정거래위원회 2009. 1. 30. 의결 제2009－047호; 서울고등법원 2010. 2. 11. 선고 2009누6539 판결; 대법원 2010. 6. 24. 선고 2010두5240 판결); **26개 항공화물운송사업자의 부당공동행위 건**(공정거래위원회 2010. 11. 29. 의결 제2010－143~146호; 서울고등법원 2012. 2. 2. 선고 2010누45868, 2012. 5. 16. 선고 2010누45851 판결; 대법원 2014. 5. 16. 선고 2012두5466, 2012두13269, 2012두16046, 2012두13665, 2012두13689, 2012두18158, 2012두18165, 2012두14545, 2012두5237, 2012두13429; 대법원 2014. 5. 29. 선고 2012두25132 판결; 대법원 2014. 12. 24. 선고 2012두6216, 2012두13412 판결); **3개 자동차 점화코일 제조판매 사업자의 부당 공동행위 건**[공정거래위원회 2019. 9. 3. 의결 제2019－210호; 서울고등법원 2020. 10. 29. 선고 2019누60006 판결; 대법원 2021. 2. 25. 선고 2020두53392(심리불속행 기각) 판결]

Ⅰ. 의 의

독점규제법의 역외적용(extraterritorial application)은 자국 주권영역밖에서 이루어진 법위반행위에 대하여 자국의 독점규제법을 적용하는 것을 말한다. 종래 독점규제법을 적용하는데 있어 기본적으로 속지주의 원칙이 지배하였다. 그래서 국내에서 활동하는 모든 사업자가 법 적용대상이 되었다. 그러나 경제활동이 국경이 없이 이루어지는 오늘날의 현실에서 외국에서 이루어진 경제활동이 자국에 영향을 주는 일이 많아지고 있다. 문제되는 것은 이러한 고권적 영역밖에 소재하는, 그러나 국내시장에서 영향을 미치는 사업자 역시 수범자인가 하는 점이다.

오늘날 세계경제는 각국의 내부거래 못지않게 국제거래에 의존하는 정도가 클 뿐 아니라 더욱 커지고 있는 실정이고, 국제거래에서의 경쟁관계는 세계시장을 대상으로 한 거대기업, 다국적기업이 주도하는 경우가 많을 뿐 아니라 이들의 행위가 특히 수출입 및 무역을 통하여 개별국가의 경제에 직접 영향을 미치는 경우가 적지 아니하며, 우리 경제 또한 수출입 등 국제거래에 의존하는 정도가 날로 심화되고 있어 국제거래를 주도하고 있는 거래기업, 다국적기업들의 가격결정 등의 행위가 우리 국민경제에 직접 영향을 미치는 경우가 적지 아니하다.[1]

그동안 역외적용은 부당한 공동행위 관련하여 주로 문제가 되었다. 대법원

1) 서고판 2007. 9. 19. 2006누29692(대판 2008. 4. 10. 2007두22054).

은 "독점규제법은 사업자의 부당한 공동행위 등을 규제하여 공정하고 자유로운 경쟁을 촉진함으로써 창의적인 기업활동을 조장하고 소비자를 보호함과 아울러 국민경제의 균형있는 발전을 도모함을 그 목적으로 하고 있고(제 1 조), 부당한 공동행위의 주체인 사업자를 '제조업, 서비스업, 기타 사업을 행하는 자'로 규정하고 있을 뿐 내국사업자로 한정하고 있지 않는 점(제 2 조), 외국사업자가 외국에서 부당한 공동행위를 함으로 인한 영향이 국내시장에 미치는 경우에도 독점규제법의 목적을 달성하기 위하여 이를 독점규제법의 적용대상으로 삼을 필요성이 있는 점 등을 고려해 보면, 외국사업자가 외국에서 다른 사업자와 공동으로 경쟁을 제한하는 합의를 하였더라도, 그 합의의 대상에 국내시장이 포함되어 있어서 그로 인한 영향이 국내시장에 미쳤다면 그 합의가 국내시장에 영향을 미친 한도 내에서 독점규제법이 적용된다"고 판시하였다.[2)]

기업결합의 경우에도 역외적용이 인정된다. 외국기업간의 기업결합도 일정한 자산규모(신고회사 3,000억원, 상대회사 300억원)에 해당하고, 국내 매출액이 300억원 이상인 경우 신고를 하여야 하며, 경쟁제한성 심사를 받는다. 예를 들어 2010년 공정거래위원회는 세계 2, 3위의 호주 철광석 업체 BHP빌리턴과 리오틴토의 생산 조인트벤처(JV) 설립계약에 대하여 경쟁제한성이 있는 방향으로 검토를 한 바 있다.[3)] 그리고 2012년 세계 2, 3위 컴퓨터 보조기억장치(HDD)업체인 웨스턴디지털코퍼레이션(Western Digital Corporation)과 비비티테크놀로지엘티디(Viviti Technology Ltd.) 기업결합 건에 대해 기업결합은 허용하되 3.5인치 부문 주요자산의 매각을 명하는 구조적 시정조치를 부과하였는데,[4)] 이는 외국기업간 M&A에 대하여 독점규제법 제 9조 경쟁제한적 기업결합 규정을 적용하여 시정조치한 최초의 사례이다.[5)]

2) 대판 2006. 3. 23. 2003두11124; 대판 2006. 3. 23. 2003두11155; 대판 2006. 3. 24. 2003두11148; 대판 2006. 3. 24. 2004두11275; 대판 2014. 12. 24. 2012두6216.

3) 공정거래위원회 보도자료(2010. 10. 19).

4) 공정의 2012. 2. 3. 2012－017.

5) 공정거래위원회 보도자료(2011. 12. 27).

Ⅱ. 역외적용의 근거

1. 미 국

고전적인 주권이론(act of state doctrine)의 표현은 〈Underhill v. Hernandez 사건〉[6]에서 나타나는데, 모든 주권국가는 다른 주권국가의 독립성을 존중할 의무가 있다는 것이다.[7] 처음부터 이 원칙은 외국과의 반독금법 사건에 적용되었는데, 1909년 〈American Banana 사건〉[8]에서 파나마와 코스타리카 국경에 있는 플랜테이션농장의 미국인 소유주는 경쟁자가 코스타리카정부를 압박하여 자신의 토지를 강탈하도록 설득하는 등 방해하는 행위를 「셔먼법(Sherman Act)」 위반으로 제소하였으나 연방대법원은 미국법원의 관할이 아니라고 판시하는 등 역외적용을 부정하여 왔다.

그 후 1945년 〈Alcoa 사건〉에서 역외적용을 인정하게 되는데, 동 판결에서 연방항소법원은 미국을 제외한 여러국가의 알루미늄 제련회사가 스위스에 국제카르텔 관리회사를 두고, 이를 통하여 알루미늄생산을 제한한데 대하여 영향이론(effect theory)을 적용하여 역외적용을 인정하였다.[9] 그러나 1976년의 〈Timberlane 사건〉[10]에서는 미국법이 외국에서 이루어진 행위에 대하여 적용될 수 있다 하더라도 모든 행위에 적용되는 것은 아니라고 하고 영향이론은 외국의 이익을 고려하지 않기 때문에 불완전하다고 하면서, 3단계 이익형량이론을 제시하였다.[11] 즉 사안마다 관련되는 고려요소의 평가와 균형이 중요하며 이를

---

6) Underhill v. Hernandez, 168 U.S. 250, 252, 18 S.Ct. 83, 84, 42 L.Ed. 456(1897).

7) Timberlane Lumber Co. v. Bank of America, 549 F. 2d 597(9th Cir.1976).

8) American Banana Co. v. United Fruit Co., 213 U.S 347(1909).

9) U.S. v. Aluminium Co. of America 148 F. 2d 416(2nd Cir.1945); "It is settled law ··· that any state may impose liabilities, even upon persons not within its allegiance, for conduct outside its borders that has consequences within its borders which the state reprehends; and these liabilities other states will ordinarily recognize".

10) Timberlane Lumber Co. v. Bank of America, 549 F. 2d 597(9th Cir.1976).

11) "We conclude, then, that the problem should be approached in three parts: Does the al-leged restraint affect, or was it intended to affect, the foreign commerce of the United States? Is it of such a type and magnitude so as to be cognizable as a violation of the Sherman Act? As a matter of international comity and fairness, should the extraterritorial jurisdiction of the United States be asserted to cover it? The district court's judgment found

'관할권 합리의 원칙(jurisdictional rule of reason)'이라고 표현하였다.

한편 1993년의 〈Hartford 사건〉[12]에서는 국내법과 외국법 사이에 진정한 충돌이 없어서 국제예양 또는 이익형량이 적용되지 않는다고 하였는데, 이는 이익형량이론의 적용결과일 수도 있고, 반면 영향이론으로의 회귀로도 해석될 수도 있다. 1997년 〈Nippon Paper 사건〉[13]에서는 다시 영향이론이 적용되었는데, 미국에서 판매되는 팩스용지를 생산하는 일본기업의 일본에서의 담합행위에 대하여 미국법원의 관할권을 인정하였다. 미국의 법무부(DOJ)와 연방거래위원회(FTC)는 1995년 「독점금지법의 국제적 집행지침」[14]을 발표하였다. 동 지침에는 외국에서의 반경쟁적 행위도 미국의 통상에 영향을 미치는 경우 미국 독점금지법 위반이 된다는 것을 명시하고 있다.[15]

2. EU 및 독일

EU의 경우 이른바 영향이론은 EU집행위원회 그리고 문헌에서[16] 지지를 받고 있으나 법원이 명시적으로 인정하고 있지는 않다.[17] 1985년 〈Wood pulp (Zellstoff) 사건〉에서 EU집행위원회는 영향이론을 적용하여 미국과 핀란드에 있는 섬유소제조업자에 대해 벌금을 부과하였다.[18] 이에 대해 사업자들은 유럽공동체의 경쟁규범은 공동체외의 제 3 국에는 적용되지 않는다는 이유로 「EU기능조약」에 의거 소송을 제기하였다. EU집행위원회는 주로 속지주의원칙을 인정하였지만 보완적으로 미국법에서 유래한 수정된 영향이론을 적용하였다.

---

only that the restraint involved in the instant suit did not produce a direct and substantial effect on American foreign commerce. That holding does not satisfy any of these inquiries".

12) Hartford Fire Insurance Co v. California, 509 US 764(1993).

13) United States v. Nippon Paper Industries Co., 109F. 3d(1st Cir. 1997): "Comity is … more a matter of grace than a matter of obligation … We see no tenable reason why principle of comity schould schield[Nippon Paper] from prosecution".

14) 「Antitrust Enforcement Guidelines for International Operation」(U.S. Department of Justice and Federal Trade Commission), 1995.

15) 3.3.1 Jurisdiction "The reach of the U.S. antitrust laws is not limited, however, to conduct and transactions that occur within the boundaries of the United States. Anticompetitive conduct that affects U.S. domestic or foreign commerce may violate the U.S. antitrust laws regardless of where such conduct occurs or the nationality of the parties involved".

16) 예를 들어 Schröter, in: Groeben/Thiesing/Ehlermann(Hrsg.), Artikel 86, Rn. 30.

17) Weiß, in: Calliess/Ruffert(Hrsg.), Art. 81, Rn. 9.

18) Vgl. Zellstoff, Komm., ABlEG 1985, Nr. L 85/14, Tz. 79.

EU사법재판소는 역외적용을 긍정하였다.[19] 그러나 명시적으로 영향이론을 채택하지는 않았고 자회사가 공동체영역에 소재하지 않았기 때문에 〈Dyestuffs (Farbstoff) 사건〉[20]에서 유래하는 '경제적 동일체 이론(economic unit doctrine)'도 적용하지 않았다. 그 대신 국제법적으로 공인된 속지주의원칙을 고수하면서, 가격카르텔이 공동체시장내에서 실행되었다는 점에 착안, 실행지이론(place of implementation)을 채택하였다.[21] 왜냐하면 제품의 소비자가 공동체시장내에 존재했기 때문이다. 어찌됐든 법원이 동 판결을 통해 역외적용 관련 근본적인 문제는 해결하지는 못한 것으로 평가되고 있다.

역외적용문제는 카르텔뿐만 아니라 기업결합분야에서도 문제가 된다. EU집행위원회는 〈Boeing/McDonnell 사건〉에서 미국의 항공기제조회사인 Boeing과 McDonnell사에 대한 역외적용을 인정하였는데, 그 근거로 「합병규칙(Merger Regulation)」 제 1 조에서 규칙의 적용범위를 공동체내에서의 매출액을 기준으로 하며 사업자의 소재지를 기준하고 있지 않는 점을 들고 있다.[22] EU집행위원회는 〈GE/Honeywell 사건〉에서도 역외적용을 한 바 있다.[23]

〈Gencor/Lonrho 사건〉은 남아프리카의 Gencor유한회사와 영국의 Lonrho주식회사의 기업결합사건이었는데, EU집행위원회는 백금 및 로듐시장에서의 지배적인 복점시장의 형성을 이유로 기업결합을 승인하지 않았다.[24] EU집행위원회는 국적주의에 입각해 Lonrho사가 EC회원국에서 설립된 회사라고 하고, 한편 〈Wood pulp(Zellstoff) 사건〉에 의해 사실상 영향이론이 인정되고 있다고 해석하였다. 이에 대해 Gencor와 Lonrho사는 제 3 국관련 기업결합으로서 EU 「합병규칙」의 적용범위에 해당되지 않는다는 이유로 법원에 소를 제기하였다.

그러나 EU일반법원은 판결을 통하여 '실행'이 공동체내에서 있었다면 「합병규칙」 제 1 조의 매출액기준에 포함될 수 있고 공동체차원에서 의미있는 기업결합이라고 보았다. 또한 법원은 영향이론을 긍정하면서 1985년의 〈Wood pulp(Zellstoff) 사건〉 판결에서 실행주의를 통해서 엄격한 속지주의를 포기하였다고 언급하였다. 〈Wood pulp(Zellstoff) 사건〉 판결과 이어진 판결에서 볼 때 아직 EU의 법집행이

19) Ahlström u. a./Kommission, EuGH, Slg. 1988, 5243, Tz. 14 ff.
20) Farbstoff, EuGH, Urt.v.14.7, Rs.48/49; CI v. Kommission, Slg. 1972, S. 619.
21) Ahlström u. a./Kommission, EuGH, Slg. 1988, 5243, Tz. 14 ff.
22) Boeing/McDonell, Komm., Abl, Nr. L. 336, S. 16, WuW/E EU−V 7.
23) General Electric/Honeywell, Case COMP/M.2200, 2001 O.J.(C 46) 6.
24) Gencor/Lonrho, Komm., Abl. Nr. L 11 S. 30.

실행주의에서 크게 벗어나 있지는 않다고 판단된다. 그러나 2015년 〈LCD패널 담합 사건〉에서 EU사법재판소는 EU 밖에서 중간재가격에 대한 담합합의가 있었더라도 담합기업이 자회사를 통해 EU시장에 최종제품(finished products)을 직접 판매할 경우 관할권을 인정하는 등 역외관할권을 확대해가고 있다.[25)]

독일의 경우 「경쟁제한방지법(GWB)」 제185조 제 2 항은 "이 법의 적용범위 내에 영향을 미친 모든 경쟁제한행위에 대해서는 비록 이 법의 적용범위 밖에서 야기되었다 하더라도 이 법이 적용된다"고 규정하고 있는바, 역시 영향이론을 입법화한 것으로 평가된다.

3. 우리나라

독점규제법의 역외적용에 대한 법적 근거는 2004. 12. 31. 제11차 법개정시 마련되었으며 "국내시장에 영향을 미치는 경우 적용된다"고 규정함으로써 영향이론에 입각하고 있다고 볼 수 있다.

여기에서의 국내시장에의 영향과 관련하여서는 첫째, '직접적인' 영향으로 족하며, '중대한' 영향을 미쳐야 하는 것은 아니다. 이에 대해 서울고등법원은 "독점규제법은 외국사업자의 외국에서의 행위에 대해서도 동법을 적용할 것인지 여부에 대하여 명시적인 규정은 없으나, 그 적용대상이 내국사업자에 한한다거나 국내에서의 행위에 한정되는 것으로 해석될 만한 규정도 없고, 국민경제의 균형있는 발전이라는 독점규제법의 목적을 달성하기 위해서는 국내에서의 거래관계 뿐만 아니라 수출입 등 국제거래에 있어서도 공정하고 자유로운 경쟁을 촉진할 필요가 있으며, 만일 독점규제법에 의한 부당공동행위의 규제가 그 행위(법 제40조에 의한 합의를 의미)가 이루어진 장소에만 의존하여 국제거래에 있어서 부당한 공동행위가 있었고 그로 인한 부정적인 효과가 국민경제에도 미쳤음에도 불구하고 그 행위가 외국에서 이루어졌다는 점만으로 독점규제법 적용을 할 수 없게 된다면 사업자들이 그 행위의 장소를 외국으로 선택함으로써 독점규제법상의 각종 규제를 잠탈할 수 있게 됨으로써 독점규제법이 추구하는 목적으로 달성하기 어렵게 된다는 점 등을 고려해 보면, 외국사업자가 다른 사업자와 공동으로 경쟁을 제한하는 합의를 하고, 그 합의의 대상에 한국의 시장까지 포함되어 있다면 그 행위가 국내에서 행해졌는지 국외에서

25) 공정거래위원회, 해외경쟁정책동향 제104호(2015. 7. 20).

행해졌는지 여부에 불구하고 위와 같은 합의가 대한민국의 시장에 직접 영향을 미친 한도 내에서 대한민국의 독점규제법을 적용하여 심판할 수 있는 관할권이 있다고 봄이 상당하고, 반드시 한국의 시장에 중대한 영향을 미쳤음이 입증되는 경우에 한하여 재판관할권을 인정할 수 있는 것은 아니다"라고 판시하고 있다.[26)]

둘째, 그러나 직접적인 영향이라 하더라도 이를 광의로 해석해서는 아니되며 '직접적이고, 상당하며 합리적으로 예측가능한 범위'로 제한적으로 해석하여야 한다. 즉 〈26개 항공화물운송사업자의 부당공동행위 건〉 관련 행정소송에서 대법원은 "독점규제법 제 3 조에서 말하는 '국내시장에 영향을 미치는 경우'는 문제된 국외행위로 인하여 국내시장에 직접적이고 상당하며 합리적으로 예측가능한 영향을 미치는 경우로 제한 해석해야 하며, 그 해당 여부는 문제된 행위의 내용·의도, 행위의 대상인 재화 또는 용역의 특성, 거래 구조 및 그로 인하여 국내시장에 미치는 영향의 내용과 정도 등을 종합적으로 고려하여 구체적·개별적으로 판단하되, 다만, 국외에서 사업자들이 공동으로 한 경쟁을 제한하는 합의의 대상에 국내시장이 포함되어 있다면, 특별한 사정이 없는 한 그 합의가 국내시장에 영향을 미친다고 할 것이어서 이에 대해서는 독점규제법 제40조 제 1 항 등 적용이 가능하다"고 판시하고 있다.[27)] 이에 따라 홍콩·일본발 국내행 항공화물운송 중 운임의 지급방식이 도착지불 거래인 경우는 물론 출발지불 거래의 경우에도 국내 수하인을 항공화물운송의 수요자로 볼 수 있다고 판단하였다.

〈퀄컴 인코포레이티드, 퀄컴 테크놀로지 인코포레이티드 및 퀄컴 씨디엠에이 테크놀로지 아시아-퍼시픽 피티이 리미티드의 시장지배적 지위 남용행위 등 건(퀄컴 II 사건)〉 관련 행정소송에서도 대법원은 "국내시장에 직접적이고 상당하며 합리적으로 예측 가능한 영향을 미친다고 볼 수 있으므로, 이는 국외행위에 관하여 독점규제법을 적용하기 위한 요건인 독점규제법 제 3 조에서 정한 '국내시장에 영향을 미치는 경우'에 해당하고, 독점규제법 적용에 의한 규제의 요청에 비하여 외국 법률 등을 존중해야 할 요청이 현저히 우월하다고 보기 어려운 이상 예외적으로 독점규제법의 적용이 제한되는 경우에 해당한다고 볼 수

---

26) 서고판 2004. 11. 24. 2003누9000; 서고판 2003. 8. 26. 2002누6127(대판 2006. 3. 23. 2003두11124); 서고판 2003. 8. 26. 2002누15015(대판 2006. 3. 23. 2003두11155); 서고판 2003. 8. 26. 2002누14647(대판 2006. 3. 24. 2003두11148); 서고판 2004. 8. 19. 2002누6110(대판 2006. 3. 24. 2004두11275).

27) 대판 2014. 5. 16. 2012두5466 등.

없다"고 판단하였다.[28)]

그러나 〈3개 자동차 점화코일 제조판매 사업자의 부당 공동행위 건〉 관련 행정소송에서 법원은 "공동행위 대상에 한국이 포함되지 않고, 한국시장에 합리적으로 예측가능한 영향을 미친 것이라 볼 수 없다"고 보았다.[29)]

기업결합심사 관련, 기업결합 신고대상회사와 상대회사가 모두 외국회사(외국에 주된 사무소를 두고 있거나 외국 법률에 따라 설립된 회사를 말함)인 경우 일반 신고요건을 충족함과 동시에 그 외국회사 각각의 국내 매출액이 300억원 이상인 경우에 신고의 대상이 되도록 규정한 것도 기업결합에서의 역외적용을 명문화한 것이다.

그리고 지식재산권 행사 관련 2010. 4. 7. 「지식재산권의 부당한 행사에 대한 심사지침」[30)]을 시행하면서 "외국사업자가 국내외에서 행한 계약·결의나 그 밖의 행위를 통해 국내시장에 영향을 미치는 경우에도 적용한다. 이는 외국사업자가 국내에 영업거점을 두고 있는지 또는 그의 거래상대방이 국내사업자 혹은 소비자인지 여부와 관계없이 적용할 수 있다"고 규정하였다(Ⅰ. 2. 나). 기존 「지적재산권의 부당한 행사에 대한 심사지침」은 국제계약상의 지식재산권 남용행위에 대해서는 「국제계약상의 불공정거래행위 등의 유형 및 기준」(공정거래위원회 고시 1997-23)을 적용하도록 하였으나 2009년 8월 동 고시가 폐지됨에 따라, 외국사업자의 지식재산권 남용행위에 적용 가능한 심사지침이 미비된 상황이었고 동 고시 폐지 이후 특히 외국기업과 특허실시허락 계약을 체결하는 중소기업들을 중심으로 대안이 필요하다는 민원이 빈번히 제기됨에 따라 동 심사지침이 국내시장에 영향을 미치는 외국사업자의 행위에도 적용된다는 점을 분명히 규정함으로써 다국적 기업들의 지식재산권 남용행위에 대한 대응 기반을 강화하였다.[31)]

이러한 규정이 있기 전에는 법적용 여부에 대해 논란이 있었다. 그럼에도 불구하고 법원은 〈비타민생산 6개업체의 부당공동행위 건〉[32)] 및 〈6개흑연전극봉 생산업체들의 부당공동행위 건〉[33)]에서 독점규제법의 역외적용을 인정한 바

28) 대판 2023. 4. 13. 2020두31897.
29) 서고판 2020. 10. 29. 2019누60006(대판 2021. 2. 25. 2020두53392).
30) 현재 공정거래위원회 예규 제389호(2021. 12. 30).
31) 공정거래위원회 보도자료(2010. 4. 7).
32) 서고판 2004. 11. 24. 2003누9000.
33) 대판 2006. 3. 24. 2004두11275.

있다. 역외적용에 대한 법적 근거가 마련된 이후에는 〈4개 복사용지 제조·판매업체들의 부당공동행위 건〉,[34] 〈6개 마린호스 제조·판매 업체들의 부당공동행위 건〉,[35] 〈26개 항공화물운송사업자의 부당공동행위 건〉,[36] 〈5개 컴퓨터용 컬러모니터 브라운관(CDT) 제조·판매사업자의 부당공동행위 건〉,[37] 〈11개 초박막액정표시장치(TFT-LCD) 제조·판매사업자의 부당공동행위 건〉,[38] 〈4개 브라운관(CRT) 유리제조·판매사업자의 부당공동행위 건〉,[39] 〈7개 대형화물상용차 제조·판매사업자의 부당공동행위 건〉,[40] 〈5개 자동차계량장치(미터) 및 와이퍼시스템 제조·판매사업자의 부당공동행위 건〉[41] 등 국제카르텔 사건을 처리하였다.

그리고 기업결합 분야에서도 〈웨스턴디지털코퍼레이션(Western Digital Corporation)과 비비티테크놀로지엘티디(Viviti Technology Ltd.) 기업결합 건〉[42] 등을 처리한 바 있다.

〈6개 흑연전극봉 생산업체들의 부당공동행위 건〉에서 공정거래위원회는 "외국법에 의해 설립된 사업자들간의 합의가 비록 외국에서 이루어졌더라도, 합의의 실행이 대한민국에서 이루어지고 대한민국 시장에 영향을 미칠 경우에 공정거래위원회는 이들 사업자에 대해 관할권을 행사할 수 있다"고 하는 바 '영향이론'과 '실행지이론'을 모두 수용하고 있는 것으로 판단된다. 그러나 대법원은

34) 공정의 2009. 1. 30. 2009-047.

35) 공정의 2009. 7. 3. 2009-152.

36) 공정의 2010. 6. 18. 2010-061; 공정의 2010. 11. 29. 2010-143~146; 공정거래위원회 보도자료(2010. 5. 27)에 의하면, 동 사건은 ① 전세계적으로 조사가 진행되고 있는 항공화물운임 국제카르텔에 대하여 전체 피심인을 정식 심판절차를 통해 일괄조치한 세계 최초의 사례이며, ② 담합 가담 업체 수, 외국인 진술조사 건수, 관련매출액, 과징금 등 규모 면에서 위원회가 처리한 최대 국제카르텔 사건이다. 그리고 조사방식에 있어서도 ① 공정거래위원회 최초로 외국 경쟁당국과 공조조사한 사례이며, ② 국제카르텔에 대하여 최초로 전자증거 조사기법(Forensic 조사)을 활용하여 국내외 컴퓨터 소재 증거를 확보하고, ③ 최초로 로거토리 레터(Rogatory Letter, 외국당국간 자료협조 절차)를 이용하여 외국 법원(프랑스)으로부터 자국 소재 피심인 자료를 징구하였으며, ④ 최초로 해외주재 한국대사관 및 영사관을 외국 피심인의 진술조서 서명장소로 활용하여 외국 피심인에 대한 진술조사 영역을 확장한 획기적, 역사적인 사례라고 한다; 동 심결에서 관할권의 존부와 관련하여, 국내시장에 미친 효과가 직접적이며, 실질적으로 또 합리적으로 예측할 수 있는지에 대한 구체적 판단이 결여되어 있다는 비판에 관하여 권오승, 경쟁법연구 제22권(2011. 11), 158~162면 참조.

37) 공정의 2011. 3. 10. 2011-019.

38) 공정의 2011. 12. 1. 2011.212.

39) 공정의 2012. 1. 18. 2012-009.

40) 공정의 2013. 12. 16. 2013.312.

41) 공정의 2014. 1. 16. 2014-14.

42) 공정의 2012. 2. 3. 2012-017.

"외국사업자가 외국에서 다른 사업자와 공동으로 경쟁을 제한하는 합의를 하였더라도, 그 합의의 대상에 국내시장이 포함되어 있어서 그로 인한 영향이 국내시장에 미쳤다면 그 합의가 국내시장에 영향을 미친 한도 내에서 독점규제법이 적용된다"[43]고 판시하고 있는바 '영향이론'만 언급하고 있다. 한편 〈26개 항공화물운송사업자의 부당공동행위 건〉 관련 행정소송에서 서울고등법원은 외국발 한국행 노선에 대한 역외적용을 위한 요건을 세 가지로 제시하였는데, 첫째, 당해 행위의 대상에 국내시장이 포함되어 있고, 둘째, 그로 인하여 국내시장에 직접 영향을 주는 경우로서, 셋째, 국내시장에서의 경쟁과 무관하지 않은 경우이어야 한다고 판시하였다.[44]

43) 대판 2006. 3. 23. 2003두11124; 대판 2006. 3. 23. 2003두11155; 대판 2006. 3. 24. 2003두11148; 대판 2006. 3. 24. 2004두11275; 대판 2014. 12. 24. 2012두6216.

44) 서고판 2012. 2. 2. 2010누45868.

제2장

•

시장지배적지위의 남용금지

제 4 조(독과점적 시장구조의 개선등)
제 5 조(시장지배적지위의 남용금지)
제 6 조(시장지배적사업자의 추정)
제 7 조(시정조치)
제 8 조(과징금)

제 4 조(독과점적 시장구조의 개선등)

① 공정거래위원회는 독과점적 시장구조가 장기간 유지되고 있는 상품이나 용역의 공급시장 또는 수요시장에 대하여 경쟁을 촉진하기 위한 시책을 수립·시행하여야 한다.

② 공정거래위원회는 제 1 항에 따른 시책을 추진하기 위하여 필요한 경우에는 관계 행정기관의 장에게 경쟁의 도입 또는 그 밖에 시장구조의 개선 등에 관하여 필요한 의견을 제시할 수 있다. 이 경우 관계 행정기관의 장은 공정거래위원회의 의견을 검토한 후 검토결과를 공정거래위원회에 송부하여야 한다.

③ 공정거래위원회는 제 1 항에 따른 시책을 추진하기 위하여 다음 각 호의 업무를 수행할 수 있다.

1. 시장구조의 조사 및 공표
2. 특정 산업의 경쟁상황 분석, 규제현황 분석 및 경쟁촉진 방안 마련

④ 공정거래위원회는 사업자 및 사업자단체에 제 3 항 각 호의 업무를 수행하기 위하여 필요한 자료의 제출을 요청할 수 있다.

⑤ 공정거래위원회는 제 3 항 및 제 4 항의 사무를 대통령령으로 정하는 바에 따라 다른 기관에 위탁할 수 있다

목 차

Ⅰ. 의 의
1. 제도의 취지
2. 그 간의 추진실적
Ⅱ. 내 용
1. 관계행정기관장에의 의견제시
2. 시장구조 조사 및 공표
3. 자료제출 요청권
4. 관계기관에의 위탁

[참고문헌]

단행본: 공정거래위원회, －공정거래위원회 20년사－ 시장경제 창달의 발자취, 2001; 공정거래위원회, 공정거래백서, 2021

Ⅰ. 의 의

1. 제도의 취지

공정거래위원회는 독과점적 시장구조가 장기간 유지되고 있는 상품이나 용역의 공급 또는 수요시장에 대하여 경쟁을 촉진하기 위한 시책을 수립·시행하여야 한다(법 제 3 조 제 1 항). 독점규제법이 시행되고 상당한 기간이 경과하였음에도 불구하고 독과점적 시장구조가 개선되지 않자 1996. 12. 30. 제 5 차 법개정을 통하여 이 규정을 신설하였다.

이러한 독과점시장구조 개선시책은 기존의 독과점규제정책과는 구분되는 특징을 지닌다.[1] 첫째, 과거 독과점지위 남용행위에 대한 시정시책이 주로 신고에 의존한 데 비해, 이 시책은 공정거래위원회가 능동적으로 문제업종을 발굴하고 심층조사를 통해 문제점을 시정하는 것을 목적으로 한다. 둘째, 종전의 독과점정책이 기왕에 형성된 독과점 구조는 일단 인정하고 그 상황에서 문제있는 기업의 행태를 시정하려는데 비하여 이는 독과점 시장구조 자체를 개선하는데 그 주안점을 두었다. 셋째, 문제가 큰 업종을 '우선대상 품목'으로 지정하여 원재료 조달단계부터 최종소비자 단계까지 모든 단계의 형태를 정밀분석하여 전반적으로 개선함으로써 독과점시장의 잠재적 경쟁압력을 경쟁시장 수준 이상으로 제고시켜 시장성과가 최대한 발휘되도록 하는데 그 목적이 있다.

2. 그 간의 추진실적

1997년에서 1999년에 걸쳐 독과점 시장구조가 장기고착화된 20여개 품목에 대하여 독과점 요인이 되는 제도와 관행을 개선하는 시책을 추진하였다. 예를 들어 자동차시장에서 완성차업체와 부품업체의 전속관행 개선을 유도하고 부품가격 소급인하, 자동차 구입강제행위를 시정하였고, 타이어시장의 권장소비자가격제도 및 수출·승인제도 폐지, 납품출고량 담합, 부당한 표시·광고행위 등을 시정하였으며, 철강시장에서 철강업체와 고철납품업체와의 전속거래관행을 개선하고 시장점유율 및 가격담합, 배타조건부 거래행위 등을 시정하였다.

1) 공정거래위원회 20년사(2001), 247면.

2001년부터 2005년까지는 독과점시장구조가 고착화되고 독과점 폐해 우려가 큰 분야를 매년 3~6개 선정하여 경쟁제한적 제도와 관행을 개선하는 산업별 시장구조개선 시책(CMP: Clean Market Project)을 추진하였다. 주로 사교육, 정보통신, 의료제약, 신문방송, 에너지, 금융, 유통, 전문자격사 등이 개선대상이 되었다.

2008년부터는 경쟁 및 시장원리가 제대로 작동하지 않은 개별 독과점산업을 심층적으로 분석하고 이에 대한 대책을 마련하기 위한 시장분석(market study)을 실시하고 있다. 가스, 주류, 영화, 보험, 광고 등 분야에서 분석을 한 바 있다.[2)]

공정거래위원회는 우리 경제가 선진시장경제로 도약하기 위해서는 진입규제 등 경쟁제한적 규제를 정비하여 경쟁촉진적인 시장구조로 전환하는 것이 시급하다는 점을 인식하고 2009년부터 지속적으로 진입규제 개선작업을 추진해 왔다.

Ⅱ. 내 용

1. 관계행정기관장에의 의견제시

공정거래위원회는 제 1 항에 따른 시책을 추진하기 위하여 필요한 경우에는 관계 행정기관의 장에게 경쟁의 도입 또는 그 밖에 시장구조의 개선 등에 관하여 필요한 의견을 제시할 수 있다. 이 경우 관계 행정기관의 장은 공정거래위원회의 의견을 검토한 후 검토결과를 공정거래위원회에 송부하여야 한다(법 제 4 조 제 2 항).

2) 연도별로 보면 2008년 항공운송, 인터넷 포털, 2009년 손해보험, 영화, 석유, 제약, 가스, 2010년 주류, 2011년 화장품, 2012년 온라인교육, 디지털음원, 유료방송, 2013년 광고, 보험, 2014년 자동차대여업, 산업용가스, 2015년 수산화알미늄, 학생교복, 2016년 집단에너지, 맥주, 예선, 2017년 철도산업(비운송), 이동통신, 영화, 2018년 항공여객운송, 공동주택관리, 보증, 2019년 방송매체산업, 농산물유통, 지급결제서비스 2020년 직업교육산업, 수산물유통, 아스콘, 2021년 보증산업 등이다. 공정거래백서(2022), 192면.

2. 시장구조 조사 및 공표

공정거래위원회는 제 1 항에 따른 시책을 추진하기 위하여 ① 시장구조의 조사 및 공표(제 1 호), ② 특정 산업의 경쟁상황 분석, 규제현황 분석 및 경쟁촉진 방안 마련(제 2 호)의 업무를 수행할 수 있다(법 제 4 조 제 3 항).

3. 자료제출 요청권

공정거래위원회는 사업자 및 사업자단체에 제 3 항 각 호의 업무를 수행하기 위하여 필요한 자료의 제출을 요청할 수 있다(법 제 4 조 제 4 항).

4. 관계기관에의 위탁

공정거래위원회는 제 3 항 및 제 4 항의 사무를 *대통령령*[3])이 정하는 바에 따라 관계행정기관의 장이나 정부출연기관의 장에게 위탁할 수 있다(법 제 4조 제 5 항).

---

3) 제 8 조(시장구조 조사 또는 공표사무의 위탁) ① 공정거래위원회는 법 제 4 조 제 5 항에 따라 다음 각 호의 사무를 관계 행정기관의 장이나 「정부출연연구기관 등의 설립·운영 및 육성에 관한 법률」에 따른 정부출연연구기관의 장에게 위탁할 수 있다. 1. 법 제 4 조 제 3 항 제 1 호에 따른 시장구조의 조사 및 공표에 관한 사항 2. 법 제 4 조 제 4 항에 따른 자료의 제출 요청 ② 법 제 4 조 제 5 항에 따라 시장구조의 조사 또는 공표사무를 위탁받은 기관의 장은 위탁사무의 처리내용을 공정거래위원회에 통보해야 한다.

제 5 조(시장지배적지위의 남용금지)

① 시장지배적사업자는 다음 각호의 1에 해당하는 행위(이하 "남용행위"라 한다)를 하여서는 아니된다.

1. 상품의 가격이나 용역의 대가(이하 "가격"이라 한다)를 부당하게 결정 · 유지 또는 변경하는 행위
2. 상품의 판매 또는 용역의 제공을 부당하게 조절하는 행위
3. 다른 사업자의 사업활동을 부당하게 방해하는 행위
4. 새로운 경쟁사업자의 참가를 부당하게 방해하는 행위
5. 부당하게 경쟁사업자를 배제하기 위하여 거래하거나 소비자의 이익을 현저히 저해할 우려가 있는 행위

② 남용행위의 유형 또는 기준은 대통령령으로 정할 수 있다.

목 차

Ⅰ. 의 의

Ⅱ. 연 혁

Ⅲ. 남용행위의 유형 및 기준

1. 가격의 부당한 결정 · 유지 · 변경행위
2. 상품판매 또는 용역제공의 부당한 조절행위
3. 다른 사업자의 사업활동에 대한 부당한 방해행위
4. 새로운 경쟁사업자의 시장참가에 대한 부당한 방해행위
5. 경쟁사업자를 배제하기 위한 부당한 거래행위
6. 소비자 이익의 현저한 저해행위

Ⅳ. 경쟁제한효과의 판단기준

Ⅴ. 관련 이슈

1. '부당하게'와 '정당한 이유없이'의 혼용
2. 시장지배적지위 남용행위의 부당성과 주관적 요건

[참고문헌]

단행본: 공정거래위원회/한국개발연구원, 공정거래10년 – 경쟁정책의 운용성과와 과제 –, 1991. 4; 김권회, 필수설비의 법리에 관한 연구, 서울대학교 대학원 법학박사 학위논문, 2005; 이재형, 거래거절규제의 법리와 경제분석, 한국개발연구원, 2005; 한복연, 산업구조와 경쟁, 한국방송통신대학교출판부, 2004; 프리드리히 A. 하이예크(김이석 역), 노예의 길, 나남출판, 2007; 조지프 E. 스티글리츠(강신욱 역), 시장으로 가는 길,

한울아카데미, 2003; Hovenkamp, Herbert, Antitrust (Third Edition), West Group, 1999; Rittner/Dreher, Europäisches und deutsches Wirtschaftsrecht, 3. Auflage, C.F. Müller, 2007; Shin, Dong-Kweon, Die "Essential Facilities"-Doktrin im europäischen Kartellrecht", Logos, 2003

논 문: 김권회, "독점규제법상 필수설비이론의 적용", 경제법판례연구 제 4 권, 경제법판례연구회, 법문사, 2007; 김성훈, "배타조건부거래의 위법성 요건", 경북대학교 법학연구원 법학논고 제32집, 2010. 2; 김수련, "조건부 리베이트에 대한 미국 및 유럽 판결의 비교-British Airways 사건을 중심으로", 경제법판례연구 제 6 권, 경제법판례연구회, 법문사, 2010; 남일총, "네트워크산업의 효율적인 운영을 위한 제도개혁", 공정거래와 법치(권오승 편), 법문사, 2004; 박정훈, "공정거래법의 공적 집행", 공정거래와 법치(권오승 편), 법문사, 2004; 서동원, "마이크로소프트사의 시장지배력 남용행위 사건의 내용분석", 공정거래법과 규제산업(권오승/이원우 공편), 법문사, 2007; 서정, "배제남용행위의 위법성 판단기준", 공정거래법의 쟁점과 과제, 서울대학교 경쟁법센터 연구총서 1, 법문사, 2010; 신동권, "유럽 및 독일의 통신법과 '필수설비'이론의 현황", 경쟁법연구 제10권, 한국경쟁법학회, 2004. 3; 신영수, "시장지배적사업자에 의한 사업활동방해행위의 성립요건-유료방송시장을 중심으로-", 경제법판례연구 제 6 권, 경제법판례연구회, 법문사, 2010; 양명조, "시장지배적사업자의 사업활동방해행위-현대자동차(주) 사건 판결의 두가지 논점-", 경쟁법연구 제24권, 한국경쟁법학회 편, 법문사, 2011.11; 오승한, "배타조건부 거래유형으로서 SEP 다단계 기술실시 약정의 FRAND 확약 위반 및 경쟁제한효과", 경쟁법연구 제37권, 한국경쟁법학회, 법문사, 2018. 5; 윤성운/신상훈, "포스코시지남용건 관련 대법원판결을 통해 본 경쟁제한성 입증의 문제", 경쟁저널 제137호, 한국공정경쟁연합회, 2008. 3; 이기종, "통신법상의 접속허용의무위반과 셔먼법 제 2 조 -Verizon v. Trinko 사건-", 경쟁저널 제107호, 한국공정경쟁연합회, 2004. 7; 이민호, "시장지배적지위 남용행위로서의 조건부 리베이트", 공정거래법의 쟁점과 과제, 서울대학교 경쟁법센터 연구총서 1, 법문사, 2010; 이봉의, "포스코판결과 방해남용의 향방", 경쟁저널 제140호, 한국공정경쟁연합회, 2008. 9; 이봉의, "독일 경쟁제한방지법상 거래거절의 법리", 경제법판례연구 제 6 권, 경제법판례연구회, 법문사, 2010; 이봉의, "독과점시장과 착취남용의 규제-독점규제법 제 3 조의 2 제 1 항 제 2 호를 중심으로-", 경쟁법연구 제22호, 한국경쟁법학회 편, 법문사, 2010.11; 이봉의, "독점규제법상 방해남용의 해석과 경제적 접근방법", 남천 권오승교수 정년기념논문집(시장경제와 사회조화), 법문사, 2015; 이석준/이승재, "온라인 유통업체 기업결합에 있어서 경쟁법적 이슈 검토 -eBay의 G마켓 주식인수 건의 시장획정을 중심으로", 경쟁저널 제145호, 한국공

정경쟁연합회, 2009. 7; 이승훈, “네트워크 산업의 경쟁정책”, 공정거래와 법치(권오승 편), 법문사, 2004; 이영대, “수요독점(monopsony)의 법적규제”, 공정거래법의 쟁점과 과제, 서울대학교 경쟁법센터 연구총서 1, 법문사, 2010; 이영대/최경규, “시장지배적지위 남용행위 중 소비자이익저해행위에 대한 규제방안”, 2012 상반기 법·경제그룹(LEG) 연구보고서, 한국공정거래조정원, 2012.7; 이호영, “공정거래법상 단독행위규제체계의 현황 및 개선방안”, 경쟁저널 제169호, 2013.7; 전성훈, “과점시장과 독과점 규제”, 공정거래와 법치(권오승 편), 법문사, 2004; 조혜신, “독점규제법상 방해남용의 부당성 판단기준”, 경쟁법연구 제24권, 한국경쟁법학회 편, 법문사, 2011.11; 최승재, “티브로드 사건과 양면시장이론의 적용가능성”, 경쟁저널 제143호, 한국공정경쟁연합회, 2009. 3; 홍명수, “지배력 남용의 의의와 유형화에 대한 고찰”, 공정거래법과 규제산업(권오승/이원우 공편), 법문사, 2007; 한병영, “시장진입장벽의 발생원인에 관한 고찰”, 경쟁법연구 제19권, 한국경쟁법학회 편, 법문사, 2009; 황창식·신광식, “시장지배적 사업자의 거래거절에 대한 공정거래법리; 대법원의 포스코 사건 판결”, 경쟁법연구 제18권, 한국경쟁법학회 편, 법문사, 2008; Areeda, Phillip E., “Essential Facilities: An Epithet in Need of Limiting Principles, 58 Antitrust L.J. 1990; Dreher, Meinrad, “Die Verweigerung des Zugangs zu einer wesentlichen Einrichtung als Missbrauch der Marktbeherrschung”, DB 1999; Furse, Mark, “The ‘Essential Faciliies’ Doktrine in Community Law”, 8 ECLR 1995; Joseph P. Bauer, “Antitrust implications of after-markets”, The Antitrust Bulletin, Vol. 52, No. 1/Spring 2007

[참고사례]

(주)신동방의 시장지배적지위 남용행위 건(공정거래위원회 1998. 11. 4. 의결 제98-252호, 1999. 3. 8. 재결 제99-11호; 서울고등법원 1999. 10. 6. 선고 99누3524 판결; 대법원 2000. 2. 25. 선고 99두10964 판결); **남양유업(주)의 시장지배적지위 남용행위 및 재판매가격유지행위 건**(공정거래위원회 1998. 6. 9. 의결 제98-112호; 서울고등법원 1999. 10. 7. 선고 99누13 판결; 대법원 2001. 12. 24. 선고 99두11141 판결); **제일제당(주)의 시장지배적지위 남용행위 건**(공정거래위원회 1998. 11. 4. 의결 제98-251호; 서울고등법원 2000. 11. 14. 선고 99누4008 판결; 대법원 2002. 5. 24. 선고 2000두9991 판결); **비씨카드(주) 외 14의 시장지배적지위 남용행위 건**(공정거래위원회 2001. 3. 28. 의결 제2001-040호, 2001. 8. 24. 재결 제2001-038호; 서울고등법원 2003. 5. 27. 선고 2001누15193 판결; 대법원 2005. 12. 9. 선고 2003두6283 판결); **한국여신전문금융업협회의 사업자단체금지행위 건**(공정거래위원회 2001. 3. 28. 의결 제2001-039호, 2001. 8. 24. 재결 제2001-039호; 서울고등법원 2003. 4. 17. 선고 2001누5851 판결; 대법원 2005. 8.

19. 선고 2003두5709 판결); (주)포스코의 시장지배적지위 남용행위 건(공정거래위원회 2001. 4. 12. 의결 제2001－068호, 2001. 9. 28. 재결 제2001－051호; 서울고등법원 2002. 8. 27. 선고 2001누5370 판결; 대법원 2007. 11. 22. 선고 2002두8626 판결); 서울동북부지역정보운영위원회 외 1의 사업자단체금지행위 등 건(공정거래위원회 2001. 8. 22. 의결 제2001.120호; 서울고등법원 2004. 6. 24. 선고 2001누15209 판결; 대법원 2007. 3. 30. 선고 2004두8514 판결); (주)티브로드 강서방송의 시장지배적지위 남용행위 건(공정거래위원회 2007. 3. 28. 의결 제2007－153호; 서울고등법원 2007. 11. 8. 선고 2007누10451 판결; 대법원 2008. 12. 11. 선고 2007두25183 판결); (주)현대자동차의 시장지배적지위 남용행위 건(공정거래위원회 2007. 5. 18. 의결 제2007－281호; 서울고등법원 2008. 4. 16. 선고 2007누16051 판결; 대법원 2010. 3. 25. 선고 2008두7465 판결); 기아자동차의 시장지배적 지위남용행위 건(공정거래위원회 2007. 10. 25. 의결 제2007－507호; 서울고등법원 2008. 9. 11. 선고 2007누30897 판결; 대법원 2010. 4. 8. 선고 2008두17707 판결); 종합유선방송사업자[씨제이케이블넷 가야방송(주), 경남방송(주), 중부산방송(주)]의 시장지배적지위 남용행위 건(공정거래위원회 2007. 8. 20. 의결 제2007－405호, 제2007－406호, 제2007－407호; 서울고등법원 2008. 8. 20. 선고 2007누23547 판결; 대법원 2010. 2. 11. 선고 2008두16407 판결); 마이크로소프트 코퍼레이션 및 한국마이크로소프트 유한회사의 시장지배적지위 남용행위 등 건(공정거래위원회 2006. 2. 24. 의결 제2006－42호; 서울중앙지방법원 2009. 6. 11. 선고 2007가합90505 판결[손해배상(기)]); 농업협동조합중앙회의 시장지배적지위 남용행위 건(공정거래위원회 2007. 1. 25. 의결 제2007－013호; 서울고등법원 2007. 9. 19. 선고 2007누7149 판결; 대법원 2009. 7. 9. 선고 2007두22078 판결); 티브로드 강서방송 등의 시장지배적지위 남용행위 건(공정거래위원회 2007. 10. 8. 의결 제2007－457~469호; 서울고등법원 2008. 12. 18. 선고 2007누29842, 2010. 10. 6. 선고 2007누29835, 2007누15881 판결; 대법원 2010. 5. 27. 선고 2009두1983, 2011. 2. 10. 선고 2010두23279, 2011. 1. 27. 선고 2010두23262 판결); (주)이베이지마켓의 시장지배적 지위남용행위 건(공정거래위원회 2010. 10. 22. 의결 제2010－120호; 서울고등법원 2008. 8. 20. 선고 2008누2851 판결; 대법원 2011. 6. 10. 선고 2008두16322 판결); 에스케이텔레콤(주)의 시장지배적 지위남용행위 건(공정거래위원회 2007. 2. 6. 의결 제2007－044호; 서울고등법원 2007. 12. 27. 선고 2007누8623 판결; 대법원 2011. 10. 13. 선고 2007누8623 판결); 인텔코퍼레이션, 인텔세미콘덕터리미티드 및 (주)인텔코리아의 시장지배적지위 남용행위 건(공정거래위원회 2008. 11. 5. 의결 제2008－295호; 서울고등법원 2013. 6. 19. 선고 2009누35462 판결); 퀄컴 인코퍼레이티드, 한국퀄컴(주), 퀄컴씨디엠에이테크놀로지코리아의 시장지배적지위 남용행위 건(공정거래위원회

2009. 12. 30. 의결 제2009－281호; 서울고등법원 2013. 6. 19. 선고 2010누3932 판결; 대법원 2019. 1. 31. 선고 2013두14726 판결); **현대모비스(주)의 시장지배적지위 남용행위 건**(공정거래위원회 2009. 6. 5. 의결 제2009－133호; 서울고등법원 2012. 2. 1. 선고 2009누19269 판결; 대법원 2014. 4. 10. 선고 2012두6308 판결); **NHN(주)의 시장지배적지위 남용행위 등 건**(공정거래위원회 2008. 8. 28. 의결 제2008－252호; 서울고등법원 2009. 10. 8. 선고 2008누27102 판결; 대법원 2014. 11. 13. 선고 2009두20366 판결); **삼성전자의 애플코리아유한회사에 대한 특허침해금지소송건**[서울중앙지방법원 2012. 8. 24. 선고 2011가합39522 판결(민사소송)]; **퀄컴 인코포레이티드 등의 시장지배적지위 남용행위 등에 대한 건**(공정거래위원회 2017. 1. 25. 의결 제2017－025호); (주)**지멘스의 시장지배적지위 남용행위 등 건**(공정거래위원회 2018. 3. 13. 의결 제2018－094호); **피내용 백신공급 관련 3개사업자의 시장지배적지위 남용행위 건**(공정거래위원회 2019. 9. 19. 의결 제2019－239호); (주)**엘지유플러스**, (주)**케이티의 시장지배적지위 남용행위 건**(공정거래위원회 2015. 2. 23. 의결 제2015－049, 050호; 대법원 2021. 6. 30. 선고 2018두37700, 2018두37960 판결); **퀄컴 인코포레이티드, 퀄컴 테크놀로지 인코포레이티드 및 퀄컴 씨디엠에이 테크놀로지 아시아-퍼시픽 피티이 리미티드의 시장지배적 지위 남용행위 등 건**(공정거래위원회 2017. 1. 25. 의결 제2017－025호; 서울고등법원 2019. 12. 4. 선고 2017누48 판결; 대법원 2023. 4. 13. 선고 2020두31897 판결); **네이버의 시장지배적 지위 남용행위 건**(공정거래위원회 2021. 1. 27. 의결 제2021－027호; 서울고등법원 2022. 12. 14. 선고 2021누36219 판결)

Ⅰ. 의 의

올바른 경제질서의 확립 및 독점[1]의 문제는 비단 현대 자본주의사회에서 뿐만 아니라 인류가 경제활동을 시작한 이래로 계속해서 논의되어 왔고 또한 이를 보는 시각도 당시의 경제 및 사회환경에 따라 변화하여 왔다.[2] 경제학에서 독점문제가 거론된 것은 19세기 중엽 이후인데, D. L. Ricardo, J. S. Mill이 독점문제를 제기하였고, A. A. Cournot, F. Y. Egdeworth, A. Marshall 등이 독점 및 가격차별이론을 소개함으로써 경제학에서 독과점이 본격적으로 연구되기 시

1) '독점(monopolia)'이라는 단어는 아리스토텔레스의 「정치학」에서 발견되는데, 'monos(하나)'와 'polein(판다)'으로부터 합성된 단어로서 판매자가 1인인 상태를 지칭하였다. 공정거래10년(1991), 319면.

2) 공정거래10년(1991), 313면.

작하였다.[3)]

자유경쟁시장에서 독점이 발생하는 원인은[4)] 첫째, 산업혁명이후 급속한 기술진보가 이루어져 소수기업에 자본이 집중됨으로써 독과점의 기틀이 마련되었으며, 기업간 경쟁을 통하여 많은 기업이 낙오되고 소수의 기업이 살아남아 강력한 독점력을 행사하고, 독점상태가 지속되면서 규모의 경제가 나타나고 독과점상태가 고착화되었다. 둘째, 경제외적인 제도적 요인도 독과점의 원인이 되는데, 정부가 독점권을 보장하는 특허 및 기타 면허제도는 진입장벽을 형성하고, 정부가 직접 경제활동에 참여하는 공기업 등에 있어서도 독점권이 제도적으로 보장이 되며, 각종 법규에 의한 인·허가 등 제도적 진입장벽과 사회적 규제까지도 경쟁에 영향을 미치게 되어 독점력을 생성시킨다.

역사적으로 독과점에 대해서는 그 처방에 관련된 다양한 이론적 논쟁이 있어왔다. 20세기초 W. Eucken, L. Miksch, F. Böhm, W. Röpke, A. Rüstow 등에 의해 대표되는 질서자유주의적 모델에서는 경쟁질서형성을 위한 국가의 역할을 강조하고 인위적인 완전경쟁을 추구하였으며, 독점에 대해서는 국가의 적극적 개입이 필요하다고 하였다.[5)] 그 후 완전경쟁론의 비현실성을 극복한 유효경쟁론(workable competition)이 등장하였는데, 미국 중심의 하버드 학파나 독일의 E. Kantzenbach 등은 적정수의 기업이 존재하는 시장을 이상적으로 생각하고 이를 위하여 독과점에 대한 규제가 필요하다는 입장을 견지하였다.

그러나 신보수주의 경쟁정책적 사고를 가진 G. Stigler, M. Friedman, R. Bork, R. A. Posner 등의 시카고학파는 경합시장이론(contestable market)[6)]에 입각하여 시장메카니즘은 진입장애(barriers to entry)가 충분히 낮은 경우에는 스스로 독점력에 대항하고 장기적으로는 소비자의 이익에 가장 적합하게 조정된다고 주장하였다.[7)] 이는 F. Wieser, L. Mises, F. A. Hayek, F. Machlup, I. M. Kirzner

3) 공정거래10년(1991), 336~337면.

4) 이하 공정거래10년(1991), 337~339면 참조.

5) 신동권, "Walter Eucken의 "경쟁과 독점 그리고 기업가"", 경쟁저널(2005. 5), 52~57면 참조.

6) 가쟁시장(可爭市場)으로 번역하기도 한다. 정호열, 59면.

7) 경합시장이론에서는 경쟁정책이 불필요하다고 주장한다. 그 이유는 첫째, 규모의 경제에 의해 경쟁이 제한되는 환경에서라면 경쟁정책은 경제적 효율성을 달성하지 못한다. 따라서 정부의 규제나 정부소유 등과 같은 다른 형태의 개입이 요구되었다. 둘째, 독점으로 인한 손실이 생각보다 훨씬 작다는 주장이다. 셋째, 잠재적경쟁이 존재한다면 독점기업은 경쟁적 수준 이상으로 가격을 올릴 수 없다는 것이다. 항공산업을 전형적인 예로 들고 있다. 이러한 경합성이론(contestability doctrine)(Baumol, Panzer and Willig)은 1970년대 후반과 1980년대 초반에 유행했던 것으로 이 견해의 유래는 뎀제츠(Denmsetz, 1968)와 시카고학파까지 거슬러 올라간다.

등으로 대표되는 오스트리아 학파와 E. Hoppmann의 신보수주의적 자유경쟁이론의 핵심적 메시지와도 일맥상통하는 것이다.

오늘날 대부분의 국가는 독과점에 대해 방임적 태도를 취하지 않는다.[8] 독점은 시장지배의 중요한 원인을 제공하는 것이며 시장지배를 경쟁에 대한 위협으로 여기기 때문이다. 이러한 점은 미국의 1890년 「셔먼법(Sherman Act)」 제 2 조[9]에 가장 명백히 나타나 있는데, 동조는 독점화(monopolization),[10] 독점화의 기도(attempt to monopolize),[11] 독점화의 공모(conspiracy to monopolize)[12] 행위

스티글리츠(강신욱 역), 183~185면 참조.

8) 통상 이에 관한 입법례로 미국, 일본의 원인금지주의와 독일, EU등의 폐해규제주의로 나눈다. 원인금지주의에 관한 상세한 규정을 두고 있는 일본의 「사적독점금지법」은 "사업자는 사적 독점 또는 부당한 거래제한을 하여서는 아니된다"고 규정하고 있다(동법 제 3 조). 그리고 독점적 상태에 대한 조치로 "사업자에 대하여 영업의 일부양도 기타 당해 상품 또는 서비스에 대하여 경쟁을 회복시키기 위하여 필요한 조치를 할 수 있다"고 규정하고 있다. 여기에서 독점적 상태는 하나의 사업자의 시장점유율이 2분의 1을 초과하거나 두 사업자의 시장점유율의 합계가 4분의 3을 초과하는 등 경우를 말한다(동법 제 2 조 제 7 항); 그러나 원인금지주의라는 표현에 대하여는 논란이 있다. 즉 미국의 「셔먼법」의 경우도 독점화(monopolizing) 및 독점화의 시도(attempt to monopolize)를 금지하지 독점 그 자체를 부인하지 않는다.

9) "주간 또는 외국과의 거래 또는 통상의 어떤 부분이라도 독점화하거나, 독점화를 기도하거나 혹은 독점화를 위하여 타인과 결합·공모하는 자는 중죄를 범한 것으로 간주되며, 이에 대하여 유죄가 판명되면 법원의 결정으로 법인의 경우 1억달러 이하의 벌금, 개인의 경우 100만 달러 이하의 벌금 또는 10년 이하의 징역에 처한다"("Every person who shall monopolize, or attempt to monopolize, or combine or conspire with any other person or persons, to monopolize any part of the trade or commerce among the several States, or with foreign nations, shall be deemed guilty of a felony, and, on conviction thereof, shall be punished by fine not exceeding $100,000,000 if a corporation, or, if any other person, $1,000,000, or by imprisonment not exceeding 10 years, or by both said punishments, in the discretion of the court.[15 U.S.C.A. § 2])").

10) United States v. Grinnel Corp., 384 U.S. 563, 86 S. Ct. 1698(1966): "ⅰ) 관련시장에서의 독점력의 보유(the possession of monopoly power in a relevant Mark), ⅱ) 우수한 제품, 영업감각 또는 역사적 사건의 결과로서의 성장 또는 발전과 구별되는 독점력의 의도적 획득 또는 유지(the willful acquisition or maintenance of monopoly power, as distinguished from growth or development as a consequence of a superior product, business acumen or historic accident)"; 독점화 행위의 실례로 ① 약탈적 가격설정(predatory pricing), ② 독점을 가져오는 합병(merger to monopoly), ③ 상대방 공장설비의 매입과 폐쇄(purchase and shutdown of rivals' plant), ④ 생산과 생산능력의 확대(expansion of output or capacity), ⑤ 가격차별(price discrimination), ⑥ 수직적 통합(vertical integration), ⑦ 가격 및 공급압착(price and supply "sqeezes"), ⑧ 끼워팔기(tying arrangements), ⑨ 약탈적 연구개발(predatory research and development), ⑩ 특허권 남용(patent "abuse"), ⑪ 경쟁자 비용증대(raising rivals' cost), ⑫ 경쟁자와의 거래거절(refusal to deal with a competitor), ⑬ 필수설비이론("essential facility" doctrine)을 들고 있다. Hovenkamp, 109~115면.

11) Alaska Airlines,948 F. 2d, 542(9th cir.1991): "ⅰ) 관련시장을 독점화하려는 구체적 의도(a specific intend to monopolize a relevant market), ⅱ) 약탈적 또는 반경쟁적 행위(predatory or anticompetitive conduct), ⅲ) 그리고 위험한 성공개연성(and a dangerous probability

를 금지하고 있다. 독점화는 독점력을 가진 기업이 배제적 행위(exclusionary practice)를 하는 것이고, 독점화의 기도는 독점력이 없는 기업이 독점화를 목적으로 약탈적이거나 반경쟁적인 행위를 하는 것으로 성공의 개연성이 있는 행위를 말하며, 독점화의 공모는 독점화를 위하여 공모하는 것으로 「셔먼법(Sherman Act)」 제 1 조에도 동시에 적용된다.

독일의 「경쟁제한방지법(GWB)」이나 「EU기능조약」의 경우에는 「셔먼법(Sherman Act)」과 같이 독점화자체를 금지하지는 않지만 독점력을 남용하는 것을 금지하고 있다.

「EU기능조약」의 경우 제102조에서 역내시장이나 그 주요부분에 있어서 지배적인 지위를 차지하고 있는 하나 또는 다수의 사업자에 의한 지위의 남용은, 그것이 회원국간의 통상에 영향을 미치는 경우에는 역내시장과 조화되지 않는 것으로 금지된다고 규정하고, 그러한 남용이 있는 것으로 ① 직접 또는 간접으로 불공정한 구입 또는 판매가격이나 기타 불공정한 거래조건을 부과하는 경우, ② 생산, 판매 또는 기술진보를 제한하여 소비자에게 손해를 끼치는 경우, ③ 동일한 거래조건에 대하여 거래상대방에 따라 다른 거래조건을 부여하고, 그 결과 그들에게 경쟁상의 불이익을 제공하는 경우, ④ 거래상대방이 그 성질이나 거래관행에 비추어 당해 계약의 목적과 상관없는 부수적인 의무를 부담할 것을 조건으로 하여 계약을 체결하는 경우를 규정하고 있다.[13)]

독일에서의 지배적 견해는 경쟁법을 질서정책(Ordnungspolitik)의 일환으로 보는 점에서 질서자유주의가 경쟁법의 형성에 큰 영향을 끼치고 있으며 시장지

---

success)"; 위험한 성공개연성(a dangerous probability success)을 판단함에 있어서는 시장에서의 진입장벽이나 초과공급능력 등을 고려해야 한다. Hovenkamp, 123면.

12) 법 적용요건은 ① 둘 이상 참가자의 결합 또는 공모의 존재, ② 거래 또는 통상의 특정부분을 독점화하려는 구체적 의도(specific intent), ③ 공모의 추진에서 실행된 명백한 행위, ④ 주간거래에의 영향(an effect on interstate commerce)이다. Hovenkamp, 126면.

13) Article 102 "Any abuse by one or more undertakings of a dominant position within the common market or in a substantial part of it shall be prohibited as incompatible with the common market in so far as it may affect trade between Member States. Such abuse may, in particular, consist in: (a) directly or indirectly imposing unfair purchase or selling prices or other unfair trading conditions; (b) limiting production, markets or technical development to the prejudice of consumers; (c) applying dissimilar conditions to equivalent transactions with other trading parties, thereby placing them at a competitive disadvantage; (d) making the conclusion of contracts subject to acceptance by the other parties of supplementary obligations which, by their nature or according to commercial usage, have no connection with the subject of such contracts".

배적지위의 남용에 대한 규제는 이러한 질서정책의 핵심을 이루는 것이다.

우리나라의 경우 독일이나 EU와 같이 시장지배적지위의 남용을 규제하는 방식(폐해규제주의)을 채택하고 있다. 즉 법 제5조 제1항에 의하면 시장지배적 사업자는 1. 상품의 가격이나 용역의 대가(이하 "가격")를 부당하게 결정·유지 또는 변경하는 행위(제1호), 2. 상품의 판매 또는 용역의 제공을 부당하게 조절하는 행위(제2호), 3. 다른 사업자의 사업활동을 부당하게 방해하는 행위(제3호), 4. 새로운 경쟁사업자의 참가를 부당하게 방해하는 행위(제4호), 5. 부당하게 경쟁사업자를 배제하기 위하여 거래하거나 소비자의 이익을 현저히 해칠 우려가 있는 행위(제5호)를 하는 것이 금지된다. 시장지배적지위의 남용행위는 보통 독점적 지위를 이용한 거래상대방의 착취를 특징으로 하는 '착취적 남용행위(exploitative abuse)', 타 사업자의 사업활동을 방해할 목적의 '방해적 남용행위(obstructive abuse)', 독점화를 위한 현재적·잠재적 경쟁자를 배제하는 것을 내용으로 하는 '배제적 남용행위(exclusive abuse)'로 구분할 수 있는데, 착취 남용행위는 가격남용행위(제1호), 출고조절행위(제2호) 및 소비자 이익 저해행위(제5호 후단), 방해 남용행위는 타 사업자 방해행위(제3호), 신규진입 방해행위(제4호), 배제 남용행위는 경쟁사업자 배제행위(제5호 전단)를 들 수 있다.

법 시행령 제9조에서는 남용행위의 유형과 기준을 세부적으로 정하고 있다. 또한 시장지배적지위의 남용여부를 판단하기 위한 「시장지배적지위 남용행위 심사기준」을 운영하고 있다. 시장지배적지위의 남용금지는 행정법상 명령적 행위의 일종인 '금지'에 해당하는 것이다.[14] 그리고 동 고시 규정들은 법 제5조 제2항의 위임에 따라, 법 제5조 제2항의 내용을 보충하는 이른바 법률보충적 행정규칙으로서 법규명령으로서의 효력을 가진다.[15]

온라인 플랫폼 사업자에 대하여는 「온라인 플랫폼 시장지배적지위 남용행위 심사지침」을 제정하여 「시장지배적지위 남용행위 심사지침」과 보완적으로 운영하고 있다. 동 지침에 따르면 온라인 플랫폼의 주요 특성은 다음과 같다.

> 가. 다면시장과 교차 네트워크 효과
>
> 온라인 플랫폼은 서로 다른 이용자 집단을 연결하는 다면시장(multi-sided

14) 법 제45조 불공정거래행위의 금지, 법 제9조의 경쟁제한적 기업결합의 금지도 마찬가지로 금지라 할 수 있다.

15) 대판 2001. 12. 24. 99두11141.

market)에 해당한다. 다면시장에서는 특정 집단의 이용자 수가 동일한 시장을 이용하는 다른 집단 이용자의 편익에 영향을 미치는 교차 네트워크 효과(cross-side network effect)가 발생할 수 있다. 즉, 온라인 플랫폼에 양(+)의 교차 네트워크 효과가 존재하면, 플랫폼을 이용하는 A 집단의 이용자 수가 많아질수록 같은 플랫폼을 이용하는 B 집단의 이용자가 얻는 편익이 증가한다. 이에 따라 B 집단 이용자가 증가하면, 다시 A 집단 이용자의 편익을 증가시켜 전체 이용자 수가 지속 증가하는 선순환 구조를 만들 수 있다.

(예시1) 앱마켓을 이용하는 소비자의 수가 증가할 경우, 더 많은 소비자에게 자사 앱을 판매할 수 있게 된 앱 개발자의 편익이 증가한다. 이러한 편익의 증가로 더 많은 앱 개발자들이 해당 앱마켓을 이용하게 된다. 해당 앱마켓을 이용하는 앱 개발자의 수가 증가하면, 더욱 다양한 앱을 비교하여 구매할 수 있게 된 앱마켓 소비자들의 편익이 증가한다. 이는 다시 해당 앱마켓을 이용하는 소비자의 수 증가로 연결된다.

이처럼 온라인 플랫폼은 서로 다른 이용자 집단을 연결시켜 편익을 제공하는 과정에서 긍정적 효과를 창출할 수 있다. 양(+)의 교차 네트워크 효과로 이용자가 증가하면 공급자들은 더 많은 수요자들에게 접근할 수 있는 기회를 얻게 되고, 수요자들도 더욱 다양한 상품·서비스를 접할 수 있어 효용이 증가할 수 있다.

반면, 교차 네트워크 효과로 인해 이용자 수가 많은 온라인 플랫폼으로 더 많은 이용자가 집중되고, 반대로 이용자 수가 적은 온라인 플랫폼은 이용자 수가 더욱 감소하는 쏠림 효과(tipping effect)가 나타날 수 있다. 이러한 쏠림 효과는 시장에 새롭게 진입하는 신규 온라인 플랫폼 사업자에게는 진입장벽으로 작용하고 기존 온라인 플랫폼 사업자의 시장지배적 지위를 더욱 고착화시키는 요인으로 작용할 수 있다.

나. 규모의 경제

일반적으로 온라인 플랫폼은 이용자 수가 증가할수록 평균비용이 현저하게 낮아지는 경향을 보인다. 이는 초기 네트워크 구축 및 개발비용 등 고정비용은 상대적으로 큰 반면, 온라인 플랫폼 이용자 수 증가에 따른 추가 비용은 매우 적기 때문이다. 규모의 경제는 대량 생산에 이점이 있는 전통산업 분야에서도 나타날 수 있으나, 물리적 제약이 적은 디지털 상품·서비스의 특성상 온라인 플랫폼 분야에서는 더욱 현저하게 발생할 수 있다.

(예시2) 모바일 운영체제(OS: Operating System)와 관련된 새로운 기술개발, 서비스 개선 및 안정성 제고 등에는 막대한 인력과 연구개발 비용 등이 소요된다. 그러나 이러한 비용은 해당 운영체제를 모바일 기기에 탑재하여 사용하는 이용자 수에 비례하여 증가하는 것은 아니다. 즉 모바일 운영체제의 이용자 수가 많으면 많을수록 관련 비용이 효율화 될 수 있다.

이러한 규모의 경제는 비용 절감 등 효율성 증대라는 긍정적 효과를 발생시킬 수 있는 반면, 시장에 새롭게 진입하는 신규 온라인 플랫폼 사업자에게는 유효하게 경쟁하는 것을 어렵게 하여 진입장벽으로 작용하고 기존 온라인 플랫폼 사업자의 시장지배적 지위를 더욱 고착화시키는 요인으로 작용할 수 있다.

다. 데이터의 중요성

온라인 플랫폼 분야에서 데이터는 생산, 물류, 판매촉진 활동 등 사업의 전 영역에 활용될 수 있는 중요 생산요소로서, 데이터의 수집·보유·활용 능력이 사업자의 경쟁력에 상당한 영향을 미칠 수 있다. 특히, 데이터 저장·관리·분석 기술이 발달함에 따라 플랫폼 운영 과정에서 이용자의 데이터를 축적한 온라인 플랫폼 사업자는 이를 활용하여 각 이용자에게 특화된 맞춤형 서비스·프로모션을 제공하고 이에 대한 피드백도 거의 실시간으로 파악할 수 있는 등 서비스 품질을 개선하거나 더 많은 이용자를 유인하는 것이 용이하다. 더 많은 이용자를 확보하면 더 많은 데이터를 축적할 수 있어 선순환 구조가 형성될 수 있다.

(예시3) 검색엔진의 핵심요소는 이용자의 검색 의도를 반영하여 최적의 결과를 제시하는 알고리즘이다. 검색 알고리즘은 이용자의 검색 데이터를 학습하고 피드백을 반영하는 과정을 거치면서 더 나은 검색결과를 도출하는 방향으로 개선될 수 있다. 따라서 해당 검색 엔진의 이용자 수와 누적된 데이터가 많을수록 검색 알고리즘의 개선 가능성도 높아진다. 검색 알고리즘이 개선되면 해당 검색엔진의 경쟁력이 높아져 이용자 수가 더 많아지는 선순환 구조가 형성될 수 있다. 이 과정에서 데이터를 활용한 알고리즘 개선으로 이용자의 편익이 증가하는 긍정적 효과가 나타나는 반면, 이용자가 많은 검색엔진으로 더 많은 이용자가 집중되는 쏠림현상이 발생하여 시장의 독과점적 구조가 심화될 우려도 존재한다.

이처럼 온라인 플랫폼 사업자가 데이터를 활용하여 서비스 품질을 개선하고 이용자의 편익을 증가시키는 긍정적인 측면이 있는 반면, 특정 온라인 플랫폼을 중심으로 데이터가 집중될 경우 쏠림 현상이 발생하고 관련 시장의 경쟁이 제한될 우려가 존재한다.

특히, 데이터의 이동성(portability), 상호운용성(interoperability)이 부족한 상황에서 관련 데이터가 특정 사업자에게 집중될 경우, 이는 시장의 진입장벽을 강화하고 경쟁을 제한하는 요인으로 작용할 수 있다. 반면, 플랫폼 간 데이터의 이동성, 상호운용성이 충분하여 신규 진입 사업자가 기존 이용자 데이터에 접근하는 것이 용이한 경우에는 이러한 경쟁제한 우려가 완화될 수 있다.

라. 명목상 무료로 제공되는 서비스

다면시장의 특성상 온라인 플랫폼 사업자는 서로 다른 이용자 집단 간 특성을 고려하여 비대칭적인 가격을 설정함으로써 전체 수익을 극대화 할 수 있다. 즉, 가격에 민감한 이용자 집단에는 명목상 무료로 서비스를 제공하여 더 많은 이용자를 확보하고, 교차 네트워크 효과를 이용하여 가격에 덜 민감한 다른 집단의 이용자 수를 증가시킨 뒤, 해당 집단의 이용자에게는 높은 가격을 부과하여 수익을 증가시킬 수 있다.

그러나 이처럼 명목상 무료로 서비스가 제공되는 경우에도 온라인 플랫폼 사업자는 이용자들의 주의·관심(attention), 개인정보를 포함한 데이터 등 비금전적 대가를 받을 수 있다. 또한 이를 통해 별도의 광고 수익을 창출하는 등으로 수익을 증대시킨다는 점에서 온라인 플랫폼 사업자가 얻게 되는 반대급부가 존재한다. 즉 온라인 플랫폼 사업자가 특정 이용자 집단에게 명목상 무료로 서비스를 제공하는 경우에도 상호간에 가치의 교환(거래)이 발생할 수 있다.

(예시4) 특정 온라인 동영상 플랫폼 사업자는 해당 플랫폼을 통해 동영상을 시청하는 이용자들에게 무료로 서비스를 제공한다. 그러나 동영상 시청 직전 또는 시청 중간에 광고영상을 노출하고 있으며 더 나아가 이용자들의 동영상 검색기록 등 이용정보를 수집·활용하여 자사 상품을 광고하려는 사업자들에게 맞춤형 광고 서비스를 판매할 수 있다. 이 경우 소비자들이 명목상 무료로 동영상을 시청하고 있다고 하더라도, 광고를 시청하고 있다는 점(주의·관심 제공), 동영상 검색기록 등 이용자 정보를 제공하고 있다는 점(개인정보 등 데이터 제공), 해당 동영상 플랫폼 이용자를 다수 확보하면 더 많은 사업자들에게 광고서비스를 판매할 수 있다는 점(교차 네트워크 효과를 통한 수익 증대) 등을 고려할 때, 일방적인 서비스 제공이 아니라 가치의 교환(거래)이 존재한다.

(이상「온라인 플랫폼 시장지배적지위 남용행위 심사지침」Ⅱ. 2)

Ⅱ. 연 혁

1980. 12. 31. 법제정 당시부터 시장지배적지위의 남용행위의 유형으로 현행 법과 같이 다섯 가지 기준을 열거하였다. 다만 당시에는 법 제 3 조 제 4 호에서 새로운 경쟁사업자의 참가방해와 함께 "경쟁사업자를 배제하기 위한 시설의 신설 또는 증설"을 남용행위의 유형으로 규정하고 있었으나, 1986. 12. 31. 1차 법개정을 통하여 이를 남용행위의 유형에서 제외하였다. 또한 당시에는 시장점유율이 50%에 미달하여 "가격남용의 금지"의 대상에 포함되지 아니하는 시장지배적사업자들의 동조적 가격인상에 대하여는 경제기획원 장관에게 그 이유를 보고할 수 있게 규정하였으나, 이 조항은 1986. 12. 31. 제 1 차 법개정시 삭제되었다. 또한 1996. 12. 30. 제 5 차 법개정을 통하여 법 제 3 조의 2(현재 제 5 조) 제 2 항은 시장지배적지위의 남용행위의 유형과 기준을 공정거래위원회가 정하여 고시할 수 있도록 규정하였고, 이에 따라 「시장지배적지위 남용행위의 유형 및 기준」[16]이 제정되었다. 1999. 2. 5. 제 7 차 법개정을 통하여 남용행위의 유형 및 기준은 대통령령으로 정하도록 하고, 법 시행령 제 5 조(현재 제 9 조) 제 6 항은 남용행위의 세부적인 유형 및 기준을 공정거래위원회가 정하여 고시할 수 있도록 규정하였는데,[17] 이에 따라 「시장지배적지위 남용행위 심사기준」[18]을 제정하여 남용행위의 세부적인 유형 및 심사기준을 고시하였다. 그 후 동 고시는 여러 차례 개정되었다.

Ⅲ. 남용행위의 유형 및 기준

1. 가격의 부당한 결정·유지·변경행위

첫째, 상품의 가격이나 용역의 대가(이하 "가격")를 부당하게 결정·유지 또는 변경하는 행위이다(법 제 5 조 제 1 항 제 1 호).[19]

16) 공정거래위원회 고시 제1997－12호.

17) 제 9 조(남용행위의 유형 또는 기준) ⑥ 제 1 항부터 제 5 항까지의 규정에 따른 행위의 세부적인 유형 및 기준에 관하여 필요한 사항은 공정거래위원회가 정하여 고시한다.

18) 공정거래위원회 고시 제2000－6호(2000. 8. 30).

19) 영 제 9 조(남용행위의 유형 또는 기준) ① 법 제 5 조 제 1 항 제 1 호에 따른 상품의 가격이나

① "상품의 가격이나 용역의 대가"(이하 "가격")는 원칙적으로 현금결제에 적용되는 가격을 기준으로 하되, 거래관행상 다른 가격이 있는 경우에는 그 가격을 적용한다. ② "수급의 변동"은 당해 품목의 가격에 영향을 미칠 수 있는 수급요인의 변동을 말한다. 이 경우 상당기간동안 당해 품목의 수요 및 공급이 안정적이었는지 여부를 고려한다. ③ "공급에 필요한 비용의 변동"은 가격결정과 상관관계가 있는 재료비, 노무비, 경상경비, 판매비와 일반관리비, 경영외비용 등의 변동을 말한다. ④ "동종 또는 유사업종"은 원칙적으로 당해 거래분야를 위주로 판단하되, 당해 거래분야 위주의 판단이 불합리하거나 곤란한 경우에는 유사시장이나 인접시장을 포함한다. ⑤ "통상적인 수준의 비용"인지 여부의 판단에는 각각의 비용항목과 전체 비용을 종합하여 판단하되, 당해 사업자의 재무상황, 비용의 변동추세, 다른 사업자의 유사항목 비용지출상황 등을 종합적으로 고려한다. ⑥ "현저하게 상승시키거나 근소하게 하락시키는 경우"는 최근 당해 품목의 가격변동 및 수급상황, 당해 품목의 생산자물가지수, 당해 사업자의 수출시장에서의 가격인상률, 당해 사업자가 시장에서 가격인상을 선도할 수 있는 지위에 있는지 여부 등을 종합적으로 고려하여 판단한다(「시장지배적지위 남용행위 심사기준」 Ⅳ. 1).

「신문업에 있어서의 불공정거래행위 및 시장지배적지위 남용행위의 유형 및 기준」[20](이하 "신문고시") 제10조 제 1 항에서는 시장지배적사업자인 신문발행업자가 거래상대방에 대한 신문판매가격 또는 광고대가를 원가변동요인 등에 비하여 현저하게 높은 수준으로 결정·유지 또는 변경하는 행위는 법 제 5 조(시장지배적지위의 남용금지) 제 1 항 제 1 호에 규정하는 "상품의 가격이나 용역의 대가를 부당하게 결정·유지 또는 변경하는 행위"에 해당된다고 규정하고 있다. 신문업에 있어서는 동 고시가 우선 적용된다(「신문고시」 제12조).

시장지배적사업자의 가격남용사례는 매우 드문데 3개 제과회사의 가격남용

용역의 대가(이하 "가격"이라 한다)를 부당하게 결정·유지 또는 변경하는 행위는 정당한 이유 없이 가격을 수급의 변동이나 공급에 필요한 비용(같은 종류 또는 유사한 업종의 통상적인 수준의 것으로 한정한다)의 변동에 비하여 현저하게 상승시키거나 근소하게 하락시키는 행위로 한다.

제10조(가격조사의뢰) 공정거래위원회는 법 제 5 조 제 1 항 제 1 호에 따라 시장지배적사업자가 가격을 부당하게 결정·유지 또는 변경하였다고 볼만한 상당한 이유가 있을 경우 관계 행정기관의 장이나 물가조사업무를 수행하는 공공기관에 가격에 관한 조사를 의뢰할 수 있다.

20) 공정거래위원회 고시 제2021-22호(2021. 12. 30).

행위(〈해태제과(주), 롯데제과(주), (주)크라운 제과의 시장지배적지위남용행위 및 부당표시행위에 대한 건〉)에서 공정거래위원회는 "시장지배적지위를 남용하여 자기가 공급하는 비스켓류제품의 가격은 그대로 유지한 채 제품의 용량을 감소시킴으로써 실질적으로 가격을 인상한 행위"에 대하여 시정명령을 하였다.[21] 〈비씨카드(주) 외 14의 시장지배적지위 남용행위 건〉에서 공정거래위원회는 "신용카드사의 현금서비스 수수료율, 할부수수료율 및 연체이자율 등 제반 요율은 신용카드업 시장에서 가격 또는 거래조건에 해당하는 것으로 자금조달비용, 연체율, 대손상각비, 마케팅비용 및 적정이윤 등을 고려하여 결정되며, 그중 자금조달비용이 수수료율 결정의 가장 중요한 요소이고, 연체율과 대손상각비도 주요한 결정요소라 할 수 있다"고 하고 "자금조달금리는 2.0%P, 연체율은 18.3%P, 대손율은 0.9%P 각각 하락하였음에도 불구하고 현금서비스 수수료율은 오히려 0.66%P 인상하여 유지하고, 할부수수료율과 연체이자율은 거의 동일한 수준으로 유지하는 행위는 자금조달금리 등 원가요인의 현저한 변동에도 불구하고 가격 또는 거래조건을 부당하게 변경·유지하는 행위로 판단된다"고 결정하였다.[22]

법에서는 부당한 가격 결정·유지·변경행위를 규정하고 있으나, 시행령에서는 가격결정행위에 대해서는 규제하고 있지 않아, 입법적 공백이 발생하고 있다.

2. 상품판매 또는 용역제공의 부당한 조절행위

둘째, 상품의 판매 또는 용역의 제공을 부당하게 조절하는 행위이다(법 제5조 제1항 제2호).[23]

시장지배적사업자가 상품의 판매 또는 용역의 제공을 부당하게 조절하는 행위를 금지하는 바, 여기서 상품의 판매 등을 조절하는 행위가 부당한지 여부는 당해 상품의 수급 등 유통시장의 상황, 생산능력·원자재 조달사정 등 사업자의 경영사정에 비추어 그 조절행위가 통상적인 수준을 현저하게 벗어나서 가격의 인상이나 하락의 방지에 중대한 영향을 미치거나 수급차질을 초래할 우려

21) 공정의 1992. 1. 15. 92.1. 92.2, 92.3.

22) 공정의 2001. 3. 28. 2001-040. 다만 대법원에서 시장지배적 사업자로 볼 수 없다는 이유로 취소되었다.

23) 영 제9조(남용행위의 유형 또는 기준) ② 법 제5조 제1항 제2호에 따른 상품의 판매 또는 용역의 제공을 부당하게 조절하는 행위는 다음 각 호의 행위로 한다. 1. 정당한 이유 없이 최근의 추세에 비추어 상품 또는 용역의 공급량을 현저히 감소시키는 행위 2. 정당한 이유 없이 유통단계에서 공급부족이 있음에도 불구하고 상품 또는 용역의 공급량을 감소시키는 행위

가 있는지 여부에 따라 판단하여야 한다.[24)]

2.1 정당한 이유없이 최근의 추세에 비추어 상품 또는 용역의 공급량을 현저히 감소시키는 경우

> ① "최근의 추세"는 상당기간동안의 공급량을 제품별, 지역별, 거래처별, 계절별로 구분하여 판단하되, 제품의 유통기한, 수급의 변동요인 및 공급에 필요한 비용의 변동요인을 감안한다. ② "공급량을 현저히 감소시킨다"함은 당해 품목의 생산량이나 재고량을 조절함으로써 시장에 출하되는 물량을 현저히 감소시키는 것을 말한다. 이 경우 i) 공급량을 감소시킨 후 일정기간 이내에 동 품목의 가격인상이 있었는지 여부, ii) 공급량을 감소시킨 후 일정기간 이내에 당해 사업자(계열회사를 포함)의 동 품목에 대한 매출액 또는 영업이익이 증가하였는지 여부, iii) 공급량을 감소시킨 후 일정기간 이내에 당해 사업자(계열회사를 포함)가 기존 제품과 유사한 제품을 출하하였는지 여부, iv) 원재료를 생산하는 당해 사업자(계열회사를 포함)가 자신은 동 원재료를 이용하여 정상적으로 관련 제품을 생산하면서, 타사업자에 대해서는 동 원재료 공급을 감소시켰는지 여부를 고려하되, 직영대리점이나 판매회사의 재고량 및 출하량을 합산한다(「시장지배적지위 남용행위 심사기준」 Ⅳ. 2. 가).

〈(주)신동방의 시장지배적지위 남용행위 건〉 관련 행정소송에서 서울고등법원은 판매조절여부는 일일 판매량이 평상시에 비해 급격히 감소하였던 기간을 선정, 다른 날과의 대비를 통하여 그 기간 동안 판매량을 조절하는 행위가 있었는지 여부를 보고 나아가 그와 같은 판매량의 감소가 있은 기간을 전후한 무렵에 존재하였던 사정을 종합하여 판단하여야 한다고 하고, "1차 가격인상 직후인 1997. 12. 8.부터 2차 가격인상 직전인 같은 해 12. 16.까지 일일 평균판매량을 87.7톤으로 설정하여 1997. 11. 대비 27.8%, 직전기간대비 38.3%, 직후 기준기간 대비 16.1%로 감소시켰고, 일일 평균재고량은 1997. 11. 말 재고량 대비 413.5%, 직전 기준기간 기말재고량 대비 191.8% 수준으로 증가시킨 행위"를 부당한 출고조절행위로 판단하였다.[25)]

다만 〈남양유업(주)의 시장지배적지위 남용행위 및 재판매가격유지행위 건〉 관

24) 대판 2002. 5. 24. 2000두9991.

25) 서고판 1999. 10. 6. 99누3524(대판 2000. 2. 25. 99두10964).

련 행정소송에서 대법원은 공급업체로부터 조제분유가 출고되더라도 바로 소비자에게 판매되는 것이 아니고 각 거래처에서의 재고기간 또는 진열기간을 거쳐 소비자에게 판매되는 것이므로 일정기간 동안의 출고량과 재고량만으로 원고회사의 의도적 출고조절여부를 판단하는 것은 부당하고 직영대리점이나 판매회사의 재고량까지 모두 시장지배적사업자의 재고량으로 보도록 규정하고 있는 점에 비추어 관련 회사 창고 전부의 출고량과 재고량을 기준으로 하여 판단하여야 한다고 하고, "'최근의 추세'와 대비할 '상당한 기간'을 획정함에 있어서는, 기본적으로 '생산량 또는 판매량의 감소' 내지 '재고량의 증가'가 평상시에 비하여 현저한 기간을 기준으로 삼아야 할 것이지만, 고시에 해당하는 행위가 있으면 공정거래위원회가 따로 그 '부당성'을 입증하지 아니하여도 법 제 5 조 제 1 항 제 2 호에서 규정하는 '부당하게 조절하는 행위'로 평가된다는 점을 고려하면 '상당한 기간'은 위 기준만에 의할 것이 아니라, 그 외 당해 제품의 유통기한, 수요의 변동요인, 공급에 필요한 비용의 변동요인 등 정상적인 수급상황에 영향을 미치는 제반 요인을 함께 살펴, 그 기간 동안의 '생산량 또는 판매량의 감소' 내지 '재고량의 증가'가 시장의 수요에 현저하게 역행하는 것으로서 그것이 당해 사업자의 시장지배적지위에 기해서만 설명이 가능한 것인지 여부도 아울러 감안하여 획정할 것이 요구된다"고 하고, "거래처의 대금결제가 다음 달 말일에 행하여지는 관계로 항상 월말의 출고량이 월초나 월중에 비하여 현저하게 소량인 점을 알 수 있으므로, 월말 출고량의 현저한 감소만으로는 시장지배적지위에 기한 것이라고 보기는 어렵다"고 함으로써[26] 출고량감소가 있는 경우에도 그 기준이 되는 상당한 기간을 신중하게 설정해야 한다고 한다.

이어지는 〈제일제당(주)의 시장지배적지위 남용행위 건〉 관련 행정소송에서는 "비교기간으로 설정한 1997. 12. 1.부터 12. 6.까지 사이의 생산·출고량과 비교하여 보아도 그 감소 정도가 현저하다고 할 수 없을 뿐만 아니라, 출고조절기간 당시 외환위기라는 비상상황을 맞이하여 사업자로서 최악의 상황에 대비한 합리적인 기업경영행위라 보이는 점, 손실의 확대를 감수하면서까지 비정상적인 가수요에 대하여 생산·출고를 증대할 것을 기대하기는 어려운 점 등을 감안하여 부당한 출고조절행위에 해당한다고는 볼 수 없다"고 판시하였다.[27]

한편 정당한 이유와 관련하여 〈(주)신동방의 시장지배적지위 남용행위 건〉

26) 대판 2001. 12. 24. 99두11141.

27) 대판 2002. 5. 24. 2000두9991.

관련 행정소송에서 서울고등법원은 "환차손 등 손실로 인한 경영상의 어려움", "설날 성수기를 앞둔 가수요나 일부대리점의 사재기로 인한 피해 방지" 등은 정당한 이유가 될 수 없다고 판시하였다.[28] 공정거래위원회는 시장지배적사업자의 부당한 출고 조절 행위에 대한 제재 조치로는 1998년 이후 약 20년 만에, BCG 백신을 독점 수입·판매하고 있던 (주)한국백신 등(한국백신판매(주), (주)한국백신상사 포함, 이하 한국백신)이 고가의 경피용 BCG 백신 판매 증대를 위해 국가 무료 필수 백신인 피내용 BCG 백신 공급을 중단하여, 부당하게 독점적 이득을 획득한 행위에 시정명령과 과징금을 부과하고, (주)한국백신과 관련 임원을 검찰에 고발하기로 결정했다(〈피내용 BCG백신관련 3개사업자의 시장지배적지위 남용행위 건〉).[29]

2.2 정당한 이유없이 유통단계에서 공급부족이 있음에도 불구하고 상품 또는 용역의 공급량을 감소시키는 경우

"유통단계에서 공급부족이 있다" 함은 주로 성수기에 최종 소비자가 소비하기 전의 각 유통과정에서 품귀현상이 있음을 말한다(「시장지배적지위 남용행위 심사기준」 Ⅳ. 2. 나).

3. 다른 사업자의 사업활동에 대한 부당한 방해행위

셋째, 다른 사업자의 사업활동을 부당하게 방해하는 행위이다(법 제5조 제1항 제3호).[30]

---

28) 서고판 1999. 10. 6. 99누3524(대판 2000. 2. 25. 99두10964).

29) 공정거래위원회 보도자료(2019. 5. 16); 공정의 2019. 9. 19. 2019－239.

30) 영 제9조(남용행위의 유형 또는 기준) ③ 법 제5조 제1항 제3호에 따른 다른 사업자의 사업활동을 부당하게 방해하는 행위는 직접 또는 간접으로 다음 각 호의 행위를 하여 다른 사업자의 사업활동을 어렵게 하는 행위로 한다. 1. 정당한 이유 없이 다른 사업자의 생산활동에 필요한 원재료 구매를 방해하는 행위 2. 정상적인 관행에 비추어 과도한 경제상의 이익을 제공하거나 제공할 것을 약속하면서 다른 사업자의 사업활동에 필수적인 인력을 채용하는 행위 3. 정당한 이유 없이 다른 사업자의 상품 또는 용역의 생산·공급·판매에 필수적인 요소의 사용 또는 접근을 거절·중단하거나 제한하는 행위 4. 그 밖에 제1호부터 제3호까지의 방법 외의 다른 부당한 방법에 따른 행위를 하여 다른 사업자의 사업활동을 어렵게 하는 행위 중 공정거래위원회가 정하여 고시하는 행위

> "간접적"이라 함은 특수관계인 또는 다른 자로 하여금 당해 행위를 하도록 하는 것을 말하며, "다른 사업자의 사업활동을 어렵게 하는 경우"를 판단함에 있어서는 다른 사업자의 생산·재무·판매활동을 종합적으로 고려하되, 사업활동이 어려워질 우려가 있는 경우를 포함한다(「시장지배적지위 남용행위 심사기준」 Ⅳ. 3).

여기에서 "다른 사업자"는 거래상대방을 포함하는 개념이다. 대법원도 〈현대자동차의 시장지배적지위 남용행위 건〉 관련 행정소송에서 시장지배적사업자의 판매대리점을 거래상대방인 다른 사업자로 봄으로써 동일한 입장이다.[31)]

이는 시장지배적 지위 남용행위가 이루어지는 시장과 경쟁제한성이 나타나는 시장이 다를 수 있는지 여부와도 관계된다. 〈(주)포스코의 시장지배적지위 남용행위 건〉 관련 행정소송에서 서울고등법원은 "시장지배적지위에 의한 경쟁제한성은 반드시 시장지배적사업자가 속한 관련 시장에서의 경쟁제한에 국한되는 것은 아니며, 다른 시장에서에서 경쟁을 제한하는 경우도 포함된다"고 판시하였다.[32)]

또한 소비자 이익 저해행위 여부가 문제된 〈에스케이텔레콤의 시장지배적지위 남용행위 건〉 관련 행정소송에서도 서울고등법원은 'MP3폰을 디바이스로 하는 이동통신서비스시장'에서 시장지배적사업자인 원고가 이동통신서비스시장에서 갖는 시장지배적 지위를 이용하여 'MP3파일 다운로드서비스 시장'에서의 경쟁을 제한할 수 있다고 인정하였다.[33)] 즉 원고는 MP3폰을 디바이스로 하는 이동통신서비스시장(주된 시장)에서 시장지배적지위를 가지고 원고의 MP3폰으로 MP3 음악파일을 재생하기 위해서는 멜론 사이트에서 그 파일을 구매할 수밖에 없도록 기술적 장치인 DRM을 설치함으로써(일종의 기술적 결합: technological tying) 그 지배적 지위를 전이하여 관련시장에서의 용역의 구매를 사실상 강제하는 효과를 거두었고, 그 결과 MP3파일 다운로드시장(종된 시장)에서 일정정도 원고로의 쏠림현상(Sogwirkung)이 발생하기도 하였다고 판시하였다.

이와 관련해서는 양면시장에서의 시장지배력에 관한 대법원판례를 참고로 할 필요가 있다. 즉 〈(주)티브로드 강서방송의 시장지배적지위 남용행위 건〉에

31) 대판 2010. 3. 25. 2008두7465.

32) 서고판 2002. 8. 27. 2001누5370(대판 2007. 11. 22. 2002두8626).

33) 서고판 2007. 12. 27. 2007누8623(대판 2011. 10. 13. 2008두1832). 다만 대법원은 소비자이익 침해의 현저성을 인정하지 않았다.

서 공정거래위원회는 (주)티브로드 강서방송이 상호간의 협의에 의해 보다 합리적으로 채널을 배정할 수 있음에도 불구하고 단순히 우리홈쇼핑이 송출수수료 인상에 동의하지 않는다는 이유만으로 일방적으로 우리홈쇼핑의 채널을 비선호 채널로 변경한 행위가 부당하게 거래상대방에게 불이익이 되는 거래 또는 행위를 강제한 행위에 해당한다고 판단하였는데,[34] 서울고등법원은 프로그램 송출시장에서의 독점적 사업자인 종합유선방송사인 티브로드 강서가 프로그램 송출시장에서의 시장지배력을 지렛대 삼아 그 지배력을 인접시장인 프로그램 송출서비스시장에서의 거래상대방으로서의 다른 사업자인 우리홈쇼핑에게 전이하여 시장지배적사업자의 지위남용행위를 하였다고 판단하였다.

그러나 대법원은 “관련 상품시장은 프로그램 송출시장과는 별개의 시장으로서 원고와 같은 플랫폼사업자가 TV홈쇼핑사업자 등으로부터 수수료를 지급받고 송출채널을 통해 프로그램의 송출서비스를 제공하는 프로그램 송출서비스시장이고, 이 사건 관련 지역시장의 범위는 전국이라고 본 것은 옳은 것으로 수긍할 수 있으나, 이 별개의 시장인 프로그램 송출시장에서의 시장지배적사업자가 곧바로 프로그램 송출서비스시장에서도 시장지배적사업자가 되는 것이 아니며, 또한 위 양시장의 거래내용, 특성, 시장지배적지위 남용행위의 규제목적, 내용 및 범위 등을 비롯한 여러 사정을 종합적으로 고려하면, 프로그램 송출시장에서 시장지배적사업자인 원고의 시장지배력이 프로그램 송출서비스시장으로 전이된다고 볼 만한 근거를 찾아 볼 수도 없다. 따라서 이 사건 채널변경행위가 이루어진 이 사건 관련 시장에서 원고가 시장지배적사업자의 지위에 있다고 볼 수는 없다”고 판시하였다.[35] 결국 양면시장에서의 시장지배력은 서로 별개로 판단하여야 하며, 한 시장에서의 시장지배력이 다른 시장에 당연히 이전되지는 않는다는 것이 대법원의 입장이라 할 수 있다.

이러한 대법원판례의 취지로 본다면 시장에서의 시장지배력은 당해시장에서의 독자적인 기준에 따라 판단하여야 하며, 한 시장에서의 시장지배력이 다른 시장으로 당연히 이전하지는 않는다. 만약 당해 시장에서 시장지배력이 인정되지 않을 경우에는 일반 불공정거래행위로 규제하여야 할 것이다. 이러한 논리는, 경우는 다르지만 필수설비이론의 성립요건에서 1차시장, 2차시장에서 모두 시장

---

34) 공정의 2007. 3. 28. 2007－152.

35) 대판 2008. 12. 11. 2007두25183; 양면시장이 하나의 시장을 형성한다는 견해로는 최승재, 경쟁저널(2009. 3), 76~88면 참조. 이러한 견해에서는 시장지배력의 전이 문제가 발생하지 않는다. 같은 견해로는 이석준/이승재, 경쟁저널(2009. 7), 41면 참조.

지배력이 인정되어야 한다는 논리와 맥을 같이 하는 것이다.[36] 독점력의 이전이라는 의미는 한 시장의 독점력을 레버리지로 하여 다른 시장에서도 독점력을 가진다는 의미로 해석해야 하며 한 시장에서의 독점력이 자동적으로 다른 시장에서의 독점력으로 인정되는 것은 아니다.[37]

3.1 정당한 이유없이 다른 사업자의 생산활동에 필요한 원재료 구매를 방해하는 행위

> "원재료"에는 부품, 부재료를 포함하며, "원재료 구매를 방해한다" 함은 원재료 구매를 필요량 이상으로 현저히 증가시키거나, 원재료 공급자로 하여금 당해 원재료를 다른 사업자에게 공급하지 못하도록 강제 또는 유인하는 것을 말한다(「시장지배적지위 남용행위 심사기준」 Ⅳ. 3. 가).

3.2 정상적인 관행에 비추어 과도한 경제상의 이익을 제공하거나 제공할 것을 약속하면서 다른 사업자의 사업활동에 필수적인 인력을 채용하는 행위

> "다른 사업자의 사업활동에 필수적인 인력"이라 함은 ① 당해 업체에서 장기간 근속한 기술인력(기능공 포함), ② 당해 업체에서 많은 비용을 투입하여 특별양성한 기술인력(기능공 포함), ③ 당해 업체에서 특별한 대우를 받은 기술인력, ④ 당해 업체의 중요산업정보를 소지하고 있어 이를 유출할 가능성이 있는 기술인력을 말한다. 여기서, "기능공 포함"이란 당해 업체의 생산활동에 커다란 타격을 줄 정도로 다수의 기능공이 스카웃되는 경우를 말한다(「시장지배적지위 남용행위 심사기준」 Ⅳ. 3. 나).

36) 이에 관해서는 후술.

37) 〈에스케이텔레콤의 시장지배적지위 남용행위 건〉 관련 행정소송에서도 시장지배력이 이전되었다고 본 MP3 파일 다운로드서비스시장에서 원고인 멜론의 시장점유율이 74%를 차지하고 있다.

3.3 정당한 이유없이 다른 사업자의 상품 또는 용역의 생산 · 공급 · 판매에 필수적인 요소의 사용 또는 접근을 거절 · 중단하거나 제한하는 행위

> ① "필수적인 요소"(이하 "필수요소")라 함은 네트워크, 기간설비 등 유·무형의 요소를 포함하며, i) 당해 요소를 사용하지 않고서는 상품이나 용역의 생산·공급 또는 판매가 사실상 불가능하여 일정한 거래분야에 참여할 수 없거나, 당해 거래분야에서 피할 수 없는 중대한 경쟁열위상태가 지속될 것, ii) 특정 사업자가 당해요소를 독점적으로 소유 또는 통제하고 있을 것, iii) 당해 요소를 사용하거나 이에 접근하려는 자가 당해 요소를 재생산하거나 다른 요소로 대체하는 것이 사실상·법률상 또는 경제적으로 불가능할 것의 요건을 갖추어야 한다. ② "다른 사업자"라 함은 필수요소 소유자 또는 그 계열회사가 참여하고 있거나 가까운 장래에 참여할 것으로 예상되는 거래분야에 참여하고 있는 사업자를 말한다. ③ "거절·중단·제한하는 행위"라 함은 i) 필수요소에의 접근이 사실상 또는 경제적으로 불가능할 정도의 부당한 가격이나 조건을 제시하는 경우, ii) 필수요소를 사용하고 있는 기존 사용자에 비해 현저하게 차별적인 가격이나 배타조건, 끼워팔기 등 불공정한 조건을 제시하는 경우를 포함하여 실질적으로 거절·중단·제한하거나 이와 동일한 결과를 발생시키는 행위를 말한다. ④ "정당한 이유"가 있는지를 판단함에 있어서는 i) 필수요소를 제공하는 사업자의 투자에 대한 정당한 보상이 현저히 저해되는 경우(다만, 경쟁의 확대로 인한 이익의 감소는 정당한 보상의 저해로 보지 아니함), ii) 기존 사용자에 대한 제공량을 현저히 감소시키지 않고서는 필수요소의 제공이 불가능한 경우, iii) 필수요소를 제공함으로써 기존에 제공되고 있는 서비스의 질이 현저히 저하될 우려가 있는 경우, iv) 기술표준에의 불합치 등으로 인해 필수요소를 제공하는 것이 기술적으로 불가능한 경우, v) 서비스 이용고객의 생명 또는 신체상의 안전에 위험을 초래할 우려가 있는 경우에 해당하는지 여부 등을 고려한다(「시장지배적지위 남용행위 심사기준」 Ⅳ. 3. 다).

이는 이른바 '필수설비이론("Essential Facilities" – Doctrine)'을 입법화한 것으로써 최근의 경쟁법 집행에서 크게 문제되고 있는 분야 중의 하나이므로 상세히 살펴보기로 한다.

1) 규정의 연혁

일반적으로 필수설비는 그 시설을 이용할 수 없으면 경쟁상대가 고객에게 서비스를 제공할 수 없는 시설을 말하는 것으로서, 경쟁상대의 활동에 불가결한 시설을 시장지배적기업이 전유하고 있고, 그것과 동등한 시설을 신설하는 것이 사실상 불가능하거나 경제적 타당성이 없어 그러한 시설에의 접근을 거절하는 경우 경쟁상대의 사업수행이 사실상 불가능하거나 현저한 장애를 초래하게 되는 설비를 말한다.[38] 즉 이른바 '필수설비(Essential Facilities)'이론은 시장에서 경쟁하는 데 불가결한 시설(반드시 유형의 시설만을 의미하는 것은 아님)을 가지는 사람은 그 시설에의 접근을 거절해서는 안 된다고 하는 이론으로서 다른 사업자에게 사용이나 접근을 거절하는 '필수적 요소'에 해당하는 경우 경쟁당국은 필요한 경우 필수설비를 적정한 가격에 다른 경쟁사에게 개방하도록 의무화하거나 극단적으로는 필수설비소유자가 필수설비를 이용하는 서비스를 사용하지 못하도록 할 수 있는 정책을 실행할 수 있다는 것이다.[39]

필수설비이론에 관한 규정은 법 시행령에 규정되기 전에 이미 2000. 9. 8. 제정된 「시장지배적지위 남용행위 심사기준」에서 "새로운 경쟁사업자의 참가에 대한 부당한 방해행위" 관련 "새로운 경쟁사업자의 신규진입을 어렵게 하는 행위"의 하나로서 규정되었는데, "정당한 이유없이 상품이나 용역의 제공에 필수적인 네트워크 또는 기간설비에 접근하는 것을 거절함으로써 경쟁사업자의 신규진입을 방해하는 행위"로 규정되어 있었다. 다만 이때까지는 다른 사업자의 사업활동에 대한 부당한 방해행위로서는 규정되지 않았고 동 내용은 2001년 시행령개정시 추가로 시행령에 규정되었다.

2002년 개정 「시장지배적지위 남용행위 심사기준」 Ⅳ. 3.에서 다른 사업자의 사업활동에 대한 부당한 방해행위의 하나로 필수설비이론을 자세히 규정하면서 이를 4. 새로운 경쟁사업자의 시장참가에 대한 부당한 방해행위에도 준용하였다. 동 규정의 취지에 대하여 대법원은 〈한국여신전문금융업협회의 사업자단체금지행위 건〉 관련 행정소송에서 "공동이용망과 같은 필수설비적 성격을 가진 시설의 보유자들에게 경쟁상대방도 그 시설을 이용할 수 있도록 강제하는 것은 그 거래분야에서의 공정한 경쟁을 촉진하고 그러한 시설에 대한 불필요한

---

38) 대판 2005. 8. 19. 2003두5709.

39) 서고판 2007. 12. 27. 2007누8123(대판 2011. 10. 13. 2008두1832).

중복투자를 방지하여 소비자후생을 기하고 국민경제의 균형 있는 발전을 도모하고자 함에 있다"고 판시하였다.[40]

위의 규정들은 외국의 입법 및 판례상의 필수설비이론을 비교적 충실히 반영하고 있다. 특징적인 것은 기존사업자뿐만 아니라 새로운 경쟁사업자에 대해서도 별도로 규정하고 있으며,[41] 각각 사업활동방해 및 신규진입방해행위로 규율한다는 점이다. 그러나 이러한 규정방식은 사업활동방해행위와 진입방해행위를 별도로 규정하고 있는 규정형식에 기인한 것이며, 본질적으로 이를 구분해야 할 이유는 없다고 판단된다. 이하에서는 독점규제법 시행령에 규정된 필수설비이론의 자세히 내용에 대해 살펴보기로 한다.

2) 외국에서의 논의

필수설비이론은 그 발상지인 미국에서는 대체로 '중요한 시설의 소유자는 경우에 따라 제 3 자에게 그 시설을 개방해 줘야 할 의무가 있으며, 이를 거절하는 경우 「셔먼법(Sherman Act)」 제 2 조에 위반될 수 있다'는 내용을 가지고 있다. 이는 1912년 미국연방대법원의 〈Terminal Railroad 사건〉[42]에서 출발하였는데, 초창기 즉 1945년의 〈Associated Press 사건〉이나 1948년의 〈Griffith 사건〉까지는 「셔먼법(Sherman Act)」 제 1 조 위반문제로 논의되다가, 1973년의 〈Otter Tail 사건〉에서 처음으로 「셔먼법(Sherman Act)」 제 2 조 위반, 즉 단독의 거래거

---

40) 대판 2005. 8. 19. 2003두5709.

41) 외국의 경우 학설, 판례로 신규진입자에 대해서도 적용된다는 점을 인정한다. 이에 대해서는 Sea Container/Stenalink, Komm., ABlEG 1994, Nr. L 15/8. 참조.

42) Terminal Railroad, 224 U.S.383, 32S. Ct 507(1912): 동 사건을 요약하면 다음과 같다. 세인트루이스의 Terminal Railroad Association(TRA)는 1889년 여러 철도회사들간의 계약을 통해 성립되었다. 이 계약은 지금까지 독립된 철도회사에 속하였던 철도역사, 교량(Eads) 그리고 터널을 통합하여 하나의 단일한 교통시스템을 구축할 목적으로 체결되었다. 그 결과 1892년에 하나의 단일한 터미널 시스템이 성립하였다. 한편 1890년에 기존의 Eads교량 외에 Merchants 교량이 미시시피강에 설치되었다. 또한 강을 건너기 위한 세 번째 교통수단으로서 Original Wiggins 페리회사가 설립되었는데 1893년에 TRA는 Merchants교량의 독점이용권을 취득하였고, 1902년에는 그 지역최대의 페리회사였던 Wiggins사를 인수하였다. 이로써 TRA는 철도역사, 교량, 터널 그리고 세인트루이스와 서 세인트루이스사이의 선박교통망을 완전 장악하였다. 지리적 이유로 다른 대체시설은 신설이 불가능하였다. 1904년 미주리주 검사는 Merchants교량에 대한 통제를 해소해야 한다고 요구하였으나 미주리주 대법원은 이를 거부하였다. 이에 따라 1905년 연방검사는 미주리주 항소법원에 소를 제기하였다. 정부는 그러한 기업결합으로 인하여 경쟁이 저해되었고 따라서 TRA와 Merchants 교량 그리고 Wiggins사와의 결합이 해소되어야 한다고 주장하였다. 이에 대해 TRA는 효율성극대화 항변을 하였으나 1912년 연방대법원은 TRA의 기업결합은 「셔먼법」 제 1 조에 위반된다고 판시하였다. 동시에 TRA로 하여금 다른 경쟁자에게도 동일한 조건으로 동 시설들을 제공하도록 명하였다.

절문제로 논의되기 시작하였다. 이어서 1978년 〈Hecht 사건〉에서는 구체적으로 '필수설비이론(Essential Facilities Doctrine)'이라는 표현이 등장하였고, 1983년의 〈MCI 사건〉[43]에서 연방항소법원은 필수설비이론의 자세한 요건을 최초로 가장 구체적으로 적시하였는데 특히 필수설비로서의 시내전화통신망이 문제가 되었던 사례이다. 〈MCI 사건〉의 주요내용은 다음과 같다.

통신사업자인 MCI사는 장거리전화서비스를 확대할 목적으로 AT&T의 Bell사가 운영하는 지역통신망과의 접속을 희망하였다. 이러한 접속을 통하지 않고서는 MCI사의 장거리전화서비스의 확장은 불가능하였고, Bell사의 지역통신망은 자연적 독점의 성격을 가지고 있었다. 그러나 AT&T사는 MCI사의 접속을 거부하였고 MCI사는 이에 대해 「셔먼법(Sherman Act)」 제 2 조의 독점화 위반으로 제소하였다. 이에 대해 연방항소법원은 진입이 기술적으로 가능하고 AT&T사에 대해서도 기대가능한 사안이라는 이유로 필수설비이론을 원용하여 접속을 명하였다. 아울러 법원은 필수설비이론의 네 가지 요건을 제시하였다. 즉 1) 독점사업자가 필수설비를 통제할 것, 2) 신설이 불가능할 것, 3) 독점사업자가 필수설비에의 접근을 거부할 것 그리고 4) 공동사용의 기대가능성이 있을 것이었다. 그러나 연방대법원에서는 '필수설비'이론에 대한 언급이 없이 연방항소법원의 판결을 인정하였다.

이후에도 필수설비이론은 프로풋볼경기장,[44] 스키장의 리프트[45]에도 적용된 바가 있고, CRS(Computer Reservation System), 병원시설, 컴퓨터운영시스템, 광대역케이블망 등에 까지 논의가 확대되고 있다. 이러한 실무의 경향에 대해서는 학계에서 많은 비판이 제기되고 있는 실정이다.[46] 그리고 2004년 〈Verizon 사건〉[47]에서 미연방대법원은 필수설비이론에 대한 부정적인 견해를 밝힌 바 있다.

유럽에서는 1992년 및 1993년에 최초로 EU집행위원회의 일련의 〈항만 사건〉[48]을 통해 미국의 필수설비이론을 도입하였는데 주로 「EU기능조약」 제102조(시장지배적지위의 남용금지) 위반여부가 문제가 되었다. 동 사건들에서는 필수설비이

---

43) MCI Communikations Corp. v. AT&T Co., 708 F.2d, 1132(7th Cir. 1983).

44) Hecht v. Pro-Football, Inc., 570 F.2d 992(1977).

45) Aspen Skiing Co. v. Aspen Highlands Skiing Corp., 472 U.S. 596, 105 S. Ct. 2854(1985).

46) 대표적으로 Areeda, 58 Antitrust L.J.(1990), 841. "Judging by catch phrase".

47) Verizon Communication Inc., v. Law Offices of Curtis V. Trinko, LLP, 540 U.S.398 124 S.Ct.872(2004); 동 판결의 내용과 분석에 대하여 이기종, 경쟁저널(2004. 7), 53~61면 참조.

48) B&I/Sealink (Holyhead), Komm., Entsch. v. 11.6.1992. Sea Container/Stena Sealink, Komm., ABlEG 1994, Nr. L 15/8; Hafen von Rödby, Komm., ABlEG 1994, Nr. L 55/52.

론의 내용을 다음과 같이 판시하고 있다.

> "필수설비(즉 경쟁자가 이를 이용하지 아니하면 그들의 고객에게 서비스를 제공할 수 없는 시설이나 인프라)의 운영에 있어서 시장지배적지위를 갖고 있고, 이러한 설비를 스스로 사용하는 사업자가 객관적인 정당화 사유없이 다른 사업자에게 접근을 거부하거나 혹은 자신이 스스로 제공하는 서비스에 비해 불리하게 하는 조건으로 접근을 허용하는 행위는 「EU조약」 제82조(현행 「EU기능조약」 제102조)의 다른 요건을 충족하는 한 동 규정에 위반됨".

이외에도 필수설비이론은 EU집행위원회나 EU법원에 의해 공항시설, 도로, 통신망, 지적재산권 등에 적용되었다. 〈Magill 사건〉,[49] 〈IMS Health 사건〉[50] 등에서 지적재산권에 대한 필수설비이론 적용문제가 논란이 된 적이 있다. 상기 사건에서 EU법원은 적용요건으로 '예외적 상황(exceptional circumstances)'을 강조한 바 있다. 또한 항공분야의 CRS 및 Interlining시스템 등에 적용되었으나, 영업망에 대해서는 부정된 바 있다. 특히 영업망에 대한 필수설비이론의 적용을 거부한 〈Bronner 사건〉[51]에서는 특히 사실적·잠재적 대체가능성을 강조함으로써 동 이론의 적용요건을 매우 엄격하게 해석하였다. 독일의 경우에는 필수설비이론을 법제화하여 「경쟁제한방지법(GWB)」 제19조 제 4 항 제 4 호에서 시장지배력남용의 한 유형으로 규정하고 있고, 기타 통신법,[52] 에너지경제법, 철도법 등에서도 별도로 이러한 내용의 특별규정을 두고 있다. 소위 네트워크산업에 경쟁을 도입하기 위한 도구로 활용된다.[53] 특히 독일 「경쟁제한방지법(GWB)」 제10차 개정에서는 데이터를 필수설비로 인정하여 접근거절을 금지하도록 규정하였다.

이하에서는 법, 시행령 및 「시장지배적지위 남용행위 심사기준」에 규정된 내용을 중심으로 필수설비이론의 적용요건을 살펴보기로 한다.

---

49) EuGH, Urt.v. 6.4. 1995. verb. Rs.C－241/91 p und C－242/91

50) EuG, Urt. v. 10.8. 2001. Rs. T－184/01 R.

51) Bronner, EuGH, Slg. 1998, I－7817.

52) 유럽 및 독일의 통신법과 필수설비이론의 적용에 관하여 신동권, 경쟁법연구 제10권(2004), 223~243면 참조.

53) 이승훈, 공정거래와 법치(2004), 791면; 우리나라의 경우에도 「전기통신사업법」에서 다른 전기통신사업자가 전기통신업무를 제공하는데 필수적인 설비를 보유한 기간통신사업자에 대하여는 설비 등 제공, 상호제공 등 의무를 부과하고 있다(「전기통신사업법」 제35조, 제39조 등).

3) 필수설비이론의 적용요건

독점규제법 규정상의 필수설비이론의 적용요건에 대해서는 크게 적극적 구성요건과 소극적 구성요건으로 나누어볼 수 있는데, 우선 적극적 구성요건으로는 첫째, 시장지배적사업자가, 둘째, 다른 사업자의 상품 또는 용역의 생산에 필수적인 요소("필수요소")를 소유 또는 통제하고, 셋째 다른 사업자의 사용 또는 접근을 거절중단하거나 제한할 것이 요구되고, 소극적 구성요건으로서는 정당한 이유의 부존재를 들 수 있다. 다만 여기에서 필수요소의 소유 또는 통제라는 요건은 시장지배적사업자라는 요건과 별개가 아니라 필수설비의 소유 또는 통제는 시장지배의 징표가 된다.[54] 따라서 양자는 중복되는 개념이다.

① 시장지배적사업자

필수설비이론은 시장지배적지위남용의 한 유형이기 때문에 당연히 시장지배적남용에 관한 일반요건을 충족하여야 한다. 따라서 우선은 '사업자성'이 인정되어야 하며, 시장지배적사업자이어야 한다. 관련시장 획정과 관련하여 필수설비이론을 적용하기 위해서는 반드시 2개의 시장 즉 필수설비를 제공하는 시장(upstream)과 최종사용자에게 서비스를 제공하는 2차적 시장(downstream)을 전제한다. 보통 2차시장은 1차시장과 종속적인 관계를 가지고 있다. 왜냐하면 필수설비이론은 소위 '지렛대(monopoly-leverage)'이론의 구조를 가지고 있고, 이에 의하면 1차시장에서의 독점력이 2차시장으로 이전되어 2차시장에서의 독점력이 유지되게 되기 때문이다.

한편 이 경우 1차시장에서의 필수설비 보유자(시장지배적사업자)가 2차시장에서도 참여해야 하는가 그리고 동 시장에서 지배력을 가져야 하는가가 문제이다. 이에 대해 EU집행위원회나 EU법원은 1차시장에서의 시장지배적사업자가 2차시장에도 참여해야 하며, 동 시장에서의 시장지배력도 인정되어야 한다고 판단한다.[55] 그러나 「시장지배적지위 남용행위 심사기준」 Ⅳ. 3. 다. (2)에서 다른 사업자의 개념을 "필수요소 보유자 또는 그 계열사가 참여하고 있거나 가까운 장래에 참여할 것으로 예상되는 거래분야에 참여하고 있는 사업자"로 규정하는

---

54) Shin, Dong-Kweon, S. 164 ff.

55) London European/SABENA, Komm. ABlEG 1998, Nr. L 317/52; 이러한 측면에서 〈한국여신전문금융업협회의 사업자단체금지행위 건〉에서 공동이용망을 필수설비로 볼 수 있으나 문제는 사업자단체인 한국여신전문협회가 신용카드업을 영위할 수 있는 것은 법률상 불가능하므로 필수설비이론으로 다룰 수 없다는 문제제기가 있다. 김권회, 경제법판례연구 제 4 권(2007), 51면.

데, 이 역시 참여를 전제로 한 것으로 해석하여야 한다.

2차시장에의 참여문제와 관련하여 「심사기준」이 필수설비보유자가 가까운 장래에 참여할 것으로 예상되는 시장도 포함시키므로 2차시장에의 참여는 필수설비법리의 적용요건이 아니라는 비판적 견해가 있는데[56] 그러한 해석은 시장지배적사업자에게 적극적인 거래의무를 부과함으로써 독점시장을 개방할 수 있게 한다는 판단이 작용한 것이다. 그러나 2차시장에의 참여를 전제로 하지 않는다면, 만약 필수설비보유자가 2차시장 참여를 전혀 염두에 두고 있지 않은 상황에까지 동 법리를 적용해야 하는데, 이는 필수설비의 독점적 보유 자체를 문제삼는 것으로 우리법의 태도와 맞지 않고 재산권의 과도한 제한을 초래할 우려가 있다는 반론도 있다.[57] "가까운 장래에 참여할 것으로 예상되는 거래분야"는 잠재적 참여를 의미한다고 보면 이 또한 참여를 요건으로 하는 것으로 해석할 수도 있다. 일반적으로는 2차시장에 참여하는 경우가 대부분이지만, 참여를 하지 않는 경우에도 시장지배력 남용 여부가 문제될 소지가 있다고 생각된다.

② 필수설비의 소유 또는 통제

필수설비이론의 적용을 위해서는 시장지배적사업자가 필수설비를 독점적으로 소유 또는 통제해야 한다. '소유'의 형태는 단독소유나 공동소유를 묻지 않으며, 따라서 시장지배적지위에 있는 2이상의 사업자가 합작기업 등을 통하여 공동으로 소유하는 경우도 해당된다.[58] '통제'는 일정기간 배타적 이용권을 보유하고 있는 경우에 인정될 수 있다.[59] 그리고 '설비'는 반드시 타 사업자에게 '필수적'이어야 한다.

우선 '설비' 관련해서는 크게 인프라시설과 망이 이에 해당하며 무체재산권이 설비에 해당할 수 있는지에 대해서는 논란이 있다. 무체재산권도 예외적으로 필수설비이론에 포섭될 수 있다는 것이 EU법원의 입장이다.[60] 컴퓨터 운영시스템과 기술표준같은 경우도 필수설비에 해당될 수 있다. 「시장지배적지위 남용행위 심사기준」 Ⅳ. 3. 다. (4). (라)에서도 "기술표준에의 불합치 등으로 인해 필수요소를 제공하는 것이 기술적으로 불가능한 경우"를 접근을 거절할 수 있는 정

56) 홍명수, 공정거래법과 규제산업(2007), 104~105면 참조.
57) 같은 입장으로 김권회, 경제법판례연구 제 4 권(2007), 49~50면 참조.
58) 김권회, 196~197면.
59) 김권회, 197면.
60) RTE/ITP, EuGH, verb. Rs. C−214/91 P u. C−242/91 P, Slg. 1996, I−824, Tz. 56.

당한 이유의 하나로 들고 있는데 이는 기술표준도 하나의 필수설비가 될 수 있음을 암시하는 것이다.[61]

현행 심사기준에서는 "필수적인 요소"라는 표현을 사용하고 있으며 네트워크, 기간설비 등 유무형의 요소를 포함한다고 규정한다. 기간설비에는 항만, 공항시설, 철도역사, 스포츠 경기장, 라디오나 TV방송국 등이 해당할 수 있으며 망에는 통신, 가스, 전력, 철도망 등이 포함된다. 우리나라의 경우 공정거래위원회는 〈에스케이(주)의 기업결합제한규정 위반행위 건〉에서 "송유관 시설은 해안에 위치한 정유공장과 내륙지방의 주요소비지역을 연결하는 수송로로 국내정유사들이 송유관 시설을 이용하지 못할 경우 석유제품의 대량소비지인 수도권 등 내륙지방으로의 원활한 수송을 달성할 수 없다는 측면에서 '필수설비'에 해당하거나 이에 준하는 시설로서의 특성을 가진다"고 판단하였고,[62] 대법원은 〈한국여신전문금융업협회의 사업자단체금지행위 건〉 관련 행정소송에서 "신용카드회사들이 공동으로 출자하여 구축한 신용카드 가맹점을 상호 공동으로 이용할 수 있도록 하는 시스템, 즉 신용카드가맹점 공동이용망"을 필수설비로 보았다.[63]

그리고 〈삼성전자의 애플코리아 유한주식회사에 대한 특허침해금지소송 건〉 관련 민사소송에서 서울중앙지방법원은 "이 사건 표준특허는 통신관련 기술의 발명으로서 3GPP 통신표준으로 채택되었는바, ① 3GPP 통신 분야의 표준기술은 관련 통신기기 등을 생산하는 시장참여자들로서는 그 기술을 사용하지 않고서는 제품생산, 판매 등이 사실상 불가능하여 그 거래분야에서 참여할 수 없거나 경쟁열위상태가 지속될 수 있는 점, ② 표준선언 특허의 경우 그 특허를 보유한 특허권자가 이를 독점적으로 통제할 수 있는 권리를 가지게 되는 점, ③ 만일 표준선언특허의 특허권자가 특허 실시권 허여를 거부할 경우 표준특허를 사용하여 제품을 생산, 판매하려는 시장참여자로서는 대체기술을 찾을 수 없거나 대체기술이 존재한다 하더라도 대체기술을 제품에 새로이 적용하여 시장에서 시의적절하게 경쟁한다는 것은 사실상, 경제적으로 불가능한 점 등에 비추어 보면, 이 사건 표준특허와 같은 표준선언 특허는 독점규제법상 필수설비에 해당한다"고 판시하였다.[64] 한편 경제학적으로 '필수설비'는 자연적 독점에 해당해야

61) 표준필수특허(SEP)는 필수설비에 해당한다는 판결이 있다. 서울중앙지판 2012. 8. 24. 2011가합39522.

62) 공정의 2001. 6. 29. 2001－090.

63) 대판 2005. 8. 19. 2003두5709.

64) 서울중앙지판 2012. 8. 24. 2011가합39522(민사소송). 반면 공정거래위원회는 표준특허는 필수

한다는 것이 일반적인 견해이다.[65)]

그러나 "부동산거래정보망에 가입하지 않더라도 다른 사업자의 부동산거래정보망에 가입하여 부동산중개업을 수행할 수 있다 할 것이므로, 부동산거래정보망은 거래거절을 당한 자들이 부동산중개업을 영위하기 위하여 반드시 이용하여야 하는 필수설비라고는 할 수 없다"고 한 사례도 있다.[66)] 또 〈에스케이텔레콤의 시장지배적지위 남용행위 건〉 관련 행정소송에서 서울고등법원은 "DRM분야의 기술은 급속도로 발전하고 있으며, 또한 DRM분야의 신기술은 아직 시장에서 형성되고 있는 기술로서 설령 시장지배적사업자가 사용한다고 하여 당연히 '필수설비'가 된다고 보기 어려운 점이 있다", "원고는 SKT DRM을 사용하고 있으나 그와 경쟁관계에 있는 DRM도 많이 있고, 특히 같은 방식의 영업을 영업은 하고 있는 다른 이동통신사업체인 KTF, LGT 등도 모두 DRM기술을 활용하고 있어 경쟁이 치열하며"라고 하면서 DRM을 필수설비로 인정하지 않았다.[67)]

한편, "필수요소"라고 할 때 네트워크나 기간설비 외에 원재료도 이에 해당하는가 하는 논란이 있을 수 있다. 문언상으로 우리나라의 경우 "설비(facilities)"라는 표현을 쓰지 않고 "요소"라는 표현을 사용하고 있기 때문에 그러한 해석이 가능하리라고 생각된다. 이에 대해서는 외국에서도 학설이 대립되고 있는데, 사견에 의하면 원재료를 필수설비의 개념에 포함시키기 곤란하다고 생각한다.[68)] 이렇게 해석하지 않는 경우 「시장지배적지위 남용행위 심사기준」 IV. 3. 라. (1)의 거래거절 및 (2)의 차별적 취급행위와의 구분이 곤란하기 때문이다. 따라서 〈(주)포스코의 시장지배적지위 남용행위 건〉[69)]에서의 열연코일 같은 원료는 기간설비나 망에 해당하지 않으므로 동 건은 필수설비이론을 적용할 수 없다. 따

요소 부합성이 다소 결여되어 삼성전자의 금지청구는 필수요소의 사용 또는 접근 거절에 해당된다고 보기 어렵다고 보았다. 즉 필수요소 표준특허권자는 잠재적 실시자에게 FRAND 조건으로 실시허락할 의무가 발생하여 당해 표준특허의 독점적 소유 또는 통제에 일정한 제한이 있고, 제 3 세대 이동통신(UMTS/WCDMA) 기술과 관련하여 50개 이상의 회사가 15,000건 이상의 표준특허를 보유(Fairfield Resources International '09년 보고서)하고 있으므로 필수요소가 1개만 존재하는 통상의 경우와 구별된다. 즉 소에 해당하기 위한 요건(필수성, 독점적 통제성, 대체불가능성) 중 하나인 '독점적 통제성'을 충족하지 못한다고 보았다. 공정거래위원회 보도자료(2014. 2. 25).

65) Dreher, DB 1999, 834; Furse, 8 ECLR 1995, 472 등.

66) 대판 2007. 3. 30. 2004두8514.

67) 서고판 2007. 12. 27. 2007누8123(대판 2011. 10. 13. 2008두1832).

68) 동지 홍명수, 공정거래법과 규제산업(2007), 106~107면; 김권회, 경제법판례연구 제 4 권(2007), 52면.

69) 대판 2007. 11. 22. 2002두8626.

라서 필수원재료 공급거절의 경우 일반적인 거래거절행위나 차별적 취급행위로 규율하게 된다. 상기 건에서 공정거래위원회에서도 부당한 거래거절로 인한 경쟁사업자의 사업활동방해행위로 판단하였다. 그런데 양자는 행위구조상 매우 유사하다. 따라서 거래거절에 대한 별도의 규정을 두고 있지 않고 모두 시장지배적사업자의 금지행위로 규율하는 EU 및 독일과 「셔먼법(Sherman Act)」 제 2 조의 독점화금지에 의해 규율하는 미국의 경우 불필요한 과잉규제가 아니냐는 비판이 많이 제기되고 있다.

우리나라의 경우에도 동일한 비판이 가능하다. 왜냐하면 「시장지배적지위 남용행위 심사기준」에서 양자를 모두 시장지배적지위 남용행위(사업활동방해행위)의 하나로 규정하고 있기 때문이다. 시장지배적사업자의 일반적 거래거절에 대한 규정이 있음에도 불구하고 이러한 필수요소에 대한 규율을 별도로 하는 이유는 필수설비의 경우 시장에서의 경쟁에 미치는 영향이 큰 점을 고려하여 입증책임을 필수설비보유자에게 전가한 것이다. 이는 우리 독점규제법에서 "부당하게"와 "정당한 이유없이"라는 표현에 어떤 차이가 있는가 하는 문제와 결부된다. 즉 필수설비가 아닌 경우에는 경쟁당국이 그 부당성을 입증해야 하지만 필수설비인 경우에는 정당한 이유를 사업자가 입증해야 한다. 필수설비이론은 거래거절행위의 특수한 사례의 하나로 보아야 한다.[70] 한편 법 제 5 조 시장지배적지위 남용행위(사업활동방해)로서의 거래거절유형인 필수설비 제공거절 및 일반적 거래거절과 제45조 제 1 항의 불공정거래행위로서의 거래거절행위와의 관계도 문제가 된다.

둘째 설비가 '필수적'인가 하는 점에 있어서는 '신설의 불가능성'과 이를 사용하지 않고서는 시장에서의 경쟁이 불가능할 것이라는 '사용의 불가피성'이라는 기준이 사용된다. 그리고 신설의 불가능성에는 물리적 의미에서의 불가능성뿐만 아니라 경제적으로 기대가능성이 없을 때에도 해당한다. 오히려 후자의 경우가 일반적일 수 있다. 중요한 것은 '필수적'이라는 것도 불변하는 개념이 아니라는 점이다. 예컨대 통상 필수설비로 인정되고 있는 시내전화망도 통신시장의 발전에 따라 필수설비가 아니게 될 가능성도 존재한다. 「시장지배적지위 남용행

70) 1998년 제 6 차 「독일경쟁제한방지법(GWB)」 개정시에도 많은 비판이 있었으나 연방카르텔청의 적극적 제안에 의해 동 규정이 삽입되었다. 공정거래백서(2001)에서는 "공정거래위원회 고시내용을 시행령으로 상향규정함으로써 이에 대한 정책의지를 명확히 할 필요가 있었기 때문이었다"라고만 하고 있으며(제16면), 거래거절행위와의 연관성에 대해서는 어떤 의도를 가지고 있는지는 불명확하다.

위 심사기준」에서는 '신설의 불가능성'기준과 관련하여 "당해요소를 사용하거나 이에 접근하려는 자가 당해요소를 재생산하거나 다른 요소로 대체하는 것이 사실상, 법률상 또는 경제적으로 불가능할 것"이라고 규정하고 있다. 또한 '사용의 불가피성' 관련해서는 "당해요소를 사용하지 않고서는 상품이나 용역의 생산공급 또는 판매가 불가능하여 일정한 거래분야에 참여할 수 없거나, 당해 거래분야에서 피할 수 없는 중대한 경쟁열위상태가 지속될 것"을 규정하고 있다.

③ 다른 사업자의 사용 또는 접근의 거절·중단 또는 제한

「시장지배적지위 남용행위 심사기준」 Ⅳ. 3. 다. (2)에 의하면 필수요소의 사용이나 접근을 원하는 사업자는 "필수요소 보유자 또는 그 계열회사가 참여하고 있거나 가까운 장래에 참여할 것으로 예상되는 거래분야에 참여하고 있는 사업자"이다. 현실적 시장뿐만 아니라 잠재적 시장까지도 고려한 것이며 계열회사까지 포함한 것은 공정거래위원회가 필수설비보유자와 그 계열사를 경제적 동일체로 인식하고 있는 것이 아닌가 생각된다.

「시장지배적지위 남용행위 심사기준」 Ⅳ. 3. 다. (3)에 의하면 필수설비이론은 동 시설에의 사용 또는 접근을 거절·중단 또는 제한하는 것뿐만 아니라 이와 동일한 효과를 발생시키는 행위 즉 "필수요소에의 접근이 사실상 또는 경제적으로 불가능할 정도의 부당한 가격이나 조건을 제시하는 경우"나 "필수요소를 사용하고 있는 기존사용자에 비해 현저하게 차별적인 가격이나 배타조건, 끼워팔기 등 불공정한 조건을 제시하는 경우"에도 적용된다. 이러한 경우는 사실상 접근을 거부하는 것과 동일한 효과를 가지기 때문이다.

〈삼성전자의 애플코리아 유한주식회사에 대한 특허침해금지소송 건〉에서 특허침해금지청구의 소를 제기한 행위가 필수설비에 대한 접근거절이나 제공중단 행위에 해당하는지가 문제되었는데 서울중앙지방법원은 이에 해당하지 않는다고 판시하였다.[71]

④ 적정한 대가의 제공

다른 사업자의 망이나 시설을 사용하려고 하는 사업자는 그 망이나 시설의 보유자에게 반드시 '적정한 대가'를 지불해야 한다. 여기서의 문제는 '적정한 대가'의 기준이 무엇인가 하는 점이다. 만약 적정한 대가에도 불구하고 접근을 거부하면 시장지배적사업자의 지위를 남용한 것이 되는 것은 당연하나, 접근을 허

71) 서울중앙지판 2012. 8. 24. 2011가합39522(민사소송).

용하더라도 과도한 대가를 요구하는 경우 시장지배력의 남용이 되는 것은 마찬가지이므로 적정한 대가의 기준은 실무적으로 매우 중요하다.

〈한국여신전문금융업협회의 사업자단체 금지행위 건〉 관련 행정소송에서도 대법원은 "이 사건 행위가 이 사건 공동이용망의 이용을 사실상 거절하여 신한은행의 사업활동을 방해하거나 제한하는 부당한 공동행위에 해당하는지 여부는 결국 이 사건 가입비가 객관적으로 보아 위 공동이용망의 이용을 사실상 거절할 정도에 이르는 과다한 것인지 여부에 따라 결정될 것이다"라고 한다.[72] 그 판단은 기본적으로는 투명성, 비차별성, 비용기준 등의 원칙이 지켜져야 하며,[73] 비용과 관련해서는 비교시장개념, 투자비용 그리고 투자의 위험성 등이 고려되어야 한다. 보통 필수설비는 자연적 독점의 성격을 지니고 있고 따라서 비교가능한 가격자체가 결여된 경우가 많아 비교시장개념을 적용하기는 어려움이 있다. 법 시행령규정에는 적정한 대가에 대한 내용이 결여되어 있다. 그럼에도 불구하고 이는 당연히 고려되어야 한다. 생각건대 시행령 규정에 '적정한 대가의 제공에도 불구하고'를 삽입하고 「심사기준」에서 적정한 대가에 대한 가이드라인을 제시하는 것이 바람직하다고 본다.

대법원은 〈한국여신전문금융업협회의 사업자단체금지행위 건〉 관련 행정소송에서 i) 신용카드 가맹점을 상호 공동으로 이용할 수 있도록 하는 시스템 자체를 구축하는 데 소요된 비용과 그 시설 내의 가맹점 망과 유사한 가맹점 망을 구축하고자 할 경우 소요되는 비용을 합한 금액에 신청인의 그 시설에 대한 이용의 정도, 신청인의 자체 가맹점이 그 시설 내의 가맹점 망 형성에 기여할 것으로 예상되는 정도 등을 고려한 적정한 분담비율을 곱하여 산정한 금액과, ii) 신청인도 그 시설을 구축한 사업자들과 공동으로 시설을 이용할 수 있도록 하는 데 소요되는 추가비용을 합산한 금액이 일응의 기준이 될 수 있을 것이다" 라고 판시하였다.[74]

⑤ 소비자보호의 문제

이에 대해서도 「시장지배적지위 남용행위 심사기준」에는 특별한 규정이 없다. EU법원이 필수설비이론을 적용한 사례의 경우, 새로운 상품이나 서비스의 출현을 방해하는, 따라서 소비자의 이익을 저해한다는 것을 중요한 근거의 하나

72) 대판 2005. 8. 19. 2003두5709.

73) Unisource, Komm. ABlEG 1997, Nr. L. 318/9.

74) 대판 2005. 8. 19. 2003두5709.

로 제시하고 있다.[75] 미국의 필수설비사례에서도 마찬가지로 소비자보호는 중요한 논거로 작용한다.

우리나라 독점규제법에도 제 1 조(목적)에서 소비자보호를 명시하고 있으므로 동 이론을 적용할 때 이러한 관점을 염두에 두어야 할 것으로 생각된다. 다만 필수설비이론은 투자유인의 억제라는 근본적 문제를 갖고 있기 때문에 이를 적용함으로써 얻어질 수 있는 소비자후생과 투자유인을 보호해 줌으로써 장기적으로 얻어질 수 있는 소비자후생과의 충분한 비교형량이 이루어져야 한다. 이는 특히 지식재산권 분야에 필수설비이론을 적용할 때 가장 염두에 두어야 할 부분이다. 대법원도 소비자후생과 국민경제의 균형있는 발전을 필수설비원리의 근거로 보고 있다.[76]

⑥ 정당한 이유의 부존재

필수설비이론에서는 객관적인 정당한 이유가 있는 경우 사용이나 접근을 거부할 수 있다는 것이 모든 학설, 실무, 입법례 등의 일치된 입장이다. 다만 실무적으로 문제되는 것은 구체적으로 어떤 경우에 정당한 이유가 있다고 볼 것인가 하는 점이다. 외국의 학설과 판례를 종합해 볼 때 '가용능력의 부족'이 가장 중요한 정당화사유로 인정될 수 있으며 기타 '시설의 안전성'이나 '경영상의 이유'도 해당될 수가 있다.

그러나 실제 EU집행위원회나 EU법원의 실무를 보면 일단 시장지배적지위가 인정되고, 그 남용이 확정되면 사후적으로 정당한 이유에 의해 위법성이 조각된 사례가 거의 없다. 이러한 점은 정당화 사유의 존재를 시장지배적사업자가 입증해야 하기 때문에 생기는 문제이다. 이러한 입증책임의 전환에 대해서 독일 「경쟁제한방지법(GWB)」 제19조 제 2 항 제 4 호에서는 명시적으로 규정하고 있고 학설[77]에서도 대체로 인정한다. 그리고 우리나라의 경우에도 마찬가지로 해석된다.

한편 「시장지배적지위 남용행위 심사기준」 Ⅳ. 3. 다. (4)에서는 정당한 이유의 존재여부 판단에 있어 다음과 같은 고려요소를 열거하고 있다.

---

75) 예컨대, RTE u. ITP, EuGH, verb. Rs. C-241/91 P und C-242/91, Slg. 1996, I-824; Magill, Komm., ABlEG 1989, Nr. L 78/49.; London European/SABENA, Komm., ABlEG 1998, Nr. L 317/52.

76) 대판 2005. 8. 19. 2003두5709.

77) 예컨대, Furse, 8ECLR 1995, 473; Hancher, CML Rev. 1999, 1303.

필수요소를 제공하는 사업자의 투자에 대한 정당한 보상이 현저히 저해되는 경우(다만 경쟁의 확대로 인한 이익의 감소는 정당한 보상의 저해로 보지 않음), 기존 사용자에 대한 제공량을 현저히 감소시키지 않고서는 필수요소의 제공이 불가능한 경우, 필수요소를 제공함으로써 기존에 제공하고 있는 서비스의 질이 현저히 저하될 우려가 있는 경우, 기술표준의 불합치 등으로 인해 필수요소를 제공하는 것이 기술적으로 불가능한 경우 및 서비스 이용고객의 생명 또는 안전에 위험을 초래할 우려가 있는 경우

4) 필수설비이론과 헌법원리

필수설비이론은 사실상의 체약강제를 의미하기 때문에 계약의 자유, 소유권의 자유 및 직업의 자유 등 헌법적 원리들과 충돌할 가능성을 내포하고 있다. 아직까지 EU, 독일 등에서도 이러한 문제점에 대해 정면으로 다룬 사례는 거의 없다.[78] 그러나 소유권의 자유 및 직업의 자유 등에 대한 헌법적 한계를 인정한 EU법원의 판례 등을 종합해 볼 때 필수설비이론이 위와 같은 헌법적 원리에 반하는 것으로는 볼 수 없다고 생각된다.

3.4 3.1～3.3 외의 부당한 방법으로 다른 사업자의 사업활동을 어렵게 하는 행위

① 부당하게 특정사업자에 대하여 거래를 거절하거나 거래하는 상품 또는 용역의 수량이나 내용을 현저히 제한하는 행위, ② 거래상대방에게 정상적인 거래관행에 비추어 타당성이 없는 조건을 제시하거나 가격 또는 거래조건을 부당하게 차별하는 행위, ③ 부당하게 거래상대방에게 불이익이 되는 거래 또는 행위를 강제하는 행위, ④ 거래상대방에게 사업자금을 대여한 후 정당한 이유없이 대여자금을 일시에 회수하는 행위, ⑤ 다른 사업자의 계속적인 사업활동에 필요한 소정의 절차(관계기관 또는 단체의 허가, 추천 등)의 이행을 부당한 방법으로 어렵게 하는 행위, ⑥ 지식재산권과 관련된 특허침해소송, 특허무효심판 기타 사법적, 행정적 절차를 부당하게 이용하여 다른 사업자의 사업활동을 어렵게 하는 행위(「시장지배적지위 남용행위 심사기준」 Ⅳ. 3. 라)

78) 다만, 소유권침해 문제에 관해서는 Flughafen Frankfurt, Komm., ABlEG 1998, Nr. L 72/47 참조.

2000년 이전까지의 시장지배적지위 남용행위에 대한 규제사례를 보면 1983년에 처음으로 시장지배적지위 남용행위 규정 위반으로 서울미원(주) 및 제일제당(주),[79] 1984년 동서식품,[80] 1985년 대동공업,[81] 1986년 (주)금성사,[82] 1990년 대한항공,[83] 1993년 대한전선(주),[84] 한국방송공사,[85] 코리아제록스(주),[86] 한국전기통신공사,[87] 한국전력,[88] 1996년 (주)한화[89] 등에 대하여 기타의 사업활동방해

79) 공정권 1983. 11. 3. 83.15: "피심인은 백화점, 슈퍼마켓등 공동매장에 원칙적으로 판매촉진사원을 파견하지 않도록 할 것. 다만, 소비자에게 상품정보를 전달하거나 상품에 대한 소비자들의 반응을 즉각 파악하기 위해 부득이 판촉직원을 파견코자 할 때는 경쟁회사를 비방하거나 백화점이나 슈퍼마켓등의 판매직원이 제 3 자적 입장에서 소비자에게 객관적인 정보를 제공하여 주는 것처럼 오인시키는 기만적 고객유인행위를 함으로써 다른 사업자의 사업활동을 방해하지 않도록 할 것".

80) 공정의 1984. 10. 31. 84－47: "피심인은 앞으로 거래상대방에 대하여 다른 사업자의 제품을 취급하지 않을 것을 조건으로 하여 제품을 공급함으로써 다른 사업자의 사업활동을 부당하게 방해하는 행위를 하지 말 것".

81) 공정의 1985. 1. 23. 85－1: "피심인은 앞으로 자사 대리점이 경쟁관계에 있는 다른 사업자의 제품을 취급하는 것을 일체 제한하지 말 것".

82) 공정의 1986. 5. 28. 86－46: "피심인은 승강기를 판매함에 있어서 자사의 시장지배적 지위를 남용하여 다른 사업자의 사업활동을 부당하게 방해하는 행위를 하지 말 것".

83) 공정위 시정권고 1990. 7. 6. 90－14: "피심인은 자기 및 다른 경쟁사업자와 거래하는 대리점이 다른 경쟁사업자와의 지속적 거래를 곤란케 하는 등 항공운수업 시장에서의 시장지배적지위를 이용하여 다른 사업자의 사업활동을 부당하게 방해하는 행위 및 자기의 거래상의 지위를 부당하게 이용하여 상대방과 거래하는 행위를 하지 말아야 한다".

84) 공정의 1993. 9. 15. 93.197: "피심인은 자기의 거래업체로 하여금 다른사업자에게 케이블 및 통신선을 공급하지 못하도록 하는 등 시장지배적지위를 남용하여 다른사업자의 사업활동을 부당하게 방해하는 행위를 하여서는 아니 된다".

85) 공정의 1994. 10. 5. 94－307: "피심인은 광고대행사에게 대행수수료를 부당하게 차별하여 지급하거나 광고주의 이용 가능한 광고회사 수를 제한하는 등 시장지배적지위를 남용하여 광고시장에서의 경쟁을 실질적으로 제한하는 행위를 하여서는 아니 된다".

86) 공정의 1995. 4. 1. 95－42: "피심인은 대리점에게 영업권을 할당해 주고 대리점으로 하여금 할당받은 영업권내에서만 영업을 하도록 하는 등 시장지배적지위를 남용하여 다른 사업자의 사업활동을 부당하게 방해하는 행위를 하여서는 아니 된다".

87) 공정권 1995. 4. 4. 95－16: "피심인은 전기통신 역무를 제공함에 있어서 전화가입자들이 준수하도록 되어 있는 일반전화이용 약관 중 역무를 제공하지 아니한 요금 등의 반환을 규정한 제110조, 요금의 납부지체시 요금의 5%에 해당되는 가산금을 부과할 수 있도록 규정한 제115조, 계약자의 책임없는 사유로 통화를 하지 못한 경우 손해배상에 관하여 규정한 제119조를 수정 또는 삭제하여야 한다".

88) 공정권 1995. 4. 4. 95－15: "피심인은 전기공급을 함에 있어서 전기수요자들이 준수하도록 되어있는 전기공급규정 조항 중 고객의 변동으로 인한 명의변경시 신고객이 구고객의 채무를 승계하도록 규정한 제12조, 요금을 납기내 납부를 하지 못하거나 연체요금 및 연체료를 연체납기일까지 납부하지 아니한 경우 수급계약을 폐지할 수 있도록 규정한 제14조, 요금이 정당하게 계산되지 아니한 기간이 확인되지 아니할 경우 6개월 이내에서 피심인이 결정한 기간에 대하여 3배의 위약금을 받도록 규정한 제46조, 요금의 납부지체시 요금의 5%에 해당하는 연체금액을 부담토록 규정한 제83조, 수급계약 폐지 후 동일 명의인이 전기를 다시 사용하는 경우 6개

로 규제한 사례가 있을 뿐이다.90)

1) 부당하게 특정사업자에 대하여 거래를 거절하거나 거래하는 상품 또는 용역의 수량이나 내용을 현저히 제한하는 행위

시장지배적사업자의 거래거절 행위는 거래중단과 거래개시거절이 포함될 수 있는데 대법원은 양자간에 부당성을 인정하는데 있어서의 차이를 인정하고 있다. 즉 〈(주)포스코의 시장지배적지위 남용행위 건〉 관련 행정소송에서 대법원은 다음과 같이 판시하였다.

> "시장지배적지위 남용행위로서의 거래거절행위는 '시장지배적사업자가 부당하게 특정 사업자에 대한 거래를 거절함으로써 그 사업자의 사업활동을 어렵게 하는 행위'라 할 것인데, 거래거절행위가 시장지배적사업자의 지위남용행위에 해당하려면 그 거래거절행위가 다른 사업자의 사업활동을 부당하게 어렵게 하는 행위로 평가될 수 있어야 하는 바, 계약자유 및 사적자치에 관한 일반 원칙과 관련해 볼 때 시장지배적사업자의 지위남용행위에 해당하기 위한 요건으로서 여기에서 말하는 '부당성'이란 무엇을 의미하는지 문제됨." "이 사건 거래거절행위는 냉연강판시장에 원재료인 냉연용 열연코일을 공급하던 원고가 냉연강판시장에 진입한 이후에도 경쟁사업자에 해당하는 기존의 냉연강판 제조업체들에게는 계속적으로 냉연용 열연코일을 공급하여 오다가 새로이 냉연강판시장에 진입한 경쟁사업자인 참가인에 대하여 신규공급을 거절한 것인바, 비록 원고가 열연코일시장에서의 시장지배적지위를 이용하여 후방시장인 냉연강판시장에서의 신규 경쟁사업자에게 영향을 미칠 수 있는 거래거절행위를 한 것이기는 하나, 이는 원재료 공급업체가 새로이 냉연강판시장에 진입하

월 경과 후 1년 이내에는 공사비의 50%, 1년 경과 후에는 공사비의 100%를 부담하도록 규정한 제97조를 수정 또는 삭제하여야 한다".

89) 공정의 1996. 3. 5. 96－34: "자기의 대리점과 거래함에 있어 경쟁사업자와 거래하지 아니하는 조건으로 대리점계약을 체결하거나, 경쟁사업자의 제품을 취급한다는 이유로 계속적인 거래관계에 있던 대리점과의 거래를 거절하는 등의 방법으로 자기 대리점 및 경쟁사업자의 사업활동을 부당하게 방해하는 행위와, 경쟁사업자의 대리점과 경쟁관계에 있는 자기의 대리점에게 물품을 공급함에 있어 통상적인 공급가격 및 거래조건보다 현저히 유리하게 공급함으로써 경쟁사업자 및 경쟁사업자와 거래관계에 있는 대리점의 사업활동을 부당하게 방해하는 행위를 하는 등 다른 사업자의 사업활동을 부당하게 방해하는 행위. 나. 자기의 대리점과 거래약정을 체결하면서 대리점을 신설하고자 할 경우에는 사전에 인근에 있는 기존 대리점의 동의를 받는다는 조건을 설정함으로써, 기존 대리점의 지역독점을 조장하는 등 경쟁을 실질적으로 제한하는 행위".

90) 공정거래위원회 30년사(2010), 38면.

> 면서 기존의 냉연강판 제조업체에 대한 원재료의 공급을 중단하여 경쟁사업자의 수를 줄이거나 그의 사업능력을 축소시킴으로써 경쟁을 제한하는 결과를 낳는 경우와는 달리, 원고와 기존 냉연강판 제조업체들에 의하여 형성된 기존의 냉연강판시장의 틀을 유지하겠다는 것이어서 그 거래거절에 의하여 기존 냉연강판시장의 가격이나 공급량 등에 직접적으로 영향을 미치지는 아니하므로, 참가인의 신규 참여에 의하여 냉연강판시장에서 현재보다 소비자에게 유리한 여건이 형성될 수 있음에도 참가인이 원고 외의 다른 공급사업자로부터 열연코일을 구할 수 없어, 거래거절에 의하여 신규 참여가 실질적으로 방해되는 것으로 평가될 수 있는 경우 등에 이르지 않는 한, 그 거래거절 자체만을 가지고 경쟁제한의 우려가 있는 부당한 거래거절이라고 하기에는 부족함"[91]

동 판결에 의하면 거래개시거절행위의 부당성 판단기준은 신규참여로 소비자에 유리한 여건이 형성될 수 있음에도 다른 공급자로부터 공급받을 수 없는 경우라야 한다.

2) 거래상대방에게 정상적인 거래관행에 비추어 타당성이 없는 조건을 제시하거나 가격 또는 거래조건을 부당하게 차별하는 행위

첫째, 정상적인 거래관행이란 원칙적으로 해당업계의 통상적인 거래관행을 기준으로 판단하되 구체적인 사안에 따라서는 바람직한 경쟁질서에 부합하는 관행을 의미하며, 현실의 거래관행과 항상 일치하는 것은 아니다. 이에 해당하는지는 시장지배적 지위의 남용을 방지하여 공정하고 자유로운 경쟁을 촉진함으로써 창의적인 기업활동을 조성하고, 궁극적으로는 국민경제의 균형 있는 발전을 도모하고자 하는 공정거래법의 입법취지를 고려하여 규범적으로 판단되어야 한다.[92] 둘째, 정상적인 거래관행에 비추어 타당성이 없는 조건을 제시하는 행위는 위반사업자가 거래상대방에게 제시한 조건이 정상적인 거래관행을 크게 벗어나 불합리하거나 정당성을 결여한 것을 의미하고, 셋째, 가격 또는 거래조건을 부당하게 차별하는 행위는 거래의 대상인 상품 또는 용역이 실질적으로 동일함에도 이를 현저하게 다르게 취급하는 것을 의미한다.[93]

한편, '다른 사업자의 사업 활동을 어렵게 하는 행위'는 특정 사업자가 개별

91) 대판 2007. 11. 22. 2002두8626.
92) 대판 2023. 4. 13. 2020두31897.
93) 공정의 2018. 3. 13. 2018－094.

적으로 불이익을 입게 되었다는 사정만으로는 부족하고 위반사업자가 시장에서의 독점적 지위를 유지, 강화할 의도나 목적이 인정되어야 하고, 객관적으로도 경쟁제한효과가 생길 만한 우려가 있는 행위로 평가될 수 있어야 한다.[94] 따라서 정상적인 거래관행에 비추어 타당성이 없는 조건을 제시하거나 가격 및 거래조건을 부당하게 차별하는 행위로 인해 현실적으로 상품의 가격 상승, 산출량 감소, 혁신 저해, 유력한 경쟁사업자 수의 감소, 다양성 감소 등과 같은 경쟁제한의 효과가 나타났음이 입증된 경우에는 그 행위 당시에 경쟁제한을 초래할 우려가 있었고 또한 그에 대한 의도나 목적이 있었음을 사실상 추정할 수 있다. 그렇지 않은 경우에는 행위의 경위 및 동기, 태양, 관련시장의 특성, 거래상대방이 입은 불이익의 정도, 관련시장에서의 가격 및 산출량의 변화 여부, 혁신 저해 및 다양성 감소 여부 등 여러 사정을 종합적으로 고려하여 상기 경쟁제한의 효과가 생길 만한 우려가 있는 행위로서 그에 대한 의도나 목적이 있었는지를 판단하여야 한다.[95]

〈퀄컴 인코포레이티드, 한국퀄컴(주), 퀄컴 씨디엠에이테크놀로지코리아의 시장지배적지위 남용행위 건(퀄컴 I 사건)〉에서 공정거래위원회는 퀄컴사가 CDMA 이동통신 핵심기술을 삼성전자, 엘지전자, 팬택 등 국내 휴대폰 제조사에 라이선싱 하면서 경쟁사의 모뎀칩을 사용하는 휴대폰에 대해서는 차별적으로 높은 기술로열티를 부과한 행위(로열티의 차별적 할인, 차별적 로열티 상한제, 차별적 부품가 차감제: price netting)를 법 제 5 조 제 1 항 제 3 호의 다른 사업자의 사업활동을 부당하게 방해하는 행위로 보고 시정조치와 과징금을 부과하였다.[96] 관련 행정소송에서 서울고등법원은 "'거래상대방'은 그 문언상 반드시 복수의 거래상대방을 전제하고 있다고 볼 수 없으며, 또 같은 거래상대방에 대하여 구체적인 조건에 따라 가격을 차별적으로 할인하는 방법에 의하여도 경쟁사업자의 사업활동을 방해하여 경쟁제한의 효과를 유발할 수 있는 것이므로, 여기서의 가격차별행위란 반드시 둘 이상의 구매자 사이에서 가격을 차별하는 경우에 한정하지 않고, 하나의 구매자에 대하여 구체적인 조건에 따라 가격을 차별적으로 할인하는 경우도 포함된다고 하고 휴대폰 제조사가 원고가 판매하는 CMDA 모뎀칩을 장착한 경우와 그렇지 않은 경우를 구별하여 로열티를 달리 적용하는 것이므로

94) 〈포스코의 시장지배적지위 남용행위 건〉 대판 2007. 11. 22. 2002두8626.
95) 공정의 2018. 3. 13. 2018－094.
96) 공정의 2009. 12. 30. 2009－281.

거래상대방에 대하여 가격을 차별하는 행위에 해당한다"고 판시하였다.[97)]

〈퀄컴 인코포레이티드, 퀄컴 테크놀로지 인코포레이티드 및 퀄컴 씨디엠에이 테크놀로지 아시아－퍼시픽 피티이 리미티드의 시장지배적 지위 남용행위 등 건(퀄컴 II 사건)〉 관련 행정소송에서 대법원은 "모뎀칩셋의 제조, 판매, 사용 등을 위해 반드시 필요한 이 사건 표준필수특허에 관하여, 2008년 이전에는 경쟁 모뎀칩셋 제조사들과 라이선스의 범위를 제한한 라이선스 계약(이하 '제한적 라이선스 계약'이라 한다)을 체결하면서, 그 계약조건으로 ① 경쟁 모뎀칩셋 제조사의 모뎀칩셋 판매처를 원고들과 라이선스 계약을 체결한 휴대폰 제조사로 한정하는 조건(이하 '모뎀칩셋 판매처 제한 조건'), ② 경쟁 모뎀칩셋 제조사의 모뎀칩셋 판매량, 구매자, 구매자별 판매량, 가격 등 영업정보를 원고들에게 분기별로 보고하는 조건(이하 '영업정보 보고 조건'), ③ 경쟁 모뎀칩셋 제조사가 보유한 특허에 관하여 원고들 및 원고들의 모뎀칩셋을 구매하는 고객에게 무상으로 라이선스를 제공하거나 특허침해 주장을 하지 못하도록 하는 조건(이하 '크로스 그랜트 조건')을 포함시키고, 2008년 이후에는 경쟁 모뎀칩셋 제조사들에게 라이선스 계약의 체결을 거절하고 부제소 약정, 보충적 권리행사 약정, 한시적 제소유보 약정 등만 제안하면서(이하 '제한적 약정'), 그 계약조건으로 종전과 마찬가지로 모뎀칩셋 판매처 제한 조건, 영업정보 보고 조건, 크로스 그랜트 조건을 포함시켰음(이하 2008년 이전과 이후를 통틀어 '행위 1'). 또한 원고들은 원고들의 모뎀칩셋을 구매하고자 하는 휴대폰 제조사에게 원고들의 모뎀칩셋을 공급받는 조건으로 우선 원고들과 라이선스 계약을 체결할 것을 요구하고, 휴대폰 제조사와 체결하는 모뎀칩셋 공급계약에 '㉠ 모뎀칩셋 판매는 특허권을 포함하지 않음. ㉡ 구입한 모뎀칩셋은 휴대폰의 개발·제조를 위해서만 이용할 수 있고, 휴대폰을 판매하고 사용할 경우에는 라이선스 계약조건에 따라야 함. ㉢ 구매자(휴대폰 제조사)가 모뎀칩셋 공급계약을 위반하거나 라이선스 계약을 위반하고 일정 기간 이내에 이를 치유하지 않는 경우 원고들은 모뎀칩셋 공급계약을 파기하거나 모뎀칩셋 공급을 중단 또는 보류할 수 있음'을 명시함으로써 원고들의 모뎀칩셋 공급과 라이선스 계약을 연계하였다(이하 '행위 2'). 행위 1은 타당성 없는 조건 제시행위로서, 행위 2는 불이익강제행위로서 각 독점규제법 제 5 조 제 1 항 제 3 호의 시장지배적 지위 남용행위에 해당한다"고 판시하였다.[98)]

---

97) 서고판 2013. 6. 19. 2010누3932.

98) 대판 2023. 4. 13. 2020두31897. 공정거래위원회는 시정명령과 함께 1조 300억원이라는 역대

〈(주)지멘스의 시장지배적지위 남용행위 등 건〉에서 공정거래위원회는 지멘스 주식회사, 지멘스헬스케어 주식회사, 지멘스헬시니어스 주식회사가 지멘스 CT, MRI를 구매한 고객이 자신의 장비를 조립(Assembling), 설치(Installation), 조정(Adjustment), 시험(Testing)하는 등 유지보수하기 위하여 필수적인 서비스 소프트웨어에 접근하는 것을 제한하는 행위 및 지멘스 CT, MRI를 구매한 고객이 독립 유지보수사업자 등 경쟁사업자와 거래하는지 여부에 따라 서비스 소프트웨어 서비스키의 가격, 기능, 발급기간 등의 라이선스 조건을 차별하는 행위를 사업활동방해행위로 판단하였다.[99)]

미국에서 가격차별에 관한 대표적 사례로 〈Utah Pie 사건〉을 들 수 있다.[100)] 동 사건은 Salt Lake City에서 영업을 하는 소기업인 Utah Pie사가 여러 지역에서 영업을 하는 대규모 냉동파이제조회사인 Pet, Carnation과 Continental 사가 동일 파이제품을 다른 지역에 비해 싸게 파는 가격책정행위에 대하여 「셔먼법(Sherman Act)」 제 2 조 및 「클레이튼법(Clayton Act)」 제 2 조 위반을 이유로 「클레이튼법(Clayton Act)」 제 4 조와 제16조에 근거하여 3배소송을 제기한 사건이었는데, 연방대법원은 급격히 '인하되는 가격구조(a drastically declining price structure)'를 근거로 피고의 가격책정행위가 「클레이튼법(Clayton Act)」 제 2 조 위반이라고 판단하였다.[101)]

최대금액의 과징금을 부과하였다. 퀄컴 등은 이에 불복하여 2017년 2월 21일 서울고등법원에 공정위 처분의 취소 소송 및 집행 정지 신청을 제기하였고, 서울고등법원은 2017년 9월 4일 퀄컴 등의 집행 정지 신청을 기각하였으며(2017아66 결정), 대법원이 다시 퀄컴 등의 재항고를 기각하였다(2017무791 결정); 1992년 미국 연방항소법원이 사실상 최초판매원칙(특허소진원칙)을 폐기한 후, SEP권리자들은 방법특허 실시를 위한 부품의 생산단계와 그 부품을 구매한 이후 방법특허를 사용하는 단계를 분리하여 '부품제작자'와 '부품을 사용한 최종제작자'를 유통단계별로 각각 통제하고 실시료를 요구하는 약정을 개발해 왔다. 이에 대한 자세한 내용은 오승한, 경쟁법연구 제37권(2018. 5), 148~183면 참조; 서울고등법원은 2019년 12월 4일 퀄컴 등이 제기한 시정명령등취소소송(2017누48)에 대해 퀄컴의 청구를 기각하고 공정거래위원회 일부승소판결을 하였다. 과징금부과처분은 모두 정당하다고 보았다. 공정거래위원회 보도자료(2019. 12. 4). 그러나 유사한 사건에서 미국 연방항소법원은 2020년 무혐의 결정을 하였으며, FTC가 상고신청을 하지 않아 최종 확정되었다.

99) 공정의 2018. 3. 13. 2018－094. 동 사건에서 공정거래위원회는 법 제45조의 가격 및 거래조건 차별규정도 동시에 적용하였다; 후속시장(Aftermarket)에서의 경쟁제한행위가 문제된 사례이다.

100) Utah Pie Co. v. Continental Baking Co., 386 U.S. 685, 87 S.Ct. 1326(1967).

101) "In this case there was some evidence of predatory intent with respect to each of these respondents. There was also other evidence upon which the jury could rationally find the requisite injury to competition. The frozen pie market in Salt Lake City was highly competitive. At times Utah Pie was a leader in moving the general level of prices down, and at other times each of the respondents also bore responsibility for the downward

온라인 플랫폼 사업자의 자사우대(Self-preferencing) 행위는 사업활동방해 행위 중 부당한 차별행위에 해당할 수 있다. 이에 대하여 「온라인 플랫폼 시장지배적지위 남용행위 심사지침」에서 다음과 같이 규정하고 있다.

(1) 대상행위

자사우대란 온라인 플랫폼 사업자가 자사 온라인 플랫폼에서 자사의 상품 또는 서비스를 경쟁사업자의 상품 또는 서비스 대비 유리하게 취급하는 행위를 말한다. 자사우대는 온라인 플랫폼 사업자가 자사의 상품 또는 서비스를 경쟁사업자의 상품 또는 서비스 대비 우선적으로 노출하는 등 직접적으로 우대하는 행위뿐만 아니라, 자사와 거래하는 온라인 플랫폼 이용사업자의 상품 또는 서비스를 그렇지 않은 이용사업자의 상품 또는 서비스 대비 우선적으로 노출하는 등 간접적으로 우대하는 행위도 포함한다.

(2) 경쟁제한 우려

온라인 플랫폼 사업자는 자사 플랫폼 내 규칙을 제정하고 운영하는 동시에 해당 플랫폼에서 직접 자사 상품 또는 서비스를 판매하는 등의 이유로 온라인 플랫폼 이용사업자와 경쟁관계에 있을 수 있다. 온라인 플랫폼 사업자는 이러한 이중적 지위를 이용하여 자사 상품 또는 서비스에 대한 접근성을 높이고 경쟁사업자의 상품 또는 서비스에 대한 접근성을 낮추는 방식으로 플랫폼을 운영할 수 있다. 이러한 자사우대 행위는 기존 시장 및 연관 시장의 특성, 거래 내용 등에 따라 온라인 플랫폼 시장의 영향력을 지렛대로 하여 연관 시장으로 지배력을 전이시켜 연관 시장의 경쟁을 저해할 수 있다. 또한 연관 시장에서 온라인 플랫폼 사업자의 지배력이 강화되면 이는 다시 기존 온라인 플랫폼 시장의 지배력을 유지·강화하는 방향으로 작용해 독과점적 지위를 더욱 공고히 할 수 있다.

(3) 효율성 증대 가능성

한편 자사우대 행위가 온라인 플랫폼 서비스와 연관 상품 또는 서비스의 기능 연계, 통합으로 이용자의 편익을 증진시키는 경우 등에는 효율성 증대효과가 발생

pressure on the price structure. We believe that the Act reaches price discrimination that erodes competition as much as it does price discrimination that is intended to have immediate destructive impact. In this case, the evidence shows a drastically declining price structure which the jury could rationally attribute to continued or sporadic price discrimination"; 동 판결의 쟁점은 Utah Pie사의 판매량이 지속적으로 증가하고 있는데도, 피고행위의 경쟁제한성을 인정할 수 있느냐 하는 점이다. Utah Pie 판결의 경쟁정책적 의의에 대하여 홍명수, 경쟁저널(2006. 1), 79~88면 참조.

할 수 있다.

(4) 적용법조

자사우대 행위는 법 제 5 조(시장지배적지위 남용 금지) 제 1 항 제 3 호 관련 기타의 다른 사업자 사업활동 방해행위 중 부당한 차별 등에 해당할 수 있다. 단, 실제 적용 법조는 사안별로 구체적인 사실관계에 따라 달리 판단할 수 있다.

(5) 부당성 판단요소

사안별로 이하 판단요소의 전부 또는 일부를 종합적으로 고려하여 부당성을 판단할 수 있다.

(가) 해당 행위를 하게 된 의도 및 목적
(나) 행위 기간 및 관련 상품 또는 서비스의 특성
(다) 자사우대를 위해 사용된 수단 및 구체적 내용
(라) 자사우대로 인한 상품 등의 접근성 제고 효과 및 정도
(마) 온라인 플랫폼 상 정보 노출기준 등의 투명성·예측가능성
(바) 해당 온라인 플랫폼 시장에서 사업자의 지위 및 경쟁상황
(사) 지배력이 전이될 수 있는 시장에서 사업자의 지위 및 경쟁상황
(아) 관련 시장의 진입장벽이 강화되는지 여부
(자) 시장의 다양성 및 혁신에 미치는 영향
(차) 효율성 증대효과 및 해당 효과가 소비자 후생에 미치는 영향

(예시12) 비교쇼핑서비스 사업자의 자사 오픈마켓 입점업체 우대

A사는 비교쇼핑서비스 시장에서 지배적 지위에 있는 사업자이며, 동시에 오픈마켓을 운영하는 사업자이다. 경쟁 오픈마켓은 A사의 비교쇼핑서비스를 이용하지 않고 소비자에게 상품판매를 용이하게 할 수 있는 대체적인 거래경로를 확보하기가 곤란한 상태이다. 이러한 상황에서 A사는 자사 오픈마켓의 점유율 확대를 위해 비교쇼핑서비스에 적용되는 검색알고리즘을 인위적으로 조정하여 지속적으로 자사 오픈마켓 입점업체에 대해서는 비교쇼핑 사이트 검색결과 상단에 노출될 수 있도록 하면서 경쟁 오픈마켓 입점업체에 대해서는 비교쇼핑 사이트 검색결과 상단 노출을 감소시켰다. 그 결과 A사의 비교쇼핑서비스를 이용하는 소비자들은 A사의 오픈마켓에 입점한 상품을 더 많이 구매하게 되었으며, A사의 오픈마켓은 교차 네트워크 효과로 선순환을 거치면서 지속적인 이용자 증대효과를 누리게 되었다. 반면, 노출이 감소한 경쟁 오픈마켓은 입점업체가 줄어들고 교차 네트워크 효과로 이용자 감

소의 악순환을 지속하면서 A사의 오픈마켓 대비 경쟁상 열위에 처하게 되었다. 이와 같이 비교쇼핑서비스 시장의 지배적 지위를 지렛대로 활용하여 오픈마켓 시장으로 지배력을 전이시켜 경쟁을 제한한 A사의 행위는 법 제5조(시장지배적지위 남용 금지) 제1항 제3호 관련 기타의 다른 사업자 사업활동 방해행위 중 부당한 차별 등에 해당할 수 있다.

(이상 「온라인 플랫폼 시장지배적지위 남용행위 심사지침」 Ⅲ. 2. 라)

〈네이버의 시장지배적지위 남용행위 건(네이버 Ⅱ 사건)〉에서 공정거래위원회는 네이버가 쇼핑과 동영상분야 검색서비스를 운영하면서 알고리즘을 인위적으로 조정하여 자사 상품 및 서비스는 검색상단에 올리고 경쟁사는 하단으로 내린 행위에 대하여 시정명령과 266억원의 과징금을 부과하였는데,[102] 서울고등법원은 공정위의 조치가 정당하다고 판단하였다.[103]

3) 부당하게 거래상대방에게 불이익이 되는 거래 또는 행위를 강제하는 행위

〈마이크로소프트 코퍼레이션 및 한국마이크로소프트 유한회사의 시장지배적지위 남용행위 등 건〉에서 공정거래위원회는 첫째, MS가 독점력을 갖고 있는 PC 서버 운영체제(Operating System: OS)에 윈도우 미디어서버 프로그램을 결합하여 판매한 행위,[104] 둘째, MS가 독점하고 있는 PC운영체제에 윈도우 미디어 플레이어 프로그램을 결합하여 판매한 행위, 셋째, MS가 독점하고 있는 PC운영체제에 메신저 프로그램을 결합하여 판매한 행위에 대하여 프로그램 분리명령, 경쟁제품 탑재 및 윈도우메신저–MSN메신저간 상호연동금지 등의 시정명령과 함께 330억원의 과징금을 부과하였다.

공정거래위원회는 MS사의 결합판매행위가 ① 시장지배적지위의 남용행위

102) 공정의 2021. 1. 27. 2021–027.

103) 서고판 2022. 12. 14. 2021누36219.

104) PC 서버운영체제는 마이크로소프트의 윈도우(Windows)를 비롯하여 프리웨어인 유닉스(UNIX), 리눅스(LINUX) 등이 있다. 서버운영체제는 응용프로그램의 플랫폼 역할을 하는 "시스템 소프트웨어(system software)"인 데 비해 윈도우미디어서버(WMS)는 스트리밍 미디어 기능을 제공하는 "응용프로그램(application program)"이며, 수요측면에서 미디어서버 프로그램은 인터넷을 통해 방송, 영화, 음악서비스 등을 제공하여는 수요를 충족시킨다는 점에서 파일, 프린트, 네트워크 등을 관리하는 서버운영체제에 대한 수요와 구분되며, 공급측면에서도 독립한 업체들이 다소 존재하였다.

중 다른 사업자의 사업활동을 방해하는 행위, ② 시장지배적지위의 남용행위 중 부당하게 소비자의 이익을 현저히 저해할 우려가 있는 행위 ③ 불공정거래행위 중 끼워팔기에 동시에 해당하는 것으로 판단하였다.[105] 동 건은 「시장지배적지위 남용행위 심사기준」 Ⅳ. 3. 라.의 다른 사업자의 사업활동을 부당하게 방해하는 행위 중 "부당하게 거래 상대방에게 불이익이 되는 거래 또는 행위를 강제하는 행위"를 함으로써 다른 사업자의 사업 활동을 어렵게 하는 경우와 관련이 있다. 즉 시장지배적사업자의 끼워팔기가 문제된 사례이다.

동 규정의 해석과 관련하여 종된 상품의 유상성이 요구되느냐가 문제되는데, 법원은 "독점규제법 및 같은 법 시행령은 시장지배적지위 남용행위의 성립을 위하여 소비자들이 유상으로 종된 상품을 구입할 것을 요건으로 규정하고 있지 않고, 위 심사기준 Ⅳ. 3. 라. (3)에 의하면 단순히 '거래'라고만 규정하고 있을 뿐 이를 '유상의 거래'만으로 한정하고 있지 아니하다. 따라서, 독점규제법 시행령 제52조 제 1 항 [별표 2] 5호 (가)목 소정의 '끼워팔기'의 요건과는 달리, 종된 상품의 유상성은 시장지배적지위 남용행위 성립에 필수적인 요건이 아니다"라고 판시하였다.[106]

그리고 법원은 강제성 관련해서는 "강제성이 인정되는지 여부는 거래 상대방에게 주된 상품과 종된 상품을 따로 구입하는 것이 자유로운지를 기준으로 거래 상대방인 소비자에게 당해 거래에 대한 독립적인 선택권이 보장되어 있는지 여부에 따라 판단하되, 강제성은 주된 상품에 대한 구매자의 거래처 전환 가능성이 작을수록 크다"고 판시하였다.[107]

한편 경쟁제한성 관련해서는 "독점규제법에서 규제하고 있는 경쟁제한성(부당성)은 당해 행위로 인하여 경쟁의 정도 또는 경쟁 사업자의 수가 유의미한 수준으로 줄어들거나 줄어들 우려가 있고, 상품 또는 용역의 가격과 질 이외에 바람직하지 않은 경쟁 수단을 사용하거나 거래 상대방의 자유로운 의사 결정을 저해함으로써 정당한 경쟁을 방해하거나 방해할 우려가 있는 경우를 의미하므로, 독점규제법상 위법성은 추상적 위험성이 인정되는 정도로 족하다. 또한, 독점규제법에서 보호하고자 하는 경쟁은 '장점에 의한 경쟁' 및 결과가 아닌 '경쟁

105) 공정의 2006. 2. 24. 2006－42; 공정거래위원회의 처분 이후 행정소송을 제기하였으나 소취하로 법원 판결은 이루어지지 않았으며, 관련업체들로부터 다수의 민사소송이 제기되었다. 동 사건의 의의와 내용에 대하여 이황, 공정거래위원회 심결사례 30선(2010.6), 25~59면 참조.

106) 서울중앙지판 2009. 6. 11. 2007가합90505[손해배상(기)].

107) 서울중앙지판 2009. 6. 11. 2007가합90505[손해배상(기)].

그 자체'이며, 피고들의 경쟁제한적 행위가 이루어지고 난 이후에 실제 피고들이 의도했던 결과가 현실화되지 않았다 하더라도 이미 발생한 경쟁제한의 위법성이 사라지는 것은 아니라고 할 것이다"고 하고 "피고들의 이 사건 결합판매행위는 PC 운영체제에서 시장 점유율 98%라는 독보적인 시장지배적지위를 차지하고 있는 피고들이 그 지위를 이용하여 메신저 시장에서도 PC 운영체제 시장의 독점력을 전이하려는 목적을 가지고 결합판매라는 바람직하지 않은 경쟁 수단을 사용하여 인터넷 내려받기만으로 메신저를 배포하는 다른 사업자와의 '장점에 의한 경쟁'을 배제하는 것이라고 봄이 상당하므로, 경쟁제한성은 인정된다"고 판단하였다.[108)]

그러나 〈에스케이텔레콤(주)의 시장지배적지위 남용행위 건〉 관련 행정소송에서 대법원은 불이익 강제행위의 위법성을 〈(주)포스코의 시장지배적지위 남용행위 건〉과 동일한 취지로 해석하고, 에스케이텔레콤이 SKT용 MP3폰 및 음악사이트(멜론)에서 판매하는 MP3파일에 자체 개발한 DRM을 탑재한 행위에 대하여 사업자수익 및 저작권자 보호 등 필요성과 정당성이 인정되고, MP3파일 다운로드사업자들에게 DRM표준화 의무가 존재하지 아니하는 점, 경쟁제한효과가 일정한 정도로 나타났지만 DRM의 특성 및 필요성을 고려할 때 경쟁제한의 의도나 목적을 추단할 수 없고, DRM이 '필수적 설비'에 해당한다고 보기 어렵다는 이유로 다른사업자의 사업활동을 방해하는 행위에 해당한다 하더라도 그 부당성을 인정할 수 없다고 판시하였다.[109)]

또한 〈NHN(주)의 시장지배적지위 남용행위 등 건(네이버 I 사건)〉 관련 행정소송에서도 관련시장을 인터넷 포털서비스 이용자시장으로 획정한 것과 시장지배력의 추정기준으로 인터넷 포털사업자의 전체 매출액을 본 것은 부당하며, 원고가 의도나 목적을 갖고 객관적으로도 경쟁제한의 효과가 생길만한 우려가 있는 행위로 평가될 수 있는 불이익 강제행위를 했다고 보기 어렵다고 판시하였다.[110)]

2018년 7월 EU 집행위원회는 Google의 시장지배적지위 남용행위에 대하여 역대 최고금액인 총 43억 4,000만 유로(약 5조 6,000억원)의 과징금을 부과하였다. 법 위반 사실은 구글앱스토어 라이선스조건으로 자사2개앱의 선탑재요구(끼

108) 서울중앙지판 2009. 6. 11. 2007가합90505[손해배상(기)].
109) 대판 2011. 10. 13. 2008두1832.
110) 대판 2014. 11. 13. 2009두20366.

워팔기), 배타적 거래를 위한 금전적 인센티브제공, 안드로이드 포크를 기반으로 하는 모바일기기의 판매금지요구 등이다.111) 이에 대해 2022. 9. 14. EU 일반법원은 이러한 행위가 위법이라고 결정하였다.112)

2021. 12. 30. 우리나라 공정거래위원회도 삼성전자 등 기기제조사에게 안드로이드 변형 OS(포크 OS: 구글의 안드로이드 OS를 변형한 OS로서, 구글에게는 경쟁 OS가 됨) 탑재 기기를 생산하지 못하게 함으로써 경쟁 OS의 시장진입을 방해하고 혁신을 저해한 구글의 행위에 대해 시정명령과 함께 과징금 2,249억 원을 부과하였다(〈구글 엘엘씨 등의 시장지배적지위 남용행위 등 건〉).113)

온라인 플랫폼 사업자의 최혜대우(MFN: Most Favored Nation) 요구행위도 사업활동방해행위에 해당할 수 있다. 이에 대하여 「온라인 플랫폼 시장지배적지위 남용행위 심사지침」에서 다음과 같이 규정하고 있다.

> (1) 대상행위
>
> 최혜대우 요구란 온라인 플랫폼 사업자가 온라인 플랫폼 이용사업자에게 자사 온라인 플랫폼상에서 거래하는 상품 또는 서비스의 가격 등 거래조건을 다른 유통경로에서 거래하는 가격 등 대비 동등하거나 더 유리하게 적용하도록 하는 것을 말한다. 이는 양 당사자 간 협상을 통한 경우, 온라인 플랫폼 사업자가 일방적으로 요구하는 경우를 모두 포함하며, 명시적인 계약 조항의 형태뿐만 아니라 다양한 경제적 유인을 통해 실질적으로 최혜대우를 요구하는 경우를 포함한다. 최혜대우는 적용범위에 따라 "좁은 최혜대우(Narrow MFN)"와 "넓은 최혜대우(Wide MFN)"로 구분할 수 있다.
>
> (가) 좁은 최혜대우는 해당 온라인 플랫폼에서 적용하는 가격 등을 온라인 플랫폼 이용사업자의 자체 유통경로(온라인 플랫폼 이용사업자가 운영하는 웹사이트, 전화주문시스템 등)에서 적용하는 가격 등 대비 동등하거나 더 유리하게 설정하도록 하는 것을 말한다.
>
> (나) 넓은 최혜대우는 해당 온라인 플랫폼에서 적용하는 가격 등을 온라인 플랫폼 이용사업자의 자체 유통경로뿐만 아니라 타 온라인 플랫폼을 포함한 모든

111) 자세한 내용은 공정경쟁연합회, EU의 경쟁정책 및 경쟁법 집행 동향, 경쟁저널(2018. 11), 76~80면 참조.

112) Judgement of the General Court in Case T-604/18, Google and Alphabet v. Commission.

113) 공정의 2021. 12. 30. 2021-329.

유통경로에서 적용하는 가격 등 대비 동등하거나 더 유리하게 설정하도록 하는 것을 말한다.

(2) 경쟁제한 우려

좁은 최혜대우는 해당 온라인 플랫폼과 온라인 플랫폼 이용사업자가 운영하는 자체 유통경로 간의 경쟁만을 제한하는 반면, 넓은 최혜대우는 타 온라인 플랫폼을 포함한 모든 유통경로에서의 경쟁을 제한할 우려가 있어 경쟁제한성이 더 큰 것으로 판단할 수 있다.

(가) 넓은 최혜대우는 온라인 플랫폼 간 자유로운 가격경쟁을 제한할 수 있다. 아울러 새로운 플랫폼이 시장 진입 초기에 낮은 가격으로 이용자를 확보하는 것을 어렵게 하는 등 온라인 플랫폼 시장의 진입장벽을 강화할 우려가 있다.

(나) 온라인 플랫폼 이용사업자의 자체 유통경로 이외에 해당 온라인 플랫폼과 유효하게 경쟁할 수 있는 타 유통경로가 존재하지 않는 등 관련 시장의 경쟁이 제한된 상황에서는 좁은 최혜대우의 경쟁제한효과가 증가할 수 있다.

(3) 효율성 증대 가능성

최혜대우 요구로 온라인 플랫폼 이용사업자가 온라인 플랫폼 사업자의 판촉노력 등에 무임승차하는 것을 방지하고 거래관계에 특화된 투자를 촉진하는 경우 등에는 효율성 증대효과가 발생할 수 있다.

(4) 적용법조

최혜대우 요구는 법 제 5 조(시장지배적지위 남용 금지) 제 1 항 제 3 호 다른 사업자 사업활동 방해행위 등에 해당할 수 있다. 단, 실제 적용 법조는 사안별로 구체적인 사실관계에 따라 달리 판단할 수 있다.

(5) 부당성 판단요소

사안별로 이하 판단요소의 전부 또는 일부를 종합적으로 고려하여 부당성을 판단할 수 있다.

(가) 해당 행위를 하게 된 의도 및 목적

(나) 행위 기간 및 관련 상품 또는 서비스의 특성

(다) 좁은 또는 넓은 최혜대우 해당 여부

(라) 최혜대우 요구를 위해 사용된 수단 및 구체적 내용

(마) 온라인 플랫폼 사업자 간 경쟁 유인이 제한되는 정도

(바) 해당 온라인 플랫폼 사업자의 시장에서의 지위 및 경쟁상황

(사) 최혜대우로 경쟁이 제한되는 범위 및 관련 시장점유율

(아) 관련 시장의 진입장벽이 강화되는지 여부

(자) 시장의 다양성 및 혁신에 미치는 영향

(차) 무임승차 방지 등 효율성 증대효과 및 해당 효과가 소비자 후생에 미치는 영향

예시11) 배달앱의 최저가 보장제를 통한 최혜대우 요구

배달앱을 운영하는 시장지배적 사업자 A는 자사 배달앱에서 주문 시 적용되는 가격을 음식점 직접 주문, 경쟁 배달앱, 기타 다른 주문 경로 대비 동일하거나 더 저렴하게 설정하도록 하는 최저가 보장제를 실시하였다. A사는 소비자들을 상대로 이를 홍보하였으나, A사의 배달앱을 이용하는 음식점주들에게는 이에 대한 충분한 사전동의를 구하지 않았다. 이후 A사는 자사 배달앱에서 최저가격을 적용하지 않는 음식점을 적발하여 가격 수정을 요구하였으며, 이에 불응할 경우 계약해지, 배달앱 상의 노출제외 등으로 실제 불이익을 제공하였다. A사의 최저가 보장 요구로 경쟁 배달앱 사업자들 간 가격경쟁이 제한되고 새로운 배달앱 사업자가 시장에 경쟁력 있는 가격으로 진입하는 것이 제한되었다. A사의 행위는 모든 주문 경로 대비 자사 배달앱에서 최저가를 적용토록 한 넓은 최혜대우(Wide MFN) 요구에 해당하며, 이러한 행위는 법 제 5 조(시장지배적지위 남용 금지) 제 1 항 제 3 호 관련 기타의 타 사업자 사업활동 방해 등에 해당할 수 있다.

(이상 「온라인 플랫폼 시장지배적지위 남용행위 심사지침」 Ⅲ. 2. 나)

온라인 플랫폼 사업자의 끼워팔기행위도 사업활동방해행위에 해당할 수 있다. 이에 대하여 「온라인 플랫폼 시장지배적지위 남용행위 심사지침」에서 다음과 같이 규정하고 있다.

(1) 대상행위

끼워팔기란 온라인 플랫폼 사업자가 온라인 플랫폼 이용자로 하여금 온라인 플랫폼 서비스와 다른 상품 또는 서비스를 함께 거래하도록 강제하는 행위를 말한다. 이는 온라인 플랫폼 사업자가 온라인 플랫폼 서비스와 다른 상품 또는 서비스를 함께 거래하는 것 이외에 다른 선택 가능성을 제공하지 않는 경우, 또한 제반 사정을 고려할 때 온라인 플랫폼 이용자로 하여금 사실상 다른 상품 또는 서비스를 함께 거래하도록 강제하는 효과가 있는 경우도 포함한다.

명목상 무료로 제공되는 상품 또는 서비스라 하더라도 이용자의 주의·관심 확보, 개인정보 등 데이터 수집을 통한 광고수익 창출 등 온라인 플랫폼 사업자와 이용자 상호 간에 가치의 교환(거래)이 발생할 수 있다. 따라서 온라인 플랫폼 사업자의 끼워팔기에는 유상으로 거래되는 상품 또는 서비스뿐만 아니라 명목상 무료로 제공되는 상품 또는 서비스를 함께 이용하도록 강제하는 경우도 포함되며, 끼워팔기로 거래상대방에게 반드시 금전적 불이익이 발생해야만 하는 것은 아니다.

(2) 경쟁제한 우려

온라인 플랫폼 사업자는 기존 시장 및 연관 시장의 특성, 거래 내용 등에 따라 끼워팔기를 통해 온라인 플랫폼 시장의 영향력을 지렛대로 하여 연관 시장으로 지배력을 전이시킬 수 있다. 또한 연관 시장에서 온라인 플랫폼 사업자의 지배력이 강화되면 이는 다시 기존 온라인 플랫폼 시장의 지배력을 유지·강화하는 방향으로 작용할 수 있다. 특히 온라인 플랫폼 사업자가 온라인 플랫폼 서비스와 다른 온라인 플랫폼 서비스를 끼워팔기 하는 경우에는 각 시장의 교차 네트워크 효과가 상호작용을 거치면서 지배적 지위가 더욱 공고해질 수 있다.

(3) 효율성 증대 가능성

한편 끼워팔기가 온라인 플랫폼 서비스와 연관 상품 또는 서비스의 기능 연계, 통합으로 이용자의 편익을 증진시키는 경우 등에는 효율성 증대효과가 발생할 수 있다.

(4) 적용법조

끼워팔기는 법 제 5 조(시장지배적지위 남용 금지) 제 1 항 제 3 호 관련 기타의 다른 사업자 사업활동 방해행위 중 불이익한 거래 또는 행위의 강제, 동조 제 1 항 제 5 호 후단 관련 소비자이익 저해행위 등에 해당할 수 있다. 단, 실제 적용 법조는 사안별로 구체적인 사실관계에 따라 달리 판단할 수 있다.

(5) 부당성 판단요소

사안별로 이하 판단요소의 전부 또는 일부를 종합적으로 고려하여 부당성을 판단할 수 있다.

(가) 해당 행위를 하게 된 의도 및 목적

(나) 행위기간 및 관련 상품 또는 서비스의 특성

(다) 끼워팔기를 위해 사용된 수단 및 구체적 내용

(라) 끼워팔기의 강제성 정도 및 거래상대방에게 미치는 효과

(마) 관련 상품 등의 통상적 거래관행 및 이에 대한 소비자 인식

(바) 관련 상품 등의 기능적 연계성, 통합 및 기술 혁신 추세
(사) 해당 온라인 플랫폼 시장에서 사업자의 지위 및 경쟁상황
(아) 지배력이 전이될 수 있는 시장에서 사업자의 지위 및 경쟁상황
(자) 관련 시장의 진입장벽이 강화되는지 여부
(차) 시장의 다양성 및 혁신에 미치는 영향
(카) 효율성 증대효과 및 해당 효과가 소비자 후생에 미치는 영향
(이상 「온라인 플랫폼 사업자의 시장지배적지위 남용행위에 대한 심사지침」 Ⅲ. 2. 나)

4) 기 타

〈(주) 현대자동차의 시장지배적지위 남용행위 건〉 관련 행정소송에서 대법원은 국내 승용차 및 5톤 이하 화물차 판매시장에서의 시장지배적지위를 남용한 거점 이전 제한 및 판매인원 채용 제한행위를 판매대리점의 사업활동을 부당하게 방해하는 행위로 인정하였다.[114)]

「신문고시」 제10조 제 4 항에서는 시장지배적사업자인 신문발행업자가 허위 또는 근거없는 내용으로 광고주 등 거래상대방을 비방하는 기사를 게재함으로써 사업활동을 어렵게 하는 행위는 법 제 3 조의 2(시장지배적지위의 남용금지) 제 1 항 제 3 호에 규정하는 “다른 사업자의 사업활동을 부당하게 방해하는 행위”에 해당된다고 규정한다. 신문업에 있어서는 동 고시가 우선 적용된다(「신문고시」 제12조).

4. 새로운 경쟁사업자의 시장참가에 대한 부당한 방해행위

넷째, 새로운 경재사업자의 참가를 부당하게 방해하는 행위이다(법 제 5 조 제 1 항 제 4 호).[115)]

114) 대판 2010. 3. 25. 2008두7465; 그러나 유사한 다른 사례에서 대법원은 판매대리점의 거점 이전 신청 지연이나 거부행위에 대하여 상품의 가격상승, 산출량감소, 혁신저해, 유력한 경쟁사업자수의 감소, 다양성 감소 등과 같은 경쟁제한효과가 발생하였다고 볼 아무런 증거가 없다는 이유로 위법성을 부정하였다. 대판 2010. 4. 8. 2008두17707.

115) 영 제 9 조(남용행위의 유형 또는 기준) ④ 법 제 5 조 제 1 항 제 4 호에 따른 새로운 경쟁사업자의 참가를 부당하게 방해하는 행위는 직접 또는 간접으로 다음 각 호의 행위를 하여 새로운 경쟁사업자의 신규진입을 어렵게 하는 행위로 한다. <u>1. 정당한 이유 없이 거래하는 유통사업자와 배타적 거래계약을 체결하는 행위 2. 정당한 이유 없이 기존 사업자의 계속적인 사업활동에 필요한 권리 등을 매입하는 행위 3. 정당한 이유 없이 새로운 경쟁사업자의 상품 또는 용역의 생산·공급·판매에 필수적인 요소의 사용 또는 접근을 거절하거나 제한하는 행위 4. 그 밖에</u>

“간접적”이라 함은 특수관계인 또는 다른 자로 하여금 당해 행위를 하도록 하는 것을 말한다. “새로운 경쟁사업자”라 함은 일정한 거래분야에 신규로 진입하려고 하는 사업자 및 신규로 진입하였으나 아직 판매를 개시하고 있지 아니한 사업자를 말한다. “신규진입을 어렵게 하는 경우”를 판단함에 있어서는 다른 사업자의 생산·재무·판매활동 등을 종합적으로 고려하되, 신규진입을 어렵게 할 우려가 있는 경우를 포함한다(「시장지배적지위 남용행위 심사기준」 Ⅳ. 4).

4.1 정당한 이유없이 거래하는 유통사업자와 배타적 거래계약을 체결하는 행위

“유통사업자”라 함은 최종소비자가 아닌 거래상대방을 말하며, “배타적 거래계약”이라 함은 유통사업자로 하여금 자기 또는 자기가 지정하는 사업자의 상품이나 용역만을 취급하고 다른 사업자의 상품이나 용역은 취급하지 않을 것을 전제로 상품이나 용역을 공급하는 것을 말한다(「시장지배적지위 남용행위 심사기준」 Ⅳ. 4. 가).

4.2 정당한 이유없이 기존사업자의 계속적인 사업활동에 필요한 권리 등을 매입하는 행위

“계속적인 사업활동에 필요한 권리”는 특허권·상표권 등의 지식재산권, 행정관청 또는 사업자단체의 면허권 등 인·허가, 기타 당해 거래분야에서 관행적으로 인정되는 모든 권리를 포함한다(「시장지배적지위 남용행위 심사기준」 Ⅳ. 4. 나).

4.3 정당한 이유없이 새로운 경쟁사업자의 상품 또는 용역의 생산·공급·판매에 필수적인 요소의 사용 또는 접근을 거절하거나 제한하는 행위

이 경우에는 3. 다.의 규정을 준용한다(「시장지배적지위 남용행위 심사기준」 Ⅳ. 4. 다).

제 1 호부터 제 3 호까지의 방법 외의 다른 부당한 방법에 따른 행위를 하여 새로운 경쟁사업자의 신규진입을 어렵게 하는 행위 중 공정거래위원회가 정하여 고시하는 행위.

4.4 4.1 ~4.3 외에 부당한 방법으로 새로운 경쟁사업자의 신규진입을 어렵게 하는 행위

① 정당한 이유없이 신규진입 사업자와 거래하거나 거래하고자 하는 사업자에 대하여 상품의 판매 또는 구매를 거절하거나 감축하는 행위, ② 경쟁사업자의 신규진입에 필요한 소정의 절차(관계기관 또는 단체의 허가, 추천 등)의 이행을 부당한 방법으로 어렵게 하는 행위, ③ 당해 상품의 생산에 필수적인 원재료(부품, 부자재 포함)의 수급을 부당하게 조절함으로써 경쟁사업자의 신규진입을 어렵게 하는 행위, ④ 지식재산권 관련된 특허침해소송, 특허무효심판 기타 사법적, 행정적절차를 부당하게 이용하여 경쟁사업자의 신규진입을 어렵게 하는 행위가 해당한다(「시장지배적지위 남용행위 심사기준」 Ⅳ. 4. 라).

5. 경쟁사업자를 배제하기 위한 부당한 거래행위[116)]

다섯째, 부당하게 경쟁사업자를 배제하기 위하여 거래하는 행위이다(법 제 5 조 제 1 항 제 5 호 전단).[117)]

5.1 부당하게 상품 또는 용역을 통상거래가격에 비하여 낮은 대가로 공급하거나 높은 대가로 구입하여 경쟁사업자를 배제시킬 우려가 있는 경우

"낮은 대가의 공급 또는 높은 대가의 구입" 여부를 판단함에 있어서는 통상거래가격과의 차이의 정도, 공급 또는 구입의 수량 및 기간, 당해 품목의 특성 및 수급상황 등을 종합적으로 고려하고 "경쟁사업자를 배제시킬 우려가 있는 경우"를 판단함

116) "경쟁사업자를 배제하기 위한 행위"라는 점에서 일반불공정거래행위의 경쟁사업자배제행위와 구별된다. 한편 경쟁사업자 배제행위는 사업활동방해행위나 진입제한행위와 더불어 배제적 효과가 있는 행위라는 점에서 이를 달리 취급해야 할 합리적인 이유가 없다는 비판이 있다. 임영철/조성국, 56면.

117) 영 제 9 조(남용행위의 유형 또는 기준) ⑤ 법 제 5 조 제 1 항 제 5 호에 따른 부당하게 경쟁사업자를 배제하기 위하여 거래하는 행위는 다음 각 호의 행위로 한다. 1. 부당하게 통상거래가격에 비하여 낮은 가격으로 공급하거나 높은 가격으로 구입하여 경쟁사업자를 배제시킬 우려가 있는 행위 2. 부당하게 거래상대방이 경쟁사업자와 거래하지 않을 것을 조건으로 그 거래상대방과 거래하는 행위 ⑥ 제 1 항부터 제 5 항까지의 규정에 따른 행위의 세부적인 유형 및 기준에 관하여 필요한 사항은 공정거래위원회가 정하여 고시한다.

에 있어서는 당해 행위의 목적, 유사품 및 인접시장의 존재여부, 당해 사업자 및 경쟁사업자의 시장지위 및 자금력 등을 종합적으로 고려한다(「시장지배적지위 남용행위 심사기준」 Ⅳ. 5. 가).

통상거래가격에 대해여 〈(주)엘지유플러스, (주)케이티의 시장지배적지위 남용행위 건〉[118]에서 다음과 같이 판시하고 있다.

독점규제법 시행령 제 9 조 제 5 항 제 1 호는 모법 조항인 독점규제법(2020. 12. 29. 법률 제17799호로 전부 개정되기 전의 것) 제 5 조 제 1 항 제 5 호 전단에서 정한 '부당하게 경쟁사업자를 배제하기 위하여 거래하는 행위'를 구체화한 것으로서, 통상거래가격은 '약탈적 가격설정'(predation)뿐만 아니라 '이윤압착'(margin squeeze) 등과 같이 다양한 유형으로 나타날 수 있는 시장지배적 사업자의 가격과 관련된 배제남용행위를 판단하기 위한 도구 개념임. 따라서 그 의미는 모법 조항의 의미와 내용, 그리고 입법 목적에 합치하도록 해석하여야 함. 통상거래가격은 자유롭고 공정한 경쟁이 이루어지고 있는 시장에서 정상적으로 이루어지는 거래의 경우 일반적으로 형성될 수 있는 가격, 좀 더 구체적으로는 시장지배적 사업자가 부당하게 경쟁사업자를 배제하기 위하여 거래함으로써 시장지배적 지위를 남용하는 행위가 존재하지 않는 정상적인 거래에서 일반적으로 형성되었을 가격을 뜻함.

미국판례법상 약탈가격설정(predatory pricing)은 인위적으로(artificially) 낮은 가격으로 판매함으로써 경쟁자를 사업에서 배제시키려는 또는 잠재적 경쟁자의 시장진입을 막으려는 행위[119]로서 행위자가 독점력을 가진 경우 「셔먼법(Sherman Act)」 제 2 조의 독점화(monopolizing)로 다루어지지만, 대부분의 경우 동조의 독점화의 기도(attempt to monopolize)문제로 다루어진다.

미국의 경우 약탈적 가격설정 행위(predatory pricing)와 관련하여 'Areeda－Turner Test'가 기준이 되는데, 이는 원칙적으로 한계비용(Marginal Cost)미만의 가격수준을 약탈적 가격으로 판단하는 것이 최선이지만, 법원이 한계비용을 측정할 수 없기 때문에 그 대용으로 평균가변비용(Average Variable Cost)을 기준으로 약탈가격인지 여부를 판단하는 것이다.[120] 그러나 이러한 기준에 대하여도

118) 대판 2021. 6. 30. 2018두37700, 2018두37960.

119) Hovenkamp, 118면.

120) Areeda와 Turner는 다음 결론을 도출하였다. 즉 1. A price above "full cost"(i.e., average

논란이 있다. EU의 경우 〈AKZO 사건〉[121]에서 EU사법재판소는 시장지배적사업자가 평균가변비용 이하로 가격을 설정하거나 경쟁제한적 의도에 기하여 평균총비용 이하로 가격을 설정할 경우 약탈가격에 해당한다고 본다.[122]

미국의 연방대법원이 「셔먼법(Sherman Act)」 또는 「로빈슨－패트먼법(Robinson－Patman Act)」에 위반되는 불법적인 약탈가격설정(predatory pricing)이 되기 위해서는 원고가 '이익회복의 합리적 가능성(reasonable likelihood of profitable re－coupment)'을 입증해야 한다고 한 사례가 있다.[123] 즉 낮은 가격설정으로 인한 손실을 추후 장기간의 독과점 가격설정으로 회복하여 전체적으로는 이익이 되는 기대가능성이 있어야 한다는 것이다. 그러나 우리나라의 경우 이러한 요건은 위법성을 인정하는 유력한 증거가 될 수 있지만, 이를 위법성 인정의 요건으로 하는 것은 무리라고 본다. 한편 실제 약탈적 행위와 가격경쟁과의 구별은 매우 어렵다. 약탈적 가격설정(predatory pricing)에 대응하기 위하여 「로빈슨패트먼법(Robinson－ Patman Act)」을 적용하는 경우 〈Uta Pie 사건〉[124]에 대한 비판에서 보듯이 약탈적 행위를 제재하기 보다는 활발한 가격경쟁을 제재하게 되는 결과를 가져올 수 있다.[125]

「신문고시」 제10조 제 2 항에서는 시장지배적사업자인 신문발행업자가 자기 신문판매업자들에게 지나치게 낮은 가격으로 신문을 공급함으로써 다른 신문발행업자를 배제시킬 우려가 있는 경우에는 법 제 5 조(시장지배적지위의 남용금지)

---

total cost) is nonpredatory, and therefore legal. 2. A price at or above average variable cost is presumed to be nonpredatory, and therefore legal. 3. A price lower than average variable cost is conclusively presumed to be predatory, and therefore unlawful. 다만 Areeda와 Turner는 독점력이 있는 사업자에 대하여 이러한 공식을 적용함으로써 독점화 기도에서 필요한 요건인 '구체적 의도(specific intent)'와 '위험한 성공 개연성(dangerous probability of success)'은 필요하지 않다고 보았다. 자세한 내용은 Hovenkamp, 119~122면 참조.

121) AKZO Chemie BV v. Commission[1991] ECR 3359.

122) 박주영, 경쟁저널 제169호(2013. 7), 63면 참조.

123) Brooke Group Limited v. Brown & Brown & Williamson Tobaco Co., 509 U.S. 209, 113 S.Ct. 2578(1993): "A plaintiff must prove (1) that the prices complained of are below an appropriate measure of its rival's costs and (2) that the competitor had a reasonable pro－spect of recouping its investment in below－cost prices. Without recoupment, even if pred－atory pricing causes the target painful losses, it produces lower aggregate prices in the market, and consumer welfare is enhanced", "An oligopoly's interdependent pricing may provide a means for achieving recoupment and thus may form the basis of a primary－line injury claim".

124) Utah Pie Co. v. Continental Baking Co., 386 U.S. 685, 87 S.Ct. 1326(1967).

125) Hovenkamp, 125면 참조.

제 1 항 제 5 호 전단에 규정하는 "부당하게 경쟁사업자를 배제하기 위하여 거래하는 행위"에 해당된다고 규정한다. 신문업에 있어서는 동 고시가 우선 적용된다(「신문고시」 제10조 제 2 항).

5.2 부당하게 거래상대방이 경쟁사업자와 거래하지 아니할 것을 조건으로 그 거래상대방과 거래하는 경우

경쟁사업자의 대체거래선 확보의 용이성, 당해 거래의 목적·기간·대상자 및 당해 업종의 유통관행 등을 종합적으로 고려한다(「시장지배적지위 남용행위 심사기준」 Ⅳ. 5. 나).

배타조건부거래행위의 부당성 판단과 관련하여 〈퀄컴 인코포레이티드, 한국퀄컴(주), 퀄컴 씨디에이테크놀로지코리아의 시장지배적 지위 남용행위 등 건(퀄컴 I 사건)〉 관련 행정소송에서 대법원은 다음과 같이 판시하였다.

"첫째, 법 제 5 조 제 1 항 제 5 호 전단의 '경쟁사업자를 배제하기 위하여 거래한 행위'의 부당성은 독과점적 시장에서의 경쟁촉진이라는 입법 목적에 맞추어 해석하여야 하므로, 시장지배적 사업자가 시장에서의 독점을 유지·강화할 의도나 목적, 즉 시장에서의 자유로운 경쟁을 제한함으로써 인위적으로 시장질서에 영향을 가하려는 의도나 목적을 갖고, 객관적으로도 그러한 경쟁제한의 효과가 생길 만한 우려가 있는 행위로 평가할 수 있는 행위를 하였을 때에 부당성을 인정할 수 있음. 이를 위해서는 그 행위가 상품의 가격상승, 산출량 감소, 혁신 저해, 유력한 경쟁사업자의 수의 감소, 다양성 감소 등과 같은 경쟁제한의 효과가 생길 만한 우려가 있는 행위로서 그에 대한 의도와 목적이 있었다는 점이 증명되어야 함. 그 행위로 인하여 현실적으로 위와 같은 효과가 나타났음이 증명된 경우에는 그 행위 당시에 경쟁제한을 초래할 우려가 있었고 또한 그에 대한 의도나 목적이 있었음을 사실상 추정할 수 있지만, 그렇지 않은 경우에는 행위의 경위 및 동기, 행위의 태양, 관련시장의 특성 또는 유사품 및 인접시장의 존재 여부, 관련시장에서의 가격 및 산출량의 변화 여부, 혁신 저해 및 다양성 감소 여부 등 여러 사정을 종합적으로 고려하여 그 행위가 경쟁제한의 효과가 생길 만한 우려가 있는 행위로서 그에 대한 의도나 목적이 있었는지를 판단하여야 함. 다만 시장지배적지위 남용행위로서의 배타조건부 거래행위는 거래상대방이 경쟁사업자와 거래하지 아니할 것을 조건으로 그 거래상대방과 거래하는 경우이므로, 통상 그러한 행위 자체에 경쟁을 제한하려는 목적이 포함되어 있다고 볼 수 있는 경우가 많을 것임(위 2002두8626 전원합의체 판결, 대법원 2009. 7. 9. 선고 2007두22078 판결 등 참조). 여기에서 배타조건부 거래행위가 부당한지 여부를 앞서 든 부당성 판단 기준에 비추어 구체적으로 판단할 때에는, 배타조건부 거래행위로 인하여 대체적 물품구입처 또는 유통경로가 봉쇄 · 제한되거나 경쟁사업자 상품으로의 구매전환이 봉쇄 · 제한되는 정도를 중심으로, 그 행위에 사용된 수단의 내용과 조건, 배타조건을 준수하지 않고 구매를 전환할 경우에 구매자가 입게 될 불이익이나 그가 잃게 될 기회비용의 내용과 정도, 행위자의 시장에서의 지위, 배타조건부 거래행위의 대상이 되는 상대방의 수와 시장점유율, 배타조건부 거래행위의 실시 기간 및 대상이 되는 상품 또는 용역의 특성, 배타조건부 거래행위의 의도 및 목적과 아울러 소비자 선택권이 제한되는 정도, 관련 거래의 내용, 거래 당시의 상황 등 제반 사정을 종합적으로 고려하여야 함. 둘째, 한편 가격은 구매자가 상품 또는 용역의 구매 여부를 결정하는 데 고려하는 가장 중요한 요소 중 하나로, 시장경제체제에서 경쟁의 가장 기본적인 수단임. 경쟁사업자들 사이의 가격을 통한 경쟁은 거래상대방과 일반 소비자 모두에게 이익이 될 수 있으므로 시장에서의 자유로운 가격 경쟁은 일반적으로 보호되어야 함. 그런데 리베이트 제공행위는 단기적으로 거래상대방에게 이익이 될 수도 있을 뿐 아니라 그로 인한 비용의 절감이 최종소비자에 대한 혜택으로 돌아갈 여지가 있음. 또한 이는 실질적으로 가격 인하와 일부 유사하기도 하므로 일반적인 가격 할인과 같은 정상적인 경쟁수단과의 구별이 쉽지 않은 측면이 있음. 이러한 관점에서 보면, 시장지배적 사업자의 조건부 리베이트 제공행위가 그 자체로 위법하다고 단정할 수는 없음. 반면, 시장지배적 사업자가 제공하는 리베이트의 제공조건, 내용과 형태에 따라 그로 인한 경쟁제한적 효과 역시 커질 수 있음. 예컨대, 리베이트가 조건 성취 후에 제공되는 '사후적 · 소급적' 리베이트일수록, 그 제공되는 이익이 구매물량과 비례하여 '누진적'으로 커질수록 그 구매전환을 제한 · 차단하는 효과는 커지므로, 조건부 리베이트로 인한 경쟁제한적 효과 역시 커질 수 있음. 또한 단순히 일정 구매량에 대응하는 리베이트 제공보다는 구매자 자신이 특정 기간 시장 전체에서 구매한 구매물량 중 일정 비율을 리베이트 제공자로부터 구매하도록 강제하는 경우에는 그 경쟁제한적 효과가 더욱 클 수 있음. 게다가 뒤에서 보는 바와 같이 표준기술을 보유한 시장지배적 사업자가 배타조건의 준수 대가로 특정 상품이나 용역의 구매에 대한 경제적 이익을 제공함과 동시에 표준기술에 대한 사용료도 함께 감액해주는 등으로 복수의 경제적 이익을 제공하는 경우에는 구매자들의 합리적인 선택이 왜곡될 수 있고 그 구매전환을 제한·차단하는 효과가 한층 더 커짐. 셋째, 위와 같이 다양한 형태의 조건부 리베이트 제공행위를 위 배타조건부 거래행위로 의율하여 그 부당성을 판단할 때에는, 앞서 본 리베이트의 양면적 성격과 배타조건부 거래행위의 부당성 판단 기준을 염두에 두고, 리베이트의 지급구조, 배타조건의 준수에 따라 거래상대방이 얻게 되는 리베이트의 내용과 정도, 구매전환 시에 거래상대방이 감수해야 할 불이익의 내용과 정도, 거래상대방이 구매전환이 가능한지 여부를 고려하였는지 여부 및 그 내용, 리베이트 제공 무렵 경쟁사업자들의 동향, 경쟁사업자의 시장진입 시도 여부, 리베이트 제공조건 제시에 대한 거래상대방의 반응, 거래상대방이 리베이트가 제공된 상품 내지 용역에 관하여 시장지배적 사업자에 대한 잠재적 경쟁자가 될 수 있는지 여부, 배타조건부 거래행위로 인하여 발생할 수도 있는 비용 절감 효과 등이 최종소비자들에게 미치는 영향 등을 아울러 고려하여야 함. 앞서 본 조건부 리베이트 제공행위로 인한 부정적 효과와 그러한 행위가 반드시 소비자 후생증대에 기여하지는 않는 점, 장기간의 배타조건부 거래계약을 체결함으로써 부당한 배타조건부 거래행위에 해당하게 되는 경우에도 그 계약체결을 위하여 반대급부로 제공된 이익이 비용 이하에 해당하는지 여부를 반드시 고려해야 한다고 볼 수는 없는 점과의 균형 등을 고려하면, 이른바 '약탈 가격 설정(predation)'과 비교하여 그 폐해가 발생하는 구조와 맥락이 전혀 다른 조건부 리베이트 제공행위를 그와 마찬가지로 보아 약탈 가격 설정에 적용되는 부당성 판단 기준을 그대로 적용할 수는 없음. 따라서 이러한 부당성 인정의 전제조건으로, 리베이트 제공이 실질적으로 비용 이하의 가격으로 판매한 경우에 해당하여야 한다는 점이나 시장지배적 사업자와 동등한 효율성을 가진 가상의 경쟁사업자 또는 실제 경쟁사업자들이 리베이트 제공에 대하여 가격 및 비용 측면에서 대처하는 데 지장이 없었다는 점 등에 관하여 회계적·경제적 분석(이하 '경제분석') 등을 통한 공정거래위원회의 증명이 필수적으로 요구되는 것은 아니라고 할 것임. 넷째, 한편 사업자는 조건부 리베이트 제공행위의 사실상 구속력이나 부당성 증명을 위하여 위와 같은 경제분석을 사용하여 그 결정의 신뢰성을 높이는 것은 권장될 수 있음. 나아가 통상의 경우 사업자는 경제분석의 기초가 되는 원가자료나 비용 관련 자료, 리베이트의 설계방식과 목적·의도와 관련한 자료 등은 보유하고 있으므로, 경제분석의 정확성이나 경제분석에 사용된 기초자료의 신뢰성·정확성과 관련한 모호함이나 의심이 있는 상황에서는, 사업자가 그 기초자료나 분석방법 등의 신빙성을 증명함으로써 조건부 리베이트 제공행위의 사실상의 구속력이나 부당성에 관한 공정거래위원회의 일응의 합리적 증명을 탄핵할 수는 있음."126)

여기서 '경쟁사업자와 거래하지 아니할 조건'의 해석과 관련하여 〈퀄컴 인코포레이티드, 한국퀄컴(주), 퀄컴 씨디에이테크놀로지코리아의 시장지배적 지위 남용행위 등 건(퀄컴 I 사건)〉 관련 행정소송에서 대법원은 다음과 같이 판시하였다.

"시장지배적 사업자에 의하여 일방적·강제적으로 부과된 경우에 한하지 않고 거래상대방과의 합의에 의하여 설정된 경우도 포함됨. 또한 '경쟁사업자와 거래하지 아니할 것을 조건으로 거래하는 행위'는 그 조건의 이행 자체가 법적으로 강제되는 경우만으로 한정되지는 않고, 그 조건 준수에 사실상의 강제력 내지 구속력이 부여되어 있는 경우도 포함됨. 따라서 실질적으로 거래상대방이 조건을 따르지 않고 다른 선택을 하기 어려운 경우 역시 여기에서 당연히 배제된다고 볼 수는 없음. 그 이유는 다음과 같음. 먼저 법령 문언이 그 조건 준수에 법적·계약적 구속력이 부여되는 경우만을 전제한다고 보기는 어려움. 나아가 당연히 배타조건부 거래행위의 형식적 요건에 해당된다고 널리 인정되는 이른바 '전속적 거래계약'처럼 경쟁사업자와 거래하지 않기로 하는 구속적 약정이 체결된 경우와, 단순히 경쟁사업자와 거래하지 아니하면 일정한 이익이 제공되고 반대로 거래하면 일정한 불이익이 주어지는 경우 사이에는 경쟁사업자와 거래하지 않도록 강제되는 이익의 제공이 어느 시점에, 어느 정도로 이루어지는지에 따른 차이가 있을 뿐이고, 그와 같은 강제력이 실현되도록 하는 데에 이미 제공되었거나 제공될 이익이나 불이익이 결정적으로 기여하게 된다는 점에서는 실질적인 차이가 없음. 그러므로 여기에 더하여 경쟁제한적 효과를 중심으로 시장지배적지위 남용행위를 규제하려는 법의 입법 목적까지 아울러 고려하여 보면, 결국 조건의 준수에 계약에 의한 법적 강제력 내지 구속력이 부과되는지 여부에 따라 배타조건부 거래행위의 성립요건을 달리 보는 것은 타당하지 않음. 따라서 경쟁사업자와 거래하지 않을 것을 내용으로 하는 조건의 준수에 이익이 제공됨으로써 사실상의 강제력 내지 구속력이 있게 되는 경우라고 하여 '경쟁사

126) 대판 2019. 1. 31. 2013두14726.

업자와 거래하지 아니할 것을 조건으로 거래하는 행위'에 형식적으로 해당되지 않는다고 볼 수는 없음."[127]

공정거래위원회가 국내 CPU시장의 시장지배적사업자인 인텔이 국내PC 제조회사들에게 경쟁사업자인 AMD와 거래하지 말 것을 조건으로 리베이트[128]를 제공한 행위에 대하여 시정조치와 과징금을 부과한 사례가 있다(〈인텔코퍼레이션, 인텔세미콘덕터리미티드 및 (주)인텔코리아의 시장지배적지위 남용행위 건〉).[129] 이 사건은 시장지배적사업자의 남용행위와 관련하여 로열티 리베이트 제공행위가 반경쟁적 행위라고 인정한 공정거래위원회 최초의 심결이다.[130] 관련 행정소송에서 서울고등법원은 '경쟁사업자와 거래하지 아니할 것'이란 거래상대방이 경쟁사업자와 거래를 전혀 하지 아니하도록 하는 경우뿐만 아니라 거래상대방이 경쟁사업자와는 자신의 총 거래 중 일정비율 이하로만 거래하도록 거래상대방의 자유로운 거래를 제한하는 경우도 포함된다고 하고 경쟁사업자와 거래하지 아니할 것을 조건으로 리베이트를 지급하였음을 인정하였다.[131]

127) 대판 2019. 1. 31. 2013두14726.

128) 로열티 리베이트는 '충성 리베이트' 또는 '조건부 리베이트(conditional rebates)'라고도 하며, 구매자들의 구매에서 보여주는 충성도에 따라 더 좋은 가격을 책정하는 것을 의미하는데, 그 위법성을 평가하는 방법은 다음과 같은 것이 있다. 즉 ① 소비자 후생기준(Consumer welfare standard): 반경쟁적 혐의가 있는 행위가 소비자 후생에 미치는 순영향을 평가하는 기준, ② 동등효율경쟁자 기준(Equally efficient competitor standard): 소비자 후생 보호를 위해 비효율적인 경쟁자까지 보호하는 것이 아니라 동등하게 효율적인 경쟁자만을 보호하는 기준, ③ 이익희생기준(Profit sacrifice standard): 경쟁을 제한하거나 감소시키는 경향이 없다면 이익을 희생하는 것이 비합리적인 경우 위법으로 보는 기준, ④ 비경제적 기준(Noneconomic sense standard): 어떤 행위가 경쟁을 제한하거나 감소시키는 경향 외에는 아무런 경제적 의미가 없는 경우 비난받는다고 보는 기준이 있다. 충성리베이트의 배제적 효과를 평가하는 데 있어서는 첫째, 리베이트 구조가 비용 이하의 가격을 책정하여 배제하는 혐의가 있다면 일반적인 약탈적 가격책정이론을 통해 평가가 가능하며, 사실상 배타조건부 거래에 해당하는 경우에는 리베이트가 경쟁자의 비용을 상승시키는지 여부, 상승된 비용이 경쟁자와 시장에 미치는 영향, 경쟁자들이 해당 리베이트 구조와 경쟁할 수 없는 이유 등을 평가하여야 한다. 이상 충성할인(Fidelity Rebates), OECD 사무국 보고서(2016. 6월 경쟁위원회) 참조; 이에 대한 자세한 설명은 권오승/서정, 171~175면 참조.

129) 공정의 2008. 11. 5. 2008－295; 조건부 리베이트에 대한 경쟁제한성 판단기준에 대하여 이민호, 공정거래법의 쟁점과 과제(2001), 130~132면 참조.

130) 공정거래백서(2009), 81면.

131) 서고판 2013. 6. 19. 2009누35462; 충성할인의 경우 일반적인 대량구매 할인(volume discount)과 달리 ① 거래상대방에 따라 리베이트 구조를 다르게 설계하고, ② 조건을 충족하는 경우 소급하여 모든 구매물량에 대해 리베이트를 지급하며, ③ 구매비율이 증가할수록 리베이트 지급률이 누진적으로 늘어나는 특징을 나타낸다. 그러나 유사한 사례에서 EU사법재판소는 2017년 무혐의 취지로 파기환송하였고, 2022. 1. 26. EU일반법원은 최종 무혐의 결정을 하였다.

이어서 〈퀄컴 인코포레이티드, 한국퀄컴(주), 퀄컴 씨디엠에이테크놀로지코리아의 시장지배적지위 남용행위 등 건(퀄컴 I 사건)〉에서 공정거래위원회는 퀄컴사가 삼성전자, LG전자 등 국내 휴대폰 제조사에 대하여 모뎀칩 및 RF칩 수요량의 대부분을 자신으로부터 구매할 것을 조건으로 리베이트를 제공한 행위(조건부리베이트)를 법 제 5조의 제 1 항 제 5 호 전단의 부당하게 경쟁사업자를 배제하기 위한 행위로 보고 시정조치와 과징금을 부과하였다.[132] 공정거래위원회는 퀄컴 사건을 통하여 표준설정을 취득한 전방시장의 독점력을 이용한 후방시장의 독점화행위에 대하여 독점규제법 위반행위로 규율함으로써 기술표준에 포함된 특허기술 보유자의 경쟁법적 의무에 대한 기준을 제시하였으며, 2008년 인텔 사건에 이어 시장지배적사업자의 조건부리베이트 행위는 관련시장에서 경쟁사업자를 배제시킬 수 있으므로 독점규제법상 위법임을 명백히 하였다.[133] 관련 행정소송에서도 서울고등법원은 동일하게 판단하고 있다.[134] 한편 대법원은 다음과 같이 판시하였다.

> "모뎀칩 리베이트 제공행위는 거래상대방이 경쟁사업자인 CDMA2000 방식 모뎀칩 사업자와 거래하지 아니할 것을 조건으로 거래한 '배타조건부 거래행위'로서 국내 CDMA2000 방식 모뎀칩 시장에서 경쟁제한적 효과가 생길 만한 우려가 있는 행위에 해당하고, 원고 퀄컴은 이러한 경쟁제한적 효과 내지 우려에 대한 인식과 함께 그에 대한 의도와 목적도 있었다고 보아, 그 부당성이 인정된다"고 판단하였음. 즉 ① 엘지전자에 대한 모뎀칩 리베이트는 모뎀칩과는 그 시장이 구별되는 다른 상품

132) 공정의 2009. 12. 30. 2009-281.

133) 공정거래백서(2010), 129면.

134) 서고판 2013. 6. 19. 2010누3932. 다만 "이 사건 로열티 차별적용 및 조건부 리베이트 제공 행위는 모두 퀄컴이 휴대폰 제조사와 체결한 계약에 의한 것이고, 원천기술의 소유자나 모뎀칩 및 RF칩을 생산·판매하는 회사도 퀄컴으로서 한국퀄컴과 QCTK가 그와 같은 행위를 할 지위에 있는 것도 아니다. 따라서 이 사건 행위로 인한 위법상태를 해소하는 것은 퀄컴만이 행할 수 있고 한국퀄컴이나 QCTK가 퀄컴과 무관하게 독자적으로 이 사건 위반행위를 할 우려가 있다고 볼 수 없다. 그러므로 퀄컴에 대한 시정명령 외에 한국퀄컴과 QCTK에 대하여 관련 시정명령을 하는 것이 필요하고도 유효적절한 수단에 해당한다고 보기 어렵다할 것이므로 한국퀄컴과 QCTK에 대한 시정명령은 모두 위법하다. 또한 로열티 차별적 부과행위는 'CDMA2000용 모뎀칩'에 대한 것으로 해당 상품 시장에서 경쟁제한 효과가 있는 위반행위이므로 이 사건 시정명령 제 1 의 가항에서 금지하는 대상은 원고 퀄컴으로부터 구매한 'CDMA2000용 모뎀칩'에 한정된다 할 것이고 이를 단순히 원고 퀄컴으로부터 구매한 '부품'이라고 한 것은 위반행위를 넘는 부분까지 금지하는 것이어서 위법하다"는 판결을 선고하였다. 이 부분 관련 대법원은 서울고등법원 판결을 인용하였다.

인 RF칩의 구매비율도 동시에 충족할 것을 요구한 점, ② 원고 퀄컴이 모뎀칩 리베이트를 제공한 시점을 전후로 엘지전자 및 삼성전자의 경쟁사업자 모뎀칩 사용 비율은 비교적 선명한 하락 추세를 보이는 점, ③ 원고 퀄컴이 제출한 경제분석 결과에 따르더라도 모뎀칩의 '유효가격(effective price)'이 평균총비용이나 장기평균증분비용보다 낮은 부분이 여러 범위에서 관찰되는 점, ④ 이러한 경제분석 등 관련 자료만으로 피고의 부당성 등에 관한 일응의 증명을 뒤엎을 정도에 이르렀다고 판단하기는 어려운 점, ⑤ 원고 퀄컴이 제공한 리베이트로 인하여 휴대폰 소비자가격이 낮아지는 등 소비자 후생 향상에 기여하였다는 사정도 찾아보기 어려운 점 등을 근거로 하였음. 그리고 원고 퀄컴의 RF칩 시장에서의 배타조건부 거래행위로 인하여 시장봉쇄 효과가 발생하여 경쟁사업자들의 시장진입이 저지되었고, 휴대폰 제조사와 소비자의 선택 기회가 적어지고 제품의 다양성도 감소하였다고 보아, 그 경쟁제한성 내지 부당성이 인정됨."

그러나 퀄컴이 엘지전자에 대하여만 RF칩 리베이트를 제공한 2000. 7. 1.부터 2005. 6. 30.까지 및 2007. 1. 1.부터 2009. 7. 15.까지의 기간에 관하여는 서울고등법원에 파기환송하였다.

"① 원심은, 국내 CDMA2000 방식 휴대폰 제조시장이 엘지전자와 삼성전자가 각각 40% 이상의 시장점유율을 갖는 과점체제라고 전제한 후, 원고 퀄컴이 위 기간 중 엘지전자에 RF칩 리베이트를 제공하여 엘지전자에 대한 공급을 독점하는 것만으로도 국내 CDMA2000 방식 RF칩 시장에서 최소 40% 이상의 시장봉쇄 효과가 발생하고, 그 행위의 부당성도 인정된다고 판단하였음. ② 그러나 적법하게 채택된 증거에 의하면, 엘지전자의 2006~2008년 국내 CDMA2000 방식 휴대폰 판매시장 점유율은 약 21.6% 내지 25.9%에 불과하였던 사실, 엘지전자에 대하여만 RF칩 조건부 리베이트를 제공한 기간에 삼성전자의 비(非) 퀄컴 RF칩 사용 비율이 증가한 사실, 원고 퀄컴의 국내 CDMA2000 방식 RF칩 시장에서의 시장점유율은 2002년 91.4%에서 2004년 77.1%로 대폭 하락하였고, 이후 2006년 83.5%, 2007년 71.5%, 2008년 71.2%로 계속하여 상당폭 하락 추세에 있었던 사실 등을 알 수 있음. 나아가 피고는, 원심이 40%의 시장봉쇄 효과가 있었다고 판단한 부분 중 "40%" 부분은 오기에 불과하고, 엘지전자 1개사에 대하여만 RF칩 리베이트를 제공하더라도 경쟁제한성을 인정하는 데 아무런 문제가 없다고 주장하고 있음. ③ 사정이 이와 같다면, 원심이 전제한 것처럼 '엘지전자가 국내 CDMA2000 방식 휴대폰 제조시장에서 40% 이상의 시장점유율을 갖는다'고 볼 근거는 없고, 이러한 전제가 잘못된 이상 엘지전자에 대한 RF칩 리베이트 제공으로 인하여 국내 CDMA2000 방식 RF칩 시장에서 최소 40% 이상의 시장봉쇄 효과가 발생하였다고 단정할 수도 없음. 그 밖에 앞서 본 법리에 따라 원심이 들고 있는 사정 및 적법하게 채택된 증거들과 기록에 나타난 제반 사정을 종합하여 보더라도, 위 리베이트 제공행위로 인하여 국내 CDMA2000 방식 RF칩 시장 전체에서의 경쟁을 제한하는 효과가 생길 만한 우려가 있다거나 부당성이 인정된다고 보기는 어려움. 설령 엘지전자가 국내 RF칩 구매시장에서 40% 이상의 점유율을 차지하였다고 가정하더라도, 엘지전자가 원고 퀄컴으로부터 구매한 RF칩 전량이 리베이트로 인하여 구매하게 된 것이라고 단정할 수 없으므로 곧바로 40%의 봉쇄효과를 인정하기도 어렵고, 원고 퀄컴이 위 기간 중 삼성전자와 팬택에 대하여는 RF칩 리베이트를 제공한 바 없으며, 위 기간 중 원고 퀄컴의 RF칩 시장점유율이 계속하여 줄어들었던 점 등 제반 사정에 비추어 보면, 위와 같은 결론이 달라진다고 보기도 어려움."[135)]

그리고 과징금부과와 관련해서는 다음과 같이 판시하였다.

"공정거래위원회가 위반행위에 대한 과징금을 부과하면서 여러 개의 위반행위에 대하여 외형상 하나의 과징금 납부명령을 하였으나 여러 개의 위반행위 중 일부의 위반행위에 대한 과징금 부과만이 위법하고 소송상 그 일부의 위반행위를 기초로 한 과징금액을 산정할 수 있는 자료가 있는 경우에는, 하나의 과징금 납부명령일지라도 그 일부의 위반행위에 대한 과징금액에 해당하는 부분만을 취소하여야 함(대법원 2006. 12. 22. 선고 2004두1483 판결, 대법원 2009. 10. 29. 선고 2009두11218 판결 등 참조)."[136)]

그런데 이 사건 과징금 납부명령에서 RF칩 리베이트 제공행위는 전체로서 하나의 위반행위이고 엘지전자에 대하여만 RF칩 리베이트 제공이 있었던 기간을 분리하여 과징금을 산정할 자료가 없으므로 RF칩 리베이트 제공행위에 관한

135) 대판 2019. 1. 31. 2013두14726; 동 판결에 대한 해설로 강우찬, 대법원의 공정거래 사건 주요 판결 요지, 경쟁저널(2019. 5), 50~51면. 리베이트 제공과 결부된 배타조건부거래 행위의 성립요건 및 부당성 판단기준에 대하여 최초로 설시한 판결이다.

136) 대판 2019. 1. 31. 2013두14726.

과징금 납부명령 전부가 취소되어야 한다. 이에 따라 공정거래위원회는 한국퀄컴, QCTK에게 부과된 원심결 시정명령을 취소하고 피심인 퀄컴에 대한 원심결 시정명령을 일부 변경하며, 피심인 퀄컴에게 부과된 원심결 과징금 납부명령 중에서 위법행위가 인정되지 않는 부분을 제외하고 재산정한 과징금액과의 차액에 해당하는 금액을 취소하였다.[137)]

〈(주)이베이지마켓의 시장지배적지위 남용행위 건〉에서는 갑 회사가 자신이 운영하는 오픈마켓에 입점하여 상품을 판매하는 사업자들 중 을 회사가 운영하는 쇼핑몰에도 입점해 있던 7개 사업자들에게 자신의 오픈마켓에서 판매가격을 인하하거나 을 회사의 쇼핑몰에서 판매가격을 인상해 줄 것 등을 요구하고, 을 회사의 쇼핑몰에 올려놓은 상품을 내리지 않으면 자신의 메인화면에 노출된 상품을 빼버리겠다고 위협한 행위에 대하여 시장지배적지위 남용행위로서 배타조건부거래를 한다는 이유로 공정거래위원회가 시정명령과 과징금 납부명령을 하였는데, 관련 행정소송에서 대법원은 갑 회사의 행위로 7개 사업자들이 을 회사와 거래를 중단한 기간은 주로 1~2개월이고, 짧게는 14일, 길게는 7개월 보름 남짓에 불과한 점, 행위의 상대방들이 전체 판매업체들 중 차지하는 비율이 미미한 점 등에 비추어 보면 갑 회사의 행위로 인하여 을 회사가 매출부진을 이기지 못하고 오픈마켓 시장에서 퇴출된 것인지, 다른 신규사업자의 시장진입에도 부정적인 영향을 미쳤는지 명백하지 않음에도, 위 행위가 '부당하게 거래상대방이 경쟁사업자와 거래하지 아니할 조건으로 그 거래상대방과 거래하는 경우'에 해당한다고 판단한 원심판결에 법리오해의 위법이 있다고 판단하였다.[138)]

〈현대모비스(주)의 시장지배적지위 남용행위 건〉 관련 행정소송에서 대법원은 원고가 자신의 대리점을 상대로 순정품 취급을 강제하고 비순정품 거래를 통제한 것은 정비용 부품시장에서 원고의 시장지배적 지위를 계속 유지하기 위해 경쟁부품의 판매 유통망을 제한한 것이라고 판시하였다. 즉 원고의 배타조건부거래행위는 인위적으로 시장질서에 영향을 가하려는 의도나 목적으로 이루어졌음이 명백하다고 판단하였다.[139)]

137) 공정의 2019. 3. 25. 2019－067.

138) 대판 2011. 6. 10. 2008두16322.

139) 대판 2014. 4. 10. 2012두6308. 후속시장(Aftermarket)에서의 경쟁제한행위가 문제된 사례였다. 자동차는 구매주기가 긴 고가의 내구재로 주상품의 초기 구입비용 및 전환비용이 크고 관련 유지보수 시장의 비중도 높아 Aftermarket에 대한 논의가 가장 활발하게 진행되는 산업분야 중 하나이다. Aftermarket의 전형적인 경쟁제한 이슈는 주상품 공급자가 자사 주상품과 연동된 부상품 공급을 위해 필요한 부품, 인터페이스, 소프트웨어, 규격 문서 등을 통제하여 부상품시장의

〈농업협동조합중앙회의 시장지배적지위 남용행위 건〉 관련 행정소송에서 대법원은 식량작물용 화학비료 유통시장에서 이미 독점적인 구매력과 유통망을 확보하고 있는 농업협동조합중앙회의 배타조건부 거래행위를 시장지배적지위 남용행위로 인정하였다.[140] 특히 동 판결에서는 배타조건부 거래행위가 법 제5조 제1항 제5호 전단의 시장지배적사업자의 지위남용행위에 해당하기 위한 요건을 제시하고 있는바 "배타조건부 거래행위가 부당하게 거래상대방이 경쟁사업자와 거래하지 아니할 것을 조건으로 그 거래상대방과 거래하는 행위로 평가될 수 있어야 하는바, 여기서 말하는 '부당성'은 '독과점적 시장에서의 경쟁촉진'이라는 입법 목적에 맞추어 해석하여야 할 것이므로, 시장에서의 독점을 유지·강화할 목적, 즉 시장에서의 자유로운 경쟁을 제한함으로써 인위적으로 시장질서에 영향을 가하려는 목적을 가지고, 객관적으로도 그러한 경쟁제한의 효과가 생길 만한 우려가 있는 행위로 평가될 수 있는 배타조건부 거래행위를 하였을 때에 그 부당성이 인정될 수 있다. 그러므로 시장지배적지위 남용행위로서의 배타조건부 거래의 부당성은 그 거래행위의 목적 및 태양, 시장지배적사업자의 시장점유율, 경쟁사업자의 시장진입 내지 확대 기회의 봉쇄정도 및 비용증가 여부, 거래의 기간, 관련시장에서의 가격 및 산출량 변화 여부, 유사품 및 인접시장의 존재 여부, 혁신 저해 및 다양성 감소 여부 등 여러 사정을 종합적으로 고려하여 판단하여야 한다. 다만, 시장지배적지위 남용행위로서의 배타조건부 거래행위는 거래상대방이 경쟁사업자와 거래하지 아니할 것을 조건으로 그 거래상대방과 거래하는 경우이므로, 통상 그러한 행위 자체에 경쟁을 제한하려는 목적이 포함되어 있다고 볼 수 있는 경우가 많을 것이다"라고 판시하였다.[141]

우리나라의 판례는 봉쇄효과와 질적 요소를 종합적으로 판단하는 입장이라고 할 수 있다. EU에서도 배타적 거래의 위법성 판단시 봉쇄효과(foreclosure)를

경쟁을 제한하는 경우이다. 이 과정에서 주상품 공급자는 부상품 시장 통제의 수단으로 자사 부품, 소프트웨어 등과 관련된 지식재산권을 적극적으로 활용하게 되는바, Aftermarket의 경쟁제한 이슈는 특히 지식재산권의 남용문제와도 밀접하게 관련된다. 신동권, Aftermarket 관련 경쟁법 집행의 주요 쟁점－한국의 법집행 사례 및 정책적 시사점을 중심으로, 제9회 서울경쟁포럼 발표자료(2016. 9. 8); Aftermarket의 경쟁제한 이슈 관련된 대표적인 사례는 1992년 〈Kodak 사건〉인데, 동 사건에서 미국연방대법원은 마이크로그래픽 장비제조사인 코닥이 수리시장에서의 경쟁자인 독립수리사업자(ISO)에 대하여 수리에 필수적인 부품공급을 거절한 행위를 배제적 행위로서 「셔먼법」 위반으로 보았다. Eastman Kodak Co. v. Image Technical Servs., Inc., 504 U.S. 451(1992).

140) 대판 2009. 7. 9. 2007두22078.

141) 대판 2009. 7. 9. 2007두22078.

기준으로 경쟁제한성 여부를 판단한다.[142)]

2021. 12. 30. 공정거래위원회는 구글이 스마트폰 기기제조사에게 필수적인 플레이스토어 라이선스 계약과 OS 사전접근권 계약을 체결하면서 그 전제조건으로 파편화금지계약(AFA: Anti－fragmentation Agreement)을 반드시 체결하도록 강제한 행위에 대하여 시정명령과 과징금을 부과하였다(〈구글 엘엘씨 등의 시장지배적지위 남용행위 등 건〉).[143)] 그리고 구글이 게임의 구글플레이 독점 출시(원스토어 미출시)를 조건으로 피처링·해외진출 등을 지원한 행위에 대해 시정명령과 함께 과징금 421억 원을 부과하기로 결정하였다.[144)]

온라인 플랫폼사업자의 멀티호밍(multi－homing) 제한행위는 배타조건부 거래행위에 해당할 수 있다. 이에 대하여 「온라인 플랫폼 시장지배적지위 남용행위 심사지침」에서 다음과 같이 규정하고 있다.

> (1) 대상행위
>
> 멀티호밍 제한이란 온라인 플랫폼 사업자가 자사 온라인 플랫폼 이용자의 경쟁 온라인 플랫폼 이용을 직·간접적으로 제한하는 것을 말한다. 이는 명시적인 배타조건부 계약을 통하여 경쟁 플랫폼의 이용을 금지하는 행위뿐만 아니라 싱글호밍에 대한 경제적 유인을 제공하거나, 경쟁 플랫폼을 이용하는데 소요되는 비용을 증가시켜서 경쟁 플랫폼의 이용을 사실상 제한하는 행위를 포함한다. 대표적인 예시는 다음과 같다.
>
> (가) 온라인 플랫폼 이용자와 배타조건부 계약을 체결하여 경쟁 플랫폼 이용을 금지하거나 경쟁 플랫폼 이용 시 각종 불이익을 제공하는 행위
>
> (나) 온라인 플랫폼 이용 사업자에게 자사 온라인 플랫폼만 이용할 경우 상품 또는 서비스를 우선노출 시켜주는 등 각종 경제적 유인을 제공함으로써 배타조건부 계약에 준하여 경쟁 플랫폼 이용을 방해하는 행위
>
> (다) 온라인 플랫폼 이용자가 플랫폼을 이용하면서 생성·축적한 데이터에 접근하거나 데이터를 이동하는 것을 저해하는 방법으로 경쟁 플랫폼 이용을 방해하는 행위
>
> (2) 경쟁제한 우려
>
> 양(+)의 교차 네트워크 효과가 존재하는 경우 온라인 플랫폼의 한 측면 이용

142) 공정거래위원회, 반독점 경제분석 동향보고서 2012－제 1 호(2012. 2. 29).

143) 공정의 2021. 12. 30. 2021－329.

144) 공정거래위원회 보도자료(2023. 4. 11).

자가 증가하면 다른 측면 이용자도 증가하게 되고, 이는 다시 전자 측면의 이용자를 증가시키는 방식으로 선순환 구조를 만들 수 있다. 그러나 반대로 한 측면의 이용자가 감소하면 다른 측면의 이용자도 감소하게 되고, 이는 다시 전자 측면의 이용자를 감소시키는 방식으로 악순환 구조를 만들 수도 있다. 이러한 상황에서 멀티호밍 제한이 발생할 경우, 경쟁플랫폼이 선순환 구조를 형성하는 것을 방해하고 악순환 구조를 형성하도록 함으로써 배제효과가 강화될 수 있다.

(3) 효율성 증대 가능성

한편 멀티호밍 제한이 거래관계에 특화된 투자를 촉진하고 거래비용 절감에 기여하는 경우 등에는 효율성 증대효과가 발생할 수 있다. 또한, 데이터 접근성 등과 관련한 멀티호밍 제한이 보안성 유지 및 개인정보 보호 등 공익적 차원에서 합리적 범위 내에서 이루어지는 경우 소비자 후생에 기여할 수 있다.

(4) 적용법조

멀티호밍 제한은 법 제 5 조(시장지배적지위 남용 금지) 제 1 항 제 5 호 전단의 경쟁사업자 배제행위 등에 해당할 수 있다. 단, 실제 적용 법조는 사안별로 구체적인 사실관계에 따라 달리 판단할 수 있다.

(5) 부당성 판단요소

사안별로 이하 판단요소의 전부 또는 일부를 종합적으로 고려하여 부당성을 판단할 수 있다.

(가) 해당 행위를 하게 된 의도 및 목적

(나) 행위 기간 및 관련 상품 또는 서비스의 특성

(다) 멀티호밍 제한을 위해 사용된 수단 및 구체적 내용

(라) 온라인 플랫폼 이용자가 경쟁 온라인 플랫폼을 이용할 경우 포기해야 할 기회비용의 내용과 정도

(마) 경쟁 온라인 플랫폼으로 전환이 봉쇄·제한되는 정도

(바) 해당 온라인 플랫폼 사업자의 시장에서의 지위 및 경쟁상황

(사) 멀티호밍 제한의 대상이 되는 거래상대방의 수와 시장점유율

(아) 관련 시장의 진입장벽이 강화되는지 여부

(자) 시장의 다양성 및 혁신에 미치는 영향

(차) 효율성 증대효과 등과 해당 효과가 소비자 후생에 미치는 영향

(예시10) 온라인 디지털 콘텐츠 서비스 사업자의 멀티호밍 제한

디지털 콘텐츠 서비스를 제공하는 시장지배적 사업자인 온라인 플랫폼 사업자 A는 경쟁사업자 B가 관련 시장에 진출하자 디지털 콘텐츠 업체들과 배타조건부 계약을 체결하여 A사 이외의 제 3 자에게는 디지털 콘텐츠를 제공할 수 없도록 하였다. 해당 계약 조항 위반 시에는 즉시 계약해지를 할 수 있도록 규정했으며, 이러한 배타조건부 계약으로 인해 실제 디지털 콘텐츠 업체들은 B사에게 디지털 콘텐츠를 제공할 수 없게 되었다. 특히 디지털 콘텐츠 서비스 시장은 양의 교차 네트워크 효과가 존재하는 시장으로 양질의 디지털 콘텐츠를 많이 확보할수록 더 많은 이용자를 얻게되는 쏠림효과가 존재하는 반면, 배타조건부 계약으로 신규 진입사업자의 디지털 콘텐츠 확보가 어려워질 경우, 반대로 이용자 감소의 악순환이 발생하여 경쟁제한 효과가 배가 될 수 있다. 이러한 배타조건부 계약으로 디지털 콘텐츠 서비스 시장의 경쟁이 제한되는 경우, 이와 같은 A사의 멀티호밍 제한은 법 제 5 조(시장지배적지위 남용 금지) 제 1 항 제 5 호 전단의 경쟁사업자 배제행위 등에 해당할 수 있다.

(이상「온라인 플랫폼 시장지배적지위 남용행위 심사지침」Ⅱ. 2. 가)

1979년 〈Hoffmann－La Roche 사건〉[145]에서 EU사법재판소가 세계 최대의 의약품메이커 그룹인 스위스 Hoffmann－La Roche 및 공동체시장내에서의 그 자회사가 1964년부터 1975년까지 비타민공급에서 배타적거래와 충성리베이트를 사용한 것을「EU조약」제86조(현행「EU기능조약」제102조)의 남용행위로 결정하였다. 그리고 1983년 〈Michelin 사건〉[146]에서도 EU사법재판소는 프랑스법인 Michelin의 자회사인 홀랜드법인 NV Michelin이 판매업자에게 유인리베이트를 사용한 것을「EU조약」제86조(현행「EU기능조약」제102조)의 위반행위로 결정하였다.

「신문고시」제10조 제 3 항에서는 시장지배적사업자인 신문발행업자가 광고주 등 거래상대방이 다른 신문발행업자와 거래하지 아니하는 조건으로 거래하는 행위는 법 제 5 조(시장지배적지위의 남용금지) 제 1 항 제 5 호 전단에 규정하는 “부당하게 경쟁사업자를 배제하기 위하여 거래하는 행위”에 해당된다고 규정한다. 신문업에 있어서는 동 고시가 우선 적용된다(「신문고시」제12조).

한편 수직적으로 결합된 독점사업자가 후방시장에서 같은 제품을 생산하는

145) Hoffmann－La Roche, EuGH, Urt. v. 13.2. 1979.
146) Michelin v. Commission, [1983] ECR. 3461.

경쟁사업자를 배제하기 위하여 원료를 독점사업자로부터 공급받을 수밖에 없는 경쟁사업자에게는 고가로 원료를 공급함으로써 경쟁사업자를 압착하는 행위를 미국 판례법상 '가격압착(Price squeeze)'이라고 하는데 이는 1945년의 〈Alcoa 사건〉에서 「셔먼법(Sherman Act)」 제 2 조 위반여부가 문제되었다.[147] 동 사건에서 Alcoa사는 원료알루미늄으로 알루미늄을 생산하면서 동시에 원료알루미늄을 독립사업자에 판매하였다. 그러나 원료알루미늄을 독립사업자에게는 상대적으로 높은 가격을 부과하고, 내부 사업자에게는 낮은 가격을 부과하였다. 연방대법원은 이와 같은 Alcoa사의 행위에 대하여 위법성을 인정하였다. 이러한 가격압착행위도 경쟁사업자를 배제하기 위한 행위의 하나라고 할 수 있다.

우리나라에서는 〈(주)엘지유플러스, (주)케이티의 시장지배적지위 남용행위 건〉[148] 이윤압착행위를 다룬 바 있다.

"시장지배적 사업자의 이윤압착(margin squeeze)을 독자적인 시장지배적 지위 남용행위의 한 유형으로 보아 규제하는 경우 상류시장(upstream market) 원재료 등에 관한 투자 유인이나 혁신 동기를 위축시킬 우려가 있음. 그러나 수직 통합된(vertically integrated) 상류시장의 시장지배적 사업자가 그 지위를 남용하여 이윤압착행위를 함으로써 하류시장(downstream market)의 경쟁사업자가 부당하게 경쟁에서 배제될 우려가 있어 공정한 경쟁의 기반이 유지될 수 없다면, 이윤압착행위는 공정한 경쟁을 통한 시장성과에 기초를 둔 이른바 '성과경쟁'이라는 정당한 경쟁방법에 해당한다고 보기 어려움. 따라서 하류시장에서 완제품의 소매가격을 낮추는 형태로 이루어지는 시장지배적 사업자의 이윤압착행위가 '부당하게 상품 또는 용역을 통상거래가격에 비하여 낮은 대가로 공급하여 경쟁자를 배제할 우려가 있는 거래'로 평가될 수 있다면 독점규제법 제 5 조 제 1 항 제 5 호 전단, 독점규제법 시행령 제 9 조 제 5 항 제 1 호가 금지하는 시장지배적 지위 남용행위로 보아 규제할 필요가 있음. 독점규제법 제 5 조 제 1 항 제 5 호 전단에서 정한 '경쟁사업자를 배제하기 위하여 거래한 행위'의 부당성은 독과점적 시장에서 경쟁촉진이라는 입법 목적에 맞추어 해석하여야 함. 따라서 시장지배적 사업자가 시장에서 독점을 유지·강화할

147) U.S. v. Aluminium Co. of America 148 F. 2d 416(2nd Cir.1945); "The plaintiff's theory is that 'Alcoa' consistently sold ingot at so high a price that the 'sheet rollers,' who were forced to buy from it, could not pay the expenses of 'rolling' the 'sheet' and make a living profit out of the price at which 'Alcoa' itself sold 'sheet' ".

148) 대판 2021. 6. 30. 2018두37700, 2018두37960.

의도나 목적, 즉 시장에서의 자유로운 경쟁을 제한함으로써 인위적으로 시장질서에 영향을 미치려는 의도나 목적을 갖고, 객관적으로도 그러한 경쟁제한의 효과가 생길 우려가 있다고 평가할 수 있는 행위를 하였을 때 부당성을 인정할 수 있음. 이를 위해서는 그 행위가 상품의 가격상승, 산출량 감소, 혁신 저해, 유력한 경쟁사업자의 감소, 다양성 감소 등과 같은 경쟁제한의 효과가 생길 우려가 있는 행위로서 그에 대한 의도와 목적이 있었다는 점이 증명되어야 함. 그 행위로 현실적으로 위와 같은 효과가 나타났음이 증명된 경우에는 행위 당시에 경쟁제한을 초래할 우려가 있고 그에 대한 의도나 목적이 있음을 사실상 추정할 수 있음. 그렇지 않은 경우에는 행위의 경위와 동기, 행위의 양태, 관련 시장의 특성, 유사품과 인접시장의 존재 여부, 관련 시장에서의 가격과 산출량의 변화 여부, 혁신 저해와 다양성 감소 여부 등 여러 사정을 종합적으로 고려하여 그 행위가 경쟁제한의 효과가 생길 우려가 있고 그에 대한 의도나 목적이 있었는지를 판단하여야 함. 이때 부당성은 개별 남용행위의 유형과 특징을 고려하여 판단하여야 함. 이윤압착(margin squeeze)의 개념과 시장지배적 지위 남용행위로서의 유형적 특징에 비추어 보면, 이윤압착을 수단으로 한 지위 남용행위를 '부당하게 상품 또는 용역을 통상거래가격에 비하여 낮은 대가로 공급하여 경쟁자를 배제시킬 우려가 있는 거래' [독점규제법 제5조 제1항 제5호 전단과 독점규제법 시행령 제9조 제5항 제1호]로서 부당성이 있는지를 부당성 판단 기준에 비추어 구체적으로 판단할 때에는 아래와 같은 여러 사정을 종합적으로 고려하여야 함. 먼저, 행위자가 수직 통합된(vertically integrated) 사업자로서 상류시장(upstream market)에서 시장지배적 지위가 인정되어야 하고, 하류시장(downstream market)에서도 시장지배적 지위에 있는지, 각 시장에서 시장지배력의 정도, 상류시장의 원재료 등의 특성과 그 원재료 등이 하류시장에서 판매하는 완제품의 생산·공급·판매에 필수적인 요소이거나 원재료 등에 해당하는지와 그 정도, 원재료 등과 완제품의 기능적 연관성과 비교가능성, 대체가능성, 두 시장의 신규나 재진입에 관한 법률적·제도적 또는 사실적·경제적 진입 장벽의 존재와 정도, 시장지배적 사업자와 경쟁사업자의 시장점유율, 상대적 규모의 차이, 관련 공법적 규제의 내용 등을 고려할 필요가 있음. 다음으로, 원칙적으로 시장지배적 사업자가 설정한 도매가격과 소매가격의 차이와 시장지배적 사업자의 비용을 기초로 하되 특별한 사정이 있는 경우에는 예외적으로 경쟁사업자의 비용을 바탕으로 이윤압착의 정도를 검토해 보아야 함. 나아가 행위가 지속된 기간, 해당 거래의 대상이 되는 완제품의 특성, 해당 거래의 규모나 매출액에서 차지하는 비중, 거래 당시의 구체적인 시장 상황 등을 고려할 때 시장지배적 사업자가 해당 가격으로 거래할 경우 하류시장 경쟁사업자로서는 정상적으로 사업을 영위하기 어려워 유력한 현실적 또는 잠재적 경쟁사업자의 시장진입이나 확대의 기회가 봉쇄되거나 봉쇄될 우려가 있는지와 그 정도, 하류시장에서 경쟁사업자의 비용이 증대되는 등으로 경쟁에서 배제될 우려가 있는지와 그 정도, 시장지배적 사업자의 지배적 지위가 강화되는지와 그 정도, 그로 인하여 장기적으로 소비자 폐해가 발생할 우려가 있는지를 중점적으로 살펴보아야 함. 가격은 시장경제체제에서 경쟁의 가장 기본적인 수단으로서 시장에서 자유로운 가격경쟁은 일반적으로 보호되어야 함. 수직 통합된 시장지배적 사업자가 하류시장에서 완제품의 소매가격을 낮게 설정하는 경우 정당한 경쟁 수단에 해당하는 것인지, 아니면 이윤압착을 통하여 경쟁사업자를 배제시키고자 하는 것인지 구별이 쉽지 않음. 하류시장에서 완제품의 소매가격을 낮게 설정하는 방식으로 이윤압착행위가 이루어지는 경우 거래상대방의 비용이 절감됨으로써 최종소비자 가격이 인하될 가능성이 있으므로, 그 부당성을 판단할 때에는 단기적으로 발생할 수 있는 소비자후생 증대효과도 아울러 고려할 필요가 있음. 이윤압착 유형의 시장지배적 지위 남용행위로 경쟁사업자가 배제될 우려는 위와 같이 상류시장과 하류시장이 연결되어 있는 관련 시장의 구조적 특징과 시장지배적 사업자의 지위에 기반을 둔 '도매가격과 소매가격의 차이'에서 비롯되는 것이므로 이를 상류시장과 하류시장에서 발생할 수 있는 문제로 각각 분리함을 전제로 부당성을 판단할 필요는 없음. 이 사건 행위는 이윤압착행위로서 '부당하게' 통상거래가격에 비하여 낮은 대가로 공급하여 경쟁사업자를 배제시킬 우려가 있는 거래행위에 해당한다고 볼 수 있는 여지가 있음."

6. 소비자 이익의 현저한 저해행위

시장지배적사업자가 부당하게 소비자의 이익을 현저히 저해할 우려가 있는 행위를 말한다. 동 행위에 대해서는 시행령이나 고시에 세부적인 기준을 제시하고 있지 않아 명확성의 원칙에서 논란이 제기될 수 있다.

이러한 문제에 대하여 공정거래위원회는 "다양한 시장지배적지위 남용행위를 규율하기 위하여는 법의 입법취지를 고려하여 관련 규정을 합목적적으로 해석하여야 하므로 법 시행령에서 그 유형을 구체화하지 않더라도 법률의 해당조항을 직접 수용할 수 없는 것이 아니라고 하고, 입법에서 요구되는 명확성 역시 개개의 법률이나 법 조항의 성격에 따라 차이가 있을 수 있으며 다양한 시장지배적지위의 남용행위의 유형을 법 및 시행령에 모두 정하는 것은 불가능하므로 다양한 행위 유형을 포섭할 수 있는 보충적인 조항이 필요한데, 법 제5조 제1항 제5호 후단은 동법의 입법목적, 법의 전체적인 체계 및 다른 시장지배적지위 남용행위의 금지조항과 함께 유기적으로 해석할 경우 동 조항이 적용되는 경우를 예측할 수 있고 다의적 해석가능성이 없다고 할 것이므로 위 조항이 명확성의 원칙에 반하지 않는다"고 판단하였다.[149]

그리고 대법원은 "그 요건으로서는 시장지배적사업자의 소비자이익을 저해할 우려가 있는 행위의 존재, 소비자이익 저해 정도의 현저성 및 그 행위의 부당성이 증명되어야 하고, 그러한 요건에 대한 증명책임은 시정명령 등 처분의 적법성을 주장하는 공정거래위원회에 있다. 이때 소비자의 이익을 '현저히' 저해할 우려가 있는지 여부는 당해 상품이나 용역의 특성, 이익이 저해되는 소비자의 범위, 유사 시장에 있는 다른 사업자의 거래조건, 거래조건 등의 변경을 전후한 시장지배적사업자의 비용 변동 정도, 당해 상품 또는 용역의 가격 등과 경제적 가치와의 차이 등 여러 사정을 종합적으로 고려하여 구체적·개별적으로 판단하여야 한다"고 판시하였다(〈종합유선방송사업자의 시장지배적지위 남용행위 건〉).[150]

이 판결은 소비자 이익 저해행위에서의 현저성을 부당지원행위에서의 현저성과 마찬가지로 엄연한 독립된 하나의 성립요건으로 자리매김함과 아울러 그 입증책임과 판단기준을 명시함으로써 소비자이익 저해행위의 적용범위를 명확히 하고자 하였고, 이 판결로 인하여 시행령에서 구체적인 행위유형 또는 기준을 규정하지 않아 법 제45조 제1항 제10호를 적용하여 불공정거래행위로 제재할 수 없는 것과 관련하여 소비자 이익 저해행위에 대해서도 같은 법리가 적용되어야 하는지에 관한 논란은 해소된 것으로 해석되었다.[151]

대법원은 이 문제에 대한 명확한 입장을 밝혔다. 즉 〈티브로드 강서방송 등의 시장지배적지위 남용행위 건〉 관련 행정소송에서 다음과 같이 판시하였다.

---

149) 공정의 2006. 2. 24. 2006-42.

150) 대판 2010. 2. 11. 2008두16407.

151) 노경필, 대법원 공정거래사건 판결요지, 경쟁저널(2010. 3), 83면.

"법치국가원리의 한 표현인 명확성의 원칙은 기본적으로 모든 기본권제한입법에 대하여 요구된다. 규범의 의미내용으로부터 무엇이 금지되는 행위이고 무엇이 허용되는 행위인지를 수범자가 알 수 없다면 법적 안정성과 예측가능성은 확보될 수 없게 될 것이고, 또한 법집행 당국에 의한 자의적 집행을 가능하게 할 것이기 때문임. 다만, 기본권제한입법이라 하더라도 규율대상이 지극히 다양하거나 수시로 변화하는 성질의 것이어서 입법기술상 일의적으로 규정할 수 없는 경우에는 명확성의 요건이 완화되어야 할 것임. 또 당해 규정이 명확한지 여부는 그 규정의 문언만으로 판단할 것이 아니라 관련 조항을 유기적·체계적으로 종합하여 판단하여야 할 것임(헌법재판소 1999. 9. 16. 선고 97헌바73 결정 등 참조). 이 사건 규정의 규율 대상은 '시장지배적사업자의 소비자 이익을 저해하는 남용행위'로서 그 내용이 지극히 다양하고 수시로 변하는 성질이 있어 이를 일일이 열거하는 것은 입법기술적으로 불가능한 점, 이 사건 규정은 앞서 본 바와 같이 '시장지배적사업자의 소비자 이익을 저해할 우려가 있는 행위의 존재', '소비자 이익 저해 정도의 현저성' 및 '그 행위의 부당성'이 인정될 경우 적용되는바, 위 요건에 관한 판단은 독점규제법의 입법 목적을 고려하고, 독점규제법 제 5 조 제 1 항이 규정한 여러 유형의 시장지배적지위 남용행위 등과 비교하는 등 체계적·종합적 해석을 통하여 구체화될 수 있는 점, 이 사건 규정의 수범자는 시장지배적사업자로서 일반인에 비하여 상대적으로 규제대상 행위에 관한 예측가능성이 크다 할 것인 점 등을 고려하면, 이 사건 규정이 헌법상 법치주의원리에서 파생되는 명확성 원칙을 위반한다고 볼 수 없음. 그리고 독점규제법 제 5 조 제 2 항은 남용행위의 유형 또는 기준을 대통령령으로 정할 수 있다고 규정하였을 뿐, 관련 대통령령의 기준이 있어야만 같은 조 제 1 항의 남용금지 규정이 효력이 있다는 취지는 아님. 따라서 원심이, 이 사건 규정이 헌법에 위배되지 아니할 뿐만 아니라, 하위 법령에 구체적인 행위유형 및 기준이 마련되어 있지 않더라도 유효하게 적용될 수 있다는 전제에서, 이 사건 행위가 이 사건 규정의 시장지배적지위 남용행위에 해당하는지 여부의 판단에 나아간 것은 정당하고, 거기에 상고이유에서 지적하는 바와 같은 이 사건 규정의 위헌성이나 효력에 관한 법리오해 등의 위법이 없음."[152]

152) 대판 2010. 5. 27. 2009두1983.

1) 적용요건

동 규정을 적용하기 위해서는 먼저 이 사건 행위로 인한 소비자 이익 저해 정도가 현저한지 여부를 판단한 다음 이를 기초로 그 행위의 부당성을 판단하여야 한다.[153)]

① 소비자의 이익을 현저히 저해

대법원에 의하면 소비자의 이익을 '현저히' 저해할 우려가 있는지 여부는 당해 상품이나 용역의 특성, 당해 행위가 이루어진 기간·횟수·시기, 이익이 저해되는 소비자의 범위 등을 살펴, 당해 행위로 인하여 변경된 거래조건을 유사 시장에 있는 다른 사업자의 거래조건과 비교하거나 당해 행위로 인한 가격상승의 효과를 당해 행위를 전후한 시장지배적사업자의 비용 변동의 정도와 비교하는 등의 방법으로 구체적·개별적으로 판단하여야 한다.[154)]

〈종합유선방송사업자의 시장지배적지위 남용행위 건〉 관련 행정소송에서 서울고등법원은 "시장지배적사업자의 지위남용행위를 금지하는 독점규제법의 입법취지, 그리고 「방송법」은 방송의 자유와 독립을 보장하고 방송의 공적 책임을 높임으로써 시청자의 권익보호와 민주적 여론형성 및 국민문화의 향상을 도모하고 방송의 발전과 공공복리의 증진에 이바지함을 목적으로 하고 있어 독점규제법과는 그 입법목적을 달리하고 있는 점, 법률에 의하여 독점이 허용된 사업자로서 별도의 행정규제를 받고 있다고 하더라도 그 독점적 지위를 남용하여 소비자의 이익을 현저하게 저해할 행위를 할 우려가 없다고 볼 수 없는 점, 시장지배적사업자인 종합유선방송사업자가 묶음상품의 구성을 변경하여 시청자 선호도가 높은 채널들을 일시에 고급형 상품으로 변경함으로써 수신료 수입의 확대를 도모하는 경우, 보급형 상품의 시청자로서는 시청료를 추가 지출하면서 고급형 상품으로 전환하지 아니하면 보급형 상품의 선호 채널들에서 방송되는 프로그램의 시청을 포기하지 않을 수 없게 되므로, 소비자로서의 이익이 현저하게 저해될 우려가 있는 되는 점 등에 비추어, 종합유선방송사업자가 「방송법」 소정의 절차에 따라 채널편성을 변경하였다고 하더라도, 위와 같은 경우에는 독점규제법 제5조 제1항 제5호가 금지하는 '부당하게 소비자의 이익을 현저히

153) 대판 2010. 5. 27. 2009두1983.

154) 대판 2010. 2. 11. 2008두16407; 대판 2010. 5. 27. 2009두1983; 서고판 2010. 10. 6. 2007누29835; 서고판 2010. 10. 6. 2010누15881.

저해할 우려가 있는 행위'에 해당할 수 있다"고 하고, 다만 "종합유선방송사업자의 묶음채널 편성변경으로 인하여 소비자 이익이 현저하게 저해될 우려가 있는지 여부, 그것이 시장지배적사업자의 지위를 남용한 부당한 행위인지 여부를 판단함에 있어서는 채널편성 변경 전후의 시청점유율 합계의 변화라는 계량적인 요소를 평가하는 것이 가장 중요하다고 할 것이나, 그 이외에도 종합유선방송사업자의 묶음상품 채널 변경으로 수익 제고의 측면, 종합유선방송사업자가 제공하는 방송을 시청함으로 인하여 얻는 시청자의 효용 및 채널편성 변경으로 인한 효용의 변화, 채널편성 변경 이후의 가입자들의 묶음채널 선택의 변화 등을 종합적으로 고려하여 판단하여야 할 것이다"고 함으로써 채널편성 변경이 보급형 상품의 시청자들의 이익을 상당히 저해할 우려가 있다고 할 수는 있을 것이나, 그 정도가 현저하다고까지는 평가할 수 없다고 하였고,[155] 대법원도 이를 인정하였다.[156]

〈에스케이텔레콤(주)의 시장지배적지위 남용행위 건〉 관련 행정소송에서 대법원은 음악사이트에 새로 가입하거나 사이트를 변경하는 소비자의 경우에는 그 침해의 현저성이 문제되지 아니하며, 소비자가 보유한 Non-DRM 파일의 경우 멜론사이트에서 쉽지 않은 컨버팅 과정을 거쳐야 하나 이는 단지 불편할 뿐 현저한 침해가 될 수 없다고 판시하였다.[157]

② 부 당 성

〈티브로드 강서방송 등의 시장지배적지위 남용행위 건〉 관련 행정소송에서 대법원에 의하면 소비자의 이익을 현저히 저해할 우려가 있는 행위의 부당성은 시장지배적사업자의 지위남용행위의 규제 목적이 단순히 그 행위의 상대방인 개별 소비자의 이익을 직접 보호하고자 하는 데 있는 것이 아니라, 독과점 시장에서 경쟁촉진과 아울러 시장지배적사업자의 과도한 독점적 이익 실현행위로부터 경쟁시장에서 누릴 수 있는 소비자의 이익을 보호하고자 하는 데 있음을 고려할 때, 시장지배적사업자의 행위의 의도나 목적이 독점적 이익의 과도한 실현에 있다고 볼 만한 사정이 있는지, 상품의 특성·행위의 성격·행위기간·시장의 구조와 특성 등을 고려하여 그 행위가 이루어진 당해 시장에서 소비자 이익의 저해의 효과가 발생하였거나 발생할 우려가 있는지 등을 구체적으로 살펴 판단

155) 서고판 2008. 8. 20. 2007누23547.
156) 대판 2010. 2. 11. 2008두16407.
157) 대판 2011. 10. 13. 2008두1832.

하여야 한다.[158] 다만, 시장지배적사업자의 소비자 이익을 저해할 우려가 있는 행위가 존재하고, 그로 인한 소비자 이익의 저해 정도가 현저하다면, 통상 시장지배적사업자가 과도한 독점적 이익을 취하고자 하는 행위로서 부당하다고 볼 경우가 많을 것이다.[159]

③ 입증책임

대법원에 의하면 시장지배적사업자의 소비자 이익을 저해할 우려가 있는 행위의 존재, 소비자 이익 저해 정도의 현저성 및 그 행위의 부당성이 증명되어야 하고, 그러한 요건에 대한 증명책임은 시정명령 등 처분의 적법성을 주장하는 공정거래위원회에게 있다.[160]

2) 기타 사례

어떤 행위가 소비자 이익 저해행위의 유형에 해당될 수 있는가에 대하여는 심결이나 판결을 통하여 판단할 수밖에 없다. 상기의 〈종합유선방송사업자의 시장지배적지위 남용행위 건〉에서는 인기채널을 저가 묶음상품에서 제외시킴으로써 고객으로 하여금 고가 묶음상품에 가입하도록 유도하는 등 거래조건을 자기에게 일방적으로 유리하게 설정하는 행위가, 〈티브로이드 강서방송 등의 시장지배적지위 남용행위 건〉에서는 아파트 등 공동주택을 대상으로 공급하던 단체계약 상품의 공급을 일방적으로 중단한 행위 및 채널변경행위를 통하여 기본형상품에 포함되어 있는 시청점유율 상위 인기채널을 경제형 또는 고급형상품으로 변경하고 그 대신 시청점유율이 낮은 채널을 기본형상품에 편성하여 기본형상품의 시청점유율 합계를 저하시킨 행위가 소비자 이익 저해행위의 유형으로 인정되었다.[161]

〈마이크로소프트 코퍼레이션 및 한국마이크로소프트 유한회사의 시장지배적지위 남용행위 등 건〉에서 공정거래위원회는 MS사의 결합판매행위가 시장지배적지위의 남용행위 중 다른 사업자의 사업활동을 방해하는 행위 및 부당하게 소비자의 이익을 현저히 저해할 우려가 있는 행위에 해당한다고 판단하였다.[162]

158) 대판 2010. 5. 27. 2009두1983.

159) 대판 2010. 5. 27. 2009두1983; 대판 2014. 11. 13. 2009두20366

160) 대판 2010. 2. 11. 2008두16407; 대판 2010. 5. 27. 2009두1983.

161) 공정거래위원회의 주장은 거래조건을 유사시장에 있는 다른 사업자의 거래조건과 구체적 · 개별적으로 비교한 내용들이 아니어서 소비자이익을 현저히 저해하였거나 저해할 우려가 있는 행위로 인정되지 않았다. 대판 2010. 2. 11. 2008두16407; 대판 2001. 2. 10. 2010두23279; 대판 2011. 1. 27. 2010두23262.

162) 공정의 2006. 2. 24. 2006－42.

관련 민사소송에서 법원도 "① PC 운영체제 시장의 90% 이상을 점유하고 있는 피고들이 PC 운영체제 시장에서의 지배력을 이용하여 자신들이 판매하는 PC 운영체제와 별개의 제품인 피고들의 메신저를 결합하여 판매함으로써 결과적으로 피고들의 메신저 구매를 원하지 않는 PC 운영체제 구매자의 메신저에 대한 잠재적 선택권을 침해하였다는 점, ② 피고들의 PC 운영체제에 피고들의 메신저가 이미 포함되어 있다는 사실은 PC 제조업체로 하여금 피고들의 메신저와 별도로 다른 사업자의 메신저를 PC에 탑재할 유인을 상당히 감소시켜 피고들의 PC 운영체제가 탑재된 PC를 구매한 소비자가 다른 사업자의 메신저를 선택할 권리를 상당히 제약한다는 점, ③ 결합판매로 인하여 발생한 경쟁제한 효과는 독점 강화를 낳고 결국 기술 혁신을 감소시켜 궁극적으로 공정한 경쟁과 혁신을 통해 얻을 수 있는 소비자의 이익을 저해한다는 점 등 여러 사정을 종합적으로 고려하면, 결과적으로 이 사건 결합판매행위로 인하여 부당하게 소비자의 이익을 현저히 저해할 우려가 있다고 봄이 상당하다"고 판단하였다.[163]

그러나 〈NHN(주)의 시장지배적지위 남용행위 등 건(네이버 I 사건)〉 관련 행정소송에서 대법원은 "이 사건 관련시장에서 원고에게 시장지배적 사업자의 지위가 인정된다고 하더라도, 원고의 이 사건 광고제한행위로 인하여 동영상 콘텐츠 공급업체의 광고수익이 줄어들 가능성이 있다는 사정은 원고의 이 사건 광고제한행위로 인하여 동영상 콘텐츠 공급업체가 입게 되는 구체적인 불이익에 불과하여 현실적으로 경쟁제한의 결과가 나타났다고 인정할 만한 사정에 이르지 못하고 경쟁제한의 의도나 목적이 있었던 것으로 보기도 어렵다.", "원고와 동영상 콘텐츠 공급업체 사이의 색인 데이터베이스 제공계약과 관련하여 아무런 대가가 수수된 바 없고, 이 사건 광고제한행위에도 불구하고 동영상 콘텐츠 공급업체인 ○○○티비는 위 제공계약 후 얼마 지나지 않아 선광고를 게재하였으며 원고 역시 2007. 5.부터 동영상 콘텐츠 공급업체의 선광고를 허용한 점, 당시 원고가 자체 제공하던 동영상 콘텐츠에도 선광고를 게재하지 않아 동영상 콘텐츠 공급업체를 특별히 차별한 것도 아니었고, 동영상 콘텐츠의 선광고를 무조건 금지한 것이 아니라 사전 협의하도록 약정한 점, 동영상 콘텐츠 공급업체로서도 선광고가 자신에게 불이익하다면 다른 인터넷 포털 사업자를 선택할 수 있고, 이러한 불이익을 감수하더라도 이용자의 편익을 고려한 동영상 콘텐츠를 제공함으로써 이용자 유입을 늘려 광고수익을 증대시키는 방안도 선택

163) 서울중앙지판 2009. 6. 11. 2007가합90505[손해배상(기)].

가능한 정책으로 보이는 점 등을 종합하여 보면, 원고가 시장에서의 독점을 유지·강화할 의도나 목적, 즉 시장에서의 자유로운 경쟁을 제한함으로써 인위적으로 시장질서에 영향을 가하려는 의도나 목적을 갖고, 객관적으로도 그러한 경쟁제한의 효과가 생길 만한 우려가 있는 행위로 평가될 수 있는 불이익 강제행위를 했다고 보기 어렵다"고 판단하였다.[164)]

Ⅳ. 경쟁제한효과의 판단기준

「시장지배적 지위 남용행위 심사기준」은 경쟁제한효과의 판단기준에 대하여 다음과 같이 규정하고 있다.

1. 일반원칙

(1) 법 제5조에 따라 어떤 행위가 경쟁제한 효과를 나타내는지 여부는 다음 사항을 종합적으로 고려하여 판단한다. 이 호에서는 경쟁제한 효과 판단의 중요한 기준을 예시하는 것이므로, 이 호에 포함되어 있지 않다는 이유로 경쟁제한 효과 판단시 고려될 수 없는 것은 아니다. (2) 경쟁제한 효과를 판단함에 있어서는 일정한 거래분야에서 시장지배적 지위 남용 혐의 행위가 없었을 경우의 시장상황과 비교하거나, 유사시장 또는 인접시장과 비교하는 방법을 활용할 수 있다. (3) 이 호에서 예시하는 판단요소는 상호 배타적이지 않다. 즉 여러 경쟁제한 효과 또는 그 우려가 동시에 발생할 수도 있고, 어느 한 판단요소가 다른 판단요소의 원인 또는 결과가 될 수도 있다. 예를 들어 소비자가 구매할 수 있는 상품·용역의 다양성 감소는 결국 일정한 거래분야에서 경쟁의 압력을 저하시켜 가격상승 또는 산출량 감소를 초래할 수 있다.

2. 가격상승 또는 산출량 감소

(1) 일정한 거래분야에 속한 상품·용역 또는 직·간접적으로 영향을 받는 인접시장에 속한 상품·용역의 가격이 상승하거나 산출량이 감소할 우려가 있는지 또는 이러한 현상이 당해 행위로 인하여 실제 발생하고 있는지 여부를 고려한다. (2) 가격상승 또는 산출량 감소의 효과가 시장에 실제 나타나기까지는 상당한 기간(산업 또는 위반행위의 특성 등에 따라 상이함)이 소요되는 것이 일반적이라는 점을 고려

164) 대판 2014. 11. 13. 2009두20366.

한다. (3) 가격상승 또는 산출량 감소효과는 아래에서 설명하는 봉쇄효과, 경쟁자 비용 상승 등 다른 경쟁제한 효과의 궁극적 결과일 수 있다.

3. 상품 · 용역의 다양성 제한

(1) 시장지배적 사업자가 공급하는 제품과 경쟁관계(잠재적 경쟁관계를 포함한다) 또는 보완관계에 있는 저렴한 상품 · 용역을 구매할 기회가 제한되는 등 다양한 상품 · 용역을 구매할 기회가 제한 또는 축소되는지 여부를 고려한다. (2) 당해 행위로 인해 유력한 경쟁사업자의 수가 감소하는 경우에도 구매자가 선택할 수 있는 상품 · 용역의 다양성이 저해되는 결과를 초래할 수 있다. (3) 상품 · 용역의 다양성 제한은 혁신 저해 등 다른 경쟁제한 효과의 궁극적인 결과일 수 있다.

4. 혁신 저해

(1) 소비자에게 유익한 기술 · 연구 · 개발 · 서비스 · 품질 등의 혁신 유인을 저해하는지 여부를 고려한다. (2) 혁신 저해는 봉쇄효과, 경쟁자의 비용상승 등 다른 경쟁제한 효과의 궁극적인 결과일 수 있다.

5. 봉쇄효과

(1) 경쟁사업자의 시장진입 내지 확대기회가 봉쇄되거나 또는 봉쇄될 우려가 있는지 여부를 고려한다. 경쟁사업자에 대한 봉쇄효과는 유력한 경쟁사업자의 수를 감소시키고, 시장지배적 사업자에 대한 경쟁의 압력을 저하시켜 결과적으로 가격상승, 산출량 감소, 상품 · 용역의 다양성 제한, 혁신 저해 등의 경쟁제한 효과를 초래할 수 있다. 이때 봉쇄효과의 크기를 고려함에 있어서는, 당해 행위로 특정 시점에서 경쟁사업자의 접근이 차단 또는 곤란해진 정도와 함께, 당해 봉쇄효과가 경쟁사업자(잠재적 경쟁사업자를 포함한다)의 성장 및 신규진입에 미칠 중요성, 시장점유율 변화 추이, 다른 사업자와 거래시 평판에 미칠 영향 등 동태적 측면을 종합적으로 고려한다. (2) 경쟁사업자에 대한 봉쇄효과가 시장에 실제 나타나기 까지는 상당한 기간(산업 또는 위반행위의 특성에 따라 상이함)이 소요될 수 있음을 고려해야 한다.

6. 경쟁사업자의 비용 상승 효과

(1) 당해 행위로 인해 경쟁사업자(잠재적 경쟁사업자 포함)의 비용이 상승하거나 또는 상승할 우려가 있는지 여부를 고려한다. 경쟁사업자의 비용이 인위적으로 상승하면, 시장지배적 사업자에 대한 경쟁의 압력이 저하되므로, 결과적으로 일정한 거래분야 또는 인접시장의 가격상승, 산출량 감소, 상품 · 용역의 다양성 제한, 혁신 저해 등의 경쟁제한 효과를 초래할 수 있다. (2) 경쟁사업자의 비용 상승 효과를 판

단함에 있어서는, 당해 행위로 인해 경쟁사업자에게 효율적인 유통·공급경로가 차단되거나, 생산·유통에 필요한 적정한 자원확보가 방해되거나 또는 인위적인 진입장벽이 형성되는 등의 사유로 인해 경쟁사업자가 이러한 장애를 극복하는데 상당한 비용과 기간이 소요되는지 여부를 주로 고려한다(「시장지배적 지위 남용행위 심사기준」 Ⅳ. 6).

한편 온라인 플랫폼 사업자 행위의 경쟁제한 효과 등 부당성 판단에 대하여 「온라인 플랫폼 시장지배적지위 남용행위 심사지침」에서 다음과 같이 별도로 규정하고 있다.

(1) 기본 원칙

(가) 온라인 플랫폼 사업자의 행위로 인한 경쟁제한 효과를 판단할 때에는 「시장지배적지위 남용행위 심사기준」의 "경쟁제한 효과의 판단기준"을 적용하되, 다음과 같이 온라인 플랫폼의 특성을 고려할 수 있다. 단, 실제 경쟁제한 효과의 판단은 각 사안별 행위사실, 시장상황 등에 따라 구체적·개별적으로 달리 판단할 수 있다.

(나) 온라인 플랫폼 사업자의 행위가 경쟁제한 효과와 효율성 증대효과를 동시에 발생시키는 경우에는 양 효과를 비교하여 법위반 여부를 심사한다. 해당 행위로 인한 효율성 증대효과가 경쟁제한 효과를 상회하는 경우에는 위법하지 않은 행위로 판단할 수 있다. 단, 위법성 판단 시 고려대상이 되는 효율성 증대효과는 해당 행위보다 경쟁제한 효과가 더 적은 다른 방법으로는 달성할 수 없는 것이어야 하며, 사업자의 내부 비용 절감에 그치지 않고 국민경제 전반의 효율성 증대에 기여할 수 있는 것이어야 한다. 이러한 효율성 증대효과는 상품 가격의 하락, 품질의 제고, 이용자의 편익 증대 등을 통해 향후 관련 시장의 효율성 제고에 기여할 수 있는 부분을 포함한다. 이러한 효과의 발생이 막연하게 기대되는 수준에 그쳐서는 안되며, 해당 효과가 발생할 것이라는 고도의 개연성이 분명하게 입증되어야 한다.

(다) 한편, 동일한 행위라 하더라도 해당 사업자의 시장지위에 따라 경쟁제한 효과 등이 달라질 수 있으므로, 본 지침의 Ⅱ. 3. 나. 시장지배적지위 등의 판단 기준은 이하 경쟁제한 효과 등 부당성 판단 시에도 중요하게 고려될 수 있다

(2) 가격·산출량 이외의 경쟁제한 효과

온라인 플랫폼 분야에서는 무료 서비스의 존재, 디지털 상품·서비스의 특성으로 인해 경쟁제한 효과가 관련 시장의 가격 상승, 산출량의 감소 이외의 방식으로

나타날 수 있다. 따라서 온라인 플랫폼 사업자의 행위로 인한 가격 및 산출량 변화뿐만 아니라, 상품·서비스의 다양성 감소, 품질 저하 및 이용자의 비용 상승, 혁신 저해 우려 등을 고려할 수 있다.

(3) 상품·서비스 연계에 따른 효과

온라인 플랫폼 사업자는 핵심 플랫폼 서비스를 중심으로 연관 상품 또는 서비스를 연계함으로써 상품·서비스 이용의 편의성 제고, 소비자 경험 개선 등 관련 시장의 효율성을 증대시킬 수 있는 측면이 있다. 한편, 온라인 플랫폼 사업자는 상품·서비스 연계를 지배력을 확장하는 전략으로 활용할 수 있다. 이러한 상황에서 경쟁제한 효과가 미치는 범위는 현재 온라인 플랫폼 사업자가 시장지배력 등을 보유한 시장에 한정되지 않으므로, 연관 상품 및 서비스 시장과 연계하여 경쟁제한 효과 등을 분석할 수 있다. 즉 현재 온라인 플랫폼 사업자가 시장지배력을 보유한 시장에서 연관 상품 또는 서비스 시장으로 지배력을 전이할 수 있는지 여부, 연관 상품 또는 서비스 시장의 지배력 강화를 통해 다시 기존 시장의 지배력을 공고히 할 수 있는지 여부 등을 고려할 수 있다.

(예시8) 상품·서비스 연계에 따른 효과를 고려한 경쟁제한 효과 판단

온라인 검색서비스를 제공하는 시장지배적 사업자가 호텔·항공권 가격 비교 및 예약서비스 사업도 동시에 운영하면서, 자신에게 유리하도록 검색 알고리즘을 조정하여 자신이 운영하는 호텔·항공권 가격 비교 및 예약서비스를 온라인 검색 결과 상위에 노출시켰다. 이 경우, 온라인 검색서비스 시장에서 호텔·항공권 가격 비교 및 예약서비스 시장으로 지배력을 전이함으로써 호텔·항공권 가격 비교 및 예약서비스 시장에서의 경쟁을 제한하는 효과가 발생하거나 발생할 우려가 있는지 여부, 호텔·항공권 가격 비교 및 예약서비스 선택의 증대가 다시 온라인 검색서비스에서의 지배력을 공고하는 데 영향을 미칠 수 있는지 여부 등을 경쟁제한 효과 평가 시 고려할 수 있다.

(4) 온라인 플랫폼의 다면적 특성에 대한 고려

온라인 플랫폼 사업자와 각 이용자 집단의 거래를 포괄하여 하나의 시장으로 획정하지 않고, 온라인 플랫폼 사업자와 특정 이용자 집단 측면으로 각각 별도의 시장으로 획정하는 경우에도 경쟁제한효과 등 평가 시 각 측면의 상호연관성을 고려할 수 있다. 단, 온라인 플랫폼 사업자의 행위로 특정 이용자 집단 측면에 발생하는 경쟁제한의 폐해 등을 타 이용자 집단 측면에서 발생하는 편익 등으로 정당화하는 것이 타당하지 않은 경우에는 달리 판단할 수 있다.

(5) 혁신에 미치는 효과

온라인 플랫폼 사업자의 행위가 혁신을 촉진함으로써 소비자 후생을 증진시키는지, 반대로 기존 상품·서비스의 개선 및 새로운 상품·서비스의 출현을 방해하거나 사업자들의 연구·개발 유인을 감소시키는 등 혁신을 저해하는지 여부 등을 고려할 수 있다.

(예시9) 혁신 저해 효과를 고려한 부당성 판단

모바일 OS를 라이선스하는 시장지배적 사업자가 거래상대방의 새로운 OS 개발·출시 행위를 제한하는 경우, 이와 관련된 혁신저해 효과를 부당성 평가시 고려할 수 있다. 특히 해당 사업자의 행위로 새로운 OS를 개발하기 위한 연구·개발 유인이 저해되는 경우, 실제로 신규 OS를 탑재한 각종 스마트 기기의 출시가 좌절되는 등 새로운 상품·서비스 출현이 차단된 경우에는 혁신저해 효과가 발생한 것으로 판단할 수 있다.

(이상「온라인 플랫폼 시장지배적지위 남용행위 심사지침」Ⅱ. 3. 다)

Ⅴ. 관련 이슈

1. '부당하게'와 '정당한 이유없이'의 혼용

시장지배적지위의 남용행위의 유형은 법상 "부당한 행위"로 규정되어 있다. 따라서 부당성의 판단기준이 무엇인가라는 문제가 대두된다. 이러한 판단의 어려움을 해소하기 위하여 시행령에서는 구체적인 남용행위의 유형을 정하고 있고 세부기준을 별도로 고시하고 있다. 문제는 법규정과 시행령 규정상의 모순에 있다. 즉 법 규정에서는 "부당하게"라고 하면서 시행령에서는 "정당한 이유없이"라는 표현을 쓰고 있으며, 다만 법 제 5 조 제 1 항 제 5 호 전단의 경쟁사업자배제행위의 경우에는 시행령에서도 "부당하게"라는 표현을 통일되게 사용하고 있다.

'부당하게'의 개념과 '정당한 이유없이'의 개념에 대해서는 학설이 갈리고 있는데 이를 동일하게 보는 경우에는 해석상 문제가 생기지 않으나 양자간에 입증책임의 차이가 있다고 보는 경우에는 상호모순된다는 점을 지적할 수 있다.[165] 그리

165) 〈남양유업(주)의 시장지배적지위 남용행위 및 재판매가격유지행위 건〉에서 대법원(대판 2001.

고 경쟁사업자배제행위의 경우에만 유독 "부당하게"로 통일한 취지도 명확하지 않다. 한편 이러한 문제는 제45조의 불공정정거래행위의 금지에서도 동일하게 발생하는데, 법에서는 "부당하게"로 규정되어 있으나 시행령에서 일부 행위유형이 "정당한 이유없이"로 되어 있어 모법의 위임한계를 넘지 않는가 하는 문제가 있는 것이다.

생각건대 '부당하게'와 '정당한 이유없이'를 별도로 사용하는 것은 입증책임의 차이를 두기 위한 것으로 해석할 수밖에 없다고 생각된다. 그러나 모법의 위임한계의 일탈문제뿐만 아니라 용어상의 혼란이 있는 것은 사실이므로 "정당한 이유없이"라는 표현을 '부당하게'로 통일하되, 입증책임을 사업자에게 전가해야 하는 예외적인 경우(예를 들어 필수요소 사용·접근 거절 등)에는 그 위임근거규정을 상위법령에 두고, 규정형식도 일정한 이유를 사업자가 입증하는 경우 예외로 한다는 단서규정을 두는 형식으로 정비하는 방향이 옳다고 본다.

2. 시장지배적지위 남용행위의 부당성과 주관적 요건

1) 거래거절행위 건

① 불공정거래행위와의 구별

독점규제법은 제 5 조 제 1 항에서 시장지배적사업자의 지위남용행위를 금지하고 있고, 같은 항 제 3 호는 그 지위남용행위의 하나로 다른 사업자의 사업활동을 부당하게 방해하는 행위를 규정하고 있다. 독점규제법 제 5 조 제 2 항이 남용행위의 유형 또는 기준을 대통령령에 위임함에 따라 시행령 제 9조 제 3 항 제 4 호는 다른 사업자의 사업활동을 부당하게 방해하는 행위의 하나로 "제 1 호 및 제 3 호 외의 부당한 방법으로 다른 사업자의 사업활동을 어렵게 하는 행위로서 공정거래위원회가 고시하는 행위"를 규정하고 있으며, 이에 따라 공정거래위원회가 고시한 「시장지배적지위 남용행위 심사기준」은 법 시행령 제 9 조 제 3 항 제 4 호의 한 경우로서 부당하게 특정 사업자에 대하여 거래를 거절한 경우를 규정하고 있다.

여기에서 동 규정과 독점규제법 제45조 제 1 항 제 1 호의 불공정거래행위로서의 거래거절행위와의 관계가 문제된다. 이에 대하여 대법원은 〈(주)포스코의

---

12. 24. 99두11141)은 "고시에 해당하는 행위가 있으면 공정거래위원회가 따로 그 '부당성'을 입증하지 아니하여도 법 제 3 조의2 제 1 항 제 2 호에서 규정하는 '부당하게 조절하는 행위'로 평가된다는 점을 고려하면"이라고 판시하고 있는바, 고시에 '정당한 이유없이'라 표현된 경우에는 입증책임을 사업자가 지는 것으로 해석하는 것으로 보인다.

시장지배적지위 남용행위 건〉 관련 행정소송에서 다음과 같이 판시하였다.

"시장지배적지위 남용행위로서의 거래거절행위는 '시장지배적사업자가 부당하게 특정 사업자에 대한 거래를 거절함으로써 그 사업자의 사업활동을 어렵게 하는 행위'라 할 것인데, 거래거절행위가 시장지배적사업자의 지위남용행위에 해당하려면 그 거래거절행위가 다른 사업자의 사업활동을 부당하게 어렵게 하는 행위로 평가될 수 있어야 하는바, 계약자유 및 사적자치에 관한 일반 원칙과 관련해 볼 때 시장지배적사업자의 지위남용행위에 해당하기 위한 요건으로서 여기에서 말하는 '부당성'이란 무엇을 의미하는지 문제됨.", "독점규제법은 그 제 5 조 제 1 항 제 3 호에서 시장지배적사업자의 지위남용행위로서의 거래거절행위를 규제하면서 이와는 별도로, 그 제45조 제 1 항 제 1 호에서 개별 사업자가 부당하게 거래를 거절하여 공정한 거래를 저해할 우려가 있는 행위를 한 경우, 그 거래거절을 한 사업자의 시장지배적지위 유무와 상관없이 이를 불공정거래행위로 보아 규제하고 있는바, 독점규제법 제5조 제 1 항 제 3 호의 시장지배적사업자의 거래거절행위와 독점규제법 제45조 제 1 항 제 1 호의 불공정거래행위로서의 거래거절행위는 그 규제목적 및 범위를 달리하고 있으므로 독점규제법 제 5조 제 1 항 제 3 호가 규제하는 시장지배적사업자의 거래거절행위의 부당성의 의미는 독점규제법 제45조 제 1 항 제 1 호의 불공정거래행위로서의 거래거절행위의 부당성과는 별도로 독자적으로 평가·해석하여야 함.", "독점규제법이 제 5조 제 1 항 제 3 호에서 시장지배적사업자의 지위남용행위로서의 거래거절행위를 규제하면서도 제45조 제 1 항 제 1 호에서 시장지배적사업자를 포함한 모든 사업자의 불공정거래행위로서의 거래거절행위를 규제하고 있는 이유는, 거래거절이 시장지배적사업자의 지위남용에 해당하는지 여부를 떠나 단지 그 거래상대방과의 관계에서 공정한 거래를 저해할 우려가 있는 행위라고 평가되는 경우에는 이를 규제하여야 할 필요성이 있기 때문임. 따라서 독점규제법 제45조 제 1 항 제 1 호의 불공정거래행위로서의 거래거절행위에 관하여는 행위의 주체에 제한이 없으며, 또한 당해 거래거절행위의 공정거래저해성 여부에 주목하여 특정 사업자의 거래기회를 배제하여 사업활동을 곤란하게 하거나 곤란하게 할 우려가 있는 경우, 거래상대방에 대한 부당한 통제 등의 목적 달성을 위한 실효성 확보 수단 등으로 거래거절이 사용된 경우 등과 같이 사업자의 거래거절행위가 시장에 미치는 영향을 고려하지 아니하고 그 거래상대방인 특정 사업자가 당해 거래거절행위로 인하여 불이익을 입었는지 여부에 따라 그 부당성의 유무를 평가하여야 함.", "독점규제법이 제 4 조에서 공정거래위원회로 하여금 독과점적 시장에서 경쟁을 촉진하기 위한 시책을 수립·시행하여야 할 의무를 부과하고 또한 제 5 조에서 시장지배적사업자를 수범자로 하여 지위남용행위를 규제하면서 지위남용행위의 하나로 거래거절행위를 규정하고 있는 이유는, 불공정거래행위로서의 거래거절행위와는 달리 시장지배적사업자가 존재하는 독과점적 시장에서 시장지배적사업자의 경쟁을 제한하는 거래거절행위를 규제하여야 할 필요성이 있기 때문임. 따라서 독점규제법 제5조 제 1 항 제 3 호의 시장지배적사업자의 지위남용행위로서의 거래거절의 부당성은 '독과점적 시장에서의 경쟁촉진'이라는 입법목적에 맞추어 해석하여야 할 것이므로, 시장지배적사업자가 개별 거래의 상대방인 특정 사업자에 대한 부당한 의도나 목적을 가지고 거래거절을 한 모든 경우 또는 그 거래거절로 인하여 특정 사업자가 사업활동에 곤란을 겪게 되었다거나 곤란을 겪게 될 우려가 발생하였다는 것과 같이 특정 사업자가 불이익을 입게 되었다는 사정만으로는 그 부당성을 인정하기에 부족하고, 그 중에서도 특히 시장에서의 독점을 유지·강화할 의도나 목적, 즉 시장에서의 자유로운 경쟁을 제한함으로써 인위적으로 시장질서에 영향을 가하려는 의도나 목적을 갖고, 객관적으로도 그러한 경쟁제한의 효과가 생길 만한 우려가 있는 행위로 평가될 수 있는 행위로서의 성질을 갖는 거래거절행위를 하였을 때에 부당성이 인정될 수 있음.",[166] "시장지배적사업자의 거래거절행위가 지위남용행위에 해당하기 위해서는 공정거래위원회가 그 거래거절이 상품의 가격상승, 산출량 감소, 혁신 저해, 유력한

166) 대법원은 포스코의 거래거절행위가 경쟁제한의 효과가 생길 만한 우려가 있는 행위로 평가될 정도로 경쟁제한의 의도나 목적을 가지고 행하여졌다고 인정할 만한 사정도 없다고 판단하였다. 이에 대한 반대의견: 1. 독점규제법 제 3 조의2 제 1 항 제 3 호를 해석함에 있어서는, 시장지배적사업자가 다른 사업자에 대하여 거래를 거절함으로써 외형상 그 사업자의 사업활동을 어렵게 하는 행위를 한 경우에 그 행위는 시장지배적사업자가 자신의 시장지배적 지위를 남용하여 시장에서의 공정하고 자유로운 경쟁을 저해할 우려가 있는 '부당한 행위'를 한 것으로 추정된다고 해석하는 것이 합리적이라고 할 것이다. 따라서 시장지배적사업자가 위 추정에서 벗어나기 위해서는 그 거래거절행위가 실질적으로 다른 사업자의 사업활동을 방해하는 행위가 아니라거나 그와 같은 의도나 목적이 없어 공정하고 자유로운 경쟁을 저해할 우려가 있는 '부당한 행위'가 아니라는 점을 주장·입증하거나, 그와 같은 행위에 해당한다고 하더라도 거래를 거절할 수밖에 없는 정당한 사유가 있다는 점을 주장·입증하여야 할 것이다. 2. 독점규제법 제 3 조의2 제 1 항 제 3 호의 시장지배적사업자의 거래거절행위의 '부당성'의 의미를 주관적·객관적 측면에서 '경쟁제한의 우려'가 있는 행위로만 파악한다면 시장지배적사업자가 그 시장지배력을 남용하는 경우를 규제함으로써 독점을 규제하고자 하는 우리 헌법의 정신 및 독점규제법의 입법목적에 반한다. 시장지배적사업자의 거래거절이 지위남용행위로써 행하여진 경우에는 '독점규제' 측면에서, 경쟁제한의 우려 여부와 관계없이 이를 규제하여야 할 것이다. 그렇다면 결국, 독점규제법 제 3 조의2 제 1 항 제 3 호가 규율하는 시장지배적사업자의 지위남용행위로서의 거래거절행위의 부당성과 독점규제법 제23조 제 1 항 제 1 호가 규율하는 불공정거래행위로서의 거래거절행위의 부당성은 기본적으로 같은 의미라고 할 것이다.

경쟁사업자 수의 감소, 다양성 감소 등과 같은 경쟁제한의 효과가 생길 만한 우려가 있는 행위로서 그에 대한 의도와 목적이 있었다는 점을 입증하여야 할 것이고, 거래거절행위로 인하여 현실적으로 위와 같은 효과가 나타났음이 입증된 경우에는 그 행위 당시에 경쟁제한을 초래할 우려가 있었고 또한 그에 대한 의도나 목적이 있었음을 사실상 추정할 수 있다 할 것이지만, 그렇지 않은 경우에는 거래거절의 경위 및 동기, 거래거절행위의 태양, 관련시장의 특성, 거래거절로 인하여 그 거래상대방이 입은 불이익의 정도, 관련시장에서의 가격 및 산출량의 변화 여부, 혁신저해 및 다양성 감소 여부 등 여러 사정을 종합적으로 고려하여 거래거절행위가 위에서 본 경쟁제한의 효과가 생길 만한 우려가 있는 행위로서 그에 대한 의도나 목적이 있었는지를 판단하여야 할 것임. 그리고 이때 경쟁제한의 효과가 문제되는 관련시장은 시장지배적사업자 또는 경쟁사업자가 속한 시장뿐만 아니라 그 시장의 상품 생산을 위하여 필요한 원재료나 부품 및 반제품 등을 공급하는 시장 또는 그 시장에서 생산된 상품을 공급받아 새로운 상품을 생산하는 시장도 포함될 수 있음.", "원고의 이 사건 거래거절행위에도 불구하고 참가인은 일본으로부터 열연코일을 자신의 수요에 맞추어 수입하여 냉연강판을 생산·판매하여 왔고, 냉연강판공장이 완공되어 정상조업이 개시된 2001년 이후부터는 지속적으로 순이익을 올리는 등 냉연강판 생산·판매사업자로서 정상적인 사업활동을 영위하여 왔던 사실을 알 수 있으며, 또한 원고의 이 사건 거래거절행위 이후 국내에서 냉연강판의 생산량이 줄었다거나 가격이 상승하는 등 경쟁이 제한되었다고 볼 만한 자료도 나타나 있지 않으므로, 경쟁 저해의 결과를 초래하였다는 원심의 판단을 수긍하기 어려움. 또한, 이 사건 거래거절행위는 냉연강판시장에 원재료인 냉연용 열연코일을 공급하던 원고가 냉연강판시장에 진입한 이후에도 경쟁사업자에 해당하는 기존의 냉연강판 제조업체들에게는 계속적으로 냉연용 열연코일을 공급하여 오다가 새로이 냉연강판시장에 진입한 경쟁사업자인 참가인에 대하여 신규공급을 거절한 것인바, 비록 원고가 열연코일시장에서의 시장지배적지위를 이용하여 후방시장인 냉연강판시장에서의 신규 경쟁사업자에게 영향을 미칠 수 있는 거래거절행위를 한 것이기는 하나, 이는 원재료 공급업체가 새로이 냉연강판시장에 진입하면서 기존의 냉연강판 제조업체에 대한 원재료의 공급을 중단하여 경쟁사업자의 수를 줄이거나 그의 사업능력을 축소시킴으로써 경쟁을 제한하는 결과를 낳는 경우와는 달리, 원고와 기존 냉연강판 제조업체들에 의하여 형성된 기존의 냉연강판시장의 틀을 유지하겠다는 것이어서 그 거래거절에 의하여 기존 냉연강판시장의 가격이나 공급량 등에 직접적으로 영향을 미치지는 아니하므로, 참가인의 신규 참여에 의하여 냉연강판시장에서 현재보다 소비자에게 유리한 여건이 형성될 수 있음에도 참가인이 원고 외의 다른 공급사업자로부터 열연코일을 구할 수 없어, 거래거절에 의하여 신규 참여가 실질적으로 방해되는 것으로 평가될 수 있는 경우 등에 이르지 않는 한, 그 거래거절 자체만을 가지고 경쟁제한의 우려가 있는 부당한 거래거절이라고 하기에는 부족하다고 보아야 할 것임. 오히려, 이 사건에서는 앞서 본 바와 같이 원고의 거래거절행위에도 불구하고 참가인은 일본으로부터 열연코일을 자신의 수요에 맞추어 수입하여 냉연강판을 생산·판매하여 왔고 순이익까지 올리는 등 정상적인 사업활동을 영위하여 옴으로써 결국 냉연강판시장의 규모가 확대되었다고 할 것임. 따라서 이와 같은 사정과 아울러 이 사건 거래거절행위로 인하여 거래거절 당시 생산량 감소나 가격 상승과 같은 경쟁제한 효과가 발생할 우려가 있었다는 사정에 관한 자료도 없는 점에 비추어 보면, 위에서 본 바와 같이 원심이 들고 있는 이 사건 거래거절로 인하여 참가인이 입게 된 불이익에 관한 사정들만으로는 이 사건 거래거절행위를 거래거절 당시 경쟁제한의 효과가 생길 만한 우려가 있는 행위로 평가하기에는 부족함."[167]

② 판결의 의의

상기판결은 첫째, 일반불공정거래행위로서의 거래거절행위와 시장지배적지위 남용행위로서의 불공정거래행위의 부당성(위법성)을 명확히 구분하고 있는바, 전자는 행위주체에 제한이 없으며, 시장에 미치는 영향을 고려하지 아니하고 그 거래상대방인 특정 사업자가 당해 거래거절행위로 인하여 불이익을 입었는지 여부에 따라 그 부당성의 유무를 평가하여야 하는데 반해(공정거래저해성), 후자는 전자의 요건만으로는 부족하고, 시장에서의 독점을 유지·강화할 의도나 목적, 즉 시장에서의 자유로운 경쟁을 제한함으로써 인위적으로 시장질서에 영향을 가하려는 의도나 목적을 갖고, 객관적으로도 그러한 경쟁제한의 효과가 생길 만한 우려가 있는 행위로 평가될 수 있는 행위로서의 성질을 갖는 거래거절행위를 하였을 때에 그 부당성이 인정될 수 있다고 한다(경쟁제한성).

둘째, 시장지배적지위 남용행위로서 거래거절행위에 대한 요건을 자세하게 판시하고 있는데, 거래거절이 상품의 가격상승, 산출량 감소, 혁신 저해, 유력한 경쟁사업자의 수의 감소, 다양성 감소 등과 같은 경쟁제한의 효과가 생길 만한 우려가 있는 행위로서 그에 대한 의도와 목적이 있어야 하는데, 현실적으로 위

167) 대판 2007. 11. 22. 2002두8626.

와 같은 효과가 나타났음이 입증된 경우에는 의도와 목적이 사실상 추정되지만, 그렇지 않은 경우에는 여러 사정을 종합적으로 고려하여 거래거절행위가 위에서 본 경쟁제한의 효과가 생길 만한 우려가 있는 행위로서 그에 대한 의도나 목적이 있었는지를 판단하여야 한다고 한다. 즉 의도와 목적이 요구되며, 이를 경쟁제한적 효과의 발생과 연관시키고 있다.

셋째, 거래개시거절행위와 거래중단행위의 부당성 인정의 기준을 다르게 보고, 거래개시거절행위의 부당성 판단기준을 제시하였다. 즉 신규 참여에 의하여 냉연강판시장에서 현재보다 소비자에게 유리한 여건이 형성될 수 있음에도 다른 공급사업자로부터 열연코일을 구할 수 없어, 거래거절에 의하여 신규 참여가 실질적으로 방해되는 것으로 평가될 수 있는 경우 등에 이르지 않는 한, 부당한 거래거절로 볼 수 없다고 한다.

넷째, 시장지배적사업자 및 경쟁사업자가 속하는 시장과 경쟁제한의 효과가 문제되는 시장을 별개로 파악하고 있다. 이는 필수설비이론에서 제 1 차시장(필수설비 제공시장)과 2차시장을 구분하고 1차시장에서의 독점력이 2차시장으로 전이(leverage)된다는 구조와 유사하다. 거래거절의 대상이 열연코일로서 '필수설비'의 개념에는 포함시키기 어렵다는 점은 앞서 설명하였으나, 시장지배적지위 남용에 의한 거래거절행위도 독점력의 전이가 문제될 수 있다는 점을 밝힌 것으로 해석된다.

한편 〈에스케이텔레콤의 시장지배적지위 남용행위 건〉 관련 행정소송에서 서울고등법원도 "자신이 지배하는 시장과 그에 인접한 관련 시장 사이에는 사업자의 시장지배적지위를 다른 시장으로 전이할 수 있을 정도이면 충분한 관련성이 있다고 보아야 하며, 원고는 MP3폰을 디바이스로 하는 이동통신서비스 시장(주된 시장)에서 시장지배적지위를 가지고 원고의 MP3폰으로 MP3 음악파일을 재생하기 위하여는 멜론사이트에서 그 파일을 구입할 수밖에 없도록 기술적 장치인 DRM을 설치함으로써(일종의 기술적 결합: technological tying) 그 지배적지위를 전이하여 관련 시장에서의 용역의 구매를 사실상 강제하는 효과를 거두었고, 그 결과 MP3파일 다운로드 서비스 시장(종된 시장)에서 일정 정도 원고로의 쏠림현상(Sogwirkung)이 발생하기도 하였다." 그리고 "원고의 이동통신서비스를 사용하는 사용자가 멜론의 회원이 되지 않으면 원고용 MP3 파일의 재생이 가능한 핸드폰을 정상적으로 손쉽게 사용할 수 없도록 하였는데, 이 점에서 원고는 이동통신서비스 시장에서의 넷트워크를 기반으로 하고 방대한 단말기 가입자 숫자라는 차별화 요인을 이용하여 그 시장지배력을 멜론으로 전이하였다고 볼 수 있으며, 특히 원고의 음악사이트인 '멜론'이 http://www.tworld.co.kr/와 같은 SKT 가입 고객만을 위한 서비스사이트가 아닌 음원판매사이트라는 점을 고려한다면 멜론사이트에 가입해야만 하는 것만으로도 시장지배력이 전이되었다고 해석할 수 있다"고 판시한 바 있다.[168]

③ 문 제 점

상기판결은 시장지배적사업자의 남용행위 관련 그 의의가 매우 큰 판결이지만 몇 가지 문제가 제기되고 있다.

첫째, 대법원은 "경쟁제한의 효과가 생길 만한 우려가 있는 행위"를 부당성의 객관적 요건으로 삼는데 이를 판단하는 근거로서 경쟁제한의 결과가 있으면 경쟁제한의 우려가 추정되고, 결과가 입증되지 않더라도 거래거절의 경위 및 동기, 거래거절행위의 태양, 관련시장의 특성, 거래거절로 인하여 그 거래상대방이 입은 불이익의 정도, 관련시장에서의 가격 및 산출량의 변화 여부, 혁신 저해 및 다양성 감소 여부 등 여러 사정을 종합적으로 고려하여 거래거절행위가 경쟁제한의 효과가 생길 만한 우려가 있는 행위로서 평가되는 경우 부당성을 인정한다. 그리고 이러한 기준에 따라 대법원은 거래거절행위로 인하여 현실적으로 경쟁제한의 결과가 나타났다고 인정할 수 없고, 거래거절 이후 생산량 감소나 가격 상승과 같은 경쟁이 제한되었다고 볼 만한 자료가 없어 경쟁저해의 결과가 초래되지 않았다고 판시하였다.

동 판시내용에 의하면 대법원은 경쟁제한의 효과(effects)를 기준으로 부당성을 판단하고 있는데, 이러한 판단이 방해남용의 개념과 부합하는지의 문제제기가 있다.[169] 그러나 시장지배적지위 남용행위의 판단에 있어 경쟁제한의 효과를 평가하는 것은 정당하며 대법원이 경쟁제한의 결과뿐만 아니라 부수적으로 기타 여러 가지 기준을 통하여 경쟁제한효과의 우려여부를 판단하는 것은 타당하다고 본다.[170] 다만 실제로 경쟁제한의 결과를 입증하는 것은 매우 어려운 일

168) 서고판 2007. 12. 27. 2007누8623(대판 2011. 10. 13. 2008두1832).

169) 부당성의 의미를 경쟁제한성으로 보는 데 대해서는 찬성하나 '실제 경쟁제한효과가 발생하지 않았다는 이유로 부당성을 인정하지 않은데 대하여 비판적인 견해가 있다. 윤성운/신상훈, 경쟁저널(2008. 3), 9면 참조; 반대로 배제남용의 규제목적이 경쟁의 보호이지 경쟁자의 보호가 아닌 만큼 대법원 판결의 태도는 정당하다는 견해로는 서정, 공정거래법의 쟁점과 과제(2010), 96면; 시장지배적사업자의 방해남용과 '효과(Effects)'에 입각한 접근방법 관련 쟁점에 대하여 이봉의, 경쟁저널(2008. 9), 10~23면 참조.

170) EU의 「Guidance On The Commission's Enforcement Priorities In Applying Article 82 EC Treaty To Abusive Exclusionary Conduct By Dominant Undertakings」(December 10, 2008)에

이므로 경쟁제한의 효과가 생길만한 우려의 평가가 그 핵심적 작업이 되어야 하며, 경쟁제한의 결과여부만을 가지고 성급한 판단을 해서는 아니 될 것이다.[171]

둘째, 한편 대법원은 "경쟁제한의 효과가 생길 만한 우려가 있는 행위" 이외에 "시장에서의 독점을 유지·강화할 의도나 목적"이라는 주관적 요건을 요구하고 있는데, 방해남용의 요건으로 주관적 요건을 요구하는 것이 타당한지의 문제가 있다. 미국의 「셔먼법(Sherman Act)」 제 2 조에서의 독점화(monopolization) 관련해서도 '독점화의 의도'가 요구되지만,[172] 그 의도는 '일반적인 의도'로 충분하다고 한다.[173] 학설에서도 독점화(monopolization) 관련 사건에서 의도(intent)는 기업이 독점력을 가지고 있고 금지되는 배제행위를 한 것으로부터 추론이 된다고 한다.[174] 다만 독점화의 기도(attempt to monopolize)의 경우에는 독점력을 획득하기 위한 또는 경쟁을 배제하려는 구체적인 의도(specific intent)가 필요하다.[175] 그러나 독점화의 기도는 우리나라의 시장지배적지위의 남용과는 다소 괴리가 있는 것이다.

「EU기능조약」 제102조의 해석에 있어서도 남용행위에 있어서 '의도'와 같은 주관적 요건은 필요하지 않다고 해석된다. EU사법재판소는 〈Hoffmann-La Roche 사건〉에서 남용행위의 개념을 "문제되는 사업자의 존재로 인하여 이미 경쟁이 약화되고, 시장참가자의 거래에 기초한 정상적인 상품 또는 용역경쟁을 조건짓

서도 위원회는 "economic and effects-based approach to exclusionary conduct"를 적용하고 있다. 단 동 지침은 거래거절과 가격압착의 경우 시장지배적사업자가 수직적으로 통합된 경우에만 적용된다.

171) 독점규제법상 방해남용의 행위효과와 관련된 위법성 표지는 '시장지배적사업자가 성과에 부합하지 않는 경쟁수단을 통하여 방해행위를 함으로써 잔존경쟁을 저해하는 효과 내지는 결과'를 의미한다고 함으로써 경쟁제한성과는 다른 '경쟁저해성'으로 보고, 경쟁을 저해하는 행위는 관련시장에 사소하지 않으며 일시적이지 않은 경쟁저해의 위험을 야기할 우려가 객관적으로 인정되어야 할 것이며, 당해 행위로 인하여 잔존경쟁의 유지 및 촉진이 저해되는 효과 내지 결과가 발생하였음이 구체적으로 입증될 필요는 없고, 그 행위와 효과사이의 인과관계는 경험칙에 의한 '추론'을 통해 인정될 수 있다는 견해가 있다. 조혜신, 경쟁법연구 제24권(2011.11), 65~97면 참조.

172) United States v. Grinnel Corp., 384 U.S. 563, 86 S. Ct. 1698(1966): "ⅰ) the possesion of monopoy power in a relevanet Mark,, ii) the willful acquisition or maintenance of monopoly power, as distinguished from growth or development as a consequence of a superior pruduct, business acumen or historic accident".

173) U.S. v. Aluminium Co. of America 148 F. 2d 416(2nd Cir.1945): "disregard any question of 'intent'," concluding that intent could be presumed because "no monopolist monopolizes unconscious of what he is doing"; United States v. Griffith, 334 U.S. 105, 68 S.Ct. 944 (1948); Aspen Highlands Skiing Corp. v. Aspen Skiing Co., 472 U.S. 585, 105 S.Ct. 2847 (1985).

174) Hovenkamp, 108면.

175) Hovenkamp, 116면.

는 것과 다른 방식의 자원을 통하여 시장구조에 영향을 미치려는, 시장에서의 현존하는 경쟁의 유지 또는 발전을 방해하는 시장지배적사업자의 행위에 관련된 객관적인 개념"이라고 정의한 바 있다.[176)]

한편 대법원에 의하면 거래거절행위로 인하여 현실적으로 위와 같은 효과가 나타났음이 입증된 경우에는 그에 대한 의도나 목적이 있었음을 사실상 추정할 수 있다고 하는데, 객관적 결과에 주관적 의도가 자동적으로 추정되는지에 대해서는 그 상관관계에 의문이 제기된다. 만약 의도나 목적이 경쟁제한의 효과와 함께 자동적으로 추정된다면 의도나 목적은 불필요한 요건이 될 것이다.[177)]

셋째, 대법원은 신규사업자가 시장에 진입하지 못함으로써 생겨나는 경쟁상의 불이익이나 소비자에 대한 불리한 여건조성보다는 거래거절을 했다 하더라도 기존틀보다 더 불리한 결과가 발생하지 않았다는 관점에서 경쟁제한성을 인정하지 않았으나, 이러한 논리가 확산되는 경우 신규진입이 크게 저해되고 시장이 기존 경쟁의 틀로 고착될 우려도 존재한다.

넷째, 대법원은 경쟁제한의 효과가 문제되는 관련시장은 시장지배적사업자 또는 경쟁사업자가 속한 시장뿐만 아니라 그 시장의 상품 생산을 위하여 필요한 원재료나 부품 및 반제품 등을 공급하는 시장 또는 그 시장에서 생산된 상품을 공급받아 새로운 상품을 생산하는 시장도 포함될 수 있다고 하는데, 독점력의 이전은 가능하지만 한 시장에서의 시장지배적지위가 자동적으로 다른 시장으로 이전되지는 않으며 그 다른 시장에서도 별도로 시장지배적지위가 인정되어야 한다고 생각된다.

위와 같은 문제는 시장지배적지위 남용행위와 불공정거래행위의 불투명한 관계에서 파생되는 것이므로 문제해결을 위해서는 궁극적으로는 법을 정비하는

---

176) Hoffmann-La Roche & Co. v. Commission, Case 85/76(1979): "The concept of abuse is an objective concept relation to the behaviour of an undertaking in a dominant position which is such as to influence the structure of a market where, as a result of the very presence of the undertaking in question, the degree of competition is weakened and which, through resource to methods different from those which condition normal competition in products or services on the basis of the transactions of commercial operators, has the effect of hindering the maintenance of the degree of competition still existing in the market or the growth of that competition".

177) 주관적인 거래거절의 의도 내지 목적 역시 종합적인 고려요소의 하나가 되지만 별도의 입증이 필요한 독립적 요건이라기보다는 객관적 경쟁제한효과가 우려되는 경우에는 그로부터 추단되거나, 경우에 따라서는 심사가 생략될 수도 있고, 그러한 정도에 이르지 않은 경우에는 우려되는 경쟁제한효과의 정도에 반비례하여 부당성여부를 판단하여야 하는 정도의 고려요소로 보는 견해로는 이황, 공정거래위원회 심결사례 30선(2010.6), 14면.

것이 최선이지만 현행의 규정에서 합리적인 해석은 엄격한 경쟁제한의 결과나 주관적 요건은 요구하지 않는 것이 타당하리라 본다.

④ 필수설비이론 또는 일반적 방해남용으로서의 거래거절과의 관계

한편 시장지배적지위 남용행위로서의 거래거절행위가 불공정거래행위로서의 거래거절행위와 구분된다 하더라도 이를 필수설비규정을 적용할 것인지, 일반적인 방해남용으로서 거래거절행위 규정을 적용할 것인지의 문제가 발생한다. 이러한 3가지의 유형 사이에는 다음과 같이 해석하는 것이 타당하다. 즉 시장지배적사업자인 경우에는 법 제 5 조를 적용하되 거절의 대상이 필수설비에 해당된다고 판단되는 경우에는 필수설비규정을 적용하고 나머지 경우에는 일반적 방해남용으로서의 거래거절 규정을 적용한다.[178] 그리고 시장지배적사업자가 아닌 경우에는 법 제45조 제 1 항의 거래거절행위로 규율한다.

2) 불이익 강제행위 건

「시장지배적지위 남용행위 심사기준」 Ⅳ. 3. 라) (3)은 법 시행령 제 9 조 제 3 항 제 4 호의 한 경우로서 "부당하게 거래상대방에게 불이익이 되는 거래 또는 행위를 강제하는 행위(이하 '불이익 강제행위')"를 규정하고 있다. 시장지배적사업자의 지위남용행위로서의 불이익 강제행위는 '시장지배적사업자가 부당하게 거래상대방에게 불이익이 되는 거래 또는 행위를 강제함으로써 그 사업자의 사업활동을 어렵게 하는 행위'라 할 것이다.[179] 불이익제공행위 관련해서도 대법원은 〈(주)포스코의 시장지배적지위 남용행위 건〉에서와 동일한 입장을 취하고 있다.

즉 〈(주)티브로드 강서방송 등의 시장지배적지위 남용행위 건〉 관련 행정소송에서 "법 제 5 조 제 1 항 제 3 호의 시장지배적 사업자의 지위남용행위로서 불이익 강제행위의 부당성은 '독과점적 시장에서의 경쟁촉진'이라는 입법 목적에 맞추어 해석하여야 할 것이므로, 시장지배적사업자가 개별 거래의 상대방인 특정 사업자에 대한 부당한 의도나 목적을 가지고 불이익 강제행위를 한 모든 경우 또는 그 불이익 강제행위로 인하여 특정 사업자가 사업활동에 곤란을 겪게 되었다거나 곤란을 겪게 될 우려가 발생하였다는 것과 같이 특정 사업자가 불이익을 입게 되었다는 사정만으로는 그 부당성을 인정하기에 부족하고, 그 중에

178) 〈(주)포스코의 시장지배적지위 남용행위 건〉에서 열연코일같은 원료는 기간설비나 망에 해당하지 않으므로 대법원이 필수설비이론을 적용하지 않은 점은 타당하다고 생각된다.

179) 대판 2008. 12 .11. 2007두25183.

서도 특히 시장에서의 독점을 유지·강화할 의도나 목적, 즉 시장에서의 자유로운 경쟁을 제한함으로써 인위적으로 시장질서에 영향을 가하려는 의도나 목적을 갖고, 객관적으로도 그러한 경쟁제한의 효과가 생길 만한 우려가 있는 행위로 평가될 수 있는 불이익강제행위를 하였을 때에 그 부당성이 인정될 수 있다. 그러므로 시장지배적사업자의 불이익강제행위가 그 지위남용행위에 해당한다고 주장하는 피고로서는 그 불이익 강제행위가 경쟁제한의 효과가 생길 만한 우려가 있는 행위로서 그에 대한 의도와 목적이 있었다는 점을 입증하여야 할 것이고, 불이익강제행위로 인하여 현실적으로 위와 같은 효과가 나타났음이 입증된 경우에는 그 행위 당시에 경쟁제한을 초래할 우려가 있었고 또한, 그에 대한 의도나 목적이 있었음을 사실상 추정할 수 있다 할 것이지만, 그렇지 않은 경우에는 불이익강제행위의 경위 및 동기, 불이익강제행위의 태양, 관련 시장의 특성, 불이익강제행위로 인하여 그 거래상대방이 입은 불이익의 정도, 관련 시장에서의 가격 및 산출량의 변화 여부, 혁신 저해 및 다양성 감소 여부 등 여러 사정을 종합적으로 고려하여 불이익강제행위가 위에서 본 경쟁제한의 효과가 생길 만한 우려가 있는 행위로서 그에 대한 의도나 목적이 있었는지를 판단하여야 할 것이다"고 판시하고 있다.[180)]

이어서 "원고의 이 사건 채널변경행위에 의하여 우리홈쇼핑이 입게 된 구체적인 불이익에 불과한 것들로서 현실적으로 경쟁제한의 결과가 나타났다고 인정할 만한 사정에 이르지 못한다. 또한, 여러 사정을 종합하더라도, 원고가 시장에서의 독점을 유지·강화할 의도나 목적, 즉 시장에서의 자유로운 경쟁을 제한함으로써 인위적으로 시장질서에 영향을 가하려는 의도나 목적을 갖고, 객관적으로도 그러한 경쟁제한의 효과가 생길만한 우려가 있는 행위로 평가될 수 있는 불이익강제행위를 했다고 보기도 어렵다"고 판단하였다.[181)] 동 건에서도 상기 거래거절행위건과 동일한 쟁점들이 논의될 수 있다.

3) 가격차별행위 건

「시장지배적지위 남용행위 심사기준」 Ⅳ. 3. 라. (3)은 법 시행령 제 9 조 제 3 항 제 4 호의 한 경우로서 "거래상대방에게 정상적인 거래관행에 비추어 타당성이 없는 조건을 제시하거나 가격 또는 거래조건을 부당하게 차별하는 행위"

180) 대판 2008. 12. 11. 2007두25183.
181) 대판 2008. 12. 11. 2007두25183.

를 규정하고 있다.

가격차별행위 관련해서 〈퀄컴인코퍼레이티드, 한국퀄컴(주) 및 퀄컴 씨디엠에이테크놀로지코리아의 시장지배적지위 남용행위 등 건(퀄컴 I 사건)〉 관련 행정소송에서 대법원은 〈(주)포스코의 시장지배적지위 남용행위 건〉과 동일하게 경쟁제한의 의도와 목적, 경쟁제한성을 판단하여 부당성을 인정하였다.[182]

4) 배타조건부 거래행위 건

배타조건부 거래행위 관련해서도 역시 대법원은 〈(주)포스코의 시장지배적지위 남용행위 건〉 관련 행정소송에서와 동일한 입장을 취하고 있다. 즉 〈농업협동조합중앙회의 시장지배적지위 남용행위 건〉 관련 행정소송에서는 배타조건부 거래행위가 법 제 5 조 제 1 항 제 5 호 전단의 시장지배적사업자의 지위남용행위에 해당하기 위한 요건을 제시하고 있는바 "배타조건부 거래행위가 부당하게 거래상대방이 경쟁사업자와 거래하지 아니할 것을 조건으로 그 거래상대방과 거래하는 행위로 평가될 수 있어야 하는바, 여기서 말하는 '부당성'은 '독과점적 시장에서의 경쟁촉진'이라는 입법 목적에 맞추어 해석하여야 할 것이므로, 시장에서의 독점을 유지·강화할 목적, 즉 시장에서의 자유로운 경쟁을 제한함으로써 인위적으로 시장질서에 영향을 가하려는 목적을 가지고, 객관적으로도 그러한 경쟁제한의 효과가 생길 만한 우려가 있는 행위로 평가될 수 있는 배타조건부 거래행위를 하였을 때에 그 부당성이 인정될 수 있다. 그러므로 시장지배적지위 남용행위로서의 배타조건부 거래의 부당성은 그 거래행위의 목적 및 태양, 시장지배적 사업자의 시장점유율, 경쟁사업자의 시장진입 내지 확대 기회의 봉쇄정도 및 비용증가 여부, 거래의 기간, 관련시장에서의 가격 및 산출량 변화 여부, 유사품 및 인접시장의 존재 여부, 혁신 저해 및 다양성 감소 여부 등 여러 사정을 종합적으로 고려하여 판단하여야 한다. 다만, 시장지배적지위 남용행위로서의 배타조건부 거래행위는 거래상대방이 경쟁사업자와 거래하지 아니할 것을 조건으로 그 거래상대방과 거래하는 경우이므로, 통상 그러한 행위 자체에 경쟁을 제한하려는 목적이 포함되어 있다고 볼 수 있는 경우가 많을 것이다"라고 판시하였다.[183]

또한 〈인텔코퍼레이션, 인텔 세미콘덕터리미티드 및 (주)인텔코리아의 시장

---

182) 대판 2019. 1. 31. 2013두14726.

183) 대판 2009. 7. 9. 2007두22078; 이는 포스코 판결의 완화로 해석된다.

지배적지위 남용행위 건〉 관련 행정소송에서 서울고등법원도 상기 〈농협협동조합중앙회의 시장지배적지위 남용행위 건〉 관련 행정소송에서와 동일한 기준에 따라 부당성을 판단하고 있으며, 거래행위의 의도나 목적, 거래행위의 행태, 경쟁사업자의 시장진입 또는 확대기회의 봉쇄정도, 거래행위에 따른 시장점유율의 변화, 거래행위의 기간, PC시장에서 소비자 후생감소 등을 종합하여 부당성을 인정하였다.[184)]

그리고 〈퀄컴인코퍼레이티드, 한국퀄컴(주) 및 퀄컴 씨디엠에이테크놀로지코리아의 시장지배적지위 남용행위 등 건(퀄컴 I 사건)〉,[185)] 〈퀄컴인코퍼레이티드, 퀄컴테크놀로지 인코퍼레이티드 및 퀄컴씨디엠에이테크놀로지아시아-퍼시픽 피티이리미티드의 시장지배적지위 남용행위 건(퀄컴 II 사건)〉[186)] 관련 행정소송에서도 마찬가지로 경쟁제한의 의도와 목적, 경쟁제한성을 판단하여 부당성을 인정하였다.

5) 부당한 방해행위 건

대법원은 〈(주)현대자동차의 시장지배적지위 남용행위 건〉 관련 행정소송에서 시장지배적사업자의 판매대리점에 대한 거점 이전 제한 및 판매인원 채용 제한행위를 부당한 방해행위로 보면서, 그 근거로 "원고의 이 사건 사업활동방해행위는 국내 승용차 판매시장 및 5톤 이하 화물차(트럭)시장에서 직영판매점과 판매대리점의 자유로운 경쟁을 제한함으로써 인위적으로 시장질서에 영향을 가하려는 의도나 목적을 갖고, 객관적으로도 그러한 경쟁제한의 효과가 생길만한 우려가 있는 행위로 평가될 수 있으므로 그 부당성이 인정된다"고 함으로써[187)] 상기 1)~4)와 같은 판단기준을 사용하고 있다.

---

184) 서고판 2013. 6. 19. 2009누35462.

185) 대판 2019. 1. 31. 2013두14726.

186) 대판 2023. 4. 13. 2020두31897.

187) 대판 2010. 3. 25. 2008두7465; 유사한 내용의 〈기아자동차의 시장지배적지위 남용행위 건: 대판 2008두17707〉에서는 그 위법성을 인정하지 않았다: "국내 승용차 판매시장 및 5t 이하 화물차(트럭) 판매시장에서 시장지배적 사업자인 원고는 직영점과의 이격거리 미달, 노동조합의 반대 등을 이유로 3개 판매대리점의 거점이전 신청을 지연하거나 거부하였고, 이로 인하여 3개 판매대리점이 영업활동을 방해받게 되었음은 인정된다고 할 것이나, 원고의 위와 같은 방해행위로 인하여 상품의 가격 상승, 산출량 감소, 혁신 저해, 유력한 경쟁사업자 수의 감소, 다양성 감소 등과 같은 경쟁제한 효과가 발생하였다고 볼 아무런 증거가 없고, 원고가 시장에서의 독점을 유지·강화할 의도나 목적을 가지고 위와 같은 방해행위를 하였다고 볼 증거도 없다는 이유로 위 사업활동 방해행위의 부당성을 인정하지 아니하여 결국 원고의 행위가 부당한 시장지배적 지위자의 남용행위에 해당되지 않는다".

6) 소비자이익의 현저한 저해행위 건

한편 법 제5조 제1항 제5호 후단의 소비자 이익의 현저한 저해행위 관련하여 대법원은 "소비자의 이익을 현저히 저해할 우려가 있는 행위의 부당성은 시장지배적사업자의 지위 남용행위의 규제 목적이 단순히 그 행위의 상대방인 개별 소비자의 이익을 직접 보호하고자 하는 데 있는 것이 아니라, 독과점 시장에서 경쟁촉진과 아울러 시장지배적사업자의 과도한 독점적 이익 실현행위로부터 경쟁시장에서 누릴 수 있는 소비자의 이익을 보호하고자 하는 데 있음을 고려할 때, 시장지배적사업자의 행위의 의도나 목적이 독점적 이익의 과도한 실현에 있다고 볼 만한 사정이 있는지, 상품의 특성·행위의 성격·행위기간·시장의 구조와 특성 등을 고려하여 그 행위가 이루어진 당해 시장에서 소비자 이익의 저해의 효과가 발생하였거나 발생할 우려가 있는지 등을 구체적으로 살펴 판단하여야 한다. 다만, 시장지배적사업자의 소비자 이익을 저해할 우려가 있는 행위가 존재하고, 그로 인한 소비자 이익의 저해 정도가 현저하다면, 통상 시장지배적사업자가 과도한 독점적 이익을 취하고자 하는 행위로서 부당하다고 볼 경우가 많을 것이다"라고 판시하였다.[188] 즉 소비자이익의 현저한 저해행위의 판단에 있어서도 시장지배적사업자의 행위의 의도나 목적이 독점적 이익의 과도한 실현에 있는지를 고려한다. 법 제5조 제1항 제3호의 부당한 사업활동방해와 유사한 기준으로 판단된다.

7) 시 사 점

나머지 행위유형의 경우에는 아직 대법원의 입장을 알 수 없지만 지금까지의 대법원의 판례로 보아 시장지배적지위 남용행위의 경우 독점유지·강화의 의도와 목적 및 경제제한 효과가 필요하다고 해석할 수 있다.

한편 불공정거래행위의 경우에도 행위유형에 따라 경쟁제한성을 고려할 필요가 있다. 예를 들어 〈4개정유사 등의 구속조건부거래행위 건〉 관련 행정소송에서 대법원은 배타조건부거래행위의 경우 일반불공정거래행위에서도 경쟁제한성과 거래처선택의 자유 등이 제한됨으로써 자유로운 의사결정이 저해되었거나 저해될 우려가 있는지 여부 등도 아울러 고려하였다.[189] 그리고 배타조건부거래행위가 문제된 〈현대모비스(주)의 시장지배적지위 남용행위 건〉 관련 행정소송

188) 대판 2010. 5. 27. 2009두1983.

189) 대판 2013. 4. 25. 2010두25909.

에서 대법원은 시장지배적지위 남용행위(제 5 조)와 불공정거래행위(제45조)를 동시에 적용하였다.[190] 이와 같은 경우에는 시장지배적지위 남용행위와 일반불공정거래행위를 별도로 규율하는 실익이 문제된다.

190) 대판 2014. 4. 10. 2012두6308.

제 6 조(시장지배적사업자의 추정)

일정한 거래분야에서 시장점유율이 다음 각 호의 어느 하나에 해당하는 사업자(일정한 거래분야에서 연간 매출액 또는 구매액이 40억원 미만인 사업자는 제외한다)는 제 2 조(정의) 제 7 호의 시장지배적사업자로 추정한다.

1. 1사업자의 시장점유율이 100분의 50 이상
2. 3 이하의 사업자의 시장점유율의 합계가 100분의 75 이상. 다만, 이 경우에 시장점유율이 100분의 10 미만인 자를 제외한다.

목　　차

Ⅰ. 의　　의
Ⅱ. 추정의 종류와 내용
　1. 추정의 종류
　2. 입증책임
　3. 계 열 사
　4. 적용제외
　5. 개별 추정구성요건간의 관계
Ⅲ. 입 법 례

[참고문헌]

단행본: Emmerich, Kartellrecht, 10. Auflage, C.H. Beck, 2006; Rittner/Dreher, Europäisches und deutsches Wirtschaftsrecht, 3. Auflage, C.F. Müller, 2007

논　문: 윤성운, "부당한 공동행위의 추정조항", 자유경쟁과 공정거래(권오승 편), 법문사, 2004; 차성민, "독점규제법상 추정의 의미－시장지배적 사업자의 추정을 중심으로－", 경쟁법연구 제 8 권, 한국경쟁법학회, 2002. 2; 홍대식, "과점시장에서의 합의의 추정과 번복", 경제법판례연구 제 1 권, 경제법판례연구회, 법문사, 2004; 홍명수, "지배력 남용의 의의와 유형화에 대한 고찰", 공정거래법과 규제산업(권오승/이원우 공편), 법문사, 2007

Ⅰ. 의　　의

어떤 사업자의 시장지배적지위를 증명하는 것은 간단한 문제가 아니다. 과거에는 매년 시장지배적사업자를 사전에 지정하는 제도를 운영하였으나 사후규제라는 제도취지에 맞지 않아 1999. 2. 5. 제 7 차 법 개정시 동 제도가 폐지되고 지금은 시장지배적지위를 추정하는 제도를 운영하고 있다. 이를 통해 시장지배적사업자여부를 심사하는데 있어서의 어려움을 다소 완화하고 있다. 시장지배적지위를 추정하기 위하여 우리나라에서는 1사집중도(CR1) 및 상위 3사집중도(CR3)방식을 사용하고 있다.

추정에는 사실상 추정과 법률상 추정이 있는데, 사실상 추정에서는 어떤 사실이 요건사실을 추정하게 하는지 여부는 법원의 판단영역에 속하는 문제이나 법률상 추정에서는 요건사실을 추정하게 하는 간접사실 자체가 법문에 규정되어 있고 경험칙이 법규범으로 되어 있어 그와 같은 간접사실의 존재가 입증되면 법규정에 의하여 추정의 효력이 발생한다.[1] 이러한 측면에서 법 제 6 조의 시장지배적지위의 추정은 법률상의 추정에 속한다. 법률상의 추정의 경우 일단 요건사실이 추정되면 상대방이 그 사실의 부존재를 법관에게 확신을 줄 정도로 입증해야 하고 이는 자신이 입증책임을 부담하는 사실에 대한 입증으로서 본증이므로 입증책임의 전환을 초래하게 된다.[2]

Ⅱ. 추정의 종류와 내용

1. 추정의 종류

1) 독점의 추정

1사업자의 시장점유율이 100분의 50 이상인 경우 시장지배적사업자로 추정되는데(법 제6 조 제1 호), 이는 독점의 추정이라 할 수 있다.

2) 과점의 추정

3이하의 사업자의 시장점유율의 합계가 100분의 75 이상인 경우 시장지배적사업자로 추정되는데(법 제6 조 제2 호), 이는 과점의 추정이라 할 수 있다. 다만 이 경우 시장점유율 10% 미만인 사업자는 산정에서 제외한다.

공정거래위원회는 〈비씨카드(주) 외 14의 시장지배적지위 남용행위 건〉에서

1) 홍대식, 경제법판례연구 제 1 권(2004), 53면.
2) 홍대식, 경제법판례연구 제 1 권(2004), 53면.

"시장지배적사업자 여부의 판단에 있어 3이하의 사업자의 시장점유율의 합계 75%는 시장지배적사업자로 추정할 수 있다는 하나의 기준일 뿐 그 여부는 법 제 2 조 제 3 호 및 「시장지배적지위 남용행위의 유형 및 기준」의 규정 등에 따라 시장점유율 외의 여러 요소를 고려하여 판단하여야 할 것이다"라고 함으로써 75%의 기준은 하나의 기준에 불과하다는 점을 밝혔다.[3)]

2. 입증책임

이는 추정조항의 법적 성격과 관련되는 문제이다. 본 조항을 독점규제법 제40조 제 5 항 부당한 공동행위의 추정에 관한 대법원의 입장과 같이 법률상 추정으로 본다면 상대방이 추정사실의 부존재를 입증해야 한다. 보통 입증책임은 형식적 입증책임과 실질적 입증책임으로 구분되는데 형식적 입증책임은 참가자가 구성요건을 성립시키거나 조각시키는 사유를 입증해야 하는데 반해, 실질적 입증책임은 특정 당사자가 주장하는 사실을 입증하지 못하면 법적 불이익을 입는 것을 의미한다. 본 조항은 민사절차와 마찬가지로 형식적 입증책임과 실질적 입증책임이 모두 사업자에 있다. 당국은 다만 추정요건의 존재여부만 증명하면 되는 것이다.

이에 대하여는 형식적 입증책임은 당국에 있고 당국이 직권탐지주의 원칙에 의해 시장지배적지위가 인정될 수 있다고 판단될 때 절차를 개시할 수 있을 뿐이며,[4)] 증거 불충분의 경우 시장지배적지위가 존재하지 않는다는 실질적 입증책임이 사업자에 있다고 해석하는 견해가 있다.[5)] 한편 행정소송절차에서는 이를 착수요건으로 이해하고, 손해배상청구소송과 같은 민사소송절차에서는 이를 민법상의 법률상 추정으로 이해하는 것이 전체 법질서 내에서 독점규제법상

---

3) 공정의 2001. 3. 28. 2001－040.

4) 이 경우 첫째, 추정은 공정거래위원회에서 사건 조사절차를 쉽게 개시하는 수단으로 이해된다. 둘째, 추정의 기준이 충족되었다고 해서 항상 법에서 규제하고자 하는 시장지배적 지위가 존재한다고 볼 수 없다. 셋째, 법에서 정한 시장점유율을 달성한 사업자도 곧바로 시장지배적 지위에 있는 것으로 간주할 수 없다. 이상 차성민, 경쟁법연구 제 8 권(2002), 336면 참조.

5) Rittner/Dreher, S. 531 Rn. 21 참조; Emmerich, S. 333~334 Rn. 55; 법률상의 추정으로 보는데 대하여 민사법상의 추정조항에 대한 원리를 공법영역에 아무런 가감없이 수용하는 것은 문제로 보고, 시장점유율은 단지 시장지배력의 존재에 대한 중요한 근거로서 제한적으로 이해할 필요가 있으며, 법률상 추정의 틀을 유지하는 경우에도 시장점유율에 의한 추정이 상대방의 본증에 의하여 다투어지고 이에 의하여 추정이 복멸될 수 있다는 점을 강조하는 견해도 같은 맥락이다. 홍명수, 공정거래법과 규제산업(2007), 67~68면 참조.

추정의 의미와 기능을 규범조화적으로 해석하는 길이라는 주장도 있다.[6] 그러나 이러한 주장들은 현행법의 해석을 넘는 문제를 가지고 있다.

3. 계 열 사

시장지배적사업자의 추정규정을 적용함에 있어 당해 사업자와 그 계열회사는 이를 하나의 사업자로 본다. 따라서 실제로 4개 이상의 회사라도 시장지배적사업자가 되거나 시장지배적사업자로 추정될 수 있다. 또한 시장점유율 10%미만의 회사도 계열사와 합하여 시장점유율이 10%이상 될 수 있고 그 경우 시장지배적사업자로 추정될 수 있다.

4. 적용제외

시장지배적사업자의 추정에서 연간매출액 또는 구매액이 40억원 미만인 자는 제외한다(법 제 6 조).

5. 개별 추정구성요건간의 관계

특정시장에서는 논리적으로 1개사업자이건 과점에 의해서건 하나의 시장지배만이 존재한다. 그러나 예컨대 비대칭적 과점에서는 독점추정과 과점추정 양 구성요건이 중복될 수 있다.[7] 독점적 시장지배, 과점적 시장지배가 동시에 존재할 수 있는 것이다. 예를 들어 A사업자 50%, B사업자 20%, C사업자 20%의 시장점유율 하에서 A사업자는 독점적 시장지배자이지만 동시에 A, B, C 3개 사업자는 과점적 시장지배를 하고 있다. 이러한 개별추정요건간의 관계에 대해 특별히 규율하고 있지 않아서 어떻게 취급되어야 하는가에 대한 논란이 있을 수 있다.

우리나라와 유사한 그러나 보다 완화된 추정조건을 갖고 있는 독일에서는 이러한 경우 추정은 서로 무효로 되어 시장지배가 존재하지 않고, 충분한 경쟁이 존재한다고 보는 견해[8]와 독점추정과 과점추정에 대한 선택보다는 사안의

6) 차성민, 경쟁법연구 제 8 권(2002), 345면.

7) Vgl. Emmerich, S. 334.

8) Rittner/Dreher, S. 536 Rn. 33.

중점이 어디에 있는가로 판단하는 것이 타당하며[9] 비대칭적 복점하에서는 독점추정이 명백히 과점추정을 배척한다는 견해가 있다.[10] 후자의 견해가 타당하다고 생각된다.

Ⅲ. 입 법 례

우리나라의 시장지배적지위의 추정제도는 독일 「경쟁제한방지법(GWB)」 상의 추정제도와 유사하다. 다만 독일 「경쟁제한방지법(GWB)」(제18조 제 4 항 및 제 6 항)은 즉 "한 사업자의 시장점유율이 40% 이상인 경우", "3 이하의 사업자가 합하여 시장점유율 100분의 50 이상인 경우 또는 5 이하의 사업자가 합하여 시장점유율 3분의2 이상인 경우" 시장지배적인 것으로 추정된다고 규정함으로써 그 시장점유율 요건이 우리법보다 낮은 것이 특징이다.

9) Emmerich, S. 334; 독일연방카르텔청의 실무도 동일하다. 3M/ESPE, WuW/E DE－V 427, 428.
10) 3M/ESPE, WuW/E DE－V 427, 428.

제 7 조(시정조치)

① 공정거래위원회는 남용행위가 있을 때에는 그 시장지배적사업자에게 가격의 인하, 해당 행위의 중지, 시정명령을 받은 사실의 공표 또는 그 밖에 필요한 시정조치를 명할 수 있다.

② 공정거래위원회는 남용행위를 한 회사인 시장지배적사업자가 합병으로 소멸한 경우에는 해당 회사가 한 남용행위를 합병 후 존속하거나 합병에 따라 설립된 회사가 한 행위로 보아 제 1 항의 시정조치를 명할 수 있다.

③ 공정거래위원회는 남용행위를 한 회사인 시장지배적사업자가 분할되거나 분할합병된 경우에는 분할되는 시장지배적사업자의 분할일 또는 분할합병일 이전의 남용행위를 다음 각 호의 어느 하나에 해당하는 회사의 행위로 보고 제 1 항의 시정조치를 명할 수 있다.

1. 분할되는 회사
2. 분할 또는 분할합병으로 설립되는 새로운 회사
3. 분할되는 회사의 일부가 다른 회사에 합병된 후 그 다른 회사가 존속하는 경우 그 다른 회사

④ 공정거래위원회는 남용행위를 한 회사인 시장지배적사업자가 「채무자 회생 및 파산에 관한 법률」 제215조에 따라 새로운 회사를 설립하는 경우에는 기존 회사 또는 새로운 회사 중 어느 하나의 행위로 보고 제 1 항의 시정조치를 명할 수 있다.

목 차

Ⅰ. 의의 및 종류
1. 의　　의
2. 종　　류
Ⅱ. 시정조치의 유형
1. 부작위명령
2. 작위명령
3. 시정명령을 받은 사실의 공표
4. 보조적 명령
Ⅲ. 시정조치의 방법
Ⅳ. 시정조치의 효력기간
Ⅴ. 합병, 분할 등 경우 시정조치의 대상
1. 합병으로 인한 소멸의 경우
2. 분할 및 분할합병의 경우
3. 「채무자 회생 및 파산에 관한 법률」에 따른 회사설립의 경우
Ⅵ. 사법상 효력
Ⅶ. 다른 법률과의 관계

[참고문헌]

단행본: 신광식, 공정거래정책 혁신론, 나남출판, 2006.

논 문: 김두진, "공정거래위원회 제재내용의 방향성에 관한 연구", 경쟁법연구 제21권, 한국경쟁법학회 편, 법문사 2010; 박정훈, "공정거래법의 공적 집행", 공정거래와 법치(권오승 편), 법문사, 2004; 서동원, "마이크로소프트사의 시장지배력 남용행위 사건의 내용분석", 공정거래법과 규제산업(권오승/이원우 공편), 법문사, 2007; 장범후, 금융산업에서의 경쟁법 집행에 관한 연구－영국의 공동관할권 제도를 중심으로－, 금융법연구 제16권 제 3 호(통권 제38호), 한국금융법학회, 2019; 조춘, "공정거래법상 시정조치에 대한 검토", 경쟁저널 제108호, 한국공정경쟁연합회, 2004. 8; 홍명수, "'AT&T'의 해체와 그 의의", 경쟁저널 제105호, 한국공정거래협회, 2004. 5; 홍명수, "Standard Oil 판결과 미국 Antitrust Law의 형성", 경쟁저널 제118호, 한국공정경쟁연합회, 2005. 6

[참고사례]

주식회사 한일기업의 하도급법위반행위 건(대전고등법원 2000. 3. 24. 선고 99나3110 판결; 대법원 2000. 7. 28. 선고 2000다20434 판결); 비씨카드(주) 외 14의 시장지배적지위 남용행위 건(공정거래위원회 2001. 3. 28. 의결 제2001－040호, 2001. 8. 24. 재결 제2001－038호; 서울고등법원 2003. 5. 27. 선고 2001누15193 판결; 대법원 2005. 12. 9. 선고 2003두6283 판결); 현대모비스(주)의 시장지배적지위 남용행위 건(공정거래위원회 2009. 6. 5. 의결 제2009－133호; 서울고등법원 2012. 2. 1. 선고 2009누19269 판결; 대법원 2014. 4. 10. 선고 2012두6308 판결); 퀄컴 인코퍼레이티드, 한국퀄컴(주), 퀄컴시디엠에이테크놀로지코리아의 시장지배적 지위 남용행위 건(공정거래위원회 2009. 12. 30. 의결 제2009－281호; 서울고등법원 2013. 6. 19. 선고 2010누3932 판결; 대법원 2019. 1. 31. 선고 2013두14726 판결)

Ⅰ. 의의 및 종류

1. 의 의

공정거래위원회는 남용행위가 있을 때에는 그 시장지배적사업자에게 가격의 인하, 당해 행위의 중지, 법위반사실의 공표, 기타 시정을 위하여 필요한 조치를 명할 수 있다(법 제 7 조). 시정조치명령은 상대방으로 하여금 당해 시정조치를 명하는 하명(下命)으로서 명령적 행정행위의 일종이다.[1] 이 중 "가격의 인하"나 "당해 행위의 중지"의 개념은 비교적 명확하나, "기타 시정에 필요한 조치"라는 것은 '위법행위의 시정을 위하여 필요한 합리적인 조치'라 할 수 있고, 이러한 재량적 조치권한이 공정거래위원회에 주어진 것으로 보아야 할 것이며, 구체적으로 어떠한 형태의 조치가 시정조치로서 허용될 것인가의 여부는 국민의 기본권, 헌법상 경제질서 등을 기초로 하여 적법·타당한 재량판단에 의하여 결정하여야 할 것이고, 궁극적으로는 법원과 헌법재판소에 의하여 결정될 성질의 것이다.[2]

공정거래위원회는 피심인에게 시정조치를 명함에 있어 시정조치의 원칙과 시정조치 주요 유형별 기준 및 예시를 제시함으로써 당해 위반행위의 시정에 가장 적절하고 효율적인 시정조치를 발굴할 수 있도록 하여 시정조치의 실효성을 제고할 목적으로 「공정거래위원회의 시정조치 운영지침」(이하 "시정조치 운영지침")[3]을 제정·운영하고 있다.

시정조치는 위반행위의 중지명령, 시정명령을 받은 사실의 공표명령 등 독점규제법의 시정조치 규정에 근거하여 법에 위반되는 상태를 법에 합치되는 상태로 회복시키기 위한 행정처분을 말한다(「시정조치 운영지침」 Ⅱ. 1). 그리고 시정조치는 현재의 법 위반행위를 중단시키고, 향후 유사행위의 재발을 방지·억지하며, 왜곡된 경쟁질서를 회복시키고, 공정하고 자유로운 경쟁을 촉진시키는 것을 목적으로 한다(「시정조치 운영지침」 Ⅳ).

1) 박정훈, 공정거래와 법치(2004), 1016면.

2) 조춘, 경쟁저널(2004. 8), 22면.

3) 공정거래위원회 예규 제380호(2021. 12. 30). 이 지침은 원칙적으로 독점규제법 제 5 조(시정조치), 제16조(시정조치), 제21조(시정조치), 제24조(시정조치), 제27조(시정조치), 제30조(재판매가격유지계약의 수정), 제31조(시정조치), 제34조(시정조치)에 의한 각 시정조치에 적용한다. 다만, 시정명령을 받은 사실의 공표명령조치는 「공정거래위원회로부터 시정명령을 받은 사실의 공표에 관한 운영지침」을 적용한다. 이 지침상의 기준과 예시는 시정조치의 실효성을 제고하기 위하여 위반행위에 따라 적절하게 고려될 수 있는 시정조치 유형을 제시한 것이다. 따라서 이 지침에서 제시하는 기준과 사례가 위반행위를 시정하기 위하여 합당하게 부합하지 아니한 경우에까지 반드시 이 지침에 따라야 하는 것은 아니며, 이 지침에 명시적으로 열거되지 않은 유형이라고 해서 반드시 그러한 시정조치를 명할 수 없는 것은 아니다(「시정조치 운영지침」 Ⅲ).

2. 종 류

시정조치는 그 양태와 주된 내용에 따라 작위명령, 부작위명령, 보조적명령의 3가지의 유형으로 구분할 수 있다.

> "작위명령"은 계약조항 수정·삭제명령, 합의파기명령, 거래개시·재개명령 등 피심인의 적극적인 행위를 요구하는 내용의 시정조치, "부작위명령"은 당해 법위반행위의 중지명령, 향후 위반행위 금지명령 등 피심인의 소극적인 부작위를 요구하는 내용의 시정조치, 그리고 "보조적 명령"이라 함은 관련 있는 자에게 시정명령을 받은 사실의 통지명령, 시정명령의 이행결과 보고명령, 일정기간동안 가격변동 사실의 보고명령, 독점규제법에 관한 교육실시명령, 관련자료 보관명령 등 시정조치의 이행을 실효성 있게 확보하고 당해 위반행위의 재발을 효과적으로 방지하기 위하여 주된 명령에 부가하여 명하는 시정조치를 말한다(「시정조치 운영지침」 Ⅱ. 2).

Ⅱ. 시정조치의 유형

1. 부작위명령

1) 행위중지명령

공정거래위원회는 원칙적으로 법 위반행위가 최종 심의일에도 진행중이거나 위반행위의 효과가 최종 심의일에도 지속되는 경우에 행위중지명령을 명할 수 있다.

> 행위중지명령은 관련 상품, 거래상대방, 위반행위의 내용 또는 방법 등 당해 위법사실을 최대한 반영하여 중지하여야 할 행위를 구체적으로 특정하고, 시정조치 기간(즉시 또는 일정시점까지)을 명확하게 하여 명하여져야 한다(「시정조치 운영지침」 Ⅶ. 1. 가).

2) 행위금지명령

행위금지명령은 원칙적으로 법 위반행위가 최종 심의일에 이미 종료되었으나,

가까운 장래에 당해 법위반행위와 동일 또는 유사한 행위가 반복될 우려가 있는 경우에 명할 수 있다.

> 행위금지명령은 단순히 법령의 규정을 반복하여 추상적인 법을 선언하는 식으로 일반적·포괄적으로 명하여서는 아니된다. 행위금지명령은 법 위반행위를 최대한 반영하여 향후 이와 동일하거나 유사한 행위가 발생한 경우 새로운 위법행위가 아니라, 시정조치 불이행으로 판단할 수 있도록 금지대상이 되는 법 위반행위의 유형을 어느 정도 구체화하여 명하여야 한다. 다만, 행위금지명령의 내용이 지나치게 구체적이어서 장래에 동일 또는 유사한 법위반 행위가 발생할 가능성이 거의 없게 되지 않도록 한다(「시정조치 운영지침」 Ⅶ. 1. 나).

〈퀄컴 인코퍼레이티드, 한국퀄컴(주), 퀄컴시디엠에에테크놀로지코리아의 시장지배적 지위 남용행위 건(퀄컴 I 사건)〉 관련 행정소송에서 로열티 할인 병행행위와 관련한 시정명령에 관하여 논란이 되었다. 공정거래위원회는 모뎀칩 구매와 관련한 배타조건부 리베이트 제공행위와 함께 이루어진 로열티 할인 병행행위와 관련하여, "1. 원고들은 국내 휴대폰 제조사에 CDMA 이동통신표준과 관련된 특허기술을 사용하도록 하면서 다음과 같은 방법으로 기술료를 부당하게 차별적으로 부과하여 다른 사업자의 사업 활동을 어렵게 하는 행위를 하여서는 아니 된다."라는 시정명령을 부과하였다. 공정거래위원회는 모뎀칩 구매에 관한 배타조건부 거래행위의 부당성 판단에서 위 로열티 할인으로 인한 효과 역시 함께 고려하였고 로열티 할인 병행행위와 관련한 별도의 과징금을 부과한 바 없다.

이에 대해 대법원은 "위 시정명령은 표준기술을 보유한 시장지배적 사업자가 모뎀칩 구매와 관련하여 배타조건부 거래행위를 하면서 그와 함께 기술료 할인도 함께 제공할 때에 조건 성취 여부에 따라 그 할인 혜택이 달리 부여될 수 있음을 나타낸 것에 불과하다. 결국 위 시정명령은 'CDMA2000 방식 모뎀칩의 국내공급시장'을 전제로 그 모뎀칩 구매와 관련한 배타조건부 리베이트 제공행위와 조건부 로열티 할인 병행행위 등 일련의 행위가 금지됨을 명시하는 취지이다. 비록 피고가 이 부분과 관련하여 법 제5조 제1항 제3호, 시행령 제9조 제3항 제4호, 「시장지배적지위남용행위 심사기준」 Ⅳ. 3. 라. (2) 등을 적용 법조로 들고 있기는 하다. 그러나 이는 로열티 병행 할인행위가 추가적으로 위

조항에도 해당될 수 있음을 주장하는 취지에 불과하다. 이처럼 위 시정명령과 관련한 공정거래위원회 처분서의 이유기재에 적절치 않은 부분이 있기는 하나, 이러한 사정만으로 위 시정명령이 위법하게 되는 것은 아니다"고 판시한 바 있다.[4]

2. 작위명령

"기타 시정을 위하여 필요한 조치"에 의거하여 작위명령을 할 수 있다.

> 아래와 같은 작위명령은 예시에 불과하며, 공정거래위원회는 이외에도 당해 위반행위의 시정에 가장 적절하고 실효성 있는 시정조치라면 법 위반행위에 비례하여 합리적으로 필요한 범위내에서 다른 작위명령도 명할 수 있다(「시정조치 운영지침」 Ⅶ. 2).

이와 관련하여 '기업분할명령'이 해석상 포함되는지 여부가 문제이다.[5] 해석상 어렵다고 본다. 이에 대하여 기업집단의 계열구조에 의거한 시장지배력남용과 독점화를 막기 위하여, 지배력 남용의 원천이 되는 계열회사에 대한 계열분리조치를 도입할 필요가 있다는 주장이 있다.[6]

1) 가격인하명령

가격을 남용한 시장지배적사업자에 대하여 가격인하명령을 할 수 있다(법 제 7 조 제 1 항).[7] 다만 특정한 가격을 지정하여 받도록 하는 것은 문제이다. 상한액이나 하한액(예: 약탈가격의 경우)을 정하는 것은 타당하다. 가격인하명령은 다른 독점규제법 위반에는 적용되지 아니하는 오로지 시장지배적지위 남용행위

4) 대판 2019. 1. 31. 2013두14726.

5) 미국 「셔먼법」의 경우에는 기업분할명령이 가능하다고 해석되며 실제 이루어진 사례가 있다. AT&T의 해체와 그 의의에 대하여 홍명수, 경쟁저널(2004. 5), 60~68면 참조. Standard Oil의 해체에 관하여는 홍명수, 경쟁저널(2005. 6), 70~79면 참조; EU의 경우 이사회규칙 제 1/2003[Council Regulation(EC) No 1/2003 0f 16 December 2002 on the implementation of the rules on competition laid down in Article 81 and 82 of the Treaty, OJ L 1/1(2003. 4. 1.)] 제 7 조 제 1 항에 따라 위원회는 위반을 효과적으로 중지시키기 위하여 필요한 행태적 또는 구조적 제재를 부과할 수 있다. 김두진, 경쟁법연구 제21권(2010), 285면.

6) 신광식, 108면; 김두진, 경쟁법연구 제21권(2010), 285면.

7) 더 나아가 독일 「경쟁제한방지법(GWB)」에서는 중지명령시 법위반으로 인한 이득의 반환을 명할 수 있도록 규정하고 있고(제32조 2a), 연방대법원(BGH)에서도 시장지배력 남용행위로 인해 취득한 이득의 반환을 명한 사례(BGH, Beschluss vom 10. 12. 2008－Stadtwerke Uelzen)가 있다.

에만 적용되는 시정조치 유형이다.

〈3개 제과회사의 가격남용행위 건[해태제과(주), 롯데제과(주), (주)크라운 제과의 시장지배적지위 남용행위 및 부당표시행위에 대한 건]〉에서 공정거래위원회는 "제품의 용량을 감소시킴으로써 실질적으로 가격을 인상한 '에이스', '사브레' 및 '오예스'제품 등의 가격을 인하하거나 가격의 인하에 상응하는 수준으로 제품의 용량을 증량하여야 한다"고 명령하였다.[8] 〈비씨카드(주) 외 14의 시장지배적지위 남용행위 건〉에서는 1998. 1. 15.부터 1998. 3. 1. 중 현금서비스 수수료율, 할부수수료율 및 연체이자율을 인상한 후, 자금조달금리, 연체율 및 대손율이 상당기간 하락하였음에도 불구하고 시장지배적지위를 남용하여 더 높거나 거의 같은 수준에서 유지하고 있는 동 요율을 자금조달금리, 연체율 및 대손율의 변동을 감안하여 이 시정명령을 받은 날로부터 60일 이내에 조정하고 그 결과를 공정거래위원회에 보고하여야 한다"고 명령하였다.[9]

2) 이용강제 · 거래개시 · 거래재개명령

공정거래위원회는 시장지배적사업자가 자신의 지배력을 유지 · 강화하기 위하여 정당한 이유없이 다른 사업자의 상품 또는 용역의 생산 · 공급 · 판매에 필수적인 요소의 사용 또는 접근을 거절 · 중단하거나 다른 사업자의 생산활동에 필요한 원재료 구매를 방해하는 등 독점규제법 제 3 조의2 제 1 항의 시장지배적지위 남용행위를 최종 심의일시까지 계속하고 있는 경우에 "이용강제 · 거래개시 · 거래재개명령"을 명할 수 있다. 다만, 이용강제 · 거래개시 · 거래재개명령은 당사자의 경제여건 등을 고려할 때 이용강제 · 거래개시 · 거래재개가 가능하고, 당해 시장에서의 경쟁을 회복 · 촉진할 수 있는 효과적인 수단으로 평가되는 경우에 하되, 거래조건 등에 있어서 피심인의 사적자치에 대한 과도한 침해의 우려가 없도록 명하여져야 한다(「시정조치 운영지침」 Ⅶ. 2. 가).

〈(주)지멘스의 시장지배적지위 남용행위 등 건〉에서 공정거래위원회는 "피심인 지멘스헬시니어스 주식회사는 지멘스 CT, MRI를 구매한 고객이 자신의 장비를 조립(Assembling), 설치(Installation), 조정(Adjustment), 시험(Testing)하는 등

8) 공정의 1992. 1. 15. 92.1, 92.2, 92.3.

9) 공정의 2001. 3. 28. 2001－040.

유지보수하기 위하여 필수적인 서비스 소프트웨어의 접근 권한을 직접행사하거나 또는 제 3 자에게 대행하게 할 목적으로 요청할 경우 불가항력이 존재하지 않는 한 이러한 요청을 받은 후 24시간 이내에 암호 발급 등 관련 절차진행에 소요되는 최소한의 행정비용으로 이를 제공하여야 한다"고 시정명령하였는데, 이용강제를 명한 것으로 볼 수 있다.[10]

3) 계약조항의 수정 또는 삭제명령

시장지배적사업자가 부당한 계약조항에 기초하여 지위남용행위를 하는 경우 계약서의 계약조항을 삭제토록 명한 사례가 있다(〈대동공업(주)의 시장지배적지위 남용행위 건〉).[11]

4) 분리판매명령

> 공정거래위원회는 시장지배적사업자가 끼워팔기를 통하여 시장지배적지위 남용행위를 하는 경우에 끼워팔기를 효과적이고 실질적으로 시정하기 위하여 주된 상품과 종된 상품의 분리판매 등의 "분리판매명령"을 명할 수 있다(「시정조치 운영지침」 Ⅶ. 2. 마).

대표적인 예로 〈마이크로소프트 코퍼레이션 및 한국마이크로소프트 유한회사의 시장지배적 지위남용행위 등 건〉[12]을 들 수 있으나, 독점규제법상 끼워팔기가 불공정거래행위의 유형으로 규정되어 있으므로 법 제45조 위반으로 시정조치하였다.

5) 표시개선명령

시장지배적사업자에게 표시개선명령을 내린 사례가 있다(〈해태제과(주)의 시장지배적지위 남용행위 및 부당표시행위 건〉).[13]

---

10) 공정의 2018. 3. 13. 2018－094. 동 사건에서 공정거래위원회는 법 제45조의 가격 및 거래조건 차별규정도 동시에 적용하였다.

11) 공정의 1985. 1. 23. 85－1.

12) 공정의 2006. 2. 24. 2006－42.

13) 공정의 1992. 1. 15. 92.1.

6) 정보공개명령

공정거래위원회는 관련 정보의 미공개행위가 불공정거래행위의 원인이 되고, 관련 정보를 공개함으로써 위법상태를 효과적으로 치유할 수 있는 경우 관련 정보를 공개하라는 명령을 할 수 있다. 동 명령은 시장 상황, 업계의 관행, 당사자의 경제적 여건, 정보의 성격 등을 고려했을 때 공개가 가능하고, 당해 시장에서의 경쟁을 회복, 촉진할 수 있는 효과적인 수단으로 평가되며, 피심인의 영업활동을 과도하게 침해하지 않는 범위 내에서 행해져야 한다(「시정조치 운영지침」 Ⅶ. 2. 바.).

7) 절차이행명령

공정거래위원회는 거래상대방의 동의절차 미비 등 위법행위가 절차상 하자로 인한 것이며 그 위법상태가 지속되고 있는 경우, 거래상대방의 동의를 받도록 하는 등 절차상 하자를 치유할 것을 명할 수 있다(「시정조치 운영지침」 Ⅶ. 2. 사.).

3. 시정명령을 받은 사실의 공표

법위반 사실의 공표[14]와 관련해서는 그 세부집행기준을 정함으로써 공표제도의 효율적인 운영과 공표효과를 제고하기 위하여 「공정거래위원회로부터 시정명령을 받은 사실의 공표에 관한 운영지침」(이하 "공표명령 운영지침")[15]을 제정·운영하고 있다.

공정거래위원회의 시정조치에도 불구하고 위법사실의 효과가 지속되고 피해가 계속될 것이 명백한 경우로서, ① 직접 피해를 입은 자가 불특정 다수인 경우, ② 공표를 함으로써 피해자가 자신의 권익구제를 위한 법적 조치를 취할 수 있도록 할 필요가 있다고 인정되는 경우 등에 공표명령을 사용할 수 있도록 하였다(「공표명령 운영지침」 3. 나).

---

14) 제12조(시정명령을 받은 사실의 공표 방법) 공정거래위원회는 법 제 7 조에 따라 해당 사업자에게 공표를 명하려는 경우 다음 각 호의 사항을 고려하여 공표의 내용, 매체의 종류·수 및 지면크기 등을 정해야 한다. 1. 위반행위의 내용 및 정도 2. 위반행위의 기간 및 횟수

15) 공정거래위원회 예규 제378호(2021. 12. 30).

4. 보조적 명령

보조적 명령은 "기타 시정을 위하여 필요한 조치"를 근거로 발하여질 수 있다.

> 아래와 같은 보조적 명령은 예시에 불과하며, 공정거래위원회는 이외에도 시정조치의 이행을 확실하게 확보하고, 위반행위의 재발을 방지하며 시장개선의 효과를 충분히 확보하기 위하여 필요하다면 다른 보조적 명령도 명할 수 있다(「시정조치 운영지침」 Ⅶ. 3).

1) 통지명령 또는 교부명령

> 통지명령 또는 교부명령은 관련자에게 피심인에 대한 시정조치와 관련된 사실이 직접 통지 또는 교부되게 함으로써 관련자가 피심인의 법 위반행위를 명확히 인식하게 되고, 피심인은 관련자가 지속적으로 피심인의 행위를 감시할 것이라는 것을 의식하여 향후 동일 또는 유사행위를 하지 못하게 하는 목적이 있다. 다만, 통지명령 또는 교부명령은 관련자에 대한 피해구제가 목적이 아니고, 향후 동일 또는 유사행위의 재발을 방지하고자 하는 것이 주된 목적이므로 정상적인 거래관계에 대해서까지 불필요한 오해와 불신이 초래되어 피심인의 정상적인 사업을 방해하는 정도가 되지 않도록 통지 또는 교부의 범위를 명확히 하여야 한다(「시정조치 운영지침」 Ⅶ. 3. 가).

〈현대모비스(주)의 시장지배적지위 남용행위 건〉 관련 행정소송에서 대법원은 공표명령과 통지명령은 목적 · 대상 · 효과 면에서 차이가 있고, 이 사건 위반행위를 시정하기 위한 각 필요성이 인정되므로 과잉금지원칙이나 비례의 원칙에 반하지 않는다고 판시하였다.[16]

16) 대판 2014. 4. 10. 2012두6308.

2) 보고명령

공정거래위원회는 ⅰ) 시정조치의 이행을 효과적으로 확보하고 시장감시체계를 확보하여 시장개선의 효과를 확실히 하기 위하여 시정명령의 이행결과를 보고하게 하거나, ⅱ) 주소변경, 파산 등 시정조치의 이행에 영향을 주는 피심인의 존속에 대한 위험사유 발생시에 일정기간 내에 보고하도록 하는 등의 "보고명령"을 명할 수 있다. 보고방식은 일정기간 이내에 공정거래위원회에 서면으로 보고하도록 한다(「시정조치 운영지침」 Ⅶ. 3. 나).

3) 교육실시명령

공정거래위원회는 예를 들어 독점규제법 등에 대한 이해부족 또는 준수의지 미약 등에 의하여 유사한 법 위반행위가 2회 이상 반복하여 발생한 경우로서, 교육실시명령에 의하지 아니하고는 시정의 효과가 미흡한 것으로 인정되는 경우 법 위반행위의 재발을 방지하기 위하여 피심인이 소속 임·직원을 대상으로 법 위반 사항과 관련된 법령, 제도 등에 관해 일정기간 내에 일정기간 동안 교육을 실시하고 그 결과를 보고하도록 하는 "교육실시명령"을 명할 수 있다(「시정조치 운영지침」 Ⅶ. 3. 다).

4) 점검활동 보장명령

공정거래위원회는 시정조치가 복잡하고 전문적이어서 전문적인 제 3 자로 하여금 이행점검을 하게 할 필요가 있거나, 또는 당해 시정조치가 지속적인 현장점검을 통해서만이 시정조치의 이행을 효과적으로 확보할 수 있는 경우에 전문적인 제 3 자 또는 공정거래위원회의 직원을 이행확인(감시)기구로 임명할 수 있으며, 피심인으로 하여금 위 이행확인(감시)기구가 자신의 영업장소에서 일정기간 상주하면서 시정조치 이행과 관련된 자료 등을 점검하는 것을 보장하도록 "점검활동 보장명령"을 명할 수 있다(「시정조치 운영지침」 Ⅶ. 3. 라).

5) 자료 보관명령

공정거래위원회는 시정조치의 이행점검을 용이하게 하여 시정조치의 이행을 확보하고 위반행위의 반복우려가 있는 시장에 대한 감시를 충분히 할 수 있는 여건을 마련하기 위하여 피심인으로 하여금 일정기간동안 시정조치 이행과 관련된 자료를 보관하도록 하고, 상당한 통지에 의하여 공정거래위원회가 관련된 자료를 점검하고 복사할 수 있도록 "자료 보관명령"을 명할 수 있다(「시정조치 운영지침」 Ⅶ. 3. 마).

Ⅲ. 시정조치의 방법

공정거래위원회는 위반행위를 효과적으로 시정할 수 있다면 단순히 부작위명령에 국한하지 않고, 위반행위에 비례하여 합리적으로 필요한 범위내에서 작위명령 또는 보조적 명령을 위반행위에 따라 적절하게 선택하여 명할 수 있다. 공정거래위원회는 작위명령 또는 보조적 명령이 위반행위의 시정을 위해 가장 합리적이고 적절한 수단으로 인정된다면 비록 독점규제법의 각 시정조치 규정에 시정조치의 유형으로 명시되어 있지 않더라도 위반행위에 비례하여 합리적으로 필요한 범위내에서 '기타 시정을 위한 필요한 조치'를 근거로 작위명령 또는 보조적 명령을 명할 수 있다. 공정거래위원회는 당해 위반행위를 효과적이고 실질적으로 시정하기 위하여 필요하다면 독점규제법의 각 시정조치 규정상의 '당해 행위의 중지'를 근거로 하여 당해 위반행위의 중지 또는 종료에 관한 실질적 내용을 작위명령으로 명할 수 있다(「시정조치 운영지침」 Ⅴ. 2).

Ⅳ. 시정조치의 효력기간

공정거래위원회는 작위명령 또는 보조적 명령이 피심인의 계속된 이행 행위를 요구하는 경우에는 시정조치의 목적 달성과 피심인의 부담간의 비교 등을 고려하여 적정한 시정조치의 효력기간을 정하여 명한다. 다만, 시정조치의 효력기간이 장기간인 경우에는 시정조치 후 시장경쟁 상황의 변화에 따른 시정조치의 계속적 필요 여부를 고려하여 피심인으로 하여금 시정조치 변경을 요청할 수 있도록 할 수 있다. 또한, 행위중지명령과 행위금지명령에서 최대 ○년까지 시정조치의 기간을 정하여 명하는 경우에 이는 그 기간 이후의 시정조치와 관련된 행위에 대해 독점규제법의 적용을 면제하는 것이 아니고, 위 행위에 대해 시정조치 불이행이 아닌 새로운 법위반행위의 여부를 조사·심사하여 처리할 수 있다는 것을 의미한다(「시정조치 운영지침」 VI).

V. 합병, 분할 등 경우 시정조치의 대상

1. 합병으로 인한 소멸의 경우

공정거래위원회는 남용행위를 한 회사인 시장지배적사업자가 합병으로 소멸한 경우에는 해당 회사가 한 남용행위를 합병 후 존속하거나 합병에 따라 설립된 회사가 한 행위로 보아 제 1 항의 시정조치를 명할 수 있다(법 제 7 조 제 2 항).

2. 분할 및 분할합병의 경우

공정거래위원회는 남용행위를 한 회사인 시장지배적사업자가 분할되거나 분할합병된 경우에는 분할되는 시장지배적사업자의 분할일 또는 분할합병일 이전의 남용행위를 ① 분할되는 회사(제 1 호), ② 분할 또는 분할합병으로 설립되는 새로운 회사(제 2 호), ③ 분할되는 회사의 일부가 다른 회사에 합병된 후 그 다른 회사가 존속하는 경우 그 다른 회사(제 3 호)의 어느 하나에 해당하는 회사의 행위로 보고 제 1 항의 시정조치를 명할 수 있다(법 제 7 조 제 3 항).

3. 「채무자 회생 및 파산에 관한 법률」에 따른 회사설립의 경우

공정거래위원회는 남용행위를 한 회사인 시장지배적사업자가 「채무자 회생 및 파산에 관한 법률」 제215조에 따라 새로운 회사를 설립하는 경우에는 기존 회사 또는 새로운 회사 중 어느 하나의 행위로 보고 제 1 항의 시정조치를 명할 수 있다(법 제 7 조 제 4 항).

Ⅵ. 사법상 효력

시장지배적사업자의 지위남용행위로 시정조치를 받는 경우 그 사업자가 상대방과 체결한 계약의 사법적 효력에 대하여는 규정하고 있지 않다. 대법원은 구 「하도급거래공정화에 관한 법률」 제16조 위반 관련하여 "그 조항에 위반된 하도급약정의 효력에 관하여는 아무런 규정을 두지 않는 반면 위의 조항을 위반한 원사업자를 벌금형에 처하도록 하면서 그 조항 위반행위 중 일정한 경우만을 공정거래위원회에서 조사하게 하여 위원회로 하여금 그 결과에 따라 하도급분쟁조정협의회에 조정 등을 요청하게 하거나 원사업자에게 통지·최고하게 하거나 그 위반행위의 신고를 각하 또는 기각하게 하도록 규정하고 있을 뿐이어서 그 조항은 그에 위배한 하도급인과 하수급인 간의 계약의 사법상의 효력을 부인하는 조항이라고 볼 것은 아니다"라고 판시하고 있는 바[17] 독점규제법의 경우에도 준용될 수 있을 것이다.

Ⅶ. 다른 법률과의 관계

「전기통신사업법」에는 독점규제법 규정의 적용을 배제하는 규정을 두고 있다. 즉 제50조 제 1 항[18]을 위반한 전기통신사업자의 행위에 대하여 제52조 제 1

17) 대판 2000. 7. 28. 2000다20434.

18) 제50조(금지행위) ① 전기통신사업자는 공정한 경쟁 또는 이용자의 이익을 해치거나 해칠 우려가 있는 다음 각 호의 어느 하나에 해당하는 행위(이하 "금지행위"라 한다)를 하거나 다른 전기통신사업자 또는 제 3 자로 하여금 금지행위를 하도록 하여서는 아니 된다.

1. 설비등의 제공·공동활용·공동이용·상호접속·공동사용·도매제공 또는 정보의 제공 등에 관하여 불합리하거나 차별적인 조건 또는 제한을 부당하게 부과하는 행위
2. 설비등의 제공·공동활용·공동이용·상호접속·공동사용·도매제공 또는 정보의 제공 등에 관하여 협정 체결을 부당하게 거부하거나 체결된 협정을 정당한 사유 없이 이행하지 아니하는 행위
3. 설비등의 제공·공동활용·공동이용·상호접속·공동사용·도매제공 또는 정보의 제공 등으로 알게 된 다른 전기통신사업자의 정보 등을 자신의 영업활동에 부당하게 유용하는 행위
4. 비용이나 수익을 부당하게 분류하여 전기통신서비스의 이용요금이나 설비등의 제공·공동활용·공동이용·상호접속·공동사용·도매제공 또는 정보의 제공 등의 대가 등을 산정하는

항에 따른 조치를 명하거나 제53조에 따른 과징금을 부과한 경우에는 그 사업자의 동일한 행위에 대하여 동일한 사유로 독점규제법에 따른 시정조치 또는 과징금의 부과를 할 수 없다(「전기통신사업법」 제54조).[19]

행위

5. 이용약관(제28조 제 1 항 및 제 2 항에 따라 신고하거나 인가받은 이용약관만을 말한다)과 다르게 전기통신서비스를 제공하거나 전기통신이용자의 이익을 현저히 해치는 방식으로 전기통신서비스를 제공하는 행위

5의2. 전기통신사업자가 이용자에게 이용요금, 약정 조건, 요금할인 등의 중요한 사항을 설명 또는 고지하지 아니하거나 거짓으로 설명 또는 고지하는 행위

6. 설비등의 제공 · 공동활용 · 공동이용 · 상호접속 · 공동사용 · 도매제공 또는 정보 제공의 대가를 공급비용에 비하여 부당하게 높게 결정 · 유지하는 행위

7. 「전파법」에 따라 할당받은 주파수를 사용하는 전기통신역무를 이용하여 디지털콘텐츠를 제공하기 위한 거래에서 적정한 수익배분을 거부하거나 제한하는 행위

8. 통신단말장치의 기능을 구현하는 데 필수적이지 아니한 소프트웨어의 삭제 또는 삭제에 준하는 조치를 부당하게 제한하는 행위 및 다른 소프트웨어의 설치를 부당하게 제한하는 소프트웨어를 설치 · 운용하거나 이를 제안하는 행위

19) 이는 전기통신산업과의 중복제재를 방지하기 위한 제도적 장치이다; 특히 경쟁당국과 금융당국간의 중복 규제문제도 많이 제기되는데, 전기통신사업법과 유사한 규정을 두어 중복규제를 방지해야 한다는 지적이 있다. 한편 영국에서 시행되고 있는 공동관할권제도를 도입하자는 주장도 있다. 이에 대한 자세한 내용은 장범후, 금융법연구 제16권 제 3 호(2019) 참조.

제 8 조(과징금)

공정거래위원회는 시장지배적사업자가 남용행위를 한 경우에는 당해 사업자에게 대통령령이 정하는 매출액(대통령령이 정하는 사업자의 경우에는 영업수익을 말한다. 이하 같다)에 100분의 6을 곱한 금액을 초과하지 아니하는 범위안에서 과징금을 부과할 수 있다. 다만, 매출액이 없거나 매출액의 산정이 곤란한 경우로서 대통령령이 정하는 경우(이하 "매출액이 없는 경우등"이라 한다)에는 20억원을 초과하지 아니하는 범위안에서 과징금을 부과할 수 있다.

목 차

Ⅰ. 의 의
Ⅱ. 내 용
Ⅲ. 과징금 부과여부 및 산정기준
1. 과징금 부과여부
2. 과징금 산정기준

[참고문헌]

논 문: 신광식, "공정거래법상 과징금제도 개선방안에 대한 의견", 경쟁저널 제101호, 한국공정거래협회, 2004. 1

[참고사례]

(주)현대자동차의 시장지배적지위 남용행위 건(공정거래위원회 2007. 5. 18. 의결 제2007-281호; 서울고등법원 2008. 4. 16. 선고 2007누16051 판결; 대법원 2010. 3. 25. 선고 2008두7465 판결)

Ⅰ. 의 의

시장지배적사업자가 남용행위를 한 경우에는 시정조치 외에 그 사업자에게 과징금을 부과할 수 있다. 과징금은 위반자의 고의·과실유무와 관계없이 부과할 수 있다.

Ⅱ. 내 용

시장지배적사업자가 남용행위를 한 경우에는 당해 사업자에 대하여 *대통령령*[1]이 정하는 매출액(*대통령령*[2]을 정하는 사업자의 경우에는 영업수익)의 100분의 6을 곱한 금액을 초과하지 아니하는 범위안에서 과징금을 부과할 수 있다(법 제8조 본문). 다만, 매출액이 없거나 매출액의 산정이 곤란한 경우로서 *대통령령*[3]으로 정하는 경우(이하 "매출액이 없는 경우등")에는 20억원을 초과하지 아니하는 범위에서 과징금을 부과할 수 있다(법 제8조 단서).

관련매출액의 산정에 필요한 세부적 사항은 공정거래위원회가 정한다. 이에 따라 「과징금부과 세부기준 등에 관한 고시」[4](이하 "과징금 부과고시")를 운영하고 있다.

"관련매출액"은 시행령 제9조 제1항 본문에 의한 관련매출액 및 동 단서에 의한 관련 상품(용역)의 매입액 또는 이에 준하는 금액을 말한다. 관련상품은 위반행위로 인하여 직접 또는 간접적으로 영향을 받는 상품의 종류와 성질, 거래지역, 거래상대방, 거래단계 등을 고려하여 행위유형별로 개별적·구체적으로 판단한다. 관련상품에는 당해 위반행위로 인하여 거래가 실제로 이루어지거나 이루어지지 아니한 상품이 포함된다. 관련상품의 범위를 정하기 곤란한 경우에는 당해 위반행위로 인하여 직접 발생하였거나 발생할 우려가 현저하게 된 다른 사업자(사업자단체)의 피해와 연관된 상품을, 다른 사업자의 직접적 피해가 없는 경우에는 소비자의 직접적 피해

1) 제13조(과징금) ① 법 제8조 본문에서 "대통령령으로 정하는 매출액"이란 각각의 위반사업자가 위반기간동안 일정한 거래분야에서 판매한 관련 상품이나 용역의 매출액 또는 이에 준하는 금액으로서 공정거래위원회가 정하여 고시하는 바에 따라 산정한 금액(이하 "관련매출액"이라 한다)을 말한다. 이 경우 위반행위가 상품이나 용역의 구매와 관련하여 이루어진 경우에는 관련 상품이나 용역의 매입액을 관련매출액으로 본다.

2) 제13조(과징금) ② 법 제8조 본문에서 "대통령령으로 정하는 사업자"란 상품 또는 용역의 대가의 합계액을 재무제표 등에서 영업수익 등으로 기재하는 사업자를 말한다; 보험회사를 예로 들 수 있다.

3) 제13조(과징금) ③ 법 제8조 단서에서 "대통령령으로 정하는 경우"란 다음 각 호의 어느 하나에 해당하는 경우를 말한다. 1. 영업을 개시하지 않거나 영업중단 등으로 영업실적이 없는 경우 2. 재해 등으로 매출액 산정자료가 소멸 또는 훼손되는 등의 사유로 객관적인 매출액의 산정이 곤란한 경우 3. 위반기간 또는 관련 상품이나 용역의 범위를 확정할 수 없어 관련매출액의 산정이 곤란한 경우

4) 공정거래위원회 고시 제2021－50호(2021. 12. 29).

와 연관된 상품을 관련상품으로 볼 수 있다. 관련상품의 범위를 결정할 때에는 「통계청장이 고시하는 한국표준산업분류상 5단위 분류 또는 광공업조사통계보고서상의 8단위 분류」 또는 「당해 사업자의 품목별 또는 업종별 매출액 등의 최소 회계단위」를 참고할 수 있다. 매출액은 총매출액에서 부가가치세, 매출에누리, 매출환입, 매출할인 등을 제외한 순매출액으로 산정한다. 다만, 위반행위로 인하여 발생한 매출이 없는 경우에는 과거 실적, 관련 사업자의 계획, 시장상황 등을 종합적으로 고려하여 매출액을 산정할 수 있다. 위반행위가 상품의 구매와 관련하여 이루어진 경우에는 매입액을 기준으로 하고, 입찰 또는 특정 계약에 직접 관련되거나 한정된 경우에는 계약금액을 기준으로 한다(「과징금 부과고시」 Ⅱ. 5).

대법원도 시장지배적지위 남용행위에 대한 과징금 부과와 관련하여 "공정거래위원회는 시장지배적사업자가 남용행위를 한 경우 위반행위의 내용 및 정도, 위반행위의 기간 및 횟수, 위반행위로 인해 취득한 이익의 규모 등과 이에 영향을 미치는 상황을 고려하여 과징금을 산정하되, 위반사업자가 위반기간동안 판매 또는 매입한 관련상품(용역 포함)의 매출액(매입액 포함) 또는 이에 준하는 금액(이하 "관련 매출액")에 중대성의 정도별로 정하는 부과기준율을 곱한 금액을 기본과징금으로 하여 과징금을 부과하며, 관련 매출액 산정과 관련한 관련상품의 범위는 위반행위로 인하여 직접 또는 간접적으로 영향을 받는 상품의 종류와 성질, 거래지역, 거래상대방, 거래단계 등을 고려하여 행위유형별로 개별적이고 구체적으로 판단하여야 한다"고 한다.[5)]

그리고 대법원은 시장지배적사업자가 거래상대방(판매대리점)의 사업활동을 방해한 경우 기준이 되는 관련 매출액은 그 시장지배적사업자의 판매대리점에 대한 매출이 아니라 판매대리점과 경쟁관계에 있는 직영대리점 매출을 기준으로 하였고 그 중에서도 특히 사업활동방해를 받은 개별 판매대리점과 경쟁관계에 있어서 그 직접 또는 간접적인 영향을 받았다고 볼 수 있는 인근 직영판매점의 매출액을 관련 매출액으로 보았으며, 그 위반 기간도 구체적인 사업활동방해행위에 따라 개별적으로 따져야 한다고 보았다(〈(주)현대자동차의 시장지배적지위 남용행위 건〉).[6)]

5) 대판 2010. 3. 25. 2008두7465.
6) 대판 2010. 3. 25. 2008두7465.

Ⅲ. 과징금 부과여부 및 산정기준

1. 과징금 부과여부

구체적인 부과여부는 *대통령령* [별표6][7]에서 규정하고 있다.

> 시장지배적지위의 남용금지(법 제 5 조 제 1 항)에 위반되는 행위에 대하여는 원칙적으로 과징금을 부과한다. 다만, 위반사업자의 사정, 위반행위의 동기 및 효과, 시장상황 등 구체적인 사정을 고려할 때 과징금을 부과하지 아니하는 것이 타당하다고 인정되는 경우에는 과징금을 부과하지 아니할 수 있다(「과징금부과고시」 Ⅲ. 2. 가).

2. 과징금 산정기준

구체적인 산정기준은 *대통령령* [별표6][8]에서 규정하고 있다.

> 산정기준은 위반행위를 그 내용 및 정도에 따라 "중대성이 약한 위반행위", "중대한 위반행위", "매우 중대한 위반행위"로 구분한 후, 위반행위 유형별로 아래에 정한 중대성의 정도별 부과기준율 또는 부과기준금액을 적용하여 정한다. 이 경우 위반행위 중대성의 정도는 위반행위 유형별로 마련된 [별표] 세부평가 기준표에 따라 산정된 점수를 기준으로 정한다(「과징금 부과고시」 Ⅳ. 1).

---

7) [위반행위의 과징금 부과기준(제84조 관련)] 1. <u>과징금 부과 여부의 결정: 과징금은 위반행위의 내용 및 정도를 우선적으로 고려하고 시장상황 등을 종합적으로 참작하여 그 부과 여부를 결정하되, 다음 각 목의 어느 하나에 해당하는 경우에는 다른 특별한 사유가 없는 한 과징금을 부과한다</u>. 가. 자유롭고 공정한 경쟁질서를 크게 저해하는 경우 나. 소비자 등에게 미치는 영향이 큰 경우 다. 위반행위로 부당이득이 발생한 경우 라. 그 밖에 가목부터 다목까지에 준하는 경우로서 공정거래위원회가 정하여 고시하는 경우

8) [위반행위의 과징금 부과기준(제84조 관련)] 2. <u>과징금의 산정기준 과징금은 법 제102조 제 1 항 각 호에서 정한 사유와 이에 영향을 미치는 사항을 고려하여 산정하되, 위반행위 유형에 따른 기본 산정기준에 위반행위의 기간 및 횟수 등에 따른 조정, 위반사업자의 고의·과실 등에 따른 조정을 거쳐 부과과징금을 산정한다</u>. 가. 위반행위 유형에 따른 기본 산정기준 법 제102조 제 1 항 제 1 호에 따른 위반행위의 내용 및 정도에 따라 위반행위의 중대성 정도를 "중대성이 약한 위반행위", "중대한 위반행위", "매우 중대한 위반행위"로 구분하고, 위반행위의 중대성의 정도별로 다음의 기준에 따라 산정한다. 1) 시장지배적 지위의 남용행위 위반사업자의 관련매출액에 100분의 6을 곱한 금액을 초과하지 않는 범위에서, 관련매출액에 중대성의 정도별로 정하는 부과기준율을 곱하여 산정한다. 다만, 제13조 제 3 항 각호의 어느하나에 해당하는 경우에는 20억원 이내에서 중대성의 정도를 고려하여 산정한다.

제3장

•

기업결합의 제한

제 9 조(기업결합의 제한)
제10조(주식의 취득 또는 소유의 기준)
제11조(기업결합의 신고)
제12조(기업결합 신고절차 등의 특례)
제14조(시정조치 등)
제15조(시정조치의 이행확보)
제16조(이행강제금)

제 9 조(기업결합의 제한)

① 누구든지 직접 또는 대통령령이 정하는 특수한 관계에 있는 자(이하 "특수관계인"이라 한다)를 통하여 다음 각호의 1에 해당하는 행위(이하 "기업결합"이라 한다)로서 일정한 거래분야에서 경쟁을 실질적으로 제한하는 행위를 하여서는 아니된다. 다만, 자산총액 또는 매출액의 규모(계열회사의 자산총액 또는 매출액을 합산한 규모를 말한다)가 대통령령이 정하는 규모에 해당하는 회사(이하 "대규모회사"라 한다)외의 자가 제 2 호에 해당하는 행위를 하는 경우에는 그러하지 아니하다.

1. 다른 회사의 주식의 취득 또는 소유
2. 임원 또는 종업원에 의한 다른 회사의 임원지위의 겸임(이하 "임원겸임"이라 한다)
3. 다른 회사와의 합병
4. 다른 회사의 영업의 전부 또는 주요부분의 양수·임차 또는 경영의 수임이나 다른 회사의 영업용고정자산의 전부 또는 주요부분의 양수(이하 "영업양수"라 한다)
5. 새로운 회사설립에의 참여. 다만, 다음 각목의 1에 해당하는 경우는 제외한다.
   가. 특수관계인(대통령령이 정하는 자를 제외한다)외의 자는 참여하지 아니하는 경우
   나. 「상법」 제530조의 2(회사의 분할·분할합병) 제 1 항의 규정에 의하여 분할에 의한 회사설립에 참여하는 경우

② 다음 각호의 1에 해당한다고 공정거래위원회가 인정하는 기업결합에 대하여는 제 1 항의 규정을 적용하지 아니한다. 이 경우 해당요건을 충족하는지에 대한 입증은 당해 사업자가 하여야 한다.

1. 당해 기업결합외의 방법으로는 달성하기 어려운 효율성 증대효과가 경쟁제한으로 인한 폐해보다 큰 경우
2. 상당기간 대차대조표상의 자본총계가 납입자본금보다 작은 상태에 있는 등 회생이 불가한 회사와의 기업결합으로서 대통령령이 정하는 요건에 해당하는 경우

③ 기업결합이 다음 각 호의 어느 하나에 해당하는 경우에는 일정한 거래분야에서 경쟁을 실질적으로 제한하는 것으로 추정한다.

1. 기업결합의 당사회사(제 1 항 제 5 호의 경우에는 회사설립에 참여하는 모든 회사를 말한다. 이하 같다)의 시장점유율(계열회사의 시장점유율을 합산한 점유율을 말한다. 이하 이 조에서 같다)의 합계가 다음 각 목의 요건을 갖춘 경우
   가. 시장점유율의 합계가 시장지배적사업자의 추정요건에 해당할 것
   나. 시장점유율의 합계가 당해거래분야에서 제 1 위일 것
   다. 시장점유율의 합계와 시장점유율이 제 2 위인 회사(당사회사를 제외한 회사중

제 1 위인 회사를 말한다)의 시장점유율과의 차이가 그 시장점유율의 합계의 100분의 25이상일 것

2. 대규모회사가 직접 또는 특수관계인을 통하여 행한 기업결합이 다음 각목의 요건을 갖춘 경우

가. 「중소기업기본법」에 의한 중소기업의 시장점유율이 3분의 2이상인 거래분야에서의 기업결합일 것

나. 당해기업결합으로 100분의 5이상의 시장점유율을 가지게 될 것

④ 제 1 항에 따른 일정한 거래분야에서 경쟁을 실질적으로 제한하는 기업결합과 제 2 항에 따라 제 1 항을 적용하지 아니하는 기업결합에 관한 기준은 공정거래위원회가 정하여 고시한다.

⑤ 제 1 항 각 호 외의 부분 단서에 따른 자산총액 또는 매출액의 규모는 기업결합일 전부터 기업결합일 이후까지 계속하여 계열회사의 지위를 유지하고 있는 회사의 자산총액 또는 매출액을 합산한 규모를 말한다. 다만, 영업양수의 경우 영업을 양도(영업의 임대, 경영의 위임 및 영업용 고정자산의 양도를 포함한다)하는 회사의 자산총액 또는 매출액의 규모는 계열회사의 자산총액 또는 매출액을 합산하지 아니한 규모를 말한다.

목 차

Ⅰ. 기업결합의 의의
Ⅱ. 입 법 례
  1. 미 국
  2. EU
  3. 독 일
Ⅲ. 기업결합규제의 대상
  1. 기업결합의 주체
  2. 직접 또는 특수관계인을 통한 기업결합
  3. 임원겸임의 경우
Ⅳ. 기업결합의 유형
  1. 이론상의 분류
  2. 법상의 분류: 결합의 수단과 방법에 따른 분류
Ⅴ. 기업결합의 규제
  1. 심사대상 기업결합의 구분
  2. 지배관계의 형성
  3. 일정한 거래분야
  4. 경쟁의 실질적 제한
  5. 금지의 예외
  6. 경쟁제한성의 추정

[참고문헌]

단행본: 공정거래위원회, －공정거래위원회 20년사－ 시장경제 창달의 발자취, 2001; 공정거래위원회(경제분석과), 경제분석 매뉴얼, 2009; 공정거래위원회(기업결합과), 기업결합신고 가이드북, 2019; 곽상현/이봉의, 기업결합규제법, 법문사, 2012; 신영호, 독점규제법상 경쟁제한성 판단에 관한 연구－기업결합 및 공동행위를 중심으로－, 중앙대학교 대학원 박사학위논문, 2017. 2; 오성환, 공정거래 심결소회, 도서출판 산학연, 2005; 이민호, 기업결합의 경쟁제한성 판단기준－수평결합을 중심으로－, 서울대 법학박사학위논문, 2012; 한국공정거래조정원, 2018 공정거래 이슈브리핑, 2018. 12; 홍명수, 경제법 Ⅱ, 경인문화사, 2010; Hovenkamp, Herbert, Antitrust(Third Edition), West Group, 1999; Pittman, Russel, "Consumer Welfare and Competition Law", 숙명여자대학교 법학연구소/서울 YMCA 공동 학술대회, 2010. 10. 21.

논 문: 곽상현, "기업결합과 관련시장의 획정", 저스티스 통권 제93호, 2006. 8; 곽상현, "수직결합과 경쟁제한성 판단－봉쇄효과를 중심으로", 경쟁저널 제137호, 한국공정경쟁연합회, 2008. 3; 김석호, "기업결합의 경제분석과 '자가소비분'의 경제분석적 의미", 공정경쟁 제99호, 한국공정거래협회, 2003. 11; 김성훈, "유럽연합 경쟁법상 봉쇄효과에 관한 연구", 경쟁법연구 제22권, 한국경쟁법학회 편, 법문사, 2010; 김정현, "기업결합심사에서의 효율성효과 판단: 방법론과 정책적 함의", 경쟁법연구 제22권, 한국경쟁법학회 편, 법문사 2011. 11; 김준범, "지역시장에서의 대형마트 점포간 경쟁의 분석; 시장점유율 분석의 대안", 경쟁저널 제142호, 한국공정경쟁연합회, 2009. 1; 김현아/박진석, "삼익악기 · 영창악기 간의 기업결합에 대한 대법원 판결에 대한 소고; 관련상품시장의 획정기준 및 효율성 항변에 관한 판단을 중심으로－", 경쟁저널 제142호, 한국공정경쟁연합회, 2009. 1; 나영숙, "기업결합규제의 효율성항변 적용에 있어 후생기준의 검토－동양제철의 기업결합사건에 대한 대법원판결과 관련하여", 경쟁법연구 제20권, 한국경쟁법학회 편, 법문사, 2009; 박병형, 기업결합의 경쟁제한성과 효율성, 공정거래와 법치(권오승 편), 법문사, 2004; 박정원, "시장점유율 산정기준", 경쟁저널 제141호, 한국공정경쟁연합회, 2008. 11; 박정훈, "공정거래법의 공적 집행", 공정거래와 법치(권오승 편), 법문사, 2004; 박홍진, "기업결합 심사에 있어서 효율성 항변", 경제법판례연구 제 1 권, 경제법판례연구회, 법문사, 2004; 신영수, "잠재적 경쟁이론의 내용과 실제 적용", 경쟁법연구 제10권, 한국경쟁법학회, 2004. 3; 유영국, "독일 · 오스트리아의 기업결합신고 기준으로서 거래가치(Transactionswert)에 관한 지침제정과 그 시사점", 2018 공정거래 이슈브리핑(2018); 이민호, "경쟁제한적 기업결합의 금지", 공정거래법과 규제산업, 법문사, 2007; 이봉의, "전략적 제휴의 개념 및 효과", 자유경쟁

과 공정거래(권오승 편), 법문사, 2002; 이봉의, “방송 · 통신시장에 있어서 기업결합 규제절차－독점규제법과 방송 · 통신법을 중심으로”, 공정거래법의 쟁점과 과제, 서울대학교 경쟁법센터 연구총서 1, 법문사, 2010; 이상승, “기업결합사례연구: 시장획정을 중심으로”, 공정거래와 법치(권오승 편), 법문사, 2004; 이황, “용산화학(주)의 코리아피티지(주) 합병 건”, 공정경쟁 제100호, 한국공정거래협회, 2003. 12; 이효석, “혼합결합의 경쟁제한성 심사기준의 개선방안”, 경쟁법연구 제23권, 한국경쟁법학회 편, 법문사, 2011. 5; 정경택, “기업결합의 규제”, 자유경쟁과 공정거래(권오승 편), 법문사, 2002; 정세훈/이승재/함주혜, EU집행위원회의 Apple－Shazam 가업결합승인, 경쟁저널 제198호, 공정경쟁연합회, 2019. 2; 정영진, “기업결합 심사기준상의 단독효과(Unilateral Effects)－United States v. Oracle Corp., 331 F. Supp. 2d 1098(N.D. Calf.2004)－”, 경쟁저널 제119호, 한국공정경쟁연합회, 2005. 7; 조혜수, “회생절차에서의 M&A와 공정거래법상 기업결합 규제에 있어서 도산기업의 항변”, 남천 권오승교수 정년기념논문집(시장경제와 사회조화), 법문사, 2015; 홍대식, “도산기업의 인수 · 합병”, 공정거래법강의Ⅱ(권오승 편), 법문사, 2000

[참고사례]

(주)**무학 외 1의 기업결합제한규정 위반행위 건**(공정거래위원회 2003. 1. 28. 의결 제2003－027호; 서울고등법원 2004. 10. 27. 선고 2003누2252 판결); **덕산공영 주식회사의 추심금 관련 건**(대전고등법원 2001. 1. 31. 선고 2000나1967 판결; 대법원 2003. 2. 11. 선고 2001다14351 판결); (사)**대한약사회 및 서울특별시지부의 경쟁제한행위 건**(공정거래위원회 1993. 9. 25. 의결 제93.320호, 1993. 10. 25. 재결 제93－5호; 서울고등법원 1994. 9. 28. 선고 93구34369 판결; 대법원 1995. 5. 12. 선고 94누13794 판결); (주)**삼익악기의 기업결합제한규정 위반행위 건**(공정거래위원회 2004. 9. 24 의결 제2004－271호; 서울고등법원 2006. 3. 15. 선고 2005누3174 판결; 대법원 2008. 5. 29. 선고 2006두6659 판결); (주)**신세계의 기업결합제한규정 위반행위 건**(공정거래위원회 2006. 11. 14. 의결 제2006－264호; 서울고등법원 2008. 9. 3. 선고 2006누30036 판결); **동양제철화학**(주)**의 기업결합제한규정 위반행위 건**(공정거래위원회 의결 제2006－173호; 서울고등법원 2008. 5. 28. 선고 2006누21148 판결; 대법원 2009. 9. 10. 선고 2008두9744 판결); **머스크 라인 에이에스 및 함부르크 슈드아메리카니쉐 담프쉬프파르츠-게젤샤프트 카게의 기업결합제한규정 위반행위 건**(공정거래위원회 2017. 11. 28. 의결 제2017－358호); (주)**씨제이헬로비전 및 하나방송**(주)**의 기업결합제한규정 위반행위 건**(공정거래위원회 2018. 1. 22. 의결 제2018－055호); **퀄컴 인코포레이티드, 퀄컴 리버 홀딩스 비 브이, 엔엑스피 세미컨덕터 엔브이의 기업결합제한규정 위반행위 건**(공정거래위원회 2018. 1. 29. 의결 제2018－056호);

3개 방송통신사업자의 기업결합제한규정 위반행위 건(공정거래위원회 2019. 12. 11. 의결 제2019－284호); 6개 방송·통신사업자의 기업결합제한규정 위반행위 건(공정거래위원회 2020. 1. 10. 의결 제2020－011호); KT스카이라이프 등 5개 방송통신사업자의 기업결합제한규정 위반행위 건(공정거래위원회 2021. 9. 29. 의결 제2021－238호; 딜리버리히어로에스이 등 4개 배달앱 사업자의 기업결합제한규정 위반행위 건(공정거래위원회 2021. 2. 2. 의결 제2021－032호); 대한항공 등 5개 항공운송사업자의 기업결합제한규정 위반행위 건(공정거래위원회 2022. 5. 9. 의결 제2022－107호)

Ⅰ. 기업결합의 의의

기업결합이라 함은 기업간에 경제적 독립성이 소멸되어 단일한 관리체계로 들어가는 과정을 말한다. 즉 개별기업의 독립성이 소멸되고 사업활동에 관한 의사결정이 통합되는 기업간 자본적·인적·조직적 결합을 의미한다. 보통 기업결합은 경쟁과 성장의 수단으로서 기업결합자체를 통한 성장과 함께 기업포트폴리오의 재구성을 통하여 향후 유기적으로 성장할 수 있는 동력으로 인식되고 있다.

경쟁제한적 기업결합행위를 금지하는 것은 기업결합당사 회사들이 더 이상 서로 경쟁하지 않게 됨에 따라 결합된 회사가 시장지배력을 획득 또는 강화하여 결합회사가 단독으로 또는 다른 회사와 공조하여 가격인상 등을 통한 초과이윤을 추구하게 되고 그 결과 소비자피해와 경제적 효율성의 저하가 초래되는 것을 방지함에 있다.[1] 한편으로는 시장에서 사업자의 숫자가 줄어들어 시장이 독과점화 되어가는 것을 예방하는데 있다. 따라서 이는 시장지배적지위 남용행위나 불공정거래행위에 대한 규제와는 달리 구조적 규제수단에 속한다.

Ⅱ. 입 법 례

1. 미　　국

미국의 경우 「클레이튼법(Clayton Act)」은 경쟁의 실질적 제한이나 독점을

1) 서고판 2004. 10. 27. 2003누2252.

형성할 우려가 있는 다른 회사의 자산이나 주식의 취득(제 7 조)[2] 및 일정한 임원겸임(interlocking directorates)을 금지하고 있다(제 8 조).[3] 1914년 「클레이튼법(Clayton Act)」이 제정된 이후에도 1950년 이전까지는 기업결합에 대하여는 「셔먼법(Sherman Act)」 제 1 조가 적용되었는바, 이는 「클레이튼법(Clayton Act)」 적용상의 공백 즉, 수직적 결합의 경우를 규제할 수 없었고, 주식취득에만 적용되고 자산취득에는 적용되지 아니한 맹점 때문이었다.[4]

그러나 1950년 「셀러－커포버법(Celler－Kefauver Act)」에 의하여 「클레이튼법(Clayton Act)」 제 7 조가 개정되면서 수직적 결합과 수평적 결합에 모두 적용되게 되었고, 주식취득 뿐만 아니라 자산취득에도 적용되게 되었다. 최근에는 기업결합의 주체가 '기업(corporations)' 대신 '사람(persons)'으로 개정되었다. 한편 제 7 조의 주식취득은 순수한 투자목적인 경우에는 적용되지 아니하며,[5] 제 8 조의 임원겸임(interlocking directorates)은 수평적 기업결합에만 적용된다.

수평적 기업결합에 대하여는 2010년 「수평적 기업결합 심사지침(Horizontal

2) §7 Clayton Act, 15 U.S.C. §18 Acquisition by one corporation of stock of another "No person engaged in commerce or in any activity affecting commerce shall acquire, directly or indirectly, the whole or any part of the stock or other share capital and no person subject to the juridiction of the Federal Trade Commission shall acquire the whole or any part of the assets of another person engaged also in commerce or in any activity affecting commerce, where in any line of commerce or in any section of the country, the effect of such acquition may be substantially to lessen competition,or to tend to create a monopoly. No person shall acquire, directly or indirectly, the whole or any part of the stock or other share capital and no person subject to the jurisdiction of the Federal Trade Commission shall acquire the whole or any part of the assets of one or more persons engaged in commerce or in any activity affecting commerce, where in any line of commerce or in any activity affecting commerce in any section of the country, the effect of such acquisition, of such stocks or assets, or of the use of such stock by the voting or granting of proxies or otherwise, may be substantially to lessen competition, or to tend to create a monopoly".

3) §8 Clayton Act, 15 U.S.C. §19 Interlocking directorates and officers "(1) No person shall, at the same time, serve as a director or officer in any two corporations (other than banks, banking associations, and trust companies) that are— (A) engaged in whole or in part in commerce; and (B) by virtue of their business and location of operation, competitors, so that the elimination of competition by agreement between them would constitute a viola－tion of any of the antitrust laws; if each of the corporations has capital, surplus, and un－divided profits aggregating more than $10,000,000 as adjusted pursuant to paragraph (5) of this subsection".

4) Hovenkamp, 207면.

5) "This section shall not apply to persons purchasing such stock solely for investment and not using the same by voting or otherwise to bring about, or in attempting to bring about, the substantial lessening of competition".

Merger Guidelines)」을, 수직적 기업결합에 대해서는 2020년 「수직적 기업결합 가이드라인(Vertical Merger Guidelines)」을 운영하고 있다. 독점을 형성하는 합병은 「셔먼법(Sherman Act)」 제 2 조의 독점화, 제 1 조의 거래의 제한(restraint of trade) 및 「클레이튼법(Clayton Act)」 제 7 조가 동시에 적용될 수 있다.

2. E U

EU집행위원회는 기업결합규제를 위하여 「합병규칙(Merger Regulation)」을 운영하고 있다.6) 동 규칙 제 2 조 제 3 항에 의하면 기업결합이 특히 지배적인 지위를 형성하거나 강화의 결과로 역내시장 또는 그 주요부분에 있어서 유효경쟁을 현저히 제한할 우려가 있는 경우, 역내시장과 양립할 수 없는 것으로 금지된다.7)

그리고 수평적 기업결합에 관해서는 2004년의 「합병규칙하에서의 수평결합 판단지침(Guidelines on the assessment of horizontal mergers the Council Regulation on the control of concentrations between undertakings)」, 수직적 및 혼합기업결합에 관하여는 2008년의 「합병규칙하에서의 비수평결합 판단지침(Guidelines on the assessment of non−horizontal mergers the Council Regulation on the control of concentrations between undertakings)」이 운영되고 있다.

3. 독 일

독일 「경쟁제한방지법(GWB)」 제36조에서는 기업결합의 판단기준을 규정하고 있다. 즉 시장지배적지위의 형성 또는 강화가 예상되는 기업결합은 연방카르텔청으로부터 금지된다. 다만 참가기업이, 기업결합을 통하여 경쟁조건이 개선되고 그 개선이 시장지배의 손실을 능가한다는 것을 입증한 경우에는 그러하지 아니하다. 한편 독일경쟁제한방지법(GWB) 제 9 차 개정시 제35조 제1a 항은 기업결합규제 관련 규정의 적용여부를 판단하기 위한 기준으로, 거래규모

6) Council Regulation(EC) No 139/2004 of 20 January 2004 on the control of concent−rations between undertakings(the EC Merger Regulation). OJ L 24/1(2004. 1. 29).

7) Article 2 Appraisal of concentrations “3. A concentration which would significantly im−pede effective competition, in the common market or in a substantial part of it, in parti−cular as a result of the creation or strengthening of a dominant position, shall be declared incompatible with the common market”.

기준(Transactionsvolumensschwelle)을 추가하고 특히 동항 제 3 호에서 기업결합에 대한 반대급부의 가치가 400 Mil. Euro 이상인 경우를 추가하였다.[8)]

Ⅲ. 기업결합규제의 대상

1. 기업결합의 주체

기업이란 영리를 목적으로 하고 계획성·계속성을 가지며, 재화와 용역을 공급하는 영업활동을 하며 인적·물적 조직을 갖춘 것을 말한다.[9)] 한편 법 제 9 조 제 1 항에서 "누구든지… 경쟁을 실질적으로 제한하는 행위를 하여서는 아니된다."고 규정하고 있는바, 독점규제법의 수범대상이 사업자이므로 이 경우에도 사업자로 한정할지, 개인도 규제대상이 될지가 문제이다. 현행법상으로는 개인도 규제대상이 된다고 보는 것이 타당하다.

2. 직접 또는 특수관계인을 통한 기업결합

누구든지 직접 또는 *대통령령*[10)]이 정하는 특수한 관계에 있는 자(이하 "특수관계인")를 통하여 일정한 거래분야에서 경쟁을 실질적으로 제한하는 기업결합행위를 하여서는 아니된다(법 제 9 조 제 1 항 본문). 즉 사업자가 직접 실행하는 기업결합뿐만 아니라 특수관계인을 통한 기업결합도 규제의 대상이 된다.[11)]

특수관계인을 통한 기업결합의 예로 〈(주)포스코 및 (주)포스틸의 기업결합 제한규정 위반행위 건〉에서 (주)포스코는 자신의 계열회사인 (주)포스틸을 통하

---

8) 유영국, "독일경쟁제한방지법(GWB) 제 9 차 개정의 취지와 주요내용", 경쟁과 법 제 8 호 (2017. 4), 130면; 자세한 내용은 유영국, 공정거래 이슈브리핑(2018) 참조.

9) 알기 쉽게 풀어 쓴 중소기업범위 해설, 중소기업청, 2015.

10) 제14조(특수관계인의 범위) ① 법 제 9 조 제 1 항 각 호 외의 부분 본문에서 "대통령령으로 정하는 특수한 관계에 있는 자"란 회사 또는 회사 외의 자와 다음 각 호의 관계에 있는 자(이하 "특수관계인"이라 한다)를 말한다. 1. 해당 회사를 사실상 지배하고 있는 자 2. 동일인관련자(제 6 조 제 1 항 또는 제 2 항에 따라 동일인관련자에서 제외된 자는 제외한다) 3. 경영을 지배하려는 공동의 목적을 가지고 법 제 9 조 제 1 항 각 호 외의 부분 본문에 따른 기업결합(이하 "기업결합"이라 한다)에 참여하는 자 ② 법 제 9 조 제 1 항 제 5 호 가목에서 "대통령령으로 정하는 자"란 제 1 항 제 3 호의 자를 말한다.

11) 서고판 2004. 10. 27. 2003누2252.

여 (주)포스코아의 주식 중 발행주식의 51%에 해당하는 주식을 취득하는 계약을 체결하고, 공정거래위원회에 신고하였다.[12]

해당회사의 계열회사나 그 외 특수관계인(친족, 비영리법인, 임직원 등)은 아니지만 여러 회사들이 경영권 획득이나 경영활동에 대한 지배를 위한 공동의 목적으로 특정회사에 대한 주식을 취득하는 것을 심사하기 위하여, 기업결합 특수관계인의 범위에는 "경영을 지배하려는 공동의 목적을 가지고 당해 기업결합에 참여하는 자"를 포함함으로써, 주식 소유 또는 인수 비율 산정시 또는 최다출자자 여부 판단시 참여회사 소유 주식을 모두 합산하게 되고(법 제11조 제5항), 이 경우 이들 회사 지분이 20% 이상이 되거나 최다출자자가 되는 경우는 신고의무가 발생하며(법 제11조 제1항), 신고는 공동으로 하여야 한다(법 제11조 제11항).[13] 그리고 기업결합 심사 시 피취득회사에 대한 지배관계 형성 여부도 이들 기업의 소유 지분을 모두 합산하여 고려한다.

3. 임원겸임의 경우

경쟁제한적 기업결합금지의 대상은 제한이 없으나 대규모회사외의 자가 임원겸임을 하는 경우에는 금지되지 아니한다. 즉 자산총액[14] 또는 매출액[15]의 규모(계열회사의 자산총액 또는 매출액을 합산한 규모)가 *대통령령*[16]이 정하는 규

12) 공정의 2007. 7. 3. 2007-351.

13) 공정거래위원회, 기업결합신고 가이드북(2022), 67면.

14) 제15조(자산총액 또는 매출액의 기준) ① 법 제9조 제1항 각 호 외의 부분 단서에 따른 자산총액은 다음 각 호의 구분에 따른 금액으로 한다. 다만, 금융업 또는 보험업을 영위하는 회사의 경우에는 직전 사업연도 종료일 현재의 대차대조표에 표시된 자본총액(대차대조표에 표시된 자산총액에서 부채액을 뺀 금액을 말한다. 이하 같다)과 자본금 중 큰 금액으로 한다. 1. 기업결합일이 속하는 사업연도 중에 신주 및 사채의 발행이 없는 경우: 기업결합일이 속하는 사업연도의 직전 사업연도 종료일 현재의 대차대조표에 표시된 자산총액 2. 기업결합일이 속하는 사업연도 중에 신주 및 사채의 발행이 있는 경우: 직전 사업연도 종료일 현재의 대차대조표에 표시된 자산총액에 신주 및 사채의 발행으로 증가된 금액을 합한 금액; 이 때 기업결합일이 속하는 사업연도 중에 발생한 신주는 당해 기업 결합과 무관하게 발생한 신주를 의미하며, 당해 기업결합의 일환으로 발행한 신주를 의미하지는 않는다. 공정거래위원회, 기업결합신고 가이드북(2022), 72면.

15) 제15조(자산총액 또는 매출액의 기준) ② 법 제9조 제1항 각 호 외의 부분 단서에 따른 매출액은 기업결합일이 속하는 사업연도의 직전 사업연도의 손익계산서에 표시된 매출액으로 한다. 다만, 금융업 또는 보험업을 영위하는 회사의 경우에는 직전 사업연도의 손익계산서에 표시된 영업수익으로 한다.

16) 제15조(자산총액 또는 매출액의 기준) ③ 제9조 제1항 각 호 외의 부분 단서에서 "대통령령으로 정하는 규모에 해당하는 회사"란 제1항에 따른 자산총액 또는 제2항에 따른 매출액

모에 해당하는 회사(이하 "대규모회사")외의 자가 제 2 호에 해당하는 행위를 하는 경우에는 그러하지 아니하다(법 제 9 조 제 1 항 단서). 여기에서 자산총액 또는 매출액의 규모는 기업결합일[17] 전부터 기업결합일 이후까지 계속하여 계열회사의 지위를 유지하고 있는 회사의 자산총액 또는 매출액을 합산한 규모를 말한다. 다만, 영업양수의 경우 영업을 양도(영업의 임대, 경영의 위임 및 영업용 고정자산의 양도를 포함)하는 회사의 자산총액 또는 매출액의 규모는 계열회사의 자산총액 또는 매출액을 합산하지 아니한 규모를 말한다(법 제 9 조 제 5 항).

Ⅳ. 기업결합의 유형

1. 이론상의 분류

기업결합의 유형은 이론상 수평형 기업결합, 수직형 기업결합 및 혼합형 기업결합으로 구분한다. 법에서는 이러한 분류기준을 사용하고 있지 않으나 「기업결합 심사기준」[18]에서는 이를 사용하고 있다.

의 규모가 2조원 이상인 회사를 말한다.

17) 제17조(기업결합일의 기준) 법 제 9 조 제 5 항 본문에 따른 기업결합일은 다음 각 호의 구분에 따른 날로 한다. 1. 다른 회사의 주식을 소유하게 되거나 주식소유비율이 증가하는 경우: 다음 각 목의 날 가. 주식회사의 주식을 양수하는 경우에는 주권을 교부받은 날. 다만, 주권이 발행되어 있지 않은 경우에는 주식대금을 지급한 날로 하며, 주권을 교부받기 전 또는 주식대금의 전부를 지급하기 전에 합의·계약 등에 따라 의결권이나 그 밖의 주식에 관한 권리가 실질적으로 이전되는 경우에는 해당 권리가 이전되는 날로 한다. 나. 주식회사의 신주를 유상취득하는 경우에는 주식대금 납입기일의 다음 날 다. 주식회사 외의 회사의 지분을 양수하는 경우에는 지분양수의 효력이 발생하는 날 라. 가목부터 다목까지의 규정에 해당하지 않는 경우로서 감자(減資), 주식의 소각 또는 그 밖의 사유로 주식소유비율이 증가하는 경우에는 주식소유비율의 증가가 확정되는 날 2. 법 제 9 조 제 1 항 제 2 호에 따른 임원겸임의 경우: 임원이 겸임되는 회사의 주주총회 또는 사원총회에서 임원의 선임이 의결된 날 3. 다른 회사와의 합병의 경우: 합병등기일 4. 법 제 9 조 제 1 항 제 4 호에 따른 영업양수(이하 "영업양수"라 한다)의 경우: 영업양수대금의 지급을 완료한 날. 다만, 계약체결일부터 90일을 지나 영업양수대금의 지급을 완료한 경우에는 그 계약체결일부터 90일이 지난 날로 한다. 5. 새로운 회사설립에 참여하는 경우: 배정된 주식의 주식대금 납입기일의 다음 날

18) 공정거래위원회 고시 제2021－25호(2021.1 2. 30).

1) 수평형 결합

수평형 기업결합은 경쟁관계에 있는 회사간의 기업결합을 말한다(「기업결합 심사기준」 Ⅱ. 7).

대부분의 기업결합 사례는 이러한 수평적 기업결합에 해당하며 경쟁제한적 효과가 타 유형의 결합에 비하여 상대적으로 명백하다 볼 수 있다. 수평적 기업결합의 경제적 효율성에 관해서는 소비자후생의 기준을 어디로 삼느냐에 따라 그 결과가 달라지게 된다.[19]

여기에서 경쟁관계는 공급자 측면뿐만 아니라 수요자 측면에서도 동일하게 적용된다.[20]

2) 수직형 결합

수직적 결합은 원재료의 생산에서 상품(용역을 포함)의 생산 및 판매에 이르는 생산과 유통과정에 있어서 인접하는 단계에 있는 회사("원재료 의존관계에 있는 회사")간의 결합을 말한다(「기업결합 심사기준」 Ⅱ. 8).

한편 예를 들어 기업이 제품이나 용역 생산에 필요한 부품이나 서비스를 자체생산하거나 조달하여 소비하는 경우가 있는데(자가소비분, captive use), 이러

19) 이를 잘 보여주는 것이 "The williamsonian Tradeoff"이다. 이는 수평적 기업결합의 경제적 효율성을 분석하는 이론인데 A는 기업결합으로 인한 비용감소(후생증가)를 C는 "deadweight triangle"(후생감소)을 나타내는바 양자 중 어느 것이 크냐에 따라 기업결합의 효율성이 결정된다고 한다. 여기서 문제는 B이다. B는 후생이 단지 소비자에서 독점기업으로 이전되는 것을 의미하는데, 이는 소비자 후생을 사회총효용을 보는 경우 소비자후생에 중립적인 개념이지만, 독점기업과 반대되는 의미에서 소비자후생을 지칭하는 경우 소비자후생의 감소를 의미하게 된다(Russell Pittman 숙명여대 발표자료, 2010. 10. 21).

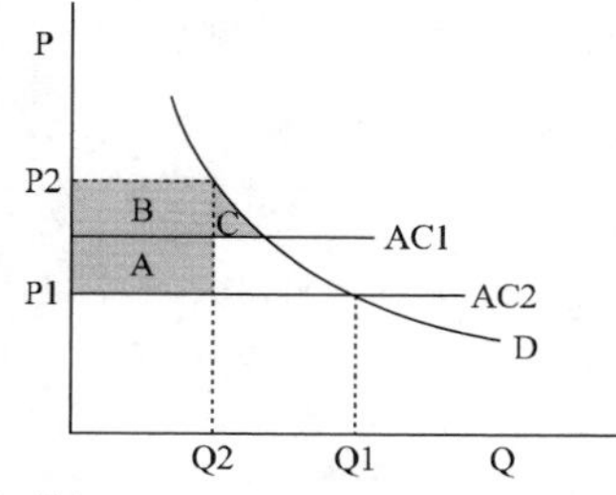

A is cost reduction from merger: a welfare gain
B is a transfer from consumers to producers: welfare neutral
C is the "deadweight triangle": a welfare loss

20) 「Horizontal Merger Guidelines」(Aug. 19, 2010), Section 12.

한 자가소비분을 시장에 포함시키느냐가 문제된다. 즉 자가소비분을 시장에 포함시키면, 수직적 기업결합은 동시에 수평적 기업결합에 해당될 수 있고, 시장점유율이 높아지므로 경쟁제한적인 기업결합이 될 가능성이 높아지는 것이다.[21)]자가소비분은 시장경쟁에 영향을 미칠 가능성이 있는 경우에 한하여 유동적 진입자(uncommitted entrant)로 간주하고 시장점유율에 포함시키지 않는 것이 세계적 추세이다.[22)]

3) 혼합형 결합

> 혼합형 결합은 수평형 또는 수직형 기업결합 이외의 기업결합을 말한다(「기업결합 심사기준」 Ⅱ. 9).

혼합결합은 다시 지역확장형 결합, 상품확장형 결합 및 순수한 혼합결합으로 나뉜다.[23)] 혼합결합의 경우 경쟁제한성이 인정되기 어려운 것이 일반적이다.

2. 법상의 분류: 결합의 수단과 방법에 따른 분류

2.1 주식취득 · 소유

다른 회사의 주식취득 또는 소유를 경쟁제한적 기업결합의 첫 번째 유형으로 규정하고 있다(법 제9조 제1항 제1호). 주식의 취득 및 소유는 그 명의와 관계없이 실질적인 소유관계를 기준으로 한다(법 제10조). 주식의 취득과 소유는 후술할 기업결합의 신고와 관련하여 구별의 실익이 있다.

2.2 임원겸임

임원 또는 종업원에 의한 다른 회사 임원지위의 겸임을 하는 경우이다(법 제9조 제1항 제2호). "임원"이란 ① 이사(제1호), ② 대표이사(제2호), ③ 업무집행을 하는 무한책임사원(제3호), ④ 감사(제4호), ⑤ ①~④ 중 어느 하나

21) 〈용산화학(주)의 기업결합제한규정 위반행위 건〉(공정의 2003. 9. 24. 2003.154)에서 자가소비분을 시장점유율에 포함시키는가 문제되었다; '자가소비'관련 경제분석과 다양한 국내외 사례에 대하여는, 김석호, 공정경쟁(2003. 11), 2~15면 참조.

22) 오성환, 57~58면.

23) 곽상현 · 이봉의, 9면.

에 준하는 사람(제 5 호), ⑥ 지배인 등 본점이나 지점의 영업 전반을 총괄적으로 처리할 수 있는 상업사용인(제 6 호)의 어느 하나에 해당하는 자를 말한다(법 제 2 조 제 6 호). 비등기 임원들을 독점규제법상의 "임원"에 해당한다고 보기는 곤란하다.[24]

2.3 합 병

회사의 합병이라 함은 두 개 이상의 회사가 계약에 의하여 신회사를 설립하거나 또는 그 중의 한 회사가 다른 회사를 흡수하고, 소멸회사의 재산과 사원(주주)이 신설회사 또는 존속회사에 법정 절차에 따라 이전·수용되는 효과를 가져오는 것으로서, 소멸회사의 사원(주주)은 합병에 의하여 1주 미만의 단주만을 취득하게 되는 경우나 혹은 합병에 반대한 주주로서의 주식매수청구권을 행사하는 경우 등과 같은 특별한 경우를 제외하고는 원칙적으로 합병계약상의 합병비율과 배정방식에 따라 존속회사 또는 신설회사의 사원권(주주권)을 취득하여, 존속회사 또는 신설회사의 사원(주주)이 되는 것이다.[25]

2.4 영업양수

영업양수는 다른 회사의 영업의 전부 또는 주요부분의 양수·임차 또는 경영의 수임이나 다른 회사의 영업용고정자산의 전부 또는 주요부분의 양수를 말한다(법 제 9 조 제 1 항 제 4 호). 영업등의 개념에 대하여는 「기업결합의 신고요령」[26]에서 자세히 규정하고 있다.

> "영업"이라 함은 회사의 사업목적을 위하여 조직화되고 유기적 일체로서 기능하는 재산권의 집합을 말한다. 여기에는 판매권(판매에 관련된 조직·인력·대리점 계약관계 등을 포함), 특허권·상표권 등 무체재산권, 기타 인허가와 관련되어 재산상의 가치가 있는 것을 포함한다. "주요부분"이라 함은 양수 또는 임차부분이 독립된 사업단위로서 영위될 수 있는 형태를 갖추고 있거나 양수 또는 임차됨으로써 양도회사의 매출의 상당한 감소를 초래하는 경우로서, 영업양수금액이 양도회사의 직전사업년도 종료일 현재 대차대조표상의 자산총액의 100분의 10 이상이거나 50억원 이

24) 공정거래위원회, 기업결합신고 가이드북(2022), 132면.

25) 대판 2003. 2. 11. 2001다14351.

26) 공정거래위원회 고시 제2022－23호(2022. 12. 30).

상인 경우를 말한다. 다만 영업양수금액에는 양수목적물인 영업부문에 대한 양수대금 이외에 관련 부채의 인수시 그 부채금액을 포함하며, 영업의 전부 또는 주요부분을 임차하거나 경영수임의 경우에는 임차료 또는 수임료의 연간 총금액을 위 영업양수금액에 준하여 적용한다. "경영의 수임"이라 함은 영업의 양도·양수회사간에 경영을 위탁하는 계약체결등을 통하여 수임인이 경영권행사의 주체로서 활동하는 것을 말한다(「기업결합의 신고요령」 Ⅲ. 4).

한편 〈롯데인천개발(주)의 기업결합제한규정 위반행위 건〉[27]에서 '다른 회사'의 해석이 문제되었다. 동 건에서 롯데쇼핑(주)는 인천광역시로부터 인천터미널 건물 및 부지 등을 인수하는 계약을 체결하였는데(2013. 1. 30.), 이러한 행위가 동 건물에서 영업중인 (주)신세계에 대한 영업양수가 되느냐 하는 것이 핵심쟁점이었다. 피심인은 '다른 회사'가 아닌 '지방자치단체'의 자산을 양수한 것이므로 법 제 9 조 제 1 항 제 4 호의 기업결합에 해당하지 않는다고 주장하였으나, 공정거래위원회는 "피심인들이 인천광역시와의 매매계약을 매개로 하여 신세계의 신세계백화점 인천점 영업용 고정자산인 인천터미널 부지 및 건물을 소유하게 됨으로써 피심인들과 신세계간의 실질적인 결합효과가 나타난다는 점에서 이 사건 매매계약은 법 제 9 조에서 규율하는 기업결합행위를 내포하고 있다"고 결정하였다. 따라서 '다른 회사'를 양도회사가 아닌 양수대상회사로 해석함으로써 '다른 회사'의 개념을 넓게 해석하고 있다.

2.5 새로운 회사설립에의 참여

기존 기업들간의 결합뿐만 아니라 새로운 회사설립에 참여하는 경우에도 경쟁을 제한하는 경우 규제대상이 된다(법 제 9 조 제 1 항 제 5 호 본문). 합작회사(joint venture)의 설립을 예로 들 수 있다. 다만 1999. 2. 5. 제 7 차 법개정시부터 특수관계인 이외의 자는 참여하지 아니하는 경우나 「상법」 제530조의 2 제 1 항의 규정[28]에 의해 분할에 의한 회사설립에 참여하는 경우 기업결합의 규제를 받지 않도록 하고 있다(법 제9조 제 1 항 제 5 호 단서).

새로운 회사에 참여하여 최다출자자가 되는 경우는 인수비율을 불문하고

27) 공정의 2013. 4. 29. 2013－078.

28) 제530조의 2(회사의 분할·분할합병) ① 회사는 분할에 의하여 1개 또는 수개의 회사를 설립할 수 있다.

신고하여야 한다(2007년 법개정 전에는 20% 이상 출자자가 신고). 즉 최다출자자인 신고회사와 회사설립에 참여한 특정 상대회사 간 당사회사 규모요건(3000억원, 300억원) 충족시 회사설립에 참여한 나머지 회사의 동 요건 충족여부를 불문하고 모든 참여회사를 상대회사로 하여 신고하여야 한다. 최다출자자가 되는지 여부를 판단함에 있어서는 특수관계인 간 출자하는 주식을 모두 합산한다(법 제11조 제5항).

사모투자전문회사(PEF) 설립은 기업결합 유형 중 '새로운 회사설립에의 참여'에 해당하므로 최다출자자에게 신고의무가 있어야 할 것이나, PEF의 경우 투자 등 주요 의사결정을 무한책임사원(GP)이 하므로, 최다 출자자가 유한책임사원이라 하더라도 무한책임사원에게 신고의무를 지우고 있다(「기업결합 신고요령」 Ⅲ. 5. 마.).

Ⅴ. 기업결합의 규제

법 제9조 제1항에 따른 일정한 거래분야에서 경쟁을 실질적으로 제한하는 기업결합과 제2항에 따라 제1항을 적용하지 아니하는 기업결합에 관한 기준은 공정거래위원회가 정하여 고시한다(법 제9조 제4항). 경쟁제한적 기업결합에의 해당여부에 대해서는 「기업결합 심사기준」에서 자세히 규정하고 있다. 동 심사기준의 규정내용을 중심으로 설명한다. 「기업결합 심사기준」의 법적 성격은 법률에서 명시적인 근거규정을 두고 있는 법률 보충적 행정규칙의 효력을 가지나, 실제로는 공정거래위원회의 내부심사지침으로 보아야 한다. 따라서 동 내용에 해당하지 아니한 경우도 경쟁제한성이 인정되는 경우는 있을 수 있다.

1. 심사대상 기업결합의 구분

심사대상 기업결합은 "간이심사대상 기업결합"과 "일반심사대상 기업결합"으로 나뉜다.

간이심사대상 기업결합은 경쟁제한성이 없는 것으로 추정된다(「기업결합 심사기준」 Ⅱ.1).

"간이심사대상 기업결합"이라 함은 다음 중 하나에 해당하는 기업결합을 말하며 원칙적으로 신고내용의 사실여부만를 심사하여 적법한 신고서류의 접수후 15일 이내에 심사결과를 신고인에게 통보한다. 즉 ① 기업결합 당사자가 서로 i) 당해회사를 사실상 지배하고 있는 자 또는 ii) 동일인관련자에 해당하는 경우, ② 당해 기업결합으로 당사회사(취득회사[29]와 피취득회사[30])간에 지배관계가 형성되지 아니하는 경우,[31] ③ i) 대규모회사[32](특수관계인을 포함)가 아닌 자가 혼합형 기업결합을 하는 경우, ii) 관련시장의 특성상 보완성 및 대체성이 없는 혼합결합을 하는 경우(이때 보완성 및 대체성은 상품의 기능 및 용도, 생산기술, 유통경로, 구매계층 등의 동일 또는 유사성을 고려하여 판단),[33] ④ i) 「자본시장과 금융투자업에 관한 법률」 제 9 조 제19항 제 1 호의 규정에 따른 기관전용 사모집합투자기구의 설립에 참여하는 경우, ii) 「자산유동화에 관한 법률」 제 2 조 제 5 호의 규정에 따른 유동화전문회사를 기업결합한 경우, iii) 기타 특정 사업의 추진만을 위한 목적으로 설립되어 당해 사업 종료와 함께 청산되는 특수목적회사를 기업결합한 경우, iv) 취득, 개발, 개량 및 처분 또는 임대차 및 전대차의 방법으로 오직 투자수익을 얻기 위하여 부동산을 양수하는 경우, v) 이미 설립된 기관전용 사모집합투자기구에 추가로 출자하여 새로운 유한책임사원으로 참여하게 되는 경우(다만 「자본시장과 금융투자업에 관한 법률」 시행령 제271조의19 제 2 항 제 2 호의 자 등 해당 기관전용 사모집합투자기구가 투자하는 기업의 경영에 공동으로 참여하는 자는 제외), vi) 법

29) "취득회사"라 함은 주식취득·소유의 경우에는 당해 주식을 취득·소유하는 회사, 임원겸임의 경우에는 자기의 임원 또는 종업원(이하 "임직원")으로 하여금 상대회사의 임원지위를 겸임하게 하는 대규모회사, 새로운 회사설립에의 참여(법 제 9 조 제 1 항 제 5 호 가목 및 나목의 규정에 해당하는 회사설립에의 참여는 제외)의 경우에는 출자회사, 합병의 경우에는 합병후 존속하는 회사, 영업양수의 경우에는 양수회사를 말한다. 다만, 회사의 특수관계인으로서 회사가 아닌 자가 주식을 취득·소유하거나 회사설립에 참여하는 경우에는 그 회사를 말한다(「기업결합 심사기준」 Ⅱ. 4).

30) "피취득회사"라 함은 주식취득·소유의 경우에는 당해 주식을 발행한 회사, 임원겸임의 경우에는 대규모회사의 임직원을 자기의 임원으로 선임한 회사, 새로운 회사설립에의 참여의 경우에는 새로 설립되는 회사, 합병의 경우에는 합병으로 소멸되는 회사, 영업양수의 경우에는 양도회사를 말한다(「기업결합 심사기준」 Ⅱ. 5).

31) 지배관계가 형성되지 아니하는 경우 경쟁제한성이 없는 것으로 추정되는 것이 아니라, 처음부터 기업결합 자체가 존재하지 않는 것으로 '심사절차를 개시하지 아니할 수 있는 사유'의 하나로 보아 절차를 종료하여야 한다는 견해로 이봉의, 공정거래법의 쟁점과 과제(2010), 351면.

32) 자산총액 또는 매출액의 규모가 2조원 이상인 회사를 말한다.

33) 예컨대, 이종(異種)업종간 M&A는 양 제품간 결합판매 등이 용이하게 이루어질 경우 경쟁사업자를 배제하고 진입장벽을 높여 궁극적으로 가격인상 등이 유발될 가능성이 있는데 해당 업종간 보완성 및 대체성이 없는 경우에는 이러한 가능성 자체가 희박하다. 공정거래위원회 보도자료(2011. 12. 23).

제11조 제 3 항 각 호에 따라 기업결합 신고 의무가 면제되는 주식취득 또는 합작회사 설립에 수반하는 임원겸임인 경우, vii) 기타 제 1 호 내지 제 6 호에 준하여 법령 등에 따라 경영 참여가 금지되는 등 단순 투자활동임이 명확한 경우 중 어느 하나로 경영목적이 아닌 단순투자활동임이 명백한 경우, ⑤ 취득회사가 법 제11조 제 9 항에 따라 임의적 사전심사를 요청하여 공정거래위원회로부터 법 제 9 조 제 1 항에 위반되지 아니하는 것으로 통지받은 기업결합을 법 제11조 제 1 항에 따라 신고한 경우(다만 임의적 사전심사를 요청한 이후 사실관계나 시장상황 등에 중대한 변경이 발생하는 경우는 제외), ⑥ 피취득회사가 외국회사(외국에 주된 사무소를 두고 있거나 외국법률에 의해 설립된 회사)이고 국내 시장에 미치는 영향이 없는 경우(이 때 국내 시장에 미치는 영향이 있는지 여부는 당사회사의 국적·영업지역, 피취득회사의 현재 또는 향후 계획된 영업지역, 피취득회사의 국내 매출액 등을 고려하여 판단한다)[34]이다(「기업결합 심사기준」 Ⅲ).

2. 지배관계의 형성

기업결합후에는 취득회사와 피취득회사간에 지배관계가 성립되는 것은 그 기업결합을 통하여 단일한 관리체제가 형성되는 것을 의미한다.

합병 또는 영업양수의 경우에는 당해 행위로 지배관계가 형성되나, 주식취득, 임원겸임 또는 회사신설의 경우에는 취득회사 등이 피취득회사에 대해서 다음 사항을 고려하여 판단한다.

① 주식의 취득 또는 소유("주식소유")의 경우 ⅰ) 취득회사등의 주식소유비율이 50/100 이상인 경우에는 지배관계가 형성된다.[35] 취득회사등의 주식소유비율이 50/100 미만인 경우에는 ⓐ 각 주주의 주식소유비율, 주식분산도, 주주 상호간의 관계, ⓑ 피취득회사가 그 주요 원자재의 대부분을 취득회사등으로부터 공급받고 있는지 여부, ⓒ 취득회사등과 피취득회사간의 임원겸임관계, ⓓ 취득회사등과 피취득회사간의 거래관계, 자금관계, 제휴관계 등의 유무를 종합적으로 고려하여 취득회사등이 피취득회사의 경영전반에 실질적인 영향력을 행사할 수 있는 경우 지배관계가 형성된다. ⅱ) 취득회사 등에 의해 단독으로 지배관계가 형성되지는 않지만, 다

34) 〈예시〉 해외 자원개발을 위한 합작회사 설립, 해외 발전설비 등 영업용 고정자산의 양수 등
35) 의결권 있는 주식에 한한다. 이봉의, 공정거래법의 쟁점과 과제(2010), 352면.

른 자(피취득회사의 주식을 공동으로 취득하려는 자 또는 기존 주주)와 공동으로 피취득회사의 경영전반에 실질적인 영향력을 행사할 수 있는 경우에도 지배관계가 형성된 것으로 본다. 이 경우 ⓐ 주식 또는 의결권의 보유비율, ⓑ 임원의 지명권 보유비율, ⓒ 예산, 사업계획 및 기타 주요의사결정에 대한 거부권 보유여부, ⓓ 의결권의 공동행사 약정 존재여부, ⓔ 사업수행에 필요한 주요 행정권한 보유여부 등을 종합적으로 고려하여 판단한다.

② 임원겸임의 경우 ⅰ) ⓐ 취득회사 등의 임·직원으로서 피취득회사의 임원지위를 겸임하고 있는 자("겸임자")의 수가 피취득회사의 임원총수의 3분의 1이상인 경우, ⓑ 겸임자가 피취득회사의 대표이사 등 회사의 경영전반에 실질적인 영향력을 행사할 수 있는 지위를 겸임하는 경우를 종합적으로 고려하여 취득회사 등이 피취득회사의 경영전반에 실질적인 영향력을 행사할 수 있는 경우 지배관계가 형성되는 것으로 본다. ⅱ) 이외에도 주식소유에 대한 지배관계 판단기준이 적용가능한 경우에는 이를 준용한다.

③ 새로운 회사설립에의 참여의 경우 ⅰ) 참여회사 중 2 이상의 회사의 신설회사에 대한 지배관계가 형성되어야 하며, ⅱ) 기업결합 당사회사간의 지배관계 형성여부는 주식소유에 대한 지배관계 판단기준을 준용한다(「기업결합 심사기준」 Ⅳ).

서울고등법원이 주식소유비율이 50% 미만이라도 지배관계의 형성을 인정한 경우가 있다(<(주)무학 외 1의 기업결합제한규정 위반행위 건>,[36] <(주)삼익악기의 기업결합제한규정 위반행위 건>).[37] 또한 지배관계 형성여부 판단시 행정처분 후의 사정은 고려할 필요가 없다(<(주)무학 외 1의 기업결합제한규정 위반행위 건>).[38]

---

36) 서고판 2004. 10. 27. 2003누2254: "50% 미만(41.21%)이더라도 주식소유비율이 제 1 위에 해당하고 주식분산도로 보아 주주권행사에 의한 회사지배가 가능하다".

37) 서고판 2006. 3. 15. 2005누3174(대판 2008. 5. 29. 2006두6659): "이 사건 기업결합 후 취득회사들의 피취득회사(영창악기)에 대한 주식소유비율은 합계 48.58%로서 최대주주가 되고 그밖에 앞에서 본 영창악기의 주주현황, 원고들의 특수관계인들이 영창악기의 임원들로 선임된 사정 등까지 종합한다면, 이 사건 기업결합은 '취득회사의 주식소유비율이 50/100 미만이더라도 주식소유비율이 1위에 해당하고 주식분산도로 보아 주주권행사에 의한 회사지배가 가능한 경우(기업결합 심사기준 Ⅴ. 1. 나. (1) 참조)'에 해당하므로, 이는 주식취득을 통하여 당사회사 간에 지배관계가 형성되는 수평적 기업결합의 하나에 해당된다고 할 것이다".

38) 서고판 2004. 10. 27. 2003누2252: "이 사건 행정처분 이후 대선주조의 주식 50.59%가 특정인에게 매각되어 제 1 대 주주가 되었다거나 2004. 3. 11. 정기 주총에서 대선주조측의 임원이 선임된 사정은 이 사건 처분 이후의 사정변경에 불과하여 이 사건 처분 당시에 지배가능성이 없었다고 볼 수는 없다".

3. 일정한 거래분야

일정한 거래분야는 경쟁관계가 성립될 수 있는 거래분야를 말하며, 거래대상, 거래지역, 거래단계, 거래상대방 등에 따라 구분될 수 있다. 이론상 이를 '관련시장'이라 한다.

1) 대상적 관련시장

기업결합의 제한에 해당되는지 여부를 판단하기 위해서는 그 경쟁관계가 문제될 수 있는 일정한 거래분야에 관하여 거래의 객체인 관련 상품에 따른 시장("관련상품시장") 등을 획정하는 것이 선행되어야 한다.[39)]

> 거래대상(상품시장)별 일정한 거래분야는 거래되는 특정 상품(용역을 포함)의 가격이 상당기간 어느 정도 의미있는 수준으로 인상될 경우 동 상품의 대표적 구매자가 이에 대응하여 구매를 전환할 수 있는 상품의 집합을 말한다. 특정 상품이 동일한 거래분야 속하는지 여부는 ① 상품의 기능 및 효용의 유사성, ② 상품의 가격의 유사성, ③ 구매자들의 대체가능성에 대한 인식 및 그와 관련한 구매행태, ④ 판매자들의 대체가능성에 대한 인식 및 그와 관련한 경영의사결정 행태, ⑤ 통계법 제17조(통계자료의 분류) 제 1 항의 규정에 의하여 통계청장이 고시하는 한국표준산업분류, ⑥ 거래단계(제조, 도매, 소매), ⑦ 거래상대방을 고려하여 판단한다.
>
> 결합당사회사가 속한 산업 특성상 연구·개발 등 혁신활동이 필수적이거나 지속적인 혁신경쟁이 이루어지고, 결합당사회사 중 한 쪽 이상이 그 경쟁에서 중요한 사업자인 경우 근접한 혁신활동이 이루어지는 분야(이하, 혁신시장)를 별도로 획정하거나 제조·판매 시장 등과 포괄하여 획정할 수 있다(「기업결합 심사기준」 Ⅴ. 1).[40)]

39) 그러나 2010년 미국의 「수평적 기업결합 심사지침(Horizontal Merger Guideline)」에서는 기업결합의 경쟁제한효과를 판단함에 있어서 관련시장 획정이 필수적이지 않음을 인정하고 있다.

40) 혁신 기반 산업에서는 제조·판매 시장에서의 경쟁과 구별되는 다양한 형태의 경쟁(① 연구·개발·제조·판매를 모두 수행하는 기업 간 경쟁, ② 제품 출시를 완료하여 제조·판매 중인 기업과 제품 출시 전 연구·개발 활동 중인 기업 간 경쟁, ③ 아직 제품 출시는 되지 않았으나 시장 형성을 목표로 이루어지는 연구·개발 경쟁 등)이 이루어지고, 인수합병(M&A)을 통한 혁신 경쟁 기업 제거 등이 이루어질 수 있으나, 연구·개발 활동과 제조·판매 활동 등이 경쟁으로 인식되지 않거나 과소 평가될 수 있다. 따라서, 결합 상대회사의 제조·판매 활동 또는 연구·개발 활동과 근접하여 상호 대체 가능한 연구·개발 활동이 이루어지는 분야인 혁신 시장을 별도의 연구·개발 시장으로 획정하거나 연구·개발·제조·판매 시장으로 획정할 수 있도록 했다. 공정거래위원회 보도자료(2019. 2. 26).

대법원도 관련상품시장은 일반적으로 서로 경쟁관계에 있는 상품들의 범위를 말하는 것으로서, 구체적으로는 거래되는 상품의 가격이 상당 기간 어느 정도 의미 있는 수준으로 인상될 경우 그 상품의 대표적 구매자가 이에 대응하여 구매를 전환할 수 있는 상품의 집합을 의미하고, 그 시장의 범위는 거래에 관련된 상품의 가격, 기능 및 효용의 유사성, 구매자들의 대체가능성에 대한 인식 및 그와 관련한 구매행태는 물론, 판매자들의 대체가능성에 대한 인식 및 그와 관련한 경영의사의 결정행태, 사회적·경제적으로 인정되는 업종의 동질성 및 유사성 등을 종합적으로 고려하여 판단하여야 할 것이며, 그 이외에도 기술발전의 속도, 그 상품의 생산을 위하여 필요한 다른 상품 및 그 상품을 기초로 생산되는 다른 상품에 관한 시장의 상황, 시간적·경제적·법적 측면에서의 대체의 용이성 등도 함께 고려하여야 한다고 한다.[41]

「기업결합 심사기준」 및 판례 〈(주)무학 외 1의 기업결합제한규정 위반행위 건〉[42]은 미국 「수평적 기업결합 심사지침(Horizontal Merger Guidelines)」 상의 SSNIP 방식을 채택하고 있다. 다만 SSNIP 방식에 의할 경우 기준가격에 대하여 논란이 있다. 예를 들어 〈에스케이(주)의 기업결합제한규정 위반행위 건〉에서 공정거래위원회는 대체수송수단, 특히 유조선을 제외하고 '송유관에 의한 석유제품의 1차(정유회사－저유소)수송시장'으로 시장을 획정하였는바,[43] 공정거래위원회가 각 지역별로 대체 수송수단과의 치열한 경쟁과 대한송유관공사(이하 "대송")의 낮은 가동률 때문에, 대송이 자신의 가격을 설정할 때 총 운송비가 대체 수송수단보다 경우에 따라 10%정도 낮은 수준에서 결정되도록 한 사실에 SSNIP 기준을 기계적으로 적용하여, 대송이 자신의 가격을 현수준에서 5% 인상해도 정유사들이 여전히 비싼 대체 수송수단(유조선)으로 전환하지 않을 것이므로 대송이 '송유관을 이용한 1차수송시장'에서 독점력이 있다고 판단한 오류를 범하였다는 지적이 있다.[44] 즉 심사대상행위가 약탈적 가격책정, 끼워팔기, 배타적

41) 대판 2008. 5. 29. 2006두6659; 대판 2009. 9. 10. 2008두9744.

42) 서고판 2004. 10. 27. 2003누2254: "이 사건 기업결합과 관련된 지역시장의 획정은 수요의 대체가능성을 가늠하는 이른바 'SSNIP 방법론'을 기초로 하되, 그 외 소주시장의 특성, 판매자의 판매지역전환가능성, 즉 공급의 대체가능성 등을 종합하여 결정되어야 하는 점…".

43) 공정의 2001. 6. 29. 2001－090.

44) 이상승, 공정거래와 법치(2004), 236면. 미국의 Cellophane 사건[United States v. E.I. do pont de Nemours & Co, 351 U.S. 377, 76 S.Ct. 994(1956)]에서 미국대법원이 듀폰이 자신의 시장지배력을 이용하여 책정한 '제약하의 독점가격'에서 대체포장재들이 셀로판과 경쟁이 가능하다는 이유로 연질 포장재 전체를 시장으로 획정함으로써 듀폰이 독점력이 없다고 잘못 판단한 소위 '셀로판 오류(The Cellophane fallacy)'를 빗대어 '역 셀로판 오류(A Reverse Cello－

계약 등 시장지배력남용행위일 경우에는 심사대상기업이 이미 시장지배력 또는 더 강한 독점력을 보유하고 있는가의 여부를 판단해야 하는바, 이때는 시장획정시 원가, 즉 경쟁적 가격(competitive price) 수준에서 대체재의 존재여부를 분석해야 하고, 기업합병처럼 심사대상행위의 결과 해당기업이 시장지배력 또는 독점력을 획득, 강화할 것인가의 여부를 경쟁당국이 파악하는 것이 목적인 경우에는 당시 시장가격(prevailing price) 수준에서 대체재 존재여부를 분석해야 한다고 한다.[45]

최근 소위 '양면시장'에서의 시장획정이 문제되고 있다. 〈이베이 케이티에이(유케이) 리미티드 등의 기업결합제한규정 위반행위에 대한 건〉에서 공정거래위원회는 소비자측면에서는 일반쇼핑몰과 오픈마켓을 합쳐 하나의 인터넷 쇼핑시장으로 획정하였으나 판매자측면에서는 일반쇼핑몰과 오픈마켓을 별개의 시장으로 획정하였는바, 이는 오픈마켓의 양면시장적 성격을 최대한 고려하여 판단한 것이다.[46] 그리고 "만약 양면시장의 개별 면에서 별도의 경쟁이 존재한다면 각 면은 각각 독립된 시장으로 획정되는 것이 타당하다"고 판단하였다.[47] 〈딜리버리히어로에스이 등 4개 배달앱 사업자의 기업결합제한규정 위반행위 건〉에서 공정거래위원회는 상품시장을 배달앱시장, 음실배달대생시장, 공유주방 시장으로 획정하였는바, 배달앱시장은 양면시장으로 규정하였다.[48]

한편 〈롯데인천개발(주)의 기업결합제한규정 위반행위 건〉[49]에서 공정거래위원회는 SSNIP 테스트의 방법으로 총전환율 분석방법을 활용하였다. 즉 총전환율(일정한 가격인상시 전체 구매전환 중에서 후보시장 내부의 점포로 구매가 전환된 비율)이 임계전환율(일정한 가격인상시 이윤증가를 담보해 주는 총전환율의 최소치)보다 크면 관련시장을 후보시장으로 획정하고, 총전환율이 임계전환율보다 작으면 후보시장 외부로까지 시장을 확대하는데, 동 건에서는 총전환율이 임계전환율보다 커서 백화점으로 시장을 획정하였다. 〈롯데쇼핑(주)의 기업결합제한규정 위반행위 건〉[50]에서는 SSM과 대형마트는 매장 면적, 취급 품목 수 등에서 차이

---

phane fallacy)'라고 한다; 그러나 셀로판 오류에 대하여, 인위적으로 추론된 경쟁가격을 사용하는 것인데, 경쟁가격의 사용은 이론적으로 가능할지는 모르나 실제 적용에 있어서는 이론적인 범주를 벗어나지 못한다는 비판이 있다. 곽상현, 저스티스(2006. 8), 72면 참조.

45) 이상승, 공정거래와 법치(2004), 230면.

46) 공정의 2009. 6. 25. 2009－146; 공정의 2009. 4. 15. 2009－097.

47) 공정의 2009. 6. 25. 2009－146.

48) 공정의 2021. 2. 2. 2021－032.

49) 공정의 2013. 4. 29. 2013－078.

50) 공정의 2012. 5. 14. 2012－080.

가 있으나, 설문조사 결과를 바탕으로 SSNIP테스트의 대표적인 방법인 임계매출감소분석과 총전환율 분석을 한 결과 관련 상품시장이 SSM 시장보다 넓게 확대되어야 한다는 결론이 도출되었다.

〈3개 방송통신사업자 기업결합제한규정 위반행위 건〉 및 〈6개 방송통신사업자 기업결합제한규정 위반행위 건〉에서 공정거래위원회는 방송분야에서 8VSB 유료방송시장, 디지털 유료방송시장, 방송채널 전송권 거래 시장, 방송광고시장, 홈쇼핑 방송채널 전송권 구매시장으로, 통신분야에서 이동통신 소매시장, 이동통신 도매시장, 초고속인터넷시장, 유선 전화시장, 국제전화시장으로 각각 획정하였고,[51] 〈KT스카이라이프 등 5개 방송통신사업자의 기업결합제한규정 위반행위 건〉에서도 디지털 유료방송시장, 8VSB 유료방송시장, 방송채널사용사업(PP)시장, 일반유로방송채널 전송권 거래시장, 지상파방송채널 재전송권 거래시장, 홈쇼핑방송패널 전송권 거래시장, 홈쇼핑방송채널 전송권 구매시장, 방송광고시장, 초고속인터넷시장, 유선전화시장 등 10개 시장으로 획정하였다.[52]

2) 지리적 관련시장

거래지역(지역시장)별 일정한 거래분야는 다른 모든 지역에서의 당해 상품의 가격은 일정하나 특정지역에서만 상당기간 어느 정도 의미있는 가격인상이 이루어질 경우 당해 지역의 대표적 구매자가 이에 대응하여 구매를 전환할 수 있는 지역전체를 말한다.

> 특정지역이 동일한 거래분야에 속하는지 여부는 ① 상품 특성(상품의 부패성, 변질성, 파손성 등) 및 판매자의 사업능력(생산능력, 판매망의 범위 등), ② 구매자의 구매지역 전환가능성에 대한 인식 및 그와 관련한 구매자들의 구매지역 전환행태, ③ 판매자의 구매지역 전환가능성에 대한 인식 및 그와 관련한 경영의사결정 행태, ④ 시간적, 경제적, 법제적 측면에서의 구매지역 전환의 용이성을 고려하여 판단한다(「기업결합 심사기준」 V. 2).

지리적 관련시장 역시 미국의 「수평적 기업결합 심사지침(Horizontal Merger Guidelines)」의 SSNIP 방식을 적용하도록 규정하고 있고, 이러한 방식은 우리

51) 공정의 2019. 12. 11. 2019－284 및 2020. 1. 10. 2020－011.

52) 공정의 2021. 9. 29. 2021－238.

나라의 경쟁당국에 의하여 채택되고 있다.[53] 대법원도 "관련지역시장은 일반적으로 서로 경쟁관계에 있는 사업자들이 위치한 지리적 범위를 말하는 것으로서, 구체적으로는 다른 모든 지역에서의 가격은 일정하나 특정 지역에서만 상당 기간 어느 정도 의미 있는 가격인상 또는 가격인하가 이루어질 경우 당해 지역의 대표적 구매자 또는 판매자가 이에 대응하여 구매 또는 판매를 전환할 수 있는 지역 전체를 의미하고, 그 시장의 범위는 거래에 관련된 상품의 가격과 특성 및 판매자의 생산량, 사업능력, 운송비용, 구매자의 구매지역 전환가능성에 대한 인식 및 그와 관련한 구매자들의 구매지역 전환행태, 판매자의 구매지역 전환가능성에 대한 인식 및 그와 관련한 경영의사결정 행태, 시간적·경제적·법적 측면에서의 구매지역 전환의 용이성 등을 종합적으로 고려하여 판단하여야 할 것이며, 그 외에 기술발전의 속도, 관련 상품의 생산을 위하여 필요한 다른 상품 및 관련 상품을 기초로 생산되는 다른 상품에 관한 시장의 상황 등도 함께 고려하여야 할 것이다"고 판시하고 있다.[54]

〈(주)무학 외 1의 기업결합제한규정 위반행위 건〉 관련 행정소송에서 서울고등법원은 SSNIP 방법론을 적용하는 방법으로 소위 '임계매출감소분석(critical loss analysis)'을 인정하였다. 결론적으로 부산지역 및 경남지역(울산포함)을 별도의 관련 지역시장으로 획정하고 가상의 독점사업자인 무학/대선은 충성도가 강한 다수의 집단을 상대로 '작지만 의미있고 비일시적인 가격인상'을 행하여 이윤증대를 도모할 수 있는 등 독점력을 행사할 수 있다고 판시하였다.[55]

그러나 법원은 SSNIP 방법론을 항상 적용하지는 않는다. 즉 〈(주)신세계의 기업결합제한규정 위반행위 건〉 관련 행정소송에서 서울고등법원은 유통시장, 특히 대형할인점 시장은 거래되는 상품의 종류, 포장방법, 가격을 포함한 판매방법이 매우 다양하여 유의미한 가격지수를 산정하기 어려워 SSNIP 방법론과 임계손실분석법을 적용하기 어렵다고 판단하였다.[56] 따라서 중첩원의 합집합(A

53) 서고판 2004. 10. 27. 2003누2252; 서고판 2008. 9. 3. 2006누30036.

54) 대판 2007. 11. 22. 2002두8626; 대판 2009. 9. 10. 2008두9744.

55) 서고판 2004. 10. 27. 2003누2252.

56) 서고판 2008. 9. 3. 2006누30036: "처음부터 분석의 대상을 상품군으로 정의하는 방식["묶음시장"(cluster market)]방식이 외국에서도 인정되는데 이 경우에는 SSNIP방법론을 엄밀하게 적용하기 어려워 거래적 보완성(transactional complementarity)의 유무와 강도를 확인하는 방법이 일반적으로 사용된다. 거래적 보완성이란 어떤 소비자가 상품을 구매할 때 특정사업자에게 여러 상품을 함께 구입하는 것이 각각의 상품을 개별 공급자로부터 구입하는 것보다 유리한 경우에 발생하는 편의성을 의미한다. 이러한 편의성이 강하게 존재하는 경우, 가상의 독점사업자가 묶음상품의 가격을 적지만 의미있게 인상한다고 할지라도 소비자는 각각의 상품구입을 개별

지리적 시장 획정기법 예시

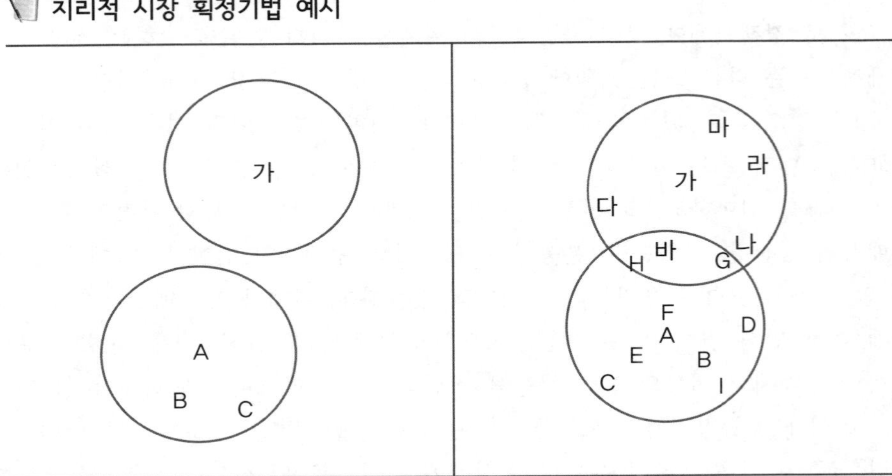

〈출처: 공정거래위원회〉

union of overlapping circles)의 개념을 사용하여 시장을 획정하였다.57) 즉 위의 그림에서 반경 5㎞를 지역시장으로 획정한다고 가정하면 5㎞의 원들이 서로 중첩되고 이 경우 그 합집합(union)을 하나의 지역시장으로 보는 것이다. 이에 따라 '가' 및 'A'의 할인점이 속한 지역시장에서는 총 15개의 지점이 서로 경쟁하는 것이 된다.58)

상품공급자로 전환하는데 부담을 느낄 것이고, 이런 경우 묶음으로서의 상품이 관련시장으로 획정되는 근거를 가지게 된다. 이처럼 상품시장이 다수의 상품으로 이루어진 상품군으로 정의되는 경우에도 SSNIP방법론을 적용하여 지역시장을 획정하는 것은 마찬가지로 어려움이 있다. 이에 따라 지역시장과 관련해서는 구매지역의 지역적 특성(geographic pattern of purchases)이 시장획정의 출발점으로 중요하게 다루어진다. 미국의 경우에도 유통산업에 대하여 지역성을 인정하여 행정구역(city 또는 county) 중심으로 지역시장을 획정한 사례가 있고, 유럽에서는 중첩원의 합집합(a union of overlapping circle) 개념을 사용하여 지역시장을 획정한 사례가 있다".

57) 〈(주)신세계의 기업결합제한규정 위반행위 건〉관련 서울고등법원 판결 이후 이루어진〈삼성테스코(주)의 기업결합제한규정 위반행위 건〉(공정의 2008. 10. 27. 2008−285)에서 공정거래위원회도 기본적으로 동일한 방법을 사용하였다. 그러나 이러한 방식의 대형마트 지역시장획정 역시 문제점을 내포하고 있고 따라서 이는 이러한 시장획정에 기인한 시장점유율에 의하여 경쟁제한성을 분석하는 것 역시 본질적인 문제점을 내포하고 있다. 따라서 공정거래위원회는 구매전환율(diversion ratio)과 경쟁전략분석을 통해 경쟁제한성을 판단하였다. 이에 대한 자세한 내용은, 김준범, 경쟁저널(2009. 1), 10~21면 참조. 〈롯데인천개발(주)의 기업결합제한규정 위반행위 건〉(공정의 2013. 4. 29. 2013−078)에서는 신세계인천점을 중심으로 반경 10km 중첩원의 합집합 접근법을 사용하였다.

58) 영국과 EU의 경쟁정책 집행기관의 시장획정지침에서 제시되어 있는 '연쇄적 대체관계

공정거래위원회는 지리적 시장획정을 위한 도구로 E－H 테스트를 사용하기도 한다(〈(주)무학 외 1의 기업결합제한규정위반행위 건〉, 〈하이트맥주(주)의 기업결합제한규정위반행위 건〉).[59)]

〈3개 방송통신사업자의 기업결합제한규정 위반행위 건〉[60)]에서는 유료방송시장에서의 수평적 결합 관련하여 지리적 시장획정이 쟁점이 되었다. 피심인은 전국사업자 간의 결합이므로(IPTV사업자＋케이블사업자) 전국시장으로 보아야 한다고 주장하였으나 공정거래위원회는 (공급대체성 측면에서) SO(System Operater: 지역유선방송사업자)는 허가받은 방송구역에서만 경쟁하고 있으며, (수요대체성 측면에서) 타 방송구역으로의 구매전환이 불가능하고, 방송구역별 요금이 서로 다르다는 이유로 23개 방송구역별로 시장을 획정하였다.

〈딜리버리히어로에스이 등 4개 배달앱 사업자의 기업결합제한규정 위반행위 건 건〉에서 공정거래위원회는 상품시장별로 지리적 시장을 획정하였다.[61)] 〈3개 방송통신사업자 기업결합제한규정 위반행위 건〉 및 〈6개 방송통신사업자 기업결합제한규정 위반행위 건〉[62)] 및 〈KT스카이라이프 등 5개 방송통신사업자의 기업결합제한규정 위반행위 건〉[63)]에서는 상품시장별로 각각의 방송구역과 전국시장으로 획정하였으며, 〈대한항공 등 5개 항공운송사업자의 기업결합제한규정 위반행위 건〉에서는 항공 여객운송은 서비스의 특성상 그 자체로 지역적 요소를 내포하는 바, 상품시장 획정과 지역시장 획정을 구분하지 않고 국제선, 국내선 노선별로 시장을 획정하였다.[64)]

(chains of substitution)'의 개념에 따르는 경우 지리적 시장은 무한정으로 확장될 수 있다. EC Commission(1997, para 57)은 "연쇄적 대체관계가 존재하는 경우에는 시장의 양극단에 있는 상품이나 지역이 직접적으로 대체 가능하지 않아도 관련시장으로 획정할 수 있다(in certain cases, the existence of substitution might lead to the definition of a relevant market, where products or areas at the extreme of the market are not directly substitutable.)"라고 보고, 그 예로서 공장들이 서로 떨어져 있는 경우에 이동비용을 고려한 공장의 주변지역들이 중첩되면 가격책정에 이 중첩지역에서의 경쟁이 영향을 미칠 수 있기 때문에 관련 지역시장을 두 지역을 포함하여 확대할 수 있다고 하였다. 그리고 이러한 확장은 연쇄적으로 가능하다고 보았다. 이상 공정의 2006. 1. 24. 2006－009.

59) 공정의 2006. 1. 24. 2006－009.

60) 공정의 2016. 7. 18. 2016－213.

61) 공정의 2021. 2. 2. 2021－032.

62) 공정의 2019. 12. 11. 2019－284 및 2020. 1. 10. 2020－011

63) 공정의 2021. 9. 29. 2021－238.

64) 공정의 2022. 5. 9. 2022－107.

4. 경쟁의 실질적 제한

1) 의 의

"경쟁을 실질적으로 제한하는 기업결합" 또는 "경쟁제한적 기업결합"이라 함은 당해 기업결합에 의해 일정한 거래분야에서 경쟁이 감소하여 특정한 기업 또는 기업집단이 어느 정도 자유로이 상품의 가격·수량·품질 기타 거래조건 이나 혁신, 소비자 선택 가능성 등의 결정에 영향을 미치거나 미칠 우려가 있는 상태를 초래하거나 그러한 상태를 상당히 강화하는 기업결합을 말하고, "경쟁제한성" 또는 "경쟁을 실질적으로 제한한다" 함은 그러한 상태를 초래하거나 그러한 상태를 상당히 강화함을 말한다(「기업결합 심사기준」 Ⅱ.6).

앞에서 본 바와 같이 독점규제법이 보호하고자 하는 경쟁은 유효경쟁으로 해석하는 것이 일반적이다. 대법원도 "경쟁의 실질적 제한이란 어떤 특정사업자 또는 사업자단체에 의한 시장지배력의 형성 또는 강화 때문에 유효경쟁을 기대하기 어려운 상태가 초래되는 것을 뜻한다"고 한다.[65]

2) 내 용

독점규제법에서는 제 9 조에서 누구든지 직접 또는 특수한 관계에 있는 자를 통하여 일정한 거래분야에서 경쟁을 실질적으로 제한하는 기업결합을 하여서는 아니 된다고 규정한다. EU 「합병규칙(Merger Regulation)」은 종래 시장지배력의 형성과 강화에 두었으나,[66] 2004. 5. 개정을 통하여 시장지배력의 형성과 강화의 결과 발생하는 실질적 경쟁의 제한으로 수정되었다.[67] 미국의 「클레이튼법 (Clayton Act)」 제 7 조에서는 "경쟁의 실질적 감소"(substantial lessening of com-

65) 대판 1995. 5. 12. 94누13794 참조.

66) Article 2 Appraisal of concentrations "3. a concentration which creates or strengthens a dominant position as a result of which effective competition would be impeded in the common market or in a substantial part of it shall be declared incompatible with the common market".

67) Article 2 Appraisal of concentrations "3. A concentration which would significantly impede effective competition, in the common market or in a substantial part of it, in particular as a result of the creation or strengthening of a dominant position, shall be declared incompatible with the common market".

petion)라는 표현을 사용하고 있다.[68] 독일「경쟁제한방지법(GWB)」 제36조 제 1 항에 의하면 위법한 기업결합의 기준을 그 기업결합을 통한 시장지배적지위의 형성과 강화에 두고 있다. 그러나 동 법에서도 "실질적 경쟁의 결여"(Fehlen des wesentlichen Wettbewerbs)를 시장지배의 한 형태로 규정하고 있는 점에서 결국에는 실질적 경쟁의 제한과 비슷하다고 볼 수 있다.

독점규제법상 경쟁을 실질적으로 제한하는 기업결합행위는 시장지배적지위의 형성 혹은 강화와 어떤 개념상의 연관성이 있는지가 문제된다. 독점규제법상 기업결합에 있어서의 실질적 경쟁의 제한성의 판단은 시장지배적지위의 형성 또는 강화와 밀접한 관련이 있는 것으로 보아야 한다.「기업결합 심사기준」에서도 경쟁제한성의 판단기준을 시장지배력의 형성 및 강화에 두고 있으며, 대법원도 동일하게 해석하고 있다.[69]

한편 독점규제법 제 9 조 제 3 항에서는 실질적 경쟁제한성을 추정하는 2가지 경우를 규정하고 있는데 그 중 하나로 제 1 호에서 당사회사의 시장점유율의 합계가 시장지배적사업자의 추정요건에 해당하고 당해 거래분야에서 1위이며, 2위와의 차이가 100분의 25 이상인 경우를 규정하고 있다. 이는 실질적 경쟁제한성의 판단 기준에 시장점유율의 변화에 기초한 시장지배적지위의 형성 및 강화가 중요한 요소가 됨을 의미한다. 아울러 제 2 호에서는 대규모회사가 중소기업 시장점유율이 2/3 이상인 시장에서 기업결합을 하고 당해 결합으로 100분의 5 이상의 점유율을 가지는 경우 실질적 경쟁제한성을 추정한다. 이는 중소기업 중심시장에 대기업이 침투함으로써 시장경쟁이 교란되는 것을 방지하기 위한 규정이다.

① 시장의 집중상황

「기업결합 심사기준」에 의하면 기업결합의 경쟁제한성은 취득회사 등과 피

68) "the effect of such acquisition may be substantially to lessen competition, or tend to creat a monopoly".

69) 대판 1995. 5. 12. 94누13794: "경쟁을 실질적으로 제한한다는 것은 시장에서의 유효한 경쟁을 기대하기 어려운 상태를 초래하는 행위, 즉 일정한 거래 분야의 경쟁상태가 감소하여 특정사업자 또는 사업자단체가 그 의사로 어느 정도 자유로이 가격 · 수량 · 품질 및 기타 조건을 좌우할 수 있는 시장지배력의 형성을 의미하고, 시장에서 실질적으로 시장지배력이 형성되었는지 여부는 해당업종의 생산구조, 시장구조, 경쟁상태 등을 고려하여 개별적으로 판단하여야 할 것이다"; 이민호, 119면에서는 "어느 정도" 자유로이 가격 등의 결정에 영향을 미치거나 미칠 우려가 있는 상태를 초래하는 것이라고 표현한 것은 기업결합으로 인하여 시장지배력을 형성 또는 강화하는 정도에 이르지 않더라도 실질적 경쟁제한성을 인정할 수 있음을 의미하는 것으로 해석한다.

취득회사간의 관계를 고려하여 수평형 기업결합, 수직형 기업결합, 혼합형 기업결합 등 유형별로 구분하여 판단한다.

> 첫째, (시장집중도) ⅰ) 수평형 기업결합의 경우 ⓐ 허핀달－허쉬만 지수(일정한 거래분야에서 각 경쟁사업자의 시장점유율 제곱의 합, 이하 'HHI')가 1,200에 미달하는 경우, ⓑ HHI가 1,200 이상이고 2,500 미만이면서 HHI 증가분이 250 미만인 경우, ⓒ HHI가 2,500 이상이고 HHI 증가분이 150 미만인 경우 중 어느 하나인 경우(다만 당사회사의 시장점유율 등이 법 제 9 조 제 3 항의 요건에 해당하는 경우에는 이를 적용하지 아니함), ⅱ) 수직형 또는 혼합형 기업결합으로서 ⓐ 당사회사가 관여하고 있는 일정한 거래분야에서 HHI가 2,500 미만이고 당사회사의 시장점유율이 25/100 미만인 경우, ⓑ 일정한 거래분야에서 당사회사가 각각 4위 이하 사업자이거나, 일정한 거래분야에서 당사회사가 4위 이하 사업자이거나, 당사회사의 시장점유율이 10/100 미만인 경우 중 어느 하나에 해당하는 경우 경쟁을 실질적으로 제한하지 않는 것으로 추정되며, 그렇지 않은 경우에는 경쟁이 실질적으로 제한될 가능성이 있다(「기업결합 심사기준」 Ⅵ. 1. 가).
> 둘째, (시장집중도의 변화추이) 시장집중도를 평가함에 있어서는 최근 수년간의 시장집중도의 변화추세를 고려한다. 최근 수년간 시장집중도가 현저히 상승하는 경향이 있는 경우에 시장점유율이 상위인 사업자가 행하는 기업결합은 경쟁을 실질적으로 제한할 가능성이 높아질 수 있다. 이 경우 신기술개발, 특허권 등 향후 시장의 경쟁관계에 변화를 초래할 요인이 있는지 여부를 고려한다(「기업결합 심사기준」 Ⅵ. 1. 나).
> 셋째, (혁신시장의 시장집중도) 혁신시장의 시장집중도 산정의 경우 관련 상품의 매출액 등에 기반한 시장점유율을 산정할 수 없는 경우가 있다. 따라서 혁신시장에서는 연구개발비 지출 규모, 혁신활동에 특화된 자산 및 역량의 규모, 해당분야 특허출원 또는 피인용 횟수, 혁신경쟁에 실질적으로 참여하는 사업자의 수 등을 참고하여 시장집중도를 산정할 수 있다(「기업결합심사기준」 Ⅳ. 1. 다).

경쟁제한성의 추정방법으로 미국은 「수평적 기업결합 심사지침(Horizontal Merger Guidelines)」에서도 HHI를 사용하고 있다. 즉 시장집중도는 그 시장에서 활동하고 있는 각 기업이 차지하고 있는 시장점유율의 제곱의 합과 같다. 이렇게 산정된 시장집중도가 1,500 미만인 시장(비집중시장: unconcentrated markets)

과 1,500~2.500인 시장(보통 집중시장: moderately concentrated markets) 및 2,500 이상인 시장(고도 집중시장: highly concentrated markets)으로 나누어, HHI변화가 100p미만인 경우에는 경쟁에 영향이 없는 것으로 보고, 비집중시장에서는 경쟁제한성이 문제되지 아니하며, 보통 집중 시장에서는 100p 이상의 증가는 중대한 경쟁적 관심을 야기하고, 고집중시장에서는 100p~200p의 증가는 중대한 경쟁적 관심을 야기하고 200p이상의 증가는 시장력의 증대가 추정된다고 한다.[70] 이는 우리나라 「기업결합 심사기준」에서도 활용되고 있다. 다만 미국 및 EU와 약간 다른 수치를 사용하고 있다.[71]

〈(주)삼익악기의 기업결합제한규정 위반행위 건〉 관련 행정소송에서 서울고등법원은 "기업결합 후 업라이트 피아노(UP), 그랜드 피아노(GP), 디지털 피아노(DP) 시장에서 결합당사회사인 원고 등의 점유율(2003년 매출액 기준) 합계는 각각 92%, 64.4%, 63.4%로서 모두 1위이고, 2위와의 점유율 격차가 각각 85.5%p, 45.3%p, 31.4%p로서 모두 결합당사회사 점유율 합계의 25% 이상이므로 법 제9조 제4항 제1호의 경쟁제한성 추정요건에 해당되고", "HHI 지수와 HHI 지수 증가분(△HHI)은 UP, GP, DP 시장 모두 미국 기업결합심사지침상의 경쟁제한성 추정요건에 해당됨을 알 수 있다"고 판시하였다.[72]

---

70) 5.3 "Based on their experience, the Agencies generally classify markets into three types: ① **Unconcentrated Markets**: HHI below 1500, ② **Moderately Concentrated Markets**: HHI between 1500 and 2500, ③ **Highly Concentrated Markets**: HHI above 2500. The Agencies employ the following general standards for the relevant markets they have defined: ① **Small Change in Concentration**: Mergers involving an increase in the HHI of less than 100 points are unlikely to have adverse competitive effects and ordinarily require no further analysis. ② **Unconcentrated Markets**: Mergers resulting in unconcentrated markets are unlikely to have adverse competitive effects and ordinarily require no further analysis. ③ **Moderately Concentrated Markets**: Mergers resulting in moderately concentrated markets that involve an increase in the HHI of more than 100 points potentially raise significant competitive concerns and often warrant scrutiny. ④ **Highly Concentrated Markets**: Mergers resulting in highly concentrated markets that involve an increase in the HHI of between 100 points and 200 points potentially raise significant competitive concerns and often warrant scrutiny. Mergers resulting in highly concentrated markets that involve an increase in the HHI of more than 200 points will be presumed to be likely to enhance market power. The presumption may be rebutted by persuasive evidence showing that the merger is unlikely to enhance market power".

71) 우리나라의 경우 미국이나 유럽에 비하여 시장규모가 작아서 시장집중도가 높은 시장이 더 많다는 점을 고려한 것으로 본다. 이민호, 175면.

72) 서고판 2006. 3. 15. 2005누3174(대판 2008. 5. 29. 2006두6659).

② 수평적 기업결합

수평적 기업결합이 경쟁을 실질적으로 제한하는지 여부에 대해서는 기업결합전후의 시장집중상황, 단독효과, 협조효과, 해외경쟁의 도입수준 및 국제적 경쟁상황, 신규진입의 가능성, 유사품 및 인접시장의 존재여부 등을 종합적으로 고려하여 심사한다.[73)]

A. 단독효과

기업결합후 당사회사가 단독으로 가격인상 등 경쟁제한행위를 하더라도 경쟁사업자가 당사회사 제품을 대체할 수 있는 제품을 적시에 충분히 공급하기 곤란한 등의 사정이 있는 경우에는 당해 기업결합이 경쟁을 실질적으로 제한할 수 있다.

> 단독의 경쟁제한행위가 가능해지는지 여부는 ① 결합당사회사의 시장점유율 합계, 결합으로 인한 시장점유율 증가폭 및 경쟁사업자와의 점유율 격차, ② 결합당사회사가 공급하는 제품간 수요대체가능성의 정도 및 동 제품 구매자들의 타 경쟁사업자 제품으로의 구매 전환가능성, ③ 경쟁사업자의 결합당사회사와의 생산능력 격차 및 매출증대의 용이성을 종합적으로 고려하여 판단한다. 위 판단기준의 적용에 있어서는 시장의 특성도 함께 감안하여야 한다. 예컨대, 차별적 상품시장에 있어서는 결합 당사회사간 직접경쟁의 정도를 측정하는 것이 보다 중요하고 그에 따라 시장점유율보다는 결합당사회사 제품간 유사성, 구매전환 비율 등을 보다 중요하게 고려한다(「기업결합 심사기준」 VI. 2. 가).

단독효과는 기업결합 당사회사가 단독으로 가격통제·경쟁능력배제 등을 보유·행사하고 있는지 여부를 검토하는 것이다. 이와 관련 〈(주)무학 외 1의 기업결합제한규정 위반행위 건〉 관련 행정소송에서 서울고등법원은 “이 사건 기업결합으로 얻어진 독점적 지위를 바탕으로 거래업체에 대해 가격인상, 끼워팔기, 구속조건부거래 등 시장지배력을 남용할 유인이 더욱 증가하여 결과적으로 최종소비자에 피해가 초래될 가능성이 높다할 것이며, 아울러 무학이 ‘무학’ 및 ‘대선’이라는 소주 브랜드별로 경남과 부산지역을 각각 분할, 독점하여 지역독점화 구조

73) 대판 2008. 5. 29. 2006두6659 참조; 대판 2009. 9. 10. 2008두9744.

가 현재보다 더욱 고착화될 우려가 있다"고 판단하였다.[74)]

또한 〈(주)삼익악기 외 1의 기업결합제한규정 위반행위 건〉 관련 행정소송에서도 "이 사건 기업결합으로 인하여 국내의 양대 피아노 생산·판매업체는 사실상 독점화되고 직접적인 대체관계에 있던 두 제품이 하나의 회사내에서 생산되고 판매되므로 소비자 입장에서는 제품선택의 폭이 줄어들고 생산자 입장에서는 이를 이용하여 가격인상을 통한 이윤증대가능성이 커지게 되는 이른바 단독효과(unilateral effect)가 발생할 수 있는 전형적인 경우"라고 판시하였다.[75)] 단독효과(또는 일방효과)는 긴밀한 대체재를 공급하는 기업들이 합병할 경우에 그들 간의 (기존의) 경쟁이 사라질 것인 만큼 가격인상의 여지가 커진다는 것으로 주로 차별화제품 시장에서 강하게 작용하지만, 제품이 동질적인 시장에서도 합병기업이 지배적인 점유율을 갖게 될 경우에는 단독효과가 가능하다.[76)]

단독효과의 측정을 위해서는 기업결합 시뮬레이션(merger simulation), 구매전환율 분석 등 방법을 사용하고 있다.[77)] 기업결합 시뮬레이션이란 수평적 기업결합에서 단독효과로 인한 가격인상효과를 계량적으로 예측하는 방법론이며,[78)] 구매전환율 분석은 할인점처럼 차별적 재화의 경우 시장점유율 만으로 경쟁제한 효과를 제대로 평가하기 어려운 경우 사용하는 방법이다.[79)] 구매전환율 분석에서는 구매전환율(상품A의 가격인상으로 인해 구매를 포기한 소비자 중에서 상품B로 구매를 전환하는 비율)이 높은 상품들 간에 기업결합을 하는 경우 결합후 가격인상 가능성이 커서 경쟁제한효과가 크다고 본다.[80)] 공정거래위원회에서도 구매전환율 분석을 사용한 사례가 있다.[81)] 〈에실로 아메라 인베스트먼트 피티이

---

74) 서고판 2004. 10. 27. 2003누2252.

75) 서고판 2006. 3. 15. 2005누3174(대판 2008. 5. 29. 2006두6659); 단독효과에 관한 미국의 판례를 소개한 자료로는 정영진, 경쟁저널(2005. 7), 38~48면이 있다.

76) 박병형, 공정거래와 법치(2004), 297면.

77) 공정거래위원회, 경제분석 매뉴얼(2009), 40~57면 참조.

78) 공정거래위원회, 경제분석 매뉴얼(2009), 40면.

79) 공정거래위원회, 경제분석 매뉴얼(2009), 47면.

80) 공정거래위원회, 경제분석 매뉴얼(2009), 48면.

81) 〈(주)신세계의 기업결합제한규정 위반행위 건〉 공정의 2006. 11. 14. 2006-264: "구매전환율이란 특정 사업자(A)가 가격인상·폐업 등으로 인해 더 이상 매력적인 구매처가 되지 못할 경우 이로 인해 잃게 되는 고객들 중 다른 사업자(B)로 옮겨가는 고객의 비중을 일컫는다. 즉, A-B간의 구매전환율이 A-C간의 구매전환율보다 높다면 A와 더 밀접한 대체재(close substitute) 관계에 있는 것은 C보다 B라는 것을 의미한다. 이 경우 A와 B가 결합하게 된다면 A는 가격인상을 통해 잃게 되는 고객 중 상당수를 B에서의 매출증대를 통해 재취득(recapture)할 수 있게 되므로, 이전에 비해 더 쉽게 가격을 인상할 수 있게 된다"; 〈삼성테스코(주)의 기업결

엘티디의 기업결합제한규정 위반행위 건〉에서는 차별화된 시장에서 수평결합이 이루어질 경우, 기업들이 가격을 올리려는 유인이 얼마만큼 증가하는지, 즉 단독효과를 측정하는 지표인 가격상승압력(Upward Pricing Pressure: 'UPP') 분석 방법[82]을 처음으로 사용하였다.[83] 그 후 〈3개방송통신사업자의 기업결합제한규정 위반행위 건〉에서도 이를 활용하여 가격상승압력이 있음을 분석하였다.[84]

〈신세계의 기업결합제한규정 위반행위 건〉 관련 행정소송에서 서울고등법원은 대형할인점 업계는 2001년부터 2005년까지 상위 5개사가 계속 변경되었고, 다른 소매업태에 비하여 평균가격이 가장 낮은 유형에 속하며, 월마트의 경우 2003년에 2005년까지 매출액 증가율은 감소추세를 보이고 있는 등 잠재적 독행기업으로서의 역할을 할 수 있을지는 의문이라고 판단하였다.[85]

미국의 「수평적 기업결합 심사지침(Horizontal Merger Guidelines)」에서 단독효과(unilateral effects)에 대하여 자세히 규정하고 있다. 동 지침은 단독효과의 몇 가지 유형을 소개하고 있다.[86] 첫째, 차별화된 상품을 판매하는 기업간 결합에서 한 상품 또는 양 상품의 가격을 결합전 가격 이상으로 인상하여 수익을 얻을 수 있게 함으로써 경쟁을 감소시킬 수 있는데, 여기에서 단독효과의 측정에서는 결합기업에 의해 판매되는 상품간의 직접적인 경쟁(direct competition)의 정도가 중요한 요소이다. 결합기업의 상품간 직접적 경쟁의 정도를 측정하기 위하여 경우에 따라서는 상품간의 구매전환율(diversion ratio)을 측정할 수도 있는데, 여기서 구매전환율은 한 상품의 가격인상으로 다른 상품으로 구매가 전환되는 비율을 의미한다. 만약 구매전환율이 높다면 단독효과가 나타날 가능성이 높은 것이다. 둘째, 판매자와 구매자가 협상을 하는 상품 또는 서비스의 경우[극단적인 경우가 경매(auction)] 경쟁자인 판매자간에 기업결합을 하는 경우 구매자의 협상여지가 없어지고, 따라서 결합을 한 기업에게는 유리하고, 구매자에게는 불리하게 영향을 미친다. 셋째, 상대적으로 동질적인 상품이 포함된 시장에서는 결합된 기업이 이

합제한규정 위반행위 건〉 공정의 2008. 10. 27. 2008-285; 〈롯데인천개발 주식회사의 기업결합제한규정 위반행위 건〉 공정의 2013. 4. 29. 2013-078; 〈에실로 아메라 인베스트먼트 피티이 엘티디의 기업결합제한규정 위반행위 건〉 공정의 2014. 5. 29. 2014-122.

82) 2008년 Farrell & Shapiro가 소개한 이론이라고 한다.

83) 공정의 2014. 5. 29. 2014-122.

84) 공정의 2016. 7. 18. 2016-213.

85) 서고판 2008. 9. 3. 2006누30036.

86) 6. Unilateral Effects 6.1 Pricing of Differentiated Products, 6.2 Bargaining and Auctions, 6.3 Capacity and Output for Homogeneous Products, 6.4 Innovation and Product Variety.

익을 얻기 위하여 단독으로 공급을 줄이고 가격을 인상하려고 하는지를 평가한다. 공급량 감소전략은 특히 i) 결합기업의 시장점유율이 상대적으로 높은 경우, ii) 공급감소에 의하여 영향을 받지 않은 가격에서의 판매비율이 낮은 경우, iii) 감소된 공급에서의 마진이 상대적으로 낮은 경우, iv) 경쟁자의 공급반응이 상대적으로 낮은 경우, 그리고 v) 시장에서의 수요탄력성이 상대적으로 낮은 경우 더욱 효과적일 수 있다.[87] 넷째, 기업결합이 없을 경우의 혁신적 노력을 감소시킴으로써 혁신경쟁을 감소시키는지를 고려한다.

「기업결합 심사기준」 VI. 2. 다. 에서 대량구매사업자의 존재 여부를 고려하도록 하고 있다. 미국의 「수평적 기업결합 심사지침(Horizontal Merger Guidelines)」에서도 강력한 구매자(powerful buyers)가 있는 경우 결합기업의 가격인상에 대한 억지요인이 될 수 있을 가능성을 고려하고 있다.[88]

B. 협조효과

기업결합에 따른 경쟁자의 감소 등으로 인하여 사업자간의 가격·수량·거래조건에 관한 협조(공동행위뿐만 아니라 경쟁사업자간 거래조건 등의 경쟁유인을 구조적으로 약화시켜 가격인상 등이 유도되는 경우 포함)가 이루어지기 쉽거나 그 협조의 이행여부에 대한 감시 및 위반자에 대한 제재가 가능한 경우에는 경쟁을 실질적으로 제한할 가능성이 높아질 수 있다.[89]

> 사업자간의 공동행위가 용이해지는지의 여부는 다음 사항을 고려하여 판단한다. 즉 i) 경쟁사업자간 협조의 용이성 관련해서는 ⓐ 시장상황, 시장거래, 개별사업자 등에 관한 주요 정보가 경쟁사업자간에 쉽게 공유될 수 있는지 여부, ⓑ 관련시장내 상품간 동질성이 높은지 여부, ⓒ 가격책정이나 마케팅의 방식 또는 그 결과가 경쟁사업자간에 쉽게 노출될 수 있는지 여부, ⓓ 관련시장 또는 유사 시장에서 과거 협조가 이루어진 사실이 있는지 여부, ⓔ 경쟁사업자, 구매자 또는 거래방식의 특성

87) "A unilateral output suppression strategy is more likely to be profitable when (1) the merged firm's market share is relatively high; (2) the share of the merged firm's output already committed for sale at prices unaffected by the output suppression is relatively low; (3) the margin on the suppressed output is relatively low; (4) the supply responses of rivals are relatively small; and (5) the market elasticity of demand is relatively low".

88) Section 8.

89) M&A로 인해 시장집중도가 매우 높아질 경우(예, 2~3개의 사업자만 존재) 시간이 흐르면 상대방의 행동에 대한 예측가능성이 커져 상호 적극적으로 카르텔을 하지 않더라도 일방의 가격인상에 동조적으로 가격을 인상할 가능성이 존재한다. 공정거래위원회 보도자료(2011. 12. 23).

상 경쟁사업자간 합의가 쉽게 달성될 수 있는지 여부 등을 고려한다. ii) 이행감독 및 위반자 제재의 용이성 관련해서는 ⓐ 공급자와 수요자간 거래의 결과가 경쟁사업자간에 쉽고 정확하게 공유될 수 있는지 여부, ⓑ 공급자에 대하여 구매력을 보유한 수요자가 존재하는지 여부, ⓒ 결합당사회사를 포함해 협조에 참여할 가능성이 있는 사업자들이 상당한 초과생산능력을 보유하고 있는지 여부 등을 고려한다. iii) 결합상대회사가 결합이전에 상당한 초과생산능력을 가지고 경쟁사업자들간 공동행위를 억제하는 등의 경쟁적 행태를 보여 온 사업자인 경우에도 결합후 공동행위로 인해 경쟁이 실질적으로 제한될 가능성이 높아질 수 있다(「기업결합 심사기준」 Ⅵ. 2. 나).

명시적·묵시적 협조행위가 이루어지기 용이해지는지는 상품의 동질성, 정보공유의 용이성, 상대회사의 독행기업(Maverick) 여부, 공동행위 전력 등을 고려하여 판단한다. 이때, 공동행위를 위한 합의 준수 여부에 대한 감시, 이탈자에 대한 제재가능성이 높을수록 공동행위 가능성이 크다고 판단될 수 있다.

즉 기업결합으로 인한 경쟁자의 감소로 사업자간에 가격·수량·거래조건 등에 관한 명시적·묵시적 공동행위가 이루어지기 용이한지 여부를 검토하는 것인데, 상품의 동질성, 정보공유의 용이성, 독행기업(maverick) 여부, 공동행위 경력 등을 고려하며, 공동행위를 위한 합의 준수여부에 대한 감시, 이탈자에 대한 제재가능성이 높을수록 공동행위의 가능성이 크다고 판단한다.[90]

이와 관련 〈(주)무학 외 1의 기업결합제한규정 위반행위 건〉에서 서울고등법원은 "부산 및 경남지역에서 실질적인 경쟁관계에 있다고 볼 수 있는 경쟁업체의 수가 3개업체에서 2개 업체로 감소하게 되고, 소주에 대한 수요변동이 크지 않으며 경쟁업체가 수년간 안정적인 시장점유율을 유지해왔고, 상품의 생산·판매조건이 유사하며, 가격을 인상하더라도 다른 경쟁업체의 시장확대가 어려운 사정 등을 감안하면 이 사건 기업결합으로 인하여 무학 및 보조참가인이 가격인상 등과 같은 묵시적·동시적 공동행위가 이루어질 가능성이 높다고 보아야 할 것이다"고 판시하였다.[91]

미국의 「수평적 기업결합 심사지침(Horizontal Merger Guidelines)」에서 협조효과(coordinated effects)에 대하여 자세히 규정하고 있다. 즉 기업결합은 기업결

90) 공정거래위원회, 기업결합신고 가이드북(2019), 27면.
91) 서고판 2004. 10. 27. 2003누2252.

합 후 기업간의 협조행위(coordinated interaction)를 가능하게 하거나 조장함으로써 경쟁을 감소시킬 수 있다. 세 가지 조건 즉 ① 기업결합이 집중도를 현저히 높이거나 보통 또는 고도 집중시장을 야기하고, ② 시장이 협조적 행위에의 취약성을 보이고, ③ 당국이 기업결합이 그러한 취약성을 높인다는 결론에 대한 신뢰할 근거를 가진 경우, 문제가 된다.[92] 그리고 시장이 협조적 행위에 취약한지 증거는 과거의 담합(collusion)이나 담합시도(attempts at collusion)가 있었던 경우, 각 기업의 중요한 경쟁상의 선제조치가 경쟁기업에 의해 신속하고 확실하게 관찰되는 경우, 기업이 고객을 끌어들이는 대가가 경쟁자의 대응에 의하여 현저하게 감소하는 경우, 기업이 가격을 인상하고 경쟁자가 그에 대응한 후에도 상대적으로 적은 고객을 잃는 경우 등을 들고 있다.[93]

C. 구매력 증대에 따른 효과

> 당해 기업결합으로 인해 결합 당사회사가 원재료 시장과 같은 상부시장에서 구매자로서의 지배력이 형성 또는 강화될 경우 구매물량 축소 등을 통하여 경쟁이 실질적으로 제한될 수 있는지를 고려한다. 이러한 경쟁의 실질적인 제한가능성 판단에 있어서는 위 A, B의 기준을 준용한다(「기업결합심사기준」 Ⅳ. 1. 다).

D. 혁신저해 효과

기업결합 후 결합당사회사가 연구·개발 등 혁신활동을 감소시킬 유인 및 능력을 보유하는 경우 관련시장에서의 혁신경쟁을 실질적으로 제한할 수 있다.

> 이는 ⅰ) 결합당사회사가 관련 분야에서 중요한 혁신사업자인지 여부, ⅱ) 과거 및 현재 결합당사회사가 수행한 혁신활동의 근접성 또는 유사성, ⅲ) 기업결합 이후 실질적으로 혁신경쟁에 참여하는 사업자의 수가 충분한지 여부, ⅳ) 결합당사회사와 경쟁사업자 간 혁신역량의 격차, ⅴ) 결합당사회사 한 쪽이 혁신활동을 통하여

92) "The Agencies are likely to challenge a merger if the following three conditions are all met: (1) the merger would significantly increase concentration and lead to a moderately or highly concentrated market; (2) that market shows signs of vulnerability to coordinated conduct; and (3) the Agencies have a credible basis on which to conclude that the merger may enhance that vulnerability. An acquisition eliminating a maverick firm in a market vulnerable to coordinated conduct is likely to cause adverse coordinated effects" (Section 7. 1).

93) Section 7.2.

다른 쪽의 상품 시장에 진입할 수 있는 잠재적 경쟁사업자인지 여부 등을 종합적으로 고려하여 판단한다(「기업결합심사기준」 Ⅳ. 1. 라).

〈어플라이드 머티어리얼즈 아이엔씨(AMAT)와 도쿄 일렉트론 엘티디(TEL) 합병 건('15.4)〉에서 공정거래위원회는 증착, 식각, 세정 등 14개 반도체 제조장비시장에서 혁신 역량이 독보적인 3개 기업 중 상위 1, 2위 기업이 결합함으로써 결합 이후 결합당사회사가 혁신에 투자할 유인을 크게 감소시키고, 미래 혁신적 반도체 시장 도입을 지연시키는 등 혁신이 저해될 가능성을 고려하여 심사보고서를 발송하였으며, 당사회사는 합병계획을 자진하여 철회한 바 있다.

수평적 기업결합 관련하여 공정거래위원회가 경쟁제한성을 인정한 사례는 다음과 같다.

〈동양화학(주)의 한국과산화공업(주)의 주식취득 건〉,[94] 〈송원산업주식회사의 대한정밀화학(주) 주식취득에 대한 건〉,[95] 〈질레트사의 기업결합제한규정 위반행위 건〉,[96] 〈델피니엄엔터프라이즈의 기업결합제한규정 위반행위 건〉,[97] 〈현대자동차(주)의 기업결합제한규정 위반행위 건〉,[98] 〈오비맥주(주)의 기업결합제한규정 위반행위 건〉,[99] 〈백튼디킨슨코리아홀딩의 기업결합제한규정 위반행위 건〉,[100] 〈롯데호텔 등 5개사의 기업결합제한규정 위반행위 건〉,[101] 〈에스케이텔레콤(주)의 기업결합제한규정 위반행위 건〉,[102] 〈인천제철의 기업결합제한규정 위반행위 건〉,[103] 〈현대자동차(주) 및 기아자동차(주)의 기업결합제한규정 위반행위 건〉,[104] 〈(주)코오롱의 기업결합규정 위반행위 건〉,[105] 〈(주)무학 및 특수관계인 최재호의 기업결합제한규정 위반행위

94) 공정의 1982. 1. 13. 82.1. 최초의 사례이다.
95) 공정의 1982. 12. 15. 82.24호.
96) 공정의 1998. 12. 18. 98－282.
97) 공정의 1998. 11. 20. 98－269.
98) 공정의 1999. 4. 7. 99－43. 트럭시장에 대하여 시정조치를 하였으나, 승용차와 버스시장의 경우 예외를 인정하여 승인하였다.
99) 공정의 1999. 12. 10. 99－252
100) 공정의 2000. 2. 25. 2000－38.
101) 공정의 2000. 4. 26. 2000－70.
102) 공정의 2000. 5. 16. 2000－76.
103) 공정의 2000. 9. 30. 2000－151.
104) 공정의 2002. 6. 18. 2002.111.
105) 공정의 2002. 12. 23. 2002.365.

건〉,[106] 〈(주) LG화학 및 호남석유화학(주)의 기업결합제한규정 위반행위 건〉,[107] 〈호남석유화학(주)의 기업결합제한규정 위반행위 건〉,[108] 〈용산화학(주)의 기업결합제한규정 위반행위 건〉,[109] 〈(주)포인트닉스, (주)엠디하우스 및 특수관계인 정좌락, 송은화의 기업결합제한규정 위반행위 건〉,[110] 〈(주)씨제이케이블넷 양천방송 등의 기업결합제한규정 위반행위 건〉,[111] 〈(주)한국케이블TV천안방송 및 (주)한국케이블TV안양방송의 기업결합제한규정 위반행위 건〉,[112] 〈(주)삼익악기의 기업결합제한규정 위반행위 건〉,[113] 〈아이앤아이스틸(주) 및 현대하이스코(주)의 기업결합제한규정 위반행위 건〉,[114] 〈호남석유화학(주)의 기업결합제한규정 위반행위 건〉,[115] 〈(주)현대홈쇼핑 등의 기업결합제한규정 위반행위 건〉,[116] 〈(주)이랜드리테일과 KDF 유통의 기업결합제한규정 위반행위 건〉,[117] 〈(주)신세계의 기업결합제한규정 위반행위 건〉,[118] 〈(주)씨제이케이블넷 등의 기업결합제한규정 위반행위 건〉,[119] 〈오웬스코닝의 기업결합제한규정 위반행위 건〉,[120] 〈씨엠비계열 3개 종합유선방송사업자의 기업결합제한규정 위반행위 건〉,[121] 〈삼성테스코(주)의 기업결합제한규정 위반행위 건〉,[122] 〈롯데칠성음료와 씨에이치음료(주)의 기업결합제한규정 위반행위 건〉,[123] 〈이베이케이티에이(유케이) 리미티드 등의 기업결합제한규정 위반행위 건〉,[124] 〈(주)롯데호텔의 (주)파라다이스글로벌의 면세점사업 인수 건〉,[125] 〈(주)씨제이오쇼핑의 기업결

106) 공정의 2003. 1. 28. 2003－027.
107) 공정의 2003. 9. 4. 2003.146.
108) 공정의 2004. 12. 30. 2004－387.
109) 공정의 2003. 9. 24. 2003.154.
110) 공정의 2004. 4. 6. 2004－079.
111) 공정의 2004. 8. 27. 2004－251.
112) 공정의 2004. 8. 30. 2004－254.
113) 공정의 2004. 9. 24. 2004－271.
114) 공정의 2004. 11. 17. 2004－285. 영업양수 건이다.
115) 공정의 2004. 12. 30. 2004－387.
116) 공정의 2006. 2. 3. 2006－010.
117) 공정의 2006. 11. 6. 2006－261
118) 공정의 2006. 11. 14. 2006－264.
119) 공정의 2007. 5. 7. 2007－274.
120) 공정의 2007. 12. 5. 2007－548.
121) 공정의 2008. 9. 8. 2008－262.
122) 공정의 2008. 10. 27. 2008－285.
123) 공정의 2009. 4. 15. 2009－097. 영업양수 건이다.
124) 공정의 2009. 6. 25. 2009－146.
125) 공정의 2009. 10. 6.

합제한규정 위반행위 건〉,[126] 〈(주)티브로드낙동방송의 기업결합제한규정 위반행위 건〉,[127] 〈롯데쇼핑(주)의 기업결합제한규정 위반행위 건〉,[128] 〈웨스턴디지털의 기업결합제한규정 위반행위 건〉,[129] 〈롯데인천개발(주)의 기업결합제한규정 위반행위 건〉,[130] 〈미디어텍 아이엔씨와 엠스타 세미컨덕터의 기업결합제한규정 위반행위 건〉,[131] 〈(주)현대에이치씨엔 등의 기업결합제한규정 위반행위 건〉,[132] 〈(주)티브로드 도봉강북방송의 기업결합제한규정 위반행위 건〉,[133] 〈에실로 아메라 인베스트먼트 피티이 엘티디의 기업결합제한규정 위반행위 건〉,[134] 〈엔엑스피 세미컨덕터즈 엔 브이의 기업결합 제한규정 위반행위 건〉,[135] 〈롯데백화점마산(주)과 롯데쇼핑(주)의 기업결합제한규정 위반행위 건〉,[136] 〈(주)세아베스틸 등의 기업결합제한규정 위반행위 건〉,[137] 〈바이엘코리아 주식회사의 기업결합제한규정 위반행위 건〉,[138] 〈한화케미칼 주식회사의 기업결합 제한규정 위반행위〉,[139] 〈3개방송통신사업자의 기업결합제한규정위반행위 건〉,[140] 〈린데 피엘씨(Linde plc) 외 2개사의 기업결합제한규정 위반행위 건〉,[141] 〈(주)씨제이헬로비전 및 하나방송(주)의 기업결합 제한규정 위반행위 건〉,[142] 〈머스크 라인 에이에스 및 함부르크 슈드아메리카니쉐 담프쉬프파르츠-게젤샤프트 카게의 기업결합 제한규정 위반행위 건(컨테이너정기선 운송업시장),[143] 〈딜리버리히어로에스이 등 4개 배달앱 사업자의 기업결합제한규정 위반행위 건 건〉,[144] 〈3개 방송통신사업자 기업결합제한규정 위반행위 건〉 및 〈6개

126) 공정의 2010. 8. 31. 2010-110.
127) 공정의 2011. 11. 24. 2011.209.
128) 공정의 2012. 5. 14. 2012-080. SSM의 기업결합에 대한 최초의 시정조치사례이다.
129) 공정의 2012. 2. 3. 2012-017.
130) 공정의 2013. 4. 29. 2013-078.
131) 공정의 2013. 6. 10. 2013.110.
132) 공정의 2013. 3. 4. 2013-046.
133) 공정의 2013. 12. 12. 2013.307.
134) 공정의 2014. 5. 29. 2014-122.
135) 공정의 2015. 11. 25. 2915-388.
136) 공정의 2015. 6. 25. 2015-210.
137) 공정의 2015. 5. 18. 2015-162.
138) 공정의 2015. 5. 4. 2015-141.
139) 공정의 2015. 3. 30. 2015-092.
140) 공정의 2016. 7. 18. 2016-213.
141) 공정의 2018. 10. 5. 2018-300.
142) 공정의 2018. 1. 22. 2018-055.
143) 공정의 2017. 11. 28. 2017-358.
144) 공정의 2021. 2. 2. 2021-032.

방송통신사업자 기업결합제한규정 위반행위 건〉,[145] 〈다나허 코퍼레이션의 기업결합제하규정 위반행위 건〉,[146] 〈보레알리스의 기업결합위반행위 건〉,[147] 〈KT스카이라이프 등 5개 방송통신사업자의 기업결합제한규정 위반행위 건〉,[148] 〈대한항공 등 5개 항공운송사업자의 기업결합제한규정 위반행위 건〉[149]

한편 합병이 아닌 부분적 취득(partial acquisition)의 경우 경쟁제한성 판단문제가 있다. 대부분의 수평적 기업결합은 경쟁자가 완전하고도 영구적으로 경쟁을 제거함으로써 공동의 소유와 지배에 들어가는 것이지만 경쟁자 자산의 부분적 취득의 경우에도 적용된다. 미국의 「수평적 기업결합 심사지침(Horizontal Merger Guidelines)」에 의하면 부분적 취득이 상대기업의 유효한 지배를 가져오거나 실질적으로 상대기업의 모든 관련 자산을 포함하는 경우 합병과 동일하게 판단한다.[150]

외국기업간 기업결합에 대하여 공정거래위원회가 정식으로 경쟁제한성을 인정한 사례는 없었으나, 세계 2, 3위의 호주 철광석업체인 BHP빌리턴과 리오틴토가 생산 조인트벤처(JV) 설립계약을 체결하고, 공정거래위원회에 기업결합 신고서를 제출한 건에 대하여, 공정거래위원회의 심사관은 경쟁제한성이 있다고 판단하고, 심사보고서를 전원회의에 상정하고 신고회사에게 송부하였으나, 신고회사가 신고를 철회함으로써 심의종료 되었는바, 사실상 해외 M&A에 대해 제동을 건 최초의 사례가 되었다.[151]

그러나 공정거래위원회는 2011년 12월 세계 2, 3위 컴퓨터 보조기억장치(HDD)업체인 웨스턴디지털코퍼레이션(Western Digital Corporation)과 비비티테크놀로지엘티디(Viviti Technology Ltd.) 기업결합 건에 대해 기업결합은 허용하되 3.5인치 부문 주요자산의 매각을 명하는 구조적 시정조치를 부과하였는데, 이는 외국기업간 M&A에 대하여 독점규제법 제 9 조 경쟁제한적 기업결합 규정을 적용하여 실제로 시정조치한 최초의 사례이다.[152] 그 후 〈엔엑스피 세미컨덕터즈

145) 공정의 2019. 12. 11. 2019－284 및 2020. 1. 10. 2020－011
146) 공정의 2020. 2. 24.
147) 공정의 2020. 5. 28.
148) 공정의 2021. 9. 29. 2021－238.
149) 공정의 2022. 5. 9. 2022－107.
150) Section 13.
151) 공정거래위원회 보도자료(2010. 10. 19).
152) 공정거래위원회 보도자료(2011. 12. 27.)

엔 브이의 기업결합 제한규정 위반행위 건〉[153]에서도 외국회사간 기업결합에 대하여 자산매각을 명하는 구조적 시정조치를 부과한 바 있다.

③ 수직형 기업결합

수직적 기업결합은 수직적 통합의 한 형태를 의미하는데, 미국의 경우 1950년 이전에는 「셔먼법(Sherman Act)」 제 1 조에 의하여 규율되었으나, 1950년 「클레이튼법(Clayton Act)」 제 7 조가 「셀러－키포버법(Celler－kefauver Amend－ment)」에 의하여 개정되면서 동조에 명확히 해당되게 되었다. 1950년 이전에는, 예를 들어 택시제조회사의 택시운영회사 취득이 문제되었던 〈Yellow Cab 사건〉에서와 같이 '의도(intent)'가 중요한 판단기준이었다.[154] 그러나 1950년 이후부터는 봉쇄이론(the foreclosure theory)과 진입장벽이론(the entry barrier theory)이 대세를 이루었다.

봉쇄이론은 어느 한쪽이 독점사업자인 경우에 명확히 나타나지만, 미국연방대법원은 봉쇄비율에 기초하여 판단한다. 예를 들어 〈du Pont 사건〉에서 미국연방대법원은 du Pont사가 General Mortor사의 주식 23%를 취득한 것을 「클레이튼법(Clayton Act)」 제 7 조 위반으로 보았는데, 그 근거로 GM사가 국내자동차 생산량의 50%를 차지하고 du Pont사는 GM사의 자동차완성에 필요한 부품의 67%를 공급하고 있으므로 이는 자동차완성시장의 약 1/3이 봉쇄되는 결과가 된다고 한다.[155] 그러나 시장의 1~2%가 봉쇄되는 경우에도 위법하다고 본 경우가 있는데, 〈Brown Shoe 사건〉[156]에서 연방대법원은 신발제조회사와 소매상간의 합병을 소위 '맹아(incipiency)' 테스트와 '도미노(domino)'이론에 근거하여, 집중과 수직적 통합의 '경향(trend)'을 야기하는 것으로 「클레이튼법(Clayton Act)」 제 7 조 위반으로 판단하였다.[157] 진입장벽이론과 관련해서는 〈Ford Motor 사건〉[158]을 예로 들 수 있는데, 연방대법원은 업계 2 위의 자동차제조회사인 Ford사의 점화플러그 시장점유율 15% 점화플러그제조회사인 Autolite사 주식취득에 대하여 독립점화플러그 제조회사들의 진입장벽을 증대시킨다는 이유로 「클레이

153) 공정의 2015. 11. 25. 2915－388.
154) Hovenkamp, 140면.
155) U.S. v. E.I. du Pont De Nemours & Co., 353 U.S. 586, 77 S.Ct.872(1957).
156) Brown Shoe Co. v. U.S., 294, 82 S.Ct. 1502(1962).
157) Hovenkamp, 141면.
158) Ford Motor Co. v. United States, 405 U.S. 562, 92 S. Ct. 1142, 31 L. Ed. 2d 492(1972).

튼법(Clayton Act)」 제 7 조 위반으로 판단하였다.[159] 한편 「법무부 기업결합심사지침(U.S. Department of Justice Merger Guidelines)」에서는 진입장벽의 성립요건을 3가지로 엄격하게 제한하고 있다.[160]

A. 시장의 봉쇄효과

수직형 기업결합이 경쟁을 실질적으로 제한하는지 여부에 대해서는 시장의 봉쇄효과, 경쟁사업자간 공동행위 가능성 등을 종합적으로 고려하여 심사한다.

수직형 기업결합을 통해 당사회사가 경쟁관계에 있는 사업자의 구매선 또는 판매선을 봉쇄하거나 다른 사업자의 진입을 봉쇄할 수 있는 경우에는 경쟁을 실질적으로 제한할 수 있다.

> 시장의 봉쇄 여부는 i) 원재료 공급회사(취득회사인 경우 특수관계인등을 포함)의 시장점유율 또는 원재료 구매회사(취득회사인 경우 특수관계인등을 포함)의 구매액이 당해시장의 국내총공급액에서 차지하는 비율, ii) 원재료 구매회사(취득회사인 경우 특수관계인등을 포함)의 시장점유율, iii) 기업결합의 목적, iv) 수출입을 포함하여 경쟁사업자가 대체적인 공급선·판매선을 확보할 가능성, v) 경쟁사업자의 수직계열화 정도, vi) 당해 시장의 성장전망 및 당사회사의 설비증설등 사업계획, vii) 사업자간 공동행위에 의한 경쟁사업자의 배제가능성, viii) 당해 기업결합에 관련된 상품과 원재료의존관계에 있는 상품시장 또는 최종산출물 시장의 상황 및 그 시장에 미치는 영향, ix) 수직형 기업결합이 대기업간에 이루어지거나 연속된 단계에 걸쳐 광범위하게 이루어져 시장진입을 위한 필요최소 자금규모가 현저히 증대하는 등 다른 사업자가 당해 시장에 진입하는 것이 어려울 정도로 진입장벽이 증대하는지 여부를 고려한다(「기업결합 심사기준」 VI. 3. 가.).

159) "the acquisition significantly foreclosed to independent spark plug manufacturers access to the purchaser of a substantial share of the total industry output".

160) 4.2 Competitive Problems from Vertical Mergers 4.21 Barriers to Entry from Vertical Mergers "In certain circumstances, the vertical integration resulting from vertical mergers could create competitively objectionable barriers to entry. Stated generally, three conditions are necessary (but not sufficient) for this problem to exist. First, the degree of vertical integration between the two markets must be so extensive that entrants to one market (the "primary market") also would have to enter the other market (the "secondary market") simultaneously. Second, the requirement of entry at the secondary level must make entry at the primary level significantly more difficult and less likely to occur. Finally, the structure and other characteristics of the primary market must be otherwise so conducive to noncompetitive performance that the increased difficulty of entry is likely to affect its performance".

B. 협조효과

수직형 기업결합의 결과로 경쟁사업자간의 협조 가능성이 증가하는 경우에는 경쟁을 실질적으로 제한할 수 있다.

> 경쟁사업자간의 협조 가능성 증가 여부는 ⅰ) 결합이후 가격정보 등 경쟁사업자의 사업활동에 관한 정보입수가 용이해지는지 여부, ⅱ) 결합당사회사중 원재료구매회사가 원재료공급회사들로 하여금 공동행위를 하지 못하게 하는 유력한 구매회사였는지 여부, ⅲ) 과거 당해 거래분야에서 협조가 이루어진 사실이 있었는지 여부 등을 고려하여 판단한다(「기업결합 심사기준」 Ⅵ. 3. 나.).

수직적 기업결합에 대하여 공정거래위원회가 경쟁제한성을 인정한 사례는 다음과 같다.

> 〈동양나일론(주)의 기업결합제한규정 위반행위 건〉,[161] 〈에스케이(주)의 기업결합제한규정 위반행위 건〉,[162] 〈현대자동차(주) 및 기아자동차(주)의 기업결합제한규정 위반행위 건〉,[163] 〈(주)현대홈쇼핑 등의 기업결합제한규정 위반행위 건〉,[164] 〈(주)엘지홈쇼핑 등의 기업결합제한규정 위반행위 건〉,[165] 〈(주)씨제이홈쇼핑의 기업결합제한규정 위반행위 건〉,[166] 〈용산화학(주)의 기업결합제한규정 위반행위 건〉,[167] 〈하이트맥주(주)의 기업결합제한규정 위반행위 건〉,[168] 〈동양제철화학(주)의 기업결합제한규정 위반행위 건〉,[169] 〈(주)에이치씨엔 등의 기업결합제한규정 위반행위 건〉,[170] 〈(주)포스코 및 (주)포스틸의 기업결합제한규정 위반행위 건〉,[171] 〈현대자동차(주) 및 씨멘스 브이디오 오토모티브 에이쥐의 경쟁제한적 기업결합제한규정

161) 공정의 1996. 4. 22. 96－51.
162) 공정의 2001. 6. 29. 2001－090.
163) 공정의 2002. 6. 18. 2002.111.
164) 공정의 2003. 1. 7. 2003－006.
165) 공정의 2003. 1. 7. 2003－005.
166) 공정의 2003. 3. 24. 2003－084.
167) 공정의 2003. 9. 24. 2003.154.
168) 공정의 2006. 1. 24. 2006－9.
169) 공정의 2006. 8. 7. 2006－173.
170) 공정의 2006. 11. 6. 2006－256.
171) 공정의 2007. 7. 3. 2007－351.

위반행위 건〉,[172] 〈에이에스엠엘 유에스아이엔씨(ASML US Inc.)의 기업결합제한규정 위반행위 건〉,[173] 〈(주)세아베스틸 등의 기업결합제한규정 위반행위 건〉,[174] 〈(주)현대제철 등의 기업결합제한규정 위반행위 건〉,[175] 〈3개 방송통신사업자의 기업결합제한규정 위반행위 건〉,[176] 〈머스크 라인 에이에스 및 함부르크 슈드아메리카니쉐 담프쉬프파르츠-게젤샤프트 카게의 기업결합 제한규정 위반행위 건〉[177]

공정거래위원회는 주로 봉쇄효과를 기준으로 경쟁제한성을 판단하고 있다.[178]

④ 혼합형 기업결합

혼합형 기업결합의 경우 범위의 경제(economies of scale) 실현, 위험 분산 등의 이점이 존재하여 시장 내 사업자의 수를 감소시키는 수평형 기업결합에 비해 효율성 증가효과가 크다는 것이 일반적인 견해이지만, 그럼에도 불구하고 혼합형 기업결합도 관련시장에서 잠재적 경쟁을 감소시키거나, 결합 이후 당사회사의 사업능력이 현저히 증대되어 경쟁 사업자를 배제할 수 있거나, 다른 잠재적 경쟁사업자가 시장에 새로 진입하는 것을 어렵게 만드는 경우 시장경쟁을 제한할 수 있다.[179]

혼합형 기업결합이 경쟁을 실질적으로 제한하는지 여부는 잠재적 경쟁의 저해효과, 경쟁사업자 배제효과, 진입장벽 증대효과 등을 종합적으로 고려하여 심사한다.

A. 잠재적 경쟁의 저해

혼합형 기업결합이 일정한 거래분야에서 잠재적 경쟁을 감소시키는 경우에는 경쟁을 실질적으로 제한할 수 있다.

172) 공정의 2005. 11. 22. 2005-231.
173) 공정의 2013. 6. 26. 2013.118.
174) 공정의 2015. 5. 18. 2015-162.
175) 공정의 2015. 3. 3. 2015-060.
176) 공정의 2016. 7. 18. 2016-213.
177) 공정의 2017. 11. 28. 2017-358.
178) 봉쇄이론은 수직적으로 결합된 회사가 그 경쟁자로 하여금 상위 혹은 하위시장에 존재하던 봉쇄효과에 대한 피취득회사와 거래하는 것을 봉쇄하거나, 혹은 차별받지 아니하는 동일한 조건으로 거래하는 것을 봉쇄하는 방법으로 경쟁사업자를 시장에서 몰아내는 등 반경쟁적인 효과를 창출한다는 것이다. 자세한 설명은 곽상현, 경쟁저널(2008. 3), 41~62면 참조.
179) 공정거래위원회, 기업결합신고 가이드북(2022), 36면.

잠재적 경쟁의 감소 여부는 i) 상대방 회사가 속해 있는 일정한 거래분야에 진입하려면 특별히 유리한 조건을 갖출 필요가 있는지 여부, ii) 당사회사중 하나가 상대방 회사가 속해 있는 일정한 거래분야에 대해 ⓐ 생산기술, 유통경로, 구매계층 등이 유사한 상품을 생산하는 등의 이유로 당해 결합이 아니었더라면 경쟁제한 효과가 적은 다른 방법으로 당해 거래분야에 진입하였을 것으로 판단될 것, ⓑ 당해 거래분야에 진입할 가능성이 있는 당사회사의 존재로 인하여 당해 거래분야의 사업자들이 시장지배력을 행사하지 않고 있다고 판단될 것 중의 어느 하나의 요건에 해당하는 잠재적 경쟁자인지 여부, iii) 일정한 거래분야에서 결합당사회사의 시장점유율 및 시장집중도 수준, iv) 당사회사 이외에 다른 유력한 잠재적 진입자가 존재하는지 여부를 고려하여 판단한다(「기업결합 심사기준」 Ⅵ. 4 가.).

B. 경쟁사업자의 배제

당해 기업결합으로 당사회사의 자금력, 원재료 조달능력, 기술력, 판매력 등 종합적 사업능력이 현저히 증대되어 당해상품의 가격과 품질외의 요인으로 경쟁사업자를 배제할 수 있을 정도가 되는 경우에는 경쟁을 실질적으로 제한할 수 있다(「기업결합 심사기준」 Ⅵ. 4. 나.).

C. 진입장벽의 증대

당해 기업결합으로 시장진입을 위한 필요최소 자금규모가 현저히 증가하는 등 다른 잠재적 경쟁사업자가 시장에 새로 진입하는 것이 어려울 정도로 진입장벽이 증대하는 경우에는 경쟁을 실질적으로 제한할 수 있다(「기업결합 심사기준」 Ⅵ. 4. 다.).

혼합결합의 경쟁제한적 효과를 설명하는 이론으로서 교호이론(reciprocity), 지렛대 및 끼워팔기이론(leverage and tie-in), 자금력증대(deep pocket theory)에 의한 약탈가격이론(predatory pricing) 등이 거론되고 있으나, 오늘날 잠재적 경쟁이론이 가장 중요하다.[180] '잠재적 경쟁(potential competition)'이란 용어가 처음 사용된 〈El Paso 사건〉에서 연방대법원은 캘리포니아에서 천연가스를 공급하는 El Paso사와 캘리포니아 시장에 자주 입찰행위를 하였으나 성공하지 못한 Pacific Northwest사의 기업결합을 불허하였는데 그 이유로 성공하지 못한 입찰

180) Hovenkamp, 237~239면.

참가자도 성공한 자와 같이 경쟁자라는 점을 들었다.[181] 잠재적 경쟁이론은 다시 인지적 잠재적 진입이론(perceived potential entrant theory)과 실제적 잠재적 진입이론(actual potential entrant theory)으로 나눌 수 있다.[182]

전자는 〈Fallstaff Brewing 사건〉[183]을 예로 들 수 있는데 연방대법원은 New England지역에서 판매하지 않는 Fallstaff사와 그 지역에 20% 점유율을 가진 지역양조업자간의 결합을 불허한 이유로 Fallstaff사가 그 지역에 진입할 수 있었기 때문이 아니라 New England시장 인접해서 존재함으로써 시장진입의 가능성 때문에 New England시장에서의 양조업자가 높은 가격을 책정할 수 없었다는 점에 두었다.[184]

후자는 취득회사가 처음부터(de novo) 그 시장에 진입할 수 있었고, 그 시장을 더 경쟁적으로 만들 수 있었기 때문에 기업결합을 반경쟁적으로 보는 경우이다. 예를 들어 〈Marine Bankcorporation 사건〉[185]에서 연방대법원은 두 은행간의 시장확대형 기업결합을 실제적 잠재적 진입이론에 입각하여 승인하였는데, 취득은행이 주 은행법에 의해 진입이 제한되어 있어서 처음부터 합병을 하지 않았을 것이라는 점을 근거로 하였다.[186] EU에서는 〈GE/ Honeywell 사건〉에서 EU집행위원회가 금지결정을 한 바 있다.[187]

「기업결합 심사기준」에서 상기 A는 잠재적 진입(경쟁)이론,[188] B는 자금이론을 나타낸 것이다. 잠재적 진입(경쟁)이론은 앞에서 설명한 바와 같이 취득회사가 관련시장의 사업자들에게 잠재적 경쟁사업자로 인식되어 왔기 때문에 또는 취득회사가 덜 경쟁제한적인 방법으로 진입할 수 있었기 때문에 혼합결합의 경쟁제한성을 인정하는 것이다.[189] 1978년 독일의 〈GKN/Sachs 사건〉 판결에서 연방대법원이 자금력이 풍부한 GKN 콘체른과의 기업결합을 통하여 야기되는

181) U.S. v. El Paso Natural Gas Co., 376 U.S. 651, 84 S.Ct. 1044(1964): “unsuccessful bidders are no less competitors than the successful one”.

182) Hovenkamp, 241~242면.

183) U.S. v. Fallstaff Brewing Corp., 410 U.S. 526, 93 S.Ct. 1096(1973).

184) Hovenkamp, 241면.

185) U.S. v. Marine Bankcorporation, Inc., 418 U.S. 602, 94 S,Ct. 2856(1974).

186) Hovenkamp, 242면.

187) General Electric/Honeywell, Case COMP/M.2200, 2001 OJ C 46.

188) 미국의 판례에 따르면 ii)의 ⓐ의 경우를 실제적 잠재적 경쟁(actual potential competition)이론, ⓑ의 경우를 인지적인 잠재적 경쟁(perceived potential competition)이론으로 구분할 수 있다.

189) 이민호, 공정거래법과 규제산업(2007), 159면.

자금력의 증대가 자동차 이음새(KfZ-Kupplungen) 시장에서의 Sachs사의 시장지배적지위를 강화시킨다는 연방카르텔청의 심결내용을 인정한 바 있다.[190] 그 이유로 새로운 경쟁자의 시장진입과 기존 경쟁자의 공격적인 가격정책을 위축시키기 때문이었다. 1985년 〈Rheinmetall과 WMF의 기업결합 건〉 금지명령[191]에서도 독일연방대법원은 시장지배력의 강화는 자금력의 증대에 기인할 수 있다고 보았다.

혼합형 기업결합에 대하여 경쟁제한성을 인정한 공정거래위원회 심결로 〈(주)하이트맥주의 기업결합제한규정 위반행위 건〉을 들 수 있다.[192] 공정거래위원회는 하이트맥주(주)와 (주)진로의 기업결합을 경쟁사업자 배제가능성, 진입장벽 증대가능성, 잠재적 경쟁저해가능성, 가격인상가능성 등 측면에서 분석한 결과 국내 소주 및 맥주시장에서의 경쟁을 실질적으로 제한한다고 판단하였다. 한편 경쟁사업자 배제가능성의 근거로 "기업결합 당사회사는 주류도매상과 거래함에 있어 끼워팔기 등을 통해 판매력 등 종합적 사업능력이 현저히 증대될 우려가 존재한다"고 보았는데 이는 혼합결합의 포트폴리오 효과를 인정한 것이다. 단 시정조치로는 동 기업결합행위를 금지하는 대신 향후 5년간 가격인상의 제한 및 영업관련 인력·조직의 분리운영, 그리고 거래강제나 거래상지위의 남용과 같은 불공정거래행위의 금지를 명하는 데 그쳤다.

〈SK텔레콤(주)의 기업결합제한규정 위반행위 건〉은 SK텔레콤(주)와 하나로텔레콤(주) 간 유·무선 전화, 인터넷서비스 등을 아우르는 총 14개 통신상품시장에서 수평형, 수직형, 혼합형 기업결합이 혼재된 기업결합 사건이었는데, 공정거래위원회는 수평결합과 수직결합 부문은 「기업결합 심사기준」상 안전지대(safe harbor)에 해당하거나 시장봉쇄 효과 등이 인정되지 않아 경쟁제한성이 없는 것으로 판단하였으나, 혼합결합 부문은 잠재적 경쟁저해성, 경쟁사업자 배제가능성, 진입장벽 증대 가능성 등을 종합적으로 고려할 때 경쟁제한성이 있다고 판단하였다.[193]

〈퀄컴 인코포레이티드, 퀄컴 리버 홀딩스 비 브이, 엔엑스피 세미컨덕터 엔브이의 기업결합 제한규정 위반행위 건〉에서 공정거래위원회는 퀄컴은 베이스

190) Kfz Kupplungen, WuW/E, BGH 1510 ff.
191) Edelsteinbestecke, WuW/E BGH 2150 ff.
192) 공정의 2006. 1. 24. 2006-9.
193) 공정의 2008. 3. 13. 2008-105

밴드 칩셋 시장에서, 피심인 NXP는 NFC 칩, 보안요소 칩 및 보안요소 운영체제 시장에서 각각 시장지배적 지위를 보유하고 있어 퀄컴이 피심인 NXP로부터 취득하는 NFC 관련 특허의 라이선스 정책을 변경하거나 베이스밴드 칩셋, NFC 칩, 보안요소 칩 및 보안요소 운영체제의 결합판매를 통해 NFC 칩 시장에서 경쟁을 제한할 우려가 있으며, 동 폐해보다 이 사건 기업결합을 통한 효율성 증대효과 등이 크다고 볼 수 없으므로 법 제14조 제 1 항에 따라 시정조치를 하였다.[194]

〈3개 방송통신사업자 기업결합제한규정 위반행위 건〉 및 〈6개 방송통신사업자 기업결합제한규정 위반행위 건〉[195]에서 공정거래위원회는 유료방송시장에서의 혼합결합의 경쟁제한성을 인정하였고, 〈딜리버리히어로에스이 등 4개 배달앱 사업자의 기업결합제한규정 위반행위 건〉에서도 '배달앱 시장－음식 배달대행 시장(서울·인천·경기 32개 지역 전체)', '배달앱 시장－공유주방 시장(서울 지역)'을 혼합결합으로 보고 경쟁제한성을 인정하였다.[196]

⑤ 정보자산을 수반하는 기업결합의 경쟁제한성 판단 시 고려사항

기업결합 후 결합당사회사가 정보자산을 활용하여 시장지배력을 형성·강화·유지하는 경우 관련시장에서의 경쟁이 실질적으로 제한될 가능성이 있다.

> 이 경우 기업결합 유형별 경쟁제한성 판단 요건을 고려하되, 다음과 같은 사항, 즉 ① 결합을 통하여 얻게 되는 정보자산이 다른 방법으로는 이를 대체하기 곤란한지 여부, ② 해당 결합으로 인하여 결합당사회사가 경쟁사업자의 정보자산 접근을 제한할 유인 및 능력이 증가하는지 여부, ③ 결합 이후 정보자산 접근 제한 등으로 인하여 경쟁에 부정적인 효과가 발생할 것이 예상되는지 여부, ④ 결합당사회사가 정보자산의 수집·관리·분석·활용 등과 관련한 서비스의 품질을 저하시키는 등 비가격 경쟁을 저해할 가능성이 높아지는지 여부 등을 추가로 고려하여 판단할 수 있다(「기업결합심사기준」 Ⅱ. 5).[197]

194) 공정의 2018. 1. 29. 2018－056.

195) 공정의 2019. 12. 11. 2019－284 및 2020. 1. 10. 2020－011.

196) 공정의 2021. 2. 2. 2021－032.

197) 한국 경제는 반도체, 정보기술(IT) 기기 등 혁신 기반 산업(연구·개발 등 혁신 경쟁이 필수적이면서도 지속적으로 일어나는 산업)에 대한 의존도가 높으나, 관련 산업에서의 인수합병(M&A)로 인한 혁신 경쟁 저해 등 소위 동태적 경쟁 제한 효과에 대한 심사 기준은 구체적으로 규정되어 있지 않았다. 또한, 4차 산업혁명 분야에서 정보 자산은 주요 원재료이거나 주요 상품이므로, 혁신 성장을 보호하기 위하여 정보 자산 독점·봉쇄 등의 우려가 있는 경쟁제한적 인수합병(M&A)에 선제적으로 대응할 필요가 있다. 공정거래위원회 보도자료(2019. 2. 26); EU집행위

> "정보자산"이라 함은 다양한 목적으로 수집되어 통합적으로 관리, 분석, 활용되는 정보의 집합을 말한다(「기업결합심사기준」 Ⅱ. 11).

〈딜리버리히어로에스이 등 4개 배달앱 사업자의 기업결합제한규정 위반행위 건〉에서 공정거래위원회는 배달앱 시장 당사회사들이 배달 음식 주문과 관련한 압도적 정보자산을 바탕으로, 이탈 가능성이 높은 고객들에 대한 마케팅을 하는 등 고효율 마케팅을 할 경우 경쟁사업자가 시장에 안착하지 못할 가능성을 고려하여 시정조치한 바 있다.[198]

3) 경쟁제한성 완화요인[199]

① 해외경쟁의 도입수준 및 국제적 경쟁상황

일정한 거래분야에서 상당기간 어느 정도 의미있는 가격인상이 이루어지면 상당한 진입비용이나 퇴출비용의 부담없이 가까운 시일내에 수입경쟁이 증가할 가능성이 있는 경우에는 기업결합에 의해 경쟁을 실질적으로 제한할 가능성이 낮아질 수 있다.

> ① 이 경우 해외경쟁의 도입가능성을 평가함에 있어서는 i) 일정한 거래분야에서 수입품이 차지하는 비율의 증감 추이, ii) 당해 상품의 국제가격 및 수급상황, iii) 우리나라의 시장개방의 정도 및 외국인의 국내투자현황, iv) 국제적인 유력한 경쟁자의 존재여부, v) 관세율 및 관세율의 인하계획 여부, vi) 국내가격과 국제가격의 차이 또는 이윤율 변화에 따른 수입 증감 추이, vii) 기타 각종 비관세장벽을 고려한다. ② 당사회사의 매출액 대비 수출액의 비중이 현저히 높고 당해 상품에 대한 국제시장에서의 경쟁이 상당한 경우에는 기업결합에 의해 경쟁을 실질적으로 제한할 가능성이 낮아질 수 있다. ③ 경쟁회사의 매출액 대비 수출액의 비중이 높고 기업결합후 당사회사의 국내 가격인상 등에 대응하여 수출물량의 내수전환 가능성이 높은 경우에는 경쟁을 제한할 가능성이 낮아질 수 있다(「기업결합 심사기준」 Ⅶ. 1.).

원회는 2018년 9월 6일, Apple, Inc(애플)이 음악검색서비스 어플리케이션으로 유명한 '샤잠'을 운영하는 Shazam Entertainment Ltd. 및 그 자회사(샤잠)의 발행주식 전부를 취득하는 기업결합을 승인하였는데. 애플이 기업결합을 통하여 취득하는 빅데이터가 다른 음악 스트리밍 사업자에 대한 진입장벽을 형성하는 등 봉쇄효과가 발생하는지에 대한 심사 끝에 경쟁제한의 우려가 없다고 판단하였다. 자세한 내용은 정세훈/이승재/함주혜, 경쟁저널(2019. 2), 32~43면 참조.

198) 공정의 2021. 2. 2. 2021－032.

199) 종래 수평결합의 경쟁제한성 판단기준에 포함되어 있었으나, 2011년 「기업결합 심사기준」 개정시 수평·수직 및 혼합결합 모두에 해당하는 것으로 규정되었다.

수입의 용이성, 수입비중 추이 등을 고려하여 잠재적 해외경쟁의 도입 가능성이 큰 경우 경쟁제한 가능성이 낮아지는 것으로 판단하는데, 상품의 국제가격, 시장개방 정도, 국제적인 유력 경쟁자의 존재여부 등을 종합적으로 고려하여 해외경쟁 수준을 판단한다.[200] 이와 관련 〈(주)무학 외 1의 기업결합제한규정 위반행위 건〉 관련 행정소송에서 서울고등법원은 "소비자들의 국내소주 생산업체 생산 소주맛에 대한 선호도 등을 고려하면 외국업체의 국내진입이 용이하지 않고 2001년 소주 수입실적은 1,900만원으로 미미한 실정이다"라고 판시하였다.[201]

〈(주)삼익악기의 기업결합제한규정 위반행위 건〉 관련 행정소송에서도 서울고등법원은 "일본산이나 중국산 피아노는 국산 피아노와 시장점유율 뿐만 아니라 가격, 품질, 브랜드 인지도(선호도), 유통망 확보정도 등에서 차이가 있는데다가, 기업결합 당사회사인 (주)삼익악기 등이 국내 시장을 수십년간 지배해오면서 형성한 배타적인 유통구조까지 고려하여 보면, 외국산 피아노가 이 사건 기업결합 이후에 국내 시장에서 결합당사회사의 시장지배력을 억제할 수 있는 유효한 해외경쟁요소로 보기는 아직은 미흡하다"고 판단하였다.[202]

한편 대법원은 거래의 지리적 범위인 관련 지역시장의 획정 문제와 실질적 경쟁제한성 판단의 한 요소인 해외경쟁의 도입수준 등의 문제를 별도로 판단하고 있다.[203] 〈삼성전자와 도시바사간의 조인트벤처회사 설립건('04. 5)〉에서 공정거래위원회는 광디스크 시장에서 수입비중이 40%에 달하는 등 수입이 용이하고, 해외에 강력한 경쟁 사업자가 존재하는 등 글로벌 경쟁압력이 충분하다고 판단하여 기업결합을 허용한 바 있다.

② 신규진입의 가능성

당해 시장에 대한 신규진입이 가까운 시일내에 충분한 정도로 용이하게 이루어질 수 있는 경우에는 기업결합으로 감소되는 경쟁자의 수가 다시 증가할 수 있으므로 경쟁을 실질적으로 제한할 가능성이 낮아질 수 있다.

> ① 신규진입의 가능성을 평가함에 있어서는 ⅰ) 법적·제도적인 진입장벽의 유무, ⅱ) 필요최소한의 자금규모, ⅲ) 특허권 기타 지식재산권을 포함한 생산기술조건,

200) 공정거래위원회, 기업결합신고 가이드북(2019), 34면.
201) 서고판 2004. 10. 27. 2003누2252.
202) 서고판 2006. 3. 15. 2005누3174(대판 2008. 5. 29. 2006두6659).
203) 대판 2008. 5. 29. 2006두6659.

> ⅳ) 입지조건, ⅴ) 원재료조달조건, ⅵ) 경쟁사업자의 유통계열화의 정도 및 판매망 구축비용, ⅶ) 제품차별화의 정도를 고려한다. ② ⅰ) 당해 시장에 참여할 의사와 투자계획 등을 공표한 회사, ⅱ) 현재의 생산시설에 중요한 변경을 가하지 아니하더라도 당해 시장에 참여할 수 있는 등 당해 시장에서 상당기간 어느 정도 의미 있는 가격인상이 이루어지면 중대한 진입비용이나 퇴출비용의 부담없이 가까운 시일 내에 당해 시장에 참여할 것으로 판단되는 회사 중의 어느 하나에 해당하는 회사가 있는 경우에는 신규진입이 용이한 것으로 볼 수 있다. ③ 신규진입이 충분하기 위해서는 기업결합으로 인한 경쟁제한우려가 억제될 수 있을 정도의 규모와 범위를 갖추어야 한다. 특히, 차별화된 상품시장에서는 결합당사회사의 제품과 근접한 대체상품을 충분히 공급할 수 있는 능력과 유인이 존재하는지를 고려한다(「기업결합 심사기준」 Ⅶ. 2.).

가까운 시일(통상 1~2년) 내에 당해 시장으로의 신규진입이 충분한 정도로 용이하게 이루어지는 경우 경쟁제한성이 낮아지는 것으로 판단할 수 있는데. 신규진입이 용이한지 여부는 법적·제도적 진입장벽, 진입에 필요한 자금규모, 지재권을 포함한 생산기술조건, 경쟁사업자의 유통계열화 정도 등을 고려하여 판단한다.[204)]

이와 관련 〈(주)무학 외 1의 기업결합제한규정 위반행위 건〉 관련 행정소송에서 서울고등법원은 "주세법상 자도소주 의무구입제도에 대한 헌법재판소의 위헌결정으로 소주업체에게 자사 제품을 판매하는데 법적인 장벽은 없어졌다 할 것이나, 그 제도폐지 이후에도 부산 및 경남지역에서는 그 지역업체들의 제품개발, 판매촉진 노력강화, 정치적 여건변화에 따른 지역정서의 결집 등의 요인들이 상승작용을 일으키면서 지역주민들의 지역 생산소주에 대한 강력한 선호도와 같은 지역적 특성이 강화되고, 이러한 부산 및 경남지역 소주시장의 특성과 유통거래상의 물류비용, 유통경로확보상의 문제점 등으로 인하여 단순한 가격전략 만으로는 경쟁업체인 진로가 그 지역에서 공급을 증가시키거나, 다른 지역업체들이 신규로 진입하는 것은 사실상 어려워 부산 및 경남지역 소주시장에서의 사실상의 진입장벽이 존재한다"고 판시하였다.[205)]

〈(주)삼익악기의 기업결합제한규정 위반행위 건〉 관련 행정소송에서도 "피

204) 공정거래위원회, 기업결합신고 가이드북(2022), 39면.
205) 서고판 2004. 10. 27. 2003누2252.

아노시장의 신규진입에 특별한 법적, 제도적 장벽은 없으나, 국내 피아노 수요는 정체상태에 있고, 원고 등과 같은 생산시설을 갖추기 위하여는 수백억원의 자금이 필요할 것으로 예상되며, 삼익악기 등이 국내의 인건비 상승 등을 이유로 부품 생산기지를 중국이나 인도네시아 등 해외로 전환하는 경향 등을 감안할 때, 국내 피아노 시장에의 신규진입은 사실상 어렵다고 판단된다. 또한 피아노를 제외한 국내의 여타 악기 제조업체들은 대부분 영세하므로 진입·퇴출에 소요되는 상당한 매몰비용을 부담하지 않고 관련시장에 신속하게 진입할 가능성이 있는 유동적 진입자도 없는 것으로 판단된다"고 판시하였다.[206]

〈CJ 등의 플레너스 주식취득건('04. 7)〉에서 공정거래위원회는 영화상영 시장에서 기업결합 심사기준상 시장집중도 요건에 해당하지만, 타 사업자들이 구체적인 신규진입계획을 갖고 있는 등 가까운 시일 내에 신규진입이 활발히 이루어질 것으로 판단하여 동 기업결합건을 승인한 바 있다.

미국의 「수평적 기업결합 심사지침(Horizontal Merger Guidelines)」에서도 신규진입(entry)에 대하여 자세히 규정하고 있다. 동 지침에 의하면 신규진입은 신규진입의 적시성(timeliness), 개연성(likelihood) 및 충분성(sufficiency)을 고려한다. 즉 진입이 빨라야 하고, 수익을 얻을 수 있어야 하며 대체상품으로서 충분성을 갖추어야 한다.[207]

③ 유사품 및 인접시장의 존재

> ① 기능 및 효용측면에서 유사하나 가격 또는 기타의 사유로 별도의 시장을 구성하고 있다고 보는 경우에는 생산기술의 발달가능성, 판매경로의 유사성 등 그 유사상품이 당해 시장에 미치는 영향을 고려한다. ② 거래지역별로 별도의 시장을 구성하고 있다고 보는 경우에는 시장간의 지리적 근접도, 수송수단의 존재 및 수송기술의 발전가능성, 인접시장에 있는 사업자의 규모 등 인근 지역시장이 당해 시장에 미치는 영향을 고려한다(「기업결합 심사기준」 Ⅶ. 3).

이와 관련 〈(주)삼익악기의 기업결합제한규정 위반행위 건〉에서 서울고등법원은 "중고피아노 시장이 신품피아노의 가격인상 등을 억제할 수 있는 요소로

206) 서고판 2006. 3. 15. 2005누3174(대판 2008. 5. 29. 2006두6659).

207) Section 9.1 Timeliness, 9.2 Likelihood, 9.3 Sufficiency.

서 작용하는 데에는 한계가 있다"고 판단하였다.[208)]

④ 강력한 구매자의 존재

결합 당사회사로부터 제품을 구매하는 자가 기업결합 후에도 공급처의 전환, 신규공급처의 발굴 및 기타 방법으로 결합기업의 가격인상 등 경쟁제한적 행위를 억제할 수 있는 때에는 경쟁을 실질적으로 제한할 가능성이 낮아질 수 있다. 이 경우 그 효과가 다른 구매자에게도 적용되는지 여부를 함께 고려한다. 미국의 「수평적 기업결합 심사지침(Horizontal Merger Guidelines)」에서도 강력한 구매자(powerful buyers)가 있을 경우 결합기업의 가격인상에 대한 억지요인이 될 수 있을 가능성을 고려하고 있다.[209)]

5. 금지의 예외

기업결합의 제한에는 일정한 예외가 있다. 이는 1980. 12. 13. 법제정 당시부터 존재하였다. 그리고 1999. 2. 5. 제 7 차 법개정으로 종전 기업결합의 예외 인정 기준인 산업합리화 또는 국제경쟁력 강화 요건 대신에 효율성 증대를 위한 기업결합과 도산기업의 구제를 위한 기업결합을 규정하였다. 그러나 「기업결합 심사기준」에서는 효율성 증대효과의 판단기준의 하나로 국민경제 전체에서의 효율성 증대효과로, 고용의 증대에 현저히 기여하는지 여부, 지방경제의 발전에 현저히 기여하는지 여부 등을 고려하여 판단하도록 규정하고 있는바, 현행 법제 하에서 제 7 차 법개정 이전의 취지는 이어지고 있다.[210)]

기업결합 금지의 예외는 ① 당해 기업결합외의 방법으로는 달성하기 어려운 효율성 증대효과(merger－specific efficiency)가 경쟁제한으로 인한 폐해보다 큰 경우나, ② 상당기간 대차대조표상의 자본총계가 납입자본금보다 작은 상태에 있는 등 회생이 불가한 회사와의 기업결합으로서 *대통령령*[211)]으로 정하는

208) 서고판 2006. 3. 15. 2005누3174(대판 2008. 5. 29. 2006두6659).

209) Section 8.

210) 이러한 경쟁정책 이외의 목적을 고려하는 규정의 문제점에 대하여 홍대식, 공정거래법강의Ⅱ (2000), 364~368면 참조.

211) 영 제16조(기업결합의 적용제외 기준) 법 제 9 조 제 2 항 제 2 호에서 "대통령령으로 정하는 요건에 해당하는 경우"란 다음 각 호의 요건을 모두 갖춘 경우를 말한다. 1. 기업결합을 하지 않으면 회사의 생산설비 등이 해당 시장에서 계속 활용되기 어려운 경우 2. 해당 기업결합보다 경쟁제한성이 적은 다른 기업결합이 이루어지기 어려운 경우

요건에 해당하는 경우 적용이 제외될 수 있다(법 제 9 조 제 2 항). 이 경우 해당 요건을 충족하는지에 대한 입증은 당해 사업자가 하여야 한다(법 제 9 조 제 2 항 후단). 이는 행정법상 확인(確認)[212]에 해당하는 행위이다.[213]

흔히 ①의 경우를 효율성항변이라고 하고, ②의 경우는 도산기업항변이라고 하는데, 효율성항변의 경우 기업결합으로 인한 효율성 증대효과를 인정하더라도 경쟁제한적인 효과와의 비교형량 과정을 필요로 하는 반면 도산기업 항변은 그 요건이 충족된다고 인정되면 기업결합의 제한규정이 적용된다는 점에서 그 효과가 절대적이다.[214] 이처럼 도산기업항변에 대하여 절대적인 면책 항변의 지위를 인정하고 있는 이유는 도산기업과 관련된 기업결합이 갖는 특수성을 고려할 때 그 기업결합이 효율성이나 사회적 손익의 관점에서 긍정적인 영향을 갖는 것이 보통이라는 점이 전제된 것이다.[215] 즉 관련시장에서 퇴출될 정도의 부실기업이라면 허용여부에 관계없이 독과점이 형성될 것이므로, 이를 허용하더라도 경쟁구조가 더 나빠진다고 볼 이유가 없어 인정하는 것이다.[216]

입법론으로, 기업결합제한의 예외사유를 규정하고 있는데 대하여 이를 폐지하고 경쟁제한성 판단 단계에서 효율성 증대효과가 고려되도록 입법적인 개선이 필요하다는 주장이 있다.[217]

1) 효율성 증대효과의 판단기준

“당해 기업결합외의 방법으로는 달성하기 어려운 효율성 증대효과가 경쟁제한으로 인한 폐해보다 큰 경우”를 예외인정사유로 규정한 취지는 기업결합으로 인해 사업자수가 줄어들어 경쟁제한적 폐해가 발생할 수 있다 하더라도 효율성 효과가 클 경우 기업결합당사회사의 비용이 하락하여 가격인하나 생산량의 증대 등을 통해 경쟁구조가 보다 촉진되고 궁극적으로 국내 소비자의 이익

212) 다툼의 여지가 있는 일정한 사실이나 법률관계의 존부 또는 정당성여부를 공적으로 판단하여 확정하는 행정행위로서, 그 확인에 기하여 직접 법령이 정하는 법률효과가 발생하고 행정청의 효과의사에 의해 법률효과가 발생하는 것은 아니라는 점에서 ‘준법률행위적’ 행정행위로 파악된다. 박정훈, 공정거래와 법치(2004), 1018면.

213) 기타 독점규제법상 확인(確認)에 해당하는 행위로는 상호출자·채무보증제한 기업집단의 지정, 위 상호출자제한 기업집단 등의 계열회사로의 편입 및 제외, 공동행위의 인가, 재판매가격유지행위의 예외지정 등이다. 박정훈, 공정거래와 법치(2004), 1019면.

214) 홍대식, 공정거래법강의Ⅱ(2000), 356면.

215) 홍대식, 공정거래법강의Ⅱ(2000), 356면.

216) 공정거래위원회, 기업결합신고 가이드북(2022), 40면.

217) 박홍진, 경제법판례연구 제 1 권(2004), 128면.

이 증대될 수 있다는 데 있다.[218)]

〈(주)삼익악기 외 1의 기업결합제한규정 위반행위 건〉 관련 행정소송에서 서울고등법원은 효율성이란 기업으로 하여금 보다 적은 생산요소를 투입하여 보다 많거나 품질이 좋은 생산물을 만들어 내도록 하는 비용절감을 뜻하는 '생산적 효율성'을 말하고, 효율성 증대효과란 당해 기업결합 외의 방법으로는 달성하기 어려운 '기업결합 특유의 효율성'을 의미한다고 한다.[219)]

그러나 대법원은 "기업결합으로 인한 특유의 효율성 증대효과를 판단함에 있어서는 기업의 생산·판매·연구개발 등의 측면 및 국민경제의 균형발전 측면 등을 종합적으로 고려하여 개별적으로 판단하되, 이러한 효율성 증대효과는 가까운 시일 내에 발생할 것이 명백하여야 한다"고 판시하였다.[220)] 즉 대법원은 공정거래위원회나 서울고등법원이 효율성의 기준을 생산적 효율성에 두고 있는 데 반해, 기업의 생산·판매·연구개발 등의 측면 및 국민경제의 균형발전 측면까지 고려한다고 판시하고 있는바,[221)] 이러한 취지는 「기업결합 심사기준」에도 반영되어 있다.

> 첫째, 법 제 9 조 제 2 항 제 1 호 규정의 기업결합으로 인한 효율성 증대효과라 함은 생산·판매·연구개발 등에서의 효율성 증대효과 또는 국민경제전체에서의 효율성 증대효과를 말하며 이러한 효율성 증대효과의 발생여부는 다음 사항을 고려하여 판단한다. ① 생산·판매·연구개발 등에서의 효율성 증대효과는 i) 규모의 경제·생산설비의 통합·생산공정의 합리화 등을 통해 생산비용을 절감할 수 있는지 여부, ii) 판매조직을 통합하거나 공동활용하여 판매비용을 낮추거나 판매 또는 수출을 확대할 수 있는지 여부, iii) 시장정보의 공동활용을 통해 판매 또는 수출을 확대할 수 있는지 여부, iv) 운송·보관시설을 공동사용함으로써 물류비용을 절감할 수 있

218) 서고판 2006. 3. 15. 2005누3174(대판 2008. 5. 29. 2006두6659).

219) 서고판 2006. 3. 15. 2005누3174(대판 2008. 5. 29. 2006두6659); 미국의 「수평적 기업결합 심사지침(Horizontal Merger Guidelines)」(Aug. 19, 2010)에서는 "merger−specific efficiencies"라고 한다: "The Agencies credit only those efficiencies likely to be accomplished with the proposed merger and unlikely to be accomplished in the absence of either the proposed merger or another means having comparable anticompetitive effects. These are termed merger−specific efficiencies"(Section 10).

220) 대판 2008. 5. 29. 2006두6659; 대판 2009. 9. 10. 2008두9744.

221) 이에 대하여는 대법원이 서울고등법원과 다른 확장된 효율성 판단기준을 사용하고 있음에도 불구하고 생산적 효율성을 기준으로 판단한 서울고등법원의 판시 내용이 정당하다고 한 것은 모순이라는 비판이 있다. 김현아/박진석, 경쟁저널(2009. 1), 76~78면 참조.

는지 여부, v) 기술의 상호보완 또는 기술인력·조직·자금의 공동활용 또는 효율적 이용 등에 의하여 생산기술 및 연구능력을 향상시키는지 여부, vi) 기타 비용을 현저히 절감할 수 있는지 여부를 고려하여 판단한다. ② 국민경제전체에서의 효율성 증대효과는 i) 고용의 증대에 현저히 기여하는지 여부, ii) 지방경제의 발전에 현저히 기여하는지 여부, iii) 전후방연관산업의 발전에 현저히 기여하는지 여부, iv) 에너지의 안정적 공급 등 국민경제생활의 안정에 현저히 기여하는지 여부, v) 환경오염의 개선에 현저히 기여하는지 여부를 고려하여 판단한다.[222]
둘째, 기업결합의 효율성 증대효과로 인정받기 위해서는 다음 요건을 모두 충족하여야 한다. ① 효율성 증대효과는 당해 기업결합외의 방법으로는 달성하기 어려운 것이어야 하며, i) 설비확장, 자체기술개발 등 기업결합이 아닌 다른 방법으로는 효율성 증대를 실현시키기 어렵고, ii) 생산량의 감소, 서비스질의 저하 등 경쟁제한적인 방법을 통한 비용절감이 아니어야 한다. ② 효율성 증대효과는 가까운 시일내에 발생할 것이 명백하여야 하며, 단순한 예상 또는 희망사항이 아니라 그 발생이 거의 확실한 정도임이 입증될 수 있는 것이어야 한다. ③ 효율성 증대효과는 당해 결합이 없었더라도 달성할 수 있었을 효율성 증대부분을 포함하지 아니한다.
셋째, 기업결합의 예외를 인정하기 위해서는 효율성 증대효과가 기업결합에 따른 경쟁제한의 폐해보다 커야 한다(「기업결합 심사기준」 Ⅷ. 1).[223]

〈(주)무학 외 1의 기업결합제한규정 위반행위 건〉 관련 행정소송에서 서울고등법원은 "무학이 이 사건 기업결합을 통하여 판매·물류·원재료비 절감효과를 누릴수 있다 하더라도, 그러한 효율성이 반드시 이 사건 기업결합이 아니면 달성하기 어려운 것으로 보기 어려울 뿐 아니라, 가까운 시일내에 발생할 것이 명백하다는 점을 인정할 아무런 자료가 없고, 불필요한 마케팅비용의 절감 역시 경쟁제거에 따른 반사적 이익에 불과하다고 보아야 하며, 이 사건 기업결합으로 인한 효율성 증대 효과가 경쟁제한으로 인한 폐해보다 크다는 점을 인정할 자

222) 국민경제전체에서의 효율성증대효과는 산업정책의 영역에 속하는 것으로서 경쟁정책의 문제로 보는 것은 문제라는 비판에 대하여 홍대식, 공정거래법강의Ⅱ(2000), 360면; 이민호, 공정거래법과 규제산업(2007), 163면 참조.

223) 서고판 2006. 3. 15. 2005누3174(대판 2008. 5. 29. 2006두6659). 판례는 경쟁제한의 폐해로 가격인상, 기업결합후 경쟁의 감소로 인한 품질·서비스향상 노력의 해태, 판매량의 조절가능성, 경쟁압력이 없는 상태에서 비용상승시 비용최소화 유인부재로 인하여 그 이상의 소비자가격 인상 가능성 등 독점적 폐해를 들고 있다.

료가 없다"고 판시한 바 있다.[224] 공정거래위원회의 실무도 기업결합의 효율성 증대효과에 대해 매우 엄격한 입장이다. 따라서 대부분의 기업결합사건에서 이를 인정하지 않았다. 효율성의 입증책임은 당해 사업자에게 있다.[225] 그러나 효율성증대효과가 경쟁제한의 폐해보다 크다는 점은 공정거래위원회가 입증하여야 한다.[226]

공정거래위원회가 효율성증대를 이유로 기업결합을 예외적으로 인정한 사례로는 〈한국석유화학(주)와 대림산업(주)의 사업교환 건, 1999. 12. 23〉, 〈창원특수강(주)의 삼미종합특수강(주) 영업양수 건, 1997. 3〉, 〈현대자동차(주)의 기아자동차·아시아 자동차 주식취득 건(승용차, 버스), 1999. 4. 7.〉 등을 들 수 있다.

미국의 경우 1950년 「클레이튼법(Clayton Act)」 제 7 조가 「셀러－키포버법(Celler－Kefauver Amendment)」에 의하여 개정되었는데 그 배경에는 의회가 소비자보호보다는 소기업보호와 증가하는 기업집중에 대한 우려에 관심이 있었으며 따라서 기업결합의 효율성측면은 도외시되었다.[227] 이에 따라 1960년대의 연방대법원도 기업결합규제의 목적을 '경쟁의 보호'에 두면서도 그 내용은 많은 수의 기업이 존재하는 상태에 둠으로써 기업결합을 통한 효율성 증대효과는 인정하지 않았다.[228] 그러나 오늘날에는 법원에 의하여 기업결합에서 있어서의 '효율성항변(efficiency defense)'이 인정되고 있으며, 제품가격인하, 품질향상, 신제품개발 등 소비자보호 효과를 고려하게 되었다. 2010년 「수평적 기업결합 심사지침(Horizontal Merger Guidelines)」에서도 기업결합의 효율성 증대효과를 인정하고 있다.[229] 동 지침에 의하면 기업결합에 의한 효율성이 두 비효율적인 기업을 보다 효율적인 기업으로 만드는 것을 허용함으로써 경쟁을 촉진할 수 있다고 한다.

독일에서는 「경쟁제한방지법(GWB)」 제36조 제 1 항에서 "시장지배적지위의 형성 또는 강화가 예상되는 기업결합은 연방카르텔청으로부터 금지된다. 다만 참가기업이, 기업결합을 통하여 경쟁조건이 개선되고 그 개선이 시장지배의 손실을 능가하는 것을 입증한 경우에는 그러하지 아니하다"고 규정하여 효율성항변을 인정하고 있다.

224) 서고판 2004. 10. 27. 2003누2252.

225) 박병형, 공정거래와 법치(2004), 307면; 이민호, 공정거래법과 규제산업(2007), 164면.

226) 이민호, 공정거래법과 규제산업(2007), 164~165면.

227) Hovenkamp, 210면.

228) Hovenkamp, 210면; 예를 들어 Brown Shoe Co., Inc. v. United States, 370 US 294, 82 S.Ct. 1502(1962).

229) Section 10. Efficiencies.

2) 회생이 불가한 회사의 판단기준

> 첫째, 법 제 9 조 제 2 항 제 2 호의 규정의 회생이 불가한 회사라 함은 회사의 재무구조가 극히 악화되어 지급불능의 상태에 처해 있거나 가까운 시일내에 지급불능의 상태에 이를 것으로 예상되는 회사를 말하며 이는 ① 상당기간 대차대조표상의 자본총액이 납입자본금보다 작은 상태에 있는 회사인지 여부, ② 상당기간 영업이익보다 지급이자가 많은 경우로서 그 기간중 경상손익이 적자를 기록하고 있는 회사인지 여부, ③ 「채무자 회생 및 파산에 관한 법률」 제34조 및 제35조의 규정에 따른 회생절차개시의 신청 또는 동법 제294조 내지 제298조의 규정에 따른 파산신청이 있은 회사인지 여부, ④ 당해회사에 대하여 채권을 가진 금융기관이 부실채권을 정리하기 위하여 당해회사와 경영의 위임계약을 체결하여 관리하는 회사인지 여부를 고려하여 판단한다. 회생이 불가한 사업부문의 경우에도 또한 같다.
> 둘째, 기업결합의 예외를 인정받기 위하여는 회생이 불가한 회사로 판단되는 경우에도 ① 기업결합을 하지 아니하는 경우 회사의 생산설비 등이 당해 시장에서 계속 활용되기 어려운 경우, ② 당해 기업결합보다 경쟁제한성이 적은 다른 기업결합이 이루어지기 어려운 경우여야 한다(「기업결합 심사기준」 Ⅷ. 2).

〈(주)무학 외 1의 기업결합제한규정 위반행위 건〉 관련 행정소송에서 서울고등법원은 "보조참가인이 상당기간 자본총계가 납입자본금보다 작은 상태로 있다 하더라도, … 등 활발한 영업활동을 벌이고 있는 사실이 인정되는 바, … 회생 불가능한 회사라 단정할 수 없고"[230]라고 함으로써 회생이 불가한 회사로 인정하지 않았다.

또한 〈(주)삼익악기의 기업결합제한규정 위반행위 건〉 관련 행정소송에서도 "기업결합 당시 영창악기의 자금사정이 열악하였다고 보이기는 하나 영창악기가 지급불능 상태에 있었거나 가까운 시일 내에 지급불능 상태에 이르러 회생이 불가한 회사라고 단정하기 어려운 점, 영창악기가 국내외에서 높은 브랜드 인지도를 보유하고 상당한 판매실적을 기록하고 있는 사정 등에 비추어 영창악기가 관련 시장에서 퇴출될 것이라고 보기는 어려워 '생산설비 등이 당해 시장에서 계속 활용되기 어려운 경우'라고 단정하기 어려운 점, 실제로 원고들 이외

230) 서고판 2004. 10. 27. 2003누2252.

의 다른 회사들이 영창악기에 대하여 증자참여 내지 인수를 제안했던 사정 등에 비추어 제 3 자의 인수가능성이 없어 '이 사건 기업결합보다 경쟁제한성이 적은 다른 기업결합이 이루어지기 어려운 경우'이었다고 단정하기 어려운 점 등을 종합하여, 이 사건 기업결합이 회생이 불가한 회사와의 기업결합에 해당하지 않는다"고 판시하였다.[231)]

이는 미국 판례법에서 발전되어온 '도산기업항변(failing firm defense)'에 근거한다. 도산기업이론은 경쟁제한적인 기업결합으로서 반트러스트법의 규제대상이 되는 것이라 하더라도 그 기업결합이 그 기업의 도산에 의한 시장퇴출을 방지하기 위한 유일한 대안일 경우 일정한 요건하에 예외를 인정하여 허용하자는 이론이다.[232)] 〈Citizen Publishing 사건〉에서 연방대법원은 도산기업항변의 요건으로 "피취득회사가 파산으로 가는 것이 거의 확실하고 성공적인 재조정이 불가능할 것"을 요구한다.[233)] 「수평적 기업결합 심사지침(Horizontal Merger Guidelines)」에서도 유사한 조건을 요구하고 있다.[234)]

공정거래위원회가 회생이 불가한 회사로서 예외적으로 기업결합을 인정한 사례로는 〈한국중공업(주)의 현대중공업(주) 및 삼성중공업(주)의 발전설비영업양수 건, 1999. 12. 29〉, 〈현대정공(주), 대우중공업(주), (주)한진중공업의 한국철도차량(주) 설립참여 건, 1999. 6. 13〉, 〈인천제철(주)의 강원산업(주) 합병 건, 2000. 2. 23〉, 〈동양제철화학(주)의 (주)고합 PA 및 가소제(DOP) 사업부문 영업양수 건, 2003. 2. 24〉, 〈뉴트라스트사의 대상(주) 아스파탐 사업부문 영업양수 건, 2003. 4. 24〉, 〈현대자동차(주)/기아자동차 · 아시아자동차 주식취득건(승용차 · 버스), 1999〉 등을 들 수 있다. 그러나 대부분의 기업결합 사안에서 공정거래위원회나 법원의 실무는 이에 대해 매우 엄격한 입장이다. 〈에스케이텔레콤/신세기통신 기업결합제한규정 위반행위 건〉에서 공정거래위원회는 회생불가항변을 인정하지 않았다.

231) 서고판 2006. 3. 15. 2005누3174(대판 2008. 5. 29. 2006두6659).

232) 홍대식, 공정거래법강의Ⅱ(2000), 346면.

233) Citizen Pub. Co. v. U.S., 394 U.S. 131,89 S.Ct. 927(1969). Hovenkamp, 228면.

234) Section 11. "The Agencies do not normally credit claims that the assets of the failing firm would exit the relevant market unless all of the following circumstances are met: (1) the allegedly failing firm would be unable to meet its financial obligations in the near future; (2) it would not be able to reorganize successfully under Chapter 11 of the Bankruptcy Act; and (3) it has made unsuccessful good-faith efforts to elicit reasonable alternative offers that would keep its tangible and intangible assets in the relevant market and pose a less severe danger to competition than does the proposed merger".

기업결합 심사 흐름도

〈1단계〉 간이심사 대상 여부 판단

- 당사회사가 서로 특수관계인(경영 지배의 공동목적을 가지고 결합에 참여하는 자는 제외)인가?
- 결합 이후 당사회사 간에 지배관계가 미형성되는가?
- 대규모회사 외의 자가 혼합형 기업결합을 하거나 보완성 및 대체성이 없는 혼합결합에 해당하는가?
- 경영목적이 아닌 단순투자활동이 명백한가?

예 → 경쟁제한 우려 없음

아니오

〈2단계〉 관련시장의 획정

- 상품시장 / 지리적 시장

〈3단계〉 시장점유율 산정 및 시장집중도 평가

- 안전지대에 해당하는가? (HHI 기준 충족)
  - 수평: HHI<1200, 1200≤HHI<2500(Δ<250), HHI≥2500(Δ<150)
    (단, 법 제7조 제4항 추정요건 해당되는 경우는 제외)
  - 수직/혼합 : HHI<2500이면서 점유율 25% 미만 또는 각각 4위 이하 사업자

예 → 경쟁제한 우려 없음

아니오

〈4단계〉 경쟁제한성 평가

- 수평결합 : 단독효과, 협조효과, 구매력 증대효과
- 수직결합 : 시장봉쇄효과, 협조효과
- 혼합결합 : 잠재적 경쟁 저해, 경쟁사업자 배제, 진입장벽 증대

아니오 → 경쟁제한 우려 없음

예

〈5단계〉 경쟁제한성 완화요인

- 해외경쟁이 충분히 도입될 수 있는가?
- 신규진입이 단기간에 용이하게 이루어 질 수 있는가?
- 유사품이나 인접시장이 존재하는가?
- 강력한 구매자가 존재하는가?

예 → 경쟁제한 우려 없음

아니오

〈6단계〉 효율성 효과 및 회생불가회사 항변 검토

- 효율성 증대가 경쟁제한효과보다 큰가?
- 기업결합이 아니고는 회생이 불가능한 회사인가?

예 → 예외 인정

아니오

시정조치

〈출처: 기업결합신고 가이드북(2022), 26면〉

6. 경쟁제한성의 추정

독점규제법은 일정한 요건에 해당되는 경우 경쟁을 실질적으로 제한하는 것으로 추정되는 두 가지 경우를 규정하고 있다.

1) 시장지배적사업자의 요건에 해당하는 기업결합

기업결합의 당사회사의 시장점유율(계열회사의 시장점유율을 합산한 점유율)의 합계가 ① 시장지배적사업자의 추정요건에 해당하고, ② 당해 거래분야에서 제 1 위이며, ③ 시장점유율의 합계와 시장점유율이 제 2 위인 회사(당사회사를 제외한 회사중 제 1 위인 회사)의 시장점유율과의 차이가 그 시장점유율의 합계의 100분의 25 이상일 경우 경쟁제한성이 추정된다(법 제 9 조 제 3 항 제 1 호). 이는 1996. 12. 30. 제 5 차 법개정시 도입되었다.

독점규제법 제 9 조 제 3 항의 법적 성격이 문제된다. 이를 독점규제법 제40조 제 5 항의 부당한 공동행위의 추정에 관한 대법원의 입장과 같이 법률상의 추정으로 보는 경우, 공정거래위원회는 법 제 9 조 제 3 항 제 1 호 및 제 2 호의 요건만 입증하면 그 기업결합이 경쟁을 실질적으로 제한하는 것으로 추정되므로 기업결합 당사회사로서는 그 추정을 번복하기 위하여 공정거래위원회가 제시하는 점유율 요건에 대하여 본증의 방법으로 법관이 확신할 수 있을 정도로 입증하여야 한다. 그러나 형식적 입증책임은 당국에 있고 당국이 직권탐지주의 원칙에 의해 시장지배적지위가 인정될 수 있다고 판단될 때 절차를 개시할 수 있을 뿐이며. 증거 불충분의 경우 시장지배적지위가 존재하지 않는다는 실질적 입증책임이 사업자에 있다고 해석하는 견해도 있다.

공정거래위원회는 〈(주)무학 외 1의 기업결합제한규정 위반행위 건〉 및 〈(주)삼익악기 외 1의 기업결합제한규정 위반행위 건〉에서도 기업결합 당사회사의 점유율이 독점규제법 제 9 조 제 3 항 제 1 호의 경쟁제한성 추정조건에 해당하는 사실을 인정하고서도 해외경쟁의 도입수준, 유사품 및 인접시장의 존재, 신규진입의 가능성, 경쟁업체간 공동행위의 가능성 등 경쟁제한성 분석에 필요한 여러 요건들을 포괄적으로 조사하여 경쟁을 실질적으로 제한하는 것으로 결론을 지은 바, 후자의 입장을 취하고 있는 것으로 보인다.[235)]

---

235) 곽상현, 저스티스(2006. 8), 53면.

기업결합 이전에 이미 경쟁제한성 추정조건이 적용된 시장에서의 기업결합에 대하여도 위 추정규정이 적용되는지에 대하여 〈(주)신세계의 기업결합제한규정 위반행위 건〉에서 서울고등법원은 "이미 경쟁제한성의 추정요건이 충족된 시장에서의 기업결합에 대해서 기업결합이 이루어지면 경쟁자가 줄어들어 시장이 더욱 집중화됨으로써 경쟁을 제한할 개연성이 더욱 높아진다고 보이는 점, 만약 이미 독점규제법 제 9 조 제 3 항에서 정한 경쟁제한성 추정요건을 충족하고 있는 시장점유율 제 1 위의 사업자의 기업결합에 대하여 위 추정규정을 적용하지 않을 경우, 같은 시장에서 시장점유율 제 2 위 이하의 사업자가 기업결합을 하여 시장점유율 제 1 위의 사업자가 되는 경우에만 위 추정규정이 적용되어 매우 불합리한 결과가 초래되는 점 등을 비추어 보면 이미 경쟁제한성의 추정요건이 충족된 시장에서의 기업결합에 대해서도 위 추정규정은 적용된다"고 판시하였다.[236)]

또한 추정규정이 적용된다고 하여 바로 경쟁제한성이 인정되지는 않는다. 즉 〈(주)신세계의 기업결합제한규정 위반행위 건〉 관련 행정소송에서 서울고등법원은 포항지역의 경우 경쟁제한성이 추정됨에도 불구하고 2개의 대형할인점이 신규출점하여 시장집중도의 완화정도가 상당하다고 보이고, 공동행위의 가능성이 상당하다고 보기 어려우며, 기업결합 당사회사가 그동안 독점지역에서 시장지배력을 남용했다고 인정할 만한 뚜렷한 자료가 없는 점 등을 종합적으로 고려하여 추정이 복멸된다고 판시하였다.[237)]

2) 대규모회사의 중소기업시장에서의 기업결합

대규모회사가 직접 또는 특수관계인을 통하여 행한 기업결합이 ① 중소기업기본법에 의한 중소기업의 시장점유율이 3분의 2 이상인 거래분야에서의 기업결합이고, ② 당해 기업결합으로 100분의 5 이상의 시장점유율을 가지게 되는 경우 경쟁제한성이 추정된다(법 제 9 조 제 3 항 제 2 호). 이는 대규모사업자가 기업결합을 통해 주로 중소사업자로 구성된 시장에서의 경쟁질서를 교란하는 것을 방지하기 위한 것이다. 이는 참호이론이나 포트폴리오이론에 근거한 규제라고 볼 수 있다.[238)]

이에 대한 사례는 거의 없으나, 2007년 〈(주)포스코 및 (주)포스틸의 기업결합제한규정 위반행위 건〉에서 대규모회사인 (주)포스코가 (주)포스틸을 통하여

---

236) 서고판 2008. 9. 3. 2006누30036.
237) 서고판 2008. 9. 3. 2006누30036.
238) 정경택, 자유경쟁과 공정거래(2002), 182면.

중소기업의 시장점유율이 3분의 2이상인 코어시장에서 12%~69%의 시장점유율을 가지게 되어 공정거래위원회로부터 시정명령을 받은 바 있다.[239] 그러나 2010년 〈아사 아블로이코리아의 삼화정밀 인수승인 건〉에서 공정거래위원회는 제 2 호의 추정조건이 적용되는 사안임에도 경쟁제한성을 인정하지 않았다.[240]

239) 공정의 2007. 7. 3. 2007－351.

240) 공정거래위원회 보도자료(2010. 4. 22).

제10조(주식의 취득 또는 소유의 기준)

이 법의 규정에 의한 주식의 취득 또는 소유는 취득 또는 소유의 명의와 관계없이 실질적인 소유관계를 기준으로 한다.

독점규제법의 규정에 의한 주식의 취득 또는 소유는 취득 또는 소유의 명의에 관계없이 실질적인 소유관계를 기준으로 한다. 독점규제법상 지주회사는 회사가 소유하고 있는 자회사의 주식(지분을 포함)가액의 합계액(자산총액 산정 기준일 현재의 대차대조표상에 표시된 가액을 합계한 금액)이 해당 회사 자산총액의 100분의 50 이상인 것으로 하고 있다. 여기에서 지주회사의 가능성이 있는 회사가 지주회사로 전환되는 것을 피하기 위하여 일부주식을 은행에 신탁한 경우 신탁주식을 누구의 소유로 보아야 하는가의 문제 관련하여,[1] 의결권의 행사 등 당해 주식의 관리측면이나 당해 주식의 처분에 관하여 위탁자의 동의를 얻도록 하는 등 실질적으로 위탁자가 당해 주식에 관한 소유자로서의 권리를 행사하고 있다고 볼 만한 징표가 있는 경우 위탁자를 소유자로 본다는 규정을 추가하는 방안이 필요하다는 견해가 있다.[2]

1) 2004. 12. 14. 연합뉴스 기사 "삼성에버랜드가 금융지주회사 시비에서 벗어나기 위해 삼성생명 보유주식 중 일부를 은행에 신탁하고 경영권을 행사하지 않는 방안을 마련해 귀추가 주목된다. 14일 삼성에 따르면 삼성에버랜드는 전날 제일은행과 삼성생명 보유주식 19.34% 중 6%(120만주, 액면가 60억원)를 5년간 신탁하는 계약을 체결했다".

2) 자세한 논의는 도건철, 지주회사와 법(2007), 87~95면 참조.

제11조(기업결합의 신고)

① 자산총액 또는 매출액의 규모가 대통령령으로 정하는 기준에 해당하는 회사(제3호에 해당하는 기업결합을 하는 경우에는 대규모회사만을 말하며, 이하 이 조에서 "기업결합신고대상회사"라 한다) 또는 그 특수관계인이 자산총액 또는 매출액의 규모가 대통령령으로 정하는 기준에 해당하는 다른 회사(이하 이 조에서 "상대회사"라 한다)에 대하여 제1호부터 제4호까지의 규정 중 어느 하나에 해당하는 기업결합을 하거나 기업결합신고대상회사 또는 그 특수관계인이 상대회사 또는 그 특수관계인과 공동으로 제5호의 기업결합을 하는 경우와 기업결합신고대상회사 외의 회사로서 상대회사의 규모에 해당하는 회사 또는 그 특수관계인이 기업결합신고대상회사에 대하여 제1호부터 제4호까지의 규정 중 어느 하나에 해당하는 기업결합을 하거나 기업결합신고대상회사 외의 회사로서 상대회사의 규모에 해당하는 회사 또는 그 특수관계인이 기업결합신고대상회사 또는 그 특수관계인과 공동으로 제5호의 기업결합을 하는 경우에는 대통령령으로 정하는 바에 따라 공정거래위원회에 신고하여야 한다.

1. 다른 회사의 발행주식총수(「상법」 제344조의3제1항 및 제369조제2항·제3항의 의결권 없는 주식의 수는 제외한다. 이하 이 장에서 같다)의 100분의 20[「자본시장과 금융투자업에 관한 법률」에 따른 주권상장법인(이하 "상장법인"이라 한다)의 경우에는 100분의 15를 말한다] 이상을 소유하게 되는 경우
2. 다른 회사의 발행주식을 제1호에 따른 비율 이상으로 소유한 자가 그 회사의 주식을 추가로 취득하여 최다출자자가 되는 경우
3. 임원겸임의 경우(계열회사의 임원을 겸임하는 경우는 제외한다)
4. 제9조제1항제3호 또는 제4호에 해당하는 행위를 하는 경우
5. 새로운 회사설립에 참여하여 그 회사의 최다출자자가 되는 경우

② 기업결합신고대상회사 또는 그 특수관계인이 상대회사의 자산총액 또는 매출액 규모에 해당하지 아니하는 회사(이하 이 조에서 "소규모피취득회사"라 한다)에 대하여 제1항제1호, 제2호 또는 제4호에 해당하는 기업결합을 하거나 기업결합신고대상회사 또는 그 특수관계인이 소규모피취득회사 또는 그 특수관계인과 공동으로 제1항제5호의 기업결합을 할 때에는 다음 각 호의 요건에 모두 해당하는 경우에만 대통령령으로 정하는 바에 따라 공정거래위원회에 신고하여야 한다.

1. 기업결합의 대가로 지급 또는 출자하는 가치의 총액(당사회사가 자신의 특수관계인을 통하여 지급 또는 출자하는 것을 포함한다)이 대통령령으로 정하는 금액 이상일 것

2. 소규모피취득회사 또는 그 특수관계인이 국내 시장에서 상품 또는 용역을 판매·제공하거나, 국내 연구시설 또는 연구인력을 보유·활용하는 등 대통령령으로 정하는 상당한 수준으로 활동할 것

③ 제1항 및 제2항에도 불구하고 다음 각 호의 어느 하나에 해당하는 경우에는 신고대상에서 제외한다.

1. 「벤처투자 촉진에 관한 법률」 제2조제10호 또는 제11호에 따른 중소기업창업투자회사 또는 벤처투자조합이 「중소기업창업 지원법」 제2조제2호에 따른 창업자(이하 "창업자"라 한다) 또는 「벤처기업육성에 관한 특별조치법」 제2조제1항에 따른 벤처기업(이하 "벤처기업"이라 한다)의 주식을 제1항제1호에 따른 비율 이상으로 소유하게 되거나 창업자 또는 벤처기업의 설립에 다른 회사와 공동으로 참여하여 최다출자자가 되는 경우
2. 「여신전문금융업법」 제2조제14호의3 또는 제14호의5에 따른 신기술사업금융업자 또는 신기술사업투자조합이 「기술보증기금법」 제2조제1호에 따른 신기술사업자(이하 "신기술사업자"라 한다)의 주식을 제1항제1호에 따른 비율 이상으로 소유하게 되거나 신기술사업자의 설립에 다른 회사와 공동으로 참여하여 최다출자자가 되는 경우
3. 기업결합신고대상회사가 다음 각 목의 어느 하나에 해당하는 회사의 주식을 제1항제1호에 따른 비율 이상으로 소유하게 되거나 다음 각 목의 어느 하나에 해당하는 회사의 설립에 다른 회사와 공동으로 참여하여 최다출자자가 되는 경우
   가. 「자본시장과 금융투자업에 관한 법률」 제9조제18항제2호에 따른 투자회사
   나. 「사회기반시설에 대한 민간투자법」에 따라 사회기반시설 민간투자사업시행자로 지정된 회사
   다. 나목에 따른 회사에 대한 투자목적으로 설립된 투자회사(「법인세법」 제51조의2제1항제6호에 해당하는 회사로 한정한다)
   라. 「부동산투자회사법」 제2조제1호에 따른 부동산투자회사

④ 제1항 및 제2항은 관계 중앙행정기관의 장이 다른 법률에 따라 미리 해당 기업결합에 관하여 공정거래위원회와 협의한 경우에는 적용하지 아니한다.

⑤ 제1항제1호, 제2호 또는 제5호에 따른 주식의 소유 또는 인수의 비율을 산정하거나 최다출자자가 되는지를 판단할 때에는 해당 회사의 특수관계인이 소유하고 있는 주식을 합산한다.

⑥ 제1항에 따른 기업결합의 신고는 해당 기업결합일부터 30일 이내에 하여야 한다.

다만, 다음 각 호의 어느 하나에 해당하는 기업결합은 합병계약을 체결한 날 등 대통령령으로 정하는 날부터 기업결합일 전까지의 기간 내에 신고하여야 한다.

1. 제 1 항제 1 호, 제 2 호, 제 4 호 또는 제 5 호에 따른 기업결합(대통령령으로 정하는 경우는 제외한다) 중 기업결합의 당사회사 중 하나 이상의 회사가 대규모회사인 기업결합
2. 제 2 항에 따른 기업결합

⑦ 공정거래위원회는 제 6 항에 따라 신고를 받으면 신고일부터 30일 이내에 제 9 조에 해당하는지를 심사하고, 그 결과를 해당 신고자에게 통지하여야 한다. 다만, 공정거래위원회가 필요하다고 인정할 경우에는 90일의 범위에서 그 기간을 연장할 수 있다.

⑧ 제 6 항 각 호 외의 부분 단서에 따라 신고를 하여야 하는 자는 제 7 항에 따른 공정거래위원회의 심사결과를 통지받기 전까지 각각 주식소유, 합병등기, 영업양수계약의 이행행위 또는 주식인수행위를 하여서는 아니 된다.

⑨ 기업결합을 하려는 자는 제 6 항에 따른 신고기간 전이라도 그 행위가 경쟁을 실질적으로 제한하는 행위에 해당하는지에 대하여 공정거래위원회에 심사를 요청할 수 있다.

⑩ 공정거래위원회는 제 9 항에 따라 심사를 요청받은 경우에는 30일 이내에 그 심사결과를 요청한 자에게 통지하여야 한다. 다만, 공정거래위원회가 필요하다고 인정할 경우에는 90일의 범위에서 그 기간을 연장할 수 있다.

⑪ 제 1 항 및 제 2 항에 따른 신고의무자가 둘 이상인 경우에는 공동으로 신고하여야 한다. 다만, 공정거래위원회가 신고의무자가 소속된 기업집단에 속하는 회사 중 하나의 회사의 신청을 받아 대통령령으로 정하는 바에 따라 해당 회사를 기업결합신고 대리인으로 지정하는 경우에는 그 대리인이 신고할 수 있다.

⑫ 제 1 항에 따른 기업결합신고대상회사 및 상대회사의 자산총액 또는 매출액의 규모에 관하여는 제 9 조제 5 항을 준용한다.

목 차

Ⅰ. 의 의
Ⅱ. 내 용
1. 신고대상회사
2. 신고대상 기업결합
3. 신고방법
4. 신고기간
5. 변경신고
6. 사전심사 요청제도
Ⅲ. 기업결합 신고규정위반에 대한 조치

[참고문헌]

단행본: 공정거래위원회, "경쟁형 시장구조와 M&A 심사", KFTC경쟁이슈 '04－03/제 3 호; 공정거래위원회(기업결합과), 기업결합신고 가이드북, 2019; 곽상현/이봉의, 기업결합규제법, 법문사, 2012

논　문: 박정훈, "공정거래법의 공적 집행", 공정거래와 법치(권오승 편), 법문사, 2004; 이봉의, "방송 · 통신시장에 있어서 기업결합 규제절차－독점규제법과 방송 · 통신법을 중심으로", 공정거래법의 쟁점과 과제, 서울대학교 경쟁법센터 연구총서 1, 법문사, 2010; 이호영, "기간통신사업자에 대한 기업결합규제 관할권", 경쟁법연구 제18권, 한국경쟁법학회 편, 법문사, 2008; 홍명수, "보험산업에 대한 규제의 조화", 경쟁법연구 제18권, 한국경쟁법학회 편, 법문사, 2008

[참고사례]

(주)신세계의 기업결합제한규정 위반행위 건(공정거래위원회 2006. 11. 14. 의결 제2006－264호; 서울고등법원 2008. 9. 3. 선고 2006누30036 판결); 동양제철화학(주)의 기업결합제한규정 위반행위 건(공정거래위원회 의결 제2006－173호; 서울고등법원 2008. 5. 28. 선고 2006누21148 판결; 대법원 2009. 9. 10. 선고 2008두9744 판결)

Ⅰ. 의　　의

기업결합은 기업의 효율성 제고를 통해 기업단위의 경쟁력을 강화하는 효과가 있는 반면에 해당 시장측면에서는 경쟁자의 수가 감소되어 시장점유율이 증가하거나, 경쟁사업자의 원재료 접근을 막게 되거나, 경쟁자간 담합가능성이 증가하는 등 시장의 경쟁을 제한하여 궁극적으로 소비자후생을 저해할 수도 있기 때문에 각국에서는 일정한 요건에 해당하는 기업결합에 대해서는 신고토록 하여 심사하고 있으며, 심사결과 시장지배력남용 등 경쟁을 저해할 가능성이 있는 경우에는 자산매각, 주식처분 등 독과점의 폐해를 사전에 예방하거나 치유할 수 있는 시정조치를 한다.[1)]

기업결합단계에서 사전적으로 경쟁제한성을 심사하는 이유는 기업결합으로 인해 시장구조가 형성된 뒤에는 독과점 폐해를 효과적으로 규제하기 어려우며,

1) KFTC 경쟁이슈 '04－03, 2면.

왜곡된 시장구조가 고착화될 수 있기 때문이다.[2] 따라서 기업결합심사제도는 시장구조의 독과점화를 근본적으로 차단하여 경쟁제한효과 발생을 원천적으로 차단함과 동시에 경쟁을 유지·촉진시키는 유용한 정책수단이다.[3]

기업결합의 신고와 관련한 신고절차, 신고서양식, 첨부서류 등 신고요령을 정하기 위하여 「기업결합의 신고요령」[4]을 제정·운영하고 있다. 미국에서도 1976년 「하트－스코트－로디노법(Hart－Scott－Rodino Antitrust Improvements Act of 1976)」에서 사전신고(pre－merger notification)요건을 규정하고 있다.

EU의 경우 ① 당사회사들의 전 세계 매출액의 합계가 50억 유로를 초과하고, 둘 이상의 사업자 각각의 역내 매출액이 2억 5천만 유로를 초과하는 경우(단, 당사회사 각각의 특정회원국에서의 매출액이 EU전체 매출액의 3분의 2를 초과하지 않는 경우)(「합병규칙」 제 1 조 제 2 항), ② 당사회사들의 전 세계 매출액 합계가 25억 유로를 초과하고, 적어도 3개 회원국 각각에서 당사회사들의 매출액 합계가 1억 유로를 초과하고, 위의 3개 회원국 각각에서 2당사회사들의 매출액이 각각 2천 5백만 유로를 초과하며, 둘 이상 당사회사 각각의 공동체 매출액이 1억 유로를 초과하는 경우(단, 당사회사 각각의 특정회원국에서의 매출액이 EU전체 매출액의 3분의 2를 초과하지 않는 경우)(「합병규칙」 제 1 조 제 3 항) 신고를 해야 한다.

Ⅱ. 내 용

1. 신고대상회사

1) 일반원칙

자산총액 또는 매출액의 규모가 *대통령령*[5]으로 정하는 기준(3천억원)에 해당하는 회사(제 3 호에 해당하는 기업결합을 하는 경우에는 대규모회사만을 말하며, 이하 "기업결합신고대상회사") 또는 그 특수관계인이 자산총액 또는 매출액의 규

2) KFTC 경쟁이슈 '04－03, 3면.

3) KFTC 경쟁이슈 '04－03, 3면.

4) 공정거래위원회 고시 제2021－24호(2021. 12. 30).

5) 제18조(기업결합의 신고 기준 및 절차) ① 법 제11조 제 1 항 각 호 외의 부분에서 "자산총액 또는 매출액의 규모가 대통령령으로 정하는 기준에 해당하는 회사"란 제15조 제 1 항에 따른 자산총액 또는 같은 조 제 2 항에 따른 매출액의 규모가 3천억원 이상인 회사를 말한다.

모가 *대통령령*[6]으로 정하는 기준(300억원)에 해당하는 다른 회사(이하 “상대회사”)에 대하여 제 1 호부터 제 4 호까지의 규정 중 어느 하나에 해당하는 기업결합을 하거나 기업결합신고대상회사 또는 그 특수관계인이 상대회사 또는 그 특수관계인과 공동으로 제 5 호의 기업결합을 하는 경우와 기업결합신고대상회사 외의 회사로서 상대회사의 규모에 해당하는 회사 또는 그 특수관계인이 기업결합신고대상회사에 대하여 제 1 호부터 제 4 호까지의 규정 중 어느 하나에 해당하는 기업결합을 하거나 기업결합신고대상회사 외의 회사로서 상대회사의 규모에 해당하는 회사 또는 그 특수관계인이 기업결합신고대상회사 또는 그 특수관계인과 공동으로 제 5 호의 기업결합을 하는 경우에는 *대통령령*[7]으로 정하는 바에 따라 공정거래위원회에 신고하여야 한다(법 제11조 제 1 항).[8]

일반적으로 회사란 “영리 목적의 사단법인”[상법 제169조(회사란 상행위나 그 밖의 영리를 목적으로 하여 설립한 법인을 말한다), 제170조(회사는 합명 회사, 합자회사, 유한책임회사, 주식회사와 유한회사의 5종으로 한다), 민법 제39조(영리를 목적으로 하는 사단은 상사회사설립의 조건에 좇아 이를 법인으로 할 수 있다)]으로서 영리성, 사단성, 법인성이 핵심 개념 요소이다.[9] 조합은 명칭에도 불구하고 성격상 “법인”인 경우가 있는데 이 경우 A기업 집단 소속회사 또는 임원의 출자 지분 등을 고려하여 A기업집단의 특수관계인이라면 당연히 기업결합 신고의무자가

6) 제18조(기업결합의 신고 기준 및 절차) ② 법 제11조 제 1 항 각 호 외의 부분에서 “자산총액 또는 매출액의 규모가 대통령령으로 정하는 기준에 해당하는 다른 회사”란 제15조 제 1 항에 따른 자산총액 또는 같은 조 제 2 항에 따른 매출액의 규모가 300억원 이상인 회사를 말한다.

7) 제18조(기업결합의 신고 기준 및 절차) ⑥ 법 제11조 제 1 항 또는 제 2 항에 따라 기업결합의 신고를 하려는 자는 공정거래위원회가 정하여 고시하는 바에 따라 다음 각 호의 사항이 포함된 신고서에 그 신고내용을 입증하는 서류를 첨부하여 공정거래위원회에 제출해야 한다. 1. 신고의무자 및 상대방 회사의 명칭 2. 신고의무자 및 상대방 회사의 매출액 및 자산총액 3. 신고의무자 및 상대방 회사의 사업내용과 해당 기업결합의 내용 4. 관련시장 현황 5. 그 밖에 제 1 호부터 제 4 호까지의 규정에 준하는 것으로서 기업결합 신고에 필요하다고 공정거래위원회가 정하여 고시하는 사항 ⑦ 공정거래위원회는 제 6 항에 따라 제출된 신고서 또는 첨부서류가 미비한 경우 기간을 정하여 해당 서류의 보완을 명할 수 있다. 이 경우 그 보완에 소요되는 기간(보완명령서를 발송하는 날과 보완된 서류가 공정거래위원회에 도달하는 날을 포함한다)은 법 제11조 제 7 항 및 제10항의 기간에 산입하지 않는다.

8) 2008. 6. 1. 시행령 개정전까지는 기업결합신고대상회사는 자산총액 또는 매출액이 천억 이상인 회사였으나 2008. 6. 1. 법시행령 개정을 통하여 2천억원으로 상향조정하였다. 이는 미국, EU, 독일 및 캐나다의 기준과 늘어난 한국의 경제규모를 고려하였다. 즉 1997년 천억으로 기준이 정해질 때와 비교하여 2007년 현재 한국경제규모가 약 2배 성장[GDP: 492조원→901조원]을 하였으나 그간 기준을 개정하지 않았던 것이다. 2017. 9. 29. 시행령개정시 다시 3천억원으로 상향조정되었다. KFTC, 2009 Annual Report, 18면.

9) 공정거래위원회, 기업결합신고 가이드북(2022), 62면.

되지만 조합이 성질상 법인이 아니라 순수한 조합인 경우에는 기업결합 신고의무의 주체가 될 수 없다.[10)]

펀드란 통상 「자본시장과 금융투자업에 관한 법률」상 투자신탁 형태의 집합 투자기구를 지칭하는데, 논리적으로 집합투자(펀드)는 실질 소유자와 의사결정이 분리되어 있고, 엄격한 자산운용 제한으로 기업결합 규제의 실익이 없고, 투자신탁의 경우 그 신고의무 주체를 확정하기도 어려우므로 원칙적으로 투자신탁의 자산 취득은 신고 대상에서 제외함이 타당하다.[11)] 다만, 펀드 규모, 수익자 구성, 거래구조, 계약내용 등을 종합적으로 고려할 때 예외적으로 신고 및 심사 대상이 되는 경우가 있을 수는 있다.[12)]

2) 기업결합 당사자중 외국회사가 포함되어 있는 경우

이에 대해서는 *대통령령*[13)]에서 규정하고 있다. 외국회사가 국내회사를 기업결합하는 경우는 국내매출액 요건 필요 없이 3,000억원, 300억원 요건만 충족하면 되며, 국내매출액이란 해당 외국회사가 기업결합일 전부터 기업결합일 후까지 계열회사 지위를 유지하고 있는 회사의 대한민국에 대한 매출액을 합산한 액수(계열회사간 거래내역은 제외하며, 당사회사가 대한민국에 직접 판매하지 않더라도 최종적으로 대한민국에서 매출이 발생함이 용이하게 예상되는 거래내역은 포함)를 말한다.

「기업결합 신고요령」(Ⅳ. 3.)에 따르면 외국회사의 계열회사 범위는 독점규제법 제 2 조(정의)제11호 및 제12호, 영 제 4 조 및 제 5 조를 고려하여 판단하도록 하고 있다. 다만, 연결재무제표를 작성하는 대상회사는 계열회사에 해당하는 것으로 간주하도록 규정하고 있다. 그러나 계열회사 판단에 있어서 주의할 점은 자국법상 연결재무제표에 포함되지 않는 회사라고 하더라도 공정거래법상의 실질적 지배기준에 부합하는 경우라면 계열회사로 볼 수 있다는 것이다.[14)]

---

10) 공정거래위원회, 기업결합신고 가이드북(2022), 64면.

11) 공정거래위원회, 기업결합신고 가이드북(2022), 65면.

12) 공정거래위원회, 기업결합신고 가이드북(2022), 66면.

13) 제18조(기업결합의 신고 기준 및 절차) ③ 제 1 항 및 제 2 항에도 불구하고 법 제11조 제 1 항에 따른 기업결합신고대상회사(이하 "기업결합신고대상회사"라 한다)와 같은 항에 따른 상대회사(이하 "상대회사"라 한다)가 모두 외국회사(외국에 주된 사무소를 두고 있거나 외국 법률에 따라 설립된 회사를 말한다)이거나 기업결합신고대상회사가 국내 회사이고 상대회사가 외국회사인 경우에는 공정거래위원회가 정하여 고시하는 바에 따라 산정한 그 외국회사 각각의 국내 매출액의 규모가 300억원 이상인 경우에만 법 제11조 제 1 항에 따른 신고의 대상으로 한다

14) 공정거래위원회, 기업결합신고 가이드북(2022), 71면.

〈엔엑스피 세미컨덕터즈 엔 브이의 기업결합제한규정 위반행위 건〉[15]에서 공정거래위원회는 자산매각의 구조적 시정조치를 부과하였는데 피심인과 피취득회사 모두 외국회사로서, 피심인의 자산총액 또는 매출액이 2천억 원(현재 3,000억 원) 이상이고 피취득회사의 자산총액 또는 매출액은 200억 원(현재 300억 원) 이상이며 각각 국내 매출액이 200억 원(현재 300억 원) 이상으로서, 독점규제법 제11조 제 1 항 및 법 시행령 제18조 제 3 항에 따른 기업결합 신고의 대상이 된다고 판단하였다.

3) 소규모 피취득회사의 경우

기업결합신고대상회사 또는 그 특수관계인이 상대회사의 자산총액 또는 매출액 규모에 해당하지 아니하는 회사(이하 "소규모피취득회사")에 대하여 제 1 항 제 1 호, 제 2 호 또는 제 4 호에 해당하는 기업결합을 하거나 기업결합신고대상회사 또는 그 특수관계인이 소규모피취득회사 또는 그 특수관계인과 공동으로 제 1 항 제 5 호의 기업결합을 할 때에는 ① 기업결합의 대가로 지급 또는 출자하는 가치의 총액(당사회사가 자신의 특수관계인을 통하여 지급 또는 출자하는 것을 포함)이 *대통령령*[16]으로 정하는 금액 이상일 것(제 1 호), ② 소규모피취득회사 또는 그 특수관계인이 국내 시장에서 상품 또는 용역을 판매·제공하거나, 국내 연구시설 또는 연구인력을 보유·활용하는 등 *대통령령*[17]으로 정하는 상당한 수준으로 활동할 것(제 2 호), 위 요건에 모두 해당하는 경우에만 *대통령령*[18]으로 정

15) 공정의 2015. 11. 25. 2015－388. 당시 기준으로는 2,000억원/200억원이었다.

16) 제19조(소규모피취득회사의 기업결합 신고 기준) ① 법 제11조 제 2 항 제 1 호에서 "대통령령으로 정하는 금액"이란 6천억원을 말한다.

17) 제19조(소규모피취득회사의 기업결합 신고 기준) ② 법 제11조 제 2 항 제 2 호에서 "대통령령으로 정하는 상당한 수준"이란 다음 각 호의 어느 하나에 해당하는 경우를 말한다. 1. 제20조 제 3 항 각 호에 따른 날이 속하는 월을 기준으로 직전 3년간 국내 시장에서 월 100만 명 이상을 대상으로 상품 또는 용역을 판매·제공한 적이 있는 경우 2. 제20조 제 3 항 각 호에 따른 날이 속하는 사업연도를 기준으로 직전 3년간 다음 각 목의 요건을 모두 충족하는 경우 가. 국내 연구시설 또는 연구인력을 계속 보유·활용해 왔을 것 나. 국내 연구시설, 연구인력 또는 국내 연구활동 등에 대한 연간 지출액이 300억원 이상인 적이 있을 것 3. 그 밖에 제 1 호 또는 제 2 호에 준하는 경우로서 기업결합의 신고에 필요하다고 공정거래위원회가 정하여 고시하는 경우

18) 제18조(기업결합의 신고 기준 및 절차) ⑥ 법 제11조 제 1 항 또는 제 2 항에 따라 기업결합의 신고를 하려는 자는 공정거래위원회가 정하여 고시하는 바에 따라 다음 각 호의 사항이 포함된 신고서에 그 신고내용을 입증하는 서류를 첨부하여 공정거래위원회에 제출해야 한다. 1. 신고의무자 및 상대방 회사의 명칭 2. 신고의무자 및 상대방 회사의 매출액 및 자산총액 3. 신고의무자 및 상대방 회사의 사업내용과 해당 기업결합의 내용 4. 관련시장 현황 5. 그 밖에 제 1 호부터 제 4 호까지의 규정에 준하는 것으로서 기업결합 신고에 필요하다고 공정거래위원회가

하는 바에 따라 공정거래위원회에 신고하여야 한다(법 제11조 제 2 항).

한편 법 제11조 제 1 항 1호의 규정은 기존에는 피취득회사 매출액(또는 자산총액)이 300억 원 이상일 경우 신고의무가 있으나, 이 경우 대기업이 소규모이나 성장 가능성이 큰 기업을 인수하는 등 향후 경쟁제한성이 있는 기업결합이 심사대상에서 누락되는 문제가 있어서 2020. 12. 29. 법 전부개정에서 피취득회사 매출액(또는 자산총액)이 현행 신고기준(300억 원)에 미달하더라도 거래금액(인수가액)이 큰 경우 신고 의무를 부과하여, 기업결합으로 인한 경쟁제한의 폐해 발생우려를 사전에 차단하기 위한 것이었다.[19]

즉 신고대상회사와 소규모피취득회사가 모두 외국회사이거나 소규모피취득회사가 외국회사라고 하더라도 국내 매출액 300억 이상 요건을 갖출 필요가 없다.[20]

2. 신고대상 기업결합

1) 신고대상

모든 기업결합이 신고대상이 아니며, ① 다른 회사의 발행주식총수(「상법」 제344조의3 제 1 항 및 제369조 제 2 항·제 3 항의 의결권 없는 주식의 수는 제외)의 100분의 20[「자본시장과 금융투자업에 관한 법률」에 따른 주권상장법인(이하 “상장법인”)의 경우에는 100분의 15를 말함] 이상을 소유하게 되는 경우(제 1 호),[21] ② ①에 해당하여 기업결합의 신고를 한 후에 당해 회사의 주식을 추가로 취득하여

정하여 고시하는 사항 ⑦ 공정거래위원회는 제 6 항에 따라 제출된 신고서 또는 첨부서류가 미비한 경우 기간을 정하여 해당 서류의 보완을 명할 수 있다. 이 경우 그 보완에 소요되는 기간(보완명령서를 발송하는 날과 보완된 서류가 공정거래위원회에 도달하는 날을 포함한다)은 법 제11조 제 7 항 및 제10항의 기간에 산입하지 않는다.

19) 공정거래위원회 보도자료(2020. 12. 29.).

20) 공정거래위원회, 기업결합신고 가이드북(2022), 66면.

21) 제18조(기업결합의 신고 기준 및 절차) ④ 법 제11조 제 1 항 제 1 호에 따른 다른 회사의 발행주식총수(「상법」 제344조의3 제 1 항 및 제369조 제 2 항·제 3 항의 의결권 없는 주식의 수는 제외한다)의 100분의 20(상장법인의 경우에는 100분의 15를 말한다. 이하 이 항에서 같다) 이상을 소유하게 되는 경우는 발행주식총수의 100분의 20 미만의 소유상태에서 100분의 20 이상의 소유상태로 되는 경우로 한다. ⑤ 법 제11조 제 1 항 제 2 호에 따른 다른 회사의 주식을 추가로 취득하여 최다출자자가 되는 경우는 최다출자자가 아닌 상태에서 최다출자자가 되는 경우로 한다; 단순분할의 경우 기업결합이 아니므로 기업결합신고의무도 없다. 따라서 분할 과정에서 발생하는 자산의 분할 및 승계에 대해서도 별도의 신고 의무가 있다고 할 수 없다. 공정거래위원회, 기업결합신고 가이드북(2022), 97면; 양도담보 목적의 추직취득도 신고의무가 발생한다. 공정거래위원회, 기업결합신고 가이드북(2022), 99면.

최다출자자가 되는 경우(제 2 호),[22] ③ 임원겸임의 경우(계열회사의 임원을 겸임하는 경우를 제외)(제 3 호),[23] ④ 다른회사와 합병하거나 다른회사의 영업을 양수하는 경우(제 4 호), ⑤ 새로운 회사설립에 참여하여 그 회사의 최다출자자가 되는 경우(제 5 호)에는 공정거래위원회에 신고하여야 한다(법 제11조 제 1 항).

그리고 ①, ② 또는 ⑤의 경우 주식의 소유 또는 인수의 비율을 산정하거나 최다출자자가 되는지 여부를 판단함에 있어서는 당해회사의 특수관계인이 소유하고 있는 주식을 합산한다(법 제12조 제 5 항).

2) 신고대상에서 제외

① 타법에 의한 투자목적 등의 기업결합

①「벤처투자 촉진에 관한 법률」 제 2 조 제10호 또는 제11호에 따른 중소기업창업투자회사 또는 벤처투자조합이 「중소기업창업 지원법」 제 2 조 제 2 호에 따른 창업자(이하 "창업자") 또는 「벤처기업육성에 관한 특별조치법」 제 2 조 제 1 항에 따른 벤처기업(이하 "벤처기업")의 주식을 제 1 항 제 1 호에 따른 비율 이상으로 소유하게 되거나 창업자 또는 벤처기업의 설립에 다른 회사와 공동으로 참여하여 최다출자자가 되는 경우(제 1 호), ② 「여신전문금융업법」 제 2 조 제14호의3 또는 제14호의5에 따른 신기술사업금융업자 또는 신기술사업투자조합이 「기술보증기금법」 제 2 조 제 1 호에 따른 신기술사업자(이하 "신기술사업자"라 한다)의 주식을 제 1 항 제 1 호에 따른 비율 이상으로 소유하게 되거나 신기술사업자의 설립에 다른 회사와 공동으로 참여하여 최다출자자가 되는 경우(제 2 호), ③ 기업결합신고대상회사가 i) 「자본시장과 금융투자업에 관한 법률」 제 9 조 제18항 제 2 호에 따른 투자회사(제 1 목),[24] ii) 「사회기반시설에 대한 민간투자법」에 따라 사회기반시설 민간투자사업시행자로 지정된 회사(제 2 목), iii) 나목에

22) 제18조(기업결합의 신고 기준 및 절차 ⑤ 법 제11조 제 1 항 제 2 호에 따른 다른 회사의 주식을 추가로 취득하여 최다출자자가 되는 경우는 최다출자자가 아닌 상태에서 최다출자자가 되는 경우로 한다.

23) 「기업결합의 신고요령」(Ⅲ. 2. 라.)에 의하면 대규모회사의 임원겸임신고 시 상법 제542조의8에 따라 선임된 사외이사가 다른 회사의 사외이사를 겸임 하는 경우에는 기업결합 신고를 요하지 아니한다.

24) 상법에 따른 주식회사 형태의 집합투자기구만을 이르며, 유한회사 형태 의 집합투자기구(투자유한회사) 및 합자회사 형태의 집합투자기구(투자 합자회사)는 이에 해당하지 않는다. 따라서, 경영권 참여, 사업구조 또는 지배구조의 개선 등을 위하여 지분증권 등에 투자·운용하는 투자합자회사인 사모집합투자기구(기관전용 사모집합 투자기구)인 PEF(Private Equity Fund)는 자본시장법상 투자회사에 해당하지 않는다. 공정거래위원회, 기업결합신고 가이드북(2022), 91면.

따른 회사에 대한 투자목적으로 설립된 투자회사(「법인세법」 제51조의 2 제 1 항 제 6 호에 해당하는 회사로 한정)(제 3 목), iv) 「부동산투자회사법」 제 2 조 제 1 호에 따른 부동산투자회사(제 4 목)(제 3 호)의 어느 하나에 해당하는 회사의 주식을 제 1 항 제 1 호에 따른 비율 이상으로 소유하게 되거나 어느 하나에 해당하는 회사의 설립에 다른 회사와 공동으로 참여하여 최다출자자가 되는 경우의 어느 하나에 해당하는 경우(제 4 호)에는 신고대상에서 제외한다(법 제11조 제 3 항).[25]

② 관계중앙행정기관이 사전협의한 경우

관계중앙행정기관의 장이 다른 법률의 규정에 의하여 미리 당해 기업결합에 관하여 공정거래위원회와 협의한 경우에는 독점규제법 제11조 제 1 항 및 제 2 항의 기업결합 신고규정을 적용하지 아니한다(법 제11조 제 4 항). 이는 해당 기업결합의 경쟁제한성에 대해 충분한 검토가 이루어지기 때문에 신고의 실익이 적기 때문이다. 이와 관련된 법률로는 「금융산업의 구조개선에 관한 법률」 제 4 조 제 1 항, 제 3 항 및 제 4 항,[26] 「전기통신사업법」 제18조 제 1 항 및 제 6 항[27] 「금융지주회사법」 제17조 제 1 항 및 제 2 항, 제18조 제 1 항 및 제 2 항[28] 등이 있다.

독점규제법 제11조 제 4 항은 다른 법률에 따라 이미 공정거래위원회와 협의절차를 거친 경우에는 이미 공정거래위원회가 당해 기업결합의 존재를 인지

---

25) 임원겸임의 경우는 신고대상에서 제외되지 않는다. 공정거래위원회, 기업결합신고 가이드북(2022), 93면.

26) 제 4 조(인가) ① 금융기관이 이 법에 의한 합병 또는 전환을 하고자 할 때에는 미리 금융위원회의 인가를 받아야 한다, ③ 금융위원회는 제 1 항의 규정에 의한 인가를 함에 있어서는 다음 각호의 기준에 적합한 지의 여부를 심사하여야 한다. 3. 합병 또는 전환이 금융기관 간의 경쟁을 실질적으로 제한하지 아니할 것, ④ 금융위원회는 금융기관간의 합병을 인가하고자 하는 경우에는 제 3 항 제 3 호에서 규정한 금융기관 간의 경쟁을 실질적으로 제한하지 아니하는지에 대하여 미리 공정거래위원회와 협의하여야 한다.

27) 제18조(사업의 양수 및 법인의 합병 등) ① 다음 각 호의 어느 하나에 해당하는 자는 대통령령으로 정하는 바에 따라 미래창조과학부장관의 인가를 받아야 한다. ⑥ 미래창조과학부장관은 제 1 항에 따른 인가를 하려면 공정거래위원회와의 협의를 거쳐야 한다.

28) 제17조(자회사등의 편입 승인요건) ① 제16조의 규정에 의한 승인을 얻고자 하는 금융지주회사는 다음 각호의 요건을 갖추어야 한다. ② 금융위원회는 제 1 항의 승인을 함에 있어서는 당해 자회사등의 편입이 관련시장에서의 경쟁을 실질적으로 제한하는지의 여부에 관하여 미리 공정거래위원회와 협의하여야 한다.

제18조(자회사등의 편입신고 등) "① 제16조 제 1 항의 규정에 불구하고 업무의 종류·특성 등을 감안하여 대통령령이 정하는 회사(이하 "신고대상회사"라 한다)를 자회사등으로 편입한 금융지주회사는 대통령령이 정하는 바에 의하여 금융위원회에 신고하여야 한다. 이 경우「독점규제 및 공정거래에 관한 법률」제12조 제 1 항을 적용하지 아니한다. ② 금융위원회는 제 1 항의 규정에 의한 신고를 받은 때에는 당해 자회사등의 편입이 관련시장에서의 경쟁을 실질적으로 제한하는지의 여부에 관하여 공정거래위원회와 협의하여야 한다.

한 것이므로 신고인의 편의를 고려하여 별도로 기업결합신고를 할 필요가 없다는 취지의 소위 'one－stop shop' 조항이므로 신고의무만 면제되는 것일 뿐 독점규제법상 공정거래위원회의 심사권한을 배제하는 것으로는 볼 수 없다.[29] 다만 관계중앙행정기관의 장이 공정거래위원회와 협의한 경우 공정거래위원회는 개별산업에 대한 규제기관으로서 전자가 가지는 전문성과 경험을 존중하여 결정을 내릴 때까지 별도의 기업결합 심사절차를 유보하고, 개별 규제기관이 결정을 내린 연후에 그 결정을 고려하더라도 여전히 경쟁제한적 우려가 있는 경우 별도의 기업결합심사절차를 통하여 추가적으로 시정조치를 내릴 수 있다고 해석한다.[30]

한편 "공정거래위원회와의 협의"의 해석 관련하여 〈신한카드(주)의 기업결합신고규정 위반행위 건〉[31]에서 피심인은 "법 제11조 제 4 항에서 "관계중앙행정기관의 장이 다른 법률의 규정에 의하여 '미리' 위원회와 협의한 경우"란 관계중앙행정기관의 장이 다른 법률의 규정에 의하여 인허가나 승인 등의 행정처분을 하기 전에 미리 위원회와 협의한 경우를 의미한다"고 주장하였다. 즉, 동 조항에서의 '미리'란 법에서 정하는 기업결합 신고절차 중의 어느 한 시점과 전혀 관계가 없고, 다른 법률의 규정에 의하여, 다른 행정기관의 처분 이전 시점이기만 하면 언제든지 가능한 것으로 해석할 수 있다는 것이다.

이러한 주장에 대하여 공정거래위원회는 "첫째, 법 제11조 제 4 항의 '미리'의 의미를 피심인 주장과 같이 해석할 근거가 전혀 없다. 동 조항의 의미는, 독점규제법이 정한 신고시기 도래 이전 또는 신고의무 발생 후 신고기한 도과 전 다른 부처의 요청으로 인하여 기업결합 심사를 하게 된 경우에 동일한 사항에 대하여 재차 신고할 필요가 없다는 의미로서, 기한 도과 이전에 경쟁제한성 심사의 기회를 가졌다면 그 단서가 신고이든 협의이든 형식을 불문하겠다는 뜻이다. 둘째, 피심인과 같이 해석하는 경우, 법상으로는 사전신고의무가 있는 기업결합을 이행행위까지 모두 완료한 이후에 협의해 옴으로써 경쟁제한성 심사 시기가 사후적으로 이루어지게 된다는 문제점이 발생한다. 즉, 사전신고 대상 기업의 범위 및 그 신고 기한이 다른 법률에 의하여 축소되거나 연장되는 것이다.

29) 이호영, 경쟁법연구 제18권(2008), 24면; 홍명수, 경쟁법연구 제18권(2008), 323면; 이봉의, 공정거래법의 쟁점과 과제(2010), 348면.

30) 이호영, 경쟁법연구 제18권(2008), 26면; 이봉의, 공정거래법의 쟁점과 과제(2010), 349면.

31) 공정의 2009. 1. 12. 2009－013.

그러나, 경쟁제한성 심사라는 기업결합 신고제도의 취지에 비추어볼 때 신고시기와 관련된 규정은 엄격히 준수되어야 한다. 대규모회사[32]의 경우 기업결합 이행행위 이전에 신고하도록 하는 이유는 일정 규모 이상 기업의 결합은 당해 시장에 미치는 영향이 클 뿐만 아니라, 결합행위의 사후적 시정 그 자체도 관련 시장에 큰 영향을 초래할 수 있으므로 이행행위 착수 전에 경쟁제한성 심사를 미리 하고자 하는데 있다. 따라서 독점규제법이 아닌 다른 법률에서 다소 모호한 규정을 두고 있다는 점을 들어 신고의무나 시기에 관한 독점규제법 해석을 자의적으로 해서는 안 될 것이다"라고 함으로써 독점규제법의 입법목적과 문언의 취지에 충실한 해석을 하였다.

3. 신고방법

기업결합의 신고의무자가 둘 이상인 경우에는 공동으로 신고하여야 한다(법 제11조 제11항 본문). 예를 들어 회사설립 참여회사인 A, B, C사가 각각 40%, 40%, 20% 지분을 취득시 A, B사가 공동으로 신고하며, 계열회사 관계인 A, B, C사가 각각 5%, 7%, 9% 주식취득하여 신고의무발생시 A, B, C사 각각 공동의 신고의무자가 된다. 다만, 공정거래위원회가 신고의무자가 소속된 기업집단에 속하는 회사 중 하나의 회사의 신청을 받아 *대통령령*[33]으로 정하는 바에 따라 해당 회사를 기업결합신고 대리인으로 지정하는 경우에는 그 대리인이 신고할 수 있다(법 제11조 제11항 단서).

4. 신고기간

4.1 사후신고 원칙

기업결합의 신고는 당해 기업결합일[34]부터 30일 이내에 이를 하여야 한다

32) 자산총액 또는 매출액 규모가 2조원 이상인 회사를 말하며(법 시행령 제15조), 대규모회사 여부를 검토함에 있어서는 계열회사의 자산총액 또는 매출액을 합산한다.

33) 제21조(기업결합신고대리인의 지정 등) ① 법 제11조 제11항 단서에 따라 대리인으로 지정받으려는 자는 회사의 명칭, 자산총액 및 매출액 등이 포함된 신청서를 공정거래위원회에 제출해야 한다. ② 공정거래위원회는 제 1 항에 따른 신청을 받아 대리인을 지정한 경우 그 사실을 신청인에게 알려야 한다.

34) 제20조(기업결합의 신고 기한 등) ① 법 제11조 제 6 항 각 호 외의 부분 본문 및 단서에 따른 기업결합일은 제17조에 따른 기업결합일로 한다.

(법 제11조 제6항 본문).

4.2 예외적 사전신고

제1항 제1호, 제2호, 제4호 또는 제5호에 따른 기업결합(*대통령령*[35]으로 정하는 경우는 제외) 중 기업결합의 당사회사 중 하나 이상의 회사가 대규모회사인 기업결합(제1호), ② 제2항에 따른 기업결합(제2호)의 어느 하나에 해당하는 기업결합은 합병계약을 체결한 날 등 *대통령령*[36]으로 정하는 날부터 기업결합일 전까지의 기간 내에 신고하여야 한다(법 제11조 제6항 단서).

기업결합 신고시기

구분	당사회사	기업결합 유형	신고시기
사전신고	대규모회사	주식취득	계약일 등 이후 기업결합일 이전
		합병	
		영업양수	
		회사신설 참여	주총(이사회) 의결일 이후 주식대금납입기일까지
사후신고	대규모회사 외의 자	주식취득	주권교부일 등으로부터 30일 이내
		합병	합병등기일로부터 30일 이내

35) 제20조(기업결합의 신고 기한 등) ② 법 제11조 제6항 제1호에서 "대통령령으로 정하는 경우"란 같은 조 제1항 제1호 및 제2호에 해당하는 기업결합으로서 다음 각 호의 어느 하나에 해당하는 경우를 말한다. 1. 「자본시장과 금융투자업에 관한 법률」 제9조 제13항에 따른 증권시장에서 경쟁매매를 통해 주식을 취득하는 경우. 다만, 매매 당사자 간의 계약이나 합의에 따라 수량, 가격 등을 결정하고, 증권시장을 통해 그 매매의 결제를 하는 방법으로 주식을 취득하는 경우는 제외한다. 2. 유상증자 결과 실권주(失權株)의 발생으로 주식소유비율이 증가하는 경우 3. 자기의 의사와 무관하게 다른 회사의 이사회나 주주총회의 결정을 통해 이루어지는 주식의 소각이나 감자에 따라 주식소유비율이 증가하는 경우 4. 그 밖에 제1호부터 제3호까지에 준하는 경우로서 기업결합일 이후에 신고할 필요가 있다고 공정거래위원회가 정하여 고시하는 경우

36) 제20조(기업결합의 신고 기한 등) ③ 법 제11조 제6항 각 호 외의 부분 단서에서 "합병계약을 체결한 날 등 대통령령으로 정하는 날"이란 다음 각 호의 구분에 따른 날을 말한다. 1. 법 제11조 제1항 제1호 또는 제2호의 유형에 해당하는 기업결합: 주식을 취득·소유하기로 계약·합의 등을 하거나 이사회 등을 통해 결정된 날 2. 법 제11조 제1항 제4호의 유형에 해당하는 기업결합: 합병 계약 또는 영업양수 계약을 체결한 날 3. 법 제11조 제1항 제5호의 유형에 해당하는 기업결합: 회사설립의 참여에 대한 주주총회, 사원총회나 이에 갈음하는 이사회의 의결이 있었던 날 ④ 법 제11조 제6항 각 호 외의 부분 단서에 따른 신고를 한 기업결합 신고대상회사는 신고사항에 중요한 변경이 있는 경우 그 변경사항을 주식의 소유일, 합병의 등기일, 영업의 양수일 또는 회사의 설립일까지 공정거래위원회에 신고해야 한다.

구분	당사회사	기업결합 유형	신고시기
		영업양수	영업양수대금 지불완료일로부터 30일 이내
		회사신설 참여	주식대금납입기일 다음날로부터 30일 이내
	대규모회사	임원겸임	겸임되는 회사의 주주(사원)총회에서 선임이 의결된 날로부터 30일 이내

〈출처: 기업결합신고 가이드북(2022), 20면〉

전환사채, 교환사채, 신주인수권부사채에 기한 주식취득의 경우 법상 기업결합일 규정이 없으므로 주주가 되는 시점을 기업결합일로 본다.[37)]

공정거래위원회는 제11조 제 6 항에 따라 신고를 받으면 신고일부터 30일 이내에 제 9 조(기업결합의 제한)에 해당하는지를 심사하고, 그 결과를 해당 신고자에게 통지하여야 한다(법 제11조 제 7 항 본문). 다만, 공정거래위원회가 필요하다고 인정할 경우에는 90일의 범위에서 그 기간을 연장할 수 있다(법 제11조 제 7 항 단서). 법 제11조 제 7 항의 기간연장은 법률요건 내지 법적효과의 변경을 발생시킨다는 점에서 형성적 행정행위라 할 수 있다.[38)]

제 6 항 각호의 외의 부분 단서에 따라 신고를 하여야 하는 자는 제11조 제 7 항에 따른 공정거래위원회의 심사결과를 통지받기 전까지는 각각 주식소유, 합병등기, 영업양수계약의 이행행위 또는 주식인수행위를 하여서는 아니 된다(법 제11조 제 8 항).

〈(주)신세계의 기업결합제한규정 위반행위 건〉 관련 행정소송에서 서울고등법원은 공정거래위원회가 자료제출 요청을 하면서 그 근거조문을 법 시행령 제18조 제 5 항이 아닌 법 제81조로 한 경우에도, 그 실질은 법 시행령 제18조 제 5 항의 보정명령에 해당한다고 보아 처분이 법 제11조 제 7 항에서 정한 기간내에 이루어졌는지 여부를 판단함에 있어 자료제출에 소요된 기간은 산입하지 말아야 한다고 판시한 바 있다.[39)]

37) 공정거래위원회, 기업결합신고 가이드북(2022), 79면. 전환사채(Convertible Bond)는 사채로서 발행되었지만 일정기간 경과 뒤 소유자의 청구에 의하여 주식으로 전환할 수 있는 사채, 교환사채(Exchangeable Bond)는 투자자가 보유한 채권을 일정시일 경과 후 발행회사가 보유중인 다른 회사 유가증권으로 교환할 수 있는 권리가 있는 사채, 신주인수권부사채(Bond with Warrant)는 회사채 형식으로 발행되며 일정 기간이 지나면 미리 정해진 가격으로 주식을 청구할 수 있는 사채로, 발행회사의 주식을 매입할 수 있는 권리가 부여된 사채를 의미한다.

38) 박정훈, 공정거래와 법치(2004), 1024면.

39) 서고판 2008. 9. 3. 2006누30036.

5. 변경신고

법 제11조 제6항 단서에 의하여 신고를 한 대규모회사는 신고후 주식의 소유일, 합병의 등기일·영업의 양수일 또는 회사의 설립일까지 신고사항에 중요한 변경이 있는 경우에는 그 변경사항을 신고하여야 한다(영 제18조 제11항).

6. 사전심사 요청제도

기업결합을 하려는 자는 제6항에 따른 신고기간이전이라도 당해 행위가 경쟁을 실질적으로 제한하는 행위에 해당하는지에 대하여 공정거래위원회에 심사를 요청할 수 있다(법 제11조 제9항). 공정거래위원회는 심사를 요청받은 경우에는 30일이내에 그 심사결과를 요청한 자에게 통지하여야 한다(법 제11조 제10항 본문). 다만, 공정거래위원회가 필요하다고 인정할 때에는 90일의 범위안에서 그 기간을 연장할 수 있다(법 제11조 제10항 단서).

'임의적 사전심사'란, 기업결합을 하고자 하는 회사가 신고기간 이전에 당해 결합이 경쟁을 제한하는지 공정위에 심사를 요청하는 제도이다. 임의적 사전심사를 받아도 실제 결합 시에는 정식신고가 필요하나, 사실관계 확인 등을 간략히 검토 후 신속히 처리한다(간이심사대상).

공정거래위원회는 2018. 12. 31. 한국가스공사 등 13개사가 수소에너지 네트워크 주식회사(HyNet) 설립 관련 임의적 사전심사를 요청한 것에 대해 경쟁제한성이 없는 것으로 판단했다(2019. 2. 15).[40)]

Ⅲ. 기업결합 신고규정위반에 대한 조치

기업결합 신고를 하여야 함에도 이를 신고하지 아니한 자, 지연신고한 자, 허위신고한 자, 이행행위금지의무를 위반한 자에 대하여는 과태료를 부과하며 이를 위해 「기업결합신고규정 위반사건에 대한 과태료 부과기준」[41)]을 운용하고 있다.

40) 공정거래위원회 보도자료(2019. 2. 19).

41) 공정거래위원회 고시 제2021-28호(2021. 12. 30).

제12조(기업결합 신고절차 등의 특례)

① 다음 각 호의 어느 하나에 해당하는 법인의 설립이나 합병 또는 최다액출자자 변경 등(이하 이 조에서 "법인설립등"이라 한다)에 관한 승인·변경허가추천 등(이하 이 조에서 "승인등"이라 한다)을 신청하는 자는 법인설립등이 제11조(기업결합의 신고) 제1항 및 제2항에 따른 신고대상에 해당하는 경우에는 승인등의 주무관청(방송통신위원회를 포함한다. 이하 이 조에서 같다)에 승인등을 신청할 때 기업결합 신고서류를 함께 제출할 수 있다. <개정 2009. 3. 25>

1. 「방송법」 제15조(변경허가등) 제1항 제1호에 따른 법인[같은법 제2조제3호 나목에 따른 종합유선방송사업자인 법인에 한정한다. 이하 이 조에서 "종합유선방송사업자"라 한다]의 합병2
2. 「방송법」 제15조의2 제1항에 따라 종합유선방송사업자의 최다액출자자가 되고자 하거나 종합유선방송사업자의 경영권을 실질적으로 지배하고자 하는 경우

② 승인등의 신청인이 제1항에 따라 주무관청에 기업결합 신고서류를 제출하였을 때에는 그 서류가 주무관청에 접수된 날을 제11조(기업결합의 신고) 제1항 및 제2항에 따른 신고가 있은 날로 본다.

③ 주무관청은 제1항에 따라 기업결합 신고서류를 제출받았을 때에는 지체 없이 공정거래위원회에 기업결합 신고서류를 송부하여야 한다.

④ 제11조제6항 각 호 외의 부분 단서에 따라 기업결합 신고를 하여야 하는 자는 공정거래위원회에 기업결합 신고를 하는 때에 법인설립등의 승인등에 관한 서류를 함께 제출할 수 있다.

⑤ 공정거래위원회는 제4항에 따라 법인설립등의 승인등에 관한 서류를 제출받았을 때에는 지체 없이 법인설립등의 승인등에 관한 서류를 주무관청에 송부하여야 한다.

「방송법」 제15조 제1항 제1호[1)]에 따른 법인[같은법 제2제3호 나목에 따른 종합유선방송사업자인 법인, 이하 "종합유선방송사업자"]의 합병(제1호), 「방송법」 제15조의2 제1항[2)]에 따라 종합유선방송사업자의 최다액출자자가 되고자

1) 제15조(변경허가등) ① 방송사업자·중계유선방송사업자·음악유선방송사업자 및 전광판방송사업자는 다음 각호의 사항을 변경하고자 하는 때에는 미래창조과학부장관 또는 방송통신위원회로부터 변경허가 또는 변경승인을 얻거나 변경등록을 하여야 한다. 이 경우 그 절차는 제9조 제1항·제2항·제3항·제5항·제6항·제8항 및 제10항의 규정을 준용한다. 1. 당해 법인의 합병 및 분할.

2) 제15조의2(최다액출자자 등 변경승인) ① 방송사업자 또는 중계유선방송사업자의 주식 또는

하거나 종합유선방송사업자의 경영권을 실질적으로 지배하고자 하는 경우(제 2 호) 중 어느 하나에 해당하는 법인의 설립이나 합병 또는 최다액출자자 변경 등(이하 "법인설립등")에 관한 승인·변경허가추천 등(이하 "승인등")을 신청하는 자는 법인설립 등이 제11조(기업결합의 신고) 제 1 항에 따른 신고대상에 해당하는 경우에는 승인등의 주무관청(방송통신위원회를 포함)에 승인 등을 신청할 때 기업결합 신고서류를 함께 제출할 수 있다(법 제12조 제 1 항).

승인 등의 신청인이 주무관청에 기업결합 신고서류를 제출한 때에는 그 서류가 주무관청에 접수된 날을 제11조 제 1 항에 따른 신고가 있은 날로 본다(법 제12조 제 2 항). 주무관청은 제 1 항에 따라 기업결합 신고서류를 제출받았을 때에는 지체 없이 공정거래위원회에 기업결합 신고서류를 송부하여야 한다(법 제12조 제 3 항). 제11조 제 6 항 각 호 외의 부분 단서에 따라 기업결합 신고를 하여야 하는 자는 공정거래위원회에 기업결합 신고를 하는 때에 법인설립 등의 승인 등에 관한 서류를 함께 제출할 수 있다(법 제12조 제 4 항). 공정거래위원회는 법인설립 등의 승인 등에 관한 서류를 제출받은 때에는 지체 없이 법인설립 등의 승인 등에 관한 서류를 주무관청에 송부하여야 한다(법 제12조의 2 제 5 항). 본 조는 2007. 8. 3. 제14차 법개정시 신설되었다.

제13조(탈법행위의 금지)

① 누구든지 제 9 조 제 1 항의 적용을 회피하려는 행위를 하여서는 아니 된다.

② 제 1 항에 따른 탈법행위의 유형 및 기준은 대통령령으로 정한다.

탈법행위의 유형에 대하여 대통령령으로 정하고 있으나, 아직 규정이 미비하다.

지분의 취득 등을 통하여 당해 사업자의 최다액출자자(당해 사업자의 출자자 본인과 그의 특수관계자의 주식 또는 지분을 합하여 의결권이 있는 주식 또는 지분의 비율이 가장 많은 자를 말한다. 이하 같다)가 되고자 하는 자와 경영권을 실질적으로 지배하고자 하는 자는 방송통신위원회의 승인을 얻어야 한다. 다만, 제 9 조 제 5 항 본문의 규정에 의하여 등록을 한 방송채널사용사업자의 최다액출자자가 되고자 하는 자와 경영권을 실질적으로 지배하고자 하는 자는 이를 방송통신위원회에게 신고하여야 한다.

제14조(시정조치 등)

① 공정거래위원회는 제9조 제1항, 또는 제13조를 위반하거나 위반할 우려가 있는 행위가 있는 때에는 해당 사업자[제9조 제1항을 위반한 경우에는 기업결합 당사회사(기업결합 당사회사에 대한 시정조치만으로는 경쟁제한으로 인한 폐해를 시정하기 어렵거나 기업결합 당사회사의 특수관계인이 사업을 영위하는 거래분야의 경쟁제한으로 인한 폐해를 시정할 필요가 있는 경우에는 그 특수관계인을 포함한다)를 말한다] 또는 위반행위자에 대하여 다음 각 호에 해당하는 시정조치를 명할 수 있다. 이 경우 제11조 제6항 각 호 외의 부분 단서에 따른 신고를 받아 행하는 때에는 같은 조 제7항에 따른 기간내에 이를 하여야 한다.

1. 해당 행위의 중지
2. 주식의 전부 또는 일부의 처분
3. 임원의 사임
4. 영업의 양도
5. 시정명령을 받은 사실의 공표
6. 기업결합에 따른 경쟁제한의 폐해를 방지할 수 있는 영업방식 또는 영업범위의 제한
7. 기타 법위반상태를 시정하기 위하여 필요한 조치

② 공정거래위원회는 제9조 제1항, 제11조 제8항을 위반한 회사의 합병 또는 설립이 있는 때에는 당해 회사의 합병 또는 설립무효의 소를 제기할 수 있다.

③ 공정거래위원회는 제9조 제1항을 위반하는 행위에 대하여 제1항 각 호의 시정조치를 부과하기 위한 기준은 공정거래위원회가 정하여 고시한다.

④ 합병, 분할, 분할합병 또는 새로운 회사의 설립 등에 따른 제1항 각 호의 시정조치에 관하여는 제7조 제2항부터 제4항까지의 규정을 준용한다. 이 경우 "시장지배적사업자"는 "사업자"로 본다.

목 차

Ⅰ. 개 요
1. 의 의
2. 종 류

Ⅱ. 시정조치의 유형
1. 부작위명령
2. 작위명령

3. 시정명령받은 사실의 공표명령
4. 보조적 명령
Ⅲ. 시정조치의 방법
Ⅳ. 시정조치의 효력기간
Ⅴ. 합병, 분할 등 경우 시정조치의 대상
Ⅵ. 회사의 합병 또는 설립무효의 소

[참고문헌]

단행본: 공정거래위원회(기업결합과), 기업결합신고 가이드북, 2018; 곽상현/이봉의, 기업결합규제법, 법문사, 2012; 신광식, 공정거래정책 혁신론, 나남출판, 2006; 오성환, 공정거래 심결소회, 도서출판 산학연, 2005

논 문: 박정훈, "공정거래법의 공적 집행", 공정거래와 법치(권오승 편), 법문사, 2004; 이봉의, "EU의 기업결합규제에 있어서의 시정조치", 경쟁저널 제148호, 한국공정경쟁연합회, 2010. 1; 이선희, "기업결합신고에 대한 시정조치 부과대상 및 행위내용의 기준", 남천 권오승교수 정년기념논문집, 법문사, 2015; 이인환, "경쟁제한적 기업결합에 대한 시정조치에 관한 연구", 경쟁법연구 제22권, 한국경쟁법학회 편, 법문사 2010.11; 조춘, "공정거래법상 시정조치에 대한 검토", 경쟁저널 제108호, 한국공정경쟁연합회, 2004. 8

[참고사례]

(주)무학 및 특수관계인 (주)무학 외 1의 기업결합제한규정 위반행위 건(공정거래위원회 2003. 1. 28. 의결 제2003-027호; 서울고등법원 2004. 10. 27. 선고 2003누2252 판결); 삼성생명보험(주)의 의결권제한규정 위반행위 건(공정거래위원회 2000. 8. 5. 의결 제2000-122호, 2001. 1. 5. 재결 제2001-001호; 서울고등법원 2003. 7. 10. 선고 2001누2159 판결; 대법원 2005. 12. 9. 선고 2003두10015 판결); 동양종합금융(주)의 상호출자금지규정 위반행위 건(공정거래위원회 2002. 10. 28. 의결 제2002.222호; 서울고등법원 2003. 10. 16. 선고 2002누18991 판결; 대법원 2006. 5. 12. 선고 2004두312 판결); (주)삼익악기의 기업결합제한규정 위반행위 건(공정거래위원회 2004. 9. 24 의결 제2004-271호; 서울고등법원 2006. 3. 15. 선고 2005누3174 판결; 대법원 2008. 5. 29. 선고 2006두6659 판결); (주)신세계의 기업결합제한규정 위반행위 건(공정거래위원회 2006. 11. 14. 의결 제2006-264호; 서울고등법원 2008. 9. 3. 선고 2006누30036 판결); 동양제철화학(주)의 기업결합제한규정 위반행위 건(공정거래위원회 의결 제2006-173호; 서울고등법원 2008. 5. 28. 선고 2006누21148 판결; 대법원 2009. 9. 10. 선고 2008두9744 판결); (주)씨제이헬로비전 및 하나방송(주)의 기업결합 제한규정 위반행위 건(공정거래위원회 2018. 1. 22. 의결 제2018-055호); 대한항공 등 5개 항공운송사업자의 기업결합 제한규정

위반행위 건(공정거래위원회 2022. 5. 9, 의결 제2022－107호)

Ⅰ. 개 요

1. 의 의

공정거래위원회는 제 9 조 제 1 항 또는 제13조를 위반하거나 위반할 우려가 있는 행위가 있는 때에는 해당 사업자[제 9 조 제 1 항을 위반한 경우에는 기업결합 당사회사(기업결합 당사회사에 대한 시정조치만으로는 경쟁제한으로 인한 폐해를 시정하기 어렵거나 기업결합 당사회사의 특수관계인이 사업을 영위하는 거래분야의 경쟁제한으로 인한 폐해를 시정할 필요가 있는 경우에는 그 특수관계인을 포함)를 말함] 또는 위반행위자에 대하여 ① 해당 행위의 중지(제 1 호), ② 주식의 전부 또는 일부의 처분(제 2 호), ③ 임원의 사임(제 3 호), ④ 영업의 양도(제 4 호), ⑤ 시정명령을 받은 사실의 공표(제 5 호),[1] ⑥ 기업결합에 따른 경쟁제한의 폐해를 방지할 수 있는 영업방식 또는 영업범위의 제한(제 6 호), ⑦ 기타 법위반상태를 시정하기 위하여 필요한 조치(제 7 호)를 명할 수 있다(법 제14조 제 1 항 전단).

이 경우 제11조 제 6 항 각 호외의 부분 단서에 따른 신고를 받았을 때에는 같은 조 제 7 항에 따른 기간내에 시정조치를 명하여야 한다(법 제14조 제 1 항 후단).[2] 공정거래위원회는 기업결합제한규정에 위반하는 행위에 대하여 시정조치를 부과하기 위한 기준을 정하여 고시할 수 있다(법 제14조 제 3 항). 이에 따라 공정거래위원회는 기업결합이 야기하는 경쟁제한의 우려를 효과적으로 해소하고 기업결합의 효율성을 최대한 실현하기 위해 필요한 일반원칙 등을 정한 「기업결합 시정조치 부과기준」[3]을 제정 · 운영하고 있다.

1) 제22조(시정조치) ② 법 제14조 제 1 항 제 5 호에 따른 공표 명령에 관하여는 제12조를 준용한다.

2) 제22조(시정조치) ① 공정거래위원회는 법 제14조 제 1 항에 따라 시정조치를 명하는 경우 해당 시정조치를 이행하지 않을 때에는 법 제16조에 따라 이행강제금이 부과 · 징수될 수 있다는 사실을 서면으로 알려야 한다.

3) 공정거래위원회 제2021－26호(2021. 12. 30).

2. 종　류

「시정조치 운영지침」에 따르면 시정조치는 그 양태와 주된 내용에 따라 작위명령, 부작위명령, 보조적명령의 3가지의 유형으로 구분할 수 있다.

> "작위명령"은 주식처분명령, 임원의 사임명령, 채무보증 취소명령, 계약조항 수정·삭제명령 등 피심인의 적극적인 행위를 요구하는 내용의 시정조치, "부작위명령"은 당해 법위반행위의 중지명령, 향후 위반행위 금지명령 등 피심인의 소극적인 부작위를 요구하는 내용의 시정조치, 그리고 "보조적 명령"이라 함은 관련 있는 자에게 시정명령을 받은 사실의 통지명령, 시정명령의 이행결과 보고명령, 일정기간동안 가격변동 사실의 보고명령, 독점규제법에 관한 교육실시명령, 관련자료 보관명령 등 시정조치의 이행을 실효성 있게 확보하고 당해 위반행위의 재발을 효과적으로 방지하기 위하여 주된 명령에 부가하여 명하는 시정조치를 말한다(「시정조치 운영지침」 Ⅱ. 2).

Ⅱ. 시정조치의 유형

경쟁제한적 기업결합에 대하여 공정거래위원회는 당해 행위의 중지(불허), 주식의 처분, 임원의 사임, 영업의 양도, 시정명령 받은 사실의 공표, 경쟁제한 폐해를 방지할 수 있는 영업방식 또는 영업범위의 제한, 기타 필요한 조치를 취할 수 있으며, 시정조치는 경쟁제한의 우려를 시정할 수 있어야 하고, 필요최소한에 그쳐야 하며, 명확하고 구체적이며 이행가능하여야 한다.

시정조치의 유형

유형	내용
구조적 조치	금지조치, 자산매각조치, 지식재산권 조치 등 결합당사회사의 자산이나 소유구조를 변경시키는 시정조치

유형	내용
	◦ (금지조치) 해당 기업결합 전체를 발생할 수 없게 하거나 이미 발생한 기업결합을 원상회복시키는 조치 ◦ (자산매각조치) 결합 당사회사의 자산을 결합 당사회사로부터 분리하여 독립적인 제 3 자에게 매각하도록 하는 조치 ◦ (지식재산권 조치) 결합당사회사의 지식재산권을 제 3 자에게 매각하거나 실시하도록 하는 등의 방식으로 지식재산권의 소유 또는 사용에 일정한 제한을 가하는 조치
행태적 조치	일정 기간을 정하여 결합당사회사의 영업조건 · 영업방식 · 영업범위 또는 내부경영활동 등을 일정하게 제한하는 시정조치

〈출처: 기업결합신고 가이드북(2022), 42면〉

구조적 조치를 우선하는 까닭은 지속적 감시비용을 수반하는 행태적 조치와 달리, 구조적 조치는 시장구조 자체를 경쟁적으로 유지하여 기업결합으로 인한 경쟁의 복구 · 유지에 보다 효과적이기 때문이다.

대법원에 의하면 독점규제법 제14조 제 1 항의 규정에 따라 어떠한 시정조치를 명할 것인지에 관하여는 공정거래위원회에 비교적 넓은 재량이 부여되어 있다.[4)]

1. 부작위명령

1) 행위중지명령

공정거래위원회는 원칙적으로 법 위반행위가 최종 심의일에도 진행 중이거나 위반행위의 효과가 최종 심의일에도 지속되는 경우에 행위중지명령을 명할 수 있다. 행위중지명령은 관련 상품, 거래상대방, 위반행위의 내용 또는 방법 등 당해 위법사실을 최대한 반영하여 중지하여야 할 행위를 구체적으로 특정하고, 시정조치 기간(즉시 또는 일정시점까지)을 명확하게 하여 명하여져야 한다(「시정조치 운영지침」 Ⅶ. 1. 가).

2) 행위금지명령

행위금지명령은 원칙적으로 법 위반행위가 최종 심의일에 이미 종료되었으나, 가까

4) 대판 2009. 9. 10. 2008두9744.

운 장래에 당해 법위반행위와 동일 또는 유사한 행위가 반복될 우려가 있는 경우에 명할 수 있다. 행위금지명령은 단순히 법령의 규정을 반복하여 추상적인 법을 선언하는 식으로 일반적·포괄적으로 명하여서는 아니된다. 행위금지명령은 법 위반행위를 최대한 반영하여 향후 이와 동일하거나 유사한 행위가 발생한 경우 새로운 위법행위가 아니라, 시정조치 불이행으로 판단할 수 있도록 금지대상이 되는 법 위반 행위의 유형을 어느 정도 구체화하여 명하여야 한다. 다만, 행위금지명령의 내용이 지나치게 구체적이어서 장래에 동일 또는 유사한 법위반 행위가 발생할 가능성이 거의 없게 되지 않도록 한다(「시정조치 운영지침」 Ⅶ. 1. 나).

① 구조적 조치

예를 들어 기업결합제한규정 위반행위의 경우 먼저 구조적 조치로서 행위금지명령을 할 수 있다. 즉 〈에실로 아메라 인베스트먼트 피티이 엘티디의 기업결합제한규정 위반행위 건〉에서 공정거래위원회는 결합당사회사의 지배관계가 해소되지 않는 한 기업결합의 경쟁제한성 효과를 효율적으로 해소할 만한 조치수단이 없다고 판단하여 주식취득 금지조치를 부과하였다.[5] 또한 〈3개 방송통신사업자의 기업결합제한규정 위반행위 건〉에서 공정거래위원회는 주식취득행위와 합병행위를 금지하는 것 외에는 기업결합의 경쟁제한 효과를 효율적으로 해소하고 경쟁상황을 회복할 만한 조치수단이 달리 없는 것으로 판단하여 SK텔레콤의 피심인 CJ헬로비전 주식취득행위 및 CJ헬로비전과 SK브로드밴드 간 합병행위를 금지하는 구조적 시정조치를 부과하였다.[6]

② 행태적 조치

또한 행태적 조치로서 기업결합제한규정 위반행위의 경우 불공정행위 등 금지조치를 할 수 있다. 예컨대 공정거래위원회가 다음과 같이 시정조치한 사례가 있다.

"현대차(주) 및 기아차(주)는 수동변속기, 후륜용차축 및 전륜용차축을 구매함에 있어 계열부품회사와 비계열 부품회사를 정당한 이유없이 차별적으로 취급하여서는 아니되며", "위아(주)는 코리아정공(주)로 하여금 해당부품을 납품함에 있어서 계열

5) 공정의 2014. 5. 29. 2014－122.
6) 공정의 2016. 7. 18. 2016－213.

완성차회사와 비계열 완성차회사를 정당한 이유없이 차별적으로 취급하는 행위금지"(〈현대자동차(주) 및 기아자동차(주)의 기업결합제한규정 위반행위 건〉),[7] "피심인과 경쟁관계에 있는 다른 종합유선방송사에 대해 자신이 운영하는 TV홈쇼핑 프로그램의 제공을 부당하게 거절하거나 차별적으로 취급하는 행위금지"(〈(주)현대홈쇼핑 등의 기업결합제한규정 위반행위 건〉 등),[8] "용산화학(주) 및 피심인 코리아피티지(주)는 MA(Maleic Anhydride)를 생산·판매·구매·사용함에 있어서 상호간에 배타적 거래를 하거나 쌍방 경쟁사업자에 비해 우선적으로 거래물량을 배정하는 행위, 부당하게 거래가격 또는 거래조건을 차별하는 행위 및 부당하게 거래가격을 인상하는 행위 등 경쟁을 제한하는 행위금지"(〈용산화학(주)의 기업결합제한규정 위반행위 건〉),[9] "향후 부당한 가격유지·인상 및 부당한 공동행위가 발생하지 않도록 구체적 방안을 수립"(〈아이앤아이스틸(주) 및 현대하이스코(주)의 기업결합제한규정 위반행위 건〉),[10] "현대자동차(주)는 자신 및 그 계열회사가 자동차용 멀티미디어 부품과 자동차용 전자제어장치 부품을 개발 또는 구매함에 있어서 비계열 부품업체에 대하여 부당하게 거절하거나 가격·물량 등 거래조건의 결정을 하지 않도록 하기 위한 가이드라인 등 구체적인 방안을 시정명령받은 날로부터 3개월 이내에 수립하여 시행"(〈현대자동차(주) 및 씨멘스의 기업결합제한규정 위반행위 건〉),[11] "하이트맥주(주)와 (주)진로는 향후 주류도매상과 거래함에 있어서 부당하게 자기와 거래하도록 유인·강제하거나 자기의 거래상 지위를 부당하게 이용하여 거래하는 행위 등을 하지 않도록 하는 구체적 방안을 마련하여 승인을 받을 것"(〈하이트맥주(주)의 기업결합제한규정 위반행위 건〉),[12] "거래상대방에 대하여 정당한 이유없이 물량공급 축소나 거래를 거절하는 행위, (주)포스코아에 우선적으로 물량을 배정하는 행위, 가격·거래조건·거래내역 등에 관하여 거래상대방에게 부당하게 차별하는 행위, 재고물량 강제구매, 수입구매금지 등 부당한 사유를 조건으로 거래하는 행위, 거래상대방에 대해 (주)포스코아의 코아제품을 부당하게 구입하도록 하는 행위, 전기강판을 국내 코아제조·판매업체에게 공급함에 있어 포스코아로 하여금 대행하게 하거나 동 사를 통해 판매하게 하는 행위 금지"(〈(주)포스코 및 (주)포스틸의 기업

7) 공정의 2002. 6. 18. 2002－111.
8) 공정의 2003. 1. 7. 2003－006; 공정의 2003. 1. 7. 2003－005호; 2003. 3. 24. 2003－084.
9) 공정의 2003. 9. 24. 2003－154.
10) 공정의 2004. 11. 17. 2004－285.
11) 공정의 2005. 11. 22. 2005－231.
12) 공정의 2006. 1. 24. 2006－9.

결합제한규정 위반행위 건〉),[13] "결합상품을 판매하면서 소비자가 개별적으로 가입하거나 이용할 수 있는 기존 유선·이동전화서비스(이하 '기존 서비스') 제공의 폐지 또는 제한하는 방법으로 당해 결합상품만을 이용하도록 강제하는 행위, 에스케이텔레콤(주) 및 하나로텔레콤(주) 대리점 등 유통업체들에게 기존 서비스에 대한 거래조건을 당해 결합상품에 대한 거래조건보다 불리하게 설정 또는 변경하여 당해 결합상품 판매를 강제하는 행위, 다른 전기통신사업자가 당해 결합상품과 동종 또는 유사한 형태의 결합상품을 구성 또는 판매하고자 에스케이텔레콤(주)의 이동전화서비스 제공을 요청하는 경우 하나로텔레콤(주)에 비해 거래조건을 불리하게 하거나 적정한 대가를 제시함에도 이를 거절하는 행위, 자신의 이동전화서비스를 다른 전기통신사업자를 통해 재판매하는 경우 하나로텔레콤(주)에 비해 재판매와 관련된 조건, 절차 및 방법, 대가 등 거래조건을 불리하게 하거나 적정한 대가를 제시함에도 이를 거절하는 행위, 다른 전기통신사업자가 800Mhz 주파수에 대한 공동사용(소위 '로밍')을 요청하는 경우 정당한 이유 없이 이를 거절하는 행위금지"(〈에스케이텔레콤(주)의 기업결합제한규정 위반행위 건〉),[14] "시에이치음료 주식회사는 해태음료 주식회사 및 다른 음료업체들과의 거래에 적용되는 납품가격 및 납품시기 등의 거래조건을 피심인 씨에이치음료 주식회사와 피심인 롯데칠성음료주식회사간의 거래조건보다 불리하게 하여서는 아니된다"(〈롯데칠성음료와 씨에이치음료(주)의 기업결합제한규정 위반행위 건〉),[15] "오픈마켓 시장에서 가격인상, 배타조건부거래 등 시장지배적지위남용을 억제하기 위하여 다음과 같은 조치를 취한다"(〈이베이 케이티에이(유케이) 리미티드 등의 기업결합제한규정 위반행위 건〉),[16] "자기의 계열 종합유선방송사업자(SO : System Operator)와 경쟁관계에 있는 다채널유료방송사업자(특히, IPTV)에 대하여 정당한 이유가 없는 한 동등한 콘텐츠(채널) 접근기회를 제공할 것, 계속적인 거래관계에 있는 다채널유료방송사업자(SO, 위성방송, IPTV)에 대하여 정당한 이유가 없는 한 종전의 기준에 준하여 콘텐츠(채널) 공급을 계속할 것"(〈(주)씨제이오쇼핑의 기업결합제한규정 위반행위 건〉),[17] "거래상대방에게 구매를 강제하거나, 거래상대방의 구매 선택에 부당하게 영향을 미치는 행위, 거래조건 등에서 부당하게 거래상대방을 차별하여 취급하는 행위 금지 등"(〈(주)현대

13) 공정의 2007. 7. 3. 2007－351.
14) 공정의 2008. 3. 13. 2008－105.
15) 공정의 2009. 4. 15. 2009－097.
16) 공정의 2009. 6. 25. 2009－146.
17) 공정의 2010. 8. 31. 2010－110.

제철 등의 기업결합제한규정 위반행위 건〉),[18] "케이블TV 수신료의 물가상승률 초과 인상 금지, 8VSB 케이블 TV 가입자 보호(8VSB 및 디지털 케이블TV 간 채널격차 완화, 8VSB 케이블TV 포함 결합상품 출시방안 수립 · 시행), 케이블TV의 전체 채널수 및 소비자선호채널 임의감축 금지, 저가형 상품으로의 전환, 계약 연장 거절 금지 및 고가형 방송 상품으로의 전환 강요 금지, 모든 방송상품에 대한 정보 제공 및 디지털 전환 강요금지 등"(〈에스케이 브로드밴드, 엘지유플러스의 기업결합제한규정 위반행위 건〉),[19] "케이블방송(아날로그방송 및 디지털방송 모두를 의미)의 개별가입 수신자 및 단체가입 수신자의 묶음상품별 이용요금(이하 '수신료')을 별지 1 기재 산식에 의하여 계산되는 인상한도를 초과하여 인상하는 행위 및 단체가입 수신계약의 체결을 거부하거나 단체가입 수신계약을 일방적으로 해지하는 등의 방법으로 단체가입 수신자의 아날로그 묶음상품별 수신료를 인상하는 행위금지"(〈(주)씨제이헬로비전 및 하나방송(주)의 기업결합 제한규정 위반행위 건〉),[20] "각 노선별 · 분기별 · 좌석 등급별 평균 운임을 '19년 운임 대비 물가상승률 이상으로 인상 금지등", "각 노선별 공급 좌석 수를 '19년 수준의 일정 비율 미만으로 축소 금지" (〈대한항공 등 5개 항공운송사업자의 기업결합 제한규정 위반행위 건〉)[21]

2. 작위명령

1) 구조적 조치

「기업결합 시정조치 부과기준」(Ⅳ. 1. 가)에 의하면 시정조치는 원칙적으로 구조적 조치를 부과한다.

구조적 조치라 함은 금지조치, 자산매각조치, 지식재산권조치 등 결합당사회사의 자산이나 소유구조를 변경시키는 시정조치를 말한다(「기업결합 시정조치 부과기준」 Ⅱ. 3). "금지조치"란 해당 기업결합 전체를 발생할 수 없게 하거나 이미 발생한 기업결합을 원상회복시킴으로써 일정한 거래분야의 경쟁상황을 기업결합전의 상태로 만드는 시정조치, "자산매각조치"란 결합당사회사의 자산을 결합당사회사로부터 분

18) 공정의 2015. 3. 3. 2015－060.
19) 공정거래위원회 보도자료(2019. 11. 8).
20) 공정의 2018. 1. 22. 2018－055.
21) 공정의 2022. 5. 9, 2022－107.

리하여 독립적인 제 3 자에게 매각하도록 하는 시정조치, "지식재산권조치"란 결합당사회사의 지식재산권을 제 3 자에게 매각하거나 실시하도록 하는 등의 방식으로 지식재산권의 소유 또는 사용에 일정한 제한을 가하는 시정조치, 그리고 "결합당사회사"란 해당 기업결합의 취득회사, 피취득회사, 취득·피취득 회사의 특수관계인, 포괄승계인 및 임직원 등을 모두 말한다(「기업결합 시정조치 부과기준」 Ⅱ.).
기업결합 전체를 금지하거나 또는 원상회복 시키지 않고는 해당 기업결합의 경쟁제한 우려를 시정하기 어려운 경우 또는 결합당사회사의 자산이 불가분의 일체를 이루고 있어 분리매각을 할 수 없거나 분리매각시 효과적인 경쟁상황을 회복하기 어려운 경우에는 금지조치를 부과한다. 기업결합의 전부를 금지하지 않고 결합당사회사의 특정자산만을 매각하더라도 경쟁제한 우려를 없앨 수 있는 경우에는 자산매각조치를 부과한다. 자산매각조치를 부과하는 경우에는 매각대상자산, 매각기한, 부대의무 등을 구체적으로 명시한다. 그리고 기업결합으로 인한 경쟁제한의 우려가 주로 지식재산권의 집중 또는 중첩 등으로부터 생기는 경우에는 지식재산권조치를 부과한다(「기업결합 시정조치 부과기준」 Ⅳ. 2).

그동안 공정거래위원회가 부과한 경쟁제한적 기업결합에 대한 시정조치 중 구조적 조치로는 주식처분,[22] 영업양도,[23] 임원겸임 또는 선임의 제한,[24] 주요

22) 〈동양화학공업(주)의 한국과산화공업(주)의 주식취득 신고 건〉 공정의 1982. 1. 13. 82.1; 〈송원산업주식회사의 대한정밀화학(주) 주식취득에 대한 건〉 공정의 1982. 12. 15. 82.24; 〈P&G의 쌍용제지(주) 주식취득 건〉 공정의 1998. 4. 28; 〈(주)무학 및 특수관계인 최재호의 기업결합제한규정 위반행위 건〉 공정의 2003. 1. 28. 2003－027; 〈동양제철화학(주)의 기업결합제한규정 위반행위 건〉 공정의 2006. 8. 7. 2006－173; 〈오웬스코닝의 기업결합제한규정 위반행위 건〉 공정의 2007. 12. 5. 2007－548.

23) 〈백튼디킨슨코리아홀딩의 기업결합제한규정 위반행위 건〉 공정의 2000. 2. 25. 2000－38; 〈현대자동차(주) 및 기아자동차(주)의 기업결합제한규정 위반행위 건〉 공정의 2002. 6. 18. 2002.111; 〈(주)코오롱의 기업결합제한규정 위반행위 건〉 공정의 2002. 12. 23. 02.365; 공정의 2003. 1. 28. 2003－027; 공정의 2003. 9. 4. 2003.146; 〈(주)포인트닉스 등의 기업결합제한규정 위반행위 건〉 공정의 2004. 4. 6. 2004－079; 〈아이앤아이스틸(주) 및 현대하이스코(주)의 기업결합제한규정 위반행위 건〉 공정의 2004. 11. 17. 2004－285; 〈(주)삼익악기의 기업결합제한규정 위반행위 건〉 공정의 2004. 9. 24. 2004－271; 〈동양제철화학(주)의 기업결합제한규정 위반행위 건〉 공정의 2006. 8. 7. 2006－173; 〈(주)이랜드리테일과 KDF유통의 기업결합제한규정 위반행위 건〉 공정의 2006. 11. 6. 2006－261; 〈(주)신세계의 기업결합제한규정 위반행위 건〉 공정위 2006. 11. 14. 2006－264; 〈오웬스코닝의 기업결합제한규정 위반행위 건〉 공정의 2007. 12. 5. 2007－548.

24) 〈(주)롯데호텔 등 5개사의 기업결합제한규정 위반행위 건〉 공정의 2000. 4. 26. 2000－70; 〈현대자동차(주) 및 기아자동차(주)의 기업결합제한규정 위반행위 건〉 공정의 2002. 6. 18. 2002.111.

자산(공장)매각.[25] 슬롯과 운수권 개방조치[26]등을 들 수 있다. 주식취득으로 취득한 주식 전부에 대한 매각명령을 할 것인지 아니면 그 중 일부만을 대상으로 매각명령을 할 것인지 여부는 기본적으로 공정거래위원회의 재량에 맡겨져 있다 할 것이며, 물론 그 경우 공정거래위원회로서는 헌법상의 원칙인 최소침해 내지 과잉금지의 원칙 또는 행정법상 불이익 처분에 대한 일반원칙인 이른바 보충성 또는 비례의 원칙에 위반되지 않는 범위 내에서 그 재량권을 행사하여야 함은 당연하다.[27]

원상회복명령을 한 사례도 있다. 즉 〈(주)무학 외 1의 기업결합제한규정 위반행위 건〉 관련 행정소송에서 서울고등법원은 "소주시장에서 경쟁관계에 있는 보조참가인을 적대적으로 인수하기 위한 기업결합이고, … 불법적인 목표달성을 방지하기 위하여는 단순히 지배관계의 형성을 해소하는 것만으로는 이 사건 처분의 목적이 달성되었다고 보기 어려운 점, 독점규제법 제16조 소정의 시정조치는 독점규제법 위반자로부터 그 위반행위로 인하여 취득한 이익 내지 결과물을 회복시키는 것도 그 입법 목적에 포함된 점을 종합하여 고려하면, 불법적인 이 사건 기업결합에 대하여 원상회복을 명하는 것이 타당하다"고 판시하였다.[28]

〈(주)신세계의 기업결합제한규정 위반행위 건〉 관련 행정소송에서 영업양도명령의 상대방 관련하여 취득회사(양수인)만을 상대로 양도명령을 한 것의 위법성이 문제되었다. 이에 대하여 서울고등법원은 "양도명령의 대상이 되는 각 지점의 법률상 소유자가 보조참가인(양도인)이라 하더라도 양도여부에 대한 결정은 피취득회사의 유일한 주주에 의하여 결정될 수밖에 없고, 기업결합에 대한 시정명령을 하면서 반드시 피취득회사도 함께 처분의 상대방으로 하여야 한다는 명문의 규정도 찾아 볼 수 없다"고 함으로써, 취득회사만을 상대로 양도명령을 하였다고 하여 실체적으로나 절차적으로 잘못이 없다는 점을 분명히 하였

---

25) 〈웨스턴디지털의 기업결합제한규정 위반행위 건〉 공정의 2012. 2. 3. 2012-017. "3.5인치 크기 데스크톱용과 가정용 하드디스크드라이브 제품 생산 관련 영업자산 중 영업에 필수적인 자산"; 〈바이엘코리아 주식회사의 기업결합제한규정 위반행위 건〉 공정의 2015. 5. 4. 2015-141. "수입·품목 허가권, 상표권 등 국내 판매에 있어서 필수적인 권리, 완제품 재고, 영업 및 제조기술 자료 등 매각대상 경구용 피임제의 국내 영업 관련 자산 등"; 〈롯데인천개발(주)의 기업결합제한규정 위반행위 건〉 공정의 2013. 4. 29. 2013-078. "점포매각명령"; 〈엔엑스피 세미컨덕터즈 엔 브이의 기업결합 제한규정 위반행위 건〉 공정의 2015. 11. 25. 2915-388. "RF파워 트랜지스터 개발, 생산 또는 판매와 관련된 모든 유무형 자산 매각".

26) 공정의 2022. 5. 9. 2022-107.

27) 서고판 2004. 10. 27. 2003누2252.

28) 서고판 2004. 10. 27. 2003누2252.

다.[29] 그리고 양도대상자에서 매출액 기준 상위 3사를 제외하더라도 공익적 차원에서 비례원칙에 위반되지 않는다고 판시하였다. 한편 기업결합을 통하여 사업자가 취득한 영업은 물론 사업자가 기업결합 이전에 보유하고 있던 영업도 당해 기업결합의 경쟁제한성을 해소하기 위하여 허용될 수 있다고 본다.[30]

동 판결에서 법원은 대구 시지·경산 지역의 경우 당초부터 경쟁사업자가 원고와 월마트 밖에 없었으므로 월마트의 지점을 누가 양수하든 간 그로 인한 경쟁제한 배제효과는 동일하고, 이미 4~5개 업체가 과점체제를 형성하고 있는 우리나라의 할인점 업계 상황에서 매각기간 및 양도대상자까지 제한(매출액 기준 상위 3사 제외)하는 것은 비례원칙에 위반된다고 판시하였다.[31]

〈대한항공 등 5개 항공운송사업자의 기업결합 제한규정 위반행위 건〉에서 공정거래위원회는 구조적 조치가 이행될 때까지 행태적 조치를 병행 부과하고 구조적 조치가 불가능하거나 경쟁제한성 해소에 효과적이지 못한 국내선 6개 시장에 대해서는 행태적 조치만 부과하였다.[32]

시정조치의 대상은 취득회사뿐만 아니라 피취득회사 및 피취득회사의 계열회사도 될 수 있다.[33]

한편 기업결합에 대한 시정조치의 일환으로 기업분할명령이 가능하다고 해석하는 견해가 있다.[34] 실제 〈(주) LG화학 및 호남석유화학(주)의 기업결합제한규정 위반행위〉에서 공정거래위원회는 "호남석유화학(주)는 현대석유화학(주)의 주식을 취득한 날로부터 1년 6개월내에 현대석유화학(주)의 LDPE, HDPE, PP부분에 관한 설비·영업·관리 등 관련사업 일체를 각각 분할하되, 제 1 라인은 (주)LG화학이, 제 2 라인은 호남석유화학(주)가 각각 인수·경영하거나, 또는 제 1 라인은 호남석유화학(주)가, 제 2 라인은 (주)LG화학이 각각 인수·경영하여야 한다. 다만 해당부분의 영업에 관한 사항은 현대화학(주)의 주식을 취득한 날로부터 6개월 이내에 실질적으로 분리·운영되도록 하여야 한다"고 의결한 바 있다.[35]

EU의 「시정방안고시」[36]에서는 분리되는 사업은 적절한 구매자가 운영하는

29) 서고판 2008. 9. 3. 2006누30036.
30) 이인환, 경쟁법연구 제22권(2010.11), 217면.
31) 서고판 2008. 9. 3. 2006누30036.
32) 공정의 2022. 5. 9, 2022－107.
33) 공정의 2010. 8. 31. 2010－110; 공정의 2007. 12. 5. 2007－548.
34) 조춘, 경쟁저널(2004. 8), 23면.
35) 공정의 2003. 9. 4. 2003.146.
36) Commission Notice on remedies acceptable under Council Regulation(EEC) No 139/2004

경우 결합회사와 지속적으로 효과적으로 경쟁할 수 있을 생존가능한 사업이 있어야 한다고 한다.[37] 그리고 시정명령대상이 된 지분의 일부 또는 전부가 계열회사로 이전되는 경우에 이 시정명령의 이행의무는 새로이 지분을 취득하게 되는 계열회사에 대하여도 발생한다.[38]

그동안 공정거래위원회의 시정조치에서 나타나지 않았던 것으로서 「기업결합 시정조치 부과기준」에 새로이 규정된 내용이 지식재산권 조치이다.

> 기업결합으로 인한 경쟁제한의 우려가 주로 지식재산권의 집중 또는 중첩 등으로부터 생기는 경우에는 지식재산권 조치를 부과한다. 여기서는 ① 하나의 구매자에게만 배타적으로 매각하거나 실시권을 부여하는 방식, ② 결합당사회사의 사용권을 유보한 가운데 하나의 구매자에게만 배타적으로 매각하거나 실시권을 부여하는 방식, ③ 지식재산권의 사용을 원하는 구매자 누구에게나 차별적이지 않은 조건으로 매각하거나 실시권을 부여하는 방식, ④ 지식재산권을 공개하여 누구라도 대가없이 실시하도록 하는 방식 등이 고려될 수 있다(「기업결합 시정조치 부과기준」 Ⅳ. 2. 다).

2) 행태적 조치

"기업결합에 따른 경쟁제한의 폐해를 방지할 수 있는 영업방식 또는 영업범위의 제한조치"를 말한다. 이러한 조치를 허용하는 이유는 기업결합은 당사회사의 기업구조에 변경을 가하여 생산 또는 경영상 상당한 정도의 효율성 증대효과를 낳을 수 있으므로 경쟁제한적 기업결합이라고 할지라도 그 자체를 무위로 돌려서 원상으로 환원하는 것 보다는 가능한 한 그 경쟁제한적 폐해를 방지하되 당사회사로 하여금 기업결합이 낳는 긍정적인 효과를 누릴 수 있도록 하는 것이 바람직하기 때문이다.[39] 온라인 유통업체와 같이 업종의 성격상 구조적 시정조치를 취하기 곤란하다는 점이 고려되기도 한다.

그러나 기업결합의 경쟁제한성의 정도가 심각하고 그로 인하여 예상되는 폐해가 가볍지 않은 경우 이 방식은 장래의 여건변화에 탄력적으로 대응하기 어렵

---

and under Commission Regulation (EC) No 802/2004(2008/C267/01).

37) Ⅲ. 1.1 Divestiture of a viable and competitive business. 23. "The divested activities must consist of a viable business that, if operated by a suitable purchaser, can compete effectively with the merged entity on a lasting basis and that is".

38) 공정의 2002. 6. 18. 2002.111.

39) 이호영, 130면.

고 경쟁제한으로 인한 각종 폐해를 시정하는데 한계가 있으며 또 다른 역량의 낭비와 분쟁의 소지가 있어 실효성에 의문이 있다.[40] 그리고 가격인상이나 점유율제한 조치는 기업의 의사결정과 행위를 왜곡시켜 자원낭비와 소비자후생 저하를 가져올 수 있다.[41] 나아가 이러한 시정조치들의 내용을 구체적으로 예상할 수 없을 정도로 광범위하고 불명확하다는 점에서 헌법위반의 문제도 제기된다.[42]

EU에서는 2001년 12월 기업결합분야의 「시정방안고시」를 제정·운영하고 있으며 구조적 조치를 우선적으로 고려하고 있다.[43] 이러한 점을 고려하여 「기업결합 시정조치 부과기준」에서는 원칙적으로 구조적 조치를 부과하며 행태적 조치는 일정기간을 정하여 결합당사회사의 영업조건·영업방식 또는 내부경영활동 등을 일정하게 제한하는 시정조치로서 구조적 조치를 보완하기 위하여 필요한 범위에서 구조적 조치와 병과하는 것을 원칙으로 하나, 예외적으로 해당 기업결합의 경쟁제한 우려를 치유하기에 적절한 구조적 조치가 없거나, 구조적 조치를 부과하는 것이 효과적이지 않은 경우 및 구조적 조치를 이행할 경우 해당 기업결합으로부터 기대되는 효율성증대 등 친경제적 효과의 상당부분이 없어지는 경우 행태적 조치만 부과할 수 있다고 규정한다(「기업결합 시정조치 부과기준」 Ⅱ. Ⅳ. 3).

〈동양제철화학(주)의 기업결합제한규정 위반행위 건〉 관련 행정소송에서 대법원은 "이 사건 기업결합으로 인하여 국내 고무용 카본블랙 시장의 경쟁사업자 수가 3개에서 2개로 감소함으로써 결합회사의 시장점유율 합계가 63%를 초과하게 되어 경쟁제한의 정도가 매우 크고 이로 인한 폐해도 매우 심각할 것으로 보이는 점, 이미 실현된 기업결합으로 인한 경쟁제한의 폐해를 시정하기 위하여는 결합 전의 상태로 원상회복을 명하거나 일부 생산설비를 매각하는 등으로 새로운 경쟁사업자를 출현시키는 것이 가장 효율적인 수단이라고 할 것인 점, 피고는 원고들로 하여금 CCK 주식에 대한 매각을 통한 원상회복 조치 이외에 원고 오씨아이의 포항공장 또는 광양공장 중 한 곳의 카본블랙 설비 일체를 제3자에게 매각할 수 있도록 선택권을 부여하고 있는 점, 카본블랙은 크레오소

40) 서고판 2006. 3. 15. 2005누3174(대판 2008. 5. 29. 2006두6659).

41) 신광식, 96면.

42) 박정훈, 공정거래와 법치(2004), 1018면.

43) 이에 대한 자세한 내용은 이봉의, 경쟁저널(2010. 1), 10~23면 참조. EU와 같이 조건부승인제도의 도입이 필요하다는 견해로, 곽상현/이봉의, 249~250면. 이는 위원회의 수락을 조건으로 당해 기업결합을 적법한 것으로 허용하는 것이다.

트(Creosote) 또는 에프씨씨 오일(FCC Oil)을 주원료로 하는 것이지만 원고 오씨아이는 자체 생산하는 크레오소트를 카본블랙의 주원료로 사용하고 있으므로 에프씨씨 오일의 국제가격을 기준으로 한 카본블랙의 가격상한 설정방식은 유효적절한 시정조치로 보이지 아니하는 점, 다른 행태적 시정조치도 기술발전 등 장래의 시장여건 변화에 따른 경제상황에 탄력적으로 대응할 수 없어 이 사건 기업결합으로 인한 경쟁제한성을 해소하기에 현저히 부족할 것으로 보이는 점 등에 비추어 볼 때, 피고가 이 사건 기업결합으로 인한 경쟁제한성을 시정하기 위하여 이 사건 처분과 같은 구조적 시정조치를 한 것은 적절하고, 거기에 재량권의 범위를 일탈하였거나 남용한 위법이 있다고 할 수 없다"고 함으로써 형태적 조치는 유효한 시정조치가 될 수 없다고 판시한 바 있다.[44]

「기업결합 시정조치 부과기준」에서는 형태적 조치를 크게 경쟁사업자의 지위를 강화하는 조치와 시장성과를 규제하는 조치로 구분하고, 그 구체적 유형을 [별표]로 규정하고 있다.

> 우선 경쟁사업자의 지위를 강화하는 조치로는 첫째, 최종고객과의 관계를 제한하는 방법으로서, 결합당사회사가 시장을 봉쇄할 우려가 있는 ① 장기공급계약이나 배타조건부거래, ② 거래상대방의 거래처전환을 곤란하게 하는 행위, ③ 약탈적 가격결정, ④ 끼워팔기나 결합판매 같은 행위를 금지하는 조치, 둘째, 결합당사회사가 필수요소에 대한 접근이나 공급을 통제하고 있는 경우에는 ① 요소시장 상품의 가격통제, ② 요소시장 상품의 안정적 공급 유지, ③ 제품시장 경쟁자의 영업비밀 및 핵심정보 등에 대한 결합 당사회사 내 방화벽 구축, ④ 요소시장 상품 거래에 있어 부당한 차별금지 같은 조치, 셋째, 구매자의 행태변화를 촉진하기 위한 ① 공개입찰의 활용의무, ② 조달과정에서 일정 수 이상의 공급자 참여확보 의무, ③ 공동구매장치 확보의무, ④ 보다 효과적인 구매절차 마련의무 같은 조치를 고려할 수 있다. 다음으로 시장성과를 직접 규제하는 조치로는 첫째, 가격규제(기업결합으로 영향을 받는 상품이나 용역의 가격을 통제하는 조치), 둘째, 공급유지 의무(특정 상품을 계속해서 공급할 의무를 부과하는 조치), 셋째, 상품 및 서비스 품질유지 의무(결합당사회사가 해당 기업결합으로 영향을 받는 시장에서 일정한 서비스 수준을 유지하도록 하는 조치)를 들고 있다(「기업결합 시정조치 부과기준」 [별표 1]).

44) 대판 2009. 9. 10. 2008두9744.

이하에서는 그동안 공정거래위원회 심결에서 나타난 행태적 조치를 유형별로 살펴보고자 한다.

① 가격인상의 제한

"1차도매상에 공급하는 연평균가격이 듀라셀알카전지의 미국내 연평균 소비자가격의 27.5%를 초과하지 않을 것"(〈질레트사의 기업결합제한규정 위반행위 건〉),[45] "3년간 적재량 1톤이상 5톤이하의 화물운송용차량의 국내가격인상율을 최근 1년간 수출가격인상율 이하로 유지할 것"(〈현대자동차(주)의 기업결합제한규정 위반행위 건〉),[46] "과실음료의 공장도 가격(제세 제외 가격)을 인상할 때는 2000년 3월의 공장도 가격 × (가격인상 직전에 확인 가능한 최근 월의 소비자물가지수 ÷ 2000년 3월의 소비자물가지수)한도 초과금지할 것"(〈(주)롯데호텔 등 5개사의 기업결합제한규정 위반행위 건〉),[47] "시정명령일로부터 2년이 되는 날까지 오비라거 및 카스상표의 병맥주 및 생맥주의 출고가격을 인상할 때는 일정한도를 초과하지 않을 것"(〈오비맥주(주)의 기업결합제한규정 위반행위 건〉),[48] "시정명령일로부터 2003년 12월 31일까지 피심인 및 피심인이 인수하는 삼미특수강이 생산·판매하는 스텐레스 냉연강판 중 304, 표면 2B 및 2D, 두께 2.0t, D1등급(1등급), Coil, Sheet, P-Coil 제품의 내수판매가격을 다음 산식에 의한 가격이하로 유지할 것"(〈인천제철(주)의 기업결합제한규정 위반행위 건〉),[49] "호남석유화학(주) 및 주식회사 KP케미칼이 생산·판매하는 바틀 PET Chip의 수출가격이 인상되는 경우 당해연도 국내가격 인상률을 외국에 수출하는 동일제품의 외화표시 가격인상률 이하로 하여야 하며, 바틀 PET Chip의 수출가격이 인하되는 경우에는 국내가격을 인하하되, 당해연도 국내가격 인하율은 최소한 외국에 수출하는 동일제품의 외화표시 연평균 가격인하율 이상으로 할 것"(〈호남석유화학(주)의 기업결합제한규정 위반행위에 대한 건〉),[50] "시정명령 받은 날로부터 5년 되는 날까지 하이트맥주(주)가 생산·판매하는 모든 맥주상품과 (주)진로가 생산·판매하는 모든 소주상품의 출고원가를 소비자물가 상승률 이상으로 인상금지할 것"(〈하이트맥주(주)의 기업결합제한규정 위반

45) 공정의 1998. 12. 18. 98-282.
46) 공정의 1999. 4. 7. 99-43.
47) 공정의 2000. 4. 26. 2000-70.
48) 공정의 1999. 12. 10. 99-252.
49) 공정의 2000. 9. 30. 2000-151.
50) 공정의 2004. 12. 30. 2004-387.

행위 건〉),[51] "소비자물가상승률을 초과하여 개별단수수신자 및 단체가입수신자의 아날로그 묶음채널상품별 수신료를 인상하는 행위 금지, 단체계약을 거부 또는 해지하는 등의 방법으로 단체가입수신자의 아날로그 묶음채널상품별 수신료를 인상하는 행위금지할 것"(〈(주)에이치씨엔 등의 기업결합제한규정 위반행위 건〉),[52] "등록수수료와 서비스 수수료 및 그와 동일 또는 유사한 내용의 서비스에 대한 수수료 단가를 소비자 물가상승률을 초과하여 인상 금지할 것"(〈이베이 케이티에이(유케이) 리미티드 등의 기업결합제한규정 위반행위 건〉),[53] "시정명령을 받은 날로부터 4년 동안 시정조치 대상점포에서 판매하는 상품 중 점포별로 가격책정(local pricing)을 하는 상품의 가격을 삼성테스코(주)의 해당 품목 전국 평균가격 수준 이하로 유지하고, 비교대상 점포의 동일 상품 가격 또는 비교대상 가격보다 높다고 신고하는 경우에는 당해 고객에게 그 차액의 2배를 보상하는 제도를 도입할 것"(〈삼성테스코(주)의 기업결합제한규정 위반행위 건〉),[54] "해당 기간 수출가격이 직전 6개월 수출가격보다 인상된 경우 해당 기간 국내가격의 직전 6개월 국내가격 대비 인상률은 수출가격 인상률 이하로, 인하된 경우 해당 기간 국내가격의 직전 6개월 국내가격 대비 인하율은 수출가격 인하율 이상으로 할 것"(〈한화케미칼 주식회사의 기업결합제한규정 위반행위에 대한 건〉),[55] "국내탄합봉강, 빌렛, 연주빌렛시장 등에서의 가격인상율 및 인하율 제한할 것"(〈(주)세아베스틸 등의 기업결합제한규정 위반행위 건〉)[56]

② 시장점유율의 제한

"시장점유율을 일정기간 동안 50% 미만을 유지할 것"(〈에스케이텔레콤(주)의 기업결합제한규정 위반행위 건〉),[57] "신문용지 국내 전체판매량의 100분의 50을 초과하

51) 공정의 2006. 1. 24. 2006－9.

52) 공정의 2006. 11. 6. 2006－256.

53) 공정의 2009. 6. 25. 2009－146: "오픈마켓시장의 동태적 특성, 신규사업자의 진입가능성 등을 감안 할 때 경쟁제한 우려는 제한적이거나 단기적인 것으로 판단되고 인터넷쇼핑 시장과 오픈마켓시장이 결합된 양면시장 중 한 측면의 시장에서만 경쟁제한성이 인정된다는 점 등을 고려하여 구조적 조치보다는 이 사건 기업결합으로 발생할 우려가 있는 경쟁제한 폐해를 시정하기 위한 행태적 조치를 부과하기로 한다".

54) 공정의 2008. 10. 27. 2008－285.

55) 공정의 2015. 3. 30. 2015－092.

56) 공정의 2015. 5. 18. 2015－162.

57) 공정의 2000. 5. 16. 2000－76.

지 않도록 할 것"(〈델피니엄엔터프라이즈의 기업결합제한규정 위반행위 건〉),[58] "피심인의 이동전화시장 가입자기준 시장점유율과 피심인이 인수하는 (주)신세기통신의 시장점유율의 합계를 점진적으로 축소하여 2001년 6월 30일까지 50%미만이 되도록 하여야 하며, 2001년 6월 30일 이전에 50%미만이 된 경우에도 2001년 6월 30일까지 50%미만으로 유지할 것"(〈(주)에스케이텔레콤(주)의 기업결합제한규정 위반행위 건〉),[59] "특별한 사유 없이 케이블방송의 묶음상품 수와 각 묶음상품별로 제공하는 전체 채널 수 및 소비자선호 채널 수를 이 시정명령을 받은 날 수준보다 줄이는 행위 금지"(〈(주)씨제이헬로비전 및 하나방송(주)의 기업결합 제한규정 위반행위 건〉)[60]

③ 구매비율 및 판매비율 유지, 납품업체 변경금지, 우선공급의무

"현대자동차(주) 및 기아자동차(주)는 시정명령일로부터 5년이 되는 날까지 해당부품별로 비계열회사로부터의 연간 구매비율을 최소한 2001년 수준(수동변속기 2.0%, 후륜용차축 43.4%, 전륜용차축 49.7%)을 유지" 및 "(주)위아는 시정명령일로부터 5년이 되는 날까지 코리아정공(주)로 하여금 해당부문별로 비계열 완성차회사에의 연간 판매비율을 최소한 2001년 수준(수동변속기 85.8%, 후륜용차축 19.3%, 전륜용차축 75.7%)을 유지"(〈현대자동차(주) 및 기아자동차(주)의 기업결합제한규정 위반행위 건〉),[61] "시정명령일로부터 5년이 되는 날까지 페트병(PET)병과 캔(CAN)의 구매에 있어서 정당한 사유없이 기존의 납품업체 변경금지"(〈(주)롯데호텔 등 5개사의 기업결합제한규정 위반행위 건〉),[62] "시정명령을 받은 날부터 5년의 기간동안 해태음료 주식회사 및 다른 음료업체들이 주문자상표부착방식(OEM) 및 이에 준하는 방식으로 과실음료제품의 공급을 요청하는 경우 피심인 롯데칠성음료 주식회사 및 그 특수관계인보다 우선하여 이를 공급"(〈롯데칠성음료와 씨에이치음료(주)의 기업결합제한규정 위반행위 건〉),[63] "빌렛을 구매하는 거래상대방이 원하는 경우 그 거래상대방에 대한 연간 판매량 또는 판매비율을 기업결합 이행일 직전 3년간의

58) 공정의 1998. 11. 20. 98-269.
59) 공정의 2000. 5. 16. 2000-76.
60) 공정의 2018. 1. 22. 2018-055.
61) 공정의 2002. 6. 18. 2002.111.
62) 공정의 2000. 4. 26. 2000-70.
63) 공정의 2009. 4. 15. 2009-097.

평균판매량 또는 평균판매비율 이상으로 유지"(〈(주)세아베스틸 등의 기업결합제한 규정 위반행위 건〉)64)

다. 탈법행위의 금지

법 제13조(탈법행위의 금지)에 위반한 경우 해당행위의 중지 등 시정조치를 명할 수 있다(법 제14조 제 1 항).

3. 시정명령받은 사실의 공표명령

법위반 또는 법위반 우려가 있는 경우 시정명령받은 사실의 공표명령을 할 수 있다(법 제14조 제 1 항 제 5호). 〈삼성생명보험(주)의 의결권제한규정 위반행위 건〉 관련 행정소송에서 서울고등법원은 법위반사실의 공표명령의 위헌결정에 따라 의결권제한 규정위반으로 인한 공표명령의 적법성 여부 관련하여 "헌법재판소가 '법위반 사실 공표'부분이 과잉금지의 원칙에 위반하여 당해 행위자의 일반적 행동의 자유 및 명예권을 침해하고, 또한 무죄추정의 원칙에도 반한다는 이유로 위헌결정(2001헌바43 결정)을 내리기는 하였으나 그 결정 이유에서 공정거래위원회가 행위자로 하여금 '독점규제법을 위반하였다는 사실을 인정하여 공표'하라는 과잉조치 대신 '법위반 혐의로 인하여 시정명령을 받은 사실의 공표'라는 보다 가벼운 수단을 택한다면 이는 입법목적을 달성하면서 행위자에 대한 기본권 침해의 정도를 현저히 감소시키고, 재판후 발생가능한 무죄로 인한 혼란과 같은 부정적 효과를 최소화할 수 있는 것이다"라고 명시함으로써 '시정조치의 일환으로 독점규제법을 위반하였다는 이유로 공정거래위원회로부터 시정명령을 받은 사실을 공표'는 헌법에 위반되지 않는다는 점을 명확히 하고 있고, 또한 공표명령은 위 위헌 결정에 따라 법 제14조 제 7 호 기타 법위반상태를 시정하기 위하여 필요한 조치에 근거를 두고 발하여진 것이고, 위 공표명령은 '기타 법위반상태를 시정하기 위하여 필요한 조치'에 해당한다"고 함으로써 적법하다고 판시하였다.65)

64) 공정의 2015. 5. 18. 2015－162.

65) 서고판 2003. 7. 10. 2001누2159(대판 2005. 12. 9. 2003두10015).

4. 보조적 명령

공정거래위원회는 "기타 법위반상태를 시정하기 위하여 필요한 조치"를 근거로 각종의 보조적 명령을 할 수 있다.

> 아래와 같은 보조적 명령은 예시에 불과하며, 공정거래위원회는 이외에도 시정조치의 이행을 확실하게 확보하고, 위반행위의 재발을 방지하며 시장개선의 효과를 충분히 확보하기 위하여 필요하다면 다른 보조적 명령도 명할 수 있다(「시정조치 운영지침」 Ⅶ. 3).

1) 통지명령 또는 교부명령

> 통지명령 또는 교부명령은 관련자에게 피심인에 대한 시정조치와 관련된 사실이 직접 통지 또는 교부되게 함으로써 관련자가 피심인의 법 위반행위를 명확히 인식하게 되고, 피심인은 관련자가 지속적으로 피심인의 행위를 감시할 것이라는 것을 의식하여 향후 동일 또는 유사행위를 하지 못하게 하는 목적이 있다. 다만, 통지명령 또는 교부명령은 관련자에 대한 피해구제가 목적이 아니고, 향후 동일 또는 유사행위의 재발을 방지하고자 하는 것이 주된 목적이므로 정상적인 거래관계에 대해서까지 불필요한 오해와 불신이 초래되어 피심인의 정상적인 사업을 방해하는 정도가 되지 않도록 통지 또는 교부의 범위를 명확히 하여야 한다(「시정조치 운영지침」 Ⅶ. 3. 가).

2) 보고명령

> 공정거래위원회는 예를 들어 ⅰ) 시정조치의 이행을 효과적으로 확보하고 시장감시체계를 확보하여 시장개선의 효과를 확실히 하기 위하여 시정명령의 이행결과를 보고하게 하거나, ⅱ) 주소변경, 파산 등 시정조치의 이행에 영향을 주는 피심인의 존속에 대한 위험사유 발생시에 일정기간 내에 보고하도록 하는 등의 "보고명령"을 명할 수 있다. 보고방식은 일정기간 이내에 공정거래위원회에 서면으로 보고하도록 한다(「시정조치 운영지침」 Ⅶ. 3. 나).

공정거래위원회가 조치한 사례는 다음과 같다.

"이행일로부터 5일이내에 공정거래위원회에 그 이행내역을 보고"(〈(주)코오롱의 기업결합제한규정 위반행위 건〉),[66] "하이트맥주(주)와 (주)진로는 맥주상품과 소주상품의 종합주류도매상에 대한 월별 주문대비 출고내역을 시정명령 받은 날로부터 5년이 되는 날까지 매반기별로 그 종료일까지 1개월 이내에 공정거래위원회에 보고하고, 시정명령 이행내역에 대해서는 매반기 종료일로부터 1개월 이내에 공정거래위원회에 보고할 것"(〈하이트맥주(주)의 기업결합제한규정 위반행위 건〉),[67] "시정조치의 이행여부를 확인하기 위하여 피심인들로 하여금 매반기 종료일부터 30일 이내에 위 시정조치의 이행에 대해서 공정거래위원회에 보고하도록 하는 조치"(〈이베이 케이티에이(유케이) 리미티드 등의 기업결합제한규정 위반행위 건〉),[68] "다채널 유료방송사업자에 대한 채널공급 변동내역을 매분기 종료일로부터 30일이내에 보고"(〈(주)씨제이쇼핑의 기업결합제한규정 위반행위 건〉),[69] "시정명령의 이행내역을 15일 이내에 공정거래위원회위원회에 보고"(〈(주)삼악악기 외 1의 기업결합제한규정 위반행위 건〉),[70] "이행일(매도일)로부터 30일 이내에 그 이행내역을 보고"(〈(주)신세계의 기업결합규정 위반행위 건, (주)현대홈쇼핑 등의 기업결합제한규정 위반행위 건, (주)엘지홈쇼핑의 기업결합제한규정 위반행위 건, (주)씨제이홈쇼핑의 기업결합제한규정 위반행위 건, (주) LG화학 및 호남석유화학(주)의 기업결합제한규정 위반행위 건〉),[71] "시정명령후 60일 이내 보고"(〈에스케이(주)의 기업결합제한규정 위반행위 건〉),[72] "시정명령의 이행결과와 그 증빙자료를 당해연도가 종료된 후 60일 이내에 보고"(〈현대자동차(주) 및 기아자동차(주)의 기업결합제한규정 위반행위 건〉),[73] "시정조치 받은 날로부터 60일 이내, 시정조치후 매반기 종료일로부터 60일 이내 보고"(〈용산화학(주)의 기업결합제한규정 위반행위 건〉),[74] "2년간 매반

66) 공정의 2002. 12. 23. 2002.365.
67) 공정의 2006. 1. 24. 2006－9.
68) 공정의 2009. 6. 25. 2009－146.
69) 공정의 2010. 8. 31. 2010－110.
70) 공정의 2004. 9. 24. 2004－271.
71) 공정의 2006. 11. 14. 2006－264: 공정의 2003. 1. 7. 2003－006; 공정의 2003. 1. 7. 2003－005호; 공정의 2003. 3. 24. 2003－084; 공정의 2003. 9. 4. 2003.146.
72) 공정의 2001. 6. 29. 2001－090.
73) 공정의 2002. 6. 18. 2002.111.
74) 공정의 2003. 9. 24. 2003.154.

기별로 '서울지역 종합유선방송사업자 및 위성방송사업자의 상품별 이용요금 부과현황'을 자체방송, 요금고지서, 인터넷 홈페이지를 통해 종합유선방송 가입자들에게 고지하고, 이행내역을 공정거래위원회에 보고, 2년간 이용요금을 변경시 보고"(〈(주)현대홈쇼핑 등의 기업결합제한규정 위반행위 건〉),[75] "중소판매사업자의 상품노출기회를 보장해줌으로써 중소판매사업자를 보호하기 위하여 피심인들로 하여금 이 시정조치를 받은 날부터 3년간, 자신이나 자신의 계열사가 운영하는 인터넷 오픈마켓에 중소형판매사업자만의 리스팅을 위한 게이트웨이 확보 등 중소형판매사업자 보호대책을 수립하여 시행하도록 하는 조치" 및 "이 사건 기업결합으로 인해 피심인들의 판매자들에 대한 영향력이 강화됨에 따라 발생할 수 있는 배타조건부거래행위 등 불공정거래행위를 방지하여 판매자를 보호하기 위하여 피심인들로 하여금 이 시정조치를 받은 날부터 3년간, 자신이나 자신의 계열사가 운영하는 인터넷 오픈마켓에 입점한 판매자들에 대해 독점규제법을 위반하는 행위를 하지 않도록 하는 구체적인 방안을 수립하여 시행하고 수립된 방안은 판매자들에게 공지하도록 하는 조치"(〈이베이 케이티에이(유케이) 리미티드 등의 기업결합제한규정 위반행위 건〉).[76]

3) 교육실시명령

공정거래위원회는 독점규제법 등에 대한 이해부족 또는 준수의지 미약 등에 의하여 유사한 법 위반행위가 2회 이상 반복하여 발생한 경우로서, 교육실시명령에 의하지 아니하고는 시정의 효과가 미흡한 것으로 인정되는 경우 법 위반행위의 재발을 방지하기 위하여 피심인이 소속 임·직원을 대상으로 법 위반 사항과 관련된 법령, 제도 등에 관해 일정기간 내에 일정기간 동안 교육을 실시하고 그 결과를 보고하도록 하는 "교육실시명령"을 명할 수 있다(이상 「시정조치 운영지침」 Ⅶ. 3. 다.).

4) 점검활동 보장명령

공정거래위원회는 당해 시정조치가 복잡하고 전문적이어서 전문적인 제 3 자로 하여금 이행점검을 하게 할 필요가 있거나, 또는 당해 시정조치가 지속적인 현장점검을 통해서만이 시정조치의 이행을 효과적으로 확보할 수 있는 경우에 전문적인 제 3 자 또는 공정거래위원회의 직원을 이행확인(감시)기구로 임명할 수 있으며, 피심인으

75) 공정의 2006. 2. 3. 2006-010.
76) 공정의 2009. 6. 25. 2009-146.

로 하여금 위 이행확인(감시)기구가 자신의 영업장소에서 일정기간 상주하면서 시정조치 이행과 관련된 자료 등을 점검하는 것을 보장하도록 “점검활동 보장명령”을 명할 수 있다(「시정조치 운영지침」 Ⅶ. 3. 라.).

공정거래위원회가 조치한 사례는 다음과 같다.

“① 송유관 이용에 있어서 송유관사업자의 석유수송신청의 거부, 수송신청물량의 제한, 수송순위의 차등, 수송요율 및 기타 계약조건의 차별, 영업정보의 유출 등 경쟁제한행위를 금지하는 내용을 대송의 정관에 규정하고 준수할 것과, ② 송유관 이용에 관한 사항을 협의, 결정하기 위하여 대송, 정유사 및 공익을 대표할 수 있는 자가 참여하는 협의회를 설치·운영하고, 그 근거 및 운영에 관한 사항을 대송의 정관에 규정할 것”(〈에스케이(주)의 기업결합제한규정 위반행위 건〉),[77] “피심인들의 생산·판매·구매·사용 등에 관한 사항을 협의·결정하기 위하여 국내 MA 생산·판매자, 수요자, 독립적 거래감시인이 참여하는 협의회를 설치하고 동 협의회의 결정사항을 준수”(〈용산화학(주)의 기업결합제한규정 위반행위 건〉),[78] “시정명령의 이행여부를 감시하기 위하여, 시정명령을 받은 날로부터 60일 이내에 부품제조사 등 이해관계자와 독립적인 거래감시인 등으로 구성되는 이행감시협의회를 설치”(〈(주)현대제철 등의 기업결합제한규정 위반행위 건〉).[79]

경쟁당국의 시정조치는 가능한 한 시장친화적 수단이 되어야 하므로 이를 위해서는 불공정거래행위를 철저히 감시하기 위한 협의회 설치·운영이 가장 합리적인 대안이라는데 그 이유를 찾을 수 있다.[80]

5) 자료 보관명령

공정거래위원회는 예를 들어 시정조치의 이행점검을 용이하게 하여 시정조치의 이행을 확보하고 위반행위의 반복우려가 있는 시장에 대한 감시를 충분히 할 수 있는 여건을 마련하기 위하여 피심인으로 하여금 일정기간동안 시정조치 이행과 관련된

77) 공정의 2001. 6. 29. 2001－090.
78) 공정의 2003. 9. 24. 2003.154.
79) 공정의 2015. 3. 3. 2015－060.
80) 오성환, 59면.

자료를 보관하도록 하고, 상당한 통지에 의하여 공정거래위원회가 관련된 자료를 점검하고 복사할 수 있도록 "자료 보관명령"을 명할 수 있다(이상 「시정조치 운영지침」 Ⅶ. 3. 마).

Ⅲ. 시정조치의 방법

공정거래위원회는 위반행위를 효과적으로 시정할 수 있다면 단순히 부작위명령에 국한하지 않고, 위반행위에 비례하여 합리적으로 필요한 범위내에서 작위명령 또는 보조적 명령을 위반행위에 따라 적절하게 선택하여 명할 수 있다. 공정거래위원회는 작위명령 또는 보조적 명령이 위반행위의 시정을 위해 가장 합리적이고 적절한 수단으로 인정된다면 비록 독점규제법의 각 시정조치 규정에 시정조치의 유형으로 명시되어 있지 않더라도 위반행위에 비례하여 합리적으로 필요한 범위내에서 '기타 시정을 위한 필요한 조치'를 근거로 작위명령 또는 보조적 명령을 명할 수 있다. 공정거래위원회는 당해 위반행위를 효과적이고 실질적으로 시정하기 위하여 필요하다면 독점규제법의 각 시정조치 규정상의 '당해 행위의 중지'를 근거로 하여 당해 위반행위의 중지 또는 종료에 관한 실질적 내용을 작위명령으로 명할 수 있다(이상 「시정조치 운영지침」 Ⅴ).

Ⅳ. 시정조치의 효력기간

공정거래위원회는 작위명령 또는 보조적 명령이 피심인의 계속된 이행 행위를 요구하는 경우에는 시정조치의 목적 달성과 피심인의 부담간의 비교 등을 고려하여 적정한 시정조치의 효력기간을 정하여 명한다. 다만, 시정조치의 효력기간이 장기간인 경우에는 시정조치 후 시장경쟁 상황의 변화에 따른 시정조치의 계속적 필요 여부를 고려하여 피심인으로 하여금 시정조치 변경을 요청할 수 있도록 할 수 있다. 또한, 행위중지명령과 행위금지명령에서 최대 ○○년까지 시정조치의 기간을 정하여 명하는 경우에 이는 그 기간 이후의 시정조치와 관련된 행위에 대해 독점규제법의 적용을 면제하는 것이 아니고, 위 행위에 대해 시정조치 불이행이 아닌 새로운 법 위반행위의 여부를 조사·심사하여 처리할 수 있다는 것을 의미한다(「시정조치 운영지침」 VI).

예를 들어 〈(주)씨제이오쇼핑의 기업결합제한규정 위반행위 건〉에서 시정조치기한은 한미 FTA 발효이후 해외경쟁도입 가능성 등을 고려하여 약 3년 6개월(2013. 12. 31)로 한 사례, 〈(주)세아베스틸 등의 기업결합제한규정 위반행위 건〉에서 시정명령받은 날로부터 3년간 준수하여야 한다고 명한 사례[81] 등이 있다.

V. 합병, 분할 등 경우 시정조치의 대상

합병, 분할, 분할합병 또는 새로운 회사의 설립 등에 따른 제 1 항 각 호의 시정조치에 관하여는 제 7 조 제 2 항부터 제 4 항까지의 규정을 준용한다. 이 경우 "시장지배적사업자"는 "사업자"로 본다(법 제14조 제 4 항).

VI. 회사의 합병 또는 설립무효의 소

공정거래위원회는 법 제 9 조 제 1 항, 제11조 제 8 항을 위반한 회사의 합병 또는 설립이 있는 때에는 당해 회사의 합병 또는 설립무효의 소를 제기할 수 있다(법 제14조 제 2 항). 현재까지 그러한 소가 제기된 사례는 없다.

81) 공정의 2015. 5. 18. 2015-162.

제15조(시정조치의 이행확보)

제14조(시정조치 등) 제1항에 따른 주식처분명령을 받은 자는 그 명령을 받은 날부터 당해 주식에 대하여 그 의결권을 행사할 수 없다.

제14조 제1항에 따른 주식처분명령을 받은 자는 그 명령을 받은 날로부터 당해 주식에 대하여 그 의결권을 행사할 수 없다. 주식처분명령 등 시정조치를 받은 경우 그 시정조치의 이행확보를 위하여 주식의 의결권을 제한하는 조치를 하는 데 목적이 있다.

제16조(이행강제금)

① 공정거래위원회는 제9조 제1항을 위반하여 제14조에 따라 시정조치를 부과받은 후 그 정한 기간내에 이행을 하지 아니하는 자에 대하여 매 1일당 다음 각호의 구분에 따른 금액에 1만분의 3을 곱한 금액을 초과하지 아니하는 범위안에서 이행강제금을 부과할 수 있다. 다만, 제9조 제1항 제2호의 기업결합을 한 자에 대하여는 1일당 200만원의 범위안에서 이행강제금을 부과할 수 있다.

1. 제9조 제1항 제1호 또는 제5호의 기업결합의 경우: 취득 또는 소유한 주식의 장부가격과 인수하는 채무의 합계액
2. 제9조 제1항 제3호의 기업결합의 경우: 합병의 대가로 교부하는 주식의 장부가격과 인수하는 채무의 합계액
3. 제9조 제1항 제4호의 기업결합의 경우: 영업양수금액

② 이행강제금의 부과·납부·징수·환급등에 필요한 사항은 대통령령으로 정한다. 다만, 체납된 이행강제금은 국세체납처분의 예에 따라 이를 징수한다.

③ 공정거래위원회는 제1항 및 제2항의 규정에 따른 이행강제금의 징수 또는 체납처분에 관한 업무를 대통령령으로 정하는 바에 따라 국세청장에게 위임할 수 있다.

목 차

Ⅰ. 의 의
Ⅱ. 내 용
1. 부과기준
2. 부과기간 등
3. 체납처분의 위탁
4. 이행강제금 부과의 세부기준

[참고문헌]

논 문: 박정훈, “공정거래법의 공적 집행”, 공정거래와 법치(권오승 편), 법문사, 2004; 박해식, “과징금의 법적 성격”, 공정거래법강의Ⅱ, 법문사, 2000

[참고사례]

주식회사 현대에에치씨엔경북방송의 기업결합 시정조치 불이행 건(공정거래위원회 2016. 11. 21. 결정 2016－052호; 서울고등법원 2017. 10. 11. 선고 2016누81255)

Ⅰ. 의 의

1999. 2. 5. 제7차 법개정시 종래 경쟁제한적 기업결합이나 불공정한 기업결합에 대한 과징금부과 대신에 이행강제금제도를 도입하였다. 즉 경쟁제한적 기업결합에 대한 시정조치는 주식매각, 일부사업의 양도 등 작위명령의 형태로 이루어지므로 부당이득환수 또는 징벌적 성격이 강한 일회성의 과징금을 부과하는 것은 불합리하여 과징금제도를 이행강제금제도로 전환하였다. 이는 규제의 실효성을 확보하는 차원 외에 제재의 성격을 명확히 한 점에서도 의의가 있다.

제도도입 이후 〈(주)코오롱의 기업결합제한규정 위반행위 건〉[1]에 대한 시정조치를 불이행한 (주)코오롱으로 하여금 시정조치를 이행한 날까지의 기간에 대하여 매 1일당 618만원의 이행강제금을 납부하도록 명령한 바가 있다(〈(주)코오롱의 시정조치 불이행 건〉).[2] 이는 제도도입 이후 최초의 이행강제금 부과사례였다. 〈주식회사 현대에이치씨엔경북방송의 기업결합 시정조치 불이행 건〉[3]에서는 원심결 시정조치에서 정한 수신료 제한폭을 초과하여 인상한 행위에 대하여 이행강제금 1,436억원을 부과한 바 있다.

이행강제금은 장래의 의무이행을 강제하기 위하여 행정상 강제집행의 일환으로서 '집행벌'에 해당하므로, 과거의 의무위반에 대한 제재인 행정형벌과 구별되고, 따라서 이행강제금과 행정형벌은 병과가 가능하고 헌법상 이중처벌금지에 위반되지 아니한다.[4] 또한 과징금 및 과태료와도 이중처벌의 위험은 발생하지 않는다.[5]

1) 공정의 2002. 12. 23. 2002.365.
2) 공정의 2003. 5. 27. 2003.100.
3) 공정결 2016. 11. 21. 2016－052.
4) 박정훈, 공정거래와 법치(2004), 1031면.
5) 박해식, 공정거래법강의Ⅱ(2000), 603면.

Ⅱ. 내 용

1. 부과기준

공정거래위원회는 경쟁제한적 기업결합으로 시정조치를 부과받은 후 그 정한 기간내에 이행을 하지 아니하는 자에 대하여 1일당 ① 주식취득이나 신설회사에의 참여에 의한 기업결합의 경우 취득 또는 소유한 주식의 장부가격과 인수하는 채무의 합계액(제 1 호), ② 다른 회사와의 합병으로 인한 기업결합의 경우에는 합병의 대가로 교부하는 주식의 장부가격과 인수하는 채무의 합계액(제 2 호), ③ 영업양수로 인한 기업결합의 경우에는 영업양수금액(제 3 호)의 구분에 따른 금액에 1만분의 3을 곱한 금액을 초과하지 아니하는 범위안에서 이행강제금을 부과할 수 있다(법 제16조 제 1 항 본문). 다만, 임원겸임에 의해 기업결합을 한 자에 대하여는 매 1일당 200만원의 범위안에서 이행강제금을 부과할 수 있다(법 제16조 제 1 항 단서).[6)]

2. 부과기간 등

이행강제금의 부과기간 등 절차에 대해서는 *대통령령*[7)]에서 자세히 규정하

6) 제23조(이행강제금의 부과) ④ 법 제16조 제 1 항에 따른 이행강제금의 부과기준은 별표 1과 같다

7) 제23조(이행강제금의 부과) ① 법 제16조 제 1 항에 따른 이행강제금은 법 제14조 제 1 항에 따른 시정조치에서 정한 기간의 종료일 다음 날부터 다음 각 호의 구분에 따라 시정조치를 이행하는 날까지의 기간에 대해 부과한다. 1. 주식처분인 경우: 주권교부일 2. 임원의 사임인 경우: 해당 사실의 등기일 3. 영업의 양도인 경우: 관련부동산 등에 대한 소유권 이전등기일 또는 이전등록일 ② 제 1 항에도 불구하고 법 제14조 제 1 항 제 6 호 및 제 7 호에 따른 시정조치(매 분기 또는 매 사업연도 등 기간별로 일정한 의무를 명하는 내용인 경우로 한정한다)를 이행하지 않는 자에 대한 이행강제금은 해당 불이행기간에 대해 부과한다. ③ 제 1 항에 따른 이행강제금은 특별한 사유가 없으면 시정조치에서 정한 기간의 종료일부터 30일 이내, 제 2 항에 따른 이행강제금은 특별한 사유가 없으면 이행 여부를 확인할 수 있는 날부터 30일 이내에 부과해야 한다. ⑤ 공정거래위원회는 법 제16조 제 1 항에 따라 이행강제금을 부과하는 경우 1일당 이행강제금의 금액(제 2 항에 따른 이행강제금의 경우에는 해당 불이행기간에 대해 확정된 금액을 말한다), 부과사유, 납부기한, 수납기관, 이의제기방법 및 이의제기기관 등이 포함된 서면으로 알려야 한다. ⑥ 제 5 항에 따라 통지를 받은 자는 다음 각 호의 구분에 따른 기한 이내에 이행강제금을 납부해야 한다. 다만, 천재지변이나 그 밖의 부득이한 사유로 기한 내에 이행강제금을 납부할 수 없는 경우에는 그 사유가 없어진 날부터 30일 이내에 납부해야 한다. 1. 제 1 항에 따른 이행강제금의 경우: 공정거래위원회가 이행행위를 완료한 날을 확인한 후 이행강제

고 있다.

〈주식회사 현대에이치씨엔경북방송의 기업결합 시정조치 불이행 건〉 관련 행정소송에서 법원은 일단 부작위 의무자가 행태적 시정조치를 위반한 이상, 일정한 기간동안의 부작위 의무 불이행 후 의무 불이행을 중단한다고 하더라도 행태적 시정조치를 통하여 달성하고자 하던 기업결합에 따른 경쟁제한의 폐해 방지는 이미 일정한 범위에서 그 목적으로 달성하지 못한 것이 되므로 '당해 불이행기간'에 대하여 이행강제금을 부과할 수 있다고 판시하였다.[8] 그리고 이행강제금의 부과근거인 불이행 기간의 산정과 관련하여, 시정조치 불이행 상태가 해소된 날은 수신료를 전부 환급한 날이 아니라 시정조치에서 명한 부작위 의무의 불이행을 중단한 때, 즉 수신료 인상을 중단한 때라고 보는 것이 타당하다고 보았다.[9]

3. 체납처분의 위탁

공정거래위원회는 이행강제금의 징수 또는 체납처분에 관한 업무를 *대통령령*[10]으로 정하는 바에 따라 국세청장에게 위임할 수 있다(법 제16조 제3항).

금의 금액을 확정하여 납부 통지를 한 날부터 30일 2. 제2항에 따른 이행강제금의 경우: 공정거래위원회가 납부 통지를 한 날부터 30일 ⑦ 공정거래위원회는 법 제16조 제1항에 따라 이행강제금을 부과한 경우 법 제14조 제1항에 따른 시정조치에서 정한 기간의 종료일부터 90일이 경과한 후에도 시정조치가 이행되지 않는 때에는 그 종료일부터 기산하여 매 90일이 경과하는 날을 기준으로 하여 이행강제금을 징수할 수 있다. ⑧ 제1항부터 제7항까지에서 규정한 사항 외에 이행강제금 부과에 필요한 세부사항은 공정거래위원회가 정하여 고시한다.

제24조(이행강제금의 독촉) ① 공정거래위원회는 법 제16조 제2항에 따라 이행강제금의 징수를 위해 독촉하는 경우 이행강제금의 납부기한 경과 후 15일 이내에 서면으로 해야 한다. ② 공정거래위원회는 제1항에 따라 독촉장을 발부하는 경우 체납된 이행강제금의 납부기간을 그 발부일부터 10일 이내의 기간으로 설정해야 한다.

8) 서고판 2017. 10. 11. 2016누81255.

9) 서고판 2017. 10. 11. 2016누81255.

10) 제25조(체납처분의 위탁) ① 공정거래위원회는 법 제16조 제3항에 따라 이행강제금의 체납처분에 관한 업무를 국세청장에게 위탁하는 경우 다음 각 호의 서류를 첨부한 서면으로 해야 한다. 1. 공정거래위원회의 의결서 2. 세입징수결의서 및 고지서 3. 납부 독촉장 ② 국세청장은 제1항에 따라 체납처분에 관한 업무를 위탁받은 경우 다음 각 호의 사유가 발생한 날부터 30일 이내에 해당 호의 구분에 따른 사항을 서면으로 공정거래위원회에 통보해야 한다. 1. 체납처분에 관한 업무가 종료된 경우: 그 업무종료의 일시나 그 밖에 필요한 사항 2. 공정거래위원회로부터 체납처분의 진행상황에 관한 통보요청이 있는 경우: 그 진행상황

4. 이행강제금 부과의 세부기준

이행강제금 부과의 세부기준과 그 부과에 필요한 사항에 대해서는 「기업결합 관련 시정조치 불이행에 따른 이행강제금 부과기준」[11]을 운영하고 있다.

11) 공정거래위원회 고시 제2021－27호(2021. 12. 30).

제4장

•

경제력 집중의 억제

제17조(지주회사 설립 · 전환의 신고)
제18조(지주회사 등의 행위제한 등)
제19조(상호출자제한기업집단의 지주회사 설립제한)
제20조(일반지주회사의 금융회사 주식 소유 제한에 관한 특례)
제21조(상호출자의 금지등)
제22조(순환출자의 금지)
제23조(순환출자에 대한 의결권 제한)
제24조(계열회사에 대한 채무보증의 금지)
제25조(금융회사 · 보험회사 및 공익법인의 의결권 제한)
제26조(대규모내부거래의 이사회 의결 및 공시)
제27조(비상장회사 등의 중요사항 공시)
제28조(기업집단현황 등에 관한 공시)
제29조(특수관계인인 공익법인의 이사회 의결 및 공시)
제30조(주식소유현황등의 신고)
제31조(상호출자제한기업집단등의 지정 등)
제32조(계열회사의 편입 및 제외등)
제33조(계열회사의 편입 · 통지일의 의제)
제34조(관계기관에 대한 자료의 확인요구등)
제35조(상호출자제한기업집단의 현황 등에 관한 정보공개)
제36조(탈법행위의 금지)
제37조(시정조치 등)
제38조(과징금)
제39조(시정조치의 이행확보)

제17조(지주회사 설립 · 전환의 신고)

지주회사를 설립하거나 지주회사로 전환한 자는 대통령령이 정하는 바에 의하여 공정거래위원회에 신고하여야 한다.

지주회사를 설립하거나 지주회사로 전환한 자는 *대통령령*[1]이 정하는 바에 의하여 공정거래위원회에 신고하여야 한다.

신고는 당해 사실을 공정거래위원회에 통지하는 것으로 의무가 끝나며, 공정거래위원회의 '수리'가 필요없다. 따라서 공정거래위원회가 지주회사의 설립 · 전환이 법위반이라는 이유로 그 신고의 수리를 거부하는 경우에도, 일단 신고로서의 효력은 발생하여 무신고로 인한 형사처벌 · 과태료 부과는 불가능하다.[2]

1) 제26조(지주회사의 설립 · 전환 신고) ① 법 제17조에 따라 지주회사의 설립 · 전환을 신고하려는 자는 다음 각 호의 사항이 포함된 신고서에 그 신고내용을 입증하는 서류와 법 제19조 각 호의 채무보증의 해소실적에 관한 서류(법 제31조 제1항 전단에 따라 지정된 상호출자제한기업집단에 속하는 회사를 지배하는 동일인 또는 그 동일인의 특수관계인이 신고하는 경우로 한정한다)를 첨부하여 공정거래위원회에 제출해야 한다. 1. 명칭 및 대표자의 성명 2. 지주회사, 자회사, 손자회사 및 법 제18조 제5항에 따른 증손회사(이하 "지주회사등"이라 한다)에 대한 다음 각 목의 사항 가. 해당 회사의 명칭 및 대표자의 성명 나. 자산총액 및 부채총액 다. 주주현황 및 주식소유 현황 라. 사업내용 3. 그 밖에 제1호 및 제2호에 준하는 사항으로서 지주회사의 설립 · 전환의 신고에 필요하다고 공정거래위원회가 정하여 고시하는 사항 ② 법 제17조에 따른 지주회사의 설립 · 전환의 신고는 다음 각 호의 구분에 따른 기간 이내에 해야 한다. 1. 지주회사를 설립하는 경우: 설립등기일부터 30일 2. 다른 회사와의 합병 또는 회사의 분할을 통해 지주회사로 전환하는 경우: 합병등기일 또는 분할등기일부터 30일 3. 「자본시장과 금융투자업에 관한 법률」 제249조의19 등 다른 법률에 따라 법 제17조의 적용이 제외되는 회사의 경우: 그 다른 법률에서 정하고 있는 제외기간이 지난 날부터 30일 4. 다른 회사의 주식취득, 자산의 증감 또는 그 밖의 사유로 지주회사로 전환하는 경우: 제3조 제1항 제2호에 따른 자산총액 산정 기준일부터 4개월 이내 ③ 법 제17조에 따른 지주회사의 설립신고를 하는 경우 그 설립하는 자가 둘 이상인 경우에는 공동으로 신고해야 한다. 다만, 신고의무자 중 1명을 대리인으로 정하여 그 대리인이 신고하는 경우에는 단독으로 신고할 수 있다. ④ 법 제17조에 따라 설립 · 전환 신고를 한 자가 사업연도 중 소유 주식의 감소 또는 자산의 증감 등의 사유로 제3조 제1항 또는 제2항의 지주회사 기준에 해당하지 않게 된 사실을 공정거래위원회에 알린 경우에는 해당 사유가 발생한 날부터 지주회사로 보지 않는다. ⑤ 법 제17조에 따라 설립 · 전환 신고를 한 자가 제4항에 따라 공정거래위원회에 지주회사의 기준에 해당되지 않게 된 사실을 알리는 경우에는 지주회사가 되지 않는 사유가 발생한 날을 기준으로 공인회계사의 회계감사를 받은 대차대조표 및 주식소유 현황에 관한 서류를 공정거래위원회에 제출해야 한다. ⑥ 공정거래위원회는 제5항에 따른 서류를 제출받은 경우 제출받은 날부터 30일 이내에 그 처리결과를 해당 지주회사에 서면으로 알려야 한다. ⑦ 제1항부터 제6항까지에서 규정한 사항 외에 지주회사의 설립 · 전환 신고 등의 절차 및 방법 등에 관하여 필요한 세부사항은 공정거래위원회가 정하여 고시한다.

2) 박정훈, 공정거래와 법치(2004), 1015면. 기업결합의 신고(법 제12조) 및 주식소유현황의 신고(제13조)의 경우에도 마찬가지이다.

제18조(지주회사 등의 행위제한 등)

① 이 조에서 사용하는 용어의 정의는 다음과 같다.

1. "공동출자법인"이라 함은 경영에 영향을 미칠 수 있는 상당한 지분을 소유하고 있는 2인 이상의 출자자(특수관계인의 관계에 있는 출자자 중 대통령령이 정하는 자 외의 자는 1인으로 본다)가 계약 또는 이에 준하는 방법으로 출자지분의 양도를 현저히 제한하고 있어 출자자간 지분변동이 어려운 법인을 말한다.
2. "벤처지주회사"라 함은 벤처기업 또는 대통령령으로 정하는 중소기업을 자회사로 하는 지주회사로서 대통령령이 정하는 기준에 해당하는 지주회사를 말한다.

② 지주회사는 다음 각 호의 어느 하나에 해당하는 행위를 하여서는 아니된다.

1. 자본총액(대차대조표상의 자산총액에서 부채액을 뺀 금액을 말한다. 이하 같다)의 2배를 초과하는 부채액을 보유하는 행위. 다만, 지주회사로 전환하거나 설립될 당시에 자본총액의 2배를 초과하는 부채액을 보유하고 있는 때에는 지주회사로 전환하거나 설립된 날부터 2년간은 자본총액의 2배를 초과하는 부채액을 보유할 수 있다.
2. 자회사의 주식을 그 자회사 발행주식총수의 100분의 50[자회사가 상장법인인 경우, 주식 소유의 분산요건 등 상장요건이 「자본시장과 금융투자업에 관한 법률」에 따른 증권시장으로서 대통령령으로 정하는 국내 증권시장의 상장요건에 상당하는 것으로 공정거래위원회가 고시하는 국외 증권거래소에 상장된 법인(이하 "국외상장법인"이라 한다)인 경우 또는 공동출자법인인 경우에는 100분의 30으로 하고, 벤처지주회사의 자회사인 경우에는 100분의 20으로 한다. 이하 이 조에서 "자회사주식보유기준"이라 한다] 미만으로 소유하는 행위. 다만, 다음 각 목의 어느 하나에 해당하는 사유로 자회사주식보유기준에 미달하게 된 경우는 제외한다.
   가. 지주회사로 전환하거나 설립될 당시에 자회사의 주식을 자회사주식보유기준 미만으로 소유하고 있는 경우로서 지주회사로 전환하거나 설립된 날부터 2년 이내인 경우
   나. 상장법인 또는 국외상장법인이거나 공동출자법인이었던 자회사가 그에 해당하지 아니하게 되어 자회사주식보유기준에 미달하게 된 경우로서 그 해당하지 아니하게 된 날부터 1년 이내인 경우
   다. 벤처지주회사이었던 회사가 그에 해당하지 아니하게 되어 자회사주식보유기준에 미달하게 된 경우로서 그 해당하지 아니하게 된 날부터 1년 이내인 경우
   라. 자회사가 주식을 모집하거나 매출하면서 「자본시장과 금융투자업에 관한 법

률」 제165조의 7에 따라 우리사주조합원에게 배정하거나 당해 자회사가 「상법」 제513조(전환사채의 발행) 또는 제516조의 2(신주인수권부사채의 발행)의 규정에 따라 발행한 전환사채 또는 신주인수권부사채의 전환이 청구되거나 신주인수권이 행사되어 자회사주식보유기준에 미달하게 된 경우로서 그 미달하게 된 날부터 1년 이내인 경우

마. 자회사가 아닌 회사가 자회사에 해당하게 되고 자회사주식보유기준에는 미달하는 경우로서 당해 회사가 자회사에 해당하게 된 날부터 1년 이내인 경우

바. 자회사를 자회사에 해당하지 아니하게 하는 과정에서 자회사주식보유기준에 미달하게 된 경우로서 그 미달하게 된 날부터 1년 이내인 경우(같은 기간 내에 자회사에 해당하지 아니하게 된 경우로 한정한다)

사. 자회사가 다른 회사와 합병하여 자회사주식보유기준에 미달하게 된 경우로서 그 미달하게 된 날부터 1년 이내인 경우

3. 계열회사가 아닌 국내회사(「사회기반시설에 대한 민간투자법」 제 4 조(민간투자사업의 추진방식) 제 1 호부터 제 4 호까지의 규정에 정한 방식으로 민간투자사업을 영위하는 회사를 제외한다. 이하 이 호에서 같다)의 주식을 당해 회사 발행주식총수의 100분의 5를 초과하여 소유하는 행위(소유하고 있는 계열회사가 아닌 국내회사의 주식가액의 합계액이 자회사의 주식가액의 합계액의 100분의 15 미만인 지주회사에 대하여는 적용하지 아니한다) 또는 자회사 외의 국내계열회사의 주식을 소유하는 행위. 다만, 다음 각목의 1에 해당하는 사유로 인하여 주식을 소유하고 있는 계열회사가 아닌 국내회사나 국내계열회사의 경우에는 그러하지 아니하다.

가. 지주회사로 전환하거나 설립될 당시에 이 호 본문에서 규정하고 있는 행위에 해당하고 있는 경우로서 지주회사로 전환하거나 설립된 날부터 2년 이내인 경우

나. 계열회사가 아닌 회사를 자회사에 해당하게 하는 과정에서 이 호 본문에서 규정하고 있는 행위에 해당하게 된 날부터 1년 이내인 경우(같은 기간내에 자회사에 해당하게 된 경우에 한한다)

다. 주식을 소유하고 있지 아니한 국내계열회사를 자회사에 해당하게 하는 과정에서 그 국내계열회사 주식을 소유하게 된 날부터 1년 이내인 경우(같은 기간내에 자회사에 해당하게 된 경우에 한한다)

라. 자회사를 자회사에 해당하지 아니하게 하는 과정에서 당해 자회사가 자회사

에 해당하지 아니하게 된 날부터 1년 이내인 경우

4. 금융업 또는 보험업을 영위하는 자회사의 주식을 소유하는 지주회사(이하 "금융지주회사"라 한다)인 경우 금융업 또는 보험업을 영위하는 회사(금융업 또는 보험업과 밀접한 관련이 있는 등 대통령령이 정하는 기준에 해당하는 회사를 포함한다) 외의 국내회사의 주식을 소유하는 행위. 다만, 금융지주회사로 전환하거나 설립될 당시에 금융업 또는 보험업을 영위하는 회사 외의 국내회사 주식을 소유하고 있는 때에는 금융지주회사로 전환하거나 설립된 날부터 2년간은 그 국내회사의 주식을 소유할 수 있다.
5. 금융지주회사외의 지주회사(이하 "일반지주회사"라 한다)인 경우 금융업 또는 보험업을 영위하는 국내회사의 주식을 소유하는 행위. 다만, 일반지주회사로 전환하거나 설립될 당시에 금융업 또는 보험업을 영위하는 국내회사의 주식을 소유하고 있는 때에는 일반지주회사로 전환하거나 설립된 날부터 2년간은 그 국내회사의 주식을 소유할 수 있다.

③ 일반지주회사의 자회사는 다음 각 호의 어느 하나에 해당하는 행위를 하여서는 아니된다.

1. 손자회사의 주식을 그 손자회사 발행주식총수의 100분의 50[그 손자회사가 상장법인 또는 국외상장법인이거나 공동출자법인인 경우에는 100분의 30으로 하고, 벤처지주회사(일반지주회사의 자회사인 벤처지주회사로 한정한다)의 자회사인 경우에는 100분의 20으로 한다. 이하 이 조에서 "손자회사주식보유기준"이라 한다] 미만으로 소유하는 행위. 다만, 다음 각 목의 어느 하나에 해당하는 사유로 손자회사주식보유기준에 미달하게 된 경우는 예외로 한다.
   가. 자회사가 될 당시에 손자회사의 주식을 손자회사주식보유기준 미만으로 소유하고 있는 경우로서 자회사에 해당하게 된 날부터 2년 이내인 경우
   나. 상장법인 또는 국외상장법인이거나 공동출자법인이었던 손자회사가 그에 해당하지 아니하게 되어 손자회사주식보유기준에 미달하게 된 경우로서 그 해당하지 아니하게 된 날부터 1년 이내인 경우
   다. 일반지주회사의 자회사인 벤처지주회사였던 회사가 벤처지주회사에 해당하지 아니한 자회사가 됨에 따라 손자회사주식보유기준에 미달하게 된 경우로서 그 해당하지 아니한 자회사가 된 날부터 1년 이내인 경우
   라. 손자회사가 주식을 모집 또는 매출하면서 「자본시장과 금융투자업에 관한 법률」 제165조의 7에 따라 우리사주조합에게 우선 배정하거나 당해 손자회사가

「상법」 제513조(전환사채의 발행) 또는 제516조의 2(신주인수권부사채의 발행)의 규정에 따라 발행한 전환사채 또는 신주인수권부사채의 전환이 청구되거나 신주인수권이 행사되어 손자회사주식보유기준에 미달하게 된 경우로서 그 미달하게 된 날부터 1년 이내인 경우

마. 손자회사가 아닌 회사가 손자회사에 해당하게 되고 손자회사주식보유기준에는 미달하는 경우로서 당해 회사가 손자회사에 해당하게 된 날부터 1년 이내인 경우

바. 손자회사를 손자회사에 해당하지 아니하게 하는 과정에서 손자회사주식보유기준에 미달하게 된 경우로서 그 미달하게 된 날부터 1년 이내인 경우(같은 기간 내에 손자회사에 해당하지 아니하게 된 경우에 한한다)

사. 손자회사가 다른 회사와 합병하여 손자회사주식보유기준에 미달하게 된 경우로서 그 미달하게 된 날부터 1년 이내인 경우

2. 손자회사가 아닌 국내계열회사의 주식을 소유하는 행위. 다만, 다음 각 목의 어느 하나에 해당하는 사유로 인하여 주식을 소유하고 있는 국내계열회사의 경우에는 그러하지 아니하다.

가. 자회사가 될 당시에 주식을 소유하고 있는 국내계열회사의 경우로서 자회사에 해당하게 된 날부터 2년 이내인 경우

나. 계열회사가 아닌 회사를 손자회사에 해당하게 하는 과정에서 당해 회사가 계열회사에 해당하게 된 날부터 1년 이내인 경우(같은 기간내에 손자회사에 해당하게 된 경우에 한한다)

다. 주식을 소유하고 있지 아니한 국내계열회사를 손자회사에 해당하게 하는 과정에서 당해 계열회사의 주식을 소유하게 된 날부터 1년 이내인 경우(같은 기간내에 손자회사에 해당하게 된 경우에 한한다)

라. 손자회사를 손자회사에 해당하지 아니하게 하는 과정에서 당해 손자회사가 손자회사에 해당하지 아니하게 된 날부터 1년 이내인 경우(같은 기간내에 계열회사에 해당하지 아니하게 된 경우에 한한다)

마. 손자회사가 다른 자회사와 합병하여 그 다른 자회사의 주식을 소유하게 된 경우로서 주식을 소유한 날부터 1년 이내인 경우

바. 자기주식을 보유하고 있는 자회사가 회사분할로 인하여 다른 국내계열회사의 주식을 소유하게 된 경우로서 주식을 소유한 날부터 1년 이내인 경우

3. 금융업이나 보험업을 영위하는 회사를 손자회사로 지배하는 행위. 다만, 일반지주

회사의 자회사가 될 당시에 금융업이나 보험업을 영위하는 회사를 손자회사로 지배하고 있는 경우에는 자회사에 해당하게 된 날부터 2년간 그 손자회사를 지배할 수 있다.

④ 일반지주회사의 손자회사는 국내 계열회사의 주식을 소유해서는 아니된다. 다만, 다음 각 호의 어느 하나에 해당하는 경우에는 그러하지 아니하다.

1. 손자회사가 될 당시에 주식을 소유하고 있는 국내계열회사의 경우로서 손자회사에 해당하게 된 날부터 2년 이내인 경우
2. 주식을 소유하고 있는 계열회사가 아닌 국내회사가 계열회사에 해당하게 된 경우로서 당해 회사가 계열회사에 해당하게 된 날부터 1년 이내인 경우
3. 자기주식을 소유하고 있는 손자회사가 회사분할로 인하여 다른 국내계열회사의 주식을 소유하게 된 경우로서 주식을 소유한 날부터 1년 이내인 경우
4. 손자회사가 국내계열회사(금융업 또는 보험업을 영위하는 회사를 제외한다) 발행주식총수를 소유하고 있는 경우
5. 손자회사가 벤처지주회사인 경우 그 손자회사가 국내 계열회사(금융업 또는 보험업을 영위하는 회사는 제외한다) 발행주식총수의 100분의 50 이상을 소유하는 경우

⑤ 제 4 항제 4 호 또는 제 5 호에 따라 손자회사가 주식을 소유하고 있는 회사(이하 "증손회사"라 한다)는 국내 계열회사의 주식을 소유해서는 아니 된다. 다만, 다음 각 호의 어느 하나에 해당하는 경우에는 그러하지 아니하다.

1. 증손회사가 될 당시에 주식을 소유하고 있는 국내계열회사인 경우로서 증손회사에 해당하게 된 날부터 2년 이내인 경우
2. 주식을 소유하고 있는 계열회사가 아닌 국내회사가 계열회사에 해당하게 된 경우로서 그 회사가 계열회사에 해당하게 된 날부터 1년 이내인 경우
3. 일반지주회사의 손자회사인 벤처지주회사였던 회사가 제 1 항제 2 호에 따른 기준에 해당하지 아니하게 되어 제 4 항제 5 호의 주식보유기준에 미달하게 된 경우로서 그 해당하지 아니하게 된 날부터 1년 이내인 경우

⑥ 제 2 항 제 1 호 단서, 제 2 항 제 2 호 가목, 제 2 항 제 3 호 가목, 제 2 항 제 4 호 단서, 제 2 항 제 5 호 단서, 제 3 항 제 1 호 가목, 제 3 항 제 2 호 가목, 제 3 항 제 3 호 단서, 제 4 항 제 1 호 및 제 5 항 제 1 호를 적용함에 있어서 각 해당 규정의 유예기간은 주식가격의 급격한 변동 등 경제여건의 변화, 주식처분금지계약, 사업의 현저한 손실 그 밖의 사유로 인하여 부채액을 감소시키거나 주식의 취득·처분 등이 곤란한 경우에는 공정거래위원회의 승인을 얻어 2년을 연장할 수 있다. <신설 2007. 4. 13,

2007. 8. 3>

⑦ 지주회사는 대통령령이 정하는 바에 의하여 당해 지주회사·자회사·손자회사 및 증손회사(이하 "지주회사등"이라 한다)의 주식소유현황·재무상황 등 사업내용에 관한 보고서를 공정거래위원회에 제출하여야 한다.

목 차

Ⅰ. 연 혁

Ⅱ. 취 지

Ⅲ. 지주회사에 대한 제한

1. 부채비율의 제한
2. 자회사주식 보유기준의 준수
3. 비계열회사주식 및 자회사 외의 국내계열회사의 주식소유제한
4. 금융지주회사의 행위제한
5. 일반지주회사의 행위제한
6. 지주회사의 행위제한규정 적용시점

Ⅳ. 일반지주회사 자회사의 행위제한

1. 손자회사 주식보유기준
2. 손자회사 외의 국내계열회사 주식소유 행위제한
3. 금융업이나 보험업을 영위하는 회사를 손자회사로 지배하는 행위제한
4. 자회사의 행위제한규정 적용시점

Ⅴ. 일반지주회사의 손자회사의 행위제한

1. 행위제한
2. 손자회사의 행위제한규정 적용시점

Ⅵ. 손자회사가 발행주식총수를 소유하고 있는 증손회사의 국내계열사 주식소유 금지

1. 행위제한
2. 증손회사의 행위제한규정 적용시점

Ⅶ. 유예기간의 연장

Ⅷ. 주식소유현황 등 사업내용에 관한 보고서 제출

[참고문헌]

단행본: 오성환, 공정거래 심결소회, 도서출판 산학연, 2005; 임영철/조성국, 공정거래법-이론과 실무, 박영사, 2023; 홍명수, 재벌의 경제력집중규제, 경인문화사, 2006

논 문: 김학현, "공정거래법상 지주회사 규제", 지주회사와 법, 김건식·노혁준 편저, 소화, 2007

[참고사례]

한국케이블티비마포방송(주)의 일반지주회사의 자회사 행위제한규정 위반행위 건(공정거래위원회 2002. 10. 4. 의결 제2002.207호, 2003. 3. 11. 재결 제2003-014호; 서울고등

법원 2004. 4. 28. 선고 2003누5336 판결); **에스티엑스엔진 외 1의 지주회사의 행위제한행위 위반 건**(공정거래위원회 2005. 9. 16. 의결 제2005－134~5호, 2006. 1. 24. 재결 제2006－007~8호; 서울고등법원 2006. 11. 30. 선고 2006누5733 판결); **(주)성담의 지주회사의 행위제한 위반행위 건**(공정거래위원회 2002. 12. 17. 의결 제2002.350호, 2003. 4. 25. 재결 제2003－021호; 서울고등법원 2004. 7. 1. 선고 2003누8577, 2007. 3. 28. 선고 2006누29159 판결; 대법원 2006. 11. 23. 선고 2004두8583 판결); **일진홀딩스(주)의 지주회사 행위제한 위반행위 건**(공정거래위원회 2011. 11. 15. 의결 제2011.204호; 서울고등법원 2012. 7. 13. 선고 2012누7099 판결; 대법원 2014. 5. 16. 두17964 판결); **SK네트웍스(주)의 지주회사행위제한 위반행위 건**(공정거래위원회 2011. 11. 29. 의결 제2011.210호; 서울고등법원 2012. 8. 10. 선고 2012누9019 판결; 대법원 2014. 7. 24. 선고 2012두2007 판결); **두산중공업의 지주회사행위제한 위반행위 건**(공정거래위원회 2013. 10. 22. 의결 제2013.173호; 서울고등법원 선고 2014. 12. 24. 2013누51468 판결); **에이제이렌터카(주)의 지주회사행위제한 위반행위 건**(공정거래위원회 2014. 4. 24. 의결 제2014－097호; 서울고등법원 2015. 3. 19. 선고 2014누51021 판결); **대명화학의 지주회사행위 제한 위반행위 건**(공정거래위원회 2022. 2. 23. 의결 제2022－056; 서울고등법원 2017. 8. 25. 선고 2017누31776 판결)

Ⅰ. 연　　혁

1986. 12. 31. 독점규제법에 경제력집중 억제시책을 도입하면서, 지주회사의 설립 및 전환을 금지하고 법률 등에 의하여 설립되는 경우에 한하여 예외적으로 허용하였다. 그러나 1997년 말 IMF를 거치면서 기업 구조조정 수단으로 지주회사가 대안으로 거론되면서, 1999. 2. 5. 제 7 차 법개정시 지주회사의 설립 및 전환을 허용하되 부채비율 및 자회사지분요건 등 설립 요건과 지주회사 및 자회사의 행위제한 등을 통하여 경제적집중의 폐단을 예방하기 위한 규정을 두었다. 2001. 1. 16. 제 9 차 법개정으로 경제력집중억제의 틀 내에서 지주회사가 기업 구조조정의 수단으로 원활히 이용될 수 있도록 자회사 지분요건을 상장법인에 대하여 30%이상으로 통일하는 등 제도를 보완하였다. 2004. 12. 31. 제11차 법개정시에는 지주회사의 설립·전환을 용이하게 하기 위해 부채비율 충족을 위한 유예기간을 연장하되, 투명성제고를 위하여 지주회사가 비계열회사의 주식을 5%를 초과하여 소유하는 것을 원칙적

으로 금지하고, 자회사에 대해서도 사업관련 손자회사의 지분율요건을 부과하였으며, 종래 허용되었던 자회사간 출자도 금지하였다. 2007. 4. 13. 제13차 법개정시 지주회사의 부채비율상한을 200%로 하는 등 설립을 더욱 용이하게 하기 위한 법개정이 이루어졌다.

Ⅱ. 취 지

제 2 조에서 설명한 바와 같이 지주회사는 장점이 있는 반면 경제력집중이라는 역기능을 가지고 있다. 즉 지주회사체제는 경제력집중을 억제하기 위한 아무런 규제가 없을 경우 〈지주회사→자회사→손자회사→증손회사〉로 이어지는 피라미드형 출자구조를 통하여 소액자본으로 거대자본을 지배하는 지배력 확장의 우려가 있다. 따라서 주식피라미딩을 통한 과도한 지배력 확장을 방지하고 지주회사의 효용을 높이기 위한 제도적 장치를 하고 있는바 본 조는 그 안전장치에 해당하는 것이다. 예를 들어 일반 대규모기업집단의 경우 여러 계열사를 동원하여 새로운 기업을 비교적 적은 자금으로 지배할 수 있는 반면 지주회사는 엄격한 각종의 출자규제로 계열사를 동원한 계열확장을 억제하고 있으며, 손자회사의 계열사 주식취득금지 등으로 계열사간 순환출자가 원천적으로 금지된다.[1]

그러나 그간 누적적인 요건 완화로 인해 총수일가가 적은 자본으로 과도하게 지배력을 확대하는 경제력 집중 우려가 꾸준히 제기되고 왔고, 최근에는 자·손자회사 등과의 거래를 통해 배당외 편법적 방식으로 수익을 수취하는 사익편취 수단이 되고 있다는 지적도 제기되고 있다.[2]

공정거래위원회의 분석결과 인적분할·현물출자 방식을 이용한 지주회사의 경우 분할 전에 비해, 지주회사에 대한 총수일가 지분율이 2배 이상 상승(1단계)했고, 이어서, 사업회사에 대한 지주회사 지분율도 지주회사가 보유하던 자기주식에 신주가 배정되고, 이후 사업회사 주식에 대한 현물출자까지 더해져 분할직후 대비 약 2배 상승(2단계)하였다.[3]

지주회사에 대해서는 과세특례가 인정되고 있다. 즉 지주회사가 자회사로

1) 공정거래위원회 내부자료, 지주회사 제도 안내, 2006. 7.
2) 공정거래위원회 보도자료(2018. 7. 3).
3) 공정거래위원회 보도자료(2018. 11. 13).

부터 받은 수입배당금의 일정비율(일반법인에 비해 高率 인정)을 익금에 불산입토록 하여 법인세 감경 혜택을 부여하고 있다(법인세법 제18조의 2). 또한 일감몰아주기 증여의제 과세대상에서 지주회사(수혜법인)와 자·손자회사와의 매출액은 제외하고(상속세및증여세법 제45조의 3 및 동법 시행령 제34조의 2 제 8 항), 자·손자(수혜법인)와 다른 자·손자간 매출액에 지주회사의 지분비율을 곱한 금액도 증여의제 과세대상에서 제외(시행령 제34조의 2 제12항)하고 있다.[4]

Ⅲ. 지주회사에 대한 제한

1. 부채비율의 제한

1) 원 칙

차입에 의한 계열기업의 확장을 방지하기 위해 자본총액(대차대조표상의 자산총액에서 부채액을 뺀 금액)의 2배를 초과하는 부채액을 보유하는 행위를 금지하고 있다(법 제18조 제 2 항 제 1 호 본문). 종래 자본총액을 초과하는 부채액을 보유하는 행위를 금지하였으나, 2007. 4. 13. 제13차 법개정을 통하여 자본총액의 2배를 초과하는 부채액만 금지함으로써 지주회사의 설립을 쉽게 하도록 완화하였다. 부채비율요건은 정상적인 지주회사를 규제하기 위한 것이라기보다는 비정상적인 지주회사의 출현을 방지하기 위한 safeguard조항으로 본다.[5]

관련 사건으로는 〈(주)셀트리온홀딩스의 지주회사행위제한규정 위반행위 건〉,[6] 〈프라임개발(주)의 지주회사행위제한규정 위반행위 건〉,[7] 〈(주)웅진홀딩스의 지주회사행위제한규정 위반행위 건〉[8] 등이 있다.

2) 예 외

다만, 지주회사로 전환하거나 설립될 당시에 자본총액의 2배를 초과하는 부채액을 보유하고 있는 때에는 지주회사로 전환하거나 설립된 날부터 2년간은

---

4) 공정거래위원회 보도자료(2018. 7. 3).
5) 김학현, 지주회사와 법(2007), 22~23면.
6) 공정의 2013. 5. 7. 2013－086.
7) 공정의 2013. 10. 16. 2013.133.
8) 공정의 2013. 12. 26. 2013.161.

자본총액의 2배를 초과하는 부채액을 보유할 수 있다(법 제18조 제2항 제1호 단서).

2. 자회사주식 보유기준의 준수

1) 원 칙

자회사의 주식을 그 자회사 발행주식총수의 100분의 50[자회사가 상장법인인 경우, 주식 소유의 분산요건 등 상장요건이 「자본시장과 금융투자업에 관한 법률」에 따른 증권시장으로서 *대통령령*[9]으로 정하는 국내 증권시장의 상장요건에 상당하는 것으로 공정거래위원회가 고시하는 국외 증권거래소에 상장된 법인(이하 "국외상장법인")인 경우 또는 공동출자법인인 경우에는 100분의 30으로 하고, 벤처지주회사의 자회사인 경우에는 100분의 20으로 함. "자회사주식보유기준"] 미만으로 소유하는 행위를 금지한다(법 제18조 제2항 제2호).

여기에서 "공동출자법인"이란 경영에 영향을 미칠 수 있는 상당한 지분을 소유하고 있는 2인 이상의 출자자(특수관계인의 관계에 있는 출자자 중 *대통령령*[10]으로 정하는 자 외의 자는 1인으로 봄)가 계약 또는 이에 준하는 방법으로 출자지분의 양도를 현저히 제한하고 있어 출자자 간 지분변동이 어려운 법인을 말한다(법 제18조 제1항 제1호). "벤처지주회사"란 벤처기업 또는 *대통령령*[11]으로 정하는 중소기업을 자회사로 하는 지주회사로서 *대통령령*[12]으로 정하는 기준에

9) 제28조(지주회사등의 행위제한) ① 법 제18조 제2항 제2호 각 목 외의 부분 본문에서 "대통령령으로 정하는 국내 증권시장"이란 「자본시장과 금융투자업에 관한 법률 시행령」 제176조의9 제1항에 따른 유가증권시장을 말한다.

10) 제27조(벤처지주회사의 기준) ① 법 제18조 제1항 제1호에서 "대통령령으로 정하는 자"란 제14조 제1항 제3호의 자를 말한다.

11) 제27조(벤처지주회사의 기준) ② 법 제18조 제1항 제2호에서 "대통령령으로 정하는 중소기업"이란 제5조 제2항 제5호 가목 1)에 따른 중소기업을 말한다.

12) 제27조(벤처지주회사의 기준) ③ 법 제18조 제1항 제2호에서 "대통령령으로 정하는 기준에 해당하는 지주회사"란 다음 각 호의 요건을 모두 충족하는 지주회사를 말한다. 1. 해당 회사가 소유하고 있는 전체 자회사 주식가액 합계액 중 제5조 제2항 제5호 가목 1) 또는 2)에 따른 중소기업 또는 벤처기업의 주식가액 합계액이 차지하는 비율이 100분의 50 이상일 것. 다만, 제3호에 따라 벤처지주회사의 설립·전환을 최초로 의결한 날부터 2년까지는 그 비율을 100분의 30 이상으로 한다. 2. 해당 회사(법 제31조 제1항 전단에 따라 지정된 공시대상기업집단으로서 동일인이 자연인인 기업집단에 소속된 회사로 한정한다)의 동일인 및 그 친족이 자회사, 손자회사 또는 법 제18조 제5항에 따른 증손회사(이하 "증손회사"라 한다)의 주식을 소유하지 않을 것 3. 이사회 또는 주주총회를 통해 벤처지주회사로 설립 또는 전환하기로 의결했을 것

해당하는 지주회사를 말한다(법 제18조 제 1 항 제 2 호).

2020. 12. 29. 법 전부개정시 기존 100분의 40에서 100분의 50으로 강화하고, 상장법인, 국외상장법인, 공동출자법인인 경우 100분의 30, 벤처지주회사의 자회사인 경우 100분의 20으로 규정하였다. 신규 설립·전환된 지주회사이거나, 기존 지주회사가 자·손자회사를 신규·편입하는 경우, 자·손자회사에 대한 의무 지분율을 상장사와 비상장사의 경우 모두 10%p씩 상향한 것이다. 상장사인 경우 20%에서 30%로, 비상장사인 경우 40%에서 50%로 높여 총수 일가가 적은 자본으로 지배력을 확대해 나가는 부작용이 해소되도록 하였다.[13)]

또한 벤처 지주회사 설립 요건 및 행위 제한 규제를 대폭 완화하여 보다 자유로운 벤처 투자가 이루어지도록 하였다. 즉 벤처 지주회사를 일반 지주회사의 자회사 단계에서 설립하는 경우, 비상장 자회사 지분 보유 요건을 40%에서 20%로 완화하였고(상장 자회사는 20% 유지), 손자회사 단계에서 설립하는 경우, 상장·비상장 자회사 모두 지분 보유 요건을 100%에서 50%로 완화하였으며, 5% 한도 내에서만 비계열사 주식을 취득토록 하는 제한 규정을 폐지하였다.[14)]

이와 같이 자회사주식보유의 하한선을 두는 이유는 지주회사가 낮은 비율에 의해서 자회사를 지배할 수 있도록 허용할 경우 지주회사의 지배가능범위가 확대되어 경제력집중의 심화를 초래할 우려가 있고 이로 인하여 자회사의 소수주주에 대한 권리침해가 발생할 우려가 있기 때문이다.[15)] 그러나 이를 위하여 지나치게 높은 보유기준을 두는 경우에는 지주회사설립이 어려워지기 때문에 지주회사를 통한 지배구조의 투명화라는 목적과는 상반될 우려가 있다. 현재로서는 그 접점을 50%에 두고 있는 것이다.

관련 사건으로는 〈(주)셀트리온홀딩스의 지주회사행위제한규정 위반행위 건〉,[16)] 〈일진홀딩스(주)의 지주회사행위제한 위반행위 건〉,[17)] 〈제이더블유홀딩스(주)의 지주회사행위제한규정 위반행위 건〉[18)] 등이 있다.

---

13) 공정거래위원회 보도자료(2020. 12. 29.).

14) 공정거래위원회 보도자료(2020. 12. 29.).

15) 오성환, 84면.

16) 공정의 2013. 5. 7. 2013−086; 공정의 2017. 11. 27. 2017−355.

17) 대판 2014. 5. 16. 2012두17964.

18) 공정의 2015. 11. 19. 2015−387.

2) 예 외

다만, ① 지주회사로 전환하거나 설립될 당시에 자회사의 주식을 자회사주식보유기준 미만으로 소유하고 있는 경우로서 지주회사로 전환하거나 설립된 날부터 2년 이내인 경우,[19] ② 상장법인 또는 국외상장법인이거나 공동출자법인이었던 자회사가 그에 해당하지 아니하게 되어 자회사주식보유기준에 미달하게 된 경우로서 그 해당하지 아니하게 된 날부터 1년 이내인 경우, ③ 벤처지주회사이었던 회사가 그에 해당하지 아니하게 되어 자회사주식보유기준에 미달하게 된 경우로서 그 해당하지 아니하게 된 날부터 1년 이내인 경우, ④ 자회사가 주식을 모집하거나 매출하면서 당해 자회사가 「상법」 제513조(전환사채의 발행) 또는 제516조의 2(신주인수권부사채의 발행)의 규정에 따라 발행한 전환사채 또는 신주인수권부사채의 전환이 청구되거나 신주인수권이 행사되어 자회사주식보유기준에 미달하게 된 경우로서 그 미달하게 된 날부터 1년 이내인 경우, ⑤ 자회사가 아닌 회사가 자회사에 해당하게 되고 자회사주식보유기준에는 미달하는 경우로서 당해 회사가 자회사에 해당하게 된 날부터 1년 이내인 경우, ⑥ 자회사를 자회사에 해당하지 아니하게 하는 과정에서 자회사주식보유기준에 미달하게 된 경우로서 그 미달하게 된 날부터 1년 이내인 경우(같은 기간내에 자회사에 해당하지 아니하게 된 경우에 한함), ⑦ 자회사가 다른 회사와 합병하여 자회사주식보유기준에 미달하게 된 경우로서 그 미달하게 된 날부터 1년 이내인 경우 중 어느 하나의 사유로 인하여 자회사주식보유기준에 미달하게 된 경우에는 그러하지 아니하다(법 제 18 조 제 2 항 제 2 호 단서).

19) 〈일진홀딩스(주)의 지주회사 행위제한 규정 위반행위 건〉(공정의 2011. 11. 15. 2011.204) 에서 일진홀딩스(주)는 지주회사로 전환할 당시 자회사인 (주)전주방송의 주식을 30.00% 소유하고 있었는바, 2010. 7. 3. 유예기간이 만료된 이후 2010. 11. 26. 현재까지 (주)전주방송 주식을 36.25% 소유하고 있는 등 (주)전주방송의 주식을 40.00% 미만으로 소유하고 있었다. 관련 행정소송에서 원고는 원고가 지주회사로 전환할 당시 구 방송법에는 주식 총수의 30% 초과소유 금지 규정이 있었고, 해당 규정은 2009. 10. 31. 40% 초과소유 금지로 개정되어 있어서 원고로서는 독점규제법 규정(자회사 주식 40% 미만 소유 금지)과 구 방송법 규정(주식 총수의 30% 초과소유 금지)의 충돌로 인해 2009. 10. 31.까지는 독점규제법의 이행이 불가하였으므로, 독점규제법 적용을 위한 유예기간은 2009. 11. 1.부터 산정하는 것이 타당하다고 주장하였다. 그러나 대법원은 구 방송법상 주식 총수의 30% 초과소유 금지 규정은 2009. 10. 31. 개정되어 해소되었으므로, 2009. 11. 1.부터 이 사건 유예기간인 2010. 7. 3.까지 약 8개월 정도 주식을 취득할 시간이 있었고, 또한 원고가 주식 보유비율 위반상태를 해소하기 위해서는 주식의 추가취득 외에 기존 보유 주식의 매각, 주권 상장, 이익소각 등 여러 방법이 있었다는 이유로 공정거래위원회의 유예기간산정에 위법이 있다고 보기 어렵다고 판시하였다(대판 2014. 5. 16. 2012두17964).

3. 비계열회사주식 및 자회사 외의 국내계열회사의 주식소유제한

1) 원 칙

계열회사가 아닌 국내회사[「사회기반시설에 대한 민간투자법」 제 4 조(민간투자사업의 추진방식) 제 1 호로부터 제 4 호까지의 규정에 의한 방식으로 민간투자사업을 하는 회사를 제외]의 주식을 당해 회사 발행주식총수의 100분의 5를 초과하여 소유하는 행위(소유하고 있는 계열회사가 아닌 국내회사의 주식가액의 합계액이 자회사의 주식가액의 합계액의 100분의 15 미만인 지주회사에 대하여는 적용하지 아니함) 또는 자회사 외의 국내계열회사의 주식을 소유하는 행위를 금지한다(법 제 18 조의 제 2 항 제 3 호 본문).[20] 즉 계열회사가 아닌 국내회사는 당해회사주식총수의 5%를 넘길 수 없고, 계열회사는 모두 자회사이어야 한다.

전자는 구 「증권거래법」상 특정인이 상장법인 발행주식 총수의 5% 이상을 보유하게 된 경우에는 금융감독위원회와 증권거래소에 보고하도록 한 소위 '5%룰'을 감안하여 정한 것이다.[21] 후자는 지주회사의 자회사 지분율 요건의 실효성을 확보하는 한편, 지주회사의 지배가능한 범위가 확대되어 경제력 집중을 심화시키는 것을 방지하기 위한 것이다.[22]

자회사 외의 국내계열회사 주식소유금지 관련 건으로는 〈프라임개발(주)의 지주회사행위제한규정 위반행위 건,[23] 〈(주)두산의 지주회사행위제한규정 위반행위 건[24], 〈대명화학의 지주회사행위제한 위반행위 건〉[25] 등이 있다.

2) 예 외

다만, ① 지주회사로 전환하거나 설립될 당시에 이 호 본문에서 규정하고 있는 행위에 해당하고 있는 경우로서 지주회사로 전환하거나 설립된 날부터 2년 이내인 경우, ② 계열회사가 아닌 회사를 자회사에 해당하게 하는 과정에서 이 호 본문에서 규정하고 있는 행위에 해당하게 된 날부터 1년 이내인 경우(같

20) 종래에는 자회사외의 국내회사주식을 "지배목적"으로 소유하는 행위를 하여서는 아니된다고 규정하고 있었으나 규정내용이 불명확하여 국내계열사주식은 금지하고 비계열사의 경우 5%까지만 가능하도록 명확히 하였다.

21) 임영철/조성국, 325면.

22) 김학현, 지주회사와 법(2007), 26면; 서고판 2017. 8. 25. 2017누31776.

23) 공정의 2012. 2. 24. 2012－030.

24) 공정의 2013. 10. 10. 2013.163.

25) 서고판 2017. 8. 25

은 기간내에 자회사에 해당하게 된 경우에 한함), ③ 주식을 소유하고 있지 아니한 국내계열회사를 자회사에 해당하게 하는 과정에서 그 국내계열회사 주식을 소유하게 된 날부터 1년 이내인 경우(같은 기간내에 자회사에 해당하게 된 경우에 한함) 및 ④ 자회사를 자회사에 해당하지 아니하게 하는 과정에서 당해 자회사가 자회사에 해당하지 아니하게 된 날부터 1년 이내인 경우 중 어느 하나의 사유로 주식을 소유하고 있는 계열회사가 아닌 국내회사나 국내계열회사의 경우에는 그러하지 아니하다(법 제 8 조의 2 제 2 항 제 3 호 단서).

4. 금융지주회사의 행위제한

1) 원 칙

금융업 또는 보험업을 영위하는 자회사의 주식을 소유하는 지주회사(이하 "금융지주회사")인 경우 금융업 또는 보험업을 영위하는 회사(금융업 또는 보험업과 밀접한 관련이 있는 등 *대통령령*[26])으로 정하는 기준에 해당하는 회사를 포함)외의 국내회사의 주식을 소유하는 행위를 하여서는 아니 된다(법 제 18 조 제 2 항 제 4 호 본문).

이는 금융자본과 산업자본을 분리하여 금융기관이 산업자본에 종속되는 것을 방지하기 위한 규정이다.

2) 예 외

다만, 금융지주회사로 전환하거나 설립될 당시에 금융업 또는 보험업을 영위하는 회사 외의 국내회사 주식을 소유하고 있는 때에는 금융지주회사로 전환하거나 설립된 날부터 2년간은 그 국내회사의 주식을 소유할 수 있다(법 제 18 조 제 2 항 제 4 호 단서).

26) 제28조(지주회사등의 행위제한) ② 법 제18조 제 2 항 제 4 호 본문에서 "금융업 또는 보험업과 밀접한 관련이 있는 등 대통령령으로 정하는 기준에 해당하는 회사"란 다음 각 호의 어느 하나에 해당하는 사업의 영위를 목적으로 하는 회사를 말한다. 1. 금융회사 또는 보험회사에 전산·정보처리 등의 역무를 제공하는 사업 2. 금융회사 또는 보험회사가 보유한 부동산이나 그 밖의 자산의 관리 사업 3. 금융업 또는 보험업과 관련된 조사·연구 사업 4. 그 밖에 금융회사 또는 보험회사의 고유업무와 직접 관련되는 사업

5. 일반지주회사의 행위제한

1) 원 칙

금융지주회사외의 지주회사("일반지주회사")인 경우 금융업 또는 보험업을 영위하는 국내회사의 주식을 소유하는 행위를 하여서는 아니된다(법 제18조 제2항 제5호 본문).

관련 사건으로는 〈SK네트웍스(주)의 지주회사행위제한 위반행위 건〉,[27] 〈(주)두산의 지주회사행위제한규정 위반행위 건〉[28] 등이 있다.

2) 예 외

다만, 일반지주회사로 전환하거나 설립될 당시에 금융업 또는 보험업을 영위하는 국내회사의 주식을 소유하고 있는 때에는 일반지주회사로 전환하거나 설립된 날부터 2년간은 그 국내회사의 주식을 소유할 수 있다(법 제18조 제2항 제5호 단서).

6. 지주회사의 행위제한규정 적용시점

> 지주회사를 설립하거나 지주회사로 전환하는 경우 ① 지주회사를 설립하는 경우에는 설립등기일, ② 다른 회사의 합병 또는 회사의 분할을 통하여 지주회사로 전환하는 경우에는 합병등기일 또는 분할등기일, ③ 다른 법률의 규정에 따라 지주회사 적용이 제외되었다가 제외기간이 경과되어 지주회사로 전환하는 경우에는 제외기간 종료일의 다음날, ④ 다른 회사의 주식취득, 자산의 증감 및 그밖의 사유로 인하여 지주회사로 전환하는 경우에는 당해 사업연도 종료일의 다음날부터 제8조의2(지주회사 등의 행위제한 등) 제2항 각호에서 정한 행위를 하여서는 아니된다(「지주회사 해석지침」 Ⅱ. 3. 가).
> 여기에서 규정한 시점은 법에서 정한 지주회사의 각종 행위제한 의무의 발생일을 정하는 것에 불과하며 다른 법령에 의한 지주회사의 권리·의무 발생시점을 정한 것은 아니다(「지주회사 해석지침」 Ⅱ. 3. 다).

27) 서고판 2012. 8. 10. 2012누9019.
28) 공정의 2013. 10. 10. 2013.163.

Ⅳ. 일반지주회사 자회사의 행위제한

1. 손자회사 주식보유기준

1) 원 칙

일반지주회사의 자회사는 손자회사의 주식을 그 손자회사 발행주식총수의 100분의 50 미만으로 소유하는 행위를 금지하되, 그 손자회사가 상장법인 또는 국외상장법인이거나 공동출자법인인 경우에는 100분의 30으로 하고, 벤처지주회사(일반지주회사의 자회사인 벤처지주회사로 한정)의 자회사인 경우에는 100분의 20으로 한다("손자회사주식보유기준")(법 제18조 제3항 제1호 본문). 이는 지주회사의 자회사 주식보유와 같은 맥락에서 이해할 수 있다.

2) 예 외

다만, ① 자회사가 될 당시에 손자회사의 주식을 손자회사주식보유기준 미만으로 소유하고 있는 경우로서 자회사에 해당하게 된 날부터 2년 이내인 경우, ② 상장법인 또는 국외상장법인이거나 공동출자법인이었던 손자회사가 그에 해당하지 아니하게 되어 손자회사주식보유기준에 미달하게 된 경우로서 그 해당하지 아니하게 된 날부터 1년 이내인 경우, ③ 손자회사가 주식을 모집 또는 매출하면서 「자본시장과 금융투자업에 관한 법률」 제165조의7의 규정에 따라 우리사주조합에 우선배정하거나 당해 손자회사가 「상법」 제513조(전환사채의 발행) 또는 제516조의2(신주인수권부사채의 발행)의 규정에 따라 발행한 전환사채 또는 신주인수권부사채의 전환이 청구되거나 신주인수권이 행사되어 손자회사주식보유기준에 미달하게 된 경우로서 그 미달하게 된 날부터 1년 이내인 경우, ④ 손자회사가 아닌 회사가 손자회사에 해당하게 되고 손자회사주식보유기준에는 미달하는 경우로서 당해 회사가 손자회사에 해당하게 된 날부터 1년 이내인 경우, ⑤ 손자회사를 손자회사에 해당하지 아니하게 하는 과정에서 손자회사주식보유기준에 미달하게 된 경우로서 그 미달하게 된 날부터 1년 이내인 경우(같은 기간내에 손자회사에 해당하지 아니하게 된 경우에 한함), ⑥ 손자회사가 다른 회사와 합병하여 손자회사주식보유기준에 미달하게 된 경우로서 그 미달하게 된 날부터 1년 이내인 경우 중 어느 하나의 사유로 인하여 손자회사주식보유기준에 미달하게 된 경우에는 그러하지 아니하다(법 제 18 조 제 3 항 제 1 호 단서).

2. 손자회사 외의 국내계열회사 주식소유행위제한

1) 원 칙

일반지주회사의 자회사는 손자회사가 아닌 국내계열회사의 주식을 소유하는 행위를 하여서는 아니된다(법 제 8 조의 2 제 3 항 제 2 호 본문). 2004. 12. 31. 제 11차 법개정시 도입되었다.

종래에는 구법 제 8 조의 2 제 2 항에서 "일반지주회사의 자회사는 다른 국내회사의 주식을 대통령령이 정하는 지배목적으로 소유하여서는 아니된다"고 함으로써 주식취득이 지배목적에 위한 주식취득인지 여부가 문제되었고,[29] 구법 제 8 조의 2 제 2 항 소정의 '다른 국내회사'에 자회사의 당해 지주회사는 포함되는지 여부가 문제되었는데,[30] 현재는 지배목적과 상관없이 손자회사가 아닌 국내계열회사의 주식을 소유하는 행위를 금지하고 있으므로 그러한 논란은 불식되었다.

2) 예 외

다만 ① 자회사가 될 당시에 주식을 소유하고 있는 국내계열회사의 경우로서 자회사에 해당하게 된 날부터 2년 이내인 경우, ② 계열회사가 아닌 회사를 손자회사에 해당하게 하는 과정에서 당해 회사가 계열회사에 해당하게 된 날부터 1년 이내인 경우(같은 기간내에 손자회사에 해당하게 된 경우에 한함), ③ 주식을 소유하고 있지 아니한 국내계열회사를 손자회사에 해당하게 하는 과정에서 당해 계열회사의 주식을 소유하게 된 날부터 1년 이내인 경우(같은 기간내에 손자회사에 해당하게 된 경우에 한함), ④ 손자회사를 손자회사에 해당하지 아니하게 하는 과정에서 당해 손자회사가 손자회사에 해당하지 아니하게 된 날부터 1년 이내인 경우(같은 기간내에 계열회사에 해당하지 아니하게 된 경우에 한함), ⑤ 손자회사가 다른 자회사와 합병하여 그 다른 자회사의 주식을 소유하게 된 경우로서 주식을 소유한 날부터 1년 이내인 경우, ⑥ 자기주식을 보유하고 있는

29) 예를 들어 서고판 2006. 11. 30. 2006누5733.

30) 대판 2006. 11. 23. 2004두8583. 자회사가 당해 지주회사의 주식을 '지배목적'으로 소유하는 경우를 상정하기 어려운 점 및 앞서 본 그 입법 취지에 비추어 볼 때 '다른 국내회사'에 자회사의 당해 지주회사는 포함되지 않는다고 해석하였다.

자회사가 회사분할로 인하여 다른 국내계열회사의 주식을 소유하게 된 경우로서 주식을 소유한 날부터 1년 이내인 경우 중 어느 하나에 해당하는 사유로 인하여 주식을 소유하고 있는 국내계열회사의 경우에는 그러하지 아니하다(법 제18조 3 항 제 2 호 단서).

3. 금융업이나 보험업을 영위하는 회사를 손자회사로 지배하는 행위제한

일반지주회사의 자회사는 금융업이나 보험업을 영위하는 회사를 손자회사로 지배하는 행위를 하여서는 아니된다(법 제 8 조의2 제 3 항 제 3 호 본문). 다만, 일반지주회사의 자회사가 될 당시에 금융업이나 보험업을 영위하는 회사를 손자회사로 지배하고 있는 경우에는 자회사에 해당하게 된 날부터 2년간 그 손자회사를 지배할 수 있다(법 제18조 제 3 항 제 3 호 단서).

4. 자회사의 행위제한규정 적용시점

자회사는 ① 지주회사가 설립 또는 전환될 당시에 소유하고 있는 자회사의 경우에는 지주회사의 행위제한규정 적용시점의 각호에서 정한 날(위 Ⅲ. 6), ② 지주회사가 다른 회사의 주식을 취득하여 지주회사의 자회사가 되는 경우에는 시행령 제18조(기업결합의 신고 등) 제 7 항 제 1 호의 각목에서 정한 날, ③ 지주회사가 자회사를 설립하는 경우에는 자회사의 설립등기일로부터 법 제 8 조의 2(지주회사 등의 행위제한 등) 제 3 항 각호에서 정한 행위를 하여서는 아니된다(「지주회사 해석지침」 Ⅱ. 4).

Ⅴ. 일반지주회사의 손자회사의 행위제한

1. 행위제한

일반지주회사의 손자회사는 국내계열회사의 주식을 소유해서는 아니된다

(법 제 18 조 제 4 항 본문). 이는 부채비율의 제한을 받지 않는 손자회사를 이용하여 계열회사를 확장하는 것을 방지하기 위함이다. 즉 지주회사→자회사→손자회사→지주회사로 이어지는 순환식 상호출자중 손자회사가 생략되는 경우 직접적인 상호출자로 부채비율 요건을 탈법적으로 충족하여 가공자본을 형성하고, 다른 자회사의 설립을 가능하게 하여 궁극적으로는 지배영역확장을 통한 경제력 집중을 가져올 수 있다.[31)]

다만, ① 손자회사가 될 당시에 주식을 소유하고 있는 국내계열회사의 경우로서 손자회사에 해당하게 된 날부터 2년 이내인 경우, ② 주식을 소유하고 있는 계열회사가 아닌 국내회사가 계열회사에 해당하게 된 경우로서 당해 회사가 계열회사에 해당하게 된 날부터 1년 이내인 경우, ③ 자기주식을 소유하고 있는 손자회사가 회사분할로 인하여 다른 국내계열회사의 주식을 소유하게 된 경우로서 주식을 소유한 날부터 1년 이내인 경우, ④ 손자회사가 국내계열회사(금융업 또는 보험업을 영위하는 회사를 제외) 발행주식총수를 소유하고 있는 경우,[32)] ⑤ 손자회사가 벤처지주회사인 경우 그 손자회사가 국내 계열회사(금융업 또는 보험업을 영위하는 회사는 제외한다) 발행주식총수의 100분의 50 이상을 소유하는 경우 중 어느 하나에 해당하는 사유로 인하여 주식을 소유하고 있는 국내계열회사의 경우에는 그러하지 아니하다(법 제 8 조의2 제 4 항 단서).

2. 손자회사의 행위제한규정 적용시점

손자회사는 ① 지주회사가 설립 또는 전환될 당시에 소유하고 있는 자회사가 소유하고 있는 손자회사의 경우에는 지주회사의 행위제한규정 적용시점의

31) 서고판 2004. 7. 1. 2003누8557(대판 2006. 11. 23. 2004두8583) 참조.

32) 예외적으로 ① 외국인투자촉진법 제18조 제 1 항 제 2 호에 따른 외국인 투자에 해당하고, ② 일반지주회사의 손자회사가 그 공동출자법인 발행주식총수의 100분의 50 이상을 소유하며, ③ 외국인이 그 공동출자법인 발행주식총수의 100분의 30 이상(외국인의 보유주식비율을 공동출자법인이 되는 시점 및 그 이후에 소유한 주식에 한하여 산정), ④ 일반지주회사의 손자회사가 그 공동출자법인의 발행주식 중 외국인이 소유한 주식외의 모든 주식을 소유하는 경우 외국인과 함께 공동출자법인의 주식을 소유할 수 있다(외국인투자촉진법 제30조 제 6 항). 2014. 1. 10. 외국인투자촉진법 개정 이후 공정거래위원회는 〈지주회사 에스케이(주)의 손자회사 에스케이종합화학(주)의 울산아로마틱스(주) 주식소유 건(2014집단1125)〉, 〈지주회사 에스케이(주)의 손자회사 에스케이루브리컨츠(주)의 유베이스매뉴팩처링아시아(주) 주식소유 건(92014집단4119)〉, 〈지주회사 (주)코오롱의 손자회사 코오롱 플라스틱(주)의 코오롱바스프이노폼(주) 주식소유 건(2015집단3919)〉 등 건에서 조건부 승인을 한 바 있다.

각호에서 정한 날(위 Ⅲ.6), ② 자회사가 다른 회사의 주식을 취득하여 자회사의 손자회사가 되는 경우에는 시행령 제18조(기업결합의 신고 등) 제 7 항 제 1 호의 각목에서 정한 날, ③ 자회사가 손자회사를 설립하는 경우에는 손자회사의 설립등기일부터 법 제 8 조의 2(지주회사 등의 행위제한 등) 제 4 항에서 정한 행위를 하여서는 아니된다(「지주회사 해석지침」 Ⅱ.5).

Ⅵ. 손자회사가 발행주식총수를 소유하고 있는 증손회사의 국내계열사 주식소유 금지

1. 행위제한

손자회사는 국내계열회사의 주식소유가 금지되지만 손자회사가 국내계열회사(금융업 또는 보험업을 영위하는 회사를 제외) 발행주식총수를 소유하고 있는 경우 예외적으로 허용된다. 그러나 이 경우 손자회사가 주식을 소유하고 있는 회사(이하 "증손회사")는 국내계열회사의 주식을 소유해서는 아니 된다(법 제 18 조 제 5 항 본문).

다만, ① 증손회사가 될 당시에 주식을 소유하고 있는 국내계열회사인 경우로서 증손회사에 해당하게 된 날부터 2년 이내인 경우, ② 주식을 소유하고 있는 계열회사가 아닌 국내회사가 계열회사에 해당하게 된 경우로서 그 회사가 계열회사에 해당하게 된 날부터 1년 이내인 경우, ③ 일반지주회사의 손자회사인 벤처지주회사였던 회사가 제 1 항 제 2 호에 따른 기준에 해당하지 아니하게 되어 제 4 항 제 5 호의 주식보유기준에 미달하게 된 경우로서 그 해당하지 아니하게 된 날부터 1년 이내인 경우의 어느 하나에 해당하는 경우에는 그러하지 아니하다(법 제 8 조의 2 제 5 항 단서).

2. 증손회사의 행위제한규정 적용시점

증손회사는 ① 지주회사가 설립 또는 전환될 당시에 소유하고 있는 손자회사가 소유하고 있는 증손회사의 경우에는 지주회사의 행위제한규정 적용시점의 각호에서

정한 날(위 Ⅲ. 6), ② 손자회사가 다른 회사의 주식을 취득하여 손자회사의 증손회사가 되는 경우에는 시행령 제18조(기업결합의 신고 등) 제 7 항 제 1 호의 각목에서 정한 날, ③ 손자회사가 증손회사를 설립하는 경우에는 증손회사의 설립등기일부터 법 제 8 조의 2(지주회사 등의 행위제한 등) 제 5 항에서 정한 행위를 하여서는 아니 된다(「지주회사 해석지침」 Ⅱ. 6).

Ⅶ. 유예기간의 연장

① 지주회사로 전환하거나 설립될 당시에 부채비율제한에 위반한 경우 지주회사로 전환하거나 설립된 날부터 2년간의 유예, ② 지주회사로 전환하거나 설립될 당시에 자회사주식보유기준에 위반한 경우 전환하거나 설립된 날부터 2년간의 유예, ③ 지주회사로 전환하거나 설립될 당시에 비계열회사 주식소유제한에 위반한 경우 지주회사로 전환하거나 설립된 날부터 2년의 유예, ④ 금융지주회사로 전환하거나 설립될 당시에 금융업 또는 보험업을 영위하는 회사 외의 국내회사 주식을 소유하고 있는 때 금융지주회사로 전환하거나 설립된 날부터 2년간의 유예, ⑤ 일반지주회사로 전환하거나 설립될 당시에 금융업 또는 보험업을 영위하는 국내회사의 주식을 소유하고 있는 때 일반지주회사로 전환하거나 설립된 날부터 2년간의 유예, ⑥ 자회사가 될 당시에 손자회사의 주식을 손자회사주식보유기준 미만으로 소유하고 있는 경우로서 자회사에 해당하게 된 날부터 2년의 유예, ⑦ 자회사가 될 당시에 주식을 소유하고 있는 국내계열회사의 경우로서 자회사에 해당하게 된 날부터 2년의 유예, ⑧ 일반지주회사의 자회사가 될 당시 금융업이나 보험업을 영위하는 회사를 손자회사로 지배하고 있는 경우 자회사에 해당하게 된 날부터 2년간의 유예, ⑨ 손자회사가 될 당시에 주식을 소유하고 있는 국내계열회사의 경우로서 손자회사에 해당하게 된 날부터 2년간의 유예, ⑩ 증손회사가 될 당시에 주식을 소유하고 있는 국내계열회사인 경우로서 증손회사에 해당하게 된 날부터 2년간의 유예를 적용함에 있어서 유예기간은 주식가격의 급격한 변동 등 경제여건의 변화, 주식처분금지계약, 사업의 현저한 손실 그 밖의 사유로 인하여 부채액을 감소시키거나 주식의 취득·처분 등이 곤란한 경우에는 공정거래위원회의 승인을 얻어 2년을 연장할 수 있다(법 제18조 제 6 항). 이는 2007. 4. 13. 제13차 법개정을 통하여 신설된 규정이다.

Ⅷ. 주식소유현황 등 사업내용에 관한 보고서 제출

지주회사는 *대통령령*[33)]이 정하는 바에 의하여 당해 지주회사·자회사·손자회사 및 증손회사(이하 "지주회사등")의 주식소유현황·재무상황 등 사업내용에 관한 보고서를 공정거래위원회에 제출하여야 한다(법 제18조 제 7 항).

지주회사 등의 개념 및 행위제한

구 분	지주회사	자회사	손자회사	증손회사
개 념	주식소유를 통하여 국내회사의 사업내용을 지배하는 것을 주된 사업으로 하는 회사	지주회사에 의하여 사업내용을 지배받는 국내회사	자회사에 의하여 사업내용을 지배받는 국내회사	
요 건	대차대조표상 자산총액 5천억원 이상	지주회사의 계열회사		
	자회사주식가액이 자산총액의 50% 이상	지주회사소유주식≥당해회사 사실상지배자 또는 동일인 관련자 중 최다출자자 소유주식		
부채비율	자본총액 2배이하			
	일정한 예외			

33) 제29조(지주회사등의 사업내용에 관한 보고서의 제출) ① 법 제18조 제 7 항에 따라 지주회사는 해당 사업연도 종료 후 4개월 이내에 지주회사등에 대한 다음 각 호의 사항이 포함된 사업내용에 관한 보고서를 공정거래위원회에 제출해야 한다. 1. 다음 각 목의 일반 현황 가. 명칭 및 대표자의 성명 나. 소재지 다. 설립일 라. 사업내용 2. 다음 각 목의 재무 현황 가. 납입자본금 나. 자본총액 다. 부채총액 라. 자산총액 3. 계열회사 현황 4. 주주 및 주식소유 현황 5. 특수관계인(국외 계열회사는 제외한다. 이하 이 호에서 같다)을 상대방으로 하거나 특수관계인을 위한 거래행위로서 법 제26조 제 1 항 각 호의 거래행위 현황(벤처지주회사가 제출하는 경우로 한정한다) 6. 그 밖에 제 1 호부터 제 5 호까지에 준하는 사항으로서 지주회사등의 사업내용 확인에 필요하다고 공정거래위원회가 정하여 고시하는 사항 ② 제 1 항에 따른 보고서에는 다음 각 호의 서류를 첨부해야 한다. 1. 지주회사등의 직전 사업연도의 대차대조표·손익계산서 등 재무제표(「주식회사 등의 외부감사에 관한 법률」에 따라 연결재무제표를 작성하는 기업의 경우에는 연결재무제표를 포함한다) 2. 제 1 호에 따른 재무제표에 대한 감사인의 감사보고서(법 제31조 제 1 항 전단에 따라 지정된 공시대상기업집단에 속하는 회사 및 「주식회사 등의 외부감사에 관한 법률」에 따라 외부감사의 대상이 되는 회사로 한정한다) 3. 자회사, 손자회사 및 증손회사의 주주명부 ③ 공정거래위원회는 제 1 항 및 제 2 항에 따라 제출된 보고서 또는 첨부서류가 미비한 경우 기간을 정하여 해당 서류의 보완을 명할 수 있다. ④ 제 1 항부터 제 3 항까지에서 규정한 사항 외에 지주회사등의 사업내용에 관한 보고서의 제출 방법 및 절차 등에 관하여 필요한 세부사항은 공정거래위원회가 정하여 고시한다.

구 분	지주회사	자회사	손자회사	증손회사
자회사 주식보유 기준	자회사발행주식총수의 50% 이상(상장법인, 국외상장법인, 공동출자법인 30%)	손자회사발행주식총수 50% 이상(벤처지주회사 자회사 20%)		
	일정한 예외	일정한 예외		
비계열회사 주식소유제한 국내계열사 주식소유제한	비계열 국내회사주식을 발행주식총수의 5% 초과 소유	제한없음		
	자회사 외 국내계열사 주식소유금지	손자회사 외 국내계열사 주식소유금지	국내계열사 주식소유금지	국내계열사 주식소유금지 * 예외적으로 손자회사가 국내계열사 발행주식총수를 소유하는 경우 그 회사
	일정한 예외	일정한 예외	일정한 예외 * 손자회사가 국내계열사 발행주식총수를 소유하는 경우	
금융지주회사	금융·보험사외의 국내회사 주식소유 금지			
	일정한 예외			
일반지주회사	국내금융·보험사 주식소유 금지			
	일정한 예외			

제19조(상호출자제한기업집단[1])의 지주회사 설립제한)

제14조 제1항 전단에 따라 지정된 상호출자제한기업집단(이하 "상호출자제한기업집단"이라 한다)에 속하는 회사를 지배하는 동일인 또는 해당 동일인의 특수관계인이 지주회사를 설립하거나 지주회사로 전환하려는 경우에는 다음 각 호에 해당하는 채무보증을 해소하여야 한다.

1. 지주회사와 자회사간의 채무보증
2. 지주회사와 다른 국내계열회사(당해 지주회사가 지배하는 자회사를 제외한다)간의 채무보증
3. 자회사 상호간의 채무보증
4. 자회사와 다른 국내계열회사(당해 자회사를 지배하는 지주회사 및 당해지주회사가 지배하는 다른 자회사를 제외한다)간의 채무보증

상호출자제한기업집단에 속하는 회사를 지배하는 동일인 또는 해당 동일인의 특수관계인이 지주회사를 설립하고자 하거나 지주회사로 전환하고자 하는 경우에는 ① 지주회사와 자회사간의 채무보증, ② 지주회사와 다른 국내계열회사(당해 지주회사가 지배하는 자회사를 제외)간의 채무보증, ③ 자회사 상호간의 채무보증, ④ 자회사와 다른 국내계열회사(당해 자회사를 지배하는 지주회사 및 당해 지주회사가 지배하는 다른 자회사를 제외)간의 채무보증을 해소하여야 한다. 채무보증의 해소는 과도한 차입경영을 억제하고 계열사의 독립경영을 가능하게 하기 위한 것이다.

1) 경제력집중 억제시책을 기업집단의 자산 규모별로 차등하여 적용할 수 있도록 기존의 상호출자기업집단을 '상호출자제한 기업집단'과 '공시대상기업집단'으로 구분하여, '상호출자제한 기업집단'에는 ① 상호·순환출자 금지, ② 채무보증 금지, ③ 금융·보험사 의결권 제한, ④ 공시의무, ⑤ 특수관계인에 대한 부당한 이익제공금지 등을 적용하고, '공시대상기업집단'에는 그중 ④ 공시의무, ⑤ 특수관계인에 대한 부당한 이익제공금지 등을 적용하는 내용으로 법이 개정되었다.

제20조(일반지주회사의 금융회사 주식 소유 제한에 관한 특례)

① 일반지주회사는 제18조제2항제5호에도 불구하고 「벤처투자 촉진에 관한 법률」에 따른 중소기업창업투자회사(이하 이 조에서 "중소기업창업투자회사"라 한다) 및 「여신전문금융업법」에 따른 신기술사업금융전문회사(이하 이 조에서 "신기술사업금융전문회사"라 한다)의 주식을 소유할 수 있다.

② 제1항에 따라 일반지주회사가 중소기업창업투자회사 및 신기술사업금융전문회사의 주식을 소유하는 경우에는 중소기업창업투자회사 및 신기술사업금융전문회사의 발행주식총수를 소유하여야 한다. 다만, 다음 각 호의 어느 하나에 해당하는 경우에는 그러하지 아니하다.

1. 계열회사가 아닌 중소기업창업투자회사 및 신기술사업금융전문회사를 자회사에 해당하게 하는 과정에서 해당 중소기업창업투자회사 및 신기술사업금융전문회사 주식을 발행주식총수 미만으로 소유하고 있는 경우로서 해당 회사의 주식을 보유하게 된 날부터 1년 이내인 경우(1년 이내에 발행주식총수를 보유하게 되는 경우에 한정한다)
2. 자회사인 중소기업창업투자회사 및 신기술사업금융전문회사를 자회사에 해당하지 아니하게 하는 과정에서 해당 중소기업창업투자회사 및 신기술사업금융전문회사 주식을 발행주식총수 미만으로 소유하게 된 날부터 1년 이내인 경우(발행주식총수 미만으로 소유하게 된 날부터 1년 이내에 모든 주식을 처분한 경우에 한정한다)

③ 제1항에 따라 일반지주회사가 주식을 소유한 중소기업창업투자회사 및 신기술사업금융전문회사는 다음 각 호의 어느 하나에 해당하는 행위를 하여서는 아니 된다. 다만, 제2항 각 호의 어느 하나에 해당하는 경우에는 제1호부터 제5호까지의 규정을 적용하지 아니한다.

1. 자본총액의 2배를 초과하는 부채액을 보유하는 행위
2. 중소기업창업투자회사인 경우 「벤처투자 촉진에 관한 법률」 제37조제1항 각 호 이외의 금융업 또는 보험업을 영위하는 행위
3. 신기술사업금융전문회사인 경우 「여신전문금융업법」 제41조제1항제1호, 제3호부터 제5호까지의 규정 이외의 금융업 또는 보험업을 영위하는 행위
4. 다음 각 목의 어느 하나에 해당하는 투자조합(「벤처투자 촉진에 관한 법률」 제2조제11호에 따른 벤처투자조합 및 「여신전문금융업법」 제2조제14호의5에 따른 신기술사업투자조합을 말한다. 이하 이 조에서 같다)을 설립하는 행위

가. 자신이 소속된 기업집단 소속 회사가 아닌 자가 출자금 총액의 100분의 40

이내에서 대통령령으로 정하는 비율을 초과하여 출자한 투자조합

나. 자신이 소속된 기업집단 소속 회사 중 금융업 또는 보험업을 영위하는 회사가 출자한 투자조합

다. 자신의 특수관계인(동일인 및 그 친족에 한정한다)이 출자한 투자조합(동일인이 자연인인 기업집단에 한정한다)

5. 다음 각 목의 어느 하나에 해당하는 투자(「벤처투자 촉진에 관한 법률」 제 2 조제 1 호 각 목의 어느 하나에 해당하는 것을 말한다)를 하는 행위(투자조합의 업무집행을 통한 투자를 포함한다)

가. 자신이 소속된 기업집단 소속 회사에 투자하는 행위

나. 자신의 특수관계인(동일인 및 그 친족에 한정한다)이 출자한 회사에 투자하는 행위

다. 공시대상기업집단 소속 회사에 투자하는 행위

라. 총자산(운용 중인 모든 투자조합의 출자금액을 포함한다)의 100분의 20을 초과하는 금액을 해외 기업에 투자하는 행위

6. 자신(자신이 업무를 집행하는 투자조합을 포함한다)이 투자한 회사의 주식, 채권 등을 자신의 특수관계인(동일인 및 그 친족에 한정한다) 및 특수관계인이 투자한 회사로서 지주회사 등이 아닌 계열회사가 취득 또는 소유하도록 하는 행위

④ 일반지주회사는 제 1 항에 따라 중소기업창업투자회사 및 신기술사업금융전문회사의 주식을 소유하는 경우에 해당 주식을 취득 또는 소유한 날부터 4개월 이내에 그 사실을 공정거래위원회가 정하여 고시하는 바에 따라 공정거래위원회에 보고하여야 한다.

⑤ 일반지주회사의 자회사인 중소기업창업투자회사 및 신기술사업금융전문회사는 자신 및 자신이 운용중인 모든 투자조합의 투자 현황, 출자자 내역 등을 공정거래위원회가 정하여 고시하는 바에 따라 공정거래위원회에 보고하여야 한다.

목 차

Ⅰ. 의 의

Ⅱ. 중소기업창업투자회사 및 신기술사업금융전문회사 주식의 소유

Ⅲ. 중소기업창업투자회사 및 신기술사업금융전문회사의 금지행위

Ⅳ. 공정거래위원회 보고

Ⅰ. 의 의

2020. 12. 29. 법 전부개정에서는 벤처기업에 대한 투자와 인수합병이 활성화될 수 있도록 일반 지주회사의 기업형 벤처캐피탈(Corporate Venture Capital, CVC) 보유를 허용하면서도, 타인 자본을 통한 지배력 확대, 총수 일가 사익 편취 등의 부작용이 발생하지 않도록 일반 지주회사는 기업형 벤처캐피탈(CVC)을 100% 자회사로만 소유할 수 있도록 하고, 부채 비율 제한(200%), 펀드 내 외부자금 제한(40%), CVC 계열사 및 총수 일가 지분 보유 기업에 대한 투자 금지 등 안전장치에 대한 규정을 포함하였다.

Ⅱ. 중소기업창업투자회사 및 신기술사업금융전문회사 주식의 소유

일반지주회사는 제18조 제 2 항 제 5 호에도 불구하고 「벤처투자 촉진에 관한 법률」에 따른 중소기업창업투자회사(이하 “중소기업창업투자회사”) 및 「여신전문금융업법」에 따른 신기술사업금융전문회사(이하 “신기술사업금융전문회사”)의 주식을 소유할 수 있다(법 제20조 제 1 항).

그러나 제 1 항에 따라 일반지주회사가 중소기업창업투자회사 및 신기술사업금융전문회사의 주식을 소유하는 경우에는 중소기업창업투자회사 및 신기술사업금융전문회사의 발행주식총수를 소유하여야 한다(제20조 제 2 항 본문). 다만, ① 계열회사가 아닌 중소기업창업투자회사 및 신기술사업금융전문회사를 자회사에 해당하게 하는 과정에서 해당 중소기업창업투자회사 및 신기술사업금융전문회사 주식을 발행주식총수 미만으로 소유하고 있는 경우로서 해당 회사의 주식을 보유하게 된 날부터 1년 이내인 경우(1년 이내에 발행주식총수를 보유하게 되는 경우에 한정)(제 1 호), ② 자회사인 중소기업창업투자회사 및 신기술사업금융전문회사를 자회사에 해당하지 아니하게 하는 과정에서 해당 중소기업창업투자회사 및 신기술사업금융전문회사 주식을 발행주식총수 미만으로 소유하게 된 날부터 1년 이내인 경우(발행주식총수 미만으로 소유하게 된 날부터 1년 이내에 모든 주식을 처분한 경우에 한정)(제 2 호)의 어느 하나에 해당하는 경우에는 그러하지 아니하다(법 제20조 제 2 항 단서).

Ⅲ. 중소기업창업투자회사 및 신기술사업금융전문회사의 금지행위

제 1 항에 따라 일반지주회사가 주식을 소유한 중소기업창업투자회사 및 신기술사업금융전문회사는 다음 각 호의 어느 하나에 해당하는 행위를 하여서는 아니 된다(법 제20조 제 3 항 본문).

① 자본총액의 2배를 초과하는 부채액을 보유하는 행위(제 1 호)

② 중소기업창업투자회사인 경우 「벤처투자 촉진에 관한 법률」 제37조 제 1 항 각 호 이외의 금융업 또는 보험업을 영위하는 행위(제 2 호)

③ 신기술사업금융전문회사인 경우 「여신전문금융업법」 제41조 제 1 항 제 1 호, 제 3 호부터 제 5 호까지의 규정 이외의 금융업 또는 보험업을 영위하는 행위(제 3 호)

④ i) 자신이 소속된 기업집단 소속 회사가 아닌 자가 출자금 총액의 100분의 40 이내에서 *대통령령*[1])으로 정하는 비율을 초과하여 출자한 투자조합(가목), ii) 자신이 소속된 기업집단 소속 회사 중 금융업 또는 보험업을 영위하는 회사가 출자한 투자조합(나목), iii) 자신의 특수관계인(동일인 및 그 친족에 한정)이 출자한 투자조합(동일인이 자연인인 기업집단에 한정)(다목)의 어느 하나에 해당하는 투자조합(「벤처투자 촉진에 관한 법률」 제 2 조 제11호에 따른 벤처투자조합 및 「여신전문금융업법」 제 2 조 제14호의5에 따른 신기술사업투자조합)을 설립하는 행위(제 4 호)

⑤ i) 자신이 소속된 기업집단 소속 회사에 투자하는 행위(가목), ii) 자신의 특수관계인(동일인 및 그 친족에 한정한다)이 출자한 회사에 투자하는 행위(나목), iii) 공시대상기업집단 소속 회사에 투자하는 행위(다목), iv) 총자산(운용 중인 모든 투자조합의 출자금액을 포함한다)의 100분의 20을 초과하는 금액을 해외 기업에 투자하는 행위(라목)의 어느 하나에 해당하는 투자(「벤처투자 촉진에 관한 법률」 제 2 조 제 1 호 각 목의 어느 하나에 해당하는 것을 말함)를 하는 행위(투자조합의 업무집행을 통한 투자를 포함)(제 5 호)

⑥ 자신(자신이 업무를 집행하는 투자조합을 포함한다)이 투자한 회사의 주식, 채권 등을 자신의 특수관계인(동일인 및 그 친족에 한정) 및 특수관계인이 투자한 회사로서 지주회사 등이 아닌 계열회사가 취득 또는 소유하도록 하는 행위(제 6 호)

1) 제30조(일반지주회사의 금융회사 주식소유 제한에 관한 특례) 법 제20조 제 3 항 제 4 호 가목에서 “대통령령으로 정하는 비율”이란 100분의 40을 말한다.

다만, 제 2 항 각 호의 어느 하나에 해당하는 경우에는 제 1 호부터 제 5 호까지의 규정을 적용하지 아니한다(법 제20조 제 3 항 단서).

Ⅳ. 공정거래위원회 보고

일반지주회사는 제 1 항에 따라 중소기업창업투자회사 및 신기술사업금융전문회사의 주식을 소유하는 경우에 해당 주식을 취득 또는 소유한 날부터 4개월 이내에 그 사실을 공정거래위원회가 정하여 고시하는 바에 따라 공정거래위원회에 보고하여야 한다(법 제20조 제 4 항).

일반지주회사의 자회사인 중소기업창업투자회사 및 신기술사업금융전문회사는 자신 및 자신이 운용중인 모든 투자조합의 투자 현황, 출자자 내역 등을 공정거래위원회가 정하여 고시하는 바에 따라 공정거래위원회에 보고하여야 한다(법 제20조 제 5 항).

제21조(상호출자의 금지등)

① 상호출자제한기업집단에 속하는 회사는 자기의 주식을 취득 또는 소유하고 있는 계열회사의 주식을 취득 또는 소유하여서는 아니된다. 다만, 다음 각호의 1에 해당하는 경우에는 그러하지 아니하다.

1. 회사의 합병 또는 영업전부의 양수
2. 담보권의 실행 또는 대물변제의 수령

② 제1항 단서의 규정에 의하여 출자를 한 회사는 당해주식을 취득 또는 소유한 날부터 6월이내에 이를 처분하여야 한다. 다만, 자기의 주식을 취득 또는 소유하고 있는 계열회사가 그 주식을 처분한 때에는 그러하지 아니하다.

③ 상호출자제한기업집단에 속하는 회사로서 「중소기업창업 지원법」에 의한 중소기업창업투자회사는 국내 계열회사주식을 취득 또는 소유하여서는 아니된다.

목　차

Ⅰ. 의　의
Ⅱ. 연　혁
Ⅲ. 상호출자의 금지
1. 원　칙
2. 예　외
3. 중소기업창업투자회사의 국내계열회사 주식소유의 금지

[참고문헌]

단행본: 공정거래위원회/한국개발연구원, 공정거래10년－경쟁정책의 운용성과와 과제－, 1991. 4; 공정거래위원회, －공정거래위원회 20년사－시장경제 창달의 발자취, 2001; 공정거래위원회, 공정거래백서, 2021; 홍명수, 재벌의 경제력집중 규제, 경인문화사, 2006

논　문: 최도성, "대규모 기업집단의 지배구조", 자유경쟁과 공정거래(권오승 편), 법문사, 2002

[참고사례]

동양종합금융(주)의 상호출자금지규정 위반행위 건(공정거래위원회 2002. 10. 28. 의결 제2002.222호; 서울고등법원 2003. 10. 16. 선고 2002누18991 판결; 대법원 2006. 5.

12. 선고 2004두312 판결); **상호출자제한기업집단 「롯데」 소속 롯데호텔 등 11개사의 주식소유현황 신고규정 위반행위 건**(공정거래위원회 2016. 9. 22. 약식 제2016-100호; 서울고등법원 2017. 5. 24. 선고 2016누70279 판결)

Ⅰ. 의 의

상호출자란 다수의 회사간에 서로 상대회사의 주식을 취득 또는 소유하는 것을 말한다. 상호출자는 직접상호출자와 간접상호출자로 나뉘는데, 직접상호출자는 말 그대로 A→B, B→A 형태의 상호출자를 의미한다. 간접적 상호출자는 다시 환상형과 복합형으로 나눌 수 있는데, 환상형은 A→B→C→D→A로 출자하는 형태를 말하고 복합형은 A→B, C, D B→A, C, D로 출자하는 것을 말한다. 이러한 여러 가지 형태의 상호출자 중 독점규제법은 상호출자금지제도에서는 직접적 상호출자만 규제하고 환상형 출자에 대해서는 순환출자금지를 통하여 규제하고 있다.

주식의 상호보유는 기업집단내의 계열기업간 정보의 대칭적 소유를 통하여 기회주의적 행태를 억제하는 장점이 있고 기업간에 체결된 사업계약이행을 보증하는 역할을 하기도 하며 상호간의 사업관계를 더욱 공고히 하는 역할을 수행하지만, 반대로 기업인수가능성을 저해하여 경영자 안주현상을 유발할 수 있고 상호주 보유를 통한 유대관계는 담합 등을 통한 불공정거래를 야기할 수 있으며 비효율적인 투자를 초래할 수 있다.[1]

따라서 독점규제법 제21조 제 1 항이 계열회사 사이의 상호출자를 금지하고 있는 취지는 그로 인하여 회사의 자본적 기초가 위태롭게 되고, 기업의 지배구조가 왜곡되며, 기업집단이 쉽게 형성·확장되는 것을 방지하고자 하는 데 있다.[2]

Ⅱ. 연 혁

1980년대 들어 1960~1970년대 우리경제의 고도성장기에 형성된 재벌에 의

1) 최도성, 자유경쟁과 공정거래(2002), 322~323면.
2) 대판 2006. 5. 12. 2004두312.

한 경제력집중의 폐해가 다양하게 노출되면서, 특히 재벌기업들이 계열회사로부터 출자와 외부차입을 통해 자금을 조성하여 이를 타회사에 출자하는 방식으로 무리한 계열확장을 하고, 이같은 과정에서 재벌기업의 재무구조가 부실화되고 실질자금의 투입 없이 의결권을 확보함으로써 회사지배구조의 왜곡이 초래된다는 지적이 있었다.[3] 1984년 개정 「상법」을 통하여 모자관계에 있는 회사들간에 자회사가 모회사의 주식을 취득하는 것을 원칙적으로 금지하고 모자관계에 이르지 않은 회사간의 주식의 상호보유에 대하여는 의결권을 제한하였다.

그러나 「상법」상의 상호주보유규제는 회사의 재무구조건전성을 보호하여 자본충실을 유도함으로써 회사 채권자를 보호하기 위한 제도라는 점에서 독점규제법상의 상호출자금지와 목적과 내용면에서 차이가 있다. 상법상 제도는 모·자회사 관계(50% 지분율)에 있는 회사간에만 적용되므로 그보다 낮은 대규모기업집단 소속 계열회사 간 낮은 지분율로 행해지는 상호출자를 규제할 수 없다는 문제가 있다.[4] 그리고 그 이전부터 「(구)증권거래법」 제189조에서 상장법인간의 상호주소유를 규제하였으나, 그 입법목적이나 규제효과는 경제력집중 억제와는 무관하였다.[5] 이에 행정규제적 차원의 상호출자규제 방안으로 1986. 12. 31. 제1차 법개정을 통하여 대규모기업집단에 속하는 계열회사 상호간의 출자를 원칙적으로 금지하게 되었다.

Ⅲ. 상호출자의 금지

1. 원　　칙

상호출자제한기업집단에 속하는 회사는 자기의 주식을 취득 또는 소유하고 있는 계열회사의 주식을 취득 또는 소유할 수 없다(법 제21조 제1항 본문). 법규정상 상호출자에 대한 최저지분율 등에 대한 규정이 없으므로 계열회사주식을 1주라도 취득 또는 소유할 수 없다.

〈상호출자제한기업집단 「롯데」 소속 롯데호텔 등 11개사의 주식소유현황

---

3) 공정거래위원회 20년사(2001), 307면.

4) 공정거래백서(2021), 277면.

5) 공정거래10년(1991), 109~110면.

신고규정 위반행위 건〉 관련 행정소송에서 서울고등법원은 계열회사의 범위에 국내회사로 한정하거나 외국회사를 배제하지 않고 있다고 보았다.[6)]

2. 예 외

상호출자금지의 예외가 인정되는 경우는 ① 회사의 합병 또는 영업전부의 양수(제 1 호) 및 ② 담보권의 실행 또는 대물변제의 수령(제 2 호)[7)]에 한한다(법 제21조 제 1 항 단서). 그러나 이들 경우에도 영구적으로 예외가 되는 것은 아니며, 자기의 주식을 취득 또는 소유하고 있는 계열회사가 그 주식을 처분한 때를 제외하고는 출자를 한 회사는 당해 주식을 취득 또는 소유한 날부터 6月이내에 이를 처분하여야 한다(법 제21 조 제 2 항).

법 제21조 제 1 항이 계열회사 사이의 상호출자를 금지하고 있는 취지가 그로 인하여 회사의 자본적 기초가 위태롭게 되고, 기업의 지배구조가 왜곡되며, 기업집단이 쉽게 형성·확장되는 것을 방지하고자 하는 데 있는 점, 제21조 제 2 항의 취지도 회사의 합병 등으로 부득이하게 계열회사 사이에 상호출자의 상태가 발생하게 된 경우 조속히 이를 해소함으로써 계열회사 사이에 상호출자의 상태가 유지되는 것을 막고자 하는 데 있는 점, 법 제10조가 같은 법의 규정에 의한 주식의 취득 또는 소유는 취득 또는 소유의 명의와 관계없이 실질적인 소유관계를 기준으로 하도록 규정하고 있는 점 등에 비추어 보면, 독점규제법 제21조 제 2 항에서 말하는 '처분'이란 회사의 합병 등으로 취득 또는 소유하게 된 계열회사의 주식에 대하여 그 의결권행사를 잠정적으로 중단시키는 조치를 취하거나 그 주식을 다른 금융기관 등에 신탁하는 것만으로는 부족하고, 상호출자의 상태를 완전히 해소할 수 있도록 그 주식을 다른 사람에게 실질적으로 완전히 소유권이전하여 주는 것을 의미한다.[8)]

따라서 대법원은 "합병으로 취득하게 된 주식을 처분하지 아니하고 주식신탁계약을 체결한 경우 주식의 소유관계에 실질적인 변동을 가져오는 처분으로

6) 서고판 2017. 5. 24. 2016누70279.

7) 공정거래위원회는 2013. 9. 17. 아시아나항공의 금호산업 CP(기업어음) 채권출자전환은 법 제 9 조 제 1 항 제 2 호의 대물변제의 수령으로 볼 수 있어 상호출자금지의 예외사유에 해당한다고 유권해석한 바 있다. 공정거래위원회 보도자료(2013. 9. 17).

8) 대판 2006. 5. 12. 2004두312.

보기 어렵다"고 판시하였다(〈동양종합금융(주)의 상호출자금지규정 위반행위 건〉).[9]

3. 중소기업창업투자회사의 국내계열회사 주식소유의 금지

상호출자제한기업집단에 속하는 회사로서 「벤처투자촉진에 관한 법률」에 의한 중소기업창업투자회사는 국내계열회사주식을 취득, 소유하여서는 아니된다(법 제21조 제3항). 여기에서 중소기업창업투자회사라 함은 창업자에 투자하는 것을 주된 임무로 하는 회사로서 「중소기업창업 투자법」 제7조의 규정에 의하여 등록한 회사를 말한다(「중소기업창업 투자법」 제2조 제4호).

본 조는 1986. 12. 31. 제1차 법개정시 출자총액제한제도 등과 같이 도입된 제도이다. 벤처캐피털 기능을 수행하는 중소기업창업투자회사가 계열회사를 지배하는 지주회사화하여 설립취지에 벗어나고, 탈법적인 방법으로 중소기업분야에 참여하는 것을 방지하여 궁극적으로 중소기업영역에서의 계열확장을 차단하여 경제력집중을 억제하는데 그 목적이 있다.[10]

상대방이 국내계열회사이면 족하고 반드시 자기의 주식을 취득, 소유하는 계열회사일 필요가 없는 점(편면적출자)과 예외적인 허용이 인정되지 않는다는 점이 상호출자 성립요건과 다른 점이다.

9) 대판 2006. 5. 12. 2004두312.

10) 공정거래위원회 20년사(2001), 349~350면.

제22조(순환출자의 금지)

① 상호출자제한기업집단에 속하는 국내 회사는 순환출자를 형성하는 계열출자(국내 계열회사에 대한 계열출자로 한정한다. 이하 같다)를 하여서는 아니 되고, 상호출자제한기업집단 소속 회사 중 순환출자 관계에 있는 국내 계열회사는 계열출자대상회사에 대한 추가적인 계열출자[계열출자회사가 「상법」 제418조제1항에 따른 신주배정 또는 제462조의2제1항에 따른 주식배당(이하 "신주배정등"이라 한다)에 따라 취득 또는 소유한 주식 중에서 신주배정등이 있기 전 자신의 지분율 범위의 주식, 순환출자회사집단에 속하는 국내 계열회사 간 합병에 따른 계열출자는 제외한다]를 하여서는 아니 된다. 다만, 다음 각 호의 어느 하나에 해당하는 경우에는 그러하지 아니하다.

1. 회사의 합병·분할, 주식의 포괄적 교환·이전 또는 영업전부의 양수
2. 담보권의 실행 또는 대물변제의 수령
3. 계열출자회사가 신주배정등에 따라 취득 또는 소유한 주식 중에서 다른 주주의 실권(失權) 등에 따라 신주배정등이 있기 전 자신의 지분율 범위를 초과하여 취득 또는 소유한 계열출자대상회사의 주식이 있는 경우
4. 「기업구조조정 촉진법」 제8조제1항에 따라 부실징후기업의 관리절차를 개시한 회사에 대하여 같은 법 제24조제2항에 따라 금융채권자협의회가 의결하여 동일인(친족을 포함한다)의 재산출연 또는 부실징후기업의 주주인 계열출자회사의 유상증자 참여(채권의 출자전환을 포함한다)를 결정한 경우
5. 「기업구조조정 촉진법」 제2조제2호의 금융채권자가 같은 조 제7호에 따른 부실징후기업과 기업개선계획의 이행을 위한 약정을 체결하고 금융채권자협의회의 의결로 동일인(친족을 포함한다)의 재산출연 또는 부실징후기업의 주주인 계열출자회사의 유상증자 참여(채권의 출자전환을 포함한다)를 결정한 경우

② 제1항 각 호 외의 부분 단서에 따라 계열출자를 한 회사는 다음 각 호의 구분에 따른 기간 내에 취득 또는 소유한 해당 주식(제1항제3호부터 제5호까지의 규정에 따른 경우는 신주배정등의 결정, 재산출연 또는 유상증자 결정이 있기 전 지분율 초과분을 말한다)을 처분하여야 한다. 다만, 순환출자회사집단에 속한 다른 회사 중 하나가 취득 또는 소유하고 있는 계열출자대상회사의 주식을 처분하여 제1항에 따른 계열출자로 형성되거나 강화된 순환출자가 해소된 경우에는 그러하지 아니하다.

1. 제1항제1호 또는 제2호에 따라 계열출자를 한 회사: 해당 주식을 취득 또는 소유한 날부터 6개월
2. 제1항제3호에 따라 계열출자를 한 회사: 해당 주식을 취득 또는 소유한 날부터

1년

3. 제1항제4호 또는 제5호에 따라 계열출자를 한 회사: 해당 주식을 취득 또는 소유한 날부터 3년

목 차

Ⅰ. 개 요
1. 제도 도입의 취지
2. 제도의 의의
Ⅱ. 내 용
1. 원 칙
2. 예 외

[참고문헌]

단행본: 공정거래위원회, 공정거래백서, 2015.

Ⅰ. 개 요

1. 제도 도입의 취지

상호출자제한 기업집단 소속 계열회사간 신규순환출자를 금지하는 내용을 골자로 하는 독점규제법 일부 개정 법률안이 2013년 12월 31일 국회 본회의에서 의결되었다. 일부 기업집단이 순환출자를 통해 외부자금의 유입없이 가공의 결권을 확보함으로써 지배주주의 지배력이 부당하게 유지 및 강화되고 편법적 경영권 승계, 한계기업지원에도 이용되는 등 폐해를 유발하고 있다는 비판이 제기됨에 따라 순환출자 금지제도가 경제민주화 과제의 하나로 추진된 것이다.[1)]

1) 공정거래백서(2015), 246면; 그동안 순환출자는 지배주주의 지배력 유지 및 강화, 편법적 경영권 승계를 위한 방법으로 활용되는 등 경제력 집중에 따른 폐해를 유발하고 있다는 비판이 있었는바, 대기업집단 계열회사 간 신규순환출자를 금지함으로써, 대기업집단이 무리한 확장보다는 내실 있는 성장에 주력할 수 있도록 유도하는 한편, 회사의 합병·분할, 부실기업 구조조정 과정에서 채권단 합의에 따른 계열사의 출자나 증자로 신규순환출자가 발생하거나 기존 순환출자가 강화되는 경우 등을 순환출자 금지의 예외로 규정하고 일정기간 이내에 이를 해소하도록 함으로써, 기업경영의 현실을 반영함과 더불어 경제력 집중의 폐해를 최소화하려는 것이다.【개정이유】[시행 2014. 7. 25.][법률 제12334호, 2014. 1. 24., 일부개정]

그럼에도 불구하고 기존 순환출자를 모두 해소하는 것은 경제에 지나친 부담을 준다는 점이 인정되어 신규순환출자만을 금지하는 방향으로 입법이 추진되었다.

2. 제도의 의의

신규순환출자 금지제도란 상호출자제한 기업집단 소속 계열회사간 신규순환출자를 금지하는 제도이며, 순환출자란 3개 이상의 계열사간 출자가 고리와 같이 상호연결된 환상형 출자구조를 의미한다.[2)]

신규순환출자 금지제도는 2014. 7. 25. 시행되었으나, 제도시행 이후 기존 순환출자의 감소추세도 지속되고 있는바, 2014년 말 순환출자를 보유한 집단은 14개로 총 483개의 순환출자를 보유하고 있었으나, 2021년 말 기준으로 2개 집단이 6개의 순환출자를 보유하고 있다.

Ⅱ. 내 용

독점규제법상 금지되는 신규순환출자는 크게 두 가지로 나뉘는데 첫 번째는 대기업집단 소속 계열회사간 새로운 순환출자를 형성하는 경우이고, 두 번째는 기존의 대기업집단 소속 계열회사간 순환출자를 강화하는 추가출자를 말한다. 그러나 이 경우에도 기업의 사업구조개편 등 정상적 기업활동에 대해서는 폭넓게 예외를 허용하고 있다.

1. 원 칙

상호출자제한기업집단에 속하는 국내 회사는 순환출자를 형성하는 계열출자(국내 계열회사에 대한 계열출자로 한정)를 하여서는 아니 되고, 상호출자제한기업집단 소속 회사 중 순환출자 관계에 있는 국내 계열회사는 계열출자대상회사에 대한 추가적인 계열출자[계열출자회사가 「상법」 제418조 제 1 항에 따른 신주배정 또는 제462조의 2 제 1 항에 따른 주식배당(이하 “신주배정등”)에 따라 취득 또는 소유한 주식 중에서 신주배정등이 있기 전 자신의 지분율 범위의 주식, 순환출자회사집

2) 공정거래백서(2015), 244면.

단에 속하는 국내 계열회사 간 합병[3]에 따른 계열출자는 제외]를 하여서는 아니 된다(법 제22조 제1항 본문). 즉 새로운 순환출자를 형성하는 경우와 기존순환출자 고리를 강화하는 추가출자를 금지하고 있다. 기존순환출자는 공시의무 부과를 통해 점진적·자발적 해소를 유도한다는 의미이다.

2. 예 외

기업의 사업구조개편 등 정상적 기업활동에 대해서는 신규순환출자가 예외적으로 허용된다. 첫째, 사업구조개편 과정에서 불가피하게 형성되는 신규순환출자는 예외로 허용하고 6개월의 해소 유예기간을 부여하고 있다. 회사의 합병[4]·분할, 주식의 포괄적 교환·이전 또는 영업전부의 양수과정에서 형성되는 신규순환출자가 그러한 경우이다(법 제22조 제1항 제1호 및 제2항 제1호).

2015년 7월 1일 현대제철(존속)과 현대하이스코(소멸) 간 합병에 따라 각 합병 당사회사의 주주인 현대자동차와 기아자동차는 신(新)현대제철의 합병신주를 취득하여 순환출자 강화가 발생했다. 이는 순환출자를 금지하고 있는 독점규제법 위반으로, 현대자동차와 기아자동차는 순환출자 강화 분에 해당하는 주식을 해소 유예 기간 6개월 내 처분해야 했으나 유예 기간인 2016년 1월 4일을 넘긴 2월 5일에야 이를 해소하였다. 공정거래위원회는 사업자가 법 위반 사실을 인정하고 유권 해석(2015. 12. 24) 이후 빠른 시일 내에 자진시정한 점을 고려하여 2개 사에 경고 조치를 결정했다. 이는 2014년 7월 순환출자 제도 시행 이후 발생한 첫 위반 사례이다.[5]

둘째, 기업의 정당한 권리행사 과정에서 형성되는 순환출자는 예외로 허용하고 6개월~1년의 해소 유예기간을 부여하고 있다. 즉 담보권의 실행 또는 대물변제의 수령으로 인해 발생하는 순환출자는 6개월의 해소 유예기간을 부여하고 있으며(법 제9조의2 제2항 제2호 및 제3항 제1호), 계열출자회사가 신주배정등에 의하여 취득 또는 소유한 주식 중에서 다른 주주의 실권 등에 의하여

3) 관련하여『합병 관련 순환출자 금지 규정 해석지침』(공정거래위원회 예규 제394호, 2021. 12. 30.)을 운영하고 있다.

4) 기존순환출자 고리내의 합병은 고리내 포함되는 회사수가 감소하는 점 등을 감안하여 제한 없이 허용한다.

5) 공정거래위원회 보도자료(2016. 5. 19); 〈상호출자제한기업집단 현대자동차 소속 현대자동차(주) 및 기아자동차(주)의 순환출자 금지규정 위반행위 건〉 공정의 2016. 5. 26. 2016－145.

신주배정등이 있기 전 자신의 지분율 범위를 초과하여 취득 또는 소유한 계열출자대상회사의 주식이 있는 경우 1년의 해소 유예기간을 부여하고 있다(법 제22조 제 1 항 제 3 호 및 제 2 항 제 2 호). 후자는 기존순환출자 고리내에서 주주배정방식의 증자참여(신주 인수권의 행사)시 다른 주주의 실권에 따라 증자전 지분율을 초과하여 보유하게 된 주식은 1년의 해소 유예기간을 부여하는 것이며, ① 기존 순환출자 고리내라 하더라도 제 3 자 배정방식에 따른 경우는 금지되며, ② 증자전 지분율 범위내 주식은 규제대상이 아니므로 제한없이 허용된다.

셋째, 기업구조조정 과정에서 불가피하게 형성되는 순환출자도 예외로 허용하고 3년의 해소 유예기간을 부여하고 있다. 즉 「기업구조조정 촉진법」 제 9 조 제 1 항에 따라 부실징후기업의 관리절차를 개시한 회사에 대하여 같은 법 제24조 제 2 항에 따라 금융채권자협의회가 의결하여 동일인(친족을 포함)의 재산출연 또는 부실징후기업의 주주인 계열출자회사의 유상증자 참여(채권의 출자전환을 포함)를 결정한 경우(법 제22조 제 1 항 제 4 호 및 제 2 항 제 3 호)와 「기업구조조정 촉진법」 제 2 조 제 2 호의 금융채권자가 같은 법 제 2 조 제 5 호에 따른 부실징후기업과 기업개선계획의 이행을 위한 약정을 체결하고 동 협약에 따라 구성된 금융채권자협의회의 의결로 동일인(친족을 포함)의 재산출연 또는 부실징후기업의 주주인 계열출자회사의 유상증자 참여(채권의 출자전환을 포함)를 결정한 경우(법 제22조 제 1 항 제 5 호 및 제 2 항 제 3 호)이다.

즉 워크아웃·자율협약 절차를 개시한 부실징후기업에 대해 채권단이 의결하여, 총수일가의 재산출연 또는 기존 주주인 계열회사의 유상증자 참여를 결정한 경우에 예외를 인정하는 것이다. 따라서 ① 워크아웃·자율협약 절차를 개시하지 않은 부실기업이거나 채권단의 의결이 없는 경우는 금지되며, ② 기존 주주가 아닌 새로운 계열회사가 증자에 참여하여 새로운 고리가 형성되는 경우도 금지된다. 이를 도식화하면 다음과 같다.

부실징후기업에 대한 순환출자 예외인정 여부

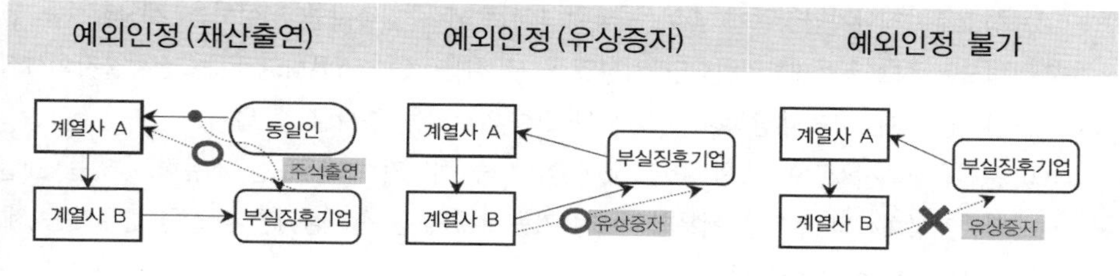

〈출처: 공정거래백서(2022), 314면〉

한편 제1항 각 호 외의 부분 단서에 따라 계열출자를 한 회사는 위 구분에 따른 기간 내에 취득 또는 소유한 해당 주식(제1항 제3호부터 제5호까지의 규정에 따른 경우는 신주배정등의 결정, 재산출연 또는 유상증자 결정이 있기 전 지분율 초과분을 말함)을 처분하여야 한다(법 제22조 제2항 본문). 다만, 순환출자회사집단에 속한 다른 회사 중 하나가 취득 또는 소유하고 있는 계열출자대상회사의 주식을 처분하여 제1항에 따른 계열출자로 형성되거나 강화된 순환출자가 해소된 경우에는 그러하지 아니하다(법 제22조 제2항 단서).

제23조(순환출자에 대한 의결권 제한)

① 상호출자제한기업집단에 속하는 국내 회사로서 순환출자를 형성하는 계열출자를 한 회사는 상호출자제한기업집단 지정일 당시 취득 또는 소유하고 있는 순환출자회사집단 내의 계열출자대상회사 주식에 대하여 의결권을 행사할 수 없다.

② 순환출자회사집단에 속한 다른 국내 회사 중 하나가 취득 또는 소유하고 있는 계열출자대상회사의 주식을 처분함으로써 기존에 형성된 순환출자를 해소한 경우에는 제1항을 적용하지 아니한다.

상호출자제한기업집단에 속하는 국내 회사로서 순환출자를 형성하는 계열출자를 한 회사는 상호출자제한기업집단 지정일 당시 취득 또는 소유하고 있는 순환출자회사집단 내의 계열출자대상회사 주식에 대하여 의결권을 행사할 수 없다. 2020. 12. 29. 법 전부개정시 신설된 조항으로 기존 독점규제법이 상호출자제한 기업집단에 지정된 회사가 새롭게 순환출자를 만드는 행위만을 금지하고 있기 때문에 상호출자제한 기업집단으로 지정되기 직전에 가공 자본을 활용하기 위한 순환출자를 형성하는 것을 규율할 수 없는 문제를 개선한 것이다.[1]

순환출자회사집단에 속한 다른 국내 회사 중 하나가 취득 또는 소유하고 있는 계열출자대상회사의 주식을 처분함으로써 기존에 형성된 순환출자를 해소한 경우에는 적용하지 아니한다.

1) 공정거래위원회 보도자료(2020. 12. 29.).

제24조(계열회사에 대한 채무보증의 금지)

① 상호출자제한기업집단에 속하는 회사(금융업 또는 보험업을 영위하는 회사를 제외한다. 이하 같다)는 국내계열회사에 대하여 채무보증을 하여서는 아니된다. 다만, 다음 각호의 1에 해당하는 채무보증의 경우에는 그러하지 아니하다.

1. 「조세특례제한법」에 의한 합리화기준에 따라 인수되는 회사의 채무와 관련된 채무보증
2. 기업의 국제경쟁력강화를 위하여 필요한 경우 기타 대통령령으로 정하는 경우에 대한 채무보증

목　　차

Ⅰ. 의　　의
　1. 채무보증의 의의
　2. 금지의 이유
Ⅱ. 연　　혁
Ⅲ. 내　　용
　1. 적용대상
　2. 금지의 예외

[참고문헌]

단행본: 공정거래위원회, －공정거래위원회 20년사－ 시장경제 창달의 발자취, 2001

논　문: 최도성, "대규모 기업집단의 지배구조", 자유경쟁과 공정거래(권오승 편), 법문사, 2002

[참고사례]

대규모기업집단 「동부」소속 강원여객자동차(주) 및 강원흥업(주)의 채무보증제한규정 위반행위 건(공정거래위원회 1998. 9. 9. 의결 제98－204호, 1998. 12. 1. 재결 제98－45호; 서울고등법원 1999. 12. 8. 선고 98누14961 판결); 현대자동차(주)의 채무보증금지규정 위반행위 건(공정거래위원회 2003. 10. 6. 의결 제2003.155호, 2004. 1. 28. 재결 제2004－002호; 서울고등법원 2005. 1. 19. 선고 2004누4149 판결)

Ⅰ. 의 의

1. 채무보증의 의의

계열사간 채무보증은 금융기관으로부터 여신을 제공받을 때 동일기업집단 내 다른 계열회사가 보증하는 것을 말한다. 금융기관이 여신의 한 형태로 소정의 보증수수료를 받고 고객의 채무를 보증하는 지급보증과 다르며, 금융기관이 매개되지 않고 기업과 기업간에 직접 행하는 인적보증은 채무보증에 해당하지 않는다.[1)]

2. 금지의 이유

채무보증은 외부자본의 공급에 제약이 있을 경우 내부자본시장을 조성하여 자본제약을 완화하고 우량한 투자기회에 투자하는 기회를 놓치지 않게 하는 순기능을 가지고 있고 또한 정보의 비대칭성을 완화하여 내부자본시장의 효율성을 제고하는 역할을 하기도 하지만,[2)] 다음과 같은 폐해를 야기해 왔다.

즉 첫째, 대규모기업집단에 속하는 회사는 경쟁력이 없는 회사임에도 불구하고 채무보증을 통해 용이하게 자금을 차입할 수 있어 자금시장에 있어 독립기업, 특히 중소기업과의 공정한 경쟁을 저해하고 여신접근기회를 제약함으로써 대기업집단으로의 여신 편중문제를 야기하고, 둘째, 채무보증관계가 한계부실기업의 퇴출장벽으로 작용하여 원활한 기업구조조정의 걸림돌이 될 뿐만 아니라 일부 계열회사의 부실경영이 그룹전체로 파급됨으로써 연쇄도산을 초래하여 국민경제에 막대한 피해를 야기시키며, 셋째, 채무보증을 통한 경쟁력없는 기업의 적정수준 이상의 차입은 금융기관에게 부실채권을 발행시킴으로써 금융기관의 부실화를 심화시켜 국민경제 전체의 위기로 확산되는 주요인이 되었다.[3)]

따라서 독점규제법에서 채무보증을 금지하는 이유는 계열회사간 채무보증을 통하여 무리한 차입경영이 가능하도록 함으로써 대규모기업집단 전체의 재

---

1) 공정거래위원회 20년사(2001), 326면.
2) 최도성, 자유경쟁과 공정거래(2002), 335면.
3) 공정거래위원회 20년사(2001), 323~324면.

무구조를 취약하게 할 뿐만 아니라 대규모기업집단으로의 편중여신을 유발시켜 금융자원의 수급불균형을 야기하고 이를 통한 선단식경영 및 개별시장에서의 독점적지위를 유지 · 확장하는 것을 억제하여 관련시장에서의 공정하고 자유로운 경쟁을 촉진시키기 위한 것이다.[4)]

Ⅱ. 연 혁

1992. 12. 8. 제 3 차 법개정에서 자기자본의 200%를 한도로 하는 채무보증제한제도를 도입하였으며, 자산순위 30위까지의 기업집단을 채무보증제한 기업집단으로 지정하였다. 1996. 12. 30. 제 5 차 법개정시 한도액을 자기자본의 100%로 인하하고, 금융업 또는 보험업을 영위하는 회사는 채무보증제한제도의 적용을 받지 않도록 하였다. 1998년에는 신규채무보증을 금지하고 기존 채무보증도 2000. 3. 31.까지 해소하도록 하는 규제를 강화하였다. 이는 계열회사간 채무보증 IMF 경제위기를 초래한 주요원인으로 지목되었기 때문이었다.

2001. 1. 16. 제 9 차 법개정시 신규뿐만 아니라 기존채무보증도 금지시키기 위하여 제24조 제목을 "계열회사에 대한 채무보증의 금지"로 변경하였다. 2002. 1. 26. 제10차 법개정에서 대규모기업집단 지정제도를 폐지하고 자산규모가 2조원 이상인 기업집단을 채무보증제한기업집단으로 지정하는 방식으로 개편하였으며 채무보증해소시한을 연장하고 제한대상에서 제외되는 채무보증의 범위를 확대하였다. 2008년에는 자산 기준이 5조원으로 상향되었고 2016년에는 다시 10조원으로 상향되었다.

2017. 4. 18. 법 개정시 상호출자제한기업집단으로 통일적으로 규정되었다.

1998년 대기업집단의 계열회사 간 채무보증이 금지된 이후 채무보증 금액은 지속적인 감소 추세로서, 계열회사 간 보증을 통한 불합리한 자금 조달 관행이 개선 · 정착되고 있는 것으로 판단된다.[5)]

4) 서고판 2005. 1. 19. 2004누4149.

5) 공정거래위원회 보도자료(2018. 12. 24).

Ⅲ. 내 용

1. 적용대상

채무보증금지 대상은 상호출자제한기업집단에 속하는 국내계열회사이다. 여기에서 회사는 금융업 및 보험업을 영위하는 회사에 대해서는 적용되지 아니한다(제24조 제 1 항). 채무보증제한기업집단은 상호출자제한기업집단과 동일하다. 채무보증금지의 대상이 “국내계열회사”인 점에서 “계열회사”인 상호출자금지와 다르다.

법원은 법위반여부를 획일적으로 판단하지는 않으며 구체적으로 위반행위의 내용 및 정도, 위반행위의 기간 및 규모, 위반행위로 인해 취득한 이익의 규모, 위반행위가 경제력집중에 미치는 영향, 채무보증제한 대규모기업집단 지정의 기간 등을 종합적으로 판단하여 현저히 타당성을 잃은 경우는 재량권의 일탈 · 남용으로 판단한다.[6]

채무보증제한제도를 면탈할 목적으로 이루어지는 탈법행위, 즉 국내금융기관에 대한 계열회사의 기존채무를 면하게 함이 없이 동일한 내용의 채무를 부담하는 이른바 병존적 채무인수(영 제42조 제 1 호)와 다른 기업집단소속회사로 하여금 자기의 계열회사에 대해 채무보증을 하게 하고, 그 대가로 자신은 다른 기업집단 소속 회사에 대하여 채무보증을 하는 교차 채무보증행위(영 제42조 제 2 호)도 규제된다.

2. 금지의 예외

2.1 「조세특례제한법」에 의한 합리화기준에 따라 인수되는 회사의 채무와 관련된 채무보증

「조세특례제한법」에 의한 합리화기준에 따라 인수되는 회사의 채무와 관련된 채무보증이다.[7]

---

6) 서고판 1999. 12. 8. 98누14961.

7) 제31조(계열회사에 대한 채무보증 금지 제외) ① 법 제24조 제 1 호에 따른 채무보증은 다음 각 호의 구분에 따른 채무에 대한 보증으로 한다. 1. 주식양도 또는 합병 등의 방법으로 인수되는 회사의 인수시점의 채무나 인수하기로 예정된 채무: 인수하는 회사 또는 그 계열회사가

2.2 기업의 국제경쟁력 강화를 위하여 필요한 경우 등

기업의 국제경쟁력 강화를 위하여 필요한 경우 등 *대통령령*[8]으로 정하는 경우에 대한 채무보증이다.

하는 보증 2. 인수되는 회사의 채무를 분할인수함에 따라 인수하는 채무: 인수하는 회사의 계열회사가 하는 보증

8) 제31조(계열회사에 대한 채무보증 금지 제외) ② 법 제24조 제2호에 따른 채무보증은 다음 각 호에 해당하는 보증으로 한다. 1. 「한국수출입은행법」 제18조 제1항 제1호 및 제2호에 따라 자본재(資本財)나 그 밖의 상품의 생산과 기술의 제공과정에서 필요한 자금 지원을 위해 한국수출입은행이 하는 대출 또는 이와 연계하여 다른 국내 금융기관이 하는 대출에 대한 보증 2. 다음 각 목의 사업과 관련하여 국내 금융기관이 하는 입찰보증 · 계약이행보증 · 선수금환급보증 · 유보금환급보증 · 하자보수보증 또는 납세보증에 대한 보증 가. 해외에서의 건설 및 산업설비공사의 수행 사업 나. 수출선박의 건조 사업 다. 용역수출 사업 라. 그 밖에 기업의 국제경쟁력 강화를 위해 공정거래위원회가 인정하는 물품수출 사업 3. 국내의 신기술 또는 도입된 기술의 기업화와 기술개발을 위한 시설 및 기자재의 구입 등 기술개발사업을 위해 국내 금융기관으로부터 지원받은 자금에 대한 보증 4. 인수인도조건수출 어음 또는 지급인도조건수출 어음의 국내 금융기관 매입 및 내국신용장 개설에 대한 보증 5. 다음 각 목의 사업과 관련하여 국내 금융기관의 해외지점이 하는 여신에 대한 보증 가. 「외국환거래법」에 따른 해외직접투자 나. 해외 건설 및 용역사업자가 하는 외국에서의 건설 및 용역사업 다. 그 밖에 가목 또는 나목과 유사한 사업으로서 기업의 국제경쟁력 강화를 위해 공정거래위원회가 인정하는 외국에서의 사업 6. 「채무자 회생 및 파산에 관한 법률」에 따른 회생절차개시를 법원에 신청한 회사의 제3자 인수와 직접 관련된 보증 7. 「사회기반시설에 대한 민간투자법」 제4조 제1호부터 제4호까지의 규정에 따른 방식으로 민간투자사업을 영위하는 계열회사에 출자를 한 경우에 국내 금융기관이 해당 계열회사에 하는 여신에 대한 보증 8. 「공기업의 경영구조 개선 및 민영화에 관한 법률」 제2조에 따른 회사가 구조개편을 위해 분할되는 경우에 그 회사가 계열회사가 아닌 회사에 한 보증을 분할로 신설되는 회사가 인수하는 것과 직접 관련하여 그 회사가 그 신설회사에 대해 하는 재보증

제25조(금융회사 · 보험회사 및 공익법인의 의결권 제한)

① 상호출자제한기업집단에 속하는 회사로서 금융업 또는 보험업을 영위하는 회사는 취득 또는 소유하고 있는 국내계열회사주식에 대하여 의결권을 행사할 수 없다. 다만, 다음 각 호의 어느 하나에 해당하는 경우에는 그러하지 아니하다.

1. 금융업 또는 보험업을 영위하기 위하여 주식을 취득 또는 소유하는 경우
2. 보험자산의 효율적인 운용 · 관리를 위하여 「보험업법」 등에 의한 승인 등을 얻어 주식을 취득 또는 소유하는 경우
3. 당해 국내 계열회사(상장법인에 한한다)의 주주총회에서 다음 각 목의 어느 하나에 해당하는 사항을 결의하는 경우. 이 경우 그 계열회사의 주식중 의결권을 행사할 수 있는 주식의 수는 그 계열회사에 대하여 특수관계인중 대통령령이 정하는 자를 제외한 자가 행사할 수 있는 주식수를 합하여 그 계열회사 발행주식총수(「상법」 제344조의 3 제 1 항 및 제369조 제 2 항 · 제 3 항의 의결권 없는 주식의 수는 제외한다)의 100분의 15를 초과할 수 없다.

   가. 임원의 선임 또는 해임

   나. 정관 변경

   다. 그 계열회사의 다른 회사로의 합병, 영업의 전부 또는 주요부분의 다른 회사로의 양도. 다만, 그 다른 회사가 계열회사인 경우는 제외한다.

② 상호출자제한기업집단에 속하는 회사를 지배하는 동일인의 특수관계인에 해당하는 공익법인(「상속세 및 증여세법」 제16조에 따른 공익법인등을 말한다. 이하 같다)은 취득 또는 소유하고 있는 주식 중 그 동일인이 지배하는 국내 계열회사 주식에 대하여 의결권을 행사할 수 없다. 다만, 다음 각 호의 어느 하나에 해당하는 경우에는 그러하지 아니하다.

1. 공익법인이 해당 국내 계열회사 발행주식총수를 소유하고 있는 경우
2. 해당 국내 계열회사(상장법인으로 한정한다)의 주주총회에서 다음 각 목의 어느 하나에 해당하는 사항을 결의하는 경우. 이 경우 그 계열회사의 주식 중 의결권을 행사할 수 있는 주식의 수는 그 계열회사에 대하여 특수관계인 중 대통령령으로 정하는 자를 제외한 자가 행사할 수 있는 주식수를 합하여그 계열회사 발행주식총수의 100분의 15를 초과할 수 없다.

   가. 임원의 선임 또는 해임

   나. 정관 변경

   다. 그 계열회사의 다른 회사로의 합병, 영업의 전부 또는 주요 부분의 다른 회사

로의 양도. 다만, 그 다른 회사가 계열회사인 경우는 제외한다.

목 차

Ⅰ. 의 의
Ⅱ. 연 혁
Ⅲ. 내 용
  1. 원 칙
  2. 예 외
Ⅳ. 공익법인의 의결권 제한
  1. 의 의
  2. 원 칙
  3. 예 외
Ⅴ. 관련 이슈
  1. 헌법상 평등권 침해 문제
  2. 경영권 방어 문제

[참고사례]

삼성생명보험(주)의 의결권제한규정 위반행위 건(공정거래위원회 2000. 8. 5. 의결 제2000-122호, 2001. 1. 5. 재결 제2001-001호; 서울고등법원 2003. 7. 10. 선고 2001누2159 판결; 대법원 2005. 12. 9. 선고 2003두10015 판결)

Ⅰ. 의 의

상호출자제한기업집단에 속하는 회사로서 금융업 또는 보험업을 영위하는 회사는 취득 또는 소유하고 있는 국내계열회사주식에 대하여 의결권을 행사할 수 없다. 이 제도는 대규모기업집단 소속 금융회사가 고객의 예탁자금으로 계열확장이나 계열강화를 해나가는 것을 방지하는데 있다.[1] 즉 산업자본의 금융지배에 따른 부작용을 방지하고자 하는 제도적 장치이다.

현재 은행의 경우 산업자본의 소유제한이 있으나, 제 2 금융권은 소유제한이 없어 산업자본이 소유·운영하는 것이 가능하며 외환위기 이후 구조조정과정을 거치면서 산업자본의 금융업진출이 증가하였다. 그러나 재벌금융사의 고객자산을 이용한 계열사 지분의결권 행사를 허용하는 경우 과도한 경제력집중, 고객과 지배주주간 이해상충, 지배주주의 사금고화, 산업부실이 국민경제전체의 시스템

1) 서고판 2003. 7. 10. 2001누2159(대판 2005. 12. 9. 2003두10015).

리스크로 확대할 가능성이 있기 때문에 이에 대한 적절한 규제가 필요하다.[2)]

미국의 경우 「은행지주회사법(Banking Holding Company Act)」에 의거 산업자본의 은행소유와 은행의 산업지배를 법적으로 제한하고 있으며, 보험사, 증권·투신사, 연기금 등 제 2 금융기관에 대해서는 고객자산을 이용한 이해상충행위를 방지하기 위해서 일반회사(industrial company)의 주식취득을 엄격히 제한하고 있으며, 영국과 독일의 경우에도 금융기관 주식취득시 단계적으로 금융감독기관의 사전승인을 요구하고 있다.[3)] 한편 재계에서는 경영권 방어의 목적으로 이러한 규제에 대해 반대하는 입장이다.

Ⅱ. 연 혁

1986. 12. 31. 제 1 차 법개정을 통하여 최초로 도입되었으며, 예외없이 금융보험회사가 보유하는 국내계열사의 의결권 행사가 금지되었다. 1992. 12. 8. 제 3 차 법개정에서 금융·보험업을 영위하기 위한 경우나 보험자산의 효율적인 운용·관리를 위하여 관계법령에 의한 승인을 얻어 주식을 취득 또는 소유하는 경우에는 예외적으로 의결권을 행사할 수 있도록 하였다.

2002. 1. 26. 제10차 법개정시에는 외국인으로부터의 적대적 M&A로부터 경영권 방어를 위해 금융·보험회사가 보유하고 있는 상장계열사의 주식에 대하여 경영권과 관련된 임원의 선임 또는 해임, 정관변경, 합병 및 영업양도 등의 안건에 한하여 특수관계인과 합하여 당해 계열회사의 주식의 30%를 초과하지 않는 범위에서 의결권을 행사할 수 있도록 예외조항을 신설하였다. 그리고 2004. 12. 31. 제11차 법개정시에는 의결권 행사한도를 30%에서 15%로 축소하였다. 이는 적대적 M&A로부터 경영권방어라는 본래의 취지보다 산업자본의 금융지배에 대한 우려가 크기 때문이었다.

2) KFTC 경쟁이슈 '05-04.

3) KFTC 경쟁이슈 '05-04.

Ⅲ. 내 용

1. 원 칙

상호출자제한기업집단에 속하는 회사로서 금융업 또는 보험업을 영위하는 회사는 취득 또는 소유하고 있는 국내계열회사주식에 대하여 의결권을 행사할 수 없다(법 제25조 제 1 항 본문).[4] 상대가 국내계열회사주식에 대한 의결권행사만 제한되므로 국외나 계열회사가 아닌 경우에는 적용되지 아니한다.

의결권의 행사라 함은 주주로서 주주총회에 출석하여 상정안건에 대하여 적극적·명시적으로 가·부의 의사표시를 하는 경우뿐만 아니라 출석주주가 소극적·묵시적으로 행동할 경우 상정안건의 찬성 또는 반대주식수에 산입될 것임을 알 수 있는 상황에서 자기의 출석주식수가 찬성 또는 반대주식수에 산입되지 않도록 별다른 의사표시를 하지 아니하여 실제로 당해 출석주식이 상정안건의 찬성 또는 반대주식수에 산입되는 경우도 의결권의 행사에 포함된다.[5]

2. 예 외

예외적으로 의결권을 행사할 수 있는 경우가 있다(법 제25조 제 1 항 단서). 즉 첫째, 금융업 또는 보험업을 영위하기 위하여 주식을 취득 또는 소유하는 경우이다.

둘째, 보험자산의 효율적인 운용·관리를 위하여 「보험업법」 등에 의한 승인 등을 얻어 주식을 취득 또는 소유하는 경우이다. 법 제25조의 입법 취지 및 목적, 문언 및 체계 등에 비추어 보면, 대규모기업집단에 속하는 회사로서 금융업 또는 보험업을 영위하는 회사가 취득 또는 소유하고 있는 국내계열회사주식에 대한 의결권 행사를 금지한 법 제25조 제 1 항 본문의 예외사유의 하나인 같은 조 단서 후단의 "보험자산의 효율적인 운용·관리를 위하여 관계 법령에 의

4) 2019년 5월 15일 기준 지정된 60개 공시 대상 기업집단(소속회사 2,083개) 주식소유현황 분석 결과 51개 총수있는 집단 중 28개 집단이 총 197개의 금융·보험사를 보유하고 있다. 17개 집단소속 79개 금융·보험사가 180개 계열회사(금융 139개, 비금융 41개)에 출자하고 있으며, 피출자회사에 대한 평균 지분율은 32.0%이다. 공정거래위원회 보도자료(2019. 9. 5).

5) 공정의 2000. 8. 5. 2000－125.

한 승인 등을 얻어 주식을 취득 또는 소유하고 있는 경우"라 함은 관계 법령에 의한 승인 등을 얻어 주식을 취득 또는 소유하고 있고 그것이 보험자산의 효율적인 운용·관리를 위한 것인 경우를 의미하며, 보험업을 영위하는 회사와 사업내용 면에서 밀접하게 관련된 사업을 영위하는 회사가 발행한 주식을 취득 또는 소유하고 있는 경우에 한하는 것은 아니다.[6)]

즉 법 제25조 제1항 단서의 "보험자산의 효율적인 운용·관리"의 의미는 '보험자산의 운용으로 인한 이득은 증대시키고, 손실이나 위험의 발생은 감소시키는 것'을 의미한다고 할 것이고, '사업내용면에서 보험사업과 밀접하게 관련된 사업을 영위하는 경우'로 제한하여 해석하여야 할 근거가 없다.[7)]

〈삼성생명보험(주)의 의결권제한규정 위반행위 건〉 관련 행정소송에서 대법원은 "삼성생명이 보유중인 신라호텔 등 4개 계열회사의 주식의 의결권을 행사한 사안에서 삼성생명이 재무부장관 등의 승인을 얻어 취득한 일부 주식과 관련하여 그 취득금액이 재무부장관 등이 승인한 투자금액의 범위 내인 사실, 취득주식이 재무부장관의 승인조건을 충족하는 사실, 재무부장관 등의 승인은 그 재산운용의 효율성 증진 등을 위하여 주식에 대한 투자를 승인해 달라는 삼성생명의 신청에 따라 구「보험업법」제19조 등에 기하여 행하여진 것이고, 위 각 법령에 기한 재무부장관 등의 승인은 보험사업자의 경영의 건전성과 그 재산운용의 효율성의 증진 기타 보험가입자의 이익보호를 위하여 필요한 경우에 하는 것인 점 등을 알 수 있는 바, 위와 같은 여러 사정에 비추어 보면 삼성생명이 의결권을 행사한 주식 중 일부 주식은 모두 보험자산의 효율적인 운용·관리를 위하여 관계법령에 의한 승인을 얻은 다음 그 승인범위 내에서 그 승인조건에 따라 취득한 것이라고 봄이 상당하므로 의결권 행사금지의 예외사유에 해당하여 그 의결권의 행사가 허용된다"고 판시하였다.[8)]

셋째, 당해 국내 계열회사(상장법인)의 주주총회에서 i) 임원의 선임 또는 해임, ii) 정관 변경, iii) 그 계열회사의 다른 회사로의 합병, 영업의 전부 또는 주요부분의 다른 회사로의 양도(다만 그 다른 회사가 계열회사인 경우는 제외) 중 어느 하나에 해당하는 사항을 결의하는 경우 의결권행사가 제한되지 아니한다(법 제25조 제1항 3호). 이는 경영권보호를 위한 규정이다. 단 이 경우 그 계열

6) 대판 2005. 12. 9. 2003두10015.

7) 서고판 2003. 7. 10. 2001누2159(대판 2005. 12. 9. 2003두10015).

8) 대판 2005. 12. 9. 2003두10015.

회사의 주식중 의결권을 행사할 수 있는 주식의 수는 그 계열회사에 대하여 특수관계인 중 *대통령령*[9]이 정하는 자를 제외한 자가 행사할 수 있는 주식수를 합하여 그(계열회사 발행주식총수의 100분의 15)를 초과할 수 없다. 여기에서 발행주식총수는 「상법」 제344조의3 제1항 및 제369조 제2항·제3항의 의결권 없는 주식의 수는 제외한다.

2020. 12. 29. 개정법은 "그 계열회사의 다른 회사로의 합병, 영업의 전부 또는 주요 부분의 다른 회사로의 양도. 다만, 그 다른 회사가 계열회사인 경우는 제외한다."고 규정하여 예외적으로 인정되던 사유 중, 적대적 인수합병과 무관한 계열사 간 합병 및 영업 양도에 대한 금융보험사의 의결권 행사를 금지하여, 금융보험사가 편법적인 지배력 확대에 악용될 수 있는 여지를 없앴다.[10]

한편 「상법」 제461조에 의한 무상증자는 준비금이 자본에 전입되어 자본이 증가하는 경우 주주에 대하여 그가 가진 주식의 수에 따라 발행되는 것으로서 회사재산의 증가 없이 주식의 수만 증가하게 되므로 주주가 보유하는 주식(무상증자로 발행된 주식 포함)의 경제적 가치에는 변화가 없는 점, 「상법」 제329조의2에 의한 주식분할은 자본의 증가 없이 발행주식 총수를 증가시키는 것으로서 이에 의하여 회사의 자본 또는 자산이나 주주의 지위에 실질적인 변화가 없는 점 등에 비추어 보면, 법 제11조 단서에 해당하여 의결권을 행사할 수 있는 주식에 대한 무상증자로 취득한 주식 또는 그러한 주식의 분할로 취득한 주식은 그 의결권을 행사할 수 있는 주식과 동일하게 보아야 한다(〈삼성생명보험(주)의 의결권제한규정 위반행위 건〉).[11]

Ⅳ. 공익법인의 의결권 제한

1. 의 의

상호출자제한 기업집단 소속 공익법인이 보유한 계열사 주식에 대한 의결

9) 第32조(금융회사·보험회사 및 공익법인의 의결권 제한 예외) 법 제25조 제1항 제3호 각 목 외의 부분 후단 및 같은 조 제2항 제2호 각 목 외의 부분 후단에서 "대통령령으로 정하는 자"란 각각 제14조 제1항 제3호에 규정된 자를 말한다.

10) 공정거래위원회 보도자료(2020. 12. 9).

11) 대판 2005. 12. 9. 2003두10015.

권 행사를 원칙적으로 금지하여, 공익법인이 총수 일가의 지배력 확대 수단으로 이용되는 것을 방지하였다. 다만, 상장 계열사에 대해서는 적대적 인수합병에 대응할 수 있도록 특수관계인과 합산하여 15% 한도 내에서 의결권을 행사할 수 있도록 예외규정을 두었다.[12)]

2. 원 칙

상호출자제한기업집단에 속하는 회사를 지배하는 동일인의 특수관계인에 해당하는 공익법인(「상속세 및 증여세법」 제16조에 따른 공익법인등을 말함)은 취득 또는 소유하고 있는 주식 중 그 동일인이 지배하는 국내 계열회사 주식에 대하여 의결권을 행사할 수 없다(법 제25조 제 2 항 본문).

3. 예 외

다만, ① 공익법인이 해당 국내 계열회사 발행주식총수를 소유하고 있는 경우(제 1 호), ② 해당 국내 계열회사(상장법인으로 한정)의 주주총회에서 i) 임원의 선임 또는 해임(가목), ii) 정관 변경(나목), iii) 그 계열회사의 다른 회사로의 합병, 영업의 전부 또는 주요 부분의 다른 회사로의 양도(다만, 그 다른 회사가 계열회사인 경우는 제외)(다목)의 어느 하나에 해당하는 사항을 결의하는 경우의 어느 하나에 해당하는 경우에는 그러하지 아니하다. 이 경우 그 계열회사의 주식 중 의결권을 행사할 수 있는 주식의 수는 그 계열회사에 대하여 특수관계인 중 *대통령령*[13)]으로 정하는 자를 제외한 자가 행사할 수 있는 주식수를 합하여 그 계열회사 발행주식총수의 100분의 15를 초과할 수 없다(법 제25조 제 2 항 단서). 그러나 공익법인 의결권 제한의 경우 공포일로부터 2년 경과 후 3년에 걸쳐 단계적으로 의결권 행사 한도가 축소되도록 규정되었다(부칙 제 7 조).[14)]

---

12) 공정거래위원회 보도자료(2020. 12. 29.).

13) 제32조(금융회사·보험회사 및 공익법인의 의결권 제한 예외) 법 제25조 제 1 항 제 3 호 각 목 외의 부분 후단 및 같은 조 제 2 항 제 2 호 각 목 외의 부분 후단에서 "대통령령으로 정하는 자"란 각각 제14조 제 1 항 제 3 호에 규정된 자를 말한다.

14) 30%(~'23년) → 25%(~'24년) → 20%(~'25년) → 15%('26년~).

V. 관련 이슈

1. 헌법상 평등권 침해 문제

본 규정의 헌법상 평등원칙 위반 여부에 대하여 서울고등법원은 "법 제25조의 의결권제한 규정은 국내 대규모기업집단 소속의 금융, 보험회사에만 적용되고 외국인 투자자에 대하여는 적용되고 있지 않고 있는데 이는 외국인 투자자들이 국내주식의 투자규모를 급격히 확대하고 있는 현 실정에서 금융, 보험회사가 주식을 갖고 있는 국내기업에 대한 외국인 투자자들의 적대적 M&A에 대항할 수 없게 만드는 등 국내투자자와 외국인 투자자를 차별 취급하는 것으로서 헌법상 평등의 원칙에 위반된다고 주장하나, 최근 제2금융권에서 재벌의 시장지배력이 급속히 확대되어 산업자본과 금융자본의 결합심화에 대한 우려가 제기되고 있는 점, 법 제25조의 입법취지는 대규모기업집단소속 금융, 보험회사가 고객의 예탁자금으로 계열확장이나 계열강화를 해 나가는 것을 방지하고자 하는 것이고, 그 규제방법으로 주식투자는 금융보험사의 주요한 자산 운영 수단이므로 주식보유 자체는 제한하지 아니하되 계열회사의 보유주식에 대하여 의결권만을 제한하여 필요최소한도로 규제하는 점, 대규모 기업집단에 대한 법 제11조의 적용으로 외국인 투자자에게 다소 유리한 면이 있다 하더라도 이는 법 제11조의 규제결과 발생하는 반사적인 효과에 불과한 점 등에 비추어 법 제11조 규정이 헌법상 평등의 원칙에 위반된다고 볼 수 없다"고 판시하고 있다.[15)]

2. 경영권 방어 문제

본 규정이 국내우량기업의 경영권방어를 어렵게 한다는 주장이 있다. 그러나 외국인의 지분이 높더라도 외국인을 단일주체로 볼 수 없고 임원임면·합병·정관변경 등을 위해서는 상법상 특별결의를 요하기 때문에 외국인의 적대적 M&A가능성은 희박하고, 근본적으로는 적대적 M&A가 자본주의 경제체제하에서 자연스런 기업활동의 하나로서 기업가치를 높이는 순기능도 한다는 것이 공정거래위원회의 시각이다.[16)]

---

15) 서고판 2003. 7. 10. 2001누2159(대판 2005. 12. 9. 2003두10015).

16) KFTC 경쟁이슈 '05-04.

제26조(대규모내부거래의 이사회 의결 및 공시)

① 제31조제1항 전단에 따라 지정된 공시대상기업집단(이하 "공시대상기업집단"이라 한다)에 속하는 국내 회사는 특수관계인(국외 계열회사는 제외한다. 이하 이 조에서 같다)을 상대방으로 하거나 특수관계인을 위하여 대통령령으로 정하는 규모 이상의 다음 각 호의 어느 하나에 해당하는 거래행위(이하 "대규모내부거래"라 한다)를 하려는 경우에는 미리 이사회의 의결을 거친 후 공시하여야 하며, 제2항에 따른 주요 내용을 변경하려는 경우에도 미리 이사회의 의결을 거친 후 공시하여야 한다.

1. 가지급금 또는 대여금 등의 자금을 제공 또는 거래하는 행위
2. 주식 또는 회사채 등의 유가증권을 제공 또는 거래하는 행위
3. 부동산 또는 무체재산권(無體財産權) 등의 자산을 제공 또는 거래하는 행위
4. 주주의 구성 등을 고려하여 대통령령으로 정하는 계열회사를 상대방으로 하거나 그 계열회사를 위하여 상품 또는 용역을 제공 또는 거래하는 행위

② 공시대상기업집단에 속하는 국내 회사는 제1항에 따라 공시를 할 때 거래의 목적·상대방·규모 및 조건 등 대통령령으로 정하는 주요 내용을 포함하여야 한다.

③ 제1항에 따른 공시는 「자본시장과 금융투자업에 관한 법률」 제161조에 따라 보고서를 제출받는 기관을 통하여 할 수 있다. 이 경우 공시의 방법, 절차 및 그 밖에 필요한 사항은 해당 기관과의 협의를 거쳐 공정거래위원회가 정한다.

④ 공시대상기업집단에 속하는 국내 회사 중 금융업 또는 보험업을 영위하는 회사가 약관에 따라 정형화된 거래로서 대통령령으로 정하는 기준에 해당하는 거래행위를 하는 경우에는 제1항에도 불구하고 이사회의 의결을 거치지 아니할 수 있다. 이 경우 그 거래내용은 공시하여야 한다.

⑤ 제1항의 경우에 상장법인이 「상법」 제393조의2에 따라 설치한 위원회(같은 법 제382조제3항에 따른 사외이사가 세 명 이상 포함되고, 사외이사의 수가 위원총수의 3분의 2 이상인 경우로 한정한다)에서 의결한 경우에는 이사회의 의결을 거친 것으로 본다.

목 차

Ⅰ. 의 의
Ⅱ. 연 혁
Ⅲ. 내 용
1. 적용대상회사

2. 적용대상거래
3. 공시대상회사의 의무
4. 수탁기관의 업무 등
5. 위반시 제재

[참고사례]

현대증권(주)의 대규모내부거래 공시규정 위반행위에 대한 건(공정거래위원회 2002. 11. 14. 의결 제2002.306호; 서울중앙지법 2005. 2. 15. 자 2003라1224 결정; 대법원 2007. 4. 13. 자 2005마226 결정)

Ⅰ. 의 의

독점규제법은 1997. 4. 1.부터 부당내부거래금지에 관한 규정을 신설하여 부당하게 특수관계인 또는 다른 회사에 대하여 가지급금 · 대여금 · 인력 · 부동산 · 유가증권 · 무체재산권 등을 제공하거나 현저히 유리한 조건으로 거래하여 특수관계인 또는 다른 회사를 지원하는 행위를 금지하였다.

계열회사간 부당한 내부거래는 우량기업의 핵심역량을 약화, 기업집단 전체의 동반부실초래 등 국민경제적 폐해가 크고, 이를 근절하기 위한 수차례의 직권조사결과, 내부거래의 방법이 다양화되고 은밀하게 이루어지고 있어, 사후적인 조사 · 시정과 함께 이를 사전에 예방할 필요성이 대두되었다. 이에 따라 일정규모 이상의 내부거래에 대한 이사회 결의를 통해 이사회의 책임강화를 유도하는 한편 공시를 통해 소액주주, 채권자 등 이해관계인에 의한 감시를 가능하게 함으로써 부당내부거래를 사전에 예방하기 위한 제도를 도입하였다.

Ⅱ. 연 혁

1999. 12. 28. 제 8 차 법개정을 통하여 2000. 4. 1.부터 30대 대규모기업집단 중 10대 대규모 기업집단에 속하는 회사가 일정규모 이상의 자금 · 유가증권 · 자산 등의 거래를 하고자 하는 경우 사전에 이사회의 의결을 거치고 이를 공시하도록 하였다. 그 이후 여러 차례 관련 규정이 개정되었다. 시행령에서 규정된 사

항 이외에 대규모내부거래 이사회 의결 및 공시의 방법·절차·시기에 관한 세부사항을 정하기 의하여 「대규모내부거래에 대한 이사회 의결 및 공시에 관한 규정」[1](이하 "내부거래 공시규정")을 고시하여 시행하고 있다.[2] 2017. 4. 18. 법 개정시 공시대상기업집단으로 통일되었다.

Ⅲ. 내 용

1. 적용대상회사

대규모내부거래 공시대상회사는 공시대상기업집단에 속하는 국내회사가 특수관계인(국외 계열회사는 제외)을 상대방으로 하거나 특수관계인을 위하여 거래를 하는 경우이다(법 제26조 제 1 항). 여기에는 상장사뿐만 아니라 비상장사도 포함되지만 해외 현지법인은 포함되지 않는다. 연도중에 공시대상기업집단의 계열회사로 신규편입된 회사는 신규편입된 날(지정·통지일)로부터 적용된다.

2. 적용대상거래

대통령령[3]으로 정하는 규모 이상의 ① 가지급금 또는 대여금 등의 자금을 제공 또는 거래하는 행위(제 1 호), ② 주식 또는 회사채 등의 유가증권을 제공 또는 거래하는 행위(제 2 호), ③ 부동산 또는 무체재산권 등의 자산을 제공 또는 거래하는 행위(제 3 호), ④ 주주의 구성 등을 고려하여 *대통령령*[4]으로 정하는

1) 공정거래위원회 고시 제2021－29호(2021. 12.28).

2) 제33조(대규모내부거래의 이사회 의결 및 공시) ⑤ 제 1 항부터 제 4 항까지에서 규정한 사항 외에 대규모내부거래에 대한 이사회 의결 및 공시의 방법·절차·시기에 관하여 필요한 세부사항은 공정거래위원회가 정하여 고시한다.

3) 제33조(대규모내부거래의 이사회 의결 및 공시) ① 법 제26조 제 1 항 각 호에 따른 거래행위(이하 "대규모내부거래"라 한다)의 규모는 그 거래금액(같은 항 제 4 호의 경우에는 분기에 이루어질 거래금액의 합계액을 말한다)이 50억원 이상이거나 그 회사의 자본총계 또는 자본금 중 큰 금액의 100분의 5 이상인 것으로 한다.

4) 제33조(대규모내부거래의 이사회 의결 및 공시) ② 법 제26조 제 1 항 제 4 호에서 "대통령령으로 정하는 계열회사"란 자연인인 동일인이 단독으로 또는 동일인의 친족(제 6 조 제 1 항에 따라 동일인관련자로부터 제외된 자는 제외한다)과 합하여 발행주식총수의 100분의 20 이상을 소유하고 있는 계열회사 또는 그 계열회사의 「상법」 제342조의 2에 따른 자회사인 계열회사를 말한다.

계열회사를 상대방으로 하거나 동 계열회사를 위하여 상품 또는 용역을 제공 또는 거래하는 행위(제 4 호) 중 어느 하나에 해당하는 거래행위(이하 “대규모내부거래”)이다(법 제26조 제 1 항).

종래에는 대기업집단 소속 회사는 계열 상장사와 100억원 이상의 상품·용역 거래시 상장사의 지배주주측 지분이 50%이상인 경우에만 이사회 의결 및 공시 의무를 부과받았다. 그러나 상장사 202개 중 이러한 지분율을 가진 회사가 4개사에 불과할 정도로 기준이 지나치게 높아 제도의 실효성이 떨어진다는 지적이 제기되어 공시대상 회사의 지배주주측 지분 기준을 30%이상(비상장사와 동일)으로 조정하여 부당지원행위에 대한 시장감시를 강화하였다.[5] 2012. 1. 1.부터는 20% 이상으로 조정되어 공시범위가 더욱 확대되었다.[6]

종래 「내부거래 공시규정」 제 4 조 제 2 항 제 1 호에서 유가증권 거래가 대규모내부거래에 해당되는지 여부를 판단함에 있어서 거래금액의 산정을 당해 유가증권의 액면금액에 따라 한다고 규정하고 있었는바,[7] 2007. 4. 13. 대법원은 “공시의 대상이 되는 대규모내부거래는 법 제26조 제 1 항 및 그 위임을 받은 법 시행령 제33조 제 2 항이 규정하고 있고, 위 규정에 의하여 공시의 대상으로 된 대규모내부거래에 관하여 공시하여야 할 주요내용은 법 제26조 제 2 항 및 그 위임을 받은 법 시행령 제33조 제 3 항이 규정하고 있는바, 법 시행령 제33조 제 3 항이 공정거래위원회가 정하도록 재위임한 것은 공시의 주요내용 중 일부일 뿐 공시의 대상이 되는 대규모내부거래의 기준까지 재위임한 것은 아니다. 그러므로 대규모내부거래에 대한 이사회 의결 및 공시에 관한 규정(공정거래위원회 고시 제2002-05호, 이하 ‘공시고시’) 제 4 조 제 2 항 제 2 호가 유가증권 거래가 대규모내부거래에 해당되는지 여부를 판단함에 있어서 거래금액의 산정을 당해 유가증권의 액면금액에 따라 한다고 규정한 부분은, 법령의 위임에 의하여 법령의 구체적인 내용을 보충하는 기능을 가지면서 그것과 결합하여 법규적 효력이 있는 것이 아니라 단지 행정기관 내부에서 법령의 해석 및 적용에 관한

5) 공정거래위원회 보도자료(2010. 5. 4).

6) 공정거래위원회는 6개 기업집단 소속 215개 계열사를 대상으로 2012. 4. 1.~2015. 3. 31. 기간 동안의 대규모내부거래 이사회의결 및 공시의무 이행여부를 점검한 결과, 28개사가 58건의 공시의무를 위반한 사실을 적발하고 총 15억 4,101만원의 과태료를 부과하였다. 주요 위반 내용으로는 지연공시, 미의결·미공시, 미의결, 미공시 등이었다. 자세한 내용은 공정거래위원회 보도자료(2015. 12. 22) 참조.

7) 유가증권거래는 당해 유가증권의 액면금액. 다만, 주식거래는 실제 거래하는 금액으로 한다(공정거래위원회 고시 2002. 5. 6. 제 4 조 제 2 항 제 2 호).

일응의 기준을 정한 행정규칙에 불과하다고 볼 것이다. 그런데 관계 법령의 입법 취지, 문언 등에 비추어 볼 때, 유가증권의 거래에 있어서 법 시행령 제33조 제 2 항에 규정된 거래금액을 위 공시고시의 규정과 같이 거래대상인 유가증권의 액면금액으로 볼 수는 없고, 그 유가증권의 실제 거래금액이라고 해석함이 상당하다"고 판시하였다.[8)]

판결의 취지에 따라 공정거래위원회는 자금, 유가증권 및 자산거래는 실제 거래하는 금액으로 기준으로 하도록 개정하였다. 동 판결은 「내부거래 공시규정」의 성격을 법규적인 효력이 아닌 행정기관 내부에서 법령의 해석 및 적용에 관한 일응의 기준을 정한 행정규칙에 불과하다는 것을 밝힌 것으로 그 의의가 있다.

3. 공시대상회사의 의무

공시대상회사가 대규모내부거래를 하고자 하는 때에는 이에 대하여 이사회 의결을 거친 후 공시하여야 하며, 주요내용을 변경하려는 경우에도 미리 이사회의 의결을 거친 후 공시하여야 한다(법 제26조 제 1 항).

제 1 항의 경우에 상장법인이 「상법」 제393조의 2에 따라 설치한 위원회(같은 법 제382조 제 3 항에 따른 사외이사가 세 명 이상 포함되고, 사외이사의 수가 위원 총수의 3분의 2 이상인 경우로 한정)에서 의결한 경우에는 이사회의 의결을 거친 것으로 본다(법 제26조 제 5 항).

1) 공시내용

공시대상기업집단에 속하는 국내 회사는 제 1 항에 따라 공시를 할 때 거래의 목적 · 상대방 · 규모 및 조건 등 *대통령령*[9)]으로 정하는 주요 내용을 포함하

8) 대결 2007. 4. 13. 2005마226.

9) 제33조(대규모내부거래의 이사회 의결 및 공시) ③ 법 제26조 제 2 항에서 "거래의 목적 · 상대방 · 규모 및 조건 등 대통령령으로 정하는 주요 내용"이란 다음 각 호의 내용을 말한다. 1. 거래의 목적 및 대상 2. 거래의 상대방(특수관계인을 위한 거래인 경우에는 그 특수관계인을 포함한다) 3. 거래의 금액 및 조건 4. 제 2 호에 따른 거래의 상대방과의 동일 거래유형의 총거래잔액 5. 그 밖에 제 1 호부터 제 4 호까지에 준하는 것으로서 대규모내부거래의 이사회 의결 및 공시를 위해 필요하다고 공정거래위원회가 정하여 고시하는 사항 ④ 법 제26조 제 4 항 전단에서 "대통령령으로 정하는 기준에 해당하는 거래행위"란 다음 각 호의 요건을 모두 갖춘 거래행위를 말한다. 1. 「약관의 규제에 관한 법률」에 따른 약관상의 거래행위일 것 2. 금융업 또는 보험업을 영위하는 과정에서 발생하는 일상적인 거래행위일 것

여야 한다(법 제26조 제 2 항).

2) 약관에 의한 금융거래행위에 대한 특례

공시대상기업집단에 속하는 국내 회사 중 금융업 또는 보험업을 영위하는 회사가 약관에 따라 정형화된 거래로서 *대통령령*[10]으로 정하는 기준에 해당하는 거래행위를 하는 경우에는 제 1 항에도 불구하고 이사회의 의결을 거치지 아니할 수 있다(법 제26조 제 4 항 전단). 이 경우 그 거래내용은 공시하여야 한다(법 제26조 제 4 항 후단).

4. 수탁기관의 업무 등

제 1 항에 따른 공시는 「자본시장과 금융투자업에 관한 법률」 제161조에 따라 보고서를 제출받는 기관을 통하여 할 수 있다(법 제26조 제 3 항 전단). 이 경우 공시의 방법, 절차 및 그 밖에 필요한 사항은 해당 기관과의 협의를 거쳐 공정거래위원회가 정한다(법 제26조 제 3 항 후단).

현재 공정거래위원회는 공시대상기업집단의 대규모내부거래(법 제26조), 비상장회사 중요사항(법 제27조)과 기업집단현황(법 제28조) 등에 대한 공시업무를 금융위원회에 위탁하고 있고, 공시의무가 있는 회사는 금감원의 전자공시시스템(DART)을 이용해 관련사항을 공시하고 있다.

5. 위반시 제재

이와 관련 「대규모내부거래에 대한 이사회의결 및 공시의무위반사건에 관한 과태료부과기준」[11]을 운영하고 있다.

---

10) 제33조(대규모내부거래의 이사회 의결 및 공시) ④ 법 제26조 제 4 항 전단에서 "대통령령으로 정하는 기준에 해당하는 거래행위"란 다음 각 호의 요건을 모두 갖춘 거래행위를 말한다. 1. 「약관의 규제에 관한 법률」에 따른 약관상의 거래행위일 것 2. 금융업 또는 보험업을 영위하는 과정에서 발생하는 일상적인 거래행위일 것

11) 공정거래위원회 고시 제2021－41호(2021. 12. 28).

제27조(비상장회사 등의 중요사항 공시)

① 공시대상기업집단에 속하는 국내 회사 중 자산총액 등이 대통령령으로 정하는 기준에 해당하는 회사(금융업 또는 보험업을 영위하는 회사는 제외한다)로서 상장법인을 제외한 회사는 다음 각 호의 어느 하나에 해당하는 사항을 공시하여야 한다. 다만, 제26조에 따라 공시되는 사항은 제외한다.

1. 대통령령으로 정하는 최대주주와 주요주주의 주식소유 현황 및 그 변동사항, 임원의 변동 등 회사의 소유지배구조와 관련된 중요사항으로서 대통령령으로 정하는 사항
2. 자산·주식의 취득, 증여, 담보제공, 채무인수·면제 등 회사의 재무구조에 중요한 변동을 초래하는 사항으로서 대통령령으로 정하는 사항
3. 영업양도·양수, 합병·분할, 주식의 교환·이전 등 회사의 경영활동과 관련된 중요한 사항으로서 대통령령으로 정하는 사항

② 제 1 항의 공시에 관하여는 제26조제 2 항 및 제 3 항을 준용한다.

목 차

Ⅰ. 의 의
Ⅱ. 적용대상
Ⅲ. 공시사항
1. 최대주주와 주요주주의 주식보유현황 등
2. 회사의 재무구조 변동관련 사항
3. 회사의 경영활동과 관련한 중요한 사항
Ⅳ. 공시의 절차와 방법

Ⅰ. 의 의

대기업집단에 소속된 비상장회사는 그 성격상 회사상황이 외부에 공개되지 않아 시장에서의 투명성을 해치는 측면이 있다. 이에 2004. 12. 31. 제11차 법개정을 통하여 일정한 기준에 해당하는 비상장회사도 중요사항을 공시하도록 하는 제도를 도입하였다.

Ⅱ. 적용대상

현재 동 제도의 적용을 받는 회사는 공시대상기업집단에 속하는 국내 회사 중 자산총액 등이 *대통령령*[1]으로 정하는 기준에 해당하는 회사(금융업 또는 보험업을 영위하는 회사는 제외)로서 상장법인을 제외한 회사이다(법 제27조 제1항 본문). 다만, 제26조에 따라 공시하는 사항은 제외한다(법 제27조 제1항 단서). 제1항의 공시에 관하여는 제26조 제2항 및 제3항을 준용한다(법 제27조 제2항).

Ⅲ. 공시사항

대규모내부거래의 이사회의결 및 공시에 관한 규정에 따라 공시되는 사항을 제외하고 다음사항을 공시하여야 한다(법 제27조 제1항).

1. 최대주주와 주요주주의 주식보유현황 등

대통령령[2]으로 정하는 최대주주와 주요주주의 주식소유 현황 및 그 변동사항, 임원의 변동 등 회사의 소유지배구조와 관련된 중요사항으로서 *대통령령*[3]

1) 제34조(비상장회사 등의 중요사항 공시) ① 법 제27조 제1항 각 호 외의 부분 본문에서 "자산총액 등이 대통령령으로 정하는 기준에 해당하는 회사"란 다음 각 호의 회사를 말한다. 1. 직전 사업연도말 현재 자산총액이 100억원 이상인 회사 2. 직전 사업연도말 현재 자산총액이 100억원 미만인 회사로서 특수관계인(자연인인 동일인 및 그 친족만을 말한다. 이하 이 호에서 같다)이 단독으로 또는 다른 특수관계인과 합하여 발행주식총수의 100분의 20 이상의 주식을 소유한 회사 또는 그 회사가 단독으로 발행주식총수의 100분의 50을 초과하는 주식을 소유한 회사. 다만, 청산 절차가 진행 중이거나 1년 이상 휴업 중인 회사는 제외한다.

2) 제34조(비상장회사 등의 중요사항 공시) ② 법 제27조 제1항 제1호에서 "대통령령으로 정하는 최대주주와 주요주주"란 다음 각 호의 구분에 따른 주주를 말한다. 1. 최대주주: 해당 회사의 주주로서 의결권 있는 발행주식총수를 기준으로 소유하고 있는 주식의 수가 가장 많은 주주(동일인이 단독으로 또는 동일인관련자와 합산하여 최다출자자가 되는 경우에는 그 동일인 및 동일인관련자를 포함한다) 2. 주요주주: 누구의 명의로 하든지 자기의 계산으로 회사의 의결권 있는 발행주식총수의 100분의 10 이상의 주식을 소유하고 있거나 임원의 임면 등 회사의 주요 경영사항에 대해 사실상 지배력을 행사하고 있는 주주

3) 제34조(비상장회사 등의 중요사항 공시) ① 법 제27조 제1항 각 호 외의 부분 본문에서 "자산총액 등이 대통령령으로 정하는 기준에 해당하는 회사"란 다음 각 호의 회사를 말한다. 1. 직전 사업연도말 현재 자산총액이 100억원 이상인 회사 2. 직전 사업연도말 현재 자산총액이

으로 정하는 사항을 공시하여야 한다(법 제27조 제 1 항 제 1 호).

2. 회사의 재무구조 변동관련 사항

자산·주식의 취득, 증여, 담보제공, 채무인수·면제 등 회사의 재무구조에 중요한 변동을 초래하는 사항으로서 *대통령령*[4]으로 정하는 사항을 공시하여야 한다(법 제27조 제 1 항 제 2 호).

3. 회사의 경영활동과 관련한 중요한 사항

영업양도·양수, 합병·분할, 주식의 교환·이전 등 회사의 경영활동과 관련된 중요한 사항으로서 *대통령령*[5]으로 정하는 사항을 공시하여야 한다(법 제27조

100억원 미만인 회사로서 특수관계인(자연인인 동일인 및 그 친족만을 말한다. 이하 이 호에서 같다)이 단독으로 또는 다른 특수관계인과 합하여 발행주식총수의 100분의 20 이상의 주식을 소유한 회사 또는 그 회사가 단독으로 발행주식총수의 100분의 50을 초과하는 주식을 소유한 회사. 다만, 청산 절차가 진행 중이거나 1년 이상 휴업 중인 회사는 제외한다.

4) 제34조(비상장회사 등의 중요사항 공시) ④ 법 제27조 제 1 항 제 2 호에서 "대통령령으로 정하는 사항"이란 다음 각 호의 사항을 말한다. 이 경우 최근 사업연도말 현재 자산총액 및 자기자본은 매 사업연도 종료 후 3개월이 지난 날부터 그 다음 사업연도 종료 후 3개월이 되는 날까지의 기간을 기준으로 하고, 새로 설립된 회사로서 최근 사업연도의 대차대조표가 없는 회사의 경우에는 최근 사업연도말 현재 자산총액 및 자기자본 대신 설립 당시의 납입자본금을 기준으로 한다. 1. 최근 사업연도말 현재 자산총액의 100분의 10에 해당하는 금액 이상의 고정자산의 취득 또는 처분[「자본시장과 금융투자업에 관한 법률」에 따른 신탁계약(그 법인이 운용지시권한을 가지는 경우로 한정한다) 또는 같은 법에 따른 사모집합투자기구(그 법인이 자산운용에 사실상의 영향력을 행사하는 경우로 한정한다)를 통한 취득·처분을 포함한다]에 관한 결정이 있는 경우에는 그 결정사항 2. 자기자본의 100분의 5에 해당하는 금액 이상의 다른 법인(계열회사는 제외한다)의 주식 및 출자증권의 취득 또는 처분에 관한 결정이 있는 경우에는 그 결정사항 3. 자기자본의 100분의 1에 해당하는 금액 이상의 증여를 하거나 받기로 결정한 경우에는 그 결정사항 4. 자기자본의 100분의 5에 해당하는 금액 이상의 타인을 위한 담보제공 또는 채무보증(계약 등의 이행보증 및 납세보증을 위한 채무보증은 제외한다)에 관한 결정이 있는 경우에는 그 결정사항 5. 자기자본의 100분의 5에 해당하는 금액 이상의 채무를 면제 또는 인수하기로 결정하거나 채무를 면제받기로 결정한 경우에는 그 결정사항 6. 증자 또는 감자에 관한 결정이 있는 경우에는 그 결정사항 7. 전환사채 또는 신주인수권부사채의 발행에 관한 결정이 있는 경우에는 그 결정사항

5) 제34조(비상장회사 등의 중요사항 공시) ⑤ 법 제27조 제 1 항 제 3 호에서 "대통령령으로 정하는 사항"이란 다음 각 호의 사항을 말한다. 1. 「상법」 제360조의 2 · 제360조의15 · 제374조 · 제522조 · 제527조의 2 · 제527조의 3 · 제530조의 2에 따른 결정이 있는 경우에는 그 결정사항 2. 「상법」 제517조 또는 다른 법률에 따른 해산사유가 발생한 경우에는 그 해산사유 3. 「채무자 회생 및 파산에 관한 법률」에 따른 회생절차의 개시·종결 또는 폐지의 결정이 있는 경우에는 그 결정사항 4. 「기업구조조정 촉진법」에 따른 관리절차의 개시·중단 또는 해제결정이 있

제 1 항 제 3 호).

Ⅳ. 공시의 절차와 방법

비상장회사 등의 주요사항 공시에서 그 방법 및 절차는 독점규제법상 「대규모거래의 이사회의결 및 공시에 관한 규정」을 준용한다(법 제27조 제 2 항).

시행령에 규정된 사항 외에 주권상장법인이 아닌 회사의 법 제27조에 따른 공시의 방법·절차·시기에 관한 세부사항은 「공시대상기업집단 소속회사의 중요사항 공시에 관한 규정」[6](이하 "공시대상기업집단 공시규정")을 운영하고 있다.

는 경우에는 그 결정사항 ⑥ 제 1 항부터 제 5 항까지에서 규정한 사항 외에 상장법인을 제외한 회사의 공시의 방법·절차·시기에 관하여 필요한 세부사항은 공정거래위원회가 정하여 고시한다.

6) 공정거래위원회 고시 제2021－40호(2021. 12. 28).

제28조(기업집단현황 등에 관한 공시)

① 공시대상기업집단에 속하는 회사 중 자산총액 등이 대통령령으로 정하는 기준에 해당하는 회사는 그 기업집단의 다음 각 호의 어느 하나에 해당하는 사항으로서 대통령령으로 정하는 사항을 공시하여야 한다.

1. 일반 현황
2. 주식소유 현황
3. 지주회사등이 아닌 계열회사 현황[지주회사등의 자산총액 합계액이 기업집단 소속 회사의 자산총액(금융업 또는 보험업을 영위하는 회사의 경우에는 자본총액 또는 자본금 중 큰 금액으로 한다) 합계액의 100분의 50 이상인 경우로 한정한다]
4. 2개의 계열회사가 서로의 주식을 취득 또는 소유하고 있는 상호출자 현황
5. 순환출자 현황
6. 채무보증 현황
7. 취득 또는 소유하고 있는 국내계열회사주식에 대한 의결권 행사(금융업 또는 보험업을 영위하는 회사의 주식에 대한 의결권 행사는 제외한다) 여부
8. 특수관계인과의 거래 현황

② 공시대상기업집단에 속하는 회사를 지배하는 동일인은 다음 각 호의 어느 하나에 해당하는 사항을 공시하여야 한다. 다만, 동일인이 의식불명 등 대통령령으로 정하는 사유로 공시할 수 없는 경우에는 그러하지 아니하다.

1. 특수관계인(자연인인 동일인 및 그 친족만을 말한다. 이하 이 호에서 같다)이 단독으로 또는 다른 특수관계인과 합하여 발행주식총수의 100분의 20 이상의 주식을 소유한 국외 계열회사의 주주 구성 등 대통령령으로 정하는 사항
2. 공시대상기업집단에 속하는 국내 회사의 주식을 직접 또는 대통령령으로 정하는 방법으로 소유하고 있는 국외 계열회사의 주식소유 현황 등에 관한 사항으로서 대통령령으로 정하는 사항 및 그 국외 계열회사가 하나 이상 포함된 순환출자 현황

③ 제 1 항에 따른 공시에 관하여는 제26조 제 2 항 및 제 3 항을 준용한다.

④ 제 1 항 및 제 2 항에 따른 공시의 시기 · 방법 및 절차에 관하여 제 3 항에 규정된 것 외에 필요한 사항은 대통령령으로 정한다.

 목 차

Ⅰ. 배 경
Ⅱ. 공시대상기업집단 소속회사의 공시의무
Ⅲ. 공시대상기업집단 동일인의 공시의무

Ⅰ. 배 경

출자총액제한제도는 고도성장과정에서 빚어진 재벌에 의한 경제력집중의 심화를 방지하기 위하여 1987. 4월 대규모기업집단지정제도 등 경제력집중 억제 시책의 하나로 도입되어 시행되었으며 경제상황의 변화와 함께 내용의 변화를 거듭해 왔다. 그러나 시장개방과 글로벌 경쟁의 심화 등에 따라 기업의 경영행태가 차입을 통한 확장경영에서 수익성 위주로 변화하면서 이 제도는 실효성이 부족해져서 기업활동을 사전적으로 제한하는 정부규제의 상징으로 인식되었고 2009년 3월 동 제도는 폐지되었다.[1])

출자총액제한제도 등 사전 규제를 완화하면서 이에 대한 보완책으로 시장에 의한 자율 감시기능을 강화하기 위하여 2009년 7월부터 상호출자기업집단에 대한 공시제도를 도입하였다. 2017. 4. 18. 법 개정시 공시대상기업집단으로 변경되었다. 기존의 공시제도들은 개별회사의 현황만 공시할 뿐 기업집단 전체의 현황을 일괄적으로 공시하는 제도가 아니었다. 이에 따라 대규모기업집단에 대한 감시기능을 강화하고 기업 스스로의 투명성 제고노력을 유도하기 위하여 기업집단 전체의 현황을 일목요연하게 파악할 수 있도록 하는 기업집단공시제도를 도입한 것이다.

Ⅱ. 공시대상기업집단 소속회사의 공시의무

공시대상기업집단에 속하는 회사 중 자산총액 등이 *대통령령*[2])으로 정하는

1) 공정거래백서(2010), 11면.
2) 제35조(기업집단현황 등에 관한 공시) ① 법 제28조 제1항 각 호 외의 부분에서 "대통령령으로 정하는 기준에 해당하는 회사"란 직전 사업연도말 현재 자산총액이 100억원 미만인 회사

기준에 해당하는 회사는 ① 일반 현황(제 1 호), ② 주식소유 현황(제 2 호), ③ 지주회사등이 아닌 계열회사 현황[지주회사등의 자산총액 합계액이 기업집단 소속 회사의 자산총액(금융업 또는 보험업을 영위하는 회사의 경우에는 자본총액 또는 자본금 중 큰 금액) 합계액의 100분의 50 이상인 경우로 한정](제 3 호), ④ 2개의 계열회사가 서로의 주식을 취득 또는 소유하고 있는 상호출자 현황(제 4 호), ⑤ 순환출자 현황(제 5 호), ⑥ 채무보증 현황(제 6 호), ⑦ 취득 또는 소유하고 있는 국내계열회사주식에 대한 의결권 행사(금융업 또는 보험업을 영위하는 회사의 주식에 대한 의결권 행사는 제외) 여부(제 7 호), ⑧ 특수관계인과의 거래 현황의 어느 하나에 해당하는 사항으로서 *대통령령*[3]으로 정하는 사항(제 8 호)을 공시하여야 한다(법 제26조 제 1 항).

공시에 관하여는 제26조 제 1 항 및 제 3 항을 준용한다(법 제28조 제 2 항).[4]

그 외에 기업집단현황 등에 관한 공시의 방법, 절차 또는 시기에 관한 세부사항은 정하기 위하여 「공시대상기업집단 공시규정」을 운영하고 있다.

Ⅲ. 공시대상기업집단 동일인의 공시의무

공시대상기업집단에 속하는 회사를 지배하는 동일인은 ① 특수관계인(자연

로서 청산 절차가 진행 중이거나 1년 이상 휴업 중인 회사를 제외한 모든 회사를 말한다.

3) 제35조(기업집단현황 등에 관한 공시) ② 법 제28조 제 1 항 각 호 외의 부분에서 "대통령령으로 정하는 사항"이란 법 제31조 제 1 항 전단에 따라 지정된 공시대상기업집단에 대한 다음 각 호의 사항을 말한다. 1. 소속회사의 다음 각 목의 일반 현황 가. 회사의 명칭 나. 대표자의 성명 다. 사업내용 라. 재무 현황 마. 직전 1년간의 계열회사의 변동 현황 바. 임원 현황 사. 이사회 운영 현황 아. 그 밖에 가목부터 사목까지에 준하는 것으로서 공정거래위원회가 정하여 고시하는 사항 2. 소속회사의 주주 현황 3. 소속회사 간 출자 현황 4. 소속회사 중 지주회사등이 아닌 계열회사 현황[지주회사등의 자산총액 합계액이 기업집단 소속회사의 자산총액(금융업 또는 보험업을 영위하는 회사의 경우에는 자본총액 또는 자본금 중 큰 금액으로 한다) 합계액의 100분의 50 이상인 경우로 한정한다] 5. 소속회사 간의 상호출자 현황 6. 소속회사 간의 순환출자 현황 7. 소속회사 간의 채무보증 현황 8. 소속회사 중 금융업 또는 보험업을 영위하는 회사의 법 제25조 제 1 항에 따른 의결권 행사 여부. 다만, 금융업 또는 보험업을 영위하는 회사의 주식에 대한 의결권 행사는 제외한다. 9. 소속회사와 그 특수관계인 간 자금·자산 및 상품·용역을 제공하거나 거래한 현황 10. 사업기간(상장회사는 사업분기를 말하고, 비상장회사는 사업연도를 말한다) 동안 계열회사와 이루어진 상품 또는 용역의 거래금액이 그 사업기간 매출액의 100분의 5 이상이거나 50억원 이상인 경우 그 계열회사와의 상품 또는 용역의 거래내역 현황

4) 제35조(기업집단현황 등에 관한 공시) ⑦ 법 제28조 제 1 항 및 제 2 항에 따른 공시는 공정거래위원회가 정하여 고시하는 바에 따라 분기별, 반기별 또는 연도별로 해야 한다.

인인 동일인 및 그 친족만을 말함)이 단독으로 또는 다른 특수관계인과 합하여 발행주식총수의 100분의 20 이상의 주식을 소유한 국외 계열회사의 주주 구성 등 *대통령령*[5]으로 정하는 사항(제 1 호), ② 공시대상기업집단에 속하는 국내 회사의 주식을 직접 또는 *대통령령*[6]으로 정하는 방법으로 소유하고 있는 국외 계열회사의 주식소유 현황 등에 관한 사항으로서 *대통령령*[7]으로 정하는 사항 및 그 국외 계열회사가 하나 이상 포함된 순환출자 현황(제 2 호)의 어느 하나에 해당하는 사항을 공시하여야 한다(법 제28조 제 1 항 본문). 다만, 동일인이 의식불명 등 *대통령령*[8]으로 정하는 사유로 공시할 수 없는 경우에는 그러하지 아니하다(법 제28조 제 1 항 단서).

기업집단현황 공시제도와 관련하여 동일인에게 총수일가가 20% 이상 출자한 국외 계열회사의 주주현황과 국내 계열회사에 직·간접 출자한 국외 계열회사의 주식소유 및 순환출자 현황을 공시하도록 하였다. 그간 총수일가가 국외 계열회사를 이용하여 국내 계열회사를 지배하거나 사익편취를 할 우려에도 관련 현황이 충분히 공시되지 않는 문제가 발생함에 따라 도입되었으며 이를 통해 국외 계열회사를 이용한 법 위반행위를 감시할 수 있는 기반이 마련된 것이다.[9]

---

5) 제35조(기업집단현황 등에 관한 공시) ③ 법 제28조 제 2 항 제 1 호에서 "주주 구성 등 대통령령으로 정하는 사항"이란 다음 각 호의 사항을 말한다. 다만, 친족이 단독으로 또는 다른 친족과 함께 출자한 경우로서 국내 계열회사의 주식을 직접 또는 제 4 항에 따른 방법으로 소유하지 않고, 국내 계열회사와 직접 또는 간접으로 직전 1년간 거래가 없는 국외 계열회사에 대해 다음 각 호의 사항에 대한 정보의 제공을 거부한 경우 해당 사항은 제외한다. 1. 회사의 명칭 2. 대표자의 성명 3. 소재국 4. 사업내용 5. 주주 현황. 다만, 소재국의 법령에서 주주에 관한 정보의 제공 또는 그 공시를 금지하는 경우는 제외한다. 6. 그 밖에 제 1 호부터 제 5 호까지에 준하는 것으로서 공정거래위원회가 공시에 필요하다고 정하여 고시하는 사항

6) 제35조(기업집단현황 등에 관한 공시) ④ 법 제28조 제 2 항 제 2 호에서 "대통령령으로 정하는 방법"이란 법 제31조 제 1 항 전단에 따라 지정된 공시대상기업집단에 속하는 국내 회사의 주식을 직접 소유하고 있는 국외 계열회사의 주식을 하나 이상의 국외 계열회사 간 출자로 연결하여 소유하는 방법을 말한다.

7) 제35조(기업집단현황 등에 관한 공시) ⑤ 법 제28조 제 2 항 제 2 호에서 "대통령령으로 정하는 사항"이란 다음 각 호의 사항을 말한다. 1. 제 3 항 제 1 호부터 제 5 호까지의 사항 2. 국내 계열회사 또는 다른 국외 계열회사에 대한 출자 현황 3. 그 밖에 제 1 호 및 제 2 호에 준하는 것으로서 공정거래위원회가 공시에 필요하다고 정하여 고시하는 사항

8) 제35조(기업집단현황 등에 관한 공시) ⑥ 법 제28조 제 2 항 각 호 외의 부분 단서에서 "의식불명 등 대통령령으로 정하는 사유"란 다음 각 호의 사유를 말한다. 1. 의식불명 2. 실종선고 3. 성년후견 개시 결정 4. 그 밖에 제 1 호부터 제 3 호까지에 준하는 것으로서 동일인이 공시하는 것이 사실상 불가능하다고 공정거래위원회가 인정하는 사유

9) 공정거래백서(2021), 295면.

공시제도 개요

구분	대규모 내부거래 공시	비상장사 중요사항 공시	기업집단현황 공시
근거 조문	법 제26조, 제29조	법 제27조	법 제28조
도입 시기	(소속회사) '00. 4월 (공익법인) '21. 12월	'05. 4월	(소속회사) '09. 7월(출총제 폐지) (동일인) '21. 12월
도입 배경	내부거래 현황 등을 파악하여 시장에 정보를 제공함으로써 부당한 내부거래 등으로 인한 폐해 방지	비상장사의 불투명한 경영으로 인한 동일집단 상장회사 소액주주 및 이해관계자의 피해 방지	일반현황, 소유지배구조, 내부거래현황, 국외계열사의 주식소유현황 등 기업집단 전반의 정보를 일목요연하게 제공하여 시장에 의한 감시기능 강화
공시 주체	공시대상기업집단 소속회사 및 공익법인	공시대상기업집단 소속회사 중 자산총액 100억원 이상 비상장사 (100억원 미만이더라도 사익편취규제대상회사는 포함)	공시대상기업집단 소속회사 및 동일인
공시 내용	〈소속회사〉 ◦ 거래금액이 자본금(자본총액)의 5% 이상 또는 50억원 이상인 내부거래 〈공익법인〉 ◦ 거래금액이 기본순자산(순자산총계)의 5% 이상 또는 50억원 이상인 내부거래(단, 계열사 주식거래는 거래금액 및 거래상대방과 관계없이 공시) ※ 대규모 내부거래 유형 ◦ 자금 거래 ◦ 유가증권 거래 ◦ 자산 거래 ◦ 상품·용역 거래	〈소유지배구조 사항〉 ◦ 최대주주의 주식 변동 ◦ 주요주주의 주식 변동 ◦ 임원 변동 현황 〈재무구조 사항〉 ◦ 자산 및 타법인 주식의 취득·처분 ◦ 증여 또는 수증 ◦ 담보제공 또는 채무보증 ◦ 증자 또는 감자 ◦ 전환사채 발행 등 〈경영활동 사항〉 ◦ 영업의 양도·양수 ◦ 합병·분할 ◦ 주식교환·이전 ◦ 해산사유 발생 ◦ 회생절차 및 관리절차 개시·종료 등	〈일반현황〉 ◦ 회사개요 ◦ 재무, 손익 현황 ◦ 계열사 현황 〈임원·이사회 현황〉 ◦ 임원 현황 ◦ 이사회 운영현황 〈주식소유〉 ◦ 소유지분현황 ◦ 계열회사간 주식소유현황 〈특수관계인 거래현황〉 ◦ 자금 차입·대여 현황 ◦ 유가증권 거래현황 ◦ 상품·용역 거래현황 ◦ 자산거래 현황 ◦ 지주회사 거래 현황 ◦ 채권·채무 현황 ◦ 특수관계인 지분율이 높은 계열회사와의 거래 현황 ◦ 특수관계인인 공익법인과의 거래 현황 〈기타〉 ◦ 순환출자 현황 ◦ 지주회사 현황 ◦ 지주회사 체제 밖 계열사 현황 ◦ 금융보험사 의결권 현황 등 〈동일인〉 ◦ 국외계열사 일반현황, 주주현황, (순환)출자현황

구분	대규모 내부거래 공시	비상장사 중요사항 공시	기업집단현황 공시
공시 주기	이사회 의결 후, 상장사 1일, 비상장사·공익법인 7일 이내	사유발생일로부터 7일 이내	연1회 또는 분기1회
위반시 제재	시정조치 및 과태료(1억원 이하)		

〈출처: 공정거래위원회 보도자료(2022. 12. 25)〉

제29조(특수관계인인 공익법인의 이사회 의결 및 공시)

① 공시대상기업집단에 속하는 회사를 지배하는 동일인의 특수관계인에 해당하는 공익법인은 다음 각 호의 어느 하나에 해당하는 거래행위를 하거나 주요 내용을 변경하려는 경우에는 미리 이사회 의결을 거친 후 이를 공시하여야 한다.

1. 해당 공시대상기업집단에 속하는 국내 회사 주식의 취득 또는 처분
2. 해당 공시대상기업집단의 특수관계인(국외 계열회사는 제외한다. 이하 이 조에서 같다)을 상대방으로 하거나 특수관계인을 위하여 하는 대통령령으로 정하는 규모 이상의 다음 각 목의 어느 하나에 해당하는 거래
   가. 가지급금 또는 대여금 등의 자금을 제공 또는 거래하는 행위
   나. 주식 또는 회사채 등의 유가증권을 제공 또는 거래하는 행위
   다. 부동산 또는 무체재산권 등의 자산을 제공 또는 거래하는 행위
   라. 주주의 구성 등을 고려하여 대통령령으로 정하는 계열회사를 상대방으로 하거나 그 계열회사를 위하여 상품 또는 용역을 제공 또는 거래하는 행위

② 제1항의 공시에 관하여는 제26조제2항 및 제3항을 준용한다.

목 차

Ⅰ. 적용대상
Ⅱ. 공시사항

Ⅰ. 적용대상

공시대상기업집단에 속하는 회사를 지배하는 동일인의 특수관계인에 해당하는 공익법인은 특정 거래행위를 하거나 주요 내용을 변경하려는 경우에는 미리 이사회 의결을 거친 후 이를 공시하여야 한다(법 제29조 제1항). 제1항의 공시에 관하여는 법 제26조 제2항 및 제3항을 준용한다(법 제29조 제2항).

그 외에 공익법인의 이사회 의결 및 공시의 방법·절차·시기에 관하여 필요한 세부사항을 정하기 위하여 「공시대상기업집단 공시규정」을 운영하고 있다.

Ⅱ. 공시사항

공시사항은 ① 해당 공시대상기업집단에 속하는 국내 회사 주식의 취득 또는 처분(제 1 호), 해당 공시대상기업집단의 특수관계인(국외 계열회사는 제외)을 상대방으로 하거나 특수관계인을 위하여 하는 *대통령령*[1])으로 정하는 규모 이상의 i) 가지급금 또는 대여금 등의 자금을 제공 또는 거래하는 행위, ii) 주식 또는 회사채 등의 유가증권을 제공 또는 거래하는 행위, iii) 부동산 또는 무체재산권 등의 자산을 제공 또는 거래하는 행위, iv) 주주의 구성 등을 고려하여 *대통령령*[2])으로 정하는 계열회사를 상대방으로 하거나 그 계열회사를 위하여 상품 또는 용역을 제공 또는 거래하는 행위의 어느 하나에 해당하는 거래이다(법 제29조 제 1 항).

1) 제36조(특수관계인인 공익법인의 이사회 의결 및 공시) ① 법 제29조 제 1 항 제 2 호 각 목에 따른 거래행위의 규모는 그 거래금액(같은 호 라목의 경우에는 분기에 이루어질 거래금액의 합계액을 말한다)이 50억원 이상이거나 그 공익법인의 순자산총계 또는 기본순자산 중 큰 금액의 100분의 5 이상인 것으로 한다. ③ 제 1 항 및 제 2 항에서 규정한 사항 외에 공익법인의 이사회 의결 및 공시의 방법 · 절차 · 시기에 관하여 필요한 세부사항은 공정거래위원회가 정하여 고시한다.

2) 제36조(특수관계인인 공익법인의 이사회 의결 및 공시) ② 법 제29조 제 1 항 제 2 호 라목에서 "대통령령으로 정하는 계열회사"란 제33조 제 2 항에 따른 계열회사를 말한다. ③ 제 1 항 및 제 2 항에서 규정한 사항 외에 공익법인의 이사회 의결 및 공시의 방법 · 절차 · 시기에 관하여 필요한 세부사항은 공정거래위원회가 정하여 고시한다.

제30조(주식소유현황등의 신고)

① 공시대상기업집단에 속하는 회사는 대통령령으로 정하는 바에 따라 당해 회사의 주주의 주식소유현황·재무상황 및 다른 국내회사 주식의 소유현황을 공정거래위원회에 신고하여야 한다.

② 상호출자제한기업집단에 속하는 회사는 대통령령으로 정하는 바에 따라 국내계열회사에 대한 채무보증현황을 국내금융기관의 확인을 받아 공정거래위원회에 신고하여야 한다.

③ 제1항 및 제2항의 신고에 관하여는 제11조제11항 단서를 준용한다.

목 차

Ⅰ. 공시대상기업집단등에 속하는 회사의 신고의무
Ⅱ. 신고대리인의 지정

[참고사례]

상호출자제한기업집단 부영 소속 (주)부영 등 5개사의 주식소유현황 신고규정 위반행위 건(공정거래위원회 2018. 3. 14. 결정 제2018－024호)

Ⅰ. 공시대상기업집단등에 속하는 회사의 신고의무

공시대상기업집단에 속하는 회사는 *대통령령*[1])으로 정하는 바에 따라 당해

1) 제37조(주식소유 현황 등의 신고) ① 법 제30조 제1항에 따른 신고를 하려는 회사는 매년 5월 31일까지 다음 각 호의 사항이 포함된 신고서를 공정거래위원회에 제출해야 한다. 다만, 법 제31조 제1항 전단에 따라 새로 공시대상기업집단으로 지정된 기업집단에 속하는 회사의 경우에는 제38조 제5항에 따른 통지를 받은 날부터 30일 이내에 그 신고서를 제출(공시대상기업집단으로 새로 지정된 연도로 한정한다)해야 한다. 1. 해당 회사의 명칭·자본금 및 자산총액 등 회사의 개요 2. 계열회사 및 특수관계인이 소유하고 있는 해당 회사의 주식수 3. 해당 회사의 국내 회사 주식소유 현황 ② 제1항의 신고서에는 다음 각 호의 서류를 첨부해야 한다. 1. 해당 회사의 소유주식 명세서 2. 계열회사와의 상호출자 현황표 3. 해당 회사의 직전 사업연도의 감사보고서 ③ 법 제30조 제1항에 따라 신고한 회사는 주식취득 등으로 법 제31조 제1항 전단에 따라 지정된 공시대상기업집단에 속하는 국내 회사에 변동사유가 발생한 경우 다음 각 호의 구분에 따른 날부터 30일 이내에 그 변동내용이 포함된 신고서를 공정거래위원회에 제출

회사의 주주의 주식소유현황 · 재무상황 및 다른 국내회사 주식의 소유현황을 공정거래위원회에 신고하여야 한다(법 제30조 제 1 항). 한편 상호출자제한기업집단에 속하는 회사는 국내계열회사에 대한 채무보증현황을 국내금융기관의 확인을 받아 공정거래위원회에 신고하여야 한다(법 제30조 제 2 항).

〈상호출자제한기업집단 부영 소속 (주)부영 등 5개사의 주식소유현황 신고규정 위반행위 건〉에서 공정거래위원회는 명의신탁 사실을 신고하지 않은 (주)부영 등 5개사에 대하여 고발조치하였다.[2] 법 제10조에 따르면 이 법의 규정에 의한 주식의 취득 또는 소유는 취득 또는 소유의 명의와 관계없이 실질적인 소유관계를 기준으로 한다.

Ⅱ. 신고대리인의 지정

공정거래위원회가 신고의무자가 소속된 기업집단에 속하는 회사중 하나의 회사의 신청을 받아 *대통령령*으로 정하는 바에 따라 기업결합신고 대리인으로 정하여 그 대리인이 신고할 수 있다는 규정(법 제11조 제11항 단서)은 위 Ⅰ.의 신고에 관하여 이를 준용한다(법 제30조 제 3 항).

해야 한다. 1. 주식을 소유하게 되거나 주식소유비율이 증가한 경우: 제17조 제 1 호 각 목에 따른 날 2. 임원 선임의 경우: 임원을 선임하는 회사의 주주총회 또는 사원총회에서 임원의 선임이 의결된 날 3. 새로운 회사설립에 참여한 경우: 회사의 설립등기일 4. 제 1 호부터 제 3 호까지에 해당하지 않는 경우로서 지배적인 영향력을 행사할 수 있게 된 경우: 주요 주주와의 계약 · 합의 등에 따라 해당 소속회사의 경영에 대해 지배적인 영향력을 행사할 수 있게 된 날 ④ 법 제30조 제 2 항에 따른 신고를 하려는 회사는 매년 5월 31일까지 해당 회사의 채무보증 금액이 포함된 신고서에 다음 각 호의 서류를 첨부하여 공정거래위원회에 제출해야 한다. 다만, 법 제31조 제 1 항 전단에 따라 새로 상호출자제한기업집단으로 지정된 기업집단에 속하는 회사의 경우에는 제38조 제 5 항에 따른 통지를 받은 날부터 30일 이내에 그 신고서를 제출(공시대상기업집단으로 새로 지정된 연도로 한정한다)해야 한다. 1. 해당 회사의 계열회사에 대한 채무보증명세서 및 직전 1년간의 채무보증 변동내역 2. 해당 회사가 계열회사로부터 받은 채무보증명세서 및 직전 1년간의 채무보증 변동내역 3. 해당 회사의 채무보증 금액과 제 1 호 및 제 2 호의 내용을 확인하기 위해 법 제 2 조 제18호 각 목의 국내 금융기관이 공정거래위원회가 정하는 서식에 따라 작성한 확인서

2) 공정결 2018. 3. 14. 2018－024.

제31조(상호출자제한기업집단등의 지정 등)

① 공정거래위원회는 대통령령으로 정하는 바에 따라 산정한 자산총액이 5조원 이상인 기업집단을 대통령령으로 정하는 바에 따라 공시대상기업집단으로 지정하고, 지정된 공시대상기업집단 중 자산총액이 국내총생산액의 1천분의 5에 해당하는 금액 이상인 기업집단을 대통령령으로 정하는 바에 따라 상호출자제한기업집단으로 지정한다. 이 경우 공정거래위원회는 지정된 기업집단에 속하는 국내 회사와 그 회사를 지배하는 동일인의 특수관계인인 공익법인에 지정 사실을 대통령령으로 정하는 바에 따라 통지하여야 한다.

② 제21조부터 제30조까지 및 제47조는 제 1 항 후단에 따른 통지(제32조제 4 항에 따른 편입 통지를 포함한다)를 받은 날부터 적용한다.

③ 제 2 항에도 불구하고 제 1 항에 따라 상호출자제한기업집단으로 지정되어 상호출자제한기업집단에 속하는 국내 회사로 통지를 받은 회사 또는 제32조제 1 항에 따라 상호출자제한기업집단의 국내 계열회사로 편입되어 상호출자제한기업집단에 속하는 국내 회사로 통지를 받은 회사가 통지받은 당시 제21조제 1 항 · 제 3 항 또는 제24조를 위반하고 있는 경우에는 다음 각 호의 구분에 따른다.

1. 제21조제 1 항 또는 제 3 항을 위반하고 있는 경우(취득 또는 소유하고 있는 주식을 발행한 회사가 새로 국내 계열회사로 편입되어 제21조제 3 항을 위반하게 되는 경우를 포함한다)에는 지정일 또는 편입일부터 1년간은 같은 항을 적용하지 아니한다.
2. 제24조를 위반하고 있는 경우(채무보증을 받고 있는 회사가 새로 계열회사로 편입되어 위반하게 되는 경우를 포함한다)에는 지정일 또는 편입일부터 2년간은 같은 조를 적용하지 아니한다. 다만, 이 항 각 호 외의 부분에 따른 회사에 「채무자 회생 및 파산에 관한 법률」에 따른 회생절차가 개시된 경우에는 회생절차의 종료일까지, 이 항 각 호 외의 부분에 따른 회사가 회생절차가 개시된 회사에 대하여 채무보증을 하고 있는 경우에는 그 채무보증에 한정하여 채무보증을 받고 있는 회사의 회생절차의 종료일까지는 제24조를 적용하지 아니한다.

④ 공정거래위원회는 회사 또는 해당 회사의 특수관계인에게 제 1 항에 따른 기업집단의 지정을 위하여 회사의 일반 현황, 회사의 주주 및 임원 구성, 특수관계인 현황, 주식소유 현황 등 대통령령으로 정하는 자료의 제출을 요청할 수 있다.

⑤ 공시대상기업집단에 속하는 국내 회사(청산 중에 있거나 1년 이상 휴업 중인 회사는 제외한다)는 공인회계사의 회계감사를 받아야 하며, 공정거래위원회는 공인회계사의

감사의견에 따라 수정한 대차대조표를 사용하여야 한다.

⑥ 제 1 항에 따른 국내총생산액의 1천분의 5에 해당하는 금액의 산정 기준 및 방법과 그 밖에 필요한 사항은 대통령령으로 정한다.

 목 차

Ⅰ. 제도의 의의
Ⅱ. 연 혁
Ⅲ. 기업집단의 지정
1. 공시대상기업집단
2. 상호출자제한기업집단
Ⅳ. 지정절차
1. 지정 및 지정제외
2. 통 지
3. 자료제출 요구
Ⅴ. 지정통지와 독점규제법의 적용시점
Ⅵ. 공인회계사의 회계감사

[참고문헌]

단행본: 공정거래위원회, 공정거래백서, 2018, 2021

[참고사례]

농업협동조합중앙회 등의 상호출자제한기업집단 지정취소의 건(서울고등법원 2013. 1. 25. 선고 2012누12572 판결); 금호석유화학(주)의 대규모기업집단지정 취소 소송 건(대법원 2015. 3. 26. 선고 2012두27268 판결); 박삼구 등의 2014년도 및 2015년도 상호출자제한기업집단지정처분 취소소송 건[서울고등법원 2015. 5. 14. 선고 2014누5141 판결; 대법원 2015. 12. 10. 선고 2015두50078(심리불속행 기각) 판결]

Ⅰ. 제도의 의의

대규모기업집단 지정제도란 대규모기업집단 시책의 적용 대상이 되는 기업집단의 범위를 확정하는 제도이다. 공정거래위원회는 동일 기업집단에 속하는 국내계열 회사의 자산합계가 일정 규모 이상인 기업집단을 상호출자제한기업집단으로 지정하고 동 기업집단에 속하는 회사들을 대상으로 계열회사 간 상호출자 · 신규순환출자 금지, 금융보험사의 의결권 행사 제한, 계열회사 간 채무보증제한, 기업집단 현황 등 공시의무 부과, 총수일가 사익편취 규제 등 대규모기업집단시책을 집행하여왔다. 대규모기업집단 지정제도는 독점규제법뿐만 아니라 중소기업·금융·노동 분야 등 약 40개 법령에서 원용하여 정책집행의 대상 등을 정하고 있는바, 대규모기업집단 시책은 물론 정부정책의 집행에 있어서도 중요한 인프라로서의 기능을 수행한다.[1)]

Ⅱ. 연 혁

1986. 12. 31. 제 1 차 법개정을 통하여 경제력집중 억제시책이 시행될 당시 자산총액의 합계액이 4,000억원 이상인 기업집단을 대규모기업집단으로 지정하고, 처음으로 32개 기업집단을 지정하였다. 1992. 12. 8. 제 2 차 법개정에서는 자산총액 기준이 아니라 순위기준으로 변경하여 1위부터 30위까지는 대규모기업집단으로 지정하였다. 다만 1994. 12. 22. 제 4 차 법개정을 통하여 주식보유의 분산 및 재무구조가 우량한 기업집단에 대해서는 기업집단의 지정에서 제외하였다. 2002. 1. 26. 제10차 법개정시에는 지정방식이 근본적으로 변화되었는데, 일률적으로 대규모기업집단을 지정하는 방식이 아니라 규제의 내용별로 분리하였고, 법 시행령을 통하여 자산총액 2조원 이상인 기업집단을 상호출자제한기업집단 및 채무보증제한기업집단으로 지정하도록 하였다. 2008년부터는 자산총액 5조원을 기준으로 하였다.

그러나 현행 5조원 기준이 도입된 후 8년이 경과함에 따라 그간 국민경제 규모 등 경제 여건의 변화를 반영할 필요성이 높아졌다. 이에 공정거래위원회는 그간의 경제 여건 변화[2)]를 반영하여 대기업 집단 지정 기준을 5조원에서 10조원으로 상향하고 공기업집단은 제외하기로 결정하였다(다만 총수일가 사익 편취 규제, 공시 의무 대상은 현행 5조원 기준 유지). 2016. 9. 30 개정 시행령은 상호출자제한기업집단 지정기준을 종전의 기업집단 소속 국내 계열회사 자산총액 5조

1) 이상 공정거래백서(2022), 302면.

2) GDP는 2007년 말, 1,043조원에서 2015년 말, 1,559조원으로 49.4%가 증가했다. 지정 집단 자산 합계는 2007년 말 1,162조원에서 2015년 말, 2,338조원으로 101.3% 증가했고, 평균으로 봐도 2007년 말 14.7조원에서 2015년 말 36.0조원으로 144.6% 늘었다. 자산 규모 최상위와 최하위 집단 간 격차도 2009년 지정 시 1위인 삼성 174.9조원, 48위 한국농어촌공사 5.2조원으로 33.6배였으며 2016년 지정시에는 삼성 348.2조원, 65위 카카오 5.1조원으로 68.3배였다.

원 이상인 기업집단에서 10조 원 이상인 기업 집단으로 상향하였다. 공기업집단도 상호출자제한기업집단에서 제외하였다. 공기업집단은 2002년부터 상호출자제한기업집단으로 지정되어 왔는데, 이후 공기업집단에 대한 정부의 통제가 강화되어 독점규제법 수준의 규제를 적용받고 있는 점 등을 고려한 것이다.[3)]

그 후 2017. 7. 19. 법 개정에서는 자산규모에 따라 대규모기업집단 규제를 차등화하였다. 즉, 자산총액 5조원 이상인 기업집단을 '공시대상기업집단'으로 지정하고 총수일가 사익편취 규제 및 공시의무를 적용받도록 하였고, 공시대상기업집단 중 자산총액 10조원 이상인 기업집단은 따로 '상호출자제한기업집단'으로 지정하고 나머지 경제력집중 억제를 위한 규제까지 적용받도록 하였다.

기업집단 지정기준의 변화

연도	출자총액제한기업집단	상호출자제한기업집단	공시대상기업집단
1986~1992	자산총액 4,000억원 이상	자산총액 4,000억원 이상	
1993~1997	자산총액 1~30위 기업집단	자산총액 1~30위 기업집단	
1998~2000	폐지	자산총액 1~30위 기업집단	
2001	자산총액 1~30위 기업집단	자산총액 1~30위 기업집단	
2002~2004	자산총액 5조원 이상	자산총액 2조원 이상	
2005~2006	자산총액 6조원 이상	자산총액 2조원 이상	
2007	자산총액 10조원 이상	자산총액 2조원 이상	
2008	자산총액 10조원 이상	자산총액 5조원 이상	
2009	폐지	자산총액 5조원 이상	
2016		자산총액 10조원	
2017		자산총액 10조원 이상	자산총액 5조원 이상
2020		자산총액 국내총생산액의 1천분의 5 이상	자산총액 5조원 이상

2020. 12. 29. 법 전부개정시에 '공시대상기업집단'은 5조원 이상으로, '상호출자제한기업집단'은 그 중 자산총액이 국내총생산액의 1천분의 5에 해당하는

3) 공정거래백서(2018), 301~302면.

금액 이상인 기업집단으로 변경하였다.

Ⅲ. 기업집단의 지정

공시대상 기업집단 소속회사에 대해서는 독점규제법에 따른 공시 및 신고의무[대규모내부거래공시 · 비상장회사 중요사항공시 · 기업집단현황공시 및 주식소유현황신고], 총수일가 사익편취 규제가 적용되고, 상호출자제한 기업집단 소속회사에 대해서는 그 외에 상호출자금지, 순환출자금지, 채무보증금지, 금융보험사 및 공익법인 의결권 제한 등이 추가 적용된다.

1. 공시대상기업집단

공정거래위원회는 *대통령령*[4]으로 정하는 바에 따라 산정한 자산총액이 5조원 이상인 기업집단을 *대통령령*으로 정하는 바에 따라 공시대상기업집단으로

4) 제38조(공시대상기업집단 및 상호출자제한기업집단의 지정 등) ① 법 제31조 제 1 항 전단에 따른 공시대상기업집단(이하 "공시대상기업집단"이라 한다)은 해당 기업집단에 속하는 국내 회사들의 공시대상기업집단 지정 직전 사업연도의 대차대조표상 자산총액(금융업 또는 보험업을 영위하는 회사의 경우에는 자본총액 또는 자본금 중 큰 금액으로 하며, 새로 설립된 회사로서 직전 사업연도의 대차대조표가 없는 경우에는 지정일 현재의 납입자본금으로 한다. 이하 이 조에서 같다)의 합계액이 5조원 이상인 기업집단으로 한다. 다만, 다음 각 호의 기업집단은 공시대상기업집단 지정에서 제외한다. <u>1. 금융업 또는 보험업만을 영위하는 기업집단 2. 금융업 또는 보험업을 영위하는 회사가 동일인인 기업집단 3. 해당 기업집단에 속하는 회사 중 다음 각 목의 회사의 자산총액 합계액이 기업집단 전체 자산총액의 100분의 50 이상인 기업집단. 다만, 다음 각 목의 회사를 제외한 회사의 자산총액 합계액이 5조원 이상인 기업집단은 제외한다.</u> 가. 「채무자 회생 및 파산에 관한 법률」에 따른 회생절차의 개시가 결정되어 그 절차가 진행 중인 회사 나. 「기업구조조정 촉진법」에 따른 관리절차의 개시가 결정되어 그 절차가 진행 중인 회사 <u>4. 「공공기관의 운영에 관한 법률」 제 4 조에 따른 공공기관, 「지방공기업법」 제 2 조 제 1 항에 따른 지방직영기업, 지방공사 또는 지방공단이 동일인인 기업집단 5. 해당 기업집단에 속하는 회사 모두가 다음 각 목의 어느 하나에 해당하는 기업집단</u> 가. 「자본시장과 금융투자업에 관한 법률」 제 9 조 제19항 제 1 호에 따른 기관전용 사모집합투자기구 나. 가목에 해당하는 자가 투자한 「자본시장과 금융투자업에 관한 법률」 제249조의13제 1 항에 따른 투자목적회사(이하 이 호에서 "투자목적회사"라 한다) 다. 나목에 해당하는 자가 투자한 투자목적회사 라. 가목부터 다목까지에 해당하는 자가 투자한 「자본시장과 금융투자업에 관한 법률」 제249조의18제 2 항 제 4 호에 따른 투자대상기업 마. 라목에 해당하는 자가 지배하는 회사 바. 「자본시장과 금융투자업에 관한 법률」 제249조의15제 1 항에 따라 금융위원회에 등록된 기관전용 사모집합투자기구의 업무집행사원 <u>6. 해당 기업집단에 속하는 회사 모두가 다음 각 목의 어느 하나에 해당하는 기업집단</u>. 이 경우 가목 또는 나목의 회사가 각각 하나 이상 포함되어 있어야 한다. 가. 금융업 또는 보험업을 영위하는 회사 나. 제 5 호 각 목의 어느 하나에 해당하는 회사

지정한다(법 제31조 제 1 항 전단). 이 경우 공정거래위원회는 지정된 기업집단에 속하는 국내 회사와 그 회사를 지배하는 동일인의 특수관계인인 공익법인에 지정 사실을 *대통령령*으로 정하는 바에 따라 통지하여야 한다(법 제31조 제 1 항 후단).

2. 상호출자제한기업집단

공시대상기업집단 중 자산총액이 국내총생산액[5]의 1천분의 5에 해당하는 금액 이상인 기업집단을 *대통령령*[6]으로 정하는 바에 따라 상호출자제한기업집단으로 지정한다(법 제31조 제 1 항 전단). 이 경우 공정거래위원회는 지정된 기업집단에 속하는 국내 회사와 그 회사를 지배하는 동일인의 특수관계인인 공익법인에 지정 사실을 *대통령령*으로 정하는 바에 따라 통지하여야 한다(법 제31조 제 1 항 후단). 제 1 항에 따른 국내총생산액의 1천분의 5에 해당하는 금액의 산정 기준 및 방법과 그 밖에 필요한 사항은 *대통령령*으로 정한다(법 제31조 제 6 항). 제 1 항에 따른 국내총생산액의 1천분의 5에 해당하는 금액의 산정 기준 및 방법과 그 밖에 필요한 사항은 *대통령령*으로 정한다(법 제31조 제 6 항).

공정거래위원회는 2012. 4. 12. 농업협동조합중앙회 소속 기업집단을 포함한 63개 기업집단을 2012년도 상호출자제한기업집단으로 지정하였는데 농업협동조합중앙회 등은 농업협동조합의 조직 목적 등에 의할 때 경제력집중 규제대상에 해당한다고 보기 어렵다는 등 이유로 위 지정이 위법한 처분이라고 주장하며 행정소송을 제기하였다. 그러나 동 행정소송에서 서울고등법원은 “농협의 경우 독점규제법의 적용이 제외되는 같은 법 제116조(법령에 따른 정당한 행위), 제117조(무체재산권의 행사범위), 제118조(일정한 조합의 행위)에 해당한다고 보기 어려울 뿐만 아니라 구 농협법에 독점규제법의 적용을 명시적으로 제한하는 규정도

5) 「상호출자제한기업집단 지정 기준금액 산정기준」[2021. 12. 30.] [공정거래위원회고시 제2021.48호(2021. 12. 28.). 제 1 조(산정기준) 「독점규제 및 공정거래에 관한 법률」(이하 “법”이라 한다) 제31조 제 1 항에 따른 국내총생산액은 「통계법」 제17조에 따라 통계청장이 지정하여 한국은행이 매년 발표하는 국민계정 중 법 제31조에 따른 지정일 직전에 발표한 국민계정의 명목 국내총생산액의 연간 확정치를 사용한다. 제 2 조(산정방법) 법 제31조 제 1 항에 따라 상호출자제한기업집단의 지정기준이 되는 국내총생산액의 1천분의 5에 해당하는 금액을 산정함에 있어서 1천억 원 단위 미만의 금액은 버리는 것으로 한다.

6) 제38조(공시대상기업집단 및 상호출자제한기업집단의 지정 등) ② 법 제31조 제 1 항 전단에 따른 상호출자제한기업집단(이하 “상호출자제한기업집단”이라 한다)의 지정 기준 및 지정제외 기준에 관하여는 제 1 항을 준용한다. 이 경우 제 1 항 각 호 외의 부분 본문 및 같은 항 제 3 호 중 “5조원”은 각각 “국내총생산액의 1천분의 5에 해당하는 금액”으로 본다.

없다"고 하고 "상호출자제한 기업집단 제도를 오로지 기업총수 내지 그 일가가 일정한 규모 이상인 회사들의 집단 전체를 지배하는 것을 규제할 목적으로만 보는 것은 그 취지를 지나치게 협소하게 파악하는 것인바, 실제로 원고들과 같이 상호출자제한기업집단으로 지정된 63개의 기업집단 중 한국전력공사나 한국토지주택공사를 비롯한 공기업집단이 12개나 되며", "농협중앙회 및 계열회사는 그 수익금이 농민들에게 일부 배분된다는 점에서 여타의 회사들과 차이가 있을 뿐, 기본적으로 영리를 추구하기 때문에 사업목적 및 사업방식 면에서 관련 시장의 다른 경쟁사업자들과 크게 다를 바 없다"고 판시함으로써 농업협동조합중앙회 등의 주장을 배척하였다.[7)]

〈금호석유화학(주)의 대규모기업집단지정 취소 소송 건〉에서 대법원은 박삼구가 금호산업·금호타이어의 사업내용을 지배하므로, 금호산업이 사실상 사업내용을 지배하는 아시아나항공 및 그 자회사에 대하여도 박삼구의 사실상 지배가 인정되어 기업집단에서 제외할 수 없다고 판시하였다.[8)]

그러나 〈박삼구 등의 2014년도 및 2015년도 상호출자제한기업집단 지정처분 취소소송 건〉에서는 공정거래위원회가 금호산업(주), 금호석유화학(주) 등 26개 계열회사에 관하여 동일인을 박삼구로 하는 2014년도 및 2015년도 상호출자제한기업집단 지정처분한 데 대하여 박삼구(동일인)와 소속회사 금호산업(주)이 취소소송을 제기하였는데, 서울고등법원은 박삼구가 금호석유화학의 사업을 지배한다고 볼 수 없고, 나머지 7개사도 금호석유화학의 자회사 내지 손자회사이므로 공정거래위원회가 달리 박삼구가 나머지 7개사에 대하여 사실상 지배력을 가지고 있다는 점을 주장·입증하지 않는 한 위 7개사를 기업집단 금호아시아나에 포함시킨 처분 또한 위법하다고 판시하였다.[9)]

---

7) 서고판 2013. 1. 25. 2012누12572.

8) 대판 2015. 3. 26. 2012두27268.

9) 서고판 2015. 5. 14. 2014누5141(대판 2015. 12. 10. 2015두50078). (지분율 요건) 관련해서는 동일인 박삼구와 동일인 관련자 박찬구 등이 소유한 금호석유화학 지분이 24.26%('14) 및 24.38('15)로 30%에 미달하고, (지배력 요건) 관련해서는 박찬구의 금호석화에 대한 독립경영권이 인정되는 것으로 보이는 점, 금호석화 신입사원 채용절차가 금호아시아나와 별도로 진행되는 점, 금호라는 상호를 사용하기는 하나 금호아시아나 로고는 사용하지 않는 점 등을 이유로 박삼구가 박찬구를 통해 금호석화의 사업내용을 사실상 지배한다고 인정하기 어렵다고 보았다. 그간 공정거래위원회에서는 동일인의 친족이 지분율 또는 지배력 요건에 따라 지배하는 회사는 동일인의 영향력과 무관하게 계열회사로 인정하여 왔으나, 동 판례에서는 친척이 지분율 요건을 갖춘 경우에는 해당 회사에 대한 동일인의 영향력 행사 여부를 따지지 않고 소속회사로 인정하는 반면, 친족이 지배력 요건에 따라 해당회사의 경영에 영향력을 행사하는 경우에 한해 소속회사로 인정하였다.

이에 따라 금호아시아나와 금호석유화학은 계열분리되었다. 한편 2017. 11. 9. 금호타이어(주)가 소속집단 금호아시아나로부터의 계열제외를 신청하였고 공정거래위원회는 시행령 제4조 제1호(지분율 요건) 및 제2호(지배력 요건)를 검토하여 계열제외를 승인하였다.

Ⅳ. 지정절차

1. 지정 및 지정제외

매년 5월 1일(부득이한 경우에는 5월 15일)까지 기업집단 지정을 하며, 지정에서 제외되는 경우도 있다.[10)]

2. 통　　지

공정거래위원회는 지정된 기업집단에 속하는 국내 회사와 그 회사를 지배하는 동일인의 특수관계인인 공익법인에 지정 사실을 *대통령령*[11)]으로 정하는

10) 제38조(공시대상기업집단 및 상호출자제한기업집단의 지정 등) ③ 공정거래위원회는 법 제31조 제1항 전단에 따라 매년 5월 1일(부득이한 경우에는 5월 15일)까지 제1항 또는 제2항의 기준에 새로 해당하는 기업집단을 공시대상기업집단 또는 상호출자제한기업집단으로 지정해야 하고, 공시대상기업집단 또는 상호출자제한기업집단으로 지정된 기업집단이 제1항 또는 제2항의 기준에 해당하지 않게 되는 경우 공시대상기업집단 또는 상호출자제한기업집단에서 제외해야 한다. ④ 공정거래위원회는 제3항에 따라 공시대상기업집단 또는 상호출자제한기업집단으로 지정된 기업집단이 다음 각 호에 해당하는 경우 그 사유가 발생한 때에 공시대상기업집단 또는 상호출자제한기업집단에서 제외할 수 있다. 1. 지정일 이후 제1항 제3호 각 목 외의 부분 본문에 해당하게 된 경우. 다만, 제1항 제3호 가목 또는 나목에 해당되는 회사를 제외한 회사의 자산총액 합계액이 3조 5천억원 이상인 경우에는 공시대상기업집단에서 제외하지 않고, 그 합계액이 국내총생산액의 1만분의 35에 해당하는 금액 이상인 경우에는 상호출자제한기업집단에서 제외하지 않는다. 2. 소속회사의 변동으로 해당 기업집단에 소속된 국내 회사들의 자산총액 합계액이 3조 5천억원 미만으로 감소한 경우(공시대상기업집단만 해당한다) 3. 소속회사의 변동으로 해당 기업집단에 소속된 국내 회사들의 자산총액 합계액이 국내총생산액의 1만분의 35에 해당하는 금액 미만으로 감소한 경우(상호출자제한기업집단만 해당한다)

11) 제38조(공시대상기업집단 및 상호출자제한기업집단의 지정 등) ⑤ 공정거래위원회는 제3항 또는 제4항에 따라 공시대상기업집단 또는 상호출자제한기업집단을 새로 지정하거나 지정 제외하는 경우 즉시 그 사실을 해당 기업집단에 속하는 회사와 그 회사를 지배하는 동일인의 특수관계인인 공익법인에 서면으로 알려야 한다. ⑥ 공정거래위원회는 제3항 및 제4항에 따른 지정 후 해당 기업집단에 속하는 회사에 변동이 있는 경우 해당 회사에 서면으로 그 사실을 알려야 한다.

바에 따라 통지하여야 한다(법 제31조 제 1 항 후단).

3. 자료제출 요구

공정거래위원회는 회사 또는 해당 회사의 특수관계인에게 제 1 항에 따른 기업집단의 지정을 위하여 회사의 일반 현황, 회사의 주주 및 임원 구성, 특수관계인 현황, 주식소유 현황 등 *대통령령*[12]으로 정하는 자료의 제출을 요청할 수 있다(법 제31조 제 4 항).

V. 지정통지와 독점규제법의 적용시점

제21조부터 제30조까지 및 제47조는 제 1 항 후단에 따른 통지(제32조 제 4 항에 따른 편입 통지를 포함)를 받은 날부터 적용한다(법 제31조 제 2 항). 제 2 항에도 불구하고 제 1 항에 따라 상호출자제한기업집단으로 지정되어 상호출자제한기업집단에 속하는 국내 회사로 통지를 받은 회사 또는 제32조 제 1 항에 따라 상호출자제한기업집단의 국내 계열회사로 편입되어 상호출자제한기업집단에 속하는 국내 회사로 통지를 받은 회사가 통지받은 당시 제21조 제 1 항 · 제 3 항 또는 제24조를 위반하고 있는 경우에는 다음 각 호의 구분에 따른다(법 제31조 제 3 항).

① 제21조 제 1 항 또는 제 3 항을 위반하고 있는 경우(취득 또는 소유하고 있는 주식을 발행한 회사가 새로 국내 계열회사로 편입되어 제21조 제 3 항을 위반하게 되는 경우를 포함한다)에는 지정일 또는 편입일부터 1년간은 같은 항을 적용하지

---

12) 제38조(공시대상기업집단 및 상호출자제한기업집단의 지정 등) ⑦ 법 제31조 제 4 항에서 "회사의 일반 현황, 회사의 주주 및 임원 구성, 특수관계인 현황, 주식소유 현황 등 대통령령으로 정하는 자료"란 다음 각 호의 자료를 말한다. 1. 회사의 일반 현황 2. 회사의 주주 및 임원 구성 3. 특수관계인 현황 4. 주식소유 현황 5. 「채무자 회생 및 파산에 관한 법률」에 따른 회생절차의 개시가 결정되어 그 절차가 진행 중인 소속회사와 「기업구조조정 촉진법」에 따른 관리절차의 개시가 결정되어 그 절차가 진행 중인 소속회사 현황 6. 감사보고서. 다만, 「주식회사 등의 외부감사에 관한 법률」에 따른 외부감사를 받지 않는 회사의 경우에는 세무조정계산서를 말하며, 세무조정계산서도 없는 경우에는 결산서를 말한다. 7. 그 밖에 제 1 호부터 제 6 호까지의 규정에 따른 자료 확인을 위해 필요하다고 공정거래위원회가 정하여 고시하는 자료 ⑧ 제 1 항부터 제 7 항까지에서 규정한 사항 외에 공시대상기업집단 또는 상호출자제한기업집단의 지정 및 지정 제외에 필요한 세부사항은 공정거래위원회가 정하여 고시한다.

아니한다(제 1 호).

② 제24조를 위반하고 있는 경우(채무보증을 받고 있는 회사가 새로 계열회사로 편입되어 위반하게 되는 경우를 포함한다)에는 지정일 또는 편입일부터 2년간은 같은 조를 적용하지 아니한다. 다만, 이 항 각 호 외의 부분에 따른 회사에 「채무자 회생 및 파산에 관한 법률」에 따른 회생절차가 개시된 경우에는 회생절차의 종료일까지, 이 항 각 호 외의 부분에 따른 회사가 회생절차가 개시된 회사에 대하여 채무보증을 하고 있는 경우에는 그 채무보증에 한정하여 채무보증을 받고 있는 회사의 회생절차의 종료일까지는 제24조를 적용하지 아니한다(제 2 호).

Ⅵ. 공인회계사의 회계감사

공시대상기업집단에 속하는 국내 회사(청산 중에 있거나 1년 이상 휴업 중인 회사는 제외)는 공인회계사의 회계감사를 받아야 하며, 공정거래위원회는 공인회계사의 감사의견에 따라 수정한 대차대조표를 사용하여야 한다(법 제31조 제 5 항).

제32조(계열회사의 편입 및 제외등)

① 공정거래위원회는 공시대상기업집단등의 계열회사로 편입하거나 계열회사에서 제외하여야 할 사유가 발생한 경우에는 해당회사(해당회사의 특수관계인을 포함한다. 이하 이 조에서 같다)의 요청이나 직권으로 계열회사에 해당하는지 여부를 심사하여 계열회사로 편입하거나 계열회사에서 제외하여야 한다.

② 공정거래위원회는 공익법인을 공시대상기업집단에 속하는 회사를 지배하는 동일인의 특수관계인으로 편입하거나 제외하여야 할 사유가 발생한 경우에는 해당 공익법인(해당 공익법인의 특수관계인을 포함한다. 이하 이 조에서 같다)의 요청에 의하거나 직권으로 특수관계인에 해당하는지를 심사하여 특수관계인으로 편입하거나 특수관계인에서 제외하고 그 내용을 해당 공익법인에 통지하여야 한다.

③ 공정거래위원회는 제1항의 규정에 의한 심사를 위하여 필요하다고 인정하는 경우에는 해당회사에 대하여 주주 및 임원의 구성, 채무보증관계, 자금대차관계, 거래관계 기타 필요한 자료의 제출을 요청할 수 있다.

③ 공정거래위원회는 제1항의 규정에 의하여 심사를 요청받은 경우에는 30일이내에 그 심사결과를 요청한 자에게 통지하여야 한다. 다만, 공정거래위원회가 필요하다고 인정할 때에는 60일을 초과하지 아니하는 범위안에서 그 기간을 연장할 수 있다.

목 차

Ⅰ. 의 의

Ⅱ. 기업집단으로부터의 제외와의 비교

[참고사례]

금호석유화학(주)의 계열제외신청거부취소 건(대법원 2015. 3. 20. 선고 2012두27176 판결); 롯데쇼핑(주)외 3의 상호출자제한기업집단지정 처분취소 건(서울고등법원 2018. 8. 22. 선고 2016누60173 판결)

Ⅰ. 의 의

공정거래위원회는 공시대상기업집단등의 계열회사로 편입하거나 계열회사에서 제외하여야 할 사유가 발생한 경우에는 해당회사(해당회사의 특수관계인을 포함)의 요청이나 직권으로 계열회사에 해당하는지 여부를 심사하여 계열회사로 편입하거나 계열회사에서 제외하여야 한다(법 제32조 제 1 항). 공정거래위원회는 공익법인을 공시대상기업집단에 속하는 회사를 지배하는 동일인의 특수관계인으로 편입하거나 제외하여야 할 사유가 발생한 경우에는 해당 공익법인(해당 공익법인의 특수관계인을 포함)의 요청에 의하거나 직권으로 특수관계인에 해당하는지를 심사하여 특수관계인으로 편입하거나 특수관계인에서 제외하고 그 내용을 해당 공익법인에 통지하여야 한다(법 제32조 제 2 항).

이러한 심사를 위하여 필요하다고 인정하는 경우에는 해당회사에 대하여 주주 및 임원의 구성, 채무보증관계, 자금대차관계, 거래관계 기타 필요한 자료의 제출을 요청할 수 있다(법 제32조 제 3항). 공정거래위원회가 계열회사의 편입 및 제외 관련하여 심사를 요청받은 경우에는 30일이내에 그 심사결과를 요청한 자에게 통지하여야 한다(법 제32조 제 4 항 본문). 다만, 공정거래위원회가 필요하다고 인정할 때에는 60일을 초과하지 아니하는 범위안에서 그 기간을 연장할 수 있다(법 제32조 제 4 항 단서).

동 조에서 계열제외사유는 기업집단 지정 이후에 발생한 사유에 국한된다. 즉 금호석유화학(주)가 금호산업과 금호타이어를 「금호아시아나」의 계열에서 제외해줄 것을 신청한 관련 행정소송에서 대법원은 독점규제법 제32조 제 1 항에서 정한 계열제외 사유는 그 기업집단 지정 이후에 발생한 사유에 국한된다고 해석함이 타당하므로 금호석유화학이 주장하는 계열회사 제외사유는 주주변동 등 기업집단 지정 이전에 생긴 것임이 명백하므로 계열제외신청을 할 수 없다고 판시하였다.[1)]

상호출자제한기업집단 롯데의 기업집단 지정자료 제출과 관련하여 공정거래위원회는 2016. 8. 1. 동일인의 자금대여, 동일인관련자가 보유한 지분율, 동일인관련자 등의 대표이사 선임에의 영향력 행사 및 임원취임 등을 고려하여 (유)유니플렉스, (유)유기개발, (유)유원실업, (주)유기인터내셔널 등 4개 회사를 법 제

1) 대판 2015. 3. 20. 2012두27176.

31조 제 1 항 및 제33조의 규정에 따라 2010. 10. 1.자로 상호출자제한기업집단 롯데 소속회사로 편입의제한 사례가 있다.[2)]

이에 대해 서울고등법원은 편입의제 시작시점부터 처분시점까지 계열회사 요건을 충족하여야 한다고 하고, 이 사건 자금대여만으로는 경영에 직접적·계속적으로 관여하였다고 보기 어렵고, 면접참여, 이사 취임, 업무보고 등으로 만은 동일인이 지배적인 영향력을 행사하고 있는 회사로 보기 어렵다고 보았다.[3)]

Ⅱ. 기업집단으로부터의 제외와의 비교

대통령령 제 5 조의 기업집단으로부터의 제외는 동일인이 그 사업내용을 지배하지 않는다고 인정되는 회사를 이해관계자의 요청에 따라 동일인이 지배하는 기업집단의 범위에서 제외하는 제도로서 계열회사로의 편입 및 제외와는 다르다.

2) 기업집단과 −1357(2016. 8. 1.)호 「상호출자제한기업집단 등의 소속회사 편입의제 통지」. 한편 이 편입의제 처분에 대해서는 서울고등법원의 집행정지 결정이 있었다(2016. 8. 31. 2016아1281 집행정지).

3) 서고판 2018. 8. 22. 2016누60173.

제33조(계열회사의 편입 · 통지일의 의제)

공정거래위원회는 제31조제4항 또는 제32조제3항에 따른 요청을 받은 자가 정당한 이유 없이 자료제출을 거부하거나 거짓의 자료를 제출함으로써 공시대상기업집단의 국내 계열회사 또는 공시대상기업집단의 국내 계열회사를 지배하는 동일인의 특수관계인으로 편입되어야 함에도 불구하고 편입되지 아니한 경우에는 공시대상기업집단에 속하여야 할 사유가 발생한 날 등을 고려하여 대통령령으로 정하는 날에 그 공시대상기업집단의 국내 계열회사 또는 특수관계인으로 편입 · 통지된 것으로 본다.

공정거래위원회는 제31조 제4항 또는 제32조 제3항에 따른 요청을 받은 자가 정당한 이유 없이 자료제출을 거부하거나 거짓의 자료를 제출함으로써 공시대상기업집단의 국내 계열회사 또는 공시대상기업집단의 국내 계열회사를 지배하는 동일인의 특수관계인으로 편입되어야 함에도 불구하고 편입되지 아니한 경우에는 공시대상기업집단에 속하여야 할 사유가 발생한 날 등을 고려하여 *대통령령*[1]으로 정하는 날에 그 공시대상기업집단의 국내 계열회사 또는 특수관계인으로 편입 · 통지된 것으로 본다.

---

1) 제39조(계열회사의 편입 · 통지일의 의제) 법 제33조에서 "대통령령으로 정하는 날"이란 다음 각 호의 구분에 따른 날을 말한다. <u>1. 공시대상기업집단의 지정 당시 그 소속회사로 편입되어야 함에도 불구하고 편입되지 않은 회사의 경우: 그 공시대상기업집단의 지정 · 통지를 받은 날 2. 공시대상기업집단의 지정 이후 그 소속회사로 편입되어야 함에도 불구하고 편입되지 않은 회사의 경우: 그 공시대상기업집단에 속해야 할 사유가 발생한 날이 속하는 달의 다음 달 1일</u>

제34조(관계기관에 대한 자료의 확인요구등)

공정거래위원회는 제21조부터 제25조까지 또는 제30조부터 제32조까지의 규정을 시행하기 위하여 필요하다고 인정하는 경우에는 다음 각 호의 어느 하나에 해당하는 기관에 공시대상기업집단의 국내 계열회사 주주의 주식소유 현황, 채무보증 관련 자료, 가지급금·대여금 또는 담보의 제공에 관한 자료, 부동산의 거래 또는 제공에 관한 자료 등 필요한 자료의 확인 또는 조사를 대통령령으로 정하는 바에 따라 요청할 수 있다.

1. 국세청
2. 「금융위원회의 설치 등에 관한 법률」 제24조에 따른 금융감독원
3. 제2조제18호 각 목에 따른 국내 금융기관
4. 그 밖에 금융 또는 주식의 거래에 관련되는 기관으로서 대통령령으로 정하는 기관

공정거래위원회는 제21조부터 제25조까지 또는 제30조부터 제32조까지의 규정을 시행하기 위하여 필요하다고 인정하는 경우에는 ① 국세청(제1호), ②「금융위원회의 설치 등에 관한 법률」 제24조에 따른 금융감독원(제2호), ③ 제2조제18호 각 목에 따른 국내 금융기관(제3호), ④ 그 밖에 금융 또는 주식의 거래에 관련되는 기관으로서 *대통령령*[1]으로 정하는 기관(제4호)의 어느 하나에 해당하는 기관에 공시대상기업집단의 국내 계열회사 주주의 주식소유 현황, 채무보증 관련 자료, 가지급금·대여금 또는 담보의 제공에 관한 자료, 부동산의 거래 또는 제공에 관한 자료 등 필요한 자료의 확인 또는 조사를 *대통령령*[2]으로 정하는 바에 따라 요청할 수 있다.

---

1) 제40조(관계기관에 대한 자료의 확인요구 등) ② 법 제34조 제4호에서 "대통령령으로 정하는 기관"이란 다음 각 호의 기관을 말한다. 1.「자본시장과 금융투자업에 관한 법률」에 따라 명의개서대행업무를 영위하는 기관 2.「신용정보의 이용 및 보호에 관한 법률」 제25조 제2항 제1호에 따른 종합신용정보집중기관

2) 제40조(관계기관에 대한 자료의 확인요구 등) ① 공정거래위원회는 법 제34조에 따라 자료의 확인 또는 조사를 요청하는 경우 다음 각 호의 사항이 포함된 서면으로 해야 한다. 1. 요청의 목적 2. 자료 또는 조사의 범위 3. 자료의 확인 또는 조사의 방법 4. 그 밖에 제1호부터 제3호까지에 준하는 사항으로서 자료의 확인 또는 조사를 위해 공정거래위원회가 필요하다고 인정하는 사항

第35條(상호출자제한기업집단의 현황 등에 관한 정보공개)

① 공정거래위원회는 과도한 경제력 집중을 방지하고 기업집단의 투명성 등을 제고하기 위하여 공시대상기업집단에 속하는 회사에 대한 다음 각 호의 정보를 공개할 수 있다.
1. 공시대상기업집단에 속하는 회사의 일반현황, 지배구조현황 등에 관한 정보로서 대통령령으로 정하는 정보
2. 공시대상기업집단에 속하는 회사간 또는 공시대상기업집단에 속하는 회사와 그 특수관계인 간의 출자, 채무보증, 거래관계 등에 관한 정보로서 대통령령으로 정하는 정보

② 공정거래위원회는 제1항 각 호에 규정된 정보의 효율적 처리 및 공개를 위하여 정보시스템을 구축·운영할 수 있다.

③ 제1항 및 제2항에 규정된 사항 외에 정보공개에 관하여는 「공공기관의 정보공개에 관한 법률」이 정하는 바에 따른다.

[참고문헌]

공정거래위원회, 공정거래백서, 2021

공정거래위원회는 과도한 경제력 집중을 방지하고 기업집단의 투명성 등을 제고하기 위하여 공시대상기업집단에 속하는 회사에 대한 ① 공시대상기업집단에 속하는 회사의 일반현황, 지배구조현황 등에 관한 정보로서 *대통령령*[1])으로 정하는 정보(제1호), ② 공시대상기업집단에 속하는 회사간 또는 공시대상기업집단에 속하는 회사와 그 특수관계인 간의 출자, 채무보증, 거래관계 등에 관한 정보로서 *대통령령*[2])으로 정하는 정보(제2호)를 공개할 수 있다. 공정거래위원

1) 제41조(공시대상기업집단의 현황 등에 관한 정보공개의 범위) ① 법 제35조 제1항 제1호에서 "대통령령으로 정하는 정보"란 다음 각 호의 정보를 말한다. 1. 공시대상기업집단에 속하는 회사의 명칭, 사업내용, 주요 주주, 임원, 재무상황, 그 밖의 일반 현황 2. 공시대상기업집단에 속하는 회사의 이사회 및 「상법」 제393조의2에 따라 이사회에 설치된 위원회의 구성·운영, 주주총회에서의 의결권 행사 방법, 그 밖의 지배구조 현황

2) 제41조(공시대상기업집단의 현황 등에 관한 정보공개의 범위) ② 법 제35조 제1항 제2호에서 "대통령령으로 정하는 정보"란 다음 각 호의 정보를 말한다. 1. 공시대상기업집단에 속하는 회사 간 또는 공시대상기업집단에 속하는 회사와 그 특수관계인 간의 주식소유 현황 등 출자

회는 상기 정보의 효율적 처리 및 공개를 위하여 정보시스템을 구축·운영할 수 있다. 그 외의 정보공개에 관하여는 「공공기관의 정보공개에 관한 법률」이 정하는 바에 따른다.

공정거래위원회는 주식소유 현황 등에 대한 공개를 처음 실시한 2001년에는 대규모기업집단의 소속 회사별 내부지분율 현황만을 공개하였다. 그러나 2003년 12월 '시장개혁 3개년 로드맵'에서 기업집단 소유·지배구조 개선을 위하여 보다 구체적인 정보를 공개하기로 함에 따라, 2004년부터 매년 상호출자제한기업집단으로 지정된 회사가 4월 말까지 공정거래위원회에 제출한 주식소유 현황 자료를 토대로 이들 집단의 소유지분 구조를 분석·공개하고 있다. 그리고 정보공개의 범위를 지배구조 현황(2010년), 내부거래 현황(2011년)으로 점차 확대하고 있다.[3)]

와 관련된 현황 2. 상호출자제한기업집단에 속하는 회사 간의 채무보증 현황 3. 공시대상기업집단에 속하는 회사 간 또는 공시대상기업집단에 속하는 회사와 그 특수관계인 간의 자금, 유가증권, 자산, 상품, 용역, 그 밖의 거래와 관련된 현황

3) 이상 공정거래백서(2022), 335면.

제36조(탈법행위의 금지)

① 누구든지 제18조제 2 항부터 제 5 항까지 및 제19조부터 제25조까지의 규정을 회피하려는 행위를 하여서는 아니 된다.

② 제 1 항의 규정에 의한 탈법행위의 유형 및 기준은 대통령령으로 정한다.

탈법행위의 유형 및 기준은 *대통령령*[1]으로 정한다.

---

1) 제42조(탈법행위의 유형 및 기준) 법 제36조 제 1 항에 따라 금지되는 탈법행위는 상호출자제한기업집단에 속하는 회사가 하는 다음 각 호의 행위로 한다. 1. 법 제 2 조 제18호 각 목의 어느 하나에 해당하는 국내 금융기관에 대한 자기 계열회사의 기존 채무를 면하게 하지 않고 동일한 내용의 채무를 부담하는 행위 2. 다른 회사로 하여금 자기의 계열회사에 대해 채무보증을 하게 하는 대신 그 다른 회사 또는 그 다른 회사의 계열회사에 대해 채무보증을 하는 행위3. 「자본시장과 금융투자업에 관한 법률 시행령」 제103조 제 1 호에 따른 특정금전신탁을 이용하여 신탁업자로 하여금 자기의 주식을 취득 · 소유하고 있는 계열회사의 주식을 취득 · 소유하도록 하고, 그 신탁업자와의 계약 등을 통해 해당 주식에 대한 의결권을 사실상 행사하는 행위 4. 자기의 주식을 취득 · 소유하고 있는 계열회사의 주식을 타인의 명의를 이용하여 자기의 계산으로 취득하거나 소유하는 행위 5. 자기가 취득 · 소유하면 다음 각 목에 해당하게 되는 주식을 「자본시장과 금융투자업에 관한 법률 시행령」 제103조 제 1 호에 따른 특정금전신탁을 이용하여 신탁업자로 하여금 취득 · 소유하도록 하고, 그 신탁업자와의 계약 등을 통해 해당 주식에 대한 의결권을 사실상 행사하는 행위 가. 법 제22조 제 1 항에 따라 금지되는 순환출자를 형성하는 계열출자에 해당하게 되는 주식 나. 법 제22조 제 1 항에 따라 금지되는 순환출자회사집단에 속하는 계열회사의 계열출자대상회사에 대한 추가적인 계열출자에 해당하게 되는 주식6. 자기가 취득 · 소유하면 제 5 호 가목 또는 나목에 해당하게 되는 주식을 타인의 명의를 이용하여 자기의 계산으로 취득하거나 소유하는 행위 7. 그 밖에 제 1 호부터 제 6 호까지의 행위에 준하는 것으로서 탈법행위 방지를 위해 필요하다고 공정거래위원회가 정하여 고시하는 행위

제37조(시정조치 등)

① 공정거래위원회는 제18조제 2 항부터 제 5 항까지, 제19조, 제20조제 2 항부터 제 5 항까지, 제21조부터 제29조까지 또는 제36조를 위반하거나 위반할 우려가 있는 행위가 있을 때에는 해당 사업자 또는 위반행위자에게 다음 각 호에 해당하는 시정조치를 명할 수 있다.

1. 해당 행위의 중지
2. 주식의 전부 또는 일부의 처분
3. 임원의 사임
4. 영업의 양도
5. 채무보증의 취소
6. 시정명령을 받은 사실의 공표
7. 공시의무의 이행 또는 공시내용의 정정
8. 그 밖에 법 위반상태를 시정하기 위하여 필요한 조치

② 공정거래위원회는 제19조를 위반한 회사의 합병 또는 설립이 있는 경우에는 해당 회사의 합병 또는 설립 무효의 소를 제기할 수 있다.

③ 합병, 분할, 분할합병 또는 새로운 회사의 설립 등에 따른 제 1 항 각 호의 시정조치에 관하여는 제 7 조제 2 항부터 제 4 항까지의 규정을 준용한다. 이 경우 "시장지배적 사업자"는 "사업자"로 본다.

목 차

Ⅰ. 개 요
1. 의 의
2. 종 류
Ⅱ. 시정조치의 유형
1. 부작위명령
2. 작위명령
3. 시정명령받은 사실의 공표명령
4. 보조적 명령
Ⅲ. 시정조치의 방법, 효력기간 및 합병, 분할 등 경우 시정조치의 대상
Ⅳ. 회사의 합병 또는 설립무효의 소

[참고문헌]

단행본: 공정거래위원회(기업결합과), 기업결합신고 가이드북, 209; 곽상현/이봉의,

기업결합규제법, 법문사, 2012; 신광식, 공정거래정책 혁신론, 나남출판, 2006; 오성환, 공정거래 심결소회, 도서출판 산학연, 2005

논 문: 박정훈, "공정거래법의 공적 집행", 공정거래와 법치(권오승 편), 법문사, 2004; 이봉의, "EU의 기업결합규제에 있어서의 시정조치", 경쟁저널 제148호, 한국공정경쟁연합회, 2010. 1; 이선희, "기업결합신고에 대한 시정조치 부과대상 및 행위내용의 기준", 남천 권오승교수 정년기념논문집, 법문사, 2015; 이인환, "경쟁제한적 기업결합에 대한 시정조치에 관한 연구", 경쟁법연구 제22권, 한국경쟁법학회 편, 법문사 2010.11; 조춘, "공정거래법상 시정조치에 대한 검토", 경쟁저널 제108호, 한국공정경쟁연합회, 2004. 8

[참고사례]

(주)**무학 및 특수관계인** (주)**무학 외 1의 기업결합제한규정 위반행위 건**(공정거래위원회 2003. 1. 28. 의결 제2003-027호; 서울고등법원 2004. 10. 27. 선고 2003누2252 판결); **삼성생명보험**(주)**의 의결권제한규정 위반행위 건**(공정거래위원회 2000. 8. 5. 의결 제2000-122호, 2001. 1. 5. 재결 제2001-001호; 서울고등법원 2003. 7. 10. 선고 2001누2159 판결; 대법원 2005. 12. 9. 선고 2003두10015 판결); **동양종합금융**(주)**의 상호출자금지규정 위반행위 건**(공정거래위원회 2002. 10. 28. 의결 제2002.222호; 서울고등법원 2003. 10. 16. 선고 2002누18991 판결; 대법원 2006. 5. 12. 선고 2004두312 판결); (주)**삼익악기의 기업결합제한규정 위반행위 건**(공정거래위원회 2004. 9. 24 의결 제2004-271호; 서울고등법원 2006. 3. 15. 선고 2005누3174 판결; 대법원 2008. 5. 29. 선고 2006두6659 판결); (주)**신세계의 기업결합제한규정 위반행위 건**(공정거래위원회 2006. 11. 14. 의결 제2006-264호; 서울고등법원 2008. 9. 3. 선고 2006누30036 판결); **동양제철화학**(주)**의 기업결합제한규정 위반행위 건**(공정거래위원회 의결 제2006-173호; 서울고등법원 2008. 5. 28. 선고 2006누21148 판결; 대법원 2009. 9. 10. 선고 2008두9744 판결); (주)**씨제이헬로비전 및 하나방송**(주)**의 기업결합 제한규정 위반행위 건**(공정거래위원회 2018. 1. 22. 의결 제2018-055호); **일진홀딩스**(주)**의 지주회사행위제한 위반행위 건**(공정거래위원회 2011. 11. 15. 의결 제2011-204호; 서울고등법원 2012. 7. 13. 선고 2012누7099 판결; 대법원 2014. 5. 16. 선고 2012두17964 판결)

Ⅰ. 개 요

1. 의 의

공정거래위원회는 제18조 제 2 항부터 제 5 항까지, 제19조, 제20조 제 2 항부터 제 5 항까지, 제21조부터 제29조까지 또는 제36조를 위반하거나 위반할 우려가 있는 행위가 있을 때에는 해당 사업자 또는 위반행위자에게 ① 해당 행위의 중지(제 1 호), ② 주식의 전부 또는 일부의 처분(제 2 호), ③ 임원의 사임(제 3 호), ④ 영업의 양도(제 4 호), ⑤ 채무보증의 취소(제 5 호), ⑥ 시정명령을 받은 사실의 공표(제 6 호), ⑦ 공시의무의 이행 또는 공시내용의 정정(제 7 호), ⑧ 그 밖에 법 위반상태를 시정하기 위하여 필요한 조치(제 8 호)에 해당하는 시정조치를 명할 수 있다(법 제37조 제 1 항).

2. 종 류

「시정조치 운영지침」에 따르면 시정조치는 그 양태와 주된 내용에 따라 작위명령, 부작위명령, 보조적 명령의 3가지의 유형으로 구분할 수 있다.

"작위명령"은 주식처분명령, 임원의 사임명령, 채무보증 취소명령, 계약조항 수정·삭제명령 등 피심인의 적극적인 행위를 요구하는 내용의 시정조치, "부작위명령"은 당해 법위반행위의 중지명령, 향후 위반행위 금지명령 등 피심인의 소극적인 부작위를 요구하는 내용의 시정조치, 그리고 "보조적 명령"이라 함은 관련 있는 자에게 시정명령을 받은 사실의 통지명령, 시정명령의 이행결과 보고명령, 일정기간동안 가격변동 사실의 보고명령, 독점규제법에 관한 교육실시명령, 관련자료 보관명령 등 시정조치의 이행을 실효성 있게 확보하고 당해 위반행위의 재발을 효과적으로 방지하기 위하여 주된 명령에 부가하여 명하는 시정조치를 말한다(「시정조치 운영지침」 Ⅱ. 2).

Ⅱ. 시정조치의 유형

1. 부작위명령

1) 행위중지명령

공정거래위원회는 원칙적으로 법 위반행위가 최종 심의일에도 진행 중이거나 위반행위의 효과가 최종 심의일에도 지속되는 경우에 행위중지명령을 명할 수 있다. 행위중지명령은 관련 상품, 거래상대방, 위반행위의 내용 또는 방법 등 당해 위법사실을 최대한 반영하여 중지하여야 할 행위를 구체적으로 특정하고, 시정조치 기간(즉시 또는 일정시점까지)을 명확하게 하여 명하여져야 한다(「시정조치 운영지침」 Ⅶ. 1. 가).

2) 행위금지명령

행위금지명령은 원칙적으로 법 위반행위가 최종 심의일에 이미 종료되었으나, 가까운 장래에 당해 법위반행위와 동일 또는 유사한 행위가 반복될 우려가 있는 경우에 명할 수 있다. 행위금지명령은 단순히 법령의 규정을 반복하여 추상적인 법을 선언하는 식으로 일반적·포괄적으로 명하여서는 아니된다. 행위금지명령은 법 위반행위를 최대한 반영하여 향후 이와 동일하거나 유사한 행위가 발생한 경우 새로운 위법행위가 아니라, 시정조치 불이행으로 판단할 수 있도록 금지대상이 되는 법 위반행위의 유형을 어느 정도 구체화하여 명하여야 한다. 다만, 행위금지명령의 내용이 지나치게 구체적이어서 장래에 동일 또는 유사한 법위반 행위가 발생할 가능성이 거의 없게 되지 않도록 한다(「시정조치 운영지침」 Ⅶ. 1. 나).

2. 작위명령

1) 지주회사 등의 행위 제한 등

제18조 제 2 항부터 제 5 항까지, 제19 조에 위반하거나 위반 우려가 있는 경우에는 주식의 전부 또는 일부의 처분을 명할 수 있다(법 제37조 제 1 항 제 2 호).

'50% 미만 보유금지'라는 위반상태를 해소하기 위해서는 주식의 추가 취득방법만 있는 것이 아니라, 기존 보유주식의 매각, 주권상장, 자사주 이익 소각 등 여러 방법이 있다(〈일진홀딩스의 지주회사행위제한규정 위반행위 건〉).[1] 공정거래위원회가 "자회사 미래에셋증권(주) 및 미래에셋벤쳐투자(주)의 주식을 발행주식총수의 100분의 50 이상 소유하거나, 동 회사의 주식을 지배목적으로 소유하지 않도록 하여야 한다" 및 "금융업 또는 보험업을 영위하는 회사가 아닌 (주)코스페이스 등 41개 회사의 주식을 2005. 12. 31.까지 처분"하도록 명한 사례가 있다(〈미래에셋캐피털(주)의 지주회사행위제한규정 위반행위 건〉).[2]

〈프라임개발 및 동아건설산업의 지주회사 및 자회사행위제한규정 위반행위 건〉에서 공정거래위원회는 독점규제법상 지주회사 및 자회사의 계열사간 출자금지 규정을 위반한 프라임그룹 소속 프라임개발(주) 및 동아건설산업(주)에 대하여 주식처분명령을 내리고 과징금을 부과하였다. 즉 독점규제법상 일반지주회사인 프라임개발(주)은 자회사가 아닌 계열회사인 일산프로젝트(주) 주식(6.87%)을 소유하여 자회사 외 계열회사 주식소유 금지규정(법 제 8 조의2 제 2 항 제 3 호)을 위반하였으며, 일반지주회사 프라임개발(주)의 자회사인 동아건설산업(주)은 손자회사가 아닌 계열회사인 한국인프라개발(주) 주식(43.33%) 및 (주)경기복합물류공사주식(9.58%)을 소유하여 손자회사 외 계열회사 주식소유 금지규정(법 제 8 조의2 제 3 항 제 2 호)을 위반하였다.[3]

〈에스케이(주)의 지주회사행위제한규정 위반행위 건〉에서 공정거래위원회는 일반지주회사로 전환한 에스케이(주)가 유예기간을 지나 금융업을 영위하는 자회사인 에스케이증권(주)의 주식을 소유하여 시정명령을 부과하였다.[4]

2) 상호출자 금지 등

제20조 제 2 항부터 제 5 항까지, 제21조 위반이나 위반 우려가 있는 경우 주식처분명령 등을 명할 수 있다(법 제37조 제 1 항 제 2 호). 그러나 앞에서 살펴본 바와 같이 여기서의 처분은 주식의 소유관계에 실질적인 변동을 가져오는 것이어야 한다(〈동양종합금융(주)의 상호출자금지규정 위반행위 건〉).[5]

1) 대판 2014. 5. 16. 2012두17964.
2) 공정의 2004. 11. 15. 2004－286.
3) 공정의 2011. 7. 18. 2011.106, 107.
4) 공정의 2018. 5. 18. 2018－207.
5) 대판 2006. 5. 12. 2004두312.

3) 순환출자의 금지 등

제22조, 제23조 및 제25조 위반이나 위반 우려가 있는 경우 주식처분명령 등을 할 수 있다(법 제37조 제1항 제2호).

4) 계열사에 대한 채무보증 금지

제24조 위반이나 위반 우려가 있는 경우 당해 채무보증을 취소할 수 있다(법 제37조 제1항 제5호).

5) 공시의무의 이행 또는 공시내용의 정정

제26조에서 제29조까지 위반이나 위반 우려가 있는 경우 공시의무의 이행 또는 공시내용의 정정을 명할 수 있다(법 제37조 제1항 제7호).

3. 시정명령받은 사실의 공표명령

법위반 또는 법위반 우려가 있는 경우 시정명령받은 사실의 공표명령을 할 수 있다(법 제37조 제1항 제6호). 〈삼성생명보험(주)의 의결권제한규정 위반행위 건〉 관련 행정소송에서 서울고등법원은 법위반사실의 공표명령의 위헌결정에 따라 의결권제한 규정위반으로 인한 공표명령의 적법성 여부 관련하여 "헌법재판소가 법 제27조 중 '법위반 사실 공표'부분이 과잉금지의 원칙에 위반하여 당해 행위자의 일반적 행동의 자유 및 명예권을 침해하고, 또한 무죄추정의 원칙에도 반한다는 이유로 위헌결정(2001헌바43 결정)을 내리기는 하였으나 그 결정 이유에서 공정거래위원회가 행위자로 하여금 '독점규제법을 위반하였다는 사실을 인정하여 공표'하라는 과잉조치 대신 '법위반 혐의로 인하여 시정명령을 받은 사실의 공표'라는 보다 가벼운 수단을 택한다면 이는 입법목적을 달성하면서 행위자에 대한 기본권 침해의 정도를 현저히 감소시키고, 재판후 발생가능한 무죄로 인한 혼란과 같은 부정적 효과를 최소화할 수 있는 것이다"라고 명시함으로써 '시정조치의 일환으로 독점규제법을 위반하였다는 이유로 공정거래위원회로부터 시정명령을 받은 사실을 공표'는 헌법에 위반되지 않는다는 점을 명확히 하고 있고, 또한 공표명령은 위 위헌 결정에 따라 법 제37조 제8호 기타 법위반상태를 시정하기 위하여 필요한 조치에 근거를 두고 발하여진 것이고, 위 공표명령은 '기타 법위반상태를 시정하기 위하여 필요한 조치'에 해당한다"고 함으로써 적법하

다고 판시하였다.[6)]

4. 보조적 명령

공정거래위원회는 “기타 법위반상태를 시정하기 위하여 필요한 조치”를 근거로 각종의 보조적 명령을 할 수 있다.

그 내용은 법 제 7 조의 해당부분과 동일하다.

Ⅲ. 시정조치의 방법, 효력기간 및 합병, 분할 등 경우 시정조치의 대상

그 내용은 법 제 7 조의 해당부분과 동일하다.

Ⅳ. 회사의 합병 또는 설립무효의 소

공정거래위원회는 제19조(상호출자제한기어집단의 지주회사 설립제한)를 위반한 회사의 합병 또는 설립이 있는 경우에는 해당 회사의 합병 또는 설립 무효의 소를 제기할 수 있다(법 제37조 제 2 항).

6) 서고판 2003. 7. 10. 2001누2159(대판 2005. 12. 9. 2003두10015).

제38조(과징금)

① 공정거래위원회는 제21조 또는 제22조를 위반하여 주식을 취득 또는 소유한 회사에 위반행위로 취득 또는 소유한 주식의 취득가액에 100분의 20을 곱한 금액을 초과하지 아니하는 범위에서 과징금을 부과할 수 있다.

② 공정거래위원회는 제24조를 위반하여 채무보증을 한 회사에 해당 법위반 채무보증액에 100분의 20을 곱한 금액을 초과하지 아니하는 범위에서 과징금을 부과할 수 있다.

③ 공정거래위원회는 제18조제2항부터 제5항까지, 제20조제2항 또는 제3항의 규정을 위반한 자에게 다음 각 호의 구분에 따른 금액에 100분의 20을 곱한 금액을 초과하지 아니하는 범위에서 과징금을 부과할 수 있다.

1. 제18조제2항제1호를 위반한 경우: 대통령령으로 정하는 대차대조표(이하 이 항에서 "기준대차대조표"라 한다)상 자본총액의 2배를 초과한 부채액
2. 제18조제2항제2호를 위반한 경우: 해당 자회사 주식의 기준대차대조표상 장부가액의 합계액에 다음 각 목의 비율에서 그 자회사 주식의 소유비율을 뺀 비율을 곱한 금액을 그 자회사 주식의 소유비율로 나누어 산출한 금액
   가. 해당 자회사가 상장법인 또는 국외상장법인이거나 공동출자법인인 경우에는 100분의 30
   나. 벤처지주회사의 자회사인 경우에는 100분의 20
   다. 가목 및 나목에 해당하지 아니하는 경우에는 100분의 50
3. 제18조제2항제3호부터 제5호까지, 같은 조 제3항제2호·제3호, 같은 조 제4항제1호부터 제4호까지 또는 같은 조 제5항을 위반한 경우: 위반하여 소유하는 주식의 기준대차대조표상 장부가액의 합계액
4. 제18조제3항제1호를 위반한 경우: 해당 손자회사 주식의 기준대차대조표상 장부가액의 합계액에 다음 각 목의 비율에서 그 손자회사 주식의 소유비율을 뺀 비율을 곱한 금액을 그 손자회사 주식의 소유비율로 나누어 산출한 금액
   가. 해당 손자회사가 상장법인 또는 국외상장법인이거나 공동출자법인인 경우에는 100분의 30
   나. 해당 손자회사가 벤처지주회사의 자회사인 경우에는 100분의 20
   다. 가목 및 나목에 해당하지 아니하는 손자회사의 경우에는 100분의 50
5. 제18조제4항제5호를 위반한 경우: 해당 손자회사인 벤처지주회사가 발행주식총수의 100분의 50 미만을 소유하고 있는 국내 계열회사 주식의 기준대차대조표상 장부가액의 합계액에 100분의 50의 비율에서 그 국내 계열회사 주식의 소유비율

을 뺀 비율을 곱한 금액을 그 국내 계열회사 주식의 소유비율로 나누어 산출한 금액

6. 제20조제 2 항을 위반한 경우: 해당 자회사 주식의 기준대차대조표상 장부가액의 합계액을 그 자회사 주식의 소유비율로 나눈 금액에 해당 자회사 발행주식 중 자신이 보유하지 않은 주식의 비율을 곱하여 산출한 금액
7. 제20조제 3 항제 1 호를 위반한 경우: 기준대차대조표상 자본총액의 2배를 초과한 부채액
8. 제20조제 3 항제 4 호를 위반한 경우: 위반에 해당하는 만큼의 출자금액
9. 제20조제 3 항제 5 호를 위반한 경우: 위반하여 소유하는 주식, 채권 등의 기준대차대조표상 장부가액의 합계액
10. 제20조제 3 항제 6 호를 위반한 경우: 위반하여 소유하도록 한 주식, 채권 등의 기준대차대조표상 장부가액의 합계액

목　차

Ⅰ. 상호출자금지 및 순환출자금지 위반의 경우
Ⅱ. 채무보증금지규정 위반의 경우
Ⅲ. 지주회사 등의 행위제한규정 위반의 경우
Ⅳ. 과징금 부과여부 및 산정기준
  1. 과징금 부과여부
  2. 과징금 산정기준

[참고사례]

한국케이블티비마포방송(주)의 일반지주회사의 자회사행위제한규정 위반행위 건(공정거래위원회 2002. 10. 4. 의결 제2002.207호, 2003. 3. 11. 재결 제2003-014호; 서울고등법원 2004. 4. 28. 선고 2003누5336 판결); **현대자동차(주)의 채무보증금지규정 위반행위** 건(공정거래위원회 2003. 10. 6. 의결 제2003.155호, 2004. 1. 28. 재결 제2004-002호; 서울고등법원 2005. 1. 19. 선고 2004누4149 판결); **SK네트웍스(주)의 지주회사 행위제한규정 위반행위** 건(공정거래위원회 2011. 11. 29. 의결 제2011.210호; 서울고등법원 2012. 8. 10. 선고 2012누9091 판결)

Ⅰ. 상호출자금지 및 순환출자금지 위반의 경우

공정거래위원회는 법 제21조(상호출자의 금지) 또는 법 제22조(순환출자 금지) 규정에 위반하여 주식을 취득 또는 소유한 회사에 대하여 위반행위로 취득 또는 소유한 주식의 취득가액에 100분의 20을 곱한 금액을 초과하지 아니하는 범위에서 과징금을 부과할 수 있다(법 제38조 제1항).

Ⅱ. 채무보증금지규정 위반의 경우

공정거래위원회는 법 제24조(계열회사에 대한 채무보증의 금지)를 위반하여 채무보증을 한 회사에 대하여 당해법위반 채무보증액의 100분의 20을 곱한 금액을 초과하지 않는 범위에서 과징금을 부과할 수 있다(법 제38조 제2항).

공정거래위원회의 법 위반행위자에 대한 과징금 부과처분은 재량행위라 할 것이나, 이러한 과징금 부과의 재량행사에 있어서 사실오인, 비례·평등의 원칙 위배 등의 사유가 있다면 이는 재량권의 일탈·남용으로서 위법하다.[1] 이에 따라 〈현대자동차(주)의 채무보증제한규정 위반행위 건〉에서 과징금을 법정 최고한도인 채무보증 위반금액의 10%로 산정한 것에 대하여 서울고등법원은 "그 위법성의 정도가 중하지 않고, 동종 법위반행위가 없고 법위반상태가 해소된 점, 본 건 보증으로 별다른 경제적 이익이 없을 뿐만 아니라 그 이익의 정도가 경제력집중 등에 중대한 영향을 미칠 정도로 보이지 않는 다는 점, 채무보증금지규정위반 관련 법정최고한도액을 부과한 사례가 없고 평균 1.6%에 불과한 점 등을 이유로 법정 최고한도를 과징금으로 부과한 것은 재량권의 일탈·남용에 해당한다"고 판시한 사례가 있다.[2]

1) 서고판 2005. 1. 19. 2004누4149.

2) 서고판 2005. 1. 19. 2004누4149.

Ⅲ. 지주회사 등의 행위제한규정 위반의 경우

공정거래위원회는 제18조(지주회사 등의 행위제한 등) 제 2 항부터 제 5 항까지, 제20조(일반지주회사의 금융회사 주식소유제한에 관한 특례) 제 2 항 또는 제 3 항의 규정을 위반한 자에게 다음 각 호의 구분에 따른 금액에 100분의 20을 곱한 금액을 초과하지 아니하는 범위에서 과징금을 부과할 수 있다.

① 제18조 제 2 항 제 1 호를 위반한 경우: *대통령령*으로 정하는 대차대조표(이하 "기준대차대조표")상 자본총액의 2배를 초과한 부채액(제 1 호)

② 제18조 제 2 항 제 2 호를 위반한 경우: 해당 자회사 주식의 기준대차대조표상 장부가액의 합계액에 i) 해당 자회사가 상장법인 또는 국외상장법인이거나 공동출자법인인 경우에는 100분의 30(가목), ii) 벤처지주회사의 자회사인 경우에는 100분의 20(나목), iii) 가목 및 나목에 해당하지 아니하는 경우에는 100분의 50(다목)의 비율에서 그 자회사 주식의 소유비율을 뺀 비율을 곱한 금액을 그 자회사 주식의 소유비율로 나누어 산출한 금액(제 2 호)

③ 제18조 제 2 항 제 3 호부터 제 5 호까지, 같은 조 제 3 항 제 2 호 · 제 3 호, 같은 조 제 4 항 제 1 호부터 제 4 호까지 또는 같은 조 제 5 항을 위반한 경우: 위반하여 소유하는 주식의 기준대차대조표상 장부가액의 합계액(제 3 호)

④ 제18조 제 3 항 제 1 호를 위반한 경우: 해당 손자회사 주식의 기준대차대조표상 장부가액의 합계액에 i) 해당 손자회사가 상장법인 또는 국외상장법인이거나 공동출자법인인 경우에는 100분의 30(가목), ii) 해당 손자회사가 벤처지주회사의 자회사인 경우에는 100분의 20(나목), 가목 및 나목에 해당하지 아니하는 손자회사의 경우에는 100분의 50(다목)의 비율에서 그 손자회사 주식의 소유비율을 뺀 비율을 곱한 금액을 그 손자회사 주식의 소유비율로 나누어 산출한 금액(제 4 호)

⑤ 제18조 제 4 항 제 5 호를 위반한 경우: 해당 손자회사인 벤처지주회사가 발행주식총수의 100분의 50 미만을 소유하고 있는 국내 계열회사 주식의 기준대차대조표상 장부가액의 합계액에 100분의 50의 비율에서 그 국내 계열회사 주식의 소유비율을 뺀 비율을 곱한 금액을 그 국내 계열회사 주식의 소유비율로 나누어 산출한 금액(제 5 호)

⑥ 제20조 제 2 항을 위반한 경우: 해당 자회사 주식의 기준대차대조표상

장부가액의 합계액을 그 자회사 주식의 소유비율로 나눈 금액에 해당 자회사 발행주식 중 자신이 보유하지 않은 주식의 비율을 곱하여 산출한 금액(제 6 호)

⑦ 제20조 제 3 항 제 1 호를 위반한 경우: 기준대차대조표상 자본총액의 2 배를 초과한 부채액(제 7 호)

⑧ 제20조 제 3 항 제 4 호를 위반한 경우: 위반에 해당하는 만큼의 출자금액(제 8 호)

⑨ 제20조 제 3 항 제 5 호를 위반한 경우: 위반하여 소유하는 주식, 채권 등의 기준대차대조표상 장부가액의 합계액(제 9 호)

⑩ 제20조 제 3 항 제 6 호를 위반한 경우: 위반하여 소유하도록 한 주식, 채권 등의 기준대차대조표상 장부가액의 합계액(제10호)

〈에스케이네트웍스(주)의 자회사행위제한규정 위반행위 건〉에서 공정거래위원회는 일반지주회사인 에스케이(주)의 자회사가 유예기간을 지나 금융업을 영위하는 손자회사인 에스케이증권(주)의 주식을 소유하여 시정명령과 함께 약 50 억원의 과징금을 부과하였다.[3] 그러나 대법원은 과징금 산정·부과하기 위한 기준에 관한 근거규정 자체가 존재하지 않으므로 목적론적 해석은 처음부터 불가능하며, 독점규제법 제38조 제 4 항 제 3 호의 "위반하여 소유하는 주식의 대차대조표상 장부가액의 합계액"이라는 규정을 유추하여 적용할 수 없다고 판시하였다.[4]

한편 〈한국케이블티비마포방송(주)의 일반지주회사의 자회사행위제한규정 위반행위 건〉 관련 행정소송에서는 과징금 부과가 무죄추정의 원칙, 헌법상의 비례원칙 및 권력분립의 원칙에 위반되는지가 문제되었다. 이에 서울고등법원은 다음과 같이 판시하였다.

> "첫째, 무죄추정원칙 위반 여부에 대하여 '이 사건 과징금은 지주회사의 자회사를 통한 타회사 지배로 인한 지주회사에 대한 경제력집중의 억제에 초점을 두는 것으로서, 본질적으로 부당이득의 환수보다는 행정목적을 실현하기 위하여 그 위반행위에 대하여 제재를 가하는 행정상의 제재금으로서의 기본적인 성격과 기능이 있다고

3) 공정의 2011. 11. 29. 2011.210.

4) 대판 2014. 7. 24. 2012두20007. 즉 침익적 행정처분의 근거 법규는 엄격하게 해석·적용되어야 하고, 그 처분의 상대방에게 불리한 방향으로 지나치게 확장해석하거나 유추해석하여서는 아니 되며, 이 사건 금지규정은 금융업이나 보험업을 영위하는 회사를 손자회사로 '지배하는 행위'를 금지하는 것이므로, 이는 독점규제법 제 8 조의2 제 3 항 제 2 호 등 '주식의 소유'를 금지하는 내용과는 그 취지가 다르므로 과징금 산정 방법도 달리 정하여야 한다고 한다.

할 것이고, 자회사의 타회사 지배로 발생하는 부당이득의 발생구조를 지주회사와 자회사 상호간의 관점에서 보면 중, 장기적으로는 지주회사의 경제력 집중을 통하여 자회사에게도 부당이득을 발생시키게 된다고 할 수 있어서 자회사에 대한 과징금의 부과가 부당이득 환수의 요소가 전혀 없다고 할 수 없어 독점규제법에서 형사처벌과 아울러 과징금의 병과를 예정하고 있더라도 이중처벌금지원칙에 위반된다고 볼 수 없으며, 나아가 이 사건 과징금 부과처분에 대하여 공정력과 집행력을 인정한다고 하여 이를 확정판결 전의 형벌집행과 같은 것으로 보아 무죄추정의 원칙에 위반된다고 볼 수 없다'고 하고, 둘째, 헌법상 비례원칙과 관련하여 '실효성 있는 규제를 위하여 형사처벌조항과 함께 과징금조항을 둔 것이나 소유하는 주식의 장부가액 중 일정범위를 과징금의 상한기준으로 삼은 것은 헌법상의 비례원칙에 반하여 과잉제재를 하는 것이라 할 수 없다'고 하였으며, 셋째, 권력분립원칙 위반 여부 관련해서는 '독점규제법에서 행정기관인 공정거래위원회로 하여금 과징금에 부과하여 제재할 수 있도록 한 것은 경제력집중으로 인한 시장에 미치는 부정적 효과 등에 관한 사실 수집과 평가는 이에 대한 전문적인 지식과 경험을 갖춘 기관이 담당하는 것이 보다 바람직하다는 정책적 결단에 입각한 것이고, 과징금의 부과 여부 및 그 액수에 결정권자인 위원회는 합의제 행정기관으로서 그 구성에 있어 일정한 정도의 독립성이 보장되어 있으며, 과징금 부과절차에서는 통지, 의견진술의 기회 부여 등을 통하여 당사자의 절차적 참여권을 인정하고 있을 뿐 아니라, 행정소송을 통한 사법적 사후심사가 보장되어 있으므로, 이러한 점들을 종합적으로 고려하면 공정거래위원회에 대한 과징금의 부과가 사법권을 법원에 둔 권력분립의 원칙에 위반된다고 볼 수 없다'고 하였음."[5)]

Ⅳ. 과징금 부과여부 및 산정기준

1. 과징금 부과여부

구체적인 부과여부는 *대통령령* [별표6]에서 규정하고 있다.

5) 서고판 2004. 4. 28. 2003누5336.

경제력집중 억제규정 위반행위에 대하여는 원칙적으로 과징금을 부과한다. 다만, 위반의 정도나 위반행위의 동기 및 효과, 시장상황 등 구체적인 사정을 고려할 때 과징금을 부과하지 아니하는 것이 타당하다고 인정되는 경우에는 과징금을 부과하지 아니할 수 있다(이상 「과징금 부과고시」 Ⅲ. 2. 나).

2. 과징금 산정기준

구체적인 산정기준은 *대통령령* [별표6][6]에서 규정하고 있다.

이 경우 위반행위 중대성의 정도는 위반행위로 인하여 발생한 경쟁질서의 저해정도, 시장에 미치는 영향 및 그 파급효과, 관련 소비자 및 사업자의 피해정도, 부당이득의 취득 여부, 기타 위반행위 전후의 사정 및 위반사업자와 다른 사업자 또는 소비자와의 관계 등을 종합적으로 고려하여 정한다(「과징금 부과고시」 Ⅳ.1.)

〈대명화학의 지주회사행위 제한규정 위반행위 건〉 관련 행정소송에서 서울고등법법원은 독점규제법 시행령에서 과징금은 위반행위의 기간을 고려하여 조정한다고 하는데, 위반기간의 기간에 따라 어느정도로 산정기준을 조정하는 규정을 둘것인가의 문제는 입법정책적으로 결정할 사항이고, '조정의 의미가 감경 또는 가산'만을 의미한다고 볼 수도 없으므로 산정기준을 감경·가산하지 아니하고 이를 유지하는 규정을 둔다고 하더라도 모법의 위임범위를 벗어나 어떠한 위반이 있다고 할 수 없다고 보았다.

6) [위반행위의 과징금 부과기준(제84조 관련)] 2. 가. 2)경제력집중억제규정 위반행위 가) 지주회사 등 행위제한 등 위반행위: 법 제38조 제3항 각 호에 따른 금액에 100분의 20을 곱한 금액의 범위에서 법 제38조 제3항 각 호에 따른 금액에 중대성의 정도별로 정하는 부과기준율을 곱하여 산정한다. 나) 상호출자행위: 위반행위로 취득 또는 소유한 주식의 취득가액에 100분의 20을 곱한 금액의 범위에서 취득가액에 중대성의 정도별로 정하는 부과기준율을 곱하여 산정한다. 다) 위반행위로 취득 또는 소유한 주식의 취득가액에 100분의 20을 곱한 금액의 범위에서 취득가액에 중대성의 정도별로 정하는 부과기준율을 곱하여 산정한다. 라) 법 제24조를 위반하여 행한 채무보증액에 100분의 20을 곱한 금액의 범위에서 채무보증액에 중대성의 정도별로 정하는 부과기준율을 곱하여 산정한다.

제39조(시정조치의 이행확보)

① 제21조 또는 제22조를 위반하여 상호출자 또는 순환출자를 한 주식에 대해서는 그 시정조치를 부과받은 날부터 법 위반상태가 해소될 때까지 해당 주식 전부에 대하여 의결권을 행사할 수 없다.

② 제37조제1항에 따른 주식처분명령을 받은 자는 그 명령을 받은 날부터 해당 주식에 대하여 의결권을 행사할 수 없다.

제21조 또는 제22조를 위반하여 상호출자 또는 순환출자를 한 주식에 대해서는 그 시정조치를 부과받은 날부터 법 위반상태가 해소될 때까지 해당 주식 전부에 대하여 의결권을 행사할 수 없다. 제37조 제1항에 따른 주식처분명령을 받은 자는 그 명령을 받은 날부터 해당 주식에 대하여 의결권을 행사할 수 없다.

제 5 장

•

부당한 공동행위의 제한

제40조(부당한 공동행위의 금지)
제41조(공공부문 입찰 관련 공동행위를 방지하기 위한 조치)
제42조(시정조치)
제43조(과징금)
제44조(자진신고자 등에 대한 감면 등)

제40조(부당한 공동행위의 금지)

① 사업자는 계약 · 협정 · 결의 기타 어떠한 방법으로도 다른 사업자와 공동으로 부당하게 경쟁을 제한하는 다음 각 호의 어느 하나에 해당하는 행위를 할 것을 합의(이하 "부당한 공동행위"라 한다)하거나 다른 사업자로 하여금 이를 행하도록 하여서는 아니된다.

1. 가격을 결정 · 유지 또는 변경하는 행위
2. 상품 또는 용역의 거래조건이나, 그 대금 또는 대가의 지급조건을 정하는 행위
3. 상품의 생산 · 출고 · 수송 또는 거래의 제한이나 용역의 거래를 제한하는 행위
4. 거래지역 또는 거래상대방을 제한하는 행위
5. 생산 또는 용역의 거래를 위한 설비의 신설 또는 증설이나 장비의 도입을 방해하거나 제한하는 행위
6. 상품 또는 용역의 생산 · 거래 시에 그 상품 또는 용역의 종류 · 규격을 제한하는 행위
7. 영업의 주요부문을 공동으로 수행 · 관리하거나 수행 · 관리하기 위한 회사등을 설립하는 행위
8. 입찰 또는 경매에 있어 낙찰자, 경락자(競落者), 투찰(透察)가격, 낙찰가격 또는 경락가격, 그 밖에 대통령령으로 정하는 사항을 결정하는 행위
9. 그 밖의 행위로서 다른 사업자(그 행위를 한 사업자를 포함한다)의 사업활동 또는 사업내용을 방해 · 제한하거나 가격, 생산량, 그 밖에 대통령령으로 정하는 정보를 주고받음으로써 일정한 거래분야에서 경쟁을 실질적으로 제한하는 행위

② 제1항의 규정은 부당한 공동행위가 다음 각호의 1에 해당하는 목적을 위하여 행하여지는 경우로서 대통령령이 정하는 요건에 해당하고 공정거래위원회의 인가를 받은 경우에는 이를 적용하지 아니한다.

1. 불황극복을 위한 산업구조조정
2. 연구 · 기술개발
3. 거래조건의 합리화
4. 중소기업의 경쟁력향상

③ 제2항의 규정에 의한 인가의 기준 · 방법 · 절차 및 인가사항변경등에 관하여 필요한 사항은 대통령령으로 정한다.

④ 제1항에 규정된 부당한 공동행위를 할 것을 약정하는 계약등은 사업자간에 있어서는 이를 무효로 한다.

⑤ 제 1 항 각 호의 어느 하나에 해당하는 행위를 하는 둘 이상의 사업자가 다음 각 호의 어느 하나에 해당하는 경우에는 그 사업자들 사이에 공동으로 제 1 항 각 호의 어느 하나에 해당하는 행위를 할 것을 합의한 것으로 추정한다.

1. 해당 거래분야, 상품·용역의 특성, 해당 행위의 경제적 이유 및 파급효과, 사업자 간 접촉의 횟수·양태 등 제반 사정에 비추어 그 행위를 그 사업자들이 공동으로 한 것으로 볼 수 있는 상당한 개연성이 있을 때
2. 제 1 항 각 호의 행위(제 9 호의 행위 중 정보를 주고받음으로써 일정한 거래분야에서 경쟁을 실질적으로 제한하는 행위를 제외한다)에 필요한 정보를 주고받은 때

⑥ 부당한 공동행위에 관한 심사의 기준은 공정거래위원회가 정하여 고시할 수 있다.

 목 차

Ⅰ. 개 요
Ⅱ. 부당한 공동행위의 금지
  1. 공동행위의 의의
  2. 입 법 례
  3. 연 혁
Ⅲ. 부당한 공동행위의 성립요건
  1. 2이상의 사업자(공동성)
  2. 합의의 존재
  3. 합의의 추정
  4. 경쟁제한성(부당성)
Ⅳ. 부당한 공동행위의 유형
  1. 가격의 결정·유지·변경
  2. 거래조건 등의 결정
  3. 상품생산 등의 제한
  4. 거래지역·거래상대방 제한
  5. 설비신설 등의 방해·제한
  6. 상품 또는 용역의 종류·규격 제한
  7. 공동회사의 설립
  8. 입찰 또는 경매 담합
  9. 기타 다른 사업자(행위를 한 사업자를 포함)의 사업활동방해행위
Ⅴ. 부당한 공동행위의 인가
  1. 인가요건
  2. 인가절차
Ⅵ. 사법상 효력
Ⅶ. 부당한 공동행위와 행정지도
Ⅷ. 부당한 공동행위의 시기, 종기 및 수
  1. 문 제 점
  2. 시 기
  3. 종 기
  4. 수

[참고문헌]

단행본: 공정거래위원회, －공정거래위원회 20년사－ 시장경제 창달의 발자취, 2001; 오성환, 공정거래 심결소회, 도서출판 산학연, 2005; 이기수/유진희, 경제법(제9판), 세창출판사, 2012; 이상돈, 공정거래형법, 법문사, 2011; 홍명수, 경제법 II, 경인문화사, 2010; Areeda, Phillip E., Antitrust Law－An analysis of Antitrust Principles and Their Application, Volume Ⅶ, Little, Brown and Company; Gellhorn, Ernest/Kovacic, William E., Antitrust Law and Economics(4th Edition), West Group, 1994; Hovenkamp, Herbert, Antitrust(Third Edition), West Group, 1999; Rittner/Dreher, Europäisches und deutsches Wirtschaftsrecht, 3. Auflage, C.F. Müller, 2007

논 문: 권오승, "공정거래법의 개요와 쟁점", 공정거래와 법치(권오승 편), 법문사, 2004; 김영호, "공정거래법상 부당공동행위의 성립에 있어서 공모의 법리", 경쟁저널 제109호, 한국공정경쟁연합회, 2004. 9; 김성훈, "추정조항 적용요건으로서의 행위의 외형상 일치", 경제법판례연구 제3권, 경제법판례연구회, 법문사, 2006; 김학현, "위법한 담합이 되는 일방적 정보제공", 경쟁저널 제161호, 한국공정경쟁연합회, 2012. 3; 나영숙, "카르텔규제의 효율성 제고 방안", 2012 하반기 법·경제그룹(LEG) 연구보고서, 한국공정거래조정원, 2012. 12; 박세환, "역학관계의 불균형과 경제적 약자들이 행한 부당한 공동행위에 대한 제재", 경쟁법연구 제37권, 한국경쟁법학회 편, 법문사, 2018. 5; 송정원, "OECD의 입찰담합 방지 가이드라인과 확산시책", 경쟁저널 제151호, 한국공정경쟁연합회, 2010. 7; 신광식, "카르텔 규제와 강제조사권", 공정경쟁 제96호, 한국공정경쟁연합회, 2003. 8; 신동권, "사업자간 정보교환행위의 카르텔법적 평가와 전망", 경쟁저널 제162호, 한국공정경쟁연합회, 2012. 5; 신영수, "프로야구산업에 대한 독점금지법의 적용가능성－Major League Baseball v. Crist 사건", 경쟁저널 제108호, 한국공정경쟁연합회, 2004. 8; 양명조, "공동성의 입증과 추정", 공정거래법강의Ⅱ, 법문사, 2000; 양명조, "부당한 공동행위에 대한 판례", 자유경쟁과 공정거래(권오승 편), 법문사, 2002; 양명조, "카르텔의 규제법리와 판례분석", 공정거래법과 규제산업(권오승/이원우 공편), 법문사, 2007; 양명조, "독점규제법 위반 공동행위 사건에 있어서의 부당성 판단과 행위 일치의 쟁점: 2009년 대법원 판결 평석", 경쟁법연구 제21권, 한국경쟁법학회 편, 법문사 2010; 오승한, "공동행위의 경쟁제한성 입증", 공정거래법의 쟁점과 과제, 서울대학교 경쟁법센터 연구총서 1, 법문사, 2010; 오승한, "독점규제법상 공동행위에 대한 위법성 판단 방법의 문제", 경쟁법연구 제20권, 한국경쟁법학회 편, 법문사, 2010; 윤성운, "부당한 공동행위의 추정조항", 자유경쟁과 공정거래(권오승 편), 법문사, 2002; 윤성운 "조인트벤처에 부속된 경쟁제한약정의 위법성－지로수수료 담합

관련 서울고등법원의 상반된 판결을 중심으로−", 공정거래법의 쟁점과 과제, 서울대학교 경쟁법센터 연구총서 1, 법문사, 2010; 이민호, "부당한 공동행위와 행정지도", 경쟁법연구 제16권, 한국경쟁법학회 편, 법문사, 2007; 이병건, "EU의 정황증거를 활용한 카르텔입증에 대한 논의와 실무", 경쟁저널 제174호, 공정경쟁연합회 2014. 5; 이봉의, "전략적 제휴의 개념 및 효과", 자유경쟁과 공정거래(권오승 편), 법문사, 2002; 이봉의, "공정거래법상 연구·개발협력의 경쟁제한성 판단에 관한 고찰", 경쟁법연구 제 8 권, 한국경쟁법학회, 2002. 2; 이봉의, "부당한 공동행위와 '합의' 도그마의 문제점", 경제법판례연구 제 2 권, 경제법판례연구회, 법문사, 2005; 이인권, "담합에 대한 경제학적 검토", 공정거래와 법치(권오승 편), 법문사, 2004; 이호영, "과징금 산정시 '위반행위기간'의 시기", 경제법판례연구 제 1 권, 경제법판례연구회, 법문사, 2004; 이호영, "독점금지법상 '합의의 도그마'에 대한 저항−과점기업의 묵시적 사업조정의 규제를 중심으로−", 경쟁법연구 제12권, 한국경쟁법학회 편, 법문사, 2005. 8; 이황, "철근제조7사의 부당한 공동행위에 대한 건", 경쟁저널 제101호, 한국공정거래협회, 2004. 1; 정영진, 우리나라 공정거래법상 당연위법(per se illegality)원칙의 법적 지위, 경쟁저널 제118호, 한국공정경쟁연합회, 2005. 6; 정재훈, "부당한 공동행위 규제에 있어 묵시적 합의−정보교환과 동조적 행위에 관한 최근의 판례를 중심으로", 경쟁과 법 제 2 호, 서울대 경쟁법센터, 2014. 4; 정재훈, "부당한 공동행위의 규제와 행정지도의 문제: 최근 판례 동향을 중심으로", 경쟁저널 제181호, 한국공정경쟁연합회, 2015. 7; 주진열, "가격담합과 조인트벤처의 부수적 제한 법리", 경제법판례연구 제 6 권, 경제법판례연구회, 법문사, 2010; 최수희, "공동행위의 수와 기본합의의 의미에 대한 소고", 경제법판례연구 제 6 권, 경제법판례연구회, 법문사, 2010; 홍대식, "과점시장에서의 합의의 추정과 그 번복", 경제법판례연구 제 1 권, 경제법판례연구회, 법문사, 2004; 홍명수, "부당한 공동행위에 있어서 비진의 의사표시와 합의의 성립", 경제법판례연구 제 6 권, 경제법판례연구회, 법문사, 2010; 홍명수, "독점규제법상 행정지도에 의한 카르텔규제의 법리적 고찰", 경쟁법연구 제21권, 한국경쟁법학회 편, 법문사, 2010; Barnikel, Hans−Heinrich, "Kartelle in Deutschland Entwicklung, Theoretische Ansätze und Rechtliche Regelungen", Theorie und Praxis der Kartelle, wissenschaftliche Buchgesellschaft Darmstadt, 1972; Liefmann, Robert, "Kartelle", Theorie und Praxis der Kartelle, wissenschaftliche Buchgesellschaft Darmstadt, 1972; Brems, Hans, "Kartelle und Wettbewerb", Theorie und Praxis der Kartelle, wissenschaftliche Buchgesellschaft Darmstadt, 1972

[참고사례]

5개 입찰참가 사업자의 입찰방해 건(서울형사지방법원 1981. 2. 10. 선고 79노8348 판결; 대법원 1983. 1. 18. 선고 81도824 판결); 대한통운(주)와 (주)동양통운의 부당공동행위 건(대구고등법원 1986. 2. 7. 선고 85나31 판결; 대법원 1987. 7. 7. 선고 86다카706 판결[손해배상]); 동아출판사 등 6개 출판사의 부당공동행위 건(공정거래위원회 1990. 10. 24. 의결 제90-62호, 1991. 1. 23. 재결 제91.4호; 서울고등법원 1992. 4. 22. 선고 91구3248 판결; 대법원 1992. 11. 13. 선고 92누8040 판결); 5개 PC제조업체의 부당공동행위 건(공정거래위원회 1994. 8. 31 의결 제94-282호, 제94-283~287호, 1994. 11. 2. 재결 제94-10호; 서울고등법원 1996. 2. 13. 선고 94구36751 판결); 5개 강관제조업체의 부당공동행위 건(공정거래위원회 1997. 3. 24. 의결 제97-45호, 1997. 5. 26. 재결 제97-13호; 서울고등법원 1998. 7. 21. 선고 97구 26861 판결); 정부종합청사 신관신축공사 15개 건설사의 부당공동행위 건(공정거래위원회 1997. 8. 25. 의결 제97-1432호, 1997. 11. 21. 재결 제97-34호; 서울고등법원 1998. 8. 18. 선고 97구53412 판결; 대법원 1999. 2. 23. 선고 98두15849 판결); 라이텍산업(주)의 부당공동행위 건(공정거래위원회 1998. 7. 30. 의결 제98-163호, 1998. 14. 재결 제98-39호; 서울고등법원 1999. 6. 30. 선고 98누14008 판결); 주성건설(주)의 부당공동행위 건(공정거래위원회 1996. 8. 30. 의결 제96-210호, 1997. 9. 24. 재결 제9-1호; 서울고등법원 1998. 2. 18. 97구7457 판결; 대법원 2000. 2. 11. 선고 98두5941 판결); (주)삼환까뮤의 우월적지위남용행위 건(공정거래위원회 1997. 4. 12. 의결 제97-53호, 1997. 7. 15 재결 제97-20호; 서울고등법원 1999. 1. 19. 선고 97구34343 판결; 대법원 2000. 6. 9. 선고 99두2314 판결); 동해고속도로 동해-주문진간 4차로 확장공사(제 6 공구) 입찰참가 12개사의 부당공동행위 건(공정거래위원회 1999. 10. 14. 의결 제99-190호, 2000. 3. 18. 재결 제2000-10호; 서울고등법원 2001. 3. 22. 선고 99누15152, 99누14784 판결); 대전-통영간 고속도로 진주-통영간 건설공사(제22공구) 입찰참가 2개사의 부당공동행위 건(공정거래위원회 1999. 10. 14. 의결 제99-191호, 2000. 3. 18. 재결 제2000-9호; 서울고등법원 2001. 3. 22. 선고 99누15145, 99누147791 판결); 시멘트제조 7개사의 부당공동행위 건(공정거래위원회 1998. 12. 31. 의결 제98-284호; 서울고등법원 2000. 12. 5. 선고 99누5247 판결); 6개 전기공사업체의 부당공동행위 건(공정거래위원회 2000. 7. 12. 의결 제2000-103호; 서울고등법원 2001. 12. 11. 선고 2000누16830 판결); 4개 석도강판제조업체의 부당공동행위 건(공정거래위원회 1998. 11. 25. 의결 제1998-271호; 서울고등법원 2000. 11. 16. 선고 99누6226, 2000. 6. 29. 선고 99누6110, 99누6103, 2002. 4. 30. 선고 2001누7499, 2001. 9. 18. 선고 2001누7482, 2000. 8. 29. 선고 99누6349 판결; 대법원 2001. 5. 8. 선고 2000두10212, 2000두

6510, 2000두6503, 2000두7872 판결); 11개 고철수요업체와 한국철강협회의 고철구매가격 공동행위 등 건(공정거래위원회 1998. 11. 25. 의결 제1998－273호; 서울고등법원 2000. 11. 16. 선고 99구5919 판결; 대법원 2002. 7. 12. 선고 2000두10311 판결); 서해안고속도로 군산-무안간 건설공사(21공구)등 3개입찰건 관련 26개사의 부당공동행위 건(공정거래위원회 1999. 3. 2. 의결 제99－39호; 서울고등법원 2000. 11. 9. 선고 99누9287 판결; 대법원 2002. 8. 27. 선고 2000두9779 판결); 동부제강(주) 외 3사의 가격공동행위 건(공정거래위원회 1998. 7. 7. 의결 제1998－134호; 서울고등법원 2000. 12. 12. 선고 98누12293, 2000. 12. 21. 선고 98누12668, 98누12637, 98누12651 판결; 대법원 2003. 2. 11. 선고 2001두847 판결); 동서식품 및 한국네슬레의 가격공동행위 건[공정거래위원회 1998. 5. 23. 의결 제98－85호; 서울고등법원 1999. 4. 28. 선고 98누10686, 98누11214 판결(병합), 2003. 1. 21. 선고 2002누5384, 2002누1391 판결(병합); 대법원 2002. 3. 15. 선고 99두6521, 6514 판결]; 맥주3사(하이트, 두산, 진로)의 가격공동행위 건(공정거래위원회 1999. 5. 26. 의결 제99－76호; 서울고등법원 2000. 12. 28. 선고 99누7304, 2001. 1. 9. 선고 99누7311, 2000. 12. 28. 선고 2000누1418 판결; 대법원 2003. 2. 28. 선고 2001두946, 2001두1239, 2003. 3. 14. 선고 2001두939 판결); 모나리자(주) 외 3사의 부당공동행위 건(공정거래위원회 1998. 4. 10. 의결 제98－63호; 서울고등법원 2000. 1. 20. 선고 98누10822, 2003. 3. 20. 선고 2002누9041 판결; 대법원 2002. 5. 28. 선고 2000두1386 판결); 주식회사 대한펄프의 가격공동행위 건(공정거래위원회 1998. 4. 10. 의결 제98－63호; 서울고등법원 2000. 6. 20. 선고 98누10839 판결; 대법원 2002. 5. 28. 선고 2000두6121 판결); 경기아스콘산업(주) 외 9사의 거래상대방제한공동행위 건(공정거래위원회 2000. 10. 6. 의결 제2000－153호; 서울고등법원 2003. 4. 10. 선고 2001누6779 판결); (주)에스엠엔터테인먼트 외 6사의 거래상대방제한공동행위 건(공정거래위원회 2002. 8. 3. 의결 제202.165호; 서울고등법원 2003. 6. 3. 2002누13903 판결); 천풍건설 주식회사의 건설업등록말소처분취소 청구 건(서울고등법원 2002. 5. 14. 선고 2001누13746 판결; 대법원 2003. 9. 2. 선고 2002두5177 판결); (주)신선대컨테이너터미널 외 3사의 가격공동행위 건(공정거래위원회 2002. 2. 15. 의결 제2002－043호; 서울고등법원 2003. 10. 2. 선고 2002누12757 판결); 두원냉기(주)의 가격, 공급제한, 사업활동방해 공동행위 건(공정거래위원회 1999. 11. 22. 의결 제99－235호, 2000. 7. 24. 재결 제2000－39호; 서울고등법원 2001. 11. 6. 선고 2000누11088, 2003. 11. 27. 선고 2003누1723 판결; 대법원 2003. 1. 10. 선고 2001두10387 판결); 삼화석유(주) 외 3사의 가격공동행위 건(공정거래위원회 1999. 7. 16. 의결 제99－113호; 서울고등법원 2001. 6. 5. 선고 99누10898 판결; 대법원 2003. 12. 12. 선고 2001두5552 판결); 전북레미콘공업협동조합의 경쟁제한행위 불인가결정 취소

건(서울고등법원 2003. 7. 10. 선고 2002누14012 판결); 한국청과(주) 외 5의 부당공동행위 건(공정거래위원회 2002. 11. 11. 의결 제2002.289호, 2003. 3. 24. 재결 제2003-017호; 서울고등법원 2004. 5. 12. 선고 2003누5817 판결); 정리회사 주식회사 한보의 부당공동행위 건(공정거래위원회 2000. 5. 31. 의결 제2000-86호, 2000. 10. 17. 재결 제2000-48호; 서울고등법원 2002. 4. 23. 선고 2000누15196, 2004. 6. 10. 선고 2003누10529 판결; 대법원 2003. 5. 30. 선고 2002두4433, 2004. 10. 15. 선고 2004두8217 판결); 한보철강공업(주) 외 2의 부당공동행위 건(공정거래위원회 2000. 5. 31. 의결 제2000-86호, 2000. 10. 17. 재결 제2000-48호; 서울고등법원 2002. 4. 23. 선고 2000누15035, 2004. 6. 10. 선고 2003누10512 판결; 대법원 2003. 5. 27. 선고 2002두4648, 2004. 10. 29. 선고 2004두8354 판결); 삼성카드(주) 외 2사의 부당공동행위 건(공정거래위원회 의결 2000. 8. 16. 의결 제2000-131호, 2001. 1. 17. 재결 제2001.4호; 서울고등법원 2002. 6. 27. 선고 2001누2579 판결; 대법원 2004. 10. 28. 선고 2002두7456 판결); 일진전기(주) 외 2의 부당공동행위 건(공정거래위원회 2003. 4. 28. 의결 제2003-079호, 2003. 9. 15. 재결 제2003-031호; 서울고등법원 2004. 11. 3. 선고 2003누17766 판결); 에프 호프만 라 로슈(주) 부당공동행위 건(공정거래위원회 2003. 4. 29. 의결 제2003-098호; 서울고등법원 2004. 11. 24. 선고 2003누9000 판결); 현대오일뱅크(주) 외 1의 부당공동행위 건(공정거래위원회 2000. 10. 17. 의결 2000-158호, 2001. 2. 28. 재결 제2001-010호; 서울고등법원 2002. 6. 20. 선고 2000누15028 판결; 대법원 2004. 10. 27. 선고 2002두6842 판결; 서울고등법원 2005. 11. 30. 선고 2004누24457 판결; 대법원 2008. 11. 13. 선고 2006두675 판결); 에스대시오일(주)의 부당공동행위 건(공정거래위원회 2000. 10. 17. 의결 2000-158호; 서울고등법원 2002. 4. 9. 선고 2001누4803 판결; 대법원 2004. 11. 12. 선고 2002두5627 판결; 서울고등법원 2006. 1. 12. 선고 2005누489 판결; 대법원 2008. 2. 15. 선고 2006두4226 판결); 에스대시오일(주)의 과징금 납부명령 무효확인 건(공정거래위원회 2000. 10. 17. 의결 제2000-158호, 2001. 2. 28. 재결 제2001-010호; 서울고등법원 2006. 1. 12. 선고 2005누2416 판결; 대법원 2008. 2. 15. 선고 2006두3957); 동양화재해상보험(주) 외 10의 부당공동행위 건(공정거래위원회 2001. 6. 18. 의결 제2001-085호, 2001. 11. 3. 재결 2001-055호; 서울고등법원 2002. 10. 17. 선고 2001누10716 판결; 대법원 2005. 1. 28. 선고 2002두12052 판결); 가나평가법인 외 17의 부당공동행위 건(공정거래위원회 2003. 6. 19. 의결 제2003.101호, 2003. 11. 7. 재결 제2003-033호; 서울고등법원 2005. 1. 26. 선고 2003누21642 판결); 동양시멘트레미콘 개인사업자협의회의 사업자단체금지행위 건(부산고등법원 2002. 6. 21. 선고 2001나6015 판결; 대법원 2005. 1. 27. 선고 2002다42605 판결); 부산광역시치과기공사회의 사업자단

체금지행위 건(공정거래위원회 2000. 12. 16. 의결 제2000−168호, 2001. 7. 24. 재결 제2001−031호; 서울고등법원 2003. 6. 26. 선고 2001누12378 판결; 대법원 2005. 8. 19. 선고 2003두9251 판결); (사)제주도관광협회의 사업자단체금지행위 건(공정거래위원회 2002. 4. 11. 의결 제2002−082호, 2002. 9. 5. 재결 제2002−027호; 서울고등법원 2003. 8. 28. 선고 2002누14852 판결; 대법원 2005. 9. 9. 선고 2003두11841 판결); 기아자동차(주)의 부당공동행위 건(공정거래위원회 2004. 13. 의결 제2004−001호; 서울고등법원 2005. 4. 21. 선고 2004누2273 판결; 대법원 2005. 8. 25. 선고 2005두4625 판결); (주)대우건설의 부당공동행위 건(공정거래위원회 2004. 2. 2. 의결 제2004−033호, 2004. 9. 20. 재결 제2004−019호; 서울고등법원 2005. 9. 28. 선고 2004누22093 판결); (주)한국감정원의 부당공동행위 건(공정거래위원회 2003. 6. 19. 의결 제2003.101호, 2003. 11. 7. 재결 제2003−033호; 서울고등법원 2005. 7. 21. 선고 2003누21475 판결; 대법원 2005. 12. 9. 선고 2005두9828 판결); (주)두우종합기술단의 부당공동행위 건(공정거래위원회 2004. 9. 7. 의결 제2004−257호, 2005. 2. 14. 재결 제2005−033호; 서울고등법원 2006. 1. 11. 선고 2005누6289 판결); 6개 흑연전극봉 생산업체들의 부당공동행위 건(공정거래위원회 2002. 4. 4. 의결 제2002−077호, 2002. 8. 23. 재결 제2002−026호; 서울고등법원 2003. 8. 26. 선고 2002누6127, 2002누15015, 2002누14647, 2004. 8. 19. 선고 2002누6110 판결; 대법원 2006. 3. 23. 선고 2003두11124, 2003두11155, 2006. 3. 24. 선고 2003두11148, 2004두11275 판결); 제일모직(주)의 부당공동행위 건(공정거래위원회 2001. 5. 31. 의결 제2001−082호, 재결 제2001−052호; 서울고등법원 2004. 9. 2. 선고 2001누16998 판결; 대법원 2006. 11. 9. 선고 2004두14564 판결); 에스케이네트웍스(주)의 부당공동행위 건(공정거래위원회 2001. 5. 31. 의결 제2001−082호, 2001. 10. 16. 재결 제2001−052호; 서울고등법원 2004. 8. 18. 선고 2001누17403 판결; 대법원 2004. 11. 23. 선고 2004두10586 판결); (주)새한의 부당공동행위 건(공정거래위원회 2001. 5. 31. 의결 제2001−082호, 재결 제2001−052호; 서울고등법원 2004. 9. 2. 선고 2001누17700 판결; 대법원 2006. 11. 24. 선고 2004두12346 판결); 대한벤딩(주) 외 1의 부당공동행위 건(공정거래위원회 2005. 3. 8. 의결 제2005−046호, 2005. 9. 28. 재결 제2005−017호; 서울고등법원 2006. 9. 14. 선고 2005누25587 판결); (주)국민은행의 부당공동행위 건(공정거래위원회 2002. 5. 17. 의결 제2002−098호, 2002. 9. 19. 재결 제2002−029호; 서울고등법원 2004. 5. 20. 선고 2002누16377 판결; 대법원 2006. 9. 22. 선고 2004두7184 판결); 엘지카드(주)의 부당공동행위 건(공정거래위원회 2002. 5. 17. 의결 제2002−098호, 2002. 9. 19. 재결 제2002−029호; 서울고등법원 2004. 5. 27. 선고 2002누17073 판결; 대법원 2006. 10. 12. 선고 2004두9371 판결); (주)한국외환은행의 부당공동행위 건(공정거래위원회

2002. 5. 17. 의결 제2002-098호, 2002. 9. 19. 재결 제2002-029호; 서울고등법원 2004. 5. 20. 선고 2002누8482 판결; 대법원 2006. 10. 27. 선고 2004두7160 판결); **동국제강(주)의 부당공동행위 건**(공정거래위원회 2003. 10. 20. 의결 제2003.161호, 2004. 6. 22. 재결 제2004-015호; 서울고등법원 2006. 7. 20. 선고 2004누14344 판결); **(사)대한손해보험협회 외 10의 부당공동행위 건**(공정거래위원회 2002. 10. 4. 의결 제2002.209호; 서울고등법원 2004. 6. 10. 선고 2002누17752 판결; 대법원 2006. 11. 23. 선고 2004두8323 판결); **(주)신호의 부당공동행위 건**(공정거래위원회 2004. 7. 30. 의결 제2004-235호, 2005. 8. 18. 재결 제2005-015호; 서울고등법원 2006. 4. 26. 선고 2005누21127 판결); **(주)데이콤의 부당공동행위 건**(공정거래위원회 2005. 12. 15. 의결 제2005-331호; 서울고등법원 2006. 12. 7. 선고 2006누1663 판결); **(주)데이콤의 부당공동행위 건**(공정거래위원회 2005. 7. 20. 의결 제2005-101호; 서울고등법원 2007. 1. 31. 선고 2005누18305 판결); **현대산업개발(주)의 부당공동행위 건**(공정거래위원회 2002. 7. 20. 의결 제2002.155, 156호, 2003. 1. 8. 재결 제2003-002호; 서울고등법원 2004. 1. 20. 선고 2003누245, 2007. 4. 5. 선고 2006누30692 판결; 대법원 2006. 12. 7. 선고 2004두3045 판결); **두산산업개발(주)의 부당공동행위 건**(공정거래위원회 2002. 7. 20. 의결 제2002.155, 156호, 2003. 1. 8. 재결 제2003-002호; 서울고등법원 2004. 7. 22. 선고 2003누2436, 2007. 4. 11. 선고 2006누30708 판결; 대법원 2006. 12. 8. 선고 2004두9661 판결); **백광산업(주)의 부당공동행위 건**(공정거래위원회 11. 22. 의결 제2005-232호; 서울고등법원 2007. 5. 16. 선고 2005누29725 판결); **(주)태영이엠씨의 부당공동행위 건**(공정거래위원회 2006. 10. 13 의결 제2006-234호; 서울고등법원 2007. 6. 13. 선고 2006누27672 판결); **(주)케이티(국제전화)의 부당공동행위 건**(공정거래위원회 2005. 12. 12. 의결 제2005-275호; 서울고등법원 2007. 8. 22. 선고 2006누1168 판결); **지에스건설(주)의 부당공동행위 건**(공정거래위원회 2004. 2. 2. 의결 제2004-033호; 서울고등법원 2005. 10. 19 선고 2004누20479 판결; 대법원 2007. 9. 20. 선고 2005두15137 판결); **일진전기(주) 외 1의 부당공동행위 건**(공정거래위원회 2004. 8. 27. 의결 제2004-252호, 2005. 8. 11. 재결 제2005-013호; 서울고등법원 2007. 11. 8. 선고 2005누19759 판결); **한국제유공업협동조합의 부당공동행위 건**(공정거래위원회 2006. 12. 26. 의결 제2006-272호; 서울고등법원 2007. 7. 25. 선고 2007누2946 판결; 대법원 2007. 11. 15. 선고 2007두18079 판결); **(주)현대중공업(지게차 구매입찰)의 공동행위 건**(공정거래위원회 2005. 6. 24. 의결 제2005-082호; 서울고등법원 2006. 10. 26. 선고 2006누4174 판결; 대법원 2008. 1. 24. 선고 2006두19723 판결); **현대시멘트(주)의 공동행위 건**(공정거래위원회 2003. 9. 8. 의결 제2003.147호, 2004. 2. 9. 재결 제2004-005호; 서울고등법원 2006. 5. 24. 선고 2004누4873 판결; 대법원 2008. 1.

31. 선고 2006두10764 판결); 동양시멘트(주)의 공동행위 건(공정거래위원회 2003. 9. 8. 의결 제2003.147호, 2004. 2. 9. 재결 제2004-005호; 서울고등법원 2006. 5. 24. 선고 2004누4880 판결; 대법원 2008. 2. 14. 선고 2006두10801 판결); 한일시멘트(주)의 공동행위 건(공정거래위원회 2003. 9. 8. 의결 제2003.147호, 2004. 2. 9. 재결 제2004-005호; 서울고등법원 2006. 5. 24. 선고 2004누4859 판결; 대법원 2008. 2. 14. 선고 2006두11804 판결); (주)성신양회의 공동행위 건(공정거래위원회 2003. 9. 8. 의결 제2003.147호, 2004. 2. 9. 재결 제2004-005호; 서울고등법원 2006. 5. 24. 선고 2004누4798 판결; 대법원 2008. 2. 15. 선고 2006두11583 판결); (주)라파즈한라시멘트의 공동행위 건(공정거래위원회 2003. 9. 8. 의결 제2003.147호, 재결 제2004-005호; 서울고등법원 2006. 5. 24. 선고 2004누4897 판결; 대법원 2008. 2. 29. 선고 2006두10856 판결); 아세아시멘트공업(주) 외 2[쌍용양회공업(주), 한국양회공업협회]의 공동행위 건(공정거래위원회 2003. 9. 8. 의결 제2003.147호, 2004. 2. 9. 재결 제2004-005호; 서울고등법원 2006. 5. 24. 선고 2004누4903 판결; 대법원 2008. 2. 29. 선고 2006두10443 판결; 쇼와덴코케이케이의 공동행위 건(재산정)(공정거래위원회 2002. 4. 4. 의결 제2002-077호, 2002. 8. 23. 재결 제2002-026호; 서울고등법원 2007. 9. 19. 선고 2006누29692 판결; 대법원 2008. 4. 10. 선고 2007두22054 판결); (주)클라크머터리얼핸들링아시아의 부당공동행위 건(공정거래위원회 2005. 6. 24. 의결 제2005-080호; 서울고등법원 2006. 12. 28. 선고 2005누16040 판결; 대법원 2007. 12. 13. 선고 2007두2852 판결; 서울고등법원 2008. 4. 16. 선고 2007누34431(파기환송심) 판결); 현대중공업(주)의 공동행위 건(지게차제조)(공정거래위원회 2005. 6. 24. 의결 제2005-080호, 2006. 1. 5. 재결 제2006-002호; 서울고등법원 2006. 12. 20. 선고 2006누4167 판결; 대법원 2008. 4. 24. 선고 2007두2944 판결); 현대중공업(주)의 공동행위 건(굴삭기 및 휠로다)(공정거래위원회 2005. 6. 24. 의결 제2005-083호, 2006. 1. 24. 재결 제2006-005호; 서울고등법원 2006. 12. 20. 선고 2006누5726 판결; 대법원 2008. 4. 24. 선고 2007두2937 판결); 현대중공업(주)의 공동행위 건(굴삭기 및 휠로다)(공정거래위원회 2005. 6. 24. 의결 제2005-081호; 서울고등법원 2006. 12. 20. 선고 2006누5146 판결; 대법원 2008. 9. 25. 선고 2007두3756 판결); 대한제강의 위헌제청신청 건(대법원 2008. 9. 25. 2006아35 결정); 현대중공업(주)의 공동행위 건(공정거래위원회 2007. 5. 25. 의결 제2007-292호; 서울고등법원 2008. 1. 30. 선고 2007누15614 판결); 하림(주)외 15의 공동행위 건(공정거래위원회 2006. 9. 28. 의결 제2006-217호; 서울고등법원 2008. 7. 24. 선고 2006누26563 판결); (주)효성의 공동행위 건(공정거래위원회 2007. 5. 25. 의결 제2007-292호; 서울고등법원 2008. 4. 30. 선고 2007누29033 판결); 정리회사 한보철강공업(주)의 관리인 나석환 외 3의 공동행위 건(공정거래

위원회 2003. 11. 1. 의결 제2003.184호, 2004. 5. 18. 재결 제2004-011호; 서울고등법원 2006. 6. 7. 선고 2004누11475 판결; 대법원 2008. 8. 21. 선고 2006두12104 판결); **정리회사 한보(주)의 관리인 박준수의 공동행위 건**(공정거래위원회 2003. 11. 1. 의결 제2003.184호, 2004. 5. 18. 재결 제2004-011호; 서울고등법원 2006. 6. 7. 선고 2004누11567 판결; 대법원 2008. 8. 21. 선고 2006두12081 판결); **정리회사 한보(주)의 관리인 이신섭의 공동행위 건**(공정거래위원회 2003. 10. 20. 의결 제2003.161호, 2004. 6. 22. 재결 제2004-015호; 서울고등법원 2006. 6. 21. 선고 2004누14337 판결; 대법원 2008. 9. 25. 선고 2006두13046 판결); **정리회사 한보철강공업(주)의 관리인 이신섭의 공동행위 건**(공정거래위원회 2003. 10. 20. 의결 제2003.161호, 2004. 6. 22. 재결 제2004-015호; 서울고등법원 2006. 6. 21. 선고 2004누14825 판결; 대법원 2008. 9. 25. 선고 2006두12685 판결); **비씨카드(주) 외 11의 공동행위 건**(공정거래위원회 2005. 8. 18. 의결 제2005-129호; 서울고등법원 2006. 12. 7. 선고 205누21233 판결; 대법원 2008. 8. 21. 선고 2007두4919 판결); **엘에스산전(주)의 공동행위 건**(공정거래위원회 2007. 5. 25. 의결 제2007-292호; 서울고등법원 2008. 5. 29. 선고 2007누28580); **동국제강(주)의 공동행위 건**(공정거래위원회 2003. 11. 1. 의결 제2003.184호, 2004. 5. 18. 재결 제2004-011호; 서울고등법원 2006. 6. 7. 선고 2004누11482 판결; 대법원 2008. 9. 11. 선고 2006두12098 판결); **현대제철(주) 외 2의 공동행위 건**(공정거래위원회 2003. 11. 1. 의결 제2003.184호, 2004. 5. 18. 재결 제2004-011호; 서울고등법원 2006. 6. 7. 선고 2004누11574 판결; 대법원 2008. 9. 11. 선고 2006두12548 판결); **일진전기(주)의 공동행위 건**(공정거래위원회 2007. 5. 25. 의결 제2007-292호; 서울고등법원 2008. 4. 30. 선고 2007누29194 판결); **볼보건설기계코리아(주)의 공동행위 건**(굴삭기 및 휠로다제조)(공정거래위원회 2005. 6. 25. 의결 제2005-081호; 서울고등법원 2007. 5. 17. 선고 2006누5139 판결; 대법원 2008. 9. 25. 선고 2007두12699 판결); **(주)아이엠씨의 공동행위 건**(공정거래위원회 2008. 2. 19. 의결 제2008-046호, 2008. 7. 1. 재결 제2008-027호; 서울고등법원 2008. 10. 8. 선고 2008누8514 판결); **롯데제과(주) 외 2의 공동행위 건**(공정거래위원회 2007. 8. 2. 의결 제2007-381호; 서울고등법원 2008. 5. 29. 선고 2007누22858 판결; 대법원 2008. 10. 23. 선고 2008두10621 판결); **해태제과식품(주)의 공동행위 건**(공정거래위원회 2007. 8. 2. 의결 제2007-381호; 서울고등법원 2008. 5. 28. 선고 2007누22865 판결); **(주)엘지화학의 공동행위 건**(공정거래위원회 2005. 11. 22. 의결 제2005-232호; 서울고등법원 2007. 5. 16. 선고 2005누29411 판결; 대법원 2008. 10. 23. 선고 2007두12774 판결); **하나로텔레콤(주)의 공동행위 건**(시외전화)(공정거래위원회 2005. 12. 15. 의결 제2005-331호; 서울고등법원 2006. 12. 7. 선고 2006누1977 판결; 대법원

2008. 10. 23. 선고 2007두2586 판결); **현대오일뱅크(주)의 공동행위 건**(공정거래위원회 2000. 10. 17. 의결 제2000-158호, 2001. 2. 28 재결 제2001-010호; 서울고등법원 2002. 6. 20. 선고 2000누15028; 대법원 2004. 10. 27. 선고 2002두6842 판결); **동양제철화학(주)의 공동행위 건**(공정거래위원회 2005. 11. 12. 의결 제2005-232호; 서울고등법원 2007. 6. 14. 선고 2005누29572 판결; 대법원 2008. 11. 13. 선고 2007두14602 판결); **삼성정밀화학(주)의 공동행위 건**(공정거래위원회 2005. 11. 12. 의결 제2005-232호; 서울고등법원 2007. 6. 14. 선고 2005누30305 판결; 대법원 2008. 11. 13. 선고 2007두14442 판결); **현대제철(주) 외 2의 공동행위 건**(공정거래위원회 2003. 10. 20. 의결 제2003.161호, 2004. 6. 22. 재결 제2004-015호; 서울고등법원 2006. 6. 21. 선고 2004누14696 판결; 대법원 2008. 11. 13. 선고 2006두13145 판결); **두산인프라코어(주)의 공동행위 건**(지게차제조)(공정거래위원회 2005. 6. 24. 의결 제2005-080호; 서울고등법원 2006. 10. 26. 선고 2006누3454 판결; 대법원 2007. 11. 29. 선고 2006두18928 판결; 서울고등법원 2008. 7. 16. 선고 2007누32725 판결); **한화석유화학(주)의 공동행위 건**(공정거래위원회 2005. 11. 12. 의결 제2005-232호; 서울고등법원 2007. 5. 16. 선고 2005누30329 판결; 대법원 2008. 11. 27. 선고 2007두12712 판결); **삼성카드(주)의 공동행위 건**(공정거래위원회 2002. 5. 17. 의결 제2002.252호, 2002. 9. 17. 재결 제2002-029호; 서울고등법원 2004. 2. 3. 선고 2002누17295 판결; 대법원 2006. 10. 27. 선고 2004두3366 판결; 서울고등법원 2007. 5. 16. 선고 2005누30329 판결; 대법원 2008. 11. 27. 선고 2007두12712 판결); **(주)대우건설의 공동행위 건**(공정거래위원회 2007. 8. 27. 제2007-425호; 서울고등법원 2007. 5. 16. 선고 2007누24434 판결); **한화석유화학(주)의 공동행위 건**(공정거래위원회 2005. 11. 12. 의결 제2005-232호; 서울고등법원 2007. 5. 16. 선고 2005누30329 판결; 대법원 2008. 11. 27. 선고 2007두12712 판결); **(주)하나로텔레콤의 공동행위 건**(PC방)(공정거래위원회 2005. 7. 20. 의결 제2005-101호, 2005. 8. 11. 재결 제2005-13호; 서울고등법원 2006. 12. 7. 선고 2005누18640 판결; 대법원 2008. 12. 11. 선고 2007두2593 판결); **(주)케이티의 공동행위 건**(시외전화)(공정거래위원회 2005. 12. 15. 의결 제2005-331호; 서울고등법원 2007. 8. 22. 선고 2006누1960 판결; 대법원 2008. 12. 24. 선고 2007두19584 판결); **2개 시내전화사업자의 부당공동행위 건**(공정거래위원회 2005. 8. 18. 의결 제2005-130호; 서울고등법원 2007. 7. 11. 선고 2005누20230, 2007. 8. 23. 선고 2005누20902 판결; 대법원 2009. 6. 23. 선고 2007두19416 판결); **일진전기 등 11개사의 컷아웃스위치 입찰담합 건**(공정거래위원회 2004. 8. 27. 의결 제2004-252호; 서울고등법원 2007. 11. 8. 선고 2005누19759 판결); **서울지하철7호선 연장(701공구~706공구) 건설공사 입찰 참가 6개 건설사의 부당공동행위 건**(공정거래위원회 2007. 7. 25. 의결 제

2007－361호; 대법원 2009. 1. 30. 선고 2008두21812 판결, 2009. 2. 12. 선고 2008두18106, 2008두18113, 2008두21188, 2008두22075 판결); **상주시 하수관거정비 BTL 민간투자사업 입찰참가 2개사의 부당공동행위 건**(공정거래위원회 2007. 8. 30. 의결 제2007－436호; 대법원 2009. 1. 5. 2008두20734); **2개 합성고무 제조사업자의 부당공동행위 건**(공정거래위원회 2007. 6. 22. 의결 제2007－328호; 서울고등법원 2008. 8. 28. 선고 2007누19081 판결; 대법원 2009. 1. 30. 선고 2008두16179 판결); **충주시 임도구조개량사업 입찰참가 10개 충북지역 산림조합의 부당공동행위 건**(공정거래위원회 2007. 12. 27. 의결 제2007－564호; 대법원 2009. 2. 12. 선고 2008두21348); **7개 신용카드사업자의 부당공동행위 건**(공정거래위원회 2008. 3. 5. 의결 제2008－079호; 대법원 2009. 3. 26. 선고 2008두21058 판결); **용인시 죽전택지개발지구내 공동주택분양 6개건설사업자의 부당공동행위 건**(공정거래위원회 2004. 7. 31. 의결 제2004－237호; 대법원 2009. 4. 9. 선고 2007두6793 판결); **용인시 동백택지개발지구내 공동주택분양 6개건설사업자의 부당공동행위 건**(공정거래위원회 2004. 7. 31. 의결 제2004－237호; 대법원 2009. 4. 9. 선고 2007두6809 판결); **주파수공용통신장치 구매입찰관련 4개 사업자의 부당공동행위 건**(공정거래위원회 2008. 5. 2. 의결 제2008－137호; 서울고등법원 2009. 9. 22. 선고 2008누15277 판결; 대법원 2009. 5. 14. 선고 2009두1556, 2009. 12. 24. 2009두18059 판결); **5개 세탁·주방세제 제조업체의 부당공동행위 건**(공정거래위원회 2006. 12. 26. 의결 제2006－293호; 대법원 2009. 6. 25. 선고 2008두17035 판결); **12개 CY 보유 컨테이너 육상운송사업자들의 부당공동행위 건**(공정거래위원회 2006. 12. 11. 의결 제2006－279호; 서울고등법원 2007. 11. 14. 선고 2007누1783판결; 대법원 2009. 7. 9. 선고 2007두26117; 서울고등법원 2010. 4. 29. 선고 2009누21019 판결); **7개 영화배급·상영업자의 부당공동행위 건**(공정거래위원회 2008. 6. 10. 의결 제2008－168호; 서울고등법원 2009. 10. 7. 선고 2009누2483 판결; 대법원 2010. 1. 28. 선고 2009두19700 판결); **3개 설탕 제조·판매업체들의 부당공동행위 건**(공정거래위원회 2007. 8. 20. 의결 제2007－408호; 서울고등법원 2008. 7. 16. 선고 2007누24441 판결; 대법원 2010. 3. 11. 선고 2008두15169 판결); **3개 설탕 제조·판매업체들의 부당공동행위 건**(공정거래위원회 2007. 8. 20. 의결 제2007－408호; 서울고등법원 2008. 7. 16. 선고 2007누44458 판결; 대법원 2010. 3. 11. 선고 2008두15176 판결); **4개 복사용지 제조·판매업체의 부당공동행위 건**(공동거래위원회 의결 2009. 11. 30. 의결 제2009－047호; 서울고등법원 2010. 2. 11. 선고 2009누6539 판결; 대법원 2010. 6. 24. 선고 2010두5240 판결); **관수레미콘 구매입찰 관련 25개 레미콘 제조·판매사업자 및 한국레미콘공업협회 부당공동행위 건**(공정거래위원회 2009. 10. 7. 의결 제2009－205호; 서울고등법원 2010. 10. 27. 선고 2009누33920 판결); **7개 의료폐기물 중간처리사업자의**

부당공동행위 건(공정거래위원회 2009. 9. 11. 의결 제2009－184호; 서울고등법원 2010. 11. 14. 선고 2009누31436 판결; 대법원 2011. 2. 24. 선고 2010두26636 판결); 10개 손해보험사의 부당공동행위 건(공정거래위원회 2007. 9. 12. 의결 제2007－443호; 대법원 2011. 5. 26. 선고 2008두20352, 2008두22013, 2008두20376, 2008두23979, 2008두20741 판결); 4개 신용평가 사업자의 부당공동행위 건(공정거래위원회 2010. 1. 13. 의결 제2010－004호; 서울고등법원 2011. 5. 25. 2010누13083); 8개 고밀도 폴리에틸렌 제조·판매사업자들의 부당공동행위 건(공정거래위원회 2007. 6. 5. 의결 제2007－300호; 서울고등법원 2005. 7. 24. 선고 2008누1797, 2005. 6. 11. 선고 2008누1780, 2008. 11. 19. 선고 2008누1773, 2008. 12. 4. 선고 2008누1513, 2009. 6. 11. 선고 2008누1766, 2009. 2. 9. 2008누1803 판결; 대법원 2011. 5. 26. 선고 2008두18335, 2011. 5. 26. 선고 2009두12082, 2011. 6. 30. 선고 2009두355, 2011. 7. 14. 선고 2009두263, 2011. 7. 28. 선고 2009두12280, 2011. 7. 28. 선고 2009두4630, 2014. 9. 4. 선고 2012두22256 판결); 9개 폴리프로필렌 제조·판매사업자의 부당공동행위 건[공정거래위원회 2007. 6. 5. 의결 제2007－301호; 서울고등법원 2008. 9. 24. 선고 2008누1819, 2008. 11. 19. 선고 2008누1773, 2009. 6. 11. 선고 2008누1759, 2008. 12. 4. 선고 2008누1513, 2008. 11. 20. 선고 2008누1148, 2010. 11. 11. 선고 2010누13090 판결; 대법원 2011. 6. 24. 선고 2008두18533, 2011. 6. 30. 선고 2009두355, 2009두12631, 2010두28915, 2011. 7. 14. 선고2009두263, 2011. 9. 8. 선고 2008두23160, 2013. 7. 25. 선고 2012두29042(PP), 2013. 7. 26. 선고 2012두29059(HDPE)(파기환송) 판결]; 6개 저밀도 폴리에틸렌(LDPE) 제조·판매사업자 및 7개 선형저밀도 폴리에틸렌(LDPE)제조·판매사업자의 부당공동행위 건(공정거래위원회 2008. 3. 5. 의결 제2008－082호; 서울고등법원 2009. 8. 27. 선고 2008누23988, 2009. 7. 22. 선고 2008누23537, 2008누23797, 2009. 5. 13. 선고 2008누23773, 2010. 10. 27. 선고 2008누23001 판결; 대법원 2011. 6. 30. 선고 2010두28915, 2011. 9. 8. 선고 2009두15005, 2011. 9. 8. 선고 2009두14880, 2010. 9. 9. 선고 2009두8939, 2012. 3. 29. 선고 2010두27110 판결); 지로수수료에 관한 17개 은행의 부당공동행위 및 농업협동조합중앙회 및 수산업협동조합중앙회의 사업자단체금지행위 건(공정거래위원회 2008. 6. 25. 의결 제2008－188호; 서울고등법원 2009. 5. 27. 선고 2008누20279 판결; 대법원 2011. 6. 30. 선고 2009두18677 판결); 지로수수료에 관한 사단법인 금융결제원의 사업자단체금지행위 건(공정거래위원회 2008. 6. 19. 의결 제2008－181호; 서울고등법원 2009. 9. 10. 선고 2008누20262 판결; 대법원 2011. 7. 28. 2009두18752 판결); 울산지역 14개 레미콘 제조 사업자들의 부당공동행위 및 울산레미콘공업협동조합의 사업자단체금지행위 건(공정거래위원회 2009. 10. 21. 의결 제2009－219호; 서울고등법원 2011. 1. 19. 선고 2010누7798

판결; 대법원 2011. 7. 14. 선고 2011두6387 판결); (주)에이스침대 및 (주)시몬스침대의 부당공동행위 건(공정거래위원회 2009. 9. 22. 의결 제2009-061호; 서울고등법원 2009. 11. 25. 선고 2009누8610 판결; 대법원 2011. 9. 8. 선고 2010두344 판결); 10개 손해보험사의 부당공동행위 건(공정거래위원회 2007. 9. 12. 의결 제2007-443호; 대법원 2011. 5. 26. 선고 2008두20352, 2008두22013, 2008두20376, 2008두23979, 2008두20741, 2011. 9. 8. 선고 2008두23894 판결); 8개 연질폴리우레탄폼 제조·판매사업자의 부당공동행위 건(공정거래위원회 2009. 11. 18. 의결 제2009-256호; 서울고등법원 2010. 10. 20. 선고 2009누39041, 2010. 10. 7. 2009누39058, 2009누39034 판결; 대법원 2012. 1. 27. 선고 2010두24852, 2010두24227, 2010두24388 판결); 서울지하철7호선 연장(701공구~706공구) 건설공사 입찰참가 6개 건설사의 부당공동행위 건[공정거래위원회 2007. 7. 25. 의결 제2007-361호; 서울중앙지방법원 2008. 6. 27. 선고 2008노862 판결; 대법원 2011. 5. 26. 2008도6341 판결(민사소송)]; 5개음료 제조·판매사업자의 부당공동행위 건[공정거래위원회 2009. 11. 9. 의결 제2009-249호; 서울고등법원 2010. 11. 25. 선고 2009누38406, 2009누38390, 2012. 4. 25. 선고 2009누38383 판결; 대법원 2013. 2. 14. 선고 2010두204, 2010두28939, 2013. 4. 11. 선고 2012두11829 판결)]; 9개 렉서스자동차딜러의 부당공동행위 건[공정거래위원회 2008. 12. 15. 의결 제2008-324호; 서울고등법원(6부) 2010. 5. 19. 선고 2009누1930 판결; 대법원 2012. 4. 26. 선고 2010두11757(파기환송); 서울고등법원 2015. 5. 7. 선고 2012누11241(파기환송심) 판결]; 7개 BMW자동차딜러의 부당공동행위 건[공정거래위원회 2008. 12. 15. 의결 제2008-323호; 서울고등법원(제 7 부) 2010. 7. 22. 선고 2009누9873 판결; 대법원 2010. 4. 26. 선고 2010두18703(파기환송) 판결; 서울고등법원 2014. 4. 18. 선고 2012누15380(파기환송심) 판결; 대법원 2014. 8. 26. 선고 2014두7237(심리불속행 기각) 판결]; 14개 생명보험사 및 10개 손해보험사의 부당공동행위 건(공정거래위원회 2008. 10. 27. 의결 제2008-286호; 서울고등법원 2009. 11. 18. 선고 2008누34445, 2008누34452, 2008누34476 판결; 대법원 2012. 5. 24. 선고 2010두375, 2010두399, 2012. 6. 7. 선고 2010두405 판결); 대구시 죽곡2지구 2공구 공동주택 건립공사 입찰참가 2개사의 부당공동행위 건(공정거래위원회 2010. 12. 31. 의결 제2010-176호; 서울고등법원 2012. 3. 21. 선고 2011누26239 판결; 대법원 2013. 5. 23. 선고 2012두8724 판결); 11개 소주제조·판매업체의 부당공동행위 건[공정거래위원회 2010. 6. 16. 의결 제2010-059호; 서울고등법원 2011. 6. 2. 선고 2010누21718 판결; 대법원 2014. 2. 13. 선고 2011두16049(파기환송) 판결; 서울고등법원 2014. 7. 25. 선고 2014누2555 (파기환송심) 판결]; 12개 유제품사업자의 시유 및 발효유 가격인상 관련 부당공동행위 건[공정거래위원회 2011. 5. 2. 의결 제2011-051호; 서울고등법원 2012. 1.

12. 선고 2011누18467, 2012. 3. 21. 선고 2011누18719, 2012. 4. 12. 선고 2011누27584 판결; 대법원 2012. 8. 30. 선고 2012두10093 (심리불속행 기각) 판결]; 12개 벽지 제조·판매 사업자의 부당공동행위 건(공정거래위원회 2011. 8. 18. 의결 제2011.148호; 서울고등법원 2012. 8. 16. 선고 2011누32517, 2011누32494, 2011누45650 판결; 대법원 2014. 6. 26. 선고 2012두19687, 2012두21246 판결); 인천향촌 아파트건설공사 2공구 입찰 참가 13개 건설사의 부당공동행위 건(공정거래위원회 2010. 10. 29. 의결 제2010-123호 등; 서울고등법원 2012. 2. 8. 선고 2011누17884 판결; 대법원 2012. 7. 12. 선고 2012두7875 판결); 5개 치즈제조·판매사업자의 부당공동행위 건(공정거래위원회 2011. 8. 9. 의결 제2011.143호; 서울고등법원 2012. 8. 30. 선고 2011누32739 판결); 5개 석유제품 제조·판매사업자의 부당공동행위 건(공정거래위원회 2011. 9. 16. 의결 제2011.161호; 서울고등법원 2012. 8. 30. 선고 2011누35608 판결); 3개 유제품사업자의 덤 증정 중단 관련 부당공동행위 건(공정거래위원회 2011. 4. 26. 의결 제2011-042호; 서울고등법원 2012. 4. 12. 선고 2011누27584, 2012. 11. 28. 선고 2011누46387 판결; 대법원 2012. 8. 30. 선고 2012두10093 판결); 17개 상토 제조·판매 회사의 부당공동행위 건(공정거래위원회 2011. 6. 15. 의결 제2011-072호; 서울고등법원 2012. 5. 2. 선고 2011누24349, 2012. 6. 28. 선고 2011누36298 판결; 대법원 2012. 9. 13. 선고 2012두12945, 2012두16497 판결); KT발주 광케이블 구매입찰 참가 11개 광케이블 제조·판매회사의 부당공동행위 건(공정거래위원회 2011. 4. 28. 의결 제2011-044호; 서울고등법원 2012. 4. 25. 선고 2011누31002, 2012. 12. 27. 선고 2011누17235 판결; 대법원 2012. 9. 13. 선고 2012두12044, 2013. 4. 25. 선고 2013두2242 판결); 씨제이제일제당(주) 및 대상(주)의 부당공동행위 건(공정거래위원회 2011. 8. 1. 의결 제2011.133호; 서울고등법원 2012. 4. 18. 선고 2011누29276 판결; 대법원 2012. 9. 13. 선고 2012두11485 판결); 구의 및 자양취수장 이전 건설공사 2,3공구 관련 17개 건설사의 부당공동행위 건(공정거래위원회 2012. 2. 9. 의결 제2012-019호; 서울고등법원 2012. 9. 16. 선고 2012누7822, 2012누7686, 2012누7679, 2012. 9. 27. 선고 2012누7662, 2012누7815, 2012. 10. 26. 선고 2012누7563 판결; 대법원 2013. 1. 15. 선고 2012두22065, 2013. 6. 13. 선고 2012두26449 판결); 12개 농업용필름 제조·판매사업자의 부당공동행위 건(공정거래위원회 2011. 8. 1. 의결 제2011.132호; 서울고등법원 2012. 9. 19. 선고 2011누29641 판결; 대법원 2013. 1. 24. 선고 2012두24207 판결); 5개 복수종합유선방송사업자(MSO)의 부당공동행위 건(공정거래위원회 2011. 8. 24. 의결 제2011.153호; 서울고등법원 2012. 9. 19. 선고 2011누30566, 2011누32500, 2011누32470, 2011누32487, 2012. 9. 27. 선고 2011누32487 판결, 대법원 2015. 4. 23. 선고 2012두24177, 2015. 9. 10. 선고 2015두23297 판결 등); 주공인천지역본부사옥 건설공사

1공구 입찰참가 18개사의 부당공동행위 건(공정거래위원회 2010. 12. 1. 의결 제2010－154호; 서울고등법원 2011. 10. 13. 선고 2011누13738, 2012. 4. 12. 선고 2011누17563, 2011. 12. 1. 선고 2011누17754, 2012. 1. 18. 선고 2011누17242, 2011. 12. 28. 선고 2011누18082, 2012. 2. 8. 선고 2011누17884, 2012. 1. 11. 선고 2011누17747 판결; 대법원 2012. 9. 27. 선고 2012두11546, 2012. 5. 10. 선고 2012두2030, 2012. 6. 14. 선고 2012두6001, 2012. 5. 10. 선고 2012두2597, 2012. 7. 12. 선고 2012두7875, 2013. 7. 25. 선고 2012두4302, 2013. 11. 14. 선고 2011두28783 판결); 7개 버스사업자의 부당공동행위 건(공정거래위원회 2009. 1. 2. 의결 제2009－002호; 서울고등법원 2010. 5. 18. 선고 2009누13186 판결; 대법원 2010. 8. 26. 선고 2010누13092 판결); (합)보령환경 및 (주)해양개발의 부당공동행위 건(서울고등법원 2012. 10. 31. 선고 2012누4113 판결; 대법원 2013. 1. 18. 선고 2012두26319 판결); 질병관리본부의 인플루엔자 백신조달참가 9개 백신제조 · 판매사업자의 부당공동행위 건(공정거래위원회 2011. 6. 19. 의결 제2011－081호; 서울고등법원 2012. 12. 13. 선고 2011누24332, 2013. 3. 20. 선고 2011누33572, 2011누24189 판결); 서울시 7개 자동차운전전문학원의 부당공동행위 건(공정거래위원회 2012. 5. 30. 의결 제2012－085호; 서울고등법원 2013. 4. 10. 선고 2012누18419 판결; 대법원 2015. 10. 29. 선고 2012두18827 판결); 서울시발주 주요도로교통시스템 설치공사 입찰관련 (주)엘지씨엔에스 및 지에스네오텍(주)의 부당공동행위 건(공정거래위원회 2010. 7. 1. 의결 제2010－074호; 서울고등법원 2011. 2. 24. 선고 2010누23783 판결; 대법원 2013. 7. 12. 선고 2011두7908 판결); 4개 정유사의 부당공동행위에 대한 건(공정거래위원회 2011. 9. 16. 의결 제2011.161호; 서울고등법원 2013. 8. 21. 선고 2011누45889, 2011누46400 판결); 장보고-Ⅲ 전투체계 및 소나체계 입찰 관련 4개사업자의 부당공동행위 건[공정거래위원회 2012. 4. 24. 의결 제2012－055호; 서울고등법원 2013. 8. 21. 선고 2012누14462, 2013. 8. 30. 선고 2012누14486, 2012누14325 판결; 대법원 2016. 2. 18. 선고 2013두19004(파기환송) 판결]; 9개 작물보호제(농약) 제조 · 판매사업자의 부당공동행위 건(공정거래위원회 2012. 9. 3. 의결 2012.222호; 서울고등법원 2013. 8. 23. 선고 2013누1104, 2014. 6. 12. 선고 2013누1043, 2014. 8. 13. 선고 2013누1432 판결; 대법원 2014. 11. 27. 선고 2014두1291 판결); 13개 비료 제조 · 판매사업자의 부당한 공동행위 건(공정거래위원회 2012. 4. 30. 의결 제2012－058호; 서울고등법원 2013. 10. 18. 2012누15632, 2012누25905, 2013. 12. 19. 2012누21936, 2012누25909, 2012누25912, 2012누15625, 2014. 3. 27. 선고 2012누15434 판결; 대법원 2014. 11. 27. 2014두1248, 2014두1888, 2014두6654, 2014두24471, 2012. 12. 11. 선고 2014두2324, 2012. 12. 24. 2014두1871 판결; 4개 라면 제조 · 판매사업자의 부당공동행위 건[공정거래위원회 2012. 7. 12. 의결 제

2012.107호; 서울고등법원 2013. 11. 8. 선고 2012누24223, 2012누24353, 2013. 12. 4. 선고 2012누24339 판결; 대법원 2015. 12. 24. 선고 2013두25924(파기환송) 판결]; **5개 전선제조사의 부당공동행위 건**(공정거래위원회 2011. 5. 3. 의결 제2011-052호; 서울고등법원 2011. 11. 10. 선고 2011누18269, 2011누19088, 2012. 2. 15. 선고 2011누29009 판결; 대법원 2013. 10. 11. 선고 2011두31413, 2012두7103, 2012두12631 판결); **7개 온라인음악서비스사업자의 부당공동행위 건**(공정거래위원회 2011. 6. 10. 의결 제2011-069호; 서울고등법원 2012. 7. 25. 선고 2011누23315, 2011누23025, 2011누24427, 2012. 7. 25. 선고 2011누23124 판결; 대법원 2013. 11. 14. 선고 2012두19557, 2013. 11. 28. 선고 2012두17773, 2012두18523, 2012두18769 판결); **13개 음원유통사업자(CP)의 부당공동행위 건**[공정거래위원회 2011. 6. 29. 의결 제2011-085호; 서울고등법원 2012. 7. 11. 선고 2011누25717, 2011누25861, 2011누25724, 2011누25427, 2012. 7. 15. 선고 2011누25878, 2012. 8. 16. 선고 2011누25410, 2011누25731 판결; 대법원 2013. 11. 14. 선고 2012두19298, 2012두20212, 2012두18844, 2013. 11. 28. 선고 2012두20229, 2012두18479, 2013두18851, 2012두17412(파기환송) 판결; 서울고등법원 2014. 7. 25. 선고 2013누32504(파기환송심) 판결]; **11개 초박막액정표시장치(TFT-LCD) 제조·판매사업자의 부당공동행위 건**(공정거래위원회, 2011. 12. 1. 의결 제2011.212호; 서울고등법원 2014. 2. 13. 선고 2011누46394, 2011누46417 판결; 대법원 2014. 6. 26. 선고 2014두5521 판결); **글락소그룹 리미티드 및 동아제약(주)의 부당공동행위 건**(공정거래위원회 2011. 12. 23. 의결 제2011.400호; 서울고등법원 2012. 10. 11. 선고 2012누3028 판결; 대법원 2014. 2. 27. 선고 2012두24498, 2012두27794 판결); **4대강 살리기 사업 1차 턴키공사 관련 건설업자들의 부당공동행위 건**(공정거래위원회 2012. 8. 31. 의결 제2012.199호; 서울고등법원 2014. 4. 24. 선고 2012누27741, 2012누29198, 2012누29266, 2014. 6. 13. 선고 2012누29303, 2012누28980, 2012누28850, 2012누27994, 2012누28997, 2012누29242, 2012누29525, 2012누29211, 2012누28874, 2014. 7. 9. 선고 2012누28003, 22012누8508, 2012누29181, 2012누28973, 2012누29204 판결; 대법원 2014. 9. 4. 선고 2014두7411, 2014. 9. 24. 선고 2014두8186, 2014. 10. 27. 선고 2014두10592, 2014두10097, 2014두10080, 2014. 10. 30. 선고 2014두10394, 2014두10233, 2014두10103, 2014. 11. 13. 선고 2014두10820, 2014두10059, 2014두11106, 2014두11083, 2014두10813, 2014. 12. 24. 선고 2014누8193, 2015. 9. 10. 선고 2014두11114, 2014두11113 판결); **20개 증권사의 부당공동행위 건**(공정거래위원회 2012. 12. 26. 의결 제2012.276호; 서울고등법원 2014. 6. 11. 선고 2013누3490, 2013누3476, 2013누3513, 2013누3544, 2013누3490, 2013누45005, 2013누3483, 2013누3452, 2013누3148, 2013누3520, 2013누3551, 2013누10061, 2014. 8. 21. 선고 2013누

3469, 2013누3537, 2014. 10. 16. 선고 2013누3506 판결; 대법원 2014. 10. 15. 선고 2014두38125, 2014두38217, 2014두38309, 2014. 10. 16. 선고 2014두38200, 2014두38705, 2014두38941, 2014두38361, 2015. 1. 15. 2014두41886, 2014두41794, 2015. 2. 12. 2014두44298 판결); **영주다목적댐 입찰 관련 2개 사업자 및 2개 설계용역사의 부당공동행위 건**(공정거래위원회 2013. 3. 18. 의결 제2013.148호; 서울고등법원 2014. 5. 14. 선고 2013누11132, 2014. 9. 5. 선고 2013누45081 판결; 대법원 2014. 9. 16. 선고 2014두37733, 2016. 7. 22. 선고 2014두42643 판결); **9개 생명보험사업자의 부당공동행위**(변액보험) **건**[공정거래위원회 2013. 4. 4. 의결 제2013-069호; 서울고등법원 2014. 10. 31. 선고 2013누45128, 2013누11804, 2013누45135 판결; 서울고등법원 2014. 11. 19. 선고 2013누12098, 2013누45104, 2013누45111, 2015. 4. 16. 선고 2013누11903 판결; 대법원 2015. 3. 12. 선고 2014두45796, 2014두45802, 2014두45819, 2014두46706, 2014두46713, 2014두46720(심리불속행 기각) 판결]; **부산 북구청 등 4개 지자체의 온나라시스템 구축 입찰 관련 4개 소프트웨어사업자의 부당공동행위 건**[공정거래위원회 2014. 1. 4. 의결 제2014-004호; 서울고등법원 2015. 1. 30. 선고 2014누3893, 2014누43204, 2014누1521 판결: 대법원 2015. 5. 28. 선고 2015두38146, 2015. 5. 29. 선고 2015두38160, 2015두38955(심리불속행 기각) 판결]; **5개 석유제품 제조·판매사업자의 부당공동행위 건**(공정거래위원회 2011. 9. 16. 의결 제2011.161호; 서울고등법원 2012. 8. 30. 선고 2011누35608 판결; 서울고등법원 2013. 8. 21. 선고 2011누46400, 2011누45889 판결; 대법원 2015. 1. 29. 선고 2012두21840, 2013두18759; 대법원 2015. 2. 12. 선고 2013두19387 판결); **16개 생명보험사업자의 부당공동행위 건**(공시이율)(공정거래위원회 2011. 12. 15. 의결 제2011- 284호; 서울고등법원 2013. 7. 17. 선고 2012누2346, 2012누2186, 2012누2315, 2012누2209, 2012누2339, 2014. 1. 23. 2012누2308 판결; 대법원 2014. 7. 24. 선고 2013두16951, 2014두3877, 2014두3853, 2013두16401, 2013두16395, 2014두3655, 2013두16944, 2014두4108, 2013두17497, 2014. 9. 4. 선고 2012두15012 판결); **26개 항공화물운송사업자의 부당공동행위 건**(공정거래위원회 2010. 11. 29. 의결 제2010-143~146호; 서울고등법원 2012. 2. 2. 선고 2010누45868, 2012. 5. 16. 선고 2010누45851 판결; 대법원 2014. 5. 16. 선고 2012두5466, 2012두13269, 2012두16046, 2012두13665, 2012두13689, 2012두18158, 2012두18165, 2012두14545, 2012두5237, 2012두13429, 2014. 5. 29. 선고 2012두25132, 2014. 12. 24. 선고 2012두6216, 2012두13412 판결); **3개 두유제품 제조·판매사업자의 부당공동행위 건**[공정거래위원회 2011. 6. 9. 의결 제2011-067호 및 2011. 7. 18. 의결 제2011.121호; 서울고등법원 2012. 11. 28. 선고 2011누46387 판결; 대법원 2015. 2. 12. 2013두987(파기환송) 판결]; **6개 액화석유가스(LPG) 공급회사의 부**

당공동행위 건[공정거래위원회 2010. 4. 23. 의결 제2010－045호; 서울고등법원 2011. 8. 18. 선고 2010누15058, 2012. 1. 11. 선고 2010누32084, 2010누14765, 2012. 5. 24. 선고 2010누32091, 2012. 9. 13. 선고 2010누13670 판결; 대법원 2014. 5. 29. 선고 2011두23085, 2014. 6. 26. 선고 2012두4104, 2012두5015, 2012두23075, 2015. 9. 24. 선고 2012두13962 판결)]; 한전 발주 전력선 구매입찰참가 35개 전선제조사 등의 부당공동행위 건(공정거래위원회 2012. 5. 4. 의결 제2012－072호; 서울고등법원 2013. 2. 7. 선고 2012누16529, 2013. 8. 28. 선고 2012누30952 판결; 대법원 2015. 1. 19. 2014두1819, 2015. 2. 12. 선고 2013두6169, 2015. 5. 28. 선고 2012두13252(파기환송) 판결]; 6개 냉연도강판 및 아연도강판 제조판매사업자의 부당공동행위 건[공정거래위원회 2013. 1. 29. 의결 제2013－021호; 서울고등법원 2014. 11. 28. 선고 2013누45197, 2013누7126, 선고 2015. 1. 2. 2013누17925 판결; 대법원 2015. 4. 23. 선고 2015두36362(심리불속행 기각) 판결]; 3개 냉연강판 제조판매사업자의 부당공동행위 건(공정거래위원회 2013. 3. 5. 의결 제2013－042호; 서울고등법원 2014. 11. 28. 선고 2013누45197, 2015. 4. 23. 2013누9979 판결); 6개 칼라강판 제조 및 판매사업자의 부당공동행위 건[공정거래위원회 2014. 4. 29. 의결 제2013－083호; 서울고등법원 2014. 11. 28. 선고 2013누14926, 2013누25421, 2014누45197 판결: 대법원 2015. 4. 23. 선고 2015누48009(심리불속행 기각) 판결]; 2개 유제품사업자의 컵커피 관련 부당공동행위 건(공정거래위원회 2011. 10. 14. 의결 제2011.180호; 대법원 2015. 4. 9. 선고 2014두762 판결); 울산대학교 병원 의약품 구매입찰참가 7개 의약품 도매상의 부당공동행위 건(공정거래위원회 2012. 3. 26. 의결 제2012－044호; 서울고등법원 2013. 1. 9. 선고 2012누10569, 2012누11227, 2013. 2. 7. 선고 2012누11227, 2012누11036 판결; 대법원 2015. 6. 11. 선고 2013두1690, 2013두2389, 2013두6084, 2013두6121, 2013두1676, 2013두2488, 2015. 8. 19. 선고 2013두1683 판결); 지하철 5, 6, 7, 8호선 SMRT Mall 사업자 공모입찰 관련 4개사의 부당 공동행위 건(공정거래위원회2013. 11. 5. 의결 제2013.178호; 서울고등법원 2015. 1. 9. 선고 2013누52430 판결; 대법원 2015. 5. 28. 선고 2015두37396 판결); 인천도시철도 2호선 턴키공사 입찰담합관련 21개 사업자의 부당공동행위 건[공정거래위원회 2014. 2. 25. 의결 제2014－030호; 서울고등법원 2014. 12. 19. 선고 2014누46234, 2014누46555, 2015. 1. 9. 2014누46135, 2016. 7. 20. 선고 2014누46227 판결; 대법원 2015. 5. 14. 선고 2015두36386, 2015두36774, 2015두38085, 2015. 5. 28. 선고 2015두36256(심리불속행 기각), 2016. 11. 10. 선고 2016두47550(심리불속행 기각) 2017. 4. 26. 선고 2016두32688 판결]; 5개 농기계 제조·판매사업자의 부당공동행위 건(공정거래위원회 2013. 6. 27. 의결 제2013.120호; 서울고등법원 2015. 6. 10. 선고 2013누45876 판결); 이천시 부필, 소고,

송계 공공하수도사업 입찰 관련 2개 사업자의 부당공동행위 건[공정거래위원회 2014. 6. 5. 제2014-126호; 서울고등법원 2015. 5. 21. 선고 2014누66849 판결; 대법원 2015. 9. 10. 선고 2015두44561(심리불속행 기각) 판결]; 7개 폐석면처리 최종처리사업자의 부당공동행위 건[공정거래위원회 2013. 10. 23. 의결 제2013.175호; 서울고등법원 2014. 1. 19. 선고 2013누31211, 2015. 5. 14. 선고 2013누51352, 2015. 6. 10. 선고 2013누51505 판결; 대법원 2015. 5. 14. 선고 2015누37662, 2015. 9. 10. 선고 2015두44035(심리불속행 기각) 판결]; 한국전력공사 발주 기계식 전력량계 구매입찰 참가 14개 사업자의 부당 공동행위 건 및 2개 전력량계사업협동조합의 사업자단체금지행위 건[공정거래위원회 2014. 10. 23. 의결 제2014-234호; 서울고등법원 2015. 7. 16. 선고 2014누70466, 2015. 8. 20. 선고 2014누70435, 2015. 8. 28. 선고 2014누70626 판결; 대법원 2015. 12. 10. 선고 2015두51194(심리불속행 기각) 판결]; 5개 백판지 제조·판매 회사의 부당한 공동행위에 대한 건[공정거래위원회 2014. 5. 26. 의결 제2014-114호; 서울고등법원 2015. 10. 22. 선고 2014누65587, 2016. 7. 6. 선고 2014누65914 판결; 대법원 2016. 3. 10. 2015두57178(심리불속행 기각) 판결]; 11개 배합사료 제조·판매 사업자의 부당공동행위 건(공정거래위원회 2015. 9. 14. 의결 제2015-319호; 서울고등법원 2017. 5. 18. 선고 2015누60756, 2015누61827 판결); 4개 와이퍼시스템 제조판매사업자의 부당공동행위 건(공정거래위원회 2014. 1. 16. 의결 제2014-012호; 서울고등법원 2015. 6. 25. 선고 2014누43525 판결; 대법원 2017. 5. 30. 선고 2015두48884 판결); 오존주입설비 구매 설치 공사 입찰 관련 2개 사업자의 부당공동행위 건[공정거래위원회 2014. 12. 12. 의결 제2014-287호: 서울고등법원 2016. 5. 18. 선고 2015누32140 판결; 대법원 2016. 12. 27. 선고 2016두43282 판결(자일럼워터)]; 11개 초박막액정표시장치(TFT-LCD) 제조판매사업자의 부당 공동행위 건(에이유 옵트로닉스 코퍼레이션)(공정거래위원회 2011. 12. 11. 의결 제2011-212호; 서울고등법원 2014. 2. 13. 선고 2011누46394 판결); 11개 초박막액정표시장치(TFT-LCD) 제조판매사업자의 부당 공동행위 건(엘지디스플레이 외 2)[공정거래위원회 2011. 12. 11. 의결 제2011-212호; 서울고등법원 2014. 2. 13. 선고 2011누46417 판결; 대법원 2014. 6. 26. 선고 2014두5521(심리불속행 기각) 판결]; 5개 석유제품 제조·판매사업자의 부당공동행위 건(정유사 원적지 담합)(공정거래위원회 2011. 9. 16. 의결 제2011-161호; 대법원 2015. 1. 29. 선고 2012두21840, 2013두18759 판결, 2015. 2. 12. 선고 2013두19387 판결); 충남도청 이전 신도시 하수처리시설 건설공사 입찰 관련 4개 사업자 부당공동행위 건(공정거래위원회 2015. 4. 10. 의결 제015-109호; 서울고등법원 2015. 12. 11. 선고 2015누42291 판결); 5개 보일러 제조·판매사업자의 부당공동행위 건[공정거래위원회 2014. 3. 11. 의결 제2014-048호; 서울고등법원 2015. 7. 24. 2014누55412 판결; 대법원

2015. 11. 26. 선고 2015두50054(심리불속행 기각) 판결]; 옥외자동검침시스템 입찰담합 건(공정거래위원회 2014. 1. 10. 의결 제2014-056호; 서울고등법원 2015. 7. 16. 선고 2014누70367 판결; 대법원 2016. 4. 12. 선고 2015두50061 판결); 6개 철강회사들의 칼라강판 부당공동행위 건(포스코강판)(공정거래위원회 2013. 4. 29. 의결 제2013-083호; 서울고등법원 2015. 9. 16. 선고 2013누14759 판결); 질병관리본부 입찰 참가 9개 백신사업자의 부당공동행위 건(공정거래위원회 2011. 6. 19. 의결 제2011-081; 대법원 2016. 3. 24. 선고 2013두2302, 2013두925 판결); 포스코 등 대구도시철도 3호선 턴키대안공사 입찰참가 16개 사업자의 부당공동행위 건[공정거래위원회 2014. 4. 10. 의결 제2014-070호; 서울고등법원 2016. 8. 17. 선고 2014누49172, 2016. 7. 14. 선고 2014누49158, 2016. 7. 13. 선고 2014누49165 판결; 대법원 2016. 12. 27. 선고 2016두52200(심리불속행 기각), 2016. 11. 9. 선고 2016두48836(심리불속행 기각), 2016. 11. 10. 선고 2016두46854(심리불속행 기각) 판결]; 경인운하사업 시설공사 제 1 공구, 제 2 공구, 제 3 공구 및 제 6 공구 입찰 관련 9개 사업자 부당공동행위 건(대우건설, 에스케이건설, 동아건설산업)[공정거래위원회 2014. 4. 17. 의결 제2014-076호; 서울고등법원 2016. 7. 21. 선고 2014누57609, 2014누57616, 2014누57623 판결; 대법원 2016. 12. 1. 선고 2016두48843(심리불속행 기각), 2016두48768(심리불속행 기각) 판결]; 수도권광역 음폐수 바이오가스화시설 설치공사 입찰 부당공동행위 건(이수건설)(공정거래위원회 2015. 4. 27. 의결 제2015-126호; 서울고등법원 2016. 5. 26. 선고 2015누1191 판결); 바이오메스에너지시설 설치공사 입찰 부당공동행위 건(현대건설)(공정거래위원회 2015. 3. 6. 의결 제2015-062호; 서울고등법원 2016. 3. 24. 선고 2015누46712 판결); 포항영일만항 외곽시설(2.1단계) 축조공사 부당공동행위 건(현대건설)[공정거래위원회 2014. 12. 12. 의결 제2014-284호; 서울고등법원 2016. 4. 15. 선고 2015누45504 판결; 대법원 2016. 8. 18. 선고 2016두40191(심리불속행 기각) 판결]; 인조잔디 다수공급자계약 2단계 경쟁입찰 관련 28개 사업자의 부당공동행위 건(코오롱글로텍)(공정거래위원회 2014. 8. 7. 의결 제2014-171호; 서울고등법원 2016. 7. 8. 선고 2016누6748 판결); 화성시 동탄 신일해피트리 아파트 하자보수공사 입찰 관련 4개 사업자 부당공동행위 건(공정거래위원회 2016. 2. 29. 의결 제2016-065호; 서울고등법원 2016. 7. 14. 선고 2016누39889 판결); 호남고속철도 제2.1공구 등 최저가낙찰제 참가 28개 사업자 부당공동행위 건(고려개발)(공정거래위원회 2014. 9. 17. 의결 제2014-203호; 서울고등법원 2016. 7. 22. 선고 2014누7543 판결); 호남고속철도 제2.1공구 등 최저가낙찰제 참가 28개 사업자 부당공동행위 건(한진중공업)(공정거래위원회 2014. 9. 17. 의결 제2014-203호; 서울고등법원 2016. 6. 30. 선고 2015누35057 판결); 인천도시철도 2호선 턴키공사 입찰 관련 부당공동행위 건(신동아건설)[공정거래위원회

2014. 2. 25. 의결 제2014-030호; 서울고등법원 2016. 1. 14. 선고 2014누46333 판결; 대법원 2016. 5. 12. 선고 2016두32787(심리불속행 기각) 판결]; **금강살리기 1공구**(서천지구) **사업입찰 관련 부당공동행위 건**(계룡건설산업)[공정거래위원회 2014. 12. 15. 의결 제2014-290호; 서울고등법원 2016. 1. 20. 선고 2015누32201 판결; 대법원 2016. 5. 27. 선고 2016두34523(심리불속행 기각) 판결]; **9개사의 인조잔디 다수공급자계약 2단계 경쟁입찰 관련 부당공동행위 건**(강남화성)[공정거래위원회 2014. 8. 7. 의결 제2015-171호; 서울고등법원 2016. 1. 8. 선고 2014누61851 판결; 대법원 2016. 6. 9. 선고 2016두35175(심리불속행 기각) 판결]; **상수도 옥외자동검침시스템 구입 설치 입찰 관련 2개 사업자의 부당공동행위 건**(엠아이알)[공정거래위원회 2014. 1. 10. 의결 제2014-056호; 서울고등법원 2016. 9. 30. 선고 2016누41226 판결; 대법원 2017. 2. 23. 선고 2016두57151(심리불속행 기각) 판결]; **제주지역 7개 자동차대여사업자 부당공동행위 건**[롯데렌탈(구) 케이티렌탈)](공정거래위원회 2014. 10. 28. 의결 제2014-239호; 서울고등법원 2016. 10. 7. 선고 2014누70442 판결); **김포한강도시 크린센터 시설공사 입찰참가 6개 사업자의 부당공동행위 건**(지에스건설)(공정거래위원회 2014. 7. 28. 의결 제2014-165호; 서울고등법원 2016. 7. 8. 선고 2014누72882 판결); **농업용 저수지 둑 높이기 건설공사 입찰 관련 2개 사업자의 부당공동행위 건**(공정거래위원회 2014. 4. 1. 의결 제2014-096호; 서울고등법원 2016. 7. 6. 선고 2015누45658 판결); **새만금방수제 만경 5공구 건설공사 입찰 관련 부당공동행위 건**(한신공영)(공정거래위원회 2015. 3. 12. 의결 제2015-075호; 서울고등법원 2016. 4. 15. 선고 2015누45504 판결); **호남고속철도 제2.1공구 등 최저가낙찰제 참가 28개 사업자의 부당공동행위 건**(극동건설)(공정거래위원회 2014-917. 의결 제2014-203호; 서울고등법원 2016. 6. 30. 선고 2015누35040 판결); **제주시 및 서귀포시 발주 어린이보호구역내 다기능방범용 CCTV구매설치 입찰 관련 2개 사업자의 부당공동행위 건**[공정거래위원회 2016. 4. 11. 의결 제2016-097호; 서울고등법원 2017. 4. 21. 선고 2016누59234 판결: 대법원 2017. 9. 7. 선고 2017두45940(심리불속행 기각) 판결]; **서울특별시 발주 무인단속시스템 구축 및 성능개선사업 입찰 관련 4개 사업자의 부당공동행위 건**(넥스파시스템)[공정거래위원회 2016. 4. 11. 의결 제2016-098호; 서울고등법원 2017. 5. 19. 선고 2016누59494 판결; 대법원 2017. 9. 21. 선고 2017두49287(심리불속행 기각) 판결]; **방위사업청 발주 군납입찰 관련 부당공동행위 건**[공정거래위원회 2016. 2. 3. 의결 제2016-041호 등; 서울고등법원 2017. 12. 21. 선고 2017누44574, 2017누45607, 2017누46150 판결; 대법원 2018. 12. 13. 선고 2018두31900(상고기각) 판결,2018. 4. 26. 선고 2018두32910 판결, 2018두33081(심리불속행 기각) 판결]; **한전발주 기계식 전력량계 구매입찰 관련 부당공동행위 건**(외이피피)(공정거래위원회 2014. 10. 23. 의결 제2014-234

호; 서울고등법원 2015. 8. 28. 선고 2014누70626 판결); 조달청 발주 입축 · 수중펌프구매 입찰 관련 사업자 부당공동행위 건(동해엔지니어링)[공정거래위원회 2014. 1. 8. 의결 제2014－005호; 서울고등법원 2015. 9. 17. 선고 2014누2197 판결; 대법원 2016. 2. 3. 선고 2015두54117(심리불속행 기각) 판결]; 7개 대형 화물상용차 제조판매업자의 부당공동행위 건(만트럭버스코리아)(공정거래위원회 2013. 12. 16. 의결 제2013.312호; 서울고등법원 2015. 12. 10. 선고 2014누41246 판결; 대법원 2016. 12. 29. 선고 2016두31098 판결); 5개 농기계 제조 · 판매사업자의 부당공동행위 건(동양물산기업)(공정거래위원회 2013. 6. 27. 의결 제2013.120호; 서울고등법원 2015. 8. 20. 선고 2013누22200 판결; 대법원 2016. 8. 30. 선고 2015두51095 판결); 6개 칼라강판 제조 및 판매사업자의 부당공동행위 건(현대하이스코)(공정거래위원회 2013. 4. 29. 의결 2013－083호; 대법원 2016. 10. 27. 선고 2015두35871 판결); 조달청 발주 수중펌프구매 입찰 관련 20개 사업자의 부당공동행위 건(신신기계 등)[공정거래위원회 2014. 1. 8. 의결 제2014－005호; 서울고등법원 2016. 6. 29. 선고 2014누43020; 대법원 2016. 11. 25. 선고 2016두47543(심리불속행 기각) 판결]; 2개 제지용 고무롤 제조 · 판매사업자의 부당공동행위 건(심팩메탈로이)[공정거래위원회; 2015. 6. 6. 의결 제2015－199호; 서울고등법원 2016. 5. 27. 선고 2015누50797 판결; 대법원 2016. 10. 27. 선고 2016두45738(심리불속행 기각) 판결]; 5개 백판지 제조 판매회사의 부당공동행위 건(서해제지)(공정거래위원회 2014. 5. 26. 의결 제2015－114호; 서울고등법원 2016. 10. 28. 선고 2014누65884 판결); 16개 골판지상자 제조판매사업자의 부당공동행위 건(삼보판지)(공정거래위원회 2016. 7. 11. 의결 제2016－ 204호; 서울고등법원 2017. 7. 12. 선고 2016누57788, 2016누57474 판결); 민방위 및 재난재해 경보시스템 구매설치 입찰 관련 2개 사업자의 부당공동행위 건(에이엔디엔지니어링)(공정거래위원회 2016. 12. 12. 의결 제2016－343호; 서울고등법원 2017. 8. 17. 선고 2017누32236 판결); 액화천연가스 저장탱크 비파괴검사용역 입찰 관련 9개 사업자의 부당공동행위 건(공정거래위원회 2016. 5. 31. 의결 제2016－147호; 서울고등법원 2017. 5. 13. 선고 2016누51599 판결); 한국가스공사 발주 천연가스 주배관 및 관리소 건설공사 입찰 관련 23개 사업자의 부당공동행위 건(대림산업)[공정거래위원회 2015. 7. 20. 의결 제2015－251호; 서울고등법원 2016. 10. 21. 선고 2016누31892 판결; 대법원 2017. 3. 9. 선고 2016두59881(심리불속행 기각) 판결]; 상동광산 광물찌꺼기 유실방지 입찰 관련 2개 사업자의 부당공동행위 건(씨엠)[공정거래위원회 2016. 8. 22. 의결 제2016－239호; 서울고등법원 2017. 6. 15. 선고 2016누78242 판결; 대법원 2017. 6. 15. 선고 2017두53347(심리불속행 기각) 판결]; 16개 골판지상자 제조판매사업자의 부당공동행위 건(한국수출포장공법)(공정거래위원회 2016. 7. 11. 의결 제2016－204호; 서울고등법원 2017. 7. 12. 선고 2016누

57474 판결); 7개 컵원지 제조·판매사업자의 부당공동행위 건(무림애스피)(공정거래위원회 2014. 12. 1. 의결 제2014-268호; 서울고등법원 2017. 1. 11. 선고 2015누300069 판결); 여수·광양항 11개 예선업체의 부당공동행위 건(대동해운외6)(공정거래위원회 2016. 3. 24. 의결 제2016-083호; 서울고등법원 2017. 8. 25. 선고 2016누62100 판결); 전북대학교 등 4개기관 발주 교육 콘텐츠 입찰참가 2개사의 부당공동행위 건(공정거래위원회 2015. 12. 3. 의결 제2015-404호; 서울고등법원 2017. 1. 18. 선고 2016누39445 판결; 대법원 2017. 5. 26. 선고 2017두36014(심리불속행 기각) 판결); 12개 골판지 이면지, 골심지 원지 제조, 판매사업자의 원지판매 부당공동행위 건[공정거래위원회 2016. 4. 25. 의결 제2016-115호; 서울고등법원 2017. 1. 26. 선고 2016누60678 판결; 대법원 2017. 6. 15. 선고 2017두37703(심리불속행 기각) 판결]; 화양-적금(3공구) 도로공사 입찰 관련 4개 사업자의 부당공동행위 건(포스코건설)(공정거래위원회 2015. 8. 17. 의결 제2015-310호; 서울고등법원 2017. 1. 11. 선고 2015누60794 판결); 인천도시철도 2호선 턴키공사 입찰 관련 21개 건설업자의 부당공동행위 건(공정거래위원회 2014. 2. 25. 의결 제2014-30호; 서울고등법원 2016. 1. 14. 선고 2014누46463 판결; 대법원 2017. 4. 26. 선고 2016두32688 판결); 성서 및 달성2차 폐수종말처리장 설치공사 입찰담합 건(화성산업)(공정거래위원회 2016. 2. 15. 의결 제2016-050호; 서울고등법원 2016. 9. 29. 선고 2016누38909 판결; 대법원 2017. 9. 12. 선고 2016두55551 판결); 방위사업청 발주 패티류 등 군납입찰 관련 부당공동행위 건(복천식품)[공정거래위원회 2017. 4. 4. 의결 제2017-131호; 서울고등법원 2017. 12. 21. 선고 2017누44574 판결; 대법원 2018. 12. 13. 선고 2018두31900(심리불속행 기각) 판결]; 포스코건설 및 포스코플랜텍 발주 컨베이어벨트 구매 입찰 관련 3개사업자 부당공동행위 건[동일고무벨트(주)](공정거래위원회 2017. 8. 17. 의결 제2017-276호; 서울고등법원 2018. 7. 25. 선고 2017누68457 판결); 메르세데스벤츠 딜러사들의 부당공동행위 건[중앙모터스(주)](공정거래위원회 2017. 10. 13. 의결 제2017-317호; 서울고등법원 2018. 9. 28. 선고 2017누81818 판결); 지진관측장비 구매·설치공사 및 유지보수용역 입찰 관련 2개 사업자의 부당한 공동행위 건[(주)희송지오텍][공정거래위원회 2018. 1. 5. 의결 제2018-035호; 서울고등법원 2018. 8. 16. 선고 2018누38071 판결; 대법원 2018. 12. 28. 선고 2018두56244(심리불속행 기각) 판결]; 9개 자동차 해상운송 사업자의 부당공공행위 건[호그 오토라이너스 에이에스(주)][공정거래위원회 2017. 9. 1. 의결 제2017-293호; 서울고등법원 2018. 9. 13. 선고 2017누74025 판결; 대법원 2019. 1. 17. 선고 2018두58518(심리불속행 기각) 판결]; 9개 자동차 해상운송사업자의 부당공동행위 건[카와사키키센(주)][공정거래위원회 2017. 9. 1. 의결 제2017-293호; 서울고등법원 2018. 6. 27. 선고 2017누74018 판결; 대법원 2018. 10. 12. 선고 2018

두52396(심리불속행 기각) 판결]; 아파트 건물 하자유자보수공사 부당공동행위 건[(주)씨케이건설](공정거래위원회 2018. 1. 10. 의결 제2018-025호; 서울고등법원 2018. 10. 10. 선고 2018누35393 판결); 한국수력원자력(주) 발주 고리 2호기 승압변압기 입찰담합 관련 부당공동행위 건[엘에스산전(주)] [공정거래위원회 2018. 2. 7. 의결 제2018-073호; 서울고등법원 2018. 8. 16. 선고 2018누39524 판결; 대법원 2018. 12. 27. 선고 2018두56053(심리불속행 기각) 판결; 원주~강릉 철도건설 노반신설 기타공사 4개 공구 입찰 관련 4개 사업자의 부당공동행위 건[두산중공업(주)] [공정거래위원회 2017. 6. 23. 의결 제2017-208호; 서울고등법원 2018. 5. 30. 선고 2017누62374 판결; 대법원 2018. 10. 25. 선고 2018두50314(심리불속행 기각) 판결]; 원주~강릉 철도건설 노반신설 기타공사 4개 공구 입찰 관련 4개 사업자의 부당공동행위 건[한진중공업(주)][공정거래위원회 2017. 6. 23. 의결 제2017-208호; 서울고등법원 2018. 10. 12. 선고 2017누62695 판결; 대법원 2019. 2. 28. 선고 2018두63570(심리불속행 기각) 판결]; KTV 등 2개 발주처의 실시간 자막방송 속기영역 입찰 관련 4개 사업자의 부당공동행위 건[(주)워피드](공정거래위원회 2018. 7. 26. 의결 제2018-246호; 서울고등법원 2018. 12. 19. 선고 2018누622110 판결); 아파트 재도장·방수 공사 부당 공동행위 건[석진건설(주)](공정거래위원회 2018. 1. 10. 의결 제2018-025호; 서울고등법원 2018. 7. 11. 선고 2018누36198 판결); 대전·세종·충남지역 아스콘 사업협동조합의 관수아스콘 구매입찰 부당공동행위 건[공정거래위원회 2017. 11. 23. 의결 제2017-351호 서울고등법원 2018. 8.23. 선고 2017누90188 판결; 대법원 2018. 12. 27. 선고 2018두57070(심리불속행 기각)판결]; 호남고속철도 오송~광주송정 간(제1, 2공구) 궤도부설기타공사 입찰 관련 5개 사업자의 부당한 공동행위 건([(주)대륙철도][공정거래위원회 2017. 11. 21. 의결 제2017-342호; 서울고등법원 2018. 10. 5. 선고 2017누90638 판결: 대법원 2019. 2. 28. 선고 2018두62485(심리불속행 기각) 판결]; 8개 메르세데스벤츠 승용차 딜러사들의 부당한 공동행위 및 메르세데스벤츠 코리아의 부당한 공동행위를 하게 한 행위 건(공정거래위원회 2017. 10. 13. 의결 제2017-317호; 서울고등법원 2018. 9. 12. 선고 2017누81825 판결; 대법원 2019. 3. 14. 선고 2018두59670 판결); 제주지역 레미콘사업협동조합의 관수레미콘 연간 단가계약 입찰담합 건[공정거래위원회 2018. 8. 22. 의결 제2018-253호; 서울고등법원 2019. 4. 25. 선고 2018누64803 판결; 대법원 2019. 9. 10. 선고 2019두41621(심리불속행 기각) 판결]; 현대건설(주)등 3개사 발주 케이블 구매입찰 담합 관련 7개 사업자의 부당공동행위 건[대원전선(주)](공정거래위원회 2018. 1. 17. 의결 제2018-045호; 서울고등법원 2019. 1. 18. 선고 2018누38842; 대법원 2019. 1. 18. 선고 2018누38842 판결); 인천지역 27개 레미콘 제조·판매사업자의 부당공동행위 건[공정거래위원회 2018. 5. 8. 의결 제2018-140호; 서울고등법원 2019. 1. 10. 선고 2018누49507 판결; 대법원 2019. 6. 13. 선고 2019두36056(심리불속행 기각) 판결]; 6개 아연도강판 제조·판매사업자의 부당공동행위 건[공정거래위원회 2013. 1. 29. 의결 제2013-021호; 서울고등법원 2019. 2. 8. 선고 2016누71753 판결; 대법원 2019. 7. 8. 선고 2019두36551(심리불속행 기각) 판결]; 동보장치 구매설치 입찰 관련 7개사업자의 부당공동행위 건(공정거래위원회 2019. 1. 3. 의결 제2019-006호; 서울고등법원 2019. 8. 29. 선고 2019누34403 판결); 케이티발주 F/S케이블 구매입찰 관련 6개사업자의 부당공동행위 건[일진전기(주)](공정거래위원회 2018. 4. 26. 의결 제2018-132호; 서울고등법원 2019. 1. 10. 선고 2018누60504 판결); 국토지리정보원 발주 항공촬영용역 입찰 관련 부당공동행위 건[네이버시스템(주)][공정거래위원회 2018. 5. 24. 의결 제2018-141호; 서울고등법원 2018. 9. 20. 선고 2018누48115 판결; 대법원 2019. 1. 31. 선고 2018누48115(심리불속행 기각) 판결]; 2개 자동차해상운송사업자의 부당공동행위 건[짐인티그레이티드 쉬핑 엘티디][공정거래위원회 2017. 9. 14. 의결 제2017-298호; 서울고등법원 2018. 9. 13. 2017누76359 판결; 대법원 2019. 1. 17. 선고 2018두593809(심리불속행 기각) 판결]; 천안·아산지역 레미콘제조사업자의 부당공동행위 건[고려그린믹스(주)외 9](공정거래위위원회 2018. 12. 10. 의결 제2018-363호; 서울고등법원 2019. 9. 19. 선고 2019누32117 판결); 동보장치 구매설치 입찰 관련 7개 사업자의 부당공동행위 건[(주)오에이전자] (공정거래위원회 2019. 1. 3. 의결 제2019-006호; 서울고등법원 2019. 9. 26. 선고 2019누34410 판결); 한국가스공사 발주 천연가스 주배관 및 관리소 건설공사 입찰 관련 23개 사업자의 부당공동행위 건[(주) 한양][공정거래위원회 2015. 7. 20. 의결 제2016-251호; 서울고등법원 2017. 9. 20. 선고 2015누31854 판결; 대법원 2019. 1. 31. 선고 2017두68110(심리불속행 기각) 판결]; 호남고속철도 오송~광주송정 간(제1, 2공구) 궤도부설 기타공사 입찰 5개 사업자의 부당공동행위 건[궤도공영(주)][공정거래위원회 2017. 11. 21. 의결 제2017-317호; 서울고등법원 2018. 10. 5. 선고 2017누90621 판결; 대법원 2019. 2. 28. 선고 2018두62416(심리불속행 기각) 판결]; 제5378부대 발주 액화석유가스(LPG) 구매입찰 관련 8개 사업자의 부당공동행위 건[공정거래위원회 2018. 3. 15. 의결 제2018-090호; 대법원 2020. 11. 5. 선고 2018두67503 판결; 서울고등법원 2021. 8. 12, 선고 2020누61531 판결(파기환송심)]; RCI파이낸셜서비스코리아(주) 발주 통화스왑 입찰 관련 2개 외국계은행의 부당공동행위 건(공정거래위원회 2020. 3. 13. 의결 제2020-067호; 서울고등법원 2021. 5. 13. 선고 2020누40336 판결); 한국중부발전(주)발주 신보령화력 연료하역부두 유연탄 하역용역 입찰 관련 5개 사업자 부당공동행위 건[공정거래위원회 2019. 9. 5. 의결 제2019-229호; 서울고등법원 2020. 7. 1. 선고 2019누60877 판결; 대법원 2020. 11. 5. 선고 2020두44572(심리불속행 기각) 판결]; 한

국남동발전(주) 및 한국수력원자력(주) 발주 발전소용 건설 기자재 등 국내 하역/운송용역 입찰 관련 6개 사업자의 부당공동행위 건[공정거래위원회 2019. 9. 3. 의결 제2019－225호; 서울고등법원 2020. 9. 16. 선고 2019누60983 판결; 대법원 2021. 2. 4. 선고 2020두51143(심리불속행 기각) 판결]

Ⅰ. 개 요

독점규제법 제40조 제 1 항에서는 "사업자는 계약·협정·결의 기타 어떠한 방법으로도 다른 사업자와 공동으로 부당하게 경쟁을 제한하는 행위를 할 것을 합의하여서는 아니된다"고 규정하고 가격을 결정·유지·변경하는 행위, 상품 또는 용역의 거래조건이나 그 대금 또는 대가의 지급조건을 정하는 행위 등 9개 유형을 열거하고 있다. 따라서 부당한 공동행위가 성립하기 위해서는 ① 사업자가 다른 사업자와 공동으로(공동성) ② 부당하게 경쟁을 제한하는(경쟁제한성) ③ 제40조 제 1 항 각호의 행위를 할 것을 합의해야 한다(합의의 입증).

한편 공동행위의 입증이 쉽지 않은 현실에서 입증곤란을 해소하고 부당한 공동행위에 대한 규제의 실효성을 높이기 위해, 동조 제 5 항에서는 "2 이상의 사업자가 제 1 항 각 호의 어느 하나에 해당하는 행위를 하는 경우로서 해당 거래분야 또는 상품·용역의 특성, 해당 행위의 경제적 이유 및 파급효과, 사업자간 접촉의 횟수·양태 등 제반사정에 비추어 그 행위를 그 사업자들이 공동으로 한 것으로 볼 수 있는 상당한 개연성이 있는 때에는 그 사업자들 사이에 공동으로 제 1 항 각 호의 어느 하나에 해당하는 행위를 할 것을 합의한 것으로 추정한다"고 규정하여 부당한 공동행위의 추정제도를 두고 있다.

Ⅱ. 부당한 공동행위의 금지

1. 공동행위의 의의

공동행위라 함은 사업자가 다른 사업자와 공동으로 상품 또는 용역의 가격, 거래조건, 거래량, 거래상대방 또는 거래지역 등을 제한하는 행위를 말하는데 통상 카르텔(cartel, Kartell)또는 담합이라고 한다.[1] 미국에서는 공모(conspiracy)라는 표현을 주로 사용한다.

카르텔은 생산량제한과 가격인상을 통하여 소비자의 부를 빼앗고[2] 사회후생의 손실을 초래할 뿐 아니라, 시장경쟁의 압력을 제거함으로써 한계기업 존속, 구조조정 지연, 기술혁신 저해 등 다양한 형태의 비효율을 가져오며, 독점기업과는 달리 담합 사업자들은 각기 별도의 생산설비를 갖고 있어 규모의 경제를 실현할 수 없고 고비용 사업자들도 생산활동을 하게 되어 생산비용이 독점기업보다 높으며, 담합에 따른 초과이윤의 발생은 과도한 설비투자를 유발하게 된다.[3]

경쟁자와의 협정을 통하여 경쟁을 제한하거나 배제하려는 시도는 자유시장경제의 역사만큼이나 오래된 것이다. 경제적 자유와 경쟁이 존재하는 곳에서는 경쟁자들이 가격과 수량을 공동으로 결정하거나 영향을 미치고 시장을 분할해 왔다. 역사적으로 보아도 서양 고대 상업국가에서도 군주 스스로(특히 페니키아, 아랍 및 유대 등) 또는 사적인 협정을 통하여(이집트, 바빌로니아 등) 상품, 특히 귀금속, 향유, 대추야자, 양모와 모직물의 생산과 유통을 독점하였고, 중국과 인도에서는 기원전 이미 시장에서 상품을 배제하기 위한 결합을 형성하는 행위를 규제하는 형법이 있었으며, 고대 로마에는 독점의 남용(주로 폭리)에 대항하는 법과 카르텔의 남용에 대항하기 위한 법이 존재하였다고 한다.[4]

그후 역사적으로 수많은 카르텔이 공권력의 참여하에 형성되었으며, Jakob Strieder의 연구에 따르면 16세기 서유럽에서 카르텔은 매우 일상적인 일이었다고 한다.[5]

독일의 경우 산업화되기 이전인 19세기 초에도 카르텔 조직이 존재하였고, 산업화가 진행되면서 카르텔이 급증하게 된다. 독일 제국법원에서는 한편으로는 일찍이 카르텔 협정을 인정하면서도 시장지배자의 남용행위에 대하여는 개입을

1) 담합은 독점규제법이 제정되기 한참 전인 1953년 제정된 형법 제315조(경매입찰방해죄)를 실행하는 전형적인 행위의 예로 사용되어온 개념이며, 담합개념이 사용된 가장 오래된 판례는 1960년(예: 1960. 8. 4. 4292형상96)이다. 이상돈, 68면.

2) 우리나라의 경우 가격담합사건의 평균 가격인상률을 18% 정도로 본 연구결과가 있다. 신광식, 공정경쟁(2003. 8), 10면; 한편 OECD는 회원국 Survey 결과 카르텔로 인한 피해액을 관련 매출액의 15%~20%에 달하는 것으로 추정한다(2004). 공정거래위원회 보도자료(2007. 2. 21).

3) 신광식, 공정경쟁(2003. 8), 9면.

4) Barnikel, Theorie und Praxis der Kartelle(1972), S. 1.

5) Barnikel, Theorie und Praxis der Kartelle(1972), S. 1.2.

하였다. 한편 영미법영역에서는 오래전부터 '거래제한'과 '독점을 위한 공모'의 금지를 알았고 이러한 금지를 현대적인 사실적 현상에 맞게 변화시켜왔는데, 법적으로는 처음으로 1890년 미국 「셔먼법(Sherman Act)」에서 광범위한 카르텔금지가 규정되었다.[6)]

19세기 말경부터 독일뿐만 아니라 다른 유럽국가에서는 카르텔 전성시대가 시작되었는데 특히 독일에는 벽돌, 철산업, 화학산업, 섬유산업, 그리고 석탄과 칼리광산 카르텔이 존재하였고 그 외에도 수많은 느슨한 형태의 카르텔이 있었다. 한편 경제적으로 특히 중요한 카르텔, 특히 라인란드-팔츠 석탄신디케이트와 칼리신디케이트에는 국가가 석탄과 칼리조합에 대하여 그에 참가하도록 영향력을 행사하였다.[7)] 제 1 차 세계대전시 카르텔의 숫자가 더욱 늘어나게 되었으며 그들에게 경제적으로 중요한 과제가 부여되었다.[8)] 이는 1차 세계대전 이후에도 계속 진전되었고 카르텔이 과도경제의 조종수단으로 활용되거나 조직되었다.[9)]

독일에서 카르텔의 위력을 제한하고자 하는 시도는 1923년의 「카르텔규칙(Kartellverordnung)」을 통하여 이루어졌다. 그러나 나찌정권은 1933년 경제조종의 수단으로 「강제카르텔법(Zwangskartellgesetz)」을 제정하였으며, 이와 함께 카르텔은 제 1 차 세계대전때와 마찬가지로, 다시 정부의 영향력하에 들어가게 되었다.[10)] 2차대전 이후 미국과 영국의 점령정부는 합의로 1947. 1. 28. 「독일경제력의 과도한 집중방지(prohibition of excessive concentration of german economic power)」 규칙을 제정하였는데, 그 내용과 법기술은 미국의 반독점법에서 따온 것이었다.

한편으로는 독일은 독자적으로 새로운 카르텔법의 입법을 위해 노력하였으며, 이에 따라 「경쟁제한방지법(GWB)」이 1957. 7. 27. 제정되었고 1958. 1. 1. 발효되었다. 독일의 「경쟁제한방지법(GWB)」을 일명 카르텔법(Kartellgesetz)이라고 하는데는 이러한 역사적 배경이 있는 것이다. 그러나 통상 사용하는 카르텔금지의 의미는 법 내용중의 일부로 동법 제 1 조에 규정되어 있으며 이는 우리나라 독점규제법 제40조에 해당하는 것이다.

6) Rittner/Dreher, S. 340 Rn. 11.
7) Rittner/Dreher, S. 340 Rn. 12.
8) Rittner/Dreher, S. 340 Rn. 13.
9) Rittner/Dreher, S. 341 Rn. 13.
10) Rittner/Dreher, S. 341 Rn. 14.

이와 같이 카르텔은 사업자단체와 동일한 의미를 가지고 있었다. 1923년 독일의 Robert Liefmann에 의하면 경쟁관계에 있는 경제주체가 공동의 이익을 가지고 결합하는 조직은 사단(Vereine), 단체(Verbände) 및 회사(Gesellschaften) 세 가지로 구분되는데,[11] 이 중 카르텔과 관계되는 것은 단체(Verbände)이며, 사업자들의 단체를 카르텔로 부르게 된 것이다. 물론 오늘날에는 사업자단체 금지행위를 별도로 규제하기도 하지만 본질적으로 사업자단체 금지행위와 카르텔은 동일한 의미를 가지고 있는 것이다. 그리고 초기에는 주로 공급자의 카르텔만이 문제되었고 그것도 대기업만이 문제가 되었는데, 그것은 카르텔 형성의 중요한 원인이 대기업의 출현에 있었기 때문이었다.[12]

2. 입 법 례

공동행위에 대한 옹호론[13]에도 불구하고, 독점규제법은 사업자간의 경쟁을 제한하는 부당한 공동행위를 원칙적으로 금지하고 있다. 예외적으로 불황 극복을 위한 산업구조의 조정(제 1 호), 연구·기술개발(제 2 호), 거래조건의 합리화(제 3 호), 중소기업의 경쟁력향상(제 4 호)을 위한 경우로서 공정거래위원회의 인가를 받은 경우 예외적으로 허용한다(법 제40조 제 2 항).

미국의 경우 「셔먼법(Sherman Act)」 제 1 조에서 “주간 혹은 외국과의 거래(trade) 또는 통상(commerce)을 제한하는 모든 계약, 트러스트나 기타 형태에 의한 결합 또는 공모는 위법이며, 이와 같은 위법한 계약을 체결하거나 결정 또는 공모에 가담한 자는 중죄를 범한 것으로 간주된다. 이에 대하여 유죄가 판명되면 법원의 결정으로 법인의 경우 1억달러 이하의 벌금, 개인의 경우 100만 달러 이하의 벌금 또는 10년 이하의 징역에 처한다”고 규정하고 있다.[14]

11) Liefmann, Theorie und Praxis der Kartelle(1972), S. 67.

12) Liefmann, Theorie und Praxis der Kartelle(1972), S. 73.

13) 파멸적 경쟁의 회피, 기업도산과 해고사태 방지, 공동연구·개발 가능, 적정수준의 가격 유지 및 독점기업의 횡포 대항 등을 들고 있다. 양명조, 공정거래법과 규제산업(2007), 256면.

14) “Every contract, combination in the form of trust or otherwise, or conspiracy, in restraint of trade or commerce among the several States, or with foreign nations, is declared to be illegal. Every person who shall make any contract or engage in any combination or cons－piracy hereby declared to be illegal shall be deemed guilty of a felony, and, on conviction thereof, shall be punished by fine not exceeding $100,000,000 if a corporation, or, if any other person, $1,000,000, or by imprisonment not exceeding 10 years, or by both said punishments, in the discretion of the court.“[15 U.S.C.A. §1].

EU의 경우 「EU기능조약」 제101조에서 회원국간의 통상에 영향을 줄 우려가 있고, 역내시장내에서의 경쟁을 방해, 제한 또는 왜곡하는 것을 목적으로 하거나, 또는 그러한 효과를 야기하는 사업자간의 합의, 사업자단체에 의한 결정 및 동조적 행위는 역내시장과 양립할 수 없는 것으로 보아 금지하고 있다.[15] 특히 그러한 행위로 ① 구입 또는 판매가격이나 기타의 거래조건을 직접 또는 간접으로 고정하는 경우, ② 생산, 판로, 기술개발 또는 투자를 제한하거나 통제하는 경우, ③ 시장이나 공급원을 분할하는 경우, ④ 동일한 거래조건에 대하여 거래상대방에 따라 다른 거래조건을 부여하고, 그 결과 그들에게 경쟁상의 불이익을 부여하는 경우, ⑤ 거래상대방이 그 성질이나 거래관행에 비추어 당해 계약내용과는 아무런 관련이 없는 부수적 의무를 수락할 것을 조건으로 하여 계약을 체결하는 경우를 예시하고 있다(제 1 항).

다만 상품생산 또는 상품분배의 개선이나 기술적 또는 경제적 진보의 촉진에 기여함으로써 발생한 이익에 대한 소비자의 적절한 지분을 허용하는 사업자

15) Article 101, "The following shall be prohibited as incompatible with the common market: all agreements between undertakings, decisions by associations of undertakings and concerted practices which may affect trade between Member States and which have as their object or effect the prevention, restriction or distortion of competition within the common market: (a) directly or indirectly fix purchase or selling prices or any other trading conditions; (b) limit or control production, markets, technical development, or investment; (c) share markets or sources of supply; (d) apply dissimilar conditions to equivalent transactions with other trading parties, thereby placing them at a competitive disadvantage; (e) make the conclusion of contracts subject to acceptance by the other parties of supplementary obligations which, by their nature or according to commercial usage, have no connection with the subject of such contract". 일괄적용면제 관련 「EU기능조약」 제101조 제 3 항 집행에 관한 위원회 규칙으로는 수직적 합의 분야(Commission Regulation 2022/720 of 10 May 2002 on the application of Article 101(3) of the Treaty on the Function of the European Union to categories of vertical agreements and concerted practices), 연구개발 합의분야(Commission Regulation No 1217/2010 of 14 December 2010 on the application of Article 101(3) of the Treaty on the functioning of the European Union to categories of research and development agreements), 전문화 합의분야(Commission Regulation No 1218/2010 of 14 December 2010 on the application of Article 101(3) of the Treaty to categories of specialization agreements) 등을 운영하고 있다. 기타 하부지침 및 고시에는 「수평적 협력에 대한 제101조 집행지침(Guidelines on the applicability of Article 101 of the Treaty on the Function of the European Union to horizontal co-operation agreements)」, 「과징금산정 지침(Guidelines on the method of setting fines imposed pursuant to Article 23(2)(a) of Regulation No. 1/2003)」, 「카르텔사건의 과징금감면 고시(Commisssion Notice on immunity from fines and reduction of fines in cartel cases)」, 「관련시장 정의고시(Commission Notice on the definition of the relevant market for the purpose of community competition law)」, 「수직적 제한 지침(Guideline on Vertical Restraints)」 등이 있다.

간 협의 또는 유사한 행위, 사업자단체의 결정 또는 유사한 행위, 동조적 행위 또는 유사한 행위에 대하여는 목적의 실현에 필수적이지 않은 제한이 부과된 경우 또는 당해 상품의 중요 부분에 대하여 경쟁을 배제할 가능성이 열려 있는 경우가 아니라면 제 1 항의 규정이 적용되지 아니할 수 있다(제 3 항). 적용면제에는 개별적으로 경쟁법 적용을 면제할 수 있는 '개별적 적용면제(individual exemption)'와 특정한 범주의 합의들에 대하여 적용면제를 인정하는 '일괄적용면제(block exemption)'로 구분할 수 있다.

독일의 경우 「경쟁제한방지법(GWB)」 제 1 조에서 카르텔을 금지하고 있다. 즉 경쟁의 방해, 제한 또는 왜곡을 목적으로 하거나 그러한 효과를 야기하는 사업자간의 합의, 사업자단체의 결정 및 동조적 행위는 금지된다.[16]

3. 연 혁

1980년 제정된 독점규제법은 공동행위에 대한 등록제를 채택하고 등록하지 아니한 공동행위를 무효로 하였다.[17] 이는 부당공동행위에 대하여 원인금지주의를 취하지 아니하고, 폐해규제주의의 원칙에 따른 것이었는데, 1986. 12. 31. 제 1 차 법개정시에는 공동행위에 대한 규제를 강화하기 위하여 공동행위의 등록제를 원칙금지, 예외 인가제로 변경하였다. 1992. 12. 8. 제 3 차 법개정시에는 공동행위의 합의만 있으면 실행행위가 없더라도 공동행위가 성립하는 것으로 요건을 완화하였다.

1996. 12. 30. 제 5 차 법개정시에는 자진신고자에 대한 시정조치나 과징금 감면제도를 도입하였으며 1999. 2. 5. 제 7 차 법개정시에는 "일정한 거래분야에서 경쟁을 실질적으로 제한하는"에서 "부당하게 경쟁을 제한하는" 경우에 부당한 공동행위가 성립하는 것으로 변경하였다. 2001. 1. 16. 제 9 차 법개정에서는 공정거래위원회의 조사에 협조한 자에 대해서도 시정조치와 과징금을 감경 또는 면제할 수 있도록 규정하였다. 2004. 12. 31. 제11차 법개정에서는 제19조 제 1 항에 "다른 사업자로 하여금 합의를 행하도록 하는 것"도 금지하는 내용을 추가하였다.

2007. 8. 3. 제14차 법개정시 부당한 공동행위의 유형에 입찰 또는 경매시의

16) "Vereinbarungen zwischen Unternehmen, Beschlüsse von Unternehmensvereinigungen und aufeinander abgestimmte Verhaltensweisen, die eine Verhinderung, Einschränkung oder Verfälschung des Wettbewerbs bezwecken oder bewirken, sind verboten".

17) 예를 들어 대판 1987. 7. 7. 86카707.

담합을 추가하였다. 그리고 부당한 공동행위의 추정제도를 종래 "2이상의 사업자가 일정한 거래분야에서 경쟁을 실질적으로 제한하는 제 1 항 각 호의 1에 해당하는 행위를 하고 있는 경우 동 사업자간에 그러한 행위를 할 것을 약정한 명시적인 합의가 없는 경우에도 부당한 공동행위를 하고 있는 것으로 추정한다"에서 "2 이상의 사업자가 제 1 항 각 호의 어느 하나에 해당하는 행위를 하는 경우로서 해당 거래분야 또는 상품·용역의 특성, 해당 행위의 경제적 이유 및 파급효과, 사업자 간 접촉의 횟수·양태 등 제반사정에 비추어 그 행위를 그 사업자들이 공동으로 한 것으로 볼 수 있는 상당한 개연성이 있는 때에는 그 사업자들 사이에 공동으로 제 1 항 각 호의 어느 하나에 해당하는 행위를 할 것을 합의한 것으로 추정한다"로 개정하였다.

한편 1999. 2.에는 「독점규제 및 공정거래에 관한 법률의 적용이 제외되는 부당한 공동행위 등의 정비에 관한 법률」(소위 「카르텔일괄정리법」)이 제정되어 경쟁제한성이 크기 때문에 경제발전에 저해요소가 되거나 국제적 기준에 비추어 그 합리성과 정당성이 인정되기 어려운 카르텔이 정비되었는바, 전문직 서비스 수수료, 수출입 관련 카르텔, 비살균탁주 공급구역제한, 보험료율 산출기관에 의한 보험료율 공동산출제도, 중소기업제품에 대한 단체수의계약제도 등이 개선되었다.

Ⅲ. 부당한 공동행위의 성립요건

1. 2이상의 사업자(공동성)

1) 원 칙

법 제40조 제 1 항에 위반하는 부당한 공동행위가 성립되려면 우선 2이상의 사업자가 주체가 되어야 한다. 여기에서의 사업자는 법 제 2 조 제 1 호에 의한 사업자를 의미한다. 프로야구구단,[18] 사립대학,[19] 외국사업자[20]도 사업자에 해

18) 서울지판 1996. 5. 16. 96가합3697; 공정거래위원회는 사단법인 한국야구위원회를 사업자단체로 보았으며, 구성사업자인 프로야구단은 사업자에 해당한다고 보았다. 공정의 2008. 9. 17. 2008-266; 미국의 경우 프로야구산업에 대하여는 독점금지법의 적용을 배제하는 것이 판례의 태도이다. Federal base Ball Club of Baltimore, Inc. v. National League of Professional Baseball Clubs, 259 U.S. 200, 42 S.Ct. 465(1922).

19) 서고판 2000. 11. 16. 99누5919.

20) 대판 2006. 3. 23. 2003두11124; 대판 2006. 3. 23. 2003두11155; 대판 2006. 3. 24. 2003두

당한다. 그리고 잠재적 사업자도 사업자에 해당한다. 〈글락소그룹 리미티드 및 동아제약(주)의 부당공동행위 건〉 관련 행정소송에서 대법원은 글락소가 자신의 경쟁제품을 출시한 적이 있는 동아제약과 체결한 이 사건 합의는 잠재적 경쟁관계에 있는 사업자의 사업내용을 제한하는 합의로서 부당한 공동행위에 해당한다고 판시한 바 있다.[21]

법원은 조합의 이름으로 입찰에 참여한 경우에도 합의를 인정하였다. 즉 〈한국전력공사 발주 기계식 전력량계 구매입찰 참가 14개 사업자의 부당 공동행위 건 및 2개 전력량계사업협동조합의 사업자단체금지행위 건〉 관련 행정소송에서 서울고등법원은 "조합체의 이름으로 입찰에 참여하기로 하고 내부적으로 물량을 배분받기로 하면서 조합의 구성원으로 가입한 사실에 비추어 원고는 제1, 2조합이 참여하는 입찰절차에서 내부적으로 물량배분과 입찰단가에 관하여 서로 의사의 연락이 있었다고 추인할 수 있다"고 판시하였다.[22]

조합원의 일부가 중복된다 하더라도 별개의 사업주체간에는 담합이 성립하며(〈대전·세종·충남지역 아스콘 사업협동조합의 관수아스콘 구매입찰 부당공동행위 건〉),[23] 회사를 실질적으로 지배하는 자를 통한 담합행위도 부당한 공동행위로 인정하였다(〈호남고속철도 오송~광주송정 간(제1, 2공구) 궤도부설기타공사 입찰 관련 5개 사업자의 부당한 공동행위 건[(주)대륙철도]〉).[24]

그리고 〈장보고-III 전투체계 및 소나체계 입찰 관련 4개 사업자의 부당공동행위 건〉 관련 행정소송에서 대법원은 입찰에 독자적으로 응찰하더라도 낙찰자로 선정될 가능성이 없어 애초부터 경쟁사업자가 될 수 없었다는 이유로 부당한 공동행위에 해당하지 않는다고 본 서울고등법원 판결에 대하여 "수주가능성이 낮다 하더라도 그 입찰참가는 향후 동종입찰에 참가하는 데 대한 대비로서의 의미를 가지거나 경쟁사에게 낙찰가격을 낮추도록 강제하는 효과가 있어 경쟁정책적 차원에서 무의미하다고 볼 수 없다"는 이유로 경쟁제한적 합의로

11148; 대판 2006. 3. 24. 2004두11275.

21) 대판 2014. 2. 27. 2012두24498, 2012두27794. 그러나 글락소가 발트렉스에 대한 독점 판매 및 공급계약을 체결하면서 동아제약에 대한 '발트렉스'의 경쟁제품에 대한 제조 등을 금지한 것은 경쟁에 미치는 영향 등에 대하여 아무런 근거를 제시하지 아니한 것으로 경쟁제한성을 인정하지 아니하였다. 즉 수평적 관계와 수직적 관계가 공존하는 이중적 유통관계(dual distributorship)에 대한 합리의 원칙을 적용한 결과로 본다. 자세한 내용은 권오승/서정, 318~325면 참조.

22) 서고판 2015. 8. 28. 2014누70626.

23) 서고판 2018. 8. 23. 2017누90188(대판 2018. 12. 27. 2018두57070).

24) 서고판 2018. 10. 5. 2017누90638(대판 2019. 2. 28. 2018두62485).

인정하였다.[25)]

어느 사업자를 제외한 나머지 사업자들의 부당한 공동행위가 시장지배적지위남용에 해당한다고 하더라도, 그 사업자가 그에 동조하기로 합의한 이상, 그 사업자의 행위도 부당한 공동행위에 해당되는 것이고, 판매가격 합의, 운송비 합의, 시장점유율 합의를 통하여 안정적인 시장점유율 유지 및 중간재 확보, 가격이나 서비스 경쟁에서 지출되는 추가 비용의 절약, 신규사업자의 진입저지 등 과점사업자로서 누릴 수 있는 이익을 얻었거나 얻을 수 있었다고 보이는 경우 그 합의가 불가피한 것이었다고 보기도 어렵다.[26)]

실제 수평적 관계에 있는 사업자간의 공동행위가 대부분을 차지하지만 수직적 관계에 있는 사업자간의 공동행위도 성립될 수 있다. 이는 2 이상의 사업자가 경쟁관계에 놓여 있어야 하는가 하는 점과 관련되는데 반드시 경쟁관계에 있어야 하는 것은 아니라고 보는 것이다. 독일「경쟁제한방지법(GWB)」 제 1 조의 카르텔 금지에서 종래에는 "상호 경쟁관계에 있는 사업자간의 합의"라고 규정함으로써 수평적 공동행위만 적용되었으나, 2005년 제 7 차 법개정을 통하여 단순히 "사업자간의 협정"으로 개정함으로써 경쟁관계에 있지 않은 수직적 사업자간의 공동행위도 동조에 해당되게 되었다.

실무적으로 수직적 공동행위를 인정한 사례가 있다. 즉 〈7개 영화배급·상영업자의 부당공동행위 건〉 관련 행정소송에서 서울고등법원은 "'다른 사업자로 하여금 부당한 공동행위를 행하도록 하는 행위'는 다른 사업자로 하여금 부당한 공동행위를 하도록 교사하는 행위 또는 이에 준하는 행위를 의미한다고 할 것인바(대법원 2009. 5. 14. 선고 2009두1556 판결 참조), 이러한 규정의 취지에 비추어 보면, 수평적 경쟁관계에 있지 아니한 사업자도 수평적 경쟁관계에 있는 다른 사업자들과 공동하여 법 제40조 제 1 항 소정의 부당한 공동행위를 할 수 있다 할 것이다. 이러한 법리에 따르면, 영화배급업자인 원고도 수직적 관계에 있는 영화상영업자와 공동하여 법 제40조 제 1 항 소정의 '부당한 공동행위'를 할 수 있다"고 판시하였다.[27)]

또한 재판매가격유지행위와 관련하여 대법원은 경쟁관계에 있는 상품을 제조·판매하는 사업자들 사이에 '각자의 대리점 등 유통업자들에게 영향력을 행

25) 대판 2016. 2. 18. 2013두19004.

26) 대판 2001. 5. 8. 2000두7872.

27) 서고판 2009. 10. 7. 2009누2483(대판 2010. 1. 28. 2009두19700).

사하여 그들이 소비자로부터 받는 판매가격을 결정·유지 또는 변경하는 행위'를 할 것을 합의한 것도 포함된다고 보았다.[28] 그 이전에 〈3개 학생복제조사의 부당공동행위 건〉에서도 법원 및 공정거래위원회는 수직적 공동행위를 인정한 바 있다.[29]

이러한 법원의 태도는 최근까지 계속되고 있는바 〈부산 북구청 등 4개 지자체의 온나라시스템 구축 입찰 관련 4개 소프트웨어사업자의 부당공동행위 건〉 관련 행정소송에서 서울고등법원은 엘지엔시스가 화인 등 3개사와 수평적 경쟁관계에 있지 않고 수직적 관계에 있다고 하더라도 그들과 공동으로 한 이 사건 합의에 대하여 독점규제법 제40조 제1항 전단의 부당한 공동행위의 책임이 있다고 판시하였다.[30] 또한 〈5개 석유제품 제조·판매사업자의 부당공동행위 건("원적지 담합사건")〉에서 대법원도 동일하게 판시한 바 있다.[31]

〈5개 복수종합유선방송사업자(MSO)의 부당공동행위 건〉 관련 행정소송에서도 대법원은 부당한 공동행위가 성립하기 위해 반드시 공동행위 참여자들 사이에 수평적 경쟁관계가 있어야 한다고 볼 수 없다고 하고, 5개 MSO들이 유료방송서비스시장에 신규 진입한 IPTV(인터넷멀티미디어방송)사업자에게 방송프로그램을 공급한 온미디어(PP)의 방송채널을 축소하고, 씨제이미디어(PP)에게는 IPTV사업자에게 방송프로그램을 공급하지 아니하는 조건으로 금전적 지원을 하기로 합의한 행위를 부당 공동행위로 판단하였다.[32]

2) 예외: 경제적 동일체

① 의 의

경제적 동일체는 두 회사가 통상적인 의미에서 분리되어 있으면서도 통합되어 운영되는 경우로서 한 회사내의 부서처럼 기능을 하는 것이다.

② 판단기준

2개 이상의 사업자가 경제적 동일체를 형성하는 경우에는 공동행위가 성립될 수 없다. 주로 주식소유관계를 위주로 판단한다.[33] 예를 들어 모회사와 모회사

28) 대판 2011. 9. 8. 2010두344.

29) 대판 2004. 11. 23. 2004두10586, 2006. 11. 9. 2004두14504, 2006. 11. 24. 2004두12346.

30) 서고판 2015. 1. 30. 2014누3983(대판 2015. 5. 28. 2015두38955) 등.

31) 대판 2015. 1. 29. 2012두21840.

32) 대판 2015. 9. 10. 2015두23297 등.

33) P. Areeda 교수는 경제적 동일체의 판단기준을 다음과 같이 설명한다. 첫째, 회사분리의 동기

가 100%지분을 갖고 있는 자회사는 경제적인 관점에서는 동일한 회사로 취급되므로 이들 회사간에 부당한 공동행위가 성립될 수 없다. 미국의 〈Copperweld 사건〉에서도 연방대법원은 100% 지분관계에 있는 모자회사는 「셔먼법(Sherman Act)」 제 1 조 적용에 있어서는 한 개의 회사로 취급되어야 한다고 하면서, 그 근거로서 이들 회사는 동일한 목적을 가지고 있으며 의사결정도 두 개의 분리된 회사에 의하여 이루어지는 것이 아니라 1개회사에 의하여 이루어지기 때문이라고 판시하였다.[34) 「공동행위 심사기준」[35)에서도 이러한 점을 고려하여 "사실상 하나의 사업자의 행위"는 법 제40조 제 1 항을 적용하지 않는다고 규정한

이다. 회사분리가 세제상의 이익이나 노사관계 등의 순수한 동기에 의해 이루어지는 경우 경제적 동일체로서 공모가능성이 없다(〈Photovest Corp 사건(1979)〉). 둘째, 공식적 계약 등에 의한 지배여부이다. 자회사가 모회사의 지시 등을 거부할 수 있는 법적권한이 공식적으로 있어야 공모가 가능하므로 그렇지 않은 경우 경제적 동일체여부가 문제되지 않는다. 셋째, 재무 및 세무보고, 지시, 직원 등의 공통성여부이다. 통합재무보고(연결재무제표)나 세금신고(tax re-turns)가 경제적 동일체의 판단지표가 된다는 판례(〈Ogilvie Corp 사건(1981)〉)가 있으나 필수적인 요소는 아니다. 공통의 사무실이나 직원을 가졌느냐 여부도 강조된 판례(〈Knutson Corp 사건(1976)〉)가 있으나 경제적 동일체와 직접관련은 없다. 단일한 의사결정권자가 일일 업무지시를 하는 것은 경제적 동일체의 존재근거가 된다(〈Las Vegas Sun Corp 사건(1979)〉). 넷째, 통합 혹은 지배의 실질적인 정도이다. 양사간에 단일 의사결정권자가 있거나 단일 운영팀이 존재하는 것이다. 실질적이고 세부적인 일일업무지시를 하는 경우도 단일의사결정권자가 있거나 단일 운영팀이 있는 경우와 비슷하게 경제적 동일체를 추정할 수 있다. 다섯째, 지시 및 지배권한이다. 부분적으로 소유되는 자회사의 경우에는 주식의 과반수 소유, 사실상 지배여부에 따라 판단한다. 과반수 미만의 주식을 소유한 경우에도 특수한 상황에서는 동일회사로 취급될 수 있다(〈Citizens and Southern National Bank 사건(1975)〉).

34) Copperweld corp. et Al. v. Independence tube, 467 U.S. 752(1984): "The coordinated activity of a parent and its wholly owned subsidiary must be viewed as that of a single enterprise for purposes of §1 of the Sherman Act. A parent and its wholly owned subsi-diary have a complete unity of interest. Their objectives are common, not disparate, and their general corporate objectives are guided or determined not by two separate corporate consciousnesses, but one"; 〈Copperweld 판결〉은 이전의 〈Yellow Cab 사건: United States v. Yellow Cab Co., 332 U.S. 218(1947)〉, 〈Kiefer-Stewart 사건: Kiefer-Stewart Co. v. Seagram & Sons, Inc., 340 US 211 (1951): "two wholly owned subsidiaries of a liquor distiller were guilty under §1 of the Sherman Act for jointly refusing to supply a whole-saler who declined to abide by a maximum resale pricing scheme"〉, 〈Perma Life Mufflers 판결: Perma Life Mufflers v. Int'l Parts Corp., 392 US 134 (1968): "availed themselves of the privilege of doing business through separate corporations, the fact of common ownership could not save them from any of the obligations that the law imposes on separate entities〉 등에서 공모를 인정한 입장을 바꾸었다. 종래 모자회사간 공모를 「셔먼법」 위반으로 인정하던 이론을 '기업내부공모이론(intra-enterprise conspiracy doctrine)'이라 일컫는데, 이를 뒤집은 〈Copperweld 판결〉을 '기업내부공모이론의 종언(the death of intra-enterprise conspiracy doctrine)'이라고 한다; 그러나 그 이후의 하급심판결에서 한 회사의 지사도 독립적인 이해관계로 행위를 하는 경우 별개의 회사로 본 경우가 있다. Hovenkamp, 93면.

35) 공정거래위원회 예규 제390호(2021. 12. 28).

다(입찰담합 제외).

① 원 칙: 다수의 사업자를 실질적·경제적 관점에서 사실상 하나의 사업자로 볼 수 있는 경우에는 그들 간에 이루어진 법 제40조 제1항 각호의 사항(입찰담합은 제외)에 관한 합의에는 법 제40조 제1항을 적용하지 아니한다. 다만, 그 합의에 다른 사업자가 참여한 경우는 그러하지 아니하다. ② "사실상 하나의 사업자"의 인정 기준: i) 사업자가 다른 사업자의 주식을 모두 소유한 경우(동일인 또는 동일인 관련자가 소유한 주식을 포함), 당해 사업자들 모두를 사실상 하나의 사업자로 본다. ii) 사업자가 다른 사업자의 주식을 모두 소유하지 아니한 경우라도 주식 소유 비율, 당해 사업자의 인식, 임원겸임 여부, 회계의 통합 여부, 일상적 지시 여부, 판매조건 등에 대한 독자적 결정 가능성, 당해 사안의 성격 등 제반사정을 고려할 때, 사업자가 다른 사업자를 실질적으로 지배함으로써 이들이 상호 독립적으로 운영된다고 볼 수 없는 경우에는 사실상 하나의 사업자로 본다. 다만, 관련시장 현황, 경쟁사업자의 인식, 당해 사업자의 활동 등을 고려할 때 경쟁관계에 있다고 인정되는 경우에는 그러하지 아니하다(「공동행위 심사기준」 Ⅱ.1.나.).

〈주파수 공용통신장치 구매입찰 관련 4개 사업자의 부당공동행위 건〉 관련 행정소송에서 서울고등법원은 일체화된 영업판매시스템을 갖추어도 경제적 동일체로 인정되지 않는다고 판시하였다.[36)]

〈8개 고밀도 폴리에틸렌 제조판매사업자들의 부당공동행위 건〉 관련 행정소송에서 하나의 사업자 여부가 문제가 되었다. 즉 HDPE의 판매를 1996. 10.부

36) 서고판 2009. 9. 22. 2008누15277(대판 2009. 12. 24. 2009두18059): "원고 등 총판 3사는 모토로라코리아와는 완전 별개의 법인격을 가진 법률적으로 별개의 독립한 거래주체로서 모토로라코리아로부터 모토로라가 생산하는 TRS 제품 등에 대한 한국 내 총판으로 지정된 것일 뿐인 점, 원고 등 총판 3사의 사업활동에 일부 제약이 있기는 하였으나 이는 초기 시장개척 과정에서 과잉·중복투자 방지와 효과적인 고객확보 및 경쟁력 제고 등을 위한 목적에서 비롯된 것일 뿐이고 총판 3사가 수요처에 최종 공급하는 제품의 부품 중 모토로라의 제품이 차지하는 비중은 50%가 되지 아니하는 등 그 영업활동을 수행함에 있어 독자적으로 판단할 수 있는 여지가 없지 아니한 점, 모회사가 주식의 100%를 소유하고 있는 자회사라 하더라도 양자는 법률적으로는 별개의 독립한 거래주체로 보는 점(대판 2004. 11. 12. 2001두2034 등 참조) 등의 사정에 비추어 보면, 총판 3사가 원고 주장과 같이 모토로라코리아의 지휘·관리·통제 하에 서로 유기적으로 역할을 분담하면서 일체화된 영업판매 시스템을 형성하였다는 사정만으로는 원고가 그 주장과 같이 다른 총판들과 함께 '경제적 단일체'에 불과하여 회명과 씨그널이 법 제19조 제1항에서 정한 '다른 사업자'에 해당하지 않는다고 볼 수는 없다".

터는 대림코퍼레이션이, 2001. 8.부터는 베스트폴리머가 담당하였고, 2003. 3.부터 대림산업이 다시 담당하게 되었으므로 대림산업이 HDPE의 판매를 직접 담당하지 않은 1996. 10.부터 2003. 2.까지는 이 사건 공동행위에 전혀 가담하지 않았다는 주장이었다. 이에 대하여 대법원은 대림산업은 대림코퍼레이션과 베스트폴리머를 통하여 이 사건 담합에 참여한 것으로 보이므로, 대림코퍼레이션 및 베스트폴리머와 사실상 하나의 사업자로서 이 사건 공동행위에 가담하였다고 보았다.[37)]

입찰담합의 경우 '사실상 하나의 사업자'가 인정되지 않는다. 〈옥외자동검침시스템 입찰담합 건〉 관련 행정소송에서 대법원은 "입찰담합에 관한 독점규제법 제40조 제 1 항 제 8 호는 입찰 자체의 경쟁뿐 아니라 입찰에 이르는 과정에서의 경쟁도 함께 보호하려는 데 그 취지가 있다"고 하고 상호 독립적으로 운영된다고 볼 수 없어 사실상 하나의 사업자에 해당한다는 점 등을 인정하지 않았다.

〈전북대학교 등 4개기관 발주 교육 콘텐츠 입찰참가 2개사의 부당공동행위 건〉 관련 행정소송에서도 법원은 "계열회사관계에 있다는 것만으로 공동행위의 경쟁제한성을 달리 보지 않는다"고 판단한 바 있다.[38)] 〈민방위 및 재난재해 경보시스템 구매설치 입찰 관련 2개 사업자의 부당공동행위 건(에이엔디엔지니어링)〉 관련 행정소송에서도 하나의 회사에 해당한다고 하여도 경쟁제한성을 인정하는데 장애가 되지 않는다고 보았다.[39)]

---

37) 대판 2014. 9. 4. 2012두22256: "대림코퍼레이션은 원고가 생산한 HDPE를 판매하고 판매수수료를 공제한 판매대금을 원고에게 지급하였으므로, 원고는 판매위탁자로서 실질적인 거래주체 지위에 있었다고 볼 수 있는 점, 원고는 HDPE 판매방식을 위탁매매 형태로 전환하여 자신의 영업조직을 그대로 대림코퍼레이션에 이전하는 한편, 대림코퍼레이션과 사이에 매월 정기적으로 경영위원회와 운영협의회를 개최하여 필요한 정보를 교환하고 다음달 판매 기준가격을 심의·확정하는 과정을 거치고, 베스트폴리머에게는 위 정책결정에 따라야 할 의무를 부여함으로써, 대림코퍼레이션 또는 베스트폴리머가 1996. 10.부터 2003. 3.까지 대외적으로 HDPE를 판매하는 사업자로서 이 사건 공동행위에 가담할 때 이에 필요한 제반 의사결정에 적극 관여한 것으로 볼 수 있는 점, 대림코퍼레이션의 주식은 원고의 대표이사 등 특수관계인들이 100%를 소유하고 있고, 원고의 주식 13.02%를 대림코퍼레이션이 소유하여 대주주의 지위에 있으며, 원고, 대림코퍼레이션, 베스트폴리머의 일부 임원들은 서로 겸임하고 있는 점, 원고는 1994. 4.부터 1996. 9.까지, 2003. 3.부터 2005. 3.까지 이 사건 공동행위에 직접 참여하였을 뿐만 아니라, 원고의 대표이사가 대림코퍼레이션 또는 베스트폴리머의 판매기간을 포함하여 1994. 5.부터 2005. 4.까지 이 사건 공동행위의 일환으로 개최된 사장단 모임에도 지속적으로 참석하였으며, 생산량 담합에 직접 참여하여 이 사건 공동행위를 유지·강화하는 데 직접적으로 기여해온 점"; 독일경쟁제한방지법(GWB) 제 9 차 개정시 자회사의 카르텔 가담에 대한 모회사의 책임을 공동으로 인정하였다. 유영국, "독일경쟁제한방지법(GWB) 제 9 차 개정의 취지와 주요내용", 경쟁과 법 제 8 호(2017. 4), 126면.

38) 서고판 2017. 1. 18. 2016누39445(대판 2017. 5. 26. 2017두36014).

39) 서고판 2017. 8. 17. 2017누32236.

2. 합의의 존재

부당한 공동행위가 성립하려면 2이상의 사업자간에 각자의 사업활동을 제한하는 의사의 연락이 있어야 한다.[40] 합의의 방법에는 계약·협정·결의 등 명시적 방법은 물론이고 묵시적인 방법(암묵의 요해)도 가능하다.[41] 암묵적 양해는 여러 가지 형태로 나타날 수 있다. 〈4개 신용평가사업자의 부당공동행위 건〉 관련 행정소송에서 서울고등법원은 분할된 회사가 분할 이전 회사의 담합사실을 인지하고도 암묵적 동의를 얻어 동일한 가격체계를 유지하였다면 담합에 직접 참여하지 않았더라도 담합한 것으로 인정하였다.[42]

그리고 〈7개 온라인음악서비스사업자의 부당공동행위 건〉 관련 행정소송에서 대법원은 "'부당한 공동행위'가 이루어지고 있는 영업을 양수한 사업자가 기존의 합의 사실을 알면서도 이를 받아들여 양도인과 동일하게 기존 합의를 실행하는 행위를 하였으며, 기존의 합의 가담자들도 양수인의 영업을 기존 합의에서 배제하는 등의 특별한 사정이 없이 종전과 마찬가지로 양수인과 함께 합의를 실행하는 행위를 계속하였다면, 양수인도 기존 합의 가담자들과 종전과 같은 '부당한 공동행위'를 유지·계속한다는 묵시적 의사의 합치가 있다"고 판시하였다.[43]

〈제주지역 7개 자동차대여사업자 부당공동행위 건[롯데렌탈 (구)케이티렌탈)]〉 관련 행정소송에서 서울고등법원은 "수차례의 회의를 통하여 7개사가 의견을 개진하였고, 이를 통해 최종적인 조합의 대여요금 참고안이 결정되었으며, 원고 등 7개사가 이에 따라 그대로 대여요금을 신고하였는바, 원고 등 7개사 사이에는 순차적인 의사연락에 따라 그들이 제주도 지역의 차종별 자동차 대여요금의 가격을 공동으로 결정한다는 암묵적인 요해가 있었다"고 인정하였다.[44]

〈메르세데스벤츠 딜러사들의 부당공동행위 건[중앙모터스(주)외 2]〉 관련 행정소송에서도 "딜러사들이 벤츠코리아가 제시한 인상안을 일률적으로 받아들

40) 대판 2003. 2. 28. 2001두1239 판결; 서고판 2001. 6. 5. 99누10898.

41) 서고판 1996. 2. 13. 94구36751; 학설도 대부분 일치한다. 권오승, 245면. 이호영, 181면 참조; 우리나라의 경우 공동행위의 추정제도가 있어서 암묵적 요해의 의미가 그리 크지 않다; 묵시적 동의를 인정한 사례로 대판 2007. 12. 13. 2007두2852 참조; 대판 2008. 10. 23. 2008두10621; 서고판 2008. 5. 28. 2007누22865; 「공동행위 심사기준」 Ⅱ. 2.가.(1).

42) 서고판 2011. 5. 25. 2010누13083.

43) 대판 2013. 11. 28. 2012두17773, 2012두18769.

44) 서고판 2016. 10. 7. 2014누70442.

여 동일한 금액을 공임으로 결정하였는데, 처음부터 벤츠코리아가 제시하는 권장 공임가격에 따라 시간당 공임을 인상하기로 합의하였다"고 인정하였다."[45]

그리고 입찰담합에서도 의사연결의 상호성을 합의의 기준으로 보고 있다. 즉 〈인조잔디 다수공급자계약 2단계 경쟁입찰 관련 부당공동행위 건(강남화성 등 9개사)〉 관련 행정소송에서 법원은 "입찰의 경우 아무리 소규모·후발업체라 하여도 낙찰의 조건을 충족하면 대규모·선발업체보다 우선하여 그 스스로 낙찰자가 될 수 있으므로, 의사연락의 상호성을 충족하는 한 들러리 참여라 하여 대규모기업의 공동행위에 단순히 소극적으로 추종한 것이라고 평가하기는 어렵다"고 판시하였다.[46]

그러나 대법원은 합의를 인정하는 근거로 의사연결의 상호성을 요구하고 있다. 즉 〈13개 음원유통사업자(CP)의 부당공동행위 건〉[47] 관련 행정소송에서 대법원은 "'부당한 공동행위'는 둘 이상 사업자 사이의 의사의 연락이 있을 것을 본질로 하므로 단지 위 규정 각 호에 열거된 '부당한 공동행위'가 있었던 것과 일치하는 외형이 존재한다고 하여 당연히 합의가 있었다고 인정할 수는 없고 사업자 간 의사연결의 상호성을 인정할 만한 사정에 대한 증명이 있어야 한다"고 판시하였다.[48] 〈만트럭버스코리아 등 7개 대형 화물상용차 제조판매업자의 부당공동행위 건〉,[49] 〈11개 소주제조·판매업체의 부당공동행위 건〉[50] 관련 행정소송에서도 동일한 입장을 유지하고 있다.[51]

대법원은 입찰담합의 경우에도 명시적 합의가 없더라도 입찰담합의 합의를 인정하고 있다.[52] 기타 법원이 합의를 인정한 사례는 다음과 같다.

---

45) 서고판 2018. 9. 28. 2017누81818.
46) 서고판 2016. 1. 8. 2014누61851(대판 2016. 6. 9. 2016두35175).
47) 공정의 2011. 6. 29. 2011-085.
48) 대판 2013. 11. 28. 2012두17412.
49) 대판 2016. 12. 29. 2016두31098.
50) 공정의 2010. 6. 16. 2010-059.
51) 대법원 2014. 2. 13. 2011두16049.
52) 대판 2013. 7. 12. 2011두7908: "이 사건 사업에 대한 입찰담합의 현실적 필요성, 원고와 지에스네오텍이 주고받은 이메일 및 협약서에 기재된 'S-PJT'의 의미, 투찰가격서 및 설계내역서 작성과정에서 엘지 측의 관련자료가 지에스네오텍 측에 제공된 경우, 투찰가격 및 설계내역의 유사성, 지에스네오텍의 입찰준비정도 등 제반사정을 종합적으로 고려하면, 입찰담합을 한 것이 인정된다".

"경쟁업체에 자신의 기술제안서 등을 대신 작성하도록 부탁하고 경쟁업체가 이를 수락한 행위"(〈상동광산 광물찌꺼기 유실방지 입찰 관련 2개 사업자의 부당공동행위 건(씨엠 등)〉),[53] "입찰담당자의 투찰수량에 관한 대화"(〈제주지역 레미콘사업협동조합의 관수레미콘 연간 단가계약 입찰담합 건〉),[54] "낙찰자와 들러리 참여자 및 입찰에서의 경쟁요소가 되는 제안서의 내용 등에 대한 합의"(〈지진관측장비 구매·설치공사 및 유지보수용역 입찰 관련 2개 사업자의 부당한 공동행위 건[(주)희송지오텍]〉),[55] "기존 계약선사의 명시적인 존중요청에 대하여 해당입찰에 참가하지 않는다고 답변한 행위"(〈9개 자동차 해상운송 사업자의 부당공공행위 건[호그 오토라이너스 에이에스(주)]〉)[56]

그러나 〈조달청 발주 입축·수중펌프구매 입찰 관련 사업자 부당공동행위 건(동해엔지니어링)〉 관련 행정소송에서 법원은 실적미보유로 입찰에서 제외되었고, 이익배분도 받지 못하였다면 합의의 대상에 포함되지 아니하거나 합의의 효력이 미치지 못한다고 보았다.[57]

한편 EU등에서는 수평적 관계에 있는 유통업체들이 카르텔 실행도구로 공통의 거래관계에 있는 제조업체 등 제3자를 활용하는 '수레바퀴(Hub-and spoke)형 카르텔'이 논의되고 있다.[58] 그리고 플랫폼이 입점사업자와 다른 플랫폼에 더 낮은 가격에 거래하지 않겠다고 약속을 하는 경우 외견상 수직적 합의이나 실질적으로는 수평적 경쟁플랫폼 간의 가격이 일치하기 때문에 경쟁제한이 문제된다. 최근 유럽, 미국, 호주 등에서는 플랫폼과 seller와의 수직적 합의로 seller가 다른 플랫폼에 더 낮은 가격에 거래하지 않겠다고 약속하는 APPA (Across Plat-form Parity Agreement) 조항의 경쟁제한성이 문제된 바 있다.

53) 서고판 2017. 6. 15. 2016누78242(대판 2017. 6. 15. 2017두53337).

54) 서고판 2019. 4. 25. 2019두41621(대판 2019. 9. 10. 2019두41621).

55) 서고판 2018. 8. 16. 2018누38071(대판 2018. 12. 28. 2018두56244).

56) 서고판 2018. 9. 13. 2017누74025(대판 2019. 1. 17. 2018두58518).

57) 서고판 2015. 9. 17. 2014누2197(대판 2016. 2. 3. 2015두54117).

58) 이병건, 경쟁저널 제174호(2014. 5), 22~24면. 카르텔이 인정되기 위해서는 첫째, A유통업체가 제공한 가격인상정보를 B제조업체가 다른 C유통업체에게 전달할 것이라는 점을 정보제공 당시에 알아야 하고, 둘째, 실제 전달행위가 있어야 하고 C유통업체는 해당정보가 A로부터 B에게 제공된 것임을 인식한 정황이 있어야 한다. 셋째, C유통업체는 B로부터 받은 정보를 자신의 가격설정에 활용한 정황이 인정되어야 한다. Tesco v. OFT, [2012] CAT 31, Case No: 1188/1/11 참조.

그리고 법 제40조 제 1 항의 부당한 공동행위는 사업자가 다른 사업자와 공동으로 일정한 거래분야에서 경쟁을 실질적으로 제한하는 같은 항 각 호의 1에 해당하는 행위를 할 것을 합의함으로써 성립하는 것이므로, 합의에 따른 행위를 현실적으로 하였을 것을 요하는 것이 아니고, 또 어느 한 쪽의 사업자가 당초부터 합의에 따를 의사도 없이 진의 아닌 의사표시에 의하여 합의한 경우라고 하더라도 다른 쪽 사업자는 당해 사업자가 합의에 따를 것으로 신뢰하고 당해 사업자는 다른 사업자가 합의를 위와 같이 신뢰하고 행동할 것이라는 점을 이용함으로써 경쟁을 제한하는 행위가 되는 것은 마찬가지이므로 부당한 공동행위의 성립에 방해가 되지 않는다고 할 것이며, 위와 같은 합의는 어떠한 거래분야나 특정한 입찰에 참여하는 모든 사업자들 사이에서 이루어질 필요는 없고 일부의 사업자들 사이에서만 이루어진 경우에도 그것이 경쟁을 제한하는 행위로 평가되는 한 부당한 공동행위가 성립한다고 보아야 할 것이다.[59)]

〈11개 초박막액정표시장치(TFT－LCD) 제조 · 판매사업자 부당공동행위 건〉 관련 행정소송에서 법원은 "이 사건 공동행위 관여 직원을 비롯한 전체 직원들에게 자진신고 사실을 고지하지 못하는 관계로 담당자인 베라왕이 관성적으로 다자회의에 참석하는 것을 방치하는 수준으로서, 그와 같은 과정에서의 합의는 계약을 체결할 의사 없이 단순히 외관만을 작출하겠다는 의사로 보인다 할 것이므로, 경쟁제한성이 인정되는 부당공동행위라 볼 수 없다"고 판시하였다.[60)] 그리고 공급자들이 아닌 수요자들의 합의라 하더라도 그로 인하여 부당한 공동행위가 될 수 있다.[61)]

그간 실무에서는 정보교환을 통한 행위의 조정에 대하여 명시적 내지 묵시적 합의를 인정하는 경향을 보여왔다. 즉 〈16개 생명보험사업자 부당공동행위 건〉[62)]에서 공정거래위원회는 "정보교환이 이루어졌다는 사유만으로 사업자간에 공동행위가 있었다고 단정할 수는 없다 할 것이나, 반면에 관련시장의 구조와 성격, 정보의 대상, 정보의 성질이나 내용, 정보교환의 시기, 정보교환의 주체와 방식 등에 따라 담합의 유력한 증거가 될 수 있고, 이와 관련하여 경쟁사업자간

59) 대판 1999. 2. 23. 98두15849; 서고판 2006. 9. 14. 2005누25587; 비진의표시를 합의로 인정하는 판례의 태도에 대한 비판으로는 홍명수, 경제법판례연구 제 6 권(2010), 98~101면 참조; 「공동행위 심사기준」 Ⅱ. 2.가.(2)(3); 서고판 2015. 8. 20. 2014누70435(대판 2015. 12. 10. 2015두51194).

60) 서고판 2014. 2. 13. 2011누46417(대판 2014. 6. 27. 2014두5521).

61) 대판 2002. 7. 12. 2000두10311; 「공동행위 심사기준」 Ⅱ. 2. (4).

62) 공정의 2011. 12. 15. 2011.284.

의 가격과 생산정보의 교환은 시장에서의 투명성(transparency)을 증대시켜 경쟁사업자의 전략을 감시하고 서둘러 그에 대응할 수 있게 되어 결국 담합을 촉진시키거나 담합의 실행을 용이하게 하는 수단이 될 수 있다"고 하여 묵시적 합의의 논리로 사용하고 있다.

〈5개 치즈 제조·판매 사업자 부당공동행위 건〉[63] 및 〈3개 두유 제조·판매사업자 부당공동행위 건〉[64]에서는 "경쟁사업자간에 이루어지는 소위 '정보교환'은 정보의 성격이나 내용, 교환시점과 범위, 교환주체나 방식 등에 따라 합의의 유력한 증거가 될 수 있다. 이와 관련하여 경쟁사업자간의 가격과 생산정보의 교환은 담합을 촉진시키거나 담합의 이행을 용이하게 한다는 점에서 명시적 담합의 한 유형으로 보기도 한다. 특히, 수요 내지 산출량과 같은 통계적(statistical) 정보가 아니라 일반적으로 기업의 비밀(confidential)에 속하고 경쟁의 핵심적 요소라고 할 수 있는 가격인상계획이나 인상 내용과 같은 정보인 경우 담합의 목적으로 교환된다고 할 수 있다. 그리고 정보교환의 시점이 가격인상을 확정하기 이전 단계이거나 일부의 사업자 사이에 은밀히 폐쇄적으로 교환되는 경우 이러한 활동은 합의의 증거가 될 수 있다. 또한 정보교환이 지점 등에서 영업활동에 종사하는 직원간에 이루어지는 것이 아니라 본사의 가격결정업무와 관련이 있는 임직원간에 이루어지는 경우 이러한 활동은 명시적인 담합의 하나로 보아야 할 것이다."고 하여 명시적 합의의 논리로 사용하고 있다.

한편 법원이 정보교환행위에 대한 합의인정 요건을 구체적으로 밝힌 사례가 〈5개 음료 제조·판매사업자의 부당공동행위 건〉이다. 공정거래위원회는 사장급, 영업담당급, 시장조사담당급 등의 중층적 단계로 구성된 모임을 지속적으로 갖고, 가격인상계획 정보 등을 교환한 행위를 합의의 근거로 보았다.[65]

관련 행정소송에서 서울고등법원은 "일반적으로 다른 시장에 비하여 과점화 내지 집중화 되어 있는 시장이나 제품의 규격이나 품질 등에 있어서 동질성이 큰 시장 등에서 경쟁사업자간에 정보교환이 이루어져 해당 시장을 더욱 투명하게 하는 경우(시장의 구조와 성격), 교환되는 정보가 수요 또는 산출량과 같은 통계적인 정보가 아니라 일반적으로 기업의 비밀에 속하고 경쟁의 핵심적 요소라고 할 수 있는 가격인상계획이나 인상내역과 같은 민감한 정보인 경우(정

63) 공정의 2011. 8. 9. 2011.143.
64) 공정의 2011. 6. 9. 2011－067.
65) 공정의 2009. 11. 9. 2009－249.

보의 대상), 정보의 대상이 되는 각 제품의 품목, 가격인상율(폭) 등이 보다 구체적이고 세분화되어 있으며 과거의 것보다는 신속한 시장정보인 경우(정보의 내용), 정보교환의 시점이 다른 경쟁사업자들이 가격인상을 확정하기 이전 단계이거나 시장에 정보가 공개되어 알려지기 이전이고, 정보교환이 규칙적이고 빈번하게 그리고 지속적으로 이루어지는 경우(정보교환의 시기와 방법), 정보가 사업자들 사이에서 교환될 뿐 아니라 소비자에게도 알려짐으로써 소비자로 하여금 다양한 선택을 할 수 있는 기회를 제공하는 방식과는 달리 소비자를 배제하고 일부 경쟁사업자 사이에 은밀하게 폐쇄적으로 교환되고, 또한 영업활동에 종사하는 지점의 직원간에 이루어지는 경우(정보교환의 주체) 등에 해당할수록 시장에서의 자유롭고 공정한 경쟁에 위협이 되고 사업자들 간의 공동행위에 대한 유력한 증거가 될 수 있다"고 하여 정보교환이 합의로 인정될 수 있는 구체적으로 기준을 제시한 바가 있다.[66)]

이에 따라 〈6개 액화석유가스(LPG) 공급회사의 부당공동행위 건〉[67)] 관련 행정소송에서 서울고등법원은 "원고(지에스칼텍스)는 수입2사 등과 상호간에 수입2사가 대 충전소 판매가격을 먼저 결정·변경하고 E1이 원고에게 그 결정·변경된 판매가격을 통보하면 원고가 그 통보받은 가격과 비슷한 가격으로 원고의 대 충전소 판매가격을 정하기로 하는 묵시적 합의 또는 암묵적 양해가 있었거나 혹은 적어도 이러한 행위를 할 것을 합의한 것으로 추정된다."고 판시한 바 있다.[68)]

대법원도 "합의는 둘 이상 사업자 사이의 의사의 연락이 있을 것을 본질로 하므로, 외형이 일치한다고 하여 당연히 합의가 있었다고 인정할 수는 없지만, 사업자 사이에서 의사연결의 상호성을 인정할 만한 사정이 증명되는 경우에는 합의가 있었다고 인정할 수 있다(대법원 2013. 11. 28. 선고 2012두17421 판결 참조). 따라서 과점시장에서 시장점유율이 높은 업체가 독자적인 판단에 따라 가격을 먼저 결정한 뒤에 그 밖의 경쟁 사업자들이 그 가격을 추종하고 있고, 이러한 가격결정 관행이 상당한 기간 누적되어 사업자들이 이러한 사정을 모두 인식하고 있는 경우에, 가격결정과 관련된 의사연락이 증명되거나 추가적인 여러 사정들에 비추어 그 의사연락을 추인할 수 있다면 부당하게 경쟁을 제한하는

66) 서고판 2010. 11. 25. 2009누38406, 38390.
67) 공정의 2010. 4. 23. 2010－045.
68) 서고판 2012. 1. 11. 2010누32084.

행위에 대한 합의가 있다고 인정할 수 있다."고 판시하였다.[69)]

〈3개 유제품사업자의 덤 증정 중단 관련 부당공동행위 건〉 관련 행정소송에서 대법원은 "사업자들이 여러 경로를 통하여 의도적으로 핵심 경쟁요소인 제품가격과 인상계획 등의 정보를 교환하고, 교환된 정보를 이용하여 각자 행위 내용을 조정하고 그 결과 일정한 행위가 외형상 일치하는 경우에는 의식적 병행행위의 결과로 볼 수 없어 공동행위의 합의가 존재한다"고 판시하였다.[70)]

〈4개 라면 제조·판매사업자의 부당공동행위 건〉[71)] 관련 행정소송에서 서울고등법원은 정보교환은 합의를 추정할 수 있는 간접사실(정황증거)의 하나로서 합의사실을 추인할 수 있는 다양한 간접사실이 추가되는 경우 합의가 인정될 수 있으며, 이 사건의 경우 과점시장, 외형상의 일치, 농심의 선제적 가격인상과 나머지 사업자들의 동조, 지속적인 회합 및 가격인상 필요성 공유 등에 비추어 원고들 간에 출고가를 동일·유사하게 인상하기로 한 명시적 내지 묵시적 합의가 있었음을 인정할 수 있다고 판시하였다.[72)]

그러나 그 후 대법원은 정보교환에 의한 합의인정 가능성을 매우 좁게 보고 있다. 〈16개 생명보험사업자의 부당공동행위 건〉 관련 행정소송에서 서울고등법원은 정보교환만으로는 부족하고 정보교환이 의사결정에 반영되어 위반기간 중 상당한 기간에 걸쳐 가격의 일치가 있었거나 당해 행위가 기존 합의의 연장선상에 있는 경우 등 합의사실을 추인할 수 있는 간접사실(정황사실)이 추가되어야 한다고 판시하였는데,[73)] 대법원도 "가격 등 주요 경쟁요소에 관한 정보교환은 사업자 사이의 의사연결의 상호성을 인정할 수 있는 유력한 자료가 될 수 있지만, 정보교환 사실만으로 부당하게 경쟁을 제한하는 행위에 대한 합의가 있다고 단정할 수는 없다"고 판시하였다.[74)]

〈4개 라면 제조·판매사업자의 부당공동행위 건〉 관련 행정소송에서 대법원은 합의를 인정한 서울고등법원의 판단에 법리오해 등의 위법이 있다며 파기환송하였으며[75)] 〈11개 배합사료 제조·판매 사업자의 부당공동행위 건〉 관련 행

69) 대판 2014. 6. 26. 2012두4104 등.

70) 대판 2012. 8. 30. 2012두10093.

71) 공정의 2012. 7. 12. 2012.107.

72) 서고판 2013. 11. 8. 2012누24223, 2012누24353, 2013. 12. 4. 2012누24339.

73) 서고판 2013. 7. 17. 2012누2346, 2014. 1. 23. 2012누2308 등.

74) 대판 2014. 7. 24. 2013두16951 등.

75) 대판 2015. 12. 24. 2013두25924. 동 판결의 결론은 다음과 같이 요약할 수 있다. 첫째, 진술내용에 신빙성이 인정되어야 한다. 전문(轉聞)진술이나 직접경험의 명확한 증거가 없는 진술의

정소송에서도 서울고등법원은 정보교환행위를 통하여 공동으로 축종별 배합사료가격을 결정 또는 변경하려는 묵시적 또는 명시적인 합의가 있었다고 인정하기 부족하다고 인정하였다.[76] 특히 1순위 자진신고자가 합의 사실이 없음에도 회사의 압력으로 자진신고하게 된 것이라고 진술한 점, 가격의 외형상 일치도 부족하고, 가사 인정된다 하더라도 배합사료시장의 특성에 기인한 것으로 보이는 점 등을 근거로 판단하였다.

한편 EU집행위원회는 2011. 1. 11.의 〈수평적 협력에 관한 EU기능조약 제101조 적용 지침〉 제 2 장에서 정보교환의 경쟁법적 평가에 관한 상세한 규정을 두고 있다.[77] 동 지침에 의하면 정보교환은 사업자간의 합의(agreements), 사업자단체에 의한 결정(decisions by associations of undertakings) 및 동조적 행위(concerted practices) 형태로 나타날 수 있다고 한다.[78]

법원은 입찰담합의 경우에도 유사하게 판단하고 있다. 즉 〈경인운하사업 시설공사 제 1 공구, 제 2 공구, 제 3 공구 및 제 6 공구 입찰 관련 9개 사업자 부당공동행위 건(대우건설, 에스케이건설)〉 관련 행정소송에서 "'업계조정'이란 표현이 부당한 공동행위로서 '합의'를 의미한다고 단정할 수 없다", "입찰에 참여할 공구에 관한 정보를 수집·교환하였음은 별론으로 하고 공구분할에 대한 합의까지 행한 것으로 볼 수 없다"고 판시하였다.[79]

한편 독점규제법은 종래 공동행위의 성립요건으로서 당사자의 합의뿐만 아

신빙성을 인정할 수 없다. 둘째, 명시적 합의의 경우 합의 내용이 특정되고 분명하여야 하고 묵시적 합의의 경우 의사연결의 상호성이 인정되어야 한다. 셋째, 합의를 전제하지 않고서는 인정되기 어려운 합의의 유인이 있어야 한다. 넷째, 엄격한 외형상의 일치가 필요하다. 다섯째, 선두업체가 가격을 올리면 후발주자가 이를 추종하는 관행이 있어 굳이 합의를 할 필요가 없다. 여섯째, 품목과 종류가 다양하여 품목별로 가격을 정하거나 추종하는 합의를 하기 어렵다. 일곱째, 타업체가 가격을 인상하지 않는 경우 구가지원 등은 합의이탈을 제재하는 수단임과 동시에 상호경쟁수단이 될 수 있다. 동 판결은 부당공동행위로서의 '합의'의 성립에 관한 모든 쟁점을 망라한 것으로 합의의 성립을 매우 좁게 해석한 그간의 대법원의 입장을 최종적으로 확인한 중요한 판결이며 향후의 부당 공동행위 규제에 큰 영향을 끼칠 것으로 생각된다; 동 판결에 대한 비판으로 이황, 경쟁저널 제187호(2016. 7), 2~19면 참조; 그 후 2013년 7월 미국에서 대형마트인 더플라자컴퍼니와 소비자들이 농심 등을 상대로 집단소송을 제기하였으나, 연방지방법원에서 무죄선고 되었고 원고측의 항소포기로 소송이 종결되었다. 서울경제(2019. 4. 24), A13면.

76) 서고판 2017. 5. 18. 2015누60756, 2015누61827.

77) Guidelines on the applicability of Article 101 of the Treaty on the Funktioning of the European Union to horizontal co-operation agreements, OJ C 11/1(2011. 1. 14).

78) 사업자간 정보교환행위에 대한 자세한 내용은 신동권, 경쟁저널(2012. 5), 104~125면; 홍명수, 171~197면 참조.

79) 서고판 2016. 7. 21. 2014누57609, 2014누57616(대판 2016. 12. 1. 2016두48843, 2016두48768).

니라 실행행위까지도 요구하고 있었으나, 1992. 12. 8. 제 3 차 법개정시에 당사자간에 합의만 있으면 공동행위가 성립되는 것으로 개정되었다.

법원도 "합의에 따른 행위를 현실적으로 하였을 것을 요하지 않는다"(〈4개 석도강판업체의 부당공동행위 건〉),[80] "실행시기가 합의시점부터 3개월 내지 1년 3개월 정도에 걸쳐 있더라도 공동행위 인정에 방해가 되지 않는다"(〈5개은행 수출환어음 매입수수료 관련 부당공동행위 건〉),[81] "합의와 다르게 투찰하였다 해도 공동행위가 종료된 것으로 볼 수 없다"(〈현대건설(주)등 3개사 발주 케이블 구매입찰 담합 관련 7개 사업자의 부당공동행위 건[대원전선(주)]〉),[82] "입찰담함은 응찰하지 아니하는 방법으로도 가담할 수 있다"(〈제5378부대 발주 액화천연가스(LPG) 구매입찰 관련 8개 사업자 부당공동행위 건〉)[83]고 판시하였다.

미국, 일본, EU, 독일 등 대부분의 외국의 입법례도 합의만 있으면 족한 것으로 본다. 예컨대 「독일경쟁제한방지법(GWB)」 제 1 조에서는 "경쟁의 저해, 제한 또는 왜곡을 목적으로 하거나 그러한 효과를 낳는 사업자간의 협정, 사업자단체의 결의 및 동조적 행위는 금지된다"고 규정하고 있다. 따라서 이 경우에는 합의의 실행이나 행위의 외형적 일치가 있었는지 여부와 관계없이 부당한 공동행위를 인정할 수 있게 된다.

한편 2004. 12. 31. 제11차 법개정으로 신설된 제40조 제 1 항 후단의 "다른 사업자로 하여금 이를 행하도록 하여서는 아니된다"의 해석과 관련하여 대법원은, 법 제40조 제 1 항 후단의 행위는 다른 사업자로 하여금 부당한 공동행위를 하도록 교사하는 행위 또는 이에 준하는 행위를 의미하고, 단순히 방조하는 행위는 여기에 포함되지 않는다고 한다.[84] 그 이유로 이 조항의 입법취지 및 개정경위, 관련 법률조항의 체계, 이 조항이 시정명령과 과징금 납부명령 등 침익적(侵益的) 행정행위의 근거가 되므로 가능한 한 엄격하게 해석해야 할 필요성에 두었다.

〈8개 메르세데스벤츠 승용차 딜러사들의 부당 공동행위 및 메르세데스벤츠 코리아의 부당한 공동행위를 하게 한 행위 건〉 관련 행정소송에서 대법원도 "이

---

80) 대판 2001. 5. 8. 2000두10212; 기타 대판 1997. 5. 16. 96누150; 대판 1999. 2. 23. 98두15849; 대판 2001. 5. 8. 2000두6510; 대판 2001. 5. 8. 2000두7872.

81) 대판 2011. 4. 14. 2009두7912, 2009두4852.

82) 대판 2019. 1. 18. 2018누38842.

83) 서고판 2021. 8. 12. 2020누61531(파기환송심); 유사판결 서고판 2021. 5. 13. 2020누40336.

84) 대판 2009. 5. 14. 2009두1556.

사건 딜러사들이 2009년 전부터 원고에게 지속적으로 공임 인상을 요구하여 왔고, 2009년에도 공임 인상 요구를 한 후 공임 인상 방법, 시기, 인상 폭 등에 관하여 원고와 협상을 한 것으로 판단될 뿐 원고가 일방적으로 제시하는 권장 공임에 따라 공임을 인상하였다고 보기는 어려운 점, 공임 인상에 관해 원고와 이 사건 딜러사들의 이해가 상충되는 등 원고에게 이 사건 딜러사들로 하여금 공임을 인상하도록 교사하거나 이에 준하는 행위를 할 정도의 경제적인 유인이 있었다고 보기 어려운 점 등의 사정을 들어 원고의 이 사건 행위는 이 사건 딜러사들로 하여금 부당한 공동행위를 하도록 '교사한 행위 또는 이에 준하는 행위'에 해당되지 않는다"고 판단하였다.[85)]

〈성서 및 달성2차 폐수종말처리장 설치공사 입찰담합 건(화성산업)〉 관련 행정소송에서 대법원은 "그러한 행위의 대상이 되는 '다른 사업자'는 당해 부당한 공동행위에 참여하는 사업자이면 충분하고 그 공동행위에 참여하는 모든 사업자이어야 하는 것은 아니다."고 하고, "원고의 제안은 한라산업개발 주식회사로 하여금 테크노폴리스 공사 입찰에 주식회사 서한의 들러리로 참여하기로 결의할 정도에 이르게 할 만한 구체적인 교사행위라고 볼 수 있다"고 판단하였다.[86)]

3. 합의의 추정

독점규제법 제40조 제 1 항에서 정하고 있는 부당한 공동행위의 성립을 입증하기 위해서는 무엇보다도 당해 행위가 사업자들의 명시적·묵시적 합의하에 이루어진 것이라는 점을 입증해야 하는데, 은밀하게 행해지는 부당한 공동행위의 속성을 감안하여 부당한 공동행위에 대한 규제의 실효성을 확보하고자 추정 규정을 두고 있다.[87)]

---

85) 대판 2019. 3. 14. 2018두59670.

86) 대판 2017. 9. 12. 2016두55551.

87) 대판 2002. 3. 15. 99두6514, 6521(병합); 서고판 2005. 1. 26. 2003누21642; 서고판 2006. 6. 7. 2004누11475(대판 2008. 8. 11. 2006두12104); 서고판 2006. 6. 7. 2004누11567(대판 2008. 8. 21. 2006두12081); 서고판 2006. 6. 21. 2004누14337(대판 2008. 9. 25. 2006두13046); 서고판 2006. 6. 21. 2004누14825(대판 2008. 9. 25. 2006두12685); 서고판 2006. 6. 7. 2004누11482(대판 2008. 9. 11. 2006두12098); 서고판 2006. 6. 7. 2004누11574(대판 2008. 9. 11. 2006두12548).

추정이란 사실관계가 명확하지 않거나 간접적인 사실만 있는 경우 직접적인 사실이 있는 것으로 일단 정하여 그에 따라 법률효과를 발생시키는 것이다(「공동행위 심사기준」 Ⅱ.3).

1) 종래의 논의

종래에는 "2이상의 사업자가 일정한 거래분야에서 경쟁을 실질적으로 제한하는 제1항 각 호의 1에 해당하는 행위를 하고 있는 경우 동 사업자간에 그러한 행위를 할 것을 약정한 명시적인 합의가 없는 경우에도 부당한 공동행위를 하고 있는 것으로 추정한다"고 규정되었다(구법 제19조 제5항).

그 취지에 대하여 대법원은 "공정거래위원회가 구법 제19조 제1항에서 정하고 있는 부당한 공동행위의 성립을 입증하기 위해서는 무엇보다도 당해 행위가 사업자들의 명시적·묵시적 합의하에 이루어진 것이라는 점을 입증하여야 하는데, 은밀하게 행하여지는 부당한 공동행위의 속성상 그러한 합의를 입증한다는 것이 그리 쉬운 일이 아니므로, 공정거래위원회로 하여금 '사업자들의 합의'를 입증하는 것에 갈음하여 '2 이상의 사업자가 구법 제19조 제1항 각 호의 1에 해당하는 행위를 하고 있다'는 사실('행위의 외형상 일치')과 그것이 '일정한 거래 분야에서 경쟁을 실질적으로 제한하는 행위'라는 사실('경쟁제한성')의 두 가지 간접사실만을 입증하도록 함으로써, 부당한 공동행위에 대한 규제의 실효성을 확보하고자 함에 있다고 할 것인바, 구법 제19조 제5항에 기하여 '사업자들의 합의'를 추정하기 위해서는 '행위의 외형상 일치'와 '경쟁제한성'의 입증만으로써 족한 것이지, 이에 추가하여 사업자들의 합의 내지 암묵적인 양해를 추정케 할 정황사실이 입증되어야만 하는 것은 아니다"라고 설명하였다.[88]

---

88) 대판 2002. 3. 15. 99두6514, 6521(병합), 대판 2002. 8. 27 2000두9779; 대판 2002. 5. 28 2000두1386; 대판 2003. 2. 11. 2001두847; 대판 2003. 12. 12. 2001두5552; 대판 2002. 5. 28. 2000두1386; 대판 2003. 12. 12. 2001두5552; 대판 2003. 5. 27. 2002두4648; 서고판 2006. 9. 14. 2005누25587; 대판 2006. 9. 22. 2004두7184; 대판 2006. 10. 12. 2004두9371; 대판 2006. 10. 27. 2004두7160: 서고판 2006. 7. 20. 2004누14344; 대판 2006. 12. 7. 2004두3045; 대판 2006. 12. 8. 2004두9661; 대판 2008. 1. 31. 2006두10764; 대판 2008. 2. 14. 2006두10801; 대판 2008. 2. 14. 2006두11804; 대판 2008. 2. 15. 2006두11583; 서고판 2006. 6. 7. 2004누11475(대판 2008. 8. 11. 2006두12104); 서고판 2006. 6. 21. 2004누14337(대판 2008. 9. 25. 2006두13046); 서고판 2006. 6. 21. 2004누14825(대판 2008. 9. 25. 2006두12685); 서고판 2006. 6. 7. 2004누11482(대판 2008. 9. 11. 2006두12098); 서고판 2006. 6. 7. 2004누11574(대판 2008. 9. 11. 2006두12548); 대판 2006. 10. 27. 2004두3366; 대판 2009. 4. 9. 2007두6793.

즉 이는 법률상 추정에 해당한다는 것이 대법원의 입장이었다. 따라서 위 규정은 "2이상의 사업자간에 구법 제19조 제 1 항 각호에 해당하는 일치된 외형상의 행위유형이 존재하면 그들 사이의 합의(묵시적 합의 내지 암묵의 요해에 그치는 경우도 포함)가 없는 경우에도 법의 규제대상이 될 수 있는 '공동행위의 존재'가 추정되고, 그렇게 추정되는 공동행위에 관하여 부당성을 주장하는 측에서 일정한 거래분야에서의 '실질적 경쟁제한성'을 입증할 경우에 비로소 그 '부당성'까지 추정되며, 이로써 부당한 공동행위라는 비난을 면하기 위한 사업자는 위 일치된 행위가 그들 사이의 합의에 따른 공동행위가 아니라는 점을 수긍할 수 있는 정황을 밝혀 이상의 추정을 번복시켜야 할 것"으로 해석되었다.[89]

한편 동 규정의 위헌성 여부에 대하여 대법원은 "그 자체가 형벌규정이 아닌데다가 구법 제19조 제 5 항을 위반하였다고 하여 형사처벌을 한다는 규정도 찾아볼 수 없으므로, 동 규정이 죄형법정주의나 무죄추정원칙에 반한다고 할 수 없다"고 하고 "은밀하게 행하여지는 부당한 공동행위의 속성을 감안하여 부당한 공동행위에 대한 규제의 실효성을 확보하고자 추정규정을 둔 것이고, 합의추정을 받는 사업자들로서는 '합의의 존재'와는 반대되는 사실, 즉 그들의 행동의 일치가 합의에 기한 것이 아니라 각자의 독자적인 경영판단의 결과라는 사실을 입증하거나 위 일치된 행위가 합의에 따른 공동행위가 아니라는 점을 수긍할 수 있는 정황을 입증하여 그 추정을 복멸시킬 수 있다고 할 것이므로, 위 추정을 받는 사업자들이 불합리하게 과징금을 납부하여야 하는 경우를 제도적으로 방지할 수 있다고 할 것이고, 따라서 위 조항이 기업의 경제적 자유를 침해하는 위헌적인 규정이라고도 할 수 없다"고 판시하였다.[90]

또한 자기책임원리 관련해서도 "합의의 추정을 받는 사업자로서는 구체적인 소송과정에서 법원의 판단으로 외부적으로 드러난 동일 또는 유사한 행위가 독자적 경영판단의 결과라는 사실 등을 입증하여 그 적용을 배제할 수 있으므로, 사업자가 억울하게 과징금을 부과 받는 경우를 제도적으로 방지할 수 있으므로 자기책임의 원리에 반하지 않는다"라고 하였다.

헌법상 과잉금지원칙 관련하여는 "사회적 연관관계에 놓여지는 경제적 활동을 규제하는 경제사회적인 입법사항에 해당하므로 비례의 원칙을 적용함에 있어서도 보다 완화된 심사기준이 적용된다고 할 것이다. 은밀하게 행하여지는

89) 서고판 2001. 3. 22. 99누15152, 99누14784; 서고판 2000. 12. 5. 99누5247.

90) 대판 2004. 10. 28. 2002두7456.

부당공동행위의 속성상 부당한 공동행위에 대한 규제의 실효성을 확보하고자 하는데 있는 점, 추정을 복멸할 수 있는 정황에 대한 자료도 사업자가 더 잘 제출할 수 있으므로 위 조항이 방법의 적절성을 위반한 것으로는 보기 어려운 점, 위 조항이 추구하는 창의적인 기업 활동의 조장, 소비자 보호, 국민경제의 균형 있는 발전 등과 같은 공익은 합의의 추정으로 인하여 입증책임이 전환됨으로써 입게 되는 입증상의 곤란과 같은 불이익보다 더 크다고 할 수 있는 점 등을 종합해 보면, 위 조항이 헌법상의 과잉금지의 원칙에 위배된다고 할 수 없다"고 판시하였다.[91]

이러한 추정규정 내용의 해석을 둘러싸고 논란이 있었다.

첫째, 추정의 대상이 '공동행위'인지, '부당성'까지도 포함되는지가 문제되었다. 이에 대해 대법원은 "구법 제19조 제5항에 기하여 '사업자들의 합의'를 추정하기 위하여 입증되어야 하는"이라 함으로써 구법 제19조 제5항의 추정대상은 부당한 공동행위가 아니라 '사업자들의 합의'라는 점을 분명히 하였다.[92] 이러한 대법원의 논리에 따르면 '외관의 일치'와 '실질적 경쟁제한성'이 존재하면 구법 제19조 제5항에 따라 '합의의 존재'가 추정되고, 다시 구법 제19조 제1항에 의한 '경쟁제한성'이 인정되면 '부당한 공동행위'가 성립하는 것이 된다.

둘째, 어느 정도의 행위가 있어야 외형상의 일치[93]가 있다고 보느냐가 문제된다. 가격인상의 시기나 정도가 완전히 일치하는 경우라고 해석할 수는 없으며 어느 정도의 동일한 외관이 있으면 행위의 외형상 일치가 있다고 보는 것이 판례의 입장이었다.[94] 즉, 합의의 대상이 되는 상품이 그 특성상 개별성이 강하여 사업자들이 공동행위를 하더라도 그 객관적 외관이 엄밀히 일치할 것으로 기대하기 어려운 경우에 행위의 외형상 일치를 판단함에 있어서는, 그 개별 특성에 따른 외관상 차이를 배제한 다음 행위의 외형이 실질적으로 일치하는지 여부를 판단하여야 한다.[95]

〈시멘트제조 7개사의 부당공동행위 건〉 관련 행정소송에서 서울고등법원은 "독점규제법상 가격관련 부당한 공동행위는 일정한 거래분야에서 경쟁을 실질적으로 제한하는 가격을 결정·유지·변경하는 행위를 할 것을 합의함으로써 성

91) 대결 2008. 9. 25. 2006아35.
92) 대판 2002. 3. 15. 99두6514, 6521(병합).
93) '행위의 외형상 일치'보다는 '외관의 존재'가 바람직한 용어라는 견해가 있다. 이호영, 218면.
94) 서고판 2006. 9. 14. 2005누25587.
95) 대판 2009. 4. 9. 2007두6793.

립하는데 이러한 합의의 내용에는 가격을 일정한 시차를 두고 순차적으로 변동시키는 형태, 변동액이나 변동률에 차이를 두는 형태, 최고가격 · 최저가격 · 평균가격을 설정하는 형태 등 사업자의 독자적 결정에 의한 것으로 볼 수 없는 다양한 경우가 포함되며 반드시 같은 시기에, 같은 액 또는 같은 율만큼 변동시키는 경우에 한정되는 것이 아니라 할 것이다"라고 하고, "원고별 가격인상률은 약간씩 차이(13.4%~14.8%)는 있으나 평균 14%라는 비교적 높은 인상률에 상당히 접근해 있고 그 시기 또한 3주간에 걸쳐 있으나 비교적 밀접하게 연속되어 있음을 알 수 있으므로 그 외형상 일치가 있는 것으로 볼 수 있다"고 판시하였다.[96]

그리고 〈동부제강(주) 외 3사의 가격공동행위 건〉 관련 행정소송에서도 서울고등법원은 "1997. 4. 30. 1차 인상부터 1997. 8. 1. 2차 인상 및 1998. 1. 1. 3차 인상을 거쳐 1998. 3. 10. 4차 인상까지 같은 시기에 동일한 인상률을 적용한 가격인상을 줄곧 동일한 강관가격을 유지"하였고,[97] 〈5개 PC제조업체의 부당공동행위 건〉 관련 행정소송에서는 "단가입찰과정에서 입찰할 때마다 매번 입찰가격이 동일하거나 근사하였고 그 입찰수량까지 낙찰당시 동일하였으며 그 입찰수량의 합계가 구매예정수량과 일치"하였다면 외형상 일치가 있다고 보았다.[98]

그리고 〈정리회사 한보(주)의 관리인 이신섭의 공동행위 건〉 관련 행정소송 등에서도 "2002. 2.부터 2002. 11.까지 2번에 걸쳐 인상기간은 6일 내지 15일간의 차이를 두고 철근규격별 가격에 대하여는 100원 내지 1,500원까지 차이를 두어 근접한 시기에 동일 또는 유사한 가격인상을 해오면서 줄곧 동일 또는 유사한 철근가격을 유지해 왔던 바, 비록 위와 같은 인상시기 및 가격에 다소 차이가 있을 지라도 그 인상시기가 상당히 근접해 있고, 톤당 철근가격이 약 30 내지 40만원인 점에 비추어 위 인상폭이 크지 않은 점, 인상한 달의 말일이 되면 철근의 수요자인 건설사들의 요청에 의하여 같은 규격의 철근에 대하여는 대부분 업체의 철근가격이 동일하게 조정되므로 위와 같은 인상으로 인하여 수요자들의 철근제조사에 대한 선택 또는 변경에 거의 영향을 주지 않을 것이라는 점에서 경제적으로 동일하다고 볼 수 있다 할 것이므로, 5차례에 걸친 가격인상행위 중 1차와 2차의 각 가격인상행위 만이 법 제40조 제 1 항 제 1 호 소정의 가격을

---

96) 서고판 2000. 12. 5. 99누5247.

97) 서고판 2000. 12. 12. 98누12293; 서고판 2000. 12. 21. 98누12668; 서고판 2000. 12. 21. 98누12637; 서고판 2000. 12. 21. 98누12651(대판 2003. 2. 11. 2001두847).

98) 서고판 1996. 2. 13. 94구36751.

결정·유지하는 행위의 외형상 일치를 이루었다"고 판시하였다.[99]

그리고 〈동국제강(주)의 부당공동행위 건〉 관련 행정소송에서는 "철근가격 인상기간은 3일 내지 15일간의 차이가 있고, 종류별·규격별 판매가격 또한 톤당 100원부터 4,000원까지 차이가 있으나, 그 인상시기가 상당히 근접해 있고 인상폭의 차이가 차지하는 비율이 미미하다고 볼 수 있는 점, 위와 같은 가격인상이 반영된 결과 형성된 철근판매가격이 동일 또는 유사하게 유지되어 온 점" 등을 이유로 행위의 외형상 일치를 인정하였다.[100]

또한 〈삼성카드(주)의 공동행위 건〉 등 관련 행정소송 등에서 대법원은 "카드사들이 현금서비스 수수료율은 1998. 2. 1.부터 1998. 3. 2.까지 연율로 인상한 가중평균이율을 28.99%에서 30.0% 사이로 최고 1.01%의 차이를 두고 인상하고, 할부수수료율은 1998. 1. 5.부터 1998. 2. 1.까지 동일한 요율로 인상하였으며, 현금서비스수수료와 할부수수료에 대한 연체이자율은 1998. 1. 15.부터 1998. 3. 2.까지 사이에 34% 또는 35%로 1%의 차이를 두고 인상한 사실" 등에서 외형상 일치가 있다고 보았다.[101]

〈용인시 죽전택지개발지구내 공동주택분양 6개건설사업자의 부당공동행위 건〉 관련 행정소송에서는 "아파트 평당 분양가 650만원을 하한선으로 하여 그 이상으로 분양된 사실, 각 회사별 평당 평균분양가 중 최고가 및 최저가의 차이도 30평형대는 최대 8만7,000원, 40평형대는 최대 17만8,000원, 50평형대는 최대 17만6,000원에 그치고 이러한 차이를 아파트 분양가로 환산하더라도 그 편차가 최대 1,000만원 정도에 불과한 사실, 이 사건 아파트의 분양가는 회사별 아파트의 품질, 입지여건, 회사 내부사정, 토지 구입비용, 마감재료 비용 등과 같은 개별 사정에 따라 일정부분 차이가 날 수밖에 없고 이러한 개별사정을 배제하면 위와 같은 평당 분양가는 종전에 이 사건 회사들이 예정하였던 각 평당 분양가에 비하여 모두 650만원 이상으로 인상된 금액이면서 동시에 상호간에 상당히 근접한 금액인 점 등에 비추어, 이 사건 회사들의 분양가 책정정책에는 외형적 일치가 있다는 판단이 정당하다"고 판시하였다.[102] 그러나 〈용인시 동백택지개

---

99) 서고판 2006. 6. 21. 2004누14337(대판 2008. 9. 25. 2006두13046); 서고판 2006. 6. 21. 2004누14825(대판 2008. 9. 25. 2006두12685).

100) 서고판 2006. 7. 20. 2004누14344.

101) 대판 2006. 10. 27. 2004두3366; 대판 2006. 9. 22. 2004두7184; 대판 2006. 10. 12. 2004두9371; 대판 2006. 10. 27. 2004두7160.

102) 대판 2009. 4. 9. 2007두6793.

발지구내 공동주택 분양 10개 건설사업자의 부당 공동행위 건〉 관련 행정소송에서 대법원은 행위의 외형상 일치를 인정하지 않았다.[103)]

기타 대법원은 "휘발유 판매가격차이가 1원 정도에 불과할 경우"(〈삼화석유(주) 외 3사의 가격 공동행위 건〉),[104)] "1달여에 걸쳐 특별할증률을 동일하게 인상한 행위"(〈동양화재해상보험(주) 외 10의 부당공동행위 건〉),[105)] "일부 일치하지 아니하는 내용이 있다는 사정"(〈5개 농기계 제조·판매사업자의 부당공동행위 건(동양물산기업)〉)[106)] 등 사례에서 행위의 외형상 일치를 인정하였다.

한편 입찰담합의 경우 행위의 외형상 일치를 어떻게 판단하느냐는 더욱 어렵다. 서울고등법원에서 "사전에 최종낙찰 이전의 입찰과정에서는 무응찰·예정가격초과입찰로 유찰시키는 방법으로 재입찰을 유도하여 기초금액이 인상되도록 하거나 인상되지 않더라도 최종입찰에서 미리 합의하여 회사별로 배정한 입찰물량대로 낙찰받을 수 있도록 응찰함으로써, 결과적으로 예정가격과 낙찰가격의 상승을 초래하도록 하는 '가격을 결정·유지 또는 변경하는 행위'의 외형상 일치를 이루었다"고 한 사례가 있다(〈정리회사 한보철강공업(주)의 관리인 나석환 외 3의 공동행위 건〉 등).[107)]

'최종입찰에서 미리 합의하여 회사별로 배정한 입찰물량대로 낙찰받을 수 있도록 응찰'한 행위는 법 제40조 제1항에 바로 위반될 수도 있다. 또한 개별사업자의 문건에 '업계공동대응', '동종사 임원회의 후 입찰참여여부 결정' 등 내용이 존재하는 것으로 보아 최소한 묵시의 합의가 있는 것으로도 볼 수 있는 여지도 있다. 추정조항을 적용함에 있어 외형상 일치는 합의 결과에 따라 낙찰이 된 외관은 있으나 합의에 대한 명시적 또는 묵시적 합의의 증거가 없는 경우를 말한다고 볼 수 있다.

기타 입찰담합 건에서 외형상 일치 관련 다음과 같이 판단하였다.

---

103) 대판 2009. 4. 9. 2007누6809.

104) 대판 2003. 12. 12. 2001두5552.

105) 대판 2005. 11. 28. 2002두12052.

106) 대판 2016. 8. 30. 2015두51095.

107) 서고판 2006. 6. 7. 2004누11475(대판 2008. 8. 11. 2006두12104); 서고판 2006. 6. 7. 2004누11567(대판 2008. 8. 21. 2006두12081); 서고판 2006. 6. 7. 2004누11482(대판 2008. 9. 11. 2006두12098); 서고판 2006. 6. 7. 2004누11574(대판 2008. 9. 11. 2006두12548).

> "이 사건 입찰전에 한진종합건설이 전화 또는 콜레터를 이용하여 원고들 및 나머지 6개 업체들에게 이 사건 연고권을 주장하였고, 그 문제와 관련된 시공간담회를 개최한 점 등을 감안하여 보면, 원고들 및 나머지 9개 업체들이 나머지 한진종합건설보다 높은 가격으로 입찰한 행위는 낙찰가격결정에 관한 공동행위로 추정됨"(〈서해안고속도로 군산-무안간 건설공사(21공구)등 3개 입찰건 관련 26개사의 부당공동행위 건〉),[108] "물품보관함 임대입찰과 관련하여 원고 대한벤딩을 제외한 나머지 사업자들의 저가입찰 참가행위는 외형상 일치가 있다고 인정됨"(〈대한벤딩(주) 외 1의 공동행위 건〉)[109]

판례는 '묵시적 합의'와 '합의의 추정'을 명확하게 구분하고 있는 것 같지는 않다. 예를 들어 〈정리회사 한보(주)의 관리인 이신섭의 공동행위 건〉 등에서 대법원은 "설령 구체적이고 명시적인 합의의 정도에 이르지는 않더라도 2(또는 5회)회에 걸친 가격인상 요인이 각 사업자에게 미치는 영향에 다소간의 차이가 있었을 것임에도 불구하고 이 사건 회사들은 종전부터 각 회사별 실무자들 사이에서 직접 의견교환을 하거나 간접적으로 상대방의 가격인상정보를 수집하는 방법을 이용하여 가격인상요인이 발생하면 다른 사업자도 자사와 유사한 시기에 같은 정도의 가격인상을 단행할 것이라는 암묵적 양해가 바탕이 되어 그러한 기회를 이용하여 동일·유사한 공동행위로 나아간 것이므로 부당한 공동행위의 추정이 유지된다"라고 하고 있는바,[110] 암묵적 양해가 있었다면 추정이 아니라 묵시적 합의가 있는 것으로 볼 수 있다고 생각된다.[111]

---

108) 서고판 2000. 11. 9. 99누9287(대판 2002. 8. 27. 2000두9779).

109) 서고판 2006. 9. 14. 2005누25587.

110) 대판 2008. 9. 25. 2006두13046; 대판 2008. 9. 25. 2006두12685; 대판 2008. 11. 13. 2006두13145.

111) 실제 묵시적 동의(암묵적 양해)를 인정한 〈(주)클라크머터리얼핸들링아시아의 부당공동행위 건〉에서 대법원은 "원고는 구 클라크의 지게차 제조·판매업을 그대로 인수하여 영업을 계속하면서 이 사건 정부기관입찰 당시 구 클라크를 대표하여 합의에 참가하였던 권혁부 등을 통하여, 2003. 5. 1. 이후 정부기관이 발주하는 지게차의 구매입찰 공고시 원고 등이 사전 작업할 물량을 서로 인정하여 들러리를 서 주는 형태로 이 사건 정부기관 입찰합의의 실행을 묵시적으로 동의하였다고 보이고"라고 하는바(대판 2007. 12. 13. 2007두2852), 묵시적 합의와 합의 추정의 본질적 차이를 발견하기 어렵다; 또한 〈롯데제과(주) 외 2의 공동행위 건〉에서도 대법원은 "원고들의 직원 등이 작성한 이메일이나 업무수첩, 회사 내부문건 등에서 원고들 및 해태제과식품 주식회사가 이 사건 제1, 2차 가격인상에 대하여 합의를 하였다고 볼 수 있는 다수의 기재가 발견되고 있고, 이 사건 제1, 2차 가격인상이 실제 이루어진 과정도 그 기재내용과 상당 부분 부합하는 점" 등을 이유로 묵시적 합의를 인정하고 있는데(대판 2008. 10. 23. 2008두10621), 추정을

이는 법규정이 "명시적인 합의가 없는 경우에도 부당한 공동행위를 하고 있는 것으로 추정한다"고 되어 있어 실무적으로 명시적 합의가 없는 경우에는 묵시적 합의여부를 따지지 않고 바로 추정규정을 활용함으로써 생기는 문제였다.

셋째, 1999년 법개정을 통하여 "일정한 거래분야에서 경쟁을 실질적으로 제한하는" 공동행위라는 표현을 "부당하게 경쟁을 제한하는"으로 완화하였다. 통상 부당한 공동행위에 있어서는 담합 그 자체로 경쟁제한이 발생하므로 경쟁제한성 분석이 크게 부각되지는 않는 측면을 고려한 것이다. 그러나 공동행위 추정조항의 경우 계속 "일정한 거래분야에서 경쟁을 실질적으로 제한하는"이라는 표현이 그대로 사용되고 있었다. 이는 추정에 따른 무리한 법적용을 방지하는 차원에서 엄격한 요건인 실질적 경쟁제한성을 판단토록 하는 것으로 해석할 수 있으나, 입법자의 부주의라는 것이 일반적 견해였다.[112]

입법론적으로 구법 제19조 제 5 항의 규정방식에 다소 의문점이 있었다. 즉 실질적 경쟁제한성이 있는 행위를 하는 경우 합의가 있는 것으로 추정하는데 실질적 경쟁제한성은 합의의 결과인데도 불구하고 합의여부의 판단에 선행하는 것으로 규정한 것은 앞뒤가 바뀐 것이다.[113] 이러한 문제점은 합의가 있으면 경쟁을 제한하는 것으로 규정된 구법 제19조 제 1 항 규정과 비교해 보아서도 알 수가 있는 것이다. 그러나 대법원도 법조문에 충실하여 "구법 제19조 제 5 항에 기하여 사업자들의 합의를 추정하기 위하여 입증되어야 하는 당해 행위의 '경쟁제한성'은 합의가 추정되기 이전의 상태에서의 '경쟁제한성'을 가리키는 것이므로, 그 '경쟁제한성' 유무는 사업자들의 합의가 없는 상태를 상정하여 판정하여야 할 것이고, 구체적으로 당해 행위가 그 자체로 '경쟁제한성'을 가지는지 여부는 당해 상품의 특성, 소비자의 제품선택 기준, 당해 행위가 시장 및 사업자들의 경쟁에 미치는 영향 등 여러 사정을 고려하여, 당해 행위로 인하여 일정한 거래분야에서의 경쟁이 감소하여 특정 사업자 또는 사업자단체의 의사에 따라 어느 정도 자유로이 가격·수량·품질 기타 거래조건 등의 결정에 영향을 미치거나 미칠 우려가 있는지를 살펴, 개별적으로 판단하여야 할 것이다"라고 판시하였다.[114]

한 경우와 차이가 분명하지 않다.

112) 이황, 경쟁저널(2004. 1), 63면 각주 5) 참조.

113) 양명조, 독점규제법강의Ⅱ(2000), 224면; 양명조, 자유경쟁과 공정거래(2002), 218면 참조.

114) 대판 2002. 3. 15. 99두6514, 6521(병합); 서고판 2006. 6. 7. 2004누11475(대판 2008. 8. 11. 2006두12104); 서고판 2006. 6. 21. 2004누14825(대판 2008. 9. 25. 2006두12685); 대판 2008. 11.

이러한 대법원 판례에 대하여는 첫째, 구법 제19조 제5항의 법문에 충실히 따른 것으로 보이나 경쟁제한성은 평가의 영역에 속하는 것으로 추정의 대상이 아니며,[115] 둘째, 합의의 존재를 추정하기 위한 '경쟁제한성'을 '합의가 추정되기 이전 상태에서의 경쟁제한성을 가리킨다'고 하고 있는데 그 구체적인 의미가 불명확하며, 셋째, 따라서 '행위의 외형상 일치'가 입증되면 '합의의 존재'가 추정되고, 합의를 전제로 한 행위의 경쟁제한성이 입증되면 '부당성'이 인정되어 부당한 공동행위가 성립하는 것으로 해석하는 것이 타당하다는 견해가 있었고, 일부 판례에서도 주장되었다.[116] 반면 그것은 외형상 일치되는 행위가 일어난 시장의 구조나 상황에 비추어 그 행위 자체만으로 그 시장에서의 경쟁이 실질적으로 제한되는 관계가 인정되어야 한다는 점을 지적한 것이고 따라서 합의가 없는 상태를 상정하여 실질적 경쟁제한성 여부를 판단하려는 대법원의 해석은 경쟁제한성이 합의 추정의 요건이라는 점에서 논리적인 판단이며, 시장의 구조분석과 그 시장에서 참여하는 사업자들의 행동예측을 통하여 행위의 외형상 일치를 정상적인 시장상황의 결과로서 설명할 수 없는 경우에 한정하여 추정조항을 적용함으로써 추정조항의 합리적인 운용을 도모하게 하는 단서를 제공한다는 점에서 의의가 있다[117]고 하면서 대법원의 입장을 옹호하는 입장도 있었다.

넷째, 대법원 판례에 의하면, 행위의 외형상 일치와 실질적 경쟁제한성이라는 두 가지 요건만 갖추어지면 합의가 추정되고, 별도의 추가적인 정황증거의 입증이 필요 없다.[118] 따라서 합의추정을 받는 사업자들로서는 부당한 공동행위에 대한 책임을 면하기 위하여는 의사의 연락이 없었음을 입증할 책임을 지게 된다.[119] 그러나 학설 및 공정거래위원회의 실무관행은 두 가지 요건으로는 부족하며 추가적 정황증거가 필요하다는 입장을 보였다. 즉 단순히 행위의 일치만

---

13. 2006두13145.

115) 윤성운, 자유경쟁과 공정거래(2002), 241면 참조; 이봉의, 경제법판례연구 제2권(2005), 263~264면.

116) 서고판 2000. 6. 20. 98누10839: "독점규제법 제19조 제5항의 취지는 2이상의 사업자간에 법 제19조 제1항 각호의 1에 해당하는 일치된 외형상의 행위유형이 존재하면 그들 사이에 명시적인 합의가 없는 경우에도 법의 규제대상이 될 수 있는 '공동행위의 존재'가 추정되고, 그렇게 추정되는 공동행위에 관하여 부당성을 주장하는 측에서 일정한 거래분야에서의 '실질적 경쟁제한성'을 입증할 경우에 비로소 그 '부당성'까지 추정되며".

117) 홍대식, 경쟁법연구 제1권(2004), 56~57면; 이봉의, 경제법판례연구 제2권(2005), 263면.

118) 대판 2003. 3. 15. 99두6514, 6521(병합); 대판 2003. 5. 27. 2002두4648.

119) 서고판 1996. 2. 13. 94구36751.

으로는 상대방이 쉽게 추정을 번복할 수 있기 때문에 추정을 보강하기 위한 정황증거의 확보가 중요하다고 본 것이다.

2) 2007년 개정법의 내용

위와 같은 해석상의 혼란을 해소하고자 2007. 8. 3. 제14차 법개정시 구법 제19조 제 5 항을 "2 이상의 사업자가 제 1 항 각 호의 어느 하나에 해당하는 행위를 하는 경우로서 해당 거래분야 또는 상품·용역의 특성, 해당 행위의 경제적 이유 및 파급효과, 사업자 간 접촉의 횟수·양태 등 제반사정에 비추어 그 행위를 그 사업자들이 공동으로 한 것으로 볼 수 있는 상당한 개연성이 있는 때에는 그 사업자들 사이에 공동으로 제 1 항 각 호의 어느 하나에 해당하는 행위를 할 것을 합의한 것으로 추정한다"로 개정하였다. 그 특징을 살펴보면 다음과 같다.

> 첫째, 추정의 대상이 "합의"라는 점을 분명히 함으로써 해석상의 논란을 불식시켰다. 그리고 "명시적인 합의가 없는 경우에도"를 삭제함으로써 묵시적 합의가 있는 경우 바로 합의가 있는 것으로 볼 여지가 넓어졌다.
> 둘째, "일정한 거래분야에서 경쟁을 실질적으로 제한하는"이라는 표현을 삭제함으로써 이를 둘러싼 다양한 해석상의 혼란을 해소하였다.
> 셋째, 추가적인 정황증거의 필요성을 입법화함과 동시에 자세한 규정을 두었다.

추가적인 정황증거와 관련해서는 「공동행위 심사기준」에 다음과 같은 자세한 규정을 두고 있다.

> 2이상의 사업자가 법 제40조 제 1 항 각 호의 어느 하나에 해당하는 행위를 하는 경우에 이들 사업자간의 합의에 관한 직접적 증거가 없을 지라도 해당 거래분야 또는 상품·용역의 특성, 해당 행위의 경제적 이유 및 파급효과, 사업자 간 접촉의 횟수, 양태 등 관련 정황에 비추어 그 행위를 그 사업자들이 공동으로 한 것으로 볼 수 있는 상당한 개연성이 있는 때에는 그 사업자들이 공동으로 제 1 항 각 호의 어느 하나에 해당하는 행위를 할 것을 합의한 것으로 추정한다. 아래에 제시하는 사항들은 추정을 보강하기 위한 정황증거가 될 수 있다.
> ① 직·간접적인 의사연락이나 정보교환 등의 증거가 있는 경우,[120] ② 공동으로

120) 예를 들어 해당 사업자간 가격인상, 산출량 감축 등 비망록 기입내용이 일치하는 경우, 모임을

수행되어야만 당해 사업자들의 이익에 기여할 수 있고 개별적으로 수행되었다면 당해 사업자 각각의 이익에 반하리라고 인정되는 경우,[121] ③ 당해 사업자들의 행위의 일치를 시장상황의 결과로 설명할 수 없는 경우[122] 및 ④ 당해 산업구조상 합의가 없이는 행위의 일치가 어려운 경우[123]가 추가적인 정황증거가 될 수 있다(「공동행위 심사기준」 Ⅱ. 4).

그러나 부당한 공동행위 합의 추정규정의 규정 취지와 그 구조에 비추어 볼 때, '행위의 외형상 일치' 여부를 판단함에 있어서 각 사업자가 가격결정 등의 행위에 이르게 된 과정과 경위에 관한 정황사실을 고려할 수 있으나, 단지 사업자들의 합의 내지 암묵적인 양해를 추정케 할 정황사실에 불과한 것은 고려하여서는 안 된다.[124] 다시 말해 사업자들의 합의 내지 암묵적인 양해를 추정케 할 만한 정황사실에 불과한 것은 고려하지 않은 상태에서 행위의 외형적 일치를 판단해야 한다는 것이 대법원의 입장이다(〈용인시 동백택지개발지구내 공동주택분양 6개건설사업자의 부당공동행위 건〉).[125]

〈(합) 보령환경 및 (주)해양개발의 부당공동행위 건〉 관련 행정소송에서 대법원은 두 회사만이 입찰참가요건을 갖춘 입찰에서 두 회사가 같은 사무실을 사용하고 사실상 공동으로 업무를 처리하는 것 등에서 사전에 낙찰 예정자와 투찰가격을 정하는 합의를 하였던 것으로 볼 상당한 개연성이 있어 부당공동행위를 한 것으로 추정한다고 판시하였다.[126]

갖거나 연락 등을 하고 그 회합 이후 행동이 통일된 경우, 특정기업의 가격, 산출량 등 결정을 위한 내부업무보고 자료에 다른 경쟁기업의 가격, 산출량 등에 대한 향후 계획 등 일반적으로 입수할 수 없는 비공개자료가 포함된 경우, 특정기업이 가격인상 또는 산출량 감축 의도를 밝히고 다른 경쟁기업들의 반응을 주시한 후 그 반응에 따라 가격인상 또는 산출량 감축을 단행한 경우.

121) 예를 들어 원가상승 요인도 없고 공급과잉 또는 수요가 감소되고 있음에도 불구하고 가격을 동일하게 인상하는 경우, 재고가 누적되어 있음에도 불구하고 가격이 동시에 인상된 경우.

122) 예를 들어 수요공급조건의 변동, 원재료 공급원의 차이, 공급자와 수요자의 지리적 위치 등의 차이에도 불구하고 가격이 동일하고 경직되어 있는 경우, 원재료 구입가격, 제조과정, 임금인상률, 어음할인금리 등이 달라 제조원가가 각각 다른데도 가격변동 폭이 동일한 경우, 시장상황에 비추어 보아 공동행위가 없이는 단기간에 높은 가격이 형성될 수 없는 경우.

123) 예를 들어 제품차별화가 상당히 이루어진 경우에도 개별 사업자들의 가격이 일치하는 경우, 거래의 빈도가 낮은 시장, 수요자가 전문지식을 갖춘 시장 등 공급자의 행위 일치가 어려운 여건에서 행위의 일치가 이루어진 경우.

124) 대판 2009. 4. 9. 2007두6809.

125) 대판 2009. 4. 9. 2007두6809.

126) 대판 2013. 1. 18 2012두26319.

〈4대강 살리기 사업 1차 턴키공사 관련 건설업자들의 부당공동행위 건〉 관련 행정소송에서 서울고등법원은 원고 등 8개사는 이 사건 공구배분 합의를 하였거나, 적어도 공구배분·결정 행위를 공동으로 할 것을 합의한 것으로 볼 수 있는 상당한 개연성이 있다고 인정되어 그러한 행위를 할 것을 합의한 것으로 추정된다고 판시하였다.[127]

3) 2020년 개정법

2020. 12. 29. 전부개정에서는 기존의 규정 외에 '제 1 항 각 호의 행위에 필요한 정보를 주고받은 때'를 추가하였다. 따라서 정보교환행위에 대해서도 합의를 추정을 할 수 있는 근거를 마련하였다. 다만 제 9 호의 행위 중 정보를 주고받음으로써 일정한 거래분야에서 경쟁을 실질적으로 제한하는 행위는 제외하였다. 정보교환행위에 대하여 규정에 해당하면 바로 합의가 인정되므로 추정조항을 적용할 필요가 없기 때문으로 해석된다.

4) 의식적 병행행위와의 관련성

① 미국에서의 논의

미국에서는 과점시장에서의 의식적 병행행위(conscious parallelism)와 관련하여 논의되고 있다. 의식적 병행행위는 과점산업에서 자주 나타나는 현상인데, 과점은 고도로 집중된 시장으로서 몇 개의 기업이 명시적인 합의 없이도 가격이나 생산에 관한 교감(consensus)이 이루어질 수 있다.[128] 즉 의식적 병행행위는 사업자들 상호간에 경쟁제한에 대한 의사의 연락은 없지만, 동일한 행위가 사실상 병행적으로 이루어지고 있다는 것에 대한 상호 인식이 있는 경우를 말하는데, 이 경우에는 합의가 있는 것으로 볼 수 없다.

미국의 경우 다수의 판례와 학설은 의식적 병행행위만으로는 부당한 공동행위가 성립되지 않고 간접증거(indirect evidence) 내지는 상황증거(circumstancial evidence)를 요구한다.[129] 의식적 병행행위에 추가적인 정황증거가 있는 경우를

---

127) 서고판 2014. 4. 24. 2012누27741 등.

128) Hovenkamp, 76면.

129) Interstate Circuit, Inc. v. United States, 306 U.S. 208(1939): "Acceptance by competitors, knowing that concerted action is contemplated, of an invitation to participate in a plan the necessary consequence of which, if carried out, is restraint of interstate commerce is sufficient to establish an unlawful conspiracy under the Sherman Act."; Theatre Enterprises v. Paramount Distributing, 346 U.S. 537 (1954): "Proof of parallel business behavior does not conclusively establish agreement, nor does such behavior itself constitute a Sherman Act

묵시적 공모(tacit collusion)라 한다.[130] 이론적으로는 '경제적 증거에 의해서만(on the basis of economic evidence only)' 묵시적 합의를 인정하는 것도 가능하다.

이와 관련 Hovenkamp 교수는 우선 시장구조의 측면에서 판매자측면에서의 고집중(high concentration on the seller' side), 많은 수의 작고 정보가 없는 구매자(a large number of small, poorly informed buyers), 중요한 진입장벽(significant barriers to entry), 중요한 규모의 경제(significant economies of scale) 및 대체가능하거나 동질적인 상품(a fungible or homogeneous product)을 공모를 쉽게 하는 시장으로 보았고, 묵시적 및 명시적 공모가 일어나는 증거로 매우 견고한 시장점유율(very stable market shares), 경직된 가격구조(a rigid price structure), 산업전반에 걸친 상품과 거래조건의 표준화, 수직적 통합, 재판매가격유지, 배송 및 출하가격 또는 기타의 묵시적, 명시적 공모를 쉽게 하는 도구의 사용(industry-wide use of facilitating devices)을 들고 있다.[131]

상품과 거래조건 표준화 관련, 〈Catalano 사건〉[132]에서 연방대법원은 맥주도매상들의 단기금융 폐지와 배달즉시지불 요구행위를, 〈Sugar Institute사건〉[133]에서는 회원사들의 비밀할인행위를 금지하는 협회규정,[134] 〈American Medical Association 사건〉[135]에서는 의사들의 광고를 금지하는 '협회 윤리규정(ethical canons)'을 「셔먼법(Sherman Act)」 위반으로 보았다. 그리고 〈National Macaroni 사건〉[136]에서 법원은 마카로니의 비율을 밀가루(semolina) 50%, 전분(farina) 50%

offense.", "additional evidence was required to relate the prior Paramount conspiracy to Baltimore and to the claimed damage period"; American Tobacco Co. v. United States, 328 U.S. 781 (1946); Matsushita Electric Industrial Co Ltd v. Zenith Radio Corporation, 475 U.S. 574(1986)에서는 간접증거에 의한 공모입증시 입증부담을 강화하였다: "a plaintiff seeking damages for a violation of §1 of the Sherman Act must present evidence 'that tends to exclude the possibility' that the alleged conspirators acted independently. Thus, respondents here must show that the inference of a conspiracy is reasonable in light of the competing inferences of independent action or collusive action that could not have harmed respondents".

130) Hovenkamp, 76~83면. 미국에서의 합의에 관한 판례변화와 정보교환행위에 관하여 신동권, 경쟁저널 162호(2012. 5), 113~117면 참조.

131) Hovenkamp, 79~82면.

132) Catalano, Inc. v. Target Sales, Inc., 446 U.S. 643(1980).

133) Sugar Institute, Inc. v. United States, 297 U.S. 553(1936).

134) "each company should publicly announce in advance its prices, terms, and conditions of sale and adhere to them strictly until it publicly changed them".

135) American Medical Association v. FTC, 638 F.2d 443(2d Cir.1980), affirmed, 455 U.S. 676, 102 S.Ct. 1744(1982).

136) National Macaroni Manufacturers Association v. F.T.C. 345 F.2d 421(1965).

로 정한 제조업자들간의 합의를 「셔먼법(Sherman Act)」 위반으로 보았다.

〈E.I. du Pont De Nemours 사건〉[137]에서 연방거래위원회는 「연방거래위원회법(FTC Act)」 제 5 조를 적용하면서 ① 사전가격변동의 공표, ② 통일된 배송가격, ③ 가격보호조항,[138] 또는 최우대조항 세 가지를 과점을 용이하게 하는 도구로 파악하고 중지 및 금지명령(cease and desist order)을 내렸다. 그러나 법원은 「연방거래위원회법(FTC Act)」 제 5 조 하에서도 위원회는 ① 반경쟁적인 의도나 목적의 증거(evidence of anticompetitive intent or purpose on the part of the de-fendants), 또는 ② 행위에 대한 경쟁적인 정당화의 부존재(the absence of any competitive justification for the practice)를 입증해야 한다고 판시하였다.

② 우리나라의 판례

우리나라 판례도 의사의 연락에는 의식적 병행행위만 있는 경우는 포함되지 않는다는 입장이다.[139] 이는 '행위의 외형상일치'가 의식적 병행행위의 결과로 나타나는 경우에는 그 점을 사업자가 입증하면 추정이 복멸될 수 있다는 것을 의미한다. 다만 이 경우 미국의 경우를 준용하여 추가적 정황증거가 있는 경우 위법성을 인정할 수 있다고 보아야 한다.

의식적 병행행위와 유사한 가격모방[140]에 대하여 대법원은 〈모나리자(주) 외 3사의 부당공동행위 건〉 관련 행정소송에서 "과점적 시장구조하에서 시장점유율이 높은 선발업체가 독자적인 판단에 따라 가격을 결정한 뒤 후발업체가 일방적으로 이를 모방하여 가격을 결정하는 경우에는, 선발업체가 종전의 관행 등 시장의 현황에 비추어 가격을 결정하면 후발업체들이 이에 동조하여 가격을 결정할 것을 예견하고 가격결정을 하였다는 등의 특별한 사정이 없는 한, 법 제19조 제 5 항에 따른 공동행위의 합의추정은 번복된다. 다만 이때 후발업체들이 서로간의 명시적이거나 묵시적인 합의 또는 양해에 따라 선발업체의 가격을 모방한 경우에는 그 후발업체들 상호간의 공동행위 성립여부는 그들의 시장점유

137) E.I. du Pont De Nemours & Co. v. FTC, 729 F.2d 128(1984).

138) 가격보호조항(price protection clause)은 (주로 특정기간에) 최초의 구매자보다 더 낮은 가격으로 구매한 이후 구매자가 있는 경우 최초구매자는 같은 가격 기준으로 보상을 받을 수 있게 하는 것으로 가격보호조항이 광범위하게 사용되는 경우 가격인하를 저해하게 된다. Hovenkamp, 83면. 우리나라 대형유통업체에서도 자주 사용되는데, 카르텔에 악용될 소지가 있다.

139) 서고판 1996. 2. 13. 94구36751: "간접증거 내지는 정황증거에 의하여 이 사건 단가입찰과정에서 원고들 사이에 단순한 의식적 병행행위가 있었음에 그치지 아니하고 적어도 상호간에 암묵적 요해가 있었음을 추단할 수 있다".

140) '과점기업의 묵시적 사업조정'이라고 한다. 이호영, 경쟁법연구 제12권(2005), 54면.

율 등 가격경쟁 영향력 등에 따라 별도로 판단되어야 한다"고 함으로써 가격모방의 경우 원칙적으로 추정이 복멸되지만 가격선도와 같은 '특별한 사정'이 있는 경우에는 추정이 복멸되지 않는다고 보고 있다.[141)]

대법원은 〈(사)대한손해보험협회 외 10의 부당공동행위 건〉 관련 행정소송에서도 "원고 손해보험회사들의 5개 주요 긴급출동서비스 폐지 및 유료화 행위가 실제로는 아무런 합의나 상호간의 양해된 의사 없이 각자의 경영판단에 따라 독자적으로 이루어진 것이라거나 선발업체인 원고 엘아이지손해보험 주식회사가 독자적인 계획하에 채택한 정책을 나머지 원고 손해보험회사들이 모방하여 실시한 것으로 보기는 어렵고 증인들의 각 증언만으로는 공동행위의 합의 추정을 번복하기 부족하다"는 이유로 부당한 공동행위의 합의 추정의 복멸을 인정하지 않은 원심판결을 확정하였다.[142)] 상기 판결들의 취지로 보아 단순 모방의 경우에는 추정이 복멸되고, 가격선도 등 추가적인 정황증거가 있는 경우에는 추정이 복멸될 수 있다는 것이 대법원의 입장임을 알 수 있다.

그러나 의식적 병행행위 또는 가격모방에 추가적 정황증거가 존재하는 경우 그 추가적 정황증거는 '암묵적인 양해'로서 묵시적 합의가 있는 것으로 볼 수 있는 여지가 많으므로, 실제로는 합의추정 이전에 합의(또는 암묵적 양해)의 존재여부를 판단하는 단계에서 묵시적 합의가 있는 것으로 인정되어야 하는 것이다. 그러나 앞에서도 언급한 바와 같이 실무에서는 묵시적 합의와 추정을 명확하게 구분하지 않음으로써 묵시적 합의로 볼 수 있는 사안을 굳이 합의의 추정을 활용하고 그것에 대한 복멸사유가 있는지 여부를 다시 심사를 하는 복잡한 과정을 거쳐 왔다.[143)]

---

141) 대판 2002. 5. 28. 2000두1386. 여기에서 단서의 이론적 의미에 대하여, 선발업체의 가격선도 및 후발업체들의 가격모방도 '특별한 사정'이 존재하면 부당한 공동행위로 인정할 수 있고, 이는 합의가 존재하지 않는 소위 '의식적 병행행위'도 일정한 요건을 충족하면 경쟁기업들의 상호의존성을 근거로 부당한 공동행위에 해당할 수 있음을 의미한다고 한다. 이호영, 204~205면; 동 판례의 의미에 대하여 합의개념의 확장을 통하여 현행법상 과점기업의 묵시적 사업조정을 규제하는데 유용하다고 한다. 이호영, 경쟁법연구 제12권(2005), 58면; 한편 이봉의 교수는 판례의 이러한 태도를 일방적 모방과 동조화 현상의 구분의 어려움, 일방적 가격모방에 대한 규제의 공백 등을 이유로 비판하고 있으며, 과점시장에서의 암묵적인 담합이나 모방행위를 적절히 규제하기 위해서는 법 제40조 제5항의 '합의'추정조항은 폐지하고, 공동행위는 합의가 존재해야 한다는 도그마에서 벗어나는 한편, 동조 제1항에서 '동조적 행위'를 합의와 대등하게 병렬적으로 규정할 것을 제안한다. 이봉의, 경제법판례연구 제2권(2005), 272~275면 참조.

142) 대판 2006. 11. 23. 2004두8323.

143) 그러나 최근에는 정보교환 법리를 활용한 묵시적 내지 명시적 합의를 인정하려는 경향이 증가하였다. 자세한 내용은 신동권, 경쟁저널 162호(2012. 5), 100~113면 참조.

〈7개 액화석유가스(LPG) 공급회사의 부당공동행위 건〉 관련 행정소송에서 서울고등법원은 LPG시장의 관행, 비합리적 비정상적인 거래행태 등을 묵시적 합의 또는 암묵적 양해를 입증하는 정황증거의 하나로 채택하였는데,[144] 동 판결의 의미는 추가적 정황증거를 합의 추정이 아닌 묵시적 합의(암묵적 양해)의 근거로 사용한 점과, 경제적 증거(사업자 전반의 행동, 시장구조, 담합을 용이하게 하는 시장관행 등)를 적극 고려한 점을 들 수 있고 이는 바람직한 방향이라고 생각된다.

5) 동조적 행위 개념과의 관계

「EU기능조약」 제101조 및 독일 「경쟁제한방지법(GWB)」 제 1 조의 "동조적 행위(concerted practices; aufeinander abgestimmte Verhaltensweise)"와의 관계가 문제된다. 독일 및 EU에서 "동조적 행위" 구성요건은 '의도적으로 위험과 결합된 경쟁 대신에 사실상 협력에 들어가는' 조정(Koordinierung), 예를 들어 경쟁관련적인 정보의 교환이 필요하다.[145] 조정은 양해행위와 다르게 서로간의 접촉을 필요로 하지만 제 3 자에 대하여도 일어날 수 있으며,[146] 매체(Medien) 또는 공중(公衆)에 대한 접촉도 동조행위를 징표하는 특별한 정황으로 충분하다.[147]

이러한 의미에서 보면 독일이나 EU의 "동조적 행위"는 미국법상의 정황증거가 있는 의식적 병행행위와 유사한 개념으로 볼 수 있다. 즉 의식적 병행행위에 추가적 정황증거가 있으면 동조적 행위로 보고, 이는 독립된 공동행위 구성요건중 하나라고 볼 수 있을 것이다. 이를 종합해 보면 동조적 행위는 명문의 규정이 있는 EU, 독일뿐만 아니라 우리나라나 미국의 경우에도 독립된 공동행위 구성요건이 될 수 있다고 생각된다.

〈12개 유제품사업자의 시유 및 발효유 가격인상 관련 부당공동행위 건〉 관

144) 서고판 2011. 8. 18. 2010누15058.

145) EU사법재판소(ECJ)에 의하면 동조적 행위는 "고유한 의미에서 계약의 체결에는 미치지 못하지만 고의적으로 위험과 결부된 경쟁이 실질적인 협력으로 대체되는 사업자간 협조의 한 형태(a form of coordination between undertakings by which, without it having reached the stage where an agreement properly so-called has been concluded, practical cooperation between them is knowingly substituted for the risks of competition)"를 의미한다. Guidelines on the applicability of Article 101 of the Treaty on the Funktioning of the European Union to horizontal co-operation agreements, OJ C 11/1, 14. 1. 2011): EU의 동조적 행위와 정보교환행위에 대하여 신동권, 경쟁저널 162호(2012. 5), 117~123면 참조.

146) Rittner/Dreher, S. 428 Rn. 34.

147) Rittner/Dreher, S. 428 Rn. 34.

련 행정소송에서 서울고등법원은 의식적 병행행위와 동조적 행위를 다음과 같이 구분하였다. 즉 우유시장과 같이 상호의존성이 강한 과점시장에서 경쟁사업자의 영업정책을 예측하고 이에 대응하여 독자적으로 자신의 행위를 결정한 결과 우연히 외형상 일치가 나타나는 '의식적 병행행위'의 경우 공동행위가 인정되지 아니하며, 이와 달리 사업자들이 여러 경로를 통하여 의도적으로 가격정보를 교환하며 서로 교환된 정보를 이용하여 각자 행위내용을 조정하고 그 결과 일정한 행위가 외형상 일치하는 경우에는 단순한 의식적 병행행위가 아닌 '동조적 행위(concerted action)'에 해당되어 공동행위의 합의가 존재한 것으로 봄이 상당하다고 한다.[148)]

우리나라 독점규제법에서는 원래 동조적 가격인상에 관한 규정이 있었다. 즉 1980. 12. 31. 제정 독점규제법은 과점사업자의 동조적 가격인상행위를 시장지배적지위 남용행위로 규제하지 않고 별도의 규정을 두어 규제하였다. 즉 제 4 조(가격의 동조적 인상)에서 경제기획원장관은 시장점유율 50%이상 사업자 이외의 시장지배적사업자 2이상이 3월이내에 동종 또는 유사한 상품이나 용역의 가격을 동일 또는 유사한 액이나 율로 인상한 때에는 당해 사업자에 대하여 그 인상이유를 보고하게 할 수 있다고 규정하였다.

그러나 1986. 12. 31. 제 1 차 법개정시 가격의 동조적 인상을 시장지배적사업자의 가격남용행위의 일종으로 간주하여 동조적 가격인상 관련조항을 삭제하고 이를 시행령으로 이관하여 규정하였다가 1993년 시행령개정시, 1992년부터 부당한 공동행위 추정조항이 도입되어 동조적 가격인상도 동 조항에 의하여 규제가 가능하다는 이유로, 동조적 가격인상조항을 삭제하였다.

6) 제40조 제 1 항과의 관계

대법원에 의하면 "증거에 의하여 명시적 합의나 묵시적 합의를 한 사실이 인정된다면 법 제40조 제 5 항이 아니라 바로 법 제40조 제 1 항이 적용되는 것이고, 공정거래위원회가 그러한 명시적 또는 묵시적 합의사실을 직접적으로 입증하기 어려워 부득이 행위의 외형상 일치와 경쟁제한성에 관한 간접사실을 입증하고 있는 사건에 있어서는 그 입증의 성패에 의하여 그러한 합의의 추정여부가 결정되는 것이므로, 법 제40조 제 5 항에 의한 합의의 추정을 행함에 있어서 법 제40조 제 1 항에 의한 합의가 있었는지 여부를 따로 살펴보지 않았다고

148) 서고판 2012. 1. 12. 2011누18467, 2012. 3. 21. 2011누18719.

하여 위법하다고 할 수 없다"고 한다.[149)]

7) 추정의 복멸

① 종래의 규정에 의한 해석

종래의 규정에 의하면 공정거래위원회가 '2 이상의 사업자가 법 제40조 제1항 각 호의 1에 해당하는 행위를 하고 있다'는 사실과 그것이 '일정한 거래분야에서 경쟁을 실질적으로 제한하는 행위'라는 사실을 입증하면, 이에 추가하여 사업자들의 명시적이거나 묵시적인 합의 또는 양해를 추정하게 할 정황사실을 입증할 필요 없이, 그 사업자들이 그러한 공동행위를 할 것을 합의한 것으로 추정되지만 그러한 추정을 받는 사업자들로서는 공동행위의 합의가 없었다는 사실을 입증하거나 위 일치된 행위가 합의에 따른 공동행위가 아니라는 점을 수긍할 수 있는 정황을 입증하여 그 추정을 복멸시킬 수 있다 할 것이다.[150)] 보통 합의의 부존재 같은 소극적인 사실은 직접적인 증거에 의하여 정면으로 입증하기 어려우므로 먼저 간접사실을 입증한 다음 경험칙에 의한 추론과정을 거쳐 주요사실의 존재를 추인하는 사실상의 추정과정을 거치는 것이 보통이다.[151)]

한편 부당한 공동행위의 합의의 추정을 복멸시킬 수 있는 사정을 판단함에는 당해 상품 거래분야 시장의 특성과 현황, 상품의 속성과 태양, 유통구조, 가격결정구조, 시장가격에 미치는 영향, 각개별업체가 동종 거래분야 시장에서 차지하고 있는 지위, 가격의 변화가 개별사업자의 영업이익과 시장점유율에 미치는 영향, 사업자의 개별적 사업여건에 비추어 본 경영판단의 정당성, 사업자 상호간의 회합 등 직접적 의사 교환의 실태, 협의가 없었더라도 우연의 일치가 이루어 질 수도 있는 개연성의 정도, 가격모방의 경험과 법위반전력, 당시의 경제정책적 배경 등을 종합적으로 고려하여 거래통념에 따라 합리적으로 판단하여야 한다.[152)]

149) 대판 2002. 8. 27. 2000두9779.

150) 대판 2003. 2. 28. 2001두946; 2003. 2. 28. 2001두1239; 2003. 3. 14. 2001두939; 대판 2003. 12. 12. 2001두5552; 대판 2003. 5. 30. 2002두4433; 대판 2003. 5. 27. 2002두4648; 대판 2005. 1. 28. 2002두12052; 서고판 2005. 1. 26. 2003누21642; 대판 2008. 2. 15. 2006두11583; 서고판 2006. 6. 7. 2004누11475(대판 2008. 8. 11. 2006두12104); 서고판 2006. 6. 21. 2004누14337(대판 2008. 9. 25. 2006두13046); 서고판 2006. 6. 7. 2004누11574(대판 2008. 9. 11. 2006두12548).

151) 홍대식, 경제법판례연구 제 1 권(2004), 70면.

152) 서고판 2000. 12. 12. 98누12293; 서고판 2000. 12. 21. 98누12668; 서고판 2000. 12. 21. 98누12637; 서고판 2000. 12. 21. 98누12651(대판 2003. 2. 11. 2001두847); 대판 2003. 5. 30. 2002두4433; 대판 2004. 10. 28. 2002두7456; 서고판 2000. 12. 5. 99누5247; 서고판 2006. 9. 14. 2005누25587; 대판 2006. 9. 22. 2004두718; 대판 2006. 10. 12. 2004두93714; 대판 2006. 10. 27. 2004두7160; 서고판 2006. 7. 20. 2004누14344; 대판 2008. 2. 29. 2006두10443; 서고판 2006. 6. 7. 2004

판례에 의하면 다음 사정이 밝혀진다면 그 추정은 번복될 수 있다.

"① 외부적으로 드러난 동일 유사한 가격책정행위가 실제로는 아무런 명시적, 묵시적 합의나 상호간의 요해없이 각자의 독자적인 경영판단에 따라 이루어졌음에도 마침 우연한 일치를 보게 된 경우, ② 경쟁관계에 있는 사업자와 공통적으로 관련된 외부적 요인(예컨대 원가인상요인)이 각자의 가격결정 판단에 같은 정도의 영향을 미침으로써 부득이 동일 유사한 시기에 동일 유사한 행동을 할 수밖에 없었던 경우(그러나 이 경우 그 외부적 요인이 각 사업자에게 미치는 영향은 차이가 있음에도 불구하고, 그 요인에 영향을 받는 사업자 상호간에 유사한 행동을 할 것이라는 암묵적 요해가 이루어져 그러한 기회를 이용하여 동일 유사한 공동행위로 나아간 것이라면 여기서 제외), ③ 특히 과점시장의 경우 가격선도업체가 독자적인 판단에 따라 가격결정을 하자 후발업체가 이에 동조하여 일방적으로 선도업체의 가격을 단순히 모방한 경우(그러나 이 경우에도 선도업체가 종전의 관행 등 시장현황에 비추어 가격선도를 하면 이어 후발업체들이 이에 동조할 것이라고 예견하고 가격선도를 하였다고 보이는 때에는 당연히 이 범위에서 제외)",[153] 즉 가격모방의 경우에는 추정이 복멸되지만, 가격선도(price leadership)의 경우에는 추정이 복멸되지 않는다는 점을 분명히 하였다.

합의추정이 복멸된 사례로 첫째, "과점적 경쟁시장에서, 유사한 원가상승압력에 따른 외부적 요인에 대응하기 위한 독자적 경영판단에 따라 가격을 인상 또는 인상행위를 모방한 것에 불과하므로 외관적 행위 일치에 따른 부당한 공동행위의 추정은 깨어졌다"고 한 사례(〈시멘트제조 7개사의 부당공동행위 건〉)[154]가 있다.

둘째, 행정지도에 의한 행위를 이유로 추정이 복멸된다고 본 사례, 즉 "① 맥주회사가 맥주가격을 인상하는 경우 재정경제원이나 국세청과 사전협의를 하거나 사전승인을 받도록 하는 법령상의 명문의 규정은 없으나, 재정경제원은 물가지수에 미치는 영향이 크다는 이유로, 국세청은 「주세법」 제38조, 「주세사무처리규정」 제70조 등에 따른 국세청장의 가격에 관한 명령권 등에 의하여 각 행정지도를 함으로써 사실상 맥주가격의 인상에 관여하여 왔는데, 재정경제원과 국

누11475(대판 2008. 8. 11. 2006두12104); 대판 2008. 9. 25. 2006두13046; 대판 2008. 9. 25. 2006두12685; 서고판 2006. 6. 7. 2004누11574(대판 2008. 9. 11. 2006두12548); 대판 2008. 11. 13. 2006두13145; 대판 2006. 10. 27. 2004두3366; 대판 2009. 4. 9. 2007두6793.

153) 서고판 2000. 12. 12. 98누12293; 서고판 2000. 12. 21. 98누12668: 서고판 2000. 12. 21. 98누12637; 서고판 2000. 12. 21. 98누12651(대판 2003. 2. 11. 2001두847); 서고판 2000. 12. 5. 99누5247.

154) 서고판 2000. 12. 5. 99누5247.

세청은 맥주 3사의 가격인상 요구에 훨씬 미치지 못하는 인상률만을 허용함으로써 맥주 3사는 허용된 인상률 전부를 가격인상에 반영할 수밖에 없게 되어 맥주 3사의 맥주가격인상률이 동일해질 수밖에 없는 점, ② 국세청은 가격 선도업체와 협의된 종류별, 용량별 구체적인 가격인상 내역을 다른 맥주 제조업체에게 제공하고, 다른 업체가 이를 모방한 인상안을 제시하면 그대로 승인하여 왔고, 그 인상시점 또한 국세청의 지도에 따라 결정되는데, 이 사건 가격인상도 마찬가지 방식으로 이루어진 점, ③ 이 사건 가격인상과 관련하여 국세청과 협의를 앞두고, 맥주 3사 간에 인상률에 대한 별도의 합의를 한 후 국세청과 협의에 임하였다거나, 또는 국세청과의 인상률에 대한 협의를 기화로 그 행정지도에 따른 인상률을 동일하게 유지하기로 하는 별도의 합의를 한 것으로는 인정되지 않는 점 등을 종합하여 볼 때, 맥주 3사의 이 사건 가격인상은 결과적으로 맥주 3사의 가격인상률이 동일하게 되었다고 하더라도 맥주 3사 간의 의사의 연락에 의한 것이 아니므로 맥주 3사 사이에 부당한 공동행위의 합의가 있었다는 추정은 복멸된다"고 판단한 사례(〈맥주 3사(하이트, 두산, 진로)의 가격공동행위 건〉),[155] 및 "보험사업자의 신고에 대한 심사과정에서 금융감독원장이 행정지도를 통하여 사실상 보험료결정에 관여하였고 그 결과 보험료가 동일하게 유지되었다면, 위와 같은 사정은 공동행위의 합의추정을 복멸시킬 수 있는 정황으로서 참작될 수 있다"고 한 사례(〈동양화재해상보험(주) 외 10의 부당공동행위 건〉)[156] 등이 있다.

여기에서 주의해야 할 점은 행정지도가 있었고 공동행위의 합의가 없었던 경우에는 추정이 복멸될 수 있지만 이 경우에도 행정지도 사실은 합의가 없었다는 점에 대한 간접증거이고 그에 따라 합의가 없는 것으로 판명되었기 때문에 추정이 복멸되는 것이지, 행정지도 사실 자체를 추정복멸사유로 볼 수는 없다고 생각된다. 따라서 행정지도에 따라 합의가 이루어진 경우에는 추정복멸사유로 볼 수 없게 된다.

「행정지도가 개입된 부당한 공동행위에 대한 심사지침」[157](이하 "행정지도 심사지침")에서도 행정기관이 사업자들에게 개별적으로 행정지도를 한 경우, 사업자들이 이를 기화로 법 제40조 제 1 항 각호의 1에 해당하는 사항에 관하여 별도의 합의를 한 때에는 부당한 공동행위에 해당하지만, 사업자들이 개별적으

155) 대판 2003. 2. 28. 2001두946; 대판 2003. 2. 28. 2001두1239; 대판 2003. 3. 14. 2001두939.
156) 대판 2005. 1. 28. 2002두12052.
157) 공정거래위원회 예규 제391호(2021. 2. 28).

로 따른 경우에는 부당한 공동행위에 해당하지 않는다고 규정하고 있는바(「행정지도 심사지침」 Ⅳ) 이를 확인시켜 주고 있다.

그러나 "1차 인하 및 1차 인상 당시와는 달리 2차 인상 및 3차 인상에 있어서는 화장지 3사의 가격인상 결정을 위한 내부품의 일자가 같은 시기에 이루어지고 실제 가격인상 시기도 같은 날로 결정되는 등 가격동조화 현상이 더욱 심화되었고, 이러한 현상은 화장지 제조업체가 가격 변동 정보를 유통업체에 미리 통지하여 주는 유통구조의 특성상 제조업체 사이에 가격 결정에 관한 정보를 간접적으로 쉽게 교환할 수 있는 유통구조의 특성에 기인한 것으로 보인다. 이러한 사정에 비추어 보면, 화장지 시장의 특성과 가격변동 시점별 변동요인 등을 모두 감안하더라도, 2차 인상과 3차 인상은 후발업체인 모나리자와 대한펄프가 선발 업체인 쌍용제지나 유한킴벌리의 가격 결정을 일방적으로 모방한 것으로는 보기 어렵고, 달리 부당한 공동행위의 추정을 번복할 만한 다른 사정을 인정할 수도 없다"고 한 사례(〈모나리자(주) 외 3사의 부당공동행위 건〉),[158] "출혈경쟁방지는 추정의 복멸사유가 될 수 없다"고 사례(〈서해안고속도로 군산-무안간 건설공사(21공구)등 3개 입찰건 관련 26개사의 부당공동행위 건〉)[159] 등 기타 대부분의 사례에서 법원은 추정의 복멸에 대하여 엄격한 입장을 취해 왔다.[160]

그러나 〈11개 소주제조·판매업체 부당공동행위 건〉 관련 행정소송에서 대법원은 "비록 원고들이 사장단 모임에서 가격 인상에 관하여 논의한 사실이 있었고, 원고 진로의 가격 인상 후 곧이어 나머지 원고들도 가격을 인상하였으며, 그 인상률이나 인상 시기가 원고 진로와 유사하여 가격 인상에 관한 합의가 있었던 것처럼 보이는 외형이 존재하지만, 이는 각 지역별로 원고 진로와 해당 지역업체가 시장을 과점하는 시장구조에서, 국세청이 원고 진로를 통하여 전체 소주업체의 출고가격을 실질적으로 통제·관리하고 있는 소주시장의 특성에 따라 나머지 원고들이 국세청의 방침과 시장상황에 대처한 정도에 불과한 것으로 볼 수 있으므로, 위와 같이 겉으로 드러난 정황만으로 원고들 사이에 공동행위에

158) 대판 2002. 5. 28. 2000두1386.

159) 서고판 2000. 11. 9. 99누9287(대판 2002. 8. 27. 2000두9779).

160) 예를 들어 서고판 2006. 9. 14. 2005누25587; 대판 2006. 9. 22. 2004두7184; 대판 2006. 10. 12. 2004두9371; 대판 2006. 10. 27. 2004두7160; 서고판 2006. 7. 20. 2004누14344; 대판 2006. 11. 23. 2004두8323; 대판 2008. 2. 15. 2006두11583; 대판 2008. 2. 29. 2006두10443; 서고판 2006. 6. 7. 2004누11475(대판 2008. 8. 11. 2006두12104); 서고판 2006. 6. 7. 2004누11567(대판 2008. 8. 21. 2006두12081); 서고판 2006. 6. 21. 2004누14337(대판 2008. 9. 25. 2006두13046); 대판 2009. 4. 9. 2007두6793.

관한 합의가 있었다고 단정하기는 어렵다 할 것이다. 피고가 1, 2차 가격 인상에 관한 합의의 증거라고 제출한 그 밖의 자료들을 살펴보아도 원고들 등 주요 업체 사이에 소주 출고가격의 인상 여부, 인상률, 인상 시기 등에 관하여 합의하였음을 추단할 만한 내용을 발견하기 어렵다."고 판시한 바 있다.[161)]

한편 이러한 사업자가 입증책임을 진다는 판례의 태도는 추정을 법률상의 추정으로 보아 민법상의 추정으로 보는데서 연유한다. 그러나 이는 민법상의 추정이 아니라, '행정법상의 추정'으로 보아야 하며, 그러한 요건이 충족된 경우 공정거래위원회가 그것에 대한 규제절차에 착수해야 한다는 이른바 착수요건(Aufgreiftatbestände)으로 보는 견해도 있다 즉 공정거래위원회가 합의의 존재여부에 대한 포괄적 조사의무가 있고 그 임무를 성실히 수행했음에도 불구하고 아직 불분명한 부분이 남아 있으면 당해 사업자가 입증책임을 진다는 것이다.[162)] 그러나 이는 문리적 해석의 한계를 넘는 문제가 있다. 그리고 이와 같이 사실상 추정으로 해석하는 경우 법 제40조 제 5 항의 추정규정의 존재의의가 의문시 된다.

② 2007년 개정법에 의한 해석

종래의 대법원판례는 행위의 외형상 일치와 실질적 경쟁제한성만 있으면 추가적 정황증거 없이 합의추정을 하고, 공동행위의 합의가 없었다는 사실이나 일치된 행위가 합의에 따른 공동행위가 아니라는 정황을 입증하여 추정을 복멸하였다. 그러나 개정법에 의하면 추정단계에서 행위의 외형상 일치와 해당 거래분야 또는 상품·용역의 특성, 해당 행위의 경제적 이유 및 파급효과, 사업자 간 접촉의 횟수·양태 등 정황증거를 고려하므로, 추정의 복멸이 의미가 없어지는 것이 아닌가하는 의문이 제기된다. 그러나 종래에도 공정거래위원회는 행위의 외형상 일치와 더불어 정황증거를 고려하였고, 이에 대하여 법원은 추정의 복멸 여부를 판단한 것이므로, 현행 규정과 근본적인 차이가 있다고 보기는 어렵다.

지금까지의 공동행위의 추정과 복멸, 의식적 병행행위, 동조적 행위 등에 관한 논의를 단순화시키면 아래의 그림과 같이 나타낼 수 있다.

---

161) 대판 2014. 2. 13. 2011두16049.

162) 이에 대하여는 사업자가 실질적인 입증책임을 부담하는 근거가 불문명하고, 실질적 입증책임을 부담한다는 취지가 본증인지 단순한 반증인지가 불명확하며, 사업자의 법적 책임의 성부가 국가기관의 조사의무의 성실한 수행과 어떤 관련이 있는지 불명확하다는 비판이 있다. 윤성운, 자유경쟁과 공정거래(2002), 243면.

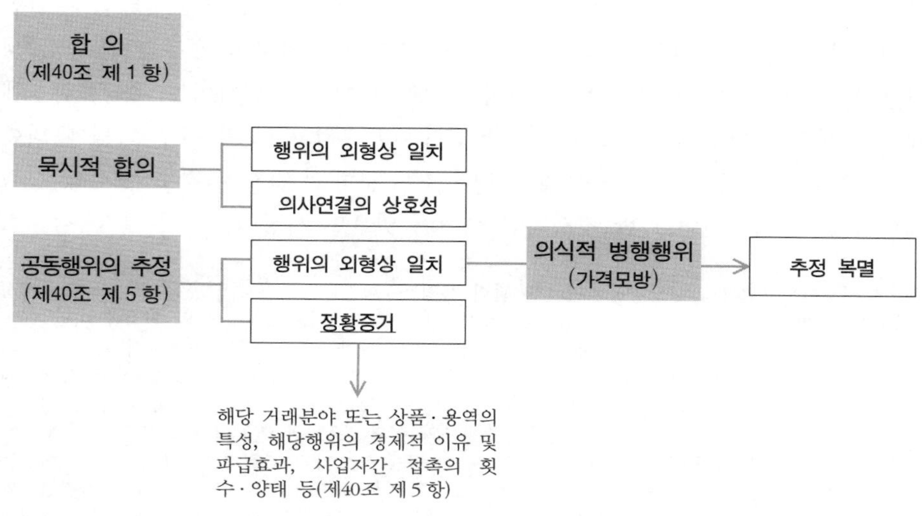

8) 합의 추정된 공동행위에 대한 형사고발 문제

독점규제법 제124조 제 1 항은 법 제40조 제 1 항의 부당한 공동행위에 대해서만 형사처벌을 규정하고 있고 제40조 제 5 항의 경우에는 명문으로 규정하고 있지 않은데, 이와 관련하여 합의가 추정된 경우에도 형사고발 할 수 있는지가 문제된다. 이에 대하여 공정거래위원회는 〈시멘트제조 7개사의 부당공동행위 건〉에서 부당한 공동행위을 추정하고 과징금처분과 함께 검찰 고발조치를 함으로써 형사고발을 한 바 있다. 그러나 대법원은 "그 자체가 형벌규정이 아닌 데다가 법 제40조 제 5 항을 위반하였다고 하여 형사처벌을 한다는 규정도 찾아볼 수 없으므로, 법 제40조 제 5 항의 규정이 죄형법정주의나 무죄추정원칙에 반한다고 할 수 없다"고 판시하는데,[163] 이는 부정설의 입장을 취하고 있는 것으로 볼 수 있다.

4. 경쟁제한성(부당성)

한편 1999. 2. 5. 제 7 차 법개정시에는 "일정한 거래분야에서 경쟁을 실질적으로 제한하는"에서 "부당하게 경쟁을 제한하는" 경우에 부당한 공동행위가 성립하는 것으로 변경하였다.[164] 이는 부당한 공동행위의 경우 기업결합 등의 경

163) 대판 2004. 10. 28. 2002두7456.

164) 한편 경쟁제한성과 부당성의 관계에 대하여 대법원은 이를 별도로 구분하지 않고 있다. 즉 〈7

우와 달리 대부분의 경우 경쟁제한효과가 나타나는 것이 보통이므로 엄격한 경쟁제한성 심사는 필요치 않다는 취지에서이다.[165] 미국의 경우 가격고정, 생산량제한, 입찰담합, 시장분할 등 경성카르텔 유형[166]에 대하여는 경쟁제한성에 대한 분석없이 당연위법으로 취급하고 있다.[167] 그리고 EU의 경우 목적에 의한 경쟁제한과 경쟁제한적 효과를 갖는 경우를 구분하고 전자의 경우 성격상 경쟁제한성을 가지는 것이고 반 경쟁적인 목적이 있으면 시장에서의 실제적·잠재적

개 신용카드사업자의 부당공동행위 건〉 관련 행정소송에서 "사업자들이 공동으로 가격을 결정하거나 변경하는 행위는 그 범위 내에서 가격경쟁을 감소시킴으로써 그들의 의사에 따라 어느 정도 자유로이 가격의 결정에 영향을 미치거나 미칠 우려가 있는 상태를 초래하게 되므로, 그와 같은 사업자들의 공동행위는 특별한 사정이 없는 한 부당하다고 볼 수밖에 없다"고 함으로써 경쟁제한성과 부당성을 별도로 파악하지 않는다(대판 2009. 3. 26. 2008두21058). 〈전북대학교 등 4개기관 발주 교육 콘텐츠 입찰참가 2개사의 부당공동행위 건〉(대판 2017. 5. 26. 2017두36014) 관련 행정소송에서 대법원도 "사업자들이 공동으로 가격을 결정하거나 변경하는 행위는 그 범위 내에서 가격경쟁을 감소시킴으로써 그들의 의사에 따라 어느정도 자유로이 가격결정에 영향을 미치거나 미필 우려가 있는 상태를 초래하므로, 그와 같은 사업자의 공동행위는 원칙적으로 부당하고, 다만 그 공동행위가 법령에 근거한 정부기관의 행정지도에 따라 적법하게 이루어진 경우라든지 또한 경제전반의 효율성 증대로 인하여 친환경적 효과가 매우 큰 경우와 같이 특별한 사정이 있는 경우에는 공동행위의 부당성이 부정된다"고 함으로써 기본적으로 경쟁제한성과 부당성을 동일하게 보고 있다. 그러나 행정지도는 통상 합의를 부정하는 근거로 사용되므로 부당성을 부정하는 근거로 사용하는 판례의 태도는 의문이 있다. 그러나 일부 판례, 예를 들어 〈(주)케이티의 부당공동행위 건〉 관련 행정소송에서는 소비자 보호나 국민경제의 균형적인 발전 등 법의 궁극적인 목적을 별도로 부당성의 기준으로 파악하려는 시도도 하고 있다(대판 2008. 12. 24. 2007두19584). 그리고 〈12개 CY보유 컨테이너 육상운송사업자들의 부당공동행위 건〉 관련 행정소송에서도 대법원은 "친 경쟁적 효과가 매우 커 공동행위의 부당성이 인정되지 않을 여지가 있다"고 판시하고 있다(대판 2009. 7. 9. 2007두26117); 한편 13개 음원유통사업자(CP)의 부당공동행위 건〉(대판 2013. 11. 28. 2012두17773) 관련 행정소송에서는 "공동행위가 독점규제법 제40조 제 1 항이 정하고 있는 경쟁제한성을 가지는지 여부는 당해 상품의 특성, 소비자의 제품선택 기준, 당해 행위가 시장 및 사업자들의 경쟁에 미치는 영향 등 여러 사정을 고려하여, 당해 공동행위로 인하여 경쟁이 감소하여 가격·수량·품질 기타 거래조건 등의 결정에 영향을 미치거나 미칠 우려가 있는지를 살펴, 개별적으로 판단하여야 한다(대법원 2002. 3. 15. 선고 99두6514 판결, 대법원 2012. 6. 14. 선고 2010두10471 판결 등 참조). 또 공동행위의 부당성은 소비자를 보호함과 아울러 국민경제의 균형있는 발전을 도모한다는 공정거래법의 궁극적인 목적(제 1 조) 등에 비추어 당해 공동행위에 의하여 발생될 수 있는 경쟁제한적인 결과와 아울러 당해 공동행위가 경제전반의 효율성에 미치는 영향 등을 비롯한 구체적 효과 등을 종합적으로 고려하여 그 인정 여부를 판단하여야 한다."고 판시함으로써 부당성을 경쟁제한성보다는 포괄적인 개념으로 판단하고 있다.

165) 법원은 사실상 같은 의미로 해석한다. 서고판 2010. 5. 19. 2009누1930(대판 2012. 4. 26. 2010두11757).

166) OECD의 1998. 3. 「경성카르텔 금지를 위한 각료이사회 권고(Recommendation of the Council concerning Action Hard Core Cartels)」에서 경성카르텔의 유형으로 가격협정, 입찰담합, 생산제한, 시장분할을 제시하고 있다.

167) Antitrust Guidelines for Collaborations Among Competitors, Issues by the FTC and the DOJ(2000. 4).

영향을 심사할 필요가 없다.168)

그러나 이러한 개정을 통해 당연위법원칙169)이 도입되었다거나 경쟁제한성에 대한 입증이 필요 없게 되었다고 단정지을 수는 없다. 따라서 모든 공동행위가 금지되는 것이 아니기 때문에 부당한 공동행위만 금지되고 금지되는 부당한 공동행위 중 경쟁제한성이 결여되는 경우 허용되는 것으로 볼 수 있다.170)

대법원은 "법 소정의 부당공동행위의 판단의 전제로서 획정하는 관련 시장은 거래대상인 상품의 기능 및 용도, 이에 대한 구매자들의 인식 및 그와 관련한 경영의사결정형태 등을 종합적으로 고려하여 판단하여야 하고, 구체적으로 당해 공동행위가 '경쟁제한성'을 가지는지 여부는 당해 상품의 특성, 소비자의 제품선택 기준, 당해 행위가 시장 및 사업자들의 경쟁에 미치는 영향 등 여러 사정을 고려하여, 당해 공동행위로 인하여 일정한 거래분야에서의 경쟁이 감소

168) Guidelines on the applicability of Article 101 of the Treaty on the Funktioning of the European Union to horizintal co-operation agreements, OJ C 11/1(2011. 1. 14).

169) 당연위법 원칙은 〈Addyston Pipe 사건: Addyston Pipe & Steel Co. v. United States, 175 U.S. 211 (1899)〉에서 William Howard Taft 판사가 미국 코먼로 판결을 노골적 제한(nonancillary restraints)과 부수적 제한(ancillary restraints)으로 구분한데서 유래되었는데 그는 거래제한(restraint of trade)이라는 개념도 절대적이거나 불변하는 개념은 아니라고 주장하였다, Gellhorn/Kovacic, 8면: 미국에 있어 당연위법원칙은 끼워팔기, 시장분할, 보이코트, 수평적 가격고정 등에 적용된다; 이와 반대되는 것이 합리원칙(rule of reason)인데, 이는 1911년 〈Standard Oil 사건: Standard Oil Co. v. United States, 221 U. S. 1, 221 U. S. 62(1911)〉에서 유래하였다. 판결은 오일트러스트를 33개로 분할하였는데, 「셔먼법」은 성격과 효력면에서 '불합리하게 반 경쟁적인 경우(unreasonably anticompetitive)'에만 불법이라고 판시하였다. Gellhorn/Kovacic, 26면 참조; 한편 〈Indiana Federation of Dentist 사건: FTC v. Indiana Fed'n of Dentists, 476 U.S. 447 106 S.Ct. 2009, 60 E.Ed.2 445(1986)〉에서 연방대법원은 소위 '약식심사(quick look)'를 인정하였는데, 이것과 당연위법 원칙과의 차이는 당사자가 반경쟁적인 결과를 획득할 힘이 없다거나 적정한 정당화사유를 제시할 수 있다는데 있다. 둘 중 하나가 충족된다면 다음단계로는 합리원칙에 의한 심사가 이루어진다. Hovenkamp, 92~93면; 그 외에도 약식합리성의 원칙을 적용한 대표적인 사례로 〈Broadcast Music Inc. v. Columbia Broadcasting System Inc., 441 U.S. 1(1979)〉를 들 수 있다.

170) 대판 2005. 1. 27. 2002다42605: "협회의 레미콘운송시장에서의 시장점유율은 극히 미미한 것으로 보이는 점, … 등 여러 사정을 종합하면, 이 사건 결의가 레미콘운송가격 기타 운송조건 등의 결정에 영향을 미치거나 미칠 우려가 있다고 볼 수 없으므로 법 제26조 제 1 항 제 1 호, 제19조 제 1 항 제 1 호, 제 2 호 소정의 부당하게 경쟁을 제한하는 행위에 해당하지 아니한다고 할 것이고, 나아가 법 제26조 제 1 항 제 1 호, 제19조 제 1 항 제 8 호 소정의 일정한 거래분야에서 경쟁을 실질적으로 제한하는 행위에도 해당하지 아니한다고 할 것이다"; 권오승, 공정거래와 법치(2004), 14면 참조: 마치 경쟁을 제한하는 '방법'이 부당한 경우를 가리키는 것으로 오해될 수도 있고, 또 경쟁을 제한하는 정도가 부당한 '정도'에 이르러야 한다는 의미로 오해될 소지도 있으므로, 오해의 소지를 없애기 위해 예컨대 "사업자가 다른 사업자와 공동으로 경쟁에 영향을 미치는 행위를 해서는 안 된다. 그러나 그 행위가 경쟁에 미치는 영향이 경미하거나 기타 정당한 사유가 있는 경우에는 그러하지 아니하다"로 개정하는 것이 바람직하다고 한다.

하여 가격·수량·품질 기타 거래조건 등의 결정에 영향을 미치거나 미칠 우려가 있는지를 살펴, 개별적으로 판단하여야 할 것이다"고 함으로써 경쟁제한성 분석이 필요하다는 입장이다.171)

실제 법원판례에서 시장획정 및 시장점유율을 강조한 경우가 많다.172) 그러

171) 대판 2006. 11. 9. 2004두14564; 대판 2003. 3. 15. 99두6514; 대판 2006. 11. 23. 2004두10586; 대판 2006. 11. 24. 2004두12346; 대판 2008. 10. 23. 2007두2586 판결; 서고판 2006. 7. 20. 2004누14344; 대판 2008. 12. 11. 2007두2593; 대판 2009. 3. 26. 2008두21058; 대판 2009. 4. 9. 2007두6793; 대판 2015. 8. 19. 2013두1683. 대법원은 법 제19조 제 1 항 제 9 호의 사업활동방해·제한행위 건에서도 이러한 입장을 유지하고 있다. 〈울산대학교 병원 의약품 구매입찰 참가 7개 의약품 도매상의 부당공동행위 건〉 대판 2015. 8. 19. 2013두1683; 경쟁당국 특히 법원에서 당연위법유형의 행위에 까지 시장점유율을 우선적으로 측정하는 관행은 시정되어야 하며, 오히려 초기위법성 심사의 중심을 당사자의 정당성 항변에 중점을 두어 효율적으로 공동행위를 규제하는 것이 바람직하다는 주장으로 오승한, 경쟁법연구 제20권(2009), 223~227면 참조.

172) 서고판 1992. 4. 22. 91구3248: "고등학교 영어교재 생산판매시장", "고등학교 영어교과서를 이용한 부교재시장은 원고 등이 시장을 100%점유"; 서고판 1996. 2. 13. 94구36751: "행정전산망용 PC는 정부의 각 부처를 고객군으로하여 그 표준규격이 미리 정하여져 있는데다 조달청의 입찰과정을 통하여 실질적으로 연간구입단가가 결정되고 낙찰후 구체적인 구매단계까지 경쟁관계가 성립되어 있는 이상 일반민수용 판매분야와 구별" "1993년도 행정전산망용 PC 시장에서 82.7%의 시장점유율을 차지"; 서고판 1998. 7. 21. 97구26861: "원고와 소외4개사는 상수도용 도복정강관의 원자재인 강관의 제조능력과 도복장(나강관에 도장재인 아스팔트 등과 복장재인 에시안글로스 등을 입히는 것)능력을 작춘 국내 대형업체들로 이들은 국내도복장강관 관급시장에서 50% 이상의 시장점유율을 차지할 수 있고, 원고와 소외4개사는 위 중소업체들에 대하여 강관의 공급중단 등의 방법으로 그들의 영업활동(입찰)에 영향력을 행사할 수 있는 우월적 지위에 있으며"; 서고판 1999. 6. 30. 98누14008: "1997. 11.부터 1998. 4.까지의 기간동안에는 위 봉산금속주식회사가 법원의 회의신청단계에 있어서 정상적인 조업을 하지 않았으며, 또한 종전시장의 약 30%를 차지하던 중소수입업체들도 환율급등으로 인하여 수입물량이 감소하여 원고 및 소외회사의 시장점유율은 약 63%에 달하였다"; 서고판 2000. 12. 5. 99누5247: "원고들 7개사의 1996년 기준 시멘트공급시장 점유율이 93.82%에 이르는 점유율을 가진 원고들의 가격관련 공동행위는 시멘트시장에서의 가격결정에 절대적인 영향을 미칠 수 있는 정도이고,"; 대판 2001. 5. 8. 2000두10212: "원고 및 소외 동부제강 주식회사, 동양석판 주식회사, 신화실업 주식회사는 국내 석도강판(錫鍍鋼板) 시장을 100% 점유하고 있는 법 제 2 조 제 1 호에 해당하는 사업자들이고"; 대판 2001. 5. 8. 2000두6510 및 6503: "'원고 등 사업자들의 시장점유율을 감안할 때 국내 석도강판 거래분야에서의 경쟁을 감소 또는 제한하는"; 서고판 2000. 12. 12. 98누12293, 2000. 12. 21. 98누12668, 2000. 12. 21. 98누12637, 2000. 12. 21. 98누12651(대판 2003. 2. 11. 2001두847): "강관4사의 국내총생산 65%를, 국내판매시장의 61%를 점하고"; 대판 2003. 2. 28. 2001두946, 2003. 2. 28. 2001두1239, 2003. 3. 14. 2001두939: "1997.말 국내 맥주 공급시장의 99.9%를 점유하고 있는 하이트맥주 주식회사, 오비맥주 주식회사, 진로쿠어스맥주 주식회사가"; 서고판 2000. 1. 20. 98누10822(대판 2002. 5. 28. 00두1386): "모나리자, 쌍용, 대한, 유한의 1996년 기준 국내 두루마리 화장지 공급시장점유율은 순차적으로 약 12%, 27%, 11%, 28%로서 총 78%에 이르고"; 서고판 2003. 4. 10. 2001누6779: "원고들이 경기북부지역의 민수용 아스콘 시장에서 차지하는 시장점유율이 100%이고", "원고들이 소외회사를 통해 판매한 민수아스콘의 비율이 68.34%에 불과하다고 하여 그 합의의 강제력이나 구속력이 없었다고는 할 수 없다"; 서고판 2003. 6. 3 2002누13903: "2001년 국내음반 총매출액 2,015억 800만원 중 원고 등의 음반판매액은 1,086억 1,900만원을 국내음반 총매출액의 53.9%이며, 원고 등이 아이케이팝을 통해 판매한 음반판매매출액은 738억 1,500만원으로 국내음반 총매출액의 36.6%를 차지하고 있는 사실"; 서고판 2003. 10.

2. 2002누12757: "원고 등을 포함한 부산항만하역업자들은 부산항컨테이너 하역시장의 약 68%를 점유하는 대량공급자의 위치에 있는 점"; 서고판 2001. 6. 5. 99누10898(대판 2003. 12. 12. 2001두5552: "원고들의 제주도시장에서의 시장점유율이 100%임"; 대판 2003. 5. 30. 2002두4433: "원고 등이 당시 국내철근공급시장에서 100%의 시장점유율을 가지므로"; 대판 2004. 10. 28. 2002두7456: "원고들 3사의 시장점유율이 84.8%에 이르는 사실", "할부금융사와 신용카드사가 서로 대체적인 경쟁관계에 있다고 볼 수 없다"; 서고판 2004. 11. 24. 2003누9000: "원고와 바스프, 아벤티스가 전세계 비타민사장의 90%를 한국시장(2001년 기준)의 약 52%를 점유하고 있는데"; 대판 2006. 11. 9. 2004두14564, 대판 2006. 11. 23. 2004두10586 및 대판 2006. 11. 24. 2004두12346 : "학생복 3사의 전국시장 점유율이 지속적으로 증가하여 2000년도 판매수량 및 소비자가격을 기준으로 50%를 상회하게 된 점"; 대판 2006. 9. 22. 2004두7184, 대판 2006. 10. 12. 2004두93714 및 대판 2006. 10. 27. 2004두7160; "카드 4사의 1998년도의 시장점유율은 원고가 20.1%, 엘지카드가 13.1%, 삼성카드가 11.4%, 외환카드가 14.3%로서 카드 4사의 시장점유율 합계가 58.9%에 달하는 등으로 과점적 시장구조를 가지고 있는데다가 신용카드업은 허가제로서 신규진입이 용이하지 않으므로"; 서고판 2006. 7. 20. 2004누14344: "이 사건 회사들이 전체 철근생산량의 92%를 차지하고 있었던 점"; 대판 2006. 11. 23. 2004두8323: "원고 손해보험회사들의 2001년도 국내 자동차보험시장 점유율이 97.9%에 이르는 점, 원고 삼성화재해상보험 주식회사, 원고 현대화재해상보험 주식회사, 원고 동부화재해상보험 주식회사, 원고 엘아이지손해보험 주식회사가 포함되는 상위 4개사의 시장점유율이 71.1%에 이르는 점"; 서고판 2006. 12. 7. 2006누1663: "2002년 합의는 시외전화시장에서 100%의 시장점유율을 보이고 있는 경쟁사업자들사이의 가격경쟁 등에 관한 합의에 해당하는 점"; 서고판 2007. 1. 31. 2005누18305: "이 사건 합의는 PC방 인터넷 전용회선 시장에서 시장점유율 합계가 86%에 달하는 경쟁사업자들 사이의 가격결정 등에 관한 합의인 점"; 서고판 2007. 6. 13. 2006누27672: "고품위 생석회 시장에서 시장점유율 합계 95.2%를 차지하여 과점시장을 형성하고 시장지배력을 갖고 있는 상태에서"; 서고판 2007. 8. 22. 2006누1168: "국제전화시장의 70%를 넘는 시장점유율을 갖는"; 서고판 2006. 5. 24. 2004누4873(대판 2008. 1. 31. 2006두10764), 서고판 2006. 5. 24. 2004누4880(대판 2008. 2. 14. 2006두10801): "시장점유율합계가 약 46.4% 내지 49.4%에 이르는 점에다가", "양회협회 11개회원사 중 6개의 회사로서 그 시장점유율의 합계가 78.4% 내지 "87.1%에 이르는 점에다가"; 대판 2008. 2. 14. 2006두11804, 대판 2008. 2. 15. 2006두11583, 대판 2008. 2. 29. 2006두10443: "1종 보통 포트랜드시멘트와 고로슬래그시멘트를 생산하는 국내 10개 사업자 중 시장점유율 약 90%를 자지하는 사업자들로서"; 서고판 2006. 1. 12. 2005누489(대판 2008. 2. 15 2006두4226: "원고 등 5개회사는 국내 정유업시장에서 군납유류를 포함한 유류 100%를 공급하는 사업자이고, 에스케이와 엘지칼텍스가 시장선도업체로서 시장점유율이 각각 35.9%, 30.4%이며, 원고는 14.3%의 시장점유율을 차지하고 있는 사실"; 서고판 2006. 12. 28. 2005누16040(대판 2007. 12. 13. 2007두2852): "가격인상의 합의는 지게차시장에서 약 73%의 시장점유율을 보이고 있는 경쟁사업자들 사이의 가격경쟁에 관한 합의에 해당하는 점"; 서고판 2006. 6. 7. 2004누11475(대판 2008. 8. 11. 2006두12104), 서고판 2006. 6. 7. 2004누11567(대판 2008. 8. 21. 2006두12081), 서고판 2006. 6. 7. 2004누11482(대판 2008. 9. 11. 2006두12098): "이 사건 회사들이 국내철근의 92% 이상의 제품을 생산·판매하고 있고, 관수 철근물량의 95% 이상을 공급하고 있는 점"; 서고판 2006. 6. 21. 2004누14337(대판 2008. 9. 25. 2006두13046), 서고판 2006. 6. 21. 2004누14825(대판 2008. 9. 25. 2006두12685): "이 사건 회사들이 전체 철근생산량의 약 92%를 차지하고 있었던 점"; 서고판 2006. 12. 7. 205누21233(대판 2008. 8. 21. 2007두4919): "신용카드업 분야 국내 결제서비스 시장에서 상당한 시장점유율을 보이고 있는 사업자들에 해당하는 원고들 사이의 가격결정에 관한 합의인 점"; 대판 2008. 10. 23. 2007두12774: "국내 가성소다 시장은 원고 등이 시장의 95%를 차지하는 과점시장이고"; 대판 2008. 10. 23. 2007두2586: "이 사건 회사들은 국내시외전화시장의 100%를 점유하고 있으므로"; 서고판 2002. 6. 20. 2000누15028(대판 2004. 10. 27. 2002두6842): "원고 등 5개 정유회사는 국내 정유시장에서 군납유류를 포함한 유류 100%를 공급하는 사업자

나 시장점유율 외에 다양한 요소를 고려한다. 예를 들어 〈용인시 죽전택지개발지구내 공동주택분양 6개건설사업자의 부당공동행위 건〉 관련 행정소송에서 대법원은 "신규분양 아파트의 공급이 수요변화에 비탄력적인 점, 아파트 분양 당시 회사들 사이에서는 초기분양률을 높이기 위하여 경쟁이 불가피하였던 점, 아파트 분양 당시 분양여건이 좋지 않은 상황에서 아파트 건설·분양회사들로서는 분양가를 낮추거나 아파트의 품질을 높이는 등의 방법으로 경쟁을 치열하게 벌이는 것이 일반적 모습인 점, 그럼에도 다른 회사와 동일·유사한 수준으로 분양가와 대금지급방식을 정한다면 가격 및 거래조건에 관한 경쟁이 제한되어 회사들은 정상적인 경쟁시장에서라면 누릴 수 없는 이익을 누릴 수 있게 되고 그

들이고"; 서고판 2007. 6. 14. 2005누30305(대판 2008. 11. 13. 2007두14442): "국내가성소다 시장은 원고 등 5사가 시장의 95%를 차지하는 과점시장이고"; 대판 2008. 11. 13. 2006두13145: "이 사건 회사들이 전체 철근생산량의 약 92%를 차지하고 있었던 점"; 서고판 2006. 10. 26. 2006누3454(대판 2008. 11. 13. 2006두18928): "이 사건 회사들의 지게차 시장에서의 시장점유율 합계가 위반행위 기간동안 71% 내지 74%에 달하므로"; 서고판 2007. 5.16. 2005누30329(대판 2008. 11. 27. 2007두12712): "원고 등이 시장의 95%를 차지하는 과점시장이고"; 대판 2006. 10. 27. 2004두3366: "카드4사의 시장점유율 합계가 58.8%에 달하는 등 과점적 시장구조를 가지고 있는데다", "원고의 위 각 요율 인상행위 당시까지의 인상사업자들의 시장점유율 합계는 현금서비스 수수료율과 연체이자율의 경우 각 11.4%, 할부수수료의 경우 44.6%에 불과한 점 등에 비추어 원고의 위 각 요율 인상행위로는 실질적 경쟁제한성을 갖추지 못하였다고 보이므로"; 대판 2008. 12. 11. 2007두2593: "PC방을 대상으로 하는 인터넷 전용회선 시장에서 약 86%의 시장점유율을 보이고 있는 경쟁사업자들 사이의 가격결정 등에 관한 합의에 해당하는 점"; 대판 2009. 3. 26. 2008두21058: "DDC 서비스 시장을 100% 점유하고 있던 7개 신용카드사들이 각 영업여건, 신용판매 결제건수, 매입업무의 충실도, 원가 요인, 대체관계, 경쟁사의 가격 등을 종합적으로 고려하여 DDC 수수료 수준에 관하여 VAN 회사들과 독자적으로 협의하지 아니하고 DDC 수수료를 인하하기로 합의한 것은"; 대판 2009. 4. 9. 2007두6793: "특히 이 사건 관련 시장인 죽전지구 신규분양아파트 시장에서 이 사건 회사들의 시장점유율 합계는 93%에 달하는 점"; 서고판 2010. 11. 14. 2009누33920: "수도권지역 레미콘시장의 약 95% 이상을 차지하고 있는 24개 사업자가 각자의 투자물량을 배정하여 결과적으로 발주물량과 동일하게 함으로써"; 대판 2011. 9. 8. 2008두23894: "일반손해보험시장에서 시장점유율이 90.4%에 이르는 10개 손해보험사의 공동행위로 일반손해보험 시장에서 경쟁이 거의 이루어지지 않는 것으로 보이는 등"; 대판 2012. 1. 27. 2010두24227, 24852: "FPF 제품시장에서 95%가 넘는 시장점유율을 차지하는"; 대판 2013. 11. 14. 2012두19298: "이 사건 합의에 음원매출액 기준으로 점유율 91%에 이르는 음원사업자들이 가담하였고"; 대판 2014. 12. 24. 2012두6216, 2012두13412: "참여한 사업자들의 점유율이 한국발 전세계행 노선에서 약 51%~99%에 이르고"; 〈9개 렉서스자동차딜러의 부당공동행위 건〉에서는 25.6%의 시장점유율에 대하여 경쟁제한성을 인정하였다. 서고판 2015. 5. 7. 2012누11241; 서고판 2014. 1. 13. 2011누46394: "국내 TFT-LCD 패널 제품 시장에서의 점유율이 80%를 초과"; 서고판 2017. 8. 25. 2016누62100: "여수·광양항 예선공급시장의 82%에 이르는 원고들 포함 11개사"; 서고판 2019. 9. 19. 2019누32117: "천안·아산 지역에서 100% 시장점유율을 차지하는 17개 사업자가 공동행위에 가담하여"; 그러나 "전국 의약품 조달시장에서 원고 등의 시장점유율 합계가 2009년 매출액 기준으로 약 7.4% 정도에 불과하여 이 사건 합의로 전국 의약품 조달시장에서 경쟁제한 효과가 있다고 보기는 어렵다"고 한 사례가 있다. 대판 2015. 6. 11. 2013두1690 등.

로 인한 폐해는 그에 동참하지 아니한 다른 사업자나 소비자들에게 돌아갈 것인 점"과 높은 시장점유율(93%)을 종합하여 "죽전지구 신규분양아파트 시장에서 경쟁을 감소하여 아파트의 가격 기타 거래조건 결정에 영향을 미치거나 미칠 우려가 있는 상태를 초래하는 것으로서 경쟁을 실질적으로 제한하는 행위"라고 판단하였다.[173)]

한편 단순한 공공의 이익이나[174)] 사업상의 필요 또는 거래상의 합리성,[175)] 원재료값 인상으로 인한 불가피한 제품가격인상,[176)] "검찰의 불기소처분"〈방위사업청 발주 패티류 등 군납입찰 관련 부당공동행위 건[복천식품(주)]〉,[177)] "사전인가를 받지 않은 경우" 〈금강살리기 1공구(서천지구) 사업입찰 관련 부당공동행위 건(계룡건설산업)〉[178)]을 이유로 공동행위의 적용(부당성)을 배제할 수 없다.

대법원은 부당한 공동행위에 대한 경쟁제한성 판단에 관한 중요한 판결을 내린 바 있다. 즉 〈9개 렉서스자동차딜러의 부당공동행위 건〉 및 〈7개 BMW 딜러의 부당공동행위 건〉 관련 행정소송에서 대법원은 "독점규제법 제40조 제1항은 그 각 호 소정의 행위 유형들에 대한 합의의 존재만으로 곧바로 위법성이 인정되는 것이 아니라 그러한 합의가 부당하게 경쟁을 제한하는지 여부를 다시 심사하여 비로소 그러한 합의의 위법성을 판단하는 구조로 되어 있고, 여기서 부당하게 경쟁을 제한하는지 여부는 일정한 거래분야를 전제로 하는 것으로 해석되는 점 등을 종합적으로 고려하면, 법 제40조 제1항의 '부당한 공동행위'는 일정한 거래분야에서 이루어지는 것을 당연한 전제로 하는 것이다"라고 판시하였다.[179)] 즉 부당한 공동행위의 위법성 심사에 있어서는 시장의 획정과 경쟁제한성에 대한 심사가 필요하다는 입장이다.

〈9개 렉서스자동차딜러의 부당공동행위 건〉 관련 행정소송에서 공정거래위원회는 렉서스자동차딜러들의 렉서스자동차 가격할인제한, 선계약 우선원칙 준수, 기타의 거래조건 합의에 대하여 시정명령 및 과징금납부명령을 하였던 바,[180)] 서울고등법원은 관련시장을 렉서스자동차와 대체관계에 있는 수입승용차

173) 대판 2009. 4. 9. 2007두6793.
174) 대판 1992. 11. 13. 92누8040.
175) 대판 2004. 11. 12. 2002두5627.
176) 서고판 2012. 1. 12. 2011누18467(대판 2012. 8. 30. 2012두10093).
177) 서고판 2017. 12. 21. 2017누44574(대판 2018. 12. 13. 2018두31900).
178) 서고판 2016. 1. 20. 2015누32201(대판 2016. 5. 27. 2016두34523).
179) 대판 2012. 4. 26. 2010누11757, 2010누18703.
180) 공정의 2008. 12. 15. 2008－324.

및 국산 고급승용차시장 전체로 보고 원고인 렉서스자동차딜러들의 시장점유율이 15%보다 낮은 수준에 불과하므로, 시장지배를 할 수 있는 정도에 달하였다고 보기 어렵다는 이유로 부당공동행위를 인정하지 아니하였다.[181)]

대법원은 원심이 채택한 증거만으로는 원심이 인정한 사실들을 도출해 낼 수 없다고 하고, 처분의 적법여부에 대한 증명책임은 그 처분청인 공정거래위원회에 있고 공정거래위원회로서는 렉서스자동차와 다른 수입승용차 또는 국산 고급승용차 사이에 대체관계가 있는지를 비롯하여 관련상품시장을 렉서스자동차로 한정하여야 하는 이유 내지 근거가 무엇인지를 증명하여야 하는데, 원심은 그 판시사실들이 증명되었음을 전제로 하여 관련상품시장을 수입승용차 및 국산 고급승용차 전체라고 보아 공정거래위원회의 처분이 위법하다고 단정한 것은 관련상품시장의 획정에 관한 법리를 오해한 것이라고 판시하였다. 서울고등법원은 파기환송심에서 관련 상품시장을 "BMW, 벤츠, 아우디, 렉서스, 인피니티, 볼보를 포함한 6개 고급수입차 판매시장"으로 획정하고 공동행위의 경쟁제한효과를 인정하였다.[182)]

그러나 〈7개 BMW 딜러의 부당공동행위 건〉 관련 행정소송에서 대법원은 법 제40조 제 1 항 제 1 호 소정의 부당한 공동행위에 해당하는지 여부를 판단함에 있어서는 먼저 그 전제가 되는 관련시장을 획정하여야 하고, 관련시장을 획정함에 있어서는 거래대상인 상품의 기능 및 효용의 유사성, 구매자의 대체가능성에 대한 인식 및 그와 관련한 경영의사 결정형태 등을 종합적으로 고려하여야 한다고 하고 원심이 관련시장을 획정함에 있어 고려해야 한다고 들고 있는 것은[183)] 주로 관련시장 획정 그 자체를 위한 고려요소라기보다 관련시장 획정을 전제로 한 부당한 공동행위의 경쟁제한성을 평가하는 요소들에 해당하므로,

181) 서고판 2010. 5. 19. 2009누1930.

182) 서고판 2015. 5. 7. 2012누11241.

183) 서울고등법원은 "① 공동행위의 대상 및 사업자의 의도면에서 원고들은 비엠더블유자동차 딜러들로서 그들 사이에서 자신들 몫으로 주어지는 판매마진을 극대화하기 위한 목적으로 비엠더블유자동차의 가격할인한도 및 판매조건에 대한 제한을 직접적인 담합의 대상 및 내용으로 삼은 점, ② 공동행위가 이루어진 영역 또는 분야면에서, 이 사건 공동행위가 원고들 간의 브랜드 내(intra－brand) 경쟁을 넘어서 다른 수입자동차와의 브랜드 간(inter－brand) 경쟁에 까지 영향을 미치기는 어렵다고 보이는 점, ③ 공동행위의 수단 및 방법 면에서, 이 사건 공동행위는 최종소비자 가격에 대한 직접적인 통제가 아니라 원고들이 취득할 수 있는 판매마진의 범위내에서 판매마진을 조절하는 매우 제한적인 방법으로 이루어질 수밖에 없는 점, ④ 공동행위의 영향 내지 파급효과 면에서, 이 사건 공동행위로 인하여 원고들 간의 브랜드 내 경쟁(intra－brand) 경쟁, 특히 가격경쟁이 즉각적으로 영향을 받게 되는 점 등에 비추어 보면 이 사건 공동행위의 관련시장은 국내에서 판매되는 비엠더블유자동차의 모든 신차종이라고 봄이 상당하다고 판단하였다.

만약 원심과 같은 방식으로 관련시장을 획정하게 되면 관련시장을 획정한 다음 경쟁제한성을 평가하는 것이 아니라 거꾸로 경쟁제한효과가 미치는 범위를 관련시장으로 보게되는 결과가 되어 부당하다고 판시하였다.[184] 즉 원심이 인정한 공동행위의 대상 및 사업자의 의도, 공동행위가 이루어진 영역 또는 분야, 공동행위의 수단과 방법, 그 영향 내지 파급효과 등은 경쟁제한성의 평가요소이지 시장획정의 기준은 아니라고 판단하였다.[185]

〈글락소그룹 리미티드 및 동아제약(주)의 부당공동행위 건〉[186] 관련 행정소송에서도 대법원은 "어떠한 합의가 독점규제법상 부당한 공동행위에 해당하기 위하여는 합의의 존재만으로 곧바로 위법성이 인정되는 것이 아니라 그러한 합의가 부당하게 경쟁을 제한하는지 여부를 다시 심사하여 판단하여야 하고, 여기서 부당하게 경쟁을 제한하는지 여부는 관련상품시장의 획정을 전제로 당해 합의가 경쟁에 미치는 영향 등을 고려하여 개별적으로 판단하여야 한다." 합의 중에서 발트렉스 경쟁제품을 취급하지 말라고 한 부분은 공정거래위원회가 그 관련 상품을 획정하지 아니하였을 뿐만 아니라 그 부분 합의가 경쟁에 미치는 영향 등에 대하여 아무런 근거를 제시하지 아니하여 경쟁제한성이 인정되지 아니하고 부당한 공동행위에 해당한다고 볼 수 없다고 판시함으로써 부당한 공동행위를 인정하기 위해서는 시장획정과 경쟁제한성 분석이 필수적이라는 입장이다.[187]

그러나 〈13개 비료판매사업자의 부당공동행위 건〉[188] 관련 행정소송에서 서울고등법원은 모든 경우 정밀한 시장획정이 요구되는 것은 아니라는 입장이다.[189] 즉 공정거래위원회가 실시한 관련시장 획정의 수준 및 방법이 적정하지 않다고 볼 합리적인 의심이 상당한 정도로 제기된 경우에 한하여 제한적으로 필요하다고 하고, 관련시장의 구성사업자가 100% 참여하여 경쟁제한성 판단에 영향이 없음에도 과징금 산정 등 다른 필요에 기하여 관련시장 획정이 필요하

184) 대판 2010. 4. 26. 2010두18703.

185) 이러한 대법원의 입장은 〈5개 음료 제조·판매 사업자의 부당공동행위 건〉에서 재확인되었다. 대판 2013. 2. 14. 2010두28939, 2011두204; 대법원에서 파기환송되어 환송심 판결('비엠더블유 자동차의 신차종 판매시장'으로 획정) 후 재상고심(2014. 8. 26. 2014두7237)에서 심리불속행 기각하여 확정되었다.

186) 공정의 2011. 12. 23. 2011.400호.

187) 대판 2014. 2. 27. 2012두24498, 2012두27794.

188) 공정의 2012. 4. 30. 2012－058호.

189) 서고판 2013. 10. 18. 2012누15632 등.

다고 볼 수 없으며, 모든 경우의 관련시장 획정의 입증책임이 공정거래위원회에게 있다고 할 수 없다고 판시하였다.

동 건에서 대법원도 “부당한 공동행위에 해당하는지 여부를 판단하기 위해서는, 먼저 경쟁관계가 문제될 수 있는 일정한 거래분야에 관하여 거래의 객체인 관련상품에 따른 시장(이하 ‘관련상품시장’)을 구체적으로 정하여야 한다. 여기에서 관련상품시장의 범위는 경쟁관계에 있는 상품들의 범위를 말하는데, 이를 정할 때에는 거래에 관련된 상품의 가격, 기능 및 효용의 유사성, 구매자들의 대체가능성에 대한 인식 및 그와 관련한 구매행태는 물론 공급자들의 대체가능성에 대한 인식 및 그와 관련한 경영의사결정 형태, 사회적·경제적으로 인정되는 업종의 동질성 및 유사성 등을 종합적으로 고려하여 판단하여야 하고, 그 밖에도 그 상품의 생산을 위하여 필요한 다른 상품 및 그 상품을 기초로 생산되는 다른 상품에 관한 시장의 상황, 시간적·경제적·법적 측면에서 대체의 용이성 등도 함께 고려하여야 한다(대법원 2007. 11. 22. 선고 2002두8626 전원합의체 판결, 대법원 2013. 4. 11. 선고 2012두11829 판결 등 참조). 한편, 부당한 공동행위의 다양성과 그 규제의 효율성 및 합리성 등을 고려하면 피고가 어느 공동행위의 관련상품시장을 획정할 때 반드시 실증적인 경제 분석을 거쳐야만 한다고 요구할 수는 없고, 피고가 이를 거치지 아니한 채 관련상품시장을 획정하였더라도 문제가 된 공동행위의 유형과 구체적 내용, 그 내용 자체에서 추론할 수 있는 경제적 효과, 공동행위의 대상인 상품이나 용역의 일반적인 거래현실 등에 근거하여 그 시장 획정의 타당성을 인정할 수 있다고 보아야 한다.”고 판시하였다.[190)]

또한 〈울산대학교 병원 의약품 구매입찰 참가 7개 의약품 도매상의 부당공동행위 건〉 관련 행정소송에서 대법원은 “공동행위의 관련시장을 획정할 때 반드시 실증적인 경제분석을 거쳐야만 한다고 요구할 수는 없고, 피고가 이를 거치지 아니한 채 관련시장을 획정하였더라도 문제가 된 공동행위의 유형과 구체적 내용, 그 내용 자체에서 추론할 수 있는 경제적 효과, 공동행위의 대상인 상품이나 용역의 일반적인 거래현실 등에 근거하여 그 시장획정의 타당성을 인정할 수 있다고 보아야 한다”고 판시하였다.[191)]

유사하게 〈7개 자동차운전전문학원 부당공동행위 건〉 관련 행정소송에서 대

190) 대판 2014. 11. 27. 2013두24471.

191) 대판 2015. 8. 19. 2013두1683. 동 판결에서 대법원은 울산대학교 병원이 실시하는 의약품 구매입찰시장을 관련 시장으로 보았다.

법원도 "다만 경쟁사업자 사이에서 가격을 결정·유지 또는 변경하는 행위를 할 것을 합의하는 가격담합은 특별한 사정이 없는 한 그 합의의 내용 자체로 합의에 경쟁제한적 효과가 있다는 점이 비교적 쉽게 드러나게 되므로, 이러한 경우 관련 지역시장을 획정하면서 공동행위 가담자들의 정확한 시장점유율을 계량적으로 산정하지 않았다고 하더라도 예상되는 시장점유율의 대략을 합리적으로 추론해 볼 때 경쟁을 제한하거나 제한할 우려가 있음이 인정되지 않을 정도로 그 시장점유율이 미미하다는 등의 특별한 사정이 없다면, 위에서 본 경쟁제한성 판단의 구체적 고려 요소를 종합하여 경쟁제한성을 인정할 수도 있다."고 판시하였다.[192]

어쨌든 대법원의 이러한 태도는 법 제40조 제1항에서 "부당하게 경쟁을 제한하는"이라고 규정된 현행법의 구조상 불가피한 것이라고 볼 수도 있으나 경성카르텔의 경우 그 자체로 경쟁제한성을 인정한다고 하여 법문의 취지에 반한다고는 생각되지 않는다. 또한 대법원 판결은 미국, EU 등의 경성카르텔에 대한 태도와는 차이가 있는 것이다.

미국의 경우 「경쟁사업자간 협력에 관한 지침」[193]에서 항상 또는 거의 항상 가격을 올리거나 생산을 제한하는 유형의 합의는 당연위법이라고 규정하고 있고(3. 2),[194] EU의 경우 「수평적 협력 지침」에서 목적에 따른 경쟁제한은 성격상 경쟁 제한성이 잠재되어 있어 시장에 대한 실제적, 잠재적 영향을 심사할 필요가 없다고 규정하고 있고(1. 2. 1. 24), 「비중요합의에 관한 고시(De Minimis Notice)」[195]에서 수평적 합의의 경우 시장점유율 10%, 수직적 합의의 경우 시장점유율 15%, 그리고 판단이 어려운 경우에는 10% 미만인 경우 경쟁을 제한하지 않는다고 보고, 그러나 가격고정, 상품 또는 판매제한, 시장 또는 고객분할 같은 경성 제한(hardcore restriction)에는 위 규정이 적용되지 않는다고 규정하고 있다(Ⅱ. 11). 한편 독일의 경우에도 「비중요합의에 관한 고시(Bagatellbekanntmachung)」[196]에서 EU와 유사하게 규정하고 있다(C).

192) 대판 2015. 10. 29. 2013두8233.

193) Antitrust Guidelines for Collaborations Among Competitors, FTC & DOJ(2000. 4).

194) "Agreements of a type that always or almost always tends to raise price or reduce output are per se illegal".

195) Commission Notice on agreements of minor importance which do not appreciably restrict competition under Article 8191) of the Treaty establishing the European Community (de minimis), 2001/C 368/07.

196) Bekanntmachung Nr. 18/2007 des Bundeskartellamtes über die Nichtverfolgung von Kooperationsabreden mit geringer Wettbewerbsbeschränkung der Bedeutung vom 13, März 2007.

「EU기능조약」 제101조에서 "회원국간의 통상에 영향을 줄 우려가 있고, 역내시장내에서의 경쟁을 방해, 제한 또는 왜곡하는 것으로 목적으로 하거나 그러한 효과를 야기하는 사업자간의 합의, 사업자단체에 의한 결정 및 동조적 행위는 역내시장과 양립할 수 없는 것으로 금지된다"고 규정하고 있고, 「독일경쟁제한방지법」 제 1 조에서도 "경쟁의 방해, 제한 또는 왜곡을 목적으로 하거나 그러한 효과를 야기하는 사업자간의 합의, 사업자단체의 결정 및 동조적 행위는 금지된다"고 규정하고 있는바 목적에 의한 제한(경성제한행위)과 기타의 제한행위를 구분하고 있고, 경쟁의 방해, 제한 또는 왜곡을 목적으로 하는 경성제한행위의 경우에도 경쟁제한성을 명시하고 있지만 실무에서는 엄격한 경쟁제한성 분석을 요하지 않는다는 점을 고려할 필요가 있다고 생각된다.[197] 「공동행위 심사기준」에서 시장의 구조, 거래형태, 경쟁상황 등 시장상황에 대한 개략적인 분석을 실시하도록 규정한 것은 대법원의 태도와 국제적인 기준 등을 조화하기 위한 취지라고 볼 수 있다.

입찰의 경우 법원은 다음과 같이 판단하고 있다.[198]

〈입찰일반〉

"입찰공고에 따라 제한된 거래조건 아래에서 경쟁을 하게 된다는 점에서 입찰의 형식을 띠지 않는 거래와는 본질적인 차이가 있으므로 관련 시장은 입찰 시장으로 봄"(〈지진관측장비 구매·설치공사 및 유지보수용역 입찰 관련 2개사업자의 부당공동행위 건[(주)희송지오텍]〉),[199] "낙찰자 또는 투찰율을 사전에 결정하는 합의 자체가 경쟁을 제한하는 행위로서 특별한 사정이 없는 한 부당공동행위에 해당"(〈원주~강릉 철도건설 노반신설 기타공사 4개 공구 입찰 관련 4개 사업자의 부당공동행위 건[두산중공업(주)]〉)[200]

〈입찰단계에서 이미 경쟁이 제한되었다는 주장 관련〉

"원고들만이 이 사건 입찰에 참여할 수 있어 유찰될 경우 원고들 중 1개 회사가 수의계약으로 수주할 가능성이 매우 컸기 때문에 다른 업체가 이 사건 사업에

197) 나영숙, LEG 연구보고서(2012. 2. 12.), 193~207면 참조; 〈9개 렉서스자동차딜러의 부당공동행위 건〉에서는 25.6%의 시장점유율에 대하여 경쟁제한성을 인정하였다. 서고판 2015. 5. 7. 2012누11241.

198) 자세한 내용은 공정거래위원회, 공정거래 관련 법률 판례요지집(2021), 제 1 권, 282~305면 참조.

199) 서고판 2018. 8. 16. 2018누38071(대판 2018. 12. 28. 2018두5624).

200) 서고판 2018. 5. 30. 2017누62374(대판 2018. 10. 25. 2018두50314).

참여할 가능성이 매우 희박하다는 사정만으로는 경쟁제한성이 부정된다고 할 수 없음"(〈(합 보령환경 및 (주)해양개발의 부당공동행위 건〉),[201] "다수공급자계약제도에 다른 2단계 경쟁입찰 방식으로 이루어져 이미 경쟁이 제한된 상태의 공동입찰에 관한 공동행위라고 하더라도 성격이 동일함"(〈인조잔디 다수공급자계약 2단계 경쟁입찰 관련 28개 사업자의 부당공동행위 건(코오롱글로텍 등)〉),[202] "시공능력, 기술능력 등이 엄격하게 요구되어 처음부터 참여가능한 건설사의 수가 제한되어 있었던 사정은 인정되나, 그러한 사정만으로는 공동행위의 경쟁제한성이 경미하다고 볼 수 없음"(〈경인운하사업 시설공사 제1공구, 제2공구, 제3공구 및 제6공구 입찰 관련 9개 사업자 부당공동행위 건(동아건설산업)〉),[203] "설사 입찰참가자격, 낙찰자 결정 등의 단계에서 입주자대표회의나 관리주체의 자의적인 결정이 가능하다고 하더라도, 최저가 낙찰제를 통해 낙찰이 이루어지는 이상 입주자대표회의나 관리주체의 영향력은 제한되므로 위와같은 사정만으로 이 사건 각 공동행위의 경쟁제한성의 존부가 달라지지 않음"(〈아파트 재도장·방수공사 부당공동행위 건[석진건설(주)]〉),[204] "적격심사제 입찰에 운찰제적 성격이 일부 있다 하더라도 입찰 예정가격이 어느정도 예측 가능하므로 입찰참가자들이 들러리사를 포함시켜 적격심사방식의 입찰에서 담합할 실익은 퉁분하고 경쟁제한성이 인정됨"(〈한국남동발전(주) 및 한국수력원자력(주) 발주 발전소용 건설 기자재 등 국내 하역/운송용역 입찰 관련 6개 사업자의 부당공동행위 건〉)[205]

〈부당이익이 미미하거나 담합의 필요성이 있다는 주장 관련〉

"사전영업활동을 통해 입찰에 있어 일부 유리한 사정이 있거나 예정가격이 낮다 하여 경쟁제한성이 부정될 수 없음"(〈동보장치 구매설치 입찰 관련 7개 사업자의 부당공동행위 건(오에이전자)〉),[206] "실행률이 112.59%에 해당한다는 사정은 공사가 완료된 후 계산된 사후사정에 불과함"(〈농업용 저수지 둑 높이기 건설공사 입찰 관련 2개 사업자의 부당공동행위 건〉),[207] "공구분할 합의가 대안설계비용 상당의 손해를 피하기 위한 어쩔 수 없는 선택이었다고 볼 수 없음"(서울지하철7호선

201) 서고판 2012. 10. 31. 2012누4113.
202) 서고판 2016. 7. 8. 2016누6748.
203) 서고판 2016. 7. 21. 2014누57623. 유사한 취지로 서고판 2016. 6. 30. 2015누35057, 서고판 2017. 8. 17. 2017누32236.
204) 서고판 2018. 7. 11. 2018누36198.
205) 서고판 2020. 9. 16. 2019누60983; 대판 2021. 2. 4. 2020두51143.
206) 서고판 2019. 9. 26. 2019누34410.
207) 서고판 2016. 7. 6. 2015누45658.

연장(701공구~706공구) 건설공사 입찰 참가 6개 건설사의 부당공동행위 건〉),[208] "원고가 애초부터 단독으로 입찰에 참여할 능력이 없어 컨소시엄을 구성할 필요성이 있었다 하더라도, 지분율 합의의 경쟁제한성이 인정됨"(〈4대강 살리기 사업 1차 턴키공사 입찰 관련 부당공동행위 건(경남기업)〉),[209] "예비가격 범위가 0.4%로 좁게 설정되어 있거나, 이 사건 합의가 아니었어도 다른 지역 입찰에 참여유인이 낮다거나, 관수레미콘 단가가 민수 판매단가보다 낮게 책정된 사정이 있더라도 경쟁제한성이 인정됨"(〈대전·세종·충남지역 아스콘 사업협동조합의 관수아스콘 구매입찰 부당공동행위 건〉)[210]

〈계열사간 입찰담합의 경우〉

"원고들이 계열회사관계에 있다는 사정만으로는 경쟁제한성을 달리 볼 근거가 없음"(〈전북대학교 등 4개기관 발주 교육 콘텐츠 입찰참가 2개사의 부당공동행위 건〉)[211]

〈경쟁제한성이 부정된 경우〉

"조달청의 나라장터전자입찰시스템의 경우 예정가격은 개찰 이전에는 공개되지 않아서 입찰참가자들 중 일부가 입찰금액을 합의하여 입찰에 참가하더라도 낙찰가격이나 낙찰자 결정에 아무런 영향을 미칠 수 없으므로 경쟁제한성이 없음"(〈충주시 임도구조개량사업 입찰참가 10개 충북지역산림조합의 부당공동행위 건〉)[212]

한편 수요독점시장에서의 공급자카르텔의 경우 경쟁제한성이 있는가가 논란이 되고 있다. 그러나 서울고등법원은 〈일진전기 등 11개사의 컷아웃스위치 입찰담합 건〉 관련 행정소송에서 "중간재인 컷아웃스위치를 생산하는 원고들이 수요독점 사업자를 대상으로 하는 공동행위를 하는 경우 그것이 반드시 경제적 효율성을 증진시킨다고 보기 어렵고, 원고들의 위와 같은 행위가 장기적으로는 원가절감을 위한 기술개발의 유인을 약화시키고 산업경쟁력을 저하시킬 수도 있다고 보이는 점, 원고들의 주장과 같이 수요독점시장의 경우 공급자들이 출혈경쟁과 손실을 방지하기 위하여 담합을 허용하는 경우 국가나 지방자치단체 또

---

208) 서고판 2008. 10. 22. 2007누21879(대판 2009. 2. 12. 2008두22075); 대판 2009. 1. 30. 2008두21812, 2009. 2. 12. 2008두18106, 2008두18113, 2008두21188,

209) 서고판 2014. 4. 25. 2012누29198(대판 2014. 11. 13. 2014두10813).

210) 서고판 2018. 8. 23. 2017누90188(대판 2018. 12. 27. 2018두57070).

211) 서고판 2017. 1. 18. 2016누39445(대판 2017. 5. 26. 2017두36014).

212) 서고판 2008. 10. 23. 2008누3465(대판 2009. 2. 12. 2008두21348).

는 공기업이 독점적으로 발주하는 수요독점품목의 입찰에 대하여는 담합이 공공연하게 이루어지게 되는 점, 비록 수요독점업자인 한국전력공사가 입찰 당시의 예정가격을 컷아웃 스위치의 제조원가 이하로 정해놓았고 이에 원고들을 포함한 11개사들이 과당출혈방지를 막기 위하여 담합을 한 사실이 인정된다 하더라도 이로 인하여 11개사가 영업상 손실을 보았다고 단정하기 어려운 점 등 이 사건에 나타난 제반사정을 고려해 보면, 원고들을 포함한 11개사 사이의 이 사건 합의는 부당한 공동행위에 해당한다"고 명백히 판시하고 있다.[213]

또한 〈KT발주 광케이블 구매입찰 참가 11개 광케이블 제조·판매회사의 부당공동행위 건〉 관련 행정소송에서도 대법원은 사실상 수요독점자를 상대로 과도한 가격하락을 방지하기 위한 담합이라 하더라도 경쟁제한성을 인정하였다.[214] 〈12개 농업용 필름 제조·판매 사업자의 부당공동행위 건〉 관련 행정소송에서 대법원도 동일한 취지로 판시하고 있다.[215]

〈16개 골판지상자 제조판매사업자의 부당공동행위 건(한국수출포장공법 등)〉 관련 행정소송에서 서울고등법법원은 "대항카르텔이 반드시 경제적 효율성을 증진시킨다거나 소비자 후생 증대효과를 발생시킨다고 보기 어렵고, 오히려 이는 장기적으로 원가절감을 위한 기술개발 유인을 약화시키고 산업경쟁력을 저하할 가능성이 있다"고 판단하고 있다.[216] 〈16개 골판지상자 제조판매사업자의 부당공동행위 건(삼보판지 등)〉 관련 행정소송에서도 "대형수요처에서 일방적으로 가격결정 권한을 가졌다거나 그 수요처가 원고 등 16개사에게 강요하여 가격이 결정되었다고 보기 어렵다"고 판단하였다.[217] 〈2개 자동차해상운송사업자의 부당공동행위 건(짐인티그레이티드 쉬핑 엘티디)〉 관련 행정소송에서 법원은 "EUKOR와 현대자동차가 관련시장에서의 운임상한을 결정하는 구조라 하더라도 이 사건 공동행위가 없었다면 EUKOR가 정한 운임상한의 범위에서 가격이 인하될 가능성이 있었다"고 판단하였다.[218]

213) 서고판 2007. 11. 8. 2005누19759.

214) 서고판 2012. 4. 25. 2011누31002(대판 2012. 9. 13. 2012두12044); 대규모유통업자에 비하여 경제적 약자인 가금류 고기 생산업자들의 공동행위 관련 프랑스 경쟁당국이 금전적인 제재방식보다는 집단적 약속과 같은 보다 유연한 제재방식을 결정한 사례가 있다. 자세한 내용은 박세환, 경쟁법연구 제37권(2018. 5), 219~243면 참조.

215) 대판 2013. 1. 24. 2012두24207.

216) 서고판 2017. 7. 12. 2016누57474.

217) 서고판 2017. 7. 12. 2016누57788.

218) 서고판 2018. 9. 13. 2017누76359(대판 2019. 1. 17. 2018두593809).

그러나 수요독점시장에서의 공급자카르텔은 경쟁제한의 적성이 없다는 견해가 있다. 즉 그런 시장에서 공급자들이 가격경쟁을 하면 원가에 못 미치는 가격이 형성될 가능성이 높고, 이는 상품의 품질저하와 공급사업자의 도산을 초래하고 궁극에는 소비자후생을 약화시키기 때문이라고 한다.[219)]

한편 경쟁제한성에 있어서 경쟁은 잠재적 경쟁관계를 포함하는 개념이다. 〈상수도 옥외자동검침시스템 구입 설치 입찰 관련 2개 사업자의 부당공동행위건(엠아이알 등)〉 관련 행정소송에서 법원은 유효한 경쟁관계가 아니더라도 시장에 진입한 가능성이 있는 사업자들과도 잠재적 경쟁관계에 있었다고 판단하였다.[220)]

경쟁제한의 효과가 언제부터 발생하느냐가 문제되는데, 합의의 존재가 인정되는 이상, 부당한 공동행위의 기간이나 시기에 대한 명시적인 합의가 있는 것과 같은 특별한 사정에 대한 구체적인 주장, 입증이 없는 한 그 합의일로부터 경쟁제한의 효과가 발생한다.[221)]

공정거래위원회의 실무는 「공동행위 심사기준」에 따라 공동행위의 성격상 경쟁제한 효과만 발생시키는 것이 명백한 경성 공동행위는 행위 자체가 직접적으로 경쟁을 제한하여 가격상승·산출량 감소를 초래하기 때문에 구체적인 시장분석이 없더라도 위법한 공동행위로 판단할 수 있다는 입장이었다.[222)] 다만, 문제되는 공동행위가 경성 공동행위로 분류되는 유형이라도 효율성을 증대시키는 경제적 통합과 합리적으로 연관되어 추진되고, 효율성증대 효과의 목적을 달성하기 위해 합리적으로 필요하다고 인정되는 경우에는 연관되는 경제적 통합의 경쟁제한 효과와 효율성증대 효과 등을 종합적으로 고려하여 위법성 여부를 판단하였다. 즉 경성공동행위도 당연위법으로는 보고 있지 않았다.

그러나 2012. 8월 공동행위의 위법성 심사에 대하여 일부 변화가 있었다. 즉 기존 「공동행위 심사기준」은 경성공동행위와 연성공동행위를 구분하도록 규정되어 있었으나 대법원 판례 등을 고려하여 명시적인 구분을 삭제하였고, 성격상 경쟁제한 효과만 생기는 것이 명백한 공동행위(기존 경성 공동행위)는 특별한 사정이 없는 한 구체적인 시장상황에 대한 심사 없이 부당한 공동행위로 판단

219) 이상돈, 공정거래형법, 128면.

220) 서고판 2016. 9. 30. 2016누41226(대판 2017. 2. 23. 2016두57151). 유사한 취지로 서고판 2017. 8. 17. 2017누32236.

221) 서고판 2004. 11. 24. 2003누9000.

222) 그러나 거의 대부분의 경성 공동행위 사건에서도 개괄적인 시장분석이 있었다.

하도록 규정한 기존 심사기준과 달리 당해 공동행위와 관련되는 시장의 구조, 거래형태, 경쟁상황 등 시장상황에 대한 개략적인 분석은 실시하도록 규정하였다.

이는 시장획정과 경쟁제한성에 대한 분석이 필요하다는 대법원 판례의 취지를 일부 반영한 것이다. 반면 경쟁제한 효과와 효율성증대 효과를 함께 발생시킬 수 있는 공동행위(기존 연성공동행위)는 기존처럼 위법성 판단시 경쟁제한 효과와 효율성증대 효과를 종합적으로 심사하도록 규정하였다.

「공동행위 심사기준」 V.에서 공동행위의 경쟁제한성 판단에 관하여 아래와 같이 상세히 규정하고 있다.

> 공동행위의 위법성 심사는 공동행위의 성격에 대한 분석으로부터 출발한다. 성격상 경쟁제한 효과만 생기는 것이 명백한 경우에는(예컨대 가격·산출량의 결정·제한이나 시장·고객의 할당 등) 특별한 사정이 없는 한 구체적인 경쟁제한성에 대한 심사 없이 부당한 공동행위로 판단할 수 있다. 다만, 이 경우에도 당해 공동행위와 관련되는 시장의 구조, 거래형태, 경쟁상황 등 시장상황에 대한 개략적인 분석은 하여야 한다.
>
> 그러나 공동행위의 성격상 경쟁제한 효과와 효율성증대 효과를 함께 발생시킬 수 있는 경우(예컨대 공동마케팅, 공동생산, 공동구매, 공동연구·개발, 공동표준개발 등)에는 당해 공동행위의 위법성을 판단하기 위해 경쟁제한 효과와 효율성증대 효과를 종합적으로 심사함을 원칙으로 한다.
>
> **1. 제1단계 : 공동행위의 성격 및 시장 분석**
>
> 공동행위의 성격은 공동행위의 대상이 되는 경제활동의 종류(생산·판매·산출량 결정 등) 및 합의의 수준 등의 요소에 의하여 결정된다.
>
> 가. 공동행위의 성격상 경쟁제한 효과만 발생시키는 것이 명백한 경우
>
> (1) 경쟁 제한 이외에 다른 목적이 없는 공동행위는 직접적으로 관련시장에서 가격을 올리거나 산출량을 감소시키며 다음과 같은 유형이 이에 해당된다.
>
> – 경쟁관계에 있는 사업자간에 가격을 결정 혹은 변경하는 행위
> – 경쟁관계에 있는 사업자간에 산출량을 결정 혹은 조정하는 행위
> – 경쟁관계에 있는 사업자간에 거래지역 또는 거래상대방을 제한·할당하는 행위
> – 경쟁관계에 있는 사업자간에 입찰가격 또는 낙찰예정자를 사전에 결정하는

행위

(2) 가격 · 산출량의 결정 · 조정은 직접적으로 소비자로 하여금 높은 가격을 지불하게 하며, 시장 및 고객의 제한 · 할당도 소비자의 선택가능성을 제한하고 사업자간 경쟁을 감소시켜 결국 가격 상승이나 산출량 제한을 초래한다. 입찰가격 등을 사전에 결정하는 행위는 입찰참여 사업자들의 경쟁을 직접적으로 제한하여 낙찰가격을 상승시키게 된다. 이러한 행위는 성격상 경쟁을 직접 제한하는 효과를 발생시킨다.

(3) 위에 열거한 경쟁제한 효과만 생기는 공동행위는 관련 사업자들이 공동으로 행동하면 당해 상품시장이나 지역시장에서 가격 · 수량 · 품질 및 기타 조건을 좌우할 수 있는 시장지배력을 획득할 수 있는 경우에 쉽게 발생되고 유지될 수 있다. 공동행위에 참여한 사업자보다 낮은 가격으로 소비자들이 원하는 상품 수량을 충분히 공급할 수 있는 공급자가 존재하는 경우에는 대부분의 소비자들이 공동행위에 참여하지 않은 공급자들로부터 상품을 구매할 것이기 때문에 당해 공동행위가 유지되기는 어렵다.

(4) 한편, 어떤 업종의 생산구조, 시장구조, 경쟁상태 등을 분석하여 시장지배력 형성여부를 심사하는 것은 결국 해당 공동행위가 관련시장에서의 경쟁을 제한하는지 여부를 판단하기 위한 것이다. 그런데, 위에서 열거한 공동행위는 행위 자체가 직접적으로 경쟁을 제한하여 가격상승 · 산출량 감소를 초래하기 때문에 구체적인 경제분석이 없더라도 시장상황에 대한 개략적인 분석을 통하여 위법한 공동행위로 판단할 수 있는 것이다.

(5) 다만, 문제되는 공동행위가 경쟁제한 효과만 있는 공동행위로 분류되는 유형이라도 효율성을 증대시키는 경제적 통합과 합리적으로 연관되어 추진되고, 효율성증대 효과의 목적을 달성하기 위해 합리적으로 필요하다고 인정되는 경우에는 연관되는 경제적 통합의 경쟁제한 효과와 효율성증대 효과 등을 종합적으로 고려하여 위법성 여부를 판단한다. 즉, 이 심사기준의 제 2 단계부터 제 4 단계까지의 심사절차를 통해 위법성 여부를 판단한다. 여기서 "경제적 통합"이라 함은 생산, 판매, 구매 또는 연구개발 등의 통합을 의미한다. 효율성을 증대시키는 경제적 통합에 참여하는 사업자들은 중요한 자본, 기술 또는 상호보완적인 자산 등을 결합한다. 가격, 산출량, 고객 등에 대한 단순한 조정 또는 합의는 경제적 통합이 아니다.

나. 공동행위의 성격상 효율성증대 효과와 경쟁제한 효과가 동시에 생길 수 있

는 경우

(1) 효율성증대 효과와 경쟁제한 효과가 동시에 생기는 유형의 공동행위로는 공동마케팅, 공동생산, 공동구매, 공동연구·개발, 공동표준개발 등을 예로 들 수 있다.

(2) 이런 종류의 공동행위는 자산·지식·경험의 결합 또는 위험의 배분, 중복비용의 감소 등을 통해 효율성을 증대시키고 때로는 사업자가 개별적으로 수행하지 못했을 사업을 수행하도록 한다. 하지만 참여사업자들의 시장지배력을 유지·창출·증가시켜서 가격 상승, 품질·산출량·혁신노력의 감소를 초래하는 등 경쟁제한 효과를 발생시킬 수도 있다.

(3) 당해 공동행위의 성격 분석만으로 경쟁제한 효과가 발생하지 않는 것이 명백한 경우에는 본 단계에서 심사를 종료할 수 있다.

(4) 그러나 공동행위의 성격에 대한 분석만으로 경쟁제한 효과가 생기지 않는 것이 분명하지 않은 경우에는 당해 공동행위가 경쟁을 제한하는지 여부를 판단하는 한편, 경쟁제한 효과와 효율성증대 효과의 비교형량이 필요하므로 추가적인 심사를 진행한다.

2. 제2단계 : 경쟁제한 효과 분석

공동행위의 성격상 경쟁제한 효과와 효율성 증대효과를 함께 발생시킬 수 있는 경우 경쟁제한 효과 분석은 다음과 같이 행한다.

가. 경쟁제한 효과 분석의 일반원칙

(1) 참여사업자들이 상당한 시장지배력을 보유하고 있는 경우에는 공동행위를 통해 시장지배력을 유지·창출·증가시켜 가격 상승이나 품질·산출량·혁신노력의 감소를 초래하는 등 경쟁제한 효과를 발생시킬 수 있다.

(2) 공동행위의 경쟁제한 효과를 심사하기 위해서는 우선 관련 시장을 획정하고 당해 공동행위에 참여하고 있는 사업자들의 시장점유율을 산정한다. 참여사업자들의 시장점유율의 합계가 20% 이하인 경우에는 당해 공동행위로 인해 경쟁제한 효과가 발생할 가능성이 없거나 경쟁제한 효과가 발생하더라도 그 효과가 미미한 것으로 보고 심사를 종료한다(제2−1단계~제2−3단계). 그러나 시장점유율의 합계가 20%를 초과하는 경우에는 시장지배력, 참여사업간의 경쟁제한 수준 등을 분석하여 경쟁제한 효과의 발생여부 및 크기 등을 심사한다.

(3) 공동행위의 경쟁제한 효과를 판단하기 위한 첫째 요소는 공동행위 참여사

업자가 보유하고 있는 시장지배력의 정도이다. 관련시장에서 사업자들이 보다 큰 시장지배력을 보유하고 있을수록 당해 공동행위가 관련시장에서 경쟁제한 효과를 발생시킬 가능성은 증가한다.

(4) 공동행위의 경쟁제한 효과를 판단하기 위한 둘째 요소는 공동행위에 참여하고 있는 사업자간의 경쟁제한의 정도이다. 즉 참여사업자간 독자적 경쟁능력·경쟁동기의 감소수준, 경쟁기회·경쟁수단·경쟁방법의 제한 등이 검토되어야 한다. 참여사업자간 경쟁제한의 정도가 클수록 당해 공동행위가 관련시장에서 경쟁제한 효과를 발생시킬 가능성은 증가한다.

(5) 당해 공동행위가 경쟁제한 효과를 발생시키는지의 여부는 참여사업자들의 시장지배력 보유와 참여사업자간의 경쟁제한을 종합적으로 고려하여 결정한다. 참여사업자간 경쟁제한의 수준이 높더라도 참여사업자들이 공동행위를 통해서도 시장지배력을 보유하지 못하는 경우에는 당해 공동행위로 경쟁제한 효과가 발생할 가능성이 낮으며, 참여사업자들이 공동행위를 통해 시장지배력을 보유하게 되더라도 참여사업자들간 경쟁이 계속되고 있다면 당해 공동행위로 경쟁제한 효과가 발생할 가능성은 감소된다.

나. 경쟁제한 효과 분석의 단계별 절차

(1) 제2－1단계 : 관련시장의 획정

시장점유율 산정 및 시장지배력 존재 등을 판단하기 위해서는 관련시장의 획정이 필요하다. 관련시장 획정에는 「기업결합심사기준」에 규정된 "V. 일정한 거래분야의 판단기준"을 참고한다.

(2) 제2－2단계 : 시장점유율 산정

"시장점유율"이라 함은 일정한 거래분야에 공급된 상품이나 서비스의 총금액 중에서 당해 사업자가 공급한 상품이나 서비스의 금액이 점하는 비율을 말한다. 시장점유율은 공동행위 수행 당시의 직전사업년도 1년간의 판매액(직전사업년도 종료 직후로서 직전사업년도의 판매액을 알기 곤란한 경우에는 직전전사업년도 1년간의 판매액을 말한다)을 사용하여 다음과 같이 산정한다. 다만, 시장점유율을 금액기준으로 산정하기 곤란하거나 부적절한 경우에는 물량기준 또는 생산능력기준으로 산정할 수 있다.

(3) 제2－3단계 : 시장점유율이 20% 이하인 경우

공동행위에 참여한 사업자(공동행위를 수행하기 위한 회사가 설립되는 경우 이

회사의 시장점유율을 포함한다)들의 시장점유율의 합계가 20% 이하인 경우에는 특별한 사정이 없는 한 당해 공동행위가 경쟁에 미치는 영향이 미미하기 때문에 당해 공동행위는 경쟁제한 효과를 발생시키지 않는 것으로 판단한다. 즉 참여사업자들의 시장점유율의 합계가 20%를 초과하는 경우에만 다음 심사절차를 거쳐 경쟁제한 효과를 판단한다.

(4) 제2－4단계 : 시장지배력 심사

(가) 참여사업자들이 관련시장에서 보다 큰 시장지배력을 보유하고 있을수록 당해 공동행위로 인해 경쟁제한 효과가 발생할 가능성이 증가한다. 시장지배력 보유 수준을 판단하기 위해서는 아래 (나) 내지 (라)의 요소를 분석하여 종합적으로 판단하는데 일부 요소에 대한 분석만으로도 참여사업자들의 시장지배력 보유수준을 충분히 판단할 수 있는 경우에는 다른 요소에 대한 분석을 생략할 수 있다.

(나) 시장점유율

공동행위 참여사업자들의 시장점유율의 합계가 클수록, 시장점유율이 수년간 안정적으로 유지될수록 해당 사업자들의 시장지배력 보유 가능성은 증가한다. 한편 최근 수년간 사업자의 시장점유율 하락폭이 클수록 시장지배력 보유 가능성이 감소한다.

(다) 해외경쟁 도입수준

관련제품의 수입이 용이하거나 당해 거래분야에서 수입품이 차지하는 비중이 증가하는 추세에 있는 경우에는 당해 공동행위에 의해 시장지배력이 유지·창출·증가되거나 경쟁제한성이 높은 공동행위가 수행될 가능성이 감소한다. 해외경쟁의 도입수준을 평가함에 있어서는 다음 사항을 고려한다.

－ 수입침투도의 변화 추세

* 수입침투도 : 내수(생산－수출＋수입) 또는 생산에서 수입이 차지하는 비중

－ 관세율 및 관세율의 인하계획

－ 기타 각종 비관세장벽의 존재 여부

(라) 신규진입의 가능성

① 당해 시장에 대한 신규진입이 가까운 시일내에 용이하게 이루어질 수 있는 경우에는 공동행위로 감소되는 실질적인 경쟁사업자의 수가 다시 증가할 수 있으므로 경쟁제한 효과가 발생할 가능성이 감소한다. 신규진입의 가능성을 평가함에 있어서는 다음 사항을 고려한다.

－ 최근 3년간 신규진입 현황 및 변화추세

- 법적 · 제도적인 진입장벽의 유무
- 필요최소한의 자금규모
- 특허권 기타 지적재산권을 포함한 생산기술조건
- 입지조건
- 원재료조달조건
- 경쟁사업자의 유통계열화의 정도 및 판매망 구축비용

② 다음의 1에 해당하는 사업자가 있는 경우에는 신규진입이 용이한 것으로 볼 수 있다.

- 당해 시장에 참여할 의사와 투자계획 등을 공표한 사업자
- 현재의 생산시설에 중요한 변경을 가하지 아니하더라도 당해 시장에 참여할 수 있는 등 당해 시장에서 상당기간 어느 정도 의미있는 가격인상이 이루어지면 중대한 진입비용이나 퇴출비용의 부담 없이 가까운 시일내에 당해 시장에 참여할 것으로 판단되는 사업자

(5) 제2-5단계 : 참여사업자간 경쟁제한 수준 심사

(가) 참여사업자간 경쟁제한 심사의 일반원칙

① 이 단계에서는 공동행위 참여사업자간 독자적 경쟁 능력 · 동기의 증감수준, 경쟁기회 · 경쟁수단 · 경쟁방법의 제한여부 등을 분석한다.

② 참여사업자간 경쟁 능력 · 동기의 감소수준이 미약하고, 경쟁기회 · 경쟁수단 · 경쟁방법의 제한 정도가 낮아 관련시장에서 사업자간 경쟁이 계속될 경우에는 참여사업자들이 공동행위를 통해 시장지배력을 유지 · 창출 · 증가시킬 가능성은 희박하며, 경쟁과 관련된 민감한 정보 교환이 없거나 적절하게 차단되어 있는 경우에는 경쟁제한 효과를 야기할 가능성이 작아진다.

③ 반면 참여사업자간 경쟁제한 수준이 높아서 사업자 상호간에 독자적으로 경쟁할 동기나 능력이 상당히 감소하거나, 경쟁기회 · 경쟁수단 · 경쟁방법이 제한되거나, 경쟁과 관련된 민감한 정보가 교환될 경우에는 경쟁제한 효과를 야기할 가능성이 증가한다.

④ 심사대상인 공동행위가 실제 수행중이지 않는 경우에는 참여사업자간 경쟁제한 수준의 심사를 위한 자료 수집이 어렵거나 불가능할 수 있다. 이 경우에는 다음에 열거한 요소 중 일부만 분석하거나 제2-5단계 심사 자체를 생략할 수 있다.

(나) 참여사업자간 경쟁제한 심사시 고려요소

① 합의이행에 대한 모니터링 시스템 및 제재수단이 있는지 여부

합의내용이 제대로 이행되는지 점검하는 모니터링 시스템이 있고, 특히 이를 통해 합의 위반행위가 적발될 경우 이에 대한 제재수단이 있는 경우에는 경쟁제한 효과 발생 가능성이 증가한다.

② 공동행위 존속기간

공동행위의 존속기간이 길수록 참여사업자간 독자적인 경쟁 능력 및 동기를 제한하여 경쟁제한 효과가 발생할 가능성이 증가한다.

③ 자산에 대한 공동 사용·통제 수준

공동행위에 참여한 사업자들이 공동으로 사용·통제하는 자산의 비중과 중요도가 클수록 가격, 산출량 등에 관한 독자적인 의사결정의 가능성이 감소하여 경쟁제한 효과의 발생 가능성이 증가한다. 또한 공동으로 사용·통제하는 자산을 다른 자산으로 대체하기 어려울수록 독자적인 의사결정의 가능성이 감소하기 때문에 경쟁제한 효과가 발생할 가능성이 증가한다.

④ 재무적 이해관계 수준

공동행위에 참여하고 있는 사업자간에 재무적 상호 이해관계(예컨대 채권·채무, 주식의 상호보유 등)의 결합 수준이 높을수록 사업자간 경쟁의 동기가 감소하여 경쟁제한 효과가 발생할 가능성이 증가한다.

⑤ 참여사업자간 경쟁 허용수준

참여사업자간 경쟁을 허용하는 범위가 넓을수록 당해 공동행위의 경쟁제한효과는 감소한다. 또한 공동행위에 참여하고 있지 않은 다른 사업자 혹은 다른 사업자단체와의 거래가 자유롭게 허용된다면 이러한 공동행위가 경쟁을 제한할 가능성은 감소한다. 이를 심사하기 위해서는 시장에서의 참여사업자간 실질적인 경쟁 상황, 가격·산출량 등 주요한 경쟁 변수에 대한 개별 사업자의 독자적인 의사결정 범위, 공동행위 수행 조직의 임무와 역할 등이 분석되어야 한다.

(6) 경쟁제한 효과 분석으로 심사를 종료하는 경우

효율성증대 효과를 분석하는 것은 어떤 공동행위가 경쟁제한 효과를 발생시키더라도 이를 능가하는 효율성증대 효과가 있는 경우 비교형량을 통해 당해 공동행위의 위법성 여부를 결정하기 위한 것이다. 따라서 상기 분석을 통해 당해 공동행위가 경쟁제한 효과를 발생시키지 않는 것으로 판단되는 경우에는 효율성증대 효과와의 비교형량이 불필요하기 때문에 제 3 단계의 효율성증대 효과 분석으로 이행하지 않고 심사를 종료한다.

3. 제3단계 : 효율성증대 효과 분석

공동행위의 성격상 경쟁제한효과와 효율성 증대효과를 함께 발생시킬 수 있는 경우 효율성 증대효과 분석을 다음과 같이 행한다.

가. 공동행위에 의하여 발생되는 효율성증대 효과

공동행위는 규모의 경제, 범위의 경제, 위험 배분, 지식·경험의 공동활용에 의한 혁신 속도 증가, 중복 비용의 감소 등 경제적 효율성을 증대시킬 수 있다. 이러한 효율성 증대는 사업자간 경쟁을 촉진시켜 상품의 가격 하락, 품질·유통속도의 제고 등 소비자 편익의 증가로 연결될 수 있다.

나. 효율성증대 효과로 주장될 수 없는 경우

산출량 감축, 시장 분할 또는 단순한 시장지배력의 행사에 의해 발생하는 비용절감 등은 효율성증대 효과로 주장할 수 없다. 또한, 제품·서비스의 품질 저하 등 소비자의 이익 감소를 통해 달성되는 비용절감도 효율성증대 효과로 주장될 수 없다.

다. 효율성증대 효과 심사시 고려요소

경쟁을 촉진하는 효율성은 확실하게 실현될 수 있어야 한다. 이를 판단하기 위해서는 효율성이 어떠한 방법으로 실현되는지, 효율성이 가까운 시일 내에 발생할 것이 명백한지, 효율성의 크기는 어떠한지, 효율성 증대가 소비자 편익의 증가로 연결될 수 있는지에 대한 심사가 필요하다.

라. 공동행위와 효율성증대 효과의 인과관계 심사

당해 공동행위 외의 방법으로는 효율성 증대효과를 달성하기 어렵다고 판단되는 경우에만 당해 공동행위의 효율성증대 효과를 인정한다.

마. 효율성증대 효과의 주장 방법

효율성은 검증하거나 수량화가 어렵다. 이는 효율성과 관련된 정보를 오직 공동행위의 참여사업자들만 보유하고 있기 때문이다. 따라서, 효율성증대 효과를 주장하는 사업자는 당해 공동행위로 발생하는 효율성 증대 효과를 판단하기 위한 충분한 자료를 제출하여야 하며, 그렇지 않은 경우 효율성 증대효과는 인정되지 않는다.

4. 제 4 단계 : 경쟁제한 효과와 효율성증대 효과의 비교형량

당해 공동행위가 효율성증대 효과와 경쟁제한 효과를 동시에 발생시키는 경우 양 효과의 비교 형량을 통해 당해 공동행위의 위법성을 심사한다. 비교형량에 있어서는 효율성증대 효과가 당해 공동행위의 경쟁제한 효과를 상쇄할 수 있는지 여부를 검토한다. 당해 공동행위가 허용되기 위해서는 관련시장에서 경쟁 제한에 따른 폐해가 클수록 이를 상쇄하기 위한 효율성증대 효과 또한 커야 한다.

Ⅳ. 부당한 공동행위의 유형

1. 가격의 결정 · 유지 · 변경

사업자는 다른 사업자와 공동으로 부당하게 경쟁을 제한하는 "가격을 결정 · 유지 또는 변경하는 행위"를 할 것을 합의하여서는 아니된다(법 제40조 제 1 항 제 1 호). 가격카르텔은 거래조건의 중요요소인 가격을 직접 규제하는 것이기 때문에 경쟁제한적 효과가 매우 크다. 대법원도 "사업자들이 공동으로 가격을 결정하거나 변경하는 행위는 그 범위 내에서 가격경쟁을 감소시킴으로써 그들의 의사에 따라 어느 정도 자유로이 가격의 결정에 영향을 미치거나 미칠 우려가 있는 상태를 초래하게 되므로, 그와 같은 사업자들의 공동행위는 특별한 사정이 없는 한 부당하다고 볼 수밖에 없다"고 한다.[223)]

여기서 '가격'은 사업자가 제공하는 상품 또는 용역의 대가, 즉 사업자가 거래의 상대방으로부터 반대급부로 받는 일체의 경제적 이익을 가리키는 것으로, 당해 상품이나 용역의 특성, 거래내용 및 방식 등에 비추어 거래의 상대방이 상품 또는 용역의 대가로서 사업자에게 현실적으로 지급하여야 하는 것이라면 그 명칭에 구애됨이 없이 당해 상품 또는 용역의 가격에 포함된다 할 것이다.[224)]

즉 통상 기준가격을 의미하나, 기준가격은 제품이 지역별, 공급자별, 대리점 및 유통점별, 제품별로 할인율을 달리하여 실제 판매되는 가격을 결정하기 위한 기준이 되는 가격(공장도가격,[225)] 도매가격 등)이며, 독점규제법의 규율대상

223) 대판 2005. 8. 19. 2003두9251; 대판 2007. 9. 20. 2005두15137; 대판 2009. 3. 26. 2008두21058; 대판 2009. 6. 23. 2007두19416.

224) 대판 2001. 5. 8. 2000두10212.

225) 대판 2002. 5. 28. 2000두1386.

이 되는 가격관련행위에서의 '가격'은 위와 같은 기준가격 뿐만 아니라, 일체의 모든 가격 즉 실제 판매가격, 운송비를 포함한 소비자 도착가격 등도 그에 해당한다.[226]

> 권고가격, 기준가격, 표준가격, 수수료, 임대료, 이자 등 명칭 여하를 불문하며, 인상률, 할인율, 할증률, 이윤율 등과 같이 가격에 영향을 미치는 요소를 결정 · 유지 · 변경하는 행위, 일률적인 원가계산 방법을 따르도록 함으로써 실질적으로 가격을 결정 · 유지 · 변경하는 행위 등과 같이 가격에 영향을 미치는 행위도 포함된다(「공동행위 심사기준」 Ⅳ. 1).

한편 합의의 내용에는 가격을 일정한 시차를 두고 순차적으로 변동시키는 형태, 변동액이나 변동률에 차이를 두는 형태, 최고가격 · 최저가격 · 평균가격을 설정하는 형태 등 사업자의 독자적 결정에 의한 것으로 볼 수 없는 다양한 경우가 포함되며 반드시 같은 시기에, 같은 액 또는 같은 율만큼 변동시키는 경우에 한정되는 것이 아니다.[227] 그리고 공동으로 가격을 인상하기로 합의하는 것 등이 부당하게 경쟁을 제한하는 경우에 해당하는 한, 반드시 합의하는 것과 동일한 가격 또는 일정한 수준으로 인상되어야 하는 것이 아니고 일부가 자신의 이익을 위하여 합의한 것을 위반하거나, 그 위반행위에 대한 제재가 없었다고 하더라도 가격공동행위의 성립에는 지장이 없다.[228]

가격결정행위는 사업자가 소비자나 다른 사업자에게 공급하는 상품 · 용역의 대가에 관하여 성립할 수 있음은 물론 사업자가 다른 사업자로부터 공급받는 상품 · 용역의 대가에 관하여도 성립할 수 있다.[229] 그리고 가격담합에 대한 법의 규제는 반드시 공동행위자들의 독점적 이익을 올리는 경우에만 이루어지는 것은 아니다.[230]

미국의 경우에도 1897년 〈Trans−Missouri Freight Association 사건〉[231]을 시작으로 연방대법원은 가격고정을 「셔먼법(Sherman Act)」 제 1 조의 당연위법으로

226) 서고판 2000. 12. 5. 99누5247.
227) 서고판 2000. 12. 5. 99누5247.
228) 서고판 2007. 5. 16. 2005누29725.
229) 대판 2005. 8. 19. 2003두9251.
230) 서고판 2003. 10. 2. 2002누12757.
231) United States v. Trans−Missouri Freight Association, 166 U.S. 290(1897).

판결하였으며, 1927년 〈Trenton Potteries 사건〉232)에서 이를 확인하였다. 그리고 가격에 영향을 주기 위한 가솔린생산업자간의 생산할당 사건인 〈Scony－Vacuum 사건〉233)에서도 당연위법을 인정하였다.

1.1 가격의 결정

가격결정의 방법으로 법원은 다음과 같이 판단한 사례가 있다.

> "상품이나 서비스의 가격"(〈동아출판사 등 6개출판사의 부당공동행위 건 등〉),234) "가격인상률"(〈동부제강(주)외 3사의 가격공동행위 건〉),235) "가이드라인설정"(〈11개 고철수요업체와 한국철강협회의 고철구매가격공동행위 등 건 등〉),236) "재판매가격, 리베이트율, 마진율"(〈두원냉기(주)의 가격, 공급제한, 사업활동방해 공동행위

232) United States v. Trenton Potteries Co., 273 U.S. 392(1927): "An agreement of those controlling over 80% of the business of manufacturing and distributing sanitary pottery in the United States, to fix and maintain uniform prices, violates the Sherman Act whether the prices in themselves were reasonable or unreasonable".

233) United States v. Scony Vacuum Oil Co., 310 U.S. 150, 60 S.Ct.811(1940): "combination formed for the purpose and with the effect of raising, depressing, fixing, pegging, or stab－ilizing the price of a commodity … is illegal per se".

234) 서고판 1992. 4. 22. 91구3248(대판 1992. 11. 13. 92누8040); 대판 2001. 5. 8. 2000두10212(운송비); 대판 2001. 5. 8. 2000두6510(판매가격, 운송비); 대판 2001. 5. 8. 2000두6503(판매가격, 운송비); 대판 2001. 5. 8. 2000두7872(판매가격, 운송비); 대판 2002. 5. 28. 2000두1386(공장도가격); 서고판 2003. 10. 2. 2002누12757(하역요금); 서고판 2001. 11. 6. 2000누11088(대판 2003. 1. 10. 2001두10387); 대판 2003. 12. 12. 2001두5552; 대판 2003. 5. 30. 2002두4433; 서고판 2004. 11. 24. 2003누9000; 대판 2005. 1. 28. 2002두12052[자동차보험료(기본보험률), 특별할증률]; 대판 2006. 3. 23. 2003두11124; 대판 2006. 11. 9. 2004두14564, 대판 2004. 11. 23. 2004두10586 및 대판 2006. 11. 24. 2004두12346(판매가격); 서고판 2006. 7. 20. 2004누14344(판매가격); 서고판 2006. 12. 7. 2006누1663(시외전화 맞춤형 정액요금제, 시외전화요금); 서고판 2007. 1. 31. 2005누18305(인터넷전용회선 통신역무); 서고판 2007. 5. 16. 2005누29725(가성소다가격); 서고판 2007. 8. 22. 2006누1168(국제전화요금); 서고판 2008. 7. 24. 2006누26563(닭육가공품 최저판매가격 등); 대판 2008. 10. 23. 2007두2586(시외전화요금); 대판 2010. 3. 11. 2008두15176(설탕판매가격); 대판 2011. 6. 24. 2088두18533등[합성수지(HDPE, PP)가격]; 대판 2011. 9. 8. 2010두344(유통업자의 판매가격); 대판 2013. 1. 24. 2012두24207(계통농약 가격); 대판 2012. 1. 27. 2010두24852, 2010두24833[연질폴리우레탄폼(FPF) 제품가격]; 대판 2013. 11. 14. 2012두19557(Non－DRM 월정액 다운로드 상품가격 및 1곡당 가격); 대판 2014. 11. 27. 2014두1248 등(비료입찰 낙찰가격); 서고판 2016. 10. 28. 2014누65884(기준가격).

235) 서고판 2000. 12. 12. 98누12293; 서고판 2000. 12. 21. 98누12668; 서고판 2000. 12. 21. 98누12637; 서고판 2000. 12. 21. 98누12651(대판 2003. 2. 11. 2001두847).

236) 대판 2002. 7. 12. 2000두10311; 서고판 2005. 1. 26. 2003누21642(최고할인율); 대판 2002. 7. 12. 2000두10311; 서고판 2008. 7. 24. 2006누26563. 서고판 2017. 7. 21. 2016누57788).

건〉),[237] "가격기준표"(〈라이텍산업(주)의 부당공동행위 건〉),[238] "연체이자율"(〈(주) 국민은행의 부당공동행위 건〉),[239] "수수료율"(〈비씨카드(주) 외 11의 공동행위 건 등〉),[240] "협회의 단가표의 일정비율"(〈울산지역 14개 레미콘 제조사업자들의 부당공동행위 건〉),[241] "할인율"(〈시제이 제일제당(주) 및 대상(주)의 부당공동행위 건〉),[242] "단체보험상품의 영업보험료 할인, 환급율, 공동위험율"(〈14개 생명보험사 및 10개 손해보험사의 부당공동행위 건〉),[243] "유류할증료"(〈26개 항공화물운송사업자의 부당공동행위 건〉),[244] "채권수익률"(〈20개 증권사의 부당공동행위 건〉),[245] 등

업체에서 사용하는 가격에는 '리스트 가격', '기준가격', '운영가격(=판매하한가격)', '실제판매가격(net price)' 등이 있다.[246]

최저가격을 정하는 것이 가격의 결정에 해당되는 것에는 의문이 없으나 최고가격을 정하는 것이 부당한 공동행위에 해당하는지 문제된다. 생각건대 최고가격지정도 경쟁제한성이 인정되므로 부당한 공동행위에 해당한다. 관련되는 사례로 미국연방대법원의 〈Maricopa County Medical Society 사건〉을 들 수 있다. 동 판결에서 연방대법원은 최고가격지정과 최저가격지정을 구별하지 않았다.[247] 저가합의도 사업자가 자의적으로 가격을 지배하는 힘을 발휘하는 것으로서 위법하

237) 서고판 2001. 11. 6. 2000누11088(대판 2003. 1. 10. 2001두10387).
238) 서고판 1999. 6. 30. 98누14008.
239) 대판 2006. 9. 22. 2004두7184.
240) 대판 2008. 8. 11. 2007두4919.
241) 대판 20117. 14. 2011두6387.
242) 대판 2012. 9. 13. 2012두11485; 대판 2011. 9. 8. 2010두344.
243) 대판 2012. 5. 24. 2010두375, 2010두399, 2012. 6. 7. 2010두405.
244) 대판 2012두5466 등.
245) 대판 2014. 10. 15. 2014두38125 등.
246) '리스트 가격'은 각종 물가정보지 등에 게재되어 외부에 공개되는 가격이고, '기준가격'은 원가와 이윤을 감안하여 산정되는 것으로서 각 기종별 현장판매가격을 결정하고 운용함에 있어 기준이 되는 가격이다. '운영가격' 내지 '판매하한가격'은 기준가격을 할인하여 소비자에게 판매가격으로 제시되는 가격이며, '실제판매가격(net price)'은 기준가격에서 전체할인율을 적용시켜 산정되는 가격으로 최종적으로 소비자 또는 구매자가 직접 지불하는 가격이다. 서고판 2006. 12. 20. 2006누4167(대판 2008. 4. 24. 2007두2944).
247) Arizona v. Maricopa County Medical Society, 457 U.S. 332, 102 S.Ct.2466(1982): "The agreements do not escape condemnation under the per se rule against price-fixing agreements because they are horizontal and fix maximum prices. Horizontal agreements to fix maximum prices are on the same legal … even if not economic … footing as agreements to fix minimum or uniform prices".

다(〈4개 복사용지 제조 · 판매업체의 부당공동행위 건〉).[248]

가격을 결정 · 유지 또는 변경하는 행위에는 가격을 인상하는 행위뿐만 아니라 가격을 인하하거나 현행가격을 유지하는 행위, 최고가격이나 최저가격범위를 설정하는 행위도 포함된다(「공동행위 심사기준」 Ⅳ. 1.나.).

한편 〈에이스침대 및 시몬스침대의 부당공동행위 건〉 관련 행정소송에서 대법원은 "가격결정 등에 관한 공동행위에는 할인율 등 가격의 구성요소에 관하여 그 수준이나 한도를 정하는 행위가 포함되는 한편, 경쟁관계에 있는 상품을 제조 · 판매하는 사업자들 사이에 '각자 대리점 등 유통업자들에게 영향력을 행사하여 그들이 소비자로부터 받는 판매가격을 결정 · 유지 또는 변경하는 행위'를 할 것을 합의한 것도 포함된다"고 판시하였다.[249] 즉 제조업자들이 자신들의 제품을 판매하는 유통업자들의 판매가격을 합의한 것도 가격결정 공동행위에 해당한다고 보았다.

〈7개 온라인음악서비스사업자의 부당공동행위 건〉 관련 행정소송에서는 "온라인 음악서비스 사업자가 음원 사업자로부터 공급받는 음원의 대가가 신탁 3단체가 정한 사용료 징수규정의 영향을 받아 결정되고, 그 효과로 온라인 음악서비스 사업자가 소비자에게 공급하는 Non-DRM 월정액 다운로드 상품 가격이 5,000원과 9,000원으로 정해질 가능성이 크다고 하더라도, 그 합의의 주요 내용은 그 상품에 제공하는 곡수를 제한함으로써 결국에는 음악서비스 시장의 소비자가 거래하는 1곡당 가격을 결정하는 것이라고 할 것이다. 따라서 이 사건 합의는 단순히 새로운 상품인 Non-DRM 월정액 다운로드 상품의 규격을 정한 것에 그치는 것이 아니라, 공정거래법 제40조 제 1 항 제 1 호가 금지하는 '가격에 관한 합의'라고 보아야 한다."고 판시하였다.[250]

2007년 제 8 호 입찰담합 규정이 신설되기 전에는 입찰담함 사건도 주로 제 1 호로 의율하였다.[251]

248) 서고판 2010. 2. 11. 2009누6539(대판 2010. 6. 24. 2010두5240).

249) 대판 2011. 9. 8. 2010두344.

250) 대판 2013. 11. 28. 2012두17773.

251) 예를 들어 〈대한전선의 부당한 공동행위 건〉(서고판 2013. 8. 28. 2012누30952), 〈주성건설의 교사증축공사 입찰 관련 공동행위 건〉(서고판 1998. 2. 18. 97구7457), 11개 손해보험사의 자동차 보험입찰 관련 공동행위 건〉(대판 2005. 1. 28. 2002두12052), 〈두원냉기 등의 PAC 가격 등 공동 결정행위 건〉(서고판 2001. 11. 6. 2000누11088), 〈15개 건설사의 병부종합청사 신관 신축

한편 부당공동행위가 성립되지 않는다고 판단한 사례도 다수 있다.

"공동행위가 있었다는 진술은 '합의'에 해당하는지에 관한 법률적 견해의 표명으로 이른바 권리자백에 해당하는 것으로 법원을 기속하지 않고 당사자도 자유로이 철회할 수 있으므로 민사소송법 제288조의 사실에 대한 자백으로는 볼 수 없고, 납품물량을 배분하고 계약금액을 동일하게 결정할 만한 유인이 없음"(〈질병관리본부 입찰참가 9개 백신사업자의 부당공동행위 건〉),[252] "거래물량 중의 상당부분(20%)을 Spot거래로 판매한 것은 공동행위에 가담한 것으로 보기 어려운 정황임"(〈6개 LPG 공급회사 부당공동행위 건〉),[253] "감정평가협회에 파견된 한국감정원 직원이 협의회의 결의에 참여하지 않고 위 결의 내용을 사후에 통지받고 서명하였다는 사실만으로는 한국감정원이 이 사건 결의 사항을 위 직원으로부터 통보받았다거나 위 직원을 통하여 통보받은 결의사항에 동의한 것이라고 단정할 수 없음"(〈한국감정원의 부당공동행위 건〉),[254] "17개 금융기관이 한 공동행위의 실질은 지로업무로 인한 적자를 보전 받아야 한다는 공동의 인식아래 은행간 수수료의 인상을 금융결제원에 요청하여 은행간 수수료를 공동으로 인상한 것에 그칠뿐, 더 나아가 은행간 수수료 인상액만큼 지로수수료를 인상하기로 담합한 것은 아님"(〈지로수수료에 관한 17개 은행 부당공동행위 건〉)[255]

1.2 가격의 유지

가격을 결정하는 경우뿐만 아니라 가격을 유지하는 경우도 부당한 공동행위에 해당한다. 가격의 유지에는 정해진 가격을 유지하기로 합의하는 것뿐만 아니라 일정 범위내에서 유지시키기로 합의하는 것도 포함된다.

법원은 "10개 손해보험사가 8개 일반 손해보험에 관하여 순율은 보험개발원이 마련한 참조순율을 사용하고, 부가율은 일정한 범위에서 차별하되, 그 차이는 할인·할증률에 의하여 상쇄하는 내용으로 합의하여 영업 보험료와 실제

공사 입찰 관련 공동행위 건〉(대판 1999. 2. 23. 98두15849), 〈두우종합기술단 등 2개사의 냉난방기 구매입찰 공동행위 건〉(서고판 2006. 1. 11. 2005누6289).

252) 대판 2016. 3. 24. 2013두2302, 2013두925.

253) 서고판 2015. 8. 19. 2014누5165.

254) 서고판 2005. 7. 21. 2003누21475.

255) 대판 2011. 6. 20. 2009두18677.

적용보험료를 일정범위 내에서 유지시킨 행위"(〈10개 손해보험사의 부당공동행위 건〉)를 부당공동행위로 보았다.[256)]

1.3 가격의 변경

가격을 변경하는 행위에는 가격을 인상하는 것이 통상적이지만[257)] 가격을 인하하는 경우에도 해당되는지가 문제된다. 가격을 대폭 인하할 요인이 생겼더라도 합의에 의해 소폭으로 인하하는 경우 경쟁제한성에 있어서는 차이가 없으므로 해당된다고 해석된다. 〈(주)케이티의 공동행위 건(시외전화)〉 관련 행정소송에서 서울고등법원도 "합의로 인하여 국제전화시장에서의 가격경쟁이 완화되어 그 요금이 적게 인하됨으로써 결국 국제전화의 이용자인 선량한 소비자들이 피해를 입게 된 것"이라고 판시한 예가 있다.[258)] 〈4개 복사용지 제조·판매업체의 부당공동행위 건〉 관련 행정소송에서 서울고등법원은 저가합의도 자의적으로 가격을 지배하는 힘을 발휘하는 것으로 위법하다고 보았다.[259)]

2. 거래조건 등의 결정

사업자는 다른 사업자와 공동으로 부당하게 경쟁을 제한하는 "상품 또는 용역의 거래조건이나, 그 대금 또는 대가의 지급조건을 정하는 행위"를 할 것을 합의하여서는 아니된다(법 제40조 제 1 항 제 2 호).

"거래조건"이란 상품 또는 용역의 품질, 거래의 장소, 거래의 방법, 운송조건 등과 같이 상품 또는 용역의 거래와 관련된 조건을 의미한다. "대금 또는 대가의 지급

---

256) 대판 2011. 9. 8. 2008두23894 등.

257) 서고판 2006. 12. 28. 2005누16040(대판 2007. 12. 13. 2007두2852)(지게차가격); 서고판 2006. 12. 20. 2006누4167(대판 2008. 4. 24. 2007두2944)(지게차가격); 대판 2008. 8. 21. 2007두4919(카드가맹점수수료율); 서고판 2007. 5. 17. 2006누5139(대판 2008. 9. 25. 2007두12699)(굴삭기 및 휠로다가격); 대판 2008. 10. 23. 2008두10621(아이스크림가격); 서고판 2008. 5. 28. 2007누22865 판결(아이스크림가격); 대판 2008. 10. 23. 2007두12774(가성소다가격); 대판 2008. 11. 13. 2007두14602(가성소다가격); 대판 2008. 11. 13. 2007두14442(가성소다가격); 대판 2008. 11. 13. 2006두13145(철근가격); 대판 2007. 11. 29. 2006두18928(지게차가격); 대판 2008. 11. 27. 2007두12712(가성소다가격); 대판 2010. 3. 11. 2008두15176(설탕가격); 대판 2013. 1. 24. 2012두24207(개통가격).

258) 서고판 2007. 8. 22. 2006누1168.

259) 서고판 2010. 2. 11. 2009누4167(대판 2010. 6. 24. 2010두5240).

조건"이란 지급 수단, 지급 방법, 지급 기간 등과 같이 대금 또는 대가의 지급과 관련된 조건을 의미한다(「공동행위 심사기준」 Ⅳ. 2).

법원이 다음과 같이 판단한 사례가 있다.

"판매에 따른 포장, 운송 및 판매계약도 조합에서 일괄처리하기로 하는 공동사업약정을 체결"(〈동아출판사 등 6개 출판사의 부당공동행위 건〉),[260] "위탁수수료 · 판매장려금 · 출하장려금의 요율을 동일하게 유지 · 인상하는 내용을 합의"(〈한국청과(주) 외 5의 부당공동행위 건〉),[261] "덤 증정행사 중단합의"(〈3개 유제품 사업자의 덤 증정 중단 관련 부당공동행위 건〉),[262] "계통등록을 한 사업자가 추가장려금의 상환을 합의"(〈17개 상토 제조 · 판매사의 부당공동행위〉)[263]

한편 〈(사)대한손해보험협회 외 10의 공동행위 건〉에서 손해보험회사들이 자동차보험 계약자들에게 무료로 제공하던 긴급출동 서비스가 법 제40조 제1항 제2호의 거래조건에 해당하는지가 문제되었다. 이에 대해 대법원은 "대부분의 차종에 대하여 자동차종합보험 및 책임보험에 가입한 모든 계약자에 대하여 적용되는 점, 서비스 내용이 사고발생의 예방이라는 측면에서 자동차손해보험과 밀접한 관계를 가지고 있는 점, 소비자들이 긴급출동 서비스를 보험사업자의 보험계약자에 대한 거래조건으로 인식하고 있는 점, 위 서비스의 운영이 손해보험회사 재산운영의 안전성 · 수익성 · 유동성 및 공공성에 반하지 않는 점 등을 종합적으로 고려하면, 무료 긴급출동 서비스는 자동차손해보험 사업자가 자동차손해보험 계약자에게 제공하는 서비스로서 '거래조건'에 해당하다"고 판시하고 손해보험회사들의 5개 주요 긴급출동 서비스 폐지 및 유료화 행위에 대하여 공동행위의 추정규정을 적용하였다.[264]

〈13개 음원유통사업자의 부당 공동행위 건〉관련 행정소송에서 대법원은 "음원 사업자들의 모임인 디지털음악산업발전협의회의 회원사로 회의에 참석하면서 다른 외국계 음원사업자들과 달리 Non-DRM 상품에 음원 제공의사를 밝

260) 서고판 1992. 4. 22. 91구3248(대판 1992. 11. 13. 92누8040).
261) 서고판 2004. 5. 12. 2003누5817.
262) 대판 2012. 8. 30. 2012두10093.
263) 대판 2012. 6. 28. 2012두12945; 대판 2012. 9. 13. 2012두16497.
264) 대판 2006. 11. 23. 2004두8323.

혀 왔던 점, 먼저 온라인 음악서비스 사업자와 음원사업자의 지위를 겸하는 엠넷미디어 주식회사 등 주요 4개사가 월 정액제 Non-DRM 상품에 음원을 공급하되 곡수 무제한 상품에는 공급하지 않고 월 40곡 5,000원, 월 150곡 9,000원 상품에만 음원을 공급하기로 합의한 행위"를 법위반으로 판단하였다.[265]

3. 상품생산 등의 제한

사업자는 다른 사업자와 공동으로 부당하게 경쟁을 제한하는 "상품의 생산·출고·수송 또는 거래의 제한이나 용역의 거래를 제한하는 행위"를 할 것을 합의하여서는 아니된다(법 제40조 제1항 제3호). 사업자가 공동으로 생산·판매 등의 수량을 제한하는 것은 시장의 수급관계에 영향을 미쳐 결국 가격유지·인상의 효과를 가져오게 되며, 생산자의 경영능률에 따른 비용절감노력을 저해하는 것은 물론 사업자의 경영수단을 제약하게 된다.

> 상품 또는 용역의 거래에서 생산량, 판매량, 출고량, 거래량, 수송량 등을 일정한 수준 또는 비율로 제한하거나 사업자별로 할당하는 행위가 포함된다. 가동률, 가동시간, 원료구입 여부 또는 비율 등을 제한함으로써 실질적으로 생산·출고·수송을 제한하는 행위도 포함된다(「공동행위 심사기준」 Ⅲ. 3).

법원이 다음과 같이 판단한 사례가 있다.

> "시장점유율 합의"(〈4대석도강판 제조업체의 부당공동행위 건〉),[266] "구매비율합의"(〈11개고철수요업체와 한국철강협회의 고철구매가격공동행위 건〉),[267] "생산수량합의"(〈두원냉기(주)의 가격, 공급제한, 사업활동방해 공동행위 건〉),[268] "비타민 판매량 내지 시장점유율 할당 및 판매가격 합의"(〈에프호프만 로슈외 5의 부당공동행위 건〉),[269] "시외전화 사전선택제 가입자수 분할 및 상호협조"(〈(주)데이콤의 부당

265) 대판 2013. 11. 14. 2012두19298.

266) 대판 2001. 5. 8. 2000두10212; 대판 2001. 5. 8. 2000두6510; 대판 2001. 5. 8. 2000두6503; 대판 2001. 5. 8. 2000두7872; 서고판 2004. 11. 24. 2003누9000.

267) 대판 2002. 7. 12. 2000두10311.

268) 서고판 2001. 11. 6. 2000누11088(대판 2003. 1. 10. 2001두10387).

269) 서고판 2004. 11. 24. 2003누9000.

공동행위 건〉),[270] "인상된 가격의 유지를 위하여 국내출고량을 조절할 목적으로 각사의 생산능력에 따른 수출분담량을 공동으로 결정하여 실행"(〈백광산업(주)의 부당공동행위 건〉),[271] "삼계육의 출고량조절"(〈하림(주) 외 15의 공동행위 건〉),[272] "가성소다 국내 출고량조절"(〈(주)엘지화학의 공동행위 건 등〉),[273] "시외전화 사전선택제 가입자 수 분할 및 상호협조"(〈하나로텔레콤(주)의 공동행위 건〉),[274] "지분율 합의 및 공구배분 합의"(〈4대강살리기 1차 턴키공사 관련 건설업자들의 부당공동행위 건〉),[275] "낙찰물량 배분"(〈13개 비료제조·판매사업자의 부당한 공동행위 건〉)[276]

〈한전 발주 저압전자식 전력량계 구매입찰 참가 12개 사업자의 부당공동행위 건〉 관련 행정소송에서 서울고등법원은 "실제로 납품한 물량(3.9%)이 이 사건 공동행위에서 정한 각 업체별 수주물량(7%)과 다소 차이가 있다 하더라도, 이러한 사정만으로는 물량배분행위에 대한 합의의 존재를 부정할 수 없다", "합의에 참여한 원고의 담당직원이 누구였는지에 관한 진술이 일치하지 않는 점 등의 사정만으로 독단적으로 입찰에 참여하였다고 볼 수 없다"고 판시하였다.[277]

4. 거래지역 · 거래상대방 제한

사업자는 다른 사업자와 공동으로 부당하게 경쟁을 제한하는 "거래지역 또는 거래상대방을 제한하는 행위"를 할 것을 합의하여서는 아니된다(법 제40조 제1항 제4호). 이를 보통 시장분할카르텔이라고 한다. 미국에서도 실재 또는 잠재경쟁자들간의 시장분할·고객분할 약정은 간접적 형태의 산출량 제한으로서 가격고정과 동일한 반경쟁적 효과를 가지고 있기 때문에 「셔먼법(Sherman Act)」 제1조의 당연위법으로 취급된다. 1899년의 〈Addyston Pipe 사건〉[278]과 1972년

270) 서고판 2006. 12. 7. 2006누1663.
271) 서고판 2007. 5. 16. 2005누29725.
272) 서고판 2008. 7. 24. 2006누26563.
273) 대판 2008. 10. 23. 2007두12774; 대판 2008. 11. 13. 2007두14602; 대판 2008. 11. 27. 2007두12712.
274) 대판 2008. 10. 23. 2007두2586.
275) 대판 2014. 9. 4. 2014두7411 등.
276) 대판 2014. 11. 27. 2014두1248 등.
277) 서고판 2015. 8. 20. 2014누70435.
278) Addyston Pipe & Steel Co. v. United States, 175 U.S. 211(1899). In the Addyston case six

의 〈Topco Associates 사건〉[279] 및 1990년의 〈Palmer 사건〉[280]을 예로 들 수 있다. OECD에서도 시장분할카르텔을 가격고정, 생산량제한 및 입찰담합과 함께 이른바 '경성카르텔'로 규정하여 당연위법으로 볼 것을 권고하였다.[281] 거래지역 또는 거래상대방을 제한하는 행위는 법 제45조의 불공정거래행위에도 해당하나 1개의 사업자가 행한 행위라는 점에서 차이가 있다.

> 사업자별로 거래지역을 정하는 행위, 특정 지역에서는 거래하지 않도록 하거나 특정 지역에서만 거래하도록 하는 행위 등과 같이 거래지역을 제한하는 행위가 포함된다. 사업자별로 거래상대방을 정하는 행위, 특정사업자와는 거래하지 않도록 하거나 특정사업자와만 거래하도록 하는 행위등과 같이 거래상대방을 제한하는 행위가 포함된다(「공동행위 심사기준」 Ⅳ. 4).

법원이 다음과 같이 판단한 사례가 있다.

> "동남상선소속 연안여객선에 대한 하역작업은 A회사에서 담당하는 대신 그 밖의 연안여객선 및 연안화물선에 대한 하역작업은 B회사에서 전담키로 약정"(〈대한통운(주)와 (주)동양통운의 부당공동행위 건〉),[282] "과다한 경쟁을 회피한다는 명목으로 자신들이 생산하는 민수아스콘을 수요자에게 직접 판매하지 아니하고 별도회사를 설립한 후 위 회사를 통하여 아스콘을 판매하기로 합의"(〈경기아스콘산업(주) 외 9사의 거래상대방제한공동행위 건〉),[283] "생산하여 종래 도·소매상 등에게 판매하고 있던 음반을 이후 특정업체를 통해서만 판매하기로 합의하고 다른 업자와 음반거래를 하는 경우 그 업체에 손해배상을 하기로 음반판매대행계약을 맺은 사실"(〈(주)

companies, engaged in the manufacture and sale of iron pipe, had formed a combination whereby competition in the sale of pipe throughout the United States was practically destroyed. In the exercise of the power thus possessed, the combination had allotted to its several member companies the territory within which each should have the exclusive right to sell its products.

279) United States v. Topco Associates, Inc., 405 U.S. 596, 92 S.Ct. 1126(1972): "One of the classic example of a per se violation of §1 is an agreement between competitors at the same level of the market structure to allocate territories in order to minimize competition".

280) Palmer v. BRG of Georgia, Inc., 498 U.S. 46(1990).

281) 공정거래위원회 20년사(2001), 379면.

282) 대판 1987. 7. 7. 86다카706.

283) 서고판 2003. 4. 10. 2001누6779.

에스엠엔터테인먼트 외 6사의 거래상대방제한공동행위 건〉),[284] "아파트관리 전산업무에 대하여 영업지역을 분할하고, 자기 분담지역 내에서만 아파트관리 전산업무 영업활동을 수행하기로 합의"(〈(주)아이엠씨의 공동행위 건〉),[285] "서로 상대방의 거래처를 침범하지 말고 기존 거래처를 최대한 유지하자는 합의"(〈7개 의류폐기물 중간처리사업자의 부당공동행위 건〉),[286] "신규거래선에 전화·견적제시·샘플제공 등을 금지하는 등 경쟁사의 거래처에 침범하지 아니할 것을 합의하고, 사업자별 일정시점의 시장점유율을 유지하기로 합의"(〈8개 연질폴리우레탄 제조·판매사업자의 부당공동행위 건〉),[287] "차고지이전을 통한 노선연장제한 뿐 아니라 사업계획 변경신청 및 운행차량 증가 등 일체의 행위를 제한하는 합의"(〈7개 버스사업자의 부당공동행위 건〉),[288] "동아제약으로 하여금 국내지역에서 복제약을 거래하지 못하도록 하는 합의"(〈그락소 리미티드 및 동아제약(주)의 부당공동행위 건〉),[289] "저가로 예선을 공급하던 포츠다이렉트와의 계약이나 지원을 금지하고 위반시 벌칙까지 부과한 행위"(〈여수·광양항 11개 예선업체의 부당공동행위 건(대동해운 외6 등)〉)[290] 등

5. 설비신설 등의 방해·제한

사업자는 다른 사업자와 공동으로 부당하게 경쟁을 제한하는 "생산 또는 용역의 거래를 위한 설비의 신설 또는 증설이나 장비의 도입을 방해하거나 제한하는 행위"를 할 것을 합의하여서는 아니 된다(법 제40조 제 1 항 제 5 호).

업계 전체 또는 개별 사업자별로 설비 총량 또는 신·증설 규모를 정하는 행위, 특정한 장비 도입을 제한하거나 또는 유도하는 행위 등이 포함된다(「공동행위 심사기준」 Ⅳ. 5).

법원이 다음과 같이 판단한 사례가 있다.

284) 서고판 2003. 6. 3 2002누13903.
285) 서고판 2008. 10. 8. 2008누8514.
286) 대판 2011. 2. 14. 2010두26636.
287) 대판 2012. 1. 27. 2010두24852, 2010두24388.
288) 대판 2010. 8. 26. 2010두13029.
289) 대판 2014. 2. 27. 2012두24498 2012두27794.
290) 서고판 2017. 8. 25. 2016누62100.

> "차고지이전을 통한 노선연장제한뿐 아니라 사업계획 변경신청 및 운행차량 증가 등 일체의 행위를 제한하는 합의"(〈7개 버스사업자의 부당공동행위 건〉)[291]

〈정유사 원적지 담합 건〉 관련 행정소송에서 대법원은 '타사와 별도의 협의 없이 자연스럽게 과도한 유치경쟁을 자제하는 태도 또는 관행이 형성되었다고 볼 수 있는 점', '실무자가 회사내부의 구체적인 논의나 상급자의 직·간접적인 지시도 없이 이 사건 합의를 하였다는 것을 쉽게 수긍할 수 없는 점' 등을 감안하여 합의를 인정하지 않았다.[292]

6. 상품 또는 용역의 종류·규격 제한

사업자는 다른 사업자와 공동으로 부당하게 경쟁을 제한하는 "상품 또는 용역의 생산·거래시에 그 상품 또는 용역의 종류·규격을 제한하는 행위"를 할 것을 합의하여서는 아니 된다(법 제40조 제1항 제6호).

> 특정 종류 또는 규격의 상품 또는 용역을 생산 또는 거래하지 않도록 하는 행위, 사업자별로 상품 또는 용역의 종류 또는 규격을 할당하는 행위, 새로운 종류 또는 규격의 상품 또는 용역의 생산 또는 공급을 제한하는 행위가 포함된다(「공동행위 심사기준」 Ⅳ. 6).

법원이 다음과 같이 판단한 사례가 있다.

> "자습서 및 카세트테이프의 규격과 체제를 통일"(〈동아출판사 등 6개 출판사의 부당공동행위 건〉),[293] "사전에 특정공법 및 설비들을 기본설계에서 제외하거나 포함시키기로 합의"(〈(주)대우건설의 부당공동행위 건〉),[294] "번들상품출시를 금지한 행위"(〈(주)데이콤의 부당공동행위 건〉),[295] "온라인음악서비스사업자들이 Non-DRM

291) 대판 2010. 8. 26. 2010두13029.
292) 대판 2015. 1. 29. 2012두21840, 2013두18759, 2015. 2. 12. 2013두19387.
293) 서고판 1992. 4. 22. 91구3248(대판 1992. 11. 13. 92누8040).
294) 서고판 2005. 9. 28. 2004누22093.
295) 서고판 2006. 12. 7. 2006누1663; 대판 2008. 10. 23. 2007두2586.

> 월정액 다운로드 상품 및 복합상품의 가격 및 곡수, 인상시기와 인상폭, Non-DRM 월정액 다운로드에 DRM을 한 상품의 가격, MR상품의 가격, 자동연장 결제할인 적용여부, 단품다운로드의 가격, 온라인 무료체험 이벤트 적용 여부에 대하여 합의하고 이를 실행"(〈7개 온라인음악서비스사업자의 부당공동행위 건〉)[296]

7. 공동회사의 설립

사업자는 다른 사업자와 공동으로 부당하게 경쟁을 제한하는 "영업의 주요 부문을 공동으로 수행·관리하거나 수행·관리하기 위한 회사 등을 설립하는 행위"를 할 것을 합의하여서는 아니 된다(법 제40조 제 1 항 제 7 호).

> 상품 또는 용역의 생산, 판매, 거래, 원자재의 구매, 기타 영업의 주요 부분을 공동으로 수행하거나 관리하는 행위, 이를 위해 회사 등을 설립하는 행위가 포함된다(「공동행위 심사기준」 Ⅳ. 7).

예컨대 상호 경쟁관계에 있는 다수의 사업자들이 상품 또는 서비스의 공동판매 또는 원자재의 공동구입을 위한 합작회사(joint venture)를 설립하는 경우이다.[297] 다만 합작회사(joint venture)는 반경쟁적 효과도 있지만 연구개발촉진 등 효율성을 증대시키는 측면도 있으므로 개별사안별로 경쟁제한성을 판단하여야 한다.

합작회사(joint venture)란 둘 또는 그 이상의 기업이 공동으로, 그렇지 않았으면 기업이 혼자 수행했을 행위를 수행하는 것을 말한다.[298] 합작회사는 참가하는 기업에 경쟁사업자가 포함되고 그 기업들이 공동으로 시장력을 가질 때, 구성원의 가격이나 생산에 관한 결정, 마케팅, 제품표준화 및 시장상황보고를 포함할 때, 배타적 영업일 때 경쟁에 대한 위협이 되지만, 생산, 연구개발 등에서 규모의 경제를 실현하기 위한 경우, 상품유통의 효율화를 위한 경우,[299] 무임승차자(free rider) 문제의 해결을 위한 경우[300] 및 네트워크산업(network industries)의 경

296) 대판 2013. 11. 14. 2012두19557 등.

297) 권오승, 299면.

298) Hovenkamp, 83면.

299) 〈Appalachian Coal 사건: Appalachian Coal, Inc., v. U.S., 288 U.S. 344(1933)〉에서 연방대법원은 137개 석탄생산업자간의 공동판매기구를 승인하였다.

300) 무임승차자는 대가를 지불하지 않고 다른자에 의해 제공되는 상품과 용역을 이용하는 기업을

우,[301] 가격정보교환을 위한 경우,[302] 시장촉진자(market facilitators)인 경우[303]에는 합리성이 인정될 수 있다.[304]

공동회사의 설립과 기업결합행위는 구별이 어려운 점이 있다. 일반적으로 사업자간의 합의에 의해 탄생하는 사업체가 지속적인 사업기반을 보유하고 최소한 자신의 주체적인 영업활동에 있어서 자유로운 의사결정을 할 수 있다면 새로운 회사설립방식에 의한 기업결합이 되고, 반면 외부에는 독립적으로 존재하는 사업체라도 장기적인 존속기반이 없고, 공동행위 참가자들이 구체적인 영업활동까지 조정·통제한다면 공동행위 규정이 적용된다고 해석하는 것이 일반적이다.[305] 공정거래위원회는 2009년 양사가 50:50 지분으로 서호주지역 철광석 합작회사를 설립한 〈BHP빌리턴과 리오틴토의 조인트벤처 건〉에 대하여 독립된 운영주체를 설립하는 행위로 보아 기업결합으로 심의를 한 사례가 있다.

공동회사 설립은 넓은 의미로 전략적 제휴의 한 형태로 볼 수 있다. 경제적으로 독립된 사업자간의 전략적 제휴가 법 제40조 제1항의 부당한 공동행위에 포섭될 수 있는지 여부가 문제된다. 법에 규정되어 있는 공동회사 설립 외에도

말한다. 무임승차문제가 광범위하게 퍼진 곳, 특히 연구개발(R&D) 결과물이 특허로 보호받지 못하거나, '특허모방(invent around)'이 쉽다면 연구개발 합작기업이 무임승차문제를 해결하는 한 방편이 된다. 〈Topco Association 사건: United States v. Topco Associates, 405 U.S. 596 (1972)〉에서 25개의 중소 슈퍼마켓이 공동으로 'Topco'를 설립하고 그 이름으로 공동구매·포장·유통행위를 한 데 대하여 연방대법원은 지역제한을 이유로 당연위법으로 판결하였다. 이상 Hovenkamp, 85~86면.

301) 네트워크산업에서의 합작회사의 장점에 대한 최초의 판결은 〈Trans－Missouri Freight Ass'n 사건: United States v. Trans－Missouri Freight Ass'n, 166 U.S. 290(1897)〉이다. 1984년의 〈National Collegiate Atheletic Ass'n 사건: National Collegiate Atheletic Ass'n Board of Regents of Uni. of Oklahoma, 468 U.S. 85(1984)〉에서 연방대법원은 대학육상선수들을 관리하는 전국대학체육연맹(NCAA)이 모든 대학이 그들의 경기를 방송할 수 있도록 그들의 방송 시간수를 제한한 규칙에 대하여 법원은 축구방송을 NCAA와 방송사의 합작투자성격으로 보았고 "상품이 모두에게 이용되는데 필수적인 산업"에는 합리의 원칙이 적용되어야 하며, 다만 명백한 경쟁상의 합리성이 없이 대학풋볼의 방송시간을 감축시킨 협정을 위법하다고 보았다. 이상 Hovenkamp, 87면.

302) 〈Container Corp. of America 사건: United States v. Container Corp., 393 U.S. 333 (1969)〉에서 연방대법원은 경쟁자 가격정보교환은 합리의 원칙에 따라 판단되어야 한다고 판시하였다.

303) 〈Chicago Board of Trade 사건: Chicago Board of Trade v. United States, 246 U.S. 231(1918)〉에서 연방대법원은 거래소에 의해 제정된 '입회규칙(call rule)'대하여 합리의 원칙을 적용하여 인정하였다. 입회규칙의 일반적 효과는 관련정보가 모든 참가자에게 동등하게 이용되게 하는 환경에서 거래가 이루어지도록 강제하는 것이었기 때문이었다; 〈BMI 사건: Broadcast Music, Inc. v. CBS, Inc., 441 U.S. 1(1979)〉에서 연방대법원은 BMI사의 '포괄적 라이센스(blanket licenses)' 협정을 통한 저작권 등 권리행사에 대하여 거래비용을 낮추고 대량마케팅을 가능하게 한다는 이유로 인정하였다.

304) Hovenkamp, 83~90면.

305) 오승한, 공정거래법의 쟁점과 과제(2010), 158면.

다양한 형태의 전략적 제휴가 이루어질 수 있는데, 전략적 제휴는 그 외관상 법 제40조 제 1 항의 적용여부가 문제된다. 형식적으로 사업자들간의 계약이나 결의 등의 법적 수단을 갖추어야 하고, 내용적으로는 법 제40조 제 1 항 각호에서 규정하는 경쟁제한행위 중 어느 하나라도 포함하여야만 공동행위에 포섭될 수 있을 것이다.[306)]

공동회사설립에 관한 사례는 드물다. 그간의 공정거래위원회 심결에서는 주로 LP가스판매업자들의 공동회사운영[307)] 및 정화조 제조판매업자들의 공동회사설립 건 등이 있다.[308)] 미국의 〈Eastman Kodak 사건〉에서 연방대법원은 코닥사와 GE 및 Sylvania사의 공동연구개발 협정이 「셔먼법(Sherman Act)」 제 1 조에 위반된다고 판결하였다.[309)] 그러나 당연위법은 아니라고 보았다.

8. 입찰 또는 경매 담합

사업자는 다른 사업자와 공동으로 부당하게 경쟁을 제한하는 "입찰 또는 경매에 있어 낙찰자, 경락자(競落者), 투찰(投札)가격, 낙찰가격 또는 경락가격, 그 밖에 *대통령령*[310)]으로 정하는 사항을 결정하는 행위를 할 것을 합의하여서

306) 이봉의, 자유경쟁과 공정거래(2002), 389면; 연구·개발 협력에 대하여도 마찬가지로 설명할 수 있다. 이봉의, 경쟁법연구 제 8 권(2002), 315면 참조.

307) 대표적으로 부천시 10개 LP가스판매사업자의 부당공동행위 건, 공정의 2012. 2. 10. 2012-018.

308) 19개 정화조 제조·판매업자의 부당공동행위 건, 공정의 2013. 5. 8. 2013-089.

309) Berkey Photo, Inc. v. Eastman Kodak Co, 444 U.S. 1093, 100 S.Ct. 1061(1980); 동 사건의 개요 및 주요 판결내용은 다음과 같다. "Berkey contends that Kodak's agreements with the magicube and flipflash manufacturers violated §1 of the Sherman Act. In particular, it charges that although Kodak did not make any meaningful technological contribution to either system, the secrecy agreements it extracted from GE and Sylvania prevented other camera makers from competing in the production of cameras that could cooperate with the new flash devices. Evaluating all the evidence presented on these issues, the jury found Kodak's conduct to be unreasonable restraints of trade.", "Kodak's challenge to these verdicts is relatively simple. It argues that both projects "involved millions of dollars of research and development expense by Kodak," and "led directly to the introduction of innovative new products" that "gained wide success", "We hasten to add that we do not hold that joint development agreements between a monopolist and a firm in a complementary market are Per se violations of §1. It may be, for example, that the market structure is such that only a dominant firm will have the resources necessary to exploit the complementary technology being offered. If such were the case, the alternative to joint development could be no development at all".

310) 제44조(공동행위의 기준) ① 법 제40조 제 1 항 제 8 호에서 "대통령령으로 정하는 사항"이란 다음 각 호의 사항을 말한다. <u>1. 낙찰 또는 경락의 비율 2. 설계 또는 시공의 방법 3. 그 밖에</u>

는 아니된다(법 제40조 제 1 항 제 8 호). 이는 2007. 8. 3. 제14차 법 개정시 신설된 규정이다. 즉 입찰담합은 종래 가격협정의 한 유형으로 분류되었지만 2007. 8. 3. 법개정시 제40조 제 1 항 제 8 호에서 별도로 규율하고 있다. 입찰담합은 우리나라뿐만 아니라, 미국, 일본, OECD국가 등에서도 빈번히 나타나고 있다.[311]

투찰가격 등 가격에 관한 공동행위를 금지하는 이유는 합의된 가격의 고저 및 이로 인한 소비자들의 일시적인 이익의 유무를 불문하고 사업자가 자의적으로 가격을 지배하는 힘을 발휘하는 것을 허용하지 아니한다는 것이다(〈원주~강릉 철도건설 노반신설 기타공사 4개 공구 입찰 관련 4개 사업자의 부당공동행위 건[한진중공업(주)]〉).[312]

> 낙찰예정자 또는 경락예정자를 사전에 결정하고 그 사업자가 낙찰 또는 경락받을 수 있도록 투찰여부나 투찰가격 등을 결정하는 행위, 낙찰가격 또는 경락가격을 높이거나 낮추기 위하여 사전에 투찰여부나 투찰가격 등을 결정하는 행위가 포함된다. 다수의 입찰 또는 경매에서 사업자들이 낙찰 또는 경락받을 비율을 결정하는 행위, 입찰 또는 경매에서 사전에 설계 또는 시공의 방법을 결정하는 행위, 그 밖에 입찰 또는 경매의 경쟁요소를 결정하는 행위가 포함된다(「공동행위 심사기준」 Ⅳ. 8).

입찰담합의 유형에 대해서는 「입찰에 있어서의 부당한 공동행위 심사지침」[313](이하 "입찰공정화 지침")에서 자세하게 규정하고 있다.

> ① 입찰가격담합: 사업자가 공동(이하 사업자단체를 포함)으로 최저입찰가격(계약목적에 따라서는 최고입찰가격), 수주예정가격 또는 그와 비슷한 것으로 인정되는 것을 결정하는 것은 경쟁을 제한하는 행위로 원칙적으로 위반됨. 여기서는 결정이란 계약·협정·결의 등 명시적 결정뿐만 아니라 기타 어떠한 방법으로도 합의에 도달하게 되는 행위를 말함.
>
> ② 낙찰예정자의 사전결정: 사업자가 공동으로 낙찰예정자 또는 낙찰예정자의 선정방법을 결정하는 것은 입찰제도의 취지에 반하고 상품 및 용역거래에 관한 경쟁을

입찰 또는 경매의 경쟁 요소가 되는 사항

311) 이인권, 공정거래와 법치(2004), 586면; OECD는 2009년 2월 입찰담합방지를 위한 가이드라인(OECD Guideline For Fighting Bid Rigging)을 제정하여 각국에 사용을 권장하고 있다.

312) 서고판 2018. 10. 12. 2017누62695(대판 2019. 2. 28. 2018두63570).

313) 공정거래위원회 예규 제392호(2021. 12. 28).

본질적으로 제한하는 것으로 원칙적으로 위반됨. 여기에서 결정이란 계약·협정·결의 등 명시적 결정뿐만 아니라 기타 어떠한 방법으로도 합의에 도달하게 되는 행위를 말함.
③ 경쟁입찰계약을 수의계약으로 유도: 사업자가 공동으로 특정사업자가 수의계약에 의해 계약할 수 있도록 결정·유도하는 것은 자유로운 경쟁을 배제하는 것으로 원칙적으로 위반됨. 여기에서 결정이란 계약·협정·의결 등 명시적 결정뿐만 아니라 기타 어떠한 방법으로도 합의에 도달하게 되는 행위를 말함.
④ 수주물량 등의 결정: 사업자가 공동으로 입찰에 관련된 수주물량결정과 이러한 수주물량을 나누어 갖기 위해 입찰참가자간 배분 등을 결정하는 행위는 경쟁을 제한하는 것으로 원칙적으로 위반됨. 여기서 결정이란 계약·협정·결의 등 명시적 결정뿐만 아니라 기타 어떠한 방법으로도 합의에 도달하게 되는 행위를 말함.
⑤ 경영간섭 등: 입찰에 참가하려는 사업자가 공동으로 당해 입찰에 관련된 사업자 활동에 대해 지도를 행함에 있어서 입찰가격이나 수주예정자 결정에 영향을 주는 행위는 경쟁제한적인 행위로 원칙적으로 위반됨(이상 「입찰공정화 지침」 3).

서울고등법원은 입찰담합에서 발생하는 정형화된 사실로 첫째, 낙찰가가 경쟁입찰에 비하여 높고,[314] 둘째, 최고투찰율과 최저투찰율과의 편차가 경쟁입찰에 비하여 작으며,[315] 셋째, 입찰참여자의 수가 경쟁입찰에 비하여 많다는 점에 있다고 한다(〈6개사의 무인교통감시장치 구매입찰 담합 건〉).[316] 〈포스코건설 및 포스코플랜텍 발주 컨베이어벨트 구매 입찰 관련 3개사업자 부당공동행위 건[동일고무벨트(주)]〉 관련 행정소송에서도 입찰의 핵심요소는 발주처가 경쟁에 참여

314) 〈극동건설의 호남고속철도 제2.1공구 등 최저가낙찰제 참가 28개 사업자의 부당공동행위 건〉(서고판 2016. 6. 30. 2015누35040) 관련 행정소송에서는 평균낙찰률 71% 내지 72%를 훨씬 상회하는 83~84%로 투찰하였고, 이에 따라 부적정공종으로 판정된 공정이 없는 모든 낙찰사들도 2단계 심사를 거치지 않고 높은 투찰률로 결정되었는바, 이는 원고 등 28개사의 공모없이 경쟁입찰이 있었다면 납득할 수 없는 결과라고 판단하였다; 〈방위사업청 발주 군납입찰 관련 부당공동행위 건〉[서고판 2017. 12. 21. 2017누44574, 2017누45607, 2017누46150(대판 2018. 12. 13. 2018두31900, 2018. 4. 26. 2018두32910, 2018두33081)]; 〈복천식품(주)의 방위사업청 발주 패티류 등 군납입찰 관련 부당공동행위 건〉[서고판 2017. 12. 21. 2017누44574(대판 2018. 12. 13. 2018두31900)] 관련 행정소송에서 법원은 적격심사제 입찰에서는 최대한 적격 최저 투찰률을 겨냥하여 투찰하여야 함에도 불구하고 이를 초과하여 투찰하였다고 인정하였다.

315) 〈한신공영 등 새만금방수제 만경 5공구 건설공사 입찰 관련 부당공동행위 건〉(서고판 2016. 4. 15. 2015누45504) 관련 행정소송에서 법원은 업체들이 공동행위 이전에는 87.4%, 104.5%, 89.4%fhn 실행율을 보았음에도, 94%대로 투찰한 행위를 독자적인 경영판단으로 보지 않았다.

316) 서고판 2013. 11. 21. 2011누27126.

한 다수의 청약인을 대상으로 청약의 내용을 표시하게 하여, 가장 유리한 청약자와 계약을 체결하는 것으로서, '비공개성'과 '비협상성'이 입찰의 본질적 특성으로서 반드시 갖추어야 할 요소라고 볼 수 없다고 보았다.[317] 공동행위에 가격이나 물량배분에 관한 합의가 포함되어도 입찰담합의 성질이 부정되지는 않는다(〈포스코건설 및 포스코플랜텍 발주 컨베이어벨트 구매 입찰 관련 3개사업자 부당공동행위 건[동일고무벨트(주)]〉).[318] 또한 들러리 합의가 공구배분 합의를 실행하기 위한 수단으로 이루어진 경우 제3호 및 제8호가 중첩적으로 적용된다(〈인천도시철도 2호선 턴키공사 입찰 관련 21개 건설사업자의 부당공동행위 건〉).[319]

응찰가격이 다르더라도 입찰담합이 인정된다.[320] 그리고 입찰담합에 있어서의 경쟁제한성은 그 행위의 성격상 명백하다.[321]

그러나 대법원은 "입찰에 있어서의 담합이란 입찰자의 입찰을 함에 즈음하여 실질적으로는 단독입찰인 것을 그로 인한 유찰을 방지하기 위하여 경쟁자가 있는 것처럼 제3자를 시켜 형식상 입찰을 하게하는 소위 들러리를 세운다거나 입찰자들끼리 특정한 입찰자로 하여금 낙찰받게 하거나 당해 입찰에 있어서 입찰자들 상호간에 가격경쟁을 하는 경우 당연히 예상되는 적정한 가격을 저지하고 특정입찰자에게 부당한 이익을 주고 입찰실시자에게 그 상당의 손해를 입히는 결과를 가져올 정도의 가격으로 낙찰되도록 하기 위한 사전협정으로서 그 어느 경우이건 낙찰자가 된 입찰자에게 책임을 돌릴 수 있는 경우를 말하고, 단지 기업이윤을 고려한 적정선에서 무모한 출혈경쟁을 방지하기 위하여 일반거래 통념상 인정되는 범위내에서 입찰자 상호간에 의사의 타진과 절충을 한 경우는 위의 담합에 포함되지 않는다"고 한다.[322]

입찰담합의 예로 법원이 다음과 같이 판단한 사례가 있다.

---

317) 서고판 2018. 7. 25. 2017누68457.

318) 서고판 2018. 7. 25. 2017누68457. 같은 취지 판결로 서고판 2017. 9. 20. 2015누31854(대판 2019. 1. 31. 2017두68110.

319) 대판 2017. 4. 26. 2016두32688.

320) 서고판 1996. 2. 13. 94구36751.

321) 서고판 2001. 3. 22. 99누15152, 99누14784; 서고판 2001. 3. 22. 99누15145, 99누147791; 서고판 2000. 11. 9. 99누9287(대판 2002. 8. 27. 2000두9779); 이인권, 공정거래와 법치(2004), 586면.

322) 대판 1994. 12. 2. 94다41454; 대판 1982. 11. 9. 81다527; 대판 2000. 6. 9. 99두2314; 예산회계시행령, 계약사무처리규칙 및 입찰유의서상의 담합을 말한다.

"건설공사 입찰에 참가함에 있어 서로 합의하여 미리 수주예정업체를 정해 놓고, 나머지 업체는 발주처의 입찰지침서에 정해진 한도보다 높게 이윤율을 책정하는 방법으로 공사예산액을 초과한 금액으로 응찰하여 수주예정업체가 낙찰받을 수 있게 한 행위"(〈대전－통영간 고속도로 진주－통영간 건설구간(제22공구) 입찰참가 2개사의 부당공동행위 건〉),[323] "입찰지역별로 미리 수주예정업체를 정하여 놓고, 다른 입찰참가업체는 설계가격보다 높은 금액으로 투찰하여 탈락하기로 묵시적으로 합의하거나, 암묵적으로 양해한 행위"(〈6개 전기공사업체의 부당공동행위 건〉),[324] "특정업체가 낙찰될 수 있도록 모두 높은 가격으로 응찰한 행위(추정)"(〈서해안고속도로 군산－무안간 건설공사(21공구) 등 3개입찰건 관련 26개사의 부당공동행위 건〉),[325] "군납유류 구매입찰에서 유종별 낙찰예정업체, 낙찰예정업체의 투찰가 및 들러리 업체의 들러리 가격, 희망수량경쟁입찰의 투찰물량을 합의하여 응찰한 행위"(〈현대오일뱅크(주) 외 1의 부당공동행위 건〉),[326] "협의회와 연합회 소속의 감정평가법인 및 한국감정원이 모든 감정평가용역에 참여하지 않기로 합의하는 행위를 공동으로 하는 것"(〈가나평가법인 외 17의 부당공동행위 건〉),[327] "에어컨기종별 낙찰예정자를 사전결정하고, 입찰시 투찰할 단가 및 유찰여부에 대하여 합의"(〈두원냉기(주)의 가격, 공급제한, 사업활동방해 공동행위 건〉),[328] "입찰이전에 미리 낙찰예정자를 정하고 그 낙찰예정자로 하여금 낙찰예정가격에 가까운 가격으로 낙찰받도록 한 행위"(〈일진전기(주) 외 2의 부당공동행위 건〉),[329] "업무용자동차 입찰에서 입찰가격을 동일하게 제출하여 입찰이 유찰되게 한 사실"(〈동양화재해상보험(주) 외 10의 부당공동행위 건〉),[330] "지역난방공사의 경쟁입찰에서 18개 감정평가법인이 입찰에 불참하기로 한 행위"(〈가나평가법인 외 17의 부당공동행위 건〉),[331] "입찰가격과 낙찰자 결정에 관한 합의"(〈(주)두우종합기술단의 부당공동행위 건〉),[332] "임대입

323) 서고판 2001. 3. 22. 99누15152, 99누14784; 서고판 2001. 3. 22. 99누15145, 99누147791.
324) 서고판 2001. 12. 11. 2000누16830.
325) 서고판 2000. 11. 9. 99누9287(대판 2002. 8. 27. 2000두9779).
326) 서고판 2002. 6. 20. 2000누15028(대판 2004. 10. 27. 2002두6842).
327) 서고판 2005. 1. 26. 2003누21642.
328) 서고판 2001. 11. 6. 2000누11088(대판 2003. 1. 10. 2001두10387).
329) 서고판 2004. 11. 3. 2003누17766.
330) 대판 2005. 1. 28. 2002두12052.
331) 서고판 2005. 1. 26. 2003누21642.
332) 서고판 2006. 1. 11. 2005누6289.

찰시장에서의 낙찰자의 결정 및 임대입찰 참가자의 수와 임대입찰가격을 제한한 행위"(〈대한벤딩(주) 외 1의 공동행위 건〉),[333] "구매입찰과정에서 이루어진 투찰가격과 낙찰받은 순번에 관한 의사연락행위"(〈(주)신호의 부당공동행위 건〉),[334] "특정업체(들러리)가 입찰에 형식적으로 참가함으로써 실질적인 경쟁 없이 1개 업체만의 입찰참가에 의하여 낙찰되는 것과 같은 효과가 발생시킨 행위"(〈현대산업개발(주)의 부당공동행위 건 등〉),[335] "입찰에 대비하여 투찰가격을 협의"(〈(주)태영이엠씨의 부당공동행위 건〉),[336] "설계·시공입찰에 참가하는 입찰자들이 공동으로 특정공정 및 설비를 기본설계도서에서 제외하거나 포함시키기로 하는 행위"(〈지에스건설(주)의 부당공동행위 건〉),[337] "구매입찰에 3차례에 걸쳐 참가하면서 낙찰대상업체, 입찰 수량, 입찰단가 및 낙찰물량의 배분 등에 관하여 사전합의를 하고 이를 실행에 옮긴 사실"(〈일진전기(주) 외 1의 부당공동행위 건〉),[338] "2003. 5. 1. 이후 정부기관이 발주하는 지게차의 구매입찰공고시 사전 작업할 물량을 서로 인정하여 들러리를 서주는 형태로 입찰합의의 실행을 묵시적으로 동의한 행위"(〈(주)클라크머터리얼핸들링아시아의 부당공동행위 건〉),[339] "가스절연개폐장치 입찰에서 광명전기를 낙찰자로 정하고 입찰가를 사전에 합의"(〈현대중공업(주)의 공동행위 건 등〉),[340] "조달청의 철근구매입찰에 참가하면서 사전에 공동으로 무응찰과 예가초과입찰로 유찰시키거나 업체별로 낙찰예정수량을 합의하여 응찰한 행위"(〈정리회사 나석환 외 3의 공동행위 건 등〉),[341] "6개 건설사 입찰담당직원들이 서울지하철 7호선 연장공사 입찰에서 상호간의 경쟁을 피하기 위하여 각자 1개공구의 입찰에만 참가하기로 합의하고, 각자 컨소시엄을 구성하여 해당 컨소시엄의 대표자로서 합의에서 정한 해당공구의 입찰에만 참가하여 실시설계적격자로 선정된 행위"(〈서울지하철7호선 연장(701공구~706공구) 건설공사 입찰 참가 6개 건설사의 부당공동행위 건〉),[342] "상

333) 서고판 2006. 9. 14. 2005누25587.

334) 서고판 2006. 4. 26. 2005누21127.

335) 대판 2006. 12. 7. 2004두3045; 대판 2006. 12. 8. 2004두9661.

336) 서고판 2007. 6. 13. 2006누27672.

337) 대판 2007. 9. 20. 2005두15137.

338) 서고판 2007. 11. 8. 2005누19759.

339) 대판 2007. 12. 13. 2007두2852.

340) 서고판 2008. 1. 30. 2007누15614; 서고판 2008. 4. 30. 2007누29033; 서고판 2008. 5. 29. 2007누28580; 서고판 2008. 4. 30. 2007누29194.

341) 서고판 2006. 6. 7. 2004누11475(대판 2008. 8. 11. 2006두12104); 서고판 2006. 6. 7. 2004누11567(대판 2008. 8. 21. 2006두12081).

342) 서고판 2008. 10. 22. 2007누21879(대판 2009. 2. 12. 2008두22075); 대판 2009. 1. 30. 2008두

주시 하수관거정비사업 입찰에 A회사가 구성한 컨소시엄이 우성협상대상자로 선정될 수 있도록 B회사는 형식적 경쟁자로 하여, A회사의 컨소시엄은 고시금액의 92.6%, B회사의 컨소시엄은 고시금액의 95.9%로 입찰에 참여하기로 하고, 그에 따라 A회사의 컨소시엄이 우선협상대상자로 선정"(〈상주시 하수관거정비 BTL 민간투자사업 입찰참가 2개사의 부당공동행위 건〉),[343] "충주시 임도구조개량사업입찰에서 입찰에 참가한 산림조합사이에 A조합이 낙찰받기로 하는 합의"(〈충주시 임도구조개량사업 입찰참가 10개 충북지역 산림조합의 부당공동행위 건〉),[344] "서울경인조합과 한국강남레미콘공업협회 등이 서울 및 인천조달청이 실시한 수도권지역 관수레미콘 구매입찰과 관련하여 소속회원사 등의 투찰물량을 협의하여 투찰물량이 확정되자 서울경인조합 등은 1, 2차입찰을 기초금액 및 예정금액보다 높게 투찰하여 유찰시킨 후 3차입찰에서 모든 입찰참여사들이 예정가격 대비 99.9% 이상으로 낙찰을 받은 행위"(〈관수레미콘 구매입찰 25개 레미콘 제조·판매사업자의 부당공동행위 및 한국레미콘공업협회의 사업자단체금지행위 건〉),[345] "한국토지주택공사가 발주한 8개 아파트 건설공사 입찰에 참여하면서 낙찰예정자를 사전에 결정하고 정해진 낙찰예정자가 낙찰받을 수 있도록 투찰금액을 합의한 행위"(〈인천향촌 아파트 건설공사 2공구 입찰참가 13개 건설사의 부당공동행위 건〉),[346] "사옥건설공사 입찰 및 아파트 건설공사 입찰 등에 참여하면서 낙찰예정자를 사전에 결정하고 정해진 낙찰예정자가 낙찰받을 수 있도록 투찰금액을 합의하여 결정한 행위"(〈주공 인천지역사옥본부 건설공사 1공구 입찰참가 18개 건설사의 부당공동행위 건〉),[347] "광케이블 연간 구매단가입찰에서 낙찰사, 투찰가격 및 낙찰순위를 사전에 합의·실행"(〈KT발주 광케이블 구매입찰 참가 11개 광케이블 제조·판매회사의 부당공동행위 건〉),[348] "입찰의 경쟁요소가 되는 사항인 설계내용에 대하여 합의"(〈영주다목적댐 입찰 관련 2개 사업자 및 2개 설계용역사의 부당공동행위 건〉),[349] "경쟁업체에 자신의 기술제안서 등을 대신 작성하도록 부탁하고 경쟁업체가 이를 수락한 행위"(〈상동광산 광물찌꺼기 유실방지 입찰 관련 2개 사업자의 부당공동행위 건(씨엠

21812, 2009. 2. 12. 2008두18106, 2008두18113, 2008두21188,

343) 대판 2009. 1. 15. 2008두20734.

344) 대판 2009. 2. 12. 2008두21348.

345) 서고판 2010. 10. 27. 2009누33920.

346) 서고판 2012. 8. 30. 2011누17884(대판 2012. 7. 12. 2012두7875).

347) 대판 2012. 5. 11. 2012두2597, 2012. 5. 10. 2012두2030, 2012. 5. 25. 2012두6001 등.

348) 대판 2012. 9. 13. 2012두12044.

349) 대판 2014. 9. 16. 2014두37733; 대판 2016. 7. 22. 2014두42643; 서고판 2014. 5. 14. 2013누11132.

등)〉),[350] "제1, 2조합이 참여하는 입찰절차에서 내부적으로 물량배분과 입찰단가에 관하여 서로 의사연락이 있는 경우"(〈한전발주 기계식 전력량계 구매입찰 관련 부당공동행위 건(와이피피)〉),[351] "투찰율 상한 합의"(〈포항영일반항 외곽시설(2.1단계) 축조공사 부당공동행위 건(현대건설)〉),[352] "투찰율 합의"(〈화양-적금(3공구) 도로공사 입찰 관련 4개 사업자의 부당공동행위 건(포스코 건설)〉),[353] "사후적으로 공구별 입찰에 들러리로 참여"(〈호남고속철도 제2.1공구 등 최저가낙찰제 참가 28개 사업자 부당공동행위 건(고려개발)〉),[354] " 유찰방지를 위해 들러리로 참여한 행위"〈신동아건설의 인천도시철도 2호선 턴키공사 입찰 관련 부당공동행위 건(신동아건설)〉,[355] "투찰가격 합의 및 설계부문 경쟁을 한 경우"(〈충남도청 이전신도시 하수처리시설 건설공사 입찰 관련 4개사업자의 부당공동행위 건〉)[356]

입찰 담합의 주체 관련하여 법원은 임직원이 회사의 이익을 위하여, 회사의 업무에 관하여 한 행위는 회사의 행위에 해당한다고 판시하였다(〈인천도시철도 2호선 턴키공사 입찰 관련 21개 건설업자의 부당공동행위 건(에스케이건설 등)〉).[357] 그리고 위탁판매자로서 실질적 거래주체의 지위에 있으면 입찰담합의 주체로 인정된다(〈5개 백판지 제조판매회사의 부당공동행위 건〉).[358] 서울고등법원은 사업자단체가 사업자로서 행위한 경우에도 입찰담합을 인정하였다(〈삼성카드(주)의 부당공동행위 건〉).[359]

조사과정에서의 진술과 관련하여 법원이 다음과 같이 판단한 사례가 있다.

350) 서고판 2017. 6. 15. 2016누78242(대판 2017. 6. 15. 2017두53337).
351) 서고판 2015. 8. 28. 2014누70626.
352) 서고판 2016. 4. 15. 2015누45504(대판 2016. 8. 18. 2016두40191).
353) 서고판 2017. 1. 11. 2015누60794.
354) 서고판 2016. 7. 22. 2014누7543.
355) 서고판 2016. 1. 14. 2014누46333(대판 2016. 5. 12. 2016두32787).
356) 서고판 2015. 12. 11. 2015누42291.
357) 서고판 2016,7.20. 2014누46227(대판 2016. 11. 10. 2016두47550). 같은 취지로 〈아파트 건물 하자유자보수공사 부당공동행위 건[(주)씨케이건설]〉(서고판 2018. 10. 10. 2018누35393). 〈한국수력원자력(주) 발주 고리 2호기 승압변압기 입찰담합 관련 부당공동행위 건[엘에스산전(주)]〉[서고판 2018. 8. 16. 2018누39524(대판 2018. 12. 27. 2018두56053).
358) 서고판 2016. 7. 6. 2014누65914.
359) 서고판 2007. 7. 25. 2007누2946.

"피고의 조사단계부터 관련 형사사건의 검찰조사 및 증인신문까지 이 사건 모임에 참석하였다고 일관되게 진술하였다면, 진술의 신빙성이 높다고 판단되므로, 그 후 기억나지 않는다는 취지로 진술을 번복했다거나, 관련자의 진술이 다소 엇갈린다고 하여도 공동행위를 인정할 수 있음"(〈대구도시철도 3호선 턴키대안공사 입찰참가 16개 사업자의 부당공동행위 건(포스코 등)〉),[360] "진술이 합의의 일시와 장소, 구체적인 합의 실행과정 등에 관하여 직접 경험하지 않은 사람이라면 진술할 수 없는 구체적인 내용을 담고 있을 뿐만 아니라, 다른 주변 정황들과 모순되는 부분이 없으므로 신빙성이 높음"(〈김포한강도시 크린센터 시설공사 입찰참가 6개 사업자의 부당공동행위 건(지에스건설 등)〉),[361] "부과받은 과징금 규모나 조사협력을 통하여 감경받은 비율을 감안하면 조사감경을 받고자 있지도 않은 사실을 허위로 진술한 것으로 보기 어려움"(〈새만금방수제 만경 5공구 건설공사 입찰 관련 부당공동행위 건(한신공영 등)〉)[362]

그리고 〈주공 인천지역본부사옥 건설공사 1공구 입찰참가 18개 건설사의 부당공동행위 건〉 관련 행정소송에서도 대법원은 최저가 방식의 입찰에서 일부 공종의 입찰금액을 합의한 것만으로도 입찰담합에 해당한다고 보았다.[363]

한편 입찰에 있어서 공동수급체를 구성하는 행위가 법 제40조 제 1 항의 부당한 공동행위가 되는지 여부가 문제된 사례가 있다. 즉 〈서울지하철7호선 연장(701공구~706공구) 건설공사 입찰참가 6개 건설사의 부당공동행위 건〉에서 공정거래위원회[364] 및 서울중앙지방법원[365]은 부당한 공동행위에 해당한다고 판단하였으나, 대법원[366]은 국가계약법 제25조 제 1 항 및 동법 시행령 제72조 제 2 항에 의하여 국가를 당사자로 하는 계약에서 공동수급체를 구성하는 행위 그 자체가 위법한 것은 아니라고 전제하고 "여러 회사가 공동수급체를 구성하여 입찰에 참가하는 경우 해당 입찰 시장에서 경쟁자의 수가 감소되는 등으로 경쟁이 어느 정도 제한되는 것은 불가피하나, 사실상 시공실적, 기술 및 면허 보

360) 서고판 2016. 8. 17. 2014누49172(대판 2016. 12. 27. 2016두52200).
361) 서고판 2016. 7. 8. 2014누72882.
362) 서고판 2016. 4. 15. 2015누45504.
363) 서고판 2012. 4. 12. 2011누17563(대판 2012. 9. 17. 2012두11546).
364) 공정의 2007. 7. 25. 2007-361.
365) 서울중앙지판 2008. 6. 27. 2008노862(손해배상).
366) 대판 2011. 5. 26. 2008두6341.

유 등의 제한으로 입찰시장에 참여할 수 없거나 경쟁력이 약한 회사의 경우 공동수급체 구성에 참여함으로써 경쟁능력을 갖추게 되어 실질적으로 경쟁이 촉진되는 측면도 있다. 나아가 공동수급체의 구성에 참여한 회사들로서는 대규모 건설공사에서의 예측 불가능한 위험을 분산시키고 특히 중소기업의 수주기회를 확대하며 대기업의 기술이전을 받을 수 있을 뿐만 아니라, 도급인에게는 시공의 확실성을 담보하는 기능을 하는 등 효율성을 증대하는 효과가 있다"고 판시하고, 공동수급체의 경쟁제한성 유무를 판단함에 있어서는 "앞에서 본 사정들과 함께, 당해 입찰의 종류 및 태양, 공동수급체를 구성하게 된 경위 및 의도, 공동수급체 구성원들의 시장점유율, 공동수급체 구성원들이 아닌 경쟁사업자의 존재 여부, 당해 공동수급체 구성행위가 입찰 및 다른 사업자들과의 경쟁에 미치는 영향 등을 제대로 심리하여 당해 공동수급체의 구성행위로 입찰에서의 경쟁이 감소하여 낙찰가격이나 기타 거래조건 등의 결정에 영향을 미치거나 미칠 우려가 있는지 여부를 판단하여야 한다"고 판시하였다.

한편 담합과 형법상 입찰방해죄의 성립에 관하여 대법원에 의하면 "가장(假裝)경쟁자를 조작하거나 입찰의 경쟁에 참가하는 자가 서로 통모하여 그 중의 특정한 자를 낙찰자로 하기 위하여 기타의 자는 일정한 가격이하 또는 이상으로 입찰하지 않을 것을 협정하는 소위 담합행위는 입찰가격에 있어서 실시자의 이익을 해하는 것이 아니라도 실질적인 단독입찰을 경쟁입찰인 것처럼 가장하여 그 입찰가격으로 낙찰되게 한 경우에는 담합자간에 금품의 수수에 관계없이 일응 입찰의 공정을 해할 위험성이 있다 하겠다. 그러나 담합이 있고 그에 따른 담합금이 수수되었다 하더라도 입찰시행자의 이익을 해함이 없이 자유로운 경쟁을 한 것과 동일한 결과로 되는 경우에는 입찰의 공정을 해할 위험성이 없어 입찰방해죄가 성립하지 않는다"고 한다.[367)]

367) 대판 1983. 1. 18. 81도824: "입찰에 참가한 (갑), (을), (병), (정), (무)의 5개 회사 중에서 (갑)회사의 전무인 피고인이 담합한 것은 (을)회사가 들러리로 세운 (병)회사 뿐이며 (을), (무)회사와는 담합이 이루어지지 아니하여 그들의 투찰가격은 모두 입찰예정가격을 넘고 있으며, 피고인 역시 (을)회사 등으로부터 확답을 못얻어 불안한 나머지 당초 예정한 것보다 훨씬 높은 가격으로 응찰하였고, (병)회사 등이 (을)회사의 들러리로 입찰에 참가하게 된 사정을 몰랐다면 비록 피고인이 담합을 제의하였으나 실질적인 입찰참가자인 (을), (무)회사 등이 이를 받아들이지 않은 이상 그들을 형식적으로 입찰에 참가하게 하여 피고인의 실질적인 단독입찰을 경쟁입찰로 가장한 것이라고 볼 수 없고 결국은 자유경쟁을 한 것과 동일한 결과로 되어 위 (병)회사가 부정한 이익을 받았다 하더라도 그것만으로는 입찰방해죄가 성립한다고 볼 수 없다".

9. 기타 다른 사업자(행위를 한 사업자를 포함)의 사업활동방해행위

그 밖의 행위로서 다른 사업자(그 행위를 한 사업자를 포함)의 사업활동 또는 사업내용을 방해·제한하거나 가격, 생산량, 그 밖에 *대통령령*[368]으로 정하는 정보를 주고받음으로써 일정한 거래분야에서 경쟁을 실질적으로 제한하는 행위를 하여서는 아니된다(법 제40조 제 1 항 제 9 호).

> 영업장소의 수 또는 위치를 제한하는 행위, 특정한 원료의 사용비율을 정하거나 직원의 채용을 제한하는 행위, 자유로운 연구·기술개발을 제한하는 행위 등과 같이 법 제40조 제 1 항 제 1 호부터 제 8 호까지에 해당하지 않는 행위로서 다른 사업자의 사업활동 또는 사업내용을 방해하거나 제한하는 행위가 포함된다. 공동행위 참여 사업자들이 공동행위에 참여하지 않은 다른 사업자의 사업활동 또는 사업내용을 방해하거나 제한하는 경우뿐만 아니라, 공동행위에 참여한 사업자 자신들의 사업활동 또는 사업내용을 제한하는 경우도 포함된다(「공동행위 심사기준」 Ⅲ. 9).

여기서 "다른 사업자"의 범위에 관하여 종래 법원은 "사업활동방해의 대상이 되는 '다른 사업자'에는 '공동행위에 참가한 사업자'는 포함되지 않는다"라고 함으로써 공동행위를 하는 사업자 외의 사업자를 의미한다는 입장이었다.[369] 그러나 2007. 8. 3. 제14차 개정법에 따르면 "그 행위를 한 사업자", 즉 참가사업자가 포함된다. 한편 '공동행위를 하는 사업자 외의 사업자'의 해석과 관련하여 동일한 시장에서의 제 3 자를 의미하는지 거래단계를 달리하는 사업자도 포함되는지의 논의가 있는데 이는 공동행위에 수평적 거래제한외에 수직적 거래제한이 포함되느냐의 문제와 관련이 있다.

2020. 12. 29. 법 전부개정시 '가격, 생산량, 그 밖에 *대통령령*으로 정하는 정보를 주고 받는' 행위를 추가함으로써 정보교환행위에 대하여 규제할 수 있는 근거를 명문화하였다. 이에 대해서는 『사업자 간 정보교환이 개입된 부당한 공

---

368) 제44조(공동행위의 기준) ② 법 제40조 제 1 항 제 9 호에서 "대통령령으로 정하는 정보"란 상품 또는 용역에 대한 다음 각 호의 정보를 말한다. <u>1. 원가 2. 출고량, 재고량 또는 판매량 3. 거래조건 또는 대금·대가의 지급조건</u>

369) 서고판 2004. 9. 2. 2001누6998(대판 2006. 11. 9. 2004두14564); 서고판 2004. 8. 18. 2001누17403(대판 2004. 11. 23. 2004두10586).

동행위 심사지침』[370](이하 "정보교환 심사지침")에서 자세히 규정하고 있다.

Ⅲ. 정보를 주고받는 행위의 의미

법 제40조 제1항 제9호는 사업자 간 정보를 '주고받는' 것을 합의하는 것이 경쟁을 제한하는 경우 그 합의를 금지하고 있으며, 법 제40조 제5항 제2호는 사업자 간 정보를 '주고받았음'을 근거로 부당한 공동행위의 합의를 추정할 수 있도록 규정하고 있다.

사업자 간 정보를 '주고받는'(이하 "정보교환"이라 한다) 행위는 사업자가 다른 사업자에게 가격, 생산량, 원가 등의 경쟁상 민감한 정보를 알리는 행위를 의미한다. 우편, 전자우편(이메일), 전화통화, 회의 등 알리는 수단은 불문한다.

뿐만 아니라, 사업자단체(협회, 협동조합 등), 제3의 사업자 등 중간 매개자를 거쳐 간접적으로 알리는 행위도 포함된다. 간접적으로 알리는 행위가 성립하기 위해서는 특정 사업자의 정보가 중간 매개자를 거쳐 다른 경쟁사업자에게 전달되어야 한다. 사업자단체 등 중간 매개자에게 일방적으로 정보가 전달되기만 하는 경우는 정보교환이 이루어진 것으로 보지 아니한다.

한편, 사업자가 불특정 다수에게 위 정보들을 공개적으로 공표 또는 공개하는 행위는 정보교환 행위로 보지 아니한다. 공개적인 공표 또는 공개여부를 판단함에 있어서는 공표 또는 공개매체의 성격 및 이용자의 범위, 접근 비용의 유무·수준 및 경제주체별 차등 여부, 공표 또는 공개의 양태 및 의도 등을 종합적으로 고려하여 판단한다. 한편, 사업자 간 비공개적으로 정보교환 행위를 한 후 그 정보를 사후적으로 공개적으로 공표 또는 공개하였다고 하여, 선행된 비공개적인 정보교환행위까지 규율범위에서 제외되는 것은 아니다.

Ⅳ. 법 제40조 제1항 제9호(경쟁제한적 정보교환 합의 금지)의 적용

1. 규정의 성격 및 정보교환 합의의 위법성 성립요건

법 제40조 제1항 제9호는 사업자 간 정보를 '주고받는' 것을 합의(이하 "정보교환 합의"라 한다)하는 것이 경쟁을 제한하는 경우 이를 금지하는 규정이다. 정보교환 합의가 위법하기 위해서는 ① 정보교환 합의가 있어야 하고, ② 그 합의의 실행 결과 관련 시장에서의 경쟁이 부당하게 제한되어야 하며, ③ 경쟁제한효과를 상쇄할 만한 효율성 증대효과가 없어야 한다.

370) 공정거래위원회고시 제2021-43호(2021. 12. 28.).

2. 정보교환 합의의 성립

가. 정보교환 합의의 의미

정보교환 합의란 사업자 간 법 제40조 제 1 항 제 9 호 본문 및 시행령 제44조 제 2 항 각호의 정보, 즉 가격, 생산량, 상품·용역의 원가, 출고량, 재고량, 판매량, 상품·용역의 거래조건 또는 대금·대가의 지급조건(거래조건 및 지급조건의 구체적 의미는 『공동행위 심사기준』 Ⅳ.2.에 준한다)을 교환하기로 하는 상호 간의 의사의 합치(meeting of mind)가 있는 것을 의미한다.

나. 정보교환 합의의 종류

(1) 명시적 합의

사업자 간 정보를 교환하기로 하는 내용의 의사연락이 있는 경우는 정보를 교환하기로 하는 명시적 합의가 성립한다.

(2) 묵시적 또는 암묵적 합의

합의 성립에 반드시 명시적인 의사연락이 필요한 것은 아니다. 경쟁사 상호 간 경쟁상 민감한 정보를 교환하기로 한다는 묵시적·암묵적인 의사의 합치가 있는 경우는 묵시적 또는 암묵적 합의가 성립한다.

묵시·암묵적 합의가 있는 경우 정보교환이 해당 정보와 관련된 경영상 의사결정 권한이 있는 주체 간, 장기간에 걸쳐 빈번하게, 중요한 의사결정 전 이루어지거나, 교환된 정보를 각자 활용하는 등의 행태가 나타나는 것이 일반적이다.

다. 합의와 상반되는 행태

정보 수신 거부의사를 표명하였거나 경쟁사업자의 정보 제공행위를 공정거래위원회에 신고한 사업자는 당해 행위의 시점부터는 합의에서 탈퇴한 것으로 볼 수 있다. 단, 수신 거부의사를 표면적으로만 표명하고 여전히 계속 정보를 제공받는 등 수신 거부의사 표명과 다른 행태가 있는 경우에는 그러하지 아니하다.

한편, 정보교환이 사업자의 의사에 반해 이루어진 경우는 애초에 합의가 없었다고 볼 수 있다.

3. 정보교환 합의가 부당하게 경쟁을 제한하였는지 여부의 평가

가. 정보교환이 유발하는 경쟁제한적 효과

경쟁의 본질은 사업자들이 경쟁사업자가 설정하려는 가격, 개발 중인 상품의 품질, 양산 계획 등 경쟁사업자의 경쟁변수가 불확실한 상태에서 자신의 이윤을 극대화하기 위해 최선의 노력을 기울이는 것이다. 그러나 경쟁사업자 간에 정보를 교환하자는 합의가 있고, 그러한 합의가 실행되는 경우 이와 같은 불확실성이 제거되어 시장의 경쟁 압력이 감소하거나 사실상 가격의 공동인상이 나타나는 등 경쟁제한적인 결과가 초래될 수 있다.

경쟁사업자가 설정하려는 가격을 알지 못하는 상태에서 사업자로서는 가격을 가능한 낮게 설정하는 것이 경쟁에서 유리하다. 그러나 정보교환을 통해 경쟁사업자가 설정하려는 가격을 미리 알게 된다면, 가격을 더 낮게 설정할 여력이 있음에도 경쟁사업자와 유사하거나 약간만 낮은 수준으로 가격을 설정할 유인이 생기게 되는 것이다.

한편, 가격, 생산량 등 민감한 정보교환은 경쟁사들이 가격을 사실상 공동인상하게 되는 요인 중 하나로 작용할 수 있다. 경쟁사업자가 가격을 올리지 않은 상황에서는 어떤 사업자가 가격을 올릴 경우 소비자가 경쟁사업자의 상품으로 수요를 전환할 우려가 있어 가격인상을 결정하기가 용이하지 않은 측면이 있으나, 가령 A가 자신의 가격 인상계획을 경쟁사업자 B에게 알리는 경우 B는 가격 인상 시 수요가 A로 전환될 우려를 하지 않아도 되므로 자신의 가격 인상계획을 알리는 A의 행위 자체가 B로 하여금 A와 마찬가지로 가격을 인상하게 하는 요인이 될 수 있다. 이러한 경우, A와 B간에 별도의 가격담합 없이도 사실상 가격의 공동인상이 이루어질 수 있고, 교환된 정보를 독자적으로 활용하였음에도 결국 경쟁변수를 공동으로 결정한 것과 같은 경쟁제한적 결과가 초래되는 것이다.

나. 부당한 경쟁제한효과의 평가요소

정보교환의 경쟁제한효과는 다음의 요소들을 종합적으로 고려하여 판단한다. 단, 경쟁제한효과 분석에 필요한 관련시장 획정은 『기업결합심사기준』에 규정된 "V. 일정한 거래분야의 판단기준"을 참고한다.

(1) 시장상황

정보교환 이후 가격 등 경쟁변수가 유사하게 움직이거나, 경쟁압력의 감소 등이 나타난 경우 경쟁제한효과가 있었다고 볼 수 있다. 정보교환 전 가격이 하락하던 상황에서 정보교환 이후 그 하락 폭이 둔화되거나, 시장점유율의 변동폭이 크던 상황에서 정보교환 이후 그 변동폭이 작아지는 등의 경우는 경쟁압력이 감소한 것으로 볼 수 있다. 여기서 경쟁변수 변동의 유사성, 경쟁압력의 감소 등 여부를 평가할 때에는 원자재 가격, 환율, 금리 등 다른 경제변수의 변동 상황도 함께 고려하여 평가한다.

(2) 시장의 구조 및 상품의 특성

시장의 집중도, 안정성, 상품의 동질성 등을 종합적으로 고려한다.

시장의 집중도가 높을수록, 즉 독과점 정도가 높을수록 정보교환 합의에 따라 경쟁이 제한될 가능성이 높다.

시장의 안정성이 높을수록, 즉 수요·공급의 변동이 적거나 사업자들의 진입·퇴장이 어려울수록 정보교환 합의에 따라 경쟁이 제한될 가능성이 높다.

관련 상품의 동질성이 높아 경쟁에 필요한 정보의 복잡성이 낮을수록 정보교환 합의에 따라 경쟁이 제한될 가능성이 높다.

(3) 행위자들의 시장점유율

정보교환 합의에 가담한 사업자들이 시장에서 차지하는 점유율의 합계가 높을수록 경쟁이 제한될 가능성이 높다.

단, 시장점유율 합계가 20% 이하인 경우에는 특별한 사정이 없는 한 당해 정보교환 합의가 경쟁에 미치는 영향이 미미하기 때문에 당해 공동행위는 경쟁제한 효과를 발생시키지 않는 것으로 판단한다.

(4) 교환된 정보의 특성

정보의 시제, 공개성, 개별성 등을 종합적으로 고려한다. 교환되는 정보가 현재 또는 미래의 정보일 경우 경쟁이 제한될 가능성이 높은 반면, 과거의 정보 교환은 경쟁을 제한할 가능성이 크지 않다.

시장에 공개되지 아니한 비공개정보 또는 비밀정보가 교환될 경우 경쟁이 제한될 가능성이 높은 반면, 이미 시장에 공개된 정보의 교환은 경쟁을 제한할 가능성이 없다. 공개된 정보 여부를 판단함에 있어서는 정보가 공개된 매체의 성격 및 이용자의 범위, 접근 비용의 유무·수준 및 경제주체별 차등 여부, 공표 또는 공개의 양태 및 의도 등을 종합적으로 고려하여 판단한다.

상품가격, 생산계획 등 경쟁상 민감한 정보가 개별 사업자별로 교환될 경우 경쟁이 제한될 가능성이 높은 반면, 개별 정보가 집계 또는 가공되어 개별 사업자별 정보가 특정되지 아니한 형태로 교환될 경우 경쟁을 제한할 가능성이 크지 않다.

(5) 정보교환 행위의 양태

정보교환 행위의 양태는 정보교환의 기간, 교환빈도, 교환 주체, 교환 시점 등을 종합적으로 고려한다.

정보교환의 기간이 길수록 경쟁이 제한될 가능성이 높다.

교환 빈도가 높을수록 경쟁이 제한될 가능성이 높다. 빈도를 판단함에 있어서는 관련 시장에서의 거래주기, 가격 변동의 주기 등을 함께 고려한다. 계약갱신이나 가격 변동이 빈번한 시장이라면 정보교환의 절대적 횟수도 많아야 빈번한 정보교환이 이루어진 것으로 볼 수 있고, 그러한 시장이 아닌 경우에는 정보교환의 횟수가 적더라도 빈번한 정보교환이 이루어진 것으로 볼 수 있다.

정보교환의 주체가 의사결정 권한이 있는 임직원이거나, 실무자－중간관리자－고위급 등 다양한 직급에서 각각 교환이 이루어졌을수록 경쟁이 제한될 가능성이 높다.

정보교환의 시점이 가격 등의 의사결정 직전에 가까울수록 경쟁이 제한될 가능성이 높다.

(6) 정보교환의 목적

정보교환 합의가 가격 인상, 생산량 축소 등 시장의 경쟁을 제한할 목적으로 이루어지는 경우 그 합의는 부당하다고 볼 수 있다.

4. 정보교환 합의의 효율성 증대효과

부당한 경쟁제한 효과가 있는 정보교환 합의라 하더라도, ① 기술개발 촉진 등의 효율성 증대효과가 있고, ② 그러한 효율성 증대효과 창출에 정보교환 합의가 필수적이며, ③ 효율성 증대효과가 경쟁제한효과보다 큰 경우 해당 정보교환 합의는 위법하지 아니하다.

Ⅴ. 법 제40조 제5항 제2호(정보교환에 의한 합의추정)의 적용

1. 규정의 성격 및 합의추정의 의미 및 요건

법 제40조 제5항 제2호는 사업자 간 행위의 외형이 일치하고, 그 외형상 일치 창출에 필요한 정보가 교환된 경우, 그 정보교환을 근거로 사업자들이 공동으로 가격인상, 생산량 축소, 낙찰자 결정 등을 합의하였음을 법률상 추정할 수 있도록 하는 정보교환에 의한 합의추정 규정이다.

사업자 간에 공동 가격결정 등 경쟁을 제한하기로 하는 합의를 하거나 이를 실행하는 과정에서 정보교환이 수반되는 경우가 많다. 따라서, 사업자 간 정보교환은 가격을 공동으로 결정 또는 인상하기로 하는 등의 합의(법 제40조 제1항 제1호부터 제9호의 합의를 말하며, 제9호 중 정보교환 합의는 제외한다. 이하 '가격담합 등의 합의'라 한다)가 있었음을 추정할 수 있는 결정적인 정황증거라고 볼 수 있다.

법 제40조 제 5 항 제 2 호에 따라 정보교환을 이유로 가격담합 등의 합의가 있었음을 추정하기 위해서는 ① 2이상의 사업자가 법 제40조 제 1 호부터 제 9 호(제 9 호 후단 제외)까지의 행위를 함으로써 가격 등이 유사 또는 동일해지는 '행위의 외형상 일치'가 있어야 하고, ② 외형상 일치 창출에 필요한 정보의 교환이 있어야 한다. 단, ③ 합의가 추정되더라도 사업자는 그 합의 추정의 전제사실에 반하는 정황을 입증하는 등의 방법으로 추정된 합의를 복멸할 수 있다.

2. 외형상 일치 판단기준

사업자 간 행위의 외형상 일치가 있는지 여부는 다음 요소들을 종합적으로 고려하여 판단한다.

가. 가격 등의 변동률, 변동시점

가격 등 경쟁변수의 변동률, 변동폭, 변동시점 등이 동일 또는 유사한 경우 외형상 일치가 있다고 볼 수 있다.

나. 구매대체의 정도

가격 등 경쟁변수의 변동률, 변동폭 등에 다소 차이가 있더라도 그로 인한 소비자의 상품 또는 용역들 간 구매대체의 정도가 미미한 경우에는 외형상 일치가 있는 것으로 볼 수 있다.

다. 입증하려는 합의의 내용

입증하려는 합의의 내용이 다소 느슨한 형태의 합의(예 : 가격을 특정 수준으로 인상하는 합의가 아닌, 가격을 인상하자는 등의 방향만 공동으로 결정하는 합의)라면 가격 등 경쟁변수의 변동률 등에 다소 차이가 있더라도 외형상 일치가 있는 것으로 볼 수 있다.

3. 외형상 일치 창출에 '필요한 정보'의 교환 여부 판단기준

교환된 정보가 외형상 일치 창출에 '필요한 정보'인지 여부는 다음의 요소들을 종합적으로 고려하여 판단한다.

가. 정보의 종류 및 성격

가격, 생산량 등 교환되면 경쟁을 제한할 가능성이 높은 정보가 교환된 경우 '필요한 정보'의 교환에 해당될 가능성이 큰 반면, 인사동정, 소비자 성향 분석자료 등 경쟁에 큰 경향을 미치지 않는 정보가 교환된 경우에는 '필요한 정보'의 교환에 해당되지 않을 가능성이 크다.

나. 정보가 교환된 시점

사업자의 의사결정 시점에 임박해 정보가 교환된 경우 해당 정보의 교환은 '필요한 정보'의 교환에 해당될 가능성이 크다.

다. 외형상 일치의 내용과 교환된 정보의 내용 간의 관계

교환된 정보의 내용과 동일 또는 유사한 내용으로 가격 등 경쟁변수에 외형상 일치가 나타난 경우에는 '필요한 정보'에 해당될 가능성이 크다.

4. 합의추정의 복멸사유

사업자는 외형상 일치가 성립하지 않았음을 입증하거나, 설령 외형상 일치가 있었다고 하더라도 그것이 합의에 의한 것이 아니거나 그 일치와 교환된 정보 간에 아무런 관계가 없음을, 즉 '필요한 정보'의 교환이 없었음을 입증함으로써 합의의 추정을 복멸할 수 있다.

5. 추정된 합의의 위법성 판단기준

추정된 합의의 위법성 여부는 『공동행위 심사기준』 V. 위법성 판단기준에 따라 판단한다.

사업활동방해행위 관련하여 법원이 다음과 같이 판단한 사례가 있다.

"PAC의 시중입찰관련, 시중납품업자가 저가로 낙찰할 경우 그 대리점 등에게 PAC 공급을 중단하기로 합의한 행위"(〈두원냉기(주)의 가격, 공급제한, 사업활동방해공동행위 건〉),[371] "정부와 학교 등의 공동구매에 관련된 정책결정에 대하여 정당하게 반대의견이나 대안을 제시하는 수준을 넘어서 적극적으로 방해하기 위한 공동행

371) 서고판 2001. 11. 6. 2000누11088(대판 2003. 1. 10. 2001두10387).

위 및 학생복 3사가 공동으로 대리점들의 학생복 판매와 관련한 사은품·판촉물의 제공을 전면적으로 금지하거나 이를 제한한 행위 및 학생복 3사가 공동으로 지역별 협의회를 통하여 학생복 3사의 학생복을 판매하려는 대리점들의 백화점 입점 여부와 수수료율을 결정하도록 합의하고 이에 대한 진행상황 등을 점검한 행위"(〈제일모직(주)의 부당공동행위 건 등〉),[372] "아주산업과 계열회사인 유진레미콘에게 보통시멘트 공급량을 제한하거나 슬래그분말사업을 포기·축소하도록 권유 내지 압박하는 등의 행위로 슬래그분말사업을 방해한 행위"(〈현대시멘트(주)의 공동행위 건 등〉),[373] "온다론 생산·판매 중단의 대가인 조프란 독점판매계약의 경쟁제품 취급제한 규정"(〈그락소 리미티드 및 동아제약(주)의 부당공동행위 건〉),[374] "의약품 구매입찰에 참가하면서 낙찰의약품목에 대하여 상호간 낙찰인하율대로 낙찰자에게 공급하고 사후 대금을 정산하기로 합의"(〈울산대학교 병원 의약품 구매입찰 참가 7개 의약품 도매상의 부당공동행위 건〉),[375] "5개 복합유선방송사업자가 인터넷멀티미디어방송사업자('IPTV사업자')의 유료방송서비스 시장에 대한 신규 진입이 예상되자 이에 대응하여 방송채널사용사업자('PP사업자')들로 하여금 IPTV사업자에게 방송프로그램을 공급하지 못하도록 할 의도로, 2008. 11. 14. PP사업자 중 IPTV사업자와 방송프로그램 공급계약을 체결한 온미디어에 대하여는 방송채널을 축소하는 방식으로 불이익을 주는 제재를 가하면서 씨제이미디어에 대하여는 IPTV사업자에게 방송프로그램을 공급하지 아니하는 것을 조건으로 250억 원을 지원하기로 하는 합의"(〈5개 복수종합유선방송사업자 등의 부당공동행위 건〉)[376]

한편 법 제40조 제 1 항 제 9 호의 규정형식에 대한 논의가 있다. 즉 본문에서 "다음 각호의 1에 해당하는 행위"라고 하면서 열거적 성격으로 규정하고 있음에도 제 9 호에서 "제 1 호 내지 제 8 호 외의 행위로서…"를 규정함으로써 법 제40조 제 1 항 각호의 규정과의 관계가 문제되는 것이다. 이는 열거규정으로 해석하는 것이 타당하다.

372) 대판 2006. 11. 9. 2004두14564; 대판 2004. 11. 23. 2004두10586; 대판 2006. 11. 24. 2004두12346.

373) 대판 2008. 1. 31. 2006두10764; 대판 2008. 2. 14. 2006두10801; 대판 2008. 2. 14. 2006두11804; 대판 2008. 2. 15. 2006두11583.

374) 대판 2014. 2. 27. 2012두24498 2012두27794.

375) 대판 2015. 8. 19. 2013두1683.

376) 대판 2015. 4. 23. 2012두24177.

Ⅴ. 부당한 공동행위의 인가

1. 인가요건

부당한 공동행위가 ① 불황극복을 위한 산업구조조정(제1호), ② 연구·기술개발(제2호), ③ 거래조건의 합리화(제3호), ④ 중소기업의 경쟁력향상(제4호)을 위한 공동행위의 어느 하나에 해당하는 목적을 위하여 하는 경우로서 *대통령령*[377]으로 정하는 요건에 해당하고 공정거래위원회의 인가를 받은 경우에는 적용이 제외될 수 있다(법 제40조 제2항). 1986년 인가제도 도입 이후 허용된 카르텔은 모두 7건이며, 이 중 6건은 1986년 이전 공동행위 등록제도 시행당시에 등록되어 1987년 이후까지 계속된 사례이고, 인가제도 도입 이후 새롭게 인가된 행위는 1988년에 인가된 밸브제조업자의 공동행위 1건이며, 1988년 이후 새롭게 인가된 카르텔은 없었다. 위 7건의 카르텔[378] 또한 1997년 한국선박대리

377) 제45조(공동행위의 적용 제외) ① 법 제40조 제2항 각 호 외의 부분에서 "대통령령으로 정하는 요건"이란 다음 각 호의 구분에 따른 요건을 말한다. 1. 법 제40조 제2항 제1호의 경우: 다음 각 목의 요건을 모두 갖출 것 가. 해당 산업 내 상당수 기업이 불황으로 인해 사업활동에 곤란을 겪을 우려가 있을 것 나. 해당 산업의 공급능력이 현저하게 과잉상태에 있거나 생산시설 또는 생산방법의 낙후로 생산능률이나 국제경쟁력이 현저하게 저하되어 있을 것 다. 기업의 합리화를 통해서는 가목 또는 나목의 상황을 극복할 수 없을 것 라. 경쟁을 제한하는 효과보다 산업구조조정의 효과가 더 클 것 2. 법 제40조 제2항 제2호의 경우: 다음 각 목의 요건을 모두 갖출 것 가. 해당 연구·기술개발이 산업경쟁력 강화를 위해 매우 필요하며 그 경제적 파급효과가 클 것 나. 연구·기술개발에 소요되는 투자금액이 과다하여 한 사업자가 조달하기 어려울 것 다. 연구·기술개발성과의 불확실에 따른 위험분산을 위해 필요할 것 라. 경쟁을 제한하는 효과보다 연구·기술개발의 효과가 클 것 3. 법 제40조 제2항 제3호의 경우: 다음 각 목의 요건을 모두 갖출 것 가. 거래조건의 합리화로 생산능률의 향상, 거래의 원활화 및 소비자의 편익증진에 명백하게 기여할 것 나. 거래조건의 합리화 내용이 해당 사업분야의 대부분의 사업자들에게 기술적·경제적으로 가능할 것 다. 경쟁을 제한하는 효과보다 거래조건의 합리화의 효과가 클 것 4. 법 제40조 제2항 제4호의 경우: 다음 각 목의 요건을 모두 갖출 것 가. 공동행위에 따라 중소기업의 품질·기술향상 등 생산성 향상이나 거래조건에 관한 교섭력 강화가 명백할 것 나. 공동행위에 참가하는 사업자(이하 "참가사업자"라 한다) 모두가 중소기업자일 것 다. 공동행위 외의 방법으로는 대기업과 효율적으로 경쟁하거나 대기업에 대항하기 어려운 경우에 해당할 것 ② 공정거래위원회는 제1항에도 불구하고 다음 각 호의 어느 하나에 해당하는 공동행위에 대해서는 법 제40조 제2항에 따른 인가를 해서는 안된다. 1. 해당 공동행위의 목적을 달성하기 위해 필요한 정도를 초과하는 경우 2. 수요자 및 관련 사업자의 이익을 부당하게 침해할 우려가 있는 경우 3. 참가사업자 간에 공동행위의 내용과 관련하여 부당한 차별이 있는 경우 4. 해당 공동행위에 참가하거나 탈퇴하는 것을 부당하게 제한하는 경우

378) 밸브제조업자간의 카르텔 1건(1988. 9) 및 사업자단체의 카르텔 6건[한국항공화물협회(1981. 10), 한국선박대리점협회(1981. 10), 부산항업협회(1981. 10), 인천항업협회(1982. 9), 한국예부선

점협회의 경쟁제한행위를 마지막으로 모두 종료되었다. 그동안 몇 차례 인가 신청이 있었으나 모두 불허되거나,[379] 자진취하하였다.[380]

그러나 2010. 1. 20. 공정거래위원회는 레미콘 업계가 인가신청한 ① 원재료 공동구매, ② 영업의 공동수행(공동수주, 물량배분, 공동운송 등), ③ 공동의 품질관리 및 연구개발 중 원재료 공동구매와 영업의 공동수행은 불허하고 공동의 품질관리 및 연구개발만 2년간(2010. 2. 1.~2012. 1. 31) 허용하기로 결정하였다.[381] 즉 원재료 공동구매와 영업의 공동수행은 공동행위로 인한 경쟁제한성이 산업합리화, 중소기업 경쟁력 향상 등과 같은 긍정적 효과보다 크고, 법령상 인가 요건에 해당하지 않아 불허하였으며, 공동의 품질관리 및 연구개발은 경쟁제한 효과가 거의 없는 반면 레미콘 품질개선, 산업합리화 등 긍정적 효과가 존재하고 법령상 인가 요건에 해당하여 허용하였다.

독일의 경우에도 「경쟁제한방지법(GWB)」 제 2 조(면제되는 협정), 제 3 조(중산층카르텔)에서 일정한 경우 카르텔 금지의 예외를 두고 있다.

2. 인가절차

제 2 항의 규정에 의한 인가의 기준·방법·절차 및 인가사항 변경등에 관하여 필요한 사항은 *대통령령*[382]으로 정한다(법 제40조 제 3 항).

협회(1981. 10), 인천예부선협회(1981. 10)].

379) 전북레미콘공업협동조합의 인가 신청(2002. 3)(서고판 2003. 7. 10. 2002누14012), 광주·전남레미콘공업협동조합 소속 9개 레미콘사의 인가신청(2007. 10).

380) 도계육 15개 계열화 사업자들의 인가 신청(2008. 3).

381) 공정거래위원회 보도자료(2010. 1. 21).

382) 제46조(공동행위의 인가 절차 및 방법) ① 법 제40조 제 2 항에 따라 공동행위의 인가를 받으려는 자는 대표사업자(이하 "공동행위대표사업자"라 한다)를 선정하여 다음 각 호의 사항이 포함된 신청서를 공정거래위원회에 제출해야 한다. 1. 신청인의 명칭 및 소재지(대표자의 성명 및 주소를 포함한다) 2. 공동행위의 내용 3. 공동행위의 사유 4. 공동행위의 기간 5. 참가사업자에 관한 다음 각 목의 사항 가. 참가사업자의 수 나. 참가사업자의 사업내용 다. 참가사업자의 명칭 및 소재지(대표자의 성명 및 주소를 포함한다) ② 제 1 항의 신청서에는 다음 각 호의 서류를 첨부해야 한다. 1. 제45조 제 1 항의 요건에 적합함을 증명하는 서류 2. 제45조 제 2 항 각 호의 어느 하나에 해당하지 않음을 증명하는 서류 3. 참가사업자의 최근 2년간의 영업보고서·대차대조표 및 손익계산서 4. 공동행위의 협정 또는 결의서 사본 5. 그 밖에 공동행위의 인가를 위해 공정거래위원회가 필요하다고 정하여 고시하는 서류 ③ 공정거래위원회는 법 제40조 제 2 항에 따른 인가 신청을 받은 경우 그 신청일부터 30일(제 4 항에 따른 공시기간은 제외한다) 이내에 인가여부를 결정해야 한다. 다만, 공정거래위원회는 인가 신청의 내용 또는 인가의 효과 등에 비추어 그 연장이 필요하다고 인정할 경우에는 30일 이내의 범위에서 그 처리기간을 연장할 수 있다. ④ 공정거래위원회는 법 제40조 제 2 항에 따른 인가를 위해 필요하다고 인정하는 경우

공동행위의 신청인 및 신청서류, 인가요건의 입증, 인가증의 교부 등에 관한 자세한 사항은 「공동행위 및 경쟁제한행위의 인가신청 요령」383)에서 규정하고 있다.

Ⅵ. 사법상 효력

부당한 공동행위를 할 것을 약정하는 계약 등은 사업자간에 있어서는 이를 무효로 한다(법 제40조 제4항). 동 규정은 2가지 의미를 갖는다. 즉 부당공동행위의 당사자는 다른 당사자가 그 계약 등을 준수하지 않는다고 하여 그 계약 등의 이행을 강제하거나 채무불이행의 책임을 추궁할 수 없다.384) 대법원도 구 독점규제법상 등록되지 아니한 공동행위는 무효라고 판시한 바 있다.385) EU에서도 부당한 공동행위는 무효로 본다(「EU기능조약」 제101조 제2항). 한편 무효의 효력은 당사자간에만 미치므로 공동행위에 근거하여 제3자와 체결한 계약에 대하여는 영향을 미치지 아니한다.

Ⅶ. 부당한 공동행위와 행정지도

"행정지도"라 함은 행정기관이 그 소관사무의 범위안에서 일정한 행정목적을 실현하기 위하여 특정인에게 일정한 행위를 하거나 하지 아니하도록 지도·권고·조언 등을 하는 행정작용을 말한다(「행정절차법」 제2조 제3호).

30일 이내의 범위에서 그 인가 신청 내용을 공시하여 이해관계인의 의견을 들을 수 있다. ⑤ 공정거래위원회는 법 제40조 제2항에 따라 공동행위의 인가를 하는 경우 신청인에게 인가증을 발급해 주어야 한다. ⑥ 법 제40조 제2항에 따라 공동행위의 인가를 받은 사업자가 그 인가사항을 변경하려는 경우에는 변경사항 및 변경사유가 포함된 신청서에 다음 각 호의 서류를 첨부하여 공정거래위원회에 제출해야 한다. 이 경우 변경인가를 위한 이해관계인의 의견수렴에 관하여는 제4항을 준용한다. 1. 변경사항이 제45조 제1항의 요건에 적합함을 입증하는 서류 2. 변경사항이 제45조 제2항 각 호의 어느 하나에 해당하지 않음을 입증하는 서류 3. 제5항의 인가증 ⑦ 제1항부터 제6항까지에서 규정한 사항 외에 공동행위의 인가 절차 및 방법 등에 관하여 필요한 세부사항은 공정거래위원회가 정하여 고시한다.

제47조(인가된 공동행위의 폐지) 공동행위대표사업자는 법 제40조 제2항에 따라 인가된 공동행위가 폐지된 경우 지체 없이 그 사실을 공정거래위원회에 알려야 한다.

383) 공정거래위원회 고시 제2017－34호(2021. 12. 28).

384) 권오승, 312면.

385) 대판 1987. 7. 7. 86다카706.

즉 행정지도는 비권력적 규제의 일종으로서 법령상 근거를 가진 경우도 있으나 그렇지 아니하는 경우도 있다. 법령의 근거를 가진 경우 지시·명령이나 지도·감독 형태의 규정을 두고 있는 것이 일반적이다. 독점규제법상 문제가 되는 경우는 주로 법령의 근거가 없이 이루어지는 경우이다. 우리나라의 경우 행정지도의 오래된 전통으로 말미암아 공동행위에 정부의 행정지도가 개입되어 있는 경우가 많다. 「행정지도 심사지침」에서는 행정지도를 다음과 같이 정의한다.

> 행정지도란 행정주체가 스스로 의도하는 바를 실현하기 위하여 상대방의 임의적 협력을 기대하여 행하는 비권력적 사실행위(실제상 지시, 권고, 요망, 주의, 경고 등의 다양한 용어로 시행되고 있음)를 말한다(「행정지도 심사지침」 Ⅱ. 1).

이 경우 부당한 공동행위의 성립을 부정해야 하는가? 이러한 문제에 대응하여 「행정지도 심사지침」(Ⅲ~Ⅳ)에서 다음과 같이 규정하고 있다.

> 첫째, 행정기관이 법령상 구체적 근거 없이 사업자들의 합의를 유도하는 행정지도를 한 결과 부당한 공동행위가 행해졌다 하더라도 그 부당한 공동행위는 원칙적으로 위법하다.[386] 다만, ① 다른 법령에서 사업자가 법 제40조 제1항 각호의 1에 해당하는 행위를 하는 것을 구체적으로 허용하고 있는 경우 ② 다른 법령에서 행정기관이 사업자로 하여금 법 제40조 제1항 각호의 1에 해당하는 행위를 하는 것을 행정지도할 수 있도록 규정하고 있는 경우로서, ⅰ) 그 행정지도의 목적, 수단, 내용, 방법 등이 근거법령에 부합하고, ⅱ) 사업자들이 그 행정지도의 범위 내에서 행위를 한 경우에는 법 제116조(법령에 따른 정당한 행위)에 해당하는 것으로 보아 독점규제법을 적용하지 아니한다.[387]

386) 판례의 입장도 마찬가지이다. 서고판 1992. 1. 29. 91구2030: "행정지도는 비권력적 사실행위에 불과한 것이어서 그에 따름이 강제되는 것이 아니므로 사업자단체로서는 독자적으로 독점규제법 위반 여부를 판단하여 행동하였어야 할 것이고, 독점규제법의 운영은 행정부 내에 있어서 독립된 지위를 가진 공정거래위원회의 권한으로 되어 있으므로, 가사 원고와 소외회사 간의 위 합의가 상공부의 행정지도에 의한 것이라 하더라도 그것만으로 위법성이 조각된다거나 또는 그 시정을 명함이 금반언의 원칙에 반하여 허용될 수 없다 할 수 없다".

387) 행정지도의 여부는 공동행위의 부당성여부 판단에 영향을 미친다(〈12개 CY보유 컨테이너 육상운송사업자들의 부당공동행위 건〉). 대판 2009. 7. 9. 2007두26117: "2003. 5.경 화물연대가 전면 파업에 돌입하자 정부가 이를 수습할 목적으로 2003. 5. 15. 화물연대의 주요 요구안을 수용하여 '화물 운송노동자 단체와 운수업 사업자단체간에 중앙교섭이 원만히 이루어질 수 있도록 적극 지원하고, 화주업체의 협조가 필요한 부분이 있는 경우에는 적극 참여하도록 지원한다'는

그 외의 경우에는 사실상 구속력이 있는 행정지도가 부당한 공동행위의 동인이 된 경우에 한하여 과징금 감경사유가 될 수 있다(「과징금 부과고시」 Ⅳ. 3. 다. (4)).
둘째, 그러나 이러한 규정이 적용되기 위해서는 합의가 행정지도에 따른 부득이한 결과이어야 하며, 이를 기화로 행정지도의 범위를 벗어나는 내용의 합의를 한 경우에는 해당되지 아니한다.[388] 즉 행정기관이 사업자들에게 개별적으로 행정지도를 한 경우, 사업자들이 이를 기화로 법 제40조 제1항 각호의 1에 해당하는 사항에 관하여 별도의 합의를 한 때에는 부당한 공동행위에 해당한다.[389] 예를 들어 행정기관이 가격 인상률을 5% 이하로 하도록 행정지도한데 대해 사업자들이 별도의 합의를 통해 가격 인상률을 5%로 통일한 경우, 행정지도 전에 사업자들이 가격인상 정도 등을 합의한 후 행정지도에 공동으로 대응한 경우 사업자들이 개별적으로 행정지도를 받은 후, 별도로 모임을 가지고 행정지도의 수용 여부, 시행절차나 방법 등을 합의한 경우(이 경우에는 합의의 내용 및 성격, 중대성의 정도 등에 따라 위법성 여부가 달라질 수 있음) 등이 이에 해당한다.
기타 행정지도에 사업자들이 개별적으로 따른 경우에는 부당한 공동행위에 해당하지 않는다. 예를 들어 행정기관이 각 사업자의 요금수준을 사실상 인가한 결과 사업자들 간에 가격 기타 거래조건이 유사하게 형성된 경우이다.

실제 실무에서는 행정지도가 법 제40조 제5항에 의한 공동행위의 추정에 있어서 추정을 복멸시키는 사유로 작용하기도 하였다(〈맥주3사(하이트, 두산, 진로)의 가격공동행위 건〉),[390] 〈동양화재해상보험(주) 외 10의 부당공동행위 건〉[391] 등). 법 제40조 제5항의 공동행위 추정조항이 개정되면서, 동 조항이 활발히 활용되

내용의 '노·정합의문'을 발표한 데 이어, 2003. 8. 22.에는 원고들 및 소외 회사 임원들로 하여금 '화물연대 관련 컨테이너운송업자 임원 대책회의'를 개최하게 하였고, 2003. 8. 25.에는 '하불료 13% 인상' 등의 후속조치를 취하도록 촉구하는 등 강력한 행정지도를 펼친 사실이 인정되는바, 그 과정에서 원고들 및 소외 회사들이 화주로부터 지급받는 컨테이너 운임의 적용율을 인상하는 내용의 이 사건 합의에 대하여도 위와 같은 정부의 행정지도가 있었다고 볼 여지가 있는 점".

388) 서고판 2006. 12. 7. 2006누1663.

389) 대판 2005. 1. 28. 2002두12052: "금융감독원장으로부터 물가 및 소비자보호 등을 이유로 부가보험료산정과 관련하여 예정사업비율을 초과하는 사업비를 감축하라는 행정지도를 받고 이를 이행하는 과정에서 실무자인 자동차업무부장들 사이에 세부적인 사항에 관한 의견을 교환한 사실을 뒷받침할 뿐 위 행정지도에 앞서 원고들 사이에 위 인상률에 대한 별도의 합의를 하였다거나 또는 위 행정지도를 기화로 위 인상률을 동일하게 하기로 하는 별도의 합의를 하였음을 입증하기에는 부족하다".

390) 대판 2003. 2. 28. 2001두946; 대판 2003. 2. 28. 2001두1239; 대판 2003. 3. 14. 2001두939.

391) 대판 2005. 1. 28. 2002두12052.

지 않는 최근에도 행정지도는 합의의 인정여부와 관련하여 여전히 논란이 되고 있다. 예컨대, 〈11개 소주제조·판매업체의 부당공동행위 건〉 관련 행정소송에서 대법원은 소주회사들이 1차 및 2차 소주출고가격을 인상한 행위에 대하여 합의를 인정한 서울고등법원의 판결을 배척하고 지역별로 진로와 해당 지역업체가 시장을 과점하는 시장구조에서 국세청이 진로를 통하여 전체 소주업체의 출고가격을 실질적으로 통제·관리하고 있는 소주시장의 특성에 따라 나머지 업체들이 국세청의 방침과 시장상황에 대처한 정도에 불과한 것으로 볼 수 있으므로 합의가 있다고 단정하기 어렵다고 판시하였다.[392] 그리고 〈9개 생명보험사업자의 부당공동행위(변액보험) 건〉 관련 행정소송에서도 대법원은 변액종신보험 수수료율의 외형상 일치를 합의실행의 결과라는 주장에 대하여 금감원의 행정지도나 선도사업자의 추종 등 다른 원인으로 발생할 가능성이 있어 외형상 일치만으로 합의를 인정하기 어렵다고 판단하였다.[393]

전자는 명시적 합의의 증거와 행정지도간의 영향력을 평가하여 의사연결의 상호성을 부인한 사례이며 후자는 행정지도의 결과 외에 별도의 합의를 인정하기 어렵다는 취지로 보인다.[394]

한편 〈5개 농기계 제조·판매사업자의 부당공동행위 건〉 관련 행정소송에서 서울고등법원은 신고가격을 별도로 합의한 사실을 인정하였다.[395] 〈16개 골판지상자 제조판매사업자의 부당공동행위 건(한국수출포장공법 등)〉 관련 행정소송에서 서울고등법원은 "골판지 상자업체간 이루어진 공판지 상자가격의 인상폭, 인상시기 등에 관한 담합행위인 이 사건 공동행위가 법령에 근거한 정부기관의 행정지도에 따라 적합하게 이루어진 경우라고 보기 어렵다"고 보았다.[396] 〈12개 골판지 이면지, 골심지 원지 제조, 판매사업자의 원지판매 부당공동행위 건〉 관련 행정소송,[397] 〈제주지역 7개 자동차대여사업자 부당공동행위 건[롯데렌탈(구 케이티렌탈)]〉 관련 행정소송[398]에서도 행정지도에 해당되지 않는다고 보았다.

한편 대법원은 행정법규 위반에 대하여 가하는 제재조치는 행정목적의 달

392) 서고판 2011. 6. 2. 2010누21718; 대판 2014. 2. 13. 2011두16049.
393) 서고판 2014. 10. 31. 2013누45128 등(대판 2015. 3. 12. 2014두45796 등).
394) 정재훈, 경쟁저널 제181호(2015. 7), 22~26면 참조.
395) 대판 2016. 8. 30. 2015두51095.
396) 서고판 2017. 7. 12. 2016누57474.
397) 서고판 2017. 1. 26. 2016누60678(대판 2017. 6. 15. 2017두37703.
398) 서고판 2016. 10. 7. 2014누70442.

성을 위하여 행정법규 위반이라는 객관적 사실에 착안하여 가하는 제재이므로 위반자의 의무해태를 탓할 수 없는 정당한 이유가 있는 등의 특별한 사정이 없는 한 위반자에게 고의나 과실이 없더라도 부과될 수 있다고 한다.[399] 따라서 과징금도 위반자의 고의·과실유무와 관계없이 부과할 수 있는 것이 원칙이다. 그러나 "위반자의 의무해태를 탓할 수 없는 정당한 이유"에 행정지도가 포함될 수 있다. 따라서 행정지도에 의한 공동행위의 경우 제재 특히, 과징금 부과의 경우에는 신중한 법운영이 요구된다.

Ⅷ. 부당한 공동행위의 시기, 종기 및 수

1. 문 제 점

부당한 공동행위의 경우 다른 독점규제법 위반과는 달리 법위반상태가 장기적으로 지속될 가능성이 많기 때문에 그 시기와 종기가 문제된다. 그리고 이 문제는 실무적으로 과징금을 산정할 경우 관련매출액을 언제부터 언제까지로 산정하는지가 주로 문제와 직결되는 것이므로 실무적으로 대단히 중요하다.

2. 시 기

부당한 공동행위의 시기는 사업자간의 합의에 의하여 성립하므로 '합의일'부터 기산한다.[400]

> 즉 부당한 공동행위의 개시일은 법 제40조 제1항 각호의 어느 하나에 해당하는 행위를 할 것을 합의한 날을 위반행위의 개시일로 본다. 그리고 합의일을 특정하기 어려운 경우에는 사업자별로 실행개시일을 위반행위의 개시일로 본다([「공동행위 심사기준」 Ⅲ.2.가).

대법원도 부당한 공동행위는 사업자가 다른 사업자와 공동으로 부당하게

399) 대판 1980. 5. 13. 79누251; 대판 2000. 5. 26. 98두5972; 대판 2003. 9. 2. 2002두5177.
400) 서고판 2007. 1. 31. 2005누18305.

경쟁을 제한하는 제40조 제 1 항 각 호의 1에 행위를 함으로써 성립하는 것이어서 합의에 따른 행위를 현실적으로 하였을 것을 요하는 것이 아니며, 독점규제법상의 과징금은 부당한 공동행위의 억지라는 행정목적으로 실현하기 위하여 그 위반행위에 대하여 제재를 가하는 행정상의 제재적 성격에 부당이득 환수적 성격이 겸유되어 있으므로, 특별한 사정이 없는 한 부당한 공동행위로 인한 과징금 산정에 있어 위반행위의 개시일은 합의일을 기준으로 함이 상당하다고 한다.[401)]

이에 따라 법원은 실행행위에 나가기 전에 합의가 파기되었거나 합의일과 실행일 사이에 시간적 간격이 있는 경우에도 실행행위의 개시와 무관하게 합의일을 위반행위의 개시일로 보고 있다.[402)] 또한 합의가 있었으나 그 날을 특정할 수 없는 경우에 실행일을 기산일로 볼 수 있지만 합의일을 특정할 수 없는 경우라 하더라도 실행일 이전에 합의가 있었음이 명백한 날을 특정할 수 있다면 그 날을 기산일로 볼 수 있다고 한다.[403)]

그러나 〈7개 폐석면 최종처리 사업자의 부당공동행위 건〉 관련 행정소송에서 대법원은 "특별한 사정이 없는 한 부당한 공동행위로 인한 과징금산정에 있어 위반행위의 개시일은 합의일을 기준으로 합이 산당하다고 할 것이지만, 명시적으로 장래의 특정일을 공동행위 개시일로 정한 경우에는 그 특정일이 도래하기 전에는 사업자들의 부당한 공동행위가 이루어지지 않으므로 합의된 공동행위 개시일을 위반행위의 개시일로 보아야 할 것"이라고 판시하였다.[404)]

여기서 사업자들이 가격인상을 하였으나 인상시점이 모두 다르고 합의의 증거가 없어 제40조 제 5 항에 의거 합의를 추정한 경우에는 구체적인 합의일을 정하기 곤란하므로 실행개시일을 기준으로 하는데, 여기에서 실행개시일을 언제로 볼 것인가가 문제된다.

이와 관련하여 대법원은 종래 행위의 외형상 일치와 경쟁제한성이라는 두 가지 간접사실이 모두 갖추어졌을 때를 기준으로 하였다. 즉 대법원은 "그리고 법 제40조 제 5 항에 의하면 외형상 일치된 행위가 경쟁제한성을 가질 때 비로소 부당한 공동행위의 합의가 있다고 추정되는 것이므로, 공동행위의 실행개시

401) 대판 2008. 9. 25. 2007두3756; 대판 2012. 9. 13. 2012두11485.

402) 서고판 2011. 11. 17. 2011누18707.

403) 서고판 2012. 5. 16. 2010누45936.

404) 서고판 2015. 5. 14. 2013누51352(대판 2015. 9. 10. 2015두44035).

일은 위와 같은 행위의 외형상 일치와 경쟁제한성이라는 두 가지 간접사실이 모두 갖추어졌을 때가 될 것이다"라고 판시하고 있고,[405] 그때가 언제인지에 관하여는 시장의 특성과 현황 등을 종합적으로 고려하여 판단하여야 할 것이라고 한다.[406] 「과징금부과고시」에서는 실행을 개시한 후에 경쟁을 실질적으로 제한하는 효과가 나타나는 경우에는 그 효과발생일을 위반행위의 개시일로 본다(「과징금부과고시」 Ⅳ. 1. 다).

예를 들어 〈(주)국민은행의 부당공동행위 건 등〉 관련 행정소송에서 대법원은 "카드 4사의 연체이자율 인상행위에 있어서는 마지막으로 인상을 단행한 외환카드의 연체이자율 인상일에 이르러 외형상 일치가 이루어지는 한편, 경쟁을 실질적으로 제한하는 행위에 해당한다고 할 것이어서 외환카드의 연체이자율 인상일을 위반행위의 시기로 보아 과징금을 산정하여야 할 것이다"라고 함으로써[407] 가격인상일을 위반행위 개시일로 보아서는 아니되며 경쟁제한성이 인정되는 시점을 개시일로 보아야 한다는 입장이다.

그리고 〈(주)라파즈한라시멘트의 공동행위 건〉에서 공급제한 행위를 공동으로 한 행위가 문제되었는데, 단독으로 공급제한행위를 한 시작한 것만으로는 실질적으로 경쟁제한효과가 발생했다고 보기에는 부족하고 다른 회사와 함께 공급제한행위를 시작한 시기에 경쟁제한성이 충족되었다고 보았다.[408]

한편 공동행위의 추정에 관한 규정이 2007. 8. 3. 개정되었는바, 상기 대법원 판례의 취지로 본다면 "해당거래분야 또는 상품·용역의 특성, 해당행위의 경제적 이유 및 파급효과, 사업자간접촉의 횟수·양태 등 제반사정에 비추어 그 행위를 그 사업자들이 공동으로 한 것으로 볼 수 있는 상당한 개연성이 있는 때"를 실행개시일로 볼 수 있다.

3. 종　기

부당한 공동행위의 종기를 언제로 보느냐가 실무적으로 문제된다. 서울고

405) 대판 2008. 1. 31. 2006두10764; 대판 2003. 5. 27. 2002두4433; 대판 2003. 5. 27. 2002두4648; 대판 2006. 9. 22. 2004두7184; 대판 2008. 2. 14. 2006두10801; 대판 2008. 2. 15. 2006두11583; 대판 2008. 2. 29. 2006두10856.

406) 대판 2003. 5. 27. 2002두4433; 대판 2003. 5. 27. 2002두4648; 대판 2006. 9. 22. 2004두7184.

407) 대판 2006. 9. 22. 2004두7184; 대판 2006. 10. 12. 2004두9371.

408) 대판 2008. 2. 29. 2006두10856.

등법원은 "독점규제법 제40조 제 1 항에 규정하는 부당한 공동행위는 가격의 경쟁 등 부당하게 경쟁을 제한하는 행위를 하기로 합의하면 성립하고 그 합의에 기한 실행행위를 그 요건으로 하지는 않으므로, 이러한 행위가 종료하는 날이라 함은 이러한 합의가 더 이상 존속하지 않게 된 날을 의미하고, 합의가 더 이상 존속하지 않게 되었다 함은 이러한 합의에 정해진 조건이나 기한이 있었는데 그 조건이 충족되거나 기한이 종료한 경우 또는 당해 사업자가 탈퇴하거나, 당사자 사이에 합의를 파기하기로 한 경우 또는 사업자들이 합의에 의하여 인상한 가격을 다시 원래대로 환원하는 등 위 합의에 명백히 반하는 행위를 함으로써 더 이상 합의가 유지되고 있다고 인정하기 어려운 사정이 있는 경우 등이 이에 해당한다 할 것이다"고 하고,[409] "단순히 그 합의를 이행하지 아니하였다는 사정만으로는 합의가 존속하지 않게 되었다고 볼 수 없다"고 한다.

그러나 가격결정 등의 합의 및 그에 기한 실행행위가 있었던 경우 부당한 공동행위가 종료한 날이라 함은 그 종료의 합의가 있었던 날이 아니라 그 합의에 기한 실행행위가 종료한 날을 의미한다.[410] 그리고 이러한 법리는 공정거래법 제40조 제 1 항 제 3 호에서 정한 거래제한 등의 합의가 있는 경우 또는 가격결정 등의 합의와 거래제한 등의 합의가 결합한 경우에도 그대로 적용된다.[411]

따라서 합의에 참가한 일부 사업자가 부당한 공동행위를 종료하기 위해서는 다른 사업자에 대하여 합의에서 탈퇴하였음을 알리는 명시적 내지 묵시적인 의사표시를 하고 독자적인 판단에 따라 담합이 없었더라면 존재하였을 가격 수준으로 인하하는 등 합의에 반하는 행위를 하여야 하며, 합의에 참가한 사업자 전부에 대하여 부당한 공동행위가 종료되었다고 하기 위해서는 합의에 참가한 사업자들이 명시적으로 합의를 파기하고 각 사업자가 각자의 독자적인 판단에 따라 담합이 없었더라면 존재하였을 가격 수준으로 인하하는 등 합의에 반하는 행위를 하거나 또는 합의에 참가한 사업자들 사이에 반복적인 가격 경쟁 등을 통하여 담합이 사실상 파기되었다고 인정할 수 있을 만한 행위가 일정 기간 계속되는 등 합의가 사실상 파기되었다고 볼 수 있을 만한 사정이 있어야

409) 서고판 2004. 11. 24. 2003누9000; 서고판 2004. 8. 19. 2002누6110; 서고판 2007. 1. 31. 2005누18305; 서고판 2007. 5. 16. 2005누29725; 서고판 2006. 12. 20. 2006누4167(대판 2008. 4. 24. 2007두2944); 대판 2008. 12. 11. 2007두2593.

410) 대판 2006. 3. 24. 2004두11275; 서고판 2006. 12. 7. 2006누1663; 대판 2007. 12. 13. 2007두2852; 서고판 2008. 8. 28. 2007누19081(대판 2009. 1. 31. 2008두16179); 대판 2011. 9. 8. 2009두15005; 대판 2015. 2. 12. 2013두6169.

411) 대판 2015. 2. 12. 2013두6169.

한다.[412]

합의파기일 관련하여 대법원은 "합의에서 탈퇴하였다는 명시적인 의사표시를 하였다는 사실을 인정할 증거는 없으나 기준가격을 인하하여 다른 사업자들과 반복적인 가격경쟁을 하였다면 합의가 사실상 파기되었다고 봄이 상당하다"고 판시하였다.[413]

기타 법원이 공동행위가 중단된 것으로 판단한 사례는 다음과 같다.

"입찰담합에서 부당한 공동행위의 종기인 그 합의에 기초한 실행행위가 종료한 날이라 함은, 해당 행위의 실행행위로서의 사업활동이 없어진 날을 말하므로 단지 위반행위자 내부에서 위반행위를 중지하기로 하는 결정을 한 것만으로는 충분하지 아니하고 원칙적으로 위반행위자 상호간에 구속상태를 해소시키기 위한 외부적인 징표가 필요하므로 특별한 사정이 없다면 위반행위자 전원이 부당한 거래제한행위의 파기를 명시적으로 합의하여 결정한 시점이나, 그렇지 아니하더라도 일부의 위반행위자가 부당한 거래제한의 합의에서 명시적으로 이탈하여 더는 기본합의를 그대로 유지할 수 없게 되어 입찰담합행위의 동일성이 유지되지 아니하게 되는 시점을 말함"(〈5개 보일러 제조·판매사업자의 부당공동행위 건〉),[414] "일부 사업자가 다른 사업자들에게 합의에서 탈퇴할 것을 명시하면서 가격을 원래대로 환원하는 경우가 아닌 한, 일부 사업자만의 평균가격이 아니라 원고 등의 전체적인 평균가격이 인하되어 이 사건 각 공동행위에 의하여 형성된 가격이 붕괴된 때에 합의가 존속하지 않게 되었다고 할 것이므로 이 사건 각 가격 결정의 합의는 합의에 참여한 사업자 전부가 가격을 인하하기 시작한 시점에 합의가 파기된 것으로 보아야 함"(〈엘지화학 등 5개사 가성소다가격 부당공동행위 건〉),[415] "세부사항을 정함에 있어 원고 등 사업자들 사이에 의견의 불일치로 인하여 이 사건 제1 공동행위 또는 제2 공동행위로 인하여 사라졌던 경쟁요소가 회복된 날에 하나의 공동행위가 중단된 것임"(〈네이버시스템(주)의 국토지리정보원 발주 항공촬영용역 입찰 관련 부당공동행위 건〉)[416]

412) 대판 2008. 10. 23. 2007두12774; 대판 2008. 10. 23. 2007두2586; 대판 2008. 11. 13. 2007두14602; 대판 2008. 11. 13. 2007두14442; 대판 2008. 11. 27. 2007두12712; 대판 2008. 12. 11. 2007두2593; 대판 2008. 12. 24. 2007두19584; 대판 2009. 6. 23. 2007두19416; 대판 2011. 2. 24. 2010두26636; 대판 2014. 5. 16. 2012두5466 등.

413) 서고판 2015. 5. 14. 2013누51352(대판 2015. 9. 10. 2015두44035).

414) 서고판 2015. 7. 24. 2014누55412(대판 2015. 11. 26. 2015두50054).

415) 대판 2008. 10. 23. 2007두12774.

416) 서고판 2018. 9. 20. 2018누48115(대판 2019. 1. 31. 2018누48115).

그러나 일반적으로 가격담합의 경우, 수회의 합의 중에 일시적으로 사업자들의 가격인하 등의 조치가 있더라도 사업자들의 명시적인 담합파기 의사표시가 있었음이 인정되지 않는 이상 합의가 파기되거나 종료되어 합의가 단절되었다고 보기 어렵다.[417)]

기타 법원이 공동행위가 중단되지 않은 것으로 판단한 사례는 다음과 같다.

"일시적인 여건 변화로 가격을 일부 인하한 사정만으로 독자적인 판단에 따라 담합이 없었더라면 존재하였을 가격수준으로 인하하는 등 합의에 반하는 행위를 하였다 보기 어려움"(〈현대하이스코 등 6개 칼라강판 제조 및 판매사업자의 부당공동행위 건〉),[418)] "종전보다 낮은 가격을 판매한 사실은 인정되나, 임원 모임 등을 통하여 저가판촉이나 수요처 침범을 자제하는 등 전면적인 가격경쟁이 발생하지 않도록 하자는 내용의 합의를 반복하였고, 나아가 이러한 합의가 지켜지는지 상호감시하고 합의를 어긴 경쟁사업자에 대해서 항의하기도 하였다면 공동행위 파기로 인정하기 어려움"(〈6개 철강회사들의 칼라강판 부당공동행위 건(포스코강판 등)〉),[419)] "현장조사를 실시한 날 또는 일부사업자에게 공동행위에 가담하지 않았다는 취지의 회신을 한 날을 공동행위의 종기로 볼 수 없음"(〈12개 벽지제조 · 판매 사업자의 부당공동행위 건〉),[420)] "'일시적인 요금면제행위'는 합의파기로 인정되지 않음"(〈하나로텔레콤의 부당공동행위 건〉),[421)] "신용등급별로 인수수수료율을 차등적용하고 이를 인터넷 홈페이지에 공개하였다고 하여 다른 사업자에게 명시적으로 또는 묵시적으로 인수수수료 신설합의에서 탈퇴한다는 내용의 의사표시라고 보기 어려움"(〈5개은행 수출환어음 매입수수료 부당공동행위 건〉),[422)] "이 사건 공동행위에 관한 합의는 일부업체들이 합의에서 탈퇴한다고 명시적으로 선언한 날 또는 그러한 선언에 따라

417) 대판 2015. 2. 12. 2013두6169. 그러나 이 사건에서는 수회의 입찰담합 중에 1999. 10. 5. 입찰에서 합의에 이르지 못하여 위와 같이 바로 경쟁입찰이 이루어졌고, 그 이후 한 달간 있었던 일련의 입찰에서도 계속적으로 경쟁입찰이 이루어졌으므로, 이를 일시적인 가격인하의 경우와 같이 볼 수는 없다고 보았다.

418) 대판 2016. 10. 27. 2015두35871.

419) 서고판 2015. 9. 16. 2013누14759; 같은 취지로 〈인천지역 27개 레미콘 제조 · 판매사업자의 부당공동행위 건〉[서고판 2019. 1. 10. 2018누49507(대판 2019. 6. 13. 2019두36056)]; 〈6개 아연도강판 제조 · 판매사업자의 부당공동행위 건〉[서고판 2019. 2. 8. 2016누71753(대판 2019. 7. 8. 2019두36551)].

420) 대판 2014. 7. 10. 2012두21246.

421) 대판 2008. 12. 11. 2007두2593.

422) 대판 2011. 4. 28. 2009두4661.

실제로 독자적인 판단에 따라 투찰을 실행한 날까지는 전혀 중단되거나 파기되지 않고 계속 유지되었음"(〈액화천연가스 저장탱크 비파괴검사용역 입찰 관련 9개 사업자의 부당공동행위 건〉)[423]

위와 같이 실행행위의 종료일이 위반행위의 종기라는 것이 대법원의 입장이나, 담합에 참여한 A, B, C 3개사가 순차적으로 합의파기를 대외적으로 표시한 경우 A, B 2개사가 담합으로 탈퇴한 것으로 인정되는 경우에는 남아 있는 회사는 C사 1개뿐이고, 이러한 경우에는 담합의 성립요건 중 '2인 이상 사업자들 사이의 의사의 합치'라는 요건을 충족하지 못하게 되므로, C사의 위반행위 종기는 C사의 합의파기일이 아닌 B사의 합의파기일 이라는 것이 대법원의 입장이다(〈3개 설탕 제조·판매업체들의 부당공동행위 건〉).[424]

〈6개 철강회사들의 칼라강판 부당공동행위 건(포스코강판 등)〉 관련 행정소송에서 법원은 "유니온스틸의 탈퇴로 말미암아 이 사건 공동행위의 구성원은 원고만 남게 되었으므로, 결국 유니온스틸이 탈퇴의사를 명시적으로 밝힌 날에 이르러 공동행위 역시 종료되었다"고 보았다.[425] 〈에이유 옵트로닉스 코퍼레이션의 부당공동행위 건〉 관련 행정소송에서 법원은 일부사업자의 공동행위가 중단된 것으로 보더라도 나머지 사업자는 이를 모른채 공동행위를 유지해 왔다면 이들의 공동행위는 조사 직전일까지 이어졌다고 보았다.[426]

그러나 〈엘지디스플레이 외 2개 사업자의 부당공동행위 건〉 관련 행정소송에서 법원은 경쟁당국(미국 DOJ)의 요청에 따라 자진신고일을 보안을 유지한 채 자진신고사실을 알지 못하던 직원들이 관성적으로 다자회의에 참석한 것을 방치한 수준인 경우에는 자진신고일에 공동행위를 종료한 것으로 보았다.[427]

그 외에 수개의 입찰담합행위가 하나의 공동행위를 구성하는 경우 공동행위의 종기는 마지막 입찰담합의 계약체결일 또는 공동행위의 중단을 선언하고 경쟁입찰에 나아간 날로 보는 경우(〈한전발주 전력선 구매입찰 35개사의 부당공동행위 건〉),[428] 최저가 입찰금액적정성심사를 거쳐 낙찰자가 결정된 후 최종적으로 계

423) 서고판 2017. 5. 13. 2016누51599.
424) 대판 2010. 3. 11. 2008두15176.
425) 서고판 2015. 9. 16. 2013누14759.
426) 서고판 2014. 2. 13. 2011누46394.
427) 서고판 2014. 2. 13. 2011누46417(대판 2014. 6. 26. 2014두5521).
428) 대판 2015. 2. 12. 2013두6169.

약을 체결하는 경우 계약체결일(〈한국가스공사 발주 천연가스 주배관 및 관리소 건설공사 입찰 관련 23개 사업자의 부당공동행위 건(대림산업 등)〉)[429]로 본 경우가 있다. 공정거래위원회가 심의할 때까지 실행을 종료한 사실이 없으면, 심의한 날을 종료일로 보며, 과징금부과시에도 그날까지의 매출액을 관련매출액으로 산정한다.[430]

그리고 부당공동행위의 합의를 추정한 경우 종료일에 대하여 대법원은 "행위의 외형상 일치와 경쟁제한성이라는 두 가지 간접사실 중 어느 하나라도 갖추지 못하게 되었을 때가 될 것이다"라고 판시하고 있다.[431] 예를 들어 외형상 행위가 해제되고 합의가 파기된 것으로 보여지는 시점을 공동행위의 종기로 파악하였다.[432] 이는 2007. 8. 3. 개정 공동행위 추정조항에 의하더라도 마찬가지로 합의가 파기된 것으로 보이는 시점을 종기로 볼 수 있을 것이다.

이러한 판례의 취지와 동일하게 「공동행위 심사기준」에서는 다음과 같이 규정하고 있다.

> 부당한 공동행위가 종료한 날은 원칙적으로 그 합의에 기한 실행행위가 종료한 날을 의미한다. 첫째, 합의에 정해진 조건이나 기한이 있는 경우로서 그 조건이 충족되거나 기한이 종료한 경우 실행행위가 종료된 것으로 본다. 둘째, 공동행위의 구성사업자가 합의 탈퇴의사를 명시적 내지 묵시적으로 표시하고 실제 그 합의에 반하는 행위를 한 경우 실행행위가 종료된 것으로 본다. 다만, 합의에 반하는 행위를 하는 것이 현저히 곤란한 객관적이고 구체적인 사유가 인정되는 경우에는 합의 탈퇴의 의사표시로 부당한 공동행위가 종료한 것으로 볼 수 있다. 몇 가지를 예시하면 우선 합의 탈퇴의사 표시를 하고, 가격인하 등 합의에 반하는 행위를 할 수 있었음에도 불구하고 하지 않은 경우에는 합의 탈퇴의사 표시만으로 공동행위가 종료한 것으로 볼 수 없다. 또한 합의에 참가한 각 사업자가 각자의 독자적인 판단에 따라 담합이 없었더라면 존재하였을 가격 수준으로 인하하는 경우 그 독자적인 가격 결

429) 서고판 2016. 10. 21. 2016누31892(대판 2017. 3. 9. 2016두59881.

430) 서고판 2008. 5. 29. 2007누22858(대판 2008. 10. 23. 2008두10621); 서고판 2008. 5. 28. 2007누22865; 대판 2011. 2. 24. 2010두26636: 「과징금 부과고시」 Ⅱ. 6. (나). (1).

431) 대판 2008. 1. 31. 2006두10764; 대판 2008. 2. 14. 2006두10801; 대판 2008. 2. 15. 2006두11583; 대판 2008. 2. 29. 2006두10856; 대판 2008. 2. 29. 2006두10856.

432) 대판 2008. 1. 31. 2006두10764; 대판 2008. 2. 14. 2006두10801; 대판 2008. 2. 15. 2006두11583; 대판 2008. 2. 29. 2006두10443.

정일을 합의에 기한 실행행위가 종료한 날로 본다. 그리고 합의에 참가한 사업자들 사이에 반복적인 가격 경쟁이 있는 등 담합이 사실상 파기되었다고 인정할 수 있을 만한 행위가 일정 기간 계속되는 경우 그 행위가 발생한 날이 속한 달의 전월의 마지막 날에 합의에 기한 실행행위가 종료한 것으로 본다. 셋째, 공동행위가 심의일까지 지속되는 경우에는 심의일에 그 공동행위가 종료된 것으로 본다(「공동행위 심사기준」 Ⅲ. 2. 나.)

한편 자진신고일을 공동행위의 종기로 판단한 경우가 있다. 즉 〈11개 초박막액정표시장치(TFT－LCD) 제조·판매사업자의 부당공동행위 건〉 관련 행정소송에서 서울고등법원은 "자진신고일인 2006. 7. 27. 이후부터 2006. 12. 7.까지 실무자급 다자회의에 계속하여 참석한 사실은 인정되나 원고들의 자진신고에는 진정성이 인정되고 당시 이 사건 공동행위를 종료하려는 의사가 있었던 점, 피고도 관련매출액 산정의 종기를 원고의 자진신고일 전날인 2006. 7. 26.로 판단한 점 등을 고려할 때 이 사건 공동행위를 자진신고일인 2006. 7. 27.경 종료하였다고 봄이 상당하고 이 사건 처분은 그로부터 5년이 경과한 이후에 있었으므로 처분시효 경과로 이 사건 처분은 부적법하다"고 판시하였다.[433] 〈3개 두유제품 제조·판매사업자의 부당공동행위 건〉,[434] 〈2개 제지용 고무롤 제조·판매사업자의 부당공동행위 건(심팩메탈로이 등)〉[435] 관련 행정소송에서도 자진신고일을 공동행위의 종기로 보았다.

또한 영업을 양도한 경우 양도인의 실행행위는 영업양도 시점에 종료되었다고 할 것이므로, 양도인에 대한 처분시효도 그때로부터 진행된다고 보는 것이 대법원의 태도이다. 즉 〈26개 항공화물운송사업자의 부당공동행위 건〉 관련 행정소송에서 대법원은 "합의에 참가한 일부 사업자가 당해 영업을 제3자에게 양도하여 더 이상 그 영업을 영위하지 아니하였다면, 양수인이 영업을 양수한 이후 그 합의에 가담하여 이에 따른 실행행위를 하였다고 하더라도, 양도인이 양수인의 위반행위를 교사하였다거나 또는 양수인의 행위를 양도인의 행위와 동일시할 수 있는 등 특별한 사정이 없는 한 양도인의 실행행위는 영업양도 시점에 종료되었다고 할 것이고, 양도인에 대한 처분시효도 그때로부터 진행된다

433) 서고판 2014. 2. 13. 2011누46417; 대판 2014. 6. 26. 2014두5521.
434) 대판 2015. 2. 12. 2013두987.
435) 서고판 2016. 5. 27. 2015누50797(대판 2016,10.27. 2016두45738).

고 보아야 한다"고 판시하였다.[436)]

입찰담합의 경우에도 대법원은 합의에 기한 실행행위가 종료한 날로 보고 있으며, 입찰담합에 기한 실행행위가 종료되었는지 여부는 해당 합의 내용을 기초로 하여 그에 따라 예정된 실행행위의 구체적 범위 및 태양, 합의 등에 따른 경쟁제한효과의 확정적 발생여부 등 요소를 종합적으로 고려하여 각 사안별로 개별적·구체적으로 판단하여야 한다고 본다.[437)] 통상 입찰참가로서 합의가 최종적으로 실행되었고, 경쟁제한효과도 확정적으로 발생한 경우 입찰참가일을 공동행위 종료일로 본다(〈포스코 ICT의 부당공동행위 건〉).[438)]

물량배분 수단으로서 입찰담합이 개입된 경우 〈한전발주 전력선 구매입찰 참가 35개 전선제조사 등의 부당공동행위 건〉 관련 행정소송[439)]에서 대법원은 '마지막 입찰계약 체결일 또는 공동행위의 중단을 선언하고 경쟁입찰에 나아간 날'을 종기로 보았다.[440)] 또는 법원은 '물량배분을 마친 날'를 종기로 보았다.[441)]

---

436) 대판 2014. 12. 24. 2012두6216, 2012두13412.

437) 대판 2015. 5. 28. 2015두37396.

438) 대판 2015. 5. 28. 2015두37396. 그 외에도 낙찰자 선정일, 계약체결일, 물량배분 종료일, 공정위의 조사개시시점 내지 자진신고일등을 기준으로 한 사례가 있다.

439) ① 전체 입찰물량에 관한 대기업 대 중소기업의 기본배분비율을 60% : 40%로 조정하고, ② 구체적 배분비율에 관하여는, 지하전력선의 대기업 대 중소기업 배분비율을 55% : 45%, 전봇대용 공중전력선 및 절연강화용 전봇대용 공중전력선은 59.3% : 40.7%, 철탑용 공중전력선은 100% : 0%, 저압전력선류는 0% : 100%로 정하며, ③ 중소기업의 수주예정사를 전선조합으로 일원화하고 위 조합이 낙찰받은 물량을 소속 중소기업에 그 조합 지분에 따라 배분하고, 이로 인해 일부 중소기업의 외형상 매출액이 감소한 것을 보상하기 위하여 대기업 물량 중 100억 원 상당의 물량을 중소기업에 주문자위탁생산 방식으로 재배분해 주기로 하는 것이다.

440) 대판 2015. 2. 12. 2013두6169: "① 이 사건 공동행위와 같이 입찰 방식의 물품거래에서 낙찰가격과 거래물량의 제한에 관하여 한 합의는 당사자들이 그 실행으로 입찰절차를 거쳐 물품공급계약을 체결함으로써 그 거래에서 경쟁제한 효과를 확정적으로 발생시키고, 전선조합과 같이 물품공급계약을 체결한 당사자가 소속 중소기업에 낙찰받은 물량을 배분하는 행위는 그 결과물을 내부적으로 나누는 것에 불과한 점, ② 이 사건 공동행위는 한전이 2000년부터 2006년까지 매년 실시한 각종 전력선 구매입찰에 관한 각 합의이고, 이러한 각 합의는 단일한 의사에 기하여 동일한 목적을 수행하기 위한 것으로서 그것이 단절됨이 없이 계속 실행되어 온 것일 뿐 아니라, 원고들 등 사이에 매년 입찰담합을 시행하겠다는 암묵적 합의가 존재하는 것으로 볼 수 있어, 전체적으로 하나의 부당한 공동행위를 구성한다고 할 것인데, '원고 넥상스코리아 등 12개 중소기업'이 2007. 11. 28. 2007년에 실시되는 전력선 구매입찰에서 공동행위의 중단을 선언하고 경쟁입찰에 나아감으로써 계속적으로 지속되어 오던 하나의 공동행위가 전체적으로 중단되었다고 평가할 수 있는 점을 고려하면, 이 사건 공동행위는 2006년의 입찰계약이 최종 마무리된 시점으로 볼 수 있는 600V 절연전선의 2006년도 공급분에 관한 입찰계약 체결일(2007. 9. 12.) 또는 2007년 전력선 구매입찰에서 공동행위의 중단을 선언하고 경쟁입찰에 나아간 날(2007. 11. 28.)에 종료되었다고 봄이 상당하다".

441) 서고판 2013. 8. 28. 선고 2012누30952.

4. 수

외관상 수개의 합의가 장기간에 걸쳐 이루어진 경우 전체를 하나의 공동행위로 볼 것인지 개별합의를 별개의 공동행위로 볼 것인지가 문제된다. 이는 과징금부과 등에서 실무적으로 매우 중요한 의미를 가진다.

이에 대하여 법원은 "사업자들 사이에 장기간에 걸쳐 여러 종류의 합의를 수회 계속한 경우 이를 개별적인 합의로 볼 것인지 전체를 하나의 합의로 볼 것인지 여부는 장기간 걸친 수회의 합의가 단일한 의사에 기하여 동일한 목적을 수행하기 위한 것으로 그것이 단절됨이 없이 계속 실행되어 왔다면 그 합의의 구체적인 내용이나 구성원에 일부변화 또는 변경이 있었다 하더라도 이를 전체적으로 1개의 부당한 공동행위로 보아야 할 것이고, 그렇지 않다면 이를 별개의 부당한 공동행위로 보아야 할 것이다"라고 판시하였다.[442] 「공동행위 심사기준」에서는 다음과 같이 규정하고 있다.

> 사업자들이 일정한 기간에 걸쳐 수차례의 합의를 하는 경우 부당한 공동행위의 수는 그 각 합의들이 단일한 의사에 기하여 동일한 목적을 수행하기 위한 것으로 단절됨이 없이 계속 실행되어 왔는지 여부를 종합적으로 살펴서 판단하여야 한다. 예를 들어 사업자들이 부당한 공동행위의 기본적 원칙에 관한 합의를 하고, 이에 따라 그 합의를 실행하는 과정에서 수차례의 합의를 계속 하여 온 경우에는 그와 같은 일련의 합의는 전체적으로 하나의 부당한 공동행위로 본다. 그 각 합의의 구체적 내용이나 구성원 등에 일부 변동이 있었다고 하더라도 또한 같다. 그리고 사업자들이 부당한 공동행위의 기본적 원칙에 관한 합의 없이 장기간에 걸쳐 여러 차례의 합의를 해 온 경우에도 그 각 합의가 단일한 의사에 기하여 동일한 목적을 수행하기 위한 것으로서 단절됨이 없이 계속 실행되어 왔다면 특별한 사정이 없는 한 그와 같은 일련의 합의는 전체적으로 하나의 부당한 공동행위로 본다. 그 각 합의의 구체적 내용이나 구성원 등에 일부 변동이 있었다고 하더라도 또한 같다(「공동행위 심사기준」 Ⅲ. 1.).

442) 서고판 2004. 11. 24. 2003누9000; 서고판 2004. 8. 19. 2002누6110. 유사판결로 대판 2006. 3. 23. 2003두11124; 대판 2006. 3. 23. 2003두11155; 대판 2006. 3. 24. 2003두11148; 대판 2006. 3. 24. 2004두11275; 대판 2008. 9. 25. 2007두3756; 대판 2009. 6. 25. 2008두17035; 대판 2010. 3. 11. 2008두15169; 서고판 2017. 4. 27. 2016누31441(대판 2017. 9. 14. 2017두47151); 서고판 2019. 1. 10. 2018누49514(대판 2019. 6. 13. 2019두34708)

〈13개 비료 제조·판매사의 부당공동행위 건〉 관련 행정소송에서 서울고등법원은 위와 같은 하나의 공동행위에 관한 대법원판례의 취지를 확장하여 서로 다른 관련시장에 속하는 수개의 상품을 대상으로 공동행위를 하였더라도 단일한 의사와 동일한 목적에 의하여 1개의 합의를 하였으므로 하나의 공동행위라고 판단하였다.[443] 또한 〈한국전력공사 발주 기계식 전력량계 구매입찰 참가 14개 사업자의 부당 공동행위 건 및 2개 전력량계사업협동조합의 사업자단체금지행위 건〉 관련 행정소송에서 일시적인 경쟁입찰이 있다 하더라도 공동행위가 단절된 것은 아니라고 보았다.[444]

한편 〈6개 흑연전극봉 생산업체들의 부당공동행위 건〉,[445] 〈에프 호프만 라로슈(주) 부당공동행위 건〉,[446] 〈9개 폴리프로필렌 제조·판매 사업자의 부당공동행위 건〉 등 관련 행정소송 판결에서 '기본적 원칙의 합의'가 언급되고 있는 바,[447] 기본합의의 존재가 전체를 1개의 부당공동행위로 보는 판단의 전제조건이 되어야 하는가의 문제가 있다. 이와 관련, 〈2개 합성고무 제조사업자의 부당공동행위 건〉[448] 관련 행정소송에서 서울고등법원이 "각 담합행위가 1개의 부당한 공동행위로 되기 위하여는 부당한 공동행위의 기본적 원칙에 관한 합의가 반드시 존재하여야 한다는 전제하에 원고와 현대석유화학 주식회사가 부당한 공동행위의 기본적 원칙에 관한 합의를 하였고 그에 따라 이를 실행하는 과정에서 매년 구체적인 가격의 결정 등을 위한 합의를 계속하여 왔음을 인정할 아무런 증거가 없으므로 이 사건 각 담합행위는 하나의 연속된 행위가 아니라 각

443) 서고판 2013. 10. 18. 2012누15632(대판 2014. 11. 27. 2014두1248) 등.

444) 서고판 2015. 7. 16. 2014누70466.

445) 대판 2006. 3. 23. 2003두11124; 대판 2006. 3. 23. 2003두11155; 대판 2006. 3. 24. 2003두11148; 대판 2006. 3. 24. 2004두11275.

446) 서고판 2004. 11. 24. 2003누9000.

447) 예를 들어 대판 2006. 3. 24. 2004두11275: "사업자들이 경쟁을 제한할 목적으로 공동하여 향후 계속적으로 가격의 결정, 유지 또는 변경행위 등을 하기로 하면서, 그 결정주체, 결정방법 등에 관한 일정한 기준을 정하고, 향후 이를 실행하기 위하여 계속적인 회합을 가지기로 하는 등의 기본적 원칙에 관한 합의를 하고, 이에 따라 위 합의를 실행하는 과정에서 수회에 걸쳐 회합을 가지고 구체적인 가격의 결정 등을 위한 합의를 계속하여 온 경우, 그 회합 또는 합의의 구체적 내용이나 구성원에 일부 변경이 있더라도, 그와 같은 일련의 합의는 전체적으로 하나의 부당한 공동행위로 봄이 상당하므로"; 대판 2011. 6. 30. 2009두12631: "원고 등은 기본적인 합의를 한 후 2005. 3월 경까지 수회에 걸쳐 회합을 개최하여 구체적인 가격의 결정 등을 위한 개별적 합의를 계속 해온 이상, 비록 2000. 9월부터 2001. 1월 사이에 회합이 없었더라도 합의는 단절되지 아니한 채 전체적으로 1개의 부당한 공동행위로 보아야 한다".

448) 대판 2009. 1. 30. 2008두16179.

각 개별적인 행위로 봄이 상당하다"고 판단한 데 대하여 대법원은 "사업자들이 부당한 공동행위의 기본적 원칙에 관한 합의를 하고 이를 실행하는 과정에서 수차례의 합의를 계속하여 온 경우는 물론, 그러한 기본적 원칙에 관한 합의 없이 장기간에 걸쳐 여러 차례의 합의를 해 온 경우에도 그 각 합의가 단일한 의사에 기하여 동일한 목적을 수행하기 위한 것으로서 단절됨이 없이 계속 실행되어 왔다면, 그 각 합의의 구체적인 내용이나 구성원 등에 일부 변경이 있었다고 할지라도, 특별한 사정이 없는 한 그와 같은 일련의 합의는 전체적으로 1개의 부당한 공동행위로 봄이 상당하다"고 함으로써[449] 기본합의의 존재 여부는 문제되지 않는다는 점을 명확히 하였다.

〈오존주입설비 구매 설치 공사 입찰 관련 2개 사업자의 부당공동행위 건〉 관련 행정소송에서도 이러한 입장을 재확인하였으며, 다만 동 건에서는 제출된 자료만으로 이 사건 공동행위가 단일한 의사에 기하여 동일한 목적을 수행하기 위한 것으로서 전체적으로 하나의 부당한 공동행위에 해당한다고 보기는 어렵다고 판단하였다.[450] 그러나 〈9개 자동차 해상운송사업자의 부당공동행위 건[와사키키센(주)외]〉 관련 행정소송에서 법원은 기본합의의 존재만으로 연장계약합의에 관한 합의를 인정하지 않은 사례도 있다.[451] 그리고 기본합의의 존재가 증명되지 않은 상태에서 가담하지 않은 합의에 따른 책임을 물을 수는 없다고 보았다(〈조달청 발주 수중펌프구매 입찰 관련 20개 사업자의 부당공동행위 건(신신기계 등)〉).[452]

---

449) 대판 2009. 1. 30. 2008두16179.

450) 대판 2016. 12. 27. 2016두43282.

451) 서고판 2018. 6. 27. 2017누74018(대판 2018. 10. 12. 2018두52396).

452) 서고판 2016. 6. 29. 2014누43020(대판 2016. 11. 25. 2016두47543).

제41조(공공부문 입찰 관련 공동행위를 방지하기 위한 조치)

① 공정거래위원회는 국가 · 지방자치단체 또는 「공공기관의 운영에 관한 법률」에 따른 공기업이 발주하는 입찰과 관련된 부당한 공동행위를 적발하거나 방지하기 위하여 중앙행정기관 · 지방자치단체 또는 「공공기관의 운영에 관한 법률」에 따른 공기업의 장(이하 "공공기관의 장"이라 한다)에게 입찰 관련 자료의 제출과 그 밖의 협조를 요청할 수 있다.

② 대통령령으로 정하는 공공기관의 장은 입찰공고를 하거나 낙찰자가 결정된 때에는 입찰 관련 정보를 공정거래위원회에 제출하여야 한다.

③ 제 2 항에 따라 공정거래위원회에 제출하여야 하는 입찰 관련 정보의 범위 및 제출 절차에 관하여는 대통령령으로 정한다.

목　　차

Ⅰ. 의　　의
Ⅱ. 입찰관련자료 제출의무
Ⅲ. 입찰 관련 정보의 범위 및 제출 절차

Ⅰ. 의　　의

2007. 8. 3. 제14차 법개정시 신설된 조항이다. 이는 국가나 공공기관이 발주하는 관급공사에 있어서 부당한 공동행위를 사전에 적발하고 규제의 실효성을 제고하기 위한 목적으로 신설되었다.

Ⅱ. 입찰관련자료 제출의무

공정거래위원회는 국가 · 지방자치단체 또는 「공공기관의 운영에 관한 법률」에 따른 공기업이 발주하는 입찰과 관련된 부당한 공동행위를 적발하거나 방지하기 위하여 중앙행정기관 · 지방자치단체 또는 「공공기관의 운영에 관한 법률」에 따른 공기업의 장(이하 "공공기관의 장")에게 입찰 관련 자료의 제출과 그 밖의 협조를 요청할 수 있다(법 제41조 제 1 항).

대통령령[1]으로 정하는 공공기관의 장은 입찰공고를 하거나 낙찰자가 결정된 때에는 입찰 관련 정보를 공정거래위원회에 제출하여야 한다(법 제41조 제 2 항).

Ⅲ. 입찰 관련 정보의 범위 및 제출 절차

제 2 항에 따라 공정거래위원회에 제출하여야 하는 입찰 관련 정보의 범위 및 제출 절차에 관하여는 *대통령령*[2]으로 정한다(법 제41조 제 3 항).

1) 제48조(공공부문 입찰 관련 부당한 공동행위를 방지하기 위한 조치) ① 법 제41조 제 2 항에서 "대통령령으로 정하는 공공기관"이란 다음 각 호의 기관을 말한다. 1. 「정부조직법」 또는 그 밖의 법률에 따라 설치된 중앙행정기관 2. 「지방자치법」에 따른 지방자치단체 3. 「공공기관의 운영에 관한 법률」 제 5 조에 따른 공기업

2) 제48조(공공부문 입찰 관련 부당한 공동행위를 방지하기 위한 조치) ② 법 제41조 제 2 항에 따른 입찰(입찰에 참가한 사업자가 20개 이하인 경우로서 그 추정가격이 「건설산업기본법」 제 2 조 제 4 호의 건설공사 입찰의 경우는 50억원 이상, 그 외의 경우는 5억원 이상인 입찰로 한정한다) 관련 정보는 다음 각 호의 정보로 한다. 1. 발주기관과 수요기관 2. 입찰의 종류와 방식 3. 입찰공고의 일시와 내용 4. 추정가격, 예정가격과 낙찰하한율 5. 입찰참가자의 수 6. 입찰참가자별 투찰내역 7. 낙찰자에 관한 사항 8. 낙찰금액 9. 유찰횟수와 예정가격 인상횟수 10. 그 밖에 입찰과 관련된 부당한 공동행위의 적발 및 방지를 위해 필요하다고 공정거래위원회가 인정하는 정보 ③ 제 1 항 각 호의 공공기관의 장이 법 제41조 제 2 항에 따라 입찰 관련 정보를 공정거래위원회에 제출하는 경우에는 낙찰자 결정 후 30일 이내에 제 2 항 각 호의 사항을 「전자조달의 이용 및 촉진에 관한 법률」 제 2 조 제 4 호에 따른 국가종합전자조달시스템을 통해 해야 한다. 다만, 제 1 항 각 호의 공공기관의 장이 조달청장에게 계약체결을 의뢰하지 않은 경우에는 공정거래위원회가 운영하는 정보처리장치에 직접 입력하는 방식으로 제출할 수 있다; 공정거래위원회는 입찰담합을 효과적으로 적발하기 위해 2006년부터 입찰담합징후분석시스템(BRIAS: Bid Rigging Indicator Analysis System)을 운영하고 있다.

제42조(시정조치)

① 공정거래위원회는 부당한 공동행위가 있을때에는 그 사업자에게 해당행위의 중지, 시장명령에 따른 사실의 공표 또는 그 밖에 필요한 시정조치를 명할 수 있다.

② 합병, 분할, 분할합병 또는 새로운 회사의 설립 등에 따른 제1항의 시정조치에 관하여는 제7조제2항부터 제4항까지의 규정을 준용한다. 이 경우 "시장지배적사업자"는 "사업자"로 본다.

목 차

Ⅰ. 개 요
1. 의 의
2. 종 류
Ⅱ. 시정조치의 유형
1. 부작위명령
2. 작위명령
3. 시정명령받은 사실의 공표명령
4. 보조적 명령
Ⅲ. 시정조치의 방법, 효력기간, 합병, 분할 등 경우 시정조치 대상
Ⅳ. 관련 이슈
1. 일사부재리의 원칙, 이중처벌금지 위반 여부
2. 타행정기관 및 타국에서의 처분과의 관계
3. 입찰참가자격제한 조치 요청

[참고문헌]

논 문: 권오승, "공정거래법의 개요와 쟁점", 공정거래와 법치(권오승 편), 법문사, 2004; 양명조, "부당한 공동행위에 대한 판례", 자유경쟁과 공정거래(권오승 편), 법문사, 2002; 조춘, "공정거래법상 시정조치에 대한 검토", 경쟁저널 108호, 한국공정경쟁연합회, 2004. 8; 홍대식, "카르텔 규제의 집행－행정적 집행수단과 법원의 역할을 중심으로－", 경쟁법연구 제12권, 한국경쟁법학회 편, 법문사, 2005. 8

[참고사례]

주성건설(주)의 부당공동행위 건(공정거래위원회 1996. 8. 30. 의결 제96－210호, 1997. 9. 24. 재결 제9－1호; 서울고등법원 1998. 2. 18. 97구7457 판결; 대법원 2000. 2. 11. 선고 98두5941 판결); 4개 석도강판제조업체의 부당공동행위 건[공정거래위원회 1998. 11. 25. 의결 제1998－271호; 서울고등법원 2000. 11. 16. 선고 99누6226 판결(포스틸), 2000. 6. 29. 선고 99누6110, 2002. 4. 30. 선고 2001누7499 판결[동부제강(주)],

2000. 6. 29. 선고 99누6103, 2001. 9. 18. 선고 2001누7482 판결[동양석판(주)], 2000. 8. 29. 선고 99누6349 판결[신화실업(주)]; 대법원 2001. 5. 8. 선고 2000두10212 판결(포스틸), 2001. 5. 8. 선고 2000두6510 판결[동부제강(주)], 2001. 5. 8. 선고 2000두6503 판결[동양석판(주)], 2001. 5. 8. 선고 2000두7872 판결[신화실업(주)]]; **동양화재해상보험**(주) **외 10의 부당공동행위 건**(공정거래위원회 2001. 6. 18. 의결 제2001－085호, 2001. 11. 3. 재결 2001－055호; 서울고등법원 2002. 10. 17. 선고 2001누10716 판결; 대법원 2005. 1. 28. 선고 2002두12052 판결); **가나평가법인 외 17의 부당공동행위 건**(공정거래위원회 2003. 6. 19. 의결 제2003.101호, 2003. 11. 7. 재결 제2003－033호; 서울고등법원 2005. 1. 26. 선고 2003누21642 판결); **제일모직**(주)**의 부당공동행위 건**(공정거래위원회 2001. 5. 31. 의결 제2001－082호, 재결 제2001－052호; 서울고등법원 2004. 9. 2. 선고 2001누16998 판결; 대법원 2006. 11. 9. 선고 2004두14564 판결); (주)**두우종합기술단의 부당공동행위 건**(공정거래위원회 2004. 9. 7. 의결 제2004－257호, 2005. 2. 14. 재결 제2005－033호: 서울고등법원 2006. 1. 11. 선고 2005누6289 판결); **에스케이네트웍스**(주)**의 부당공동행위 건**(공정거래위원회 2001. 5. 31. 의결 제2001－082호, 2001. 10. 16. 재결 제2001－052호; 서울고등법원 2004. 8. 18. 선고 2001누17403 판결; 대법원 2004. 11. 23. 선고 2004두10586 판결); (주)**새한의 부당공동행위 건**(공정거래위원회 2001. 5. 31. 의결 제2001－082호, 재결 제2001－052호; 서울고등법원 2004. 9. 2. 선고 2001누17700 판결; 대법원 2006. 11. 24. 선고 2004두12346 판결); (주)**국민은행의 부당공동행위 건**(공정거래위원회 2002. 5. 17. 의결 제2002－098호, 2002. 9. 19. 재결 제2002－029호; 서울고등법원 2004. 5. 20. 선고 2002누16377 판결; 대법원 2006. 9. 22. 선고 2004두7184 판결); **엘지카드**(주)**의 부당공동행위 건**(공정거래위원회 2002. 5. 17. 의결 제2002－098호, 2002. 9. 19. 재결 제2002－029호; 서울고등법원 2004. 5. 27. 선고 2002누17073 판결: 대법원 2006. 10. 12. 선고 2004두9371 판결); **정리회사 한보철강공업**(주)**의 관리인 나석환 외 3의 공동행위 건**(공정거래위원회 2003. 11. 1. 의결 제2003.184호, 2004. 5. 18. 재결 제2004－011호; 서울고등법원 2006. 6. 7. 선고 2004누11475 판결; 대법원 2008. 8. 21. 선고 2006두12104 판결); **정리회사 한보**(주)**의 관리인 박준수의 공동행위 건**(공정거래위원회 2003. 11. 1. 의결 제2003.184호, 2004. 5. 18. 재결 제2004－011호; 서울고등법원 2006. 6. 7. 선고 2004누11567 판결; 대법원 2008. 8. 21. 선고 2006두12081 판결); **비씨카드**(주) **외 11의 공동행위 건**(공정거래위원회 2005. 8. 18. 의결 제2005－129호; 서울고등법원 2006. 12. 7. 선고 2005누21233 판결; 대법원 2008. 8. 21. 선고 2007두4919 판결); **볼보건설기계코리아**(주)**의 공동행위 건**(굴삭기 및 휠로다제조)(공정거래위원회 2005. 6. 25. 의결 제2005－081호; 서울고등법원 2007. 5. 71. 선고 2006누5139 판결; 대

법원 2008. 9. 25. 선고 2007두12699 판결); **삼성카드(주)의 공동행위 건**(공정거래위원회 2002. 5. 17. 의결 제2002.252호, 2002. 9. 17. 재결 제2002-029호; 서울고등법원 2004. 2. 3. 선고 2002누17295 판결; 대법원 2006. 10. 27. 선고 2004두3366 판결; 서울고등법원 2007. 4. 19. 선고 2006누26372 판결; 대법원 2008. 11. 27. 선고 2007두10181 판결); **8개 밀가루 제조·판매업체들의 부당공동행위 건**(공정거래위원회 2006. 4. 13. 의결 제2006-079호: 서울고등법원 2007. 10. 25. 선고 2006누22288 판결; 대법원 2009. 5. 28. 선고 2007두24616 판결); **4대강 살리기 사업 1차 턴키공사 관련 건설업자들의 부당공동행위 건**(공정거래위원회 2012. 8. 31. 의결 제2012.199호; 서울고등법원 2014. 4. 24. 선고 2012누27741, 2012누29198, 2012누29266, 2014. 6. 13. 선고 2012누29303, 2012누28980, 2012누28850, 2012누27994, 2012누28997, 2012누29242, 2012누29525, 2012누29211, 2012누28874, 2014. 7. 9. 선고 2012누28003, 22012누8508, 2012누29181, 2012누28973, 2012누29204 판결; 대법원 2014. 9. 4. 선고 2014두7411, 2014. 9. 24. 선고 2014두8186, 2014. 10. 27. 선고 2014두10592, 2014두10097, 2014두10080, 2014. 10. 30. 선고 2014두10394, 2014두10233, 2014두10103, 2014. 11. 13. 선고 2014두10820, 2014두10059, 2014두11106, 2014두11083, 2014두10813 2014. 12. 24. 2014누8193, 2015. 9. 10. 선고 2014두11114, 2014두11113 판결); **영주다목적댐 입찰 관련 2개 사업자 및 2개 설계용역사의 부당공동행위 건**(공정거래위원회 2013. 3. 18. 의결 제2013.148호; 서울고등법원 2014. 5. 14. 선고 2013누11132 판결; 대법원 2014. 9. 16. 선고 2014두37733 판결); **호남고속철도 제2-1공구 등 최저가낙찰제 참가 28개 사업자의 부당공동행위 건**(삼부토건)(공정거래위원회 2016. 2. 16. 의결 제2016-055호; 서울고등법원 2016. 10. 28. 선고 2014누7512 판결); **영주다목적댐 건설공사 입찰 관련 2개 건설사**(대우건설 등) **및 2개 설계용역사의 부당공동행위 건**(공정거래위원회 2013. 3. 18. 의결 제2013-048호; 대법원 2016. 7. 22. 선고 2014두42643 판결); **호남고속철도 4-2공구 노반신설 기타공사 입찰 관련 3개 건설업자의 부당공동행위 건**(지에스건설 등)(서울고등법원 2016. 7. 8. 선고 2014누65907 판결); **9개 사업자 해상운송사업자의 부당공동행위 건**[카와사키키센(주)][공정거래위원회 2017. 9. 1. 의결 제2017-293호; 서울고등법원 2018. 6. 27. 선고 2017누74018 판결; 대법원 2018. 10. 12. 선고 2018두52396(심리불속행 기각) 판결]; **4개 종계 판매 사업자의 부당공동행위 건**(공정거래위원회 2019. 12. 31. 의결 제2019-312호; 서울고등법원 2021. 9. 15. 선고 2020누40329 판결)

Ⅰ. 개 요

1. 의 의

부당한 공동행위의 금지규정에 위반한 경우 공정거래위원회는 당해 사업자에 대하여 당해행위의 중지, 시정명령을 받은 사실의 공표 기타 시정에 필요한 조치를 명할 수 있다(법 제21조). 공정거래위원회는 명하려고 하는 조치의 내용과 개별 구체적인 위반행위의 행태나 문제로 된 시장의 상황 등을 고려하여 그러한 조치가 필요한지를 판단하게 되고, 그러한 조치의 필요성에 대한 판단에는 경쟁정책에 전문적인 지식을 가진 공정거래위원회의 전문적인 재량이 인정된다(〈호남고속철도 제2.1공구 등 최저가낙찰제 참가 28개 사업자의 부당공동행위 건(삼부토건)〉).[1)]

실무적으로 회사를 대표하거나 대리할 권한이 없는 직원이 사전·사후 승인 없이 독자적으로 한 행위가 공동행위가 되는지가 다투어진다. 이에 대하여 서울고등법원은 "사업자가 법인인 경우 법인의 사용인이나 종업원이 법인의 업무에 관하여 부당한 공동행위를 하였다면, 법인에 그 의무위반을 탓할 수 없는 정당한 사유가 있지 않는 한, 공정거래위원회는 법인에 대하여 제재처분이 가능하며, 설령, 그것이 현실적인 행위자의 권한 범위 내에 속하지 않는 것이어서 그 행위의 사법상 효과가 법인에 미치지 않는 경우라도 달리 볼 것이 아니다"라고 판시하였다.[2)]

2. 종 류

「시정조치 운영지침」에 의하면 시정조치는 그 양태와 주된 내용에 따라 작위명령, 부작위명령, 보조적 명령의 3가지의 유형으로 구분할 수 있다.

"작위명령"은 합의파기명령 등 피심인의 적극적인 행위를 요구하는 내용의 시정조치, "부작위명령"은 당해 법위반행위의 중지명령, 향후 위반행위 금지명령 등 피심

1) 서고판 2016. 10. 28. 2014누7512.

2) 서고판 2014. 5. 14. 2013누11132(대판 2014. 9. 16. 2014두37733).

인의 소극적인 부작위를 요구하는 내용의 시정조치, 그리고 "보조적 명령"이라 함은 관련 있는 자에게 시정명령을 받은 사실의 통지명령, 시정명령의 이행결과 보고명령, 일정기간동안 가격변동 사실의 보고명령, 독점규제법에 관한 교육실시명령, 관련자료 보관명령 등 시정조치의 이행을 실효성 있게 확보하고 당해 위반행위의 재발을 효과적으로 방지하기 위하여 주된 명령에 부가하여 명하는 시정조치를 말한다(「시정조치 운영지침」 Ⅱ. 2).

Ⅱ. 시정조치의 유형

1. 부작위명령

대법원은 시정명령의 내용이 지나치게 구체적인 경우, 매일 매일 다소간의 변형을 거치면서 행해지는 수많은 거래에서 정합성이 떨어져 결국 무의미한 시정명령이 되므로 그 본질적인 속성상 다소간의 포괄성·추상성을 띨 수밖에 없다 할 것이고, 한편 시정명령제도를 둔 취지에 비추어 시정명령의 내용은 과거의 위반행위에 대한 중지는 물론 가까운 장래에 반복될 우려가 있는 동일한 유형의 행위의 반복금지까지 명할 수는 있는 것으로 해석한다.[3]

1) 행위중지명령

공정거래위원회는 원칙적으로 법 위반행위가 최종 심의일에도 진행 중이거나 위반행위의 효과가 최종 심의일에도 지속되는 경우에 행위중지명령을 명할 수 있다. 행위중지명령은 관련 상품, 거래상대방, 위반행위의 내용 또는 방법 등 당해 위법사실을 최대한 반영하여 중지하여야 할 행위를 구체적으로 특정하고, 시정조치 기간(즉시 또는 일정시점까지)을 명확하게 하여 명하여져야 한다(「시정조치 운영지침」 Ⅶ. 1. 가).

3) 대판 2003. 2. 20. 2001두5347; 대판 2004. 4. 9. 2001두6197; 서고판 2005. 1. 26. 2003누21642; 서고판 2006. 6. 7. 2004누11475(대판 2008. 8. 11. 2006두12104) 참조; 서고판 2006. 6. 7. 2004누11567(대판 2008. 8. 21. 2006두12081) 참조; 대판 2016. 7. 22. 2014두42643, 2016. 7. 6. 2014누65907.

2) 행위금지명령

행위금지명령은 원칙적으로 법 위반행위가 최종 심의일에 이미 종료되었으나, 가까운 장래에 당해 법위반행위와 동일 또는 유사한 행위가 반복될 우려가 있는 경우에 명할 수 있다. 행위금지명령은 단순히 법령의 규정을 반복하여 추상적인 법을 선언하는 식으로 일반적·포괄적으로 명하여서는 아니 된다. 행위금지명령은 법 위반행위를 최대한 반영하여 향후 이와 동일하거나 유사한 행위가 발생한 경우 새로운 위법행위가 아니라, 시정조치 불이행으로 판단할 수 있도록 금지대상이 되는 법 위반행위의 유형을 어느 정도 구체화하여 명하여야 한다. 다만, 행위금지명령의 내용이 지나치게 구체적이어서 장래에 동일 또는 유사한 법위반 행위가 발생할 가능성이 거의 없게 되지 않도록 한다(「시정조치 운영지침」 Ⅶ. 1. 나).

예컨대 건축공사 입찰담합에 있어서 시정조치가 건축공사가 완료되고 그 대금청산이 끝난 후에 이루어졌다 하더라도 그것이 재량권의 범위를 일탈한 위법한 처분이라고 할 수 없다.[4]

〈가나평가법인 외 17의 부당공동행위 건〉에서 시정명령과 공표명령의 문구에 "보수기준에서 정한 수수료기준 20% 이상 할인하지 않기로"라고 표현하고 있는데 대하여 서울고등법원은 "이는 부당한 공동행위의 태양이나 방법을 나타낸 것으로서 과거의 위반행위 내지 이와 유사한 행위의 중지를 명하거나 공표하는 것이라고 할 것이고, 시정명령의 내용이 지나치게 구체적이어서 다소 변형된 위반행위에 대하여 구속력이 미치는지 여부가 문제될 수 있다 하더라도 적어도 과거의 위반행위에 대한 시정 내지 중지를 시키는 효력은 가진다고 할 것이므로, 그러한 문구가 포함된 시정명령 등이 위법하게 되는 것은 아니며, 위와 같은 문구가 포함된 문안이 공표되더라도 20%로 할인된 감정평가수수료를 기준으로 실제 감정평가수수료가 결정되거나 형성된다고 단정할 수 없어 영업의 자유와 정당한 영업상의 이익을 침해하는 것이라고 할 수 없다"고 판시하였다.[5]

그러나 〈13개 음원유통사업자(CP)의 부당공동행위 건〉 관련 행정소송에서 서울고등법원은 "공정거래위원회는 CP가 OSP(온라인서비스사업자)에게 Non-DRM 월정액 다운로드 상품 및 복합상품의 음원을 공급할 때 위와 같은 조건을 다는

4) 대판 2000. 2. 11. 98두5941; 대판 2008. 11. 27. 2007두10181.

5) 서고판 2005. 1. 26. 2003누21642.

것에 관하여 '다른 CP들과 합의하는 것'을 금지하는 것만으로는 법 제42조가 시정명령을 통해 부당공동행위의 반복을 막고자 한 목적을 충분히 달성할 수 있는데도 이 사건 시정명령은 '합의와 관계없이' 조건을 달아 음원을 공급하는 자체를 금지함으로써, 부당공동행위의 반복을 막는 것을 넘어 원고의 계약체결의 자유를 과도하게 제한하므로, 비례의 원칙에 반한다"고 판시한 바 있다.[6)]

〈4대강 살리기 사업 1차 턴키공사 관련 건설업자들의 부당공동행위 건〉 관련 행정소송에서 이와 같은 향후금지명령의 위법성 여부에 대한 다툼이 있었다. 이에 대하여 대법원은 "'낙찰받을 건설공구에 관한 합의'는 원고의 독점규제법 위반행위로 인정된 이 사건 공동행위와 동일한 유형의 행위로서 가까운 장래에 반복될 우려가 있다고 할 것이어서, 피고는 시정명령으로 이러한 유형의 행위에 대한 반복금지까지 명할 수 있다고 봄이 상당하다"고 판시하였다.[7)]

3) 기 타

대법원에 의하면 정보교환금지명령도 가능하다. 즉 〈8개 밀가루 제조·판매업체의 부당공동행위 건〉 관련 행정소송에서 "사업자들이 상호 정보교환을 통하여 부당한 공동행위를 하기에 이른 경우에 공정거래위원회는 그것이 부당한 공동행위의 시정을 위하여 필요하다면 그 사업자들에 대하여 정보교환 금지명령을 할 수 있다. 다만 그와 같은 정보교환 금지명령이 독점규제법 제42조에서 정한 필요한 조치로서 허용되는지는 그 정보교환의 목적, 관련시장의 구조 및 특성, 정보교환의 방식, 교환된 정보의 내용, 성질, 및 시간적 범위 등을 종합적으로 고려하여 판단해야 한다. 이 사건 금지명령 중 "시장을 통한 정보수집의 경우를 제외하고"라는 문구 및 시정명령 전체의 취지에 비추어 보면, 현재 또는 장래에 관한 공개되지 아니한 정보의 교환만을 금지하는 것임을 알 수 있으므로 명확성과 구체성의 원칙이나 비례의 원칙에 위반되지 아니한다"고 판시하였다.[8)]

2. 작위명령

'기타 시정을 위하여 필요한 조치'에 의거하여 작위명령을 할 수 있다.

6) 서고판 2012. 7. 15. 2011누25878.
7) 대판 2015. 9. 10. 2014두11114, 2014두11113.
8) 대판 2009. 5. 28. 2007두24616.

아래와 같은 작위명령은 예시에 불과하며, 공정거래위원회는 이외에도 당해 위반행위의 시정에 가장 적절하고 실효성 있는 시정조치라면 법 위반행위에 비례하여 합리적으로 필요한 범위내에서 다른 작위명령도 명할 수 있다. 예를 들어 〈비씨카드(주) 외 11의 공동행위 건〉에서 공정거래위원회는 규정의 삭제, 수정 및 명령을 명하였다.[9)]

1) 합의파기명령

부당공동행위에 대한 시정명령으로 통상 '합의의 파기'를 가장 많이 사용하고 있다.[10)] 그러나 부당한 공동행위를 하는 계약은 법적으로 무효이기 때문에 무효인 계약을 파기한다는 것은 법적인 측면에서는 문제가 있고, 합의는 이루어졌지만 아직 합의가 실행에 옮겨지지 않은 상태에서 그 사업자들에게 '합의를 파기하라'는 시정조치를 내리는 것은 사적자치에 대한 지나친 침해가 될 수 있기 때문에 합의가 아직 실행에 옮겨지지 않은 상태에서는 사업자들이 법 제40조 제 4 항에 의하여 그 합의의 사법적 효력을 부인하는 것으로 충분하고, 공정거래위원회의 시정조치는 그 합의가 구체적으로 실행에 옮겨진 경우에 한하여 그 위법한 결과를 제거하기 위하여 명할 수 있도록 하는 것이 바람직하다는 견해가 있다.[11)] 그러나 부당공동행위는 합의만으로도 성립하므로 합의단계에서 적발되어도 합의파기명령이 가능하고, 사법적 무효와 행정처분은 별개로 보는 것이 타당하다고 본다.

> 공정거래위원회는 제40조 제 1 항이 적용되는 명백한 합의가 있고, 최종 심의일까지 그 합의가 종료되지 않아 부당한 공동행위가 유지되고 있으며, 공동행위가 관행화되어 있어 합의파기라는 외형적 행위를 통해 법 위반행위를 효과적으로 종료시킬 필요가 있거나 법 위반행위를 억지할 필요가 있는 경우에 "합의파기명령"을 명할 수 있다. 합의파기 방식은 피심인 각자가 이사회 등의 공식적인 최고 의결기구의

9) 공정의 2005. 8. 18. 2005－129: "피심인들은 이 시정명령을 받은 날부터 90일 이내에 가맹점 수수료율 결정과 관련하여 단독으로 또는 공동으로 제정한 다음 규정에 관하여 이 시정명령에 부합하고 적용범위가 명확하도록 삭제, 수정 및 개정하여야 한다. 1. 『운영위원회지침』의 전체 규정, 2. 비씨카드주식회사와 각 회원은행이 체결한 『카드업무에 관한 기본계약서』와 『위임계약서』의 위임범위에 관한 규정, 3. 비씨카드 주식회사가 제정한 『가맹점약관』 중 가맹점수수료율 결정과 관련된 규정".

10) 예를 들어 확약서 파기명령, 대판 2004. 11. 23. 2004두10586(공정의 2001. 5. 31. 2001－082); 대판 2006. 11. 24. 2004두12346(공정의 2001. 5. 31. 2001－082).

11) 권오승, 공정거래와 법치(2004), 14~15면.

의결을 통해 '사업자간의 합의를 파기하며, 향후 독자적으로 의사결정을 하겠다'는 취지로 합의파기 의사를 확인하고 그 결과를 회의록에 기재하는 한편, 공동행위에 참가한 다른 피심인 및 관련 있는 자에게 이를 통지하게 할 수 있다(「시정조치 운영지침」 Ⅶ. 2. 나).

2) 독자적 가격재결정명령

공정거래위원회는 i) 제40조 제1항이 적용되는 명백한 합의가 있고, ii) 최종 심의일까지 그 합의가 종료되지 않아 부당한 공동행위가 유지되고 있으며, iii) 부당한 공동행위에 있어 공동행위가 관행화되어 있거나 시장구조가 과점화되어 있어 향후 공동행위의 재발가능성이 크며, iv) 가격공동행위의 기간이 장기간에 걸쳐 있어, v) 합의에 의한 가격결정·유지·변경행위의 중지를 구체적인 작위명령으로 명할 필요가 있는 경우에 "독자적 가격재결정명령"을 명할 수 있다. 가격재결정명령 방식은 행위중지명령 또는 합의파기명령과 함께 피심인에게 합의에 의해 결정한 가격을 철회하고 새로이 독립적인 판단에 따라 각자 가격을 결정하여 공정거래위원회에 서면으로 보고하도록 한다(「시정조치 운영지침」 Ⅶ. 2. 라).

한편 가격재결정명령을 넘어, 가격을 합의 전의 가격으로 인하하라는 원상회복명령을 할 수 있는가 하는 것이 문제이다. 시장지배적지위 남용행위의 경우와 같이 명시적 규정이 없어, 합의 전의 가격으로 인하하는 명령은 어렵다고 보는 것이 일반적이나 독자적 가격재결정명령을 활용하는 경우 유사한 효과를 가질 수 있다.

3. 시정명령받은 사실의 공표명령

종래 법위반사실의 공표명령은 독점규제법 위반행위에 대하여 공정거래위원회로부터 시정명령 등을 받았음에도 외부에 공표함으로써 유사한 사례의 재발을 막기 위한 것으로서 공익적인 필요성이 인정되었다.[12] 그러나 법위반 사실 공표명령의 위헌결정[13]에 따라 직권변경된 공표명령은 원래의 공표명령의 근거

---

12) 서고판 2005. 1. 26. 2003누21642.

13) 헌재결 2002. 1. 31. 2001헌바43.

이던 법 제42조의 "법위반사실의 공표"부분이 위헌으로 선언되어 원래의 공표명령이 위법하게 되자, 같은 행위사실에 대하여 같은 조의 "기타 시정을 위한 필요한 조치"에 근거를 두고 위헌결정의 취지에 따라 적법한 내용으로 경정되어 발하여 진 것이고, 위헌으로 선언된 같은 조의 "법위반사실의 공표"부분은 같은 조 "기타 시정을 위한 필요한 조치"의 예시에 불과하여 당초부터 이에 포섭되어 있는 내용이었을 뿐 아니라, 직권변경된 공표명령이 여전이 같은 행위사실을 기초로 하여 같은 법 조항에 근거하여 발하여 지는 이상 실질적 법치주의나 행정처분의 상대방에 대한 신뢰보호원칙에 위반되지 않는다.[14)]

4. 보조적 명령

"기타 시정을 위하여 필요한 조치"에 의거하여 보조적 명령을 발할 수 있다. 그 내용은 법 제 7 조의 해당부분과 동일하다.

Ⅲ. 시정조치의 방법, 효력기간, 합병, 분할 등 경우 시정조치 대상

그 내용은 제 7 조의 해당부분과 동일하다.

2020. 12. 29. 법 전부개정에서 합병후 존속하거나 합병에 따라 설립된 회사에 대하여 시정조치를 명할 수 있도록 근거규정을 신설한 것은 기존에 행정관행 등으로 인정되고 있던 흡수합병에 관한 법리를 확인하는 선언적 의미로 볼 수 있으므로 규정을 신설하였다고 하여 위 규정이 신설되기 이전에는 합병후 존속하는 회사에 대하여 시정조치를 명할 수 없는 것이라고 해석하여야 하는 것은 아니다(〈4개 종계 판매 사업자의 부당공동행위 건〉).[15)]

14) 서고판 2002. 4. 30. 2001누7499; 서고판 2002. 10. 17. 2001누10716(대판 2005. 1. 28. 2002두12052); 서고판 2004. 9. 2. 2001누6998(대판 2006. 11. 9. 2004두14564); 서고판 2004. 8. 18. 2001누17403(대판 2004. 11. 23. 2004두10586); 서고판 2004. 9. 2. 2001누17700(대판 2006. 11. 24. 2004두12346).

15) 서고판 2021. 9. 15. 2020누40329.

Ⅳ. 관련 이슈

1. 일사부재리의 원칙, 이중처벌금지 위반여부

예컨대 가격 인상행위에 대해 시장지배적지위 남용행위에 해당한다고 하여 시정조치 및 과징금을 부과하였다 하더라도 동 가격을 유지하기 위하여 공동행위를 하였다면 대상행위가 틀린 것으로 다시 시정조치 및 과징금을 부과할 수 있는 것이며 처분의 사실관계가 동일함을 전제로 하는 일사부재리의 원칙이나 이중처벌금지에 위배되지 아니한다.[16]

2. 타행정기관 및 타국에서의 처분과의 관계

타행정기관 처분과 공정거래위원회의 시정명령은 별개이다. 즉 〈(주)두우종합기술단의 부당공동행위 건〉 관련 행정소송에서 서울고등법원은 “조달청장이 원고(두우종합기술단)에게 이 사건 시정명령에 앞서 적격심사서류 제출의무의 불이행을 사유로 부정당업자 제재처분을 하였지만 이 사건 시정명령은 입법취지와 규제영역, 규제방식이 상이한 근거법령에 기초한 것으로서 위와 같은 조달청장의 제재처분과의 관계에서 신뢰보호의 원칙이나 이중위험금지의 원칙에 위반되는 처분이라고 보기 어렵다”고 판시한 바 있다.[17]

그리고 그 행위와 관련하여 행위자가 이미 타국에서 행정상 제재를 받았다는 사정은 독점규제법에 따른 제재의 여부 및 그 정도를 정할 때 고려하는 것으로 충분하며, 이를 이중 제재로서 위헌·위법이라고 볼 수 없다(〈9개 사업자 해상운송사업자의 부당공동행위 건[카와사키키센(주)]〉).[18]

3. 입찰참가자격제한 조치 요청

공정거래위원회는 법위반행위를 한 당해 사업자(또는 사업자단체)에 대한 조

16) 서고판 2004. 5. 20. 2002누16377(대판 2006. 9. 22. 2004두7184); 대판 2006. 10. 12. 2004두9371.
17) 서고판 2006. 1. 11. 2005누6289.
18) 서고판 2018. 6. 27. 2017누74018(대판 2018. 10. 12. 2018두52396).

치 외에 필요한 경우 법위반행위의 정도, 횟수 등을 고려하여 발주기관에 입찰참가자격제한을 요청할 수 있다(국가를 당사자로 하는 계약에 관한 법률 제27조, 같은 법 시행령 제76조). 다만, 과거 5년간 입찰담합으로 받은 벌점 누계가 5점을 초과한 사업자(또는 사업자단체)에 대해서는 원칙적으로 입찰참가자격제한 요청을 하여야 한다.[19)]

19) 「입찰공정화 지침」 4.

제43조(과징금)

공정거래위원회는 제40조 제1항의 규정을 위반하는 행위가 있을 때에는 그 사업자에 대하여 대통령령이 정하는 매출액에 100분의 20을 곱한 금액을 초과하지 아니하는 범위안에서 과징금을 부과할 수 있다. 다만, 매출액이 없는 경우등에는 40억원을 초과하지 아니하는 범위안에서 과징금을 부과할 수 있다.

 목 차

Ⅰ. 개 요
1. 의 의
2. 과징금 부과여부 및 산정기준 등
Ⅱ. 입찰담합시 과징금부과 특유의 문제
1. 과징금 부과기준
2. 관련 이슈
3. 들러리업체에 대한 과징금 감경여부
Ⅲ. 관련 이슈
1. 부당한 공동행위의 추정과 과징금부과 문제
2. 형사제재 등과의 이중 제재여부
3. 과징금처분의 변경가능성
4. 과징금의 취소 및 감경처분
5. 회사분할시 과징금 부과 문제
6. 회생채권과 과징금 청구권

[참고문헌]

단행본: Möschel, in: Immenga/ Mestmäcker, GWB Kommentar zum Kartellgesetz, 2001

논 문: 김성훈, "과징금부과를 위한 관련매출액 산정시 관련상품의 범위에 관한 검토", 경제법판례연구 제6권, 경제법판례연구, 법문사, 2006; 이황, "회사분할과 과징금 납부책임의 승계가능성", 경제법판례연구 제6권, 경제법판례연구회, 법문사, 2006; 황태희, "부당한 공동행위와 기본과징금의 산정", 경제법판례연구 제6권, 경제법판례연구, 법문사, 2006

[참고사례]

4개 석도강판제조업체의 부당공동행위 건(공정거래위원회 1998. 11. 25. 의결 제1998-271호; 서울고등법원 2000. 11. 16. 선고 99누6226, 2000. 6. 29. 선고 99누6110, 99누6103, 2002. 4. 30. 선고 2001누7499, 2001. 9. 18. 선고 2001누7482, 2000. 8. 29. 선

고 99누6349 판결; 대법원 2001. 5. 8. 선고 2000두10212, 2000두6510, 2000두6503, 2000두7872 판결); **주식회사 대한펄프의 가격공동행위 건**(공정거래위원회 1998. 4. 10. 의결 제98-63호; 서울고등법원 2000. 6. 20. 선고 98누10839 판결; 대법원 2002. 5. 28. 선고 2000두6121 판결); **동부제강(주) 외 3사의 가격공동행위 건**(공정거래위원회 1998. 7. 7. 의결 제1998-134호; 서울고등법원 2000. 12. 12. 선고 98누12293, 2000. 12. 21. 선고 98누12668, 98누12637, 98누12651 판결; 대법원 2003. 2. 11. 선고 2001두847 판결; **(주)신선대컨테이너터미널 외 3사의 가격공동행위 건**(공정거래위원회 2002. 2. 15. 의결 제2002-043호; 서울고등법원 2003. 10. 2. 선고 2002누12757 판결); **두원냉기(주)의 가격, 공급제한, 사업활동방해공동행위 건**(공정거래위원회 1999. 11. 22. 의결 제99-235호, 2000. 7. 24. 재결 제2000-39호; 서울고등법원 2001. 11. 6. 선고 2000누11088, 2003. 11. 27. 선고 2003누1723 판결; 대법원 2003. 1. 10. 선고 2001두10387 판결); **삼성카드(주) 외 2사의 부당공동행위 건**(공정거래위원회 의결 2000. 8. 16. 의결 제2000-131호, 2001. 1. 17. 재결 제2001.4호; 서울고등법원 2002. 6. 27. 선고 2001누2579 판결; 대법원 2004. 10. 28. 선고 2002두7456 판결); **에프 호프만 라 로슈(주) 부당공동행위 건**(공정거래위원회 2003. 4. 29. 의결 제2003-098호; 서울고등법원 2004. 11. 24. 선고 2003누9000 판결); **현대오일뱅크(주) 외 1의 부당공동행위 건**(공정거래위원회 2000. 10. 17. 의결 2000-158호, 2001. 2. 28. 재결 제2001-010호; 서울고등법원 2002. 6. 20. 선고 2000누15028 판결; 대법원 2004. 10. 27. 선고 2002두6842 판결; 서울고등법원 2005. 11. 30. 선고 2004누24457 판결; 대법원 2008. 11. 13. 선고 2006두675 판결); **에스대시오일(주)의 부당공동행위 건**(공정거래위원회 2000. 10. 17. 의결 2000-158호; 서울고등법원 2002. 4. 9. 선고 2001누4803 판결; 대법원 2004. 11. 12. 선고 2002두5627 판결; 서울고등법원 2006. 1. 12. 선고 2005누489 판결; 대법원 2008. 2. 15. 선고 2006두4226 판결); **에스대시오일(주)의 과징금 납부명령 무효확인 건**(공정거래위원회 2000. 10. 17. 의결 제2000-158호, 2001. 2. 28. 재결 제2001-010호; 서울고등법원 2006. 1. 12. 선고 2005누2416 판결; 대법원 2008. 2. 15. 선고 2006두3957 판결); (주)**국민은행의 부당공동행위 건**(공정거래위원회 2002. 5. 17. 의결 제2002-098호, 2002. 9. 19. 재결 제2002-029호; 서울고등법원 2004. 5. 20. 선고 2002누16377 판결; 대법원 2006. 9. 22. 선고 2004두7184 판결); **현대산업개발(주)의 부당공동행위 건**(공정거래위원회 2002. 7. 20. 의결 제2002-155, 156호, 2003. 1. 8. 재결 제2003-002호; 서울고등법원 2004. 1. 20. 선고 2003누245 판결; 대법원 2006. 12. 7. 선고 2004두3045 판결; 서울고등법원 2007. 4. 5. 선고 2006누30692 판결); (주)**태영이엠씨의 부당공동행위 건**(공정거래위원회 2006. 10. 13 의결 제2006-234호; 서울고등법원 2007. 6. 13. 선고 2006누27672 판결); **삼성카드(주)의 부당**

공동행위(과징금재산정) **건**(공정거래위원회 2007. 1. 4. 의결 제2007-001호; 서울고등법원 2007. 7. 25. 선고 2007누4430); (주)**현대중공업**(지게차구매입찰)**의 공동행위 건**(공정거래위원회 2005. 6. 24. 의결 제2005-082호; 서울고등법원 2006. 10. 26. 선고 2006누4174 판결; 대법원 2008. 1. 24. 선고 2006두19723 판결); (주)**라파즈한라시멘트의 공동행위 건**(공정거래위원회 2003. 9. 8. 의결 제2003.147호, 재결 제2004-005호; 서울고등법원 2006. 5. 24. 선고 2004누4897 판결; 대법원 2008. 2. 29. 선고 2006두10856 판결); **아세아시멘트공업**(주) **외 2**(쌍용양회공업(주), 한국양회공업협회)**의 공동행위 건**(공정거래위원회 2003. 9. 8. 의결 제2003.147호, 2004. 2. 9. 재결 제2004-005호; 서울고등법원 2006. 5. 24. 선고 2004누4903 판결; 대법원 2008. 2. 29. 선고 2006두10443 판결); **쇼와덴코케이케이의 공동행위 건**(재산정)(공정거래위원회 2002. 4. 4. 의결 제2002-077호, 2002. 8. 23. 재결 제2002-026호; 서울고등법원 2007. 9. 19. 선고 2006누29692 판결; 대법원 2008. 4. 10. 선고 2007두22054 판결); (주)**클라크머터리얼핸들링아시아의 부당공동행위 건**(공정거래위원회 2005. 6. 24. 의결 제2005-080호; 서울고등법원 2006. 12. 28. 선고 2005누16040 판결; 대법원 2007. 12. 13. 선고 2007두2852 판결; 서울고등법원 2008. 4. 16. 선고 2007누34431 판결); **현대중공업**(주)**의 공동행위 건**(굴삭기 및 휠로다 구매입찰)(공정거래위원회 2005. 6. 24. 의결 제2005-083호, 2006. 1. 24. 재결 제2006-005호; 서울고등법원 2006. 12. 20. 선고 2006누5726 판결; 대법원 2008. 4. 24. 선고 2007두2937 판결); **비씨카드**(주) **외 11의 공동행위 건**(공정거래위원회 2005. 8. 18. 의결 제2005-129호; 서울고등법원 2006. 12. 7. 선고 205누21233 판결; 대법원 2008. 8. 21. 선고 2007두4919 판결); **현대제철**(주) **외 2의 공동행위 건**(공정거래위원회 2003. 11. 1. 의결 제2003.184호, 2004. 5. 18. 재결 제2004-011호; 서울고등법원 2006. 6. 7. 선고 2004누11574 판결; 대법원 2008. 9. 11. 선고 2006두12548 판결); **롯데제과**(주) **외 2의 공동행위 건**(공정거래위원회 2007. 8. 2. 의결 제2007-381호; 서울고등법원 2008. 5. 29. 선고 2007누22858 판결; 대법원 2008. 10. 23. 선고 2008두10621 판결); **하나로텔레콤**(주)**의 공동행위 건**(시외전화)(공정거래위원회 2005. 12. 15. 의결 제2005-331호; 서울고등법원 2006. 12. 7. 선고 2006누1977 판결; 대법원 2008. 10. 23. 선고 2007두2586 판결); **2개 시내전화사업자의 부당공동행위 건**(공정거래위원회 2005. 8. 18. 의결 제2005-130호; 서울고등법원 2007. 7. 11. 선고 2005누20230, 2007. 8. 23. 2005누20902 판결; 대법원 2009. 6. 23. 선고 2007두19416 판결); **두산인프라코어**(주)**의 공동행위 건**(지게차제조)(공정거래위원회 2005. 6. 24. 의결 제2005-080호; 서울고등법원 2006. 10. 26. 선고 2006누3454 판결; 대법원 2007. 11. 29. 선고 2006두18928 판결; 서울고등법원 2008. 7. 16. 선고 2007누32725 판결); **한화석유화학**(주)**의 공동행위 건**(공정거래위원회 2005. 11.

12. 의결 제2005－232호; 서울고등법원 2007. 5. 16. 선고 2005누30329 판결; 대법원 2008. 11. 27. 선고 2007두12712 판결); **삼성카드(주)의 공동행위 건**(공정거래위원회 2002. 5. 17. 의결 제2002.252호, 2002. 9. 17. 재결 제2002－029호; 서울고등법원 2004. 2. 3. 선고 2002누17295 판결; 대법원 2006. 10. 27. 선고 2004두3366 판결; 서울고등법원 2007. 4. 19. 선고 2006누26372; 대법원 2008. 11. 27. 선고 2007두10181 판결); (주) **대우건설의 공동행위 건**(공정거래위원회 2007. 8. 27. 제2007－425호; 서울고등법원 2007. 5. 16. 선고 2007누24434 판결); **한화석유화학(주)의 공동행위 건**(공정거래위원회 2005. 11. 12. 의결 제2005－232호; 서울고등법원 2007. 5. 16. 선고 2005누30329 판결; 대법원 2008. 11. 27. 선고 2007두12712 판결); (주)**하나로텔레콤의 공동행위 건**(PC방)(공정거래위원회 2005. 7. 20. 의결 제2005－101호, 2005. 8. 11. 재결 제2005－13호; 서울고등법원 2006. 12. 7. 선고 2005누18640 판결; 대법원 2008. 12. 11. 선고 2007두2593 판결); **한국컨테이너부두공단 발주 24kv 가스절연개폐장치 제조·구매 입찰참가 7개사의 부당공동행위 건**(공정거래위원회 2006. 5. 25. 의결 제2007－292호; 서울고등법원 2008. 5. 29. 선고 2007누28580 판결; 대법원 2008. 8. 21. 선고 2008두9799 판결); **지하철 7호선 연장 706공구 공사입찰관련 에스케이건설과 경남기업의 부당공동행위 건**(공정거래위원회 2008. 7. 6. 의결 제2008－198호; 서울고등법원 2008. 10. 22. 선고 2008누1209 판결; 대법원 2009. 1. 30. 선고 2008두21812 판결); **7개 신용카드사업자의 부당공동행위 건**(공정거래위원회 2008. 3. 5. 의결 제2008－079호; 대법원 2009. 3. 26. 선고 2008두21058 판결); **5개 세탁·주방세제 제조업체의 부당공동행위 건**(공정거래위원회 2006. 12. 26. 의결 제2006－293호; 대법원 2009. 6. 25. 선고 2008두17035 판결); **13개 생명보험사의 부당공동행위 건**(공정거래위원회 2008. 10. 27. 의결 제2008－282호; 서울고등법원 2009. 6. 10. 선고 2008누33909 판결; 대법원 2009. 10. 29. 선고 2009두11218 판결); **7개 영화배급·상영업자의 부당공동행위건**(공정거래위원회 2008. 6. 10. 의결 제2008－168호; 서울고등법원 2009. 10. 7. 선고 2009누2483 판결; 대법원 2010. 1. 28. 선고 2009두19700 판결); **3개 설탕 제조·판매업체들의 부당공동행위 건**(공정거래위원회 2007. 8. 20. 의결 제2007－408호; 서울고등법원 2008. 7. 16. 선고 2007누24441 판결; 대법원 2010. 3. 11. 선고 2008두15169); **3개 설탕 제조·판매업체들의 부당공동행위 건**(공정거래위원회 2007. 8. 20. 의결 제2007－408호; 서울고등법원 2008. 7. 16. 선고 2007누24458 판결; 대법원 2010. 3. 11. 선고 2008두15176); **관수레미콘구매입찰 관련 25개 레미콘 제조·판매사업자 및 한국레미콘공업협회의 부당공동행위 건**(공정거래위원회 2009. 9. 11. 의결 제2009－205호; 서울고등법원 2010. 10. 27. 선고 2009누33920 판결); **7개 의료폐기물 중간처리사업자의 부당공동행위 건**(공정거래위원회 2009. 9. 11. 의결 제2009－184호; 서울고등법원

2010. 11. 14. 선고 2009누31436 판결; 대법원 2011. 2. 24. 선고 2010두26636 판결); 민간 및 관급수요처 발주엘리베이터 구매계약 관련 5개 엘리베이터 제조·판매사업자들의 부당공동행위 건(공정거래위원회 2008. 9. 25. 의결 제2008-268호; 서울고등법원 2009. 12. 9. 선고 2009누2650 판결; 대법원 2010. 9. 9. 선고 2010두2548 판결); 4개 신용평가 사업자의 부당공동행위 건(공정거래위원회 2010. 1. 13. 의결, 제2010-004호; 서울고등법원 2011. 5. 25. 2010누13083); 8개 고밀도 폴리에틸렌 제조·판매사업자들의 부당공동행위 건(공정거래위원회 2007. 6. 5. 의결 제2007-300호; 서울고등법원 2005. 7. 24. 선고 2008누1797, 2005. 6. 11. 선고 2008누1780, 2008. 11. 19. 선고 2008누1773, 2008. 12. 4. 선고 2008누1513, 2009. 6. 11. 선고 2008누1766, 2009. 2. 9. 선고 2008누1803 판결; 대법원 2011. 5. 26. 선고 2008두18335, 2009두12082, 2011. 6. 30. 선고 2009두355, 2011. 7. 14. 선고 2009두263, 2011. 7. 28. 선고 2009두12280, 2011. 7. 28. 선고 2009두4630, 2014. 9. 4. 선고 2012두22256 판결); 9개 폴리프로필렌 제조·판매사업자의 부당공동행위 건[공정거래위원회 2007. 6. 5. 의결 제2007-301호; 서울고등법원 2008. 9. 24., 선고 2008누1819, 2008. 11. 19. 선고2008누1773; 2009. 6. 11. 선고 2008누1759, 2008. 12. 4. 선고 2008누1513, 2008. 11. 20. 선고 2008누1148, 2010. 11. 11. 선고 2010누13090 판결; 대법원 2011. 6. 24. 선고 2008두18533, 2011. 6. 30. 선고 2009두355, 2009두12631, 2010두28915, 2011. 7. 14. 선고2009두263, 2011. 9. 8. 선고 2008두23160, 2013. 7. 25. 선고 2012두29042(PP), 2013. 7. 26. 선고 2012두29059(HDPE)(파기환송) 판결]; 6개 저밀도 폴리에틸렌(LDPE) 제조·판매사업자 및 7개 선형저밀도 폴리에틸렌(LDPE) 제조·판매사업자의 부당공동행위 건(공정거래위원회 2008. 3. 5. 의결 제2008-082호; 서울고등법원 2009. 8. 27. 선고 2008누23988, 2009. 7. 22. 선고 2008누23537, 2008누23797, 2009. 5. 13. 선고 2008누23773, 2010. 10. 27. 선고 2008누23001 판결; 대법원 2011. 6. 30. 선고 2010두28915, 2011. 9. 8. 선고 2009두15005, 2011. 9. 8. 선고 2009두14880, 2010. 9. 9. 선고 2009두8939, 2012. 3. 29. 선고 2010두27110); 지로수수료에 관한 17개 은행의 부당공동행위 및 농업협동조합중앙회 및 수산업협동조합중앙회의 사업자단체금지행위 건(공정거래위원회 2008. 6. 25. 의결 제2008-188호; 서울고등법원 2009. 5. 27. 선고 2008누20279 판결; 대법원 2011. 6. 30. 선고 2009두18677 판결); 지로수수료에 관한 사단법인 금융결제원의 사업자단체금지행위 건(공정거래위원회 2008. 6. 19. 의결 제2008-181호; 서울고등법원 2009. 9. 10. 선고 2008누20262 판결; 대법원 2011. 7. 28. 2009두18752 판결); 울산지역 14개 레미콘 제조 사업자들의 부당공동행위 및 울산레미콘공업협동조합의 사업자단체금지행위 건(공정거래위원회 2009. 10. 21. 의결 제2009-219호; 서울고등법원 2011. 1. 19. 선고 2010누7798 판결; 대법원 2011. 7. 14. 선고 2011두6387 판결); (주)에

이스침대 및 (주)시몬스침대의 부당공동행위 건(공정거래위원회 2009. 9. 22. 의결 제2009－061호; 서울고등법원 2009. 11. 25. 선고 2009누8610 판결; 대법원 2011. 9. 8. 선고 2010두344 판결); 10개 손해보험사의 부당공동행위 건(공정거래위원회 2007. 9. 12. 의결 제2007－443호; 대법원 2011. 5. 26. 선고 2008두20352, 2008두22013, 2008두20376, 2008두23979, 2008두20741, 2011. 9. 8. 선고 2008두23894 판결); 8개 연질폴리우레탄폼 제조·판매사업자의 부당공동행위 건(공정거래위원회 2009. 11. 18. 의결 제2009－256호; 서울고등법원 2010. 10. 20. 선고 2009누39041, 2010. 10. 7. 2009누39058, 2009누39034 판결; 대법원 2012. 1. 27. 선고 2010두24852, 2010두24227, 2010두24388 판결); 14개 생명보험사 및 10개 손해보험사의 부당공동행위 건(공정거래위원회 2008. 10. 27. 의결 제2008－286호; 서울고등법원 2009. 11. 18. 선고 2008누34445, 2008누34452, 2008누34476 판결; 대법원 2012. 5. 24. 선고 2010두375, 2010두399, 2012. 6. 7. 선고 2010두405 판결); 3개 두유제품 제조·판매사업자의 부당공동행위 건[공정거래위원회 2011. 6. 9. 의결 제2011－067호 및 2011. 7. 18. 의결 제2011.121호; 서울고등법원 2012. 11. 28. 선고 2011누46387 판결; 대법원 2013두987(파기환송) 판결; 공정거래위원회 2015. 6. 25. 의결 제2015－211호(재처분); 서울고등법원 2015. 10. 8. 선고 2012누785(파기환송심) 판결]; 주공인천지역본부사옥 건설공사 1공구 입찰참가 18개사의 부당공동행위 건(공정거래위원회 2010. 12. 1. 의결 제2010－154호; 서울고등법원 2011. 10. 13. 선고 2011누13738, 2012. 4. 12. 선고 2011누17563, 2011. 12. 1. 선고 2011누17754, 2012. 1. 18. 선고 2011누17242, 2011. 12. 28. 선고 201118082, 2012. 2. 8. 선고 2011누17884, 2012. 1. 11. 선고 2011누17747 판결; 대법원 2012. 9. 27. 선고 2012두11546, 2012. 5. 10. 선고 2012두2030, 2012. 6. 14. 선고 2012두6001, 2012. 5. 10. 선고 2012두2597, 2012. 7. 12. 선고 2012두7875, 2013. 7. 25. 선고2012두4302, 2013. 11. 14. 선고 2011두28783 판결); 5개 전선제조사의 부당공동행위 건(공정거래위원회 2011. 5. 3. 의결 제2011－052호; 서울고등법원 2011. 11. 10. 선고 2011누18269, 2011누19088, 2012. 2. 15. 선고 2011누29009 판결; 대법원 2013. 10. 11. 선고 2011두31413, 2012두7103, 2012두12631 판결); 13개 비료제조·판매사업자의 부당한 공동행위 건(공정거래위원회 2012. 4. 30. 의결 제2012－058호; 서울고등법원 2013. 10. 18. 선고 2012누15632, 2012누25905, 2013. 12. 19. 선고 2012누21936, 2012누25909, 2012누25912, 2012누15625, 2014. 3. 27. 선고 2012누15434 판결; 대법원 2014. 11. 27. 선고 2014두1248, 2014두1888, 2014두6654, 2014두24471, 2012. 12. 11. 선고 2014두2324, 2012. 12. 24. 2014두1871 판결); 7개 BMW자동차 딜러의 부당공동행위 건[공정거래위원회 2008. 12. 15. 의결 제2008－323호; 서울고등법원 2010. 7. 22. 선고 2009누9873(제 7 부); 대법원 2010. 4. 26. 선고 2010두18703 판결

(파기환송); 서울고등법원 2014. 4. 18. 선고 2012누15380(파기환송심) 판결; 대법원 2014. 8. 26. 선고 20147237 판결]; **영주다목적댐 입찰 관련 2개 사업자 및 2개 설계용역사의 부당공동행위 건**(공정거래위원회 2013. 3. 18. 의결 제2013.148호; 서울고등법원 2014. 5. 14. 선고 2013누11132, 2014. 9. 5. 선고 2013누45081 판결; 대법원 2014. 9. 16. 선고 2014두37733 판결; 26개 항공화물운송사업자의 부당공동행위 건(공정거래위원회 2010. 11. 29. 의결 제2010－143~146호; 서울고등법원 2012. 2. 2. 선고 2010누45868, 2012. 5. 16. 선고 2010누45851 판결; 대법원 2014. 5. 16. 선고 2012두5466, 2012두13269, 2012두16046, 2012두13665, 2012두13689, 2012두18158, 2012두18165, 2012두14545, 2012두5237, 2012두13429 판결, 2014. 5. 29. 선고 2012두25132, 2014. 12. 24. 선고 2012두6216, 2012두13412 판결); **3개 두유제품 제조·판매사업자의 부당공동행위 건**[공정거래위원회 2011. 6. 9. 의결 제2011－067호 및 2011. 7. 18. 의결 제2011.121호; 서울고등법원 2012. 11. 28. 선고 2011누46387 판결; 대법원 2015. 2. 12. 2013두987(파기환송) 판결]; **6개 냉연도강판 및 아연도강판 제조·판매사업자의 부당공동행위 건**[공정거래위원회 2013. 1. 29. 의결 제2013－021호; 서울고등법원 2014. 11. 28. 선고 2013누45197, 2013누7126, 선고 2015. 1. 2. 2013누17925 판결; 대법원 2015. 4. 23. 선고 2015두36362(심리불속행 기각) 판결]; **4대강 살리기 사업 1차 턴키공사 관련 건설업자들의 부당공동행위 건**(공정거래위원회 2012. 8. 31. 의결 제2012.199호; 서울고등법원 2014. 4. 24. 선고 2012누27741, 2012누29198, 2012누29266, 2014. 6. 13. 선고 2012누29303, 2012누28980, 2012누28850, 2012누27994, 2012누28997, 2012누29242, 2012누29525, 2012누29211, 2012누28874, 2014. 7. 9. 선고 2012누28003, 22012누8508, 2012누29181, 2012누28973, 2012누29204 판결; 대법원 2014. 9. 4. 선고 2014두7411, 2014. 9. 24. 선고 2014두8186, 2014. 10. 27. 선고 2014두10592, 2014두10097, 2014두10080, 2014. 10. 30. 선고 2014두10394, 2014두10233, 2014두10103, 2014. 11. 13. 선고 2014두10820, 2014두10059, 2014두11106, 2014두11083, 2014두10813 2014. 12. 24. 2014누8193, 2015. 9. 10. 선고 2014두11114, 2014두11113 판결); **한전 발주 전력선 구매입찰참가 35개 전선제조사 등의 부당공동행위 건**[공정거래위원회 2012. 5. 4. 의결 제2012－072호: 서울고등법원 2013. 2. 7. 선고 2012누16529, 2013. 8. 28. 선고 2012누30952 판결; 대법원 2015. 1. 19. 선고 2014두1819, 2015. 2. 12. 선고 2013두6169, 2015. 5. 28. 선고 2012두13252(파기환송) 판결]; **인천도시철도 2호선 턴키공사 입찰담합관련 21개 사업자의 부당공동행위 건**[공정거래위원회 2014. 2. 25. 의결 제2014－030호; 서울고등법원 2014. 12. 19. 선고 2014누46234, 2014누46555, 2015. 1. 9. 선고 2014누46135 판결; 대법원 2015. 5. 14. 선고 2015두36386, 2015두36774, 2015두38085, 2015. 5. 28. 선고 2015두36256(심리불속행 기

각) 판결]; 7개 폐석면처리 최종처리사업자의 부당공동행위 건[공정거래위원회 2013. 10. 23. 의결 제2013.175호; 서울고등법원 2014. 1. 19. 선고 2013누31211, 2015. 5. 14. 선고 2013누51352, 2015. 6. 10. 선고 2013누51505 판결; 대법원 2015. 5. 14. 선고 2015누37662, 2015. 9. 10. 선고 2015두44035(심리불속행 기각) 판결]; 5개 백판지 제조 · 판매회사의 부당한 공동행위에 대한 건(공정거래위원회 2014. 5. 26. 의결 제2014−114호; 서울고등법원 2015. 10. 22. 선고 2014누65587 판결; 대법원 2016. 3. 10. 2015두57178(심리불속행 기각) 판결); 4개 금융자동화기기(ATM−CD) 제조사업자의 부당공동행위 건(공정거래위원회 2011. 6. 14. 의결 제2011−071호; 서울고등법원 2012. 11. 28. 선고 2011누23674 판결; 대법원 2016. 5. 27. 선고 2013두1126 판결); 4개 와이퍼시스템 제조판매사업자의 부당공동행위 건(공정거래위원회 2014. 1. 16., 의결 제2014−012호; 서울고등법원 2015. 6. 25. 선고 2014누43525 판결; 대법원 2017. 5. 30. 선고 2015두48884 판결); 부산지하철 1호선 연장(다대구간)2공구 턴키공사 입찰 관련 2개 건설업자의 부당공동행위 건(공정거래위원회 2014. 4. 24. 의결 제2014−089호; 서울고등법원 2015. 5. 7. 선고 2014누63048 판결; 대법원 2018. 12. 27. 선고 2015두44028 판결); 한국가스공사 발주 천연가스 주배관 및 관리소 건설공사 입찰 관련 23개사업자의 부당공동행위 건(공정거래위원회 2015. 7. 20. 의결 제2015−251호; 서울고등법원 2016. 8. 25. 선고 2015누55310 판결; 대법원 2019. 1. 31. 선고 2016두51658 판결); 조달청 발주 입축 · 수중펌프구매 입찰 관련 사업자 부당공동행위 건(동해엔지니어링)[공정거래위원회 2014. 1. 8. 의결 제2014−005호; 서울고등법원 2015. 9. 17. 선고 2014누2197 판결; 대법원 2016. 2. 3. 선고 2015두54117(심리불속행 기각) 판결]; 서울지하철 9호선 3단계 919공구 건설공사 입찰 관련 부당공동행위 건(삼성물산)[공정거래위원회 2014. 11. 6. 의결 제2014−248호; 서울고등법원 2016. 4. 8. 선고 2014누8416 판결; 대법원 2016. 9. 9. 선고 2016두40085(심리불속행 기각) 판결]; 낙동강하구둑 배수문 증설공사 입찰 관련 3개 사업자의 부당공동행위 건(현대건설)[공정거래위원회 2014. 10. 7. 의결 제2014−226호; 서울고등법원 2016. 7. 8. 선고 2014누8041 판결; 대법원 2016. 11. 10. 선고 2016두49457(심리불속행 기각) 판결]; 한국철도시설공단 발주 전차선 및 조가선 구매입찰 관련 12개 사업자의 부당공동행위 건(엘에스 외1)[공정거래위원회 2015. 6. 29. 의결 제2015−212호; 서울고등법원 2016. 7. 15. 선고 2015누58 판결; 대법원 2016. 12. 15. 선고 2016두49334(심리불속행 기각) 판결]; 금융자동화기기(ATM, CD) 제조 4개 사업자의 부당공동행위 건(노틸러스효성 등)(공정거래위원회 2011. 6. 14. 의결 제2011−071호; 대법원 2016. 5. 27. 선고 2013두1126 판결); 6개 컬러강판 제조 및 판매사업자의 부당공동행위 건[공정거래위원회 2013. 4. 29. 의결 제2013−083호; 서울고등법원 2015. 7. 22. 선고 2013누24695 판결: 대법원

2015. 11. 12. 선고 2015두49863(심리불속행 기각) 판결]; 호남고속철도 노반신설 기타공사 제2.3공구 대안입찰 관련 2개 건설사업자의 부당공동행위 건(동부건설 등)[공정거래위원회 2015. 7. 20. 의결 제2015－241호; 서울고등법원 2016. 3. 23. 선고 2015누33181 판결, 2016. 11. 9. 2015누33600 판결; 대법원 2016. 8. 17. 선고 2016두39153(심리불속행 기각) 판결, 2017. 3. 16. 선고 2016두62412(심리불속행 기각) 판결]; 호남고속철도 제2.1공구 등 최저가 낙찰제 참가 28개 사업자의 부당공동행위 건(금호산업)[공정거래위원회 2016. 2. 16. 의결 제2016－055호; 서울고등법원 2016. 7. 15. 선고 2014누7499 판결; 대법원 2016. 10. 27. 선고 2016두47987(심리불속행 기각) 판결]; 9개 렉서스자동차딜러의 부당공동행위 건(공정거래위원회 2008. 12. 15. 의결 제2008－324호; 서울고등법원 2015. 5. 7. 선고 2012누11241 판결; 대법원 2017. 1. 12. 선고 2015두2352 판결); 청주하수처리장 여과시설 설치 및 소각로 증설공사 입찰 관련 부당공동행위 건(태영건설)(공정거래위원회 2015. 12. 2. 의결 제2015－043호; 서울고등법원 2016. 6. 3. 선고 2015누45191 판결); 호남고속철도 제2.1공구 등 최저가낙찰제 참가 28개 사업자 부당공동행위 건(한라)(공정거래위원회 2014. 9. 17. 의결 제2014－203호; 서울고등법원 2016. 7. 22. 선고 2014누7468 판결); 방위사업청 발주 군 증식용 건빵 구매입찰 관련 4개 사업자의 부당공동행위 건(신흥제과 등)[공정거래위원회 2016. 2. 3. 의결 제2016－041호; 서울고등법원 2016. 11. 4. 선고 2016누45808 판결; 대법원 2017. 3. 16. 선고 2016두61723(심리불속행 기각) 판결]; 새만금방수제 동진 3공구 건설공구 부당공동행위 건(에스케이건설)[공정거래위원회 2015. 3. 17. 의결 제2015－079호; 서울고등법원 2015. 12. 10. 선고 2015누1023 판결; 대법원 2016. 4. 29. 선고 2016두32152(심리불속행 기각) 판결]; 인천도시철도 2호선 턴키공사 입찰 관련 부당공동행위 건(현대산업개발)[공정거래위원회 2014. 2. 25. 의결 제2014－030호; 서울고등법원 2016. 1. 14. 선고 2014누46319 판결; 대법원 2016. 5. 12. 선고 2016두32800(심리불속행 기각) 판결]; 한국수력원자력 발주 원자력발전소용 전동기구매입찰 부당공동행위 건(천인)[공정거래위원회 2015. 2. 9. 의결 제2015－038호; 서울고등법원 2016. 1. 22. 선고 2015누37923 판결; 대법원 2016. 6. 10. 선고 2016두35458(심리불속행 기각) 판결]; 청주하수처리장 여과시설 설치 및 소각로 증설공사 입찰 관련 부당공동행위 건(태영건설) (공정거래위원회 2015. 2. 12. 의결 제2015－043호; 서울고등법원 2016. 6. 3. 선고 2015누45191 판결); 영월 강변저류지 조성공사 관련 부당공동행위 건(코오롱글로벌)(공정거래위원회 2014. 12. 15. 의결 제2014－292호; 서울고등법원 2016. 1. 13. 선고 2015누43744 판결); 18개 골판지 원지 제조판매사업자 등의 골판지 고지 구매 부당공동행위 건[공정거래위원회 2016. 7. 11. 의결 제2016－204호; 서울고등법원 2016. 12. 22. 선고 2016누59425 판결; 대법원 2017. 4. 13. 선고 2017두32241(심리불속행 기

각) 판결]; 5개 음료 제조·판매 사업자의 부당공동행위 건[공정거래위원회 2009. 11. 9. 의결 제2009-249호; 서울고등법원 2016. 11. 23. 선고 2013누8020, 2013누8037 판결, 2017. 2. 15. 선고 2013누11910 판결; 대법원 2017. 3. 30. 선고 2016두1226, 2016두1202(심리불속행 기각) 판결, 2017. 6. 9. 선고 2017두190(심리불속행 기각) 판결]; 16개 골판지상자 제조판매사업자의 부당공동행위 건(삼보판지 등)(공정거래위원회 2016. 6. 27. 의결 제2016-181호; 서울고등법원 2017. 7. 12. 선고 2016누57788 판결); 화양-적금(3공구) 도로공사 입찰 관련 4개 사업자의 부당공동행위 건(포스코건설 등)(공정거래위원회 2015. 8. 17. 의결 제2015-310호; 서울고등법원 2017. 1. 11. 선고 2015누60794 판결); 호남고속철도 제2.1공구 등 최저가낙찰제 참가 28개 사업자의 부당한 공동행위 건(포스코건설)(공정거래위원회 2016. 2. 12. 의결 제2016-055호; 대법원 2017. 4. 27. 선고 2016두33360(파기환송) 판결; 서울고등법원 2017. 7. 20. 선고 2017누46969(파기환송심) 판결); 흥화 등 인천도시철도 2호선 턴키공사 입찰 관련 21개 건설업자의 부당공동행위 건(흥화 등)(공정거래위원회 2014. 2. 25. 의결 2014-030호; 서울고등법원 2016. 1. 14. 선고 2014누3336 판결; 대법원 2017. 6. 15. 선고 2016두34714(심리불속행 기각) 판결; 성서 및 달성2차 폐수종말처리장 설치공사 입찰 담합 건(서한 및 화성산업)(공정거래위원회 2016. 2. 15. 의결 제2016-050호; 대법원 2017. 9. 12. 선고 2016두55551 판결, 2017. 9. 26. 선고 2016두59416 판결); 보현산다목적 댐 건설공사 입찰 관련 3개 사업자의 부당공동행위 건(현대건설 및 대우건설 등)(공정거래위원회 2016. 1. 5. 의결 제2016-007호; 대법원 2017. 9. 7. 선고 2016두49037, 48447 판결); 케이티 발주 UTP케이블 구매입찰 관련 9개 사업자의 부당공동행위 건(가온전선 등)(공정거래위원회 2016. 11. 8. 의결 제2016-307호; 서울고등법원 2017. 4. 27. 선고 2016누79825 판결; 대법원 2017. 8. 31. 선고 2017두45360(심리불속행 기각) 판결); 한국수출포장공법 등 18개 골판지 원지 제조·판매사업자 등의 골판지 고지 구매 부당공동행위 건(공정거래위원회 2016. 7. 11. 의결 제2016-204호; 서울고등법원 2017. 1. 26. 선고 2016누57467 판결); 전북대학교 등 4개기관 발주 교육 콘텐츠 입찰참가 2개사의 부당공동행위 건(공정거래위원회 2015. 12. 3. 의결 제2015-404호; 서울고등법원 2017. 1. 18. 선고 2016누39445 판결; 대법원 2017. 5. 26. 선고 2017두36014(심리불속행 기각) 판결); 민간건설사 발주 연도 및 건식에어덕트 공사 입찰 관련 23개 사업자의 부당공동행위 건(공정거래위원회 2016. 12. 6. 의결 제2016-333호; 서울고등법원 2017. 9. 14. 선고 2017누47177, 47917, 48101 판결; 서울고등법원 2021. 5. 13. 선고 2020누61005(파기환송심) 판결); 한국가스공사 발주 천연가스 주배관 및 관리소 건설공사 입찰 관련 23개 사업자의 부당공동행위 건[삼환기업(주)][공정거래위원회 2015. 7. 20. 의결 제2015-251호; 서울고등법원 2018. 10. 11. 선고 2018누51609

판결; 대법원 상고기각]; **9개 사업자 해상운송사업자의 부당공동행위 건**[카와사키키센(주)][공정거래위원회 2017. 9. 1. 의결 제2017－293호; 서울고등법원 2018. 6. 27. 선고 2017누74018 판결; 대법원 2018. 10. 12. 선고 2018두52396(심리불속행 기각) 판결]; **한국가스공사 발주 천연가스 주배관 및 관리소 경설공사 입찰 관련 23개 사업자의 부당공동행위 건**(포스코엔지니어링)(공정거래위원회 2015. 7. 20. 의결 제2015－251호; 서울고등법원 2018. 10. 5. 선고 2016누31878 판결); **한국가스공사 발주 강관 구매입찰 관련 6개 사업자의 부당공동행위 건**[(주)세아제강][공정거래위원회 2017. 12. 21. 의결 제2017－373호; 서울고등법원 2018. 10. 25. 선고 2018누34963 판결; 대법원 2019. 3. 14. 선고 2018두63594(심리불속행 기각) 판결]; **포스코건설 및 포스코플랜텍 발주 컨베이어벨트 구매입찰 3개 사업자의 부당공동행위 건**[동일고무벨트(주)](공정거래위원회 2017. 7. 27. 의결 제2017－254호; 서울고등법원 2018. 7. 25. 선고 2017누68457 판결); **한국철도시설공단 발주 서해복선전철 공사 입찰 담합 관련 4개 사업자의 부당공동행위 건**[대림산업(주)][공정거래위원회 2015. 10. 7. 의결 제2015－350호; 서울고등법원 2018. 8. 24. 선고 2015누65560 판결; 대법원 2018. 12. 28. 선고 2018두56947(심리불속행 기각) 판결]; **한국수력원자력 발주 원자력발전소 비파괴검사 용역 입찰 관련 7개 사업자의 부당공동행위 건**[공정거래위원회 2017. 3. 23. 의결 제2017－094호; 서울고등법원 2018. 1. 19. 선고 2017누 2017누45157 판결; 대법원 2018. 5. 30. 선고 2018두35223(심리불속행 기각) 판결]; **대전 · 세종 · 충남지역 아스콘사업협동조합들의 관수아스콘 구매입찰 부당공동행위 건**[공정거래위원회 2017. 11. 23. 의결 제2017－351호; 서울고등법원 2018. 8. 23. 선고 2017누90188 판결; 대법원 2018. 12. 27. 선고 2018두57070(심리불속행 기각) 판결]; **한국수자원공사 발주 수도 및 댐 · 보시설 점검장비 용역입찰 관련 7개 사업자의 부당공동행위 건**[에코엔(주), (주)와텍](공정거래위원회 2018. 8. 30. 의결 제2018－272호; 서울고등법원 2019. 10. 17. 선고 2018누66052, 66113 판결); **한국가스공사 발주 천연가스 주배관 및 관리소 건설공사 입찰 관련 23개 사업자의 부당공동행위 건**[(주) 한양][공정거래위원회 2015. 7. 20. 의결 제2015－251호; 서울고등법원 2017. 9. 20. 선고 2015누31854 판결; 대법원 2019. 1. 31. 선고 2017두68110(심리불속행 기각) 판결]; **한국가스공사 발주 천연가스 주배관 및 관리소 건설공사 입찰 관련 23개 사업자의 부당공동행위 건**[현대중공업(주)][공정거래위원회 2015. 7. 20. 의결 제2015－251호; 대법원 2019. 2. 14. 선고 2017두68103 판결]; **호남고속철도 오송~광주송정 간**(제1, 2공구) **궤도부설 기타공사 입찰 5개 사업자의 부당공동행위 건**[궤도공영(주)][공정거래위원회 2017. 11. 21. 의결 제2017－342호; 서울고등법원 2018. 10. 5. 선고 2017누90621 판결; 대법원 2019. 2. 28. 선고 2018두62416(심리불속행 기각) 판결; 현대건설(주) 등 3개사 발주 케이블 구매입찰 담합 관련 7개 사업자의 부당공동행의 건[대원전선(주)][공정거래위원회 2018. 1. 17. 의결 제2018－045호; 서울고등법원 2019. 1. 18. 선고 2018누38842 판결]; 천안·아산지역 레미콘제조사업자의 부당공동행위 건[고려그린믹스(주)외 9](공정거래위위원회 2018. 12. 10. 의결 제2018－363호; 서울고등법원 2019. 9. 19. 선고 2019누32117 판결); 현대건설(주) 등 3개사 발주 케이블 구매입찰 관련 7개사업자의 부당공동행위 건(공정거래위원회 2018. 1. 17. 의결 제2018－045호; 서울고등법원 2019. 8. 22. 선고 2018누38644 판결); LNG저장탱크 건설공사 입찰 관련 부당공동행위 건(지에스건설)(공정거래위원회 2016. 6. 20. 의결 제2016－161호; 대법원 2019. 7. 24. 선고 2017두56964 판결); 한국수자원 공사 발주 수도 및 댐·보시설 점검 용역 입찰 관련 7개 사업자의 부당공동행위 건[수자원기술(주)](공정거래위원회 2018. 8. 30. 의결 제2018－272호; 서울고등법원 2019. 9. 19. 선고 2018누66069 판결); 서울시 발주 상수도 지리정보시스템 데이터베이스(GIS DB) 정확도 개선사업 입찰 관련 9개 사업자의 부당공동행위 건[새한항업(주)][공정거래위원회 2018. 1. 15. 의결 제2018－037호; 서울고등법원 2018. 9. 20. 선고 2018누37696 판결; 대법원 2019. 1. 17. 선고 2018두59403(심리불속행 기각) 판결]; 호남고속철도 오송~광주송정 간(제1, 2공구) 궤도부설 기타공사 입찰 관련 5개 사업자의 부당공동행위 건[(주)대륙철도][공정거래위원회 2017. 11. 2. 의결 제2017－342호; 서울고등법원 2018. 10. 5. 선고 2017누90638 판결; 대법원 2019. 2. 28. 선고 2018두62485(심리불속행 기각) 판결]; 송파성원상떼빌 주상복합아파트 지하주차장 누수 균열 및 에폭시 도당 입찰 관련 7개 사업자의 부당공동행위 건[하은건설(주)][공정거래위원회 2018. 6. 1. 의결 제2018－158호; 서울고등법원 2019. 6. 19. 선고 2018누67673 판결; 대법원 2019. 10. 31. 선고 2019두7216(심리불속행 기각) 판결]; 원주~강릉 철도건설 노반신설 기타공사 4개 공구 입찰 관련 4개 사업자의 부당공동행위 건[한진중공업(주)][공정거래위원회 2017. 6. 23. 의결 제2017－208호; 서울고등법원 2018. 10. 12. 선고 2017누62695 판결; 대법원 2019. 2. 28. 선고 2018두63570(심리불속행 기각) 판결]; 한국가스공사발주 강관구매입찰관련 6개 사업자의 부당공동행위에 대한 건(동양철관)[공정거래위원회 2017. 12. 21. 의결 제373호; 서울고등법원 2018. 10. 25. 선고 2018누35256 판결; 대법원 2019. 3. 14. 선고 2018두65064(심리불속행 기각) 판결]; 원주~강릉 철도건설 노반신설 기타공사 4개 공구 입찰 관련 4개 사업자의 부당공동행위 건[두산중공업(주)][공정거래위원회 2017. 6. 23. 의결 제2017－208호; 서울고등법원 2018. 5. 30. 선고 2017누62374 판결; 대법원 2018. 10. 25. 선고 2018두50314(심리불속행 기각) 판결]; 포항영일만항 외곽시설(2.1단계) 축조공사 부당공동행위 건(현대건설)[공정거래위원회 2014. 12. 12. 의결 제2014－284호; 서울고등법원 2016. 4. 15. 선고 2015누45504 판결; 대법원 2016. 8. 18. 선고 2016두40191(심리불속행 기각)

판결]; **한국수력원자력 발주 원자력발전소 비파괴검사 용역 입찰 관련 7개 사업자의 부당공동행위 건**[공정거래위원회 2017. 3. 23. 의결 제2017－094호; 서울고등법원 2018. 1. 19. 선고 2017누2017누45157 판결; 대법원 2018. 5. 30. 선고 2018두35223(심리불속행 기각) 판결]; **대한적십자사 발주 혈액백 공동구매 단가 입찰 관련 2개 사업자의 부당공동행위 건**[공정거래위원회 2020. 9. 19. 의결 제2019－235호; 서울고등법원 2020. 12. 10. 선고 2019누61368; 대법원 2021. 4. 15. 선고 2021두30303(심리불속행 기각) 판결]; **(주)케이티발주 F/S케이블 구매입찰 관련 6개 사업자의 부당공동행위 건**(공정거래위원회 2019. 1. 22. 의결 제2019－015호; 서울고등법원 2021. 5. 26. 선고 2020누49746 판결); **관수 원심력콘크리트파일 구매입찰 관련 17개 사업자와 한국원심력콘크리트공업협동조합의 부당공동행위 건**(공정거래위원회 2020. 5. 13. 의결 제2020－117호; 서울고등법원 2020. 12. 2. 선고 2020누44765 판결); **선박용케이블 구매입찰 담합 건**(대법원 2021. 8. 12. 선고 2019두59196 판결); **제5378부대 발주 액화석유가스(LPG) 구매입찰 관련 8개 사업자의 부당공동행위 건**[공정거래위원회 2018. 3. 15. 의결 제2018－090호; 대법원 2020. 11. 5. 선고 2018두67503 판결; 서울고등법원 2021. 8. 12. 선고 2020누61531 판결(파기환송심)]; **케이티발주 F/S케이블 구매입찰 관련 6개사업자의 부당공동행위 건**[일진전기(주)](공정거래위원회 2018. 4. 26. 의결 제2018－132호; 서울고등법원 2019. 1. 10. 선고 2018누60504 판결); **현대중공업(주) 발주 조선부품 등 중량물 운송용역 입찰 관련 6개 사업자의 부당공동행위 건**(공정거래위원회 2019. 12. 27. 의결 제2019－301호; 서울고등법원 2020. 9. 23. 선고 2020누33710 판결; 대법원 2021. 2. 4. 선고 2020두51679 판결); **현대중공업(주) 및 (주)현대미포조선 발주 포항항 수입강재 하역·운송입찰 관련 3개 사업자의 부당공동행위 건**(공정거래위원회 2020. 4. 29. 의결 제2020－100; 서울고등법원 2021. 5. 6. 선고 2020누45386 판결); **4개 종계 판매 사업자의 부당공동행위 건**(공정거래위원회 2019. 12. 31. 의결 제2019－312호; 서울고등법원 2021. 9. 15. 선고 2020누40329 판결)

I. 개 요

1. 의 의

공정거래위원회는 제40조 제 1 항의 규정을 위반하는 행위가 있을 때에는 그 사업자에 대하여 *대통령령*[1)]이 정하는 매출액에 100분의 20을 곱한 금액을

1) 제50조(과징금) 법 제43조 본문에 따른 매출액의 산정에 관하여는 제13조 제 1 항을 준용한다.

초과하지 아니하는 범위안에서 과징금을 부과할 수 있다. 다만, 매출액이 없는 경우등에는 40억원을 초과하지 아니하는 범위안에서 과징금을 부과할 수 있다(법 제43조). 그러나 법원은 중소기업이고 법위반 인식이 낮더라도 과징금 미부과사유로 보기 어렵다고 한다.2)

2. 과징금 부과여부 및 산정기준 등

1) 과징금 부과여부

구체적인 부과여부는 *대통령령* [별표6]에서 규정하고 있다.

부당한 공동행위에 대하여는 원칙적으로 과징금을 부과한다. 다만, 경쟁제한 효과와 효율성 증대 효과를 동시에 발생시킬 수 있는 공동행위의 경우로서 참가사업자들이 행위의 위법성을 인식하지 못하고 경쟁제한 효과와 그 파급효과가 크지 아니하다고 인정되는 경우에는 과징금을 부과하지 아니할 수 있다. 사건절차규칙 제57조 제2항 관련 별표 경고의 기준 중 1. 부당한 공동행위 및 2. 사업자단체 금지행위 부문의 각 호의 어느 하나에 해당하는 경우에는 과징금을 부과하지 아니할 수 있다(「과징금 부과고시」 Ⅲ. 2. 다).

2) 과징금 산정기준

구체적인 산정기준은 *대통령령* [별표6]3)에서 규정하고 있다.

산정기준은 위반행위를 그 내용 및 정도에 따라 "중대성이 약한 위반행위", "중대한 위반행위", "매우 중대한 위반행위"로 구분한 후, 위반행위 유형별로 아래에 정한 중대성의 정도별 부과기준율 또는 부과기준금액을 적용하여 정한다. 이 경우 위반행위 중대성의 정도는 위반행위 유형별로 마련된 [별표] 세부평가 기준표에 따라 산정된 점수를 기준으로 정한다(「과징금 부과기준」 Ⅳ. 1.).

이 경우 위반행위가 입찰담합 및 이와 유사한 행위인 경우에는 계약금액을 매출액으로 본다.

2) 서고판 2011. 11. 17. 2011누18707.

3) [위반행위의 과징금 부과기준(제84조 관련)] 2. 과징금의 산정기준 가. 3) 부당한 공동행위 등. 가) 부당한 공동행위 관련매출액에 100분의 20을 곱한 금액의 범위에서 관련매출액에 중대성의 정도별로 정하는 부과기준율을 곱하여 산정한다. 다만, 제13조 제3항 각 호의 어느 하나에 해당하는 경우에는 40억원의 범위에서 중대성의 정도를 고려하여 산정한다.

사업자의 부당공동행위에 대한 행정적 제재이므로 그 구체적인 수액은 법 제43조 및 그 시행령에서 규정하는 과징금상한액의 범위내에서 과징금부과에 의하여 달성하고자 하는 목적과 법 제102조 제 1 항 소정의 사유 즉, 위반행위의 내용 및 정도, 위반행위의 기간 및 회수, 위반행위로 인하여 취득한 이익의 규모 등을 감안하여 공정거래위원회가 재량을 가지고 결정할 수 있다.[4)]

그러나 과징금부과의 재량행사에 있어서 사실오인, 비례, 평등의 원칙 위반 등의 사유가 있다면 이는 재량권의 일탈, 남용으로서 위법하다고 할 것이다.[5)] 특히 가격의 공동결정에 의한 부당한 공동행위에 대하여 부과되는 과징금의 액수는 당해 공동행위의 구체적 태양 등에 기하여 판단되는 그 위법성의 정도나 기타 사정으로서 조사에의 협조 여부, 종전의 위반횟수 뿐만 아니라, 가격담합으로 인한 이득액의 규모와도 상호 균형을 이룰 것이 요구되고, 이러한 균형을 상실할 경우에는 비례의 원칙에 위배되어 재량권의 일탈·남용에 해당할 수가 있다.[6)]

한편 부과한 과징금액이 비록 그 과징금액의 산정방식상의 위법이 있음에도 불구하고 법 위반행위의 내용과 정도, 기간, 위반행위에 대한 제재 및 부당이득의 환수 등을 고려하여 볼 때 재량권의 범위내에서 합리적인 범위를 초과

4) 서고판 2000. 12. 12. 98누12293; 서고판 2000. 12. 21. 98누12668; 서고판 2000. 12. 21. 98누12637; 서고판 2000. 12. 21. 98누12651(대판 2003. 2. 11. 2001두847); 대판 2002. 5. 28. 2000두6121; 서고판 2004. 11. 24. 2003누9000; 서고판 2007. 6. 13. 2006누27672; 대판 2008. 4. 10. 2007두22054; 대판 2010. 7. 11. 2008두15176.

5) 대판 2002. 5. 28. 2000두6121; 대판 2002. 5. 29. 2000두6121; 서고판 2003. 10. 2. 2002누12757; 서고판 2004. 11. 24. 2003누9000; 서고판 2007. 6. 13. 2006누27672; 대판 2008. 4. 10. 2007두22054; 대판 2008. 9. 11. 2006두12548.

6) 대판 2004. 10. 27. 2002두6842; 대판 2008. 8. 21. 2007두4919: "원고들이 비씨카드라는 단일 상표와 가맹점을 공동으로 이용하고 정산처리시스템 등을 공동 수행함으로써 일정한 업무 영역에서는 상당한 경제적 효율성과 통일성을 기하는 효과를 달성하고 있고, 이 사건 합의는 그와 같은 제휴관계의 합동적 구조하에서 행하여진 것이라는 특수성이 있는데, 이 사건 합의에 대한 피고의 '중대성 정도' 평가에서는 그러한 점이 제대로 반영되었다고 보기 어려운 점, 원고들은 이 사건 합의의 대상이었던 42개 업종 중에서 3개 업종에 관한 가맹점 수수료는 오히려 인하하였고 36개 업종에 관하여는 그 시행을 보류함으로써 이 사건 합의로 인해 실제 취득한 부당이득액은 크지 않을 것으로 보이는 점에 비추어 볼 때 피고가 임의적 조정과징금 산정 단계에서 36개 미실행 업종에 대해서만 30%를 감경한 것에 그친 것은 부당하다고 볼 수 있는 점, 피고는 원고들이 이 사건 합의의 위법성이나 피고의 조사사실을 알면서도 스스로 위반행위를 종료하거나 시정하지 않았음을 이유로 과징금을 가중하고 있으나 원고들의 법적 지위 보호(무죄 추정에 준하는 무혐의 추정)나 방어권 보장 등의 측면에서 볼 때 그와 같은 사정은 과징금의 가중사유가 되기 어려운 점 등을 종합적으로 고려하여 보면, 원고들에게 부과된 이 사건 각 과징금은 이 사건 합의의 경쟁제한성 정도나 원고들이 취득한 이득 규모 등을 제대로 고려하지 않고, 과징금의 제재적 성격만을 지나치게 강조한 나머지 비례의 원칙 등에 위배되어 지나치게 과중하게 산정되었다 할 것이므로, 이 사건 과징금 납부명령에는 재량권을 일탈·남용한 위법이 있다".

하지 아니하고 적절하게 산출된 경우, 재량권의 범위를 일탈하거나 남용한 것이라고 하기 어렵다.[7)]

그리고 관련 법령에 따라 구체적으로 산정된 과징금 액수가 부당공동행위 참여자들 사이에 균형을 상실하여 현저히 부당하다고 인정되지 않는 이상, 결과적으로 부당공동행위를 주도하고, 시장점유율이 높은 사업체가 비율적으로 더 많이 감경되었다 하더라도, 그러한 사정만으로 곧바로 그 처분이 재량권의 범위를 일탈하거나 재량권을 남용한 것으로 판단할 수 없다.[8)]

과징금 산출시 부과지침 등이 있는 경우에는 그 지침이 공정거래위원회 내부의 사무처리 준칙에 불과하다 하더라도 지침상의 기준 및 같은 법에서 정한 참작사유를 고려한 적절한 액수로 정하여야 할 것이며, 이를 위반한 경우 재량권 일탈·남용에 해당된다.[9)]

그러나 과징금 부과지침의 부과기준율에 의한 과징금부과만으로는 독점규제법이 의도하는 과징금부과의 목적을 달성할 수 없는 특별한 사정이 있는 경우에는 독점규제법상 과징금부과 최고한도액의 범위 내에서 위 부과기준율을 초과하여서도 과징금을 부과할 수 있다.[10)]

다른 사업자와 부당한 공동행위를 한 사업자는 회사내부조직인 관련 특정 사업 부문이 아니라 회사자체라고 보아야 하므로 과징금 역시 그 회사에 대하여 부과되고, 위반사업자의 현실적 부담능력을 판단함에 있어서는 당연히 위반사업자가 영위하는 사업전체를 기준으로 하여야 하고, 위반행위가 이루어진 특정 사업 부분만을 기준으로 하거나 당해 사업과 무관하게 발생한 영업외 수익을 제외해야 하는 것은 아니다(〈6개 컬러강판 제조 및 판매사업자의 부당공동행위 건〉).[11)]

---

7) 서고판 2004. 11. 24. 2003누9000; "관세청 자료의 오류나 중복 등의 개연성이 높아서 이를 기초한 추산 관련상품 매출액 중 이러한 부분에 대한 조사나 확인 등이 이루어지지 아니하였다면 이 사건 비타민에 관한 위 회사의 관련상품 매출액을 제대로 반영하였다거나 합리적인 범위 내에서 적절하게 산출하였다고 하기 어렵다고 할 것이므로, 특별한 사정이 없는 한 이러한 자료를 근거로 관련사의 매출액을 산정한 다음 이를 기초로 과징금을 산정한 것은 위법하다고 할 것이나, 이러한 오류나 중복을 감안하더라도 위반행위기간 동안 전체 매출액은 위와 같이 추산한 관련상품의 매출액보다 적다고는 단정하기는 어려운 점 등 여러 사정을 종합하면 재량권의 범위를 일탈하거나 남용한 것이라고 하기 어렵고 비록 과징금 산정상의 위법이 있다고 하더라도 본 과징금은 합리적으로 적절하게 산정되어 재량권의 범위에 속한다".

8) 대판 2010. 9. 9. 2010두2548.

9) 서고판 2004. 11. 24. 2003누9000.

10) 서고판 2008. 5. 29. 2007누28580(대판 2008. 8. 21. 2008두9799).

11) 서고판 2015. 7. 22. 2013누24695(대판 2015 11.12. 2015두49863).

그간 법원이 재량권 일탈·남용으로 본 사례는 다음과 같다.

“입찰들러리 관련 취득이익규모 및 현실적인 부담능력을 고려하지 아니한 경우”,[12] “조사협조정도에 큰 차이가 없음에도 불구하고 과징금 부과율에 큰 차이가 나는 경우,[13] “취득한 이득규모 등을 제대로 고려하지 않은 경우”,[14] “컨소시엄 비율을 제대로 고려하지 않은 경우”,[15] “구조조정후 잔존법인에 대해 감경비율을 달리한 것은 형평의 원칙에 위배된 것으로 본 경우”,[16] “부과할 과징금을 산정하면서 과징금 부담능력을 감경사유로 삼지 않은 경우”,[17] “형식적 입찰참여 횟수가 많다 하더라도 초기부터 가담한 삼성중공업보다 8배나 많은 과징금차이를 정당화할 정도로 제재의 필요성이 현저히 높다고 보기 어렵다고 한 경우”(〈호남고속철도 제2.1공구 등 최저가낙찰제 참가 28개 사업자의 부당한 공동행위 건(포스코건설)〉),[18] “손해배상청구소송 결과에 따라 케이티가 원고의 부당이득을 환수할 예정에 있다 하더라도 과징금납부명령이 비례의 원칙에 반하는 것은 아니라고 한 경우”〈(주)케이티발주 F/S케이블 구매입찰 관련 6개 사업자의 부당공동행위 건〉,[19] “수수료 수취액을 2배 이상 상회하는 수준의 과징금납부명령은 위반행위의 위법성 정도 및 공동행위로 취득한 이득액의 규모사이에 지나치게 균형을 잃은 과중한 액수라고 한 경우”(〈대전·세종·충남지역 아스콘사업협동조합들의 관수아스콘 구매입찰 부당공동행위 건〉)[20]

그리고 재량권 일탈·남용으로 보지 않은 사례는 다음과 같다.

“조사협조정도에 따라 감경비율에 차등을 둔 경우”,[21] “낙찰받지 못한 업체에게 낙

12) 대판 2004. 10. 27. 2002두6842.

13) 대판 2006. 3. 24. 2004두11257.

14) 대판 2008. 8. 21. 2007두4919.

15) 서고판 2008. 10. 23. 2008누8895(대판 2009. 1. 15. 2008두20734). 그러나 재량권 일탈·남용으로 보지않은 사례도 있다[서고판 2008. 10. 22. 2007누21893(대판 2009. 3. 26. 2008두21379)].

16) 대판 2011. 7. 14. 2009두263.

17) 서고판 2014. 12. 10. 2014누464941. 심의일(2013. 12. 27.) 당시인 2013년도에 9,000억 원 이상의 당기순손실이 예상되는 상황이었음에도 직전 3개 사업연도의 재무제표상 당기순이익을 각각 3:2:1로 가중 평균한 금액이 적자가 아니라는 이유로 과징금 감경을 하지 않은 것을 재량권의 일탈·남용으로 보았다.

18) 대판 2017. 4. 27. 2016두33360[서고판 2017. 7. 20. 2017누46969(파기환송심)].

19) 서고판 2021. 5. 26. 2020누49746.

20) 서고판 2018. 8. 23. 2017누90188(대판 2018. 12. 27. 2018두57070).

21) 서고판 2009. 8. 28. 2008누31200(대판 2009. 11. 26. 2009두16206).

찰받은 사업자에 비하여 절반의 과징금을 부과한 경우",[22] "사업자단체가 사업자로서 입찰담합을 한 경우 관련매출액을 입찰을 통한 계약금액으로 하고, 과징금 부과율을 5%로 한 경우",[23] "과징금 부과능력 등을 감안하여 합리적으로 과징금을 부과한 것으로 감액비율이 다른 사업자에 비하여 적다고 하여 비례의 원칙위반이라고 볼 수 없음",[24] "과징금이 위반행위 기간 동안의 경상이익보다 많다고 하더라도 과징금부과에 잘못이 없음",[25] "담합에 가담한 회사별로 부과기준율을 달리한 경우 형평의 원칙 등에 위배되지 않음",[26] "구조조정과정과 잔존법인의 형태 및 성격의 차이가 있음을 이유로 과징금을 차등감경한 것은 비례원칙이나 평등원칙에 위배된 것으로 보기 어려움",[27] "자진신고를 이유로 자진시정에 따른 감경을 하지 않았다고 하여 평등의 원칙위반으로 볼 수 없음",[28] "정부의 시책이 동인이 되어 위반행위가 이루어진 것으로 인정되는 경우가 아님",[29] "유류할증료가 아닌 총운임을 기준으로 관련매출액을 산정한 것은 적법",[30] "과거 위반행위 전력을 고려하는 기준시점을 '조사개시시점'으로 한 경우"(〈서울지하철 9호선 3단계 919공구 건설공사 입찰 관련 부당공동행위 건(삼성물산)〉,[31] 〈화양－적금(3공구) 도로공사 입찰 관련 4개 사업자의 부당공동행위 건(포스코건설 등)〉),[32] "과거 법위반횟수를 계산하는 기간의 기준시점에 관한 일반원칙을 적용하였다고 하여 재량권을 일탈·남용한 것으로 볼 수 없음"(〈케이티 발주 UTP케이블 구매입찰 관련 9개 사업자의 부당공동행위 건(가온전선 등)〉),[33] "회사합병이 있는 경우 과징금 산정에 있어 가중사유로 삼는 위반전력도 합산하는 것이 타당"(〈6개 온라인 음악서비스사업자의 부당공동행위 건〉),[34]

22) 서고판 2005. 9. 28. 2004누22093.
23) 서고판 2007. 7. 25. 2007누2946(대판 2007. 11. 15. 2007두18079).
24) 대판 2001. 5. 8. 2000두6510.
25) 대판 2006. 11. 9. 2004두14564.
26) 대판 2011. 6. 30. 2009두12631; 그러나 과징금 부과기준율은 위반사업자가 가담한 공동행위 자체의 내용 및 정도에 따라서 결정되는 것으로, 위반사업자마다 다르게 결정하여야 하는 것은 아니다〈민간건설사 발주 연도 및 건식에어덕트 공사 입찰 관련 23개 사업자의 부당공동행위 건〉고 한 사례도 있다. 서고판 2017. 9. 14. 2017누47177, 47917, 48101.
27) 대판 2012. 3. 29. 2010두27110.
28) 서고판 2011. 5. 25. 2010누13083.
29) 대판 2011. 4. 14. 2009두4852.
30) 대판2014. 5. 16. 2012두5466 등.
31) 서고판 2016. 4. 8. 2014누8416(대판 2016. 9. 9. 2016두40085).
32) 서고판 2017. 1. 11. 2015누60794.
33) 서고판 2017. 4. 27. 2016누79825(대판 2017. 8. 31. 2017두45360).
34) 대판 2013. 11. 28. 2012두18523.

"과징금고시가 자진신고 사건의 경우 신고사건과 구별하여 '자료제출 요청일 등'과 '조치의 의결일'을 기준으로 법 위반 횟수에 따른 가중을 하도록 규정한 것이 현저히 부당하거나 재량권 범위를 일탈·남용한 것이 아님"(〈현대건설(주) 등 3개사 발주 케이블 구매입찰 관련 7개사업자의 부당공동행위 건〉),[35] "자진신고의 내용을 보완하라는 취지의 회신은 과징금 고시의 '자료제출요청일'이라고 볼 수 없음"(〈현대건설(주) 등 3개사 발주 케이블 구매입찰 관련 7개사업자의 부당공동행위 건〉),[36] "기본과징금의 50%를 감경하였는바 단순가담 내지 수동적 가담을 이유로 추가의 감경을 할 여지가 없음"(〈호남고속철도 제2.1공구 등 최저가낙찰제 참가 28개 사업자 부당공동행위 건(한라)〉),[37] "공동수급체의 구성 및 지역분할을 합의하면서 지역분할 합의 내용을 설명받고 동의하면서 적극적으로 공동수급체를 구성하여 입찰에 참여하여 단순가담자가 아님"(〈방위사업청 발주 군 증식용 건빵 구매입찰 관련 4개 사업자의 부당공동행위 건(신흥제과 등)〉)[38], "현실적인 과징금 납부능력이 과징금 납부명령에 충분히 고려되었음"(〈새만금방수제 동진 3공구 건설공구 부당공동행위 건(에스케이건설)〉),[39] "현실적 부담능력을 감안하여 임의적 조정과징금을 감액하지 않은 것이 형평의 원칙이나 비례의 원칙에 위배되지 않음"(〈인천도시철도 2호선 턴키공사 입찰 관련 부당공동행위 건(현대산업개발)〉),[40] "원고의 재무제표가 아니라 기업집단 전체의 연결재무제표에 기초한 것은 받아들이기 어려움"(〈인천도시철도 2호선 턴키공사 입찰 관련 부당공동행위 건(현대산업개발)〉),[41] "1차조정에서 감경을 하지 아니하였다는 사정만으로 재량권 남용이나 일탈이 아님"(〈한국수력원자력 발주 원자력발전소용 전동기구매입찰 부당공동행위 건(천인)〉),[42] "별도로 공동수급체 감경항목을 부가하지 아니한 것을 비례나 평등원칙에 위배되지 않음"(〈청주하수처리장 여과시설 설치 및 소각로 증설공사 입찰 관련 부당공동행위 건(태영건설)〉),[43] "합리적인 이유없이 자의적으로 부과기준을 다르게 정하지 않음"(〈영월 강변저류지 조성공사 관련 부당공동행위 건(코오롱글로벌)〉),[44]

35) 서고판 2019. 8. 22. 2018누38644.
36) 서고판 2019. 8. 22. 2018누38644.
37) 서고판 2016. 7. 22. 2014누7468.
38) 서고판 2016. 11. 4. 2016누45808(대판 2017. 3. 16. 2016두61723).
39) 서고판 2015. 12. 10. 2015누1023(대판 2016. 4. 29. 2016두32152).
40) 서고판 2016. 1. 14. 2014누46319(대판 2016. 5. 12. 2016두32800).
41) 서고판 2016. 1. 14. 2014누3435(대판 2016. 5. 26. 2016두34264).
42) 서고판 2016. 1. 22. 2015누37923(대판 2016. 6. 10. 2016두35458).
43) 서고판 2016. 6. 3. 2015누45191.
44) 서고판 2016. 1. 13. 2015누43744.

"관련매출액과 원단판매가격 담합 및 상자 판매가격 담합의 각 매출액 사이에 중복이 있더라도 위법이 있다고 보기 어려움"(〈18개 골판지 원지 제조·판매사업자 등의 골판지 고지 구매 부당공동행위 건(한국수출포장공법 등)〉),[45] "공동행위로 인한 이득이 부과과징금 결정을 부당하다고 볼 수 있을 정도로 없거나 제한적이었다고 단정할 수 없음"(〈16개 골판지 원지 제조·판매사업자 등의 골판지 고지 구매 부당공동행위 건(삼보판지 등)〉),[46] "동등하게 참여하여 낙찰까지 받은 이상 뒤늦게 수동적·소극적으로 가담하였다는 이유로 위반 정도가 가벼운 것은 아님"(〈한국가스공사 발주 천연가스 주배관 및 관리소 건설공사 입찰 관련 23개 사업자의 부당공동행위 건(포스코엔지니어링)〉),[47] "조사협력 차이를 감안하여 감경률을 결정한 경우"(〈새한항업(주)의 서울시 발주 상수도 지리정보시스템 데이터베이스(GIS DB) 정확도 개선사업 입찰 관련 9개 사업자의 부당공동행위 건〉),[48] "감경기준에 해당되지 않는 원고에 대하여 2차 조정 산정기준의 30%만 감경처분하는 것이 형평의 원칙에 반하거나 의결일 당시의 재정상태 등을 종합적으로 고려하지 않은 재량권 일탈·남용으로 보기 어려움"(〈한국가스공사 발주 천연가스 주배관 및 관리소 건설공사 입찰 관련 23개 사업자의 부당공동행위 건[(주)한양]〉),[49] "독점규제법상 최고한도액의 범위 내에서 과징금 고시에서 정한 부과기준율을 초과하여도 과징금을 부과할 수 있음"(〈송파성원상떼빌 주상복합아파트 지하주차장 누수 균열 및 에폭시 도당 입찰 관련 7개 사업자의 부당공동행위 건[하은건설(주)]〉),[50] "2009년부터 2014년까지 이루어진 일련의 입찰 담합 중 2013년에만 가담하였다고 하여 위법성의 정도가 가볍다고 보기 어려움"(〈서울시 발주 상수도 지리정보시스템 데이터베이스(GIS DB) 정확도 개선사업 입찰 관련 9개 사업자의 부당공동행위 건[삼아항업(주)]〉),[51] "공동행위를 통해 공동수급체 구성원 업체들을 육성하였다 하더라도 5%의 부과기준율으로 적용한 것이 재량권의 일탈·남용으로 보기 어려움"(〈한국수지원공사 발주 수도 및 댐보시설 점검 정비 용역 입찰 관련 7개 사업자의 부당공동행위 건[수자원기술(주)]〉)[52]

45) 서고판 2017. 1. 26. 2016누57467.
46) 서고판 2017. 7. 12. 2016누57788.
47) 서고판 2018. 10. 5. 2016누31878.
48) 서고판 2018. 9. 20. 2018누37696(대판 2019. 1. 17. 2018두59403).
49) 서고판 2017. 9. 20. 2016누31854(대판 2019. 1. 31. 2017두68110).
50) 서고판 2016. 6. 19. 2018누67673(대판 2019. 10. 31. 2019두7216).
51) 서고판 2019. 6. 27. 2018누35379(대판 2019. 10. 31. 2019두46916).
52) 서고판 2019. 9. 19. 2018누66069.

〈4개 신용평가사업자의 부당공동행위 건〉 관련 행정소송에서 서울고등법원은 한국신용정보(주)의 물적분할에 따른 법위반기간의 차이로 한국신용정보(주)에는 2004년 「과징금 부과고시」(부과기준율 3~5%)가 적용되는 반면, 한국기업평가(주), 한국신용평가(주)에는 2008년 「과징금 부과고시」(부과기준율 7~10%)가 적용되는 상황에서 한국기업평가(주), 한국신용평가(주)에는 기본과징금 부과기준율의 최저인 7%를, 한국신용정보(주)에는 최고인 5%의 부과율을 적용한 것은 부과기준율의 차이를 적게 유지하기 위한 목적으로 적정한 재량권 행사에 해당한다고 판시하였다.[53]

그리고 자진신고에 따른 감경을 이유로 자진시정에 대한 감경을 하지 않았다는 사정만으로는 재량권의 일탈남용이 있다고 볼 수 없다고 하고 자진시정과 자진신고는 상이한 개념으로서 중복되는 관계에 있지 아니하므로 각각에 대해 감경을 하는 것은 이중감경에 해당되지는 아니하며, 이를 이중적용한 사례도 있으나 공정거래위원회에게 구속력이 있을 정도로 각각 감경하는 관행이 정착되었다고 볼 증거가 없으므로 자진신고를 이유로 자진시정에 따른 감경을 하지 않았다고 하여 평등원칙의 위반이라 보기 어렵다고 판시하였다.[54]

한편 대법원은 〈26개 항공화물운송사업자의 부당공동행위 건〉 관련 행정소송에서 환율 이중 적용에 의한 과징금 산정을 재량권의 일탈·남용이라고 보았다. 즉 공정거래위원회가 각각 자국 통화로 관련매출액을 산정한 다음, 처분일에 가까운 당시 환율에 따라 원화로 환산하여 과징금을 부과하였는데, 이와 같이 환율을 이중으로 적용하게 되면, 그 사이 환율변동이 과징금 액수에 반영되어 동일한 원화 매출액을 올린 외국 사업자와 국내 사업자에 대한 과징금의 액수가 달라지는 결과를 초래하므로, 외국 사업자라 하더라도 위반행위로 인한 매출액이 원화로 발생한 경우 관련매출액은 당해 매출의 기준이 된 통화인 원화를 기준으로 산정하여야 한다고 봄이 타당하다고 판시하였다.[55]

그리고 〈인천도시철도 2호선 턴키공사 입찰담합관련 21개 사업자의 부당공동행위 건〉 관련 행정소송에서 대법원은 과징금 납부명령 등이 재량권 일탈·남용에 대한 판단은 다른 특별한 사정이 없는 한 과징금 납부명령 등이 행하여진 의결일 당시의 사실상태를 기준으로 해야 하고 심의일인 2013. 12. 27. 기준 직

53) 서고판 2011. 5. 25. 2010누13083.

54) 서고판 2011. 5. 25. 2010누13083.

55) 대판 2014. 12. 24. 2012두13412.

전 3개 연도뿐만 아니라 의결일인 2014. 2. 25.에 가까운 2013년의 재정상태까지 고려해야 한다고 판단하였다.[56)]

따라서 〈호남고속철도 노반신설 기타공사 제2.3공구 대안입찰 관련 2개 건설사업자의 부당공동행위 건(동부건설 등)〉 관련 행정소송에서도 법원은 "회생절차개시결정은 처분 이후 이루어진 것으로 처분당시 이를 충분히 예상할 수 있었다는 등의 특별한 사정에 관하여 입증이 없는 이상 이를 이유로 재량권 일탈·남용을 볼 수 없다"고 판단한 바 있다.[57)]

3) 산정기준일

합의가 존재하는 이상 특별한 사정이 없는 한 부당한 공동행위로 인한 과징금은 '합의일'을 기준으로 산정하여야 하며, 이는 외국사업자에 의한 외국에서의 부당한 공동행위에 대하여 우리나라의 독점규제법을 적용하는 경우에도 마찬가지이다.[58)]

다만 대법원에 의하면 개정 법령의 시행일 이전에 시작하였으나 아직 종료되지 아니하고 계속되고 있는 행위에 대하여는 개정 법령이 적용되는 것이 원칙이고,[59)] 따라서 부당한 공동행위가 법 제43조 및 시행령 제13조 제1항의 개정 전후에 걸쳐 이루어진 경우, 달리 법이 신·구 법령의 적용에 관한 경과규정을 두고 있지 아니하다면 공정거래위원회가 그 행위 종료시에 시행되던 법과 시행령을 적용하여 과징금을 산정한 것을 위법하다고 볼 수 없다고 한다.[60)]

그리고 여러 가지 합의가 존재하는 경우 과징금 산정에 관하여 대법원은 "위반행위의 종별이 같은 여러 합의(운송비 합의, 시장점유율 합의, 판매가격 합의)에 대하여 그 전체 위반행위기간동안의 석도강판 매출액을 기초로 구체적인 과징금 부과상한액을 내부적으로 정하고, 그 범위 안에서 이 사건 과징금을 부과하는 방식을 취한 데에 위법이 있다고 탓하기는 어렵다"고 함으로써 각 합의별로 과징금을 산정·부과하여야 한다는 서울고등법원의 판단이 위법하다고 보았다.[61)]

56) 대판 2015. 5. 28. 선고 2015두36256. '임의적 조정과징금'이 위반사업자의 현실적 부담능력 등을 충분히 반영하지 못하여 과중하다고 인정되는 경우에 해당되는지 여부는 특별한 사정이 없는 한 자산·부채상황·손익내용 및 이익잉여금의 규모 등 전체적인 재정상태를 종합적으로 고려하여 판단하여야 한다; 서고판 2018. 10. 5. 2017누90638(대판 2019. 2. 28. 2018두62485).

57) 서고판 2016. 3. 23. 2015누33181(대판 2016. 8. 17. 2016두39153).

58) 서고판 2004. 11. 24. 2003누9000.

59) 대판 1999. 9. 3. 98두7060 참조.

60) 대판 2001. 5. 8. 2000두7872.

61) 대판 2001. 5. 8. 2000두7872.

같은 취지로 공정거래위원회가 설탕 제조·판매회사들이 1990년 말부터 담합행위를 시작하여 대외적으로 합의파기를 표시한 2005년 9월경까지 그 합의가 지속된 것으로 보아 이를 하나의 담합행위로 인정한 다음, 위반행위 전 기간에 대하여 일률적으로 3.5%의 부과기준율을 적용하였는데(즉 행위종료일을 기준으로 그 일자에 적용되는 법령을 위반행위 전 기간에 적용함), 이에 대하여 원고가 이러한 과징금 산정은 소급입법금지원칙에 어긋나고 비례·평등 원칙에도 반한다고 주장한 사건이 있었다(〈3개 설탕 제조·판매업체들의 부당공동행위 건〉).[62]

이에 대하여 대법원은 "행정처분은 그 근거법령이 개정된 경우에도 경과규정에서 달리 정함이 없는 한 처분당시 시행되는 개정법령과 그에서 정한 기준에 의하는 것이 원칙이고, 그 개정 법령이 기존의 사실 또는 법률관계를 적용대상으로 하면서 종전보다 불리한 법률효과를 규정하고 있는 경우에도 그러한 사실 또는 법률관계가 개정법률이 시행되기 이전에 이미 종결된 것이 아니라면 이를 헌법상 금지되는 소급입법이라 할 수 없으며, 그러한 개정 법률의 적용과 관련하여서는 개정전 법령의 존속에 대한 국민의 신뢰가 개정 법령의 적용에 관한 공익상의 요구보다 더 보호가치가 있다고 인정되는 경우에 그러한 국민의 신뢰보호를 위하여 그 적용이 제한될 수 있는 여지가 있을 따름이다(대법원 2001. 10. 12. 선고 2001두274 판결 참조)"라고 함으로써, 전 기간에 대하여 일률적으로 3.5%의 부과기준율을 적용한 것은 헌법상 소급적용금지의 원칙이나 비례·형평의 원칙에 반하지 않는다"고 판결하였다.[63]

과징금고시를 개정하면서 소급효를 규정하였다고 하더라도 이미 처분시효가 경과하여 처벌할 수 없는 행위를 다시 처벌대상으로 삼은 것도 아니므로 헌법상 소급입법금지원칙이나 평등원칙에 위배된다고 볼 수 없다(〈동양철관의 한국가스공사발주 강관구매입찰관련 6개 사업자의 부당공동행위에 대한 건〉).[64]

그러나 최근 다른 판결에서 대법원은 시행전 종료되거나 시행후에도 상태가 지속되는 행위에 대한 과징금을 종전규정에 의한다는 독점규제법, 시행령 및 「과징금 부과고시」 부칙규정에 따라 시행 전에 부당한 공동행위가 개시되어 개정법 등 시행전에 종료되거나 개정 법 등 시행 이후에도 부당한 공동행위가 지속된 경우에 대한 과징금을 산정함에 있어서는 종전의 규정을 적용하여야 한다

62) 공정의 2007. 8. 20. 2007－408; 서고판 2008. 7. 16. 2007누24441; 대판 2010. 3. 11. 2008두15169.
63) 대판 2010. 3. 11. 2008두15169.
64) 서고판 2018. 10. 25. 2018누35256(대판 2019. 3. 14. 2018두65064).

고 판시하였다(〈13개 생명보험사의 부당공동행위 건〉).[65]

한편 과징금 부과에 있어서 법, 시행령(10%)과 과징금부과고시(5%) 간에 불일치가 발생한 경우 대법원은 덜 침익적인 고시를 적용하여야 한다고 하고, 하나의 공동행위에 참여한 사업자들 사이에 부과기준율 상한이 서로 다른 과징금 고시가 적용됨에 따라 발생하는 과징금간의 불균형도 재량권 일탈·남용의 대상이 될 수 있다고 판단하였다.[66]

과징금 고시가 개정된 경우 피심인들에게 불리하다고 볼 만한 특별한 사정이 없으면 행위 당시 과징금고시를 적용한다(〈전북대학교 등 4개기관 발주 교육콘텐츠 입찰참가 2개사의 부당공동행위 건〉).[67]

4) 관련 상품과 용역의 기준

부당한 공동행위를 행한 사업자에 대한 과징금 산정의 전제가 되는 매출액은 사업자의 회계자료 등을 참고하여 정하는 것을 원칙으로 하되, 각각의 범위는 유형별로 개별적·구체적으로 판단한다(〈8개 고밀도 폴리에틸렌 제조·판매사업자들의 부당공동행위 건〉).[68]

> "관련매출액"은 영 제13조 제1항 전단에 따른 관련매출액 및 같은 항 후단에 따른 관련 상품(용역)의 매입액 또는 이에 준하는 금액을 말한다.
>
> 관련상품은 위반행위로 인하여 직접 또는 간접적으로 영향을 받는 상품의 종류와 성질, 거래지역, 거래상대방, 거래단계 등을 고려하여 행위유형별로 개별적·구체적으로 판단한다. 관련상품에는 당해 위반행위로 인하여 거래가 실제로 이루어지거나 이루어지지 아니한 상품이 포함된다. 관련상품의 범위를 정하기 곤란한 경우에는 당해 위반행위로 인하여 직접 발생하였거나 발생할 우려가 현저하게 된 다른 사업자(사업자단체)의 피해와 연관된 상품을, 다른 사업자의 직접적 피해가 없는 경우에는 소비자의 직접적 피해와 연관된 상품을 관련상품으로 볼 수 있다.
>
> 관련상품의 범위를 결정할 때에는 「통계청장이 고시하는 한국표준산업분류상 5단위 분류 또는 광공업조사통계보고서상의 8단위 분류」 또는 「당해 사업자의 품목별 또는 업종별 매출액 등의 최소 회계단위」를 참고할 수 있다. 매출액은 총매출액에서

65) 대판 2009. 10. 29. 2009두11218.
66) 대판 2013. 10. 11. 2011두31413, 2012두7103 및 2012두12631.
67) 서고판 2017. 1. 18. 2016누39445(대판 2017. 5. 26. 2017두36014).
68) 대판 2011. 7.28. 2009두12280.

부가가치세,[69] 매출에누리,[70] 매출환입, 매출할인 등을 제외한 순매출액으로 산정한다. 위반사업자가 매출액 산정자료를 가지고 있지 아니하거나, 제출하지 아니하는 등의 경우에는 위반행위 전후의 실적, 해당 기간의 총매출액 및 관련상품의 매출비율, 관련 사업자의 계획, 시장상황 등을 종합적으로 고려하여 객관적이고 합리적인 범위에서 해당 부분의 매출액을 산정할 수 있다. 이와 같이 매출액을 산정할 수 있는 경우에는 영 제13조 제 3 항 각 호의 어느 하나에 해당하지 않는 것으로 본다. 위반행위가 상품의 구매와 관련하여 이루어진 경우에는 매입액을 기준으로 하고, 입찰 또는 특정 계약에 직접 관련되거나 한정된 경우에는 계약금액을 기준으로 한다. 영 제13조 제 2 항에 따라 상품 또는 용역의 대가의 합계액을 재무제표 등에서 영업수익 등으로 기재하는 사업자의 경우 매출액은 영업수익을 말한다(「과징금 부과고시」 Ⅱ. 5).

대법원은 "사업자가 다른 사업자와 공동으로 이른바 부당한 공동행위를 한 경우에 공정거래위원회는 그 사업자에 대하여 당해 위반행위 기간 동안에 있어서의 매출액을 기준으로 하여 산정한 과징금을 부과할 수 있고, 위 매출액은 부당한 공동행위와 관련된 상품 또는 용역의 대가의 합계액에서 품질불량·파손 등으로 대가의 일부가 공제될 경우의 공제액 등 소정의 금액을 공제한 금액으로 하여야 할 것인바, 과징금 산정의 기준이 되는 매출액을 산정함에 있어서 그 전제가 되는 부당한 공동행위와 관련된 상품 또는 용역의 범위는, 부당한 공동행위를 한 사업자간의 합의의 내용에 포함된 상품 또는 용역의 종류와 성질·거래지역·거래상대방·거래단계 등을 고려하여 개별적·구체적으로 판단하여야 한다"고 한다.[71] 대체가능성을 추가로 언급한 판결도 있다.[72]

69) 대판 2009. 3. 26. 2008두21058.

70) 대판 2010. 2. 25. 2008두21362.

71) 대판 2003. 1. 10. 2001두10387; 대판 2004. 10. 28. 2002두7456; 대판 2008. 2. 29. 2006두10856; 대판 2008. 2. 29. 2006두10443; 대판 2008. 10. 23. 2007두2586; 대판 2008. 12. 11. 2007두2593; 대판 2008. 12. 24. 2007두19584; 대판 2009. 6. 25. 2008두17035; 대판 2011. 5. 26. 2008두18335; 대판 2012. 3. 29. 2010두27110; 관련상품의 범위를 정하는 기준은 관련 상품시장 획정기준과는 달라야 하며 위법행위에 '영향'을 주었는지에 따라 결정해야 하고 그 영향을 구성하는 요소는 행위유형에 따라 경쟁제한성 또는 불공정성이 될 수 있다는 견해로 김성훈, 경제법판례연구 제 6 권(2006), 187~189면 참조.

72) 대판 2003. 1. 10. 2001두10387; 대판 2008. 2. 29. 2006두10443; 대판 2009. 6. 25. 2008두17035: "구 독점규제법(2007. 8. 3. 법률 제8572호로 개정되기 전의 것) 제22조, 구 독점규제법 시행령(2007. 11. 2. 대통령령 제20360호로 개정되기 전의 것) 제 9 조 제 1 항, 제61조 제 1 항 [별표 2]의 각 규정에 의하면, 사업자가 다른 사업자와 공동으로 부당한 공동행위를 한 경우에

사업자 간의 합의의 대상이 된 상품 또는 용역의 공급계약 등이 합의일 전에 체결되고, 계약에서 정해진 가격 등에 따라 실제 공급만 위반기간 중에 이루어진 경우, 그 부분에 해당하는 매출액이 관련매출액에서 제외되는지 여부와 관련하여 대법원은 "합의의 대상이 된 상품 또는 용역의 매출액이 위반기간 중에 발생하였더라도, 매출액 발생의 원인이 된 상품 또는 용역 공급계약 등이 합의일 전에 체결되고, 그 계약에서 정해진 가격, 물량, 기한 등에 따라 상품 또는 용역의 실제 공급만 위반기간 중에 이루어졌다는 등의 특별한 사정이 드러난다면, 그 부분에 해당하는 매출액은 합의로 인하여 직접 또는 간접적으로 영향을 받는 상품 또는 용역이라고 보기 어려우므로, 관련매출액에서 제외된다"고 판시하였다.[73]

법원이 합의대상품목을 기준으로 하는 경우와 추가로 시장경쟁에의 영향을 고려한 경우도 있다.

> "OEM생산방식으로 납품한 PAC는 1995년도 PAC 소비자판매가격 인상 합의와 관련이 있는 상품에 해당하지 않음"(〈두원냉기(주)의 가격, 공급제한, 사업활동방해공동행위 건〉),[74] "중고자동차 할부금융상품에서의 부당한 공동행위에 대한 과징금부과기준이 되는 법시행령 제61조 제1항 [별표 2] 6호 '위반행위기간 중 관련상품의 매출액'이란 그 위반행위기간 중에 발생한 중고자동차 할부이자 전체를 의미한다고 해석함이 상당"(〈삼성카드(주) 외 2사의 부당공동행위 건〉),[75] "아주산업, 유진레미콘이 생산하려고 했던 슬래그분말은 레미콘 제조시 원고 아세아, 쌍용이 제조·판매하는 보통시멘트를 대신하여 혼화재료로 사용될 수 있는 대체재이므로 위 원고들이 아주산업과 유진레미콘의 슬래그분말 사업을 방해한 행위는 슬래그분말과 시멘트 거래분야에 있어서 경쟁을 실질적으로 제한하는 부당한 공동행위가 된다. 따라서 위 원고들에 대한 과징금 산정의 기준이 되는 관련상품은 슬래그분말과 시멘트 상품이라 할 것이고, 위 원고들은 전국을 판매지역으로 하여 보통시멘트를 판매하

공정거래위원회는 그 사업자에 대하여 당해 위반행위 기간 동안의 매출액을 기준으로 하여 산정한 과징금을 부과할 수 있고, 과징금 산정의 기준이 되는 매출액을 산정하면서 그 전제가 되는 부당한 공동행위와 관련된 상품 또는 용역의 범위는 부당한 공동행위를 한 사업자간의 합의의 내용에 포함된 상품 또는 용역의 종류와 성질 용도 및 대체가능성과 거래지역·거래상대방·거래단계 등을 고려하여 개별적·구체적으로 판단하여야 한다"(대판 2003. 1. 10. 2001두10387, 대판 2008. 2. 29. 2006두10443 등 참조).

73) 대판 2016. 5. 27. 2013두1126.

74) 대판 2003. 1. 10. 2001두10387.

75) 대판 2004. 10. 28. 2002두7456.

고 있으므로 관련상품의 매출액 역시 위 원고들의 아주산업과 유진레미콘에 대한 매출액에 한정되지 않고 위 원고들이 국내 시멘트 시장에서 판매하는 전체 시멘트 상품의 매출액이 될 것이며, 거기에서 벌크시멘트와 품질에서 동일하고 포장 형태만 달리하여 판매되는 포장시멘트의 매출액을 제외할 수는 없다 할 것이다. 따라서 전체 시멘트 매출액 중 자가소비와 관수(官需)를 제외한 매출액을 관련상품의 매출액"(〈아세아시멘트공업(주) 외 2(쌍용양회공업(주), 한국양회공업협회)의 공동행위 건〉),[76] "가격합의일 이전에 군납 등 장기공급계약을 체결하였던 경우, 계약기간 중간에 가격을 인상하는 수정계약을 체결하거나 인상된 가격으로 판매품목을 변경한 경우에는 위와 같은 장기계약제품으로 인한 매출액도 관련매출액에 포함"(〈롯데제과(주) 외 2의 공동행위 건〉),[77] "합의가 '시외전화 2대역 요금'의 공동결정에 관한 것이 아니라 '시외전화 요금'의 공동결정에 관한 것이었고, 또한 시외전화요금 부분에 한정되지 않고 시외전화 사전선택제 가입자수 분할 및 상호협력에 의한 시장분할 합의, 번들상품 출시 금지에 따른 상품의 종류제한 합의 등 전체 시외전화 시장의 경쟁에 직접 영향을 미칠 뿐만 아니라 그에 따른 실행행위도 존재하므로 '관련매출액'도 시외전화 서비스를 제공하면서 발생되는 전체 시외전화 매출액으로 보는 것이 상당"(〈하나로텔레콤(주)의 공동행위 건〉),[78] "LM통화료 매출액, 시내전화기본통화료 매출액, 맞춤형 정액요금제 상품 매출액, 하나로와의 비경합지역 매출액도 포함"(〈2개 시내전화사업자의 부당공동행위 건〉),[79] "국내에서 제조·판매하는 가성소다 중 합의의 대상이 된 50% 가성소다의 매출액"(〈한화석유화학(주)의 공동행위 건〉),[80] "평균매출액산정에 있어서 부가가치세는 제외하는 것이 타당"(〈7개 신용카드사업자의 부당한 공동행위 건〉),[81] "세제회사가 세제제품의 브랜드별로 가격을

76) 대판 2008. 2. 29. 2006두10443.

77) 서고판 2008. 5. 29. 2007누22858(대판 2008. 10. 23. 2008두10621).

78) 대판 2008. 10. 23. 2007두2586; 대판 2008. 12. 24. 2007두19584.

79) 서고판 2007. 7. 11. 2005누20230(대판 2009. 6. 23. 2007두19416).

80) 대판 2008. 11. 27. 2007두12712.

81) 대판 2009. 3. 26. 2008두21058: "기업회계상 부가가치세는 매출액에 포함되지 않고 예수금의 일종으로서 유동부채 계정으로 분류되어 기재되는 것이 일반적인 점, 부가가치세는 재화 등을 공급한 자가 이를 공급받는 자로부터 일시적으로 수취하여 보관하였다가 세무관서에 납부하는 것으로서 그 성질상 재화 등을 공급한 자가 그 부당공동행위로 인하여 얻는 경제적 이득이라고 보기 어려운 점, 구 독점규제법 시행령(2005. 3. 31. 대통령령 제18768호로 개정되기 전의 것) 제 4 조 제 1 항이 시장지배적사업자에 해당하는지 여부의 기준이 되는 구 독점규제법(2004. 12. 31. 법률 제7315호로 개정되기 전의 것) 제 2 조 제 7 호 단서상의 '연간 매출액 또는 구매액'을 정의하면서 상품 또는 용역에 대한 간접세를 '연간 매출액 또는 구매액'에서 제외하고 있는 점 등을 종합하여 볼 때, 위 시행령 제 9 조 제 1 항의 평균매출액의 산정에서도 부가가치세는 제외하는

달리 책정하고 있다고 하더라도 세탁·주방세제라는 동질성으로 대표성 있는 브랜드 제품에 대하여 기준가격을 결정하고 나면 나머지 제품들도 그 가격의 영향을 받지 않을 수 없는 점 등에 비추어, 세탁세제 3개 및 주방세제 3개 브랜드 제품들의 가격 담합에 대한 과징금을 산정하면서 담합의 대상에 직접적으로 포함되지 않은 나머지 12개 브랜드 제품들의 매출액도 과징금 산정의 기준이 되는 '관련매출액'의 범위에 포함"(〈5개 세탁·주방세제 제조업체의 부당공동행위 건〉),[82] "영화 '화려한 휴가'의 위반행위종기 이후 매출액도 관련매출액에 해당함을 전제로 하여 산정된 과징금납부명령을 위법"(〈7개 영화배급·상영업자의 부당공동행위 건〉),[83] "원고 등이 수의계약시에는 제외하고 입찰을 통한 중간처리계약 체결시에만 거래지역을 제한하기로 하여 이 사건합의를 하였다고 볼 만한 증거가 없으므로, 공정거래위원회가 위반행위의 기간을 위 기간 동안으로 보고, 관련매출액을 산정함에 있어 수의계약을 통한 매출액을 포함시킨 것에 어떠한 위반이 있다고 보기 어려움"(〈7개 의료폐기물 중간처리사업자의 부당공동행위 건〉),[84] "폐기물 부담금은 폐기물의 발생을 억제하고 자원의 낭비를 방지하기 위하여 부과하는 원인자 부담금의 성격을 갖는 것이고, 기업회계상으로도 통상판매비와 관리비계정의 제세공과금에 해당하여 매출액에 포함되어 있으므로, 과징금 산정의 전제가 되는 매출액에서 제외할 것은 아님", "불량품은 전혀 상품화될 수 없는 폐기물이 아니라 정상제품보다 품질이 떨어지는 것에 불과하고, 이 사건 담합은 불량품의 가격 경쟁에도 영향을 미치므로 포함되는 것이 정당", "위탁판매의 경우 관련매출액은 위탁판매수수료가 아니라 위반사업자의 위탁판매대금으로 보는 것이 타당"(〈8개 고밀도폴리에틸렌 제조·판매사업자들의 부당공동행위 건〉),[85] "보험료 전체를 영업수익으로 하면서 미경과보험료와 재보험사에 지급한 출재보험료를 공제하지 아니한 것은 정당"(〈10개 손해보험사의 부당공동행위 건〉),[86] "1군 건설업체에 대한 레미콘 매출액은 관련매출액에서 제외될 수 없음"(〈울산지역 14개 레미콘 제조사업자의 부당공동행위 건〉),[87] "바나나 및 우유와 요플레는 시유 및 발효유 제품가격 담합의 대상에 직접 포함되었으므

것이 타당하다"; 이에 찬성하는 견해로 황태희, 경제법판례연구 제 6 권(2006), 204면 참조.

82) 대판 2009. 5. 25. 2008두17035.

83) 서고판 2009. 10. 7. 2009누2483(대판 2010. 1. 28. 2009두19700).

84) 대판 2011. 2. 24. 2010두26636.

85) 대판 2011. 5. 26. 2008두18335, 2009두12082.

86) 대판 2011. 9. 8. 2008두20894 등.

87) 대판 2011. 7. 14. 2011두63870.

로 그 매출액에 포함시킨 것은 적법"(〈12개 유제품사업자의 시유 및 발효유 가격인상관련 부당공동행위 건〉),[88] "멸균우유, 주한미국납품 등 비수익제품도 직·간접적으로 담합의 영향을 영향을 받음"(〈12개 유제품사업자의 시유 및 발효유 가격인상 관련 부당공동행위 건〉),[89] "합의이후에 출시한 보험상품도 관련매출액에 포함"(〈14개 생명보험사 및 10개 손해보험사의 부당공동행위 건〉),[90] "개별소비세와 교육세를 관련매출액에서 제외"(〈7개 BMW자동차딜러의 부당공동행위 건〉),[91] "유류할증료가 아닌 전체 운임을 기준으로 관련매출액을 산정한 것은 적법"(〈26개 항공화물운송사업자의 부당공동행위 건〉),[92] "발주처에서는 폐석면 매립업체들의 견적을 기초로 관수물량의 계약금액을 산정하였으므로, 관수물량도 관련매출액에 포함"(〈7개 폐석면처리 최종처리사업자의 부당공동행위 건〉),[93] "일반용 아연도강판의 판매가격(매출액)에는 판매에 필수적으로 수반되는 운송비가 포함", "임가공거래를 하면서 거래형태는 '동부제강으로부터 냉연강판 정상매입, 동부제강에 아연도강판 정상매출'로 처리하여 판매의 형식을 취한 이상 관련상품의 매출액으로 보아야 함"(〈6개 냉연도강판 및 아연도강판 제조판매사업자의 부당공동행위 건〉),[94] "수도권에서 구매한 고지는 이 사건 공동행위로 인하여 직접 또는 간접적으로 영향을 받은 상품에 해당함"(〈18개 골판지 원지 제조판매사업자 등의 골판지 고지 구매 부당공동행위 건〉),[95] "가격일 인상하지 않은 대리점가격(기준가)와 도매점가격(도매가) 등에 의한 매출액은 포함됨"(〈5개 음료 제조·판매사업자의 부당공동행위 건(롯데칠성 등)〉),[96] "합의일 전에 체결되고 그 계약에서 정해진 가격, 물량, 기한 등에 따라 상품 또는 용역의 실제공급이 위반기간중에 이루어진 경우 관련매출액에서 제외"(〈금융자동화기기(ATM, CD) 제조 4개 사업자의 부당공동행위 건(노틸러스효성 등)〉),[97] "낙찰받은 금액 중 의무적으로 지역업체에 할당된 부분으로부터 직접적인 이득을 취득할 수 없

88) 서고판 2012. 1. 12. 2011누18467.
89) 대판 2012. 8. 30. 2012두10093.
90) 대판 2012. 5. 25. 2010두375.
91) 대판 2014. 8. 26. 2014두7237.
92) 대판 2014. 12. 24. 2012두6216, 2012두13412.
93) 서고판 2014. 1. 19. 2013누31211 등(대판 2015. 5. 14. 2015누37662 등).
94) 서고판 2014. 11. 28. 2013누31211, 2015. 1. 2. 2013누17925(대판 2015. 4. 23. 2015두36362).
95) 서고판 2016. 12. 22. 2016누59425(대판 2017. 4. 13. 2017두32241).
96) 서고판 2017. 2. 15. 2013누11910(대판 2017. 6. 9. 2017두190).
97) 대판 2016. 5. 27. 2013두1126. 유사 취지 서고판 2017. 2. 15. 2013누11910(대판 2017. 6. 9. 2017두190).

었더라도 관련매출액에 포함됨"(〈4대강 살리기 사업 1차 턴키공사 입찰 관련 20개 건설업자의 부당공동행위 건(대우건설등)〉),[98] "변경된 계약을 포함하여 과징금을 산정해도 위법하지 않음"(〈4대강 살리기 사업 1차 턴키공사 입찰 관련 20개 건설업자의 부당공동행위 건〉),[99] "관련매출액이 원고들이 취득한 마진부분에 한정된다고 보기 어려움"(〈9개 렉서스자동차 딜러의 부당공동행위 건〉),[100] "골판지고지, 원단 매입액이 포함되어 고지구매담합 및 원단판매 담합 관련 매풀액 사이에 중복되는 부분이 있더라도 각 위반행위에 대하여 따로 제재한 행위에 위법이 없음"(〈16개 골판지상자 제조판매사업자의 부당공동행위 건(삼보판지 등)〉),[101] "국외발 국내행 해상화물운송 중 운임의 지급방식이 도착지불 거래인 경우는 물론 출발지불 거래인 경우에도 이에 대한 국내시장이 존재한다고 볼 것이므로 이 부분을 관련매출액에 산입하는 것은 적법함"(〈9개 사업자 해상운송사업자의 부당공동행위 건[카와사키키센(주)]〉),[102] "기초가격이 예상보다 낮다는 이유로 입찰을 유찰시켜 높은 가격으로 계약을 체결하거나 기초가격을 높여 재입찰에서 낙찰"(〈한국가스공사 발주 강관 구매입찰 관련 6개 사업자의 부당공동행위 건[(주)세아제강]〉),[103] "직접 낙찰을 받은 입찰 외에도 들러리로 참여한 입찰에 대해서도 그 입찰의 계약금액이 과징금 부과기준이 됨"(〈현대건설(주) 등 3개사 발주 케이블 구매입찰 담합 관련 7개 사업자의 부당공동행의 건[대원전선(주)]〉),[104] "사급자재 구매비용에 의해 자신의 직접적인 이익을 얻지 아니하였다는 이유만으로 이를 관련매출액에 포함시킬 수 없는 것은 아님"(〈한국가스공사 발주 천연가스 주배관 및 관리소 건설공사 입찰 관련 23개 사업자의 부당공동행위 건[(주)한양]〉),[105] "관급자재를 계약금액 산정에서 제외해야 함"(〈성서 및 달성2차 폐수종말처리장 설치공사 입찰 담합 건(서한 및 화성산업)〉),[106] 〈보현산다목적 댐 건설공사 입찰 관련 3개 사업자의 부당공동행위 건(현대건설 및 대우건설 등)〉,[107] 〈한

98) 서고판 2014. 6. 13. 2012누29303(대판 2014. 10. 30. 2014두10394).
99) 서고판 2014. 6. 13. 2012누28997(대판 2014. 11. 13. 2014두10059).
100) 서고판 2015. 5. 7. 2012누11241(대판 2017. 1. 12. 2015두2352).
101) 서고판 2017. 7. 12. 2016누57788. 유사취지 서고판 2016. 12. 22. 2016누59425(대판 2017. 4. 13. 2017두322419).
102) 서고판 2018. 6. 27. 2017누74018(대판 2018. 10. 12. 2018두52396).
103) 서고판 2018. 10. 25. 2018누34963(대판 2019. 3. 14. 2018두63594).
104) 서고판 2019. 1. 18. 2018누38842.
105) 서고판 2017. 9. 20. 2015누31854(대판 2019. 1. 31. 2017두68110).
106) 대판 2017. 9. 12. 2016두55551, 2017. 9. 26. 2016두59416.
107) 대판 2017. 9. 7. 2016두49037, 48447.

국철도시설공단 발주 서해복선전철 공사 입찰 담합 관련 4개 사업자의 부당공동행위 건[대림산업(주)]〉,[108] 〈부산지하철 1호선 연장(다대구간)2공구 턴키공사 입찰 관련 2개 건설업자의 부당공동행위 건〉),[109] "건설폐기물 처리용역업체의 선정이나 폐기물처리비용의 산정에 공동행위가 영향을 미쳤다고 볼 수 없음"(〈한국철도시설공단 발주 서해복선전철 공사 입찰 담합 관련 4개 사업자의 부당공동행위 건[대림산업(주)]〉),[110] "문화재조사 용역업체의 선정이나 폐기물처리비용의 산정에 공동행위가 영향을 미쳤다고 볼 수 없음", "직접경비를 계약금액에서 제외할 수 없음"(〈한국수자원공사 발주 수도 및 댐·보시설 점검장비 용역입찰 관련 7개 사업자의 부당공동행위 건[에코엔(주), (주)와텍]〉),[111] "계약연장기간은 관련매출액에서 제외해야 함"(〈포스코건설 및 포스코플랜텍 발주 컨베이어벨트 구매 입찰 3개 사업자의 부당공동행위 건[동일고무벨트(주)]〉),[112] "직접경비 금액 중 실제 인정되지 못한 부분이 있더라도, 이는 계약이행과정에서 매출액의 증감이 있는 경우에 불과하므로 그것만으로 과징금 부과의 기준이 되는 계약금액 자체가 달라 질 수 없음"(〈한국수자원 공사 발주 수도 및 댐·보시설 점검 용역 입찰 관련 7개 사업자의 부당공동행위 건[수자원기술(주)]〉),[113] "입찰계약 후 발주가 일부 취소되거나 물량이 감소된 부분을 포함한 것은 적법함"(〈선박용케이블 구매입찰 담합 건〉),[114] "입찰계약 체결후 후발적으로 공급되지 못한 물량은 계약이행 과정에서 매출액의 증감이 있는 경우에 불과하여 그것만으로 과징금부과의 기준이 되는 '계약금액'자체가 달라질 수 없음"(〈관수 원심력콘크리트파일 구매입찰 관련 17개 사업자와 한국원심력콘크리트공업협동조합의 부당공동행위 건〉),[115] "척당 계약금액을 정하고 총 공급물량 전체를 대상으로 공동행위를 하였으므로 '예상물량만 규정된 납품단가 입찰'이라 볼 수 없고, 옵션물량을 관련매출액에 포함한 것은 적법함"(〈선박용케이블 구매입찰 담합 건〉)[116]

108) 서고판 2018. 8. 24. 201565560(대판 2018. 12. 28. 2018두56947).
109) 서고판 2015. 8. 19. 2014누50790.
110) 서고판 2018. 8. 24. 201565560(대판 2018. 12. 28. 2018두56947).
111) 서고판 2019. 10. 17. 2018누66052, 66113.
112) 서고판 2018. 7. 25. 2017누68457.
113) 서고판 2019. 9. 19. 2018누66069.
114) 대판 2021. 8. 12. 2019두59196.
115) 서고판 2020. 12. 2. 2020누44765.
116) 대판 2021. 8. 12. 2019두59196.

한편 〈8개 연질폴리우레탄폼 제조·판매사업자의 부당공동행위 건〉 관련 행정소송에서 가격담합을 하였더라도 당해 사업자들이 합의대상상품에 대한 가격결정력을 갖고 있지 않으면 부당한 공동행위에 해당하지 않거나 적어도 관련매출액 산정에 포함될 수 없다는 주장에 대하여 대법원은 "자동차용 LF 제품도 가격담합의 대상이었고, 합의된 가격을 기준으로 원고 등과 수요업체간의 협의를 통하여 제품단가가 정해진 이상 원고에게 가격결정권이 없었다고 할 수 없다"고 판시하였다.117)

〈7개 BMW자동차딜러의 부당공동행위 건〉 관련 행정소송에서 대법원은 관련매출액을 취득한 마진부분에 한정할 수 없고 BMW자동차 판매가격으로 보아야 하며, 특별소비세 및 교육세는 매출액에서 공제되어야 하나 관세는 매출액에서 공제되지 않는다고 판시하였다.118)

실무적으로 차별화제품(특수규격, 단독생산)이 관련매출액에 포함되는지 여부가 문제가 되고 있다. 이에 대하여 대법원은 "원고가 수요처의 요청에 따라 공동으로 또는 단독으로 이 사건 차별화제품들을 개발하여 독점적으로 생산·공급한 것인지, 원고가 수요자와 거래함에 있어 이 사건 차별화제품들에 관하여 개별적인 가격협상을 하였는지 여부, 이 사건 가격담합으로 인하여 이 사건 차별화제품 시장에 다른 경쟁자들이 진입하는데 장애를 겪었거나 그 대체재를 생산·판매하는 데 지장을 받았는지 여부 등에 대하여 심리를 한 다음 이를 바탕으로 이 사건 차별화제품들이 과징금 산정의 기준이 되는 관련상품에 포함되는지 여부를 판단하여야 한다"고 하고,119) "차별화제품을 관련상품에 포함하기 위해서는 이 사건 가격담합으로 인하여 차별화 제품시장에서 경쟁이 제한되는 효과가 발생하였거나 발생할 우려가 있었다는 점을 공정거래위원회가 입증하여야 한다"고 한다.120) 이에 따라 법원이 관련매출액에 포함되는 것이 정당하다고 본 사례는 다음과 같다.

"국내에서 완전하게 차별화된 제품들이라고 볼 수 없으므로 그 매출액을 관련매출액에서 제외할 수 없다",121) "가격결정방식에 비추어보면 특수규격 제품도 공동행

117) 대판 2012. 1. 27. 2010두24852.

118) 서고판 2014. 4. 18. 2012누15380(대판 2014. 8. 26. 2014두7237).

119) 대판 2011. 7. 28. 2009두12280 등.

120) 대판 2011. 9. 8. 2009두14880.

121) 대판 2011. 6. 30. 2010두28915, 2011. 9. 8. 2009두15005 등 참조.

위로 인하여 직·간접적으로 영향을 받는 관련상품에 포함된다"(〈천안·아산지역 레미콘제조사업자의 부당공동행위 건[고려그린믹스(주)외 9]〉).[122]

반대로 관련 매출액에서 제외되어야 한다는 사례는 다음과 같다.

"유일하게 생산·판매하는 폴리플로필렌(PP) 특수규격제품들은 가격담합의 대상에 포함되지 아니하므로, 관련상품의 범위에 포함시키기 위해서는 가격담합으로 인하여 다른 경쟁자들이 새로이 진입하는데 장애를 겪었거나 그 대체재를 생산·판매하는데 지장을 받았다는 등 경쟁제한효과를 공정거래위원회가 입증하여야 함",[123] "이 사건 차별화제품의 상당수는 수요처의 요청에 따라 공동 또는 단독으로 제품을 개발하여 독점적으로 생산·공급하는 제품들로 볼 여지가 충분하므로 이 사건 차별화제품 전부를 관련 상품에 포함된다고 속단한 것은 위법임",[124] "품질규격에 맞추어 단독으로 생산·공급하는 제품은 관련매출액에 포함시킬 수 없음",[125] "연장계약은 별도의 합의에 따라 성립된 별개의 계약임."[126]

Ⅱ. 입찰담합시 과징금부과 특유의 문제

1. 과징금 부과기준

부당한 공동행위 중 특히 입찰담합의 경우에는 「과징금 부과고시」 Ⅳ. 1. 다. (마)에서 "낙찰(경락포함)이 된 경우에는 계약금액, 낙찰이 되었으나 계약이 체결되지 않은 경우에는 낙찰금액을, 낙찰이 되지 아니한 경우에는 예정금액(예정금액이 없는 경우에는 응찰금액)을, 예상물량만 규정된 납품단가 입찰의 경우에는 심의일 현재 실제 발생한 매출액을 당해 입찰담합에 참여한 각 사업자의 관

122) 서고판 2019. 9. 19. 2019누32117.
123) 대판 2011. 6. 24. 2008두18533 등.
124) 대판 2011. 6. 30. 2009두12631.
125) 서고판 2015. 10. 22. 2014누65587(대판 2016. 3. 10. 2015두57178).
126) 서고판 2020. 12. 10. 2019누61368(대판 2021. 4. 15. 2021두30303); 유사 판결로 서고판 2020. 7. 1. 2019누60887(대판 2020. 11. 5. 2020두44572).

련매출액으로 본다.[127] 다만, 공동수급체(컨소시엄)의 구성원에 대해서는 2분의 1 범위 내(지분율 70% 이상인 사업자에 대해서는 10분의 1 이내, 지분율 30% 이상 70% 미만인 사업자에 대해서는 10분의 3 이내, 지분율 30% 미만인 사업자에 대해서는 2분의 1 이내)에서 산정기준을 감액할 수 있다"고 규정하고 있다.

이러한 규정이 법령에 위반되지 않는가하는 점이 문제될 수 있는데 법령에서 정한 것은 상한개념이므로 그 범위 내에서 하위규정으로 별도의 기준을 정하는 것은 문제되지 아니한다고 보는 것이 일반적이다.[128]

한편 입찰담합에 관한 과징금의 기존 산정기준인 '계약금액'의 경우에도, 입찰담합에 기초하여 체결된 계약금액에 해당되어야 한다는 의미의 '관련성'이 있을 것이 요구되며, 이러한 관련성이 인정되지 않는 경우에는 그 계약금액을 과징금의 기존 산정기준으로 삼을 수 없다(〈현대중공업(주) 발주 조선부품 등 중량물 운송용역 입찰 관련 6개 사업자의 부당공동행위 건〉).[129]

---

127) 〈4개와이퍼시스템 제조판매사업자의 부당공동행위 건〉관련 행정소송에서의 대법원판결(대판 2017. 5. 30. 2015두48884)의 취지를 반영한 것이다. 〈4개와이퍼시스템 제조판매사업자의 부당공동행위 건〉 관련 행정소송에서 대법원은 "부당한 공동행위에 대한 과징금 제도는 부당한 공동행위에 의하여 얻은 불법적인 경제적 이익을 박탈하고 이에 더하여 부당한 공동행위의 억지라는 행정목적을 실현하기 위한 것이며, 특히 그중 입찰담합 및 이와 유사한 행위에 대한 부분은 입찰담합의 위법성이 중한 것을 감안하여 그에 대한 제재의 실효성을 확보하기 위하여 계약금액을 기준으로 과징금을 부과하도록 정책적으로 도입된 규정이다. 여기서 입찰담합 및 이와 유사한 행위에 대한 과징금의 산정기준이 되는 '계약금액'의 의미를 파악할 때, 그 입법 취지와 목적 등을 고려한 목적론적 해석이 전적으로 배제되는 것은 아니라 하더라도 그 해석이 문언의 통상적인 의미를 벗어나서는 아니 된다. 더구나 침익적 행정처분의 근거가 되는 행정법규는 엄격하게 해석·적용하여야 하고 행정처분의 상대방에게 불리한 방향으로 지나치게 확장해석하거나 유추해석하여서는 아니 된다(대법원 2008. 2. 28. 선고 2007두13791, 13807 판결, 대법원 2016. 9. 30. 선고 2015두53961 판결 등 참조)"고 하고, 자동차 제조·판매회사가 실시하는 와이퍼시스템 구매 경쟁입찰에서 와이퍼시스템 공급사업자인 갑 주식회사가 을 주식회사와 낙찰예정자를 사전에 공동으로 결정하기로 합의하고 실행한 사실에 대하여, 공정거래위원회가 부당한 공동행위에 해당한다는 이유로 독점규제법 제22조에 따라 갑 회사에 과징금 납부명령을 하면서 '낙찰자가 제출한 견적가격에 견적요청서(RFQ)에 기재된 해당 차종의 판매예상수량을 곱한 금액'을 입찰담합의 과징금 산정기준이 되는 '계약금액'으로 보고 그 합산액을 기준으로 과징금을 산정한 사안에서, "낙찰자인 갑 회사 또는 을 회사가 입찰 시 제출한 '견적가격'과 '예상공급물량'을 토대로 잠정적으로 산정한 것에 불과한 금액을 독점규제 및 공정거래에 관한 법률 시행령 제9조 제1항 단서에서 정한 입찰담합의 과징금 산정기준인 '계약금액'으로 볼 수 없다"고 판단하였다. 즉 단가입찰 방식의 거래에 있어서 계약체결 예정금액은 계약금액으로 볼 수 없다고 엄격한 해석을 하였다. 그러나 동 행정소송에서 서울고등법원은 낙찰후 발주자측의 사정으로 입찰이 취소되어 심의일 당시 실제로 체결된 계약금액이 없는 경우에는 계약체결예정금액을 관련매출액으로 인정하였다.

128) 서고판 2002. 5. 9. 2000누15028(대판 2004. 10. 27. 2002두6842), 서고판 2002. 4. 9. 2001누4803(대판 2003. 11. 12. 2002두5627) 참조.

129) 서고판 2020. 9. 23. 2020누33710(대판 2021. 2. 4. 2020두51679). 동 판결에서 법원은 수의계

계약금액 관련하여 법원이 다음과 같이 판단한 사례가 있다.

> "원심이 화해권고결정이 있었던 이상 이 사건 공동행위와 계약사이에 인과관계가 인정될 수 없고 '계약금액'으로 삼을 수 없다고 판단함으로써 법리를 오해하였음"(〈포항영일만항 외곽시설(2.1단계) 축조공사 부당공동행위 건(현대건설)〉),[130] "실제 계약금액의 확인이 어려운 입찰에 관하여 입찰공고문상의 예산금액을 계약금액으로 보아 과징금을 산정한 것은 적법함"(〈제5378부대 발주 액화석유가스(LPG) 구매입찰 관련 8개 사업자의 부당공동행위 건〉),[131] "거래제한의 합의가 있다는 사정만으로 곧바로 관련된 모든 입찰방식 거래의 '계약금액' 합계액을 기준으로 기존과징금을 산정한 수 있는 것이 아니고, 다만 거래제한합의를 실행하기 위해 개별입찰에 관한 입찰담합에 까지 나아간 경우에 각 사업자가 입찰담합의 당사자로 가담한 각 개별 입찰에서의 계약금액을 기초로 하여 과징금을 산정할 수 있음"(〈호남고속철도 제2.1 공구 등 최저가낙찰제 참가 28개 사업자의 부당한 공동행위 건(포스코건설)〉),[132] "관련매출액은 사후정산을 통해 실제로 수행한 공사금액이 아니라 각 입찰의 계약금액임"(〈한국수력원자력 발주 원자력발전소 비파괴검사 용역 입찰 관련 7개 사업자의 부당공동행위 건〉),[133] "항만구역 인가요금이 적용되는 항만구역 인가요금이 적용되는 하역작업 용역을 관련매출액에 포함시켜 산정한 조치는 적법함"(〈현대중공업(주) 및 (주)현대미포조선 발주 포항항 수입강재 하역·운송입찰 관련 3개 사업자의 부당공동행위 건〉),[134] "이익금배분제 방식에 따라 이익배분을 받기로 한 경우 실질적으로는 낙찰자와 공동으로 수주한 것과 같은 효과를 가지므로 당해 건의 입찰규모를 반영한 것으로 볼 수 있는 전체 계약금액을 관련매출액으로 봄"(〈조달청 발주 입축·수중펌프구매 입찰 관련 사업자 부당공동행위 건(동해엔지니어링)〉)[135]

한편 입찰담합의 경우에는 들러리 업체에 대하여 어떤 기준으로 과징금을 부과할 것인가 하는 점이 문제되었다. 종래에는 구시행령 제61조 제 1 항 [별표

약 체결과정에서 발주자와 원고사이에 추가적인 협상과정이 있었다 하더라도 이 사건 수의계약과 공동행위 사이에 관련성이 충분히 인정된다고 판시하였다.

130) 서고판 2016. 4. 15. 2015누45504(대판 2016. 8. 18. 2016두40191).

131) 대판 2020. 11. 5. 2018두67503.

132) 대판 2017. 4. 27. 2016두33360[서고판 2017. 7. 20. 2017누46969(파기환송심)].

133) 서고판 2018. 1. 19. 2017누45157(대판 2018. 5. 30. 2018두35223).

134) 서고판 2021. 5. 6. 2020누45386.

135) 서고판 2015. 9. 17. 2014누2197(대판 2016. 2. 3. 2015두54117).

2] 제 6 호에서 "입찰계약이 체결된 경우에는 계약금액의 5/100이내, 입찰계약이 체결되지 아니한 경우에는 10억원 이하"로 규정하고 있었는데 "입찰계약이 체결된 경우"와 "체결되지 않은 경우"의 해석과 관련하여 논란이 있었다. 즉 입찰에 참가하였으나 낙찰받지 못한 경우(들러리를 선 경우)에는 입찰계약이 체결되지 않은 경우로 보아 10억원 이하의 정액과징금을 부과해야 한다는 주장이 바로 그것이었다.

이에 대해 대법원은 "여기에서 입찰계약이 체결된 경우라 함은 입찰담합에 의하여 낙찰을 받고 계약을 체결한 사업자가 있는 경우를 의미하고 이러한 계약이 체결된 경우에는 계약을 체결한 당해 사업자뿐만 아니라 담합에 가담한 다른 사업자에 대해서도 그 계약금액이 과징금 부과기준이 되고 담합이 수개의 입찰을 대상으로 한 경우에는 담합에 가담한 모든 사업자에 대하여 각 입찰에서의 계약금액을 모두 합한 금액이 과징금부과기준이 된다"고 하고,[136] 그러나 "일괄입찰에서 실시설계적격자로 선정된 사업자가 낙찰결정 이전에 당해 입찰이 무효라는 이유로 실시설계적격자로서의 지위를 박탈당하였다면 법 소정의 '입찰계약이 체결되지 아니한 경우'에 해당하므로 이 경우 실시설계적격자로 선정되었던 사업자나 담합에 가담한 다른 사업자에 대한 과징금 부과기준은 10억원 이하라고 할 것이고, 비록 일괄입찰에 있어서 실시설계적격자로 선정된 자는 대부분 낙찰자로 결정되어 계약을 체결하게 된다고 하여 달리 볼 것은 아니다"고 하였다.[137]

이러한 해석상의 혼란은 구시행령 제61조 제 1 항 [별표 2] 제 6 호 단서에서 계약체결 여부를 기준으로 취급을 달리 했기 때문에 생겨났으며, 대법원 판례의 취지에 따라 2007년 개정 「과징금 부과고시」[138] Ⅳ. 1. 다. (마)에서 "낙찰(경락을 포함)이 된 경우에는 계약금액을, 낙찰은 되었으나 계약이 체결되지 아니한 경우에는 낙찰금액을, 낙찰이 되지 아니한 경우에는 예정금액(예정금액이 없는 경우에는 응찰금액)을 당해 입찰담합에 참여한 각 사업자의 관련매출액으로 본다"고 명시함으로써 들러리 업체에 대해서도 동일한 기준이 적용됨을 명백히 하였다. 만약 낙찰받지 못한 공동행위자에 대하여는 당해 위반행위의 대상인 입찰의 규모와 상관없이 독점규제법 제43조 단서에 따라 40억원 이하의 과징금만

136) 대판 2004. 11. 12. 2002두5627; 대판 2006. 12. 7. 2004두3045.
137) 대판 2006. 12. 7. 2004두3045.
138) 공정거래위원회 고시 제2007－15호(2007. 12. 31).

부과할 수 있을 뿐이라는 부당한 결과가 발생하므로 입법 취지에 반하고, 입찰담합에 대한 제재의 실효성도 확보하지 못하기 때문이다(〈낙동강하구둑 배수문 증설공사 입찰 관련 3개 사업자의 부당공동행위 건(현대건설)〉).[139]

한편 입찰담합의 경우 "계약금액"이란 별도의 과징금부과기준을 둔 것에 대하여 대법원은 이미 "법 제43조, 제102조 제 1 항, 제 3 항, 법 시행령 제13조, 제84조, [별표 6] 등 관계법령의 전반적인 체계와 취지 · 목적, 연혁 등을 종합해 보면, 구법 시행령 [별표 6] 제 6 호 단서는 법 제43조 및 제102조 제 1 항, 제 3 항의 위임에 따라 법 제43조의 과징금 부과한도액을 초과하지 않음을 전제로 하여 입찰담합에 대하여 '계약금액'이라는 별도의 과징금 부과기준을 둔 것으로서 그 부과기준에 의하여 산정된 과징금의 최고액이 법 제43조의 과징금부과한도액을 초과한다고 하여 그 한도액을 초과하는 액수의 과징금을 부과할 수는 없다 할 것이고, 입찰담합에 있어서 계약을 체결한 사업자 이외의 담합에 가담하였을 뿐 낙찰을 받지 못한 사업자("참여자", "들러리")의 경우 그 담합으로 직접적인 이익을 얻는 것은 아니지만 그로 인한 경제적 이익이 없다고 할 수 없을 뿐만 아니라 입찰담합의 억지라는 행정목적을 실현하기 위해서는 이러한 참여자에 대하여도 과징금을 부과할 필요가 있는 것이며, 참여자에 대한 과징금 부과기준을 위반행위의 대상이 된 입찰의 규모를 반영하는 것으로 볼 수 있는 '계약금'으로 한다고 하여 타당성이 없는 부당한 것이라고 할 수 없으므로, 구법 시행령 [별표 6] 제 6 호 단서 중 '입찰담합에 있어서 입찰계약이 체결된 경우에는 계약금액의 5/100 이내'라는 부분은 입찰담합의 특수성을 고려하여 당해 입찰에서 낙찰받아 계약을 체결한 사업자의 '계약금액'을 과징금 부과기준으로 한 것으로서, 참여자에 대하여도 이러한 기준이 적용된다 하더라도, 모법의 위임없이 법이 예정하고 있지 아니한 과징금 부과기준을 국민에게 불리하게 변경하는 규정이라고 할 수 없다"고 밝힌 바 있다.[140]

139) 서고판 2016. 7. 8. 2014누8041(대판 2016. 11. 10. 2016두49457).

140) 대판 2004. 11. 12. 2002두5627: "위임명령은 법률이나 상위명령에서 구체적으로 범위를 정한 개별적인 위임이 있을 때에 가능하고, 여기에서 구체적인 위임의 범위는 규제하고자 하는 대상의 종류와 성격에 따라 달라지는 것이어서 일률적 기준을 정할 수는 없지만, 적어도 위임명령에 규정될 내용 및 범위의 기본사항이 구체적으로 규정되어 있어서 누구라도 당해 법률이나 상위명령으로부터 위임명령에 규정될 내용의 대강을 예측할 수 있어야 하나, 이 경우 그 예측가능성의 유무는 당해 위임조항 하나만을 가지고 판단할 것이 아니라 그 위임조항이 속한 법률이나 상위명령의 전반적인 체계와 취지 · 목적, 당해 위임조항의 규정형식과 내용 및 관련 법규를 유기적 · 체계적으로 종합 판단하여야 하고, 나아가 각 규제 대상의 성질에 따라 구체적 · 개별적으로 검토함을 요하며(대판 2002. 8. 23. 2001두5651), 모법이 예정하고 있는 것을 그 범위내에서

즉 대법원은 「과징금 부과고시」중 입찰담합에 관한 부분은 독점규제법 제43조에서 정한 금액의 범위내에서 과징금 산정기준을 정한 공정거래위원회의 내부사무처리준칙에 불과하므로 구체적인 사안에서 위 기준을 적용한 결과가 비례의 원칙이나 형평의 원칙에 반하지 아니하는 이상 일반적인 부당한 공동행위보다 중한 기준을 정하고 있다거나 그와는 다른 새로운 기준을 규정하고 있다는 것만으로는 무효라고 할 수 없다는 입장이다.[141] 서울고등법원도 위원회가 「과징금 부과고시」에 따라 계약금액을 관련매출액으로 산정하는 것을 합리적이라고 보았다.[142]

여기에서 계약금액은 최초계약금액으로 보는 것이 일반적이나, 대법원이 변경된 계약을 기준으로 산정하는 경우도 있다(〈4대강 살리기 사업 1차 턴키공사 관련 건설업자들의 부당공동행위 건〉).[143] 그리고 계약금액이 존재하지만 물량을 반납함으로써 매출이 발생하지 않은 경우에도 계약금액을 기준으로 산정하는 것이 대법원의 입장이다.[144]

여기에서 '입찰계약이 체결된 경우'라 함은 입찰담합에 의하여 낙찰을 받고 계약을 체결한 사업자가 있는 경우를 의미하므로, 그 경우에는 계약을 체결한 당해 사업자뿐만 아니라 담합에 가담한 다른 사업자에 대해서도 그 '계약금액'이 과징금부과기준이 되고, 만약 담합이 수 개의 입찰을 대상으로 한 경우에는 담합에 가담한 모든 사업자에 대하여 각 입찰에서의 계약금액을 모두 합한 금액이 과징금 부과기준이 된다.[145]

구체화한 것이거나, 국민에게 불리하게 변경하는 규정이 아니라면 무효의 규정이라고 할 수 없다(대판 2002. 2. 8. 2001두7121)"; 서고판 2006. 12. 20. 2006누5726(대판 2008. 4. 24. 2007두2937); 유사 판결로 대판 2017. 4. 27. 2016두33360.

141) 대판 2004. 10. 27. 2002두6842; 대판 2004. 11. 12. 2002두5627; 서고판 2007. 5. 16. 2007누24434.

142) 서고판 2010. 10. 27. 2009누33920; 서고판 2018. 1. 19. 2017누45157(대판 2018. 5. 30. 2018두35223).

143) 대판 2014. 9. 4. 2014두7411 등.

144) 대판 2015. 2. 12. 2013두6169.

145) 대판 2004. 11. 12. 2002두5627; 서고판 2006. 12. 20. 2006누5726(대판 2008. 4. 24. 2007두2937); 서고판 2007. 5. 16. 2007누24434.

2. 관련 이슈

1) 공동수급체의 경우

공동수급체 방식의 입찰에서 과징금산정의 기준 관련하여 〈인천도시철도 2호선 턴키공사 입찰담합 관련 21개 사업자의 부당공동행위 건〉 관련 행정소송에서 서울고등법원은 다음과 같이 판시하였다.

> "입찰담합의 경우 계약금액을 관련매출액으로 하도록 규정하고 있으므로 '계약금액'이란 수급인이 단독으로 공사계약을 체결한 경우이든 여러 수급인이 공동수급체를 구성하여 공사계약을 체결한 경우이든, 당해 공사의 계약금액 전체를 의미하는 것으로 해석함이 상당함",[146] "이 사건 공동행위는 부계약자에게 지급될 부분을 포함한 전체 입찰금액을 대상으로 하여 이루어진 것으로 볼 수 있음. 한국가스공사 역시 위 전체 입찰금액을 기준으로 낙찰 여부를 결정하였고, 주계약자와 부계약자가 공동수급체를 이루어 입찰절차에 참여하여 그 공동수급체를 대상으로 하나의 계약이 체결되었음. 이러한 점에 비추어 이 사건 공동행위로 인한 전체 입찰금액에 포함된 부계약자의 계약금액 부분에도 이 사건 공동행위가 영향을 미쳤다고 봄이 타당함. 공동이행방식 공동수급체는 기본적으로 민법상 조합의 성질을 가지고, 그 구성원은 계약상 의무이행에 대하여 연대하여 책임을 지는 등 공사계약금액 전부에 대하여 이해관계를 가짐. 마찬가지로 '주계약자 관리방식'의 주계약자 역시 전체 계약의 이행에 대하여 연대책임을 지는 등 공사계약금액 전부에 대하여 이해관계가 있음. 주계약자 관리방식은, 하도급과 관련된 폐해를 방지하기 위한 목적에서 종합건설업체와 전문건설업체가 공동수급체를 구성하여 수주하도록 함으로써 부계약자인 전문건설업체 역시 계약당사자의 지위를 가지도록 한 것일 뿐임. 따라서 입찰담합에 따른 법적 책임을 규율할 때 주계약자 관리방식의 공동수급체를 공동이행방식의 공동수급체와 달리 볼 이유가 없고, 이는 과징금 산정의 기초인 '계약금액'의 산

146) 서고판 2014. 12. 29. 2014누46234(대판 2015. 5. 14. 2015두36386); 유사판결로 서고판 2008. 10. 22. 2008누1209(대판 2009. 1. 30. 2008두21812); 서고판 2018. 10. 5. 2017누90621(2019. 2. 28. 2018두62416); 대판 2014. 12. 24. 2014두8193; 서고판 2014. 7. 9. 2012누28508(대판 2014. 11. 13. 204두11083); 서고판 2016. 7. 20. 2014누46111; 서고판 2016. 8. 31. 2014누5063, 2019. 6. 13. 2016누31373(대판 2019. 10. 13. 2019두47384); 대판 2019. 1. 31. 2016두51658[서고판 2019. 8. 28. 2019누34687(파기환송심)].

정에 있어서도 마찬가지임. 이 사건 과징금에는 부당한 공동행위로 인한 부당이득의 박탈뿐 아니라 위법행위에 대한 제재의 목적도 있으므로, 부계약자의 계약금액 부분이 원고 자신의 매출에 해당하지 않는다는 이유만으로 이를 과징금 산정의 기초인 '계약금액'에 포함시킬 수 없는 것은 아님. 나아가 이후의 과징금 산정 단계에서 취득한 실질적 이익의 규모와 제재수준 사이의 균형을 고려한 구체적 과징금액 산정이 가능하고, 이러한 균형을 맞추지 못한 재량권 행사는 법원의 재량통제 대상이 됨."147)

또한 주계약자 관리방식에 의한 공동계약으로 발주된 천연가스 주배관 건설공사 공구 입찰에서 주계약자인 갑 주식회사가 부계약자인 을 주식회사 등을 포함하여 공동수급체를 구성한 후 입찰에 참가하여 낙찰을 받고 공사도급계약을 체결하였는데, 갑 회사 등이 위 입찰에 관하여 낙찰자 및 투찰률을 결정하는 합의를 하는 등 공동행위를 하였다는 이유로 공정거래위원회가 갑 회사에 부계약자 계약금액 부분이 포함된 공동수급체의 계약금액 전체를 과징금 산정의 기준으로 삼아 과징금 납부명령 등을 한 사안인 〈한국가스공사 발주 천연가스 주배관 및 관리소 건설공사 입찰 관련 23개사업자의 부당공동행위 건〉 관련 행정소송에서 대법원은 다음과 같이 판시하였다.

"이 사건 공동행위는 부계약자에게 지급될 부분을 포함한 전체 입찰금액을 대상으로 하여 이루어진 것으로 볼 수 있음. 한국가스공사 역시 위 전체 입찰금액을 기준으로 낙찰 여부를 결정하였고, 주계약자와 부계약자가 공동수급체를 이루어 입찰절차에 참여하여 그 공동수급체를 대상으로 하나의 계약이 체결되었음. 이러한 점에 비추어 이 사건 공동행위로 인한 전체 입찰금액에 포함된 부계약자의 계약금액 부분에도 이 사건 공동행위가 영향을 미쳤다고 봄이 타당함. 공동이행방식 공동수급체는 기본적으로 민법상 조합의 성질을 가지고, 그 구성원은 계약상 의무이행에 대하여 연대하여 책임을 지는 등 공사계약금액 전부에 대하여 이해관계를 가짐. 마찬가지로 '주계약자 관리방식'의 주계약자 역시 전체 계약의 이행에 대하여 연대책임을 지는 등 공사계약금액 전부에 대하여 이해관계가 있음. 주계약자 관리방식은, 하도급과 관련된 폐해를 방지하기 위한 목적에서 종합건설업체와 전문건설업체가 공동수급체를 구성하여 수주하도록 함으로써 부계약자인 전문건설업체 역시 계약당사

147) 대판 2019. 1. 31. 2016두51658.

> 자의 지위를 가지도록 한 것일 뿐임. 따라서 입찰담합에 따른 법적 책임을 규율할 때 주계약자 관리방식의 공동수급체를 공동이행방식의 공동수급체와 달리 볼 이유가 없고, 이는 과징금 산정의 기초인 '계약금액'의 산정에 있어서도 마찬가지임. 이 사건 과징금에는 부당한 공동행위로 인한 부당이득의 박탈뿐 아니라 위법행위에 대한 제재의 목적도 있으므로, 부계약자의 계약금액 부분이 원고 자신의 매출에 해당하지 않는다는 이유만으로 이를 과징금 산정의 기초인 '계약금액'에 포함시킬 수 없는 것은 아님. 나아가 이후의 과징금 산정 단계에서 취득한 실질적 이익의 규모와 제재수준 사이의 균형을 고려한 구체적 과징금액 산정이 가능하고, 이러한 균형을 맞추지 못한 재량권 행사는 법원의 재량통제 대상이 됨."[148]

한편 부계약의 비율이 10% 미만인 경우 상실될 수 있는 이익이 미미한 정도라고 보아 이를 이유로 감경하지 않은 공정거래위원회의 조치는 자의적이아니라고 하였다(〈한국가스공사 발주 천연가스 주배관 및 관리소 건설공사 입찰 관련 23개 사업자의 부당공동행위 건[현대중공업(주)]〉).[149]

그리고 1회 입찰을 통해 전체 예정물량을 3개의 낙찰자에게 차등 할당하는 방식으로, 낙찰후 KT와 1, 2, 3순위 낙찰자가 각각 계약을 체결하는 방식이라 하더라도 그 실질이 공동수급체와 동일한 경우, 공동수급체 감경규정을 적용하여야 한다(〈케이티발주 F/S케이블 구매입찰 관련 6개사업자의 부당공동행위 건〉).[150]

2) 입찰담합 유사의 행위

관련매출액은 영 제13조 제 1 항 전단에 따른 관련매출액 및 같은 항 후단에 따른 관련 상품(상품에는 용역을 포함한다, 이하 같다)의 매입액 또는 입찰담합 및 이와 유사한 행위인 경우에는 계약금액을 말한다(「과징금부과고시」 Ⅱ. 5. 가.). 여기에서 '이와 유사한 행위인 경우'의 의미가 문제된다. 〈13개 비료제조·판매사업자의 부당공동행위 건〉 관련 행정소송에서 서울고등법원은 "입찰담합은 그 구체적인 합의 내용에 따라 가격협정, 공급제한협정, 시장분할협정으로서의 성격이 있을 수 있으므로 독점규제법 제40조 제 1 항 제 8 호뿐만 아니라 같은 법 제40조 제 1 항 제 1, 3, 4 호도 선택적으로 적용될 수 있으므로, 이 경우에는 계

148) 대판 2019. 1. 31. 2016두51658.
149) 대판 2019. 2. 14. 2017두68103.
150) 서고판 2019. 1. 10. 2018누60504.

약금액을 관련매출액으로 산정할 수 있다고 판시하고 있고,[151] 즉 입찰을 통한 가격담합이나 물량배분의 경우에도 실제 매출액이 아닌 계약금액을 기준으로 과징금을 부과할 수 있다고 보았다. 즉 입찰방식의 거래에서의 가격담합이나 거래제한 합의에 대하여 독점규제법 제40조 제1항 제8호를 적용하지 아니하고 같은 항 제1호 또는 제3호를 적용한 경우라도 그 실질이 입찰담합인 이상, 관련매출액의 산정에서 계약금을 기준으로 할 수 있다.[152]

3. 들러리업체에 대한 과징금 감경여부

입찰담합시 들러리업체에 대해서도 위법성이 인정된다는 것은 의문의 여지가 없다. 들러리로 참여한 입찰의 계약금액도 관련 매출액에 포함된다.[153] 그러나 들러리업체의 과징금수준 문제에 대해서는 논란이 있을 수 있다.

이에 대해 대법원은 "법 제43조에 의한 과징금부과는 원칙적으로 법 위반행위에 의해 얻은 불법적인 경제적 이익을 박탈하기 위하여 부과하는 것이고, 법 제102조 제3항에서도 과징금을 부과함에 있어 위반행위의 내용과 정도, 기간과 횟수 외에 위반행위로 인해 취득한 이익의 규모 등도 아울러 참작하도록 규정하고 있으므로, 입찰담합에 의한 부당한 공동행위에 대하여 부과되는 과징금의 액수는 당해 입찰담합의 구체적 태양 등에 기하여 판단되는 그 위법성의 정도나 기타 사정으로서 조사에의 협조여부, 종전 법 위반 횟수뿐만 아니라 입찰담합으로 인한 이득액의 규모와도 상호 균형을 이룰 것이 요구되고, 이러한 균형을 상실할 경우에는 비례의 원칙에 위배되어 재량권의 일탈남용에 해당할 수가 있다"고 판단하였다.[154]

「과징금 부과고시」에 의하면 들러리업체 관련하여 "아예 응찰하지 아니하거나 탈락한 자에 대해서는 산정기준을 2분의 1범위 내에서 감액할 수 있다"고 규정하였다(「과징금 부과고시」 Ⅳ. 1. 다). 그러나 당해 입찰 건에서 들러리 회사

151) 서고판 2013. 10. 18. 2012누15632 등.

152) 대판 2014. 11. 27. 2013두24471; 유사 판결로 대판 2015. 2. 12. 2013두6169; 서고판 2016. 7. 15. 2015누58951(대판 2016. 12. 15. 2016두49334).

153) 유사취지의 판결로 대판 2014. 11. 12.. 2002두5627; 서고판 2017. 9. 20. 2016누31854(대판 2019. 1. 31. 2017두68110); 2019. 1. 18. 2018누38842); 서고판 2016. 6. 30. 2014누65921); 서고판 2021. 4. 22. 2020누44468.

154) 대판 2004. 10. 27. 2002두6842; 대판 2004. 11. 12. 2002두5627.

수가 늘어날수록 과징금 산정기준의 합계가 계속 증가하게 되어 지나치게 산정기준이 확대될 우려가 있다는 지적이 있어, 2015. 10. 7. 「과징금 부과고시」 개정을 통하여 "탈락하였거나 응찰하지 아니한 자(들러리 사업자)에 대하여는 들러리 사업자의 수가 4 이하인 경우에는 2분의 1 범위 내에서, 들러리 사업자의 수가 5 이상인 경우에는 N분의 (N−2)(N은 들러리 사업자의 수) 범위 내에서 산정기준을 감액할 수 있다."로 규정하여 들러리 입찰 참여자에 대한 과징금 부과의 형평성 · 적정성을 제고하였다.

〈LNG저장탱크 건설공사 입찰 관련 부당공동행위 건(지에스건설)〉 관련 행정소송에서 대법원은 "하나의 공동수급체 내에서는 상호 경쟁이 발생할 소지가 없고 입찰 실무에서 공동수급체는 하나의 경쟁주체인 사업자로 산정되는 점, 들러리 참여자들에 대한 과징금 산정기준을 합리적으로 조정하려는 과징금 고시의 개정취지 등에 비추어보면, 피고가 고시의 N을 공동수급체의 수로 판단한 것에 합리적 근거가 없다거나 재량권의 일탈남용이 있다고 볼 수 없다"고 판시하였다.155)

기타 공동수급체를 구성하여 들러리 참여를 한 경우 공동수급체 감경을 별도로 할 필요가 없다고 보고 있다.156)

Ⅲ. 관련 이슈

1. 부당한 공동행위의 추정과 과징금부과 문제

법 제40조 제 5 항의 추정조항을 적용한 경우 과징금을 부과하는 것이 타당한지에 대한 의문이 있을 수 있다.157) 독일의 「경쟁제한방지법(GWB)」의 경우 동 법 제81조에서 고의 · 과실(vorsätzlich oder fahrlässig)의 경우에만 벌금을 부과하며 추정의 경우에는 벌금이 적용되지 않고,158) EU의 제81조 및 제82조(현행

155) 대판 2019. 7. 24. 2017두56964.

156) 서고판 2016. 6. 3. 2015누45191; 서고판 2021. 4. 22. 2020누44468.

157) 이는 시장지배적지위의 남용행위의 경우도 동일하게 발생하는 문제이다.

158) Möschel, in: Immenga/Mestmäcker, GWB Kommentar zum Kartellgesetz(2001), § 19, Rn. 247.

「EU기능조약」 제101조 및 제102조) 이행규칙[159]에서도 벌금 부과시 고의·과실(intentionally or negligently)을 요건으로 하고 있기 때문이다.[160]

우리나라의 경우 과징금부과에 있어서 고의·과실을 그 요건으로 하고 있지 않고 추정조항 적용의 경우 과징금부과 적용여부에 대한 규정이 없으므로 예컨대 공동행위 추정규정을 적용한 경우에 과징금을 부과하더라도 법적인 문제는 발생하지 않는다. 대법원도 "행정법규 위반에 대하여 가하는 제재조치는 행정목적의 달성을 위하여 행정법규 위반이라는 객관적 사실에 착안하여 가하는 제재이므로 위반자의 의무해태를 탓할 수 없는 정당한 이유가 있는 등의 특별한 사정이 없는 한 위반자에게 고의나 과실이 없더라도 부과될 수 있다"고 한다.[161] 따라서 과징금도 위반자의 고의·과실유무와 관계없이 부과할 수 있는 것이 원칙이다. 그러나 입법론적으로 과징금부과에 책임주의를 채택하고 있지 않은 것은 헌법이 요구하는 법치주의 관점에서 반론이 있을 수 있다.

2. 형사제재 등과의 이중 제재여부

부당한 공동행위에 대해서는 형사처벌을 할 수 있는데 형사제재와 더불어 과징금이 부과되는 경우 형사제재와 행정제재의 이중처벌문제가 발생한다. 독점규제법상 과징금은 그 취지와 기능, 부과의 주체와 절차 등을 종합할 때 부당공동행위의 억지라는 행정목적을 실현하기 위하여 그 위반행위에 대하여 제재를 가하는 행정상의 제재금으로서의 기본적 성격에 부당이득환수적 요소가 부가되어 있다.[162]

이는 법위반행위의 반사회성 내지 반도덕성에 착안하여 그에 대하여 과하여지는 형사벌과는 그 취지·목적·성질·절차 등이 다르므로 과징금을 부과하는 것이 이중처벌에 해당한다고 할 수 없고, 또한 형사벌과 그 성격을 달리하는 과징금에 대하여 형사벌에 적용되는 무죄추정의 원칙이 적용될 여지가 없으며,

159) Council Regulation (EC) No 1/2003 of 16 December 2002 on the implementation of the rules on competition laid down in Articles 81 and 82 of the Treaty, OJ L001(4. 1. 2003).

160) Article 23 Fines "2. The Commission may by decision impose fineson undertakings and associations of undertakings where, either intentionally or negligently: (a) they infringe Article 81 or Article 82 of the Treaty".

161) 대판 2003. 9. 2. 2002두5177.

162) 대판 2004. 10. 28. 2002두7456.

그러한 과징금 부과처분으로 사법권이나 국민의 재판받을 권리가 침해된다고 할 수도 없다.163)

〈흥화 등 인천도시철도 2호선 턴키공사 입찰 관련 21개 건설업자의 부당공동행위 건〉 관련 행정소송에서도 법원은 입찰참가자격 제한이나 민사상 손해배상 청구는 과징금 납부명령과는 무관하다고 판시하였다.164) 〈카와사키키센(주)의 9개 사업자 해상운송사업자의 부당공동행위 건〉 관련 행정소송에서 법원도 법 위반행위자가 이미 타국에서 행정상 제재를 받았다는 사정은 독점규제법에 따른 제재의 여부 및 그 정도를 정할 때 고려하는 것으로 충분하며, 이를 두고 이중제재로서 위헌·위법이라 볼 수 없다고 보았다.165)

3. 과징금처분의 변경가능성

공정거래위원회가 과징금을 부과하면서 추후에 과징금 산정기준이 되는 새로운 자료가 나온 경우 새로운 부과처분을 할 수 있는가가 문제된다. 이에 대해 대법원은 "과징금은 원칙적으로 행정법상의 의무를 위반한 자에 대하여 당해 위반행위로 얻게 된 경제적 이익을 박탈하기 위한 목적으로 부과하는 금전적인 제재이므로, 법이 규정한 범위 내에서 그 부과처분 당시까지 부과관청이 확인한 사실을 기초로 일의적으로 확정되어야 할 것이지, 추후에 부과금 산정기준이 되는 새로운 자료가 나왔다고 하여 새로운 부과처분을 할 수 있는 것은 아니다"라고 판시하였다.166) 따라서 추후에 과징금 산정기준이 되는 새로운 자료가 나온 경우라도 새로운 부과처분을 할 수는 없다고 생각된다.

4. 과징금의 취소 및 감경처분

1) 과징금의 취소

공정거래위원회가 취한 과징금 납부명령에 과징금 부과 재량행사의 기초가 되는 사실인정에 오류가 있어 위법한 경우 법원은 그 전부를 취소할 수밖에 없다.167)

---

163) 서고판 2002. 1. 10. 2001누7505.
164) 서고판 2016. 1. 14. 2014누3336(대판 2017. 6. 15. 2016두34714).
165) 서고판 2018. 6. 27. 2017누74018(대판 2018. 10. 12. 2018두52396).
166) 대판 2002. 5. 28. 2000두6121.
167) 대판 2006. 9. 22. 2004두7184.

그러나 공정거래위원회가 여러 개의 위반행위에 대하여 하나의 과징금 납부명령을 하였으나 여러 개의 위반행위 중 일부의 위반행위에 대한 과징금 부과만이 위법하고 소송상 그 일부의 위반행위를 기초로 한 과징금액을 산정할 수 있는 자료가 있는 경우에는, 하나의 과징금 납부명령일지라도 그 일부의 위반행위에 대한 과징금액에 해당하는 부분만을 취소하여야 한다(대판 2006. 12. 22. 2004두1483 참조).[168)]

2) 감경처분시 항고소송의 대상

공정거래위원회가 스스로의 판단에 의하여 과징금의 일부를 감액하여 처분을 하는 경우 그 감액 처분은 과징금을 감액하는 일부 취소처분으로서 당초 과징금부과처분과 별개 독립의 새로운 과징금부과처분이 아니라 그 실질은 당초 과징금 부과처분의 변경이고, 그에 의하여 과징금의 감액이라는 과징금납부의무자에게 유리한 효과를 가져오는 처분이라 할 것이어서 당초 과징금부과처분의 일부 취소처분에도 불구하고 남아있는 부분이 위법하다고 하여 다투는 경우, 항고소송의 대상은 당초의 과징금부과 처분 중 취소되지 않고 남는 부분이고, 과징금 감액처분 자체가 항고소송의 대상이 되는 것은 아니다.[169)] 따라서 과징금 감액처분의 경우 제소기간이나 부과제척기간의 준수 여부는 당초 처분을 기준으로 판단하여야 한다.[170)]

과징금감액처분에 별도의 법령상의 근거가 필요한가에 대하여 서울고등법원은 "행정행위를 한 처분청은 원칙적으로 그 행위에 하자가 있는 경우에는 별도의 법적 근거가 없더라도 스스로 이를 취소하거나 변경할 수 있다(대판 2006. 5. 25. 2003두4669 등 참조). 또한 감액경정처분은 당초처분의 일부취소로서의 성질을 가지고 있으므로, 당초처분에 취소사유인 하자가 있는 경우 그것이 처분전체에 영향을 미치는 절차상 사유에 해당하는 등의 사정이 없는 한 당초처분 자체를 취소하고 새로운 과세처분을 하는 대신 하자가 있는 해당부분 세액을 감액하는 경정처분에 의해 당초처분의 하자를 시정할 수 있는 것이다(대판 2006. 3. 9. 2003두2861 등 참조). 이는 일반적인 과세처분에 관한 법리이지만, 유사한 침해적 행정영

168) 대판 2009. 10. 29. 2009두11218; 서고판 2017. 2. 15. 2013누11910(대판 2017. 6. 9. 2017두180).

169) 서고판 2007. 7. 25. 2007누4430; 서고판 2015. 10. 8. 2012누785; 대판 2008. 2. 15. 2006두4226; 대판 2008. 2. 15. 2006두3957; 대판 2008. 11. 27. 2007두10181.

170) 서고판 2015. 10. 8. 2012누785.

역에 속하는 공정거래위원회의 과징금부과처분에도 적용할 수 있으므로, 공정거래위원회가 감액처분을 함에 있어서 별도의 법령상의 근거가 필요한 것은 아니다"라고 판시하고,[171] 대법원도 이러한 점을 인정하고 있다.[172]

5. 회사분할시 과징금 부과 문제

회사분할의 경우, 분할 전 위반행위를 이유로 신설회사에 대하여 과징금을 부과하는 것이 허용되는지 여부에 대하여 대법원은 "「상법」은 회사분할에 있어서 분할되는 회사의 채권자를 보호하기 위하여, 분할로 인하여 설립되는 신설회사와 존속회사는 분할 전의 회사채무에 관하여 연대책임을 지는 것을 원칙으로 하고 있으나(「상법」 제530조의 9 제 1 항), 한편으로는 회사분할에 있어서 당사자들의 회사분할 목적에 따른 자산 및 채무 배정의 자유를 보장하기 위하여 소정의 특별의결 정족수에 따른 결의를 거친 경우에는 신설회사가 분할되는 회사의 채무 중에서 출자한 재산에 관한 채무만을 부담할 것을 정할 수 있다고 규정하고 있고(「상법」 제530조의 9 제 2 항), 신설회사 또는 존속회사는 분할하는 회사의 권리와 의무를 분할계획서가 정하는 바에 따라서 승계하도록 규정하고 있다(제530조의 10). 그런데 이때 신설회사 또는 존속회사가 승계하는 것은 분할하는 회사의 권리와 의무라 할 것인바, 분할하는 회사의 분할 전 법 위반행위를 이유로 과징금이 부과되기 전까지는 단순한 사실행위만 존재할 뿐 그 과징금과 관련하여 분할하는 회사에게 승계의 대상이 되는 어떠한 의무가 있다고 할 수 없고, 특별한 규정이 없는 한 신설회사에 대하여 분할하는 회사의 분할 전 법 위반행위를 이유로 과징금을 부과하는 것은 허용되지 않는다 할 것이다"라고 판시하였다.[173]

〈4개 신용평가사업자의 부당공동행위 건〉 관련 행정소송에서 서울고등법원은 한신정평가(주)는 한신정의 신용평가 사업부문이 2007. 11. 1. 물적 분할 방식으로 분리되어 2007. 11월에 신설되었으나 한국신용정보(주)의 2004. 11월 담합사실을 알면서도 한국신용정보(주)의 담합을 이어받아 법위반행위에 가담할 의사로 한국신용정보(주)의 수수료 체계를 채용하였으므로 공동행위를 한 사실이 있다고 인정하였으며, 과징금을 부과함에 있어서 설립등기일인 2007. 11. 7.부터의

171) 서고판 2008. 7. 16. 2007누32725.
172) 대판 2008. 11. 27. 2007두10181.
173) 대판 2007. 11. 29. 2006두18928; 대판 2009. 6. 25. 2008두17035; 대판 2011. 5. 26. 2008두18335.

매출액을 관련 매출액으로 산정하여야 한다고 판시하였다.[174)]

6. 회생채권과 과징금 청구권

과징금 청구권은 회생채권이지만 신고를 하여야 한다. 즉 〈한국가스공사 발주 천연가스 주배관 및 관리소 건설공사 입찰 관련 23개 사업자의 부당공동행위 건(삼환기업)〉 관련 행정소송에서 서울고등법원은 "회생절차개시 전에 가담한 입찰담합을 원인으로 생긴 과징금 청구권은 채무자회생법 제118조 제 1 호에 따른 회생채권에 해당한다. 그러나 피고는 이에 해당하는 과징금 청구권을 회생채권으로 적법하게 신고하지 않았으므로, 채무자회생법 제251조에 본문에 따라 과징금 청구권에 대하여 면책의 효력이 생겼다"고 판시하였다.[175)] 그러나 과징금 채무자체는 자연채무상태로 존속하므로 처분당시로 소급하여 위법하게 되거나 당연무효로 되는 것은 아니다(〈호남고속철도 노반신설 기타공사 제2.3공구 대안입찰 관련 2개 건설사업자의 부당공동행위 건(경남기업 등)〉).[176)]

174) 서고판 2011. 5. 25. 2010누13083.

175) 서고판 2018. 10. 11. 2018누51609.

176) 서고판 2016. 3. 23. 2016. 11. 9. 2015누33600(대판 2017. 3. 16. 2016두62412).

제44조(자진신고자 등에 대한 감면 등)

① 다음 각 호의 어느 하나에 해당하는 자(소속 전·현직 임직원을 포함한다)에 대해서는 제42조에 따른 시정조치나 제43조에 따른 과징금을 감경 또는 면제할 수 있고, 제129조에 따른 고발을 면제할 수 있다.

1. 부당한 공동행위의 사실을 자진신고한 자
2. 증거제공 등의 방법으로 공정거래위원회의 조사 및 심의·의결에 협조한 자

② 제1항에 따라 시정조치 또는 과징금을 감경 또는 면제받은 자가 그 감경 또는 면제받은 날부터 5년 이내에 새롭게 제40조제1항을 위반하는 경우에는 제1항에 따른 감경 또는 면제를 하지 아니한다.

③ 제1항에 따라 시정조치나 과징금을 감경 또는 면제받은 자가 그 부당한 공동행위와 관련된 재판에서 조사과정에서 진술한 내용과 달리 진술하는 등 대통령령으로 정하는 경우에 해당하는 경우에는 제1항에 따른 시정조치나 과징금의 감경 또는 면제를 취소할 수 있다.

④ 공정거래위원회 및 그 소속 공무원은 소송수행을 위하여 필요한 경우 등 대통령령으로 정하는 경우를 제외하고는 자진신고자 또는 조사에 협조한 자의 신원·제보내용 등 자진신고나 제보와 관련된 정보 및 자료를 사건 처리와 관계없는 자에게 제공하거나 누설하여서는 아니 된다.

⑤ 제1항의 규정에 의하여 감경 또는 면제되는 자의 범위와 감경 또는 면제의 기준·정도 등과 제3항에 따른 정보 및 자료의 제공·누설 금지에 관한 세부사항은 대통령령으로 정한다.

목　차

Ⅰ. 의　의
Ⅱ. 감면의 기준
  1. 조사시작전 자진신고자(최초증거 제공)
  2. 조사시작후 조사협조자(최초증거 제공)
  3. 조사시작 전 자진신고자 또는 조사시작 후 조사협조자(두 번째 증거 제공)
  4. 접수순위의 승계
  5. 추가감면제도(소위 'Amnesty Plus')
  6. 강요 등 예외
Ⅲ. 자료제공 및 누설 금지의무 등
Ⅳ. 관련 이슈
  1. 법 제43조와의 관계
  2. 공동감면신청
  3. 자진신고자지위 인정
  4. 자진신고자에 대한 자진시정 감경여부
  5. 자진신고지위 불인정과 조사협력

[참고문헌]

단행본: 공정거래위원회, 공정거래위원회 30년사, 시장경제창달의 발자취(1981~2010), 2010; 이상돈, 공정거래형법, 법문사, 2011

논 문: 김윤후, "공정거래법 위반 관련 형사절차의 개선방안", 경쟁과 법 제 6 호, 서울대학교 경쟁법센터, 2016. 4; 박성범, "현행 부당한 공동행위 자진신고 제도의 문제점 및 개선방안−자진신고 관점에서의 고찰", 경쟁법연구 제26권, 한국경쟁법학회 편, 2012. 12; 서정/강태규, "자진신고의 진정성 확보방안", 경쟁저널 제162호, 공정경쟁연합회, 2012 May; 손영화, "EU에서의 리니언시 제도에 관한 연구", 경쟁저널 제152호, 한국공정경쟁연합회, 2010. 9; 송은지, "자진신고자 감면, 카르텔에 독배일까? 성배일까?", KDI FOCUS, 통권 제31호, 2013. 6. 24.; 오행록, "Leniency 제도 집행성과와 향후 과제", 경쟁법연구 제16권, 한국경쟁법학회 편, 법문사, 2007; 윤성운/송준현, "부당공동행위 자진신고자 감면제도의 실무운용상 제문제", 경쟁법연구 제20권, 한국경쟁법학회 편, 법문사, 2009; 윤신승, "계열회사 공동감면신청 제도−'실질적 지배관계' 요건의 해석을 중심으로−", 공정거래법의 쟁점과 과제, 서울대학교 경쟁법센터 경쟁법연구 총서1, 법문사, 2010; 이석환, "공정거래법상 전속고발제도와 고발요청권 관련 쟁점", 법조 통권 694호, 2014. 7; 이완희, "부당공동행위의 일부기간에 대한 리니언시−대법원 2010. 6. 30. 선고 2010두28915 판결", 경쟁법연구 제26권, 한국경쟁법학회 편, 2012; 이황/김경욱/하명호, "미국 증거개시절차로부터 카르텔 자진신고자 보호의 필요성과 방안", 경쟁법연구 제20권, 한국경쟁법학회 편, 법문사 2009; 이황/김경욱/하명호, "미국 증거개시절차로부터 카르텔 자진신고자 보호의 필요성과 방안(Ⅱ)", 경쟁법연구 제22권, 한국경쟁법학회 편, 법문사 2010. 11; 정종채, "「독점규제 및 공정거래에 관한 법률」상 자진신고자 등 감면의 요건", 경쟁저널 제166호, 공정경쟁연합회, 2013. 1; 정종채, "「독점규제 및 공정거래에 관한 법률」상 자진신고제도의 쟁점들 ②", 경쟁저널 제167호, 공정경쟁연합회, 2013. 3; 최승재, "형사벌에 의한 공정거래법 집행(30년의 조망과 과제)", 2011상반기 법·경제연구 발표회자료, 한국공정거래조정원/한국경쟁법학회/한국산업조직학회, 2011. 6; 황태희, "현행 카르텔 자진신고자 감면제도의 문제점과 개선방안", 경쟁법연구 제16권, 한국경쟁법학회 편, 법문사, 2007; 황태희, "복점사업자간 부당한 공동행위와 리니언시 개선방안", 경쟁저널 제162호, 공정경쟁연합회, 2012. 5; 황태희, "리니언시와 손해배상", 경쟁과 법 제 2 호, 서울대학교 경쟁법센터, 2014. 4; 홍명수, "자진신고자 감면제도에 있어서 적용제외 사유에 관한 검토", 경쟁법연구 제26권, 한국경쟁법학회 편, 2012. 11

[참고사례]

대한벤딩(주) 외 1의 부당공동행위 건(공정거래위원회 2005. 3. 8. 의결 제2005－046호, 2005. 9. 28. 재결 제2005－017호; 서울고등법원 2006. 9. 14. 선고 2005누25587 판결); 볼보건설기계코리아(주)의 공동행위 건(굴삭기 및 휠로다제조)(공정거래위원회 2005. 6. 25. 의결 제2005－081호; 서울고등법원 2007. 5. 17. 선고 2006누5139, 2010. 9. 30. 2009누412 판결; 대법원 2008. 9. 25. 선고 2007두12699, 2011. 7. 28. 2010두25989 판결; 3개 설탕 제조 · 판매업체들의 부당공동행위 건(공정거래위원회 2007. 8. 20. 의결 제2007－408호; 서울고등법원 2008. 7. 16. 선고 2007누24441, 2007누44458 판결; 대법원 2010. 3. 11. 선고 2008두15169, 2008두15176 판결); 2개 황동봉 제조 · 판매사업자의 부당공동행위 건(공정거래위원회 2008. 11. 21. 의결 제2008－325호; 서울고등법원 2009. 12. 2. 선고 2009누9668 판결; 대법원 2010. 4. 8. 선고 2010두1057 판결); 민간 및 관급수요처 발주 엘리베이터 구매계약 관련 5개 엘리베이터 제조 · 판매사업자들의 부당공동행위 건(공정거래위원회 2008. 9. 25. 의결 제2008－268호; 서울고등법원 2009. 12. 9. 선고 2009누2650 판결; 대법원 2010. 9. 9. 선고 2010두2548 판결); 6개 저밀도 폴리에틸렌(LDPE) 제조 · 판매사업자 및 7개 선형저밀도 폴리에틸렌(LDPE)제조 · 판매사업자의 부당공동행위 건[공정거래위원회 2008. 3. 5. 의결 제2008－082호; 서울고등법원 2009. 8. 27. 선고 2008누23988, 2009. 7. 22. 선고 2008누23537, 2008누23797, 2009. 5. 13. 선고 2008누23773, 2010. 10. 27. 선고 2008누23001 판결; 대법원 2011. 6. 30. 선고 2010두28915, 2011. 9. 8. 선고 2009두15005, 2011. 9. 8. 선고 2009두14880, 2010. 9. 9. 선고 2009두8939, 2012. 3. 29. 선고 2010두27110 판결]; 8개 연질폴리우레탄폼 제조 · 판매사업자의 부당공동행위 건(공정거래위원회 2009. 11. 18. 의결 제2009－256호; 서울고등법원 2010. 10. 20. 선고 2009누39041, 2010. 10. 7. 2009누39058, 2009누39034 판결; 대법원 2012. 1. 27. 선고 2010두24852, 2010두24227, 2010두24388 판결); 구의 및 자양취수장 이전 건설공사 2,3공구 관련 17개 건설사의 부당공동행위 건(공정거래위원회 2012. 2. 9. 의결 제2012－019호; 서울고등법원 2012. 10. 26. 선고 2012누7563 판결; 대법원 2013. 6. 13. 선고 2012두26449 판결); 주공인천지역본부사옥 건설공사 1공구 입찰참가 18개사의 부당공동행위 건(공정거래위원회 2010. 12. 1. 의결 제2010－154호; 서울고등법원 2011. 10. 13. 선고 2011누13738 판결; 대법원 2013. 11. 14. 선고 2011두28783 판결); 6개 액화석유가스(LPG) 공급회사의 부당공동행위 건(공정거래위원회 2010. 4. 23. 의결 제2010－045호; 서울고등법원 2011. 8. 18. 선고 2010누15058 판결, 2012. 1. 11. 선고 2010누32084, 2010누14765, 2012. 5. 24. 선고 2010누32091 판결, 2012. 9. 13. 선고 2010누13670 판결; 대법원 2015. 9. 24. 선고 2012두13962 판결); 대구시 죽곡2지구 2공구 공동주택 건립공사

입찰참가 2개사의 부당공동행위 건(공정거래위원회 2010. 12. 31. 의결 제2010-176호; 서울고등법원 2112. 3. 21. 선고 2011누26239 판결; 대법원 2013. 5. 23. 선고 2012두8724 판결); 한전 발주 전력선 구매입찰참가 35개 전선제조사 등의 부당공동행위 건(공정거래위원회 2012. 5. 4. 의결 제2012-072호: 서울고등법원 2013. 2. 7. 선고 2012누16529, 2013. 8. 28. 선고 2012누30952 판결; 대법원 2015. 1. 19. 2014두1819, 2015. 2. 12. 선고 2013두6169, 2015. 5. 28. 선고 2012두13252(파기환송) 판결]; 9개 폴리프로필렌 제조·판매사업자의 부당공동행위 건[공정거래위원회 2007. 6. 5. 의결 제2007-301호; 서울고등법원 2008. 9. 24. 선고 2008누1819, 2008. 11. 19. 선고2008누1773, 2009. 6. 11. 선고 2008누1759, 2008. 12. 4. 선고 2008누1513, 2008. 11. 20. 선고 2008누1148, 2010. 11. 11. 선고 2010누13090 판결; 대법원 2011. 6. 24. 선고 2008두18533, 2011. 6. 30. 선고 2009두355, 2009두12631, 2010두28915, 2011. 7. 14. 선고 2009두263, 2011. 9. 8. 선고 2008두23160, 2013. 7. 25. 선고 2012두29042(PP), 2013. 7. 26. 선고 2012두29059(HDPE)(파기환송) 판결]; 6개 생명보험사업자의 부당공동행위 건(공정거래위원회 2011. 12. 5. 의결 제2011.284호; 대법원 2014. 9. 4. 선고 2012두15012 판결); 3개 두유제품 제조·판매사업자의 부당공동행위 건[공정거래위원회 2011. 6. 9. 의결 제2011-067호 및 2011. 7. 18. 의결 제2011.121호; 서울고등법원 2012. 11. 28. 선고 2011누46387 판결; 대법원 2015. 2. 12. 2013두987(파기환송) 판결; 공정거래위원회 2015. 6. 25. 의결 제2015-211호(재처분); 서울고등법원 2015. 10. 8. 선고 2012누785(파기환송심) 판결]; 2개 판유리 제조·판매사업자의 부당공동행위 건[공정거래위원회 2013. 9. 24. 의결 제2013.161호; 서울고등법원 2015. 11. 19. 선고 2013누29492 판결; 대법원 2016. 3. 24. 선고 2015두59464(심리불속행 기각) 판결]; 한국유리공업(주)에 대한 조사협조자 지위 불인정 건[서울고등법원 2010. 1. 27. 선고 2009누22470 판결; 대법원 2012. 9. 27. 선고 2010두3541(파기환송) 판결; 서울고등법원 2013. 6. 13. 선고 2012누30723(파기환송심) 판결; 대법원 2015. 9. 10. 선고 2013두13815 판결]; 한국가스공사 발주 LNG 저장탱크 건설공사 입찰 관련 13개 사업자의 부당공동행위 건[공정거래위원회 2016. 6. 20. 의결 제2016-161호; 공정거래위원회 2016. 6. 20. 의결 제2016-162호(감면신청건)]; 2개 산업용 화약 제조·판매 사업자의 부당공동행위 건[공정거래위원회 2015. 4. 8. 의결 제2015-100호; 서울고등법원 2016. 6. 17. 선고 2015누42529 판결; 대법원 2018. 7. 11. 선고 2016두46458 판결(고려노벨화학)]; 오존주입설비 구매 설치 공사 입찰 관련 2개 사업자의 부당공동행위 건[공정거래위원회 2014. 12. 12. 의결 제2014-287호; 서울고등법원 2016. 5. 18. 선고 2015누32140 판결; 대법원 2016. 12. 27. 선고 2016두43282 판결(자일럼워터))]; BCTC 및 단기체류독신자숙소 건설공사 입찰 관련 3개 사업자의 부당공동행위 건[공정거래위원회 2015. 8. 1.

의결 제2015－286호; 서울고등법원 2016. 6. 10. 선고 2015누65317 판결; 대법원 2018. 7. 26. 선고 2016두45783(감면신청기각처분취소) 판결]; 호남고속철도 제2.1공구 등 최저가 낙찰제 참가 28개 사업자의 부당공동행위 건(에스케이건설 등)[공정거래위원회 2014. 9. 17. 의결 제2014－203호; 서울고등법원 2016. 6. 30. 선고 2015누33617 판결; 대법원 2016. 10. 27. 선고 2016두46441(심리불속행 기각) 판결]; 오존주입시설 구매설치 공사 입찰 관련 부당공동행위 건(자일럼워터솔루션)(공정거래위원회 2014. 12. 12. 의결 제2014－287호; 대법원 2016. 12. 27. 선고 2016두43282 판결); 낙동강하구둑 배수문 증설공사 입찰 관련 부당공동행위 건(삼성물산)[공정거래위원회 2014. 10. 7. 의결 제2014－226면; 서울고등법원 2016. 6. 17. 선고 2014누68807 판결; 대법원 2016. 11. 10. 선고 2016두47079(심리불속행 기각) 판결]; 한국수력원자력 발주 원자력발전소용 전동기 구매입찰 부당공동행위 건(효성)(공정거래위원회 2015. 2. 9. 의결 제2015－038호; 서울고등법원 2016. 5. 13. 선고 2015누38148 판결); 영월 강변저류지 조성공사(한강살리기 17공구) 입찰 관련 3개 사업자의 부당공동행위 건(한라 등)[공정거래위원회 2014. 12. 5. 의결 제2015－292호; 서울고등법원 2016. 1. 13. 선고 2015누433 판결; 대법원 2016. 5. 26. 선고 2016두34516(심리불속행 기각) 판결]; 고양바이오매스 에너지시설 설치사업 공사 입찰 관련 3개 사업자의 부당공동행위 건(태영건설 등)[공정거래위원회 2015. 3. 6. 의결 제2015－062호; 서울고등법원 2016. 12. 14. 선고 2015누46118 판결; 대법원 2017. 4. 13. 선고 2017두32722(심리불속행 기각) 판결]; 고양바이오매스 에너지시설 설치사업 공사 입찰 관련 3개 사업자의 부당공동행위 건(코오롱글로벌 등)[공정거래위원회 2015. 3. 6. 의결 제2015－062호; 서울고등법원 2016. 12. 14. 선고 2015누39363 판결; 대법원 2017. 4. 13. 선고 2017두31279(심리불속행 기각) 판결]; 고양삼송 수질복원센터 시설공사 입찰 관련 2개 사업자의 부당공동행위 건(태영건설 등)(공정거래위원회 2014. 9. 11. 의결 제2014－186호; 대법원 2017. 1. 12. 선고 2016두35119 판결); 부당공동행위 관련 감면신청 기각 관련 건(대보건설)(대법원 2018. 7. 26. 선고 2016두45783 판결); 2개 산업용 화약 제조·판매 사업자의 부당공동행위 건(공정거래위원회 2015. 4. 8. 의결 제2015－100호; 서울고등법원 2016. 6. 17. 선고 2015누42529 판결; 대법원 2018. 7. 11. 선고 2016두46458 판결); 방위사업청 발주 패티류 등 군납입찰 관련 부당공동행위 건[복천식품(주)][공정거래위원회 2017. 4. 4. 의결 제2017－131호; 서울고등법원 2017. 12. 21. 선고 2017누44574 판결; 대법원 2018. 12. 13. 2018두31900(심리불속행 기각) 판결]; 한국도로공사발주 콘크리트계 도로유지보수공사 입찰관련 9개 사업자의 부당공동행위 건[(주)이레하이테크이앤씨](공정거래위원회 2018. 1. 29. 의결 제2018－060호; 서울고등법원 2019. 8. 19. 선고 2018누39173 판결); 현대중공업(주) 발주 조선부품 등 중량물 운송용역 입찰

관련 6개 사업자의 부당공동행위 건(공정거래위원회 2019. 12. 27. 의결 제2019-301호; 서울고등법원 2020. 9. 23. 선고 2020누33710, 2020. 12. 17. 선고 2020누33703 판결; 대법원 2021. 2. 4. 선고 2020두51679 판결); **민간건설사 발주 연도 및 건식에어덕트 공사입찰 관련 23개 사업자의 부당공동행위 건**(공정거래위원회 2016. 12. 6. 의결 제2016-333호; 서울고등법원 2017. 9. 14. 선고 2017누47177, 47917, 48101 판결; 서울고등법원 2021. 5. 13. 선고 2020누61005(파기환송심) 판결); **한국남동발전(주) 및 한국수력원자력(주) 발주 발전소용 건설 기자재 등 국내 하역/운송용역 입찰 관련 6개 사업자의 부당공동행위 건**[공정거래위원회 2019. 9. 3. 의결 제2019-225호; 서울고등법원 2020. 9. 16. 선고 2019누60983 판결; 대법원 2021. 2. 4. 선고 2020두51143(심리불속행 기각) 판결]; **현대중공업(주) 및 (주)현대미포조선 발주 포항항 수입강재 하역·운송입찰 관련 3개 사업자의 부당공동행위 건**(공정거래위원회 2020. 4. 29. 의결 제2020-100; 서울고등법원 2021. 5. 6. 선고 2020누45386 판결)

Ⅰ. 의 의

1996. 12. 30. 제5차 법개정을 통하여 내부자의 협조를 유인함으로써 공동행위에 대한 규제의 실효성을 제고하기 위하여 신고자에 대한 면책제도를 도입하였다. 2001. 1. 16. 제9차 법 개정시에는 부당공동행위 신고자 외에 "증거제공 등의 방법으로 조사에 협조한 자"에 대해서도 시정조치나 과징금을 감면하는 제도를 도입하였다. 동 제도는 카르텔 참가기업의 결속력을 약화시켜 카르텔 구조를 근본적으로 차단하는 역할도 한다.[1]

리니언시(Leniency)제도는 1978년 미국에서 최초로 도입되었으며, EU,[2] 독일[3] 등 외국에서도 Leniency 프로그램을 마련하고 시행하고 있다.

부당공동행위에 관련된 자진신고자 또는 조사협조자(이하 "자진신고자 등")에 대한 감면 제도의 세부 처리절차 등을 규정하고, 이와 관련된 범위 내에서

1) 자진신고자 감면제도의 효과에 대한 실증적 분석으로, "송은지, KDI FOCUS(2013. 6. 24.) 참조; 기타 자진신고 감면제도의 경제적 효과에 대하여 공정거래위원회 반독점 경제분석 동향보고서 2012-제4호 참조.

2) Commission Notice on Immunity from fines and reduction of fines in cartel cases(2006/C 298/11), OJ C 298/17(2006. 5. 12).

3) Bekanntmachung Nr. 9/2006 über den Erlass und die Reduktion von Geldbussen in kar-tellsachen-Bunus regelung 7. März 2006.

시정조치 또는 과징금 감면기준을 정함을 목적으로 「부당한 공동행위 자진신고자 등에 대한 시정조치 등 감면제도 운영고시」[4](이하 "자진신고자 감면고시")를 운영하고 있다. 이는 그 형식 및 내용에 비추어 재량권행사의 기준으로 마련된 행정청 내부의 사무처리준칙, 즉 재량준칙이다.[5]

독점규제법령이 자진신고자 감면제도를 둔 취지와 목적은, 부당한 공동행위에 참여한 사업자가 자발적으로 부당한 공동행위 사실을 신고하거나 조사에 협조하여 증거자료를 제공한 것에 대한 혜택을 부여함으로써 참여사업자들 사이에 신뢰를 약화시켜 부당한 공동행위를 중지·예방함과 동시에, 실제 집행단계에서는 공정거래위원회로 하여금 부당공동행위를 보다 쉽게 적발하고 증거를 수집할 수 있도록 하여 은밀하게 이루어지는 부당공동행위에 대한 제재의 실효성을 확보하려는 데에 있다.[6] 따라서 자진신고자나 조사협조자의 협력이 반드시 집행기관의 조사를 용이하게 하는데에 적극적으로 기여한 경우로 제한된다고 볼 수 없다.[7]

감면조항은 특별한 경우 과징금납부의무를 감면받을 수 있음을 시혜적으로 정하고 있는 것이므로 법 및 시행령 조항은 침익적 성격이라기 보다는 수익적 성격의 법률조항으로 본다(〈고양바이오매스 에너지시설 설치사업 공사 입찰 관련 3개 사업자의 부당공동행위 건(태영건설 등)〉).[8]

감경 또는 면제되는 자의 범위와 감경 또는 면제의 기준·정도 등과 제 4 항에 따른 정보 및 자료의 제공·누설금지에 관한 세부적인 사항은 *대통령령*으로 정한다(법 제44조 제 5 항). 여기에서 '감경 또는 면제되는 자의 범위와 감경 또는 면제의 기준·정도 등에 관한 세부사항'에는 과징금 등의 감면혜택을 받을

---

4) 공정거래위원회 고시 제2021-36호(2021. 12. 30); 영 제51조(자진신고자등에 대한 감면 기준 등) ⑥ 제 1 항부터 제 5 항까지에서 규정한 사항 외에 과징금 또는 시정조치의 감면 기준·정도와 그 방법 및 절차 등에 관하여 필요한 세부사항은 공정거래위원회가 정하여 고시한다.

5) 서고판 2009. 12. 2. 2009누9668(대판 2010. 4. 8. 2010두1057); 대판 2013. 11. 14. 2011두28783: "재량준칙은 일반적으로 행정조직 내부에서만 효력을 가질 뿐 대외적인 구속력을 갖는 것은 아니므로 행정처분이 이를 위반하였다고 하여 그러한 사정만으로 곧바로 위법하게 되는 것은 아니고, 다만 그 재량준칙이 정한 바에 따라 되풀이 시행되어 행정관행이 이루어지게 되면 평등의 원칙이나 신뢰보호의 원칙에 따라 행정기관은 그 상대방에 대한 관계에서 그 규칙에 따라야 할 자기구속을 받게 되므로, 이러한 경우에는 특별한 사정이 없는 한 그에 반하는 처분은 평등의 원칙이나 신뢰보호의 원칙에 어긋나 재량권을 일탈·남용한 위법한 처분이 된다".

6) 대판 2018. 7. 26. 2016두45783(감면신청기각처분취소).

7) 서고판 2012. 10. 26. 2012누7563.

8) 서고판 2016. 12. 14. 2015누46118(대판 2017. 4. 13. 2017두32722).

수 있는 적극적 자격뿐만 아니라 그 혜택을 받을 수 없는 소극적 자격도 포함된다(〈고양삼송 수질복원센터 시설공사 입찰 관련 2개 사업자의 부당공동행위 건(태영건설 등)〉).[9)]

1996년에 도입된 자진신고자 감면제도는 이제 가장 중요하고 효과적인 카르텔적발수단으로 자리잡아가고 있다. 특히 2005년 제도의 투명성 및 예측가능성을 높이는 방향으로 제도개선이 이루어진 이후 자진신고수가 급격히 늘어나고 있다. 1999년부터 2021년까지 과징금이 부과된 카르텔사건(814건) 중 동 제도를 통해 조치하고 과징금을 부과한 사건은 436건으로 그 비중은 56.9%이다.[10)]

Ⅱ. 감면의 기준

① 부당한 공동행위의 사실을 자진신고한 자(제 1 호), ② 증거제공 등의 방법으로 공정거래위원회의 조사 및 심의·의결에 협조한 자(제 2 호)의 어느 하나에 해당하는 자(소속 전·현직 임직원을 포함)에 대해서는 제42조에 따른 시정조치나 제43조에 따른 과징금을 감경 또는 면제할 수 있고, 제129조에 따른 고발을 면제할 수 있다(법 제43조 제 1 항).

공정거래위원회는 감면에 관한 사항을 심의·의결한다(「자진신고자 감면고시」 제12조 제 1 항). 공정거래위원회는 ① 부당한 공동행위와 관련된 사실을 모두 진술하지 않고, 관련 자료를 제출하지 않는 등 위원회의 심의가 끝날 때까지 성실하게 협조하지 않는 경우, ② 고의로 허위 자료를 제출한 경우, ③ 감면신청 후 즉시 또는 심

9) 대판 2017. 1. 12. 2016두35119; 독점규제법 제22조의 2의 입법 취지, 규정 형식과 내용 등을 유기적·체계적으로 종합해 보면, '부당한 공동행위에 대한 시정명령 및 과징금(이하 '과징금 등') 감면을 받을 수 있는 자진신고자 또는 조사협조자(이하 '자진신고자 등')의 범위'는 자진신고자 등에 대하여 단순히 과징금 등을 부과하기보다 감면 혜택을 부여하는 것이 부당한 공동행위에 대한 중지 또는 예방효과가 큰 경우를 중심으로 시행령에 정해질 것이라고 실질적 기준의 대강을 예측할 수 있고, 시행령으로 정하는 사항에는 부당한 공동행위의 유형과 개별 사정에 따라 감면 혜택을 받을 수 있는 자진신고자 등의 범위를 제한하는 내용이 마련될 수 있다는 것도 예상할 수 있다. 따라서 공정거래법 제22조의 2 제 4 항이 과징금 등의 감면 혜택을 받는 자진신고자 등의 범위를 직접 정하지 않은 채 이를 대통령령에 위임한 것이 포괄위임금지의 원칙에 위반된다고 볼 수 없다(〈고양삼송 수질복원센터 시설공사 입찰 관련 2개 사업자의 부당공동행위 건(태영건설 등)(대판 2017. 1. 12. 2016두35119)〉).

10) 공정거래백서(2022), 247면.

사관이 정한 기간 종료 후 즉시 공동행위를 중단하지 않았거나, 공동행위 중단 상태를 유지하지 않은 경우, ④ 다른 사업자에게 그 의사에 반하여 당해 부당한 공동행위에 참여하도록 강요하거나 이를 중단하지 못하도록 강요한 사실이 밝혀진 경우, ⑤ 제출된 증거자료가 공동행위 사실을 입증하는 것으로 인정되지 않은 경우의 어느 하나에 해당하는 경우 자진신고자 지위를 부여하지 아니한다(「자진신고자 감면고시」 제12조 제 2 항).

1. 조사시작전 자진신고자(최초증거 제공)

감경 또는 면제의 기준은 첫째, 공정거래위원회가 조사를 시작하기 전에 자진신고한 자이다.[11)]

조사개시 시점은 공정거래위원회가 당해 공동행위에 참여한 혐의로 1인 이상의 사업자에게 구두, 전화, 서면 등의 방법으로 자료제출 요구, 사실관계 확인, 출석 요구 또는 현장조사 등을 실시한 때, 자료제출 요구 등이 서면으로 행해진 경우에는 공정거래위원회가 이를 발송한 때를 조사개시시점으로 본다(「자진신고자 감면고시」 제 3 조).

1) 최초 제공

보정하여 제출한 자료가 최초에 신고한 공동행위와 동일성이 인정되지 않는 경우에도 최초 감면신청일에 보정자료가 제출된 것으로 보아 그 공동행위의 단위를 넘어 조사협조자 순위 판단을 위한 기준일시를 소급할 수 없다(〈(주)이레

11) 제51조(자진신고자등에 대한 감면 기준 등) ① 법 제44조 제 1 항에 따른 시정조치 또는 과징금이 감경·면제되는 자의 범위와 그 기준은 다음 각 호와 같다. 1. 공정거래위원회가 조사를 시작하기 전에 법 제44조 제 1 항 제 1 호에 따라 자진신고한 자가 다음 각 목의 요건에 모두 해당하는 경우에는 과징금 및 시정조치를 모두 면제한다. 가. 부당한 공동행위임을 입증하는 증거를 단독으로 제공한(그 부당한 공동행위에 참여한 둘 이상의 사업자가 공동으로 증거를 제공하는 경우에도 이들이 실질적 지배관계에 있는 계열회사이거나 회사의 분할 또는 영업양도의 당사회사로서 공정거래위원회가 정하여 고시하는 요건에 해당하면 단독으로 제공한 것으로 본다. 이하 이 조에서 같다) 최초의 자일 것 나. 공정거래위원회가 부당한 공동행위에 대한 정보를 입수하지 못했거나 부당한 공동행위임을 입증하는 증거를 충분히 확보하지 못한 상태에서 자진신고했을 것 다. 부당한 공동행위와 관련된 사실을 모두 진술하고, 관련 자료를 제출하는 등 조사 및 심의·의결(이하 "조사등"이라 한다. 이하 이 조에서 같다)이 끝날 때까지 성실하게 협조했을 것 라. 그 부당한 공동행위를 중단했을 것

하이테크이앤씨의 부당공동행위 건〉).[12)]

2) 필요한 증거를 충분히 확보하지 못한 상태

1순위 조사협조자의 감면신청을 기각하였다고 하여도 이를 통해 공동행위 입증에 필요한 증거를 이미 확보한 경우 2순위로 감면신청을 한 자는 1순위 조사협조자의 요건을 충족하지 못한다(〈태영건설 등 고양바이오매스 에너지시설 설치사업 공사 입찰 관련 3개 사업자의 부당공동행위 건〉).[13)] 공동행위 외부자의 제보에 의하여 필요한 증거를 충분히 확보한 이후에는 공동행위 참여자가 증거를 제공하였더라도 법령상 '조사협조자' 감면제도에 따른 감면을 받을 수 없다(〈민간건설사 발주 연도 및 건식에어덕트 공사 입찰 관련 23개 사업자의 부당공동행위 건〉).[14)]

그리고 '입증하는데 필요한 증거를 충분히 확보하지 못한 상태' 관련 공정거래위원회가 이를 알려야 할 의무는 없으며, 감면신청전에 증거를 확보하고 있었음이 인정되는 이상 이를 자진신고자에게 제시하지 않았다는 이유만으로 절차상 위법이 있다고 볼 수 없다(〈한국도로공사발주 콘크리트계 도로유지보수공사 입찰관련 9개 사업자의 부당공동행위 건[(주)이레하이테크이앤씨]〉).[15)]

〈한국수력원자력 발주 원자력발전소용 전동기 구매입찰 부당공동행위 건(효성)〉 관련 행정소송에서 법원은 자진신고가 있기 전에 이미 확보한 검찰제공자료는 원고 임직원 등의 형사책임을 증명하는 수사자료로 공동행위 가담자, 공동행위의 방식, 구체적인 개별입찰내역 등이 특정되어 있어 그 증명력이 높아 '충분한 증거'에 해당한다고 보았다.[16)]

3) 성실협조 의무

성실협조 의무 관련하여 서울고등법원은 감면신청인이 공동행위 기간과 대상을 축소하기 위하여 다른 공동행위자들과 자료를 왜곡하거나 허위자료 제출을 논의한 경우, 그러한 모의가 없었다 하더라도 자료를 적극적으로 위조·조작·변경하여 제출하거나 중요한 일부를 누락시켜 제출하여 진실을 왜곡시키려 한 경우 또는 고의·중과실로 공동행위의 기간, 대상 상품 및 용역 또는 그 위법성에 유의미한 차이가 있도록 진술한 경우에는 조사협력으로 볼 수 없다고

12) 서고판 2019. 8. 19. 2018누39173.
13) 서고판 2021. 5. 13. 선고 2020누61005(파기환송심).
14) 서고판 2017. 9. 14. 2017누 47177, 47917, 48101.
15) 서고판 2019. 8. 19. 2018누39173.
16) 서고판 2016. 5. 13. 2015누38148.

한다.[17)]

> 지속적이고 성실한 조사협조 여부 판단은 ① 자진신고자 등이 알고 있는 당해 공동행위와 관련된 사실을 지체없이 모두 진술하였는지 여부, ② 당해 공동행위와 관련하여 자진신고자 등이 보유하고 있거나 수집할 수 있는 모든 자료를 신속하게 제출하였는지 여부, ③ 사실확인에 필요한 위원회의 요구에 신속하게 답변하고 협조하였는지 여부, ④ 임직원(가능하다면 전직 임직원 포함)이 위원회와의 조사, 심의(심판정 출석 포함) 등에서 지속적이고 진실하게 협조할 수 있도록 최선을 다하였는지 여부, ⑤ 공동행위와 관련된 증거와 정보를 파기, 조작, 훼손, 은폐하였는지 여부를 종합적으로 고려하여 판단한다(「자진신고자 감면고시」 제 5 조 제 1 항). 자진신고자 등이 위원회 심의종료 이전에 위원회의 동의 없이 감면신청 및 행위사실을 제 3 자에게 누설한 경우에는 성실하게 협조하지 않은 것으로 본다.[18)] 다만, 자진신고자 등이 감면신청 및 행위사실을 법령에 따라 공개해야 하거나 외국정부에 알리는 경우에는 그러하지 아니하다(「자진신고자 감면고시」 제 5 조 제 2 항).

〈한국유리공업(주)에 대한 조사협조자 지위 불인정 건〉 관련 행정소송에서 대법원은 감면신청인의 대표이사의 허위진술을 이유로 자진신고지위를 인정하지 않은 공정거래위원회의 감면불인정통지에 대하여 취소를 구하는 것은 소의 이익이 없고, 종국의결인 시정명령 및 과징금 부과 처분의 위법을 다투어야 한다고 보았다.[19)] 그러나 대법원은 〈대구시 죽곡2지구 2공구 공동주택 건립공사 입찰참가 2개사의 부당공동행위 건〉 관련 행정소송에서 "원고의 임직원이 내부적으로 피고의 조사에 대비한 문건을 작성하였다든가 그 외 외부기관의 감독활동에 대한 각종 대응방안을 마련해 두었다고 하더라도, 그러한 사정만으로 원고가 이 사건 공동행위와 관련하여 조사가 끝날 때까지 성실하게 협조하지 않은 것이라고 단정할 수 없다"고 판단하였다.[20)]

그리고 〈고양바이오매스 에너지시설 설치사업 공사 입찰 관련 3개 사업자

17) 서고판 2012. 1. 19. 2011누17891.

18) 종래에는 누설금지 의무가 다양한 성실협조 의무 판단기준의 하나에 불과하여 감면신청사실을 누설하더라도 조사기여도가 현저한 경우에는 감면혜택 부여가 가능하였으나(예를 들어 한국가스공사 발주 LNG 저장탱크 건설공사 입찰 관련 13개 사업자의 부당공동행위 건에서 두산중공업), 2016. 4. 15. 개정으로 성실협조의무 위반으로 간주되어 그 자체로 감면혜택이 배제된다.

19) 대판 2015. 9. 10. 2013두13815.

20) 대판 2013. 5. 23. 2012두8720.

의 부당공동행위 건(코오롱글로벌 등)〉 관련 행정소송에서 법원은 처분취소청구가 인용되었고, 검찰도 무혐의 처분한 점에 비추어 합의과정에서 정확한 진술을 하지 못한 것이 사실에 부합하므로 조사에 성실하게 협조하지 않은 것이라고 볼 수 없다고 판시하였다.21)

그러나 〈BCTC 및 단기체류독신자숙소 건설공사 입찰 관련 3개 사업자의 부당공동행위 건〉 관련 감면신청기각처분취소 소송에서 대법원은 "위와 같은 구 감면고시 규정은 그 형식 및 내용에 비추어 재량권 행사의 기준으로 마련된 행정청 내부의 사무처리준칙, 즉 재량준칙에 해당하고, 법령에 저촉되지 않는 범위 내에서 그에 필요한 합리적 기준을 정하는 것은 행정청의 재량에 속한다. 그런데 구 감면고시 제5조는, 위 각호의 사유를 종합하여 '성실 협조' 여부를 판단하도록 규정하고 있을 뿐, 각호가 정한 사유에 대한 판단 기준이나 어떠한 사유를 중하게 고려할 것인지 여부, 자진신고자나 조사협조자(이하 통칭하여 '자진신고자'라 한다)가 제1 내지 4호가 정하는 적극적·긍정적인 고려요소를 모두 충족하였더라도 이와 동시에 제5호 또는 제6호가 정하는 소극적·부정적 고려요소 역시 인정되는 경우에 어떠한 방식으로 형량할 것인지 등을 구체적으로 정하고 있지 않다. 한편 심사보고서가 송부되기 전에 자진신고자가 공정거래위원회의 동의 없이 다른 사람에게 감면신청 사실을 누설하면, 이를 알게된 담합 가담자들은 공정거래위원회의 조사에 대한 대응방안을 보다 쉽게 수립할 수 있게 되고, 경우에 따라 관련 증거를 은닉·변조하거나 자진신고 자체를 담합할 여지가 생기게 된다. 결국 감면신청 사실의 누설이 공정거래위원회의 실효적 조사에 대한 방해요인으로서 작용할 수 있게 되고, 그에 따라 담합 가담자 사이에 불신 구조를 형성함으로써 담합의 형성·유지를 어렵게 하려는 자진신고 제도의 도입 취지를 몰각시키는 결과를 가져올 수 있다.

이러한 사정에 더하여, 성실협조의무 위반으로 볼 수 있는 사정이 일부 인정될 때에도 종국적으로 성실협조의무 위반을 인정함으로써 자진신고자 지위를 부인할 것인지와 관련하여서는 공정거래위원회에게 일정한 재량이 인정되는 점, 자진신고자 지위의 최종적 인정은 궁극적으로는 일련의 조사협조 과정에 대한 판단에 따라 이루어질 수밖에 없는 점, 감면제도 남용 방지의 필요성 등을 아울러 참작하면, 공정거래위원회는, 자진신고자에게 구 감면고시 제5조 제1호 내지 제4호가 정한 적극적·긍정적 고려요소가 인정된다는 점과 제5호가 정한

21) 서고판 2016. 12. 14. 2015누39363(대판 2017. 4. 13. 2017두31279).

소극적·부정적 고려요소가 인정되지 않는다는 점을 고려하면서도, 제 6 호가 정하는 감면신청 사실 누설행위가 존재한다는 사정을 중요한 고려요소로 보아, 자진신고자의 '성실협조의무' 위반을 인정할 수도 있다. 공정거래위원회의 그와 같은 평가에 합리성의 결여, 비례·평등 원칙 위반 등이 있거나, 그 평가의 전제가 되는 사실을 오인하는 등의 사유가 있는 것이 아니라면, 그에 따른 자진신고 감면불인정결정에 재량권 일탈·남용 등의 위법이 있다고 볼 수는 없다."고 판시한 바 있다.[22)]

그리고 〈방위사업청 발주 패티류 등 군납입찰 관련 부당공동행위 건[복천식품(주)]〉 관련 행정소송에서 법원은 "단지 합의 일시나 장소 등을 정확하게 특정하지 못하였다는 사정만으로는 진술의 신빙성을 부정할 수 없고, 따라서 원고의 공동행위 사실을 부인하는 증인의 증언만으로는 원고가 제 2 공동행위에 가담한 사실을 부정할 수 없다"고 판시하였다.

〈2개 산업용 화약 제조·판매 사업자의 부당공공동행위 건〉 관련 행정소송에서 대법원은 "자진신고자 또는 조사협조자의 위반행위와 관련한 증거인멸 행위 등이 자진신고나 조사협조 개시 이전에 이루어졌더라도 그 증거인멸 행위 등은 공정거래위원회에 제출될 자료나 진술할 내용에 영향을 미치게 되고, 특별한 사정이 없는 한 자진신고 또는 조사협조 행위의 성실성 여하에도 영향을 미칠 수밖에 없다. 그러므로 자진신고 또는 조사협조 이전에 증거인멸 행위 등이 이루어졌더라도 그로 인하여 자진신고 또는 조사협조 개시 시점에 불충분한 증거를 제출한 것으로 평가할 수 있다면, 자진신고 또는 조사협조 그 자체가 불성실한 것으로 판단될 수 있다."고 판시하였다.[23)]

그리고 별개의 공동행위로 구분되는 경우, 제 1 공동행위 1순위 감면신청자가 제 1 공동행위에 대한 감면신청 후 제 2 공동행위에 참여했다 하더라도 제 1 공동행위 감면신청자의 지위를 상실한다고 볼 수 없다(〈현대중공업(주) 발주 조선부품 등 중량물 운송용역 입찰 관련 6개 사업자의 부당공동행위 건〉).[24)]

4) 공동행위의 중단

부당공동행위의 중단 관련 〈오존주입설비 구매 설치 공사 입찰 관련 2개 사업자의 부당공동행위 건〉 관련 행정소송에서 대법원은 "① 위 시행령 규정은

22) 대판 2018. 7. 26. 2016두45783(감면신청기각처분취소).

23) 대판 2018. 7. 11. 2016두46458.

24) 서고판 2020. 12. 17. 2020누33703.

공동행위의 중단에 관하여 '그 부당한 공동행위를 중단하였을 것'이라고만 규정하고 있을 뿐 공동행위를 먼저 적극적으로 중단하였을 것을 요건으로 정하고 있지 않은 점, ② 원고 주장과 같이 공동행위를 먼저 적극적으로 중단한 사업자의 경우에만 자진신고자 등 요건을 충족한다고 해석하면, 공동행위를 먼저 중단하기만 하고 오랜 기간 자진신고를 미루는 사업자가 있다고 하더라도 나머지 사업자는 더 이상 자진신고를 해도 자진신고 혜택을 부여받을 수 없게 되므로 자진신고 감면제도의 취지와 목적에 부합하지 않게 되는 점 등의 근거를 들어, 오조니아코리아(주)가 원고보다 먼저 이 사건 공동행위에 관하여 자진신고를 하고 적법한 1순위 자진신고자로 인정받은 이상, 원고가 먼저 공동행위를 중단하였다는 사정만으로 원고가 1순위 자진신고자 또는 조사협조자로서의 요건을 갖추었다고 볼 수는 없다"고 판시하였다.[25]

부당한 공동행위의 중단요건도 실무적으로 쟁점이 있는 부분이다. 「자진신고자 감면고시」에서는 대법원 판례의 입장이나 「공동행위 심사기준」과 같이 합의에 기한 실행행위가 종료하였는지 여부에 따라 판단하되, 합의 탈퇴의 의사표시로 부당한 공동행위를 중단한 것으로 보며, 다만 입찰담합의 경우 당해 입찰이 종료되면 실행행위가 종료된 것으로 본다(「자진신고자 감면고시」 제6조 제1항). 부당한 공동행위에 가담한 사업자가 법 제44조가 정하는 자진신고자 등에 대한 감면조치를 받기 위하여 공정거래위원회에 적법하게 자진신고를 하였다면, 신고 후에 정당한 사유 없이 공동행위를 중단하지 아니하거나 조사에 성실하게 협조하지 아니하는 등으로 인하여 자진신고자 지위확인이 취소되는 등의 특별한 사정이 없는 이상, 그 자진신고를 부당한 공동행위에서 탈퇴하는 의사표시와 함께 합의에 반하는 행위가 있었던 경우에 준하여 볼 수 있다(〈3개 두유제조·판매사업자의 부당공동행위 건〉).[26]

5) 강요의 경우

원래 "주도·강요자가 아닐 것"을 감면요건으로 규정하고 있었으나, 제도 활성화를 통한 카르텔 와해·예방을 목적으로 2005. 4. 시행령 개정시 요건에서 제외하였다.

여기에는 첫째, 카르텔은 사업자간 합의를 통해 이뤄지는 것이므로 본질상

25) 대판 2016. 12. 27. 2016두43282.

26) 대판 2015. 2. 12. 2013두987. 위와 같은 적법한 자진신고 사업자에 대하여는 감면대상 순위에 해당하는지 여부와 상관없이 자진신고일 시점이 공동행위의 종기가 된다.

어느 하나의 사업자를 주도자로 인정하는 것이 부적당하고 특정 사업자의 주도 여부를 입증하기 어렵다는 점,[27] 둘째, "주도"라는 개념 자체가 매우 불확정한 개념으로 이를 요건으로 할 경우 제도의 투명성이 저해된다는 점, 셋째, 국내는 물론 외국에서도 주도자라는 이유로 자진신고를 불허한 사례를 거의 찾아보기 어렵다는 점, 넷째, 2002년 EU에서 제도를 개선하면서 주도자 배제요건을 삭제한 점 등의 배경이 있었다.[28]

그러나 그간 법집행과정에서 밀가루, 합성수지 카르텔 등 건에서 시장점유율 1위의 업체가 자진신고를 하여 제재를 감면받는 사례가 발생하자 주도·강요자에 대하여 자진신고를 인정하지 아니하는 것은 부당하다는 비판이 적지 않았고,[29] 이에 공정거래위원회는 2007. 11. 2. 시행령 개정시 "다른 사업자에게 그 의사에 반하여 해당 부당한 공동행위에 참여하도록 강요하거나 이를 중단하지 못하도록 강요한 사실이 있는 경우에는 시정조치와 과징금의 감면을 하지 아니한다"고 규정함으로써 강요의 경우에는 다시 감면대상에서 제외하였다. 그러나 주도의 경우에는 그대로 유지하였다.

강요자에 대하여 감면대상에서 제외하는 것은 세계적인 추세이나, 주도자에 대하여는 나라마다 차이가 있다. 예를 들어 EU나 일본의 경우 우리나라와 같이 감면대상으로 하고 있으나, 미국의 경우 '명시적 주도자나 창설자(clearly not the leader in, or originator of, the activity)'에 대하여는 감면대상에서 제외하고 있으며,[30] 독일의 경우 명시적으로 '유일한 주도자(alleiniger Anführer)'의 경우 감면대상에서 제외하고 있다.[31]

27) '주도적 역할'이라 함은 다른 사업자를 설득·종용하거나 거부하기 어렵다고 회유함으로써 공동으로 당해 행위에 나아가도록 이끄는 역할을 말한다. 대판 2010. 3. 11. 2008두15169.

28) 오행록, 경쟁법연구 제16권(2007), 112면.

29) 오행록, 경쟁법연구 제16권(2007), 113면.

30) 미 DOJ에서는 당해회사를 "공동행위의 유일한 조직자(the singular originator)"이거나 "유일한 주도자(the singular ringleader)"로 해석한다. US DOJ, Frequently Asked Questions Regarding the Antitrust Division's Leniency prorram and Moded Leniency Letters, Nov. 19. 2008. P. 16.

31) "Das Bundeskartellamt wird einem Kartellbeteiligten nach dem Zeitpunkt, zu dem es in der Lage ist, einen Durchsuchungsbeschluss zu erwirken, die Geldbusse in der Regel er-lassen, wenn... 3. er nicht alleiniger Anfuehrer des kartells war oder andere zur Teilnahme an dem kartell gezwungen hat und" Bekanntmachung Nr. 9/2006 über den Erlass und die Reduktion von Geldbussen in Kartellsachen－Bonusregelung－ vom 7. März 2006.

6) 반복위반자

한편 반복적으로 법위반을 하는 사업자가 리니언시를 통하여 감면제도를 악용할 가능성을 차단하기 위하여 2011. 12. 31. 시행령 개정시 "일정 기간 동안 반복적으로 법 제40조 제1항을 위반하여 부당한 공동행위를 한 경우"에도 시정조치와 과징금의 감면을 하지 아니하는 것으로 규정하였다(구 영 제35조 제1항 제5호). 이는 2016. 3. 29. 법 개정시 법 제22조의2 제2항에 규정되었다. 이에 따라 「자진신고자 감면고시」에서는 "반복하여 위반한 경우의 판단기준"으로 제40조 제1항을 위반하여 시정조치 또는 과징금납부명령을 받은 자가 시정조치 또는 과징금납부명령을 받은 날로부터 5년 이내에 다시 당해 시정조치에 위반되는 부당한 공동행위를 한 경우[32]를 규정하였다(「자진신고자 감면고시」 제6조의3).

한편 2020. 12. 29. 법 전부개정시 "제1항에 따라 시정조치 또는 과징금을 감경 또는 면제받은 자가 그 감경 또는 면제받은 날부터 5년 이내에 새롭게 제40조 제1항을 위반하는 경우에는 제1항에 따른 감경 또는 면제를 하지 아니한다."로 다시 명시하였다(법 제44조 제2항).

7) 진술번복

그리고 2020. 12. 29. 법 전부개정시 자진신고나 조사협조자가 재판과정에서 이를 번복하는 행위를 방지하기 위해 "시정조치나 과징금을 감경 또는 면제받은 자가 그 부당한 공동행위와 관련된 재판에서 조사과정에서 진술한 내용과 달리 진술하는 등 *대통령령*[33]으로 정하는 경우에 해당하는 경우에는 제1항에 따른 시정조치나 과징금의 감경 또는 면제를 취소할 수 있다."고 규정하였다(법 제44조 제3항).

---

32) 동 규정의 해석과 관련하여, 제재대상이 된 행위를 완전히 중단한 후의 행위의 동일성이 인정되지 않는 동일·유사한 행위를 다시 하는 것을 금지하는 것은 아니라고 해석한다. 정종채, 경쟁저널(2013. 1), 58~59면 참조.

33) 제51조(자진신고자등에 대한 감면 기준 등) ③ 공정거래위원회는 법 제44조 제3항에 따라 다음 각 호의 어느 하나에 해당하는 경우 같은 조 제1항에 따른 시정조치나 과징금의 감경 또는 면제를 취소할 수 있다. 1. 공정거래위원회의 조사등의 과정에서 한 진술이나 제출했던 자료의 중요한 내용을 재판에서 전부 또는 일부 부정하는 경우 2. 공정거래위원회의 조사등의 과정에서 진술한 내용이나 제출했던 자료가 재판에서 거짓인 것으로 밝혀진 경우 3. 정당한 이유 없이 재판에서 공동행위 사실에 대한 진술을 하지 않는 경우 4. 정당한 이유 없이 재판에 출석하지 않는 경우 5. 자진신고한 부당한 공동행위 사실을 부인하는 취지의 소를 제기하는 경우

8) 자진신고제와 전속고발제

한편, 자진신고자 등에 대하여 시정조치 또는 과징금은 면제해 주면서 고발조치는 감면해 주지 않는 것은 감면제도의 도입취지와 조화되기 어려울 뿐만 아니라 자칫하면 동 제도의 활성화에 치명적 장애가 될 우려가 있다는 지적이 있다.[34]

이와 관련 「자진신고자 감면고시」에서는 자진신고자 등에 대해서는 검찰에 고발하지 않는 것을 원칙으로 하되, 법 제129조(고발) 제 2 항에 해당하거나 동 3항에 의하여 검찰총장의 고발요청이 있는 경우에는 그러하지 아니하다고 규정하고 있다(「자진신고자 감면고시」 제20조). 한편 고발면제를 고시에 규정하는 것은 법률에 의해 규정된 고발제도의 취지를 몰각시키고, 적법성, 명확성 원칙과 평등원칙에 반할 우려가 있고 카르텔 위반행위에 대한 집행력을 떨어뜨릴 가능성이 있으므로 법률에 규정하는 것이 바람직하다는 지적[35]이 있어서 2016. 3. 29. 법 개정시 제22조의 2 제 1 항에서 "제71조(고발)의 규정에 의한 고발을 면제할 수 있다"는 규정을 신설하였다.

반대로 전속고발권과 자진신고자 감면제도의 결합으로 범죄혐의 있는 사안임에도 공정거래위원회의 고발이 없으면 형사처벌이 이루어지지 않게 되어 '플리 바겐(plea bargain)'을 허용하지 않는 현행 형사법체계와 맞지 않고, 고소불가분의 원칙을 유추한 고발불가분이라는 형식으로 다른 공동행위자에 대한 고발이 있으면 1순위 자진신고자에 대해서도 기소를 할 수 있다는 주장,[36] 제44조를 적용해 공정거래위원회가 고발을 면제할 수 있는 대상은 '객관적이고, 명백하고 중대한 경쟁질서를 현저히 저해한다고 인정하는 경우'를 제외한 자진신고자에 한정된다고 보는 견해[37]도 있다.

2. 조사시작후 조사협조자(최초증거 제공)

둘째, 공정거래위원회가 조사를 시작한 후에 조사에 협조한 자이다.[38]

---

34) 오행록, 경쟁법연구 제16권(2007), 114~115면.

35) 황태희, 경쟁법연구 제16권(2008), 83~84면; 오행록, 경쟁법연구 제16권(2007), 115면.

36) 자세한 내용은 최승재, 173~174면 참조.

37) 이석환, 법조 통권 제694호(2014. 7), 76면 이하.

38) 제51조(자진신고자등에 대한 감면 기준 등) ① 법 제44조 제 1 항에 따른 시정조치 또는 과징금이 감경 · 면제되는 자의 범위와 그 기준은 다음 각 호와 같다. 2. <u>공정거래위원회가 조사를 시작한 후에 법 제44조 제 1 항 제 2 호에 따라 조사등에 협조한 자가 다음 각 목의 요건에 모</u>

종래 법 시행령(2005. 3. 31. 대통령령 제18768호로 개정되기 이전의 것) 제35조 제 2 항 제 2 호에서 "공정거래위원회가 당해 부당한 공동행위에 대한 충분한 증거를 확보하지 못한 상태에서 조사에 협조하였을 것, 부당한 공동행위임을 입증하는데 필요한 증거를 최초로 제공하였을 것, 부당한 공동행위에 대한 조사가 완료될 때까지 협조하였을 것, 당해 부당한 공동행위의 주도적 역할[39]을 하지 아니하였으며 다른 사업자들에 대하여 부당한 공동행위를 강요한 사실이 없을 것의 요건에 해당하는 자에 대하여는 법 제43조(과징금)의 규정에 의한 과징금의 100분의 50 이상을 감면한다"는 규정이 있었는바, 이러한 요건에 해당함에도 공정거래위원회가 45% 감경하는데 그친 〈볼보건설기계코리아(주)의 공동행위 건(굴삭기 및 휠로다제조)〉 관련 행정소송에서 대법원은 공정거래위원회의 조치가 위법하다고 판단하였다.[40]

그 후 공정거래위원회는 이러한 판결취지에 따라 1순위 조사협조에 따른 감경수준을 60%로 하였는데 대법원에서는 1순위 조사협조자에게 과징금을 면제하지 않은 것은 신뢰보호원칙에 위배된다고 판단하였다. 그 근거로 위원회가 2002. 9. 9. 자 보도자료를 통해 제 1 순위 조사협조자에 대하여 법령이 허용하는 최대감면폭을 적용하여 과징금을 면제하여 주겠다고 발표하였고, 위원회가 적극적으로 감면제도를 운영하겠다고 공적으로 표명한 견해를 원고가 신뢰하였다고 하여 원고에게 어떠한 귀책사유가 있다고 볼 수 없으며, 원고는 위원회의 조사에 협조하게 되면 적어도 과징금을 감경받거나 더 나아가 1순위 조사협조자의 요건을 충족하는 경우에는 과징금을 면제받을 수 있다고 신뢰하여 조사에 협조하였으며, 위원회가 과징금을 100% 면제하지 아니하고 60%만을 감경하는 처분을 함으로써 원고의 이익이 침해되는 결과가 초래되었고, 원고가 감면운영지침에 따라 과징금을 100% 면제받는다고 하더라도 이로 인하여 공익 또는 제 3 자의 정당한 이익을 현저히 해할 우려가 있는 경우에 해당한다고 보이지 않는다는 점을 들었다.[41]

두 해당하는 경우에는 과징금을 면제하고, 시정조치를 감경하거나 면제한다. 가. 공정거래위원회가 부당한 공동행위에 대한 정보를 입수하지 못했거나 부당한 공동행위임을 입증하는 증거를 충분히 확보하지 못한 상태에서 조사등에 협조했을 것 나. 제 1 호 가목, 다목 및 라목의 요건에 모두 해당할 것.

39) 여기에서 '주도적 역할'이라 함은 다른 사업자를 설득·종용하거나 거부하기 어렵도록 회유함으로써 공동으로 당해행위에 나아가도록 이끄는 역할을 의미한다. 대판 2010. 3. 11. 2008두15169.

40) 대판 2008. 9. 25. 2007두12699.

41) 대판 2011. 7. 28. 2010두23989.

동 건에서는 "당해 부당한 공동행위를 입증하는데 필요한 증거"의 해석이 문제되었는데, 법원은 부당한 공동행위를 하기로 한 합의서, 확인서, 회의록 등 공동행위의 입증에 필요한 증거로서, 합의사실을 직접적으로 입증할 수 있는 자료 또는 공동행위를 할 것으로 논의한 사실을 육하원칙에 따라 구체적으로 기술한 자료와 이를 간접적으로 입증할 수 있는 상당한 자료라고 할 수 있는데, 그 증거에는 증거서류 등의 물증뿐만 아니라 물증이 없는 경우에 진술증거도 포함될 수 있다고 판단하였다.

역시 「자진신고 감면고시」 제정 이전인 〈현대중공업(주)의 공동행위 건〉 관련 행정소송에서도 대법원은, "시행령 제51조 제1항 제3호 가.목에 규정된 '필요한 증거'라 함은 부당한 공동행위를 직접적 또는 간접적으로 입증할 수 있는 증거를 의미하므로, 여기에는 문서를 비롯한 진술 등도 이에 포함된다고 봄이 상당하다"라고 판시하였다.[42]

「자진신고 감면고시」 제정 이후 사건인 〈구의 및 자양취수장 이전 건설공사 2, 3공구 관련 17개 건설사의 부당공동행위 건〉 관련 행정소송에서 서울고등법원도 감면고시에 따라 '공동행위의 내용을 기술한 자료'와 함께 제출하여야 할 '공동행위를 입증할 수 있는 추가자료'에는 관련자의 진술이나 확인서 등도 당연히 포함된다고 해석하는 것이 상당하다고 판시하였다.[43]

이에 공정거래위원회는 「자진신고 감면고시」를 개정하여 "관련 사실을 입증할 수 있는 구체적 자료가 없는 경우라도 진술서 등 신청사실을 충분히 인정할 수 있는 자료"를 입증에 필요한 자료에 포함시켰다(「자진신고 감면고시」 제4조 제1항 제3호).

3. 조사시작 전 자진신고자 또는 조사시작 후 조사협조자(두 번째 증거 제공)

셋째, 자진신고자 또는 조사협조자로서 두 번째 증거 제공자이다.[44]

---

42) 대판 2008. 9. 25. 2007두3756.

43) 서고판 2012. 10. 26. 선고 2012누7563.

44) 제51조(자진신고자등에 대한 감면 기준 등) ① 법 제44조 제1항에 따른 시정조치 또는 과징금이 감경·면제되는 자의 범위와 그 기준은 다음 각 호와 같다. 3. 공정거래위원회가 조사를 시작하기 전에 법 제44조 제1항 제1호에 따라 자진신고하거나 공정거래위원회가 조사를 시작한 후에 같은 항 제2호에 따라 조사등에 협조한 자(이하 이 조에서 "자진신고자등"이라 한다)가 다음 각 목의 요건 모두에 해당하는 경우에는 과징금의 100분의 50을 감경하고, 시정조

2순위 조사협조자 관련 "입증하는 데 필요한 증거"의 해석과 관련하여 대법원은 〈대구시 죽곡2지구 2공구 공동주택 건립공사 입찰참가 2개사의 부당공동행위 건〉[45] 관련 행정소송에서 "'필요한 증거'로 기술자료와 추가자료를 제출한 경우 그 추가자료가 부당한 공동행위를 증명하는 협약서 등 물증이 아니라 관련자의 진술을 내용으로 하는 진술증거일 뿐이어서 결국 기술자료에서 제시된 내용을 확인하거나 보강하는 데 지나지 않는다 하더라도 그 이유만으로 당연히 위 추가자료의 적격성이 배제된다고 할 것은 아니다"라고 판시하고 있다.[46]

이러한 취지는 〈한국유리(주)의 조사협조자 지위 불인정 건〉 관련 행정소송에서도 이어지는데, 서울고등법원의 파기환송심에서 감면제도의 취지, 감면고시에서 구두에 의한 감면신청을 허용하고 있고, 감면신청서 양식에도 진술서나 확인서 이외의 다른 자료를 기술자료로 예정하고 있는 점 등을 비추어보면, 반드시 육하원칙에 따라 기술한 공동행위에 참여한 임직원의 확인서나 진술서 등의 형태로 제출한 자료만이 기술자료로서 적격성이 있다고 제한 해석할 것은 아니며, 공동행위를 할 것을 논의하거나 실행한 사실은 추단할 정도로 당해 공동행위 내지 실행사실에 관하여 상당부분이 육하원칙에 준하는 정도로 기술되어 있으면 족하다고 판시하였다.[47]

2015. 1. 공정거래위원회도 「자진신고 감면고시」를 개정하여 "관련 사실을 입증할 수 있는 구체적 자료가 없는 경우라도 진술서 등 신청사실을 충분히 인정할 수 있는 자료"를 입증에 필요한 자료에 포함시켰다(「자진신고 감면고시」 제4조 제1항 제3호).

"1순위 자진신고자 등의 요건으로 '공정위가 부당한 공동행위에 대한 정보를 입수하지 못하였거나 이를 입증하는데 충분한 증거를 확보하지 못하였을 것'이라는 요건이 있지만 2순위 자진신고자 등에는 그 요건을 요구하지 않고 단순히 '부당한 공동행위임을 입증하는데 필요한 증거'라고 규정하고 있는 점과 1순위 자진신고자 등의 혜택에 차이가 있는 점 등을 들어 2순위 자진신고자 등에

치를 감경할 수 있다. 가. 부당한 공동행위임을 입증하는 증거를 단독으로 제공한 두 번째의 자(부당한 공동행위에 참여한 사업자가 2개이고, 그 중 한 사업자인 경우는 제외)일 것 나. 제1호 다목 및 라목의 요건에 모두 해당할 것 다. 제1호 또는 제2호에 해당하는 자진신고자등이 자진신고하거나 조사등에 협조한 날부터 2년 이내에 자진신고하거나 조사등에 협조했을 것

45) 공정의 2010. 12. 31. 2010-176.

46) 서고판 2012. 3. 21. 2011누26239(대판 2013. 5. 23. 2012두8724).

47) 서고판 2013. 6. 13. 2012누30723(파기환송심).

게 요구하는 '필요한 증거'의 수준은 1순위 자진신고자 등에 요구되는 것보다 낮다"고 한다.[48]

따라서 공정거래위원회가 자진신고 감면신청을 하면서 진술서만을 합의의 증거로 제출하고, 불성실하게 조사에 협조하였다는 등의 이유로 과징금산정시 감경을 하지 않은데 대하여 "부당한 공동행위 입증을 위해 필요한 증거 제출의 의미는, 특정거래법령 및 감면고시를 종합하면 '공동행위를 논의하거나 실행한 사실을 기술한 자료' 외에 '공동행위를 입증할 수 있는 추가자료'를 함께 제출하는 것이다. '추가자료'의 범위는 확인서나 진술서 등 당해 공동행위 관련자들의 진술을 담은 서류 등도 포함된다(대법원 2008. 10. 23. 선고 2007두2920 판결 참조). 진술증거를 제외할 경우 관련자들의 진술 외에 다른 입증자료를 갖지 못한 공동행위 참여자들은 자진신고자가 될 수 없는 문제가 발생한다. 원고가 제출한 증거들은 모두 비록 새로운 사실을 입증하는 것은 아니라 할지라도 적어도 이미 제출된 증거들의 증명력을 높이거나 조사단계에서 밝혀진 사실관계의 진실성을 담보하는데 이바지하는 증거들은 될 수 있어서 '공동행위를 입증할 수 있는 추가자료'에 해당한다"고 판시하고 있다.[49]

성실협조의무 관련하여 〈2개 산업용 화약 제조·판매 사업자의 부당공동행위 건〉 관련 행정소송에서 대법원은 "공정거래위원회가 조사를 시작한 후 조사에 협조한 자로서 부당한 공동행위임을 증명하는 데 필요한 증거를 단독으로 제공한 두 번째의 자가 감경의 대상이 되기 위해서는 '부당한 공동행위와 관련된 사실을 모두 진술하고, 관련 자료를 제출하는 등 조사가 끝날 때까지 성실하게 협조'하여야 한다. 이와 같은 성실협조의무는 원칙적으로 자진신고 시점 또는 조사에 협조하기 시작한 시점부터 발생한다고 봄이 논리상 당연하다. 그런데 위 성실협조의무는 또한 자진신고자 또는 조사협조자가 위반행위와 관련된 사실을 모두 진술하고 관련 자료를 제출해야 함을 당연한 전제로 한다. 이러한 점에서 보면, 자진신고자 또는 조사협조자의 위반행위와 관련한 증거인멸 행위 등이 자진신고나 조사협조 개시 이전에 이루어졌더라도 그 증거인멸 행위 등은

48) 서고판 2012. 3. 21. 2011누26239. 이는 '증거의 충분성'에 관한 차이이지 '증거의 필요성'에 대한 차이가 아니라는 견해로 정종채, 경쟁저널(2013. 1), 48면 참조.

49) 서고판 2012. 3. 21. 2011누26239. 이에 찬성하는 견해로 정종채, 경쟁저널(2013. 1), 48~49면. 감면신청인이 제출하는 증거만으로 평가하여 그 자체로 공동행위 입증에 충분하면서도 기존의 증거들과 다른 증거들이 추가로 제출되었다면, '필요성' 요건을 충족하는 것으로 보는 것이 합당하다고 한다; 박성범, 경쟁법연구 제26권(2012. 12), 9면.

공정거래위원회에 제출될 자료나 진술할 내용에 영향을 미치게 되고, 특별한 사정이 없는 한 자진신고 또는 조사협조 행위의 성실성 여하에도 영향을 미칠 수밖에 없다. 그러므로 자진신고 또는 조사협조 이전에 증거인멸 행위 등이 이루어졌더라도 그로 인하여 자진신고 또는 조사협조 개시 시점에 불충분한 증거를 제출한 것으로 평가할 수 있다면, 자진신고 또는 조사협조 그 자체가 불성실한 것으로 판단될 수 있다."고 판시하였다.50)

한편 2012. 6. 19. 시행령개정을 통하여 2개 사업자가 부당한 공동행위에 참여하고 그중의 한 사업자인 경우 또는 최초신고자가 자진신고하거나 조사에 협조한 날로부터 2년이 지나 자진신고하거나 조사에 협조한 사업자인 경우 과징금 및 시정조치를 감경하지 아니하는 규정을 신설하였다. 이는 2개의 소수 사업자간 공동행위에 대한 제재의 실효성을 제고하고, 늑장신고에 대해 감경혜택을 배제함으로써 자진신고 경쟁을 유도하여 적발률을 높이고 신속한 사건처리를 도모하기 위한 것이다.

4. 접수순위의 승계

> 2인 이상의 신청이 있는 경우 그중 일부의 신청이 감면신청 취하, 제12조 제 2 항(자진신고자 지위 결정), 기타 시행령 제51조 제 1 항 각호의 요건을 충족하지 못하는 사유에 의하여 감면이 인정되지 않은 때에는 그 다음 신청자가 이전 신청자의 접수 순서를 승계한다(「자진신고자 감면고시 제 9 조 제 3 항). 접수 순위를 승계하는 신청인은 승계되는 순서에 상응하는 시행령 제35조 각호의 요건을 충족하여야 한다. 이 경우 시행령 제35조 제 1 항 제 1 호 가목 및 동조 동항 제 3 호 가목의 증거제공 순서는 승계되는 순서를 기준으로 판단한다(「자진신고자 감면고시 제 9 조 제 4 항).

1순위 사업자가 지위 확인을 받지 못하는 경우, 2순위 사업자는 1순위 지위를 승계하여 1순위 요건 충족여부를 검토하는 것이지, 마치 1순위 사업자가 여전히 존재하는 것을 전제로 2순위 감면요건 충족여부를 검토해야 하는 것은 아니다(〈한라 등 영월 강변저류지 조성공사(한강살리기 17공구) 입찰 관련 3개 사업자의 부당공동행위 건〉).51)

50) 대판 2018. 7. 11. 2016두46458.

51) 서고판 2016. 1. 13. 2015누433(대판 2016. 5. 26. 2016두34516).

5. 추가감면제도(소위 'Amnesty Plus')

추가감면제도(소위 'Amnesty Plus')는 대통령령에 규정하고 있다.[52)]

「자진신고자 감면고시」 제13조 제 2 항은 그 문언 및 내용상 당해 공동행위가 1개의 행위이고, 다른 공동행위가 1개의 행위임을 전제로 그 규모를 서로 비교하여 감경률이나 면제 여부를 정하도록 규정하고 있고, 당해 공동행위가 여럿이고 다른 공동행위도 여럿인 경우 그 감경률 등을 어떻게 정할 것인지에 관하여는 구체적인 규정을 두고 있지 않는데, 동 규정의 해석과 관련하여 서울고등법원은 "여러 건의 당해 공동행위와 여러 건의 다른 공동행위의 규모를 비교함에 있어서는 당해 공동행위와 다른 공동행위를 각각 개별적으로 비교하여 감면고시에 따른 각 감경률을 정한 후 각 감경률을 비교하여 그중 가장 높은 감경률로 정하는 것이 타당하다"고 판단하였으나,[53)] 대법원은 "공정거래위원회가 7건의 입찰담합행위의 관련매출액을 합산한 금액과 2건의 다른 공동행위의 관련매출액을 합산한 금액으로 양자의 규모를 비교하여 감경률을 정하여야 한다는 기준을 세운 후, 그 기준에 따라 정한 각각의 감경률을 각 7건의 입찰담합행위에 적용한 조치는 과징금제도와 추가감면제도를 둔 입법취지에 반하지 아니하고, 또한 불합리하거나 자의적이라고 보이지 아니한다"고 판시하였다.[54)]

공정거래위원회는 2016. 9. 30. 「자진신고자 감면고시」 개정을 통하여 다른 공동행위나 당해 공동행위가 여러 개인 경우 그 규모를 비교하는 데 있어서 규모의 합을 말하는 것으로 명시하였다(「자진신고자 감면고시 제13조).

추가감면제도에 있어서 실무적인 문제는 시기적으로 다른 공동행위가 확정되어야 정확한 과징금 산정이 가능하다는 점이다. 이에 대하여 법원은 "다른 공동행위에 대한 위원회 심의가 끝나지 아니하여 자진신고 또는 조사협조의 요건을 충족하였는지 여부를 확정하기 어렵다면 이 사건 공동행위에 대한 과징금 산정시 자진신고자 또는 조사협조자임을 전제로 한 추가감면조치를 취하지 않

52) 제51조(자진신고자등에 대한 감면 기준 등) ① 법 제44조 제 1 항에 따른 시정조치 또는 과징금이 감경 · 면제되는 자의 범위와 그 기준은 다음 각 호와 같다. 4. <u>부당한 공동행위로 과징금 부과 또는 시정조치의 대상이 된 자가 그 부당한 공동행위 외에 그 자가 관련되어 있는 다른 부당한 공동행위에 대해 제 1 호 각 목 또는 제 2 호 각 목의 요건을 모두 충족하는 경우에는 그 부당한 공동행위에 대해 다시 과징금을 감경하거나 면제하고, 시정조치를 감경할 수 있다</u>

53) 서고판 2011. 10. 13. 2011누13738.

54) 대판 2013. 11. 14. 2011두28783.

더라도 부당하다고 보기 어렵다"고 보았다(〈한국남동발전(주) 및 한국수력원자력(주) 발주 발전소용 건설 기자재 등 국내 하역/운송용역 입찰 관련 6개 사업자의 부당공동행위 건〉).[55] 즉, 추가감면제도는 추후에 추가로 감경 또는 면제를 받을 수 있다는 취지로 해석된다(〈현대중공업(주) 및 (주)현대미포조선 발주 포항항 수입강재 하역·운송입찰 관련 3개 사업자의 부당공동행위 건〉).[56]

6. 강요 등 예외

강요나 반복적 법위반의 경우 시정조치와 과징금의 감면을 하지 아니하는 예외적인 경우가 있다.[57]

Ⅲ. 자료제공 및 누설 금지의무 등

공정거래위원회 및 그 소속 공무원은 소송수행을 위하여 필요한 경우 등 *대통령령*[58]으로 정하는 경우를 제외하고는 자진신고자 또는 조사에 협조한 자의 신원·제보내용 등 자진신고나 제보와 관련된 정보 및 자료를 사건 처리와 관계없는 자에게 제공하거나 누설하여서는 아니 된다(법 제44조 제4항).

---

55) 서고판 2020. 9. 16. 2019누60983(대판 2021. 2. 4. 2020두51143).

56) 서고판 2021. 5. 6. 2020누45386.

57) 제51조(자진신고자등에 대한 감면 기준 등) ② 제1항 제1호부터 제4호까지의 어느 하나에 해당하는 자가 다음 각 호의 어느 하나에 해당하는 경우에는 시정조치 및 과징금을 감경하거나 면제하지 않는다. 1. 다른 사업자에게 그 의사에 반하여 해당 부당한 공동행위에 참여하도록 강요하거나 이를 중단하지 못하도록 강요한 사실이 있는 경우 2. 일정 기간 동안 반복적으로 법 제40조 제1항을 위반하여 부당한 공동행위를 한 경우.

58) 제51조(자진신고자등에 대한 감면 기준 등) ④ 법 제44조 제4항에서 "사건처리를 위하여 필요한 경우 등 대통령령으로 정하는 경우"란 다음 각 호의 경우를 말한다. 1. 사건처리를 위해 필요한 경우 2. 자진신고자등이 법 제44조 제4항에 따른 정보 및 자료의 제공에 동의한 경우 3. 해당 사건과 관련된 소의 제기 또는 그 수행에 필요한 경우 ⑤ 공정거래위원회는 자진신고자등의 요청이 있으면 법 제44조 제4항에 따라 그 자의 정보가 공개되지 않도록 해당 사건을 분리 심리하거나 분리 의결할 수 있다.

Ⅳ. 관련 이슈

1. 법 제43조와의 관계

법 제43조에서는 "공정거래위원회는 제40조(부당한 공동행위의 금지) 제 1 항의 규정을 위반하는 행위가 있을 때에는 당해 사업자에 대하여 *대통령령*이 정하는 매출액에 100분의 20을 곱한 금액을 초과하지 아니하는 범위안에서 과징금 부과할 수 있다. 다만, 매출액이 없는 경우 등에는 40억원을 초과하지 아니하는 범위안에서 과징금을 부과할 수 있다"고 규정하고 있고, 법 제44조 제 1 항에 의하면 제43조(과징금)에 따른 과징금을 감경 또는 면제할 수 있다.

여기에서 두 규정의 적용순서가 문제된다. 이에 대하여 대법원은 "독점규제법 제44조 제 1 항의 문언 내용과 관련 조문들의 체계, 부당한 공동행위의 참여사업자가 자발적으로 조사에 협조하여 입증자료를 제공한 데에 대하여 혜택을 부여함으로써 참여 사업자들 간의 신뢰를 약화시켜 부당한 공동행위를 중지 내지 예방하고자 하는 자진신고자 감면제도의 취지, 침익적 제재규정의 엄격해석 원칙 등에 비추어 보면, 부당한 공동행위를 행한 사업자로서 부당한 공동행위 사실을 신고하거나 조사에 협조한 자에 대하여 독점규제법 제44조 제 1 항에 따라 과징금을 감경 또는 면제할 때에는, 먼저 독점규제법 제43조에 정해진 한도액을 초과하지 아니하는 범위 안에서 과징금을 산정한 다음, 그와 같이 산정된 과징금을 감경 또는 면제하여야 한다고 봄이 상당하다"고 판시하였다.[59)]

2. 공동감면신청

부당공동행위의 자진신고는 원칙적으로 단독으로 하여야 한다. 이는 2 이상의 사업자의 공동자진신고를 인정하게 되면 부당공동행위에 참여한 사업자들이 담합하여 자진신고하는 방법으로 감면을 받을 수 있게 되어 자진신고자에게 일정한 혜택을 부여함으로써 참여사업자들 간의 신뢰를 약화시켜 부당한 공동행위를 중지 내지 예방하고자 하는 자진신고 감면제도의 취지에 반할 우려가 있기 때문이다.[60)]

59) 대판 2010. 1. 14. 2009두15043.

60) 대판 2010. 9. 9. 2010두2548.

그러나 *대통령령*[61]에서는 공동감면신청을 인정하고 있다. 이는 2009. 5. 13. 시행령개정을 통하여 도입되었다. 종전에는 카르텔에 참여한 회사들이 자진신고도 공동으로 하여 모두 감면받는 악용 사례가 발생하지 않도록 단독 자진신고만 허용하였으나, 2 이상의 회사가 함께 조사에 협조토록 하는 것이 더욱 유기적인 조사협조를 이끌어낼 수 있는 경우가 종종 발생하여 일정한 요건을 충족하는 경우 예외적으로 공동 자진신고를 허용하게 된 것이다.[62]

즉 2 이상의 회사가 실질적 지배관계에 있는 계열회사인 경우 이들은 증거자료, 임직원 등을 공유하는 경우가 많아 각 회사의 개별적 증거제출로는 충실한 협조가 이루어지기 어려우며, 이들이 각각 감면신청할 경우 1, 2순위가 모두 소진되어 다른 기업으로부터 추가적 증거 확보가 곤란하고, 특히, 전 세계에 지사를 두고 있는 다국적 기업의 경우, 각 법인별로 지위를 부여하면 일부 계열사만 감면지위를 얻게 되어 유기적 협조 확보가 어려운 점이 있다.[63]

그리고 회사의 분할·영업양도가 발생한 경우 회사의 분할·영업양도가 발생하기 전의 회사가 공동행위를 한 후, 관련자료, 인력 등을 분할 후 회사 또는 양수인에게 인계하고, 분할후 회사 또는 양수인이 이어서 공동행위에 참여한 경우, 분할·영업양도 전의 행위에 대해, 분할전 회사 또는 양도인은 자진신고를 하고 싶어도 관련 자료가 없어 자진신고에 어려움이 있고, 분할 후 회사 또는 양수인은 자료는 있으나 자신이 행한 행위가 아니므로 신고할 유인이 낮은 문제점이 있었다.[64]

그러나 A회사와 B회사가 함께 담합행위를 하다가 A회사가 B회사에 영업을 양도하고, B회사가 1순위 자진신고를 한 경우, B회사의 자진신고는 A회사에는 효력이 없어 공동자진신고가 요건에 해당하지 않는다.[65] 그리고 타인의 대리에 의한

---

61) 제51조(자진신고자등에 대한 감면 기준 등) ① 법 제44조 제1항에 따른 시정조치 또는 과징금이 감경·면제되는 자의 범위와 그 기준은 다음 각 호와 같다. 1. 공정거래위원회가 조사를 시작하기 전에 법 제44조 제1항 제1호에 따라 자진신고한 자가 다음 각 목의 요건에 모두 해당하는 경우에는 과징금 및 시정조치를 모두 면제한다. 가. 부당한 공동행위임을 입증하는 증거를 단독으로 제공한(그 부당한 공동행위에 참여한 둘 이상의 사업자가 공동으로 증거를 제공하는 경우에도 이들이 실질적 지배관계에 있는 계열회사이거나 회사의 분할 또는 영업양도의 당사회사로서 공정거래위원회가 정하여 고시하는 요건에 해당하면 단독으로 제공한 것으로 본다. 이하 이 조에서 같다)

62) 공정거래위원회 보도자료(2009. 5. 14).

63) 공정거래위원회 보도자료(2009. 5. 14).

64) 공정거래위원회 보도자료(2009. 5. 14).

65) 대판 2010. 9. 9. 2010두2548: "원고(디와이홀딩스)와 티센크루프는 영업양도의 당사 회사이지만, 영업양도 전까지 2건의 부당공동행위에 함께 참여하였기 때문에 공동신고가 인정되지 아니하고" 공동자진신고로 인정되지 않는 경우에도, 대리에 의한 자진신고의 효력은 있으므로 후순

자진신고를 할 수 있다.[66)]

여기서 "실질적 지배관계에 있는 계열회사" 관련이라 함은 「자진신고자 감면고시」에서는 다음과 같이 규정하고 있다.

"① 사업자가 다른 사업자의 주식을 모두 소유한 경우(동일인 또는 동일인 관련자가 소유한 주식을 포함), ② 사업자가 다른 사업자의 주식을 모두 소유하지 아니한 경우라도 주식소유비율, 당해 사업자의 인식, 임원겸임 여부, 회계의 통합 여부, 일상적 지시 여부, 판매조건 등에 대한 독자적 결정 가능성, 당해 사안의 성격 등 제반사정을 고려할 때, 사업자가 다른 사업자를 실질적으로 지배함으로써 이들이 상호 독립적으로 운영된다고 볼 수 없는 경우(다만, 관련시장 현황, 경쟁사업자의 인식, 당해 사업자의 활동 등을 고려할 때 경쟁관계에 있다고 인정되는 경우는 제외) 중 어느 하나에 해당되는 사업자의 관계를 말한다"(「자진신고자 감면고시」 제 4 조의2 제 1 항).

여기서 실질적 지배관계에 있는 계열회사는 모자관계에 있는 회사만을 의미하며 자매관계에 있는 회사까지 포함하는 것은 아니다.[67)] 또한 실질적 지배관계의 해석과 관련하여 서울고등법원은 기업집단과 관련된 '사실상 그 사업내용을 지배하는 회사'를 실질적 지배관계의 해석에 그대로 원용할 수 없다고 판단하였으며,[68)] 대법원은 "'실질적 지배관계'에 있다고 함은 각 사업자들 간 주식지분 소유의 정도, 의사결정에서 영향력의 행사 정도 및 방식, 경영상 일상적인

위 독자적 조사협조자로서의 감경을 고려해야 한다. 대판 2016. 8. 24. 2014두6340.

66) 대판 2010. 9. 9. 2009두8939(LDPE): "호남석유화학 주식회사는 주식회사 엘지화학과 함께 원고(주식회사 엠텍)의 전신인 현대석유화학 주식회사를 분할·흡수합병하였고, 현재도 잔존법인인 원고의 지분 50%를 소유하고 있는 주주회사로서 자신의 부당공동행위에 대한 부분인 분할 후의 부당공동행위에 관하여 자진신고를 하면서 분할 전 현대석유화학 주식회사의 부당공동행위에 대하여도 이를 신고하고 그 관련서류를 제공한 다음, … 호남석유 주식회사의 그와 같은 행위는 분할 후 자신의 부당공동행위에 관한 자진신고인 동시에 분할 전 현대석유화학 주식회사를 대리하며 그의 부당공동행위 내용을 자진신고한 경우에 해당한다"; 같은 취지로 대판 2013. 7. 25. 2012두29042(PP); 대판 2013. 7. 26. 2012두2905(HDPE).

67) 서고판 2013. 2. 7. 2012누16529.

68) 서고판 2012. 5. 24. 2010두32091: "실질적 지배관계에 있는 계열회사는 사실상 하나의 사업자로 볼 수 있는 경우이거나 그에 준하는 관계에 있어 서로 경쟁관계가 없는 경우를 의미한다. 따라서 계열회사 사이의 실질적 지배관계는, 계열회사 중 한 사업자가 다른 사업자 주식의 100%를 소유한 경우는 물론, 주식소유비율, 임원겸임 여부 등을 종합적으로 고려할 때, 한 사업자가 다른 사업자를 실질적으로 지배함으로써 상호 독립적으로 운영되지 않고 서로 경쟁관계에 있지 않은 경우에 인정된다고 봄이 타당하다".

지시가 이루어지고 있는지 여부, 임원겸임 여부 및 정도, 당해 사업자들의 상호 관계에 대한 인식, 회계의 통합 여부, 사업영역·방식 등에 대한 독자적 결정 가능성, 각 사업자들의 시장에서의 행태, 공동감면신청에 이르게 된 경위 등 여러 사정을 종합적으로 고려하여, 둘 이상의 사업자 간에 한 사업자가 나머지 사업자들을 실질적으로 지배하여 나머지 사업자들에게 의사결정의 자율성 및 독자성이 없고 각 사업자들이 독립적으로 운영된다고 볼 수 없는 경우를 뜻하는 것으로 한정하여 해석하여야 한다"고 판시하였다.[69]

> "공정거래위원회가 정하는 요건"은 공동으로 증거를 제공하는 사업자가 분할 또는 영업양도의 당사회사인 경우 그들이 함께 당해 공동행위에 참여한 사실이 없어야 한다는 것을 말한다(「자진신고자 감면고시」 제 4 조의2 제 2 항).

3. 자진신고자지위 인정

대법원은 1순위 조사협조와 관련하여 공동행위에 가담한 기간과 가담하지 않은 기간이 존재하는 경우 A사업자가 가담하지 않은 기간 동안의 증거까지 제출한 경우 A가 미 가담 기간에 대한 1순위 지위를 A가 갖는지 아니면 가담한 사업자 B가 1순위를 가지는지에 대하여 대법원은 합의에 가담여부에 관계없이 이 사건 각 합의는 전체적으로 하나의 공동행위에 해당하면 전체 기간에 대하여 A가 지위를 갖는다고 판시하였다.[70]

〈6개 저밀도 폴리에틸렌 제조·판매사업자 및 7개 선형저밀도 폴리에틸렌 제조·판매사업자의 부당공동행위 건〉 관련 행정소송에서 대법원은 "자진신고자 감면제도의 취지와 목적이 부당한 공동행위에 참여한 사업자가 자발적으로 부당한 공동행위 사실을 신고하거나 조사에 협조하여 증거자료를 제공한 것에 대한 혜택을 부여함으로써 참여사업자들 간의 신뢰를 약화시켜 부당한 공동행위를 중지 내지 예방하고자 함에 있는 점 등을 감안할 때, 자진신고자 또는 조사협조자로서 감면대상에 해당하는지 여부 및 감면순위에 대한 판단을 함에 있어서는 해당 사업자가 부당한 공동행위의 적발가능성에 기여한 정도를 기준으로 삼아야 할 것이다. 따라서 수회에 걸친 일련의 합의가 전체적으로 1개의 부당한

69) 대판 2015. 9. 24. 2012두13962.

70) 대판 2011. 6. 30. 2010두28915; 대판 2015. 2. 12. 2013두987; 서고판 2015. 10. 8. 2012누785.

공동행위로 성립하여 실행되고 있는 도중에 어느 한 사업자가 담합대상 제품의 생산을 시작하면서 비로소 가격합의 등에 참여함으로써 전체 공동행위 기간 중 일부에 관해서만 담합에 가담하였는데, 그 사업자가 자신이 가담한 기간뿐만 아니라 1개의 부당한 공동행위 전체 기간에 대한 증거자료를 최초로 제출하여 조사에 협조하였을 경우에는 1개의 부당한 공동행위 전체에 대한 최초 조사협조자로서의 지위가 인정되는 것이고, 그 후 다른 참여사업자가 최초 조사협조자인 사업자가 가담하지 아니한 기간에 해당하는 부당한 공동행위에 대하여 증거자료를 제출하고 조사에 협조하였다고 하더라도 그 일부 기간에 대해서만 별도의 최초 조사협조자로서의 지위를 획득한다고 볼 수는 없다"고 판시하였다.[71]

일련의 합의가 전체적으로 하나의 공동행위에 해당하는 경우 일부 합의에 대하여 증거자료를 제출하고 조사에 협조하였다 해도 그 일부 합의에 대하여 별도의 조사협조자 지위를 인정할 수 없다(〈호남고속철도 제2.1공구 등 최저가 낙찰제 참가 28개 사업자의 부당공동행위 건(에스케이건설 등)〉).[72]

시행령 시행 후 자진신고하거나 조사에 협조하는 경우부터 시행령이 적용된다고 규정하는 경우, 최초의 자진신고자 등이 아니라 해당 후순위 자진신고자 등의 자진신고시점에 따라 시행령 적용 여부가 정해진다(〈태영건설 등 고양삼송 수질복원센터 시설공사 입찰 관련 2개 사업자의 부당공동행위 건〉).[73]

4. 자진신고자에 대한 자진시정 감경여부

〈16개 생명보험사업자의 부당공동행위 건〉 관련 행정소송에서 자진신고한 사업자에 대하여 자진시정 감경을 하지 않은 공정거래위원회의 처분이 문제되었다. 대법원은 부당한 공동행위에 대하여 과징금을 부과할 때, 해당 사업자가 자진시정과 자진신고를 모두 한 경우 자진신고에 따른 감경을 하면서 자진시정

71) 대판 2011. 9. 8. 2009두15005. LDPE 제품과 LLDPE 제품은 모두 폴리에틸렌의 일종으로서 농업용, 공업용 필름의 용도로 사용되고 있는데 LDPE 제품가격의 91% 수준인 LLDPE 제품으로 대체하여 사용하는 소비자들이 증가하고 있는 등 두 상품은 수요 및 공급대체성이 있으므로 두 개의 상품시장을 별개의 시장이라고 볼 수 없고, 자진신고자 감면제도의 취지가 은밀하게 행해지는 담합의 적발을 쉽게 하고자 하는 것인데 원고의 조사협조는 호남석유화학 주식회사, 주식회사 엘지화학의 일련의 조사협조로 인하여 촉발된 것이라는 등의 이유를 들어 각 제품의 시장별로 선순위 조사협조자가 이 사건 공동행위에 참가하기 전의 행위에 대하여 원고에게 1순위 또는 2순위의 조사협조자 지위를 부여하여야 한다는 원고의 주장을 배척하였다.

72) 서고판 2016. 6. 30. 2015누33617(대판 2016. 10. 27. 2016두46441).

73) 대판 2017. 1. 12. 2016두35119.

에 따른 감경도 해주는 것이 구속력 있는 행정관행으로까지 정착되었다고 단정하기는 어려우나, 이를 제외하더라도 이 사건 납부명령은 원심이 판시한 여러 사정에 비추어 평등의 원칙을 위반한 것으로서 재량권 일탈·남용에 해당한다고 판시하였다.[74]

5. 자진신고지위 불인정과 조사협력

〈2개 판유리 제조·판매사업자의 부당공동행위 건〉 관련 행정소송에서 서울고등법원은 과징금고시상의 조사협력규정[75]과 자진신고 감면고시 제5조는 그 내용이 다르므로 과징금고시상의 조사협력규정을 해석하면서 감면고시 제5조의 규정내용을 고려할 필요가 없다고 하면서 자진신고 지위인정은 받지 못하였으나 조사협력 감경이 필요하다고 판시하였다.[76]

---

74) 대판 2014. 9. 4. 2012두15012.

75) 조사협력이란 심사관의 조사단계부터 위원회의 심리 종결시까지 일관되게 행위사실을 인정하면서 위법성 판단에 도움이 되는 자료를 제출하거나 진술하는 등 적극 협력하는 경우[(「과징금부과고시」 Ⅳ. 3. 다. (3) (가)].

76) 서고판 2015. 11. 19. 2013누29492(대판 2016. 3. 24. 2015두59464).

제6장

•

불공정거래행위의 금지

제45조(불공정거래행위의 금지)
제46조(재판매가격유지행위의 제한)
제47조(특수관계인에 대한 부당한 이익제공 등 금지)
제48조(보복조치의 금지)
제49조(시정조치)
제50조(과징금)

제45조(불공정거래행위의 금지)

① 사업자는 다음 각호의 1에 해당하는 행위로서 공정한 거래를 저해할 우려가 있는 행위(이하 "불공정거래행위"라 한다)를 하거나, 계열회사 또는 다른 사업자로 하여금 이를 행하도록 하여서는 아니된다.

1. 부당하게 거래를 거절하는 행위
2. 부당하게 거래의 상대방을 차별하여 취급하는 행위
3. 부당하게 경쟁자를 배제하는 행위
4. 부당하게 경쟁자의 고객을 자기와 거래하도록 유인하는 행위
5. 부당하게 경쟁자의 고객을 자기와 거래하도록 강제하는 행위
6. 자기의 거래상의 지위를 부당하게 이용하여 상대방과 거래하는 행위
7. 거래의 상대방의 사업활동을 부당하게 구속하는 조건으로 거래하는 행위
8. 부당하게 다른 사업자의 사업활동을 방해하는 행위
9. 부당하게 다음 각 목의 어느 하나에 해당하는 행위를 통해 특수관계인 또는 다른 회사를 지원하는 행위

   가. 특수관계인 또는 다른 회사에 대하여 가지급금 · 대여금 · 인력 · 부동산 · 유가증권 · 상품 · 용역 · 무체재산권 등을 제공하거나 상당히 유리한 조건으로 거래하는 행위

   나. 다른 사업자와 직접 상품 · 용역을 거래하면 상당히 유리함에도 불구하고 거래상 실질적인 역할이 없는 특수관계인이나 다른 회사를 매개로 거래하는 행위

10. 그 밖의 행위로서 공정한 거래를 저해할 우려가 있는 행위

② 특수관계인 또는 회사는 다른 사업자로부터 제 1 항 제 9호에 해당할 우려가 있음에도 불구하고 당해 지원을 받는 행위를 하여서는 아니 된다.

③ 불공정거래행위의 유형 또는 기준은 대통령령으로 정한다.

④ 공정거래위원회는 제 1 항의 규정에 위반하는 행위를 예방하기 위하여 필요한 경우 사업자가 준수하여야 할 지침을 제정 · 고시할 수 있다.

⑤ 사업자 또는 사업자단체는 부당한 고객유인을 방지하기 위하여 자율적으로 규약(이하 "공정경쟁규약"이라 한다)을 정할 수 있다.

⑥ 사업자 또는 사업자단체는 공정거래위원회에 제 4 항의 공정경쟁규약이 제 1 항 제 4 호를 위반하는지에 대한 심사를 요청할 수 있다.

목 차

Ⅰ. 의 의
Ⅱ. 연 혁
Ⅲ. 법체계상의 문제
  1. 시장지배적지위의 남용금지와의 관계
  2. 부정경쟁방지법과의 관계
Ⅳ. 성립요건상의 문제점
  1. 개 요
  2. 공정거래저해성
  3. '부당하게'와 '정당한 이유없이'의 해석
  4. 관련시장 범위획정
  5. 규정형식의 문제
  6. 지침제정 · 고시
Ⅴ. 불공정거래행위의 유형 및 기준
  1. 서 론
  2. 불공정거래행위의 종류
  3. 분야별 불공정거래행위

[참고문헌]

단행본: 공정거래위원회, －공정거래위원회 20년사－ 시장경제 창달의 발자취, 2001; 공정거래위원회, 심결사례 30선, 2010. 6; 김건식/원세범, 거래상지위남용 규제의 필요성 및 개선방안, 한국공정거래조정원, 2017; 오성환, 공정거래 심결소회, 도서출판 산학연, 2005; 이문지, 한국공정거래법 비판, 자유기업센터, 1997; 이재형, 거래거절규제의 법리와 경제분석, 한국개발연구원, 2005. 12; 이주선, 부당고객유인에 관한 연구, 한국경제연구원, 1996; 정주미, 독점규제법상 불공정거래행위의 위법성에 관한 연구, 서울대학교대학원 박사학위 논문, 2018. 2; Gellhorn, Ernest/Kovacic, William E., Antitrust Law and Economics(4th Edition), West Group, 1994; Gene A. Marsh, Consumer Protection Law(Third Edition), West Group, 1999; Hovenkamp, Herbert, Antitrust(Third Edition), West Group, 1999; Rittner/Dreher, Europäisches und deutsches Wirtschaftsrecht, 3. Auflage, C.F. Müller, 2007

논 문: 권오승, "공정거래법의 개요와 쟁점", 공정거래와 법치(권오승 편), 법문사, 2004; 권영관, "온라인유통에서 선별유통 관련 경쟁법적 문제 고찰", 2018 공정거래 이슈브리핑, 한국공정거래조정원, 2018; 김기영, "공정거래법상 불공정거래행위에 있어 '부당성'의 판단기준－대법원 2001. 12. 11. 선고 2000두833판결－", 경쟁법연구 제 8 권, 한국경쟁법학회, 2002. 2; 김두진, "미국 독점금지법상 수직적 거래제한에 대한 규제", 경쟁저널 제105호, 한국공정거래협회, 2004. 5; 김성훈, "미국 연방거래위원회법 제 5 조의 해석동향", 공정거래법의 쟁점과 과제, 서울대학교 경쟁법센터 연구총서 1, 법문사, 2010; 김성훈, "배타조건부거래의 위법성 요건", 경북대학교 법학연구원 법학논고 제32집, 2010. 2; 김윤수, "대규모소매업고시 개정의 의미와 주요내용", 경쟁저널

제137호, 한국공정경쟁연합회, 2008. 3; 김윤정, "대기업집단의 부당지원행위 규제제도 개선방안 연구—부당지원행위 금지유형 연구를 중심으로—", 한국법제연구원, 2013. 9. 30; 김재홍, "신문/방송시장의 경쟁제한성", 공정거래와 법치(권오승 편), 법문사, 2004; 김중곤, "독점규제 및 공정거래에 관한 법률상의 부당염매 인정기준", 저스티스 통권 제71호; 김차동, "단독거래거절에 의한 불공정거래행위의 규제원리", 공정거래와 법치(권오승 편), 법문사, 2004; 김차동, "끼워팔기", 경제법판례연구 제 3 권, 경제법판례연구회, 법문사, 2006: 김철호, "부당한 고객유인행위의 위법성 판단기준 및 그 제재로서의 과징금—최근의 제약회사 판결을 중심으로—", 경제법판례연구 제 6 권, 경제법판례연구회, 법문사, 2006; 박정훈, "공정거래법의 공적 집행", 공정거래와 법치(권오승 편), 법문사, 2004; 박주영, "부당염매 및 가격차별에 대한 규제동향 분석: 시장지배적 지위 남용행위와 불공정거래행위를 중심으로", 경쟁저널 제169호, 공정경쟁연합회 2013. 7; 박해식, "위계에 의한 고객유인행위의 객체가 되는 상대방의 의미", 경쟁법연구 제 9 권, 한국경쟁법학회, 2003. 4; 서동원, "마이크로소프트사의 시장지배력 남용행위 사건의 내용분석", 공정거래법과 규제산업(권오승/이원우 공편), 법문사, 2007; 서정, "지원행위의 부당성판단기준", 경제법판례연구 제 4 권, 경제법판례연구회, 법문사, 2007; 송옥렬, "부당내부거래규제에 대한 이론적 논쟁", 공정거래법과 규제산업(권오승/이원우 공편), 법문사, 2007; 신영수, "부당염매의 위법성 판단과 경쟁사업자", 경제법판례연구 제 1 권, 경제법판례연구회, 법문사, 2004; 신영수, "일감몰아주기 문제의 접근방식과 규제개선의 방향", 경쟁저널 제163호, 공정경쟁연합회 2012. 7; 신현윤, "병행적 배타조건부거래의 위법성 판단", 경쟁법연구 제21권, 한국경쟁법학회 편, 법문사, 2010; 안병규/도현석, "Coty 판결—유럽경쟁법상 선택적 유통체계와 인터넷 플랫폼 판매금지에 대하여", Draft 31 January 2017; 안병한, "불공정거래행위 규제에 대한 발전적 입법론에 대하여—부정경쟁방지법과 공정거래법의 일원화 방안", 경쟁저널 제150호, 한국공정경쟁연합회, 2010. 5; 엄기섭, "불공정거래행위의 성립요건으로서의 부당성과 공정거래저해성", 공정경쟁 제100호, 2003. 12; 윤성운, "완전자회사를 위한 지원행위 내지 차별적 취급행위의 위법성", 경제법판례연구 제 2 권, 경제법판례연구회, 법문사, 2005; 윤신승, "5개 신용카드사들의 가맹수수료율 차별 사건에 관한 평석", 경제법판례연구 제 3 권, 경제법판례연구회, 법문사, 2006; 이민호, "거래거절의 위법성 판단기준", 경제법판례연구 제 2 권, 경제법판례연구회, 법문사, 2005; 이봉의, "불공정거래행위의 위법성", 공정거래와 법치(권오승 편), 법문사, 2004; 이봉의, "공정거래법상 수직적 비가격제한행위의 금지", 경쟁저널 제104호, 한국공정거래협회, 2004. 4; 이봉의, "모회사 및 대규모수요자의 요청에 의한 거래거절", 경제법판례연구 제 3 권, 경제법판례연구회, 법문사, 2006; 이봉의, "거래상 지위남용으로서의 불이익제공의 부당성", 공정경쟁 제94호, 한국공정거래협회, 2003. 6; 이상승, "끼워팔기가 경쟁에 미치는 효과에 관한 법경제적 분석", 공정거래와 법치(권오승 편), 법문사, 2004; 이승택, "독점규제 및 공정거래에 관한 법률 제23조 제 1 항 제 8 호의 직접적용가능성 여부(대상판결: 대법원 2008. 2. 14. 선고 2005두1879 판결)", 경쟁법연구 제20권, 한국경쟁법학회 편, 법문사, 2009; 이영대, "판매목표강제의 위법성 판단에 대한 연구", 경쟁법연구 제24권, 한국경쟁법학회 편, 2011. 11; 이영대/최경규, "시장지배적 지위 남용행위 중 소비자이익저해행위에 대한 규제방안", 2012 상반기 법 · 경제그룹(LEG) 연구보고서, 한국공정거래조정원, 2012. 7; 이인권, "기업집단의 이해와 과제", 공정거래와 법치(권오승 편), 법문사, 2004; 이호영, "수직적 거래제한의 규제", 공정거래와 법치(권오승 편), 법문사, 2004; 이호영, "상품 · 용역거래를 통한 계열회사지원의 규제", 경제법판례연구 제 1 권, 경제법판례연구회, 법문사, 2004; 이호영, "공정거래법상 특수관계인에 대한 부당지원행위의 규제", 경쟁법판례연구 제 2 권, 경쟁법판례연구회, 법문사, 2005; 이황, "불공정거래행위 중 끼워팔기에 관한 소고 - 대법원 2006. 5. 24. 선고 2004두3014 판결을 대상으로", 경쟁법연구 제14권, 한국경쟁법학회 편, 법문사, 2006; 임영철, "'물량 몰아주기' 어떻게 접근할 것인가?", 경쟁저널 제149호, 한국공정경쟁연합회, 2010. 3; 장범후, 구속성예금 규제에 관한 검토: 중복규제를 중심으로, 은행법연구 제13권 제 1 호 (2020. 5); 정재훈, "공정거래법상 거래거절 규제: 시장지배적지위 남용행위와 불공정거래행위의 관계를 중심으로", 경쟁저널 제169호, 공정경쟁연합회 2013 July; 정호열, "불공정거래행위의 금지 - 불공정성 판단기준을 중심으로 -", 공정거래법강의 II (권오승 편), 법문사, 2000; 정호열, "시장지배적 지위의 남용금지 - MS사건과 독점화 행위를 중심으로 -", 자유경쟁과 공정거래(권오승 편), 법문사, 2002; 정호열, "불공정거래행위에 관한 몇 가지 논의와 법집행의 실제", 공정거래법과 규제산업(권오승/이원우 공편), 법문사, 2007; 조성국, "보건산업에 대한 독점규제법의 적용범위에 관한 연구 - 제약산업 리베이트규제의 최근 동향을 중심으로", 경쟁법연구 제22권, 한국경쟁법학회 편, 법문사, 2010. 11; 조성국, "거래상지위남용 규제 집행의 효율성 제고방안", 경쟁법연구 제37권, 한국경쟁법학회, 법문사, 2018. 5; 지철호, "대규모유통업법의 제정 배경 및 의의", 경쟁저널 제161호, 공정경쟁연합회 2012 March; 최승재, "부당지원행위와 부당성 판단의 구조", 경제법판례연구 제 3 권, 경제법판례연구회, 법문사, 2006; 최요섭, "수직적 거래에서 안전지대(Safety Zone)의 의미에 관한 논의 - 대법원 2010. 11. 25. 선고 2009두9543 판결을 중심으로", 인하대학교 법학연구 제51집 제 2 호, 2012. 7. 31.; 한현옥, 불공정거래행위의 위법성 판단; 한현옥/홍동표, "Mocrosoft판결을 통해 본 디지털

경제에서의 공정경쟁잇슈", 경제법판례연구 제 3 권, 경제법판례연구회, 법문사, 2006; 홍대식, "사법적 관점에서 본 불공정거래행위", 경쟁법연구 제18권, 한국경쟁법학회, 법문사, 2008; 홍대식, "독점규제법상 불공정거래행위의 위법성 판단기준에 대한 재검토", 경쟁법연구 제37권, 한국경쟁법학회, 법문사, 2018. 5; 홍명수, "사원판매의 위법성과 입법적 정당성 판단", 경제법판례연구 제 1 권, 경제법판례연구회, 법문사, 2004; 홍명수, Utah Pie 판결의 경쟁정책적 의의, 경쟁저널 제124호, 한국공정경쟁연합회, 2006. 1; 홍명수, "지배력 남용의 의의와 유형화에 대한 고찰", 공정거래법과 규제산업(권오승/이원우 공편), 법문사, 2007; 홍명수, "부당한 지원행위의 의의와 위법성 판단", 공정거래와 법치(권오승 편), 법문사, 2004; 홍명수, "'계열회사를 위한 차별'의 법리적 고찰", 경제법판례연구 제 3 권, 경제법판례연구회, 법문사, 2006; 홍명수, "불공정거래행위의 유형에 따른 위법성 판단－불공정성을 중심으로－", 경희법학 제50권 제 3 호, 경희법학연구소, 2015. 9. 30; 황창식, "공정거래법상 시장지배력 남용 규제의 해석 및 집행상의 문제점", 경쟁저널 제139호, 한국공정경쟁연합회, 2008. 7; 홍명수, "수직적 비가격제한의 경쟁제한성 판단", 경제법판례연구 제 2 권, 경제법판례연구회, 법문사, 2005; 황창식 · 신광식, "시장지배적 사업자의 거래거절에 대한 공정거래법리: 대법원의 포스코 사건 판결", 경쟁법연구 제18권, 한국경쟁법학회 편, 법문사, 2008; 황태희, "부당한 고객유인행위의 법적 검토", 경쟁법연구 제18권, 한국경쟁법학회 편, 법문사, 2008; 황태희, "거래상지위 남용으로서의 불이익 제공행위의 부당성", 공정거래법의 쟁점과 과제, 서울대학교 경쟁법센터 연구총서1, 법문사, 2010; Heiner, David A., "경쟁기회를 촉진(또는 확장)함과 동시에 혁신을 촉진하는 소프트웨어 통합", 경쟁저널, 한국공정경쟁연합회, 2004. 9; 황태희, "공정거래법상 부당지원행위의 과징금 개선방안－규모성 지원행위를 중심으로", 경쟁법연구 제24권, 한국경쟁법학회 편, 법문사, 2011. 11

Ⅰ. 의 의

독점규제법은 사업자들의 시장에서의 행태가 공정한 경쟁질서에 악영향을 주는 것을 방지하기 위하여 공정한 거래를 저해할 우려가 있는 일정한 유형의 행위를 예시적으로 열거하고, 이들 행위가 시장에서 경쟁을 제한 또는 감소하는지 여부에 관계없이 경쟁저해의 추상적 위험이 있는 단계에서 이를 금지하고 있다.

독점규제법상 불공정거래행위는 ① 부당하게 거래를 거절하는 행위(제 1 호),

② 부당하게 거래의 상대방을 차별하여 취급하는 행위(제 2 호), ③ 부당하게 경쟁자를 배제하는 행위(제 3 호), ④ 부당하게 경쟁자의 고객을 자기와 거래하도록 유인하는 행위(제 4 호), ⑤ 부당하게 경쟁자의 고객을 자기와 거래하도록 강제하는 행위(제 5 호), ⑥ 자기의 거래상의 지위를 부당하게 이용하여 상대방과 거래하는 행위(제 6 호), ⑦ 거래의 상대방의 사업활동을 부당하게 구속하는 조건으로 거래하는 행위(제 7 호), ⑧ 부당하게 다른 사업자의 사업활동을 방해하는 행위(제 8 호), ⑨ 부당하게 특수관계인 또는 다른 회사에 대하여 가지급금·대여금·인력·부동산·상품·용역·유가증권·무체재산권 등을 제공하거나 현저히 유리한 조건으로 거래하는 행위 또는 다른 사업자와 직접 상품·용역을 거래하면 상당히 유리함에도 불구하고 거래상 실질적인 역할이 없는 특수관계인이나 다른 회사를 매개로 거래하는 행위를 통하여 특수관계인 또는 다른 회사를 지원하는 행위(제 9 호) 및 ⑩ 그 밖의 행위로서 공정한 거래를 해칠 우려가 있는 행위(제 10호)를 말한다(법 제45조 제 1 항). 한편 사업자가 직접 행하는 경우뿐만 아니라 계열회사 또는 다른 사업자로 하여금 불공정거래행위를 하도록 하여도 아니된다(법 제45조 제 1 항).[1)]

유사한 입법례로는 미국의 「연방거래위원회법(FTC Act)」 제 5 조 "불공정한 경쟁방법"(unfair methods of competition),[2)] 일본의 「사적독점금지법」 제 2 조 제 9 항의 "불공정한 거래방법"[3)]을 들 수 있다. 1938년의 「휠러·리법(Wheeler-Lea

1) 다른사업자로 하여금 판매목표 강제를 하게 한 행위로 〈주식회사 씨제이 헬로 비전의 거래상 지위 남용행위 건〉 대판 2011. 5. 13. 2009두24108 참조.

2) 15 O.S.C. § 45. Unfair methods of competition unlawful; prevention by Commission(Sec. 5) (a) Declaration of unlawfulness; power to prohibit unfair practices; inapplicability to foreign trade (1) Unfair methods of competition in or affecting commerce, and unfair or deceptive acts or practices in or affecting commerce, are hereby declared unlawful. 1938년의 FTC법에서는 "unfair or deceptive acts or practices in commerce"라고 되어 있었으나 1941년 〈Bunte 사건〉(FTC v. Bunte Bros., Inc., 312 U.S. 349)에서 "in commerce"의 해석이 논란이 된 후 「The Magnuson-Moss Warranty-FTC Improvement Act」에서 "unfair or deceptive acts or practices in or affecting commerce"로 개정되었다(Gene A. Marsh, 16면).

3) 「사적독점금지법」 제 2 조 제 9 항 "이 법률에서 불공정한 거래방법이란, 다음 각 호의 하나에 해당하는 행위로서, 공정한 경쟁을 저해할 우려가 있는 것 중에서, 공정거래위원회가 지정하는 행위를 말한다. 1. 부당하게 다른 사업자를 차별적으로 취급하는 것. 2. 부당한 대가(代價)로써 거래하는 것. 3. 부당하게 경쟁자의 고객을 자기와 거래하도록 유인(誘引)하고, 또는 강제(强制)하는 것. 4. 상대방의 사업활동을 부당하게 구속(拘束)하는 조건으로써 거래하는 것. 5. 자기의 거래상의 지위를 부당하게 이용하여 상대방과 거래하는 것. 6. 자기 또는 자기가 주주(株主) 혹은 임원(任員)인 회사와 국내에서 경쟁관계에 있는 다른 사업자와 그 거래의 상대방과 거래를 부당하게 방해하고, 또는 당해 사업자가 회사인 경우에, 그 회사의 주주 혹은 임원을 그 회사의 불이익이 되는 행위를 하도록, 부당하게 유인하고, 사주하고, 혹은 강제하는 것".

Act)」은 「연방거래위원회법(FTC Act)」을 개정하여 동법 5조의 금지대상을 불공정한 경쟁방법 이외에 불공정한 거래방법(불공정하거나 기만적인 행위 또는 거래관행: unfair or deceptive acts or practices)에 까지 확대하였다. 독일 「경쟁제한방지법(GWB)」에서도 제20조(상대적 또는 우월적 시장력을 가진 사업자의 금지행위), 제21조(보이코트, 기타 경쟁제한적 행위의 금지)에서 우리나라의 불공정거래행위의 금지와 유사한 규정을 두고 있는 바, 제20조의 경우에는 시장지배적사업자나 우월적지위를 가진 사업자에 대하여, 제21조는 일반 사업자에 적용된다.

우리나라의 불공정거래행위 금지는 입법적으로 일본 「사적독점금지법」의 영향을 받았고 그 법은 다시 미국의 「연방거래위원회법(FTC Act)」 제 5 조 "불공정한 경쟁방법"(unfair methods of competition)을 전범으로 한 것이다.[4)]

Ⅱ. 연 혁

불공정거래행위의 금지는 1980년 법제정 당시부터 존재하였으나, 처음부터 현재의 규정이 모두 존재하지는 않았다. 즉 불공정거래행위 유형으로 차별적 취급행위, 경쟁자 배제행위, 부당고객유인행위, 거래상지위 남용행위, 구속조건부거래행위, 허위·과장광고행위가 규정되었으나, 1986. 12. 31. 제 1 차 법개정시 제 5 호의 사업활동방해, 1990. 1. 13. 제 2 차 법개정시 제 1 호 거래거절, 1996. 12. 30. 제 5 차 법개정시 제 7 호 부당한 지원행위, 1999. 2. 5. 제 7 차 법개정시 제 8 호의 기타 공정한 거래를 저해할 우려가 있는 행위를 신설하였다. 한편 법제정 당시부터 존재하던 허위·과장 광고행위는 1999년 「표시·광고의 공정화에 관한 법률」이 제정됨에 따라 1999. 2. 5. 제 7 차 법개정시 불공정거래행위의 유형에서 삭제되었다.

한편 1990. 1. 13. 제 2 차 법개정시부터 구체적인 불공정거래행위의 유형 및 기준 관련하여 법령에 따라 일반적으로 적용되는 「불공정거래행위의 유형 및 기준」과 특정사업분야 또는 특정행위에만 적용되는 불공정거래행위를 구분하여 고시하여 적용해 왔는데, 1996. 12. 30. 법개정시 「불공정거래행위의 유형 및 기준」을 대통령령에 정하도록 규정하고, 이에 따라 1997. 3. 31. 법 시행령 제36조 제 1 항 [별표]에서 모든 분야에 적용되는 「불공정거래행위의 유형 및 기준」을

4) 김성훈, 공정거래법의 쟁점과 과제(2010), 313면.

정하고 제36조 제 2 항에서는 특정분야 또는 특정행위에 적용하기 위한 세부기준을 정하여 고시할 수 있도록 하였다.

Ⅲ. 법체계상의 문제

[참고사례]

한국코카콜라(주)의 거래거절행위 건(공정거래위원회 1997. 8. 27. 의결 제97－133호; 서울고등법원 1998. 10. 14. 선고 97구53139, 2001. 6. 5. 선고 2001누1989 판결; 대법원 2001. 1. 5. 98두17869 판결); **임페리얼트레이딩의 거래거절행위 건**(공정거래위원회 2005. 3. 7. 의결 제2005－037호; 서울고등법원 2004. 5. 26. 선고 2004두3038 판결; 대법원 2005. 5. 26. 선고 2004두3038 판결); **유한회사 듀폰의 거래거절행위 건**(공정거래위원회 2002. 12. 23. 의결 제2002.363호; 서울고등법원 2004. 11. 25. 선고 2003누1709 판결; 대법원 2005. 5. 27. 선고 2005두746 판결); **유한회사 성일기업의 무혐의 처분에 대한 헌법소원 건**(헌법재판소 2006. 3. 30. 선고 2005헌마818 결정); (주)**포스코의 시장지배적지위 남용행위 건**(공정거래위원회 2001. 4. 12. 의결 제2001－068호, 2001. 9. 28. 재결 제2001－051호; 서울고등법원 2002. 8. 27. 선고 2001누5370 판결; 대법원 2007. 11. 22. 선고 2002두8626 판결); **농업협동조합중앙회의 시장지배적지위 남용행위 건**(공정거래위원회 2007. 1. 25. 의결 제2007－013호; 서울고등법원 2007. 9. 19. 선고 2007누7149 판결; 대법원 2009. 7. 9. 선고 2007두22078 판결); **4개 정유사 등의 구속조건부거래행위 건**(공정거래위원회 2009. 2. 9. 의결 제2009－050호; 서울고등법원 2010. 10. 21. 선고 2009누6720 판결; 대법원 2013. 4. 25. 선고 2010두25909 판결)

1. 시장지배적지위의 남용금지와의 관계

법 제45조 제 1 항의 일반불공정거래행위와 법 제 5 조에 규정된 시장지배적지위의 남용행위 간에는 유사한 행위유형이 다수 존재한다.

이러한 양자의 관계에 대해 통설은 시장지배적지위의 남용금지는 시장지배적사업자에게만 적용되는 것으로 일반법, 특별법의 관계에 있다고 해석한다.[5)]

5) 이에 대하여는 일본 「사적독점금지법」의 운영사례에 비추어 의문을 제기하는 견해가 있다. 즉 일본은 불공정거래행위에 규정되어 있는 행위유형에 해당하는 경우 그 규정을 들어 적용하고 불공정거래행위에 해당하는 행위유형이 존재하지 않을 때 시장지배적 지위를 가진 사업자에 대하여는 나아가 방해행위에 해당하지 않는가를 추가적으로 심사하는 식으로 제도를 운영

「불공정거래행위 심사지침」[6] Ⅱ. 3.에서도 규정된 불공정거래행위가 법 제 5 조의 시장지배적지위의 남용금지 위반에도 해당될 경우에는 법 제 5 조를 우선적으로 적용함을 원칙으로 한다고 규정하고 있다.[7]

이에 대하여 대법원은 〈(주)포스코의 시장지배적지위 남용행위 건〉 관련 행정소송에서 "독점규제법은 그 제 5 조 제 1 항 제 3 호에서 시장지배적사업자의 지위남용행위로서의 거래거절행위를 규제하면서 이와는 별도로, 그 제45조 제 1 항 제 1 호에서 개별 사업자가 부당하게 거래를 거절하여 공정한 거래를 저해할 우려가 있는 행위를 한 경우, 그 거래거절을 한 사업자의 시장지배적지위 유무와 상관없이 이를 불공정거래행위로 보아 규제하고 있는 바, 독점규제법 제 5조 제 1 항 제 3 호의 시장지배적사업자의 거래거절행위와 독점규제법 제45조 제 1 항 제 1 호의 불공정거래행위로서의 거래거절행위는 그 규제목적 및 범위를 달리하고 있으므로 독점규제법 제5 조 제 1 항 제 3 호가 규제하는 시장지배적사업자의 거래거절행위의 부당성의 의미는 독점규제법 제45조 제 1 항 제 1 호의 불공정거래행위로서의 거래거절행위의 부당성과는 별도로 독자적으로 평가·해석하여야 한다"고 함으로써,[8] 양 규정이 별도의 법체계를 가지고 있음을 인정하였다.

즉 불공정거래행위의 경우 기본적으로 "그 행위의 주체에 제한이 없으며"라고 하고 있으나,[9] 대부분의 판례에서 "특정사업자의 거래기회를 배제하여 그 사업활동을 곤란하게 할 우려가 있거나 오로지 특정사업자의 사업활동을 곤란하게 할 의도를 가진 유력사업자에 의하여 그 지위남용행위로서 행하여지거나 혹은 같은 법이 금지하고 있는 거래강제 등의 목적달성을 위하여 그 실효성을 확보하기 위한 수단으로 부당하게 행하여진 경우라야 공정한 거래를 저해할 우려가 있는 거래거절행위로서 같은 법이 금지하는 불공정거래행위에 해당한다"고 하고 있는바, 시장지배적지위 남용행위와는 독점유지·강화의도, 경쟁제한성

하고 있다고 한다. 김차동, 공정거래와 법치(2004), 687면.

6) 공정거래위원회 예규 제387호(2021. 12. 22).

7) 공정거래위원회는 과징금부과에 있어서도 시장지배적지위 남용행위 규정을 우선한다. 즉 〈퀄컴 인코포레이티드, 한국퀄컴(주), 퀄컴 씨디엠에이테크놀로지코리아의 시장지배적지위 남용행위 등 건〉에서 "시장지배적지위 남용행위 금지 규정과 불공정거래행위 금지 규정이 경합 적용될 수 있으나, 법위반 행위의 기초가 되는 사실이 하나인 것을 감안하여 법정 과징금 부과 기준율이 보다 높은 시장지배적지위 남용금지 규정 위반에 따른 과징금만 부과하기로 한다"고 심결한 바 있다. 공정의 2009. 12. 30. 2009－281.

8) 대판 2007. 11. 22. 2002두8626.

9) 대판 2001. 1. 5. 98두17869; 대판 2005. 5. 26. 2004두3038; 대판 2005. 5. 27. 2005두746; 헌재결 2006. 3. 30. 2005헌마818.

등으로 구분하는 입장이다.[10)]

대법원은 〈농업협동조합중앙회의 시장지배적지위 남용행위 건〉 관련 행정소송에서도 시장지배적지위 남용행위로서의 배타조건부 거래행위의 규제목적을 "독과점적 시장에서의 경쟁촉진"에 있다고 판시하였다.[11)] 또한 〈4개 정유사 등의 구속조건부 거래행위 건〉관련 행정소송에서도 배타조건부 거래행위를 시장지배적 지위 남용행위로 규제하면서도 시장지배적 사업자를 포함한 모든 사업자의 불공정거래행위로 규제하는 이유는 배타조건부 거래행위가 (시장지배적지위 남용행위에 해당하는지 여부를 떠나) 공정한 거래를 저해할 우려가 있는 행위라고 평가되는 경우 이를 규제해야 할 필요성이 있기 때문이라고 한다.[12)] 대법원의 입장은 시장지배적지위 남용행위와 불공정거래행위는 경쟁법상 기능이 상이한 별개의 제도이므로 부당성 판단기준도 구별되어야 한다는 의미로 해석되며, 따라서 동일한 사안에 대한 양 조항의 중복적용이 가능하다고 판단된다.

이러한 대법원의 입장을 전체 시장지배적지위 남용행위와 불공정거래행위 유형에 적용한다면 양자간의 중복문제는 해소되는 측면이 있지만 양자간에 체계상의 문제가 모두 해소되는 것은 아니다. 즉 행위를 유형화하는데 있어서 지나치게 복잡하고, 유사한 행위가 서로 다른 상위 행위유형으로 분류되는 문제 등은 남아있다. 예를 들어 거래거절의 경우 시장지배적지위 남용행위에서는 사업활동방해의 한 하위유형으로 되어 있는데, 불공정거래행위에서는 사업활동방해와는 별개의 독자적인 행위유형으로 되어 있어, 행태측면에서 어떤 차이가 있는가 하는 의문이 드는 것이다. 이러한 점은 양자의 중복된 행위유형의 체계에 대한 전반적 검토가 필요함을 보여주고 있다.

사견으로는 시장에서의 경쟁제한성이 문제되는 행위유형들은 시장지배적지위 남용행위로 포섭하되 현재의 관련 규정들을 전반적으로 재검토하여 정비하고, 나머지 경쟁제한성과 관련이 적은 행위들은 순수한 불공정거래행위로 남겨두는 것이 타당하다고 생각한다.[13)] 불공정거래행위를 일률적으로 사법적 구제에

---

10) 이러한 입장을 '경쟁제한설'로, 통설을 '경쟁자 침해설'로 부르는 견해가 있다. 이황, 공정거래 심결사례 30선(2010. 6), 16~17면.

11) 대판 2009. 7. 9. 2007두22078.

12) 대판 2013. 4. 25. 2010두25909.

13) 예를 들어 대법원은 "제45조의 불공정거래행위 중 '계열회사를 위한 차별'의 요건으로서 계열회사를 유리하게 하기 위한 의도는, 특정 사업자가 자기의 이익을 위하여 영업활동을 한 결과가 계열회사에 유리하게 귀속되었다는 사실만으로는 인정하기에 부족하고, 차별행위의 동기, 그 효과의 귀속주체, 거래의 관행, 당시 계열회사의 상황 등을 종합적으로 고려하여 사업자의

맡기는 것은 불공정거래행위 규제의 실효성 측면에서 옳지 못하다고 생각된다.

시장지배적지위 남용행위와 관련 불공정거래행위 비교

시장지배적지위 남용행위			불공정거래행위		
법	시행령	고 시	법	시행령	지 침
부당한 가격남용					
부당한 출고조절	정당한 이유없는 추세대비 공급량 감소				
	정당한 이유없는 유통단계공급부족시 공급감소				
부당한 사업활동방해	정당한 이유없는 원재료구매방해				
	과도한 경제상이익제공 인력채용		부당한 사업활동방해	부당한 인력채용	
	정당한 이유없는 필수요소 사용·접근거절				
	기타 부당한 사업활동방해	부당한 거래거절/수량, 내용 제한	부당한 거래거절	공동(정당한 이유없는)/기타	
		정상적 거래관행 아닌 차별행위	부당한 차별적 취급	부당한 가격/거래조건/계열회사(정당한 이유없는)/집단	
		부당한 불이익 제공강제	부당한 거래상 지위남용	부당한 불이익제공	

주된 의도가 계열회사가 속한 일정한 거래분야에서 경쟁을 제한하고 기업집단의 경제력 집중을 강화하기 위한 것이라고 판단되는 경우에 한하여 인정된다"고 판시하는 바[SK텔레콤(주)의 차별취급행위 등 건, 대판 2004. 12. 9. 2002두12076], 이는 시장지배적지위 남용행위로 포함시키는 것이 타당하다. 세부적인 검토가 필요하지만 불공정거래행위 유형중 거래거절·차별적취급·거래강제·구속조건부거래, 경쟁사업자배제는 시장지배적지위 남용행위로 포섭하고(다만, 공동의 거래거절은 부당공동행위로 계열사를 위한 차별은 부당 자금·자산·인력지원으로, 집단적 차별은 부당공동행위를 포함), 부당 자금·자산·인력지원(계열사를 위한 차별 포함)은 경제력 집중 억제시책으로 규정하며, 거래상 지위를 남용한 불공정거래행위로서의 거래거절행위와 차별적 취급행위, 사업활동방해행위는 거래상 지위 남용행위로 포섭할 수 있을 것이다. 결국 거래상 지위 남용행위와 부당 고객유인정도를 불공정거래행위로 규제하게 된다. 한편 강제성이 없는 끼워팔기와 구속조건부거래와 같은 수직적 합의의 성격을 가진 행위 유형은 별도의 규정을 신설하거나 제40조 부당공동행위에 수직적 합의도 포함하는 것으로 해석하는 것이 필요하다.

시장지배적지위 남용행위			불공정거래행위		
법	시행령	고 시	법	시행령	지 침
		정당한 이유없는 일시적 자금회수			
		부당한 행정절차이행 방해			
		지식재산권 관련 사법, 행정절차 부당이용			
부당한 시장 참가방해	정당한 이유없는 배타적 거래		부당한 구속조건부거래	부당한 배타조건부거래	
	정당한 이유없는 계속사업권리매입				
	정당한 이유없는 필수요소 사용 · 접근거절(새로운 경쟁사업자)				
	기타 부당한 신규진입방해	정당한 이유없는 거래거절/감축	부당한 거래거절	공동(정당한 이유없는)/기타	
		부당한 절차 이용 방해			
		필수원재료 수급 부당조절			
		지식재산권 관련 사법, 행정절차 부당 이용			
부당한 경쟁사업자 배제	부당한 약탈가격		부당한 경쟁사업자배제	부당한 염매, 고가매입	
	부당한 배타조건부거래		부당한 구속조건부거래	부당한 배타조건부거래 거래지역 · 거래상대방제한	
부당한 소비자 이익 저해					

2. 부정경쟁방지법과의 관계

독점규제법상의 불공정거래행위와 부정경쟁방지법상의 부정경쟁행위는 유사한 측면이 있으나, 부정경쟁방지법은 널리 알려진 타인의 상표·상호 등을 부정하게 사용하는 등의 부정경쟁행위와 타인의 영업비밀을 침해하는 행위를 규제하는데 반해 독점규제법 제45조 제 1 항의 불공정거래행위는 경쟁방법의 불공정성이나 경쟁제한성 또는 거래의 내용이나 조건의 불공정성 등을 통하여 공정한 거래질서를 침해하는 행위를 금지하는 것으로 기본적인 차이가 있고, 둘째, 구제수단도 부정경쟁방지는 사업자의 사적이익을 보호하기 위한 것으로서 그 구제는 부정경쟁행위의 금지청구나 손해배상청구를 통하여 법원에서 사법적으로 이루어지는 것을 원칙으로 하는 데 반해, 불공정거래행위는 원칙적으로 공정한 거래질서를 해치는 행위로서 독립규제기관인 공정거래위원회가 공적으로 규제하고 있다.

양 법의 경합문제에 있어 일정한 경우 독점규제법의 우선적용을 규정하고 있다. 즉 독점규제법에 「부정경쟁방지법」 제 2 조 제 1 호 라목 내지 바목, 제 3 조 내지 제 6 조 및 제18조 제 3 항의 규정과 다른 규정이 있는 경우에는 독점규제법에 의한다(「부정경쟁방지법」 제15조 제 2 항).

Ⅳ. 성립요건상의 문제점

[참고사례]

정산실업의 불공정거래행위 건(서울고등법원 1989. 10. 13. 선고 89나18711 판결; 대법원 1990. 4. 10. 선고 89다카29075 판결[손해배상(기)]); **한일사의 불공정거래행위 건**(공정거래위원회 1994. 7. 14. 의결 제94－196호, 1994. 10. 5. 재결 제94－9호; 서울고등법원 1995. 12. 14. 선고 94구34120 판결; 대법원 1996. 6. 25. 선고 96누2019 판결); **쌍용정유(주)의 거래거절행위 건**(공정거래위원회 1994. 10. 12. 의결 제94－308, 309호, 1994. 11. 28. 재결 제94－11호; 서울고등법원 1996. 5. 23. 94구39927; 대법원 1998. 9. 8. 96누9003); **(주)교차로의 부당표시광고행위 건**(공정거래위원회 1997. 7. 2. 의결 제97－101호, 1997. 10. 4. 재결 제97－32호; 서울고등법원 1998. 6. 19. 선고 97구40447 판결;

대법원 2000. 9. 29. 선고 98두12772 판결); **현대정보기술**(주)**의 부당염매행위 건**(공정거래위원회 1998. 2. 24. 의결 제98－39호; 서울고등법원 1999. 2. 11. 선고 98누9181 판결; 대법원 2001. 6. 12. 선고 99두4686 판결); **대한주택공사의 거래상지위 남용행위 등 건**(공정거래위원회 1998. 9. 9. 의결 제1998－210호; 서울고등법원 1999. 12. 15. 선고 99누1177 판결; 대법원 2001. 12. 11. 선고 2000두833 판결; 유한회사 듀폰의 거래거절행위 건(공정거래위원회 2002. 12. 23. 의결 제2002.363호; 서울고등법원 2004. 11. 25. 선고 2003누1709 판결; 대법원 2005. 5. 27. 선고 2005두746 판결); (주)**에스엠엔터테인먼트의 거래상지위 남용행위 건**(공정거래위원회 2002. 7. 31. 의결 제2002.160호; 서울고등법원 2004. 4. 1. 선고 2002누13613 판결); **정리회사 인천정유**(주)**의 무혐의 처분에 대한 헌법소원**(헌재결 2004. 6. 24. 선고 2002헌마496 결정); **SK텔레콤**(주)**의 차별적취급행위 등 건**(공정거래위원회 2001. 9. 10. 의결 제2001.127호; 서울고등법원 2002. 10. 10. 선고 2001누16073 판결; 대법원 2004. 12 .9. 선고 2002두12076 판결); (주)**컴네트플러스의 무혐의 처분 취소 건**(공정거래위원회 2005. 7. 27. 2005경촉1460 무혐의처분; 헌법재판소 2008. 10. 30. 선고 2005헌마1005 판결)

1. 개　　요

독점규제법이 금지하는 불공정거래행위에 해당하기 위하여는, 첫째로 문제가 되는 행위가 그 외형으로 볼 때 동 조항에서 열거하는 행위유형에 해당하고(형식요건), 다음으로 그 행위가 실질에 있어 공정한 거래를 저해할 우려가 있어 부당하다는 평가를 받아야 하는 바(실질요건), 여기서 공정한 거래를 저해할 우려가 있어야 한다는 것은 당해 행위가 시장의 경쟁질서에 악영향을 끼쳐 부당하다는 평가를 받아야 비로소 위법한 불공정거래행위로서 규제의 대상이 된다는 의미이다.[14]

이 때 그 부당성의 유무를 판단함에 있어서는 거래당사자의 거래상의 지위 내지 법률관계, 상대방의 선택 가능성·사업규모 등의 시장상황, 그 행위의 목적 및 효과, 관련 법규의 특성 및 내용 등 여러 사정을 고려하여 그 행위가 공정하고 자유로운 경쟁을 저해할 우려가 있는지의 여부에 따라야 할 것이다.[15] 이하에서는 성립요건상 문제가 되고 있는 몇 가지 쟁점에 대해 살펴보기로 한다.

---

14) 헌재결 2004. 6. 24. 2002헌마496.

15) 대판 1998. 3. 24. 96누11280; 대판 1998. 3. 27. 96누18489; 대판 1998. 9. 8. 96누9003; 대판 2005. 5. 27. 2005두746.

2. 공정거래저해성

1) 공정한 거래의 의미

독점규제법은 기본적으로 경쟁을 보호하는 법이다. 따라서 제45조 제 1 항에서 규정하고 있는 공정한 거래라는 의미를 경쟁의 보호와 관련하여 어떻게 해석해야 하는가 하는 것이 문제된다. 이에 대해서는 학설이 갈리고 있다. 제 1 설(광의설)은 공정한 거래를 공정한 경쟁(fair competition)보다 넓은 개념으로 보아 사업자들 상호간에 경쟁을 하는 수단이나 방법이 불공정한 경우는 물론, 거래의 내용이나 조건이 부당하거나 불공정한 경우 또는 거래를 위한 교섭이나 정보제공에 있어 상대방의 합리적인 선택을 방해하는 행위까지 포함하는 아주 넓은 개념으로 파악한다.[16] 제 2 설(협의설)은 독점규제법이 경쟁법이라는 관점에 주목하여 공정한 거래를 '공정한 경쟁'으로 보고 있다.[17] 제45조 제 1 항의 규정내용으로 보아 제 1 설이 타당하다고 본다.

> 공정거래저해성이란 경쟁제한성과 불공정성(unfairness)을 포함하는 개념이다. 경쟁제한성이란 당해 행위로 인해 시장 경쟁의 정도 또는 경쟁사업자(잠재적 경쟁사업자 포함)의 수가 유의미한 수준으로 줄어들거나 줄어들 우려가 있음을 의미한다.[18] 불공정성(unfairness)이란 경쟁수단 또는 거래내용이 정당하지 않음을 의미하는데 경쟁수단의 불공정성은 상품 또는 용역의 가격과 질 이외에 바람직하지 않은 경쟁수단을 사용함으로써 정당한 경쟁을 저해하거나 저해할 우려가 있음을 의미하며 거래내용의 불공정성이라 함은 거래상대방의 자유로운 의사결정을 저해하거나 불이익을 강요함으로써 공정거래의 기반이 침해되거나 침해될 우려가 있음을 의미한다[「불공정거래행위 심사지침」 Ⅲ. 1. 가. (2)].

16) 정호열, 공정거래법강의Ⅱ(2000), 391면; 홍대식, 경쟁법연구 제 7 권(2001), 298~299면. '공정한'이라고 표현한 것은 오로지 경쟁의 불공정성만을 문제삼고 경쟁제한성에 대한 고려를 배제한다는 의미가 아니라, 전형적인 경쟁제한의 전단계 또는 초기단계를 규제한다는 점에서 다른 경쟁제한행위와 달리 당해 행위가 시장구조나 행동에 미치는 영향에 대한 엄밀한 분석을 필요로 하지 않으므로, 공정한 거래질서의 확립을 주된 목적으로 한다는 것을 강조하는 의미로 이해한다.

17) 한현옥, 자유경쟁과 공정거래(2002), 446~447면.

18) 시장지배적지위 남용행위에서의 경쟁제한성과 구별하기 위해 '경쟁저해성'으로 표현하는 것이 타당하다고 생각한다.

그에 따라 경쟁제한성 위주로 심사하는 행위유형, 불공정성 위주로 심사하는 행위유형으로 구분되는바, 전자는 거래거절, 차별적취급, 경쟁사업자배제, 구속조건부거래이고, 부당한 고객유인, 거래강제, 사업활동방해, 거래상 지위남용행위는 후자에 해당한다.[19)]

2) 저해할 우려

공정한 거래를 저해할 우려가 있는 행위란 공정한 거래질서를 유지하기 위하여 바람직하지 아니한 경우로서 공정하고 자유로운 경쟁을 유지 · 촉진하는 데에 장애가 되거나 이것을 곤란하게 하는 일체의 행위와 조건을 말한다.[20)]

'우려'는 공정거래저해의 위험성을 의미하는 것으로, 그 정도는 추상적인 위험성만으로 족하다.

공정한 거래를 저해하는 효과가 실제로 구체적인 형태로 나타나는 경우뿐만 아니라 나타날 가능성이 큰 경우를 의미하며 또한, 현재는 그 효과가 없거나 미미하더라도 미래에 발생할 가능성이 큰 경우를 포함한다[「불공정거래행위 심사지침」 Ⅲ. 1. 가. (4)].

3) 공정거래저해성의 판단기준

원칙적으로 공정거래저해성은 당해 행위의 효과를 기준으로 판단한다. 사업자의 의도나 거래상대방의 주관적 예측은 공정거래저해성을 입증하기 위한 정황증거로서의 의미를 갖는다(「불공정거래행위 심사지침」 Ⅲ. 1. 나).

〈(주)에스엠엔터테인먼트의 거래상지위 남용행위 건〉 관련 행정소송에서

19) 불공정성 판단시 사법적인 기준을 고려할 수 있지만, 경쟁규범과의 관련성을 적절하게 반영하여야 한다는 논지에 대하여 홍대식, 경쟁법연구 제 7 권(2001), 295~298면 참조. 홍대식, 경쟁법연구 제37권(2018. 5), 188~214면에서도 경쟁제한성 기준과 그 밖의 기준 사이의 공통적인 기반으로 '경쟁질서와의 관련성을 강조'하고, 그런 관점에서 불공정거래행위의 위법성 유무를 판단할 때 그 판단의 표준은 소비자의 경우 '평균적인 소비자'이고, 침해의 대상이 사업자인 경우에는 '유력한 사업자'가 될 수 있다고 본다; 공정의 문제를 경쟁정책적으로 다루는 것이 경쟁보호의 규범체계에서 본질에 벗어나는 것이 아니라는 주장과 함께, 경쟁제한성과 불공정성의 이원적 접근방식에 대한 비판으로 홍명수, 경희법학 제50권 제 3 호(2015. 9. 30), 45면, 71~73면 참조.

20) 서고판 2004. 4. 1. 2002누13613.

서울고등법원은 "공정거래저해 여부는 우선적으로 거래주체 사이에서 판단하여야 할 것인 바, 신인가수와의 전속계약에서 과다한 손해배상을 약정한 주된 목적이 막대한 비용을 투자하여 키운 가수를 경쟁기획사가 아무런 대가를 치르지 않고 데려가는 무임승차를 막기 위한 것이라 하더라도 그 금액이 과다하여 전속계약의 상대방인 가수의 계약지속여부 등 거래조건을 부당히 구속하는 정도에 이르고 있는 이상 공정한 거래를 저해할 우려가 있는 행위"라고 판시하였다.[21]

4) 안전지대(safety zone)의 설정

「불공정거래행위 심사지침」에서는 안전지대(safety zone)에 대하여 규정하고 있다.

> 안전지대란 사업자의 시장점유율 등에 비추어 통상적으로 공정거래저해성이 미미할 것으로 인정되는 경우 불공정거래행위의 외형에 해당되는 행위가 있다고 하더라도 공정거래저해성이 없는 것으로 보아 공정거래위원회가 원칙적으로 심사절차를 개시하지 않는 '심사면제 대상'을 의미한다. 안전지대는 법 제45조 제1항의 불공정거래행위(제9호의 부당한 지원행위는 제외)에 한정된다. 안전지대에 해당되는 사업자의 행위라도 공정거래위원회가 동법의 적용을 위한 심사를 개시할 수 없는 것은 아니다.
>
> 또한, 안전지대에 해당되지 않는 사업자의 행위라고 하여 자동적으로 위법성이 추정되는 것은 아니다. 안전지대는 경쟁제한성 위주로 심사하는 불공정거래행위 유형(이하 "경쟁제한요건행위")에 대해서 적용되며, 구체적 범위는 동 지침의 "Ⅵ. 개별행위 유형별 위법성 심사기준"에서 제시되는 바에 의한다. 상기 행위유형에 대해 안전지대를 적용하는 이유는 사업자의 시장점유율이나 매출액 등이 작을 경우 시장경쟁 상황에 미치는 효과가 미미하기 때문이다. 반면, 불공정성(unfairness) 위주로 심사하는 행위유형에 대해서는 안전지대가 적용되지 아니한다. 경쟁제한요건 행위의 경쟁제한성은 「불공정거래행위 심사지침」 〈별첨〉 「경쟁제한성 판단기준」에 따른다(「불공정거래행위 심사지침」 Ⅲ. 2).

21) 서고판 2004. 4. 1. 2002누13613.

〈별첨〉 경쟁제한성 판단기준

1. 일반원칙

이 지침에서 Ⅲ. 1. 가. (2) (다)에서 정의한 경쟁제한성은 구체적으로는 당해 행위로 인하여 시장 가격 상승 또는 시장 전체의 생산량 축소가 발생하거나 발생할 가능성을 의미한다.

경쟁제한효과는 경쟁사업자 간 담합(collusion) 또는 시장력(market power)이 있는 사업자가 경쟁사업자를 배제(exclusion)하는 것에서 비롯되는바, 경쟁제한요건 행위는 사업자간 합의가 아닌 단독행위의 성격을 가지므로 동 행위의 경쟁제한성은 경쟁사업자 배제효과에서 비롯된다. 따라서, 경쟁제한요건 행위의 경쟁제한성은 경쟁사업자 배제효과를 분석하여 판단한다.

다만, 경쟁사업자 배제효과가 있다고 하더라도 모두 경쟁제한효과가 있는 것은 아니다. 다수 사업자가 경쟁하는 시장에서 특정사업자가 배제된 것에 불과하여 시장경쟁의 성과에 변화가 초래되지 않는 경우라면 경쟁제한효과는 없다. 단순히 경쟁사업자가 배제되었다는 이유만으로 경쟁제한성이 없는 행위를 규제하는 것은 시장의 경쟁을 보호하는 것이 아니라 경쟁사업자를 보호하는 과도한 시장개입이 될 우려가 크다.

시장력(market power)이 있는 사업자에 의해 경쟁사업자를 배제하는 경쟁제한요건 행위가 행해지는 경우 경쟁제한효과를 수반할 가능성이 높다. 여기서, 시장력(market power)이란 사업자가 시장의 가격이나 거래조건 등 시장경쟁의 성과에 어느 정도 영향을 미칠 수 있는 힘을 의미한다.

이와 같이, 시장력(market power)이 있는 사업자에 의해 경쟁제한요건 행위가 행해져야 경쟁제한효과가 발생하므로 행위주체가 시장력(market power)을 보유하고 있는지를 판단하여야 한다. 이를 위해서는 우선 적절한 관련 시장을 획정하여야 하고, 획정된 관련시장에서 시장력(market power)이 있는지 여부를 판단하여야 한다.

한편, 경쟁제한효과를 수반하는 경쟁제한요건 행위가 효율성을 제고하는 경우도 있으므로 경쟁제한효과가 있다고 하더라도 그 자체만으로 위법성을 인정할 것이 아니라 당해 행위가 가질 수 있는 효율성 증대효과와 비교형량하여야 한다. 법 제23조에 규정된 부당성 요건은 경쟁제한요건 행위의 경우 경쟁제한효과가 효율성 증대효과 보다 큰 경우에 충족된다.

2. 경쟁제한성 판단기준

경쟁제한요건 행위의 위법성은 ① 시장력(market power)을 보유한 사업자가 ② 경쟁제한효과가 있는 경쟁제한요건 행위를 행하고 ③ 동 경쟁제한효과가 효율성 증대효과보다 큰 경우에 인정된다.

1) 행위주체의 시장력(market power) 보유

행위주체의 시장력(market power)을 판단하기 위해서는 기본적으로 문제된 행위와 관련된 시장이 적정하게 획정되어야 한다(관련시장 획정은 기업결합 심사기준의 일정한 거래분야 판단기준을 준용한다).

원칙적으로 행위주체가 획정된 시장에서의 시장점유율이 30% 이상인 경우에는 행위주체의 시장력(market power)이 인정되나, 시장점유율이 20%에서 30% 사이인 경우도 시장집중도, 경쟁상황, 상품의 특성 등 제반사정을 고려하여 시장력(market power)이 인정될 수 있다.

시장점유율이 10% 이상인 경우에는 다수의 시장참여자들이 동일한 행위를 하고 그 효과가 누적적으로 발생하거나 발생할 우려가 있는 경우(누적적 봉쇄효과)에 한하여 시장력(market power)이 인정될 수 있다.

2) 경쟁제한요건 행위 및 경쟁제한효과의 입증

경쟁제한요건 행위가 자기 또는 계열사의 경쟁사업자를 배제하는 행위인지를 판단하고, 그 행위로 인하여 시장 경쟁이 제한되는지를 입증하여야 한다. 직접적으로 자기 또는 계열사의 경쟁사업자를 대상으로 하는 행위가 아니더라도 자기 또는 계열사의 경쟁사업자를 배제하는 효과를 수반한다면 경쟁제한요건 행위가 행해진 것으로 본다.

시장력(market power)을 보유하고 있는 사업자에 의해 경쟁제한요건 행위가 행해진 경우에는 경쟁제한 효과가 나타날 가능성이 크다.

3) 효율성 증대효과와의 비교형량

경쟁제한효과가 인정되더라도 동 행위의 효율성 증대효과에 대한 주장이 제기되는 경우에는 이를 비교형량하여야 한다. 경쟁제한효과보다 효율성 증대효과가 더 크다는 것을 입증하기 위해서는 ① 기술적 진보나 생산·유통비용의 절감과 같은 효율성의 존재, ② 이러한 효율성을 달성하기 위한 보다 덜 경쟁제한적인 방법이 없다는 사실, ③ 효율성 제고에 따른 이익이 경쟁제한에 따른 폐해보다 크다는 사실 등을 입증하여야 한다.

3. 개별행위 유형별 경쟁제한성 판단기준

1) 목적 및 적용범위

경쟁제한요건 행위 중 단독의 거래거절, 차별취급, 부당염매 행위에 적용된다. 단독의 거래거절이란 이 지침에서 기타의 거래거절로 규정된 행위를 의미한다.

단독의 거래거절, 차별취급 및 염매 행위는 원칙적으로 시장경제에서 개별사업자가 자유롭게 할 수 있는 행위이므로 기본적으로 사회적 비난가능성이 적은 행위이다. 이러한 점을 고려하여 독점력(monopoly power 또는 market dominant power)을 보유한 사업자가 행하는 경우에만 규제하고 있는 것이 주요국가의 법집행기준이다.

여기서 독점력(monopoly power 또는 market dominant power)이란 시장경쟁의 성과에 실질적인 영향을 미칠 수 있는 힘을 의미한다. 주요 국가 경우 독점력(monopoly power 또는 market dominant power)은 원칙적으로 50% 이상의 시장점유율을 보유한 제 1 위 사업자에 한하여 인정된다.

불공정거래행위로서 상기 행위를 규제하고 있는 것은 시장이 독과점화 되기 전에 보다 선제적으로 경쟁제한적 폐해를 방지하기 위한 것이나 주요국가의 법집행기준을 고려하는 것이 바람직하므로 보다 합리적인 심사기준을 통해 법 집행의 정합성을 제고할 필요가 있다.

2) 단독의 거래거절

모든 사업자는 거래상대방을 선택할 자유가 있다. 이를 과도하게 제약할 경우 시장효율에 부합하는 기업판단을 억제하고 소비자 이익을 저해할 수 있으므로 이에 대한 규제는 매우 신중하여야 한다.

따라서, 단독의 거래거절은 행위주체가 원칙적으로 시장점유율이 30% 이상으로 시장력(market power)이 인정되는 경우에만 규제하는 것이 바람직하다. 이러한 시장력(market power)을 다수의 사업자가 보유할 가능성은 적으므로 누적적 봉쇄효과를 이유로 규제할 필요성도 미미하다. 다수의 사업자에 의한 거래거절은 공동의 거래거절로 규제하는 것이 주요 국가의 법집행 관행이다.

단독의 거래거절은 통상 자기 또는 계열사가 경쟁하는 시장에서 경쟁사업자를 배제하여 시장의 경쟁을 제한하는 경우가 규제 대상이 되며, 경쟁사업자가 아닌 단순히 고객 등에 대한 단독의 거래거절은 위법성이 인정되기 어렵다. 다만, 경쟁자

배제를 위한 것일 경우에는 예외적으로 위법성이 인정될 수도 있다.

상당한 정도의 시장력(market power)을 보유한 사업자가 하위시장에도 참여하여 경쟁하고 있는 상황에서 하위시장의 경쟁사업자에게 그가 필요로 하는 자신의 상품 공급을 거절하는 경우에는 위법성이 인정될 가능성이 크다. 이와 달리 하위시장에 참여하고 있지 않은 경우에는 통상 경쟁사업자 배제효과가 수반되지 않으므로 위법성이 인정되기 어렵다.

거래거절은 시장경제하에서 원칙적으로 자유로이 행해질 수 있는 것이므로 이를 규제하기 위해서는 엄격한 기준이 필요하다. 예를 들어 대상 상품이 경쟁사업자의 사업활동에 필수적인 제품인지 여부, 거래거절에 정당한 사유가 있는지 여부에 대한 고려가 필요하다.

3) 차별취급

사업자는 가격, 거래조건 등을 거래지역이나 거래상대방에 따라 달리 정할 수 있는 것이고, 이에 대한 규제는 가격인하나 혁신을 처벌하는 결과가 될 수 있으므로 단독의 거래거절과 마찬가지로 매우 신중하여야 한다.

차별취급은 자기 또는 계열사의 경쟁사업자를 차별하여 경쟁사업자가 배제되고 이로 인하여 시장의 가격 상승 등 경쟁제한효과가 발생하는 경우에 규제하는 것이므로 원칙적으로 행위주체가 시장점유율이 30% 이상으로 시장력(market power)이 인정되는 경우에만 규제하는 것이 바람직하다.

차별취급은 주로 1선 시장(차별취급을 행하는 판매자의 상품이 속한 시장)에서 문제가 되나, 예외적으로 1선 시장에서 시장력(market power)을 보유한 사업자가 2선 시장(구매자 또는 그 구매자의 구매자가 속한 시장)에서 서로 경쟁하는 사업자를 차별하고 이로 인해 가격 상승 등 경쟁제한효과가 발생하는 경우에도 문제될 수 있다. 다만, 2선 시장에서 차별취급으로 인하여 경쟁제한효과가 발생하기 위해서는 2선 시장의 시장집중도가 높을 것이 요구된다. 그리고 이를 입증하기 위해서는 관련시장 획정이 필요하다.

차별취급은 일반적으로 거래물량, 운송거리, 거래조건 등에 따라 합리성이 인정될 수 있으므로 이에 대한 고려가 필요하다. 2선 차별의 경우 일반적으로 그 목적이 경쟁사업자를 배제하는 것이 아닌 경우에는 합리적인 이유가 있는 경우가 대부분이다.

4) 부당염매

자유시장경제에서 가격은 대표적인 경쟁수단으로서 가격인하를 통해 경쟁자의 고객을 확보하는 행위는 자연스러운 경쟁과정이다. 가격인하를 규제할 경우 비효율적인 경쟁자를 보호하거나 기업의 예측 가능성을 저해하여 가격인하 경쟁 자체를 위축시킬 우려가 있으므로 규제는 매우 신중하여야 한다.

시장이 상당히 독과점화 되어 있지 않는 경우에는 부당염매로 인하여 자기 또는 계열사의 경쟁사업자가 배제되고 이로 인하여 시장의 가격이 상승하는 등 경쟁제한효과가 발생하기 어렵다. 따라서, 부당염매를 규제하기 위해서는 원칙적으로 행위주체가 시장점유율이 30% 이상으로 시장력(market power)이 인정되는 경우에만 규제하는 것이 바람직하다.

부당염매는 비용보다 낮게 설정된 가격으로 판매하는 것을 의미하므로 타 사업자에 비하여 낮은 가격으로 판매하는 것 자체는 문제가 아니며 가격이 적절히 산정된 비용 이하인지 여부, 그리고 이러한 낮은 가격이 배제효과를 수반할 정도로 의미 있는 기간 동안 지속되었는지 여부가 중요한 위법성 판단기준이다.

5) 부당성과 공정거래저해성의 관계

법 제45조 제 1 항의 불공정거래행위는 "부당하게 ~ 하는 행위로서 공정한 거래를 저해할 우려가 있는" 행위구조를 갖고 있다. 따라서 부당성과 공정거래저해성이 같은 개념인지 다른 것인지가 문제된다. 이에 대하여는 양자를 동일한 내용으로 파악하는 견해,[22] 양자를 별개의 구성요건으로 파악하는 견해,[23] 독점규제법 제45조 제 1 항 각호에서의 부당성은 당해 규정의 취지와 의의에 관한 개별적 판단에 기초하여 구성되는 것이며, 이에 의하여 불공정거래행위의 실질적 내용이 결정된다고 하고, 이때 제 1 항 본문의 '공정거래저해성'은 경쟁규범적

---

22) 정호열, 공정거래법과 규제산업(2007), 317면. 공정거래저해성 또는 부당성을 "경쟁과정에서 나타나는 기업의 행태가 선량한 풍속에 배치되어 불공정성(Unlauterkeit)을 띠는 것, 즉 당해 업계의 정상적인 경쟁방법의 범위를 벗어났다거나 혹은 경제사회의 통념상 시인될 수 없는 경쟁수법 혹은 건전한 상도의(商道義)에 위배되는 것"으로 정의한다; 김기영, 경쟁법연구(제 8 권), 634면.

23) 엄기섭, 공정경쟁(2003. 12), 17면. 〈한일사의 불공정거래행위 건〉에서의 서울고등법원의 태도가 타당하다고 한다. 즉 거래거절행위에 있어서 거래중단행위가 "부당"하다는 것은 거래중단행위에 정당한 이유가 없는 것을 말하며, 거래중단에 정당한 이유가 있는 것으로 자유경제체제하에서 사업자에게 거래처를 선택할 자유의 범위내에 속하는 행위는 허용된다. 또한 "공정한 거래를 저해할 우려가 있는 경우"라 함은 거래거절의 상대방이 자기 또는 자기와 밀접한 관계에 있는 사업자의 경쟁자인 경우에 거래거절이 경쟁자를 제압, 배제하는 목적으로 이루어진 것이어서 그로 인하여 상대방이 용이하게 다른 거래처를 찾을 수 없게 되는 등으로 거래기회가 박탈되어 사업활동이 곤란하게 되거나 경쟁에서 배제되기에 이른 경우를 말한다고 판시하였다(서고판 1995. 12. 14. 94구34120).

의의를 밝힘으로써, 부당성판단의 한계기능을 수행하는 것으로 이해하는 견해[24]가 있다.

대법원은 "부당성의 유무를 판단함에 있어서는 거래당사자의 거래상의 지위 내지 법률관계, 상대방의 선택 가능성·사업 규모 등의 시장상황, 그 행위의 목적 및 효과, 관련법규의 특성 및 내용 등 여러 사정을 고려하여 그 행위가 공정하고 자유로운 경쟁을 저해할 우려가 있는지 여부를 따라야 한다"고 함으로써 양자를 동일하게 보고 있다.[25] 헌법재판소도 거래거절사건에서 "계약자유원칙이 지배하는 시장경제질서 하에서 행위의 주체·태양·효과 등 객관적 측면만으로 그 부당성을 단언하기는 어려울 것이고, 거절의 의도·목적까지 아울러 고려하여 공정거래저해성 유무를 판단할 필요가 있다"고 함으로써 부당성과 공정거래저해성을 사실상 동의어로 사용하고 있다.[26]

「불공정거래행위 심사지침」에서는 '공정거래저해성'과 법 제45조 제1항 각 호에 규정된 '부당하게'는 기본적으로 그 의미가 같은 것이지만 공정거래저해성 판단에는 경쟁제한성·불공정성(unfairness)과 효율성 증대효과·소비자후생 증대효과 등을 종합적으로 판단한다는 입장이다.

> '부당하게'를 요건으로 하는 행위유형은 당해 행위의 외형이 있다고 하여도 그 사실만으로 공정거래저해성이 있다고 인정되는 것은 아니며, 원칙적으로 경쟁제한성·불공정성(unfairness)과 효율성 증대효과·소비자후생 증대효과 등을 비교 형량하여 경쟁제한성·불공정성의 효과가 보다 큰 경우에 위법한 것으로 본다. '부당하게'를 요건으로 하는 행위에 대해서는 공정거래위원회가 위법성을 입증할 책임을 부담하는 것으로 본다[「불공정거래행위 심사지침」 Ⅲ. 1. 가. (3)].

학설과 판례 등을 종합해보면, 부당성과 공정거래저해성은 동일한 개념으로 볼 수밖에 없다. 다만 '공정거래저해성'에는 경쟁제한성 뿐만 아니라 불공정성(unfairness), 효율성 및 소비자후생 등을 고려하여야 한다.

---

24) 홍명수, 공정거래와 법치(1996), 411면.
25) 대판 1998. 9. 8. 96누9003.
26) 헌재결 2008. 10 30. 2005헌마1005 등.

3. '부당하게'와 '정당한 이유없이'의 해석

1) 문 제 점

법 제45조 제 1 항 각호에서는 "부당하게 … 하는 행위"라고 규정하고 있는 반면, 시행령 제52조 제 1 항 [별표 2]의 「불공정거래행위의 유형 및 기준」에서는 "부당하게"라고 규정된 행위유형이 있는가 하면, "정당한 이유없이"라고 규정된 경우[27]가 있다. 여기에서 "부당하게"와 "정당한 이유없이"를 같은 개념으로 보아야하는지 아니면 구별되는 점이 있는지 하는 해석론이 문제된다.

학설에서는 양자를 구별하여 미국판례법상의 당연위법(per se illegal)과 조리위법(rule of reason)의 개념을 차용하여 '부당하게'로 표현된 것은 조리위법행위라 하고 '정당한 이유없이'라고 표현된 것은 당연위법행위로 보는 견해에서부터 위법성이 인정될 가능성의 차이나 입증책임의 차이로 보는 견해가 있고, 차이가 없는 것으로 보는 견해도 있다.

2) 공정거래위원회의 입장 및 판례

공정거래위원회도 기본적으로 구별설의 입장에 서있다. 즉 「불공정거래행위 심사지침」에 의하면 '부당하게'를 요건으로 하는 행위유형은 당해 행위의 외형이 있다고 하여도 그 사실만으로 공정거래저해성이 있다고 인정되는 것은 아니며, 원칙적으로 경쟁제한성 · 불공정성(unfairness)과 효율성 증대효과 · 소비자후생 증대효과 등을 비교 형량하여 경쟁제한성 · 불공정성의 효과가 보다 큰 경우에 위법한 것으로 본다.

> '부당하게'를 요건으로 하는 행위에 대해서는 공정거래위원회가 위법성을 입증할 책임을 부담하는 것으로 본다. 그리고 '정당한 이유없이'를 요건으로 하는 행위(공동의 거래거절, 계열회사를 위한 차별, 계속적 염매)에 대해서는 당해 행위의 외형이 있는 경우에는 원칙적으로 공정거래저해성이 있는 것으로 본다. 정당한 이유의 입증책임은 사업자가 진다(대판 2000두833 판결 취지)[「불공정거래행위 심사지침」 Ⅲ. 1. 가. (3)].

27) 공동의 거래거절, 계열회사를 위한 차별적 취급, 계속거래상의 부당염매.

과거 대법원판례는 "불공정거래행위가 성립하려면 '부당하게'(즉, 정당한 이유없이) 행위하여야 하는바, 불공정거래행위의 해당성을 조각하기 위한 '정당한 이유'라 함은 전적으로 공정한 경쟁질서 유지라는 관점에서 평가되어야 하고, 단순한 사업경영상의 필요 또는 거래상의 합리성 내지 필요성만으로는 '정당한 이유'가 인정되지 아니한다"고 함으로써 "정당한 이유없이"의 요건과 "부당하게"의 요건을 구별하지 않았으나,[28] 그 후 "계속거래상의 부당염매는 사업자가 채산성이 없는 낮은 가격으로 상품 또는 용역을 계속하여 공급하는 것을 가리키므로 그 행위의 외형상 그에 해당하는 행위가 있으면 '정당한 이유가 없는 한' 공정한 거래를 저해할 우려가 있다고 보아야 할 것이나, 그 후단에서 규정하는 이른바 기타 거래상의 부당염매는 그 행위태양이 단순히 상품 또는 용역을 낮은 가격으로 공급하는 것이어서 그 자체로 이를 공정한 거래를 저해할 우려가 있다고 보기 어려운 만큼 그것이 '부당하게' 행하여진 경우라야 공정한 거래를 저해할 우려가 있다고 보아야 할 것이며"[29]라고 하여 양자를 구별하고 있다.

양자를 구별하는 대법원판례에 의하면 "'가격차별', '거래조건차별', '집단적 차별'에 대하여는 그러한 행위가 '부당하게' 행하여진 경우에 한하여 불공정거래행위가 되는 것으로 규정하면서도 '계열회사를 위한 차별'의 경우에는 정당한 이유가 없는 한 불공정거래행위가 되는 것으로 문언을 달리하여 규정하고 있는 취지는, 이러한 형태의 차별은 경쟁력이 없는 기업집단 소속 계열회사들을 유지시켜 경제의 효율을 떨어뜨리고 경제력 집중을 심화시킬 소지가 커서 다른 차별적 취급보다는 공정한 거래를 저해할 우려가 많으므로 외형상 그러한 행위유형에 해당하면 일단 공정한 거래를 저해할 우려가 있는 것으로 보되 공정한 거래를 저해할 우려가 없다는 점에 대한 입증책임을 행위자에게 부담하도록 하겠다는 데에 있다"고 한다.[30] 즉 대법원은 입증책임의 차이로 해석하고 있다.

헌법재판소도 "거래거절은 행위의 공동성 유무에 따라 '공동의 거래거절'과 '기타의 거래거절'로 나뉘는데, '공동의 거래거절'이 경쟁제한적 효과가 큰 행위 자체의 성질로 인하여 외형상 행위요건을 충족하기만 하면 위법성이 추정되어 행위자가 '정당한 이유'가 있음을 입증하지 못하는 한 위법하다는 평가를 받게 되는 데 비하여, '기타의 거래거절'은 곧 '개별적 거래거절'로서 행위요건 충족과

28) 대판 1990. 4. 10. 89다카29075.
29) 대판 2001. 6. 12. 99두4686.
30) 대판 2001. 12. 11. 2000두833.

더불어 특별히 경쟁 제약·배제효과가 인정되는 등으로 공정거래저해성이 있는 경우에 한하여 비로소 위법한 불공정거래행위로서 규제의 대상이 된다"고 함으로써[31] 입증책임의 차이가 있는 것으로 해석한다.

3) 사 견

구별설에 의하는 경우 예를 들어 법 제45조 제 1 항에 "공정한 거래를 저해할 우려가 있는"이라고 표현하고 있고 그 제 2 호에 "부당하게 … 차별하여 취급하는 행위"라고 규정함으로써 그 부당성의 입증책임을 공정거래위원회에 지우고 있음에도 하위법령인 시행령에서 부당한 행위유형의 하나로 계열회사를 위한 차별을 들면서 "정당한 이유없이"라는 표현을 사용함으로써 입증책임을 전도시키는 것은 모법의 위임한계를 넘지 않는가하는 문제가 있다.

이에 대하여 서울고등법원은 〈SK텔레콤(주)의 차별적 취급행위 등 건〉 관련 행정소송에서 "법에서는 불공정거래행위의 기준으로 '부당성'이라는 기준을 설정하여 이를 하위법령에 위임하였고, 하위법령인 시행령에서는 '부당성'의 정도와 종류에 따른 행위를 유형별로 규정하였음을 알 수 있는 바, 행위유형에 따라 부당성의 정도가 각 다를 것이고 어떤 행위 유형은 그 자체로 부당성을 내포하거나 부당성의 정도가 심하여 사실상 사업자가 그 정당함을 입증하지 못하는 한 부당성을 면하지 못하는 경우도 있을 수 있어 이를 유형별로 분류하여 규정한데 불과하므로 행위유형에 따라 사업자에게 사실상 입증책임이 전환된다고 하더라도 하위법령이 '부당성'을 기준으로 행위유형을 규정하고 있는 한에는 모법의 위임한계를 일탈하였다고 보기는 어렵다"고 한다.[32] 결국 상위법에서 "부당하게"라고 하고 하위법령에서 입증책임을 전환하여 "정당한 이유없이"라고 하더라도 무방하다는 취지로 판단하였다.

그러나 다른 판결에서 대법원은 "구 독점규제법(1996. 12. 30. 법률 제5235호로 개정되기 전의 것) 제23조 제 3 항은 '공정거래위원회가 불공정거래행위를 예방하기 위하여 필요한 경우 사업자가 준수하여야 할 지침을 제정·고시할 수 있다'고 규정하고 있으므로 위 위임규정에 근거하여 제정·고시된 「표시·광고에 관한 공정거래지침」의 여러 규정 중 불공정거래행위를 예방하기 위하여 사업자가 준수하여야 할 지침을 마련한 것으로 볼 수 있는 내용의 규정은 위 법의 위

31) 헌재결 2004. 6. 24. 2002헌마496; 헌재결 2006. 3. 30. 2005헌마818.

32) 서고판 2002. 10. 10. 2001누16073(대판 2004. 12. 9. 2002두12076).

임범위 내에 있는 것으로서 위 법의 규정과 결합하여 법규적 효력을 가진다고 할 것이나, 위 지침 Ⅲ(규제대상 및 법 운용방침) 2(법운용방침) (나)호에서 정하고 있는 '문제되는 표시·광고내용에 대한 사실 여부 또는 진위 여부에 관한 입증책임은 당해 사업자가 진다'는 입증책임규정은 원래 공정거래위원회가 부담하고 있는 표시·광고 내용의 허위성 등에 관한 입증책임을 전환하여 사업자로 하여금 표시·광고 내용의 사실성 및 진실성에 관한 입증책임을 부담하게 하는 것으로서 사업자에게 중대한 불이익을 부과하는 규정이라 할 것이므로 이러한 사항을 지침으로 정하기 위하여는 법령상의 뚜렷한 위임근거가 있어야 할 것인데, 위 법규정은 공정거래위원회로 하여금 불공정거래행위를 예방하기 위하여 사업자가 준수하여야 할 사항을 정할 수 있도록 위임하였을 뿐 입증책임전환과 같은 위 법의 운용방침까지 정할 수 있도록 위임하였다고는 볼 수 없으므로 위 입증책임규정은 법령의 위임 한계를 벗어난 규정이어서 법규적 효력이 없다"고 판시하고 있는바, 하위법령에서 입증책임을 전환하는 것은 법규적 효력이 없다고 한다.

생각건대 양자의 의미상의 차이는 발견하기 어렵다. 다만 현행 관련규정들의 형식이나 법원판례들을 종합해 볼 때 입증책임 차이를 누구에게 부담시키느냐에 대한 차이가 있다고 생각된다.[33] 그 경우 모법의 위임한계의 일탈문제뿐만 아니라 용어상의 혼란이 있는 것은 사실이므로 '정당한 이유없이'라는 표현은 사용을 피하고 '부당한(부당하게)'으로 통일하되, 입증책임을 사업자에게 전가해야 하는 예외적인 경우에는 그 위임근거규정을 상위법령에 두고, 규정형식도 정당한 이유를 사업자가 입증하는 경우 예외로 한다는 단서규정을 두는 형식으로 정비하는 방향이 옳다고 본다.

4. 관련시장 범위획정

법 제45조 제 1 항에 규정된 불공정거래행위의 경쟁제한효과를 분석함에 있

33) 그러나 입증책임의 차이라는 것도 실제사례에서 명확히 구분되지 않는다. 예를 들어 "정당한 이유없이"라고 규정된 계열회사를 위한 차별적 취급의 경우에도 대법원은 "차별행위의 동기, 그 효과의 귀속주체, 거래의 관행, 당시 계열회사의 상황 등을 종합적으로 고려하여 사업자의 주된 의도가 계열회사가 속한 일정한 거래분야에서 경쟁을 제한하고 기업집단의 경제력 집중을 강화하기 위한 것이라고 판단되는 경우에 한하여 인정된다"고 함으로써(대판 2004. 12. 9. 2002두12076) 실제로는 당국이 부당성을 입증하는 것과 차이를 발견하기 어렵다.

어 관련 시장범위 획정은 중요한 의미를 갖는다.

관련시장의 범위가 적정수준보다 넓게 획정될 경우 행위효과가 과소한 것으로 평가될 수 있으며, 반대로 관련시장 범위가 적정수준보다 좁게 획정될 경우에는 행위효과가 과대하게 평가될 수 있기 때문이다. 또한, 안전지대에 속하는지 여부를 판단하기 위해 시장점유율을 산정할 때도 시장범위 획정은 중요한 의미를 갖는다.

> 관련시장 범위는 거래대상(상품 또는 용역)의 특성, 거래지역, 거래단계, 거래상대방에 따라 획정될 수 있다. 이 때, 거래대상의 특성에 의한 시장획정은 대상 상품 또는 용역의 수요대체성과 공급대체성을 종합적으로 고려하여 판단한다. 또한, 거래지역에 의한 시장획정은 대상 상품 또는 용역에 대해 지역적으로 수요대체성(타 지역으로 수요를 전환할 수 있는지 여부)과 공급대체성(공급이 타 지역에서 당해 지역으로 전환될 수 있는지 여부)이 있는지 여부를 종합적으로 고려하여 판단한다. 상기의 시장범위 획정시 구체적으로 고려하는 사항은 「기업결합 심사기준」의 '일정한 거래분야 판단기준'을 준용한다(「불공정거래행위 심사지침」 Ⅳ).

5. 규정형식의 문제

법 제45조 제 1 항 제 1 호 내지 9호에서는 불공정거래행위의 유형을 한정적으로 열거하고 있다. 그러나 1999. 2. 5. 제 7 차 법개정시 제 8 호(현재 제10호)를 신설하여 제 1 호 내지 제 7 호(현재 제 9 호) 이외의 행위도 불공정거래행위로 될 수 있게 되었다. 2020. 12. 29. 법 전부개정에서도 동일한 취지가 유지되고 있다. 한편 시행령 제52조 [별표2]에 의거 고시되어 있지 않은 행위의 경우 법 제45조 제 1 항 각호의 규정을 적용하여 규제할 수 있느냐의 문제가 대두된다. 특히 제10호의 신설로 더욱 문제가 될 수 있다.

이에 대해서는 열거적 예시주의를 취하고 있는 현행법상 시행령 [별표2]나 고시에 규정되지 아니한 행위에 대해서도 법규정을 직접 적용하여 규제할 수 있다고 보는 입장과 시행령 별표나 고시는 일종의 법규명령이기 때문에 여기에 규정되어 있지 아니한 행위에 대해서는 법규정을 바로 적용하여 규제할 수 없다고 보는 입장이 있을 수 있다.

이러한 문제와 관련, 대법원은 "독점규제법 제45조 제 1 항 제10호가 복잡·

다양한 경제활동 또는 시장상황에서 발생할 수 있는 불공정거래행위 전부를 법률에 규정하는 것이 입법기술상 어려운 상황에서 공정거래저해성에 있어서 그 제 1 호 내지 제 9 호와 유사한 행위를 규제하기 위한 것이라 하더라도, 위 제10호에서는 제 1 호 내지 제 9 호와 달리 기본적 행위유형이나 이를 가늠할 대강의 기준조차 전혀 제시되어 있지 않아서 수범자인 사업자의 입장에서는 구체적으로 통상의 사업활동 중에 행하여지는 어떤 행위가 위 제10호에서 규정한 '공정한 거래를 저해할 우려가 있는' 행위에 해당하는 것으로서 금지되는지 여부를 예측하기가 매우 어렵다. 더욱이 법 제45조 제 1 항에 위반하여 불공정거래행위를 한 사업자에 대하여 행정적 제재뿐만 아니라 형사처벌까지 가능하도록 하고 있는 점을 감안하면, 위 제10호는 행위의 작용 내지 효과 등이 제 1 호 내지 제 9 호와 유사한 유형의 불공정거래행위를 규제할 필요가 있는 경우에 이를 대통령령으로 정하여 규제하도록 한 수권규정이라고 해석함이 상당하다. 따라서 같은 법 시행령에 위 제10호와 관련된 불공정거래행위의 유형 또는 기준이 정하여져 있지 아니한 이상, 문제된 행위가 공정한 거래를 저해할 우려가 있는 행위라고 하여 이를 위 제10호의 불공정거래행위로 의율하여 제재를 가할 수는 없다"고 판시하였다.[34] 따라서 대법원은 후자의 입장에 서 있다고 판단된다.

6. 지침제정 · 고시

독점규제법 제45조 제 4 항은 "공정거래위원회가 불공정거래행위를 예방하기 위하여 필요한 경우 사업자가 준수하여야 할 지침을 제정 · 고시할 수 있다"고 규정하고 있다. 이에 따라 「불공정거래행위 심사지침」 등을 제정 · 운영하고 있다.

V. 불공정거래행위의 유형 및 기준

1. 서　　론

불공정거래행위의 유형 및 기준은 *대통령령*[35]으로 정하게 되어 있다(법 제

34) 대판 2008. 2. 14. 2005두1879.

45조 제 3 항). 이는 모든 사업분야에 공통적으로 적용된다는 의미에서 일반불공정거래행위라 한다.

불공정거래행위의 유형과 기준을 법에서 정하지 아니하고 시행령에 위임하고 있는 것이 합헌인지, 그리고 이를 구체화하는 고시규정이 위임입법의 헌법적 한계를 초과하는지 여부에 대하여 〈김구부 외 1의 신문업에 있어서의 불공정거래행위 및 시장지배적지위 남용행위의 유형 및 기준 제 3 조 제 1 항 등 위헌확인 건〉에서 헌법재판소는 "불공정거래행위의 유형과 기준을 미리 법률로서 자세히 정하지 아니하고 이를 명령에 위임한 것은 부득이한 것으로 인정되고, 이 사건 수권규정인 독점규제법 제45조에서 위임한 사항인 '불공정거래행위의 유형 또는 기준'이 어떠한 내용을 가질 것인지에 대하여는, 동 조항에서 열거하고 있는 대표적 불공정거래행위의 내용을 참작할 수 있으며 나아가 동법 제 1 조가 요구하는 바와 같이 공정하고 자유로운 경쟁을 촉진하여 창의적인 기업활동을 조장하고 소비자를 보호함과 아울러 국민경제의 균형있는 발전을 도모하기 위하여는 우월적 지위를 이용하여 경쟁사업자나 일반소비자의 이익을 부당하게 침해하는 행위를 규제하여야 할 것인데 이 사건 위임사항이 이러한 의미의 불공정거래행위의 기준과 유형을 한계지우는 내용이 될 것임은 무리없이 예측할 수 있으므로 이 사건 조항인 「신문고시」 제 3 조 제 1 항 제 2 호는 동 수권사항을 위임받은 범위내에서 이를 구체화하고 있을 뿐이어서 위임입법의 헌법적 한계를 초과하지 아니한다"라고 판시하였다.[36)]

한편 일반불공정거래행위 외에 특정행위(병행수입)분야 또는 특정분야(신문)에 적용하기 위한 세부기준을 정하여 고시하고 있다.

불공정거래행위의 종류

구 분	불공정거래행위의 유형 및 기준	
일반 불공정거래행위	거래거절	1. 공동의 거래거절(정당한 이유없이)
		2. 기타의 거래거절
	차별적취급	1. 가격차별
		2. 거래조건차별
		3. 계열회사를 위한 차별(정당한 이유없이)
		4. 집단적차별

35) 시행령 [별표 2] 불공정거래행위의 유형 또는 기준(제52조 관련)

36) 헌재 2002. 7. 18. 2001헌마605.

구 분	불공정거래행위의 유형 및 기준	
일반 불공정거래행위	경쟁사업자 배제	1. 부당염매(정당한 이유없이)
		2. 부당고가매입
	부당한 고객유인	1. 부당한 이익에 의한 고객유인
		2. 위계에 의한 고객유인
		3. 기타의 부당한 고객유인
	거래강제	1. 끼워팔기
		2. 사원판매
		3. 기타의 거래강제
	거래상 지위남용	1. 구입강제
		2. 이익제공 강요
		3. 판매목표 강제
		4. 불이익 제공
		5. 경영간섭
	구속조건부 거래	1. 배타조건부거래
		2. 거래지역 또는 거래상대방 제한
	사업활동방해	1. 기술의 부당이용
		2. 인력의 부당유인·채용
		3. 거래처 이전방해
		4. 기타의 사업활동방해
	부당한 자금·자산·인력지원	1. 부당한 자금지원
		2. 부당한 자산지원
		3. 부당한 인력지원
특수불공정거래행위	특정행위 관련	1. 병행수입고시
	특정사업 관련	1. 신문고시

2. 불공정거래행위의 종류

1) 거래거절

[참고사례]

정산실업의 불공정거래행위 건(서울고등법원 1989. 10. 13. 선고 89나18711 판결; 대법원 1990. 4. 10. 선고 89다카29075 판결[손해배상(기)]); (주)한국하우톤의 계약 해지건(서울고등법원 1994. 2. 15. 선고 91나67945 판결; 대법원 1995. 3. 24. 선고 94다17826 판결 [손해배상(기)]; (주)한국생필체인의 거래강제행위 건(공정거래위원회 1992. 4. 15. 의결 제92.30호, 1992. 7. 7. 재결 제92.6호; 서울고등법원 1993. 6. 24. 선고 92구20257 판결; 대법원 1995. 2. 3. 선고 93누15663 판결); 한일사의 불공정거래행위 건(공정거래위원회 1994. 7. 14. 의결 제94－196호, 1994. 10. 5. 재결 제94－9호; 서울고등법원 1995. 12. 14. 선고 94구34120 판결; 대법원 1996. 6. 25. 선고 96누2019 판결); 쌍용정유(주)의 거래거절행위 건(공정거래위원회 1994. 10. 12. 의결 제94-308, 309호, 1994. 11. 28. 재결 제94-11호; 서울고등법원 1996. 5. 23. 선고 94구39927 판결; 대법원 1998. 9. 8. 선고 96누9003 판결); 3개 황산대리점의 거래거절행위 건(공정거래위원회 1998. 9. 25. 의결 제99-299호, 1999. 3. 22. 재결 제99-77호; 서울고등법원 1999. 10. 13. 선고 99누3999 판결); 한국코카콜라(주)의 거래거절행위 건(공정거래위원회 1997. 8. 27. 의결 제97-133호; 서울고등법원 1998. 10. 14. 선고 97구53139, 2001. 6. 5. 선고 2001누1989 판결; 대법원 2001. 1. 5. 선고 98두17869 판결); 에스케이씨(주)의 거래거절행위 건(공정거래위원회 1999. 4. 16. 의결 제99-57호; 서울고등법원 2001. 1. 30. 선고 2000누1494 판결; 대법원 2001. 6. 12. 선고 2001두1628 판결); 하이트맥주(주)의 거래상지위 남용행위 및 거래거절행위 건(공정거래위원회 2001. 3. 9. 의결 제2001.41호; 서울고등법원 2002. 9. 26. 선고 2001누4971 판결; 대법원 2004. 7. 9. 선고 2002두11059 판결); 정리회사 인천정유(주)의 무혐의 처분에 대한 헌법소원(헌법재판소 2004. 6. 24. 선고 2002헌마496 결정); 윤민수의 거래거절 건(서울고등법원 2004. 5. 26. 선고 2004두3038 판결; 대법원 2005. 5. 26. 선고 2004두3038 판결); 유한회사 듀폰의 거래거절 건(공정거래위원회 2002. 12. 23. 의결 제2002.363호; 서울고등법원 2004. 11. 25. 선고 2003누1709 판결; 대법원 2005. 5. 27. 선고 2005두746 판결); 한국휴렛팩커드 유한회사의 거래거절 및 사업활동방해행위 건(공정거래위원회 2002. 9. 19. 의결 제2002.201호; 서울고등법원 2004. 1. 13. 선고 2002누16612 판결; 대법원 2006. 1. 13. 선고 2004두2264 판결); 주식회사 제너시스의 거래상지위 남용행위 등 건(공정거래위원회 2000. 12. 23. 의결 2000-180호; 서울고등법원 2003. 5. 22. 선고 2001누1484 판결; 대법원 2005. 6. 9. 선고 2003두7484 판결); 유한회사 성일기업의 무혐의 처분에 대한 헌법소원 건(헌재결 2006. 3. 30. 선고 2005헌마818 결정); (주)국민은행 외 6의 거래거절 건(공정거래위원회 2002. 1. 8. 의결 제2002-001호, 2002. 3. 21. 재결 제2002-004호; 서울고등법원 2003. 10. 23. 선고 2002누1641 판결; 대법원 2006. 5. 12. 선고 2003두14253 판결); 하이트맥주(주)의 거래거절 건(공정거래위원회 2004. 7. 31. 의결 제2004-238호, 2004. 12. 31. 재결 제2004-028호; 서울고등법원 2006. 4. 27. 선고 2005누2744 판결; 대법원 2006. 8. 31. 선고 2006두9924 판결); (주)롯데리아의 거래상지위 남용행위 등 건(공정거래위원회 2000. 1. 8. 의결 제2000-001호; 서울고등법원 2001. 12. 4. 선고 2000누2183 판결; 대법원 2006. 3. 10. 선고 2002두332 판결); (유)정산의 무혐의 처분에 대한 헌법소원 건(헌법재판소 2006. 5. 25. 선고 2005헌마819 결정); (유)호명산업의 무혐의 처분에 대한 헌법소원 건(헌법재판소 2006. 7. 27. 선고 2005헌마820 결정); 서울동북부지역정보운영위원회 외 1의 사업자단체 금지행위 등 건(공정거래위원회 2001. 8. 22. 의결 제2001.120호; 서울고등법원 2004.

6. 24. 선고 2001누15209 판결; 대법원 2007. 3. 30. 선고 2004두8514 판결); (사)**한국유가공협회 외 10의 무혐의 처분에 대한 헌법소원 건**(헌법재판소 2007. 12. 27. 선고 2005헌마1259 결정); (주)**유케이케미팜의 거래거절행위 건**(공정거래위원회 2006. 11. 16. 의결 제2006- 265호; 서울고등법원 2007. 12. 20. 선고 2006누30777 판결); (주)**영화의 헌법소원 건**(공정거래위원회 2006. 7. 27. 2006서경1457 무혐의처분; 헌법재판소 2008. 9. 25. 선고 2006헌마1083 결정); (주)**컴네트플러스의 무혐의처분 취소 건**(공정거래위원회 2005. 7. 27. 2005경촉1460 무혐의처분; 헌법재판소 2008. 10. 30. 선고 2005헌마1005 결정); **타이코 헬스케어 코리아**(주)**의 부당한 거래거절 행위 건**(공정거래위원회 2008. 6. 25. 의결 제2008-186호; 서울고등법원 2010. 4. 29. 선고 2008누36854 판결; 대법원 2012. 6. 5. 선고 2010두24098 판결); **현대오일뱅크**(주)**와 정리회사 인천정유**(주)**의 관리인 한송호외 2인의 소송수계인 에스케이에너지**(주) **거래거절행위 건**[대전고등법원 2004. 6. 24. 선고 2003나4974 판결; 대법원 2008. 2. 14. 선고 2004다39238(판매대리점계약존속확인) 판결]; (주)**이야기의 거래상지위 남용행위 건**(공정거래위원회 2007. 4. 25. 의결 제2007-254호; 대구고등법원 2010. 2. 19. 선고 2009나1512 판결; 대법원 2012. 6. 14. 선고 2010다26035 판결[손해배상(기)]; **한국항공우주산업**(주)**의 부당한 거래거절행위 건**[공정거래위원회 2011. 10. 12. 의결 제2011.177호; 대법원 2015. 2. 12. 선고 2012두25378(파기환송)]; **녹십자의 거래거절행위 건**(공정거래위원회 2013. 10. 30. 제2013.177호; 서울고등법원 2015. 8. 19. 선고 2013누51085 판결); (주)**벨벳의 시장지배적지위 남용행위 등에 대한 건**(공정거래위원회 2017. 2. 10. 의결 제2017-054호; 서울고등법원 2018. 1 선고 2017누39862 판결; 대법원 2018. 6. 15. 선고 2018두36080 판결)

거래거절이란 부당하게 거래를 거절하는 행위로서 공정한 거래를 저해할 우려가 있는 행위를 말한다(법 제45조 제1항 제1호).

원칙적으로 사업자는 거래를 개시 또는 계속할 것인지 여부와 누구와 거래할 것인지를 자유로이 결정할 수 있다. 그러나 거래의 개시나 계속을 거절함으로써 다른 사업자의 사업활동을 현저히 곤란하게 하고 그 결과 당해 시장에서 경쟁의 정도가 감소하거나, 거래거절이 독점규제법상 금지된 행위의 실효성을 확보하기 위한 수단으로 활용될 경우 이는 관련 시장에서 경쟁을 제한하고 시장의 효율성 저하를 초래하게 되므로 금지된다(이상 「불공정거래행위 심사지침」 V. 1).

거래거절에는 공급거절과 구입거절, 거래개시의 거절과 거래계속의 거절이 포함된다. 또한, 거래상대방에게 현저히 불리한 거래조건을 제시하거나 거래하는 상품·용역의 수량 또는 내용을 현저히 제한하여 사실상 거래를 거절하는 행위도 포함된다. 거래거절의 상대방은 특정사업자이다. 따라서, 자기의 생산 또는 판매정책상 합리적 기준을 설정하여 그 기준에 맞지 않는 불특정다수의 사업자와 거래를 거절하는 행위는 원칙적으로 대상이 되지 아니한다. 사업자가 아닌 거래상대방, 즉 소비자에 대한 거래거절은 대상이 되지 아니한다. 거래거절의 위법성 판단기준은 거래거절이 관련 시장에서 경쟁을 제한하는지 여부를 위주로 판단한다. '관련 시장'이라 함은 행위자가 속한 시장 또는 거래거절의 상대방이 속한 시장을 말한다(「불공정거래행위 심사지침」 V. 1. 나).

한편 거래거절행위에 대해서는 안전지대(safety zone)를 두고 있다.

즉 행위한 사업자들의 시장점유율 합계가 10%미만인 경우에는 당해 시장에서의 경쟁제한효과가 미미하다고 보아 원칙적으로 심사면제 대상으로 한다.[37] 다만 시장점유율 산정이 사실상 불가능하거나 현저히 곤란한 경우에는 당해 사업자들의 연간매출액 합계액이 50억원 미만인 경우를 심사면제 대상으로 한다(「불공정거래행위 심사지침」 V. 1. 나).

거래거절은 행위의 공동성 유무에 따라 '공동의 거래거절'과 '기타의 거래거절'로 나뉘는데, '공동의 거래거절'이 경쟁제한적 효과가 큰 행위 자체의 성질로 인하여 외형상 행위요건을 충족하기만 하면 위법성이 추정되어 행위자가 '정당한 이유'가 있음을 입증하지 못하는 한 위법하다는 평가를 받게 되는 데 비하여, '기타의 거래거절'은 곧 '개별적 거래거절'로서 행위요건 충족과 더불어 특별히 경쟁 제약·배제효과가 인정되는 등으로 공정거래저해성이 있는 경우에 한하여 비로소 위법한 불공정거래행위로서 규제의 대상이 된다.[38]

37) 시장점유율 10%기준은 일본의 「유통·거래관행상에 관한 독점금지법상의 지침」(1991. 9)상의 유력사업자기준을 참고한 것으로 보인다. 동 지침에 의하면 기타의 거래거절, 배타조건부거래 또는 구속조건부거래 등의 경우 '시장에서 유력한 사업자'를 요건으로 하고 있는데, '시장에서 유력한 사업자'로 인정되느냐 여부는 당해시장(행위의 대상이 될 상품과 기능·효용이 같은 것이며, 지리적 조건, 거래선과의 관계 등에서 상호 경쟁관계에 있는 상품의 시장)에 있어서 점유율이 10% 이상 또는 상위 3위이내에 있는 것이 기준이 된다. 시장에서 점유율이 10%미만이며 또는 그 순위가 상위 4위이하인 하위사업자나 신규침입자가 행할 경우에는 통상 경쟁자의 거래기회가 감소하고 대신할 수 있는 거래선을 발견하지 못하게 될 우려는 없으며 위법으로 되지 않는다.

38) 헌재결 2004. 6. 24. 2002헌마496; 헌재결 2006. 3. 30. 2005헌마818: 거래거절행위는 사업자가

미국의 경우 공동의 거래거절(concerted refusals to deal)은 「셔먼법(Sherman Act)」 제 1 조가 적용되고, 단독의 거래거절(unilateral refusal to deal)의 경우에는 「셔먼법(Sherman Act)」 제 2 조가 적용된다.

1).1 공동의 거래거절

① 의 의　공동의 거래거절은 정당한 이유없이 자기와 경쟁관계에 있는 다른 사업자와 공동으로 특정사업자에 대하여 거래의 개시를 거절하거나 계속적인 거래관계에 있는 특정사업자에 대하여 거래를 중단하거나 거래하는 상품 또는 용역의 수량이나 내용을 현저히 제한하는 행위를 말한다(영 [별표2]. 1. 가).

공동의 거래거절의 대상행위는 거래상대방에 대하여 공동으로 거래를 거절하는 행위가 대상이 된다. 즉 '자기와 경쟁관계에 있는 다른 사업자와 공동으로' 거래거절을 하는 행위이다.

이와 관련 헌법재판소는 〈정리회사 인천정유(주)의 무혐의 처분에 대한 헌법소원 건〉에서 현대오일뱅크가 관리하는 자영주유소 사업자들로 하여금 공동으로 인천정유와의 거래관계를 단절하게 하는 행위에 대하여 "인천정유와 현대오일뱅크 사이에 체결된 석유류제품 판매대리점계약의 당사자는 엄연히 인천정유와 현대오일뱅크로서 양자 사이의 거래관계 단절로 인하여 인천정유가 생산한 석유류제품이 더 이상 현대오일뱅크 산하의 자영주유소에서 판매되지 않는다고 하더라도 이들 주유소들이 직접 인천정유로부터 석유류제품을 구매하는 거래관계를 맺은 바 없을 뿐 아니라 현대오일뱅크와 위 주유소들이 경쟁관계에 있는 것도 아니므로, 어느 모로 보나 이 사건 거래거절을 두고 공동의 거래거절에 해당한다고 볼 수는 없다"고 판시한 바 있다.[39]

② 위 법 성　공동의 거절의 위법성은 관련시장에서 경쟁을 제한하는지 여부를 위주로 판단한다. 공동의 거래거절을 당한 사업자는 여러 사업자와의 거래개시 또는 계속이 제한되므로 사업활동에 어려움을 겪게 되고 그 결과 정상적인 경쟁이 저해될 가능성이 높다. 따라서 공동의 거래거절은 원칙적으로 경쟁제한성이 있는 것으로 본다.

독점적 지위에 있거나 공동의 거래거절 아니면 경쟁제한성을 인정하기 어렵다는 견해로는 이민호, 경제법판례연구 제 2 권, 경제법판례연구회(2005), 101면.

39) 헌재결 2004. 6. 24. 2002헌마496.

> 그러나, 사업자들이 “정당한 이유”를 소명하였을 경우 그 타당성을 판단하되, ① 재고 부족이나 거래상대방 사업자의 부도 등 채무불이행 가능성 등으로 인해 공동의 거래거절이 합리적이라고 인정되는 경우, ② 특정사업자가 공동의 거래거절을 당하더라도 대체거래선을 용이하게 찾을 수 있는 경우, ③ 사업자들이 사전에 당해 사업영위에 합리적이라고 인정되는 거래자격 기준을 정하여 그 기준에 미달되는 사업자와의 거래개시를 거절하는 경우, ④ 공동의 거래거절로 인해 발생하는 효율성 증대효과나 소비자후생 증대효과가 경쟁제한효과를 현저히 상회하는 경우, ⑤ 공동의 거래거절에 기타 합리적인 사유가 있다고 인정되는 경우 등 정당한 이유가 있다고 인정될 경우에는 공정거래저해성이 없는 것으로 볼 수 있다(「불공정거래행위 심사지침」 V. 1. 가).

“정당한 이유” 관련, 〈(주)국민은행 외 6의 거래거절 건〉 관련 행정소송에서 대법원은 (주)국민은행 등이 하나은행으로 하여금 삼성카드 고객의 가상계좌서비스와 연결된 CD공동망을 사용하지 못하도록 단절한 행위는 공동의 거래거절 행위이지만 거절에 정당한 이유가 있는 것으로 판단하였다.[40]

40) 대판 2006. 5. 12. 2003두14253: “이 사건 CD공동망은 기본적으로 참가은행들 사이의 예금잔액조회 및 예금인출서비스를 공유함을 전제로 구축, 운영되어 온 전산망으로서 그 공익적 성격을 감안한다고 하더라도 그 운영에 있어서는 전산망 구축과 유지에 상당한 비용과 노력을 투자한 참가은행들의 의사가 존중되어야 하는 점, 원고들을 비롯한 참가은행들은 현금서비스에 관하여는 이 사건 CD공동망이 전면 개방되어 있지 않은 관계로 제휴은행들과 사이에서 별도로 구축된 현금서비스망을 통하여 현금서비스를 제공받고 있는 데 비하여, 삼성카드는 사실상의 현금서비스제공을 예금인출로 가장하는 방법을 이용한 변칙적인 이 사건 가상계좌서비스를 통하여 상대적으로 저렴한 예금인출 수수료만을 지급하면서 이 사건 CD공동망을 이용하여 모든 참가은행들로부터 제한 없는 현금서비스를 제공받게 됨으로써 참가은행들보다 부당하게 경쟁우위에 설 가능성이 큰 점, 이 사건 가상계좌서비스의 제공은 이 사건 CD공동망을 예금인출기능으로만 이용하기로 하는 참가은행들 사이의 사실상의 내부약정 및 이용관행에 위반하는 행위인 동시에 CD기를 개방하지 않은 은행들에 대하여는 그 의사에 반하여 CD기를 현금서비스업무에 전면 개방할 것을 강제하는 결과가 되는 점, 삼성카드 등의 전문계 카드사들은 종전과 같이 개별 참가은행들과 이용계약을 체결하고 이용건당 수수료 1,000원을 지급하는 방법으로 이 사건 CD공동망을 현금서비스에 이용할 수 있으므로 원고들의 위와 같은 공동의 거래거절로 인하여 신용카드시장에서 다른 거래처를 용이하게 찾을 수 없어 거래기회가 박탈되었다고는 할 수는 없을 뿐더러, 직접적인 거래거절의 상대방인 하나은행 역시 이로 인하여 다른 거래처를 용이하게 찾을 수 없게 되었다거나 거래상대방 선택의 자유에 부당한 제한을 받게 되었다고는 할 수 없는 점, 전문계 카드사들이 이 사건 가상계좌서비스와 같은 방법으로 이 사건 CD공동망을 전면적으로 이용하는 경우 그 이용고객 수가 급증하여 전산망 시스템에 적지 않은 부하를 주게 되므로 참가은행들은 향후 시스템 보수와 확대 및 유지에 더 많은 비용을 지출하는 부담을 안게 될 것이 명백하나, 그로 인한 이득은 변칙적인 가상계좌서비스를 제공하는 하나은행 등 일부 참가은행의 수수료 수입에 국한되는 데 비하여 나머지 참가은행들은 그동안 전문계 카드사들과 사이에 개별적으로 체결한 현금서비스 이용계약에 따라 지급받아 온 수수

미국에서는 1914년 〈Eastern Lumber 사건〉[41]이래로 당연위법원칙(per se illegal)이 적용되었으나 오늘날은 많은 사건에서 합리원칙(rule of reason)이 적용되고 있다.[42] 예를 들어 공동의 거래거절을 하는 자들이 시장력을 갖추지 못한 경우 합리원칙을 적용하는 반면,[43] 공동의 거래거절이 가격협정을 위한 것인 경우에는 당연위법원칙이 적용된다.[44]

③ 부당한 공동행위와의 관계 공동의 거래거절과 부당한 공동행위는 다수의 사업자가 공동으로 경쟁을 저해하는 행위라는 점에서는 유사하지만, 전자는 제 3 자의 거래의 자유를 제한하는 것이지만 후자는 참여하는 사업자간의 경쟁을 제한한다는 점에서 차이가 있다.[45] 그러나 예를 들어 독점규제법 제40조 제 1 항 제 9 호의 경우 사업자들이 담합하여 전후방관계에 있는 사업자들의 사업내용을 방해하거나 영업활동을 제한하는 경우, 공동의 거래거절에 해당할 수 있고, 나아가 담합에 가담한 개별사업자에 대해서는 다른 사업자의 영업활동방해, 거래강제, 차별취급 등의 불공정거래행위를 구성할 수 있다.[46]

> 공동의 거래거절에 해당하는 행위가 법 제19조 제 1 항에 규정된 부당한 공동행위의 요건을 충족하는 경우에는 부당한 공동행위 관련 규정을 우선적으로 적용한다(「불공정거래행위 심사지침」 VI. 1. 가).

그러나 〈(주)국민은행 외 6의 거래거절 건〉에서 국민은행 등 7개 은행이 하나은행으로 하여금 CD공동망의 사용을 못하게 단절한 행위에 대하여 부당한 공동행위로 보느냐 공동의 거래거절로 보느냐가 공정거래위원회의 심결과정에서부터 문제가 되었는데 행위가 법문상으로 공동의 거래거절에 가깝다는 이유로

료 수입을 모두 상실하게 되는 결과가 초래되어 오히려 공정한 경쟁을 저해할 우려가 있게 되는 점 등의 제반 사정을 고려해 보면, 원고들의 하나은행에 대한 이 사건 가상계좌서비스에 대한 위와 같은 공동의 거래거절행위는 그 거래거절에 정당한 사유가 있다고 할 것이고".

41) Eastern States Retail Lumber Dealers' Association v. United States, 234 U.S. 600, 34 S.Ct. 951(1914).

42) Hovenkamp, 192면.

43) 예를 들어 Northwest Wholesale Stationers, Inc. v. Pacifif Stationary & Printing Co., 472 U.S. 284, 105 S.Ct. 2613(1985).

44) 예를 들어 FTC v. Superior Court Trial Lawyers Association, 493 U.S. 411, 110 S.Ct. 768(1990).

45) 이봉의, 공정거래와 법치(2004), 661면.

46) 정호열, 공정거래법과 규제산업(2007), 314면.

공동의 거래거절로 본 바가 있다.[47)]

1).2 기타의 거래거절

① 의 의 기타의 거래거절은 부당하게 특정사업자에 대하여 거래의 개시를 거절하거나 계속적인 거래관계에 있는 특정사업자에 대하여 거래를 중단하거나 거래하는 상품 또는 용역의 수량이나 내용을 현저히 제한하는 행위를 말한다(영 [별표2]. 1. 나). 즉 부당한 기타의(개별적) 거래거절은 ① 사업자가(거래거절의 주체), ② 특정사업자에 대하여(거래거절의 상대방),[48)] ③ 거래의 개시를 거절하거나, 계속적 거래관계를 중단하거나, 거래하는 상품 또는 용역의 수량이나 내용을 현저히 제한하는 행위를 할 것, ④ 부당성이 인정될 것 등을 성립요건으로 한다.[49)]

첫째 유형인 거래개시의 거절은 자유시장경제하에서 사업자에게는 기본적으로 거래처선택의 자유가 있으므로 위법성을 인정하기 매우 어렵다. 미국연방대법원은 일찍이 1919년 〈Colgate 사건〉에서 독점을 형성하거나 유지하기 위한 목적이 없는 한 기업은 자유롭게 자신의 판단으로 누구와 거래할지 결정할 수 있다는 원칙("colgate rule")을 확립하였으며,[50)] 이는 지금까지도 유지되는 대원칙이다. 서울고등법원은 시장진입의 충분한 자격을 갖춘 상대방에 대하여 또 다른 장벽을 설치하여 기존업체의 매출 및 이윤을 보장해 주는 대신 신규시장진입으

47) 오성환, 129~130면.

48) 〈(주)벨벳의 시장지배적지위 남용행위 등에 대한 건〉 관련 행정소송에서 서울고등법원은 단독의 거래거절은 특정사업자에 대한 거래거절을 말하는데 원고가 의약품의 공급을 거절한 대상은 특정동물약국이나 도매상에 한정되지 아니하는 모든 동물약국과 도매상 일반이므로 법위반으로 인정하지 않았다[서고판 2018. 1. 19. 2017누39862(대판 2018. 6. 15. 2018두36080)]. 한편 불공정거래행위 심사지침은 '특정한 유형의 판매업자'에 대한 거래거절을 단독의 거래거절에 해당하는 것으로 예시하고 있는데[V. 나. (5) (사)], 이러한 심사지침은 피고내부의 사무처리지침으로 그 타당성이 의문시된다고 판단하였다. 동 판결에 대한 비판은 김문식, "단독의 거래거절 위법성 요건 고찰－대상판결: 서울고등법원 2017누39862", 경쟁저널(2018. 11), 34~44면 참조.

49) 헌재결 2008. 9. 25. 2006헌마1083.

50) U.S. v. Colgate & Co., 250 U.S. 300, 39 S.Ct. 465(1919): "The purpose of the Sherman Act is to prohibit monopolies, contracts and combinations which probably would unduly in－terfere with the free exercise of their rights by those engaged, or who wish to engage, in trade and commerce—in a word to preserve the right of freedom to trade. In the absence of any purpose to create or maintain a monopoly, the act does not restrict the long re－cognized right of trader or manufacturer engaged in an entirely private business, freely to exercise his own independent discretion as to parties with whom he will deal; and, of course, he may announce in advance the circumstances under which he will refuse to sell".

로 촉발될 수 있는 가격경쟁을 봉쇄하겠다는 경쟁제한적 의도를 가진 경우 반경쟁적인 행위에 해당한다고 판단한다.[51] 그리고 독점적인 공급자의 지위를 가진 사업자가 거래개시를 거절하는 경우도 부당성을 인정한 사례가 있다.[52] 둘째, 거래거절에 관한 대부분의 사례들은 거래의 중단에 관한 것이다. 거래의 중단은 계속적 거래관계가 전제되어야 한다. 계약기간이 만료된 경우에는 거래중단이 성립할 수 없다. 계약갱신거절행위도 거래거절의 행위 유형에 포섭된다.[53]

기타의 거래거절은 사업자가 단독으로 특정사업자와의 거래를 거절하는 행위가 대상이 된다(「불공정거래행위 심사지침」 V. I. 나).

이런 의미에서 '단독의 거래거절' 혹은 '개별적 거래거절행위'[54]라고도 한다.

한편 거래거절을 '하게 한 경우'에도 기타의 거래거절행위에 해당한다.[55] 예를 들어 "황산판매대리점들이 황산제조 2개사에 대하여 자신들의 경쟁사업자에게 황산판매대리점 지정 및 제품출하 중지를 요청하고 이에 황산제조 2개사는 대리점계약기간이 종료하지 않았음에도 경쟁사업자와의 대리점거래를 중단한 사례"(〈3개 황산대리점의 거래거절행위 건〉)[56]가 있다. 거래거절행위를 하게 한 경우 상대방이 그 요구를 받아들이지 않을 수 없는 상황이 요구된다.[57]

미국의 경우 단독의 거래거절(unilateral refusal to deal)의 경우에는 「셔먼법(Sherman Act)」 제 2 조가 적용되는데, 이를 위해서는 동조의 독점화(monopolization) 및 독점화의 기도(attempt to monopolize) 적용요건이 필요하다. 한편 독점사업자의 거래거절행위에 대해서도 반경쟁적이지 않다고 판단한 경우가 있는

51) 서고판 2006. 4. 27. 2005누2744(대판 2006. 8. 31. 2006두9924).

52) 서고판 2007. 12. 20. 2006누30777.

53) 헌재결 2004. 6. 24. 2002헌마496; 헌재결 2006. 3. 30. 2005헌마818; 헌재결 2008. 9. 25. 2006헌마1083.

54) 대판 2001. 1. 15. 98두17869; 헌재결 2006. 3. 30. 2005헌마818; 헌재결 2008. 9. 25. 2006헌마1083.

55) 이와 관련 〈유한회사 듀폰의 거래거절 건: 대판 2005. 5. 27. 2005두746〉 평석에서 듀폰뿐만 아니라 거래거절을 하게 한 팹텍도 처벌의 대상이 되어야 한다는 지적이 있다. 이봉의, 경제법판례연구 제 3 권(2006), 128~129면 참조.

56) 서고판 1999. 10. 13. 99누3999.

57) 서고판 1999. 10. 13. 99누3999: "황산판매대리점들이 황산제조 2개사가 제조·공급하는 국내황산물량의 41.3%를 취급하고 … 국내황산시장의 공급과잉이 우려되고, 아연생산에 따른 부산물인 황산은 비축이 곤란하여 적기에 시장에 유통·소진하여야만 황산제조 2개사가 그 주력품목인 아연을 차질없이 생산할 수 있는 상황인 점등을 이용하여".

데, 예를 들어 〈Pascall v. Kansas 사건〉에서 법원은 독점적 신문사업자가 자가 배달시스템을 위하여 독립배달업자와의 계약을 중단한 행위에 대하여 「셔먼법(Sherman Act)」 위반을 인정하지 않았다.[58)]

② 위법성 판단

A. 기본원칙 기타의 거래거절행위의 위법성 판단에 대한 기본원칙에 대하여 헌법재판소는 다음과 같이 판시하고 있다.

> "통상 개별적 거래거절은 적어도 당해 행위자에 있어서는 나름대로 사업상 또는 거래상의 합리적인 이유에 기하여 행해지는 경우가 많을 뿐 아니라 경쟁시장을 전제로 할 때 공동의 거래거절과 달리 원칙적으로 경쟁제한적 성질이나 효과를 갖지 아니하는바, 이는 거래처선택의 자유를 염두에 둘 때 더욱 그러함. 따라서 개별적 거래거절을 위법한 불공정거래행위라고 평가하기 위해서는 당해 행위가 거래거절의 행위요건에 해당한다는 것만으로는 부족하고 시장에 있어서의 경쟁 제약·배제효과와 같은 특별한 위법요소로서의 '부당성'이 부가적으로 인정되어야 함. 이러한 경쟁 제약·배제효과는 거래거절을 한 행위자가 시장에서 '유력한 사업자'일수록 보다 커질 것이지만 어디까지나 계약자유의 원칙이 지배하는 시장경제질서 하에서는 행위의 주체·태양·효과 등 객관적 측면만으로 그 부당성을 단언하기는 어려울 것이고, 거절의 의도·목적까지 아울러 고려하여 공정거래저해성 유무를 판단할 필요가 있음. 개별적 거래거절이 공정거래저해성을 갖는 것으로 평가되는 구체적인 사례로서는, 첫째 거래거절이 특정사업자(행위자의 경쟁자 또는 그와 밀접한 관계에 있는 사업자의 경쟁자)의 거래기회를 배제하여 그 사업활동을 곤란하게 할 우려가 있는 경우, 둘째 거래거절이 독점규제법이 금지하고 있는 위법 또는 부당한 목적을 달성하기 위한 수단으로 이용되는 경우, 셋째 유력한 사업자가 거래상대방의 사업활동을 곤란에 빠지게 하는 것 이외에 특별한 이유도 없이 거래를 거절하는 경우의 세 가지가 들어지고 있음. 이와 같이 개별적 거래거절이 공정한 거래질서를 저해할 우려가 있는 위법한 행위인지 여부를 판단함에 있어서는 시장상황(시장집중도, 상품의 특성, 제품차별화의 정도, 유통경로, 신규진입의 난이도 등), 당사자의 거래상 지위(쌍방의 관계, 행위자의 시장점유율과 순위, 브랜드 이미지 등), 당해 행위가 상대방의 사업활동 및 시장의 거래질서에 미치는 영향(행위의 태양, 상대방의 대체

58) Hovenkamp, 204면; Pascall v. Kansas City Star Co., 727 F.2d 692(8th Cir.1984 en banc) cert. denied, 469 U.S. 872, 105 S.Ct. 222(1985).

거래처 선택가능성 여하, 경쟁 제약·배제효과의 정도 등) 등 여러 가지 위법요소들을 종합적으로 고려하여야 할 것인데, 여기서 특히 문제되는 것은 위와 같은 여러 가지 위법요소들 이외에 행위자에게 당해 거래거절에 이른 사업경영상 또는 거래상의 필요성 내지 합리적 이유가 있다는 사정('사업경영상의 필요성')을 함께 참작할 수 있을 것인지, 만일 그러한 사업경영상의 필요성이 인정되는 경우에는 당해 거래거절의 위법성을 부인할 수 있을 것인지 여부임".59)

같은 취지로 대법원 및 헌법재판소는 "개별적 거래거절행위는 그 거래 상대방이 종래 계속적 거래관계에 있은 경우에도, 자유시장경제 체제하에서 일반적으로 인정되는 거래처 선택의 자유라는 원칙에서 볼 때, 또 다른 거래거절의 유형인 '공동의 거래거절'과는 달리, 거래거절이라는 행위 자체로 바로 불공정거래행위에 해당하는 것은 아니고, 그 거래거절이 특정 사업자의 거래기회를 배제하여 그 사업활동을 곤란하게 할 우려가 있거나 오로지 특정사업자의 사업활동을 곤란하게 할 의도를 가진 유력 사업자60)에 의하여 그 지위 남용행위로서 행하여지거나 혹은 법이 금지하고 있는 거래강제 등의 목적 달성을 위하여 그 실효성을 확보하기 위한 수단으로 부당하게 행하여진 경우라야 공정한 거래를 저해할 우려가 있는 거래거절행위로서 법이 금지하는 불공정거래행위에 해당한다고 할 수가 있다"고 판시하였다.61) 즉 만일 거래거절행위에 불구하고 거래상대방이 더

59) 헌재결 2004. 6. 24. 2002헌마496; 헌재결 2006. 3. 30. 2005헌마818; 헌재결 2006. 5. 25. 2005헌마819; 헌재결 2006. 7. 27. 2005헌마820; 헌재결 2007. 12. 27. 2005헌마1259; 헌재결 2008. 9. 25. 2006헌마1083; 헌재결 2008. 10. 30. 2005헌마1005.

60) 유력사업자 관련하여 "시장점유율이 70% 이상일 정도로 비디오 리더테이프용 필름(DS10) 시장에서 유력한 지위를 가진 사업자"라고 강조한 사례가 있다. 서고판 2001. 1. 30. 2000누1494 (대판 2001. 6. 12. 2001두1628).

61) 대판 2001. 1. 5. 98두17869; 대판 2005. 5. 26. 2004두3038; 대판 2005. 5. 27. 2005두746; 서고판 2006. 4. 27. 2005누2744(대판 2006. 8. 31. 2006두9924); 대판 2007. 3. 30. 2004두8514; 헌재결 2006. 5. 25. 2005헌마819; 헌재결 2006. 7. 27. 2005헌마820; 서고판 2007. 12. 5. 2007누5976; 대판 2012. 6. 14. 2010다26035[손해배상(기)]; 대법원은 계약해지를 이유로 한 손해배상 사건(대판 1995. 3. 24. 94다17826)에서 다음과 같이 판시한 바 있다. "계속적 계약은 당사자 상호간의 신뢰관계를 그 기초로 하는 것이므로, 당해 계약의 존속 중에 당사자의 일방이 그 계약상의 의무를 위반함으로써 그로 인하여 계약의 기초가 되는 신뢰관계가 파괴되어 계약관계를 그대로 유지하기 어려운 정도에 이르게 된 경우에는 상대방은 그 계약관계를 막바로 해지함으로써 그 효력을 장래에 향하여 소멸시킬 수 있다고 봄이 타당하다. 갑이 을 공급의 제품에 관한 총판권을 부여받고 을이 공급하는 것 이외의 제품을 취급 판매하지 않기로 하는 내용의 특약점 계약을 체결하고 이에 따라 수개의 지역판매소를 경영하여 오던 중, 을이 위 지역판매소들 가운데 특정 영업소의 영업 일체를 인수하여 향후 1년 간 그 영업소의 경영으로 얻게 되는 매출이익 상당액을 갑의 외상대금 채무에서 공제하여 주며 갑의 파견근무 지시를 받아 위 영업소

유리한 조건으로 다른 거래처와 거래할 수 있다면 그와 같은 경우 거래거절이 있다 하여도 이를 법에서 규제하는 거래거절에 해당한다고 할 수 없다는 취지이다.[62)]

대체거래선과 관련하여(〈일반도시가스사업자의 대행계약갱신거절 무혐의처분 취소 건〉)[63)] 헌법재판소는 "이 사건 계약갱신거절로 인하여 청구인이 대체거래선을 확보하기 어렵다고 할지라도 이는 일반도시가스사업자가 자신의 공급권역 내의 도시가스안전관리 대행 용역에 대하여 수요지배력을 갖도록 되어 있는 시장의 구조적 특성에 의한 것이고, 신규 대행사가 이 사건 수요시장에 진입하는데 별다른 장벽이 없다는 점 등을 종합적으로 고려하여 보면, 이 사건 계약갱신거절은 경쟁제한성이 없을 뿐만 아니라"고 함으로써 계약갱신거절의 경우에는 부당성을 더욱 엄격하게 해석하고 있다.

가맹사업의 경우에도 대법원은 "가맹사업거래의 특성에 비추어 가맹본부가 가맹점사업자에 대하여 상품이나 용역의 공급 또는 영업의 지원 등을 중단 또는 거절하는 행위가 불공정거래행위로서의 거래거절에 해당하기 위해서는, 가맹점사업자의 계약위반 등 가맹점사업자의 귀책사유로 인하여 가맹사업의 거래관계를 지속하기 어려운 중대한 사정이 없음에도 불구하고 가맹점사업자의 계속적인 거래기회를 박탈하여 그 사업활동을 곤란하게 하거나 가맹점사업자에 대한 부당한 통제 등의 목적달성을 위하여 그 실효성을 확보하기 위한 수단 등으로 부당하게 행하여진 경우라야 할 것이다"고 한다.[64)]

> 기타의 거래거절의 위법성은 관련 시장에서 경쟁을 제한하는지 여부를 위주로 판단한다. 이 때 경쟁제한성이 있는지 여부는 ① 거래거절 대상이 되는 물품·용역이 거래상대방의 사업영위에 필수적인지 여부, ② 거래거절을 당한 특정사업자가 대체거래선을 용이하게 찾을 수 있는지 여부, ③ 거래거절로 인해 특정사업자의 사업활동이 곤란하게 되고 그 결과 당해 시장에서 경쟁의 정도를 실질적으로 감소시키게 되는지 여부, ④ 거래거절로 인해 경쟁사업자(잠재적 경쟁사업자 포함)의 시장진입

의 영업에 종사하게 되는 종업원들의 보수 상당액을 갑에게 지급하여 주기로 약정하였다면, 이는 이른바 계속적 계약으로서 위 특약점계약상의 제반 의무를 계속 성실히 이행 준수할 것을 위 약정의 계속적 이행의 당연한 전제로 삼은 것으로 보아야 할 것이기 때문에, 을이 갑의 위 특약점계약상의 경업금지의무 위배를 이유로 위 약정을 해지한 것은 적법하다".

62) 서고판 2001. 1. 30. 2000누1494(대판 2001. 6. 12. 2001두1628).

63) 헌재결 2008. 9. 25. 2006헌마1083.

64) 대판 2005. 6. 9. 2003두7484; 대판 2006. 3. 10. 2002두332: 현재는 가맹사업거래에 관해서는 「가맹사업법」이 우선 적용된다(「가맹사업법」 제38조).

이 곤란하게 되는지 여부, ⑤ 거래거절이 독점규제법에 금지된 행위(재판매가격유지행위, 부당공동행위 등)를 강요하기 위한 수단으로 활용되었는지 여부 등을 종합적으로 고려하여 판단한다(「불공정거래행위 심사지침」 V. I. 나).

B. 사업활동 곤란성 기준 법원이 '사업활동의 곤란성'을 기준으로 위법성을 판단한 경우로는 다음과 같은 사례가 있다.

"가맹점이 일단 거래거절을 당하게 되면 투자자본의 회수, 미수금의 처리, 새로운 거래처의 탐색 등에 따른 막대한 영업상의 손실을 감수하지 않고서는 사실상 새로운 연쇄화사업자의 가맹점으로 가입하기가 곤란하고, 연쇄화사업자보다 주류를 비싸게 공급하는 일반주류중개업자와 불리한 조건으로 주류거래를 할 수밖에 없어 사업활동이 곤란하게 되었음"(〈(주)한국생필체인의 거래강제행위 건〉),[65] "유한회사 듀퐁이 자신의 모회사인 미국소재 이 아이 듀퐁사(E. I. De Nemours and Company)와 공동으로 모회사의 주요거래처인 팹택의 거듭된 요청을 받아들여 2001. 10. 17.경 소외 우진설비에 대한 불소수지제품(ETFE: Etylen Tetra Fluoro Etylene) 표준제품의 판매를 갑자기 중단한 행위는 국내시장 등에서의 팹택의 경쟁사업자인 우진설비를 배제하기 위한 목적에서 행하여진 것임"(〈유한회사 듀폰의 거래거절 건〉),[66] "3개의 의약품에 대하여 독점적인 공급자로서의 지위를 가진 (주)유케이케미팜의 거래거절로 인하여 케이에스팜이 산재의료관리원에게 3개의 제품을 공급하지 못하게 되었고 이로 인하여 산재의료관리원으로부터 물품공급계약을 해지당하였고 서울보증보험 주식회사가 계약이행보증금의 지급을 청구받게 된 경우"(〈(주)유케이케미팜의 거래거절행위 건〉),[67] "계약갱신거절이 실질적으로 인천정유의 거래기회를 배제하여 그 통상의 사업활동의 계속을 곤란하게 함으로써 공정한 거래질서를 저해할 우려가 있는 행위"(〈정리회사 인천정유(주)의 무혐의 처분에 대한 헌법소원〉),[68]

65) 서고판 1993. 6. 24. 92구20257(대판 1995. 2. 3. 93누15663).

66) 대판 2005. 5. 27. 2005두746.

67) 서고판 2007. 12. 20. 2006누30777.

68) 헌재결 2004. 6. 24. 2002헌마496: "국내 석유류제품시장에서 5개에 불과한 정유회사가 내수시장의 점유율을 높이기 위해 치열하게 과당경쟁을 벌이고 있는데, 그 중 인천정유와 에스오일을 제외한 상위 3개사의 점유율이 합계 75%를 상회하여 사실상 시장을 과점하고 있고, 그 중 현대오일뱅크는 시장점유율이 2001년 기준 14.3%로서 업계 전체에서 3위에 해당하는 사업자인 점, 국내 전체적으로 석유류제품은 공급과잉의 상태에 있어 내수시장에서 판매되지 못한 재고상품은 싼 가격에 해외로 수출되고 있는 실정에 있는 점, 국내 석유류제품 시장의 유통경로 중 일반 도·소매의 유통망을 이루는 대리점들과 주유소들이 대부분 이른바 폴사인제, 자금지원계

"독점적인 공급자로서의 지위를 갖고 있는 원고의 거래거절 이후 세화메디컬은 고주파 간암치료기의 대체거래선을 확보하는 것이 사실상 불가능하였고, 2004년 기준 총 매출액의 40%를 차지하고 있던 고주파 간암 치료기 판매영업을 중단하였음을 이유로 세화메디컬의 거래기회를 배제하여 그 사업활동을 곤란하게 한 행위에 해당하고, 공정하고 자유로운 경쟁을 저해할 우려가 있는 부당한 거래거절행위에 해당"(〈타이코헬스케어코리아(주)의 부당거래거절행위 건〉),[69] "온라인 교육서비스 제공업체가 기간을 연장하며 장기간 거래하던 대리점사업자에게 새로운 계약조건(공정거래위원회가 거래상 지위를 남용한 불이익제공 등 불공정거래행위에 해당한다고 보아 시정명령한 바 있음)을 요구하다 거절당하자 대리점계약을 해지한 사안에서, 대리점 계약해지가 독점규제법상 위법한 거래거절행위에 해당"(〈(주)이야기의 거래상지위남용행위 건〉).[70]

〈녹십자의 거래거절행위 건〉 관련 행정소송에서 서울고등법원은 '서울대병

약 등을 통하여 특정 정유회사에 사실상 전속되어 있고, 그 때문에 주유소 사업자와 공급자인 정유회사 사이의 거래관계가 비교적 고정적일 뿐 아니라 어느 정유회사라도 다른 회사의 기존 거래처와 신규 거래관계를 맺는 등으로 시장을 개척하기 쉽지 않은 점, 그 결과 정유회사들의 시장점유율이 산하 폴사인주유소의 수와 상당히 비례할 뿐 아니라 정유회사별 시장점유율 자체의 변동폭이 그다지 크지 않은 점, 인천정유는 석유류제품 생산업체로서 별도의 판매조직을 갖추지 못한 채 현대오일뱅크와 거래관계를 맺어 오면서 내수판매량의 약 55%를 현대오일뱅크에 판매하고 있고, 한편 인천정유와 같은 그룹 계열사였던 한화에너지플라자를 합병한 현대오일뱅크는 인천정유의 최대주주로서 인천정유에 대한 회사정리절차가 개시될 때까지 동사에 대한 경영권을 행사하는 등 인천정유의 현대오일뱅크에 대한 거래상·경영상의 의존도가 매우 컸던 점, 현대오일뱅크는 석유류제품의 생산뿐 아니라 독자적인 판매조직까지 갖추고 있어 인천정유와의 거래관계를 단절하게 되면 종전에 인천정유로부터 구입하여 재판매해 오던 물량을 자체 생산물량으로 대체할 수 있어 일거에 시장점유율을 대폭 올릴 수 있고, 반면에 인천정유로서는 현대오일뱅크와의 거래관계가 단절되면 위에서 본 국내 석유류제품 시장의 높은 경직성으로 인하여 새로운 거래처를 획득하기가 곤란하여 상당한 영업손실을 볼 것이 분명하고, 궁극적으로는 경쟁자로서의 기능을 충분히 발휘하지 못하여 시장에서 배제될 가능성이 적지 않다고 보이는 점, 현대오일뱅크가 인천정유와의 거래관계를 단절하고 그간 수출되던 자사 생산물량을 내수시장으로 돌리는 경우 추가로 얻게 될 이익에 관하여 쌍방의 주장이 엇갈리고 있으나, 달리 이 부분에 관한 객관적인 자료는 현출되어 있지 않은 점, 현대오일뱅크가 당초 빅딜을 통해 생산법인인 한화에너지와 판매법인인 한화에너지플라자를 함께 인수한 것은 생산조직과 판매조직을 유기적 일체로서 유지하려는 데 그 취지가 있었다 할 것임에도 회사정리절차를 기화로 자회사인 인천정유와의 거래관계를 일방적으로 단절한 것은 위와 같은 빅딜의 취지에 부합하지 않는 처사라고 볼 수 있는 점등을 종합하여 볼 때 이 사건 거래거절은 실질적으로 상대방인 인천정유의 거래기회를 배제하여 그 통상의 사업활동의 계속을 곤란하게 함으로써 공정한 거래질서를 저해할 우려가 있는 행위로서 위법하다고 할 것이다".

69) 서고판 2010. 9. 29. 2008누36854(대판 2012. 5. 9. 2010두24098).

70) 대판 2012. 6. 14. 2010다26035[손해배상(기)].

원 정맥 주사용 헤파빅 공급입찰'에서 낙찰자로 선정된 태영약품에게 해당 약품 공급을 거절한 행위에 대하여 대체거래선 유무, 거래기회를 배제당한 사업자가 입은 불이익 정도, 거절할 만한 합리적인 사유의 존부 등을 종합적으로 판단하여 거래거절 행위를 태영약품의 거래 기회를 배제하여 그 사업 활동을 곤란하게 한 행위로 인정하였다.[71)]

그러나 다른 사례에서 대법원은 "계약기간이 만료된 상태에서 자산 인수에 관한 제시가격의 차이로 협상이 결렬되어 원액공급을 중단한 경우 오로지 그 회사의 사업활동을 곤란하게 할 의도로서 이 사건 거래 거절행위를 하였다거나 혹은 그로 인하여 그 회사의 거래기회가 배제되었다고 단정하기도 어렵다"고 하거나(〈한국코카콜라(주)의 거래거절행위 건〉),[72)] 서울고등법원은 "DS10의 공급중단이 정상적인 거래관행을 벗어나 영업에 실질적인 침해를 준 것이라고 하기 어렵다"(〈에스케이씨(주)의 거래거절행위 건〉)[73)]고 하면서 사업활동의 곤란성을 부정하였다.

C. 위법 또는 부당한 목적 기준 독점규제법이 금지하고 있는 위법 또는 부당한 목적을 달성하기 위한 수단으로 이용되는 사례로는 서울고등법원이 "저가 낙찰을 이유로 공급을 거절한다는 것은 독점취급품목에 대한 시장가격을 자신의 의도대로 유지하겠다는 경쟁저해적인 목적을 위한 수단으로 거래거절을 한 것이어서 정당하다고 할 수 없다"(〈한일사의 불공정거래행위 건〉)[74)]고 판시한 경우가 있다.

D. 사업경영상 필요성의 고려 한편 거래거절행위의 위법성을 부인하는 '정당한 이유' 관련하여 헌법재판소는 다음과 같이 판시하였다.

> "① 불공정거래행위를 규제하는 목적은 공정하고도 자유로운 거래질서를 확립하는 데 있으므로, 행위의 공정거래저해성을 판단하는 기준도 원칙적으로 이러한 공정한 거래질서 유지의 관점에서 파악하여야 할 것임. 따라서 거래거절의 위법성을 평가함에 있어 사업경영상의 필요성이라는 사유를 다른 주관적·객관적 위법요소들과 대등한 가치를 지닌 독립된 제 3 의 요소로 취급할 것은 아니라고 할 것이므로, 거

71) 서고판 2015. 8. 19. 2013누51085.

72) 대판 2001. 1. 5. 98두17869.

73) 서고판 2001. 1. 30. 2000누1494(대판 2001. 6. 12. 2001두1628).

74) 서고판 1995. 12. 14. 94구34120(대판 1996. 6. 25. 96누2019). 자신의 지역적·독점적 지위를 유지하기 위한 수단으로서 거래거절한데 대한 사례로서 법원의 첫 판결이다.

래거절에 이른 사업경영상의 필요성이 인정된다는 사정만으로 곧 당해 거래거절의 위법성이 부인되는 것은 아님. 그러나 앞서 본 바와 같이 여러 가지 위법요소들을 종합적으로 참작하여 개별적 거래거절의 공정거래저해성 유무를 심사한다고 할 때 거래거절의 원인이 된 사업경영상의 필요성은 행위의 객관적·주관적 측면을 이루는 여러 위법요소들 중 하나에 해당하는 참작사유로서, 아니면 적어도 위법성을 부인하기 위한 근거로 내세워지는 행위의 의도·목적을 추단케 하는 간접사실로서 위법성 판단과정에 작용한다고 보아야 할 것임. ② 경쟁제한의 의도·목적이 없음을 이유로 개별적 거래거절의 위법성 여부를 다투는 경우 행위의 경쟁제한적 효과를 중심으로 한 객관적 측면과 행위의 의도·목적이라는 주관적 측면은 서로 대립적 가치로서 충돌하게 되고, 이러한 경우 양자의 비교형량을 통해 당해 행위의 위법성 유무를 가리게 될 것임. 그런데 개별적 거래거절이 상대방의 사업활동에 미치는 영향의 정도는, '상대방의 사업활동의 원활한 수행이 방해되는 경우'로부터 '상대방의 사업활동이 현저히 제약되는 경우', '상대방의 사업활동의 계속이 곤란하게 되는 경우'까지 여러 단계가 있을 수 있는데, 이 때 사업경영상의 필요성이 작용하는 정도는 위와 같이 단계적으로 구분되는 경쟁 제약·배제효과 등 행위가 미치는 영향의 정도에 따라 달라질 것임. 다시 말해 당해 거래거절이 상대방의 사업활동의 수행에 지장을 초래하는 정도에 머무는 때에는 일정한 정도 이상의 사업경영상 필요성만으로도 그와 같은 경쟁제한적 효과를 상쇄할 여지가 있을 것이나, 그것이 상대방의 사업활동의 계속을 곤란하게 할 정도로 경쟁제한적 효과가 강한 경우에는 어느 정도 사업경영상의 필요성이 있다는 것만으로는 부족하고 당해 거래거절을 하지 않으면 행위자가 곧 도산할 것이 확실하다고 판단되는 등의 사업경영상의 긴절한 필요성이 인정되지 않는 한 그 거래거절의 위법성을 부인할 수 없다고 볼 것임."[75)]

75) 헌재결 2004. 6. 24. 2002헌마496. 〈정리회사 인천정유(주)의 무혐의 처분에 대한 헌법소원〉에서 헌법재판소는 "거래거절 당시 현대오일뱅크는 2000년과 2001년의 2년간에 걸쳐 계속된 대규모 적자국면과 유동성위기를 타개하고 경영상태를 호전시키기 위하여 내수시장의 점유율을 확대함으로써 영업이익을 증대시킬 필요성에 당면해 있었다고 보이기는 하지만 나아가 인천정유와의 거래관계를 당장 종료하지 않으면 곧 도산에 이를 것임이 확실하게 예측되는 등의 긴절한 필요성을 갖고 있었다고 보기는 어렵다"고 판단하여 불공정거래행위에 해당한다고 판단하였다. 그러나 〈현대오일뱅크(주)와 정리회사 인천정유(주)의 관리인 한송호외 2인의 소송수계인 에스케이에너지(주) 거래거절행위 건〉 관련 민사소송에서 대법원은 "주유소 시장의 경직성 등으로 인하여 이 사건 계약갱신 거절로 인하여 정리회사가 피고 회사 산하의 주유소(특히 과거 한화에너지플라자 산하에 있었던 주유소) 등에 석유류 제품을 공급할 수 없게 되어 정리회사의 거래기회가 어느 정도 제한되는 효과가 발생하기는 하였으나, 다른 한편의 인정 사실에서 나타나는 바와 같이 이 사건 판매대리점계약이 종료된 이후 정리회사는 오히려 영업이익이 증가하였고, 정리회사의 관리인도 관계인집회에서 관리인보고서를 통해 피고 회사와의 판매대

대법원도 "불공정거래행위에 해당하려면 '부당하게'(즉 정당한 이유없이) 행위하여야 하는 바 불공정거래행위의 해당성을 조각하기 위한 '정당한 이유'라 함은 전적으로 공정한 경쟁질서유지라는 관점에서 평가되어야 하고 단순한 사업경영상 필요 또는 거래상의 합리성 내지 필요성만으로는 '정당한 이유'가 인정되지 아니한다 할 것이다"라고 판시하고 있다(〈정산실업의 불공정거래행위 건〉).[76]

> 경쟁제한성이 있다고 판단되는 경우에도 ① 생산 또는 재고물량 부족으로 인해 거래상대방이 필요로 하는 물량을 공급할 수 없는 경우, ② 거래상대방의 부도 등 신용결함, 명백한 귀책사유, 자신의 도산위험 등 불가피한 사유가 있고 거래거절 이외에 다른 대응방법으로 대처함이 곤란한 경우, ③ 당해 거래거절로 인해 발생하는 효율성 증대효과나 소비자후생 증대효과가 경쟁제한효과를 현저히 상회하는 경우, ④ 단독의 거래거절에 기타 합리적인 사유가 있다고 인정되는 경우 등 거래거절의 합리성이 있다고 인정되는 경우에는 법위반으로 보지 않을 수 있다(「불공정거래행위 심사지침」 V.I.1 나).[77]

법원이 합리적 사유가 있는 것으로 인정한 사례는 다음과 같다.

리점계약이 유지되지 않아도 정리회사가 향후 판매망의 확충 등을 통하여 지속적인 영업이익을 실현할 수 있다고 보고하였으며, 법원도 그와 같은 정리회사의 향후 영업전망을 고려하여 정리회사의 정리계획안을 인가하였던 점 등의 제반 사정을 고려하면, 그 거래기회 제한의 정도가 정리회사의 사업활동을 곤란하게 할 우려가 있다고 할 정도까지는 아니라고 보이고, 나아가 이 사건 계약갱신 거절 당시 피고 회사는 누적된 적자로 인한 신용등급 하락, 유동성 악화, 유산스(USANCE) 한도 삭감에 의한 원유도입 차질 및 그에 따른 재무상황 악화 등의 경영위기를 맞고 있었고 그로 인하여 2002. 4.경에는 대표이사 정몽혁이 그 책임을 지고 사퇴하기에 이르렀으며, 경영위기를 극복하기 위한 자구책으로 가동률 축소, 비업무용·저수익성 자산의 매각 추진, 인원 감축, 해외로부터의 긴급자금지원 협의를 진행하고 있었는바, 이러한 상황에서 피고 회사는 이 사건 판매대리점계약이 종료되면 정리회사의 제품을 매수할 의무를 면하게 되어 당시 공급초과 상태인 관계로 내수시장 가격의 60% 정도의 가격에 수출하였던 물량(피고 회사가 자체 생산한 석유류 제품을 의미한다)도 내수시장의 가격으로 피고 회사 산하의 주유소 등에 공급할 수 있게 됨으로써 상당한 이익을 얻을 수 있다는 판단하에 경영위기를 극복하기 위한 방안의 일환으로 이 사건 계약갱신 거절을 하게 되었던 것으로, 당시 피고 회사로는 이러한 자구책 없이는 기업활동의 유지가 어려웠던 것으로 보이는 점 등을 종합하여 보면, 이 사건 계약갱신 거절은 이를 전체적으로 부당한 행위라고는 보기 어려우므로 독점규제법 소정의 '기타의 거래거절'에 해당하지 않는다고 판단하였다"고 판시함으로써 헌법재판소와는 상반된 판단을 하였다; 서고판 2006. 4. 27. 2005누2744(대판 2006. 8. 31. 2006두9924).

76) 대판 1990. 4. 10. 89다카29075.

77) 이는 공정거래저해성의 판단 중 불공정성(unfairness) 및 효율성증대효과·소비자후생증대효과 등에 대한 판단에 해당하는 내용이다.

“타 회사에게 무담보 거래 및 외상기일 연장 특혜를 제공하다가 그 외상대금의 증대에 따른 채권확보대책의 일환으로 종전의 특혜를 배제하고 담보제공 요구나 공급물량감축 및 외상기일 단축 등을 통한 외상대금감축 등의 조치”(〈쌍용정유(주)의 거래거절행위 건〉),[78] “거래를 중단하고 채권을 회수함으로써 손해가 확대되는 것을 방지하기 위한 조치”(〈하이트맥주(주)의 거래상지위 남용행위 및 거래거절행위 건〉).[79] “가맹사업자의 지정된 상품이 아닌 상품의 비치·판매와 허위인터뷰를 이유로 계약을 해지한 경우”(〈(주)롯데리아의 거래상지위 남용행위 등 건〉).[80]

한편 특정업체와 거래를 하는 것이 관련 시장에서의 다른 업체에 대한 거래거절이 되지는 않는다.[81]

법위반에 해당될 수 있는 행위는 ① 합리적 이유없이 거래거절이 행해지고 그 결과 당해 시장에서 사업자의 사업활동이 곤란하게 되고 경쟁의 정도가 실질적으로 감소되는 경우, ② 자기 또는 자기와 밀접한 관계에 있는 사업자와 독점적으로 거래하는 사업자와는 거래하면서 경쟁사업자와도 거래하는 사업자에 대하여는 합리적 이유없이 거래를 중단하거나 제한함으로써 관련 시장에서 경쟁의 감소를 초래하는 행위, ③ 합리적 이유없이 자기로부터 원재료를 공급받는 판매업자나 대리점에게 후방시장에서 자기와 경쟁관계에 있는 사업자에 대해 원재료공급을 거절하게 함으로써 관련 시장에서 경쟁의 감소를 초래하는 행위, ④ 자신이 활동하는 시장에 새로이 진입하고자 하는 특정사업자에 대하여 합리적 이유없이 원재료 공급을 중단하거나 중단하도록 강요함으로써 관련 시장에서 경쟁의 감소를 초래하는 행위, ⑤ 자기가 공급하는 원재료를 사용하여 완성품을 제조하는 자기와 밀접한 관계가 있는 사업자의 경쟁자를 당해 완성품시장에서 배제하기 위해, 당해 경쟁자에 대하여 종래 공급하고 있던 원재료의 공급을 중단하는 행위, ⑥ 합리적 이유 없이 원재료 제조업자가 자신의 시장지위를 유지·강화하기 위하여 원재료를 직접 생산·조달하려는 완성품 제조업자에 대해 원재료 공급을 거절하는 행위, ⑦ 합리적 이유 없이 할인

78) 대판 1998. 9. 8. 96누9003.

79) 대판 2004. 7. 9. 2002두11059.

80) 대판 2006. 3. 10. 2002두332.

81) 헌재결 2007. 12. 27. 2005헌마1259: “국방부장관이 농협의 회원조합으로부터 수의계약 방식으로 군납우유를 조달하는 행위가 일반 우유제조업체에 대한 개별적 거래거절행위로서 불공정거래행위에 해당한다고 할 수 없다”.

점이나 온라인 판매업자 등 특정한 유형의 판매업자에 대하여 거래를 거절함으로써 거래거절을 당한 사업자가 오프라인 판매업자 등에 비해 경쟁상 열위에 처하게 되는 경우, ⑧ 자기와 거래하기 위해서는 자기가 지정하는 사업자의 물품·용역을 구입할 것을 의무화하고 그에 응하지 않음을 이유로 거래개시를 거절함으로써 당해 물품·용역 시장에서의 경쟁에 영향을 미치는 경우를 들 수 있다(「불공정거래행위 심사지침」 V.I.나).

한편 법원은 사업경영상의 이유를 단순한 참작사유 내지는 간접사실로 파악하되,[82] 위법성판단의 한 요소로 보고 있다. 예를 들어 <정산실업의 불공정거래행위 건>에서 대법원이 "불공정거래행위에 해당하려면 '부당하게'(즉 정당한 이유없이) 행위하여야 하는 바 불공정거래행위의 위법성을 조각하기 위한 '정당한 이유'라 함은 전적으로 공정한 경쟁질서유지라는 관점에서 평가되어야 하고 단순한 사업경영상 필요 또는 거래상의 합리성 내지 필요성만으로는 '정당한 이유'가 인정되지 아니한다 할 것이다"라고 판시하고 있다.[83]

③ 타 불공정거래행위 유형과의 관계

사업자가 거래상대방에 대해 거래상 지위가 있음을 이용하여 불이익의 일환으로 합리적 이유 없이 거래거절을 하거나 거래상대방의 사업활동을 곤란하게 할 목적으로 거래거절을 하는 경우에는 거래상 지위남용(불이익제공) 또는 사업활동방해(기타의 사업활동방해)에 해당될 수 있다. 이 경우에는 경쟁제한성 분석이 요구되지 않는다(이상 「불공정거래행위 심사지침」 V. I.나).

이는 거래상지위 남용으로서의 거래거절이라는 개념을 인정하는 대법원 및 헌법재판소 등의 판결내용을 반영한 것이다.[84]

---

82) 상당한 정도의 사업경영상의 이유가 있으면 위법하다고 평가할 수 없다는 견해로는 이민호, 경제법판례연구 제2권(2005), 115면 이하.

83) 대판 1990. 4. 10. 89다카29075.

84) 대판 2001. 1. 5. 98두17869; 대판 2005. 5. 26. 2004두3038; 대판 2005. 5. 27. 2005두746; 서고판 2006. 4. 27. 2005누2744(대판 2006. 8. 31. 2006두9924); 대판 2007. 3. 30. 2004두8514; 헌재결 2006. 5. 25. 2005헌마819; 헌재결 2006. 7. 27. 2005헌마820; 서고판 2007. 12. 5. 2007누5976.

2) 차별적 취급

[참고사례]

대한주택공사의 거래상지위 남용행위 등 건(공정거래위원회 1998. 9. 9. 의결 제1998-210호; 서울고등법원 1999. 12. 15. 선고 99누1177 판결; 대법원 2001. 12. 11. 선고 2000두833 판결); SK텔레콤(주)의 차별적 취급행위 등 건(공정거래위원회 2001. 9. 10. 의결 제2001.127호; 서울고등법원 2002. 10. 10. 선고 2001누16073; 대법원 2004. 12. 9. 선고 2002두12076); 한국공항공사의 거래상지위 남용행위 건(공정거래위원회 2002. 6. 17. 의결 제2002.105호; 서울고등법원 2003. 5. 13. 선고 2002누10072 판결; 대법원 2005. 12. 8. 선고 2003두5327 판결); (주)한국외환은행의 차별적 취급행위 건(공정거래위원회 2002. 11. 28. 의결 제2002.341호; 서울고등법원 2004. 4. 7. 선고 2003누416 판결; 대법원 2006. 12. 7. 선고 2004두4703 판결); 삼성카드(주)의 차별적 취급행위 건(공정거래위원회 2002. 11. 28. 의결 제2002.341호; 서울고등법원 2004. 4. 7. 선고 2003누195 판결; 대법원 2006. 12. 8. 선고 2004두4697 판결); 엘지카드(주)외 2의 차별적 취급행위 건(공정거래위원회 2002. 11. 28. 의결 제2002.341호; 서울고등법원 2004. 6. 3. 선고 2003누249 판결; 대법원 2006. 12. 7. 선고 2004두9338 판결); 한국토지공사의 부당지원행위 등 건(공정거래위원회 2001. 4. 2. 의결 제2001-045호, 2001. 9. 12. 재결 제2001-045호; 서울고등법원 2004. 2. 10. 선고 2001누16288 판결; 대법원 2006. 5. 26. 선고 2004두3014 판결); 현대자동차(주) 외 1의 차별적 취급행위 건(공정거래위원회 2002. 9. 19. 의결 제2002.200호, 2003. 2. 26. 재결 2003-012호; 서울고등법원 2004. 10. 28. 선고 2002누16827 판결; 대법원 2007. 2. 23. 선고 2004두14052 판결); 대한주택공사의 부당지원행위 등 건(공정거래위원회 2001. 4. 2. 의결 제2001-046호, 2001. 9. 12. 재결 제2001-046호; 서울고등법원 2005. 1. 20. 선고 2001누16295, 2007. 4. 11. 선고 2007누3091 판결; 대법원 2007. 1. 26. 선고 2005두2773 판결); (주)이야기의 거래상지위 남용행위 건[공정거래위원회 2007. 4. 25. 의결 제2007-254호; 대구고등법원 2010. 2. 19. 선고 2009나1512 판결; 대법원 2012. 6. 14. 선고 2010다26035 판결[손해배상(기)]]; (주)골프존의 차별적 취급행위 등 건(공정거래위원회 2018. 11. 15. 의결 제2018-341호); 롯데쇼핑의 시장지배적 지위 남용행위 등 건[공정거래위원회 2015. 3. 6. 의결 제2015-070호; 서울고등법원 2017. 2. 15. 선고 2015누39165 판결(대법원 2017. 7. 11. 선고 2017두39372(심리불속행 기각) 판결)]; 씨제이씨지브이와 씨제이이앤엠의 시장지배적 지위 남용행위 등 건[공정거래위원회 2015. 4. 24. 의결 제2015-125호; 서울고등법원 2017. 2. 15. 선고 2015누44280 판결; 대법원 2017. 7. 11. 선고 2017두39303(심리불속행 기각) 판결]

차별적 취급이란 부당하게 거래의 상대방을 차별하여 취급하는 행위로서 공정한 거래를 저해할 우려가 있는 행위를 말한다(법 제45조 제1항 제12호).

원칙적으로 사업자는 가격 등 거래조건, 거래내용을 자유로이 설정할 수 있다. 그러나 사업자가 단독으로 또는 공동으로 거래지역이나 거래상대방에 따라 가격 등 거래조건·거래내용을 차별적으로 설정함으로써 자기가 속한 시장 또는 거래상대방이 속한 시장에서의 정상적인 경쟁을 저해할 경우에는 시장의 효율성 저하를 초래할 수 있으므로 금지된다(「불공정거래행위 심사지침」 V. 2).

차별적 취급행위에 대해서는 안전지대(safety zone)를 두고 있다.

차별적 취급을 한 사업자의 시장점유율이 10% 미만인 경우에는 당해 시장에서의 경쟁제한효과가 미미하다고 보아 원칙적으로 심사면제 대상으로 한다. 다만 시장점유율 산정이 사실상 불가능하거나 현저히 곤란한 경우에는 당해 사업자의 연간매출액이 50억원 미만인 경우를 심사면제 대상으로 한다. 그러나 계열회사를 위한 차별적 취급의 경우에는 유리한 취급을 받은 계열회사를 기준으로 판단한다. 다만, 경제력 집중의 우려가 있는 경우에는 심사면제 대상이 되지 아니한다(「불공정거래행위 심사지침」 V. 2. 가).

차별적 취급은 가격차별, 거래조건차별, 계열회사를 위한 차별, 집단적 차별로 나눌 수 있다. '가격차별', '거래조건차별', '집단적 차별'에 대하여는 그러한 행위가 '부당하게' 행하여진 경우에 한하여 불공정거래행위가 되는 것으로 규정하면서도 '계열회사를 위한 차별'의 경우에는 '정당한 이유가 없는 한' 불공정거래행위가 되는 것으로 문언을 달리하여 규정하고 있는 취지는, 이러한 형태의 차별은 경쟁력이 없는 기업집단 소속 계열회사들을 유지시켜 경제의 효율을 떨어뜨리고 경제력 집중을 심화시킬 소지가 커서 다른 차별적 취급보다는 공정한 거래를 저해할 우려가 많으므로 외형상 그러한 행위유형에 해당하면 일단 공정한 거래를 저해할 우려가 있는 것으로 보되 공정한 거래를 저해할 우려가 없다는 점에 대한 입증책임을 행위자에게 부담하도록 하겠다는 데에 있다 할 것이다.[85)]

85) 대판 2001. 12. 11. 2000두833.

2).1 가격차별

① 의 의 부당하게 거래지역 또는 거래상대방에 따라 현저하게 유리하거나 불리한 가격으로 거래하는 행위를 말한다(영 [별표2]. 2. 가). 경제학적으로 가격차별은 동일상품이 다른 구매자에게 다른 가격으로 판매되는 경우를 말하지만 독점규제법에서 문제가 되는 가격차별은 판매자가 두 가지의 판매에서 두 개의 서로 다른 이윤을 획득하는 경우, 즉 한계비용(marginal cost)에 대한 가격의 비율이 서로 다른 경우를 말한다.[86)]

가격차별을 불공정거래행위로 규정하고 있는 것은 가격차별로 인하여 차별취급을 받는 자들의 경쟁력에 영향을 미치고, 경쟁자의 고객에게 유리한 조건을 제시하여 경쟁자의 고객을 빼앗는 등 경쟁자의 사업활동을 곤란하게 하거나 거래상대방을 현저하게 불리 또는 유리하게 하는 등 경쟁질서를 저해하는 것을 방지하고자 함에 있다.[87)]

미국에서는 「로빈슨패트만법(Robinson－Patman Act)」으로 불리는 「클레이튼법(Clayton Act)」 제 2 조가 가격차별을 금지하고 있다.[88)] 동법은 제 1 선 위반행위(primary－line violations)와 제 2 선 위반행위(secondary－line violations)를 구별하는데, 전자는 일종의 약탈가격(predatory pricing)으로서 위반행위의 희생자가 행위자의 경쟁자이며, 후자는 상대적으로 불이익을 당하는 거래상대방을 겨냥하고 있다는 점에서 차이가 있다. EU에서는 「EU기능조약(TFEU)」 제102조에 의해 규제되고 있다.

우리나라의 「불공정거래행위 심사지침」에서도 행위자가 속한 시장 또는 거래상대방이 속한 시장에서의 경쟁을 제한하는지 여부를 판단하도록 하고 있다.

---

86) Hovenkamp, 247면.

87) 대판 2005. 12. 8. 2003두5327.

88) Sec. 13. Discrimination in price, services, or facilities(§ 2 of the Clayton Act) (a) Price; selection of customers “It shall be unlawful for any person engaged in commerce, in the course of such commerce, either directly or indirectly, to discriminate in price between different purchasers of commodities of like grade and quality, where either or any of the purchases involved in such discrimination are in commerce, where such commodities are sold for use, consumption, or resale within the United States or any Territory thereof or the District of Columbia or any insular possession or other place under the jurisdiction of the United States, and where the effect of such discrimination may be substantially to lessen competition or tend to create a monopoly in any line of commerce, or to injure, destroy, or prevent competition with any person who either grants or knowingly receives the benefit of such discrimination, or with customers of either of them”.

가격차별의 대상행위는 거래지역이나 거래상대방에 따른 가격차별이 대상이 된다. 이때, 가격이란 상품 또는 용역의 제공에 대하여 상대방이 실제 지불하는 모든 대가를 말한다. 여기에는 할인율 등 가격에 직접 영향을 미치는 거래조건이 포함된다. 거래의 대상인 상품 또는 용역은 실질적으로 동일한 것이어야 한다. 그리고 가격차별의 대상이 되는 거래상대방은 사업자 또는 소비자이다(｢불공정거래행위 심사지침｣ V. 2. 가).

② 성립요건 〈(주)한국외환은행의 차별적 취급행위 건〉 관련 행정소송에서 서울고등법원은 가격차별의 성립요건으로 첫째, 동일한 행위자(공급자 등)에 대하여 적어도 둘 이상의 거래상대방이 있을 것을 필요로 하고, 둘째, 그 거래상대방들이 동일한 시장 내에서의 경쟁관계에 있어야 하며, 셋째, 나아가 거래지역이나 거래상대방에 따라 현저한 가격의 차이가 존재하여야 할 뿐 아니라, 넷째, 그러한 가격차이가 부당하여 공정하고 자유로운 경쟁을 저해하는 것으로 인정되어야 한다고 판시하였다.[89]

③ 위법성 판단 가격차별이 독점규제법 소정의 부당한 가격차별, 즉 공정한 경쟁을 저해하는 가격차별인지 여부에 관하여 서울고등법원은 “무릇 거래가격이란 원래 수요공급관계, 거래량, 시장여건 등에 따라 다른 거래조건과 더불어 변화할 수 있는 것이고, 또한 거래상대방에 따라 가격조건을 차별화함으로써 경쟁을 저해하는 경우도 있지만, 시장여건에 따라 경쟁을 촉진시키는 측면도 있다 할 것이며, 시장경제체제 하에서는 원칙적으로 사업자가 거래상대방, 거래조건 및 판매방식 등을 정할 자유가 보장되어 있다는 점을 감안하면, 독점규제법이 규제하는 가격차별에 해당되기 위하여는 그러한 가격차별이 특정 사업자의 사업활동을 곤란하게 할 우려가 있거나, 특정 사업자의 사업활동을 곤란하게 할 의도를 가진 유력 사업자에 의하여 그 지위 남용행위로서 행하여지거나, 독점규제법이 금지하고 있는 다른 목적을 달성하기 위한 수단으로 행하여지는 등 공정하고 자유로운 경쟁질서를 저해할 우려가 있는 경우에 한한다 할 것이다”라고 함으로써 기타의 거래거절에서 대법원이 제시한 부당성 판단기준[90]을 원용하였다.[91]

89) 서고판 2004. 4. 7. 2003누416.
90) 대판 2001. 1. 5. 98두17869.
91) 고법 2004. 4. 7. 2003누416.

그러나 대법원은 "'가격차별'은 '부당하게 거래지역 또는 거래상대방에 따라 현저하게 유리하거나 불리한 가격으로 거래하는 행위'를 의미하므로 거래지역이나 거래상대방에 따라 현저한 가격의 차이가 존재하고 그러한 가격의 차이가 부당하여 시장에서의 공정한 거래를 저해할 우려가 있는 경우에 성립한다고 할 것인바, 가격차별을 규제하는 입법 취지와 위 각 규정을 종합하면, 가격차별이 부당성을 갖는지 유무를 판단함에 있어서는 가격차별의 정도, 가격차별이 경쟁사업자나 거래상대방의 사업활동 및 시장에 미치는 경쟁제한의 정도, 가격차별에 이른 경영정책상의 필요성, 가격차별의 경위 등 여러 사정을 종합적으로 고려하여 그와 같은 가격차별로 인하여 공정한 거래가 저해될 우려가 있는지 여부에 따라 판단하여야 한다"고 함으로써 사업활동 곤란성에 대하여는 직접적 언급이 없이 거래상대방의 사업활동을 고려요소의 하나로 부당성을 판단하고 있다.[92)]

> 가격차별의 위법성의 판단기준은 가격차별이 행위자가 속한 시장 또는 거래상대방이 속한 시장에서의 경쟁을 제한하는지 여부를 위주로 판단한다. 행위자가 속한 시장에서의 경쟁제한성은 ① 행위자가 가격차별로 인해 시장에서의 지위를 유지·강화하거나 할 우려가 있는지 여부, ② 가격차별이 경쟁사업자를 배제하려는 의도하에 이루어졌는지 여부(새로운 시장에 진입하기 위하여 행해지는 가격차별은 경쟁에 대응하기 위한 수단으로서 경쟁사업자 배제효과는 크지 않은 것으로 볼 수 있음), ③ 가격차별 정도가 관련 시장에서 경쟁사업자를 배제할 우려가 있거나, 가격차별에 의해 설정된 가격수준이 상품 또는 용역의 제조원가나 매입원가를 하회하는지 여부, ④ 가격차별이 일회성인지 지속적인지 여부 등을 종합적으로 고려하여 판단한다. 한편 거래상대방이 속한 시장에서의 경쟁제한성은 ① 가격차별의 대상이 되는 거래상대방이 속한 시장에서 가격차별로 인해 거래상대방 또는 거래상대방의 경쟁사업자들이 배제되거나 배제될 우려가 있는지 여부, ② 가격차별에 의해 상대적으로 불리한 취급을 받게 되는 거래상대방이 거래처를 쉽게 전환할 수 있는지 여부, ③ 가격차별 정도가 거래상대방의 경쟁사업자를 배제할 우려가 있거나, 가격차별에 의해 설정된 가격수준이 상품 또는 용역의 제조원가나 매입원가를 하회하는지 여부, ④ 가격차별이 일회성인지 지속적인지 여부 등을 고려하여 판단한다.

92) 대판 2006. 12. 7. 2004두4703; 대판 2006. 12. 8. 2004두4697; 대판 2006. 12. 7. 2004두9338; 대판 2012. 6. 14. 2010다26035[손해배상(기)].

경쟁제한성이 있다고 판단되는 경우에도 ① 가격차별이 거래수량의 다과, 운송비, 거래상대방의 역할, 상품의 부패성 등 요소에 근거하여 한계비용 차이나 시장상황을 반영하는 경우, ② 당해 가격차별로 인해 발생하는 효율성 증대효과(가격할인을 받는 사업자의 이익, 경제적 효율성 증대 등)나 소비자후생 증대효과가 경쟁제한효과를 현저히 상회하는 경우, ③ 가격차별을 함에 있어 기타 합리적인 사유가 있다고 인정되는 경우 등과 같이 가격차별의 합리성이 있다고 인정되는 경우에는 법위반으로 보지 않을 수 있다.

법위반에 해당될 수 있는 행위는 ① 사업자가 경쟁이 심한 지역에서 자신의 시장지위를 강화하기 위해 합리적 이유없이 타 지역에 비해 현저히 낮은 가격을 설정함으로써 당해 지역에서 경쟁사업자를 배제할 우려가 있는 경우, ② 자신의 시장지위를 강화하기 위하여 자기가 공급하는 2가지 이상의 상품·용역중 시장점유율이 높은 상품·용역과 그렇지 않은 상품·용역을 동시에 구매하는 거래상대방(사업자 및 소비자)에 대해 가격면에서 현저히 유리한 취급을 함으로써 그렇지 않은 상품·용역 시장에서의 경쟁을 저해하는 행위, ③ 유력한 사업자가 합리적인 이유없이 특정사업자를 가격면에서 현저히 우대한 결과 특정사업자가 그의 경쟁사업자 보다 경쟁상 우위에 서게 되어 정상적인 경쟁이 저해되는 경우, ④ 과점적 시장구조하에서 용역서비스를 제공하는 사업자가 거래상대방에게 수수료를 부과함에 있어서 매출액 규모, 원가요소 등을 고려하지 않은 채 특정업태에 종사한다는 이유만으로 현저하게 유리 또는 불리한 취급을 하여 경쟁업태에 종사하는 사업자에 비해 경쟁상 우위 또는 열위에 서게 하는 행위, ⑤ 시장점유율이 상당한 사업자가 대부분의 거래상대방에 대해서는 구입량에 따라 누진적으로 할인율을 적용하는 반면, 소수의 거래상대방에 대해서는 합리적 이유 없이 구입량과 관계없이 통상 적용하는 최대할인율보다 더 높은 할인율을 획일적으로 적용함으로써 사업자들간의 경쟁력 차이를 초래하는 행위를 예시하고 있다(「불공정거래행위 심사지침」 V. 2. 가).

〈(주)한국외환은행의 차별적 취급행위 건 등〉 관련 행정소송에서 대법원은 "신용카드사업자가 상호 경쟁관계에 있는 가맹점인 백화점 업종과 할인점 업종의 가맹점 수수료율에 1% 내지 1.1%의 차이를 둔 것은 '거래상대방에 따른 현저한 가격차이가 존재하는 경우'로 볼 수 있다고 할 것이나, 매출액 대비 이윤율이 높고, 수요의 가격탄력성이 상대적으로 낮은 백화점에 대하여 할인점보다 높은 수수료율을 적용하는 것은 경영정책에 따른 현상으로 볼 수 있는 점, 신용카드사업자 입장에서는 백화점보다 후발 업자이면서 발전가능성이 많은 할인점에 대하여 백화점보다 낮은 수수료율을 적용하는 방법으로 할인점을 선점하려는 경영상의 필요도 있었다고 볼 수 있고, 이러한 요인에 의한 가격차별은 다른 카드업자들과 사이에 할인점 선점을 둘러싼 경쟁에 대응하는 것으로서 오히려 경쟁을 촉진시키는 측면도 있는 점, 백화점과 할인점 수수료율의 차등 적용은 호화업종과 생필품업종을 구분하여 수수료율을 정하도록 유도한 감독관청인 재무부의 행정지도에서 비롯된 것인 점, 국내 대부분의 신용카드업자들은 원고와 비슷한 수준으로 백화점과 할인점에 대하여 업종별로 차별화 된 수수료율을 적용하고 있고, 외국의 경우에도 양 시장의 특성을 반영하여 일정 수준의 차별화된 수수료율을 적용하는 사례가 있는 점 등 제반 사정에 비추어 보면, 공정한 경쟁을 저해하는 부당한 가격차별로서 불공정거래행위에 해당한다고 볼 수는 없다"고 판시하였다.[93)]

한편 「불공정거래행위 심사지침」에서는 경쟁제한성 판단의 요소로 단순히 "행위자가 가격차별로 인해 시장에서의 지위를 유지·강화하거나 할 우려가 있는지 여부"를 들고 있으므로 가격차별에 해당하기 위해서는 행위자의 시장지배적지위가 존재하여야 하는가에 대하여 논란이 있을 수 있다. 그러나 현행 법 체계상 동 규정이 시장지배적지위의 존재를 전제로 한다고 볼 수는 없다. 즉 시장지배적사업자의 가격차별행위는 법 제 5 조 시장지배적지위의 남용금지로 규율할 수 있으므로 굳이 불공정거래행위에서 그같이 해석해야 할 이유는 없다고 본다. 다만 경쟁제한성 여부를 위법성 판단의 기준으로 하는 행위의 특성상 어느 정도 거래상의 지위는 전제로 한다고 해석되므로 거래거절행위와 같이 유력사업자에 의한 차별행위만이 이에 해당한다고 보는 것이 옳다.

2).2 거래조건차별

① 의 의 거래조건차별은 부당하게 특정사업자에 대하여 수량·품질 등의 거래조건이나 거래내용에 관하여 현저하게 유리하거나 불리한 취급을 하는 행위를 말한다((영 [별표2]. 2. 나).

> 거래조건 차별은 가격 이외의 거래조건을 차별하는 행위가 대상이 된다. 이는 가격이나 가격에 직접 영향을 미치는 조건(예: 수량할인 등)을 제외한 계약의 이행방법,

93) 대판 2006. 12. 7. 2004두4703; 대판 2006. 12. 8. 2004두4697; 대판 2006. 12. 7. 2004두9338.

대금의 결제조건 등 거래내용면에서의 차별을 말한다. 거래조건 차별은 특정사업자를 대상으로 하므로 소비자에 대한 차별은 포함되지 않는다. 다만, 차별대상 사업자가 엄격하게 특정될 것을 요하지 않으며, 특정기준을 충족하는 모든 사업자 또는 특정지역에 소재한 모든 사업자에 대한 차별도 특정성이 있는 것으로 본다(「불공정거래행위 심사지침」 V. 2. 나).

② 위법성 판단 거래조건차별에 해당하기 위해서는 특정사업자에 대한 거래조건이나 거래내용이 다른 사업자에 대한 것보다 유리 또는 불리하여야 할 뿐만 아니라 그 유리 또는 불리한 정도가 현저하여야 하고, 또 그렇게 차별취급하는 것이 부당한 것이어야 한다.[94]

거래조건 차별의 위법성은 거래조건 차별이 당해 사업자가 속한 시장 또는 거래상대방이 속한 시장에서의 경쟁을 제한하는지 여부를 위주로 판단한다. 이 때, 경쟁제한성이 있는지 여부 및 법위반으로 보지 않을 수 있는 경우는 가격차별에 준하여 판단한다. 법위반에 해당될 수 있는 행위로 ① 사업자가 경쟁이 심한 지역에서는 합리적 이유없이 타 지역에 비해 현저히 유리한 대금결제 조건을 설정함으로써 당해 시장에서 경쟁사업자를 배제할 우려가 있는 경우, ② 사업자가 경쟁사업자의 상품·용역 또는 수입품을 병행 취급하는 대리점(판매업자)에 한하여 합리적 이유없이 자기의 상품·용역의 제공시기, 배송회수, 결제방법 등을 현저하게 불리하게 취급함으로써 당해 대리점의 사업활동을 곤란하게 하거나 대리점간 경쟁을 저해하는 행위를 예시하고 있다(「불공정거래행위 심사지침」 V. 2. 나).

〈한국토지공사의 부당지원행위 등 건〉 관련 행정소송에서 대법원은 "한국토지공사가 대한주택공사에 대하여는 공급가격이 10% 이상 상승할 경우 대한주택공사가 그 협약의 해제를 청구할 수 있고 협약이 해제될 경우 대한주택공사로부터 수납한 선수금에 법정이자를 가산하여 반환한다는 조항을 설정한 반면, '다른 매수인'에 대하여는 선수금의 반환에 관하여는 아무런 규정을 두지는 않은 것에 대하여 외견상으로는 특정사업자를 유리하게 취급하는 것으로서 거래조건에서 차별취급을 한 것으로 보이기는 하지만, 한편 한국토지공사의 내부지

94) 대판 2006. 5. 26. 2004두3014.

침인 선수공급에 관한 지침 및 용지규정 등의 관련조항에 의하면 선수협약 체결 후 공급가격이 10% 이상 상승하는 경우 다른 매수인이 요청하면 협약은 해제될 것으로 보이고, 이러한 사유로 해제되는 경우 한국토지공사로서는 위약금 귀속 없이 선수금 및 이에 대한 법정이자를 가산하여 반환해줄 의무가 있다고 할 것이므로, 위와 같은 외형상의 거래조건의 차이가 특정 사업자를 현저하게 유리하거나 불리하게 하는 행위에 해당한다고 보기 어렵다"고 판시하였다.[95)]

자회사와 비자회사간의 거래조건 차별도 인정된다. 〈대한주택공사의 부당지원행위 등 건〉 관련 행정소송에서 대한주택공사가 자회사 및 민간주택관리업체와 각각 주택관리 위·수탁 약정을 체결함에 있어, 자회사에 대하여는 지체상금 부과조항을 설정하지 아니한 반면에 다른 민간주택관리업체에 대하여는 지체상금 부과조항을 설정한 사실에 대하여 대법원은 "지체상금과 같은 계약조건을 설정함에 있어 독립된 거래주체인 자회사와 비자회사 간에 차별을 둘 합리적 이유가 없으며, 자회사는 대한주택공사와의 계약에서 지체상금 부과조항을 두지 않아 계약이행과 관련하여 이행지체로 인한 부담을 덜게 됨으로써 경영활동에 유리한 환경이 조성되었으므로 위와 같은 행위는 자기의 자회사를 유리하게 하기 위하여 부당하게 거래상대방을 차별 취급하는 행위"로 판단하였다.[96)]

〈(주)골프존의 차별적취급행위 등 건〉에서 공정거래위원회는 피심인은 자신과 가맹계약을 체결한 스크린골프장에 대하여는 신제품 골프시뮬레이터시스템을 공급하면서 피심인의 골프시뮬레이터시스템을 구입하여 골프존라이브서비스를 이용하고 있는 비가맹점에게는 이를 공급하지 아니하는 행위를 차별적 취급행위로 보았다.[97)]

〈롯데쇼핑의 시장지배적 지위 남용행위 등 건〉 관련 행정소송에서 법원은 사업부인 롯데엔터테인먼트에 비하여 다른 배급사에 현저한 차별행위를 하였다고 보기 어렵다고 판단하였고,[98)] 〈씨제이씨지브이와 씨제이이앤엠의 시장지배적 지위 남용행위 등 건〉 관련 행정소송에서도 다른 배급사에 현저한 차별행위를

95) 대판 2006. 5. 26. 2004두3014.

96) 대판 2007. 1. 26. 2005두2773.

97) 공정의 2018. 11. 15. 2018-341. 동 건에서 공정거래위원회는 위법성 판단근거로 특정사업자 해당 여부, 거래조건의 차별, 차별의 현저성, 차별의 부당성에 대하여 자세히 분석하였으며, 특히 차별의 부당성의 근거로 차별로 인한 사업활동 곤란 초래, 대체거래선의 실질적 부존재, 가맹전환을 유도하는 차별행위, 스크린골프 시장에서의 경쟁제한 우려, 차별행위에 대한 위법성 인식을 들었다.

98) 서고판 2017. 2. 15. 2015누39165(대판 2017. 7. 11. 2017두39372).

하였다고 보기 어렵다고 판단하였다.[99]

2).3 계열회사를 위한 차별

① 의 의 계열회사를 위한 차별은 정당한 이유 없이 자기의 계열회사를 유리하게 하기 위하여 가격·수량·품질 등의 거래조건이나 거래내용에 관하여 현저하게 유리하거나 불리하게 하는 행위를 말한다(영 [별표2]. 2. 다).

계열회사를 위한 차별행위가 성립하기 위해서는 거래조건 또는 거래내용에 관한 현저한 차별행위가 존재하여야 하고, 이러한 행위가 계열회사를 유리하게 할 목적에서 비롯되어야 하며, 해당행위가 정당한 이유없이 시장에서의 공정한 거래를 저해할 우려가 있어야 한다(<씨제이씨지브이와 씨제이이앤엠의 시장지배적 지위 남용행위 등 건>).[100]

행위객체는 계열회사로 되어 있는바, 주객이 서로 계열회사이면서 자회사인 경우 경제적 동일체에 해당하지 않는가가 문제된 적이 있다. 즉 <현대자동차(주) 외 1의 차별적 취급행위 건>[101]에서 행위주체인 현대자동차(주)가 객체인 현대캐피털(주)의 지분을 85%정도 보유하고 있기 때문에 현대캐피털(주)는 현대자동차(주)의 자회사와 동일하거나 적어도 과반수소유 자회사(majority-owned subsidiary)라고 할 수 있으므로 현대캐피털(주)의 행위를 현대자동차(주)의 행위와 동일하게 취급할 수 있지 않느냐는 것이다.[102] 이에 대하여 공정거래위원회는 우리 독점규제법이 특히 계열사간의 부당지원행위를 엄격히 금하고 있으며 현대자동차(주)만 현대캐피털(주) 지분을 85.57% 소유하고 있을 뿐 기아자동차는 지분이 전혀 없는 상태에서 법인격이 다른 현대캐피털(주)의 행위를 현대자동차(주) 및 기아자동차(주)의 행위와 동일하게 취급하는 것은 부당하다고 보았다.[103]

차별적 취급을 불공정거래행위로서 규제하는 이유는 거래의 장에 있어서 사업자가 개별적인 종속관계를 전제로 거래상대방에 대한 차별적 취급을 할 경우 경쟁자의 사업활동을 곤란하게 하거나 거래상대방을 현저하게 불리 또는 유리하

99) 서고판 2017. 2. 15. 2015누44280(대판 2017. 7. 11. 2017두39303).

100) 서고판 2017. 2. 15. 2015누44280(대판 2017. 7. 11. 2017두39303).

101) 공정의 2002. 9. 19. 2002.200: "대상인 현대자동차(주) 및 기아자동차(주)는 계열회사인 현대캐피탈(주)와 전속적인 오토할부금리 정산약정을 체결하고 있는 상황에서 정산금리보다 상당한 정도로 낮은 수준의 오토할부금리가 현대캐피탈(주) 이용고객에게 적용되도록 함으로써 자기의 계열회사를 현저하게 유리하게 취급하는 행위를 다시 하여서는 아니된다".

102) 오성환, 148면.

103) 오성환, 149면.

게 하여 공정거래를 저해할 우려가 크기 때문이므로 이러한 규제의 목적에 비추어보면 차별적 취급이 성립하기 위해서는 복수의 거래상대방이 존재하고 차별적 취급이 그 상대방들에 대하여 행해져야 한다고 전제하고, 다만 그 규제의 목적에 비추어 직접의 거래상대방이 아니라 하더라도 행위자가 직접의 거래상대방의 거래조건을 실질적으로 지배하여 거래상대방의 거래상대방, 즉 간접의 거래상대방과도 거래하고 있는 경우에는 이를 거래상대방으로 인정할 수 있고, 법인격이 다른 사업자라도 서로 실질적으로 지배·피지배의 관계에 있는 경우에는 그와 같은 복수의 사업자 전체를 동일한 사업자로 보아 거래상대방 여부를 판단하여야 할 것이므로, 최종소비자도 차별적 취급의 대상인 거래상대방이 될 수 있다.[104]

계열회사를 위한 차별의 대상행위는 계열회사를 유리하게 하는 가격 등 거래조건·거래내용 등의 차별행위이며 차별의 상대방에는 소비자도 포함된다(「불공정거래행위 심사지침」 V. 2. 다).

② 성립요건

A. 직접적 차별조건 설정과 경제적 효과의 귀속 다른 사업자로 하여금 그 거래의 상대방을 차별하여 취급하게 하는 경우의 차별적인 거래조건은 다른 사업자가 그 거래상대방과의 사이에 직접 설정하는 경우는 물론 다른 사업자가 거래조건을 이행함으로써 그 경제적 효과가 계열회사인 그 거래의 상대방에게 차별적으로 귀속되는 효과가 발생하는 경우도 포함된다.

즉 〈SK텔레콤(주)의 차별적 취급행위등 건〉 관련 행정소송에서 서울고등법원은 SK텔레콤이 그 대리점에 대하여 자신의 계열회사인 에스케이글로벌 주식회사(이하 "SKG")로부터 구입한 단말기(사업자모델)를 무이자할부 판매한 경우에만 그 할부채권을 매입하고 삼성전자, 엘지전자 등 단말기제조업자로부터 단말기(유통모델)를 판매한 경우에는 채권매입대상에서 제외한 사실, 그 결과 SKG가 SK텔레콤의 대리점에 공급하는 사업자모델의 매출수량은 종전보다 2배 이상 증가한 반면 SKG의 경쟁사업자인 삼성전자 등이 SK텔레콤의 대리점에 공급하는 사업자모델의 매출수량이 감소하였는바, SK텔레콤이 다른 사업자인 대리점과 사이에 설정한 거래조건을 대리점이 이행함으로써 그 경제적 효과가 대리점의 거래상대방인 SKG 및 그 경쟁사업자인 삼성전자 등과 사이에 차별적으로 귀속

104) 서고판 2004. 10. 28. 2002누16827(대판 2007. 2. 23. 2004두14052).

되었다고 보았다.105)

대법원도 〈현대자동차(주) 외 1의 차별적취급행위 건〉 관련 행정소송에서 "현대자동차가 계열사인 현대캐피탈과의 오토할부약정에 기하여 할부오토의 할부금리를 인하하는 것은 자동차를 할부로 구매하려는 고객 중 현대캐피탈을 이용 또는 이용하려고 하는 고객들과 현대캐피탈이 아닌 비계열 할부금융사를 이용 또는 이용하려고 하는 고객들을 차별하는 행위"라고 한다.106)

B. 주관적 의도 동 조항은 타 불공정거래행위 유형과는 달리 "자기의 계열회사를 유리하게 하기 위하여"란 주관적 요건을 포함하고 있다. 그러나 '계열회사를 위한 차별'의 요건으로서 계열회사를 유리하게 하기 위한 의도는, 특정 사업자가 자기의 이익을 위하여 영업활동을 한 결과가 계열회사에 유리하게 귀속되었다는 사실만으로는 인정하기에 부족하고, 차별행위의 동기, 그 효과의 귀속주체, 거래의 관행, 당시 계열회사의 상황 등을 종합적으로 고려하여 사업자의 주된 의도가 계열회사가 속한 일정한 거래분야에서 경쟁을 제한하고 기업집단의 경제력 집중을 강화하기 위한 것이라고 판단되는 경우에 한하여 인정된다고 할 것이다.107)

따라서 상기 〈현대자동차(주) 외 1의 차별적 취급행위 건〉 관련 행정소송에서 대법원은 "현대자동차가 현대캐피탈과 사이에서만 오토할부약정을 체결하고 24개월 이하 및 36개월 이하 할부판매의 금리를 정상금리 이하로 인하함으로써 자동차할부시장에서 현대캐피탈의 점유율이 상승하였다 하더라도 그것만으로는 할부금리 인하행위의 주된 의도가 현대캐피탈이 속한 일정한 거래분야에서의 경쟁을 제한하고 기업집단의 경제력 집중을 강화하기 위한 것이라고 보기 어렵다"고 판시하였으나,108) "현대자동차가 현대M카드의 결제한도를 다른 신용카드회사들에 비해 2배 정도 높게 설정한 것은 계열회사를 위한 차별적 취급행위"

105) 서고판 2002. 10. 10. 2001누16073(대판 2004. 12. 9. 2002두12076).

106) 대판 2007. 2. 23. 2004두14052. 원심인 고등법원은 비계열 할부금융사들은 현대자동차와의 사이에 아무런 거래관계가 존재하지 않고 비계열 할부 금융사의 할부금리 등 거래조건에 아무런 영향력을 행사할 수 없어 비계열할부금융사들이 현대자동차와 종속적 관계에 있다고 할 수 없으므로 이들을 차별적 취급의 대상인 거래상대방으로 볼 수 없다고 하였다. 이에 대해 대법원은 현대자동차와 자동차 할부금융을 취급하는 현대캐피탈 및 비계열 할부금융사 사이에는 위 고객들을 매개로 하는 실질적인 거래관계가 존재한다고 하고, 이러한 차별로 인하여 현대캐피탈에게는 고객의 증가라는 차별효과가 귀속된다고 판단하였다.

107) 대판 2004. 12. 9. 2002두12076; 대판 2007. 2. 23. 2004두14052; 이에 대한 비판으로 홍명수, 경제법판례연구 제 3 권(2006), 203~204면 참조.

108) 대판 2007. 2. 23. 2004두14052.

라고 판시하였다.[109)]

또한 〈SK텔레콤(주)의 차별적 취급행위 등 건〉 관련 행정소송에서도 "비록 2000. 6. 이후 단말기보조금 금지로 SKG의 매출이 감소하여 경영상 어려움이 예상되는 상황에서 이 사건 행위로 인한 결과가 SKG에 유리하게 귀속되었다고 하더라도 그것만으로는 이 사건 행위의 주된 의도가 SKG가 속한 일정한 거래분야에서 경쟁을 제한하고 기업집단의 경제력 집중을 강화하기 위한 것이라고 판단되는 경우에는 해당하지 않는다"고 판시하였다.[110)]

C. **차별의 현저성과 시장의 범위** 차별의 현저성은 단순히 할인율이나 할인금액의 다과만을 기준으로 획일적으로 결정할 사항이 아니라 독점규제법의 독자적인 입법목적을 고려하여 행위 당시의 시장상황과 그러한 거래조건으로 인한 시장변동의 추이, 소비자들의 구매심리에 미치는 영향, 거래의 당사자에게 귀속되는 이익의 규모와 그 경쟁상대방에게 주는 손해의 정도 등 제반요소를 종합적으로 감안하여 당해 거래조건의 설정으로 인하여 공정한 거래질서가 저해될 우려가 있었는지 여부에 따라 판단되어질 상대적 개념이며,[111)] 계열회사와 관련 시장에서의 경쟁상대인 다른 사업자들에게 미치는 결과의 비교를 통하여 판단되어야 할 것이고, 차별의 현저성을 판단하기 위한 관련 시장의 범위도 행위에 의한 경제적 효과의 귀속으로 차별이 발생한 거래분야에 국한되어야 하고 이를 넘어서서 차별적 효과의 범위 밖에서 일어난 관련 없는 별도의 거래분야까지 포함할 수는 없다.[112)]

③ 위 법 성 계열회사를 위한 차별의 위법성을 평가함에 있어서 단순한 사업경영상 또는 거래상의 필요성 내지 합리성이 인정된다는 사정만으로 곧 그 위법성이 부인되는 것은 아니지만, 차별적 취급의 원인이 된 사업경영상의 필요

109) 대판 2007. 2. 23. 2004두14052.

110) 대판 2004. 12. 9. 2002두12076.

111) 서고판 2002. 10. 10. 2001누16073(대판 2004. 12. 9. 2002두12076).

112) 대판 2004. 12. 9. 2002두12076; 이에 대한 비판으로 홍명수, 경제법판례연구 제 3 권(2006), 199~202면 참조. 〈SK텔레콤(주)의 차별적 취급행위 등 건〉 관련 행정소송에서 서울고등법원은 삼성전자나 엘지전자 등은 SK텔레콤(주) 대리점에 단말기를 공급하는 것과 관련하여 SKG와 경쟁사업자 관계에 있지만 다른 한편으로는 유통과정에 있는 SKG에 단말기를 공급하는 지위도 겸하고 있었는바 관련시장 획정 관련하여 "단말기판매(유통)시장을 말하는 것인데 SKG의 경쟁상대인 삼성전자 등은 SKG가 유통하는 사업자모델의 64%이상을 공급하여 원고의 이 사건 행위로 삼성전자 등이 SKG에 사업자모델을 공급하는 거래분야에서 상당한 매출증가가 있었을 것이어서 이러한 사정까지 종합적으로 평가하면 차별의 현저성을 인정할 입증이 없다고 보아야 한다"고 함으로써 시장의 범위를 삼성전자 등이 SKG에 사업자모델을 공급하는 거래분야까지 포함시켰으나 대법원은 대리점에 단말기를 공급하는 시장에 한정하였다.

성 등은 다른 사유와 아울러 공정한 거래질서의 관점에서 평가하여 공정거래저해성의 유무를 판단함에 있어서 고려되어야 하는 요인의 하나가 될 수 있다.113)

> 계열회사를 위한 차별행위의 위법성은 경쟁제한성 또는 경제력 집중 우려를 위주로 위법성을 판단하되, 가격 등 거래조건·거래내용 등에 관하여 계열회사에 대해 현저하게 유리하거나 계열회사의 경쟁사업자에 대해 현저하게 불리하게 취급하였을 경우에는 계열회사를 유리하게 하기 위한 행위로 인정하여 원칙적으로 경쟁제한성 또는 경제력 집중 우려가 있는 것으로 본다. 그러나 계열회사를 위한 차별취급을 한 사업자가 '정당한 이유'를 소명하였을 경우 그 타당성을 판단하되, ① 당해 행위로 인한 효율성 증대효과나 소비자후생 증대효과가 경쟁제한효과를 현저히 상회하는 경우, ② 차별취급을 함에 있어 기타 합리적 사유가 있다고 인정되는 경우 등 같이 정당한 이유가 있다고 인정될 경우에는 법위반으로 보지 않을 수 있다(「불공정거래행위 심사지침」 V. 2. 다).

〈대한주택공사의 거래상지위 남용행위 등 건〉 관련 행정소송에서 대법원은 "정부의 방침에 따라 소외 주식회사 한양 외 3개의 회사(이하 '소외 회사들')를 인수한 다음 금융지원명령에 따라 자금전대나 지급보증을 하게 된 경위, 수의계약체결집행특례를 승인받아 시행한 과정, 수의계약체결의 내용, 소외 회사들의 생산자재의 대부분이 건설공사 마감자재로서 발주 후 납품, 설치까지 장기간이 소요됨에 따라 원자재 구입 및 생산과정에서 발생되는 자금의 선투입으로 자금압박 요인이 발생되어 경영정상화의 차질이 우려되자 소외 회사들에게 선급금을 지급하기로 결정하고 선급금을 지급하게 된 사정, 원고들이 당시 소외 회사들을 위하여 차입하거나 전대, 지급보증하고 있는 채무의 범위 등에 관하여 그 판시와 같은 사실을 인정한 다음, 원고가 계열회사로 인수한 소외 회사들에게 선급금을 지급한 것은, 정부가 부실기업인 소외 회사들의 경영정상화의 촉진을 도모하기 위하여 원고에게 부여한 수의계약 승인과 금융지원명령의 범위 내에 속하는 행위에 해당한다고 봄이 상당하고, 또한 소외 회사들이 다시 도산하는 경우 야기될 시공중인 아파트건설의 공사중단으로 인한 집단민원 등 사회적 문제야기, 종업원의 대량실직, 자재납품 및 하도급업체의 연쇄도산 등을 방지하여 사회적, 경제적 안정을 도모하기 위한 공익적 목적이 있을 뿐만 아니라 1조원이

113) 대판 2004. 12. 9. 2002두12076.

넘는 전대 및 지급보증을 한 원고의 동반 도산을 예방하기 위하여 불가피하게 이루어진 최소한의 행위로 봄이 상당하므로, 이를 들어 정당한 이유 없는 계열회사를 위한 차별행위라고 볼 수 없다"고 판시하였다.[114)]

그리고 〈SK텔레콤(주)의 차별적 취급행위 등 건〉 관련 행정소송에서도 대법원은 "이 사건 거래분야에서 SKG의 경쟁사업자인 삼성전자 등이 유통모델의 매출감소로 인한 불이익을 입게 되는 측면이 있으나 단말기시장 전체로 보면 SKG가 공급하는 사업자모델의 매출이 증가함에 따라 삼성전자 등이 사업자모델의 제조업자 지위에서 이익을 얻게 되었고 한편 원고의 경쟁사업자인 주식회사 케이티프리텔이나 주식회사 엘지텔레콤은 독립된 단말기 유통회사를 두지 아니한 채 직접 사업자모델을 대리점에 공급하면서 원고의 이 사건 행위와 같은 영업활동을 벌이고 있는 점, 원고는 일시적으로 시장점유율 하락속도를 둔화시키기 위한 사업경영상의 필요에 기하여 이 사건 행위에 이르렀는데 이동통신서비스의 제공이 고객의 단말기 구입과 불가분의 관계에 있어 단말기 유통회사인 SKG의 매출증가로 이어지게 된 점, 이 사건 행위와 같이 무이자할부채권의 양수대상을 SKG가 공급하는 사업자모델로 한정하더라도 이 사건 거래분야에서 SKG의 경쟁사업자인 삼성전자 등의 유통모델에 대한 경쟁을 유인하여 원고로서는 상대적으로 가격이 비싼 유통모델에 대한 높은 이자비용을 감수하지 않고서도 이동통신서비스 가입자 수의 증가를 가져올 수 있어 이를 합리적인 영업전략으로 볼 수도 있다는 점 등을 종합하여, 원고의 이 사건 행위에 공정거래저해성이 없다"는 취지로 판단한 서울고등법원의 판단을 정당하다고 보았다.[115)] 그러나 차별의 현저성을 판단함에 있어서 관련 시장의 범위에 삼성전자 등이 SKG에 사업자모델을 공급하는 거래분야까지 포함시킨 것은 수긍하지 않았다.

> 법위반에 해당될 수 있는 행위로 ① 계열회사와 비계열회사의 제품간에 품질이나 거래조건에 있어서 차이가 없음에도 불구하고 정당한 이유없이 계열회사의 제품을 비계열회사의 견적단가 보다 현저히 비싸게 구입한 행위, ② 사업자가 자기의 계열회사와 비계열회사를 동시에 거래하면서 정당한 이유없이 계열회사에 비해 비계열회사에 대한 결제조건(현금비율, 어음만기일 등)을 현저히 불리하게 하는 행위, ③

114) 대판 2001. 12. 11. 2000두833.

115) 대판 2004. 12. 9. 2002두12076; 이에 대한 비판으로 홍명수, 경제법판례연구 제 3 권(2006), 204~207면 참조.

사업자가 자기의 계열회사와 비계열회사에 동시에 임가공을 의뢰하면서 정당한 이유없이 계열회사에 지급하는 임가공단가를 비계열회사의 경우에 비해 현저히 유리하게 지급하는 행위, ④ 계열회사가 경쟁입찰에서 유리한 지위에 설 수 있도록 하기 위해 계열회사의 경쟁사업자에게는 보다 불리한 가격이나 거래조건으로 원재료를 공급하는 행위를 예시하고 있다(「불공정거래행위 심사지침」 V. 2. 다).

④ 타 불공정거래행위와의 관계

A. 부당지원행위 계열회사를 위한 차별은 법 제45조 제1항 제9호의 부당지원행위와 유사하지만 첫째, 지원객체가 전자는 계열회사에 한정되지만 후자는 계열회사 뿐만 아니라 특수관계인이나 비계열회사도 포함되는 점, 둘째, 전자의 위법성 판단기준은 '정당한 이유없이'로 규정되어 있으나 후자의 위법성 판단기준은 '부당하게'로 규정되어 있는 점에서 차이가 있다고 한다.[116] 그러나 부당지원행위도 주로 계열사간에 일어나는 점을 감안하면 양 제도간의 차이가 명확하지는 않다. 그리고 종래에는 상품·용역 거래는 부당지원행위에 해당하지 않았으므로 상품·용역 거래는 계열회사를 위한 차별적 취급으로 규제하고 나머지 자금·자산 지원 등은 부당한 지원행위로 규제하면 비교적 간명하게 구분이 되었다.

그러나 대법원이 "부당지원행위와 계열회사를 위한 차별이나 경쟁사업자 배제와는 입법 취지, 요건 및 효과가 서로 다른 별개의 제도인 점 등을 종합하면, 상품·용역의 제공 또는 거래라는 이유만으로 부당지원행위의 규제대상에서 제외되는 것은 아니고 그것이 부당지원행위의 요건을 충족하는 경우에는 부당지원행위의 규제대상이 될 수 있다"[117]고 하고, 그러한 취지가 법령에 반영된 현재 입증책임을 제외하고는 차이를 발견하기 쉽지 않다.[118]

116) 임영철/조성국, 87면.

117) 대판 2004. 10. 14. 2001두2935; 대판 2005. 10. 28. 2003두13441; 대판 2004. 11. 12. 2001두2034; 대판 2006. 5. 26. 2004두3014; 대판 2006. 6. 2. 2004두558; 대판 2005. 9. 15. 2003두12059; 대판 2005. 6. 10. 2004두3021; 대판 2006. 4. 14. 2004두3298; 대판 2007. 1. 11. 2004두3304; 대판 2007. 1. 25. 2004두7610; 대판 2007. 1. 25. 2004두1490; 대판 2007. 1. 11. 2004두350.

118) 이호영 교수는 다음과 같이 구분한다. 즉 "차별적 취급행위는 원칙적으로 다수의 거래상대방 중 일부에 대하여 거래조건을 차별하는 경우에 적용될 수 있기 때문에 계열회사를 위한 차별조항은 행위자가 계열회사뿐만 아니라 비계열회사와 동일한 상품·용역 등의 거래를 행하였고, 나아가 계열회사에 대해서 현저히 유리한 조건으로 거래한 사실이 입증되는 경우에 한하여 적용된다. 그리고 이를 금지하는 근거로서 가격 등의 거래조건의 차이를 통하여 자신의 경쟁자나 거래상대방에 대하여 초래한 차별적 효과를 중시한다. 또한, 차별적 취급의 특성상 현실적으로 당

B. 경쟁사업자 배제행위 그리고 계열회사를 위한 차별은 경쟁사업자 배제행위와도 유사한 측면이 있다. 대법원은 계열회사를 위한 차별이 경쟁사업자 배제와는 입법 취지, 요건 및 효과가 서로 다른 별개의 제도라고 하였으나, 부당염매나 부당고가매입의 경우 자기뿐만 아니라 '계열회사'의 경쟁사업자를 배제시킬 우려가 있는 행위도 포함되므로 계열회사를 위한 차별과 구별이 어려운 경우가 있다. 〈현대자동차(주) 외 1의 차별적취급행위 건〉[119] 관련 공정거래위원회 심의과정에서도 경쟁사업자 배제행위 여부가 문제된 적이 있다.[120]

2).4 집단적 차별

① 의 의 집단적 차별은 집단으로 특정사업자를 부당하게 차별적으로 취급하여 그 사업자의 사업활동을 현저하게 유리하거나 불리하게 하는 행위를 말한다(영 [별표2]. 2. 라). 집단적 차별은 집단적으로 특정사업자를 차별취급하여 그의 경쟁을 제한하는 것을 내용으로 한다는 점에서 참가사업자의 경쟁제한을 목적으로 하는 공동행위와 구별된다. 그리고 공동의 거래거절과의 관계에서 집단적 차별의 경우 단계를 달리하는 사업자 사이 혹은 서로 다른 시장에 속하는 사업자들이 집단을 구성할 수 있는데, 공동의 거래거절은 동일한 시장에 속하는 사업자들이 공동으로 한다는 점에서 차이가 있다.[121]

> 집단적 차별은 여러 사업자가 공동으로 특정사업자에 대하여 행해지는 차별취급이 대상이 된다. 부당한 공동행위와 달리 집단적 차별취급은 합의가 없더라도 성립될 수 있으며 차별취급에 참가하는 사업자가 반드시 현실적 또는 잠재적 경쟁관계에 있을 필요는 없다. 또한 실제로 차별행위가 행해져야 한다. 차별취급에는 가격 등 거래조건, 거래내용 등의 차별이 포함된다. 차별취급의 상대방은 특정사업자이다.

해 상품·용역 시장에서 유력한 사업자이거나 당해 거래상대방보다 우월적 지위에 있는 사업자인 경우에 한하여 그 실행이 가능하다. 이에 반하여, 부당지원행위는 자금, 자산 및 인력 등의 제공 또는 거래를 통하여 경제적 이익의 이전이 이루어진 경우에 포괄적으로 적용될 수 있으므로 비계열회사와 동일한 상품·용역 등을 차별적인 조건으로 거래하지 않았더라도 계열회사와의 관계에서, 가상적인 정상거래에 비추어서 현저히 유리한 조건으로 거래를 한 결과 부당한 경제적 이익의 이전이 이루어졌다 인정되면 성립된다. 또한 부당지원행위는 직접적으로 경제상 이익제공을 통한 지원행위를 규제하는 것이므로, 차별적 취급과는 달리 지원주체의 시장지배력이나 거래상의 지위가 없다고 할지라도 자금 등의 제공능력만 있을 경우에는 얼마든지 지원주체가 될 수 있다". 이호영, 경제법판례연구 제1권(2004), 240~241면.

119) 공정의 2002. 9. 19. 2002.200.

120) 오성환, 148~149면.

121) 정호열, 394면.

따라서 불특정다수의 사업자와 소비자는 대상이 되지 아니한다(「불공정거래행위 심사지침」 Ⅴ. 2. 라).

② **위법성 판단** 집단적 차별행위의 위법성은 가격차별 및 거래조건 차별의 경우에 준하여 판단한다. 다만, 집단적 차별은 여러 사업자에 의해서 행해지므로 원칙적으로 가격차별 및 거래조건 차별의 경우에 비해 위법성이 인정될 가능성이 큰 것으로 본다.

법위반에 해당될 수 있는 행위로 ① 복수의 사업자가 특정사업자에 대해 동시에 합리적인 이유없이 가격차별 또는 거래조건 차별 등을 행하는 경우, ② 합리적 이유없이 복수의 판매업자와 제조업자가 공동으로 판매단계에서 경쟁관계에 있는 특정사업자에 대하여 차별적으로 높은 가격을 책정함으로써 그의 사업활동을 곤란하게 하고 그 결과 당해 시장에서의 경쟁에 영향을 미치는 행위, ③ 복수의 제조업자가 공동으로 덤핑판매를 하거나 온라인판매를 한다는 이유만으로 특정판매업자에 대하여 공급가격을 다른 판매업자에 비하여 비싸게 책정함으로써 사업활동을 현저히 불리하게 하고 다른 판매업자를 경쟁상 우위에 서게 하는 행위를 예시하고 있다(「불공정거래행위 심사지침」 Ⅴ. 2. 라).

3) 경쟁사업자 배제

[참고사례]

(주)**캐드랜드의 경쟁사업자 배제행위 건**(공정거래위원회 1996. 2. 23. 의결 제96－18호, 1996. 3. 28. 재결 제96－11호; 서울고등법원 1997. 7. 31. 선고 96구21388 판결); **현대정보기술(주)의 부당염매행위 건**(공정거래위원회 1998. 2. 24. 의결 제98－39호; 서울고등법원 1999. 2. 11. 선고 98누9181 판결; 대법원 2001. 6. 12. 선고 99두4686 판결)

경쟁사업자 배제란 부당하게 경쟁자를 배제하는 행위로서 공정한 거래를 저해할 우려가 있는 행위를 말한다(법 제45조 제 1 항 제 3 호).

사업자가 상품 또는 용역을 현저히 낮은 가격으로 공급함으로써 경쟁사업자를 시장에서 배제시킨 후 독점적 지위를 구축하여 독점가격 책정이 가능해 질 경우, 이는 경쟁을 저해하고 궁극적으로 소비자후생 수준의 저하로 귀결될 수 있으므로 금지된다. 또한, 사업자가 경쟁사업자를 당해 시장에서 배제할 목적으로 경쟁사업자가 필요로 하는 상품·원재료의 상당량을 고가로 매입할 경우 이는 시장에서의 정상적인 경쟁을 저해하게 되므로 금지된다(「불공정거래행위 심사지침」 V. 3).

그러나 경쟁사업자배제행위에 대하여는 안전지대를 두고 있다.

경쟁사업자 배제행위를 한 사업자의 시장점유율이 10% 미만인 경우에는 당해 시장에서의 경쟁제한효과가 미미하다고 보아 원칙적으로 심사면제 대상으로 한다. 다만 시장점유율 산정이 사실상 불가능하거나 현저히 곤란한 경우에는 당해 사업자의 연간매출액이 50억원 미만인 경우를 심사면제 대상으로 한다(「불공정거래행위 심사지침」 V. 3. 가).

3).1 부당염매

① 의 의　자기의 상품 또는 용역을 공급함에 있어서 정당한 이유 없이 그 공급에 소요되는 비용보다 현저히 낮은 대가로 계속하여 공급하거나 기타 부당하게 상품 또는 용역을 낮은 대가로 공급함으로써 자기 또는 계열회사의 경쟁사업자를 배제시킬 우려가 있는 행위를 말한다(영 [별표2].3. 가)

염매의 상대방에는 사업자뿐만 아니라 소비자도 포함된다(「불공정거래행위 심사지침」 V. 3. 가).

상거래에 있어 상품의 거래가격은 당해시장에서 공정하고 자유로운 경쟁을 바탕으로 상품의 수요와 공급의 균형에 따라 등락이 가능하다 할 것이나, 경쟁시장에서 특정사업자가 특정상품의 거래가격을 기술개발에 따른 원가절감 등의 정당한 이유없이 공급에 소요되는 비용보다 현저히 낮은 가격으로 계속해서 판매하게 되면 공정한 경쟁이 이루어질 수 없게 되고, 당해 시장에서 경쟁사업자가 배제되는 결과를 초래하게 되므로 이를 불공정거래행위로 보고 금지하는 것이다.[122)]

대법원은 경쟁사업자의 범위와 관련하여 "경쟁사업자는 통상 현실적으로 경쟁관계에 있는 사업자를 가리킨다고 할 것이지만, 부당염매를 규제하는 취지

122) 공정의 1994. 7. 28. 94－205.

가 법이 금지하는 시장지배적 지위의 남용을 사전에 예방하는데 있다고 볼 때, 시장진입이 예상되는 잠재적 사업자도 경쟁사업자의 범위에 포함된다고 보아야 한다"고 한다.[123)]

한편 "경쟁사업자 배제의 우려" 관련하여 〈현대정보기술(주)의 부당염매행위 건〉 관련 행정소송에서 서울고등법원은 "추상적인 우려가 아닌 구체성을 지닌 우려를 가리킨다"고 판시하였으나, 대법원은 "실제로 경쟁사업자를 배제할 필요는 없고 여러 사정으로부터 그러한 결과가 초래될 추상적 위험성이 인정되는 정도로 족하다"고 판시하였다.

그리고 법 제45조 제 1 항 본문의 공정거래저해성과 경쟁사업자 배제우려의 관계에 대하여 대법원은 공정거래저해성, 즉 부당성 판단의 한 요소로 파악하고 있다.[124)] 1999년 제 7 차 법 개정시 "부당하게 경쟁자를 배제하기 위하여"란 문구가 삭제되어 염매행위의 의도나 목적은 불필요하지만 부당성 입증의 한 요소가 될 수는 있다.

미국에서 약탈적가격설정(predatory pricing)은 「셔먼법(Sherman Act)」 제 2 조의 독점화(monopolization) 또는 독점화기도(attempt to monopolize)로 다루어지고 있으며 한편으로는 「클레이튼법(Clayton Act)」 제 2 조(가격차별)에도 위반될 수 있다.

② 종 류 부당염매에는 계속적 염매와 일시적 염매가 있다. 대법원은 '계속거래상의 부당염매'와 '기타 거래상의 부당염매'로 구분한다.

> 계속적 염매란 상당기간에 걸쳐 반복해서 공급비용보다 현저히 낮은 수준으로 상품 또는 용역의 공급이 이루어짐을 말한다. 공급비용 보다 현저히 낮은 수준인지 여부는 제조원가나 매입원가를 기준으로 한다. 제조원가는 재료비, 인건비, 기타 제조경비, 일반관리비를 포함하여 산정한다. 매입원가는 실제 구입가격을 기준으로 하되, 계열회사관계나 제휴관계와 같은 특수한 사정이 존재하는 경우에는 일반사업자간 거래가격을 고려하여 수정된 가격을 기준으로 할 수 있다. 일시적 염매란 일회 또는 단기간(1주일이내)에 걸쳐 현저히 낮은 대가로 상품 또는 용역의 공급이 이루어짐을 의미한다. 현저히 낮은 대가에 해당되는지 여부는 계속적 염매의 경우와 마찬가지로 제조원가나 매입원가를 기준으로 한다(「불공정거래행위 심사지침」 V. 3. 가).

---

123) 대판 2001. 6. 12. 99두4686.

124) 대판 2001. 6. 12. 99두4686; 김재영, 공정거래위원회 심결사례 30선(2010. 6), 482~483면.

서울고등법원은 계속적 염매의 판단에 있어 다량의 제품을 수회에 걸쳐 나누어 이행한 경우나 장차 거래가 계속될 것으로 예상되는 경우 계속적 거래로 보았다.[125)]

"낮은 대가"의 판단은 일응 '공급에 소요되는 비용'을 기준으로 판단하여야 할 것이다. 따라서 직접 상품 또는 용역을 창출하여 공급하는 제조업체의 경우 고정비와 변동비 모두를 포함한 가격으로서는 정상적인 판매가 불가능하여 변동비만을 상회하는 금액으로 가격을 정하고 가격과 변동비의 차액으로 고정비 일부에 충당할 수밖에 없게 된 때에는 그러한 사정은 부당성 유무의 판단의 한 요소로 고려되어야 할 것이다.[126)]

낮은 대가로 대표적으로 1원입찰행위를 들 수 있다(〈(주)캐드랜드의 경쟁사업자 배제행위 건〉).[127)] 그러나 1원입찰의 경우에도 경쟁사업자배제 우려가 없다고

---

125) 서고판 1997. 7. 31. 96구21388: "소외 공사의 위 입찰이 납품물량을 특정하여 이루어졌으나, 한 사업장별로 1식씩 설치되는 위 지리정보시스템용 소프트웨어의 특성과 비교적 고가인 그 가격에 비추어 10식(70세트)이라는 위 입찰상의 납품물량이 소량이라고 할 수가 없고, 이와 같이 소량으로 볼 수 없는 물품의 납품이 이를 한꺼번에 납품받을 수 없는 소외 공사의 기술인력 사정상 6개월이라는 기간에 걸쳐 3회에 나누어 이행하도록 되어 있다면 이를 위 고시 제3조 제2호에서 말하는 장기간 동안의 상품을 거래하는 계약에 해당한다고 할 수 있을 뿐만 아니라, 가사 그렇지 않다 하더라도, 소외 공사의 위 입찰은 장차 전체 사업장에 소요될 지리정보시스템용 소프트웨어의 구입을 예정하여 그 초도물량에 대하여 이루어진 것인데, 위 지리정보시스템용 소프트웨어가 위와 같이 일단 선정되어 사용되면 그 교체가 어렵고, 호환성 확보를 위하여 타 사업장에도 같은 종류의 소프트웨어가 필요한 특성이 있는 이상, 일단 초도물량에 대한 거래가 이루어지면 장차 다른 사업장에 소요될 잔여 물량에 대한 거래도 특별한 사정이 없는 한 같은 소프트웨어에 의하게 될 것이 예상되므로, 이처럼 장차 거래가 계속될 것이 예상되는 상태에서 일부 물량에 대하여 체결된 계약은 그 직접 대상이 제한되어 있다 하더라도 위 고시 제3조 제2호 소정의 장기간 동안의 상품을 거래하는 계약에 해당한다 할 것이고, 그 계약에 있어 가격 등의 계약조건이 모두 확정되어 있는 점은 이와 달리 볼 근거가 되지 아니하며, 소외 공사와 같은 정부투자기관에 적용되는 정부투자기관회계규정(1995. 7. 5. 재정경제원고시 제1995-27호) 제238조에서 장기계속계약을 한 번의 계약에 의하여 장기간의 계약기간이 보장되고 그 계약기간 내에서 가격, 공급조건, 기타 부대계약 조건의 조정이 가능한 계약으로 규정하고 있다는 점 역시 독점규제법상의 규제는 위 회계규정상의 규제와는 다른 목적에서 이루어지고 있다는 점에서 위와 달리 볼 근거가 되지 아니한다".

126) 서고판 1999. 2. 11. 98누9181(대판 2001. 6. 12. 99두4686).

127) 서고판 1997. 7. 31. 96구21388: "소외 공사는 위 입찰시 입찰예정가를 위 각 제시액의 평균가격인 금 1,560,000,000원으로 정하였던 사실과 원고의 위 응찰가격 1원은 세트당 0.14원씩의 가격인데, 원고의 1995년도 국내 시중판매가는 세트당 금 33,400,000원이었던 사실을 각 인정할 수 있고, 이에 어긋나는 증거가 없는바, 위와 같은 원고 자신이 소외 공사에 제시하였던 가격이나 그 국내시중판매가와 비교하면 원고의 위 응찰가격은 위 고시 제3조 제2호 소정의 낮은 대가임이 명백하고, 위 에스리사의 원고에 대한 공급가격은 이를 정상적인 거래가격으로 볼 수 없어 원고의 위 응찰가격이 위 에스리사로부터의 공급가격과 동일하다 하더라도 이와 달리 볼 수 없으며, 또한 소외 공사의 위 입찰이 단순히 소프트웨어의 구매를 위한 것인 이상, 원고가 위 응찰에 있어 그 주장과 같은 목적을 가졌다고 하더라도 그 역시 위와 달리 볼 근거가 되지

판단한 경우가 있다.128)

③ 위법성 판단 이른바 '계속거래상의 부당염매'는 사업자가 채산성이 없는 낮은 가격으로 상품 또는 용역을 계속하여 공급하는 것을 가리키므로 그 행위의 외형상 그에 해당하는 행위가 있으면 '정당한 이유가 없는 한' 공정한 거래를 저해할 우려가 있다고 보아야 할 것이나, 이른바 '기타 거래상의 부당염매'는 그 행위태양이 단순히 상품 또는 용역을 낮은 가격으로 공급하는 것이어서 그 자체로 이를 공정한 거래를 저해할 우려가 있다고 보기 어려운 만큼 그것이 '부당하게' 행하여진 경우라야 공정한 거래를 저해할 우려가 있다고 보아야 할 것이며, 이 때 그 부당성의 유무는 당해 염매행위의 의도, 목적, 염가의 정도, 반복가능성, 염매대상 상품 또는 용역의 특성과 그 시장상황, 행위자의 시장에서의 지위, 경쟁사업자에 대한 영향 등 개별사안에서 드러난 여러 사정을 종합적으로 살펴 그것이 공정한 거래를 저해할 우려가 있는지의 여부에 따라 판단하여야 한다.129)

경쟁이란 경쟁사업자를 배제하는 과정 또는 이를 위한 행태 자체이고 그 결과 경쟁사업자 배제를 불공정거래행위로 규제하는 것은 경쟁 그 자체를 제한하는 측면이 있으므로 위법성 판단에서 신중한 태도가 요구된다.130)

> 염매행위의 위법성은 염매행위가 당해 상품 또는 용역이 거래되는 시장에서 자기 또는 계열회사의 경쟁사업자를 배제시킬 우려(경쟁제한성)가 있는지 여부를 위주로 판단한다. "경쟁사업자를 배제시킬 우려"란 당해 염매행위로 인해 경쟁사업자가 시장에서 배제될 가능성이 있으면 족하고 실제 경쟁사업자가 시장에서 배제될 것을 요구하지 않는다.
>
> 계속적 염매의 경우, 원칙적으로 경쟁사업자를 배제시킬 우려가 있는 것으로 본다. 그러나 계속적 염매를 한 사업자들이 "정당한 이유"를 소명하였을 경우 그 타당성

아니한다".

128) 삼성항공(주)의 부당염매행위 건(9603유거0241): "ⅰ) 현재 국내에서는 위성용 카메라 시장이 형성되지 않은 점, ⅱ) 발주자인 항공우주연구소에서도 동 카메라의 향후 구매계획이 없으며 만약 구매가 발생한다 하더라도 본건으로 인하여 삼성항공측에 연고권이나 유리한 위치를 부여할 이유가 없다고 밝히고 있는 점, ⅲ) 부당염매의 요건의 하나인 '경쟁사업자의 우려'의 판단에 있어서 다음 단계의 거래에 유리한 위치의 확보, 기존시장에서의 독점적 지위의 유지 등을 그 요건으로 하고 있는 점, ⅳ) 본건입찰이 국내업체에게 기술습득 기회를 부여하기 위한 데 목적이 있는 점을 고려할 때 경쟁사업자를 배제시킬 우려가 없다".

129) 대판 2001. 6. 12. 99두4686.

130) 정호열, 공정거래법과 규제산업(2007), 324면; Hovenkamp, 118면.

을 판단하되, ① 당해 시장에 진입장벽(예: 규모의 경제, 사업영위 인허가, 거래비용 등)이 없어 계속적 염매로 인해 현재의 경쟁사업자들이 배제되더라도 신규진입자가 잠재적 경쟁사업자로 대두될 수 있는 경우, ② 하자가 있는 상품, 유통기한이 임박한 물건, 계절상품 및 재고의 처리를 위하여 제한된 물량의 범위내에서 염매를 하는 경우, ③ 수요보다 공급이 현저히 많아 이를 반영하여 염매로 판매하는 경우, ④ 신규개점 또는 신규 시장진입에 즈음하여 홍보목적으로 한정된 기간에 걸쳐 염매를 하는 경우, ⑤ 파산이나 지급불능사태를 막기 위해 염매를 하거나 파산 또는 지급불능상태에 있는 사업자가 염매를 하는 경우, ⑥ 계속적 염매로 인한 효율성 증대효과나 소비자후생 증대효과가 경쟁제한효과를 현저히 상회하는 경우, ⑦ 계속적 염매를 함에 있어 기타 합리적인 사유가 있다고 인정되는 경우 등 이유가 있다고 인정될 경우에는 법위반으로 보지 않는다.

일시적 염매의 경우, 당해 상품 또는 용역이 거래되는 시장에서 경쟁사업자를 배제시킬 우려가 있는지 여부를 위주로 판단한다. 이 때, 경쟁사업자 배제 우려가 있는지 여부는 ① 염매행위를 하는 동기가 경쟁사업자를 배제하고 시장에서 독과점적 지위를 구축하는데 있는지 여부, ② 당해 염매행위로 인해 경쟁사업자가 사업활동을 유지하기에 현저히 어려움이 있거나 부도 등의 위기에 처할 우려가 있는지 여부, ③ 당해 시장의 경쟁구조(당해 시장에서의 사업자 수가 적고, 집중도가 높을 경우에는 경쟁사업자 배제우려가 클 수 있다). ④ 진입장벽 유무 등(규모의 경제·사업영위 인허가 등 요소가 없어 당해 시장에 진입하는 데 실질적인 어려움이 없다면 현재의 경쟁사업자가 배제되더라도 신규진입자가 잠재적 경쟁사업자로 대두되므로 경쟁사업자 배제우려가 없거나 미미하게 됨)을 종합적으로 고려하여 판단한다.

일시적 염매의 경쟁사업자 배제우려가 있다고 판단되는 경우에도 ① 하자가 있는 상품, 유통기한이 임박한 물건, 계절상품 및 재고의 처리를 위하여 제한된 물량의 범위내에서 염매를 하는 경우, ② 수요보다 공급이 현저히 많아 이를 반영하여 판매하는 경우, ③ 신규개점 또는 신규 시장진입에 즈음하여 홍보목적으로 한정된 기간에 걸쳐 염매를 하는 경우, ④ 파산이나 지급불능사태를 막기 위해 염매를 하거나 파산 또는 지급불능상태에 있는 사업자가 염매를 하는 경우, ⑤ 일시적 염매로 인한 효율성 증대효과나 소비자후생 증대효과가 경쟁제한효과를 현저히 상회하는 경우, ⑥ 일시적 염매를 함에 있어 기타 합리적인 사유가 있다고 인정되는 경우 같이 합리성이 있다고 인정되는 등 경우에는 법위반으로 보지 않을 수 있다.

법위반에 해당될 수 있는 행위로 ① 규모의 경제 등 이유로 당해 시장에의 신규진입이 단기간내 용이하지 않은 상황하에서 경쟁사업자를 퇴출시키기 위한 목적으로 제조원가에 못 미치는 가격으로 계속하여 상품 또는 용역을 공급하는 행위, ② 시장에서 유력한 사업자가 신규진입을 시도하는 사업자를 저지하기 위해 제조원가를 하회하는 가격으로 상품 또는 용역을 일정기간 계속적으로 판매하는 행위, ③ 합리적 이유없이 공공기관 물품구매입찰에서 사업자가 자신이 타 사업자로부터 공급받는 가격보다 낮은 가격으로 응찰하여 낙찰됨으로써 다년간 공급계약을 체결하고 동 물품을 공급하는 행위를 예시하고 있다(「불공정거래행위 심사지침」 V. 3. 가).

경쟁사업자를 배제시킬 우려 관련, 대법원은 "경쟁사업자를 배제시킬 우려는 실제로 경쟁사업자를 배제할 필요는 없고 여러 사정으로부터 그러한 결과가 초래될 추상적 위험성이 인정되는 정도로 족하다고 할 것이다"라고 한다.[131] 예를 들어 "거의 대등한 시장점유율을 가진 사업자로서 장기간의 거래를 예정하고 있는 입찰에 부당하게 낮은 가격으로 응찰한 이상, 그로써 경쟁사업자를 배제할 우려가 있음을 부인할 수가 없다"고 한다(〈(주)캐드랜드의 경쟁사업자 배제행위 건〉).[132]

그러나 한편으로 대법원은 "경쟁사업자에 향후 시장진입이 예상되는 사업자를 포함시킨다고 하더라도, 경쟁사업자를 배제시킬 우려는 당해 염매행위의 의도, 목적, 염가의 정도, 행위자의 사업규모 및 시장에서의 지위, 염매의 영향을 받는 사업자의 상황 등을 종합적으로 살펴 개별적으로 판단하여야 할 것인바, 향후 이 사건 신규시장에서 다시 최저가로 입찰에 참가할 것으로 내다볼 만한 자료가 없고, 1회성에 그치는 입찰행위를 가리켜 이를 경쟁사업자를 배제시킬 위험성 있는 행위라고 단정하기는 어렵다"고 한다(〈현대정보기술(주)의 부당한 염매행위 건〉).[133]

④ 구별개념 부당염매는 유인염매 또는 할인특매와는 구별된다.

유인염매란 사업자가 자신이 취급하는 상품 또는 용역중 소비자에게 잘 알려진 일부 품목에 대해서만 덤핑판매를 하고 나머지 품목에 대해서는 마진율을 종전과 같

131) 대판 2001. 6. 12. 99두4686.
132) 서고판 1997. 7. 31. 96구21388.
133) 대판 2001. 6. 12. 99두4686.

이 하거나 상향조정하여 판매하는 것을 말한다. 이는 판촉전략의 하나로 경쟁사업자 배제행위와는 구별된다. 한편, 할인특매는 다음과 같은 점에서 부당염매와 구별된다. 첫째, 할인특매는 공시의 방법으로 실시기간이 확정되는 등 기간이 확정적인 점, 둘째, 할인특매는 경쟁사업자 배제의도 보다는 계절상품의 처리, 불경기 등 시장상황 변화에 대응하기 위한 경우가 많은 점 등이다(「불공정거래행위 심사지침」 V. 3. 가).

그리고 방어적 차원에서 이루어지는 대항염매와도 구별된다. 대항염매행위의 위법성 판단에 있어 법원은 주로 시장점유율을 기준으로 판단하고 있다.[134)]

3).2 부당고가매입

① 의 의 부당하게 상품 또는 용역을 통상거래가격에 비하여 높은 대가로 구입하여 자기 또는 계열회사의 경쟁사업자를 배제시킬 우려가 있는 행위를 말한다(영 [별표2]. 3. 나)

부당고가매입행위는 통상 거래가격에 비하여 높은 가격으로 상품 또는 용역을 구입하는 행위가 대상이 된다. 통상 거래가격이라 함은 당시의 시장에서 사업자간에 정상적으로 이루어지는 거래에서 적용되는 가격수준을 말한다. 인위적으로 제품이나 원재료의 품귀를 발생시켜 경쟁사업자를 배제할 수 있기 위해서는 매점되는 상품 또는 용역의 물량이 전체 공급량에서 차지하는 비중이 중요하므로, 고가매입이 계속해서 이루어질 필요는 없다. 고가매입의 상대방은 사업자에 한하며 소비자는 포함되지 않는다(「불공정거래행위 심사지침」 V. 3. 나).

② 위법성 판단 부당고가매입의 위법성은 고가매입이 당해 상품 또는 용역의 품귀를 가져옴으로써 자기 또는 계열회사의 경쟁사업자를 배제시킬 우려(경

134) 서고판 1997. 7. 31. 96구21388: "원고가 위와 같이 독자적으로 형성되어 있는 지리정보시스템용 소프트웨어 시장에서 사세를 확장하여 오면서 보조참가인과 거의 대등한 시장점유율을 보유하고 있는 이상, 보조참가인의 사세가 원고에 비하여 월등하고, 또 보조참가인이 기히 발주된 지리정보시스템 기본 소프트웨어 사업을 수주하였다 하여, 원고의 위 응찰행위가 그 존립 유지를 위하여 부득이한 대항염매행위에 해당한다고 볼 수가 없고, 또 소외 공사의 위 입찰이 최저가의 제한 없이 실시된 가격경쟁입찰이라고 하더라도, 앞서 본 바와 같은 원고의 위 소프트웨어에 대한 원고 자신의 제안가격이나 그 국내시중판매가 등에 비추어 볼 때 무상이나 다름없는 1원에 의한 응찰행위가 정당성을 가진다고 볼 수 없으므로, 이에 반하는 원고의 위 주장 역시 그 이유가 없다".

쟁제한성)가 있는지 여부를 위주로 판단한다.

> 이 때, 경쟁사업자 배제 우려(경쟁제한성)가 있는지 여부는 ① 고가매입의 대상이 되는 상품 또는 용역이 경쟁사업자(잠재적 경쟁사업자 포함)의 사업영위에 필수적인지 여부, ② 당해 상품 또는 용역의 수급이 원활한지 여부와 다른 대체재를 용이하게 조달할 수 있는지 여부(대체재가 존재하더라도 추가비용이 많이 소요되는 경우에는 경쟁사업자 배제우려가 있을 수 있음). ③ 고가매입으로 인해 경쟁사업자들의 사업활동이 곤란하게 되거나 곤란해질 가능성이 있는지 여부 등을 종합적으로 고려하여 판단한다.
>
> 고가매입의 경쟁사업자 배제우려(경쟁제한성)가 있다고 판단되는 경우에도 ① 사업자가 원재료 등의 품귀가능성에 대비하거나 제품의 안정적 생산확보 등을 위해 불가피한 경우, ② 고가매입으로 인한 효율성 증대효과나 소비자후생 증대효과가 경쟁제한효과를 현저히 상회하는 경우, ③ 고가매입을 함에 있어 기타 합리적인 사유가 있다고 인정되는 경우 등 합리성이 있다고 인정되는 경우에는 법위반으로 보지 않을 수 있다.
>
> 법위반에 해당될 수 있는 행위로 ① 합리적 이유없이 제품의 생산·판매에 필수적인 요소를 통상거래가격에 비하여 높은 대가로 매점하여 자기 또는 계열회사의 경쟁사업자가 시장에서 배제될 수 있을 정도로 사업활동을 곤란하게 하는 행위, ② 신규로 시장에 진입하려는 사업자를 저지하기 위한 목적으로 그 사업자가 필요로 하는 상품 또는 용역을 통상 거래가격 보다 높은 가격으로 매점함으로써 사실상 진입을 곤란하게 하는 행위를 예시하고 있다(「불공정거래행위 심사지침」 V. 3. 나).

4) 부당한 고객유인

[참고사례]

(주)한국일보사의 부당경품제공행위 등 건(공정거래위원회 1995. 6. 21. 의결 제95-121호, 122호, 1998. 6. 10. 의결 제98-114호; 서울고등법원 1996. 6. 20. 선고 95구30842 판결; 대법원 1998. 3. 24. 선고 96누11280 판결); **(주)조선일보사의 부당경품류제공행위 등 건**(공정거래위원회 1995. 6. 21. 의결 제95-115호, 1998. 10. 27. 의결 제98-248호; 서울고등법원 1996. 11. 24. 선고 95구28993 판결; 대법원 1998. 3. 27. 선고 96누18489 판결; 서울고등법원 1998. 7. 28. 선고 98누8775 판결); **한겨레신문(주)의 부당경품류제공행위 등 건**(공정거래위원회 1995. 6. 21. 의결 제95-119, 120호, 1998. 10.

26. 의결 제98-77호, 1995. 9. 18. 재결 제95-13호; 서울고등법원 1997. 7. 11 선고 95구30798, 1998. 9. 10. 선고 98누8928 판결; 대법원 1998. 5. 12. 선고 97누14125 판결); (주)KBS문화사업단의 부당경품제공행위 건(공정거래위원회 1998. 10. 22. 의결 제98-237호, 1999. 3. 19. 재결 제99-15호; 서울고등법원 1999. 4. 30. 선고 99아209, 1999. 4. 20. 선고 99누4411 판결); 한국오라클(주)의 부당고객유인행위 건(공정거래위원회 1999. 9. 29. 의결 제99-175호; 서울고등법원 2001. 4. 24. 선고 99누14098 판결; 대법원 2002. 12. 26. 선고 2001두4306 판결); (주)중외제약의 부당고객유인행위 등 건(공정거래위원회 2007. 12. 20. 의결 제2007-561호; 서울고등법원 2009. 1. 14. 선고 2008누15260 판결; 대법원 2010. 11. 25. 선고 2009두3286 판결); (주)유한양행의 부당고객유인행위 등 건(공정거래위원회 2007. 12. 20. 의결 제2007-554호; 서울고등법원 2008. 11. 20. 선고 2008누2790; 대법원 2010. 11. 25. 선고 2008두23177 판결); 한미약품(주)의 부당고객유인행위 등 건[(공정거래위원회 2007. 12. 20. 의결 제2007-553호; 서울고등법원 2009. 5. 14. 선고 2008누2530 판결; 대법원 2010. 11. 25. 선고 2009두9543(파기환송) 판결; 서울고등법원 2011. 4. 27. 선고 2010누40250(파기환송심) 판결]; 동아제약(주)의 부당고객유인행위 등 건(공정거래위원회 2007. 12. 20. 의결 제2007-551호; 서울고등법원 2008. 11. 5. 선고 2008누2462 판결; 대법원 2010. 12. 23. 선고 2008두22815 판결); 제일약품(주)의 부당고객유인행위 건(공정거래위원회 2009. 5. 12. 의결 제2009-113호; 서울고등법원 2011. 1. 26. 선고 2009누15229 판결); 한국오츠카제약(주)의 부당고객유인행위 및 재판매가격유지행위 건(공정거래위원회 2009. 5. 12. 의결 제2009-115호; 서울고등법원 2011. 4. 14. 선고 2009누15236 판결); (주)대웅제약의 부당고객유인 등 건(공정거래위원회 2009. 5. 12. 의결 제2009-111호; 서울고등법원 2011. 4. 21. 선고 2009누14516 판결); (주)글락소스미스 클라인의 부당고객유인 행위 및 재판매가격유지행위 건(공정거래위원회 2009. 5. 12. 의결 제2009- 116호; 서울고등법원 2010. 11. 4. 선고 2009누33777 판결; 대법원 2011. 5. 13. 선고 2010두28120 판결); 한국 엠에스디(유)의 부당고객유행위 건(공정거래위원회 2009. 5. 12. 의결 제2009-114호; 서울고등법원 2011. 6. 2. 선고 2009누15557 판결; 대법원 2013. 11. 14. 선고 2011두16667 판결); 삼성전자(주)의 부당고객유인행위 건(공정거래위원회 2012. 7. 10. 의결 제2012.105호; 서울고등법원 2014. 2. 6. 선고 2012누24346 판결); (주)케이티의 부당고객유인행위 건(공정거래위원회 2012. 7. 13. 의결 제2012.122호; 서울고등법원 2014. 2. 6. 선고 2012누24735 판결); 에스케이텔레콤(주)의 부당고객유인행위 건(공정거래위원회 2012. 7. 10. 제2012.106호: 서울고등법원 2014. 10. 29. 선고 2012누22999 판결); 엘지전자(주)의 부당고객유인행위 건(공정거래위원회 2012. 7. 10. 제2012.104호; 서울고등법원 2014. 11. 21. 선고 2012누33869 판결); (주)엘지유플

러스의 부당고객유인행위 건(공정거래위원회 2012. 7. 13. 제2012.123호; 서울고등법원 2014. 11. 21. 선고 2012누24513 판결); **(주)팬택의 부당고객유인행위 건**(공정거래위원회 2012. 7. 13. 제2012.123호; 서울고등법원 2014. 12. 10. 선고 2012누24360 판결); **한솔엠닷컴(주)의 부당한 고객유인행위 건**(공정거래위원회 2000. 5. 31. 의결 제2000－151호); **(주)금복주의 부당고객유인행위 등 건**(공정거래위원회 2002. 12. 31. 의결 제2002.373호); **(주)에이블씨엔씨의 부당고객유인 및 부당광고행위 건**[서울남부지방법원 2013. 8. 29. 선고 2012나51498 판결; 대법원 2014. 3. 27. 선고 2013다212066 [손해배상(기)] 판결]; **한국노바티스(주)의 부당고객유인행위 건**(공정거래위원회 2017. 6. 30. 의결 제2017－227호); **(주)푸드머스와 16개 가맹사업자의 부당한 고객유인행위 건**(공정거래위원회 2017. 11. 14. 의결 제2017－337호); **한국피엠지제약의 부당고객유인행위 건**(공정거래위원회 2018. 7. 16. 의결 제2018－236호); **케이엔엔라이프(주)의 부당한 고객유인행위 건**[공정거래위원회 2015. 8. 7. 의결 제2015－295호; 서울고등법원 2017. 5. 31. 선고 2015누56689 판결; 대법원 2018. 7. 12. 선고 2017두51365(파기환송) 판결]; **에스케이텔레콤(주), 엘지전자(주), 엘지유플러스(주)의 부당고객유인행위 건**(공정거래위원회 2012. 7. 10. 의결 제2012－106, 104, 123호; 서울고등법원 2014. 10. 29. 선고 2012누22999 판결, 2014. 11. 21. 선고 2012누33869, 2012누24513 판결; 대법원 2019. 9. 26. 선고 2014두15047, 2014두15740, 2015두59 판결)

부당한 고객유인은 부당하게 경쟁자의 고객을 자기와 거래하도록 유인하는 행위로서 공정한 거래를 저해할 우려가 있는 행위를 말한다(법 제45조 제 1 항 제 4 호). 부당한 고객유인을 금지하는 취지는 고객의 자유로운 판단과 선택을 왜곡하는 위계 내지 기만적 '유인행위 자체'를 금지하려는 것이다.[135]

소비자가 만족도를 극대화할 수 있기 위해서는 정확한 정보를 바탕으로 저렴하고 품질 좋은 상품 또는 용역을 구입할 수 있어야 한다. 이를 위해 사업자는 자기가 제공하는 상품 또는 용역의 가격과 품질을 경쟁수단으로 삼아야 한다. 사업자가 부당한 이익제공이나 위계, 거래방해 등의 방법으로 경쟁사업자의 고객을 유인하는 것은 그 경쟁수단이 불공정한 것으로서 시장에서의 바람직한 경쟁질서를 저해하고 소비자가 품질 좋고 저렴한 상품 또는 용역을 선택하는 것을 방해하므로 금지된다(「불공정거래행위 심사지침」 V. 4).

135) 서고판 2001. 4. 24. 99누14098(대판 2002. 12. 26. 2001두4306).

부당한 고객유인은 부당한 이익에 의한 고객유인, 위계에 의한 고객유인, 기타의 부당한 고객유인으로 나뉜다.

미국의 경우 주로 허위·과장광고나 비방행위 등을 통하여 소비자를 기만하는 경쟁수단을 사용하는 행위는 위계 또는 기만에 의한 고객유인으로 「연방거래위원회(FTC)법」 제 5 조(불공정한 경쟁방법의 금지)에 의해 금지된다.

4).1 부당한 이익에 의한 고객유인

① 의 의 정상적인 거래관행에 비추어 부당하거나 과대한 이익을 제공 또는 제공할 제의를 하여 경쟁사업자의 고객을 자기와 거래하도록 유인하는 행위를 말한다(영 [별표2]. 4. 가).

부당한 이익에 의한 고객유인 행위를 금지하는 취지는 부당한 이익제공으로 인하여 가격, 품질, 서비스 비교를 통한 소비자의 합리적인 상품 선택을 침해하는 것을 방지하는 한편, 해당 업계 사업자 간의 가격 등에 관한 경쟁을 통하여 공정한 경쟁질서 내지 거래질서를 유지하기 위한 데에 있다. 따라서 사업자의 행위가 불공정거래행위로서 부당한 이익에 의한 고객유인 행위에 해당하는지를 판단할 때에는, 그 행위로 인하여 경쟁사업자들 사이의 상품가격 등 비교를 통한 소비자의 합리적인 선택이 저해되거나 다수 소비자들이 궁극적으로 피해를 볼 우려가 있게 되는 등 널리 거래질서에 대해 미칠 파급효과의 유무 및 정도, 문제된 행위를 영업전략으로 채택한 사업자들의 수나 규모, 경쟁사업자들이 모방할 우려가 있는지, 관련되는 거래의 규모 등에 비추어 해당 행위가 널리 업계 전체의 공정한 경쟁질서나 거래질서에 미치게 될 영향 등과 함께 사업자가 제공하는 경제적 이익의 내용과 정도, 그 제공의 방법, 제공기간, 이익제공이 계속적·반복적인지 여부, 업계의 거래 관행 및 관련 규제의 유무 및 정도 등을 종합적으로 고려하여야 한다(대법원 2013. 11. 14. 선고 2011두16667 판결, 대법원 2014. 3. 27. 선고 2013다212066 판결 등 참조).[136)]

> 부당한 이익에 의한 고객유인은 자기와 거래하도록 하기 위해 경쟁사업자의 고객에게 이익을 제공하거나 제공할 제의를 하는 행위가 대상이 된다. 이때, 경쟁사업자의 고객에는 경쟁사업자와 거래를 한 사실이 있거나 현재 거래관계를 유지하고 있는 고객뿐만 아니라 잠재적으로 경쟁사업자와 거래관계를 형성할 가능성이 있는 고객

136) 대판 2018. 7. 12. 2017두51365(파기환송).

이 포함된다.
정상적인 거래관행이란 원칙적으로 해당업계의 통상적인 거래관행을 기준으로 판단하되 구체적 사안에 따라 바람직한 경쟁질서에 부합되는 관행을 의미하며 현실의 거래관행과 항상 일치하는 것은 아니다. 부당한 이익에 해당되는지는 관련 법령에 의해 금지되거나 정상적인 거래관행에 비추어 바람직하지 않은 이익인지 여부로 판단한다. 또한, 과대한 이익에 해당되는지는 정상적인 거래관행에 비추어 통상적인 수준을 넘어서는지 여부로 판단한다.
이익제공 또는 제의의 방법에는 제한이 없으며, 표시·광고를 포함한다. 제공되는 이익에는 리베이트의 제공이나 가격할인 등 고객에게 유리하도록 거래조건의 설정·변경, 판촉지원금 내지 판촉물의 지급, 경쟁사업자의 제품을 자사제품으로 교환하면서 덤으로 자사제품의 과다한 제공 등 적극적 이익제공과 원래 부과되어야 할 요금·비용의 감면, 납부기한 연장, 담보제공 의무나 설정료의 면제 등 소극적 이익제공 등 모든 경제적 이익이 포함된다. 이익제공(제의)의 상대방에는 소비자뿐만 아니라 사업자도 포함된다(「불공정거래행위 심사지침」 V. 4. 가).

그동안 공정거래위원회의 심결에서 문제가 되었던 사례는 제약업체의 종합병원에 대한 약품채택비, 처방사례비 기타 경비지원, 정유사의 주유소에 대한 영업활동 지원금, 주류제조업체들의 주류도매상에 대한 판매장려금, 상품권 지급, 학술대회 지원, 현금제공 등이다.137)

〈(주)유한양행의 부당고객유인행위 등 건〉 관련 행정소송에서 대법원은 제품설명회에서의 비용지원행위도 제약회사가 병·의원을 상대로 부당한 고객유인행위를 하는 대표적인 수단의 하나로써 회식비지원, 골프·식사지원, 학회나 세미나지원등과 동일한 행위의 유형으로 보았다.138)

〈한솔엠닷컴(주)의 부당한 고객유인행위 건〉에서 공정거래위원회는 "1999년 5월부터 같은 해 9월까지 VIP폰 운영건으로 가입자를 유치하였다. 피심인은 타사로부터 전환하여 "원샷프리400" 요금상품에 가입을 한 고객에게 최소 3만2천원에서 최대 27만원의 추가적인 경제상 이익을 제공한 것으로 인정된다. 추가적 이익은 단말기의 구입원가에서 단말기보조금을 제한 금액으로 단말기를 무료로 지급받음으로 인해 신규가입시에 비해 추가적으로 받게 되는 이익을 의미한다"

137) 공정거래위원회의 심결에 대한 비판에 대하여 이주선, 17면 이하 참조.
138) 대판 2010. 11. 25. 2008두23177.

고 결정하였다.[139]

〈(주)금복주의 부당고객유인행위 등 건〉에서 공정거래위원회는 "경쟁사 소주의 시장진입을 차단할 목적으로 경쟁사 소주를 취급하는 소매업소에서 경쟁사 소주를 자사 소주와 교환하면서 덤으로 자사 소주를 더 제공한 행위는 그 목적에 비추어 부당한 이익제공에 해당되고 피심인의 "참소주" 5박스(P박스) 구매시 1박스(G박스)를 무상으로 제공하는 5 : 1 지원의 경우 제공하는 이익이 13,060원(피심인의 소주 1박스 출고가격)으로 판매이익 1,340원(소주 5박스 판매시 이윤)의 9.7배에 해당하는 이익제공이고, 2 : 1 지원인 경우 판매이익의 24.4배에 이르는 이익제공이며, 2001. 9월부터 2002. 8월까지 1년간 무상으로 제공한 총액이 380,683천원(25,618박스)에 달하는 점을 종합해 볼 때, 피심인이 경쟁사 소주를 취급하던 소매업소 등에 대하여 자사 소주를 무상으로 제공한 위 행위는 정상적인 거래관행에 비추어 과대한 이익을 제공한 행위로 인정된다."고 판단하였다.[140]

공정거래위원회는 〈(주)푸드머스와 16개 가맹사업자의 부당한 고객유인행위 건〉에서 자기가 제조 또는 판매하는 학교급식 식재료 중 공산품을 거래 상대방인 학교들이 더 많이 구매하도록 할 목적으로, 개별 학교의 푸드머스 제품 구매실적에 따라 학교급식 식재료 구매 담당자인 학교영양사들에게 백화점 상품권 등의 경제상 이익을 제공하는 것과 같은 방식으로 정상적인 거래관행에 비추어 부당하거나 과대한 이익을 제공 또는 제공할 제의를 하여 경쟁사업자의 고객을 자기와 거래하도록 유인하는 행위에 대하여 제재하였고,[141] 〈한국노바티스(주)의 부당고객유인행위 건〉에서는 자기가 제조 또는 공급하는 의약품의 처방·판매 증진을 목적으로 의료법 제 2 조 소정의 의사에게 정상적인 거래관행에 비추어 부당하거나 과대하게 해외학술대회 참가비용 지원 등을 한 행위를 제재하였다.[142]

〈한국피엠지제약의 부당고객유인행위 건〉에서는 "자신이 제조·판매하는 레일라의 처방 유도 등 판매촉진을 목적으로 의사에게 레일라 처방금액의 약 9%에 해당하는 현금을 제공하는 등 불공정한 경쟁수단을 사용하였고 이는 약사법 제47조[143]의 규정에 위반되는 부당한 이익제공에 해당하고 사회통념상 정상적인 거

139) 공정의 2000. 5. 31. 2000－151.

140) 공정의 2002. 12. 31. 2002.373.

141) 공정의 2017. 11. 14. 2017－337.

142) 공정의 2017. 6. 30. 2017－227.

143) 약사법(2015. 12. 29. 법률 제13655호로 개정된 것) 제47조(의약품등의 판매 질서) ② 의약품 공급자(법인의 대표자나 이사, 그 밖에 이에 종사하는 자를 포함하고, 법인이 아닌 경우 그 종

래관행에 따른 이익제공행위로 보기도 어렵다"고 판단하였다.[144)]

한편 특정기간동안 이루어진 다수의 고객유인행위 관련하여 대법원은 전체 계획의 일환으로 이루어지는 개별 유인행위를 포괄하여 하나의 고객유인행위로 보는 입장이다. 즉 〈(주)중외제약의 부당고객유인행위 등 건〉 관련 행정소송에서 대법원은 본사차원에서 판촉계획을 수립하고 그 계획에 따라 실행된 개개의 지원행위를 관련 의약품별로 지원시기, 지원기간, 지원금액등을 특정한 후 이를 하나의 고객유인행위로 판단하였다.[145)]

또한 〈(주)유한양행의 부당고객유인행위 등 건〉 관련 행정소송에서도 "상품권·주유권 등의 제공행위, 병원 의국 회식비, 학회 참가비, 골프비 지원 등과 같은 현금성 경비 지원행위는 음성적인 처방사례비로서의 성격이 강하고 어느 한 품목을 특정하지 않은 경우가 대부분이므로, 명백히 품목을 지정하여 지원한 경우를 제외하고는 전체 의약품 중 판촉활동을 수행하는 이 사건 의약품 판매촉진에 직접 또는 간접적인 영향을 주었다고 봄이 상당하고, 이 사건 개별적 유인행위는 본사 차원의 판촉계획에 대한 실행행위로서 이루어진 것으로 그 유형·성격·목적·동기·효과 등에 비추어 포괄하여 하나의 위반행위로 볼 여지가 있다"고 판시한 바 있다.[146)]

이러한 대법원의 입장은 〈동아제약(주)의 부당고객유인행위 등 건〉,[147)] 〈제일약품(주)의 부당고객유인행위 건〉,[148)] 〈한국오츠카제약(주)의 부당고객유인 건,[149)] 〈(주)대웅제약의 부당고객유인 등 건〉,[150)] 〈(주)글락소스미스 클라인의 부

사자를 포함한다. 이하 이 조에서 같다)는 의약품 채택·처방유도·거래유지 등 판매촉진을 목적으로 약사·한약사(해당 약국 종사자를 포함한다. 이하 이 조에서 같다)·의료인·의료기관 개설자(법인의 대표자나 이사, 그 밖에 이에 종사하는 자를 포함한다. 이하 이 조에서 같다) 또는 의료기관 종사자에게 금전, 물품, 편익, 노무, 향응, 그 밖의 경제적 이익(이하 "경제적 이익등"이라 한다)을 제공하거나 약사·한약사·의료인·의료기관 개설자 또는 의료기관 종사자로 하여금 약국 또는 의료기관이 경제적 이익등을 취득하게 하여서는 아니 된다. 다만, 견본품 제공, 학술대회 지원, 임상시험 지원, 제품설명회, 대금결제조건에 따른 비용할인, 시판 후 조사 등의 행위(이하 "견본품 제공등의 행위"라 한다)로서 식품의약품안전처장과 협의하여 보건복지부령으로 정하는 범위 안의 경제적 이익등인 경우에는 그러하지 아니하다.

144) 공정의 2018. 7. 16. 2018－236.

145) 대판 2010. 11. 25. 2009두3268.

146) 대판 2010. 11. 25. 2008두23177.

147) 대판 2010. 12. 23. 2008두22815.

148) 서고판 2011. 1. 26. 2009누15229.

149) 서고판 2011. 4. 14. 2009누15236.

150) 서고판 2011. 4. 21. 2009누14516.

당고객유인 행위 건〉[151]에서도 유지되었다.

〈한미약품(주)의 부당고객유인 등 건〉 관련 행정소송에서 서울고등법원은 24개 의약품 중 카베닌 등 18개 의약품은 본사차원에서 판촉계획을 수립하여 전국적으로 시행하였고 그 판촉계획의 실행행위 일부로서 의료기관 또는 의사 등에 대한 부당한 고객유인행위가 이루어졌다고 보았으나 그 외 의약품들은 별개의 유인행위로 보았다.[152]

한편 〈(주)에이블씨엔씨의 부당고객유인 및 부당광고행위 건〉 관련 민사소송(손해배상)에서 대법원은 "갑 주식회사가 발효 에센스 신제품을 출시하면서 '이제 더 이상 비싼 수입화장품에 의존하지 않아도 됩니다. 발효 효모액 80% 함유'라는 문구를 사용하여 광고하고, 을 주식회사의 발효 에센스 제품의 공병을 가져오면 갑 회사의 발효 에센스 정품으로 교환해 주는 행사를 한 사안에서, 위 광고 및 행사가 부당한 이익에 의한 유인행위에 해당하지 않는다"고 판시하였다.[153]

〈케이엔엔라이프(주)의 부당한 고객유인행위 건〉 관련 행정소송에서는 경쟁사업자와 상조계약을 체결한 고객이 자신과 신규계약을 체결시 경쟁사업자에게 납입한 금액을 자신의 상조상품 납입회차로 인정하여 할인하는 행위가 문제되었는데, 대법원은 "원고가 경쟁 상조회사의 고객과 체결한 계약 중 고객이 원고의 경쟁 상조회사로부터 해약환급금을 받지 않거나 적게 받은 경우처럼 '과대한' 이익을 얻었다고 보기 어려운 경우도 일부 포함된 것으로 보이기는 한다. 그러나 다수의 사업자가 시장 전반에 걸쳐 이러한 고객유인 행위를 시행하고 있는 상황에서, 원고의 이관할인방식에 의한 이 사건 고객유인 행위에 따른 부담은 결국 상조용역시장 전체의 부담으로 돌아갈 수밖에 없고, 시장 전체의 비효율성을 초래할 수 있으며, 일반 고객들은 물론 이관할인방식에 따라 원고와 상조계약을 체결한 고객 역시 그에 따른 직간접적인 부담을 지게 된다. 나아가 이러한 고객유인 방식은 고객들이 상조용역 등의 내용과 질, 상조회사의 신뢰성 등을 기초로 한 합리적인 선택을 하는 데 상당한 지장을 초래할 수 있다. 원고의 이 사건 고객유인 행위가 상조 시장 전체의 경쟁질서나 거래질서에 미치는 부정적 영향을 고려할 때, 이관할인방식에 의한 이 사건 고객유인 행위는 정상적인 거래관행에 비추어 '부당한' 이익을 제공 또는 제공할 제의를 하여 경쟁사

151) 대판 2011. 5. 13. 2010두28120.

152) 서고판 2011. 4. 27. 2010누42050.

153) 대판 2014. 3. 27. 2013다212066[손해배상(기)].

업자의 고객을 자기와 거래하도록 유인하는 행위에 해당하는 것으로 볼 여지가 상당하다."고 판단하면서 서울고등법원의 판결을 파기환송하였다.154)

② 위법성의 판단기준

부당한 이익에 의한 고객유인의 위법성은 이익제공 또는 제공제의가 가격과 품질 등에 의한 바람직한 경쟁질서를 저해하는 불공정한 경쟁수단에 해당되는지 여부를 위주로 판단한다. 이 때, 불공정한 경쟁수단에 해당되는지 여부는 ① 정상적인 거래 관행에 비추어 부당하거나 과대한 이익제공(제의)에 해당되는지 여부, ② 경쟁사업자(잠재적 경쟁사업자 포함)의 고객을 자기와 거래하도록 유인할 가능성이 있는지 여부(이익제공(제의) 사업자가 경쟁사업자의 고객과 실제로 거래하고 있을 필요는 없으며, 객관적으로 고객의 의사결정에 상당한 영향을 미칠 수 있는 가능성이 있으면 유인가능성을 인정할 수 있음)155) 등을 종합적으로 고려하여 판단한다.

다만 이익제공(제의)이 불공정한 경쟁수단에 해당된다고 판단되는 경우에도 ① 이익제공(제의)로 인한 효율성 증대효과나 소비자후생 증대효과가 경쟁수단의 불공정성으로 인한 공정거래저해 효과를 현저히 상회하는 경우, ② 부당한 이익제공(제의)을 함에 기타 합리적인 사유가 있다고 인정되는 경우 등과 같이 합리성이 있다고 인정되는 경우에는 법위반으로 보지 않을 수 있다.

법위반에 해당될 수 있는 행위로 ① 자기와 거래하도록 하기 위해 자신의 상품 또는 용역을 구입하는 고객에게 음성적인 리베이트를 지급하거나 지급할 제의를 하는 행위, ② 경쟁사업자의 고객을 자기와 거래하도록 소개·의뢰·추천하는 자에게 리베이트 등의 이익을 제공하거나 제공하겠다는 제의를 함으로써 고객을 유인하는 행위(예시: CT 등 특수촬영기기를 갖춘 병원이 기기사용 환자를 의뢰하는 일반 병·의원에게 리베이트를 제공하는 행위, 출판사가 자사의 서적을 교재로 소개 또는 추천하는 교사에게 리베이트를 제공하는 행위, 제약회사가 자사의 약품채택이나 처방증대를 위하여 병원이나 의사에게 리베이트 제공, 과다접대 등), ③ 사업자가 다른 특정사업자로부터 수주하거나 거래를 개시하기 위해 금품 등 음성적인 경제적 이익을 제공하는 행위를 예시하고 있다(「불공정거래행위 심사지침」 V. 4. 가).

〈한국오츠카제약(주)의 부당고객유인 건〉 관련 행정소송에서 서울고등법원

154) 대판 2018. 7. 12. 2017두51365(파기환송).

155) 대판 2002. 12. 26. 2001두4306.

은 의사가 의약품을 선택하는 데에 그 품질과 가격의 우위에 근거하지 않고 제약업체가 제공하는 부적절한 이익의 대소에 영향을 받게 된다면 소비자의 이익은 침해될 수밖에 없고 의약품 시장에서의 건전한 경쟁도 기대할 수 없게 되므로, 제약회사의 판촉활동은 투명성, 비대가성, 비과다성 등[156]의 판단기준하에 정상적인 거래관행에 비추어 부당하거나 과다한 이익의 제공에 해당하는지 여부를 판단하여야 한다고 판시하였다.[157]

〈케이엔엔라이프(주)의 부당한 고객유인행위 건〉 관련 행정소송에서 대법원은 "부당한 고객유인 행위와 관련하여 독점규제법은 형사처벌 조항도 함께 두고 있으므로, 행정 제재처분의 취소를 구하는 소송에서 그 부당성 내지 공정거래저해성을 판단할 때에도 엄격해석의 원칙을 관철할 필요성이 있기는 하다. 독점규제법령이 '공정거래저해성'이라는 '불확정개념'을 사용하여 그 의미가 다소 명확하지 않기 때문에 수범자가 그 의미를 명확하게 알기 어려울 수 있고, 경우에 따라 복잡한 법률적 또는 경제적 분석과 평가가 필요한 경우도 있게 된다. 반면, 자유롭고 공정한 거래질서를 확립하려는 독점규제법의 입법목적을 달성하기 위하여 다양한 행위 유형에 대하여 실효적인 행정 제재처분을 하기 위해서는 불가피하게 일정한 불확정개념을 사용할 필요성 역시 인정된다. 그런데 불공정거래행위에서의 '공정거래저해성' 역시 형벌의 객관적 구성요건에 해당하므로 행위자가 인식해야 할 대상으로서 '고의'의 내용을 구성한다. 따라서 불공정거래행위의 유형 중, 제반 사정의 형량과 분석을 거쳐 경쟁에 미치는 효과에 관한 판단까지도 요구되는 경우나 사용된 수단의 성격과 실질이 가격할인과 유사한 측면이 있어 경쟁질서 내지 거래질서 전반에 미치는 파급효과까지 종합적으로 고려해야 하는 경우 등 복잡한 규범적·경제적 분석과 판단이 필요한 경우에는, 행위자에게 범죄의 구성요건인 '공정거래저해성'에 관한 '고의'를 인정하는 데 신중해야 한다. 이처럼 고의의 증명이 제대로 되었는지 여부를 명확하게 심사함으로써 형사절차에서 수범자가 예측하기 어려운 처벌을 받을 우려를 제거할 수 있다. 그러나 형사처벌과 달리 제재적 처분의 경우에는 원칙적으로 행위자에게

156) 비대가성은 판촉활동의 대상이 약품의 선택자인 의사 등 의료전문가이므로 소비자가 아닌 선택자에게 주는 이익과 원래는 소비자의 선택분인 처방을 교환해서는 아니된다는 것을 의미한다. 비과다성의 문제는 판매촉진활동의 대가가 소비자에게 직접적으로 귀속되는 것이 아님을 고려하여 의료인에 대한 판촉활동의 대가는 직접적인 판촉활동의 경우보다 더 낮은 수준이 되어야 한다는 것이다. 조성국, 경쟁법연구 제22권(2010. 11), 294면.

157) 서고판 2011. 4. 14. 2009누15236.

그 임무 해태를 정당화할 사정이 없는 이상 그 처분이 가능하다. 따라서 불공정거래행위를 원인으로 한 제재처분을 다투는 행정소송에서는 앞서 본 바와 같이 거래질서 전반에 미치는 영향 등 다양한 사정을 종합적으로 고려하여 부당성 내지 공정거래저해성을 판단할 수 있고, 이를 제재적 처분에 관한 엄격해석 원칙, 책임주의 원칙이나 죄형법정주의에 어긋난다고 볼 수는 없다."고 판시하였다.[158]

4).2 위계에 의한 고객유인

① 의 의 부당한 표시·광고 외의 방법으로 자기가 공급하는 상품 또는 용역의 내용이나 거래조건 기타 거래에 관한 사항에 관하여 실제보다 또는 경쟁사업자의 것보다 현저히 우량 또는 유리한 것으로 고객을 오인시키거나 경쟁사업자의 것이 실제보다 또는 자기의 것보다 현저히 불량 또는 불리한 것으로 고객을 오인시켜 경쟁사업자의 고객을 자기와 거래하도록 유인하는 행위를 말한다(영 [별표2]. 4. 나).

위계에 의한 고객유인행위를 금지하는 취지는 위계 또는 기만행위로 소비자의 합리적인 상품선택을 침해하는 것을 방지하는 한편, 해당 업계 사업자 간의 가격 등에 관한 경쟁을 통하여 공정한 경쟁질서 내지 거래질서를 유지하기 위한 데에 있다(〈에스케이텔레콤(주), 엘지전자(주), 엘지유플러스(주)의 부당고객유인행위 건〉).[159]

> 위계에 의한 고객유인은 자기와 거래하도록 하기 위해 경쟁사업자의 고객을 기만 또는 위계의 방법으로 유인하는 행위가 대상이 된다. 이때, 경쟁사업자의 고객에는 경쟁사업자와 거래를 한 사실이 있거나 현재 거래관계를 유지하고 있는 고객뿐만 아니라 잠재적으로 경쟁사업자와 거래관계를 형성할 가능성이 있는 고객이 포함된다. 또한, 기만 또는 위계는 표시나 광고(「표시·광고의공정화에관한법률」 적용) 이외의 방법으로 고객을 오인시키거나 오인시킬 우려가 있는 행위를 말한다(이상 「불공정거래행위 심사지침」 V. 4. 나).

대법원도 위계에 의한 고객유인행위의 객체가 되는 상대방, 즉 경쟁사업자의 고객은 경쟁사업자와 기존의 거래관계가 유지되고 있는 상대방에 한정되지

158) 대판 2018. 7. 12. 2017두51365(파기환송).
159) 대판 2019. 9. 26. 2014두15047, 2014두15740, 2015두59.

아니하고, 새로운 거래관계를 형성하는 과정에서 경쟁사업자의 고객이 될 가능성이 있는 상대방까지도 포함된다고 한다(〈한국오라클(주)의 부당고객유인행위 건〉).[160)]

그리고 위계에 의한 고객유인행위를 불공정거래행위로 보아 규제하는 입법취지에 비추어 보면, 위계에 의한 고객유인행위가 성립하기 위해서는 위계 또는 기만적인 유인행위로 인하여 고객이 오인될 우려가 있음으로 충분하고, 반드시 고객에게 오인의 결과가 발생하여야 하는 것은 아니라고 할 것이며, 여기에서 오인이라 함은 고객의 상품 또는 용역에 대한 선택 및 결정에 영향을 미치는 것을 말하고, 오인의 우려라 함은 고객의 상품 또는 용역의 선택에 영향을 미칠 가능성 또는 위험성을 말한다.[161)]

> 내용적으로 상품 또는 용역의 내용이나 거래조건 기타 거래에 관한 사항에 대해 기만 또는 위계의 방법을 사용한 행위가 대상이 된다. 상품 또는 용역의 내용에는 품질, 규격, 제조일자, 원산지, 제조방법, 유효기간 등이 포함된다. 거래조건에는 가격, 수량, 지급조건 등이 포함된다. 기타 거래에 관한 사항에는 국산품 혹은 수입품인지 여부, 신용조건, 업계에서의 지위, 거래은행, 명칭 등이 포함된다. 기만 또는 위계의 상대방은 소비자뿐만 아니라 사업자도 포함된다(「불공정거래행위 심사지침」 V. 4. 나).

② 위법성의 판단기준 사업자의 행위가 불공정거래행위로서 위계에 의한 고객유인행위에 해당하는지를 판단할 때에는, 그 행위로 인하여 보통의 거래 경험과 주의력을 가진 일반 소비자의 거래 여부에 관한 합리적인 선택이 저해되거나 다수 소비자들이 궁극적으로 피해를 볼 우려가 있게 되는 등 널리 업계 전체의 공정한 경쟁질서나 거래질서에 미치게 될 영향, 파급효과의 유무 및 정도, 문제 된 행위를 영업전략으로 채택한 사업자의 수나 규모, 경쟁사업자들이 모방할 우려가 있는지 여부, 관련되는 거래의 규모, 통상적 거래의 형태, 사업자가 사용한 경쟁수단의 구체적 태양, 사업자가 해당 경쟁수단을 사용한 의도, 그와 같은 경쟁수단이 일반 상거래의 관행과 신의칙에 비추어 허용되는 정도를 넘는지, 계속적·반복적인지 여부 등을 종합적으로 살펴보아야 한다(〈에스케이텔

160) 대판 2002. 12. 26. 2001두4306; 잠재적 경쟁사업자의 고객을 포함시키기 때문에 제약회사의 부당고객유인행위 사건에서 문제된 행위의 상당부분이 현재 자신의 고객을 대상으로 한 행위임에도 그런 행위가 '경쟁사업자의 고객'을 유인하는 행위에 해당하게 된다. 그러나 이러한 해석에 의문을 제기하는 견해가 있다. 김철호, 경제법판례연구 제 6 권(2006), 149~150면.

161) 대판 2002. 12. 26. 2001두4306.

레콤(주), 엘지전자(주), 엘지유플러스(주)의 부당고객유인행위 건〉).[162)]

> 위계에 의한 고객유인의 위법성은 기만 또는 위계가 가격과 품질 등에 의한 바람직한 경쟁질서를 저해하는 불공정한 경쟁수단에 해당되는지 여부를 위주로 판단한다. 이 때, 불공정한 경쟁수단에 해당되는지 여부는 ① 기만 또는 위계가 경쟁사업자(잠재적 경쟁사업자 포함)의 고객을 오인시키거나 오인시킬 우려가 있는지 여부(오인 또는 오인의 우려는 불특정다수인을 대상으로 하는 표시나 광고의 경우와 달리 거래관계에 놓이게 될 고객의 관점에서 판단하되, 실제로 당해 고객에게 오인의 결과를 발생시켜야 하는 것은 아니며 객관적으로 그의 구매의사결정에 영향을 미칠 가능성이 있으면 충분함), ② 기만 또는 위계가 고객유인을 위한 수단인지 여부 등(위계로 인하여 경쟁사업자의 고객이 오인할 우려가 있더라도 그 결과 거래처를 전환하여 자기와 거래할 가능성이 없는 경우에는 단순한 비방에 불과할 뿐 부당한 고객유인에는 해당되지 않음)을 종합적으로 고려하여 판단한다.
> 위계에 의한 고객유인은 그 속성상 합리성 등에 의한 예외를 인정하지 않음을 원칙으로 한다. 법위반에 해당될 수 있는 행위로 ① 사업자가 타 사업자 또는 소비자와 거래함에 있어 표시광고 이외의 방법으로 사실과 달리 자기가 공급하는 상품 또는 용역의 가격이나 품질, 성능, AS 조건 등이 경쟁사업자의 것보다 현저히 우수한 것으로 거래상대방을 오인시켜 자기와 거래하도록 하는 행위, ② 할인판매를 한다고 선전하면서 예상 수요를 충족시키기에 현저히 부족한 수량만을 할인판매 대상으로 하여 고객을 유인하는 행위(미끼 상품), ③ 사업자가 자신과 경쟁사업자의 영업현황, 제품기능, 기술력 등에 대해 사실과 다른 허위의 비교분석 자료를 작성하여 발주자에게 제출함으로써 당해 사업을 수주하는 행위, ④ 경쟁사업자의 부도 임박·정부지원 대상에서 제외 등의 근거 없는 사실을 유포하여 고객을 자기와 거래하도록 유인하는 행위, ⑤ 영업사원들이 경쟁사업자의 제품을 근거 없이 비방하면서 고객을 유인하는 행위를 예시하고 있다(「불공정거래행위 심사지침」 V. 4. 나).

〈에스케이텔레콤(주), 엘지전자(주), 엘지유플러스(주)의 부당고객유인행위 건〉 관련 행정소송에서 대법원은 "사전 장려금을 단말기의 공급가 내지 출고가에 반영하여 출고가를 높인 후 유통망에 사전 장려금을 지급한 다음, 순차적으

162) 대판 2019. 9. 26. 2014두15047, 2014두15740, 2015두59.

로 유통망을 통하여 소비자에게 이동통신 서비스 가입을 조건으로 사전 장려금을 재원으로 한 약정외 보조금이 지급되도록 한 점, 이러한 위반행위로 소비자는 실질적인 할인 혜택이 없음에도 할인을 받아 출고가가 높은 단말기를 저렴하게 구매하였고, 그와 같은 할인이 특정 이동통신 서비스에 가입하였기 때문에 이루어졌으며, 할인의 재원이 단말기 출고가 자체에 이미 포함되었던 것이 아니라 자신이 이동통신 서비스에 가입함에 따라 갑 회사가 얻게 되는 수익 중 일부였다고 오인할 우려가 큰 점 등을 종합하면, 갑 회사의 행위는 '상품 등의 거래조건 등에 관하여 실제보다 유리한 것으로 오인시켜 고객을 유인한 행위'에 해당한다"고 판단하였다.[163]

4).3 기타의 부당한 고객유인

① 의 의　경쟁사업자와 그 고객의 거래에 대하여 계약성립의 저지, 계약불이행의 유인 등의 방법으로 거래를 부당하게 방해함으로써 경쟁사업자의 고객을 자기와 거래하도록 유인하는 행위를 말한다(영 [별표2]. 4. 다).

기타의 부당한 고객유인행위는 경쟁사업자와 고객의 거래를 방해함으로써 자기와 거래하도록 유인하는 행위가 대상이 된다. 거래방해의 수단에는 제한이 없으며, 부당한 이익제공이나 위계를 제외한 모든 수단이 포함된다. 거래방해에는 거래성립의 방해와 거래계속의 방해가 있다.

거래방해의 상대방은 경쟁사업자 또는 경쟁사업자의 고객이며, 고객에는 사업자와 소비자가 포함된다. 이때, 경쟁사업자의 고객에는 경쟁사업자와 거래를 한 사실이 있거나 현재 거래관계를 유지하고 있는 고객뿐만 아니라 잠재적으로 경쟁사업자와 거래관계를 형성할 가능성이 있는 고객이 포함된다(「불공정거래행위 심사지침」 V. 4. 다).

② 위법성의 판단기준

기타의 부당한 고객유인행위의 위법성은 거래방해가 바람직한 경쟁질서를 저해하는 불공정한 경쟁수단에 해당되는지 여부를 위주로 판단한다. 불공정한 경쟁수단에 해당되는지 여부는 ① 거래방해가 고객유인을 위한 수단인지의 여부(이를 판단하기 위해서는 방해의 동기나 의도, 방해 이후 고객의 거래처 내지 거래량의 변화추이,

163) 대판 2019. 9. 26. 2014두15047, 2014두15740, 2015두59.

경쟁사업자의 시장지위와 경쟁의 정도 등을 고려함. 거래방해 그 자체가 거래조건의 이점 등 자기의 효율성에 기초할 경우 고객유인의 효과가 있더라도 법위반으로 보지 않음. 거래방해는 거래를 곤란하게 하는 것으로 족하며, 실제로 경쟁사업자와 고객간의 거래가 불발로 끝나거나 기존의 거래관계가 종료되었을 것을 요하지 않음), ② 거래방해에 의해 경쟁사업자와 거래를 중단시킴으로써 자기와 거래할 가능성이 있는지 여부를 종합적으로 고려하여 판단한다.
한편 기타의 부당한 고객유인이 불공정한 경쟁수단에 해당된다고 판단되는 경우에도 ① 기타의 부당한 고객유인으로 인한 효율성 증대효과나 소비자후생 증대효과가 경쟁수단의 불공정성으로 인한 공정거래저해 효과를 현저히 상회하는 경우, ② 기타의 부당한 고객유인에 합리적인 사유가 있다고 인정되는 경우 등과 같이 합리성이 있다고 인정되는 경우에는 법위반으로 보지 않을 수 있다.
법위반에 해당될 수 있는 행위로 ① 경쟁사업자와 고객간의 거래를 방해하기 위한 목적으로 경쟁사업자와 고객간 계약의 성립을 저지하거나 계약해지를 유도하는 행위, ② 합리적 이유없이 자신의 시장지위를 이용하여 판매업자에 대해 경쟁사업자의 제품을 매장내의 외진 곳에 진열하도록 강요하는 행위를 예시하고 있다(「불공정거래행위 심사지침」 V. 4. 다).

4).4 공정경쟁규약

① 의　　의　　사업자 또는 사업자단체는 부당한 고객유인을 방지하기 위하여 자율적으로 규약을 정할 수 있는데 이를 공정경쟁규약이라 한다(법 제45조 제5항). 이는 업계 스스로 규약을 정하여 불공정거래행위를 자제함으로써 공정경쟁 분위기와 준법위식을 제고하기 위한 것이다. 이는 불공정거래행위 일반에 대하여 적용되는 것은 아니며, 부당한 고객유인에 대하여만 적용되는 것이다.

독일 「경쟁제한방지법(GWB)」에서도 경쟁규약에 대한 자세한 규정을 두고 있다. 독일의 경우 부당한 고객유인의 경우에만 국한되지 않고 제정주체가 사업자단체만으로 규정되어 있는 것이 우리나라와 차이점이다.[164] 즉 경제 및 직능단체는 소관 영역에서 경쟁규약을 제정할 수 있으며(「경쟁제한방지법(GWB)」 제24조 제1항), 경쟁규약은 공정한 경쟁 원칙 또는 능률경쟁의 유효성 원칙에 반하는 경쟁자의 행위를 방지하고, 경쟁에서 이러한 원칙에 부합하는 행위를 촉진

164) 우리나라의 경우에도 실무적으로는 사업자단체가 제정하는 것이 일반적이다.

할 목적으로 경쟁관계에 있는 사업자의 행위를 규율하는 규정이다(「경쟁제한방지법(GWB)」 제24조 제 2 항).[165]

② **사전심사요청** 사업자 또는 사업자단체는 공정거래위원회에 공정경쟁규약이 "부당하게 경쟁자의 고객을 자기와 거래하도록 유인하거나 강제하는 행위"에 해당하는지 여부에 대한 심사를 요청할 수 있다(법 제45조 제 6 항). 공정거래위원회는 60일이내에 심사결과를 신청인에게 통보하여야 한다.[166] 이를 실무상 '승인'이라고 한다. 우리나라의 경우에는 승인절차에 대한 명문 규정이 없으나 독일 「경쟁제한방지법(GWB)」에서는 경쟁규약의 승인에 관한 명문규정을 두고 있다.

③ **승인의 효력** 공정거래위원회로부터 승인받은 공정경쟁규약에 의거 자율적으로 제재조치를 하며 사업자는 이에 불복할 수 없다. 명문규정은 없으나 사후적으로 경쟁규약이 독점규제법의 다른 규정이나 기타 법령에 위반 된 것을 확인한 경우에는 승인을 취소하거나 철회하여야 할 것이다. 독일 「경쟁제한방지법(GWB)」에서도 카르텔당국은 사후적으로 승인의 거절을 위한 요건을 확인한 경우 승인을 취소하거나 철회하여야 한다고 규정한다(「경쟁제한방지법(GWB)」 제26조 제 4 항).

5) 거래강제

[참고사례]

(주)**한국생필체인의 거래강제행위** 건(공정거래위원회 1992. 4. 15. 의결 제92.30호, 1992. 7. 7. 재결 제92.6호; 서울고등법원 1993. 6. 24. 선고 92구20257 판결; 대법원 1995. 2. 3. 선고 93누15663 판결); (주)**한국일보사의 부당경품제공행위 등** 건(공정거래위원회 1995. 6. 21. 의결 제95－121호, 122호, 1998. 6. 10. 의결 제98－114호; 서울고등법원 1996. 6. 20. 선고 95구30842 판결; 대법원 1998. 3. 24. 선고 96누11280 판결); (주)**조선일보사의 부당경품류제공행위 등** 건(공정거래위원회 1995. 6. 21. 의결 제95－ 115호,

165) § 24 Begriff, Antrag auf Anerkennung "(1) Wirtschafts－und Berufsvereinigungen können für ihren Bereich Wettbewerbsregeln aufstellen. (2) Wettbewerbsregeln sind Bestimmungen, die das Verhalten von Unternehmen im Wettbewerb regeln zu dem Zweck, einem den Grundsätzen des lauteren oder der Wirksamkeit eines leistungsgerechten Wettbewerbs zu－widerlaufenden Verhalten im Wettbewerb entgegenzuwirken und ein diesen Grundsätzen entsprechendes Verhalten im Wettbewerb anzuregen".

166) 제53조(공정경쟁규약) 공정거래위원회는 법 제45조 제 6 항에 따라 공정경쟁규약의 심사를 요청받은 경우 요청을 받은 날부터 60일 이내에 그 심사결과를 서면으로 요청인에게 통보해야 한다.

1998. 10. 27. 의결 제98－248호; 서울고등법원 1996. 11. 24. 선고 95구28993, 1998. 7. 28. 선고 98누8775 판결; 대법원 1998. 3. 27. 선고 96누18489 판결); **한겨레신문(주)의 부당경품류제공행위 등 건**(공정거래위원회 1995. 6. 21. 의결 제95－119, 120호, 1998. 10. 26. 의결 제98－77호, 1995. 9. 18. 재결 제95－13호; 서울고등법원 1997. 7. 11 선고 95구30798 판결; 대법원 1998. 5. 12. 선고 97누14125 판결); (주)**대우자판의 거래강제행위(사원판매) 건**(공정거래위원회 1998. 11. 9. 의결 제98－256호; 서울고등법원 2000. 6. 13. 선고 99누4077, 2002. 5. 9. 2001누3053 판결; 대법원 2001. 2. 9. 선고 2000두6206, 2002. 8. 28. 선고 2002두5085 판결); **한국토지공사의 부당지원행위 등 건**(공정거래위원회 2001. 4. 2. 의결 제2001－045호, 2001. 9. 12. 재결 제2001－045호; 서울고등법원 2004. 2. 10. 선고 2001누16288 판결; 대법원 2006. 5. 26. 선고 2004두3014 판결); (주)**대우건설의 거래강제행위 건**(공정거래위원회 2006. 10. 10. 의결 제2006－ 223호; 서울고등법원 2007. 9. 13. 선고 2006누27900 판결); (주)**이랜드리테일의 거래상지위 남용행위 건**(공정거래위원회 2000. 3. 11. 의결 제2000－048호; 서울고등법원 2004. 5. 27. 선고 2000누4004 판결; 대법원 2007. 1. 12. 선고 2004두7139 판결); **마이크로소프트 코퍼레이션 및 한국마이크로소프트 유한회사의 시장지배적지위 남용행위 등 건**(공정거래위원회 2006. 2. 24. 의결 제2006－42호; 서울중앙지방법원 2009. 6. 11. 선고 2007가합90505 판결[손해배상(기)]); (주)**골프존의 거래강제행위 및 거래상지위남용행위에 대한 건**[공정거래위원회 2014. 8. 11. 의결 제2014－176호; 서울고등법원 2016. 11. 23. 선고 2014누62052 판결; 대법원 2017. 4. 13. 선고 2016누64999(심리불속행 기각) 판결]; **이데일리(주)의 거래강제행위 건**(공정거래위원회 2018. 8. 6. 의결 제2018－249호); **케이지이티에스(주)의 거래강제행위 건**(공정거래위원회 2018. 9. 10. 의결 제2018－75호); **케이지케미칼(주)의 거래강제행위 건**(공정거래위원회 2018. 9. 10. 의결 제2018－76호)

거래강제란 부당하게 경쟁자의 고객을 자기와 거래하도록 강제하는 행위로서 공정한 거래를 저해할 우려가 있는 행위를 말한다(법45조 제 1 항 제 5 호). 거래강제는 행위자 지위의 우월성과 행위의 강제성여부가 중요한 기준이 된다.[167] 거래강제의 상대방은 원칙적으로 직접 거래의 상대방이 되는 자를 의미하는 것으로서 '타 경쟁자의 고객일 수도 있었던 상대방에게 강제력을 행사하여 자기와 거래하도록 하는 행위'가 금지되는 것이다.[168]

부당한 고객유인행위와 거래강제행위는 다 같이 위법한 경쟁수단이지만 전

167) 권오승, 338면.

168) 대판 1998. 3. 27. 96누18489; 대판 1998. 3. 24. 96누11280; 대판 1998. 5. 12. 97누14125.

자는 유인행위이고 후자는 강제행위라는데 차이가 있다.[169)]

사업자가 거래상대방 또는 자사 직원 등으로 하여금 본인의 의사에 반하여 자기 또는 자기가 지정하는 자의 상품 또는 용역을 구입(판매)하도록 강제하는 행위는 시장에서의 지위를 이용하여 고객을 확보하는 행위로서, 불합리한 수단으로 시장지배력의 확장을 도모하며 소비자의 자율적 선택권을 제약하므로 금지된다. 거래강제행위의 상대방은 원칙적으로 직접 거래의 상대방이 되는 자로서 다른 경쟁자의 고객일 수도 있었던 자를 말한다(「불공정거래행위 심사지침」 V. 5).

거래강제의 유형으로 '끼워팔기', '사원판매' 및 '기타의 거래강제'를 규정하고 있다.

5).1 끼워팔기

① 의 의 거래상대방에 대하여 자기의 상품 또는 용역을 공급하면서 정상적인 거래관행에 비추어 부당하게 다른 상품 또는 용역을 자기 또는 자기가 지정하는 사업자로부터 구입하도록 하는 행위를 말한다(영 [별표2].5. 가). 즉 끼워팔기는 자기가 공급하는 상품 또는 용역 중 거래 상대방이 구입하고자 하는 상품 또는 용역('주된 상품')을 상대방에게 공급하는 것과 연계하여 상대방이 구입하고자 하지 않거나 상대적으로 덜 필요로 하는 상품 또는 용역('종된 상품')을 정상적인 거래관행에 비추어 부당하게 자기 또는 자기가 지정하는 다른 사업자로부터 상대방이 구입하도록 하는 행위를 말한다.[170)]

② 성립요건 끼워팔기에 해당하려면 ① 거래상대방이 구입하고자 하지 않는 종된 상품이란 주된 상품의 밀접불가분한 구성요소가 아닌 별개의 상품으로서 독립하여 거래의 대상이 될 수 있고,[171)] 통상적으로 주된 상품과 짝지워 하나의 단위로 판매 또는 사용되지 않는 상품이면 족하고, ② 주된 상품과 종된 상품의 구별은 거래상대방의 입장에서 구입을 원하는 상품이 어떤 것인지 여부에 의하여 결정되는 것이지 당해 상품의 크기나 가격에 의하여 좌우되는 것이 아니며,[172)] ③ 주된 상품을 공급하는 것과 연계하여 거래상대방이 종된 상품을

169) 박해식, 경쟁법연구 제 9 권(2003), 375면.

170) 대판 2006. 5. 26. 2004두3014.

171) 골프존의 빔프로젝터는 GS시스템과 별개상품이 아니다. 대판 2017. 4. 13. 2016누64999.

172) 이는 〈Jefferson Parish 사건: Jefferson Parish Hosp. Dist. v. Hyde, 466 U.S. 2, 104 S.Ct.

구입하도록 하는 상황을 만들어내면 족하므로 반드시 주된 상품에 대하여 시장지배적사업자일 필요는 없고, 주된 상품을 공급받을 수 있는 지위에 있으면 족하다.[173] 그리고 '구입'은 물건을 사들인다는 뜻으로 유상성을 전제로 한다는 점에서 불공정거래행위 중 끼워팔기에 대하여는 유상성이 요구된다.[174]

〈골프존의 거래강제행위 및 거래상 지위 남용행위 건〉 관련 행정소송에서 법원은 "GS시스템을 이용하여 스크린골프를 하기 위해서는 센서, 스윙플레이트, 영상을 확대하여 보여주는 '프로젝트', '스크린', 그리고 이러한 장비를 제어·실행하는 '컴퓨터'등이 필수적으로 구비되어 있어야 하므로, 밀접불가분한 구성요소에 해당하고, 거래상대방이 구입하고자 하지 않거나 상대적으로 덜 필요로 하는 종된상품에 해당한다고 볼 수 없다"고 판시하였다.[175]

끼워팔기를 규제하는 논거로 '지렛대이론(leverage theorie)',[176] '진입장벽이론(barrier to entry in the tied product market)', '가격규제회피(evasion of statutory price regulation)' 등이 논의된다.

'지렛대이론(leverage theorie)'은 주 상품시장의 독점력을 보유한 기업이 자신의 독점력을 이용(leverage)하여 부 상품시장을 독점화하거나 추가적인 독점이윤을 벌 수 있다는 것을 의미한다.[177] '진입장벽이론(barrier to entry in the tied product market)'은 한 시장에서 독점사업자가 경쟁상태에 있는 상품을 끼워팜으로써, 그 상품시장을 독점화하고 다른 판매자로 하여금 그 상품판매를 어렵게 하는 것을 말한다.[178] '가격규제회피(evasion of statutory price regulation)'는 통신 등 가격규제를 받는 산업이 규제를 받지 않는 상품을 끼워팜으로써 가격규제를

1551(1984)〉에서의 수요특성에 입각한 상품구별 방식을 수용한 것이다.

173) 서고판 2004. 2. 10. 2001누16288(대판 2006. 5. 26. 2004두3014).

174) 서울중앙지판 2009. 6. 11. 2007가합90505[손해배상(기)].

175) 서고판 2016. 11. 23. 2014누62052(대판 2017. 4. 13. 2016두64999.

176) Times-Picayune Pub. Co. v. United States, 345 U.S. 594, 73 S.Ct. 872(1953): "The essence of illegality in tying agreements is the wielding of monopolistic leverage; a seller exploits his dominant position"; Siegel v. Chicken Delight, Inc., 448 F.2d 43(9th Cir. 1971), cert. denied, 405 U.S. 955, 92 S.Ct. 1172(1972).

177) 이상승, 공정거래와 법치(2004), 631면; 이에 관련 Hovenkamp 교수는 소위 '2중독점이익(double monopoly profit)'이 이론적으로 불가능하다고 한다. 그러나 끼워팔기는 상품시장이 카르텔화되어 있거나, 잠금효과(locked in)가 있는 경우〈Eastman Kodak 사건: Eastman Kodak Company v. Image Technical Services Inc., 504 US 451, 112 S.Ct. 2072(1992)〉에는 가능하다고 한다. Hovenkamp, 152~153면.

178) 그러나 끼워팔기를 통하여 분리판매 때보다 더 싼 가격에 공급할 수 있을 때 진입장벽이 형성된다는 비판이 있다. Hovenkamp, 153면.

회피할 수 있게 된다는 것을 의미한다.[179] 〈한국토지공사의 부당지원행위 등 건〉[180] 관련 행정소송에서 가격규제를 회피하기 위한 수단으로 비인기토지를 인기토지에 끼워 판 경우가 한 예이다.[181]

한편 서울고등법원이 주된 상품에 대하여 시장지배적사업자일 필요가 없다는 것은 끼워팔기의 규제근거로 논의되는 '지렛대이론(leverage theorie)'을 부정하는 것으로 결국 끼워팔기의 규제근거를 경쟁제한성이 아닌 구매처선택의 자유를 침해하는 것으로 파악하는 태도이다.[182] 그러나 끼워팔기의 '강제성' 요건을 충족하기 위해서는 적어도 종된 상품의 구매를 강제하고 상대방의 자유로운 선택의사를 제약할 수 있을 정도의 거래상 지위 내지는 우월적 지위를 가져야 한다.[183]

미국에서 끼워팔기(tying)는 "구매자가 다른(끼워진) 상품을 구매하는 조건으로, 또는 최소한 다른 공급자로부터 구매하지 않은 것에 동의하는 조건으로 상품을 판매하는 것"[184] 또는 "구매자가 다른 상품(끼워팔리는)을 구입하지 않는 한 상품(끼워파는)의 판매를 거절하는 것"[185]으로서, 구매자가 「셔먼법(Sherman Act)」 제 1 조 또는 「클레이튼법(Clayton Act)」 제 3 조[186] 위반으로 다루어진다.

179) Hovenkamp, 154면.

180) 서고판 2004. 2. 10. 2001누16288(대판 2006. 5. 26. 2004두3014).

181) 김차동, 경제법판례연구 제 3 권(2006), 279~280면, 286면 참조. 비인기토지에 대하여 높은 가격으로 판매하는 것은 다른 경쟁자들에게 유리할 뿐이고 특별히 경쟁을 제한하는 사실이 없다고 주장한다.

182) 이호영, 공정거래와 법치(2004), 620면.

183) 이황, 경쟁법연구 제14권(2006), 268면.

184) White Motor Co. v. United States, 372 U.S. 253 (1963): "to sell one product but only on the condition that the buyer also purchases a different (or tied) product, or at least agrees that he will not purchase that product from any other supplier".

185) Tie-ins involve a seller's refusal to sell one product (the tying product) unless the buyer also purchases another (the tied product). Northern Pacific Ry. Co. v. United States, 356 U.S. 1, 5-6, 78 S.Ct. 514, 2 L.Ed.2d 545 (1958); Times-Picayune Publishing Co. v. United States, 345 U.S. 594, 613.14, 73 S.Ct. 872, 97 L.Ed. 1277(1953).

186) Sec. 14. Sale, etc., on agreement not to use goods of competitor (§3 of the Clayton Act) "It shall be unlawful for any person engaged in commerce, in the course of such commerce, to lease or make a sale or contract for sale of goods, wares, merchandise, machinery, supplies, or other commodities, whether patented or unpatented, for use, consumption, or resale within the United States or any Territory thereof or the District of Columbia or any insular possession or other place under the jurisdiction of the United States, or fix a price charged therefor, or discount from, or rebate upon, such price, on the condition, agreement, or understanding that the lessee or purchaser thereof shall not use or deal in the goods, wares, merchandise, machinery, supplies, or other commodities of a competitor or competitors of the lessor or seller, where the effect of such lease, sale, or contract for sale or

그러나 「클레이튼법(Clayton Act)」은 '상품(commodities)'에 대해서만 적용되므로, '서비스(services)'에 대하여는 「셔먼법(Sherman Act)」 제 1 조로 다루어진다.

주된 상품시장에서 시장지배력(market power)이 없는 경우에는 「클레이튼법(Clayton Act)」하에서 합리의 원칙(rule of reason)에 따라 판단하며, 주된 상품시장에서 충분한 시장지배력이 있고 협정이 종된 상품시장에서 '상당한(substantial)' 양의 거래가 제한되는 경우에는 당연위법(per se illegal)으로 본다.[187)]

시장지배력의 판단에 있어서 「셔먼법(Sherman Act)」 제 2 조의 독점화에서와 같은 정도의 지배력을 요구하지 않아 '연성(soft core)' 당연위법이라고 하며, 〈Jefferson Parish 사건〉에서는 30% 시장점유율은 위법한 끼워팔기 적용요건으로 불충분하다고 하였다.[188)]

「클레이튼법(Clayton Act)」하에서의 끼워팔기의 적용요건은 우리나라 법원의 태도와 비교해 볼 때 보다 엄격하다. 즉 ① 두 개의 서로 다른 상품 또는 용역이 존재해야 하고, ② 행위자가 끼워팔리는 상품시장에 중대한 제한을 가할 수 있는 충분한 경제력을 끼워파는 시장에서 가져야 하고, ③ 끼워팔리는 상품시장의 거래량이 상당하여야 한다.[189)] 그리고 독점사업자의 끼워팔기는 「셔먼법(Sherman Act)」 제 2 조의 독점화금지나 독점화의 기도로도 다루어진다.

EU에서도 끼워팔기를 수직적 거래제한 합의 측면에서는 「EU기능조약(TFEU)」 제101조를, 시장지배적지위 남용행위 측면에서는 제102조를 적용하고 있다.

---

such condition, agreement, or understanding may be to substantially lessen competition or tend to create a monopoly in any line of commerce".

187) Times－Picayune Pub. Co. v. United States, 345 U.S. 594, 73 S.Ct. 872(1953): "A 'tying' arrangement violates §1 of the Sherman Act when a seller enjoys a monopolistic position in the market for the 'tying' product and a substantial volume of commerce in the "tied" product is restrained"; Hovenkamp, 148~149면.

188) Jefferson Parish Hosp. Dist. v. Hyde, 466 U.S. 2, 104 S.Ct. 1551(1984); Jefferson Parish 판결은 끼워팔기의 요건의 하나인 별개상품성을 판단함에 있어서 소비자수요테스트(consumer demand test), 즉 두 상품에 대한 소비자 수요가 서로 다르다면 별개의 상품으로 구별할 수 있다는 기준을 채택하여, 이후 동 기준이 미국의 지배적 판례와 학설로 확립되었고, 유럽이나 일본 등에서도 동 기준이 널리 수용되었다는 점에서 큰 의미가 있는 것으로 평가한다. 이황, 공정거래위원회 심결사례 30선(2010.6), 37면.

189) "Three criteria must be found to establish the illegality of a tying arrangement. First, there must in fact be a tying arrangement between two distinct products or services. Second, the defendant must have sufficient economic power in the tying market to impose significant restrictions in the tied product market. Third, the amount of commerce in the tied product market must not be insubstantial.". Fortner Enterprises, Inc. v. United States Steel Corp., 394 U.S. 495, 499, 89 S.Ct. 1252, 22 L.Ed.2d 495(1969). Siegel v. Chicken Delight, Inc., 448 F.2d 43(9th Cir. 1971), cert. denied, 405 U.S. 955, 92 S.Ct. 1172(1972).

정상적인 거래관행에 부합하는 경우는 실질적으로 상품선택의 자유를 보장하려는 위 고시 조항의 취지와 계약의 실질적 자유를 보장하려는 독점규제법의 목적상 ① 어떠한 상품에 부수하여 다른 상품을 파는 것이 그 상품의 성질상 불가피한 경우(예를 들면, 렌터카와 보험), ② 당해 상품시장에서 그러한 통합판매행위가 널리 행해져서 그러한 행위가 정상적인 상관행으로 정착하였다고 볼 수 있는 경우 등 당해 재화나 용역의 공급시장에서 실제적으로 확립되어 있는 '거래관행'에 부합하는 경우에 엄격히 한정된다.[190]

> 끼워팔기는 서로 다른 별개의 상품 또는 용역을 자기 또는 자기가 지정하는 사업자로부터 구입하도록 하는 행위가 대상이 된다. 이때 끼워팔기의 대상이 '서로 다른 별개의 상품 또는 용역'에 해당되는지 여부는 이들이 시장에서 통상 별도로 거래되는지 여부와 더불어 그 상업적 용도나 기능적 특성, 소비자 인식태도, 경우에 따라서는 제품통합과 기술혁신의 추세 등을 종합적으로 고려하여 판단한다.
> 끼워팔기를 행하는 주체는 주된 상품(또는 용역)과 종된 상품(또는 용역)을 동시에 공급할 수도 있고, 자기가 지정하는 제 3 자로 하여금 종된 상품(또는 용역)을 공급하게 할 수 있다. 끼워팔기에는 상품 또는 용역을 판매하는 경우 외에 임대하는 경우도 포함된다. 거래상대방에는 사업자뿐만 아니라 소비자가 포함된다(「불공정거래행위 심사지침」 V. 5. 가).

〈(주)한국생필체인의 거래강제행위 건〉 관련 행정소송에서 구매강요행위의 대상 관련하여 서울고등법원은 "일반잡화에 대한 주류의 구매비율을 일정하게 유지하도록 요구하는 것은 개별적인 상품에 대한 구매강요가 아니더라도 그로 인해 거래상대방인 각 가맹점에 대하여 미치는 거래강제효과는 특정 품목의 상품에 대하여 거래를 강제하는 것과 동일하다"고 한다.[191]

③ 위법성 판단 끼워팔기가 정상적인 거래관행에 비추어 부당한지 여부는 종된 상품을 구입하도록 한 결과가 상대방의 자유로운 선택의 자유를 제한하는 등 가격과 품질을 중심으로 한 공정한 거래질서를 저해할 우려가 있는지 여부에 따라 판단하여야 할 것이다.[192]

---

190) 대판 1995. 2. 3. 93누15663 관련 공정거래위원회 상고이유서.
191) 서고판 1993. 6. 24. 92구20257(대판 1995. 2. 3. 93누15663).
192) 대판 2006. 5. 26. 2004두3014.

끼워팔기의 위법성은 경쟁을 제한하는지 여부를 위주로 판단한다. 이때, 경쟁제한성 여부는 다음 사항을 종합적으로 고려하여 판단한다.

첫째, 주된 상품(또는 용역)과 종된 상품(또는 용역)이 별개의 상품(또는 용역)인지 여부. 이를 판단하기 위해서는 주된 상품(또는 용역)과 종된 상품(또는 용역)이 밀접불가분한 구성요소인지 여부, 통상적으로 주된 상품(또는 용역)과 짝지워 하나의 단위로 판매 또는 사용되는지 여부, 주된 상품(또는 용역)과 종된 상품(또는 용역)을 별도로 구매하고자 하는 충분한 수요가 있는지 여부 등을 고려한다.

둘째, 끼워팔기하는 사업자가 주된 상품(또는 용역)시장에서 시장력(market power)이 있는지 여부. 시장력(market power)의 개념 및 이에 대한 판단은 이 지침 Ⅲ. 3. 경쟁제한성 판단 기준에 따른다.

셋째, 주된 상품(또는 용역)과 종된 상품(또는 용역)을 같이 구입하도록 강제하는지 여부 등. 강제성이 있는지 여부는 거래상대방의 입장에서 서로 다른 두 상품(또는 용역)을 따로 구입하는 것이 자유로운지를 기준으로 판단한다. 이때, '강제성'은 주된 상품(또는 용역)에 대한 구매자의 거래처 전환가능성이 적을수록 큰 것으로 보며, 다른 거래처에서 구입할 경우 주된 상품(또는 용역)의 거래거절이나 공급량감소 등 각종 불이익이 예상됨으로 인하여 사실상 거래처를 전환할 수 없는 경우 등에는 강제성이 인정될 수 있다. 이때 거래상대방이 자기 또는 자기가 지정하는 사업자로부터 실제로 구입하였을 것을 필요로 하지 않는다.

넷째, 끼워팔기가 정상적인 거래관행에 비추어 부당한지 여부를 판단한다. 정상적인 거래관행에 해당되는지 여부는 당해 시장에서의 통상적인 거래관행을 기준으로 하되, 통상적인 거래관행에 해당된다고 할지라도 끼워팔기에 의해 경쟁제한효과가 발생하는 경우에는 부당한 것으로 본다. ① 끼워팔기가 당해 시장에서의 통상적인 거래관행인 경우에는 특별히 장래의 경쟁을 제한하지 않는 한 원칙적으로 정상적인 거래관행에 부합하는 것으로 본다. 반면, 끼워팔기가 당해 시장에서의 통상적인 거래관행이 아닌 경우에는 장래의 경쟁을 촉진하거나 소비자후생을 증대시키지 않는 한 원칙적으로 정상적인 거래관행에 비추어 부당한 것으로 본다. 정상적인 거래관행에 부합되는 경우를 예시하면 주된 상품(또는 용역)의 기능에 반드시 필요한 상품을 끼워파는 행위(프린터와 잉크, 자동차와 타이어 등), 두 상품(또는 용역)을 따로 공급하는 것이 기술적으로 매우 곤란하거나 상당한 비용을 요하는 두 상품을 끼워파는 행위를 들 수 있다. ② 끼워팔기가 발생한 거래에서 통상적인 거래관행이 존재하지 않을 경우에는 경쟁제한효과 여부로 판단한다.
다섯째, 끼워팔기로 인하여 종된 상품(또는 용역)시장의 경쟁사업자가 배제되거나 배제될 우려가 있는지 여부이다.
끼워팔기가 경쟁제한성이 있다고 판단되는 경우에도 ① 끼워팔기로 인한 효율성 증대효과나 소비자후생 증대효과가 경쟁제한효과를 현저히 상회하는 경우, ② 끼워팔기를 함에 있어 기타 합리적인 사유가 있다고 인정되는 경우 등 합리성이 있다고 인정되는 경우에는 법위반으로 보지 않을 수 있다.193)
법위반에 해당될 수 있는 행위로 ① 인기 있는 상품 또는 용역을 판매하면서 인기 없는 것을 함께 구입하도록 강제함으로써 관련 시장에서 경쟁의 감소를 초래하는 행위, ② 고가의 기계나 장비를 판매하면서 합리적 이유없이 인과관계가 떨어지는 유지·보수 서비스(유료)를 자기로부터 제공받도록 강제함으로써 관련 시장에서 경쟁의 감소를 초래하는 행위, ③ 특허권 등 지식재산권자가 라이센스 계약을 체결하면서 다른 상품이나 용역의 구입을 강제함으로써 시장에서 경쟁의 감소를 초래하는 행위를 예시하고 있다(「불공정거래행위 심사지침」 V. 5. 가).

실제로 예식장이나 장례식장에서 끼워팔기가 많이 행해졌다. 은행의 구속성예금(이른바 "꺾기")에 대하여 제재를 한 사례들도 있다.194)

한편 〈한국토지공사의 부당지원행위 등 건〉 관련 행정소송에서 대법원은 "끼워팔기에 해당하기 위하여는 주된 상품을 공급하는 사업자가 주된 상품을 공급하는 것과 연계하여 거래상대방이 그의 의사에 불구하고 종된 상품을 구입하도록 하는 상황을 만들어낼 정도의 지위를 갖는 것으로 족하고 반드시 시장지배적사업자일 필요는 없다 할 것이다"고 하고, "토지공사가 비인기토지의 매

193) 예를 들어 서고판 1993. 6. 24. 92구20257(대판 1995. 2. 3. 93누15663): "거래강제 및 거래거절의 유형에 해당"하지만 "일반생활필수품의 유통근대화라는 연쇄화사업 자체의 취지와 원고회사의 설립목적 및 그 정관과 가맹규약상의 제규정, 일정한 주류취급비율의 유지는 원고회사의 존립을 위하여 필요하고 또한 각 가맹점들은 위 연쇄화사업 조직의 구성원으로서 그와 같은 정관과 가맹규약 및 회사의 운영방침에 따라야 할 의무가 있다는 점, '상공부와 국세청 등이 행정지도 등을 통하여 주류의 취급비율유지를 사실상 강제해온 사정', 연쇄화사업의 건전한 발전과 건전한 유통질서의 확립을 위해서는 원고회사의 위와 같은 조치의 필요성이 인정되는 점 등의 여러 사정에 비추어보면, 원고와 같은 일반잡화의 구매비율 강제는 정당한 이유가 있는 것이어서 독점규제법 소정의 불공정거래행위 해당성이 조각된다고 보아야 할 것이며 그러한 구매비율유지는 원고회사가 취급상품을 다양화하고 보다 양질의 일반잡화를 저렴한 가격으로 공급할 수 있는 체제를 갖춤으로써 달성될 수 있다고 하여 위와 같은 결론이 달라지지 아니한다".

194) 공정거래위원회 보도자료(1997. 5. 27.) 참조; 구속성 예금에 대한 금융당국과의 중복규제 문제에 대하여, 장범후, 은행법연구 제13권 제1호(2020.5).

입시 인기토지에 대한 매입우선권을 부여함으로써 비인기토지를 매입하지 않고서는 사실상 인기토지를 매입할 수 없게 만들어, 주된 상품인 인기토지를 매입하여 주택건설사업을 하고자 하는 주택사업자로서는 사실상 종된 상품인 비인기토지를 매입할 수밖에 없는 상황에 처하게 한 행위에 대하여, 이러한 연계판매행위는 거래상대방에 대하여 자기의 주된 상품을 공급하면서 자기의 종된 상품을 구입하도록 하는 행위로서 끼워팔기에 해당하고, 나아가 공공부문 택지개발사업의 40% 이상을 점하고 있는 토지공사가 위와 같은 끼워팔기에 해당하는 연계판매행위를 할 경우 거래상대방인 주택사업자들의 상품 선택의 자유를 제한하는 등 가격과 품질을 중심으로 한 공정한 거래질서를 침해할 우려가 있다" 고 판시하였다.[195)]

주목할 심결은 〈마이크로소프트 코퍼레이션 및 한국마이크로소프트 유한회사의 시장지배적지위 남용행위 등 건〉이다.[196)] 동 건에서 공정거래위원회는 첫째, MS가 독점력을 갖고 있는 PC 서버 운영체제(Operating System: OS)에 윈도우 미디어서버 프로그램을 결합하여 판매한 행위, 둘째, MS가 독점하고 있는 PC운영체제에 윈도우 미디어 플레이어 프로그램을 결합하여 판매한 행위, 셋째, MS가 독점하고 있는 PC운영체제에 메신저 프로그램을 결합하여 판매한 행위가 시장지배적지위 남용행위임과 동시에 불공정거래행위 중 끼워팔기에 동시에 해당하는 것으로 판단하였다.[197)]

즉 결합상품의 종된 상품인 미디어 서버 프로그램 또는 미디어 플레이어 프로그램 및 메신저 프로그램은 주된 상품인 윈도우서버 운영체제 또는 윈도우 PC운영체제의 밀접불가결한 구성요소가 아니고, 양자는 독립하여 거래의 대상이 될 수 있으며 통상적으로 양자가 짝지어 하나의 단위로 판매되지도 않으므로 각각 별개의 제품임에도 불구하고, 거래상대방에 대하여 그 구입을 강제하여 결과적으로 종된 상품시장에서의 경쟁을 제한하고, 그 거래조건 또는 수단 역시 불공정한데 반하여, 그 효율성 증대효과는 미약하므로 법 제45조의 불공정거래행위 중 끼워팔기에 해당한다고 보았다.

195) 대판 2006. 5. 26. 2004두3014.

196) 공정의 2006. 2. 24. 2006-42; 미국 MS사 사건의 내용과 경과에 대해서는, 정호열, 자유경쟁과 공정거래(2002), 133~152면 참조; MS사측 주장에 대하여는 Heiner, 경쟁저널(2004. 9), 59~73면 참조; 우리나라 MS사건의 주요 사실관계 및 쟁점에 대하여는 서동원, 공정거래법과 규제산업(2007), 112~140면 참조.

197) 끼워팔기는 EU나 독일처럼 시장지배적지위의 남용으로 규제하는 것이 타당하다는 주장에 대하여 홍명수, 독과점의 규제(2007), 81~84면 참조.

5).2 사원판매

① 의 의 부당하게 자기 또는 계열회사의 임직원으로 하여금 자기 또는 계열회사의 상품이나 용역을 구입 또는 판매하도록 강제하는 행위를 말한다(영 [별표2].5. 나). 사원판매를 불공정거래행위로 규정하고 있는 것은, 회사가 그 임직원에 대하여 가지는 고용관계상의 지위를 이용하여 상품과 용역의 구입 또는 판매를 강제함으로써 공정한 거래질서를 침해하는 것을 방지하고자 하는 것이다.[198]

즉 회사에 소속된 사원의 경우도 선택의 자유를 가지는 고객으로서 반드시 소속회사의 제품만을 구입하여야 하는 것은 아니라는 전제아래 사원판매 강제가 고객의 선택의 자유를 왜곡하는 경쟁수단으로서 이를 통하여 상품의 가격, 품질, 서비스 등에 의한 정당한 경쟁이 아니라 회사의 지시를 거부할 수 없는 임직원에 대한 회사의 우월한 지위를 바탕으로 임직원의 의사에 반하여 이루어진다는 점, 즉 경쟁수단의 불공정성에 있다.[199]

> 사원판매는 자기 또는 계열회사의 임직원에게 자기 또는 계열회사의 상품이나 용역을 구입 또는 판매하도록 강제하는 행위가 대상이 된다. 임원이란 이사·대표이사·업무집행사원·감사나 이에 준하는 자 또는 지배인 등 본점이나 지점의 영업전반을 총괄적으로 처리하는 상업사용인을 말한다. 직원이란 계속하여 회사의 업무에 종사하는 자로서 임원 외의 자를 말한다. 임직원에는 정규직, 계약직, 임시직 등 고용의 형태를 묻지 않는다.
>
> 판매영업을 담당하는 임직원에게 판매를 강요하는 행위는 원칙적으로 적용대상이 되지 않는다. 그리고 어떤 임직원이 판매영업을 담당하는 자인지 여부는 당해 상품 또는 용역에 관하여 실질적으로 영업 및 그와 밀접하게 관련된 업무를 수행하는지를 기준으로 판단한다. 예컨대, 매장 기타 영업소에서 판매를 담당하는 자, 영업소 외의 장소에서 전기통신의 방법으로 판매를 권유하는 자는 원칙적으로 판매영업을 담당하는 자에 해당되는 것으로 본다(「불공정거래행위 심사지침」 V. 5. 나).

불공정거래행위로서 사원판매에 대하여는 기존의 구입강제나 판매목표강제 등에 대한 규제를 통한 규제는 가능하며 따라서 별도의 법적 규제가 필요한 것

198) 대판 2001. 2. 9. 2000두6206.

199) 서고판 2000. 6. 13. 99누4077, 2002. 5. 9. 2001누3053(대판 2001. 2. 9. 2000두6206).

인지에 관하여 의문을 표시하는 견해가 있다.[200)]

ii) **위법성 판단** 사원판매에 해당하기 위하여는 문제된 행위의 태양과 범위, 대상 상품의 특성, 행위자의 시장에서의 지위, 경쟁사의 수와 규모 등과 같은 구체적 상황을 종합적으로 고려할 때 당해 행위가 거래 상대방인 임직원의 선택의 자유를 제한함으로써 가격과 품질을 중심으로 한 공정한 거래질서를 침해할 우려가 있다고 인정되어야 하지만, 당해 행위에 의하여 구입, 판매와 같은 거래가 반드시 현실적으로 이루어져야 하거나 혹은 공정한 거래질서에 대한 침해의 우려가 구체적일 것까지 요구되는 것은 아니며 공정한 거래질서에 대한 침해의 우려가 있는 한 단순한 사업경영상의 필요나 거래상의 합리성 내지 필요성 유무는 불공정거래행위의 성립에 영향을 미칠 수 없다.[201)]

즉 그와 같은 불공정거래행위로 인정되기 위해서는 실제로 공정한 경쟁을 저해한 사실이 있어야 할 필요가 없고, 그 우려가 있는 것만으로 충분하며, 그 우려의 정도는 추상적인 위험성(가능성)만으로 충분하고 구체적인 위험성을 필요로 하지 않을 뿐 아니라 기업이익의 극대화 등의 영리적인 목적이 반드시 필요한 것도 아니라 할 것이므로 "사원판매행위가 임직원들의 자발적인 의사에 기인한 것이 아니고 회사 경영진의 일방적인 결정에 의하여 강요된 것으로서 객관적으로 공정한 거래질서를 침해할 우려가 있는 이상 사원판매 지시에 따라 구체적으로 차량구입이라는 결과에 이르지 않았다거나 그 지시를 위반한 경우에 대하여 구체적 불이익을 준바 없는 경우 또는 그와 같은 사원판매행위로 인하여 회사가 어떠한 이익을 얻은바 없다 하더라도 사원판매강제행위에 해당한다".[202)]

거래강제의 상대방은 원칙적으로 직접 거래의 상대방이 되는 자를 의미하는 것으로서 "타 경쟁자의 고객일 수도 있었던 상대방에게 강제력을 행사하여 자기와 거래하도록 하는 행위"가 금지되는 것이고, 따라서 사원판매행위가 불공정거래행위에 해당하기 위하여는 사업자가 그 임직원에 대하여 직접 자기 회사 상품을 구입하도록 강제하거나 적어도 이와 동일시할 수 있을 정도의 강제성을 가지고 자기 회사 상품의 판매량을 할당하고 이를 판매하지 못한 경우에는 임직원에게 그 상품의 구입부담을 지우는 등의 행위가 있어야만 하는 것이고, 단

200) 홍명수, 경제법판례연구 제 1 권(2004), 218~219면.
201) 대판 2001. 2. 9. 2000두6206.
202) 서고판 2000. 6. 13. 99누4077, 2002. 5. 9. 2001누3053(대판 2001. 2. 9. 2000두6206).

지 임직원들을 상대로 자기 회사 상품의 구매자 확대를 위하여 노력할 것을 촉구하고 독려하는 것만으로는 부족하다.203)

> 사원판매의 위법성은 사원판매가 바람직한 경쟁질서를 저해하는 불공정한 경쟁수단에 해당되는지 여부를 위주로 판단한다. 이 때, 불공정한 경쟁수단에 해당되는지 여부는 다음 사항을 종합적으로 고려하여 판단한다.
>
> 첫째, 사업자가 임직원에 대해 자기 또는 계열회사의 상품이나 용역의 구입 또는 판매를 강제하는지 여부를 고려한다. 임직원에게 구입이나 판매를 강제하는 수단에는 제한이 없으며, 사업자측의 구입·판매목표량의 설정과 할당, 목표미달시 제재의 유무와 정도 등을 종합적으로 고려하여 강제성의 유무를 판단한다. ① 목표량 미달시 인사고과에서 불이익을 가하거나, 판매목표 미달분을 억지로 구입하도록 하거나, 목표달성 여부를 고용관계의 존속이나 비정규직에서 정규직으로의 전환과 결부시키는 경우에는 원칙적으로 강제성이 인정된다. ② 임직원에게 판매목표를 개인별로 설정한 후 이를 달성시키기 위한 방안으로 판매실적을 체계적으로 관리하고 임원이나 최고경영층에 주기적으로 보고하는 경우에는 원칙적으로 강제성이 인정된다. ③ 그러나, 목표량 달성시 상여금 등 인센티브를 제공하는 경우로서 임직원의 판단에 따라 목표량미달과 각종 이익 중에서 선택가능성이 있는 때에는 원칙적으로 강제성이 인정되지 않는다. ④ 임직원에게 불이익(사실상 불이익 포함)을 가하지 않고 단순히 자기회사 상품(또는 용역)의 목표를 할당하고 이를 달성할 것을 단순촉구한 행위만으로는 원칙적으로 강제성이 인정되지 않는다.
>
> 둘째, 임직원에 대한 구입(또는 판매)강제가 경쟁사업자의 고객(잠재적 고객 포함)을 자기 또는 계열회사와 거래하도록 하기 위한 수단으로 사용되는지 여부 등을 고려한다. 구입(또는 판매)강제로 인하여 임직원이 실제로 상품 또는 용역을 구입하였을 것을 요하지는 않는다. 판례도 "당해 행위에 의하여 구입, 판매와 같은 거래가 반드시 현실적으로 이루어져야 하거나 혹은 공정한 거래질서에 대한 침해의 우려가

203) 대판 1998. 3. 27. 96누18489: "원고가 '창간 73주년 기념 가족확장대회'라는 이름 아래 자사 및 계열회사의 임직원 1인당 5부 이상 신규 구독자를 확보하도록 촉구하고, 각 부서별로 실적을 집계하여 공고하는 한편 판매목표를 달성한 임직원에게는 상품을 수여하는 등의 신규 구독자 확장계획을 수립·시행한 것이 사원에 대한 강제판매행위에 해당하지 아니한다"; 대판 1998. 3. 24. 96누11280; 대판 1998. 5. 12. 97누14125: "원고의 임직원에 대한 판시와 같은 신문판매부수 확장 행위는, 원고가 판매실적이 부진한 임직원에 대하여 어떤 형태로든 불이익을 준 적이 전혀 없고 위 구독자 확장계획에 참가한 임직원이 전사원의 35.6%에 불과한 점 등의 사정에 비추어, 기준고시에서 정하는 사원판매행위에 해당하지 아니한다".

구체적일 것까지 요구되는 것은 아니다"고 한다. 셋째, 그밖에 사원판매의 기간이나 목표량의 크기는 위법성 유무에 영향을 미치지 않는다.
사원판매가 불공정한 경쟁수단에 해당된다고 판단되는 경우에도 ① 사원판매로 인한 효율성 증대효과나 소비자후생 증대효과가 경쟁수단의 불공정성으로 인한 공정거래저해 효과를 현저히 상회하는 경우, ② 부도발생 등 사원판매를 함에 있어 불가피한 사유가 있다고 인정되는 경우 등과 같이 합리성이 있다고 인정되는 경우에는 법위반으로 보지 않을 수 있다. 그러나 사원판매의 속성상 제한적으로 해석함을 원칙으로 한다.
법위반에 해당될 수 있는 행위로 ① 자기 또는 계열회사의 상품 또는 용역을 임직원에게 일정 수량씩 할당하면서 판매실적을 체계적으로 관리하거나 대금을 임금에서 공제하는 행위, ② 비영업직 임직원에게 자기 또는 계열회사의 상품 또는 용역의 판매에 관한 판매목표를 설정하고, 미달성시 인사상의 불이익을 가하는 행위, ③ 비영업직 임직원에게 자기 또는 계열회사의 상품 또는 용역의 판매에 관한 판매목표를 설정하고 최고경영자 또는 영업담당 이사에게 주기적으로 그 실적을 보고하고 공식적 계통을 통해 판매독려를 하는 경우, ④ 자신의 계열회사에게 자신이 생산하는 상품 또는 용역의 일정량을 판매하도록 할당하고 당해 계열회사는 임직원에게 협력업체에 대해 판매할 것을 강요하는 행위를 예시하고 있다(「불공정거래행위 심사지침」 V. 5. 나).

〈(주)대우자판의 거래강제행위(사원판매) 건〉에서 대법원은 "자동차판매회사가 그 관리직 대리급 이상 임직원과 전입 직원들을 상대로 그 취급 차종에 관한 판매행위를 한 경우, 대상 임직원들의 차량 구입 및 차종에 대한 선택의 기회를 제한하여 그 구입을 강제한 것으로서 사원판매행위에 해당한다"고 판시하였다.[204]

5).3 기타의 거래강제

① 의 의 기타의 거래강제는 정상적인 거래관행에 비추어 부당한 조건 등 불이익을 상대방에게 제시하여 자기 또는 자기가 지정하는 사업자와 거래하도록 강제하는 행위를 말한다(영 [별표2]. 5. 다).

204) 대판 2001. 2. 9. 2000두6206.

기타의 거래강제는 자기 또는 자기가 지정하는 사업자와 거래하도록 강요하는 행위가 대상이 된다. 이에는 명시적인 강요와 묵시적인 강요, 직접적 강요와 간접적 강요를 포함한다. 기타의 거래강제는 행위자와 상대방간 거래관계 없이도 성립할 수 있으나, 거래상 지위남용(구입강제)의 경우 행위자와 상대방간 거래관계가 있어야 성립할 수 있다는 점에서 구별된다. 거래상대방에는 사업자뿐만 아니라 소비자도 포함된다(「불공정거래행위 심사지침」 V. 5. 다).

② 위법성 판단

거래강제행위의 위법성은 거래강제 행위가 바람직한 경쟁질서를 저해하는 불공정한 경쟁수단에 해당되는지 여부를 위주로 판단한다. 이 때, 불공정한 경쟁수단에 해당되는지 여부는 ① 사업자가 거래상대방에 대해 불이익을 줄 수 있는 지위에 있는지 여부, ② 당해 불이익이 정상적인 거래관행에 비추어 부당한지 여부(정상적인 거래관행 해당여부는 당해 업계의 통상적인 거래관행을 기준으로 함. 정상적인 거래관행에 비추어 부당한 불이익으로는 특별한 사유 없이 주된 거래관계에서 공급량이나 구입량의 축소, 대금지급의 지연, 거래의 중단 또는 미개시, 판매장려금 축소 등이 있음), ③ 거래상대방에 대해 자기 또는 자기가 지정하는 사업자와 거래하도록 강제하는 효과가 있는지 여부 등(상대방이 행위자의 요구사항을 자유로이 거부할 수 있는지 여부를 기준으로 강제성 여부를 판단함. 상대방이 주된 거래관계를 다른 거래처로 전환하기가 용이한 경우에는 강제성이 인정되지 않음. 반면, 자기 또는 자기가 지정하는 사업자와 거래할 경우 일정한 인센티브를 제공하는 것은 강제성이 없는 것으로 봄)을 종합적으로 고려하여 판단한다.

기타의 거래강제가 불공정한 경쟁수단에 해당된다고 판단되는 경우에도 ① 기타의 거래강제로 인한 효율성 증대효과나 소비자후생 증대효과가 경쟁수단의 불공정성으로 인한 공정거래저해 효과를 현저히 상회하는 경우, ② 기타의 거래강제를 함에 있어 기타 합리적인 사유가 있다고 인정되는 경우 등과 같이 합리성이 있다고 인정되는 경우에는 법위반으로 보지 않을 수 있다. 그러나 기타의 거래강제 속성상 제한적으로 해석함을 원칙으로 한다(「불공정거래행위 심사지침」 V. 5. 다).

서울고등법원은 〈(주)대우건설의 거래강제행위 건〉 관련 행정소송에서 시공사 등이 아파트 등 공동주택을 건설한 후 수분양자들에게 중도금대출을 알선하고 대출세대로 하여금 지정법무사에게 등기업무를 위임하는 행위를 기타의 거래강제행위에 해당하는 것으로 보았으나, 업무처리의 편의성·효율성의 제고와 소비자의 후생 증대에 기여했다는 등 이유로 부당하지는 않다고 보았다.[205]

법위반에 해당될 수 있는 행위로 ① 사업자가 자신의 계열회사의 협력업체에 대해 자기가 공급하는 상품 또는 용역의 판매목표량을 제시하고 이를 달성하지 않을 경우 계열회사와의 거래물량 축소 등 불이익을 가하겠다고 하여 판매목표량 달성을 강제하는 행위, ② 사업자가 자신의 협력업체에 대해 자신의 상품판매 실적이 부진할 경우 협력업체에서 탈락시킬 것임을 고지하여 사실상 상품판매를 강요하는 행위를 예시하고 있다(「불공정거래행위 심사지침」 V. 5. 다).

최근 〈이데일리(주)의 거래강제행위 건〉에서 공정거래위원회는 "피심인은 자사 소속 임직원 및 계열회사인 이데일리TV 소속 임직원에 대하여 자사 상품인 신문 구독 목표를 설정한 후 목표 달성 정도를 사내 인트라넷에 게재하고 사장단 회의에 보고하였을 뿐만 아니라 인사평가 시행세칙 '직군별 정량평가 항목'에 산입하여 목표 달성기여도에 따라 인사고과에 차등적으로 반영함으로써 자기 및 계열회사 이데일리TV 소속 임직원이 신문 구독 목표 달성을 하도록 강제하였음이 인정된다. 이러한 피심인의 행위는 타 신문사의 고객이 될 수도 있었던 자사 또는 계열회사의 임직원에게 강제력을 행사하여 자기와 거래하도록 한 행위로서 피심인의 고용관계상의 지위를 이용하여 거래상대방의 자유로운 상품 선택권을 제한하고, 가격과 품질을 중심으로 한 자유시장 경제체제의 공정한 거래질서를 저해할 우려가 있는 행위에 해당한다."고 판단하였다.[206]

6) 거래상지위의 남용

[참고사례]

서울특별시지하철공사의 우월적지위남용행위 건(공정거래위원회 1992. 4. 29. 의결 제92.47호, 1992. 7. 1 재결 제92.4호; 서울고등법원 1993. 1. 20. 선고 92구19301 판결; 대법원 1993. 7. 27. 선고 93누4984 판결); **(주)레이켐의 불공정거래행위 건**(공정거래위원회

205) 서고판 2007. 9. 13. 2006누27900.

206) 공정의 2018. 8. 6. 2018－249. 유사심결로 공정의 2018. 9. 10. 2018－75, 76.

1995. 7. 5. 의결 제95－1251호, 1995. 8. 4. 재결 제95－20호; 서울고등법원 1997. 6. 12. 선고 96구2677 판결; 대법원 1997. 8. 19. 선고 97누9826 판결); **한국전기통신공사의 우월적지위남용행위 건**(공정거래위원회 1993. 11. 25. 의결 제93.367호, 1994. 2. 8. 재결 제94－1호; 서울고등법원 1995. 11. 16. 선고 94구8169 판결; 대법원 1997. 8. 26. 선고 96누20 판결); **(주)한국일보사의 부당한 경품제공행위 등 건**(공정거래위원회 1995. 6. 21. 의결 제95－121호, 122호, 1998. 6. 10. 의결 제98－114호; 서울고등법원 1996. 6. 20. 선고 95구30842 판결; 대법원 1998. 3. 24. 선고 96누11280 판결); **(주)조선일보사의 부당한 경품류제공행위 등 건**(공정거래위원회 1995. 6. 21. 의결 제95－115호, 1998. 10. 27. 의결 제98－248호; 서울고등법원 1996. 11. 24. 선고 95구28993, 1998. 7. 28. 선고 98누8775 판결; 대법원 1998. 3. 27. 선고 96누18489 판결); **(주)한겨레신문의 부당한 경품류제공행위 등 건**(공정거래위원회 1995. 6. 21. 의결 제95－119, 120호, 1998. 10. 26. 의결 제98－77호, 1995. 9. 18. 재결 제95－13호; 서울고등법원 1997. 7. 11 선고 95구30798 판결; 대법원 1998. 5. 12. 선고 97누14125 판결); **쌍용정유(주)의 거래거절행위 건**(공정거래위원회 1994. 10. 12. 의결 제94－308, 309호, 1994. 11. 28. 재결 제94－11호; 서울고등법원 1996. 5. 23. 선고 94구39927 판결; 대법원 1998. 9. 8. 선고 96누9003 판결); **(주)조흥은행의 거래상지위 남용행위 건**(민사소송)(부산고등법원 1998. 8. 21. 선고 97나1501 판결; 대법원 1999. 12. 10. 선고 98다46587 판결[손해배상(기)]); **(주)삼환까뮤의 우월적지위남용행위 건**(공정거래위원회 1997. 4. 12. 의결 제97－53호, 1997. 7. 15. 재결 제97－20호; 헌법재판소 1998. 9. 30. 선고 98헌마59 결정; 서울고등법원 1999. 1. 19. 선고 97구34343 판결; 대법원 2000. 6. 9. 선고 99두2314 판결); **(주)코스트코코리아의 대규모소매점업에 있어서의 불공정거래행위 등 건**(공정거래위원회 1999. 1. 6. 의결 제99－9호, 1999. 6. 23. 재결 제99－30호; 서울고등법원 2000. 5. 9. 선고 99누9614 판결; 대법원 2000. 9. 30. 선고 2000두4415 판결); **파스퇴르유업(주)의 거래상지위 남용행위 및 재판매가격유지행위 건**(공정거래위원회 1996. 7. 10. 의결 제1996－129호; 서울고등법원 1997. 11. 4. 선고 96구25137 판결; 대법원 2000. 6. 9. 선고 97누19427 판결); **한국도로공사의 거래상지위 남용행위 건**(민사소송)(서울고등법원 1999. 5. 18. 선고 98나62031, 62048 판결: 대법원 2000. 10. 6. 선고 99다30817, 30824 판결); **한국전기통신공사 및 한국공중전화(주)의 자회사 부당지원행위 등 건**(공정거래위원회 1999. 5. 27. 의결 제1999－80호; 서울고등법원 2001. 7. 5. 선고 99누15312, 2001. 4. 3. 선고 99누6622 판결); **한국카르푸(주)의 대규모소매점업에 있어서의 불공정거래행위 및 할인특별판매행위에 있어서의 불공정거래행위 건**(공정거래위원회 1999. 1. 6. 의결 제99－8호; 서울고등법원 2001. 3. 15. 선고 99누8901 판결; 대법원 2001. 8. 22. 선고 2001두3204 판결); **대한주택**

공사의 거래상지위 남용행위 등 건(공정거래위원회 1998. 9. 9. 의결 제1998－210호; 서울고등법원 1999. 12. 15. 선고 99누1177 판결; 대법원 2001. 12. 11. 선고 2000두833 판결); **부관훼리(주)의 거래상지위 남용행위 건**(공정거래위원회 1999. 11. 30. 의결 제99－248호; 서울고등법원 2000. 10. 31. 선고 99누17257 판결; 대법원 2002. 1. 25. 선고 2000두9359 판결); **서울특별시도시철도공사의 거래상지위 남용행위 건**(공정거래위원회 1998. 8. 31. 의결 제98－186호; 서울고등법원 2000. 6. 13. 선고 98누1238 판결; 대법원 2002. 5. 31. 선고 2000두6213 판결); (주)**나래앤컴퍼니**(구 이동통신)**의 거래상지위 남용행위 건**(공정거래위원회 2000. 2. 29. 의결 제2000－42호; 서울고등법원 2001. 1. 9. 선고 2000누3629 판결; 대법원 2002. 10. 25. 선고 2001두1444 판결); **부산광역시도시개발공사의 거래상지위 남용행위 건**(공정거래위원회 2002. 1. 17. 의결 제2002.16호; 서울고등법원 2003. 3. 27. 선고 2002누2958 판결); **전북개발공사의 거래상지위 남용행위 건**(공정거래위원회 2002. 1. 17. 의결 제2000－053호; 서울고등법원 2003. 7. 24. 선고 2002누10768 판결); **한국까르푸(주)의 거래상지위 남용행위 건**(공정거래위원회 1999. 9. 17. 의결 제99－168호; 서울고등법원 2001. 10. 23. 선고 99누13903 판결; 대법원 2003. 12. 26. 선고 2001두9646 판결); **정희자 외 1의 거래상지위 남용행위 건**(공정거래위원회 2002. 6. 25. 의결 제2002.116호; 서울고등법원 2003. 9. 23 선고 2002누19079 판결); **삼공개발(주)의 거래상지위 남용행위 건**(공정거래위원회 2002. 11. 8. 의결 제2002.262호, 2003. 3. 11. 재결 제2003－015호; 서울고등법원 2003. 9. 2. 선고 2002누19758 판결; 대법원 2004. 1. 16. 선고 2003두11537 판결); (주)**한국물류의 거래상지위 남용행위 건**(공정거래위원회 2002. 10. 23. 의결 제2002.217호; 서울고등법원 2003. 11. 25. 선고 2002누18878 판결; 대법원 2004. 1. 28. 선고 2003두15232 판결); **임대인의 거래상지위 남용행위 건**(공정거래위원회 2002. 6. 25. 의결 제2002.114호, 2002. 11. 28. 재결 제2002－034호; 서울고등법원 2004. 3. 18. 선고 2003누423 판결); (주)**에스엠엔터테인먼트의 거래상지위 남용행위 건**(공정거래위원회 2002. 7. 31. 의결 제2002.160호; 서울고등법원 2004. 4. 1. 선고 2002누13613 판결); **하이트맥주(주)의 거래상지위 남용행위, 거래거절 건**(공정거래위원회 2001. 3. 9. 의결 제2001.41호; 서울고등법원 2002. 9. 26. 선고 2001누4971 판결; 대법원 2004. 7. 9. 선고 2002두11059 판결); **농업기반공사의 거래상지위 남용행위 건**(공정거래위원회 2001. 4. 2. 의결 제2001－049호, 2001. 9. 10. 재결 제2001－043 호; 서울고등법원 2002. 9. 5. 선고 2001누15704 판결; 대법원 2005. 1. 28. 선고 2002두9940 판결); **주식회사 제너시스의 거래상지위 남용행위 등 건**(공정거래위원회 2000. 12. 23. 의결 2000－180호; 서울고등법원 2003. 5. 22. 선고 2001누1484 판결; 대법원 2005. 6. 9. 선고 2003두7484 판결); **대한도시가스 주식회사의 거래상지위 남용행위 건**(공정거래위원회 2003. 11. 15. 의결 제2003.188호; 서울고등법원 2005. 5. 18. 선고 2004누3849 판결; 대법원 2005. 11. 10. 선고 2005두5987 판결); 한국공항공사의 거래상지위 남용행위 건(공정거래위원회 2002. 6. 17. 의결 제2002.105호; 서울고등법원 2003. 5. 13. 선고 2002누10072 판결; 대법원 2005. 12. 8. 선고 2003두5327 판결); (주)롯데리아의 거래상지위 남용행위 등 건(공정거래위원회 2000. 1. 8. 의결 제2000-001호; 서울고등법원 2001. 12. 4. 선고 2000누2183 판결; 대법원 2006. 3. 10. 선고 2002두332 판결); 팬택여신투자금융(주) 외 18의 거래상지위 남용행위 건(공정거래위원회 1998. 5. 28. 의결 제1998-103호, 1998. 8. 31. 재결 제1998-025호; 서울고등법원 2000. 4. 27. 선고 98누10792, 2003. 11. 25. 선고 2002누17196 판결; 대법원 2002. 9. 27. 선고 2000두3801, 2006. 11. 9. 선고 2003두15225 판결); 한국토지공사의 거래상지위 남용행위 건(공정거래위원회 2002. 6. 17. 의결 제2002.106호, 2002. 10. 28 재결 제2002-031호; 서울고등법원 2004. 4. 8. 선고 2002누19284 판결; 대법원 2006. 12. 21. 선고 2004두5119 판결); (주)국민은행의 거래상지위 남용행위 건(공정거래위원회 2001. 4. 6. 의결 제2001-058호, 2001. 8. 23. 재결 제2001-036호; 서울고등법원 2002. 12. 12. 선고 2001누14626 판결; 대법원 2006. 6. 29. 선고 2003두1646 판결); 외환신용카드(주)의 거래상지위 남용행위 건(공정거래위원회 2001. 4. 6. 의결 제2001-057호, 2001. 8. 23. 재결 제2001-037호; 서울고등법원 2003. 6. 24. 선고 2001누14619 판결; 대법원 2006. 9. 8. 선고 2003두7859 판결); 한국토지공사의 부당지원행위 등 건(공정거래위원회 2001. 4. 2. 의결 제2001-045호, 2001. 9. 12. 재결 제2001-045호; 서울고등법원 2004. 2. 10. 선고 2001누16288 판결; 대법원 2006. 5. 26. 선고 2004두3014 판결); 한국도로공사의 부당지원행위 등 건(공정거래위원회 2001. 4. 2. 의결 제2001-047호, 2001. 9. 12. 재결 제2001.47호; 서울고등법원 2003. 12. 9. 선고 2001누16080 판결; 대법원 2006. 6. 2. 선고 2004두558 판결); (주)이랜드리테일의 거래상지위 남용행위 건(공정거래위원회 2000. 3. 11. 의결 제2000-048호; 서울고등법원 2004. 5. 27. 선고 2000누4004 판결; 대법원 2007. 1. 12. 선고 2004두7139 판결); (주)이랜드리테일의 거래상지위 남용행위 등 건(공정거래위원회 2001. 5. 25. 의결 제2001-81호, 2001. 10. 16. 재결 제2001-054호; 서울고등법원 2004. 5. 27. 선고 2001누17496 판결; 대법원 2007. 1. 12. 선고 2004두7146 판결); 인천국제공항공사의 거래상지위 남용행위 건(공정거래위원회 2006. 12. 19. 의결 제2006-287호; 서울고등법원 2007. 7. 11. 선고 2007누2298 판결); 한국전력공사의 거래상지위 남용행위 건(공정거래위원회 2007. 2. 26. 의결 제2007-124호; 서울고등법원 2007. 9. 5. 선고 2007누9046 판결); 한국콘테이너부두공단의 거래상지위 남용행위 건(공정거래위원회 2005. 12. 12. 의결 제2005-272호, 2006. 6. 19. 재결 제2006-028호; 서울고등법원 2007. 8. 16. 선고 2006누16207 판결);

한국수자원공사의 부당지원행위 등 건(공정거래위원회 2001. 4. 2. 의결 제2001－044호, 2001. 9. 10. 재결 제2001－042호; 서울고등법원 2004. 2. 3. 선고 2001누15865 판결; 대법원 2007. 1. 11. 선고 2004두3304 판결); **대한주택공사의 부당지원행위 등 건**(공정거래위원회 2001. 4. 2. 의결 제2001－046호, 2001. 9. 12. 재결 제2001－046호; 서울고등법원 2005. 1. 20. 선고 2001누16295, 2007. 4. 11. 선고 2007누3091 판결; 대법원 2007. 1. 26. 선고 2005두2773 판결); (주)**동일리조트의 거래상지위 남용행위 건**(공정거래위원회 2006. 9. 12. 의결 제2006－912호; 서울고등법원 2007. 12. 5. 선고 2007누5976 판결); (주)**관악의 거래상지위 남용행위 건**(공정거래위원회 2008. 1. 16. 의결 제2008－016호; 서울고등법원 2008. 8. 20. 선고 2008누5713 판결); (주)**국민은행의 거래상지위 남용행위 등 건**(공정거래위원회 2006. 9. 26. 의결 제2006－216호; 대법원 2009. 10. 29. 선고 2007두20812); (주)**한국씨티은행의 거래상지위 남용행위 건**(공정거래위원회 2006. 9. 15. 의결 제2006－203호; 서울고등법원 2007. 9. 5. 선고 2006누25089 판결; 대법원 2009. 10. 29. 선고 2007두20812 판결); (주)**국민은행의 거래상지위 남용행위 등 건**(공정거래위원회 2006. 9. 26. 의결 제2006－216호; 서울고등법원 2008. 1. 31. 선고 2006누25362 판결; 대법원 2010. 3. 11. 선고 2008두4659 판결); **8개 손해보험사의 거래상지위 남용행위 건**(공정거래위원회 2008. 1. 10. 의결 제2008－013호; 서울고등법원 2008. 7. 24. 선고 2008누4567 판결; 대법원 2010. 1. 14. 선고 2008두14739 판결); (주)**메가박스의 거래상지위 남용행위 등 건**(공정거래위원회 2009. 11. 2. 의결 제2009－251호; 서울고등법원 2010. 12. 25. 선고 2009누39065 판결; 대법원 2011. 4. 28. 선고 2011두1207 판결); **투텍교와**(주)**의 거래상지위 남용행위 건**[공정거래위원회 2008. 1. 29. 의결 제2008－037호; 서울고등법원 2009. 12. 4. 선고 2008누20118 판결; 대법원 2010. 3. 25. 선고 2009두23389 판결(심리불속행 기각)]; (주)**제너시스 비비큐의 거래상지위 남용행위 건**(공정거래위원회 2011. 6. 30. 의결 제2011－090호; 서울고등법원 2012. 4. 25. 선고 2011누26727 판결; 대법원 2012. 9. 27. 선고 2012두12082 판결); **티브로드홀딩스의 거래상지위 남용행위 건**[공정거래위원회 2011. 8. 2. 의결 제2011.135호; 대법원 2013. 11. 28. 2013두1188(파기환송) 판결; 서울고등법원 2014. 8. 21. 선고 2013누32511(파기환송심) 판결]; **주식회사 씨제이헬로비전의 거래상 지위남용행위 건**(공정거래위원회 2009. 1. 5. 의결 제2009－003호; 서울고등법원 2009. 11. 12. 선고 2009누4748 판결; 대법원 2011. 5. 13. 선고 2009두24108 판결); **5개 대형유통업체**[롯데쇼핑(주)(시네마), (주)현대아이파크몰, 롯데쇼핑(주)(백화점), (주)현대백화점, (주)신세계]**의 거래상지위 남용행위 건**(공정거래위원회 2008. 2. 21. 의결 제2008－057, 2008. 5. 20. 의결 제2008－214호, 2008. 12. 2. 의결 제2008－316~317; 대법원 2011. 10. 13. 선고 2010두8522, 2010두10464, 2011. 10. 27. 선고 2010두8478 판결); 쌍용자동차(주)의 거래상지위 남용행위 건(공정거래위원회 2007. 12. 5. 의결 제2007-546호; 서울고등법원 2008. 7. 10. 선고 2008누596 판결; 대법원 2011. 6. 9. 선고 2008두13811 판결); 서울대학교병원 등의 거래상지위남용행위 건(공정거래위원회 2010. 2. 2. 의결 제2010-11~15, 19~20; 서울고등법원 2011. 2. 24. 선고 2010누8333, 2010누8326, 2010누8449, 2010누8463, 2011. 6. 29. 선고 2010누8456, 2010누8340, 2010누8432, 2010누8425 판결; 대법원 2013. 1. 10. 선고 2011두7885, 2011두7856, 2013. 1. 31. 선고 2011두8456, 2013. 2. 14. 선고 2011두17950, 2013. 6. 13. 선고 2011두18137, 2010두7861, 2013. 6. 14. 선고 2010두8463, 2013. 6. 29. 선고 2011두18151 판결); 롯데쇼핑(주)의 대규모 소매업고시 위반행위 건(공정거래위원회 2012. 12. 26. 의결 제2012.278호; 서울고등법원 2013. 9. 13. 선고 2013누3568 판결); (주)티브로드홀딩스의 거래상지위 남용행위 건(공정거래위원회 2011. 8. 2. 의결 제2011.135호; 서울고등법원 2012. 12. 12. 선고 2011누42491 판결; 대법원 2013. 11. 28. 선고 2013두1188, 2014두12581 판결); (주)씨엔엠의 거래상지위 남용행위 건(공정거래위원회 2011. 2. 23. 의결 제2011-013호; 서울고등법원 2012. 4. 26. 선고 2011누11862 판결; 대법원 2014. 2. 13. 선고 2012두10772 판결); (주)씨제이헬로비전의 거래상지위 남용행위 건(공정거래위원회 2011. 4. 11. 의결 제2011-038호; 서울고등법원 2012. 2. 2. 선고 2011누15369 판결; 대법원 2014. 3. 27. 선고 2012두5589 판결); 금보개발(주)의 거래상지위 남용행위 건[공정거래위원회 2011. 7. 4. 의결 제2011-091호; 서울고등법원 2012. 7. 12. 선고 2011누26505 판결; 대법원 2015. 9. 10. 선고 2012두18325(파기환송) 판결]; 남양유업(주)의 거래상지위남용행위 건[공정거래위원회 2013. 10. 14. 의결 제2013.165호; 서울고등법원 2015. 1. 30. 선고 2014누1910 판결; 대법원 2015. 6. 11. 선고 2015두38962(심리불속행 기각) 판결]; (주)한서플랜트와 대한조선(주)의 하도급계약 건[광주고등법원 2010. 6. 9. 선고 2008나5805 판결; 대법원 2011. 1. 27. 선고 2010다53457[손해배상(기)] 판결]; (주)아모레퍼시픽의 거래상지위남용행위 건(공정거래위원회 2014. 11. 6. 의결 제2014-244호; 서울고등법원 2017. 6. 9. 선고 2014누8409 판결); (주)골프존의 거래강제행위 및 거래상지위남용행위에 대한 건[공정거래위원회 2014. 8. 11. 의결 제2014-176호; 서울고등법원 2016. 11. 23. 선고 2014누62052 판결; 대법원 2017. 4. 13. 선고 2016누64999(심리불속행 기각) 판결]; (주)우리홈쇼핑의 대규모유통업법 위반행위 및 독점규제법상 거래상지위 남용행위 건(공정거래위원회 2015. 4. 15. 의결 제2015-118호; 서울고등법원 2017. 1. 18. 선고 2015누40363 판결); (주)씨제이오쇼핑의 대규모유통업법 위반행위 및 독점규제법상 거래상지위 남용행위 건(공정거래위원회 2015. 6. 3. 의결 제2015- 179호; 서울고등법원 2017. 1. 18. 선고 2015누49308 판결); (주)홈앤쇼핑의 대규모유통업법

위반행위 및 독점규제법상 거래상지위 남용행위 건(공정거래위원회 2015. 6. 3. 의결 제2015－180호; 서울고등법원 2016. 9. 23. 선고 2015누49292 판결); (주)지에스홈쇼핑의 대규모유통업법 위반행위 및 독점규제법상 거래상지위 남용행위 건(공정거래위원회 2015. 6. 11. 의결 제2015－193호; 서울고등법원 2017. 1. 18. 선고 2015누50353 판결); 대성산업주식회사(디큐브백화점)의 거래상지위 남용행위 건(민사소송)(창원지방법원 2017. 4. 19. 선고 2016나56889 판결; 대법원 2017. 9. 7. 선고 2017다229048 판결); 현대모비스(주)의 거래상지위 남용행위 건(공정거래위원회 2018. 4. 24. 의결 제2018－129호); 한국미니스톱의 거래상 지위 남용행위 건[공정거래위원회 2015. 6. 23. 의결 제2015－206호; 서울고등법원 2016. 9. 2. 선고 2015누51547 판결; 대법원 2016. 12. 27. 선고 2016두52996(심리불속행 기각) 판결]; 아모레퍼시픽의 거래상 지위 남용행위 건[공정거래위원회 2019. 12. 10. 의결 제2019－286호; 서울고등법원 2017. 6. 9. 선고 2014누8409 판결; 대법원 2017. 10. 26. 선고 2017두50904(심리불속행 기각) 판결]; 롯데쇼핑의 시장지배적 지위 남용행위 등 건[공정거래위원회 2015. 3. 6. 의결 제2025－070호; 서울고등법원 2017. 2. 15. 선고 2015누39165 판결(대법원 2017. 7. 11. 선고 2017두39372(심리불속행 기각) 판결]; 대림자동차공업(주)의 거래상지위 남용행위 건[공정거래위원회 2015. 5. 6. 의결 제2015－151호; 서울고등법원 2017. 8. 18. 선고 2015누45528 판결; 대법원 2018. 1. 25. 선고 2017두62237(심리불속행 기각) 판결]; 한국철도시설공단의 거래상지위 남용행위 건[공정거래위원회 2017. 11. 28. 의결 제2017－359호; 서울고등법원 2017. 1. 18. 선고 2016누37241 판결; 대법원 2017. 5. 16. 선고 2017두35998(심리불속행 기각) 판결]; 인천국제공항공사의 거래상 지위 남용행위 건[공정거래위원회 2016. 3. 23. 의결 제2016－082호; 서울고등법원 2017. 8. 16. 선고 2016누41967 판결; 대법원 2018. 1. 17. 선고 2017두61362(심리불속행 기각) 판결]; 한국도로공사의 거래상 지위 남용행위 건[공정거래위원회 2015. 2. 23. 의결 제2015－051호; 대법원 2018. 1. 25. 선고 2017두58076(심리불속행 기각) 판결]; 리앤한의 거래상지위 남용행위 건[공정거래위원회 2017. 5. 29. 의결 제2017－181호; 서울고등법원 2018. 6. 19. 선고 2017누57464 판결; 대법원 2018. 11. 15. 선고 2018두53511(심리불속행 기각) 판결]; (학)건국대학교 건국유업 건국햄의 거래상 지위 남용행위 건(공정거래위원회 2018. 1. 15. 의결 제1018－009호; 서울고등법원 2018. 8. 23. 선고 2018누38583 판결); 현대모비스(주)의 거래상지위 남용행위 건[공정거래위원회 2018. 4. 24. 의결 제2018－129호; 서울고등법원 2019. 6. 12. 선고 2018누47631 판결; 대법원 2019. 10. 17. 선고 2019두46060(심리불속행 기각) 판결]; 한국토지주택공사의 거래상지위 남용행위 건[공정거래위원회 2015. 5. 6. 의결 제2015－146호; 서울고등법원 2018. 11. 9. 선고 2017누68471 판결; 대법원 2019. 3. 14. 선고 2018두657819(심리불속행 기각) 판결]; 퀄컴 인코포레이티드, 퀄컴 테크놀로지 인코포레이티드 및 퀄컴 씨디엠에이 테크놀로지 아시아-퍼시픽 피티이 리미티드의 시장지배적 지위 남용행위 등 건(공정거래위원회 2017. 1. 25. 의결 제2017-025호; 서울고등법원 2019. 12. 4. 선고 2017누48 판결; 대법원 2023. 4. 13. 선고 2020두31897 판결)

〈의 의〉

거래상지위의 남용행위는 자기의 거래상의 지위를 부당하게 이용하여 상대방과 거래하는 행위로서 공정한 거래를 저해할 우려가 있는 행위를 말한다(법 제45조 제 1 항 제 6 호). 불공정거래행위의 한 유형으로 사업자의 우월적 지위의 남용행위를 규정하고 있는 것은 현실의 거래관계에서 경제력에 차이가 있는 거래주체 간에도 상호 대등한 지위에서 법이 보장하고자 하는 공정한 거래를 할 수 있게 하기 위하여 상대적으로 우월적 지위에 있는 사업자에 대하여 그 지위를 남용하여 상대방에게 거래상 불이익을 주는 행위를 금지시키고자 하는 데 그 취지가 있는 것이다.[207)]

사업자가 거래상 우월적 지위가 있음을 이용하여 열등한 지위에 있는 거래상대방에 대해 일방적으로 물품 구입강제 등 각종 불이익을 부과하거나 경영에 간섭하는 것은 경제적 약자를 착취하는 행위로서 거래상대방의 자생적 발전기반을 저해하고 공정한 거래기반을 침해하므로 금지된다. 다만, 거래상지위 남용행위는 거래상지위가 있는 예외적인 경우에 한하여 민법의 불공정성 판단기준을 사업자간 거래관계에서 완화한 것이므로 거래상지위는 민법이 예상하고 있는 통상적인 협상력의 차이와 비교할 때 훨씬 엄격한 기준으로 판단되어야 한다(「불공정거래행위 심사지침」 V. 6).

207) 대판 2000. 6. 9. 97누19427; 대판 2002. 1. 25. 2000두9359; 대판 2003. 12. 26. 2001두9646; 대판 2002. 9. 27. 2000두3801; 대판 2004. 1. 28. 2003두15232; 서고판 2004. 4. 1. 2002누13613; 대판 2002. 9. 27. 2000두3801; 대판 2006. 11. 9. 2003두15225; 대판 2006. 9. 8. 2003두7859; 서고판 2007. 9. 5. 2007누9046; 서고판 2007. 8. 16. 2006누16207; 대판 2011. 10. 27. 2010두8478. 언론 등에서 소위 '갑질'이라고 부르는 거래상지위 남용행위의 발생원인에 대하여 계약단계에서 정보 및 협상력의 비대칭성, 계약기간중 협상력의 비대칭, 단기계약 등이 제시된다. 임영철/조성국, 127~128면. 한편 자유시장경제의 관점에서 보아 갑질은 가격이 합리적으로 정해지지 않았을 때 그 갭(gap)을 메우는 방식으로 해석하는 견해도 있다. 따라서 갑질 문제는 갑의 양보가 아니라 을의 혜택을 줄이는 '가격조정'을 통해 해결해야 한다고 한다. 이진우, "갑질의 경제학", 국회보, 2019. 1, 62~63면 참조. 그러나 통상 갑을 관계에서 일어나는 갑질은 정상적인 상태로의 회복을 넘어서서 갑이 부당하게 많은 이익을 취득하려고 하는 과정에서 일어나는 것이 통상적이라고 보아야 한다.

법문상 거래상대방을 사업자로 한정하고 있지 않은 점, 거래상지위 남용행위를 불공정거래행위로 규제하는 취지는 현실의 거래에서 경제력에 차이가 있는 거래주체 간에도 상호 대등한 지위에서 법이 보장하고자 하는 공정한 거래를 할 수 있도록 하기 위한 점 등을 감안하면 거래상 지위의 남용행위의 대상이 되는 거래가 사업자간의 거래에 한정되는 것은 아니다.[208]

〈금보개발(주)의 거래상 지위 남용행위 건〉 관련 행정소송에서 남부CC의 거래상대방인 평일회원에 대한 불이익 제공을 금지하는 공정거래위원회의 시정명령에 대하여 서울고등법원은 평일회원에 대한 불이익 제공행위가 된다고 인정하였으나, 대법원은 "독점규제법 제45조 제1항은 단순히 불공정한 계약이나 사법상 권리의무를 조정하기 위한 것이 아니라 공정한 거래질서 또는 경쟁질서의 확립을 위하여 경제에 관한 규제와 조정이라는 공법적 관점에서 불공정한 거래행위를 금지하는 규정이라고 보아야 한다. 불공정거래행위에 관한 법령의 규정 내용에 따르면, 그 문언에는 행위의 상대방 또는 경쟁자로 규정하고 있거나 그 문언의 해석상 거래질서 또는 경쟁질서와의 관련성을 요구하고 있으므로, 이러한 규정의 체계를 고려할 때 독점규제법 제45조 제1항 제6호가 '자기의 거래상의 지위를 이용하여 상대방과 거래하는 행위'라고 규정하여 행위의 상대방을 사업자 또는 경쟁자로 한정하고 있지는 않지만, 그 거래상 지위의 남용행위에서는 적어도 거래질서와의 관련성은 필요하다고 보아야 한다. 거래상 지위 남용행위의 상대방이 경쟁자 또는 사업자가 아니라 일반 소비자인 경우에는 단순히 거래관계에서 문제될 수 있는 행태 그 자체가 아니라, 널리 거래질서에 미칠 수 있는 파급효과라는 측면에서 거래상 지위를 가지는 사업자의 불이익 제공행위 등으로 인하여 불특정 다수의 소비자에게 피해를 입힐 우려가 있거나, 유사한 위반행위 유형이 계속적·반복적으로 발생할 수 있는 등 거래질서와의 관련성이 인정되는 경우에 한하여 공정한 거래를 저해한 우려가 있는 것으로 해석함이 타당하다"고 해석하고, 위 행위는 거래질서와의 관련성이 인정되지 아니하므로 공정한 거래를 저해할 우려가 있는 것으로 보기는 어렵다"고 판시하였다.[209]

특수형태근로종사자로서 계약의 형식에 관계없이 근로자와 유사하게 노무를 제공하는데도 「근로기준법」 등 노동관계법이 적용되지 아니하여 보호할 필요가 있는 자로서 주로 하나의 사업 또는 사업장에 그 운영에 필요한 노무를 상시적

208) 대판 2006. 11. 9. 2003두15225.

209) 대판 2015. 9. 10. 2012두18325.

으로 제공하고 보수를 받아 생활하고, 노무를 제공함에 있어 타인을 사용하지 아니하는 자에 대한 불공정거래행위를 보다 구체적이고 명확하게 규정함과 아울러 불공정거래행위에 해당될 수 있는 사례를 예시함으로써, 위법성을 심사하는 기준으로 삼는 한편 사업자들의 법위반행위를 예방할 목적으로 「특수형태근로종사자에 대한 거래상지위 남용행위 심사지침」[210](이하 "특수거래상지위 남용행위 심사지침")을 제정·운영하고 있다.

〈거래의 의미〉

여기에서 "거래"의 의미에 대하여 논란이 있다. 즉 〈8개 손해보험사의 거래상지위 남용행위 건〉에서 손해보험회사들이 자동차보험 피보험자가 야기한 대물배상사고를 처리함에 있어 피해차주들에게 자동차보험약관상 대차료(휴차료) 및 시세하락손해 보험금을 지급할 의무가 있음에도 불구하고 해당 보험금을 지급하지 않은 행위가 거래상대방인 피해차주들에게 부당하게 불이익을 주는 행위인가 하는 점이 문제되었다.

즉 손해보험회사들과 피해차주간에 거래상 지위가 있느냐 하는 것이 문제가 되었는데, 손해보험회사들이 각자 대물보험사고의 피해차주에 대해 거래상 지위가 있는 것으로 판단한 공정거래위원회의 결정[211]에 대하여 서울고등법원은 손해보험회사들은 피보험자들과 사이에 보험계약관계가 있을 뿐 이 사건 피해차주들과 사이에 어떤 법률행위를 한 적은 없고, 이 사건 피해차주들은 「상법」 제724조 제 2 항에 의하여 피보험자들이 책임을 질 사고로 입은 손해에 대하여 보험자인 손해보험회사들에게 직접 보상을 청구할 수 있는 관계에 있을 뿐이므로 거래관계가 존재하지 않는다고 보았다.[212]

그러나 대법원은 "① 불공정거래행위에 관한 법상의 관련 규정과 입법 취지 등에 의하면 불공정거래행위에서의 '거래'란 통상의 매매와 같은 개별적인 계약 자체를 가리키는 것이 아니라 그보다 넓은 의미로서 사업활동을 위한 수단 일반 또는 거래질서를 뜻하는 것으로 보아야 하는 점, ② 비록 피해차주의 보험회사에 대한 직접청구권이 피보험자의 불법행위에 의하여 발생한다고 하더라도 보험

---

210) 공정거래위원회 예규 제388호(2021. 12. 30). 골프장 경기보조원, 건설기계 기사, 학습지 교사, 택배 기사, 퀵서비스 기사, 보험설계사, 대리기사, 대출모집인, 신용카드회원 모집인 등을 예시하고 있다.

211) 공정의 2008. 1. 10. 2008－013.

212) 서고판 2008. 7. 24. 2008누4567.

회사 및 피보험자는 바로 그러한 경우를 위하여 보험계약을 체결하는 것이고, 피해차주는 자동차손해보험의 특성상 보험계약 성립 당시에 미리 확정될 수 없을 따름이지 그 출현이 이미 예정되어 있는 것이며, 그에 따라 보험회사가 피해차주에게 대물손해를 배상하여야 할 의무도 위 보험계약에 근거하고 있는 것인 점(보험회사는 피보험자의 피해차주에 대한 손해배상채무를 병존적으로 인수하는 것임. 대법원 2005. 10. 7. 선고 2003다6774 판결 참조), ③ 불법행위로 인한 손해배상채무가 이행되는 과정에서도 채무자에 의한 불공정거래행위가 얼마든지 발생할 여지가 있는 점(예컨대, 보험회사가 피해차의 수리비용을 일시불로 즉시 지급하지 아니하고 장기간에 걸쳐 소액으로 분할지급 한다거나, 아예 상당한 기간이 경과한 후에야 수리비용을 지급하는 것 등) 등에 비추어 볼 때, 원고들과 피해차주들 사이에는 피보험자들을 매개로 한 거래관계가 존재한다고 봄이 상당하다"고 판시하였다.[213)]

즉 "거래"의 의미를 매매같은 개별적인 거래에 한정하지 않고 사업활동을 위한 수단 일반 또는 거래질서라는 넓은 의미로 파악하는 것이 대법원의 입장이라 할 수 있다. 그러나 양자간 계약이 중첩된 구조(갑-을, 을-병)에서 계약관계 등 아무런 권리의무관계가 없는 당사자간에 거래관계가 인정될 수 없다.[214)]

〈거래상 지위의 판단〉

거래상 지위 남용행위의 주체인 사업자는 상대적으로 우월한 지위 또는 적어도 상대방의 거래활동에 상당한 영향을 미칠 수 있는 지위에 있어야 하고,[215)] 그러한 지위에 해당하는지 여부는 당사자가 처하고 있는 시장의 상황, 당사자간의 전체적 사업능력의 격차, 거래의 대상인 상품의 특성 등을 모두 고려하여 판단하여야 한다.[216)]

법원이 우월한 지위가 있다고 판단한 경우는 다음과 같다.

---

213) 대판 2010. 1. 14. 2008두14739.

214) 서고판 2015. 1. 9. 2013나74846.

215) 서고판 2003. 3. 27. 2002누2958; 서고판 2003. 7. 24. 2002누10768; 서고판 2007. 9. 5. 2007누9046; 대판 2009. 10. 29. 2007두20812; 대판 2011. 5. 13. 2009두24108.

216) 대판 2000. 6. 9. 97누19427; 대판 2002. 1. 25. 2000두9359; 대판 2003. 12. 26. 2001두9646; 대판 2002. 9. 27. 2000두3801; 대판 2004. 1. 28. 2003두15232; 서고판 2004. 4. 1. 2002누13613; 대판 2002. 9. 27. 2000두3801; 대판 2006. 11. 9. 2003두15225; 대판 2006. 9. 8. 2003두7859; 서고판 2007. 9. 5. 2007누9046; 서고판 2007. 8. 16. 2006누16207; 대판 2009. 10. 29. 2007두20812; 대판 2013. 6. 13. 2011두18137 등.

"신문사와 지국사이"(〈(주)조선일보사의 부당한 경품류제공행위 등 건〉),[217] "부산광역시도시개발공사와 시공업체사이"(〈부산광역시도시개발공사의 거래상지위 남용행위 건〉),[218] "상가임대인과 임차인의 관계"(〈정희자 외 1의 거래상지위 남용행위 건〉),[219] "회원제골프장운영법인과 회원사이"(〈삼공개발(주)의 거래상지위 남용행위 건〉),[220] "엔터테인먼트업체와 가수지망생과의 관계"(〈(주)에스엠엔터테인먼트의 거래상지위 남용행위 건〉),[221] "대한도시가스(주)와 거래상대방인 지역관리소사업자"(〈대한도시가스주식회사의 거래상지위 남용행위 건〉),[222] "할부금융회사와 주택매수인과의 관계"(〈팬택여신투자금융(주) 외 18의 거래상지위 남용행위건〉),[223] "한국

217) 대판 1998. 3. 24. 96누11280; "원고와 지국사이의 자본력, 판매력, 거래되는 상품의 특성, 시장의 상황 등을 종합하여 보면, 원고의 지국은 원고와의 사이에 개별적 종속관계가 성립되어 거래상대방의 선택 및 전환 가능성이 거의 없다고 할 것이므로 원고는 지국과의 사이에 신문판매계약을 체결함에 있어 법과 기준고시가 정한 우월적인 지위에 있는 것으로 보아야 할 것이다".

218) 서고판 2003. 3. 27. 2002누2958: 같은 취지 서고판 2003. 7. 24. 2002누10768.

219) 서고판 2003. 9. 23. 2002누19079.

220) 서고판 2003. 9. 2. 2002누19758(대판 2004. 1. 16. 2003두11537); "회원제 골프장 운영법인은 시설이용의 배정 등 서비스의 일방적 공급자이고 회원은 사업자의 일방적 처분을 통하여 수익하는 관계로서 운영법인에 대한 의존성이 강하고 회원권 매매계약 체결후 명의개서는 운영법인만이 할 수 있고, 명의개서를 해주지 않으면 회원권에 대한 권리행사가 불가능하다는 점을 감안하면"; 서고판 2008. 8. 20. 2008누5713: "골프장업자인 원고가 회원의 시설이용에 관한 정보와 시설이용 배정권한을 실질적으로 독점하고 있는 점, 골프장 이용자의 경우 일반적으로 회원권 구입에 소요되는 비용이 많기 때문에 다수의 회원권을 보유하기 어렵고, 회원으로 가입하지 않은 다른 골프장을 이용할 때에는 우선적인 시설이용권·요금할인 등의 혜택이 없어 이용이 곤란하거나 추가비용이 발생하는 등의 이유로 이미 회원으로 가입한 골프장업자에 대한 거래의존도가 큰 점, 이 사건 골프장의 회원들이 탈회 또는 양도에 의해 원고와의 거래관계를 종료하고 새로운 골프장의 회원권을 구입할 수는 있으나, 회칙상 5년 동안은 탈회가 제한되고 탈회시 반환받는 입회비도 회원권 시세보다 훨씬 낮으며, 회원권의 양도·양수에 상당한 시간적·금전적 비용이 소요되어 다른 골프장으로서의 거래처 전환도 쉽지 않은 점 등에 비추어보면, 원고는 회원들에 대하여 거래상 우월한 지위에 있다고 볼 수밖에 없다"; 대판 2015. 9. 10. 2012두18325: "원고가 회원의 골프장 이용에 관한 정보와 골프장 이용 배정권한을 사실상 독점하고 있고, 골프장 이용자는 일반적으로 회원권 구입에 소요되는 비용 때문에 회원권을 여러 개 보유하기 어려운데, 원고의 회원이 다른 골프장을 이용할 때에는 우선 이용 및 요금 할인 등의 혜택이 없이 이용이 곤란하거나 추가비용이 발생하는 점 등에 비추어 볼 때, 평일 회원의 원고에 대한 거래 의존도가 높고, 평일회원들이 남부CC를 탈회하고 반환받는 입회비로 다른 골프장의 평일 회원권을 구입할 수는 있지만, 입회 후 수년이 지난 시점에서 탈회하고 반환받는 입회비로는 국내 골프장 중 최고가의 정회원권 거래시세를 형성하고 있는 남부CC에 버금가는 골프장의 평일회원권을 구입하는 것이 쉽지 않을 뿐만 아니라, 그 거래에 드는 비용 또한 적지 않다는 점에서 원고는 평일회원에 대하여 상대적으로 우월한 지위에 있다".

221) 서고판 2004. 4. 1. 2002누13613.

222) 서고판 2005. 5. 18. 2004누3849(대판 2005. 11. 10. 2005두5987).

223) 대판 2006. 11. 9. 2003두15225: "특히 주택할부금융의 경우 매도인측의 일괄적인 융자알선에 의하여 거래가 개시되고 매수인 측에서는 알선된 금융기관 이외에 다른 금융기관을 선택하는

토지공사와 주택건설업체"(〈한국토지공사의 거래상지위 남용행위 건〉),[224] "신용카드업체와 제휴은행"(〈(주)국민은행의 거래상지위 남용행위 건〉),[225] "송·배전시설 공사 또는 용역 분야에서 한국전력공사와 중소건설사"(〈한국전력공사의 거래상지위 남용행위 건〉),[226] "컨테이너부두개발사업에서 한국콘테이너부두공단과 거래상대방"(〈한국콘테이너부두공단의 거래상지위 남용행위 건〉),[227] "대한주택공사와 시공업체"(〈대한주택공사의 부당지원행위 등 건〉),[228] "유기시설 수탁운영업체(리조트회사) 유기시설 위탁업체(합동회)"(〈(주)동일리조트의 거래상지위 남용행위 건〉),[229] "금융기관과 대출고객"(〈(주)국민은행의 거래상지위 남용행위 등 건,[230] (주)한국씨티은행의 거래상지위 남용행위 건〉),[231] "종합유선방송사업자와 협력업체"(〈주식회사 씨제이헬로비전의 거래상지위 남용행위 건〉),[232] "대형백화점과 납품업체"(〈5개 대형유통업체의 거래상지위 남용행위 건〉),[233] "대형종합병원과 환자"(〈서울대학교병원 등의 거래상지위남용행위 건〉),[234] "종합유선방송사와 홈쇼핑사"(〈(주)티브로드 홀딩스의 거래상지위 남용행위 건〉),[235] "영화상영관 사업자와 영화배급사"〈롯

것이 용이하지 아니한 점 등에 비추어 볼 때".

224) 서고판 2004. 4. 8. 2002누19284(대판 2006. 12. 21. 2004두5119).

225) 대판 2006. 6. 29. 2003두1646.

226) 서고판 2007. 9. 5. 2007누9046.

227) 서고판 2007. 8. 16. 2006누16207.

228) 대판 2007. 1. 26. 2005두2773.

229) 서고판 2007. 12. 5. 2007누5976: "합동회는 그 매출액이 연간 2억원 이하로서, 원고의 매출액의 1%에 미치지 못하는 금액인 점, 이 사건 유기시설의 목적과 그 고정성으로 인하여 합동회가 원고 외에 다른 제3자와 사이에는 이 사건 유지시설에 관한 위탁계약을 체결하기 곤란한 점 등에 비추어보면 … 원고는 합동회에 대하여 거래상의 지위가 있다고 봄이 상당하다".

230) 대판 2010. 3. 11. 2008두4659.

231) 대판 2009. 10. 29. 2007두20812; "금융기관과 개인 사이에 이루어지는 대출거래의 경우 양자 사이의 사업능력에 현저한 차이가 있고, 대출금액, 담보제공 여부, 대출기간, 이율 등 거래조건의 중요한 부분이 대부분 금융기관의 주도하에 결정되는 점, 이 사건 대출은 주택을 담보로 하는 것으로서 대출금액규모가 다른 가계대출에 비하여 크고, 대출기간 중 금리가 적정하지 않다고 하여 다른 은행으로 대출을 전환하기도 사실상 어려우며, 다양한 대출상품들의 복잡한 금리구조, 상환방법, 상환수수료 등을 비교하기 위해서는 금전적 비용과 기회비용이 발생할 뿐만 아니라 대출전환을 위하여는 중도상환수수료 이외에도 담보해제·설정비 등 상당한 추가비용이 드는 점, 이 사건 대출금리의 결정권은 원고에게 있고 고객은 해당 금리의 적정성을 알기 어려운 점 등을 고려할 때, 원고가 이 사건 대출에서 고객들에 대하여 상대적으로 우월한 지위 또는 적어도 상대방의 거래활동에 상당한 영향을 미칠 수 있는 지위에 있다".

232) 대판 2011. 5. 13. 2009두24108.

233) 대판 2011. 10. 13. 2010두8522, 10464.

234) 대판 2013. 6. 13. 2011두18137 등.

235) 대판 2013. 11. 28. 2013두1188.

데쇼핑의 시장지배적 지위 남용행위 등 건〉[236)]

요약하면 우월적 지위에 있다고 인정되는 사례로는 행위자가 대규모 또는 유력한 사업자이고 상대방이 상품이나 용역의 특성상 행위자와 거래를 계속해야 할 경우, 상대방이 다른 거래처를 발견하기 어려운 경우, 행위자의 사업능력이나 법률지식이 상대방에 비하여 월등한 경우, 행위자와 상대방간에 유통계열화(수직적 결합)가 상당한 정도 진척되어 의존성이 높은 경우 등이다. 한편 반드시 우월하다고 하기 어렵다 하더라도 시장의 상황과 특성을 감안하여 시장에서 거래활동에 상당한 영향을 미칠 수 있는 지위에 있는 경우에도 해당될 수 있다.[237)]

그리고 사업수행에 있어서 관계법령의 제한이나 감사원의 감사를 받고 있다는 사실과 우월적 지위와는 관계가 없다. 이와 관련 〈한국전기통신공사의 우월적지위 남용행위 건〉 관련 행정소송에서 서울고등법원은 "시장에서 독점적지위를 차지하고 있어 거래상대방이 다른 거래처 선택의 가능성이 없고 거래조건에 관하여 자유롭게 결정할 수 없으므로 우월한 지위에 있다고 할 것이고 그 사업수행에 있어 관계법령 등에 의한 제한이나 감사원의 감사를 받는다고 하더라도 그러한 사유만으로는 우월한 지위에 아무런 영향이 없다"고 판시하고 있다.[238)]

「불공정거래행위 심사지침」에 따르면 거래상 지위 여부는 다음과 같이 판단한다.

첫째, 거래상지위가 인정되기 위해서는 우선, 계속적인 거래관계가 존재하여야 한다. ① 계속적 거래를 하는 경우에는 통상 특화된 자본설비, 인적자원, 기술 등에 대한 투자가 이루어지게 된다. 이렇게 고착화(lock−in) 현상이 발생하면 상대방은 우월적 지위에 있게 되어 이를 이용하여 불이익한 거래조건을 제시하는 것이 가능해지고 그 상대방은 이미 투입한 투자 등을 고려하여 불이익한 거래조건 등을 수용할 수밖에 없는 상황이 된다. ② 계속적 거래관계 여부는 거래관계 유지를 위해 특화된 자본설비, 인적자원, 기술 등에 대한 투자가 존재하는지 여부를 중점적으로 검토한다. 예를 들어 거래상대방이 거래를 위한 전속적인 설비 등을 가지고 있는 경우에는 거래상지위가 있는 것으로 볼 수 있다.

236) 서고판 2017. 2. 15. 2015누39165(대판 2017. 7. 11. 2017두39372).

237) 대판 2006. 6. 29. 2003두1646. 상기 "신용카드업체와 제휴은행"관계를 예로 들 수 있다.

238) 서고판 1995. 11. 16. 94구8169(대판 1997. 8. 26. 96누20).

둘째, 거래상지위가 인정되기 위해서는 또한, 일방의 타방에 대한 거래의존도가 상당하여야 한다. ① 거래의존도가 상당하지 않은 경우에는 계속적 거래관계라 하더라도 거래처 등을 변경하여 불이익한 거래조건을 회피할 수 있으므로 거래상지위가 인정되기 어렵다. ② 통상 거래의존도는 일방 사업자의 전체 매출액에서 타방 사업자에 대한 매출이 차지하는 비중을 중심으로 검토한다.
셋째, 계속적 거래관계 및 거래의존도를 판단함에 있어 그 구체적인 수준이나 정도는 시장상황, 관련 상품 또는 서비스의 특성 등을 종합적으로 고려하여 판단한다.
넷째, 거래상 지위가 인정될 가능성이 있는 거래관계를 예시하면 i) 본사와 협력업체 또는 대리점, 대형소매점과 입점업체, 도시가스사와 지역관리소, 제조업체와 부품납품업체, 지역독점적 공공시설 관리업자와 시설임차사업자, 독점적 공공사업자와 계약업체, 방송사와 방송프로그램 공급사업자 등간 거래관계, ii) 거래상대방인 판매업자가 특정 사업자가 공급하는 유명상표품을 갖추는 것이 사업운영에 극히 중요한 경우 특정사업자와 판매업자간 거래관계, iii) 제조업자 또는 판매업자가 사업활동에 필요한 원재료나 부품을 특정 사업자로부터 공급받아야 하는 경우 특정사업자와 제조 또는 판매업자간 거래관계, iv) 특정 사업자와의 거래가 장기간 계속되고, 거래관계 유지에 대규모투자가 소요됨으로써 거래상대방이 거래처를 전환할 경우 설비전환이 곤란하게 되는 등 막대한 피해가 우려되는 경우 등이다(이상 「불공정거래행위 심사지침」 V.6).

이러한 관점에서 거래상 지위 남용을 '거래상 지위를 가진 사업자가 이를 이용하여 계약 또는 지속적인 거래관계에서 이미 발생한 또는 발생할 것으로 기대되는 잉여를 일방적으로 재분배하는 행위'로 정의하기도 한다.[239]

〈부당성의 판단〉

부당성의 유무를 판단함에 있어서는 거래당사자의 거래상의 지위 내지 법률관계, 상대방의 선택 가능성·사업규모 등의 시장상황, 그 행위의 목적 및 효과, 관련 법규의 특성 및 내용 등 여러 사정을 고려하여 그 행위가 공정하고 자유로운 경쟁을 저해할 우려가 있는지의 여부에 따라야 할 것이다.[240]

239) 김건식/원세범, 77면. 이와 같은 거래상 지위가 발생하는 원인으로 관계특유투자를 하는 사업자는 자신의 투자에 대한 대가를 상대방에게 나눠 줘야 하는 상황에 직면하기 때문에 협상력이 낮아지게 되는 홀드업(Hold-up)문제, 정보의 비대칭성, 두 부문의 경쟁의 정도에 따른 협상력의 차이 발생 등으로 설명한다.

240) 대판 1998. 3. 24. 96누11280; 대판 1998. 3. 27. 96누18489; 대판 1998. 9. 8. 96누9003; 대판

그러나 상대적으로 우월한 지위 또는 적어도 상대방의 거래활동에 상당한 영향을 미칠 수 있는 지위에 있는 사업자에 대하여 그 지위를 남용하여 상대방에게 거래상 불이익을 주는 행위를 금지시킴으로써 결과적으로 공정한 경쟁기반을 만들고자 하는데 취지가 있는 것이므로, 당해 행위가 시장의 경쟁질서에 직접적인 영향을 주지는 않더라도 거래 당사자 사이의 거래방법, 거래조건 등이 정상적인 거래관행에 비추어 공정하지 못하다고 인정될 경우 적용될 수 있는 것이다.[241)]

요약하면 '거래상의 지위를 부당하게 이용하였는지' 여부는 당사자가 처한 시장 및 거래의 상황, 당사자 간의 전체적 사업능력의 격차, 거래의 대상인 상품 또는 용역의 특성, 그리고 당해 행위의 의도·목적·효과·영향 및 구체적인 태양, 해당 사업자의 시장에서의 우월한 지위의 정도 및 상대방이 받게 되는 불이익의 내용과 정도 등에 비추어 볼 때 정상적인 거래관행을 벗어난 것으로서 공정한 거래를 저해할 우려가 있는지 여부를 판단하여 결정하여야 한다.[242)]

「불공정거래행위 심사지침」에 따르면 위법성 판단 일반기준은 다음과 같다.

첫째, 거래상지위 남용행위는 사업자가 거래상대방에 대해 거래상지위를 가지고 있는지 여부, 거래내용의 공정성을 침해하는지 여부, 합리성이 있는 행위인지 여부를 종합적으로 고려하여 판단한다. 둘째, 거래상지위 여부는 지침의 「V. 6. (3) 거래상지위 여부」에서 제시되는 바에 따라 판단한다. 셋째, 거래내용의 공정성 여부는 당해 행위를 한 목적, 거래상대방의 예측가능성, 당해업종에서의 통상적인 거래관행, 관련법령 등을 종합적으로 고려하여 판단한다. 넷째, 합리성이 있는 행위인지 여부는 당해 행위로 인한 효율성 증대효과나 소비자후생 증대효과가 거래내용의 불공정성으로 인한 공정거래저해 효과를 현저히 상회하는지 여부, 기타 합리적인 사유가 있는 여부 등을 종합적으로 고려하여 판단한다. 다만, 거래상지위 남용행위의 속성상 제한적으로 해석함을 원칙으로 한다(「불공정거래행위 심사지침」 V.6).

특수형태근로종사자에 대하여는 원칙적으로 「불공정거래행위 심사지침」에 의한 기준을 따르되, 각 행위가 부당한지 여부를 심사할 때 「불공정거래행위 심

2002. 9. 27. 2000두3801; 대판 2006. 9. 8. 2003두7859.

241) 서고판 2007. 9. 5. 2007누9046.

242) 대판 2013. 11. 28. 2013두1188.

사지침」의 일반적 기준과 달리 특별히 다음과 같은 점을 고려한다.

> ① 제공되는 노무를 통해 최종 생산되는 상품·용역의 특징을 고려하여 사업자의 특수형태근로종사자에 대한 지시감독을 위한 구속조건들이 최종 상품·용역의 품질을 확보하기 위해 합리적이고 불가피한 것인지를 심사한다. ② 대가 기타 거래조건의 부당성의 심사와 관련하여 특수형태근로종사자의 보수나 수당 등에 관한 조건은 유사한 업무를 수행하는 근로자로서 사용자로부터 직접 고용된 자의 경우를 감안하여 판단한다. ③ 특수형태근로종사자가 사업자 측의 거래상의 우월적 지위에 의한 개별 행위를 예측할 수 있다고 하여도 경제적 종속성으로 인하여 당해 사업자와의 거래를 회피하거나 부당조건을 거절할 수 없었는지 여부를 또한 고려한다(「특수거래상지위 남용행위 심사지침」 Ⅲ).

〈거래상 지위 남용행위의 사법적 효력〉

현행법상 불공정거래행위의 사법적 효력에 대한 규정은 없다. 〈대성산업주식회사(디큐브백화점)의 거래상지위 남용행위 건(민사소송)〉 관련 민사소송에서 대법원에 따르면 거래상 지위의 남용행위가 독점규제법상 불공정거래행위에 해당하는 것과 별개로 위와 같은 행위를 실현시키고자 하는 사업자와 상대방 사이의 약정이 경제력의 차이로 인하여 우월한 지위에 있는 사업자가 그 지위를 이용하여 자기는 부당한 이득을 얻고 상대방에게는 과도한 반대급부 또는 기타의 부당한 부담을 지우는 것으로 평가할 수 있는 경우에는 선량한 풍속 기타 사회질서에 위반한 법률행위로서 무효이다(대법원 1996. 4. 26. 선고 94다34432 판결 참조).[243)]

동 사건에서 대법원은 백화점을 운영하는 대규모소매업자인 갑 주식회사와 의류를 취급하는 을 주식회사 사이에 갑 회사가 을 회사로부터 납품받은 상품을 매입하여 대금을 지급하고 을 회사의 책임하에 상품을 판매한 후 재고품을 반품하는 조건으로 거래하는 내용의 특정매입거래계약을 체결하고 지속적으로 거래해 오다가, 계약일로부터 2년이 지난 시점에 을 회사가 갑 회사에 재고품에 대한 상품대금 반환채무가 있음을 확인하고 이를 분할 상환하기로 하는 확약서를 작성한 사안에서, 위 확약은 갑 회사가 우월한 지위를 이용하여 자기는 부당한 이익을 얻고 을 회사에는 과도한 반대급부 내지 부당한 부담을 지우는 법률

243) 대판 2017. 9. 7. 2017다229048.

행위로 평가할 수 있고, 이를 강제하는 것은 사회적 타당성이 없어 사회질서에 반한다고 판시하였다.[244]

즉 계약의 실질과 확약의 내용을 보면 갑 회사는 을 회사로부터 의류를 직접 매입한 것처럼 임의로 판매하고 정해진 마진율도 철저히 지키지 않았으면서 이 사건 계약이 반품이 전제된 특정매입거래계약으로 체결된 것을 기화로 일거에 재고를 반품하는 내용으로 확약서를 작성하였는데, 이는 우월한 지위를 이용하여 자기는 부당한 이득을 얻고 을 회사에는 과도한 반대급부 내지 부당한 부담을 지우는 법률행위로 평가할 수 있고, 이를 강제하는 것은 사회적 타당성이 없어 사회질서에 반한다고 본 것이다.

〈민사행위와의 구별기준〉

독점규제법상 불공정거래행위(특히 거래상지위 남용행위)와 불공정거래행위 관련 실무에서 가장 어려운 부분 중의 하나이고, 공정거래위원회에 접수되는 많은 신고건이 민사행위라는 이유로 심사불개시되는 사례가 있으므로 그 중요성이 적지 않다.

원칙적으로 순수한 민사분쟁에 있어서는 독점규제법이 적용되지 아니한다. 예를 들어 대법원이 "지체상금상당의 대금지급을 거부하는 행위는 계약상 물건의 인도시기에 관한 해석을 둘러싸고 다툼이 있어 청구하는 대금의 일부지급을 거부하는 것에 지나지 않는다"고 하거나(《서울특별시지하철공사의 우월적지위남용행위 건》),[245] 서울고등법원이 "민사소송을 제기하여 지체상금에 해당하는 대금의 지급을 청구할 수 있는 것이다"(《서울특별시지하철공사의 우월적지위남용행위 건》)[246]라고 한 사례가 있다. 독점규제법을 적용하기 위해서는 민사상의 채무불이행을 넘어 정상적인 거래관행을 벗어나 공정한 거래를 저해할 우려가 있는 부당한 행위여야 한다.[247]

그러나 독점규제법은 사업자의 시장지배적지위 남용과 과도한 경제력 집중을 방지하고, 부당한 공동행위 및 불공정거래행위를 규제하여 공정하고 자유로운 경쟁을 촉진함으로써 창의적인 기업활동을 조장하고 소비자를 보호함과 아울러 국민경제의 균형있는 발전을 도모함을 목적으로 하는 것으로서(법 제 1 조

244) 대판 2017. 9. 7. 2017다229048.
245) 대판 1993. 7. 27. 93누4984.
246) 서고판 1993. 1. 20. 92구19301.
247) 서고판 2007. 12. 5. 2007누5976.

참조), 계약의 해석에 관하여 다툼이 있는 민사 사안이라는 이유만으로 독점규제법의 적용이 배제되어야 한다고 볼 수 없다.[248)]

즉 거래상지위 남용행위의 금지는 사인간의 거래를 규율하는 민법의 제 규정과는 그 취지 및 요건을 달리하고 있으므로, 비록 과다한 손해배상액의 약정이 계약내용을 규제하는 「민법」 제103조, 제104조, 제398조 제2항에 의하여 무효로 되거나 감액될 수 있다 하더라도 공정한 거래질서를 유지하기 위하여 그 행위에 독점규제법을 적용하는 것은 위법한 법령의 적용이 되지 아니한다.[249)]

그리고 거래상 불리한 지위에 있는 자로서는 계약서 및 관련 법령내용 등의 해석과 관련하여 다툼이 있는 경우에는 나중에 민사소송 등을 통하여 승소하여 권리구제를 받을 수 있다 하더라도 그러한 다툼이 있다는 자체가 불이익으로 작용할 수 있다는 점을 고려할 때, 우월한 지위 등에 있는 자가 계약서 및 관련법령내용 등의 해석에 관하여 다투는 것 자체가 정상적인 거래관행 등에 비추어 정당하여 순수한 민사상 분쟁에 불과하다고 인정되는 경우가 아닌 한 그러한 다툼은 결국 공정한 거래질서를 저해하는 것이므로 독점규제법의 적용대상이 된다 할 것이다.[250)]

「불공정거래행위 심사지침」상의 판단기준을 살펴보면 다음과 같다.

> 거래개시 단계에서는 거래상대방이 자신이 거래할 사업자를 선택할 수 있었는지와 계약내용을 인지한 상태에서 자신의 판단하에 거래를 선택하였는지 여부를 기준으로 한다. 만약 거래상대방이 자신이 거래할 사업자를 여러 사업자중 선택할 수 있었고 계약내용을 충분히 인지한 상태에서 자신의 판단에 따라 거래를 개시하였고 계약내용대로 거래가 이루어지고 있다면 이는 독점규제법 적용대상(거래상 지위남용)에 해당되지 않는다. 그렇지 아니하고 계속적 거래를 개시하기 위해 거래상대방이 특정사업자와 거래할 수밖에 없는 경우에는 독점규제법 적용대상(거래상 지위남용)에 해당될 수 있다.
>
> 거래계속 단계에서는 사업자가 거래상대방에 대해 거래상 지위를 가지고 있는지 여부를 기준으로 한다. 사업자가 거래상 지위가 있고 이를 이용하여 각종 불이익을 가한다면 독점규제법 적용대상이 될 수 있다. 그러나 사업자가 거래상대방에 대해

248) 대판 2009. 10. 29. 2007두20812.
249) 서고판 2004. 4. 1. 2002누13613; 대판 2013. 11. 28. 2013두1188.
250) 서고판 2007. 9. 5. 2007누9046.

거래상 지위를 가지지 않는다면 각종 불이익을 가하더라도 이는 독점규제법 적용대상에 해당되지 아니한다.
사업자가 거래상대방에 대해 거래상 지위를 갖는다고 하더라도 양 당사자간 권리의무 귀속관계, 채권채무관계(예: 채무불이행, 손해배상청구, 담보권 설정·해지, 지체상금 등) 등과 관련하여 계약서 및 관련 법령 내용 등의 해석에 대해 다툼이 있는 경우에는 독점규제법 적용대상이 되지 아니한다(「불공정거래행위 심사지침」 V. 6).

〈시장지배적지위 남용행위와의 구분〉

시장지배적지위 남용행위를 규제하는 것은 시장구조의 관점에서 이미 유효경쟁이 제대로 기능하지 못하는 시장에서 지배력을 가진 사업자가 그 힘을 기존의 독과점적 지위의 유지·강화에 이용함으로써 시장구조를 고착화할 위험을 방지하는데 그 목적이 있는 반면,[251] 거래상 지위남용행위를 규제하는 것은 현실의 거래관계에서 경제력에 차이가 있는 거래주체 간에도 상호 대등한 지위에서 법이 보장하고자 하는 공정한 거래를 할 수 있게 하기 위하여 상대적으로 우월적 지위에 있는 사업자에 대하여 그 지위를 남용하여 상대방에게 거래상 불이익을 주는 행위를 금지시키고자 하는 데 그 취지가 있는 것이다.[252]

〈민법 제104조와의 구분〉

민법 제104조에 규정된 불공정한 법률행위는 객관적으로 급부와 반대급부 사이에 현저한 불균형이 존재하고, 주관적으로 그와 같이 균형을 잃은 거래가 피해 당사자의 궁박, 경솔 또는 무경험을 이용하여 이루어진 경우에 성립하는 것으로서, 약자적 지위에 있는 자의 궁박, 경솔 또는 무경험을 이용한 폭리행위를 규제하려는 데에 그 목적이 있고, 불공정한 법률행위가 성립하기 위한 요건인 궁박, 경솔, 무경험은 모두 구비되어야 하는 요건이 아니라 그 중 일부만 갖추어져도 충분한데, 여기에서 '궁박'이라 함은 '급박한 곤궁'을 의미하는 것으로서 경제적 원인에 기인할 수도 있고 정신적 또는 심리적 원인에 기인할 수도 있으며, 당사자가 궁박한 상태에 있었는지 여부는 그의 나이와 직업, 교육 및 사회경험의 정도, 재산 상태 및 그가 처한 상황의 절박성의 정도 등 여러 사정

---

251) 이봉의, 경쟁저널(2003. 6), 25면.

252) 대판 2000. 6. 9. 97누19427; 대판 2002. 1. 25. 2000두9359; 대판 2003. 12. 26. 2001두9646; 대판 2002. 9. 27. 2000두3801; 대판 2004. 1. 28. 2003두15232; 서고판 2004. 4. 1. 2002누13613; 대판 2002. 9. 27. 2000두3801; 대판 2006. 11. 9. 2003두15225; 대판 2006. 9. 8. 2003두7859; 서고판 2007. 9. 5. 2007누9046; 서고판 2007. 8. 16. 2006누16207.

을 종합하여 구체적으로 판단하여야 하며, 한편 피해 당사자가 궁박한 상태에 있었다고 하더라도 그 상대방 당사자에게 그와 같은 피해 당사자 측의 사정을 알면서 이를 이용하려는 의사, 즉 폭리행위의 악의가 없었다거나 또는 객관적으로 급부와 반대급부 사이에 현저한 불균형이 존재하지 아니한다면 민법 제104조에 규정된 불공정 법률행위는 성립하지 않는다.[253]

6).1 구입강제

① 의 의 거래상대방이 구입할 의사가 없는 상품 또는 용역을 구입하도록 강제하는 행위를 말한다(영 [별표2]. 6. 가). 여기에서 “거래상대방이 구입할 의사가 없는 상품 또는 용역”이라 함은 행위자가 공급하는 상품이나 역무뿐만 아니라 행위자가 지정하는 사업자가 공급하는 상품이나 역무도 포함한다 할 것이고, “구입하도록 강제하는 행위”라 함은 상대방이 구입하지 않을 수 없는 객관적인 상황을 만들어 내는 것을 포함한다.[254]

거래관계에 있는 상품이외에 다른 상품 등을 추가로 구입하도록 강제하는 경우 실무적으로 ‘끼워팔기’와의 구분이 명확하지 않은데 구입강제나 끼워팔기나 모두 그 실질은 거래강제에 해당하기 때문이다.[255] 구입강제는 거래상지위가 전제되어야 한다는 점에서 차이가 있다.

> 구입강제는 사업자가 거래상대방에게 구입의사가 없는 상품 또는 용역을 구입하도록 강제하는 행위가 대상이 된다. 구입요청을 거부하여 불이익을 당하였거나 주위의 사정으로 보아 객관적으로 구입하지 않을 수 없는 사정이 인정되는 경우에는 구입강제가 있는 것으로 본다. 구입강제의 상대방은 원칙적으로 사업자에 한정되며, 소비자는 포함되지 않는다. 다만, 불특정 다수의 소비자에게 피해를 입힐 우려가 있거나 유사한 위반행위 유형이 계속적·반복적으로 발생하는 등 거래질서와의 관련성이 인정되는 경우에는 그러하지 아니하다.[256] 구입이 강제되는 상품 또는 용역은 사업자 자신의 것일 수도 있고, 다른 사업자의 것일 수도 있다(「불공정거래행위 심사지침」 V. 6. 가).

---

253) 대판 2011. 1. 27. 2010다53457[손해배상(기)].
254) 대판 2002. 1. 25. 2000두9359.
255) 이봉의, 경쟁저널(2004. 4), 10~11면.
256) 대판 2015. 9. 10. 2012두18325 참조.

구입강제는 시장수요가 포화상태인 경우 하류기업은 가격을 더 인하할 수도 없고 초과구입량은 재고로 전환되어 이윤이 감소하게 되며, 소비자 후생 측면에서도 하류기업은 이윤극대화 판매량이 아니므로 판매할수록 이윤이 감소하여 영업사원수 감축, 판촉행사 비용 삭감 등 소비자후생이 저하되는 결과를 가져오게 된다.[257]

한편 구입강제와 기타의 거래강제와도 유사하다. 즉 기타의 거래강제는 정상적인 거래관행에 비추어 부당한 조건 등 불이익을 상대방에게 제시하여 자기 또는 자기가 지정하는 사업자와 거래하도록 강제하는 행위를 말한다(시행령 별표 1의 2.5. 다). 기타의 거래강제와 구입강제의 구분에 관하여 「불공정거래행위심사지침」에서 다음과 규정하고 있다.

기타의 거래강제는 행위자와 상대방간 거래관계 없이도 성립할 수 있으나, 거래상 지위남용(구입강제)은 행위자와 상대방간 거래관계가 존재해야 성립할 수 있다(「불공정거래행위 심사지침」 V. 5. 다).

예를 들어 기타의 거래강제는 A업체가 자신의 협력업체로 하여금, 원치 않는 물품을 사도록 강제하는 것이고, 구입강제는 A업체가 자신의 대리점인 B업체로 하여금 원하지 않는 물품을 구입하도록 강제하는 행위를 말한다.

② 위법성의 판단기준 구입강제의 위법성은 지침의 「V. 6. (4) 위법성 판단 일반기준」에서 제시되는 바에 따라 판단한다.

〈(주)메가박스의 거래상지위 남용행위 건〉 관련 행정소송에서 법원은 구입강제행위 및 이익제공강요행위는 목적, 정상적인 거래관행 여부, 부당성 및 피해정도 등을 종합하여 판단하여야 한다고 판시하였다.[258]

법위반이 주로 문제되는 행위로 ① 합리적 이유없이 신제품을 출시하면서 대리점에게 재고품 구입을 강요하는 행위, ② 합리적 이유없이 계속적 거래관계에 있는 판매업자에게 주문하지도 않은 상품을 임의로 공급하고 반품을 허용하지 않는 행위,

257) 김건식/원세범, 100~102면. 일반적으로 거래상 지위 남용행위는 시장에 영향을 주기 어렵지만 거래상 지위 남용이 시장 또는 산업전체에 만연되어 있다면 생산요소의 과소투입 또는 투자유인 감소를 초래하고, 이로 인하여 최적 산출량 보다 낮은 수준에서 산출량이 형성될 가능성이 있어 효율성이 감소하는 방향으로 시장구조 변화를 초래할 우려가 있다. 동 107~108면.

258) 서고판 2010. 12. 15. 2009누39065(대판 2011. 4. 28. 2011두1207).

③ 합리적 이유없이 자신과 지속적 거래관계에 있는 사업자에 대해 자기가 지정하는 사업자의 물품·용역을 구입할 것을 강요하는 행위, ④ 합리적 이유없이 도·소매업자(또는 대리점)에게 과다한 물량을 할당하고, 이를 거부하거나 소화하지 못하는 경우 할당량을 도·소매업자(또는 대리점)가 구입한 것으로 회계 처리하는 행위를 예시하고 있다(「불공정거래행위 심사지침」 V. 6. 가).

예를 들어 가맹사업의 경우 가맹본부가 가맹점사업자의 판매상품 또는 용역을 자기 또는 자기가 지정한 자로부터 공급받도록 하거나 그 공급상대방의 변경을 제한하는 행위가 가맹사업의 목적달성을 위한 필요한 범위 내인지 여부는 가맹사업의 목적과 가맹점계약의 내용, 가맹금의 지급방식, 가맹사업의 대상인 상품과 공급상대방이 제한된 상품과의 관계, 상품의 이미지와 품질을 관리하기 위한 기술관리·표준관리·유통관리·위생관리의 필요성 등에 비추어 가맹점사업자에게 품질기준만을 제시하고 임의로 구입하도록 하여서는 가맹사업의 통일적 이미지와 상품의 동일한 품질을 유지하는 데 지장이 있는지 여부를 판단하여 결정하여야 할 것이다.[259]

〈(주)롯데리아의 거래상지위 남용행위 등 건〉 관련 행정소송에서 대법원은 "가맹본부가 가맹점사업자에게 16개의 일반공산품을 가맹본부로부터만 공급받도록 하는 행위는 가맹사업의 목적달성에 필요한 범위 내의 통제로서 구입강제행위에 해당하지 않는다"고 판시하였으나,[260] "가맹본부가 품질기준을 제시하고 가맹점사업자가 자유롭게 구매한다고 하더라도 그 용도나 기능에 지장이 있다고 보이지 아니하는 5개 일반 공산품에 대하여는 구입강제행위에 해당한다"고 판시하였으며[261] "가맹본부가 가맹점에 설치할 점포의 실내외장식 등의 설비의 구입 및 설치를 자기 또는 자기가 지정한 자로부터 하도록 하는 행위가 가맹사업의 목적달성을 위한 필요한 범위 내인지 여부는 가맹사업의 목적과 가맹점계약의 내용, 가맹금의 지급방식, 가맹사업의 대상인 상품 또는 용역과 설비와의 관계, 가맹사업의 통일적 이미지 확보와 상품의 동일한 품질유지를 위한 기술관리·표준관리·유통관리·위생관리의 필요성 등에 비추어 가맹점사업자에게 사양서나 품질

259) 대판 2006. 3. 10. 2002두332; 현재는 가맹사업거래에 관해서는 「가맹사업법」이 우선 적용된다(「가맹사업법」 제38조).

260) 대판 2006. 3. 10. 2002두332.

261) 대판 2006. 3. 10. 2002두332.

기준만을 제시하고 임의로 구입 또는 설치하도록 방치하여서는 가맹사업의 통일적 이미지 확보와 상품의 동일한 품질을 보증하는 데 지장이 있는지 여부를 판단하여 결정하여야 할 것이다"고 판시하였다.[262)]

이어서 "가맹본부가 가맹점사업자에게 주방기기를 특정업체로부터만 구입하도록 한 것과 인테리어공사를 가맹본부가 지정한 사업자에게만 의뢰하도록 한 행위는 가맹사업의 목적달성에 필요한 범위 내의 통제로서 구입강제행위에 해당하지 않는다"고 판시하였으나,[263)] "품질기준을 제시하고 가맹점사업자가 자유롭게 구매한다고 하더라도 그 용도나 기능에 지장이 있다고 보이지 아니하는 5개 설비에 대하여는 구입강제행위에 해당한다"고 판시하였다.[264)]

〈부관훼리(주)의 거래상지위 남용행위 건〉 관련 행정소송에서 대법원은 "거래상대방이 구입할 의사가 없는 육상운송용역을 자기가 지정한 업체로부터 구입하도록 강제하는 행위"도 구입강제행위로 보았다.[265)]

한편 구속성예금(이른바 "꺽기")이 거래상지위 남용행위에 해당하는지가 문제되는데, 대법원은 〈(주)조흥은행의 거래상지위 남용행위 건〉 관련 민사소송에서 "금융기관이 여신제공과 관련하여 고객의 해약·인출의 자유가 제한된 이른바 구속성 예금을 하게 하였다는 이유만으로 곧바로 독점규제법 제45조 제 1 항 제 6 호에 정한 '자기의 거래상의 지위를 부당하게 이용하여 상대방과 거래하는 행위'에 해당하게 된다고 할 수는 없으며, 그 해당 여부는 ① 고객의 신용도, 영업상태, 금융기관과의 종전의 거래관계, ② 당해 예금 외의 물·인적 담보의 내용과 정도, ③ 총 여신액 대비 구속성 예금액의 비율, ④ 총 실질 여신액의 실질 금리수준(특히 예금 당시의 이자제한법을 고려한), ⑤ 예금 및 인출 제한의 경위, ⑥ 금융환경과 상관습 등을 종합하여 결정하여야 할 것이다"고 한다.[266)]

〈(주)메가박스의 거래상지위 남용행위 건〉 관련 행정소송에서 대법원은 극장광고업자에게 "웰컴투동막골" 영화의 흥행을 위하여 동 영화표를 구입해 달라고 요구하고 영화표 대금으로 5천만원을 입금받았으나 영화표를 제공하지 아니한 행위를 구입강제행위로 보았으며,[267)] 〈(주)티브로드홀딩스의 거래상지위 남

262) 대판 2006. 3. 10. 2002두332.
263) 대판 2006. 3. 10. 2002두332.
264) 대판 2006. 3. 10. 2002두332.
265) 대판 2002. 1. 25. 2000두9359.
266) 대판 1999. 12. 10. 98다46587.
267) 대판 2011. 4. 28. 2011두1207.

용행위 건〉 관련 행정소송에서는 종합유선방송사업자가 자신과 거래관계에 있는 3개 홈쇼핑사에게 자신의 계열회사인 골프장의 회원권 구입을 요청한 행위를 구입강제행위로 판단하였다.[268] 후자는 '상대방이 구입하지 않을 수 없는 객관적 상황을 만들어 내는 것'에 대하여 상세히 설시하고 있다.

또한 2013년 사회적으로 큰 이슈를 제기했던 〈남양유업(주)의 거래상지위 남용행위 건〉 관련 행정소송에서 대법원은 2009. 1. 1.~2013. 4. 30. 기간 동안 대리점에게 유통기한 임박제품, 주문하지 않은 제품 등의 구입을 강제한 행위를 위법으로 인정하였다.[269]

〈(학)건국대학교의 건국유업 건국햄의 거래상 지위 남용행위 건〉 관련 행정소송에서 법원은 구입의사없어 주문하지 않은 신제품, 리뉴얼제품, 비인기 제품 및 단산을 앞둔 제품 등을 주문시스템에 일방적으로 입력하여 공급하고, 이를 주문한 것으로 간주하여 정산한 것은 구입강제에 해당한다고 보았다.[270] 〈대림자동차공업(주)의 거래상지위 남용행위 건〉 관련 행정소송에서 법원도 대리점의 주문단계에서부터 사업소의 직원들이 대리점주들이 원하는 물량을 초과하는 물량을 주문할 것을 강요한 후 본사 주문시스템에 강요된 물량주문을 입력하는 방식으로 구입을 강제하는 행위는 위법하다고 보았다.[271]

〈현대모비스(주)의 거래상지위 남용행위 건〉에서 공정거래위원회는 "자신의 국내 정비용 자동차부품 사업 부문에 대해 달성 가능성이 낮은 과도한 매출목표를 설정한 후 목표 달성을 위해 '임의매출', '협의매출' 등의 명목으로 대리점들에게 자신의 거래상 지위를 이용하여 부품을 일방적으로 할당하거나 구입을 요구하는 방식으로 대리점들이 구입할 의사가 없는 부품을 구입하도록 강제한 행위로서 법 제45조 제1항 제6호에 해당되어 위법하다"고 판단하였으나,[272] 법원은 강제성을 인정하지 않았다.[273]

6).2 이익제공강요

① 의 의　거래상대방에게 자기를 위하여 금전·물품·용역 기타의 경제

268) 대판 2013. 11. 28. 2013두1188, 2014. 11. 28. 2014두12581.
269) 서고판 2015. 1. 30. 2014누1910(대판 2015. 6. 11. 2015두38962).
270) 서고판 2018. 8. 23. 2018누38583.
271) 서고판 2017. 8. 18. 2015누45528(대판 2018. 1. 25. 선고 2017두62237(심리불속행 기각) 판결]
272) 공정의 2018. 4. 24. 2018-129.
273) 서고판 2019. 6. 12. 2018누47631(대판 2019. 10. 17. 2019두46060).

상 이익을 제공하도록 강요하는 행위를 말한다(영 [별표2]. 6. 나).

이익제공강요행위는 거래상대방에게 금전·물품 등의 경제상 이익을 제공하도록 강요하는 행위가 대상이 된다. 경제상 이익에는 금전, 유가증권, 물품, 용역을 비롯하여 경제적 가치가 있는 모든 것이 포함된다. 계열회사의 거래상 지위를 이용하여 이익제공을 강요하는 행위도 포함된다. 이익제공강요에는 거래상대방에게 경제상 이익을 제공하도록 적극적으로 요구하는 행위뿐만 아니라 자신이 부담하여야 할 비용을 거래상대방에게 전가하여 소극적으로 경제적 이익을 누리는 행위도 포함된다. 이익제공 강요의 상대방은 원칙적으로 사업자에 한정되며, 소비자는 포함되지 않는다. 다만, 불특정 다수의 소비자에게 피해를 입힐 우려가 있거나 유사한 위반행위 유형이 계속적·반복적으로 발생하는 등 거래질서와의 관련성이 인정되는 경우에는 그러하지 아니하다(「불공정거래행위 심사지침」 V. 6. 나).

② 위법성 판단 이익제공강요의 위법성은 지침의 「V. 6. (4) 위법성 판단 일반기준」에서 제시되는 바에 따라 판단한다(이상 「불공정거래행위 심사지침」 V. 6. 나).

이익제공강요행위에 관한 사례로는 병원의 의약품거래 관련하여 보험삭감액에 상당하는 경제적 손실을 제약업체에게 전가시킨 행위가 많다. 또한 서울고등법원은 "회원제골프장 운영법인이 회원자격을 양수한 사람으로부터 명의개서에 필요한 제 경비보다 훨씬 많은 5,500,000원 내지 11,000,000원을 회원자격의 양도, 양수에 따른 비용으로 징수하는 행위"(〈삼공개발(주)의 거래상지위 남용행위 건〉)[274]도 이익제공강요행위로 보았다.

또한 〈남양유업(주)의 거래상지위남용행위 건〉 관련 행정소송에서 서울고등법원은 2009. 1. 1.~2013. 4. 30. 기간 동안 대형유통업체에 진열판촉사원을 투입관리하면서 이들 임금의 50% 이상을 대리점에 부당하게 전가한 행위를 부당한 이익제공강요행위로 인정하였다.[275]

6).3 판매목표강제

① 의 의 자기가 공급하는 상품 또는 용역과 관련하여 거래상대방의

274) 서고판 2003. 9. 2. 2002누19758(대판 2004. 1. 16. 2003두11537).
275) 대판 2015. 6. 11. 2015두38962.

거래에 관한 목표를 제시하고 이를 달성하도록 강제하는 행위를 말한다(영 [별표2]. 6. 다). 실무적으로 본사와 대리점간의 관계에서 이루어지는 '밀어내기'영업이 문제되는데, 구입강제와의 구분이 애매한 경우가 있다.[276]

구입강제는 대리점으로 하여금 원치 않는 물품을 구입하도록 강제하는 것인데 반해, 판매목표강제는 직접 공급하는 물품의 목표를 지정하고 판매를 강제하는 행위를 말한다는 점에서 구별된다고 볼 수 있다.

> 판매목표강제는 사업자가 거래상대방에게 판매목표를 정해주고 이를 달성하도록 강제하는 행위가 대상이 된다. 대법원에 의하면 "목표를 제시하고 이를 달성하도록 강제하는 행위"에는 상대방이 목표를 달성하지 않을 수 없는 객관적인 상황을 만들어내는 것을 포함하고, 사업자가 일방적으로 상대방에게 목표를 제시하고 이를 달성하도록 강제하는 경우뿐만 아니라 사업자와 상대방의 의사가 합치된 계약의 형식으로 목표가 설정되는 경우도 포함한다.[277] 이는 계약의 형식을 띠고 있더라도 실질적으로 강제성이 인정되는 경우가 있음을 의미한다. 대상상품 또는 용역은 사업자가 직접 공급하는 것이어야 한다. 대체로 상품의 경우 판매량의 할당이, 용역의 경우 일정수의 가입자나 회원확보가 문제된다. 또한 판매목표 강제는 대리점계약서에 명시적으로 규정된 경우뿐만 아니라 계약체결 후 구두로 이루어지는 경우도 포함된다. 판매목표강제의 상대방은 사업자에 한정되며, 소비자는 포함되지 않는다(「불공정거래행위 심사지침」 V. 6. 다).

② 위법성 판단 판매목표강제의 위법성은 지침의 「V. 6. (4) 위법성 판단 일반기준」에서 제시되는 바에 따라 판단한다.

> 거래내용의 공정성 판단시 판매목표 달성에 강제성이 있는지 여부를 중점적으로 판단한다. 판매목표의 달성을 '강제'하기 위한 수단에는 제한이 없으며, 목표가 과다한 수준인지, 실제 거래상대방이 목표를 달성하였는지 여부는 강제성 인정에 영향을 미치지 않는다. 목표불이행시 실제로 제재수단이 사용되었을 필요는 없다. 목표를 달성하지 못했을 경우 대리점계약의 해지나 판매수수료의 미지급 등 불이익이 부과되는 경우에는 강제성이 인정되나, 거래상대방에게 장려금을 지급하는 등 자발적인

276) 이봉의, 경쟁저널 104호(2004. 4), 11면.
277) 대판 2011. 5. 13. 2009두24108.

협력을 위한 수단으로 판매목표가 사용되는 경우에는 원칙적으로 강제성이 인정되지 않는다. 다만, 판매장려금이 정상적인 유통마진을 대체하는 효과가 있어 사실상 판매목표를 강제하는 효과를 갖는 경우에는 그러하지 아니하다.
법위반에 해당될 수 있는 행위로 ① 자기가 공급하는 상품을 판매하는 사업자 및 대리점에 대하여 판매목표를 설정하고 미달성시 공급을 중단하는 등의 제재를 가하는 행위, ② 자기가 공급하는 용역을 제공하는 사업자 및 대리점에 대하여 회원이나 가입자의 수를 할당하고 이를 달성하지 못할 경우 대리점계약의 해지나 수수료 지급의 중단 등의 제재를 가하는 행위, ③ 대리점이 판매목표량을 달성하지 못하였을 경우 반품조건부 거래임에도 불구하고 반품하지 못하게 하고 대리점이 제품을 인수한 것으로 회계처리하여 추후 대금지급시 공제하는 행위, ④ 대리점이 판매목표량을 달성하지 못하였을 경우 본사에서 대리점을 대신하여 강제로 미판매 물량을 덤핑 판매한 후 발생손실을 대리점의 부담으로 하는 행위, ⑤ 거래상대방과 상품 또는 용역의 거래단가를 사전에 약정하지 않은 상태에서, 거래상대방의 판매량이 목표에 미달되는 경우에는 목표를 달성하는 경우에 비해 낮은 단가를 적용함으로써 불이익을 주는 행위를 예시하고 있다(「불공정거래행위 심사지침」 V. 6. 다).

대법원은 〈주식회사 씨제이헬로비전의 거래상지위 남용행위 건〉 관련 행정소송에서 "소속 종합유선방송사업자인 가야방송을 통하여 협력업체들에 대해 케이블방송 및 인터넷의 신규가입자 유치목표를 설정하고 이를 달성하지 못할 경우 지급할 업무 위탁 수수료를 감액하는 불이익을 주는 방법으로 협력업체들의 자유로운 의사결정을 저해하거나 불이익을 강요함으로써 공정한 거래를 저해할 우려가 있는 행위를 하였다"고 판시하였다.[278] 〈쌍용자동차(주)의 거래상지위 남용행위 건〉 관련 행정소송에서는 판매목표 강제행위의 판단기준에 대한 기존입장을 재확인하면서 판매목표 강제행위를 인정하지 않았다.[279]

6).4 불이익제공

① 의 의 구입강제, 이익제공강요, 판매목표강제 외의 방법으로 거래상대방에게 불이익이 되도록 거래조건을 설정 또는 변경하거나 그 이행과정에서 불이익을 주는 행위를 말한다(영 [별표2]. 6. 라). 여기서 불이익제공이라 함은 사

278) 대판 2011. 5. 13. 2009두24108.
279) 대판 2011. 6. 9. 2008두13811.

업자가 거래상 지위를 이용하여 거래를 함에 있어 거래상대방에 대한 거래조건의 설정 또는 변경이나 그 이행과정에서 거래상대방에게 불이익을 주는 행위를 의미하는 것이므로, 그 사업자가 제 3 자에 대한 거래조건의 설정 또는 변경이나 이행과정에서 제 3 자에게 이익을 제공함으로써 거래상대방이 제 3 자에 비하여 상대적으로 불이익한 취급을 받게 되었다고 하여 사업자가 거래상대방에게 불이익을 제공한 것으로 볼 수는 없다고 할 것이다.[280]

불이익제공행위의 대상행위는 ① 거래상대방에게 불이익이 되도록 거래조건을 설정 또는 변경하는 행위이다. 이는 거래상대방에게 일방적으로 불리한 거래조건을 당초부터 설정하였거나 기존의 거래조건을 불리하게 변경하는 것을 말한다. 거래조건에는 각종의 구속사항, 저가매입 또는 고가판매, 가격(수수료 등 포함) 조건, 대금지급방법 및 시기, 반품, 제품검사방법, 계약해지조건 등 모든 조건이 포함된다. ② 거래상대방에게 거래과정에서 불이익을 주는 행위이다. 거래조건을 불이행함은 물론 거래관계에 있어 사실행위를 강요하여 거래상대방에게 불이익이 되도록 하는 행위를 말한다. 불이익제공은 적극적으로 거래상대방에게 불이익이 되는 행위를 하는 작위뿐만 아니라 소극적으로 자기가 부담해야 할 비용이나 책임 등을 이행하지 않는 부작위에 의해서도 성립할 수 있다. 다만, 불이익이 금전상의 손해인 경우에는 법률상 책임 있는 손해의 존재는 물론 그 범위(손해액)까지 명확하게 확정될 수 있어야 하며,[281] 그렇지 않을 경우에는 민사절차에 의해 이 문제가 우선적으로 해결되어야 거래상 지위남용 규정을 적용할 수 있다. 거래상대방은 원칙적으로 사업자에 한정되며, 소비자는 포함되지 않는다. 다만, 불특정 다수의 소비자에게 피해를 입힐 우려가 있거나 유사한 위반행위 유형이 계속적·반복적으로 발생하는 등 거래질서와의 관련성이 인정되는 경우에는 그러하지 아니하다(「불공정거래행위 심사지침」 V.6.라).

280) 대판 2005. 12. 8. 2003두5327.

281) 대판 2002. 5. 31. 200두6213: "자기의 거래상의 지위를 부당하게 이용하여 거래상대방에게 불이익이 되도록 거래조건을 설정 또는 변경하거나 그 이행과정에서 불이익을 주는 행위'를 하였음을 이유로 법 제24조의 시정명령 등 행정처분을 하기 위해서는 거래상대방에게 발생한 '불이익'의 내용이 객관적으로 명확하게 확정되어야 하고, 여기에서의 '불이익'이 금전상의 손해인 경우에는, 법률상 책임 있는 손해의 존재는 물론 그 범위(손해액)까지 명확하게 확정되어야 할 것이다"; 서고판 2017. 6. 9. 2014누8409: "피고는 개별방판점의 불이익이 세분화에 따른 매출액 감소라고 하면서도, 이를 특정하지 못하였다"; 대판 2017. 4. 13. 2016누64999: "피고는 골프존이 미보상했다는 영업손실의 액수를 정확히 특정하지 아니하였으므로, 피고의 처분은 위법하다".

불공정거래행위로서의 불이익제공행위를 하였음을 이유로 시정명령 등 행정처분을 하기 위해서는 그 대상이 되는 '불이익 제공'의 내용이 구체적으로 명확하게 특정되어야 하고, 그러하지 아니한 상태에서 이루어진 시정명령 등의 처분은 위법하다.[282)]

② 위법성의 판단기준 불이익제공의 위법성은 이 지침의 「V. 6. (4) 위법성 판단 일반기준」에서 제시되는 바에 따라 판단한다(이상 「불공정거래행위 심사지침」 V. 6. 라).

대법원도 불이익제공행위에 해당하는지 여부를 판단함에 있어 '거래상 지위'는 일방이 상대적으로 우월한 지위 또는 적어도 상대방과의 거래활동에 상당한 영향을 미칠 수 있는 지위를 갖고 있으면 이를 인정하기에 족하다고 할 것이고, 거래상 지위가 있는지 여부는 당사자가 처하고 있는 시장의 상황, 당사자 간의 전체적 사업능력의 격차, 거래의 대상인 상품의 특성 등을 모두 고려하여 판단하여야 할 것이다.[283)] 반드시 우월하다고 하기 어렵다 하더라도 시장의 상황과 특성을 감안하여 시장에서 거래활동에 상당한 영향을 미칠 수 있는 지위에 있는 경우에도 해당될 수 있다.[284)] 이러한 취지에서 대법원은 신용카드회사가 제휴은행들과의 거래활동에 상당한 영향을 미칠 수 있는 지위에 있다는 취지로 판단하였다.[285)]

그리고 사업자가 우월적 지위를 부당하게 이용하여 상대방에게 불이익을 준 행위인지 여부는 당해 행위의 의도와 목적, 효과와 영향 등과 같은 구체적 태양과 상품의 특성, 거래의 상황, 해당 사업자의 시장에서의 우월적 지위의 정도 및 상대방이 받게 되는 불이익의 내용과 정도 등에 비추어 볼 때 정상적인 거래관행을 벗어난 것으로서 공정한 거래를 저해할 우려가 있는지 여부를 판단하여 결정하여야 한다.[286)]

즉 '불이익제공'에 해당하기 위하여는 그 행위의 내용이 상대방에게 다소 불이익하다는 점만으로는 부족하고, 구입강제, 이익제공강요, 판매목표강제 등과

282) 대판 2007. 1. 12. 2004두7146.

283) 대판 2006. 6. 29. 2003두1646.

284) 대판 2006. 6. 29. 2003두1646.

285) 대판 2006. 6. 29. 2003두1646.

286) 대판 1998. 3. 27. 96누18489, 2001. 12. 11. 2000두833 참조; 대판 2000. 6. 9. 97누19427; 대판 2002. 1. 25. 2000두9359; 대판 2003. 12. 26. 2001두9646; 대판 2002. 9. 27. 2000두3801; 대판 2004. 1. 28. 2003두15232; 서고판 2004. 4. 1. 2002누13613; 대판 2006. 5. 26. 2004두3014; 서고판 2007. 12. 5. 2007누5976; 대판 2009. 10. 29. 2007두20812.

동일시할 수 있을 정도로 일방 당사자가 우월적 지위를 남용하여 그 거래조건을 설정한 것으로 인정이 되고, 그로써 정상적인 거래관행에 비추어 상대방에게 부당하게 불이익을 주어 공정거래를 저해할 우려가 있어야 하는 것이며, 또한 상대방에게 부당하게 불이익을 주는 행위인지 여부는, 문제가 되는 거래조건에 의하여 상대방에게 생길 수 있는 불이익의 내용과 불이익 발생의 개연성, 당사자 사이의 일상거래과정에 미치는 경쟁제약의 정도, 관련 업계의 거래관행과 거래형태, 일반 경쟁질서에 미치는 영향, 관계 법령의 규정 등 여러 요소를 종합하여 판단하여야 한다.[287)]

특히 상호간에 이익증진을 목적으로 한 일정한 거래관계에 따른 계약에 있어서는 그 계약에 따른 이득을 얻는 대신 어느 정도의 불이익적인 제한도 따르게 되는 것이 일반적이라 할 수 있으므로 이러한 불이익이 부당한 것인지를 판단하기 위해서는 당해 행위의 의도와 목적, 효과와 영향 등과 같은 구체적 태양과 상품의 특성, 거래의 상황, 해당사업자의 시장에서의 우월한 지위의 정도, 상대방이 받게 되는 불이익의 내용과 정도 등에 비추어 정상적인 거래관행을 벗어난 것으로서 공정한 거래를 저해할 우려가 있는지 여부를 판단하여 결정하여야 한다.[288)]

예를 들어 가맹사업의 경우 가맹본부가 모든 가맹점사업자에게 판매촉진활동의 일환으로 실시하는 할인판매행사에 참여하도록 한 행위가 거래상의 지위를 이용하여 부당하게 가맹사업자에게 불이익을 주는 행위로서 가맹사업의 공정한 거래를 저해할 우려가 있는 행위인지 여부는 가맹점계약의 내용, 할인판매행사의 목적과 내용, 할인판매행사비용의 구체적인 분담내역, 할인판매행사에의 참여 및 할인판매행사비용의 분담에 대한 가맹점사업자의 의사반영의 여부, 할인판매행사로 인하여 가맹점사업자에게 생길 수 있는 손해발생의 개연성과 내용, 관련 업계의 거래관행과 거래형태 등 여러 사정을 종합하여 구체적으로 판단하여 결정하여야 한다.[289)]

287) 대판 1998. 3. 27. 96누18489; 대판 2001. 12. 11. 2000두833; 대판 2002. 5. 31. 2000두6213; 대판 2004. 7. 9. 선고 2002두11059; 대판 2005. 1. 28. 2002두9940; 대판 2005. 11. 10. 2005두5987; 대판 2005. 12. 8. 2003두5327; 대판 2006. 6. 29. 2003두1646; 대판 2006. 9. 8. 2003두7859; 대판 2007. 1. 11. 2004두3304; 대판 2007. 1. 26. 2005두2773.

288) 대판 2000. 6. 9. 97누19427 참조; 서고판 2003. 3. 27. 2002누2958; 서고판 2003. 7. 24. 2002누10768; 대판 2006. 12. 21. 2004두5119.

289) 대판 2006. 3. 10. 2002두332.

법위반에 해당될 수 있는 행위로 첫째, 거래조건의 설정·변경과 관련해서는 ① 계약서 내용에 관한 해석이 일치하지 않을 경우 '갑'의 일방적인 해석에 따라야 한다는 조건을 설정하고 거래하는 경우, ② 원가계산상의 착오로 인한 경우 '갑'이 해당 계약금액을 무조건 환수 또는 감액할 수 있다는 조건을 설정하고 거래하는 경우, ③ 계약 유효기간중에 정상적인 거래관행에 비추어 부당한 거래조건을 추가한 새로운 대리점계약을 일방적으로 체결한 행위, ④ 계약서상에 외부기관으로부터 계약단가가 고가라는 지적이 있을 경우 거래상대방이 무조건 책임을 지도록 한다는 조건을 설정하고 거래하는 경우, ⑤ 계약서에 규정되어 있는 수수료율, 지급대가 수준 등을 일방적으로 거래상대방에게 불리하게 변경하는 행위, ⑥ 계약기간중에 자기의 점포 장기임차인에게 광고선전비의 부과기준을 일방적으로 상향조정한 행위를 들 수 있다.
둘째, 불이익 제공행위로는 ① 설계용역비를 늦게 지급하고 이에 대한 지연이자를 장기간 지급하지 않아 거래상대방이 사실상 수령을 포기한 경우, ② 하자보수보증금률을 계약금액의 2%로 약정하였으나, 준공검사시 일방적으로 20%로 상향조정하여 징구한 행위, ③ 반품조건부로 공급한 상품의 반품을 받아주지 아니하여 거래상대방이 사실상 반품을 포기한 경우, ④ 사업자가 자기의 귀책사유로 이행지체가 발생한 경우에도 상당기간 지연이자를 지급하지 않아 거래상대방이 사실상 수령을 포기한 경우, ⑤ 합리적 이유없이 사업자가 물가변동으로 인한 공사비인상 요인을 불인정하거나 자신의 책임으로 인해 추가로 발생한 비용을 불지급하는 행위, ⑥ 자신의 거래상 지위가 있음을 이용하여 거래상대방에 대해 합리적 이유없이 거래거절을 하여 불이익을 주는 행위(거래상 지위남용성 거래거절)를 들 수 있다(「불공정거래행위 심사지침」 V. 6. 라).

법원이 불이익제공행위로 인정한 사례는 다음과 같다.

"대리점계약을 체결함에 있어서 거래상대방에게 계약기간 종료후 일정기간동안 경쟁상품을 생산·판매하지 못하도록 하는 조건을 설정하는 행위"(〈(주)레이켐의 불공정거래행위 건〉),[290] "불리한 납품기한의 설정, 계약의 일방적 해제, 거래상대방의 귀책사유가 아닌 납기지체 일수에 대해서 지체상금을 부과한 행위"(〈한국전기통신

290) 서고판 1997. 6. 12. 96구2677; 대판 1997. 8. 19. 97누9826.

공사의 우월적지위 남용행위 건〉),[291] "지국설치계약상의 판매지역의 일방적 지정 조항, 일방적 계약해지 및 면책 조항"(〈(주)한국일보사의 부당한 경품제공행위 등 건 등〉),[292] "광코아임대시장에서 개인휴대통신사업자에 대하여 거래상 우월한 지위에 있는 사업자가 기존 전용회선의 계속사용을 조건으로 광코아 특례이용대가를 적용하는 것"(〈한국전기통신공사 및 한국공중전화(주)의 자회사 부당지원행위 등 건〉),[293] "통신사업자가 무선호출서비스 특판대리점과 거래를 함에 있어 채무이행을 강제하기 위한 수단으로 특판대리점에 제공해 오던 고객관리용 전산망의 지원을 일방적으로 중단하는 행위"(〈(주)나라앤컴퍼니(구 이동통신)의 거래상지위 남용행위 건〉),[294] "시공업체에게 기성대금을 지연지급하고, 이에 따른 지연이자를 지급하지 않는 행위"(〈부산광역시도시개발공사의 거래상지위 남용행위 건〉),[295] "과다한 손해배상액의 약정"(〈(주)에스엠엔터테인먼트의 거래상지위 남용행위 건〉),[296] "책임수납 수수요율 일방적 인하조치"(〈대한도시가스 주식회사의 거래상지위 남용행위 건〉),[297] "외환위기 당시 할부금융회사들이 일정기간 동안 대출 이자율을 변경할 수 없음에도 불구하고 이자율을 인상한 행위"(〈팬택여신투자금융(주) 외 18의 거래상 지위 남용행위 건〉),[298] "신용카드회사가 거래상대방인 제휴은행들이 신용카드업을

---

291) 서고판 1995. 11. 16. 94구8169; 대판 1997. 8. 26. 96누20.

292) 대판 1998. 3. 24. 96누11280; 대판 1998. 3. 27. 96누18489; 대판 1998. 5. 12. 97누14125.

293) 서고판 2001. 7. 5. 99누15312.

294) 대판 2002. 10. 25. 2001두1444: "가사 대리점인 우정의 채무불이행이나 고객 관리용 전산망의 부당이용이 있었다 하더라도 본사 겸 전산망 운영자인 원고로서는 우정의 전산망에 대한 이용권한을 일부 제한하는 방법 등으로 우정의 위와 같은 행위를 통제·관리할 수 있었음에도 불구하고 대리점계약관계가 존속하고 있는 상태에서 채무이행을 강제하는 수단으로 대리점 영업에 있어서 필수불가결한 고객 관리용 전산망을 일방적으로 중단한 행위는 쌍무계약의 일방당사자의 채무불이행에 대한 대응방법 내지 대리점계약상의 위탁업무제한조치의 일환을 넘어 거래상 지위를 부당하게 이용하여 그 이행과정에서 불이익을 준 것이다"; 동 판결에 대한 비판은 이봉의, 경쟁저널(2003. 6), 28~29면 참조.

295) 서고판 2003. 3. 27. 2002누2958; 그러나 지연이자 미지급행위에 대해 불이익제공행위가 아니라고 판단한 경우도 있다. 서고판 2007. 8. 16. 2006누16207: "지연이자를 지급하지 아니한 것은 거래 상대방에게 다소 불이익을 준 것이라고 볼 여지도 있지만, 한국콘테이너부두공단과 한진중공업 사이의 오랜 거래관계, 한국콘테이너부두공단의 제 3 차 기성고 검사와 한진중공업의 기성금 청구 사이의 시간적 간격, 지연이자의 액수, 한국콘테이너부두공단의 자금조달내역, 일반 경쟁질서에 미치는 영향 등 이 사건에 나타단 제반상항을 종합하여 볼 때 한국콘테이너부두공단의 행위가 민사상 계약위반에 해당될 수 있음은 별론으로 하고 독점규제법상 구입강제, 이익제공 강요, 판매목표강제 등과 동일시 할 수 있을 정도로 보이지 아니한다".

296) 서고판 2004. 4. 1. 2002누13613.

297) 서고판 2005. 5. 18. 2004누3849(대판 2005. 11. 10. 2005두5987).

298) 대판 2002. 9. 27. 2000두3801; 대판 2006. 11. 9. 2003두15225.

영위하는 데 있어서 핵심적인 경쟁수단인 가맹점 수수료율과 대금지급주기를 제한하는 것"(〈(주)국민은행의 거래상지위 남용행위 건〉),[299] "지연배상금 미지급행위"(〈한국전력공사의 거래상지위 남용행위 건〉),[300] "야간작업에 따른 추가 감리비용을 전가하는 행위"(〈한국콘테이너부두공단의 거래상지위 남용행위 건〉),[301] "사실상 시공업체로 하여금 간접비 청구를 포기하게 하거나 또는 시공업체로 하여금 간접비 포기동의서를 제출하게 하였기 때문이므로, 간접비용을 지급하지 아니한 행위"(〈대한주택공사의 부당지원행위 등 건〉),[302] "유기시설 수탁업체가 위탁업체에 지급할 위탁료 전액의 지급을 장기간 거부한 것"(〈(주)동일리조트의 거래상지위 남용행위 건〉),[303] "골프장에서 회원의 날에 비회원을 입장시킨 행위, 골프장 3인 플레이 입장객에게 불이익을 주는 행위"(〈(주)관악의 거래상지위 남용행위 건〉),[304] "변동금리부 주택자금대출상품의 대출기준금리를 고정시킨 행위"(〈(주)국민은행의 거래상지위 남용행위 등 건〉),[305] "대출약정서에 약정이 이루어지지 않았음에도 부당하게 조기상환수수료를 징수한 행위"(〈(주)국민은행의 거래상지위 남용행위 등 건〉),[306] "금융기관이 고객에게 변동금리부 주택담보 대출상품을 판매한 후 대부분의 시장금리가 약 30% 하락하였음에도 대출기준금리를 고정시킨 행위"(〈(주)한국씨티은행의 거래상지위 남용행위 건〉)[307]를 불이익 제공행위로 보았다. 또한 "특허권이 소멸되거나 효력이 없어진 후에도 로열티를 지급하도록 하는 행위"(〈퀄컴 인코포레이티드, 한국퀄컴(주), 퀄컴 씨디엠에이테크놀로지코리아의 시장지배적지위 남용행위 건(퀄컴 I 사건)〉),[308] "대형병원의 선택진료비 부당징수행위 및 법정환자부담 외 치료재료비 추가징수행위", "부재, 비지정, 무자격 의사에 의한 선택진료행위", "주진료의사에게 진료지원과에 대한 선택진료신청을 포괄위임하는 문구가 포함되지 않은 선택진료신청서를 사용하여 진료지원과에 대한 선택진료를 실시하고 진료비 징수한 행위"(〈서울대학교병원 등의 거래상지위남용행위

299) 대판 2006. 6. 29. 2003두1646; 대판 2006. 9. 8. 2003두7859.
300) 서고판 2007. 9. 5. 2007누9046.
301) 서고판 2007. 8. 16. 2006누16207.
302) 대판 2007. 1. 26. 2005두2773.
303) 서고판 2007. 12. 5. 2007누5976.
304) 서고판 2008. 8. 20. 2008누5713.
305) 대판 2009. 10. 29. 2007두20812.
306) 대판 2010. 3. 11. 2008두4659.
307) 대판 2009. 10. 29. 2007두20812.
308) 대판 2019. 1. 31. 2013두14726.

건〉),[309] "가맹본부가 가맹지역본부에 대하여 임의로 수수료를 공제한 것"(〈(주)제너시스 비비큐의 거래상지위 남용행위 건〉),[310] "'간접비 및 경비 관련 추가요구 등 하등의 이의를 제기치 않겠다'는 내용의 동의서를 징구한 행위"(〈한국철도시설 공단의 거래상지위 남용행위 건〉),[311] "대리점에 정상상품을 공급할 의무가 있음에도, 대리점주의 공급요청에도 불구하고 3개월에 걸쳐 기존 공급량의 10% 남짓 또는 10%에 미치지 못하는 정상상품을 공급하거나 아예 정상상품을 공급하지 않는 행위"(〈리앤한의 거래상지위 남용행위 건〉)[312]

그러나 법원이 불이익제공행위로 인정하지 않은 사례도 다수이다.

"관할법원 합의조항"(〈(주)한국일보사의 부당한 경품제공행위 등 건 등〉),[313] "무담보 거래 및 외상기일 연장 특혜를 제공하다가 그 외상대금의 증대에 따른 채권확보 대책의 일환으로 종전의 특혜를 배제하고 담보제공 요구나 공급물량감축 및 외상기일 단축 등을 통한 외상대금감축 등의 조치를 한 경우"(〈쌍용정유(주)의 거래거절행위 건〉),[314] "입찰담합을 이유로 하도급계약을 해제한 행위"(〈(주)삼환까뮤의 우월적지위남용행위 건〉),[315] "구매계약을 한 업체에게 종합성능시험 완료시까지 일부 물품대금의 지급을 유보하고, 선시공 공사에 대한 개산급을 미지급하며, 중간공정관리일 미준수에 대하여 위약금을 부과한 행위"(〈대한주택공사의 거래상지위 남용행위 등 건〉),[316] "지하철의 광고대행계약의 체결과 그 이행과정에서 도시철도공사가 지하철의 개통지연 및 미영업역 발생 등으로 인하여 발생한 광고대행사의 경상관리비를 광고대행료에 반영하여 주지 아니한 행위"(〈서울특별시도시철도공사의 거래상지위 남용행위 건〉),[317] "도시철도공사가 지하철승강장 매립형 광고틀을 시공완료하고 그 비용을 광고대행사에게 구상청구하면서 상호협의절차를 통한 금액의 조정 없이 일방적으로 납부를 요구한 경우"(〈서울특별시도시철도공사의 거래상지위

309) 대판 2013. 1. 10. 2011두17854 등.
310) 대판 2012. 4. 25. 2011누26727(대판 2012. 9. 27. 2012두12082).
311) 서고판 2017. 1. 18. 2016누37241(대판 2017. 5. 16. 2017두35998).
312) 서고판 2018. 6. 19. 2017누57464(대판 2018. 11. 15. 2018두53511).
313) 대판 1998. 3. 24. 96누11280; 대판 1998. 3. 27. 96누18489; 대판 1998. 5. 12. 97누14125.
314) 대판 1998. 9. 8. 96누9003.
315) 대판 2000. 6. 9. 99두2314.
316) 대판 2001. 12. 11. 2000두833.
317) 대판 2002. 5. 31. 2000두6213.

남용행위 건〉),[318] "공사기간의 연장으로 인한 간접비를 지급하지 못한 것"(〈전북개발공사의 거래상지위 남용행위 건〉),[319] "상가임대인의 임차인에 대한 월세 인상자체"(〈정희자 외 1의 거래상지위 남용행위 건〉),[320] "거래상대방의 자력악화에 따른 채권확보를 위한 경영상의 정당한 이유가 있는 거래조건 변경행위"(〈하이트맥주(주)의 거래상지위 남용행위, 거래거절 건〉),[321] "시공업체로부터 기성부분에 대하여 검수·확인하여 인수한 후 기성대금을 예산배정이 지연되었다는 사유로 수차에 걸쳐 분할하여 지연지급하면서 그 지연지급에 따른 지연이자를 지급하지 아니한 행위"(〈농업기반공사의 거래상지위 남용행위 건〉),[322] "가맹본부가 전국적인 판매촉진행사를 하면서 가맹점사업자의 영업지역에 판매촉진행사를 광고하는 광고전단지를 배포하게 하고 그 광고전단지 비용을 부담시킨 행위"(〈주식회사 제네시스의 거래상지위 남용행위 등 건〉),[323] "할인판매행사를 실시하기 전에 가맹점사업자들과 사이에 할인판매실시 여부를 협의하지 아니하고 할인판매비용의 일부를 가맹점사업자들에게 부담시킨 행위"(〈(주)롯데리아의 거래상지위 남용행위 등 건〉),[324] "약관조항에 기한 할부금융사의 금리변경권을 배제하는 개별약정을 하지 않은 상태에서 IMF 외환위기사태로 인한 금리 인상행위"(〈팬택여신투자금융(주) 외 18의 거래상지위 남용행위 건〉),[325] "쌍방 귀책사유 없는 계약 이행불능의 경우에 해당한다는 이유로 행한 합의해제"(〈한국토지공사의 거래상지위 남용행위 건〉),[326] "시공업체가 신청하지 않은 간접비용이나 정당한 절차에 의하여 삭감한 간접비용을 지급하지 아니한 행위"(〈한국토지공사의 부당지원행위 등 건〉),[327] "시공업체가 간접비용신청을 하지 않아 간접비용을 지급하지 아니한 행위"(〈한국수자원공사의 부당지원행위 등 건〉),[328] "선택진료 신청서 양식을 통해 주진료과 의사에게 진료지원과 의사를 지정할 수 있도록 포괄위임한 행위"(〈서울대학교병원 등의 거래상지위남용행위 건〉),[329] "방판

318) 대판 2002. 5. 31. 2000두6213.
319) 서고판 2003. 7. 24. 2002누10768.
320) 서고판 2003. 9. 23 2002누19079; 서고판 2004. 3. 18. 2003누423.
321) 대판 2004. 7. 9. 2002두11059.
322) 대판 2005. 1. 28. 2002두9940.
323) 대판 2005. 6. 9. 2003두7484.
324) 대판 2006. 3. 10. 2002두332.
325) 대판 2006. 11. 9. 2003두15225.
326) 대판 2006. 12. 21. 2004두5119.
327) 대판 2006. 5. 26. 2004두3014.
328) 대판 2007. 1. 11. 2004두3304.
329) 대판 2013. 1. 10. 2011두17854 등.

특약점과 계약을 체결한 방문판매원을 방판특약점주의 의사에 반하여 다른 방판특약점 또는 직영영업소로 이동시켜 방판특약점주에게 불이익을 제공하는 행위"(〈(주)아모레퍼시픽의 거래상지위남용행위 건〉),[330] "시스템 장애로 인하여 게임이 중단되거나 불가능하게 됨에 따라 스크린골프연습장 점주들에게 영업손실이 발생하는 경우 점주들의 보상요청에 대하여 객관적인 보상처리기준을 제시하지 아니한 채 일방적으로 그 손실의 일부만을 보상하거나 전혀 보상해주지 아니함으로써 부당하게 거래상대방에게 불이익을 주는 행위(〈(주)골프존의 거래강제행위 및 거래상지위남용행위에 대한 건〉),[331] 혼합수수료 방식 거래계약을 체결하면서 정률수수료 부분에 대하여 구매자가 전화로 상품을 주문하는 경우보다 인터넷(모바일)을 이용하여 상품을 주문하는 경우에 수수료율을 약 2~4배 정도 높은 수준으로 정한 상태에서, 방송화면에 '상담원 연결 어려움! 10%할인+10%적립되는 스마트폰앱 주문 적극권장' 또는 '구매횟수 제한 없이 스마트폰에서 홈앤쇼핑 앱을 다운받고 스마트폰앱으로 살 때마다 10%즉시할인+10%적립' 등의 내용을 자막으로 내보내거나, 방송진행자가 이와 같은 내용의 말을 함으로써 구매자가 모바일로 주문하도록 유도한 행위"(〈(주)홈앤쇼핑의 대규모유통업법 위반행위 및 독점규제법상 거래상지위 남용행위 건〉),[332] "방판특약점이 개시 당시 지원받은 한도 내에서 이루어지는 세분화 또는 방판특약주의 요청에 의하여 이루어진 세분화"(〈아모레퍼시픽의 거래상 지위 남용행위 건〉),[333] "영화할인권 발행행위"(〈롯데쇼핑의 시장지배적 지위 남용행위 등 건〉),[334] "입찰 안내서에 감액조항을 두었으나 공사대금이 수의시담으로 결정된 경우", '설계변경제한조항을 준 행위'(〈인천국제공항공사의 거래상 지위 남용행위 건〉),[335] "휴지기간을 계약기간(총공사기간)에서 제외시킨 행위"(〈한국도로공사의 거래상 지위 남용행위 건〉),[336] "원고들의 모뎀칩셋을 구매하고자 하는 휴대폰 제조사에게 원고들의 모뎀칩셋을 공급받는 조건으로 우선 원고들과 라이선스 계약을 체결하도록 한 행위"(〈퀄컴 인코포레이티드, 퀄컴 테크놀로지 인코포레이티드 및 퀄컴 씨디엠에이 테크놀로지 아시아-퍼시픽 피티이 리미티드의 시장지배적 지위 남용행위 등 건(퀄컴 II 사건)〉)[337]

---

330) 서고판 2017. 6. 9. 2014누8409.

331) 서고판 2016. 11. 23. 2014누62052(대판 2017. 4. 13. 2016두64999).

332) 서고판 2016. 9. 23. 2015누49292; 유사판례로는 서고판 2017. 1. 18. 2015누40363; 서고판 2017. 1. 18. 2015누40363; 서고판 2017. 1. 18. 2015누50353.

333) 서고판 2017. 6. 9. 2014누8409(대판 2017. 10. 26. 2017두50904).

334) 서고판 2017. 2. 15. 2015누39165(대판 2017. 7. 11. 2017두39372).

335) 서고판 2017. 8. 16. 2016누41967(대판 2018. 1. 17. 2017두61362).

336) 대판 2018. 1. 25. 2017두58076.

③ **가격차별과의 관계** 대법원은 불이익제공을 불공정거래행위로 규정하고 있는 것은 거래과정에서 거래상의 지위를 이용하여 일방당사자가 그보다 열등한 지위에 있는 타방당사자의 자유의사를 구속하여 일방적으로 상대방에게만 불이익이 되도록 거래조건을 설정하거나 변경하는 등 상대방에게 일방적으로 불이익을 주게 되는 경우에는 공정한 경쟁의 기반을 침해할 우려가 있기 때문에 이를 규제하고자 함에 그 취지가 있는 반면, 가격차별을 불공정거래행위로 규정하고 있는 것은 가격차별로 인하여 차별취급을 받는 자들의 경쟁력에 영향을 미치고, 경쟁자의 고객에게 유리한 조건을 제시하여 경쟁자의 고객을 빼앗는 등 경쟁자의 사업활동을 곤란하게 하거나 거래상대방을 현저하게 불리 또는 유리하게 하는 등 경쟁질서를 저해하는 것을 방지하고자 함에 그 취지가 있어 불이익제공과 가격차별을 불공정거래행위로 규정한 근거와 입법 취지, 요건 및 처분의 내용이 다른 점 등 여러 사정을 합목적적으로 고려하여 보면, 가격차별을 사유로 하는 시정조치와 불이익제공을 사유로 하는 시정조치는 별개의 처분으로 보았다.[338]

④ **거래거절행위와의 관계** 거래상대방의 채무불이행을 이유로 계약을 해지한 경우 불이익제공에 해당하지 않고, 거래상대방이 결과적으로 입게 되는 불이익을 모두 '불이익제공'으로 의율할 경우 법과 시행령에 정한 일체의 불공정거래행위가 '불이익제공'에 포섭되게 되어 불공정거래행위를 유형별로 나누어 정한 법령의 규정취지에 부합하지 않아 '기타의 거래거절'로 의율하는 것이 타당하다는 판결이 있다(〈투텍교와(주)의 거래상 지위남용행위 건〉).[339]

6).5 경영간섭

① **의 의** 임직원을 선임·해임함에 있어서 자기의 지시 또는 승인을 얻게 하거나 거래상대방의 생산품목·시설규모·생산량·거래내용을 제한함으로써 경영활동을 간섭하는 행위를 말한다(영 [별표2]. 6. 마). 불공정거래행위의 한 유형으로 규정하고 있는 거래 상대방에 대한 소정의 경영간섭 행위는 그 규제의 목적과 당해 규정의 내용 등에 비추어 볼 때 문제된 행위의 의도와 목적, 효과와 영향 등 구체적 태양과 거래 상품의 특성, 유통 거래의 상황, 해당 사업자의 시장에서의 지위 등에 비추어 우월적 지위의 남용행위로 인정되거나 경쟁제한적

337) 대판 2023. 4. 13. 2020두31897.
338) 대판 2005. 12. 8. 2003두5327.
339) 서고판 2009. 12. 4. 2008누20118(대판 2010. 3. 25. 2009두23389).

효과가 인정되는 것이라야 한다.340)

> 경영간섭행위는 임직원을 선임·해임함에 있어서 자기의 지시 또는 승인을 얻게 하거나 거래상대방의 생산품목·시설규모·생산량·거래내용을 제한함으로써 경영활동에 간섭하는 행위가 대상이 된다. 거래상대방에는 소비자가 포함되지 않는다(「불공정거래행위 심사지침」 V.6. 마).
> 특수형태근로종사자의 거래내용, 거래지역, 거래상대방을 제한함으로써 경영활동에 간섭하는 행위도 대상이 된다(「특수 거래상지위 남용행위 심사지침」 Ⅳ.5. 가).

② 위법성 판단 경영간섭의 위법성은 지침의 「V. 6. (4) 위법성 판단 일반기준」에서 제시되는 바에 따라 판단한다.

> 의결권의 행사나 채권회수를 위한 간섭으로서 법적 근거가 있거나 합리적인 사유가 있는 경우로서 투자자 또는 채권자로서의 권리를 보호하기 위해 필요하다고 인정되는 경우에는 법위반으로 보지 않을 수 있으며, 당해 수단의 합목적성 및 대체수단의 유무 등을 함께 고려하여야 한다. 대리점 등 판매업자에게 상품 또는 용역을 공급하면서 현찰판매 또는 직접판매 의무를 부과하거나 사용방법 등에 관한 설명 및 상담의무를 부과하는 행위는 경영효율성의 제고 또는 상품의 안전성확보 등 정당한 사유가 있는 경우 법위반으로 보지 않는다.
> 법위반에 해당될 수 있는 행위로 ① 합리적 이유없이 대리점의 거래처 또는 판매내역 등을 조사하거나 제품광고시 자기와 사전합의하도록 요구하는 행위, ② 금융기관이 채권회수에 아무런 곤란이 없음에도 불구하고 자금을 대출해준 회사의 임원선임 및 기타 경영활동에 대하여 간섭하거나 특정 임원의 선임이나 해임을 대출조건으로 요구하는 행위, ③ 상가를 임대하거나 대리점계약을 체결하면서 당초 계약내용과 달리 취급품목이나 가격, 요금 등에 관하여 지도를 하거나 자신의 허가나 승인을 받도록 하는 행위, ④ 합리적 이유 없이 대리점 또는 협력업체의 업무용 차량 증가를 요구하는 행위를 예시하고 있다(「불공정거래행위 심사지침」 V.6. 마).

한국도로공사가 고속도로 주유소에 대한 경영권을 임대하면서 자신과 사전에 석유공급계약을 체결한 특정한 회사로부터 유류를 공급하도록 한 행위가

340) 대판 2000. 10. 6. 99다30817, 30824.

문제되었다(《한국도로공사의 거래상지위 남용행위 건(민사소송)》). 대법원은 “고속도로상의 주유소가 가지는 진출입 제한이라는 장소적 특성과 유류라는 거래 상품 및 그 관련 시장의 상황과 특성, 고속도로상 주유소의 설치 및 관리주체인 한국도로공사가 각 개별 주유소에 관한 운영계약을 체결하게 된 경위 등을 고려할 때, 한국도로공사가 주식회사 우림석유 사이에 체결한 주유소에 관한 운영계약에서 그 유류 공급 정유사를 한국도로공사가 지정하는 것이 우월적 지위의 남용행위로서의 경영간섭행위에 해당한다고 할 수가 없다”고 판시하였다.[341]

또한 한국도로공사 등이 모든 고속도로 휴게시설 및 주유소 운영업체로 하여금 1999. 6. 1.부터 해당상품 및 유류(휘발유 및 경유)에 대해 일제히 할인판매를 실시하게 한 행위에 대하여도 대법원은 “고속도로 휴게시설은 진출입이 제한되어 고립된 시장이라는 장소적 특성으로 인하여 그 공공성과 편의성을 유지하여야 할 남다른 필요성이 있다는 점, 한국도로공사는 공기업으로서 휴게시설을 적절히 관리하여야 할 공적인 책무가 있다는 점 등을 고려하여 부당한 거래제한행위라 볼 수 없다”고 판시하였다(《한국도로공사의 부당지원행위 등 건》).[342]

또한 한국수자원공사가 휴게소·매점을 일반 민간업체에 임대함에 있어, ‘임차인은 가격 결정시 판매량이 많은 품목에 대하여는 한국수자원공사와 협의하여 결정된 가격을 가격표시판에 부착하여야 한다’(임대차계약서 제 5 조 제 2 항)고 하고, ‘임차인이 이를 위반한 때 계약을 해지할 수 있다’(같은 계약서 제13조 제 3 호)고 하는 내용을 임대차계약에 명시한 사실에 대하여 대법원은 “수자원을 종합적으로 개발·관리하여 생활용수 등의 공급을 원활하게 하고 수질을 개선함으로써 국민생활의 향상과 공공복리의 증진에 이바지함을 목적으로 설립된 법인으로 각종 댐 및 하구둑 등을 건설·운영·관리와 이에 부대되는 사업을 행하고 있고, 임대차계약을 체결함에 있어 이 사건 조항을 둔 것은 위 휴게소·매점 등의 그 지리적 특성상 다른 경쟁자가 없는 독점적 지위에 있어 운영업체들이 부당하게 비싼 가격을 책정할 우려가 있으므로 이를 사전에 방지하여 소비자를 보호하기 위한 것인 점 등의 사정에 비추어 보면, 한국수자원공사가 위 휴게소·매점 등에 대한 임대차계약에 동 조항을 두어 운영업체의 자율적인 경영을 다소 제약하였다 하여 이를 두고 거래상지위의 남용행위로서의 경영간섭행위에 해당한다고 볼

341) 대판 2000. 10. 6. 99다30817, 99다30824.

342) 대판 2006. 6. 2. 2004두558.

수 없다"고 판단하였다(〈한국수자원공사의 부당지원행위 등 건〉).[343]

〈주식회사 신세계의 거래상지위 남용행위 건〉 관련 행정소송에서 대법원은 경영간섭의 요건을 상세히 설시한 서울고등법원의 판결을 인용하였는데, "경영간섭으로서 '거래내용의 제한'은 적어도 거래상대방의 의사에 반하여 거래내용을 결정하거나 영향력을 행사함으로써 거래상대방의 경영활동에 부당하게 관여하는 일정한 행위를 필요로 하는바 거래내용 제한의 예시로는 거래상대방의 판매가격을 변경하도록 요구하거나 판매품목을 승인하고 단가를 조정하는 행위, 거래상대방의 지급대금수준과 결제조건을 계약조건에 포함시키는 행위, 거래상대방이 징수하는 수수료율을 직접 결정하거나 출하자에게 지급하는 장려금의 요율결정행위에 관여하는 행위 등을 들고 있다. 백화점의 납품업체의 매출정보는 중요한 영업비밀에 해당하므로, 이러한 매출정보가 백화점 사업자에 그대로 노출되는 경우에는 할인행사의 시기, 가격, 물량 그리고 수수료율 등에 대한 독자적인 의사결정과 경영판단에 침해를 받을 가능성 내지 우려가 있으나, 이러한 매출정보를 바탕으로 매출대비율(자시대비 경쟁사의 매출비중 또는 경쟁사 대비 자사의 매출비중) 등을 분석하고 이를 관리하기 위하여 납품업체에게 경쟁백화점에서의 판촉행사나 할인행사에 대응하는 행사를 하도록 구체적으로 강요하거나 이를 거부하는 경우 제재를 가하는 등의 행위로 나아가지 않는 경우라면 납품업체의 독자적인 의사결정과 경영판단에 대한 구체적이고 직접적인 침해가 있었다고 하기 어렵다"고 판단하였다.[344]

동 사건에 앞서 선고된 〈5개 대형유통업체의 거래상지위 남용행위 건〉 관련 행정소송에서 대법원은 납품업체의 매출정보를 취득한 후 매출대비율이 부진한 납품업체에 할인행사를 진행하게 하는 등으로 경쟁백화점과의 매출대비율을 일정하게 유지하도록 강요한 행위는 납품업체들의 자유로운 의사결정을 제한함으로써 경영활동을 부당하게 간섭하는 행위로 인정한 바 있다.[345]

〈인천국제공항공사의 거래상지위 남용행위 건〉 관련 행정소송에서는 법원은 "판매가격특별점검은 계약상 근거가 있고, 판매가격 차이에 따른 공항이용객의 민원 등으로 공항의 이미지가 훼손되지 않도록 하고 공항이용객의 편의를 증진시키기 위한 합리성이 있는 행위인 점, 가격 조정 또한 강제된 것으로 보기

343) 대판 2007. 1. 11. 2004두3304.

344) 대판 2011. 10. 27. 2010두8478.

345) 대판 2011. 10. 13. 2010두8522, 10464.

어려운 점, 가격경쟁의 효과에 부합한다고 보이는 점 등을 종합하면 불공정거래 행위로 볼 수 없다"고 보았다.[346]

7) 구속조건부거래

[참고사례]

기아자동차판매(주)의 구속조건부거래행위 건(공정거래위원회 1998. 8. 31. 의결 제98-185호, 1998. 12. 16. 재결 제98-53호; 서울고등법원 1999. 7. 15. 선고 99누1061 판결); 3개 황산대리점의 거래거절행위 건(공정거래위원회 1998. 9. 25. 의결 제99-299호, 1999. 3. 22. 재결 제99-77호; 서울고등법원 1999. 10. 13. 선고 99누3999 판결); 한국도로공사의 거래상지위 남용행위 건(민사소송)(서울고등법원 1999. 5. 18. 선고 98나62031, 62048 판결; 대법원 2000. 10. 6. 선고 99다30817, 30824 판결); 한미약품(주)의 부당고객유인행위 등 건(공정거래위원회 2007. 12. 20. 의결 제2007-553호; 서울고등법원 2009. 5. 14. 선고 2008누2530 판결; 대법원 2010. 11. 25. 선고 2009두9543 판결); 한국교육방송공사의 구속조건부거래행위 건(공정거래위원회 2009. 10. 30. 의결 제2009-234; 서울고등법원 2011. 1. 12. 선고 2009누37366 판결); 4개정유사 등의 구속조건부거래행위 건(공정거래위원회 2009. 2. 9. 의결 제2009-050호; 서울고등법원 2010. 10. 21. 선고 2009누6720 판결; 대법원 2013. 4. 25. 선고 2010두25909 판결); 에스케이텔레콤(주)의 구속조건부거래행위 건(공정거래위원회 2012. 7. 2. 의결 제2012-098호; 서울고등법원 2014. 2. 6. 선고 2012누23749 판결; 대법원 2017. 5. 31. 선고 2014두4689 판결); 현대모비스(주)의 시장지배적지위 남용행위 건(공정거래위원회 2009. 6. 5. 의결 제2009-133호; 서울고등법원 2012. 2. 1. 선고 2009누19269 판결; 대법원 2014. 4. 10. 선고 2012두6308 판결); (주)한국존슨앤드존슨의 재판매가격유지행위 및 구속조건부거래행위 건(공정거래위원회 2014. 5. 26. 의결 제2014-113호; 서울고등법원 2015. 5. 14. 선고 2014누5141 판결; 대법원 2015. 11. 12 선고 2015두44066 판결); 샘표식품(주)의 구속조건부거래행위 건[공정거래위원회 2015. 1. 13. 의결 제2015-006호; 서울고등법원 2016. 8. 26. 선고 2015누45931 판결; 대법원 2016. 12. 29. 선고 2016두52590(심리불속행 기각) 판결]; 씨제이제일제당(주)의 구속조건부거래행위 등 건(공정거래위원회 2017. 1. 12. 의결 제2017-016호); 더블류 엘 고어 앤드 어소시에이츠 인코포레이티드 등 3개사의 구속조건부거래행위 건(공정거래위원회 2017. 9. 20. 의결 제2017-300호); (주)필립스전자의 재판매가격유지행위 및 구속조건부거래행위 건(공정거래위원회 2012. 8. 27, 의결 제2012.179호; 서울고등법원 2013. 7. 17. 선고 2012누29228 판결; 대법원 2017. 6. 19. 선고 2013두17435 판결); 인성데이터(주)의 구속조건부거래행위 건(공정거래위원회 2018.

346) 서고판 2017. 8. 16. 2016누41967(대판 2018. 1. 17. 2017두61362).

10. 23. 의결 제2018－313호); **금호타이어(주)의 재판매가격유지행위 및 구속조건부거래행위 건**[공정거래위원회 2019. 7. 3. 의결 제2019－150호; 서울고등법원 2020. 8. 26. 선고 2019누53442 판결; 대법원 2020. 12. 30. 선고 2020두48987(심리불속행 기각) 판결]; **메드트로닉코리아(유)의 거래상지위남용행위 등에 대한 건**(공정거래위원회 2020. 7. 21. 의결 제2020－190호; 서울고등법원 2021. 8. 25. 선고 2020누53264 판결)

구속조건부거래행위는 거래상대방의 사업활동을 부당하게 구속하는 조건으로 거래하는 행위로서 공정한 거래를 저해할 우려가 있는 행위를 말한다(법 제45조 제 1 항 제 7 호).

> 사업자가 거래상대방에 대해 자기 또는 계열회사의 경쟁사업자와 거래하지 못하도록 함으로써 거래처선택의 자유를 제한함과 동시에 구매·유통경로의 독점을 통해 경쟁사업자의 시장진입을 곤란하게 한다면 시장에서의 경쟁을 저해하고 궁극적으로 소비자후생의 저하를 초래하게 되므로 금지된다. 또한, 거래상대방에게 거래지역이나 거래처를 제한함으로써 당해 지역 또는 거래처에 대한 독점력을 부여하여 경쟁을 저해하게 된다면 소비자후생의 저하를 초래할 수 있게 되므로 금지된다(「불공정거래행위 심사지침」 V. 7).

즉, 구속조건부거래행위는 그 규제의 목적과 당해 규정의 내용 등에 비추어 볼 때 문제된 행위의 의도와 목적, 효과와 영향 등 구체적 태양과 거래 상품의 특성, 유통 거래의 상황, 해당 사업자의 시장에서의 지위 등에 비추어 경쟁제한적 효과가 인정되는 것이라야 한다.[347]

구속조건부거래행위에 대해서는 안전지대를 설정하고 있다.

> 행위 사업자의 시장점유율이 10% 미만인 경우에는 당해 시장에서의 경쟁제한효과가 미미하다고 보아 원칙적으로 심사면제 대상으로 한다. 다만 시장점유율 산정이 사실상 불가능하거나 현저히 곤란한 경우에는 당해 사업자의 연간매출액이 50억원 미만인 경우를 심사면제 대상으로 한다(「불공정거래행위 심사지침」 V. 7. 가).

347) 대판 2000. 10. 6. 99다30817, 30824.

그러나 여기서의 시장점유율의 의미에 대하여 〈한미약품(주)의 부당고객유인행위 등 건〉 관련 행정소송에서 대법원은 국내 제약시장에서 한미약품의 매출액이 차지하는 비율을 말하는 것이 아니라 한미약품의 제품과 경쟁관계가 성립할 수 있는 일정한 거래분야에서의 시장점유율을 의미하는 것으로 보아야 하고, 안전지대에 해당되는 사업자의 행위라도 심사를 개시할 수 없는 것은 아니라고 판시하였다.[348] 〈한국교육방송공사의 구속조건부거래행위 건〉 관련 행정소송에서도 서울고등법원은 학습참고서시장에서의 시장점유율 산정의 곤란을 이유로 매출액을 기준으로 한 안전지대에 해당하지 않는다고 판시한 바 있다.[349]

미국의 경우 「셔먼법(Sherman Act)」 제 1 조 또는 「클레이튼법(Clayton Act)」 제 3 조가 적용되고, 보충적으로 「연방거래위원회법(FTC Act)」 제 5 조가 적용된다. 경쟁법상 문제가 되는 사업활동의 '구속'은 수평적 구속과 수직적 구속으로 나눌 수 있는데, 수평적 구속은 담합, 수직적 구속은 다시 수직적 비가격구속과 수직적 가격구속으로 나뉜다.

시장에서 이러한 수직적 통합(vertical integration)이 일어나는 이유는 생산비용 절감(production cost savings), 거래비용 절감(transanction cost savings), 원료구입비용 절감(특히 독점적 원료공급자가 있는 경우), 최적의 상품유통망(optimum product distribution, 특히 프랜차이즈계약) 등이다.[350] 수직적 통합은 대부분 경쟁법적으로 문제가 되지 않지만, 진입장벽(entry to barrier), 가격차별(price discrimination), 가격규제 회피(특히 가격규제산업의 경우), 카르텔에서 배신을 방지하는 수단으로 되는 경우 경쟁법적으로 문제가 된다.[351] 수직적 가격구속은 재판매가격유지행위를 의미한다.

구속조건부거래는 수직적 비가격제한의 한 유형으로서 브랜드내 경쟁제한적 효과와 브랜드간 경쟁촉진적 효과가 공존한다. 미국 연방대법원은 프랜차이즈사업의 지역제한에 관하여 1963년 〈White Motor사건〉[352]에서는 합리의 원칙을 적용하였으나,[353] 1967년 〈Schwinn 사건〉[354]에서는 당연위법원칙을 적용하였고,

348) 대판 2010. 11. 25. 2009두9543.

349) 서고판 2011. 1. 12. 2009누37366.

350) Hovenkamp, 133~137면.

351) Hovenkamp, 137~139면.

352) White Motor v. United States, 372. U.S. 253(1963)

353) "While territorial restrictions may indirectly have a similar effect upon intra－brand competition, the effect upon inter－brand competition is not necessarily the same as that of resale price maintenance." "Horizontal territorial limitations, like "[g]roup boycotts, or con-

1977년 〈GTE Sylvania 사건〉[355]에서 다시 합리의 원칙을 적용하였다.[356] 그 후 사례로는 〈AT&T Corp. v. JMC Telecom 사건〉[357]을 들 수 있다. 그러나 고객 및 지역제한과 관련한 가격고정행위에 대해서는 당연위법원칙을 견지하고 있다.[358]

구속조건부거래는 법 제정당시부터 불공정거래행위 유형의 하나로 지정되어 있었다. 1981년 제정된 「불공정거래행위지정고시」[359]에서는 '부당배타조건부거래'와 '부당구속조건부거래'를 별개로 규정하였고, 후자의 유형으로 ① 거래상대방에게 상품 또는 용역을 공급하는 자와 거래상대방의 거래관계를 구속하는 경

---

certed refusals by traders to deal with other traders" (Klor's, Inc. v. Broadway－Hale Stores, Inc., supra, 359 U. S. 212), are naked restraints of trade with no purpose except stifling of competition. A vertical territorial limitation may or may not have that purpose or effect. We do not know enough of the economic and business stuff out of which these arrangements emerge to be certain. They may be too dangerous to sanction, or they may be allowable protections against aggressive competitors or the only practicable means a small company has for breaking into or staying in business (cf. Brown Shoe, supra, at 370 U. S. 330; United States v. Jerrold Electronics Corp., 187 F.Supp. 545, 560－561, aff'd, 365 U. S. 567) and within the "rule of reason." We need to know more than we do about the actual impact of these arrangements on competition to decide whether they have such a "pernicious effect on competition and lack … any redeeming virtue"(Northern Pac. R. Co. v. United States, supra, p. 356 U. S. 5), and therefore should be classified as per se violations of the Sherman Act".

354) United States v. Arnold Schwinn & Co., 388 U.S. 365(1967).

355) Continental T.V. Inc. v. GTE Sylvania Inc., 433 U.S. 36(1977): "respondent's location restriction had less potential for competitive harm than the restrictions invalidated in Schwinn, and thus should be judged under the 'rule of reason'. Interbrand competition is the com－petition among the manufacturers of the same generic product … television sets in this case … and is the primary concern of antitrust law. The extreme example of a deficiency of in－terbrand competition is monopoly, where there is only one manufacturer. In contrast, intra－brand competition is the competition between the distributors … wholesale or retail … of the product of a particular manufacturer. The degree of intrabrand competition is wholly in－dependent of the level of interbrand competition confronting the manufacturer. Thus, there may be fierce intrabrand competition among the distributors of a product produced by a monopolist and no intrabrand competition among the distributors of a product produced by a firm in a highly competitive industry. But when interbrand competition exists, as it does among television manufacturers, it provides a significant check on the exploitation of intra－brand market power because of the ability of consumers to substitute a different brand of the same product".

356) 미국에서의 판례의 변화에 대한 자세한 내용은 이호영, 313~316면 참조: 〈GTE Sylvania 사건〉의 의의에 대해서는 홍명수, 경제법판례연구 제 2 권(2005), 276~290면 참조.

357) AT&T Corp. v. JMC Telecom, 470 F.3d 525(3d Cir. 2006).

358) United States v. Sealy, Inc., 388 U.S. 350(1967); United States v. Bausch & Lomb Co., 321 U.S. 707(1994).

359) 경제기획원고시 제40호.

우, ② 자기의 상품 또는 용역을 공급함에 있어서 거래상대방의 판매지역이나 판매상대방 등의 거래관계를 구속하는 경우 등을 열거하였다. 1990년 개정 고시에서는 배타조건부거래와 종래 구속조건부거래로 규율하던 것을 통합하여 '구속조건부거래'라고 하였으며, 그 유형으로 '거래지역 · 거래상대방 제한'이외에 '기타 거래상대방의 거래구속'이라는 유형을 인정하였다. 1993년에 개정된 고시에서 현행 시행령과 같이 '배타조건부거래'와 '거래지역 · 상대방제한'으로 되었다.

7).1 배타조건부거래

① 의 의 부당하게 거래상대방이 자기 또는 계열회사의 경쟁사업자와 거래하지 않는 조건으로 그 거래상대방과 거래하는 행위를 말한다(영 [별표2]. 7. 가). 대법원에 의하면 독점규제법이 시장지배적사업자의 배타조건부 거래행위를 규제하면서도 제45조에서 시장지배적사업자를 포함한 모든 사업자의 불공정거래행위로서의 배타조건부 거래행위를 규제하고 있는 이유는 배타조건부 거래행위가 시장지배적사업자의 지위남용에 해당하는지 여부를 떠나 관련시장에서의 경쟁을 제한하거나 그 거래상대방에 대하여 거래처 선택의 자유 등을 제한함으로써 공정한 거래를 저해할 우려가 있는 행위라고 평가되는 경우에는 이를 규제하여야 할 필요성이 있기 때문이다.[360]

배타조건부거래를 규제하는 근거로 '봉쇄효과(foreclosure theory)'와 '진입장벽이론(entry barrier theory)' 등이 있다. 이는 특히 행위자가 독점사업자이거나 과점사업자인 경우에 모두가 배타적 거래를 하고 있는 경우에 대표적으로 나타난다.[361]

배타조건부거래행위는 경쟁제한적 효과와 효율성 증대효과를 동시에 발생시킬 수 있는바, 경쟁제한적 효과로는 규모의 경제나 범위의 경제가 존재할 경우 경쟁사업자의 비용증가(raising rival's costs) 가능성, 네트워크 효과가 존재하는 제품의 경우 경쟁사업자의 제품가치가 하락될 가능성, 지속적인 R&D투자가 필요한 산업에서의 혁신(innovation) 저해 가능성, 브랜드내(배타적 거래관계내 사업자) 경쟁감소로 인한 가격인상 가능성을 들 수 있으며, 효율성 효과로는 배타적 거래관계가 없는 유통업자의 무임승차(free-riding)를 방지, 판매자와 구매자간 관계특정투자(relation-specific investments) 장려, 브랜드간(inter-brand) 경쟁이 촉

360) 대판 2013. 4. 25. 2010두25909.

361) Hovenkamp, 165면.

진될 가능성, 수요의 불확실성 해소로 투자가 촉진될 가능성을 들 수 있다.[362)]

미국의 경우 「셔먼법(Sherman Act)」 제 1 조에서 규제되고 있으며, 「클레이튼법(Clayton Act)」 제 3 조도 경쟁을 실질적으로 감소시키거나 독점을 형성할 가능성이 있는(substantially lessen competition or tend to create a monopoly in any line of commerce) 배타조건부거래(exclusive dealing) 행위를 금지하고 있다.[363)] 한편으로는 독점화 또는 독점화의 기도의 경우 「셔먼법(Sherman Act)」 제 2 조가 적용될 수 있다.

미국에서 배타조건부거래에 관한 최초의 사건은 1922년 〈Standard Fashion 사건〉[364)]이었으며, 동 판결에서 연방대법원은 「클레이튼법(Clayton Act)」 제 3 조에 위반하려면 실질적 경쟁제한의 가능성(possibility)만으로는 부족하고 실질적 경쟁제한의 개연성 또는 실제 독점화의 경향을 형성하여야 한다고 판시하였다.[365)]

1949년 〈Standard Oil 사건〉에서 연방대법원은 Standard Oil사와 소매상의 배타적 계약으로 7% 정도의 시장이 봉쇄되었으나, 다른 정유사도 그러한 계약을 사용하여 시장 전체적으로는 약 65%의 시장이 배타적 계약으로 봉쇄효과가 있는 점을 감안하여 7% 점유율에도 위법성을 인정하였다.[366)] 즉, 〈Standard Oil 사

362) 공정거래위원회, 반독점 경제분석 동향보고서 2012－제 1 호(2012. 2. 29.).

363) Sec. 14. Sale, etc., on agreement not to use goods of competitor (§3 of the Clayton Act) "It shall be unlawful for any person engaged in commerce, in the course of such commerce, to lease or make a sale or contract for sale of goods, wares, merchandise, machinery, supplies, or other commodities, whether patented or unpatented, for use, consumption, or resale within the United States or any Territory thereof or the District of Columbia or any insular possession or other place under the jurisdiction of the United States, or fix a price charged therefor, or discount from, or rebate upon, such price, on the condition, agreement, or understanding that the lessee or purchaser thereof shall not use or deal in the goods, wares, merchandise, machinery, supplies, or other commodities of a competitor or competitors of the lessor or seller, where the effect of such lease, sale, or contract for sale or such condition, agreement, or understanding may be to substantially lessen competition or tend to create a monopoly in any line of commerce".

364) Standard Fashion Co. v. Magrane－Houston Co., 258 U.S. 346(1922).

365) "The purpose of §3. of the Clayton Act in forbidding contracts of sale, made upon the agreement or understanding that the purchaser shall not deal in goods of the seller's com－petitors, which "may substantially lessen competition or tend to create a monopoly", was not to prohibit the mere possibility of those consequences, but to prevent agreements which, in the circumstances, will probably lessen competition or create an actual tendency to monopoly".

366) Standard Oil Co. v. U.S., 337 U.S. 293, 69 S,Ct. 1051(1949).

건〉에서는 문제가 된 배타적 거래에 의해 봉쇄되는 부분이 관련시장에서 차지하는 비율만을 기준으로 봉쇄효과의 상당성을 판단하는 양적 상당성 기준(quantitative substantiality test)을 채택하였다.[367)]

그 후 1961년의 〈Tampa Electric 사건〉[368)]에서는 Tampa Electric사와 Nashville Coal의 20년 장기배타조건부거래계약이 문제되었으나 Tampa Electric사가 필요로 하는 석탄이 Nashville Coal사가 위치하는 탄광지역 생산량의 1%에도 미치지 못한다는 이유로 위법성을 부정하였다. 동 판결에서 연방대법원은 하급심 판결을 기각하면서 「클레이튼법(Clayton Act)」 제 3 조 위반의 요건을 자세하게 판시하였다.

「클레이튼법(Clayton Act)」 제 3 조에 해당한다 하더라도 영향을 받는 일련의 거래에서의 경쟁을 저해하고, 그 저해되는 경쟁이 관련시장에서 상당한 정도가 되어야 한다고 한다.[369)] 즉 〈Tampa Electric 사건〉에서는 〈Standard Oil 사건〉의 한계를 보완하여 봉쇄비율과 같은 수량적 요소에만 의존하는 것이 아니라, 관련시장에 대한 상세한 분석을 통해 당해 행위가 경쟁에 미치는 질적 요소를 고려하여 상당성을 판단하는 질적 상당성 기준(qualitative substantiality test)을 채택하였다.

1982년 〈Beltone Electronics 사건〉에서 연방대법원은 Beltone사가 전국 보청기 판매액의 16%를 차지하는 딜러와 배타적 거래를 맺은 데 대하여 질적 상당성 기준을 적용하여 해당 배타적 거래가 경쟁을 저해하지 않는다고 판결하였는데, 배타적 거래에도 불구하고 Beltone의 과거 5년 동안 시장점유율이 5%(21% → 16%)하락하였고, 배타적 거래가 담합이나 다른 공조행위를 촉진하지 않았으며, 브랜드간 경쟁이 상당히 치열하였다는 사실에 근거하였다.[370)]

---

367) 공정거래위원회, 반독점 경제분석 동향보고서 2012－제 1 호(2012. 2. 29.).

368) Tampa Elec. Co. v. Nashville Coal Co., 365 U.S. 320(1961).

369) “1. The contract here involved did not violate §3 of the Clayton Act. (a) Even though a contract is an exclusive dealing arrangement, it does not violate §3 unless its performance probably would foreclose competition in a substantial share of the line of commerce affected. (b) In order for a contract to violate §3, the competition foreclosed by it must constitute a substantial share of the relevant market. (c) On the record in this case, the relevant market is not peninsular Florida, the entire State of Florida, or Florida and Georgia combined; it is the area in which respondents and the other 700 producers of the kind of coal here involved effectively compete. (d) In the competitive bituminous coal marketing area here involved, the contract sued upon does not tend to foreclose a substantial volume of competition. 2. Since the contract does not fall within the broader proscription of §3 of the Clayton Act, it is not forbidden by §1 or § 2 of the Sherman Act”.

370) 공정거래위원회, 반독점 경제분석 동향보고서 2012－제 1 호(2012. 2. 29).

1970년대 초 이후 법원판결을 통해 봉쇄비율이 20% 이하이면 사실상 안전지대(safety zone)에 해당한다는 법리가 정립되었으나, 단, 〈Jefferson 사건〉 이후 봉쇄되는 시장점유율이 30% 이상인 경우에도 경쟁제한 효과가 없다고 판단한 판결이 존재하며 기타 계약기간이 짧을수록, 계약 파기가 용이할수록 경쟁제한성이 낮다고 판단한다.[371]

배타조건부거래 중에서도 독점공급계약은 수직계열화를 통하여 판로를 확보하기 어려운 다른 제조업자에게 시장을 봉쇄하는 등 브랜드간 경쟁을 제한할 우려가 있는 반면, 독점판매계약은 제조업자가 다른 판매업자에게 공급하는 것을 제한함으로써 브랜드내 경쟁을 제한할 우려가 있다.[372] 배타조건부거래는 유통계열화의 수단으로 활용되며, 전속대리점이 그 전형적인 예에 해당한다.

> 배타조건부거래행위는 거래상대방이 자기 또는 계열회사의 경쟁사업자와 거래하지 않는 조건으로 그 거래상대방과 거래하는 행위가 대상이 된다. 여기에서 자기 또는 계열회사의 경쟁사업자라 함은 현재 경쟁관계에 있는 사업자뿐만 아니라 잠재적 경쟁사업자를 포함한다. 배타조건의 내용에는 거래상대방에 대해 직접적으로 경쟁사업자와의 거래를 금지하거나 제한하는 것뿐만 아니라 자신이 공급하는 품목에 대한 경쟁품목을 취급하는 것을 금지 또는 제한하는 것을 포함한다.
>
> 또한 경쟁사업자와의 기존거래를 중단하는 경우뿐만 아니라 신규거래 개시를 하지 않을 것을 조건으로 하는 경우도 포함된다. 배타조건의 형식에는 경쟁사업자와 거래하지 않을 것이 계약서에 명시된 경우뿐만 아니라 계약서에 명시되지 않더라도 경쟁사업자와 거래시에는 불이익이 수반됨으로써 사실상 구속성이 인정되는 경우가 포함된다. 위반시 거래중단이나 공급량 감소, 채권회수, 판매장려금 지급중지 등 불이익이 가해지는 경우에는 당해 배타조건이 사실상 구속적이라고 인정될 수 있다. 한편 거래상대방에는 소비자가 포함되지 않으며, 배타조건을 정하는 명칭여하를 불문한다(「불공정거래행위 심사지침」 V. 7. 가).

② 위법성 판단

> 배타조건부거래행위의 위법성은 배타조건부거래가 관련시장에서의 경쟁을 제한하는

371) 공정거래위원회, 반독점 경제분석 동향보고서 2012－제 1 호(2012. 2. 29).
372) 이봉의, 경쟁저널(2004. 4), 14면.

지 여부를 위주로 판단한다. 이 때, 경쟁제한성이 있는지 여부는 ① 경쟁사업자가 대체적 물품구입처 또는 유통경로를 확보하는 것이 가능한지 여부(사업자의 배타조건부거래에도 불구하고 경쟁사업자(신규진입자 등 잠재적 경쟁사업자 포함)가 대체적 물품구입처 및 유통경로를 확보하는 것이 용이한 경우에는 경쟁사업자의 시장배제효과가 낮게 됨), ② 당해 행위로 인해 경쟁사업자가 경쟁할 수 있는 수단을 침해받는지 여부, ③ 행위자의 시장점유율 및 업계순위(행위자가 선도기업이거나 시장점유율이 높을수록 경쟁사업자의 물품구입처 및 유통경로 차단효과가 커질 수 있음), ④ 배타조건부거래 대상이 되는 상대방의 수 및 시장점유율(배타조건부거래 상대사업자의 숫자가 많고 그 시장점유율이 높을 경우에는 경쟁사업자의 물품구입처 및 유통경로 차단효과가 커질 수 있음), ⑤ 배타조건부거래 실시기간(실시기간이 단기인 경우에는 경쟁에 미치는 영향이 미미할 것이나 장기인 경우에는 경쟁에 영향을 미칠 수 있게 됨), ⑥ 배타조건부거래의 의도 및 목적(배타조건부거래가 사업초기에 시장에의 신규진입목적으로 이루어진 경우에는 경쟁사업자의 물품구입처 및 유통경로 차단효과가 낮을 수 있음), ⑦ 배타조건부거래가 거래지역 제한 또는 재판매가격유지행위 등 타 경쟁제한행위와 동시에 이루어졌는지 여부 등(동시에 이루어졌을 경우에는 행위자의 시장지위 강화효과가 커질 수 있음)을 종합적으로 고려하여 배타조건부거래가 물품구입처 또는 유통경로 차단, 경쟁수단의 제한을 통해 자기 또는 계열회사의 경쟁사업자(잠재적 경쟁사업자 포함)를 시장에서 배제하거나 배제할 우려가 있는지 여부를 위주로 판단한다.

배타조건부거래의 경쟁제한성이 있다고 판단되는 경우에도 ① 당해 상품 또는 용역의 기술성·전문성 등으로 인해 A/S활동 등에 있어 배타조건부거래가 필수 불가피하다고 인정되는 경우, ② 배타조건부거래로 인해 타 브랜드와의 서비스 경쟁촉진 등 소비자후생 증대효과가 경쟁제한효과를 현저히 상회하는 경우, ③ 배타조건부거래로 인해 유통업체의 무임승차(특정 유통업자가 판매촉진노력을 투입하여 창출한 수요에 대하여 다른 유통업자가 그에 편승하여 별도의 판매촉진 노력을 기울이지 않고 판로를 확보하는 행위) 방지, 판매 및 조달비용의 절감 등 효율성 증대효과가 경쟁제한효과를 현저히 상회하는 경우 등과 같이 합리성이 있다고 인정되는 경우에는 법위반으로 보지 않을 수 있다(「불공정거래행위 심사지침」 V.7.가).

시장지배적사업자의 배타조건부거래행위의 부당성과는 달리 제45조의 배타조건부거래행위의 부당성은 경쟁사업자나 잠재적 경쟁사업자를 관련시장에서 배제하거나 배제할 우려가 있는지 여부를 비롯한 경쟁제한성을 중심으로 그 유무를 평가하되, 거래상대방인 특정 사업자가 당해 배타조건부거래행위로 인하여 거래처 선택의 자유 등이 제한됨으로써 자유로운 의사결정이 저해되었거나 저해될 우려가 있는지 여부 등도 아울러 고려할 수 있다.[373)]

여기서 배타조건부거래행위가 부당한지 여부를 판단함에 있어서는 대체적 물품구입처 또는 유통경로가 차단되는 정도, 경쟁사업자의 경쟁수단이 침해받는지 여부, 행위자의 시장점유율 및 업계순위, 행위의 대상이 되는 상대방의 수와 시장점유율, 행위의 실시기간 및 대상이 되는 상품 또는 용역의 특성, 행위의 의도 및 목적과 아울러 배타조건부 거래계약을 체결한 거래당사자의 지위, 계약내용, 계약체결 당시의 상황 등을 종합적으로 고려하여야 한다.[374)]

법위반에 해당될 수 있는 행위로 ① 경쟁사업자가 유통망을 확보하기 곤란한 상태에서, 시장점유율이 상당한 사업자가 자신의 대리점에 대해 경쟁사업자의 제품을 취급하지 못하도록 함으로써 관련에서의 경쟁을 저해하는 행위, ② 경쟁사업자가 대체거래선을 찾기 곤란한 상태에서, 대량구매 등 수요측면에서 영향력을 가진 사업자가 거래상대방에 대해 자기 또는 계열회사의 경쟁사업자에게는 공급하지 않는 조건으로 상품이나 용역을 구입함으로써 경쟁의 감소를 초래하는 행위, ③ 시장점유율이 상당한 사업자가 다수의 거래상대방과 업무제휴를 하면서 자기 또는 계열회사의 경쟁사업자와 중복제휴를 하지 않는 조건을 부과함으로써 경쟁의 감소를 초래하는 행위(경쟁사업자가 타 업무제휴 상대방을 찾는 것이 용이하지 않은 경우), ④ 구입선이 독자적으로 개발한 상품 또는 원재료에 대하여 경쟁사업자에게 판매하지 않는다는 조건으로 구입선과 거래함으로써 경쟁사업자의 생산(또는 판매)활동을 곤란하게 하고 시장에서 경쟁의 감소를 초래하는 행위, ⑤ 시장점유율이 상당한 사업자가 거래처인 방문판매업자들에 대해 경쟁사업자 제품의 취급증가를 저지하기 위해 자신의 상품판매를 전업으로 하여 줄 것과 경쟁사업자 제품을 취급시에는 자신의 승인을 받도록 의무화하고 이를 어길시에 계약해지를 할 수 있도록 하는 경우, ⑥ 시장점유율이 상당한 사업자가 자신이 공급하는 상품의 병행수입에 대처하기 위해 자신의 총판에게 병행수입업자와 병행수입품을 취급하고 있는 판매(도매 및 소매)업자에 대해서는 자신이 공급하는 상품을 공급하지 말 것을 지시하는 행위, 석

373) 대판 2013. 4. 25. 2010두25909. 배타조건부거래에 대하여 경쟁제한성 외에 거래상대방의 거래처 선택의 자유 등 자유침해문제를 고려하는데 대한 비판적 견해가 있다. 권오승/서정, 416~417면.

374) 대판 2013. 4. 25. 2010두25909.

유정제업자가 주유소 등 석유판매업자의 의사에 반하여 석유제품 전량구매를 강제하는 등 석유판매업자가 경쟁사업자와 거래하는 행위를 사실상 금지하는 계약을 체결하는 행위를 예시하고 있다(「불공정거래행위 심사지침」 V. 7. 가).

배타조건부거래행위에 관한 사례로는 "타사의 지정정비공장으로부터 지정될 경우에는 계약을 해지할 수 있다는 배타조건부 계약조건을 설정하고 이를 위반하자 계약을 해지"(〈기아자동차판매(주)의 구속조건부거래행위 건〉),[375] "황산판매대리점이 거래상대방에게 다른 거래처로부터 황산매입을 금지하는 조건으로 거래"(〈3개 황산대리점의 거래거절행위 건〉)[376]한 경우를 들 수 있다.

한편 정유사가 자영주유소와 소요제품전량을 자신들로부터 공급받도록 하고, 동 의무위반시 계약해지, 손해배상 등 제재를 할 수 있도록 규정한 계약서를 체결한 사안에 대하여, 대법원은 "전량공급조건 거래로 인하여 경질유제품 시장에서 경쟁사업자에 대한 봉쇄효과가 발생하여 경쟁제한성이 인정된다"고 하고, 다만 "공정거래위원회 고시·지침 등에서 누적적 봉쇄효과의 판단에 대해 EU가이드라인이 채택·적용된 바 없으므로 이 사건 행위로 인한 경쟁제한성 평가는 국내 경질유 시장의 구조와 특징, 각 정유사들의 시장점유율·영업행태, 잠재적 경쟁사업자들의 유통경로 확보가능성, 전량공급조건 거래의 의도·목적 등을 종합적으로 평가하여야 하며, 국내 경질유시장은 수년간 고착되어 잠재적 경쟁사업자가 시장에 진입하기가 거의 불가능한 특징이 있으므로, 비록 원고의 시장점유율이나 봉쇄비율은 다른 정유사에 비해 낮다고 하더라도 국내 경질유시장에 미치는 파급효과나 영향이 적다고 단정할 수 없다. 그리고 원고에 대하여도 배타조건부거래에 따는 봉쇄효과의 책임을 인정하는 것은 위와 같은 국내 경질유시장의 구조와 특성으로 인한 것일 뿐, 국내 경질유시장에서의 시장점유율이 낮고 다른 정유사에 비하여 미미한 봉쇄효과만을 가져오는 원고의 처지를 고려하지 않았다거나 상대적으로 과도한 책임을 지우는 것이 아니라고 하여 헌법상 자기책임원칙에 반하지 않는다"고 판시하였다(〈4개 정유사 등의 구속조건부거래행위 건〉).[377]

한국도로공사가 고속도로 주유소에 대한 경영권을 임대하면서 자신과 사전

375) 서고판 1999. 7. 15. 99누1061.
376) 서고판 1999. 10. 13. 99누3999.
377) 대판 2013. 4. 25. 2010두25909.

에 석유공급계약을 체결한 특정한 회사로부터 유류를 공급하도록 한 행위가 문제되었다. 이에 대해 대법원은 "고속도로상의 주유소가 가지는 진출입 제한이라는 장소적 특성과 유류라는 거래 상품 및 그 관련 시장의 상황과 특성, 고속도로상 주유소의 설치 및 관리주체인 한국도로공사가 각 개별 주유소에 관한 운영계약을 체결하게 된 경위 등을 고려할 때, 한국도로공사가 주식회사 우림석유 사이에 체결한 주유소에 관한 운영계약에서 그 유류 공급 정유사를 한국도로공사가 지정하는 것이 경쟁제한적 효과를 수반하는 구속조건부거래행위에 해당한다고 할 수가 없다"고 판시하였다(〈한국도로공사의 거래상지위 남용행위 건(민사소송)〉).[378]

7).2 거래지역 또는 거래상대방의 제한

① 의 의　상품 또는 용역을 거래함에 있어서 그 거래상대방의 거래지역 또는 거래상대방을 부당하게 구속하는 조건으로 거래하는 행위를 말한다(영 [별표2]. 7. 나). 독립된 사업자로서 그들의 거래상대방은 자신의 영업능력이나 경영여건 등을 감안하여 스스로 결정할 사항이지 타 사업자가 이를 제한할 수 없다.[379]

거래지역이나 거래상대방을 제한하는 경우 제조업자나 판매업자에게 모두 이익이 될 수 있으나, 인근지역판매업자외의 상표내의 경쟁이 제한되며, 소비자 입장에서는 인근지역에서는 구입할 수 없게 되어 후생이 감소되기 때문에 이를 금지하고 있다.

거래지역 또는 거래상대방 제한행위는 거래상대방의 판매지역을 구속하는 행위가 대상이 된다. 판매지역 구속에는 그 구속의 정도에 따라 거래상대방의 판매책임지역을 설정할 뿐 그 지역외 판매를 허용하는 책임지역제(또는 판매거점제), 판매지역을 한정하지만 복수판매자를 허용하는 개방 지역제한제(open territory), 거래상대방의 판매지역을 할당하고 이를 어길 경우에 제재함으로써 이를 강제하는 엄격한 지역제한제(closed territory)로 구분할 수 있다. 거래상대방의 거래상대방을 제한하는 행위도 대상이 된다. 거래상대방의 영업대상 또는 거래처를 제한하는 행위이다. 예를 들면 제조업자나 수입업자가 대리점(또는 판매업자)을 가정용 대리점과 업소

378) 대판 2000. 10. 6. 99다30817, 99다30824.
379) 공정의 1998. 8. 31. 98-185(서고판 1999. 7. 15. 99누1061).

> 용 대리점으로 구분하여 서로 상대의 영역을 넘지 못하도록 하거나 대리점이 거래할 도매업자 또는 소매업자를 지정하는 행위 등이 해당된다.
> 상기의 구속조건은 사업자가 거래상대방이나 거래지역을 일방적으로 강요할 것을 요하지 않으며, 거래상대방의 요구나 당사자의 자발적인 합의에 의한 것을 포함한다. 조건은 그 형태나 명칭을 묻지 않으며, 거래상대방이 사실상 구속을 받는 것으로 충분하다. 구속의 대상이 되는 거래상대방에는 소비자가 포함되지 아니한다. 거래지역 제한 또는 거래상대방 제한은 수직적 거래관계에 있는 거래상대방에게 가격 이외의 조건을 구속한다는 점에서 재판매가격유지행위와 구별된다. 사업자가 자신의 계산과 위험부담하에 위탁매매인에게 판매대상 등을 지정하는 상법상 위탁매매관계는 거래상대방의 판매지역 또는 거래상대방 제한에 해당되지 않는다(「불공정거래행위 심사지침」 V. 7. 나).

〈(주)에스케이텔레콤(주)의 구속조건부거래행위 건〉 관련 행정소송에서 대법원은 규정 해석상 의미 있는 판결을 내린 바 있다.

> 첫째, 거래상대방의 해석과 관련한 문제이다. 상기 건에서 서울고등법원은 "피고의 예규인 불공정거래행위심사지침(이하 '이 사건 예규') V. 7. 나. (1)의 (라)항은 "거래지역 제한 또는 거래상대방 제한은 수직적 거래관계에 있는 거래상대방에게 가격 이외의 조건을 구속한다는 점에서 재판매가격유지행위와 구별된다"고 규정하고, 같은 (1)의 (나)항, 같은 (4)항에서 법위반에 해당될 수 있는 것으로 예시한 행위도 모두 수직적 거래관계에 있는 거래상대방을 전제로 하고 있기는 함. 우선 이 사건 예규는 일반적인 거래상대방 제한행위가 '제조업자-판매업자-최종소비자'와 같은 수직적 거래단계에서 제조업자가 하위시장의 판매업자에 대하여 그 거래상대방(최종소비자)을 제한할 것을 요구하는 것의 형태를 띠고 있는 사정을 고려하여 그와 같이 규정한 것일 뿐, 규정의 취지 등에 비추어 반드시 제조업자 등 상방사업자가 판매업자 등 하방사업자의 행위를 제한하는 것에 국한되어 적용됨을 전제로 규정한 것으로 해석할 수는 없으므로, 이 사건 행위와 같이 거래관계에 있는 일방 사업자가 자기의 거래상대방의 사업활동을 부당하게 구속하여 그 거래상대방의 거래상대방을 제한하고, 이러한 행위로 인해 관련 시장에서의 경쟁이 제한되거나 제한될 우려가 있다면 거래상대방을 제한하는 불공정거래행위로서 위법하다고 보아야 할 것임.
> 삼성전자는 원고에 대한 단말기 공급자로서의 지위를 가짐과 동시에 직영대리점을

제외한 나머지 유통처(원고의 위탁대리점, 제조사 유통망, 양판점)와의 관계에 있어서는 원고의 경쟁자로서의 지위를 가지게 되는 측면이 있고, 이 사건에서는 통상적인 수직적 거래제한과 달리 도매상인 원고가 제조사인 삼성전자에 대하여 거래제한행위를 한 것이기는 함. 그러나 ① 원고와 삼성전자는 원칙적으로 유통구조상 상이한 단계에 있고, 삼성전자가 원고의 경쟁자로서의 외관을 띠는 것은 이동통신서비스와 단말기가 결합 판매되는 국내의 특수한 사정에 기인한 사정, ② 단말기와 이동통신서비스가 결합되어 판매되는 국내 휴대전화 시장에서 주된 판매처가 이동통신사의 대리점인 관계로 이동통신사가 단말기 판매를 주도하는 사정, ③ 앞서 본 바와 같이 ESN(또는 IMEI)에 대한 화이트리스트 제도로 인하여, 이동통신사에 ESN을 등록한 단말기만 개통되고 이동통신 서비스를 제공받을 수 있어 삼성전자 등 제조사로서는 사실상 이동통신사가 ESN 등록을 거부한 단말기를 판매하기 어려운 사정, ④ 위와 같이 중간 유통업자인 원고에게 독점력 또는 지배력이 형성되어 있어 제조사가 그에 구속되는 경우에는 넓은 의미의 수직적 거래관계에 있는 것으로 해석할 수 있는 점 등에 비추어 원고의 삼성전자에 대한 거래제한행위는 실질적 의미에서의 수직적 거래관계에 있는 것으로 못 볼 바 아님."[380]이라고 판시함으로, 대등한 유통단계에 있는 사업자간 행위 또는 하방사업자의 상방사업자에 대한 행위라 하더라도 구속조건부 거래행위에 해당될 수 있다고 보았고,[381] 대법원도 원심을 인정하였다.[382]

둘째, 거래상대방을 직접제한하지 않고 상대방의 거래상대방에 관한 거래비율을 제한하는 경우도 해당되는지 여부이다. 이에 대해 서울고등법원은 "거래상대방의 범위 자체를 제한하지 않더라도, 그러한 거래상대방과의 거래비율을 제한하게 되면 제한된 비율을 초과하는 범위에서는 여전히 당해 거래상대방과의 직접적인 거래가 금지된다 할 것이므로, 결국 이는 거래상대방 제한행위로 봄이 상당함"이라고 판시하였고,[383] 대법원도 원심을 인정하였다.[384]

셋째, 관련 시장의 획정이다. 서울고등법원은 "① 이 사건 거래상대방 제한행위는 삼성전자가 직접 유통망에 공급하는 단말기의 비율을 제한한 행위로서, 유통망에는 양판점, 제조사 유통망도 포함되나 주된 공급처는 원고의 대리점이므로 이 사건에서 단말기의 수요자는 원고 대리점인바, 이를 기초로 일정한 거래분야가 확정될 수

380) 서고판 2014. 2. 6. 2012누23749.
381) 서고판 2014. 2. 6. 2012누23749.
382) 대판 2017. 5. 31. 2014두4689.
383) 서고판 2014. 2. 6. 2012누23749.
384) 대판 2017. 5. 31. 2014두4689.

있는 사정, ② 이 사건 행위의 대상이 되는 단말기 중 계약모델은 삼성전자 외의 다른 제조사들이 생산하지 않아 원고 대리점은 이를 다른 제조사들로부터 공급받을 수 없어 원칙적으로 수요대체성 및 공급대체성이 인정될 수 없는 사정, ③ 비계약 모델에 있어서도 현재 각 이동통신사들의 대리점이 전속대리점의 형태로 운영되어 원고의 대리점이 삼성전자가 제조한 KT 모델이나, LGU+ 모델의 단말기를 위 이동통신사로부터 공급받아 원고 이동통신 모델을 대체한다는 것은 현실적으로 불가능한 사정, ④ 이 사건은 유통업자로서 별개의 브랜드를 가진 원고가 자신이 취급하는 모든 제조업자의 단말기가 아니라 그 중 삼성전자에 대하여만 그가 제조한 단말기에 관한 거래상대방을 제한하는 것이므로, 이 사건 거래상대방 제한에서 문제가 되는 '브랜드'는 '원고가 취급하는 모든 상품'이 아니라 '당해 사업자인 원고와 삼성전자 사이에서 거래되는 상품'으로 국한되므로, 브랜드는 '원고용 삼성전자 단말기'로 보는 것이 상당한 사정, ⑤ 원고의 이 사건 행위의 의도는 삼성전자가 원고 대리점에 유통 모델을 자유롭게 공급하면 위 모델에 대한 가격 경쟁이 발생하여 삼성전자 단말기에 대한 가격통제가 어려워지기 때문에 이를 회피하기 위함일 뿐, 삼성전자 제조의 유통모델에 대한 제한을 통하여 엘지전자 등 다른 제조사들과의 경쟁 활성화를 의도한 것이라거나 원고 이동통신 서비스의 가입자에 대한 단말기 및 서비스의 전반적인 품질 향상을 위한 것으로는 보이지 않는 사정, ⑥ 이 사건에서 삼성전자 단말기의 수요자는 원고의 대리점이므로, 이를 기준으로 수요대체성, 공급대체성을 판단하여야 할 뿐, 하류시장인 단말기의 소비자 판매단계에서의 경쟁압력은 고려요소로 보기 어려운 사정 등에 비추어 경쟁관계에 있거나 경쟁관계가 성립될 수 있는 대상 분야는 이동통신 단말기 중 원고 이동통신 모델에 한정되는 점 등을 종합하여 보면, 이 사건 관련 시장은 국내 이동통신 단말기 중 원고 이동통신 모델의 도매시장으로 획정됨. 따라서 모든 국내 이동통신사 모델의 전체 단말기 공급시장이 관련 시장이라는 원고의 주장은 이유 없음"으로 판시하였고,[385] 대법원도 원심을 인정하였다.[386]

넷째, 공정한 거래를 저해할 우려가 있는지 여부이다. 대법원은 "① 삼성전자가 판매한 단말기 중 유통모델의 비율을 20% 이내로 제한하고 이를 초과할 경우 초과분에 해당하는 단말기의 ESN 등록을 거부하는 이 사건 행위는 이동통신사가 ESN 등록을 거부한 단말기를 제조사가 판매한다는 것은 사실상 어려운 사정 등에 비추어

385) 서고판 2014. 2. 6. 2012누23749.

386) 대판 2017. 5. 31. 2014두4689.

매우 구속성이 강한 제한인 점, ② 이동통신서비스 시장에서의 원고의 점유율은 50.6%이고, 원고 이동통신 모델 중 사업자모델이 차지하는 비중은 86.5%이므로, 결국 전체 단말기 수요시장에서 원고의 시장점유율이 43.76%(50.6×86.5)에 이를 정도로 원고는 높은 점유율을 보유하고 있는 점, ③ 삼성전자로서는 유통모델의 판촉을 위해 원고 대리점 등에 대하여 판매실적에 따라 금(Gold)점, 은(Silver)점, 동(Bronze)점으로 구분하여 장려금을 지급하고 있는데, 이 사건 행위로 그와 같은 판촉의 실익이 없어진 점 등을 종합하여 보면, 이 사건 행위로 삼성전자가 제조한 원고 이동통신 사업자 모델과 유통모델 간의 치열한 브랜드 내 경쟁에 의한 단말기 가격 하락의 가능성이 완전히 제한되었다 할 것이므로, 브랜드 내 경쟁제한성은 매우 강력하다 할 것임(브랜드 내 경쟁을 원고 이동통신 모델 내의 유통모델 공급물량에 대한 제조사 상호간의 단말기 공급경쟁으로 보고, 삼성전자에 대한 유통모델의 제한으로 인한 다른 제조사들의 활발한 공급확대로 오히려 경쟁이 촉진된다는 취지의 원고 주장은, 앞서 든 관련 시장 획정의 법리에 비추어 부당하고, 이는 오히려 다음에서 살펴볼 브랜드 간의 경쟁으로 봄이 상당함)."[387]

앞서의 관련 시장 획정에 의하면, 브랜드 간 경쟁은 원고 이동통신 모델 중 유통모델 공급물량에 대하여 제조사 상호간의 단말기 공급경쟁으로 봄이 상당하다. 이에 대해 대법원은 "이 사건 거래대상 상품은 휴대전화 단말기로서 그 거래의 지역적 범위는 국내인 점, 원고와 삼성전자의 대리점 등에 대한 단말기 공급거래는 도매 단계에 해당하는 점, 그 거래의 주된 상대방은 원고의 대리점들인데 이들이 원고가 아닌 KT나 LGU+의 이동통신망을 이용하도록 제조된 단말기를 도매로 구입하는 것은 현실적으로 불가능한 점 등을 고려하여, 공정거래저해성이 문제 되는 시장은 '국내 이동통신 단말기 중 원고용 단말기의 도매시장'이라고 전제한 후, ① 이 사건 행위는 삼성전자로 하여금 원고용 유통모델 비율을 20% 이내로 제한하도록 하고 이를 초과할 경우 초과분에 해당하는 단말기의 식별번호 등록을 보류한 것이어서 구속성이 매우 강한 제한으로 볼 수 있는 점, ② 원고가 이동통신서비스 시장에서는 물론 전체 단말기 수요시장에서도 높은 구매점유율을 보유한 사업자인 점, ③ 원고의 이 사건 행위로 인하여 삼성전자가 제조한 원고용 사업자모델과 유통모델 사이의 가격 경쟁 여지가 제한되었다고 볼 수 있는 점, ④ 삼성전자의 경쟁사업자인 엘지전자나 팬텍이 제조한 원고용 단말기의 공급 물량이 다소 확대될 여지가 있다 하더라도, 삼성전자의 높은 시장점유율 등을 고려하면 그로 인한 경쟁의 증대

387) 대판 2017. 5. 31. 2014두4689.

효과가 크다고 보기 어려운 점, ⑤ 원고가 이 사건 행위를 한 목적은 원고용 유통모델 공급 증가에 따른 가격 경쟁을 억제하고 원고의 대리점에 대한 장악력을 높이기 위한 것으로 보이는 점, ⑥ 이 사건 행위가 삼성전자의 단말기 도매시장에서의 무임승차를 방지하기 위한 것으로 보기 어렵고, 달리 이를 정당화할 사정도 없는 점 등에 비추어 보면, 원고의 이 사건 행위는 공정한 거래를 저해할 우려가 있는 행위로 봄이 상당함."이라고 판시하였다.[388]

② 위법성 판단

거래지역 또는 거래상대방 제한이 관련시장에서의 경쟁을 제한하는지 여부를 위주로 판단한다. 이 때, 경쟁제한성이 있는지 여부는 ① 거래지역 또는 거래상대방 제한의 정도(책임지역제 또는 개방 지역제한제와 지역제한을 위반하여도 제재가 없는 등 구속성이 엄격하지 않은 지역제한의 경우 원칙적으로 허용됨. 지역제한을 위반하였을 때 제재가 가해지는 등 구속성이 엄격한 지역제한제는 브랜드내 경쟁을 제한하므로 위법성이 문제될 수 있음. 또한 거래상대방 제한의 경우도 거래지역제한의 경우에 준하여 판단함). ② 당해 상품 또는 용역시장에서 브랜드간 경쟁이 활성화되어 있는지 여부(타 사업자가 생산하는 상품 또는 용역간 브랜드 경쟁이 활성화되어 있다면 지역제한 및 거래상대방 제한은 유통업자들의 판촉활동에 대한 무임승차 경향 방지와 판촉서비스 증대 등을 통해 브랜드간 경쟁촉진효과를 촉진시킬 수 있음). ③ 행위자의 시장점유율 및 경쟁사업자의 숫자와 시장점유율(행위자의 시장점유율이 높고 경쟁사업자의 수 및 시장점유율이 낮을수록 브랜드내 경쟁제한효과가 유발되는 정도가 커질 수 있음). ④ 지역제한이 재판매가격유지행위 등 타 불공정행위와 병행하여 행해지거나 재판매가격유지의 수단으로 사용되는지 여부(병행하여 사용될 경우 경쟁제한효과가 클 수 있음). ⑤ 당해 행위로 인해 소비자의 선택권을 침해하거나 서비스 질제고 및 가격인하 유인이 축소되는지 여부 등을 감안하여 브랜드내 경쟁제한효과와 브랜드간 경쟁촉진효과를 비교형량한 후 판단한다.

경쟁제한성이 있다고 판단되는 경우에도 ① 상기 요인 이외에 거래지역 및 거래상대방 제한의 효율성 증대효과나 소비자후생 증대 효과가 경쟁제한효과를 현저히 상회하는 경우, ② 거래지역 및 거래상대방 제한에 기타 합리적인 사유가 있다고 인

388) 대판 2017. 5. 31. 2014두4689.

정되는 경우 등 거래지역 및 거래상대방 제한의 합리성이 있다고 인정되는 경우에는 법위반으로 보지 않을 수 있다.
법위반에 해당될 수 있는 행위로 ① 독과점적 시장구조하에서 시장점유율이 상당한 제조업자가 대리점마다 영업구역을 지정 또는 할당하고, 그 구역 밖에서의 판촉 내지 판매활동을 금지하면서 이를 위반할 경우 계약해지를 할 수 있도록 하는 경우, ② 독과점적 시장구조하에서 시장점유율이 상당한 제조업자가 대리점을 가정용과 업소용으로 엄격히 구분하고 이를 어길 경우에 대리점 계약을 해지할 수 있도록 하는 행위, ③ 제조업자가 재판매가격유지의 실효성 제고를 위해 도매업자에 대해 그 판매선인 소매업자를 한정하여 지정하고 소매업자에 대해서는 특정 도매업자에게서만 매입하도록 하는 행위[389]를 예시하고 있다(「불공정거래행위 심사지침」 V. 7. 나).

법원과 공정거래위원회가 법위반으로 인정한 사례는 다음과 같다.

"제약사가 도매상들에 대하여 지정 납품처 아닌 곳에의 납품을 금지하고, 이를 어기는 도매상들을 적발하여 각서를 징구하거나, 경고장 발송, 거래 정리 등의 조치를 취한 사실에 대하여, 이와 같이 거래상대방을 제한하는 행위의 상대방이 단순히 의약품의 배송 역할만을 담당하는 간납도매상이라고 볼 자료가 없고, 도매상들에 대하여 실질적인 구속력이 있었으므로, 구속조건부거래에 해당"(〈한미약품(주)의 부당고객유인행위 등 건〉),[390] "도서정가제가 적용되는 학습참고서라 하더라도 도매서점이 일반소매서점에 공급함에 있어 정가의 20~30% 범위에서 가격경쟁이 가능하고, 일반 소매서점도 정가의 10% 범위에서 가격인하유인이 존재하며, 원고가 2007년에 거래지역제한을 위반한 4곳의 도매서점들에 대하여 2008년도 재계약을 거부한 점에 비추어 보면 원고의 행위에 구속성의 정도가 크고, 원고의 행위에 브랜드간 경쟁촉진효과가 크다거나 합리적인 이유가 있다고 보기도 어려움"(〈한국교육방송공사의 구속조건부거래행위 건〉),[391] "원고가 품목지원센터에 특정 거래지역내의 원고 대리점에만 순정품을 공급하도록 정하고 지역별 부품사업소 등을 통해 품목지원센터가 이를 준수하는지를 감시·통제하고 이를 위반한 품목지원센터에 각종 불이익을 준 행위는 단순히 거래상대방의 판매책임지역을 설정한 것이라고 볼 수 없는 구속력이

389) 대판 2017. 6. 19. 2013두17435; 서고판 2020. 8. 26. 2019누53442(대판 2020. 12. 30. 2020두48987).
390) 대판 2010. 11. 25. 2009두9543.
391) 서고판 2011. 1. 12. 2009누37366.

매우 강한 제한행위"(〈현대모비스(주)의 시장지배적지위 남용행위 건〉),[392] "거래 안경원에게 제품을 판매하면서 비거래 안경원에게는 제품을 판매하지 않는 조건을 부과하고, 거래 안경원이 이를 위반할 경우 약정해제 및 할인금액을 취소한다는 내용을 포함한 할인거래 약정을 체결하고, 시장가격 조사를 통해 유출위반이 드러난 안경원에 최대 1개월 간 아큐브 제품의 공급을 중단하는 방식으로 거래상대방 제한을 강제한 행위는 구속조건부거래행위"(〈(주)한국존슨앤드존슨의 재판매가격유지행위 및 구속조건부거래행위 건〉),[393] "자신이 지정하는 제품에 대하여 거래지역 및 거래상대방을 제한한 행위로 인정"(〈샘표식품(주)의 구속조건부거래행위 건〉),[394] "대형마트에서 판매를 제한하는 유통채널 제한 정책에 기초하여 자신과 거래하는 국내 아웃도어 완제품 제조업체들이 고어텍스(GORE−TEX) 소재 완제품을 대형마트에서 판매하는 것을 제한하고, 이를 위반하는 업체에게 공급중단, 계약해지등의 불이익을 주는 것과 같이 거래상대방의 판매처 선택을 부당하게 구속하는 조건으로 거래하는 행위로서 위법"(〈더블류 엘 고어 앤드 어소시에이츠 인코포레이티드 등 3개사의 구속조건부거래행위 건〉),[395] "자신과 거래하는 식품대리점이 정해진 영업지역을 벗어나서 제품을 판매하는 것을 금지하고, 이를 위반하는 대리점에게 차액보상, 매출실적 이관 등의 불이익을 주는 것과 같이 거래지역 또는 거래상대방을 부당하게 구속하는 조건으로 거래하는 행위는 위법"(〈씨제이제일제당(주)의 구속조건부거래행위 등 건〉),[396] "거래상대방인 퀵서비스사업자에게 자기의 퀵서비스 배차프로그램을 제공하면서, 자기의 배차프로그램을 메인프로그램으로 사용하지 아니하는 경우 즉시 계약을 해지할 수 있도록 하는 거래조건을 계약서에 규정하는 방법으로 부당하게 거래상대방이 경쟁사업자와 거래하는 것을 실질적으로 금지하거나 제한하는 것과 같은 행위", "거래상대방인 퀵서비스사업자에게 자기의 퀵서비스 배차프로그램을 제공하면서, 자기의 배차프로그램을 메인프로그램으로 사용하도록 조건을 설정하고 이를 위반하는 경우 공유제한과 같은 제재의사를 배차프로그램 게시판 또는 공문으로 통보하고 공유제한 조치를 실행하는 방법으로 부당하게 거래상대방이 경쟁사업자와 거래하는 것을 실질적으로 금지하거나 제한하는 것과 같은 행위는 위법"(〈인성데이터(주)의 구속조건부거래행위 건〉),[397] "자기와 거래하는 대리점들에

392) 대판 2014. 4. 10. 2012두6308.
393) 대판 2015. 11. 12. 2015두44066.
394) 서고판 2016. 8. 26. 2015누45931(대판 2016. 12. 29. 2016누52590).
395) 공정의 2017. 9. 20. 2017−300.
396) 공정의 2017. 1. 12. 2017−016.

게 출고정지, 공급가격인상 등의 수단을 통해 5개 제품에 대한 인터넷 오픈마켓 판매를 금지한 행위에 대해 오픈마켓에서의 가격경쟁으로 인한 제품가격하락을 방지하는데 그 의도와 목적이 있음"(〈(주)필립스전자의 재판매가격유지행위 및 구속조건부거래행위 건〉)[398] "대리점에 대하여 온라인 저가판매업체에 타이어를 공급하지 말 것을 요청하고 미준수시 불이익을 부과하는 방안을 통지하고 모니터링 실시, 공급지원율 삭감, 제품공급 중단, 특화유통망 평가점수 감정 등 수단을 통해 온라인 저가판매업체에 대한 타이어 공급금지를 준수하도록 함"(〈금호타이어(주)의 재판매가격유지행위 및 구속조건부거래행위 건〉)[399]

---

397) 공정의 2018. 10. 23. 2018－313.

398) 대판 2017. 6. 19. 2013두17435. 동 판결에서 명시적으로 언급되지는 않았으나 특히 유럽에서 문제되어 온 온라인에서의 소위 '선택적 유통시스템(Selective Distribution System)'의 적법성과 관련된 판결이다. 이와 관련하여 최근 유럽사법재판소(ECJ)에서는 〈Coty 사건〉에서 브랜드이미지 유지를 위한 선택적 유통시스템에 대하여 적법성을 인정한 바 있다. 고급화장품제조업체인 독일 Coty사가 유통업체엔 Akzente사로 하여금 자신의 인터넷 사이트 뿐만 아니라 Amazon을 통한 판매를 금지하도록 하였는데 독일 1심법원은 「EU기능조약」 제101조 제1항에 위반된다고 보았으나, 2심법원이 EU사법재판소에 예비적 판단을 요청하였고, EU사법재판소에는 적법하다는 판단을 하였다. C－230/16 － Coty Germany Judgment ECLI:EU:C: 2017:941; 1. Article 101(1) TFEU must be interpreted as meaning that a selective distribution system for luxury goods designed, primarily, to preserve the luxury image of those goods complies with that provision to the extent that resellers are chosen on the basis of objective criteria of a qualitative nature that are laid down uniformly for all potential resellers and applied in a non－discriminatory fashion and that the criteria laid down do not go beyond what is necessary. 2. Article 101(1) TFEU must be interpreted as not precluding a contractual clause, such as that at issue in the main proceedings, which prohibits authorised distributors in a selective distribution system for luxury goods designed, primarily, to preserve the luxury image of those goods from using, in a discernible manner, third－party platforms for the internet sale of the contract goods, on condition that clause has the objective of preserving the luxury image of those goods, that it is laid down uniformly and not applied in a discriminatory fashion, and that it is proportionate in the light of the objective pursued, these being matters to be determined by the referring court. 3. Article 4 of Commission Regulation (EU) No 330/2010 of 20 April 2010 on the application of Article 101(3) of the Treaty on the Functioning of the European Union to categories of vertical agreements and concerted practices must be interpreted as meaning that, in circumstances such as those at issue in the main proceedings, the prohibition imposed on the members of a selective distribution system for luxury goods, which operate as distributors at the retail level of trade, of making use, in a discernible manner, of third－party undertakings for internet sales does not constitute a restriction of customers, within the meaning of Article 4(b) of that regulation, or a restriction of passive sales to end users, within the meaning of Article 4(c) of that regulation; 동 사건의 시사점에 대하여 권영관, 공정거래 이슈브리핑(2018), 13~16면 참조.

399) 서고판 2020. 8. 26. 2019누53442(대판 2020. 12. 30. 2020두48987).

계약서상의 제재조항은 실제 행사될 필요는 없고, 그 존재만으로도 실효성 확보의 수단이 된다.[400)]

8) 사업활동방해

[참고사례]

대구도시가스엔지니어링(주) 및 대성셀틱(주)의 사업활동방해행위 건(공정거래위원회 1996. 8. 30. 의결 96−201호, 1997. 1. 29 재결 제97−2호; 서울고등법원 1997. 12. 26. 선고 97구8375 판결; 서울고등법원 1997. 3. 19. 선고 97부390 판결); **쌍용정유(주)의 거래거절행위 건**(공정거래위원회 1994. 10. 12. 의결 제94−308, 309호, 1994. 11. 28, 재결 제94−11호; 서울고등법원 1996. 5. 23. 선고 94구39927 판결; 대법원 1998. 9. 8. 선고 96누9003 판결); **(주)미건의료기의 사업활동방해행위 건**(공정거래위원회 2000. 7. 22. 의결 제2000−109호, 2001. 11. 30. 재결 2000−53호; 서울고등법원 2001. 4. 17. 선고 2000누16472 판결); **세방(주)의 사업활동방해행위 건**(공정거래위원회 2008. 6. 30. 의결 제2008−190호; 서울고등법원 2010. 1. 27. 선고 2008누21333 판결; 대법원 2012. 4. 26. 선고 2010두4858 판결); **국보 외 10의 사업활동방해행위 건**(공정거래위원회 2008. 9. 28. 의결 제2008−271호; 2010. 1. 27. 선고 2008누30429 판결; 대법원 2012. 5. 10. 선고 2010두4896 판결); **하이트진로음료의 사업활동방해행위 건**(공정거래위원회 2013. 7. 11. 의결 제2013.142호; 서울고등법원 2014. 7. 4. 선고 2013누46411 판결; 대법원 2018. 7. 11. 선고 2014두40227 판결)

사업활동방해란 사업자가 다른 사업자의 사업활동을 방해하는 행위로서 공정한 거래를 저해할 우려가 있는 행위를 말한다(법 제45조 제 1 항 제 8호).

> 사업자가 다른 사업자의 기술을 부당하게 이용하거나 인력을 부당하게 유인·채용하거나 거래처의 이전을 부당하게 방해하는 등의 방법으로 다른 사업자의 사업활동을 심히 곤란하게 할 정도로 방해할 경우 가격과 질, 서비스에 의한 경쟁을 저해하는 경쟁수단이 불공정한 행위에 해당되므로 금지된다(「불공정거래행위 심사지침」 Ⅴ. 8).

사업활동방해행위가 불공정거래행위로서 법의 규제대상이 되기 위하여는 당해 행위가 외형적으로 위 각 규정이 정하는 요건을 갖추는 외에 그것이 법의

400) 서고판 2020. 8. 26. 2019누53442(대판 2020. 12. 30. 2020두48987); 서고판 2020누53264.

목적에 비추어 부당한 것이어야 하고, 이 때 그 부당성의 유무를 판단함에 있어서는 거래당사자의 거래상의 지위 내지 법률관계, 상대방의 선택 가능성·사업규모 등의 시장상황, 그 행위의 목적 및 효과, 관련 법규의 특성 및 내용 등 여러 사정을 고려하여 그 행위가 공정하고 자유로운 경쟁을 저해할 우려가 있는지의 여부에 따라야 한다.[401]

1980년 법제정 당시부터 시장지배적지위 남용행위로서 '다른 사업자의 사업활동을 방해하는 행위'를 금지하였는데 1986. 12. 31. 제1차 법개정시 불공정거래행위의 유형으로서도 규정하였다. 처음에는 "거래의 상대방의 사업활동을 방해하는 행위"로 되어 있었으나 1996. 12. 30. 법개정시 "다른 사업자의 사업활동을 방해하는 행위"로 규정함으로써 거래상대방에 제한되지 않고 경쟁사업자를 포함한 다른 사업자로 대상이 확대되었다. 당초 「불공정거래행위지정고시」에서는 명시적 규정이 없었으나 1993년 개정 「불공정거래행위의 유형 및 기준고시」[402]에서 불공정거래행위의 유형으로 규정되었다.

8).1 기술의 부당이용

① 의 의 다른 사업자의 기술을 부당하게 이용하여 다른 사업자의 사업활동을 상당히 곤란하게 할 정도로 방해하는 행위를 말한다(영 [별표2]. 8. 가).

> 기술의 부당이용행위는 다른 사업자의 기술을 이용하는 행위가 대상이 된다. 이 때 다른 사업자는 경쟁사업자에 한정되지 않는다. 또한, 다른 사업자의 '기술'이란 특허법 등 관련 법령에 의해 보호되거나 상당한 노력에 의하여 비밀로 유지된 생산방법·판매방법·영업에 관한 사항 등을 의미한다(이상 「불공정거래행위 심사지침」 Ⅴ. 8. 가).

② 위법성 판단

> 기술의 부당이용이 바람직한 경쟁질서를 저해하는 불공정한 경쟁수단에 해당되는지 여부를 위주로 판단한다. 이 때, 불공정한 경쟁수단에 해당되는지 여부는 ① 기술이용의 부당성 여부(이를 판단하기 위해 기술이용의 목적 및 의도, 당해 기술의 특수성, 특허법 등 관련 법령 위반 여부, 통상적인 업계 관행 등이 고려됨). ② 사업활

401) 대판 1998. 3. 24. 96누11280; 대판 1998. 3. 27. 96누18489 참조; 대판 1998. 9. 8. 96누9003.
402) 공정거래위원회 고시 제1993.30호(1993. 11. 19).

> 동이 심히 곤란하게 되는지 여부(단순히 매출액이 감소되었다는 사실만으로는 부족하며 매출액의 상당한 감소, 거래상대방의 감소 등으로 인해 현재 또는 미래의 사업활동이 상당히 곤란하게 되거나 될 가능성이 있는 경우를 말함)를 종합적으로 고려하여 판단한다. 한편 기술의 부당이용이 불공정한 경쟁수단에 해당된다고 판단되더라도 이를 함에 있어 합리적인 사유가 있거나 효율성 증대 및 소비자후생 증대 효과가 현저하다고 인정되는 경우에는 법위반으로 보지 않을 수 있다.
> 법위반에 해당될 수 있는 행위로 다른 사업자의 기술을 무단으로 이용하여 다른 사업자의 생산이나 판매활동에 심각한 곤란을 야기시키는 행위가 있다(「불공정거래행위 심사지침」 Ⅴ. 8. 가).

8).2 인력의 부당유인 · 채용

① 의 의 다른 사업자의 인력을 부당하게 유인 · 채용하여 다른 사업자의 사업활동을 상당히 곤란하게 할 정도로 방해하는 행위를 말한다(영 [별표2]. 8. 나).

> 다른 사업자의 인력을 유인 · 채용하는 행위가 대상이 된다. 이 때 다른 사업자는 경쟁사업자에 한정되지 않는다(「불공정거래행위 심사지침」 Ⅴ. 8. 나).

인력의 부당유인 · 채용행위의 규제는 헌법상의 직업선택의 자유와 충돌을 일으킬 수 있다.

② 위법성 판단

> 인력의 부당유인 · 채용이 바람직한 경쟁질서를 저해하는 불공정한 경쟁수단에 해당되는지 여부를 위주로 판단한다. 이 때, 불공정한 경쟁수단에 해당되는지 여부는 ① 인력 유인 · 채용의 부당성 여부(이를 판단하기 위해 인력유인 채용의 목적 및 의도, 해당 인력이 사업활동에서 차지하는 비중, 인력유인 · 채용에 사용된 수단, 통상적인 업계의 관행, 관련 법령 등이 고려됨). ② 사업활동이 상당히 곤란하게 되는지 여부(단순히 매출액이 감소되었다는 사실만으로는 부족하며 매출액의 상당한 감소, 거래상대방의 감소 등으로 인해 현재 또는 미래의 사업활동이 상당히 곤란하게 되거나 될 가능성이 있는 경우를 말함)를 종합적으로 고려하여 판단한다.
> 한편 인력의 부당유인 · 채용이 불공정한 경쟁수단에 해당된다고 판단되더라도 이를

함에 있어 합리적인 사유가 있거나 효율성 증대 및 소비자후생 증대효과가 현저하다고 인정되는 경우에는 법위반으로 보지 않을 수 있다.
법위반에 해당될 수 있는 행위로 ① 다른 사업자의 핵심인력 상당수를 과다한 이익을 제공하거나 제공할 제의를 하여 스카우트함으로써 당해 사업자의 사업활동이 현저히 곤란하게 되는 경우, ② 경쟁관계에 있는 다른 사업자의 사업활동 방해 목적으로 핵심인력을 자기의 사업활동에는 필요하지도 않는 핵심인력을 대거 스카우트하여 당해 사업자의 사업활동을 현저히 곤란하게 하는 행위를 예시하고 있다(「불공정거래행위심사지침」 V. 8. 나).

8).3 거래처 이전방해

① 의 의　다른 사업자의 거래처이전을 부당하게 방해하여 다른 사업자의 사업활동을 심히 곤란하게 할 정도로 방해하는 행위를 말한다(영 [별표2]. 8. 다).

거래상대방의 거래처이전을 방해하는 행위가 대상이 된다. 이때 다른 사업자는 경쟁사업자에 한정되지 않는다(「불공정거래행위 심사지침」 V. 8. 다).

② 위법성 판단

거래처 이전방해가 바람직한 경쟁질서를 저해하는 불공정한 경쟁수단에 해당되는지 여부를 위주로 판단한다. 이 때, 불공정한 경쟁수단에 해당되는지 여부는 ① 거래처 이전방해의 부당성 여부(이를 판단하기 위해 거래처 이전방해의 목적 및 의도, 거래처 이전방해에 사용된 수단, 당해 업계에서의 통상적인 거래관행, 이전될 거래처가 사업영위에서 차지하는 중요성, 관련 법령 등이 고려됨). ② 사업활동이 심히 곤란하게 되는지 여부(단순히 매출액이 감소되었다는 사실만으로는 부족하며 부도발생 우려, 매출액의 상당한 감소, 거래상대방의 감소 등으로 인해 현재 또는 미래의 사업활동이 현저히 곤란하게 되거나 될 가능성이 있는 경우를 말함)를 종합적으로 고려하여 판단한다.
거래처 이전방해가 불공정한 경쟁수단에 해당된다고 판단되더라도 이를 함에 있어 합리적인 사유가 있거나 효율성 증대 및 소비자후생 증대효과가 현저하다고 인정되는 경우에는 법위반으로 보지 않을 수 있다.
법위반에 해당될 수 있는 행위로 거래처이전 의사를 밝힌 사업자에 대하여 기존에 구입한 물량을 일방적으로 반품처리하거나 담보해제를 해주지 않는 행위를 들 수 있다(「불공정거래행위 심사지침」 V. 8. 다).

8).4 기타의 사업활동방해

① 의 의 기술의 부당이용, 인력의 부당유인·채용, 거래처이전방해 외의 부당한 방법으로 다른 사업자의 사업활동을 심히 곤란하게 할 정도로 방해하는 행위를 말한다(영 [별표2]. 8. 라).

기타의 방법으로 다른 사업자의 사업활동을 현저히 방해하는 모든 행위가 대상이 된다. 방해의 수단을 묻지 않으며, 자기의 능률이나 효율성과 무관하게 다른 사업자의 사업활동을 방해하는 모든 행위를 포함한다. 이 때 다른 사업자는 경쟁사업자에 한정되지 않는다(「불공정거래행위 심사지침」 V. 8. 라).

② 위법성 판단 '부당성'의 유무는, 해당 사업자의 시장에서의 지위, 사용된 방해 수단, 그 수단을 사용한 의도와 목적, 사용된 수단과 관련한 법령의 규정 내용, 문제 된 시장의 특성, 통상적인 거래 관행, 방해 행위의 결과 등을 종합적으로 고려하여 그 행위가 공정하고 자유로운 거래를 저해할 우려가 있는지 여부에 따라 판단하여야 한다.[403)]

〈하이트진로음료(주)의 사업활동방해행위 건〉 관련 행정소송에서 대법원은 "특히 사용된 방해 수단이 더 낮은 가격의 제시에 그칠 경우에는 그것만으로 부당성을 인정하는 데에는 신중해야 한다. 그러나 제시된 거래조건이나 혜택 자체가 경쟁사업자와 기존에 전속적 계약관계를 맺고 있는 대리점에 대한 것이고, 그 혜택이나 함께 사용된 다른 방해 수단이, 통상적인 거래 관행에 비추어 이례적이거나 선량한 풍속 기타 사회질서에 반하는 등으로 관련 법령에 부합하지 않는다면, 단순히 낮은 가격을 제시한 경우와 똑같이 취급할 수는 없다. 이때에는 위에서 본 사정들을 종합적으로 살피면서 그 방해 수단을 사용한 사업자가 단순히 경쟁사업자와 대리점의 기존 거래계약 관계를 알고 있었던 것에 불과한지, 아니면 더 나아가 경쟁사업자와 기존 대리점 계약관계의 해소에 적극 관여하거나 그 해소를 유도하였는지 여부, 그로 인하여 경쟁사업자의 사업활동이 어려워지게 된 정도 역시 중요하게 고려하여야 한다."고 판시하였다.[404)]

403) 대판 2018. 7. 11. 2014두40227.
404) 대판 2018. 7. 11. 2014두40227.

사업활동방해가 바람직한 경쟁질서를 저해하는 불공정한 경쟁수단에 해당되는지 여부를 위주로 판단한다. 이 때, 불공정한 경쟁수단에 해당되는지 여부는 ① 사업활동방해의 부당성 여부(이를 판단하기 위해 사업활동방해의 수단, 당해 수단을 사용한 목적 및 의도, 당해 업계에서의 통상적인 거래관행, 관련 법령 등이 고려됨). ② 사업활동이 심히 곤란하게 되는지 여부(단순히 매출액이 감소되었다는 사실만으로는 부족하며 부도발생 우려, 매출액의 상당한 감소, 거래상대방의 감소 등으로 인해 현재 또는 미래의 사업활동이 현저히 곤란하게 되거나 될 가능성이 있는 경우를 말함)를 종합적으로 고려하여 판단한다.
사업활동방해가 불공정한 경쟁수단에 해당된다고 판단되더라도 이를 함에 있어 합리적인 사유가 있거나 효율성 증대 및 소비자후생 증대효과가 현저하다고 인정되는 경우에는 법위반으로 보지 않을 수 있다.
법위반에 해당될 수 있는 행위로 ① 사업영위에 필요한 특정시설을 타 사업자가 이용할 수 없도록 의도적으로 방해함으로써 당해 사업자의 사업활동을 곤란하게 하는 행위, ② 경쟁사업자의 대리점 또는 소비자에게 경쟁사업자의 도산이 우려된다던지 정부지원대상에서 제외된다는 등의 근거 없는 허위사실을 유포하여 경쟁사업자에게 대리점계약의 해지 및 판매량감소 등을 야기하는 행위, ③ 타 사업자에 대한 근거 없는 비방전단을 살포하여 사업활동을 곤란하게 하는 행위를 예시하고 있다(「불공정거래행위 심사지침」 V.8. 라).

서울고등법원은 "자기의 계열사로 하여금 애프터서비스 중지를 요청하는 행위"(〈대구도시가스엔지니어링(주) 및 대성셀틱(주)의 사업활동방해행위 건〉),[405] "의료기회사 및 그 대리점을 상대로 산업재산권 침해금지(특허권, 실용신안권 등) 가처분 신청을 하여 관할법원으로부터 가처분결정을 받은 사실을 근거로 경쟁사업자의 대리점들에게 경쟁사업자의 도산이 예상된다는 등의 근거없는 내용을 유포한 행위"(〈(주)미건의료기의 사업활동방해행위 건〉)[406]를 사업활동방해로 보았으나, 대법원은 "무담보 거래 및 외상기일 연장 특혜를 제공하다가 그 외상대금의 증대에 따른 채권확보대책의 일환으로 종전의 특혜를 배제하고 담보제공 요구나 공

405) 서고판 1997. 12. 26. 97구8375: "10개 가스보일러업체가 비등한 시장점유율을 가진채 서로 경쟁을 벌이는 상황하에서는 애프터서비스의 품질은 소비자의 신용 및 평판에 적지 아니한 영향을 미쳐서 제품의 가격이나 품질 못지않게 주요한 경쟁요소가 되는 것인 바".

406) 서고판 2001. 4. 17. 2000누16472.

급물량감축 및 외상기일 단축 등을 통한 외상대금감축 등의 조치"는 사업활동방해행위라 할 수 없다고 판시하였다(〈쌍용정유(주)의 거래거절행위 건〉).[407]

〈세방(주) 및 국보 외 10의 사업활동방해행위 건〉 관련 행정소송에서 컨테이너전용장치(CY)운영사가 화주가 자가운송을 하는 경우 자가운송사업자로부터 상하차비, 운송관리비 등의 정당한 이유 없는 비용을 징수함으로써 자가운송사업자의 사업활동을 방해한 행위가 문제되었는데, 대법원은 "컨테이너전용장치(CY)의 설치에 투자된 비용과 운영·관리비를 회수하기 위하여 자가운송사업자로부터 이 사건 각 운송관리비를 징수한 행위는, 비용발생의 원인자가 비용을 부담하여야 한다는 시장경제의 원리인 수익자부담원칙에 부합되는 것으로서 부당한 사업활동방해행위에 해당되지 않는다고 판시하였다.[408]

9) 부당지원행위

[참고사례]

LG정보통신(주)의 부당지원행위 건(공정거래위원회 1998. 11. 9. 의결 제98-264호; 서울고등법원 2001. 1. 9. 선고 99누3807 판결); **한국가스공사의 부당지원행위 건**(공정거래위원회 1999. 5. 27. 의결 제1999-83호; 서울고등법원 2001. 6. 21. 선고 99누7236 판결; 한국전기통신공사 및 한국공중전화(주)의 **자회사에 대한 부당지원행위 등 건**(공정거래위원회 1999. 5. 27. 의결 제1999-80호; 서울고등법원 2001. 7. 5. 선고 99누15312, 2001. 4. 3. 선고 99누6622 판결); **대한주택공사의 부당지원행위 건**(공정거래위원회 1999. 5. 27. 의결 제99-79호; 서울고등법원 2001. 8. 21. 선고 99누15800 판결; 대법원 2003. 9. 5. 선고 2001두7411 판결); **독점규제법 제24조의 2**(부당지원행위에 대한 과징금) **위헌제청 건**(헌법재판소 2003. 7. 24. 선고 2001헌가25 결정); **현대자동차주식회사 외 29인의 부당지원행위 건**(공정거래위원회 1998. 8. 5. 의결 제98-171호, 1998. 10. 19 재결 제98-32호; 서울고등법원 2001. 6. 21. 선고 98누13098 판결; 대법원 2004. 4. 9. 선고 2001두6197 판결); **대한화섬(주) 외 1의 부당지원행위 건**(공정거래위원회 2001. 12. 18. 의결 제2001.180호; 서울고등법원 2004. 7. 22. 선고 2002누10577 판결); **삼성SDS(주)의 부당지원행위 건**(공정거래위원회 1999. 10. 28. 의결 제99-212호, 2000. 4. 11. 재결 제2000-20호; 서울고등법원 2001. 7. 3. 선고 2000누4790 판결; 대법원 2004. 9. 24. 선고 2001두6364 판결); (주)**한국일보사의 부당지원행위 건**(공정거래위원회 2001. 7. 11. 의결 제2001.102호, 2002. 12. 15. 재결 제2001-065호; 서울고등법원 2004. 9. 30. 선고 2002

407) 대판 1998. 9. 8. 96누9003.

408) 대판 2012. 4. 26. 2010두4858; 대판 2012. 5. 10. 2010두4896.

누1054 판결); **대우 2차 부당지원행위 건**(공정거래위원회 1998. 11. 19. 의결 제98-263호, 1999. 2. 22. 재결 제99-7호; 서울고등법원 2001. 3. 8. 선고 99누3746, 2005. 11. 16. 선고 2004누22765 판결; 대법원 2004. 10. 14. 선고 2001두2935 판결); **대우 3차 부당지원행위 건**(공정거래위원회 1998. 10. 28. 의결 제98-214호, 2000. 4. 11. 재결 제2000-19호; 서울고등법원 2001. 6. 14. 선고 2000누5182 판결; 대법원 2004. 10. 14. 선고 2001두6012 판결); **SK씨엔씨(주) (계열분리)부당지원행위 건**(공정거래위원회 2000. 2. 25. 의결 2000-36호, 2000. 7. 24. 재결 2000-40호; 서울고등법원 2001. 7. 24. 선고 2000누11064 판결; 대법원 2004. 3. 12. 선고 2001두7220 판결); **(주)서울신문사의 부당지원행위 건**(공정거래위원회 2001. 7. 11. 의결 제2001.101호, 2001. 12. 15. 재결 제2001-062호; 서울고등법원 2004. 7. 15. 선고 2002누1092 판결; 대법원 2004. 11. 12. 선고 2004두9630 판결); **에스케이네트웍스 주식회사 외 2(SK 4 차)의 부당지원행위 건**(공정거래위원회 2001. 1. 19. 의결 2001-008호, 2001. 6. 9. 재결 2001-024호; 서울고등법원 2004. 2. 5. 선고 2001누10303 판결; 대법원 2005. 4. 29. 선고 2004두3281 판결); **푸르덴셜자산운용 주식회사의 부당지원행위 건**(공정거래위원회 2000. 2. 25. 의결 2000-34호, 2000. 7. 24. 재결 2000-42호; 서울고등법원 2001. 6. 28. 선고 2000누11095, 2005. 5. 25. 선고 2004누8455 판결; 대법원 2004. 4. 23. 선고 2001두6517 판결); **삼성증권 주식회사의 부당지원행위 건**(공정거래위원회 2003. 10. 20. 의결 제2003.157호, 2004. 2. 2. 재결 제2004-003호; 서울고등법원 2005. 10. 19. 선고 2004누3856 판결); **하나로통신 주식회사의 부당지원행위 건**(공정거래위원회 2001. 12. 18. 의결 제2001.179호, 2002. 6. 17. 재결 제2002-013호; 서울고등법원 2003. 10. 21. 선고 2002누12252 판결; 대법원 2005. 10. 28. 선고 2003두13441 판결); **주식회사 대우건설의 부당지원행위 건**(공정거래위원회 2001. 1. 11. 의결 제2002-006호, 2002. 4. 29. 재결 제2002-008호; 서울고등법원 2004. 4. 29. 선고 2002누7649, 2005. 11. 16. 선고 2005누13669 판결; 대법원 2005. 5. 27. 선고 2004두6099 판결); **주식회사 대우 외 5의 부당지원행위 건**(공정거래위원회 1998. 8. 5. 의결 제1998-173호, 1998. 10. 19. 재결 제1998-034호; 서울고등법원 2001. 3. 8. 선고 98누13180, 2005. 11. 16. 선고 2004누22765 판결; 대법원 2004. 10. 14. 선고 2001두2881 판결); **엘지반도체(주) 외 18(엘지 1 차)의 부당지원행위 건**(공정거래위원회 1998. 8. 5. 의결 제1998-174호, 1998. 10. 19. 재결 제1998-35호; 서울고등법원 2001. 1. 30. 선고 98누13272 판결; 대법원 2004. 11. 12. 선고 2001두2034 판결); **에스케이텔레콤(주) 외 1(SK 2 차)의 부당지원행위 건**(공정거래위원회 1998. 10. 28. 의결 제1998-265호, 1999. 2. 26. 재결 제1999-009호; 서울고등법원 2003. 11. 25. 선고 1999누3814 판결; 대법원 2006. 2. 10. 선고 2003두15171 판결); **(주)삼호의 부당지원행위 건**(공정거래위원회 2000.

8. 28. 의결 제2000－139호, 2000. 12. 29. 재결 제2000－058호; 서울고등법원 2004. 5. 20. 선고 2001누1804 판결; 대법원 2005. 6. 9. 선고 2004두7153 판결); **한국토지공사의 부당지원행위 등 건**(공정거래위원회 2001. 4. 2. 의결 제2001－045호, 2001. 9. 12. 재결 제2001－045호; 서울고등법원 2004. 2. 10. 선고 2001누16288 판결; 대법원 2006. 5. 26. 선고 2004두3014 판결); **한국도로공사의 부당지원행위 등 건**(공정거래위원회 2001. 4. 2. 의결 제2001－047호, 2001. 9. 12. 재결 제2001.47호; 서울고등법원 2003. 12. 9. 선고 2001누16080 판결; 대법원 2006. 6. 2. 선고 2004두558 판결); **(주)조선일보사 외 2의 부당지원행위 건**(공정거래위원회 2001. 7. 11. 의결 제2001.104, 2001. 12. 15. 재결 제2001－058호; 서울고등법원 2003. 9. 23. 선고 2002누1047, 2006. 4. 13. 선고 2005누23628 판결; 대법원 2005. 9. 15. 선고 2003두12059 판결); **(주)중앙일보사의 부당지원행위 건**(공정거래위원회 2001. 7. 11. 의결 제2001－099호; 서울고등법원 2004. 1. 13. 선고 2001누12477, 2006. 4. 20. 선고 2005누10547 판결; 대법원 2005. 5. 13. 선고 2004두2233 판결); **(주)한화 외 2의 부당지원행위 건**(공정거래위원회 2001. 7. 11. 의결 제2001－095호, 2001. 12. 15. 재결 제2001.61호; 서울고등법원 2004. 1. 20. 선고 2002누1078, 2006. 6. 8. 선고 2005누13652 판결; 대법원 2005. 6. 10. 선고 2004두3021 판결); **현대증권(주)(현대 4 차)의 부당지원행위 건**(공정거래위원회 2001. 1. 19. 의결 제2001－009호, 2001. 6. 9. 재결 제2001－023호; 서울고등법원 2004. 2. 3. 선고 2001누2562 판결; 대법원 2006. 7. 6. 선고 2004두2998 판결); **현대상선(주)(현대 4 차)의 부당지원행위 건**(서울고등법원 2004. 1. 13. 선고 2001누10471 판결; 대법원 2006. 12. 7. 선고 2004두2226 판결); **현대중공업(주)(현대 4차)의 부당지원행위 건**(공정거래위원회 2001. 1. 19. 의결 제2001－009호, 2001. 6. 9. 재결 제2001－023호; 서울고등법원 2004. 2. 10. 선고 2001누10464 판결; 대법원 2006. 4. 14. 선고 2004두3298); **현대중공업(주)(현대 4 차)의 부당지원행위 건**(공정거래위원회 2001. 1. 19. 의결 제2001－009호, 2001. 6. 9. 재결 제2001－023호; 서울고등법원 2004. 2. 3. 선고 2001누10211 판결; 대법원 2006. 7. 13. 선고 2004두3007 판결); **현대택배(주)(현대 4 차)의 부당지원행위 건**(공정거래위원회 2001. 1. 19. 의결 제2001－009호; 서울고등법원 2005. 1. 27. 선고 2004두2219, 2006. 5. 25. 선고 2005누4924 판결; 대법원 2005. 1. 27. 선고 2004두2219 판결); **푸르덴셜자산운용(주)(현대 4 차)의 부당지원행위 건**(공정거래위원회 2001. 1. 19. 의결 제2001－009호, 2001. 6. 9. 재결 제2001－023호; 서울고등법원 2004. 8. 19. 선고 2001누10488 판결; 대법원 2006. 12. 7. 선고 2004두11268 판결); **엘아이지손해보험(주)(LG 3 차)의 부당지원행위 건**(공정거래위원회 1999. 10. 28. 의결 제1999－215호, 2000. 3. 20. 재결 제2000－011호; 서울고등법원 2004. 2. 3. 선고 200누4868 판결; 대법원 2006. 9. 14. 선고 2004두

3267 판결; 서울고등법원 2006. 12. 21. 선고 2006누22754 판결); **두산건설(주) 외 3의 부당지원행위 건**(공정거래위원회 2001. 12. 18. 의결 제2001.178호, 2002. 6. 17. 재결 제2002－012호; 서울고등법원 2003. 12. 2. 선고 2002누10560 판결; 대법원 2006. 6. 9. 선고 2004두268 판결); **삼성생명보험(주)의 부당지원행위 건**(공정거래위원회 2001. 7. 11. 의결 제2001－099호, 2001. 12. 15. 재결 제2001－060호; 서울고등법원 2006. 9. 16. 선고 2002누1061 판결; 대판 2006. 11. 9. 선고 2004두12049 판결); **삼성생명보험(주)의 부당지원행위 건**(공정거래위원회 1999. 3. 9. 의결 제1999－028호; 서울고등법원 2004. 2. 5. 선고 99누4596 판결; 대법원 2006. 9. 22. 선고 2004두3250 판결); **삼성물산(주) 외 1(삼성 2 차)의 부당지원행위 건**(공정거래위원회 1999. 11. 19. 의결 제1998－262호, 1999. 2. 26. 재결 제1999－006호; 서울고등법원 2003. 12. 16. 선고 99누3753 판결; 대법원 2006. 7. 27. 선고 2004두1186 판결); **현대자동차(주) 외 11(현대 2 차)의 부당지원행위 건**(공정거래위원회 1998. 11. 19. 의결 제1998－261호, 1999. 2. 26. 재결 제1999－005호, 2005. 9. 28. 의결 제2005－142호; 서울고등법원 2001. 6. 14. 선고 99누3760, 2006. 8. 9. 선고 2004누8431 판결; 대법원 2004. 4. 9. 선고 2001두6203 판결); **에스케이해운(주)의 부당지원행위 건**(공정거래위원회 2003. 10. 20. 의결 제2003.160호, 2004. 2. 2. 재결 제2004－004호; 서울고등법원 2004. 10. 13. 선고 2003누18608 판결; 대법원 2006. 5. 12. 선고 2004두12315 판결); **서울증권(주)의 부당지원행위 건**(공정거래위원회 2000. 8. 28. 의결 제2000－139호, 2000. 12. 29. 재결 제2000－058호; 서울고등법원 2004. 1. 13. 선고 2001누1798 판결; 대법원 2006. 9. 8. 선고 2004두2202 판결); **한국수자원공사의 부당지원행위 등 건**(공정거래위원회 2001. 4. 2. 의결 제2001－044호, 2001. 9. 10. 재결 제2001－042호; 서울고등법원 2004. 2. 3. 선고 2001누15865 판결; 대법원 2007. 1. 11. 선고 2004두3304 판결); **대한주택공사의 부당지원행위 등 건**(공정거래위원회 2001. 4. 2. 의결 제2001－046호, 2001. 9. 12. 재결 제2001－046호; 서울고등법원 2005. 1. 20. 선고 2001누16295, 2007. 4. 11. 선고 2007누3091 판결; 대법원 2007. 1. 26. 선고 2005두2773 판결); **(주)케이티의 부당지원행위 건**(공정거래위원회 2001. 2. 20. 의결 제2001－019호, 2001. 7. 9. 재결 제2001－028호; 서울고등법원 2004. 10. 28. 선고 2001누12484 판결; 대법원 2007. 4. 26. 선고 2005두2766 판결); **한국철도공사의 부당지원행위 건**(공정거래위원회 2006. 7. 9. 의결 제2006－192호; 서울고등법원 2007. 5. 16. 선고 2006누24352 판결); **삼성에스디아이(주) 외 6(삼성 1 차)의 부당지원행위 건**(공정거래위원회 1998. 8. 5. 의결 제1998－172호, 1998. 10. 19. 재결 제1998－033호; 서울고등법원 2003. 12. 23. 선고 98누13081, 2007. 4. 5. 선고 2007누315 판결; 대법원 2006. 12. 22. 선고 2004두1483 판결); **푸르덴셜자산운용(주) 외 17(현대 3 차)의 부당지원행위 건**(공정거래위원회 1999.

10. 28. 의결 제1999－213호, 2000. 4. 11. 재결 제2000－018호; 서울고등법원 2004. 6. 16. 선고 2000누4943, 2007. 6. 28. 선고 2007누3895 판결; 대법원 2007. 1. 25. 선고 2004두7610 판결); 대한주택공사의 부당지원행위 등 건(공정거래위원회 2001. 4. 2. 의결 제2001－046호, 2001. 9. 12. 재결 제2001－046호; 서울고등법원 2005. 1. 20. 선고 2001누16295, 2007. 4. 11. 선고 2007누3091 판결; 대법원 2007. 1. 26. 선고 2005두2773 판결); (주)동양레저 외 1의 부당지원행위 건(공정거래위원회 2006. 3. 29. 의결 제2006－059호; 서울고등법원 2007. 7. 11. 선고 2006누10233 판결); 에스케이네트웍스(주) 외 2의 부당지원행위 건(공정거래위원회 2003. 7. 7. 의결 제2003.108호, 2004. 1. 7. 재결 제2004－001호; 서울고등법원 2005. 7. 28. 선고 2004누2884 판결; 대법원 2007. 7. 27. 선고 2005두10866 판결); 에스케이건설(주) 외 11(에스케이 1 차)의 부당지원행위 건(공정거래위원회 1998. 8. 5. 의결 제1998－175호, 1998. 10. 19. 재결 제1998－036호; 서울고등법원 2003. 12. 23. 선고 2008누13159, 2007. 5. 31. 선고 2007누3888판결; 대법원 2007. 1. 25. 선고 2004두1490 판결); 현대중공업(주) 외 7의 부당지원행위 건(공정거래위원회 2001. 7. 11. 의결 제2001－094호, 2001. 12. 15. 재결 제2001－064호; 서울고등법원 2003. 12. 2. 선고 2002누1139, 2007. 9. 13. 선고 2007누2519 판결; 대법원 2007. 1. 11. 선고 2004두350 판결); (주)엘지 외 2(엘지 4 차)의 부당지원행위 건(공정거래위원회 2001. 1. 15. 의결 제2001－007호, 2001. 5. 31. 재결 제2001－020호; 서울고등법원 2005. 1. 13. 선고 2001누9686 판결; 대법원 2007. 10. 26. 선고 2005두1862 판결); 삼성생명보험(주) 외 6(삼성 3 차)의 부당지원행위 건(공정거래위원회 1999. 10. 28. 의결 제199－212호, 2000. 4. 11. 재결 제2000－020호; 서울고등법원 2005. 1. 27. 선고 2000누4783 판결; 대법원 2007. 10. 26. 선고 2005두3172 판결); 현대자동차(주) 외 6의 부당지원행위 등 건(공정거래위원회 2006. 12. 26. 의결 제2006－277호; 서울고등법원 2005. 5. 12. 선고 2003누20076 판결; 대법원 2007. 12. 13. 선고 2005두5963 판결); SK(주)외 8(SK 3 차)의 부당지원행위 등 건(공정거래위원회 1999. 10. 28. 의결 제1999－216호, 2002. 3. 21. 의결 2002－065호; 서울고등법원 2003. 11. 25. 선고 1999누15459 판결; 대법원 2006. 11. 23. 선고 2003두15188 판결; 서울고등법원 2008. 1. 24. 선고 2006누29142 판결); 대한주택공사의 부당지원행위 등 건(공정거래원회 2004. 1. 19. 의결 제2004－008호; 서울고등법원 2006. 12. 6. 선고 2004누13907 판결; 대법원 2008. 2. 14. 선고 2007두1446 판결; 서울고등법원 2008. 5. 15. 선고 2008누6068 판결); (주)한국투자증권의 부당지원행위 건(공정거래위원회 2005. 5. 4. 의결 제2005－062호; 서울고등법원 2006. 4. 6. 선고 2005누11236 판결; 대법원 2008. 6. 12. 선고 2006두7751 판결); 현대자동차(주) 외 28(현대 1 차)의 부당지원행위 등 건(공정거래위원회 1998. 8. 5. 의결 제

1998-171호; 서울고등법원 2001. 6. 21. 선고 98누13098 판결; 대법원 2004. 4. 9. 선고 2001두6197 판결; 서울고등법원 2006. 8. 9. 선고 2004누8424 판결; 대법원 2008. 7. 10. 선고 2006두14735 판결); (주)에스케이텔레콤 외 2의 부당지원행위 건(공정거래위원회 2006. 12. 26. 의결 제2006-277호; 서울고등법원 2005. 7. 13. 선고 2004누4200 판결; 대법원 2008. 3. 27. 선고 2005두9972 판결; 서울고등법원 2008. 11. 20. 선고 2008누9159 판결); 씨티은행 서울지점의 부당지원행위 건(공정거래위원회 2006. 9. 20. 의결 제2006-205호; 대법원 2009. 5. 8. 선고 2008두7885 판결); (주)국민은행의 거래상지위 남용행위 등 건(공정거래위원회 2006. 9. 26. 의결 제2006-216호; 대법원 2009. 10. 29. 선고 2007두20812 판결); 현대자동차 기업집단 계열회사의 부당지원행위 건(공정거래위원회 2007. 10. 24. 의결 제2007-504호; 서울고등법원 2009. 8. 19. 선고 2007누30903 판결; 대법원 2012. 10. 25. 선고 2009두15494 판결); 「금호아시아나」 기업집단계열회사의 부당지원행위 건[공정거래위원회 2005. 5. 30. 의결 제2005-074호; 서울고등법원 2006. 4. 12. 선고 2005누13614 판결; 대법원 2008. 6. 26. 선고 2006두8792(파기환송) 판결; 서울고등법원 2009. 1. 22. 선고 2008누18399(파기환송심) 판결]; 한국산업은행의 부당지원행위 건(공정거래위원회 2008. 8. 20. 의결 제2008-241호; 서울고등법원 2009. 7. 1. 선고 2008누26208 판결; 대법원 2011. 9. 8. 선고 2009두11911 판결); 롯데피에스넷(주)의 부당지원행위 건(공정거래위원회 의결 제2012.228호; 서울고등법원 2013. 7. 18. 선고 2012누30730 판결; 대법원 2014. 2. 13. 2013두17466 판결); (주)웅진싱크빅 등 6개사의 부당지원행위 건(공정거래위원회 2012. 3. 21. 의결 제2012-040호; 서울고등법원 2013. 1. 24. 선고 2012누10293 판결; 대법원 2014. 6. 12. 선고 2013두4255 판결); 신세계 기업집단 계열회사의 부당지원행위 건(공정거래위원회 2013. 2. 25. 의결 제2013-039호; 서울고등법원 2014. 3. 14. 2013누45067 판결; 대법원 2015. 1. 29. 선고 2014두36112 판결); 삼양식품(주)의 부당지원행위 건[공정거래위원회 2014. 3. 3. 의결 제2014-037호; 서울고등법원 2015. 10. 16. 선고 2014누5615 판결; 대법원 2016. 3. 10. 2015두5657(심리불속행 기각) 판결]; 상호출자제한 기업집단 한국철도공사 소속 2개사의 부당지원행위 등 건[공정거래위원회 2015. 4. 10. 의결 2015-114; 서울고등법원 2016. 10. 21. 선고 2015누42628 판결; 대법원 2017. 2. 23. 선고 2016두60751(심리불속행 기각) 판결]; 씨제이씨브이(주)의 부당지원행위 건(공정거래위원회 2016. 10. 21. 의결 제2016-293호; 서울고등법원 2017. 10. 25. 선고 2017누37653 판결); LS 및 LS산전 부당지원행위 건(공정거래위원회 2017. 5. 17. 의결 제2017-174호; 서울고등법원 2018. 4. 12. 선고 2017누55637 판결); 하이트진로(주) 및 삼광글라스(주)의 부당지원행위 등 건(공정거래위원회 2018. 3. 26. 의결 제2018-110호); 기업집단 「효성」 소속 계열회사들의 특수관계인에 대한

부당이익제공행위 및 부당지원행위 건(공정거래위원회 2018. 5. 21. 의결 제2018－148호); **동화청과(주) 및 (주)팜한농의 부당지원행위 건**(공정거래위원회 2019. 1. 23. 의결 2019－025호; 서울고등법원 2020. 1. 15. 선고 2019누38788 판결); **엘에스 기업집단 계열회사의 부당지원행위 건**(공정거래위원회 2018. 8. 22. 의결 제2018－262호; 서울고등법원 2021. 7. 22. 선고 208누64353 판결); **기업집단 SPC 소속 계열회사들의 부당지원행위에 대한 건**(공정거래위원회 2020. 10. 23. 의결 제2020－029호)

부당지원행위라 함은 "부당하게 ① 특수관계인 또는 다른 회사에 대하여 가지급금 · 대여금 · 인력 · 부동산 · 유가증권 · 상품 · 용역 · 무체재산권 등을 제공하거나 상당히 유리한 조건으로 거래하는 행위, ② 다른 사업자와 직접 상품 · 용역을 거래하면 상당히 유리함에도 불구하고 거래상 실질적인 역할이 없는 특수관계인이나 다른 회사를 매개로 거래하는 행위 중 어느 하나에 해당하는 행위를 통해 특수관계인 또는 다른 회사를 지원하는 행위"를 말한다(법 제45조 제 1 항 제 9 호). 그리고 "특수관계인 또는 회사는 다른 사업자로부터 제45조 제 1 항 제 9 호에 해당할 우려가 있음에도 불구하고 당해 지원을 받는 행위를 하여서는 아니 된다"(법 제45조 제 2 항)고 규정함으로써 지원을 받는 행위도 지원행위와 마찬가지로 금지하고 있다.

1996. 12. 30. 규정이 신설될 당시 부당지원행위는 "부당하게 특수관계인 또는 다른 회사"에 대하여 "가지급금 · 대여금 · 인력 · 부동산 · 유가증권 · 무체재산권 등을 제공하거나 현저히 유리한 조건으로 거래하여 특수관계인 또는 다른 회사를 지원하는 행위"로 규정되어 있었다(구 법 제23조 제 1 항 제 7 호). 당시 이 제도를 재벌에 의한 경제력집중의 억제수단으로 보아 제 4 장에서 규정하여 하였으나, 이러한 지원행위는 대규모기업집단의 계열회사 뿐만 아니라 일반사업자들 간에도 이루어지고 있다는 이유로 이를 대규모기업집단의 계열회사에 대해서만 적용하는 것을 반대하는 재계의 반대에 부딪혀, 제 5 장에서 규정하게 되었다.[409]

2012년 대통령 선거과정에서부터 경제민주화가 본격적으로 논의되기 시작하였으며, 2013년 2월 새정부가 출범하면서 경제민주화 입법이 추진되었다. 경제민주화 추진과정에서 핵심적인 내용 중의 하나로 중 일감 몰아주기 등 부당지원행위에 대한 제재 강화가 추진되었다.

1996년 입법당시와 마찬가지로 경제력집중 억제시책의 일환으로 제 4 장에

409) 권오승, 공정거래와 법치(권오승 편), 23면.

규정하는 방안이 논의되었으나 재계의 반대 등으로 결국에는 제 5 장에 규정하되 규제를 강화하는 방향으로 정리가 되었고, 법 제47조를 별도로 신설하여 총수일가의 부당한 이익제공금지를 규정하게 되었다.

강화된 부당지원금지 규정을 보면, 첫째, 종전에는 지원행위가 '현저히' 유리한 정도에 미치지 못하면 규제할 수 없었으나, '상당히' 유리한 경우도 규제할 수 있도록 하였고, 둘째, 거래단계의 중간에서 실질적 역할 없이 수수료만 챙기는 일명 통행세 관행에 대한 규제를 신설하였고, 셋째, 부당이득을 통해 실제 이득을 본 지원객체에 대해서도 과징금을 부과하도록 하였다.[410]

부당지원행위에 대한 규제는 한편으로는 경제력집중을 억제하기 위한 것이고 다른 한편으로는 공정한 거래질서를 확립하기 위한 것이다.[411] 대규모기업집단의 계열회사 사이에만 해당하는 것이 아니라 상법상의 모자관계에 있는 회사 사이에도 해당하고,[412] 부당지원행위의 지원객체의 하나로 '다른 회사'라고만 규정하고 있을 뿐 다른 제한을 두고 있지 않고 있는 점, 부당지원행위 금지제도의 입법 취지 등에 비추어 보면, 부당지원행위의 객체인 '다른 회사'는 반드시 대규모기업집단의 계열회사에 한정되는 것은 아니다.[413] 그러나 주로 규제의 대상이 되는 행위는 대기업집단 내의 계열회사간의 부당지원행위인 이른바 부당내부거래이다.[414]

헌법재판소는 부당내부거래가 초래하는 폐해에 대해 "첫째, 퇴출되어야 할 효율성이 낮은 부실기업이나 한계기업을 계열회사의 형태로 존속케 함으로써 당해 시장에서 경쟁자인 독립기업을 부당하게 배제하거나 잠재적 경쟁자의 신규 시장진입을 억제함으로써 시장의 기능을 저해한다.[415] 둘째, 계열회사간에 이루어지는 지속적인 부당내부거래는 독과점적 이윤을 상호간에 창출시키게 되고, 그 결과 대기업집단 소속 계열회사들의 독점력을 강화함으로써 경제력 집중의 폐해를 야기한다. 셋째, 부당내부거래는 우량 계열기업의 핵심역량이 부실 계열기업으로 분산·유출되어 우량기업의 경쟁력이 저하됨에 따라 기업집단 전체가 동

410) 공정거래위원회 보도자료(2013. 7. 2.).
411) 대판 2004. 3. 12. 2001두7220; 대판 2004. 4. 9. 2001두6197.
412) 서고판 2004. 2. 5. 2001누10303(대판 2005. 4. 29. 2004두3281); 대판 2004. 4. 9. 2001두6197.
413) 대판 2004. 10. 14. 2001두2881.
414) 헌재결 2003. 7. 24. 2001헌가25.
415) 이에 대하여는 경쟁력을 갖추고 있으나 일시적인 어려움에 처한 기업이라면 기업집단의 입장에서 지원하고자 하는 유인이 존재할 수 있으며, 이 경우 지원을 통해 지원객체기업이 회생했다면 이는 해당시장의 경쟁여건이 개선된 것으로 볼 수 있다는 비판이 있다. 한현옥, 자유경쟁과 공정거래(2002), 450면. 같은 논지: 서정, 경제법판례연구 제 4 권(2007), 137~140면 참조.

반 부실화할 위험을 초래한다. 넷째, 부당내부거래는 또한 기업의 투명성을 저해하고 주주, 특히 소액주주와 채권자 등의 이익을 침해하게 된다"고 한다.[416)]

다시 말해 대규모기업집단사이의 계열회사 사이에 이루어지는 부당지원행위로 인하여 ① 특정계열사에게 '효율과는 무관한 경쟁상의 우위'를 확보할 수 있게 해 줌으로써 비효율적인 계열사의 도태를 방해하고, 오히려 독립적인 경쟁자를 시장에서 부당하게 축출시키거나 위축시킬 수 있고, ② 시장에 진입하려는 잠재 경쟁자에게 상대기업 외에 경쟁기업의 계열사의 경영능력까지도 고려해야 하는 상황을 조성하여 결국 계열사가 속한 시장에로의 진입을 억제함으로써 시장경합성(market contestability)을 저해하여, 경쟁기업의 진입 및 퇴출을 통해 자원의 최적배분을 도모하는 시장기능을 약화시켜 사회전체의 후생을 감소시키고, 궁극적으로는 국민경제의 건전하고 균형있는 발전을 가로막기 때문이다.[417)] 또한 통상 기업집단내 우량계열사가 지원주체가 되는 것이 일반적이므로 결국 기업집단내 핵심역량(corecompetence)을 분산시켜 지원주체인 우량계열사마저 동반부실에 빠지게 하여 우량계열사의 주주의 이익을 탈취하고 채권자 등 이해관계인에게 손해를 가하게 되는 부정적인 결과도 초래한다.[418)]

또한 경제력집중 억제시책의 일환으로 계열분리 촉진을 도모하고 있으나, 만일 특정 대규모기업집단이 친족간 계열분리를 시도하여 독립된 기업집단으로 분리시킨 후, 그 독립된 기업집단에게 자금·자산·인력 등을 부당하게 지원하는 경우 실질적인 계열분리가 이루어지지 않는 결과가 초래되므로, 부당지원행위를 규제하는 것은 경제력집중 억제시책의 실효성을 제고시키는데도 큰 의의가 있다.[419)]

내부거래규제 관련해서는 계열사간 상호보조를 통하여 비계열기업을 시장에서 배제하는 효과, 즉 가격차별의 가능성 등 내부거래의 독점화(monopolization)에만 주목할 뿐 내부거래의 효율성 측면에 대하여는 간과하고 있다는 비판이 있다.[420)] 그러나 이점에 대하여 지원행위는 내부거래개념과의 혼선을 피하여

416) 헌재결 2003. 7. 24. 2001헌가25; 이호영, 경제법판례연구 제 2 권(2005), 161~164면 참조.

417) 서고판 2001. 1. 9. 99누3807; 서고판 2001. 4. 3. 99누6622; 서고판 2001. 6. 28. 2000누11095(대판 2004. 4. 23. 2001두6517); 서고판 2001. 1. 30. 98누13272(대판 2004. 11. 12. 2001두2034); 서고판 2007. 7. 11. 2006누10233.

418) 서고판 2001. 4. 3. 99누6622; 서고판 2003. 12. 16. 99누3753(대판 2006. 7. 27. 2004두1186).

419) 오성환, 166면.

420) 이인권, 공정거래와 법치(2004), 274면; 한현옥, 자유경쟁과 공정거래(2002), 449~455면 참조. R. Coase, O. Williamson의 거래비용적 접근을 예로 들 수 있다; 경쟁저해적 관점과 소액주주

야 하고, 내부적 거래와 외부적 거래의 중간적인 내지 혼합적인 성격을 갖고 있어서, 유보 없이 내부거래로 단정지을 수 없다는 반론이 있다.[421] 즉 내부거래의 효율성측면을 논의하기 전에 부당지원행위에 대한 규제가 과연 내부거래에 해당하는지에 대한 정리가 필요하다는 것이다.

한편 부당한 지원행위 규정의 운영과 관련하여 객관적이고 구체적인 심사기준을 마련하기 위하여 「부당한 지원행위의 심사지침」[422](이하 "부당지원행위 심사지침")을 제정·운영하고 있다. 대법원은 이 심사지침을 상위법령의 위임이 없을 뿐 아니라 그 내용이나 성질 등에 비추어 보더라도 공정거래위원회 내부의 사무처리준칙에 불과하고 대외적으로 법원이나 일반 국민을 기속하는 법규명령으로서의 성질을 가지는 것이라고는 볼 수 없다고 본다.[423] 그러나 지원행위의 부당성을 판단함에 있어 참작할 요소가 될 수 있다.[424]

② 유 형

A. 가지급금 또는 대여금 등 자금을 거래한 경우

부당하게 특수관계인 또는 다른 회사에 대하여 가지급금·대여금 등 자금을 상당히 낮거나 높은 대가로 제공 또는 거래하거나 상당한 규모로 제공 또는 거래하여 과다한 경제상 이익을 제공함으로써 특수관계인 또는 다른 회사를 지원하는 행위를 말한다(영 [별표2]. 9. 가).

보호의 관점에서 규제하는 것은 근거가 없다는 주장에 대하여 송옥렬, 공정거래법과 규제산업(2007), 229~253면 참조; 부당지원행위규제에 관한 전반적 비판에 관하여 이문지, 80~136면 참조. 이문지 교수는 부당내부거래행위규제의 문제점으로, 첫째, 일정규모 이상의 지원행위를 부당한 지원행위로 금지함은 사업자 상호간의 경쟁을 통한 가격인하와 생산량 증대라는 소비자후생과 재벌 계열회사의 이익을 희생하는 대신 중소기업의 이익을 보호하는 것이다. 둘째, 재벌은 복수의 계열회사로 구성되어 있지만 재벌전체를 하나의 사업자로 보아야 한다. 셋째, 기업내부의 의사결정에 정부가 개입하는 것은 보통 경제규제라 부르고 경쟁제한행위를 소극적으로 금지하는 독점규제법과 구별하는 것이 일반적이다. 넷째, 부당한 지원행위를 금지함으로써 재벌 계열회사와 계열회사가 아닌 중소기업의 공정한 경쟁을 확보한다거나 지원객체의 시장퇴출이 저해됨을 방지하는 것은 거의 실효성이 없다. 끝으로, 지원행위에 힘입은 지원객체의 공격적인 영업행위가 신규진입저해 기타의 경쟁제한적인 효과가 있어 시장독점의 형성 또는 유지할 위험이 있는 경우에는 단일체 이론에 의해서 그리고 부당염매행위(또는 시장지배적지위 남용행위)로서 금지할 수 있고 부당한 지원행위라는 새로운 불공정거래행위 유형을 신설할 필요가 없다.

421) 홍명수, 공정거래와 법치(권오승 편)(1996), 412면.

422) 공정거래위원회 예규 제396호(2021. 12. 30).

423) 대판 2004. 4. 23. 2001두6517; 대판 2005. 6. 9. 2004두7153.

424) 서고판 2020. 1. 15. 2019누38788.

가지급금 또는 대여금 등에 의한 지원행위는 회계처리상 계정과목을 가지급금 또는 대여금으로 분류하고 있는 경우에 국한하지 아니하고, 지원주체가 지원객체의 금융상 편의를 위하여 직접 또는 간접으로 현금 기타 자금을 이용할 수 있도록 경제상 이익을 제공하는 일체의 행위를 말한다. 예를 들면 ⓐ 지원객체의 금융회사로부터의 차입금리보다 저리로 자금을 대여해 준 경우, ⓑ 계열금융회사에게 콜자금을 시중 콜금리보다 저리로 대여해 준 경우, ⓒ 계열투신운용회사가 고객의 신탁재산으로 특수관계인 등에게 저리의 콜자금 등을 제공하는 경우, ⓓ 상품·용역거래와 무관하게 '선급금 명목으로' 지원객체에게 무이자 또는 저리로 자금을 제공한 경우, ⓔ 계열금융회사가 특수관계가 없는 독립된 자의 예탁금에 적용하는 금리보다 낮은 금리로 계열금융회사에 자금을 예치한 경우, ⓕ 단체퇴직보험을 금융회사에 예치하고 이를 담보로 지원객체에게 저리로 대출하도록 한 경우, ⓖ 계열금융회사가 지원객체에게 대여한 대여금의 약정 연체이자율을 적용하지 않고 일반 대출이자율을 적용하여 연체이자를 수령하는 경우, ⓗ 주식매입을 하지 않으면서 증권예탁금 명목으로 계열증권회사에 일정기간 자금을 저리로 예탁한 경우, ⓘ 보유하고 있는 지원객체 발행주식에 대한 배당금을 정당한 사유없이 회수하지 않거나 회수를 태만히 한 경우, ⓙ 지원객체소유 부동산에 대해 장기로 매매계약을 체결하고 계약금 및 중도금을 지급한 뒤 잔금지급전 계약을 파기하여 계약금 및 중도금 상당액을 변칙 지원한 경우, ⓚ 지원객체 소유 건물·시설을 이용하면서 특수관계가 없는 독립된 자와 동일하게 이용료를 지불함에도 불구하고 임차보증금 또는 임차료를 추가적으로 지급한 경우, ⓛ 임대료를 약정납부기한보다 지연하여 수령하면서 지연이자를 받지 않거나 적게 받는 경우 등이다(「부당지원행위 심사지침」 Ⅲ. 1).

B. 유가증권·부동산·무체재산권 등 자산을 거래한 경우

부당하게 특수관계인 또는 다른 회사에 대하여 부동산·유가증권·상품·용역·무체재산권 등 자산 또는 상품·용역을 상당히 낮거나 높은 대가로 제공 또는 거래하거나 상당한 규모로 제공 또는 거래하여 과다한 경제상 이익을 제공함으로써 특수관계인 또는 다른 회사를 지원하는 행위를 말한다(영 [별표2]. 9. 나).

지원주체가 지원객체에게 유가증권·상품·용역·부동산·무체재산권이나 기타 자산(이하 "자산")을 무상으로 또는 정상가격보다 낮은 가격으로 제공하거나 정상가격보다 높은 가격으로 제공받는 것은 지원행위에 해당한다.

ⓐ 지원객체가 발행한 기업어음을 비계열사가 매입한 할인율보다 낮은 할인율로 매입한 경우(기업어음 고가매입), ⓑ 지원객체의 신용등급에 적용되는 할인율보다 낮은 할인율을 적용하여 발행한 기업어음을 매입한 경우(기업어음 고가매입), ⓒ 역외펀드를 이용하여 특수관계인 등이 발행한 주식을 고가로 매입하거나 기업어음 등을 저리로 매입하는 경우(기업어음 또는 주식 고가매입), ⓓ 계열투신운용회사가 고객의 신탁재산으로 특수관계인 등의 기업어음이나 회사채를 저리로 매입하는 경우(기업어음 또는 회사채 고가매입), ⓔ 금융회사의 특정금전신탁에 가입하고 동 금융회사는 동 자금을 이용하여 위탁자의 특수관계인 등이 발행한 기업어음 또는 사모사채를 저리로 인수하는 경우(기업어음 또는 사모사채 고가매입), ⓕ 특수관계가 없는 독립된 자가 인수하지 않을 정도의 낮은 금리수준으로 발행된 후순위사채를 특수관계인이나 친족독립경영회사(이하 "특수관계인 등")가 인수한 경우(후순위사채 고가매입)(※ 후순위사채의 정상가격 산정이 어려울 때에는 지원주체가 매입한 후순위사채의 액면금액을 지원성 거래규모[425]로 봄), ⓖ 제 3 자 배정 또는 실권주 인수 등의 방식을 통해 유상증자에 참여하면서 특수관계가 없는 독립된 자가 인수하지 않을 정도의 고가로 발행한 주식을 지분을 전혀 보유하고 있지 않은 특수관계인 등이 인수한 경우(주식 고가매입)(※ 유상증자시 발행된 주식의 정상가격 산정이 어려울 때에는 지원주체의 주식 매입액을 지원성 거래규모로 봄). ⓗ 제 3 자 배정 또는 실권주 인수 등의 방식을 통해 유상증자에 참여하면서 특수관계가 없는 독립된 자가 인수하지 않을 정도의 고가로 발행한 주식을 기존 주주인 특수관계인 등이 인수하여 증자 후의 지분율이 증자 전의 지분율의 50/100 이상 증가하는 경우(다만, 증자 전 제 1 대 주주이거나 증자 후 제 1 대 주주가 되는 주주가 유상증자에 참여한 경우는 제외하며, 의결권이 제한되는 계열 금융사 등은 제 1 대 주주로 보지 아니함)(주식 고가매입), ⓘ 금융관련 법규위반을 회피하기 위해 금융회사를 통하여 실권주를 현저히 높은 가격으로 우회인수하거나 기타 탈법적인 방법으로 인수하는 경우(주식 우회인수), ⓙ 전환권행사가 불가능할 정도로 전환가격이 높고 현저히 낮은 이자율로 발행된 전환사채를 특수관계인 등이 인수한 경우(전환사채의 고가매입), ⓚ 경영권 방어목적 등 특별한 사유없이 전환권행사로 인해 포기되는

425) "지원성 거래규모"라 함은 지원주체와 지원객체간에 이루어진 자금·자산·인력의 실제거래가격이 정상가격보다 높거나 낮은 것으로 보는 것이 합리적이나 정상가격의 구체적 수준을 합리적으로 산정하기 어려운 경우에 당해 거래(무상제공 또는 무상이전을 포함)의 규모를 말한다(지침 Ⅱ.7).

누적이자가 전환될 주식의 시세총액과 총 전환가액의 차액보다도 큼에도 불구하고 전환권을 행사한 경우(전환사채의 저가주식 전환), ⓛ 시가보다 현저히 낮은 가격으로 신주인수권부사채를 발행하여 특수관계인 등에 매각하는 경우(신주인수권부사채 저가매각), ⓜ 비계열금융회사에 후순위대출을 해주고, 동 금융회사는 특수관계인 등이 발행한 저리의 회사채를 인수하는 경우(회사채 고가매입), ⓝ 부동산을 시가에 비하여 저가로 지원객체에 매도하거나, 고가로 지원객체로부터 매수한 경우(부동산 저가매도 또는 부동산 고가매수), ⓞ 계열회사가 단독으로 또는 지원객체와 공동으로 연구개발한 결과를 지원객체에 무상양도하여 지원객체가 특허출원을 할 수 있도록 한 경우(무체재산권 무상양도), ⓟ 계열금융회사가 지원객체가 보유한 부도난 회사채 및 기업어음 등 유가증권을 고가에 매입한 경우(부도 유가증권 고가매입)(「부당지원행위 심사지침」 Ⅲ. 2. 가).

ⅰ) **부동산을 임대차한 경우** 부동산을 임대차한 경우 지원주체가 지원객체에게 당해 부동산을 무상으로 사용하도록 제공하거나, 정상임대료보다 낮은 임대료로 임대하거나 정상임차료보다 높은 임차료로 임차하는 것은 지원행위에 해당한다.

ⓐ 지원객체에게 공장·매장·사무실을 무상 또는 낮은 임대료로 임대한 경우(부동산 저가임대), ⓑ 지원객체로부터 부동산을 임차하면서 고가의 임차료를 지급한 경우(부동산 고가임차)를 들 수 있다(「부당지원행위 심사지침」 Ⅲ. 3. 가).

ⅱ) **상품·용역을 거래한 경우** 종래 상품용역은 규정상 지원행위에 해당하지 않았다. 그러나 대법원은 "부당지원행위를 불공정거래행위의 한 유형으로 규정하여 이를 금지하는 입법 취지가 공정한 거래질서의 확립과 아울러 경제력집중의 방지에 있는 점, 법 제45조 제1항 제9호가 부당지원행위의 규제대상을 포괄적으로 규정하면서 '가지급금·대여금·인력·부동산·유가증권·무체재산권'을 구체적으로 예시하고 있을 뿐 상품·용역이라는 개념을 별도로 상정하여 상품·용역거래와 자금·자산·인력거래를 상호구별하여 대응시키거나 상품·용역거래를 부당지원행위의 규제대상에서 제외하고 있지 아니한 점, 법 제45조 제2항에 따라 불공정거래행위의 유형 및 기준을 정한 법 시행령 제52조 [별표2] 제9호도 부당지원행위의 유형 및 기준을 지원내용과 효과에 초점을 두어 자금지

원행위, 자산지원행위, 인력지원행위로 나누어 규정한 것이고 지원행위를 거래형식별로 상정하여 그것만을 규제의 대상으로 삼은 것이라거나 상품·용역이라는 개념을 별도로 상정하여 그것을 부당지원행위의 규제대상에서 제외하고 있지 아니한 점, 부당지원행위와 법 제45조 제1항 제2호, 법시행령 제52조 제1항 [별표2] 제2호 (다)목 소정의 계열회사를 위한 차별이나 법 제45조 제1항 제3호, 법시행령 제52조 [별표2] 제3호 소정의 경쟁사업자 배제와는 입법 취지, 요건 및 효과가 서로 다른 별개의 제도인 점 등을 종합하면, 상품·용역의 제공 또는 거래라는 이유만으로 부당지원행위의 규제대상에서 제외되는 것은 아니고 그것이 부당지원행위의 요건을 충족하는 경우에는 부당지원행위의 규제대상이 될 수 있다"고 하였다.426)

이러한 판결의 취지를 반영하여 시행령에 상품·용역이 추가되었고 「부당지원행위 심사지침」에서도 상품·용역 거래를 포함하고 있다.

첫째, 거래대가 차이로 인한 지원행위인 경우에는 지원주체가 지원객체에게 상품·용역을 무상으로 또는 정상가격보다 낮은 가격으로 제공하거나 지원객체로부터 정상가격보다 높은 가격으로 제공받는 것은 지원행위에 해당한다.
예를 들면 ⓐ 지원객체에 대한 매출채권회수를 지연하거나 상각하여 회수불가능 채권으로 처리한 경우, ⓑ 외상매출금, 용역대금을 약정기한 내에 회수하지 아니하거나 지연하여 회수하면서 이에 대한 지연이자를 받지 아니한 경우, ⓒ 지원객체가 생산·판매하는 상품을 구매하는 임직원에게 구매대금을 대여하거나 융자금을 알선해 주고 이자의 전부 또는 일부를 임직원소속 계열회사의 자금으로 부담한 경우, ⓓ 지원객체가 운영하는 광고매체에 정상광고단가보다 높은 단가로 광고를 게재하는 방법으로 광고비를 과다 지급하는 경우, ⓔ 주택관리업무를 지원객체에게 위탁하면서 해당 월의 위탁수수료 지급일보다 지원객체로부터 받는 해당 월의 임대료 등 정산금의 입금일을 유예해주는 방법으로 지원객체로 하여금 유예된 기간만큼 정산금 운용에 따른 이자 상당의 수익을 얻게 한 경우를 들 수 있다(이상 「부당지원행위 심사지침」 Ⅲ. 4. 가).
둘째, 상당한 규모에 의한 지원행위인 경우이다. 여기에서 상당한 규모란 지원객체

426) 대판 2004. 10. 14. 2001두2935; 대판 2005. 10. 28. 2003두13441; 대판 2004. 11. 12. 2001두2034; 대판 2006. 5. 26. 2004두3014; 대판 2006. 6. 2. 2004두558; 대판 2005. 9. 15. 2003두12059; 대판 2005. 6. 10. 2004두3021; 대판 2006. 4. 14. 2004두3298; 대판 2007. 1. 11. 2004두3304; 대판 2007. 1. 25. 2004두7610; 대판 2007. 1. 25. 2004두1490; 대판 2007. 1. 11. 2004두350.

가 속한 시장의 구조와 특성, 지원행위 당시의 지원객체의 경제적 상황, 여타 경쟁사업자의 경쟁능력 등을 종합적으로 고려하여 판단한다. 상당한 규모에 의한 지원행위 여부는 ⓐ 거래대상의 특성상 지원객체에게 거래물량으로 인한 규모의 경제 등 비용절감효과가 있음에도 불구하고, 동 비용 절감효과가 지원객체에게 과도하게 귀속되는지 여부, ⓑ 지원주체와 지원객체간의 거래물량만으로 지원객체의 사업개시 또는 사업유지를 위한 최소한의 물량을 초과할 정도의 거래규모가 확보되는 등 지원객체의 사업위험이 제거되는지 여부를 고려하여 판단할 수 있다.
위 ⓑ에 의하여 지원행위 여부를 판단할 때에는 당해 지원객체와의 거래에 고유한 특성에 의하여 지원주체에게 비용절감, 품질개선 등 효율성 증대효과가 발생하였는지 여부 등 당해 행위에 정당한 이유가 있는지 여부를 고려하여야 한다(「부당지원행위 심사지침」 Ⅲ. 4. 나).

C. 인력을 제공한 경우

부당하게 특수관계인 또는 다른 회사에 대하여 인력을 상당히 낮거나 높은 대가로 제공하거나 상당한 규모로 제공하여 과다한 경제상 이익을 제공함으로써 특수관계인 또는 다른 회사를 지원하는 행위를 말한다(영 [별표2]. 9. 다).

지원주체가 제공하는 인력과 관련하여, 지원객체가 지원주체 또는 당해 인력에 대하여 지급하는 일체의 급여·수당등(이하 "실제지급급여")이 당해 인력이 근로제공의 대가로서 지원주체와 지원객체로부터 지급받는 일체의 급여·수당등(이하 "정상급여")보다 적은 때에는 지원주체가 지원객체에게 인력지원을 한 경우에 해당한다. 예를 들어 ⓐ 업무지원을 위해 인력을 제공한 후 인건비는 지원주체가 부담한 경우, ⓑ 인력파견계약을 체결하고 인력을 제공하면서 퇴직충당금등 인건비의 전부 또는 일부를 미회수한 경우이다(「부당지원행위 심사지침」 Ⅲ. 5).

D. 부당한 거래단계추가 등(소위 "통행세")

다른 사업자와 직접 상품·용역을 거래하면 상당히 유리함에도 불구하고 거래상 실질적 역할이 없는 특수관계인이나 다른 회사를 매개로 거래하는 행위를 말한다(법 제45조 제 1 항 제 7 호 나.). 즉 다른 사업자와 직접 상품·용역 거래를 하면 상당히 유리함에도 불구하고 거래상 실질적 역할이 없거나 미미한 특수관계인이나 다른 회사를 거래단계에 추가하거나 거쳐서 거래하는 행위 및 다른 사업자와 직접 상품·용역 거래를 하면 상당히 유리함에도 불구하고 특수관계인이나 다른 회사를 거래단계에 추가하거나 거쳐서 거래하면서 그 특수관계인이나 다른 회사에 거래상 역할에 비하여 과도한 대가를 지급하는 행위를 말한다(영 [별표2]. 9. 라).

> 통상적인 직거래관행 및 기존의 거래형태와 달리, 지원객체를 통해 제품을 간접적으로 구매하면서 실제 거래에 있어 지원객체의 역할을 지원주체가 수행하거나 지원주체와 지원주체의 역할이 중복되는 등 지원객체가 거래에 있어 실질적인 역할을 하지 않은 경우이다(「부당지원행위 심사지침」 Ⅲ.6).

③ 적용요건

A. 지원주체 및 객체

지원주체는 특별한 제한이 없으며, 지원객체는 특수관계인 또는 다른 회사를 말한다.

> "지원주체"라 함은 법 제23조(불공정거래행위의 금지) 제 1 항 제 7 호의 지원행위를 한 사업자를 말한다. "지원객체"라 함은 지원주체의 지원행위로 인한 경제상 이익이 귀속되는 특수관계인 또는 다른 회사를 말한다. 이때 다른 회사는 지원주체의 계열회사에 한정되지 아니한다. "특수관계인"이라 함은 시행령 제11조(특수관계인의 범위)의 규정에 의하여 정하여지는 자를 말한다(「부당지원행위 심사지침」 Ⅱ. 1~3).

'특수관계인'에 대한 지원과 관련하여 (주)삼성SDS가 1999년 신주인수권부사채(BW)를 대량으로 발행한 뒤, 비계열증권회사와 계열증권회사를 순차적으로 거치는 은밀한 거래를 통하여 당해 기업집단의 총수의 자녀를 포함한 6인의 특수관계인에게 정상가격보다 현저히 낮은 가격으로 매각한 행위에 대하여, 대법원은 "여기에서 말하는 '부당하게'는, 사업자의 시장지배적지위의 남용과 과도한 경제력의 집중을 방지하고, 부당한 공동행위 및 불공정거래행위를 규제하여 공정하고 자유로운 경쟁을 촉진함으로써 창의적인 기업활동을 조장하고 소비자를 보호함과 아울러 국민경제의 균형 있는 발전을 도모한다는 법의 목적(제 1 조)과 경제력 집중을 억제하고 공정한 거래질서를 확립하고자 하는 부당지원행위 금지규정의 입법 취지 등을 고려하면, 지원객체가 직접 또는 간접적으로 속한 시장에서 경쟁이 저해되거나 경제력이 집중되는 등으로 공정한 거래를 저해할 우려가 있다는 의미로 해석하여야 할 것이며, 이렇게 해석할 경우 지원객체가 일정한 거래분야에서 시장에 직접 참여하고 있는 사업자일 것을 요건으로 하는 것은 아니다"라고 판시하였다(〈삼성SDS(주)의 부당지원행위 건 등〉).[427] 다른 판례에서도 법원은 지원객체가 사업자일 것을 요구하지 않으며,[428] 그리고 지원객체는 반드시 일정한 거래분야에서 시장에 직접 참여하고 있는 사업자이어야 하는 것은 아니라고 한다.[429]

'다른 회사' 관련하여 대법원은 부당지원행위 금지의 입법 취지가 경제력집중의 방지와 아울러 공정한 거래질서의 확립에 있는 점과, 헌법 제119조 제 2 항이 국가로 하여금 시장의 지배와 경제력의 남용을 방지하기 위하여 경제에 관한 규제와 조정을 할 수 있다고 규정하고 있는 점에 비추어 볼 때, 부당지원행위의 객체인 '다른 회사'는 대규모기업집단의 계열회사로만 한정되는 것은 아니라고 할 것이고, 이와 같이 해석한다고 하여 국민의 재산권의 본질적인 부분을 침해하거나 사적자치의 원칙을 훼손하는 것은 아니라는 입장이다.[430]

그리고 모자회사간에도 부당지원행위가 성립한다는 것이 판례의 입장이다. 즉, 대법원은 "모회사가 주식의 100%를 소유하고 있는 자회사('완전자회사')라 하더라도 양자는 법률적으로는 별개의 독립한 거래주체라 할 것이고, 부당지원행위의 객체를 정하고 있는 법 제45조 제 1 항 제 9 호의 '다른 회사'의 개념에서 완전자회사를 지원객체에서 배제하는 명문의 규정이 없으므로 모회사와 완전자회사 사이의 지원행위도 법 제45조 제 1 항 제 9 호의 규율대상이 된다"라고 하였다(〈엘지반도체(주) 외 18(엘지 1 차)의 부당지원행위 건 등〉).[431]

또한 서울고등법원은 "서울신문사가 스포츠서울21의 발행주식 총수 중 53.44%를 보유하고 있는 지배주주라 하더라도 법률적으로는 스포츠서울21과 별개의 독립한 거래주체에 해당하므로, 이러한 사업자들 사이의 지원행위를 경제적 동일체 내에서 이루어 질 수 있는 협조행위에 불과한 것으로 보아 법 제45조의

427) 대판 2004. 9. 24. 2001두6364; 서고판 2004. 9. 30. 2002누1054; 대판 2005. 5. 27. 2004두6099.
428) 서고판 2006. 5. 25. 2005누4924(대판 2005. 1. 27. 2004두2219).
429) 대판 2006. 9. 8. 2004두2202; 대판 2007. 10. 26. 2005두1862.
430) 대판 2004. 3. 12. 2001두7220; 대판 2006. 4. 14. 2004두3298.
431) 대판 2004. 11. 12. 2001두2034; 대판 2006. 4. 14. 2004두3298; 대판 2006. 12. 7. 2004두11268; 대판 2006. 12. 22. 2004두1483; 이에 대한 비판적 견해로는 윤성운, 경제법판례연구 제 2 권 (2005), 36면.

부당지원행위가 성립하지 않는다고 볼 수 없다"고 판시하였다(〈(주)서울신문사의 부당지원행위 건〉).[432]

지원객체도 제재의 대상이 된다. 즉 특수관계인 또는 회사는 다른 사업자로부터 부당지원행위에 해당할 우려가 있음에도 불구하고 당해 지원을 받는 행위를 하여서는 아니된다(법 제45조 제2항). 〈하이트진로(주) 및 삼광글라스(주)의 부당지원행위 등 건〉에서 공정거래위원회는 서영이앤티 주식회사는 하이트진로 주식회사로부터 상당히 낮은 대가로 인력을 제공받거나 삼광글라스 주식회사가 자신의 제품생산에 필요한 중간재를 구매하는 과정에서 실질적인 역할을 수행함이 없이 거래단계 중간에 추가되어 삼광글라스 주식회사와 거래하는 방법으로 과다한 경제적 이익을 제공받는 행위가 부당한 지원행위 또는 부당한 이익제공행위에 해당할 우려가 있음에도 불구하고 그와 같이 제공받거나 거래하는 행위에 대해 제재하였다.[433]

〈기업집단 「효성」 소속 계열회사들의 특수관계인에 대한 부당이익제공행위 및 부당지원행위 건〉에서도 공정거래위원회는 갤럭시아일렉트로닉스 주식회사가 피심인 효성투자개발 주식회사와 거래하는 방법으로 과도한 경제적 이익을 제공받는 행위가 특수관계인에 대한 부당한 이익제공행위 또는 부당한 지원행위에 해당할 우려가 있음에도 불구하고 해당 거래를 한 것과 같은 행위를 제재하였다.[434]

B. 지원행위

i) 의 의 지원행위는 지원주체가 지원객체에게 경제적 급부를 제공하는 것을 말한다.

> "지원행위"라 함은 지원주체가 지원객체에게 직접 또는 간접으로 제공하는 경제적 급부의 정상가격이 그에 대한 대가로 지원객체로부터 받는 경제적 반대급부의 정상가격보다 높은 경우(무상제공 또는 무상이전의 경우를 포함)에 이루어지는 것으로서 지원주체가 지원객체에게 경제상 이익을 제공하는 작위 또는 부작위를 말한다(「부당지원행위 심사지침」 Ⅱ. 4).

432) 서고판 2004. 7. 15. 2002누1092(대판 2004. 11. 12. 2004두9630).
433) 공정의 2018. 3. 26. 2018－110.
434) 공정의 2018. 5. 21. 2018－148.

한편 부당한 지원행위 당시 경쟁사업자가 존재해야 하는가에 대하여 대법원은 "전환사채인수 당시 실질적으로 경쟁업체가 존재하지 않는다고 하더라도 지원객체들에 대한 지원으로 인하여 신규업체의 시장진입을 억제할 수 있으므로 관련시장에서의 경쟁을 저해한 것이 아니라고 할 수 없다"라고 함으로써 지원행위 당시 지원객체의 경쟁사업자가 존재해야 하는 것은 아니라고 판시하였다.[435)] 한편 지원객체가 지원 당시 실질적인 영업활동을 하지 않고 있었다고 하더라도, 자금지원행위가 공정한 거래를 저해할 우려가 있다고 본 판례도 있다.[436)]

지원객체에 대해 제재를 한 사례로는 최근 〈기업집단 현대 계열회사의 부당지원행위 및 특수관계인에 대한 부당한 이익제공행위에 대한 건〉[437)]을 들 수 있다. 한편, 법 제45조 제 2 항의 부당한 지원을 받는 행위에 해당하기 위해서는, 지원객체가 법 제45조 제 1 항 제 9 호에 해당할 우려가 있음에도 불구하고 해당 지원을 받는 행위를 하여야 하며, 해당 거래행위가 부당행위에 해당할 수 있음을 지원객체가 인식하고 있거나 인식할 수 있었는지 여부에 대한 판단은 독점규제법 전문가가 아닌 일반인의 입장에서 과다한 경제상 이익을 제공받았다는 것을 인식할 수 있을 정도면 족하다고 할 것이다.[438)]

ii) **규제대상** 부당지원행위의 규제대상은 제공 또는 거래행위 그 자체이다.

> 지원주체가 지원객체에게 경제적 이익을 제공하는 작위 또는 부작위의 결과 지원객체가 얻게 되는 이익은 지원행위의 경제상 효과에 불과하므로 법 제23조 제 1 항 제 7 호의 규정이 시행(1997. 4. 1)되기 이전에 지원행위가 있었던 경우에는 그로 인한 경제상 이익의 제공이 동 규정의 시행시점 이후에까지 계속되었다고 하여도 변제기를 연장하거나 금리를 변경하는 것 등과 같이 새로운 지원행위라고 볼만한 다른 특별한 사정이 없는 한 지원행위에 해당하지 아니한다(법 제49조 제 4 항의 규정에 의한 시정조치 등의 처분가능시점 이전에 지원행위가 있었던 경우에도 이를 준용)(「부당지원행위 심사지침」 Ⅱ. 4).

435) 대판 2004. 4. 9. 2001두6197; 대판 2006. 5. 12. 2004두12315.

436) 대판 2006. 5. 12. 2004두12315.

437) 공정의 2016. 7. 7. 2016-189. 지원객체에 대해서도 규율할 수 있는 법 제23조 제 2 항은 2013. 8. 13. 법 개정으로 신설되었다. 다만, 개정 법률 부칙에서 법 시행일인 2014. 2. 14.부터 1년간은 종전의 규정을 적용하도록 하여 유예기간을 두었다. 본 건 지원행위는 사실관계가 동일한 형태로 개정 법률 시행일은 물론 유예기간까지도 도과한 2015. 4. 30.까지 계속되었으므로 지원객체에게도 개정 법률을 적용하였다.

438) 공정의 2016. 7. 7. 2016-189.

이와 관련, 대법원도 "부당지원행위에 관한 규정이 시행된 1997. 4. 1. 이후에 자금을 지원할 의도로 자산이나 용역 등의 거래로 인한 대가인 자금을 변제기 이후에도 회수하지 아니하여 지원객체로 하여금 그 자금을 운용하도록 함으로써 금융상 이익을 얻게 하는 것과 같은 부작위행위도 자금지원행위에 포함한다고 해석함이 상당하지만,[439] 부당한 자금지원행위의 규제대상은 지원의도에 기한 자금의 제공 또는 거래행위 그 자체이므로 자금지원의 의도로 자금의 제공 또는 거래행위가 있으면 그 즉시 자금지원행위가 성립하는 것이고, 그로 인하여 지원객체가 얻게 되는 이익은 이러한 행위로 인한 경제상 효과에 불과한 것이므로 부당지원행위에 관한 규정이 시행된 이후에 지원주체가 지원객체에 대한 자금지원의 의도로 변제기를 연장하는 것 등과 같이 자금을 회수하지 않는 부작위가 새로운 자금지원행위와 동일시 할 수 있을 정도라고 볼 만한 특별한 사정이 없는 이상 위 규정이 시행되기 이전에 지원주체가 지원객체에 대하여 제공한 자금을 위 규정시행 이후에, 단순히 회수하지 아니하는 행위,[440] 지원주체가 적극적으로 변제기를 연장하는 것과 같은 새로운 자금지원행위라고 볼 만한 사정이 없는 경우,[441] 임대차기간을 연장하는 것 등과 같이 새로운 지원행위와 동일시 할 수 있는 정도의 특별한 사정없이 단순히 원래의 계약 내용대로 유지하는 행위[442]만으로는 지원행위에 해당한다고 할 수 없다"고 한다.

신주인수행위에 대하여 대법원은 다음과 같이 판시하였다.

> "신주인수행위는 신주를 발행하는 회사의 자본을 형성하는 단체법적, 회사법적 행위로서 그 인수대금이 발행회사의 자본을 구성한다는 점에서 이미 발행된 주식의 거래와는 다른 점이 있으나, 발행회사에 신주인수대금을 납입하고 발행회사로부터 주식을 취득하여 발행회사의 주주가 된다는 점에서 이미 발행된 주식을 매수하는 것과 실질적인 차이가 있다고 보기 어렵고, 부당지원행위를 불공정거래행위의 한 유형으로 규정하여 이를 금지하는 입법 취지가 공정한 거래질서의 확립과 아울러 경제력집중의 방지에 있는 점에 비추어 볼 때, 정상적인 가격보다 현저히 높은 가격으로 신주를 인수함으로써 발행회사에게 경제상 이익을 제공하는 행위가 출자행

439) 대판 2003. 9. 5. 2001두7411; 대판 2006. 4. 14. 2004두3298; 대판 2007. 1. 25. 2004두7610.

440) 대판 2004. 4. 9. 2001두6197; 대판 2004. 11. 12. 2001두2034; 대판 2004. 4. 9. 2001두6203; 대판 2007. 1. 25. 2004두7610; 대판 2004. 4. 9. 2001두6197.

441) 대판 2007. 1. 25. 2004두7610.

442) 대판 2006. 12. 22. 2004두1483.

위로서의 성질을 가진다고 하여 부당지원행위의 규제대상이 되지 않는다고 할 수 없음."[443] "「회사법」, 「증권거래법」 등에 의하여 규율되고 있고 독점규제법의 다른 규정에 의해서도 규제되고 있다고 하여 신주인수행위를 부당지원행위의 규제대상으로 삼을 수 없는 것은 아니고, 시가보다 높은 가격으로 신주를 인수하게 되면 그만큼 발행회사의 자본이 충실하게 되어 그로 인한 이익의 일부가 다시 신주인수인에게 귀속될 수 있으나, 이는 신주인수행위로 인한 간접적이고 반사적인 효과에 불과하므로 그러한 사정을 들어 신주인수행위가 부당지원행위의 규제대상이 되지 않는다고 할 수도 없음"(〈에스케이네트웍스 주식회사 외2(SK 4 차)의 부당지원행위 건〉).[444]

iii) **자금제공 방법** 자금의 제공 또는 거래방법이 직접적이든 간접적이든 묻지 아니하므로, 지원주체가 지원객체를 지원하기 위한 목적으로서 지원행위를 하되 지원주체와 지원객체와 사이의 직접적이고 현실적인 상품거래나 자금거래행위라는 형식을 회피하기 위한 방편으로 제 3 자를 매개하여 상품거래나 자금거래행위가 이루어지고 그로 인하여 지원객체에게 실질적으로 경제상 이익이 귀속되는 경우에는 자금지원행위에 해당하고,[445] 직접적인 자산거래행위는 아니지만, 실질적으로는 다른 회사를 지원할 의도하에 종금사 발행의 기업어음을 매입하고 제 3 자인 한국종금으로 하여금 매입행위와 동일 또는 유사한 시점에 그 매출금액의 범위 내에서 다른 회사 발행의 기업어음을 다른 회사에게 현저히 유리한 조건으로 매입하도록 함으로써 종금사를 매개로 하여 우회적으로 다른 회사를 지원하는 행위"[446]도 지원행위이다.

또한 대규모기업집단 소속 계열회사들이 기업집단 전체의 이익을 위해 계속적으로 서로 지원을 주고받으면서 계열의 유지·확장을 위한 수단으로 부당지원행위를 이용함으로써 중·장기적으로 볼 때 부당지원행위는 경제력 집중을 통하여 결국 지원주체에게도 상당한 부당이득을 발생시키게 된다는 점에 비추어 보면, 위와 같은 경우 지원객체가 받은 경제상 이익은 지원주체가 제 3 자에게 준 금융상 이익과 같다고 볼 수 있다.[447] 이에 대해 법원이 다음과 같이 판단한 사례가 있다.

443) 대판 2005. 4. 29. 2004두3281.

444) 대판 2005. 4. 29. 2004두3281.

445) 대판 2004. 10. 14. 2001두2881, 2001두2935; 대판 2006. 9. 14. 2004두3267; 대판 2007. 1. 25. 2004두7610; 대판 2007. 10. 26. 2005두3172.

446) 대판 2004. 3. 12. 2001두7220.

447) 대판 2004. 10. 14. 2001두2881, 2001두2935; 대판 2006. 9. 14. 2004두3267.

"지원주체가 지원객체의 자동차판매에 따른 경제상 이익을 주기 위하여 지원주체와 지원객체 사이의 직접적이고 현실적인 자동차거래행위라는 형식을 회피하기 위한 방편으로 제 3 자인 지원주체의 임직원들을 매개하여 그 임직원에게 무이자대출행위가 이루어지고 그로 인하여 지원객체에게 자동차판매에 따른 경제상 이익이 귀속되는 경우"(〈대우 2차 부당지원행위 건〉),[448] "계열 증권회사가 선정한 간사회사인 비계열 증권회사와 사이에 총액인수 및 매출계약을 체결하고 무보증회사채를 발행하고, 증권회사로 하여금 각 간사회사로부터 위 증권회사등이 발행한 무보증회사채를 전량 하인수하도록 하면서 비계열 증권회사에게, 위 무보증회사채 발행과 관련한 용역에 대한 대가의 명목으로 하인수수수료를 지급한 행위"(〈대우 2차 부당지원행위 건〉),[449] "대규모기업집단의 갑 계열사가 은행에 후순위 담보대출을 하고 은행이 그 후순위 대출과 연계하여 을 계열사의 사모사채를 인수한 행위"(〈엘아이지손해보험(주)(LG 3차)의 부당지원행위 건〉),[450] "총액인수계약을 통하여 계열사의 실권주를 인수하기로 하고, 종금사와의 교차 인수를 통하여 계열사의 실권주를 인수한 행위"(〈삼성생명보험(주) 외 6(삼성 3차)의 부당지원행위 건〉),[451] "계열 증권사의 계열사 실권주의 단기처분으로 인한 손실을 줄여주기 위하여 종금사의 실권주를 인수하고 종금사로 하여금 계열사(지원객체)의 실권주를 시가보다 고가에 인수하게 한 행위"(〈삼성생명보험(주) 외 6(삼성 3차)의 부당지원행위 건〉)[452]

일명 '통행세 관행'에 대한 최초의 사건은 〈롯데피에스넷(주)의 부당지원행위 건〉[453]이 있다. 동 건에서 대법원은 롯데피에스넷(주)가 ATM을 구매하는 과정에서, 제조사인 네오아이씨피로부터 직접 구매하지 않고 같은 계열사인 롯데알미늄을 거쳐 구매함으로써 롯데알미늄으로 하여금 매출 이익을 실현하게 한 것은 부당지원행위에 해당한다고 판시하였다. 법원은 부당지원여부에 대한 법원의 판단기준을 지원행위가 정상적인 경영판단의 결과인지, 통상적인 거래관행인지, 지원객체가 정당한 역할을 하였는지 여부에 따라 판단하고 있다.

448) 대판 2004. 10. 14. 2001두2935.
449) 대판 2004. 10. 14. 2001두2935.
450) 대판 2006. 9. 14. 2004두3267.
451) 대판 2007. 10. 26. 2005두3172.
452) 대판 2007. 10. 26. 2005두3172.
453) 대판 2014. 2. 13. 2013두17466.

ⅳ) 지원금액

부당지원행위에 대한 과징금부과기준인 '지원금액'이라 함은 지원주체가 지원객체에게 제공하는 경제적 급부의 정상가격에서 그에 대한 대가로 지원객체로부터 받는 경제적 반대급부의 정상가격을 차감한 금액을 말한다(「부당지원행위 심사지침」 Ⅱ. 6).[454)]
지원주체가 지원객체를 지원하려는 의도하에 제 3 자를 매개하여 자금거래를 하고 그로 인하여 지원객체에게 실질적으로 경제상 이익을 제공하는 경우에는 자금지원행위에 해당한다. 이 경우 지원금액은 지원주체가 지원과정에서 부수적으로 제 3 자에게 지출한 비용을 제외하고 지원객체가 받았거나 받은 것과 동일시할 수 있는 경제상 이익만을 고려하여 산정한다(유가증권 등 자산거래, 부동산 임대차, 인력제공 등에 의한 지원행위의 경우에도 이를 준용)(이상 「부당지원행위 심사지침」 Ⅲ. 1. 마).

대법원도 '지원금액'은 지원행위와 관련하여 지원주체가 지출한 금액 중 지원객체가 속한 시장에서 경쟁을 제한하거나 경제력 집중을 야기하는 등으로 공정한 거래를 저해할 우려가 있는 '지원객체가 받았거나 받은 것과 동일시할 수 있는 경제적 이익'만을 의미하는 것이지 지원과정에서 부수적으로 제 3 자에게 지출한 비용은 포함되지 않는다는 입장이다.[455)]

지원금액은 금전뿐 아니라 가치도 해당된다. 즉 〈에스케이네트웍스(주) 등의 부당지원행위 건〉 관련 행정소송에서 대법원은 "에스케이네트웍스(주)등 해외법인들이 제이피모건과의 옵션계약을 체결함으로써 제이피모건은 에스케이증권이 유상증자시 발행한 주식으로서 자신이 인수한 주식 중 옵션계약이 체결된 주식에 대하여는 주가의 등락에 위험을 제거하게 되고 이로 인하여 에스케이증권이 부담해야 할 위험제거가치 상당의 급부를 부담하여 에스케이증권에 같은 액수 상당의 경제적 급부를 제공한 셈이 되었다"고 판시하였다.[456)]

또한 지원금액을 산정하기 어려운 경우로 대법원은 "전환사채의 전환권행사는 사채와 주식의 교환이라는 거래행위의 성격 외에 단체법적인 출자행위의 성격도 가지고 있어 전환사채의 전환권행사로 지원객체인 사채발행회사가 얻은

454) 대판 2007. 1. 25. 2004두7610; 대판 2007. 10. 26. 2005두3172.
455) 대판 2004. 3. 12. 2001두7220; 대판 2004. 4. 9. 2001두6203; 대판 2007. 1. 25. 2004두7610; 대판 2007. 1. 11. 2004두350.
456) 대판 2007. 7. 27. 2005두10866.

구체적인 경제적 이익을 산정하기 곤란하고, 그 결과 이 사건 전환사채의 전환권행사 행위는 지원금액을 산출하기 어려운 경우에 해당한다"고 한다(〈푸르덴셜자산운용(주) 외 17(현대 3차)의 부당지원행위 건〉).457)

C. 상당히 낮거나 높은 대가로 제공 또는 거래하거나 상당한 규모로 제공 또는 거래

판단기준이 '현저성'에서 '상당성'으로 바뀐 이후의 판례는 부족하다. 이하에서는 상당성에 관한 판단에 참고하기 위하여 '현저성'을 기준으로 한 종래의 사례를 소개하기로 한다.

"현저히 낮거나 높은 대가로 제공 또는 거래하거나 현저한 규모로 제공 또는 거래하여 과다한 경제상 이익을 제공"한 것인지의 여부를 판단함에 있어서는 급부와 반대급부 사이의 차이는 물론 지원성 거래규모와 지원행위로 인한 경제상 이익, 지원기간, 지원횟수, 지원시기, 지원행위 당시 지원객체가 처한 경제적 상황 등을 종합적으로 고려하여 구체적 · 개별적으로 판단하여야 한다.458)

i) 대가기준

ⓐ 가격기준 부당한 자산지원행위에 있어서 급부와 반대급부가 현저히 유리한지 여부를 판단하는 기준이 되는 정상가격이란 지원주체와 지원객체 간에 이루어진 경제적 급부와 동일한 경제적 급부가 시기, 종류, 규모, 기간, 신용상태 등이 유사한 상황에서 특수관계가 없는 독립된 자 간에 이루어졌을 경우 형성되었을 거래가격 등을 말한다.459)

> 정상가격은 원칙적으로 거래 당시의 특수관계가 없는 독립된 자간에 형성될 시가에 의하되, 시가의 산정은 「부당지원행위 심사지침」 Ⅲ. 1(자금거래)에서 정한 순서와 방법을 준용한다. 다만, 상기 방법에 의하여 시가를 산정하기 어려운 경우에는 당해 자산의 종류, 규모, 거래상황 등을 참작하여 상속세및증여세법 제 4 장(재산의 평가)

457) 대판 2007. 1. 25. 2004두7610.

458) 대판 2004. 10. 14. 2001두6012; 대판 2005. 4. 29. 2004두3281; 대판 2004. 10. 14. 2001두2881; 대판 2004. 10. 14. 2001두2935; 대판 2006. 4. 14. 2004두3298; 대판 2006. 7. 13. 2004두3007; 대판 2006. 9. 22. 2004두3250; 대판 2006. 7. 27. 2004두1186; 대판 2006. 7. 27. 2004두1186; 대판 2004. 4. 9. 2001두6203; 대판 2007. 1. 26. 2005두2773; 대판 2007. 4. 26. 2005두2766; 대판 2006. 12. 7. 2004두11268; 대판 2006. 12. 22. 2004두1483; 대판 2007. 1. 25. 2004두7610; 대판 2007. 1. 11. 2004두350; 대판 2007. 10. 26. 2005두3172; 대판 2007. 12. 13. 2005두5963; 대판 2006. 11. 23. 2003두15188; 대판 2009. 5. 8. 2008두7885.

459) 대판 2007. 1. 25. 2004두7610; 대판 2007. 10. 26. 2005두3172; 대판 2008. 2. 14. 2007두1446; 대판 2008. 3. 27. 2005두9972; 대판 2012. 10. 25. 2009두15494.

및 동법시행령 제 4 장(재산의 평가)에서 정하는 방법을 준용할 수 있다(「부당지원행위 심사지침」 Ⅲ. 2. 나).[460]

또한 지원주체가 지원객체에게 부동산을 임대하면서 수수한 임대차보증금이 정상가격보다 낮아 지원행위가 성립한다고 보기 위하여는 우선 지원객체가 임대차보증금 수수행위를 통하여 받았거나 받은 것과 동일시 할 수 있는 경제상 이익이 확정될 수 있어야 하고, 그와 같은 경제상 이익의 확정은 지원주체가 특수관계 없는 독립된 자에게 당해 부동산을 임대할 경우에 일반적인 거래관념상 형성되는 거래조건을 기준으로 하여야 한다(〈현대자동차(주) 외 6의 부당지원행위 등 건〉).[461]

정상임대료는 당해 부동산의 종류, 규모, 위치, 임대시기, 기간 등을 참작하여 유사한 부동산에 대하여 특수관계가 없는 독립된 자간에 형성되었을 임대료로 하되, 이를 합리적으로 산정하기 어려운 경우에는[(부동산 정상가격의 50/100)×임대일수×정기예금이자율/365＝당해기간의 정상임대료] 산식에 의한다. 산식을 적용함에 있어 정기예금이자율은 임대인이 정한 이자율이 없거나 정상이자율로 인정하기 어려운 때에는 「부가가치세법」 시행규칙 제47조에 의한 정기예금이자율을 기준으로 한

460) "상속세및증여세법 제 4 장(재산의 평가) 및 동법시행령 제 4 장(재산의 평가)에서 정하는 방법을 준용할 수 있다"는 내용 관련 대법원은 '비상장주식의 양도가 현저히 유리한 조건의 거래로서 부당지원행위에 해당하는지' 여부에 관하여 판단함에 있어서 "공정거래위원회의 「부당한 지원행위의 심사지침」(2002. 4. 24. 개정되기 전의 것)은 공정거래위원회 내부의 사무처리준칙에 불과하므로 공정거래위원회가 위 심사지침에서 원용하고 있는 구 상속세및증여세법시행령(2000. 12. 29. 대통령령 제17039호로 개정되기 전의 것) 제56조 제 1 항 제 2 호에서 추정이익을 산출할 수 있도록 한 평가기관에 의뢰하지 않고 스스로 위 규정에 따른 방법으로 주식을 평가하였다고 하더라도 그것만으로는 그 평가가 부적절한 것이라고 할 수는 없고(다만, 위 평가기관에 의뢰하여 평가함으로써 그 평가에 대한 신뢰도를 높일 수 있을 것이다), 따라서 그 평가방법이 주식의 객관적인 가치를 반영할 수 있는 적절한 것인지, 그 방법에 의한 가격산정에 다른 잘못은 없는지 여부 등에 관하여 나아가 살펴보아야 할 것인바, 급속히 발전할 것으로 전망되는 정보통신 관련 사업을 영위하면서 장래에도 계속 성장할 것으로 예상되는 기업의 주식가격은 기준시점 당시 당해 기업의 순자산가치 또는 과거의 순손익가치를 기준으로 하여 산정하는 방법보다는 당해 기업의 미래의 추정이익을 기준으로 하여 산정하는 방법이 그 주식의 객관적인 가치를 반영할 수 있는 보다 적절한 방법이라고 할 것이고, 또한 당해 기업의 미래의 추정이익을 기준으로 주식가격을 산정하고자 할 경우 미래의 추정이익은 그 기준시점 당시 당해 기업이 영위하는 산업의 현황 및 전망, 거시경제전망, 당해 기업의 내부 경영상황, 사업계획 또는 경영계획 등을 종합적으로 고려하여 산정하여야 한다"고 한다[〈(주)삼호의 부당지원행위 건(대판 2005. 6. 9. 2004두7153)〉].

461) 대판 2007. 12. 13. 2005두5963.

다. 임대보증금을 포함하는 임대차계약의 경우에는 임대보증금을 “당해기간의 임대보증금×임대일수×정기예금이자율/365=임대료” 산식에 의하여 환산한 금액을 임대료로 본다(「부당지원행위 심사지침」 Ⅲ. 3. 나~다).

정상가격이 이와 같이 부당한 지원행위에 해당하는지 여부의 판단요소가 되어 부당한 지원행위에 따른 시정명령이나 과징금부과 등 제재적 행정처분과 형사처벌의 근거가 된다는 점이나 구 독점규제법이 부당한 지원행위를 금지하는 취지 등을 고려할 때, 피고가 당해 거래와 동일한 실제 사례를 찾을 수 없어 부득이 유사한 사례에 의해 정상가격을 추단할 수밖에 없는 경우에는, 단순히 제반 상황을 사후적, 회고적인 시각에서 판단하여 거래 당시에 기대할 수 있었던 최선의 가격이나 당해 거래가격보다 더 나은 가격으로 거래할 수도 있었을 것이라 하여 가벼이 이를 기준으로 정상가격을 추단하여서는 아니 되고, 먼저 당해 거래와 비교하기에 적합한 유사한 사례를 선정하고 나아가 그 사례와 당해 거래 사이에 가격에 영향을 미칠 수 있는 거래조건 등의 차이가 존재하는지를 살펴 그 차이가 있다면 이를 합리적으로 조정하는 과정을 거쳐 정상가격을 추단하여야 한다. 그리고 정상가격이 이와 같은 과정을 거쳐 합리적으로 산출되었다는 점에 대한 증명책임은 어디까지나 시정명령 등 처분의 적법성을 주장하는 공정거래위원회에게 있다.[462)]

〈씨제이씨브이(주)의 부당지원행위 건〉 관련 행정소송에서 서울고등법원은 정상수수료율이 16%인 사실이 합리적인 조정과정을 거쳐 합리적으로 입증되었다고 판단하였다.[463)]

그러나 〈신세계 기업집단 계열회사의 부당지원행위 건〉 관련 행정소송에서 정상가격의 비교기준이 문제되었는데 대법원은 다음과 같이 판시하였다.

“시정명령 등의 적법성을 주장하는 피고로서는 ① 이마트가 아닌 다른 대형할인점과 그와 특수관계가 없는 독립회사로서 그 매장에 입점하여 데이앤데이와 동일하거나 유사한 매장을 운영한 업체 사이의 거래(이하 ‘다른 대형할인점 거래’) 또는 ② 원고 신세계, 이마트와 그와 특수관계가 없는 독립회사로서 이마트 매장에 입점하여 데이앤데이와 유사한 매장을 운영한 업체 사이의 거래 중에서 이 사건 거래와

462) 대판 2015. 1. 29. 2014두36112.
463) 서고판 2017. 10. 25. 2017누37653.

비교하기에 적합한 사례를 먼저 선정하여 그 사례와 이 사건 거래 사이에 존재하는 거래조건 등의 차이가 판매수수료율에 영향을 주는 경우에는 그 차이를 합리적으로 조정하여 그 사례가 동일한 실제 사례에 가깝도록 비교가능성을 높인 후에 정상판매수수료율을 합리적으로 추산하였어야 함. 그런데 기록에는 피고가 위와 같은 과정을 거쳐 정상수수료율을 합리적으로 추산하였다고 인정할 만한 자료를 찾아볼 수 없다. 원심이 인정한 것처럼 서울민자역사에 입점한 파리바게뜨, 뉴코아아울렛 강남점, 산본점, 농협하나로마트 모현점에 입점한 뚜레쥬르 등 다른 대형할인점 거래 사례는 이 사건 거래와 거래당사자의 시장점유율, 인지도, 매출액 등에서 차이가 존재한다고 볼 여지가 있으므로 이러한 차이를 조정하지 아니한 채 이들 거래 사례에 적용된 16~21% 판매수수료율을 바로 이 사건 거래의 정상판매수수료율로 단정할 수 없음은 물론이나, 그렇다고 해서 정상판매수수료율을 추산하기 위한 비교대상거래로서 다른 대형할인점 거래 사례가 존재하지 않는다고 말할 수 없음. 피고가 정상판매수수료율의 근거로 제시한 만두·도너츠 입점거래도 입점업체의 취급 품목, 매장 크기, 종업원 수, 투자비, 매출액, 인지도, 고객유인 효과 등에서 이 사건 거래와 차이가 있다고 보이므로, 위의 다른 대형할인점 거래 사례에 비해 이 사건 거래와 비교하기에 더 적합한 사례라고 단정하기도 어려움. 설령 이마트 내 만두·도너츠 입점거래가 이 사건 거래와 비교하기에 적합한 사례라고 하더라도, 이 사건 거래와 이마트 내 만두·도너츠 입점거래 사이에 존재할 수 있는 위와 같은 차이점을 합리적으로 조정하지 않은 채 만두·도너츠 입점거래에 적용된 판매수수료율인 23.3~23.8%를 이 사건 거래의 정상판매수수료율의 추산 근거로 삼을 수도 없음. 또한 2005년부터 2011년 3월까지의 기간 동안 데이앤데이 매장의 판매수수료율 변화 추이나 23% 인상계획 등의 사정에 근거하여 이 사건 거래의 정상수수료율이 23%라고 추단하는 것도 합리적이지 못함."[464)]

그리고 〈삼양식품(주)의 부당지원행위 건〉 관련 행정소송에서도 서울고등법원은 정상가격을 특정함에 있어 삼양과 내츄럴삼양 사이의 NB제품 거래사례와 유사한 사례를 선정하여 그 사례로부터 NB제품 공급행위의 정상가격을 합리적으로 산출하는 과정을 거쳤다고 보기 어렵고, 삼양의 지원행위로 인하여 내츄럴삼양의 경쟁 여건을 경쟁사업자보다 유리하게 하고 내츄럴삼양이 속한 시장에서 경제적 효율에 기초한 기업의 퇴출·진입이 저해되며, 이를 통해 지원객체의

464) 대판 2015. 1. 29. 2014두36112.

관련시장에서 경쟁이 저해되거나 경제력 집중이 야기되는 등으로 공정한 거래를 저해될 우려가 있었음을 인정하기 어렵다고 판단하였다.[465)]

ⓑ **적용금리기준** 지원행위의 현저성 여부는 부당지원행위를 규제하는 독점규제법의 독자적인 입법목적과 취지를 고려하여 정상금리의 산정방법, 거래당시의 시장상황, 거래규모, 거래과정 등을 종합해 볼 때 특수관계인 등의 지원을 위한 행위가 아니라면 합리적인 경제인이 취할 정상적인 거래로 볼 수 없을 정도로 실제적용금리가 정상금리와 차이가 나는가에 따라 인정되는 개념이다.[466)]

> 자금거래에 의한 지원행위가 지원객체에게 상당히 유리한 조건의 거래인지 여부는 실제적용금리와 개별정상금리 또는 일반정상금리 사이의 차이는 물론 지원성 거래규모와 지원행위로 인한 경제상 이익, 지원기간, 지원횟수, 지원시기, 지원행위 당시 지원객체가 처한 경제적 상황 등을 종합적으로 고려하여 구체적·개별적으로 판단한다(유가증권 등 자산거래, 부동산 임대차, 인력제공 등에 의한 지원행위의 현저성 판단에도 이를 준용). 다만, 지원주체와 지원객체간의 자금거래에 의한 실제적용금리와 개별정상금리 또는 일반정상금리와의 차이가 개별정상금리 또는 일반정상금리의 7% 미만으로서 개별 지원행위 또는 일련의 지원행위로 인한 지원금액이 1억원 미만인 경우에는 지원행위가 성립하지 아니하는 것으로 판단할 수 있다(이상 「부당지원행위 심사지침」 Ⅲ. 1. 바).
>
> 지원주체와 지원객체간의 가지급금 또는 대여금 기타 자금의 거래(이하 "자금거래")에 의한 지원행위는 실제 적용된 금리(이하 "실제적용금리")가 당해 자금거래와 시기, 종류, 규모, 기간, 신용상태 등의 면에서 유사한 상황에서 당해 지원객체와 그와 특수관계가 없는 독립된 금융기관간에 지원주체의 지원 없이 자금거래가 이루어졌다면 적용될 금리(이하 "개별정상금리")보다 낮은 경우에 성립한다.
>
> 개별정상금리는 원칙적으로 ① 지원객체가 지원받은 방법과 동일한 수단을 통해 동일한 시점에 독립적인 방법으로 차입한 금리, ② 지원객체가 지원을 받은 방법과 동일한 수단을 통해 유사한 시점에 독립적인 방법으로 차입한 금리(여기서 유사한 시점이란 사안별로 지원규모, 지원시점의 금리변동의 속도 등을 종합적으로 고려하여 결정하되, 해당일 직전·직후 또는 전후의 3개월 이내의 기간을 말함. 다만, 유사한 시점에 독립적인 방법으로 차입한 금리는 없으나 그 이전에 변동금리 조건

465) 서고판 2015. 10. 16. 2014누5615(대판 2016. 3. 10. 2015두5657).
466) 서고판 2003. 12. 16. 99누3753(대판 2006. 7. 27. 2004두1186).

으로 차입한 자금이 있는 경우에는 지원받은 시점에 지원객체에게 적용되고 있는 그 변동금리를 유사한 시점에 차입한 금리로 봄), ③ 신용평가기관에 의한 신용등급 등에 비추어 신용상태가 지원객체와 유사하다고 인정할 수 있는 회사가 해당방법과 동일한 수단을 이용하여 동일한 시점에 독립적인 방법으로 차입한 금리, ④ 지원객체가 지원받은 방법과 유사한 수단을 통해 동일 또는 유사한 시점에 독립적인 방법으로 차입한 금리(여기서 유사한 수단이란 사안별로 차입기간, 금액, 장단기 금리수준 등을 종합적으로 고려하여 유사하다고 인정할 수 있는 수단을 말함), ⑤ 지원객체가 동일 또는 유사한 시점에 다른 수단으로 차입한 경우에는 그 금리 중 순차적으로 우선 산출가능한 금리를 말한다.

공사대금 미회수, 기간이 특정되어지지 않은 단순대여금등 지원시점에 만기를 정하지 않은 경우에는 지원객체의 월별평균차입금리를 개별정상금리로 본다. 여기서 월별평균차입금리는 지원객체가 당해 월에 독립적으로 차입한 자금의 규모를 가중하여 산정한 금리를 말한다. 다만, 상기 원칙에 따라 정해진 금리를 개별정상금리로 볼 수 없거나, 적용순서를 달리할 특별한 사유가 있다고 인정될 경우, 또는 지원주체의 차입금리가 지원객체의 차입금리보다 높은 경우 등 다른 금리를 개별정상금리로 보아야 할 특별한 사유가 있는 경우에는 그 금리를 개별정상금리로 본다(「부당지원행위 심사지침」 Ⅲ. 1. 나).

개별정상금리를 이와 같은 방법에 의해 산정하기 어렵고, 또한 지원객체의 재무구조, 신용상태, 차입방법 등을 감안할 때 개별정상금리가 한국은행이 발표하는 예금은행의 가중평균 당좌대출금리(이하 "일반정상금리")를 하회하지 않을 것으로 보는 것이 합리적인 경우에는 당해 자금거래의 실제적용금리와 일반정상금리를 비교하여 지원행위 여부를 판단한다. 그러나 지원객체의 재무구조, 신용상태, 차입방법 등을 감안할 때 지원객체의 개별정상금리가 일반정상금리보다 높은 수준인 것으로 보는 것이 합리적인 상황에서 일반정상금리 수준으로 상당한 규모의 자금거래를 하는 것은 지원행위에 해당한다(「부당지원행위 심사지침」 Ⅲ. 1. 다~라).

대법원도 "특정한 자금 또는 자산 거래에 있어서 실제적용금리와 정상금리를 비교하는 것은 당해 거래행위가 지원객체에게 '현저히 유리한 조건'인지 여부와 그로 인하여 지원객체가 속한 관련 시장에서 경쟁을 제한하거나 경제력 집중을 야기하는 등으로 공정한 거래를 저해할 우려가 있는지 여부를 판단하기 위한 것이므로, 급부와 반대급부가 현저히 유리한지 여부를 판단하는 기준이 되는 정상금리라 함은 지원주체와 지원객체 사이의 자금거래와 시기, 종류, 규모, 기간, 신용상태 등의 면에서 동일 또는 유사한 상황에서 그 지원객체와 그와 특수관계 없는 독립된 금융기관 사이에 자금거래가 이루어졌다면 적용될 금리, 또는 지원주체와 지원객체 사이의 자금거래와 시기, 종류, 규모, 기간, 신용상태 등의 면에서 동일 또는 유사한 상황에서 특수관계 없는 독립된 자 사이에 자금거래가 이루어졌다면 적용될 금리('개별정상금리')를 의미한다고 할 것이고,[467] 한국은행이 발표하는 시중은행의 매월 말 평균 당좌대출금리(이는 해당 월말 현재 시중은행의 당좌대출계약에 의하여 실행한 대출액 잔액 전부를 가중평균하여 산출: '일반정상금리')는 당좌대출계약을 기초로 한 일시적 단기성 대출금리로서 정상적인 기업어음 대출금리 등 일반대출금리보다 일반적으로 높기 때문에 개별정상금리가 일반정상금리를 하회하지 않을 것으로 인정되는 특별한 사정이 있는 경우에 한하여 일반정상금리를 정상금리로 적용할 수 있다"고 한다.[468]

이러한 취지에 따라 대법원은 회사의 개별정상금리보다 더 높은 위 평균 당좌대출금리를 각 시점의 정상금리로 적용한 공정거래위원회의 조치가 위법하다고 판시하였다(〈SK씨엔씨(주)(계열분리) 부당지원행위 건〉).[469] 또한 같은 취지로 "에스케이, 에스케이텔레콤, 에스케이텔레텍이 에스케이증권 주식회사가 1998년 1월부터 같은 해 6월까지 사이에 발행한 기업어음을 매입함에 있어서의 정상할인율에 대하여 위 거래 당시 개별정상할인율로 삼을 수 있는 그와 특수관계 없는 자와 사이에 자신의 기업어음을 실제 거래한 사례가 포착되지 아니하고, 달리 개별정상할인율을 산정할 방법이 없다는 이유로 일반정상금리를 이 사건 기업어음의 정상할인율로 본 공정거래위원회의 조치가 위법하다"고 판단하였다(〈SK(주) 외 8(SK 3 차)의 부당지원행위 등 건〉).[470]

한편 금리적용 기준과 관련하여 대법원이 다음과 같이 판단한 사례가 있다.

467) 대판 2004. 4. 9. 2001두6197; 대판 2004. 11. 12. 2001두2034; 대판 2006. 2. 10. 2003두15171; 대판 2004. 10. 14. 2001두2935; 대판 2006. 9. 14. 2004두3267; 대판 2006. 11. 9. 2004두12049; 대판 2006. 9. 22. 2004두3250; 대판 2006. 7. 27. 2004두1186; 대판 2004. 4. 9. 2001두6203; 대판 2007. 1. 25. 2004두7610; 대판 2007. 10. 26. 2005두3172; 대판 2004. 4. 9. 2001두6197; 대판 2009. 5. 8. 2008두7885.

468) 대판 2004. 4. 9. 2001두6197; 대판 2004. 11. 12. 2001두2034; 대판 2006. 2. 10. 2003두15171; 대판 2006. 4. 14. 2004두3298; 대판 2006. 12. 22. 2004두1483; 대판 2007. 1. 25. 2004두7610; 대판 2006. 11. 23. 2003두15188; 대판 2004. 4. 9. 2001두6197: 동 사건에서 무보증전환사채를 발행할 당월의 지원객체들의 당좌대출금리인 연 18.1%~30%를 개별정상금리로 볼 수 있다고 판시하였다.

469) 대판 2004. 3. 12. 2001두7220.

470) 대판 2006. 11. 23. 2003두15188

"개별정상금리가 수시로 금리가 변동하는 금융시장에 있어 당해 자금거래시점에서의 경쟁조건을 반영하는 것인 이상 당해 자금거래시점과 관계없는 일정기간의 평균금리를 특정시점에서 이루어진 자금거래의 정상금리로 볼 수는 없음"(〈대우 2 차 부당지원행위 건〉),[471] "364일물어음과 199일물어음에 있어서, 발행회사가 같고 매입일자가 같거나 유사하다는 이유만으로 만기까지의 기간에 상당한 차이가 있는 90일물과 4일물 기업어음의 각 매입 할인율을 정상금리로 적용할 수는 없음"(〈푸르덴셜자산운용주식회사의 부당지원행위 건〉),[472] "지원주체가 지원객체 발행의 기업어음을 매입함에 있어서 그와 동일한 방법으로 동일 또는 근접한 시점에 특수관계 없는 독립된 자가 지원객체 발행의 기업어음을 매입한 사례가 있는 경우 그 기업어음의 정상할인율은 동일한 시점의 거래가 있으면 그 거래에 적용된 할인율로, 동일한 시점의 거래가 없으면 당해 기업어음 매입행위와 가장 근접한 시점의 거래에 적용된 할인율로 봄이 상당하고, 동일한 시점 또는 가장 근접한 시점의 거래가 다수 있으면 그 가중평균한 할인율로 봄이 상당함"(〈에스케이텔레콤(주) 외 1(SK 2 차)의 부당지원행위 건 등〉),[473] "대규모기업집단의 갑 계열사가 은행을 통하여 을 계열사의 사모사채를 인수한 행위가 현저히 유리한 조건의 거래에 해당하는지 여부를 판단함에 있어, 만기 등에 상당한 차이가 있는 그 무렵 발행된 을 계열사의 공모보증사채의 수익률을 정상금리로 보고 위 사모사채의 금리가 현저히 낮은 것인지 여부를 판단한 것은 위법하며, 동일 또는 유사한 신용등급의 회사가 이 사모사채와 시기, 규모, 만기 등의 면에서 동일 또는 유사한 사채를 발행한 적이 있는지 여부 등에 관하여 심리한 다음, 그 사채의 금리를 정상금리로 보고 이 사모사채의 금리가 현저히 낮은 것인지 여부를 판단"(〈엘아이지손해보험(주)(LG 3 차)의 부당지원행위 건〉),[474] "지원주체인 보험회사가 영업 차원에서 지원객체로부터 단체보험을 유치하고 보험료를 납입받으면서 그 대가로 특정금전신탁의 방법을 통하여 지원객체가 발행한 기업어음을 매입하였다면, 지원주체가 그 기업어음을 매입할 당시에 적용한 할인율과 정상금리(정상할인율)와의 차이는 물론 그 보험계약과 관련하여 지원주체가 얻은 수익과 지원객체가 지출한 비용 등도 종합적으로 고려하여 그 기업어음의

471) 대판 2004. 10. 14. 2001두2935.

472) 대판 2004. 4. 23. 2001두6517.

473) 대판 2006. 2. 10. 2003두15171; 대판 2006. 7. 27. 2004두1186; 대판 2007. 1. 25. 2004두7610; 대판 2006. 11. 23. 2003두15188.

474) 대판 2006. 9. 14. 2004두3267.

거래가 지원객체에게 '현저히 유리한 조건'으로 이루어졌는지의 여부를 판단"(〈삼성생명보험(주)의 부당지원행위 건〉),[475] "공모회사채 금리를 곧바로 사모 회사채 정상금리로 볼 수는 없으나 개별 정상금리의 최하한을 추단하는 방법으로 활용할 수 있음"(〈동화청과(주) 및 (주)팜한농의 부당지원행위에 대한 건〉)[476]

또한 대법원은 "특정한 자금 또는 자산 거래에 있어서 정상할인율과 실제할인율을 비교하는 것도 당해 거래행위가 지원객체에게 '현저히 유리한 조건'의 거래인지 여부와 그로 인하여 지원객체가 속한 관련시장에서 경쟁을 저해하거나 경제력 집중을 야기하는 등으로 공정한 거래를 저해할 우려가 있는지 여부를 판단하기 위한 것이므로 기업어음을 중개기관을 통하여 인수한 경우에 있어서 정상할인율과 비교하여야 할 실제할인율은 지원객체에게 제공되는 자금의 실제할인율인 기업어음의 발행할인율을 기준으로 하여야 하는 것이지 발행금액에서 중개기관에 지급하는 수수료 등 경비를 포함한 지원주체의 매입할인율을 기준으로 할 것이 아니다"고 한다(〈SK(주) 외 8(SK 3 차)의 부당지원행위 등 건〉).[477]

한편 특수관계 없는 독립된 자 사이의 자금거래에 적용되는 금리로 볼 수 없어 개별정상금리가 아니라고 한 사례도 있는바, 〈씨티은행 서울지점의 부당지원행위 건〉에서 대법원은 "원심이 개별정상금리로 본 위 금융2채BBB 시장수익률을 적용한 금리는 기존에 원고가 계열회사로서 특수관계에 있는 A사에게 금원을 대여하면서 적용하였던 금리로서, 특수관계가 없는 독립된 자 사이에서의 자금거래에 적용되는 금리로 볼 수 없으므로 이 사건 대여행위에 대한 개별정상금리로 보기 어렵다"고 판시하였다.[478]

자금거래에 실제로 적용된 금리와 정상금리를 서로 비교하여 그 차이가 현저한지 여부를 판단하기 위하여는 먼저 무엇을 정상금리로 볼 것인지를 확정하여야 하고 그러한 정상금리의 존재에 대한 증명책임은 시정명령 등 처분의 적법성을 주장하는 공정거래위원회에 있다.[479]

그리고 실제 적용금리가 우위조건을 가진 거래행위에 적용된 금리보다 낮은 경우 그와 같은 금리수준도 참작할 수 있다. 즉 대법원은 "지원객체와 그와

475) 대판 2006. 11. 9. 2004두12049.
476) 서고판 2020. 1. 15. 2019누38788.
477) 대판 2006. 11. 23. 2003두15188; 대판 2007. 1. 25. 2004두7610; 대판 2004. 4. 9. 2001두6197.
478) 대판 2009. 5. 28. 2008두7885.
479) 대판 2009. 5. 8. 2008두7885.

특수관계가 없는 독립된 금융기관 사이에 또는 특수관계 없는 독립된 자 사이에 원고들의 각 거래행위에 비하여 시기, 종류 내지 거래의 성격 등의 면에서는 동일 또는 유사하지만 만기나 신용상태 등의 면에서 우위의 조건을 가진 거래행위가 있는 경우 각 거래행위의 정상금리는 그보다 우위의 조건을 가진 거래행위에 적용된 금리보다 통상 높은 것이 금융시장의 실태에 부합한 것이라 할 것이므로, 각 거래행위에 실제로 적용된 금리가 그보다 우위의 조건을 가진 거래행위에 적용된 금리보다 오히려 낮을 때는 그와 같은 금리수준도 원고들의 각 거래행위가 현저히 유리한 조건의 거래에 해당하는지 여부를 판단함에 참작할 수 있다"고 판시하였다.[480]

그러나 서울고등법원은 "이러한 정상금리는 당해 자산거래가 '현저하게 유리한 조건'의 거래인지 여부를 판단하는 기준이 되는 것일 뿐 정상금리보다 실제적용금리가 낮은 모든 자산 거래가 부당지원행위가 되는 것이 아니고 그 금리차이의 현저성 또한 요구되는 것인 바, 부당지원행위를 규율하는 입법 취지 및 위와 같은 사정을 비추어 보면 정상금리는 일정한 자산 거래가 이루어졌을 경우 그 자산 거래가 부당지원행위에 해당하는지 여부를 판단하기 위한 일응의 기준으로서 의미를 가지면 충분하다"고 한다(〈삼성물산(주) 외 1(삼성 2 차)의 부당지원행위 건〉).[481]

ii) **거래규모 기준** 거래규모를 기준으로 한 현저성 판단이 문제가 된 사례는 많지 않다. 지난 1999년 〈푸르덴셜자산운용(주) 외 17(현대 3 차)의 부당지원행위 건〉에서 현대투자신탁운용의 현대투자신탁에 대한 대규모 대출을 부당지원행위로 본 공정거래위원회의 판단[482]에 대하여, 대법원은 "거래의 조건에는 거래되는 상품 또는 역무의 품질, 내용, 규격, 거래수량, 거래횟수, 거래시기, 운송조건, 인도조건, 결제조건, 지불조건, 보증조건 등이 포함되고 그것이 자금, 자산, 인력거래라고 하여 달리 볼 것은 아니며, 거래규모는 거래수량에 관한 사항으로서 거래조건에 포함된다고 할 수 있고 현실적인 관점에서 경우에 따라서는 유동성의 확보 자체가 긴요한 경우가 적지 않음에 비추어 현저한 규모로 유동성을 확보할 수 있다는 것 자체가 현저히 유리한 조건의 거래가 될 수 있으므로, '현저한 규모로 제공 또는 거래하여 과다한 경제상 이익을 제공'하는 것도 법 제45조 제 1 항 제 9

480) 대판 2008. 6. 26. 2006두8792; 대판 2011. 7. 8. 2009두1911.
481) 서고판 2003. 12. 16. 99누3753(대판 2006. 7. 27. 2004두1186).
482) 공정의 1999. 10. 28. 99-213.

호 소정의 '현저히 유리한 조건의 거래'의 하나라고 볼 수 있을 것이지만, 현저한 규모의 거래라 하여 바로 과다한 경제상 이익을 준 것이라고 할 수 없고 현저한 규모의 거래로 인하여 과다한 경제상 이익을 제공한 것인지 여부는 지원성 거래규모 및 급부와 반대급부의 차이, 지원행위로 인한 경제상 이익, 지원기간, 지원횟수, 지원시기, 지원행위 당시 지원객체가 처한 경제적 상황 등을 종합적으로 고려하여 구체적·개별적으로 판단하여야 할 것이다"고 하고, 현저한 규모로 거래하여 과다한 경제상의 이익을 제공한 것으로 볼 수 없다고 판시하였다.[483)]

그러나 지난 2007년의 〈현대자동차 기업집단 계열회사의 부당지원행위 건〉에서 공정거래위원회는 현대자동차 기업집단 계열회사인 현대자동차, 기아자동차, 현대모비스, 현대제철이 운송물량을 발주하면서 새로 설립한 계열회사에게 사업능력이 검증되기 이전인 설립초기부터 자신들의 운송 물량을 대부분 몰아주고 유리한 조건으로 거래하는 방법으로 과다한 경제상이익을 제공한 행위를 계열사인 글로비스에 대한 부당한 지원행위로 판단하였는데,[484)] 서울고등법원은 공정거래위원회의 판단을 수용하여 부당성을 인정하였다.[485)]

〈엘에스 기업집단 계열회사의 부당한 지원행위 건〉에서 공정거래위원회는 엘에스동제련이 현저한 규모의 물량을 거래하여 계열회사인 엘에스글로벌에게 과다한 경제상 이익을 제공한 것으로 인정하였다.[486)]

ⅲ) **현저성**(사례) 지원행위의 현저성과 관련하여, 법원이 다음과 같이 판단한 사례가 있다.

"1주당 정상가격이 10,000원에 미치지 못하는 주식을 우회적으로 18,892원의 고가로 매입한 행위"(〈현대중공업(주)(현대 4 차)의 부당지원행위 건〉),[487)] "다른 금융상품의 수익률에 비하여 적어도 4.74% 이상 낮은 후순위사채의 발행수익률(17.26%)"(〈삼성물산(주) 외 1(삼성 2 차)의 부당지원행위 건〉),[488)] "할인율과 정상할인율 간의 금리차이가 10.55%에 달하는 기업어음매입행위"(〈삼성물산(주) 외 1(삼성 2 차)의 부당지원행위 건〉),[489)] "정상할인율과 그 할인율 간의 금리차이가 8.58% 내지

483) 대판 2007. 1. 25. 2004두7610.
484) 공정의 2007. 10. 24. 2007－504.
485) 서고판 2009. 8. 19. 2007누30903.
486) 공정의 2018. 8. 22. 2018－262.
487) 대판 2006. 7. 13. 2004두3007.
488) 대판 2006. 7. 27. 2004두1186.

16.50%에 이르는 기업어음 매입행위"(〈삼성물산(주) 외 1(삼성 2 차)의 부당지원행위 건〉),[490] "개별정상할인율 35%보다 연 9% 낮은 26%의 할인율을 적용하여 기업어음을 인수한 행위"(〈현대자동차(주) 외 11(현대 2 차)의 부당지원행위 건〉),[491] "IMF이후 정상금리 대비 30% 이상 차이가 나는 기업어음매입행위"(〈삼성에스디아이(주) 외 6(삼성 1 차)의 부당지원행위 건〉),[492] "정상금리보다 4.93% 내지 6.42% 낮은 금리로 18억원의 자금을 신규대여한 행위"(〈삼성에스디아이(주) 외 6(삼성 1 차)의 부당지원행위 건〉),[493] "해외채권을 현저하게 높은 대가로 거래한 행위"(〈푸르덴셜자산운용(주)외 17(현대 3 차)의 부당지원행위 건〉),[494] "기업어음을 정상할인율보다 6.45~ 24.89% 정도 낮은 금리로 인수한 행위"(〈푸르덴셜자산운용(주)외 17(현대 3 차)의 부당지원행위 건〉),[495] "유상증자에 참여하여 기준주가에 비해 25% 높은 가격으로 주식인수한 행위"(〈(주)동양레저 외 1의 부당지원행위 건〉),[496] "당시 BB+등급의 공모부보증회사채(5년)의 기준 수익률, 사모부보증회사채(5년)의 기준수익율보다 현저하게 낮은 11.3%의 후순위 대출행위"(〈(주)동양레저 외 1의 부당지원행위 건〉),[497] "통상 0.3%수준인 동일한 발행사의 회사채 인수수수료를 계열사인 에스케이증권이 하인수기관으로 참가한 경우만 0.8%로 정한 행위"(〈푸르덴셜자산운용(주) 외 17(현대 3 차)의 부당지원행위 건〉),[498] "공모사채의 사채인수 수수료 등 경비를 제외한 수익률보다 연 10.25%나 낮은 수익률의 사모사채 인수행위"(〈삼성생명보험(주) 외 6(삼성 3 차)의 부당지원행위 건〉),[499] "임대료 지급기한을 정상지급기한보다 장기로 설정하거나, 임대료지급 지연이자를 미수령한 행위"(〈LS 및 LS산전 부당지원행위 건〉)[500]에서 공정거래위원회는 "효성투자개발이 이 사건 TRS 거

489) 대판 2006. 7. 27. 2004두1186.
490) 대판 2006. 7. 27. 2004두1186.
491) 대판 2004. 4. 9. 2001두6203.
492) 대판 2006. 12. 22. 2004두1483.
493) 대판 2006. 12. 22. 2004두1483.
494) 대판 2007. 1. 25. 2004두7610.
495) 대판 2007. 1. 25. 2004두7610.
496) 서고판 2007. 7. 11. 2006누10233
497) 서고판 2007. 7. 11. 2006누10223.
498) 대판 2007. 1. 25. 2004두1490.
499) 대판 2007. 10. 26. 2005두3172.
500) 서고판 2018. 4. 12. 2017누55637. 다만 보험료를 누가 부담할 지는 당자간의 계약을 통하여 자율적으로 정할 문제이고, 보험료 공제를 통한 임대료 감액은 현저히 유리한 조건으로 거래하여 지원하는 행위에 해당하지 않는다고 보았다.

래[501]를 통하여 GE를 지원한 행위"(〈기업집단 「효성」 소속 계열회사들의 특수관계인에 대한 부당이익제공행위 및 부당지원행위 건〉)[502]

대법원은 지원의 현저성을 판단함에 있어 금리차이는 물론 지원성 거래규모가 차지하는 비중, 경제적 상황, 지원객체의 재무상태 등을 종합적으로 고려한다.[503] 지원규모를 기준으로 한 현저성 판단기준에서 대법원은 지원객체의 매출액을 기준으로 하고 있다. 즉 〈(주)케이티의 부당지원행위 건〉 관련 행정소송에서 "지원성 규모가 ○○○원으로서 이는 지원기간인 1997년부터 2000년까지의 한국통신산업개발의 매출액 ○○○○원의 32.4%에 해당하는 금액"이라고 판시한 바 있다.[504]

반대로 법원이 현저히 유리한 거래로 인정하지 않은 사례도 있다.

"기업어음과 비교대상 기업어음이 같거나 유사한 시기에 발행한 기업어음이기는 하지만 그 만기일수에 상당한 차이가 있고, 또 그 당시에는 단기금리가 장기금리보다 높은 경우가 많았기 때문에, …기업어음을 비교대상 기업어음보다 다소 낮은 할인율로 매입한 행위"(〈삼성생명보험(주)의 부당지원행위 건〉),[505] "보험회사가 친족독립경영회사들과 단체보험계약을 체결하고 특정금전신탁의 방법으로 대출해 주는 이른바 '법인영업'의 일환으로 기업어음을 매입한 행위의 할인율(10.80% 내지 13.50%)을 특수관계 없는 회사의 기업어음 매입에 적용한 할인율(10.60% 내지 10.88%)과

501) TRS란 파생금융상품 중 신용파생상품의 한 종류로, 유가증권 등 기초자산의 신용위험만을 따로 분리하여 시장에서 거래하는 신용부도스왑(CDS, Credit Default Swap) 같은 신용파생상품과 달리 기초자산에서 발생하는 모든 현금흐름, 즉 시장위험과 신용위험을 모두 이전시키는 상품이다. 공정거래위원회는 TRS 거래의 기능이 사실상 무상 담보 제공 내지 무상 채무보증과 동일하다는 점, 판례는 이러한 무상담보 제공 등 무상 신용공여 행위는 그 자체로 지원행위에 해당한다고 평가하였다.

502) 공정의 2018. 5. 21. 2018－148. 형사제재 관련하여 1심에서 벌금형이 선고되었다.

503) 예를 들어 2006. 7. 27. 2004두1186: "삼성물산이 자금을 조달한 위 회사채 수익률 25%보다 높다고 봄이 상당한 데, 이 사건 후순위사채의 발행수익률 17.26%는 위의 다른 금융상품의 수익률에 비하여 적어도 4.74% 이상 낮은 점, 이 사건 거래규모가 삼성증권 자본금의 약 55.5%에 이르는 점, 지원금액 또한 상당한 액수에 이를 것으로 보이는 점 및 당시의 경제적 상황 등을 종합하여 보면, 이 사건 후순위사채의 매입행위는 현저히 유리한 조건의 거래에 해당한다" "정상할인율과 1997. 11. 24.자, 1998. 2. 24.자 및 1998. 5. 24.자 이 사건 기업어음 매입행위의 할인율 간의 금리차이가 8.58% 내지 16.50%에 이르는 점, 위 각 기업어음거래의 규모가 삼성상용차 자본금 1,000억 원의 20%에 달하는 점 및 당시의 경제상황 등을 종합하여 보면, 이 사건 기업어음 매입행위는 현저히 유리한 조건의 거래에 해당한다고 할 것이다".

504) 대판 2007. 4. 26. 2005두2766.

505) 대판 2006. 11. 9. 2004두12049.

비교”(〈삼성생명보험(주)의 부당지원행위 건〉),[506] “IMF 외환위기사태 이전의 거래로서 그 할인율과 정상할인율 간의 금리 차이가 1.60%에 불과한 경우”(〈삼성물산(주) 외 1(삼성 2 차)의 부당지원행위 건〉),[507] “후순위사채의 이자율이 초단기성 금전대출금리인 당좌대출금리보다 반드시 높아야 한다고 볼 수 없는데 당좌대출금리를 정상금리로 본 행위”(〈현대자동차(주) 외 11(현대 2 차)의 부당지원행위 건〉),[508] “단 한 건에 불과한 경쟁입찰에서의 낙찰률을 절대적 비교기준으로 삼아 수의계약의 거래조건이 현저히 유리한지 여부를 판단하는 행위”(〈대한주택공사의 부당지원행위 등 건〉),[509] “기업어음인수에 있어서 정상할인율과 발행할인율의 차이가 불과 2%에 불과하고, 그 당시 이른바 IMF 사태로 인하여 금융시장이 경색되어 있고 거래대상 및 시기에 따른 금리의 변동폭 또한 적지 아니하였던 경우”(〈푸르덴셜자산운용(주)외 17(현대 3 차)의 부당지원행위 건〉),[510] “사모사채 인수에 있어서 사모사채 발행 당시에는 비정상적인 고금리상태여서 장기적으로 금리가 하향할 것으로 예상되어 장기금리가 단기금리보다 낮게 책정된 경우”(〈삼성생명보험(주) 외 6(삼성3차)의 부당지원행위 건〉),[511] “현대자동차가 같은 1층에 임차한 금융기관의 임대차보증금의 약 5분의 1 수준의 저가로 계열회사인 원고 기아자동차에게 이 사건 자동차 전시장을 임대한 행위”(〈현대자동차(주)외 6의 부당지원행위 등 건〉),[512] “임대보증금 및 관리비가 주변시세의 60% 수준이었다거나 감정가격의 83% 내지 93% 수준에 불과한 경우”(〈대한주택공사의 부당지원행위 등 건〉),[513] “사옥 무상임대행위”(〈현대중공업(주) 외 7의 부당지원행위 건〉),[514] “개별정상금리와 실제적용금리 사이의 차이가 1.26~1.31%에 불과한 경우”(〈씨티은행 서울지점의 부당지원행위 건〉),[515] “보험료공제를 통한 임대료감액”(〈LS 및 LS산전 부당지원행위 건〉)[516]

506) 대판 2006. 9. 22. 2004두3250.
507) 대판 2006. 7. 27. 2004두1186.
508) 대판 2004. 4. 9. 2001두6203.
509) 대판 2007. 1. 26. 2005두2773.
510) 대판 2007. 1. 25. 2004두7610.
511) 대판 2007. 10. 26. 2005두3172.
512) 대판 2007. 12. 13. 2005두5963: “상업용 건물에 있어서 통상 1층의 임대차보증금이 중간이나 상층에 비하여 높을 개연성이 있는 점, 따라서 위 평당 임대차보증금 5,350,000원과 이 사건 사옥 1층의 일부만을 임대 목적으로 하여 약정된 조흥은행의 평당 임대차보증금인 21,000,000원 및 외환은행의 평당 임대차보증금인 23,000,000원을 단순 비교하기 곤란하여 그것만으로는 이 사건 임대행위가 지원행위에 해당한다고 단정할 수 없는 점”.
513) 대판 2008. 2. 14. 2007두1446.
514) 대판 2007. 1. 11. 2004두350.
515) 대판 2009. 5. 28. 2008두7885.

한편 〈SK(주) 외 8(SK 3 차)의 부당지원행위 등 건〉 관련 행정소송에서 대법원은 어음매입행위를 개별적으로 검토하여, 정상할인율보다 2.50% 내지 3.35%, 2.00% 내지 4.90%, 2.20% 내지 3.80%, 2.60% 내지 3.40%, 2.00% 내지 2.52% 낮은 할인율로 매입한 경우 현저히 유리한 조건에 해당한다고 보았으나, 1.50% 내지 1.90%, 1.80% 낮은 할인율로 매입한 행위에 대하여는 현저성을 부정하였다.[517]

D. 부당한 거래단계의 추가

통행세 관련 지원행위의 위법성 성립요건은 첫째, 지원주체가 다른 사업자와 직접 거래하면 상당히 유리할 것, 둘째, 특수관계인이나 다른 회사(이하 '지원객체'라 함)를 거래단계에 추가하거나 거쳐서 거래하였을 것, 셋째, 지원객체의 거래상 역할이 없거나 미미할 것 또는 지원객체의 거래상 역할에 비해 과도한 대가를 지급하였을 것, 넷째, 이를 통해 지원객체에게 과다한 경제상 이익을 제공하였을 것, 다섯째, 지원주체의 지원행위가 공정한 거래를 저해할 우려가 있을 것 등이다.

입법론적으로 동 규정에서 '거래상 실질적 역할이 없는'이란 요건은 지나치게 엄격하여 현실적으로 규제가 거의 어렵다. '거래상 실질적 역할이 전혀 없는 경우'는 현실적으로 존재하기 어렵기 때문이다. 따라서 시행령 규정과 같이 '거래상 실질적 역할이 없거나 미미한'으로 완화하는 것이 필요하다. 그리고 '다른 사업자와 직접 상품 · 용역을 거래하면 상당히 유리함에도 불구하고'라는 규정은 삭제하는 것이 바람직하다. 동 규정을 불필요한 끼워넣기, 즉 '통행세' 관행을 규제하기 위한 것인데 실질적 역할여부에 따라 판단하면 되고, 상당히 불리한지 여부는 중요한 요소가 아니기 때문이다. 즉 끼워넣는 행위가 다소 불리하다 하더라도 시장에서의 경쟁에 영향을 주는 경우에는 규제하는 것이 동 규정의 취지에 맞다고 본다.

〈엘에스 기업집단 계열회사의 부당한 지원행위 건〉에서 공정거래위원회는 엘에스동제련과 엘에스 4개사 사이의 전기동 거래과정에서 엘에스글로벌의 역할이 없거나 매우 미미하다는 점이 인정하였다.[518] 〈기업집단 SPC 소속 계열회사들의 부당지원행위에 대한 건〉에서는 거래상 실질적인 역할이 없는 피심인 주식회사 에스피씨삼립을 거래단계에 추가하여 거래하는 방법으로 과다한 경제

516) 서고판 2018. 4. 12. 2017누55637.

517) 대판 2006. 11. 23. 2003두15188.

518) 공정의 2018. 8. 22. 2018－262.

상 이익을 제공하였다고 판단하였다.[519)]

E. 부당성 판단

ⅰ) 판단기준 지원행위가 부당성을 갖는지 유무를 판단함에 있어서는 지원주체와 지원객체와의 관계, 지원행위의 목적과 의도, 지원객체가 속한 시장의 구조와 특성, 지원성 거래규모와 지원행위로 인한 경제상 이익 및 지원기간, 지원행위로 인하여 지원객체가 속한 시장에서의 경쟁제한이나 경제력집중의 효과 등은 물론 중소기업 및 여타 경쟁사업자의 경쟁능력과 경쟁여건의 변화 정도, 지원행위 전후의 지원객체의 시장점유율의 추이, 시장개방의 정도 등을 종합적으로 고려하여 당해 지원행위로 인하여 지원객체의 관련시장에서 경쟁이 저해되거나 경제력 집중이 야기되는 등으로 공정한 거래가 저해될 우려가 있는지 여부에 따라 판단하여야 할 것이다.[520)]

이 점은 공정거래위원회가 입증하여야 한다.[521)] 부당한 자금지원행위의 요건으로서의 지원의도는 지원행위를 하게 된 동기와 목적, 거래의 관행, 당시 지원객체의 상황, 지원행위의 경제상 효과와 귀속 등을 종합적으로 고려하여 지원주체의 주된 의도가 지원객체가 속한 관련 시장에서의 공정한 거래를 저해할 우려가 있는 것이라고 판단되는 경우 인정되는 것이고, 이러한 지원의도는 여러

519) 공정의 2020. 10. 23. 2020－029.

520) 서고판 2001. 1. 9. 99누3807; 서고판 2001. 4. 3. 99누6622; 대판 2005. 4. 29. 2004두3281; 서고판 2001. 6. 28. 2000누11095(대판 2004. 4. 23. 2001두6517); 대판 2004. 4. 9. 2001두6197; 대판 2004. 4. 23. 2001두6517; 대판 2004. 9. 24. 2001두6364; 서고판 2004. 9. 30. 2002누1054; 대판 2005. 10. 28. 2003두13441; 대판 2005. 5. 27. 2004두6099; 대판 2004. 10. 14. 2001두2881; 대판 2004. 11. 12. 2001두2034; 대판 2006. 2. 10. 2003두15171; 대판 2006. 5. 26. 2004두3014; 대판 2006. 6. 2. 2004두558; 대판 2005. 9. 15. 2003두12059; 대판 2005. 5. 13. 2004두2233; 대판 2006. 4. 14. 2004두3298; 대판 2006. 7. 13. 2004두3007; 대판 2006. 12. 7. 2004두11268; 대판 2006. 7. 27. 2004두1186; 대판 2004. 4. 9. 2001두6203; 대판 2006. 5. 12. 2004두12315; 대판 2006. 9. 8. 2004두2202; 대판 2007. 1. 11. 2004두3304; 대판 2007. 1. 26. 2005두2773; 대판 2007. 4. 26. 2005두2766; 서고판 2007. 5. 16. 2006누24352; 대판 2007. 1. 25. 2004두7610; 서고판 2007. 7. 11. 2006누10233; 대판 2007. 10. 26. 2005두1862; 대판 2007. 12. 13. 2005두5963; 대판 2006. 11. 23. 2003두15188; 대판 2008. 6. 12. 2006두7751; 대판 2004. 4. 9. 2001두6197; 대판 2011. 9. 8. 2009두11911. 다만 지원행위의 목적과 의도와 같은 주관적 요소까지 판단대상으로 하는 것은, 독점규제법의 적용대상이 경제적 효과를 갖는 객관화된 행위라는 점에서 의문을 제기하는 견해가 있다. 홍명수, 공정거래와 법치(2004), 408면. 이에 대하여 문제가 된 행위의 결과를 쉽게 예측할 수 없거나 구체적인 결과가 실현되기에는 많은 시일이 소요되는 경우에는 당해 행위의 경제적 의미와 효과를 가장 잘 알 것으로 판단되는 행위자의 목적이나 의도를 유용한 판단근거로 삼을 수 있다는 견해가 있다. 이호영, 경제법판례연구 제 2 권(2005), 179면.

521) 대판 2004. 9. 24. 2001두6364; 서고판 2004. 9. 30. 2002누1054; 서고판 2006. 5. 25. 2005누4924(대판 2005. 1. 27. 2004두2219); 대판 2007. 10. 26. 2005두1862; 대판 2007. 10. 26. 2005두3172.

상황을 종합하여 객관적으로 추단할 수 있다.[522)]

> 지원행위의 부당성은 공정한 거래질서라는 관점에서 판단되어야 하며, 지원행위에 단순한 사업경영상의 필요 또는 거래상의 합리성 내지 필요성이 있다는 사유만으로는 부당성이 부정되지 아니한다(「부당한 지원행위의 심사지침」 Ⅳ. 1).

금융감독원의 행정지도도 지원행위의 부당성이 조각되기 어렵다고 하고 정상금리와 실제적용금리 사이에 따른 이자도 부당성을 결정하는 중요한 요소라고 판시한 사례가 있다.[523)]

ⅱ) **사업자 아닌 지원객체에 대한 지원행위** 여기에서 공정하고 자유로운 경쟁이란 일정한 거래분야를 전제로 하는 것이므로, 일정한 거래분야에서 사업을 행하는 사업자가 아닌 지원객체에 대한 지원행위가 "공정하고 자유로운 경쟁을 저해할 우려가 있는 부당한 행위"로 인정되려면, 그 행위 당시 지원객체가 일정한 거래분야에 진입하기로 되어 있었다거나 지원주체가 지원객체를 매개로 다른 사업자를 지원할 개연성이 있었다는 등 관련시장에서의 경쟁제한성을 저해할 우려가 있다는 점이 인정되어야 한다.[524)]

〈삼성SDS(주)의 부당지원행위 건 등〉[525)]에서 특수관계인에 대한 지원행위의 부당성판단이 문제되었다. 이에 대하여 대법원은 "경제력 집중의 억제가 부당지원행위 규제의 입법 목적에 포함되어 있다고 하더라도, 법상 경제력 집중의 억제와 관련하여서는 제 3 장에서 지주회사의 제한적 허용, 계열회사 간 상호출자금지 및 대규모기업집단에 속하는 중소기업창업투자회사의 계열회사의 주식취득금지, 금융회사 또는 보험회사의 의결권제한 등에 관하여 규정을 두어 대규모기업집단의 일반집중을 규제하면서도 부당지원행위는 제 5 장의 불공정거래행위의 금지의 한 유형으로서 따로 다루고 있으며, 변칙적인 부의 세대간 이전 등을 통한 소유집중의 직접적인 규제는 법의 목적이 아니고 시장집중과 관련하여 볼 때 기업집단 내에서의 특수관계인 또는 계열회사 간 지원행위를 통하여 발생하는 경제력 집중의 폐해는 지원행위로 인하여 직접적으로 발생하는 것이 아니라 지원을 받은 특수관계인이나 다른 회사가 자신이 속한 관련 시장에서의

522) 대판 2005. 5. 27. 2004두6099; 대판 2007. 1. 11. 2004두350.
523) 대판 2008. 6. 20. 2006두8752.
524) 서고판 2006. 5. 25. 2005누4924(대판 2005. 1. 27. 2004두2219).
525) 대판 2004. 9. 24. 2001두6364; 서고판 2004. 9. 30. 2002누1054; 대판 2005. 5. 27. 2004두6099.

경쟁을 저해하게 되는 결과 발생할 수 있는 폐해라고 할 것인 점 등에 비추어 보면,[526] 지원 행위로 인하여 부(富)의 세대간 이전이 가능해지고 특수관계인들을 중심으로 경제력이 집중될 기반이나 여건이 조성될 여지가 있다는 것만으로는 공정한 거래를 저해할 우려가 있다고 단정하기 어렵고, 위 특수관계인들이 지원받은 자산을 계열회사에 투자하는 등으로 관련 시장에서의 공정한 거래를 저해할 우려가 있다는 점이 입증되어야 한다"고 판시하였다.[527]

대법원판례의 취지를 감안하여 「부당지원행위 심사지침」은 다음과 같이 규정하고 있다.

사업자가 아닌 특수관계인에 대한 지원행위의 부당성은 특수관계인이 당해 지원행위로 얻은 경제상 급부를 계열회사 등에 투자하는 등으로 인하여 지원객체의 관련 시장에서 경쟁이 저해되거나 경제력 집중이 야기되는 등으로 공정한 거래를 저해할 우려가 있는지 여부에 따라 판단한다(「부당지원행위 심사지침」 Ⅳ. 1).

iii) 부당한 지원행위 예시 「부당지원행위 심사지침」에서 부당한 지원행위에 해당하는 경우와 해당하지 않는 경우로 다음을 예시하고 있다.

〈부당한 지원행위에 해당하는 경우〉

ⓐ 지원객체가 당해 지원행위로 인하여 일정한 거래분야에 있어서 유력한 사업자의 지위를 형성·유지 또는 강화할 우려가 있는 경우(예: 중소기업들이 합하여 1/2 이상의 시장점유율을 갖는 시장에 참여하는 계열회사에 대하여 동일한 기업집단에 속하는 회사들이 정당한 이유없이 자금·자산·인력 지원행위를 하여 당해 계열회사가 시장점유율 5% 이상이 되거나 시장점유율 기준 3위이내의 사업자에 들어가게 되는 경우), ⓑ 지원객체가 속하는 일정한 거래분야에 있어서 당해 지원행위로 인하여 경쟁사업자가 배제될 우려가 있는 경우(예: 지원객체가 지원받은 경제상 이익으로 당해 상품 또는 용역의 가격을 경쟁사업자보다 상당기간 낮게 설정하여 경쟁사업자가 당해 시장에서 탈락할 우려가 있는 경우), ⓒ 지원객체가 당해 지원행

526) 대판 2004. 9. 24. 2001두6364; 서고판 2004. 9. 30. 2002누1054.

527) 대판 2004. 9. 24. 2001두6364; 동 판례에 대하여는 대기업집단의 변칙적 경영권 상속의 주된 수단으로 악용되는 친인척 등 특수관계인에 대한 부당지원행위에 대하여 '백지면죄부'를 주었다고 비판하면서 특수관계인(특히 사업자가 아닌)에 대한 지원행위의 부당성 판단의 특수성을 강조하는 견해가 있다. 자세한 내용은 이호영, 경제법판례연구 제 2 권(2005), 149면, 172~180면 참조.

위로 인하여 경쟁사업자에 비하여 경쟁조건이 상당히 유리하게 되는 경우(예: 지원객체가 당해 지원행위로 인하여 자금력, 기술력, 판매력, 제품이미지 개선 등 사업능력이 증대되어 사업활동을 영위함에 있어서 경쟁사업자에 비하여 유리하게 되는 경우), ⓓ 지원객체가 속하는 일정한 거래분야에 있어서 당해 지원행위로 인하여 지원객체의 퇴출이나 타사업자의 신규진입이 저해되는 경우(예: 대규모기업집단 소속회사가 자기의 계열회사에 대하여 지원행위를 함으로써 당해 계열회사가 속하는 일정한 거래분야에 있어서 신규진입이나 퇴출이 어려워지게 되는 경우), ⓔ 관련법령을 면탈 또는 회피하는 등 불공정한 방법 또는 절차를 통해 지원행위가 이루어지고, 이로 인하여 지원객체가 속하는 일정한 거래분야에서 경쟁이 저해되거나 경제력 집중이 야기되는 등으로 공정한 거래가 저해될 우려가 있는 경우(예: 증권회사가 「유가증권인수업무규정」상 계열증권사의 회사채인수 금지규정을 면탈하기 위해 다른 증권사를 주간사회사로 내세우고 자신은 하인수회사가 되어 수수료를 받는 방법으로 경제상 이익을 얻고 이로 인하여 다른 증권회사와의 공정하고 자유로운 경쟁을 저해한 경우)이다(「부당지원행위 심사지침」 Ⅳ. 2).

「부당지원행위 심사지침」이 '관계 법령을 면탈 또는 회피하여 지원하는 등 지원행위의 방법 또는 절차가 불공정한 경우'를 부당성 판단 기준의 하나로서 규정하고 있기는 하나, 위 심사지침은 법령의 위임에 따른 것이 아니라 법령상 부당지원행위 금지규정의 운영과 관련하여 심사기준을 마련하기 위하여 만든 공정거래위원회 내부의 사무처리지침에 불과하므로, 지원행위를 둘러싼 일련의 과정 중 관계 법령이 정한 방법이나 절차의 위배가 있다고 하여 바로 부당지원행위에 해당한다고는 할 수 없고, 이러한 관계 법령의 면탈 또는 회피가 지원행위의 부당성에 직접 관련된 것으로서 지원객체가 직접 또는 간접적으로 속한 시장에서 경쟁을 저해하거나 경제력 집중을 야기하는 등으로 공정한 거래를 저해할 우려가 있는 경우에 비로소 부당지원행위에 해당한다고 할 것이다.[528]

〈부당한 지원행위에 해당하지 않는 경우〉

ⓐ 대규모기업집단 계열회사가 기업구조조정을 하는 과정에서 구조조정 대상회사나 사업부문에 대하여 손실분담을 위해 불가피한 범위 내에서 지원하는 경우(예: 지원

528) 대판 2004. 9. 24. 2001두6364.

객체에 대하여 기존에 채무보증을 하고 있는 계열회사가 그 채무보증금액의 범위 내에서 지원객체의 채무를 인수하는 경우, 지원객체에 대하여 기존에 지분을 보유하고 있는 계열회사가 지분비율에 따라 지원객체가 실시하는 유상증자에 참여하는 경우), ⓑ 「중소기업의 사업영역보호 및 기업간협력증진에 관한 법률」에 의하여 위탁기업체가 사전에 공개되고 합리적이고 비차별적인 기준에 따라 수탁기업체(계열회사 제외)를 지원하는 경우, ⓒ 기업구조조정과정에서 일부사업부문을 임직원 출자형태로 분사화하여 설립한 「중소기업기본법」상의 중소기업에 대하여 당해회사 설립일로부터 3년 이내의 기간동안 자생력 배양을 위하여 지원하는 것으로서 다른 중소기업의 기존거래관계에 영향이 적은 경우(예: 소요부품을 자체 생산하던 사업부문을 분사화한 회사에 대한 지원으로서, 분사화된 회사와 경쟁관계에 있는 다른 중소기업의 기존거래선을 잠식하지 않는 경우, 제품을 생산하여 다른 회사에 공급하던 사업부문을 분사화한 회사에 대한 지원으로서, 분사화된 회사가 기존거래선과의 공급관계만을 계속하여 유지하는 경우 및 생산한 제품의 대부분(예: 70% 이상)을 수출하던 사업부문을 분사화한 회사에 대한 지원으로서, 분사화된 회사가 제품의 대부분을 계속하여 수출하는 경우), ⓓ 정부투자기관 · 정부출자기관이 공기업 민영화 및 경영개선계획에 따라 일부 사업부문을 분사화하여 설립한 회사에 대하여 분사 이전의 시설투자자금 상환 · 연구기술인력 활용 및 분사후 분할된 자산의 활용 등과 관련하여 1년 이내의 기간동안 자생력 배양을 위하여 불가피하게 지원하는 경우로서 기존 기업의 거래관계에 영향이 적은 경우, ⓔ 「금융지주회사법」에 의한 완전지주회사가 완전자회사에게 자신의 조달금리 이상으로 자금지원을 하는 경우, ⓕ 개별 지원행위 또는 일련의 지원행위로 인한 지원금액이 1천만원 이하로서 공정거래저해성이 크지 않다고 판단되는 경우, ⓖ 「장애인고용촉진 및 직업재활법」 제28조 제 1 항에 따른 장애인 고용의무가 있는 사업주가 같은 법 제 2 조 제 8 호에 해당되는 장애인 표준사업장의 발행주식 총수 또는 출자총액의 50%를 초과 소유하여 실질적으로 지배하고 있는 장애인 표준사업장에 대하여 자생력 배양을 위하여 합리적인 범위 내에서 지원하는 경우, ⓗ 「사회적 기업 육성법」 제 7 조에 따라 고용노동부장관의 인증을 받은 사회적 기업의 제품을 우선 구매하거나, 사회적 기업에게 각종 용역을 위탁하거나, 사회적 기업에게 시설 · 설비를 무상 또는 상당히 유리한 조건으로 임대하는 등의 방법으로 지원하는 경우이다(「부당지원행위 심사지침」 Ⅳ. 3).

ⅳ) **구체적 사례** 법원은 지원행위로 인하여 초기시장에서 유력한 사업자로서의 지위를 형성·유지 또는 강화하는 경우 공정하고 자유로운 경쟁을 저해할 우려가 있다고 보았다.[529)]

> "계열사가 독과점적 시장에 신규로 진입하는 초기단계에서 지원하는 행위"(〈LG정보통신(주)의 부당지원행위 건〉),[530)] "건설공사의 발주시 자회사를 지원하기 위하여 자회사와 수의계약방법에 의하여 계약을 체결하는 과정에서 비자회사와의 계약에 비해 높은 대가로 발주한 행위"(〈한국가스공사의 부당지원행위 건〉),[531)] "자회사에 대하여 위탁수수료를 분기별로 선지급함으로써 그 선지급에 대한 적정한 이자 상당액에 해당하는 과다한 경제적 이익을 제공한 행위"(〈한국전기통신공사 및 한국공중전화(주)의 자회사에 대한 부당지원행위 등 건〉),[532)] "자회사에게 지급하여야 할 위탁수수료는 해당월의 다음달 5일까지 지급하고 있음에도 자회사로부터 지급받아야 할 정산금은 해당월의 다음달 말일까지 입금토록 함으로써 그 입금이 유예된 기간만큼 자회사로 하여금 정산금을 운용토록 함으로써 그 이자 상당의 수익을 얻게 하는 행위"(〈대한주택공사의 부당지원행위 건〉),[533)] "계열회사 자본금의 1/3에 이르는 현저한 규모의 제 1 어음을 매입하면서 같은 날 계열회사가 아닌 회사가 매입한 할인율보다 3% 낮은 금리를 적용한 행위"(〈푸르덴셜자산운용 주식회사의 부당지원행위 건〉),[534)] "기업어음 인수행위를 통해 계열사에 대하여 자금을 직접 지원하는 이외에도 실제 매입할인율과 정상할인율의 차이에 해당하는 금액을 지원한 행위"(〈주식회사 대우 외 5의 부당지원행위 건〉),[535)] "사업자가 임대보증금을 수령하지 아니하는 대신 보증금에 대한 정상임대수익률(연 19.77%) 보다 낮은 이율(연 7.5%)에 해당하는 금액으로 사무실을 다른 회사에 임대한 경우"(〈(주)서울신문사의 부당지원행위 건〉),[536)] "무이자 자금대여 행위"(〈대한화섬(주) 외 1의 부당지원행위

529) 강화된 지위만을 문제삼아 위법성을 인정하는 취지라면 점유율이 적은 군소사업자도 지위변동만 있으면 규제대상이 되는데. 이는 점유율 50% 이상인 시장지배적사업자는 남용행위가 있어야만 제재를 받는 것과 비교하여 현저한 규제의 불균형이 있다는 문제 제기가 있다. 서정, 경제법판례연구 제 4 권(2007), 141~142면.

530) 서고판 2001. 1. 9. 99누3807.

531) 서고판 2001. 6. 21. 99누7236.

532) 서고판 2001. 7. 5. 99누15312.

533) 대판 2003. 9. 5. 2001두7411.

534) 대판 2004. 4. 23. 2001두6517.

535) 대판 2004. 10. 14. 2001두2881.

536) 서고판 2004. 7. 15. 2002누1092(대판 2004. 11. 12. 2004두9630).

건〉),[537] "인건비 지원행위"(〈대한화섬(주) 외 1의 부당지원행위 건〉),[538] "전산시스템 사용경비 미수령행위"(〈대한화섬(주) 외 1의 부당지원행위 건〉),[539] "지급보증금액 대위변제후 구상권 불행사를 통한 지원한 행위"(〈(주)한국일보사의 부당지원행위 건〉),[540] "무상광고게재를 통한 지원행위"(〈(주)한국일보사의 부당지원행위 건〉),[541] "신문인쇄용역비 미수령을 통한 지원한 행위"(〈(주)한국일보사의 부당지원행위 건〉),[542] "거래당시의 시장환율보다 달러당 11.12~25.90원 낮은 환율로 거래하여 지원객체에게 자본금의 25%, 순이익의 2.8배에 달하는 규모의 자금을 제공한 행위"(〈대우 3 차 부당지원행위 건〉),[543] "경영난에 처한 계열회사에게 공장용지 분양대금 징수를 유보한 행위"(〈대우 3 차 부당지원행위 건〉),[544] "경영난에 처한 계열회사에게 공사대금의 징수를 유보한 행위"(〈대우 3 차 부당지원행위 건〉),[545] "후순위사채 매입행위, 저리예치행위 및 기업어음 매입행위"(〈엘지반도체(주) 외 18(엘지 1차)의 부당지원행위 건〉),[546] "정통부 단가 중 기술 수준을 감안한 최고단가보다 15% 정도 높은 단가에 의하여 산정한 개발비를 계열사에게 지급한 행위"(〈삼성증권 주식회사의 부당지원행위 건〉),[547] "계열회사에 대한 전광판사용료의 회수를 지연한 행위"(〈(주)조선일보사 외 2의 부당지원행위 건〉),[548] "인쇄비의 만기도래후의 지연수령행위"(〈(주)중앙일보사의 부당지원행위 건〉),[549] "계열회사에 대한 매출채권 지연회수행위"(〈(주)중앙일보사의 부당지원행위 건〉),[550] "지원주체 스스로 발행한 만기 3년의 회사채의 수익률, 한국은행이 발표하는 시중은행의 매월 말 평균 당좌대출금리(일반정상금리)보다 현저히 낮은 수익률로 발행된 계열회사의 후순위사채 250억 원 상당을 매입하여 준 행위"(〈현대중공업(주)(현대 4 차)의 부당지원행위

537) 서고판 2004. 7. 22. 2002누10577.
538) 서고판 2004. 7. 22. 2002누10577.
539) 서고판 2004. 7. 22. 2002누10577.
540) 서고판 2004. 9. 30. 2002누1054.
541) 서고판 2004. 9. 30. 2002누1054.
542) 서고판 2004. 9. 30. 2002누1054.
543) 대판 2004. 10. 14. 2001두6012.
544) 대판 2004. 10. 14. 2001두6012.
545) 대판 2004. 10. 14. 2001두6012.
546) 대판 2004. 11. 12. 2001두2034.
547) 서고판 2005. 10. 19. 2004누3856.
548) 대판 2005. 9. 15. 2003두12059.
549) 대판 2005. 5. 13. 2004두2233.
550) 대판 2005. 5. 13. 2004두2233.

건〉),[551] "계열회사로부터 전력 및 스팀 공급대금을 지연 수령하고 그 과정에서 지연이자를 받지 아니한 행위"(〈현대중공업(주)(현대 4 차)의 부당지원행위 건〉),[552] "계열회사가 소유하는 연수원을 정상임대료보다 높은 가격으로 임차한 행위"(〈두산건설(외) 3의 부당지원행위 건〉),[553] "다른 금융상품의 수익률에 비하여 적어도 4.74% 이상 낮은 발행수익률 17.26%의 후순위 사채 매입행위"(〈삼성물산(주) 외 1(삼성 2 차)의 부당지원행위 건〉),[554] "IMF 금융위기 사태 이후의 거래로서 그 할인율과 정상할인율 간의 금리차이가 10.55%에 달하는 기업어음매입행위"(〈삼성물산(주) 외 1(삼성 2 차)의 부당지원행위 건〉),[555] "개별정상할인율 35%보다 연 9% 낮은 26%의 할인율을 적용하여 기업어음을 인수한 행위"(〈현대자동차(주) 외 11(현대 2 차)의 부당지원행위 건〉),[556] "유가증권인 주식을 우회로 고가로 매입하는 행위"(〈현대증권(주)(현대 4 차)의 부당지원행위 건〉),[557] "대한주택공사가 뉴하우징이 지급할 위탁수수료의 입금을 유예한 행위"(〈대한주택공사의 부당지원행위 등 건〉),[558] "건물관리 용역수수료의 과다지급 행위"(〈(주)케이티의 부당지원행위 건〉),[559] "한국철도공사가 청소용역계약을 통하여 한국철도서비스를 지원한 행위"(〈한국철도공사의 부당지원행위 건〉),[560] "한국철도공사가 조명설비계약을 통하여 한국철도전기를 지원한 행위"(〈한국철도공사의 부당지원행위 건〉),[561] "IMF이후 정상금리 대비 30%이상 차이가 나는 기업어음매입행위"(〈삼성에스디아이(주) 외 6(삼성 1차)의 부당지원행위 건〉),[562] "정상가격이 장부가격보다 현저히 낮을 것임을 쉽게 추단할 수 있는 상황에서 채권 등을 장부가격으로 매입한 행위"(〈푸르덴셜자산운용(주)(현대 4 차)의 부당지원행위 건〉),[563] "정상금리보다 4.93% 내지 6.42% 낮은 금리로 18

551) 대판 2006. 4. 14. 2004두3298.
552) 대판 2006. 4. 14. 2004두3298.
553) 대판 2006. 6. 9. 2004두268.
554) 대판 2006. 7. 27. 2004두1186.
555) 대판 2006. 7. 27. 2004두1186.
556) 대판 2004. 4. 9. 2001두6203.
557) 대판 2006. 7. 6. 2004두2998.
558) 대판 2007. 1. 26. 2005두2773.
559) 대판 2007. 4. 26. 2005두2766. 그러나 동일한 건에서 공중전화 유지·보수 용역수수료 지급, 및 CATV 전송망 유지·보수 용역수수료 지급행위는 부당한 지원행위가 아니라고 판단하였다.
560) 서고판 2007. 5. 16. 2006누24352.
561) 서고판 2007. 5. 16. 2006누24352.
562) 대판 2006. 12. 22. 2004두1483.
563) 대판 2006. 12. 7. 2004두11268.

억 원의 자금을 신규대여한 행위"(〈삼성에스디아이(주) 외 6(삼성 1 차)의 부당지원행위 건〉),[564] "임대차 형식을 빌린 자금지원행위"(〈삼성에스디아이(주) 외 6(삼성 1 차)의 부당지원행위 건〉),[565] "현대중공업이 COGI (Continental Growth Investment. LTD)의 1주당 가치가 −3.3달러이고, 청산위기에 있었음에도 COGI의 순자산가치와 연계된 해외채권 매입행위"(〈푸르덴셜자산운용(주) 외 17(현대 3 차)의 부당지원행위 건〉),[566] "전환사채의 전환권행사"(〈푸르덴셜자산운용(주) 외 17(현대 3 차)의 부당지원행위 건〉),[567] "제 3 자 배정방식에 의한 유상증자 주식을 현저히 높은 대가인 액면가로 인수하는 행위"(〈푸르덴셜자산운용(주) 외 17(현대 3 차)의 부당지원행위 건〉),[568] "지원객체가 가진 제 3 자의 주식 고가매입행위"(〈푸르덴셜자산운용(주) 외 17(현대 3 차)의 부당지원행위 건〉),[569] "용역대금 지연수령행위"(〈푸르덴셜자산운용(주) 외 17(현대 3 차)의 부당지원행위 건〉),[570] "경쟁사의 이름을 광고비 분담 없이 같이 표시한 행위"(〈푸르덴셜자산운용(주) 외 17(현대 3 차)의 부당지원행위 건〉),[571] "선급금 지급을 빙자하여 지원객체로 하여금 자금을 무이자로 이용할 수 있도록 하는 행위"(〈푸르덴셜자산운용(주) 외 17(현대 3 차)의 부당지원행위 건〉),[572] "유상증자에 참여하여 기준주가에 비해 25% 높은 가격으로 주식인수한 행위"(〈(주)동양레저 외 1의 부당지원행위 건〉),[573] "당시 BB+등급의 공모무보증회사채(5년)의 기준 수익률, 사모부보증회사채(5년)의 기준수익률보다 현저하게 낮은 11.3%의 후순위 대출행위"(〈(주)동양레저 외 1의 부당지원행위 건〉),[574] "에스케이네트웍스(주)등 해외법인들이 제이피모건과의 옵션계약을 통해 에스케이증권이 부담해야 할 위험제거가치 상당의 급부를 부담한 행위"(〈에스케이네트웍스(주) 외 2의 부당지원행위 건〉),[575] "통상 0.3%수준인 동일한 발행사의 회사채 인수수수료를 계열사인 에스케이증권이 하인수기관으로 참가한 경우만 0.8%로 정한 행위"(〈에스케이건설

564) 대판 2006. 12. 22. 2004두1483.
565) 대판 2006. 12. 22. 2004두1483.
566) 대판 2007. 1. 25. 2004두7610.
567) 대판 2007. 1. 25. 2004두7610.
568) 대판 2007. 1. 25. 2004두7610.
569) 대판 2007. 1. 25. 2004두7610.
570) 대판 2007. 1. 25. 2004두7610.
571) 대판 2007. 1. 25. 2004두7610.
572) 대판 2007. 1. 25. 2004두7610.
573) 서고판 2007. 7. 11. 2006누10233.
574) 서고판 2007. 7. 11. 2006누10223.
575) 대판 2007. 7. 27. 2005두10866.

(주) 외 11(에스케이 1 차)의 부당지원행위 건〉),[576] "윤전기 추가임대료 미수령행위"(〈현대중공업(주) 외 7의 부당지원행위 건〉),[577] "총액인수계약을 통하여 계열사의 실권주를 인수하기로 하고, 종금사와의 교차 인수를 통하여 계열사의 실권주를 인수한 행위"(〈삼성생명보험(주) 외 6(삼성 1 차)의 부당지원행위 건〉),[578] "계열사 실권주의 단기처분으로 인한 손실을 줄여주기 위하여 종금사의 실권주를 인수하고 종금사로 하여금 지원객체의 실권주를 시가보다 고가에 인수하게 한 행위"(〈삼성생명보험(주) 외 6(삼성 3 차)의 부당지원행위 건〉),[579] "은행을 통하여 계열사 발행 사모사채를 정상금리(28%)보다 낮은 수익률(23.5%)로 인수하게 한 행위"(〈삼성생명보험(주) 외 6(삼성 3 차)의 부당지원행위 건〉),[580] "현대자동차가 업무와 밀접한 관련이 있는 씨앤씨캐피탈 등으로부터 주식을 전일 증권거래소 종가인 1주당 4,800원보다 6.25% 높은 1주당 5,100원에 경영권 프리미엄을 주고 장외매입한 후 기아자동차에 경영권 프리미엄 없이 시가로 1주당 4,830원에 장내 매각한 행위"(〈현대자동차(주) 외 6의 부당지원행위 등 건〉),[581] "현대자동차가 문화창업투자 및 씨앤씨캐피탈에게 회사채이자율을 연 9%로 4%나 인하해 준 행위"(〈현대자동차(주) 외 6의 부당지원행위 등 건〉),[582] "현대자동차 등이 계열사인 해비치리조트에게 콘도입회금을 납부함에 있어 비계열회사에게 적용된 할인율 7%보다 현저히 낮은 할인율인 1.2%만을 적용하여 산정한 금액을 납부하고 130평형의 경우 제주도지사에 신고한 입회금보다 높게 책정된 입회금을 납부한 행위"(〈현대자동차(주) 외 6의 부당지원행위 등 건〉),[583] "MMF상품에 대한 보수배분비율을 계열회사에게 유리하게 하는 방법으로 과다한 경제상의 이익을 제공한 행위"(〈(주)국민은행의 거래상지위 남용행위 등 건〉),[584] "현대자동차가 가격인상요인이 없음에도 불구하고 현대모비스로부터 구매하는 자동차샤시모듈 부품의 가격을 인상하여 지급한 행위", "현대자동차가 기아자동차를 대신하여 기아자동차가 현대모비스에게 지급하여야 할 모듈부품의 단가인상금액을 지급한 행위", "현대자동차, 현대모비스, 글로비스가 납품업체로부터

576) 대판 2007. 1. 25. 2004두1490.
577) 대판 2007. 1. 11. 2004두350.
578) 대판 2007. 10. 26. 2005두3172.
579) 대판 2007. 10. 26. 2005두3172.
580) 대판 2007. 10. 26. 2005두3172.
581) 대판 2007. 12. 13. 2005두5963.
582) 대판 2007. 12. 13. 2005두5963.
583) 대판 2007. 12. 13. 2005두5963.
584) 대판 2009. 10. 29. 2007두20812.

상품·용역 구매대금 지급방식을 현대카드가 발급한 법인카드 결제로 변경한 행위", "기아자동차가 더 낮은 견적금액을 제출한 회사가 있음에도 불구하고, 계열회사인 로템과 도급계약을 체결한 행위" 및 "현대자동차, 기아자동차, 현대모비스, 현대제철이 새로 설립한 계열회사인 글로비스에게 기업집단 내 각종 물류업무를 몰아준 행위"(〈현대자동차 기업집단 계열회사의 부당지원행위 건〉),[585] "임대료 방식이 아닌 현저히 낮은 수준의 영업료 방식으로 철도주차장 관리·운영을 위탁한 행위"(〈상호출자제한 기업집단 한국철도공사 소속 2개사의 부당지원행위 등 건〉)[586]

채권 불회수조치 관련하여 대법원은 "지원주체의 지원객체에 대한 채권을 실제로 회수할 가능성이 없다면 지원주체가 지원객체에 대하여 그 채권의 회수를 위한 조치를 취하지 아니하였다 하더라도 지원객체에게 그 채권액 상당을 제 3 자로부터 차용할 경우 부담하게 되었을 이자 상당액의 경제상 이익을 제공하여 지원객체가 속한 관련 시장에서의 공정한 거래를 저해할 우려가 있다고 할 수 없어 부당성이 있다고 할 수 없으나, 지원주체의 지원객체에 대한 채권을 실제로 회수할 가능성이 있다면 지원객체에게 그 채권액 상당을 제 3 자로부터 차용할 경우 부담하게 되었을 이자 상당액의 경제상 이익을 제공함으로써 지원객체가 속한 관련 시장에서의 공정한 거래를 저해할 우려가 있다고 할 수 있어 부당성이 있다고 할 것이고, 한편 「법인세법」 소정의 대손충당금을 설정하였다 하여 그 대상이 되는 채권이 소멸한다거나 회수불능으로 확정되는 것은 아니다"라고 판시하였다(〈주식회사 대우건설의 부당지원행위 건〉).[587]

대부분 판례에서 부당성의 근거로 지원객체의 부실한 재무상태, 지원성 거래규모, 지원후 재무상황, 기타 당시의 경제상황 등을 종합적으로 고려하고 있다.[588]

585) 서고판 2009. 8. 19. 2007누30903.

586) 서고판 2016. 10. 21. 2015누42628(대판 2017. 2. 23. 2016두60751).

587) 대판 2005. 5. 27. 2004두6099.

588) 예를 들어 대판 2006. 7. 27. 2004두1186: "삼성증권은 1997년 신용등급이 'BBB'였고, 1995년부터 1997년까지 주식시장의 침체와 1997년말 IMF 금융위기에 따른 부실채권의 급증 등 증권업계의 전반적인 부진의 영향으로 358억 원의 당기 순손실이 발생한 점, 삼성증권의 영업용순자본비율이 이 사건 후순위사채 발행 전에는 92.4%에 불과하였으나 발행 후에는 141.7%로 49.3% 증가한 점, 이 사건 후순위사채 매입행위로 인한 지원금액은 당시의 시장상황 등을 고려하면 그 지원효과가 적지 아니하므로 공정거래를 저해할 우려가 없다고 보기 어려운 점 등에 비추어 볼 때, 이 사건 후순위사채 매입행위는 공정하고 자유로운 경쟁을 저해할 우려가 있는 부당한 행위이다". "삼성상용차는 국내 상용차 생산시장에서의 경쟁기반이 취약하고 자금소요가 많을 뿐 아니라 금융비용의 부담도 과중한 상태였던 점, 이 사건 기업어음 매입행위로 인하여 삼성상용차에 지원된 지원금액은 당시의 시장상황 등을 고려하면 그 지원효과가 적지 아니하므로 공정거

래를 저해할 우려가 없다고 보기 어렵다"; 대판 2007. 1. 26. 2005두2773: "대한주택공사가 뉴하우징이 지급할 위탁수수료의 입금을 유예한 것은 유예기간동안 뉴하우징이 정산금을 운용하도록 함으로써 그 이자 상당의 수익을 얻게 하는 지원행위로서 그 지원의도 역시 인정되며, 위와 같은 지원성 거래규모와 뉴하우징의 2000년도 추정순이익의 21.1%에 해당하는 지원금액이 현저한 수준이고, 전국적으로 약 252개가 존재하는 주택관리업체의 대부분이 자본금 5억 원 미만의 영세업체인 점을 감안하면 동 지원행위는 뉴하우징의 자금사정을 개선시켜 영세업자들만이 존재하는 관련 주택관리시장에서 뉴하우징의 유력한 사업자로서의 지위를 유지·강화시킴으로써 공정한 거래를 저해할 우려가 있다"; 대판 2008. 6. 12. 2006두7751: "동원캐피탈 발행의 기업어음을 매입한 시기는 동원캐피탈을 비롯한 대부분의 여신전문 금융회사들이 자금조달비용 및 연체율의 상승으로 수익성이 급격히 악화되는 시기였던 점, 이에 따라 동원캐피탈은 주요상품인 대출채권의 부실이 크게 증가하여 경영여건이 어려운 상황에 있었단 점, 특히 위 기업어음 매입행위의 규모가 상당하여 동원캐피탈의 자금난이 크게 개선되었다고 보이는 점, 이로 인하여 동원캐피탈이 처한 재무상황을 왜곡함으로써 경쟁사업자에 비하여 동원캐피탈의 경쟁조건을 유리하게 개선시킨 것으로 보이는 점, 지원주체와 지원객체외의 관계, 지원행위의 목적과 의도 등 여러 가지 사정을 종합하여 보면 위 기업어음 매입행위는 지원객체인 동원캐피탈로 하여금 당해 시장인 여신금융시장에서 사업자로서의 지위를 유지·강화하게 함으로써 공정한 거래를 저해하거나 저해할 우려가 있다"; 대판 2004. 4. 9. 2001두6197: "현대자동차 외 18개사와 지원객체들은 대규모기업집단 '현대' 소속의 계열회사 관계에 있는 점, 지원객체들의 1997.말 당시의 업종·자산총액·자본금·매출액·당기순이익·상시종업원수 등의 일반현황, 이 사건 무보증전환사채 발행 당시 IMF 사태로 금융시장이 사실상 마비되어 자금조달이 지극히 어려웠을 뿐 아니라 특히 지원객체들은 수년간에 걸친 적자로 인하여 완전자본잠식상태로서 만기 1일 내지 7일 정도의 최단기 기업어음을 발행하여 부도를 막기에 급급한 상태에 있었던 점, 원고 현대자동차 외 18개사가 이 사건 무보증전환사채를 인수한 것은 경영난에 처한 지원객체들의 자금난을 호전시키기 위한 것으로 그로 인하여 지원객체들에게 각각 인수금액에 대한 정상할인율과 실제할인율의 차액에 해당하는 33억 1,400만 원, 2억 3,000만 원 상당의 과다한 경제적 이익을 제공한 점, 특히 현대리바트의 경우 현대중공업 주식회사(이하 '현대중공업'이라 한다)가 현대리바트의 자금난 해소를 위하여 이 사건 무보증전환사채 인수직전인 1998. 1. 12. 현대리바트가 발행한 200억 원의 기업어음을 인수하는 등 대규모기업집단 '현대'의 계열회사들이 조직적으로 지원객체들을 지원한 것으로 보이는 점, 이 사건 전환사채인수 당시 실질적으로 경쟁업체가 존재하지 않는다고 하더라도 지원객체들에 대한 지원으로 인하여 신규업체의 시장진입을 억제할 수 있으므로 관련시장에서의 경쟁을 저해한 것이 아니라고 할 수 없는 점 등 여러 사정을 고려하여 볼 때, 원고 현대자동차 외 18개사의 이 사건 무보증전환사채 인수행위로 인하여 지원객체들로 하여금 당해 업계에서 종전의 지위를 계속 유지할 수 있게 함으로써 관련시장에서의 공정하고 자유로운 경쟁을 저해할 우려가 있다"; 그러나 지원규모가 적고 피지원회사의 시장점유율이 낮음에도 불구하고 부당지원행위에 해당한다고 본 경우가 있다. 대판 2006. 11. 23. 2003두15188: "원고 에스케이 등 5개 회사들과 에스케이증권은 대규모기업집단인 에스케이(SK)의 계열회사인 사실, 원고 에스케이는 1998. 9. 28.과 같은 해 12. 28. 2회에 걸쳐 에스케이증권 발행의 액면 합계 400억 원의 기업어음을, 원고 에스케이씨는 1998. 7. 6.부터 같은 해 12. 23.까지 사이에 총 8회에 걸쳐 에스케이증권 발행의 액면 합계 600억 원의 기업어음을, 원고 에스케이가스는 1998. 8. 12.부터 같은 해 12. 8.까지 사이에 총 5회에 걸쳐 에스케이증권 발행의 액면 합계 500억 원의 기업어음을, 원고 에스케이텔레텍은 1998. 9. 8.부터 같은 해 12. 18.까지 사이에 총 4회에 걸쳐 에스케이증권 발행의 액면 합계 203억 9,900만 원의 기업어음을, 원고 에스케이건설은 1998. 10. 30.부터 같은 해 11. 19.까지 사이에 총 5회에 걸쳐 에스케이증권 발행의 액면 합계 462억 원의 기업어음을 각 유리한 조건으로 매입하였고, 그로 인한 지원금액이 각각 3,400만 원 내지 7,000만 원 정도인 사실, 에스케이증권의 경우 1998 회계연도를 기준으로 자본금이 약 3,590억 원, 자산총계 약 8,515억 원이고, 국내증권업 시장에서 약 2.19%의 시장점유율을 유지하고 있으나, 1997

그러나 부당지원행위는 지원객체가 이전받은 경제적 이익을 이용하여 자유롭고 공정한 경쟁기반을 저해할 가능성 즉 잠재적 경쟁기반 저해의 가능성과 이로 인하여 궁극적으로 그가 속한 기업집단이 국민경제에서 차지하는 지위를 유지·강화할 가능성을 규제하고자 하는 것이지 지원주체가 스스로 선택한 경쟁력의 저하를 규제하고자 하는 것이 아니므로 지원주체의 경쟁력 저하를 부당지원행위의 요건인 공정거래저해성과 연결 짓는 것은 비약이다.[589]

자금지원행위가 부당성을 갖는지 유무는 오로지 공정한 거래질서라는 관점에서 평가되어야 하는 것이고, 공익적 목적, 소비자 이익, 사업경영상 또는 거래상의 필요성 내지 합리성 등도 공정한 거래질서와는 관계없는 것이 아닌 이상 부당성을 갖는지 유무를 판단함에 있어 고려되어야 하는 요인의 하나라고 할 것이나, 지원행위에 단순한 사업경영상의 필요 또는 거래상의 합리성 내지 필요성이 있다는 사유만으로는 부당지원행위의 성립요건으로서의 부당성 및 공정거래저해성이 부정된다고 할 수는 없다.[590]

구체적으로 부당한 지원행위에 해당하지 않는다고 판단한 사례도 있다. 첫째, 경영정상화 등 공익적 이유로 인한 경우이다.

> "부실기업의 경영정상화를 촉진시키기 위하여 지원주체에게 부여된 수의계약집행권한과 전대·지급보증 등 금융지원권한의 범위내에 속하는 행위로서의 선지급금지급행위"(〈대한주택공사의 부당지원행위 건〉),[591] "인력감축 등 구조조정을 전제로 민영화를 달성하기 위한 공익적 목적으로 부여된 수의계약 집행권한의 범위 내에 속하는 수의계약에 의한 책임감리용역 발주행위"(〈한국토지공사의 부당지원행위 등 건, 한국수자원공사의 부당지원행위 등 건〉),[592] "공공시설인 휴게시설을 원활하게 운영하고 궁극적으로는 민영화시키기 위한 것으로서 공익적 요청에 따라 휴게시설

년도 및 1998년도 주식, 선물 등 자산운용과정에서의 손실 및 증권시장의 급격한 위축에 따른 금융비용의 추가발생 등으로 재무구조가 극히 취약하게 된 사실 등을 알 수 있는바, 위와 같은 사실관계에 비추어 보면, 원고 에스케이 등 5개 회사들의 이 사건 지원행위는 에스케이증권의 자금사정을 개선시켜 경쟁사업자에 비해 경쟁조건을 유리하게 함으로써 국내증권업 시장에서의 공정하고 자유로운 경쟁을 저해할 우려가 있는 부당지원행위에 해당한다고 할 것이다".

589) 서고판 2004. 1. 13. 2001누1798(대판 2006. 9. 8. 2004두2202).

590) 대판 2004. 3. 12. 2001두7220; 대판 2004. 10. 14. 2001두6012; 대판 2004. 10. 14. 2001두2881; 대판 2006. 4. 14. 2004두3298; 대판 2006. 12. 7. 2004두11268; 대판 2004. 4. 9. 2001두6203; 대판 2004. 4. 9. 2001두6197.

591) 대판 2003. 9. 5. 2001두7411.

592) 대판 2006. 5. 26. 2004두3014; 대판 2006. 6. 2. 2004두558; 대판 2007. 1. 11. 2004두3304.

에 대한 임대계약을 수의계약으로 체결한 사정이 있는 등 상황에서 고속도로 휴게 시설에 대한 임대료 면제행위"(〈한국도로공사의 부당지원행위 등 건〉)[593]

둘째, 지원성거래의 규모 등을 이유로 부정한 사례도 있다.

"지하철 벽면광고를 하면서 계열회사에 관한 내용을 포함시켜 광고를 하고서도 그 계열회사에게 광고비 분담을 요구하지 아니한 행위"(〈(주)조선일보사 외 2의 부당지원행위 건〉),[594] "저가전대행위로 인한 지원금액이 계열회사의 자산총액의 1% 남짓 또는 매출액의 1%에도 미치지 못하고, 계열회사의 재무상태도 양호한 경우"(〈(주)중앙일보사의 부당지원행위 건〉),[595] "수익증권 판매보수를 당초 계약한 액수 1,528억 원보다 90억 원이 더 많은 1,618억 원을 더 지급한 행위"(〈푸르덴셜자산운용(주) 외 17(현대 3 차)의 부당지원행위 건〉)[596]

셋째, 경제적으로 합리성이 있는 행위라는 이유로 부당성을 인정하지 않은 경우도 있다.

"경제적으로 합리성이 있는 자동차판매장 임대 행위"(〈삼성에스디아이(주) 외 6(삼성 1 차)의 부당지원행위 건〉)[597]

한편 지원행위를 했다 하더라도 타 업체와 차별적 취급을 하지 않고 업계의 관행인 경우 부당지원행위가 아니라는 판례도 있다.

"운송대금을 지연수령하면서도 지연손해금을 징수하지 않은 행위에 대하여 타 업체와 부당한 차별적 취급을 하지 않았고 다른 경쟁업체들도 지연손해금을 징수하지 않는 것이 보통인 경우 부당한 지원행위가 아님"(〈현대상선(주)(현대 4 차)의 부당지원행위 건〉).[598]

593) 대판 2006. 6. 2. 2004두558.
594) 대판 2005. 9. 15. 2003두12059.
595) 대판 2005. 5. 13. 2004두2233.
596) 대판 2007. 1. 25. 2004두7610.
597) 대판 2006. 12. 22. 2004두1483.
598) 대판 2006. 12. 7. 2004두2226.

특히 인력지원 관련해서는 예를 들어 "자기의 임직원을 자회사인 한국가스엔지니어링(주)의 업무지원을 위하여 파견근무토록 조치하면서 그에 따라 발생하는 비용을 자기의 부담으로 처리하여 과다한 경제상의 이익을 제공한 행위"(〈한국가스공사의 부당지원행위 건〉),[599] "자회사인 한국엔지니어링에 경쟁력 있는 인력을 제공함으로써 한국엔지니어링의 인적구성여건을 현저히 개선시키고, 이로 인하여 한국가스엔지니어링의 경쟁조건을 다른 경쟁사업자에 비하여 유리하게 하거나 경쟁사업자의 신규진입을 저해하는 행위"(〈한국가스공사의 부당지원행위 건〉),[600] "새로이 PCS시장에 진출한 회사에게 상당수의 인력을 장기간에 걸쳐서 파견하면서 그 인력에게 지급하여온 임금보다도 적은 보수를 그 회사로부터 지급받는 것"(〈한국전기통신공사 및 한국공중전화(주)의 자회사에 대한 부당지원행위 등 건〉)[601] 등이 있다.

한편 상품·용역거래 관련하여 이루어진 부당지원행위는 "상품·용역의 거래에 해당하는 설비공사의 하도급계약과 관련하여 이루어진 선급금 지급행위"(〈현대중공업(주)(현대 4 차)의 부당지원행위 건〉),[602] "상품·용역의 거래에 해당하는 전력 및 스팀 공급과 관련하여 이루어진 공급대금 지연 수령행위"(〈현대중공업(주)(현대 4 차)의 부당지원행위 건〉)[603] 등이 그 예이다.

④ 타 불공정거래행위와의 관계

일반적으로 상품판매 실적에 따른 판매장려금을 지급함에 있어 합리적인 이유없이 거래 상대방에 따라 그 지급률을 달리 한다면, 이는 거래 상대방에게 거래조건을 차별하는 것으로서 독점규제법 제45조 제 1 항 제 2 호의 "부당하게 상대방을 차별하여 취급하는 행위"에 해당한다고 할 것이나, 판매장려금 차등취급의 형식을 띤 경제적 이익의 제공이 그 실질에 있어서는 부당한 자금지원으로 판단되는 경우에는 같은 조 제 1 항 제 9 호 소정의 "부당한 지원행위"로도 규율될 수 있다(〈LG정보통신(주)의 부당지원행위 건〉).[604]

599) 서고판 2001. 6. 21. 99누7236.
600) 서고판 2001. 6. 21. 99누7236.
601) 서고판 2001. 4. 3. 99누6622.
602) 대판 2006. 4. 14. 2004두3298.
603) 대판 2006. 4. 14. 2004두3298.
604) 서고판 2001. 1. 9. 99누3807.

10) 그 밖의 행위로서 공정한 거래를 저해할 우려가 있는 행위

[참고사례]

(주)텐커뮤니티 외 13의 사업자단체금지행위 건(공정거래위원회 2004. 9. 24. 의결 제2004－271호; 서울고등법원 2004. 10. 21. 선고 2003누12693 판결; 대법원 2008. 2. 14. 선고 2005두1879 판결; 서울고등법원 2008. 5. 28. 선고 2008누6051 판결)

동 규정의 성격에 대하여 대법원은 "독점규제법 제45조 제1항 제10호가 복잡·다양한 경제활동 또는 시장상황에서 발생할 수 있는 불공정거래행위 전부를 법률에 규정하는 것이 입법기술상 어려운 상황에서 공정거래저해성에 있어서 그 제1호 내지 제9호와 유사한 행위를 규제하기 위한 것이라고 하더라도, 위 제10호에서는 제1호 내지 제9호와 달리 그 기본적 행위유형이나 이를 가늠할 대강의 기준조차도 전혀 제시되어 있지 아니한 관계로 수범자인 사업자의 입장에서 구체적으로 통상의 사업활동 중에 행하여지는 어떤 행위가 위 제8호에서 규정한 '공정한 거래를 저해할 우려가 있는 행위'에 해당하는 것으로서 금지되는지 여부를 예측하기가 매우 어렵다. 그리고 독점규제법 제45조 제1항에 위반하여 불공정거래행위를 한 사업자에 대하여 행정적 제재뿐만 아니라 형사처벌까지 가능하도록 하고 있는 점을 감안하면, 독점규제법 제45조 제1항 제10호는 행위의 작용 내지 효과 등이 그 제1호 내지 제9호와 유사한 유형의 불공정거래행위를 규제할 필요가 있는 경우에 이를 대통령령으로 정하여 규제하도록 한 수권규정이라고 해석함이 상당하다. 따라서 독점규제법 시행령에 법 제45조 제1항 제10호와 관련된 불공정거래행위의 유형 또는 기준이 정하여져 있지 아니한 이상 문제된 행위가 공정한 거래를 저해할 우려가 있는 행위라고 하여 이를 법 제23조 제1항 제8호의 불공정거래행위로 의율하여 제재를 가할 수는 없다고 할 것이다"라고 판단한다.[605)]

3. 분야별 불공정거래행위

1) 병행수입에서의 불공정거래행위

[참고사례]

한성자동차(주)의 병행수입저지행위 건(공정거래위원회 1998. 6. 5. 의결 제98－110

605) 대판 2008. 2. 14. 2005두1879.

호, 서울고등법원 2000. 4. 6. 선고 99누389 판결, 대법원 2002. 2. 5. 선고 2000두3184 판결); **주식회사 이엠이씨의 부정경쟁방지법 위반 건**(서울고등법원 1999. 6. 22. 선고 98나35466 판결; 대법원 2002. 9. 24. 선고 99다42322 판결)

① 의의 및 효과

병행수입은 외국상표의 독점수입권을 인정하지 않는 것으로서 수입총대리점이나 국내에 등록된 상표권자 또는 전용(專用)사용권자에 의해 정상적으로 유통경로를 거친 수입과 이를 우회하는 제 3 자에 의한 수입이 병행해서 일어나는 현상을 말한다. 병행수입에 있어서의 불공정거래행위의 유형을 고시하기 위하여 「병행수입고시」[606]를 제정 · 운영하고 있다.

병행수입은 1995. 11. 관세청의 「지적재산권보호를 위한 수출입통관 사무처리규정」에 의해 허용되었는데, 동 규정 제1.4조 제 5 호 단서는 "세관장에게 상표권보호신청을 한 상표와 동일한 상표가 부착된 물품을 당해 상표에 대한 권리가 없는 자가 수입신고한 물품으로서 당해상표가 외국에서 적법하게 사용할 수 있는 권리가 있는 자에 의하여 부착되고, 국내외 상표권자가 ① 동일인이거나 계열회사관계(주식의 30% 이상 소유하면서 최다출자자인 경우), 수입대리점관계 등 동일인으로 볼 수 있는 관계가 있는 경우 및 ② 외국상표권자와 위 ①의 관계에 있는 국내상표권자로부터 전용사용권을 설정받은 경우(다만, 국내 전용사용권자가 당해상표가 부착된 물품을 제조 · 판매만하는 경우에는 국내 전용사용권자와 외국 상표권자가 동일인이거나 동일인으로 볼 수 있는 관계에 있는 경우에 한함)에 해당되는 경우에는 상표권을 침해하지 않는 것으로 본다"고 규정하고 있다.

대법원도 "병행수입 그 자체는 위법성이 없는 정당한 행위로서 상표권 침해 등을 구성하지 아니하므로 병행수입업자가 상표권자의 상표가 부착된 상태에서 상품을 판매하는 행위는 당연히 허용될 것인바, 상표제도는 상표를 보호함으로써 상표 사용자의 업무상의 신용유지를 도모하여 산업발전에 이바지함과 아울러 수요자의 이익을 보호함을 목적으로 하고(「상표법」 제 1 조 참조), 상표는 기본적으로 당해 상표가 부착된 상품의 출처가 특정한 영업주체임을 나타내는 상품출처표시기능과 이에 수반되는 품질보증기능이 주된 기능이라는 점 등에

606) 공정거래위원회 고시 제2021-20호(2021. 12. 30).

비추어 볼 때, 병행수입업자가 위와 같이 소극적으로 상표를 사용하는 것에 그치지 아니하고 나아가 적극적으로 상표권자의 상표를 사용하여 광고·선전행위를 하더라도 그로 인하여 위와 같은 상표의 기능을 훼손할 우려가 없고 국내 일반 수요자들에게 상품의 출처나 품질에 관하여 오인·혼동을 불러일으킬 가능성도 없다면, 이러한 행위는 실질적으로 상표권침해의 위법성이 있다고 볼 수 없을 것이므로, 상표권자는 상표권에 기하여 그 침해의 금지나 침해행위를 조성한 물건의 폐기 등을 청구할 수 없다고 봄이 상당하다고 할 것이다"고 함으로써 병행수입을 위법성이 없는 정당한 행위로 보고 있다.[607]

그러나 "그 사용태양 등에 비추어 영업표지로서의 기능을 갖는 경우에는 일반 수요자들로 하여금 병행수입업자가 외국 본사의 국내 공인 대리점 등으로 오인하게 할 우려가 있으므로, 이러한 사용행위는 「부정경쟁방지법」 제2조 제1호 (나)목 소정의 영업주체혼동행위에 해당되어 허용될 수 없다"고 한다.[608]

그러나 병행수입이 허용되고 난 후에도 독점수입권자들의 불공정거래행위가 발생하자 공정거래위원회는 1997. 7. 28. 「병행수입고시」를 제정·시행하게 되었다.

"병행수입"이라 함은 독점수입권자에 의해 당해 외국상품이 수입되는 경우 제3자가 다른 유통경로를 통하여 진정상품을 국내 독점수입권자의 허락 없이 수입하는 것을 말한다(「병행수입고시」 제2조 제3항). 여기서 독점수입권자라 함은 ① 외국상표권자와 국내상표권자가 동일인이거나 계열회사관계(주식 또는 지분의 30%이상을 소유하면서 최다출자자인 경우) 이거나, 수입대리점관계에 있는 자, 또는 ② 외국상표권자와 제1호의 관계에 있는 자로부터 전용사용권을 설정받은 자를 의미한다(「병행수입고시」 제2조 제2항).

병행수입이 발생하는 이유는 통상 내외간의 가격차이에 의한 것인데, 그 경제적 효과는 첫째, 다국적기업의 국제적인 가격차별화에 기인하는 경우에는 병행수입으로 인한 국제적 가격차이를 축소해 주는 한편 독점으로부터의 폐해를 상당히 해소할 수 있으며, 둘째, 병행수입이 특정제조업자의 재고처분을 위한 덤핑에 기인하는 일시적 현상인 경우에는 재고를 처분하는 기업의 입장에서 병행수입 시장쪽이 훨씬 더 유리한 점이 있고, 셋째, 만일 병행수입 유통업자가 효율적인 유통망 구축과 함께 합리적인 경영을 추구한다면 당연히 경제적인 효율을 창조할 수 있으며, 넷째, 현지가격의 환율이 수입가격에 반영되도록 함으

607) 대판 2002. 9. 24. 99다42322.

608) 대판 2002. 9. 24. 99다42322.

로써 국제수지의 조정을 보다 원활히 해 줄 것이고, 마지막으로 수입품의 브랜드가격경쟁을 유발해 냄으로써 당해 브랜드제품의 가격을 하락시킬 뿐만 아니라 브랜드간의 경쟁도 촉발시킴으로써 가격하락을 초래, 결과적으로는 가격을 안정시킬 수 있다.[609)]

② 적용대상

병행수입고시는 관세청고시인 [지적재산권보호를 위한 수출입통관 사무처리규정] 제1.4조 제 5 호 단서규정(첨부)에 의하여 "상표권을 침해하지 않는 것으로 보는 경우"에 해당되어 수입이 허용되는 상품을 국내에 수입하여 판매하는 병행수입업자의 행위를 부당하게 저해하는 독점수입권자 및 그 판매업자의 불공정거래행위를 그 규제대상으로 한다(「병행수입고시」 제 3 조).

③ 기본원칙

병행수입은 독점수입권자외의 제 3 자가 다른 유통경로를 통하여 진정상품을 수입함에 따라 일반적으로 경쟁을 촉진시키는 효과를 지니는 것이므로 이를 부당하게 저해하는 경우에는 법에 위반된다. 병행수입품이라고 하는 상품이 진정상품이 아니고 위조상품인 경우에는 상표권의 침해를 이유로 독점수입권자가 그 판매를 중지시킬 수가 있고, 그외에도 상품사양이나 품질이 다른 상표품인데도 불구하고 허위의 출처표시를 하는 등으로 해서 일반소비자에게 독점수입권자가 취급하는 상품과 동일한 것이라고 오인될 우려가 있는 경우 상표의 신용을 보증하기 위하여 필요한 조치를 취하는 것은 원칙적으로 법상 문제가 되지 아니한다(이상 「병행수입고시」 제 4 조).

④ 불공정거래행위의 유형

A. 해외유통경로로부터의 진정상품 구입방해

독점수입권자가 부당하게 ① 병행수입업자가 진정상품을 구입하고자 하는 경우 외국상표권자의 해외거래처에 대하여 외국상표권자로 하여금 제품공급을 하지 못하게 하는 행위 또는 ② 병행수입품의 제품번호 등을 통하여 그 구입경로를 알아내어 동제품을 취급한 외국상표권자의 해외거래처에 대하여 외국상표권자로 하여금 제품공급을 하지 못하게 하는 행위에 해당하는 행위를 하는 경우에는 시행령 [별표2] 제 7 호(구속조건부거래) 나목(거래지역 또는 거래상대방의 제한)에 해

609) 병행수입관련고시, 이렇게 적용된다, Distribution Journal 9709.

당되어 법 제45조(불공정거래행위의 금지) 제 1 항 제 7 호에 위반되거나 시행령 [별표2] 제10호(사업활동방해) 라목(기타의 사업활동방해)에 해당되어 법 제45조(불공정거래행위의 금지) 제 1 항 제 8 호에 위반된다(「병행수입고시」 제 5 조).

이러한 유형의 불공정거래행위가 성립하기 위하여는 독점수입권자가 병행수입품의 제품번호 등을 통하여 그 구입경로를 알아낸 행위 등과 외국상표권자로 하여금 병행수입품을 취급한 외국상표권자의 해외거래처에 대하여 제품공급을 하지 못하게 한 결과 사이에 상당인과관계가 있어야 한다.[610] 그리고 독점수입·판매계약에 의한 권리행사 등과 같은 독점수입권자의 행위에 의하여 결과적으로 병행수입방해의 결과가 초래된 경우에는 행위의 외형상 바로 공정한 거래를 저해할 우려가 있다고 보기는 어려우므로, 그것이 부당하게 행하여진 경우라야 공정한 거래를 저해할 우려가 있다고 볼 수 있고, 이 경우 부당성의 유무는 당해 권리행사의 의도와 목적, 가격경쟁저해성, 대상 상품의 특성과 그 시장상황, 행위자의 시장에서의 지위, 병행수입업자에 대한 영향 등 개별사안에서 드러난 여러 사정을 종합적으로 살펴 그것이 공정한 거래를 저해할 우려가 있는지 여부에 따라 판단하여야 하며, 그에 관한 입증책임은 공정거래위원회에게 있다.[611]

대법원은 〈한성자동차(주)의 병행수입저지행위 건〉 관련 행정소송에서 "벤츠자동차의 국내 독점수입·판매업자가 병행수입차량의 차대번호를 추적·조사하여 벤츠사로부터 독점적 판매권의 침해에 대한 약정상의 커미션을 수령한 행위와 병행수입업자가 벤츠사의 해외판매법인으로부터 위 커미션해당액을 구상받고 지급을 거절함으로써 벤츠자동차를 수입할 수 없게 된 결과 사이에는 불공정거래행위가 성립하기 위한 상당인과관계가 없다"고 판시하였다.[612]

B. 판매업자에 대한 병행수입품의 취급제한

독점수입권자가 독점수입상품을 판매함에 있어 부당하게 병행수입품을 취급하지 않는 조건으로 자기의 판매업자와 거래하는 등 판매업자에 대하여 병행수입품을 취급하지 않도록 하는 경우에는 시행령 [별표2] 제 7 호(구속조건부거래) 가목(배타조건부거래)에 해당되어 법 제45조(불공정거래행위의 금지) 제 1 항 제 7 호에 위반된다(「병행수입고시」 제 6 조).

610) 대판 2002. 2. 5. 2000두3184.
611) 대판 2002. 2. 5. 2000두3184.
612) 대판 2002. 2. 5. 2000두3184.

C. 병행수입품을 취급한 판매업자에 대한 차별적 취급

독점수입권자가 독점수입상품을 판매함에 있어 자기의 판매업자중 병행수입품을 취급하는 판매업자에 대하여는 타판매업자에 비하여 현저하게 불리한 가격으로 거래하거나, 수량·품질등 거래조건이나 거래내용에 관하여 부당하게 차별적 취급을 하는 경우에는 시행령 [별표2] 제 2 호(차별적취급) 가목(가격차별) 및 나목(거래조건차별)에 해당되어 법 제45조(불공정거래행위의 금지) 제 1 항 제 2 호에 위반된다(「병행수입고시」 제 7 조).

D. 병행수입품을 취급한 판매업자에 대한 제품공급거절 및 중단

독점수입권자가 독점수입상품을 판매함에 있어 병행수입품을 취급하는 사업자와는 거래개시를 거절하거나 그동안 계속 거래하여 오던 자기의 판매업자중 병행수입품을 취급한 사업자에 대하여 병행수입품을 취급하였다는 이유만으로 부당하게 제품의 공급을 중단하는 경우에는 시행령 별표 제 1 호(거래거절) 나목(기타의 거래거절)에 해당되어 법 제45조(불공정거래행위의 금지) 제 1 항 제 1 호에 위반된다(「병행수입고시」 제 8 조).

E. 병행수입품을 취급하는 소매업자에 대한 독점수입품의 판매제한

독점수입권자가 자기의 판매업자(도매업자)로 하여금 부당하게 병행수입품을 취급하는 소매업자에게는 독점수입품을 판매하지 못하게 하는 경우에는 시행령 [별표2] 제 7 호(구속조건부거래) 나목(거래지역 또는 거래상대방의 제한)에 해당되어 법 제45조(불공정거래행위의 금지) 제 1 항 제 7 호에 위반되거나 시행령 [별표2] 제 6 호(거래상 지위의 남용) 마목(경영간섭)에 해당되어 법 제45조(불공정거래행위의 금지) 제 1 항 제 6 호에 위반된다(「병행수입고시」 제 9 조).

2) 신문업에 있어서의 불공정거래행위

[참고사례]

김구부 외 1의 신문업에 있어서의 불공정거래행위 및 시장지배적지위 남용행위의 유형 및 기준 제 3 조 제 1 항 등 위헌확인 건(헌법재판소 2002. 7. 18. 2001헌마605 결정); 조선일보사의 신문업에 있어서의 불공정거래행위 건(공정거래위원회 2007. 5. 18. 의결 제2007－282호; 서울고등법원 2008. 9. 24. 선고 2007누26317 판결; 대법원 2010. 6. 24. 선고 2008두1588 판결)

① 의 의

신문업(신문을 발행 또는 판매하는 사업)에 있어서 불공정거래행위 및 시장지배적지위 남용행위의 유형 및 기준을 정함으로써, 법집행의 일관성 및 객관성을 제고하고 신문업 사업자의 법위반행위를 예방함과 동시에 당해 사업자단체 등의 자율적인 법준수활동을 지원하여 신문업 시장의 공정한 거래질서 확립을 도모함을 목적으로 「신문고시」[613]를 제정 · 운영하고 있다.

이는 1997. 1. 제정되었다가 정부의 규제완화와 신문업계의 자율적인 시장개선유도방침에 따라 1999. 1. 폐지되었으나, 신문시장에서의 불공정거래행위가 근절되지 않자 2001. 7. 다시 부활하였다. 그리고 2003. 5. 27.에는 공정거래위원회가 신문시장에서의 불공정거래행위를 직접 처리할 수 있도록 고시 제11조를 개정하였다.

「신문고시」는 독점규제법과 동 시행령 규정의 위임에 따라 수임행정기관인 공정거래위원회가 법령 내용을 보충하는데 필요한 구체적 사항을 정한 경우에 해당하고, 신문업에 있어서의 불공정거래행위의 유형과 기준을 한계지움으로써 상위법령인 독점규제법 및 동 시행령과 결합하여 일반 국민에 대한 대외적 구속력을 가지는 일종의 법규명령적 성격을 함께 갖는다고 할 수 있다.[614]

「신문고시」 조항들은 이를 위반할 경우 과징금 등 행정벌과 아울러 형사벌의 대상이 되는 독점규제법 제45조(불공정거래행위의 금지) 제 1 항과 제 5 조(시장지배적지위의 남용금지) 제 1 항 소정행위의 유형 및 기준을 설정하고 있는 것으로써 국민은 「신문고시」의 시행 자체에 의하여 즉시 동 기준에 따른 행위금지의무를 직접 부담하는 것이 되며, 동 기준에 위배하였을 때에 발생하는 과징금의 부과나 행정형벌의 부과를 그 매개행위로 하는 것은 아니다.[615]

당시 헌법재판소는 우리나라 신문시장의 상황을 다음과 같이 판단하였다.

> "불공정거래행위의 유형은 복잡다기한 경제분야에서 매우 다양하게 나타날 수 있으나, 업종의 성격상 독과점상태가 나타나기 쉬운 신문업의 분야에서 특히 문제가 되고 있음. 신문업에 있어서는 우리나라의 신문업계의 독특한 경쟁상황에 기초하여 특수한 불공정거래행위가 발생하고 있음. 신문업계는 대자본에 의하여 전국적으로

613) 공정거래위원회 고시 제2021－22호(2021. 12. 30).
614) 헌재결 2002. 7. 18. 2001헌마605.
615) 헌재결 2002. 7. 18. 2001헌마605.

발행, 판매되는 비교적 소수의 이른바 전국지와 특정의 지방을 중심으로 발행, 판매되는 지방지, 한정된 좁은 지역에서만 발행, 판매되는 소규모 자본에 의한 구역지라는 복층구조를 가지고 있어서 그 사이의 경쟁관계가 매우 복잡하고, 신문의 대부분은 판매점의 인력에 의한 택배에 의하여 공급되기 때문에 인건비등 많은 판매비용을 필요로 하여 상당수의 구독자를 획득하는 것이 판매점의 경영을 유지하는데 필수적이며 또 판매점에 대하여 경영원조를 꾀하지 않으면 안 되는 신문발행사에게도 대단히 필요할 뿐 아니라, 구독자는 신문을 한 종류밖에 구독하지 않는 것이 통상적이므로 자기 신문의 구독자를 증가시키기 위하여는 경쟁지의 구독자를 탈취하지 않을 수 없어 세력경쟁이 과도화되는 경향이 있으며, 게다가 신문의 구독은 통상은 월 별로 이루어지는 것이어서 일반소비자에 대한 판로확대의 기회가 많지 않고 따라서 판로확대 경쟁이 심화되는 경향이 있는 점 등에서 일반상품의 제조, 판매경쟁과는 달리 경쟁이 격화되기 쉬운 특징이 두드러지고 있음. 또한 신문발행사와 신문판매점과의 거래관계에 대하여 보아도 이른바 전매점제가 채택되어 있어 그 때문에 발행자는 판매점에 대하여 거래상 압도적인 우월적 지위에 있고, 발행자 사이의 격심한 경쟁을 반영해서 발행자가 판매점에 대하여 부당하게 불이익을 강요하게 되기 쉽다는 점 등도 신문판매업에서의 건전한 경쟁이 이루어지지 못하게 하는 하나의 요인이 된다고 설명되고 있음. 이와 같은 신문업에서의 특수한 경쟁상황은 우리나라에서 신문의 판매부수는 신문의 영향력을 가늠할 수 있는 척도가 됨과 동시에 광고유치량을 결정할 수 있는 요인이 되고 있는 사정에 의하여 더욱 가열되었으며, 신문사들은 종래 판매부수의 확대를 위하여 치열하게 경쟁하여 왔음. 특히 우리나라의 경우 신문의 판매대금 수입보다는 광고수입이 신문발행업자의 주된 수입이 되고 있는 경영상의 사정으로 인하여 광고수입의 증대와 직결되는 판매부수의 확대를 위하여는 무가지의 다량 공급, 경품의 남용 등 신문발행의 원가를 무시한 과도한 경쟁이 촉발된 바 있고, 결국은 다른 신문사 지국 사이의 살인사건까지 발생하는 등 큰 사회문제가 되기도 하였음".616)

이러한 배경에서 공정거래위원회는 신문시장에서의 불공정거래행위에 대하여 특별히 규제를 하고 있다.

---

616) 헌재결 2002. 7. 18. 2001헌마605.

2) 정　　의

① 신　　문

"신문"이라 함은 「정기간행물의 등록 등에 관한 법률」 제 2 조(용어의 정의) 제 2 호, 제 3 호, 제 5 호 및 제 6 호에 규정된 '일반일간신문', '특수일간신문', '일반주간신문' 및 '특수주간신문'으로서 영리목적으로 발행하는 신문을 말한다(「신문고시」 제 2 조 제 1 항).

② 무 가 지

"무가지"라 함은 신문발행업자 또는 신문판매업자가 신문판매업자 또는 구독자에게 공급하는 유료신문을 제외한 신문을 말하며 판촉용신문과 예비용신문 등을 포함한다. 다만, 공익목적으로 낙도, 군부대 등에 무료로 제공하는 신문이나 호외로 제공하는 신문은 제외한다(「신문고시」 제 2 조 제 2 항).

③ 유료신문

"유료신문"이라 함은 신문발행업자 또는 신문판매업자가 신문대금을 받고 배포하는 호별배달신문, 우송신문, 가판신문, 기타판매신문을 말한다. 이에 관한 구체적인 사항은 (사)한국에이비씨협회의 관련기준에 따른다(「신문고시」 제 2 조 제 3 항).

④ 경 품 류

"경품류"라 함은 신문발행업자 또는 신문판매업자가 자기가 발행하거나 판매하는 신문의 독자에게 직접 또는 간접적으로 제공하는 현금, 유가증권, 물품, 용역제공 등 경제상의 이익을 말한다(「신문고시」 제 2 조 제 4 항).

3) 불공정거래행위의 유형

① 무가지 및 경품류 제공의 제한

「신문고시」에 의하면 ⅰ) 신문발행업자가 신문판매업자에게 1개월 동안 제공하는 무가지와 경품류를 합한 가액이 같은 기간에 당해 신문판매업자로부터 받는 유료신문대금의 20%를 초과하는 경우,[617] ⅱ) 신문판매업자가 독자에게 1

617) 대법원은 「신문고시」 제 3 조 제 1 항 제 1 호의 무가지는 '신문판매업자'가 구독자에게 공급하는 유료신문 부수를 초과하여 신문발행업자가 신문판매업자에게 제공한 신문이라고 볼 것이지, 신문발행업자가 신문판매업자인 지국으로부터 대가를 받는지 여부와는 관계없다고 해석되며, 이러한 해석에 의하더라도 위 규정이나 이에 근거하여 이루어진 처분이 자기책임의 원칙 등에 어긋난 것이거나 독점규제법 등 상위 법규의 위임취지나 한계를 일탈한 것이라고 볼 수 없다고 판단하였다. 대판 2010. 6. 24. 2008두18588.

년 동안 제공하는 무가지와 경품류를 합한 가액이 같은 기간에 당해 독자로부터 받는 유료신문대금의 20%를 초과하는 경우(이 경우는 구독기간이 1년 미만인 때에도 동일), iii) 신문발행업자가 직접 독자에게 1년 동안 제공하는 무가지와 경품류를 합한 가액이 같은 기간에 당해 독자로부터 받는 유료신문대금의 20%를 초과하는 경우, 법 제45조(불공정거래행위의 금지) 제 1 항 제 4 호에 규정하는 "부당하게 경쟁자의 고객을 자기와 거래하도록 유인하는 행위"에 해당된다(「신문고시」 제 3 조 제 1 항). 여기에서 "무가지의 가액"은 당해 당사자간에 거래되는 유료신문의 단가를 적용하여 계산하며, 신문발행업자가 신문판매업자에게 제공하는 "경품류"는 독자에게 전달되는 것을 전제로 제공하는 것을 말한다(「신문고시」 제 3 조 제 2 항).

「신문고시」 제 3 조 제 1 항 제 1 호는 경쟁상대 신문의 구독자들을 탈취하고자 하는 신문업계의 과당경쟁상황을 완화하고 신문판매·구독시장의 경쟁질서를 정상화하여 민주사회에서 신속·정확한 정보 제공과 올바른 여론 형성을 주도하여야 하는 신문의 공적기능을 유지하기 위하여, 신문발행업자가 신문판매업자를 무리한 방법으로 확보하고자 하는 불공정행위를 금지하기 위한 목적과 함께, 신문발행업자의 과다한 무가지 제공으로 인하여 발생하게 되는 다음 거래단계에서의 과다한 무가지 제공행위를 억제하기 위하여 신문판매업자가 독자에게 제공할 수 있는 무가지의 총량을 사전에 제한하고자 하는 목적을 아울러 지니고 있다.[618)]

〈김구부 외 1의 신문업에 있어서의 불공정거래행위 및 시장지배적지위 남용행위의 유형 및 기준 제 3 조 제 1 항 등 위헌확인 건〉에서 청구인은 신문발행 및 판매업자가 거래상대방에게 제공할 수 있는 무가지와 경품의 범위를 유료신문대금의 20% 이하로 제한하고, 시장지배적 신문판매업자가 신문판매가격을 현저히 높게 혹은 낮게 하여 공급하는 행위등을 금지하는 것을 내용으로 하고 있는바, 「신문고시」의 위 규정들은 모법인 독점규제법의 위임을 벗어난 것이고, 헌법 제119조 제 1 항과 헌법 제45조 제 1 항 소정의 재산권을 제한함에 있어서 헌법 제37조 제 2 항에서 정한 기본권 제한의 한계를 벗어난 것으로서 위헌이라고 주장하면서 2001. 8. 29. 헌법소원심판을 청구하였다.

이에 대하여 헌법재판소는 "우리 입법의 이러한 위임구조에 대하여 판단컨대, 불공정거래행위는 각종의 경쟁적 거래에서 복잡다양하게 이루어지며 또한 그 형태도 부단히 변동되고 있음에 비추어 그 행위 형태와 기준에 관한 규정도 이에 맞

618) 대판 2010. 6. 24. 2008두18311.

추어 시기적절하게 효과적으로 대처할 수 있어야 할 것이다. 그런데 국회가 모든 분야의 경쟁적 거래왜곡 현상들을 그때그때 예측하거나 파악할 수 없고, 그러한 상황에 즉응하여 그때마다 법률을 개정하는 것도 용이하지 아니하다. 따라서 불공정거래행위의 유형과 기준을 미리 법률로서 자세히 정하지 아니하고 이를 명령에 위임한 것은 부득이한 것으로 인정된다. 또한 이 사건 수권규정인 동법 제45조에서 위임한 사항인 '불공정거래행위의 유형 또는 기준'이 어떠한 내용을 가질 것인지에 대하여는, 동조 제 1 항에서 열거하고 있는 대표적 불공정거래행위의 내용을 참작하여 그 대강을 예측할 수 있을 뿐만 아니라, 나아가 동법 제 1 조가 요구하는 바와 같이 공정하고 자유로운 경쟁을 촉진하여 창의적인 기업활동을 조장하고 소비자를 보호함과 아울러 국민경제의 균형있는 발전을 도모하기 위하여는 우월적 지위를 이용하여 경쟁사업자나 일반소비자의 이익을 부당하게 침해하는 행위를 규제하여야 할 것인데 이 사건 위임사항이 이러한 의미의 불공정거래행위의 기준과 유형을 한계지우는 내용이 될 것임은 무리 없이 예측할 수 있다. 그렇다면 결국 이 사건 조항이 그 수권규정으로부터 위임받은 사항은 누구라도 그 내용의 대강을 예측할 수 있다고 할 것이며, 동 수권사항을 위임받은 범위내에서 이를 구체화하고 있을 뿐이므로 헌법이 요구하는 위임입법의 한계를 초과하지 아니하였다고 할 것이다"고 하고, "신문판매업자에 대한 이러한 행위제한은 무가지와 경품 등의 과다한 살포를 통하여 경쟁상대 신문의 구독자들을 탈취하고자 하는 신문업계의 과당경쟁상황을 완화시키고 신문판매 · 구독시장의 경쟁질서를 정상화하여 민주사회에서 신속 · 정확한 정보제공과 올바른 여론형성을 주도하여야 하는 신문의 공적 기능을 유지하고자 하는데 주목적이 있다고 할 것이며, 나아가 무가지 살포와 경품 제공은 결국 신문의 구독강요에 흐를 위험이 큰 점을 고려할 때 일반 국민인 신문구독자가 내용상 자신이 선호하는 신문을 자유로이 선택할 권리를 침해당하는 것을 억지하고자 하는 목적도 아울러 가지고 있다고 할 것이므로 이러한 사정을 종합하면 이 사건 고시 내용에 의한 신문판매업자에 대한 규제는 신문업에 있어서의 시장의 지배와 경제력의 남용을 방지하기 위한 경제적 규제로서 헌법 제119조 제 2 항에 의하여 정당화될 수 있는 정도의 것이며, 따라서 결국 이는 헌법 제119조 제 1 항을 포함한 우리 헌법의 경제질서조항에 위반되지 아니한다고 할 것이다"고 판시하였다.[619]

이러한 입장에 대하여는, 신문시장은 초기 고정비용이 크지만 추가적인 신

619) 헌재결 2002. 7. 18. 2001헌마605.

문제작에 따른 한계비용은 매우 작은 특징을 갖고 있고, 경품제공도 구독률을 높이기 위한 합리적인 마케팅전략이라는 측면에서 무가지 배포나 경품제공을 불공정거래행위로 규제하는 것은 잘못된 것이라는 주장이 있다.[620)]

그러나 i) 화재, 수해 기타의 재해가 발생한 경우에 이재민에게 제공하는 위문품, 의연금 등 경제상 이익으로서 사회통념상 정상적인 상관행에 비추어 적당하다고 인정되는 경우, ii) 자기가 발행하거나 판매하는 신문에 부수하여 제공하는, 자기 신문에 수록된 내용을 첨삭 없이 담아 제작한 소형 인쇄물 등으로서 사회통념상 정상적인 상관행에 비추어 적당하다고 인정되는 경우, iii) 독자투고, 독자인터뷰 등 특별한 노고의 대가로서 사회통념상 정상적인 상관행에 비추어 적당하다고 인정되는 경우, iv) 구독자에 한정하지 않는 행사초대 등으로서 사회통념상 정상적인 상관행에 비추어 적당하다고 인정되는 경우에는 경품류의 제공으로 보지 아니한다(「신문고시」 제 3 조 제 3 항).

한편 i) 신문발행업자가 경품류 제공행위에 대한 계획을 수립하고 경품류 비용의 전부 또는 일부를 지원하여 경품류를 일괄 구입한 후 신문판매업자에게 배정하는 경우, 또는 ii) 신문발행업자가 경품류 제공행위에 대한 구체적인 계획을 수립하거나 직접적으로 경품류 구입비용을 지원하지 않더라도 신문판매업자에 대하여 경품류 제공의 독려, 권유 등의 행위를 하는 경우와 같이 신문판매업자의 경품류 제공행위에 직·간접적으로 관여한 경우에는 신문발행업자의 경품류 제공행위로 본다(「신문고시」 제 3 조 제 4 항).

② 부당한 고객유인행위의 금지

i) 신문판매업자가 구독계약기간이 종료된 후, 구독중지의사를 표시한 자에게 신문을 7일 이상 계속 투입하는 행위, ii) 신문발행업자 또는 신문판매업자가 직접 또는 제 3 자를 통하여 경품류 제공 이외의 방법(신문대금 대신지급, 다른 간행물 끼워주기, 과도한 가격할인 등)으로 정상적인 상관행에 비추어 과도한 대가지급을 전제로 경쟁사업자의 고객을 자기와 거래하도록 유인하는 행위, iii) 신문발행업자가 실제로는 독자에게 배포되지 않고 폐기되는 신문부수도 독자에게 배포되는 신문부수에 포함·확대하여 광고주를 오인시킴으로써 자기에게 광고게재를 의뢰하도록 유인하는 행위 및 iv) 신문발행업자가 고객에게 자기의 신문에 그 고객에게 유리한 기사를 게재하는 등의 이익을 주겠다고 하여 광고게

620) 김재홍, 공정거래와 법치(2004), 776면.

재의뢰를 유인하는 행위는 법 제45조(불공정거래행위의 금지) 제 1 항 제 3 호에 규정하는 "부당하게 경쟁자의 고객을 자기와 거래하도록 유인하는 행위"에 해당된다(「신문고시」 제 4 조).

③ 거래상지위 남용행위의 금지

i) 신문발행업자가 신문판매업자에게 사전협의 없이 그의 의사에 반하여 판매목표량을 늘리도록 강요하는 행위, ii) 신문발행업자가 신문판매업자에게 신문공급부수, 신문공급단가, 신문판매지역 등을 사전협의 없이 부당하게 결정하거나 변경하는 행위, iii) 신문발행업자가 원재료구입처 등 거래상대방에게 자기를 위하여 기자재 등을 제공하도록 강요하거나 특정행사에 금전·물품·용역 기타의 경제상 이익을 제공하도록 강요하는 행위, iv) 신문발행업자가 광고게재의뢰를 받지 않고 일방적으로 자기의 신문에 광고를 게재한 후 그 고객에게 광고대가 지급을 강요하는 행위, v) 신문발행업자가 일정기간 계속적인 거래관계에 있는 고객에게 사전협의없이 합리적인 근거없는 높은 광고단가로 부당하게 광고대가지급을 강요하는 행위는 법 제45조(불공정거래행위의 금지) 제 1 항 제 6 호에 규정하는 "자기의 거래상의 지위를 부당하게 이용하여 상대방과 거래하는 행위"에 해당된다(「신문고시」 제 5 조).

④ 차별적 취급행위의 금지

신문발행업자가 신문판매업자에게 신문을 공급함에 있어 부당하게, 합리적인 거래기준에 의하지 아니하고 거래지역 또는 거래상대방에 따라 현저하게 유리하거나 불리한 조건으로 거래하는 행위와, 신문판매업자가 신문을 판매함에 있어 광고물의 배달을 의뢰받는 경우 광고물의 배달을 의뢰하는 자에 따라 정상적인 가격이나 거래조건에 비해 부당하게 현저하게 유리하거나 불리한 조건으로 거래하는 행위는 법 제45조(불공정거래행위의 금지) 제 1 항 제 2 호에 규정하는 "부당하게 거래의 상대방을 차별하여 취급하는 행위"에 해당된다(「신문고시」 제 6 조).

⑤ 거래강제행위의 금지

i) 신문발행업자가 정상적인 거래관행에 비추어 부당하게 자기의 임직원에게 자기, 특수관계인 또는 계열회사가 발행하는 신문, 잡지 또는 다른 출판물을 구입 또는 판매(영업사원은 대상에서 제외)하도록 강요하거나 강압적으로 권유

하는 행위, ii) 신문발행업자가 사회통념에 비추어 아주 낮은 보수 또는 무보수로 사원을 채용한 뒤 그 사원이 수주한 광고대가의 일부를 보수(다만, 광고영업 사원에게 지급되는 사회통념상 합당한 성과급의 경우는 제외)로 지급하는 조건으로 그 사원에게 광고상품의 판매를 강요하는 행위, iii) 신문발행업자가 광고게재를 유도할 목적으로 고객에게 광고게재를 의뢰하지 않으면 자기의 신문에 그 고객에게 불리한 기사를 게재하는 등의 불이익을 주겠다는 의사를 표시하거나 불이익을 주는 행위, iv) 신문발행업자가 신문판매업자에게 신문을 공급하면서 정상적인 거래관행에 비추어 부당하게 자기, 특수관계인 또는 계열회사가 발행하는 신문, 잡지 또는 다른 출판물을 구입하도록 하는 행위는 법 제45조(불공정거래행위의 금지) 제 1 항 제 5호에 규정하는 "부당하게 경쟁자의 고객을 자기와 거래하도록 강제하는 행위"에 해당된다(「신문고시」 제 7 조).

⑥ 신문판매업자에 대한 배타조건부거래행위의 금지

신문발행업자가 신문판매업자에게 부당하게, 사전계약 또는 합의에 의하지 아니하고 다른 신문발행업자의 신문을 판매하지 못하게 하는 행위는 법 제45조(불공정거래행위의 금지) 제 1 항 제 7 호에 규정하는 "거래의 상대방의 사업활동을 부당하게 구속하는 조건으로 거래하는 행위"에 해당된다(「신문고시」 제 8 조).

⑦ 거래거절행위의 금지

신문발행업자가 신문판매업자에 대하여 계약서상 신문공급의 제한 또는 해약사유나 사전합의에 의하지 아니하고 부당하게 신문공급을 중단 또는 현저히 제한하거나 계약을 해지하는 행위는 법 제45조 제 1 항 제 1 호에 규정하는 "부당하게 거래를 거절하는 행위"에 해당된다(「신문고시」 제 9 조).

4) 사업자단체의 공정경쟁규약과의 관계 등

공정거래위원회는 이 고시를 집행함에 있어서 사업자단체가 공정거래위원회의 심사를 거쳐 이 고시의 내용에 저촉되지 아니하는 공정경쟁규약을 시행하는 경우에는 그 사업자단체가 동 규약을 적용하여 사건을 처리하게 할 수 있다. 다만, 공정거래위원회가 사업자단체에서 처리하는 것이 효과적이라고 인정하여 사업자단체와 협의한 경우에는 그 사업자단체가 동 규약을 적용하여 사건을 처리하도록 한다(「신문고시」 제11조).

종래 동 규정은 "이 고시를 집행함에 있어서 사업자단체가 공정거래위원회의 심사를 거쳐 이 고시의 내용에 저촉되지 아니하는 공정경쟁규약을 시행하는 경우에는 그 사업자단체가 우선적으로 동 규약을 적용하여 사건을 처리한다"고 되어 있었는바, 이에 따라 한국신문협회가 자율적으로 신문공정경쟁규약을 제정하고 신문공정경쟁위원회를 설치하고 있었다 하더라도, 이는 불공정거래행위에 대한 사건처리권한이 공정거래위원회로부터 사업자단체에게 무조건적으로 영구히 위임되는 것이 아니라 단지 '우선적'인 사건처리권한만이 위임된 것일 뿐이라고 해석되지만,[621] 2003. 5. 27.에는 공정거래위원회가 신문시장에서의 불공정거래행위를 직접 처리할 수 있도록 고시 제11조를 현재와 같은 규정으로 개정하였다.

621) 대판 2010. 6. 24. 2008두18588.

第46조(재판매가격유지행위의 제한)

사업자는 재판매가격유지행위를 하여서는 아니 된다. 다만, 다음 각 호의 어느 하나에 해당하는 경우에는 그러하지 아니하다.

1. 효율성 증대로 인한 소비자후생 증대효과가 경쟁제한으로 인한 폐해보다 큰 경우 등 재판매가격유지행위에 정당한 이유가 있는 경우
2. 「저작권법」 제2조제1호에 따른 저작물 중 관계 중앙행정기관의 장과의 협의를 거쳐 공정거래위원회가 고시하는 출판된 저작물(전자출판물을 포함한다)인 경우

목　　차

Ⅰ. 의　　의
Ⅱ. 연　　혁
Ⅲ. 입 법 례
Ⅳ. 위법성 판단
　1. 최저가격유지행위
　2. 최고가격유지행위
Ⅴ. 예외적 허용
　1. 소비자후생 증대효과
　2. 저 작 물

[참고문헌]

단행본: Hovenkamp, Herbert, Antitrust(Third Edition), West Group, 1999

논　문: 나영숙, "최저재판매가격유지행위에 대한 규제의 이해: 미국법과 우리법의 체계적 관계를 중심으로", 경쟁저널 제175호, 공정경쟁연합회, 2014 July; 서혜숙, "독점규제법 제29조(재판매가격유지행위의 제한)의 개정필요성", 변호사 제4집, 2011; 손금주/한상욱, "최저가격유지행위에 대한 합리성의 원칙 적용 가능성－Leegin 판결 이후 미국, EU의 규제동향을 중심으로, 경쟁저널 제151호, 한국공정경쟁연합회, 2010. 7; 손태진, "재판매가격유지행위의 위법성 판단기준", 경쟁저널 제163호, 공정경쟁연합회, 2012 July; 이병건, "EU의 재판매가격유지행위에 대한 규제", 경쟁저널 제168호, 공정경쟁연합회, 2013 July; 이봉의, "독점규제법상 재판매가격유지행위의 성격과 규제체계에 관한 소고", 서울대학교 법학 제48권 제4호, 2007.12; 이봉의/전종익, "독점규제법상 재판매가격유지행위금지의 헌법적합성 판단", 서울대학교 법학 제52권 제3호, 2010. 9; 이호영, "수직적 거래제한의 규제", 공정거래와 법치(권오승 편), 법문사, 2004; 이호영, "공정거래법상 재판매가격유지행위 규제의 입법적 개선－재판매가격유

지행위의 위법성 판단을 중심으로－", 비교사법 제19권 제 1 호(통권 제56호), 2012. 2; 조정욱, "재판매가격유지행위(최저가격유지행위)에 대한 규제", 경쟁저널 제152호, 한국공정경쟁연합회, 2010. 9

[참고사례]

(주)정산실업의 재판매가격유지행위 건(공정거래위원회 1987. 5. 6. 의결 제87－30호; 서울고등법원 1990. 4. 11. 선고 89나31615 판결[손해배상]); (사)대한출판문화협회의 재판매가격유지행위 건(공정거래위원회 1995. 3. 2. 의결 제95－18호, 1995. 7. 27. 재결 제95－5호; 서울고등법원 1996. 3. 19. 선고 95구24779 판결; 대법원 1997. 6. 13. 선고 96누5834 판결); 매일유업(주)의 재판매가격유지행위 건(공정거래위원회 1998. 6. 9. 의결 제98－111호; 서울고등법원 2000. 1. 28. 선고 98누14947 판결; 대법원 2002. 5. 31. 선고 2000두1829 판결); (사)한국출판인회의 외 1의 불공정거래행위를 하게 한 행위 건(공정거래위원회 2001. 2. 27. 의결 제2001.27호, 2001. 10. 16. 의결 제2001.140호; 서울고등법원 2002. 9. 3. 선고 2001누14046 판결); (주)세라젬의료기의 재판매가격유지행위 건(공정거래위원회 2002. 12. 21. 의결 제2002.354호, 2003. 4. 21. 재결 제2003－019호; 서울고등법원 2004. 3. 31. 선고 2003누7455 판결); 한미약품(주)의 부당고객유인행위 등 건(공정거래위원회 2007. 12. 20. 의결 제2007－553호; 서울고등법원 2009. 5. 14. 선고 2008누2530 판결; 대법원 2010. 11. 25. 선고 2009두9543 판결); 한국켈러웨이골프(유)의 재판매가격유지행위 건(공정거래위원회 2009. 1. 19. 의결 제2009－036호; 서울고등법원 2010. 4. 21. 선고 2009누5482 판결; 대법원 2011. 3. 10. 선고 2010두9976 판결); (유)테일러메이드코리아의 재판매가격유지행위 및 구속조건부거래행위 건(공정거래위원회 2009. 1. 19. 의결 제2009－034호; 서울고등법원 2010. 6. 9. 선고 2009누12596 판결; 대법원 2011. 7. 14. 선고 2010두13753 판결); 한국오츠카제약(주)의 부당고객유인행위 및 재판매가격유지행위 건(공정거래위원회 2009. 5. 12. 의결 제2009－115호; 서울고등법원 2011. 4. 14. 선고 2009누15236 판결); (주)아모레퍼시픽의 재판매가격유지행위 건(공정거래위원회 2011. 4. 1. 의결 제2011－036호; 서울고등법원 2012. 8. 22. 선고 2011누12728 판결; 대법원 2013. 1. 10. 선고 2012두21284 판결); 롯데칠성음료(주)의 재판매가격유지행위 건(공정거래위원회 2010. 1. 13. 의결 제2010－006호; 서울고등법원 2010. 12. 2. 선고 2010누5419 판결); (주)필립스전자의 최저재판매가격유지행위 건(공정거래위원회 2012. 8. 27. 의결 제2012.179호; 서울고등법원 2013. 7. 17. 선고 2012누29228 판결); (주)영원아웃도어의 최저재판매가격유지행위 건(공정거래위원회 2012. 8. 22. 의결 제2012.175호; 서울고등법원 2013. 8. 22. 선고 2012누28867 판결); (주)한국존슨앤드존슨의

재판매가격유지행위 및 구속조건부거래행위 건(공정거래위원회 2014. 5. 26. 의결 제2014－113호; 서울고등법원 2015. 5. 14. 선고 2014누5141 판결; 대법원 2015. 11. 12. 선고 2015두44066 판결); (주)**필립스전자의 재판매가격유지행위 및 구속조건부거래행위 건**(공정거래위원회 2012. 8. 27. 의결 제2012.179호; 서울고등법원 2013. 7. 17. 선고 2013두17435 판결; 대법원 2017. 6. 19. 선고 2013두17435 판결); **한국암웨이의 재판매가격유지행위 건**(공정거래위원회 2014. 9. 18. 의결 제2014－205호; 서울고등법원 2016. 10. 19. 선고 2014누65471 판결); **8개 메르세데스벤츠 승용차 딜러사들의 부당공동행위 및 메르세데스벤츠의 부당한 공동행위를 하게 한 행위 건**(더클래스효성 외1)(공정거래위원회 2017. 10. 13. 의결 제2017－317호; 서울고등법원 2018. 9. 20. 선고 2017누81801 판결; 대법원 2019. 3. 14. 선고 2018두60984 판결); **금호타이어(주)의 재판매가격유지행위 및 구속조건부거래행위 건**[공정거래위원회 2019. 7. 3. 의결 제2019－150호; 서울고등법원 2020. 8. 26. 선고 2019누53442 판결; 대법원 2020. 12. 30. 선고 2020두48987(심리불속행 기각) 판결]

Ⅰ. 의 의

자유시장 경제질서의 추구를 목표로 하는 헌법정신에 비추어 상품의 가격은 수요와 공급의 시장원리에 따라 자유롭게 형성됨이 바람직하다 할 것인바, 상품의 생산자나 판매자가 미리 그 판매가격을 정하는 것은 자칫 경제적 약자의 예속화를 초래하고 담합을 통한 유통차익의 확보책으로 악용될 우려가 있으므로 재판매가격유지행위를 금지하고 있다.[1] 궁극적으로는 사업자가 상품 또는 용역에 관한 거래가격을 미리 정하여 거래함으로써 유통단계에서의 가격경쟁을 제한하여 소비자후생을 저해함을 방지하기 위한 것 등에 있다.[2]

Ⅱ. 연 혁

1980년 독점규제법 제정 당시에는 재판매가격유지행위 규제를 구법 제20~제22조에서 규정하였다. 즉 사업자들은 재판매가격유지행위를 하여서는 아니 되나, 예외적으로 저작권법 제 2 조의 저작물(문학·학술 또는 예술의 범위에 속하는

1) 서고판 1996. 3. 19. 95구24779; 서고판 2002. 9. 3. 2001누14046.

2) 대판 2010. 11. 25. 2009두9543.

창작물을 말함)과 제20조 제 2 항의 요건을 갖춘 상품에 대하여는 예외를 인정하였다. 1990. 1. 13. 제 2 차 법개정 시에는 다시 "상품을 생산 또는 판매하는 사업자는 재판매가격유지행위를 하여서는 아니된다"(구법 제29조 제 1 항), "제 1 항의 규정은 대통령령이 정하는 저작물과 다음 각호의 요건을 갖춘 상품으로서 사업자가 당해 상품에 대하여 재판매가격유지행위를 할 수 있도록 공정거래위원회로부터 미리 지정을 받은 경우에는 이를 적용하지 아니한다"(구법 제29조 제 2 항)고 하였다.

종전에는 저작권법 제 2 조의 전부에 대하여 재판매가격유지행위가 허용되었으나, 1999. 3. 31. 법 시행령 개정시에 시행령 제43조가 개정되어 저작권법 제 2 조의 저작물 중 관계중앙행정기관의 장과의 협의를 거쳐 공정거래위원회가 정하는 출판된 저작물(전자출판물을 포함)에 한하여 재판매가격유지행위가 허용되게 되었다.

2001. 1. 16. 제 9 차 법개정시 미국의 〈Khan 사건〉[3] 판결 등 영향으로 "사업자는 재판매가격유지행위를 하여서는 아니된다. 다만, 상품이나 용역을 일정한 가격 이상으로 거래하지 못하도록 하는 최고가격유지행위로서 정당한 이유가 있는 경우에는 그러하지 아니하다"고 하여 정당한 이유가 있는 최고재판매가격유지행위는 허용하였다.

2020. 12. 29. 법 전부개정에서는 "사업자는 재판매가격유지행위를 하여서는 아니 된다"고 하고, 예외적으로 "다만, 다음 각 호의 어느 하나에 해당하는 경우에는 그러하지 아니하다. ① 효율성 증대로 인한 소비자후생 증대효과가 경쟁제한으로 인한 폐해보다 큰 경우 등 재판매가격유지행위에 정당한 이유가 있는 경우(제 1 호) ② 「저작권법」 제 2 조 제 1 호에 따른 저작물 중 관계 중앙행정기관의 장과의 협의를 거쳐 공정거래위원회가 고시하는 출판된 저작물(전자출판물을 포함한다)인 경우(제 2 호)"라고 규정하였다.

Ⅲ. 입 법 례

미국의 경우에는 재판매가격유지행위에 대한 별도의 규정이 없고, 일본의 경우 「사적독점금지법」상 별도의 규정이 없고 고시에서 구속조건부거래의 한 유형

3) State Oil Co. v. Khan, 118 S.Ct. 275(1977).

으로 규정되어 있다. 우리나라의 경우 불공정거래행위와 별도로 규정되어 있으나 학설은 성격상 불공정거래행위의 특수한 형태이다. 재판매가격유지행위에 대해서는 브랜드내의 경쟁을 제한하는 반경쟁적 효과가 있는 반면 친경쟁적 요소도 공존하고 있다. 즉 무임승차[4]에 대한 두려움에서 해방되어 가격경쟁대신 품질·서비스 경쟁을 촉진할 수 있다고 한다. 그러나 동시에 판매업자들 상호간의 가격경쟁을 배제하고 수평적 가격협정으로 발전할 가능성도 있다.

미국의 경우 「셔먼법(Sherman Act)」 제 1 조에 의해 재판매가격유지행위가 금지되는데, 1937년의 「밀러·타이딩스법(Miller-Tydings Act)」이 재판매가격유지계약에 대하여 「셔먼법(Sherman Act)」 제 1 조의 규정을 배제하는 규정을 마련하였고, 1952년 「맥가이어법(McGuire Act)」은 「연방거래위원회법(FTC Act)」 제 5 조를 개정하여, 재판매가격유지행위가 허용된 주(州)간의 거래에 있어 재판매가격유지는 동법 제 5 조 위반이 아니라고 규정하였다. 그러나 모두 1975년 「소비자재가격법(Consumer Goods pricing Act)」에 의해 폐지되고 개별주(州)의 재판매가격유지행위허용법안에 대한 「셔먼법(Sherman Act)」의 우위를 회복하였다.

최저재판매가격유지행위에 관한 미국판례의 변화를 보면 1911년 〈Dr. Miles 사건〉[5]에서 당연위법원칙(per se illegal)을 적용하였으나, 1919년 〈Colgate 사건〉[6]에서 재판매가격을 통보하고 이를 지키지 않는 사업자와의 거래를 거절하는 행위는 제조업자의 일방적 행위로 보고 「셔먼법(Sherman Act)」 제 1 조의 적용을 부인하였다. 이는 재판매가격유지행위금지가 적용되기 위해서는 계약(agreement)이 필요하다는 것을 의미한다.

1960년의 〈Parke, Davis 사건〉[7]에서는 Colgate판결의 적용범위를 축소하였는데, 최저재판매가격유지행위 실시 공지 및 거래거절의 범위를 넘어서는 적극적 행위를 취하거나 재판매가격유지에 영향을 주는 다른 수단을 사용하는 경우 당연위법이라고 판시하였다.[8]

1984년 〈Monsanto 사건〉[9]에서 연방대법원은 반드시 가격에 관한 내용이어

4) "A Free rider is a person who is able to take advantage of the services offered by someone else without paying for them". Hovenkamp, 179면.

5) Dr. Miles Medical Co. v. John D. Park & Sons Co., 220 U.S. 373(1911).

6) U.S. v. Colgate & Co., 250 U.S. 300, 39 S.Ct. 465(1919).

7) U.S. v. Parke, Davis & Co. 362 U.S. 29 S.Ct(1960).

8) "When manufacturer's action's, as here, go beyond mere annoncement of his policy and the simple refusal to deal, and he employs other means which effect adherence to his re-sale prices, … he has put together a combination in violation of the Sherman Act".

야 하고, 원고가 제조업자와 유통업자간 계약의 증거를 제시하여야 한다고 판시하였다. 1986년 〈Business Electronics 사건〉[10]에서는 Colgate 판결의 취지를 유지하면서 최저재판매가격을 특정한 수준으로 유지하려는 합의의 존재를 입증할 필요가 있다고 판시하였다.

2007년 〈Leegin 사건〉[11]에서는 법원은 최저가격유지행위에 대하여도 합리의 원칙을 적용하였다. 즉 당연위법 원칙을 적용하기 위해서는 언제나 혹은 거의 언제나 경쟁을 제한하고 생산을 감소시키는 경향이 있다는 확신이 있어야 하는데 이 경우에는 확신하기 어렵다고 판시하였다.

한편 최고가격지정 관련해서는 1951년 〈Kiefer－Stewart 사건〉,[12] 1968년 〈Albrecht 사건〉[13]에서 당연위법을 적용하였으나, 1997년 〈Khan 사건〉[14]에서 합리의 원칙(rule of reason)을 채택하였다.[15] EU의 경우 「EU기능조약」 제101조에 근거하여 규제된다. 구체적으로는 「수직적 제한에 관한 지침」[16]에서 규율하고 있으며, 경성제한행위로 분류된다. 독일 「경쟁제한방지법(GWB)」에서는 제 1 조에 의해 규율되며, 별도로 신문과 잡지에 있어서는 수직적 가격구속을 인정하고 있다.

Ⅳ. 위법성 판단

재판매가격유지행위는 소위 '상표내 경쟁(intrabrand competition)'을 제한하는 효과를 가지지만, 당해행위가 상이한 상표를 부착한 제품간의 경쟁, 소위 '상

9) Monsanto Co. v. Spray－Rite Service Corp., 465 U.S. 752, 104 S.Ct. 1464(1984).

10) Busuness Electronics Corp. v. Sharp Electronics Corp. 485 U.S. 717 S.Ct.(1988): "Although vertical agreements on resale prices are illegal per se, extension of that treatment to other vertical restraints must be based on demonstrable economic effect rather than upon form－alistic line drawing".

11) Leegin Creative Leather Products v. PSKS, Inc., 127 S. Ct. 2705(2007); "For these reasons the Court's decision in Dr. Miles Medical Co. v. John D. Park & Sons Co., 220 U.S. 373 (1911), is now overruled. Vertical price restraints are to be judged according to the rule of reason".

12) Kiefer－Stewart Co.v. Joseph E. Seagram & Sons, Inc. 340 U.S. 211(1951).

13) Albrecht v. Herald Company. 390 U.S. 145(1968).

14) State Oil. v. Khan, 118 S.Ct 275(1997).

15) 미국의 재판매가격유지행위에 대한 판례 및 학설에 대한 자세한 내용은 Hovenkamp, 181~185면 참조.

16) 「Guidelines on vertical restraints」(2022. 5. 10.).

표간 경쟁(interbrand competition)'을 촉진하는 효과가 있다.[17)]

공정거래위원회는 재판매가격유지행위의 위법성을 판단할 수 있는 기준으로 「재판매가격유지행위 심사지침」을 고시하고 있다. 최저가격유지행위와 최고가격유지행위를 나누어 설명하기로 한다.

1. 최저가격유지행위

"최저가격유지행위"란 거래상대방인 사업자 또는 그 다음 거래단계별 사업자로 하여금 당해 상품 또는 용역을 판매(공급)할 때 최저가격을 준수하도록 강제하거나 규약 또는 구속조건을 붙이는 행위를 말한다. 종래에는 최저가격유지행위를 당연위법으로 보았다.

> 최저가격유지행위의 위법성은 사업자가 설정된 최저가격을 유지하기 위해 강제력을 사용하거나 규약 및 계약 등의 구속조건을 붙이는 행위가 있는지 여부를 위주로 판단한다. 최저가격유지행위에 해당되면 유통단계에서의 가격 경쟁을 제한하고 사업자의 자율성을 침해하므로 경쟁제한성이나 불공정성에 대한 분석 없이 당연위법으로 보았다. 이에 해당될 수 있는 경우로는 특정 제품의 독점제조업자가 거래상대방인 사업자 또는 그 다음 거래단계별 사업자에 대하여 판매가격을 지정하여 판매하도록 강제하는 경우, 제조업체가 제조업체간에 합의된 카르텔 가격을 유지하기 위하여 거래상대방인 사업자 또는 그 다음 거래단계별 사업자에게 동 가격으로 판매하도록 강제하는 경우를 들었다(구 「재판매가격유지행위 심사지침」 3. 가).

17) 최저가격유지행위의 상표간 경쟁효과를 인정한 판례로: "Leegin Creative Leather Products v. PSKS, Inc., 127 S.Ct. 2705(2007): "Minimum resale price maintenance can stimulate inter-brand competition—the competitionamong manufacturers selling different brands of the same type of product—by reducing intrabrand competition—the competition among retailers selling the same brand". "A single manufacturer's use of vertical pricerestraints tends to eliminate intrabrand price competition; this in turn encourages retailers to invest in tangible orintangible services or promotional efforts that aid the manufacturer's position as against rival manufacturers. Resale price maintenance also has the potential to give consumers more options so that they can choose among low-price, low-service brands; high-price, high-service brands; and brands that fall in between", "Resale price maintenance, in ad-dition, can increase interbrand competition by facilitating market entry for new firms and brands": 최고가격유지의 상표간 경쟁효과에 대하여는 State Oil. v. Khan, 118 S.Ct 275(1997), "The promotion of interbrand competition is important because the primary purpose of the antitrust laws is to protect [this type of] competition".

그간 최저가격유지행위에 대하여는 당연위법으로 보는 것이 실무 및 다수설이지만,18) 합리의 원칙을 적용해야 한다는 반론도 있었다. 서울고등법원은 구 독점규제법 제29조 제1항 본문에서 '정당한 이유없이'와 같은 요건을 규정하지 아니한 채 최저가격유지행위를 금지하는 것은 헌법의 규정과 원리에 위반된다는 취지의 위헌법률심판제청 신청 사건에 대하여, 이를 기각하는 결정을 내린 바 있다.19)

즉 법원은 재판매가격유지행위에 대한 규제입법의 형태 관련하여 "미국이 재판매가격유지행위를 「셔먼법」 제1조의 거래를 제한하는 계약, 결합, 공무 등에 포섭시켜 넓게 규정하고 있는 것과는 달리, 독점규제법은 재판매가격유지행위의 성립에 강제성 내지 구속조건의 부과를 요구하고 있고, 하위 사업자에게 가격을 결정할 수 있는 가능성이 실질적으로 보장되고 있는지 여부를 중요한 판단기준으로 삼고 있다"고 하고, 평등원칙 침해여부 관련하여 "문리적으로 볼 때, 구 독점규제법 제29조 제1항 본문은 부당성 내지 경쟁제한성 여부를 판단하지 않고 최저가격유지행위를 금지하고 있는 것처럼 해석될 여지가 있다. 그러나 아래와 같은 이유를 종합하여 볼 때, 구 독점규제법 제29조 제1항 본문에서 금지하고 있는 최저가격유지행위는 구 독점규제법 제2조 제6호의 정의에서 강제성에 대한 가치판단이 내려진 것으로 볼 수 있어 미국식의 당연위법으로 해석할 수 없고, 최저가격유지행위가 절대적으로 금지되었다고 볼 수 없다. 첫째, 구 독점규제법 제2조 제6호는 재판매가격유지행위의 요건으로 강제성이나 구속조건을 요구하고 있는 바, 이는 불공정거래행위의 위법성 판단요건인 부당성의 요건 중 하나에 해당한다. 둘째, 구 독점규제법 제29조 제2항부터 제4항까지는 재판매가격유지행위 금지규정이 적용되지 않는 두 가지 예외사유(㉮ 대통령이 정하는 저작물 ㉯ 제2항의 각 호의 요건을 갖추고 공정거래위원회의 지정을 받은 상품)를 규정하고 있다. 이와 같은 사정을 참작할 때, 구 독점규제법 제29조 제1항 본문은 독점규제법 제1조의 목적조항이나 독점규제법상의 다른 관련 조항과 비교하더라도 합리적 차별의 범위를 벗어나 평등원칙에 위반한다고

18) 이에 대해서는 법 제2조 제6호가 RPM의 개념을 정의하면서 이미 '강제성'이나 '구속조건'을 규정함으로써 판매업자의 자율적 가격결정권 침해라는 규범적 무가치판단을 포함하고 있기 때문에 당연위법으로 해석하기 어렵다는 견해가 있다. 이봉의, 서울대학교 법학(2007. 12), 255~256면; 이에 대한 반론으로 이호영, 비교사법(2012. 2), 270~271면.

19) 서고결 2010. 4. 21. 2010아76; 서고결 2010. 6. 9. 2009아304; 자세한 내용은 조정욱, 경쟁저널(2010. 9), 57~59면 참조.

볼 수 없다"고 판시하였다.

한편 과잉금지원칙 침해 여부와 관련하여 "구 독점규제법 제29조 제 1 항 본문은 사업자에 의하여 최저가격이 강제됨으로써 거래상대방의 가격결정의 자유를 침해하는 경우만을 제한적으로 금지하고 있다. 한편, 구 독점규제법 제29조 제 2 항과 제 3 항에 따라 공정거래위원회로부터 미리 지정을 받은 경우에는 최저가격유지행위를 할 수 있도록 하고 있다. 이에 따르면 브랜드 사이의 경쟁이 실질적으로 이루어지고 있거나 유통에서의 무임승차 방지 등을 위한 부득이한 최저가격유지행위는, 실제 시장상황에 따라 허용될 가능성이 열려 있다고 볼 수 있다. 이러한 점에서 사업자의 영업의 자유가 불필요하게 제한될 수 있는 위험을 제거하기 위한 노력을 충분히 하고 있는 것으로 볼 수 있으므로 피해의 최소성 원칙에 위반되지 않는다", "최저가격유지 금지에 의하여 거래상대방의 영업의 자유의 하나인 가격결정의 자유가 보호될 뿐 만 아니라 당해 상품 또는 용역시장에서의 자유가 보호될 뿐만 아니라 당해 상품 또는 용역시장에서의 경쟁이 촉진됨으로써 관련된 기업활동의 창의성과 소비자의 후생이 증대됨으로써 보호되는 공익은 상당히 큰 반면, 그에 의하여 제한되는 것은 당해 사업자의 영업의 자유 중 극히 일부인 최저가격유지행위를 하지 못하는 것에 불과하며, 그 중에서도 이를 강제적으로 실현하는 경우에만 한정된다. 따라서 최저가격유지행위가 금지된다고 하여 당해 사업자의 영업에 막대한 지장을 초래하거나 영업의 자유를 상실하였다고 볼 수 없고, 그로 인하여 당해 사업자가 받는 불이익은 상대적으로 크지 않다. 따라서 구 독점규제법 제29조 제 1 항 본문이 보호되는 공익과 침해되는 신청인의 이익을 불합리하게 형량하여 신청인의 이익만을 일방적으로 침해하고 있다고 볼 수 없다"고 판시하였다.

결국 서울고등법원은 법원은 현행 최저가격유지행위 금지가 헌법상의 평등원리나 과잉금지 원칙에 위반되지 않는다는 점을 명확히 하였다. 그러나 "강제성에 대한 가치판단이 내려진 것으로 볼 수 있어 미국식의 당연위법으로 해석할 수 없고, 최저가격유지행위가 절대적으로 금지되었다고 볼 수 없다"고 함으로써 당연위법으로는 보고 있지는 않지만, 그 근거를 '강제성에 대한 가치판단'에 둠으로써 경쟁촉진이라는 합리의 원칙을 명백히 인정한 것으로 보기는 어렵다.

그러나 그 후 대법원은 최저재판매가격유지행위에 대한 주목할 만한 판결을 내놓았다. 즉 〈한미약품(주)의 부당고객유인행위 등 건〉 관련 행정소송에서 "독점규제법의 입법 목적과 재판매가격유지행위를 금지하는 취지에 비추어 볼 때, 최저재판매가격유지행위가 당해 상표 내의 경쟁을 제한하는 것으로 보이는 경우라 할지라도, 시장의 구체적 상황에 따라 그 행위가 관련 상품시장에서의 상표 간 경쟁을 촉진하여 결과적으로 소비자후생을 증대하는 등 정당한 이유가 있는 경우에는 이를 예외적으로 허용하여야 할 필요가 있다. 그리고 그와 같은 정당한 이유가 있는지 여부는 관련시장에서 상표 간 경쟁이 활성화되어 있는지 여부, 그 행위로 인하여 유통업자들의 소비자에 대한 가격 이외의 서비스 경쟁이 촉진되는지 여부, 소비자의 상품 선택이 다양화되는지 여부, 신규사업자로 하여금 유통망을 원활히 확보함으로써 관련 상품시장에 쉽게 진입할 수 있도록 하는지 여부 등을 종합적으로 고려하여야 할 것이며, 이에 관한 증명책임은 관련 규정의 취지상 사업자에게 있다고 보아야 한다"고 판시하였다.[20]

또한 〈한국켈러웨이골프(유)의 재판매가격유지행위 등 건〉 관련 행정소송에서도 "원심은 원고의 재판매가격유지행위는 독점규제법 제 2 조 제20호의 요건을 충족시키기만 하면 위법한 것이므로, 그 행위가 판촉, 상품설명, 보증수리 등 비가격경쟁력을 강화한 대리점을 보호하고 상표간 경쟁을 촉진하여 소비자후생을 증대시킨다는 취지의 원고의 주장은 더 나아가 살펴볼 필요 없이 이유 없다고 판단하였다. 그러나 최저재판매가격유지행위는 정당한 이유가 있는 경우에는 예외적으로 허용되고, 이에 관한 증명책임은 사업자에게 있으므로, 원칙으로서는 적어도 원고에게 원고주장과 같은 정당한 이유에 관하여 증명할 기회는 주었어야 한다"고 함으로써,[21] 최저재판매가격유지행위를 우리 법상의 "정당한 이유없는"과 같은 내용으로 해석하였다.

〈한국오츠카제약(주)의 재판매가격유지행위 건〉 관련 행정소송에서 서울고등법원도 소비자 후생증대 등 정당한 사유를 입증하지 못하였으므로 재판매가격유지행위에 해당한다고 판시하였고,[22] 〈(주)아모레퍼시픽의 재판매가격유지행위 건〉 관련 행정소송에서도 서울고등법원은 고급화장품 시장과 중저가화장품 사이에는 수요대체성이 있어 동일한 시장으로 획정하고, 동 시장에서 소비자후

20) 대판 2010. 11. 25. 2009두9543. 다만 정당한 이유를 인정하지는 않았다: "도매상들로 하여금 보험약가 수준으로 재판매가격을 유지하도록 하였고, 그와 같은 행위는 경쟁을 통한 보험약가의 인하를 막는 결과로 이어지며, 그로 인한 부담은 결국 최종 소비자에게 전가되는 점 등을 알 수 있고, 이러한 사정 및 앞서 본 법리에 비추어 보면, 원고 주장과 같이 보험약가 범위 안에서 요양기관이 실제 구입한 가격으로 약제비를 상환하는 실거래가상환제도가 적용된다 하더라도 그러한 사정만으로 원고의 재판매가격유지행위를 허용할 정당한 이유가 있다고 보기 어렵다".

21) 대판 2011. 3. 10. 2010두9976; 대판 2011. 7. 14. 2010두13753.

22) 서고판 2011. 4. 14. 2009누15236.

생 증대 등 정당한 이유를 자세히 분석한 다음, 국내화장품 시장에서 상표간 경쟁은 물론이고 방문판매원간 서비스 경쟁을 촉진하였다고 볼 수 없고, 이 사건 행위로 소비자 후생이 증대하였다 하더라도 그로 인해 감소한 소비자 후생을 상쇄하기에 불충분하다고 판단하였다.[23]

이러한 대법원 판례에 맞춰 공정거래위원회는 최저재판매가격유지행위에 대한 위법성 판단기준을 일부 수정하였다.

> 최저가격 유지행위는 유통단계에서의 가격 경쟁을 제한하고 사업자의 자율성을 침해하므로 원칙적으로 위법한 것으로 본다. 다만, 최저가격 유지행위가 시장의 구체적인 상황에 따라 브랜드간 경쟁을 촉진하여 결과적으로 소비자 후생을 증대하는 등 정당한 이유가 있는 경우에는 예외적으로 위법하지 아니하다. 정당한 이유가 있는지 여부를 판단할 때는 관련시장에서 브랜드간 경쟁이 활성화되어 있는지 여부, 그 행위로 인하여 유통업자들의 서비스 경쟁이 촉진되는지 여부, 소비자의 상품 선택이 다양화되는지 여부, 신규 사업자로 하여금 유통망을 원활히 확보함으로써 관련 상품시장에 쉽게 진입할 수 있도록 하는지 여부 등을 종합적으로 고려한다. 정당한 이유가 있는지 여부에 대한 입증책임은 원칙적으로 사업자에게 있다. 그리고 법 위반에 해당할 수 있는 행위로 ① 시장에서 유력한 지위를 가진 제조업자가 거래상대방인 사업자 또는 그 다음 거래단계별 사업자에 대하여 판매가격을 지정하여 판매하도록 하는 경우, ② 유통업자가 경쟁 유통업자의 가격할인을 억제하기 위해 제조업자에게 유통가격을 지정하도록 요청하여 최저재판매가격유지행위가 실시된 경우가 있다(「재판매가격유지행위 심사지침」 3. 가).

2020. 12. 29. 법 전부개정에서는 재판매가격유지행위를 금지하되, '효율성 증대로 인한 소비자후생 증대효과가 경쟁제한으로 인한 폐해보다 큰 경우 등 재판매가격유지행위에 정당한 이유가 있는 경우'에는 예외를 인정하였다.

법원이 법위반을 인정한 주요 사례는 다음과 같다.

> "일방적으로 대리점계약시 대리점의 판매지역을 지정해 주고 대리점이 소비자에 판매하는 가격을 지정해 주며, 더욱이 할인판매 시장에 대리점이 임의로 자사제품을 유출하였다고 하여 제품공급을 거절하는 것"(〈(주)정산실업의 재판매가격유지행위

23) 서고판 2012. 8. 22. 2011누12728.

건〉),[24] "지정한 재판매가격을 준수하지 아니한 지점 등에 대하여 경고 또는 폐점 조치를 내리고 공탁금을 증액하여 추가공탁하도록 한 사실"(〈(주)세라젬의료기의 재판매가격유지행위 건〉),[25] "음료제품을 공급하면서 거래처로 하여금 자신이 지정한 소비자가격대로 판매하도록 조직적인 감시·감독활동, 불이익의 시사 내지 행사제품의 직접 구매 등과 같이 사실상의 강제력을 행사한 행위"(〈롯데칠성음료의 재판매가격유지행위 건〉),[26] "실거래가 상한제 하에서 기준약가가 인하되는 것을 방지하기 위해 자기와 거래하는 도매상들에 대하여 재판매가격을 지정하고, 약가가 인하될 경우 거래중단 및 손실을 배상하도록 한 행위"(〈한국오츠카제약(주)의 재판매가격유지행위 건〉),[27] "안경원에게 공급하는 아큐브 콘택트렌즈의 최저 판매가격을 사전에 정해주고, 시장가격 조사를 통해 가격위반이 드러난 안경원에 대하여 최대 1개월간 아큐브 제품의 공급을 중단하는 방식으로 지정가격 이하로 팔지 못하도록 강제한 행위"(〈(주)한국존슨앤드존슨의 재판매가격유지행위 및 구속조건부거래행위 건〉),[28] "다단계판매업자가 다단계판매원으로 하여금 구입가격 이하로 팔지 못하도록 강요한 행위"(〈한국암웨이의 재판매가격유지행위 건〉,[29] "자기와 거래하는 대리점들에게 출고정지, 공급가격인상 등의 수단을 통해 인터넷 오픈마켓에서 거래되는 소형가전제품이 권장소비자가격대비 50% 이상 할인판매 되지 못하도록 강제한 행위"(〈(주)필립스전자의 재판매가격유지행위 및 구속조건부거래행위 건〉),[30] "대리점에 대하여 온라인 저가판매업체에 타이어를 공급하지 말 것을 요청하고 미준수시 불이익을 부과하는 방안을 통지하고 모니터링 실시, 공급지원율 삭감, 제품공급중단, 특화유통망 평가점수 감정 등 수단을 통해 온라인 저가판매업체에 대한 타이어 공급금지를 준수하도록 강제한 행위"(〈금호타이어(주)의 재판매가격유지행위 및 구속조건부거래행위 건〉)[31]

---

24) 공정의 1987. 5. 6. 87－30.

25) 서고판 2004. 3. 31. 2003누7455.

26) 서고판 2010. 12. 2. 2010누5419.

27) 서고판 2011. 4. 14. 2009누15236.

28) 대판 2015. 11. 12 2015두44066.

29) 서고판 2016. 10. 19. 2014누65471. 동 판결에서 법원은 다단계판매업자와 다단계판매원을 위탁관계 또는 그에 준하는 관계로 보지 않았다.

30) 대판 2017. 6. 19. 2013두17435.

31) 서고판 2020. 8. 26. 2019누53442(대판 2020. 12. 30. 2020두48987).

2. 최고가격유지행위

종래 최고가격유지행위도 당연위법으로 인정되었다. 그러나 2001. 1. 16. 제9차 법개정시 정당한 이유가 있는 재판매가격유지행위는 금지대상에서 제외되었는데, 이는 1999년 미국의 〈Khan 사건〉 판결 취지를 수용한 결과였다.[32]

2020. 12. 29. 법 전부개정에서는 최저가격유지행위나 최고가격유지행위 구분없이 '효율성 증대로 인한 소비자후생 증대효과가 경쟁제한으로 인한 폐해보다 큰 경우 등 재판매가격유지행위에 정당한 이유가 있는 경우'에는 예외를 인정하였다.

> "최고가격유지행위"란 대리점 등 유통업체들로 하여금 당해 상품 또는 용역을 판매(공급)할 때 지정된 가격수준을 초과하지 아니하도록 강제하거나 규약 또는 구속조건을 붙이는 행위를 말한다. 최고가격유지행위를 통해 판매 가격이 최고가격 수준으로 수렴하여 사실상 유통업체간 카르텔 가격으로 기능하거나 하게 될 가능성이 높은 등 경쟁제한효과가 있는 경우에는 위법성이 인정될 수 있다. 다만, 경쟁제한효과가 인정되는 최고가격 유지행위라 하더라도 그 행위가 경쟁을 촉진하여 소비자후생을 증대하거나 효율성을 증대하고 소비자후생 · 효율성 증대효과가 경쟁제한효과를 상회하는 등 정당한 이유가 있는 경우에는 위법하지 아니하다.
>
> 정당한 이유가 존재한다고 인정되는 경우는 ① 제조업자가 유통업자와 전속적 판매계약을 체결하면서 유통업자가 지나치게 높은 이윤을 추구하는 행위를 방지하기 위하여 가격을 일정한 수준 이상으로 올리지 못하도록 하는 경우, ② 제조업자가 자사상품을 판매하는 유통업체가 소수이고 유통업체간 담합 등을 통해 가격인상 가능성이 높아 경쟁사에 비해 자사상품의 경쟁력이 저하될 것을 우려하여 일정한 범위 내에서 최고가격을 설정하는 경우를 들 수 있다. 법 위반에 해당할 수 있는 행위로 시장에서 유력한 지위를 가진 제조업체가 유통업체의 이윤을 보장하기 위해 최고가격을 설정하였고 그 결과 유통업체들이 동조적으로 가격을 인상하여 설정된 최고가격 수준으로 수렴한 경우를 들 수 있다(「재판매가격유지행위 심사지침」 3. 나).

32) 우리나라에서 최고RPM에 대하여 미국식 합리원칙을 받아들인 것으로 해석하는 것은 법 제2조가 RPM의 개념요소로 강제성을 명시하고 있는 것과 부합하기 어렵다는 견해가 있다. 즉 일부 불공정거래행위 유형에서 발견되는 "정당한 이유없이"와 같은 맥락에서 이해하는 것이 타당하다고 한다. 이봉의, 서울대학교 법학(2007. 12), 251면.

Ⅴ. 예외적 허용

재판매가격유지행위의 예외로 ① 효율성 증대로 인한 소비자후생 증대효과가 경쟁제한으로 인한 폐해보다 큰 경우 등 재판매가격유지행위에 정당한 이유가 있는 경우, ② 「저작권법」 제 2 조 제 1 호에 따른 저작물 중 관계 중앙행정기관의 장과의 협의를 거쳐 공정거래위원회가 고시하는 출판된 저작물(전자출판물을 포함한다)인 경우를 규정하고 있다.

1. 소비자후생 증대효과

효율성 증대로 인한 소비자후생 증대효과가 경쟁제한으로 인한 폐해보다 큰 경우 등 재판매가격유지행위에 정당한 이유가 있는 경우'에는 재판매가격유지행위 금지의 예외를 인정하고 있다(법 제46조 단서 제 1 호). 이는 그 간의 최저재판매가격유지행위 금지에 관한 판결의 입장을 수용한 것이다.

2. 저 작 물

저작물은 고유한 창작물로서 통상 일반 공산품과는 다른 문화상품적 특성이 있고 문화의 보급과 문화수준의 유지를 위하여 없어서는 안 될 것이기 때문에 그 존재를 확보하고 그 발행의 자유를 명실공이 보장할 필요가 있으며 다종류의 저작물이 전국적으로 광범하게 보급되는 체제의 유지가 필요한바, 재판매가격유지행위를 허용하지 않고 일부 출판사와 서점 간의 직거래, 할인판매 등 전반적인 자유경쟁을 요구하게 되면 국민문화적 측면에서 없어서는 안 될 전문서적, 사서류, 학술서 등 시장성이 없는 저작물은 출판 불능에 이르게 되고 그에 따른 저술 의욕의 감퇴 등을 불러 교육, 정보문화에 악영향을 초래할 우려가 있어 저작물에 관한 재판매가격유지(정가판매)제도는 거의 출판업계의 상관행이 되었으며, 또한 출판업계는 그 업종의 성질상 다수의 출판사가 존재할 수밖에 없어서 중소기업인 영세기업의 비중이 높고 신규참여도 활발하여 경쟁적 성격이 다분한 시장규모를 가지고 있어서 재판매가격유지를 인정하더라도 그 폐해

가 다른 사업자에 비하여 그다지 크지 않다고 할 수 있다.[33)]

독점규제법 제46조 단서 제 2 호는 이러한 점 등을 고려하여 저작물에 관하여는 동 법 제46조 본문의 적용을 배제하고 사업자의 재판매가격유지행위를 허용하고 있으나 이는 어디까지나 저작물에 관하여도 자유경쟁가격제도를 원칙으로 하되 그 사업자에 대하여 예외적으로 재판매가격유지행위도 허용한다는 취지이지, 저작물에 관하여는 오로지 재판매가격유지행위만이 허용된다는 취지는 아니다.[34)] 즉 재판매가격유지행위가 허용된다 함은 반드시 재판매가격유지행위를 하여야 하는 것이 아니라 자유경쟁가격제도를 택할 수도 있다는 의미이다.[35)]

이와 관련하여 공정거래위원회는 「재판매가격유지행위가 허용되는 저작물의 범위」[36)](이하 "재판가 허용고시")를 고시하고 있다.[37)]

「출판문화산업진흥법」(일명 "도서정가제법")에서는 모든 저작물에 대하여 정가판매를 의무화하고 있다(동 법 제22조 제 4 항). 다만 정가의 15% 이내에서 가격할인과 경제적 이익(간접할인) 제공을 자유롭게 조합해 판매하되 가격할인은 10% 이내로 허용하고 있다(동법 제22조 제 5 항).

---

33) 서고판 1996. 3. 19. 95구24779; 서고판 2002. 9. 3. 2001누14046.

34) 서고판 1996. 3. 19. 95구24779; 서고판 2002. 9. 3. 2001누14046.

35) 대판 1997. 6. 13. 96누5834.

36) 공정거래위원회 고시 제2021.21호(2021. 12.30).

37) 2. 재판매가격유지행위 허용범위 재판매가격유지행위가 허용되는 저작물의 범위는 다음과 같다. 가. 「출판문화산업 진흥법」 적용 대상 간행물 나. 「신문 등의 진흥에 관한 법률」상 일반일간신문 및 특수일간신문

제47조(특수관계인에 대한 부당한 이익제공 등 금지)

① 공시대상기업집단(동일인이 자연인인 기업집단으로 한정한다)에 속하는 국내 회사는 특수관계인(동일인 및 그 친족으로 한정한다. 이하 이 조에서 같다), 동일인이 단독으로 또는 다른 특수관계인과 합하여 발행주식총수의 100분의 20 이상의 주식을 소유한 국내 계열회사 또는 그 계열회사가 단독으로 발행주식총수의 100분의 50을 초과하는 주식을 소유한 국내 계열회사와 다음 각 호의 어느 하나에 해당하는 행위를 통하여 특수관계인에게 부당한 이익을 귀속시키는 행위를 하여서는 아니 된다. 이 경우 다음 각 호에 해당하는 행위의 유형 및 기준은 대통령령으로 정한다.

1. 정상적인 거래에서 적용되거나 적용될 것으로 판단되는 조건보다 상당히 유리한 조건으로 거래하는 행위
2. 회사가 직접 또는 자신이 지배하고 있는 회사를 통해 수행할 경우 회사에 상당한 이익이 될 사업기회를 제공하는 행위
3. 특수관계인과 현금 기타 금융상품을 상당히 유리한 조건으로 거래하는 행위
4. 사업능력, 재무상태, 신용도, 기술력, 품질, 가격 또는 거래조건 등에 대한 합리적인 고려나 다른 사업자와의 비교없이 상당한 규모로 거래하는 행위

② 기업의 효율성 증대, 보안성, 긴급성 등 거래의 목적을 달성하기 위하여 불가피한 경우로서 대통령령이 정하는 거래는 제1항 제4호의 규정을 적용하지 아니한다.

③ 제1항에 따른 거래 또는 사업기회 제공의 상대방은 제1항 각 호의 어느 하나에 해당할 우려가 있음에도 불구하고 당해 거래를 하거나 사업기회를 제공받는 행위를 하여서는 아니된다.

④ 특수관계인은 누구에게든지 제1항 또는 제3항에 해당하는 행위를 하도록 지시하거나 당해 행위에 관여하여서는 아니된다.

목 차

Ⅰ. 의 의
Ⅱ. 입법취지
Ⅲ. 내 용
1. 적용요건
2. 행위의 유형
3. 적용제외
Ⅳ. 부당성 판단
Ⅴ. 관련 이슈
1. '부당한 이익을 귀속시키는 행위'의 해석
2. '정상적인 거래에서 적용되거나 적용될 것으로 판단되는 조건보다 상당히 유리한 조건으로 거래하는 행위'의 해석

[참고문헌]

단행본: 권오승/서정, 독점규제법－이론과 실무, 법문사, 2018; 김윤정, 대기업집단의 부당지원행위 규제제도 개선방안 연구－부당지원행위 금지유형 연구를 중심으로－, 한국법제연구원, 2013. 9. 30; 임영철/조성국, 독점규제법－이론과 실무, 박영사, 2018

논 문: 박상인, "터널링을 위한 내부거래 방지의 입법화", 경쟁과 법 제 2 호 서울대학교 경쟁법센터, 2013. 10; 백승엽, "독점규제법상 일감몰아주기에 관한 연구", 경쟁과 법 제 8 호, 서울대학교 경쟁법센터, 2017. 4; 이상훈/김도희, "대한항공 고법판결을 통해 본 독점규제법 제23조의 2의 적용요건－'부당성'에 대한 다양한 해석 및 비판을 중심으로－", 경제개혁이슈 2017－7호, 2017. 9. 29; 홍대식, "독점규제법상 특수관계인에 대한 부당이익제공행위의 의미 및 판단기준", 비교사법 제21권 제 1 호, 2014

[참고사례]

기업집단 현대 계열회사의 부당지원행위 및 특수관계인에 대한 부당한 이익제공행위 건(공정거래위원회 2016. 7. 7. 의결 제2016－189호); 기업집단 한진 소속 계열회사들의 부당지원행위 및 특수관계인에 대한 부당이익제공행위 건(공정거래위원회 2017. 1. 10. 의결 제2017－009호; 서울고등법원 2017. 9. 1. 선고 2017누36153 판결; 대법원 2022. 5. 12. 선고 2017두63993 판결); 기업집단 「효성」 소속 계열회사들의 특수관계인에 대한 부당이익제공행위 및 부당지원행위 건(공정거래위원회 2018. 5. 21. 의결 제2018－148호); 기업집단「금호아시아나」소속 계열회사들의 특수관계인에 대한 부당이익제공행위 및 부당지원행위 건(공정거래위원회 의결 2020. 11. 6. 제2020－294호); 에스케이(주)의 특수관계인에 대한 부당한 이익 제공행위 건(공정거래위원회 2022. 3. 16. 의결 제2022－071호)

Ⅰ. 의 의

2014. 2. 14. 시행(2013. 8. 13. 개정)된 독점규제법에서는 부당지원행위와는 별도로 특수관계인에 대한 부당한 이익제공금지를 규정하게 되었다. 이는 재벌 총수일가가 계열사간 자신들의 지분율 차이를 이용해 지분율이 낮은 계열사의 지분을 지분율이 높은 계열사로 이전시키는 내부거래를 통해 사익편취를 하는 소위 '터널링(tunneling)'을 방지하기 위한 규정이다.[1]

1) 박상인, 경쟁과 법(2013. 10), 60면.

Ⅱ. 입법취지

2004년 〈삼성SDS의 부당지원행위 등 건〉,[2] 〈SKC&C 부당지원행위 건〉[3] 등 사건 등 일련의 대법원판결에서 친족 개인에 대한 부당지원의 부당성(경쟁제한성)이 부인된 이후, 2012년부터 총수일가의 사익편취행위를 근절하기 위한 많은 법안들이 국회에 제출되었고, 2013년 8. 13. 기존의 부당지원행위에 대한 규제처럼 공정한 거래를 저해하는지 여부가 기준이 아닌 특수관계인에 대한 부당한 이익을 제공하였는지 여부를 기준으로 위법성을 판단하는 법 제23조의2 규정을 신설하게 되었다.[4]

즉 법 제45조 제1항 제9호의 부당지원행위에 해당하기 위해서는 공정거래저해성이 인정되어야 하는데, 지원객체가 자연인인 특수관계인에게 편법을 통해 과다한 경제상 이익을 제공하거나 그러한 행위를 통해 경영권을 편법승계할 경우 이를 제재할 수 없는 문제점이 있었다. 이에 따라 총수 있는 대기업집단의 사익편취를 통한 경제력 집중을 억제하기 위하여 공정거래저해성이 인정되지 않더라도 특수관계인에게 부당한 이익을 귀속시켰을 경우 그 위법성을 인정하기 위해 법 제47조가 신설되었다.[5]

Ⅲ. 내 용

1. 적용요건

공시대상기업집단(동일인이 자연인인 기업집단으로 한정)에 속하는 국내 회사는 특수관계인(동일인 및 그 친족으로 한정), 동일인이 단독으로 또는 다른 특수관계인과 합하여 발행주식총수의 100분의 20 이상의 주식을 소유한 국내 계열회사 또는 그 계열회사가 단독으로 발행주식총수의 100분의 50을 초과하는 주식을

2) 대판 2004. 9. 24. 2001두6364.

3) 대판 2004. 3. 12. 2001두7220.

4) 신설 경위에 대한 자세한 내용은 김윤정, 한국법제연구원(2013), 25~41면 참조. 동 논문에서는 양 조항은 규제목적, 규제대상, 규제내용 등이 달라 특별법적 관계가 아니라 병렬적 관계에 있다고 본다.

5) 서고판 2017. 9. 1. 2017누36153.

소유한 국내 계열회사와 특정 행위를 통하여 특수관계인에게 부당한 이익을 귀속시키는 행위를 하여서는 아니 된다(법 제47조 제 1 항 각호 외의 부분 전단).

기존 독점규제법은 공시대상 기업집단 소속 회사가 총수 일가 지분율이 30% 이상인 상장 계열사(비상장인 경우 20% 이상)에 대해 부당한 이익을 제공하는 행위를 금지하고 있었는데, 2020. 12. 29. 법 전부개정에서는 지원을 받는 계열사로서의 규율 대상을 상장·비상장에 관계없이 총수 일가 지분율이 20% 이상인 계열사 및 이들 회사가 50%를 초과하여 지분을 보유하고 있는 자회사로 확대하였다.[6)]

본 조를 적용한 사례로는 최근 〈기업집단 현대 계열회사의 부당지원행위 및 특수관계인에 대한 부당한 이익제공 행위 건〉,[7)] 〈기업집단 「효성」소속 계열회사들의 특수관계인에 대한 부당이익제공행위 및 부당지원행위 건〉,[8)] 〈기업집단 「금호아시아나」소속 계열회사들의 특수관계인에 대한 부당이익 제공행위 및 부당지원 행위 건〉,[9)] 〈에스케이(주)의 특수관계인에 대한 부당이익 제공행위 건〉[10)] 등을 들 수 있다.

1) 행위주체

① 행위당사자 요건

법 제47조에서 말하는 특수관계인에 대한 부당한 이익제공 행위에 해당하기 위해서는 법 제47조 제 1 항이 정하고 있는 행위자 및 행위의 상대방 요건을 충족하여야 한다. 법 제47조 제 1 항은 '공시대상기업집단(동일인이 자연인인 기업집단으로 한정)에 속하는 국내 회사'로 한정하고 있다(법 제47조 제 1 항 각호 외의 부분 전단).

② 행위객체 및 요건

특수관계인(동일인 및 그 친족으로 한정), 동일인이 단독으로 또는 다른 특수관계인과 합하여 발행주식총수의 100분의 20 이상의 주식을 소유한 국내 계열회사 또는 그 계열회사가 단독으로 발행주식총수의 100분의 50을 초과하는 주

---

6) 공정거래위원회 보도자료(2020. 12. 29.).

7) 공정의 2016. 7. 7. 2016－189.

8) 공정의 2018. 5. 21. 2018－148. 총수익스왑 거래(거래 상대방의 신용상, 거래상 위험을 인수하여 사실상 지급보증 등의 기능을 하는 거래가 문제가 된 사안이다.

9) 공정의 2020. 11. 6. 2020－294.

10) 공정의 2022. 3. 16. 2022－071.

식을 소유한 국내 계열회사와 특정 행위를 하는 경우에 적용된다(법 제47조 제1항 각호 외의 부분 전단).

③ 행위의 위법성 요건

법 제47조 제1항 제1호의 부당한 이익제공 행위는 행위자가 행위의 상대방에게 정상적인 거래에서 적용되거나 적용될 것으로 판단되는 조건보다 상당히 유리한 조건으로 거래행위를 하여야 하고, 이를 통해 특수관계인에게 부당한 이익이 귀속되어야 성립한다. 상당히 유리한 조건의 거래 등에 해당하기 위해서는 정상적인 거래에서 적용되거나 적용될 것으로 판단되는 조건보다 상당히 유리한 조건으로 거래한 것으로 인정되어야 한다. 여기서의 상당성 판단은 주로 정상가격,[11] 정상금리[12] 등과 같은 판단기준과의 비교를 통하여 이루어진다. 행위자가 직접 특수관계인과 거래하는 등의 행위를 하는 경우에는 이익귀속의 효과가 바로 특수관계인에게 발생하게 될 것이나, 행위의 상대방이 계열회사인 경우에는 행위의 상대방과 이익귀속 주체가 분리된다. 그러나 기업집단 내 계열회사 간에 합리적 고려나 비교 없이 상당히 유리한 거래를 하는 등의 행위가 이루어지고, 이로 인하여 특수관계인이 보유하고 있는 행위의 상대방인 계열회사 지분의 가치가 증대하는 등 특수관계인에게 구체적으로 이익이 귀속되었다고 볼 만한 상당한 개연성이 인정되는 경우에는 특수관계인에 대한 이익 귀속을 인정할 수 있다.

2) 행위객체

행위객체가 법 제47조 제3항에 해당하기 위해서는 법 제47조 제1항 각호의 어느 하나에 해당할 우려가 있음에도 불구하고 해당 거래를 하거나 사업기회를 제공받는 등의 행위를 하여야 한다.

「특수관계인에 대한 부당한 이익제공 심사지침」[13]에서는 다음과 같이 규정하고 있다.

11) 정상가격이란 지원주체와 지원객체간 이루어진 경제적 급부와 동일한 급부가 시기, 종류, 규모, 기간 등이 유사한 상황에서 특수관계가 없는 자 간에 이루어졌을 경우 형성되었을 거래가격을 의미한다(대판 2012. 10. 25. 2009두15494).

12) 정상금리는 지원주체와 지원객체 사이의 자금거래와 시기, 종류, 규모, 기간, 신용상태 등의 면에서 동일 또는 유사한 상황에서 그 지원객체와 그와 특수관계가 없는 독립된 금융기관 사이에 자금거래가 이루어졌다면 적용될 금리 또는 지원주체와 지원객체 사이의 자금거래와 시기, 규모, 기간, 신용상태 등의 면에서 동일 또는 유사한 상황에서 특수관계가 없는 독립된 자 사이에 자금거래가 이루어졌다면 적용될 금리를 의미한다(대판 2014. 6. 12. 2013두4255).

13) 공정거래위원회예규 제435호(2023. 5. 22).

> 1. 제공객체의 의무
>
> 가. 법 제47조 제 3 항에 따라, 같은 조 제 1 항에 따른 거래 또는 사업기회 제공의 상대방은 제 1 항 각 호의 어느 하나에 해당할 우려가 있음에도 불구하고 해당 거래를 하거나 사업기회를 제공받는 행위를 하여서는 아니 된다.
>
> 나. 법 제47조 제 3 항의 의무를 부담하는 자는 이익제공행위의 상대방인 제공객체이다. 제공객체가 법 제47조 제 3 항 위반에 해당하는지 여부는 해당 이익제공행위가 부당한 이익제공행위에 해당할 수 있음을 제공객체가 인식하거나 인식할 수 있었는지 여부에 따라 판단한다.
>
> 다. 제공객체가 인식하고 있거나 인식할 수 있었는지 여부에 대한 판단은 전문가가 아닌 일반인의 관점에서 사회통념에 비추어 해당 행위가 부당한 이익제공행위에 해당할 우려가 있음을 인식할 수 있을 정도면 충분하다(「특수관계인에 대한 부당한 이익제공행위 심사지침」 VI. 1).

3) 특수관계인

법 제47조 제 4 항에 해당하기 위해서는 특수관계인이 행위자 또는 행위의 상대방에 대하여 법 제47조 제 1 항 또는 제 3 항에 해당하는 행위를 하도록 지시하거나 해당 행위에 관여하여야 한다.

> 2. 특수관계인의 의무
>
> 가. 특수관계인은 누구에게든지 법 제47조 제 1 항 또는 제 3 항에 해당하는 행위를 하도록 지시하거나 해당 행위에 관여하여서는 아니 된다.
>
> 나. 법 제47조 제 4 항의 의무를 부담하는 자는 특수관계인 중에서 동일인 및 그 친족에 한정한다. 다만, 법 제47조 제 4 항 위반은 동일인 또는 그 친족이 부당한 이익제공행위를 하도록 지시하거나 해당 행위에 관여한 것으로 충분하고, 실제 부당한 이익이 지시 또는 관여한 자에게 귀속될 필요는 없다.
>
> 다. 지시하였다는 것은 특수관계인이 지원주체 또는 지원객체의 임직원 등을 비롯하여 누구에게든지 부당한 이익제공행위를 하도록 시킨 경우를 말하고, 관여하였다는 것은 특수관계인이 부당한 이익제공행위에 관계하여 참여한 경우를 의미한다.
>
> 라. 지시 또는 관여 여부는 구체적으로 특수관계인이 제공주체의 의사결정에 직접 또는 간접적으로 관여할 수 있는 지위에 있었는지 여부, 해당 행위와 관련된

의사결정 내용을 보고받고 결재하였는지 여부, 해당 행위를 구체적으로 지시하였는지 여부 등을 종합적으로 고려하여 판단한다(「특수관계인에 대한 부당한 이익제공행위 심사지침」 VI. 2).

2. 행위의 유형

1) 상당히 유리한 조건의 거래

본 조의 적용대상이 되는 행위는 첫째, 정상적인 거래에서 적용되거나 적용될 것으로 판단되는 조건보다 상당히 유리한 조건으로 거래하는 행위이다(법 제47조 제1항 제1호). 이 경우 행위의 유형 및 기준은 *대통령령*[14]으로 정한다. 이에 대한 자세한 내용은 「특수관계인에 대한 부당한 이익제공행위 심사지침」에서 규정하고 있다.

1. 상당히 유리한 조건의 거래

가. 판단기준

1) 상당히 유리한 조건이라 함은 정상적인 거래에서 적용되는 대가보다 사회통념이나 거래관념상 일반인의 인식의 범위를 넘어서는 유리한 조건의 거래를 말하고, 현저히 유리한 정도에 미치지 못하여도 상당히 유리한 조건에는 해당할 수 있다.

2) 제공주체가 직접 제공객체와 상당히 유리한 조건의 거래를 하는 경우는 물론이고, 제공주체가 제3자를 매개하여 제공객체와 상당히 유리한 조건의 거래를

14) [별표 3] 법 제47조 제1항 각 호에 따른 행위의 유형 또는 기준(제54조 제1항 관련) 1. 법 제47조 제1항 제1호에 따른 정상적인 거래에서 적용되거나 적용될 것으로 판단되는 조건보다 상당히 유리한 조건으로 거래하는 행위: 다음 각 목의 행위로 한다. 다만, 시기, 종류, 규모, 기간, 신용상태 등이 유사한 상황에서 법 제9조 제1항에 따른 특수관계인이 아닌 자와의 정상적인 거래에서 적용되거나 적용될 것으로 판단되는 조건과의 차이가 100분의 7 미만이고, 거래당사자간 해당 연도 거래총액이 50억원(상품·용역의 경우에는 200억원) 미만인 경우에는 상당히 유리한 조건에 해당하지 않는 것으로 본다.

가. 상당히 유리한 조건의 자금 거래
가지급금·대여금 등 자금을 정상적인 거래에서 적용되는 대가보다 상당히 낮거나 높은 대가로 제공하거나 거래하는 행위

나. 상당히 유리한 조건의 자산·상품·용역 거래
부동산·유가증권·무체재산권 등 자산 또는 상품·용역을 정상적인 거래에서 적용되는 대가보다 상당히 낮거나 높은 대가로 제공하거나 거래하는 행위

다. 상당히 유리한 조건의 인력 거래
인력을 정상적인 거래에서 적용되는 대가보다 상당히 낮거나 높은 대가로 제공하거나 거래하는 행위

하고 그로 인하여 특수관계인에게 부당한 이익이 귀속되는 경우에도 부당한 이익제공행위에 해당한다.

3) 상당히 유리한 조건인지 여부는 급부와 반대급부 사이의 차이는 물론 거래규모와 이익제공행위로 인한 경제상 이익, 제공기간, 제공횟수, 제공시기, 제공행위 당시 제공객체가 처한 경제적 상황 등을 종합적으로 고려하여 구체적·개별적으로 판단한다.

나. 상당히 유리한 조건의 자금 거래

1) 상당히 유리한 조건의 자금 거래는 제공주체가 제공객체와 가지급금 또는 대여금 등 자금을 정상적인 거래에서 적용되는 대가보다 상당히 낮거나 높은 대가로 제공하거나 거래하는 행위를 말한다. 상당히 유리한 조건의 자금 거래는 회계처리상 계정과목을 가지급금 또는 대여금으로 분류하고 있는 경우에 국한하지 아니하고, 제공주체가 제공객체의 금융상 편의를 위하여 직접 또는 간접으로 자금을 이용할 수 있도록 경제상 이익을 제공하는 일체의 행위를 말한다.

2) 상당히 유리한 조건의 자금 거래는 실제 적용된 금리(이하 “실제적용금리”라 한다)가 해당 자금 거래와 시기, 종류, 규모, 기간, 신용상태 등의 면에서 유사한 상황에서 해당 제공객체와 그와 특수관계가 없는 독립된 금융기관간에 제공주체의 이익제공 없이 자금 거래가 이루어졌다면 적용될 금리(이하 “개별정상금리”라 한다)보다 낮거나 높은 경우에 성립한다.

3) 개별정상금리는 원칙적으로 아래의 방법으로 산출한 금리 중 순차적으로 우선 산출가능한 금리를 말한다.

가) 제공객체가 제공받은 방법과 동일한 수단을 통해 동일한 시점에 독립적인 방법으로 차입한 금리

나) 제공객체가 제공을 받은 방법과 동일한 수단을 통해 유사한 시점에 독립적인 방법으로 차입한 금리. 여기서 유사한 시점이란 사안별로 이익제공 규모, 제공시점의 금리변동의 속도 등을 종합적으로 고려하여 결정하되, 해당일 직전·직후 또는 전후의 3개월 이내의 기간을 말한다. 다만, 유사한 시점에 독립적인 방법으로 차입한 금리는 없으나 그 이전에 변동금리 조건으로 차입한 자금이 있는 경우에는 제공받은 시점에 제공객체에게 적용되고 있는 그 변동금리를 유사한 시점에 차입한 금리로 본다.

다) 신용평가기관에 의한 신용등급 등에 비추어 신용상태가 제공객체와 유사하다고 인정할 수 있는 회사가 해당방법과 동일한 수단을 이용하여 동일한 시점에 독

립적인 방법으로 차입한 금리

라) 제공객체가 제공받은 방법과 유사한 수단을 통해 동일 또는 유사한 시점에 독립적인 방법으로 차입한 금리. 여기서 유사한 수단이란 사안별로 차입기간, 금액, 장단기 금리수준 등을 종합적으로 고려하여 유사하다고 인정할 수 있는 수단을 말한다.

마) 제공객체가 동일 또는 유사한 시점에 다른 수단으로 차입한 경우에는 그 금리

4) 공사대금 미회수, 기간이 특정되어지지 않은 단순대여금 등 이익제공 시점에 만기를 정하지 않은 경우에는 제공객체의 월별평균차입금리를 개별정상금리로 본다. 여기서 월별평균차입금리는 제공객체가 해당 월에 독립적으로 차입한 자금의 규모를 가중하여 산정한 금리를 말한다.

5) 다만, 상기 원칙에 따라 정해진 금리를 개별정상금리로 볼 수 없거나, 적용순서를 달리할 특별한 사유가 있다고 인정될 경우, 또는 제공주체의 차입금리가 제공객체의 차입금리보다 높은 경우 등 다른 금리를 개별정상금리로 보아야 할 특별한 사유가 있는 경우에는 그 금리를 개별정상금리로 본다.

6) 개별정상금리를 위에서 규정된 방법에 의해 산정하기 어렵고, 또한 제공객체의 재무구조, 신용상태, 차입방법 등을 감안할 때 개별정상금리가 한국은행이 발표하는 예금은행의 가중평균 당좌대출금리(이하 "일반정상금리"라 한다)보다 낮지 않을 것으로 보는 것이 합리적인 경우에는 해당 자금 거래의 실제적용금리와 일반정상금리를 비교하여 상당히 유리한 조건의 자금 거래 여부를 판단한다.

7) 전항의 규정에도 불구하고, 제공객체의 재무구조, 신용상태, 차입방법 등을 감안할 때 제공객체의 개별정상금리가 일반정상금리보다 높은 수준인 것으로 보는 것이 합리적인 상황에서 일반정상금리 수준으로 상당한 규모의 자금 거래를 하는 것은 상당히 유리한 조건의 자금 거래에 해당한다.

다. 상당히 유리한 조건의 자산·상품·용역 거래

1) 상당히 유리한 조건의 자산·상품·용역 거래는 제공주체가 제공객체와 부동산·유가증권·무체재산권(無體財産權) 등 자산 또는 상품·용역을 정상적인 거래에서 적용되는 대가보다 상당히 낮거나 높은 대가로 제공하거나 거래하는 행위를 말한다.

2) 상당히 유리한 조건의 자산·상품·용역 거래는 실제 거래가격이 해당 자산·상품·용역 거래와 시기, 종류, 규모, 기간 등이 동일 또는 유사한 상황에서 특

수관계가 없는 독립된 자 간에 이루어졌다면 형성되었을 거래가격(이하 "정상가격"이라 한다)에 비하여 낮거나 높은 경우에 성립한다.

3) 정상가격은 다음의 방법에 따라 순차적으로 산출한다.

가) 해당 거래와 시기, 종류, 규모, 기간 등이 동일한 상황에서 특수관계가 없는 독립된 자 간에 실제 거래한 사례가 있는 경우 그 거래가격을 정상가격으로 한다.

나) 해당 거래와 동일한 실제사례를 찾을 수 없는 경우에는 ① 먼저 해당 거래와 비교하기에 적합한 유사한 사례를 선정하고, ② 그 사례와 해당 이익제공행위 사이에 가격에 영향을 미칠 수 있는 거래조건 등의 차이가 존재하는지를 살펴, ③ 그 차이가 있다면 이를 합리적으로 조정하는 과정을 거쳐 정상가격을 추단한다.

다) 해당 거래와 비교하기에 적합한 유사한 사례도 찾을 수 없다면 부득이 통상의 거래 당사자가 거래 당시의 일반적인 경제 및 경영상황 등을 고려하여 보편적으로 선택하였으리라고 보이는 현실적인 가격을 규명함으로써 정상가격을 추단한다. 이 경우 자산·상품·용역의 종류, 규모, 거래상황 등을 참작하여 국제조세조정에 관한 법률 제 5 조(정상가격의 산출방법) 및 동법 시행령 제 2 장(국외특수관계인과의 거래에 대한 과세조정) 또는 상속세 및 증여세법 제 4 장(재산의 평가) 및 동법 시행령 제 4 장(재산의 평가)에서 정하는 방법을 준용할 수 있다. 다만, 사업자가 자산·상품·용역거래 과정에서 국제조세조정에 관한 법률 등에 따라 가격을 산정하였다고 하여 그러한 사정만으로 특수관계인에 대한 부당한 이익제공행위에 해당하지 않는 것으로 판단되는 것은 아니다.

라. 상당히 유리한 조건의 인력 거래

1) 상당히 유리한 조건의 인력 거래는 제공주체가 제공객체와 인력을 정상적인 거래에서 적용되는 대가보다 상당히 낮거나 높은 대가로 제공하거나 거래하는 행위를 말한다.

2) 상당히 유리한 조건의 인력 거래는 제공객체가 제공주체 또는 해당 인력에 대하여 지급하는 일체의 급여·수당등(이하 "실제지급급여"라 한다)이 해당 인력이 근로제공의 대가로서 제공주체와 제공객체로부터 지급받는 일체의 급여·수당등(이하 "정상급여"라 한다)보다 적은 때에 성립한다.

3) 해당 인력이 제공객체와 제공주체 양자에게 근로제공을 하고 있는 경우에는 그 양자에 대한 근로제공 및 대가지급의 구분관계가 합리적이고 명확한 때에는 해당 인력이 제공객체와 제공주체로부터 지급받는 일체의 급여·수당등의 금액에서 해당 인력의 제공주체에 대한 근로제공의 대가를 차감한 금액을 위의 정상급여로

간주한다. 그 구분관계가 합리적이지 아니하거나 명확하지 아니한 때에는 해당 인력이 제공객체와 제공주체로부터 지급받는 일체의 급여·수당등에서 제공객체와 제공주체의 해당 사업연도 매출액 총액 중 제공객체의 매출액이 차지하는 비율에 의한 분담금액을 위의 정상급여로 간주한다. 다만, 인력제공과 관련된 사업의 구분이 가능한 경우에는 그 사업과 관련된 매출액을 제공객체와 제공주체의 매출액으로 할 수 있다.

마. 적용제외

1) 시기, 종류, 규모, 기간, 신용상태 등이 유사한 상황에서 법 제9조 제1항에 따른 특수관계인이 아닌 자와의 정상적인 거래에서 적용되거나 적용될 것으로 판단되는 조건과의 차이가 100분의 7 미만이고, 거래당사자간 해당 연도 거래총액이 50억원(상품·용역의 경우에는 200억원) 미만인 경우에는 상당히 유리한 조건에 해당하지 않는 것으로 본다.

2) 적용제외 범위에 해당하려면 거래조건 차이와 거래총액 요건을 모두 충족하여야 한다. 즉, ① 거래총액은 적으나 정상적인 거래조건과의 차이가 많은 경우 또는 ② 정상적인 거래조건과의 차이는 작으나 거래총액이 많은 경우에는 적용제외 범위에 해당하지 않는다.

3) 해당 연도 거래총액을 계산함에 있어서는 제공주체와 제공객체 간에 이루어진 모든 거래규모를 포함하여 계산하며, 여기서 거래총액이란 제공객체의 매출액 및 매입액을 합산한 금액을 의미한다(「특수관계인에 대한 부당한 이익제공행위 심사지침」 Ⅳ. 1).

〈기업집단 「금호아시아나」 소속 계열회사들의 특수관계인에 대한 부당이익제공행위 및 부당지원행위 건〉에서 공정거래위원회는 기내식 공급업체 등 비계열회사를 통해 우회적으로 특수관계인이 발행주식 총수의 100분의 30(주권상장법인이 아닌 회사의 경우에는 100분의 20) 이상을 소유하고 있는 계열회사와 정상적인 거래에서 적용되거나 적용될 것으로 판단되는 조건보다 상당히 유리한 조건으로 거래함으로써 특수관계인에게 부당한 이익을 귀속시키는 행위를 하였다고 판단하였다.[15]

15) 공정의 2020. 11. 6. 2020-294.

2) 사업기회 제공

둘째, 회사가 직접 또는 자신이 지배하고 있는 회사를 통해 수행할 경우 회사에 상당한 이익이 될 사업기회를 제공하는 행위이다(법 제47조 제 1 항 제 2 호). 이 경우 행위의 유형 및 기준은 *대통령령*[16]으로 정한다. 이에 대한 자세한 내용은 「특수관계인에 대한 부당한 이익제공행위 심사지침」에서 규정하고 있다.

> 2. 사업기회의 제공
>
> 가. 판단기준
>
> 1) 사업기회의 제공은 회사가 직접 또는 자신이 지배하고 있는 회사를 통하여 수행할 경우 회사에 상당한 이익이 될 사업기회로서 회사가 수행하고 있거나 수행할 사업과 밀접한 관계가 있는 사업기회를 제공하는 행위로 한다.
>
> 2) 제공주체인 회사가 지배하고 있는 회사인지 여부를 판단할 때에는 시행령 제 4 조를 준용하되, 해당 규정에서의 '동일인'은 제공주체인 회사로 본다.
>
> 3) '상당한 이익이 될 사업기회'란, 구체적으로 회사에 '현재 또는 가까운 장래에 상당한 이익이 될 수 있는 사업기회'를 의미한다. 이때, 현재 또는 가까운 장래에 상당한 이익이 발생할 수 있는지 여부는 원칙적으로 사업기회 제공 당시를 기준으로 판단한다.
>
> 4) 상당한 이익이 될 사업기회인지 여부는 제공주체인 회사 자신 또는 자신이 지배하는 회사를 기준으로 판단하여야 한다. 제공객체에게 보다 더 이익이 될 수 있는지 여부, 제공객체가 해당 사업을 수행하는데 필요한 전문성과 능력을 더 잘 갖추고 있다는 등의 사정은 원칙적으로 상당한 이익의 판단과 직접 관련되는 요소가 아니다.
>
> 5) 사업기회 제공 당시에는 이익을 내지 못하는 영업권이라 하더라도 사후적으로 많은 영업이익을 낼 것이라는 합리적 예측이 가능한 경우에는 상당한 이익이 될

16) [별표 3] 법 제47조 제 1 항 각 호에 따른 행위의 유형 또는 기준(제54조 제 1 항 관련) 2. 법 제47조 제 1 항 제 2 호에 따른 회사가 직접 또는 자신이 지배하고 있는 회사를 통해 수행할 경우 회사에 상당한 이익이 될 사업기회를 제공하는 행위: 회사가 직접 또는 자신이 지배하고 있는 회사를 통해 수행할 경우 회사에 상당한 이익이 될 사업기회로서 회사가 수행하고 있거나 수행할 사업과 밀접한 관계가 있는 사업기회를 제공하는 행위로 한다. 다만, 다음 각 목의 어느 하나에 해당하는 경우는 제외한다.
가. 회사가 해당 사업기회를 수행할 능력이 없는 경우
나. 회사가 사업기회 제공에 대한 정당한 대가를 지급받은 경우
다. 그 밖에 회사가 합리적인 사유로 사업기회를 거부한 경우

사업기회에 해당할 수 있다.

6) 회사가 '현재 수행하고 있는 사업기회'에는 ① 사업기회 제공 당시 실제 회사가 수행하여 수익을 일으키고 있는 사업뿐만 아니라, ② 회사가 사업 개시를 결정하고 이를 위해 설비 투자 등 준비행위를 하고 있는 사업이 포함된다.

7) '수행할 사업'이라 함은 사업수행 여부에 대해 외부적 행위를 하지 않았더라도 내부적 검토 내지는 내부적 의사결정이 이루어진 사업을 포함한다.

8) '회사가 수행하고 있거나 수행할 사업과 밀접한 관계가 있는 사업기회'인지 여부는 제공주체 자신 또는 자신이 지배하는 회사의 본래 사업과의 유사성, 본래 사업 수행과정에서 필연적으로 수반되는 업무인지 여부, 본래 사업과 전·후방으로 연관관계에 있는 사업인지 여부, 회사재산의 공동사용 여부 등을 종합적으로 고려하여 판단한다. 이 때 사업기회를 제공받은 회사의 사업과의 관련성은 원칙적으로 그 기준이 되지 아니한다. 또한, 회사가 이미 수행하고 있는 사업도 "회사가 수행하고 있거나 수행할 사업과 밀접한 관계가 있는 사업기회"에 해당한다.

9) 사업기회 제공은 회사가 사업양도, 사업위탁, 사업을 수행하거나 수행하려는 자회사의 주식을 제공객체에게 양도하는 행위 등을 통해 제공객체에 사업기회를 직접적으로 제공하는 방식 외에도, 자회사의 유상증자 시 신주인수권을 포기하는 방법으로 제공객체에게 실권주를 인수시키는 행위, 회사가 유망한 사업기회를 스스로 포기하여 제공객체가 이를 이용할 수 있도록 하거나 제공객체의 사업기회 취득을 묵인하는 소극적 방법 등이 있을 수 있다.

나. 적용제외

1) 시행령 [별표 3] 제2호 각 목에 따르면, ① 회사가 해당 사업기회를 수행할 능력이 없는 경우(가목), ② 회사가 사업기회 제공에 대한 정당한 대가를 지급받은 경우(나목), ③ 그 밖에 회사가 합리적인 사유로 사업기회를 거부한 경우(다목)에는 사업기회 제공행위에 해당하지 않는 것으로 본다.

2) 회사가 해당 사업기회를 수행할 능력이 없는 경우라 함은 구체적으로 법률적 불능 또는 경제적 불능이 있는 경우를 의미한다. 해당 사업기회가 회사에게는 법적으로 진출이 금지된 사업인 경우에는 '법률적 불능'으로 법 적용에서 제외되며, 사업기회 검토 당시에 회사의 재정적 능력이 현저히 악화된 상태인 경우에는 '경제적 불능'으로 법 적용에서 제외된다.

3) 회사가 사업기회 제공에 대한 정당한 대가를 지급받은 경우에 해당하는지 여부는 해당 사업기회가 지니는 시장가치를 기준으로 판단한다. 해당 사업기회의

시장가치는 사업기회 제공이 이루어지는 당시를 기준으로 사업기회의 종류, 규모, 거래상황 등을 종합적으로 고려하여 판단한다. 대가의 지급에는 현금 내지 현금대용증권 외에도, 해당 사업에 관한 부채를 인수하는 등 소극적인 방식으로 대가를 지급하는 경우를 포함한다. 정당한 대가가 지급되었는지를 판단함에 있어서는 사업기회 제공 내지 대가 지급에 앞서 해당 사업기회의 가치를 객관적이고 합리적으로 평가하는 과정을 거쳤는지 여부 등을 고려할 수 있다.

4) 그 밖에 회사가 합리적인 사유로 사업기회를 거부한 경우는 사업기회의 가치와 사업기회를 수행함에 따른 경제적 비용 등에 대하여 객관적이고 합리적인 평가를 거쳐 사업기회를 거부한 경우를 말한다. 이 때 사업기회 거부가 합리적인지 여부는 사업기회를 제공한 회사의 입장에서 평가하고, 제공주체가 해당 사업기회를 거부하는 것이 전체적인 기업집단 차원에서 볼 때 경제적이고 합리적이었다는 등의 사정은 원칙적으로 적용제외 평가기준이 되지 아니한다. 제공주체가 이사회 승인을 통해 사업기회를 거부하는 의사결정을 하였다고 하더라도, 그것만으로 합리적인 사유가 인정되는 것은 아니고 이사회에서의 의사결정의 사유가 합리적인지 여부에 대한 별도의 판단이 필요하다(「특수관계인에 대한 부당한 이익제공행위 심사지침」 Ⅳ. 2).

〈에스케이(주)의 특수관계인에 대한 부당한 이익 제공행위 건〉에서 공정거래위원회는 자신이 직접 또는 자신이 지배하고 있는 회사를 통하여 수행할 경우 회사에 상당한 이익이 될 수 있는 계열회사의 잔여주식을 취득할수 있는 사업기회를 피심인 △△△에게 제공함으로써 특수관계인 △△△에게 부당한 이익을 귀속시킨 것과 같은 행위를 하였다고 판단하였다.[17]

3) 현금 기타 금융상품을 상당히 유리한 조건으로 거래

셋째, 특수관계인과 현금 기타 금융상품을 상당히 유리한 조건으로 거래하는 행위이다(법 제47조 제 1 항 제 3 호). 이 경우 행위의 유형 및 기준은 *대통령령*[18]으로 정한다. 이에 대한 자세한 내용은 「특수관계인에 대한 부당한 이익제

17) 공정의 2022. 3. 16. 2022－071.

18) [별표 3] 법 제47조 제 1 항 각 호에 따른 행위의 유형 또는 기준(제54조 제 1 항 관련) 3. 법 제47조 제 1 항 제 3 호에 따른 특수관계인과 현금이나 그 밖의 금융상품을 상당히 유리한 조건으로 거래하는 행위: 특수관계인과 현금이나 그 밖의 금융상품을 정상적인 거래에서 적용되는 대가보다 상당히 낮거나 높은 대가로 제공하거나 거래하는 행위로 한다. 다만, 시기, 종류, 규모, 기간, 신용상태 등이 유사한 상황에서 법 제 9 조 제 1 항에 따른 특수관계인이 아닌 자와의 정상적인 거래에서 적용되거나 적용될 것으로 판단되는 조건과의 차이가 100분의 7 미만이고, 거래당사자간 해당 연도 거래총액이 50억원 미만인 경우에는 상당히 유리한 조건에 해당하지

공행위 심사지침」에서 규정하고 있다.

> 3. 현금, 그 밖의 금융상품의 상당히 유리한 조건의 거래
>
> 가. 현금, 그 밖의 금융상품의 상당히 유리한 조건의 거래는 제공주체가 특수관계인과 현금, 그 밖의 금융상품을 정상적인 거래에서 적용되는 대가보다 상당히 낮거나 높은 대가로 제공하거나 거래하는 행위로 한다.
>
> 나. 현금, 그 밖의 금융상품의 상당히 유리한 조건의 거래에 관해서는 거래의 대상이 되는 금융상품의 성격에 따라 자금에 해당하면 Ⅳ. 1. 나.의 상당히 유리한 조건의 자금 거래에 관한 규정을 준용하고, 유가증권 등 자산에 해당하면 Ⅳ. 1. 다.의 상당히 유리한 조건의 자산 거래에 관한 규정을 준용한다.
>
> 다. 시기, 종류, 규모, 기간, 신용상태 등이 유사한 상황에서 법 제9조 제1항에 따른 특수관계인이 아닌 자와의 정상적인 거래에서 적용되거나 적용될 것으로 판단되는 조건과의 차이가 100분의 7 미만이고, 거래당사자간 해당 연도 거래총액이 50억원 미만인 경우에는 상당히 유리한 조건에 해당하지 않는 것으로 본다. 적용제외에 관해서는 Ⅳ. 1. 마. 2), 3)의 규정을 준용한다(「특수관계인에 대한 부당한 이익제공행위 심사지침」 Ⅳ. 3).

4) 다른 사업자와의 비교없이 상당한 규모의 거래

넷째, 사업능력, 재무상태, 신용도, 기술력, 품질, 가격 또는 거래조건 등에 대한 합리적인 고려나 다른 사업자와의 비교없이 상당한 규모로 거래하는 행위의 어느 하나에 해당하는 경우이다(법 제47조 제1항 제4호). 이 경우 행위의 유형 및 기준은 *대통령령*[19]으로 정한다. 이에 대한 자세한 내용은 「특수관계인에

않는 것으로 본다.

19) [별표 3] 법 제47조 제1항 각 호에 따른 행위의 유형 또는 기준(제54조 제1항 관련) 4. 법 제47조 제1항 제4호에 따른 사업능력, 재무상태, 신용도, 기술력, 품질, 가격 또는 거래조건 등에 대한 합리적인 고려나 다른 사업자와의 비교 없이 상당한 규모로 거래하는 행위: 거래상대방 선정 및 계약체결 과정에서 사업능력, 재무상태, 신용도, 기술력, 품질, 가격, 거래규모, 거래시기 또는 거래조건 등 해당 거래의 의사결정에 필요한 정보를 충분히 수집·조사하고, 이를 객관적·합리적으로 검토하거나 다른 사업자와 비교·평가하는 등 해당 거래의 특성상 통상적으로 이루어지거나 이루어질 것으로 기대되는 거래상대방의 적합한 선정과정 없이 상당한 규모로 거래하는 행위로 한다. 다만, 거래당사자간 상품·용역의 해당 연도 거래총액(둘 이상의 회사가 동일한 거래상대방과 거래하는 경우에는 각 회사의 거래금액의 합계액)이 200억원 미만이고, 거래상대방의 평균매출액의 100분의 12 미만인 경우에는 상당한 규모에 해당하지 않는 것으로 본다.

대한 부당한 이익제공행위 심사지침」에서 규정하고 있다.

> 4. 합리적 고려나 비교 없는 상당한 규모의 거래
>
> 가. 판단기준
>
> 1) 합리적 고려나 비교 없는 상당한 규모의 거래라 함은 거래상대방 선정 및 계약체결 과정에서 사업능력, 재무상태, 신용도, 기술력, 품질, 가격, 거래규모, 거래시기 또는 거래조건 등 해당 거래의 의사결정에 필요한 정보를 충분히 수집·조사하고, 이를 객관적·합리적으로 검토하거나 다른 사업자와 비교·평가하는 등 해당 거래의 특성상 통상적으로 이루어지거나 이루어질 것으로 기대되는 거래상대방의 적합한 선정과정 없이 상당한 규모로 거래하는 행위로 한다.
>
> 2) 원칙적으로 ① 시장조사 등을 통해 시장참여자에 대한 정보를 수집하고, ② 주요 시장참여자로부터 제안서를 제출받아 거래조건을 합리적으로 비교하거나, 수집된 정보를 객관적·합리적으로 검토하는 과정을 거치는 등 ③ 해당 거래의 특성상 통상적으로 이루어지거나 이루어질 것으로 기대되는 거래상대방의 적합한 선정과정을 거친 경우에는 합리적 고려나 비교가 있었던 것으로 본다.
>
> 3) 경쟁입찰(국가를 당사자로 하는 계약에 관한 법률 제 7 조 제 1 항 본문의 경쟁입찰 또는 그에 준하는 입찰을 의미한다)을 거친 경우에는 원칙적으로 합리적 고려·비교가 있는 것으로 본다. 그러나 형식적으로는 입찰절차를 거쳤지만 애초에 특정 계열회사만 충족할 수 있는 조건을 제시한 경우, 시장참여자들에게 입찰과 관련된 정보를 제대로 알리지 않은 경우, 낙찰자 선정사유가 불합리한 경우 등 실질적으로 경쟁입찰로 볼 수 없는 경우에는 합리적 고려·비교가 없는 것으로 본다.
>
> 4) 수의계약을 체결한 경우라도 사전에 시장참여자에 대한 조사를 거쳐 다수의 사업자로부터 실질적인 내용이 담긴 제안서를 제출받아 이를 비교하거나(복수의 계열회사로부터만 제안서를 제출받은 경우는 제외한다) 시장조사 내용을 바탕으로 검토보고서 등을 작성한 뒤 통상적인 결재절차를 거쳐서 합리적으로 수의계약 당사자를 선정하는 등 해당 거래의 특성상 통상적으로 이루어지는 적합한 선정과정을 거친 경우에는 합리적 고려·비교가 있는 것으로 볼 수 있다.
>
> 5) '상당한 규모'로 거래하였는지 여부는 제공객체가 속한 시장의 구조와 특성, 거래 당시 제공객체의 경제적 상황, 제공객체가 얻은 경제상 이익, 여타 경쟁사업자의 경쟁능력 등을 종합적으로 고려하여 구체적·개별적으로 판단한다.
>
> 나. 거래총액 및 거래비중에 따른 적용제외

1) 거래당사자간 상품·용역의 해당 연도 거래총액(2 이상의 회사가 동일한 거래상대방과 거래하는 경우에는 각 회사의 거래금액의 합계액으로 한다)이 200억원 미만이고(거래총액 요건), 거래상대방의 평균매출액의 100분의 12 미만인 경우(거래비중 요건)에는 상당한 규모에 해당하지 않는 것으로 본다.

2) 위 적용제외 범위에 해당하려면 거래총액 요건과 거래비중 요건을 모두 충족하여야 한다. 즉 ① 해당 연도 거래총액은 적으나 거래상대방의 평균매출액에서 차지하는 거래비중이 높은 경우, 또는 ② 거래상대방의 평균매출액에서 차지하는 거래비중은 적으나 해당 연도 거래총액은 많은 경우에는 적용제외 범위에 해당하지 않는다. 예컨대, 해당 연도 거래총액이 200억원 미만이더라도 거래상대방 평균매출액의 100분의 12 이상을 차지하는 경우에는 법 적용대상이 된다.

3) 거래총액 요건과 관련하여 해당 연도 거래총액을 계산함에 있어서는 제공주체와 제공객체 간에 이루어진 전체 상품·용역의 거래 규모를 포함하여 계산하며, 여기서 거래총액이란 제공객체의 매출액 및 매입액을 합산한 금액을 의미한다.

4) 거래비중 요건과 관련하여 평균매출액은 매년 직전 3년을 기준으로 산정한다. 다만, 해당 사업연도 초일 현재 사업을 개시한 지 3년이 되지 아니하는 경우에는 그 사업개시 후 직전 사업연도 말일까지의 매출액을 연평균 매출액으로 환산한 금액을, 해당 사업연도에 사업을 개시한 경우에는 사업개시일부터 위반행위일까지의 매출액을 연매출액으로 환산한 금액을 평균매출액으로 본다(「특수관계인에 대한 부당한 이익제공행위 심사지침」 Ⅳ. 4).

3. 적용제외

기업의 효율성 증대, 보안성, 긴급성 등 거래의 목적을 달성하기 위하여 불가피한 경우로서 *대통령령*[20]이 정하는 거래는 제 1 항 제 4 호의 규정을 적용하

20) [별표 4] 법 제47조 제 1 항 제 4 호를 적용하지 않는 거래(제54조 제 2 항 관련)

1. 효율성 증대효과가 있는 거래

다음 각 목의 어느 하나에 해당하는 거래로서 다른 자와의 거래로는 달성하기 어려운 비용절감, 판매량 증가, 품질개선 또는 기술개발 등의 효율성 증대효과가 있음이 명백하게 인정되는 거래

가. 상품의 규격·품질 등 기술적 특성상 전후방 연관관계에 있는 계열회사 간의 거래로서 해당 상품의 생산에 필요한 부품·소재 등을 공급 또는 구매하는 거래

나. 회사의 기획·생산·판매 과정에 필수적으로 요구되는 서비스를 산업연관성이 높은 계열회사로부터 공급받는 거래

다. 주된 사업영역에 대한 역량 집중, 구조조정 등을 위해 회사의 일부 사업을 전문화된

지 아니한다(법 제47조 제 2 항). 이에 대한 자세한 내용은 「특수관계인에 대한 부당한 이익제공행위 심사지침」에서 규정하고 있다.

다. 효율성 · 보안성 · 긴급성에 따른 적용제외

1) 합리적 고려나 비교 없는 상당한 규모의 거래에 해당하더라도 효율성 증대, 보안성, 긴급성 등 거래의 목적을 달성하기 위하여 불가피한 경우에는 법적용이 제외된다.

2) 법 적용제외 사유는 거래의 목적을 달성하기 위하여 불가피한 경우에만 인정된다. 또한, 시행령 [별표 4] 에서는 효율성 증대, 보안성 또는 긴급성에 따른 법 적용제외 사유에 해당될 수 있는 구체적인 거래의 유형을 열거하고 있는바, 법 적용제외가 인정되려면 시행령 [별표 4]에서 열거하고 있는 거래의 유형에 해당하여야 한다.

3) 효율성 증대효과가 있는 거래

가) 효율성 증대효과에 따른 법 적용제외 사유가 인정되기 위해서는 시행령 [별표 4] 1호 가목 내지 마목의 다음 거래유형에 해당하여야 한다.

(1) 상품의 규격 · 품질 등 기술적 특성상 전후방 연관관계에 있는 계열회사 간의 거래로서 해당 상품의 생산에 필요한 부품 · 소재 등을 공급 또는 구매하는 거래

(2) 회사의 기획 · 생산 · 판매 과정에 필수적으로 요구되는 서비스를 산업연관성이 높은 계열회사로부터 공급받는 거래

계열회사가 전담하는 경우 그 일부 사업과 관련하여 그 계열회사와 하는 거래

라. 긴밀하고 유기적인 거래관계가 오랜 기간 지속되어 노하우 축적, 업무 이해도 및 숙련도 향상 등 인적 · 물적으로 협업체계가 이미 구축되어 있는 거래

마. 거래목적상 거래에 필요한 전문 지식 및 인력 보유 현황, 대규모 · 연속적 사업의 일부로서의 밀접한 연관성 또는 계약이행에 대한 신뢰성 등을 고려하여 계열회사와 하는 거래

2. <u>보안성이 요구되는 거래</u>

다음 각 목의 어느 하나에 해당하는 경우로서 다른 자와 거래할 경우 영업활동에 유용한 기술 또는 정보 등이 유출되어 경제적으로 회복하기 어려운 피해를 초래하거나 초래할 우려가 있는 거래

가. 전사적(全社的) 자원관리시스템, 공장, 연구개발시설 또는 통신기반시설 등 필수시설의 구축 · 운영, 핵심기술의 연구 · 개발 · 보유 등과 관련된 경우

나. 거래 과정에서 영업 · 판매 · 구매 등과 관련된 기밀 또는 고객의 개인정보 등 핵심적인 경영정보에 접근 가능한 경우

3. <u>긴급성이 요구되는 거래</u>

경기급변, 금융위기, 천재지변, 해킹 또는 컴퓨터바이러스로 인한 전산시스템 장애 등 회사의 외적 요인으로 인한 사업상 긴급한 필요에 따른 불가피한 거래

(3) 주된 사업영역에 대한 역량 집중, 구조조정 등을 위하여 회사의 일부 사업을 전문화된 계열회사가 전담하는 경우 그 일부 사업과 관련하여 그 계열회사와 하는 거래

(4) 긴밀하고 유기적인 거래관계가 오랜 기간 지속되어 노하우 축적, 업무 이해도 및 숙련도 향상 등 인적·물적으로 협업체계가 이미 구축되어 있는 거래

(5) 거래목적상 거래에 필요한 전문 지식 및 인력 보유 현황, 대규모·연속적 사업의 일부로서의 밀접한 연관성 또는 계약이행에 대한 신뢰성 등을 고려하여 계열회사와 하는 거래

나) 이와 동시에 효율성 증대효과에 따른 법 적용제외 사유가 인정되기 위해서는 '다른 자와의 거래로는 달성하기 어려운 비용절감, 판매량 증가, 품질개선 또는 기술개발 등의 효율성 증대효과'가 있음이 명백하게 인정되는 거래이어야 한다. 이때 효율성 증대효과는 해당 이익제공행위가 없었더라도 달성할 수 있었을 효율성 증대부분은 포함하지 아니한다.

다) '다른 자와의 거래로는 달성하기 어려운 효율성 증대효과가 명백'하다는 것은 경쟁입찰을 하거나 여러 사업자로부터 제안서를 제출받는 등의 절차를 거치지 않더라도 해당 회사와의 거래에 따른 효율성 증대효과가 다른 자와의 거래로는 달성하기 어렵다는 것이 객관적으로 명백한 경우를 의미한다.

4) 보안성이 요구되는 거래

가) 보안성에 따른 법 적용제외 사유가 인정되기 위해서는 시행령 [별표 4] 1호 가목 또는 나목의 다음 거래유형에 해당하여야 한다.

(1) 전사적(全社的) 자원관리시스템, 공장, 연구개발시설 또는 통신기반시설 등 필수시설의 구축·운영, 핵심기술의 연구·개발·보유 등과 관련된 경우

(2) 거래 과정에서 영업·판매·구매 등과 관련된 기밀 또는 고객의 개인정보 등 핵심적인 경영정보에 접근 가능한 경우

나) 이와 동시에 '다른 자와 거래할 경우 영업활동에 유용한 기술 또는 정보 등이 유출되어 경제적으로 회복하기 어려운 피해를 초래하거나 초래할 우려'가 있어야 한다.

다) '경제적으로 회복하기 어려운 피해'란 특별한 사정이 없는 한 금전으로는 보상할 수 없는 유형 또는 무형의 손해로서 금전보상이 불가능하거나 금전보상으로는 충족되기 어려운 현저한 손해를 의미한다.

라) 다른 자와 거래할 경우 피해를 초래하거나 초래할 우려가 있는지 여부는

거래의 성격과 시장 상황 등을 종합적으로 고려하여 판단한다. 회사의 영업활동에 유용한 기술 또는 정보 등과 관련된 거래라고 하여 모두 법 적용제외 사유로 인정되는 것은 아니며, 물리적 보안장치 구축, 보안서약서 체결 등 보안장치를 사전에 마련함으로써 외부 업체와 거래하더라도 정보보안을 유지할 수 있는지, 실제 시장에서 독립된 외부업체와 거래하는 사례가 있는지 등을 고려한다.

5) 긴급성이 요구되는 거래

가) 긴급성에 따른 법 적용제외 사유가 인정되기 위해서는 경기급변, 금융위기, 천재지변, 해킹 또는 컴퓨터바이러스로 인한 전산시스템 장애 등 회사 외적 요인으로 인한 긴급한 사업상 필요에 따른 불가피한 거래이어야 한다.

나) '회사 외적 요인'이라 함은 불가항력적 요인 또는 불가항력에 이르지 않더라도 회사 입장에서 객관적·합리적으로 예견하기 어렵거나, 현저한 비용을 들이지 않고서는 회피하기 어려운 외부 요인에 의하여 사건이 발생한 경우를 말하는 것으로, 회사 스스로 긴급한 상황을 자초하거나 회사 내부적으로 긴급한 사업상 필요가 있다는 이유만으로는 긴급성 요건이 인정되지 아니한다.

다) '긴급한 사업상의 필요'라 함은 거래상대방 선정 과정에 있어 합리적 고려나 다른 사업자와의 비교를 할만한 시간적 여유가 없는 상황을 의미한다. 단기간에 장애를 복구하여야 하는 경우, 상품의 성격이나 시장상황에 비추어볼 때 거래 상대방을 선정하는데 상당한 시일이 소요되어 생산, 판매, 기술개발 등 경영상 목적을 달성하는데 차질이 발생하는 경우 등이 이에 해당한다.

라) 긴급한 사업상의 필요는 사회통념상 대체거래선을 찾는데 소요될 것으로 인정되는 기간 동안 지속되는 것으로 본다(「특수관계인에 대한 부당한 이익제공행위 심사지침」 Ⅳ. 4).

Ⅳ. 부당성 판단

이에 대한 자세한 내용은 「특수관계인에 대한 부당한 이익제공행위 심사지침」에서 규정하고 있다.

1. 특수관계인에 대한 부당한 이익제공행위의 부당성 판단은 이익제공행위를 통하여 특수관계인에게 직접 또는 간접으로 부당한 이익이 귀속되었는지 여부를 기

준으로 판단한다.

2. '부당한 이익' 인지 여부는 제공주체와 제공객체 및 특수관계인의 관계, 행위의 목적과 의도, 행위의 경위와 그 당시 제공객체가 처한 경제적 상황, 거래의 규모, 특수관계인에게 귀속되는 이익의 규모, 이익제공행위의 기간 등을 종합적으로 고려하여, 변칙적인 부의 이전 등을 통하여 대기업집단의 특수관계인을 중심으로 경제력 집중이 유지·심화될 우려가 있는지 여부에 따라 판단한다.

3. 법 제45조 제1항 제9호의 부당한 지원행위의 경우 별도로 공정거래저해성 요건을 입증하여야 하는 것과 달리, 특수관계인에 대한 부당한 이익제공행위는 이익제공행위를 통하여 그 제공객체가 속한 시장에서 경쟁이 제한되거나 경제력이 집중되는 등으로 공정한 거래를 저해할 우려가 있을 것까지 요구하는 것은 아니다.

3. 다만, 법 제116조에 따라 다른 법률 또는 그 법률에 의한 명령에 따라 행하는 정당한 행위의 경우에는 예외적으로 부당한 이익제공행위에 해당하지 아니한다(「특수관계인에 대한 부당한 이익제공행위 심사지침」 V.).

V. 관련 이슈

1. '부당한 이익을 귀속시키는 행위'의 해석

〈기업집단 한진 소속 계열회사들의 부당지원행위 및 특수관계인에 대한 부당이익제공행위 건〉은 법 제47조를 적용한 최초의 대법원판결이었다.[21] 동 판결에서는 '부당한 이익을 귀속한 행위'의 해석이 문제되었다. 공정거래위원회는 총수일가 사익편취규정은 법 제45조 제1항 제9호의 부당지원과는 달라 부당성, 즉 공정거래저해성을 입증하지 않아도 총수일가가 과도한 지분을 가진 회사로 이익이 집중되는 것을 바로 부당하다고 보는 것이 입법취지라고 주장하였다.

그러나 대법원은 "독점규제법 제47조의 규정 내용, 입법 경위 및 입법 취지 등을 고려하면, 독점규제법 제47조 제1항 제1호에서 금지하는 특수관계인에 대한 부당한 이익제공행위에 해당하려면, 제1호의 행위에 해당하는지 여부와는 별도로 그 행위를 통하여 특수관계인에게 귀속된 이익이 '부당'한지에 대한 규범적 평가가 아울러 이루어져야 한다. 여기에서 말하는 '부당성'이란, 이익제공

21) 서고판 2017. 9. 1. 2017누36153; 대판 2022. 5. 12. 2017두63993.

행위를 통하여 그 행위객체가 속한 시장에서 경쟁이 제한되거나 경제력이 집중되는 등으로 공정한 거래를 저해할 우려가 있을 것까지 요구하는 것은 아니고, 행위주체와 행위객체 및 특수관계인의 관계, 행위의 목적과 의도, 행위의 경위와 그 당시 행위객체가 처한 경제적 상황, 거래의 규모, 특수관계인에게 귀속되는 이익의 규모, 이익제공행위의 기간 등을 종합적으로 고려하여, 변칙적인 부의 이전 등을 통하여 대기업집단의 특수관계인을 중심으로 경제력 집중이 유지·심화될 우려가 있는지 여부에 따라 판단하여야 한다. 이와 같이 특수관계인에게 귀속된 이익이 '부당'하다는 점은 시정명령 등 처분의 적법성을 주장하는 공정거래위원회가 증명하여야 한다."고 판시하였다.

학설에서도 부당성요건이 필요하다는 입장[22]과 불필요하다는 견해, 법 제45조 제 1 항 제 9 호와 같은 행위의 부당성이 아니라, '이익'의 부당성이라는 견해[23]가 팽팽히 대립되었는데, 법원은 사익편취 금지규정의 '부당한 이익'도 독립된 입증요건으로 인정되며, '경제력집중의 우려'로 판단된다고 판시하였다.

동 건의 경우 거래규모가 미미하고, 거래의 합리적 사유가 있다는 점(지원의도 부정)을 근거로 부당성을 부인하였는데, 사익편취규정의 입법 목적이 '총수일가에 이익제공을 통한 경영권 편법승계를 방지'하기 위한 것이라고 인정하면서도, 부당성의 판단기준인 '경제력 집중의 우려'는 명확히 밝히지 않았다. 또한 법원은 '부당한 이익'(제47조)을 "거래의 동기, 거래의 방식, 거래의 규모, 귀속되는 이익의 규모, 거래의 경제적 효과 등을 고려하여 사익편취를 통한 경제력 집중이 발생할 우려가 있는지를 기초로 부당성 여부를 판단하여야 한다"고 함으로써 '공정거래저해성'(제45조 제 1 항 제 9 호)과 구분하였으나, 판단요건은 상당부분 중복되게 판단한 것으로 보인다.

2. '정상적인 거래에서 적용되거나 적용될 것으로 판단되는 조건보다 상당히 유리한 조건으로 거래하는 행위'의 해석

상기 건에서 대법원은 "'상당히 유리한 조건의 거래인지 여부'를 판단하는 기준이 되는 '정상가격'이란, 거래당사자 간에 이루어진 경제적 급부와 동일한 경제적 급부가 시기, 종류, 규모, 기간, 신용상태 등이 유사한 상황에서 특수관

22) 홍대식, 비교사법 제21권 제 1 호, 2014, 218~232면. 공정거래저해성으로 판단한다.

23) 백승엽, 경쟁과 법(2017. 4), 95~96면.

계가 없는 독립된 자 간에 이루어졌을 경우 형성되었을 거래가격 등을 말한다. 공정거래위원회가 당해 거래와 동일한 실제 사례를 찾을 수 없어 부득이 유사한 사례에 의해 정상가격을 추단할 수밖에 없는 경우에는, 단순히 제반 상황을 사후적, 회고적인 시각에서 판단하여 거래 당시에 기대할 수 있었던 최선의 가격이나 당해 거래가격보다 더 나은 가격으로 거래할 수도 있었을 것이라 하여 가벼이 이를 기준으로 정상가격을 추단하여서는 안 되고, 먼저 해당 거래와 비교하기에 적합한 유사한 사례를 선정하고, 나아가 그 사례와 해당 거래 사이에 가격에 영향을 미칠 수 있는 거래조건 등의 차이가 존재하는지를 살펴 그 차이가 있다면 이를 합리적으로 조정하는 과정을 거쳐 정상가격을 추단하여야 한다."고 판시하였다.[24)]

결론적으로 〈기업집단 한진 소속 계열회사들의 부당지원행위 및 특수관계인에 대한 부당이익제공행위 건〉에서 법원은 사이버스카이의 기내면세품 온라인 광고수입 전액 귀속행위, 싸이버스카이에 대한 통신수수료 면제행위, 싸이버스카이의 판촉물 고가매입행위, 유니컨버스에 대한 콜센터 시설이용료 · 지급행위에 대하여 규모로 보아 이익을 편취하고 경제력 집중을 도모한 것으로 보기 어렵다거나, 정상거래에 비교하여 상당히 유리하다는 점이 입증되지 않았다는 이유로 법 위반으로 보지 않았다.

24) 대판 2022. 5. 12. 2017두63993.

제48조(보복조치의 금지)

사업자는 제45조 제 1 항의 불공정거래행위 및 제46조의 재판매가격유지행위와 관련하여 다음 각 호의 어느 하나에 해당하는 행위를 한 사업자에게 그 행위를 한 것을 이유로 거래의 정지 또는 물량의 축소, 그 밖에 불이익을 주는 행위를 하거나 계열회사 또는 다른 사업자로 하여금 이를 행하도록 하여서는 아니 된다.

1. 제76조 제 1 항에 따른 분쟁조정 신청
2. 제80조 제 2 항에 따른 신고
3. 제81조에 따른 공정거래위원회의 조사에 대한 협조

사업자는 제45조 제 1 항의 불공정거래행위 및 제46조의 재판매가격유지행위와 관련하여 분쟁조정신청, 신고나 공정거래위원회 조사협조행위를 한 사업자에게 그 행위를 한 것을 이유로 거래의 정지 또는 물량의 축소, 그 밖에 불이익을 주는 행위를 하거나 계열회사 또는 다른 사업자로 하여금 이를 행하도록 하여서는 아니 된다.

이는 거래상 약자의 지위에 있는 사업자들이 보복조치가 두려워 불공정거래행위 신고나 분쟁조정신청 등을 제대로 못하는 점을 개선하기 위한 것이다. 기존에도 하도급법 제19조(보복조치의 금지), 대규모유통업법 제18조(불이익 등 금지) 등에는 이미 규정이 있다.

제49조(시정조치)

① 공정거래위원회는 제45조제1항·제2항, 제46조, 제47조 또는 제48조를 위반하는 행위가 있을 때에는 해당 사업자(제45조제2항 및 제47조의 경우에는 해당 특수관계인 또는 회사를 말한다)에게 해당 불공정거래행위, 재판매가격유지행위 또는 특수관계인에 대한 부당한 이익제공행위의 중지 및 재발방지를 위한 조치, 해당 보복조치의 금지, 계약조항의 삭제, 시정명령을 받은 사실의 공표, 그 밖에 필요한 시정조치를 명할 수 있다.

② 합병, 분할, 분할합병 또는 새로운 회사의 설립 등에 따른 제1항의 시정조치에 관하여는 제7조제2항부터 제4항까지의 규정을 준용한다. 이 경우 "시장지배적사업자"는 "사업자"로 본다

 목 차

Ⅰ. 개 요
1. 의 의
2. 종 류
Ⅱ. 시정조치 유형
1. 부작위명령
2. 작위명령
3. 시정명령받은 사실의 공표명령
4. 보조적 명령
Ⅲ. 시정조치의 방법
Ⅳ. 시정조치의 효력기간, 합병, 분할 등의 경우 시정조치의 대상
Ⅴ. 사법적 효력

[참고문헌]

논 문: 박해식, "공정거래법상 시정조치의 문제점", 경쟁저널 제108호, 한국공정경쟁연합회, 2004. 8; 조춘, "공정거래법상 시정조치에 대한 검토", 경쟁저널 제108호, 한국공정경쟁연합회, 2004. 8; 서동원, "마이크로소프트사의 시장지배력 남용행위 사건의 내용분석", 공정거래법과 규제산업(권오승/이원우 공편), 법문사, 2007

[참고사례]

(주)크린랩의 허위·과장광고행위 건[공정거래위원회 1986. 2. 12. 의결 제86-9호(1986. 4. 23. 재결 제86-1호), 1986. 6. 4. 의결 제86-49호(1986. 8. 20. 재결 제86-3호), 1987. 12. 3. 의결 제87-73호, 1986. 12. 10. 의결 제86-132호; 서울고등법원 1988.

10. 31. 선고 87구1423 판결; 대법원 1989. 9. 12. 선고 88누11469 판결]; (주)일화의 경품제공행위 건[공정거래위원회 1988. 6. 2. 의결 제88－46호(1988. 8. 17. 재결 제83－3호), 공정거래위원회 1998. 10. 12. 의결 제88－86호; 서울고등법원 1988. 4. 20. 선고 88구9887 판결; 대법원 1989. 11. 10. 선고 89누3137 판결]; 은성화학공업(주)의 허위 · 과장광고행위 건(공정거래위원회 1981. 7. 31. 시정명령 제 3 호, 1981. 10. 7. 시정명령 제15호; 서울고등법원 1991. 2. 9. 선고 81구655 판결); 파스퇴르유업(주)의 부당표시 및 허위 · 과장 · 비방광고행위 건(공정거래위원회 1990. 11. 12. 의결 제90－68호, 1991. 1. 18. 재결 제91.1호; 서울고등법원 1993. 7. 21. 선고 91구2986 판결; 대법원 1994. 3. 11. 선고 93누19719 판결); 기아자동차판매(주)의 구속조건부거래행위 건(공정거래위원회 1998. 8. 31. 의결 제98－185호, 1998. 12. 16. 재결 제98－53호; 서울고등법원 1999. 7. 15. 선고 99누1061 판결); (사)한국결혼상담소협회부산지부의 부당한 표시 · 광고행위 등 건(공정거래위원회 1998. 9. 9. 의결 제98－199호, 1998. 10. 2. 재결 제98－58호; 서울고등법원 1999. 2. 25. 선고 99아56 결정, 1999. 7. 9. 선고 99누1313 판결; 대법원 1999. 12. 13. 선고 99두8626 판결); (주)조흥은행의 거래상지위 남용행위 관련 건(민사소송)(부산고등법원 1998. 8. 21. 선고 97나1501 판결; 대법원 1999. 12. 10. 선고 98다46587 판결[손해배상(기)]); (주)낙산개발의 부당광고행위 건(공정거래위원회 1999. 11. 22. 의결 제99－223호; 서울고등법원 2000. 6. 21. 선고 99누16438 판결); (주)교차로의 부당광고행위 건(공정거래위원회 1997. 7. 2. 의결 제97－101호, 1997. 10. 4. 재결 제97－32호; 서울고등법원 1999. 10. 20. 선고 99부1815 판결, 1998. 6. 19. 선고 97구40447 판결; 대법원 2000. 9. 29. 선고 98두12772 판결); (주)서울문화사의 부당광고행위 건(공정거래위원회 1999. 3. 17. 의결 제99－30호, 1999. 10. 17, 재결 제99－45호; 서울고등법원 1999. 11. 24. 선고 99아555 결정, 2000. 10. 24. 선고 99누14517 판결); 귀뚜라미보일러판매(주)의 부당광고행위 건(공정거래위원회 1998. 8. 26. 의결 제98－184호; 서울고등법원 2000. 11. 21. 선고 98누14978 판결); (주)영광토탈서비스의 부당표시행위 건(공정거래위원회 1999. 10. 7. 의결 제99－180호; 서울고등법원 2001. 6. 26. 선고 2000누5960 판결); (주)대우의 부당광고행위 건(공정거래위원회 1999. 10. 26. 의결 제99－211호; 서울고등법원 2000. 11. 28. 선고 200누5977 판결; 대법원 2001. 7. 10. 선고 2000두10557 판결); (주)세진컴퓨터의 부당광고행위 건(공정거래위원회 2000. 1. 12. 의결 제2000－3호; 서울고등법원 2001. 6. 5. 2000누2336; 대법원 2001. 10. 10. 2001두5293); (주)디자이너크럽의 부당광고행위 건(공정거래위원회 2000. 8. 14. 의결 제2000－213호; 서울고등법원 2001. 10. 16. 선고 2001누5868 판결); (주)신맥 및 (주)맥 · 킴의 부당광고행위 건(공정거래위원회 1998. 8. 31. 의결 제98－190호; 서울고등법원 1999. 11. 24. 선고 99구884, 2001. 12. 13. 선고

2001누1996 판결; 대법원 2000. 12. 12. 선고 99두12243 판결); **서울특별시도시철도공사의 거래상지위 남용행위 건**(공정거래위원회 1998. 8. 31. 의결 제98－186호; 서울고등법원 2000. 6. 13. 선고 98누1238 판결; 대법원 2002. 5. 31. 선고 2000두6213 판결); **한국투자신탁증권(주)의 부당광고행위 건**(공정거래위원회 2000. 7. 24. 의결 제2000－113호; 서울고등법원 2002. 5. 23. 선고 2001누763 판결; 대법원 2003. 2. 28. 선고 2002두6170 판결); **농협중앙회 및 7개 비료회사의 부당광고행위 건**(공정거래위원회 2002. 2. 20. 의결 제2001－018호; 서울고등법원 2002. 7. 9. 2001누9600 판결; 대법원 2003. 6. 27. 선고 2002두6965 판결); **현대자동차(주) 외 11(현대 2 차)의 부당지원행위 건**(공정거래위원회 1998. 11. 19. 의결 제1998－261호, 1999. 2. 26. 재결 제1999－005호, 2005. 9. 28. 의결 제2005－142호; 서울고등법원 2001. 6. 14. 선고 99누3760 판결; 대법원 2004. 4. 9. 선고 2001두6203 판결; 서울고등법원 2006. 8. 9. 선고 2004누8431 판결); **에스케이네트웍스 주식회사 외 2(SK 4 차)의 부당지원행위 건**(공정거래위원회 2001. 1. 19. 의결 2001－008호, 2001. 6. 9. 재결 2001－024호; 서울고등법원 2004. 2. 5. 선고 2001누10303 판결; 대법원 2005. 4. 29. 선고 2004두3281 판결); **에스케이해운(주)의 부당지원행위 건**(공정거래위원회 2003. 10. 20. 의결 제2003.160호, 2004. 2. 2. 재결 제2004－004호; 서울고등법원 2004. 10. 13. 선고 2003누18608 판결; 대법원 2006. 5. 12. 선고 2004두12315 판결); **(주)이랜드리테일의 거래상지위 남용행위 건**(공정거래위원회 2000. 3. 11. 의결 제2000－048호; 서울고등법원 2004. 5. 27. 선고 2000누4004 판결; 대법원 2007. 1. 12. 선고 2004두7139 판결); **(주)이랜드리테일의 거래상지위 남용행위 등 건**(공정거래위원회 2001. 5. 25. 의결 제2001－81호, 2001. 10. 16. 재결 제2001－054호; 서울고등법원 2004. 5. 27. 선고 2001누17496 판결; 대법원 2007. 1. 12. 선고 2004두7146 판결); **현대자동차(주) 외 28(현대 1 차)의 부당지원행위 등 건**(공정거래위원회 1998. 8. 5. 의결 제1998－171호; 서울고등법원 2001. 6. 21. 선고 98누13098 판결; 대법원 2004. 4. 9. 선고 2001두6197 판결; 서울고등법원 2006. 8. 9. 선고 2004누8424 판결; 대법원 2008. 7. 10. 선고 2006두14735 판결); **(주)중외제약의 부당고객유인행위 등 건**(공정거래위원회 2007. 12. 20. 의결 제2007－561호; 서울고등법원 2009. 1. 14. 선고 2008누15260 판결; 대법원 2010. 11. 25. 선고 2009두3268 판결); **(주)유한양행의 부당고객유인행위 등 건**(공정거래위원회 2007. 12. 20. 의결 제2007－554호; 서울고등법원 2008. 11. 20. 선고 2008누2790; 대법원 2010. 11. 25. 선고 2008두23177 판결); **한미약품(주)의 부당고객유인행위 등 건**(공정거래위원회 2007. 12. 20. 의결 제2007－553호; 서울고등법원 2009. 5. 14. 선고 2008누2530 판결; 대법원 2010. 11. 25. 선고 2009두9543 판결); **페르마에듀의 거래강제행위 건**(공정거래위원회 2009. 1. 13. 의결 제2009－020호; 서울고등법원 2009. 11. 12.

선고 2009누5635 판결); **4개 정유사의 등의 구속조건부거래행위 건**(공정거래위원회 2009. 2. 9. 의결 제2009−050호; 서울고등법원 2010. 10. 21. 선고 2009누6720 판결; 대법원 2013. 4. 25. 선고 2010두25909 판결); **한국수자원공사의 거래상 지위 남용행위 건**[공정거래위원회 2015. 3. 23. 의결 제2015−088호; 서울고등법원 2020. 7. 2. 선고 2019누57369 판결; 대법원 2020. 11. 26. 선고 2020두45292(심리불속행 기각) 판결]

Ⅰ. 개 요

1. 의 의

공정거래위원회는 제45조 제 1 항 · 제 2 항, 제46조, 제47조 또는 제48조를 위반하는 행위가 있을 때에는 해당 사업자(제45조 제 2 항 및 제47조의 경우에는 해당 특수관계인 또는 회사를 말함)에게 해당 불공정거래행위, 재판매가격유지행위 또는 특수관계인에 대한 부당한 이익제공행위의 중지 및 재발방지를 위한 조치, 해당 보복조치의 금지, 계약조항의 삭제, 시정명령을 받은 사실의 공표,[1] 그 밖에 필요한 시정조치를 명할 수 있다(법 제49조).

공정거래위원회는 피심인에게 시정조치를 명함에 있어 시정조치의 원칙과 시정조치 주요 유형별 기준 및 예시를 제시함으로써 당해 위반행위의 시정에 가장 적절하고 효율적인 시정조치를 발굴할 수 있도록 하여 시정조치의 실효성을 제고할 목적으로 「시정조치 운영지침」을 제정 · 운영하고 있다.

“시정조치”는 위반행위의 중지명령, 계약조항 삭제명령, 시정명령을 받은 사실의 공표명령 등 독점규제법의 시정조치 규정에 근거하여 법에 위반되는 상태를 법에 합치하는 상태로 회복시키기 위한 행정처분을 말한다(「시정조치 운영지침」 Ⅱ. 1).

2. 종 류

시정조치는 그 양태와 주된 내용에 따라 작위명령, 부작위명령, 보조적명령

1) 제55조(시정명령을 받은 사실의 공표) 법 제49조 제 1 항에 따른 공표 명령에 관하여는 제12조를 준용한다.

의 3가지의 유형으로 구분할 수 있다.

"작위명령"은 계약조항 수정·삭제명령, 거래개시·재개명령 등 피심인의 적극적인 행위를 요구하는 내용의 시정조치, "부작위명령"은 당해 법위반행위의 중지명령, 향후 위반행위 금지명령 등 피심인의 소극적인 부작위를 요구하는 내용의 시정조치, 그리고 "보조적 명령"이라 함은 관련 있는 자에게 시정명령을 받은 사실의 통지명령, 시정명령의 이행결과 보고명령, 일정기간동안 가격변동 사실의 보고명령, 독점규제법에 관한 교육실시명령, 관련자료 보관명령 등 시정조치의 이행을 실효성 있게 확보하고 당해 위반행위의 재발을 효과적으로 방지하기 위하여 주된 명령에 부가하여 명하는 시정조치를 말한다(「시정조치 운영지침」 Ⅱ. 2).

Ⅱ. 시정조치 유형

1. 부작위명령

부당지원행위 관련하여 대법원은 "법 제45조 제1항 제9호 소정의 부당지원행위를 이유로 한 법 제49조 소정의 시정명령의 내용이 지나치게 구체적인 경우, 매일 매일 다소간의 변형을 거치면서 행해지는 수많은 거래에서 정합성이 떨어져 결국 무의미한 시정명령이 되므로 그 본질적인 속성상 다소간의 포괄성·추상성을 띨 수밖에 없다 할 것이고, 한편 시정명령제도를 둔 취지에 비추어 시정명령의 내용은 과거의 위반행위에 대한 중지는 물론 가까운 장래에 반복될 우려가 있는 동일한 유형의 행위의 반복금지까지 명할 수는 있는 것으로 해석함이 상당하다"고 한다.[2] 이는 부당지원행위에 관한 내용이지만 다른 불공정거

2) 〈현대자동차(주) 외 11(현대2차)의 부당지원행위 건〉 대판 2004. 4. 9. 2001두6203: "따라서 시정명령에서 지원주체와 지원상대방을 명시하여 앞으로 '기업어음을 발행사에게 현저히 유리한 조건으로 인수하여', '선급금 명목으로 자금을 부상으로 제공하여', '후순위사채 인수를 통하여 과다한 경제상의 이익을 제공함으로써' 지원행위를 하여서는 안 된다고 하여 처분상대방인 지원주체와 지원객체, 지원행위의 종류와 유형을 구체적으로 명시하였을 뿐 아니라, 반복금지를 명한 지원행위의 내용 또한 위 시정명령을 근거로 명시된 법령의 규정과 이유 등에 비추어 구체적이고 명확하여 기업어음 인수행위나 선급금미회수행위 및 후순위사채인수행위를 일반적으로 금지하는 것으로 해석되지 아니하므로 결국 위 각 시정명령은 지원주체와 지원객체, 반복금지를 명한 지원행위의 종류와 유형 및 그 내용 등에 있어서 관계인들이 인식할 수 있을 정도로 구체적이고 명확하다"; 〈현대자동차(주) 외 28(현대1차)의 부당지원행위 등 건〉 대판

래행위 유형에도 적용이 된다.

이는 현재 행해지고 있는 행위에 대하여 중지명령 내지 금지명령을 하지만 일단 공정거래위원회가 문제를 삼으면 대부분 당해 행위를 시정 내지 종료하게 되므로 결국 시정조치 당시에는 시정의 대상이 없이 시정조치를 하게 되는 문제를 염두에 둔 판단이다.[3)]

1) 행위중지명령

공정거래위원회는 원칙적으로 법 위반행위가 최종 심의일에도 진행 중이거나 위반행위의 효과가 최종 심의일에도 지속되는 경우에 행위중지명령을 명할 수 있다. 행위중지명령은 관련 상품, 거래상대방, 위반행위의 내용 또는 방법 등 당해 위법사실을 최대한 반영하여 중지하여야 할 행위를 구체적으로 특정하고, 시정조치 기간(즉시 또는 일정시점까지)을 명확하게 하여 명하여져야 한다(「시정조치 운영지침」 Ⅳ. 1. 가).

2) 행위금지명령

행위금지명령은 원칙적으로 법 위반행위가 최종 심의일에 이미 종료되었으나, 가까운 장래에 당해 법위반행위와 동일 또는 유사한 행위가 반복될 우려가 있는 경우에 명할 수 있다. 행위금지명령은 단순히 법령의 규정을 반복하여 추상적인 법을 선언

2004. 4. 9. 2001두6197: "원고들이 행한 부당지원행위를 확인하고 장래 동일한 유형의 행위의 반복금지를 명한 것으로, 그 각 시정명령에서 지원주체와 지원상대방을 명시하여 앞으로 '무보증사모전환사채를 발행사들에게 현저히 유리한 조건으로 인수하여', '선급금 명목으로 자금을 무상으로 제공하여', '기업어음을 발행사들에게 현저히 유리한 조건으로 인수하여' 과다한 경제상 이익을 제공함으로써 지원행위를 하여서는 안 된다고 하여 처분상대방인 지원주체와 지원객체, 지원행위의 종류와 유형을 구체적으로 명시하였을 뿐만 아니라, 반복금지를 명한 지원행위의 내용 또한 위 각 시정명령의 근거로 명시된 법령의 규정과 이유 등에 비추어 구체적이고 명확하여 무보증사모전환사채인수행위나 선급금미회수행위 및 기업어음인수행위를 일반적으로 금지하는 것으로서 해석되지 아니하므로 결국, 위 각 시정명령은 지원주체와 지원객체, 반복금지를 명한 지원행위의 종류와 유형 및 그 내용 등에 있어서 관계인들이 인식할 수 있는 정도로 구체적이고 명확하다"; 〈4개 정유사 등의 구속조건부거래행위 건〉 대판 2013. 4. 25. 2010두25909: "원심은 이 사건 처분 중 '거래상대방의 의사에 반하여'라는 문언은 주유소가 스스로의 필요에 의하여 자유로운 의사에 따라 전량공급조건 거래를 선택하는 것을 금지하는 것은 아니라는 뜻이어서 의미가 불명확하다고 할 수 없다고 판단하였다", "원심의 이와 같은 판단은 정당하고, 시정명령의 명확성에 관한 법리오해의 위법은 없다".

3) 박해식, 경쟁저널(2004. 8), 8면.

하는 식으로 일반적·포괄적으로 명하여서는 아니 된다. 행위금지명령은 법 위반행위를 최대한 반영하여 향후 이와 동일하거나 유사한 행위가 발생한 경우 새로운 위법행위가 아니라, 시정조치 불이행으로 판단할 수 있도록 금지대상이 되는 법 위반행위의 유형을 어느 정도 구체화하여 명하여야 한다. 다만, 행위금지명령의 내용이 지나치게 구체적이어서 장래에 동일 또는 유사한 법위반 행위가 발생할 가능성이 거의 없게 되지 않도록 한다(「시정조치 운영지침」 Ⅳ. 1. 나).

〈(주)유한양행의 부당고객유인행위 등 건〉 관련 행정소송에서 대법원은 "독점규제법상 시정명령의 내용에는 가까운 장래에 반복될 우려가 있는 유형의 행위의 반복금지까지 명할 수 있는 것으로 보고 '제약사가 주최하는 제품설명회에서의 비용지원'에 대한 공정거래위원회의 금지명령은 그와 관련한 위반행위사실 등이 없으므로 취소함이 타당하다"는 서울고등법원의 판결에 대하여 제품설명회에서의 비용지원행위는 제약회사가 거래처 병·의원을 상대로 부당한 유인행위를 하는 대표적 수단의 하나로써 회식비지원, 골프·식사지원, 학회나 세미나 참가자 지원 등과 동일한 유형의 행위이므로 금지명령을 할 수 있다고 판단하였다.[4]

3) 경고조치 문제

종래 경고조치는 독점규제법에 규정되어 있지 아니한 것으로서 이를 독점규제법 제49조 소정의 '기타 시정을 위한 필요한 조치'에 해당한다고 보기 어려울 뿐만 아니라, 설령 그에 해당한다고 보더라도, 공정거래위원회의 시정조치가 확정되었다고 하여 곧바로 사업자 등의 행위의 위법성이 인정되는 것은 아니고, 그 시정조치에 있어서 공정거래위원회의 인정 사실 및 판단은 그 시정조치에서 지적된 불공정거래행위에 의하여 입은 손해를 배상받고자 제기한 민사소송에서 법원을 구속하지 못하는 것으로 보았다.[5] 이후 대법원은 표시광고법위반 사건에서 경고의 처분성을 인정하였다.[6] 한편 심사관전결경고를 하는 경우에도 처분서에는 공정거래위원회의 명의가 기재되어야 하고, 다만 그 처분을 통지하는 경우에는 처분서를 첨부한 소소 하위기관이나 심사관 등 담당자의 공문으로 하는 것도 가능하다(〈한국수자원공사의 거래상 지위 남용행위 건〉)[7]

4) 대판 2010. 11. 25. 2008두23177.
5) 대판 1990. 4. 10. 89다카29075 참조; 대판 1999. 12. 10. 98다46587[손해배상(기)].
6) 대판 2013. 12. 26. 2011두4930.
7) 서고판 2020. 7. 2. 2019누57369(대판 2020. 11. 26. 2020두45292).

2. 작위명령

"기타 시정을 위하여 필요한 조치"에 의거하여 작위명령을 할 수 있다.

아래와 같은 작위명령은 예시에 불과하며, 공정거래위원회는 이외에도 당해 위반행위의 시정에 가장 적절하고 실효성 있는 시정조치라면 법 위반행위에 비례하여 합리적으로 필요한 범위내에서 다른 작위명령도 명할 수 있다.

거래상 지위남용행위로 인한 피해에 대하여 일반적인 손해배상명령 또는 부당이득반환명령을 하는 것은 삼권분립에 배치될 우려가 높지만 사실관계가 어느 정도 확정된 상태에서 미지급 대금 지급명령이나 부당하게 수취한 대금반환명령 등 제한된 범위에서 금전적 피해를 보전해 주도록 하는 명령은 가능하다는 견해가 있다.[8)]

1) 이용강제 · 거래개시 · 거래재개명령

> 공정거래위원회는 경쟁사업자의 시장진입을 저지하여 경쟁을 제한할 목적으로 공동으로 거래를 거절하거나 중단하는 등 독점규제법 제23조 제 1 항 제 1 호 전단의 공동의 거래거절행위를 최종 심의일시까지 계속하고 있는 경우에 "이용강제 · 거래개시 · 거래재개명령"을 명할 수 있다. 다만, 이용강제 · 거래개시 · 거래재개명령은 당사자의 경제여건 등을 고려할 때 이용강제 · 거래개시 · 거래재개가 가능하고, 당해 시장에서의 경쟁을 회복 · 촉진할 수 있는 효과적인 수단으로 평가되는 경우에 하되, 거래조건 등에 있어서 피심인의 사적자치에 대한 과도한 침해의 우려가 없도록 명하여져야 한다(「시정조치 운영지침」 Ⅳ. 2. 가).

학설에서는 공급재개명령의 경우에도 이는 위법한 것으로 판단된 사유에 근거한 공급거절을 금지시키는 것이지, 달리 정당한 사유에 근거한 공급거절조차도 금지되는 것은 아니라고 해석되므로 그러한 범위에서는 허용되는 시정명령이라고 해석하는 견해[9)]와 명문규정 없이 원상회복명령, 예를 들어 거래저해행위에 대하여 거래개시명령이나 거래재개명령을 하는 것은 무리라고 보는 견해가 있다.

8) 임영철/조성국, 129면.

9) 조춘, 경쟁저널(2004. 8), 23면.

2) 계약조항의 수정 또는 삭제명령

공정거래위원회는 부당한 계약조항에 기초하여 불공정거래행위가 이루어지고, 당해 위반행위의 시정에 부당한 계약조항의 수정 또는 삭제가 필요한 경우에 "계약조항의 수정 또는 삭제명령"을 명할 수 있다(이상 「시정조치 운영지침」 Ⅳ. 2. 다).

3) 분리판매명령

공정거래위원회는 사업자가 끼워팔기를 통하여 부당하게 경쟁자의 고객을 자기와 거래하도록 강제하는 경우에 끼워팔기를 효과적이고 실질적으로 시정하기 위하여 주된 상품과 종된 상품의 분리 판매 등의 "분리판매명령"을 명할 수 있다(「시정조치 운영지침」 Ⅳ. 2. 마).

대표적인 예로 〈마이크로소프트 코퍼레이션 및 한국마이크로소프트 유한회사의 시장지배적지위 남용행위 등 건〉에서 공정거래위원회는 MS사가 공급하는 PC 서버운영체제에 WMS를 결합하여 판매하는 행위를 금지하였으며, 윈도우 PC운영체제의 경우에도 WMP 및 윈도우 메신저를 결합하지 아니한 운영체제를 공급하도록 하였다(분리버전).[10] 다만 WMP 및 윈도우 메신저의 경우 MS측이 현행대로 PC운영체제에 이들을 결합한 제품을 공급하려는 경우(탑재버전)에는 경쟁미디어 플레이어 및 메신저도 소비자들이 쉽게 다운로드 받아 사용할 수 있도록 PC 초기화면상에 '미디어 플레이어/메신저 센터'라는 메뉴 또는 아이콘이 나타나도록 하는 등 필요한 조치를 취하도록 하였다. 또한 MS사가 국내 PC 제조업체, 소프트웨어 개발자, 콘텐츠 사업자 등에게 WMP와 윈도우 메신저가 윈도우 PC운영체제와 상호 연결 및 작동을 위하여 사용하는 API(Application Pro-gramming Interface) 및 관련 문서를 공개하도록 하였다.

4) 정보공개명령

공정거래위원회는 관련 정보의 미공개행위가 불공정거래행위의 원인이 되고, 관련 정보를 공개함으로써 위법상태를 효과적으로 치유할 수 있는 경우 관련 정보를 공

10) 공정의 2006. 2. 24. 2006-42; 시정조치의 의의에 대하여 서동원, 공정거래법과 규제산업(2007), 138~140면 참조.

> 개하라는 명령을 할 수 있다. 동 명령은 시장 상황, 업계의 관행, 당사자의 경제적 여건, 정보의 성격 등을 고려했을 때 공개가 가능하고, 당해 시장에서의 경쟁을 회복, 촉진할 수 있는 효과적인 수단으로 평가되며, 피심인의 영업활동을 과도하게 침해하지 않는 범위 내에서 행해져야 한다(｢시정조치 운영지침｣ Ⅶ. 2. 바).

〈엘지전자(주)의 부당 고객유인행위 건〉에서 공정거래위원회는 단말기제조사가 제조하는 일체의 단말기의 모델별 판매장려금 내역을 제조사의 홈페이지에 공개하면 금지명령을 이행한 것으로 본다는 공개명령을 하였는데, 관련 행정소송에서 서울고등법원은 금지명령과 선택적 이행사항으로 되어 있다고 하더라도 금지명령의 목적을 달성할 수 없거나 시정을 위하여 필요한 조치에 해당하지 않아 상당성 내지 합리성을 결여하여 위법하다고 판시하였다.[11)]

또한 〈에스케이텔레콤(주)의 부당고객유인행위 건〉 관련 행정소송에서도 공정거래위원회의 공개명령에 따라 공개되는 정보는 출고가와 공급가의 차액인데, 비계약모델의 경우 공급가를 부풀린다고 하더라도 이 사건 공개명령만으로는 이를 알 수 없으므로 공개명령의 목적인 소비자의 오인제거가 달성되지 않고, 위반행위와 아무런 관련이 없는 정당한 물류비용, 단말기 유통 이윤 등에 대한 공개의무를 부담하게 될 뿐이므로 공개명령은 수단의 적합성이 인정되지 않으며, 계약모델의 경우 이 사건 공개명령은 비례원칙(필요·최소한의 제한)을 위반한다고 판시하였다.[12)]

5) 절차이행명령

> 공정거래위원회는 거래상대방의 동의절차 미비 등 위법행위가 절차상 하자로 인한 것이며 그 위법상태가 지속되고 있는 경우, 거래상대방의 동의를 받도록 하는 등 절차상 하자를 치유할 것을 명할 수 있다(｢시정조치 운영지침｣ Ⅶ. 2. 사).

3. 시정명령받은 사실의 공표명령

시정조치의 하나로서 시정명령을 받은 사실의 공표를 규정하고 있는 목적은 일반 공중이나 관련 사업자들이 법위반 여부에 대한 정보와 인식의 부족으로 공

11) 서고판 2014. 11. 21. 2012누33869.
12) 서고판 2014. 10. 29. 2012누22999.

정거래위원회의 시정조치에도 불구하고, 위법사실의 효과가 지속되고 피해가 계속되는 사례가 발생할 수 있으므로 조속히 법위반에 관한 중요 정보를 공개하는 등의 방법으로 일반 공중이나 관련 사업자들에게 널리 경고함으로써 계속되는 공공의 손해를 종식시키고 위법행위가 재발하는 것을 방지하고자 함에 있다.[13]

서울고등법원은 "시정조치가 징벌적 의미만 있는 것이 아니므로 독점규제법 제49조의 규정에 근거해서는 장래의 행위만을 금지할 수 있을 뿐이라고 해석되지 아니하고 과거의 위반행위로 인하여 현재 발생하고 있는 공정거래를 해할 수 있는 결과를 제거하기 위하여 그 위반사실의 공표를 명할 수 있음은 그 규정의 명문상 당연하다"고 한다.[14] 즉 공정거래위원회가 시정명령이외에 공표명령을 하는 것은 재량권을 가지며,[15] 다만 구법상의 사과광고[16] 그리고 법위반사실 공표명령의 경우에도 재량권을 남용하였다고 판단한 사례[17]가 있다. 그러나 공표명령은 사죄광고를 하라는 것은 아니다.[18]

시정명령사실이 중앙일간지에 보도되었다고 하여 공표명령이 면제되지는 않는다.[19] 즉 공표명령은 단순히 부당광고행위에 대한 원상회복의 의미만을 지니는 것이 아니어서 반드시 광고의 방식과 동일한 방식으로 이루어져야 하거나

13) 대판 2006. 5. 12. 2004두12315.

14) 서고판 2000. 11. 28. 2000누5977(대판 2001. 7. 10. 2000두10557); 서고판 2001. 10. 16. 2001누5868.

15) 서고판 2000. 10. 24. 99누14517.

16) 대판 1989. 11. 10. 89누3137: "공연입장권의 취득과 배부경위 등에 비추어보면 피고가 원고에게 원심판결과 같은 내용의 사과 광고문을 2개의 중앙 일간지에 "2단×10㎝"크기로 각 1회 게재하고 그 결과를 피고에게 보고하도록 한 이 사건 처분은 너무 가혹하여 재량권의 범위를 일탈 하였거나 재량권을 남용한 위법이 있다".

17) 서고판 2000. 6. 21. 99누16438(대판 2000. 9. 29. 98두12772): "원고가 한 '국내최초로 전국 PC 통신망을 통한 생활정보 무료제공' 및 '국내최초 케이블 TV를 통한 생활정보 영상화 실현'이라는 표현의 광고는 불공정거래행위에 해당된다고 할 것이지만, 피고 산하 대구지방공정거래사무소가 원고에게 이 사건 광고에 대한 시정권고안을 송달하기도 전에 이미 '주식회사 교차로의 부당한 광고에 대한 시정권고조치'라는 제목으로 상세한 보도자료를 만들어 이를 대구지역의 신문사와 방송사 등 언론기관에 배포하여 보도하게 함으로써 그로 인하여 원고가 이 사건 광고행위가 불공정거래행위에 해당되는지의 여부가 밝혀지기도 전에 독점규제법에 위반한 위 광고행위에 대한 법위반사실의 공표라는 시정조치를 받아들이는 것 이상의 신용추락과 영업상의 손실을 입었을 것임은 경험칙상 인정된다고 한 다음, 거기에다 불공정거래행위인 위 광고의 태양과 그 내용, 그로 인한 공정경쟁저해성 등 여러 가지 사정을 참작하면, 위 광고에 대한 법위반사실의 공표라는 시정조치로 인하여 원고가 또 다시 입게 될 불이익의 정도가 위 조치로 인하여 유지하고자 하는 공익상의 목적에 비추어 현저히 크다고 할 것이므로, 위 광고에 대한 법위반사실의 공표를 명하는 시정조치는 이익교량의 원칙에 위배되어 재량권의 범위를 벗어난 것으로서 위법하다".

18) 서고판 2000. 11. 28. 2000누5977(대판 2001. 7. 10. 2000두10557).

19) 서고판 2000. 10. 24. 99누14517.

또는 광고의 대상과 동일한 대상만을 상대로 이루어져야하는 것도 아니고, 부당광고행위에 대한 제재를 통하여 소비자 오인성의 시정은 물론 다른 사업자에 대한 계도 등을 통한 공정한 경쟁질서의 회복이라는 고유의 목적으로 가지는 것이어서 신문과 같은 언론보도로 대체될 수 있는 성질의 것도 아니므로 설사 의결내용이 신문등에 보도되어 공표명령과 유사한 효과가 발생하였다 하더라도 이를 근거로 공표명령의 목적이 달성되었다고 할 수도 없다.[20)]

대법원은 "법위반사실의 공표명령이 위헌이라는 헌법재판소의 결정[21)]은 '법위반사실의 공표'부분이 형사재판이 개시되기도 전에 '법위반사실을 행위자가 스스로 인정하고 이를 공표한다'는 의미로 해석·운영되기 때문에 헌법에 위반되지만, '법위반사실의 공표'와 개념상 구분되는 '법위반으로 공정거래위원회로부터 시정명령을 받은 사실의 공표'는 입법목적을 달성하면서도 행위자에 대한 기본권 침해의 정도를 현저히 감소시키고 재판 후 발생 가능한 무죄로 인한 혼란과 같은 부정적 효과를 최소화할 수 있어 허용될 수 있다는 취지인 점, 공정거래위원회는 법 제45조 제 1 항의 규정에 위반하는 행위가 있을 때에는 당해 불공정거래행위의 중지, 계약조항의 삭제, 정정광고, 법위반사실의 공표 기타 시정을 위한 필요한 조치를 명할 수 있다고 한 법 제49조의 규정형식에 비추어 '법위반사실의 공표'는 '기타 시정을 위하여 필요한 조치'의 예시라 할 것이므로 '법위반사실의 공표'부분이 위헌결정으로 효력을 상실하였다 하더라도 '기타 시정을 위하여 필요한 조치'로서 '법위반사실의 공표'와 성격을 달리하는 '시정명령을 받은 사실의 공표'와 같은 처분을 하는 것이 배제된다고 볼 수 없는 점 등을 종합적으로 고려하여 보면, 공정거래위원회는 법 제49조 소정의 '법위반사실의 공표'부분이 위헌결정으로 효력을 상실하였다 하더라도 '기타 시정을 위하여 필요한 조치'로서 '법위반을 이유로 공정거래위원회로부터 시정명령을 받은 사실의 공표'명령을 할 수 있다"고 판단하였다.[22)]

재판매가격유지행위의 경우에도 행위가 위법한 이상 위법행위의 효과를 소멸시키고 위법행위가 재발하는 것을 예방하기 위해서는 단순히 당해 위반행위의 중지만으로는 그 목적을 달성하기에 부적합하고, 소비자 등에게도 시정명령

20) 서고판 2000. 10. 24. 99누14517.

21) 헌재결 2002. 1. 31. 2001헌바43.

22) 대판 2003. 2. 28. 2002두6170; 대판 2003. 6. 27. 2002두6965; 서고판 2004. 2. 5. 2001누10303 (대판 2005. 4. 29. 2004두3281).

을 받아야 할 공익적인 필요성이 있으며, 그러한 공익적인 필요성이 해당사업자가 입게 될 불이익의 정도에 비하여 더 큰 경우 공표명령이 필요하다.[23)]

한편 공표명령의 취소 관련하여 대법원은 "외형상 하나의 행정처분이라 하더라도 가분성이 있거나 그 처분대상의 일부가 특정될 수 있다면 일부만의 취소도 가능하고 그 일부의 취소는 당해 취소부분에 관하여만 효력이 생기는 것인바,[24)] 공정거래위원회가 행한 법위반사실 공표명령은 비록 하나의 조항으로 이루어진 것이라고 하여도 이 사건 광고행위와 표시행위로 인한 각 법위반사실은 별개로 특정될 수 있어 위 각 법위반사실에 대한 독립적인 공표명령이 경합된 것으로 보아야 할 것이므로, 이 중 이 사건 표시행위에 대한 법위반사실이 인정되지 아니하는 경우에 그 부분에 대한 공표명령의 효력만을 취소할 수 있을 뿐, 공표명령 전부를 취소할 수 있는 것은 아니라고 할 것이다"라고 판시하였다.[25)]

4. 보조적 명령

그 내용은 법 제 7 조의 해당부분과 동일하다.

Ⅲ. 시정조치의 방법

공정거래위원회는 개개사건의 특수성에 따라 위반행위의 시정 또는 그 확보를 위하여 필요한 범위 내에서 시정조치의 내용을 결정할 재량권을 가진다 할 것이나, 그 재량권을 행사함에 있어서는 위반의 경위, 정도, 결과 등을 고려하여 형평의 원칙이나 비례의 원칙 등에 어긋나지 않아야 한다.[26)] 또한 시정조치는 주문이나 이유 등 특별한 형식을 요하는 것이 아니고 주문이외에 주문을 도출하는 이유를 설시할 경우 이 양자를 종합하여 그 조치 내용이 특정되면 족하다 할 것이다.[27)]

---

23) 서고판 2004. 3. 31. 2003누7455.
24) 대판 1995. 11. 16. 95누8850 참조.
25) 대판 2000. 12. 12. 99두12243.
26) 서고판 2000. 6. 21. 99누16438.
27) 대판 1989. 9. 12. 88누11469.

그러나 예를 들어 거래상지위 남용행위 중 이익제공강요 및 불이익제공 유형의 경우 시정명령 등 행정처분을 하기 위해서는 그 대상이 되는 '이익제공강요' 및 '불이익제공'의 내용이 구체적으로 명확하게 특정되어야 하고, 그러하지 아니한 상태에서 이루어진 그 시정명령 등 행정처분은 위법하다.[28] 여기에서의 '불이익'이 금전상의 손해인 경우에는, 법률상 책임 있는 손해의 존재는 물론 그 범위(손해액)까지 명확하게 확정되어야 한다.[29]

신법이 제정된 경우에 관해 서울고등법원은 "신법이 제정된 경우 구법상의 규정이 폐지되지 아니하고 신법에서도 그대로 존치되어 있는 이상 신법에 의하여 시정조치의 권한을 가지게 된 공정거래위원회가 그에 대한 시정명령을 할 수 있는 것이고, 그 시정명령을 함에 있어서 근거법령으로 구법상의 규정만을 적시하여도 위법하지 않다"고 하고,[30] 한편 "구법 제23조 제 1 항 제 6 조는 1999. 2. 5. 법률 제5814로 개정되어 독점규제법에서는 삭제되었더라도 같은 날 법률 제5814호로 제정된 「표시 · 광고의 공정화에 관한 법률」에서 같은 내용을 규정하면서 그 부칙 제 2 조에서 종전의 독점규제법 제23조 제 1 항 제 6 호 및 제26조 제 1 항 제 5 호의 규정에 위반한 행위에 대한 시정조치, 과징금 및 벌칙의 적용에 있어서 종전의 규정에 의한다고 규정하고 있으므로, 처분에 있어 법적근거가 없어진 것은 아니다"고 한다.[31] 그리고 모자관계에 있는 경우 법률상으로는 별개의 법인이므로 모회사에 대한 시정조치와 별개로 자회사의 일부 법위반행위에 대하여 시정명령을 하여도 이중의 제재라 할 수 없다.[32]

공정거래위원회는 위반행위를 효과적으로 시정할 수 있다면 단순히 부작위명령에 국한하지 않고, 위반행위에 비례하여 합리적으로 필요한 범위내에서 작위명령 또는 보조적 명령을 위반행위에 따라 적절하게 선택하여 명할 수 있다. 공정거래위원회

28) 대판 2007. 1. 12. 2004두7139: "(주)이랜드리테일이 1998년도 및 1999년도 1~3월까지의 기간 동안 납품업자들에 대하여 각종 명목의 비용을 부담할 것을 사실상 강요하고 납품대금에서 이를 일방적으로 공제하거나 현금 또는 상품으로 수수하고 있다고 하면서 위 기간 동안 원고가 수령한 비용명목과 그 비용별 합계액만을 기재하고 있을 뿐 그 비용을 부담한 업체명, 비용부담의 시기, 업체별 비용부담 액수 등 구체적인 내용을 전혀 적시하고 있지 아니한 사실을 인정할 수 있으므로 비용부담행위에 관한 이 사건 시정명령은 그 대상이 되는 행위의 내용이 구체적으로 명확하게 특정되었다고 할 수 없다"; 대판 2007. 1. 12. 2004두7146.

29) 대판 2002. 5. 31. 2000두6213.

30) 서고판 1993. 7. 21. 91구2986.

31) 서고판 2001. 6. 26. 2000누5960.

32) 서고판 2000. 11. 21. 98누14978.

는 작위명령 또는 보조적 명령이 위반행위의 시정을 위해 가장 합리적이고 적절한 수단으로 인정된다면 비록 독점규제법의 각 시정조치 규정에 시정조치의 유형으로 명시되어 있지 않더라도 위반행위에 비례하여 합리적으로 필요한 범위내에서 '기타 시정을 위한 필요한 조치'를 근거로 작위명령 또는 보조적 명령을 명할 수 있다. 공정거래위원회는 당해 위반행위를 효과적이고 실질적으로 시정하기 위하여 필요하다면 독점규제법의 각 시정조치 규정상의 '당해 행위의 중지'를 근거로 하여 당해 위반행위의 중지 또는 종료에 관한 실질적 내용을 작위명령으로 명할 수 있다(「시정조치 운영지침」 V. 2).

Ⅳ. 시정조치의 효력기간, 합병, 분할 등의 경우 시정조치의 대상

그 내용은 법 제 7 조의 해당부분과 동일하다.

Ⅴ. 사법적 효력

불공정거래행위를 한 경우 시정조치나 과징금을 부과받을 수 있지만, 그 행위, 예를 들어 거래를 중단한 행위의 사법적 효력까지 무효로 되는 것은 아니다. 이 점이 부당한 공동행위와 다른 점이다. 법원은 법취지 등을 종합적으로 고려하여 개별적으로 판단하여야 한다는 입장이다. 즉 "사법상의 효력은 이를 추상적, 획일적으로 판단할 것이 아니라 독점규제법에 위반된 개개의 구체적인 불공정거래행위에 대하여 법의 취지와 성질, 각 금지규정의 내용, 당해 행위가 법에 위반한 정도 및 이를 무효로 하는 경우에 초래될 사법관계의 혼란 정도 등을 종합적으로 고려하여 이를 정의와 형평의 관념 내지 신의칙에 비추어 개별적으로 그 사법상의 효력을 정하는 것이 상당하다"고 판시하였다.[33]

33) 서고결 1995. 1. 12. 94라186.

제50조(과징금)

① 공정거래위원회는 제45조 제 1 항(제 9 호는 제외한다), 제46조 또는 제48조를 위반하는 행위가 있을 때에는 해당사업자에 대하여 대통령령이 정하는 매출액에 100분의 4를 곱한 금액을 초과하지 아니하는 범위안에서 과징금을 부과할 수 있다. 다만, 매출액이 없는 경우등에는 10억원을 초과하지 아니하는 범위안에서 과징금을 부과할 수 있다.

② 공정거래위원회는 제45조 제 1 항 제 9 호 또는 같은 조 제 2 항, 제47조 제 1 항 또는 제 3 항을 위반하는 행위가 있을 때에는 해당 특수관계인 또는 회사에 대하여 대통령령으로 정하는 매출액에 100분의 10을 곱한 금액을 초과하지 아니하는 범위에서 과징금을 부과할 수 있다. 다만, 매출액이 없는 경우 등에는 40억원을 초과하지 아니하는 범위에서 과징금을 부과할 수 있다.

목　차

Ⅰ. 의　의
Ⅱ. 내　용
1. 관련매출액
2. 과징금 부과여부 및 산정기준
3. 과징금 액수의 명기
4. 부당지원행위 및 특수관계인에 대한 부당 이익제공행위에 대한 과징금

[참고문헌]

논　문: 박정훈, "공정거래법의 공적 집행", 공정거래와 법치(권오승 편), 법문사, 2004; 박해식, "공정거래법상 부당지원행위를 한 자에게 부과하는 과징금의 법적 성격", 경쟁법연구 제 8 권, 한국경쟁법학회, 2002. 2

[참고사례]

파스퇴르유업(주)의 과징금납부명령(추가) 건(공정거래위원회 1996. 7. 10. 의결 제95-131호, 1996. 10. 9. 재결 제96-17호; 서울고등법원 1998. 12. 16. 선고 96구25571 판결; 대법원 1999. 5. 28. 선고 99두1571 판결); **3개 황산대리점의 거래거절행위 건**(공정거래위원회 1998. 9. 25. 의결 제99-299호, 1999. 3. 22. 재결 제99-77호; 서울고등법원 1999. 10. 13. 선고 99누3999 판결); **LG정보통신(주)의 부당지원행위 건**(공정거래위원회

1998. 11. 9. 의결 제98－264호; 서울고등법원 2001. 1. 9. 선고 99누3807 판결); (주)대우자판의 거래강제행위(사원판매) 건(공정거래위원회 1998. 11. 9. 의결 제98－256호; 서울고등법원 2000. 6. 13. 선고 99누4077, 2002. 5. 9. 2001누3053 판결; 대법원 2001. 2. 9. 선고 2000두6206. 2002. 8. 28. 2002두5085 판결); 한국오라클(주)의 부당고객유인행위 건(공정거래위원회 1999. 9. 29. 의결 제99－175호; 서울고등법원 2001. 4. 24. 선고 99누14098 판결; 대법원 2002. 12. 26. 선고 2001두4306 판결); 독점규제법 제24조의 2(부당지원행위에 대한 과징금) 위헌제청 건(헌법재판소 2003. 7. 24. 2001헌가25 결정); SK씨엔씨(주) (계열분리) 부당지원행위 건(공정거래위원회 2000. 2. 25. 의결 2000－36호, 2000. 7. 24. 재결 2000－40호; 서울고등법원 2001. 7. 24. 선고 2000누 11064 판결; 대법원 2004. 3. 12. 선고 2001두7220 판결); 푸르덴셜자산운용 주식회사의 부당지원행위 건(공정거래위원회 2000. 2 . 25. 의결 2000－34호, 2000. 7. 24. 재결 2000－42호; 서울고등법원 2001. 6. 28. 선고 2000누11095, 2005. 5. 25. 선고 2004누8455 판결; 대법원 2004. 4. 23. 선고 2001두6517 판결); 현대자동차주식회사 외 29인의 부당지원행위 건(공정거래위원회 1998. 8. 5. 의결 제98－171호, 1998. 10. 19. 재결 제98－32호; 서울고등법원 2001. 6. 21. 선고 98누13098 판결; 대법원 2004. 4. 9. 선고 2001두6197 판결) 대우 2차 부당지원행위 건(공정거래위원회 1998. 11. 19. 의결 재98－263호, 1999. 2. 22. 재결 제99－7호; 서울고등법원 2001. 3. 8. 선고 99누3746, 2005. 11. 16. 선고 2004누22765 판결; 대법원 2004. 10. 14. 선고 2001두2935 판결); 에스케이텔레콤(주) 외 1의(SK 2차) 부당지원행위 건(공정거래위원회 의결 제1998－265호, 1999. 2. 26. 재결 제1999－009호; 서울고등법원 2003. 11. 25. 선고 1999누3814 판결; 대법원 2006. 2. 10. 선고 2003두15171 판결); 한국토지공사의 부당지원행위 등 건(공정거래위원회 2001. 4. 2. 의결 제2001－045호, 2001. 9. 12. 재결 제2001－045호; 서울고등법원 2004. 2. 10. 선고 2001누16288 판결; 대법원 2006. 5. 26. 선고 2004두3014 판결); 푸르덴셜자산운용(주)(현대 4차)의 부당지원행위 건(공정거래위원회 2001. 1. 19. 의결 제2001－009호, 2001. 6. 9. 재결 제2001－023호; 서울고등법원 2004. 8. 19. 선고 2001누10488 판결; 대법원 2006. 12. 7. 선고 2004두11268 판결); 삼성물산(주) 외 1(삼성 2차)의 부당지원행위 건(공정거래위원회 1999. 11. 19. 의결 제1998－ 262호, 1999. 2. 26. 재결 제1999－006호; 서울고등법원 2003. 12. 16. 선고 99누3753 판결; 대법원 2006. 7. 27. 2004두1186 판결); 현대자동차(주) 외 11(현대 2차)의 부당지원행위 건(공정거래위원회 1998. 11. 19. 의결 제1998－261호, 1999. 2. 26. 재결 제1999－005호, 2005. 9. 28. 의결 제2005－ 142호; 서울고등법원 2001. 6. 14. 선고 99누3760, 2006. 8. 9. 선고 2004누8431 판결; 대법원 2004. 4. 9. 선고 2001두6203 판결; (주)이랜드리테일의 거래상지위 남용행위 등 건(공정거래위

원회 2001. 5. 25. 의결 제2001－81호, 2001. 10. 16. 재결 제2001－054호; 서울고등법원 2004. 5. 27. 선고 2001누17496 판결; 대법원 2007. 1. 12. 선고 2004두7146 판결); **인천국제공항공사의 거래상지위 남용행위 건**(공정거래위원회 2006. 12. 19. 의결 제2006－287호; 서울고등법원 2007. 7. 11. 선고 2007누2298 판결); **삼성에스디아이(주) 외 6**(삼성 1 차)**의 부당지원행위 건**(공정거래위원회 1998. 8. 5. 의결 제1998－172호, 1998. 10. 19. 재결 제1998－033호; 서울고등법원 2003. 12. 23. 선고 98누13081, 2007. 4. 5. 선고 2007누315판결; 대법원 2006. 12. 22. 선고 2004두1483 판결; 푸르덴셜자산운용(주)**외 17**(현대 3 차)**의 부당지원행위 건**(공정거래위원회 1999. 10. 28. 의결 제1999－213호, 2000. 4. 11. 재결 제2000－018호; 서울고등법원 2004. 6. 16. 선고 2000누4943, 2007. 6. 28. 선고 2007누3895 판결; 대법원 2007. 1. 25. 선고 2004두7610 판결); **에스케이건설**(주) **외 11**(에스케이 1 차)**의 부당지원행위 건**(공정거래위원회 1998. 8. 5. 의결 제1998－175호, 1998. 10. 19. 재결 제1998－036호; 서울고등법원 2003. 12. 23. 선고 2008누13159, 2007. 5. 31. 선고 2007누3888 판결; 대법원 2007. 1. 25. 선고 2004두1490 판결); **삼성생명보험**(주) **외 6**(삼성 3 차)**의 부당지원행위 건**(공정거래위원회 1999. 10. 28. 의결 제199－212호, 2000. 4. 11. 재결 제2000－020호; 서울고등법원 2005. 1. 27. 선고 2000누4783 판결; 대법원 2007. 10. 26. 선고 2005두3172 판결); **삼성생명보험**(주) **외 6**(삼성 3 차)**의 부당지원행위 건**(공정거래위원회 1999. 10. 28. 의결 제199－212호, 2000. 4. 11. 재결 제2000－020호; 서울고등법원 2005. 1. 27. 선고 2000누4783 판결; 대법원 2007. 10. 26. 선고 2005두3172 판결); **SK**(주) **외 8**(SK 3 차)**의 부당지원행위 등 건**(공정거래위원회 1999. 10. 28. 의결 제1999－216호, 2002. 3. 21. 의결 2002－065호; 서울고등법원 2003. 11. 25. 선고 1999누15459 판결; 대법원 2006. 11. 23. 선고 2003두15188 판결; 서울고등법원 2008. 1. 24. 선고 2006누29142 판결; **현대자동차**(주) **외 28**(현대 1 차)**의 부당지원행위 등 건**(공정거래위원회 1998. 8. 5. 의결 제1998－171호; 서울고등법원 2001. 6. 21. 선고 98누13098 판결; 대법원 2004. 4. 9. 선고 2001두6197 판결; 서울고등법원 2006. 8. 9. 선고 2004누8424 판결; 대법원 2008. 7. 10. 선고 2006두14735 판결); **(주)중외제약의 부당한 고객유인행위 등 건**(공정거래위원회 2007. 12. 20. 의결 제2007－561호; 서울고등법원 2009. 1. 14. 선고 2008누15260 판결; 대법원 2010. 11. 25. 선고 2009두3286 판결); **(주)유한양행의 부당고객유인행위 등 건**(공정거래위원회 2007. 12. 20. 의결 제2007－554호; 서울고등법원 2008. 11. 20. 선고 2008누2790; 대법원 2010. 11. 25. 선고 2008두23177 판결); **한미약품**(주)**의 부당고객유인행위 등 건**(공정거래위원회 2007. 12. 20. 의결 제2007－553호; 서울고등법원 2009. 5. 14. 선고 2008누2530 판결; 대법원 2010. 11. 25. 선고 2009두9543 판결; 서울고등법원 2011. 4. 27. 선고 2010누42050 판

결); (주)녹십자의 부당고객유인행위 및 재판매가격유지행위 건(공정거래위원회 2007. 12. 20. 의결 제2007-562호; 서울고등법원 2009. 1. 22. 선고 2008누2875 판결; 대법원 2010. 12. 9. 선고 2009두3507 판결); 동아제약(주)의 부당고객유인행위 건(공정거래위원회 2007. 12. 20. 의결 제2007-551호; 서울고등법원 2008. 11. 5. 선고 2008누2462 판결; 대법원 2010. 12. 23. 선고 2008두22815 판결); 제일약품(주)의 부당고객유인행위 건(공정거래위원회 2009. 5. 12. 의결 제2009-113호; 서울고등법원 2011. 1. 26. 선고 2009누15229 판결); 한국오츠카제약(주)의 부당고객유인행위 및 재판매가격유지행위 건(공정거래위원회 2009. 5. 12. 의결 제2009-115호; 서울고등법원 2011. 4. 14. 선고 2009누15236 판결); (주)대웅제약의 부당고객유인 등 건(공정거래위원회 2009. 5. 12. 의결 제2009-111호; 서울고등법원 2011. 4. 21. 선고 2009누14516 판결); (주)글락소스미스 클라인의 부당고객유인 행위 및 재판매가격유지행위 건(공정거래위원회 2009. 5. 12. 의결 제2009-116호; 서울고등법원 2010. 11. 4. 선고 2009누33777 판결; 대법원 2011. 5. 13. 선고 2010두28120 판결); (주)제너시스 비비큐의 거래상지위 남용행위 건[공정거래위원회 2011. 6. 30. 의결 제2011-090호; 서울고등법원 2012. 4. 25. 선고 2011누26727 판결; 대법원 2012. 9. 27. 선고 2012두12082(심리불속행 기각) 판결]; 농업협동조합중앙회의 거래상지위 남용행위 건[공정거래위원회 2010. 9. 14. 의결 제2010-111호; 서울고등법원 2011. 8. 18. 선고 2010누34707 판결; 대법원 2012. 1. 12. 선고 2011두23054(심리불속행 기각) 판결]; 남양유업(주)의 거래상지위남용행위 건(공정거래위원회 2013. 10. 14. 의결 제2013.165호; 서울고등법원 2015. 1. 30. 선고 2014누1910 판결; 대법원 2015. 6. 11. 선고 2015두38962 판결); 한국철도시설공단의 거래상지위 남용행위 건[공정거래위원회 2016. 1. 22. 의결 제2016-022호; 서울고등법원 2017. 1. 18. 선고 2016누37241 판결; 대법원 2017. 5. 16. 선고 2017두35998(심리불속행 기각) 판결]; 상호출자제한 기업집단 한국철도공사 소속 2개사의 부당지원행위 등 건[공정거래위원회 2015. 4. 10. 의결 2015-114; 서울고등법원 2016. 10. 21. 선고 2015누42628 판결; 대법원 2017. 2. 23. 선고 2016두60751(심리불속행 기각) 판결]; 한국토지주택공사의 거래상지위 남용행위 건[공정거래위원회 2017. 7. 27. 의결 제2017-263호; 서울고등법원 2018. 11. 9. 선고 2017누68471 판결; 대법원 2019. 3. 14. 선고 2018두657819(심리불속행 기각) 판결]; (주)파마킹의 부당고객유인행위 건[공정거래위원회 2017. 3. 23. 의결 제2019-272호; 서울고등법원 2018. 9. 19. 선고 2017누45768 판결; 대법원 2019. 1. 31. 선고 2018두60656(심리불속행 기각) 판결]

Ⅰ. 의 의

공정거래위원회는 제45조 제 1 항(제 9 호는 제외), 제46조 또는 제48조를 위반하는 행위가 있을 때에는 해당사업자에 대하여 *대통령령*[1]이 정하는 매출액에 100분의 4를 곱한 금액을 초과하지 아니하는 범위안에서 과징금을 부과할 수 있다. 다만, 매출액이 없는 경우등에는 10억원을 초과하지 아니하는 범위안에서 과징금을 부과할 수 있다(법 제50조 제 1 항).

과징금부과는 법위반사업자에 대하여 행정제재수단으로 하는 것으로서 피해회사가 법위반 사업자에 대한 제재를 원치 않는다거나, 법위반 사업자가 이득을 취득한 바 없다 하여도 이를 부과할 수 있다.[2]

Ⅱ. 내 용

1. 관련매출액

제약사들의 병원에 대한 리베이트와 관련한 부당고객유인행위 건에서 관련매출액의 범위가 문제되었다. 공정거래위원회는 고객유인행위의 대상이 된 의약품의 거래처 전체에 대한 매출액을 관련매출액으로 하여 과징금을 산정하였는데, 서울고등법원은 “부당한 고객유인행위의 직접적 상대방이 아닌 병·의원에 대한 매출과 관련한 의약품은 관련상품의 범위에 속하지 않는다”고 하면서 과징금납부명령 취소판결을 내렸다.[3]

그러나 대법원은 “판촉계획 및 실제 이루어진 이익제공 행위의 대상·내용·액수·기간·지속성 및 관련성 등에 비추어 본사 차원에서 의약품별 판촉계획을 수립하여 전국적으로 시행한 것으로 볼 수 있는지 여부, 이익제공 행위의 구체적인 태양이 다르더라도 의약품 판매 증진을 위한 경제적 이익의 제공이라는 점에서 판촉계획의 실행행위 일부로 볼 수 있는지 여부, 이익제공을 위한 비

1) 제56조(과징금) ① 법 제50조 제 1 항 본문에 따른 매출액의 산정에 관하여는 제13조 제 1 항을 준용한다.

2) 서고판 1999. 10. 13. 99누3999.

3) 서고판 2008. 11. 20. 2008누2790 등.

용이 상품가격에 전가될 우려 및 정도, 판촉계획 및 이익제공 행위 적발의 난이도, 위반행위 당시의 거래관행 등을 종합적으로 고려하여, 구체적으로 확인된 이익제공 행위가 본사 차원에서 수립된 거래처 일반에 대한 판촉계획의 실행행위로서 이루어진 것으로 볼 수 있으면, 원고의 당해 의약품에 대한 거래처 전체의 매출액을 위반행위로 인하여 영향을 받는 관련상품의 매출액 즉, 관련매출액으로 봄이 상당하다"고 판시함으로써 관련매출의 범위를 넓게 파악하였다.[4]

그러나 의약품을 제조·판매하는 사업자의 이익제공행위를 본사차원에서 수립된 거래처 일반에 대한 판촉계획의 실행행위로서 이루어진 것으로 평가할 수 없다면, 그 이익제공행위로 인한 효과 역시 해당 의약품을 거래하는 거래처 전체에 미친다고 볼 수는 없으므로, 개별적 부당한 고객유인행위와 관련된 매출액만을 관련 매출액으로 보아야 한다.[5] 〈한미약품(주)의 부당고객유인 등 건〉 관련 행정소송에서 서울고등법원은 몇 개의 품목은 개개의 거래처에 대한 매출액만으로 관련매출액을 산정하였다.[6]

한편 관련매출액의 산정은 거래상대방의 의사표시에 따라 좌우될 수 없다는 것이 법원의 입장이다. 즉 〈(주)제너시스 비비큐의 거래상지위 남용행위 건〉 관련 행정소송에서 서울고등법원은 "관련매출액은 불공정거래행위 기간의 매출액으로서 사업자의 회계자료 등을 참고하여 정하는 것을 원칙으로 한다고 규정하고 있고, 과징금은 법위반행위에 대한 행정제재금의 기본적 성질에 사업자가 법위반행위로 얻은 부당이득을 환수한다는 성질을 겸하고 있다"고 한다.[7]

한편 〈남양유업(주)의 거래상지위남용행위 건〉 관련 행정소송에서 대법원은 구입강제 물량을 특정하지 않고, 구입강제가 이루어진 4년여 기간 동안 26개 품목 전체 물량을 기준으로 관련매출액으로 산정한 것은 위법하다고 판시하였다.[8]

그리고 〈한국철도시설공단의 거래상지위 남용행위 건〉 관련 행정소송에서 법원은 공사대금 감액에 의하여 영향을 받은 추가·변경된 공사의 계약금액만을

---

4) 대판 2010. 11. 25. 2008두23177; 대판 2010. 11. 25. 2009두9543; 대판 2010. 11. 25. 2009두3286; 대판 2010. 12. 23. 2008두22815; 서고판 2011. 1. 26. 2009누15229; 서고판 2011. 4. 14. 2009누15236, 서고판 2011. 4. 21. 2009누14516; 대판 2011. 5. 13. 2010두28120; 서고판 2018. 9. 19. 2017누45768(대판 2019. 1. 31. 2018두60656).

5) 대판 2010. 12. 9. 2009두3507.

6) 서고판 2011. 4. 27. 2010누42050.

7) 서고판 2012. 4. 25. 2011누26727(대판 2012. 9. 27. 2012두12082).

8) 대판 2015. 6. 11. 2015두38962.

관련매출액으로 보았고,[9] 〈한국토지주택공사의 거래상지위 남용행위 건〉 관련 행정소송에서는 관련매출액이 설계변경으로 인한 공사비 증액분에 한정되기 위해서는 변경전 계약금액과 설계변경으로 추가된 계약금액이 명확히 구분되어야 한다고 판단하였다.[10]

2. 과징금 부과여부 및 산정기준

1) 과징금 부과여부

구체적인 부과여부는 *대통령령* [별표6]에서 규정하고 있다. 독점규제법 제45조의 위반행위에 대하여 부과하는 과징금은 불공정거래행위에 대한 행정적 제재이므로 그 구체적인 수액은 독점규제법 제50조에서 규정하는 과징금상한액을 초과하지 아니하는 범위내에서 과징금부과에 의하여 달성하고자 하는 목적과 법 제102조 제 1 항 소정의 사유 즉, 위반행위의 내용 및 정도, 위반행위의 기간 및 회수, 위반행위로 인해 취득한 이익의 규모 등을 감안하여 공정거래위원회가 재량을 가지고 결정할 수 있다.[11]

공동의 거래거절, 계열회사를 위한 차별, 집단적 차별 등의 행위에 대하여는 원칙적으로 과징금을 부과한다. 그 외의 유형에 해당하는 불공정거래행위(영 별표 2에 규정된 세부행위유형을 말한다) 및 재판매가격 유지행위에 대하여는 ①다수의 경쟁사업자, 거래상대방 또는 소비자에게 상당한 손해가 실제로 발생하였거나 발생할 우려가 현저한 경우, ②위반사업자가 위반행위로 인하여 부당이득을 얻은 경우, 또는 ③위반행위가 악의적으로 행해진 경우에 원칙적으로 과징금을 부과한다. 사건절차규칙 제57조 제 2 항 관련 별표 경고의 기준 중 2. 불공정거래행위 및 재판매가격 유지행위 부문의 각 호의 어느 하나에 해당하는 경우에는 과징금을 부과하지 아니

9) 서고판 2017. 1. 18. 2016누37241(대판 2017. 5. 16. 2017두35998).

10) 서고판 2018. 11. 9. 2017누68471(대판 2019. 3. 14. 2018두657819).

11) 서고판 2001. 1. 9. 99누3807. 같은 취지로 서고판 2001. 6. 5. 2000누2336(대판 2001. 10. 10. 2001두5293); 대판 2006. 7. 27. 2004두1186: "후순위사채 매입행위의 경우에는 후순위사채의 정상적 유통이 활발하지 않아 그 정상적인 거래가격을 특정할 수 없으므로 구체적인 지원금액을 산출하는 것이 어렵거나 불가능한 경우에 해당한다고 할 것이고, 공정거래위원회는 이러한 사정을 고려하여 '과징금 산정방법 및 부과지침'의 규정에 따라 지원성 거래규모의 10%를 지원금액으로 산출하고 이를 기준으로 과징금액을 산정하였음을 알 수 있는바, 피고가 그와 같이 과징금액을 산정함에 있어서 재량권의 일탈·남용이 있다고 보이지 아니한다"; 대판 2004. 4. 9. 2001두6203.

할 수 있다(「과징금 부과고시」 Ⅲ. 2. 라).
법 제48조에 위반되는 행위에 대하여는 원칙적으로 과징금을 부과한다. 다만, 위반의 정도나 위반의 효과가 미미한 경우 등에는 과징금을 부과하지 아니할 수 있다(「과징금 부과고시」 Ⅲ. 2. 사).

2) 과징금 산정기준

구체적인 산정기준은 *대통령령* [별표6][12]에서 규정하고 있다.

산정기준은 위반행위를 그 내용 및 정도에 따라 "중대성이 약한 위반행위", "중대한 위반행위", "매우 중대한 위반행위"로 구분한 후, 위반행위 유형별로 아래에 정한 중대성의 정도별 부과기준율 또는 부과기준금액을 적용하여 정한다(「과징금 부과고시」 Ⅳ. 1.).

〈(주)필립스전자의 재판매가격유지행위 및 구속조건부거래행위 건〉 관련 행정소송에서 대법원은 첫째, 과징금산정의 기준이 되는 행위의 종료일 관련하여 내부적으로 당해행위를 해제하겠다고 결정한 것만으로는 부족하고, 종료의사를 상대방에게 명시적으로 표시하거나 상당기간 상대방의 반복된 금지위반행위에 대하여 아무런 제재도 하지 않아 상대방이 사실상 원고의 금지조치가 해제된 것으로 인식할 있을 정도에 이르러야 한다고 보고, 둘째, 관련매출액 산정에 있어서도 인터넷 오픈마켓에서 상표내 가격경쟁이 제한·차단됨으로써 오프라인 등 다른 유통채널에서의 제품가격도 일정 수준으로 유지되거나 인하가 방지되어 오프라인 등 다른 유통채널에 공급된 제품도 위반행위로 직접 또는 간접적으로 영향을 받은 상품에 해당한다고 보았다.[13]

---

12) [위반행위의 과징금 부과기준(제84조 관련)] 2. 가. 4) 불공정거래행위(부당한 지원행위 제외)/재판매가격유지행위. 관련매출액에 100분의 4를 곱한 금액의 범위에서 관련매출액에 중대성의 정도별로 정하는 부과기준율을 곱하여 산정한다. 다만, 제13조 제3항 각 호의 어느 하나에 해당하는 경우에는 10억원의 범위에서 중대성의 정도를 고려하여 산정한다. 7) 보복조치 관련매출액에 100분의 4를 곱한 금액의 범위에서 관련매출액에 위반행위의 중대성 정도별로 정하는 부과기준율을 곱하여 산정한다. 다만, 제13조 제3항 각 호의 어느 하나에 해당하는 경우에는 10억원의 범위에서 중대성의 정도를 고려하여 산정한다.

13) 대판 2017. 6. 19. 2013두17435.

3) 재량권의 일탈 · 남용

법상의 과징금 부과는 비록 제재적 성격을 가진 것이기는 하여도 기본적으로는 법 위반행위에 의하여 얻은 불법적인 경제적 이익을 박탈하기 위하여 부과되는 것이고,[14] 법 제102조 제 1 항에서도 이를 고려하여 과징금을 부과함에 있어서는 위반행위의 내용과 정도, 기간과 횟수 외에 위반행위로 인하여 취득한 이익의 규모 등도 아울러 참작하도록 규정하고 있는 것이므로, 불공정거래행위에 대하여 부과되는 과징금의 액수는 당해 불공정거래행위의 구체적 태양 등에 기하여 판단되는 그 위법성의 정도뿐만 아니라 그로 인한 이득액의 규모와도 상호 균형을 이룰 것이 요구되고, 이러한 균형을 상실할 경우에는 비례의 원칙에 위배되어 재량권의 일탈 · 남용에 해당할 수가 있다.[15]

한편 공정거래위원회가 과징금 산정기준을 정한 과징금 부과지침을 운영하더라도 법원에 의하면 이는 공정거래위원회의 내부사무처리 준칙에 불과하고, 법규적 성격을 가진 것이 아니지만, 법에서 정한 금액의 범위 내에서 적정한 과징금 산정기준을 마련하기 위하여 제정된 것임에 비추어 공정거래위원회로서는 위 준칙상의 기준 등을 고려한 적절한 액수로 과징금을 정하여야 하고, 이러한 과징금 부과에 있어서 그 기준이 되는 지원금액의 산정이 잘못되어 과징금을 과다하게 부과한 경우에는 그 과징금납부명령은 비례의 원칙에 위반되어 위법하다.[16] 즉 과징금부과에 있어서 무한정의 재량이 공정거래위원회에게 주어지는 것이 아니고 법의 제한범위 내에서 위반행위를 한 사업자의 위반의 정도 기타 제반사정에 비추어 비례 · 형평의 원칙에 적합하게 부과하여야 하며, 과잉부과는 허용되지 않는다.[17]

---

14) 대판 1999. 5. 28. 99두1571 참조.

15) 대판 2001. 2. 9. 2000두6206: "사원판매행위에 대하여 부과된 과징금의 액수가 법정 상한비율을 초과하지 않는다고 하더라도 그 사원판매행위로 인하여 취득한 이익의 규모를 크게 초과하여 그 매출액에 육박하게 된 경우, 불법적인 경제적 이익의 박탈이라는 과징금 부과의 기본적 성격과 그 사원판매행위의 위법성의 정도에 비추어 볼 때 그 과징금 부과처분은 비례의 원칙에 위배된 재량권의 일탈 · 남용에 해당한다"고 한 사례; 서고판 2007. 7. 11. 07누2298: "과징금고시 Ⅲ. 2. 라. (3)을 적용하여 과징금을 부과하지 않아야 함에도 과징금 부과한 경우이거나, 최소한도 구체적인 불공정거래행위로 인한 이득액의 규모와 사이에서 지나치게 균형을 잃은 과중한 과징금을 부과한 경우에 해당한다"; 대판 2007. 1. 25. 2004두1490.

16) 서고판 1999. 10. 13. 99누3999; 서고판 2001. 1. 9. 99누3807. 즉 피고 및 그 소속직원에 대하여 그 직무권한 행사의 지침을 정하여 주기 위하여 발한 행정명령의 성질을 가지는 것이지 대외적으로 국민이나 법원을 기속하는 힘이 있는 것은 아니다; 대판 2004. 3. 12. 2001두7220; 대판 2006. 7. 27. 2004두1186; 대판 2004. 4. 9. 2001두6203; 대판 2004. 4. 9. 2001두6197.

17) 서고판 1999. 10. 13. 99누3999. 1996년 제 5 차 개정법 제55조의3에서는 과징금 부과에 관하여 필요한 사항은 대통령령으로 정한다고 규정하였고 동법 시행령 제 9 조 제 2 항은 과징금부

과징금은 행정법상의 의무를 위반한 자에 대하여 당해 위반행위로 얻게 된 경제적 이익을 박탈하기 위한 목적으로 부과하는 금전적인 제재로서, 법이 규정한 범위 내에서 그 부과처분 당시까지 부과관청이 확인한 사실을 기초로 일의적으로 확정되어야 할 것이고, 그렇지 아니하고 부과관청이 과징금을 부과하면서 추후에 부과금 산정 기준이 되는 새로운 자료가 나올 경우에는 과징금액이 변경될 수도 있다고 유보한다든지, 실제로 추후에 새로운 자료가 나왔다고 하여 새로운 부과처분을 할 수는 없다.[18] 왜냐하면 과징금의 부과와 같이 재산권의 직접적인 침해를 가져오는 처분을 변경하려면 법령에 그 요건 및 절차가 명백히 규정되어 있어야 할 것인데, 위와 같은 변경처분에 대한 법령상의 근거규정이 없고, 이를 인정하여야 할 합리적인 이유 또한 찾아 볼 수 없기 때문이다.[19]

3. 과징금 액수의 명기

과징금의 액수는 「과징금 부과고시」상의 기준 등을 고려하여 적절한 액수로 과징금을 정하면 되고 과징금 부과의 근거와 기준 외에 과징금의 세부계산 내역을 반드시 의결서에 명기하여야 하는 것은 아니다.[20] 즉 법 제45조가 의결서에 처분이유를 기재하게 한 취지는 「행정절차법」 소정의 처분의 근거 및 이유제시제도의 취지와 같이 처분청의 판단의 신중, 적정, 공정, 타당, 합리성 등을 담보하여 자의를 억제하고, 처분이유를 상대방에게 알려주어 상대방을 설득하는 한편 권리구제신청에 편의를 주고자 함에 있는바, 의결서의 처분이유에서 위반행위별로 과징금 산정의 기초를 명시함으로써 위와 같은 취지를 달성할 수 있는 이상 의결서의 주문에서 위반행위별 과징금액을 따로 명시하지 않았다 하여 위법하다고 할 수 없다.[21]

과기준 매출액의 산정에 필요한 사항을 정할 권한을 공정거래위원회에 위임하였다. 이 위임에 따라 1997. 4. 27. 공정거래위원회 내부지침인 「과징금산정방법 및 부과지침」이 제정되었는데, 동 판결은 동 지침의 성격을 밝힌 것이다. 이후 1999. 2. 5. 제7차 법개정 및 동법 시행령 개정을 통하여 「과징금부과 세부기준 등에 관한 고시」가 개정됨에 따라 동 부과지침은 폐지되었다.

18) 대판 1999. 5. 28. 99두1571.

19) 대판 1999. 5. 28. 99두1571.

20) 대판 2006. 12. 7. 2004두11268.

21) 대판 2004. 4. 9. 2001두6203.

4. 부당지원행위 및 특수관계인에 대한 부당 이익제공행위에 대한 과징금

1) 적법절차 및 권력분립원칙 위반 여부

부당지원행위에 대한 과징금은 부당이득 환수보다는 행정제재적 성격이 강하므로 필연적으로 이중처벌 금지 등의 위헌문제가 제기될 수 있다.[22] 이에 대하여 헌법재판소는 다음과 같이 판시하고 있다.

> "첫째, 행정권에는 행정목적 실현을 위하여 행정법규 위반자에 대한 제재의 권한도 포함되어 있으므로, '제재를 통한 억지'는 행정규제의 본원적 기능이라 볼 수 있는 것이고, 따라서 어떤 행정제재의 기능이 오로지 제재(및 이에 결부된 억지)에 있다고 하여 이를 헌법 제13조 제 1 항에서 말하는 국가형벌권의 행사로서의 '처벌'에 해당한다고 할 수 없는바, 독점규제법에 의한 부당내부거래에 대한 과징금은 그 취지와 기능, 부과의 주체와 절차 등을 종합할 때 부당내부거래 억지라는 행정목적을 실현하기 위하여 그 위반행위에 대하여 제재를 가하는 행정상의 제재금으로서의 기본적 성격에 부당이득환수적 요소도 부가되어 있는 것이라 할 것이고, 이를 두고 헌법 제13조 제 1 항에서 금지하는 국가형벌권 행사로서의 '처벌'에 해당한다고는 할 수 없으므로, 독점규제법에서 형사처벌과 아울러 과징금의 병과를 예정하고 있더라도 이중처벌금지원칙에 위반된다고 볼 수 없으며, 이 과징금 부과처분에 대하여 공정력과 집행력을 인정한다고 하여 이를 확정판결 전의 형벌집행과 같은 것으로 보아 무죄추정의 원칙에 위반된다고도 할 수 없음.
> 둘째, 위 과징금은 부당내부거래의 억지에 그 주된 초점을 두고 있는 것이므로 반드시 부당지원을 받은 사업자에 대하여 과징금을 부과하는 것만이 입법목적 달성을 위한 적절한 수단이 된다고 할 수 없고, 부당지원을 한 사업자의 매출액을 기준으로 하여 그 2% 범위 내에서 과징금을 책정토록 한 것은, 부당내부거래에 있어 적극적·주도적 역할을 하는 자본력이 강한 대기업에 대하여도 충분한 제재 및 억지의 효과를 발휘하도록 하기 위한 것인데, 현행 독점규제법의 전체 체계에 의하면 부당지원행위가 있다고 하여 일률적으로 매출액의 100분의2까지 과징금을 부과할 수 있는 것이 아니어서, 실제 부과되는 과징금액은 매출액의 100분의2를 훨씬 하회하는 수준에 머

22) 이에 대한 자세한 내용은 박해식, 경쟁법연구 제 8 권(2002), 249~260면 참조.

무르고 있는바, 그렇다면 부당내부거래의 실효성 있는 규제를 위하여 형사처벌의 가능성과 병존하여 과징금 규정을 둔 것 자체나, 지원기업의 매출액을 과징금의 상한기준으로 삼은 것을 두고 비례성원칙에 반하여 과잉제재를 하는 것이라 할 수 없음.
셋째, 법관에게 과징금에 관한 결정권한을 부여한다든지, 과징금 부과절차에 있어 사법적 요소들을 강화한다든지 하면 법치주의적 자유보장이라는 점에서 장점이 있겠으나, 독점규제법에서 행정기관인 공정거래위원회로 하여금 과징금을 부과하여 제재할 수 있도록 한 것은 부당내부거래를 비롯한 다양한 불공정 경제행위가 시장에 미치는 부정적 효과 등에 관한 사실수집과 평가는 이에 대한 전문적 지식과 경험을 갖춘 기관이 담당하는 것이 보다 바람직하다는 정책적 결단에 입각한 것이라 할 것이고, 과징금의 부과 여부 및 그 액수의 결정권자인 위원회는 합의제 행정기관으로서 그 구성에 있어 일정한 정도의 독립성이 보장되어 있고, 과징금 부과절차에서는 통지, 의견진술의 기회 부여 등을 통하여 당사자의 절차적 참여권을 인정하고 있으며, 행정소송을 통한 사법적 사후심사가 보장되어 있으므로, 이러한 점들을 종합적으로 고려할 때 과징금 부과 절차에 있어 적법절차원칙에 위반되거나 사법권을 법원에 둔 권력분립의 원칙에 위반된다고 볼 수 없음"(〈독점규제법 제24조의 2(부당지원행위에 대한 과징금) 위헌제청 건〉).[23]

23) 헌재결 2003. 7. 24. 2001헌가25. 이에 대한 반대의견: 1. 위 과징금은 부당하게 다른 회사를 지원한 기업에게 가해지는 제재금으로서 부당지원자에게 부과되는 것이지, 피지원자에게 부과되는 것이 아니므로 비록 형벌은 아니라고 하더라도 부당지원행위에 대한 응징 내지 처벌로서의 의미를 가지고 있는바, 비록 기업의 부당지원행위를 응징하고 처벌하는 것이 필요하다 하더라도 위법행위와 그에 대한 처벌 내지 제재 사이에는 정당한 상관관계가 있어야 한다는 헌법상의 자기책임의 원리는 지켜져야 하는바, 매출액의 규모와 부당지원과의 사이에는 원칙적으로 상관관계를 인정하기가 곤란하므로, 부당지원행위에 대하여 매출액을 기준으로 과징금을 부과할 수 있도록 하는 것은 부당지원이라는 자기의 행위와 상관관계가 없는 매출액이라는 다른 요소에 의하여 책임의 범위를 정하는 것이 되어 자기책임의 원리에 위배된다. 2. 공정거래위원회는 행정적 전문성과 사법절차적 엄격성을 함께 가져야 하며 그 규제절차는 당연히 '준사법절차'로서의 내용을 가져야 하고, 특히 과징금은 당해 기업에게 사활적 이해를 가진 제재가 될 수 있을 뿐만 아니라 경제 전반에도 중요한 영향을 미칠 수 있는 것임을 생각할 때, 그 부과절차는 적법절차의 원칙상 적어도 재판절차에 상응하게 조사기관과 심판기관이 분리되어야 하고, 심판관의 전문성과 독립성이 보장되어야 하며, 증거조사와 변론이 충분히 보장되어야 하고, 심판관의 신분이 철저하게 보장되어야만 할 것인데도 이러한 점에서 매우 미흡하므로 적법절차의 원칙에 위배된다. 3. 현행 제도는 위 과징금 조항이 적법절차의 원칙에 위배되고, 나아가 위 과징금은 부당이득환수적 요소는 전혀 없이 순수하게 응보와 억지의 목적만을 가지고 있는 실질적 형사제재로서 절차상으로 형사소송절차와 전혀 다른 별도의 과징금 부과절차에 의하여 부과되므로 행정형벌과는 별도로 거듭 처벌된다고 하지 않을 수 없어 이중처벌금지의 원칙에 위반되고, 위반사실에 대한 확정판결이 있기 전에 이미 법 위반사실이 추정되어 집행되고, 집행정지를 신청할 수 있는 당사자의 절차적 권리도 배제되어 있으므로 무죄추정원칙에도 위배된다; 박정훈, 공정거래와 법치(2004), 1026~1029면에서도 헌법원칙인 이중처벌금지, 무죄추

2) 이중처벌금지 및 과잉금지원칙 위반 여부

한편 공정거래위원회가 부당지원행위로 보아 제재처분을 한 사안에 대하여 금융위원회가 다시 보험업법 위반행위로 보아 과징금부과처분을 한 것이 이중처벌금지의 원칙과 과잉금지원칙에 위반되는지 여부에 관하여 대법원은 "보험업법과 독점규제법 규정의 체계와 내용, 위 법률들의 입법취지와 목적, 대주주에 대한 일정한 자산거래 또는 신용공여를 금지하는 각 보호법익 등을 종합하여 보면, 어느 동일한 행위에 대하여 이 사건 과징금 조항들과 독점규제법 규정을 중첩적으로 적용하여 해당 과징금을 각각 부과할 수 있다고 해석된다고 하고, 보험업법에서 정한 이 사건 과징금 조항들과 독점규제법 규정에 의한 과징금 부과에 대하여는 이중처벌금지의 원칙이 직접 적용될 여지는 없다"고 판시하였다.[24)]

또한 보험업법과 독점규제법은 그 입법목적과 보호법익이 서로 다르며, 독점규제법의 각종 규제만으로 보험업법의 입법목적을 달성할 수 있다고 단정하기 어려워 헌법상 과잉금지의 원칙에 반한다고 볼 수도 없다고 판시하였다.[25)]

3) 과징금 부과여부 및 산정기준

공정거래위원회는 제45조 제 1 항 제 9 호 또는 같은 조 제 2 항, 제47조 제 1 항 또는 제 3 항을 위반하는 행위가 있을 때에는 해당 특수관계인 또는 회사에 대하여 *대통령령*[26)]으로 정하는 매출액에 100분의 10을 곱한 금액을 초과하지 아니하는 범위에서 과징금을 부과할 수 있다. 다만, 매출액이 없는 경우 등에는 40억원을 초과하지 아니하는 범위에서 과징금을 부과할 수 있다(법 제50조 제 2 항). 여기에서 '직전 3개 사업연도'란 사업자의 위반행위 종료일을 기준으로 한

정, 자백보강법칙 등 측면에서 문제를 제기한다; 대법원은 헌법재판소와 동일하게 판단하고 있다. 대판 2004. 3. 12. 2001두7220; 대판 2004. 4. 23. 2001두6517; 대판 2004. 4. 9. 2001두6197; 대판 2004. 4. 9. 2001두6203; 대판 2004. 4. 9. 2001두6197.

24) 대판 2015. 10. 19. 2013두23935.

25) 대판 2015. 10. 19. 2013두23935.

26) 제56조(과징금)② 법 제50조 제 2 항 본문에서 "대통령령으로 정하는 매출액"이란 해당 사업자의 직전 3개 사업연도의 평균 매출액(이하 "평균매출액"이라 한다)을 말한다. 다만, 해당 사업연도 초일 현재 사업을 개시한 지 3년이 되지 않는 경우에는 그 사업개시 후 직전 사업연도 말일까지의 매출액을 연평균 매출액으로 환산한 금액을, 해당 사업연도에 사업을 개시한 경우에는 사업개시일부터 위반행위일까지의 매출액을 연매출액으로 환산한 금액을 말한다. ③ 제 2 항에서 규정한 사항 외에 평균매출액의 산정에 필요한 사항은 공정거래위원회가 정하여 고시한다.

직전 3개 사업연도를 의미하며,[27] '평균매출액'이란 부당한 공동행위와 직접 또는 간접으로 관련된 매출액의 평균이 아니라 해당 사업연도의 전체매출액의 평균을 뜻한다.[28]

종래 부당지원행위에 대해서도 다른 불공정거래행위와 마찬가지로 2% 범위내의 과징금을 부과할 수 있었으나 1999. 12. 28. 부당지원행위에 대한 제재의 실효성을 확보하기 위하여 상한선을 부당한 공동행위와 같이 5%로 상향조정하였다. 대법원도 부당지원행위에 대한 「과징금 부과기준」을 적용한 결과가 비례의 원칙이나 형평의 원칙에 반하지 않는 이상 「과징금 부과기준」이 다른 불공정거래행위보다 중한 과징금부과기준을 규정하고 있다는 것만으로는 과징금 부과기준이 무효라고 할 수 없다고 하였다.[29]

한편 여기에서의 부당지원행위는 종래에는 법 제45조 제 1 항 제 9 호만을 의미하였으나 2013. 8. 13. 법개정으로 법 제45조 제 2 항(지원을 받는 행위), 제47조(특수관계인에 대한 부당한 이익제공 금지) 제 1 항 또는 제 3 항의 규정을 위반하는 행위까지를 포함하고 있으며, 법 제45조 제 1 항 제 9 호의 경우에도 '상당히 유리한 조건'으로 거래하는 행위로 개정되었으며 거래상 실질적 역할이 없는 특수관계인이나 다른 회사를 매개로 거래하는 행위가 신설되었다.

부당지원행위에 대한 과징금은 행정상 제재금으로서의 기본적 성격에 부당이득환수적 요소도 부가되어 있는 것이므로 그 구체적인 액수는 독점규제법 제50조에서 규정하는 과징금 상한액을 초과하지 아니하는 범위 내에서 과징금 부과에 의하여 달성하고자 하는 목적과 법 제102조 제 1 항 소정의 사유 즉, 위반행위의 내용 및 정도, 위반행위의 기간 및 횟수, 위반행위로 인해 취득한 이익의 규모 등을 감안하여 공정거래위원회가 재량을 가지고 결정할 수 있다.[30]

상호출자제한기업집단에 속하는 사업자가 행한 부당한 지원행위에 대하여는 원칙적으로 과징금을 부과한다. 다만, 해당 업계의 특수성이나 거래관행 등을 참작할 때

27) 대판 2010. 9. 9. 2010두2548.

28) 대판 2012. 1. 27. 2010두24388.

29) 대판 2004. 4. 9. 2001두6203.

30) 대판 2004. 10. 14. 2001두2881; 대판 2006. 2. 10. 2003두15171; 서고판 2004. 2. 10. 2001누16288(대판 2006. 5. 26. 2004두3014); 대판 2006. 7. 27. 2004두1186; 대판 2007. 1. 12. 2004두7146; 대판 2007. 10. 26. 2005두3172; 부당지원행위에 대한 과징금은 '경제적 이득의 환수'라는 요소는 전혀 없고, 단지 '의무위반의 제재'의 요소만 존재한다는 견해가 있다. 박정훈, 공정거래와 법치(2004), 1026면 참조.

위반의 정도나 지원효과가 미미한 경우 등에는 과징금을 부과하지 아니할 수 있다. 상호출자제한기업집단에 속하지 아니한 사업자가 행한 부당한 지원행위에 대하여는, 지원객체가 참여하는 관련 시장에서 위반행위로 인하여 나타난 경쟁질서 저해효과가 중대하거나 악의적으로 행해진 경우에 원칙적으로 과징금을 부과한다(「과징금 부과기준」 Ⅲ. 2. 마).
특수관계인에게 부당한 이익을 제공하는 행위에 대하여는 원칙적으로 과징금을 부과한다. 다만, 위반의 정도나 위반의 효과가 미미한 경우 등에는 과징금을 부과하지 아니할 수 있다(「과징금 부과기준」 Ⅲ. 2. 바).

구체적인 산정기준은 *대통령령* [별표6][31]에서 규정하고 있다.

대법원에서 "부당지원행위 자체가 경제적 동일체인 대규모기업집단 소속의 계열회사 상호간에 일사분란하게 이루어질 뿐만 아니라, 위반행위 유형별에 비추어 특별히 과징금 부과비율을 달리할 필요성이 높은 것도 아닌 점 등에 비추어, 지원주체별, 위반행위 유형별로 과징금 부과비율을 달리 정하지 아니하였다고 하더라도 그것만으로는 과징금 부과처분에 있어서 재량권을 남용한 것이라고 볼 수 없다"고 한 사례(〈현대자동차(주) 외 11(현대 2 차)의 부당지원행위 건〉),[32] 그리고 "동일유형의 부당지원행위가 연속된 것이라 하여 이를 통한 별개의 위반행위까지 1개의 행위로 간주할 수는 없는 것이므로, 먼저의 행위에 대한 제재처분이 있다 하여 나중의 행위에 대한 제재처분을 2중의 제재로 볼 수는 없으며, 과징금 산정시 반드시 이를 참작하여야 하는 것도 아니다"고 한 사례(〈푸르덴셜자산운용(주) 외 17(현대 3 차)의 부당지원행위 건〉),[33] "산정된 정상가격과 코레일이 실제로 원고에게 지급한 위탁대금(영업료)의 차액이 원고가 부당하게 제공한 지원

31) [위반행위의 과징금 부과기준(제84조 관련)] 2. 가. 5) 부당한 지원행위. 평균매출액에 100분의 10을 곱한 금액의 범위에서 법 제45조 제 1 항 제 9 호 또는 같은 조 제 2 항을 위반하여 지원하거나 지원받은 지원금액에 중대성의 정도별로 정하는 부과기준율을 곱하여 산정한다. 다만, 지원금액의 산출이 어렵거나 불가능한 경우 등에는 그 지원성 거래규모의 100분의 10을 지원금액으로 본다. 6) 특수관계인에 대한 부당한 이익제공 행위 등 평균매출액에 100분의 10을 곱한 금액의 범위에서 법 제47조 제 1 항·제 3 항을 위반하여 거래 또는 제공한 위반금액(정상적인 거래에서 기대되는 급부와의 차액을 말한다)에 중대성의 정도별로 정하는 부과기준율을 곱하여 산정한다. 다만, 위반금액의 산출이 어렵거나 불가능한 경우 등에는 그 거래 또는 제공 규모(법 제47조 제 1 항 제 2 호의 경우에는 사업기회를 제공받은 특수관계인 또는 계열회사의 관련매출액)의 100분의 10을 위반금액으로 본다.

32) 대판 2004. 4. 9. 2001두6203.

33) 대판 2007. 1. 25. 2004두7610.

금액이 되므로 '지원금액이 산출이 어렵거나 불가능한 경우등'에 해당한다고 보기 어렵다"고 본 사례(《상호출자제한 기업집단 한국철도공사 소속 2개사의 부당지원행위 등 건》[34])가 있다.

4) 과징금납부명령의 취소

수개의 위반행위에 대하여 하나의 과징금납부명령을 한 경우, 수개의 위반행위 중 일부의 위반행위만이 위법하지만, 소송상 그 일부의 위반행위를 기초로 한 과징금액을 산정할 수 있는 자료가 없는 경우에는 하나의 과징금납부명령 전부를 취소할 수밖에 없다.[35] 그러나 소송상 그 일부의 위반행위를 기초로 한 과징금액을 산정할 수 있는 자료가 있는 경우에는, 하나의 과징금 납부명령일지라도 그 중 위법하여 그 처분을 취소하게 된 일부의 위반행위에 대한 과징금액에 해당하는 부분만을 취소할 수 있다.[36]

34) 서고판 2016. 10. 21. 2015누42628(대판 2017. 2. 23. 2016두60751).

35) 대판 2004. 10. 14. 2001두2881; 대판 2006. 2. 10. 2003두15171; 서고판 2004. 2. 10. 2001누16288(대판 2006. 5. 26. 2004두3014); 대판 2006. 7. 27. 2004두1186; 대판 2007. 1. 12. 2004두7146; 대판 2007. 10. 26. 2005두3172; 대판 2006. 11. 23. 2003두15188.

36) 대판 2006. 12. 22. 2004두1483.

제7장

•

사업자단체

제51조(사업자단체의 금지행위)
제52조(시정조치)
제53조(과징금)

제51조(사업자단체의 금지행위)

① 사업자단체는 다음 각호의 1에 해당하는 행위를 하여서는 아니된다.

1. 제40조 제1항 각호의 행위에 의하여 부당하게 경쟁을 제한하는 행위
2. 일정한 거래분야에 있어서 현재 또는 장래의 사업자수를 제한하는 행위
3. 구성사업자(사업자단체의 구성원인 사업자를 말한다. 이하 같다)의 사업내용 또는 활동을 부당하게 제한하는 행위
4. 사업자에게 제45조 제1항에 따른 불공정거래행위 또는 제46조에 따른 재판매가격유지행위를 하게 하거나 이를 방조하는 행위

② 제1항 제1호에 따른 행위의 인가에 관하여는 제40조 제2항 및 제3항을 준용한다. 이 경우 "사업자"는 "사업자단체"로 본다.

③ 공정거래위원회는 제1항의 규정에 위반하는 행위를 예방하기 위하여 필요한 경우 사업자단체가 준수하여야 할 지침을 제정·고시할 수 있다.

④ 공정거래위원회는 제3항의 지침을 제정하고자 할 경우에는 관계행정기관의 장의 의견을 들어야 한다.

목 차

Ⅰ. 의 의

Ⅱ. 금지의 내용

1. 공동행위에 의하여 부당하게 경쟁을 제한하는 행위
2. 일정한 거래분야에 있어서 현재 또는 장래의 사업자수를 제한하는 행위
3. 구성사업자의 사업내용 또는 활동을 부당하게 제한하는 행위
4. 사업자에게 불공정거래행위를 하게 하거나 방조하는 행위
5. 사업자에게 재판매가격유지행위를 하게 하거나 방조하는 행위
6. 기타 행정지도 등에 관한 행위

Ⅲ. 원칙적으로 법위반이 되지 않는 행위

Ⅳ. 사업자단체에 대한 독점규제법상의 특례제도

1. 독점규제법의 적용이 제외되는 행위
2. 독점규제법상 예외적으로 허용되는 사업자단체의 경쟁제한행위

[참고사례]

논 문: 권오승, "공정거래법의 개요와 쟁점", 공정거래와 법치(권오승 편), 법문사, 2004; 서정, "사업자단체의 부당행위와 경쟁제한성", 경제법판례연구 제1권, 경제

법판례연구회, 법문사 2004; 양명조, "부당한 공동행위에 대한 판례", 자유경쟁과 공정거래(권오승 편), 법문사, 2002; 양명조, "한국 독점규제법의 평가와 전망", 경쟁법연구 제 8 권, 한국경쟁법학회, 2002. 2; 이민호, "부당한 공동행위와 행정지도", 경쟁법연구 제16권, 한국경쟁법학회 편, 법문사, 2007; 주진열, "가격담합과 조인트벤처의 부수적 제한 법리", 경제법판례연구 제 6 권, 경제법판례연구회, 법문사 2010; 차성민, "독점규제법의 적용범위", 경제법판례연구 제 1 권, 경제법판례연구회, 법문사, 2004; 한상곤, "사업자단체의 규제에 관한 판례평석", 자유경쟁과 공정거래(권오승 편), 법문사, 2002

[참고사례]

전북사진앨범인쇄협동조합의 경쟁제한행위 건(공정거래위원회 1989. 2. 1. 의결 제89－7호, 1989. 7. 5. 재결 제89－3호; 서울고등법원 1990. 6. 21. 선고 88구9519 판결; 대법원 1990. 2. 12. 선고 89누8200 판결); **서울연식품공업협동조합에 대한 손해배상 청구** 건(공정거래위원회 1990. 7. 25. 의결 제90－41호; 서울지방법원서부지원 1990. 5. 11. 선고 89가합2738 판결); **한국비철금속공업협동조합연합회의 불공정거래행위** 건(공정거래위원회 1990. 11. 15. 의결 제90－70호, 1991. 1. 23. 재결 제91.4호; 서울고등법원 1992. 1. 29. 선고 91구2030 판결); (사)**대한약사회 및** (사)**대한약사회 서울특별시지부의 경쟁제한행위** 건(공정거래위원회 1993. 9. 25. 의결 제93.320호, 1993. 10. 25. 재결 제93－5호; 서울고등법원 1994. 9. 28. 선고 93구34369 판결; 대법원 1995. 5. 12. 선고 94누13794 판결); (사)**대한약사회 대구직할시지부의 경쟁제한행위** 건(공정거래위원회 1993. 10. 8. 의결 제93.321호, 1993. 11. 25. 재결 제93.4호; 서울고등법원 1994. 9. 28. 선고 93구28166 판결; 대법원 1995. 5. 12. 선고 94누13909 판결); (사)**서울마주협회의 경쟁제한행위** 건(공정거래위원회 1995. 7. 5. 의결 제95－126호, 1995. 9. 29. 재결 제95－16호; 서울고등법원 1996. 7. 9. 선고 95구321699 판결; 대법원 1996. 7. 9. 선고 96누11839 판결); **한국관세사회의 경쟁제한행위 및 구성사업자의 사업활동제한행위** 건(공정거래위원회 1995. 11. 24. 의결 제95－280호, 1996. 1. 29. 재결 제96－1호; 서울고등법원 1997. 1. 9. 선고 96구7030 판결); **대한법무사협회의 구성사업자에 대한 사업활동제한행위** 건(공정거래위원회 1994. 8. 17. 의결 제94－263호, 1994. 10. 5. 재결 제94－8호; 서울고등법원 1995. 11. 23. 선고 94구32186 판결; 대법원 1997. 5. 16. 선고 96누150 판결); (사)**대한출판문화협회의 재판매가격유지행위** 건(공정거래위원회 1995. 3. 2. 의결 제95－18호, 1995. 7. 27. 재결 제95－5호; 서울고등법원 1996. 3. 19. 선고 95구24779 판결; 대법원 1997. 6. 13. 선고 96누5834 판결); (사)**대전광역시자동차매매조합의 경쟁제한행위** 건(공정거래위원회 1998. 8. 1. 의결 제98－165호, 1998. 11. 6. 재결 제98－40호; 서울고등법원 1999. 7. 22. 선고

98누14084 판결); (사)**한국철스크랩공업협회의 경쟁제한행위** 건(공정거래위원회 1998. 11. 19. 의결 제98-268호, 1999. 5. 4. 재결 제99-22호; 서울고등법원 1999. 10. 29. 선고 99누6332 판결; 대법원 2000. 3. 15. 선고 99두11639 판결); (사)**한국결혼상담소협회부산지부의 부당표시·광고행위 등** 건(공정거래위원회 1998. 9. 9. 의결 제98-199호, 1998. 10. 2. 재결 제98-58호; 서울고등법원 1999. 7. 9. 선고 99누1313 판결; 대법원 1999. 12. 13. 선고 99두8626 판결); **한국자동차매매사업조합연합회 등 4개 사업자단체의 경쟁제한행위** 건(공정거래위원회 1999. 11. 22. 의결 제99-234호; 서울고등법원 2001. 5. 10. 선고 2000누8662 판결); **경기도자동차매매사업조합 등 4개 사업자단체의 경쟁제한행위 및 경기도자동차매매사업조합의 구성사업자 사업활동제한행위** 건(공정거래위원회 1999. 11. 22. 의결 제99-234호; 서울고등법원 2001. 8. 21. 선고 2000누8617 판결; 대법원 2001. 11. 4. 선고 2001두7428 판결); **11개 고철수요업체와 한국철강협회의 고철구매가격공동행위 등** 건(공정거래위원회 1998. 11. 25. 의결 제1998-273호; 서울고등법원 2000. 11. 16. 선고 99구5919 판결; 대법원 2002. 7. 12. 선고 2000두10311 판결); **부산광역시가스판매협동조합의 경쟁제한행위** 건(공정거래위원회 2000. 10. 26. 의결 제2000-160호; 서울고등법원 2001. 12. 4. 선고 2001누6793 판결; 대법원 2002. 5. 31. 선고 2002두264 판결); **서울특별시전세버스운송사업조합 외 9개조합의 경쟁제한행위** 건(공정거래위원회 1999. 11. 10. 의결 제99-253~262호; 서울고등법원 2000. 10. 10. 선고 2000누1180 판결; 대법원 2002. 6. 14. 선고 2000두8905 판결); **한국관세사회의 구성사업자에 대한 사업활동제한행위** 건(공정거래위원회 1999. 9. 22. 의결 제99-137호; 서울고등법원 2000. 12. 5. 선고 99누13538 판결; 대법원 2001. 6. 15. 선고 2001두175 판결); **12개시·도 건축사회 및 2개 건축사복지회의 경쟁제한행위 및 구성사업자에 대한 사업활동제한행위** 건(공정거래위원회 1998. 6. 25. 의결 제98-123호; 서울고등법원 2000. 1. 27. 선고 98누12620 판결; 대법원 2002. 9. 24. 선고 2000두1713 판결); **한국재생유지공업협동조합의 사업자단체금지행위** 건(공정거래위원회 2001. 1. 2. 의결 제2001.1호; 서울고등법원 2002. 6. 4. 선고 2001누12084 판결; 대법원 2002. 9. 24. 선고 2002두5672 판결); (사)**한국출판인회의 외 1의 사업자단체금지행위** 건(공정거래위원회 2001. 2. 27. 의결 제2001.27호, 2001. 10. 16. 의결 제2001.140호; 서울고등법원 2002. 9. 3. 선고 2001누14046 판결); (사)**대한의사협회의 구성사업자의 사업활동제한행위** 건(공정거래위원회 2000. 2. 24. 의결 제2000-44호; 서울고등법원 2001. 5. 17. 선고 2000누3278 판결; 대법원 2003. 2. 20. 선고 2001두5347 판결); (사)**대한병원협회의 구성사업자의 사업활동제한행위** 건(공정거래위원회 2000. 2. 24. 의결 제2000-44호; 서울고등법원 2001. 5. 17. 선고 2000누33608 판결; 대법원 2003. 2. 20. 선고 2001두5057 판결); **한국건설감리협회의 경쟁제한행위** 건(공정거래위원회 2001.

7. 2. 의결 제2001－091호; 서울고등법원 2002. 11. 19. 선고 2002누1313 판결; 대법원 2003. 4. 8. 선고 2002두12779 판결); 서울특별시자동차검사정비조합 외 1의 사업자단체금지행위 건(공정거래위원회 2002. 10. 9. 의결 제2002.211호, 2003. 1. 21. 재결 제2003－007호; 서울고등법원 2004. 2. 3. 선고 2003누3293, 2004. 4. 1. 선고 2003누2948 판결); 한국상업용조리기계공업협동조합의 사업자단체금지행위 건(공정거래위원회 2003. 4. 3. 의결 제2003－088호, 2003. 7. 11. 재결 제2003－026호; 서울고등법원 2004. 7. 21. 선고 2003누14071 판결; 대법원 2004. 11. 12. 선고 2004두9098 판결); 울산광역시전세버스운송사업조합의 사업자단체금지행위 건(공정거래위원회 2003. 9. 15. 의결 제2003.151호, 2003. 12. 10. 재결 제2003－035호; 서울고등법원 2005. 1. 13. 선고 2004누604 판결); 동양시멘트레미콘 개인사업자협의회의 사업자단체금지행위 건(부산고등법원 2002. 6. 21. 선고 2001나6015 판결; 대법원 2005. 1. 27. 선고 2002다42605 판결); 대한건설기계협회의 사업자단체금지행위 건(공정거래위원회 2003. 4. 21. 의결 제2003－094호; 서울고등법원 2004. 7. 14. 선고 2003누7806 판결; 대법원 2005. 6. 24. 선고 2004두8569 판결); 대한건축사협회 부산광역시건축사회 외 8의 사업자단체금지행위 건(공정거래위원회 2004. 3. 19. 의결 2004－105~113, 2004. 8. 27. 재결 2004－242~250; 서울고등법원 2005. 8. 10. 선고 2004누18889 판결); 부산광역시치과의사회의 사업자단체금지행위 건(공정거래위원회 2000. 12. 16. 의결 제2000－168호, 2001. 7. 24. 재결 제2001－031호; 서울고등법원 2003. 6. 26. 판결 2001누12378 판결; 대법원 2005. 8. 19. 선고 2003두9251 판결); (사)제주도관광협회의 사업자단체금지행위 건(공정거래위원회 2002. 4. 11. 의결 제2002－082호, 2002. 9. 5. 재결 제2002－027호; 서울고등법원 2003. 8. 28. 선고 2002누14852 판결; 대법원 2005. 9. 9. 선고 2003두11841 판결); (사)한국여신전문금융업협회 외 7의 사업자단체금지행위 건(공정거래위원회 2001. 3. 28. 의결 제2001－039호, 2001. 8. 24. 재결 제2001－039호; 서울고등법원 2003. 4. 17. 선고 2001누5851 판결; 대법원 2005. 8. 19. 선고 2003두5709 판결); 전국학생복발전협의회 외 20의 사업자단체금지행위 건(공정거래위원회 2001. 6. 7. 의결 제2001－083호, 2001. 10. 16. 재결 2001－053호; 서울고등법원 2004. 8. 18. 선고 2001누17717 판결; 대법원 2006. 11. 24. 선고 2004두10319 판결); 전국전력기술인협회의 사업자단체금지행위 건(공정거래위원회 2003. 4. 21. 의결 제2003－093호, 2003. 8. 30. 재결 제2003－029호; 서울고등법원 2004. 9. 23. 선고 2003누17001 판결; 대법원 2006. 9. 22. 선고 2004두14588 판결); 부산주류도매협의회 외 1의 사업자단체금지행위 건(공정거래위원회 2004. 7. 31. 의결 제2004－238호, 2004. 12. 31. 재결 제2004－028호; 서울고등법원 2006. 1. 25. 선고 2005누2737 판결; 대법원 2006. 6. 29. 선고 2006두3414 판결); 부산청지방종합주류도매업협회 경남울산지회의 사업자단체금

지행위 건(공정거래위원회 2004. 7. 31. 의결 제2004-238호; 서울고등법원 2005. 8. 25. 선고 2004누17657 판결; 대법원 2006. 6. 27. 선고 2005두11531 판결); 서울동북부지역정보운영위원회 외 1의 사업자단체금지행위 등 건(공정거래위원회 2001. 8. 22. 의결 제2001.120호; 서울고등법원 2004. 6. 24. 선고 2001누15209 판결; 대법원 2007. 3. 30. 선고 2004두8514 판결); 한국아스콘공업협동조합연합회의 사업자단체금지행위 건(공정거래위원회 2006. 2. 22. 의결 제2006-040호, 2006. 8. 16. 재결 제2006-043호; 서울고등법원 2007. 4. 25. 선고 2006누21650 판결); 대구유치원연합회의 사업자단체금지행위 건(공정거래위원회 2005. 11. 30. 의결 제2005-239호; 서울고등법원 2007. 1. 11. 선고 2006누653 판결); 군포회의 사업자단체금지행위 건(공정거래위원회 2006. 8. 29. 의결 제2006-185호; 서울고등법원 2007. 5. 16. 선고 2006누22998 판결); 평촌신도시 부동산중개업친목회의 사업자단체금지행위 건(공정거래위원회 2007. 6. 22. 의결 제2007-329호; 서울고등법원 2007. 12. 5. 선고 2007누19579); (주)텐커뮤니티 외 13의 사업자단체금지행위 건(공정거래위원회 2004. 9. 24. 의결 제2004-271호; 서울고등법원 2004. 10. 21. 선고 2003누12693 판결; 대법원 2008. 2. 14. 선고 2005두1879 판결; 서울고등법원 2008. 5. 28. 선고 2008누6051 판결); 아세아시멘트공업(주) 외 2(쌍용양회공업(주), 한국양회공업협회)의 공동행위 건(공정거래위원회 2003. 9. 8. 의결 제2003.147호, 2004. 2. 9. 재결 제2004-005호; 서울고등법원 2006. 5. 24. 선고 2004누4903 판결; 대법원 2008. 2. 29. 선고 2006두10443 판결); 하림(주)외 15의 공동행위 건(공정거래위원회 2006. 9. 28. 의결 제2006-217호; 서울고등법원 2008. 7. 24. 선고 2006누26563 판결); 서울특별시의사회의 사업자단체금지행위 건(공정거래위원회 2006. 3. 28. 의결 제2006-056호; 대법원 2009. 6. 23. 선고 2007두18062 판결); 서울시자동차부분정비사업조합 도봉구지회의 사업자단체금지행위 건(공정거래위원회 2009. 12. 16. 의결 제2009-276호; 서울고등법원 2010. 6. 24. 선고 2010누1202 판결; 대법원 2010. 10. 28. 선고 2010두14084 판결); 군포회의 사업자단체금지행위 건(공정거래위원회 2009. 8. 7. 의결 제2009-170호; 서울고등법원 2010. 10. 13. 선고 2009누26755 판결); 관수레미콘 구매입찰관련 25개 레미콘 제조·판매사업자 및 한국레미콘공업협회 부당공동행위 건(공정거래위원회 2009. 10. 7. 의결 제2009- 205호; 서울고등법원 2010. 10. 27. 선고 2009누33920 판결); (사)광주자동차검사정비조합의 사업자단체금지행위 건(공정거래위원회 2011. 10. 10. 의결 제2011.175호; 서울고등법원 2012. 8. 16. 선고 2012누3936 판결; 대법원 2012. 12. 28. 선고 2012두20014 판결); (사)대한치과의사협회의 사업자단체금지행위 건(공정거래위원회 2012. 6. 22. 의결 제2012-092호; 서울고등법원 2013. 7. 5. 선고 2012누22005 판결; 대법원 2014. 7. 24. 선고 2013두16906 판결); 한국제약협회의 사업자단체금지행위 건(공정거래위원회 2013.

2. 19. 의결 제2013－037호; 서울고등법원 2013. 11. 29. 선고 2013누9573 판결); 경기도자동차매매사업조합의 사업자단체금지행위 건(공정거래위원회 2012. 9. 3. 의결 제2012.221호; 서울고등법원 2013. 5. 31. 선고 2012누30884 판결; 대법원 2013. 10. 11. 선고 2013두12621 판결); 대구대리운전협회의 사업자단체금지행위 건(공정거래위원회 2014. 4. 30. 의결 제2014－099호; 서울고등법원 2014. 10. 31. 선고 2014누51182 판결); (사)대한한의사협회의 사업자단체금지행위 건[공정거래위원회 2015. 3. 30. 의결 제2015－091호; 서울고등법원 2015. 10. 8. 선고 2015누1115 판결; 대법원 2016. 2. 18 선고 2015두55257(심리불속행 기각) 판결]; 사)대한의사협회의 사업자단체금지행위 건(공정거래위원회 2017. 1. 10. 의결 제2017－010호); (사)전라북도신자동차매매사업조합의 사업자단체금지행위 건[공정거래위원회 2015. 6. 25. 의결 제2015－209호; 서울고등법원 2016. 6. 15. 선고 2015누51943 판결; 대법원 2016. 10. 27. 선고 2016두45080(심리불속행 기각) 판결]; 대전광역시건축공사감리위원회의 사업자단체금지행위 건(공정거래위원회 2015. 12. 3. 의결 제2015－400호; 서울고등법원 2017. 4. 26. 선고 2016누31243 판결); 전라북도 건축공사감리업무 운영위원회의 사업자단체금지행위 건[공정거래위원회 2015. 12. 3. 의결 제2015－409호; 서울고등법원 2016. 6. 16. 선고 2016누31250 판결; 대법원 2016. 10. 13. 선고 2016두44377(심리불속행 기각) 판결]; 한국원심력콘크리트공업협동조합의 사업자단체 금지행위 건[공정거래위원회 2016. 1. 13. 의결 제2016－017호: 서울고등법원 2017. 6. 15. 2016누42472 판결; 대법원 2017. 10. 26. 선고 2017두52535(심리불속행 기각) 판결]; 대구 건축공사감리협회운영협의회의 사업자단체금지행위 및 시정조치 불이행 건(공정거래위원회 2015. 12. 3. 의결 제2015－403호; 서울고등법원 2016. 11. 4. 선고 2016누31403 판결); 충청북도 건축공사감리업무 운영위원회의 사업자단체금지행위 건[공정거래위원회 2015. 12. 3. 의결 제2015－398호; 서울고등법원 2016. 6. 16. 선고 2016누31250 판결; 대법원 2016. 10. 13. 선고 2016두44360(심리불속행 기각) 판결]; 약사의 미래를 준비하는 모임의 사업자단체금지행위 건[공정거래위원회 2016. 12. 6. 의결 제2016－332호; 서울고등법원 2017. 7. 6. 선고 2017누31516 판결; 대법원 2017. 11. 9. 선고 2017두53972(심리불속행 기각) 판결]; 전국의사총연합의 사업자단체금지행위 건[공정거래위원회 2017. 1. 10. 2017－011호; 서울고등법원 2017. 8. 17. 선고 2017누45232 판결; 대법원 2017. 12. 27. 선고 2017두60765(심리불속행 기각) 판결]; 한국자동차해체재활용업협회의 사업자단체금지행위 건[공정거래위원회 2018. 9. 20. 의결 제2018－284호; 서울고등법원 2019. 6. 5. 선고 2018누68041 판결; 대법원 2019. 10. 17. 선고 2019두44118(심리불속행 기각) 판결]; 한국공인회계사회의 사업자단체금지행위 건[공정거래위원회 2018. 8. 17. 의결 제2018－257호; 서울고등법원 2019. 8. 22. 선고 2018누63855 판결; 대법원 2020. 1. 16. 선

고 2019누52058(심리불속행 기각) 판결]; **대한의사협회의 사업자단체금지행위 건**(공정거래위원회 2014. 1. 10. 의결 제2017-010호; 서울고등법원 2016. 3. 17. 선고 2014누58824 판결; 대법원 2021. 9. 9. 선고 2016두36345 판결)

Ⅰ. 의 의

사업자단체는 ① 부당한 공동행위에 의하여 부당하게 경쟁을 제한하는 행위(제 1 호), ② 구성사업자의 사업내용 또는 활동을 부당하게 제한하는 행위(제 2 호), ③ 구성사업자의 사업내용 또는 활동을 부당하게 제한하는 행위(제 3 호), ④ 구성사업자에게 불공정거래행위 또는 재판매가격유지행위를 하게 하거나 이를 방조하는 행위(제 4 호)를 하여서는 아니된다(법 제51조 제 1 항).

원래 사업자단체는 구성사업자의 공동의 이익증진을 목적으로 하는 단체이므로 구성사업자의 사업내용이나 활동을 과도하게 제한하는 것이 아닌 한, 그 목적달성을 위하여, 단체의 자율적인 의사결정에 의하여 구성사업자의 사업활동에 대하여 일정한 범위의 제한을 하는 것은 어느 정도 허용된다.[1] 그러나 사업내용이나 활동을 과도하게 제한하는 경우 규제 대상이 된다.[2]

미국의 경우 사업자단체에 대한 별도의 규정을 두지 않고 「셔먼법(Sherman Act)」 제 1 조 또는 「연방거래위원회법(FTC Act)」 제 5 조의 불공정한 거래방법으로 다루고 있다. 독일 「경쟁제한방지법(GWB)」에서도 여러 조항에서 사업자단체 금지행위를 규정하고 있다(제 1 조, 제 2 조, 제20조, 제21조).

공정거래위원회는 관계행정기관의 장의 의견을 들어 상기의 행위를 예방하기 위하여 사업자단체가 준수해야 할 지침을 제정할 수 있는바(법 제51조 제 3 항 및 제 4 항), 「사업자단체 활동지침」[3]을 마련하여 시행하고 있다. 동 지침에서는 금지되는 행위와 허용되는 행위에 대한 자세한 규정을 두고 있다. 이하에서는 그 내용을 중심으로 설명하기로 한다.

한편 우리나라의 경우 사업자단체에 대하여는 규제완화의 차원에서 사업자단체의 설립신고가 폐지된 뒤에는 독점규제법상 사업자단체를 사업자와 달리

1) 서고판 2001. 8. 21. 2000누8617(대판 2001. 11. 4. 2001두7428).
2) 대판 2010. 10. 28. 2010두14084; 대판 2021. 9. 9. 2016두36345.
3) 공정거래위원회 고시 제2021-45호(2021. 12. 28).

취급해야 할 이유가 전혀 없으므로 사업자단체에 대한 별도의 규제를 삭제하는 것이 바람직하다는 견해가 있다.[4)]

Ⅱ. 금지의 내용

가격, 수량, 거래조건, 거래상대방의 결정 등 모든 사업활동은 개별 사업자가 스스로의 자유의사에 의해 결정할 때 사업자간의 자유롭고 공정한 경쟁이 촉진될 수 있다. 따라서 법률에 특별한 규정이 있거나 법률에 근거한 행정처분 등 명백한 근거가 있는 경우를 제외하고는 사업자단체가 문서·구두 등의 수단과 강요·요청·권고 등을 통해 구성사업자의 사업활동을 제한하거나 부당하게 구속하는 행위는 사업자간의 공정한 경쟁을 저해하는 행위로써 원칙적으로 독점규제법 제51조 제 1 항의 규정에 위반된다.

> 사업자단체가 구성사업자의 사업활동에 관하여 직접적으로 구속하거나 구성사업자로 하여금 이에 관한 공동행위를 하게 하는 행위뿐만 아니라 사업자단체가 타사업자단체 또는 구성사업자 이외의 사업자와 계약체결 등을 통하여 구성사업자의 사업활동을 실질적으로 제약하는 경우도 포함된다(「사업자단체 활동지침」 3. 가).

1. 공동행위에 의하여 부당하게 경쟁을 제한하는 행위

부당한 경쟁제한행위를 규제하지 않는 경우 일반 소비자나 참여하지 않는 경쟁사업자에게 막대한 피해를 주게 되고 참가사업자의 이윤을 부당하게 유지, 보장함으로써 기술개발이나 경영합리화 등 창의적 노력을 약화시켜 경제전체의 활력 저하와 비능률이 초래되는 등 국민경제 전반에 걸쳐 피해가 초래되므로 이를 방지할 현실적인 필요성이 매우 크다.[5)]

법 제51조 제 1 항 각호로 금지되는 사업자단체의 행위는 원칙적으로 단체로서의 의사결정이 있고 그것이 구성사업자에 의하여 준수될 것이라는 사실을 전제되어야 하나, 사업자단체로서의 의사결정을 위한 정식의 기관에서 명시적

4) 권오승, 공정거래와 법치(권오승 편), 16면; 양명조, 경쟁법연구 제 8 권(2002), 20면.
5) 서고판 2005. 8. 10. 2004누18889.

결정이 행하여진 경우에 한정되는 것이 아니고 비공식적인 기관에서 한 결정이나 정식결정이라고 할 수 없는 합의 등도 종래의 관행, 경위 등으로 보아 대외적 또는 대내적으로 사업자단체의 행동으로 인식될 정도의 통일성이 있는 경우에는 그 결정의 시행여부와 관계없이 사업자단체의 행위로 인정된다.[6] 〈전국의사총연합의 사업자단체금지행위 건〉 관련 행정소송에서 법원은 사업자단체의 운영위원들이 SNS등 매체를 통하여 의견을 취합하는 방식으로 의사결정을 하고 공문발송 등의 업무를 처리하여 온 사실은 소속 의사들의 개별행위가 아니라 사업자단체인 전국의사총연합의 행위에 해당한다고 보았다.[7]

또한 사업자단체의 금지행위는 사업자단체가 부당하게 경쟁을 제한하는 법 제40조 제1항 각 호에 규정된 행위를 할 것을 결정하고 사업자단체의 구성원 간에 그 사업자단체의 의사결정을 준수하여야 한다는 공동인식이 형성됨으로써 성립하고, 사업자단체의 구성원이 사업자단체의 의사결정에 따른 행위를 현실적으로 하였을 것을 요하는 것은 아니다.[8] 불이행에 대한 제재조치나 이를 강제하기 위한 수단이 없다고 하여도 마찬가지이다.[9]

사업자단체의 이와 같은 행위가 부당하게 경쟁을 제한하는 것인지 여부는 사업자단체의 시장점유율, 경쟁자의 수와 공급여력, 대체성 등 여러 사정을 종합하여 판단하여야 할 것이다.[10]

1.1 가격을 결정·유지 또는 변경하는 행위

법 제40조 제1항 제1호에서 말하는 가격은 사업자가 제공하는 상품 또는 용역의 대가, 즉 사업자가 거래의 상대방으로부터 반대급부로 받는 일체의 경제적 이익을 가리키는 것으로, 당해 상품이나 용역의 특성, 거래내용 및 방식 등에 비추어 거래의 상대방이 상품 또는 용역의 대가로서 사업자에게 현실적으로 지급하여야 하는 것이라면 그 명칭에 구애됨이 없이 당해 상품 또는 용역의 가격에 포함된다.[11]

사업자단체의 행위가 법 제51조 제1항 제1호 소정의 가격결정행위에 해

---

6) 서고판 2001. 8. 21. 2000누8617; 대판 2001. 11. 4. 2001두7428.
7) 서고판 2017. 8. 17. 2017누45232(대판 2017. 12. 27. 2017두60765).
8) 대판 2006. 11. 24. 2004두10319.
9) 대판 2006. 9. 22. 2004두14588.
10) 대판 2005. 1. 27. 2002다42605.
11) 대판 2001. 5. 8. 2000두10212; 대판 2005. 9. 9. 2003두11841.

당하기 위하여는 첫째, 사업자단체의 가격결정행위가 있어야 하고, 둘째, 그와 같은 사업자단체의 가격결정행위를 통하여 구성사업자의 가격 및 거래조건의 형성에 경쟁제한적인 영향을 미쳐야 하며, 셋째, 그 결과 일정한 거래분야에서의 구성사업자 또는 그 사업자단체가 그 의사로 어느 정도 자유로이 가격 기타 거래의 조건을 좌우할 수 있는 시장지배력을 형성함으로써 경쟁을 실질적으로 제한할 수 있게 되어야 할 것이다.[12]

한편 구성사업자가 사업자단체에서 결정한 가격아래 가격을 결정한 이상 반드시 거래의 단계에서 최종적으로 결정한 가격이 사업자단체에서 결정한 가격과 동일할 필요는 없으며, 그러한 사업자단체의 가격결정이 구성사업자들의 가격결정에 있어 경쟁기능의 자유로운 행사를 제한하는 방향으로 영향을 미친 이상 불이행에 대한 제재조치가 마련되어 구성사업자를 직접적으로 구속할 정도에 이르는 경우뿐만 아니라 요청 권고 등의 형태에 그치는 경우는 물론 구성사업자가 그 이익을 위하여 자발적으로 참여한 경우도 모두 여기에 해당한다.[13]

한편 제40조 제 1 항 제 1 호의 가격결정행위는 사업자가 소비자나 다른 사업자에게 공급하는 상품·용역의 대가에 관하여 성립할 수 있음은 물론 사업자가 다른 사업자로부터 공급받는 상품·용역의 대가에 관하여도 성립할 수 있다. 따라서 대법원은 〈부산광역시치과의사회의 사업자단체금지행위 건〉 관련 행정소송에서 "치과의사가 치과기공사에게 자신의 진료에 필요한 치과 기공물·충전물 또는 교정장치('기공물')의 제작·수리 또는 가공('기공업무')을 의뢰하고 그 기공업무의 대가로 지급하는 치과기공물의 가격('기공료')을 치과의사회가 결정·유지 또는 변경하는 행위도 사업자단체에 의한 법 제40조 제 1 항 제 1 호의 가격결정행위에 해당한다"고 판시하였다.[14]

〈(사)전라북도신자동차매매사업조합의 사업자단체 금지행위 건〉 관련 행정소송에서 법원은 지역의 평균적 수준을 반영한 것이라고 하더라도 사업자단체 금지행위에 해당한다고 보았다.[15]

12) 서고판 2000. 10. 10. 2000누1180(대판 2002. 6. 14. 2000두8905).

13) 서고판 2000. 10. 10. 2000누1180(대판 2002. 6. 14. 2000두8905).

14) 대판 2005. 8. 19. 2003두9251.

15) 서고판 2016. 6. 15. 2015누51943(대판 2016. 10. 27. 2016두45080).

구성사업자로 하여금 일정한 수준으로 가격을 결정 또는 유지하게 하거나 공동으로 가격의 인상·인하율(폭)을 결정하는 행위, 평균가격, 표준가격, 기준가격, 최고·최저가격 등 명칭여하를 불문하고 구성사업자에게 가격설정의 기준을 제시하거나 이를 정하여 준수하도록 하는 행위,[16] 할인율, 이윤율 등 가격의 구성요소에 대해 그 수준이나 한도를 정하거나 일률적인 원가계산방법을 따르도록 함으로써 실질적으로 가격을 동일하게 결정·유지·변경하게 하는 행위, 과당경쟁방지와 정부고시가격 준수 등을 이유로 할인판매를 하지 못하게 하거나 일정가격이하로 응찰하지 못하도록 하는 행위, 다른 사업자단체 또는 구성사업자이외의 사업자와 계약 등의 방법에 의해 구성사업자의 가격을 실질적으로 결정·유지 또는 변경하게 하는 행위, 국·내외 자료를 통하여 원가분석표 등을 작성하고 이를 구성사업자에게 제시하여 구성사업자가 이에 따라 가격결정을 하거나 이를 준수하도록 하는 행위 및 구성사업자에게 원재료 등의 구입가격을 제시하거나 이를 정하여 준수하도록 하는 행위이다(「사업자단체활동지침」 3. 가. (1)).

대법원은 사업자단체의 가격결정행위라도 소비자를 보호함과 아울러 국민경제의 균형 있는 발전을 도모한다는 법의 궁극적인 목적에 실질적으로 반하지 않는 경우에는 부당성의 예외를 인정하고 있다(〈부산광역시치과의사회의 사업자단체금지행위 건, (사)제주도관광협회의 사업자단체금지행위 건〉).[17]

---

16) 서고판 2000. 10. 10. 2000누180.

17) 대판 2005. 8. 19. 2003두9251: "법 제19조 제 1 항은 부당하게 경쟁을 제한하는 '가격을 결정·유지 또는 변경하는 행위' 등을 부당한 공동행위로서 금지하고, 제 2 항은 제 1 항의 부당한 공동행위에 해당하더라도 일정한 목적을 위하여 행하여지는 경우로서 공정거래위원회의 인가를 받은 경우에는 제 1 항의 적용을 배제하고 있는 점, 법 제19조 제 1 항에서 부당한 공동행위를 금지하는 입법 취지는 직접적으로는 공정하고 자유로운 경쟁을 촉진하고, 궁극적으로는 소비자를 보호함과 아울러 국민경제의 균형 있는 발전을 도모하고자 함에 있는 점 등에 비추어 보면, 사업자단체에 의한 가격결정행위가 일정한 거래분야의 경쟁이 감소하여 사업자단체의 의사에 따라 어느 정도 자유로이 가격의 결정에 영향을 미치거나 미칠 우려가 있는 상태를 초래하는 행위에 해당하는 이상, 이로 인하여 경쟁이 제한되는 정도에 비하여 법 제19조 제 2 항 각 호에 정해진 목적 등에 이바지하는 효과가 상당히 커서 소비자를 보호함과 아울러 국민경제의 균형 있는 발전을 도모한다는 법의 궁극적인 목적에 실질적으로 반하지 않는다고 인정되는 예외적인 경우에 해당하지 않는 한, 위와 같은 가격결정행위는 부당하다고 볼 수밖에 없다고 한다; 대판 2005. 9. 9. 2003두11841: "과다한 송객수수료의 인하를 통하여 거래조건을 합리화함으로써 관광부조리를 방지하여 관광질서를 확립하고 관광상품 판매가격이 인하되도록 유도하는 등의 효과가 적지 아니하고, 그로 인한 혜택이 최종소비자인 관광객들에게 귀속될 뿐 아니라 제주도의 관광산업 발전에도 이바지하는 것이므로, 결국 이 사건 가격결정행위는 경쟁제한행위에 해당하지만 소비자를 보호함과 아울러 국민경제의 균형 있는 발전을 도모한다는 법의 궁극적

법원이 가격의 부당한 결정·유지 또는 변경 행위로 인정한 경우는 다음과 같다.

"(사)제주관광협회의 송객수수료율 변경"(〈(사)제주도관광협회의 경쟁제한행위 건〉),[18] "소속조합원에게 판매가격표를 배포한 행위"(〈부산광역시가스판매협동조합의 경쟁제한행위 건〉),[19] "전세버스요금을 결정하고 구성사업자로 하여금 이를 준수하도록 통보"(〈서울특별시전세버스운송사업조합 외 9개조합의 경쟁제한행위 건〉),[20] "수입우지방 입찰에 참가함에 있어서 구성사업자와 사이에 단순히 입찰을 위한 내부적 절차로서 필요한 협의를 한 것을 넘어 입찰에 참가한 구성사업자와 사이에 입찰가격을 담합"(〈한국재생유지공업협동조합의 사업자단체금지행위 건〉),[21] "사업자 82%가 가입한 사업자단체인 한국건설감리협회가 감리대가기준을 결정한 것"(〈한국건설감리협회의 경쟁제한행위 건〉),[22] "관할지역의 보험차량 정비요금의 가격을 동일하게 인상하여 받기로 결의·실행"(〈서울특별시자동차검사정비조합 외 1의 사업자단체금지행위 건〉),[23] "법률에 특별한 규정이나 명백한 근거가 없음에도 불구하고 학교급식용 조리기구에 대한 경쟁입찰에 참가하려는 부산지역 구성사업자들에게 '계약단가' 이하의 금액으로 응찰하지 않도록 협조요청하는 행위"(〈한국상업용조리기계공업협동조합의 경쟁제한행위 등 건〉),[24] "이사회결의를 통하여 전세버스 운송요금 중 학교단체 여객요금을 인정하고 이를 준수하지 않은 업체에게 범칙금 부과 등 제재를 가하기로 결정하고 통보한 행위"(〈울산광역시전세버스운송사업조합의 사업자단체금지행위 건〉),[25] "건축사대가 기준준수 및 그 홍보행위, 대가기준에 기초한

인 목적에 실질적으로 반하지 아니하는 예외적인 경우에 해당한다"; 법목적 조항을 일반적 위법성 조각사유로 삼는 것에 대한 비판적 견해로 이민호, 경쟁법연구 제16권(2007), 177~178면 참조; 이를 미국판례법상 '조인트벤처의 부수적 제한 법리'와 유사한 개념으로 보고 '약식(quick look)'합리의 원칙이 적용된 것으로 보는 견해로 주진열, 경제법판례연구 제6권(2010), 117~119면 참조.

18) 대판 2005. 9. 9. 2003두11841.

19) 대판 2002. 5. 31. 2002두264.

20) 서고판 2000. 10. 10. 2000누1180(대판 2002. 6. 14. 2000두8905).

21) 대판 2002. 9. 24. 2002두5672.

22) 서고판 2002. 11. 19. 2002누1313(대판 2003. 4. 8. 2002두12779): "정관규정에서 정해진 바에 따라 감리대가기준을 정한 것이며, 위 정관은 감독관청인 건설교통부장관의 인가를 받은 것이라 하더라도 정관이 감독관청의 인가를 받은 사정만으로는 정관의 규정내용이나 정관의 규정에 따른 정당한 행위가 되는 것은 아니다".

23) 서고판 2004. 4. 1. 2003누2948.

24) 서고판 2004. 7. 21. 2003누14071(대판 2004. 11. 12. 2004두9098).

25) 서고판 2005. 1. 13. 2004누604.

설계비 제값받기 운동, 대가기준에 적용될 공사비 또는 표준 공사비의 결정행위 등 행위"(〈대한건축사협회 부산광역시건축사회 외 8의 사업자단체금지행위 건〉),[26] "전국학생복발전협의회가 시장점유율이 50%가 넘는 학생복 판매회사들과 공동으로 학생복 판매가격에 관한 결의"(〈전국학생복발전협의회 외 20의 사업자단체금지행위 건〉),[27] "한국전력기술인협회가 대행수수료를 결정하고 이를 회원들인 대행사업자 등에 통보한 행위"(〈전국전력기술인협회의 사업자단체금지행위 건〉),[28] "유치원 입학금 공동결정행위"(〈대구유치원연합회의 사업자단체금지행위 건〉),[29] "계육협회가 협회내 부기구를 통하여 사업자들과 공동으로 도계육 및 삼계육시세를 결정 또는 인상하기로 합의"(〈하림(주) 외 15의 공동행위 건〉),[30] "의사단체가 진단서 등 의료기관발급 수수료를 현행보다 2배수준으로 인상하기로 의결하고 소속회원사로 하여금 시행토록 한 행위"(〈서울특별시의사회의 사업자단체금지행위 건〉),[31] "서울경인조합과 한국강남레미콘공업협회 등이 관수레미콘입찰과 관련, 소속회사 등의 투찰물량을 합의하고 1·2차입찰을 유찰시킨 후 3차입찰에서 모든 입찰참여자들이 예정가격 대비 99.9% 이상으로 낙찰받은 행위"(〈관수레미콘 구매입찰 관련 25개 레미콘 제조·판매사업자 및 한국레미콘공업협회의 부당공동행위 건〉),[32] "손해보험사에게 청구할 자동차정비공임과 손해보험사와 정비요금 재계약시 공임의 기준금액을 결정하여 이를 회원 정비업자에게 통보한 행위"(〈(주)광주자동차검사정비조합의 사업자단체금지행위 건〉)[33]

법원이 가격의 부당한 결정행위로 인정하지 않은 경우는 다음과 같다.

구성사업자들에게 최소감사기간을 결정·통지한 것만으로는 어느 수준으로 가격을 결정하여야 하는지 알기 어려우므로, 이를 통하여 실질적으로 동일한 수준의 가격을 결정하여야 한다는 공동인식을 형성할 수 없을 것으로 보임(〈한국공인회계사회의 사업자단체 금지행위 건〉)[34]

26) 서고판 2005. 8. 10. 2004누18889.
27) 대판 2006. 11. 24. 2004두10319.
28) 대판 2006. 9. 22. 2004두14588.
29) 서고판 2007. 1. 11. 2006누653.
30) 서고판 2008. 7. 24. 2006누26563.
31) 대판 2009. 6. 23. 2007두18062.
32) 서고판 2010. 10. 27. 2009누33920.
33) 대판 2012. 12. 28. 2012두2004.
34) 서고판 2019. 8. 22. 2018누63855(대판 2020. 1. 16. 2019누52058).

한편 사업자단체가 다른 사업자나 사업자단체와 공동행위를 하는 경우도 있을 수 있다. 이 경우 사업자단체를 하나의 사업자로 보아 제40조 제 1 항을 적용하여야 할지 공동행위를 한 각 사업자단체에 대하여 제51조 제 1 항을 적용하여야 할지가 문제된다.

이와 관련 〈부산광역시치과의사회의 사업자단체금지행위 건〉 관련 행정소송에서 대법원은 치과의사회가 치과기공사회와 사이에 각 실무회 소속 회원을 통하여 치과기공물 가격에 관한 가이드라인을 정한 다음 대표자의 추인을 받아 대표자 명의로 회원들에게 안내문을 발송한 행위에 대하여 제51조 제 1 항 제 1 호를 적용하였고,[35] 〈(사)대한약사회 대구직할시지부의 경쟁제한행위 건〉 관련 행정소송에서는 (사)대한약사회 대구직할시지부가 도매협회에 가격인상안을 건의하여 도매협회가 이를 수락한 데 대하여 제51조 제 1 항 제 1 호를 적용한 바 있다.[36] 사업자단체가 다른 사업자나 사업자단체와 담합을 한 경우 해당사업자단체에 대하여 사업자단체금지행위 규정을 적용하는 것이 대법원의 입장임을 알 수 있다.

즉 사업자단체의 경쟁제한행위에 구성사업자들의 적극적인 행위가 개입되는 경우 사업자단체에서는 법 제51조 제 1 항의 사업자단체 금지행위의 책임을, 구성사업자에게는 법 제40조 제 1 항의 부당한 공동행위의 책임을 물을 수 있다.[37]

1.2 상품 또는 용역의 거래조건이나, 그 대금 또는 대가의 지급조건을 정하는 행위

> 대금지급방법을 제한하거나 구성사업자로 하여금 이를 공동으로 결정하게 하는 행위, 상품인도일로부터 대금지급기일까지의 기간을 정하거나 어음의 만기일등을 정함으로써 실질적으로 대금지급기간을 공동으로 결정하게 하는 행위, 수요자의 편익이 증대되지 않는데도 상품 등의 인도장소, 방법 등을 제한하거나 공동으로 결정하게 하는 행위 및 수요자의 편익이 증대되지 않는데도 상품 등에 대한 애프터서비스의 기간, 내용, 방법 등을 제한하거나 공동으로 결정하게 하는 행위이다[「사업자단체 활동지침」 3. 가. (2)].

35) 대판 2005. 8. 19. 2003두9251.

36) 서고판 1994. 9. 28. 93구28166(대판 1995. 5. 12. 94누13909).

37) 서고판 2010. 10. 27. 2009누33920.

1.3 상품의 생산 · 출고 · 수송 또는 거래의 제한이나 용역의 거래를 제한하는 행위

> 구성사업자별로 생산량, 출고량, 판매량을 할당하거나, 그 수준을 결정하는 행위, 최고 · 최저생산량, 필요재고량 등 명칭여하를 불문하고 구성사업자의 생산량 등 수량의 기준을 제시하는 행위, 구성사업자의 상품 생산을 위한 가동률, 가동시간, 원료구입, 시설의 신 · 증설 및 개체 등을 제한하거나 공동으로 결정하게 함으로써 실질적으로 생산 · 출고 · 판매수량을 제한하는 행위, 구성사업자의 수 · 출입 추천 또는 원재료 구입 등을 부당하게 제한하거나 차별적으로 취급하는 행위 및 생산, 출고, 판매에 관한 자료나 정보를 제공함으로써 구성사업자가 생산 · 출고 · 판매량을 결정하도록 유인하는 행위이다[「사업자단체 활동지침」 3. 가. (3)].

법원이 거래제한행위로 인정한 사례는 다음과 같다.

> "고철구매비율합의"(〈11개 고철수요업체와 한국철강협회의 고철구매가격공동행위 등 건〉),[38] "시도건축사협회가 설계업무와 감리업무를 분리시행하도록 하면서 공동감리사무소나 감리회사 등을 설립한 행위"(〈12개시 · 도 건축사회 및 2개 건축사복지회의 경쟁제한행위 및 구성사업자에 대한 사업활동제한행위 건〉),[39] "구성사업자로 하여금 의약품도매업자에게 1원 등 저가로 낙찰받은 의약품을 공급하는 행위 또는 저가의 입찰참가를 요청하는 행위"(〈한국제약협회의 사업자단체금지행위 건〉)[40]

1.4 거래지역 또는 거래상대방을 제한하는 행위

> 구성사업자에게 거래처 또는 거래지역을 할당하거나, 이를 공동으로 정하여 상호간에 침범하지 않게 하는 행위, 구성사업자로 하여금 특정한 사업자와는 거래하지 않도록 하거나 특정사업자와만 거래하도록 거래상대방을 제한하는 행위, 구성사업자별 수주활동을 제한하고, 공동 수주하도록 하거나 입찰 또는 수주의 순위, 자격 등을 제한함으로써 구성사업자의 자유로운 수주활동을 제한하는 행위 및 객관적이고

38) 대판 2002. 7. 12. 2000두10311.
39) 대판 2002. 9. 24. 2000두1713.
40) 서고판 2013. 11. 29. 2013누9573.

합리적인 기준없이 특정의 사업자를 우량업자 또는 불량업자로 구분하는 등의 방법으로 거래상대방을 제한하는 행위이다[「사업자단체 활동지침」 3. 가. (4)].

법원이 거래지역 또는 거래상대방 제한행위로 인정한 행위는 다음과 같다.

"다른 구성사업자의 사무소에서 퇴직후 2년이 경과하지 아니한 사무원을 채용한 구성사업자는 당해 사무원의 퇴직전 사무소에서 6개월이내에 통관한 실적이 있는 통관업무는 거절하도록 한 행위"(〈한국관세사회의 경쟁제한행위 및 구성사업자의 사업활동제한행위 건〉),[41] "자체 의사결정기구 또는 집행기구인 이사회, 경영개선분과위원회의 또는 회원업체 대표회의를 통하여 사전에 입찰에 참가할 사업자를 결정하거나, 타업체 통근버스 거래선을 침범하지 말도록 한 뒤 이를 위반할 경우 범칙금을 부과하는 등의 제재를 하기로 한 행위 및 학단계약시 지역업체에 우선권을 부여하고 위반시 제재하기로 한 행위"(〈서울특별시전세버스운송사업조합 외 9개조합의 경쟁제한행위 건〉),[42] "구성사업자로 하여금 동 지회가 선정한 특정폐기물처리업체와 거래하도록 강제하고 이를 위반한 사업자들을 서울시조합이 제명하도록 요청한 행위"(〈서울시자동차부분정비사업조합 도봉구지회의 사업자단체금지행위 건〉)[43]

1.5 생산 또는 용역의 거래를 위한 설비의 신설 또는 증설이나 장비의 도입을 방해하거나 제한하는 행위

구성사업자별로 생산·판매시설 등 설비의 규모를 할당하거나 공동으로 결정하게 하는 행위, 구성사업자에게 설비의 신·증설 또는 개체를 제한하게 하거나 폐기하도록 하는 행위 및 시설이나 장비의 도입처, 도입자금, 도입경로 등을 부당하게 제한함으로써 시설의 신·증설 또는 장비의 도입을 제한하는 행위이다[「사업자단체 활동지침」 3. 가. (5)].

41) 서고판 1997. 1. 9. 96구7030.

42) 서고판 2000. 10. 10. 2000누1180(대판 2002. 6. 14. 2000두8905).

43) 대판 2010. 10. 28. 2010두14084.

1.6 상품의 생산 또는 거래시에 그 상품의 종류 또는 규격을 제한하는 행위

> 구성사업자별로 상품의 종류 또는 규격별로 생산품목을 할당하거나 공동으로 결정하게 하는 행위 및 새로운 상품의 개발·생산·판매 등을 제한하거나 공동으로 결정하게 하는 행위이다[「사업자단체 활동지침」 3. 가. (6)].

1.7 영업의 주요부문을 공동으로 수행하거나 관리하기 위한 회사 등을 설립하는 행위

> 상품의 생산·구매·판매 등의 업무를 수행하는 공동회사를 설립하여 모든 구성사업자들로 하여금 이 회사를 통해서만 거래하도록 하는 행위 및 구성사업자의 제품판매수익을 공동으로 관리하는 회사를 설립하여 제반경비를 공제하고 남은 이익을 판매수익에 관계없이 배분하는 행위이다[「사업자단체 활동지침」 3. 가. (7)].

예를 들어 "시도건축사협회가 설계업무와 감리업무를 분리시행하도록 하면서 공동감리사무소나 감리회사 등을 설립한 행위"(〈12개시·도 건축사회 및 2개 건축사복지회의 경쟁제한행위 및 구성사업자에 대한 사업활동제한행위 건〉)[44]이다.

1.8 기타 다른 사업자의 사업활동 또는 사업내용을 방해하거나 제한 함으로써 일정한 거래분야에서 경쟁을 실질적으로 제한하는 행위

여기에서 다른 사업자는 거래단계가 다른 사업자도 될 수 있다. 즉 대법원은 〈(사)대한약사회 대구직할시지부의 경쟁제한행위 건〉 관련 행정소송에서 "의약품도매업자는 소매업자인 약국들과 직접적인 경쟁관계에 있지는 않더라도 약국들과 동일한 품목을 공급하는 업자로서 이 사건에 있어서 구입가격 그대로 다시 판매하는 보건소를 통하여 도매업자가 최종소비자들에게 약품을 공급함으로써 그들간의 합의여하에 따라 소비자가격결정을 지배하여 공정하고 자유로운 경쟁을 제한함으로써 소비자보호에 역행할 수 있는 이상 도매업자도 법 제40조 제1항 제8호에서 말하는 '다른 사업자'에 해당한다고 볼 것이고 … 도매협회에 약품가 인상을 권고하고 도매협회가 이를 수락하여 가격인상이 이루어진 이상

44) 대판 2002. 9. 24. 2000두1713.

… 법 제40조 제 1 항 제10호의 '사업활동이나 사업내용을 방해하거나 제한하는 행위'에 해당한다"고 판시하였다.[45]

> 정당한 이유없이 단체에의 가입을 강제하거나 거부함으로써 비구성사업자의 사업활동이 부당하게 제약되는 결과를 초래하는 행위, 구성사업자의 상품이나 용역의 가격을 일정수준으로 유지하기 위하여 비구성사업자에게 회원가입을 강제하거나 구성사업자와 가격을 동일하게 받도록 강요하는 행위, 구성사업자로 하여금 다른 사업자의 제품에 대한 불매운동 등을 하거나 정상적인 영업활동을 하지 못하도록 압력을 행사하는 행위, 비구성사업자라는 이유로 사업수행에 필요한 사업관련 정보망 등의 이용을 부당하게 제한하여 비구성사업자의 사업활동을 방해하는 행위, 비구성사업자의 저가 판매행위를 저지할 목적으로 비구성사업자를 비방하는 전단을 작성하여 배포하거나 집단적인 시위를 통해 영업을 방해 하는 행위 및 구성사업자로 하여금 다른 사업자가 생산·판매하는 제품을 일정한 용도이외로는 사용하지 못하게 하는 행위이다[「사업자단체 활동지침」 3. 가. (8)].

법원이 사업활동방해로 인정한 사례는 다음과 같다.

> "약국 휴·폐업"(〈(사)대한약사회 및 (사)대한약사회 서울특별시지부의 경쟁제한행위 건 등〉),[46] "구성사업자에게 생산농가와 마주간에 직접매매를 하지 못하게 하거나 조교사간의 경주마 위탁관리계약체결을 방해하는 행위"(〈(사)서울마주협회의 경쟁제한행위 건〉),[47] "신규자동차매매업자들에게 비조합원이라는 이유로 자동차매매업에 필요한 자동차양도증명서를 교부하여 주지 아니한 행위"(〈(사)대전광역시자동차매매조합의 경쟁제한행위 건〉),[48] "구성사업자의 경쟁사업자의 고철업참여를 방해하기 위하여 구성사업자들로 하여금 경쟁사업자와 거래하는 전기로 업체에 대하여 고철납품을 중단하도록 결의한 행위"(〈한국철스크랩공업협회의 경쟁제한행위 건〉),[49] "정관규정을 통하여 혼인상담업자 등으로 하여금 협회가입 및 신고요금의 준수를 강제한 행위"(〈(사)한국결혼상담소협회 부산지부의 부당표시·광고행위 등

45) 서고판 1994. 9. 28. 93구28166(대판 1995. 5. 12. 94누13909).
46) 대판 1995. 5. 12. 94누13794; 대판 1995. 5. 12. 94누13909.
47) 서고판 1996. 7. 9. 95구 321699(대판 1996. 10. 1. 96누11839).
48) 서고판 1999. 7. 22. 98누14084.
49) 서고판 1999. 10. 29. 99누6332(대판 2000. 3. 15. 99두11639).

건〉),[50] “자동차등록규칙 제33조 제 2 항의 규정에 의한 양도증명서를 자기의 회원인 각 시 · 도자동차매매조합과 경기지역내의 각 시 · 군협의회를 통해서만 교부하고 자동차매매사업자에 대하여는 직접 위 양도증명서의 교부를 거부하는 행위”(〈한국자동차매매사업조합연합회 등 4개 사업자단체의 경쟁제한행위 건〉),[51] “필수설비적 성격의 시설인 신용카드 가맹점 공동이용망을 이용하기 위하여 기존 신용카드사업자들에게 지급하여야 할 가입비에 관하여 한국여신전문금융업협회가 안진회계법인의 가입비 산정방법에 따라 신한은행이 공동이용망 내의 가맹점 망과 유사한 가맹점 망을 구축하는 데 소요되는 비용 자체로 가입비를 산정한 행위”(〈한국여신전문금융업협회 외 7의 사업자단체금지행위 건〉),[52] “한국양회공업협회가 구성사업자인 회사들로부터 아주산업 등의 슬래그분말사업에 대한 확인 및 재고권유 요청을 받고 아주산업과 유진레미콘에게 슬래그분말 사업추진의 중단 · 제한 등을 요청하였고, 이를 이행하지 아니하자 아주산업과 유진레미콘에 대하여 구성사업자인 회사들이 시멘트공급을 제한한 행위”(〈아세아시멘트공업(주) 외 2(쌍용양회공업(주), 한국양회공업협회)의 공동행위 건〉),[53] “볼트체결식 이음시공법을 사용하는 건설업체 등에 대하여 PHC파일 공급을 제한한 행위”(〈한국원심력콘크리트공업협동조합의 사업자단체 금지행위 건〉),[54] “교체감리협약제도”(〈대구 건축공사감리협회운영협의회의 사업자단체 금지행위 및 시정조치 불이행 건〉),[55] “볼트체결식 이음시공법을 사용하는 건설업체 등에 대하여 PHC파일 공급을 제한한 행위”(〈한국원심력콘크리트공업협동조합의 사업자단체 금지행위 건〉),[56] “교체감리협약제도”(〈대구 건축공사감리협회운영협의회의 사업자단체 금지행위 및 시정조치 불이행 건〉)[57]

50) 서고판 1999. 7. 9. 99누1313(대판 1999. 12. 13. 99두8626).

51) 서고판 2001. 5. 10. 2000누8662: “일반소비자가 자동차매매업자를 통해 중고차를 매입하고자 할 때에는 당해 매매업자가 매수자에 갈음하여 소유권이전등기를 하여야 하고 그 이전등록 신청서에는 원고가 독점적으로 제작 · 검인한 양도증명서를 필히 첨부해야 하므로 일반매매업자가 원고가 제작 · 검인한 양도증명서를 확보하지 못하면 그 사업자는 중고자동차매매 영업을 할 수 없게 되는 결과”.

52) 대판 2005. 8. 19. 2003두5709.

53) 대판 2008. 2. 29. 2006두10443.

54) 서고판 2017. 6. 15. 2016누42472(대판 2017. 10. 26. 2017두52535).

55) 서고판 2016. 11. 4. 2016누31403.

56) 서고판 2017. 6. 15. 2016누42472(대판 2017. 10. 26. 2017두52535).

57) 서고판 2016. 11. 4. 2016누31403.

그러나 반대로 조합원에 대한 전산신고수리 제한 또는 중단에 대하여 "회비 미납의 조합원에 대하여 전산을 통한 신고수리를 제한 또는 중단하기로 결의하였다고 하더라도 수작업에 의한 신고수리의 여지를 남겨둠으로써 법령의 위임에 의한 신고수리업무자체를 거부한 것이라고 볼 수 없는 이상, 그 결의 내용은 관련 구성사업자의 사업내용이나 활동에 간접적으로 불편을 초래하는 정도에 불과하고, 구성사업자의 사업내용이나 활동을 과도하게 제한한 것이라고는 보기 어렵다"고 하고, 조합원에 대한 양도증명서 교부거부에 관하여도 "개별사업자들이 반드시 조합을 통하여 양도증명서를 구해야 하는 것도 아니고, 조합이 양도증명서의 소요량을 파악하여 이를 지역 협의회에 배부토록 하는 배부체계를 유지하고 있더라도 양도증명서의 교부가 법령의 위임에 따른 조합의 사무도 아니고, 단지 조합원들에 대한 편의제공차원의 행위에 불과한 이상, 회비를 납부하지 아니한 조합원에게 단체 유지의 목적으로 자율적인 의사결정에 따라 그와 같은 편의제공을 거부한 것이 구성사업자의 사업내용 또는 활동을 과도하게 제한한 것이라고 보기도 어렵다"고 한 사례가 있다(〈경기도자동차매매사업조합 등 4개 사업자단체의 경쟁제한행위 및 경기도자동차매매사업조합의 구성사업자 사업활동제한행위 건〉).[58]

기타 법원이 법위반으로 인정하지 않은 사례도 있다.

> "구성사업자가 매매사원으로부터 지급받는 각종 수수료를 자신이 직접 결정하고, 구성사업자가 다른 구성사업자의 매매사원을 자신의 직원으로 채용하는 것을 제한하는 등의 행위"(〈경기도 자동차매매사업조합의 사업자단체금지행위 건〉),[59] "(사)대한의사협회가 의료기기 판매업체들에게 한방 병·의원과의 거래를 중단하도록 하거나 개시하지 않도록 하는 행위"(〈(사)대한의사협회의 사업자단체금지행위 건〉),[60] "PHC파일 단부 폐쇄조치행위"(〈한국원심력콘크리트공업협동조합의 사업자단체 금지행위 건〉),[61] "설계·감리 분리"(〈충청북도 건축공사감리업무 운영위원회의 사업자단체 금지행위 건〉)[62]

58) 서고판 2001. 8. 21. 2000누8617(대판 2001. 11. 4. 2001두7428).
59) 대판 2013. 10. 11. 2013두12621.
60) 공정의 2017. 1. 10. 2017-010.
61) 서고판 2017. 6. 15. 2016누42472(대판 2017. 10. 26. 2017두52535).
62) 서고판 2016. 6. 16. 2016누31250(대판 2016. 10. 13. 2016두44360).

2. 일정한 거래분야에 있어서 현재 또는 장래의 사업자수를 제한하는 행위

사업자단체가 구성사업자의 수를 제한하는 행위는 사업자단체라는 조직적인 힘으로 시장의 경쟁에 영향을 미칠 수 있는 특유한 행위유형이다. 동 행위는 다른 행위유형과는 달리 '정당한 이유없이'나 '부당하게' 요건이 결여되어 있으나, 실무적으로는 부당성과 정당한 이유를 판단하고 있다.[63]

> 단체에 가입하지 않으면 사업수행이 곤란한 경우 일정한 영업기간 등 가입조건을 어렵게 하거나, 신규가입자에 대해 기존 회원의 동의를 받도록 함으로써 사실상 가입을 제한하는 행위, 신규 창업을 저지하거나 기존 사업자를 배제하는 등의 방법으로 당해 사업분야에 있어서 사업자 수의 증가를 제한하는 행위, 신규가입시 일정한 거리제한을 두거나 특정한 장소 내에 또는 매매후 일정한 기간 내에 신규 개설·이전·승계 등을 금지하는 행위 및 신규가입 또는 탈퇴를 제한할 목적으로 또는 그와 동일한 효과를 가질 정도로 높은 수준의 가입비를 징수하는 행위이다[「사업자단체 활동지침」 3. 가. (9)].

법원이 법위반으로 인정한 사례는 다음과 같다.

> "정당한 이유없는 제명행위"(〈전북사진앨범인쇄공업협동조합의 경쟁제한행위 건〉),[64] "신규가입자의 조합가입비를 인상하고 신규가입시 납부하는 가입비를 원고조합으로부터 반환받지 않겠다는 포기각서를 받은 후 조합에 가입시키고 신규자동차매매업자들에게 비조합원이라는 이유로 자동차매매업에 필요한 자동차양도증명서를 교부하여 주지 아니한 행위"(〈(사)대전광역시자동차매매조합의 경쟁제한행위 건〉)[65]

63) 대판 1990. 2. 12. 89누8200: "오만재가 원고조합원으로부터 제명되는 경우 졸업사진 앨범에 대한 단체수의계약에 따른 물량배정대상과 정부조달물자구매대상에서 제외되어 앞으로의 사업활동에 있어 큰 불이익을 입게 되는 사실을 인정할 수 있고", "제명한 조치는 오만재에게 너무 가혹하여 부당하다고 할 것이고 정당한 이유없이 오만재를 제명한 행위는 거래분야에 있어서 사업자수를 제한하는 행위이다".

64) 대판 1990. 2. 12. 89누8200.

65) 서고판 1999. 7. 22. 98누14084.

3. 구성사업자의 사업내용 또는 활동을 부당하게 제한하는 행위

1) 의 의

법 제51조 제 1 항 제 3 호에서 사업자단체의 금지행위로서 '구성사업자의 사업내용 또는 활동을 부당하게 제한하는 행위'를 규정하고 있는 취지는, 원래 사업자단체는 구성사업자의 공동의 이익을 증진하는 것을 목적으로 하는 단체이므로 그 목적 달성을 위하여 단체의 의사결정에 의하여 구성사업자의 사업활동에 대하여 일정한 범위의 제한을 하는 것이 어느 정도 예정되어 있다고 하더라도 그 결의의 내용이 구성사업자의 사업내용이나 활동을 과도하게 제한하여 구성사업자 사이의 공정하고 자유로운 경쟁을 저해할 정도에 이른 경우에는 이를 허용하지 않겠다는데 있다.[66)]

제51조 제 1 항 제 1 호와의 관계가 문제된다. 이에 대하여 사업자단체의 행위가 시장지배력의 형성에 연결된 경우에는 그 시장에 있어서 힘에 착안하여 제 1 호가 적용되고, 이러한 시장지배력의 형성에 연결되지 않은 경우에는 사업자단체의 개개의 행위에 착안하여 본 호가 적용된다고 해석하는 견해가 있다.[67)]

그러나 〈(사)대한약사회의 경쟁제한행위 건〉 관련 행정소송에서 대법원은 제 3 호를 적용하면서 "의약품판매시장인 약국업 분야에서 사업자단체인 약사회가 그 의사대로 시장지배력을 형성한 것으로 보이므로"라고 표현하는바 이러한 구분의 타당성도 의문이다. 사업자단체의 일방적 의사가 강한 경우에는 본 호를, 구성사업자의 공동의 인식이 존재하는 경우 제 1 호를 적용할 수 있을 것이다.

한편 본 호의 규정을 경쟁제한성과는 별개도 파악하는 견해도 있는데,[68)] 이는 타당하지 않으며 양자가 모두 경쟁저해성에 관련되고 다만 사안의 내용을 검토하여 개별적으로 판단하여야 한다. 그러나 실제사례에서는 제 1 호 위반과 제 3 호 위반이 명확하게 구분되지 아니하는 경우가 많으며 이러한 경우에는 중복적용되는 것으로 보아야 한다. 이러한 측면에서 본다면 입법론적으로 다소 문제가 있다고 생각된다.

---

66) 대판 1997. 5. 16. 96누150; 대판 2001. 6. 15. 2001두175; 대판 2002. 9. 24. 2002두5672; 대판 2003. 2. 20. 2001두5347; 서고판 2004. 7. 21. 2003누14071(대판 2004. 11. 12. 2004두9098; 서고판 2004. 7. 14. 2003누7806(대판 2005. 6. 24. 2004두8569; 대판 2005. 1. 27. 2002다42605; 대판 2003. 2. 20. 2001두5347.

67) 한상곤, 자유경쟁과 공정거래(2002), 473면.

68) 예를 들어 대판 2003. 2. 20. 2001두5347의 반대의견 참조.

각종 증명서의 교부나 추천을 거부하거나 지연함으로써 구성사업자의 사업활동을 부당하게 제한하는 행위, 영업장소의 수 또는 위치를 제한하거나 일정한 기간 동안 조업을 단축하도록 하거나 영업을 하지 못하도록 함으로써 구성사업자의 활동을 부당하게 제한하는 행위, 구성사업자에게 공동사업의 이용을 강제하거나 부당하게 구성사업자를 차별적으로 취급하는 행위, 구성사업자에게 특정한 원료의 사용비율을 정하여 강제하거나 직원의 채용 또는 자유로운 기술 개발·이용을 부당하게 제한하는 행위 및 구성사업자의 광고내용, 광고회수, 광고매체 등을 부당하게 제한하거나 공동으로 결정하게 하는 행위, ⑥ 단체로부터의 탈퇴를 강요하거나 거부함으로써 구성사업자의 사업활동을 부당하게 제한하는 행위이다[「사업자단체 활동지침」 3. 가. (10)].

법원이 법위반으로 인정한 사례는 다음과 같다.

"적법한 절차에 따라 체결한 계약을 해약하고 단체수의계약방식을 따르도록 한 행위"(〈전북사진앨범인쇄협동조합의 경쟁제한행위 건〉),[69] "명예훼손을 이유로 회원에서 제명처분하고 동사에 배정된 대두를 반납함으로써 연식품제조용 대두의 공급을 중단한 행위"(〈서울연식품공업협동조합에 대한 손해배상청구 건〉),[70] "구성사업자의 내수판매물량을 제한"(〈한국비철금속공업협동조합연합회의 불공정거래행위 건〉),[71] "약국 휴·폐업"(〈(사)대한약사회 및 (사)대한약사회 서울특별시지부의 경쟁제한행위 건 등〉),[72] "구성사업자에게 '경주마 공동구입·추첨·분배'방식을 강제하여 구성사업자와 조교사간 경주마 위탁관리계약체결을 방해하는 행위"(〈(사)서울마주협회의 경쟁제한행위 건〉),[73] "다른 구성사업자의 사무소에서 퇴직후 2년이 경과하지 아니한 사무원을 채용한 구성사업자는 당해 사무원의 퇴직전 사무소에서 6개월이내에 통관한 실적이 있는 통관업무를 거절하도록 한 행위"(〈한국관세사회의 경쟁제한행위 및 구성사업자의 사업활동제한행위 건〉),[74] "소속 법무사의 자유로운 집단등기사건 수임을 제한하는 내용의 집단등기사건수임업무처리규정을 제정·시행

69) 대판 1990. 2. 12. 89누8200.
70) 공정의 1990. 7. 25. 90-41.
71) 서고판 1992. 1. 29. 91구2030
72) 대판 1995. 5. 12. 94누13794; 대판 1995. 5. 12. 94누13909.
73) 서고판 1996. 7. 9. 95구 321699; 대판 1996. 7. 9. 96누11839.
74) 서고판 1997. 1. 9. 96구7030.

한 행위"(〈대한법무사협회의 구성사업자에 대한 사업활동제한행위 건〉),[75] "휴무일의 준수 및 협회차원에서 하는 캠페인에의 참여를 강제한 행위"(〈(사)한국결혼상담소협회 부산지부의 부당표시·광고행위 건〉),[76] "충남조합이 그 구성사업자로 하여금 상호가격경쟁을 피하고 조합이 정한 협정요금을 준수하도록 하기 위하여 공동계약 및 공동배차방식의 합동사무실을 개설·운영하도록 독려하는 한편 위와 같은 공동 계약·배차방식이 실효를 거둘 수 있도록 타 지역 구성사업자들의 경우는 합동사무실이 설치된 지역을 침범하지 말도록 한 행위"(〈서울특별시전세버스운송사업조합 외 9개조합의 경쟁제한행위 건〉),[77] "시도건축사협회가 감리보수기준 및 운용방법을 결정한 행위"(〈12개시·도 건축사회 및 2개 건축사복지회의 경쟁제한행위 및 구성사업자에 대한 사업활동제한행위 건〉),[78] "구성사업자인 신영산업의 거래 상대방에게 신영산업과의 거래를 중지해 줄 것을 요청하는 내용의 호소문을 발송한 행위"(〈한국재생유지공업협동조합의 사업자단체금지 건〉),[79] "구성사업자가 휴업하거나 보험사외의 계약을 해약하도록 한 행위"(〈서울특별시자동차검사정비조합 외 1의 사업자단체금지행위 건〉),[80] "제한경쟁입찰에 참가한 대부분의 업체들이 '계약단가'보다 저렴한 가격으로 응찰한 가운데 최저가로 낙찰되었다는 이유만으로 이를 업계질서를 문란케 하는 덤핑가격으로 낙찰 받은 것으로 속단한 나머지 삼주이엔지와 한신주방냉동에게 3년간 단체수의계약 물량배정을 중지하도록 결의하고 그 결의 내용을 해당업체는 물론 부산지역 전 조합원들에게 통지하는 행위"(〈한국상업용조리기계공업협동조합의 경쟁제한행위 등 건〉),[81] "이사회를 통해 '증차심의제'를 운용하기로 결의하고 제재를 한 행위"(〈울산광역시 전세버스운송사업조합의 사업자단체금지행위 건〉),[82] "대구시유치원연합회의 원아모집과 관련한 홍보방법 및 시기 제한행위"(〈대구유치원연합회의 사업자단체금지행위 건〉),[83] "비회원과의 공동중개제한 행위, 일요일 영업활동 제한행위, 중개수수료 할인금지"(〈군포회의 사업자단체금지행위 건〉),[84] "비회

75) 서고판 1995. 11. 23. 94구32186.
76) 서고판 1999. 7. 9. 99누1313; 대판 1999. 12. 13. 99두8626.
77) 서고판 2000. 10. 10. 2000누1180(대판 2002. 6. 14. 2000두8905).
78) 대판 2002. 9. 24. 2000두1713.
79) 대판 2002. 9. 24. 2002두5672.
80) 서고판 2004. 4. 1. 2003누2948.
81) 서고판 2004. 7. 21. 2003누14071(대판 2004. 11. 12. 2004두9098).
82) 서고판 2005. 1. 13. 2004누604.
83) 서고판 2007. 1. 11. 2006누653.
84) 서고판 2007. 5. 16. 2006누22998.

원과의 공동중개 제한행위, 휴무강제를 통한 영업활동 제한행위"(〈평촌신도시부동산중개업친목회의 사업자단체금지행위 건〉),[85] "부동산중개업자단체들이 회원들로 하여금 비회원에 대하여 부동산거래정보를 차단하도록 한 행위"(〈(주)텐커뮤니티 외 13의 사업자단체금지행위 건〉),[86] "구성사업자로 하여금 자신과 계약을 체결한 지정폐기물 처리업체를 통해서만 지정폐기물을 처리하도록 한 행위"(〈서울시자동차부분정비사업조합 도봉구지회의 사업자단체금지행위 건〉),[87] "비회원업체와의 공동행위를 이유로 부동산거래정보망 사용을 정지하는 징계조치를 한 행위"(〈군포회의 사업자단체금지행위 건〉),[88] "구성사업자인 네트워크 치과 소속 치과의사들의 사업활동을 과도하게 제한한 행위"(〈(사)대한치과의사협회의 사업자단체금지행위 건〉),[89] "감리비 수령 및 분배행위"(〈전라북도 건축공사감리업무 운영위원회의 사업자단체 금지행위 건〉),[90] "폐차업계 유일한 사업자단체가 '폐차가격 신문광고', '폐차권장가격 결정'의 이사회 결의 사항을 구성사업자에게 전달한 행위"(〈한국자동차해체재활용업협회의 사업자단체 금지행위 건〉),[91] "감리비 결정행위"(〈대전광역시건축공사감리위원회의 사업자단체금지행위 건〉)[92]

그러나 대법원은 〈한국관세사회의 구성사업자에 대한 사업활동제한행위 건〉 관련 행정소송에서 "'직무보조자는 다른 관세사무소의 소속으로 채용되어 옮겨갈 때에는 옮기기 전에 근무한 관세사무소의 거래처의 통관업무를 가지고 가거나, 유인하거나, 자기가 사무소를 옮긴 것을 알려서 그 사무소로 유치하는 행위를 하여서는 아니된다'는 내용의 제11조 제3항과 '직무보조자는 통관업무 유치행위를 하거나 통관업경영에 참여할 수 없으며 관세사와 지입식 운영 등을 할 수 없다는 규정'에 대해서는 '위 복무규정을 둔 이유는 관세사에게 고용된 직무보조자가 대가의 수령 없이 종속적으로 사건을 유치하는 행위를 따로 문제 삼지 않고 있던 중 직무보조자들 중 일부가 그 거래업체와 지속적이고 반복적인 거래관계를 하는 과정에서 생성된 인간관계를 마치 자신의 영업권이나 상품

85) 서고판 2007. 12. 5. 2007누19579.
86) 대판 2008. 2. 14. 2005두1879.
87) 대판 2010. 10. 28. 2010두14084.
88) 서고판 2010. 10. 13. 2009누26755.
89) 대판 2014. 7. 24. 2013두16906.
90) 서고판 2016. 6. 16. 2016누31250(대판 2016. 10. 13. 2016두44377).
91) 서고판 2019. 6. 5. 2018누68041(대판 2019. 10. 17. 2019두44118).
92) 서고판 2017. 4. 26. 2016누31243.

인양 취급하여 이를 가지고 관세사 사무소에 알선·소개의 대가로 금원을 요구하고, 이에 응하지 아니하면 다른 관세사 사무소로 이전하면서 기존의 거래업소를 전부 가져가 버리는 등으로 통관업무의 질서를 문란하게 할 뿐 아니라, 심지어는 관세사와 지입식 경영을 하거나 관세사로부터 명의를 대여받아 실질적으로 관세사를 고용하는 사례가 빈발하므로 다른 관세사에게 채용되어 옮겨가는 직무보조자의 위와 같은 부조리를 방지하여 건전한 통관질서를 확립하고자 하는 취지에서 위와 같은 규정을 명시적으로 두게 되었다는 것이므로, 관세사와 관세사 직무보조자의 직무내용, 관세사 업무의 특성, 관세사 업계의 현실, 위 복무규정의 제정경위 및 위 복무규정은 다른 관세사 사무소로 소속을 옮긴 직무보조자의 활동 중 일부를 제한하는 것일 뿐 그를 고용한 관세사의 활동에 의한 사건유치까지 금지하는 것은 아니어서 관세사의 사업활동에 대한 직접적인 제한은 아닌 점, 기존의 거래업소에 대하여 이러한 방식에 의하여 사건을 유인·유치하는 행위가 금지되면 소속을 옮긴 직무보조자의 능력이나 활동에 의하여서가 아니라 그를 고용한 관세사 자신의 능력이나 활동에 의하여 통관사건을 수임할 수 있게 되므로 오히려 관세사들 사이의 공정하고 자유로운 경쟁을 촉진하는 면이 있는 점 등을 아울러 고려하여 보면, 위 복무규정은 건전한 통관질서를 확립하고 직무보조자의 부조리를 방지하여 불공정한 거래행위를 예방하고자 하는 것으로 긍정적으로 이해되어야 할 것이므로, 위 복무규정이 관세사의 사업내용 또는 활동을 과도하게 제한하여 관세사들 사이의 공정하고 자유로운 경쟁을 저해하는 것이라고는 할 수 없다 할 것이다'"고 판시하였다.[93]

이는 관세사무소 직무보조자의 복무규정이 구성사업자의 사업내용이나 활동을 부당하게 제한하는 것인지가 쟁점이 된 사건이었다. 대법원은 위 복무규정이 경쟁저해성과는 관계없는 것으로 판시하였다.

2) 집단휴업의 경쟁제한성

약사의 집단 휴폐업의 경쟁제한성 관련하여 논란이 있었다. 이에 대해 대법원은 〈(사)대한약사회 및 (사)대한약사회 서울특별시지부의 경쟁제한행위 건〉 관련 행정소송에서 "법 제51조 제 1 항 제 3 호 규정의 취지는 사업자단체의 구성사업자도 그 개개인은 모두 개별사업자이므로 그들의 폐문(휴업)여부 결정 등의 사업활동은 그들의 경영방침에 따라 자유롭게 보장되어야 한다는 데에 있는 것

93) 대판 2001. 6. 15. 2001두175.

이고, 따라서 약사회가 집단폐문 결의내용을 그 구성사업자들에게 통보하여 그들의 자유의사에 불문하고 폐문을 실행하도록 한 행위는 이른바 단체적 구속으로서 개별 구성사업자의 사업내용 또는 활동을 부당하게 제한하는 행위에 해당한다고 할 것이다"라고 판시하였다.[94] 즉 집단폐문결의가 당초 정부의 약사법 개정안에 반대하여 그 항의의 표시로써 나온 행위라고 하더라도 모든 약사들이 약사회의 구성사업자이어서 위 결의에 반대하는 사업자들에 대하여까지 약국의 폐문을 강제하여 의약품의 판매를 제한한 결과 의약품판매시장인 약국업 분야에서 사업자단체인 약사회가 그 의사대로 시장지배력을 형성한 것으로 보이므로 약사회의 집단휴폐업 행위는 약국업 분야에서의 경쟁을 실질적으로 제한하는 행위에 해당한다"고 한다.[95]

이는 의사의 집단 휴폐업에서도 논란이 되었다. 〈(사)대한의사협회의 구성사업자에 대한 사업활동제한행위 건〉 등 관련 행정소송에서 대법원은 "의료 업무는 그 공익적 성격으로 인하여 여러 가지 공법적 제한이 따르고 있으나, 그 제한 외의 영역에서 개업, 휴업, 폐업, 의료기관의 운영방법 등은 의료인의 자유에 맡겨져 있는 것이고, 그와 같은 자유를 바탕으로 한 경쟁을 통하여 창의적인 의료활동이 조장되고 소비자인 일반 국민의 이익도 보호될 수 있는 것이다. 비록 구성사업자인 의사들 모두의 이익을 증진하기 위한 목적에서라고 하더라도 구성사업자들에게 본인의 의사 여하를 불문하고 일제히 휴업하도록 요구하였고 그 요구에 어느 정도 강제성이 있었다고 한다면, 이는 구성사업자인 의사들의 자유의 영역에 속하는 휴업 여부 판단에 사업자단체가 간섭한 것이고, 그 결과 사업자 각자의 판단에 의하지 아니한 사유로 집단휴업 사태를 발생시키고 소비자 입장에 있는 일반 국민들의 의료기관 이용에 큰 지장을 초래하였으니, 그와 같은 집단휴업 조치는 의사들 사이의 공정하고 자유로운 경쟁을 저해하는 것이라고 보지 않을 수 없다"고 판시하였다.[96] 즉 제51조 제1항 제3호의 요건으로서 법문에는 없어도 경쟁의 저해방지라는 요건이 부가되어야 한다고 풀이하면서 영업제한행위의 성질상 경쟁이 저해된 것이 입증된 것처럼 판단하고 있다.[97]

이에 대해서는 "사용된 문언의 통상적 의미로 해석할 때, 법 제51조 제1항

94) 대판 1995. 5. 12. 94누13794.
95) 대판 1995. 5. 12. 94누13794.
96) 대판 2003. 2. 20. 2001두5347; 대판 2003. 2. 20. 2001두5057.
97) 대판 2003. 2. 20. 2001두5347.

제 1 호는 사업자단체가 가격, 거래조건, 고객, 설비, 개업, 영업방법 등에 관하여 법 제40조 제 1 항 각 호의 행위에 의하여 구성사업자에 대하여 부당하게 경쟁을 제한하는 행위를 금지하는 내용인 데 반하여, 법 제51조 제 1 항 제 3 호는 사업자단체가 경쟁과 직접적인 관계없이 구성사업자의 사업내용 또는 활동을 부당하게 제한하는 행위를 금지하는 내용으로 이해함이 자연스럽다. 뿐만 아니라 경쟁제한행위를 금지한 제 1 호와 별개로, 제 3 호에 경쟁제한과 직접 관계없이 사업자단체가 구성사업자의 활동을 부당하게 제한하는 행위를 금지하고 이를 위반한 때 행정제재를 가하도록 규정한 것으로 해석한다 하여, 그러한 해석이 입법목적에 반한다고 볼 것은 아니다"[98]라고 함으로써 동 규정을 경쟁과 관련없는 조항으로 이해하는 입장이 있었다.

그리고 "독점규제법의 목적이 '사업자의 시장지배적 지위의 남용과 과도한 경제력의 집중을 방지하고, 부당한 공동행위 및 불공정거래행위를 규제하여 공정하고 자유로운 경쟁을 촉진함'에 있음에 비추어(제 1 조), 법 제51조 제 1 항이 사업자단체에 대하여 일정한 행위를 금지하는 것은 그와 같은 행위가 사업자 사이의 공정하고 자유로운 경쟁을 저해하거나 저해할 우려가 있기 때문인 것으로 이해하여야 할 것이고, 따라서 제 3 호의 '구성사업자의 사업내용 또는 활동을 부당하게 제한하는 행위'도 공정하고 자유로운 경쟁의 저해와 관련된 사항에 관한 것임을 당연한 전제로 하는 것으로 보아야 할 것이다. 독점규제법의 목적과는 아무런 관련이 없는 사항에 관한 제한, 예컨대 경쟁제한적 요소가 전혀 없는 회비징수, 회의참석, 영업내부의 경영방식(회계방법, 노무관리 등) 등에 관한 제한은, 다른 법에 의한 규제는 별론으로 하고, 그 본질상 독점규제법의 규제대상이 될 수 없다"[99]고 하는 반대의견도 있었다.

〈(사)대한한의사협회의 사업자단체금지행위 건〉 관련 행정소송에서도 서울고등법원은 구성사업자인 한의사들에게 휴진할 것과 불참자에게 투쟁격려금 명목으로 30만원을 부과할 것을 결의하고 그 결의 내용으로 문서 · 문자 · 인터넷 홈페이지 등을 통해 통보하여 휴업 · 휴진토록 한 행위는 구성사업자들의 공정하고 자유로운 경쟁을 저해하는 행위라고 판시하였다.[100]

그러나 2014년 정부의 원격의료 및 영리법원 허용 정책을 반대한다는 이유

98) 대판 2003. 2. 20. 2001두5347.
99) 대판 2003. 2. 20. 2001두5347.
100) 서고판 2015. 10. 8. 2015누1115(대판 2016. 2. 18 2015두55257).

로 행해진 (사)대한의사협회의 휴폐업이 다시 문제되었다(〈(사)대한의사협회의 사업자단체금지행위 건〉).[101] 공정거래위원회는 대한의사협회의 행위를 법 제51조 제 1 항 제 1 호 및 제 3 호 위반으로 판단, 시정명령 및 과징금을 부과하고 검찰에 고발하였다.

그러나 관련 행정소송에서 대법원은 "위 행위가 경쟁제한성을 가지려면 휴업 실행 결의에 따라 상호 경쟁관계에 있는 구성사업자들 사이에서 경쟁이 제한되어 의료서비스의 가격·수량·품질 기타 거래조건 등의 결정에 영향을 미치거나 미칠 우려가 있어야 하는데, 단 하루 동안 휴업이 진행되었고 실제 참여율이 높지 않으며 응급실과 중환자실 등 필수 진료기관은 휴업에서 제외되는 등 휴업 기간, 참여율, 구체적인 범위와 내용 등에 비추어 보면 휴업으로 의료소비자의 의료서비스 이용에서의 대체가능성에 영향을 미쳤다고 볼 정도에 이르지 않았고 달리 의료서비스의 품질 기타 거래조건 등에 영향을 미쳐 의료서비스 시장에서 경쟁제한성이 인정될 정도라고 단정하기 어려운 점 등을 종합하면, 위 행위가 공정거래법 제51조 제 1 항 제 1 호 등에서 금지하는 '부당하게 경쟁을 제한하는 행위'에 해당한다고 볼 수 없고, 갑 사업자단체가 구성사업자들의 투표를 거쳐 휴업을 결의하기는 하였지만 구체적인 실행은 구성사업자인 의사들의 자율적 판단에 맡긴 것이어서 사업자단체인 갑이 구성사업자들인 의사들의 휴업 여부 판단에 간섭하였다고 볼 수 없는 등 위 행위가 공정거래법 제51조 제 1 항 제 3 호에서 정한 '부당한 제한행위'에 해당하지 않는다"고 판시하였다.[102]

학설에서도 경쟁의 개념은 이윤동기와 밀접한 관련하에 이해하여야 하며, 집단휴업과 같은 입법행위에 대한 항의표시를 경쟁제한으로 파악할 수는 없어서, 약국(또는 의사) 상호간의 경쟁을 감소시키거나 판매량을 제한하고자 하였거나 또는 판매가격의 유지나 인상을 위한 담합 등이라면 부당한 공동행위가 되겠지만 카르텔을 통한 이윤추구와는 아무 관련이 없는 결의를 부당한 공동행위로 보는 것은 잘못이라는 지적이 있다.[103]

101) 공정의 2014. 7. 7. 2014－146; 서고판 2016. 3. 17. 2014누58824.

102) 대판 2021. 9. 9. 2016두36345.

103) 양명조, 자유경쟁과 공정거래(2002), 228~229면; 정치적 활동은 독점규제법 적용대상이 되지 않는다는 견해로 서정, 경제법판례연구 제 1 권(2004), 324~328면 참조. 그러나 대한약사회의 약국폐업결의는 약사법개정을 둘러싸고 약사들과 한의사들이라는 두 이익집단이 입법을 자신들에게 유리한 방향으로 유도하는 고육책에서 발생한 것으로 정치적 성격을 지니고 있는 반면, 대한의사협회의 집단휴업은 그것이 정부를 겨냥한 것이라고 하더라도 행위의 목적이 정부의 고권적 개입을 촉진하는 것이 아니므로 독점규제법의 적용대상이 된다고 한다. 서정, 경제법판례연

4. 사업자에게 불공정거래행위를 하게 하거나 방조하는 행위

여기에서 "하게 하는 행위"의 의미는 그 취지상 개별사업자에게 상당한 영향력을 행사할 수 있는 지위에 있는 사업자단체로 하여금 부당한 공동행위 또는 경쟁제한행위를 금지하고자 하는 것으로, 단순히 물리적으로 이를 강요하는 것만을 의미하는 것이 아니라 그러한 지위를 이용하여 이러한 불공정거래행위 또는 재판매가격유지행위를 권장하거나 협조를 요청하는 등 어떠한 방법으로든 이를 사실상 강요하는 결과를 가져오는 모든 행위를 말하는 것으로 보아야 한다.[104]

> 사업자로 하여금 정당한 이유없이 경쟁관계에 있는 다른 사업자(이하 "경쟁사업자")와 공동으로 특정 사업자에 대하여 거래를 거절하게 하거나 거래에 관계되는 상품 또는 용역의 수량이나 내용을 제한하도록 강요하는 행위, 사업자로 하여금 부당하게 거래상대방에 대하여 가격, 거래조건 등에 관하여 차별하여 취급하도록 강요하는 행위, 사업자로 하여금 경쟁사업자를 배제하기 위하여 상품 또는 용역을 공급함에 있어서 부당하게 낮은 가격으로 공급하게 하거나, 또는 상품 또는 용역을 통상 거래가격에 비하여 높은 가격으로 구입하도록 강요하는 행위, 사업자로 하여금 부당하게 경쟁사업자의 고객을 자기와 거래하도록 유인하기 위하여 부당한 이익을 제공하게 하거나 위계에 의하여 고객을 유인하도록 강요하는 행위, 사업자로 하여금 부당하게 경쟁사업자의 고객을 자기와 거래하도록 하기 위하여 끼워팔기, 거래강제 등을 강요하는 행위, 사업자로 하여금 그 사업자의 거래상지위를 부당하게 이용하여 거래상대방에게 구입강제, 이익제공, 불이익제공 등을 강요하도록 하는 행위, 사업자로 하여금 거래상대방에게 경쟁사업자와 거래하지 않을 것을 조건으로 거래하도록 강요하는 행위 및 사업자로 하여금 상품 또는 용역을 거래함에 있어서 그 거래상대방의 거래지역 또는 거래상대방의 사업활동을 부당하게 구속하는 조건을 붙여 거래하도록 강요하는 행위이다[「사업자단체 활동지침」 3. 가. (11)].

구 제 1 권(2004), 328~331면 참조.

104) 서고판 2002. 9. 3. 2001누14046; 서고판 2017. 7. 6. 2017누31516(대판 2017. 11. 9. 2017두53972).

법원이 법위반으로 인정한 사례는 다음과 같다.

> "저작물에 대한 도서정가제를 확립한다는 명분하에 회원사로 하여금 도서를 할인판매하는 온라인서점과 할인매장에 도서를 공급하고 있는 출판사와의 거래를 중단하게 하는 방법으로 거래거절을 강요한 행위"(〈(사)한국출판인회의 외 1의 불공정거래행위를 하게 한 행위 건〉),[105] "주류제조사들로 하여금 법 제45조 제1항 제1호 소정의 거래거절행위를 하게 한 행위"(〈부산주류도매협의회 외 1의 사업자단체금지행위 건〉),[106] "주류제조사에 대하여 자신들의 구성사업자들의 기존 도매가격보다 낮게 판매하는 주류상사의 주류공급을 거절해 줄 것을 요구하고 이에 불응할 경우 불매운동하겠다고 통보한 행위"(〈부산청지방종합주류도매업협회 경남울산지회의 사업자단체금지행위 건〉)[107]

5. 사업자에게 재판매가격유지행위를 하게 하거나 방조하는 행위

법이 사업자의 부당한 공동행위 및 불공정행위 등에 대하여 규제하면서 이와는 별도로 사업자단체에 대하여 제6장에서 설립신고, 금지행위, 시정조치 등에 관한 규정을 따로 두어 사업자와 사업자단체를 명확히 구분하고 있는 점에 비추어, 사업자단체가 사업자에게 법 제46조에 의한 재판매가격유지행위를 하게 하는 행위를 금지하는 취지는 사업자의 재판매가격유지행위를 규제하는 법 제46조의 그것과는 전혀 별개의 것이므로, 개개의 사업자 사이에 저작물에 관한 재판매가격유지행위를 할 수 있다고 하더라도 사업자단체가 자유경쟁가격제도를 택하려는 사업자에게 재판매가격유지행위를 하게 하는 행위는 법 제51조 제1항 제4호에 위반되는 것이다.[108]

"사업자에게 재판매가격유지행위를 하게 하는 행위"의 의미에 관하여 살펴보면, 이는 그 취지상 개별사업자에게 상당한 영향력을 행사할 수 있는 지위에 있는 사업자단체로 하여금 부당한 공동행위 또는 경쟁제한행위를 금지하고자

105) 서고판 2002. 9. 3. 2001누14046.
106) 대판 2006. 6. 29. 2006두3414.
107) 대판 2006. 6. 27. 2005두11531.
108) 대판 1997. 6. 13. 96누5834; 같은 취지 서고판 2002. 9. 3. 2001누14046.

하는 것으로 단순히 물리적으로 이를 강요하는 것만을 의미하는 것이 아니라 그러한 지위를 이용하여 이러한 재판매가격유지행위를 권장하거나 협조를 요청하는 등 어떠한 방법으로든 이를 사실상 강요하는 결과를 가져오는 모든 행위를 말하는 것으로 보아야 한다.[109] 그리고 구성사업자 아닌 다른 사업자에게 행한 경우에도 포함된다는 점을 주의할 필요가 있다.[110] 다만 여기에서 하게 하는 행위와 방조하는 행위를 동일하게 평가할 수 있는가 하는 의문이 제기된다.

> 구성사업자 또는 다른 사업자에게 상품의 판매가격을 지정하여 주거나 일정률 이하 또는 그 이상으로 거래하지 못하게 하는 행위이다(「사업자단체 활동지침」 3. 가. (12)).

법원이 법위반으로 인정한 사례는 다음과 같다.

> "출판물의 재판매가격유지계약 체결권한을 위임하지 않은 출판사에 대하여 재판매가격유지행위의 시행을 강요하는 행위"(〈(사)대한출판문화협회의 재판매가격유지행위 건〉),[111] "저작물에 대한 도서정가제를 확립한다는 명분하에 회원사 및 전국 도매서점으로 하여금 도서의 공급을 중단하게 하는 등의 방법으로 도서를 할인판매하는 온라인서점과 할인매장에 대해 재판매가격유지를 강요한 행위"(〈(사)한국출판인회의 외 1의 불공정거래행위를 하게 한 행위 건〉),[112] "출판물 유통시장의 안정성을 확보한다는 명분하에 온라인서점의 할인율, 마일리지율 등을 결정하여 이를 준수하도록 하고, 준수하지 않는 온라인서점에 대해서는 도매상으로 하여금 도서공급을 중단하도록 압력을 행사하는 등으로 재판매가격유지를 강요하는 행위"(〈(사)한국출판인회의 외 1의 불공정거래행위를 하게 한 행위 건〉)[113]

---

109) 서고판 1996. 3. 19. 95구24779; 대판 1997. 6. 13. 96누5834.
110) 서고판 2005. 8. 25. 2004누17657.
111) 대판 1997. 6. 13. 96누5834.
112) 서고판 2002. 9. 3. 2001누14046.
113) 서고판 2002. 9. 3. 2001누14046.

6. 기타 행정지도 등에 관한 행위

> 법령에 근거가 없는 부당한 행정지도(지도, 지시, 권고, 요망, 주의, 경고 등 용어 불문)에 따른 사업자단체의 행위가 사업자단체의 금지행위에 해당될 경우에는 원칙적으로 독점규제법에 위반되고, 사업자단체가 회칙 등을 제정하여 주무부처의 승인·인가 등을 받은 경우라 하더라도, 그 회칙 등에 의한 사업자단체의 행위가 인가 등을 이유로 독점규제법의 규제대상에서 배제되는 것은 아니다[「사업자단체 활동지침」 3. 가. (13)].

서울고등법원도 "행정지도는 비권력적사실행위에 불과한 것이어서 그에 따름이 강제되는 것이 아니므로 사업자단체로서는 독자적으로 독점규제법 위반여부를 판단하여 행동하여야 하고, 독점규제법의 운영은 행정부내에서 독립된 지위를 가진 공정거래위원회의 권한으로 되어 있으므로, 사업자단체가 주무관청인 상공부의 행정지도에 따라 시정명령의 대상이 되는 행위를 하게 된 것이라 하더라도, 그것만으로 독점규제법 위반행위의 위법성이 조각된다거나 또는 그 시정을 명함이 금반언의 원칙에 반한다고 할 수는 없다"고 한다.[114]

Ⅲ. 원칙적으로 법위반이 되지 않는 행위

「사업자단체 활동지침」에서는 원칙적으로 법위반이 되지 않는 행위에 대하여 다음과 같이 규정하고 있다.

> 정부기관, 민간의 조사기관 등이 제공하는 당해 산업에 관련한 국내 및 해외시장, 경제동향, 경영지식, 시장환경, 입법·행정의 동향 등에 대한 일반적인 정보를 수집·제공하는 행위, 경영 및 기술의 발전을 위한 조사연구와 정부에의 시책건의 및 평가, 경영에 관한 일반적인 지식의 보급 및 기능의 훈련을 하는 행위, 당해 산업의 활동실적을 전반적으로 알리기 위해 단순히 과거의 생산, 판매, 설비투자 등에 관한

114) 서고판 1992. 1. 29. 91구2030.

수량과 금액 등 구성사업자의 사업활동에 관계되는 과거의 사실에 관한 개괄적인 정보를 통계처리하고 공표하는 행위(단, 각 구성사업자의 수량과 금액 등을 명시하는 행위는 제외), 구성사업자의 활동을 구속하지 않으면서 공동서비스 센터의 설치 등 수요자에 대한 효율적인 서비스 제공을 목적으로 하는 행위, 공해 또는 위해의 사전예방을 위하여 합리적으로 필요하고 구성사업자를 구속하지 않는 범위내에서 거래방법, 운송수단 등에 대한 일정한 기준을 설정하는 행위, 고객의 편리를 위한 공동 주차장과 산업전체의 판매증진을 위한 공동 전시시설을 설치하는 행위, 당해 사업 전체에 대한 이해증진을 위한 홍보, 선전활동, 복리후생활동, 사회문화활동 등 시장에 있어서의 경쟁에 영향을 미치지 않는 공동사업을 하는 행위, 과다한 경품류 제공 등 고객유인을 방지하기 위하여 자율적으로 규약을 정하는 행위(단, 그 이행을 강제하여서는 안 되며, 독점규제법상 심사 요청 가능), 부당한 표시광고행위를 방지하고, 소비자의 올바른 상품선택을 용이하게 하기 위하여 자율적으로 표시·광고에 관한 규약을 정하는 행위(단, 그 이행을 강제하여서는 안 되며, 「표시·광고의 공정화에 관한 법률」상 심사요청 가능), 소비자를 위하여 상품 또는 용역에 대한 올바른 사용방법 등의 정보를 제공하는 행위, 산업능률향상 등을 위한 규격·품질에 대한 자율적인 기준을 설정하는 행위(단, 그 이행을 강제하여서는 안 되며 강제하는 경우 독점규제법상 사전인가 필요), 사업자단체가 그 설립의 목적과 사업내용 등에 비추어 합리적인 내용의 가입자격요건과 제명사유 등을 설정하는 행위, 사업자단체가 사회통념상 합리적인 금액의 가입비와 합리적인 계산근거에 기초를 둔 회비(분담금, 출자금 등)를 징수하는 행위, 가입조건과 관계되는 행위로서 가입비와 회비(분담금, 출자금 등)에 관하여 구성사업자간 기업규모 등에 따라 합리적인 격차를 마련하는 행위, 총회의 의결사항, 의결방법, 선거권·피선거권의 제한, 의결정족수 등 총회 및 이사회 운영에 관한 정관 및 제규정을 정하거나 변경하고 운영하는 행위, 소비자보호 및 업계 일반의 이익을 보호하기 위하여 상담실 등을 설치하고 분쟁사항에 대하여 조정이나 중재업무를 하는 행위 및 구성사업자의 편의를 위하여 각종 서류의 대행접수등 서비스를 제공하는 행위는 원칙적으로 법위반이 되지 않는다(「사업자단체 활동지침」 3. 나.).

Ⅳ. 사업자단체에 대한 독점규제법상의 특례제도

1. 독점규제법의 적용이 제외되는 행위

1) 법령에 따른 정당한 행위

독점규제법 제116조는 "이 법의 규정은 사업자단체가 다른 법률 또는 그 법률에 의한 명령에 따라 행하는 정당한 행위에 대하여는 이를 적용하지 아니한다"고 규정하고 있는 바, 위 조항에서 말하는 법률은 당해 사업의 특수성으로 경쟁제한이 합리적이라고 인정되는 사업 또는 인가제 등에 의하여 사업자의 독점적 지위가 보장되는 반면 공공성의 관점에서 고도의 공적규제가 필요한 사업 등에 있어서 자유경쟁의 예외를 구체적으로 인정하고 있는 법률 또는 그 법률에 의한 명령의 범위 내에서 행하는 필요최소한의 행위를 말한다.[115)]

그러나 다른 법령에 근거한 행위라 할지라도 그 법령에 규정된 내용을 일탈하여 구성사업자를 부당하게 구속하는 경우에는 위법이 될 수 있다[「사업자단체 활동지침」 4. 가. (1)].

2) 일정한 조합의 행위

독점규제법 제118조에 의하면 ① 소규모의 사업자 또는 소비자의 상호부조를 목적으로 할 것(제 1 호), ② 임의로 설립되고, 조합원이 임의로 가입 또는 탈퇴할 수 있을 것(제 2 호), ③ 각 조합원이 평등한 의결권을 가질 것(제 3 호), 및 ④ 조합원에 대하여 이익배분을 행하는 경우에는 그 한도가 정관에 정하여져 있을 것(제 4 호) 등의 요건을 갖추어 설립된 조합(조합의 연합회를 포함)의 행위에 대하여는 독점규제법을 적용하지 아니한다. 다만, 불공정거래행위 또는 부당하게 경쟁을 제한하여 가격을 인상하게 되는 경우에는 그러하지 아니한다. 그러나 조합원의 상호부조를 목적으로 공동사업을 경영하고, 조합 고유의 재산을 관리하기 위해 설립한 조합이라 하더라도 조합에 대규모사업자가 하나라도 포함

115) 대판 1997. 5. 16. 96누150: "법무사법이 부당한 사건위촉의 유치금지(제22조), 성실의무 · 품위보전의무 · 회칙 준수의무(제27조), 회비 분담의무(제28조) 등에 관하여 규정하고 있다고 하여도 집단등기사건을 자유롭게 수임하는 것을 제한함으로써 자유로운 경쟁을 저해하고 있음이 분명한 이 사건 집단등기사건수임업무처리규정의 제정과 그 시행은 독점규제법에 규정되어 있는 정당한 행위에 해당한다고 할 수 없다".

되거나 조합원의 가입 · 탈퇴에 제한이 있는 경우에는 “일정한 조합의 요건”에 해당되지 않는다(이상 「사업자단체활동지침」 4. 가. (2)).

2. 독점규제법상 예외적으로 허용되는 사업자단체의 경쟁제한행위

독점규제법상 부당하게 경쟁을 제한하는 공동행위는 원칙적으로 금지되어 있으나, 독점규제법 제51조 제 1 항 제 1 호에 규정된 경쟁제한행위가 ① 불황극복을 위한 산업구조조정, ② 연구 · 기술개발, ③ 거래조건의 합리화, ④ 중소기업의 경쟁력향상 등의 목적을 위하여 행하여지는 경우로서 독점규제법 시행령 제45조 제 1 항 각호 규정의 요건에 해당하고, 독점규제법 시행령 제46조(공동행위의 인가 절차 및 방법)의 규정에 따라 인가를 받은 경우에는 예외적으로 허용된다(「사업자단체 활동지침」 4. 나).

제52조(시정조치)

① 공정거래위원회는 제51조를 위반하는 행위가 있을 때에는 당해사업자단체(필요한 경우 관련 구성사업자를 포함한다)에 대하여 당해행위의 중지, 시정명령을 받은 사실의 공표 기타 시정을 위한 필요한 조치를 명할 수 있다.

② 합병, 분할, 분할합병 또는 새로운 회사의 설립 등에 따른 제1항의 시정조치에 관하여는 제7조제2항부터 제4항까지의 규정을 준용한다. 이 경우 "시장지배적사업자"는 "사업자단체"로 본다.

목 차

Ⅰ. 개 요
1. 의 의
2. 종 류
Ⅱ. 시정조치의 유형
1. 부작위명령
2. 작위명령
3. 시정명령받은 사실의 공표명령
4. 보조적 명령
Ⅲ. 시정조치의 방법, 효력기간, 합병, 분할 등의 경우 시정조치의 대상

[참고사례]

(사)대전광역시자동차매매조합의 경쟁제한행위 건(공정거래위원회 1998. 8. 1. 의결 제98-165호, 1998. 11. 6. 재결 제98-40호; 서울고등법원 1999. 7. 22. 선고 98누14084 판결); (사)한국결혼상담소협회 부산지부의 부당표시·광고행위 등 건(공정거래위원회 1998. 9. 9. 의결 제98-199호, 1998. 10. 2. 재결 제98-58호; 서울고등법원 1999. 2. 25. 선고 99아56 결정, 1999. 7. 9. 선고 99누1313 판결; 대법원 1999. 12. 13. 선고 99두8626 판결); 한국자동차매매사업조합연합회 등 4개 사업자단체의 경쟁제한행위 건(공정거래위원회 1999. 11. 22. 의결 제99-234호; 서울고등법원 2001. 5. 10. 선고 2000누8662 판결); 경기도자동차매매사업조합 등 4개 사업자단체의 경쟁제한행위 및 경기도자동차매매사업조합의 구성사업자 사업활동제한행위 건(공정거래위원회 1999. 11. 22. 의결 제99-234호; 서울고등법원 2001. 8. 21. 선고 2000누8617 판결; 대법원 2001. 11. 4. 선고 2001두7428 판결); 서울특별시전세버스운송사업조합 외 9개조합의 경쟁제한행위 건(공정거래위원회 1999. 11. 10. 의결 제99-253~262호; 서울고등법원 2000. 10. 10. 선고 2000누1180 판결; 대법원 2002. 6. 14. 선고 2000두8905 판결); (사)대한병원협회의 독점규제 및 공정거

래에 관한 법률 제27조 위헌소원 건(헌법재판소 2002. 1. 31. 선고 2001헌바43호 결정); (사)대한의사협회의 구성사업자의 사업활동제한행위 건(공정거래위원회 2000. 2. 24. 의결 제2000－44호; 서울고등법원 2001. 5. 17. 선고 2000누3278 판결; 대법원 2003. 2. 20. 선고 2001두5347 판결)

Ⅰ. 개　　요

1. 의　　의

공정거래위원회는 제51조(사업자단체의 금지행위)의 규정에 위반하는 행위가 있을 때에는 당해 사업자단체(필요한 경우 관련 구성사업자를 포함)에 대하여 당해 행위의 중지, 시정명령을 받은 사실의 공표[1] 기타 시정을 위한 필요한 조치를 명할 수 있다(법 제52조).

공정거래위원회는 피심인에게 시정조치를 명함에 있어 시정조치의 원칙과 시정조치 주요 유형별 기준 및 예시를 제시함으로써 당해 위반행위의 시정에 가장 적절하고 효율적인 시정조치를 발굴할 수 있도록 하여 시정조치의 실효성을 제고할 목적으로 「시정조치 운영지침」을 제정 · 운영하고 있다.

> "시정조치"는 위반행위의 중지명령, 주식처분명령, 계약조항 삭제명령, 시정명령을 받은 사실의 공표명령 등 독점규제법의 시정조치 규정에 근거하여 법에 위반되는 상태를 법에 합치하는 상태로 회복시키기 위한 행정처분을 말한다(「시정조치 운영지침」 Ⅱ. 1).

2. 종　　류

시정조치는 그 양태와 주된 내용에 따라 작위명령, 부작위명령, 보조적 명령의 3가지의 유형으로 구분할 수 있다.

1) 제57조(시정명령을 받은 사실의 공표) 법 제52조 제 1 항에 따른 공표 명령에 관하여는 제12조를 준용한다.

"작위명령"은 합의파기명령 등 피심인의 적극적인 행위를 요구하는 내용의 시정조치, "부작위명령"은 당해 법위반행위의 중지명령, 향후 위반행위 금지명령 등 피심인의 소극적인 부작위를 요구하는 내용의 시정조치, 그리고 "보조적 명령"이라 함은 관련 있는 자에게 시정명령을 받은 사실의 통지명령, 시정명령의 이행결과 보고명령, 일정기간동안 가격변동 사실의 보고명령, 독점규제법에 관한 교육실시명령, 관련자료 보관명령 등 시정조치의 이행을 실효성 있게 확보하고 당해 위반행위의 재발을 효과적으로 방지하기 위하여 주된 명령에 부가하여 명하는 시정조치를 말한다(「시정조치 운영지침」 Ⅱ. 2).

Ⅱ. 시정조치의 유형

1. 부작위명령

공정거래위원회는 개개사건의 특수성에 따라 위반행위의 시정 또는 그 확보를 위하여 필요한 범위내에서 시정조치의 내용을 결정할 재량권을 갖는다 할 것이나, 그 재량권을 행사함에 있어서는 위반의 경위, 정도, 결과 등을 고려하여 형평의 원칙이나 비례의 원칙 등에 어긋나지 않아야 한다.[2]

여기에서 시정명령의 내용이 어느 정도 명확해야 하는가의 문제가 제기된다. 이에 대해 대법원은 "시정명령이 지나치게 구체적인 경우 매일 매일 다소간의 변형을 거치면서 행해지는 수많은 거래에서 정합성이 떨어져 결국 무의미한 시정명령이 되므로 그 본질적인 속성상 다소간의 포괄성·추상성을 띨 수밖에 없다 할 것이고, 한편 시정명령 제도를 둔 취지에 비추어 시정명령의 내용은 과거의 위반행위에 대한 중지는 물론 가까운 장래에 반복될 우려가 있는 동일한 유형의 행위의 반복금지까지 명할 수는 있는 것으로 해석함이 상당하다"라고 판시하였다.[3]

2) 서고판 1999. 7. 9. 99누1313(대판 1999. 12. 13. 99두8626).

3) 대판 2003. 2. 20. 2001두5347: "이 사건 시정명령은 '구성사업자들로 하여금 휴업 또는 휴진을 하도록 함으로써'라고 하여 행위유형을 명시하면서 원고가 행한 위와 같은 부당한 제한행위를 확인하고 장래 동일한 유형의 행위의 반복금지를 명한 것이고, 반복금지를 명한 행위의 상대방과 내용이 '원고의 구성사업자들인 의사들로 하여금, 그들의 의사에 반하여, 진찰, 투약, 시술 등 의료행위 전반에 걸친 휴업 또는 휴진을 하게 하는 것'임은 이 사건 시정명령에 명시

1) 행위중지명령

공정거래위원회는 원칙적으로 법 위반행위가 최종 심의일에도 진행 중이거나 위반행위의 효과가 최종 심의일에도 지속되는 경우에 행위중지명령을 명할 수 있다. 행위중지명령은 관련 상품, 거래상대방, 위반행위의 내용 또는 방법 등 당해 위법사실을 최대한 반영하여 중지하여야 할 행위를 구체적으로 특정하고, 시정조치 기간(즉시 또는 일정시점까지)을 명확하게 하여 명하여져야 한다(「시정조치 운영지침」 Ⅶ. 1. 가).

2) 행위금지명령

행위금지명령은 원칙적으로 법 위반행위가 최종 심의일에 이미 종료되었으나, 가까운 장래에 당해 법위반행위와 동일 또는 유사한 행위가 반복될 우려가 있는 경우에 명할 수 있다. 행위금지명령은 단순히 법령의 규정을 반복하여 추상적인 법을 선언하는 식으로 일반적·포괄적으로 명하여서는 아니된다. 행위금지명령은 법 위반행위를 최대한 반영하여 향후 이와 동일하거나 유사한 행위가 발생한 경우 새로운 위법행위가 아니라, 시정조치 불이행으로 판단할 수 있도록 금지대상이 되는 법 위반행위의 유형을 어느 정도 구체화하여 명하여야 한다. 다만, 행위금지명령의 내용이 지나치게 구체적이어서 장래에 동일 또는 유사한 법위반 행위가 발생할 가능성이 거의 없게 되지 않도록 한다(「시정조치 운영지침」 Ⅶ. 1. 나).

2. 작위명령

"기타 시정을 위하여 필요한 조치"에 의거하여 작위명령을 할 수 있다.

아래와 같은 작위명령은 예시에 불과하며, 공정거래위원회는 이외에도 당해 위반행위의 시정에 가장 적절하고 실효성 있는 시정조치라면 법 위반행위에 비례하여 합리적으로 필요한 범위내에서 다른 작위명령도 명할 수 있다.

된 법령의 규정이나 이유 등에 비추어 분명하므로, 이 사건 시정명령은 그 행위유형, 상대방, 품목 등에 있어서 관계인들이 인식할 수는 있는 정도로 명확하다는 이유로, 이 사건 시정명령이 아무런 의미가 없는 것이라거나 불명확하여 위법하다고 볼 수 없다".

1) 합의파기명령

> 공정거래위원회는 사업자단체가 구성사업자들로 하여금 부당한 공동행위 등을 하도록 하기 위하여 약정서 또는 서약서 등을 작성하게 하여 이를 지키게 하는 경우에 약정서(또는 서약서) 파기명령을 명할 수 있다(「시정조치 운영지침」 Ⅶ. 2. 나).

2) 독자적 가격재결정명령

> 공정거래위원회는 ① 제40조 제1항이 적용되는 명백한 합의가 있고, ② 최종 심의일까지 그 합의가 종료되지 않아 부당한 공동행위가 유지되고 있으며, ③ 부당한 공동행위에 있어 공동행위가 관행화되어 있거나 시장구조가 과점화되어 있어 향후 공동행위의 재발가능성이 크며, ④ 가격공동행위의 기간이 장기간에 걸쳐 있어, ⑤ 합의에 의한 가격결정·유지·변경행위의 중지를 구체적인 작위명령으로 명할 필요가 있는 경우에 "독자적 가격재결정명령"을 명할 수 있다. 가격재결정명령 방식은 행위중지명령 또는 합의파기명령과 함께 피심인에게 합의에 의해 결정한 가격을 철회하고 새로이 독립적인 판단에 따라 각자 가격을 결정하여 공정거래위원회에 서면으로 보고하도록 한다(「시정조치 운영지침」 Ⅶ. 2. 라).

3. 시정명령받은 사실의 공표명령

2004. 12. 31. 제11차 법개정 이전에는 공정거래위원회가 시정조치의 하나로 법위반사실의 공표를 명할 수 있다고 규정하고 있었다. 그리고 헌법재판소도 그 제도적 의의에 대해 "'법위반사실의 공표명령'은 '당해 행위의 중지명령'과 함께 시정을 위한 필요한 조치의 한 형태로서 공정거래위원회가 선택할 수 있는 정책수단의 하나가 된다. 그리하여 이 규정에 근거하여 공정거래위원회는 자체조사 결과 사업자단체 등이 법위반행위의 혐의가 있다고 판단할 경우에는 검찰 등 수사기관에 이를 고발함과 동시에 바로 당해 행위를 한 사업자단체에 대하여 동 법을 위반한 사실이 있다는 내용을 일간지 등에 공표할 것을 명할 수 있게 되었고 이 사건의 경우도 청구인은 수사기관에 고발됨과 동시에 일간지 등 신문에 동 법에 위반하였다는 사실을 공표하도록 하는 명령을 받았다. 이처럼 이 사건 법률조항 중 '법위반사실의 공표'부분은 법원의 재판은 물론, 수사기관

의 수사가 개시되기도 전에 공정거래위원회가 법위반사실을 확인하여 행위자로 하여금 법위반 사실을 스스로 일반공중에게 널리 알리도록 강제하는 법적 근거가 되는 것이다"라고 인정하였다.[4]

그러나 〈(사)대한병원협회의 사업자단체금지행위 건〉에서 헌법재판소는 다음과 같이 판시하였다.

"첫째, 만약 행위자가 자신의 법위반 여부에 관하여 사실인정 혹은 법률적용의 면에서 공정거래위원회와는 판단을 달리하고 있음에도 불구하고 불합리하게 법률에 의하여 이를 공표할 것을 강제당한다면 이는 행위자가 자신의 행복추구를 위하여 내키지 아니하는 일을 하지 아니할 일반적 행동자유권과 인격발현 혹은 사회적 신용유지를 위하여 보호되어야 할 명예권에 대한 제한에 해당한다고 할 것임(일반적 행동의 자유 등 헌법에 열거되지 아니한 자유의 침해).
둘째, 법위반으로 공정거래위원회로부터 시정명령을 받은 사실의 공표로서도 입법목적을 충분히 달성할 수 있음에도 불구하고 굳이 나아가 독점규제법을 위반하였다는 사실을 인정하여 공표하라는 의미의 이 사건 '법위반 사실의 공표' 부분은 기본권제한법률이 갖추어야 할 수단의 적합성 및 침해의 최소성 원칙과 법익균형성의 원칙을 지키지 아니한 것이어서, 결국 헌법 제37조 제 2 항의 과잉입법금지원칙에 위반하여 행위자의 일반적 행동의 자유 및 명예를 지나치게 침해하는 것이라 할 것임(과잉금지원칙 위배).
셋째, 법위반사실 공표명령은 행정처분의 하나로서 형사절차내에서 행하여진 처분은 아니다. 그러나 공정거래위원회의 고발조치 등으로 장차 형사절차내에서 진술을 해야 할 행위자에게 사전에 이와 같은 법위반사실의 공표를 하게 하는 것은 형사절차내에서 법위반사실을 부인하고자 하는 행위자의 입장을 모순에 빠뜨려 소송수행을 심리적으로 위축시키거나, 법원으로 하여금 공정거래위원회 조사결과의 신뢰성 여부에 대한 불합리한 예단을 촉발할 소지가 있고 이는 장차 진행될 형사절차에도 영향을 미칠 수 있음. 결국 법위반사실의 공표명령은 공소제기조차 되지 아니하고 단지 고발만 이루어진 수사의 초기단계에서 아직 법원의 유무죄에 대한 판단이 가려지지 아니하였는데도 관련 행위자를 유죄로 추정하는 불이익한 처분이라고 아니할 수 없음(무죄추정원칙의 위배).
넷째, 진술거부권은 형사절차 뿐만 아니라 행정절차나 법률에 의한 진술강요에서도

4) 헌재결 2002. 1. 31. 2001헌바43.

> 인정되는 것인바, 이 사건 공표명령은 '특정의 행위를 함으로써 독점규제법을 위반하였다'는 취지의 행위자의 진술을 일간지에 게재하여 공표하도록 하는 것으로서 그 내용상 행위자로 하여금 형사절차에 들어가기 전에 법위반행위를 일단 자백하게 하는 것이 되어 진술거부권도 침해하는 것임(진술거부권의 침해)."[5)]

이에 2004. 12. 31. 제11차 법개정시 "법위반 사실의 공표"에서 "시정명령을 받은 사실의 공표"로 개정되었다. 위헌결정과 법개정 사이에 대법원은 "'기타 시정을 위하여 필요한 조치'로서 '법위반을 이유로 공정거래위원회로부터 시정명령을 받은 사실의 공표'명령을 할 수 있다"고 판시한 바가 있다.[6)]

즉 법위반사실의 공표명령이 위헌이라는 헌법재판소의 결정[7)]은 '법위반사실의 공표'부분이 형사재판이 개시되기도 전에 '법위반사실을 행위자가 스스로 인정하고 이를 공표한다'는 의미로 해석·운영되기 때문에 헌법에 위반되지만, '법위반사실의 공표'와 개념상 구분되는 '법위반으로 공정거래위원회로부터 시정명령을 받은 사실의 공표'는 입법목적을 달성하면서도 행위자에 대한 기본권 침해의 정도를 현저히 감소시키고 재판 후 발생 가능한 무죄로 인한 혼란과 같은 부정적 효과를 최소화할 수 있어 허용될 수 있다는 취지인 점, 공정거래위원회는 법 제45조 제1항의 규정에 위반하는 행위가 있을 때에는 당해 불공정거래행위의 중지, 계약조항의 삭제, 정정광고, 법위반사실의 공표 기타 시정을 위한 필요한 조치를 명할 수 있다고 한 법 제49조의 규정형식에 비추어 '법위반사실의 공표'는 '기타 시정을 위하여 필요한 조치'의 예시라 할 것이므로 '법위반사실의 공표'부분이 위헌결정으로 효력을 상실하였다 하더라도 '기타 시정을 위하여 필요한 조치'로서 '법위반사실의 공표'와 성격을 달리하는 '시정명령을 받은 사실의 공표'와 같은 처분을 하는 것이 배제된다고 볼 수 없는 점 등을 종합적으로 고려하여 보면, 공정거래위원회는 법 제49조 소정의 '법위반사실의 공표'부분이 위헌결정으로 효력을 상실하였다 하더라도 '기타 시정을 위하여 필요한 조치'로서 '법위반을 이유로 공정거래위원회로부터 시정명령을 받은 사실의 공표'명령을 할 수 있다고 한 것이다.[8)]

---

5) 헌재결 2002. 1. 31. 2001헌바43.
6) 대판 2003. 2. 28. 2002두6170; 헌재결 2004. 2. 26. 2003헌바48.
7) 헌재결 2001. 1. 31. 2001헌바43.
8) 대판 2003. 2. 28. 2002두6170; 헌재결 2004. 2. 26. 2003헌바48.

한편 사업자가 법위반행위를 스스로 중단한 경우라고 하더라도 공정거래위원회가 법위반사실의 공표를 명할 수 있다는 대법원의 입장[9]으로 보아 시정명령받은 사실의 공표의 경우에도 동일하게 해석할 수 있을 것이다.

그러나 시정명령 이외에 추가로 공표명령을 하는 경우 위반의 경위나 정도, 결과 등에 비추어 신중한 판단이 요구된다.[10] 예를 들어 서울고등법원은 "시정명령 중 대부분이 수용되어 시정이 이루어졌고, 법위반행위가 지역적으로 대전에 한정되어 있고, 그 거래분야도 자동차매매업에 한정되어 있는 점, 시정명령이 형벌에 의해 그 이행이 담보되어 있는 점 등에 비추어 시정조치 외에 굳이 신문에 법위반사실을 공표하도록까지 하는 것은 그 위반의 경위나 정도, 결과 등에 비하여 지나치다"[11]고 하거나 "연명으로 중앙일간지에 불공정거래행위를 한 것으로 게재하여 공표하면 사업자들이 상호 의사연락하에 위와 같은 불공정거래행위를 한 것으로 오인될 우려가 있고, 이는 사업자들에게 자신들이 행한 위반행위 이상의 신용 및 명예상의 불이익을 주는 것으로서 비례의 원칙에 벗어나 위법하다"[12]고 한 사례가 있다.

4. 보조적 명령

그 내용은 법 제 7 조의 해당부분과 동일하다.

Ⅲ. 시정조치의 방법, 효력기간, 합병, 분할 등의 경우 시정조치의 대상

그 내용은 법 제 7 조의 해당부분과 동일하다.

9) 대판 1990. 9. 25. 89누8200.
10) 서고판 1999. 7. 22. 98누14084; 서고판 1999. 7. 9. 99누1313(대판 1999. 12. 13. 99두8626).
11) 서고판 1999. 7. 22. 98누14084; 서고판 1999. 7. 9. 99누1313(대판 1999. 12. 13. 99두8626).
12) 서고판 2000. 10. 10. 2000누1180(대판 2002. 6. 14. 2000두8905).

제53조(과징금)

① 공정거래위원회는 제51조 제1항을 위반하는 행위가 있을 때에는 당해사업자단체에 대하여 10억원의 범위안에서 과징금을 부과할 수 있다.

② 공정거래위원회는 제51조 제1항 제1호를 위반하는 행위에 참가한 사업자에 대하여는 대통령령이 정하는 매출액에 100분의 20을 곱한 금액을 초과하지 아니하는 범위에서 과징금을 부과할 수 있다. 다만, 매출액이 없는 경우등에는 40억원을 초과하지 아니하는 범위안에서 과징금을 부과할 수 있다.

③ 공정거래위원회는 제51조 제1항 제2호부터 제4호까지의 규정을 위반하는 행위에 참가한 사업자에 대하여는 대통령령으로 정하는 매출액에 100분의 10을 곱한 금액을 초과하지 아니하는 범위에서 과징금을 부과할 수 있다. 다만, 매출액이 없는 경우등에는 20억원을 초과하지 아니하는 범위에서 과징금을 부과할 수 있다.

목　　차

Ⅰ. 의　　의

Ⅱ. 과징금 부과여부 및 산정기준

　1. 과징금 부과여부

　2. 과징금 산정기준

　3. 재량권 일탈·남용

Ⅲ. 과징금 부과의 취소

[참고사례]

11개 고철수요업체와 한국철강협회의 고철구매가격공동행위 등 건(공정거래위원회 1998. 11. 25. 의결 제1998－273호; 서울고등법원 2000. 11. 16. 선고 99구5919 판결; 대법원 2002. 7. 12. 선고 2000두10311 판결); **서울특별시전세버스운송사업조합 외 9개조합의 경쟁제한행위 건**(공정거래위원회 1999. 11. 10. 의결 제99－253~262호; 서울고등법원 2000. 10. 10. 선고 2000누1180 판결; 대법원 2002. 6. 14. 선고 2000두8905 판결); **12개 시·도 건축사회 및 2개 건축사복지회의 경쟁제한행위 및 구성사업자에 대한 사업활동제한행위 건**(공정거래위원회 1998. 6. 25. 의결 제98－123호; 서울고등법원 2000. 1. 27. 선고 98누12620 판결; 대법원 2002. 9. 24. 선고 2000두1713 판결); **전국전력기술인협회의 사업자단체금지행위 건**(공정거래위원회 2003. 4. 21. 의결 제2003－093호, 2003. 8. 30. 재결 제2003－029호; 서울고등법원 2004. 9. 23. 선고 2003누17001 판결; 대법원 2006. 9. 22. 선고 2004두14588 판결); **아세아시멘트공업(주) 외 2**[쌍용양회공업(주), 한국양회공업협회]의 **공동행위 건**(공정거래위원회 2003. 9. 8. 의결 제2003.147호, 2004. 2. 9. 재결 제2004－005호; 서울고등법원 2006. 5. 24. 선고 2004누4903 판결; 대법원 2008. 2. 29. 선고 2006두10443 판결, 서울특별시의사회의 사업자단체금지행위 건(공정거래위원회 2006. 3. 28. 의결 제2006－056호; 대법원 2009. 6. 23. 선고 2007두18062 판결); **한국제유공업협동조합의 부당공동행위건**(공정거래위원회 2006. 12. 26. 의결 제2006－272호; 서울고등법원 2007. 7. 25. 선고 2007누2946 판결; 대법원 2007. 11. 15. 선고 2007두18079 판결); **군포회의 사업자단체금지행위 건**(공정거래위원회 2009. 8. 7. 의결 제2009－170호; 서울고등법원 2010. 10. 13. 선고 2009누26755 판결); (사)**광주자동차검사정비조합의 사업자단체금지행위 건**(공정거래위원회 2011. 10. 10. 의결 제2011.175호; 서울고등법원 2012. 8. 16. 선고 2012누3936 판결; 대법원 2012. 12. 28. 선고 2012두20014 판결); **충북레미콘공업협동조합 외2의 관수레미콘 구매입찰 관련 충북지역 3개 레미콘조합의 부당공동행위 건**(공정거래위원회 2017. 10. 17. 의결 제2017－318호; 서울고등법원 2018. 12. 27. 선고 2018누40531 판결); **관수 원심력콘크리트파일 구매입찰 관련 17개 사업자와 한국원심력콘크리트공업협동조합의 부당공동행위 건**(공정거래위원회 2020. 5. 13. 의결 제2020－117호; 서울고등법원 2020. 12. 2. 선고 2020누44765 판결); **한국방송통신산업협동조합의 사업자단체금지행위 건**[공정거래위원회 2019. 1. 3. 의결 제2019－006호; 대법원 2020. 6. 25. 선고 2019두61601 판결; 서울고등법원 2020. 11. 19. 선고 2020누45713(파기환송심) 판결]

Ⅰ. 의 의

공정거래위원회는 제51조 제 1 항을 위반하는 행위가 있을 때에는 당해사업자단체에 대하여 10억원의 범위안에서 과징금을 부과할 수 있다(법 제53조 제 1 항). 공정거래위원회는 제51조 제 1 항 제 1 호를 위반하는 행위에 참가한 사업자에 대하여는 *대통령령*[1]이 정하는 매출액에 100분의 20을 곱한 금액을 초과하지 아니하는 범위에서 과징금을 부과할 수 있다. 다만, 매출액이 없는 경우등에는 40억원을 초과하지 아니하는 범위안에서 과징금을 부과할 수 있다(법 제53조 제 1 항).

공정거래위원회는 제51조 제 1 항 제 2 호부터 제 4 호까지의 규정을 위반하

1) 제58조(과징금) 법 제53조 제 2 항 본문 및 같은 조 제 3 항 본문에 따른 매출액의 산정에 관하여는 제13조 제 1 항을 준용한다. 이 경우 위반행위가 입찰담합 및 이와 유사한 행위인 경우에는 계약금액을 매출액으로 본다.

는 행위에 참가한 사업자에 대하여는 *대통령령*[2]으로 정하는 매출액에 100분의 10을 곱한 금액을 초과하지 아니하는 범위에서 과징금을 부과할 수 있다. 다만, 매출액이 없는 경우 등에는 20억원을 초과하지 아니하는 범위에서 과징금을 부과할 수 있다(법 제53조 제 3 항).

Ⅱ. 과징금 부과여부 및 산정기준

1. 과징금 부과여부

구체적인 부과여부는 *대통령령* [별표6]에서 규정하고 있다. 법 제51조의 위반행위에 대하여 부과하는 과징금은 사업자단체의 불공정거래행위에 대한 행정적 제재이므로 그 구체적인 수액은 법 제53조에서 규정하는 과징금 상한액의 범위내에서 과징금부과에 의하여 달성하고자 하는 목적과 법 제102조 제 1 항 소정의 사유 즉, 위반행위의 내용 및 정도, 위반행위의 기간 및 회수, 위반행위로 인해 취득한 이익의 규모 등을 감안하여 공정거래위원회가 재량을 가지고 결정할 수 있다.[3]

제53조에 의한 과징금의 주된 성격은 사업자단체의 법 위반행위에 대한 행정적 제재로서 부과하는 것이므로 위반행위와 직접 관련된 부분에 한정하여야 하는 것은 아니다.[4] 이러한 과징금 부과의 재량행사에 있어서 사실오인, 비례·평등의 원칙위배, 당해 행위의 목적위반이나 동기의 부정 등의 사유가 있다면 이는 재량권의 일탈·남용으로서 위법하다 할 것이다.[5]

사업자단체의 금지행위 및 그 참가행위에 대하여는 일반원칙 및 위반한 각 금지행위의 행위유형별 기준에 의하여 과징금 부과 여부를 결정한다. 사건절차규칙 제57조 제 2 항 관련 별표 경고의 기준 중 1. 부당한 공동행위 및 2. 사업자단체 금지행

2) 제58조(과징금) 법 제53조 제 2 항 본문 및 같은 조 제 3 항 본문에 따른 매출액의 산정에 관하여는 제13조 제 1 항을 준용한다. 이 경우 위반행위가 입찰담합 및 이와 유사한 행위인 경우에는 계약금액을 매출액으로 본다.

3) 서고판 2000. 10. 10. 2000누1180(대판 2002. 6. 14. 2000두8905); 대판 2008. 2. 29. 2006두10443.

4) 대판 2006. 9. 22. 2004두14588.

5) 대판 2002. 9. 24. 2000두1713.

위 부문의 각 호의 어느 하나에 해당하는 경우에는 과징금을 부과하지 아니할 수 있다(「과징금 부과기준」 Ⅲ. 2. 다).

2. 과징금 산정기준

구체적인 산정기준은 *대통령령* [별표6][6]에서 규정하고 있다.

산정기준은 위반행위를 그 내용 및 정도에 따라 “중대성이 약한 위반행위”, “중대한 위반행위”, “매우 중대한 위반행위”로 구분한 후, 위반행위 유형별로 아래에 정한 중대성의 정도별 부과기준율 또는 부과기준금액을 적용하여 정한다. 이 경우 위반행위 중대성의 정도는 위반행위 유형별로 마련된 [별표] 세부평가 기준표에 따라 산정된 점수를 기준으로 정한다(「과징금 부과고시」 Ⅳ. 1).

사업자단체 과징금 부과의 시준이 되는 연간예산액은 위반행위가 발생한 상품과 관련된 예산액이 아니라 사업자단체의 연간예산액 전액이다(〈한국방송통신산업협동조합의 사업자단체금지행위 건〉).[7]

적격조합[8] 관련하여 법원은 입찰담합과 관련한 매출액은 소속 조합원으로부터 수수하는 위탁수수료가 아니라 입찰을 통한 계약금액으로 보아야 하며(〈한국제유공업협동조합 부당공동행위 건〉),[9] 구성원사가 입찰담합에 참여하고 경쟁제한에 기여하였고 경제적 이익의 대부분이 구성원사에 귀속되었음에도 불구하고 관련매출액 전부를 적격조합인 원고에게 귀속시켜 산정하고, 구성원사업자는 과징금 부과 대상에서 제외하는 것은 형평에 맞지 않는다고 판시하였다(〈관수 원

---

6) [위반행위의 과징금 부과기준(제84조 관련)] 2. 과징금의 산정기준 가. 3) 부당한 공동행위 등 나) 사업자단체 금지행위. 10억원의 범위에서 위반행위의 종료일이 속한 연도의 사업자단체의 연간예산액에 중대성의 정도별로 정하는 부과기준율을 곱하여 산정한다. 다만, 연간예산액을 산정하기 곤란한 경우에는 10억원의 범위에서 중대성의 정도를 고려하여 산정한다. 다) 사업자단체 금지행위 참가행위. 관련매출액에 100분의 20을 곱한 금액의 범위에서 관련매출액에 중대성의 정도별로 정하는 부과기준율을 곱하여 산정한다. 다만, 제13조 제3항 각 호의 어느 하나에 해당하는 경우에는 40억원의 범위에서 중대성의 정도를 고려하여 산정한다.

7) 대판 2020. 6. 25. 2019두61601[서고판 2020. 11. 19. 2020누45713(파기환송심)].

8) 정부나 공공기관이 발주하는 사업의 경쟁입찰에 있어서 단독으로 참여하기 어려운 영세중소기업의 공동수주 활동을 지원하기 위해 해당업체들이 공동으로 일정요건을 갖추어 입찰이 가능하도록 법상 인정되는 조합임.

9) 서고판 2007. 7. 25. 2007누2946(대판 2007. 11. 15. 2007두18079).

심력콘크리트파일 구매입찰 관련 17개 사업자와 한국원심력콘크리트공업협동조합의 부당공동행위 건〉).[10)]

3. 재량권 일탈 · 남용

공정거래위원회는 법에서 정한 과징금의 구체적인 부과액수의 산정을 위하여 내부적으로 과징금 부과지침을 제정하여 시행하는 경우, 이것이 비록 공정거래위원회 내부의 사무처리준칙에 불과한 것이라고 하더라도 이는 법에서 정한 금액의 범위 내에서 적정한 과징금 선정기준을 마련하기 위하여 제정된 것임에 비추어 공정거래위원회로서는 과징금액을 산출함에 있어서 위 지침상의 기준 및 법에서 정한 참작사유를 고려한 적절한 액수로 정하여야 하고,[11)] 이러한 참작사유들을 고려하지 아니한 채 위 지침상의 과징금 부과기준의 2배에 상당하는 금액을 과징금으로 일률적으로 부과한 것은 비례원칙에 위배되어 재량권을 일탈 · 남용한 것으로서 위법하다.[12)]

〈(사)광주자동차검사정비조합의 사업자단체금지행위 건〉 관련 행정소송에서 서울고등법원은 사업자단체금지행위에 해당하더라도 이러한 행위가 부당이득을 얻기 위한 목적이 아닌 점, 소비자에게 미치는 영향이 크지 않은 점 등을 감안할 때 과징금 납부명령은 재량권을 일탈 · 남용한 것으로 위법하다고 판시하였다.[13)]

Ⅲ. 과징금 부과의 취소

사업자단체금지행위에 대하여 처분을 할 것인지 여부와 처분의 정도에 관하여 재량이 인정되는 과징금의 납부명령에 대하여 그 명령이 재량권을 일탈하였을 경우 법원으로서는 재량권의 일탈 여부만 판단할 수 있을 뿐이지 재량권의 범위내에서 어느 정도가 적정한 것인지에 관하여는 판단할 수 없어 그 전부

10) 서고판 2020. 12. 2. 2020누44765.
11) 대판 2002. 9. 24. 2000두1713.
12) 대판 2002. 9. 24. 2000두1713.
13) 서고판 2012. 8. 16. 2012누3936.

를 취소할 수밖에 없고, 법원이 적정하다고 인정되는 부분을 초과한 부분만 취소할 수 없다.[14)]

〈충북레미콘공업협동조합 외2의 관수레미콘 구매입찰 관련 충북지역 3개 레미콘조합의 부당공동행위 건〉 관련 행정소송에서 법원은 "청주권역 입찰에서의 투찰수량 합의만을 인정하는 경우에도 관련매출액은 투찰가격 및 수량에 대한 합의 모두를 인정하는 경우와 같으나, 부과기준율 등까지 동일하다고 단정할 수 없으므로 과징금 납부 명령 역시 전부 취소함이 타당하다"고 판시하였다.[15)]

14) 대판 2009. 6. 23. 2007두18062.

15) 서고판 2018. 12. 27. 2018누40531.

제 8 장

•

전담기구

제54조(공정거래위원회의 설치)
제55조(공정거래위원회의 소관사무)
제56조(공정거래위원회의 국제협력)
제57조(공정거래위원회의 구성등)
제58조(회의의 구분)
제59조(전원회의 및 소회의 관장사항)
제60조(위원장)
제61조(위원의 임기)
제62조(위원의 신분보장)
제63조(위원의 정치운동 금지)
제64조(회의의사 및 의결정족수)
제65조(심리 · 의결의 공개 및 합의의 비공개)
제66조(심판정의 질서유지)
제67조(위원의 제척 · 기피 · 회피)
제68조(의결서 작성 및 경정)
제69조(법 위반 행위의 판단시점)
제70조(사무처의 설치)
제71조(조직에 관한 규정)

제54조(공정거래위원회의 설치)

① 이 법에 의한 사무를 독립적으로 수행하기 위하여 국무총리소속으로 공정거래위원회를 둔다.

② 공정거래위원회는 「정부조직법」 제 2 조 제 2 항에 따른중앙행정기관으로서 그 소관사무를 수행한다.

목 차

Ⅰ. 의 의

Ⅱ. 외국의 경쟁당국

1. 미 국

2. E U

3. 독 일

4. 일 본

5. 중 국

Ⅲ. 공정거래위원회의 성격

[참고문헌]

단행본: 공정거래위원회, －공정거래위원회 20년사－ 시장경제 창달의 발자취, 2001; 이재형, 거래거절규제의 법리와 경제분석, 한국개발연구원, 2005. 12

논 문: 권오승, "공정거래위원회의 독립성과 전문성", 공정거래와 법치(권오승 편), 법문사, 2004; 권오승, "공정거래위원회의 독립성과 전문성", 경쟁저널 제107호, 한국공정경쟁연합회, 2004. 7; 박정훈, "공정거래법의 공적 집행", 공정거래와 법치(권오승 편), 법문사, 2004; 임영철, "공정거래위원회의 사건처리절차", 자유경쟁과 공정거래(권오승 편), 법문사, 2002; 조성국, "경쟁당국 조직 및 사건처리절차에 관한 법률적 쟁점", 경쟁법연구 제15권, 한국경쟁법학회, 법문사, 2007

[참고사례]

에프 호프만 라 로슈(주) 부당공동행위 건(공정거래위원회 2003. 4. 29. 의결 제2003－098호; 서울고등법원 2004. 11. 24. 선고 2003누9000 판결); 6개 흑연전극봉 생산업체들의 부당공동행위 건(공정거래위원회 2002. 4. 4. 의결 제2002－077호, 2002. 8. 23. 재결 제2002－026호; 서울고등법원 2003. 8. 26. 선고 2002누6127, 2002누15015, 2002누14647 판결, 2004. 8. 19. 선고 2002누6110 판결; 대법원 2006. 3. 23. 선고 2003두11124, 2003두11155, 2006. 3. 24. 선고 2003두11148, 2004두11275 판결)

Ⅰ. 의 의

독점규제법에 의한 사무를 독립적으로 수행하기 위하여 국무총리소속으로 공정거래위원회를 둔다(법 제54조 제 1 항). 공정거래위원회는 「정부조직법」 제 2 조 제 2 항에 따른 중앙행정기관으로서 그 소관사무를 수행한다(법 제54조 제 2 항). 법 시행초기에는 독임제 행정관청인 경제기획원장관이 법위반사항에 대한 결정 · 처분을 하기 전에 이른바 '심의기구'에 해당하는 공정거래위원회의 심결을 거치게 하였다.

그러나 경제기획원장관에게 권한이 과도하게 집중되어 공정거래위원회의 위상이 약하고 법집행의 실효성을 기대하기 어렵다는 비판이 제기되어 1990. 1. 13. 제 2 차 법개정을 통해 위원회를 경제기획원장관 소속하의 합의제 행정기관으로 하여 직무수행상 기능을 독립시켰고, 1994. 12. 23.에는 정부조직개편에 따라 공정거래위원회가 독립된 중앙행정기구로서의 위상을 갖추게 되었다. 1996. 3. 8.에는 위원장이 차관급에서 장관급으로 격상되었다.

전형적인 중앙행정기관[1]은 각부장관이므로, 공정거래위원회가 중앙행정기관의 하나라는 것은 －각부장관과 나란히－ 그 의사결정과 표시의 법적 효과가 대한민국에게 바로 귀속되는, 그리하여 행정법적으로 '행정청'임을 나타낸다.[2]

Ⅱ. 외국의 경쟁당국

1. 미 국

미국의 경우 연방거래위원회(Federal Trade Commission: FTC)가 있는데, 이는 1914년 「셔먼법(Sherman Act)」을 보완하기 위한 목적에서 제정된 「연방거래위원회법(FTC Act)」에 의하여 설치되었으며,[3] 일반행정으로부터 다소 독립적인 지위

1) '행정기관'이라 함은 국가 · 지방자치단체 등 행정의 주체(Körper)를 구성하는 기관(Organ)으로서, 그 행정주체의 의사와 활동을 법적으로 표현하는 단위이다. 박정훈, 공정거래와 법치(2004), 1003면.

2) 박정훈, 공정거래와 법치(2004), 1004면.

3) 「FTC법」과 「클레이튼법」은 반트러스트법의 규제대상을 「셔먼법」보다 크게 확대하였는데, 「셔먼

를 가지고, 처분권한 등과 같은 행정적인 권능이외에, 때로는 쟁송의 판단같은 준사법적 권한과 규칙·규정 등을 제정하는 준입법권적 권한까지 갖는 독립규제위원회이다. 법무부는 민·형사 소송을 연방1심법원에 제기할 수는 있지만 스스로 처분권한이 없는 반면, 연방거래위원회(FTC)는 그 스스로에게 광범위한 처분권한이 있고 이에 대한 불복절차는 연방항소법원(순회법원)에 개시된다.[4] 즉 연방거래위원회(FTC)는 이른바 중지명령("cease and desist" order)을 할 수 있고 그에 위반하는 경우 벌금소송을 법원에 제기할 수 있다.

법무부는 「셔먼법(Sherman Act)」 제 1 조 및 제 2 조, 「클레이튼법(Clayton Act)」(제 2 조 가격차별, 제 3 조 구속조건부거래 및 제 7 조 기업결합 등) 및 「로빈슨－패트만법(Robinson－Patman Act)」을 관장하고, 연방거래위원회(FTC)는 「연방거래위원회법(FTC Act)」을 전담하며, 「클레이튼법(Clayton Act)」을 법무부와 같이 담당한다. 「클레이튼법(Clayton Act)」은 「셔먼법(Sherman Act)」을 보완하고 반독점행위의 맹아(incipiency)에 대한 규제를 목적으로 제정되었다.[5] 「셔먼법(Sherman Act)」에 대하여 연방거래위원회(FTC)는 제한적인 집행권한을 행사한다.

한편 미국의 연방거래위원회(FTC)와 우리나라 공정거래위원회의 사건처리절차에서 중요한 차이점이 있다. 우리나라의 경우 사건착수는 사무처에서 결정하고 위원회는 최초심결과 이의신청을 모두 전담하지만, 미국의 경우 사건착수를 위원회가 허가하며 법위반 우려가 있으면 위원회에 행정소장발부를 건의하여 위원회가 승인하면, 최초의 결정은 행정법판사(Administrative Law Judge)가 하되, 최초결정에 대한 이의신청은 위원회에 하도록 하고 있다.[6]

2. E U

EU의 경우 집행위원회(EU Commission)가 있다.[7] 경쟁총국(Directorate General

법」위반으로 되는 거래제한 또는 독점화를 배제하기 위해서는 독점화가 나타나기 전의 싹의 단계에서 부당행위를 제거할 필요가 있다는 인식[맹아이론]이 두 법의 입법정신이다. 이재형, 24면.

4) 임영철, 자유경쟁과 공정거래(2002), 587~588면.

5) Standard Fashion Co. v. Magrane－Houston Co., 258 U.S. 346(1922).

6) 자세한 내용은 조성국, 경쟁법연구 제15권(2007), 118~122면 참조.

7) 주로 「EU기능조약」 101조 및 102조, 「합병규칙(Merger Regulation)」 등을 관장한다. 유럽의 경제적 통합을 목적으로 하는 조약은 1951년의 석탄 및 철강공동체(ECSC)조약 및 1958. 1. 1. 발효한 로마조약, 즉 유럽공동체(EEC)조약 및 원자력공동체(Euratom)조약으로 되어 있었다. 따라서, '유럽경제공동체'하면 ECSC, EEC 및 Euratom을 의미하였다. 로마조약은 그 후 변화를

for Competition)이 경쟁문제를 관할하는 특별임무로서 위원회 위원을 보좌하고 그리고 그의 지시에 따라 업무를 수행한다. 특히 청문주재관 심의제도와 자문위원회(Advisory Committee)는 우리나라 사건 절차에 없는 EU만의 독특한 제도이다.[8] 청문주재관(Hearing Officer)은 당사자와 경쟁총국 사이에서 주로 절차적인 분쟁에 관해 구두심리(oral hearings)를 진행할 책임이 있으며 독립적인 중재자(independent arbiter)로서의 역할을 수행한다. 그리고 집행위가 시정명령 등을 부과하기 전에 자문위원회와 협의를 하여야 하며, 이 경우 사건개요 등 위원회 결정의 초안이 반드시 제공되어야 한다.[9]

3. 독 일

독일의 「경쟁제한방지법(GWB)」 집행기관은 연방카르텔청(Bundeskartellamt)이다. 연방카르텔청은 본에 주소를 둔 독립된 연방당국이며 연방경제노동성 소속이다. 그 외에도 연방경제노동성 및 주법에 의한 주최고당국이 경쟁당국이 된다. 한편 독점위원회(Monopol Kommission)는 매 2년마다 독일의 기업집중 현황과 추이에 대한 판단, 기업결합에 관한 규정의 적용에 대한 평가 및 기타의 현안이 되는 경쟁정책적 문제에 대한 보고서를 작성하여 연방정부에 제출한다. 독점위원회 위원은 5인이며 연방정부의 제청으로 연방대통령이 4년임기로 임명한다.

4. 일 본

일본의 경우 총리대신 소속으로 공정거래위원회(公正取引委員會)가 설치되어 있다. 「사적독점금지법」을 집행하는 권한을 가지며 미국의 연방거래위원회를 모델

겪게 되는데, 1992년 마하스트리트에서는 새롭게 유럽연합(EU)조약이 발효하였고, 1997년 암스테르담조약, 2002년의 니스조약으로 발전해왔다. 1992년 EU조약은 그간의 경제공동체 성격 외에도 유럽을 외교, 안보공동체차원으로 끌어 올리려는 목적을 갖고 있는 것이다. 따라서 유럽을 하나의 건물에 비유하면, 1992년의 EU조약을 지붕으로 삼아 하부에 3개의 경제공동체 개념이 지주를 형성하고 있는 구조로 되어 있었는데. 2002. 7월 석탄 및 철강공동체(ECSC)가 폐지됨으로써 현재는 두 개의 경제공동체만 남게 되었다. 한편 유럽 경쟁법의 기본텍스트인 로마조약, 즉 「유럽경제공동체(EEC)조약」은 1992년 마하스트리트조약에서 「EC조약」으로 명칭이 변경되었고 「EU조약」의 발효와 함께 EC는 EU로 불리어지게 되었다. 2009. 12. 1. 리스본조약에서는 기존의 제81조와 제82조가 각각 제101조 및 제102조로 바뀌었으며 「EU기능조약(Treaty on the Functioning of the European Union)」으로 명칭도 변경되었다.

8) 공정거래위원회, EU의 경쟁법·소비자법 및 사건처리절차(2006. 1), 8면.

9) 공정거래위원회, EU의 경쟁법·소비자법 및 사건처리절차(2006. 1), 8면.

로 하여 설립된 독립행정위원회이며 5인의 위원으로 구성되는 합의제 기관이다.

5. 중 국

중국은 2008. 8. 1. 반독점법 시행후 반독점기구를 반독점위원회와 반독점법 집행기구의 2원체제로 구성·운영하였다.[10] 반독점위원회는 최고 의사협조기구로서 경쟁정책 입안, 반독점지침 제정, 부처간 집행업무의 협조·조정을 수행하며, 반독점법 집행기구는 첫째, 국가공상행정관리총국(반독점 및 반부정당경쟁집행국)에서 카르텔, 시장지배적지위 남용행위, 행정독점행위(단, 가격독점행위는 제외), 불공정거래행위(반부정당경쟁법 적용), 둘째, 상무부(반독점국)에서 반독점위원회 운영, 기업결합 심사 등을 담당하며 셋째, 국가발전개혁위원회(가격감독검사사)에서 가격독점행위(즉, 가격관련 카르텔, 시장지배적 지위남용행위, 행정독점행위)를 담당하였다. 전국범위의 중대한 영향을 미치는 안건은 반독점법집행기구가 직접처리하고, 해당 관할지역에서 발생한 경미 사건 등은 지방정부가 위임 처리해왔다.

그러나 2018년 3월 기존의 3개의 기관(발전개혁위원회, 공상행정관리총국, 상무부)에 분산되어 있던 경쟁법 집행 업무를 통합함으로써 법 집행의 통일성을 기하기 위해 새로이 국가시장감독관리총국(SAMR)을 출범하였다.

우리나라의 공정거래위원회는 독립규제위원회이지만 대통령의 권한 밖에서 의회에 대해 직접 책임을 지는 미국의 독립규제위원회, 또는 수상산하의 정부조직의 범위를 벗어나는 프랑스의 독립행정청과 다르며, 국무총리 또는 대통령에도 소속되지 아니하는 기관으로서, 그 위원들의 상당수가 국회와 대법원에 의해 지명 또는 추천되는 국가인권위원회와도 다르다.[11]

Ⅲ. 공정거래위원회의 성격

준사법기관[12]으로서의 공정거래위원회의 성격관련 서울고등법원은 "독점규제법이 공정거래위원회의 독립성을 보장하기 위하여 그 소속, 구성 및 위원의

10) 공정거래위위원회 보도자료(2010. 7. 8).

11) 박정훈, 공정거래와 법치(2004), 1004~1005면.

12) 미국에서의 '준사법(quasi-judicial)'의 의미에 대하여는 박정훈, 공정거래와 법치(2004), 1005~1006면 참조.

신분보장 등의 규정을 두고 있는 점이나, 그 처분에 대한 불복을 1심인 행정법원이 아니라 항소심인 고등법원에 하도록 하고 있는 점 등에 비추어,[13] 공정거래위원회는 준사법기관으로서의 기능을 하고 있으며 그 의결도 준사법적 판단의 성격을 띠고 있다고 볼 것이므로 이를 단순히 행정처분으로 볼 것은 아니다" 라고 한다.[14]

준사법기관이라고 하기 위해서는 행정청이 처분을 함에 있어서 단지 당사자의 의사를 들어보는 수준을 넘어 외부적으로는 권력을 비롯한 정부의 타부처로부터, 내부적으로는 내부의 소추조직으로부터 독립성이 보장된 심판주체가 국민에게 공격방어권을 충분히 보장해 주고 대심구조에 의한 심의를 거쳐 증거채택절차에 따라 공정한 결정에 이를 수 있어야 한다.[15]

한편 공정거래위원회의 사법적 기능을 강화하기 위하여 법원유사의 합의체 심결기구로 전환하는 것이 바람직하다는 견해가 있다.[16]

제55조(공정거래위원회의 소관사무)

공정거래위원회의 소관사무는 다음 각호와 같다.

1. 시장지배적지위의 남용행위 규제에 관한 사항
2. 기업결합의 제한 및 경제력집중의 억제에 관한 사항
3. 부당한 공동행위 및 사업자단체의 경쟁제한행위 규제에 관한 사항
4. 불공정거래행위 및 재판매가격유지행위 규제에 관한 사항
5. 경쟁제한적인 법령 및 행정처분의 협의·조정등 경쟁촉진정책에 관한 사항
6. 기타 법령에 의하여 공정거래위원회의 소관으로 규정된 사항

13) 미국의 경우에도 우리의 고등법원에 해당하는 연방항소법원이 1심법원이고, 독일의 경우에는 뒤셀도르프 고등법원이 1심법원이다.

14) 서고판 2004. 11. 24. 2003누9000; 서고판 2003. 8. 26. 2002누6127(대판 2006. 3. 23. 2003두11124); 서고판 2003. 8. 26. 2002누15015(대판 2006. 3. 23. 2003두11155); 서고판 2003. 8. 26. 2002누14647(대판 2006. 3. 24. 2003두11148); 서고판 2004. 8. 19. 2002누6110(대판 2006. 3. 24. 2004두11275); 서고판 2004. 11. 24. 2003누9000; 동지 권오승, 공정거래와 법치(2004), 991면.

15) 임영철, 자유경쟁과 공정거래(2002), 583면.

16) 권오승, 공정거래와 법치(2004), 994~995면.

第56조(공정거래위원회의 국제협력)

① 정부는 대한민국의 법률 및 이익에 반하지 않는 범위에서 외국정부와 이 법의 집행을 위한 협정을 체결할 수 있다.

② 공정거래위원회는 제 1 항의 협정에 따라 외국정부의 법집행을 지원할 수 있다.

③ 공정거래위원회는 제 1 항의 협정이 체결되어 있지 않은 경우에도 외국정부의 법집행 요청 시 동일 또는 유사한 사항에 관하여 대한민국의 지원요청에 응한다는 요청국의 보증이 있는 경우에는 지원할 수 있다.

정부는 대한민국의 법률 및 이익에 반하지 않는 범위에서 외국정부와 독점규제법의 집행을 위한 협정을 체결할 수 있다. 공정거래위원회는 이 협정에 따라 외국정부의 법집행을 지원할 수 있다. 공정거래위원회는 협정이 체결되어 있지 않은 경우에도 외국정부의 법집행 요청시 동일 또는 유사한 사항에 관하여 대한민국의 지원요청에 응한다는 요청국의 보증이 있는 경우에는 지원할 수 있다.

현재 미국 법무부(DOJ) 및 연방거래위원회(FTC), EU, 일본, 중국 등 국가와 MOU, 기관간·국가간 협정을 체결하고 있다. 또한 칠레('04), 싱가포르('06), EFTA('06), 인도('10), EU('11), 페루('11), 미국('12), 터키('13), 호주('14), 캐나다('15), 중국('15), 뉴질랜드('15), 베트남('15), 콜롬비아('16), 중미 5개국('19)과 체결한 FTA에 경쟁챕터가 포함되었다. 대표적으로 한-미 FTA 제16조 경쟁챕터(2012. 3. 발효)의 경우 10개 조항으로 구성되었다. 특히 제 1 조(경쟁법과 반경쟁적 행위)에는 심의과정에서 피심인의 진술 및 증거제출권, 증인 등에 대한 교차신문권, 증거자료에 대한 접근 및 반론권 보장, 동의명령제 도입 등이 규정되었다.

第57조(공정거래위원회의 구성등)

① 공정거래위원회는 위원장 1인 및 부위원장 1인을 포함한 9인의 위원으로 구성하며, 그중 4인은 비상임위원으로 한다.

② 공정거래위원회의 상임위원과 비상임위원(이하"위원"이라 한다)은 독점규제 및 공정거래 또는 소비자분야에 경험 또는 전문지식이 있는 자로서 다음 각 호의 어느 하나에 해당하는 자중에서, 위원장과 부위원장은 국무총리의 제청으로 대통령이 임명하고 기타 위원은 위원장의 제청으로 대통령이 임명 또는 위촉한다. 이 경우 위원장은 국회의 인사청문을 거쳐야 한다.

1. 2급 이상 공무원(고위공무원단에 속하는 일반직공무원을 포함한다)의 직(職)에 있던 자
2. 판사·검사 또는 변호사의 직에 15년이상 있던 자
3. 법률·경제·경영 또는 소비자 관련 분야 학문을 전공하고 대학이나 공인된 연구기관에서 15년 이상 근무한 자로서 부교수 이상 또는 이에 상당하는 직에 있던 자
4. 기업경영 및 소비자보호활동에 15년이상 종사한 경력이 있는 자

③ 위원장과 부위원장은 정무직으로 하고, 기타 상임위원은 고위공무원단에 속하는 일반직공무원으로서 「국가공무원법」 제26조의 5에 따른 임기제공무원으로 보한다.

④ 위원장·부위원장 및 제47조(사무처의 설치)의 규정에 의한 사무처의 장은 「정부조직법」 제10조(정부위원)의 규정에 불구하고 정부위원이 된다.

목 차

Ⅰ. 위원회의 구성 및 자격
Ⅱ. 외국 경쟁당국의 경우
Ⅲ. 관련 이슈

[참고문헌]

논 문: 권오승, "공정거래위원회의 독립성과 전문성", 경쟁저널 107호, 한국공정경쟁연합회, 2004. 7; 정중원, "공정거래법 위반사건의 처리절차 공정성 강화방안", 경쟁저널 제150호, 한국공정경쟁연합회, 2010. 5

Ⅰ. 위원회의 구성 및 자격

공정거래위원회는 위원장 1인 및 부위원장 1인을 포함한 9인의 위원으로 구성하며, 그 중 4인은 비상임위원으로 한다(법 제57조 제1항). 1980년 법제정 당시에는 5인(상임 3인, 비상임 2인)으로 구성하되 경제기획원 장관의 제청으로 대통령이 임명하도록 하였다가, 1990. 1. 3. 제2차 법개정시 7인(상임 5인, 비상임 2인)으로 하였는데 위원장과 부위원장은 경제기획원장관의 제청으로 대통령이 임명하고 기타 위원은 위원장의 제청으로 대통령이 임명하도록 하였다. 1994. 12. 22. 제4차 법개정시 위원장과 부위원장의 임명제청권자를 국무총리로 바꾸고, 1996. 12. 31. 제5차 법개정시 위원수를 9인(상임 5인, 비상임 4인)으로 늘렸다.

공정거래위원회의 상임위원과 비상임위원은 독점규제 및 공정거래 또는 소비자분야에 경험 또는 전문지식이 있는 자로서 ① 2급 이상 공무원(고위공무원단에 속하는 일반직공무원을 포함)의 직(職)에 있던 자(제1호), ② 판사·검사 또는 변호사의 직에 15년이상 있던 자(제2호), ③ 법률·경제·경영 또는 소비자 관련 분야 학문을 전공하고 대학이나 공인된 연구기관에서 15년 이상 근무한 자로서 부교수 이상 또는 이에 상당하는 직에 있던 자(제3호), ④ 기업경영 및 소비자보호활동에 15년이상 종사한 경력이 있는 자(제4호) 중에서, 위원장과 부위원장은 국무총리의 제청으로 대통령이 임명하고 기타 위원은 위원장의 제청으로 대통령이 임명 또는 위촉한다(법 제57조 제2항). 이 경우 위원장은 국회의 인사청문을 거쳐야 한다. 장관급 중앙행정기관인 공정거래위원회의 장으로서 다른 행정부처의 장관과 마찬가지로 국회 인사청문회의 대상으로 하였다.

위원장과 부위원장은 정무직으로 하고, 기타 상임위원은 고위공무원단에 속하는 일반직 공무원으로서 「국가공무원법」 제26조의5에 따른 임기제공무원으로 보한다(법 제57조 제3항). 위원장·부위원장 및 제47조(사무처의 설치)의 규정에 의한 사무처의 장은 「정부조직법」 제10조(정부위원)의 규정에 불구하고 정부위원이 된다(법 제57조 제4항).

Ⅱ. 외국 경쟁당국의 경우

미국 연방거래위원회 위원은 대통령이 상원의 동의를 얻어 임명하며, 위원장은 5인의 위원 중에 지명한다. 정치적 중립성보장을 위하여 위원의 3명이내만 동일정당으로 소속으로 하며, 위원임기의 시차제를 두고 있다.[1] EU집행위원회의 위원장 및 위원은 EU각료이사회가 EU의회의 승인을 얻어 임명한다. 일본의 경우 공정취인위원회 위원장 및 위원은 연령이 35세 이상이고, 법률 또는 경제에 관한 학식과 경험이 있는 자 중에서, 내각총리대신이 양의원의 동의를 얻어 임명하며, 위원장의 임면은 천황이 인증한다.

Ⅲ. 관련 이슈

한편 공정거래위원회를 구성하는 위원간에 계급차이를 두는 것은(위원장－부위원장－위원) 상호평등과 독립을 생명으로 하는 위원회의 구성원리에 반하는 것이며 적법절차원리에 반한다는 비판이 있다.[2] 위원장의 계급을 장관급으로 하는 것에 대한 회의적인 시각도 있는 바, 위원회의 관료주의화를 탈피하고 계급을 낮추되 위원들과 동일한 위치에서 사건을 심리함으로써 심결의 독립성과 전문성을 확보하자는 취지로 해석할 수 있다.

미국 FTC위원장은 다른 위원들과 동등한 지위를 가지며, 독일같이 행정청으로 하고 있는 경우에는 법원과 같이 심결부조직으로 구성함으로써 청장이 구체적인 사건의 심리나 의결에 관여하지 못하도록 제도적 장치를 하고 있다.

한편 비상임위원제도는 우리나라의 특유한 제도이다. 공정거래위원회의 독립성을 강화하기 위해서는 비상임위원을 상임위원화하는 것이 바람직하다.

---

1) 정중원, 경쟁저널(2010. 5), 79면.

2) 권오승, 공정거래와 법치(2004), 993면.

제58조(회의의 구분)

공정거래위원회의 회의는 위원전원으로 구성하는 회의(이하 "전원회의"라 한다)와 상임위원 1인을 포함한 위원 3인으로 구성하는 회의(이하 "소회의"라 한다)로 구분한다.

"소회의"의 구성은 *대통령령*[1])에서 규정한다.

제59조(전원회의 및 소회의 관장사항)

① 전원회의는 다음 각호의 1의 사항을 심의·의결한다.

1. 공정거래위원회 소관의 법령이나 규칙·고시 등의 해석 적용에 관한 사항
2. 제96조에 따른 이의신청
3. 소회의에서 의결되지 아니하거나 소회의가 전원회의에서 처리하도록 결정한 사항
4. 규칙 또는 고시의 제정 또는 변경
5. 경제적 파급효과가 중대한 사항 기타 전원회의에서 스스로 처리하는 것이 필요하다고 인정하는 사항

② 소회의는 제1항 각호의 사항외의 사항을 심의·의결한다.

소회의의 업무분장에 대하여 *대통령령*[1])에서 규정하고 있다.

전원회의 및 소회의의 운영에 관해서는 「공정거래위원회 회의 운영 및 사건절차 등에 관한 규칙」[2])(이하 "사건절차규칙")에서 자세히 규정하고 있다.

---

1) 제59조(소회의의 구성) ① 법 제58조에 따라 공정거래위원회에 5개 이내의 소회의를 둔다.② 공정거래위원회의 위원장(이하 "위원장"이라 한다)은 각 소회의의 구성위원을 지정하고 필요한 경우 구성위원을 변경할 수 있다. ③ 위원장은 각 소회의의 구성위원에게 특정 사건에 대해 법 제67조에 따른 제척·기피·회피에 해당되는 사유가 있는 경우 해당 사건을 다른 소회의에서 심의하도록 하거나 해당 사건에 한정하여 다른 소회의의 위원을 그 소회의의 위원으로 지정할 수 있다.

1) 제60조(소회의의 업무분장) 위원장은 각 소회의의 분장업무를 지정하고 필요한 경우 분장업무를 변경할 수 있다.

2) 공정거래위원회 고시 제2023－9호(2023. 4. 14).

第60條(위원장)

① 위원장은 공정거래위원회를 대표한다.

② 위원장은 국무회의에 출석하여 발언할 수 있다.

③ 위원장이 사고로 인하여 직무를 수행할 수 없을 때에는 부위원장이 그 직무를 대행하며, 위원장과 부위원장이 모두 사고로 인하여 직무를 수행할 수 없을 때에는 선임상임위원순으로 그 직무를 대행한다.

[참고문헌]

논 문: 권오승, "공정거래위원회의 독립성과 전문성", 공정거래와 법치(권오승 편), 법문사, 2004; 권오승, "공정거래위원회의 독립성과 전문성", 경쟁저널 107호, 한국공정거래연합회, 2004. 7

위원장은 공정거래위원회를 대표하며. 국무회의에 출석하여 발언할 수 있다. 위원장이 사고로 인하여 직무를 수행할 수 없을 때에는 부위원장이 그 직무를 대행하며, 위원장과 부위원장이 모두 사고로 인하여 직무를 수행할 수 없을 때에는 선임상임위원순으로 그 직무를 대행한다.

한편 위원회의 외부로부터의 독립성 관련하여 위원장이 국무회의에 참석하는 것이 대통령으로부터 독립 차원에서 문제가 있다는 비판적인 시각[1]이 있으나, 실제 국무회의에서 공정거래위원회의 구체적인 사건에 대하여 지시나 관여가 이루어지는 경우는 거의 없으며, 경쟁정책이 국가경제정책의 중요한 일부로서 기능하려면 다른 부처와의 협조나 정책조율도 중요한 만큼 참여 자체를 반대할 이유는 없다고 본다. 즉 위원장의 지위는 위원회 구성원으로서의 지위, 경쟁정책의 최종책임자 및 조직관리자 등 다양한 지위를 가지는 것이다.

1) 권오승, 경쟁저널(2004. 7), 6면.

제61조(위원의 임기)

공정거래위원회의 위원장, 부위원장 및 다른 위원의 임기는 3년으로 하고, 1차에 한하여 연임할 수 있다.

[참고사례]

한나라당외 2의 공정거래위원장 임명무효확인 건(서울행정법원 2001. 6. 29. 선고 2001구14555 판결)

공정거래위원회의 위원장, 부위원장 및 다른 위원의 임기는 3년으로 하고, 1차에 한하여 연임할 수 있다.

위원장의 임기문제와 관련하여, 1993년 6월경 공정거래위원회 상임위원으로 임명된 뒤 1996년 6월 연임한 ○○○의 임기는 1999년 6월경 법률상 종료했음에도 2000년 8월 7일 ○○○가 공정거래위원장으로 임명되었는바, 이에 임명행위의 무효확인을 구하는 소송에서 서울행정법원은 "대통령이 '누구를' 공정거래위원장으로 임명할 것인가의 문제는 고도의 정치적 결단을 요하는 것으로 볼 수 있고 따라서 법원으로서도 대통령의 결단을 존중하여 그 피임명권자가 공정거래위원장의 직무를 수행하기에 적절한 사람인지의 여부에 관하여서는 사법적 판단을 자제하는 것이 바람직하다고 하겠으나, '연임제한에 관한 규정에 저촉되는 사람을 임명할 것인지 여부'같은 문제는 '고도의 정치적 결단과는 관련 없는 것으로서 단지 당해규정에 해석상의 문제에 불과한 것이므로, 법률의 해석 권한을 가지고 있는 법원이 마땅히 판단할 수 있는 사항이다. 그러나 행정처분의 무효 등 확인소송은 처분 등의 효력유무 또는 존재여부의 확인을 구할 법률상의 이익이 있는 자만이 제기할 수 있는 것인바(「행정소송법」 제35조), 여기서 '법률상 이익'이라 함은 법에 의하여 보호되고 있는 직접적이고 구체적인 이익이어야 하고 공익보호의 결과로서 국민일반이 공통적으로 가지는 일반적 이익이나 반사적 이익 같은 간접적이거나 사실적·경제적 이익까지 포함하는 것은 아니라고 보아야 할 것이다. '우리나라의 모든 국민이' 이 사건 임명행위가 무효임의 확인을 구할 법률상의 이익이 있다고 볼 수 없고, 원고들이 이 사건 임명행위로 법에 의하여 보호되고 있는 어떠한 직접적인 이익을 침해당하였다고 볼 아무런 증거가 없으므로, 이 사건 소송은 원고적격을 흠결한 것이므로 부적법하다"[1]고 판시함으로써 위원장의 임기문제는 정치적결단의 문제가 아닌 법률문제이지만, 법률상 이익이 있는 자만이 원고적격이 있다고 판단하였다.

제62조(위원의 신분보장)

위원은 다음 각호의 1에 해당하는 경우를 제외하고는 그 의사에 반하여 면직 또는 해촉되지 아니한다.

1. 금고이상의 형의 선고를 받은 경우
2. 장기간의 심신쇠약으로 직무를 수행할 수 없게 된 경우

제63조(위원의 정치운동 금지)

위원은 정당에 가입하거나 정치운동에 관여할 수 없다.

미국 연방거래위원회의 경우 위원 3명이상이 동일한 정당 출신이어서는 아니 된다.

제64조(회의의사 및 의결정족수)

① 전원회의의 의사는 위원장이 주재하며 재적위원 과반수의 찬성으로 의결한다.

② 소회의의 의사는 상임위원이 주재하며 구성위원 전원의 출석과 출석위원 전원의 찬성으로 의결한다.

1) 서행판 2001. 6. 29. 2001구14555.

제65조(심리 · 의결의 공개 및 합의의 비공개)

① 공정거래위원회의 심리와 의결은 공개한다. 다만, 사업자 또는 사업자단체의 사업상의 비밀을 보호할 필요가 있다고 인정할 때에는 그러하지 아니하다.

② 공정거래위원회의 심리는 구술심리를 원칙으로 하되, 필요한 경우 서면심리로 할 수 있다.

② 공정거래위원회의 사건에 관한 의결의 합의는 공개하지 아니한다.

[참고사례]

언론인권센터의 정보비공개결정취소청구 건(서울행정법원 2004. 4. 22. 선고 2003구합16648 판결; 서울고등법원 2005. 3. 25. 선고 2004누9229 판결)

공정거래위원회의 심리와 의결은 공개한다. 다만, 사업자 또는 사업자단체의 사업상의 비밀을 보호할 필요가 있다고 인정할 때에는 그러하지 아니하다. 공정거래위원회의 사건에 관한 의결의 합의는 공개하지 아니한다.

공정거래위원회의 회의록 공개요구가 많이 일어나고 있다. 이에 대해 서울행정법원은 “공정거래위원회 회의록을 공개하도록 강제한다면 공정거래위원회 회의에 참석하는 위원, 공무원 등은 자신의 발언 내용이 공개되는 것에 대한 부담으로 인한 심리적 압박 때문에 솔직하고 자유로운 의사교환을 할 수 없고, 심지어는 당사자나 외부의 의사에 영합하는 발언을 하거나 침묵으로 일관할 우려마저 있으므로 공정거래위원회의 업무수행에 현저한 지장을 초래 할 수 있다고 봄이 상당하다. 이러한 우려는 회의록에 기재된 진술을 한 진술자들의 인적 사항을 삭제하더라도 여전히 불식하기 어려울 뿐 아니라 공정거래위원회는 법령에 정한 직무를 독립적으로 수행하기 위하여 설치된 합의제기관으로서 위원회의 회의록 작성이 법령상 강제되어 있지 않음에도 불구하고 심의의 객관성과 공정성을 높이기 위하여 회의록을 작성 · 비치하고 있다는 것인데 법원이 이를 공개하도록 명할 경우 오히려 공정거래위원회의 위와 같은 노력에 지장을 줄 우려가 있다는 점 등을 감안하여 보면, 이 사건 회의록을 공개하지 않음으로써 얻어지는 업무수행의 공정성 확보라는 공익은 이를 공개함으로써 얻어지는 국정운영의 투명성 등의 이익에 비하여 크다. 따라서 이 사건 회의록은 '의사결정과정에 준하는 사항으로서 공개될 경우 공정거래위원회회의 업무의 공정한 수행에 현저한 지장을 초래한다고 인정할 만한 상당한 이유가 있는 정보'로서 「공공기관의정보공개에관한법률」 제 7 조 제 1 항 제 5 호 소정의 비공개대상에 해당한다고 보아야 한다"[1]고 함으로써 회의록 공개를 인정하지 않았으며 서울고등법원에서 인용되었다.[2]

1) 서행판 2004. 4. 22. 2003구합16648.
2) 서고판 2005. 3. 25. 2004누9229.

제66조(심판정의 질서유지)

전원회의 및 소회의의 의장은 심판정에 출석하는 당사자 · 이해관계인 · 참고인 및 참관인 등에 대하여 심판정의 질서유지를 위하여 필요한 조치를 명할 수 있다.

제67조(위원의 제척 · 기피 · 회피)

① 위원은 다음 각호의 1에 해당하는 사건에 대한 심의 · 의결에서 제척된다.

1. 자기나 배우자 또는 배우자이었던 자가 당사자이거나 공동권리자 또는 공동의무자인 사건
2. 자기가 당사자와 친족관계에 있거나 자기 또는 자기가 속한 법인이 당사자의 법률 · 경영등에 대한 자문 · 고문등으로 있는 사건
3. 자기 또는 자기가 속한 법인이 증언이나 감정을 한 사건
4. 자기 또는 자기가 속한 법인이 당사자의 대리인으로서 관여하거나 관여하였던 사건
5. 자기 또는 자기가 속한 법인이 사건의 대상이 된 처분 또는 부작위에 관여한 사건
6. 자기가 공정거래위원회 소속공무원으로서 당해 사건의 조사 또는 심사를 행한 사건

② 당사자는 위원에게 심의 · 의결의 공정을 기대하기 어려운 사정이 있는 경우에는 기피신청을 할 수 있다. 위원장은 이 기피신청에 대하여 위원회의 의결을 거치지 아니하고 결정한다.

③ 위원 본인이 제1항 각호의 1의 사유 또는 제2항의 사유에 해당하는 경우에는 스스로 그 사건의 심의 · 의결을 회피할 수 있다.

당사자는 위원에게 심의 · 의결의 공정을 기대하기 어려운 사정이 있는 경우에는 기피신청을 할 수 있다. 위원장은 이 기피신청에 대하여 위원회의 의결을 거치지 아니하고 결정한다.[1] 위원 본인이 법 제67조 제1항 각호 및 제2항의 사유에 해당하는 경우에는 스스로 그 사건의 심의 · 의결을 회피할 수 있다.[2]

1) 제61조(위원의 기피 · 회피) ① 법 제67조 제2항에 따라 기피를 신청하려는 자는 위원장에게 그 원인을 명시하여 신청해야 한다. ② 기피사유는 기피를 신청한 날부터 3일 이내에 서면으로 소명해야 한다. ③ 법 제67조 제2항 전단에 따른 기피신청을 받은 위원은 지체 없이 기피신청에 대한 의견서를 위원장에게 제출해야 한다. ④ 위원이 법 제67조 제3항에 따라 회피를 하려는 경우에는 위원장의 허가를 받아야 한다.

2) 제61조(위원의 기피 · 회피) ④ 위원이 법 제67조 제3항에 따라 회피를 하려는 경우에는 위원장의 허가를 받아야 한다.

제68조(의결서 작성 및 경정)

① 공정거래위원회가 이 법의 규정에 위반되는 사항에 대하여 의결하는 경우에는 그 이유를 명시한 의결서로 하여야 하고, 의결에 참여한 위원이 그 의결서에 서명·날인하여야 한다.

② 공정거래위원회는 의결서 등에 오기(誤記), 계산착오, 그 밖에 이와 유사한 오류가 있는 것이 명백한 때에는 신청에 의하거나 직권으로 경정(更正)할 수 있다.

[참고사례]

현대자동차(주) 외 28(현대 1 차)의 부당지원행위 등 건(공정거래위원회 1998. 8. 5. 의결 제1998−171호; 서울고등법원 2001. 6. 21. 선고 98누13098 판결; 대법원 2004. 4. 9. 선고 2001두6197 판결; 서울고등법원 2006. 8. 9. 선고 2004누8424 판결; 대법원 2008. 7. 10. 선고 2006두14735 판결)

공정거래위원회가 독점규제법의 규정에 위반되는 사항에 대하여 의결하는 경우에는 그 이유를 명시한 의결서로 하여야 하고, 의결에 참여한 위원이 그 의결서에 서명·날인하여야 한다. 공정거래위원회는 의결서 등에 오기(誤記), 계산착오, 그 밖에 이와 유사한 오류가 있는 것이 명백한 때에는 신청에 의하거나 직권으로 경정(更正)할 수 있다.

법 제68조가 의결서에 처분이유를 기재하게 한 취지는 「행정절차법」 소정의 처분의 근거 및 이유제시제도의 취지와 같이 처분청의 판단의 신중, 적정, 공정, 타당, 합리성 등을 담보하여 자의를 억제하고, 처분이유를 상대방에게 알려주어 상대방을 설득하는 한편, 권리구제신청에 편의를 주고자 함에 있다.[1]

1) 대판 2004. 4. 9. 2001두6197.

제69조(법 위반 행위의 판단시점)

공정거래위원회가 이 법에 위반되는 사항에 대하여 의결하는 경우에는 그 사항에 관한 심리를 종결하는 날까지 발생한 사실을 기초로 판단한다.

공정거래위원회가 법 위반 사항을 의결하는 경우에는 심리종결일까지 발생한 사실을 기초로 판단한다. 이는 그동안 공정거래위원회 의결의 기준시점에 대한 판단근거가 없어 심리종결 이후 의결서 송달전에 피심인이 법 위반행위를 시정하면 공정거래위원회가 잘못 의결한 결과가 되는 문제점을 해결하여 심결의 일관성, 법집행의 예측가능성을 제고하기 위하여 규정하였다.[1]

제70조(사무처의 설치)

공정거래위원회의 사무를 처리하기 위하여 공정거래위원회에 사무처를 둔다.

공정거래위원회의 사무를 처리하기 위하여 공정거래위원회에 사무처를 둔다. 사무처에 사무처장 1명을 두되, 사무처장은 고위공무원단에 속하는 일반직공무원으로 보한다. 2023. 4. 14. 기존 사무처조직에서 사건조사를 전담하는 조사관리관이 신설되었다.[1]

제71조(조직에 관한 규정)

① 이 법에 규정된 것 이외에 공정거래위원회의 조직에 관하여 필요한 사항은 대통령령으로 정한다.

② 이 법에 규정된 것 외에 공정거래위원회의 운영등에 관하여 필요한 사항은 공정거래

1) 공정거래백서(2012), 14~15면.

1) 공정거래위원회와 그 소속기관 직제 시행규칙, 총리령 1874호(2023. 4. 14.).

위원회의 규칙으로 정한다.

독점규제법에 규정된 것 이외에 공정거래위원회의 조직에 관하여 필요한 사항은 *대통령령*[1]으로 정한다. 그리고 이 법에 규정된 것 외에 공정거래위원회의 운영등에 관하여 필요한 사항은 공정거래위원회의 규칙으로 정하는데, 이에 따라 「사건절차규칙」을 제정·운영하고 있다.

1) 제62조(위원의 수당 등) 공정거래위원회의 비상임위원에 대해서는 예산의 범위에서 수당이나 그 밖에 필요한 경비를 지급할 수 있다.

제9장

•

한국공정거래조정원의 설립 및 분쟁조정

제72조(한국공정거래조정원의 설립 등)
제73조(공정거래분쟁조정협의회의 설치 및 구성)
제74조(협의회의 회의)
제75조(협의회 위원의 제척 · 기피 · 회피)
제76조(조정의 신청 등)
제77조(조정 등)
제78조(조정조서의 작성과 그 효력)
제79조(협의회의 조직 · 운영 등)

제72조(한국공정거래조정원의 설립 등)

① 다음 각 호의 업무를 수행하기 위하여 한국공정거래조정원(이하 "조정원"이라 한다)을 설립한다.

1. 제45조 제1항을 위반한 혐의가 있는 행위와 관련된 분쟁의 조정
2. 다른 법률에서 조정원으로 하여금 담당하게 하는 분쟁의 조정
3. 시장 또는 산업의 동향과 공정경쟁에 관한 조사 및 분석
4. 사업자의 거래 관행과 행태의 조사 및 분석
5. 제90조제7항에 따라 공정거래위원회로부터 위탁받은 제89조제3항에 따른 동의의결의 이행관리
6. 공정거래와 관련된 제도와 정책의 연구 및 건의
7. 그 밖에 공정거래위원회로부터 위탁받은 사업

② 조정원은 법인으로 한다.

③ 조정원의 장은 제57조 제2항 각 호의 어느 하나에 해당하는 자 중에서 공정거래위원회 위원장이 임명한다.

④ 정부는 조정원의 설립과 운영에 필요한 경비를 예산의 범위 안에서 출연하거나 보조할 수 있다.

⑤ 조정원에 관하여 이 법에서 규정한 것 외에는 「민법」 중 재단법인에 관한 규정을 준용한다.

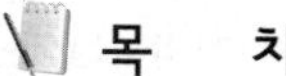

목　　차

Ⅰ. 한국공정거래조정원의 기능

Ⅱ. 조정원의 설립·운영

[참고문헌]

단행본: 목영준/최승재, 중재법(개정판), 박영사, 2018; 한국공정거래조정원, 한국공정거래조정원 10년사, 2017

논　문: 김건식, "공정거래 관련 분쟁조정제도의 현황 및 활성화 방안 검토", 2019년 한국경쟁법학회 춘계학술대회, 2019. 3. 22; 정용균, "미국의 조정－중재(Med－Arb) 제도에 관한 연구", 중재연구 제24권 제1호, 2014. 3. 2

Ⅰ. 한국공정거래조정원의 기능

불공정거래행위로 인한 중소기업의 피해를 당사자간의 자율적인 조정을 통해서 신속하게 해결하고 급격하게 변화하는 경제환경에 대응하며 새로이 발생하는 산업분야 및 거래행태에 대한 조사연구를 통해서 법집행의 효율성을 지원하고 경쟁문화 확산을 위해 교육기능을 수행할 기구의 필요성이 제기되어 2007. 8. 3. 제14차 법개정시 설립근거를 마련하고 2008. 1. 17. 정식으로 출범하였다.[1)]

즉 한국공정거래조정원(이하 "조정원")은 ① 제45조 제 1 항을 위반한 혐의가 있는 행위와 관련된 분쟁의 조정(제 1 호), ② 다른 법률에서 조정원으로 하여금 담당하게 하는 분쟁의 조정(제 2 호), ③ 시장 또는 산업의 동향과 공정경쟁에 관한 조사 및 분석(제 3 호), ④ 사업자의 거래 관행과 행태의 조사 및 분석(제 4 호), ⑤ 제90조 제 7 항에 따라 공정거래위원회로부터 위탁받은 제89조 제 3 항에 따른 동의의결의 이행관리(제 5 호), ⑥ 공정거래와 관련된 제도와 정책의 연구 및 건의(제 6 호), ⑦ 그 밖에 공정거래위원회로부터 위탁받은 사업을 수행한다(법 제72조 제 1 항).

조정원의 핵심적 기능은 분쟁조정이다. 조정제도는 재판이외의 대체적 분쟁해결(ADR: Alternative Dispute Resolution)[2)] 중에서 가장 많이 활용되고 있다.

---

1) http://www.kofair.or.kr.; 제도도입의 이유는 "(1) 현행 불공정거래행위에 대한 행정제재(시정조치 · 과징금 등)만으로는 피해자의 신속하고 실질적인 피해구제가 미흡하고, 당사자 간 사적 분쟁의 성격이 강한 유형의 사건에도 공정거래위원회의 인력과 자원이 과도하게 투입되는 문제점이 있음. (2) 분쟁당사자 간 자율적인 합의를 통하여 적은 비용으로 신속하게 분쟁을 해결할 수 있도록 한국공정거래조정원에 공정거래분쟁조정협의회를 두도록 하고, 당사자 간의 합의로 분쟁을 해결하는 것이 적정한 것으로 인정되는 일부 불공정거래행위에 대하여 조정제도를 도입하며, 조정이 이루어진 사건에 대하여는 시정조치 및 시정권고를 하지 아니하도록 함. (3) 공정거래분야에서 발생하는 사업자 간 분쟁을 조정하고, 시장 · 산업에 대한 조사 · 연구 등을 수행하기 위하여 한국공정거래조정원을 설립함. (4) 시정조치 등 행정제재 위주의 법집행과 자율적 분쟁해결의 조화가 가능하게 됨으로써 피해구제의 실효성과 법집행의 효율성이 높아질 것으로 기대됨."이다.【제정 · 개정이유】[시행 2007. 11. 4.] [법률 제8631호, 2007. 8. 3, 일부개정]; 조정원은 2011년에 하도급거래, 2012년에 대규모유통 · 약관, 2013년에 가맹거래, 2017년 대리점거래 분쟁조정업무를 개시하였다. 다만, 하도급의 경우 하도급법 제정(1984년) 이전부터 중소기업협동조합중앙회(現 중소기업중앙회)와 건설협회가 하도급분쟁조정협의회를 설치하여 스스로 분쟁사건을 조정하였다.

2) 협상 및 화해, 알선, 조정, 중재 등의 차이점에 대하여 목영준/최승재, 4~6면 참조; 미국에서는 조정－중재의 하이브리드방식이 노동, 엔터테인먼트, 국제상사 등 분쟁에서 많이 활용되고 있다. 자세한 내용은, 정용균, 중재연구(2014. 3. 2), 86~109면 참조.

미국에서는 민사소송 사건의 90~95%가 재판전(PRE－trial) 단계에서 조정을 포함한 ADR을 통해 해결되고 있다.[3)]

미국에서는 독점으로 인한 분쟁을 중재에 의해 해결하는 것이 미국의 공공질서에 위반하는지가 문제되었는데, 1968년 제 2 연방항소법원은 〈American Safety 사건〉에서 독점관련 분쟁의 중재가능성을 부인하였으나(이른바 "American Safety Doctrine"), 1985년 〈Mitsubishi 사건〉에서 독점금지에 관한 분쟁이라도 국제적 성격을 가진 것이라면 미국의 공공질서에 반하지 않는다고 판시함으로써 변경되었다.[4)] 독일의 부정경쟁방지법 제15조에서도 조정위원회에 관한 규정을 두고 있다.

Ⅱ. 조정원의 설립 · 운영

조정원은 법인으로 한다(법 제72조 제 2 항). 조정원의 장은 독점규제 및 공정거래 또는 소비자분야에 경험 또는 전문지식이 있는 자로서 ① 2급 이상 공무원(고위공무원단에 속하는 일반직공무원을 포함)의 직(職)에 있던 자(제 1 호), ② 판사 · 검사 또는 변호사의 직에 15년이상 있던 자(제 2 호), ③ 법률 · 경제 · 경영 또는 소비자 관련 분야 학문을 전공하고 대학이나 공인된 연구기관에서 15년 이상 근무한 자로서 부교수 이상 또는 이에 상당하는 직에 있던 자(제 3 호), ④ 기업경영 및 소비자보호활동에 15년이상 종사한 경력이 있는 자(제 4 호) 중의 어느 하나에 해당하는 자 중에서 공정거래위원회 위원장이 임명한다(법 제72조 제 3 항). 공정거래위원회 위원 자격요건과 동일하다. 정부는 조정원의 설립과 운영에 필요한 경비를 예산의 범위 안에서 출연하거나 보조할 수 있다(법 제72조 제 4 항). 조정원에 관하여 이 법에서 규정한 것 외에는 「민법」 중 재단법인에 관한 규정을 준용한다(법 제72조 제 5 항).

---

3) 김건식, 2019년 한국경쟁법학회 춘계학술대회(2019. 3. 22), 83면.

4) 목영준/최승재, 356~359면 참조.

제73조(공정거래분쟁조정협의회의 설치 및 구성)

① 제45조 제 1 항을 위반한 혐의가 있는 행위와 관련된 분쟁을 조정하기 위하여 조정원에 공정거래분쟁조정협의회(이하 "협의회"라 한다)를 둔다.

② 협의회는 협의회 위원장 1인을 포함한 7인 이내의 협의회 위원으로 구성한다.

③ 협의회 위원장은 조정원의 장이 겸임한다.

④ 협의회 위원은 독점규제 및 공정거래 또는 소비자분야에 경험 또는 전문지식이 있는 자로서 다음 각 호의 어느 하나에 해당하는 자 중에서 조정원의 장의 제청으로 공정거래위원회 위원장이 임명 또는 위촉한다. 이 경우 다음 각 호의 어느 하나에 해당하는 자가 1인 이상 포함되어야 한다.

1. 대통령령으로 정하는 요건을 갖춘 공무원의 직에 있던 자
2. 판사·검사 또는 변호사의 직에 대통령령으로 정하는 기간 이상 있던 자
3. 법률·경제·경영 또는 소비자 관련 분야 학문을 전공하고 대학이나 공인된 연구기관에서 대통령령으로 정하는 기간 이상 근무한 자로서 부교수 이상 또는 이에 상당하는 직에 있던 자
4. 기업경영 및 소비자보호활동에 대통령령으로 정하는 기간 이상 종사한 경력이 있는 자

⑤ 협의회 위원의 임기는 3년으로 하되, 연임할 수 있다.

⑥ 협의회 위원 중 결원이 생긴 때에는 제 4 항에 따라 보궐위원을 위촉하여야 하며, 그 보궐위원의 임기는 전임자의 남은 임기로 한다.

목　차

Ⅰ. 공정거래분쟁조정협의회의 설치
Ⅱ. 협의회의 구성

Ⅰ. 공정거래분쟁조정협의회의 설치

제45조 제 1 항을 위반한 혐의가 있는 행위와 관련된 분쟁을 조정하기 위하여 조정원에 공정거래분쟁조정협의회(이하 "협의회")를 둔다(법 제73조 제 1 항).

독점규제법 위반 신고사건의 상당비율이 당사자간의 사적분쟁 성격이 강한 사건으로 사건처리의 효율성이 떨어지고, 법위반 사업자에 대해 시정조치(위반행위 중지명령, 과징금 등)를 부과하고 있으나 피해를 입은 중소기업이 손해를 배상받기 위해서는 소송을 제기하여야 하는 데 소송 진행과정에서 발생하는 과도한 비용(변호사수임료, 인지대 등)과 소요되는 시간으로 인해 피해보상이 사실상 어려우므로 피해를 신속하고 실질적으로 구제하기 위해 불공정거래행위에 대한 조정제도를 도입하게 되었다.[1]

이와 같이 공정거래 분쟁조정제도가 성공적으로 운영되는 이유로는 첫째, 분쟁조정제도는 소송과 달리 별도의 인지대 및 송달료가 필요하지 않다는 점, 둘째, 조정절차의 진행을 60일 이내, 당사자동의가 있는 경우 90일 이내로 종료하도록 하고 있어 신속한 피해규제가 가능한 점, 셋째, 분쟁조정협의회에서 조정이 성립된 경우 해당조정조서에 재판상 화해의 효력이 부여되어, 일방이 조정내용을 이행하지 않으면 별도의 민사 본안소송을 거칠 필요가 없이 법원을 통해 강제집행을 신청할 수 있어 합의안의 적극적인 이행확보가 가능해진 점, 넷째, 조정 관련 개별법령에서 분쟁조정신청시 시효중단 효력을 부여하도록 하고 있어 분쟁조정제도의 실효성이 높아진 점 등을 들 수 있다.[2] 그러나 무엇보다도 공정거래 관련 분쟁조정제도가 성공적으로 운영되고 있는 이유는 조정성립시 시정조치 면제 등의 효과를 부여한 것을 들 수 있다.[3]

Ⅱ. 협의회의 구성

협의회는 협의회 위원장 1인을 포함한 7인 이내의 협의회 위원으로 구성한다(법 제73조 제2항). 협의회 위원장은 조정원의 장이 겸임하며(법 제73조 제3항), 협의회 위원은 독점규제 및 공정거래 또는 소비자분야에 경험 또는 전문지식이 있는 자로서 ① *대통령령*[4]으로 정하는 요건을 갖춘 공무원의 직에 있던

1) http://www.kofair.or.kr.

2) 공정거래조정원 10년사(2017), 53면.

3) 김건식, 2019년 한국경쟁법학회 춘계학술대회(2019. 3. 22), 86면.

4) 제63조(공정거래분쟁조정협의회 위원의 자격) ① 법 제73조 제4항 제1호에서 "대통령령으로 정하는 요건을 갖춘 공무원"이란 4급 이상의 공무원(「국가공무원법」에 따른 고위공무원단에 속하는 공무원을 포함한다)을 말한다.

자(제 1 호), ② 판사·검사 또는 변호사의 직에 *대통령령*[5])으로 정하는 기간 이상 있던 자(제 2 호), ③ 법률·경제·경영 또는 소비자 관련 분야 학문을 전공하고 대학이나 공인된 연구기관에서 *대통령령*으로 정하는 기간 이상 근무한 자로서 부교수 이상 또는 이에 상당하는 직에 있던 자(제 3 호), ④ 기업경영 및 소비자보호활동에 대통령령으로 정하는 기간 이상 종사한 경력이 있는 자(제 4 호) 중에서 조정원의 장의 제청으로 공정거래위원회 위원장이 임명 또는 위촉한다(법 제73조 제 4 항 전단). 이 경우 ①~④의 어느 하나에 해당하는 자가 1인 이상 포함되어야 한다(법 제73조 제 4 항 후단). 협의회 위원의 임기는 3년으로 한다(법 제73조 제 5 항). 협의회 위원 중 결원이 생긴 때에는 제 4 항에 따라 보궐위원을 위촉하여야 하며, 그 보궐위원의 임기는 전임자의 남은 임기로 한다(법 제73조 제 6 항).

5) 제63조(공정거래분쟁조정협의회 위원의 자격) ② 법 제73조 제 4 항 제 2 호부터 제 4 호까지의 규정에서 "대통령령으로 정하는 기간"이란 각각 7년을 말한다.

제74조(협의회의 회의)

① 협의회 위원장은 협의회의 회의를 소집하고 그 의장이 된다.

② 협의회는 재적위원 과반수의 출석으로 개의하고, 출석위원 과반수의 찬성으로 의결한다.

③ 협의회 위원장이 부득이한 사유로 직무를 수행할 수 없는 때에는 공정거래위원회 위원장이 지명하는 협의회 위원이 그 직무를 대행한다.

④ 조정의 대상이 된 분쟁의 당사자인 사업자(이하 "분쟁당사자"라 한다)는 협의회에 출석하여 의견을 진술할 수 있다. [본조신설 2007. 8. 3]

협의회 위원장은 협의회의 회의를 소집하고 그 의장이 된다.[1] 협의회는 재적위원 과반수의 출석으로 개의하고, 출석위원 과반수의 찬성으로 의결한다.[2] 협의회 위원장이 사고로 직무를 수행할 수 없는 때에는 공정거래위원회 위원장이 지명하는 협의회 위원이 그 직무를 대행한다. 조정의 대상이 된 분쟁의 당사자인 사업자(이하 "분쟁당사자")는 협의회에 출석하여 의견을 진술할 수 있다.

1) 제64조(공정거래분쟁조정협의회의 회의) ① 법 제73조 제1항에 따른 공정거래분쟁조정협의회(이하 "협의회"라 한다)의 위원장이 협의회의 회의를 소집하려면 협의회의 위원들에게 회의 개최 7일 전까지 회의의 일시·장소 및 안건을 서면으로 알려야 한다. 다만, 긴급하거나 부득이한 사정이 있는 경우에는 회의 개최 전까지 알릴 수 있다.

2) 제64조(공정거래분쟁조정협의회의 회의) ② 협의회의 회의는 공개하지 않는다. 다만, 협의회의 위원장이 필요하다고 인정하는 경우에는 조정의 대상이 된 분쟁의 당사자인 사업자(이하 "분쟁당사자"라 한다), 그 밖의 이해관계인에게는 공개할 수 있다.

제75조(협의회 위원의 제척 · 기피 · 회피)

① 협의회 위원은 다음 각 호의 어느 하나에 해당하는 경우에는 해당 분쟁조정사항의 조정에서 제척된다.

1. 자기나 배우자 또는 배우자였던 사람이 분쟁조정사항의 분쟁당사자이거나 공동권리자 또는 공동의무자인 경우
2. 자기가 분쟁조정사항의 분쟁당사자와 친족이거나 친족이었던 경우
3. 자기 또는 자기가 속한 법인이 분쟁조정사항의 분쟁당사자의 법률 · 경영 등에 대한 자문 · 고문 등으로 있는 경우
4. 자기 또는 자기가 속한 법인이 증언이나 감정을 한 경우
5. 자기 또는 자기가 속한 법인이 분쟁조정사항의 분쟁당사자의 대리인으로서 관여하거나 관여하였던 경우

② 분쟁당사자는 협의회 위원에게 협의회의 조정에 공정을 기하기 어려운 사정이 있는 때에 협의회에 그 협의회 위원에 대한 기피신청을 할 수 있다.

③ 협의회 위원이 제1항 또는 제2항의 사유에 해당하는 경우에는 스스로 해당 분쟁조정사항의 조정에서 회피할 수 있다.

협의회 위원은 ① 자기나 배우자 또는 배우자였던 사람이 분쟁조정사항의 분쟁당사자이거나 공동권리자 또는 공동의무자인 경우, ② 자기가 분쟁조정사항의 분쟁당사자와 친족이거나 친족이었던 경우, ③ 자기 또는 자기가 속한 법인이 분쟁조정사항의 분쟁당사자의 법률 · 경영 등에 대한 자문 · 고문 등으로 있는 경우, ④ 자기 또는 자기가 속한 법인이 증언이나 감정을 한 경우, ⑤ 자기 또는 자기가 속한 법인이 분쟁조정사항의 분쟁당사자의 대리인으로서 관여하거나 관여하였던 경우 중 어느 하나에 해당하는 경우에는 해당 분쟁조정사항의 조정에서 제척된다.

분쟁당사자는 협의회 위원에게 협의회의 조정에 공정을 기하기 어려운 사정이 있는 때에 협의회에 그 협의회 위원에 대한 기피신청을 할 수 있다.

협의회 위원이 제척 또는 기피의 사유에 해당하는 경우에는 스스로 해당 분쟁조정사항의 조정에서 회피할 수 있다.

제76조(조정의 신청 등)

① 제45조 제 1 항을 위반한 혐의가 있는 행위로 인하여 피해를 입은 사업자는 대통령령으로 정하는 사항을 기재한 서면(이하 "분쟁조정신청서"라 한다)을 협의회에 제출함으로써 분쟁조정을 신청할 수 있다.

② 공정거래위원회는 제80조 제 2 항에 따른 신고가 접수된 경우 협의회에 그 행위 또는 사건에 대한 분쟁조정을 의뢰할 수 있다.

③ 협의회는 제 1 항에 따라 분쟁조정 신청을 받거나 제 2 항에 따른 분쟁조정 의뢰를 받은 때에는 즉시 그 접수사실 등을 대통령령으로 정하는 바에 따라 공정거래위원회 및 분쟁당사자에게 통지하여야 한다.

④ 제 1 항에 따른 분쟁조정의 신청은 시효중단의 효력이 있다. 다만, 신청이 취하되거나 각하된 때에는 그러하지 아니하다.

⑤ 제 4 항 단서의 경우에 6개월 내에 재판상의 청구, 파산절차참가, 압류 또는 가압류, 가처분을 한 때에는 시효는 최초의 분쟁조정의 신청으로 인하여 중단된 것으로 본다.

⑥ 제 4 항 본문에 따라 중단된 시효는 다음 각 호의 어느 하나에 해당하는 때부터 새로이 진행한다.

1. 분쟁조정이 이루어져 조정조서를 작성한 때
2. 분쟁조정이 이루어지지 아니하고 조정절차가 종료된 때

목　차

Ⅰ. 분쟁조정의 신청 및 의뢰
Ⅱ. 공정거래위원회의 조치
Ⅲ. 분쟁조정신청의 효력

Ⅰ. 분쟁조정의 신청 및 의뢰

제45조 제 1 항을 위반한 혐의가 있는 행위로 인하여 피해를 입은 사업자는 *대통령령*[1]으로 정하는 사항을 기재한 서면(이하 "분쟁조정신청서")을 협의회에

1) 제65조(조정의 신청 등) ① 법 제76조 제 1 항에 따라 분쟁조정을 신청하려는 자는 다음 각 호의 사항이 포함된 서면(이하 "분쟁조정신청서"라 한다)을 협의회에 제출해야 한다. 1. 분쟁당

제출함으로써 분쟁조정을 신청할 수 있다.

공정거래위원회는 제80조 제 2 항에 따른 신고가 접수된 경우 협의회에 그 행위 또는 사건에 대한 분쟁조정을 의뢰할 수 있다(법 제76조 제 2 항).

Ⅱ. 공정거래위원회의 조치

협의회는 제 1 항에 따라 분쟁조정 신청을 받거나 제 2 항에 따른 분쟁조정 의뢰를 받은 때에는 즉시 그 접수사실 등을 *대통령령*[2]으로 정하는 바에 따라 공정거래위원회 및 분쟁당사자에게 통지하여야 한다(법 제76조 제 3 항).

Ⅲ. 분쟁조정신청의 효력

분쟁조정의 신청은 시효중단의 효력이 있다(법 제76조 제 4 항 본문). 중단된 시효는 ① 분쟁조정이 이루어져 조정조서를 작성한 때(제 1 호), ② 분쟁조정이 이루어지지 아니하고 조정절차가 종료된 때(제 2 호)의 어느 하나에 해당하는 때부터 새로이 진행한다(법 제76조 제 6 항). 신청이 취하되거나 각하된 때에는 시효중단의 효력이 없다(법 제76조 제 4 항 단서). 이 경우에 6개월 내에 재판상의 청구, 파산절차참가, 압류 또는 가압류, 가처분을 한 때에는 시효는 최초의 분쟁조정의 신청으로 인하여 중단된 것으로 본다(법 제76조 제 5 항).

사자의 성명과 주소(분쟁당사자가 법인인 경우에는 법인의 명칭, 주된 사무소의 소재지, 그 대표자의 성명과 주소를 말한다) 2. 분쟁조정 신청의 취지와 그 이유 3. 대리인의 성명과 주소(대리인이 있는 경우로 한정한다) ② 분쟁조정신청서에는 다음 각 호의 서류를 첨부해야 한다. 1. 분쟁조정 신청의 원인과 사실을 증명하는 서류 2. 분쟁조정 신청인의 위임장(대리인이 있는 경우로 한정한다) 3. 그 밖에 분쟁조정에 필요한 증거서류나 자료

2) 제65조(조정의 신청 등) ③ 협의회는 법 제76조 제 1 항에 따라 분쟁조정의 신청을 받은 경우 신청인인 분쟁당사자에게 접수증을 내어주고, 공정거래위원회와 다른 분쟁당사자에게 분쟁조정 신청 관련 서류의 사본을 송부해야 한다. ④ 협의회가 법 제76조 제 2 항에 따라 공정거래위원회로부터 분쟁조정 의뢰를 받은 경우 그 사실을 분쟁당사자에게 알려야 한다. ⑤ 협의회는 법 제76조 제 1 항에 따른 분쟁조정의 신청 또는 같은 조 제 2 항에 따른 분쟁조정 의뢰에 대해 보완이 필요하다고 인정하는 경우 상당한 기간을 정하여 보완을 요구할 수 있다. 이 경우 그 보완에 드는 기간은 법 제77조 제 4 항 제 2 호에 따른 기간에 산입하지 않는다

제77조(조정 등)

① 협의회는 분쟁당사자에게 분쟁조정사항에 대하여 스스로 합의하도록 권고하거나 조정안을 작성하여 제시할 수 있다.

② 협의회는 해당 분쟁조정사항에 관한 사실을 확인하기 위하여 필요한 경우 조사를 하거나 분쟁당사자에 대하여 관련 자료의 제출이나 출석을 요구할 수 있다.

③ 협의회는 다음 각 호의 어느 하나에 해당하는 행위 또는 사건에 대해서는 조정신청을 각하하여야 한다. 이 경우 협의회는 분쟁조정이 신청된 행위 또는 사건이 제4호에 해당하는지 여부에 대하여 공정거래위원회의 확인을 받아야 한다.

1. 조정신청의 내용과 직접적인 이해관계가 없는 자가 조정신청을 한 경우
2. 이 법의 적용대상이 아닌 사안에 관하여 조정신청을 한 경우
3. 위반혐의가 있는 행위의 내용·성격 및 정도 등을 고려하여 공정거래위원회가 직접 처리하는 것이 적합한 경우로서 대통령령으로 정하는 기준에 해당하는 행위
4. 조정신청이 있기 전에 공정거래위원회가 제80조에 따라 조사를 개시한 사건에 대하여 조정신청을 한 경우. 다만, 공정거래위원회로부터 시정조치 등의 처분을 받은 후 분쟁조정을 신청한 경우에는 그러하지 아니하다.

④ 협의회는 다음 각 호의 어느 하나에 해당되는 경우에는 조정절차를 종료하여야 한다.

1. 분쟁당사자가 협의회의 권고 또는 조정안을 수락하거나 스스로 조정하는 등 조정이 성립된 경우
2. 제76조 제1항에 따라 분쟁조정의 신청을 받은 날 또는 같은 조 제2항에 따라 공정거래위원회로부터 분쟁조정의 의뢰를 받은 날부터 60일(분쟁 당사자 쌍방이 기간연장에 동의한 경우에는 90일로 한다)이 지나도 조정이 성립하지 아니한 경우
3. 분쟁당사자의 일방이 조정을 거부하거나 해당 분쟁조정사항에 대하여 법원에 소(訴)를 제기하는 등 조정절차를 진행할 실익이 없는 경우

⑤ 협의회는 조정신청을 각하하거나 조정절차를 종료한 경우에는 대통령령으로 정하는 바에 따라 공정거래위원회에 조정의 경위, 조정신청 각하 또는 조정절차 종료의 사유 등을 관계 서류와 함께 지체 없이 서면으로 보고하여야 하고 분쟁당사자에게 그 사실을 통보하여야 한다.

⑥ 공정거래위원회는 조정절차 개시 전에 시정조치 등의 처분을 하지 아니한 분쟁조정사항에 관하여 조정절차가 종료될 때까지 해당 분쟁당사자에게 제49조 제1항에 따른 시정조치 및 제88조 제1항에 따른 시정권고를 하여서는 아니 된다.

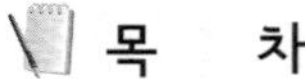

목 차

Ⅰ. 조정절차

Ⅱ. 조정신청의 각하 및 종료절차

[참고문헌]

논 문: 장범후, 경쟁법 위반에 다른 피해구제에 관한 소고; 영국의 자발적 배상제도를 중심으로, 경제법연구 제18권 제 1 호, 한국경제법학회, 2019. 4.

Ⅰ. 조정절차

협의회는 분쟁당사자에게 분쟁조정사항에 대하여 스스로 합의하도록 권고하거나 조정안을 작성하여 제시할 수 있으며(법 제77조 제 1 항), 협의회는 해당 분쟁조정사항에 관한 사실을 확인하기 위하여 필요한 경우 조사를 하거나 분쟁당사자에 대하여 관련 자료의 제출이나 출석을 요구할 수 있다(법 제77조 제 2 항).[1)]

Ⅱ. 조정신청의 각하 및 종료절차

협의회는 ① 조정신청의 내용과 직접적인 이해관계가 없는 자가 조정신청을 한 경우(제 1 호), ② 이 법의 적용대상이 아닌 사안에 관하여 조정신청을 한 경우(제 2 호), ③ 위반혐의가 있는 행위의 내용·성격 및 정도 등을 고려하여 공정거래위원회가 직접 처리하는 것이 적합한 경우로서 *대통령령*[2)]으로 정하는 기

1) 제67조(분쟁당사자의 사실확인 등) ① 협의회는 법 제77조 제 2 항에 따라 분쟁당사자에게 출석을 요구하려는 경우 시기 및 장소를 정해 출석요구일 7일 전까지 분쟁당사자에게 알려야 한다. 다만, 분쟁당사자가 미리 동의하거나 그 밖에 긴급한 사정이 있는 경우에는 출석요구일 전까지 알릴 수 있다. ② 제 1 항의 통지를 받은 분쟁당사자는 협의회에 출석할 수 없는 부득이한 사유가 있는 경우에는 미리 서면으로 의견을 제출할 수 있다.

2) 제69조(분쟁조정 신청의 각하 등) ① 법 제77조 제 3 항 제 3 호에서 "대통령령으로 정하는 기준에 해당하는 행위"란 법 제45조 제 1 항 제 9 호를 위반한 혐의가 있는 행위를 말한다. ② 협의회는 법 제77조 제 3 항에 따라 조정신청을 각하하거나 같은 조 제 4 항 제 2 호 또는 제 3 호에 따라 조정절차를 종료한 경우 다음 각 호의 사항이 포함된 분쟁조정종료서를 작성한 후 그 사본과 관련 서류를 첨부하여 공정거래위원회에 보고해야 한다. 1. 분쟁당사자의 일반 현황 2.

준에 해당하는 행위(제 3 호), ④ 조정신청이 있기 전에 공정거래위원회가 제80조에 따라 조사를 개시한 사건에 대하여 조정신청을 한 경우(다만, 공정거래위원회로부터 시정조치 등의 처분을 받은 후 분쟁조정을 신청한 경우에는 그러하지 아니함)(제 4 호)[3]의 어느 하나에 해당하는 행위 또는 사건에 대해서는 조정신청을 각하하여야 한다(법 제77조 제 3 항 전단).

다만, '공정거래위원회로부터 시정조치 등의 처분을 받은 후 분쟁조정을 신청한 경우에는 그러하지 아니하다.'는 공정위가 제재 조치를 완료한 사건에 대해서도 분쟁조정 신청이 가능하도록 하여, 소액 사건 피해구제를 위해 비용과 시간이 많이 소요되는 소송 절차를 거치지 않고, 분쟁조정을 통해 신속하게 피해가 구제되도록 개선한 것이다. 이 경우 협의회는 분쟁조정이 신청된 행위 또는 사건이 제 4 호에 해당하는지 여부에 대하여 공정거래위원회의 확인을 받아야 한다(법 제77조 제 3 항 후단).

협의회는 ① 분쟁당사자가 협의회의 권고 또는 조정안을 수락하거나 스스로 조정하는 등 조정이 성립된 경우(제 1 호), ② 제76조 제 1 항에 따라 분쟁조정의 신청을 받은 날 또는 같은 조 제 2 항에 따라 공정거래위원회로부터 분쟁조정의 의뢰를 받은 날부터 60일(분쟁 당사자 쌍방이 기간연장에 동의한 경우에는 90일)이 지나도 조정이 성립하지 아니한 경우(제 2 호), ③ 분쟁당사자의 일방이 조정을 거부하거나 해당 분쟁조정사항에 대하여 법원에 소(訴)를 제기하는 등 조정절차를 진행할 실익이 없는 경우(제 3 호) 중 어느 하나에 해당되는 경우에는 조정절차를 종료하여야 한다(법 제77조 제 4 항).

협의회는 조정신청을 각하하거나 조정절차를 종료한 경우에는 *대통령령*으로 정하는 바에 따라 공정거래위원회에 조정의 경위, 조정신청 각하 또는 조정절차 종료의 사유 등을 관계 서류와 함께 지체 없이 서면으로 보고하여야 하고 분쟁당사자에게 그 사실을 통보하여야 한다(법 제77조 제 5 항).

공정거래위원회는 조정절차 개시 전에 시정조치 등의 처분을 하지 아니한 분쟁조정사항에 관하여 조정절차가 종료될 때까지 해당 분쟁당사자에게 제49조

분쟁의 경위 3. 조정의 쟁점 4. 조정신청의 각하 또는 조정절차의 종료사유

3) 영국에서는 자발적 배상제도가 대체적 분쟁해결제도로 도입되었는데, 경쟁법 위반 혐의로 조사받고 있거나 위반결정을 받은 경우, 당해사업자가 피해사업자에게 피해구제방안을 경쟁당국에 제안하는 제도를 말한다[이에 대한 자세한 내용은 장범후, 경제법연구 제18권 제 1 호, 한국경제법학회(2019. 4.)]. 2020. 12. 29. 법 전부개정에서 공정거래위원회로부터 시정조치 등의 처분을 받은 후에도 분쟁조정을 신청할 수 있도록 하는 제도가 도입되었는바, 영국의 자발적 배상제도와 유사한 측면이 있다.

제 1 항에 따른 시정조치 및 제88조 제 1 항에 따른 시정권고를 하여서는 아니 된다(법 제77조 제 6 항).

분쟁조정처리절차

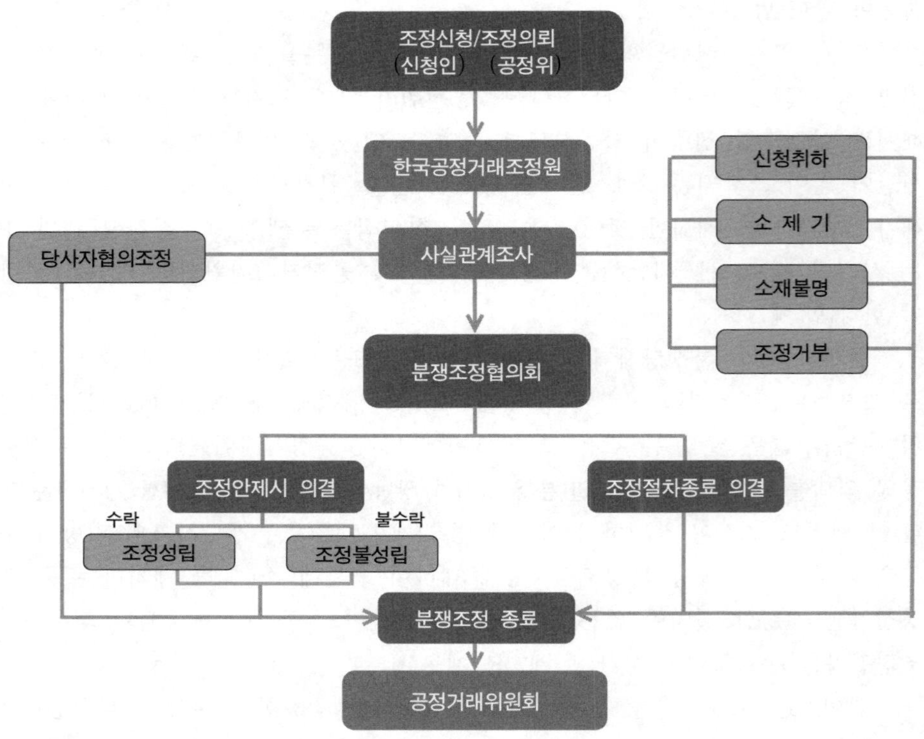

제78조(조정조서의 작성과 그 효력)

① 협의회는 분쟁조정사항에 대하여 조정이 성립된 경우 조정에 참가한 위원과 분쟁당사자가 기명날인한 조정조서를 작성한다. 이 경우 조정조서는 재판상 화해와 동일한 효력을 갖는다. <개정 2016. 3. 29.>

② 협의회는 분쟁당사자가 조정절차를 개시하기 전에 분쟁조정사항을 스스로 조정하고 조정조서의 작성을 요청하는 경우에는 그 조정조서를 작성하여야 한다. <개정 2016. 3. 29.>

③ 분쟁당사자는 조정에서 합의된 사항의 이행결과를 공정거래위원회에 제출하여야 한다.

④ 공정거래위원회는 조정절차 개시 전에 시정조치 등의 처분을 하지 아니한 분쟁조정사항에 대하여 제1항에 따라 합의가 이루어지고, 그 합의된 사항을 이행한 경우에는 제49조제1항에 따른 시정조치 및 제88조제1항에 따른 시정권고를 하지 아니한다.

⑤ 제1항 또는 제2항에 따라 조정조서를 작성한 경우 조정조서는 재판상 화해와 동일한 효력을 갖는다.

협의회는 분쟁조정사항에 대하여 조정이 성립된 경우 조정에 참가한 위원과 분쟁당사자가 기명날인한 조정조서를 작성한다. 이 경우 조정조서는 재판상 화해와 동일한 효력을 갖는다.[1] 협의회는 분쟁당사자가 조정절차를 개시하기 전에 분쟁조정사항을 스스로 조정하고 조정조서의 작성을 요청하는 경우에는 그 조정조서를 작성하여야 한다.[2] 분쟁당사자는 조정에서 합의된 사항의 이행결과를 공정거래위원회에 제출하여야 한다.

공정거래위원회는 조정절차 개시 전에 시정조치 등의 처분을 하지 아니한 분쟁조정사항에 대하여 제1항에 따라 합의가 이루어지고, 그 합의된 사항을 이행한 경우에는 제49조 제1항에 따른 시정조치 및 제88조 제1항에 따른 시정권

1) 민법상 화해는 당사자가 서로 양보하여 당사자간의 분쟁을 끝낼 것을 약정함으로써 성립하는 계약으로 집행력 및 확정력이 없으나 재판상 화해는 확정판결과 같은 효력이 있어서 당사자 사이에 기판력이 생기는 것이므로 재심의 소에 의하여 취소 또는 변경이 없는 한 그 효력을 다툴 수 없다.

2) 제69조(분쟁조정 신청의 각하 등) ③ 협의회는 법 제78조 제1항 또는 제2항에 따라 조정이 성립된 경우 다음 각 호의 사항이 포함된 조정조서를 작성한 후 그 사본과 관련 서류를 첨부한 조정결과를 공정거래위원회에 보고해야 한다. 1. 제2항 제1호부터 제3호까지의 사항 2. 조정의 결과

고를 하지 아니한다. 제 1 항 또는 제 2 항에 따라 조정조서를 작성한 경우 조정조서는 재판상 화해와 동일한 효력을 갖는다.

공정거래위원회는 2013. 3. 29. 법 개정을 통해 민법상 화해계약의 효력에 불과했던 조정조서에 재판상 화해의 효력을 부여하여 조정당사자의 법적 지위를 안정적으로 보장코자 하였다. 기존에는 조정내용을 위반하더라도 이행을 강제할 수 없고 권리구제를 받으려면 일반 계약위반의 경우와 같이 민사소송을 별도 제기해야 하였지만 이제는 조정내용을 이행하지 않으면 법원을 통해 강제집행이 가능하게 되었다.[3)]

제79조(협의회의 조직 · 운영 등)

제73조부터 제78조까지에서 규정된 것 외에 협의회의 조직 · 운영 · 조정절차 등에 관하여 필요한 사항은 대통령령으로 정한다.

제73조부터 제78조까지에서 규정된 것 외에 협의회의 조직 · 운영 · 조정절차 등에 관하여 필요한 사항은 *대통령령*[1)]으로 정한다.

---

3) 공정거래위원회 보도자료(2016. 3. 3).

1) 제66조(대표자의 선정) ① 다수 사업자가 동일한 사안에 대해 공동으로 분쟁조정을 신청하는 경우에는 신청인 중 3명 이내의 대표자를 선정할 수 있다. ② 협의회의 위원장은 신청인이 제 1 항에 따라 대표자를 선정하지 않는 경우 신청인에게 대표자를 선정할 것을 권고할 수 있다. ③ 신청인이 대표자를 선정하거나 변경하는 경우에는 그 사실을 지체 없이 협의회의 위원장에게 알려야 한다.

제68조(소제기의 통지) 분쟁당사자는 분쟁조정 신청 후 해당 사건에 대해 소를 제기한 경우에는 지체 없이 그 사실을 협의회에 알려야 한다

제70조(협의회의 운영세칙) 이 영에서 규정한 사항 외에 협의회의 운영 및 조직에 필요한 사항은 협의회의 의결을 거쳐 협의회의 위원장이 정한다

제10장

•

조사등의 절차

제80조(위반행위의 인지 · 신고 등)
제81조(위반행위의 조사 등)
제82조(조사시간 및 조사기간)
제83조(위반행위 조사 및 심의 시 조력을 받을 권리)
제84조(조사권의 남용금지)
제85조(조사 등의 연기신청)
제86조(이행강제금 등)
제87조(서면실태조사)
제88조(위반행위의 시정권고)
제89조(동의의결)
제90조(동의의결의 절차)
제91조(동의의결의 취소)
제92조(이행강제금 등)
제93조(의견진술기회의 부여)
제94조(심의절차에서의 증거조사)
제95조(자료열람요구 등)
제96조(이의신청)
제97조(시정조치명령의 집행정지)
제98조(문서의 송달)
제99조(소의 제기)
제100조(불복의 소의 전속관할)
제101조(사건처리절차등)

제80조(위반행위의 인지 · 신고 등)

① 공정거래위원회는 이 법을 위반한 혐의가 있다고 인정할 때에는 직권으로 필요한 조사를 할 수 있다.

② 누구든지 이 법에 위반되는 사실을 공정거래위원회에 신고할 수 있다.

③ 공정거래위원회는 직권으로 또는 제2항에 따른 신고로 조사한 결과 이 법에 따른 처분을 하거나 처분을 하지 아니하는 경우에는 그 근거, 내용 및 사유 등을 기재한 서면을 해당 사건의 당사자에게 통지하여야 한다. 다만, 제68조에 따라 의결서를 작성하는 경우에는 해당 의결서 정본을 송부한다.

④ 공정거래위원회는 이 법 위반행위에 대하여 해당 위반행위의 종료일부터 7년이 지난 경우에는 이 법에 따른 시정조치를 명하거나 과징금을 부과할 수 없다.

⑤ 공정거래위원회는 제4항에도 불구하고 부당한 공동행위에 대하여 다음 각 호의 기간이 지난 경우에는 이 법에 따른 시정조치를 명하거나 과징금을 부과할 수 없다.

1. 공정거래위원회가 해당 위반행위에 대하여 조사를 개시한 경우 대통령령으로 정하는 조사 개시일부터 5년
2. 공정거래위원회가 해당 위반행위에 대하여 조사를 개시하지 아니한 경우 해당 위반행위의 종료일부터 7년

⑥ 제4항 및 제5항은 법원의 판결에 따라 시정조치 또는 과징금 부과처분이 취소된 경우로서 그 판결이유에 따라 새로운 처분을 하는 경우에는 적용하지 아니한다.

⑦ 제4항 및 제5항의 기간은 공정거래위원회가 제95조에 따른 자료의 열람 또는 복사 요구에 따르지 아니하여 당사자가 소를 제기한 경우 그 당사자 및 동일한 사건으로 심의를 받는 다른 당사자에 대하여 진행이 정지되고 그 재판이 확정된 때부터 진행한다.

목 차

Ⅰ. 의 의
Ⅱ. 내 용
1. 조사의 개시
2. 조사결과 통지
3. 시정조치 등의 기한

[참고문헌]

논 문: 박정훈, "공정거래법의 공적 집행", 공정거래와 법치(권오승 편), 법문사, 2004; 이원우, "현대 행정법관계의 구조적 변화와 경쟁자소송의 요건", 경쟁법연구 제7권, 한국경쟁법학회, 2001. 4; 최재원, "일본 JASRAC판결의 소개와 시사점", 경쟁법연구 제37권, 한국경쟁법학회, 법문사, 2018. 5; 홍대식, "공정거래법상 과징금제도의 운용", 공정거래법과 규제산업(권오승/이원우 공편), 법문사, 2007

[참고사례]

계룡건설산업(주)의 하도급분쟁 건(서울고등법원 1988. 3. 7. 선고 87구272 판결; 대법원 1989. 5. 9. 선고 88누4515 판결); 강중환의 불공정거래행위 무혐의 및 각하처분취소 건(서울고등법원 1998. 2. 5. 선고 97구26113 판결; 대법원 2000. 4. 11. 선고 98두5682 판결); 만능기계(주)의 불공정거래행위처분취소 건(서울고등법원 1999. 2. 12. 선고 97구31108 판결; 대법원 2000. 4. 11. 선고 99두4228 판결); 김재환의 심사거부처분 등 취소청구 건(서울고등법원 2000. 1. 20. 선고 99누1535 판결; 대법원 2000. 5. 29. 선고 2000두1188 판결); 요진산업(주)의 불공정하도급거래행위 건(공정거래위원회 1998. 10. 19. 의결 제98-236호, 1999. 2. 2. 재결 제99-3호; 서울고등법원 1999. 11. 5. 선고 99누4275 판결; 대법원 2000. 10. 27. 선고 99두11622 판결); 4개 석도강판제조업체의 부당공동행위 건(공정거래위원회 1998. 11. 25. 의결 제1998-271호; 서울고등법원 2000. 11. 16. 선고 99누6226 판결, 2000. 6. 29. 선고 99누6110, 2002. 4. 30. 선고 2001누7499 판결, 2000. 6. 29. 선고 99누6103, 2001. 9. 18. 선고 2001누7482 판결, 2000. 8. 29. 선고 99누6349 판결, 대법원 2001. 5. 8. 선고 2000두10212 판결, 2001. 5. 8. 선고 2000두6510 판결, 2001. 5. 8. 선고 2000두6503 판결, 2001. 5. 8. 선고 2000두7872 판결); 에프 호프만 라로슈(주) 부당공동행위 건(공정거래위원회 2003. 4. 29. 의결 제2003-098호; 서울고등법원 2004. 11. 24. 선고 2003누9000 판결); 권성권의 무혐의처분에 대한 헌법소원 건(헌법재판소 2004. 3. 25. 선고 2003헌마404 결정); (주)레이디원 외 1의 무혐의 처분에 대한 헌법소원 건(헌법재판소 2005. 2. 24. 선고 2004헌마181결정); 두산인프라코어(주)의 공동행위 건(지게차 제조)(공정거래위원회 2005. 6. 24. 의결 제2005-080호; 서울고등법원 2006. 10. 26. 선고 2006누3454 판결; 대법원 2007. 11. 29. 선고 2006두18928 판결; 서울고등법원 2008. 7. 16. 선고 2007누32725 판결); 삼성카드(주)의 공동행위 건(공정거래위원회 2002. 5. 17. 의결 제2002.252호, 2002. 9. 17. 재결 제2002-029호; 서울고등법원 2004. 2. 3. 선고 2002누17295 판결; 대법원 2006. 10. 27. 선고 2004두3366 판결; 서울고등법원 2007. 4. 19. 선고 2006누26372 판결; 대법원 2008. 11. 27. 선고 2007두10181 판결); 9개 폴리프로필렌 제조 · 판매사업자의 부당공동행위 건[공정거래위원회 2007. 6. 5. 의결 제2007-301호; 서울고등법원 2008. 9. 24. 선고 2008누1819 판결, 2008. 11. 19. 선고 2008누1773 판결; 2009. 6. 11. 선고 2008누1759 판결, 2008. 12. 4. 선고 2008누1513 판결, 2008. 11. 20. 선고 2008누1148 판결, 2010. 11. 11. 선고 2010누13090 판결; 대법원 2011. 6. 24. 선고 2008두18533, 2011. 6. 30. 선고 2009두355, 2009두12631, 2010두28915, 2011. 7. 14. 선고 2009두263, 2011. 9. 8. 선고 2008두23160, 2013. 7. 25. 선고 2012두29042(PP), 2013. 7. 26. 선고 2012두29059(HDPE)(파기환송) 판결]; 26개 항공화물운송사업자의 부당공동행위 건(공정거래위원회 2010. 11. 29. 의결 제2010-143~146호; 서울고등법원 2012. 2. 2. 선고 2010누45868 판결, 2012. 5. 16. 선고 2010누45851 판결; 대법원 2014. 5. 16. 선고 2012두5466, 2012두13269, 2012두16046, 2012두13665, 2012두13689, 2912두18158, 2012두18165, 2012두14545, 2012두5237, 2012두13429, 2014. 5. 29. 선고 2012두25132, 2014. 12. 24. 선고 2012두6216, 2012두13412 판결); 지하철 5, 6, 7, 8호선 SMRT Mall 사업자 공모입찰 관련 4개사의 부당 공동행위 건(공정거래위원회 2013. 11. 5. 의결 제2013.178호; 서울고등법원 2015. 1. 9. 선고 2013누52430 판결; 대법원 2015. 5. 28. 선고 2015두37396 판결); 서울시발주 상수도 지리정보시스템 데이터베이스 정확도 개선사업 입찰 관련 9개 사업자의 부당공동행위 건[공정거래위원회 2018. 1. 15. 의결 제2018-037호; 서울고등법원 2018. 12. 7. 선고 2018누38149 판결; 대법원 2019. 4. 25. 선고 2018두67589(심리불속행 기각) 판결]; 한국가스공사 발주 천연가스 주배관 및 관리소 건설공사 입찰 관련 23개 사업자의 부당공동행위 건[두산중공업(주)][공정거래위원회 2015. 7. 20. 의결 제2015-251호; 서울고등법원 2018. 8. 17. 선고 2016누31427 판결; 대법원 2019. 1. 17. 선고 2018두58691(심리불속행 기각) 판결]; 호남고속철도 3.3 공구 건설공사 입찰 관련 5개 사업자의 부당공동행위 건(대림산업 등)[공정거래위원회 2015. 7. 20. 의결 제2015-240호; 서울고등법원 2016. 7. 20. 선고 2015누55303 판결; 대법원 2016. 12. 1. 선고 2016두49440(심리불속행 기각) 판결]; 7개 컵원지 제조 · 판매사업자의 부당공동행위 건(한솔제지외 1 등)(공정거래위원회 2014. 12. 1. 의결 제2014-268호; 서울고등법원 2016. 12. 14. 선고 2014누74635 판결); 한국가스공사 발주 천연가스 주배관 및 관리소 건설공사 입찰 관련 23개 사업자의 부당공동행위 건(대림산업 등)[공정거래위원회 2015. 7. 20. 의결 제2015-251호; 서울고등법원 2016. 10. 21. 선고 2016누31892 판결; 대법원 2017. 3. 9. 선고 2016두59881(심리불속행 기각) 판결]; 한국가스공사 발주 천연가스 주배관 및 관리소 건설공사 입찰 관련 23개 사업자의 부당공동행위 건[(주)포스코엔지니어링][공정거래위원회 2015. 7. 20. 의결 제2015-251호; 서울고등법원 2016. 10. 21. 선고 2016누31892 판결; 대법원 2017. 9. 14. 선고 2017두47151(심리불속행 기각] 판결]; **4개 자동차용 베어링 제조 · 판매사업자의 부당공동행위 건**[셰플러코리아(유)][공정거래위원회 2017. 6. 27. 의결 제2017−218호; 서울고등법원 2018. 10. 12. 선고 2017누62381 판결; 대법원 2018. 2. 28. 선고 2018두62430(심리불속행 기각) 판결]; **선박용 케이블 구매 입찰 관련 부당공동행위 건**(제이에스 전선)[공정거래위원회 2018. 6. 7. 의결 제2018−194호; 서울고등법원 2019. 2. 13. 선고 2018누64285 판결; 대법원 2019. 7. 11. 선고 2019두36780(심리불속행 기각) 판결]; **3개 가변밸브타이밍 제조판매 사업자의 부당공동행위 건**(델파이파워트레인)[공정거래위원회 2017. 10. 30. 의결 제2017−329호; 서울고등법원 2018. 11. 16. 선고 2017누85377 판결; 대법원 2019. 3. 14. 선고 2018두661809(심리불속행 기각) 판결]; **국립환경과학원 등 12개 공공기관 발주 대기오염측정장비 구매 입찰 관련 5개 사업자의 부당공동행위 건**[공정거래위원회 2019. 3. 6. 의결 제2019−056호; 서울고등법원 2020. 1. 22. 선고 2019누40309, 2020. 9. 10. 선고 2020누40354 판결; 대법원 2020. 6. 4. 선고 2020두34094(심리불속행 기각), 2021. 1. 14. 선고 2020두50517(심리불속행 기각) 판결]; **자동차용 콤프레서**(Compressor) **구매 입찰 관련 2개 사업자의 부당공동행위 건**(공정거래위원회 2016. 12. 26. 의결 제2016−363호; 대법원 2021. 2. 25. 선고 2018두61215 판결); **8개 지방자치단체 및 한국농수산식품유통공사 발주 수입현미 운송 용역 입찰 관련 7개 사업자의 부당공동행위 건**[공정거래위원회 2019. 11. 5. 의결 제2019−264호; 서울고등법원 2021. 1. 14. 선고 2019누66523 판결; 대법원 2021. 5. 13. 선고 2021두32825(심리불속행 기각) 판결]; **6개 알루미늄 콘덴서 제조 · 판매업체의 부당공동행위 건**(공정거래위원회 2018. 11. 27. 의결 제2018−350호; 대법원 2021. 1. 14. 선고 2020두30559, 2020두59639 판결); (주)**더기빙트리의 가맹사업법 위반행위 건**(서울고등법원 2021. 6. 3. 선고 2020누58481 판결); **국립환경과학원 등 12개 공공기관 발주 대기오염측정장비 구매 입찰 관련 5개 사업자의 부당공동행위 건**[공정거래위원회 2019. 3. 6. 의결 제2019−056호; 서울고등법원 2020. 9. 10. 선고 2019누40354 판결; 대법원 2021. 1. 14. 선고 2020두50157(심리불속행 기각) 판결]

Ⅰ. 의 의

공정거래위원회가 독점규제법 위반행위에 대한 조사에 착수하기 위한 방법에는 공정거래위원회 스스로가 직권으로 조사를 하는 방법과 신고에 의하는 방법이 있다. 신고에 의한 경우가 일반적이다.

Ⅱ. 내 용

1. 조사의 개시

1) 직권조사

공정거래위원회는 이 법을 위반한 혐의가 있다고 인정할 때에는 직권으로 필요한 조사를 할 수 있다(법 제80조 제1항). 이는 소제기를 요하는 민사소송이나 검사의 공소제기가 있어야하는 형사소송과 크게 구별되는 점이다.

2) 신고에 의한 조사

누구든지 이 법에 위반되는 사실을 공정거래위원회에 신고할 수 있다(법 제80조 제2항).[1] 신고가 접수되는 방식은 크게 3가지 즉, 문서신고, 인터넷신고, 한국공정거래조정원 등 분쟁조정위원회로부터의 조정불성립사건 이첩 등이 있다. 신고인은 법문 그대로 누구든지 될 수 있으며 아무런 제한이 없다.

신고에 대해서는 신고의 요건을 갖춘 신고로 본 경우(〈서울시발주 상수도 지리정보시스템 데이터베이스 정확도 개선사업 입찰 관련 9개 사업자의 부당공동행위 건〉)[2]와 신고요건을 갖추지 못한 것으로 본 사례도 있다(〈한국가스공사 발주 천연가스 주배관 및 관리소 건설공사 입찰 관련 23개 사업자의 부당공동행위 건[두산중공업(주)]〉).[3]

여기에서 신고의 법적 성질이 문제된다. 여기에서 말하는 신고는 공정거래위원회에 대해 같은 법에 위반되는 사실에 관한 조사의 직권발동을 촉구하는 단서의 제공에 불과하고 신고인에게 그 신고내용에 대한 구체적인 청구권까지 인정되는 것은 아니라고 하는 것이 통설이다. 대법원도 "여기에서 말하는 신고는 공정거래위원회에 대하여 법에 위반되는 사실에 관한 조사의 직권발동을 촉구하는 단서를 제공하는 것에 불과하고 신고인에게 그 신고 내용에 따른 적당

---

1) 제71조(위반행위의 신고방법) 법 제80조 제2항에 따라 위반행위의 신고를 하려는 자는 다음 각 호의 사항이 포함된 서면을 공정거래위원회에 제출해야 한다. 다만, 긴급하거나 부득이한 사정이 있는 경우에는 전화 또는 구두로 신고할 수 있다. 1. 신고인의 성명 및 주소 2. 피신고인의 주소, 대표자 성명 및 사업내용 3. 피신고인의 위반행위 내용 4. 그 밖에 위반행위의 내용을 명백히 할 수 있는 것으로서 공정거래위원회가 필요하다고 인정하는 사항

2) 서고판 2018. 12. 7. 2018누38149(대판 2019. 4. 25. 2018두67589).

3) 서고판 2018. 8. 17. 2016누31427(대판 2019. 1. 17. 2018두58691).

한 조치를 취하여 줄 것을 요구할 수 있는 구체적인 청구권까지 있다고 할 수는 없고,[4] 법 제80조 제 3 항에서 "공정거래위원회는 제 1 항 또는 제 2 항의 규정에 의하여 조사를 한 경우에는 그 결과(조사결과 시정조치명령 등의 처분을 하고자 하는 경우에는 그 처분의 내용을 포함한다)를 서면으로 당해 사건의 당사자에게 통지하여야 한다"라고 규정하고 있다 하더라도 이는 신고인이 아닌 당사자에 대한 통지의무를 규정한 것으로서 신고인에 대한 통지와는 그 근거나 성질을 달리하는 것이므로 이러한 규정이 있다고 하여 달리 볼 수도 없다. 따라서 공정거래위원회가 신고 내용에 따른 조치를 취하지 아니하고 이를 거부하는 취지로 무혐의 또는 각하 처리한다는 내용의 회시를 하였다 하더라도 이는 그 신고인의 권리의무에 아무런 영향을 미치지 아니하는 것이어서 그러한 조치를 가리켜 항고소송의 대상이 되는 행정처분에 해당한다고는 할 수 없다"[5]고 신고의 법적 성질을 규정하였다.

따라서 신고인이 신고를 취하하더라도 당연히 사건처리절차가 종료하지는 않는다. 다만 「사건절차규칙」에 따라 심사관이 심사절차 불개시결정을 하여 사건을 종결시킬 수 있다(「사건절차규칙」 제20조 제28호).

이러한 해석에 대하여 이견이 있다. 즉 「사건절차규칙」의 규정들을 종합해 보면 신고에 대한 조사의무 및 신고인에 대한 결과통지의무를 도출할 수 있고, 따라서 법 제81조 제 2 항의 신고는 직권조사권한을 발동할 것을 촉구하는 단순한 민원으로서가 아니라 조사·결정 및 통지를 구하는 권리로서 '신고권'을 부여하고 있고, 이에 기하여 거부처분에 관해 판례가 요구하는 신청권이 있다는 주장이 그것이다.[6] 따라서 신고에 대하여 공정거래위원회가 예컨대 「사건절차규칙」 제20조에 따른 심사불개시결정으로써 조사·결정을 명시적으로 거부한 때에는 '거부처분'으로 취소소송의 대상이 되고, 무응답으로 일관하는 때에는 '부작위'로서 부작위 위법확인소송의 대상이 된다고 한다.[7]

한편 행정청의 부작위나 과소규제로 인하여 경쟁의 자유라는 기본권을 침해당한 경쟁자는 실체법적으로 규제청구권을 가진다고 하고, 경쟁자의 신고를 거부하는 것은 행정청이 합법적으로 권한을 행사하는 경우에 보장받을 수 있는

---

4) 대판 1989. 5. 9. 88누4515 참조.

5) 대판 2000. 4. 11. 98두5682; 대판 2000. 4. 11. 99두4228.

6) 박정훈, 공정거래와 법치(2004), 1041~1042면.

7) 박정훈, 공정거래와 법치(2004), 1042면.

경쟁의 자유가 확정적으로 침해받는 결과를 야기하는 것으로서, 이는 당해 국민의 법적 지위에 영향을 가져온 것이고, 따라서 거부처분으로서 취소소송의 대상이 된다는 주장도 있다.[8] 그리고 신고자가 제 3 자가 아닌 피해자로서 위법행위의 배제조치 등을 위해 공정거래위원에 신고하는 경우에는 그 권리성을 인정하는 것이 바람직하다는 견해도 있다.[9]

미국 연방거래위원회(FTC), 법무부(DOJ)와 일본 공정거래위원회는 모든 신고에 대해 조사를 위한 단서제공에 불과하다고 보는 데 반해, EU의 경우 신고를 제기할 수 있는 자는 회원국 및 '정당한 이익(legitimate interest)'이 있는 자연인 또는 법인으로서 일정한 요건을 갖춘 신고에 대해 법원에 대한 소제기와 유사한 자격을 부여하고 있다.[10] 예를 들어 집행위원회의 신고기각결정은 법률적 효과를 낳을 수 있으므로 항소의 대상이 된다.[11]

조사 및 심사절차 관련하여 「사건절차규칙」에서는 사전심사(제10조), 조사개시일 등(제11조), 사건의 등록(제12조), 사건의 처리기간(제13조), 분쟁조정절차(제14조), 심사절차의 개시(제15조), 현장조사 수집 · 자료제출에 대한 피조사인의 이의제기(제15조의 2),[12] 법위반 횟수 및 판단기준(제16조), 사건병합처리기준(제17), 이관처리(제18조), 심사절차를 개시하지 아니할 수 있는 경우(제20조)[13] 등을 규정하고 있다.

---

8) 이원우, 경쟁법연구 제 7 권(2001), 176~179면 참조. 일본의 JASRAC사건에서 일본 동경고등재판소는 독점금지법 분야에서 처음으로 피심인이 아닌 제 3 자에게 행정소송의 원고적격을 인정한 바 있다. 동 사건에 대한 자세한 내용은 최재원, 경쟁법연구 제37권(2018. 5), 309~331면 참조.

9) 신현윤, 369면.

10) 공정거래위원회, EU 경쟁당국 개요(2011. 4. 18.), 26면. Commission Notice on the handling of complaints by the commission under Article 81 and 82 of the EC Treaty(2004/C 101/05) OJ C 101/65. 33.

11) 공정거래위원회, EU 경쟁당국 개요(2011. 4. 18.), 52면. Commission Notice on the handling of complaints by the commission under Article 81 and 82 of the EC Treaty(2004/C 101/05) OJ C 101/65. 77.

12) 이에 대해서는 「현장조사 수집 · 자료제출에 대한 이의제기 업무지침」[공정거래위원회예규 제428호(2023. 4. 14)]를 운영하고 있다.

13) 「사건절차규칙」에 의한 심사불개시 결정에 대하여 헌법재판소는 "법 제48조 제 2 항이 '공정거래위원회의 운영에 관하여 필요한 사항은 공정거래위원회의 규칙으로 정한다'고 하였는바, 위 규칙조항은 모법의 위임범위를 벗어난 것이라 볼 수 없고, 또 그 내용도 3회 이상 반복된 신고에 대한 무익한 절차를 반복하지 않거나 법상 시효기간이 경과된 신고에 대한 간이절차를 정한 것이므로, 여기에 어떠한 위헌 내지 위법성 문제를 지니고 있다고 보이지 않는다"고 판시하였다. 헌재결 2004. 3. 25. 2003헌마404.

2. 조사결과 통지

공정거래위원회는 직권으로 또는 제 2 항에 따른 신고로 조사한 결과 이 법에 따른 처분을 하거나 처분을 하지 아니하는 경우에는 그 근거, 내용 및 사유 등을 기재한 서면을 해당 사건의 당사자에게 통지하여야 한다(법 제80조 제 3 항 본문). 다만, 제68조에 따라 의결서를 작성하는 경우에는 해당 의결서 정본을 송부한다(법 제80조 제 3 항 단서).

동 절차의 적정성 관련하여 대법원은 "법 제80조 제 3 항은 공정거래위원회로 하여금 법 위반사실에 대한 조사결과를 서면으로 당해 사건의 당사자에게 통지하도록 규정하고, 법 제93조 제 1 항에 의하면 공정거래위원회가 법 위반사항에 대하여 시정조치 또는 과징금납부명령을 하기 전에 당사자에게 의견을 진술할 기회를 주어야 하고, 같은 조 제 2 항은 당사자는 공정거래위원회 회의에 출석하여 그 의견을 진술하거나 필요한 자료를 제출할 수 있다고 규정하고 있는 한편, 법 제95조의 위임에 따라 공정거래위원회가 법 위반사건의 처리절차를 정하여 고시한 「사건절차규칙」은 위 각 규정을 반영하여, …이들 규정의 취지는 공정거래위원회의 시정조치 또는 과징금납부명령으로 말미암아 불측의 피해를 받을 수 있는 당사자로 하여금 공정거래위원회의 심의에 출석하여 심사관의 심사결과에 대하여 방어권을 행사하는 것을 보장함으로써 심사절차의 적정을 기함과 아울러, 공정거래위원회로 하여금 적법한 심사절차를 거쳐 사실관계를 보다 구체적으로 파악하게 하여 신중하게 처분을 하게 하는 데 있다 할 것이므로, 법 제80조 제 3 항이 정하고 있는 절차적 요건을 갖추지 못한 공정거래위원회의 시정조치 또는 과징금납부명령은 설령 실체법적 사유를 갖추고 있다고 하더라도 위법하여 취소를 면할 수 없다고 보아야 한다"[14]고 함으로써 절차적 요건의 중요성을 강조하였다.

관련하여 법원이 절차위반을 인정하지 않은 사례는 다음과 같다.

> "처분서에 기재된 내용과 관계법령 및 당해 처분에 이르기까지 전체적인 과정을 종합적으로 고려하여, 처분당시 당사자가 어떠한 근거와 이유로 처분이 이루어 진 것인지를 충분히 알 수 있어서 그에 불복하여 행정구제절차로 나아가는 데에 별다른

14) 대판 2001. 5. 8. 2000두10212

지장이 없었던 것으로 인정되는 경우에는 차분서에 처분의 근거와 이유가 구체적으로 명시되지 않았다 하더라도 그로 말미암아 그 처분이 위법하다고 할 수 없음"(〈(주)더기빙트리의 가맹사업법 위반행위 건〉),[15] "이 사건 처분을 함에 있어서 원고의 처분시한 경과 주장에 대한 판단을 명시하지 않았다 하더라도 이 사건 처분이 위법하다고 보기는 어려움"(〈국립환경과학원 등 12개 공공기관 발주 대기오염측정장비 구매 입찰 관련 5개 사업자의 부당공동행위 건〉)[16]

3. 시정조치 등의 기한

종래에는 공정거래위원회가 이 법 위반행위에 대하여 ① 조사를 개시한 경우 조사개시일부터 5년, ② 조사를 개시하지 아니한 경우 해당 위반행위의 종료일부터 7년이 경과한 경우에는 당해위반행위에 대하여 이 법에 의한 시정조치를 명하지 아니하거나 과징금을 부과하지 아니한다(구법 제49조 제4항 본문).[17] 그 이전에는 "위반행위가 종료하는 날부터 5년"으로 규정되었으나 사건처리에 장

15) 서고판 2021. 6. 3. 2020누58481.

16) 서고판 2020. 9. 10. 2019누40354(대판 2021. 1. 14. 2020두50157).

17) 〈26개 항공화물운송사업자의 부당공동행위 건〉 관련 행정소송에서 AF－KLM(에어프랑스－케이엘엠)은 2004. 9. 15. 항공화물 운송업에 관한 영업일체를 자회사인 AF에 양도하였으므로 비록 AF가 다른 항공사들과 공동행위를 계속 실행하여 왔다 하더라도, AF－KLM의 실행행위는 2004. 9. 14.에 종료하였고, 이를 기준으로 할 경우 이 사건 처분은 5년(구법상)이 경과한 것이 아닌지가 문제가 되었다. 이에 대해서 서울고등법원은 제7부와 6부가 상반된 판결을 내렸다. 즉 제7부는 "원고 AF－KLM은 1999. 12.경부터 다른 항공사들과 이 사건 공동행위를 계속하여 오다가 2004. 9.경 영업을 자회사 AF에게 양도하였고, 이후에는 AF가 이를 이어받아 계속하여 이 사건 공동행위를 실행하였던 점, 원고가 AF의 주식 100%를 소유하고 있고 원고의 대표이사가 AF의 대표이사직을 겸하고 있는 점 등에 비추어 볼 때 원고의 이 사건 공동행위는 영업양도에도 불구하고 처분시효의 기산점이 되는 실행행위의 종료가 있었다고 볼 수 없다"고 본 반면(서고판 2012. 2. 2. 2010누45868), 제6부는 "AF－KLM은 2004. 9. 15. 항공운송에 관한 영업 일체를 원고 에어프랑스에 양도함으로써 더 이상 항공운송업을 영위하지 않았으므로 2003년 4월에 있었던 AF－KLM의 유류할증료 도입에 관한 합의는 2004. 9. 14. 그 실행행위가 종료됨으로써 종료되었다고 봄이 타당하다(처분시효 도과). 또한 AF－KLM이 AF의 주식 100%를 소유하고 있고, 주식배당을 통해 AF의 부당공동행위로 인한 이득을 분배받음으로써 그 이익을 누린 점 등이 인정된다 하더라도 그러한 점만으로는 AF－KLM이 이 사건 공동행위에 참여하였다거나 혹은 AF로 하여금 그러한 공동행위를 하도록 교사하였다고 단정하기 부족하며, 그러한 사정만으로는 AF의 법인격이 부인되어 AF의 합의 및 실행행위를 AF－KLM의 합의 및 실행행위로 볼 정도에 이르렀다고 할 수 없다"고 판시하였다(서고판 2112. 5. 16. 2010누45851). 대법원은 AF－KLM의 경우 AF와 관계에서 주식소유관계, 임원 겸임 등 인적 · 자본적 결합관계가 있다는 사정만으로는 AF의 행위를 AF－KLM의 행위와 동일시할 수 없고, 달리 AF－KLM이 AF의 위반행위를 교사했다고 볼 수 없으므로 영업을 양도한 2004. 9. 5. 경에 위반행위가 종료되었다고 판시하였다(대판 2014. 12. 24. 2012두6216, 2012두13412).

기간이 소요되는 국제카르텔이나 글로벌기업의 시장지배적 지위 남용행위에 대하여 효과적으로 대처하기 위하여 법 위반 행위에 한 처분시효를 연장하였다.[18]

관련하여 다음과 같이 판단한 사례가 있었다.

> "이는 부칙규정에 의하여 법 시행 후 최초로 조사하는 사건부터 적용되므로, 법 시행 전에 이미 처분시효를 도과한 위법행위에 대해서까지 법 제80조 제4항이 적용된다고 해석하지 않는 한 진정소급입법에 해당하지 않음"〈호남고속철도 3.3공구 건설공사 입찰 관련 5개 사업자의 부당공동행위 건(대림산업 등)〉[19], 조사개시일 관련하여 법원은 신고를 수리한 공정거래위원회가 수리한 신고내용을 정확하게 분석하여 합리적인 재량으로 법위반사건의 조사의 단서로 처리하는 경우에 한하여 그 신고의 접수일이 조사개시일이 됨"(〈7개 한국가스공사 발주 천연가스 주배관 및 관리소 건설공사 입찰 관련 23개 사업자의 부당공동행위 건(대림산업 등)〉),[20] "조사개시일 관련 독점규제법 제80조 제4항 제1호는 과징금 부과요건을 명확하게 정한 것으로, 명확성원칙, 실질적 법치주의, 법률유보의 원칙에 위배되지 않음"(〈한국가스공사 발주 천연가스 주배관 및 관리소 건설공사 입찰 관련 23개 사업자의 부당공동행위 건[(주)포스코엔지니어링]〉),[21] "부당한 공동행위가 조사개시시점 이후에 종료된 경우에는 '부당한 공동행위의 종료일'을 처분시효의 기산점인 '조사개시일'로 보아야 함"(6개 알루미늄 콘덴서 제조·판매업체의 부당공동행위 건〉)[22]

한편 2020. 12. 29. 법 전부개정에서는 "공정거래위원회는 이 법 위반행위에 대하여 해당 위반행위의 종료일부터 7년이 지난 경우에는 이 법에 따른 시정조치를 명하거나 과징금을 부과할 수 없다"(제80조 제4항), "공정거래위원회는 제4항에도 불구하고 부당한 공동행위에 대하여 ① 공정거래위원회가 해당 위반행위에 대하여 조사를 개시한 경우 *대통령령*[23]으로 정하는 조사 개시일부터 5년

---

18) 공정거래백서(2012), 15면.

19) 서고판 2016. 7. 20. 2015누55303(대판 2016. 12. 1. 2016두49440).

20) 서고판 2016. 10. 21. 2016누31892(대판 2017. 3. 9. 2016두59881).

21) 서고판 2016. 10. 21. 2016누31892(대판 2017. 9. 14. 2017두47151).

22) 대판 2021. 1. 14. 2020두30559, 2020두59639.

23) 제72조(부당한 공동행위의 조사 개시일) ① 법 제80조 제5항 제1호에서 "대통령령으로 정하는 조사 개시일"이란 다음 각 호의 구분에 따른 날을 말한다. <u>1. 공정거래위원회가 법 제80조 제1항에 따라 직권으로 조사를 개시한 경우(제2호에 따른 신고 없이 또는 그 신고 이전에 조사를 개시한 경우만 해당한다): 법 제81조 제1항 및 제2항에 따른 처분 또는 조사를 한 날 중 가장 빠른 날 2. 공정거래위원회가 법 제80조 제2항에 따른 신고(법 제44조 제1항 제</u>

(제 1 호), 공정거래위원회가 해당 위반행위에 대하여 조사를 개시하지 아니한 경우 해당 위반행위의 종료일부터 7년(제 2 호)의 기간이 지난 경우에는 이 법에 따른 시정조치를 명하거나 과징금을 부과할 수 없다."고 규정하였다(법 제80조 제 5 항).

동 기간의 성격은 제척기간으로 본다.[24] 즉 위반행위가 존재하더라도 동 기간이 경과하면 공정거래위원회는 언제나 과징금을 부과할 수 없다. 다만, 법원의 판결에 의하여 시정조치 또는 과징금부과처분이 취소된 경우로서 그 판결이유에 따라 새로운 처분을 하는 경우에는 적용하지 아니한다(법 제80조 제 46 항). 제 4 항 및 제 5 항의 기간은 공정거래위원회가 제95조에 따른 자료의 열람 또는 복사 요구에 따르지 아니하여 당사자가 소를 제기한 경우 그 당사자 및 동일한 사건으로 심의를 받는 다른 당사자에 대하여 진행이 정지되고 그 재판이 확정된 때부터 진행한다(법 제80조 제 7 호).

'조사개시일'을 해석하는데 있어 신고에는 자진신고도 포함된다(〈4개 자동차용 베어링 제조 · 판매사업자의 부당공동행위 건[셰플러코리아(유)]〉,[25] 〈3개 가변밸브타이밍 제조판매 사업자의 부당공동행위 건(델파이파워트레인)〉,[26] 〈자동차용 콤프레서(Compressor) 구매 입찰 관련 2개 사업자의 부당공동행위 건〉).[27]

그러나 자진신고 이후 보정과정에서 공동행위의 존재를 인식할 수 있을 정도로 구체적으로 특정하여 자진신고 범위에 포함시킨 것으로 보이지 아니하는 경우는 자진신고일을 조사개시일로 볼 수 없다(〈4개 자동차용 베어링 제조 · 판매사업자의 부당공동행위 건[셰플러코리아(유)]〉).[28]

동일한 공동행위에 가담한 사업자들에 대한 조사개시일은 원칙적으로 동일하며, 자료제출요청일, 이해관계자 등 출석요청일, 현장조사일 중 '가장 빠른날'에는 위반행위에 가담한 다른 사업자에 대한 조사가 이루어진 날까지 포함한다(〈선박용 케이블 구매 입찰 관련 부당공동행위 건(제이에스 전선)〉).[29]

---

1 호에 따른 자진신고를 포함한다)로 조사를 개시한 경우: 신고를 접수한 날 ② 제 1 항에도 불구하고 같은 항 각 호의 구분에 따른 날에 법 위반행위가 계속되고 있는 경우에는 해당 법 위반행위가 종료된 날을 조사 개시일로 본다.

24) 홍대식, 공정거래법과 규제산업(2007), 392면; 대판 2011. 6. 30. 2009두12631; 서고판 2016. 12. 14. 2014누74635.

25) 서고판 2018. 10. 12. 2017누62381(대판 2018. 2. 28. 2018두62430).

26) 서고판 2018. 11. 16. 2017누85377(대판 2019. 3. 14. 2018두661809).

27) 대판 2021. 2. 25. 2018두61215.

28) 서고판 2018. 10. 12. 2017누62381(대판 2018. 2. 28. 2018두62430).

29) 서고판 2019. 2. 13. 2018누64285(대판 2019. 7. 11. 2019두36780).

기타 다음과 같이 판단한 사례가 있다.

"감사원 통보 또는 감사원통보에 대한 회신시점을 조사개시일로 볼 수 있고, 이 사건 조사개시일은 개정 독점규제법 시행일 이전 이어서 구 독점규제법이 적용되어 조사개시일로부터 5년이 경과하여 이 사건 처분은 위법함"(《국립환경과학원 등 12개 공공기관 발주 대기오염측정장비 구매 입찰 관련 5개 사업자의 부당한 공동행위 건》),[30] "일부 공동행위자에 대하여 조사개시가 되었다고 해서 그 조사개시일을 그 자체로 다른 공동행위자에 대한 조사개시일로 해석할 수는 없음"(《8개 지방자치단체 및 한국농수산식품유통공사 발주 수입현미 운송 용역 입찰 관련 7개 사업자의 부당공동행위 건》)[31]

한편 대법원은 구법에 따른 5년의 처분시효는 법위반행위가 종료한 날로부터 5년이 경과한 경우에는 시정명령이나 과징금납부명령 등 처분을 할 수 없다는 것일 뿐 과징금부과의 대상이 되는 법위반행위의 기간을 5년으로 한정하는 것으로 해석할 수는 없다고 판시하였다.[32] 이는 현행법의 해석에도 동일하게 적용될 수 있다.

한편 시효기간을 산정할 때 의결일을 기준으로 처분시효 도과여부를 판단하게 되면 공정거래위원회의 의결만 있는 상태에서 장기간 의결서가 송달되지 않더라도 처분시효가 도과하지 않게 되는 문제가 발생하므로 송달일을 기준으로 판단하여야 하며, 송달받을 자에게 도달됨으로써 효력을 발생한다는 것이 대법원의 입장이다.[33]

공정거래위원회는 상기 기간이 경과한 경우에는 새로운 과징금 부과처분이나 증액경정은 물론 감액경정결정 등 어떠한 처분도 할 수 없음이 원칙이다. 그러나 공정거래위원회가 납부의무자에 대하여 과징금 부과처분을 한 후 납부의무자가 항고소송 등 불복절차를 통하여 당초의 과징금 부과처분을 다투어서 납부의무자의 불복내용의 전부 또는 일부를 받아들여 당초의 과징금 부과처분을 감액경정하거나 취소하는 것은 그 불복절차의 계속 중 언제든지 가능하며, 부과

30) 서고판 2020. 1. 22. 2019누40309(대판 2020. 6. 4. 2020두34094); 서고판 2020. 9. 10. 2020누40354(대판 2021. 1. 14. 2020두50517).

31) 서고판 2021. 1. 14. 2019누66523(대판 2021. 5. 13. 2021두32825).

32) 대판 2011. 6. 30. 2009두12631.

33) 대판 2015. 5. 28. 2015두37396.

제척기간이 만료되었다는 이유 때문에 그러한 처분이 불가능하거나 위법하다고 해석할 것은 아니다.[34)]

단서조항의 해석과 관련하여, 서울고등법원은 "법원의 판결에 의하여 처분이 취소된 경우란 엄밀하게 문리에 따라 제한 해석되어서는 아니 되고 널리 판결이유에서 처분의 전부 또는 일부 취소의 취지로 판시된 경우도 포함되고, 이때 공정거래위원회가 그 판시취지에 따라 새로운 처분을 할 수 있다고 해석할 것이며, 이 경우 제척기간의 적용이 배제될 수 있다"고 판시하였다.[35)]

34) 대판 2008. 11. 27. 2007두10181.

35) 서고판 2008. 7. 16. 2007누32725.

제81조(위반행위의 조사 등)

① 공정거래위원회는 이 법의 시행을 위하여 필요하다고 인정할 때에는 대통령령으로 정하는 바에 따라 다음 각 호의 처분을 할 수 있다.

1. 당사자, 이해관계인 또는 참고인의 출석 및 의견의 청취
2. 감정인의 지정 및 감정의 위촉
3. 사업자, 사업자단체 또는 이들의 임직원에게 원가 및 경영상황에 관한 보고, 그 밖에 필요한 자료나 물건의 제출 명령 또는 제출된 자료나 물건의 일시 보관

② 공정거래위원회는 이 법의 시행을 위하여 필요하다고 인정할 때에는 소속 공무원(제122조에 따른 위임을 받은 기관의 소속 공무원을 포함한다)으로 하여금 사업자 또는 사업자단체의 사무소 또는 사업장에 출입하여 업무 및 경영상황, 장부·서류, 전산자료·음성녹음자료·화상자료, 그 밖에 대통령령으로 정하는 자료나 물건을 조사하게 할 수 있다.

③ 제2항에 따른 조사를 하는 공무원은 대통령령으로 정하는 바에 따라 지정된 장소에서 당사자, 이해관계인 또는 참고인의 진술을 들을 수 있다.

④ 조사공무원은 제59조 제1항 또는 제2항에 따른 심의·의결 절차가 진행 중인 경우에는 제2항에 따른 조사를 하거나 제3항에 따른 당사자의 진술을 들어서는 아니 된다. 다만, 조사공무원 또는 당사자의 신청에 대하여 전원회의 또는 소회의가 필요하다고 인정하는 경우에는 그러하지 아니하다.

⑤ 제1항 제1호 및 제3항에 따라 당사자의 진술을 들었을 때에는 대통령령으로 정하는 바에 따라 진술조서를 작성하여야 한다.

⑥ 제2항에 따른 조사를 하는 공무원은 대통령령으로 정하는 바에 따라 사업자, 사업자단체 또는 이들의 임직원에게 조사에 필요한 자료나 물건의 제출을 명하거나 제출된 자료나 물건을 일시 보관할 수 있다.

⑦ 제1항 제3호 및 제6항에 따라 사업자, 사업자단체 또는 이들의 임직원의 자료나 물건을 일시 보관할 때에는 대통령령으로 정하는 바에 따라 보관조서를 작성·발급하여야 한다.

⑧ 제1항 제3호 및 제6항에 따라 보관한 자료나 물건이 다음 각 호의 어느 하나에 해당하는 경우에는 즉시 반환하여야 한다.

1. 보관한 자료나 물건을 검토한 결과 해당 조사와 관련이 없다고 인정되는 경우
2. 해당 조사 목적의 달성 등으로 자료나 물건을 보관할 필요가 없어진 경우

⑨ 제2항에 따른 조사를 하는 공무원은 그 권한을 표시하는 증표를 관계인에게 제시하

고, 조사목적 · 조사기간 및 조사방법 등 대통령령으로 정하는 사항이 기재된 문서를 발급하여야 한다.

⑩ 제 1 항에 따른 처분 또는 제 2 항에 따른 조사와 관련된 당사자, 이해관계인 또는 참고인은 의견을 제출하거나 진술할 수 있다.

목 차

Ⅰ. 의 의
Ⅱ. 내 용
1. 출석 · 의견 청취, 감정인 지정 · 위촉 등
2. 조 사
3. 조사 및 진술의 제한
4. 진술조서 등의 작성
5. 제출명령 및 자료 일시보관
6. 공무원 증표제시
7. 처분 및 조사관련 의견제출 및 진술권

[참고문헌]

단행본: 공정거래위원회, -공정거래위원회 20년사-시장경제 창달의 발자취, 2001; 공정거래위원회, "금융정보요구권, 왜 필요한가?", KTFC 경쟁이슈 '04~'05; 박은재, 공정거래와 형사법, 박영사, 2014

논 문: 박정훈, "공정거래법의 공적 집행", 공정거래와 법치(권오승 편), 법문사, 2004; 안태준, "공정거래법상 조사방해행위에 대한 연구", 법조 2012. 10(Vol. 673); 조성국, "피조사기업의 절차적 권리보장에 관한 주요쟁점", 경쟁과 법 제 6 호, 서울대학교 경쟁법센터, 2016. 4; 홍대식 · 최수희, "공정거래법위반행위에 대한 공정거래위원회의 사건처리절차에 관한 검토", 경쟁법연구 제13권, 한국경쟁법학회 편, 법문사, 2006

[참고사례]

공정거래위원회의 무혐의처분에 대한 헌법소원 건(헌법재판소 2005. 10. 27. 선고 2004헌마800 결정); 8개 밀가루 제조 · 판매업체들의 부당공동행위 건[공정거래위원회 2006. 4. 13. 의결 제2006-079호; 서울고등법원 2010. 10. 14. 선고 2009나6512 판결; 대법원 2012. 11. 29. 선고 2010다93790 판결[손해배상(기)]]

I. 의 의

법위반행위의 조사절차에 관련된 규정이다. 조사절차의 성격 관련, 헌법재판소는, 공정거래위원회는 기본적으로 사법경찰권을 가지고 있지 아니하여 수사기관이 가진 이른바 강제수사권이 없으므로 참고인조사 등을 함에 있어 많은 제약이 따른다.[1] 즉 공정거래위원회의 조사권은 임의조사권에 한정된다.

본 규정은 행정조사에 관한 규정인데, 이를 거부·방해하는 경우 물리력으로 제압할 수 있는 '직접적' 강제력은 없고 법적인 불이익 또는 형벌·과태료를 부과할 수 있는 '간접적' 강제력밖에 없다.[2] 그러나 독점규제법이 규정하는 행정조사는 권력적 행정조사로서 처분의 개념에 속하며 취소소송의 대상이 되며, 헌법소원의 대상이 될 수 있다.[3] 법령상 공정거래위원회의 조사수단은 현장조사, 보고명령, 자료제출명령, 영치, 출석요구, 진술조사, 관계기관에 대한 협조요청, 감정인의 지정 및 감정의 위촉 등이다.

행정조사에 대해서는 「행정조사기본법」이 적용되나. 동법에서는 「독점규제법」, 「표시·광고법」, 「하도급법」, 「가맹사업법」, 「방문판매법」, 「전자상거래법」, 「약관규제법」 및 「할부거래법」에 따른 공정거래위원회의 법률위반행위 조사에 관한 사항에 대해서는 적용을 제외하고 있다(동법 제3조 제2항 제7호).

공정거래위원회는 조사절차의 투명성 및 조사과정 상의 관리·감독 강화를 통해, 조사 전 과정에 대한 적법절차를 확보하고 법집행의 신뢰를 담보하기 위하여 「공정거래위원회 조사절차에 관한 규칙」[4](이하 '조사절차규칙')을 제정하여 2016. 2. 4.부터 시행하고 있다. 또한 공정거래위원회는 공정거래위원회 소관 법령의 규정에 의한 공정거래위원회의 조사에서 컴퓨터용 디스크와 그 밖에 이와 유사한 디지털 저장매체로부터 디지털 증거를 수집, 운반, 분석, 현출 및 관리하는 절차와 그 과정에서 준수하여야 할 사항 등에 대하여 정하는 것을 목적으로

---

1) 헌재결 2005. 10. 27. 2004헌마800.

2) 박정훈, 공정거래와 법치(2004), 1011면; 그러나 조사결과에 대하여는 형사소송절차에서의 증거법칙에 이르지 못한다 하더라도 이에 준하는 엄격한 기준에 따라 효력이 부여되는 것이 바람직하다는 견해가 있다. 홍대식·최수희, 경쟁법연구 제13권(2006), 300면.

3) 안태준, 법조(2012. 10), 216~217면; 미국 DOJ, 독일, 영국, 일본의 경우 강제조사권을 보유하고 있다(일본의 경우 공정거래위원회 직원이 법원에 영장을 신청하여 발급받는 방식). 미국 FTC, EU의 경우 우리나라와 같이 강제조사권이 없다. 조성국, 경쟁과 법(2016. 4), 17~18면.

4) 공정거래위원회고시 제2023-11호(2023. 4. 11).

동 규칙에 규정된 포렌식 관련 조항을 전면 개편한 「디지털 증거의 수집·분석 및 관리 등에 관한 규칙」[5](이하 '포렌식 고시')을 시행하고 있다.

Ⅱ. 내 용

1. 출석·의견 청취, 감정인 지정·위촉 등

공정거래위원회는 이 법의 시행을 위하여 필요하다고 인정할 때에는 *대통령령*[6]이 정하는 바에 따라 ① 당사자, 이해관계인 또는 참고인의 출석 및 의견의 청취(제 1 호), ② 감정인의 지정 및 감정의 위촉(제 2 호),[7] ③ 사업자, 사업자단체 또는 이들의 임직원에 대하여 원가 및 경영상황에 관한 보고, 그 밖의 필요한 자료나 물건의 제출명령 또는 제출된 자료나 물건의 일시 보관(제 3 호)을 할 수 있다(법 제81조 제 1 항).

행정조사의 일종인 소환에 관한 규정인 제81조 제 1 항 제 1 호가 그 대상자를 "당사자, 이해관계인 또는 참고인"이라 하여 그 범위를 전혀 제한하지 않고 있는데, 법원의 영장없이 사업자·사업자단체 이외의 사람을 대상으로 하는 현행 소환제도는 위헌소지가 있다는 지적이 있다.[8] "이 법의 시행을 위하여 필요

5) 공정거래위원회고시 제2023-8호(2023. 4. 14).

6) 제73조(공정거래위원회의 조사 등) ① 공정거래위원회는 법 제81조 제 1 항 제 1 호에 따라 당사자, 이해관계인 또는 참고인을 출석하게 하여 의견을 들으려는 경우에는 다음 각 호의 사항이 포함된 출석요구서를 발부해야 한다. 1. 사건명 2. 출석하는 자의 성명 3. 출석일시 및 장소 ② 공정거래위원회는 법 제81조 제 1 항 제 2 호에 따라 감정인을 지정하는 경우에는 다음 각 호의 사항이 포함된 서면으로 해야 한다. 1. 사건명 2. 감정인의 성명 3. 감정의 목적 및 내용 4. 감정기간 ③ 공정거래위원회는 법 제81조 제 1 항 제 3 호에 따른 원가 및 경영상황에 관한 보고를 하게 하거나 그 밖에 필요한 자료나 물건의 제출 명령을 하려는 경우에는 다음 각 호의 사항이 포함된 서면으로 해야 한다. 다만, 공정거래위원회의 회의에 출석한 사업자, 사업자단체 또는 이들의 임직원에게는 구두로 할 수 있다. 1. 사건명 2. 보고 또는 제출 일시 3. 보고 또는 제출할 사항

제74조(경비의 지급) 공정거래위원회가 법 제81조 제 1 항 제 1 호에 따라 이해관계인 또는 참고인을 출석하게 하거나 같은 항 제 2 호에 따라 감정인을 위촉한 경우에는 예산의 범위에서 필요한 경비를 지급할 수 있다.

7) 대법원은 담합으로 인한 손해배상 사건에서 "감정인의 감정결과는 그 감정방법 등이 경험칙에 반하거나 합리성이 없는 등의 현저한 잘못이 없는 한 이를 존중하여야 한다."고 판시한 바 있다(대판 2012. 11. 29. 2010다93790).

8) 박정훈, 공정거래와 법치(2004), 1013면; 홍대식·최수희, 경쟁법연구 제13권(2006), 297면.

하다고 인정한 때"라는 것은 행정조사의 발동요건으로서 행정조사의 필요성을 의미하는 것이다.

2. 조 사

공정거래위원회는 이 법의 시행을 위하여 필요하다고 인정할 때에는 그 소속공무원[제122조에 따른 위임을 받은 기관의 소속공무원을 포함]으로 하여금 사업자 또는 사업자단체의 사무소 또는 사업장에 출입하여 업무 및 경영상황, 장부·서류, 전산자료·음성녹음자료·화상자료 그 밖에 *대통령령*이 정하는 자료나 물건을 조사하게 할 수 있다(법 제81조 제2항). 또한 *대통령령*[9]이 정하는 바에 의하여 지정된 장소에서 당사자, 이해관계인 또는 참고인의 진술을 들을 수 있다(법 제81조 제3항). 조사를 하는 공무원은 *대통령령*[10]이 정하는 바에 따라 사업자, 사업자단체 또는 이들의 임직원에 대하여 조사에 필요한 자료나 물건의 제출을 명하거나 제출된 자료나 물건의 일시 보관을 할 수 있다(법 제81조 제6항).

3. 조사 및 진술의 제한

한편 조사공무원은 제59조 제1항 또는 제2항에 따른 심의·의결 절차가 진행 중인 경우에는 제2항에 따른 조사를 하거나 제3항에 따른 당사자의 진술을 들어서는 아니 된다(법 제81조 제4항 본문). 다만, 조사공무원 또는 당사자의 신청에 대하여 전원회의 또는 소회의가 필요하다고 인정하는 경우에는 그러하지 아니하다(제81조 제4항 단서).

---

9) 제75조(소속 공무원의 조사) ① 공정거래위원회 소속 공무원이 법 제81조 제3항에 따라 진술을 들으려는 경우에는 사업자 또는 사업자단체의 사무소·사업장에서 들어야 한다. ② 법 제81조 제5항에 따른 진술조서에는 다음 각 호의 사항이 포함되어야 한다. 1. 진술자의 성명 및 주소 2. 진술일시 및 장소 3. 진술내용 ③ 법 제81조 제6항에 따른 자료나 물건의 제출명령 또는 제출된 자료나 물건의 일시 보관은 증거인멸의 우려가 있는 경우로 한정한다.

10) 제75조(소속 공무원의 조사) ② 법 제81조 제5항에 따른 진술조서에는 다음 각 호의 사항이 포함되어야 한다. 1. 진술자의 성명 및 주소 2. 진술일시 및 장소 3. 진술내용 ③ 법 제81조 제6항에 따른 자료나 물건의 제출명령 또는 제출된 자료나 물건의 일시 보관은 증거인멸의 우려가 있는 경우로 한정한다.

4. 진술조서 등의 작성

제 1 항 제 1 호 및 제 3 항에 따라 당사자의 진술을 들었을 때에는 *대통령령*으로 정하는 바에 따라 진술조서를 작성하여야 한다(법 제81조 제 5 항). 제 1 항 제 3 호 및 제 6 항에 따라 사업자, 사업자단체 또는 이들의 임직원의 자료나 물건을 일시 보관할 때에는 *대통령령*[11]으로 정하는 바에 따라 보관조서를 작성·발급하여야 한다(법 제81조 제 7 항).

5. 제출명령 및 자료 일시보관

제 2 항에 따른 조사를 하는 공무원은 *대통령령*[12]으로 정하는 바에 따라 사업자, 사업자단체 또는 이들의 임직원에게 조사에 필요한 자료나 물건의 제출을 명하거나 제출된 자료나 물건을 일시 보관할 수 있다(법 제81조 제 6 항). 제 1 항 제 3 호 및 제 6 항에 따라 보관한 자료나 물건이 ① 보관한 자료나 물건을 검토한 결과 해당 조사와 관련이 없다고 인정되는 경우(제 1 호), ② 해당 조사 목적의 달성 등으로 자료나 물건을 보관할 필요가 없어진 경우(제 2 호)의 어느 하나에 해당하는 경우에는 즉시 반환하여야 한다(법 제81조 제 8 항).

6. 공무원 증표제시

제 2 항에 따른 조사를 하는 공무원은 그 권한을 표시하는 증표를 관계인에게 제시하고, 조사목적·조사기간 및 조사방법 등 *대통령령*[13]으로 정하는 사항이 기재된 문서를 발급하여야 한다(법 제81조 제 9 항).

---

11) 제75조(소속 공무원의 조사) ④ 법 제81조 제 7 항에 따른 보관조서에는 다음 각 호의 사항이 포함되어야 한다. 1. 사건명 2. 자료나 물건의 명칭 및 수량 3. 소유자·제출자의 성명 및 주소 4. 자료나 물건의 제출일

12) 제75조(소속 공무원의 조사) ③ 법 제81조 제 6 항에 따른 자료나 물건의 제출명령 또는 제출된 자료나 물건의 일시 보관은 증거인멸의 우려가 있는 경우로 한정한다.

13) 제75조(소속 공무원의 조사) ⑤ 법 제81조 제 9 항에서 "조사목적·조사기간 및 조사방법 등 대통령령으로 정하는 사항"이란 다음 각 호의 사항을 말한다. 1. 조사목적 2. 조사기간 3. 조사대상 4. 조사방법 5. 조사의 거부·방해·기피 시 그 제재에 관한 사항 6. 법 제81조 제10항에 따른 의견제출 또는 진술에 관한 사항

7. 처분 및 조사관련 의견제출 및 진술권

제 1 항에 따른 처분 또는 제 2 항에 따른 조사와 관련된 당사자, 이해관계인 또는 참고인은 의견을 제출하거나 진술할 수 있다(법 제81조 제10항).

제82조(조사시간 및 조사기간)

① 조사공무원은 제80조 및 제81조에 따른 조사를 하는 경우에는 조사를 받는 사업자 또는 사업자단체의 정규 근무시간 내에 조사를 진행하여야 한다. 다만, 증거인멸의 우려 등으로 정규 근무시간 내의 조사로는 조사의 목적을 달성하는 것이 불가능한 경우에는 피조사업체와 협의하여 정규 근무시간 외의 시간에도 조사를 진행할 수 있다.

② 조사공무원은 제81조 제9항의 문서에 기재된 조사기간 내에 조사를 종료하여야 한다. 다만, 조사기간 내에 조사목적 달성을 위한 충분한 조사가 이루어지지 못한 경우에는 조사를 받는 사업자 또는 사업자단체의 업무 부담을 최소화할 수 있는 범위에서 조사기간을 연장할 수 있다.

③ 제2항 단서에 따라 조사기간을 연장하는 경우에는 해당 사업자 또는 사업자단체에 연장된 조사기간이 명시된 공문서를 발급하여야 한다.

공정거래위원회의 조사는 원칙적으로 피조사업체의 정규근무시간내에 진행되어야 하며, 문서에 기재된 조사기간내에 종료하여야 한다. 그리고 예외적으로 조사기간을 연장하는 경우 명시된 공문서에 의하도록 규정하고 있다.

제83조(위반행위 조사 및 심의 시 조력을 받을 권리)

공정거래위원회로부터 조사 및 심의를 받는 사업자, 사업자단체 또는 이들의 임직원은 변호사 등 변호인으로 하여금 조사 및 심의에 참여하게 하거나 의견을 진술하게 할 수 있다.

본조는 공정거래위원회의 조사 및 심의시 변호사 등 변호인의 참여를 보장하는 규정이다.

第84条(조사권의 남용금지)

조사공무원은 이 법의 시행을 위하여 필요한 최소한의 범위 안에서 조사를 행하여야 하며, 다른 목적 등을 위하여 조사권을 남용하여서는 아니된다.

[참고사례]

삼성전자(주) 소속 임직원들의 조사방해행위 건(공정거래위원회 2008. 4. 3. 의결 제2008-114호; 수원지방법원 2010. 8. 3. 선고 2008라609 결정; 서울중앙지방법원 2010. 1. 20. 선고 2009라35 결정; 대법원 2014. 10. 30. 선고 2010마1362 결정)

조사공무원은 이 법의 시행을 위하여 필요한 최소한의 범위 안에서 조사를 행하여야 하며, 다른 목적 등을 위하여 조사권을 남용하여서는 아니된다.

'필요한 최소한의 범위'의 해석과 관련하여 〈삼성전자(주) 소속 임직원들의 조사방해행위 건〉에서 공정거래위원회는 삼성전자 소속직원에 대해 회사내부 전산망 열람 거부 관련 조사방해행위를 이유로 과태료를 부과하였는데(2008. 4. 8.), 대법원은 공정거래위원회 조사공무원이 서류 등을 찾기 위해 내부 전산망에 대한 접근권한을 얻어 무제한적으로 이를 열람할 권한까지 부여되어 있지 않고, 내부전산망에 대한 무제한적 열람권의 부여로 회사의 영업비밀이나 관련직원의 개인정보가 외부로 노출될 우려가 있어서 '필요한 최소한의 범위'에서의 조사라 볼 수 없다고 결정하였다.[1)]

1) 대결 2014. 10. 30. 2010마1362.

제85조(조사 등의 연기신청)

① 제80조 제1항 부터 제3항 까지의 규정에 따라 공정거래위원회로부터 처분 또는 조사를 받게 된 사업자 또는 사업자단체가 천재지변이나 그 밖에 대통령령이 정하는 사유로 인하여 처분을 이행하거나 조사를 받기가 곤란한 경우에는 대통령령이 정하는 바에 따라 공정거래위원회에 처분 또는 조사를 연기하여 줄 것을 신청할 수 있다.

② 공정거래위원회는 제1항의 규정에 따라 처분 또는 조사의 연기신청을 받은 때에는 그 사유를 검토하여 타당하다고 인정되는 경우에는 처분 또는 조사를 연기할 수 있다.

제80조 제1항 부터 제3항 까지의 규정에 따라 공정거래위원회로부터 처분 또는 조사를 받게 된 사업자 또는 사업자단체가 천재지변이나 그 밖에 대통령령이 정하는 사유로 인하여 처분을 이행하거나 조사를 받기가 곤란한 경우에는 *대통령령*[1)]이 정하는 바에 따라 공정거래위원회에 처분 또는 조사를 연기하여 줄 것을 신청할 수 있다.

공정거래위원회는 처분 또는 조사의 연기신청을 받은 때에는 그 사유를 검토하여 타당하다고 인정되는 경우에는 처분 또는 조사를 연기할 수 있다.

1) 제76조(조사 등의 연기신청) ① 법 제85조 제1항에서 "대통령령으로 정하는 사유"란 다음 각 호에 해당하는 사유를 말한다. 1. 합병·인수, 회생절차개시, 파산 또는 그 밖에 이에 준하는 절차의 진행 2. 권한 있는 기관에 의한 장부·증거서류의 압수 또는 일시 보관 3. 화재 또는 재난 등으로 인한 사업자 및 사업자단체 사업수행의 중대한 장애 발생 ② 법 제85조 제1항에 따라 공정거래위원회의 처분 또는 조사의 연기를 신청하려는 자는 다음 각 호의 사항이 포함된 문서를 공정거래위원회에 제출해야 한다. 1. 사업자 또는 사업자단체의 명칭 및 대표자 성명·주소 2. 처분 또는 조사의 연기 기간 3. 처분 또는 조사의 연기 사유

제86조(이행강제금 등)

① 공정거래위원회는 사업자 또는 사업자단체가 제81조 제1항 제3호 또는 같은 조 제6항에 따른 보고 또는 자료나 물건의 제출 명령을 이행하지 아니한 경우에 그 보고 또는 자료나 물건이 이 법 위반 여부를 확인하는 데 필요하다고 인정하는 때에는 소회의의 결정으로 그 보고 또는 자료나 물건의 제출을 다시 명령할 수 있으며, 이를 이행하지 아니한 자에게는 1일당 대통령령으로 정하는 1일 평균매출액의 1천분의 3의 범위에서 이행강제금을 부과할 수 있다. 다만, 매출액이 없거나 매출액의 산정이 곤란한 경우에는 1일당 200만원의 범위에서 이행강제금을 부과할 수 있다.

② 이행강제금의 부과·납부·징수 및 환급 등에 대해서는 제16조 제2항 및 제3항을 준용한다.

공정거래위원회는 사업자 또는 사업자단체가 제81조 제1항 제3호 또는 같은 조 제6항에 따른 보고 또는 자료나 물건의 제출 명령을 이행하지 아니한 경우, 그 보고 또는 자료나 물건이 이 법 위반 여부를 확인하는 데 필요하다고 인정하는 때에는 소회의의 결정으로 그 보고 또는 자료나 물건의 제출을 다시 명령할 수 있으며, 이를 이행하지 아니한 자에게는 1일당 *대통령령*[1])으로 정하는 1일 평균매출액의 1천분의 3의 범위에서 이행강제금을 부과할 수 있다. 다만, 매출액이 없거나 매출액의 산정이 곤란한 경우에는 1일당 200만원의 범위에서 이행강제금을 부과할 수 있다.

---

1) 제77조(이행강제금의 부과·징수 등) ① 법 제86조 제1항 본문에서 "대통령령으로 정하는 1일 평균매출액"이란 공정거래위원회가 같은 항 본문에 따른 소회의의 결정에서 정한 이행기간의 종료일이 속하는 사업연도를 기준으로 다음 각 호의 구분에 따른 금액을 해당 호에서 정한 기간의 일수[비영업일(非營業日)을 포함한다]로 나눈 금액을 말한다. 1. 직전 사업연도 말일 현재 총 사업기간이 3년 이상인 경우: 직전 3개 사업연도의 매출액을 합한 금액 2. 직전 사업연도 말일 현재 총 사업기간이 3년 미만인 경우: 사업개시 후 직전 사업연도 말일까지의 매출액을 합한 금액 ② 공정거래위원회가 법 제86조 제1항 본문에 따른 소회의의 결정으로 보고 또는 제출 명령을 하는 경우에는 해당 명령을 이행하지 않는 경우 이행강제금이 부과·징수될 수 있다는 사실을 서면으로 알려야 한다. ③ 법 제86조 제1항에 따른 이행강제금의 부과기준은 별표 5와 같다. ④ 법 제86조 제2항에서 준용되는 법 제16조 제2항에 따라 이행강제금을 징수하는 경우 소회의의 제출 명령에서 정한 기간의 종료일부터 30일이 경과한 후에도 그 제출 명령의 이행이 이루어지지 않는 때에는 그 종료일부터 기산하여 매 30일이 경과하는 날을 기준으로 하여 이행강제금을 징수할 수 있다.

제87조(서면실태조사)

① 공정거래위원회는 일정한 거래분야의 공정한 거래질서 확립을 위하여 해당 거래분야에 관한 서면실태조사를 실시하여 그 조사결과를 공표할 수 있다.

② 공정거래위원회가 제 1 항에 따라 서면실태조사를 실시하려는 경우에는 조사대상자의 범위, 조사기간, 조사내용, 조사방법, 조사절차 및 조사결과 공표범위 등에 관한 계획을 수립하여야 하고, 조사대상자에게 거래실태 등 조사에 필요한 자료의 제출을 요구할 수 있다.

③ 공정거래위원회가 제 2 항에 따라 자료의 제출을 요구하는 경우에는 조사대상자에게 자료의 범위와 내용, 요구사유, 제출기한 등을 분명하게 밝혀 서면으로 알려야 한다.

공정거래위원회는 일정한 거래분야의 공정한 거래질서 확립을 위하여 해당 거래분야에 관한 서면실태조사를 실시하여 그 조사결과를 공표할 수 있다.

공정거래위원회가 서면실태조사를 실시하려는 경우에는 조사대상자의 범위, 조사기간, 조사내용, 조사방법, 조사절차 및 조사결과 공표범위 등에 관한 계획을 수립하여야 하고, 조사대상자에게 거래실태 등 조사에 필요한 자료의 제출을 요구할 수 있다.

그리고 공정거래위원회가 자료의 제출을 요구하는 경우에는 조사대상자에게 자료의 범위와 내용, 요구사유, 제출기한 등을 분명하게 밝혀 서면으로 알려야 한다.

제88조(위반행위의 시정권고)

① 공정거래위원회는 이 법의 규정에 위반하는 행위가 있는 경우에 당해 사업자 또는 사업자단체에 대하여 시정방안을 정하여 이에 따를 것을 권고할 수 있다.

② 제1항의 규정에 의하여 권고를 받은 자는 시정권고를 통지받은 날부터 10일 이내에 당해 권고를 수락하는지의 여부에 관하여 공정거래위원회에 통지하여야 한다.

③ 제1항의 규정에 의하여 시정권고를 받은 자가 당해 권고를 수락한 때에는 이 법의 규정에 의한 시정조치가 명하여진 것으로 본다.

목　　차

Ⅰ. 의　　의

Ⅱ. 내　　용

[참고문헌]

단행본: 정병휴 역주(고토 아키라/스즈무라 고타로 편저), 일본의 경쟁정책, FKI미디어, 2000

논　문: 조춘, "공정거래법상 시정조치에 대한 검토", 경쟁저널 제108호, 한국공정경쟁연합회, 2004. 8

[참고사례]

(광주고속 등 3개사, 박면조 외 43명의 부당한 공동행위 관련 건) **시정권고등 불처분 위헌확인에 대한 건**(헌법재판소 1997. 5. 29. 선고 94헌마98 결정)

Ⅰ. 의　　의

시정권고는 시간적인 여유가 없는 경우 사업자 또는 사업자단체가 시정방안을 수락하면 시정명령과 동일한 효력을 갖게 하는 절차이다. 당사자의 자율을 존중한다는 측면에서 동의의결과 유사한 면이 있지만, 시정권고는 법위반을 전제로 해서 공정거래위원회가 시정방안의 수용을 권고한다는 측면에서, 법 위반이전에 사업자가 자율적으로 시정방안을 제시하고 동의의결이 있더라도 법위반으로 보지 않는 동의의결과는 구별된다.

Ⅱ. 내 용

공정거래위원회는 이 법의 규정에 위반하는 행위가 있는 경우에 당해 사업자 또는 사업자단체에 대하여 시정방안을 정하여 이에 따를 것을 권고할 수 있다(법 第88조 제1항).[1)]

시정권고는 ① 위원회의 심결을 거쳐 위반행위를 시정하기에는 시간적 여유가 없거나 시간이 경과되어 위반행위로 인한 피해가 크게 될 우려가 있는 경우, ② 위반행위자가 위반사실을 인정하고 당해 위반행위를 즉시 시정할 의사를 명백히 밝힌 경우, ③ 위반행위의 내용이 경미하거나 일정한 거래분야에서 경쟁을 제한하는 효과가 크지 않은 경우, ④ 공정거래 자율준수 프로그램(CP)을 실질적으로 도입·운용하고 있는 사업자가 동 제도 도입이후 최초 법위반행위를 한 경우이다(「사건절차규칙」 第58조 제1항).

권고를 받은 자는 시정권고를 통지받은 날부터 10일 이내에 당해 권고를 수락하는지의 여부에 관하여 공정거래위원회에 통지하여야 한다(법 第88조 제2항). 시정권고를 받은 자가 당해 권고를 수락한 때에는 이 법의 규정에 의한 시정조치가 명하여진 것으로 본다(법 第88조 제3항).

박면조 등 44명이 결의한 수정타운 종합상가 운영정관 업무규정 제3조가 독점규제법 제40조에 규정된 부당한 공동행위에 해당됨에도 위원회가 시정권고 등 필요한 처분을 하지 아니한 부작위는 헌법상 보장된 행복추구권(제10조), 직업선택의 자유(제44조), 거주이전의 자유(제15조)를 침해한 것이라는 청구내용에 대하여 헌법재판소는 청구인이 내세우는 사유만으로는 시정조치나 시정권고 등 필요한 부분을 해야 할 헌법에서 유래되는 작위의무가 특별히 구체적으로 규정되어 있다고 볼 수 없어 행정권력의 부작위에 대한 헌법소원의 적법요건을 갖추지 못한 것이 명백하다는 이유로 각하하였다.[2)]

1) 영 제78조(시정권고절차) 공정거래위원회가 법 제88조 제1항에 따른 시정권고를 하는 경우에는 다음 각 호의 사항이 포함된 서면으로 해야 한다. 1. 법위반 내용 2. 권고사항 3. 시정기한 4. 수락여부 통지기한 5. 수락거부시의 조치

2) 헌재결 1997. 5. 29. 94헌마98.

제89조(동의의결)

① 공정거래위원회의 조사나 심의를 받고 있는 사업자 또는 사업자단체(이하 이 조부터 제91조까지의 규정에서 "신청인"이라 한다)는 해당 조사나 심의의 대상이 되는 행위(이하 이 조부터 제91조까지의 규정에서 "해당 행위"라 한다)로 인한 경쟁제한상태 등의 자발적 해소, 소비자 피해구제, 거래질서의 개선 등을 위하여 제 3 항에 따른 동의의결을 하여 줄 것을 공정거래위원회에 신청할 수 있다. 다만 해당 행위가 다음 각 호의 어느 하나에 해당하는 경우 공정거래위원회는 동의의결을 하지 아니하고 이 법에 따른 심의 절차를 진행하여야 한다.

1. 해당 행위가 제40조(부당한 공동행위의 금지) 제 1 항에 따른 위반행위인 경우
2. 제120조(고발) 제 2 항에 따른 고발요건에 해당하는 경우
3. 동의의결이 있기 전 신청인이 신청을 취소하는 경우

② 신청인이 제 1 항에 따른 신청을 하는 경우 다음 각 호의 사항을 기재한 서면으로 하여야 한다.

1. 해당 행위를 특정할 수 있는 사실관계
2. 해당 행위의 중지, 원상회복 등 경쟁질서의 회복이나 거래질서의 적극적 개선을 위하여 필요한 시정방안
3. 소비자, 다른 사업자 등의 피해를 구제하거나 예방하기 위하여 필요한 시정방안

③ 공정거래위원회는 해당 행위의 사실관계에 대한 조사를 마친 후 제 2 항 제 2 호 및 제 3 호에 따른 시정방안(이하 "시정방안"이라 한다)이 다음 각 호의 요건을 모두 충족한다고 판단되는 경우에는 해당 행위 관련 심의 절차를 중단하고 시정방안과 같은 취지의 의결(이하 "동의의결"이라 한다)을 할 수 있다. 이 경우 신청인과의 협의를 거쳐 시정방안을 수정할 수 있다.

1. 해당 행위가 이 법을 위반한 것으로 판단될 경우에 예상되는 시정조치, 그 밖의 제재와 균형을 이룰 것
2. 공정하고 자유로운 경쟁질서나 거래질서를 회복시키거나 소비자, 다른 사업자 등을 보호하기에 적절하다고 인정될 것

④ 공정거래위원회의 동의의결은 해당 행위가 이 법에 위반된다고 인정한 것을 의미하지 아니하며, 누구든지 신청인이 동의의결을 받은 사실을 들어 해당 행위가 이 법에 위반된다고 주장할 수 없다.

목 차

Ⅰ. 의 의
Ⅱ. 성 격
1. 법적 성격
2. 시정권고와의 차이
Ⅲ. 내 용
1. 동의의결의 신청
2. 동의의결의 요건
3. 동의의결과 법위반 여부

[참고문헌]

단행본: 공정거래위원회(이호영/조성국), 주요 선진국의 공정거래 사건처리절차 분석 및 시사점 검토, 2009. 8. 31; 이상돈, 공정거래형법, 법문사, 2010; 이봉의/김건식/복홍석, 동의의결제도의 규범적 정당성 및 실효성에 관한 연구, 한국공정거래조정원, 2015; 정병휴 역주(고토 아키라/스즈무라 고타로 편저), 일본의 경쟁정책, FKI미디어, 2000

논 문: 김두진, "공정위의 새로운 심결유형, 동의명령제의 도입모색", 경쟁저널 제149호, 한국공정경쟁연합회, 2010. 3; 김윤수, "공정거래법상 동의의결제의 도입 및 향후 운용방향", 경쟁저널 제160호, 공정경쟁연합회, 2012 Jan; 김희은, "EU의 Article 9 동의의결제도 관련 논의의 시사점: "When and how to commit?"", 경쟁저널 제173호, 공정경쟁연합회, 2014 March; 박정훈, "공정거래법의 공적 집행", 공정거래와 법치(권오승 편), 법문사, 2004; 유진희/최지필, "공정거래법상 동의의결제도의 내용과 문제점 검토", 고려법학 제64호 2012. 3; 윤성운, "동의의결 제도와 손해배상소송의 쟁점", 경쟁과 법 제 2 호, 서울대학교 경쟁법센터, 2014. 4; 이병건, "EU의 동의의결제도 운용동향", 경쟁저널 제170호, 공정경쟁연합회, 2013 Sept; 정환, "동의명령제", 한국경쟁법학회 편, 법문사, 2008; 조성국, "동의의결제 운용에 대한 제언", 경쟁저널 제160호, 공정경쟁연합회, 2012. 1; 최승재, "공동행위와 동의명령제의 활용", 경쟁저널 제163호, 공정경쟁연합회, 2012. 7; 최승재, "동의의결제의 적용범위와 구체적 적용방안", 2012 상반기 법 · 경제 분석그룹(LEG) 연구보고서, 한국공정거래조정원, 2012. 7; 최난설헌, "공정거래법상 동의의결제도에 대한 불복절차와 관련한 비교법적 검토-EU일반법원과 EU사법재판소의 Alrosa 판결이 주는 의미-", 경쟁법연구 제26권, 한국경쟁법학회, 2012.11

[참고사례]

네이버(주) 및 네이버비즈니스플랫폼(주)의 시장지배적지위남용행위 등에 대한 건 관련 동의의결 건(공정거래위원회 2014. 5. 8. 의결 제2014-103호); (주)다음커뮤니케이션의 시장지배적지위남용행위 등에 대한 건 관련 동의의결 건(공정거래위원회 2014. 5. 8. 의결 제2014－104호); 에스에이피코리아(주)의 거래상지위 남용행위에 대한 건 관련 동의의결 건(공정거래위원회 2014. 12. 4. 의결 제2014－272호); 마이크로소프트 코포레이션(MS) 및 노키아 코포레이션의 기업결합 제한규정 위반행위에 대한 건 관련 MS의 동의의결 건(공정거래위원회 2015. 8. 24. 의결 제2015－316호); 퀄컴 인코포레이티드 등의 시장지배적지위 남용행위 등에 대한 건 관련 동의의결절차 개시신청에 대한 건(공정거래위원회 2016. 12. 15. 결정 제2016－063호); 애플코리아(유)의 거래상지위 남용행위 등에 대한 건 관련 동의의결건(공정거래위원회 2021. 3. 16. 의결 제2021－074호)

Ⅰ. 의 의

동의의결제란 사업자가 스스로 소비자 피해구제, 원상회복 등 타당한 시정방안을 제안하고 공정거래위원회가 이해관계자 등의 의견수렴을 거쳐 그 타당성을 인정하는 경우 위법여부를 확정하지 않고 사건을 신속하게 종결하는 제도(중대·명백한 위법행위와 카르텔은 제외)로서, 동의의결제가 도입되면 기존의 시정조치에서는 부과할 수 없는 소비자 및 중소기업 피해의 신속하고 실질적인 보상이 가능해진다.[1)] 예컨대 미국 FTC의 동의명령(consent order)[2)] 및 법원의 동의판결(consent decree), EU의 화해결정(commitment decision),[3)] 독일의 의무확약(Verpflichtungszusagen)[4)] 등이 있다.

우리나라의 경우에도 한미 FTA협상과정에서 동의의결제 도입이 추진되었고 기업환경개선 및 소비자 피해구제 등 동의의결제 도입 필요성이 점점 커짐에 따라 동의의결제 도입을 위한 독점규제법 개정안이 발의되었고(2011. 7), 국회를 통과하였다(2012. 11. 22., 12. 2. 발효).[5)] 그리고 미국과 EU의 동의의결 절차

1) 공정거래위원회 보도자료(2012. 4. 3).

2) 동의명령은 미국식 실용주의가 다분히 내포되어 있는 사건처리방식으로 사업자가 자신의 법위반에 대한 인정(admission of liability)을 하지 않고서도 시정명령을 이행하기로 약속함에 따라 사건을 종결하는 일종의 합의이다. 공정거래위원회(이호영/조성국), 179면; 미국은 1915년부터 동의의결제도를 운영해 오다가 1946년 연방행정절차법(Administrative Procedure Act, 제554조C)에서 법적 근거를 마련하고 세부적 절차는 U.S. Code of Federal Regulation(CFR)에서 규정하고 있다. 공정거래위원회 보도자료(2012. 4. 3).

3) Council Regulation(EC) No 1/2003 of 16 December 2002 on the implementation of the rules on competition laid down in Articles 81 and 82 of the Treaty, Article 9 Commitments.

4) GWB §32b Verpflichtungszusagen.

5) 동의의결제 도입에 대한 찬반론에 관하여 최승재, LEG연구보고서(2012. 7), 98~100면 참조.

규정 및 우리의 사건처리절차규칙 등을 참고하여 「동의의결제도 운영 및 절차 등에 관한 규칙」[6](이하 "동의의결 운영규칙")을 제정하였다.

Ⅱ. 성 격

1. 법적 성격

동의의결의 법적 성격에 대하여는 행정주체와 상대방인 국민의 의사의 합치에 의해 성립하는 비권력적 행위인 공법상 계약으로 볼 것인지 행정청에 의해 단독으로 행해지며 상대방인 국민과의 합의가 필요 없는 권력적 행위인 행정행위로 볼 것인가에 대하여 동의의결의 신청이라는 상대방의 협력을 요하는 행위로서의 처분으로 보는 것이 일반적이다.[7] 법적 성격을 행정처분으로 보는 경우 이의신청이나 행정소송이 가능한지가 문제된다.[8] 그러나 처분의 성격상 현실적으로 이의신청이나 행정소송이 제기될 가능성은 희박하다.

2. 시정권고와의 차이

시정권고는 공정거래위원회가 일방적으로 시정방안을 정하여 이를 따를 것을 권고하고 당사자가 수락하는 경우 시정명령의 효력이 발생하는 것이라는 점에서 공정거래위원회와 사업자의 합의에 의해 시정방안을 마련하는 동의의결과 차이가 있다.[9]

6) 공정거래위원회 고시 제2022－11호(2022. 7. 5).
7) 유진희/최지필, 고려법학 제64호(2012. 3), 371~372면; 윤성운, 경쟁과 법 제 2 호(2014. 4), 27면.
8) 윤성운, 경쟁과 법 제 2 호(2014. 4), 32면.
9) 김윤수, 경쟁저널 제160호(2012. 1), 17면.

Ⅲ. 내 용

1. 동의의결의 신청

공정거래위원회의 조사나 심의를 받고 있는 사업자 또는 사업자단체(이하 제91조까지의 규정에서 "신청인")는 해당 조사나 심의의 대상이 되는 행위(이하 제51조의 5까지의 규정에서 "해당 행위")로 인한 경쟁제한상태 등의 자발적 해소, 소비자 피해구제, 거래질서의 개선 등을 위하여 제 3 항에 따른 동의의결을 하여 줄 것을 공정거래위원회에 신청할 수 있다(법 제89조 제 1 항 본문). 다만 해당 행위가 ① 해당 행위가 제40조(부당한 공동행위의 금지) 제 1 항에 따른 위반행위인 경우(제 1 호),[10] ② 제129조(고발) 제 2 항에 따른 고발요건에 해당하는 경우(제 2 호) 및 ③ 동의의결이 있기 전 신청인이 신청을 취소하는 경우(제 3 호)의 어느 하나에 해당하는 경우 공정거래위원회는 동의의결을 하지 아니하고 이 법에 따른 심의 절차를 진행하여야 한다(법 제89조 제 1 항 단서).

신청인이 동의의결을 신청하는 경우 ① 해당 행위를 특정할 수 있는 사실관계(제 1 호), ② 해당 행위의 중지, 원상회복 등 경쟁질서의 회복이나 거래질서의 적극적 개선을 위하여 필요한 시정방안(제 2 호), ③ 소비자, 다른 사업자 등의 피해를 구제하거나 예방하기 위하여 필요한 시정방안의 사항(제 3 호)을 기재한 서면으로 하여야 한다(법 제89조 제 2 항).

2. 동의의결의 요건

공정거래위원회는 해당 행위의 사실관계에 대한 조사를 마친 후 제51조의 2 제 2 항 제 2 호 및 제 3 호에 따른 시정방안(이하 "시정방안")이 ① 해당 행위가 이 법을 위반한 것으로 판단될 경우에 예상되는 시정조치, 그 밖의 제재와 균형을 이룰 것(제 1 호), ② 공정하고 자유로운 경쟁질서나 거래질서를 회복시키거나 소비자, 다른 사업자 등을 보호하기에 적절하다고 인정될 것(제 2 호)의 요건을 모두 충족한다고 판단되는 경우에는 해당 행위 관련 심의 절차를 중단하고 시정방안과 같은 취지의 의결(이하 "동의의결")을 할 수 있다. 이 경우 신청인과의

10) 이에 대한 비판적 견해로 이상돈, 255~258면; 이봉의/김건식/복홍석, 23~43면 참조.

협의를 거쳐 시정방안을 수정할 수 있다(법 제89조 제3항).[11)]

그간 시장지배적지위 남용행위 건, 기업결합 건, 불공정거래행위 건 등 관련한 동의의결 사례가 있었다.[12)]

3. 동의의결과 법위반 여부

공정거래위원회의 동의의결은 해당 행위가 이 법에 위반된다고 인정한 것을 의미하지 아니하며, 누구든지 신청인이 동의의결을 받은 사실을 들어 해당 행위가 이 법에 위반된다고 주장할 수 없다(법 제89조 제2항).

---

11) 제79조(동의의결의 절차) 공정거래위원회가 법 제89조 제3항에 따라 동의의결을 하는 경우에는 동의의결된 시정방안을 이행하지 않으면 법 제92조에 따라 이행강제금이 부과·징수될 수 있다는 사실을 서면으로 알려야 한다.

12) 〈네이버(주) 및 네이버비즈니스플랫폼(주)의 시장지배적지위남용행위 등에 대한 건 관련 동의의결 건〉 공정의 2014. 5. 8. 2014-103; 〈(주)다음커뮤니케이션의 시장지배적지위남용행위 등에 대한 건 관련 동의의결 건〉 공정의 2014. 5. 8. 2014-104; 〈에스에이피코리아(주)의 거래상지위 남용행위에 대한 건 관련 동의의결 건〉 공정의 2014. 12. 4. 2014-272; 〈마이크로소프트 코포레이션(MS) 및 노키아 코포레이션의 기업결합제한규정 위반행위에 대한 건 관련 MS의 동의의결 건〉 공정의 2015. 8. 24. 2015-316; 〈애플코리아(유)의 거래상지위남용행위 등에 대한 건 관련 동의의결 건〉 공정의 2021. 3. 16. 2021-074.

제90조(동의의결의 절차)

① 공정거래위원회는 신속한 조치의 필요성, 소비자 피해의 직접 보상 필요성 등을 종합적으로 고려하여 동의의결 절차의 개시 여부를 결정하여야 한다.

② 공정거래위원회는 동의의결을 하기 전에 30일 이상의 기간을 정하여 다음 각 호의 사항을 신고인 등 이해관계인에게 통지하거나, 관보 또는 공정거래위원회의 인터넷 홈페이지에 공고하는 등의 방법으로 의견을 제출할 기회를 주어야 한다.

1. 해당 행위의 개요
2. 관련 법령 조항
3. 시정방안[제51조의 2(동의의결) 제 3 항 후단에 따라 시정방안이 수정된 경우에는 그 수정된 시정방안을 말한다]
4. 해당 행위와 관련하여 신고인 등 이해관계인의 이해를 돕는 그 밖의 정보. 다만, 사업상 또는 사생활의 비밀 보호나 그 밖에 공익상 공개하기에 적절하지 아니한 것은 제외한다.

③ 공정거래위원회는 제 2 항 각 호의 사항을 관계 행정기관의 장에게 통보하고 그 의견을 들어야 한다. 다만, 제124조부터 제127조까지의 규정이 적용되는 행위에 대해서는 검찰총장과 협의하여야 한다

④ 공정거래위원회는 동의의결을 하거나 이를 취소하는 경우에는 제37조의 3(전원회의 및 소회의 관장사항)의 구분에 따른 회의의 심의 · 의결을 거쳐야 한다.

⑤ 동의의결을 받은 신청인은 제 4 항의 의결에 따라 동의의결의 이행계획과 이행결과를 공정거래위원회에 제출하여야 한다.

⑥ 공정거래위원회는 제 5 항에 따라 제출된 이행계획의 이행 여부를 점검할 수 있고, 동의의결을 받은 신청인에게 그 이행에 관련된 자료의 제출을 요청할 수 있다.

⑦ 공정거래위원회는 제 6 항에 따른 이행계획의 이행 여부 점검 등 동의의결의 이행관리에 관한 업무를 대통령령으로 정하는 바에 따라 조정원 또는 「소비자기본법」 제33조에 따른 한국소비자원(이하 “소비자원”이라 한다)에 위탁할 수 있다.

⑧ 제 7 항에 따른 위탁을 받은 기관의 장은 제 5 항에 따라 신청인이 제출한 동의의결의 이행계획과 이행결과에 대한 이행관리 현황을 분기별로 공정거래위원회에 보고하여야 한다. 다만, 공정거래위원회의 현황 보고 요구가 있는 경우 즉시 이에 따라야 한다.

⑨ 제 7 항에 따른 위탁을 받은 기관의 장은 동의의결을 받은 신청인이 그 이행을 게을리하거나 이행하지 아니하는 경우에는 지체 없이 그 사실을 공정거래위원회에 통보하여야 한다.

⑩ 제89조제 2 항에 따른 신청방법, 의견조회 방법, 심의·의결절차, 조정원 또는 소비자원에 대한 이행관리 업무의 위탁 절차 등 그 밖의 세부 사항은 공정거래위원회가 정하여 고시할 수 있다.

목 차

Ⅰ. 의 의

Ⅱ. 동의의결의 절차

1. 절차개시여부 결정
2. 의견제출기간의 부여
3. 관계기관의 의견청취 및 검찰총장과의 협의
4. 동의의결 및 취소
5. 이행계획과 결과의 제출
6. 이행여부점검 등

[참고문헌]

논 문: 김윤수, "공정거래법상 동의의결제의 도입 및 향후 운용방향", 경쟁저널 제160호, 공정경쟁연합회, 2012 Jan.

[참고사례]

엘에스 기업집단 계열회사의 부당한 지원행위에 대한 건 관련 동의의결절차 개시신청 건(공정거래위원회 2018. 7. 2. 결정 제2018－051호)

Ⅰ. 의 의

동의의결은 이를 신청하는 모든 경우에 절차를 개시하는 것은 아니며 필요성 등을 종합적으로 고려하여 판단하며, 의견제출기간, 관계 기관의 의견청취 및 검찰총장과의 협의 등을 규정함으로써 절차적 투명성을 도모하였다.

Ⅱ. 동의의결의 절차

1. 절차개시여부 결정

공정거래위원회는 신속한 조치의 필요성, 소비자 피해의 직접 보상 필요성 등을 종합적으로 고려하여 동의의결 절차의 개시 여부를 결정하여야 한다(법 제90조 제1항). 〈퀄컴 인코포레이티드 등의 시장지배적지위 남용행위 등에 대한 건 관련 동의의결절차 개시신청에 대한 건〉에서 공정거래위원회는 피심인의 동의의결 신청을 "해당 사건에 대한 4차례의 심의내용,[1] 해당 사건이 법위반으로 판단될 경우에 예상되는 시정조치 및 신청인들이 제출한 시정방안 등을 종합적으로 고려할 때, 해당 사건은 신속한 조치의 필요성, 사건의 성격, 시간적 상황 및 소비자 보호 등 공익에의 부합성 등에 비춰 동의의결로 처리하는 것이 바람직하지 않다고 판단된다"는 이유로 기각하였다.[2] 〈엘에스 기업집단 계열회사의 부당한 지원행위에 대한 건 관련 동의의결절차 개시신청 건〉에서도 공정거래위원회는 개시신청을 기각하였다.[3]

2. 의견제출기간의 부여

공정거래위원회는 동의의결을 하기 전에 30일 이상의 기간을 정하여 ① 해당 행위의 개요(제1호), ② 관련 법령 조항(제2호), ③ 시정방안[제51조의 2(동의의결) 제3항 후단에 따라 시정방안이 수정된 경우에는 그 수정된 시정방안](제3호), ④ 해당 행위와 관련하여 신고인 등 이해관계인의 이해를 돕는 그 밖의 정보(다만, 사업상 또는 사생활의 비밀 보호나 그 밖에 공익상 공개하기에 적절하지 아니한 것은 제외)(제4호)를 신고인 등 이해관계인에게 통지하거나, 관보 또는 공정거래위원회의 인터넷 홈페이지에 공고하는 등의 방법으로 의견을 제출할 기회를 주어야 한다(법 제90조 제2항).

---

1) 공정거래위원회는 해당 사건에 대한 위법성 판단을 위해 2016. 7. 20, 8. 17, 9. 5, 및 11. 9. 등 4차례의 심의를 개최하였다.

2) 공정결 2016. 12. 15. 2016－063.

3) 공정결 2018. 7. 2. 2018－051.

3. 관계기관의 의견청취 및 검찰총장과의 협의

공정거래위원회는 제2항 각 호의 사항을 관계 행정기관의 장에게 통보하고 그 의견을 들어야 한다(법 제90조 제3항 본문). 다만, 제124조부터 제127조까지의 규정이 적용되는 행위에 대해서는 검찰총장과 협의하여야 한다(법 제90조 제3항 단서). 이는 우리나라에만 있는 독특한 절차로서, 동의의결제 도입과정에서 반대했던 법무부와의 협의과정에서 부득이하게 삽입된 조항이다.[4)]

4. 동의의결 및 취소

공정거래위원회는 동의의결을 하거나 이를 취소하는 경우에는 제59조의 구분에 따른 회의의 심의·의결을 거쳐야 한다(법 제90조 제4항).

5. 이행계획과 결과의 제출

동의의결을 받은 신청인은 제4항의 의결에 따라 동의의결의 이행계획과 이행결과를 공정거래위원회에 제출하여야 한다(법 제90조 제5항).

6. 이행여부점검 등

1) 자료제출 요청

공정거래위원회는 제5항에 따라 제출된 이행계획의 이행 여부를 점검할 수 있고, 동의의결을 받은 신청인에게 그 이행에 관련된 자료의 제출을 요청할 수 있다(법 제90조 제6항).

2) 이행관리업무 위탁

공정거래위원회는 제6항에 따른 이행계획의 이행 여부 점검 등 동의의결의 이행관리에 관한 업무를 *대통령령*[5)]으로 정하는 바에 따라 조정원 또는 「소

---

4) 김윤수, 경쟁저널(2012. 1), 14면.

5) 제80조(동의의결 이행관리 업무의 위탁) 공정거래위원회는 법 제90조 제7항에 따라 같은 조 제6항에 따른 동의의결 이행계획의 이행 여부 점검 및 그 이행에 관련된 자료의 제출요청 업

비자기본법」 제33조에 따른 한국소비자원(이하 "소비자원")에 위탁할 수 있다(법 제90조 제 7 항).

제 7 항에 따른 위탁을 받은 기관의 장은 제 5 항에 따라 신청인이 제출한 동의의결의 이행계획과 이행결과에 대한 이행관리 현황을 분기별로 공정거래위원회에 보고하여야 한다. 다만, 공정거래위원회의 현황 보고 요구가 있는 경우 즉시 이에 따라야 한다(법 제90조 제 8 항).

제 7 항에 따른 위탁을 받은 기관의 장은 동의의결을 받은 신청인이 그 이행을 게을리하거나 이행하지 아니하는 경우에는 지체 없이 그 사실을 공정거래위원회에 통보하여야 한다(법 제90조 제 9 항).

제89조 제 2 항에 따른 신청방법, 의견조회 방법, 심의 · 의결절차, 조정원 또는 소비자원에 대한 이행관리 업무의 위탁 절차 등 그 밖의 세부 사항은 공정거래위원회가 정하여 고시할 수 있다(법 제90조 제10항).

무를 법 제72조 제 1 항에 따른 한국공정거래조정원에 위탁한다.

제91조(동의의결의 취소)

① 공정거래위원회는 다음 각 호의 어느 하나에 해당하는 경우에는 동의의결을 취소할 수 있다.

1. 동의의결의 기초가 된 시장상황 등 사실관계의 현저한 변경 등으로 인해 시정방안이 적정하지 아니하게 된 경우
2. 신청인이 제공한 불완전하거나 부정확한 정보로 인하여 동의의결을 하게 되었거나, 신청인이 거짓 또는 그 밖의 부정한 방법으로 동의의결을 받은 경우
3. 신청인이 정당한 이유 없이 동의의결을 이행하지 아니하는 경우

② 제1항 제1호에 따라 동의의결을 취소하는 경우 신청인이 제89조 제1항에 따라 동의의결을 하여줄 것을 신청하면 공정거래위원회는 다시 동의의결을 할 수 있다. 이 경우 제89조부터 제92조까지의 규정을 적용한다.

③ 제1항 제2호 또는 제3호에 따라 동의의결을 취소하는 경우 공정거래위원회는 제89조 제3항에 따라 중단된 해당 행위 관련 심의절차를 계속하여 진행할 수 있다.

제92조(이행강제금 등)

① 공정거래위원회는 정당한 이유 없이 동의의결시 정한 이행기간까지 동의의결을 이행하지 아니한 자에게 동의의결이 이행되거나 취소되기 전까지 1일당 200만원 이하의 이행강제금을 부과할 수 있다.

② 이행강제금의 부과·납부·징수 및 환급 등에 대하여는 제16조 제2항 및 제3항을 준용한다.

제93조(의견진술기회의 부여)

① 공정거래위원회는 이 법에 위반되는 사항에 대하여 시정조치를 명하거나 과징금을 부과하기 전에 당사자 또는 이해관계인에게 의견을 진술할 기회를 주어야 한다.

② 당사자 또는 이해관계인은 공정거래위원회의 회의에 출석하여 그 의견을 진술하거나 필요한 자료를 제출할 수 있다.

목 차

Ⅰ. 의 의

Ⅱ. 내 용

Ⅲ. 의견진술기회 제공의 범위

[참고사례]

요진산업(주)의 불공정하도급거래행위 건(공정거래위원회 1998. 10. 19. 의결 제98-236호, 1999. 2. 2. 재결 제99-3호; 서울고등법원 1999. 11. 5. 선고 99누4275 판결; 대법원 2000. 10. 27. 선고 99두11622 판결); **동부제강(주) 외 3사의 가격공동행위 건**(공정거래위원회 1998. 7. 7. 의결 제1998-134호; 서울고등법원 2000. 12. 12. 선고 98누12293 판결, 2000. 12. 21. 선고 98누12668, 98누12637, 98누12651 판결; 대법원 2003. 2. 11. 선고 2001두847 판결); **4개 석도강판제조업체의 부당공동행위 건**(공정거래위원회 1998. 11. 25. 의결 제1998-271호; 서울고등법원 2000. 11. 16. 선고 99누6226, 2000. 6. 29. 선고 99누6110, 99누6103, 2002. 4. 30. 선고 2001누7499, 2001. 9. 18. 선고 2001누7482, 2000. 8. 29. 선고 99누6349 판결; 대법원 2001. 5. 8. 선고 2000두10212, 2000두6510, 2000두6503, 2000두7872 판결); **충북레미콘공업협동조합 외2의 관수레미콘 구매입찰 관련 충북지역 3개 레미콘조합의 부당공동행위 건**(공정거래위원회 2017. 10. 17. 의결 2017-318호; 서울고등법원 2018. 12. 27. 선고 2018누40531 판결); **한국가스공사발주 강관 구매입찰 관련 8개 사업자의 부당공동행위 건**(휴스틸)[공정거래위원회 2017. 12. 21. 의결 제2017-373호; 서울고등법원 2018. 11. 21. 선고 2018누35263 판결; 대법원 2019. 4. 25. 선고 2019두31143(심리불속행 기각) 판결]; **(주)신세계의 대규모유통업법 위반행위 건**[공정거래위원회 2017. 6. 5. 의결 제2017-191호; 서울고등법원 2018. 4. 19. 선고 2017누60071 판결; 대법원 2018. 8. 30. 선고 2018두425739심리불속행 기각) 판결]; **천안·아산지역 17개 레미콘제조사업자의 부당공동행위 건**[고려그린믹스(주)외 9](공정거래위원회 2018. 12. 10. 의결 제2018－363호; 서울고등법원 2019. 9. 19. 선고 2019누32117 판결); **현대모비스(주)의 거래상지위 남용행위** 건[공정거래위원회 2018. 4. 24. 의결 제2018－129면; 서울고등법원 2019. 6. 12. 선고 2018누47631 판결; 대법원 2019. 10. 17. 선고 2019두46060(심리불속행 기각) 판결]; **열람복사 거부처분취소청구** 건[(주)팜스코 외10][서울고등법원 2019. 5. 16. 선고 2019누30500 판결; 대법원 2019. 10. 17. 선고 2019두447369(심리불속행 기각) 판결]

Ⅰ. 의　　의

공정거래위원회는 이 법의 규정에 위반되는 사항에 대하여 시정조치 또는 과징금 납부명령을 하기 전에 당사자 또는 이해관계인에게 의견을 진술할 기회를 주어야 한다(법 제93조 제1항). 당사자 또는 이해관계인은 공정거래위원회의 회의에 출석하여 그 의견을 진술하거나 필요한 자료를 제출할 수 있다(법 제93조 제2항).

본 조는 공정거래위원회로 하여금 사건을 공정하고 투명하게 처리하도록 하는데 그 취지가 있다.[1)]

한편 「행정절차법」 제3조 및 동법시행령 제2조 제6호에서는 「독점규제법」, 「하도급법」, 「약관규제법」에 따라 공정거래위원회의 의결·결정을 거쳐 행하는 사항에 대해서는 동법의 적용에서 제외하고 있다.

Ⅱ. 내　　용

공정거래위원회가 당사자 또는 이해관계인에게 의견진술기회를 부여하지 않은 경우 공정거래위원회의 조치는 위법하다.

즉 대법원은 <4개 석도강판제조업체의 부당공동행위 건>[2)] 관련 행정소송에서 "제93조 제1항이 정하고 있는 절차적 요건을 갖추지 못한 공정거래위원회의 시정조치 또는 과징금납부명령은 설령 실체법적 사유를 갖추고 있다고 하더라도 위법하여 취소를 면할 수 없다고 보아야 한다"고 판시하였다.[3)] 그에 따라 "'운

1) 서고판 1999. 11. 5. 99누4275(대판 2000. 10. 27. 99두11622).

2) 대판 2001. 5. 8. 2000두10212; 유사 취지의 판결은 서고판 2018. 12. 27. 2018누40531.

3) 대판 2001. 5. 8. 2000두10212.

송비 합의'와 '시장점유율 합의'에 대해서만 심의가 이루어지고, 위원회의결 과정에서 추가된 '판매가격 합의' 부분에 대한 시정조치 및 과징금납부명령은 공정거래위원회가가 그 부분에 대하여 조사결과를 서면으로 원고에게 통지한 바도 없고, 사전에 의견진술의 기회를 부여한 바도 없으므로 위법하다"고 판시하였다.

그리고 "「행정절차법」 제3조 제2항, 같은 법 시행령 제2조 제6호에 의하면 공정거래위원회의 의결·결정을 거쳐 행하는 사항에는 「행정절차법」의 적용이 제외되게 되어 있으므로, 설사 공정거래위원회의 '판매가격 합의' 부분에 대한 시정조치 및 과징금납부명령에 「행정절차법」 소정의 의견청취절차 생략사유가 존재한다고 하더라도, 공정거래위원회는 「행정절차법」을 적용하여 의견청취절차를 생략할 수는 없다"고 한다.[4)]

Ⅲ. 의견진술기회 제공의 범위

관련하여 법원은 다음과 같이 판시하였다.

> "공정거래위원회가 당사자에게 서면으로 통지하고 당사자에게 의견진술의 기회를 부여하여야 할 대상은 행위사실의 인정여부 및 심사관 조치의견 수락 여부라 할 것이고, 이를 넘어서는 법 해석이나 법적용에 관한 부분까지 사전에 통지하거나 의견진술의 기회를 부여하여야 한다고 보기 어려움"(〈한국가스공사발주 강관 구매입찰 관련 8개 사업자의 부당공동행위 건〉),[5)] "심의·의결 단계에서 어떠한 사실관계 및 그 위법성에 관하여 심리되고 이에 대하여 피심인이 자신의 의견을 진술하였다면, 심의·의결 단계에서 심사보고서에 없던 처분사유를 추가로 인정하였다는 점만으로는 위법하다고 볼 수 없음"(〈(주)신세계의 대규모유통업법 위반행위 건〉),[6)] "확인서가 심사보고서와 함께 송부되지 않았다 하더라도 소회의 심의기일 전에 송부받음으로써 심의기일에 적절한 방어권을 행사하기에 필요한 시간이 주어졌다고 볼 수 있음"(〈고려그린믹스(주)외 9의 천안·아산지역 17개 레미콘제조사업자의 부당공동행위 건〉),[7)] "문서의 제출 또는 송부는 원본, 정본 또는 인증등본으로 하여야 하므로,

4) 대판 2001. 5. 8. 2000두10212; 독점규제법에는 의견절차생략규정이 없다.
5) 서고판 2018. 11. 21. 2018누35263(대판 2019. 4. 25. 2019두31143).
6) 서고판 2018. 4. 19. 2017누60071(대판 2018. 8. 30. 2018두425739).

단순한 사본을 서증으로 제출하는 것은 그 정확성의 보증이 없어 원칙적으로 적법하지 않으나 이러한 사본도 그 원본의 존재와 성립의 진정에서 다툼이 없고 그 사본을 원본의 내용으로 하는 데에 상대방이 이의를 하지 않은 때에만 사본만의 제출도 증거신청으로 허용되고, 공정거래위원회가 법원에 사본이라고 제출한 문서의 원본에까지 민사소송법 제347조에 규정된 비공개열람심사를 적용한다면, 상대방은 무삭제원본을 확인할 기회를 충분히 보장받지 못하여 그 진정성립이나 내용의 진실성을 탄핵할 권리를 부당하게 침해당하는 결과가 발생함"(《현대모비스(주)의 거래상 지위 남용행위 건》)[8]

第94조(심의절차에서의 증거조사)

① 공정거래위원회는 사건을 심의하기 위하여 필요하면 당사자의 신청이나 직권으로 증거조사를 할 수 있다.

② 전원회의 또는 소회의 의장은 당사자의 증거조사 신청을 채택하지 아니하는 경우 그 이유를 당사자에게 고지하여야 한다..

7) 서고판 2019. 9. 19. 2019누32117.

8) 서고판 2019. 6. 12. 2018누47631(대판 2019. 10. 17. 2019두46060).

제95조(자료열람요구 등)

당사자 또는 신고인 등 대통령령으로 정하는 자는 공정거래위원회에 이 법에 따른 처분과 관련된 자료의 열람 또는 복사를 요구할 수 있다. 이 경우 공정거래위원회는 다음 각 호의 어느 하나에 해당하는 자료를 제외하고는 이에 따라야 한다.

1. 영업비밀(「부정경쟁방지 및 영업비밀보호에 관한 법률」 제2조제2호에 따른 영업비밀을 말한다. 이하 같다) 자료
2. 제44조제4항에 따른 자진신고 등과 관련된 자료
3. 다른 법률에 따른 비공개 자료

 목 차

Ⅰ. 규정의 취지
Ⅱ. 절차적 하자의 효력
Ⅲ. 관련 사례

[참고사례]

부산지하철 1호선 연장(다대구간) 2공구 턴키공사 입찰관련 2개 건설업자의 부당공동행위 건(공정거래위원회 2014. 4. 25. 의결 제2014-089호; 서울고등법원 2015. 8. 19. 선고 2014누50790 판결); (주)**포스코 건설의 대구 서부하수처리장 총인시설 부당공동행위 건**(공정거래위원회 2014. 4. 24. 의결 제2014-089호; 서울고등법원 2015. 5. 7. 선고 2014누63048 판결; 대법원 2018. 12. 27. 선고 2015두44028 판결); **애플의 열람복사거부처분 취소소송 건**[서울고등법원 2018. 10. 4. 2018누47457 판결; 대법원 2019. 2. 14. 선고 2018두618409심리불속행 기각) 판결]; (주)**팜스코 외10의 열람복사 거부처분취소청구 건**[서울고등법원 2019. 5. 16. 선고 2019누30500 판결; 대법원 2019. 10. 17. 선고 2019두447369(심리 불속행기각) 판결]; **금호고속**(주) **외 4의 열람복사거부처분 취소 건**(서울고등법원 2020. 8. 19. 2020누34010 판결); **한화솔루션**(주)**의 열람복사거부처분 취소 건**(서울고등법원 2020. 8. 27. 선고 2020누37644 판결)

당사자 또는 신고인 등 *대통령령*[1]으로 정하는 자는 공정거래위원회에 이

법에 따른 처분과 관련된 자료의 열람 또는 복사를 요구할 수 있다. 이 경우 공정거래위원회는 ① 영업비밀(「부정경쟁방지 및 영업비밀보호에 관한 법률」 제2조 제2호에 따른 영업비밀) 자료, ② 제44조 제4항에 따른 자진신고 등과 관련된 자료, ③ 다른 법률에 따른 비공개 자료의 어느 하나에 해당하는 자료를 제외하고는 이에 따라야 한다.

공정거래위원회는 자료의 열람 또는 복사의 방법 및 절차를 정하기 위해 「자료의 열람·복사 업무지침」[2]을 운영하고 있다.

Ⅰ. 규정의 취지

동 조항의 취지에 대하여 대법원은 다음과 같이 판시하고 있다.

> "행정절차법은, 당사자가 청문의 통지가 있는 날부터 청문이 끝날 때까지 행정청에 해당 사안의 조사결과에 관한 문서와 그 밖에 해당 처분과 관련되는 문서의 열람 또는 복사를 '요청'할 수 있고, 행정청은 다른 법령에 따라 공개가 제한되는 경우를 제외하고는 그 요청을 거부할 수 없도록 규정하고 있음(제37조 제1항). 그런데 행정절차법 제3조, 행정절차법 시행령 제2조 제6호는 독점규제법에 대하여 행정절차법의 적용이 배제되도록 규정하고 있음. 그 취지는 독점규제법의 적용을 받는 당사자에게 행정절차법이 정한 것보다 더 약한 절차적 보장을 하려는 것이 아니라, 오히려 그 의결절차상 인정되는 절차적 보장의 정도가 일반 행정절차와 비교하여 더 강화되어 있기 때문임. 공정거래위원회에 강학상 '준사법기관'으로서의 성격이 부여되어 있다는 전제하에 공정거래위원회의 의결을 다투는 소를 서울고등법원의 전속관할로 정하고 있는 취지 역시 같은 전제로 볼 수 있음. 법 제95조가 당사자에게 단순한 열람·복사 '요청권'이 아닌 열람·복사 '요구권'을 부여한 취지 역시 이와 마찬가지임.
>
> 이처럼 독점규제법 규정에 의한 처분의 상대방에게 부여된 절차적 권리의 범위와

1) 제81조(자료의 열람·복사 요구권자의 범위) 법 제95조 각 호 외의 부분 전단에서 "당사자 또는 신고인 등 대통령령으로 정하는 자"란 다음 각 호의 자를 말한다. 1. 사건의 당사자 2. 사건의 신고인 3. 법 제109조에 따라 손해배상청구의 소를 제기한 자(해당 소송이 계속 중인 경우로 한정한다)

2) 공정거래위원회예규 제356호(2020. 12. 3).

한계를 확정하려면 행정절차법이 당사자에게 부여한 절차적 권리의 범위와 한계 수준을 고려하여야 함. 나아가 '당사자'에게 보장된 절차적 권리는 단순한 '이해관계인'이 보유하는 절차적 권리와 같을 수는 없음. 또한 단순히 조사가 개시되거나 진행 중인 경우에 당사자인 피심인의 절차적 권리와 비교하여, 공정거래위원회 전원회의나 소회의 등이 열리기를 전후하여 최종 의결에 이르기까지 피심인이 가지는 절차적 권리는 한층 더 보장되어야 함. 따라서 공정거래위원회의 심의절차에서 특별한 사정이 없는 한 피심인에게 원칙적으로 관련 자료를 열람·등사하여 주어 실질적으로 그 방어권이 보장되도록 하여야 함.
이러한 전제에서 법 제95조의 규정 취지를 헌법상 적법절차 원칙을 고려하여 체계적으로 살펴보면, 당사자인 피심인은 공정거래위원회에 대하여 독점규제법 규정에 의한 처분과 관련된 자료의 열람 또는 복사를 요구할 수 있고, 적어도 공정거래위원회의 심리·의결 과정에서는 다른 법령에 따라 공개가 제한되는 경우 등 특별한 사정이 없는 한 공정거래위원회가 피심인의 이러한 요구를 거부할 수 없음이 원칙이라고 새기는 것이 타당함. 법 제95조는 이러한 전제에서 독점규제법 규정 위반사건의 처리절차 등에 관하여 필요한 사항을 공정거래위원회가 정하여 고시하도록 규정한 것으로 볼 수 있고, 이에 따라 그 내용 역시 이러한 한계 범위 내에서 설정되어야 함."(《(주)포스코 건설의 대구 서부하수처리장 총인시설 부당공동행위 건》)[3)]

Ⅱ. 절차적 하자의 효력

절차위반의 효력에 대하여 대법원은 다음과 같이 판시하고 있다.

심사보고서 첨부자료의 송부 및 자료 열람 등을 규정하고 있는 취지는, 공정거래위원회의 시정조치 또는 과징금납부명령으로 말미암아 불측의 피해를 받을 수 있는 '당사자'로 하여금 공정거래위원회의 심의에 출석하여 심사관의 심사결과에 대하여 효과적으로 방어권을 행사하도록 보장함으로써 심사절차의 적정을 기함과 아울러 공정거래위원회로 하여금 적법한 심사절차를 거쳐 사실관계를 보다 구체적으로 파악하게 하여 신중하게 처분을 하게 하는 데 있음.
나아가 이러한 절차규칙 규정들을 앞서 본 독점규제법상 당사자에게 부여된 열람·

3) 대판 2018. 12. 27. 2015두44028.

복사 요구권의 내용과 한계에 비추어 살펴보면, 요구된 대상이 영업비밀, 사생활의 비밀 등 기타 법령 규정이 정한 비공개 자료에 해당하거나 자진신고와 관련된 자료로서 자진신고자 등의 신상 등 사적인 정보가 드러나는 부분 등에 관하여는, 첨부자료의 열람·복사 요구를 거부할 수도 있음. 다만 이 경우에도 일률적으로 거부할 수는 없고 첨부자료의 열람·복사를 거부함으로써 보호되는 이익과 그로 인하여 침해되는 피심인의 방어권의 내용과 정도를 비교·형량하여 신중하게 판단하여야 함.
그러므로 피심인이 심의·의결절차에서의 방어권을 행사하기 위하여 필요한 심사보고서의 첨부자료 열람·복사를 신청하였으나, 공정거래위원회가 절차규칙 제29조 제12항에서 정한 거부 사유에 해당하지 않음에도 이에 응하지 아니하였다면, 공정거래위원회의 심의·의결의 절차적 정당성이 상실되므로, 공정거래위원회의 처분은 그 절차적 하자로 인하여 원칙적으로 취소되어야 함.
다만 그 절차상 하자로 인하여 피심인의 방어권 행사에 실질적으로 지장이 초래되었다고 볼 수 없는 예외적인 경우에는, 공정거래위원회가 첨부자료의 제공 또는 열람·복사를 거절하였다고 하더라도 그로 인하여 공정거래위원회의 심의·의결에 절차적 정당성이 상실되었다고 볼 수 없으므로 그 처분을 취소할 것은 아님. 나아가 첨부자료의 제공 또는 열람·등사가 거절되는 등으로 인하여 피심인의 방어권이 실질적으로 침해되었는지 여부는 공정거래위원회가 송부 내지 열람·복사를 거부한 자료의 내용, 범위, 정도, 그 자료의 내용과 처분요건 등과의 관련 정도, 거부의 경위와 거부 사유의 타당성, 심사보고서에 기재된 내용, 피심인이 심의·의결절차에서 의견을 진술하고 변명하는 등 방어의 기회를 충분히 가졌는지 여부 등을 종합하여 판단하여야 함."(〈(주)포스코 건설의 대구 서부하수처리장 총인시설 부당공동행위 건〉)[4]

Ⅲ. 관련 사례

〈애플의 열람복사거부처분 취소소송 건〉 관련 행정소송에서 법원은 공정거래위원회가 심사보고서에 해당내용을 구체적인 수치까지 포함하여 필요한 한도

4) 대판 2018. 12. 27. 2015두44028. 다만 동 건에서는 대법원은 처분절차상 하자가 인정됨을 분명히 하면서도, 처분의 취소에 이를 정도의 실질적 방어권이 실질적으로 침해까지는 인정되지 않는다고 보았다.

내에서 상세히 원용하여 방어권을 보장하였고, 비공개자료의 공개에 대해 자료제공자의 동의가 없을 뿐만 아니라 달리 공익상의 필요가 인정된다고 보기 어려우므로 열람복사 거부처분은 정당하다고 판단하였다.[5)]

즉 열람·복사의 거부는 거부함으로써 보호되는 이익과 그로 인하여 침해되는 방어권의 내용과 정도를 비교·형량하여 판단하여야 한다(〈(주)팜스코 외 10의 열람복사 거부처분취소청구 건〉).[6)] 그리고 열람복사신청의 대상은 첨부자료에 한정되지 않고 미첨부자료에 대해서도 열람복사를 신청할 수 있다(〈금호고속(주) 외 4의 열람복사거부처분 취소 건〉,[7)] 〈한화솔루션(주)의 열람복사거부처분 취소 건〉[8)]).

---

5) 서고판 2018. 10. 4. 2018누47457(대판 2019. 2. 14. 2018두618409).

6) 서고판 2019. 5. 16. 2019누30500(대판 2019. 10. 17. 2019두447369). 동 건에서 법원은 동물약품 대리점 또는 사료첨가제 공급업체들이 공개거부 의사를 밝힌 자료의 내용은 비공개로 인한 법령상의 이익이 원고들의 방어권보장의 필요성 보다 크다고 판단하였다. 반면 동의하지 않은 업체명은 공개해야 한다고 보았다.

7) 서고판 2020. 8. 19. 2020누34010. 동 건에서 법원은 영업비밀을 포함하고 자료제출자와 원고 사이에 국제중재절차가 진행중인 점 등에 비추어 열람복사 거부의 공익상 필요성을 인정하였다.

8) 서고판 2020. 8. 27. 2020누37644.

제96조(이의신청)

① 이 법에 의한 공정거래위원회의 처분에 대하여 불복이 있는 자는 그 처분의 통지를 받은 날부터 30일이내에 그 사유를 갖추어 공정거래위원회에 이의신청을 할 수 있다.

② 공정거래위원회는 제1항의 규정에 의한 이의신청에 대하여 60일이내에 재결을 하여야 한다. 다만, 부득이한 사정으로 그 기간내에 재결을 할 수 없을 경우에는 30일의 범위안에서 결정으로 그 기간을 연장할 수 있다.

목 차

I. 의 의
  1. 성 격
  2. 대 상

II. 내 용
  1. 이의신청서의 제출
  2. 재 결

[참고문헌]

단행본: 공정거래위원회, -공정거래위원회 20년사-시장경제창달의 발자취, 2001

논 문: 박정훈, "공정거래법의 공적 집행", 공정거래와 법치(권오승 편), 법문사, 2004

[참고사례]

한국주택은행의 여신거래기본약관 이의신청 각하처분 건(공정거래위원회 1994. 5. 23. 약관 41240-134호; 서울고등법원, 1995. 2. 15 선고 94구23946 판결); 한국케이블티비마포방송(주)의 일반지주회사의 자회사행위제한규정 위반행위 건(공정거래위원회 2002. 10. 4. 의결 제2002.207호, 2003. 3. 11. 재결 제2003-014호; 서울고등법원 2004. 4. 28. 선고 2003누5336 판결); (사)대한약사회 및 (사)대한약사회 서울특별시지부의 경쟁제한행위 건(공정거래위원회 1993. 9. 25. 의결 제93.320호, 1993. 10. 25. 재결 제93-5호; 서울고등법원 1994. 9. 28. 선고 93구34369 판결; 대법원 1995. 5. 12. 선고 94누13794 판결); 주식회사 대한펄프의 가격공동행위 건(공정거래위원회 1998. 4. 10. 의결 제98-63호; 서울고등법원 2000. 6. 20. 선고 98누10839 판결; 대법원 2002. 5. 28. 선고 2000두6121 판결); 모나리자(주) 외 3사의 부당공동행위 건(공정거래위원회 1998. 4. 10. 의결 제98-63

호; 서울고등법원 2000. 1. 20. 선고 98누10822, 2003. 3. 20. 선고 2002누9041 판결; 대법원 2002. 5. 28. 선고 2000두1386 판결); **현대오일뱅크(주) 외 1의 부당공동행위 건**(공정거래위원회 2000. 10. 17. 의결 2000-158호; 서울고등법원 2002. 6. 20. 선고 2000누15028 판결; 대법원 2004. 10. 27. 선고 2002두6842 판결); **에스대시오일(주)의 부당공동행위 건**(공정거래위원회 2000. 10. 17. 의결 2000-158호; 서울고등법원 2002. 4. 9. 선고 2001누4803 판결; 대법원 2004. 11. 12. 선고 2002두5627 판결); **7개 시멘트제조사의 부당공동행위 건**[공정거래위원회 2016. 3. 3. 의결 제2016-068호, 2017. 6. 3. 의결 제2016-020호(재결), 2017. 2. 17. 의결 제2017-073호(이의신청 재결취소); 서울고등법원 2017. 10. 25. 선고 2017누40084 판결]

Ⅰ. 의 의

1. 성 격

공정거래위원회가 내린 처분의 타당성 여부를 재검토하는 제도인 이의신청 절차는 피심인의 권익보호차원에서 뿐만 아니라 공정거래위원회 스스로 자신의 처분에 대하여 반성할 수 있는 기회를 부여함으로써 당해 처분의 적정성을 확보할 수 있도록 한다는 차원에서 피심인과 위원회 모두에게 의미 있는 절차이다.[1)]

「행정심판법」 제 3 조 제 1 항에서 "행정청의 처분 또는 부작위에 대하여 다른 법률에 특별한 규정이 있는 경우를 제외하고는 이 법에 의하여 행정심판을 제기할 수 있다"고 규정하는 바 독점규제법상의 이의신청은 "다른 법률에 특별한 규정이 있는 경우"에 해당한다.

일반적으로 행정심판은 처분청의 직근상급관청이 재결청이 되고 제 3 의 행정심판위원회에서 심리·의결하는 것이며, 이의신청은 처분청에 대하여 제기하고 심의와 재결 역시 처분청에서 하는 것을 의미한다. 그러나 서울고등법원은 "일반적인 행정심판과는 달리 처분을 내린 당해 행정청에서 이의신청에 대한 심판을 담당하도록 하는 것은 독점규제 및 불공정거래행위 등 관련사건의 특수성에 비추어 이에 대한 전문적 지식과 경험을 갖춘 기관이 담당하도록 하기 위한 것이므로 제도의 취지나 목적, 불복절차 등에 있어서 행정심판법에 의한 행

1) 공정거래위원회 20년사(2001), 667면.

정심판과 동일하다고 할 것이므로, 공정거래위원회에 대한 이의신청도 행정심판의 일종이다"라고 한다.[2)]

2. 대 상

이의신청의 대상은 처분성을 띠어야 하는데 구체적으로는 시정명령, 과징금 납부명령 이에 해당한다. 과태료납부명령의 경우 이의신청대상으로 보지 아니한다. 시정권고의 경우 당사자의 수락을 전제로 하기 때문에 이의신청의 대상이 된다고 보기 어렵다.

무혐의처분 역시 행정처분이라 할 수 없다. 이와 관련 서울고등법원은 "공정거래위원회가 한 약관에 대한 무혐의조치는 위 약관에 대한 단순한 법률상의 해석의 결과로서 이로 인하여 법률상의 이익에 개별적이고 구체적인 영향을 미치거나 권리의무에 직접적인 침해나 변동을 초래하는 것은 아니므로 그것 자체가 행정처분이 아니며, 법 제96조, 「약관법」 제30조의2에 의하여 이의신청을 할 수 있도록 규정한 공정거래위원회의 처분이라 함은 공정거래위원회가 의결한 약관의 수정, 삭제 등의 적극적 시정조치 등 처분을 의미하는 것이고, 따라서 이의신청을 할 수 있는 자는 위와 같은 처분을 받은 사업자에 한한다고 할 것이며, 아무런 처분을 받지 아니한 자는 불복하여 이의신청할 아무런 적격이 없다"고 판시하였다.[3)]

그리고 이의신청에 대한 각하처분도 행정처분이라 할 수 없다. 이에 관해 대법원은 "이의신청에 대한 각하처분은 원고의 이의신청에 대한 재결판단으로서 행정소송법상 요구되는 전심절차의 일부일 뿐 독립된 행정처분이라 할 수 없고, 나아가 행정심판 청구를 각하한 재결에 대한 항고소송은 원처분의 존재여부나 그 유·무효를 이유로 주장할 수 없고 다만 그 재결자체의 주체, 형식, 또는 내용상의 위법이 있는 경우에 한하여 제기할 수 있다"고 한다.[4)]

한편 이의신청의 대상이 처분으로 되어 있기 때문에, 공정거래위원회의 부

2) 서고판 2004. 4. 28. 2003누5336.

3) 서고판 1995. 2. 15. 94구23946; 그러나 신고인이 불공정거래행위의 상대방 내지 피해자인 경우와 시장지배적지위의 남용, 기업결합 등과 같은 경쟁제한행위에 있어서는 그로 인해 신고인의 기업상의 이익, 또는 소비자로서의 이익이 침해되는 경우에 신고인에 대한 무혐의 결정은 혐의인정결정 내지 시정조치 명령 등의 조치를 거부하는 거부처분이 되어 취소소송의 대상이 된다는 견해가 있다. 박정훈, 공정거래와 법치(2004), 1043면.

4) 대판 1992. 2. 28. 91누6979, 1994. 1. 25. 93누16901 참조; 서고판 1995. 2. 15. 94구23946.

작위의 경우 이의신청의 대상이 되는가 하는 문제가 있다. 이에 대하여 독점규제법 제96조 제 1 항 소정의 "처분"을 부작위까지 포함하는 것으로 넓게 해석하여 부작위도 이의신청의 대상으로 파악하되, 의무이행심판[5]에 관한 「행정심판법」의 규정, 특히 제32조 제 5 항[6] 전단의 소위 '처분재결'에 관한 규정이 동법 제43조 제 2 항[7]에 따라 적용되는 것으로 보아야 한다는 견해가 있다.[8]

Ⅱ. 내 용

1. 이의신청서의 제출

독점규제법 위반으로 인한 공정거래위원회의 처분에 대하여 불복이 있는 자는 그 처분의 통지를 받은 날부터 30일이내에 그 사유를 갖추어 공정거래위원회에 이의신청을 할 수 있다(법 제96조 제 1 항).[9] 여기에서 30일 이내에 이의신청을 제기하지 아니하면 그 처분이 확정되어 처분의 효력을 다툴 수 없는 불가쟁력이 생긴다.

이와 관련하여 대법원은 "행정소송의 전치요건인 행정심판청구는 엄격한 형식을 요하지 아니하는 서면행위라고 볼 것이므로 행정청의 위법 부당한 처분 등으로 인하여 권리나 이익을 침해당한 자로부터 그 처분의 취소나 변경을 구하는 서면이 제출되었을 때에는 그 표제와 제출기관의 여하를 불문하고 이를 행정심판의 청구로 보고 심리와 재결을 하여야 할 것이고, 거기에 불비된 사항

5) 행정청의 위법 또는 부당한 거부처분이나 부작위에 대하여 일정한 처분을 하도록 하는 심판(「행정심판법」 제 4 조 제 3 호).

6) 위원회는 의무이행심판의 청구가 이유있다고 인정할 때에는 지체 없이 신청에 따른 처분을 하거나 이를 할 것을 명한다.

7) 행정심판에 관하여 다른 법률에서 특례를 정한 경우에도 그 법률에서 규정하지 아니한 사항에 관하여는 이 법이 정하는 바에 의한다.

8) 박정훈, 공정거래와 법치(2004), 1036면.

9) 제82조(이의신청의 절차 및 처리기간 등) ① 법 제96조 제 1 항에 따라 이의신청을 하려는 자는 다음 각 호의 사항이 포함된 신청서에 이의신청의 사유와 내용을 증명하는 서류를 첨부하여 공정거래위원회에 제출해야 한다. 1. 이의신청의 대상 2. 이의신청의 내용 3. 이의신청의 사유 ② 공정거래위원회는 제 1 항에 따라 제출된 서류가 미비한 경우 일정한 기간을 정하여 해당 서류의 보완을 명할 수 있다. 이 경우 보완에 소요되는 기간(보완명령서를 발송하는 날과 보완된 서류가 공정거래위원회에 도달하는 날을 포함한다)은 법 제96조 제 2 항에 따른 기간에 산입하지 않는다.

이 있더라도 보정이 가능하면 보정을 명하고, 보정이 불가능한 때에만 각하하여야 할 것이다. 그리고 심판청구인은 일반적으로 전문적 법률지식을 갖고 있지 못하여 제출된 서면의 취지가 불명확한 경우가 적지 않을 것이나 이러한 경우에도 행정청으로서는 그 서면을 가능한 한 제출자의 이익이 되도록 해석하고 처리하여야 한다"고 판시하였다.[10]

2. 재 결

공정거래위원회는 이의신청에 대하여 60일이내에 재결을 하여야 한다(법 제96조 제2항 본문). 다만, 부득이한 사정[11]으로 그 기간내에 재결을 할 수 없을 경우에는 30일의 범위안에서 결정으로 그 기간을 연장할 수 있다(법 제96조 제2항 단서).

행정심판에 있어서 행정처분의 위법·부당 여부는 원칙적으로 처분시를 기준으로 판단하여야 하고, 재결청은 처분당시 존재하였거나 행정청에 제출되었던 자료뿐만 아니라, 재결당시까지 제출된 모든 자료를 종합하여 처분당시 존재하였던 객관적 사실을 확정하고 그 사실에 기초하여 처분의 위법·부당 여부를 판단 할 수 있을 뿐이며, 과징금은 당해 위반행위에 대한 행정제재벌적인 성격을 가지므로 법이 규정한 범위내에서 처분당시까지 공정거래위원회가 확인한 사실을 기초로 일의적으로 확정되어야 할 것이고, 처분후에 시정조치를 이행하였다거나 부과금 산정기준이 되는 새로운 자료가 나왔다고 하여 새로운 부과처분을 할 수 있는 것은 아니라고 할 것이므로,[12] 처분 후에 법위반상태를 해소하였다 하더라도 이는 공정거래위원회가 한 시정조치를 이행한 것에 불과한 것으로 재결을 함에 있어 이러한 사정을 참작할 수는 없다.[13]

그러나 공정거래위원회가 처분후 재결에서 조사에의 협조 여부 및 종전의

10) 대판 1995. 11. 10. 94누12852.

11) 제82조(이의신청의 절차 및 처리기간 등) ③ 공정거래위원회가 법 제96조 제2항 단서에 따라 재결기간을 연장할 수 있는 부득이한 사정은 다음 각 호와 같다. 1. 처분의 위법 또는 부당 여부를 판단하기 위해 시장의 범위·구조·점유율·수출입 동향 등에 관한 조사·검토 등 별도의 경제적 분석이 필요한 경우 2. 처분의 위법 또는 부당 여부를 판단하기 위해 고도의 법리적 분석·검토가 필요한 경우 3. 이의신청의 심리과정에서 새로운 주장 또는 자료가 제출되어 관련 조사에 장기간이 소요되는 경우 4. 당사자 또는 이해관계인 등이 진술을 거부하거나 자료를 제때에 제출하지 않는 등 조사에 협조하지 않는 경우

12) 대판 2002. 5. 28. 2000두6121.

13) 서고판 2004. 4. 28. 2003누5336.

법 위반횟수를 과징금 산정의 참작사유로 할 수 있고, 처분 후 재결에서 종전의 법 위반횟수를 정상참작사유로 추가한다고 하더라도 처분의 근거사유를 추가한 경우에 해당하는 것은 아니어서 그와 같은 과징금 산정이 위법하다고 할 수 없다.[14]

한편 재결의 취소 가능여부가 문제가 된 사건이 있었는데, 재결을 취소한 공정거래위원회의 조치에 대하여 법원은 이를 인정하였다.[15]

---

14) 대판 2004. 10. 27. 2002두6842.

15) 서고판 2017. 10. 25. 2017누40084.

제97조(시정조치명령의 집행정지)

① 공정거래위원회는 이 법에 따른 시정조치를 부과받은 자가 제96조 제 1 항의 이의신청을 제기한 경우로서 그 명령의 이행 또는 절차의 속행으로 발생할 수 있는 회복하기 어려운 손해를 예방하기 위하여 필요하다고 인정하는 때에는 당사자의 신청이나 직권에 의하여 그 명령의 이행 또는 절차의 속행에 대한 정지(이하 "집행정지"라 한다)를 결정할 수 있다.

② 공정거래위원회는 집행정지의 결정을 한 후에 집행정지의 사유가 없어진 경우에는 당사자의 신청 또는 직권에 의하여 집행정지의 결정을 취소할 수 있다.

 목 차

Ⅰ. 의 의

Ⅱ. 내 용

1. 시정조치명령을 받은 자가 이의신청을 제기
2. 회복하기 어려운 손해의 예방
3. 당사자의 신청이나 직권에 의하여 그 명령의 이행이나 절차의속행을 정지
4. 집행정지결정의 취소

[참고문헌]

논 문: 박정훈, "공정거래법의 공적 집행", 공정거래와 법치(권오승 편), 법문사, 2004; 박해식, "공정거래법상 시정조치의 문제점", 경쟁저널 제108호, 한국공정경쟁연합회, 2004. 8

[참고사례]

은성화학공업(주)의 허위·과장광고 건(공정거래위원회 1981. 7. 31. 시정명령 제 3 호, 1981. 10. 7. 시정명령 제15호(이의신청 변경); 서울고등법원 1981. 11. 4. 자 81부140 결정, 1991. 2. 9. 선고 81구655 판결); **대구도시가스엔지니어링(주) 및 대성셀틱(주)의 사업활동방해행위 건**(공정거래위원회 1996. 8. 30. 의결 96-201호, 1997. 1. 29. 재결 제97-2호; 서울고등법원 1997. 3. 19. 자 97부390 결정, 1997. 12. 26. 선고 97구8375 판결); **에스케이건설(주) 외 11의 부당지원행위 건**(공정거래위원회 1998. 8. 5. 의결 제1998-175호, 1998. 10. 19. 재결 제1998-036호; 서울고등법원 1998. 10. 8. 자 98아959 결정; 대법원 1998. 4. 27. 자 98무57 결정); (주)**신동방의 시장지배적지위 남용행위 건**(공

정거래위원회 1998. 11. 4. 의결 제98－252호, 1999. 3. 8. 재결 제99－11호; 서울고등법원 1999. 4. 9. 자 99아170 결정, 서울고등법원 1999. 10. 6. 선고 99누3524 판결; 대법원 2000. 2. 25. 선고 99두10964 판결); (사)**대전광역시자동차매매조합의 경쟁제한행위** 건(공정거래위원회 1998. 8. 1. 의결 제98－165호, 1998. 11. 6. 재결 제98－40호; 서울고등법원 1999. 1. 9. 선고 98아1040 결정, 1999. 7. 22. 선고 98누14084 판결); **사단법인 한국철스크랩공업협회의 경쟁제한행위** 건(공정거래위원회 1998. 11. 19. 의결 제98－268호, 1999. 5. 4. 재결 제99－22호; 서울고등법원 1999. 7. 6. 자 99아316 결정, 1999. 10. 29. 선고 99누6332 판결; 대법원 2000. 3. 15. 선고 99두11639 판결); (주)**KBS문화사업단의 부당경품제공행위** 건(공정거래위원회 1998. 10. 22. 의결 제98－237호, 1999. 3. 19. 재결 제99－15호; 서울고등법원 1999. 4. 30. 자 99아209 결정, 1999. 4. 20. 선고 99누4411 판결); (사)**한국결혼상담소협회부산지부의 부당표시 · 광고행위 등** 건(공정거래위원회 1998. 9. 9. 의결 제98－199호, 1998. 10. 2. 재결 제98－58호; 서울고등법원 1999. 7. 9. 선고 99누1313 판결; 대법원 1999. 12. 13. 선고 99두8626 판결); (주)**코스트코코리아의 대규모 소매점업에 있어서의 불공정거래행위 등** 건(공정거래위원회 1999. 1. 6. 의결 제99－9호, 1999. 6. 23. 재결 제99－30호; 서울고등법원 1999. 8. 1. 자 99아383 결정, 2000. 5. 9. 선고 99누9614 판결; 대법원 2000. 9. 30. 선고 2000두4415 판결); (주)**낙산개발의 부당광고행위** 건(공정거래위원회 1999. 11. 22. 의결 제99－223호; 서울고등법원 1999. 12. 17. 자 99아603 결정, 2000. 6. 21. 선고 99누16438 판결); (주)**교차로의 부당광고행위** 건(공정거래위원회 1997. 7. 2. 의결 제97－101호, 1997. 10. 4. 재결 제97－32호; 서울고등법원 1999. 10. 20. 자 99부1815 결정, 1998. 6. 19. 선고 97구40447 판결; 대법원 2000. 9. 29. 선고 98두12772 판결); (주)**서울문화사의 부당광고행위** 건(공정거래위원회 1999. 3. 17. 의결 제99－30호, 1999. 10. 17, 재결 제99－45호; 서울고등법원 1999. 11. 24. 자 99아555 결정, 2000. 10. 24. 선고 99누14517 판결); **한국가스공사의 부당지원행위** 건(서울고등법원 2002. 7. 24. 선고 2002나8546 판결; 대법원 2003. 7. 11. 선고 2002다48023 판결); **퀄컴 인코포레이티드 등의 시장지배적지위 남용행위 등에 대한** 건(공정거래위원회 2017. 1. 25. 의결 제2017－025호)

Ⅰ. 의 의

공정거래위원회는 이 법에 따른 시정조치를 부과받은 자가 제96조 제1항의 이의신청을 제기한 경우로서 그 명령의 이행 또는 절차의 속행으로 인하여 발생할 수 있는 회복하기 어려운 손해를 예방하기 위하여 필요하다고 인정하는 때에는 당사자의 신청이나 직권에 의하여 그 명령의 이행 또는 절차의 속행에 대한 정지를 결정할 수 있다(제93조 제 1 항).

「행정소송법」 제23조[1]에 정해져 있는 처분에 대한 집행정지는 행정처분의 집행으로 인하여 회복하기 어려운 손해를 예방하기 위하여 긴급한 필요가 있고 달리 공공복리에 중대한 영향을 미치지 아니할 것을 요건으로 하여 본안판결이 있을 때까지 당해 행정처분의 집행을 잠정적으로 정지함으로써 위와 같은 손해를 예방하고자 함에 그 취지가 있고, 그 집행정지의 효력 또한 당해 결정의 주문에 표시된 시기까지 존속하다가 그 시기의 도래와 동시에 당연히 소멸하는 것이다.[2]

시정조치 집행정지에 관한 최초의 결정은 〈은성화학공업(주)의 허위·과장 광고행위 건〉 관련 서울고등법원의 결정이었다.[3] 동 사건에서 신청인은 "신청인이 만약 그 시정명령대로 20일 이내에 신문에 사과광고를 게재할 경우 신청인의 대외신용은 땅에 떨어지고 확보한 고객을 상실하며 또 가사 후에 본안사건에서 승소하더라도 그 실추된 신용과 이로 인한 손해를 회복할 길이 막연하며, 20일의 기간이 지나면 원고는 대집행 및 고발조치를 당할 절박한 처지에 있어 이 사건처분의 효력이 정지되어야만 할 긴급한 사유가 있으므로 그 효력의 정지를 구하기 위해 이 건 신청에 이른 것입니다."라고 신청이유를 밝혔고 이에 대해 법원은 "위 처분의 집행으로 인하여 신청인에게 회복할 수 없는 손해가 생길 우려가 있고 또 긴급한 사유가 있다고 인정된다"고 결정하였다.

〈퀄컴 인코포레이티드 등의 시장지배적지위 남용행위 등에 대한 건(퀄컴 II 사건)〉 관련하여 공정거래위원회는 2017년 1월 20일 퀄컴 등이 자신의 시장지배적지위를 남용하여 경쟁 모뎀 칩셋 사업자의 사업 활동을 방해한 등의 행위에 대하여 시정명령과 함께 과징금 약 1조 311억 원을 부과하였다. 퀄컴 등은 이에 불복하여 2017년 2월 21일 서울고등법원에 공정위 처분의 취소 소송 및 집행

---

1) ② 취소소송이 제기된 경우에 처분등이나 그 집행 또는 절차의 속행으로 인하여 생길 회복하기 어려운 손해를 예방하기 위하여 긴급한 필요가 있다고 인정할 때에는 본안이 계속되고 있는 법원은 당사자의 신청 또는 직권에 의하여 처분등의 효력이나 그 집행 또는 절차의 속행의 전부 또는 일부의 정지(이하 "집행정지"라 한다)를 결정할 수 있다. 다만, 처분의 효력정지는 처분등의 집행 또는 절차의 속행을 정지함으로써 목적을 달성할 수 있는 경우에는 허용되지 아니한다. ③ 집행정지는 공공복리에 중대한 영향을 미칠 우려가 있을 때에는 허용되지 아니한다.

2) 대판 2003. 7. 11. 2002다48023.

3) 서고판 1981. 11. 4. 81부140.

정지 신청을 제기하였고, 서울고등법원은 2017년 9월 4일 퀄컴 등의 집행 정지 신청을 기각하였으며(2017아66 결정), 대법원이 다시 퀄컴 등의 재항고를 기각(2017무791 결정)하였다.[4]

Ⅱ. 내 용

1. 시정조치명령을 받은 자가 이의신청을 제기

이의신청을 제기한 경우에 시정조치의 집행정지를 신청할 수 있다(법 제97조 제 1 항).[5]

2. 회복하기 어려운 손해의 예방

시정조치명령의 이행 또는 절차의 속행으로 인한 회복하기 어려운 손해의 예방을 위해 필요해야 한다(법 제97조 제 1 항).[6] 무엇이 회복하기 어려운 손해인가에 대하여, 〈에스케이건설(주) 외 11의 부당지원행위 건〉 관련 행정소송에서 대법원은 "시정명령 중 그의 효력이 정지된 공표명령과 일부 과징금 납부명령의 효력이 정지되지 아니한 채 본안소송이 진행된다면 신문게재로 대외적 전파에 의한 신용의 실추와 기업운용자금 수급계획의 차질 등에서 상당한 손해를 입을 것임을 쉽게 예상할 수 있는바 그와 같은 손해는 사회관념상 회복하기 어려운 손해에 해당하고(대판 1994. 10. 11. 94두35 참조), 그 부분은 신청인들의 효력정지신청이 기각된 시정명령 부분과는 달라서 공공복리에 중대한 영향을 미칠 우려도 예상되지 아니하므로"라고 판시하고 있는바,[7] 신문게재로 대외적 전

---

4) 공정거래위원회 보도참고자료(2017. 11. 28).

5) 제83조(시정조치의 집행정지) 법 제97조에 따라 시정조치의 집행정지 또는 집행정지결정의 취소를 신청하려는 자는 신청의 취지와 원인을 적은 신청서에 신청의 사유나 내용을 증명하는 서류를 첨부하여 공정거래위원회에 제출해야 한다.

6) 서고판 1981. 11. 4. 81부140; 서고판 1997. 3. 19. 97부390; "신청인에게 생길 회복하기 어려운 손해를 예방하기 위하여 긴급한 필요를 인정할 수 있고, 집행정지로 말미암아 공공복리에 중대한 영향을 미칠 우려가 없으므로 행정소송법 제23조 제 2 항에 따라 주문과 같이 결정한다"; 서고판 1999. 4. 9. 99아170; 서고판 1999. 1. 9. 98아1040; 서고판 1999. 12. 17. 99아603.

7) 대결 1999. 4. 27. 98무57.

파에 의한 신용의 실추와 기업운용자금 수급계획의 차질 등을 손해로 보았다. 시정명령 내용 중 일부에 대한 집행정지도 가능하다.[8)] 과징금납부명령에 대하여도 집행정지결정을 할 수 있다.[9)]

3. 당사자의 신청이나 직권에 의하여 그 명령의 이행이나 절차의 속행을 정지

과징금납부의 집행정지기간에 과징금납부기간이 진행되는지에 대해 대법원은 집행정지기간 중에는 과징금 납부기간이 진행되지 않는다는 입장이다.[10)]

한편 시정조치의 대부분은 처분 상대방에게 일정한 행위의무를 부과하는 것으로서 처분의 목적이 시정조치의 발령과 동시에 완성되어 별도의 집행행위를 필요로 하지 않으므로 '처분의 집행'이란 관념하기 어렵고, 또한 처분에 기한 후속적인 절차가 없으므로 '절차의 속행'이란 것도 관념할 수 없다고 보면, 시정조치의 이행 또는 절차의 속행에 대한 정지를 명할 수 있다고 한 데 대해 의문

---

8) 서고판 1999. 7. 6. 99아316; 서고판 1999. 4. 30. 99아209; 서고판 1999. 2. 25. 99아56; 서고판 1999. 8. 1. 99아383; 서고판 1999. 10. 20. 99부1815; 서고판 1999. 11. 24. 99아555.

9) 대판 2003. 7. 11. 2002다48023.

10) 대판 2003. 7. 11. 2002다48023: "특히 과징금부과처분에 대한 법원의 집행정지결정에도 불구하고 당초의 과징금부과처분에서 정한 기한의 도과로서 가산금이 발생한다고 보게 되면 이는 과징금납부의무자로 하여금 그 의무의 이행을 간접적으로 강제하는 결과가 된다고 할 것이어서 집행정지결정의 의미가 거의 없게 된다고 할 것인데, 이러한 취지 등을 감안하여 볼 때, 일정한 납부기한을 정한 과징금부과처분에 대하여 법원이 소명자료를 검토한 끝에 '회복하기 어려운 손해'를 예방하기 위하여 긴급한 필요가 있고 달리 공공복리에 중대한 영향을 미치지 아니한다는 이유로 그에 대한 집행정지결정을 하였다면 행정청에 의하여 과징금부과처분이 집행되거나 행정청·관계 행정청 또는 제3자에 의하여 과징금부과처분의 실현을 위한 조치가 행하여져서는 아니 되며, 따라서 부수적인 결과인 가산금 등은 발생되지 아니한다고 보아야 할 것이다. 그리고 과징금부과처분에 대한 집행정지결정에 따라 그 집행정지기간 동안은 과징금부과처분에서 정한 납부기간이 더 이상 진행하지 아니함으로 인하여 원고가 얻는 기한의 유예 및 그에 따른 가산금 면제의 이득은 집행정지제도를 채택한 데 따른 반사적 효과에 불과하고, 과징금부과처분에 대한 집행정지는 「행정소송법」 제23조에 정해진 엄격한 요건에 해당하는 경우에 한하여 허용된다는 관점에서 보면, 실질적으로 과징금납부의무를 유예받기 위하여 집행정지제도를 남용할 우려가 크다거나 그로 인하여 행정처분의 공정력과 집행력이 특별히 훼손된다고 할 수도 없다고 할 것이다. 이러한 여러 가지 사정들을 종합적으로 고려해 보면, 일정한 납부기한을 정한 과징금부과처분에 대하여 '회복하기 어려운 손해'를 예방하기 위하여 긴급한 필요가 있고 달리 공공복리에 중대한 영향을 미치지 아니한다는 이유로 집행정지결정이 내려졌다면 그 집행정지기간 동안은 과징금부과처분에서 정한 과징금의 납부기간은 더 이상 진행되지 아니하고 집행정지결정이 당해 결정의 주문에 표시된 시기의 도래로 인하여 실효되면 그 때부터 당초의 과징금부과처분에서 정한 기간(집행정지결정 당시 이미 일부 진행되었다면 그 나머지 기간)이 다시 진행하는 것으로 보아야 할 것이다."

을 제기하는 견해가 있다.[11)]

4. 집행정지결정의 취소

공정거래위원회는 집행정지의 결정을 한 후에 집행정지의 사유가 없어진 경우에는 당사자의 신청 또는 직권에 의하여 집행정지의 결정을 취소할 수 있다(법 제97조 제 2 항).[12)]

11) 박해식, 경쟁저널(2004. 8), 9~10면.

12) 제83조(시정조치의 집행정지) 법 제97조에 따라 시정조치의 집행정지 또는 집행정지결정의 취소를 신청하려는 자는 신청의 취지와 원인을 적은 신청서에 신청의 사유나 내용을 증명하는 서류를 첨부하여 공정거래위원회에 제출해야 한다.

제98조(문서의 송달)

① 문서의 송달은 행정절차법 제14조 내지 제16조의 규정을 준용한다.

② 제1항의 규정에 불구하고 국외에 주소를 두고 있는 사업자 또는 사업자단체에 대해서는 국내에 대리인을 지정하도록 하여 동 대리인에게 송달하고, 해당 사업자 또는 사업자단체가 국내 대리인을 지정하지 아니한 경우에는 관보·공보·게시판·일간신문 중 하나 이상에 공고하고 인터넷에도 공고하여야 한다.

목　　차

Ⅰ. 의　　의

Ⅱ. 관련 이슈

1. 송달절차의 부적법성

2. 국문으로 된 서류송달의 위법성

[참고사례]

에프 호프만 라 로슈(주) 부당공동행위 건(공정거래위원회 2003. 4. 29. 의결 제2003-098호; 서울고등법원 2004. 11. 24. 선고 2003누9000 판결); **6개 흑연전극봉 생산업체들의 부당공동행위 건**(공정거래위원회 2002. 4. 4. 의결 제2002-077호, 2002. 8. 23. 재결 제2002-026호; 서울고등법원 2003. 8. 26. 선고 2002누6127, 2002누15015, 2002누14647, 2004. 8. 19. 선고 2002누6110 판결; 대법원 2006. 3. 23. 선고 2003두11124, 2003두11155, 2006. 3. 24. 선고 2003두11148, 2004두11275 판결); **쇼와덴코케이케이의 부당공동행위 건**(재산정)(공정거래위원회 2002. 4. 4. 의결 제2002-077호, 2002. 8. 23. 재결 제2002-026호; 서울고등법원 2007. 9. 19. 선고 2006누29692 판결; 대법원 2008. 4. 10. 선고 2007두22054 판결)

Ⅰ. 의　　의

문서의 송달은 「행정절차법」 제14조 내지 제16조의 규정을 준용한다(법 제98조 제1항). 그러나 국외에 주소를 두고 있는 사업자 또는 사업자단체에 대해서는 국내에 대리인을 지정하도록 하여 동 대리인에게 송달하고, 해당 사업자 또는 사업자단체가 국내 대리인을 지정하지 아니한 경우에는 관보·공보·게시판·일간신문 중 하나 이상에 공고하고 인터넷에도 공고하여야 한다(법 98조 제2항).

Ⅱ. 관련 이슈

1. 송달절차의 부적법성

「행정절차법」 제14조 제1항은 문서의 송달방법의 하나로 우편송달을 규정하고 있고, 「행정절차법」 제16조 제2항은 외국에 거주 또는 체류하는 자에 대한 기간 및 기한은 행정청이 그 우편이나 통신에 소요되는 일수를 감안하여 정하여야 한다고 규정하고 있는 점 등에 비추어 보면, 공정거래위원회가 국내에 주소·거소·영업소 또는 사무소('주소 등')가 없는 외국사업자에 대하여도 우편송달의 방법으로 문서를 송달할 수 있다.[1)]

외국사업자에 대한 송달절차관련 서울고등법원은 공정거래위원회가 위 각 통지를 등기우편 이외의 청사게시판에 게시하거나 피고의 영문 인터넷 홈페이지에 게재하는 등 공시송달의 방법에 의한 것은 적법하다고 판시하였다.[2)]

서울고등법원은 또한 처분이 담긴 의결서를 국제특급우편으로 송달한 것도 구 「행정절차법」 제14조 제1항에 따른 우편송달로 적법하다고 한다.[3)]

---

1) 서고판 2004. 11. 24. 2003누9000; 서고판 2003. 8. 26. 2002누6127(대판 2006. 3. 23. 2003두11124); 서고판 2003. 8. 26. 2002누15015(대판 2006. 3. 23. 2003두11155); 서고판 2003. 8. 26. 2002누14647(대판 2006. 3. 24. 2003두11148); 서고판 2004. 8. 19. 2002누6110(대판 2006. 3. 24. 2004두11275).

2) 서고판 2004. 11. 24. 2003누9000; 서고판 2003. 8. 26. 2002누6127(대판 2006. 3. 23. 2003두11124); 서고판 2003. 8. 26. 2002누15015(대판 2006. 3. 23. 2003두11155); 서고판 2003. 8. 26. 2002누14647(대판 2006. 3. 24. 2003두11148); 서고판 2004. 8. 19. 2002누6110(대판 2006. 3. 24. 2004두11275).

3) 서고판 2007. 9. 19. 2006누29692(대판 2008. 4. 10. 2007두22054): "「행정절차법」 제14조 제1항은 '송달은 우편·교부 등의 방법에 의하되 송달받을 자의 주소·거소·영업소·사무소로 한다'고 규정하고 있고, 공정거래위원회의 내부지침인 '외국사업자의 독점규제법 위반행위에 대한 조사 및 처리지침'에서는 국내영업거점(외국사업자가 그 거래 등을 행하기 위하여 국내에 설립한 자회사, 지사, 판매사무소 등으로 외국사업자에 의하여 그 영업전략이나 영업활동 등이 통제될 수 있는 자)이 없는 외국사업자에 대한 문서의 전달방법으로 그 외국사업자의 주소 등에 등기우편 등을 이용한다고 규정한다. 따라서 공정거래위원회가 원고에게 통지하여야 할 관련 서류를 등기우편의 방법으로 원고의 주소지로 송부하여 전달하였다면 일응 피고의 통지절차에

2. 국문으로 된 서류송달의 위법성

외국사업자에 대하여 국문으로 된 서류를 송달한 경우 그 위법성이 문제된다. 이에 대해 대법원은 위법성을 인정하지 않았다.4)

관한 위 제반규정에 의한 것이라고 볼 수 있다. 그러나 … 비록 공정거래에 관한 사건이 민사재판사무는 아니라 하더라도 그에 관한 서류를 위와 같이 우편의 방법에 의하여 송달하는 것은 대한민국의 주권이 미치는 영역안에서 실시할 경우에 한하여 유효하다고 함이 상당하고 외국에 소재하는 외국인에 대한 경우에 까지 일반적으로 허용된다고 할 수 없으므로, 공정거래위원회가 등기우편에 의하여 원고에게 전달한 위 각 통지는 그 효력을 인정하기 어렵다 할 것이다. 다만 공정거래위원회로서는 국내에 거점이 없는 외국사업자에 대한 조사절차를 진행하고 그에 따른 처분을 할 필요성이 있음을 부인할 수 없고, 이러한 경우 사법공조를 통하여 송달함이 바람직하다고 할 것이나, 그에 필요한 조약이나 국제관행 또는 국내법령도 존재하지 아니하는 이상 공정거래위원회가 대한민국 영사나 외국의 경쟁당국 또는 법원을 통하여 의결서 등을 송달할 방법이 없고, 이는 「행정절차법」 제14조 제4항 제2호에 규정한 '송달이 불가능한 경우'에 해당한다고 할 것이므로, 공정거래위원회로서는 부득이 위 규정에 의한 공시송달의 방법을 취할 수밖에 없다고 할 것인데, 공정거래위원회가 위 각 통지를 등기우편 이외의 청사게시판에 게시하거나 피고의 영문 인터넷 홈페이지에 게재하는 등 공시송달의 방법에 의하여도 실시한 사실은 앞에서 본 바와 같으므로, 위 등기우편에 의한 통지의 하자는 이로써 치유되었다고 봄이 상당하고, 또한 원고는 국내 대리인을 선임하고 그가 위 회의에 출석하여 의견을 진술하였음은 위에서 인정한 바와 같으므로 방어권을 행사하는데 있어서 지장이 있었다고 보기 어렵다."

4) 서고판 2004. 11. 24. 2003누9000; 서고판 2003. 8. 26. 2002누6127(대판 2006. 3. 23. 2003두11124); 서고판 2003. 8. 26. 2002누15015(대판 2006. 3. 23. 2003두11155); 서고판 2003. 8. 26. 2002누14647(대판 2006. 3. 24. 2003두11148); 서고판 2004. 8. 19. 2002누6110(대판 2006. 3. 24. 2004두11275); 서고판 2007. 9. 19. 2006누29692(대판 2008. 4. 10. 2007두22054). "'외국사업자의 독점규제법 위반행위에 대한 조사 및 처리지침'에서 '의결의 통지를 영어 또는 외국사업자의 본국어를 사용하여 전달한다'는 의미는 어떠한 내용의 의결이 있었는지를 영어 또는 외국사업자의 본국어로 작성하여 전달한다는 의미이지 반드시 의결서 전문을 번역하여 송부하여야 한다는 의미로 볼 수 없다. 그리고 국내대리인을 선임하고 그가 위 회의에 출석하여 의견을 진술한 이상, 국문으로 된 심사보고서나 의결서 정본이 영어 또는 본국어로 번역되지 않은 상태로 송달됨으로써 그 내용을 알 수 없어 방어권을 제대로 행사할 수 없었다고 볼 수도 없으므로 방어권 행사의 기회가 침해당하였다고 볼 수 없다."

제99조(소의 제기)

① 이 법에 의한 공정거래위원회의 처분에 대하여 불복의 소를 제기하고자 할 때에는 처분의 통지를 받은 날 또는 이의신청에 대한 재결서의 정본을 송달받은 날부터 30일이내에 이를 제기하여야 한다.

② 제1항의 기간은 이를 불변기간으로 한다.

목 차

Ⅰ. 의 의
Ⅱ. 내 용
1. 처 분
2. 기 간
3. 소송수행

[참고문헌]

논 문: 박정훈, "공정거래법의 공적 집행", 공정거래와 법치(권오승 편), 법문사, 2004; 이원우, "현대 행정법관계의 구조적 변화와 경쟁자소송의 요건", 경쟁법연구 제7권, 한국경쟁법학회, 2001. 4

[참고사례]

계룡건설산업(주)의 하도급분쟁 건(서울고등법원 1988. 3. 7. 선고 87구272 판결; 대법원 1989. 5. 9. 선고 88누4515 판결); **한국토지개발공사의 용역매매약관조항 무혐의조치 건**(공정거래위원회 1993. 7. 22. 제도 41240-123, 1993. 9. 15. 재결 제93-3호; 서울고등법원 1994. 5. 13. 선고 93구26538 판결); **서인조경개발의 불공정하도급거래행위 건**(공정거래위원회 1996. 4. 30. 의결 제96-56호, 1996. 11. 30. 재결 제96-21호; 서울고등법원 1997. 12. 3. 선고 97구722 판결; 대법원 1998. 6. 12. 선고 98두2409 판결); **주성건설(주)의 부당공동행위 건**(공정거래위원회 1996. 8. 30. 의결 제96-210호, 1997. 9. 24. 재결 제9-1호; 서울고등법원 1998. 2. 18. 선고 97구7457 판결; 대법원 2000. 2. 11. 선고 98두5941 판결); **기아자동차판매(주)의 구속조건부거래행위 건**(공정거래위원회 1998. 8. 31. 의결 제98-185호, 1998. 12. 16. 재결 제98-53호; 서울고등법원 1999. 7. 15. 선고 99누1061 판결); **강중환의 불공정거래행위무혐의 및 각하처분취소 건**(서울고등법원 1998. 2. 5. 선고 97구26113 판결; 대법원 2000. 4. 11. 선고 98두5682 판결(상고기각), **만능기**

계(주)의 불공정거래행위처분취소 건(서울고등법원 1999. 2. 12. 선고 97구31108 판결; 대법원 2000. 4. 11. 선고 99두4228 판결); 김재환의 심사거부처분 등 취소청구 건(서울고등법원 2000. 1. 20. 선고 99누1535 판결; 대법원 2000. 5. 29. 선고 2000두1188 판결); 시정권고 등 불처분 위헌확인 건(헌법재판소 1997. 5. 27 선고 94헌마98 결정); 요진산업(주)의 불공정하도급거래행위 건(공정거래위원회 1998. 10. 19. 의결 제98-236호, 1999. 2. 2. 재결 제99-3호; 서울고등법원 1999. 11. 5. 선고 99누4275 판결; 대법원 2000. 10. 27. 선고 99두11622 판결); 미래시큐리티시스템(주)의 불공정거래행위 무혐의 처분위헌확인 건(헌법재판소 2002. 6. 27. 선고 2001헌마381 결정); 호영정보통신(주) 외 2개사의 무혐의처분에 대한 헌법소원 건(헌법재판소 2003. 3. 27. 선고 2002헌마544 결정); 권성권의 무혐의처분에 대한 헌법소원 건(헌법재판소 2004. 3. 25. 선고 2003헌마404 결정); 한국공항공사의 거래상지위 남용행위 건(공정거래위원회 2002. 6. 17. 의결 제200-105호; 서울고등법원 2003. 5. 13. 선고 2002누10072판결; 대법원 2005. 12. 8. 선고 2003두5327); 김흥국 외 1의 부작위위법확인 건(서울행정법원 2005. 11. 4. 선고 2005구합19665 판결; 서울고등법원 2006. 5. 3. 선고 2005누27583 판결; 대법원 2006. 9. 8. 선고 2006두8839 판결, 2006. 12. 21. 선고 2006재두151 판결); (사)한국유가공협회 외 10의 무혐의 처분에 대한 헌법소원 건(헌법재판소 2007. 12. 27. 선고 2005헌마1259 결정); 김태완의 유권해석요청거부처분취소 건(서울행정법원 2006. 4. 28. 선고 2006구합1845; 서울고등법원 2006. 12. 1. 선고 2006누12557 판결); 김흥국 외 1의 원상회복신청 건(서울행정법원 2007. 6. 26. 선고 2007구합3695 판결); (주)영화의 헌법소원 건(공정거래위원회 2006. 7. 27. 2006서경1457 무혐의처분; 헌법재판소 2008. 9. 25. 선고 2006헌마1083 판결); 한일시멘트(주)의 공동행위 건(공정거래위원회 2003. 9. 8. 의결 제2003.147호, 2004. 2. 9. 재결 제2004-005호; 서울고등법원 2006. 5. 24. 선고 2004누4859; 대법원 2008. 2. 14. 선고 2006두11804 판결); 7개 신용카드사업자의 부당공동행위 건(공정거래위원회 2008. 3. 5. 의결 제2008-079호; 대법원 2009. 3. 26. 선고 2008두21058 판결); 고양시 식사지구내 공동주택분양 관련 4개 건설업자들의 부당광고행위 건[공정거래위원회 2009서소2626(경고); 서울고등법원 2011. 1. 12. 선고 2010누17344 판결; 대법원 2013. 12. 26. 선고 2011두4930 판결]; 서울대학교병원 등의 거래상지위남용행위 건(공정거래위원회 2010. 2. 2. 의결 제2010-11~15, 19~20호; 서울고등법원 2011. 2. 24. 선고 2010누8333, 2010누8326, 2010누8449, 2010누8463, 2011. 6. 29. 선고 2010누8456, 2010누8340, 2010누8432, 2010누8425 판결; 대법원 2013. 1. 10. 선고 2011두7885, 2011두7856, 2013. 1. 31. 선고 2011두8456, 2013. 2. 14. 선고 2011두17950, 2013. 6. 13. 선고 2011두18137, 2010두7861, 2013. 6. 14. 선고 2010누8463, 2013. 6. 29. 선고 2011두18151 판결); 롯데쇼핑

(주)의 대규모소매업고시 위반행위 건(공정거래위원회 2012. 12. 26. 의결 제2012.278호; 서울고등법원 2013. 9. 13. 선고 2013누3568 판결); (주)티브로드홀딩스의 거래상 지위 남용행위 건(공정거래위원회 2011. 8. 2. 의결 제2011.135호; 서울고등법원 2012. 12. 12. 선고 2011누42491 판결; 대법원 2013. 11. 28. 선고 2013두1188 판결); (주)씨엔엠의 거래상지위 남용행위 건(공정거래위원회 2011. 2. 23. 의결 제2011－013호; 서울고등법원 2012. 4. 26. 선고 2011누11862 판결; 대법원 2014. 2. 13. 선고 2012두10772 판결); (주)씨제이헬로비전의 거래상지위 남용행위 건(공정거래위원회 2011. 4. 11. 의결 제2011－038호; 서울고등법원 2012. 2. 2. 선고 2011누15369 판결; 대법원 2014. 3. 27. 선고 2012두5589 판결); 금보개발(주)의 거래상지위 남용행위 건(공정거래위원회 2011. 7. 4. 의결 제2011－091호; 서울고등법원 2012. 7. 12. 선고 2011누26505 판결); 구의 및 자양취수장 이전 건설공사 2,3공구 관련 17개 건설사의 부당공동행위 건(공정거래위원회 2012. 2. 9. 의결 제2012－019호; 서울고등법원 2012. 10. 26. 선고 20127563 판결; 대법원 2013. 6. 13. 선고 2012두26449 판결); 주공인천지역본부사옥 건설공사 1공구 입찰참가 18개사의 부당공동행위 건(공정거래위원회 2010. 12. 1. 의결 제2010－154호; 서울고등법원 2011. 12. 1. 선고 2011누17754 판결; 대법원 2012. 5. 10. 선고 2012두2030 판결; 헌법재판소 2012. 6. 27. 2010헌마508 결정); 한신공영(주)외 17의 부당공동행위 건[공정거래위원회 2010. 10. 29. 의결 제2010－123; 서울고등법원 2012. 4. 12. 선고 2011누17563 판결; 대법원 2012. 9. 27. 선고 2012두11546(파기환송) 판결; 서울고등법원 2013. 6. 13. 선고 2012누30723(파기환송심) 판결; 대법원 2013. 12. 26. 선고 2011두4930 판결]; 3개 두유제품 제조 · 판매사업자의 부당공동행위 건[공정거래위원회 2011. 6. 9. 의결 제2011－067호 및 2011. 7. 18. 의결 제2011.121호; 서울고등법원 2012. 11. 28. 선고 2011누46387 판결; 대법원 2015. 2. 12. 2013두987(파기환송) 판결]; 한전 발주 전력선 구매입찰참가 35개 전선제조사 등의 부당공동행위 건[공정거래위원회 2012. 5. 4. 의결 제2012－072호: 서울고등법원 2013. 2. 7. 선고 2012누16529, 2013. 8. 28. 선고 2012누30952 판결; 대법원 2015. 1. 19. 2014두1819, 2015. 2. 12. 선고 2013두6169, 2015. 5. 28. 선고 2012두13252(파기환송) 판결]; 한국항공우주산업(주)의 부당한 거래거절행위 건[공정거래위원회 2011. 10. 12. 의결 제2011.177호; 대법원 2012. 1. 12. 선고 2012두25378(파기환송) 판결]; 아파트 할인분양 관련 헌법소원 건(헌법재판소 2012. 12. 27. 2011헌마280 결정); 아파트 임대차 관련 헌법소원 건(헌법재판소 2015. 12. 23. 선고 2014헌마1141 결정); 한국유리공업(주)에 대한 조사협조자 지위 불인정 건[서울고등법원 2010. 1. 27. 선고 2009누22470 판결; 대법원 2012. 9. 27. 선고 2010두3541(파기환송) 판결; 서울고등법원 2013. 6. 13. 선고 2012누30723(파기환송심) 판결; 대법원 2015. 9. 10. 선고 2013두13815 판결]; 4대강

살리기사업 1차 턴키공사 관련 건설업자들의 부당공동행위 건(공정거래위원회 2012. 8. 31. 의결 제2012.199호; 서울고등법원 2014. 6. 13. 선고 2012누28874 판결; 대법원 2014. 10. 30. 선고 2014두10103 판결); 26개 항공화물운송사업자 부당공동행위 건(공정거래위원회 2010. 6. 18. 의결 제2010-061호; 서울고등법원 2012. 2. 2. 선고 2010누45868, 2012. 5. 16. 선고 2010누45851 판결; 대법원 2014. 12. 24. 선고 2012두6216, 2012두13412 판결); 16개 생명보험사의 부당공동행위 건(한화생명)(공정거래위원회 2011. 12. 15. 의결 제2011.284호; 서울고등법원 2012. 6. 14. 선고 2012누2483 판결; 대법원 2014. 7. 24. 선고 2013두16951 판결); 구의·자양취수장 2.3공구 관련 17개 사업자 부당공동행위 건(혜영건설)(공정거래위원회 2012. 2. 9. 의결 제2012-019호; 대법원 2013. 6. 13. 선고 2012두26449 판결); 고양바이오매스 에너지시설 설치사업공사 입찰 관련 부당공동행위 감면신청 건(코오롱 글로벌)(공정거래위원회 2015. 3. 6. 의결 제2015-062호; 서울고등법원 2015. 12. 3. 선고 2015누39370 판결); 2개 판유리제조·판매사업자의 부당공동행위 건(한국유리공업 등)[공정거래위원회 2013. 9. 17. 의결 제2013-161호; 서울고등법원 2015. 11. 19. 선고 2013누29492 판결; 대법원 2016. 3. 24. 선고 2015두59464(심리불속행 기각) 판결]; 한전 전력선 구매입찰 참가 35개 전선제조사 등의 부당공동행위 건(공정거래위원회 2015. 8. 7. 의결 제2015-296호; 서울고등법원 2013. 2. 7. 선고 2012누16529 판결; 대법원 2015. 2. 12. 선고 2013두6169 판결); 영월 강변저류지 조성공사(한강살리기 17공구) 입찰 관련 3개 사업자의 부당공동행위 건(한라 등)[공정거래위원회 2014. 12. 15. 의결 제2014-292호; 서울고등법원 2016. 1. 13. 선고 2015누433 판결; 대법원 2016. 5. 26. 선고 2016두34516(심리불속행 기각) 판결]; 호남고속철도 제1.2공구 노반시설 기타공사 입찰 관련 13개 건설업자의 부당공동행위 건(경남기업 등)[공정거래위원회 2014. 9. 15. 의결 제2014-192; 서울고등법원 2016. 11. 9. 선고 2015누33600 판결; 대법원 2017. 3. 16. 선고 2016두62412(심리불속행 기각) 판결]; 청주하수처리장 여과시설 설치 및 소각로 증설공사 입찰 관련 부당공동행위 건(태영건설)(공정거래위원회 2015. 12. 2. 의결 제2015-043호; 서울고등법원 2016. 6. 3. 선고 2015누45191 판결); 한양의 불공정거래행위 건 관련 과징금 납부기한 연장 및 분할납부 변경처분 건[공정거래위원회 2014. 7. 24. 의결 제2014-161호; 서울고등법원 2016. 5. 27. 선고 2014누67705 판결; 대법원 2016. 10. 27. 선고 2016두45462(심리불속행 기각) 판결]; 소프트온넷의 거래거절행위 등 건(서울고등법원 2016. 1. 27. 선고 2015누42611 판결); 선경이앤씨의 하도급법 위반행위 건(공정거래위원회 2016. 3. 14. 2016-073호; 서울고등법원 2016. 4. 22. 선고 2015누70913 판결); 9개 렉서스자동차 딜러 부당공동행위 건(공정거래위원회 2017. 6. 22. 의결 제2017-207호 대법원 2012. 4. 26. 선고 2010두11757 판결; 서울고등법원 2015.

5. 7. 선고 2012누11241 판결; 대법원 2017. 1. 12. 선고 2015두2352 판결); **5개 음료 제조·판매 사업자의 부당공동행위 건**(해태음료, 웅진식품 및 롯데칠성음료 등)[공정거래위원회 2015. 1. 15. 의결 제2015-011호; 서울고등법원 2016. 11. 23. 선고 2013누8020, 2013누8037 판결, 2017. 2. 15. 선고 2013누11910 판결; 대법원 2017. 3. 30. 선고 2016두1226, 2016두1202(심리불속행 기각), 2017. 6. 9. 선고 2017두190(심리불속행 기각) 판결]; **고양삼송 수질복원센터 시설공사 입찰 관련 2개 사업자의 부당공동행위 건**(태영건설 등)(공정거래위원회 2014. 9. 11. 의결 제2014-186호; 서울고등법원 2016. 1. 28. 선고 2014누65891 판결; 대법원 2017. 1. 12. 선고 2016두35199 판결); **민방위 재난재해 경보시스템 구매입찰 관련 2개 사업자의 부당공동행위 건**(에이엔디엔지니어링 등)(공정거래위원회 2016. 12. 12. 의결 제2016-343호; 서울고등법원 2017. 8. 17. 선고 2017누32236 판결); **한국가스공사 발주 강관 구매입찰 관련 6개 사업자의 부당공동행위 건**[(주)세아제강][공정거래위원회 2017. 12. 21. 의결 제2017-373호; 서울고등법원 2018. 10. 25. 선고 2018누34963 판결; 대법원 2019. 3. 14. 선고 2018두63594(심리불속행 기각) 판결]; **원주~강릉 철도건설 노반신설 기타공사 4개 공구 입찰 관련 4개 사업자의 부당공동행위 건**[두산중공업(주)][공정거래위원회 2017. 6. 23. 의결 제2017-208호; 서울고등법원 2018. 5. 30. 선고 2017누62374 판결; 대법원 2018. 10. 25. 선고 2018두50314(심리불속행 기각) 판결]; **7개 시멘트 제조사의 부당공동행위 건 관련 성신양회(주)에 대한 과징금 재부과 건**[공정거래위원회 2016. 3. 3. 의결 제2016-068호; 서울고등법원 2017. 10. 25. 선고 2017누48415 판결; 대법원 2018. 3. 15. 선고 2017두71994(심리불속행 기각) 판결]; **호남고속철도 건설공사 입찰참가 28개 사업자의 부당공동행위 건**(공정거래위원회 2016. 2. 26. 의결 제2016-055호; 서울고등법원 2016. 6. 30. 선고 2014누7505 판결; 대법원 2018. 11. 15. 선고 2016두48737 판결); **국립환경과학원 등 12개 공공기관 발주 대기오염 측정장비 구매 입찰 관련 5개 사업자의 부당공동행위 건**[공정거래위원회 2019. 3. 6. 의결 제2019-056호; 서울고등법원 2020. 9. 10. 선고 2020누40354 판결; 대법원 2021. 1. 14. 선고 2020두50517(심리불속행 기각) 판결].

Ⅰ. 의 의

독점규제법에 의한 공정거래위원회의 처분에 대하여 불복의 소를 제기하고자 할 때에는 처분의 통지를 받은 날 또는 이의신청에 대한 재결서의 정본을 송달받은 날부터 30일이내에 이를 제기하여야 한다(법 제99조 제1항). 이 기간은 불변기간으로 한다(법 제99조 제 2 항). 즉 종래에는 이의신청을 반드시 거치도록 하였으나(행정심판 전치주의), 현행법상으로는 이의신청절차를 거칠 수도 있고, 거치지 아니하고 바로 행정소송을 제기할 수도 있다.

행정소송의 종류로는 항고소송 · 당사자소송 · 민중소송 · 기관소송[1]의 4가지가 있고 항고소송에는 다시 취소소송 · 무효 등 확인소송 · 부작위위법확인소송의 3가지가 있는데 독점규제법 제99조의 소는 공정거래위원회의 처분을 취소 또는 변경하는 소송으로서 취소소송[2]에 해당한다. 행정처분의 직접 상대방이 아닌 제 3 자라도 그 처분의 근거법률에 의하여 직접 보호되는 구체적인 이익이 있는 경우에는 그 처분의 취소 등을 구할 원고적격이 있으나, 간접적이거나 사실상의 경제적 이해관계를 가지는 데 불과한 경우에는 원고적격이 없다.[3]

Ⅱ. 내　　용

1. 처　　분

1) 의　　의

항고소송의 대상이 되는 행정처분이라 함은 행정청의 공법상의 행위로서 특정사항에 대하여 법규에 의한 권리의 설정 또는 의무의 부담을 명하거나 기타 법률상 효과를 발생하게 하는 등 국민의 권리의무에 직접 관계가 있는 행위를 가리킨다.[4] 행정청이 국민으로부터 어떠한 신청을 받고서 그 형식적 요건의 불

1) 1. 항고소송: 행정청의 처분등이나 부작위에 대하여 제기하는 소송, 2. 당사자소송: 행정청의 처분등을 원인으로 하는 법률관계에 관한 소송 그 밖에 공법상의 법률관계에 관한 소송으로서 그 법률관계의 한쪽 당사자를 피고로 하는 소송, 3. 민중소송: 국가 또는 공공단체의 기관이 법률에 위반되는 행위를 한 때에 직접 자기의 법률상 이익과 관계없이 그 시정을 구하기 위하여 제기하는 소송, 4. 기관소송: 국가 또는 공공단체의 기관상호간에 있어서의 권한의 존부 또는 그 행사에 관한 다툼이 있을 때에 이에 대하여 제기하는 소송. 다만, 헌법재판소법 제 2 조의 규정에 의하여 헌법재판소의 관장사항으로 되는 소송은 제외한다(「행정소송법」 제 3 조).

2) 행정청의 위법한 처분등을 취소 또는 변경하는 소송(「행정소송법」 제 4 조 제 1 호).

3) 대판 1999. 12. 7. 97누12556, 1995. 9. 26. 94누14544 참조; 대판 2000. 10. 27. 99두11622; 서고판 2006. 5. 24. 2004누4859(대판 2008. 2. 14. 2006두11804).

4) 대판 1996. 3. 22. 96누433 참조; 서고판 2001. 8. 23. 2001누3732; 서고판 2002. 12. 3. 2002누433; "처분등"이라 함은 행정청이 행하는 구체적 사실에 관한 법집행으로서의 공권력의 행사 또는 그 거부와 그 밖에 이에 준하는 행정작용 및 행정심판에 대한 재결을 말한다(「행정소송법」 제 2 조 제 1 호).

비를 이유로 이를 각하하거나 또는 이유가 없다하여 신청된 내용의 행위를 하지 않을 뜻을 표시하는 거부처분에 대하여서도 그 취소를 구하는 항고소송을 제기할 수 있지만, 위 거부행위가 항고소송의 대상이 된다고 하기 위하여서는 국민이 행정청에 대하여 그 신청에 따른 행정행위를 하여줄 것을 요구할 수 있는 법규상 또는 조리상의 권리가 있어야 하는 것이며, 이러한 근거없이 한 국민의 신청을 행정청이 받아들이지 아니하는 경우에는 이를 행정처분이라 할 수 없다.[5)]

행정소송법상 처분의 개념과 관련하여 현재 학계의 다수설은 행정행위[6)]에 한정되지 아니하고, 그 외에도 권력적 사실행위도 포함되며, 또한 공권력행사의 실체는 가지지 아니하나, 실질적으로 국민에게 계속적으로 사실상의 지배력을 미치는 행정작용에 대하여도 일정한도에서 그 처분성을 인정하며,[7)] 대법원 역시 같은 입장이다.[8)]

2) 항고소송대상 행정처분

공정거래위원회의 시정명령이나 과징금납부명령이 항고소송의 대상이 되는 행정처분에 해당한다.[9)] 그러나 행정처분이 취소되면 그 처분은 효력을 상실하므로 이를 대상으로 한 취소소송은 소의 이익이 없다.[10)] 자진신고 지위 확인 및 취소도 권리의무에 직접적인 영향을 미친다고 할 것이므로 항고소송의 대상이 되는 행정처분에 해당한다.[11)]

---

5) 대판 1984. 10. 23. 84누227 참조; 서고판 1988. 3. 7. 87구272; 대판 1989. 5. 9. 88누4515; 헌재결 2007. 12. 27. 2005헌마1259.

6) 행정청이 법 아래서 구체적 사실에 관한 법집행으로서 행하는 권력적 단독행위로서 국민에 대하여 직접적인 법적 효과를 발생하는 건을 말한다.

7) 공정거래위원회, "위원회 경고조치의 처분성 관련 검토", 송무담당관실(2011. 2).

8) 대판 2007. 6. 14. 2005두4397: "행정청의 어떤 행위를 행정처분으로 볼 것이냐의 문제는 추상적, 일반적으로 결정할 수 없고, 구체적인 경우 행정처분은 행정청이 공권력의 주체로서 행하는 구체적 사실에 관한 법집행으로서 국민의 권리의무에 직접적으로 영향을 미치는 행위라는 점을 염두에 두고, 관련 법령의 내용 및 취지와 그 행위가 주체·내용·형식·절차 등에 있어서 어느 정도로 행정처분으로서의 성립 내지 효력요건을 충족하고 있는지 여부, 그 행위와 상대방 등 이해관계인이 입는 불이익과의 실질적 견련성, 그리고 법치행정의 원리와 당해 행위에 관련한 행정청 및 이해관계인의 태도 등을 참작하여 개별적으로 결정하여야 할 것이다".

9) 기타 이행강제금부과처분, 행정조사결정 등과 같은 하명(下命)과 기업결합금지의 예외인정, 상호출자제한 등 기업집단의 지정, 계열회사의 편입 및 지정 등과 같은 확인(確認)은 직접적인 법률효과를 발생하는 최협의의 행정행위로서 처분에 해당한다. 그리고 기업결합신고의 수리거부, 위반행위의 시정권고 및 경고, 그리고 기업결합제한의 위반여부의 심사통보 등은 직접적인 법률효과를 수반하지 않더라도 그것만으로 상대방의 권리관계에 중대한 영향을 미친다는 점에서 처분성이 인정될 수 있다. 이상 박정훈, 공정거래와 법치(2004), 1039면.

10) 서고판 2016. 4. 22. 2015누70913.

11) 서고판 2012. 1. 19. 2011누17891. 2015. 1월 공정거래위원회는 「자진신고자 감면고시」를 개정

대법원도 감면불인정 통지행위의 행정처분성을 인정하였다. 즉 서울고등법원이 공정거래위원회가 원고 제출의 감면신청서에 '접수순위 1위'라고 기재하여 교부한 행위는 제일 먼저 감면신청서를 제출하였다는 사실을 확인하여 준 것에 불과하고, 1순위 조사협조자 지위를 취득하였다고 볼 수 없고, 향후 공정거래위원회의 종국적인 처분을 준비하는 과정에서 행한 중간적·잠정적·가변적인 것으로서 그 자체가 원고에게 어떠한 권리나 의무를 설정하거나 그들의 법률상 이익에 직접적인 변동을 초래한다고 볼 수 없다고 판시한 데 대하여[12] 감면불인정 통지가 이루어진 단계에서 신청인으로 하여금 그 적법성을 다투어 법적 불안을 해소한 다음 조사협조행위에 나가도록 함으로써 장차 있을지도 모르는 위험에서 벗어날 수 있도록 하는 것이 법치행정의 원리에도 부합하므로, 감면불인정 통지는 항고소송의 대상이 되는 행정처분에 해당한다고 보았다.[13]

감면불인정통지와 시정조치 및 과징금납부명령은 동일한 행정목적을 달성하거나 서로 결합하여 한 개의 법률효과를 발생시키기 위하여 단계적인 일련의 절차로 연속하여 행하여지는 경우에 해당하므로, 1순위 조사협조자 지위 불인정 통지에 불가쟁력이 생겼다 하더라도 후행처분인 취소소송에서 선행처분인 조사협조자 지위 불인정통지의 위법을 들어 취소를 구할 수 있다(〈구의·자양취수장 2.3공구 관련 17개 사업자 부당공동행위 건(혜영건설)〉).[14]

그러나 감면불인정 의결에 대해서는 처분성을 인정하지 않았다.[15] 즉 〈영월 강변저류지 조성공사(한강살리기 17공구) 입찰 관련 3개 사업자의 부당공동행위 건(한라 등)〉 관련 행정소송에서 법원은 "감면불인정 의결은 원고의 감면신청에 대하여 피고의 사무처장이 이미 한 감면불인정 통지를 재확인하는 내부의결에 불과하다 할 것이고, 이로 말미암아 원고나 다른 사람의 법률상 지위나 구체적인 권리·의무에 직접적인 변동을 초래한다고 볼 수 없으므로 항고소송의 대

하여 사무처장의 잠정적인 지위확인제도를 폐지하였다. 종래 사무처장에 의한 지위확인제도를 운영하였으나, 지위확인 이후 조사 협조가 순조롭게 이루어지지 않는 상황이 발생하고, 또한, 자진신고 지위확인 불인정 통지도 행정처분에 해당하여 소송의 대상이 된다는 대법원 판결(판유리 담합 사건)에 따라 향후 관련 소송으로 인한 사건처리 지연의 우려가 있어 공정거래위원회 의결 전에 이루어지던 사무처장의 잠정적인 자진신고 지위 확인 절차를 폐지하고 사무처는 감면신청자의 제출 자료와 협조상황 등 제반상황을 위원회에 보고하고, 위원회에서 자진신고 지위를 결정하도록 하였다.

12) 서고판 2010. 1. 27. 2009누22470.
13) 대판 2012. 9. 27. 2012두11546.
14) 대판 2013. 6. 13. 2012두26449.
15) 사무처장의 잠정적 자진신고 지위 확인 제도 하에서의 판단이라고 생각된다.

상이 되는 행정처분에 해당하지 않는다"고 판단하였다.16) 〈고양바이오매스 에너지시설 설치사업공사 입찰 관련 코오롱 글로벌의 부당공동행위 감면신청 건〉 관련 행정소송에서 서울고등법원도 감면기각결정에 대하여 그 취소를 구하는 것은 소의 이익이 없다고 하였다.17)

한편 과징금 등 처분과 감면기각처분은 그 근거규정, 요건과 절차가 구별되는 독립적인 별개의 처분으로, 처분의 상대방은 각각의 처분에 대하여 함께 또는 별도로 불복할 수 있다(〈고양삼송 수질복원센터 시설공사 입찰 관련 2개 사업자의 부당공동행위 건(태영건설 등)〉).18) 선행시정명령을 전제로 한 감면처분의 존재를 후행처분의 전제 또는 가중사유(예를 들어 반복위반자)로 정하고 있으므로 그 감면처분의 취소를 구할 법률상 이익이 있다(〈민방위 재난재해 경보시스템 구매입찰 관련 2개 사업자의 부당공동행위 건(에이엔디엔지니어링 등)〉).19)

한편 선행처분(감면불인정 통지)에 대하여는 직접 다투지 아니하고 그 이후의 후행처분(시정명령 및 과징금납부명령)에 대한 행정소송 과정에서 위 선행처분의 효력을 다툴 수 있는지 여부에 관하여 대법원은 "부당한 공동행위에 관한 종국의결인 위 시정명령 및 과징금 부과처분의 위법 여부를 다투어야 하고, 더 이상 이 사건 감면불인정 통지의 취소를 구할 소의 이익이 없게 되었다"고 판시하였다.20) 또한 공정거래위원회는 부당한 공동행위를 하였다는 이유로 과징금납부명령('선행처분')을 하였다가, 2순위 조사협조자라는 이유로 당초 과징금을 50% 감액하는 처분('후행처분')을 하였는바 대법원은 후행처분이 자진신고에 의한 감면까지 포함하여 처분 상대방인 원고가 실제 납부하여야 할 최종과징금을 결정하는 종국적 처분으로 항고소송의 대상이 되며 선행처분은 종국적 처분을 예정하고 있는 중간적 처분에 불과하여 후행처분에 흡수되어 소멸한바, 선행처분의 취소를 구하는 부분은 이미 효력을 잃은 처분의 취소를 구하는 것으로서 부적법하다고 판시하였다.21)

그러나 공정거래위원회의 고발조치는 사직당국에 대하여 형벌권행사를 요

16) 서고판 2016. 1. 13. 2015누433(대판 2016. 5. 26. 2016두34516).
17) 서고판 2015. 12. 3. 2015누39370.
18) 대판 2017. 1. 12. 2016두35199.
19) 서고판 2017. 8. 17. 2017누32236.
20) 대판 2015. 9. 10. 2013두13815; 대판 2015. 5. 28. 2012두13252.
21) 대판 2015. 2. 12. 2013두987; 대판 2015. 2. 12. 2013두6169; 서고판 2018. 5. 30. 2017누62374(대판 2018. 10. 25. 2018두50314); 서고판 2018. 10. 25. 2018누34963(대판 2019. 3. 14. 2018두63594).

구하는 행정기관 상호간의 행위에 불과하여 항고소송의 대상이 되는 행정처분이라 할 수 없고, 공정거래위원회의 고발의견은 행정청 내부의 의사결정에 불과할 뿐 최종적인 처분이 아니므로 이 역시 항고소송의 대상이 되는 행정처분이 되지 못하며,[22] 공정거래위원회가 독점규제법 제121조 제3항에 의거하여 서울특별시 교육청(교육장)에 대하여 한 입찰자격제한조치요청은 항고소송의 대상이 되는 행정처분이 아니며,[23] 공정거래위원회가 신고 내용에 따른 조치를 취하지 아니하고 이를 거부하는 취지로 무혐의 또는 각하 처리한다는 내용의 회시를 하였다 하더라도 이는 그 신고인의 권리의무에 아무런 영향을 미치지 아니하는 것이어서 그러한 조치를 가리켜 항고소송의 대상이 되는 행정처분에 해당한다고는 할 수 없다.[24] 그리고 신고인에 대하여 법적용대상이 아니라는 내용의 통지를 하였다고 하여 원고의 법률상의 이익에 개별적이고 구체적인 영향을 미치거나 권리의무에 직접적인 침해나 변동을 초래하는 것은 아니라 할 것이어서[25] 항고소송의 대상이 되는 행정처분에 해당하지 아니한다.[26]

경고에 대하여 종래 서울고등법원은 독점규제법에 정하여진 공정거래위원회의 처분의 종류에 해당하지 아니하고, 그로 인하여 법률상 지위에 직접적인 법률적 변동을 초래하는 것도 아니므로 경고는 행정소송의 대상이 되는 처분이라고 할 수 없다는 입장이었다.[27] 대법원도 경고조치의 처분성 여부에 대한 명시적 판단을 한 적이 없고 다만, 손해배상 소송에서 위원회 경고조치가 확정되었다고 하여 곧바로 사업자 등의 행위의 위법성이 인정되는 것은 아니라는 취지의 판결을 내린 바 있다.[28]

22) 대판 1995. 5. 12. 94누13794; 서고판 2006. 5. 24. 2004누4859(대판 2008. 2. 14. 2006두11804). 이에 대한 반대의견, 박정훈, 공정거래와 법치(2004), 1039~1040면 참조.

23) 대판 2000. 2. 11. 98두5941.

24) 대판 2000. 4. 11. 98두5682; 대판 2000. 4. 11. 99두4228.

25) 대판 1989. 5. 9. 88누4515.

26) 서고판 2000. 1. 20. 99누1535(대판 2000. 5. 29. 2000두1188); 서고판 2016. 1. 27. 2015누42611.

27) 서고판 2001. 8. 23. 2001누3732; 서고판 2002. 12. 3. 2002누433; 서고판 2006. 10. 12. 2005누27668.

28) 대판 1999. 12. 10. 98다46587[손해배상(기)]: "경고조치는 독점규제법에 규정되어 있지 아니한 것으로서 이를 독점규제법 제24조 소정의 '기타 사정을 위한 필요한 조치'에 해당한다고 보기 어려울 뿐만 아니라, 설령 그에 해당한다고 보더라도, 공정거래위원회의 시정조치가 확장되었다고 하여 곧바로 사업자 등의 행위의 위법성이 인정되는 것은 아니고, 그 시정조치에 있어서 공정거래위원회의 인정 사실 및 판단은 그 시정조치에서 지적된 불공정거래행위에 의하여 입은 손해를 배상받고자 제기한 민사소송에서 법원을 구속하지 못하는 것이다(대판 1990. 4. 10. 89다카29075 참고)".

그러나 대법원은 표시광고법 위반사건에서 위원회 경고조치의 처분성을 인정하였다.[29] 이는 위원회 경고조치에 대한 처분성을 인정한 최초의 대법원 판례이다. 그리고 관련 헌법소원 사건에서 헌법재판소도 경고를 행정소송의 대상으로 판시한 바 있다.[30]

한편 〈4대강 살리기사업 1차 턴키공사 관련 건설업자들의 부당공동행위 건〉 관련 경고처분 취소소송에서 서울고등법원은 "항고소송의 대상이 되는 행정처분이란 원칙적으로 행정청의 공법상 행위로서 특정사항에 대하여 법규에 의한 권리 설정 또는 의무 부담을 명하거나 기타 법률상 효과를 발생하게 하는 등으로 일반 국민의 권리의무에 직접 영향을 미치는 행위를 가리키는 것이지만, 어떠한 처분의 근거가 행정규칙에 규정되어 있다고 하더라도, 그 처분이 상대방에게 권리 설정 또는 의무 부담을 명하거나 기타 법적인 효과를 발생하게 하는 등으로 상대방의 권리의무에 직접 영향을 미치는 행위라면, 이 경우에도 항고소송의 대상이 되는 행정처분에 해당한다고 보아야 하는 점(대법원 2012. 9. 27. 선고 2010두3541 판결 등 참조), 이 사건 고시의 각 규정을 검토해 보면 이 사건 경고는 당해 행위의 위법을 확인하되 구체적 조치까지는 명하지 않는 것으로 사업자가 장래 다시 법위반행위를 할 경우 과징금 부과 여부나 그 정도에 영향을 주는 고려사항이 되어 사업자의 자유와 권리를 제한하는 점(벌점의 유효기간도 3년이다) 등을 고려해 보면, 이 사건 경고는 항고소송의 대상이 되는 행정처분에 해당한다고 봄이 상당하다(헌법재판소 2012. 6. 27. 선고 2010헌마508 결정, 대법원 2013. 12. 26. 선고 2011두4930 판결 등 참조)"고 판시하였다.[31] 대법원도 이를 인용하였다.[32]

회생인가계획이 있는 경우 회생채권표에 기재된 부분과 기재되지 아니한 부분 모두 과징금 취소를 구할 소의 이익이 있다(〈호남고속철도 제1.2공구 노반시설 기타공사 입찰 관련 13개 건설업자의 부당공동행위 건(경남기업 등)〉).[33] 그리고 선납한 과징금 납부명령에 대하여도, 정산이나 부당이득 등이 문제될 수 있으므

29) 대판 2013. 12. 26. 2011두4930: "구 표시·광고 공정화에 관한 법률 위반을 이유로 한 공정거래위원회의 경고의결은 당해 표시·광고의 위법을 확인하되 구체적인 조치까지는 명하지 아니하는 것으로 사업자가 장래 다시 표시광고법 위반행위를 할 경우 과징금 부과여부나 그 정도에 영향을 주는 고려사항이 되어 사업자의 지위와 권리를 제한하는 행정처분에 해당한다."

30) 헌재결 2012. 6. 27. 2011헌마508.

31) 서고판 2014. 6. 13. 2012누28874.

32) 대판 2014. 10. 30. 2014두10103.

33) 서고판 2016. 11. 9. 2015누33600(대판 2017. 3. 16. 2016두62412).

로 이 부분에 관하여 소의 이익이 있다(〈호남고속철도 제1.2공구 노반시설 기타공사 입찰 관련 13개 건설업자의 부당공동행위 건(경남기업 등)〉).[34]

그러나 선행처분인 직권취소 의결의 하자를 이유로 후행처분인 재의결 처분 의결의 효력을 다툴 수는 있다(〈7개 시멘트 제조사의 부당공동행위 건 관련 성신양회(주)에 대한 과징금 재부과 건〉).[35]

재결의 경우 당해 처분에 대한 재결 자체에 고유한 주체, 절차, 형식 또는 내용상의 위법이 있는 경우에 한하여 그 재결을 대상으로 할 수 있다고 해석된다.[36] 한편 통지가 거부처분에 해당한다 할지라도 국민의 적극적 행정행위의 신청에 대하여 행정청이 그 신청에 따른 행정행위를 하지 않겠다고 거부한 행위가 항고소송의 대상이 되는 거부처분에 해당하려면 그 국민에게 신청에 따른 행정행위를 하여 달라고 요구할 수 있는 법규상 또는 조리상의 신청권이 있어야 한다.[37]

그리고 현행 행정소송법상 행정청의 부작위에 대하여 작위의무의 이행이나 확인을 구하는 행정소송은 허용될 수 없으므로 공정거래위원회를 상대로 시정명령 의무이행의 발동 내지 확인을 구하는 소는 부적법하다.[38]

한편 과징금납부명령의 취소를 구하는 청구에 관하여 전부 승소하였음에도 불구하고, 그 판결 이유의 부당함을 내세워 상고를 제기하는 것이 허용되는지에 대하여 대법원은 "과징금납부명령이 항고고송의 대상이 되는 행정처분은 될 수 있으나, 상소는 자기에게 불이익한 재판에 대하여 자기에게 유리하도록 그 취소·변경을 구하는 것이므로 전부 승소한 원심판결에 대한 불복상고는 상고를 제기할 이익이 없어 허용될 수 없다 할 것이고(대판 1994. 1. 11. 93누8108, 대판 2000. 9. 8. 98두5903 등 참조) 한편, 재판이 상소인에게 불이익한지 여부는 원칙적으로 재판의 주문을 표준으로 판단하여야 하며, 상소인의 주장이 받아들여져 승소하였다면 그 판결 이유에 불만이 있더라도 상소의 이익이 없다 할 것이므로(대판 1987.

34) 서고판 2016. 11. 9. 2015누33600(대판 2017. 3. 16. 2016두62412).

35) 서고판 2017. 10. 25. 2017누48415(대판 2018. 3. 15. 2017두71994).

36) 대판 1993. 8. 24 93누5673; 서고판 1994. 5. 13. 93구26538; 서고판 2016. 6. 3. 2015누45191; 서고판 2016. 5. 27. 2014누67705(대판 2016. 10. 27. 2016두45462).

37) 서고판 2000. 1. 20. 99누1535(대판 2000. 5. 29. 2000두1188).

38) 서행판 2005. 11. 4. 2005구합19665: 프로야구 한화 소속 김기연에 대한 입단방해행위 등을 방치하고 있는 한국야구위원회의 행위가 독점규제법에 위반되므로 공정거래위원회가 시정명령을 해야 한다고 소를 제기한 사건이다; 서행판 2007. 6. 26. 2007구합3695. 한국야구위원회로 하여금 김기연의 자유계약선수로서의 신분을 원상회복하게 한 다음 다른 구단과 입단계약을 체결할 수 있도록 시정명령을 요청한 건이다.

4. 14. 86누233, 대판 2005. 10. 13. 2004다13762 등 참조). 원심에서 과징금납부명령의 취소를 구하는 청구에 관하여 전부 승소하였음에도 불구하고, 그 판결 이유의 부당함을 내세워 이에 대한 상고를 제기하는 것은 상고의 이익이 없는 부적법한 것으로서 각하를 면할 수 없다"고 판시함으로써 이를 인정하지 않았다.[39)]

마찬가지로 대법원은 과징금 감액처분은 처음의 납부명령과 별개 독립의 과징금납부명령이 아니라 그 실질은 당초 납부명령의 변경이므로, 항고소송의 대상은 처음의 납부명령 중 감액처분에 의해 취소되지 않고 남은 부분이고 감액처분이 항고소송의 대상이 되는 것이 아니라고 판시하였다.[40)] 한편 항고소송에 있어서 당해 행정처분의 적법성에 대한 증명책임은 원칙적으로 그 행정처분의 적법성을 주장하는 처분청에 있지만, 행정청이 주장하는 당해 행정처분의 적법성에 관하여 합리적으로 수긍할 수 있는 정도로 증명된 경우에는 그와 상반되는 예외적인 사정에 대한 주장과 증명은 상대방이 증명할 책임을 진다고 봄이 타당하다.[41)]

한편 사실심 변론종결 이후 상고심에 이르러 이루어진 감액처분을 이유로 원심판결의 당부에는 영향이 없다는 것이 대법원의 입장이다(〈9개 렉서스자동차 딜러 담합 건〉).[42)]

3) 헌법소원의 대상

헌법재판소에 의하면 헌법소원의 경우에는 행정소송의 경우와 조금 다르게 보는 경우가 있다. 신고에 대하여 무혐의 처리를 함으로써 위원회가 시정권고 등 필요한 처분을 하지 아니한 부작위는 헌법상 보장된 행복추구권(제10조), 직업선택의 자유(제14조), 거주이전의 자유(제15조)를 침해한 것이라는 위헌 확인소송에서 헌법재판소는 기본적으로 "행정권력의 부작위에 대한 헌법소원은 공권력의 주체에게 헌법에서 유래하는 작위의무가 특별히 구체적으로 규정되어 있고 이에 의거하여 기본권의 주체가 행정청에 대하여 그 행정행위를 청구할 수 있어 이를 청구하였음에도 불구하고 공권력의 주체가 그 의무를 해태한 경우에만 허용된다는 것이 우리 헌법재판소의 판례이다"라는 입장이다.[43)]

39) 대판 2009. 3. 26. 2008두21058.

40) 대판 2012. 5. 10. 2012두2030.

41) 대판 2012. 6. 18. 2010두27639, 27646 등.

42) 대판 2017. 1. 12. 2015두2352.

43) 헌재결 1997. 5. 27. 94헌마98; 헌재결 1996. 6. 13. 94헌마118, 95헌바39(병합) 참조; 헌재결 1991. 9. 16. 89헌마163: "따라서 의무위반의 부작위 때문에 피해를 입었다는 단순한 일반적인

그러나 “불공정거래혐의에 대한 공정거래위원회의 무혐의 조치는 혐의가 인정될 경우에 행하여지는 중지명령 등 시정조치에 대응되는 조치로서 공정거래위원회의 공권력 행사의 한 태양에 속하여 「헌법재판소법」 제68조 제 1 항 소정의 ‘공권력의 행사’에 해당하고, 따라서 공정거래위원회의 자의적인 조사 또는 판단에 의하여 결과된 무혐의 조치는 헌법 제11조의 법 앞에서의 평등권을 침해하게 되므로 헌법소원의 대상이 된다”고 판시하였다.[44] 다만 헌법재판소가 공정거래위원회의 무혐의결정을 취소하기 위하여는 공정거래위원회가 현저히 정의와 형평에 반하여 조사를 종결하였다거나 무혐의 결정이 헌법재판소가 관여할 만큼의 자의적인 처분이라고 볼 수 있는 사정이 있어야 한다.[45]

그리고 헌법재판소는 공정거래위원회의 심사불개시결정 역시 공권력의 행사에 해당되며, 자의적일 경우 법위반 행위로 인한 피해자(신고인)의 평등권을 침해할 수 있으므로 헌법소원의 대상이 된다고 본다.[46] 나아가 헌법재판소는 국민신문고에 대한 답변이나 과거 민원 회신도 그 실질적 내용을 고려하여 심사불개시 결정으로 간주하여 헌법소원의 대상이 된다고 보고 있다.[47]

4) 처분사유의 추가

기본적 사실관계가 동일하지 않은 처분사유의 추가는 허용되지 않으므로, 처분청은 당초 처분의 근거로 삼은 사유와 기본적 사실관계가 동일성이 인정되는 한도내에서만 다른 사유를 추가하거나 변경할 수 있다(〈26개 항공화물운송사업자 부당공동행위 건〉).[48] 양자 사이의 기본적 사실관계가 동일하다고 하더라도, 부당공동행위의 시기, 종기, 합의의 내용과 방식, 참가자의 수 등 다수의 관련 사실이 변경되는 경우에는, 단순한 처분사유의 정정에 그치는 것이라고 보기 어렵고, 당사자의 방어권 행사에 실질적인 불이익이 초래될 우려도 있으므로, 이러한 경우에는 처분사유의 추가·변경 없이, 법원이 직권으로 당초의 처분사유에서 상당 부분 변경된 다른 사실을 처분사유로 인정할 수는 없다(〈16개 생명보

주장만으로는 족하지 않다고 할 것으로 기본권의 침해 없이 행정행위의 단순한 부작위의 경우는 헌법소원으로서는 부적법하다”.

44) 헌재결 1989. 4. 17. 88헌마3 참조; 헌재결 2002. 6. 27. 2001헌마381; 헌재결 2003. 3. 27. 2002헌마544; 헌재결 2008. 9. 25. 2006헌마1083.

45) 헌재결 2007. 12. 27. 2005헌마1259; 헌재결 2012. 12. 27. 2011헌마280.

46) 헌재결 2004. 3. 25. 2003헌마404.

47) 헌재결 2015. 12. 23. 2014헌마1141.

48) 대판 2014. 12. 24. 2012두6216, 2012두13412.

험사의 부당공동행위 건(한화생명)〉).[49] 그리고 〈국립환경과학원 등 12개 공공기관 발주 대기오염측정장비 구매 입찰 관련 5개 사업자의 부당공동행위 건〉 관련 행정소송에서도 "13건의 입찰담합 외에 21건을 하나의 공동행위에 해당한다면서 처분사유를 추가하는 것은 처분의 기초가 되는 사회적 사실관계가 기본적인 점에서 동일하다고 볼 수 없어 허용될 수 없다"고 보았다.[50]

그러나 〈5개 음료 제조·판매 사업자의 부당공동행위 건(해태음료, 웅진식품 및 롯데칠성음료 등)〉 관련 행정소송에서 법원은 관련상품시장을 음료시장 전체에서 과실, 탄산, 기타음료시장으로 변경한 것은 기본적 사실관계의 동일성이 인정되므로 적법하다고 판단하였다.[51]

선행처분('당초 정한 과징금납부명령')의 취소를 구하는 소를 제기하였다가 후행처분('당초 정한 과징금 감액')의 취소를 구하는 청구취지를 추가하는 경우, 후행처분의 취소를 구하는 소의 제기기간은 최초의 소가 제기된 때를 기준으로 정할 수 있다(〈한국가스공사 발주 강관 구매입찰 관련 6개 사업자의 부당공동행위 건[(주)세아제강]〉).[52] 그리고 선행처분의 취소를 구하는 소에 후행처분의 취소를 구하는 취지도 포함되어 있다고 볼 수 있다면, 후행처분의 취소를 구하는 소의 제소기간은 선행처분의 취소를 구하는 최초의 소가 제기된 때를 기준으로 정하여야 한다(〈호남고속철도 건설공사 입찰참가 28개 사업자의 부당공동행위 건[에스케이이건설(주)]〉).[53]

2. 기 간

처분의 통지를 받은 날 또는 이의신청에 대한 재결서의 정본을 송달받은 날부터 30일 이내에 이를 제기하여야 하며 이는 불변기간이다.[54]

3. 소송수행

하나의 시정명령에 수 개의 사항이 포함되어 있는 경우에는 그 명령을 받은

49) 대판 2014. 7. 24. 2013두16951.
50) 서소판 2020. 9. 10. 2020누40354(대판 2021. 1. 14. 2020두50517).
51) 서고판 2016. 11. 23. 2013누8037(대판 2017. 3. 30. 2016두1202).
52) 서고판 2018. 10. 25. 2018누34963(대판 2019. 3. 14. 2018두63594).
53) 대판 2018. 11. 15. 2016두48737.
54) 서고판 1999. 7. 15. 99누1061.

자가 행하여야하는 의무가 복수라 하더라도 그 처분은 단수일 뿐이므로 그 시정명령에 대하여 이의를 제기하면서 그 이의사유로 그 내용중 일부만에 대하여 불복한다는 주장을 한 경우에도 불복의 효과는 그 명령 전부에 대하여 미치는 것이고, 따라서 이의신청에 대한 처분에 불복하여 소를 제기한 후 그 명령 중 일부에 대하여는 시정의무가 있음을 자인하고 있다고 하더라도 소제기의 효력은 명령 전부에 대하여 미치는 것으로서 다투지 아니한 부분에 대하여 청구를 기각하는 것은 별론으로 하고 그 명령 중 일부를 분리하여 소를 각하할 수는 없다.[55)]

한편 예를 들어 제45조 제 1 항 제 6 호(거래상지위남용)에 근거한 처분에 대하여 행정소송을 진행하던 중 법 제45조 제 1 항 제 2 호(가격차별)를 예비적으로 위 처분사유로 추가할 수 없다. 즉 대법원은 “불이익제공과 가격차별을 불공정거래행위로 규정한 근거와 입법취지, 요건 및 처분의 내용이 다른 점 등 여러 사정을 합목적적으로 고려하여 보면, 가격차별을 사유로 하는 시정조치와 불이익제공을 사유로 하는 이 사건 시정조치는 별개의 처분이라 할 것이므로, 가격차별의 사유를 이 사건 처분의 적법성의 근거로 삼을 수 없다”고 판시하였다.[56)]

그리고 회생절차개시와 관련하여 대법원은 소송계속 중 당사자에 대하여 회생절차개시결정이 있었음에도 법원이 이를 알지 못한채 그 관리인의 소송수계가 이루어지지 아니한 상태 그대로 소송절차를 진행하여 판결을 선고하였다면, 그 판결은 마치 대리인에 의하여 적법하게 대리되지 아니하였던 경우와 마찬가지의 위법이 있다고 판시하였다.[57)]

한편 〈한국항공우주산업(주)의 부당한 거래거절행위 건〉 관련 행정소송에서 대법원은 보조참가인의 소송수행권능은 피참가인으로부터 유래된 것이 아니라 독립의 권능이라고 할 것이므로 피참가인과는 별도로 보조참가인에 대하여도 기일의 통지, 소송 서류의 송달 등을 행하여야 하며, 보조참가신청을 불허하는 결정이 확정되지 아니하였음에도 피고보조참가인에게 기일통지서를 송달하지 아니함으로써 변론의 기회를 부여하지 아니한 채 선고된 원심판결에는 민사소송법 제75조 제 1 항에 관한 법리를 오해하여 판결에 영향을 미친 잘못이 있다고 파기환송하였다.[58)]

55) 서고판 1997. 12. 3. 97구722(대판 1998. 6. 12. 98두2409).
56) 대판 2005. 12. 8. 2003두5327.
57) 대판 2012. 9. 27. 2012두11546.
58) 대판 2015. 2. 12. 2012두25378.

제100조(불복의 소의 전속관할)

제99조에 따른 불복의 소는 서울고등법원을 전속관할로 한다.

목 차

Ⅰ. 의 의
Ⅱ. 고지처분에 대한 불복의 소

[참고문헌]

논 문: 조성국, “피조사기업의 절차적 권리보장에 관한 주요 쟁점”, 경쟁과 법 제 6 호, 서울대학교 경쟁법센터, 2016. 4; 한도율, “일본 독점금지법상 3심제 도입과정과 시사점”, 경쟁과 법 제 6 호, 서울대학교 경쟁법센터, 2016. 4

[참고사례]

주식회사 대우건설에 대한 과징금 및 가산금납부고지처분 건(서울고등법원 2004. 2. 4. 선고 2003루156 결정; 대법원 2004. 7. 14. 선고 2004무20 결정)

Ⅰ. 의 의

제100조에 따른 불복의 소는 서울고등법원을 전속관할로 한다. 즉 공정거래위원회의 처분에 대한 취소소송은 일반적인 취소소송과는 달리 고등법원-대법원의 2심제를 채택하고 있다. 이는 공정거래위원회의 심결절차가 대심구조에 입각한 준사법적 절차로 되어 있어서 법원의 1심과 같은 역할을 하고 있는 점과 심리의 전문성 향상 및 사건의 신속한 종결을 위한 것으로 이해된다.[1)]

미국에서도 연방거래위원회의 결정에 대한 취소소송은 연방항소법원을 1심으로 하고 있고, 독일에서도 연방카르텔청의 심결에 대해서는 뒤셀도르프 고등법원이 관할하고 있다. 일본의 경우 2015년 공정거래위원회의 심판제도를 폐지하고 3심제로 제도를 변경하였다.[2)]

1) 고결 2004. 2. 4. 2003루156; 조성국, 경쟁과 법(2016. 4), 22면.

2) 한도율, 경쟁과 법(2016. 4), 63면 이하 참조.

Ⅱ. 고지처분에 대한 불복의 소

공정거래위원장이 독점규제법 제104조 제2항 및 국세징수법에 기초한 과징금 등의 납부를 독촉한 고지처분의 취소를 구하는 사건〈주식회사 대우건설에 대한 과징금 및 가산금납부고지처분 건〉에서 서울고등법원은 "독점규제법 제100조, 제99조 제1항에 의한 고등법원의 전속관할의 대상이 되는 '이 법에 의한 공정거래위원회의 처분'이라 함은 공정거래위원회가 회의체로서 한 처분만을 의미하는 것이지 회의체가 아닌 기관 또는 기관장이 한 처분은 이에 포함되지 아니한다 할 것인데, 고지처분은 공정거래위원장이 전체회의 또는 소회의의 의결을 거치지 아니하고, 법률상 근거 없이 단독으로 행한 처분에 불과하여 위 제99조 제1항의 처분에 해당하지 아니하므로 이 사건 고지처분에 대한 불복의 소에 관하여는 일반 행정청의 처분과 같이 공정거래위원회의 소재지를 관할하는 제1심 행정법원의 관할에 속한다"고 하였으나,[3] 대법원은 "고지처분의 성격이 독점규제법 제104조 제2항 및 「국세징수법」에 기초한 과징금 및 가산금의 납부를 독촉한 처분으로서 공정거래위원회에 의한 위 고지처분의 취소를 구하고 있는 이상, 그 청구원인사실은 독점규제법 제100조, 제99조 제1항 소정의 '이 법에 의한 공정거래위원회의 처분'에 해당하여 고등법원의 전속관할에 속한다 할 것이다"라고 판시하였다.[4]

아울러 "고지처분은 체납처분의 전제요건으로서 독촉처분에 불과하다고 보아야 할 것이므로 고지처분은 독점규제법 제104조 제2항 및 「국세기본법」 제25조 제2항을 근거로 내려진 과징금 연대납부의무를 구체적으로 확정시키는 효력을 가지는 과징금 부과처분으로서의 성격을 가지는 것으로 본 것은 잘못이다"라고 판시하였다.[5]

3) 고결 2004. 2. 4. 2003루156.
4) 대결 2004. 7. 14. 2004무20.
5) 대결 2004. 7. 14. 2004무20.

제101조(사건처리절차등)

이 법의 규정에 위반하는 사건의 처리절차등에 관하여 필요한 사항은 공정거래위원회가 정하여 고시한다.

공정거래위원회의 「사건절차규칙」에서는 법원의 재판절차와 유사한 대심절차(심사관-피심인)를 마련하고 피심인의 실질적 방어권을 보장하기 위한 다양한 제도적 장치를 마련하고 있다.

사건처리절차

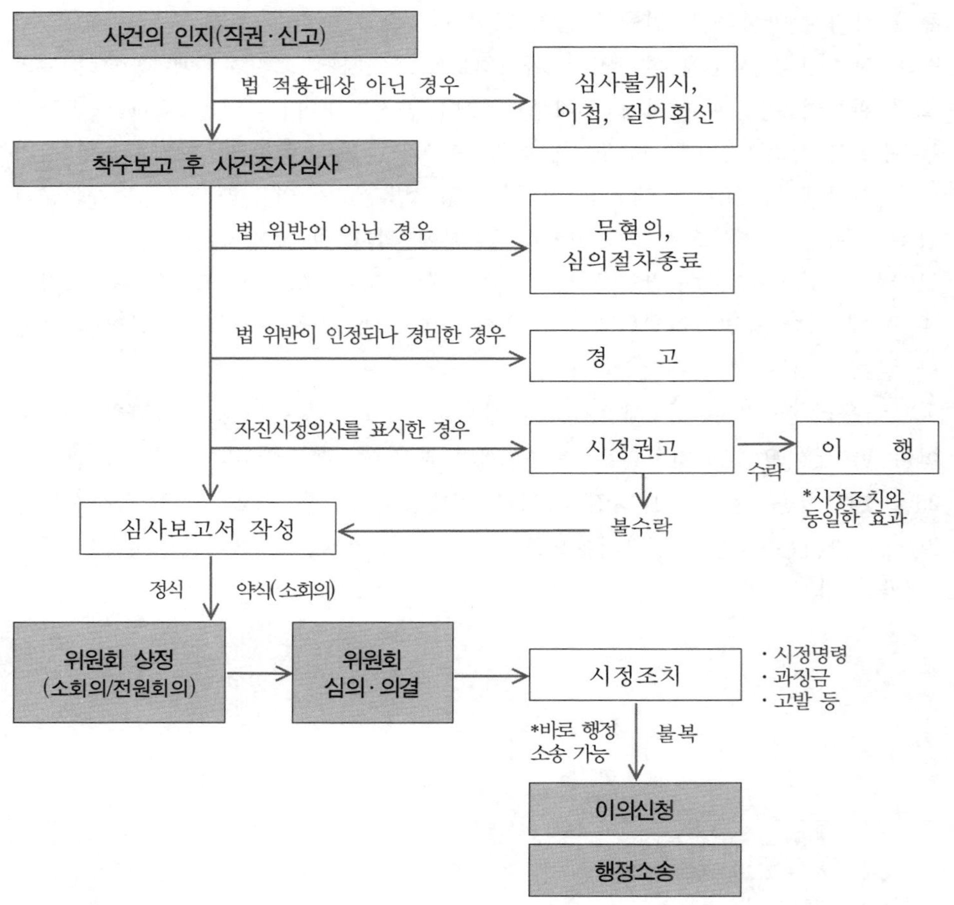

제11장

•

과징금 부과 및 징수등

제102조(과징금 부과)
제103조(과징금 납부기한의 연장 및 분할납부)
제104조(과징금의 연대납부의무)
제105조(과징금 징수 및 체납처분)
제106조(과징금 환급가산금)
제107조(결손처분)

제102조(과징금 부과)

① 공정거래위원회는 제8조, 제38조, 제43조, 제50조 및 제53조에 따라 과징금을 부과하는 경우 다음 각 호의 사항을 고려하여야 한다.

1. 위반행위의 내용 및 정도
2. 위반행위의 기간 및 회수
3. 위반행위로 인해 취득한 이익의 규모 등

② 공정거래위원회는 이 법의 규정을 위반한 회사인 사업자의 합병이 있는 경우에는 당해회사가 행한 위반행위는 합병후 존속하거나 합병에 의해 설립된 회사가 행한 행위로 보아 과징금을 부과·징수할 수 있다.

③ 공정거래위원회는 이 법을 위반한 회사인 사업자가 분할되거나 분할합병되는 경우 분할되는 사업자의 분할일 또는 분할합병일 이전의 위반행위를 다음 각 호의 어느 하나에 해당하는 회사의 행위로 보고 과징금을 부과·징수할 수 있다.

1. 분할되는 회사
2. 분할 또는 분할합병으로 설립되는 새로운 회사
3. 분할되는 회사의 일부가 다른 회사에 합병된 후 그 다른 회사가 존속하는 경우 그 다른 회사

④ 공정거래위원회는 이 법을 위반한 회사인 사업자가 「채무자 회생 및 파산에 관한 법률」 제215조에 따라 신회사를 설립하는 경우에는 기존 회사 또는 신회사 중 어느 하나의 행위로 보고 과징금을 부과·징수할 수 있다.

⑤ 제1항의 규정에 의한 과징금의 부과기준은 대통령령으로 정한다.

목 차

Ⅰ. 의 의
1. 과징금의 개념
2. 법적 성격
Ⅱ. 연 혁
Ⅲ. 내 용
1. 과징금 부과대상
2. 과징금 부과기준
3. 세부기준
4. 회사의 합병·분할과 과징금의 부과·징수
Ⅳ. 관련 이슈
1. 시정조치와의 관계
2. 관련매출액 산정기준 통화
3. 회생채권과 과징금
4. 과징금 중복부과 여부

[참고문헌]

논 문: 박해식, "과징금의 법적 성격", 공정거래법강의Ⅱ(권오승 편), 법문사, 2000; 박해식, "공정거래법상 부당지원행위를 한 자에게 부과하는 과징금의 법적 성격", 경쟁법연구 제8권, 한국경쟁법학회, 2002. 2; 이봉의, "공정거래법상 과징금 산정과 법치국가원리", 경쟁법연구 제24권, 한국경쟁법학회 편, 법문사, 2011.11; 이황, "회사분할과 과징금 납부책임의 승계 가능성", 경제법판례연구 제6권, 경제법판례연구회, 법문사, 2006; 홍대식, "카르텔 규제의 집행－행정적 집행수단과 법원의 역할을 중심으로－", 경쟁법연구 제12권, 한국경쟁법학회 편, 법문사, 2005. 8; 홍대식, "공정거래법상 과징금 제도", 공정거래와 법치(권오승 편), 법문사, 2004; 홍대식, "공정거래법상 과징금제도의 운용", 공정거래법과 규제산업(권오승/이원우 공편), 법문사, 2007

[참고사례]

5개 PC제조업체의 부당공동행위 건(공정거래위원회 1994. 8. 31. 의결 제94－282호, 제94－283~287호, 1994. 11. 2. 재결 제94－10호; 서울고등법원 1996. 2. 13. 선고 94구36751 판결); (주)신동방의 시장지배적지위 남용행위 건(공정거래위원회 1998. 11. 4. 의결 제98－252호, 1999. 3. 8. 재결 제99－11호; 서울고등법원 1999. 10. 6. 선고 99누3524 판결; 대법원 2000. 2. 25. 선고 99두10964 판결); 현대오일뱅크(주) 외 1의 부당공동행위 건(공정거래위원회 2000. 10. 17. 의결 2000－158호; 서울고등법원 2002. 6. 20. 선고 2000누15028 판결; 대법원 2004. 10. 27. 선고 2002두6842 판결); 에스대시오일(주)의 부당공동행위 건(공정거래위원회 2000. 10. 17. 의결 2000－158호; 서울고등법원 2002. 4. 9. 선고 2001누4803 판결; 대법원 2004. 11. 12. 선고 2002두5627 판결); (주)관악의 거래상 지위 남용행위 건(공정거래위원회 2008. 1. 16. 의결 제2008－016호; 서울고등법원 2008. 8. 20. 선고 2008누5713 판결); 삼성카드(주) 외 2사의 부당공동행위 건(공정거래위원회 의결 2000. 8. 16. 의결 제2000－131호, 2001. 1. 17. 재결 제2001.4호; 서울고등법원 2002. 6. 27. 선고 2001누2579 판결; 대법원 2004. 10. 28. 선고 2002두7456 판결); 현대자동차(주) 외 28(현대1차)의 부당지원행위 등 건(공정거래위원회 1998. 8. 5. 의결 제1998－171호; 서울고등법원 2001. 6. 21. 선고 98누13098 판결; 대법원 2004. 4. 9. 선고 2001두6197 판결; 서울고등법원 2006. 8. 9. 선고 2004누8424 판결; 대법원 2008. 7. 10. 선고 2006두14735 판결); (주)현대중공업(지게차구매입찰)의 공동행위 건(공정거래위원회 2005. 6. 24. 의결 제2005－082호; 서울고등법원 2006. 10. 26. 선고 2006누4174 판결; 대법원 2008. 1. 24. 선고 2006두19723 판결); 두산인프라코어(주)의 공동행위 건(지게차제조)(공정거래위원회 2005. 6. 24. 의결 제2005－080호; 서울고등법원 2006. 10. 26. 선고 2006누3454 판결; 대법원 2007. 11. 29. 선고 2006두18928 판결; 서울고등법원 2008.

7. 16. 선고 2007누32725 판결); **현대중공업**(주)**의 공동행위 건**(굴삭기 및 휠로다구매입찰)(공정거래위원회 2005. 6. 24. 의결 제2005－083호, 2006. 1. 24. 재결 제2006－005호; 서울고등법원 2006. 12. 20. 선고 2006누5726 판결; 대법원 2008. 4. 24. 선고 2007두2937 판결); **6개 흑연전극봉 생산업체들의 부당공동행위 건**(공정거래위원회 2002. 4. 4. 의결 제2002－077호, 2002. 8. 23. 재결 제2002－026호; 대법원 2006. 3. 24. 선고 2003두11148, 2004두11275 판결); **비씨카드**(주) **외 11의 공동행위 건**(공정거래위원회 2005. 8. 18. 의결 제2005－129호; 서울고등법원 2006. 12. 7. 선고 205누21233 판결; 대법원 2008. 8. 21. 선고 2007두4919 판결); **롯데제과**(주) **외 2의 공동행위 건**(공정거래위원회 2007. 8. 2. 의결 제2007－381호; 서울고등법원 2008. 5. 29. 선고 2007누22858 판결; 대법원 2008. 10. 23. 선고 2008두10621 판결); (주)**하나로텔레콤의 공동행위 건**(PC방)(공정거래위원회 2005. 7. 20. 의결 제2005－101호, 2005. 8. 11. 재결 제2005－13호; 서울고등법원 2006. 12. 7. 선고 2005누18640 판결; 대법원 2008. 12. 11. 선고 2007두2593 판결); **쇼와덴코케이케이의 부당공동행위 건**(재산정)(공정거래위원회 2002. 4. 4. 의결 제2002－077호, 2002. 8. 23. 재결 제2002－026호; 서울고등법원 2007. 9. 19. 선고 2006누29692 판결; 대법원 2008. 4. 10. 선고 2007두22054 판결); **두산인프라코어**(주)**의 공동행위 건**(재산정)(서울고등법원 2009. 8. 28. 선고 2008누31200 판결; 대법원 2009.22.26. 선고 2009두16206 판결); **7개 신용카드사업자의 부당공동행위 건**(공정거래위원회 2008. 3. 5. 의결 제2008－079호; 대법원 2009. 3. 26. 선고 2008두21058 판결); **한신공영**(주)**외 17의 부당공동행위 건**(공정거래위원회 2010. 10. 29. 의결 제2010－123 등; 서울고등법원 2012. 4. 12. 선고 2011누17563 판결; 대법원 2012. 9. 27. 선고 2012두11546 판결; 서울고등법원 2013. 6. 13. 선고 2012누30723 판결; 대법원 2013. 12. 26. 선고 2011두4930 판결); **농업협동조합중앙회의 거래상지위 남용행위 건**[공정거래위원회 2010. 9. 14. 의결 제2010－111호; 서울고등법원 2011. 8. 18. 선고 2010누34707 판결; 대법원 2012. 1. 12. 선고 2011두23054(심리불속행 기각) 판결]; **11개 소주제조·판매업체의 부당공동행위 건**(공정거래위원회 2010. 6. 16. 의결 제2010－059호; 서울고등법원 2011. 6. 2. 선고 2010누21718 판결; 대법원 2014. 2. 13. 선고 2011두16049 판결); **16개 생명보험사업자의 부당공동행위 건**(공정거래위원회 2011. 12. 15. 의결 제2011.284호; 서울고등법원 2012. 6. 14. 선고 2012누2483 판결); **7개 온라인음악서비스사업자의 부당공동행위 건**(공정거래위원회 2011. 6. 10. 의결 제2011－069호; 서울고등법원 2012. 7. 25. 선고 2011누23315, 2011누23025, 2011누24427, 2012. 7. 25. 선고 2011누23124 판결; 대법원 2013. 11. 14. 선고 2012두19557, 2013. 11. 28. 선고 2012두17773, 2012두18523, 2012두18769 판결); **12개 유제품사업자의 시유 및 발효유 가격인상 관련 부당공동행위 건**[공정거래위원회

2011. 5. 2. 의결 제2011－051호; 서울고등법원 2012. 4. 12. 선고 2011누27584 판결; 대법원 2012. 8. 30. 선고 2012두10093(심리불속행 기각) 판결]; **이천시 부필, 소고, 송계 공공하수도사업 입찰 관련 2개 사업자의 부당공동행위 건**[공정거래위원회 2014. 6. 5. 제2014－126호; 서울고등법원 2015. 5. 21. 선고 2014누66849 판결; 대법원 2015. 9. 10. 선고 2015두44561(심리불속행 기각) 판결]; **낙동강하구둑 배수문 증설공사 입찰관련 3개 사업자의 부당 공동행위 건**(공정거래위원회 2014. 10. 7. 의결 2014－226호; 서울고등법원 2015. 6. 25. 선고 2014누8058 판결); **광주광역시 음식물자원화시설 설치공사 입찰 관련 3개 사업자의 부당공동행위 건**(공정거래위원회 2015. 5. 6. 의결 제2015－147호; 서울고등법원 2016. 5. 25. 선고 2015누45418 판결); **4대강 입찰담합 관련 건설산업기본법 위반 건**(서울고등법원 2015. 8. 21. 선고 2014노669 판결; 대법원 2015. 12. 24. 선고 2015도13946 판결); **부산지하철 1호선 연장**(**다대구간**)**2공구 턴키공사 입찰 관련 2개 건설업자의 부당공동행위 건**(공정거래위원회 2014. 4. 24. 의결 제2014－089호; 서울고등법원 2015. 5. 7. 선고 2014누63048 판결; 대법원 2018. 12. 27. 선고 2015두44028 판결); **2개 판유리 제조 · 판매사업자의 부당공동행위 건**(한국유리공업 등)[공정거래위원회 2013. 11. 28. 의결 제2013－161호; 서울고등법원 2015. 11. 19. 선고 2013누29492 판결; 대법원 2016. 3. 24. 선고 2015두59464(심리불속행 기각) 판결]; **인천도시철도 2호선 턴키공사 입찰 관련 21개 건설업자의 부당공동행위 건**(포스코건설 등)[공정거래위원회 2014. 2. 25. 의결 제2014－030호; 서울고등법원 2016. 9. 7. 선고 2014누46326 판결; 대법원 2017. 2. 2. 선고 2016두54121(심리불속행 기각) 판결]; **6개 휴대용 부탄가스 제조판매 사업자의 부당공동행위 건**(오제이씨, 닥터하우스 등)(공정거래위원회 2015. 6. 11. 의결 제2015－194호; 서울고등법원 2017. 2. 3. 선고 2015누1412 판결); **케이티 발주 UTP케이블 구매입찰 관련 9개 사업자의 부당공동행위 건**(공정거래위원회 2016. 11. 8. 의결 제2016－307호; 서울고등법원 2018. 1. 12. 선고 2017누79 판결); **고양삼송 수질복원센터 시설공사 참여 2개사의 부당공동행위 건**(태영건설 등)(공정거래위원회 2014. 9. 11. 의결 제2014－186호; 서울고등법원 2016. 1. 28. 선고 2014누65891 판결; 대법원 2017. 1. 12. 선고 2016두35199 판결); **한국철도시설공단 발주 전차선 및 조가선 구매입찰 관련 12개 사업자의 부당공동행위 건**(엘에스 외1)[공정거래위원회 2015. 6. 29. 의결 제2015－212호; 서울고등법원 2016. 7. 15. 선고 2015누58 판결; 대법원 2016. 12. 15. 선고 2016두49334(심리불속행 기각) 판결]; **새만금방수제 동진5공구 건설공사 부당공동행위 건**(삼성물산)(공정거래위원회 2015. 3. 12. 의결 제2015－074호; 서울고등법원 2016. 3. 30. 선고 2015누1016 판결); **낙동강 하구둑 배수문 증설공사 부당공동행위 건**(지에스건설)[공정거래위원회 2014. 10. 7. 의결 제2014－226호; 서울고등법원 2015. 6. 25. 선고 2014누8058 판결(대법원 2015. 10. 14.

선고 2015두47539(심리불속행 기각) 판결); **3개 크롤러 판매사업자의 부당공동행위 건**(다알비동일, 동일 고무벨트 등)(공정거래위원회 2015. 7. 2. 의결 제2015－217호; 서울고등법원 2017. 1. 11. 선고 2015누64703 판결); **호남고속철도 건설공사 입찰참가 입찰참가 28개 사업자의 부당공동행위 건**[에스케이건설(주)](공정거래위원회 2016. 2. 26. 의결 제2016－055호; 서울고등법원 2016. 6. 30. 선고 2014누7505 판결; 대법원 2018. 11. 15. 선고 2016두48737 판결); **3개 드라이몰탈 제조사 부당공동행위 건**(성신양회)[공정거래위원회 2016. 10. 21. 의결 제2016－294호; 대법원 2008. 9. 25. 선고 2007두12699 판결; 서울고등법원 2018. 2. 7. 선고 2017누35662 판결; 대법원 2018. 6. 28. 선고 2018두393629(심리불속행 기각) 판결]; **대구 서부하수처리장 총인시설 부당공동행위 건**[(주)포스코건설](공정거래위원회 2014. 8. 19. 의결 제2014－179호; 서울고등법원 2015. 5. 7. 선고 2014누63048 판결; 대법원 2018. 12. 27. 선고 2015두44028 판결); **호남고속철도 오송~광주송정 간**(1,2공구) **궤도부설 기타공사 입찰 관련 5개 사업자의 부당공동행위 건**[궤도공영(주)][공정거래위원회 2017. 11. 21. 의결 제2017－342호; 서울고등법원 2018. 10. 5. 선고 2017누90621 판결; 대법원 2019. 2. 28. 선고 2018두62416(심리불속행 기각) 판결]; **16개 골판지상자 제조판매사업자의 부당공동행위 건**(삼보판지)(공정거래위원회 2016. 7. 11. 의결 제2016－204호; 서울고등법원 2017. 7. 12. 선고 2016누57788, 2016누57474 판결); **18개 골판지 원지 제조판매사업자 등의 골판지 고지 구매 부당공동행위 건**[공정거래위원회 2016. 7. 11. 의결 제2016－204호; 서울고등법원 2016. 12. 22. 선고 2016누59425 판결; 대법원 2017. 4. 13. 선고 2017두32241(심리불속행 기각)]; **새만금방수제 동진 3공구 건설공구 부당공동행위 건**(에스케이건설)[공정거래위원회 2015. 3. 17. 의결 제2015－079호; 서울고등법원 2015. 12. 10. 선고 2015누1023 판결; 대법원 2016. 4. 29. 선고 2016두32152(심리불속행 기각)판결]; **인천도시철도 2호선 턴키공사 입찰 관련 부당공동행위 건**(현대산업개발)[공정거래위원회 2014. 2. 25. 의결 제2014－030호; 서울고등법원 2016. 1. 14. 선고 2014누46319 판결; 대법원 2016. 5. 12. 선고 2016두32800(심리불속행 기각) 판결]; **서울지하철 9호선 3단계 919공구 건설공사 입찰 관련 부당공동행위 건**(삼성물산)[공정거래위원회 2014. 11. 6. 의결 제2014－248호; 서울고등법원 2016. 4. 8. 선고 2014누8416 판결; 대법원 2016. 9. 9. 선고 2016두40085(심리불속행 기각) 판결]; **호남고속철도 제2.1공구 등 최저가 낙찰제 참가 28개 사업자의 부당공동행위 건**(금호산업)[공정거래위원회 2016. 2. 16. 의결 제2016－055호; 서울고등법원 2016. 7. 15. 선고 2014누7499 판결; 대법원 2016. 10. 27. 선고 2016두47987(심리불속행 기각) 판결]; **화양-적금**(3공구) **도로공사 입찰 관련 4개 사업자의 부당공동행위 건**(포스코건설)(공정거래위원회 2015. 8. 17. 의결 제2015－310호; 서울고등법원 2017. 1. 11. 선고 2015누60794

판결); 선박용 케이블 구매입찰 관련 부당공동행위 건(제이에스전선)(공정거래위원회; 서울고등법원 2019. 2. 23. 선고 2018누64285 판결; 대법원 2019. 7. 11. 선고 2019두36780 판결); 선박용 케이블 구매입찰 관련 부당공동행위 건(대법원 2019. 7. 15. 선고 2017두65708판결); 현대건설(주)등 3개사 발주 케이블 구매입찰 담합 관련 7개 사업자의 부당공동행위 건(공정거래위원회 2018. 1. 17. 의결 제2018-045호; 서울고등법원 2019. 8. 22. 선고 2018누38644 판결); 케이티 발주 UTP케이블 구매입찰 관련 9개 사업자의 부당공동행위 건(가온전선 등)[공정거래위원회 2016. 11. 8. 의결 제2016-307호; 서울고등법원 2017. 4. 27. 선고 2016누79825 판결; 대법원 2017. 8. 31. 선고 2017두45360(심리불속행기각) 판결].

Ⅰ. 의 의

1. 과징금의 개념

과징금이란 일정한 행정법상의 의무위반에 대하여 이로 인한 불법적인 이득을 박탈하거나, 혹은 당해 법규상의 일정한 행정명령의 이행을 강제하기 위하여 행정청이 부과 또는 의무·징수하는 금전이고, 형사처벌이나 행정벌과는 그 성격을 달리하는 것이지만, 위반자에 대하여 금전지급채무를 부담시킨다는 측면에서 실질적으로는 제재로서의 성격도 가지고 있다.[1] 국내에서는 1980년 독점규제법 제정시 최초로 도입되었다.

과징금의 유형은 다른 행정처분의 부과와 관련하여 다른 행정처분에 대체하여 선택적으로 부과하는 대체형, 다른 행정처분과 병행하여 부과할 수 있는 병행형, 다른 행정처분이 없고 과징금만을 부과할 수 있는 단독형으로 분류할 수 있는데, 독점규제법상의 과징금은 병행형에 해당한다.[2] 과징금의 주된 목적은 형벌과 달리 사업자에 의하여 행해진 법위반행위를 억제하고, 부수적으로 법위반행위로 인한 폐해를 시정하는 의미에서 구제의 목적도 갖고 있다.[3]

1980. 12. 31. 법제정 당시에는 시장지배적지위의 남용행위에 대한 시정조치로서 내려진 가격인하명령에 응하지 아니한 때에 가격인하명령에 불응한 기간

1) 서고판 2002. 6. 27. 2001누2579(대판 2004. 10. 28. 2002두7456).
2) 박해식, 경쟁법연구 제 8 권(2002), 237~240면.
3) 홍대식, 공정거래법과 규제산업(2007), 338면.

동안에 가격인상의 차액으로 얻은 수입액에 상당하는 과징금을 납부하는 제도를 도입하였다. 그 후 1986. 12. 31. 제 1 차 법개정시 부당 공동행위, 1990. 1. 13. 제 2 차 법개정시 상호출자금지 위반, 출자총액제한 위반 및 사업자단체 금지행위, 1992. 12. 8. 제 3 차 법개정시 불공정거래행위 및 계열회사에 대한 채무보증 금지위반, 1994. 12. 22. 제 4 차 법개정시 시장지배적사업자의 비가격남용행위, 재판매가격유지행위 및 부당한 국제계약 체결, 1996. 12. 30. 제 5 차 법개정시 경쟁제한적 기업결합에 대하여 과징금을 부과할 수 있도록 규정하였다.

1998. 2. 24. 제 6 차 법개정시에는 출자총액제한규정 위반행위를 과징금부과 대상에서 제외하였다. 1999. 2. 5. 제 7 차 법개정시 지주회사행위제한 위반행위, 1999. 12. 28. 제 8 차 법개정시 출자총액제한 위반행위에 대한 과징금을 부활하였다. 1986년 부당공동행위에 대한 과징금제도 도입 이후 최초로 과징금이 부과된 사례는 〈6개 정유사의 부당한 공동행위에 대한 건(1988. 4. 13. 의결 제88-30호)〉이었다. 동 심결은 정부규제산업에 대한 규제완화시책의 기폭제가 되기도 하였다.[4)]

미국의 경우에는 우리나라와 같이 행정청이 부과하는 과징금 제도가 없고, 「셔먼법(Sherman Act)」 위반행위에 대한 벌금(fine)과 「FTC법」 위반행위에 대한 민사벌(civil penalty)제도[5)]가 있다.

EU의 경우 벌금(fine)제도[6)]와 이행강제금제도(periodic penalty payment)[7)]가 있는데, 벌금은 우리나라의 과징금 제도와 유사하나 과태료를 포괄하는 개념이다. 즉 고의 과실로 오인정보제공 등 절차법적 위반행위를 한 사업자에 대하여 직전사연도 총매출액의 1%를 초과하지 않는 범위내에서 과징금을 부과할 수 있으며, 「EU기능조약(TFEU)」 101조 또는 102조위반 등 실체법적 위반행위를 한 사업자에 대해서는 직전사업연도 총 매출액의 10%를 초과하지 않는 범위내에서

4) 동 심결의 내용과 의의에 관하여 오진환, 공정거래위원회 심결사례 30선(2010. 6), 211~231면 참조.

5) Unfair methods of competition unlawful; prevention by Commission (Sec. 5) "(m) Civil actions for recovery of penalties for knowing violations of rules and cease and desist orders respecting unfair or deceptive acts or practices; jurisdiction; maximum amount of penalties; continuing violations; de novo determinations; compromise or settlement procedure".

6) Council Regulation (EC) No 1/2003 of 16 December 2002 on the implementation of the rules on competition laid down in Articles 81 and 82 of the Treaty, Article 23 Fines.

7) Council Regulation (EC) No 1/2003 of 16 December 2002 on the implementation of the rules on competition laid down in Articles 81 and 82 of the Treaty, Article 24 Periodic penalty payments.

과징금 부과가 가능하다. 그리고 사업자가 집행위원회의 결정을 불이행하는 등의 경우 집행위원회는 이행을 담보하기 위하여 이행강제금을 부과할 수 있다.[8]

2. 법적 성격

1) 입법의 변화

입법자는 1980. 12. 31. 법제정 당시 시장지배적지위의 남용행위에 대한 과징금제도를 도입할 당시에는 시장지배적사업자의 가격남용행위로 얻은 경제적 이득을 박탈함으로써 부당이득을 환수하려는 의도가 있었다. 그러나 1996. 12. 30. 제 5 차 법개정시 시장지배적사업자의 가격남용행위에 대한 과징금산정기준을 가격차익수입에서 매출액의 3% 범위내로 변경하면서 과징금납부명령에 대하여도 재량규정으로 변경하는 등 그 후 여러 차례의 법개정을 통하여 부당이득 박탈 성격을 제거하고 제재적 성격을 강화시켜 왔다.[9]

2) 학　설

독점규제법상 과징금의 법적성격에 관해서는 부당이득 환수설과 행정제재설이 있다. 부당이득 환수설은 원래 법 위반으로 인한 경제적 이익의 발생을 전제로 하여 그 부당이득을 환수하는 성격을 가진다고 하며, 행정제재설은 위반행위에 대한 제재의 목적으로 법에 정한 의무이행을 확보하기 위한 수단이나 위반행위의 반복을 억지하는 수단으로 이해한다.[10] 이외에도 부당이득 환수적 성격과 행정제재적 성격을 겸유하고 있다는 겸유설과 각 법위반행위의 유형별로 개별적으로 파악하는 견해도 있다.

3) 법　원

서울고등법원은 "과징금제도는 행정법상의무를 위반한 자에게 경제적 이익이 발생한 경우 그 이익을 박탈함으로써 경제적 불이익을 과하기 위한 제도로 일본으로부터 우리나라에 도입된 제도이고 그 대표적인 예가 시장지배적사업자가 공정거래위원회의 가격인하명령에 응하지 아니할 때 가격인상의 차액으로 얻은 수입액을 그 산정기준으로 삼는 법 제 6 조 소정의 과징금이라고 할 것이

8) 공정거래위원회, EU 경쟁당국 개요(2011. 4. 18), 46면.

9) 자세한 내용은 박해식, 경쟁법연구 제 8 권(2002), 248면 참조.

10) 홍대식, 공정거래와 법치(2004), 1053면, 1055면.

다. 그러나 이러한 과징금은 점차 여러 분야에 확대·적용되면서 그 성질이 변화되어 이제는 영업정지와 같은 제재적처분에 갈음하여 과하여지는 금전상의 제재수단으로 활용되고 있어 반드시 부당이득의 발생을 전제로 하여 부과되는 것은 아니다"라는 입장이었다.[11)]

그러나 대법원은 불공정거래행위 관련하여 "법상의 과징금 부과는 비록 제재적 성격을 가진 것이기는 하여도 기본적으로는 법 위반행위에 의하여 얻은 불법적인 경제적 이익을 박탈하기 위하여 부과되는 것이고"라고 함으로써[12)] 부당이득 환수설을 기본으로 하고 행정제재적 성격도 있는 것으로 파악하고 있다. 한편 헌법재판소는 아래에서 보는 바와 같이 부당지원행위에 대한 과징금을 행정재제적 성격에 부당이득 환수적 요소가 부가되어 있는 것으로 본다.

부당공동행위 관련하여서도 "부당한 공동행위를 행한 사업자에 대하여 부과하는 과징금은 '법위반행위에 대한 행정상 제재금'으로서의 성격과 '불법적인 경제적 이익의 박탈(부당이득 환수)'라는 성격을 동시에 가지며"라고 함으로써,[13)] 부당이득 환수설과 행정제재적 성격을 공유하고 있는 것으로 본다. 그러나 "과징금의 부당이득 환수적인 면보다는 제재적 성격이 지나치게 강조되고"라는 표현을 하는 것을 보아,[14)] 그리고 "법 제43조에 의한 과징금부과는 원칙적으로 법 위반행위에 의해 얻은 불법적인 경제적 이익을 박탈하기 위하여 부과하는 것이고"라고 하는 것을 보면,[15)] 부당이득 환수설을 기본으로 하고 행정제재적 성격이 부가된 것으로 볼 수 있다.

그러나 "독점규제법상 과징금은 그 취지와 기능, 부과의 주체와 절차 등을 종합할 때 부당공동행위의 억지라는 행정목적을 실현하기 위하여 그 위반행위에 대하여 제재를 가하는 행정상의 제재금으로서의 기본적 성격에 부당이득환수적 요소가 부가되어 있다"고 한 판례도 있다.[16)]

11) 서고판 1996. 2. 13. 94구36751.

12) 대판 1999. 5. 28. 99두1571 참조.

13) 대판 2008. 4. 24. 2007두2937; 대판 2008. 1. 24. 2006두19723; 대판 2008. 9. 25. 2007두3756; 대판 2012. 9. 13. 2012두11485.

14) 대판 2004. 10. 27. 2002두6842; 대판 2003. 11. 12. 2002두5627.

15) 대판 2004. 10. 27. 2002두6842; 대판 2004. 11. 12. 2002두5627; 대판 2008. 8. 21. 2007두4919; 대판 2009. 3. 26. 2008두21058.

16) 대판 2004. 10. 28. 2002두7456; 대판 2008. 12. 11. 2007두2593.

4) 헌법재판소

헌법재판소는 "독점규제법에 의한 부당내부거래에 대한 과징금은 그 취지와 기능, 부과의 주체와 절차 등을 종합할 때 부당내부거래 억지라는 행정목적을 실현하기 위하여 그 위반행위에 대하여 제재를 가하는 행정상의 제재금으로서의 기본적 성격에 부당이득환수적 요소도 부가되어 있는 것이라 할 것"[17]이라고 판시함으로써 행정제재적 성격을 기본으로 하고 부당이득환수적 요소를 겸유한다는 입장을 갖고 있다.

5) 사　견

독점규제법상 해석상 과징금 부과는 '행정제재적성격'과 '부당이득 환수'의 성격을 공유하고 있다고 해석하여야 한다. 즉 법 제102조 제 1 항 제 1 호 및 제 2 호는 행정제재적 성격에서 나오는 것이고, 제 3 호는 부당이득 환수의 성격을 나타내고 있다. 다만 사안에 따라 '행정제재적 성격'이 강조되는 경우가 있고 '부당이득 환수'측면이 기본으로 되는 경우도 있다.

Ⅱ. 연　혁

독점규제법 제102조 제 1 항에 의하면, 공정거래위원회는 과징금을 부과함에 있어 위반행위의 내용 및 정도(제 1 호), 기간 및 횟수(제 2 호), 위반행위로 인해 취득한 이득의 규모[18] 등(제 3 호)을 참작하여야 한다. 그러나 (구)시행령 제

17) 헌재결 2003. 7. 24. 2001헌가25.

18) 위반행위로 인해 취득한 이득의 규모를 참작하도록 하고 있으나 실제 과징금 산정시 부당이득의 규모 산정의 어려움으로 인해 사실상 사문화되어 있다. 그러나 〈11개 소주제조·판매업체의 부당공동행위 건〉(공정의 2010. 6. 16. 2010-059) 관련 행정소송에서 서울고등법원은 "과징금 산정의 기준을 각 산업별 대비 평균수익률을 고려하지 않고서 관련매출액만을 기준으로 산정하는 현행 과징금고시 아래에서는 독점규제법이 과징금산정에서 의무적으로 요구하는 이익의 규모 등이 참작되지 않아 위법한 결과를 초래할 위험이 있다. 느슨한 가격담합 형태에 불과하므로 그에 대한 비난가능성 내지 제재의 필요성은 상대적으로 낮다고 할 것인바, 피고가 '자유롭고 공정한 경쟁질서의 저해 효과가 크고 소비자에게 미치는 영향이 큰 행위'에 해당한다고 보아 과징금 납부명령을 한 것은 수긍하기가 어렵다. 진로가 1차 가격인상 시기에 7.3% 인상안을 제시하였으나 국세청은 4.9%의 인상만을 허용하였고, 2차 가격인상 시기에 12.04% 인상안을 제시하였으나 국세청은 5.9%의 인상만을 허용하였으며, 소주가격 인상률이 소비자물가상승률에 미치지 못하는 수준으로 인상되었던 것 등을 고려하면 이 사건 가격담합으로 인하여 얻은 이익규모가 상대적으로 미미하다고 보이는데 이러한 점이 충분히 참작되었다고 할 수도

61조 제 2 항에서는 법 제102조 제 1 항 각호의 사항을 참작하여 이를 가중 또는 감경할 수 있도록 하고 있고 (구)「과징금 부과고시」에서도 위반행위의 내용, 정도, 기간, 횟수 등을 가중감경사유로 규정하고 있었다. 이는 법상 의무고려사항이 하위 시행령이나 고시에서는 재량사항으로 규정됨으로써 법체계상 문제점을 갖고 있었다.

이러한 체계상의 문제를 보완하고 과징금부과의 객관성·공정성 및 예측가능성을 제고하기 위해 공정거래위원회는 지난 2004. 4. 1. 시행령 제61조 제 2 항을 삭제하고 고시를 개정하여 위반행위의 내용 및 정도에 따라 기본과징금을 산정하고, 위반행위의 기간과 횟수를 의무적 조정사항, 위반사업자의 고의과실, 위반행위의 성격과 사정, 재정적 상황 및 시장여건 등의 사유를 임의적 조정사항으로, 위반사업자의 현실적 부담능력이나 그 위반행위가 시장에 미치는 효과 등을 부가적으로 반영하도록 함으로써 법체계상의 문제점을 시정하였다.

그리고 2004. 4. 1. 법시행령 및 고시개정을 통하여 기본과징금 산정의 기초를 "총매출액"에서 "관련매출액'으로 변경하였다(단 구 시행령상으로도 부당한 공동행위의 경우에는 '관련매출액'을 기준으로 하고 있음).

한편 2004. 4. 1. 시행된 개정 「과징금 부과고시」[19]의 시간적 적용범위가 실무적으로 문제되었다. 즉 동 고시부칙 제 2 조에서 "이 고시 시행일 전의 법위반행위에 대하여 과징금을 부과하는 경우에는 종전의 규정에 의한다"고 규정하고 있는데, 여기서 법위반행위를 무엇으로 보아야하는가 하는 점이 문제되었다. 이에 대하여 공정거래위원회는 <(주)클라크머터리얼핸들링아시아의 부당공동행위 건>에서, 개정 「과징금 부과고시」의 적용기준일은 2004. 4. 1.로 이 기준일 이후에 법위반행위인 합의나 합의의 실행이 일어난 건은 개정 과징금고시를 적용하였다.[20]

그러나 상기 건에서 대법원은 "비록 이 사건 입찰담합의 시점이 개정 시행령의 시행전이라 하더라도 그것만으로는 원고가 개정시행령의 시행 전에 위반행위를 종료하였다고 볼 수 없고, 개정 시행령의 시행 이후에도 이 사건 입찰담합에 따른 구체적 실행행위가 계속된 이상 이 사건 입찰합의에 대하여는 개정 시행령이 적용되어야 할 것이므로, 위와 같은 원심판단은 과징금 부과에 적용할 법령에 관한 법리를 오해하여 판결에 영향을 미친 위법이 있다"고 판시함으로써

없다."고 판시한 바 있다. 서고판 2011. 6. 2. 2010누21718.

19) 공정거래위원회 고시 제2004－7호(2004. 4. 1)

20) 공정의 2005. 6. 24. 2005－080.

위반행위의 종기를 기준으로 판단하였다.[21]

Ⅲ. 내 용

1. 과징금 부과대상

독점규제법상 과징금은 사업자 또는 사업자단체에게 부과한다. 형식적으로 서로 다른 사업자지만 모자관계로서 실질적 지배관계에 있는 경우 모회사에 과징금을 부과할 수 있는 경우가 있다.

예를 들어 〈(주)신동방의 시장지배적지위 남용행위 건〉 관련 행정소송에서 서울고등법원은 대두유제품의 제조·판매업을 영위하는 사업자인 (주)신동방이 100% 출자한 회사로서 사실상 (주)신동방의 판매부서의 역할을 수행하고 있는 (주)해표의 출고조절행위(법 제5조 제1항 제2호)를 (주)신동방의 남용행위로 보고, (주)신동방과 (주)해표가 제조회사와 판매회사의 관계이자 모자(母子)회사의 관계에 있으면서 판매회사인 해표가 제조회사인 (주)신동방에 의해 실질적으로 지배되고 있는 점, 해표가 판매조절행위에 이르게 된 경우 등에 의하여 해표는 (주)신동방의 수족으로서 그 일체관계에 의하여 판매조절행위를 한 것으로 보아야 할 뿐만 아니라, 그렇지 않다 해도 사실관계에 비추어 공모하여 판매조절행위를 한 것으로 미루어 짐작하기 충분하므로 판매조절행위에 대하여 모회사인 (주)신동방이 책임을 져야할 성질의 것이라고 하고 공정거래위원회의 시정명령 및 과징금납부명령을 정당하다고 판시하였다.[22]

이는 경제적 동일체로 인식이 되는 사업자들의 경우 처벌의 대상이 누가 되는가 하는 문제와 연관된다. 즉 경제적 동일체로 인정되는 모든 사업자가 모두 책임을 져야하는가 아니면 실질적 행위주체가 책임을 져야 하는가의 문제이다. 판례에서는 실질적 행위주체를 처벌의 대상으로 하고 있다.

모자관계와 같은 실질적 지배기준이 아닌, 단순한 계열사 편입기준으로 사용하는 '사실상 지배'관계 만으로는 다른 회사에 책임을 부과하는 기초관계로 보기 어렵다.[23]

---

21) 대판 2007. 12. 13. 2007두2852.

22) 서고판 1999. 10. 6. 99누3524(대판 2000. 2. 25. 99두10964).

23) 홍대식, 공정거래법과 규제산업(2007), 346~347면 참조.

2. 과징금 부과기준

공정거래위원회는 제8조, 제38조, 제43조, 제50조 및 제53조에 따라 과징금을 부과하는 경우 ① 위반행위의 내용 및 정도(제1호), ② 위반행위의 기간 및 회수(제2호), ③ 위반행위로 인해 취득한 이익의 규모등(제3호)을 참작하여야 한다(법 제102조 제1항).[24)]

“부당이득”은 법 제55조의3의 규정에 의한 참작사유중 위반행위로 인하여 취득한 이익으로서, 위반사업자가 위반행위로 인하여 직접 또는 간접적으로 얻은 경제적 이익을 말한다(「과징금 부과고시」 Ⅱ.10).

구체적인 과징금 부과기준은 *대통령령* [별표6][25)]에서 규정하고 있다.

1) 과징금 부과여부의 결정

과징금은 위반행위의 내용 및 정도를 우선적으로 고려하고 시장상황 등을 종합적으로 참작하여 그 부과여부를 결정하되, ① 자유롭고 공정한 경쟁질서를 크게 저해하는 경우, ② 소비자 등에게 미치는 영향이 큰 경우, ③ 위반행위에 의하여 부당이득이 발생한 경우, ④ 그 밖에 ①~③에 준하는 경우로서 공정거래위원회가 정하여 고시하는 경우 원칙적으로 과징금을 부과한다.

2) 과징금 산정기준

과징금은 법 제102조 제1항 각호에서 정한 참작사유와 이에 영향을 미치는 사항을 고려하여 산정하되, 위반행위 유형에 따른 기본 산정기준에 위반행위의 기간 및 횟수 등에 따른 조정, 위반사업자의 고의·과실 등에 따른 조정을 거쳐 부과과징금을 산정한다.

---

24) 제85조(과징금의 징수 및 가산금) ① 공정거래위원회는 법 제102조 제1항에 따라 과징금을 부과하려는 경우 그 위반행위의 종별과 해당 과징금의 금액 등을 명시하여 이를 납부할 것을 서면으로 알려야 한다. ② 제1항에 따라 통지를 받은 자는 통지가 있은 날부터 60일 이내에 공정거래위원회가 정하는 수납기관에 과징금을 납부해야 한다. 다만, 천재·지변이나 그 밖의 부득이한 사유로 그 기간 내에 납부할 수 없는 경우에는 그 사유가 없어진 날부터 30일 이내에 납부해야 한다.

25) 제84조(과징금의 부과기준) 법 제102조 제1항에 따른 법 제8조·제38조·제43조·제50조 및 제53조의 과징금의 부과기준은 별표 6과 같다.

① **위반행위 유형에 따른 기본 산정기준**("기본 산정기준")

법 제102조 제1항 제1호의 규정에 의한 위반행위의 내용 및 정도에 따라 위반행위를 "중대성이 약한 위반행위", "중대한 위반행위" 및 "매우 중대한 위반행위"로 구분하고, 위반행위의 중대성의 정도별로 행위유형별로 정한 기준에 따라 산정한다.

관련매출액을 산정함에 있어서 관련상품의 범위는 위반행위로 인하여 직접 또는 간접적으로 영향을 받는 상품의 종류와 성질, 거래지역, 거래상대방, 거래단계 등을 고려하여 정하고, 위반기간은 위반행위의 개시일부터 종료일까지의 기간으로 하며, 매출액은 사업자의 회계자료 등을 참고하여 정하는 것을 원칙으로 하되, 각각의 범위는 행위유형별로 개별적·구체적으로 판단한다.

그간 공정거래위원회가 매우 중대한 위반행위로 결정한 것이 적법하다고 본 사례로는 〈오제이씨, 닥터하우스 등 6개 휴대용 부탄가스 제조판매 사업자의 부당공동행위 건〉,[26] 〈케이티 발주 UTP케이블 구매입찰 관련 9개 사업자의 부당공동행위 건〉[27] 등이 있다.

② **위반행위의 기간 및 횟수 등에 따른 조정**("1차조정")

법 제102조 제1항 제2호의 규정에 의한 위반행위의 기간 및 횟수를 고려하여 기본 산정기준의 100분의 100의 범위에서 공정거래위원회가 정하여 고시하는 기준에 따라 조정한다.

가중사유로서 위반행위 전력에 대하여 법원은 다음과 같이 판단하였다.

> "과거 위반행위 전력을 고려하는 기준시점을 '위반행위 시점'으로 하던 아니면 '조사개시시점으로 하던 아니면 '조사개시시점'으로 하던 이는 피고의 재량에 속함"(〈서울지하철 9호선 3단계 919공구 건설공사 입찰 관련 부당공동행위 건(삼성물산)〉),[28] "당해 행위 시점을 기준으로 판단하여야 한다고 해석할 근거가 없음(〈화양－적금(3공구) 도로공사 입찰 관련 4개 사업자의 부당공동행위 건(포스코건설)〉),[29] "동일한 공동행위에 가담한 사업자들에 대한 조사개시일은 원칙적으로 동일함"(〈선박용

26) 서고판 2017. 2. 3. 2015누1412.
27) 서고판 2018. 1. 12. 2017누79.
28) 서고판 2016. 4. 8. 2014누8416(대판 2016. 9. 9. 2016두40085).
29) 서고판 2017. 1. 11. 2015누60794.

케이블 구매입찰 관련 부당공동행위 건(제이에스전선)〉),[30] "강행규정인 구 독점규제법 제80조 제 4 항에서 처분시효 시점으로 명시한 '조사개시일'의 해석과 과징금 부과처분을 함에 있어서 재량권 행사의 기준으로 마련된 사무처리준칙상의 '법위반 횟수 가중 기준일로서의 '조사개시일'은 다를 수 있음", "자진신고의 경우 자진신고일을 기준으로 하지 않고 직권인지 사건과 마찬가지로 '자료제출 요청일', '이해관계자 등 출석요청일', '현장조사일 중 가장 빠른 날'로 삼은 것은 수긍할 수 있음"(〈현대건설(주)등 3개사 발주 케이블 구매입찰 담합 관련 7개 사업자의 부당공동행위 건〉),[31] "과징금고시에서 '신고사건 또는 자진신고 사건의 경우 신고접수일을, 직권인지 사건의 경우 자료제출 요청일, 이해관계자 등 출석요청일, 현장조사일 중 가장 빠른 날을 기준으로 한다'고 규정하고 있으므로 이를 과가 법위반 횟수를 계산하는 기간의 기준에 관한 일반원칙으로 적용할 수 있음"(〈케이티 발주 UTP케이블 구매입찰 관련 9개 사업자의 부당공동행위 건(가온전선 등)〉),[32] "회사합병이 있는 경우 과징금을 산정함에 있어 가중사유로 삼는 위반전력도 합산하는 것이 타당함"(〈7개 온라인음악서비스사업자의 부당공동행위 건〉),[33] "부당한 공동행위가 분할이 있기 전에 있었던 이상 이 사건 과징금을 산정함에 있어 과거의 법위반행위에 포함시킬 수 있음"(〈호남고속철도 제2.1공구 등 최저가 날찰제 참가 28개 사업자의 부당공동행위 건(금호산업)〉)[34]

③ 위반행위의 고의·과실 등에 따른 조정("2차조정")

법 제102조 제 1 항 각호의 사항에 영향을 미치는 위반사업자의 고의·과실, 위반행위의 성격과 사정 등의 사유를 고려하여 1차 조정된 산정기준의 100분의 50의 범위에서 공정거래위원회가 정하여 고시하는 기준에 따라 조정한다.

조사협조 감경 관련하여 법원이 다음과 같이 판단한 사례가 있다.

"과징금고시의 조사협력에 관한 규정을 해석하면서 감면고시 제 5 조 각호의 규정내용을 고려할 필요는 없고 과징금고시의 조사협력에 관한 규정에 해당되는지 판단함으로

30) 서고판 2019. 2. 23. 2018누64285(대판 2019. 7. 11. 2019두36780); 사업자별로 조사개시일을 달리 본 경우도 있음. 대판 2019. 7. 25. 2017두65708.

31) 서고판 2019. 8. 22. 2018누38644.

32) 서고판 2017. 4. 27. 2016누79825(대판 2017. 8. 31. 2017두45360).

33) 대판 2013. 11. 28. 2012두18523.

34) 서고판 2016. 7. 15. 2014누7499(대판 2016. 10. 27. 2016두47987).

써 충분함"(〈2개 판유리제조·판매사업자의 부당공동행위 건(한국유리공업 등)〉),[35] "과징금부과에 있어서는 위법행위를 시인한 자와 이를 부인한 자 사이에 어느정도 차등을 두는 것까지 금지되는 것은 아님"(〈쇼와덴코케이케이의 부당공동행위 건(재산정)〉),[36] "과징금부과기준 범위내에서 조사협조 정도에 따라 직권으로 과징금처분에 대한 감액 처분을 함에 있어 감경비율에 차등을 두었다고 하더라도 그 차등에 현격하게 차별적이어서 형평의 원칙에 위배되어 위법하다고 볼 수 없음"(〈두산인프라코어(주)의 공동행위 건(재산정)〉),[37] "조사협조에 따른 과징금 차등부과의 필요성 등을 감안하더라도 과징금부과율이 너무높아 비례의 원칙에 위배됨"(〈6개 흑연전극봉 생산업체들의 부당공동행위 건〉),[38] "조사협조에 있어서 자료의 제출시점은 다른 특별한 사정이 없는 한 협조의 정도를 판단하는데 있어 주요 고려사항임"(〈12개 유제품사업자의 시유 및 발효유 가격인상 관련 부당공동행위 건〉),[39]

〈인천도시철도 2호선 턴키공사 입찰 관련 21개 건설업자의 부당공동행위 건(포스코건설 등)〉 관련 행정소송에서 법원은 조사방해행위로 인한 과징금 가중을 적법한 것으로 보았다.[40]

한편 가중사유 관련하여 구 「과징금 부과고시」 Ⅳ. 3. 나. (5)에서 "위반사업자의 이사 또는 그 이상에 해당하는 고위 임원(등기부 등재 여부를 불문)이 위반행위에 직접 관여한 경우(사업자단체 금지행위는 제외): 100분의 10 이내"라는 규정이 있다.

동 규정에서 이사의 의미에 대하여 대법원은 "고시에 규정된 처분기준은 당연히 그 상위 법령인 독점규제법령에 합치되어야 하는바, 이사에 관한 「상법」과 독점규제법의 여러 규정들에 비추어 볼 때 독점규제법에 규정된 이사의 개념을 「상법」상의 이사와 달리 보기 어려운 점, 과징금 부과처분 등 침익적 행정처분에 있어서는 국민의 재산권 등 권리보호라는 헌법적 요청 및 법치행정의 원리에 따라 근거 규정에 대한 엄격한 심사를 요하는 점 등을 비롯한 여러 사정을 종합하면, 위 고시에 규정된 이사는 「상법」상의 이사로서 법인등기부상에

35) 서고판 2015. 11. 19. 2013누29492(대판 2016. 3. 24. 2015두59464).
36) 서고판 2007. 9. 19. 2006누29692(대판 2008. 4. 10. 2007두22054).
37) 서고판 2009. 8. 28. 2008두31200(대판 2009. 11. 26. 2009누31200).
38) 대판 2006. 3. 24. 2003두11148, 2004두11275.
39) 서고판 2012. 4. 12. 2011누27584(대판 2012. 8. 30. 2012두10093).
40) 서고판 2016. 9. 7. 2014누46326(대판 2017. 2. 2. 2016두54121).

이사로 등기된 자를 의미한다고 봄이 상당하다"고 판시하였다.[41)]

그러나 법원은 비등기임원이라 하더라도 단순히 위반행위를 보고받고도 이를 제지하지 않는 등 간접적으로 관여하는 차원을 넘어서 위반행위를 주도·계획하거나 이에 유사한 정도로 위반행위에 직접 관여하였다고 볼 수 있다면, 독점규제법이 정한 과징금의 참작사유, 즉 '위반행위의 내용과 정도'에 영향을 미치는 '위반사업자의 고의, 위반행위의 성격과 사정'에 대한 평가를 달리 할 수 있는 사정에 해당한다고 보았다(〈고양삼송 수질복원센터 시설공사 참여 2개사의 부당공동행위 건(태영건설 등)〉,[42)] 〈대구 서부하수처리장 총인시설 부당공동행위 건[(주)포스코건설]〉).[43)]

〈부산지하철 1호선 연장(다대구간)2공구 턴키공사 입찰 관련 2개 건설업자의 부당공동행위 건〉 관련 행정소송에서 대법원은 "공정거래위원회가 비등기 임원이 위반행위에 직접 관여한 경우도 이 사건 고시조항의 적용대상이라고 보아 과징금을 가중하였더라도, 비등기 임원의 실질적 지위가 일반 직원과 마찬가지라는 등의 특별한 사정이 없는 한, 이를 두고 곧바로 재량권을 일탈·남용하여 위법하다고 볼 수는 없다"고 하고 "이 사건 공동행위 당시 소외 1이 이사보의 지위에 있었고, 원고의 조직 내에서 이사보라는 직위는 부장 중에서 연차가 쌓인 사람에게 주는 직위로 임원 임금 규정의 적용을 받지 않는 등 소외 1은 임원이 아닌 직원에 불과한데도, 피고가 소외 1을 원고의 고위 임원으로 보아 이 사건 고시조항에 기하여 과징금을 가중하여 산정한 과징금부과처분은 그 부과의 기초가 되는 사실을 오인함으로써 재량권을 일탈·남용한 위법한 처분"이라고 판단하였다.[44)]

그리고 고위 임원은 '임원 중 위반사업자의 직급체계, 임원현황 등에 비추어 영업 전반에 관여할 수 있는 지배력을 행사할 수 있는 자'로 볼 수 있고[45)] 개별사안별로 판단하여야 하나 최소한 상무 이상을 의미한다고 봄이 타당하다.

한편 "등기부 등재여부를 불문한다"라는 규정은 2007. 12. 31.에 삽입되었는데,[46)] 그 후에 나온 위와 같은 대법원 판례의 취지로 보아 "등기부 등재여부를 불문한다"는 내용은 고위임원에만 해당하는 내용으로 보는 것이 타당하다. 부

41) 대판 2008. 10. 23. 2008두10621.
42) 대판 2017. 1. 12. 2016두35199.
43) 대판 2018. 12. 27. 2015두44028.
44) 대판 2018. 12. 27. 2015두44028.
45) 서고판 2016. 5. 25. 2015누45481.
46) 공정거래위원회 고시 제2007-15호(2007. 12. 31).

당 공동행위 건에서 '고위임원의 직접관여'의 해석과 관련하여 대법원은 상무가 합의내용을 사후보고 받은 것에 대하여 공정거래위원회가 과징금을 가중한 것은 위법하다는 서울고등법원의 판결을 심리불속행 기각으로 확정하였다.[47)]

고위임원의 직접 관여의 해석과 관련하여 법원이 다음과 같이 판단한 사례가 있다.

> "상무가 합의내용을 사후보고 받은 것에 대하여 공정거래위원회가 과징금을 가중하는 것은 위법함"(〈부산지하철 1호선 연장(다대구구간) 2공구 턴키공사 입찰 관련 2개 건설업자의 부당공동행위 건〉,[48)] "고위임원을 직접 만나서 합의한 경우에 준한다고 보기 위해서는 고위 임원이 담합행위를 주도하거나 다른 사업자와의 합의 과정에서 실질적인 역할을 하는 등 담합의 성립에 적극적으로 기여한 사실이 인정되어야 함", "개별적인 지시, 즉 구매입찰에서 낙찰자가 되지 말 것을 지시한 것은 사실이나, 이러한 행위가 고위임원이 담합행위에의 참가사실을 보고받고 이를 그대로 허용하는 결재를 통한 간접적 관여에 비하여 더욱 직접적이거나 실질적인 가담이라고 평가하기 어려움"(〈한국철도시설공단 발주 전차선 및 조가선 구매입찰 관련 12개 사업자의 부당공동행위 건(엘에스 외1)〉),[49)] "사후적 보고를 받고 공동행위를 제지하기 위한 별다른 조치를 하지 않은 경우 가중사유가 존재하지 않음"(〈새만금방수제 동진5공구 건설공사 부당공동행위 건(삼성물산)〉[50)] 〈호남고속철도 건설공사 입찰참가 입찰참가 28개 사업자의 부당공동행위 건[에스케이건설(주)]〉),[51)] "'직접'이란 표현은 내용상 '고위 임원들이 직접 만나 합의를 하였거나 이에 준하는 경우'를 가리키는 것으로 해석되며, 침익적 행정처분에 있어서는 국민의 재산권 등 권리보호라는 헌법적 요청 및 법치행정의 원리에 따라 엄격한 심사를 해야 함"(〈낙동강하구둑 배수문 증설공사 입찰담합 건(지에스건설)〉),[52)] "고위임원이 위반행위의 일부기간에만 관여하였고 그 관여한 부분을 따로 산정하는 것이 가능한 경우에는 과징금 가중의 비율을 적절하게 결정하는 것이 타당함"(〈3개 드라이몰탈 제조사 부당공동행위 건(성신양회)〉)[53)]

47) 서고판 2015. 6. 25. 2014누8058.
48) 서고판 2015. 5. 7. 2014누63048(대판 2018. 12. 27. 2015두44028).
49) 서고판 2016. 7. 15. 2015누58(대판 2016. 12. 15. 2016두49334).
50) 서고판 2016. 3. 30. 2015누1016.
51) 대판 2018. 11. 15. 2016두48737.
52) 서고판 2015. 6. 25. 2014누8058(대판 2015. 10. 14. 2015두47539).
53) 대판 2008. 9. 25. 2007두12699(서고판 2018. 2. 7. 2017누35662; 대판 2018. 6. 28. 2018두393629).

〈16개 생명보험사업자의 부당공동행위 건〉[54] 관련 행정소송에서 「과징금 부과고시」 Ⅳ.3.다.(4)에서 자진신고자가 위반행위를 시정한 경우 자진시정에 따른 감경을 하지 않도록 하는 규정의 적법성이 문제되었는데, 서울고등법원은 자진시정감경과 자진신고감경은 그 목적이 다르고, 자진신고하기 전이자 조사를 시작하기도 전에 자진시정을 했다는 등의 이유로 자진신고자에 대하여 자진시정 감경을 하지 않은 것은 자기구속의 법리를 위반한 것이고 평등원칙에도 위배된다고 판시하였다.[55] 그리고 법원은 의무적 조정과징금 단계에서 과거 법위반행위를 근거로 가중하는 것은 정당하다고 판시하고 있다.[56]

④ 부과과징금

위반사업자(위반사업자단체를 포함)의 현실적 부담능력이나 그 위반행위가 시장에 미치는 효과 그 밖에 시장 또는 경제여건 및 법 제102조 제1항 제3호에 따른 위반행위로 인해 취득한 이득의 규모 등을 충분히 반영하지 못하여 현저히 과중하다고 판단되는 경우에는 그 임의적 조정과징금을 100분의 50의 범위에서 감액하여 부과과징금으로 정할 수 있다.[57]

다만, 위반사업자의 과징금 납부능력의 현저한 부족, 위반사업자가 속한 시장·산업여건의 현저한 변동 또는 지속적 악화, 경제위기, 그 밖에 이에 준하는 사유로 불가피하게 100분의 50을 초과하여 감액하는 것이 타당하다고 인정되는 경우에는 100분의 50을 초과하여 감액할 수 있다.[58] 2차 조정된 산정기준을 감

---

54) 공정의 2011. 12. 15. 2011.284.

55) 서고판 2012. 6. 14. 2012누2483.

56) 대판 2012. 1. 12. 2011두23054.

57) 의결일 직전 사업연도 사업보고서상 자본잠식 상태에 있는 경우 2차 조정된 산정기준의 100분의 50 이내에서 감액(다만, 자본잠식 상태인 경우라도, 이하의 100분의 30 이내 감액요건을 충족시키지 못하는 경우에는 2차 조정된 산정기준의 100분의 30 이내에서만 감액)할 수 있으며, 의결일 직전 사업연도 사업보고서상 (i) 부채비율이 300%를 초과 또는 200%를 초과하면서 같은 업종[「통계법」에 따라 통계청장이 고시하는 한국표준산업분류의 대분류 기준에 따른 업종(제조업의 경우 중분류 기준에 따른 업종)] 평균의 1.5배를 초과하고 (ii) 당기순이익이 적자이면서 (iii) 2차 조정된 산정기준이 잉여금 대비 상당한 규모인 경우 2차 조정된 산정기준의 100분의 30 이내에서 감액할 수 있다(「과징금 부과고시」 Ⅳ. 4).

58) 의결일 직전 사업연도 사업보고서상 위반사업자의 자본잠식률이 50% 이상이거나, (i) 의결일 직전 사업연도 사업보고서 상 부채비율이 400%를 초과 또는 200%를 초과하면서 같은 업종 평균의 2배를 초과하고 (ii) 의결일 기준 최근 2개 사업연도 사업보고서 상 당기순이익이 적자, (iii) 의결일 직전 사업연도 사업보고서상 자본잠식 등 세 가지 요건을 동시에 충족시키면서 50% 초과 감경 없이는 위반사업자가 사업을 더 이상 지속하기 어려운지 여부를 고려하여 적용한다(「과징금 부과고시」 Ⅳ. 4).

액하는 경우에는 공정거래위원회의 의결서에 그 이유를 명시하여야 한다.

위반사업자의 채무상태가 지급불능 또는 지급정지 상태에 있거나 부채의 총액이 자산의 총액을 초과하는 등의 사유로 인하여 위반사업자가 객관적으로 과징금을 납부할 능력이 없다고 인정되는 경우에는 과징금을 면제할 수 있다.

현실적 부담능력 관련하여 법원은 재무제표를 기준으로 판단하고 있다.

> "과징금에 대한 원고의 현실적 부담능력은 과징금이 부과되기 이전의 상태를 기준으로 판단함이 타당하므로, 원고의 재무제표에 이 사건 위반행위로 인하여 예상되는 과징금이 충당부채로 인식되어 있다면 이를 제외하고 판단하여야 함"(〈16개 골판지상자 제조판매사업자의 부당공동행위 건(삼보판지)〉),[59] "직전 3개년도 당기순이익 가중평균 적자 감경은 객관적인 '재무제표'를 기준으로 판단하는 것이 타당함"(〈8개 골판지 원지 제조판매사업자 등의 골판지 고지 구매 부당공동행위 건〉)[60] "자산·자본·부채상황, 당기순이익 등 손익 내용 및 이익잉여금의 규모 등 위반사업자의 전체적인 재정상태를 종합적으로 고려하여 판단하여야 함"(〈새만금방수제 동진 3공구 건설공구 부당공동행위 건(에스케이건설)〉)[61]

잉여금은 이익잉여금과 자본잉여금을 포함하는 개념인바 자본잉여금 역시 현실적 부담능력 판단요소 중의 하나로 해석된다(〈원주~강릉 철도건설 노반신설 기타공사 4개 공구 입찰 관련 4개 사업자의 부당공동행위 건[한진중공업(주)]〉).[62]

⑤ 부당한 공동행위 자진신고자 감면제도의 적용

법 제40조에 위반하는 행위로서 법 제44조의 적용대상이 되는 경우에는 그 기준에 따라 위 ④의 기준에 따라 결정된 부과과징금(부과과징금이 법정 한도액인 경우에는 그 금액)을 감경 또는 면제할 수 있다.

3. 세부기준

기본과징금의 부과기준율, 관련매출액의 산정에 관한 세부기준, 의무적 조

59) 서고판 2017. 7. 12. 2016누57788.

60) 서고판 2016. 12. 22. 2016누59425(대판 2017. 4. 13. 2017두32241).

61) 서고판 2015. 12. 10. 2015누1023(대판 2016. 4. 29. 2016두32152).

62) 서고판 2018. 10. 12. 2017누62695(대판 2019. 2. 28. 2018두63570).

정과징금 및 임의적 조정과징금의 산정을 위한 기준, 그 밖에 과징금의 부과에 관하여 필요한 세부적인 기준과 방법 등에 관한 사항은 공정거래위원회가 정하여 고시한다. 「과징금 부과고시」는 고시의 형태로 제정되었고 비록 독점규제법 및 동법 시행령의 위임에 따른 것이긴 하나 공정거래위원회의 독점규제법 및 동법 시행령에 따른 과징금 부과 시 그 재량권 행사의 세부기준을 정한 것에 불과하며, 따라서 「과징금 부과고시」는 공정거래위원회 내부의 사무처리준칙을 규정한 것에 불과하고 대외적으로 국민이나 법원을 기속하는 법규명령이라고 보기는 어렵다.63)

4. 회사의 합병 · 분할과 과징금의 부과 · 징수

공정거래위원회는 이 법의 규정을 위반한 회사인 사업자의 합병이 있는 경우에는 당해회사가 행한 위반행위는 합병후 존속하거나 합병에 의해 설립된 회사가 행한 행위로 보아 과징금을 부과 · 징수할 수 있다(법 제102조 제2항). 합병은 법인격이 포괄적으로 자동승계된다는 점에서 합병전 법인의 위반행위로 인하여 추상적인 의무부과의 가능성이 발생한 과징금부과처분을 받을 법적 지위도 합병후 법인에게 승계되는 것이다.64)

그러나 형사책임 관련하여 대법원은 "회사합병이 있는 경우 피합병회사의 권리 · 의무는 사법상의 관계나 공법상의 관계를 불문하고 모두 합병으로 인하여 존속하는 회사에 승계되는 것이 원칙이나, 그 성질상 이전을 허용하지 않는 것은 승계대상에서 제외되어야 한다. 양벌규정에 의한 법인의 처벌은 어디까지나 형벌의 일종으로서 행정적 제재처분이나 민사상 불법행위책임과는 성격을 달리하는 점, 형사소송법 제328조가 '피고인인 법인이 존속하지 아니하였을 때'를 공소기각결정의 사유로 규정하고 있는 것은 형사책임이 승계되지 않음을 전제로 한 것이라고 볼 수 있는 점 등에 비추어 보면, 법인이 형사처벌은 면탈하기 위한 방편으로 합병제도 등을 남용하는 경우 이를 처벌하거나 형사책임을 승계시킬 수 있는 근거규정을 특별히 두고 있지 않는 현행법 하에서는 합병으로 인하여 소멸한 법인이 양벌규정에 따라 부담하던 형사책임은 그 성질상 이전을 허용하지 않는 것으로서 합병으로 인하여 존속하는 법인에 승계되지 않는다"고

63) 서고판 2012. 6. 14. 2012누2483.

64) 홍대식, 공정거래법과 규제산업(2007), 348면.

판시하였다.[65)]

그러나 회사분할 전 회사의 법 위반행위에 대하여 과징금이 부과되지 아니한 상태에서 회사가 분할 될 경우 누가 과징금 부과대상인지에 관하여는 그간 아무런 규정을 두고 있지 않았다.

분할의 경우,[66)] 분할 전 위반행위를 이유로 신설회사에 대하여 과징금을 부과하는 것이 허용되는지 여부가 〈두산인프라코어(주)의 공동행위 건(지게차 제조)〉에서 쟁점이 되었다. 서울고등법원은 포괄적으로 승계된다고 보았으나,[67)] 대법원은 "「상법」은 회사분할에 있어서 분할되는 회사의 채권자를 보호하기 위하여, 분할로 인하여 설립되는 신설회사와 존속회사는 분할 전의 회사채무에 관하여 연대책임을 지는 것을 원칙으로 하고 있으나(제530조의9 제1항), 한편으로는 회사분할에 있어서 당사자들의 회사분할 목적에 따른 자산 및 채무 배정의 자유를 보장하기 위하여 소정의 특별의결 정족수에 따른 결의를 거친 경우에는 신설회사가 분할되는 회사의 채무 중에서 출자한 재산에 관한 채무만을 부담할 것을 정할 수 있다고 규정하고 있고(제530조의9 제2항), 신설회사 또는 존속회사는 분할하는 회사의 권리와 의무를 분할계획서가 정하는 바에 따라서 승계하도록 규정하고 있다(제530조의10). 그런데 이때 신설회사 또는 존속회사가 승계하는 것은 분할하는 회사의 권리와 의무라 할 것인바, 분할하는 회사의 분할 전 법 위반행위를 이유로 과징금이 부과되기 전까지는 단순한 사실행위만 존재할 뿐 그 과징금과 관련하여 분할하는 회사에게 승계의 대상이 되는 어떠한 의무가 있다고 할 수 없고, 특별한 규정이 없는 한 신설회사에 대하여 분할하는 회사의 분할 전 법 위반행위를 이유로 과징금을 부과하는 것은 허용되지 않는다 할 것이다"라고 판시하였다.[68)]

2012. 3. 21. 법 개정을 통하여 공정거래위원회는 과징금 처분 전에 법 위반회사가 분할된 경우 "분할되는 회사, 분할 또는 분할 합병으로 설립되는 회사, 존속하는 분할합병의 상대방 회사" 중 어느 하나에 과징금을 부과할 수 있게

---

65) 4대강 입찰담합 관련 건설산업기본법 위반 사건. 대판 2015. 12. 24. 2015도13946.

66) 회사분할이란 한 회사의 영업을 둘 이상으로 분리하고, 분리된 영업재산을 자본으로 하여 회사를 신설하거나 다른 회사와 합병시키는 조직법적 행위를 말한다. 회사분할의 법률관계에 관한 자세한 설명은 이황, 경제법판례연구(2006), 219~222면 참조.

67) 서고판 2006. 10. 26. 2006누3454.

68) 대판 2007. 11. 29. 2006두18928; 대판 2009. 6. 25. 2008두17035; 이 판결에 대해 찬성하는 논지로 이황, 경제법판례연구 제6권(2006), 243~248면 참조.

규정하였다(법 제102조 제3항). 이를 통해 제재의 실효성을 확보하고 법위반 사업자가 회사분할 등의 방식으로 과징금 납부의무를 회피하려는 시도를 차단하고자 하였다. 또한 법위반 회사가 「채무자 회생 및 파산에 관한 법률」 제215조에 따라 신회사를 설립하는 경우 기존회사 또는 신회사 중 어느 하나의 행위로 보고 과징금을 부과할 수 있게 규정하였다(법 제102조 제4항).

〈3개 크롤러 판매사업자의 부당공동행위 건(디알비동일, 동일 고무벨트 등)〉 관련 행정소송에서 법원은 "분할 전 위반행위에 대하여 존속회사인 디알비동일에 대하여, 분할 후 위반행위에 대하여는 분할로 설립되어 이 사건 공동행위의 대상인 농기계용 크롤러 사업부문을 승계한 동일 고무벨트에 대하여 처분을 한 것은 재량권 내의 행위로 적법하다"고 판시하였다.[69)]

Ⅳ. 관련 이슈

1. 시정조치와의 관계

시정조치와 과징금부과와의 관계에 대하여는 명문의 규정이 없으므로 시정조치와 과징금부과는 원칙적으로 별개로 보아야 한다. 이와 관련 시정명령을 하지 않고 과징금납부명령만 하는 심결례[70)]나, 나아가 시정명령·과징금부과 없이 고발만 한 심결례[71)]도 있음을 참고할 필요가 있다.

2. 관련매출액 산정기준 통화

외국사업자가 관련된 사건에서 매출액 산정의 기준통화에 대한 규정이 없어 사안마다 다르게 적용해 왔다. 이에 대하여 대법원은 "과징금은 국가가 위반행위에 대한 제재로 금전채무를 부과하는 것으로서 대한민국의 법정 통화인 원화로 부과되어야 하고, 재량권 일탈·남용 여부를 판단할 때 과징금의 경중은 원화로 표

69) 서고판 2017. 1. 11. 2015누64703.

70) 〈(주)풀무원의 지주회사행위제한규정 위반행위 건〉 공정의 2005. 8. 18. 2005－126: 〈채무보증제한기업집단 「현대자동차」소속 현대자동차(주)의 채무보증금지규정 위반행위 건〉 공정의 2003. 10. 6. 98－222 등.

71) 〈한국방송공사 전산장비입찰참가 3개사의 부당공동행위 건〉 공정의 2003. 12. 26. 2003.320 등.

시된 과징금 액수를 기준으로 판단하여야 하며, 외국 사업자가 그 금액을 조달하기 위한 외화 환산액을 기준으로 판단하여야 한다고 볼 수 없다"고 판시하였다.72) 〈26개 항공화물운송사업자의 부당공동행위 건〉 관련 행정소송에서 대법원은 "과징금 부과기준인 관련매출액을 합리적인 이유없이 외국사업자에 대하여 한국발 원화매출액을 자국통화로 산정한 후 이를 다시 원화로 산정하는 등 환율을 이중으로 적용하여 과징금을 부과함으로써, 국내사업자와 외국사업자사이에 서로 다른 기준을 산정함으로써 국내 사업자와 외국 사업자 사이에 과징금 액수의 균형을 상실하였으므로 비례·평등원칙을 위반하여 위법하다"고 판시하였다.73)

3. 회생채권과 과징금

공정거래위원회의 과징금 청구권은 관련 법률에 의하면 회생채권에 해당하므로, 즉 과징금 청구권은 회생계획인가의 결정이 있더라도 면책되지 않는 청구권에 해당하므로, 회생계획인가결정 전에 행위가 발생하였다면 공정거래위원회가 법원에 회생채권신고를 해야만 과징금을 부과할 수 있다는 것이 대법원의 입장이다.74)

「채무자회생법」에서는 '채무자에 대하여 회생절차개시 전의 원인으로 생긴 재산상의 청구권'을 회생채권의 하나로 정하고 있다. 행정상의 의무위반행위에 대하여 과징금을 부과하는 경우에 과징금 청구권은 위 조항에서 정한 재산상의 청구권에 해당하므로, 과징금 청구권이 회생채권인지는 그 청구권이 회생절차개시 전의 원인으로 생긴 것인지에 따라 결정된다.75) 채무자에 대한 회생절차개시 전에 과징금 납부의무자의 의무위반행위 자체가 성립하고 있으면, 그 부과처분이 회생절차개시 후에 있는 경우라도 과징금 청구권은 회생채권이 된다.76)

특정한 담합가담자의 회생절차개시 전후로 사업자들이 수회에 걸쳐 가격

72) 대판 2014. 5. 16. 2012두16046 등.

73) 대판 2014. 12. 24. 2012두6216, 2012두13412.

74) 서고판 2015. 5. 21. 2014누66849(대판 2015. 9. 10. 2015두44561). 회생계획인가결정이 있으면, 회생계획이나 채무자회생법에 의하여 인정된 권리를 제외하고는 채무자는 모든 회생채권에 관하여 책임을 면한다(「채무자회생법」 제251조 본문). 회생절차개시 전의 벌금·과료·형사소송비용·추징금 및 과태료의 청구권은 회생계획인가의 결정이 있더라도 면책되지 않는다(「채무자회생법」 제140조 제1항, 제251조 단서).

75) 대판 2018. 6. 15. 2016두65688.

76) 대판 2016. 1. 28. 2015두54193, 2018. 6. 15. 2016두65688.

결정 등에 관한 합의를 하였다면, 설령 회생절차가 개시된 사업자 외의 다른 담합가담자들에 대하여는 그 수회의 합의를 전체적으로 1개의 부당한 공동행위로 평가하는 데 아무런 지장이 없다고 하더라도, 회생절차가 개시된 그 담합가담자가 회생절차개시 이전에 한 합의에 대한 과징금 청구권은 회생채권이 된다고 봄이 타당하다. 또한 회생채권인 과징금 청구권을 회생채권으로 신고하지 아니한 채 회생계획인가결정이 된 경우에는, 「채무자회생법」 제251조 본문에 따라 면책의 효력이 생겨, 피고는 더 이상 그에 대한 부과권을 행사할 수 없다. 따라서 피고가 회생계획인가결정 후에 그에 대하여 한 부과처분은 부과권이 소멸된 뒤에 한 것이어서 위법하다.[77)]

4. 과징금 중복부과 여부

실질적 지배관계에 있다 하더라도 별개의 법인격 주체로서 공동행위에 직접 참여하여 지분율까지 할당한 이상, 둘 등 어느 한 사업자에게만 과징금을 부과하는 것은 타당하지 않다(〈호남고속철도 오송~광주송정 간(1,2공구) 궤도부설 기타공사 입찰 관련 5개 사업자의 부당공동행위 건[궤도공영(주)]〉).[78)]

77) 대판 2018. 6. 12. 2016두59102.

78) 서고판 2018. 10. 5. 2017누90621(대판 2019. 2. 28. 2018두62416).

제103조(과징금 납부기한의 연장 및 분할납부)

① 공정거래위원회는 과징금의 금액이 대통령령이 정하는 기준을 초과하는 경우로서 다음 각호의 1에 해당하는 사유로 인하여 과징금을 부과받은 자(이하 "과징금납부의무자"라 한다)가 과징금의 전액을 일시에 납부하기가 어렵다고 인정되는 때에는 그 납부기한을 연장하거나 분할납부하게 할 수 있다. 이 경우 필요하다고 인정하는 때에는 담보를 제공하게 할 수 있다.

1. 재해 또는 도난등으로 재산에 현저한 손실을 받는 경우
2. 사업여건의 악화로 사업이 중대한 위기에 처한 경우
3. 과징금의 일시납부에 따라 자금사정에 현저한 어려움이 예상되는 경우
4. 기타 제1호 내지 제3호에 준하는 사유가 있는 경우

② 과징금납부의무자가 제1항의 규정에 의한 과징금 납부기한의 연장 또는 분할납부를 신청하고자 하는 경우에는 과징금 납부를 통지받은 날부터 30일 이내에 공정거래위원회에 신청하여야 한다.

③ 공정거래위원회는 제1항의 규정에 의하여 납부기한이 연장되거나 분할납부가 허용된 과징금납부의무자가 다음 각호의 1에 해당하게 된 때에는 그 납부기한의 연장 또는 분할납부 결정을 취소하고 일시에 징수할 수 있다.

1. 분할납부 결정된 과징금을 그 납부기한내에 납부하지 아니한 때
2. 담보의 변경 기타 담보보전에 필요한 공정거래위원회의 명령을 이행하지 아니한 때
3. 강제집행, 경매의 개시, 파산선고, 법인의 해산, 국세 또는 지방세의 체납처분을 받은 때 등 과징금의 전부 또는 잔여분을 징수할 수 없다고 인정되는 때
4. 제1항에 따른 사유가 해소되어 과징금을 일시에 납부할 수 있다고 인정되는 때

④ 제1항 내지 제3항의 규정에 의한 과징금 납부기한의 연장 또는 분할납부등에 관하여 필요한 사항은 대통령령으로 정한다.

목 차

Ⅰ. 의 의
Ⅱ. 내 용
1. 납부기한연장 및 분할납부
2. 취 소

Ⅰ. 의 의

과징금 납부는 납부를 하는 회사 입장에서는 큰 부담으로 작용할 수 있다. 이에 일정한 사유가 있는 경우 납부를 연장하거나 분할 납부할 수 있게 하고 있다.

Ⅱ. 내 용

1. 납부기한연장 및 분할납부

공정거래위원회는 과징금의 금액이 대통령령[1)]이 정하는 기준을 초과하는 경우로서 ① 재해 또는 도난 등으로 재산에 현저한 손실을 받는 경우(제 1 호), ② 사업여건의 악화로 사업이 중대한 위기에 처한 경우(제 2 호),[2)] ③ 과징금의 일시납부에 따라 자금사정에 현저한 어려움이 예상되는 경우(제 3 호),[3)] ④ 기타 ①~③에 준하는 경우의 1에 해당하는 사유로 인하여 과징금을 부과받은 자(이하 "과징금납부의무자")가 과징금의 전액을 일시에 납부하기가 어렵다고 인정되는 때(제 4 호)에는 그 납부기한을 연장하거나 분할납부하게 할 수 있다. 이 경우

1) 제86조(과징금 납부기한의 연기 및 분할납부의 기준) ① 법 제103조 제 1 항에서 "대통령령으로 정하는 기준"이란 다음 각 호에서 규정된 매출액에 100분의 1을 곱한 금액 또는 10억원을 말한다. 1. 법 제 8 조 본문 2. 법 제43조 본문 3. 법 제50조 제 1 항 본문 4. 법 제50조 제 2 항 5. 법 제53조 제 2 항 본문 및 제 3 항 본문 ② 법 제103조 제 1 항에 따른 납부기한의 연기는 그 납부기한의 다음 날부터 2년을 초과할 수 없다. ③ 법 제103조 제 1 항에 따른 분할납부의 경우 각 분할된 납부기한 간의 간격은 6개월을 초과할 수 없으며, 분할 횟수는 6회를 초과할 수 없다. ⑤ 법 제103조 제 2 항에 따른 납부기한의 연기나 분할납부의 신청은 공정거래위원회가 정하여 고시하는 서식에 따른다.

2) 공정거래위원회는 ① 적자기업으로서 부채비율이 일정수준을 초과하여 추가적으로 자금을 조달하는 것이 어려운 경우, ② 부과된 과징금이 현금흐름상 기말의 현금을 초과하거나 전체 매출액에서 차지하는 비율이 일정 수준을 초과할 정도로 자금사정이 어려운 경우, ③ 원심결후 사정변경에 따라 이와 같은 상황에 처한 경우 등을 자금사정에 현저한 어려움이 예상되는 경우로 판단하고 있다. 공정의 2008-163, 164 등.

3) 제86조(과징금 납부기한의 연기 및 분할납부의 기준) ④ 공정거래위원회는 법 제103조 제 1 항 제 3 호에 따라 과징금의 납부기간을 연기하거나 분할납부하게 하는 경우 다음 각 호의 사항을 고려해야 한다. 1. 납부기한 연기 또는 분할납부 신청 당시 과징금을 부과받은 자에게 직전 3개 사업연도 동안 연속하여 당기 순손실이 발생하였는지 여부 2. 납부기한 연기 또는 분할납부 신청 당시 과징금을 부과받은 자가 자본총액의 2배를 초과하는 부채를 보유하고 있는지 여부 3. 그 밖에 제 1 호 또는 제 2 호의 경우와 유사한 사유로서 공정거래위원회가 정하여 고시하는 사항

필요하다고 인정하는 때에는 담보를 제공하게 할 수 있다(법 제103조 제1항).

과징금납부의무자가 위의 과징금 납부기한의 연장 또는 분할납부를 신청하고자 하는 경우에는 과징금 납부를 통지받은 날부터 30일 이내에 공정거래위원회에 신청하여야 한다(법 제103조 제2항).

2. 취　　소

공정거래위원회는 납부기한이 연장되거나 분할납부가 허용된 과징금납부의무자가가 ① 분할납부 결정된 과징금을 그 납부기한내에 납부하지 아니한 때(제1호), ② 담보의 변경 기타 담보보전에 필요한 공정거래위원회의 명령을 이행하지 아니한 때(제2호), ③ 강제집행, 경매의 개시, 파산선고, 법인의 해산, 국세 또는 지방세의 체납처분을 받은 때에 해당하게 된 때 등 과징금의 전부 또는 잔여분을 징수할 수 없다고 인정되는 때(제3호), ④ 연장·분할납부의 사유가 해소되어 과징금을 일시에 납부할 수 있다고 인정되는 때(제4호)에는 그 납부기한의 연장 또는 분할 결정을 취소하고 일시에 징수할 수 있다(법 제103조 제3항).

제104조(과징금의 연대납부의무)

① 과징금을 부과받은 회사인 사업자가 분할 또는 분할합병되는 경우(부과일에 분할 또는 분할합병되는 경우를 포함한다) 그 과징금은 다음 각호의 회사가 연대하여 납부할 책임을 진다.

1. 분할되는 회사
2. 분할 또는 분할합병으로 인하여 설립되는 회사
3. 분할되는 회사의 일부가 다른 회사와 합병하여 그 다른 회사가 존속하는 경우의 그 다른 회사

② 과징금을 부과받은 회사인 사업자가 분할 또는 분할합병으로 인하여 해산되는 경우(부과일에 해산되는 경우를 포함한다) 그 과징금은 다음 각호의 회사가 연대하여 납부할 책임을 진다.

1. 분할 또는 분할합병으로 인하여 설립되는 회사
2. 분할되는 회사의 일부가 다른 회사와 합병하여 그 다른 회사가 존속하는 경우의 그 다른 회사

제105조(과징금 징수 및 체납처분)

① 공정거래위원회는 과징금납부의무자가 납부기한까지 과징금을 납부하지 아니한 경우에는 납부기한의 다음 날부터 납부한 날까지의 기간에 대하여 연 100분의 40의 범위 안에서 「은행법」에 따른 은행 연체이자율을 고려하여 대통령령으로 정하는 바에 따라 가산금을 징수한다. 이 경우 가산금을 징수하는 기간은 60개월을 초과하지 못한다.

② 공정거래위원회는 과징금납부의무자가 납부기한내에 과징금을 납부하지 아니한 때에는 기간을 정하여 독촉을 하고, 그 지정한 기간안에 과징금 및 제 1 항의 규정에 의한 가산금을 납부하지 아니한 때에는 국세체납처분의 예에 따라 이를 징수할 수 있다.

③ 공정거래위원회는 제 1 항 및 제 2 항의 규정에 의한 과징금 및 가산금의 징수 또는 체납처분에 관한 업무를 국세청장에게 위탁할 수 있다.

④ 공정거래위원회는 체납된 과징금의 징수를 위하여 필요하다고 인정되는 경우에는 국세청장에 대하여 과징금을 체납한 자에 대한 국세과세에 관한 정보의 제공을 요청할 수 있다.

⑤ 과징금 업무를 담당하는 공무원이 과징금의 징수를 위하여 필요한 때에는 등기소 기타 관계 행정기관의 장에게 무료로 필요한 서류의 열람이나 등사 또는 그 등본이나 초본의 교부를 청구할 수 있다.

⑥ 과징금의 징수에 관하여 필요한 사항은 대통령령으로 정한다.

목　차

Ⅰ. 의　의
Ⅱ. 내　용
1. 가산금의 징수
2. 체납처분
3. 위　탁
4. 국세과세에 관한 정보제공요청
5. 서류열람 등 청구

Ⅰ. 의 의

본조에서는 과징금부과처분을 받은 사업자가 기한내에 과징금을 납부하지 아니하는 경우 절차를 규정하고 있다.

Ⅱ. 내 용

1. 가산금의 징수

공정거래위원회는 과징금납부의무자가가 납부기한까지 과징금을 납부하지 아니한 경우에는 납부기한의 다음 날부터 납부한 날까지의 기간에 대하여 연 100분의 40의 범위 안에서 「은행법」에 따른 은행 연체이자율을 고려하여 *대통령령*[1])으로 정하는 바에 따라 가산금을 징수한다. 이 경우 가산금을 징수하는 기간은 60개월을 초과하지 못한다(법 제105조 제 1 항).

현재 과징금의 체납가산금은 체납된 과징금에 연 1천분의 75를 곱하여 계산한 금액으로 한다(영 제64조).

2. 체납처분

공정거래위원회는 과징금납부의무자가 납부기한내에 과징금을 납부하지 아니한 때에는 기간을 정하여 독촉을 하고, 그 지정한 기간안에 과징금 및 가산금을 납부하지 아니한 때에는 국세체납처분의 예에 따라 이를 징수할 수 있다(법 제105조 제 2 항).[2)]

1) 제87조(과징금 징수 및 체납처분) ① 법 제105조 제 1 항에 따른 과징금의 가산금은 체납된 과징금에 연 1천분의 75를 곱하여 계산한 금액으로 한다. ③ 법 제105조 제 3 항에 따른 체납처분의 위탁에 관하여는 제25조를 준용한다.

2) 제87조(과징금 징수 및 체납처분)② 법 제105조 제 2 항에 따른 독촉에 관하여는 제24조를 준용한다.

3. 위　　탁

공정거래위원회는 과징금 및 가산금의 징수 또는 체납처분에 관한 업무를 국세청장에게 위탁할 수 있다(법 제105조 제 3 항).[3)]

4. 국세과세에 관한 정보제공요청

공정거래위원회는 체납된 과징금의 징수를 위하여 필요하다고 인정되는 경우에는 국세청장에 대하여 과징금을 체납한 자에 대한 국세과세에 관한 정보의 제공을 요청할 수 있다(법 제105조 제 4 항).[4)]

5. 서류열람 등 청구

과징금 업무를 담당하는 공무원이 과징금의 징수를 위하여 필요한 때에는 등기소 기타 관계 행정기관의 장에게 무료로 필요한 서류의 열람이나 등사 또는 그 등본이나 초본의 교부를 청구할 수 있다(법 제105조 제 5 항).

---

3) 제87조(과징금 징수 및 체납처분) ③ 법 제105조 제 3 항에 따른 체납처분의 위탁에 관하여는 제25조를 준용한다.

4) 제88조(국세과세정보요구절차) ① 공정거래위원회는 법 제105조 제 4 항에 따라 국세청장에게 국세과세에 관한 정보의 제공을 요청하는 경우 다음 각 호의 서류를 첨부한 서면으로 해야 한다. 1. 공정거래위원회의 의결서 2. 세입징수결의서 및 고지서 3. 납부 독촉장 ② 국세청장은 제 1 항에 따른 요청을 받은 경우 특별한 사정이 없으면 30일 이내에 서면으로 국세과세에 관한 정보를 제공해야 한다.

제106조(과징금 환급가산금)

공정거래위원회가 이의신청의 재결 또는 법원의 판결 등의 사유로 과징금을 환급하는 경우에는 과징금을 납부한 날부터 환급한 날까지의 기간에 대하여 대통령령이 정하는 바에 따라 환급가산금을 지급하여야 한다. 다만, 법원의 판결에 의하여 과징금부과처분이 취소되어 그 판결이유에 따라 새로운 과징금을 부과하는 경우에는 당초 납부한 과징금에서 새로 부과하기로 결정한 과징금을 공제한 나머지 금액에 대해서만 환급가산금을 계산하여 지급한다.

환급가산금요율에 대하여 *대통령령*[1])이 정하고 있다.

제107조(결손처분)

① 공정거래위원회는 과징금·과태료, 그 밖에 이 법에 따른 징수금(이하 "징수금등"이라 한다)의 납부의무자에게 다음 각 호의 어느 하나에 해당하는 사유가 있는 경우에는 결손처분을 할 수 있다.

1. 체납처분이 끝나고 체납액에 충당된 배분금액이 체납액에 못 미치는 경우
2. 징수금등의 징수권에 대한 소멸시효가 완성된 경우
3. 체납자의 행방이 분명하지 아니하거나 재산이 없다는 것이 판명된 경우
4. 체납처분의 목적물인 총재산의 추산가액이 체납처분비에 충당하고 남을 여지가 없음이 확인된 경우
5. 체납처분의 목적물인 총재산이 징수금등보다 우선하는 국세, 지방세, 전세권·질권 또는 저당권에 의하여 담보된 채권 등의 변제에 충당하고 남을 여지가 없음이 확인된 경우
6. 징수할 가망이 없는 경우로서 대통령령으로 정하는 사유에 해당되는 경우

② 제1항에 따라 결손처분을 할 때에는 지방행정기관 등 관계 기관에 대하여 체납자의 행방 또는 재산의 유무를 조사하고 확인하여야 한다.

---

1) 제89조(환급가산금 요율) 법 제106조에 따른 환급가산금은 환급될 과징금에 대해 「국세기본법 시행령」 제43조의3 제2항 본문에 따른 기본이자율을 곱하여 계산한 금액으로 한다.

③ 제 1 항 제 4 호 또는 제 5 호의 요건에 해당되어 결손처분을 할 때에는 체납처분을 중지하고 그 재산의 압류를 해제하여야 한다.

④ 공정거래위원회는 제 1 항에 따라 결손처분을 한 후 압류할 수 있는 다른 재산을 발견한 때에는 지체 없이 결손처분을 취소하고 체납처분을 하여야 한다. 다만, 제 1 항 제 2 호에 해당하는 경우에는 그러하지 아니하다.

징수할 가망이 없는 경우는 *대통령령*[1]으로 정하고 있다.

1) 제90조(결손처분) 법 제107조 제 1 항 제 6 호에서 "대통령령으로 정하는 사유"란 다음 각 호의 사유를 말한다. 1. 「채무자 회생 및 파산에 관한 법률」 제251조에 따라 면책된 경우 2. 불가피한 사유로 환수가 불가능하다고 인정되는 경우로서 공정거래위원회가 정하여 고시한 경우

제12장

•

금지청구 및 손해배상

제108조(금지청구 등)
제109조(손해배상책임)
제110조(기록의 송부등)
제111조(자료의 제출)
제112조(비밀유지명령)
제113조(비밀유지명령의 취소)
제114조(소송기록 열람 등의 청구 통지 등)
제115조(손해액의 인정)

제108조(금지청구 등)

① 제45조제 1 항(제 9 호는 제외한다) 및 제51조제 1 항제 4 호[제45조제 1 항(제 9 호는 제외한다)에 따른 불공정거래행위에 관한 부분으로 한정한다]를 위반한 행위로 피해를 입거나 피해를 입을 우려가 있는 자는 그 위반행위를 하거나 할 우려가 있는 사업자 또는 사업자단체에 자신에 대한 침해행위의 금지 또는 예방을 청구할 수 있다.

② 제 1 항에 따른 금지청구의 소를 제기하는 경우에는 「민사소송법」에 따라 관할권을 갖는 지방법원 외에 해당 지방법원 소재지를 관할하는 고등법원이 있는 곳의 지방법원에도 제기할 수 있다.

③ 법원은 제 1 항에 따른 금지청구의 소가 제기된 경우에 그로 인한 피고의 이익을 보호하기 위하여 필요하다고 인정하면 피고의 신청이나 직권으로 원고에게 상당한 담보의 제공을 명할 수 있다.

목 차

Ⅰ. 사인의 침해금지 및 예방 청구
Ⅱ. 금지청구 소의 관할
Ⅲ. 담보제공명령

Ⅰ. 사인의 침해금지 및 예방 청구

제45조 제 1 항(제 9 호는 제외) 및 제51조 제 1 항 제 4 호[제45조 제 1 항(제 9 호는 제외)에 따른 불공정거래행위에 관한 부분으로 한정]를 위반한 행위로 피해를 입거나 피해를 입을 우려가 있는 자는 그 위반행위를 하거나 할 우려가 있는 사업자 또는 사업자단체에 자신에 대한 침해행위의 금지 또는 예방을 청구할 수 있다(법 제108조 제 1 항).

거래상 지위남용 등 불공정 행위로 인해 피해를 입거나 피해를 당할 우려가 있는 경우, 지금까지 피해자들은 공정위 신고 후 조치를 기다려야 하였으나, 앞으로는 피해자들이 공정거래위원회를 거치지 않고 직접 해당 침해 행위의 금

지 또는 예방을 법원에 청구할 수 있게 된다.[1)]

공정거래위원회의 시정조치가 공익보호의 관점에서 위반행위로 인한 경쟁질서 또는 거래질서의 침해를 회복한다는 측면에서의 구제를 목적으로 하는 데 반하여, 금지청구제도는 사익보호의 관점에서 위반행위로 인한 피해를 교정한다는 측면에서의 구제를 목적으로 한다는 점에서 구별될 수 있다.[2)] 그동안에도 대법원은 부정한 경쟁행위에 대하여 민법상 불법행위에 해당하고, 금전배상을 명하는 것만으로 피해자 구제의 실효성을 기대하기 어렵고, 행위의 금지로 인하여 보호되는 피해자의 이익과 그로 인한 가해자의 불이익을 비교·교량할 때 피해자의 이익이 더 큰 경우에는 그 행위의 금지 또는 예방을 청구할 수 있다고 판시하였는데,[3)] 독점규제법 위반의 경우에도 이를 적용할 수 있다는 견해가 있었다.[4)]

미국 「클레이튼법(Clayton Act)」 제16조에서는 금지청구권까지 인정하고 있고,[5)] 금지청구(injunctive relief)의 범위와 관련하여 연방대법원은 매각(divestiture)도 금지청구의 한 형태라고 인정하였다.[6)] 독일의 경우에도 「경쟁제한방지법(GWB)」 제33조에서 금지청구권을 인정하고 있다.

---

1) 공정거래위원회 보도자료(2020. 12. 29.).

2) 홍대식, 2019년 경쟁법학회 춘계학술대회(2019. 3. 22), 21면.

3) 대결 2010. 8. 25. 2008마1541.

4) 서정, 경쟁과 법 제 1 호(2013. 10), 19~21면. “경쟁자가 상당한 노력과 투자에 의하여 구축한 성과물을 상도덕이나 공정한 경쟁질서에 반하여 자신의 영업을 위하여 무단으로 이용함으로써 경쟁자의 노력과 투자에 편승하여 부당하게 이익을 얻고 경쟁자의 법률상 보호할 가치가 있는 이익을 침해하는 행위는 부정한 경쟁행위로서 민법상 불법행위에 해당하는바, 위와 같은 무단이용 상태가 계속되어 금전배상을 명하는 것만으로는 피해자 구제의 실효성을 기대하기 어렵고 무단이용의 금지로 인하여 보호되는 피해자의 이익과 그로 인한 가해자의 불이익을 비교·교량할 때 피해자의 이익이 더 큰 경우에는 그 행위의 금지 또는 예방을 청구할 수 있다”; 그 후 하급심판결(서울남부지방법원 2011. 11. 4.자 2011카합695 결정)에서 독점규제법 위반행위에 대하여 금지청구권을 인용하고 있다.

5) Sec. 26. Injunctive relief for private parties; exception; costs (§16 of the Clayton Act) “Any person, firm, corporation, or association shall be entitled to sue for and have injunctive relief, in any court of the United States having jurisdiction over the parties, against threat-ened loss or damage by a violation of the antitrust laws, including sections 13, 14, 18, and 19 of this title, when and under the same conditions and principles as injunctive relief against threatened conduct that will cause loss or damage is granted by courts of equity, under the rules governing such proceedings, and upon the execution of proper bond against damages for an injunction improvidently granted and a showing that the danger of irreparable loss or damage is immediate, a preliminary injunction may issue: Provided”. 금지청구권 관련한 미국의 판례 및 도입과 관련된 쟁점에 대하여 곽상현, “공정거래법의 집행과 금지청구제도”, 경쟁저널 131호(2007. 3), 2~31면 참조.

6) California v. American Stores Co., 495 U.S. 271, 110 S.Ct. 1853(1990).

Ⅱ. 금지청구 소의 관할

제 1 항에 따른 금지청구의 소를 제기하는 경우에는 「민사소송법」에 따라 관할권을 갖는 지방법원 외에 해당 지방법원 소재지를 관할하는 고등법원이 있는 곳의 지방법원에도 제기할 수 있다(법 제108조 제 2 항).

Ⅲ. 담보제공명령

법원은 제 1 항에 따른 금지청구의 소가 제기된 경우에 그로 인한 피고의 이익을 보호하기 위하여 필요하다고 인정하면 피고의 신청이나 직권으로 원고에게 상당한 담보의 제공을 명할 수 있다(법 제180조 제 3 항).

제109조(손해배상책임)

① 사업자 또는 사업자단체는 이 법을 위반함으로써 피해를 입은 자가 있는 경우에는 해당 피해자에 대하여 손해배상의 책임을 진다. 다만, 사업자 또는 사업자단체가 고의 또는 과실이 없음을 입증한 경우에는 그러하지 아니하다.

② 제1항에도 불구하고 사업자 또는 사업자단체는 제40조, 제48조 또는 제51조 제1항 제1호를 위반함으로써 손해를 입은 자가 있는 경우에는 그 자에게 발생한 손해의 3배를 넘지 아니하는 범위에서 손해배상의 책임을 진다. 다만, 사업자 또는 사업자단체가 고의 또는 과실이 없음을 입증한 경우에는 손해배상의 책임을 지지 아니하고, 사업자가 제44조 제1항 각 호의 어느 하나에 해당하는 경우 그 배상액은 해당 사업자가 제40조를 위반하여 손해를 입은 자에게 발생한 손해를 초과해서는 아니 된다.

③ 법원은 제2항의 배상액을 정할 때에는 다음 각 호의 사항을 고려하여야 한다.

1. 고의 또는 손해 발생의 우려를 인식한 정도
2. 위반행위로 인한 피해 규모
3. 위반행위로 사업자 또는 사업자단체가 취득한 경제적 이익
4. 위반행위에 따른 벌금 및 과징금
5. 위반행위의 기간·횟수 등
6. 사업자의 재산상태
7. 사업자 또는 사업자단체의 피해구제 노력의 정도

④ 제44조 제1항 각 호의 어느 하나에 해당하는 사업자가 제2항에 따른 배상책임을 지는 경우에는 다른 사업자와 공동으로 제40조를 위반하여 손해를 입은 자에게 발생한 손해를 초과하지 아니하는 범위에서 「민법」 제760조에 따른 공동불법행위자의 책임을 진다.

목 차

Ⅰ. 의 의
　1. 개 념
　2. 법적 성격
　3. 과징금제도와의 구별
Ⅱ. 내 용
　1. 성립요건
　2. 시정조치 전치주의 폐지
　3. 소멸시효
　4. 3배 배상제도

[참고문헌]

단행본: 신광식, 공정거래정책 혁신론, 나남출판, 2006; 홍명수, 경제법 Ⅱ, 경인문화사, 2010; Hovenkamp, Herbert, Antitrust (Third Edition), West Group, 1999

논 문: 곽상현, “공정거래법의 집행과 금지청구제도”, 경쟁저널 제131호, 한국공정경쟁연합회, 2007. 3; 김두진, “경쟁법과 집단소송제도”, 2019년 한국경쟁법학회 춘계학술대회, 2019. 3. 22; 김상중, “경쟁질서 위반행위로 인한 손해배상책임”, 경희법학, 제50권 제 4 호, 경희법학연구소, 2015. 12; 김용상, “미국 경쟁법의 3배 손해배상제도”, 경쟁저널 제170호, 공정경쟁연합회, 2013. 9; 김용상/정진, “미국 경쟁법상 사인의 금지청구제도(Injunctive Relief by Private Parties)”, 경쟁저널 제168호, 공정경쟁연합회, 2013. 5; 김차동, “집단소송제 도입에 관한 기초적 이해”, 경쟁저널 제168호, 공정경쟁연합회, 2013; 박해식, “과징금의 법적 성격”, 공정거래법강의Ⅱ(권오승 편), 법문사, 2000; 서정, “금지청구제도의 입법동향과 전망”, 경쟁과 법 제 1 호, 서울대학교 경쟁법센터, 2013.10; 서혜숙, “경쟁법 위반 사건에서의 손해배상액 산정기준과 EU사례”, 경쟁저널 제144호, 한국공정경쟁연합회, 2009. 5; 오진환, “독점규제법상 손해배상제도”, 공정거래법강의Ⅱ(권오승 편), 법문사, 2000; 윤성운, “동의의결제도와 손해배상소송의 쟁점”, 경쟁과 법 제 2 호, 서울대학교 경쟁법센터, 2014. 4; 윤성운, “공정거래법 위반 손해배상소송의 쟁점과 현황”, 남천 권오승교수 정년기념논문집(시장경제와 사회조화), 법문사, 2015; 윤세리, “공정거래법상의 손해배상소송－미국 독점금지법상의 손해배상소송을 중심으로－”, 공정거래와 법치(권오승 편), 법문사, 2004; 윤세리, “미국 독점금지법상의 사소제도(私訴制度)”, 경쟁법연구 제 9 권, 한국경쟁법학회, 2003. 4; 이선희, “카르텔로 인한 손해배상소송의 손해액산정에 관한 검토”, 경쟁저널 제155호, 공정경쟁연합회, 2011. 3; 정완, “독점규제법상 징벌적 손해배상제도 도입에 관한 입법방안 검토”, 경희법학 제52권 제 1 호, 경희법학연구소. 2017. 3. 30; 주진열, “카르텔 손해액 추정을 위한 계량경제분석의 규범적 통제”, 법학연구(연세대학교 법학연구원), 제22권 제 1 호(2012년 3월); 주진영, “카르텔 집단손해배상제의 필요성에 대한 비교법경제학적 고찰”, 2012 상반기 법·경제그룹(LEG) 연구보고서, 한국공정거래조정원, 2012. 7; 최승재, “독일의 담합사건에서의 민사적 구제와 손해배상액의 산정”, 경쟁저널 제162호, 공정경쟁연합회, 2012. 3; 홍대식, “공정거래법의 사적 집행에 관한 국내동향과 쟁점”, 경쟁저널 제145호, 한국공정경쟁연합회, 2009. 7; 홍대식, “독점규제법 사적집행제도로서의 사인의 금지청구제도”, 2019년 한국경쟁법학회 춘계학술대회, 2019. 3. 22; 홍명수, “독점규제법상 집단분쟁해결제도의 도입 검토”, 경쟁저널 제168호, 공정경쟁연합회, 2013; 홍완식, “징벌적 손해배상제도에 관한 입법평론”, 경희법학 제52권 제 2

호, 경희법학연구소. 2017. 6. 30

[참고사례]

(주) **정산실업에 대한 손해배상 건**(공정거래위원회 1987. 5. 6. 의결 제87-30호; 수원지방법원 1989. 6. 26. 선고 87가합1909 판결; 서울고등법원 1990. 4. 11. 선고 89나31615 판결); **운송사간 손해배상 관련 건**(대법원 1987. 7. 7. 선고 86다카706 판결); **서울특별시 연식품공업협동조합에 대한 손해배상 건**(공정거래위원회 1990. 7. 25. 의결 제90-41호; 서울지방법원서부지원 1990. 5. 11. 선고 89가합2738); **정산실업의 불공정거래행위 건**(서울고등법원 1989. 10. 13. 선고 89나18711 판결; 대법원 1990. 4. 10. 선고 89다카29075 판결[손해배상(기)]); (주)**조흥은행의 거래상지위 남용행위 관련 손해배상 건**(부산고등법원 1998. 8. 21. 선고 97나1501 판결; 대법원 1999. 12. 10. 선고 98다46587 판결); (주)**삼환까뮤의 우월적지위남용행위 건**(공정거래위원회 1997. 4. 12. 의결 제97-53호, 1997. 7. 15. 재결 제97-20호; 서울고등법원 1999. 1. 19. 선고 97구34343 판결; 대법원 2000. 6. 9. 선고 99두2314 판결); **현대오일뱅크**(주) **외 1의 부당공동행위 건**(공정거래위원회 2000. 10. 17. 의결 2000-158호, 2001. 2. 28. 재결 제2001-010호; 서울고등법원 2002. 6. 20. 선고 2000누15028 판결; 대법원 2004. 10. 27. 선고 2002두6842 판결; 서울고등법원 2005. 11. 30. 선고 2004누24457 판결; 대법원 2008. 11. 13. 선고 2006두675 판결); **에스대시오일**(주)**의 부당공동행위 건**(공정거래위원회 2000. 10. 17. 의결 2000-158호; 서울고등법원 2002. 4. 9. 선고 2001누4803 판결; 대법원 2004. 11. 12. 선고 2002두5627 판결; 서울고등법원 2006. 1. 12. 선고 2005누489 판결; 대법원 2008. 2. 15. 선고 2006두4226 판결); **에스케이주식회사 외 4인의 군납유류입찰담합 건**(서울중앙지방법원 2007. 1. 23. 선고 2001가합10682 판결[손해배상(기)]; 서울고등법원 2009. 12. 30. 선고 2007나25157; 대법원 2011. 7. 28. 선고 2010다18850 판결[손해배상(기)]); **마이크로소프트 코퍼레이션 및 한국마이크로소프트 유한회사의 시장지배적지위 남용행위 등 건**(공정거래위원회 2006. 2. 24. 의결 제2006-42호; 서울중앙지방법원 2009. 6. 11. 선고 2007가합90505 판결[손해배상(기)]); **3개 학생복제조업체의 부당공동행위 건**(공정거래위원회 2001. 5. 31. 의결 제2001-082호; 서울 중앙지방법원 2005. 6. 17. 선고 2002가합590 판결; 서울고등법원 2007. 6. 27. 선고 2005나109365 판결[손해배상(기)]); **8개 밀가루 제조·판매업체들의 부당공동행위 건**(공정거래위원회 2006. 4. 13. 의결 제2006-079호; 서울중앙지방법원 2009. 5. 27. 선고 2006가합99567 판결; 서울고등법원 2010. 10. 14. 선고 2009나6512 판결; 대법원 2012. 11. 29. 선고 2010다93790 판결[손해배상(기)]); (주)**이야기의 거래상지위 남용행위 건**(공정거래위원회 2007. 4. 25. 의결 제

2007−254호; 대구고등법원 2010. 2. 19. 선고 2009나1512 판결; 대법원 2012. 6. 14. 선고 2010다26035 판결; 대구고등법원 2013. 2. 1. 선고 2012나3433 판결[손해배상(기)]; **7개 신용카드사업자의 부당공동행위 건**(공정거래위원회, 2008. 3. 5. 의결 제2008−079호; 서울중앙지방법원 2012. 8. 17. 선고 2011가합95248 판결; 서울고등법원 2013. 10. 15. 선고 2012나77060 판결; 대법원 2014. 9. 4. 선고 2013다215843 판결[손해배상(기)]; **남양유업의 거래상 지위 남용행위 건**[공정거래위원회 2013. 10. 14. 의결 제2013.165호; 서울고등법원 2017. 7. 7. 선고 2016나2001302, 2001319 판결; 대법원 2017. 12. 5. 선고 2017다252987, 252994 판결[손해배상(기) · 부당이득금]]

Ⅰ. 의 의

1. 개 념

사업자 또는 사업자단체는 이 법을 위반함으로써 피해를 입은 자가 있는 경우에는 당해피해자에 대하여 손해배상의 책임을 진다(법 제109조 제 1 항 본문).

법제정 당시부터 무과실의 손해배상책임을 인정하였으나, 2004. 12. 31. 제11차 법개정으로 고의 · 과실의 입증책임을 법위반사업자에게 전환하였다. 다만 이를 재판상 주장하기 위해서는 첫째, 동법에 의한 시정조치가 확정된 이후여야 하고, 둘째, 행사할 수 있는 날로부터 1년이내에 행사해야 한다는 제한이 있었다. 1년의 소멸시효기간은 1996. 12. 30. 제 5 차 법개정시 3년으로 연장되었다. 2004. 12. 31. 제11차 법개정시 시정조치 전치주의가 폐지되었고, 3년의 시효기간도 폐지되었다. 따라서 공정거래위원회의 시정조치와 관계없이 손해배상을 청구할 수 있게 되었다.

미국의 경우 「클레이튼법(Clayton Act)」 제 4 조에서 실손해의 3배 및 합리적인 변호사비용을 포함한 소송비용을 배상토록 하고 있다.[1] 1976년 반트러스트시행법

1) Sec. 15. Suits by persons injured (§ 4 of the Clayton Act) (a) Amount of recovery; pre−judgment interest "any person who shall be injured in his business or property by reason of anything forbidden in the antitrust laws may sue therefor in any district court of the United States in the district in which the defendant resides or is found or has an agent, without respect to the amount in controversy, and shall recover threefold the damages by him sustained, and the cost of suit, including a reasonable attorney's fee"; 실례로 Utah Pie Co. v. Continental Baking Co., 386 U.S. 685, 87 S.Ct. 1326(1967). 다만 2004. 6 「반독점형벌

안(Antitrust Enforcement Bill)인 「하트·스코트·로디노 반 트러스트개정법(Hart－Scott－Rodino Antitrust Improvements Act of 1976:("H－S－R Act")」이 제정되어 소비자인 시민을 대위하여 주검찰총장이 연방법원에 3배배상소송을 제기할 수 있는 부권(父權)소송(parens patriae)을 신설하여 다수의 시민에게 영향을 미치는 「셔먼법(Sherman Act)」 위반행위에 대한 구제책을 마련하였다(「클레이튼법(Clayton Act)」 제 4 조 C).[2] 독일의 경우 「경쟁제한방지법(GWB)」 제33조에서 손해배상에 대하여 규정하고 있다. EU에서는 2014. 12. 26. 「손해배상 청구소송에 관한 지침(Directive on antitrust damages)」[3]이 시행되었다.

손해배상소송은 금지청구권과 함께 흔히 사소(私訴) 또는 독점금지법의 사

강화 및 개혁법(Antitrust Criminal Oenalty Enhancement and Reform Act)」에서 리니언시 신청자에 대하여는 손해배상소송에서의 협조를 조건으로 실손해만 배상하도록 규정하였다(Section 213). 통상적으로 징벌적 손해배상제도라고 하는데 영국의 1763년 〈Huckle v. Money 사건〉에서 처음 징벌적 손해배상이란 용어가 등장하고, 그 후 미국, 캐나다, 호주, 뉴질랜드 등 주로 영미법계국가로 파급되어 사용되고 있다. 정완, 경희법학 제52권 제 1 호(2017. 3. 30).

2) Sec. 15c. Actions by State attorneys general (§4c of the Clayton Act) "(a) Parens patriae; monetary relief; damages; prejudgment interest (1) Any attorney general of a State may bring a civil action in the name of such State, as parens patriae on behalf of natural persons residing in such State, in any district court of the United States having jurisdiction of the defendant, to secure monetary relief as provided in this section for injury sustained by such natural persons to their property by reason of any violation of sections 1 to 7 of this title. (2) The court shall award the State as monetary relief threefold the total damage sustained as described in paragraph (1) of this subsection, and the cost of suit, including a reasonable attorney's fee. The court may award under this paragraph, pursuant to a motion by such State promptly made, simple interest on the total damage for the period beginning on the date of service of such State's pleading setting forth a claim under the antitrust laws and ending on the date of judgment, or for any shorter period therein, if the court finds that the award of such interest for such period is just in the circumstances. In determining whether an award of interest under this paragraph for any period is just in the circumstances, the court shall consider only －(A) whether such State or the opposing party, or either party's representative, made motions or asserted claims or defenses so lacking in merit as to show that such party or representative acted intentionally for delay or otherwise acted in bad faith;(B) whether, in the course of the action involved, such State or the opposing party, or either party's representative, violated any applicable rule, statute, or court order providing for sanctions for dilatory behavior or other wise providing for expeditious proceedings; and (C) whether such State or the opposing party, or either party's representative, engaged in conduct primarily for the purpose of delaying the litigation or increasing the cost thereof".

3) 「EU 경쟁법 및 회원국의 국내 경쟁법 위반으로 인한 손해배상 청구소송에 관한 지침(Directive of the European Parliament and of the Council of 26 November 2014 on certain rules governing actions for damages under national law for infringements of competition law provisions of the Member States and of the European Union)」. OJ L 349/1.

적 집행이라고 한다.

2. 법적 성격

독점규제법상 손해배상책임은 불법행위책임으로 보는 것이 일반적이다. 이 경우 민법상의 불법행위와의 관계가 문제되었으나, 1996. 12. 30. 제 5 차 법개정에서 민사상 불법행위에 기한 손해배상청구의 소를 제한하지 아니한다는 것을 규정하여(구법 제57조 제 1 항 단서), 선택적 청구권을 인정하여 입법적인 해결을 도모하였다. 그런데 2004. 12. 31. 제11차 법개정에서 동 규정이 삭제되었다. 따라서 양자간의 관계가 다시 문제된다. 그러나 위 규정이 삭제되었더라도 독점규제법 제56조의 손해배상청구권과 「민법」 제750조의 손해배상청구권은 선택적으로 행사할 수 있다.

법원도 "구 독점규제법(2004. 12. 31. 법률 제7315호로 개정되기 전의 것) 제57조 제 1 항 단서가 '제56조(손해배상책임)의 규정에 의한 손해배상청구권은 이 법의 규정에 의한 시정조치가 확정된 후가 아니면 이를 재판상 주장할 수 없다. 다만, 이는 「민법」 제750조(불법행위의 내용)의 규정에 의한 손해배상청구의 소를 제한하지 아니한다'고 규정하여 독점규제법 위반책임과 「민법」상 불법행위책임의 선택적 청구를 인정하고 있었으며, 독점규제법 제109조 제 1 항이 '사업자 또는 사업자단체는 이 법의 규정을 위반함으로써 피해를 입은 자가 있는 경우에는 당해 피해자에 대하여 손해배상의 책임을 진다. 다만, 사업자 또는 사업자단체가 고의 또는 과실이 없음을 입증한 경우에는 그러하지 아니하다'고 규정하여 고의·과실의 입증책임을 위법행위자에게 전환시킨 점 등을 고려하면, 독점규제법 위반책임은 불법행위책임이라고 봄이 상당하다"고 함으로써 불법행위책임으로 판단하고 있다.[4)]

3. 과징금제도와의 구별

양자는 금전적 구제수단이라는 측면에서 유사점을 갖는다. 그러나 독점규제법상 과징금제도는 위반행위자에게 금전적 부담을 부과함으로써 위반행위의 억제에 주된 목적이 있기 때문에 손해발생을 반드시 전제로 하지 않고 현실적

4) 서울중앙지판 2009. 6. 11. 2007가합90505[손해배상(기)].

으로 최적수준의 집행을 위한 사회적 손실에 대한 측정이 아닌 대리변수인 관련 매출액 기준에 의한 산정이 이루어지고 있는데 반해, 손해배상청구 제도는 피해자가 입은 손해에 대한 보상을 주된 목적으로 하므로 손해발생을 전제로 하고 피해자가 입은 손해의 실제크기를 금전적으로 평가하여 배상액을 산정한다는 점에서 구별된다.[5)]

Ⅱ. 내 용

1. 성립요건

독점규제법상의 손해배상책임도 불법행위책임이기 때문에 민법상의 불법행위책임의 요건을 충족하여야 하지만 독점규제법의 정책목적을 실현할 수 있도록 일부요건이 완화되어 있다.

1) 당 사 자

독점규제법상의 손해배상책임은 사업자 또는 사업자단체가 법위반으로 인한 피해자에게 지는 것이다. 따라서 누구든지 피해를 입은 자는 사업자 또는 사업자단체를 상대로 손해배상 청구를 할 수 있다. 직접적인 손해(direct injury)를 본 자가 손해배상을 청구할 수 있음은 당연하나, 간접적 구매자(indirect purchaser)인 경우 손해배상 청구적격이 있는지 문제된다.

미국의 경우 〈Illinois Brick 사건〉에서 연방대법원은 직접구매자로부터 다시 구매한 간접적 구매자는 손해배상액 산정의 어려움 등을 이유로 손해배상소송을 제기할 수 없다고 하였다.[6)] 그러나 우리나라의 경우 〈7개 신용카드사업자의 부당공동행위 건〉 관련 행정소송에서 대법원은 "부당한 공동행위를 한 사업자로부터 직접 상품을 구입한 직접 구매자뿐만 아니라 그로부터 다시 그 상품 또는 그 상품을 원재료로 한 상품을 구입한 이른바 간접구매자도 부당한 공동행위와 자신의 손해사이에 상당인과관계가 인정되는 한 부당한 공동행위를 한 사업자에 대하여 손해배상 청구를 할 수 있다"고 판시함으로써 간접구매자의 손해배

5) 홍대식, 경쟁저널(2009. 7), 3면.

6) Illinois Brick Co. v. Illinois, 431 U.S. 720, 97 S.Ct. 2061(1977), Hovenkamp, 281.

상 청구를 인정하고 있다.[7)]

한편 과거 시정조치 전치주의 하에서 손해배상청구권을 재판상 주장함에 있어서는 그 주장자 자신 또는 제 3 자의 신고에 의한 것이거나 당국의 직권조사에 의한 것이거나 막론하고 사업자 등의 같은 법 위반행위에 대하여 이미 일반적인 시정조치가 확정되었으면 족한 것이지, 그 주장자 자신의 경우에 관하여 개별적으로 시정조치가 확정되었음을 요하는 것은 아니라고 하는 판례가 있다.[8)]

2) 고의, 손해의 발생, 인과관계

배상해야 하는 손해의 범위에 대하여는 명문의 규정이 없어 해석에 의존할 수밖에 없다. 손해란 일반적으로 가해행위로 인하여 피해자에게 발생한 법익의 침해를 의미하는데, 대법원은 "위법한 가해행위로 인하여 발생한 재산상 불이익, 즉 위법행위가 없었더라면 존재하였을 상태와 그 위법행위가 가해진 현재의 재산상태의 차이가 손해로 산정되며 여기에는 기존의 이익이 상실되는 적극적 손해와 장차 얻을 수 있는 이익을 얻지 못하는 소극적 손해가 포함된다"고 하여[9)] 차액설의 입장을 취하고 있는 것으로 보인다.[10)]

미국의 경우에도 경쟁시장에서의 가격과 가격고정, 독점화, 끼워팔기 등 독점금지법 위반으로 인하여 지불한 가격과의 차이(overcharge injury)를 기본적 손해로 보며, 가해자의 경쟁자와 같이 그러한 방식을 사용할 수 없는 경우에는 일실이익(lost profits)을 기준으로 손해액을 산정한다.[11)] 손해액 산정의 기준으로는 법위반 전후의 시장을 비교하는 방법(before－and－after method)과 유사한 다른 시장과 비교하는 방법(yardstick method) 등이 활용된다.[12)]

---

7) 대판 2014. 9. 4. 2013다215843. 독일경쟁제한방지법(GWB) 제 9 차개정시 제33C조 제 1 항에서 법 위반으로 인한 가격인상에 대한 직접구매자의 손해가 간접구매자에게 전가될 수 있음을 분명히 함으로써 법위반자의 손해전가의 항변을 인정하였다. 유영국, "독일경쟁제한방지법(GWB) 제 9 차 개정의 취지와 주요내용", 경쟁과 법 제 8 호(2017. 4), 118면.

8) 서고판 1990. 4. 11. 89나31615(수원지판 1989. 6. 26. 87가합1909).

9) 대판 1996. 2. 9. 94다53372; 대판 1992. 6. 23. 91다33070.

10) 윤세리, 공정거래와 법치(2004), 1117면. 'But-for' test라고 한다.

11) Hovenkamp, 285~286면.

12) Hovenkamp, 286면; 전후 비교방법이란 담합시장의 담합기간 가격과 비담합기간의 가격을 비교하여 손해액을 추정하는 방법이며, 표준시장 비교방법이란 수요공급조건 등의 측면에서 담합시장과 유사하나 담합이 없는 시장(표준시장)을 선정하여 표준시장의 가격과 담합시장의 가격을 비교하여 손해액을 추정하는 방법이다. 그 외에 담합의 손해배상액을 추정하는 방법으로 담합시장의 시기별 가격차에서 비담합시장의 시기별 가격차를 삭감하고 이를 통해 시기별 효과를 배제한 담합의 가격인상분을 추정하는 이중차분법(Difference－in－Difference Method), 담합건별 담합의 효과가 동일하다는 가정하에 담합더미변수(D)의 계수를 하나의 상수로 설정

최근 EU사법재판소는 담합에 참여하지 않은 제 3 의 기업이 담합의 영향을 받아 가격을 인상(umbrella pricing: 담합에 가담하지 않은 기업이 담합으로 인해 시장 가격이 인상된 것을 고려하여 정상적인 경쟁 조건 하에서의 가격보다 높은 수준의 가격을 설정하는 행위)하였다면, 이 가격 인상으로 손해를 입은 피해자는 담합에 가담한 기업에 손해배상을 청구할 수 있다고 판시하였다.[13)]

한편 이러한 손해에는 재산적 손해뿐만 아니라 정신적 손해도 포함된다고 해석된다.[14)] 미국의 「클레이튼법(Clayton Act)」 제 4 조에서는 변호사비용을 포함한 실손해의 3배를 청구할 수 있도록 하고 있으나 실제 이러한 징벌적 손해배상[15)]을 도입하는 것은 전체 우리나라 법체계상 어렵다는 것이 일반적인 견해였으나,[16)] 최근 들어 우리나라의 경우에도 2011년 「하도급법」에서 최초로 도입되었다. 그 후 2015년 「대리점법」, 2017년 「가맹사업법」, 「제조물 책임법」 등 9개 법률에 도입이 되었으며, 2018. 9. 18. 독점규제법에도 도입이 되었다. '3배를 넘지 않는 범위'라고 규정된 것이 미국의 3배 배상제도와 다른 점이다.

손해배상의 범위는 민법의 일반원칙에 따라 상당인과관계에 있는 손해 중 통상손해이다. 그러나 독점규제법상 손해는 경쟁규범의 보호목적 범위내에서 발생한 손해에 한정하여 그 성립을 인정하는 것이 타당하다.[17)]

① 가격담합 건

가격담합관련 손해배상사건으로는 〈3개 학생복제조업체의 부당공동행위 건〉,[18)]

하고 담합건과 비담합건 자료를 모두 이용하여 회귀분석으로 통해 담합으로 인한 가격인상분을 추정하는 더미변수접근법(Dummy Variable Approach), 각 담합이 가격에 미치는 영향이 상이할 수 있다는 가정하에 비담합건 자료만을 이용하여 가정적 경쟁가를 예측하여 담합의 가격인상효과를 추정하는 예측접근법(forecasting approach), 담합에 참여한 기업들의 생산비용에 관한 정보를 토대로 단위당 평균생산비용을 구한 후 이에 합리적인(reasonable) 수준의 마진(mark−up)을 더하여 경쟁가격을 추정하는 비용기반접근법(cost−based approach) 등이 있다. 이에 관한 자세한 내용은 공정거래위원회, 담합손해액 산정의 경제분석, 반독점 경제분석 동향보고서 2011−제 5 호(2011. 9. 30.) 참조.

13) 공정거래위원회 보도자료(2014. 8. 12.); "Umbrella pricing", 5 June 2014 Case C−557/12.

14) 대판 1990. 4. 10. 89다카29075.

15) 징벌적 손해배상(punitive damages) 제도는 가해자의 불법행위에 악의가 있거나 중과실이 있는 등의 경우에 있어서, 전보적 손해배상(compensatory damages)에 부가하여 징벌적 성격의 배상금지급의무를 부과하는 제도를 의미한다. 홍완식, 경희법학 제52권 제 2 호(2017. 6. 30), 481면.

16) 이 문제에 대해서는 윤세리, 공정거래와 법치(2004), 1120~1121면 참조; 징벌적 손해배상제도에 찬성하는 견해로는 신광식, 109면.

17) Hovenkamp, 284면; Brunswick Corp. v. Pueblo Bowl−O−Mat, Inc., 429 U.S. 477, 97 S.Ct. 690(1977).

18) 서고판 2009. 12. 30. 2007나25157. 학부모 3,525명이 학생복 제조사들을 상대로 집단적으로

〈에스케이주식회사 외 4인의 군납유류입찰담합 건〉,[19] 〈8개 밀가루 제조·판매업체들의 부당공동행위 건〉[20] 등 관련 소송이 있다.

국가(국방부)가 에스케이주식회사 등 5개정유회사를 상대로 제기한 민사소송(〈에스케이주식회사 외 4인의 군납유류입찰담합 건〉)에서 서울고등법원은 "피고들은 1998년, 1999년, 2000년의 3년간 군납유류 입찰에 참가함에 있어 발주물량 중 일정 비율로 입찰물량을 나누어 낙찰받기로 결의하고 유종별 낙찰예정업체, 낙찰단가, 들러리 가격 등을 사전에 합의한 다음 이에 따라 원고와 군납유류 구매 계약을 체결하거나 입찰을 유찰시킨 후 수의계약을 체결하였는바, 이러한 위법한 담합행위로 인하여 원고에게 발생한 손해를 배상할 책임이 있다"고 하고, 예정가격 아래에서 낙찰가격이 정해진 이상 담합으로 인하여 원고에게 손해가 발생한 것이 아니고, 피고들에게 고의도 없었다고 하는 원고의 주장에 대하여 "예가는 국가가 입찰 및 수의계약을 체결할 때 부당하게 고가로 물건을 구매하거나 또는 업체가 지나치게 출혈경쟁을 하는 것을 막기 위하여 책정하는 최소한의 적정가격으로서, 예가제도 및 경쟁입찰의 기본 취지는 예정가격 이하로 투찰한 참가업체 사이에서 가격경쟁을 통하여 가장 합리적으로 가격을 낮추고 품질을 유지하는 업체가 낙찰되도록 하는 것이다. 이에 비추어 볼 때, 입찰자들이 담합을 하지 않은 상황에서도 원칙적으로 낙찰가가 예정가격보다 높을 수는 없으며, 담합의 영향은 낙찰가와 예정가격의 근접성의 정도로 나타나게 될 뿐이다. 따라서 예정가격 이하로 투찰하여 낙찰을 받았다 할지라도, 당해 입찰에서 담합이 존재하였고 그 담합으로 인하여 실질적인 경쟁 입찰이 실시되었을 경우에 낙찰되었을 가격보다 고가로 낙찰되었다면, 당해 담합으로 인한 손해는 존재한다고 보아야 한다. 아울러 피고들에게는 담합행위 자체에 대한 고의는 물론이고 이러한 담합행위로 인하여 원고에게 손해가 발생하리라는 점에 관한 인식이 있었다고 넉넉히 인정할 수 있다"고 함으로써 예정가격이하에서 낙찰되었다 하더라도 손해의 발생이 인정된다고 판시하였다.[21]

A. 손해배상의 범위 및 산정방법

손해배상 범위관련, 법원은 차액설에 입각하고 있는데, 〈3개 학생복 제조업체의 부당공동행위 건〉 관련 민사소송에서 서울고등법원은 피고들의 불법행위

손해배상을 청구한 소송이었다.

19) 서고판 2007. 6. 27. 2005나109365.

20) 대판 2012. 11. 29. 2010다93790[손해배상(기)].

21) 서고판 2009. 12. 30. 2007나25157.

가 이루어진 기간 동안의 국내 교복시장의 현황과 특징 및 규모, 교복의 직접판매자들은 백화점, 대형할인점, 총판 등으로 이루어진 복잡한 유통구조로 되어있으며, 그 판매점의 특성에 따라 마진율이 크게 차이가 나는 점과 지역에 따른 물류비 등까지 고려할 경우 제조사별·지역별·판매점별 적정원가를 산정한다는 것은 매우 어려운 점 등에 비추어 보면, 그 "적정가격은 나머지 원고들이 실제로 지급한 총 구입가격을 기준으로 여러 사정을 감안하여 판단"하는 것이 상당하고, 손해배상의 범위는 원고들이 실제로 지급한 총 구입가격에서 매출액, 제조원가 및 마진율, 최근 학생들의 브랜드 제품의 선호경향과 그에 따른 브랜드 가치 상승 정도 등 여러 사정을 고려하면, 공정한 경쟁상태에서 형성되었을 적정가격은 나머지 원고들이 실제로 지급한 총구입가격의 85% 정도에 해당한다고 봄이 상당하다고 판시하였다.[22)]

또한 〈에스케이주식회사 외 4인의 군납유류입찰담합 건〉 관련 민사소송에서 서울고등법원은 "불법행위로 인한 재산상 손해는 위법한 가해행위로 인하여 발생한 재산상 불이익, 즉 그 위법행위가 없었더라면 존재하였을 재산상태와 그 위법행위가 가해진 현재의 재산상태의 차이를 말하는 것으로서, 이 사건에서는 '피고들의 담합행위로 인하여 형성된 가격'(낙찰가격)과 '피고들의 담합이 없었을 경우에 형성되었으리라고 인정되는 가격'(경쟁가격)과의 차액을 기준으로 하여 산정하게 된다"고 판시하였다.[23)]

동 사건에서 담합이 없었을 경우에 형성되었을 가격 추정 관련해서는 ① 표준시장 비교 방법(MOPS 가격 비교 방법, 국내 대량수요처 비교 방법)과 ② 중회귀분석을 통한 이중차분법이 제시되었는데, 원심인 서울중앙지방법원은 중회귀분석을 통한 이중차분법을 채택하였으나 서울고등법원은 이를 배척하고 싱가포르 현물가격시장+부가비용을 기준으로 하는 이른바 표준시장비교방법을 채택하였다.

즉 서울중앙지방법원이 "담합행위로 인하여 원고가 입은 손해, 즉 담합이 없었을 경우 형성되었을 경쟁가격은 종종 정확하게 측정하기가 어려운바, 그렇다고 하여 원고의 배상을 받을 권리가 침해되어서는 안 된다. 손해액을 단순한 추측에만 의존하여 계산할 수는 없고, 담합과 무관한 다른 요인에 의한 낙찰가격 상승분에 대하여서까지 피고들에게 배상책임을 부담하게 할 수도 없지만, 손

22) 서고판 2007. 6. 27. 2005나109365.

23) 서고판 2009. 12. 30. 2007나25157.

해액이 이론적 근거와 자료의 뒷받침 아래 과학적이고 합리적인 방법에 의하여 정당하게 추정되었다고 평가된다면 법원은 그와 같이 산정된 손해액을 기준으로 배상을 명하여야 할 것이다. 나아가 스스로 위법행위를 한 피고들이 그 위법행위에 따른 손해액이 확실하게 산정되지 않는다는 사정을 내세워 손해배상책임을 부정하는 것은 받아들일 수 없다"고 하고, "동일한 시기의 군납 낙찰가와 비군납 낙찰가를 단순히 비교하는 것(표준시장 비교 방법)은 담합 여부 이외에 낙찰가에 영향을 미칠 만한 체계적인 차이를 무시하는 결과가 되어 부당하다. 군납의 담합시기와 비담합시기의 낙찰가 자료를 단순히 비교하는 것(전후 비교방법, before−and− after method) 역시 마찬가지이다. 따라서 담합기간의 군납과 비군납의 낙찰가격의 차이에서 비담합기간의 군납과 비군납의 낙찰가격의 차이를 차감하여 담합으로 인한 군납유류의 가격인상분을 추정해내고자 하는 방법인 이중차분법(difference in difference method)을 사용할 필요가 있다. 또한, 실제로 군납유류의 가격은 담합 여부와 군납의 특수성 또는 시기적 특수성뿐만 아니라 원유가, 환율 등 여러 요인들로부터 영향을 받으므로, 이러한 담합 이외의 가격결정요인들이 낙찰가격에 미치는 영향을 통제한 후 담합의 효과를 분리해내야 한다. 이 경우 담합이 가격에 미친 영향과 담합 이외의 경제적 요인들이 가격에 미친 영향을 객관적으로 구별하고 측정하기 위하여 사용되는 가장 대표적인 계량경제학적 분석방법이 중회귀분석방법(multiple regression method)이다. 따라서 이 사건에서는 낙찰가에 영향을 미치는 여러 요인들을 도입한 중회귀분석모형을 설정한 다음 이중차분법에 따라 담합의 효과를 추정해 내는 방법, 즉 '중회귀분석을 통한 이중차분법'에 의하여 손해액을 계산하기로 한다"고 판시하였다.[24)]

그러나 서울고등법원은 "계량경제학상의 중회귀분석을 통한 손해액산정의 방법이 그 자체로서 매우 합리적인 방법임에는 틀림없으나, 경제적 논증에 대한 규범적 통제의 어려움, 이 사건 각 모형에 의하여 추정된 각 손해액의 편차가 5.5배를 초과할 정도로 매우 큰 점, 우리의 손해배상제도가 3배 배상의 원칙을 인정하지 아니하는 점 등 이 사건 손해액의 산정방법으로 위의 방법을 채택하는데는 현실적 제약이 있다"고 하고 싱가포르 MOPS 가격을 기준으로 원심보다 많은 1,414억원의 손해액을 산정하였다.[25)]

그러나 2011년 7월 대법원은 서울고등법원의 표준시장 비교방법을 인정하

24) 서울중앙지판 2007. 1. 23. 2001가합10682.
25) 서고판 2009. 12. 30. 2007나25157.

였으나 고등법원의 손해액 산정방식에는 문제가 있다고 판단하였다.[26)]

한편 상당인과관계 관련하여서도 대법원은 "불법행위로 인한 손해배상의 범위를 정함에 있어서는 불법행위와 손해와의 사이에 자연적 또는 사실적 인과관계가 존재하는 것만으로는 부족하고 이념적 또는 법률적 인과관계 즉 상당인과관계가 있어야 한다"고 전제하고, 서울고등법원이 연간 고정가방식 계약체결로 인한 국방부의 손해와 정유업계의 담합유찰행위 사이에는 상당인과관계가 없다고 판시하였다.[27)]

〈8개 밀가루 제조·판매업체들의 부당공동행위 건〉 관련 민사소송에서도 대법원은 "불법행위로 인한 손해는 그 위법행위가 없었을 경우에 상대방에게 존재하였을 재산상태와 그 위법행위가 가해진 재산상태의 차이를 말한다", 그리고 "위법한 가격담합에 의하여 가격이 인상된 재화나 용역을 매수한 경우에 매수인이 입은 직접적 손해는 특별한 사정이 없다면 실제 매수한 가격과 담합행위가 없었을 경우에 형성되었을 가격("가상 경쟁가격")의 차액이 되며, 여기서 가상 경쟁가

26) 대판 2011. 7. 28. 2010다18850[손해배상(기)]. "위법한 입찰 담합행위로 인한 손해는 담합행위로 인하여 형성된 낙찰가격과 담합행위가 없었을 경우에 형성되었을 가격(이하 '가상 경쟁가격')의 차액을 말한다. 여기서 가상 경쟁가격은 담합행위가 발생한 당해 시장의 다른 가격형성 요인을 그대로 유지한 상태에서 담합행위로 인한 가격상승분만을 제외하는 방식으로 산정하여야 한다. 위법한 입찰 담합행위 전후에 특정 상품의 가격형성에 영향을 미치는 경제조건, 시장구조, 거래조건 및 그 밖의 경제적 요인의 변동이 없다면 담합행위가 종료된 후의 거래가격을 기준으로 가상 경쟁가격을 산정하는 것이 합리적이라고 할 수 있지만, 담합행위 종료 후 가격형성에 영향을 미치는 요인들이 현저하게 변동한 때에는 그와 같이 볼 수 없다. 이러한 경우에는 상품의 가격형성상의 특성, 경제조건, 시장구조, 거래조건 및 그 밖의 경제적 요인의 변동내용 및 정도 등을 분석하여 그러한 변동 요인이 담합행위 후의 가격형성에 미친 영향을 제외하여 가상 경쟁가격을 산정함으로써 담합행위와 무관한 가격형성 요인으로 인한 가격변동분이 손해의 범위에 포함되지 않도록 하여야 한다.", "정유업체들이 수년간 군납유류 입찰에 참가하면서 일정 비율로 입찰물량을 나누어 낙찰받기로 결의하고 유종별 낙찰예정업체, 낙찰단가, 들러리 가격 등을 사전에 합의한 후 입찰에 참가하여 계약을 체결함으로써 국가에 손해를 입힌 사안에서, 담합기간 동안 국내 군납유류시장은 과점체제하의 시장으로서 완전경쟁시장에 가까운 싱가포르 현물시장과 비교할 때 시장의 구조, 거래 조건 등 가격형성 요인이 서로 다르므로 전반적으로 동일·유사한 시장이라고 볼 수 없고, 정부회계기준에서 정하고 있는 부대비용은 이러한 양 시장의 가격형성 요인의 차이점을 특히 염두에 두고 군납유류의 가격 책정 시 차이점을 보완하기 위하여 마련된 것이 아니므로, 단순히 담합기간 동안의 싱가포르 현물시장 거래가격에 정부회계기준에 의한 부대비용을 합산한 가격을 가상 경쟁가격이라고 단정할 수 없음에도, 이를 담합기간 동안의 가상 경쟁가격으로 보아 담합행위 손해액을 산정한 원심판단에는 위법한 입찰 담합행위로 인한 손해액 산정에 관한 법리오해 등의 위법이 있다", "불법행위를 원인으로 한 손해배상청구소송에서 손해의 범위에 관한 증명책임이 피해자에게 있는 점에 비추어, 담합행위 전후에 특정 상품의 가격형성에 영향을 미치는 요인들이 변동 없이 유지되고 있는지가 다투어지는 경우 그에 대한 증명책임은 담합행위 종료 후의 가격을 기준으로 담합행위 당시의 가상 경쟁가격을 산정하여야 한다고 주장하는 피해자가 부담한다."

27) 대판 2011. 7. 28. 2010다18850[손해배상(기)].

격은 담합행위가 발생한 당해 시장의 다른 가격형성요인을 그대로 유지한 상태에서 담합으로 인한 가격상승분을 제외하는 방식으로 산정된다"고 판시하였다.[28)]

〈7개 신용카드사업자의 부당공동행위 건〉 관련 민사소송에서도 대법원은 "부당한 공동행위 및 그 실행이 없었더라면 존재하였을 가정적 이익상태와 그러한 부당한 공동행위 및 그 실행으로 불이익하게 변화된 현재의 이익상태가 손해가 된다"고 판시하였다.[29)]

B. 과실상계

한편 과실상계 관련, 〈에스케이주식회사 외 4인의 군납유류 입찰담합 건〉 관련 민사소송에서 서울고등법원은 i) 독점적 또는 우월적 지위에 있는 원고가 그 지위를 남용하여 피고들에게 적정가격을 훨씬 하회하는 무리한 저가 응찰을 강요하여 피고들로 하여금 담합을 할 수밖에 없도록 만든 점, ii) 국방부가 1998년에 고정가격제를 잘못 선택하여 결과적으로 손해가 확대된 점, iii) 국방부 조달본부 담당자들이 예정가격 산정을 위한 기초자료를 수집함에 있어서 그 임무를 태만히 하여 손해가 확대된 점, iv) 일부 유종에 대하여는 경쟁 입찰이 불가능하거나 제한되도록 입찰조건을 설정하여 운영하여 온 점 등의 국방부의 과실이 이 사건 손해액 산정에 참작되어야 한다는 주장에 대하여, " i) 원고가 책정한 예가가 국내 다른 대량수요처와 비교하여 저가였다고 보기 어려운바 원고가 무리한 저가응찰을 강요하였다고 할 수 없는 점, ii) 1998년 연간고정가로 계역을 체결한 것은 당시 유류공급이 원활하지 못한 국방부의 사정을 악용하여 피고들이 상호 담합하여 수회 유류입찰을 유찰시킨 결과 국방부에서 피고들의 주장을 부득이하게 수용한 것이 주된 원인이 되었다고 할 것인 점, iii) 1998년 연간고정제로 계약을 체결하는 등 이 사건 담합기간동안 손해의 발생에 국방부 소속 공무원들의 고의 또는 과실이 일부 기여한 바 있다 하더라도 이를 고려하여 과실상계를 허용한다면 가해자로 하여금 스스로가 불법행위에 의하여 얻은 이익을 최종적으로 보유하게 하는 결과가 되어 오히려 공평의 이념에 반하는 결과를 초래하는 점, iv) 설령 일부 유종에 관하여 경쟁입찰이 사실상 불가능하거나 제한된 사정이 인정된다 하더라도 담합기간중 담합으로 인하여 전반적인 유류계약가의 상승에 따른 동반가격상승의 피할 수 없었던 것으로 보이고, 그렇지 않다 하더라도 이들 유종이 전체 유류계약에서 차지하는 비율이 매우 작은

28) 대판 2012. 11. 29. 2010다93790[손해배상(기)].

29) 대판 2014. 9. 4. 2013다215843[손해배상(기)].

바 이 사건 손해액의 계산에 관하여 통계치를 일부 보정하였으므로 이에 충분히 반영되었다고 볼 수 있는 점 등을 종합하여" 이를 부정하였다.

나아가 "피해자의 부주의를 이용하여 고의로 불법행위를 저지른 자가 바로 그 피해자의 부주의를 이유로 자신의 책임을 감하여 달라고 주장하는 것은 허용될 수 없고(대법원 2000. 1. 21. 선고 99다50538 판결, 2005. 10. 7. 선고 2005다32197 판결 등 참조), 불법행위에 있어서 과실상계는 손해배상액을 정함에 있어 공평 또는 신의칙의 견지에서 피해자의 과실을 참작하는 것인데, 이 사건은 피고들의 불법행위로 인하여 피해자인 원고에게 발생한 손해에 상응하는 이익을 그대로 가해자인 피고들이 취득한 경우로서, 생명·신체에 대한 불법행위의 경우 또는 재산에 대한 불법행위 중 그로 인한 이득이 가해자에게 귀속되지 않는 경우 등과는 다르다. 이러한 경우에 원고에게 어떠한 부주의가 있다고 하여 과실상계를 허용한다면 피고들로 하여금 자신들의 불법행위로 인하여 얻은 이익을 최종적으로 보유하게 하는 결과가 되어 오히려 공평의 이념 및 신의칙에 반하는 결과를 초래한다"고 함으로써 과실상계를 인정하지 아니하였다.[30)]

민법 제396조에서 과실상계는 "채무불이행에 관하여 채권자에게 과실이 있는 때에는 법원은 손해배상의 책임 및 그 금액을 정함에 이를 참작하여야 한다"고 규정하고 있고 제763조에서 이를 불법행위에 준용하고 있다. 법원은 불법행위에서 통상의 과실상계는 피해자가 이익을 취득한 경우 피해자의 과실을 상계하는 것인데, 본 건의 경우는 가해자가 모든 이익을 취득한 경우로서 통상의 과실상계가 적용되지 않는다고 보고 있으며 타당한 설명이라고 생각된다.

C. 손익상계

i) 과징금과 손익상계 과징금의 법적 성격을 부당이득환수로 본다면, 과징금 부과와 손해배상 사이에 이중규제의 문제가 생긴다.[31)] 실제 독점규제법 제정시 과징금을 납부한 시장지배적사업자 등이 손해배상을 한 때에는 공정거래위원회가 그 사업자 등에게 배상액에 상당하는 금액을 환급하도록 규정되어 있었다. 이것은 법이 과징금과 손해배상을 이중규제로 인식한 결과였다. 그러나 1996. 12. 30. 제5차 법개정시 동 규정이 삭제함으로써 이론상으로 과징금과 손해배상은 별개이고 양립이 가능한 것으로 되었다.

이러한 문제는 상기 〈에스케이주식회사 외 4인의 군납유류입찰담합 건〉 관

30) 서울중앙지판 2007. 1. 23. 2001가합10682.

31) 박해식, 공정거래법강의Ⅱ(2000), 604면.

련 민사소송에서 손해배상액 산정에서 손익상계여부로 논의가 되었다. 이에 대하여 서울고등법원은 "입찰담합에 의한 부당한 공동행위에 대하여 부과되는 과징금은 담합행위의 억지라는 행정목적을 실현하기 위한 행정상 제재금으로서의 성격과 불법적인 경제적 이익을 환수하기 위한 부당이득환수적 요소가 혼재되어 있는 것이기는 하지만, 과징금은 손해의 전보를 목적으로 하는 사법상의 불법행위로 인한 손해배상책임과 구분되고, 이들을 손익상계의 대상이 되는 동일한 목적과 성격을 지닌 급부라고 보기 어렵다. 단순히 과징금의 실질적 부과 주체인 국가가 담합행위의 피해자라는 점 때문에 손해배상액을 정함에 있어 과징금의 부과 여부 및 그 액수를 고려하여 하게 된다면, 피해자가 국가라는 우연한 사정에 기하여 가해자가 부담하는 손해배상액이 달라지는 부당한 결과가 도출된다. 따라서 과징금과 손해배상이 모두 인정된다고 하여 이를 두고 원고가 형평의 원칙에 비추어 부당하게 이중으로 이득을 취하였다고 볼 수 없다"고 하고, "1996. 12. 30. 법률 제5235호로 일부 개정되기 전의 구 독점규제법 제6조 제7항은 '공정거래위원회는 제1항 및 제3항의 규정에 의하여 과징금을 납부한 시장지배적사업자가 제56조의 규정에 의하여 손해배상을 한 때에는 대통령령이 정하는 바에 의하여 그 시장지배적사업자에게 배상액에 상당하는 금액을 환급하여야 한다'라고 규정하고 있었으나, 이는 과징금을 납부한 가해자가 민사상 손해배상을 하였을 경우 배상액에 상당하는 금액을 환급하도록 하는 것일 뿐이고, 민사상 손해배상액을 정함에 있어 행정청에 의하여 징수된 과징금의 부당이득환수적 요소 부분을 반영하라는 취지가 아니며, 위 규정은 1996. 12. 30. 삭제되었다. 따라서 과징금을 부과함에 있어서 담합행위로 인하여 취득한 이익의 규모를 고려할지언정, 담합행위로 인한 손해액을 산정함에 있어서 과징금의 부과 여부 및 그 액수를 고려할 것은 아니다"고 함으로써 과징금과 손해배상을 별개로 보고, 과징금을 손익상계의 대상으로 보지 아니하였다.[32)]

대법원도 "입찰담합에 의한 부당한 공동행위에 대하여 독점규제법에 따라 부과되는 과징금은 담합행위의 억지라는 행정목적으로 실형하기 위한 제재적 성격과 불법적인 경제적 이익을 박탈하기 위한 성격을 함께 갖는 것으로서 피해자에 대한 손해전보를 목적으로 하는 불법행위로 인한 손해배상책임과는 성격이 전혀 다르므로, 국가가 입찰담합에 의한 불법행위 피해자인 경우 가해자에게 입찰담합에 의한 부당한 공동행위에 과징금을 부과하여 이를 가해자에게서

32) 서고판 2009. 12. 30. 2007나25157.

납부받은 사정이 있다 하더라도 이를 가리켜 손익상계 대상이 되는 이익을 취득하였다고 할 수 없다"고 판시하였다.[33)]

〈8개 밀가루 제조·판매업체들의 부당공동행위 건〉 관련 민사소송에서도 대법원은 "불법행위 등이 채권자 또는 피해자에게 손해를 생기게 하는 동시에 이익을 가져다 준 경우에는 공평의 관념상 그 이익은 당사자의 주장을 기다리지 않고 손해를 산정할 때 공제해야 하나, 손익상계가 허용되기 위해서는 손해배상책임의 원인이 되는 행위로 인하여 피해자가 새로운 이득을 얻고 그 이득과 손해배상책임의 원인 사이에 상당인과관계가 있어야 한다"고 판시하였다.[34)]

동 판결에서는 담합에 의하여 가격이 인상된 재화 등을 매수한 매수인이 다시 이를 제 3 자인 수요자에게 판매하거나 그 재화 등을 원료등으로 사용·가공하여 생산된 제품을 수요자에게 판매한 경우 이른바 '손해배상 전가의 항변(passing-on defense)'이 문제되었는데 대법원은 "제품 등의 가격의 인상에 의하여 매수인의 손해가 바로 감소되거나 회복되는 상당인과관계가 있다고 쉽게 추정되거나 단정하기에 부족하고 다만 이와 같은 제품 등의 가격인상을 통하여 부분적으로 손해가 감소되었을 가능성이 있는 경우에는 직접적인 상당인과관계가 인정되지 아니한다고 하더라도 손해배상액을 정할 때는 참작하는 것이 공평의 원칙상 타당하다"고 판시함으로써 원칙적으로 인정하지 않았으나 손해액 산정에서 고려해야 한다는 입장을 취하였다.[35)]

ii) 사 례 〈에스케이주식회사 외 4인의 군납유류입찰담합 건〉 관련 민사소송에서 서울고등법원은 국방부에 무상공급한 유류의 가액은 형평의 원칙에 따라 손해배상액에서 공제되어야 한다고 판시하였다.[36)]

② 거래거절행위 건

법원은 차액설에 입각하여 화장품 제조·판매회사인 정산실업의 대리점에 대한 부당거절행위로 인한 손해의 경우 나머지 대리점 계약기간 동안 그 영업을 할 수 없게 됨으로써 손해를 배상할 책임이 있다고 하고(〈(주)정산실업에 대한 손해배상 건〉),[37)] 서울연식품공업협동조합의 대두 공급중단에 의한 손해의 경우

33) 대판 2011. 7. 28. 2010다18850[손해배상(기)].

34) 대판 2012. 11. 29. 2010다93790[손해배상(기)].

35) 대판 2012. 11. 29. 2010다93790[손해배상(기)].

36) 서고판 2009. 12. 30. 2007나25157.

37) 서고판 1990. 4. 11. 89나31615(수원지법 1989. 6. 26. 87가합1909); 대판 1990. 4. 10. 89다카29075; "원심은 원고가 온양지사를 개설한 1986. 10. 1.부터 피고 회사로부터 제품공급중단을

공급가액과 국내도매가격의 차액을 손해로 보았다(〈서울특별시 연식품공업협동조합에 대한 손해배상 건〉).[38]

③ 거래상 지위 남용행위 건

〈(주)이야기의 거래상지위 남용행위 건〉 관련 민사소송에서는 대법원은 거래거절로 인한 손해액 산정 관련하여 "불법행위로 인한 재산상 손해는 위법한 가해행위로 인하여 발생한 재산상 불이익, 즉 그 위법행위가 없었더라면 존재하였을 재산상태와 그 위법행위가 가해진 현재의 재산상태의 차이를 말하는 것이고, 그것은 기존의 이익이 상실되는 적극적 손해의 형태와 장차 얻을 수 있는 이익을 얻지 못하는 소극적 손해의 형태로 구분되는바, 거래거절로 인하여 거래상대방이 입게 되는 영업수수료 수입의 감소로 인한 손해는 소극적 손해로서 거래거절로 인한 불법행위와 상당인과관계가 있는 손해이고, 그 산정방법은 거래거절이 없었다면 얻을 수 있었던 영업수수료 수입에서 그 수입을 얻기 위하여 소요되는 제 비용을 공제하는 방법으로 산정할 수 있다"고 판시하였다.[39]

당한 1986. 11. 18.까지의 실적에 기초하여 원고경영의 온양지사에서는 피고 회사의 지정가격으로 판매하는 경우도 있지만 할인판매하는 경우도 있어 구입비, 판매수수료 등을 제외한 1개당 순이익금은 로숀, 크림, 샴푸는 각 금 2,000원, 샴푸는 금 1,000원인 것으로 인정하고 거기에 위 기간동안의 판매수량을 곱하여 총수입을 계산한 다음 경비를 공제하는 방법에 의하여 원고의 일실수익을 산정하였는바, 기록에 비추어 보면 원심의 위와 같은 조치는 정당하고 거기에 손해배상범위에 관한 법리오해의 위법이 있다고 할 수 없으므로 이 점에 관한 논지도 이유없다".

38) 서울서부지판 1990. 5. 11. 89가합2738; "원고를 비롯한 피고 조합원들의 거래상대방 또는 거래지역을 제한하는 피고의 위 규약 및 위 유통질서확립규정은 연식품 거래분야의 경쟁을 실질적으로 제한하는 것으로 위 법률에 위반되어 무효라 할 것이고 가사 원고가 피고에게 위 규약 등을 준수하고 이에 위반할 때에는 그 어떤 처벌도 감수하겠다는 취지의 각서를 제출하였다 하더라도 그것 역시 위 법률에 반하여 아무런 효력도 없다 할 것이니 피고는 원고가 피고의 거래구역 제한을 위반하여 경기, 인천지역에 두부를 판매한 것을 이유로 위 대두공급을 감량할 수는 없다 할 것이다", "원고가 입은 손해는 특별한 사정이 없는 한 원고가 공급받지 못한 위 대두량에 대한 이사건 채무불이행 당시의 대두의 국내도매가격과 피고의 공급가격과의 차액 상당이라 할 것이다".

39) 대판 2012. 6. 14. 2010다26035[손해배상(기)]. 대법원은 "원심은 피고의 거래거절행위로 인한 원고의 손해액을 산정함에 있어, 피고의 거래거절행위가 없었더라면 원고가 2006년 6월부터 2007년 5월까지 1년 동안 에듀모아 정회원 152,687명을 모집·관리하였을 것으로 추산한 다음, 이에 1인당 영업수수료 1,100원을 곱하여 계산한 영업수수료 수익 167,955,700원(=152,687명×1,100원) 중 피고의 책임 비율 50%에 상응하는 83,977,850원을 손해배상액으로 인정하고, 위 영업수수료 수입을 얻기 위하여 소요되는 원고의 사무실 임대료, 직원 인건비 등의 지출 비용을 영업수수료 수익에서 전혀 공제하지 아니하였다"고 파기환송하였고, 이에 대구고등법원은 "원고에 대한 2001. 6.부터 2007. 5.까지의 1년간 일실 수수료 중 지출비용을 공제한 금액은 61,400,502원(67,955,700−106,555,198원)이고, 그 중 피고회사의 책임비율에 상응하는 손해액을 산정하면 42,980,351원(+61,400,502원×0.7)이 된다"고 판시하였다. 대고판 2013. 2. 1. 2012나3433.

그리고 〈남양유업의 거래상 지위 남용행위 건〉 관련 민사소송에서 대법원은 "거래상 우월한 지위를 이용하여 위 원고들로 하여금 진열판촉사원을 채용하여 대형매장에 파견하도록 하였고, 진열판촉사원 파견으로 인한 매출증가, 대형매장과의 원만한 관계 유지, 적절한 제품관리에 따른 브랜드 및 제품 이미지 제고 등 실질적 이익을 누리면서도 그 대가에 해당하는 진열판촉사원 임금지급 부담은 상당 부분 위 원고들에게 전가하였는데, 이는 독점규제법 제45조 제1항, 제3항, 같은 법 시행령 제52조, [별표 2] 제6항 (나)목에 정한 '거래상대방에게 자기를 위한 금전·물품·용역 기타의 경제상 이익을 제공하도록 강요한' 불공정거래행위에 해당하여, 피고는 위 원고들에게 공정거래법 제109조 제1항에 따라 손해를 배상할 책임이 있다고 판단하는 한편, 그 판시와 같은 사정을 들어 진열판촉사원을 투입함으로써 위 원고들이 진열판촉사원에게 지급해야 할 임금은 위 원고들이 진열판촉사원에게 실제로 지급한 임금의 1/3이라고 전제한 다음, 위 원고들이 입은 손해액은 위 원고들이 판촉사원에게 실제로 지급한 임금액 중 피고의 지원금을 공제하고 남은 대리점 부담액에서 위 원고들이 부담하여야 할 의무가 있는 금액(실제로 지급한 임금액의 1/3)을 공제한 금액"이라고 판단하였다.[40)]

④ 끼워팔기 건

〈마이크로소프트 코퍼레이션 및 한국마이크로소프트 유한회사의 시장지배적지위 남용행위 등 건〉 관련 민사소송에서 법원은 인과관계의 입증에 있어서 상당인과관계를 기준으로 판단하고 있으며, 구체적으로는 "피고들 메신저의 시장 점유율이 이 사건 결합판매행위 후 상승하였고 피고들이 윈도우 Me에 MSN 메신저를 결합하여 판매하기 시작할 즈음에 원고가 메신저 시장에서 이용률 감소로 인해 사업을 하지 못하게 되었다는 사정만으로는 피고들의 이 사건 결합판매와 원고의 메신저 사업 실패 사이에 상당인과관계를 인정하기에는 부족하다"고 판시하였다.[41)]

3) 위 법 성

〈에스케이주식회사 외 4인의 군납유류입찰담합 건〉 관련 민사소송에서 서울고등법원은 "불공정거래행위의 위법성을 조각하기 위한 정당한 이유라 함은

---

40) 대판 2017. 12. 5. 2017다252987, 252994.

41) 서울중앙지판 2009. 6. 11. 2007가합90505[손해배상(기)].

전적으로 공정한 경쟁질서유지라는 관점에서 평가되어야 하고, 단순한 사업경영상 필요 또는 거래상의 합리성 내지 필요성만으로는 정당한 이유가 인정되지 아니한다(대판 1990. 4. 10. 89다카29075 참조). 이 사건에서 피고들은 위 담합행위와 관련하여 사전에 독점규제법 제19조 제 2 항의 인가를 받지 않았는바, 앞에서 본 피고들의 국내 정유시장에서의 위치, 군납유류의 입찰방식, 피고들의 담합행위의 내용 등에 비추어 보면, 피고들의 담합행위는 공정한 경쟁질서유지라는 관점에서 입찰가격에 따른 경쟁을 제한하는 위법한 행위에 해당함이 명백하고, 피고들이 내세우는 사유는 높은 가격에 자신들의 상품을 판매하고자 하는 단순한 사업경영상 필요 또는 거래상의 합리성 내지 필요성에 관한 것에 불과하다 할 것이다"고 판시함으로써 위법성을 조각하는 정당한 이유를 인정하지 않았다.[42]

다만 판례가 인용하고 있는 대법원 1990. 4. 10. 선고 89다카29075 판결은 불공정거래행위에 관련된 손해배상 사건이고, 입찰담합같은 부당공동행위사건의 경우와는 다르다고 보는데, 불공정거래행위에서 위법성을 조각하기 위한 정당한 이유관점에서 설명한 것이 설득력이 떨어지며, 오히려 법 제40조의 "부당하게 경쟁을 제한하는"의 법문 관련 부당성의 해석과 관련하여 단순한 사업경영상 필요 또는 거래상의 합리성 내지 필요성만으로는 경쟁제한성을 능가하는 효율성 증대효과를 인정할 수 없다는 취지로 판단하는 것이 타당하다고 생각된다.

한편 피해자가 공정거래위원회의 시정조치가 확정된 후 손해배상청구소송을 제기한 경우 법원은 공정거래위원회 심결에서 인정한 사실인정에 구속되는가 하는 것이 문제되는데 이에 대하여 부정설이 다수설이며 대법원은 "공정거래위원회의 시정조치가 확정되었다고 하여 곧바로 사업자 등의 행위의 위법성이 인정되는 것은 아니고, 그 시정조치에 있어서 공정거래위원회의 인정사실 및 판단은 그 시정조치에서 지적된 불공정거래행위에 의하여 입은 손해를 배상받고자 제기한 민사소송에서 법원을 구속하지 못하는 것이다"라고 판시하였다.[43] 사실상의 추정력은 별론으로 하고 부정하는 것이 타당하다고 생각된다.

이는 판결간에도 마찬가지이다. 이에 관해 대법원은 "민사나 행정재판에 있어 이와 관련된 다른 민·형사사건 등의 확정판결에서 인정된 사실은 특별한 사

42) 서고판 2009. 12. 30. 2007나25157.

43) 대판 1990. 4. 10. 89다카29075; 대판 1999. 12. 10. 98다46587.

정이 없는 한 유력한 증거자료가 되는 것이나, 당해 재판에서 제출된 다른 증거내용에 비추어 관련 민·형사사건의 확정판결에서의 사실판단을 그대로 채용하기 어렵다고 인정될 경우에는 이를 배척할 수 있고, 이 경우에 그 배척하는 구체적인 이유를 일일이 설시할 필요는 없다"고 한다.[44]

그러나 상기 사건에서 서울고등법원은 "피고들과 그 직무 담당자들에 대하여 이미 형사판결이 확정되었고, 피고 에스케이, 지에스칼텍스는 공정거래위원회의 시정조치와 과징금 처분에 대하여 불복하지 아니하여 위 처분이 확정되었으며, 피고 에쓰오일, 현대오일뱅크, 인천정유가 제기한 과징금납부명령 취소소송에서도 피고들의 담합행위의 위법성이 확인되었다"고 하였는바,[45] 위법성 판단에 있어서 공정거래위원회의 심결이나 다른 법원의 판결내용에 사실상의 추정력을 준 것으로 판단된다.

4) 입증책임

민법상 불법행위의 경우 가해자에 대하여 손해배상을 청구하기 위하여는 자기가 가해자의 고의과실을 입증해야 한다. 그러나 독점규제법에서는 사업자 또는 사업자단체가 고의 또는 과실 없음을 입증한 경우에 그 책임을 면할 수 있게 규정함으로써 입증책임을 전환하고 있다(법 제109조 제 1 항 단서). 이는 법적 성격을 불법행위로 보는 경우에는 민법의 특칙으로, 채무불이행인 경우에는 주의적 규정으로 볼 수 있다.[46] 그러나 법원은 불법행위책임의 근거로 동 규정을 인식하고 있음은 앞에서 보았다. 한편 동의의결의 경우에는 이러한 입증책임이 전환된다고 볼 수 없다.[47]

구체적으로 독점규제법위반으로 인한 손해액을 입증하는 것은 매우 어렵다. 이러한 어려움을 해소하기 위하여 2004. 12. 31. 제11차 법개정시 손해액인정제도를 도입하였다(법 제115조). 그러나 법원은 동 조항을 적용하여 원고의 손해액을 산정하는 경우라도 독점규제법 위반행위로 '인하여' 원고에게 손해가 발생하였다는 점이 입증되어야 할 것이며, 위 조항의 내용을 위법행위와 손해 사이의 인과관계에 대한 입증책임까지 완화되는 취지로 해석할 수는 없고 따라서 불법행위책임의 일반원칙에 따라 손해배상청구권을 행사하고자 하는 원고가 위

---

44) 대판 2000. 6. 9. 99두2314.

45) 서고판 2009. 12. 30. 2007나25157.

46) 박상용/엄기섭, 497면.

47) 윤성운, 경쟁과 법 제 2 호(2014. 4), 25~36면.

법행위와 손해 발생 사이의 인과관계를 입증하여야 한다고 한다.[48)]

2. 시정조치 전치주의 폐지

종래에는 공정거래위원회의 시정조치가 확정된 후에 재판상 주장을 할 수 있었으나(구법 제57조 제1항 본문), 동 규정이 삭제됨으로써 이제는 시정조치 확정전이라도 재판상 주장할 수 있게 되었다.

3. 소멸시효

손해배상청구권의 소멸시효 관련 민법 제766조에 따르면 불법행위로 인한 손해배상의 청구권은 피해자나 그 법정대리인이 그 손해 및 가해자를 안 날로부터 3년간 이를 행사하지 아니하면 시효로 인하여 소멸하며(제1항), 불법행위를 한 날로부터 10년을 경과한 때에도 마찬가지이다(제2항).

법 제109조 제1항에 의한 손해배상청구권은 그 법적 성격이 불법행위로 인한 손해배상청구권이므로 이에 관하여는 민법 제766조 제1항의 단기소멸시효가 적용된다. 한편 불법행위로 인한 손해배상청구권의 단기소멸시효 기산점이 되는 민법 제766조 제1항의 '손해 및 가해자를 안 날'이란 손해의 발생, 위법한 가해행위의 존재, 가해행위와 손해의 발생 사이에 상당인과관계가 있다는 사실 등 불법행위의 요건사실에 대하여 현실적이고도 구체적으로 인식하였을 때를 의미하고, 피해자 등이 언제 불법행위 요건사실을 현실적이고도 구체적으로 인식하였다고 볼 것인지는 개별적 사건에서 여러 객관적 사정을 참작하고 손해배상청구가 사실상 가능하게 된 상황을 고려하여 합리적으로 인정하여야 한다(대법원 2011. 11. 10. 선고 2011다54686 판결 등 참조)(〈7개 신용카드사업자의 부당공동행위 건〉).[49)]

손해배상청구권의 성립 여부는 피고들의 행위가 독점규제법에 정한 부당한 공동행위에 해당되는지 여부와 밀접히 관련된 것으로서, 비록 공정거래위원회의 시정명령과 과징금부과명령이 있다고 하더라도 행정소송에 의하여 부당한 공동행위에 해당하는지 여부가 다투어지고 있는 상황이라면 공정거래위원회의 처분

48) 서울중앙지판 2009. 6. 11. 2007가합90505[손해배상(기)].

49) 대판 2014. 9. 4. 2013다215843.

이 있다는 사실만으로는 피고들 행위에 대한 법적 평가의 귀결이 확실해졌다고 할 수 없고, 피고들의 행위가 독점규제법상의 부당한 공동행위에 해당되고 이로 인하여 손해를 입었다고 주장해야 하는 원고로서는 위와 같은 행정소송 판결이 확정된 때에 비로소 피고들의 독점규제법 위반으로 인한 손해의 발생을 현실적이고도 구체적으로 인식하였다고 보아야 할 것이나, 특별한 사정이 없는 한 공동행위자들 모두에 관한 행정소송 판결이 확정될 필요는 없고 그중 1인에 의한 행정소송 판결이 확정됨으로써 관련 공동행위자들 전부의 불법행위를 현실적이고 구체적으로 인식하였다고 보아야 한다(〈7개 신용카드사업자의 부당공동행위 건〉).[50] 즉 대법원은 단기소멸시효의 기산점을 행정소송 판결 확정시로 보고 있다.

4. 3배 배상제도

1) 대상행위

제 1 항에도 불구하고 사업자 또는 사업자단체는 제40조, 제48조 또는 제51조를 위반함으로써 손해를 입은 자가 있는 경우에는 그 자에게 발생한 손해의 3배를 넘지 아니하는 범위에서 배상책임을 진다(법 제109조 제 2 항 본문). 다만, 사업자 또는 사업자단체가 고의 또는 과실이 없음을 입증한 경우에는 손해배상의 책임을 지지 아니하고, 사업자가 제44조 제 1 항 각 호의 어느 하나에 해당하는 경우 그 배상액은 해당 사업자가 제40조를 위반하여 손해를 입은 자에게 발생한 손해를 초과해서는 아니 된다(법 제190조 제 2 항 단서).

그러나 담합자진신고자의 경우 예외적으로 피해자에게 발생한 실손해의 범위에서 배상토록 자진신고제도의 실효성을 담보하는 장치를 두었다.

2) 배상액산정시 고려사항

법원은 제 3 항의 배상액을 정할 때에는 ① 고의 또는 손해 발생의 우려를 인식한 정도(제 1 호), ② 위반행위로 인한 피해 규모(제 2 호), ③ 위법행위로 인하여 사업자 또는 사업자단체가 취득한 경제적 이익(제 3 호), ④ 위반행위에 따른 벌금 및 과징금, ⑤ 위반행위의 기간 · 횟수 등(제 4 호), ⑥ 사업자의 재산상태(제 6 호), ⑦ 사업자 또는 사업자단체의 피해구제 노력의 정도(제 7 호)를 고려하여야 한다(법 제109조 제 3 항 본문).

50) 대판 2014. 9. 4. 2013다215843.

3) 공동불법행위자의 책임

제44조 제1항 각 호의 어느 하나에 해당하는 사업자가 제2항에 따른 배상책임을 지는 경우에는 다른 사업자와 공동으로 제40조를 위반하여 손해를 입은 자에게 발생한 손해를 초과하지 아니하는 범위에서 「민법」 제760조에 따른 공동불법행위자의 책임을 진다(법 제109조 제4항).

제110조(기록의 송부등)

법원은 제109조에 따른 손해배상청구의 소가 제기되었을 때 필요한 경우 공정거래위원회에 대하여 해당사건의 기록(사건관계인, 참고인 또는 감정인에 대한 심문조서 및 속기록 기타 재판상 증거가 되는 일체의 것을 포함한다)의 송부를 요구할 수 있다.

[참고문헌]

논 문: 윤성운, "동의의결제도와 손해배상소송의 쟁점", 경쟁과 법 제 2 호, 서울대학교 경쟁법센터, 2014. 4; 이선희, "공정거래법상 자진신고에 의한 책임감경제도와 민사소송에 의한 피해구제간의 관계에 관한 연구", 2012 하반기 법 · 경제그룹(LEG) 연구보고서, 한국공정거래조정원, 2012. 12; 정종채, "「독점규제 및 공정거래에 관한 법률」상 자진신고제도의 쟁점들 ②", 경쟁저널 제167호, 공정경쟁연합회, 2013. 3; 황태희, "리니언시와 손해배상", 경쟁과 법 제 2 호, 서울대학교 경쟁법센터, 2014. 4

법원은 제109조에 따른 손해배상청구의 소가 제기되었을 때 필요한 경우 공정거래위원회에 대하여 해당사건의 기록(사건관계인, 참고인 또는 감정인에 대한 심문조서 및 속기록 기타 재판상의 증거가 되는 일체의 것을 포함한다)의 송부를 요구할 수 있다.

리니언시 관련정보도 송부를 요구할 수 있는지가 문제된다. 법문의 규정상 예외가 없으므로 리니언시 관련 정보도 그에 해당된다고 볼 수 있다. 그러나 이러한 해석은 자진신고제도와 충돌할 수 있다. 즉 공정거래위원회 및 그 소속공무원은 사건처리를 위하여 필요한 경우 등 *대통령령*[1])으로 정하는 경우를 제외하고는 자진신고자 또는 공정거래위원회의 조사 및 심의·의결에 협조한 자의 신원·제보 내용 등 자진신고나 제보와 관련된 정보 및 자료를 사건처리와 관계없는 자에게 제공하거나 누설해서는 아니된다(법 제44조 제 4 항). 여기에서 소송의 제기, 수행을 공정위가 제기하는 행정소송에 한정하는 것으로 해석하는 경우

1) 제51조(자진신고자등에 대한 감면 기준 등) ④ 법 제44조 제 4 항에서 "사건처리를 위하여 필요한 경우 등 대통령령으로 정하는 경우"란 다음 각 호의 경우를 말한다. 1. 사건처리를 위해 필요한 경우 2. 자진신고자등이 법 제44조 제 4 항에 따른 정보 및 자료의 제공에 동의한 경우 3. 해당 사건과 관련된 소의 제기 또는 그 수행에 필요한 경우

손해배상소송에서의 리니언시 관련 문서의 송부의무는 없다고 보는 것이다. 이에 대해서는 '소송의 제기'는 원고가 누구인지와 무관하게 당해 사건과 관련된 소송이 제기되는 경우로 해석하는 견해도 있다.[2)]

한편으로는 담합 손해배상의 경우 주로 공적 집행이 이루어진 후의 후행(follow-up)소송이 대부분이기 때문에 리니언시 신청과 관련된 자료의 비밀을 보장해 줌으로써 이 제도 자체를 유지할 필요가 있다는 견해도 있다.[3)] 리니언시 관련 정보의 공개는 카르텔 사건에 대한 손해배상소송이 활성화되면서 더욱 쟁점이 될 수가 있다. 한편으로는 독점규제법의 역외적용이 활성화되고 있는 현실에서 미국의 증거개시절차(Discovery)의 대상이 될 가능성도 있다.[4)]

외국에서도 리니언시 관련정보의 공개가 문제되고 있다. 리니언시 신청자료에 대한 광범위한 증거개시요청(Discovery Request)이 주로 미국에서 문제되었는데, EU집행위원회는 미국법원에 적극개입하였고 미국법원도 국제예양(Comity)의 원칙에 따라 증거개시를 거절하였다.[5)] 그러나 〈Pfleiderer 사건〉[6)]에서 EU사법재판소는 EU법이 민사소송 원고에게 리니언시자료를 공개하는 것을 막고 있지 않다고 보고, 회원국 법원이 개별적으로 판단하여야 한다고 하였으며, 이에 독일 법원은 공개를 거절하는 것이 바람직하다고 판단하였다.[7)]

본 조의 해석과 관련하여 동의의결이 확정된 사건의 경우 기록의 송부를 요구할 수 있는가가 문제된다. 동의의결의 경우 독점규제법 위반이 입증되었다고 볼 수 없으므로 기록송부를 요구할 수 없다고 보고 요구할 경우 공정거래위원회가 응할 의무가 없다고 해석한다.[8)]

---

2) 정종채, 경쟁저널 제167호(2013. 3), 27면.

3) 황태희, 경쟁과 법 제2호(2014. 4).

4) 리니언시 관련자료의 비밀보장과 관련한 다양한 쟁점에 관하여 이선희, 경쟁저널(2013. 1), 21~41면 참조.

5) Peter D. Camesasca 외, 경쟁저널(2012. 7), 41면.

6) Case C- 360/09, Pfleiderer AG [2011]. 독일 연방카르텔청이 리니언시 신청서류에 대한 접근허락을 거부하자 Pfleiderer는 독일법원에 소를 제기하였고 독일법원은 EU사법재판소에 해석을 의뢰한 사건이다.

7) Peter D. Camesasca 외, 경쟁저널(2012. 7), 42면.

8) 윤성운, 경쟁과 법 제2호(2014. 4), 34~35면.

제111조(자료의 제출)

① 법원은 제40조제1항, 제45조제1항(제9호는 제외한다) 또는 제51조제1항제1호를 위반한 행위로 인한 손해배상청구소송에서 당사자의 신청에 따라 상대방 당사자에게 해당 손해의 증명 또는 손해액의 산정에 필요한 자료(제44조제4항에 따른 자진신고 등과 관련된 자료는 제외한다)의 제출을 명할 수 있다. 다만, 그 자료의 소지자가 자료의 제출을 거절할 정당한 이유가 있으면 그러하지 아니하다.

② 법원은 자료의 소지자가 제1항에 따른 제출을 거부할 정당한 이유가 있다고 주장하는 경우에는 그 주장의 당부(當否)를 판단하기 위하여 자료의 제시를 명할 수 있다. 이 경우 법원은 그 자료를 다른 사람이 보게 하여서는 아니 된다.

③ 제1항에 따라 제출되어야 할 자료가 영업비밀에 해당하나 손해의 증명 또는 손해액의 산정에 반드시 필요한 경우에는 제1항 단서에 따른 정당한 이유로 보지 아니한다. 이 경우 법원은 제출명령의 목적 내에서 열람할 수 있는 범위 또는 열람할 수 있는 사람을 지정하여야 한다.

④ 법원은 당사자가 정당한 이유 없이 자료제출명령에 따르지 아니한 경우에는 자료의 기재에 대한 상대방의 주장을 진실한 것으로 인정할 수 있다.

⑤ 법원은 제4항에 해당하는 경우 자료의 제출을 신청한 당사자가 자료의 기재에 관하여 구체적으로 주장하기에 현저히 곤란한 사정이 있고 자료로 증명할 사실을 다른 증거로 증명하는 것을 기대하기도 어려운 경우에는 그 당사자가 자료의 기재로 증명하려는 사실에 관한 주장을 진실한 것으로 인정할 수 있다.

목 차

Ⅰ. 법원의 자료제출명령
Ⅱ. 자료소지자의 자료제출거부
Ⅲ. 자료제출명령 불이행의 효과

Ⅰ. 법원의 자료제출명령

법원은 제40조 제1항, 제45조 제1항(제9호는 제외) 또는 제51조 제1항 제 1 호를 위반한 행위로 인한 손해배상청구소송에서 당사자의 신청에 따라 상대방 당사자에게 해당 손해의 증명 또는 손해액의 산정에 필요한 자료(제44조 제 4 항에 따른 자진신고 등과 관련된 자료는 제외)의 제출을 명할 수 있다(법 제111조 제 1 항 단서). 다만, 그 자료의 소지자가 자료의 제출을 거절할 정당한 이유가 있으면 그러하지 아니하다(법 제111조 제 1 항 단서).

제 1 항에 따라 제출되어야 할 자료가 영업비밀에 해당하나 손해의 증명 또는 손해액의 산정에 반드시 필요한 경우에는 제 1 항 단서에 따른 정당한 이유로 보지 아니한다(법 제111조 제 2 항 전단). 이 경우 법원은 제출명령의 목적 내에서 열람할 수 있는 범위 또는 열람할 수 있는 사람을 지정하여야 한다(법 제111조 제 2 항 후단).

Ⅱ. 자료소지자의 자료제출거부

법원은 자료의 소지자가 제 1 항에 따른 제출을 거부할 정당한 이유가 있다고 주장하는 경우에는 그 주장의 당부(當否)를 판단하기 위하여 자료의 제시를 명할 수 있다(법 제111조 제 2 항 전단). 이 경우 법원은 그 자료를 다른 사람이 보게 하여서는 아니 된다(법 제111조 제 2 항 후단).

Ⅲ. 자료제출명령 불이행의 효과

법원은 당사자가 정당한 이유 없이 자료제출명령에 따르지 아니한 경우에는 자료의 기재에 대한 상대방의 주장을 진실한 것으로 인정할 수 있다(법 제111조 제 4 항). 법원은 제 4 항에 해당하는 경우 자료의 제출을 신청한 당사자가 자료의 기재에 관하여 구체적으로 주장하기에 현저히 곤란한 사정이 있고 자료로 증명할 사실을 다른 증거로 증명하는 것을 기대하기도 어려운 경우에는 그 당사자가 자료의 기재로 증명하려는 사실에 관한 주장을 진실한 것으로 인정할 수 있다(법 제111조 제 5 항).

제112조(비밀유지명령)

① 법원은 제109조에 따라 제기된 손해배상청구소송에서 그 당사자가 보유한 영업비밀에 대하여 다음 각 호의 사유를 모두 소명한 경우에는 그 당사자의 신청에 따라 결정으로 다른 당사자(법인인 경우에는 그 대표자를 말한다), 당사자를 위하여 소송을 대리하는 자, 그 밖에 그 소송으로 영업비밀을 알게 된 자에게 그 영업비밀을 그 소송의 계속적인 수행 외의 목적으로 사용하거나 그 영업비밀에 관계된 이 항에 따른 명령을 받은 자 외의 자에게 공개하지 아니할 것을 명할 수 있다. 다만, 그 신청 시점까지 다른 당사자(법인인 경우에는 그 대표자를 말한다), 당사자를 위하여 소송을 대리하는 자, 그 밖에 그 소송으로 영업비밀을 알게 된 자가 제1호에 따른 준비서면의 열람이나 증거조사 외의 방법으로 그 영업비밀을 이미 취득하고 있는 경우에는 그러하지 아니하다.

1. 이미 제출하였거나 제출하여야 할 준비서면, 이미 조사하였거나 조사하여야 할 증거 또는 제111조제1항에 따라 제출하였거나 제출하여야 할 자료에 영업비밀이 포함되어 있다는 것
2. 제1호의 영업비밀이 해당 소송 수행 외의 목적으로 사용되거나 공개되면 당사자의 영업에 지장을 줄 우려가 있어 이를 방지하기 위하여 영업비밀의 사용 또는 공개를 제한할 필요가 있다는 것

② 당사자는 제1항에 따른 명령(이하 "비밀유지명령"이라 한다)을 신청하려면 다음 각 호의 사항을 적은 서면으로 하여야 한다.

1. 비밀유지명령을 받을 자
2. 비밀유지명령의 대상이 될 영업비밀을 특정하기에 충분한 사실
3. 제1항 각 호의 사유에 해당하는 사실

③ 법원은 비밀유지명령이 결정된 경우에는 그 결정서를 비밀유지명령을 받을 자에게 송달하여야 한다.

④ 비밀유지명령은 제3항의 결정서가 비밀유지명령을 받을 자에게 송달된 때부터 효력이 발생한다.

⑤ 비밀유지명령의 신청을 기각하거나 각하한 재판에 대해서는 즉시항고를 할 수 있다.

목 차

Ⅰ. 법원의 비밀유지명령 결정
1. 원 칙
2. 예 외
Ⅱ. 비밀유지명령의 신청
Ⅲ. 비밀유지명령의 송달
Ⅳ. 불 복

Ⅰ. 법원의 비밀유지명령 결정

1. 원 칙

법원은 제109조에 따라 제기된 손해배상청구소송에서 그 당사자가 보유한 영업비밀에 대하여 ① 이미 제출하였거나 제출하여야 할 준비서면, 이미 조사하였거나 조사하여야 할 증거 또는 제111조 제1항에 따라 제출하였거나 제출하여야 할 자료에 영업비밀이 포함되어 있다는 것(제1호), ② 제1호의 영업비밀이 해당 소송 수행 외의 목적으로 사용되거나 공개되면 당사자의 영업에 지장을 줄 우려가 있어 이를 방지하기 위하여 영업비밀의 사용 또는 공개를 제한할 필요가 있다는 것(제2호)의 사유를 모두 소명한 경우에는 그 당사자의 신청에 따라 결정으로 다른 당사자(법인인 경우에는 그 대표자), 당사자를 위하여 소송을 대리하는 자, 그 밖에 그 소송으로 영업비밀을 알게 된 자에게 그 영업비밀을 그 소송의 계속적인 수행 외의 목적으로 사용하거나 그 영업비밀에 관계된 이 항에 따른 명령을 받은 자 외의 자에게 공개하지 아니할 것을 명할 수 있다(법 제112조 제1항 각호 외의 부분 본문).

2. 예 외

다만, 그 신청 시점까지 다른 당사자(법인인 경우에는 그 대표자), 당사자를 위하여 소송을 대리하는 자, 그 밖에 그 소송으로 영업비밀을 알게 된 자가 제1호에 따른 준비서면의 열람이나 증거조사 외의 방법으로 그 영업비밀을 이미 취득하고 있는 경우에는 그러하지 아니하다(법 제112조 제1항 각 호외의 부분 단서).

Ⅱ. 비밀유지명령의 신청

당사자는 제 1 항에 따른 명령(이하 "비밀유지명령")을 신청하려면 ① 비밀유지명령을 받을 자(제 1 호), ② 비밀유지명령의 대상이 될 영업비밀을 특정하기에 충분한 사실(제 2 호), ③ 제 1 항 각 호의 사유에 해당하는 사실(제 3 호)을 적은 서면으로 하여야 한다(법 제112조 제 2 항).

Ⅲ. 비밀유지명령의 송달

법원은 비밀유지명령이 결정된 경우에는 그 결정서를 비밀유지명령을 받을 자에게 송달하여야 한다(법 제112조 제 3 항). 비밀유지명령은 제 3 항의 결정서가 비밀유지명령을 받을 자에게 송달된 때부터 효력이 발생한다(법 제112조 제 4 항).

Ⅳ. 불 복

비밀유지명령의 신청을 기각하거나 각하한 재판에 대해서는 즉시항고를 할 수 있다(법 제112조 제 5 항).

제113조(비밀유지명령의 취소)

① 비밀유지명령을 신청한 자 또는 비밀유지명령을 받은 자는 제112조제1항에 따른 요건을 갖추지 못하였거나 갖추지 못하게 된 경우 소송기록을 보관하고 있는 법원(소송기록을 보관하고 있는 법원이 없는 경우에는 비밀유지명령을 내린 법원을 말한다)에 비밀유지명령의 취소를 신청할 수 있다.

② 법원은 비밀유지명령의 취소신청에 대한 재판이 있는 경우에는 그 결정서를 그 신청을 한 자 및 상대방에게 송달하여야 한다.

③ 비밀유지명령의 취소신청에 대한 재판에 대해서는 즉시항고를 할 수 있다.

④ 비밀유지명령을 취소하는 재판은 확정되어야 효력이 발생한다.

⑤ 비밀유지명령을 취소하는 재판을 한 법원은 비밀유지명령의 취소신청을 한 자 또는 상대방 외에 해당 영업비밀에 관한 비밀유지명령을 받은 자가 있는 경우에는 그 자에게 즉시 비밀유지명령의 취소 재판을 한 사실을 알려야 한다.

목　　차

Ⅰ. 비밀유지명령의 취소신청
Ⅱ. 결정서의 송달
Ⅲ. 불　　복
Ⅳ. 효력발생
Ⅴ. 통　　보

Ⅰ. 비밀유지명령의 취소신청

비밀유지명령을 신청한 자 또는 비밀유지명령을 받은 자는 제112조 제1항에 따른 요건을 갖추지 못하였거나 갖추지 못하게 된 경우 소송기록을 보관하고 있는 법원(소송기록을 보관하고 있는 법원이 없는 경우에는 비밀유지명령을 내린 법원을 말한다)에 비밀유지명령의 취소를 신청할 수 있다(법 제113조 제1항).

Ⅱ. 결정서의 송달

법원은 비밀유지명령의 취소신청에 대한 재판이 있는 경우에는 그 결정서를 그 신청을 한 자 및 상대방에게 송달하여야 한다(법 제113조 제 2 항).

Ⅲ. 불 복

비밀유지명령의 취소신청에 대한 재판에 대해서는 즉시항고를 할 수 있다(법 제113조 제 3 항).

Ⅳ. 효력발생

비밀유지명령을 취소하는 재판은 확정되어야 효력이 발생한다(법 제113조 제 4 항).

Ⅴ. 통 보

비밀유지명령을 취소하는 재판을 한 법원은 비밀유지명령의 취소신청을 한 자 또는 상대방 외에 해당 영업비밀에 관한 비밀유지명령을 받은 자가 있는 경우에는 그 자에게 즉시 비밀유지명령의 취소 재판을 한 사실을 알려야 한다(법 제113조 제 5 항).

제114조(소송기록 열람 등의 청구 통지 등)

① 비밀유지명령이 내려진 소송(모든 비밀유지명령이 취소된 소송은 제외한다)에 관한 소송기록에 대하여 「민사소송법」 제163조제1항의 결정이 있었던 경우에, 당사자가 같은 항에서 규정하는 비밀 기재부분의 열람 등의 청구를 하였으나 그 청구 절차를 해당 소송에서 비밀유지명령을 받지 아니한 자가 밟은 경우에는 법원서기관, 법원사무관, 법원주사 또는 법원주사보(이하 이 조에서 "법원사무관등"이라 한다)는 같은 항의 신청을 한 당사자(그 열람 등의 청구를 한 자는 제외한다. 이하 제3항에서 같다)에게 그 청구 직후에 그 열람 등의 청구가 있었다는 사실을 알려야 한다.

② 법원사무관등은 제1항의 청구가 있었던 날부터 2주일이 지날 때까지(그 청구 절차를 밟은 자에 대한 비밀유지명령 신청이 그 기간 내에 이루어진 경우에는 그 신청에 대한 재판이 확정되는 시점까지를 말한다) 그 청구 절차를 밟은 자에게 제1항의 비밀 기재부분의 열람 등을 하게 하여서는 아니 된다.

③ 제2항은 제1항의 열람 등의 청구를 한 자에게 제1항의 비밀 기재부분의 열람 등을 하게 하는 것에 대하여 「민사소송법」 제163조제1항의 신청을 한 당사자 모두가 동의하는 경우에는 적용되지 아니한다.

목　　차

Ⅰ. 소송기록열람 등의 청구통지

Ⅱ. 열람금지의무

1. 원　　칙

2. 예　　외

Ⅰ. 소송기록열람 등의 청구통지

비밀유지명령이 내려진 소송(모든 비밀유지명령이 취소된 소송은 제외)에 관한 소송기록에 대하여 「민사소송법」 제163조 제1항의 결정이 있었던 경우에, 당사자가 같은 항에서 규정하는 비밀 기재부분의 열람 등의 청구를 하였으나 그 청구 절차를 해당 소송에서 비밀유지명령을 받지 아니한 자가 밟은 경우에는 법원서기관, 법원사무관, 법원주사 또는 법원주사보(이하 "법원사무관등")는 같은 항의 신청을 한 당사자(그 열람 등의 청구를 한 자는 제외)에게 그 청구 직후에 그 열람 등의 청구가 있었다는 사실을 알려야 한다(법 제114조 제1항).

Ⅱ. 열람금지의무

1. 원 칙

법원사무관등은 제1항의 청구가 있었던 날부터 2주일이 지날 때까지(그 청구 절차를 밟은 자에 대한 비밀유지명령 신청이 그 기간 내에 이루어진 경우에는 그 신청에 대한 재판이 확정되는 시점까지를 말함) 그 청구 절차를 밟은 자에게 제1항의 비밀 기재부분의 열람 등을 하게 하여서는 아니 된다(법 제114조 제2항).

2. 예 외

제2항은 제1항의 열람 등의 청구를 한 자에게 제1항의 비밀 기재부분의 열람 등을 하게 하는 것에 대하여 「민사소송법」 제163조 제1항의 신청을 한 당사자 모두가 동의하는 경우에는 적용되지 아니한다(법 제114조 제3항).

제115조(손해액의 인정)

법원은 이 법을 위반한 행위로 인하여 손해가 발생된 것은 인정되나, 그 손해액을 입증하기 위하여 필요한 사실을 입증하는 것이 해당 사실의 성질상 극히 곤란한 경우에는, 변론 전체의 취지와 증거조사의 결과에 기초하여 상당한 손해액을 인정할 수 있다.

[참고문헌]

논 문: 윤성운, "동의의결제도와 손해배상소송의 쟁점", 경쟁과 법 제 2 호, 서울대학교 경쟁법센터, 2014. 4; 이선희, "공정거래법상 자진신고에 의한 책임감경제도와 민사소송에 의한 피해구제간의 관계에 관한 연구", 2012 하반기 법 · 경제그룹(LEG) 연구보고서, 한국공정거래조정원, 2012. 12

[참고사례]

마이크로소프트 코퍼레이션 및 한국마이크로소프트 유한회사의 시장지배적지위 남용행위 등 건(공정거래위원회 2006. 2. 24. 의결 제2006－42호; 서울중앙지방법원 2009. 6. 11. 선고 2007가합90505 판결[손해배상(기)]; **남양유업의 거래상 지위 남용행위 건**[공정거래위원회 2013. 10. 14. 의결 제2013.165호; 서울고등법원 2017. 7. 7. 선고 2016나2001302, 2001319 판결; 대법원 2017. 12. 5. 선고 2017다252987, 252994 판결[손해배상(기) · 부당이득금]]

독점규제법 규정을 위반한 행위로 인하여 손해가 발생된 것은 인정되나, 그 손해액을 입증하기 위하여 필요한 사실을 입증하는 것이 해당 사실의 성질상 극히 곤란한 경우에는, 법원은 변론 전체의 취지와 증거조사의 결과에 기초하여 상당한 손해액을 인정할 수 있다.

그러나 동 조항을 적용하여 원고의 손해액을 산정하는 경우라도 독점규제법 위반행위로 '인하여' 원고에게 손해가 발생하였다는 점이 입증되어야 할 것이며, 위 조항의 내용을 위법행위와 손해 사이의 인과관계에 대한 입증책임까지 완화되는 취지로 해석할 수는 없고 따라서 불법행위책임의 일반원칙에 따라 손해배상청구권을 행사하고자 하는 원고가 위법행위와 손해 발생 사이의 인과관

계를 입증하여야 한다는 것이 법원의 입장이다.[1]

"손해액을 입증하기 위하여 필요한 사실을 입증하는 것이 해당사실의 성질상 극히 곤란한 경우"란 부당한 공동행위를 예를 들면 가상경쟁가격이 다투어지거나 가상경쟁가격의 추정을 위한 감정에 비용이 과도하게 드는 경우 등이 이에 해당한다.[2] 한편 동의의결의 경우 법 위반이 입증되었다고 볼 수 없어 법 제115조가 적용될 수 없다.[3]

〈남양유업의 거래상 지위 남용행위 건〉 관련 민사소송에서 대법원은 "이 사건 구입강제 행위로 인하여 원고 4가 입은 손해액을 독점규제법 제115조에 따라 총 매출액의 7%로 정하였다"고 판단한 원심을 인정하였다.[4]

1) 서울중앙지판 2009. 6. 11. 2007가합90505[손해배상(기)].
2) 이선희, 경쟁법연구 제26권(2012. 11), 239면.
3) 윤성운, 경쟁과 법 제 2 호(2014. 4), 35~36면.
4) 대판 2017. 12. 5. 2017다252987, 252994.

제13장

•

적용제외

제116조(법령에 따른 정당한 행위)
제117조(무체재산권의 행사행위)
제118조(일정한 조합의 행위)

제116조(법령에 따른 정당한 행위)

이 법은 사업자 또는 사업자단체가 다른 법률 또는 그 법률에 의한 명령에 따라 행하는 정당한 행위에 대하여는 이를 적용하지 아니한다.

목 차

Ⅰ. 의 의
Ⅱ. 내 용
1. 법령에 따라 행하는 정당한 행위
2. 구체적 사례

[참고문헌]

단행본: 공정거래위원회/한국개발연구원, 공정거래10년－경쟁정책의 운용성과와 과제, 1991. 4; Gellhorn, Ernest/Kovacic, William E. Antitrust Law and Economics(4th Edition), West Group, 1994: Hovenkamp, Herbert, Antitrust(Third Edition), West Group, 1999

논 문: 이봉의, "보험업과 카르텔에 관한 고찰", 경쟁법연구 제18권, 한국경쟁법학회 편, 법문사, 2008; 이호영, "규제산업과 공정거래법의 적용제외", 공정거래법과 규제산업(권오승/이원우 공편), 법문사, 2007; 이민호, "부당한 공동행위와 행정지도", 경쟁법연구 제16권, 한국경쟁법학회 편, 법문사, 2007; 이황, "보험산업에 대한 공정거래법 적용의 범위와 한계", 경쟁법연구 제18권, 한국경쟁법학회 편, 법문사, 2008

[참고사례]

한국비철금속공업협동조합연합회의 불공정거래행위 건(공정거래위원회 1990. 11. 15. 의결 제90－70호, 1991. 1. 23. 재결 제91.4호; 서울고등법원 1992. 1. 29. 선고 91구2030 판결); **동아출판사 등 6개 출판사의 부당공동행위 건**(공정거래위원회 1990. 10. 24. 의결 제90－62호, 1991. 1. 23. 재결 제91.4호; 서울고등법원 1992. 4. 22. 선고 91구 3248 판결; 대법원 1992. 11. 13. 선고 92누8040 판결); **대한법무사협회의 구성사업자에 대한 사업활동제한행위 건**(공정거래위원회 1994. 8. 17. 의결 제94－263호, 1994. 10. 5. 재결 제94－8호; 서울고등법원 1995. 11. 23. 선고 94구32186 판결; 대법원 1997. 5. 16. 선고 96누150 판결); **가나평가법인 외 17의 부당공동행위 건**(공정거래위원회 2003. 6. 19. 의결 제2003.101호, 2003. 11. 7. 재결 제2003－033호; 서울고등법원 2005. 1. 26. 선고 2003누

21642 판결); 한국청과(주) 외 5의 부당공동행위 건(공정거래위원회 2002. 11. 11. 의결 제2002.289호, 2003. 3. 24. 재결 제2003-017호; 서울고등법원 2004. 5. 12. 선고 2003누5817 판결); 부산광역시치과의사회의 사업자단체금지행위 건(공정거래위원회 2000. 12. 16. 의결 제2000-168호, 2001. 7. 24. 재결 제2001-031호; 서울고등법원 2003. 6. 26. 판결 2001누12378 판결; 대법원 2005. 8. 19. 선고 2003두9251 판결); 대한건축사협회 부산광역시건축사회 외 8의 사업자단체금지행위 건(공정거래위원회 2004. 3. 19. 의결 2004-105~113, 2004. 8. 27. 재결 2004-242~250; 서울고등법원 2005. 8. 10. 선고 2004누18889 판결); (사)대한손해보험협회 외 10의 공동행위 건(공정거래위원회 2002. 10. 4. 의결 제2002.209호; 서울고등법원 2004. 6. 10. 선고 2002누17752 판결; 대법원 2006. 11. 23. 선고 2004두8323 판결); 한국도로공사의 부당지원행위 등 건(공정거래위원회 2001. 4. 2. 의결 제2001-047호, 2001. 9. 12. 재결 제2001.47호; 서울고등법원 2003. 12. 9. 선고 2001누16080 판결; 대법원 2006. 6. 2. 선고 2004두558 판결); 한국수자원공사의 부당지원행위 등 건(공정거래위원회 2001. 4. 2. 의결 제2001-044호, 2001. 9. 10. 재결 제2001-042호; 서울고등법원 2004. 2. 3. 선고 2001누15865; 대법원 2007. 1. 11. 선고 2004두3304 판결); 대구유치원연합회의 사업자단체금지행위 건(공정거래위원회 2005. 11. 30. 의결 제2005-239호; 서울고등법원 2007. 1. 11. 선고 2006누653 판결); 현대자동차(주) 외 6의 부당지원행위 등 건(공정거래위원회 2006. 12. 26. 의결 제2006-277호; 서울고등법원 2005. 5. 12. 선고 2003누20076 판결; 대법원 2007. 12. 23. 선고 2005두5963 판결); 하림(주) 외 15의 공동행위 건(공정거래위원회 2006. 9. 28. 의결 제2006-217호; 서울고등법원 2008. 7. 24. 선고 2006누26563 판결); (주)케이티의 공동행위 건(시외전화)(공정거래위원회 2005. 12. 15. 의결 제2005-331호; 서울고등법원 2007. 8. 22. 선고 2006누1960 판결; 대법원 2008. 12. 24. 선고 2007두19584 판결); 2개 시내전화사업자의 부당공동행위 건(공정거래위원회 2005. 8. 18. 의결 제2005-130호; 서울고등법원 2007. 7. 11. 선고 2005누20230, 2007. 8. 23. 선고 2005누20902 판결; 대법원 2009. 6. 23. 선고 2007두19416 판결); 종합유선방송사업자[씨제이케이블넷 가야방송(주), 경남방송(주), 중부산방송(주)]의 시장지배적지위 남용행위 건(공정거래위원회 2007. 8. 20. 의결 제2007-405호, 제2007-406호, 제2007-407호; 서울고등법원 2008. 8. 20. 2007누23547 판결; 대법원 2010. 2. 11. 선고 2008두16407 판결); 티브로드 강서방송 등의 시장지배적지위 남용행위 건(공정거래위원회 2007. 10. 8. 의결 제2007-457~469호; 서울고등법원 2008. 12. 18. 선고 2007누29842 판결; 대법원 2010. 5. 27. 선고 2009두1983 판결); 3개 설탕 제조·판매업체의 부당공동행위 건(공정거래위원회 2007. 8. 20. 의결 제2007-408호; 서울고등법원 2008. 7. 16. 선고 2007누24441 판결; 대법원 2010. 3.

11. 선고 2008두15169 판결); **10개 손해보험사의 부당공동행위 건**(공정거래위원회 2007. 9. 12. 의결 제2007-443호; 대법원 2011. 5. 26. 선고 2008두20352, 2008두22013, 2008두20376, 2008두23979, 2008두20741, 2011. 9. 8. 선고 2008두23894 판결); **8개 연질폴리우레탄폼 제조·판매사업자의 부당공동행위 건**(공정거래위원회 2009. 11. 18. 의결 제2009-256호; 서울고등법원 2010. 10. 20. 선고 2009누39041, 2010. 10. 7. 2009누39058, 2009누39034 판결; 대법원 2012. 1. 27. 선고 2010두24852, 2010두24227, 2010두24388 판결); **14개 생명보험사 및 10개 손해보험사의 부당공동행위 건**(공정거래위원회 2008. 10. 27. 의결 제2008-286호; 서울고등법원 2009. 11. 18. 선고 2008누34445, 2008누34452, 2008누34476 판결; 대법원 2012. 5. 24. 선고 2010두375, 2010두399 판결, 2012. 6. 7. 선고 2010두405 판결); **서울지하철7호선 연장(701공구~706공구) 건설공사 입찰참가 6개 건설사의 부당공동행위 건**[공정거래위원회 2007. 7. 25. 의결 제2007-361호; 서울중앙지방법원 2008. 6. 27. 선고 2008노862 판결; 대법원 2011. 5. 26. 2008도6341 판결(민사소송)]; **12개 농업용필름 제조·판매사업자의 부당공동행위 건**(공정거래위원회 2011. 8. 1. 의결 제2011.132호; 서울고등법원 2012. 9. 19. 선고 2011누29641 판결; 대법원 2013. 1. 24. 선고 2012두24207 판결); **20개 증권사의 부당공동행위 건**(공정거래위원회 2012. 12. 26. 의결 제2012.276호; 서울고등법원 2014. 6. 11. 선고 2013누3490, 2013누3476, 2013누3513, 2013누3544, 2013누3490, 2013누45005, 2013누3483, 2013누3452, 2013누3148, 2013누3520, 2013누3551, 2013누10061, 2014. 8. 21. 선고 2013누3469, 2013누3537, 2014. 10. 16. 선고 2013누3506 판결; 대법원 2014. 10. 15. 선고 2014두38125, 2014두38217, 2014두38309, 2014. 10. 16. 선고 2014두38200, 2014두38705, 2014두38941, 2014두38361, 2015. 1. 15. 2014두41886, 2014두41794, 2015. 2. 12. 2014두44298 판결); **26개 항공화물운송사업자의 부당공동행위 건**(공정거래위원회 2010. 11. 29. 의결 제2010-143~146호; 서울고등법원 2012. 2. 2. 선고 2010누45868, 2012. 5. 16. 선고 2010누45851 판결; 대법원 2014. 5. 16. 선고 2012두5466, 2012두13269, 2012두16046, 2012두13665, 2012두13689, 2012두18158, 2012두18165, 2012두14545, 2012두5237, 2012두13429, 2014. 5. 29. 선고 2012두25132, 2014. 12. 24. 선고 2012두6216, 2012두13412 판결); **전국의사총연합의 사업자단체금지행위 건**[공정거래위원회 2017. 1. 10. 의결 제2017-011호; 서울고등법원 2017. 8. 17. 선고 2017누45232 판결; 대법원 2017. 12. 27. 선고 2017두60765(심리불속행 기각) 판결]; **대한의사협회의 사업자단체금지행위 건**[공정거래위원회 2017. 1. 10. 의결 제2017-010호; 서울고등법원 2018. 2. 7. 선고 2017누37057 판결; 대법원 2018. 7. 12. 선고 2018두39096(심리불속행 기각) 판결]; **4개 종계판매 사업자의 부당공동행위 건**(공정거래위원회 2019. 12. 31. 의결 제2019-312호; 서울

고등법원 2021. 9. 15. 선고 2020누40329 판결)

Ⅰ. 의 의

독점규제법이 경제활동의 기본법에 해당하기는 하지만 모든 분야에 예외 없이 적용되는 것은 전체 법질서 차원에서 문제를 야기할 우려가 있다. 따라서 독점규제법의 목적조항에 규정되어 있는 '국민경제의 균형적 발전'을 도모하기 위한 취지에서[1] 몇 가지 예외적인 규정을 두고 있는 바 본 조는 그중 하나에 해당한다.

1980년 제정당시의 독점규제법에서는 제47조 제 1 항에서 특별법에 의한 행위는 독점규제법의 적용대상에서 제외하되 동조 제 2 항에서 이 조항의 적용을 받게 되는 특별한 법률은 법률로서 지정하도록 규정하고 있었다.[2] 그러나 결국 적용제외에 관한 별도의 법률은 제정되지 못한 채 1986년 제 1 차 개정시 현재의 규정으로 개정되었다. 이 규정은 '반경쟁적인 시장행동이라 할지라도 그것이 여타 법률에 의한 것이거나, 법률의 위임을 받아 행정기관이 내린 명령에 의한 것일 경우에는 독점규제법의 적용대상이 되지 않는 것'으로 해석될 수 있으므로 사실상 독점규제법의 실효성을 무력화시키는 효과를 가져올 수 있다.[3] 따라서 독점규제법의 실효성을 담보하기 위한 법률, 명령 및 정당한 행위의 해석이 매우 중요하다.

Ⅱ. 내 용

1. 법령에 따라 행하는 정당한 행위

이 법은 사업자 또는 사업자단체가 다른 법률 또는 그 법률에 의한 명령에 따라 행하는 정당한 행위에 대하여는 이를 적용하지 아니한다(법 제116조). 다른

1) 공정거래10년(1991), 276면.
2) 공정거래10년(1991), 278면.
3) 공정거래10년(1991), 276면.

법령에 따라 법적용이 면제되는 범위가 문제된다. 즉 독점규제법이 금지하고 있는 행위들 중에서 다른 법령에 근거가 있는 행위가 모두 여기에 해당된다고 넓게 해석할 수도 있고, 반대로 다른 법령에 근거가 있는 행위들 중에서 특히 합리적인 근거가 있는 행위만 해당한다고 좁게 해석 할 수도 있는데 후자의 입장이 타당하다고 본다.[4] 이에 대해 서울고등법원도 "정당한 권한을 가진 자가 법정된 절차에 따라 법이 정한 직무를 행한 경우"라고 함으로써 다른 법령에 따른 행위라 하더라도 반드시 정당한 경우에만 독점규제법 적용이 면제된다는 입장이다.[5]

여기에서 정당한 행위는 독점규제법의 해석 기준으로 보아 정당한 행위라는 의미는 아니며 당해 법률 또는 명령에서 정하고 있는 적정한 절차로 해석하여야 한다. 왜냐하면 그러한 행위를 독점규제법 적용에서 제외한다는 의미는 동 행위가 독점규제법에 위반되는 행위라는 점을 전제하고 있기 때문이다.

여기서 말하는 법률은 당해 사업의 특수성을 경쟁제한이 합리적이라고 인정되는 사업 또는 인가제 등에 의하여 사업자의 독점적 지위가 보장되는 반면 공공성의 관점에서 고도의 공적규제가 필요한 사업 등에 있어서 자유경쟁의 예외를 구체적으로 인정하고 있는 법률 또는 그 법률에 의한 명령의 범위내에서 행하는 필요 최소한의 행위를 말한다.[6]

예를 들어 「보험업법」 제125조(상호협정의 인가)에서는 "① 보험회사는 그 업무에 관한 공동행위를 하기 위하여 다른 보험회사와 상호협정을 하고자 하는 경우에는 대통령령이 정하는 바에 따라 금융위원회의 인가를 받아야 한다. ② 금융위원회는 공익 또는 보험업의 건전한 발전을 위하여 특히 필요하다고 인정하는 경우에는 보험회사에 대하여 제 1 항의 협정의 변경 · 폐지 또는 새로운 협정의 체결을 명하거나 그 협정의 전부 또는 일부에 따를 것을 명할 수 있다. ③ 금융위원회는 제 1 항 또는 제 2 항의 규정에 의하여 상호협정의 체결 · 변경 또는 폐지의 인가를 하거나 명령을 하고자 하는 경우에 미리 공정거래위원회와 협의하여야 한다"고 규정하고 있다. 따라서 「보험업법」 제125조에 의한 상호협정의 경우에는 독점규제법의 적용제외가 될 수 있다.

4) 권오승, 145면; 이호영, 21면; 양명조, 85면.

5) 서고판 1992. 1. 29. 91구2030.

6) 대판 1997. 5. 16. 96누150; 서고판 2004. 5. 12. 2003누5817; 서고판 2005. 1. 26. 2003누21642; 대판 2006. 11. 23. 2004두8323; 대판 2006. 6. 2. 2004두558; 서고판 2007. 1. 11. 2006누653; 대판 2007. 12. 13. 2005두5963; 대판 2008. 12. 24. 2007두19584; 대판 2009. 6. 23. 2007두19416; 대판 2011. 9. 8. 2008두23894 등; 규제산업에 공정거래법의 적용문제에 대하여 이호영, 공정거래법과 규제산업(2007), 433~466면 참조.

다만 이때 '그 업무에 관한'의 해석에 관하여 논란이 있다. 이에 대해 대법원은 〈(사)대한손해보험협회 외 10의 공동행위 건〉 관련 행정소송에서 "보험업법 제17조가 보험사업자에게 그 사업에 관한 공동행위를 하기 위한 상호협정을 허용한 취지는 보험사업자가 자율적으로 건전한 보험거래질서를 확립할 수 있도록 하기 위함이므로 위 상호협정의 특별이익 제공금지에 관한 세부적용기준에 의거한 공동행위라 하더라도 이러한 「보험업법」의 취지에 부합하지 않는 공동행위는 허용되지 않는다 할 것이므로, 원고들의 '기타 응급조치' 서비스 폐지의 합의가 특별이익 제공에 해당하지 않는 보험계약의 거래조건에 관한 것으로서 자동차손해보험의 거래조건에 관한 경쟁을 제한하는 행위에 해당하는 이상 위 「보험업법」 제17조에 따라 행하는 정당한 행위로서 법 제58조에 해당한다고 할 수 없다"는 취지로 판단한 원심을 인정하였다.[7] 이는 대법원이 '그 업무에 관한'을 보험업 고유의 업무에 관한 것으로 한정하여 해석하는 태도라고 해석한다.[8] 궁극적으로는 「보험업법」상 상호협정의 대상을 어느 정도 구체화하여 열거하거나 적어도 대표적인 내용을 예시하는 것이 바람직할 것이다.[9]

또한 「해운법」 제29조 제 1 항에서는 "외항화물운송사업자는 다른 외항화물운송사업자와 운임·선박배치, 화물의 적재, 그 밖의 운송조건에 관한 계약이나 공동행위("협약")를 할 수 있다. 다만, 협약에 참가하거나 탈퇴하는 것을 부당하게 제한하는 것을 내용으로 하는 협약을 하여서는 아니 된다"라고 규정하는바 동 법에 의한 공동행위도 독점규제법의 적용제외가 될 수 있다.

법률에 의한 명령에 따라 행하는 행위의 범위에 관해서는 시행령, 시행규칙이나 고시 등 법규명령은 물론, 행정관청의 개별적 행정행위 내지 행정처분까지도 포함되지만 행정지도는 원칙적으로 이에 해당하지 아니한다. 그러나 「행정

7) 대판 2006. 11. 23. 2004두8323.

8) 이황, 경쟁법연구 제18권(2008), 362~364면 참조; 미국에서 보험업을 독점금지법적용에서 제외하는 「McCarren－Ferguson법」도 보험회사의 영업행위전체가 아니라, 보험사업의 경우에만 면제가 가능하다고 한다. 자세한 내용은 이봉의, 경쟁법연구 제18권(2008), 274~275면 및 이황, 경쟁법연구 제18권(2008), 351~352면 참조; 〈Union Labor Life Ins. Co. v. Pireno, 458 U.S. 119, 102 S,Ct. 3002(1982)〉 판결에서 미국연방대법원은 "보험업(business of insurance)"의 독점금지법 적용제외의 세 가지 기준을 제시하였는데, 첫째, 행위가 피보험자의 위험을 이전 또는 분산하는 효과를 가지는지, 둘째, 행위가 보험업자와 가입자간의 보험관계의 필수적인 부분인지, 셋째, 행위가 보험산업 범위에서 실질에 한정되는지 여부(first, whether the practice has the effect of transferring or spreading a policyholder's risk; second, whether the practice is an integral part of the policy relationship between the insurer and the insured; and third, whether the practice is limited to entities within the insurance industry)이다.

9) 이봉의, 경쟁법연구 제18권(2008), 294면.

지도 심사지침」에서 행정지도의 경우에도 독점규제법의 적용예외가 될 수 있는 경우를 규정하고 있다.

> ① 다른 법령에서 사업자가 법 제40조 제1항 각호의 1에 해당하는 행위를 하는 것을 구체적으로 허용하고 있는 경우 ② 다른 법령에서 행정기관이 사업자로 하여금 법 제40조 제1항 각호의 1에 해당하는 행위를 하는 것을 행정지도할 수 있도록 규정하고 있는 경우로서, i) 그 행정지도의 목적, 수단, 내용, 방법 등이 근거법령에 부합하고, ii) 사업자들이 그 행정지도의 범위 내에서 행위를 한 경우에는 법 제116조(법령에 따른 정당한 행위)에 해당하는 것으로 보아 독점규제법을 적용하지 아니한다(「행정지도 심사지침」 Ⅲ. 2).
>
> 다만 사실상 구속력이 있는 행정지도가 부당한 공동행위의 동인이 된 경우에 한하여 과징금 감경사유가 될 수 있다(「과징금 부과고시」 Ⅳ. 3. 다. (4))(「행정지도 심사지침」 Ⅲ. 3).[10]

2. 구체적 사례

구체적으로 어떤 행위가 정당한 행위인지는 개별 사안별로 판단할 수밖에 없다. 법원이 법령에 따른 정당한 행위로 판단하지 않은 사례는 다음과 같다.

> "상공부의 행정지도에 의한 합의"(〈한국비철금속공업협동조합연합회의 불공정거래행위 건〉),[11] "교육부의 지시"(〈동아출판사 등 6개 출판사의 부당공동행위 건〉),[12] "농수산물공사가 위탁수수료 내지 장려금에 대한 가격이나 거래조건을 직접 결정하거나 공동으로 결정지시"(〈한국청과(주) 외 5의 부당공동행위 건〉),[13] "감정평가수

10) 사실적 강제력이 있는 구속력 있는 행정지도에 대해서는 그 정도에 따라 책임 감경 또는 조각이 필요하다는 주장에 대하여 이황, 경쟁법연구 제18권(2008), 385~392면 및 이민호, 경쟁법연구 제16권(2007), 180~183면 참조.

11) 서고판 1992. 1. 29. 91구2030; 한편 〈(주)케이티의 공동행위 건(시외전화)〉 관련 행정소송에서 대법원은 "행정지도의 범위를 벗어나는 별도의 내용으로 이 사건 2002합의를 한 점 등의 이유를 들어, … 독점규제법 제58조에서 말하는 '법률 또는 그 법률에 의한 명령에 따른 정당한 행위'에 해당하지 않는다(대판 2008. 12. 24. 2007두19584)"라고 하는데 행정지도내의 행위는 법령에 따는 정당행위인지가 문제된다. 그러나 행정지도내의 행위라도 이를 일률적으로 법령에 따른 정당한 행위라고 볼 수는 없다.

12) 서고판 1992. 4. 22. 91구 3248.

13) 서고판 2004. 5. 12. 2003누5817; 서고판 2005. 1. 26. 2003누21642.

수료의 가이드라인 결정"(〈가나평가법인 외 17의 부당공동행위 건〉),[14] "경상북도 건축사회, 충청북도 건축사회의 감정료 및 상담료 결정행위"(〈대한건축사협회 부산광역시건축사회 외 8의 사업자단체금지행위 건〉),[15] "손해보험회사들의 '기타 응급조치' 서비스 폐지의 합의, 5개 주요 긴급출동 서비스의 폐지 및 유료화"(〈(사)대한손해보험협회 외 10의 공동행위 건〉),[16] "건설교통부장관의 승인에 따른 수의계약에 의한 감리용역 발주행위"(〈한국도로공사의 부당지원행위 등 건〉),[17] "사업자가 법인세법 제52조 등에 따른 불이익을 피하기 위한 목적으로 주식의 매매가격 등을 결정한 행위"(〈현대자동차(주) 외 6의 부당지원행위 등 건〉),[18] "금융감독원의 '일반손해보험 가격자유화에 따른 감독정책' 및 '일반손해보험의 개별계약 할인·할증제도개선 방안 통고'"(〈10개 손해보험사의 부당공동행위 건〉),[19] "물가당국의 행정지도"(〈3개 설탕 제조·판매업체의 부당공동행위 건〉),[20] "정부의 행정지도나 한국거래소의 평가제도"(〈20개 증권사 부당공동행위 건〉),[21] "의료법 위반을 이유로 한방 병·의원과의 거래 개시 또는 중단을 하게 한 행위"(〈전국의사총연합의 사업자단체 금지행위 건〉,[22] 〈대한의사협회의 사업자단체금지행위 건〉),[23] "사전에 원종계

14) 서고판 2005. 1. 26. 2003누21642.

15) 서고판 2005. 8. 10. 2004누18889.

16) 대판 2006. 11. 23. 2004두8323.

17) 대판 2006. 6. 2. 2004두558; 대판 2007. 1. 11. 2004두3304: "정부투자기관관리기본법 제20조가 자유경쟁의 예외를 구체적으로 인정하고 있는 법률이라고 볼만한 사정이 없는 이상 위 법 제20조의 위임에 따른 재정경제부령인 정부투자기관 회계규칙 제15조 제 2 호 (라)목의 규정에 의하여 건설교통부장관의 승인에 따른 수의계약에 의한 감리용역 발주행위가 법 제58조에서 말하는 법률 또는 그 법률에 의한 명령에 따른 정당한 행위에 해당한다고 할 수 없다"고 판시하였다.

18) 대판 2007. 12. 23. 2005두5963: "법인세법 소정의 부당행위계산 부인의 법리는 법 제23조 제 1 항 제 7 호 소정의 지원행위와 그 제도의 취지 및 판단 기준 등을 달리하는 것이고, 법 제58조 소정의 정당한 행위라 함은 당해 사업의 특수성으로 경쟁 제한이 합리적이라고 인정되는 사업 또는 인가제 등에 의하여 사업자의 독점적 지위가 보장되는 반면, 공공성의 관점에서 고도의 공적규제가 필요한 사업 등에 있어 자유경쟁의 예외를 구체적으로 인정하고 있는 법률 또는 그 법률에 의한 명령의 범위 내에서 행하는 필요·최소한의 행위를 말하는 것인바(대판 1997. 5. 16. 96누150, 대판 2007. 1. 11. 2004두3304 등 참조), 부당행위계산 부인에 관한 법인세법 제52조 등을 법 제58조가 규정하고 있는 자유경쟁과 관련된 법령으로 볼 수 없는 이상, 설령 사업자가 법인세법 제52조 등에 따른 불이익을 피하기 위한 목적으로 주식의 매매가격 등을 결정하였다고 하더라도, 이러한 주식의 매매가격에 따른 주식매매 행위가 법 제58조 소정의 정당한 행위에 해당한다고 할 수는 없다"고 판시하였다.

19) 대판 2011. 9. 8. 2008두23894 등.

20) 서고판 2008. 7. 16. 2007누24441(대판 2010. 3. 11. 2008두15169).

21) 대판 2014. 10. 15. 2014두38125 등.

22) 서고판 2017. 8. 17. 2017누45232(대판 2017. 12. 27. 2017두60765).

23) 서고판 2018. 2. 7. 2017누37057(대판 2018. 7. 12. 2018두39096).

감축에 관한 합의를 마친 후 그 합의 내용이 농림부의 행정지도에 따라 이루어진 외관을 갖추기 위해 농림부 공문을 받은 행위"(〈4개 종계 판매 사업자의 부당공동행위 건〉)[24)]

한편 국제카르텔 사건에서 서울고등법원이 외국의 법령이나 관할관청의 행정지도를 따른 행위로서 위법한 행위에 해당하지 않는다 할지라도, 대한민국의 독점규제법이 적용되지 않는다고 볼 수 없다고 한 사례가 있다.[25)]

법령의 근거에 의하였다 하더라도 자유경쟁의 예외를 구체적으로 인정하고 있는 법령에 의한 행위여야 한다는 점을 주의할 필요가 있다. 법원이 자유경쟁의 예외로 인정하지 않은 사례는 다음과 같다.

"농안법 및 축산법의 규정"(〈하림(주) 외 15의 공동행위 건〉),[26)] "전기통신사업법 제34조 제 2 항"(〈(주)케이티의 공동행위 건(시외전화)〉),[27)] "구전기통신사업법(2009. 1. 3. 개정전) 제33조의 4"(〈2개 시내전화사업자의 부당공동행위 건〉),[28)] "구 방송법 제77조"(〈종합유선방송사업자의 시장지배적지위 남용행위 건, 티브로드강서방송 등의 시장지배적지위 남용행위 건〉),[29)] "국가계약법 제25조 제 1 항, 국가계약법 시행령 제72조 제 2 항",[30)] "중소기업협동조합법"(〈12개 농업용필름 제조·판매사업자의 부당공동행위 건〉)[31)]

---

24) 서고판 2021. 9. 15. 2020누40329.

25) 서고판 2012. 5. 16. 2010누45912, 2010누45936, 2012. 6. 7. 2010누45929.

26) 서고판 2008. 7. 24. 2006누26563.

27) 대판 2008. 12. 24. 2007두19584.

28) 대판 2009. 6. 23. 2007두19416.

29) 서고판 2008. 8. 20. 2007누23547(대판 2010. 2. 11. 2008두16407); 대판 2010. 5. 27. 2009두1983: "구 방송법 제77조는 종합유선방송사업자로 하여금 그 이용요금 및 기타 조건에 관한 약관을 정하여 방송위원회에 신고하여야 하고, 방송위원회가 위 약관이 현저히 부당하여 시청자의 이익을 저해한다고 판단하는 때에는 약관의 변경을 명할 수 있도록 규정하고 있으나, 이는 종합유선방송사업자에게 약관신고 의무를 부과하고, 방송위원회로 하여금 이를 심사하여 약관변경명령을 발할 수 있는 권한을 부여하는 조항일 뿐, 방송위원회로 하여금 종합유선방송사업자의 이용요금 결정에 개별적·직접적으로 관여하도록 허용하는 것은 아니므로, 구 방송법을 자유경쟁의 예외를 구체적으로 인정하고 있는 법률이라고 볼 수는 없고, 이 사건 행위가 방송위원회의 명령에 따라 행한 행위라고 볼 수도 없다".

30) 대판 2011. 5. 26. 2008도6341.

31) 대판 2013. 1. 24. 선고 2012두24207.

한편 〈26개 항공화물운송사업자의 부당공동행위 건〉 관련 행정소송에서 인가제도와 법령상 적용제외가 문제가 되었다. 즉 항공화물운임을 해당 노선의 지정항공사들 사이의 합의에 의하여 정하고 항공당국의 인가를 받도록 한 구 항공법 제117조 제1항과 항공협정이 문제가 되었는데, 이에 대하여 대법원은 "운임에 대한 가격경쟁 자체를 배제하는 것이 아니라 인가받은 운임을 기준으로 그 정도가 과도하지 아니한 범위 내에서 가격경쟁을 예정하고 있는 것이라고 보아야 하며 따라서, 지정항공사들 사이의 운임 등에 관한 합의내용이 단순히 운임의 체계에 관한 사항을 변경하는 것을 넘어 일정한 항목에 대한 할인을 제한하는 내용까지 포함하고 있다면, 이러한 합의는 구 항공법과 항공협정이 허용하는 범위를 벗어나는 것으로서 '자유경쟁의 예외를 구체적으로 인정하고 있는 법률 또는 그 법률에 의한 명령의 범위 내에서 행하는 필요·최소한의 행위'에 해당하지 아니한다"고 판시하였다.[32)]

또한 상기 건에서는 외국법률에 따른 행위가 독점규제법 적용제한의 대상이 되는지가 문제가 되었다. 이에 대하여 대법원은 "당해 행위에 대하여 독점규제법 적용에 의한 규제의 요청에 비하여 외국 법률 등을 존중해야 할 요청이 현저히 우월한 경우에는 독점규제법의 적용이 제한될 수 있다고 보며 그러한 경우에 해당하는지는 당해 행위가 국내시장에 미치는 영향, 당해 행위에 대한 외국 정부의 관여 정도, 국내 법률과 외국 법률 등이 상충되는 정도, 이로 인하여 당해 행위에 대하여 국내 법률을 적용할 경우 외국 사업자에게 미치는 불이익 및 외국 정부가 가지는 정당한 이익을 저해하는 정도 등을 종합적으로 고려하여 판단한다"고 하고, "일본발 국내행 항공화물운송운임의 체계를 변경하고 그 운임 중 주요 구성부분에 관한 할인을 제한하는 내용의 이 사건 합의가 국내시장에 미치는 영향이 작다고 볼 수 없고, 위 합의에 관하여 일본국 정부는 원고 등의 신청에 따라 그 결과를 인가하였을 뿐 합의에 대한 관여 정도가 높다고 볼 수 없으며, 일본국 항공법 제110조가 국토교통성의 인가를 받은 운임협정 등에 대하여 일본국 독점금지법의 적용을 제외하고 있으나, 일정한 거래분야에서 경쟁을 실질적으로 제한하는 경우는 그 예외로 규정하고 있으므로 일본국 법률과 국내 법률 자체가 서로 충돌된다고 보기 어렵고, 원고가 일본국 법률과 국내 법률을 동시에 준수하는 것이 불가능하다고 볼 수도 없는 점을 고려할 때, 이 사건 합의 중 일본발 국내행 부분이 독점규제법의 적용이 제한되는 경우에

32) 대판 2014. 5. 16. 2012두5466 등.

해당된다고 볼 수 없다"고 판시하였다.[33)]

〈하림(주) 외 15의 공동행위 건〉 관련 행정소송에서, 농안법 또는 축산법에서 농수산물 및 축산물의 수급조절과 가격안정을 통하여 농수산업자 및 축산업자들을 보호하기 위한 각종제도(계약생산, 가격예시, 과잉생산시 생산자보호, 유통협약, 유통조절명령 등)를 두고 있는 것을 근거로, 이른바 '묵시적 적용제외 이론'[34)]에 따라 농수산물 및 축산물 시장에 대해서는 독점규제법의 적용이 배제되거나 자제되어야 한다는 주장이 제기되었으나, 서울고등법원은 "묵시적 적용제외이론은 미국의 판례에서 비롯된 것으로서 그와 법제가 다른 우리나라의 독점규제법의 해석에 그대로 원용하기 어렵다"고 함으로써 이를 인정하지 아니하였다.[35)]

---

33) 대판 2014. 5. 16. 2012두5466 등.

34) 미국에서의 독점금지법 적용제외의 법리에 대하여 Gellhorn/Kovacic, 482~496면 참조. 연방차원에서 독점금지법 적용제외는 두 가지 방향이 있는데, 첫째, 의회가 특정한 행위에 대하여 독점금지법이 적용되지 아니하거나 변형된 형태로 적용된다고 명시하는 경우이다. 이는 농업, 통신, 에너지, 금융서비스 및 보험산업 등에 존재한다. 둘째, 광범위한 연방규정은 적용면제가 아니더라도, 독점금지법상 중요한 의미를 가진다. 만약 연방기관이 특정 영역에서 규제권한을 가지다면, 법원은 그 기관이 1차적 관할권(primary juridiction)을 가진다고 인정하고 그 기관이 그 사안을 다룰 때까지 판단을 유보하는 것이다. 이를 묵시적 제외이론(implied exemptions)이라 한다. 연방대법원은 3배 배상은 독점금지법에 근거하여 ICC에 제출되고 승인된 요율의 합리성을 다투는 개인선박업자에게 적용되지 않는다고 한다[Koegh v. Chicago & Northwest Railway, 260 U.S. 156(1922)]. 이와 같이 적용제외에 해당되지는 않지만 3배 배상을 막는 것을 '신고요율의 이론('filed rate' doctrine)'이라 한다. 또 하나의 중요한 적용제외 영역은 노동조합이다. 「클레이튼법」은 노동조합을 독점금지법 적용에서 제외하였고, 이러한 입장은 1932년의 「Norris－LaGuardia법」에 의하여 강화되었다. 주(州)차원에서 첫째, 주행위면제이론(State Action Immunity)이 있다. 〈Parker v. Brown, 317 U.S. 341, 63 S.Ct. 307(1943) 사건〉 판결 이래로 연방대법원은 주 공무원과 '주행위'에 준하는 사경제주체의 경쟁제한행위에 대하여는 독점금지법이 면제된다고 하였다. 최근의 주행위이론 구조는 〈California Retail Liquor Dealers Association v. Midcal Aluminum, Inc., 445 U.S. 97, 100 S.Ct. 937(1980) 판결〉이 제공하고 있다. 동 판결은 〈Parker 판결〉에 대한 2가지의 표준을 확실하게 제시하였는데, 경쟁제한이 "주정책으로서 확실하고 적극적으로 표시되고(one clearly articulated and affirmatively express－ed as state policy)", 그 정책이 주에 의해 "적극적으로 감독되어야(actively supervised)"한다. 한편 시나 구(county) 같은 하부행정조직의 결정은 주의 결정과 동등한 독점금지법 적용제외 대상이 되지 않는다[City of Lafayett v. Louisiana Power & Light Co., 435 U.S. 389, 98 S.Ct. 1123(1978)]. 오직 하부행정조직이 주의 위임에 따라 행위할 때에만 주면제이론이 적용된다. 둘째, 청원행위(Petitioning)이다. 청원행위이론은 1960년대와 1970년대 초에 문제된 3개의 연방대법원 판례에 근거한다. 〈Estern R.R. Presidents Conference v. Noerr Motor Freight, Inc., 365 U.S. 127, 81 S.Ct. 523(1961) 사건〉에서, 연방대법원은 24개 철도회사와 철도협회가 경쟁하는 트럭회사에게 불리한 입법과 행정행위를 얻으려는 공동의 노력에 대하여 독점금지법을 면제하였다. 법원은 철도회사의 로비캠페인을 불법으로 하는 것은 "셔먼법에 동법의 입법사에서 근거가 없는 목적, 경제적 행위가 아닌 정치적 행위를 규제하기 위한 목적을 전가하는 것"이라고 강조하였다. 이를 보통 노어면제(Noerr Exemption)라고 한다.

35) 서고판 2008. 7. 24. 2006누26563.

또한 실무적으로 노어면제(Noerr－Pennington Doctrine)가 논란이 된 사례가 있다. 그러나 공정거래위원회 및 법원은 노어면제에 대하여 부정적 입장을 취하고 있다. 즉 〈26개 항공화물운송사업자의 부당공동행위 건〉[36]에서 공정거래위원회는 "사업자들이 공동으로 국가기관에 영향을 미쳐서 자신들에게 유리한 정책을 유도하는 행위는 설령 그 의도가 경쟁제한적이고 그 결과로서 경쟁제한적인 내용의 정책이 초래되더라도 독점금지법의 적용을 배제한다는 이른바 '노어－페닝턴 법리'는 미국 판례법상 인정된 법리이지만, 우리 법 해석에 이 법리가 기속적 기준이 되는 것도 아닐뿐더러(서울고등법원 2009. 2. 5. 선고 2008누16942 판결, 서울고등법원 2009. 11. 18. 선고 2008누34452 판결 참조), 이 사건 공동행위는 피심인들에게 공통으로 적용되는 정부규제와 관련한 공동청원으로 볼 수 없고, 오히려 피심인들이 개별적·독자적으로 국토해양부의 인가를 받거나 신고하여야 할 사항인 유류할증료와 관련하여 그 도입 시기, 금액 등을 사전에 공동으로 합의하여 결정한 것이므로 노어－페닝턴 법리가 적용되어야 한다는 위 피심인들의 주장은 어느 모로 보나 이유 없다"고 한다.

그 후 〈5개 은행의 수출환어음 매입수수료 관련 부당공동행위 건〉,[37] 〈8개 은행의 뱅커스 유산스 인수수수료 관련 부당공동행위 건〉[38]에서 노어면제법리를 배척하였다.

〈26개 항공화물사업자의 부당공동행위 건〉 관련 행정소송에서도 서울고등법원은 "이 사건 공동행위는 유류할증료도입, 그 시기 및 수준 등에 관한 사업자간 합의를 그 내용으로 하므로 그 도입과정에서 정부의 인가절차가 수반된다 하더라도 이를 정부규제에 관한 공동청원으로 볼 수 없고, 노어면제법리는 '입법부를 포함한 국가기관에 영향을 미쳐 자신에게 유리한 정책을 유도하는 행위의 경우 그 의도가 경쟁제한적이고 그 결과로서 경쟁제한적인 내용의 정책이 초래되더라도 경쟁법 적용을 배제'함으로써 정치적 기본권의 행사를 본질로 하는 행위에는 경쟁법 적용을 배제한다는 것인데 이 사건 공동행위의 내용에 비추어 그 법리를 적용할 수 없다"고 판시하였다.[39]

한편 〈14개 생명보험사 및 10개 손해보험사의 부당공동행위 건〉 관련 행정

---

36) 공정의 2010. 11. 29. 2010－143.

37) 공정의 2008. 5. 27. 2008－153.

38) 공정의 2008. 5. 27. 2008－154.

39) 서고판 2012. 6. 7. 2010누45929.

소송에서 대법원은 “이 사건 합의가 금융감독원의 정책에 영향을 끼치려는 의도아래 이루어진 것이라고 볼 수도 없으며, 단순한 의견수집 및 제시행위가 아니라 독점규제법상 부당한 공동행위에 해당하는 요건을 구비하였다”고 하고, “정부의 정책 또는 법집행에 영향력을 행사하기 위한 사업자의 행위가 헌법상 표현의 자유 및 청원권의 행사로 인정된다는 이유만으로 독점규제법의 적용이 배제될 수 없다”고 판시하였다.[40] 그간 노어면제법리가 문제된 사례에서 법원은 노어면제법리가 인정된다 하더라도 당해 사건이 그 요건에 해당하지 않는다고 하였으나 <14개 생명보험사 및 10개 손해보험사의 부당공동행위 건>에서 대법원은 최초로 우리나라 법체계에서 노어면제법리를 적용할 수 없다는 입장을 밝힌 것으로 판단된다.

한편 입찰에 있어서 공동수급체를 통한 부당한 공동행위가 법 제116조에 규정된 법령에 따른 정당한 행위인가가 문제되었다. 이에 대하여 대법원은 “국가를 당사자로 하는 계약(국가계약법) 제25조 제 1 항, 국가계약법 시행령 제72조 제 2 항의 내용은 계약담당 공무원 등이 계약상대자를 2인 이상으로 하는 공동계약을 체결하는 것이 가능하고 가급적 이를 원칙으로 한다는 것에 불과하므로, 이는 공동수급체를 구성하여 입찰에 참가하는 것을 가능하게 하는 규정이 될 뿐이지 사업자의 독점적 지위가 보장되는 반면 공공성의 관점에서 고도의 공적 규제가 필요한 사업 등에 있어 자유경쟁의 예외를 구체적으로 인정하고 있는 규정이라고 볼 수 없어, 이사건 공동수급체 구성행위가 법 제116조에 규정된 ‘법령에 따른 정당한 행위’에 해당한다고 볼 수 없다”고 판시하였다.

40) 대판 2012. 5. 25. 2010두375 등.

제117조(무체재산권의 행사행위)

이 법의 규정은 저작권법, 특허법, 실용신안법, 디자인보호법 또는 상표법에 의한 권리의 행사라고 인정되는 행위에 대하여는 적용하지 아니한다. <개정 2004. 12. 31>

목　차

Ⅰ. 의　　의

Ⅱ. 독점규제법과 지식재산권법의 관계

1. 기본적 관계
2. 제117조 해석의 문제

Ⅲ. 지식재산권 행사의 한계

1. 내　　용
2. 권리행사의 범위
3. 사　　례

Ⅳ. 지식재산권 행사의 위법성 판단

[참고문헌]

단행본: Hovenkamp, Herbert, Antitrust(Third Edition), West Group, 1999; 공정거래위원회/한국개발연구원, 공정거래10년－경쟁정책의 운용성과와 과제－, 1991. 4; 공정거래위원회, －공정거래위원회 20년사－시장경제 창달의 발자취, 2001; 나지원, FRAND확약의 효력과 표준특허권 행사의 한계, 서울대학교 법학연구총서, 경인문화사, 2018. 6; 안병한, 지식재산권 관련 공정거래법 집행에 관한 법적 연구, 성균관대학교 법학박사학위 논문, 2019.4

논　문: 김준범, 고인혜, "지적재산권 남용행위에 대한 공정거래법 적용의 주요 쟁점", 경쟁저널 제150호, 한국공정경쟁연합회, 2010. 5; 백승엽, "역지불합의와 공정거래법 제59조상 권리의 '정당한 행사'의 판단기준에 대한 고찰", 경쟁과 법 제 6 호, 서울대학교 경쟁법센터, 2016. 4; 심재한, "EU에서의 지적재산권 실시계약과 경쟁법의 적용", 경쟁저널 제150호, 한국공정경쟁연합회, 2010. 5; 이석준, "로열티 부과와 관련한 지적재산권 남용행위에 대한 경쟁법적 규제", 경쟁저널 제152호, 한국공정경쟁연합회, 2010. 9; 정상조, "저작권의 남용에 대한 독점규제법의 적용", 공정거래와 법치(권오승 편), 법문사, 2004; 최병규, "지적재산권과 경쟁정책", 경쟁저널 제102호, 한국공정거래협회, 2004. 2; 최승재, "지적재산권법과 경쟁법간의 조화와 균형에 대한 연구－상호운용성(Interoperability), 표준 및 라이선스 전략의 예를 중심으로", 경쟁법연구 제16권, 한국경쟁법학회 편, 법문사, 2007

[참고사례]

글락소그룹 리미티드 및 동아제약(주)의 부당공동행위 건(공정거래위원회 2011. 12. 23. 의결 제2011.400호; 서울고등법원 2012. 10. 11. 선고 2012누3028 판결; 대법원 2014. 2. 27. 선고 2012두24498, 2012두27794 판결)

Ⅰ. 의 의

독점규제법이 경제활동의 기본법에 해당하기는 하지만 모든 분야에 예외없이 적용되는 것은 전체 법질서 차원에서 문제를 야기할 우려가 있다. 따라서 독점규제법의 목적조항에 규정되어 있는 '국민경제의 균형적 발전'을 도모하기 위한 취지에서[1] 몇 가지 예외적인 규정을 두고 있는바 본 조는 그 중 하나에 해당한다.

독점규제법과 특허권 등 지식재산권은 상호 상충되는 측면이 있다. 지적재산권 행사의 독점규제법적인 한계를 정하기 위하여 공정거래위원회는 그 동안 「지적재산권의 부당한 행사에 대한 심사지침」을 운영하였다. 그러나 새로운 시대적 변화에 부응하기 위하여 2014. 12. 17. 동 지침을 전면 개정한 「지식재산권의 부당한 행사에 대한 심사지침」[2](이하 "지식재산권 심사지침")을 시행하고 있다. 이는 지식재산권 행사에 대한 독점규제법 적용의 일반 원칙과 구체적 심사기준을 제시함으로써, 법 집행의 일관성과 예측가능성을 높이고 공정한 거래관행을 촉진하는 데 목적을 두고 있다(「지식재산권 심사지침」 Ⅰ. 1.).

미국의 경우 법무부에서 「지적재산권의 이용허락과 취득에 관한 독점규제지침」[3]을 운영하고 있다. EU의 경우 「EU기능조약」 제101조 제3항에 의한 집단면제규칙으로 「특허라이센스협정을 위한 집단면제규칙」, 1989년 「노우하우협정을 위한 집단면제규칙」, 1989년에는 양 규칙을 통합하여 「기술이전 협정을 위한 집단면제규칙」을 제정하였으며, 2004년에 개정되어 시행되고 있다.[4] 독일

1) 공정거래10년(1991), 276면.

2) 공정거래위원회 예규 제389호(2021. 12.30).

3) U.S. Department of Justice Antitrust Guidelines for the Licensing and Aquisition of Intellectual Property(2017). 이에 대한 자세한 내용은 안병한, 83~90면 참조.

4) Commission Regulation (EC) No 772/2004 of 27 April 2004 on the application of Article 81(3) of the Treaty to categories of technology transfer agreements; 자세한 내용은 심재한, 경쟁저널(2010. 5), 30~45면 참조.

「경쟁제한방지법(GWB)」은 라이센스계약에 관한 독자적인 규정을 가지고 있었는데(구법 제17조 및 제18조), 2005년 폐지되고, 「EU기능조약」이 적용되게 되었다.

Ⅱ. 독점규제법과 지식재산권법의 관계

1. 기본적 관계

독점규제법의 규정은 저작권법, 특허법, 실용신안법, 디자인보호법 또는 상표법에 의한 권리의 행사라고 인정되는 행위에 대하여는 적용하지 아니한다(법 제117조).

지적재산권의 행사에 관하여 독점규제법의 예외를 인정하는 것은 거슬러 올라가면, 경쟁적인 시장보다는 독점적인 시장구조와 대규모의 기업들이 보다 많은 연구개발을 수행하고 보다 많은 발명과 혁신을 가져다주는데 적합하다는 슘페터 경제학의 영향을 받은 것이다.[5]

그러나 지식재산권법은 지식재산권의 보호를 통하여 지식재산의 창출과 이용을 유도하고 이에 따라 새로운 지식재산 및 제품, 새로운 경쟁자를 생겨나게 함으로써 경쟁촉진적 효과를 가져온다는 점에서 경쟁촉진을 주요과제로 삼은 독점규제법과 실질적으로 공통되기 때문에 양자가 서로 모순된 제도가 아니라는 것이 오늘날의 일치된 견해이다.[6] 말하자면 지식재산권은 일시적 독점보호를 통한 혁신의 촉진효과를 달성하며, 경쟁정책은 경쟁을 통해 기술혁신 촉진효과를 얻고자 하는 것이다.[7] 지식재산권법은 '사적 거래상의 질서'를 지키는 법영역이고, 독점규제법은 지식정보재시장에서의 '경쟁질서라는 공적 질서'를 지키는 법으로서 시장경제의 효율성을 달성하기 위한 상호보완관계를 가지는 것이다.[8] 경쟁과 혁신은 동전의 양면과 같은 것이다.

지식재산권과 독점규제법의 관계에 대하여 「지식재산권 심사지침」도 다음과 같이 서술하고 있다.

---

5) 정상조, 공정거래와 법치(2004), 851~852면.

6) 공정거래10년(1991), 294면; 최병규, 경쟁저널(2004. 2), 9면.

7) 공정거래위원회 20년사(2001), 766면.

8) 최병규, 경쟁저널(2004. 2), 11면.

특허 등의 지식재산 제도는 혁신적인 기술에 대한 정당한 보상을 통해 새로운 기술 혁신의 유인을 제공함으로써 창의적인 기업 활동을 장려하고 관련 산업과 국민경제의 건전한 발전을 도모한다. 이러한 점에서 지식재산 제도와 이 법은 궁극적으로 공통의 목표를 추구한다.
또한 혁신적 기술에 대한 보상으로 주어진 기술의 독점적 사용수익권은 대부분의 경우 지식재산권자가 관련 시장에서 일정한 이익을 실현함으로써 구체화되는 바, 왜곡된 시장구조에 의해 보다 혁신적인 기술이 합당한 보상을 받을 수 없거나, 그러한 기술 자체의 개발과 이용이 어려운 경우라면 지식재산 제도의 본래 취지에 반하는 결과가 발생할 수 있다. 결국 이 법이 보호하고자 하는 시장의 자유로운 경쟁과 공정한 거래질서는 지식재산 제도의 목적 달성을 위한 기본 전제가 된다.
따라서 지식재산권은 새로운 기술 혁신의 유인을 제공하는 한편 관련 시장의 질서를 왜곡하지 않는 범위에서 정당하게 행사해야 한다. 지식재산권을 남용하여 관련 기술의 이용과 새로운 기술 혁신을 부당하게 저해하는 행위는 이 법뿐만 아니라 지식재산 제도의 기본 목적에도 반한다. 그러므로 이 법은 정당한 지식재산권의 행사를 존중하는 한편 동 제도의 근본 취지를 벗어나는 행위를 규율함으로써 이 법과 지식재산 제도가 추구하는 공통의 목표를 달성하는 데에 기여할 수 있다(「지식재산권 심사지침」 Ⅱ. 1).

2. 제117조 해석의 문제

독점규제법 제117조가 동조의 적용대상인 지식재산권을 다섯 가지로 규정하는데 이것이 한정적 열거인지, 새로운 지식재산권에도 적용되는 예시적 열거인지가 문제된다. 그러나 지식재산권과 독점규제법의 조화를 추구하는 본 조의 성격상 후자로 해석하는 것이 타당하다고 본다.[9)]

9) 공정거래10년(1991), 299면.

Ⅲ. 지식재산권 행사의 한계

1. 내 용

저작권법 등에 의한 권리의 행사로 인정되더라도 경쟁제한에 부당하게 이용되는 경우에는 독점규제법이 적용된다.

법 제117조의 규정에 따른 지식재산권의 정당한 행사라 함은 관련 법률에 따라 허여받은 지식재산권의 배타적 사용권 범위 내에서 행사하는 것을 말하며, 이러한 경우에는 법 제117조의 규정에 따라 이 법의 적용이 배제된다. 그러나 외형상 지식재산권의 정당한 행사로 보이더라도 그 실질이 지식재산 제도의 취지를 벗어나 제도의 본질적 목적에 반하는 경우에는 정당한 지식재산권의 행사로 볼 수 없어 이 법 적용 대상이 될 수 있다. 아울러 지식재산권의 행사가 정당한 것인지 여부는 특허법 등 관련 법령의 목적과 취지, 당해 지식재산권의 내용, 당해 행위가 관련 시장의 경쟁에 미치는 영향 등 제반 사정을 종합적으로 고려하여 판단한다.

지식재산권자가 지식재산권의 존재 이외에 다른 부당한 이유로 시장지배적 지위를 갖게 되거나 적법하게 취득한 시장지배적지위를 부당하게 남용하는 경우 지식재산권의 보유자라는 사실만으로 독점규제법의 적용에서 배제해야 할 아무런 이유가 없는 것이다.[10)]

지식재산권의 실시허락거절행위는 필수설비이론과 관련하여도 논의된다.[11)] 지식재산권이 필수설비에 해당하느냐에 대하여는 미국, 유럽 등에서도 논쟁의 대상이 되고 있다. 필수설비로서의 지식재산권에 대하여는 두 가지 점이 고려되어야 한다. 첫째, 지식재산권은 좁은 의미에서의 '설비' 개념에는 포함되지 아니한다. 그러나 '설비'의 개념은 유형적인 설비에 한정되지 아니하고 오히려 '망'과 같은 눈에 보이지 않는 설비일 수도 있다는 것이다. 둘째, 지식재산권의 권리소유자의 독점은 시장경제적 개념이 아니라는 것이다. 〈Magill 사건〉에서 나타난 바와 같이, 지식재산권도 예외적인 상황에서는 시장에서의 독점화를 가져

---

10) 정상조, 공정거래와 법치(2004), 852면.

11) 미국과 유럽의 대표적 사례와 의미에 대하여 최승재, 경쟁법연구 제16권(2007), 224~239면 참조.

올 수 있다.[12] 이러한 측면에서 지식재산권도 필수설비로 간주될 수 있는 것이다. 〈Magill 사건〉에서 EU집행위원회는 저작권으로 보호되는 'TV프로그램정보'를 필수설비로 판단한 바 있다.[13]

따라서 지식재산권의 남용행위는 "정당한 이유없이 다른 사업자의 상품 또는 용역의 생산·공급·판매에 필수적인 요소의 사용 또는 접근을 거절·중단하거나 제한하는 행위"(영 제 9 조 제 4 항 제 3 호)에 해당되어 다른 사업자의 사업활동에 대한 부당한 방해행위가 될 수 있다.

2. 권리행사의 범위

'권리의 행사라고 인정되는 행위'에 대하여 일본에서는 첫째, 지식재산권을 다른 소유권과 마찬가지로 보고 제117조를 불필요한 확인규정으로 보는 설, 둘째, 지식재산권법 그 자체로부터 생기는 권리에 근거한 제한, 즉 물권적 제한과 계약으로부터 발생한 제한, 즉 채권적 제한을 구분하여 전자에 대해서는 독점규제법의 적용을 배제하는 설, 셋째, 지식재산권의 행사가 독점규제법에 위배되는가의 여부는 당해 지식재산권법의 규정을 통하여 개념적·형식적으로 판정할 것이 아니라, 현실의 시장에 있어서 당해 지식재산권과 관련된 행위를 내용적·실질적으로 판정해야 한다는 설 등이 있는바,[14] 사안에 따라 합리적인 판단이 요구된다.

대법원은 〈글락소리미티드 및 동아제약(주)의 부당공동행위 건〉 관련 행정소송에서 특허제도의 본래의 취지에 부합하는지 여부 및 관련시장의 경쟁상황과 공정한 거래질서에 미치는 영향을 종합적으로 고려하여 판단하는 것으로 해석한다.[15]

12) EU법원은 세 가지의 예외적인 상황을 제시하였는데, ① 신상품출현의 방해, ② 정당한 이유의 부존재 및 ③ 후방시장의 독점화를 들고 있다. RTE u. ITE, EuGH, Urt. v. 6. 4. 1995, verb. Rs. C－214/91 P und C－242/91, Slg.1996, I－824, Tz. 54, 55 u. 56.

13) Magill. Komm. Entach. v. 21. 12. 1998, ABlEG 1989, Nr. L 78/48, Tz. 22.

14) 공정거래10년(1991), 297~300면 참조; '권리의 행사라고 인정되는 행위'의 해석과 관련하여 백승엽, 경쟁과 법(2016. 4), 106~110면 참조.

15) 백승엽, 경쟁과 법(2016. 4), 108면. 서울고등법원에서는 정당한 권리행사인지 여부는 법 제58조가 '다른 법률에 의한 명령에 따라 행하는 정당한 행위'라고 규정하고 있는 점에 비추어 독점규제법에 따라 판단할 것이 아니라 특허법의 원리에 따라야 한다고 판단하였다. 정당한 행사의 판단기준에 대한 자세한 설명은 권오승/서정, 615~618면 참조; 서고판 2012. 10. 31. 2012누3035; 대판 2014. 2. 27. 2012두27794.

3. 사 례

지식재산권 행사와 독점규제법의 적용의 한계를 다룬 사례는 많지 않은데, 1997. 1.의 〈남대문시장주식회사 7개 아동복상가운영회의 경쟁제한행위 및 구성사업자에 대한 사업활동제한행위 건〉이 최초의 사례이다.[16]

공동상표권의 남용행위가 문제가 된 동 사건에서 공정거래위원회는 "상표는 개성화된 상품의 동일성을 표시하고(상품식별기능), 적절한 품질을 보증하며(품질보증기능), 동시에 다른 상품과 출처를 혼동하는 것을 방지하는(출처표시기능) 기능을 수행하는데, 「상표법」은 상표의 이러한 기능이 충분히 발휘될 수 있도록 상표사용권과 함께 상표권의 침해에 대한 금지권을 설정하는 등 법적인 배려를 하고 있는바, 법 제59조의 입법취지도 상표의 본질적 기능 유지를 위하여 불가피하다고 인정되는 행위에 대하여는 상표법에 의한 권리의 행사로 보아 독점규제법 적용을 하지 않겠다는 뜻으로 해석된다. 피심인과 같이 하나의 상표를 함께 사용하는 다수의 사업자들로 구성된 단체의 경우에는 타인에 의한 상표권침해 가능성 뿐 아니라, 일부 구성사업자들의 행위로 인해 상표기능의 정상적인 유지가 어려워지고 이로 인해 다른 구성사업자들에게 그 피해가 미칠 수 있다는 점에서 이를 방지하기 위한 목적으로 상표공유자들 스스로의 계약에 따라 합리적인 범위내에서 행하는 사업활동 제한은 불가피하다고 보아야 한다. 그러나 그 경우에도 구성사업자에 대한 제약은 상표기능유지를 위한 최소한의 범위내에서 허용되어야 하며, 구성사업자의 본질적인 권리를 침해하거나 정상적인 상거래에 반하는 제약은 인정될 수 없다 할 것이며, 공유상표의 기능유지와는 무관하게 독점규제법을 위반하여 타인의 상거래활동을 제약하는 행위 또한 인정되지 아니한다고 판단된다. 이러한 전제하에 피심인의 행위에 대한 정당성 여부를 살펴보면 공유상표를 부착한 특정한 제품의 가격이 다른 공유자의 제품에 비하여 현저히 낮은 가격으로 계속하여 판매되는 경우 해당상표를 부착한 제품에 대한 소비자들의 신뢰가 장기적으로 저하될 우려가 있고, 낮은 가격을 보전하기 위하여 저질의 제품을 양산해 낼 가능성 또한 배제할 수 없다는 점에서 과도한 할인판매를 스스로 규제하지 아니할 경우 상표가치의 하락과 함께 상표의 기능유지가 어려워지고 정상적인 제품을 생산·판매하는 구성사업자들에게 그 피해가 돌아

16) 공정의 1997. 2. 18. 97－25.

갈 수 있으므로, 이를 방지하기 위하여 구성사업자에 대하여 과도한 할인판매를 금지한 행위는 「상표법」에 의한 권리의 행사로서 그 정당성이 인정된다 할 것이다. 그러나 구성사업자 스스로 경영합리화, 기술향상 등 원가절감을 통하여 양질의 제품을 낮은 가격으로 판매하거나, 거래의 규모나 빈도, 거래상대방의 신용도 및 거래기간 등을 감안하여 특정 거래상대방에 대하여 일정한 할인을 하여 주거나, 재고상품을 처리하기 위한 목적으로 일정한 할인율을 적용하여 판매하는 것은 정당한 상거래상의 관행이라 할 것이므로 이러한 할인판매까지 금지하는 것을 「상표법」상의 정당한 권리행사로 볼 수는 없으므로 피심인이 동대문상인 및 창고할인업자에 대한 판매를 금지하고 구성사업자들에게 이를 준수하도록 한 행위는 거래상대방을 제한하는 행위로서 부당하다 할 것이다. 따라서 피심인의 행위사실 중에서 동대문상인 등 특정거래상대방에 대한 판매를 금지하도록 한 행위와 정상적인 할인판매까지 금지한 행위에 대하여는 위법성이 인정되나, 각 사업자들이 생산한 제품에 대한 철저한 품질관리가 이루어진다는 전제하에서 과도한 할인판매를 하지 못하도록 한 행위는 「상표법」에 의한 정당한 권리의 행사의 범위로 봄이 타당하다고 판단된다"고 결정하였다.

〈글락소그룹 리미티드 및 동아제약(주)의 부당공동행위 건〉 관련 행정소송에서 대법원은 동아제약이 글락소의 특허신약인 온단세트론제제("조프란")의 복제약("온다론")을 출시하였다가 글락소로부터 상당한 수준의 경제적 이익을 제공받으면서 온다론의 생산·판매를 중단하기로 한 이 사건 합의는 '특허권의 정당한 행사라고 인정되지 아니하는 행위'에 해당하여 독점규제법의 적용대상이라고 하고, 특허권자가 그 합의를 통하여 자신의 독점적 이익의 일부를 상대방에게 제공하는 대신 자신의 독점적 지위를 유지함으로써 공정하고 자유로운 경쟁에 영향을 미치는 것이라고 판시하였다.[17)]

Ⅳ. 지식재산권 행사의 위법성 판단

지식재산권행사의 위법성 판단 기준에 대하여 이하에서는 「지식재산권 심사지침」(Ⅲ. 구체적 판단기준) 내용을 중심으로 설명하기로 한다.

17) 대판 2014. 2. 27. 2012두24498, 2012두27794.

1. 특허권의 취득

1) 주요 영업부분에 해당하는 특허권의 양수

주요 영업부분에 해당하는 특허권의 양도·양수 계약을 체결하거나, 배타적 실시허락 계약 등을 통해 실질적으로 양도·양수 계약과 동일한 효과를 발생시키는 경우에는 법 제7조(기업결합의 제한)의 규정을 적용할 수 있다.

2) 그랜트백(Grantback)

그랜트백이란 실시허락 계약을 체결함에 있어 실시권자가 실시허락과 관련된 기술을 개량하는 경우 개량된 기술을 특허권자에게 양도 또는 실시허락하도록 하는 것을 말한다. 그랜트백은 개량기술에 대한 이용권을 실시허락된 기술의 특허권자에게만 이전시키는 배타적인 경우도 있으며, 특허권자 이외의 다른 사업자들에게도 이전시킬 수 있는 비배타적인 경우도 있다. 이러한 그랜트백은, 특히 비배타적인 경우, 친경쟁적 효과를 발생시킬 수 있다. 즉, 특허권자에게 개량기술에 대한 특허의 취득이라는 보상을 해줌으로써 초기 혁신을 촉진할 수 있고, 기술개량에 대한 위험을 특허권자와 실시권자 공유할 수 있으며, 실시허락된 기술에 기반한 추가적인 혁신을 가능하게 할 수 있다.

그러나 그랜트백은 실시권자가 연구개발을 할 유인을 감소시키고 관련시장에서 경쟁을 제한할 수 있다. 그랜트백이 경쟁을 제한하는 것으로서 특허권의 정당한 권리범위를 벗어난 것인지 여부를 판단함에 있어서는 다음의 요소를 고려할 수 있다.

① 그랜트백이 배타적인지 비배타적인지 여부
② 배타적인 경우 실시권자가 개량기술에 대한 사용권한을 보유하고 있는지 여부
③ 그랜트백의 범위가 실시허락된 특허기술과 상관없는 부분까지 포함하고 있는지 여부
④ 그랜트백의 존속기간
⑤ 그랜트백에 대한 실시료가 무료인지 여부
⑥ 양 당사자의 시장지배력 여부 및 양 당사자가 경쟁사업자인지 여부
⑦ 그랜트백이 연구개발 유인에 미치는 효과(「지식재산권 심사지침」 Ⅲ. 1. 나).

2. 소송을 통한 특허권의 행사

특허침해소송 등의 법적 절차는 특허권자의 중요한 권리보장 수단이다. 그러나 상당한 기간과 비용이 소요되는 특허침해소송은 소송 당사자에게 직접적인 비용을

발생시키는 한편, 관련 시장에서 해당 사업자의 평판에 영향을 미쳐 막대한 사업활동 방해효과를 초래할 수 있다. 따라서 특허침해소송 등의 법적·행정적 절차를 남용하는 행위는 특허권의 정당한 권리범위를 벗어난 것으로 판단할 수 있다.

특히 다음의 경우에는 남용행위로 판단될 가능성이 크다. 그러나 소송에 대한 특허권자의 기대가 합리적이고 정당한 것으로 인정되는 경우, 사후적으로 특허권자가 패소했다는 사실만으로 특허침해소송 남용행위로 추정되는 것은 아니다.

① 특허가 기만적으로 취득된 것임을 알면서도 기만적으로 취득한 특허에 근거하여 특허침해소송을 제기하는 행위

② 특허침해가 성립하지 않는다는 사실(해당 특허가 무효라는 사실 등)을 특허권자가 알면서도 특허침해소송을 제기하는 행위

③ 특허침해가 성립하지 않는다는 사실이 사회통념상 객관적으로 명백함에도 불구하고 특허침해소송을 제기하는 행위(이상).

3. 실시허락[18] 일반

1) 실시허락의 대가

혁신적인 기술 개발을 통한 특허 취득 과정에는 통상 상당한 연구개발 기간과 비용, 투자위험이 수반된다. 이러한 특성으로 인해 특허권자[19]는 추가적인 실시허락으로 발생하는 비용이 크지 않음에도 불구하고, 특허 취득 과정에 이미 지출한 비용을 회수하기 위해 높은 실시료를 부과하는 경우가 많다. 특허권자가 이룩한 기술적 성과에 대해 정당한 보상을 제공하고 새로운 기술혁신을 유도할 필요가 있다는 점에서, 일반적으로 이러한 실시료 부과 행위는 특허권에 의한 정당한 권리 행사로 볼 수 있다. 그러나 다음과 같이 실시허락의 대가를 부당하게 요구하여 관련 시장의 공정한 거래를 저해할 우려가 있는 행위는 특허권의 정당한 권리범위를 벗어난 것으로 판단할 수 있다.

① 부당하게 다른 사업자와 공동으로 실시료를 결정·유지 또는 변경하는 행위

② 부당하게 거래상대방 등에 따라 실시료를 차별적으로 부과하는 행위

---

18) "실시허락"이란 특허권자가 특허발명에 대하여 전용실시권, 통상실시권 등을 부여하는 것을 말하며 그 밖에 환매조건부 양도와 같이 실시권 부여와 실질적으로 유사한 효과를 발생시키는 경우를 포함한다(「지식재산권 심사지침」 I. 3. 가).

19) "특허권자"란 특허등록원부 상 특허권자로 유효하게 등록된 자 또는 이에 준하는 지위를 가진 자(전용실시권자 또는 그 밖에 특허권을 독점적·배타적으로 행사할 수 있는 자)를 말한다(「지식재산권 심사지침」 I. 3. 가).

③ 부당하게 실시 허락된 기술을 사용하지 않은 부분까지 포함하여 실시료를 부과하는 행위
④ 부당하게 특허권 소멸이후의 기간까지 포함하여 실시료를 부과하는 행위
⑤ 실시료 산정방식을 계약서에 명시하지 않고 특허권자가 실시료 산정방식을 일방적으로 결정 또는 변경할 수 있도록 하는 행위

'부당하게 거래상대방 등에 따라 실시료를 차별적으로 부과하는 행위' 관련하여서는 〈퀄컴 인코퍼레이티드, 한국퀄컴(주), 퀄컴 시디엠에이테크놀로지코리아의 시장지배적지위 남용행위 건(퀄컴 I 사건)〉을 그 예로 들 수 있다.[20] 동 건에서 퀄컴은 국내 휴대폰 제조사에게 CDMA 이동통신표준과 관련된 특허기술을 사용하도록 하면서 ① 휴대폰(Subscriber Unit)에 대한 기술료 부과 기준 금액을 산정하면서 피심인들로부터 구매한 부품의 가격은 공제하는 반면, 피심인들 이외 다른 사업자로부터 구매한 부품의 가격은 공제하지 아니하는 방법, ② 퀄컴 이외의 다른 사업자의 CDMA2000용 모뎀칩을 장착한 휴대폰에 대해서 피심인들의 CDMA 2000용 모뎀칩을 장착한 휴대폰에 비하여 더 높은 기술료 부과율을 적용하는 방법, ③ 퀄컴의 CDMA 2000용 모뎀칩을 장착한 휴대폰에 대해서만 기술료 부과 금액 상한을 설정하거나, 퀄컴 이외 다른 사업자의 CDMA2000용 모뎀칩을 장착한 경우 피심인들의 CDMA2000용 모뎀칩을 장착한 휴대폰의 경우에 비하여 더 높은 상한금액을 설정하는 방법으로 기술료를 부당하게 차별적으로 부과하여 다른 사업자의 사업활동을 방해하였다.

2) 실시허락의 거절

혁신적 발명에 대한 정당한 보상을 제공하고 새로운 기술 개발을 촉진하기 위하여, 특허제도는 특허권자에게 해당 발명 실시에 대한 배타적 독점권을 부여하고 있다. 따라서 일반적으로 특허권자가 자신의 권리보장을 위해 합리적인 범위에서 실시허락을 거절하는 행위는 특허권에 의한 정당한 권리 행사로 볼 수 있다. 그러나 다음과 같이 실시허락을 부당하게 거절하여 관련 시장의 공정한 거래를 저해할 우려가 있는 행위는 특허권의 정당한 권리범위를 벗어난 것으로 판단할 수 있다.

실시허락 거절에는 직접 실시허락을 거절하는 경우뿐만 아니라 제3자에게 실시허락을 거절하도록 하는 행위, 명시적인 실시허락의 거절뿐만 아니라 거래가 사

20) 공정의 2009. 12. 30. 2009－281; 서고판 2013. 6. 19. 2010누3932; 대판 2019. 1. 31. 2013두14726.

실상 또는 경제적으로 불가능할 정도로 부당한 가격이나 조건을 제시하여 실시허락 거절과 동일한 효과를 발생시키는 행위, 공급거절과 구입거절, 거래개시의 거절과 거래계속의 거절이 모두 포함된다.

① 정당한 이유 없이 자기와 경쟁관계에 있는 다른 사업자와 공동으로 특정사업자에 대하여 실시허락을 거절하는 행위

② 부당하게 특정사업자에 대하여 실시허락을 거절하는 행위

③ 특허권자가 부과한 부당한 조건을 수용하지 않는다는 이유로 실시허락을 거절하는 등 다른 부당한 행위의 실효성을 확보하기 위하여 실시허락을 거절하는 행위

3) 실시범위의 제한

특허권자는 정당한 범위에서 실시허락을 거절할 수 있을 뿐만 아니라, 다른 사업자에게 특허발명의 이용 범위를 한정하여 부분적으로 실시를 허락할 수도 있다. 이러한 실시범위의 제한은 실시허락을 거절하려는 특허권자의 기술 거래를 촉진할 수 있다는 점에서 친(親)경쟁적인 효과를 발생시킬 수 있다. 따라서 일반적으로 특허권자가 자신의 권리보장을 위해 합리적인 범위에서 실시수량, 지역, 기간 등을 제한하여 실시 허락하는 행위는 특허권에 의한 정당한 권리 행사로 볼 수 있다. 그러나 다음과 같이 실시권의 범위를 부당하게 제한하여 관련 시장의 공정한 거래를 저해할 우려가 있는 행위는 특허권의 정당한 권리범위를 벗어난 것으로 판단할 수 있다.

① 실시허락과 연관된 상품(이하 "계약상품") 또는 기술(이하 "계약기술")과 관련된 실시수량, 지역, 기간 등을 제한하면서 특허권자와 실시권자가 거래수량, 거래지역, 그 밖의 거래조건에 부당하게 합의하는 행위

② 부당하게 거래상대방 등에 따라 계약상품 또는 계약기술과 관련된 실시수량, 지역, 기간 등을 차별적으로 제한하는 행위(「지식재산권 심사지침」 Ⅲ. 3. 다)

4) 실시허락시의 조건 부과

특허권자는 특허발명의 이용 범위를 한정하여 부분적으로 실시를 허락하는 한편, 실시권의 범위 설정과 직접적으로 연관되지 않는 다른 조건을 함께 부과하여 보다 효율적으로 자신의 특허권을 보장받을 수 있다. 일반적으로 특허권자가 해당 특허발명의 효과적 구현, 계약상품의 안전성 제고, 기술의 유용 방지 등을 위해 합리적인 범위에서 실시허락시 조건을 부과하는 행위는 특허권에 의한 정당한 권리행사로 볼 수 있다. 그러나 실시허락시 다음과 같이 부당하게 조건을 부과하여 관련 시장의 공정한 거래를 저해할 우려가 있는 행위는 특허권의 정당한 권리범위를 벗

어난 것으로 판단할 수 있다.

실시허락시 특허권자가 조건을 부과하는 행위의 부당성을 판단할 때는 해당 특허발명과 부과된 조건의 관련성, 즉 부과된 조건이 해당 특허발명의 실시를 위해 필수적인지 여부, 해당 조건이 관련 기술의 이용을 촉진하는데 기여하는지 여부, 해당 조건에 대한 특허권의 소진 여부 등을 중요하게 고려해야 한다.

일반적으로 특허권자 또는 특허권자로부터 정당한 권한을 부여받은 자가 계약상품을 판매하면, 일단 판매된 계약상품에 대한 특허권자의 권리는 소진된다고 볼 수 있다. 만약 특허권자가 판매한 상품의 재판매와 관련된 조건을 부과하는 등 특허권이 소진된 영역에서 사업활동을 제한하는 조건을 부과한다면 이는 특허권의 정당한 권리범위를 벗어난 행위로 판단할 수 있다. 마찬가지로 특허권 만료 이후까지 실시권자에게 조건을 부과하는 행위, 해당 특허권과 무관한 분야에 대해 조건을 부과하는 행위 또한 특허권의 정당한 권리행사로 보기 어렵다.

① 계약상품 가격의 제한: 부당하게 계약상품의 판매가격 또는 재판매 가격을 제한하는 행위

② 원재료 등의 구매상대방 제한: 부당하게 계약상품 생산에 필요한 원재료, 부품, 생산설비 등을 특허권자 또는 특허권자가 지정하는 자로부터 구입하도록 하는 행위

③ 계약상품의 판매상대방 제한: 부당하게 실시권자가 계약상품을 판매(재판매)할 수 있는 거래상대방 또는 판매(재판매)할 수 없는 거래상대방을 지정하는 행위

④ 경쟁상품 또는 경쟁기술의 거래 제한: 부당하게 계약상품을 대체할 수 있는 경쟁상품이나 계약기술을 대체할 수 있는 경쟁기술을 거래하는 것을 제한하는 행위

⑤ 끼워팔기: 부당하게 해당 특허발명의 실시를 위해 직접 필요하지 않은 상품 또는 기술을 함께 구입하도록 하는 행위

⑥ 부쟁의무 부과: 무효인 특허의 존속 등을 위하여 부당하게 실시권자가 관련 특허의 효력을 다투는 것을 금지하는 행위－단, 해당 특허권의 침해 사실을 특허권자에게 통지하도록 하는 경우, 특허 관련 소송을 대행하도록 하거나 특허권자가 소송을 수행하는데 협력하도록 하는 경우에는 제외될 수 있다.

⑦ 기술개량과 연구 활동의 제한: ⅰ) 계약상품 또는 계약기술의 개량, 이와 관련된 연구 활동을 부당하게 제한하는 행위, ⅱ) 계약상품 또는 계약기술과

관련하여 실시권자가 독자적으로 취득한 지식과 경험, 기술적 성과를 부당하게 특허권자에게 제공하도록 하는 행위

⑧ 권리 소멸 후 이용 제한: 특허권이 소멸된 후에 실시권자가 해당 특허발명을 실시하는 것을 제한하는 행위

⑨ 계약해지시 규정: 실시료 지급불능 이외의 사유로 특허권자가 적절한 유예기간을 부여하지 않고 일방적으로 계약을 해지할 수 있도록 하는 행위

〈돌비 래버러토리즈 라이선싱 코퍼레이션 및 돌비 인터내셔널 에이비의 거래상지위 남용행위 건〉에서 공정거래위원회는 AC−3 기술 및 E−AC−3 기술을 라이선스하는 계약을 체결함에 있어 자신의 거래상 지위를 이용하여 거래상대방에게 ① 거래상대방이 라이선스 대상 권리의 효력·범위·소유권 귀속 관계를 다투는 것을 금지하거나, 이를 다툴 경우 라이선스 계약을 해지할 수 있도록 하는 거래조건, ② 거래상대방이 라이선스 대상 권리를 침해 또는 남용할 우려가 있는 경우에도 라이선스 계약을 해지할 수 있도록 하는 거래조건, ③ 거래상대방과의 거래규모에 비해 현저히 미미한 기준을 거래상대방이 보고하지 않은 물량에 대한 손해배상 및 제반비용 부담 기준으로 설정하는 거래조건, ④ 거래상대방이 라이선스 기술 이용 과정에서 이용발명을 통해 취득한 권리 및 매매 등을 통해 취득한 라이선스 기술 관련 권리의 처분과 행사를 제한하는 거래조건을 설정·유지하는 방식으로 거래상대방에게 불이익을 제공하는 행위를 부당하다고 판단하였다.[21)]

4. 특허풀과 상호실시허락

1) 특허풀(Patent Pool)

특허풀이란 복수의 특허권자가 각각 보유하는 특허를 취합하여 상호간에 또는 제3자에게 공동으로 실시하는 협정을 의미한다. 특허풀은 보완적인 기술을 통합적으로 운영함으로써 관련 기술분야에 대한 탐색비용, 복수의 특허권자에 대한 교섭비용 등을 절감하고, 침해소송에 따른 기술이용의 위험을 감소시켜, 관련 시장의 효율성을 제고하고 기술의 이용을 촉진시키는 친(親)경쟁적 효과를 발생시킬 수 있다. 그러나 다음과 같이 특허풀을 통해 관련 시장의 공정한 거래를 저해할 우려가 있는 행위는 특허권의 정당한 권리범위를 벗어난 것으로 판단할 수 있다. 특히 특허풀과

21) 공정의 2015. 8. 3. 2015−125.

관련된 권리 행사의 부당성을 판단할 때는 특허풀의 구성 기술, 실시 형태, 운영 방식 등을 중요하게 고려한다.

〈특허풀의 구성기술〉

먼저 특허풀을 구성하는 기술이 상호간 대체관계인 경우에는 해당 특허풀과 관련된 권리행사를 부당한 것으로 판단할 가능성이 크다. 보완관계에 있는 특허의 공동실시는 거래비용을 감소시켜 효율성 증대효과를 기대할 수 있는 반면, 대체관계에 있는 특허의 공동실시는 실시권자의 비용을 증가시킬 뿐만 아니라 경쟁사업자 간의 부당한 공동행위 가능성을 증대시킬 수 있다. 또한 특허풀 중 공동실시에 필수적이지 않은 특허 또는 무효인 특허가 포함된 경우에는 해당 특허풀과 관련된 권리행사를 부당한 것으로 판단할 가능성이 크다. 이러한 특허풀은 실시권자의 비용을 증가시키고 무효인 특허를 부당하게 존속시킬 우려가 있다.

〈특허풀의 실시형태〉

특허풀 관련 기술의 일괄실시만 허용하고, 각 기술의 독립적인 실시를 금지하는 경우 해당 특허풀과 관련된 권리행사를 부당한 것으로 판단할 가능성이 크다. 이러한 특허풀은 실시권자의 선택권을 제한하고 비용을 증가시킬 뿐만 아니라, 특허풀에 속하지 않고 단독으로 실시되는 혁신적 기술의 시장가치를 부당하게 하락시켜 관련 시장에서 경쟁기술을 배제할 위험이 있다. 또한 특허풀 구성에 참여한 사업자에 한해 배타적으로 실시를 허용하는 경우 해당 특허풀과 관련된 권리행사를 부당한 것으로 판단할 가능성이 크다. 이러한 특허풀은 기술이용을 과도하게 제한하여 특허풀에 속하지 않은 경쟁사업자를 배제할 수 있다.

〈특허풀의 운영방식〉

반면 특허풀이 특허권자로부터 분리된 전문가 집단에 의해 독립적으로 운영되는 경우 해당 특허풀과 관련된 권리행사를 부당하지 않은 것으로 판단할 가능성이 있다. 이러한 운영방식은 경쟁사업자 간 정보 교환에 따른 공동행위의 우려를 감소시키고, 관련 특허에 대한 객관적인 평가를 통해 특허풀 구성방식을 합리화하여 궁극적으로 특허풀의 친(親)경쟁적 효과를 극대화 하는데 기여할 수 있다.

다만 일정한 행위가 법 제19조[부당한 공동행위 금지], 제26조[사업자단체의 금지행위] 등에 위반되는지는 각 조항에 규정된 별도의 위법성 성립요건을 종합적으로 고려하여 결정한다.

① 특허풀 운영과정에 이와 관련된 거래가격, 수량, 지역, 상대방, 기술개량의 제한 등의 조건에 부당하게 합의하는 행위

② 부당하게 특허풀에 참여하지 않은 다른 사업자에 대한 실시를 거절하거나, 차별적인 조건으로 실시계약을 체결하는 행위

③ 특허풀 운영과정에 다른 사업자가 독자적으로 취득한 지식과 경험, 기술적 성과 등을 부당하게 공유하도록 하는 행위

④ 부당하게 특허풀에 무효인 특허 또는 공동실시에 필수적이지 않은 특허를 포함시켜 일괄실시를 강제하는 행위

⑤ 특허풀에 포함된 각 특허의 실시료를 합산한 금액보다 현저히 높은 일괄실시료를 부과하여 실시권자에게 과도한 불이익을 제공하는 행위

2) 상호실시허락(Cross License)

상호실시허락이란 복수의 특허권자가 각각 보유하는 특허에 대하여 서로 실시를 허락하는 협정으로 특히 특허 분쟁과정의 합의 수단으로 이용되는 경우가 많다. 이러한 상호실시허락은 특허풀에 비해 연관된 사업자의 수가 적고, 운영방식 또한 덜 조직적인 특성을 갖는다. 그러나 기술이용의 촉진과 거래비용 절감 등의 친(親) 경쟁적 효과에도 불구하고 사업자간 공동행위, 제3의 경쟁사업자 배제 가능성 등으로 인해 공정한 거래를 저해할 우려가 있다는 점에서 특허풀과 상당한 공통점이 있다. 따라서 특허풀과 관련된 위의 라. 1). ①, ②, ③ 등의 규정은 상호실시허락을 통해 관련 시장의 공정한 거래를 저해할 우려가 있는 행위인지를 판단할 때에도 준용할 수 있다(「지식재산권 심사지침」 Ⅲ. 4. 나).

5. 표준기술 관련 특허권의 행사

1) 표준기술 관련 특허권 행사 일반

표준기술[22]은 기술간 호환성을 높여 경제적 효율성을 창출하고, 관련 기술의

22) "표준기술"이란 정부, 표준화기구, 사업자단체, 동종기술보유 기업군 등이 일정한 기술 분야에서 표준으로 선정한 기술을 의미한다. "표준필수특허"란 표준기술을 구현하는 상품을 생산하거나 서비스를 공급하기 위해서는 필수적으로 실시허락을 받아야 하는 특허로서, 실시자에게 공정하고 합리적이며 비차별적인(FRAND: Fair Reasonable And Non－Discriminatory) 조건으로 실시허락할 것이라는 자발적인 확약이 요청되는 특허를 말한다(이상 「지식재산권 심사지침」 I. 3. 가).

이용과 개발을 촉진시킨다는 점에서 산업 정책적으로 그 필요성이 강조된다. 그러나 기술표준은 관련 시장에서 막대한 영향력을 행사할 수 있게 되고, 일단 표준으로 선정된 기술을 다른 기술로 대체하는 데는 상당한 전환비용이 소요되어 이러한 영향력은 장기간 지속될 수 있다. 특히 기술표준이 배타적·독점적 특성을 갖는 특허권으로 보호 받는 경우에는 관련 시장에 심각한 공정거래저해효과를 초래할 수도 있다. 이러한 문제를 해결하기 위해 많은 표준화 기구들은 기술표준 선정에 앞서 관련된 특허 정보를 미리 공개하도록 하고, 기술표준으로 선정될 기술이 특허권으로 보호받는 경우에는 공정하고, 합리적이며, 비차별적인(FRAND: Fair Reasonable And Non-Discriminatory) 조건으로 실시허락할 것을 사전에 협의하도록 하고 있다.[23] 이와 같은 특허 정보 공개와 실시조건 협의 절차는 기술표준으로 선정된 특허권의 남용을 방지한다는 측면에서 그 필요성이 강조되며, 해당 절차의 이행 여부는 기술표준과 관련된 특허권 행사의 부당성을 판단할 때 중요한 고려사항이 된다.

일반적으로 기술표준 선정을 위한 협의와 기술표준과 관련된 특허권의 행사는 관련 기술의 이용을 촉진하고, 효율성 창출을 통해 소비자 후생증대에 기여할 수 있다는 점에서 친(親)경쟁적인 효과를 발생시킬 수 있다. 그러나 다음과 같이 표준화 절차를 악용하거나, 기술표준으로 채택된 이후 부당한 조건을 제시하는 등 관련 시장의 공정한 거래를 저해할 우려가 있는 행위는 특허권의 정당한 권리범위를 벗어난 것으로 판단할 수 있다.

① 표준기술 선정을 위한 협의과정에서 이와 관련된 거래가격·수량, 거래지역, 거래상대방, 기술개량의 제한 등의 조건에 부당하게 합의하는 행위
② 표준기술로 선정될 가능성을 높이거나 실시조건의 사전 협상을 회피할 목적 등으로 부당하게 자신이 출원 또는 등록한 관련 특허 정보를 공개하지 않는 행위
③ 부당하게 표준기술로 널리 이용되는 특허발명의 실시허락을 거절하는 행위
④ 부당하게 표준필수특허의 실시허락을 거절하는 행위
⑤ 부당하게 표준기술로 널리 이용되는 특허발명의 실시조건을 차별하거나, 비합리적인 수준의 실시료를 부과하는 행위
⑥ 표준필수특허의 실시허락을 하면서 실시권자가 보유한 관련 특허권의 행사를 부당하게 제한하는 조건을 부과하거나 부당하게 실시권자가 보유한 비표

23) FRAND확약을 '청약의 유인'으로 볼지, 구속력있는 '청약'으로 볼 수 있을지, 제 3 자를 위한 계약인지 등에 대한 논의가 있다. 자세한 내용은 나지원, 83면 이하 참조.

준필수특허에 대한 상호실시허락의 조건을 부과하는 행위

'표준기술로 선정될 가능성을 높이거나 실시조건의 사전 협상을 회피할 목적 등으로 부당하게 자신이 출원 또는 등록한 관련 특허 정보를 공개하지 않는 행위'를 특허매복행위(Patent Ambush)라고 하는데 기술 표준화 과정에서 의도적으로 관련 특허정보를 공개하지 않고, 표준기술 선정후 현저히 높은 수준의 로얄티를 부과하는 행위를 말한다.[24)]

2) 표준필수특허권자의 침해금지청구

표준필수특허권자가 FRAND 조건으로 실시허락할 것을 확약한 경우 이는 잠재적 실시권자와 실시허락 계약에 대하여 FRAND 조건으로 성실하게 협상할 의무를 부담한다는 것을 의미하며, 곧바로 해당 특허 관련 기술을 사용한 또는 사용하려는 불특정 제 3 자에게 해당 특허에 대하여 자동적으로 실시권을 부여해야 한다는 것을 의미하는 것은 아니다.

한편 표준필수특허권자는 자신의 특허권 침해를 방지하고 이로 인한 손해의 회복을 위하여 침해금지청구권과 손해배상청구권 등을 행사할 수 있다. 이 중 침해금지청구는 단순한 금전적 배상이 아닌 침해행위로 인한 상품의 생산, 사용, 판매 또는 수입의 금지를 구하는 것으로서 손해배상청구보다 강력한 권리보장의 수단이 된다.

그러나 침해금지청구가 아무런 제한없이 이루어진다면 표준필수특허권자가 경쟁사업자를 시장에서 배제하거나 사업활동을 방해하기 위하여 또는 잠재적 실시권자에게 과도한 실시료를 부과하거나 실시허락 시 부당한 조건을 부과하기 위하여 침해금지청구를 하는 특허억류(patent hold-up)가 발생할 수 있다. 따라서 FRAND 조건으로 실시허락할 것을 확약한 표준필수특허권자가 실시허락을 받을 의사가 있는 잠재적 실시권자(willing licensee)에 대하여 침해금지청구를 하는 행위는 특허권의 정당한 권리 범위를 벗어난 것으로서 관련 시장의 경쟁을 제한할 우려가 있는 행위로 판단할 수 있다.[25)]

① 잠재적 실시권자가 법원이나 중재기관의 결정에 따르기를 거절하거나,

24) 관련 사례로는 〈Rambus 사건〉(Rambus Inc. v. Infineon Techs. AG. 318 F.3d 1081)을 들 수 있는데, 자세한 내용은 권오승, FRAND 선언과 관련된 경쟁법적 쟁점(FRAND)확약의 경쟁법적 의미 국제학술대회, 2016. 7. 5.), 32~33면 참조.

25) European Commission Press Release(2014. 4. 29.): "Commission accepts legally binding Commitments by Samsung Electronics on standard essential patent injunction".

FRAND 조건에 관한 구체적인 내용이 법원이나 중재기관의 사건처리 과정에서 확인되는 등 객관적으로 드러난 상황에서 FRAND 조건으로의 실시계약 체결을 거부하는 경우

② 잠재적 실시자권가 파산에 임박하는 등의 사유로 인하여 손해배상을 기대하기 어려워 침해금지청구만이 유일한 구제수단으로 인정되는 경우

2014년 4월 EU집행위원회는 삼성전자가 표준필수특허(Standard Essential Patent: SEP)를 허락없이 사용한 경쟁사업자(애플)로 하여금 제품을 판매하지 못하도록 법원에 판매금지청구하고 특허사용 희망기업에게 과도한 로열티를 요구한 행위를 「EU기능조약」 제102조의 시장지배적 지위남용행위로 보았으며 동의의결로 종결하였다. 동 사례에서 EU는 특허권자가 FRAND 조건에 따라 특허를 제공할 것을 약속하고 특허사용 희망자가 이에 따른 협상의사를 밝힌 경우, 특허사용 희망자에 대한 금지청구제기는 특허남용에 해당한다고 보았다.

삼성전자와 애플은 특허분쟁을 해결하기 위한 협상진행 도중 애플이 2011년 4월 15일 미국에서 삼성전자를 상대로 디자인권 및 비표준특허의 침해금지 및 손해배상을 구하는 소송을 제기하자, 삼성전자는 2011년 4월 21일 서울중앙지방법원에 애플을 상대로 제 3 세대 이동통신 기술과 관련한 4개 표준특허 및 1개 비표준특허의 침해금지 및 손해배상을 구하는 소송을 제기하였다.[26] 그리고 미국 애플 본사(Apple Inc.)와 애플코리아(유)는 삼성전자가 표준특허에 근거하여 금지청구를 제기함으로써 시장지배적 사업자가 특허침해 소송을 부당하게 이용하여 사업활동을 방해하였다고 공정위에 신고하였다(2012. 4. 3). 아울러, 이러한 행위는 필수요소에 관한 접근 거절에도 해당하고 삼성전자는 기술 표준화과정에서 특허정보의 공개의무를 위반했으므로 이는 사업활동방해 등에 해당한다고 주장하였다.

이에 대해 2012. 8월 서울중앙지방법원은 삼성전자가 애플을 상대로 한 표준필수특허 침해금지소송에서 삼성전자가 FRAND선언에 위반한 행위로서 권리남용에 해당하지 않는다고 판단하고, 독점규제법상 시장지배적지위 남용행위나 불공정거래행위에도 해당되지 않는다고 판시하였다.[27]

---

26) 표준특허 침해를 이유로 삼성전자가 판매금지를 청구한 제품은 iPhone 3GS, iPhone 4, iPad1 (Wifi+3G), iPad2(Wifi+3G)임.

27) 서울중앙지판 2012. 8. 24. 2011가합39552(민사소송).

한편 공정거래위원회는 삼성전자가 표준화과정에서 특허정보의 공개를 고의로 지연함으로써 적시공개의무[28]를 위반했다고 볼 수 없다고 판단하였는데, 삼성전자의 표준특허 공개 평균기간은 1년 7개월(Nokia 1년 5개월, Motorola 3년 8개월 등)로서 다른 기업들에 비해 상당기간 공개하지 않았다고 보기 어렵고, 표준화과정에서 다른 사업자들을 배제시킬 목적으로 특허를 은폐했다고 볼 증거가 없다고 보았다.[29]

그리고 삼성전자의 특허침해 소송의 부당 이용(사업활동 방해행위) 해당 여부에 대하여 공정거래위원회는 잠재적 실시자인 애플과 표준특허권자인 삼성전자가 성실하게 협상에 임했는지 여부에 대한 판단이 중요하다고 보고 첫째, 협상경과 및 협상에 관한 애플의 입장 등을 종합적으로 고려할 때, 애플은 성실히 협상에 임했다고 보기 어렵다고 보았다. 즉 협상을 진행하던 도중에 먼저 특허침해 소송을 제기함으로써 협상 분위기를 특허분쟁 소송 국면으로 유도하였고, 상황이 애플에게 유리하게 진행되는 경우 삼성의 특허가치를 종전 인정했던 것보다 저평가하는 실시조건을 제안을 하는 등 실시료율의 격차를 줄이거나 해소하기 위해 성실히 협상했다고 보기 어려우며, 소송 종결 시까지 삼성전자에게 어떠한 실시료도 지불할 의사가 없다는 점에서 역 특허억류[30]의 전형적인 모습을 보였다.

둘째, 삼성전자가 FRAND 선언을 한 표준특허권자로서 특허 라이선스 협상을 성실히 이행했는지 여부가 문제되지만, 다음을 종합적으로 고려할 때 삼성전자가 협상을 성실히 이행하지 않았다고 보기 어렵다고 보았다. 즉 금지청구소송 제기 전후로 다양한 실시조건들을 애플에게 제안하였고, 애플이 제시한 실시료율과의 격차를 해소하기 위한 실질적인 협상을 진행하였고, 실시료율은 다양한 요인에 의해 결정되는 만큼 제안한 실시료율이 FRAND 조건에 위반되는 과도한 것으로 보기 어렵다고 보았다.

셋째, 표준특허권자의 침해금지 청구가 사업활동방해에 해당되기 위해서는 특허침해 소송을 부당하게 이용함으로써 다른 사업자의 생산, 판매 등의 활동을 어렵게 하여야 하나, 이 건에서 향후 법원 판결을 통해 애플의 제품이 특허침해

28) 특허권자가 표준채택 과정에서 특허권을 은닉(Patent Ambush)하고 나중에 특허억류를 할 우려를 막기 위한 것이다.

29) 공정거래위원회 보도참고자료(2014. 2. 15).

30) 표준특허권자의 금지청구가 인정되지 않는 경우, 잠재적 실시자가 성실하게 라이선스 협상을 하지 않거나 실시료 지급을 지연·회피하는 것임.

를 이유로 판매가 중단되더라도 이는 특허권자의 정당한 권리행사의 결과로 볼 수 있으므로 부당한 사업활동방해라고 보기 어렵다고 보았다.[31)]

> 6. 특허분쟁과정의 합의
>
> 특허권자와 이해관계인은 소송 등의 법적 절차 이외에도 당사자간 합의를 통해 특허의 효력, 특허침해 여부에 대한 분쟁을 해소할 수 있다. 일반적으로 이러한 합의는 소송비용과 기술이용의 위험을 감소시킬 수 있다는 점에서 특허권자의 권리 보장을 위한 효율적 분쟁 해결 수단으로 인정될 수 있다. 그러나 특허분쟁과정의 부당한 합의는 무효인 특허의 독점력을 지속시키고 경쟁사업자의 신규진입을 방해함으로써 소비자 후생을 저해하는 결과를 초래할 수 있다. 따라서 특허무효심판, 특허침해소송 등의 특허분쟁 과정에서 부당하게 시장진입을 지연하는 데 합의하는 등 관련 시장의 공정한 거래를 저해할 우려가 있는 행위는 특허권의 정당한 권리 범위를 벗어난 것으로 판단할 수 있다.
>
> 특히 합의 당사자가 경쟁관계에 있는 경우, 합의의 목적이 관련 시장의 경쟁제한과 관련되는 경우, 특허권이 만료된 이후의 기간까지 관련 사업자의 시장진입을 지연시키는 경우, 특허와 직접적으로 관련되지 않은 시장에서 관련 사업자의 진입을 지연시키는 경우, 분쟁의 대상이 된 특허가 무효임을 합의 당사자가 인지한 경우 또는 무효임이 객관적으로 명백한 경우 등에는 해당 특허분쟁과정의 합의를 부당한 것으로 판단할 가능성이 크다.

「지식재산권 심사지침」은 예로 특허무효심판 취하와 시장진입 지연에 대한 합의를 예로 들고 있는데, 이는 신약특허권자와 복제약사업자간의 '역지불합의(Reverse payment or Pay−for−delay)'를 예시한 것이다.[32)]

관련 사례로는 〈글락소그룹 리미티드 및 동아제약(주)의 부당공동행위 건〉[33)]을 들 수 있다. 동 건에서는 의약품의 특허권자가 자신의 특허권을 침해할 효력이나 권리범위를 다투는 자에게 가능성이 있는 의약품의 제조·판매를 시도하면서 그 특허의 효력이나 권리범위를 다투는 자에게 그 행위를 포기 또는 연기하는 대가로 일정한 경제적 이익을 제공하기로 하고 특허 관련 분쟁을 동결하는

31) 공정거래위원회 보도참고자료(2014. 2. 15).

32) 김준범/고인혜, 경쟁저널(2010. 5), 12면.

33) 공정의 2011. 12. 23. 2011.400.

합의를 한 사례가 문제되었는데 관련 행정소송에서 대법원은 합의를 통해 자신의 독점적 이익의 일부를 제공하는 대신 자신들의 독점력을 유지함으로써 공정하고 자유로운 경쟁에 영향을 미친 것이라고 할 수 있으므로 이는 '특허권의 정당한 행사라고 인정되지 아니하는 행위'에 해당하여 독점규제법의 적용대상이 된다고 판시하였다.[34)]

7. 특허관리전문사업자의 특허권 행사

특허관리전문사업자는 제 3 자로부터의 특허권 매입을 통해 강력한 특허 포트폴리오를 구축하고 이를 기반으로 다른 기업에 대한 실시허락이나 특허소송을 통해 수익을 실현하는 것을 주된 사업방식으로 한다. 이러한 특허관리전문사업자는 개인, 중소기업, 연구기관과 같이 특허권을 행사할 역량이 부족하거나 스스로 특허를 상업화할 의사가 없는 자의 특허를 매입 또는 관리하는 등의 방법으로 이들이 정당한 보상을 받을 수 있도록 함으로써 발명의 유인을 제공하고, 특허를 필요로 하는 자에게 특허권이 이전될 수 있도록 중개인의 역할을 함으로써 특허기술의 거래를 활성화하고 특허권의 자본화, 유동화에 기여할 수 있다.

그러나 이러한 친경쟁적 효과에도 불구하고 특허관리전문사업자는 제조활동을 하지 않는 관계로 상대방과 특허권의 상호실시허락을 할 필요성이 없고 상대방으로부터 반대소송을 당할 위험도 낮기 때문에 일반적인 특허권자보다 특허권을 남용할 유인이 크다고 볼 수 있다. 특히 다음과 같은 행위는 특허권의 정당한 권리범위를 벗어난 것으로서 관련 시장의 경쟁을 제한할 우려가 있는 행위로 판단할 수 있다.[35)]

① 통상적인 거래관행에 비추어 볼 때 현저히 불합리한 수준의 실시료를 부과하는 행위

② 제 3 자로부터 취득한 특허권에 대해 통상적인 거래관행에 비추어 볼 때 불합리한 수준의 실시료를 부과하면서 종전 특허권자에게 적용되던 FRAND 조건의 적용을 부인하는 행위

③ 컨소시움을 통해 특허관리전문사업자를 설립한 복수의 사업자들과 함께 컨소시움에 참여하지 않은 사업자들에게 특허의 실시허락을 부당하게 거절하

34) 대판 2014. 2. 27. 2012두24498, 2012두27794.

35) 언론 등에서 '특허괴물(Patent Troll)'로도 불리는 특허관리전문회사(NPE: nom-practicing entity) 관련된 경쟁법적 문제는 주로 특허권을 매개로 한 과도한 이윤압착 등의 착취남용적 행위와 특허권을 매개로 한 카르텔의 형성, 시장에서 경쟁사업자를 배제하는 수단으로 악용되는 경우, 특허매복행위(patent ambush)를 통한 불공정거래행위 등이 있다. 안병한, 80면.

거나 차별적인 조건으로 실시계약을 체결하기로 합의하는 행위
④ 상대방이 특허관리전문사업자의 특허권 행사에 대응하는 데 필요한 중요한 정보를 은폐 또는 누락하거나 오인을 유발하는 등의 기만적인 방법을 사용하여 특허소송을 제기하거나 특허침해 경고장을 발송하는 등의 행위
⑤ 특허권자가 특허관리전문사업자에게 특허권을 이전하고 특허관리전문사업자로 하여금 다른 사업자에 대하여 이 지침의 7. 가., 나. 등의 행위를 하도록 하는 행위

제118조(일정한 조합의 행위)

이 법의 규정은 다음 각호의 요건을 갖추어 설립된 조합(조합의 연합회를 포함한다)의 행위에 대하여는 이를 적용하지 아니한다. 다만, 불공정거래행위 또는 부당하게 경쟁을 제한하여 가격을 인상하게 되는 경우에는 그러하지 아니하다.

1. 소규모의 사업자 또는 소비자의 상호부조를 목적으로 할 것
2. 임의로 설립되고, 조합원이 임의로 가입 또는 탈퇴할 수 있을 것
3. 각 조합원이 평등한 의결권을 가질 것
4. 조합원에 대하여 이익배분을 행하는 경우에는 그 한도가 정관에 정하여져 있을 것

목 차

Ⅰ. 의 의
Ⅱ. 내 용
1. 적용요건 및 예외
2. 소규모사업자의 기준

[참고사례]

한국비철금속공업협동조합연합회의 불공정거래행위 건(공정거래위원회 1990. 11. 15. 의결 제90－70호, 1991. 1. 23. 재결 제91.4호; 서울고등법원 1992. 1. 29. 선고 91구2030 판결); **한국재생유지공업협동조합의 사업자단체금지행위 건**(공정거래위원회 2001. 1. 2. 의결 제2001.1호; 서울고등법원 2002. 6. 4. 선고 2001누12084 판결; 대법원 2002. 9. 24. 선고 2002두5672 판결); **한국상업용조리기계공업협동조합의 경쟁제한행위 등 건**(공정거래위원회 2003. 4. 3. 의결 제2003－088호, 2003. 7. 11. 재결 제2003－026호; 서울고등법원 2004. 7. 21. 선고 2003누14071 판결; 대법원 2004. 11. 12. 선고 2004두9098 판결); **전국학생복발전협의회 외 20의 사업자단체금지행위 건**(공정거래위원회 2001. 6. 7. 의결 제2001－083호, 2001. 10. 16. 재결 2001－053호; 서울고등법원 2004. 8. 18. 선고 2001누17717 판결; 대법원 2006. 11. 24. 선고 2004두10319 판결)

Ⅰ. 의 의

독점규제법이 경제활동의 기본법에 해당하기는 하지만 모든 분야에 예외없

이 적용되는 것은 전체 법질서 차원에서 문제를 야기할 우려가 있다. 따라서 독점규제법의 목적조항에 규정되어 있는 '국민경제의 균형적 발전'을 도모하기 위한 취지에서[1] 몇 가지 예외적인 규정을 두고 있는 바, 본 조는 그 중 하나에 해당한다.

현대자본주의 체제하에서 대규모사업자의 힘의 남용을 방지하고 바람직한 경쟁질서를 회복하기 위해서는 이들에 대한 규제만으로는 미흡하고 경제적 약자를 조직화하여 이들간의 실질적 힘의 균형을 도모하고 상호 견제관계를 형성함이 필요하다는 인식에 기반을 두고 있다. 즉 단독으로는 대규모사업자에 대항할 수 없는 소규모사업자들이 상호부조를 목적으로 단결함으로써 경제상 유효한 경쟁단위가 될 수 있을 것이라는 입법정책적 판단에 따른 것이다.

Ⅱ. 내 용

1. 적용요건 및 예외

독점규제법의 규정은 ① 소규모의 사업자 또는 소비자의 상호부조를 목적으로 할 것(제1호), ② 임의로 설립되고, 조합원이 임의로 가입 또는 탈퇴할 수 있을 것(제2호), ③ 각 조합원이 평등한 의결권을 가질 것(제3호), ④ 조합원에 대하여 이익배분을 행하는 경우에는 그 한도가 정관에 정하여져 있을 것(제4호)의 요건을 갖추어 설립된 조합(조합의 연합체를 포함)의 행위에 대하여는 이를 적용하지 아니한다(법 제118조 본문). 다만, 불공정거래행위 또는 부당하게 경쟁을 제한하여 가격을 인상하게 되는 경우에는 그러하지 아니하다(법 제118조 단서). 재판매가격유지행위는 적용제외되는지 문제가 있으나 재판매가격유지행위는 광의의 불공정거래행위에 해당하므로 규제대상으로 보는 것이 타당하다. 한편 상호부조 관련해서는 이익을 추구하지 않는 단체에 한정할 필요가 있다.

공동상표의 사용이 문제가 된 〈남대문시장주식회사 7개 아동복상가운영회의 경쟁제한행위 및 구성사업자에 대한 사업활동제한행위 건〉[2]에서 공정거래위원회는 "법 제118조는 단독으로는 대기업과 동등한 경쟁이 곤란한 소규모 사업

1) 공정거래10년(1991), 276면.
2) 공정의 1997. 2. 18. 97-25.

자나 소비자가 조합을 조직하여 시장에서의 유효한 경쟁단위로 활동하는 것이 공정하고 자유로운 경쟁질서의 유지라는 독점규제법의 목적에 부합된다고 보아, 장기적으로 독점력이 발생할 우려가 없는 체제를 갖춘 조합이 조합원들의 출자에 의하여 일정한 사업을 공동으로 경영하는 경우 사업의 목적달성을 위한 범위 내에서의 행위에 대하여는 독점규제법의 기본목적에 반하지 않는 한 법적용을 하지 않겠다는 것이 그 입법취지라 할 것이다. 이러한 취지에서 공동의 사업을 경영하는 조합이 '가입탈퇴의 자유'등 4가지 요건을 갖춤으로써 장기적인 독점력 발생 가능성이 없다고 판단되는 경우에 한하여 법적용을 배제하되, 그러한 조합이라 하더라도 불공정거래행위를 하거나 일정한 거래분야에서 경쟁을 실질적으로 제한함으로써 부당하게 가격을 인상하게 되는 경우에는 독점규제법의 기본목적에 반하므로 이에 대해서는 예외를 인정할 수 없다는 뜻을 규정하고 있는 것이다"라고 하였다. 따라서 "피심인이 각각 공유상표를 사용하는 사업자들을 그 구성사업자로 하고 있으나 각 구성사업자들은 각각 자기의 비용과 계산하에 제품을 생산, 판매하는 등 개별적으로 사업을 영위하고 있으며, 피심인은 각 구성원의 출자를 통하여 공동의 사업을 경영하거나 조합 고유의 재산을 관리하는 등 조합이 갖추어야 할 기본적인 요건을 충족하지 못하고 있으므로 단순히 상표를 공동으로 사용하고 있다는 점만으로는 피심인을 조합이라고 보기는 어렵다"고 결정하였다.

2. 소규모사업자의 기준

법 제118조의 소규모 사업자는 대기업과 대등하게 교섭할 수 있게 하기 위하여 단결할 필요성이 있는 규모의 사업자이다.[3] 그리고 사업자조합이 법 제118조의 법적용제외 조합에 해당하기 위하여는 소규모의 사업자들만으로 구성되어야 하고 소규모 사업자 이외의 자가 가입되어 있어서는 안 된다.[4] 이러한 취지에서 판례는 한국재생유지공업협동조합,[5] 중소기업협동조합연합회(한국비철금속공업협동조합연합회),[6] 한국상업용조리기계공업협동조합,[7] 전국학생복발전중앙협

3) 대판 2002. 9. 24. 2002두5672.
4) 서고판 2004. 7. 21. 2003누14071(대판 2004. 11. 12. 2004두9098).
5) 대판 2002. 9. 24. 2002두5672.
6) 서고판 1992. 1. 29. 91구2030.
7) 대판 2004. 11. 12. 2004두9098.

의회[8]는 법적용제외 조합이 아니라고 판시한 바 있다.

여기에서 소규모 사업자의 기준을 정하는 규정이 결여되어 있으므로 소규모사업자의 범위를 구체적으로 어떻게 판단하는지가 문제되는데, 「중소기업기본법」상의 기준을 원용하는 방법이 있다. 그러나 적용제외범위가 지나치게 광범위하게 될 우려가 있으므로 사안별로 업계의 특성, 거래관행 등을 종합적으로 고려하여 판단하는 것이 바람직하다고 본다.

한편 공정위에서는 「소상공인단체의 행위에 대한 심사지침」[9]을 마련하고 소상공인이 행하는 거래에 적용되는 거래조건의 실질적인 결정주체가 유력사업자인 경우 가맹점사업자 및 대리점으로 구성된 조합이 거래조건에 대해 소상공인을 대신하여 개별적인 유력사업자와 협의하는 행위에 대해서는 법 제118조(일정한 조합의 행위)에 따라 법 적용이 배제되도록 규정하였다.

구체적으로 소상공인이 유력사업자로부터 제공받는 상품의 가격을 협의하는 행위, 판매수수료, 판매장려금 등 소상공인이 유력사업자로부터 수령하거나 유력하업자가 소송공인으로부터 수취하는 금액에 관햐 협의하는 행위, 점포환경개선 점포환경 개선 비용, 매장 인테리어 비용, 위약금 비용, 광고 · 판촉행사 비용 등에 관해 협의하는 행위, 영업시간, 영업지역 등에 관해 협의하는 행위, 손해배상, 계약갱신 요건 등에 관해 협의하는 행위 등을 예시하고, 다만 소상공인이 소비자에게 공급하는 상품의 가격을 조합이 결정 · 유지 또는 변경하는 행위, 소상공인이 소비자에게 공급하는 상품의 생산량, 판매량, 출고량 등을 조합이 제한하는 행위, 그 밖에 조합이 소상공인들의 경쟁을 부당하게 제한하여 소비자에게 판매되는 상품의 가격 상승을 초래할 수 있는 행위에 대해서는 법 제40조(부당한 공동행위의 금지) 제 1 항 및 법 제51조(사업자단체의 금지행위) 제 1 항 제 1 호의 규정이 적용되도록 규정하였다.

---

8) 대판 2006. 11. 24. 2004두10319

9) 공정거래위원회예규 제393호(2021. 12. 30).

제14장

•

보 칙

제119조(비밀엄수의 의무)
제120조(경쟁제한적인 법령 제정의 협의등)
제121조(관계기관등의 장의 협조)
제122조(권한의 위임·위탁)
제123조(벌칙 적용에서의 공무원 의제)

제119조(비밀엄수의 의무)

이 법에 의한 직무에 종사하거나 종사하였던 위원, 공무원 또는 협의회에서 분쟁조정업무를 담당하거나 담당하였던 자는 그 직무상 알게 된 사업자 또는 사업자단체의 비밀을 누설하거나 이 법의 시행을 위한 목적외에 이를 이용하여서는 아니된다.

[참고사례]

김달수의 정보비공개결정처분취소청구 건(서울행정법원 1999. 12. 8. 선고 98구20758 판결; 서울고등법원 2000. 10. 24. 선고 2000누613 판결; 대법원 2003. 3. 28. 선고 2000두9212 판결); **박근용의 정보공개거부처분취소청구 건**(서울행정법원 2003. 8. 19. 선고 2002구합33790 판결); **언론인권센터의 정보비공개결정취소청구 건**(서울행법법원 2004. 4. 22. 선고 2003구합16648 판결; 서울고등법원 2005. 3. 25. 선고 2004누9229 판결)

독점규제법에 의한 직무에 종사하거나 종사하였던 위원 또는 공무원은 그 직무상 알게 된 사업자 또는 사업자단체의 비밀을 누설하거나 이 법의 시행을 위한 목적외에 이를 이용하여서는 아니된다.

「공공기관의 정보공개에 관한 법률」(이하 "정보공개법") 제 9 조 제 1 항 제 1 호에서는 "다른 법률 또는 법률이 위임한 명령(국회규칙 · 대법원규칙 · 헌법재판소규칙 · 중앙선거관리위원회규칙 · 대통령령 및 조례에 한함)에 의하여 비밀 또는 비공개 사항으로 규정된 정보"는 비공개대상으로 하고 있다. 이에 독점규제법 제119조가 「정보공개법」 제 9 조 제 1 항 제 1 호의 다른 법률에 해당하는가가 문제이다. 이에 대하여 서울행정법원은 "독점규제법 제119조는 독점규제법이 적용되는 관계공무원에게 일반적인 비밀엄수의무만을 부과한 것에 불과하여 「정보공개법」 제 7 조 제 1 항 제 1 호[1] 소정의 다른 법률로 볼 수 없다.[2] 즉 동법상의 비공개정보로는 볼 수 없다는 의미이다.

1) 지금의 제 9 조 제 1 항 제 1 호에 해당한다. 2004. 1. 29. 이전에는 다음과 같이 규정되어 있었다. 제 7 조(비공개대상정보) ① 공공기관은 다음 각호의 1에 해당하는 정보에 대하여는 이를 공개하지 아니할 수 있다. 1. 다른 법률 또는 법률에 의한 명령에 의하여 비밀로 유지되거나 비공개사항으로 규정된 정보.

2) 서행판 2003. 8. 19. 2002구합33790.

구법상의 출자총액제한제도 관련하여 서울행정법원은 "출자총액에 관한 정보는 계열회사의 출자비율을 알 수 있는 정도에 불과한 점, 적용제외 및 예외인정의 각 사유별 출자현황에 관한 정보 역시 주식에 관한 사항은 물론 주식을 발행한 국내회사의 상호까지도 포함하지 않고 있는 점, 투자노하우와 기업의 재무구조의 취약상태의 노출정도가 그다지 크지 않은 점, 주권 비상장기업도 주식 등에 관한 사항이 기재된 사업보고서 작성제출의무가 있고 그 사업보고서가 일반의 열람에 공여되고 있는 점 등에 비추어 여기에 해당하지 아니한다"고 판시하였다.[3]

3) 서행판 2003. 8. 19. 2002구합33790.

제120조(경쟁제한적인 법령 제정의 협의등)

① 관계행정기관의 장은 사업자의 가격 · 거래조건의 결정, 시장진입 또는 사업활동의 제한, 부당한 공동행위 또는 사업자단체의 금지행위등 경쟁제한사항을 내용으로 하는 법령을 제정 또는 개정하거나, 사업자 또는 사업자단체에 대하여 경쟁제한사항을 내용으로 하는 승인 기타의 처분을 하고자 하는 때에는 미리 공정거래위원회와 협의하여야 한다.

② 관계행정기관의 장은 경쟁제한사항을 내용으로 하는 예규 · 고시 등을 제정 또는 개정하고자 하는 때에는 미리 공정거래위원회에 통보하여야 한다.

③ 관계행정기관의 장은 제 1 항의 규정에 의한 경쟁제한사항을 내용으로 하는 승인 기타의 처분을 행한 경우에는 당해 승인 기타의 처분의 내용을 공정거래위원회에 통보하여야 한다.

④ 공정거래위원회는 제 2 항의 규정에 의하여 통보를 받은 경우에 당해제정 또는 개정하고자 하는 예규 · 고시 등에 경쟁제한사항이 포함되어 있다고 인정되는 경우에는 관계행정기관의 장에게 당해 경쟁제한사항의 시정에 관한 의견을 제시할 수 있다. 제 1 항의 규정에 의한 협의없이 제정 또는 개정된 법령과 통보없이 제정 또는 개정된 예규 · 고시 등이나 통보 없이 행하여진 승인 기타의 처분에 관하여도 또한 같다.

목 차

Ⅰ. 의 의
Ⅱ. 내 용
1. 사전협의
2. 사전 통보 등
3. 의견제시
4. 심사기준

[참고문헌]

공정거래위원회/한국개발연구원, 공정거래10년－경쟁정책의 운용성과와 과제－, 1991. 4

Ⅰ. 의 의

각 행정기관은 산업정책 차원에서 특정산업을 보호하기 위하여 경쟁제한적인 법령을 제정할 경우가 있다. 이 경우 경쟁제한행위가 제도화되어 시장에 여러 가지 문제점을 가져올 수가 있는 것이다. 이에 그러한 법령을 제정할 경우 공정거래위원회와 사전협의를 거치게 함으로써 부작용을 최소화하도록 하고 있다. 이 규정은 법 제116조(이 법의 규정은 사업자 또는 사업자단체가 다른 법률 또는 그 법률에 의한 명령에 따라 행하는 정당한 행위에 대하여는 이를 적용하지 아니한다)가 가지고 있는 위험성을 사전에 방지하고자 하는 취지이다.

공정거래위원회는 법 제120조 및 법제 업무 운영규정 제11조에 따라 관계 행정기관의 법령, 예규 · 고시, 처분 등(이하 "법령 등")에 경쟁제한사항이 있는지를 심사함에 있어서 기준이 되는 일반원칙 및 구체적인 사례를 예시함으로써 법령협의 업무의 효율성을 높이는 한편, 관계 행정기관의 법령 등에 경쟁제한적인 사항이 포함되지 않도록 유도할 목적으로 「법령 등의 경쟁제한사항 심사지침」[1](이하 "법령심사지침")을 제정하였다.

그러나 동 지침은 관계 행정기관의 법령 등에 포함된 내용 중 경쟁제한사항에 해당될 수 있는 대표적인 사항을 중심으로 작성한 것이므로 동 지침에 명시적으로 열거되지 않은 사항이라고 해도 경쟁제한사항이라고 인정할 수 있으며, 반대로 특정 법령 등의 내용이 이 지침에서 제시된 사례에 해당되더라도 심사결과에 따라 경쟁제한사항이 없다고 인정할 수 있다(「법령심사지침」 Ⅱ. 2).

한편 공정거래위원회는 경쟁영향평가제도를 운영하고 있다. 이는 정부 각 부처의 신설 · 강화 규제가 시장에서의 경쟁에 미치는 영향을 공정위가 사전에 검토하여 관련시장에서의 경쟁이 제한되지 않도록 의견을 제시하고 대안을 권고하는 제도이다. 동 제도는 경제협력개발기구(OECD) 경쟁위원회가 2007년에 경쟁영향평가 툴킷(Competition Assessment Toolkit)을 발간하여 회원국에게 사용을 권고함에 따라 우리나라도 2009년부터 신설 · 강화규제에 대한 경쟁영향평가를 공정거래위원회가 담당하도록 제도화되었다. 최근에는 전면 개정된 OECD 경쟁영향평가 툴킷의 개정 내용과 최신 국내 · 해외 사례를 반영하여 '경쟁영향

1) 공정거래위원회 예규 제287호(2017. 11. 14).

평가 매뉴얼(설명서) 제 3 집'을 개정하여 제작했다.[2)]

Ⅱ. 내 용

1. 사전협의

관계행정기관의 장은 사업자의 가격·거래조건의 결정, 시장진입 또는 사업활동의 제한, 부당한 공동행위 또는 사업자단체의 금지행위등 경쟁제한사항을 내용으로 하는 법령을 제정 또는 개정하거나, 사업자 또는 사업자단체에 대하여 경쟁제한사항을 내용으로 하는 승인 기타의 처분을 하고자 하는 때에는 미리 공정거래위원회와 협의하여야 한다(법 제120조 제 1 항).

1) 경쟁제한사항의 의미

공정거래법 제120조에서 경쟁제한사항이라 함은 관계 행정기관의 법령 등으로 인하여 관련시장 내의 경쟁사업자(잠재적 경쟁사업자 포함)의 수가 줄어들거나 줄어들 우려가 있는 등 시장경쟁의 정도에 부정적 영향을 미칠 수 있는 내용이 포함되어 있는 것을 의미한다(「법령심사지침」 Ⅲ. 1).

2) 경쟁제한사항의 유형

경쟁제한사항은 관계 행정기관의 법령 등이 관련시장에 미치는 효과를 고려하여 ① 사업자의 수 및 사업영역을 제한하는 경우(관계 행정기관의 법령 등이 특정 상품 또는 용역과 관련된 시장 내 진입을 제한하거나 어렵게 하여 사업자의 수를 감소시킴으로써 시장 내 경쟁을 감소시키는 경우), ② 사업자의 경쟁능력을 제한하는 경우(관계 행정기관의 법령 등이 상품 또는 용역의 가격, 생산량 및 영업시간 등 사업자가 다른 사업자와 경쟁하기 위해서 사용할 수 있는 수단을 정당한 사유 없

2) 이상 공정거래위원회 보도자료(2018. 11. 6). 신설 및 강화되는 규제가 관련시장의 경쟁에 미치는 영향을 아래 경쟁영향평가 점검목록(checklist)의 4개 항목(공급자의 수 또는 범위에 대한 제한, 공급자의 경쟁능력 제한, 공급자의 경쟁유인 감소, 소비자에게 제공되는 선택과 정보의 제한)을 적용하여 점검하고 어느 하나라도 해당되는 경우 규제로 인한 가격·산출량 변동, 상품·서비스의 다양성, 혁신 등에 미치는 영향을 종합적으로 분석한다.

이 제한하거나 금지함으로써 시장 내 경쟁을 감소시키는 경우), ③ 사업자의 경쟁 유인을 저해하는 경우(관계 행정기관의 법령 등이 사업자로 하여금 다른 사업자와 경쟁하려는 유인 또는 의지를 약화시킴으로써 시장 내 경쟁을 감소시키는 경우), 소비자의 선택 및 정보를 제한하는 경우(관계 행정기관의 법령 등이 소비자의 구매 선택이나 구매선택에 필요한 정보제공을 제한함으로써 시장 내 경쟁을 감소시키는 경우) 등 네 가지 유형으로 구분한다(「법령심사지침」 Ⅲ. 2).

2. 사전 통보 등

관계행정기관의 장은 경쟁제한사항을 내용으로 하는 예규·고시 등을 제정 또는 개정하고자 하는 때에는 미리 공정거래위원회에 통보하여야 한다(법 제120조 제 2 항). 관계행정기관의 장은 경쟁제한사항을 내용으로 하는 승인 기타의 처분을 행한 경우에는 당해 승인 기타의 처분의 내용을 공정거래위원회에 통보하여야 한다(법 제120조 제 3 항).

「법령심사지침」에 의하면 다음의 경우에 관계 행정기관의 법령 등에 경쟁제한사항이 포함되어 있는지를 심사한다.

① 관계 행정기관의 장이 경쟁제한사항을 내용으로 하는 법령을 제정 또는 개정하고자 하여 미리 공정거래위원회에 협의를 요청한 경우, ② 관계 행정기관의 장이 사업자 또는 사업자단체에 대하여 경쟁제한사항을 내용으로 하는 승인 또는 기타의 처분을 하고자 하여 미리 공정거래위원회에 협의를 요청하거나 처분을 하고, 그 내용을 공정거래위원회에 통보한 경우, ③ 관계 행정기관의 장이 경쟁제한사항을 내용으로 하는 예규·고시 등을 제정 또는 개정하고자 하여 그 내용을 미리 공정거래위원회에 통보한 경우, ④ 그 밖에 협의나 통보 없이 제정 또는 개정되거나 행하여진 관계 행정기관의 법령 등에 경쟁제한사항이 포함되어 있는지 심사할 필요가 있는 경우(「법령심사지침」 Ⅱ. 1).

3. 의견제시

공정거래위원회는 통보를 받은 경우에 당해 제정 또는 개정하고자 하는 예규·고시 등에 경쟁제한사항이 포함되어 있다고 인정되는 경우에는 관계행정기관의 장에게 당해 경쟁제한사항의 시정에 관한 의견을 제시할 수 있다(법 제120조 제4항 전단). 협의없이 제정 또는 개정된 법령과 통보없이 제정 또는 개정된 예규·고시 등이나 통보 없이 행하여진 승인 기타의 처분에 관하여도 또한 같다(법 제120조 제4항 후단).

여기에서 관계행정기관의 장이 협의를 통하여 제시된 공정거래위원회의 의견을 반드시 반영해야 하는지, 아니면 단순한 참고의견으로 받아들이는지, 그리고 이미 시행되고 있는 법률에 있어서 그 내용 중 일부가 독점규제법 규정에 위배되어 있을 경우 공정거래위원회가 어떤 조치를 할 수 있는지가 분명하지 않다.[3)]

4. 심사기준

「법령심사지침」에 의하면 법령 등의 경쟁제한사항 심사기준은 다음과 같다.

1) 일반 원칙

경쟁제한사항 심사는 관계 행정기관의 법령 등이 관련시장 내의 경쟁에 부정적 영향을 미칠 우려가 있는지를 판단하는 것이다. 이를 위해서 먼저 법령 등이 규정하고 있는 상품 또는 용역의 관련시장 범위를 획정한다. 획정된 관련시장 내에서 경쟁에 미치는 영향은 경쟁제한사항의 유형에 기초하여 관련시장 구조, 상품 등의 가격 및 산출량에 미치는 영향 등을 종합적으로 고려하여 판단한다(「법령심사지침」 Ⅳ. 1).

2) 관련시장의 범위획정

관련시장의 범위는 법령 등과 관련된 상품 또는 용역이 어떤 특성을 지니는지, 어느 지역에서 거래되는지, 도매·소매 등의 거래단계 중 어느 단계에 해당하는지, 사업자가 거래하는 상대방이 누구인지 등을 고려하여 획정할 수 있다. 이 때, 시장획정은 수요대체성과 공급대체성을 종합적으로 고려하여 판단한다. 관련시장의 범위를 적절한 수준보다 넓게 획정할 경우 법령 등이 경쟁을 제한하는 정도가 작은 것으로 평가될 수 있으며, 반대로 적절한 수준보다 좁게 획정할 경우에는 경쟁을 제한하는 정도가 큰 것으로 평가될 수 있다. 위 관련시장을 구체적으로 획정할 때에는 「기업결합 심사기준」의 '일정한 거래분야 판단기준'을 준용한다(「법령심사지침」 Ⅳ. 2).

3) 공정거래10년(1991), 278면.

3) 관련시장 내 경쟁제한사항 심사 시 고려사항

관계 행정기관의 법령 등에 경쟁제한사항이 있는지는 ① 관련시장이 독점 및 과점 구조를 지니는지 여부, ② 관련시장 내에 신규사업자가 진입하기 어려운지 여부, ③ 관련시장이 대외적으로 개방되어 있는 정도가 낮은지 여부, ④ 법령 등이 특정 사업자의 시장 내 지위를 유지·강화하거나 유지·강화할 우려가 있는지 여부, ⑤ 법령 등으로 인하여 실질적으로 경쟁관계에 있는 사업자들이 배제되거나 배제될 우려가 있는지 여부, ⑥ 법령 등으로 인하여 관련시장 내 사업자들이 부당한 공동행위를 할 우려가 있는지 여부, ⑦ 법령 등으로 인하여 상품 또는 용역의 가격이 상승하거나 생산량이 감소할 우려가 있는지 여부, ⑧ 법령 등으로 인하여 상품 또는 용역의 다양성이 감소할 우려가 있는지 여부, ⑨ 법령 등으로 인하여 기술개발 등 사업자의 혁신을 위한 활동이 감소하여 기업의 생산성 또는 장기적인 성장을 저해할 우려가 있는지 여부, ⑩ 법령 등으로 인하여 소비자의 구매선택이나 구매선택에 필요한 정보 등을 제한하여 시장 내 경쟁이 감소하는지 여부를 종합적으로 고려하여 심사한다(「법령심사지침」 Ⅳ. 3).

제121조(관계기관등의 장의 협조)

① 공정거래위원회는 이 법의 시행을 위하여 필요하다고 인정할 때에는 관계행정기관 기타 기관 또는 단체의 장의 의견을 들을 수 있다.

② 공정거래위원회는 이 법의 시행을 위하여 필요하다고 인정할 때에는 관계행정기관 기타 기관 또는 단체의 장에게 필요한 조사를 의뢰하거나 필요한 자료를 요청할 수 있다.

③ 공정거래위원회는 이 법의 규정에 의한 시정조치의 이행을 확보하기 위하여 필요하다고 인정하는 경우에는 관계행정기관 기타 기관 또는 단체의 장에게 필요한 협조를 의뢰할 수 있다.

제122조(권한의 위임 · 위탁)

공정거래위원회는 이 법의 규정에 의한 그 권한의 일부를 대통령령으로 정하는 바에 따라 소속기관의 장이나, 특별시장 · 광역시장 또는 도지사 또는 특별자치도지사에게 위임하거나, 다른 행정기관의 장에게 위탁할 수 있다.

제123조(벌칙 적용에서의 공무원 의제)

① 공정거래위원회의 위원 중 공무원이 아닌 위원은 「형법」이나 그 밖의 법률에 따른 벌칙의 적용에서는 공무원으로 본다.

② 제73조부터 제79조까지의 규정에 따른 분쟁의 조정업무를 담당하거나 담당하였던 사람 또는 제90조에 따른 이행관리업무를 담당하거나 담당하였던 자는 「형법」 제129조부터 제132조까지의 규정에 따른 벌칙의 적용에서는 공무원으로 본다.

제15장

•

벌　칙

제124조(벌칙)
제125조(벌칙)
제126조(벌칙)
제127조(벌칙)
제128조(양벌규정)
제129조(고발)
제130조(과태료)

제124조(벌칙)

① 다음 각 호의 어느 하나에 해당하는 자는 3년 이하의 징역 또는 2억원 이하의 벌금에 처한다.

1. 제5조를 위반하여 남용행위를 한 자
2. 제13조 또는 제36조를 위반하여 탈법행위를 한 자
3. 제15조, 제23조, 제25조 또는 제39조를 위반하여 의결권을 행사한 자
4. 제18조 제2항부터 제5항까지의 규정을 위반한 자
5. 제19조를 위반하여 지주회사를 설립하거나 지주회사로 전환한 자
6. 제20조 제2항 또는 제3항을 위반한 자
7. 제21조 또는 제22조를 위반하여 주식을 취득하거나 소유하고 있는 자
8. 제24조를 위반하여 채무보증을 하고 있는 자
9. 제40조 제1항을 위반하여 부당한 공동행위를 한 자 또는 이를 하도록 한 자
10. 제45조 제1항 제9호, 제47조 제1항 또는 제4항을 위반한 자
11. 제48조를 위반한 자
12. 제51조 제1항 제1호를 위반하여 사업자단체의 금지행위를 한 자
13. 제81조 제2항에 따른 조사 시 폭언·폭행, 고의적인 현장진입 저지·지연 등을 통하여 조사를 거부·방해 또는 기피한 자

② 제1항의 징역형과 벌금형은 병과(倂科)할 수 있다.

목　차

Ⅰ. 의　의
Ⅱ. 형법총칙과의 관계
Ⅲ. 관련 이슈
1. 포괄일죄의 경우 범죄사실 특정의 정도
2. 공소시효의 기산점

[참고문헌]

박은재, 공정거래와 형사법, 박영사, 2014; 이상돈, 공정거래형법, 법문사, 2011

논　문: 김두진, "한국 독점규제법의 집행", 경쟁법연구 제12권, 한국경쟁법학회 편, 법문사, 2005. 8; 오행록, "독점규제법상 경쟁제한행위에 대한 형벌규정의 정비방향", 경쟁저널 제173호, 공정경쟁연합회, 2014 March; 이봉의, "공정거래법의 실효적 집행",

경쟁법연구 제10권, 한국경쟁법학회, 2004. 3; 이호영, “공정거래법상 경성카르텔 제재의 개선”, 경쟁저널 제130호, 한국공정경쟁연합회, 2007. 1; 최승재, “형사벌에 의한 공정거래법 집행(30년의 조망과 과제)”, 2011 상반기 법·경제연구발표자료, 한국공정거래조정원/한국경쟁법학회/한국산업조직학회, 2001. 6; 홍대식·최수희, “공정거래법위반행위에 대한 공정거래위원회의 사건처리절차에 관한 검토”, 경쟁법연구 제13권, 한국경쟁법학회 편, 법문사, 2006

[참고사례]

(에이스침대의 거래거절행위 건 관련) **고발권불행사 위헌확인에 대한 건**(헌법재판소 1995. 7. 21. 선고 94헌마136 결정); **6개 저밀도 폴리에틸렌(LDPE) 제조·판매사업자 및 7개 선형저밀도 폴리에틸렌(LDPE)제조·판매사업자의 부당공동행위 건**[공정거래위원회 2008. 3. 5. 의결 제2008-082호; 서울중앙지방법원 2010. 11. 3. 선고 2010노639 판결; 대법원 2012. 9. 13. 선고 2010도1600, 2010도17418 판결(형사소송)]

Ⅰ. 의 의

독점규제법에 형벌을 도입하는 것이 바람직한지에 대한 논의가 있다. 한편에서는 독점규제법 위반행위에 대한 다양한 제재 중에서 형벌을 제외한 나머지 제재수단은 그 어느 것이나 위반행위로 인하여 초래된 경쟁제한의 상태를 배제하여 이를 회복하거나 위반행위자가 당해 위반행위로 취득한 이득의 범위내에서 이를 박탈하는데 그치는 것에 불과하므로, 기업범죄 내지 조직체범죄로서 소위 전형적인 화이트컬러 범죄의 하나라고 할 수 있는 독점규제법 위반행위에 대해 효과적인 제재와 예방을 위해서는 시정조치나 과징금 등의 행정조치만으로는 부족하고 강한 심리예방효과를 갖는 형벌의 적극적 활용이 요청된다는 주장,[1] 경성카르텔에 대한 충분한 억지력을 확보하기 위해서는 기업뿐만 아니라 카르텔에 직접 참여한 개인이 실질적인 형사처벌의 위협을 느낄 수 있도록 형사적 제재를 적극적으로 활용할 필요가 있다는 주장[2]이 있다.

그러나 반대로 독점규제법에서 규제되는 모든 행위를 구성요건화하는 것은 형사정책적인 관점에서 뿐만 아니라 경쟁정책적인 관점에서도 타당하지 않다는

1) 헌재결 1995. 7. 21. 94헌마136.

2) 이호영, 경쟁저널(2007. 1), 16면.

주장,[3] 형벌을 강화하는 방안보다는 과징금의 운용수준을 합리화하여 사회적 비용에 근사시키려는 정책이 필요하다는 주장[4]도 있다.

한편 독점규제법 위반행위에 대한 형벌은 가능한 한 위법성이 명백하고 국민경제와 소비자일반에게 미치는 영향이 특히 크다고 인정되는 경우에 제한적으로 활용되지 아니하면 아니 된다는 전속고발제에 관한 헌법재판소 판례[5]를 근거로 현행 독점규제법상 처벌규정은 형벌의 적용대상을 '위법성이 명백하고 국민경제와 소비자일반에 미치는 영향이 크다고 인정되는 경우', '사회경제적으로 중대한 법익피해가 발생하고, 그 영향이 국민경제에 미치는 경우'로 요약하여 반사회성이 강한 행위유형으로 한정하는 방향으로 축소조정 할 필요성이 인정된다는 주장,[6] 경성카르텔을 제외한 모든 경쟁제한행위에 대한 형벌규정을 폐지하는 것이 타당하다는 주장[7]과 독점규제법상 형벌규정을 인격적 법익의 보호정도, 법익침해에 대한 위협감정, 직접적 상호관계, 명확성, 보충성의 기준에서 생활세계성(형법을 '생활세계의 정당한 질서'라고 본다)을 평가하고 시장지배적 지위남용과 경쟁제한적 기업결합은 과징금이나 징벌적 손해배상 등의 제재로 만족해야 하고, 카르텔과 개별 불공정거래행위는 형법의 영역에 남아 있어야 하며, 경제력집중은 당장 비범죄화할 구성요건이라고 하는 주장[8]도 있다. 그리고 현재와 같은 특히 벌금형 위주의 형사벌과 과징금간의 이중처벌 문제도 존재하는 것이 사실이다.[9]

미국의 경우 「셔먼법(Sherman Act)」 제 1 조 및 제 2 조, 「로빈슨－패트만법(Robinson－Patman Act)」 제 3 조, 「클레이튼법(Clayton Act)」 제14조에서 형벌을 규정하고 있다. EU나 독일의 경우에는 형벌조항이 없다.

---

3) 최승재, 182~188면 참조.
4) 이인권, 공정거래와 법치(2004), 595면.
5) 헌재결 1995. 7. 21. 94헌마136.
6) 김두진, 경쟁법연구 제12권(2005), 241면.
7) 오행록, 경쟁저널 제173호(2014. 3), 20~22면.
8) 이상돈, 42~50면 참조.
9) 이봉의, 경쟁법연구 제10권(2004), 10면 참조; 홍대식 · 최수희, 경쟁법연구 제13권(2006), 330면.

Ⅱ. 형법총칙과의 관계

독점규제법상의 형벌규정에도 형법총칙의 규정이 적용된다. 대법원은 "행정상의 단속을 주안으로 하는 법규라 하더라도 명문규정이 있거나 해석상 과실범도 벌할 뜻이 명확한 경우를 제외하고는 형법의 원칙에 따라 고의가 있어야 벌할 수 있다"고 판시하고 있다.10)

형벌의 대상은 시정조치나 과징금납부명령과 달리 사업자가 아니라 자연인이다.11) 대법원도 "법인은 그 기관인 자연인을 통하여 행위를 하게 되는 것이기 때문에, 자연인이 법인의 기관으로서 범죄행위를 한 경우에도 행위자인 자연인이 그 범죄행위에 대한 형사책임을 지는 것이고, 다만 법률이 그 목적을 달성하기 위하여 특별히 규정하고 있는 경우에만 그 행위자를 벌하는 외에 법률효과가 귀속되는 법인에 대하여도 벌금형을 과할 수 있을 뿐이다"고 판시하며12) "법인격 없는 사단과 같은 단체도 법인과 마찬가지로 사법상의 권리의무의 주체가 될 수 있음은 별론으로 하더라도 법률에 명문의 규정이 없는 한 그 범죄능력은 없고 그 단체의 업무는 단체를 대표하는 자연인인 대표기관의 의사결정에 따른 대표행위에 의하여 실현될 수밖에 없다"고 한다.13)

Ⅲ. 관련 이슈

1. 포괄일죄의 경우 범죄사실 특정의 정도

포괄일죄의 경우 공소사실 특정을 위한 범죄사실 특정의 정도가 문제된 사례가 있었다.

〈6개 저밀도 폴리에틸렌(LDPE) 제조·판매사업자 및 7개 선형저밀도 폴리에틸렌(LDPE) 제조·판매사업자의 부당공동행위 건〉 관련 형사소송에서 1심 서

10) 대판 1986. 7. 22. 85도108.
11) 이렇게 해석하는 것이 법 제70조(양벌규정)의 해석과 조화된다.
12) 대판 1994. 2. 8. 93도1483.
13) 대판 1997. 1. 24. 96도524.

울중앙지방법원은 "수십개 이상의 개별합의의 참여당사자에 대하여 '각 유화사' 또는 'NCC 및 폴리올레핀' 등과 같은 막연한 표현을 사용하여 구체적으로 어떤 개별 합의에 참여하였는지 판별할 수 없고, '사장들간 친선도모, 시장동향에 대한 정보교환', '각 유화사 사업부장이 간담회 실시' 등의 기재만으로는 어떠한 내용으로 합의를 하였다는 것인지 제대로 파악할 수 없다"는 이유로 공소기각 판결을 하였다.[14)]

그러나 대법원은 "포괄일죄에 있어서 그 일죄를 구성하는 개개의 행위에 대하여 특정하지 아니하더라도 그 전체 범행의 시기와 종기, 범행방법과 장소, 상대방, 범행횟수나 피해액의 합계 등을 명시하면 이로써 그 범죄사실은 특정되었다"고 하고 포괄일죄를 구성한다고 보았다.[15)]

2. 공소시효의 기산점

법 제124조 제1항 제9호 위반죄의 공소시효의 기산점은 처분시효의 기산점과 같이 '합의에 기한 실행행위가 종료한 날'이다.[16)]

14) 서울중앙지판 2010. 11. 3. 2010노639.
15) 대판 2012. 9. 13. 2010도1600(형사소송).
16) 대판 2012. 9. 13. 2010도17418.

제125조(벌칙)

다음 각 호의 어느 하나에 해당하는 자는 2년 이하의 징역 또는 1억5천만원 이하의 벌금에 처한다.

1. 제7조 제1항, 제14조 제1항, 제37조 제1항, 제42조 제1항, 제49조 제1항 및 제52조 제1항에 따른 시정조치에 따르지 아니한 자
2. 제31조 제4항에 따른 자료제출 요청에 대하여 정당한 이유 없이 자료 제출을 거부하거나 거짓의 자료를 제출한 자
3. 제31조 제5항을 위반하여 공인회계사의 회계감사를 받지 아니한 자
4. 제45조 제1항(제1호 · 제2호 · 제3호 · 제7호 및 제9호는 제외한다)을 위반하여 불공정거래행위를 한 자
5. 제51조 제1항 제3호를 위반하여 사업자단체의 금지행위를 한 자
6. 제81조 제1항 제3호 또는 같은 조 제6항에 따른 보고 또는 필요한 자료나 물건을 제출하지 아니하거나 거짓의 보고 또는 자료나 물건을 제출한 자
7. 제81조 제2항에 따른 조사 시 자료의 은닉 · 폐기, 접근 거부 또는 위조 · 변조 등을 통하여 조사를 거부 · 방해 또는 기피한 자

[참고문헌]

논 문: 조춘, "공정거래법상 시정조치에 대한 검토", 경쟁저널 108호, 한국공정경쟁연합회, 2004. 8

[참고사례]

청림도시개발(주) 및 (주)남강건설의 부당광고행위 건(공정거래위원회 1997. 9. 6. 의결 제97-135호; 서울고등법원 1999. 5. 13. 선고 97구52242 판결; 대법원 2001. 2. 23. 선고 99두6774 판결); **엘에스전선(주) 및 소속직원의 허위 보고 및 자료제출 행위 건**(공정거래위원회 2018. 8. 22. 결정 제2018-058호)

2020. 12. 29. 법 전부개정에서는 형벌 부과 필요성이 낮고 그간 형벌 부과 사례도 없는 기업결합, 거래 거절, 차별 취급, 경쟁사업자 배제, 구속조건부 거래, 재판매가격 유지행위 등에 대해서는 형벌 규정을 삭제하였으며, 앞으로 이

러한 행위는 과징금 등 행정벌로 제재된다.

법 제125조 제2호 기업집단 지정 관련 신고 및 자료제출의무는 시정조치 등 다른 조치규정 없이 형사처벌만 규정되어 있었으며, 법 제71조(고발)에 따른 전속고발의 대상도 아니었다. 2017. 4. 18. 법개정으로 구법 제67조 제7호로 변경되어 전속고발의 대상이 되었다.

법 제125조 제6호 관련 〈엘에스전선(주) 및 소속직원의 허위 보고 및 자료제출 행위 건〉에서 공정거래위원회는 원본 품의서를 변조한 행위에 대하여 담당직원과 엘에스전선(주)를 고발조치하였다.[1]

1) 공정결 2018. 8. 22. 2018－058.

제126조(벌칙)

다음 각 호

1. 제17조를 위반하여 지주회사의 설립 또는 전환의 신고를 하지 아니하거나 거짓으로 신고한 자
2. 제18조 제7항을 위반하여 해당 지주회사등의 사업내용에 관한 보고서를 제출하지 아니하거나 거짓으로 보고서를 제출한 자
3. 제30조 제1항 및 제2항을 위반하여 주식소유 현황 또는 채무보증 현황의 신고를 하지 아니하거나 거짓으로 신고한 자
4. 거짓으로 감정을 한 제81조 제1항제2호에 따른 감정인

제127조(벌칙)

① 국내외에서 정당한 이유 없이 제112조제1항에 따른 비밀유지명령을 위반한 자는 2년 이하의 징역 또는 2천만원 이하의 벌금에 처한다.

② 제1항의 죄는 비밀유지명령을 신청한 자의 고소가 없으면 공소를 제기할 수 없다.

③ 제119조를 위반한 자는 2년 이하의 징역 또는 200만원 이하의 벌금에 처한다.

제128조(양벌규정)

법인(법인격이 없는 단체를 포함한다. 이하 이 조에서 같다)의 대표자나 법인 또는 개인의 대리인, 사용인, 그 밖의 종업원이 그 법인 또는 개인의 업무에 관하여 제124조부터 제126조까지의 어느 하나에 해당하는 위반행위를 하면 그 행위자를 벌하는 외에 그 법인 또는 개인에게도 해당 조문의 벌금형을 과한다. 다만, 법인 또는 개인이 그 위반행위를 방지하기 위하여 해당 업무에 관하여 상당한 주의와 감독을 게을리하지 아니한 경우에는 그러하지 아니하다.

법인격 없는 사단에 대하여서도 위 양벌규정을 적용할 것인가에 관하여는 아무런 명문의 규정을 두고 있지 아니하므로, 죄형법정주의의 원칙상 법인격 없는 사단에 대하여는 형벌을 처할 수 없었으나,[1] 1996. 12. 30. 제5차 법개정시 법인격 없는 단체가 포함됨으로써 가능하게 되었다.

1) 대판 1995. 7. 26. 94도3325.

제129조(고발)

① 제124 및 제125조의 죄는 공정거래위원회의 고발이 있어야 공소를 제기할 수 있다.

② 공정거래위원회는 제124 및 제125조의 죄중 그 위반의 정도가 객관적으로 명백하고 중대하여 경쟁질서를 현저히 저해한다고 인정하는 경우에는 검찰총장에게 고발하여야 한다.

③ 검찰총장은 제2항에 따른 고발요건에 해당하는 사실이 있음을 공정거래위원회에 통보하여 고발을 요청할 수 있다.

④ 공정거래위원회가 제2항에 따른 고발요건에 해당하지 아니한다고 결정하더라도 감사원장, 중소벤처기업부 장관, 조달청장은 사회적 파급효과, 국가재정에 끼친 영향, 중소기업에 미친 피해 정도 등 다른 사정을 이유로 공정거래위원회에 고발을 요청할 수 있다.

⑤ 공정거래위원회는 제3항 또는 제4항에 따른 고발요청이 있을 때에는 검찰총장에게 고발하여야 한다.

⑥ 공정거래위원회는 공소가 제기된 후에는 고발을 취소하지 못한다.

목 차

Ⅰ. 의 의
1. 개 념
2. 현 황
Ⅱ. 법적 성격
1. 항고소송 대상 여부
2. 헌법소원 가부
3. 이중처벌 여부
4. 형사소송법상 고소불가분의 원칙과의 관계
Ⅲ. 내 용
1. 대 상
2. 전속고발권의 폐지
3. 고발취소의 제한
4. 고발의 대상 및 기준

[참고문헌]

단행본: 공정거래위원회, -공정거래위원회 20년사-시장경제 창달의 발자취, 2001; 이상돈, 공정거래형법, 법문사, 2011

논 문: 김두진, "한국 독점규제법의 집행", 경쟁법연구 제12권, 한국경쟁법학회 편, 법문사, 2005. 8; 김두진, 공정거래법 위반행위에 대한 형사처벌에서 공정거래위원

회의 역할－전속고발제도를 중심으로－, 경제법판례연구 제 2 권, 경제법판례연구회, 법문사, 2005; 김윤후, “공정거래법 위반 관련 형사절차의 개선방안”, 경쟁과 법 제 6 호, 서울대학교 경쟁법센터, 2016. 4; 김일중/전수민, “공정거래법과 형사처벌: 형사고발 결정요인의 실증분석”, 형사정책연구 제22권 제 3 호(통권 제87호, 2011 가을호); 박순성/변동열/김유진, “공정위의 전속고발권과 검찰 기소권의 범위”, 경쟁저널 제137호, 한국공정경쟁연합회, 2008. 3; 박익수, “공정거래법상 전속고발제도와 고소불가분의 원칙”, 경제법판례연구 제 6 권, 경제법판례연구회, 법문사, 2006; 이석환, “공정거래법상 전속고발제도와 고발요청권 관련 쟁점”, 법조 통권 694호, 2014. 7; 이세인, “국제카르텔 제재에 있어서 개인처벌 규정의 필요성 여부－미국과 유럽의 비교연구－, 경희법학 제52권 제 1 호, 경희법학연구소, 2017. 3. 30; 임영철, “공정거래위원회의 사건처리절차”, 자유경쟁과 공정거래(권오승 편), 법문사, 2002; 최승재, “형사벌에 의한 공정거래법집행(30년의 조망과 과제)”, 2011상반기 법 · 경제연구회 발표자료, 한국공정거래조정원/한국경쟁법학회/한국산업조직학회, 2011. 6

[참고사례]

(주)**크린랩의 허위 · 과장광고행위 건**[공정거래위원회 1986. 2. 12. 의결 제86－9호, 1986. 4. 23. 재결 제86－1호, 1986. 6. 4. 의결 제86－49호, 1986. 8. 20. 재결 제86－3호, 1987. 12. 3. 의결 제87－73호(고발); 서울고등법원 1988. 10. 31. 선고 87구1423 판결; 대법원 1989. 9. 12. 선고 88누11469 판결]; (주)**일화의 경품제공행위 건**[공정거래위원회 1988. 6. 2. 의결 제88－46호, 1988. 8. 17. 재결 제83－3호, 1998. 10. 12. 의결 제88－86호(고발); 서울고등법원 1988. 4. 20. 선고 88구9887 판결; 대법원 1989. 11. 10. 선고 89누3137 판결]; **백화점 변칙세일 사기 건**(공정거래위원회 1988. 12. 28. 의결 제88－104호; 서울지방법원 1990. 2. 19. 선고 89고단1111 판결); (사)**대한약사회 및** (사)**대한약사회 서울특별시지부의 경쟁제한행위 건**(공정거래위원회 1993. 9. 25. 의결 제93.320호, 1993. 10. 25. 재결 제93－5호; 서울고등법원 1994. 9. 28. 선고 93구34369 판결; 대법원 1995. 5. 12. 선고 94누13794 판결); (에이스침대의 거래거절행위 건 관련)**고발권불행사 위헌확인 건**(헌법재판소 1995. 7. 21. 선고 94헌마136 결정); (백화점의 부당표시 관련) **독점규제법 제71조**(전속고발권) **위헌확인 건**(헌법재판소 1995. 7. 21. 선고 94헌마191 결정); **남양유업**(주)**의 시장지배적지위 남용행위 및 재판매가격유지행위 건**(공정거래위원회 1998. 6. 9. 의결 제98－112호; 서울고등법원 1999. 10. 7. 선고 99누13 판결; 대법원 2001. 12. 24. 선고 99두11141 판결); **청림도시개발**(주) **및** (주)**남강건설의 부당광고행위 건**(공정거래위원회 1997. 9. 6. 의결 제97－135호; 서울고등법원 1999. 5. 13. 선고 97구52242 판결; 대법원 2001. 2. 23. 선고 99두6774 판결); **한일시멘트**(주)**의 공동행위 건**(공

정거래위원회 2003. 9. 8. 의결 제2003.147호, 2004. 2. 9. 재결 제2004-005호; 서울고등법원 2006. 5. 24. 선고 2004누4859; 대법원 2008. 2. 14. 선고 2006두11804 판결); **한화석유화학(주)의 공동행위 건**(공정거래위원회 2005. 11. 12. 의결 제2005-232호; 서울고등법원 2007. 5. 16. 선고 2005누30329 판결; 대법원 2008. 11. 27. 선고 2007두12712 판결); **3개 설탕 제조·판매업체들의 부당공동행위 건**(공정거래위원회, 2007. 8. 20. 의결 제2007-408호; 서울중앙지방법원 2008. 2. 12. 선고 2007고단6909 판결); **8개 고밀도폴리에틸렌 제조·판매사업자들의 부당한 공동행위 건**(공정거래위원회, 2007. 6. 5. 의결 제2007-300호; 서울중앙지방법원 2008. 2. 12. 선고 2007고단7030 판결; 대법원 2010. 9. 30. 선고 2008도4762 판결)

Ⅰ. 의　　의

1. 개　　념

고발이란 범죄사실을 수사기관에 고하여 그 소추를 촉구하는 것이다.[1)]

독점규제법상 고발제도의 필요성에 대하여 헌법재판소는 다음과 같이 판시하고 있다.

> "독점규제법은 법위반행위에 대한 제재로서 손해배상, 시정권고, 시정명령 및 법위반사실의 공표, 과징금의 부과, 형벌을 예정하고 있음. 그러나 형벌을 제외한 나머지 제재수단은 그 어느 것이나 위반행위로 인하여 초래된 경쟁제한의 상태를 배제하여 이를 회복하거나 위반행위자가 당해 위반행위로 취득한 이득의 범위 내에서 이를 박탈하는 데 그치는 것에 불과하므로, 기업범죄 내지 조직체범죄로서 소위 전형적인 화이트칼라 범죄의 하나라고 할 수 있는 독점규제법 위반행위에 대한 효과적인 제재와 예방을 위하여는 시정조치나 과징금 등의 행정조치만으로는 부족하고 강한 심리강제효과를 갖는 형벌의 적극적인 활용이 요청된다 할 것임. 한편 독점규제법 위반행위는 기업의 영업활동과 밀접하게 결합되어 있거나 영업활동 그 자체로서 행하여지기 때문에, 그에 대하여 무분별하게 형벌을 선택한다면 관계자나 관계기업은 기업활동에 불안감을 느끼게 되고 자연히 기업활동이 위축될 우려가 있고,

1) 대판 1994. 5. 13. 94도458.

그렇게 되어서는 독점규제법 제 1 조에서 말하는 '공정하고 자유로운 경쟁을 촉진'하는 것도, '기업활동을 조장'한다는 것도 불가능하게 될 것이므로, 독점규제법 위반행위에 대한 형벌은 가능한 한 위법성이 명백하고 국민경제와 소비자일반에게 미치는 영향이 특히 크다고 인정되는 경우에 제한적으로 활용되지 아니하면 아니된다는 측면도 이를 간과할 수는 없다고 할 것임".[2)]

2. 현 황

제124조 및 제125조의 죄는 공정거래위원회의 고발이 있어야 공소를 제기할 수 있다(법 제129조 제 1 항).

공정거래위원회만이 고발할 수 있도록 한 전속고발제도에 대하여 헌법재판소는 "독점규제법 위반죄를 친고죄로 하고 공정거래위원회만이 고발을 할 수 있도록 한 전속고발제도는 이와 같은 제 사정을 고려하여 독립적으로 구성된 공정거래위원회로 하여금 거래행위의 당사자가 아닌 제 3 자의 지위에 있는 법집행기관으로서 상세한 시장분석을 통하여 위반행위의 경중을 판단하고 그때그때의 시장경제상황의 실상에 따라 시정조치나 과징금 등의 행정조치만으로 이를 규제함이 상당할 것인지 아니면 더 나아가 형벌까지 적용하여야 할 것인지의 여부를 결정하도록 함으로써 독점규제법의 목적을 달성하고자 하는 데 그 취지가 있다"[3)]라고 함으로써 그 정당성을 인정하고 있다. "경제체계와 법체계 사이의 간극을 메우는 체계통합의 달성을 도모하는 절차적 기제"라는 주장도 있다.[4)]

그러나 전속고발제도에 대해서는 다양한 측면에서의 비판이 제기되었는바, 첫째, 기소독점주의의 관철, 소비자보호, 공정거래위원회의 자의적 법집행우려로 인하여 이를 폐지해야 한다는 주장,[5)] 공정거래위원회의 소극적 고발 태도, 고발절차의 장기화 및 그로 인한 증거 인멸, 공소시효 임박한 고발로 인한 수사장애 등 실무상 부작용이 초래되고 공정거래위원회가 고발여부를 결정하는 과정에서 자진신고나 동의의결여부가 고발여부의 결정요인으로 작용하는 경우

2) 헌재결 1995. 7. 21. 94헌마136.
3) 헌재결, 1995. 7. 21. 94헌마136.
4) 이상돈, 163~164면.
5) 대표적으로 법무부의 입장이라 할 수 있다.

우리나라 형사소송법상 인정되지 아니하는 '유죄협상제도(plea bargaining)'가 도입되는 결과가 된다는 주장,[6] 중대한 독점규제법 위반에 대한 효과적인 형사적 제재를 통해 실현하려는 것도 독점규제법의 목적인 시장의 경쟁 유지·촉진이므로, 전속고발제가 그것에 장애가 된다면 폐지하는 것이 타당하다는 주장[7]이 있다.

한편 과징금납부명령 등의 행정조치로 충분한지, 아니면 형사제재까지도 필요한지 여부를 전문기관이 일차적으로 판단하도록 전속고발제도 존치가 필요하되, 다만 독점규제법을 개정하여 공동행위에 대한 규율만을 형사처벌의 대상으로 하게되면 독점규제법에서 전속고발권을 삭제하는 것을 검토할 실익이 있다는 견해,[8] 형사처벌의 범위를 합리적인 범위로 좁히는 것을 전제로 하여 전속고발권 자체를 폐지하거나 경성공동행위처럼 위법성 판단이 비교적 용이한 행위에 대해서만 폐지하는 방향으로 절차적인 개선을 도모할 필요가 있다는 견해[9]도 있다.

독점규제법 이외에 전속고발제도를 두고 있는 다른 법률로는 공정거래위원회가 관장하는 법률 중 「하도급거래법」, 「표시광고법」, 「가맹사업법」이 있고, 그외에도 「조세범처벌법」, 「출입국관리법」, 「외자도입법」, 「해운법」, 「항만운송사업법」, 「사료관리법」, 「석유사업법」, 「건설업법」, 「주차장법」 등이 있다.

2014. 1. 1. 감사원장, 조달청장, 중소기업청장의 고발요청권과 요청시 의무적 고발제도를 도입함으로써 공정거래위원회의 전속고발제는 사실상 폐지되었다.

---

6) 김윤후, 경쟁과 법(2016. 4), 92면.

7) 김두진, 경쟁법연구 제12권(2005), 245면; 독점규제법 위반에 대하여 형사처벌이 필요하다고 공정거래위원회가 판단하는 경우에는 공정거래위원회가 고발할 수 있도록 피해자와 함께(비전속적) 고발권을 부여하고, 공정거래위원회가 검찰의 요청에 의하거나 직권으로 독점규제법 위반여부에 관한 의견을 검찰에 제출할 수 있도록 제도화하는 것이 바람직하다고 한다. 김두진, 경제법판례연구 제 2 권(2005), 217면.

8) 권오승/서정, 755면.

9) 최승재, 191면.

Ⅱ. 법적 성격

1. 항고소송 대상 여부

대법원에 의하면 행정소송법상 항고소송의 대상이 되는 행정청의 처분이라 함은 행정청의 공법상의 행위로서 특정사항에 대하여 법규에 의한 권리의 설정 또는 의무의 부담을 명하거나 기타 법률상 효과를 발생하게 하는 등 국민의 권리의무에 직접 관계가 있는 행위를 말하는바,[10] 이른바 고발은 수사의 단서에 불과할 뿐 그 자체 국민의 권리의무에 어떤 영향을 미치는 것이 아니고, 특히 법 제129조는 공정거래위원회의 고발을 위 법률위반죄의 소추요건으로 규정하고 있어 공정거래위원회의 고발조치는 사직 당국에 대하여 형벌권 행사를 요구하는 행정기관 상호간의 행위에 불과하여 항고소송의 대상이 되는 행정처분이라 할 수 없으며, 더욱이 법위반자를 고발하기로 하는 공정거래위원회의 의결은 행정청 내부의 의사결정에 불과할 뿐 최종적인 처분은 아니므로 이 역시 항고소송의 대상이 되는 행정처분이 되지 못한다.[11]

헌법재판소도 “독점규제법은 고발에 대한 이해관계인의 신청권을 인정할 수 있는 규정을 두고 있지 아니할 뿐만 아니라, 법해석상으로도 공정거래위원회의 고발권행사가 청구인의 신청이나 동의 등의 협력을 요건으로 하는 것이라고 보아야 할 아무런 근거도 없다. 그렇다면 이 사건 심판대상 행정부작위는 더 나아가 살필 여지도 없이 행정심판 내지 행정소송의 대상이 되는 ‘부작위’로서의 요건을 갖추지 못하였다고 할 것이다”[12]라고 함으로써 고발의 불행사가 행정심판 내지 행정소송의 대상이 되지 않는다고 판단하였다.

2. 헌법소원 가부

법 제129조에 대한 헌법소원의 가부에 대하여 헌법재판소는 “독점규제법 제129조는 독점규제법위반이라는 범죄행위에 대하여는 독점규제법의 집행기관

10) 대판 1993. 9. 24. 93누11999.
11) 대판 1995. 5. 12. 94누13794.
12) 헌재결 1995. 7. 21. 94헌마136.

인 공정거래위원회의 고발이 있어야 공소를 제기할 수 있다는 규정, 즉 독점규제법위반죄의 소추요건을 규정하고 있는 것에 불과하므로, 그 규정 자체만으로는 자유의 제한, 의무의 부과, 권리 또는 법적 지위의 박탈 등 기본권침해와 관련한 어떠한 내용도 이를 포함하고 있다고 볼 수 없는 것이다. 그러므로 공정거래위원회가 구체적인 법위반행위에 대하여 독점규제법 제129조에 근거하여 형사처벌을 위한 고발권을 현실적으로 행사하거나 행사하지 아니하였을 때, 그로 인하여 당해 독점규제법 위반행위 관련자들의 기본권이 침해되었다고 볼 수 있을 것인가의 여부는 별론으로 하고, 위 조항 자체를 대상으로 하는 이 사건 헌법소원심판청구는 직접관련성이 결여된 부적법한 것이다"라고 판시하였다.[13)]

그러나 "공정거래위원회의 고발권불행사를 검사의 불기소처분과 동일하게 평가할 수는 없을 것이나, 그 구조상으로는 피청구인이 청구외 회사의 범죄사실 즉 형사처벌의 대상이 되는 독점규제법 위반사실을 인정하면서도 그 처벌을 위한 고발에 나아가지 아니한다는 점에서 검사가 범죄사실을 인정하면서도 공소의 제기에 나아가지 아니하는 기소유예 불기소처분과 유사하고, 따라서 청구인이 타 회사의 불공정거래행위라는 이 사건 범죄의 피해자라면, 검사의 불기소처분에 대한 헌법소원에 있어서와 같이 공정거래위원회의 고발권 불행사로 인하여 자기 자신의 헌법상 보장된 재판절차진술권이 침해되었다고 주장할 수 있을 것이다. 그리고 한편으로 헌법상 재판절차진술권의 주체인 형사피해자의 개념은 반드시 형사실체법상의 보호법익을 기준으로 한 피해자의 개념에 의존할 필요가 없고, 형사실체법상으로는 직접적인 보호법익의 주체로 해석되지 않는 자라 하더라도 문제되는 범죄 때문에 법률상의 불이익을 받게 되는 자라면 헌법상 형사피해자의 재판절차진술권의 주체가 될 수 있다고 할 것인바, 청구인이 불공정거래행위라는 범죄로 인하여 대리점계약상의 지위를 상실하는 법률상의 불이익을 받고 있으므로, 비록 독점규제법이라는 형사실체법상 보호법익의 주체는

---

13) 헌재결 1995. 7. 21. 94헌마191. 이에 대한 반대의견: 1. 독점규제법 제71조가 공정거래위원회의 고발이 있어야 공소를 제기할 수 있다고만 규정하고 있어 비록 국민의 기본권에 대한 침해의 직접성은 인정되지 않는다 하더라도, 같은 법에 일반피해자가 공정거래위원회의 고발 여부의 결정에 대하여 이의를 제기할 수 있는 방법에 관하여 아무런 규정도 두고 있지 아니하므로, 독점규제법 제71조의 규정은 그 집행행위를 대상으로 하는 구제절차가 없거나 구제절차가 있다 하더라도 권리구제의 기대가능성이 없는 경우로 보아 헌법소원의 직접대상으로 보아야 한다. 2. 공정거래위원회 전속고발제도를 규정한 독점규제법 제71조가 헌법 제124조가 예정하고 있는 소비자기본권과 행복추구권, 평등권, 소비자인 피해자의 재판절차진술권, 비례의 원칙, 권력분립의 원칙, 체계정당성의 요청을 침해하는 규정이다.

아니라고 하더라도 헌법상 재판절차진술권의 주체인 피해자에는 해당한다고 보지 아니할 수 없다"라고 함으로써[14] 불공정거래행위 사건 피해자는 공정거래위원회의 고발권 불행사에 대하여 헌법소원을 할 수 있음을 인정하였다.

그러나 〈에이스침대의 거래거절 건 관련 고발권 불행사 위헌확인 건〉에서 헌법재판소는 피심인의 부당한 거래거절행위는 청구인과의 가구대리점 계약이라는 개별적이고 구체적인 거래관계를 대상으로 단 1회의 거래거절행위로서 가구시장의 경쟁질서에 끼친 해악의 정도가 그리 중하지 아니하고, 대리점 계약의 해지로 인하여 청구인이 입은 경제적 손실은 독점규제법상 손해배상청구권을 행사하거나 민법상의 채무불이행 또는 불법행위로 인한 손해배상청구권을 통하여 충분하게 전보될 수 있다고 보여지므로 이를 객관적으로 보아 형벌을 가할 정도로 중대한 독점규제법 위반행위로 보기 어렵다. 따라서 공정거래위원회의 고발권 불행사는 고발권의 남용이라거나 고발권 행사의 작위의무 위반으로서 명백히 지의적인 조치라고 단정할 수 없어서 청구인의 헌법상 보장된 기본권이 침해되었다고 볼 수 없다"고 판시하였다.[15]

그리고 〈백화점의 부당표시 관련 독점규제법 제129조(전속고발권) 위헌확인 건〉에서도 "공권력에는 입법권도 포함되므로 법률조항에 대한 헌법소원청구도 가능하다. 그러나 법률조한 자체가 헌법소원의 대상이 되려면 그 법률조항에 의하여 구체적인 집행행위를 기다리지 아니하고 직접, 현재 자기의 기본권을 침해받아야 하는 것을 요건으로 하고, 여기서 말하는 기본권 침해의 직접성이란 집행행위에 의하지 아니하고 법률 그 자체에 의하여 자유의 제한, 의무의 부과, 권리 또는 법적 지위의 박탈이 생긴 경우를 뜻한다. 심판대상인 독점규제법 제129조는 법 위반죄의 소추요건을 규정하고 있는 것에 불과하므로 그 규정자체만으로는 자유의 제한, 의무의 부과, 권리 또는 법적 지위의 박탈 등 기본권 침해와 관련한 어떠한 내용도 포함하고 있지 않으므로 이 사건 헌법소원청구는 직접관련성이 결여된 부적합한 것이다"라고 판시하였다.[16]

---

14) 헌재결 1995. 7. 21. 94헌마136.
15) 헌재결 1995. 7. 21. 94헌마136.
16) 헌재결 1995. 7. 21. 94헌마191.

3. 이중처벌 여부

독점규제법 제124조, 제125조에 의한 처벌은 사기죄를 처벌하는 형벌법규와는 그 입법취지 및 구성요건이 다른 것으로 이중처벌이라 할 수 없다.[17)]

4. 형사소송법상 고소불가분의 원칙과의 관계

〈3개 설탕 제조·판매업체들의 부당공동행위 건〉[18)] 및 〈8개 고밀도폴리에틸렌 제조·판매사업자들의 부당공동행위 건〉[19)]에서 공정거래위원회가 자진신고자 및 그 임원들을 고발대상에서 제외하였는바, 검사는 제외된 회사와 임원에 대하여도 기소를 하였다.

이에 대하여 서울중앙지방법원은 "일정한 범죄에 대하여 고발을 소송조건으로 하는 경우, 그 고발은 단순한 범죄사실의 신고가 아니라 범인의 소추를 구하는 의사표시를 필요로 하는 곳이라고 해석할 것이어서, 행정기관이 법률에 규정된 전속고발권을 행사함에 있어서 법인만을 고발대상자로 명시하고 그 대표자나 행위자를 고발하지 않은 경우, 또는 수인의 공범중 일부 행위자만을 고발하고 나머지 행위자를 고발하지 않은 경우에는 고발대상에서 명시적으로 누락된 행위에 대해서는 고발권자의 소추의 의사표시가 있다고 볼 수 없다는 점(대법원 1992. 7. 24. 선고 92도78 판결), 「형사소송법」에서 고발에 고소불가분의 원칙을 준용하는 규정을 두고 있지 않은 점, 독점규제법에서 검찰총장의 공정위에 대한 고발요청제도를 두고 있는 점, 전속고발이 친고죄에서의 고소와 유사한 점이 있음은 부정할 수 없으나 전속고발과 같이 '처벌에 직결되는 소송조건'에 대한 유추적용은 죄형법정주의의 원칙상 신중할 필요가 있고, 현실적으로 유추적용의 필요성이 인정된다고 하더라도 이는 입법적으로 해결하는 것이 타당하다고 보이는 점 등을 종합해 보면 「형사소송법」상 고소불가분의 원칙을 공정위의 전속고발권에 유추적용할 수 없다"고 판단함으로써 공정거래위원회의 고발없이 공소가 제기된 법인 및 임원에 대하여 공소기각 판결을 선고하였다. 이에 검사

17) 서고판 1999. 5. 13. 97구52242(대판 2001. 2. 23. 99두6774).
18) 서울중앙지판 2008. 2. 12. 2007고단6909.
19) 서울중앙지판 2008. 2. 12. 2007고단7030.

는 공정거래위원회의 고발에는 주관적 불가분의 원칙[20]이 적용되므로 고발된 회사에 대한 고발의 효력은 고발에서 제외된 회사와 임원에도 미친다는 이유로 상고를 제기하였다.

그러나 대법원도 "형벌법규의 해석에 있어서 법규정 문언의 기능한 의미를 벗어나는 경우는 유추해석으로서 죄형법정주의에 위반하게 되고, 이러한 유추해석금지의 원칙은 모든 형벌법규의 구성요건과 가벌성에 관한 규정이 준용되는데, 위법성 및 책임의 조각사유나 소추요건 또는 처벌조각사유인 형면제사유에 관해서도 그 범위를 제한적으로 유추적용하게 되면 행위자의 가벌성의 범위는 확대되어 행위자에게 불리하게 되는바, 이는 가능한 문언의 의미를 넘어 범죄구성요건을 유추적용하는 것과 같은 결과가 초래되므로 죄형법정주의의 파생원칙인 유추해석금지의 원칙에 위반하여 허용될 수 없다"고 하고, "명문의 근거규정이 없을 뿐만 아니라 소추요건이라는 성질상의 공동점 외에 그 고소·고발의 주체와 제도적 취지 등이 상이함에도 불구하고 친고죄에 관한 고소의 주관적 불가분의 원칙을 규정하고 있는 「형사소송법」 제233조가 공정거래위원회의 고발에도 유추적용된다고 해석한다면, 이는 공정거래위원회의 고발이 없는 행위자에 대해서까지 형사처벌의 범위를 확장하는 것으로, 결국 피고인에게 불리하게 형벌법규의 문언을 유추해석한 경우에 해당하므로 죄형법정주의에 반하여 허용될 수 없다"고 판시하였다.[21]

Ⅲ. 내 용

1. 대 상

전속고발권의 대상은 법 제124조 및 제125조의 죄에만 적용된다. 따라서 제126조와 제127조의 죄는 공정거래위원회의 고발이 없어도 공소제기가 가능하다.

20) 공범중 1인에 대한 고발의 효력은 나머지 공범에도 미친다는 원칙이다.
21) 대판 2010. 9. 30. 2008도4762.

2. 전속고발권의 폐지

헌법재판소는 “모든 행정청의 행정재량권과 마찬가지로 전속고발제도에 의한 공정거래위원회의 고발재량권도 그 운용에 있어 자의가 허용되는 무제한의 자유재량이 아니라 그 스스로 내재적인 한계를 가지는 합목적적 재량으로 이해하지 아니하면 안 된다고 할 것이다. 만약 공정거래위원회가 대폭의 가격인상 카르텔 등의 경우와 같이 그 위법성이 객관적으로 명백하고 중대한 독점규제법 위반행위를 밝혀내고서도 그에 대한 고발을 하지 아니한다면 법집행기관 스스로에 의하여 공정하고 자유로운 경쟁을 촉진하고 소비자를 보호한다는 법목적의 실현이 저해되는 결과가 되어 부당하기 때문이다. 결국 독점규제법이 추구하는 법목적에 비추어 행위의 위법성과 가벌성이 중대하고 피해의 정도가 현저하여 형벌을 적용하지 아니하면 법목적의 실현이 불가능하다고 봄이 객관적으로 상당한 사안에 있어서는 공정거래위원회로서는 그에 대하여 당연히 고발을 하여야 할 의무가 있고 이러한 작위의무에 위반한 고발권의 불행사는 명백히 자의적인 것으로서 당해 위반행위로 인한 피해자의 평등권과 재판절차진술권을 침해하는 것이라고 보아야 할 것이다”라고 판시함으로써[22] 전속고발제도가 무제한한 권한이 아님을 밝히고 있다. 이러한 판결의 취지에 따라 그 위반의 정도가 객관적으로 명백하고 중대하여 경쟁질서를 현저히 저해한다고 인정하는 경우에는 검찰총장에게 고발하여야 하며, 한편으로는 검찰총장은 고발요건에 해당하는 사실이 있음을 공정거래위원회에 통보하여 고발을 요청할 수 있게 하고 있다(법 제129조 제2항 및 제3항). 이는 1996. 12. 30. 제5차 법개정시 추가된 것이다.

독점규제법 제129조의 입법과정에서 검찰과 공정거래위원회간에 큰 논쟁이 있었는데, 입법자는 전속고발권을 존치시키되 추가 형사고발이 필요한 경우에는 검찰총장이 공정거래위원회에 추가고발을 요청할 수 있고, 공정거래위원회의 추가고발이 있는 경우에만 형사소추를 할 수 있도록 입법적 결단을 내렸던 것이다.[23] 한편 2014. 1. 1.부터는 공정거래위원회가 고발요건에 해당하지 아니한다고 결정하더라도 감사원장, 중소벤처기업부 장관, 조달청장은 사회적 파급효과, 국

22) 헌재결 1995. 7. 21. 94헌마136.

23) 박순성/변동열/김유진, 경쟁저널(2008. 3), 29면.

가재정에 끼친 영향, 중소기업에 미친 피해 정도 등 다른 사정을 이유로 공정거래위원회에 고발을 요청할 수 있고(법 제129조 제4항), 공정거래위원회는 고발요청이 있을 때에는 검찰총장에게 고발하여야 한다(법 제129조 제5항).

한편 법 제129조의 법문구조상 감사원장, 중소벤처기업부 장관, 조달청장의 경우에는 공정거래위원회가 처리한 건에 한해 고발요청을 할 수 있지만, 검찰총장의 경우 동조 제3항에 따라 공정거래위원회의 사건처리 여부에 불문하고 고발요청이 가능하고, 동조 제5항에 따라 고발하여야 하는 것으로 해석된다. 실제도 공정거래위원회 미처리 사건에 대한 고발요청 사례가 있다. 다만 실무적으로 검찰총장 외 명의(예: 지방검찰청장)로 고발 요청이 오는 경우에는 의무고발제의 대상이 아닌 것으로 해석하고 있다.

3. 고발취소의 제한

공정거래위원회는 공소가 제기된 이후에는 고발을 취소하지 못한다(법 제129조 제4항). 따라서 공소가 제기되기 전까지는 공정거래위원회 스스로 취소가 가능하다.

4. 고발의 대상 및 기준

이와 관련 「독점규제 및 공정거래에 관한 법률 등의 위반행위의 고발에 관한 공정거래위원회의 지침」[24](이하 "고발지침")을 운영하고 있다.

그동안 공정거래위원회가 검찰에 고발을 한 사례를 보면 유사한 내용의 반복적 위반을 한 경우,[25] 시정명령을 불이행한 경우,[26] 위반의 정도가 객관적으

24) 공정거래위원회 예규 제427호(2023. 4. 14).

25) 공정의 1987. 12. 3. 87−73; 공정의 2010. 10. 22. 2010−120.

26) 공정의 1998. 10. 12. 88−86; 공정의 2010. 11. 11. 2011.133; 공정의 2010. 7. 15. 2010−082. 동 재결에서 공정거래위원회는 "부작위명령에 대한 시정조치불이행이 성립하기 위해서는 첫째, 사업자가 시정조치 이전에 위반행위(1차 위반행위)를 하고, 둘째, 위원회가 이를 시정하기 위한 시정조치를 하며, 셋째, 사업자가 시정조치 이후 재차 위반행위(2차 위반행위)를 함으로써 결과적으로 시정조치를 이행하지 아니하여야 한다. 이 때 사업자가 시정조치를 이행하지 아니하였다는 것은 시정조치 이전의 위반행위와 '사실상' 동일한 위반행위를 지속하고 있다는 것을 전제로 한다. 만약 시정조치의 원인이 된 위반행위와 시정조치 이후의 위반행위 간 동일성이 인정되지 아니한다면 이를 시정조치 불이행으로 보기는 어렵다"고 판단하였다.

로 명백하고 중대하여 경쟁질서를 현저히 저해한 경우[27] 등이 있다. 그러나 특별한 이유를 적시하지 않고 고발한 사례도 있다. 공정거래위원회의 고발이 없어서 형법 위반으로 고발된 사례로 〈백화점의 변칙세일 사건〉이 있었는바, 법원은 "변칙세일행위는 독점규제법 위반행위에 불과한 것이고 형법상 사기죄의 구성요건으로서의 기망행위에는 해당하지 않는다"고 하고, "경제기획원장관의 고발만 있었더라면 이 사건 각 백화점의 중간관리자의 한 사람에 불과한 피고인들에 대한 형사처벌을 운위할 필요도 없이 사업자인 백화점 자체를 형사처벌할 수 있었을 것이고"라고 함으로써 고발의 필요성을 언급하였다.[28]

한편 공정거래위원회의 사건처리시 개인보다 법인 중심으로 고발이 이루어져 왔다. 2007년에서 2016년 사이 법인고발(670건) 대비 개인고발(391건) 비율은 58.4%로 2010년을 제외하고 모두 법인의 고발이 많았으며, 법인만 고발한 경우도 124건에 이른다.[29] 반면 형벌규정을 가진 미국의 경우 동 기간동안 법인기소(199건) 대비 개인기소(575건) 비율은 288.9%로 개인 형사처벌에 적극적이다.[30]

27) 공정의 1998. 6. 9. 98－112; 공정의 2001. 5. 31. 의결 제2001－082호; 공정의 2003. 9. 8. 2003.147; 공정의 2005. 11. 12. 2005－232; 공정의 2006. 4. 13. 2006－079; 공정결 2016. 1. 4. 2016－001; 공정결 2016. 2. 15. 2016－005; 공정결 2016. 3. 3. 2016－008.

28) 서울지판 1990. 2. 19 89고단1111.

29) 공정거래위원회 내부자료(2017. 7. 10).

30) 공정거래위원회 내부자료(2017. 7. 10); 국제카르텔에 있어서의 개인처벌 강화에 대해서는 첫째, 개인처벌이 효과적인 억제기능을 하는지, 둘째, 외국인을 대상으로 형벌을 부과할 경우 적법절차가 보장되는지(미국의 유죄인정제도의 경우 법리적 근거보다 기업업무에 필수적인 국제활동을 할 수 없다는 점 때문에 쉽게 결정되고 있음), 셋째, 여러 나라가 처벌할 경우 일사부재리에 반하는 과중한 형벌이 부과될 수 있는 점 등이 고려되어야 한다는 비판적 견해가 있다. 이세인, 경희법학(2017. 3. 30), 75~96면 참조.

제130조(과태료)

① 사업자, 사업자단체, 공시대상기업집단에 속하는 회사를 지배하는 동일인 또는 그 동일인의 특수관계인인 공익법인이 다음 각 호의 어느 하나에 해당하는 경우에는 1억원 이하, 회사·사업자단체·공익법인의 임원 또는 종업원, 그 밖의 이해관계인이 다음 각 호의 어느 하나에 해당하는 경우에는 1천만원 이하의 과태료를 부과한다.

1. 제11조제1항, 제2항 또는 제6항에 따른 기업결합의 신고를 하지 아니하거나 거짓의 신고를 한 자 또는 같은 조 제8항을 위반한 자
2. 제20조제3항제2호·제3호를 위반하여 금융업 또는 보험업을 영위한 자
3. 제20조제4항·제5항에 따른 보고를 하지 아니한 자 또는 주요내용을 누락하거나 거짓으로 보고를 한 자
4. 제26조부터 제29조까지의 규정에 따른 공시를 하는 경우에 이사회의 의결을 거치지 아니하거나 공시를 하지 아니한 자 또는 주요 내용을 누락하거나 거짓으로 공시한 자
5. 제32조제3항에 따른 자료제출 요청에 대하여 정당한 이유 없이 자료를 제출하지 아니하거나 거짓의 자료를 제출한 자
6. 제81조제1항제1호를 위반하여 정당한 이유 없이 출석을 하지 아니한 자
7. 제87조제2항에 따른 자료제출 요구에 대하여 정당한 이유 없이 자료를 제출하지 아니하거나 거짓의 자료를 제출한 자

② 제66조를 위반하여 질서유지의 명령을 따르지 아니한 사람에게는 100만원 이하의 과태료를 부과한다.

③ 제1항 또는 제2항에 따른 과태료는 대통령령으로 정하는 바에 따라 공정거래위원회가 부과·징수한다.

④ 제1항 또는 제2항에 따른 과태료의 부과·징수에 관하여는 제102조제2항부터 제4항까지의 규정을 준용한다. 이 경우 "과징금"은 "과태료"로 본다.

목 차

Ⅰ. 의 의
1. 성 격
2. 이중처벌금지 및 일사부재리원칙의 위반 여부
Ⅱ. 관련 이슈

[참고문헌]

단행본: 박은재, 공정거래와 형사법, 박영사, 2014

논 문: 김재광, "과태료제도와 관련한 법적 문제", 경희법학 제52권 제 2 호, 경희법학연구소, 2017. 6. 30; 박정훈, "공정거래법의 공적 집행", 공정거래와 법치(권오승 편), 법문사, 2004; 박해식, "과징금의 법적 성격", 공정거래법강의Ⅱ, 법문사, 2000; 안태준, "공정거래법상 조사방해행위에 대한 연구", 법조 2012. 10(Vol. 673)

[참고사례]

독점규제법 제24조의 2(부당지원행위에 대한 과징금) 위헌제청 건(헌법재판소 2003. 7. 24. 2001헌가25 결정); 삼성전자(주) 소속 임직원들의 조사방해행위 건(공정거래위원회 2008. 4. 3. 의결 제2008-114호; 수원지방법원 2010. 8. 3. 선고 2008라609 결정; 서울중앙지방법원 2010. 1. 20. 선고 2009라35 결정; 대법원 2014. 10. 30. 선고 2010마1362 결정); 이베이지마켓의 조사방해행위 건(공정거래위원회 2010. 10. 28. 의결 제2010-121호; 서울중앙지방법원 2011. 4. 4. 선고 2010라9084 결정)

Ⅰ. 의 의

1. 성 격

독점규제법은 법상의 의무확보수단으로 행정형벌과 과징금과 이울러 본조에서 과태료를 규정하고 있다. 과태료는 "국가 또는 지방자치단체가 일정한 행정상의 질서위반행위에 대하여 과하는 금전벌"이다.[1] 이에 반해 과징금은 행정법규의 위반이나 행정법상의 의무 위반으로 경제상의 이익을 얻게 되는 경우에 그 위반으로 인한 경제상의 이익을 박탈하기 위하여 그 이익액에 따라 행정기관이 과하는 행정상 제재금을 말한다.[2] 과태료는 일반적으로 다른 법률에 특별한 규정이 없는 한 「비송사건절차법」에 의하여 법원이 직접 부과하지만, 독점규제법에 의한 과태료는 관할 행정청인 공정거래위원회에 의하여 먼저 부과된다.[3]

1) 김재광, 경희법학 제52권 제 2 호(2017. 6. 30), 108면.
2) 김재광, 경희법학 제52권 제 2 호(2017. 6. 30), 111면.
3) 박정훈, 공정거래와 법치(2004), 1030면.

2. 이중처벌금지 및 일사부재리원칙의 위반 여부

과태료가 이중처벌금지 및 일사부재리원칙에 위반되는지가 문제된다. 헌법재판소는 이중처벌금지원칙의 의미에 관하여, 헌법 제13조 제 1 항에서 금지하는 이중처벌은 거듭된 국가의 형벌권 행사를 금지하는 것일 뿐, 형벌권 행사에 덧붙여 일체의 제재나 불이익처분을 부가할 수 없는 것이 아니라고 한다.[4] 한편, 대법원 또한 행정법상의 질서벌인 과태료와 형사처벌은 그 성질이나 목적을 달리하는 별개의 것이므로 행정법상의 질서벌인 과태료를 납부한 후에 형사처벌을 한다고 하여 이를 일사부재리의 원칙에 반하는 것이라고 할 수는 없다고 보고 있다.[5] 또 과태료는 원칙적으로 법원에 의하여 부과되고, 이에 대한 불복은 「비송사건절차법」에 의하나, 과징금은 행정청에 의하여 부과되고 그에 대한 불복은 행정소송절차에 의하므로 이론상으로는 동일한 행위에 대해 과태료를 부과하는 외에 별도로 과징금을 부과한다고 하더라도 이중제재의 문제는 생기지 않는다.[6] 이에 대해서는 양자 모두 행정법규의 위반이나 행정법상의 의무 위반에 대해 과해지는 행정상 제재금으로서의 공통점을 가지므로 과태료와 과징금의 병과 가능성을 부정하는 견해가 있다.[7]

Ⅱ. 관련 이슈

본 조에서의 조사방해행위가 공정거래위원회의 조사과정에서 문제되고 있다. 1980년 독점규제법 도입당시 조사방해행위에 대해서는 형벌(1억원 이하의 벌금) 규정이 있었으나, 1992년 규제완화차원에서 과태료로 변경하였는바, 행정형벌의 무분별한 부과로 전과자를 양산한다는 외부의 비판에 따른 것이었다. 그러나 최근 공정거래위원회의 조사에 따르면 방해행위가 고도화·지능화되면서 조사방해행위에 대한 제재는 강화해야 한다는 주장이 제기되면서 폭언·폭행, 고

4) 헌재결 2003. 7. 24. 2001헌가25.
5) 대판 1996. 4. 12. 96도158.
6) 박해식, 공정거래법강의Ⅱ, 602면.
7) 김재광, 경희법학 제52권 제 2 호(2017. 6. 30), 117면.

의적인 현장진입 저지·지연 등의 조사방해행위에 대하여 형벌부과가 가능하도록 법 개정이 이루어졌으며, 기타 유형의 조사방해행위에 대하여는 종전대로 과태료를 부과하도록 하였다. 그러나 조사방해행위에 대해서 독점규제법이 준용되는 「하도급거래법」 위반행위 관련 〈삼성전자(주) 소속 임직원들의 조사방해행위 건〉에서 대법원은 공정거래위원회의 과태료처분을 취소하였으며,[8] 〈이베이지마켓의 조사방해행위 건〉에서는 이베이지마켓 및 소속직원이 현장조사 도중 관련파일을 삭제하고 조사공무원의 사업장출입을 지연시키는 방법으로 현장조사를 방해한 행위에 대해 공정거래위원회가 이베이지마켓에 2억원, 위반자에게 5천만원의 과태료를 부과하였으나, 서울중앙지방법원은 이베이지마켓이 현장조사를 방해하였다는 것을 인정할 만한 증거가 없다는 이유로 과태료부과를 취소하고, 소속직원에 대해서는 과태료를 2백만원으로 감액한 바 있다.[9] 이와 같이 법원은 조사방해행위 인정에 대해서 엄격한 입장이다.

그동안 공정거래위원회가 조사방해행위로 인정한 사례를 유형별로 보면, 불출석, 자료미제출 및 허위자료제출, 현장조사 거부·방해, 내부통신망 열람거부, 현장조사전 파일삭제 및 하드디스크 교체 등 행위로 나타나고 있다.[10]

EU의 경우 사업자 또는 사업자단체의 조사방해행위에 대하여 직전사업연도 총매출액의 1%를 초과하지 않는 범위내에서 과징금부과가 가능하다(TFEU 제101조 및 제102조 집행규칙 제23조 제 1 항).[11]

---

8) 대결 2014. 10. 30. 2010마1362.

9) 서울중앙지결 2011. 1. 4. 2010라9084.

10) 자세한 내용은 안태준, 법조(2012. 10), 225~249면 참조.

11) 자세한 내용은 공정거래위원회, EU 경쟁당국 개요(2011. 4. 18), 35면.

찾아보기

▌실 체 법▌

법목적, 정의 및 적용범위

법목적과 적용범위	목적(1) 정의(2) 국외에서의 행위에 대한 적용(3)
적용제외	법령에 따른 정당한 행위(116) 무체재산권의 행사행위(117) 일정한 조합의 행위(118)

시장지배적지위의 남용금지	독과점적 시장구조의 개선 등(4) 시장지배적지위의 남용금지(5) 시장지배적사업자의 추정(6) 시정조치(7) 과징금(8)

기업결합의 제한 및 경제력집중의 억제

기업결합의 제한	기업결합의 제한(9) 주식의 취득 또는 소유의 기준(10) 기업결합의 신고(11) 기업결합 신고절차 등의 특례(12) 탈법행위의 금지(13) 시정조치(14) 이행강제금(16) 시정조치의 이행확보(15)
지주회사 규제	지주회사 설립·전환의 신고(17) 지주회사 등의 행위제한 등(18) 상호출자제한기업집단의 지주회사 설립제한(19) 일반지주회사의 금융회사 주식 소유 제한에 관한 특례(20) 탈법행위의 금지(36) 시정조치 등(37) 과징금(38) 시정조치의 이행확보(39)
기업집단의 지정	상호출자제한기업집단 등의 지정 등(31) 계열회사의 편입 및 제외 등(32) 계열회사의 편입·통지일의 의제(33) 관계 기관에 대한 자료의 확인요구 등(34)
상호출자의 금지	상호출자의 금지 등(21) 공시대상기업집단의 현황 등에 관한 정보공개(35) 탈법행위의 금지(36) 시정조치(37) 과징금(38) 시정조치의 이행확보(39)
순환출자의 금지	순환출자의 금지(22) 순환출자에 대한 의결권 제한(23)
채무보증의 금지	계열회사에 대한 채무보증의 금지(24) 탈법행위의

	금지(36) 시정조치(37) 과징금(38)
금융회사·보험회사 또는 공익법인	금융회사·보험회사 및 공익법인의 의결권 제한(25) 특수관계인인 공익법인의 이사회 의결 및 공시(29) 탈법행위의 금지(36) 시정조치 등(37)
의결권 제한 공시제도 등	대규모내부거래의 이사회 의결 및 공시(26) 비상장회사 등의 중요사항 공시(27) 기업집단현황 등에 관한 공시(28) 주식 소유현황 등의 신고(30) 공시대상기업집단의 현황 등에 관한 정보공개(35) 시정조치 등(37)

부당한 공동행위 규제

부당한 공동행위 금지	부당한 공동행위의 금지(40) 공공부문 입찰 관련 공동행위를 방지하기 위한 조치(41) 시정조치(42) 과징금(43) 자진신고자 등에 관한 감면(44)
사업자단체 금지행위	사업자단체의 금지행위(51) 시정조치(52) 과징금(53)

불공정거래행위의 규제

불공정거래행위금지	불공정거래행위의 금지(45) 특수관계인에 대한 부당한 이익제공 등 금지(47) 보복조치의 금지(48) 시정조치(49) 과징금(50)
재판매가격유지행위 제한	재판매가격유지행위의 금지(46) 시정조치(49) 과징금(50)

▌조직구성▐

전담기구	공정거래위원회의 설치(54) 공정거래위원회의 소관사무(55) 공정거래위원회의 국제협력(56) 공정거래위원회의 구성 등(57) 회의의 구분(58) 전원회의 및 소회의 관장사항(59) 위원장(60) 위원의 임기(61) 위원의 신분보장(62) 위원의 정치운동 금지(63) 회의 의사정족수 및 의결정족수(64) 심리·의결의 공개 및 합의의 비공개(65) 심판정의 질서유지(66) 위

원의 제척·기피·회피(67) 의결서 작성 및 경정(68) 법 위반행위의 판단시점(69) 사무처의 설치(70) 조직에 관한 규정(71)

한국공정거래조정원의 설립 및 분쟁조정
한국공정거래조정원의 설립 등(72) 공정거래분쟁조정협의회의 설치 및 구성(73) 협의회의 회의(74) 협의회 위원의 제척·기피·회피(75) 조정의 신청 등(76) 조정 등(77) 조정조서의 작성과 그 효력(78) 협의회의 조직·운영 등(79)

| 절 차 법 |

조사등 절차
위반행위의 인지·신고 등(80) 위반행위의 조사 등(81) 조사기간 및 조사기간(82) 위반행위 조사 및 심의 시 조력을 받을 권리(83) 조사권의 남용금지(84) 조사 등의 연기신청(85) 서면실태조사(87) 위반행위의 시정권고(88) 동의의결(89) 동의의결의 절차(90) 동의의결의 취소(91) 이행강제금 등(86, 92) 의견진술기회의 부여(93) 심의절차에서의 증거조사(94) 자료열람요구 등(95) 이의신청(96) 시정조치의 집행정지(97) 문서의 송달(98) 소의 제기(99) 불복의 소의 전속관할(100) 사건처리절차 등(101)

과징금 부과 및 징수
과징금 부과(102) 과징금 납부기한의 연기 및 분할납부(103) 과징금의 연대납부의무(104) 과징금 징수 및 체납처분(105) 과징금 환급가산금(106) 결손처분(107)

금지청구 및 손해배상
금지청구 등(108) 손해배상책임(109) 기록의 송부 등(110) 자료의 제출(111) 비밀유지명령(112) 비밀유지명령의 취소(113) 소송기록 열람 등의 청구 통지 등(114) 손해액의 인정(115)

▌기 타▌

보 칙 비밀엄수의 의무(119) 경쟁제한적인 법령 제정의 협의 등(120) 관계 기관 등의 장의 협조(121) 권한의 위임·위탁(122) 벌칙 적용 시의 공무원의제(123)

벌 칙 벌칙(124~127) 과태료(130) 양벌규정(128) 고발(129)

신동권

약 력

경희대학교 법학과 및 동 대학원 법학석사
독일 마인츠 구텐베르크 대학원 법학석사(LL. M.) 및 법학박사(Dr. jur.)
제30회 행정고시 합격
대통령비서실 선임행정관
공정거래위원회 서울지방사무소장
공정거래위원회 카르텔조사국장
공정거래위원회 대변인
공정거래위원회 상임위원
공정거래위원회 사무처장
경제협력개발기구(OECD) 경쟁위원회 부의장
한국공정거래조정원 원장
연세대학교 법무대학원 겸임교수
고려대학교 대학원 법학과 강사
서울대학교 경영대학원 EMBA 강사
현 한국해양대학교 해운경영학과 석좌교수
　한국개발연구원(KDI) 초빙연구위원

주요 저서

Die "Essential Facilities"-Doktrin im europäischen Kartellrecht(Berlin, 2003)
중소기업보호법(박영사, 2023)
소비자보호법(박영사, 2023)
경쟁정책과 공정거래법(박영사, 2023) 등

제 4 판(전면개정판)
경제법 I
독점규제법

초판발행 2011년 9월 30일
제 4 판발행 2023년 6월 20일

지은이 신동권
펴낸이 안종만 · 안상준

편 집 이승현
기획/마케팅 조성호
표지디자인 이수빈
제 작 고철민 · 조영환

펴낸곳 (주) 박영사
서울특별시 금천구 가산디지털2로 53, 210호(가산동, 한라시그마밸리)
등록 1959. 3. 11. 제300-1959-1호(倫)
전 화 02)733-6771
f a x 02)736-4818
e-mail pys@pybook.co.kr
homepage www.pybook.co.kr
ISBN 979-11-303-4379-2 93360

정 가 72,000원